MEYERS FORUM

Meyers Forum stellt Themen aus Geschichte, Politik, Wirtschaft, Naturwissenschaft und Technik prägnant und verständlich dar. Jeder Band wurde von einem anerkannten Wissenschaftler eigens für diese Reihe verfaßt. Alle Bände haben 128 Seiten.

Eine Auswahl:

Holm Sundhaussen
Experiment Jugoslawien
Von der Staatsgründung bis zum Staatszerfall

Imanuel Geiss
Europa – Vielfalt und Einheit
Eine historische Erklärung

Rüdiger Pohl
Geld und Währung

Detlef Junker
Von der Weltmacht zur Supermacht
Amerikanische Außenpolitik im 20. Jahrhundert

Dietmar Rothermund
Staat und Gesellschaft in Indien
1947–1991

Horst Eichel
Ökosystem Erde
Der Störfall Mensch – eine Schadens- und Vernetzungsanalyse

Juergen B. Donges
Deutschland in der Weltwirtschaft
Dynamik sichern, Herausforderungen bewältigen

Andreas Dengel
Künstliche Intelligenz
Allgemeine Prinzipien und Modelle

Wolfgang Franz
Der Arbeitsmarkt
Eine ökonomische Analyse

Thomas Ellwein
Verwaltung in Deutschland
Beiträge zur Theorie der Verwaltungsentwicklung

Christian-Dietrich Schönwiese
Klima
Grundlagen, Änderungen, menschliche Eingriffe

Werner Pascha
Die japanische Wirtschaft

Bruno Streit
Ökologie

Günter [illegible]
Elektro[illegible]

Franz Ansprenger
Südafrika
Eine Geschichte von Freiheitskämpfen

Rolf Peffekoven
Die Finanzen der Europäischen Union

Karl Georg Zinn
Die Wirtschaftskrise

KINDER- UND JUGENDBÜCHER

Meyers Jugendlexikon
Ein Lexikon, das auf keinem Schülerschreibtisch fehlen sollte. 672 Seiten, rund 7500 Stichwörter, zahlreiche meist farbige Abbildungen, Fotos, Schautafeln und Tabellen.

Meyers Großes Kinderlexikon
Das Wissensbuch für Vor- und Grundschulkinder. 323 Seiten mit 1200 Artikeln, 1000 farbigen Abbildungen sowie einem Register mit etwa 4000 Stichwörtern.

Meyers Kinderlexikon
Mein erstes Lexikon. 259 Seiten mit etwa 1000 Stichwörtern und je einer farbigen Illustration.

Meyers Buch vom Menschen und von seiner Erde
Erzählt für jung und alt von James Krüss, gemalt von Hans Ibelshäuser und Ernst Kahl. 162 Seiten mit 77 überwiegend ganzseitigen, farbigen Bildtafeln.

Meyers kleine Kinderbibliothek
Die Bilderbuchreihe mit umweltverträglichen Transparentfolien zeigt das Innen und Außen der Dinge und macht Veränderungen spielerisch sichtbar. Jeder Band mit 24 Seiten, durchgehend vierfarbig.

Meyers Jugendbibliothek
Bücher zum Erleben, Staunen und Entdecken. Jeder Band 30–32 Seiten und 14–16 Seiten Anhang. Durchgehend farbig. Mit zahlreichen Transparentseiten, eingeklebtem Material und Stickern.

Meyers großes Sternbuch für Kinder
126 Seiten mit rund 150 farbigen, teils großformatigen Zeichnungen und Sternkarten.

Der Duden in 12 Bänden

Das Standardwerk zur deutschen Sprache

Herausgegeben vom Wissenschaftlichen Rat
der Dudenredaktion:
Prof. Dr. Günther Drosdowski, Dr. Wolfgang Müller,
Dr. Werner Scholze-Stubenrecht,
Dr. Matthias Wermke

1. Rechtschreibung
2. Stilwörterbuch
3. Bildwörterbuch
4. Grammatik
5. Fremdwörterbuch
6. Aussprachewörterbuch
7. Herkunftswörterbuch
8. Sinn- und sachverwandte Wörter
9. Richtiges und gutes Deutsch
10. Bedeutungswörterbuch
11. Redewendungen und sprichwörtliche Redensarten
12. Zitate und Aussprüche

DUDEN

Rechtschreibung

der deutschen Sprache

20., völlig neu bearbeitete und erweiterte Auflage
Herausgegeben von der Dudenredaktion
Auf der Grundlage
der amtlichen Rechtschreibregeln

DUDEN BAND 1

DUDENVERLAG
Mannheim · Leipzig · Wien · Zürich

Redaktionelle Bearbeitung:

Prof. Dr. Günther Drosdowski
Dr. Werner Scholze-Stubenrecht und Dr. Matthias Wermke
unter Mitwirkung weiterer Mitarbeiter der Dudenredaktion sowie
des österreichischen und schweizerischen Dudenausschusses

Dieter Baer
Brigitte Dalitz, Pia Fritzsche, Michael Herfurth,
Helga Karamischewa und Werner Lange unter Mitwirkung
weiterer Mitarbeiter des Lektorats Deutsch
des Bibliographischen Instituts, Leipzig

Weitere Informationen über rechtschreibliche, grammatische und stilistische Zweifelsfälle bietet der DUDEN, Band 9, »Richtiges und gutes Deutsch«
Telefonische und schriftliche Anfragen beantwortet außerdem die Sprachberatungsstelle der Dudenredaktion,
Postfach 10 03 11, 68003 Mannheim, Telefon (06 21) 3 90 14 26
(Montag bis Freitag von 9 bis 12 Uhr)

CIP-Titelaufnahme der Deutschen Bibliothek
Der **Duden**: in 10 Bänden; das Standardwerk zur deutschen Sprache
hrsg. vom Wissenschaftlichen Rat der Dudenredaktion: Günther Drosdowski ...
Mannheim; Wien; Zürich; Dudenverl.
Früher mit der Verl.-Angabe: Bibliogr. Inst., Mannheim, Wien, Zürich.
Frühere Ausg. u.d.T.: Der große Duden
NE: Drosdowski, Günther [Hrsg.]
Bd. 1. Duden „Rechtschreibung der deutschen Sprache".
20., neu bearb. und erw. Aufl. – 1991
Duden „Rechtschreibung der deutschen Sprache"
hrsg. von der Dudenredaktion auf der Grundlage der amtlichen Rechtschreibregeln.
[Red. Bearb.: Günther Drosdowski... Unter Mitw. weiterer Mitarb. der Dudenred. sowie des österreichischen und des schweizerischen Dudenausschusses].
20., neu bearb. und erw. Aufl. – Mannheim; Leipzig; Wien; Zürich; Dudenverl., 1991
(Der Duden; Bd. 1) Nebent.: Duden, die Rechtschreibung
Bis 19. Aufl. u.d.T.: Duden „Rechtschreibung der deutschen Sprache und der Fremdwörter"
ISBN 3-411-04010-6
NE: Drosdowski, Günther [Red.]; Rechtschreibung der deutschen Sprache; NT

Satz: Bibliographisches Institut & F. A. Brockhaus AG, (DIACOS Siemens)
und Mannheimer Morgen Großdruckerei und Verlag GmbH
Druck und Bindearbeit: Graphische Betriebe Langenscheidt KG, Berchtesgaden
Printed in Germany
ISBN 3-411-04010-6

Vorwort

Mit der 20. Auflage des Dudens findet das fast 40jährige Nebeneinander einer Leipziger und Mannheimer Dudenausgabe ein Ende. Bereits zu Beginn des Jahres 1990 fanden sich die Mitarbeiter der Dudenredaktion in Mannheim und des Lektorats Deutsch des Bibliographischen Instituts in Leipzig zusammen, um einen gemeinsamen Duden zu erarbeiten.

Die vorliegende Neuauflage ist das Ergebnis dieser Arbeit, an der auch die Mitglieder des österreichischen und des schweizerischen Dudenausschusses mitgewirkt haben. Allen Mitarbeitern in Österreich und in der Schweiz, besonders Herrn Dr. Jakob Ebner (Linz) und Herrn Dr. Kurt Meyer (Aarau), möchten wir an dieser Stelle unseren Dank aussprechen.

Die Zusammenführung der Leipziger und Mannheimer Ausgabe wurde genutzt, den Regelteil und das Wörterverzeichnis des Dudens gründlich zu überarbeiten. Die Darstellung der Richtlinien zur Rechtschreibung und Zeichensetzung wurde verbessert, vor allem zugunsten einer leichteren Benutzbarkeit an einigen Stellen gestrafft. Die amtlichen Regeln selbst, die seit der staatlichen Rechtschreibkonferenz von 1901 gelten, und die danach festgelegten Schreibweisen wurden nicht geändert – dies kann nur im Rahmen einer offiziellen Rechtschreibreform in allen deutschsprachigen Ländern geschehen.

Das Wörterverzeichnis wurde von Grund auf neu bearbeitet und erweitert. Es wurden aber nicht nur Neuwörter erfaßt, sondern auch Wörter bewahrt, die in der DDR gebräuchlich waren und die für das Verständnis der jüngeren Vergangenheit von Bedeutung sind. Die Auswahl der Stichwörter erfolgte auf der Grundlage von Belegen aus den Sprachkarteien der Dudenredaktion in Mannheim und des Lektorats Deutsch in Leipzig. Da der Duden nicht nur ein Rechtschreibbuch ist, sondern auch die Funktion eines Volkswörterbuchs erfüllt, wurden die Erklärungen schwieriger Wörter, vor allem veraltender, landschaftlicher, umgangssprachlicher und fachsprachlicher Ausdrücke, und die Angaben zum Wortgebrauch beträchtlich erweitert. Für die Ausspracheangaben wurde eine der internationalen Lautschrift angepaßte Umschrift gewählt.

Wir hoffen, daß der neue Duden seiner Aufgabe, die Schreibung der Wörter nach den amtlichen Regeln verbindlich festzulegen und die Einheitlichkeit der Rechtschreibung im deutschsprachigen Raum zu sichern, jetzt noch besser gerecht wird.

Mannheim, den 1. September 1991 Die Dudenredaktion

Inhalt

Hinweise für die Wörterbuchbenutzung

I. Zeichen von besonderer Bedeutung

. Ein untergesetzter Punkt kennzeichnet die kurze betonte Silbe, z. B. Referent.

– Ein untergesetzter Strich kennzeichnet die lange betonte Silbe, z. B. Fassade.

| Der senkrechte Strich dient zur Angabe der Silbentrennung, z. B. Mi|kro|be, dar|auf.

(Wz) Das Zeichen (Wz) macht als Warenzeichen geschützte Wörter (Bezeichnungen, Namen) kenntlich. Sollte dieses Zeichen einmal fehlen, so ist das keine Gewähr dafür, daß das Wort als Handelsname frei verwendet werden darf.

\- Der waagerechte Strich vertritt das unveränderte Stichwort, z. B. ab; - und zu; oder: Brett, das; -[e]s, -er; oder: Allerlei, das; -s; Leipziger -.

... Drei Punkte stehen bei Auslassung von Teilen eines Wortes, z. B. Buntdruck *Plur.* ...drucke; oder: Streß, der; ...sses, ...sse.

‿ Der Bogen steht innerhalb einer Zusammensetzung, um anzuzeigen, daß der vor ihm stehende Wortteil bei den folgenden Wörtern an Stelle der drei Punkte zu setzen ist, z. B. Augen‿braue, ...diagnose.

[] Die eckigen Klammern schließen Aussprachebezeichnungen, zusätzliche Trennungsangaben (z. B. Mücke [*Trenn.* Mük|ke]), Zusätze zu Erklärungen in runden Klammern und beliebige Auslassungen (Buchstaben und Silben, wie z. B. in abschnitt[s]weise, Wißbegier[de]) ein.

() Die runden Klammern schließen Erklärungen und Hinweise zum heutigen Sprachgebrauch ein, z. B. ausglühen (z. B. einen Draht). Sie enthalten außerdem stilistische Bewertungen und Angaben zur räumlichen und zeitlichen Verbreitung des Stichwortes, ferner Verweise auf die Richtlinien zur Rechtschreibung. Auch grammatische Angaben bei Zusammensetzungen innerhalb von Wortgruppen werden von runden Klammern eingeschlossen, z. B. Außen‿alster, ...aufnahme *(meist Plur.)*.

⟨⟩ Die Winkelklammern schließen Angaben zur Herkunft des Stichwortes ein, z. B. paradieren ⟨franz.⟩.

R Die Abschnitte der Richtlinien zur Rechtschreibung, Zeichensetzung und Formenlehre sind zur besseren Übersicht mit Nummern versehen, auf die im Wörterverzeichnis mit einem Pfeil verwiesen wird, z. B. ↑R 71. Der Punkt ● kennzeichnet hier einen besonders wichtigen Zusatz zu der voranstehenden Grundregel.

II. Auswahl der Stichwörter

Der Duden erfaßt den für die Allgemeinheit bedeutsamen Wortschatz der deutschen Sprache. Er enthält Erbwörter, Lehnwörter und Fremdwörter der Hochsprache, auch umgangssprachliche Ausdrücke und landschaftlich verbreitetes Wortgut, ferner Wörter aus Fachsprachen, aus Gruppen- und Sondersprachen, z. B. der Medizin oder Chemie, der Jagd oder des Sports. Für die Auswahl waren hauptsächlich rechtschreibliche und grammatische Gründe maßgebend. Aus dem Fehlen eines Wortes darf also nicht geschlossen werden, daß es nicht gebräuchlich oder nicht korrekt ist.[1]

III. Anordnung und Behandlung der Stichwörter

1. Allgemeines

a) Die Stichwörter sind **halbfett** gedruckt.

b) Die Anordnung der Stichwörter ist alphabetisch.
Die Umlaute ä, ö, ü, äu werden wie die nichtumgelauteten Vokale (Selbstlaute) a, o, u, au behandelt. Die Schreibungen ae, oe, ue (in Namen) werden nach ad usw. eingeordnet. Der Buchstabe ß (vgl. S. 57) wird wie ss eingeordnet. Bei sonst gleicher Schreibung steht das Wort mit ß vor dem mit ss.

Beispiele:				
	harken	Godthåb	Faß	Mäßchen
	Härlein	Goes	Fassade	Maße
	Harlekin	Goethe	faßbar	Masse
	Harm	Gof	Faßbier	Massegläubiger

c) Stichwörter, die sprachlich (etymologisch) verwandt sind, werden in der Regel in Wortgruppen („Nestern“) zusammengefaßt, soweit die alphabetische Ordnung das zuläßt.

d) Gleich geschriebene Stichwörter werden durch hochgestellte Zahlen (Indizes) unterschieden, z. B. [1]Elf (Naturgeist); [2]Elf (Fluß); [3]Elf (Zahl).

2. Verben (Tätigkeitswörter, Zeitwörter)

a) Bei den schwachen Verben werden im allgemeinen keine Formen angegeben, da sie regelmäßig im Präteritum (erste Vergangenheit) auf -te und im Partizip II (2. Mittelwort) auf -t ausgehen.
Bei den starken und unregelmäßigen Verben werden im allgemeinen folgende Formen angegeben: die 2. Person Singular (Einzahl) im Indikativ des Präteritums (Wirklichkeitsform der ersten Vergangenheit), die [umgelautete] 2. Person Singular im Konjunktiv des Präteritums (Möglichkeitsform der ersten Vergangenheit), das Partizip II (2. Mittelwort), der Singular des Imperativs (Befehlsform). Andere Besonderheiten werden nach Bedarf angegeben.

Beispiel: biegen; du bogst; du bögest; gebogen; bieg[e]!

Bei den Verben, deren Stammvokal e (ä, ö) zu i wechselt, und bei Verben, die Umlaut haben, werden ferner angegeben: 2. u. 3. Person Singular im Indikativ des Präsens (Wirklichkeitsform der Gegenwart).

Beispiele: (e/i-Wechsel:) geben; *du gibst, er gibt;* du gabst; du gäbest; gegeben; *gib!*
(mit Umlaut:) fallen; *du fällst, er fällt;* du fielst; du fielest; gefallen; fall[e]!

[1] Wer in diesem Band ein Fremdwort vermißt oder wer sich umfassend über die Bedeutungen eines Wortes unterrichten will, schlage im Duden-Fremdwörterbuch oder Duden-Universalwörterbuch nach.

Bei zusammengesetzten oder mit einer Vorsilbe gebildeten Verben werden die obengenannten Formen nicht besonders aufgeführt. Alle grammatischen Hinweise sind also beim einfachen Verb nachzuschlagen, z. B. vorziehen bei ziehen, behandeln bei handeln, abgrenzen bei grenzen.

b) Bei den Verben, deren Stamm mit einem S-Laut oder Zischlaut endet (s, ß, sch, z, tz), wird die 2. Person Singular im Indikativ des Präsens (Wirklichkeitsform der Gegenwart) angegeben, weil -e- oder -es- der Endung gewöhnlich ausfällt.

Beispiele: zischen; du zischst; lesen; du liest; sitzen; du sitzt

Bei den starken Verben, deren Stamm mit -ß endet, steht wegen des Wechsels von ss und ß zusätzlich die 1. Person Singular im Indikativ des Präteritums (Wirklichkeitsform der ersten Vergangenheit).

Beispiel: beißen; du beißt; *ich biß;* du bissest

3. Substantive (Hauptwörter)

a) Bei einfachen Substantiven sind mit Ausnahme der Fälle unter b der Artikel (das Geschlechtswort), der Genitiv Singular (Wesfall der Einzahl) und, soweit gebräuchlich, der Nominativ Plural (Werfall der Mehrzahl) angeführt.

Beispiel: Knabe, der; -n, -n (das bedeutet: der Knabe, des Knaben, die Knaben)

Substantive, die nur im Plural (Mehrzahl) vorkommen, werden durch ein nachgestelltes *Plur.* gekennzeichnet.

Beispiel: Imponderabilien *Plur.* (Unwägbarkeiten)

b) Die Angabe des Artikels und der Beugung fehlt gewöhnlich bei abgeleiteten Substantiven, die mit folgenden Silben gebildet sind:

-chen:	Mädchen	das; -s, -	**-keit:**	Ähnlichkeit	die; -, -en
-lein:	Brüderlein	das; -s, -	**-ling:**	Jüngling	der; -s, -e
-ei:	Bäckerei	die; -, -en	**-schaft:**	Landschaft	die; -, -en
-er:	Lehrer	der; -s, -	**-tum:**	Besitztum	das; -s, ...tümer
-heit:	Keckheit	die; -, -en	**-ung:**	Prüfung	die; -, -en
-in:	Lehrerin	die; -, -nen			

Ausnahmen: Bei Ableitungen, die in Artikel und Beugung von diesen Beispielen abweichen, sind die grammatischen Angaben hinzugefügt, z. B. bei all denen, die keinen Plural bilden, wie: Besorgtheit, die; - oder: Christentum, das; -s.

c) Bei zusammengesetzten Substantiven und bei Substantiven, die zu zusammengesetzten Verben oder zu solchen mit Vorsilbe gebildet sind, fehlen im allgemeinen Artikel und Beugungsendungen. In diesen Fällen ist beim Grundwort oder bei dem zum einfachen Verb gebildeten Substantiv nachzusehen.

Beispiele: Eisenbahn bei Bahn, Fruchtsaft bei Saft; Abschluß (Bildung zu abschließen) und Verschluß (Bildung zu verschließen) bei Schluß (Bildung zu schließen)

Artikel und Endungen werden dann angegeben, wenn sie sich von denen des Grundwortes unterscheiden, wenn von zwei Bildungsmöglichkeiten nur eine zutrifft oder wenn keine augenfällige (inhaltliche) Verbindung zwischen den vom einfachen und vom nichteinfachen Verb abgeleiteten Substantiven besteht.

Beispiele: Stand, der; -[e]s, Stände, aber: Ehestand, der; -[e]s (kein Plural); Teil, der *od.* das; aber: Vorteil, der; Sage, die; -, -n; ebenso: Absage, die; -, -n

4. Adjektive (Eigenschaftswörter)

Bei Adjektiven sind Besonderheiten vermerkt, vor allem Besonderheiten und Schwankungen in der Bildung der Steigerungsformen, etwa die Bildung mit Umlaut und die Bildung mit -este statt des häufigeren -ste.

Beispiele: alt, älter, älteste; glatt, glatter (*auch* glätter), glatteste (*auch* glätteste); rauh, -[e]ste; süß, -este; konsequent, -este

IV. Herkunft der Wörter

Die Herkunft der Fremdwörter und einiger jüngerer Lehnwörter wird in knapper Form in Winkelklammern angegeben; meist wird die gebende Sprache, nicht die Ursprungssprache genannt. In einigen Fällen werden die Ursprungssprache und die vermittelnde Sprache, verbunden durch einen Bindestrich, angegeben.

Beispiel: Bombast ‹pers.-engl.›

Steht eine Sprachbezeichnung in runden Klammern, so heißt das, daß auch diese Sprache die gebende Sprache gewesen sein kann.

Beispiel: Bronze ‹ital.(-franz.)›

Durch das Semikolon (Strichpunkt) zwischen den Herkunftsangaben wird deutlich gemacht, daß es sich um eine Zusammensetzung aus Wörtern oder Wortteilen der angegebenen Sprachen handelt.

Beispiel: bipolar ‹lat.; griech.›

Die wörtliche Bedeutung eines Wortes wird gelegentlich in Anführungszeichen an die Herkunftsangabe angeschlossen.

Beispiel: Wodka ‹russ., „Wässerchen"›

V. Erklärungen

Der Duden ist kein Bedeutungswörterbuch; er enthält daher keine ausführlichen Bedeutungsangaben. Nur wo es für das Verständnis eines Wortes erforderlich ist, werden kurze Hinweise zur Bedeutung gegeben, etwa bei schwierigen Fremdwörtern, Fachtermini, umgangssprachlichen, landschaftlichen und veralteten Ausdrücken. Solche Erklärungen stehen in runden Klammern. Zusätze, die nicht notwendig zu den Erklärungen gehören, stehen innerhalb der runden Klammern in eckigen Klammern.

Beispiel: Akteur (Handelnder; [Schau]spieler), Tonsillektomie (operative Entfernung der Gaumenmandeln), Rabatz (*ugs. für* lärmendes Treiben, Unruhe, Krach), Karfiol (*südd., österr. für* Blumenkohl), Metze (*veraltet für* Prostituierte)

VI. Aussprache

Aussprachebezeichnungen stehen in eckigen Klammern hinter Fremdwörtern und einigen deutschen Wörtern, deren Aussprache von der sonst üblichen abweicht. Die verwendete Lautschrift fußt auf den Aussprachebezeichnungen der Association Phonétique Internationale (Internationale Phonetische Vereinigung), ist aber den Zwecken des Dudens angepaßt.

Die übliche Aussprache wurde nicht angegeben bei

c	[k]	vor a, o, u (*wie in* Café)
c	[t̲s̲]	vor e, i, ä, ae [ɛ(:)], ö, œ [ø(:)] *od.* [œ], ü, ue [y(:)], y (*wie in* Celsius)
i	[i̯]	vor Vokal in Fremdwörtern (*wie in* Union)
sp	[ʃp]	im Stammsilbenanlaut deutscher und im Wortanlaut eingedeutschter Wörter (*wie in* Spiel, Spedition)
sp	[sp]	im Wortinlaut (*wie in* Knospe, Prospekt)
st	[ʃt]	im Stammsilbenanlaut deutscher und im Wortanlaut eingedeutschter Wörter (*wie in* Bestand, Strapaze)
st	[st]	im Wortin- und -auslaut (*wie in* Fenster, Ast, Existenz)
ti	[tsi̯]	vor Vokal in Fremdwörtern (*wie in* Aktion, Patient)
v	[f]	vor Vokal im Anlaut (*wie in* Vater)

Zeichen der Lautschrift, Beispiele und Umschreibung

[a]	Butler ['bat...]	[ø]	pasteurisieren [...tøri...]
[a:]	Master ['ma:s...]	[ø:]	Friseuse [...'zø:zə]
[ã]	Centime [sã'ti:m]	[œ]	Feuilleton [fœjə'tõ:]
[ã:]	Franc [frã:]	[œ:]	Girl [gœ:(r)l]
[ai̯]	live [lai̯f]	[œ̃]	Dunkerque [dœ̃'kɛrk]
[au̯]	Browning ['brau̯...]	[œ̃:]	Verdun [vɛr'dœ̃:]
[ç]	Bronchien [...çi̯ən]	[o̯a]	chamois [ʃa'mo̯a]
[dʒ]	Gin [dʒin]	[ɔy̯]	Boykott [bɔy̯...]
[e]	Regie [re'ʒi:]	[(r)]	Girl [gœ:(r)l]
[e:]	Shake [ʃe:k]	[s]	City ['siti]
[ɛ]	Handikap ['hɛndikɛp]	[ʃ]	Charme [ʃarm]
[ɛ:]	fair [fɛ:r]	[t̲s̲]	Luzie ['lu:t̲s̲i:]
[ɛ̃]	Impromptu [ɛ̃prɔ̃'ty:]	[tʃ]	Match [mɛtʃ]
[ɛ̃:]	Timbre ['tɛ̃:brə]	[u]	Routine [ru...]
[ɛi̯]	Van-Dyck-Braun [van'dɛik...]	[u:]	Route ['ru:...]
[ə]	Bulgarien [...i̯ən]	[u̯]	Linguist [...'gu̯ist]
[i]	Citoyen [sito̯a'jɛ̃:]	[v]	Violine [v...]
[i:]	Creek [kri:k]	[w]	Whisky ['wiski]
[i̯]	Linie [...i̯ə]	[x]	Achill [a'xil]
[ŋ]	Bon [bɔŋ]	[y]	Budget [by'dʒe:]
[o]	Logis [lo'ʒi:]	[y:]	Avenue [avə'ny:]
[o:]	Plateau [...'to:]	[y̆]	Habitué [(h)abi'ty̆e:]
[ɔ]	Hobby ['hɔbi]	[z]	Bulldozer [...do:zər]
[ɔ:]	Baseball ['be:sbɔ:l]	[ʒ]	Genie [ʒe...]
[ɔ̃]	Bonmot [bɔ̃'mo:]	[θ]	Thriller ['θrilə(r)]
[ɔ̃:]	Chanson [ʃã'sɔ̃:]	[ð]	on the rocks [ɔn ðə 'rɔks]

Ein Doppelpunkt nach dem Vokal bezeichnet dessen Länge, z. B. Plateau [...'to:]. Lautbezeichnungen in runden Klammern bedeuten, daß der betreffende Laut reduziert gesprochen wird, z. B. Girl [gœ:(r)l]. Hauptakzent ['] und Nebenakzent [ˌ] stehen vor der betonten Silbe, z. B. Cherry Brandy [ˌtʃɛri 'brɛndi]. Ein kleiner senkrechter Strich zwischen Vokalen gibt an, daß sie getrennt zu sprechen sind; z. B. Annuität [...u|i...].

Die beim ersten Stichwort stehende Ausspracheangabe ist für alle nachfolgenden Wortformen eines Stichwortartikels oder einer Wortgruppe gültig, sofern diese nicht eine neue Angabe erfordern.

VII. Im Wörterverzeichnis verwendete Abkürzungen

Abkürzungen, bei denen nur die Nachsilbe -isch zu ergänzen ist, sind nicht aufgeführt, z. B. ägypt. = ägyptisch. Die Nachsilbe -lich wird ...l. abgekürzt, z. B. ähnl. = ähnlich.

Abk.	Abkürzung
afrik.	afrikanisch
Akk.	Akkusativ (Wenfall)
allg.	allgemein
alltagsspr.	alltagssprachlich
altdt.	altdeutsch
alttest.	alttestamentlich
amerik.	amerikanisch
Amtsspr.	Amtssprache
angels.	angelsächsisch
Anm.	Anmerkung
Anthropol.	Anthropologie
aram.	aramäisch
Archit.	Architektur
argent.	argentinisch
astron.	astronomisch
Astron.	Astronomie
A. T.	Altes Testament
Ausspr.	Aussprache
austr.	australisch
Bankw.	Bankwesen
Bauw.	Bauwesen
Bed.	Bedeutung
Bergmannsspr.	Bergmannssprache
Berufsbez.	Berufsbezeichnung
bes.	besonders
Bez.	Bezeichnung
bild. Kunst	bildende Kunst
Biol.	Biologie
Bot.	Botanik
bras.	brasil[ian]isch
bret.	bretonisch
Buchw.	Buchwesen
byzant.	byzantinisch
chald.	chaldäisch
chin.	chinesisch
d.	dies
Dat.	Dativ (Wemfall)
Druckerspr.	Druckersprache
Druckw.	Druckwesen
dt.	deutsch
ehem.	ehemals, ehemalig
Eigenn.	Eigenname
eigtl.	eigentlich
Eisenb.	Eisenbahnwesen
eskim.	eskimoisch
etw.	etwas
europ.	europäisch
ev.	evangelisch
fachspr.	fachsprachlich
fam.	familiär
Familienn.	Familienname
Fernspr.	Fernsprechwesen
Finanzw.	Finanzwesen
Fliegerspr.	Fliegersprache
Flugw.	Flugwesen
Forstw.	Forstwirtschaft
fotogr.	fotografisch
Fotogr.	Fotografie
franz.	französisch
Gastron.	Gastronomie
Gaunerspr.	Gaunersprache
gebr.	gebräuchlich
geh.	gehoben
Geldw.	Geldwesen
gen.	genannt
Gen.	Genitiv (Wesfall)
Geogr.	Geographie
Geol.	Geologie
germ.	germanisch
Ges.	Gesellschaft
Ggs.	Gegensatz
Handw.	Handwerk
hebr.	hebräisch
hist.	historisch
hochd.	hochdeutsch
Hochschulw.	Hochschulwesen
Hptst.	Hauptstadt
Hüttenw.	Hüttenwesen
idg.	indogermanisch
ital.	italienisch
Jägerspr.	Jägersprache
jap.	japanisch
jav.	javanisch
Jh.	Jahrhundert
jmd.	jemand
jmdm.	jemandem
jmdn.	jemanden
jmds.	jemandes
Jugendspr.	Jugendsprache
kalm.	kalmückisch
kath.	katholisch
Kaufmannsspr.	Kaufmannssprache
Kinderspr.	Kindersprache
Konj.	Konjunktion (Bindewort)
Kunstw.	Kunstwissenschaft
Kurzw.	Kurzwort
l.	linker, linke, linkes
landsch.	landschaftlich
landw.	landwirtschaftlich
Landw.	Landwirtschaft
langob.	langobardisch
lat.	lateinisch
latinis.	latinisiert

lit.	litauisch
Literaturw.	Literaturwissenschaft
luxemb.	luxemburgisch
m.	männlich
MA.	Mittelalter
Math.	Mathematik
mdal.	mundartlich
Mech.	Mechanik
med.	medizinisch
Med.	Medizin
Meeresk.	Meereskunde
Meteor.	Meteorologie
mexik.	mexikanisch
mgriech.	mittelgriechisch
milit.	militärisch
Milit.	Militärwesen
mitteld.	mitteldeutsch
mlat.	mittellateinisch
mong.	mongolisch
Münzw.	Münzwesen
Mythol.	Mythologie
nationalsoz.	nationalsozialistisch
neutest.	neutestamentlich
ngriech.	neugriechisch
niederl.	niederländisch
nlat.	neulateinisch
Nom.	Nominativ (Werfall)
nordamerik.	nordamerikanisch
nordd.	norddeutsch
nordgerm.	nordgermanisch
norw.	norwegisch
N. T.	Neues Testament
o. ä.	oder ähnliches
od.	oder
offz.	offiziell
ökum.	ökumenisch (nach den Loccumer Richtlinien von 1971)
Ortsn.	Ortsname
ostd.	ostdeutsch
österr.	österreichisch
Österr.	Österreich
ostmitteld.	ostmitteldeutsch
ostpr.	ostpreußisch
Päd.	Pädagogik
palästin.	palästinensisch
pharm.	pharmazeutisch
Pharm.	Pharmazie
philos.	philosophisch
Philos.	Philosophie
Physiol.	Physiologie
Plur.	Plural (Mehrzahl)
Polizeiw.	Polizeiwesen
port.	portugiesisch
Postw.	Postwesen
Präp.	Präposition (Verhältniswort)
Psych.	Psychologie
r.	rechter, rechte, rechtes
Rechtsspr.	Rechtssprache
Rechtsw.	Rechtswesen
Rel.	Religion[swissenschaft]
Rhet.	Rhetorik
Rundf.	Rundfunk
sanskr.	sanskritisch
scherzh.	scherzhaft
Schülerspr.	Schülersprache
Schulw.	Schulwesen
schweiz.	schweizerisch
Seemannsspr.	Seemannssprache
Seew.	Seewesen
Sing.	Singular (Einzahl)
singhal.	singhalesisch
skand.	skandinavisch
Soldatenspr.	Soldatensprache
Soziol.	Soziologie
Sportspr.	Sportsprache
Sprachw.	Sprachwissenschaft
Stilk.	Stilkunde
stud.	studentisch
Studentenspr.	Studentensprache
südd.	süddeutsch
südwestd.	südwestdeutsch
svw.	soviel wie
Textilw.	Textilwesen
Theol.	Theologie
Tiermed.	Tiermedizin
Trenn.	Trennung
turkotat.	turkotatarisch
u.	und
u. a.	und andere
u. ä.	und ähnliches
übertr.	übertragen
ugs.	umgangssprachlich
ung.	ungarisch
urspr.	ursprünglich
Verkehrsw.	Verkehrswesen
Verlagsw.	Verlagswesen
Versicherungsw.	Versicherungswesen
Versl.	Verslehre
vgl. [d.]	vergleiche [dort]
Völkerk.	Völkerkunde
Vorn.	Vorname
w.	weiblich
Wappenk.	Wappenkunde
Weidw.	Weidwerk
Werbespr.	Werbesprache
westmitteld.	westmitteldeutsch
Wirtsch.	Wirtschaft
Zahnmed.	Zahnmedizin
Zeitungsw.	Zeitungswesen
Zollw.	Zollwesen
Zool.	Zoologie
Zus.	Zusammensetzung

Richtlinien zur Rechtschreibung, Zeichensetzung und Formenlehre in alphabetischer Reihenfolge

Abkürzungen

Schreibung der Abkürzungen

R 1 Nach Abkürzungen, bei denen statt der Abkürzung der volle Wortlaut gesprochen wird, steht ein **Punkt.**

z. B. (gesprochen: zum Beispiel)
Dr. (gesprochen: Doktor)
Weißenburg i. Bay. (gesprochen: Weißenburg in Bayern)
Abk.-Verz. (gesprochen: Abkürzungsverzeichnis)

Das gilt auch für Abkürzungen von Zahlwörtern und für fremdsprachige Abkürzungen in deutschem Text.

Tsd. (für: Tausend)
Mr. Smith (für: Mister Smith)

Einige Abkürzungen, die besonders in der Alltagssprache nicht mehr im vollen Wortlaut gesprochen werden, haben trotzdem einen Punkt behalten.

a. D. (für: außer Dienst)
i. V. (für: in Vertretung)
ppa. (für: per procura)

• Kein Punkt steht nach Abkürzungen der metrischen Maße und Gewichte, der Einheiten in Naturwissenschaft und Technik, der Himmelsrichtungen und der meisten Währungseinheiten.

m (für: Meter)
g (für: Gramm)
NO (für: Nordost[en])
DM (für: Deutsche Mark)

Der Punkt steht aber bei bestimmten herkömmlichen Maß- und Mengenangaben.

Pfd. (für: Pfund)
Ztr. (für: Zentner)

Bei ausländischen Maßangaben und Währungseinheiten wird im Deutschen gewöhnlich die landesübliche Schreibung der Abkürzungen gebraucht.

yd. (für: Yard)
L. (für: Lira; im Bankwesen auch: *Lit* = italienische Lira)
Fr., sFr. (für: Schweizer Franken; im Bankwesen auch: *sfr*)

Abkürzungen vor allem von längeren Zusammensetzungen und Fügungen werden in vielen Bereichen aus Raumgründen ohne die Punkte (und Bindestriche, vgl. R 38) geschrieben, die nach den Regeln gesetzt werden müßten. In allgemeinsprachlichen Texten sollte man solche Abkürzungen möglichst vermeiden.

RücklVO (für: Rücklagenverordnung)
LadschlG (für: Ladenschlußgesetz)
BStMdI (für: Bayerisches Staatsministerium des Innern)

• Steht eine Abkürzung mit Punkt am Satzende, dann ist der Abkürzungspunkt zugleich Schlußpunkt des Satzes (vgl. aber R 27).

Er verwendet gern Zitate von Goethe, Schiller u. a.
Ihr Vater ist Regierungsrat a. D.

R 2 Nach Abkürzungen, die auch als solche gesprochen werden, steht **kein Punkt.**

BGB (gesprochen: be-ge-be, für: Bürgerliches Gesetzbuch)
TÜV (gesprochen: tüf, für: Technischer Überwachungs-Verein)
Na (gesprochen: en-a, für: Natrium)

● Steht am Satzende eine Abkürzung, die an sich ohne Punkt geschrieben wird, dann muß trotzdem der Schlußpunkt gesetzt werden.

Diese Bestimmung finden Sie im BGB.

Weitere Hinweise: ↑Apostroph (R 21, 24 u. 25), ↑Bindestrich (R 38), ↑Groß- und Kleinschreibung (R 78 u. 83) und in den Abschnitten ↑Maschinenschreiben (S. 65) und ↑Schriftsatz (S. 69).

Beugung der Abkürzungen

> **R 3** Bei Abkürzungen, die im vollen Wortlaut gesprochen werden, wird die **Beugungsendung im Schriftbild** meist nicht wiedergegeben.

lfd. J. (= laufenden Jahres)
d. M. (= dieses Monats)
im Ndl. (= im Niederländischen)
des Jh., auch: *Jh.s* (= des Jahrhunderts)

Wenn man die Beugungsendungen wiedergeben will, z. B., um Mißverständnisse zu vermeiden, gilt folgendes:
Endet eine Abkürzung mit dem letzten Buchstaben des abgekürzten Wortes, so wird die Beugungsendung unmittelbar angehängt.

die Bde. (= die Bände)

Bei Namen folgt die Endung nach dem Abkürzungspunkt.

B.s Reden (= Bismarcks Reden)

Gelegentlich wird der Plural durch Buchstabenverdoppelung ausgedrückt.

Jgg. (= Jahrgänge)
ff. (= folgende [Seiten])

> **R 4** Abkürzungen, die auch als solche gesprochen werden, bleiben im Singular oft **ohne Beugungsendung.**

des Pkw (auch: *des Pkws*)
des EKG (auch: *des EKGs*)

Im Plural ist die Beugung häufiger, besonders bei den weiblichen Abkürzungen, weil bei ihnen der Artikel im Singular und Plural gleich lautet.

die Lkws, neben: *die Lkw* (weil im Singular: der Lkw)
die GmbHs, selten: *die GmbH* (weil der Singular gleich lautet: die GmbH)

Abschnittsgliederung

> **R 5** Bei der Abschnittsgliederung **mit Ziffern**[1] steht zwischen den Zahlen ein Punkt.

Nach der jeweils letzten Zahl wird kein Punkt gesetzt.

1 Punkt
2 Komma
2.1 Komma zwischen Satzteilen
2.1.1 Komma bei Aufzählungen
2.1.2 Komma bei Einschüben
2.2 Komma zwischen Sätzen

In dieser Form werden die Abschnittsnummern auch im fortlaufenden Text angeführt.

Es gilt das unter 1.1.4.3 Gesagte.

Vgl. hierzu auch die Abschnitte 1.4.3 und 1.4.4.

> **R 6** Bei der Abschnittsgliederung **mit Ziffern und Buchstaben** steht der Punkt nach römischen und arabischen Zahlen und nach Großbuchstaben.

Kleinbuchstaben dagegen erhalten gewöhnlich eine Klammer.

I. Groß- und Kleinschreibung
  A. Großschreibung
    1. Satzanfänge
    2. Nach Doppelpunkt
      a) Groß schreibt man ...
      b) Groß schreibt man ...

Werden solche Abschnittskennzeichen im fortlaufenden Text angeführt, dann erhalten sie weder Punkt noch Klammer.

Wie schon in Kapitel I erwähnt, ist die unter 3, a genannte (oder: *die unter 3a genannte*) *Ansicht überholt.*

[1] Vgl. Normblatt DIN 1421, Gliederung und Benummerung von Texten; Abschnitte, Absätze, Aufzählungen.

Adjektiv (Eigenschaftswort)

Zur Deklination (Beugung) des Adjektivs und des Partizips

Jedes Adjektiv oder Partizip, das als Beifügung (Attribut) verwendet wird, hat eine starke und eine schwache Deklination. Das stark gebeugte Adjektiv oder Partizip hat dieselben Endungen wie der gebeugte bestimmte Artikel; die schwache Deklination ist gekennzeichnet durch die Endung -en im Genitiv (Wesfall) und Dativ (Wemfall) Singular und in allen Formen des Plurals. Entsprechendes gilt für substantivierte Adjektive und Partizipien.

R 7 Das Adjektiv oder Partizip wird **stark gebeugt,** wenn es allein vor einem Substantiv steht oder wenn der unbestimmte Artikel, ein Pronomen (Fürwort) oder ein Zahlwort ohne starke Endung vorangeht.

guter Wein, gute Fahrt, gutes Wetter; mit rotem Kopf, mit roter Nase, mit rotem Gesicht; ein (mein, dein, sein, unser[1], *euer*[1], *ihr, kein) an das Amt gerichtetes Schreiben; viel (wenig) frisches Gemüse; es sind anständige Menschen, die Hilfe anständiger Menschen*

Auch substantivierte Adjektive und Partizipien werden stark gebeugt, wenn sie allein stehen oder wenn der unbestimmte Artikel, ein Pronomen oder ein Zahlwort ohne starke Endung vorangeht.

ein Jüngerer, mein Lieber, viel Neues, mit Gebratenem, Unglaubliches ist geschehen, das hat auch sein Gutes, drei Geschädigte, du Ärmster

• Das Adjektiv oder Partizip wird aber schwach gebeugt nach den Personalpronomen „wir“ und „ihr“ und (schwankend) nach „mir“ und „dir“.

wir netten Leute, ihr lieben Kinder, wir Armen!
weiblich: *mir/dir armen* (selten: *armer*) *Frau; mir Armen* (selten: *Armer*)
männlich: *mir/dir jungem* (auch: *jungen*) *Mann; mir Unglücklichem* (auch: *Unglücklichen*)

[1] Das -er in „unser“ und „euer“ gehört zum Wortstamm und ist daher keine Beugungsendung.

Nur schwach wird heute im Genitiv vor männlichen und sächlichen Substantiven gebeugt.

frohen Sinnes, reinen Gemütes

R 8 Das Adjektiv oder Partizip wird **schwach gebeugt,** wenn der bestimmte Artikel, ein Pronomen (Fürwort) oder ein Zahlwort mit starker Endung vorangeht.

der (dieser, jener, jeder, mancher) gute Freund, des (dieses, jenes, meines, unseres, keines) kleinen Hauses, in dem (einem, meinem, unserem, euerem) geliehenen Auto, die (meine, unsere, keine) wohlhabenden Verwandten

Dasselbe gilt für substantivierte Adjektive und Partizipien.

die Guten, unsere Bekannten, dieser Vermißte, die Arbeit zweier Angestellten (seltener: *Angestellter*)

Nach „zweier“ und „dreier“ (Genitiv von „zwei“ und „drei“) wird jedoch das Adjektiv oder Partizip heute meist stark gebeugt, wenn es nicht substantiviert ist.

die Spielsachen dreier kleiner (seltener: *kleinen*) *Kinder*

R 9 Mehrere Adjektive oder Partizipien, die vor einem Substantiv stehen, werden **parallel,** d. h. in gleicher Weise, **gebeugt.**

der tiefe, breite Graben
ein tiefer, breiter Graben
nach langem, schwerem Leiden

Das gilt auch dann, wenn das unmittelbar vor dem Substantiv stehende Adjektiv oder Partizip mit dem Substantiv einen Gesamtbegriff bildet. (Zur Kommasetzung vgl. R 90.)

der Wert hoher künstlerischer Leistungen; mit gutem französischem Rotwein

Im Dativ Singular wird bei Adjektiven, die vor einem männlichen oder sächlichen Substantiv stehen, das zweite Adjektiv gelegentlich auch schwach gebeugt.

auf schwarzem hölzernem (auch: *hölzernen*) *Sockel; mit dunklem bayrischem* (auch: *bayrischen*) *Bier*

Entsprechendes gilt, wenn substantivierte Adjektive oder Partizipien eine adjektivische Beifügung bei sich haben. Jedoch überwiegt im Dativ Singular die schwache Beugung des Substantivs.

der gute Bekannte; ein guter Bekannter; mit überraschendem Neuen (auch: *Neuem*)

Die Deklination des Adjektivs oder Partizips nach unbestimmten Pronomen und Zahlwörtern ist schwankend; vgl. deshalb das Wörterverzeichnis, z. B. unter „all", „solch", „folgend".

Weitere Hinweise: ↑Groß- und Kleinschreibung (R 65 u. 74 ff.), ↑Namen (R 133 f. u. 136 f.), ↑Zusammen- und Getrenntschreibung (R 209 u. 211).

Adresse (Anschrift)

↑Hinweise für das Maschinenschreiben (S. 65)

Adverb (Umstandswort)

↑Groß- und Kleinschreibung (R 67), ↑Zusammen- und Getrenntschreibung (R 206)

Akkusativ (Wenfall)

↑Substantiv (R 197)

Aneinanderreihungen

↑Bindestrich (R 41 ff.), ↑Zusammen- und Getrenntschreibung (R 212)

Anführungszeichen (Gänsefüßchen)

R 10 Anführungszeichen stehen vor und hinter einer **wörtlich wiedergegebenen Äußerung** (direkten Rede).

Sokrates sagte: „Ich weiß, daß ich nichts weiß."

Dies gilt auch für wörtlich wiedergegebene Gedanken.

„Wenn nur schon alles vorüber wäre", dachte Petra.

Wird eine angeführte direkte Rede unterbrochen, so werden ihre beiden Teile in Anführungszeichen gesetzt.

„Wir sollten nach Hause gehen", meinte er. „Hier ist jede Diskussion zwecklos."

R 11 Anführungszeichen stehen vor und hinter einer **wörtlich angeführten Textstelle** (einem Zitat) aus Büchern, Schriftstücken, Briefen u. a.

Sie schreibt in ihren Memoiren: „Nie werde ich den Tag vergessen, an dem der erste Zeppelin über der Stadt schwebte."

Wird ein Zitat unterbrochen, so werden die einzelnen Zitatteile in Anführungszeichen gesetzt.

„Der Mensch", so heißt es in diesem Buch, „ist ein Gemeinschaftswesen."

R 12 Anführungszeichen stehen vor und hinter **zitierten Überschriften, Titeln von Büchern, Filmen, Gedichten, Namen von Zeitungen** u. ä.

„Der Biberpelz" ist eine Komödie von Gerhart Hauptmann. Dieser Artikel stand in der Wochenzeitung „Die Zeit".

● Der zu einem Titel gehörende Artikel kann mit in die Anführungszeichen gesetzt werden, wenn der volle Titel unverändert bleibt.

Wir mußten „Das Lied von der Glocke" (oder: *das „Lied von der Glocke"*) *auswendig lernen.*

Ändert sich der Artikel durch die Deklination, dann bleibt er außerhalb der Anführungszeichen.

Es war ein Zitat aus dem „Lied von der Glocke". Sie arbeitet in der Redaktion der „Zeit".

Weglassen kann man die Anführungszeichen, wenn eindeutig erkennbar ist, daß ein Titel, eine Gedichtüberschrift o. ä. vorliegt.

Goethes Faust wurde schon mehrfach verfilmt.

R 13 Anführungszeichen dienen zur **Hervorhebung** einzelner Wortteile, Wörter oder Textteile.

Das Wort „fälisch" ist in Anlehnung an West„falen" gebildet. Viele verwenden den Begriff „Sozialethik", ohne sich darunter etwas vorstellen zu können. Mit den Worten „Mehr sein als scheinen" hat Schlieffen Moltke charakterisiert.

Gelegentlich stehen Anführungszeichen auch zur ironischen Hervorhebung.

Er hat „nur" 2 Millionen auf dem Konto. Dieser „treue Freund" verriet ihn als erster.

R 14 Eine **Anführung innerhalb einer Anführung** wird durch halbe Anführungszeichen deutlich gemacht.

„Gehen wir doch ins Kino, heute läuft ‚Der Untergang des Römischen Reiches'", schlug er vor. Er schreibt in seinem Brief: „Ich kann Euch nur empfehlen, den ‚Fänger im Roggen' selbst einmal zu lesen."

R 15 Treffen **Punkt, Frage- oder Ausrufezeichen mit Anführungszeichen** zusammen, so stehen sie vor dem Schlußzeichen, wenn sie zur wörtlich wiedergegebenen Äußerung oder angeführten Textstelle gehören.

Er erwiderte: „Das muß jeder selbst entscheiden." „Wie geht es dir?" sprach er ihn an. Sie fragte: „Weshalb darf ich das nicht?" und schaute mich wütend an. „Bleib sofort stehen!" brüllte er.

Es steht dann kein Punkt mehr nach dem Schlußzeichen.

Immer kommt er mit seinem „Ich kann nicht!"

In allen anderen Fällen stehen Punkt, Frage- und Ausrufezeichen nach dem Schlußzeichen.

Ich habe erst die „Buddenbrooks" gelesen und dann den „Zauberberg". Wer kennt das Theaterstück „Der Stellvertreter"? Kennst du den Roman „Quo vadis?"? Ich brauche dringend den Text der Oper „Figaros Hochzeit"! Laß doch dieses ewige „Ich will nicht!"!

● Trifft ein Komma mit Anführungszeichen zusammen, so steht es nach dem schließenden Anführungszeichen.

„Morgen früh", versprach sie, „komme ich zurück."
Als er mich fragte: „Weshalb darf ich das nicht?", war ich sehr verlegen.

Vor dem Komma verliert der angeführte Satz seinen Schlußpunkt.

„Das weiß ich nicht", anwortete sie.

Weitere Hinweise: ↑Groß- und Kleinschreibung (R 78 ff.), ↑Richtlinien für den Schriftsatz (S. 69).

Anmerkungszeichen

↑Richtlinien für den Schriftsatz (S. 69)

Anrede

↑Ausrufezeichen (R 30), ↑Groß- und Kleinschreibung (R 71 f.), ↑Komma (R 95)

Anschrift

↑Hinweise für das Maschinenschreiben (S. 65)

Apostroph (Auslassungszeichen)

Der Apostroph deutet an, daß Laute oder Buchstaben, die gewöhnlich gesprochen oder geschrieben werden, ausgelassen worden sind.

R 16 Der Apostroph steht für **ausgelassene Laute oder Buchstaben am Wortanfang.**

Wirf die Decken und 's (das) *Gepäck ins Auto. So 'n* (ein) *Blödsinn! Das war 'ne* (eine) *Wucht! Wir steigen 'nauf* (hinauf).

Die verkürzten Formen sind auch am Satzanfang klein zu schreiben.

's (Es) *ist unglaublich!*

Vor dem Apostroph steht der gewöhnliche Wortzwischenraum, außer bei geläufigen Verbindungen mit dem Pronomen „es".

Wie geht's? Er macht sich's gemütlich. Wenn's möglich ist. Um's kurz zu machen.

● Im Gegensatz zu „'nauf", „'naus" usw. (statt „hinauf", „hinaus" usw.) werden die mit -r anlautenden Kürzungen heute im allgemeinen ohne Apostroph geschrieben.

Runter vom Balkon! Reich mir mal das Buch rüber! Er ließ ihn rauswerfen. Was für ein Reinfall!

R 17 Kein Apostroph steht bei **Verschmelzungen aus Präposition (Verhältniswort) und Artikel,** die allgemein gebräuchlich sind.

Präposition + das:
ans, aufs, durchs, fürs, hinters, ins, übers, ums, unters, vors

Präposition + dem:
am, beim, hinterm, überm, unterm, vorm, zum

Präposition + den:
hintern, übern, untern, vorn

Präposition + der:
zur

Umgangssprachliche und mundartliche Verschmelzungen werden dagegen mit Apostroph geschrieben.
Er sitzt auf'm (auf dem) *Tisch. Wir gehen in'n* (in den) *Zirkus.*

R 18 Der Apostroph steht für das **ausgelassene Schluß-e** bei Substantiven und bestimmten Verbformen (1. und 3. Person Singular).

Diese Formen treten gewöhnlich bei der Wiedergabe gesprochener Sprache und in dichterischen Texten auf.

Der Wahn ist kurz, die Reu' ist lang. Das ist doch keine Sünd'! In seiner Näh' schmilzt sie dahin.
Das hör' ich gern. Ich lass' das nicht zu. Ich stoß' ihn weg. Ich werd' kommen. Ich hatt' einen Kameraden. Das Wasser rauscht', das Wasser schwoll ... Behüt' dich Gott! Könnt' ich das nur erreichen! Hol's der Teufel!

Dies gilt vereinzelt auch für Wörter aus anderen Wortarten.

Eh' der Hahn dreimal kräht.

● Kein Apostroph steht bei Wörtern in festen Verbindungen.

auf Treu und Glauben, Hab und Gut, mit Müh und Not, eh und je

Kein Apostroph steht bei verkürzten Imperativformen (Befehlsformen).

bleib!, geh!, trink!, laß!, leg den Mantel ab!, führ den Hund aus!

Kein Apostroph steht bei den kürzeren Formen einiger Substantive, Adjektive und Adverbien, die als gleichberechtigte Nebenformen gelten und (auch in der Standardsprache) allgemein üblich sind.

Bursch neben *Bursche, Hirt* neben *Hirte, blöd, bös, fad, gern, heut, leis, öd, trüb* neben *blöde* usw.

R 19 Der Apostroph steht bei Wörtern für **ausgelassene Laute oder Buchstaben am Wortende.**

Wissen S' (Sie) *schon? Er begehrt kein'* (keinen) *Dank.*

Kein Apostroph steht bei Adjektiven und unbestimmten Pronomen, die ungebeugt bleiben.

gut Wetter, solch Glück, manch lieber Freund, ein einzig Wort

R 20 Der Apostroph steht **im Wortinnern für ausgelassenes -i-** der mit -ig oder -isch gebildeten Adjektive oder Pronomen (Fürwörter).

ein'ge Leute, wen'ge Stunden, heil'ge Eide, ew'ger Bund; ird'sche Güter, märk'sche Heimat

Kein Apostroph steht aber in Adjektiven auf -sch, die von Eigennamen abgeleitet sind.

Goethesche (auch: Goethische) *Lyrik, Mozartsche Sonate, Grimmsche Märchen, Hegelsche Schule, Heusssche Schriften*

R 21 Der Apostroph steht, wenn **größere Buchstabengruppen in Namen** der Kürze wegen weggelassen werden.

Lu'hafen (Ludwigshafen am Rhein)
Ku'damm (Kurfürstendamm)
D'dorf (Düsseldorf)

R 22 Kein Apostroph steht, wenn ein **unbetontes -e- im Wortinnern** ausfällt und die kürzere Form des Wortes (auch in der Standardsprache) allgemein gebräuchlich ist.

ich wechsle (wechsele), *du tratst* (tratest), *auf verlornem* (verlorenem) *Posten, Abrieglung* (Abriegelung), *Wandrer* (Wanderer), *Englein* (Engelein), *wacklig* (wakkelig), *wäßrig* (wässerig), *edle* (edele) *Menschen, finstre* (finstere) *Gestalten, trockner* (trockener) *Boden, unsre* (unsere) *Verfassung*

Dies gilt auch für einige Wörter und Namensformen mundartlicher Herkunft.

Brettl, Dirndl, Hansl, Rosl

Bei ungebräuchlichen Auslassungen dagegen muß der Apostroph stehen.

Well'n (Wellen), *g'nug* (genug), *Bau'r* (Bauer)

R 23 Der Apostroph steht zur Kennzeichnung des Genitivs (Wesfalls) von artikellos gebrauchten **Namen, die auf s, ss, ß, tz, z, x enden.**

Hans Sachs' Gedichte, Aristoteles' Schriften, Le Mans' Umgebung, Grass' Blechtrommel, Voß' Übersetzung, Ringelnatz' Gedichte, Giraudoux' Werk, das Leben Johannes' des Täufers

Auch bei Abkürzungen dieser Namen muß im Genitiv der Apostroph gesetzt werden.

A.' Schriften (Aristoteles' Schriften)

Ebenso kennzeichnet der Apostroph häufig den Genitiv nichtdeutscher Namen, die [etwa] so ausgesprochen werden, als ob sie auf einen S- oder Zischlaut endeten.

Anatole France' Werke, George Meredith' Dichtungen, Sienkiewicz' Roman

R 24 Kein Apostroph steht vor dem **Genitiv-s von Namen,** auch nicht, wenn sie abgekürzt werden.

Brechts Dramen (B.s Dramen), Bismarcks Politik, Hamburgs Hafen, Heidis Briefe

R 25 Kein Apostroph steht bei **Abkürzungen** in der Genitiv- oder Pluralform auf -s.

des Lkws, die MGs, die GmbHs

Vgl. hierzu R 4.

Apposition (Beisatz)

↑Komma (R 97 f.)

Attribut (Beifügung)

↑Komma (R 98 f.)

Aufforderungssatz

↑Ausrufezeichen (R 28), ↑Punkt (R 160)

Aufzählungen

↑Doppelpunkt (R 48), ↑Komma (R 90)

Auslassung von Buchstaben

↑Apostroph (R 16 ff.)

Auslassungspunkte

R 26 Drei Auslassungspunkte zeigen an, daß **in einem Wort, Satz oder Text Teile ausgelassen worden sind.**

Leck mich am A...! Ihr verdammten Schwei... Der Horcher an der Wand ...
Er gab mit lauter Stimme den Takt an: „Eins – zwei, eins – zwei ..."
„Das Straßenverkehrsaufkommen hat sich durch den mit der zunehmenden Industrieproduktion angestiegenen Güterverkehr ... stark erhöht."

Beim Abbruch einer Rede kann an Stelle der Auslassungspunkte auch ein Gedankenstrich stehen (vgl. R 56).

R 27 Stehen Auslassungspunkte am Satzende, dann **entfällt der Schlußpunkt.**

Ich würde es dir sagen, wenn ...

Frage- und Ausrufezeichen werden jedoch gesetzt.

Ist er denn noch ...? Daß dich der ...!

Ein Abkürzungspunkt darf nicht in die Auslassungspunkte einbezogen werden.

Es geschah im Jahre 44 v. Chr. ...

Weiteres: ↑Hinweise für das Maschinenschreiben (S. 65).

Auslassungssatz
↑Komma (R 114)

Auslassungszeichen
↑Apostroph

Ausrufewort (Interjektion)
↑Ausrufezeichen (R 29), ↑Groß- und Kleinschreibung (R 67), ↑Komma (R 96)

Ausrufezeichen

R 28 Das Ausrufezeichen steht nach **Aufforderungs- bzw. Befehlssätzen und nach Wunschsätzen.**

Halt den Mund! Verlassen Sie sofort den Raum, wenn Sie sich nicht anständig benehmen können! Hätte er doch besser aufgepaßt!

Dies gilt auch bei verkürzten Sätzen dieser Art und bei Grußformeln und Glückwünschen.

Rauchen verboten! Einfahrt freihalten! Guten Tag! Prosit Neujahr!

● Kein Ausrufezeichen steht jedoch nach Aufforderungs- und Wunschsätzen, die ohne Nachdruck gesprochen werden oder von einem Aussage- oder Fragesatz abhängig sind.

Servieren Sie jetzt bitte den Nachtisch. Er befahl ihm, er solle sich auf den Boden legen. Hast du ihm gesagt, er solle kommen?

R 29 Das Ausrufezeichen steht nach **Ausrufen und Ausrufesätzen.**

Oh! Schade! Welch ein Glück! Das ist herrlich! Umwelt in Gefahr! (Schlagzeile) *„Pfui!" rief sie entrüstet.*

Folgen mehrere Ausrufewörter (Interjektionen) aufeinander, dann steht das Ausrufezeichen in der Regel erst hinter dem letzten Ausrufewort.

Na, na, na! „Nein, nein!" rief er.

Liegt aber auf jedem Ausrufewort ein besonderer Nachdruck, dann steht hinter jedem ein Ausrufezeichen.

„Na! Na! Passen Sie doch auf!" Nein! Nein! Und noch einmal: Nein!

● Ein Ausrufewort, das eng zu dem folgenden Satz gehört, wird nicht durch ein Ausrufezeichen abgetrennt. Man setzt je nach dem Grad der Hervorhebung ein Komma oder gar kein Satzzeichen. (Vgl. R 96.)

Au, das tut weh! He, was machen Sie da? Ach lassen wir das. Ei was soll ich tun?

Nach Ausrufesätzen, die die Form einer Frage haben, wird ein Ausrufezeichen gesetzt.

Wie lange soll ich denn noch warten!

R 30 Das Ausrufezeichen steht nach der herausgehobenen **Anrede.**

Herr Präsident! Meine sehr geehrten Damen und Herren!

Nach der einleitenden Anrede in Briefen und in anderen Schriftstücken kann ein Ausrufezeichen gesetzt werden.

Sehr geehrte Frau Schmidt!
Gestern erhielt ich die Nachricht ...

(Heute ist hier das Komma üblich, vgl. R 95.)

Kein Ausrufezeichen steht am Briefschluß hinter Wendungen wie „Hochachtungsvoll" oder „Mit herzlichem Gruß".

... wünschen wir Ihnen viel Erfolg.

Mit freundlichen Grüßen
Ihr Arbeitsamt

R 31 Das Ausrufezeichen steht eingeklammert nach **Angaben, die man bezweifelt oder hervorheben will.**

Nach Zeugenaussagen hatte der Angeklagte 24 (!) Schnäpse getrunken, bevor er sich ans Steuer setzte. Alle drei Einbrecher arbeiteten früher als Schweißer (!) und galten als tüchtige Fachleute.

Weitere Hinweise: ↑Anführungszeichen (R 15), ↑Gedankenstrich (R 57), ↑Groß- und Kleinschreibung (R 81), ↑Klammern (R 86).

Befehlsform (Imperativ)
↑Apostroph (R 18)

Befehlssatz

↑Ausrufezeichen (R 28), ↑Punkt (R 161)

Beifügung (Attribut)

↑Komma (R 98 f.)

Beisatz (Apposition)

↑Komma (R 97 ff.)

Beistrich

↑Komma

Beugung (Deklination)

↑Adjektiv (R 7 ff.), ↑Maß-, Mengen- und Münzbezeichnungen (R 128 f.), ↑Namen (R 139 ff.), ↑Substantiv (R 194 ff.)

Binde-s

↑Fugen-s

Bindestrich

Bindestrich zur Ergänzung: R 32
Bindestrich zur Verdeutlichung: R 33–40
Bindestrich zur Aneinanderreihung: R 41–43

Bindestrich zur Ergänzung

R 32 Wird in zusammengesetzten oder abgeleiteten Wörtern ein **gemeinsamer Bestandteil eingespart,** so wird als Ergänzungszeichen ein Bindestrich gesetzt.

Feld- und Gartenfrüchte, Ein- und Ausgang, Lederherstellung und -vertrieb, Balkon-, Garten- und Campingmöbel, Geld- und andere Sorgen; kraft- und saftlos; bergauf und -ab, ein- bis zweimal, 1- bis 2mal, drei- oder mehrfach; herbeirufen und -winken, ab- und zunehmen (abnehmen und zunehmen), aber: *ab und zu nehmen* (gelegentlich nehmen)

Eine getrennt geschriebene Fügung darf hierbei keinen Bindestrich erhalten.

öffentliche und Privatmittel, aber: *Privat- und öffentliche Mittel*

• Zwei Bindestriche stehen, wenn eine doppelte Einsparung vorliegt.

Warenein- und -ausgang (für: Wareneingang und Warenausgang), *Textilgroß- und -einzelhandel*

Bindestrich zur Verdeutlichung

R 33 **Zusammengesetzte Wörter** werden gewöhnlich ohne Bindestrich geschrieben.

Windschutzscheibe, Oberstudiendirektor, Lohnsteuerzahlung, splitterfasernackt, Rotwild, Ichsucht, Jawort, Jazzmusiker, Farbmonitor, naßkalt, Nildelta, moskaufreundlich, Dieselmotor

In Ausnahmefällen (vgl. im einzelnen das Wörterverzeichnis) ist die Schreibung mit Bindestrich fest geworden.

Ich-Laut, Ich-Roman (aber: *Ichform, ichbezogen*), *Ist-Stärke, Soll-Bestand, daß-Satz, das Als-ob*

R 34 Einen Bindestrich setzt man in **unübersichtlichen Zusammensetzungen** aus mehr als drei Gliedern.

Arbeiter-Unfallversicherungsgesetz, Gemeindegrundsteuer-Veranlagung Straßenverkehrs-Zulassungsordnung

Kein Bindestrich steht in übersichtlichen Zusammensetzungen.

Eisenbahnfahrplan, Steinkohlenbergwerk, Fußballbundestrainer, Eishockeyländerspiel

R 35 Einen Bindestrich setzt man, wenn **Mißverständnisse** auftreten können.

Druck-Erzeugnis (Erzeugnis einer Druckkerei)
oder: *Drucker-Zeugnis* (Zeugnis eines Druckers)

In Einzelfällen kann man einen Bindestrich setzen, um Teile eines Wortes besonders hervorzuheben.

die Hoch-Zeit der Renaissance;
etwas be-greifen

R 36 Ein Bindestrich steht beim **Zusammentreffen von drei gleichen Vokalen (Selbstlauten)** in substantivischen Zusammensetzungen.

Kaffee-Ersatz, Tee-Ernte, Schnee-Eifel, Hawaii-Insel

• Dies gilt nicht für zusammengesetzte Adjektive und Partizipien.
schneeerhellt, seeerfahren

Kein Bindestrich steht, wenn verschiedene Vokale oder nur zwei gleiche Vokale zusammentreffen
Gewerbeinspektor, Energieeinsparung, Seeufer, Gemeindeumlage, Verandaaufgang, polizeiintern, blauäugig, Seeaal, Bauausstellung, Klimaanlage, Werbeetat, Augustaallee

R 37 Ein Bindestrich steht in Zusammensetzungen mit einzelnen **Buchstaben und Formelzeichen.**

I-Punkt, A-Dur, a-Moll, O-Beine, x-beliebig, Zungen-R, Dehnungs-h, Fugen-s; n-Eck, γ-Strahlen

Dies gilt auch für Ableitungen.

n-fach, 2π-fach, n-tel, x-te (aber: *8fach, 32stel, 5%ig;* vgl. R 212)

R 38 Ein Bindestrich steht in Zusammensetzungen mit **Abkürzungen.**

Kfz-Papiere, UKW-Sender, Lungen-Tbc, ABC-Staaten, US-amerikanisch, km-Zahl, Tbc-krank, Rh-Faktor

Ein Bindestrich steht auch bei abgekürzten Zusammensetzungen.
Masch.-Schr. (= Maschine[n]schreiben)
Ausk.-Büro (= Auskunftsbüro)
Reg.-Rat (= Regierungsrat)
Abt.-Leiter (= Abteilungsleiter)
röm.-kath. (= römisch-katholisch)
Rechnungs-Nr. (= Rechnungsnummer)

• Kein Bindestrich steht aber bei Ableitungen von Abkürzungen.

FKKler

R 39 In **adjektivischen Zusammensetzungen** steht ein Bindestrich, wenn jedes der beiden Adjektive seine Eigenbedeutung bewahrt, beide zusammen aber eine Gesamtvorstellung ausdrükken.

die schaurig-schöne Erzählung, ein heiter-verspielter Roman, die südost-nordwestliche Richtung, die griechisch-orthodoxe Kirche

Kein Bindestrich steht jedoch, wenn das erste Wort das zweite näher bestimmt.

ein altkluges Kind, ein bitterböser Brief

Vgl. hierzu auch R 40.

R 40 Zusammengesetzte **Farbbezeichnungen** werden ohne Bindestrich geschrieben, wenn das Nebeneinander der Farben eindeutig ist oder wenn die zusammengesetzte Bezeichnung nur eine Farbe angibt.

die schwarzrotgoldene Fahne, ein blaugelbes Emblem, ein schwarzweiß verzierter Rand; Schwarzweißfilm, Rotgrünblindheit, Blauweißporzellan
Aber (zur besonderen Hervorhebung): *die Fahne Schwarz-Rot-Gold;*
das blaurote Kleid (die Farbe ist ein bläuliches Rot); *eine gelbgrün gestreifte Bluse* (eine Bluse mit gelblichgrünen Streifen)

• Ein Bindestrich steht jedoch, um das Nebeneinander zweier Farben gegenüber einer Mischfarbe oder Farbtönung deutlich abzugrenzen.

das blau-rote Kleid (das Kleid hat die Farben Blau und Rot), *eine gelb-grün gestreifte Bluse* (eine Bluse mit gelben und grünen Streifen)

Bindestrich zur Aneinanderreihung

R 41 In einer Aneinanderreihung aus einem **Grundwort und mehreren Bestimmungswörtern** werden alle Wörter durch Bindestriche verbunden (durchgekoppelt).

September-Oktober-Heft, Magen-Darm-Katarrh, Nord-Süd-Dialog, Ritter-und-Räuber-Romane, Frage-und-Antwort-

Spiel, Mund-zu-Mund-Beatmung, Do-it-yourself-Bewegung, In-dubio-pro-reo-Grundsatz, Links-rechts-Kombination, Schlaf-wach-Rhythmus, Sankt-Josefs-Kirche, Georg-Büchner-Preis, Dortmund-Ems-Kanal, Chrom-Molybdän-legiert

Übersichtliche Aneinanderreihungen dieser Art werden jedoch meist zusammengeschrieben.

Sauregurkenzeit, Loseblattausgabe

Bindestriche stehen auch, wenn ein einzelner Buchstabe oder eine Abkürzung an Stelle eines Wortes steht.

A-Dur-Tonleiter, Vitamin-C-haltig, ABC-Waffen-frei, Blitz-K.-o., E.-T.-A.-Hoffmann-Straße; aber: *[DIN-]A4-Blatt* (Buchstabe und Zahl bilden eine Einheit); *Côte-d'Azur-Reise, Giro-d'Italia-Gewinner*

> **R 42** Besteht die Bestimmung zu einem **substantivierten Infinitiv** (zu einer substantivierten Grundform) aus mehreren Wörtern, dann werden alle Wörter durch Bindestriche verbunden.

das An-den-Haaren-Herbeiziehen, das Ins-Blaue-Fahren, das In-den-April-Schicken, zum Aus-der-Haut-Fahren
Aber (↑R 68): *das Sichausweinen*

Übersichtliche und geläufige Aneinanderreihungen dieser Art schreibt man jedoch zusammen.

das Außerachtlassen, das Inkrafttreten

> **R 43** Aneinanderreihungen mit **Zahlen in Ziffern** werden durch Bindestriche verbunden.

Als Aneinanderreihungen gelten auch Zusammensetzungen mit Bruchzahlen (vgl. hierzu auch R 212).

60-Pfennig-Briefmarke, ¾-Liter-Flasche, ⅜-Takt, 2-kg-Dose, 70-kW-Motor, 400-m-Lauf, 4 × 100-m-Staffel, Formel-3-Rennwagen, 1.-Klasse-Kabine, 4- bis 5-Zimmer-Wohnung, 3:1(2:0)-Sieg
Aber (bei in Worten geschriebenen Zahlen): *Dreiachteltakt, Sechzigpfennigmarke*

Bindewort (Konjunktion)

↑Groß- und Kleinschreibung (R 67), ↑Komma (R 101 ff.)

„bis"-Zeichen

↑Richtlinien für den Schriftsatz (S. 69)

bitte

↑Komma (R 115)

Brief

↑Ausrufezeichen (R 30), ↑Groß- und Kleinschreibung (R 71), ↑Komma (R 95), ↑Punkt (R 167), ↑Hinweise für das Maschinenschreiben (S. 65)

Buchtitel

↑Anführungszeichen (R 12), ↑Groß- und Kleinschreibung (R 73), ↑Namen (R 158), ↑Punkt (R 163)

c im Fremdwort

↑Fremdwörter (R 53)

Dativ (Wemfall)

↑Datum (R 45), ↑Substantiv (R 195)

Datum

> **R 44** Steht bei Angabe des Datums der Wochentag **ohne „am"**, dann steht der Monatstag im Akkusativ (Wenfall).

Wir haben heute Sonntag, den 31. März. Die Spiele beginnen nächsten Samstag, den 17. Juli.

Der Monatstag kann als Glied einer Aufzählung aufgefaßt werden. Dann steht kein Komma hinter dem Monatsnamen. Er kann auch als nachgestellter Beisatz (Apposition) angesehen werden; in diesem Fall steht ein Komma hinter dem Monatsnamen. Beide Formen sind korrekt.

Die Familie kommt Montag, den 5. September an.
Die Familie kommt Montag, den 5. September, an.

R 45 Steht bei Angabe des Datums der Wochentag im Dativ (Wemfall) **mit „am"**, wird der nachfolgende Monatstag gewöhnlich als nachgestellter Beisatz (Apposition) aufgefaßt. Er steht dann ebenfalls im Dativ mit Komma hinter dem Monatsnamen.

Die Familie kommt am Montag, dem 5. September, an.

Der nachfolgende Monatstag kann auch als Glied einer Aufzählung aufgefaßt werden. Er steht dann als selbständige Zeitangabe im Akkusativ (Wenfall; ohne Komma hinter dem Monatsnamen). Auch diese Form ist korrekt.

Die Familie kommt am Montag, den 5. September an.

Weitere Hinweise: ↑Komma (R 100), ↑Punkt (R 165), ↑Hinweise für das Maschinenschreiben (S. 65).

Deklination (Beugung)

↑Adjektiv (R 7 ff.), ↑Maß-, Mengen- und Währungsbezeichnungen (R 128 f.), ↑Namen (R 139 ff.), ↑Substantiv (R 194 ff.)

Doppellaut (Diphthong)

↑Silbentrennung (R 180)

Doppelpunkt

R 46 Der Doppelpunkt steht vor **angekündigten wörtlich wiedergegebenen Äußerungen** (vor direkter Rede).

Friedrich der Große sagte: „Ich bin der erste Diener meines Staates."

Dies gilt auch für wörtlich wiedergegebene Gedanken.

Eva dachte: „Wenn nur schon alles vorüber wäre!"

R 47 Der Doppelpunkt steht vor ausdrücklich **angekündigten Sätzen oder Satzstücken.**

Das Sprichwort heißt: Der Apfel fällt nicht weit vom Stamm.
Diagnose: chronische Bronchitis.

R 48 Der Doppelpunkt steht vor **angekündigten Aufzählungen.**

Folgende Teile werden nachgeliefert: gebogene Rohre, Muffen, Verbindungsschläuche, Schlauchklemmen und Dichtungen.

● Kein Doppelpunkt steht, wenn der Aufzählung „d. h.", „d. i.", „nämlich" u. a. vorausgehen. In diesen Fällen wird ein Komma vor „d. h." usw. gesetzt.

Das Jahr hat zwölf Monate, nämlich Januar, Februar, März usw.

R 49 Der Doppelpunkt steht vor Sätzen, die das Vorangegangene **zusammenfassen** oder daraus eine **Folgerung** ziehen.

Der Wald, die Felder, der See: all das gehörte früher einem einzigen Mann.
Du arbeitest bis spät in die Nacht, rauchst eine Zigarette nach der anderen, gehst kaum noch an die frische Luft: du machst dich kaputt, mein Lieber!

Weitere Hinweise: ↑Gedankenstrich (R 57), ↑Groß- und Kleinschreibung (R 79).

Eigennamen

↑Namen

Eigenschaftswort

↑Adjektiv

Einzelbuchstaben

↑Bindestrich (R 37), ↑Groß- und Kleinschreibung (R 82)

Empfindungswort (Interjektion)

↑Ausrufezeichen (R 29), ↑Groß- und Kleinschreibung (R 67), ↑Komma (R 96)

Erdkundliche Namen

↑Namen (R 145 ff.)

Ergänzungsbindestrich

↑Bindestrich (R 32)

Familien- und Personennamen

↑Namen (R 130 ff.)

Farben

↑Bindestrich (R 40), ↑Groß- und Kleinschreibung (R 65)

Fernruf- und Fernschreibnummern

↑Richtlinien für den Schriftsatz (S. 69)

Firmennamen

↑Namen (R 159)

Fragesatz

↑Fragezeichen (R 50), ↑Punkt (R 160)

Fragezeichen

R 50 Das Fragezeichen steht nach einem **direkten Fragesatz.**

Wo wohnst du? Wie heißt du? Wie spät ist es, und wie komme ich zum Bahnhof? „Weshalb darf ich das nicht?“ fragte er. Woher soll ich wissen, daß er krank ist? Dürfen wir Sie darauf hinweisen, daß die Frist morgen abläuft?

● Kein Fragezeichen steht nach indirekten Fragesätzen, die von einem Aussage-, Aufforderungs- bzw. Befehlssatz oder Wunschsatz abhängen.

Sie fragte, wann sie kommen solle. Sag mir, woher du das Geld hast!

Kein Fragezeichen steht nach Ausrufesätzen, die die Form einer Frage haben.

Was erlauben Sie sich!

R 51 Das Fragezeichen steht nach einzelnen **Fragewörtern,** wenn sie allein oder im Satzzusammenhang auftreten.

Wie? Warum? Wohin?
Auf die Frage „Wem?“ steht der Dativ, auf die Frage „Wen?“ der Akkusativ.

Wird ein Fragewort aber nicht besonders hervorgehoben, dann setzt man ein Komma dahinter. Das Fragezeichen steht dann erst am Satzende.

Was, du bist umgezogen?
Wie denn, wo denn, was denn?

R 52 Ein eingeklammertes Fragezeichen steht nach **Angaben, die man bezweifelt.**

Das Mädchen behauptet, das Geld gefunden (?) zu haben.

Weitere Hinweise: ↑Anführungszeichen (R 15), ↑Gedankenstrich (R 57), ↑Groß- und Kleinschreibung (R 81), ↑Klammern (R 86).

Fremdwörter

R 53 **Häufig gebrauchte** Fremdwörter, vor allem solche, die keine dem Deutschen fremden Laute enthalten, können sich nach und nach der deutschen Schreibweise angleichen.

Übergangsstufe:

Friseur	neben: *Frisör*
Photograph	neben: *Fotograf*
Mikrophon	neben: *Mikrofon*

Endstufe:

Bluse	für: *Blouse*
Fassade	für: *Façade*
Likör	für: *Liqueur*

Fremdwörter, die [noch] nicht angeglichen sind, werden in der fremden Schreibweise geschrieben.

Milieu, Jalousie, Jeans, Moiré, Computer, Breakdance, Macho

● Ob c in einem Fremdwort im Zuge der Eindeutschung k oder z wird, hängt von seiner ursprünglichen Aussprache ab. Es wird in der Regel zu k vor a, o, u und vor Konsonanten (Mitlauten). Es wird zu z vor e, i, y, ä und ö.

Kopie	für: *Copie*
Spektrum	für: *Spectrum*
Penizillin	für: *Penicillin*
Zäsur	für: *Cäsur*
Zentrum	für: *Centrum*
Akkusativ	für: *Accusativ*

In Entlehnungen aus dem Griechischen bleiben th und rh erhalten.

Bibliothek, Mathematik, Pathos, Theke, katholisch, Asthma, Äther, Thron, Rhabarber, Rhetorik, Rheumatismus

Weitere Hinweise: ↑Groß- und Kleinschreibung (R 70), ↑Silbentrennung (R 179), ↑Substantiv (R 194).

Fugenzeichen

> **R 54** Fugenzeichen wie -s-, -n- oder -en- kennzeichnen die Verbindungsstelle bestimmter Zusammensetzungen.

Liebesdienst, Glückstag, Hundehütte, Mauseloch, Sonnenschein, Tannenbaum, Schwanenhals, Hahnenkampf, Bücherstube, Lämmerschwanz

Häufig handelt es sich um eine Beugungsendung, die in die Zusammensetzung eingegangen ist. Viele Zusammensetzungen sind jedoch in Anlehnung an bereits bestehende Muster gebildet worden. (So ist z. B. die Bischofskonferenz nicht die Konferenz eines Bischofs, sondern mehrerer Bischöfe.) Im Zweifelsfall orientiere man sich an Beispielen mit dem gleichen Bestimmungswort im Wörterverzeichnis.

In einigen Fällen stehen Zusammensetzungen mit und ohne Fugenzeichen oder mit unterschiedlichen Fugenzeichen nebeneinander.

Buchstütze	neben: *Bücherstütze*
Speisekarte	neben: *Speisenkarte*
Erbschaftssteuer	behördlich: *Erbschaftsteuer*
Rinderbraten	landschaftlich: *Rindsbraten*
Mondschein	gehoben: *Mondenschein*

● In einigen Fällen kennzeichnet das Fugenzeichen einen Bedeutungsunterschied.

Wassernot (Wassermangel), *Wassersnot* (Überschwemmungskatastrophe), *Landmann* (Bauer), *Landsmann* (jmd., der aus dem gleichen Lande stammt)

Fürwort (Pronomen)

↑Apostroph (R 19), ↑Groß- und Kleinschreibung (R 66 u. 71 f.)

Fußnotenzeichen

↑Richtlinien für den Schriftsatz (S. 69)

Gänsefüßchen

↑Anführungszeichen

Gebäudenamen

↑Namen (R 159)

Gedankenstrich

> **R 55** Der Gedankenstrich steht vor und nach **eingeschobenen Satzstücken und Sätzen,** die das Gesagte erläutern oder ergänzen.

Dieses Bild – es ist das letzte und bekannteste der Künstlerin – wurde vor einigen Jahren nach Amerika verkauft.

● Hinter dem zweiten Gedankenstrich steht ein Komma, wenn es auch ohne das eingeschobene Satzstück oder den eingeschobenen Satz stehen müßte.

Sie wundern sich – so schreiben Sie –, daß ich nur selten von mir hören lasse.
Er weigert sich – leider! –, nach Frankfurt zu kommen.

Schließt der eingeschobene Satz mit einem Nebensatz, einer nachgestellten genaueren Bestimmung o. ä. (vgl. R 98), dann steht am Ende des Einschubs kein Komma, weil der Gedankenstrich bereits die Trennung vom Hauptsatz übernimmt.

Philipp verließ – im Gegensatz zu seinem Vater, der 40 weite Reisen unternommen hatte – Spanien nicht mehr.

Ausrufe- und Fragezeichen bei einem eingeschobenen Satzstück oder Satz stehen vor dem zweiten Gedankenstrich.

Er behauptete – und das in aller Öffentlichkeit! –, ich hätte ihm sein Geld gestohlen. Unsere kleine Absprache – Sie erinnern sich doch noch? – sollte besser unter uns bleiben.

Der Doppelpunkt dagegen steht nach einem eingeschobenen Satz hinter dem zweiten Gedankenstrich.

Verächtlich rief er ihm zu – er wandte kaum den Kopf dabei –: „Was willst du hier?"

> **R 56** Innerhalb eines Satzes kennzeichnet der Gedankenstrich eine **längere Pause.**

Dies gilt besonders zwischen Ankündigungs- und Ausführungskommando, zur Vorbereitung auf etwas Unerwartetes oder zur Erhöhung der Spannung, bei Abbruch der Rede und beim Verschweigen eines Gedankenabschlusses. (Vgl. hierzu auch R 26.)

Rumpf vorwärts beugen – beugt!
Plötzlich – ein gellender Aufschrei!
„Sei still, du –!" schrie er ihn an.

R 57 Zwischen Sätzen kennzeichnet der Gedankenstrich den **Wechsel des Themas oder des Sprechers.**

Wir sprachen in der letzten Sitzung über das Problem der Getreideversorgung. – Hat übrigens jemand inzwischen Herrn Müller gesehen?
„Mein Sohn, was birgst du so bang dein Gesicht?" – „Siehst, Vater, du den Erlkönig nicht?"

R 58 Der Gedankenstrich kann **statt des Kommas** bei einer besonderen Betonung des Gegensatzes stehen.

Er versuchte es mehrmals – aber ohne Erfolg.

R 59 Der Gedankenstrich kann **an Stelle des Doppelpunktes** stehen, wenn dieser zu schwach erscheint.

Hier hilft nur noch eins – sofort operieren.

Weitere Hinweise: ↑Auslassungspunkte (R 26), ↑Klammern (R 85), ↑Komma (R 110).

Genitiv (Wesfall)

↑Apostroph (R 23), ↑Substantiv (R 194 u. 199)

Geographische Namen

↑Namen (R 145 ff.)

Groß- und Kleinschreibung

Großschreibung bedeutet Verwendung von großen Anfangsbuchstaben. Großbuchstaben erscheinen im Wortinnern nur bei Abkürzungen, in Zusammensetzungen mit Bindestrich und bei genereller Schreibung in Großbuchstaben.
Im Gegensatz zu anderen Sprachen ist im heutigen Deutsch die Großschreibung nicht nur auf Namen und Satzanfänge beschränkt. Es ergeben sich häufig Schwierigkeiten, die auch durch ausführliche Richtlinien nicht völlig behoben werden können. In Zweifelsfällen, die hier nicht behandelt werden, schreibe man mit kleinen Anfangsbuchstaben.

Schreibung der Substantive und ehemaligen Substantive R 60–64
Substantivischer Gebrauch anderer Wortarten R 65–70
Anredepronomen (Anredefürwörter) R 71 f.
Titel und Namen R 73–77
Satzanfang R 78–81
Einzelbuchstaben und Abkürzungen R 82 f.

Schreibung der Substantive und ehemaligen Substantive

R 60 **Substantive** werden groß geschrieben.

Erde, Kindheit, Aktion, Verständnis, Verwandtschaft, Reichtum, Verantwortung, Genie, Rhythmus, Computer

Vgl. aber R 61–64.

R 61 **Aus Substantiven entstandene Adverbien** werden klein geschrieben.

[heute] abend, kreuz und quer, anfangs, rings, teils, mitten, morgens, abends, sonntags

R 62 **Aus Substantiven entstandene Präpositionen (Verhältniswörter)** und Teile von präpositionalen Fügungen werden klein geschrieben.

dank, kraft, laut, statt, trotz, angesichts, auf seiten, um ...willen

R 63 **Aus Substantiven entstandene unbestimmte Pronomen (Fürwörter) oder Zahlwörter** werden klein geschrieben.

ein bißchen (= ein wenig)
ein paar (= einige),
aber: *ein Paar* (= zwei zusammengehörende) *Schuhe*

R 64 In vielen stehenden Verbindungen mit Verben wird das **in verblaßter Bedeutung** gebrauchte Substantiv klein geschrieben.

schuld sein, feind sein, willens sein
Mir ist angst. Aber: *Ich habe Angst.*
Das ist schade. Aber: *Das ist ihr eigener Schaden.*
recht bekommen, aber: *sein Recht bekommen*

● In festen Verbindungen mit Verben werden die Wörter bang[e], gram, leid, weh klein geschrieben, da es sich nicht um die Substantive die Bange, der Gram, das Leid, das Weh handelt, sondern um alte Adjektive oder Adverbien.

Er macht ihm bange. Aber: *Er hat keine Bange.*
Sie ist mir gram. Aber: *Ihr Gram war groß.*
Es tut ihm leid. Aber: *Ihm soll kein Leid geschehen.*
Es ist mir weh ums Herz. Aber: *Es ist sein ständiges Weh und Ach.*

Weitere Hinweise zur Schreibung von Substantiven in festen Verbindungen mit Verben: ↑Zusammen- und Getrenntschreibung (R 207).

Substantivischer Gebrauch anderer Wortarten

R 65 Substantivisch gebrauchte **Adjektive und Partizipien** werden groß geschrieben.

das Gute, die Abgeordnete, das Nachstehende, das Schaurig-Schöne, Gutes und Böses, Altes und Neues; das in Kraft Getretene; das dem Schüler Bekannte; das überschaubar Gewordene; die zuletzt Genannte; das dort zu Findende; Stoffe in Blau und Gelb; er ist bei Rot über die Kreuzung gefahren.

Adjektive und Partizipien werden vor allem dann groß geschrieben, wenn sie mit den Wörtern allerlei, alles, etwas, genug, nichts, viel, wenig u. ä. in Verbindung stehen.

allerlei Schönes, alles Gewollte, etwas Wichtiges, etwas derart Banales, nichts Besonderes, wenig Angenehmes

● Adjektive und Partizipien, die durch einen Artikel der Form nach substantiviert sind, werden klein geschrieben, wenn die jeweilige Fügung durch ein bloßes Adjektiv, Partizip oder Adverb ersetzt werden kann.

des weiteren (= weiterhin)
aufs neue (= wiederum)
im allgemeinen (= gewöhnlich)
in folgendem oder *im folgenden* (= weiter unten)
um ein beträchtliches (= sehr)
Es ist das gegebene (= gegeben), ...

Beim Superlativ muß man unterscheiden:

Geld brauchen wir am nötigsten (= dringend). Aber: *Es fehlt uns am Nötigsten* (= an den nötigsten Dingen).
Er erschrak aufs äußerste (= sehr). Aber: *Er war auf das Äußerste gefaßt* (= auf den äußersten Fall).

● Adjektive und Partizipien, die in festen Verbindungen [mit Verben] stehen, werden klein geschrieben, auch wenn sie der Form nach substantiviert sind.

im großen und ganzen; den kürzeren ziehen, im reinen sein, auf dem laufenden bleiben, ins reine bringen; von klein auf

Man schreibt in einzelnen Fällen noch groß, weil die substantivische Vorstellung überwiegt.

ins Schwarze treffen, bis ins Aschgraue, ins Lächerliche ziehen

● Adjektive in unveränderlichen Wortpaaren werden klein geschrieben, auch wenn sie scheinbar wie Substantive gebraucht werden.

alt und jung, groß und klein, durch dick und dünn, über kurz oder lang

Man muß unterscheiden:

arm und reich (= jedermann), aber: *der Unterschied zwischen Arm und Reich* (= zwischen Armen und Reichen)

● Ein Adjektiv oder Partizip mit vorangehendem Artikel u. ä. wird klein geschrieben, wenn es Beifügung (Attribut) zu einem vorangehenden oder nachstehenden Substantiv ist.

Sie war die aufmerksamste und klügste meiner Zuhörerinnen.

Mir gefallen alle neuen Krawatten sehr gut. Besonders mag ich die gestreiften und die gepunkteten.

Bei größerer Selbständigkeit des Adjektivs oder Partizips schreibt man es groß.

Er war ihr Bruder. Sie hat den früh Verstorbenen sehr geliebt.

• Ein Adjektiv oder Partizip [mit vorangehendem Artikel u. ä.] wird klein geschrieben, wenn es wie ein Pronomen (Fürwort) gebraucht wird.

jeder beliebige, der erste beste, der folgende (der Reihe nach), *alle folgenden* (= anderen), *folgendes* (= dieses)

Man muß hier unterscheiden:

alles mögliche (= viel, allerlei), aber: *alles Mögliche* (= alle Möglichkeiten)

R 66 Substantivisch gebrauchte **Pronomen (Fürwörter) und Zahlwörter** werden groß geschrieben.

die Acht, ein Dritter (= ein Unbeteiligter), *die verhängnisvolle Dreizehn, ein Achtel, ein Zweites möchte ich noch erwähnen; jedem das Seine, die Deinigen, das vertraute Du, ein gewisser Jemand*

• Sonst werden Pronomen und Zahlwörter klein geschrieben, in vielen Fällen auch dann, wenn sie mit einem Artikel oder Pronomen gebraucht werden oder mit den Wörtern allerlei, alles, etwas, genug, nichts, viel, wenig u. ä. in Verbindung stehen.

du, ihr, man, jemand, niemand, derselbe, einer, keiner, jeder, zwei, beide; der einzelne, der nämliche, das wenigste, das mindeste, ein jeder, die beiden, die ersten drei, der achte, ein achtel Liter, der eine, der andere, die übrigen

allerlei anderes, etwas anderes, alle übrigen, alle drei, alle beide

Vgl. im einzelnen das Wörterverzeichnis sowie die besonderen Regelungen für Anredepronomen (R 71 f.).

R 67 Substantivisch gebrauchte **Adverbien, Präpositionen (Verhältniswörter), Konjunktionen (Bindewörter) und Interjektionen (Ausrufewörter)** werden groß geschrieben.

das Drum und Dran, das Auf und Nieder, das Wenn und Aber, das Entweder-Oder, das Als-ob, das Weh und Ach, das Ja und Nein, nach vielem Hin und Her

R 68 Substantivisch gebrauchte **Infinitive (Grundformen)** werden groß geschrieben.

das Ringen, das Lesen, das Schreiben, [das] Verlegen von Rohren, im Sitzen und Liegen, lautes Schnarchen, das Zustandekommen, zum Verwechseln ähnlich, das Geradesitzen, das Sichausweinen, beim (landsch.: *am*) *Kuchenbacken sein, für Hobeln und Einsetzen [der Türen], das In-den-Tag-hinein-Leben, das Für-sich-haben-Wollen*

Infinitive ohne Artikel, Präposition oder nähere Bestimmung können als Substantiv oder als Verb aufgefaßt werden, also sowohl groß als auch klein geschrieben werden.

..., weil Geben seliger denn Nehmen ist.
Oder: *..., weil geben seliger denn nehmen ist.*
Er übte mit den Kindern Kopfrechnen.
Oder: *Er übte mit den Kindern kopfrechnen.*

R 69 In substantivischen **Aneinanderreihungen** wird das erste Wort auch dann groß geschrieben, wenn es kein Substantiv ist.

Pro-Kopf-Verbrauch, Ad-hoc-Arbeitsgruppe, das Auf-der-faulen-Haut-Liegen

Vgl. hierzu auch R 33, 37 f. u. 41 f.

R 70 Bei **fremdsprachigen Wortgruppen,** die für einen substantivischen Begriff stehen, schreibt man in deutschen Texten das erste Wort groß.

Heute mittag gab es Corned beef. Möchten Sie einen Irish coffee? Das ist eine Conditio sine qua non.

Die Schreibung übernommener fremdsprachiger Ausdrücke ist jedoch nicht einheitlich. Im Zweifelsfall schlage man daher im Wörterverzeichnis nach.

Hot dog, aber: *Cherry Brandy, Irish-Stew; Chambre séparée*, aber: *Grand Prix, Clair-obscur*

Anredepronomen (Anredefürwort)

R 71 Das **Anredepronomen in Briefen** wird groß geschrieben.

Dies gilt auch für die entsprechenden besitzanzeigenden Pronomen u. ä.

Liebe Silke,
ich hoffe, daß es Dir und Euch allen gutgeht und daß Du Deine Ferien an der See angenehm verlebst ...

Dasselbe gilt auch in feierlichen Aufrufen und Erlassen, Grabinschriften, Widmungen, Mitteilungen des Lehrers an einen Schüler unter Schularbeiten, auf Fragebogen, bei schriftlichen Prüfungsaufgaben usw.

Die Erde möge Dir leicht sein. Dieses Buch sei Dir als Dank für treue Freundschaft gewidmet. Immerhin hast Du Dir Mühe gegeben, deshalb: noch ausreichend.

● Bei der Wiedergabe von Reden, Dialogen u. ä., in Protokollen, Prospekten, Lehrbüchern u. ä. wird jedoch klein geschrieben.

Liebe Freunde! Ich habe euch heute zusammengerufen ... Lies die Sätze langsam vor. Wo machst du eine Pause?

R 72 Die **Höflichkeitsanrede „Sie"** und das entsprechende besitzanzeigende Pronomen „Ihr" werden immer groß geschrieben.

Haben Sie alles besorgen können? Er sagte damals: „Das kann ich Ihnen nicht versprechen." Wie geht es Ihren Kindern? Ich bin nur Ihretwegen gekommen.

● Das rückbezügliche Pronomen „sich" wird dagegen immer klein geschrieben.

Bei diesen Zahlen müssen Sie sich geirrt haben.

Auch in festgelegten Höflichkeitsanreden und Titeln wird das Pronomen groß geschrieben.

Haben Eure Exzellenz noch einen Wunsch?

Veraltet ist die Anrede in der 3. Person Singular.

Schweig' Er! Höre Sie mir gut zu!

Titel und Namen

R 73 Das erste Wort eines **Buch-, Film- oder Zeitschriftentitels,** einer **Überschrift** o. ä. wird groß geschrieben.

Der Artikel stand in der Neuen Rundschau. Er hat in dem Film „Ich bin ein Elefant, Madame" die Hauptrolle gespielt. Der Aufsatz hat die Überschrift „Mein schönstes Ferienerlebnis".

Vgl. R 12 u. R 158.

R 74 Das erste Wort eines **Straßennamens oder Gebäudenamens** wird groß geschrieben, ebenso alle zum Namen gehörenden Adjektive und Zahlwörter.

In der Mittleren Holdergasse, Am Warmen Damm, An den Drei Pfählen, Breite Straße, Lange Gasse; Zur Alten Post, aber: *Gasthaus zur Alten Post*

R 75 Alle zu einem **mehrteiligen Titel oder Namen** gehörenden Adjektive, Partizipien, Pronomen (Fürwörter) und Zahlwörter werden groß geschrieben.

Erste Vorsitzende (als Titel, sonst: *erste Vorsitzende*), *Regierender Bürgermeister* (als Titel, sonst: *regierender Bürgermeister*), *Seine Eminenz, Klein Dora, Friedrich der Große, der Große Kurfürst, der Alte Fritz, der Westfälische Friede, der Goldene Schnitt, das Blaue Band des Ozeans, die Ewige Stadt* (Rom), *die Sieben Schwaben, der Große Bär* (Sternbild), *die Medizinische Klinik des Städtischen Krankenhauses Wiesbaden*

Nicht am Anfang des Titels oder Namens stehende Adjektive werden gelegentlich auch klein geschrieben.

Gesellschaft für deutsche Sprache

● Es gibt Wortverbindungen, die keine Namen sind, obwohl sie häufig als Namen angesehen werden. Hier werden die Adjektive klein geschrieben.

italienischer Salat, künstliche Intelligenz, westfälischer Schinken, blauer Montag, neues Jahr

Vor allem in der Botanik und in der Zoologie werden die Adjektive in Verbindungen dieser Art oft groß geschrieben, weil man Benennungen aus der wissenschaftlichen Systematik von den allgemeinen Gattungsbezeichnungen abheben will.

der Rote Milan (Milvus milvus), *die Weiße Lilie* (Lilium candidum), *die Gefleckte Hyäne* (Crocuta crocuta)

R 76 Als Teile von **geographischen Namen** werden Adjektive und Partizipien groß geschrieben.

das Rote Meer, der Große Ozean, der Atlantische Ozean, die Holsteinische Schweiz

Die von geographischen Namen abgeleiteten Wörter auf -er schreibt man immer groß.

das Ulmer Münster, eine Kölner Firma, die Schweizer Industrie

• Die von geographischen Namen abgeleiteten Adjektive auf -isch werden klein geschrieben, wenn sie nicht Teil eines Eigennamens sind.

chinesische Seide, indischer Tee, böhmische Dörfer

R 77 Von **Personennamen** abgeleitete Adjektive werden groß geschrieben, wenn sie die persönliche Leistung oder Zugehörigkeit ausdrücken.

Platonische Schriften (Schriften Platos), *die Heineschen Reisebilder* (von Heine geschrieben), *die Mozartschen Kompositionen* (von Mozart)

• Diese Adjektive werden klein geschrieben, wenn sie aussagen, daß etwas nach einer Person benannt worden ist oder ihrer Art, ihrem Geist entspricht.

platonische Liebe (nach Plato benannt), *eine heinesche Ironie* (nach der Art Heines), *die Kompositionen wirken mozartisch* (wie die Kompositionen Mozarts)

• Immer klein schreibt man die von Personennamen abgeleiteten Adjektive auf -istisch, -esk und -haft, weil sie die Art angeben, und die Zusammensetzungen mit vor-, nach- u. ä.

darwinistische Auffassungen, kafkaeske Gestalten, eulenspiegelhaftes Treiben; vorlutherische Bibelübersetzungen

Satzanfang

R 78 Groß schreibt man das **erste Wort eines Satzganzen.**

Wir fangen um 9 Uhr an. Was hast du gesagt? Manche tragen schon Wintermäntel. Wenn das Wetter so bleibt, fahren wir morgen ins Grüne. Schön hat er das gesagt! De Gaulle starb am 9. November 1970.

Dies gilt auch für Abkürzungen.

Vgl. hierzu § 110 StVO.

Das Adelsprädikat „von" wird am Satzanfang mit großem Anfangsbuchstaben geschrieben, wenn es ausgeschrieben ist; abgekürzt steht ein kleiner Buchstabe, um Verwechslungen mit abgekürzten Vornamen zu vermeiden.

Von Bülow kommt später.
Aber: *v. Bülow kommt später.*

• Klein schreibt man, wenn am Satzanfang ein Apostroph steht.

's ist unglaublich!
'ne Menge Geld ist das!

Ein am Satzanfang mit Anführungszeichen, anderer Schriftart o. ä. gekennzeichnetes zitiertes Wort wird klein geschrieben, wenn es auch sonst klein geschrieben wird.

„von" ist eine Präposition. jedermann *schreibt man mit zwei* n.

R 79 Das erste Wort einer direkten Rede oder eines selbständigen Satzes **nach einem Doppelpunkt** schreibt man groß.

Er rief mir zu: „Es ist alles in Ordnung!" Gebrauchsanweisung: Man nehme alle 2 Stunden eine Tablette.

• Klein schreibt man dagegen nach einem Doppelpunkt, der vor einer angekündigten Aufzählung, einem angekündigten Satzstück oder vor einer Zusammenfassung oder Folgerung steht.

Er hat alles verspielt: sein Haus, seine Jacht, seine Pferde. Richtig muß es heißen: bei weniger als 5 %. 1 000 DM, in Worten: eintausend DM. Rechnen: sehr gut. Das Haus, die Wirtschaftsgebäude, die Scheune und die Stallungen: alles war den Flammen zum Opfer gefallen.

R 80 Das erste Wort eines **angeführten selbständigen Satzes** wird groß geschrieben.

Mit seinem ständigen „Das mag ich nicht!" ging er uns allen auf die Nerven.

Ein einzelnes angeführtes Wort, das kein Substantiv ist, schreibt man klein, auch wenn es in Verbindung mit einem Artikel oder einer Präposition steht.

Er hat das „und" in diesem Satz übersehen. Sie hat die Sätze mit „oder" verbunden.

R 81 Innerhalb eines Satzganzen wird **nach Anführungen,** die mit einem Frage- oder Ausrufezeichen enden, klein geschrieben.

„Wohin gehst du?" fragte er. „Grüß' dich, altes Haus!" rief er über die Straße. Sie schrie: „Niemals!" und schlug die Tür zu.

Vgl. hierzu auch R 15.

Einzelbuchstaben und Abkürzungen

R 82 Substantivisch gebrauchte **Einzelbuchstaben** schreibt man im allgemeinen groß.

das A und O; ein X für ein U vormachen

Meint man aber den Kleinbuchstaben, wie er im Schriftbild vorkommt, dann schreibt man klein.

der Punkt auf dem i; das n in Land; das Dehnungs-h; das Fugen-s

Meint man den gesprochenen Laut, der durch den Buchstaben wiedergegeben wird, so schreibt man gewöhnlich klein, in Zusammensetzungen mit Bindestrich jedoch meist groß.

das stimmhafte s; der S-Laut (auch: *s-Laut*); *das gerollte r; das Zungen-R*

R 83 Die Groß- und Kleinschreibung bleibt bei **Abkürzungen und Zeichen** auch dann erhalten, wenn sie als erster Bestandteil von Zusammensetzungen oder in Ableitungen verwendet werden.

Tbc-krank, US-amerikanisch, das n-Eck, das n-fache

Grundform (Infinitiv)

↑Groß- und Kleinschreibung (R 68), ↑Komma (R 107 f.), ↑Zusammen- und Getrenntschreibung (R 205 f.)

Hauptwort

↑Substantiv

Imperativ (Befehlsform)

↑Apostroph (R 18)

Infinitiv (Grundform)

↑Groß- und Kleinschreibung (R 68), ↑Komma (R 107 f.), ↑Zusammen- und Getrenntschreibung (R 205 f.)

Interjektion (Ausrufe-, Empfindungswort)

↑Ausrufezeichen (R 29), ↑Groß- und Kleinschreibung (R 67), ↑Komma (R 96)

Klammern

R 84 In runden Klammern stehen **erklärende Zusätze.**

Frankfurt (Oder)
Grille (Insekt) – Grille (Laune)
Als Hauptwerk Matthias Grünewalds gelten die Gemälde des Isenheimer Altars. (Der Zeitpunkt ihrer Vollendung ist umstritten. Einige nehmen 1511 an, andere 1515.)

In Nachschlagewerken werden bei kürzeren Zusätzen oft auch eckige Klammern verwendet.

R 85 Bei **eingeschobenen Sätzen,** die ohne Nachdruck gesprochen werden, können an Stelle von Kommas oder Gedankenstrichen runde Klammern gesetzt werden.

In seiner Vergangenheit (nur wenige kannten ihn noch von früher) gab es manchen dunklen Punkt.

R 86 **Andere Satzzeichen** stehen nach der zweiten runden Klammer, wenn sie auch ohne den eingeklammerten Zusatz stehen müßten.

Sie wohnen in Ilsenburg (Harz). Sie wundern sich (so schreiben Sie), daß ich so wenig von mir hören lasse. Lebt er in Cambridge (USA) oder in Cambridge (England)?

Ausrufe- und Fragezeichen stehen vor der schließenden Klammer, wenn sie zum eingeklammerten Zusatz gehören.

Der Antrag ist vollständig ausgefüllt (bitte deutlich schreiben!) an die Bank zurückzusenden. Es gab damals (erinnern Sie sich noch?) eine furchtbare Aufregung.

Der Schlußpunkt steht nur dann vor der schließenden Klammer, wenn ein ganzer Satz eingeklammert ist, der nicht an den vorhergehenden Satz angeschlossen ist.

Dies halte ich für das wichtigste Ergebnis meiner Ausführungen. (Die entsprechenden Belege finden sich auf Seite 25.)
Aber: *Mit der Produktion der neuen Modelle wurde bereits begonnen (im einzelnen werden wir noch darüber berichten).*

R 87 **Erläuterungen zu einem bereits eingeklammerten Zusatz** werden in eckige Klammern gesetzt.

Mit dem Wort Bankrott (vom italienischen „banca rotta“ [zusammengebrochene Bank]) bezeichnet man die Zahlungsunfähigkeit.

R 88 **Eigene Zusätze** in Anführungen oder eigene Ergänzungen bei nicht lesbaren oder zerstörten Texten können durch eckige Klammern kenntlich gemacht werden.

In ihrem Tagebuch heißt es: „Ich habe das große Ereignis [gemeint ist die Verleihung des Friedenspreises] ganz aus der Nähe miterlebt und war sehr beeindruckt.“

R 89 **Buchstaben, Wortteile oder Wörter,** die man auch weglassen kann, werden häufig in eckige Klammern eingeschlossen.

Kopp[e]lung, gern[e], acht[und]einhalb, sieb[en]tens, Besucher mit [schulpflichtigen] Kindern

Kleinschreibung

↑Groß- und Kleinschreibung

Komma (Beistrich)

Das Komma zwischen Satzteilen R 90 bis 104
Das Komma bei Partizipial- und Infinitivgruppen R 105–108
Das Komma zwischen Sätzen R 109–115
Das Komma vor „und“ oder „oder“ (Zusammenfassung) R 116–124
Das Komma beim Zusammentreffen einer Konjunktion (eines Bindewortes) mit einem Adverb, Partizip u. a. R 125–127

Das Komma zwischen Satzteilen

Das Komma steht innerhalb eines Satzes vor allem bei Aufzählungen, herausgehobenen Satzteilen sowie Einschüben und Zusätzen aller Art. Es steht jedoch nicht zwischen Satzgliedern, auch wenn diese durch Beifügungen sehr umfangreich sind.

R 90 Das Komma steht bei **Aufzählungen** zwischen Wörtern gleicher Wortart und zwischen gleichartigen Wortgruppen, wenn sie nicht durch „und“ oder „oder“ verbunden sind.

Am Schluß einer Aufzählung steht k e i n Komma, wenn der Satz weitergeht.

Feuer, Wasser, Luft und Erde. Er sägte, hobelte, hämmerte die ganze Nacht. Es war ein süßes, klebriges, kaum genießbares Getränk. Sie ist viel, viel schöner.

● Das Komma steht aber nicht vor dem letzten der aufgezählten Attribute eines Substantivs, wenn dieses mit dem Substantiv einen Gesamtbegriff bildet.

ein Glas dunkles bayrisches Bier
Sehr geehrte gnädige Frau!
Er machte bedeutende, lehrreiche physikalische Versuche.

Gelegentlich hängt es vom Sinn des Satzes ab, ob ein Gesamtbegriff vorliegt oder nicht.

die höher liegenden unbewaldeten Hänge (ohne Komma, weil es auch tiefer liegende unbewaldete Hänge gibt)
die höher liegenden, unbewaldeten Hänge (mit Komma, weil die tiefer liegenden bewaldet sind)

R 91 Mehrteilige **Wohnungsangaben** werden durch Komma gegliedert.

Renate Meier, Dresden, Wilhelmstr. 24, I. Stock, links
Peter Schmidt, Landgraf-Georg-Straße 4, Darmstadt

Wird die Wohnungsangabe mit einer Präposition (einem Verhältniswort) an den Namen angeschlossen oder auf andere Weise in den Satz einbezogen, dann steht nach dem letzten Bestandteil kein Komma.

Frau Anke Meyer in Heidelberg, Hauptstraße 15 hat den ersten Preis gewonnen. Herr Schmitt ist von Bonn, Königstraße 20 nach Mannheim-Feudenheim, Eberbacher Platz 14 umgezogen.

Folgt aber die Wohnungsangabe unmittelbar auf den Namen, dann ist sie eine nachgestellte genauere Bestimmung, die nach R 98 in Kommas eingeschlossen wird.

Frau Anke Meyer, Heidelberg, Hauptstraße 15, hat den ersten Preis gewonnen. Die Firma Voß, Köln, Hansaring 12, hat mitgeteilt ...

R 92 Mehrteilige **Angaben von Stellen** aus Büchern, Zeitschriften o. ä. werden gewöhnlich durch Komma gegliedert.

Man findet diese Regel im Duden, Rechtschreibung, S. 38, R 92. Der Artikel erschien im „Spiegel", Heft 48, 1990, S. 25 f.

Bei Hinweisen auf Gesetze, Verordnungen usw. wird gewöhnlich kein Komma gesetzt.

§ 6 Abs. 2 Satz 2 der Personalverordnung

R 93 Mehrere vorangestellte **Namen und Titel** werden nicht durch Komma getrennt.

Hans Albert Schulze (aber: *Schulze, Hans Albert*)
Direktor Professor Dr. Max Müller
Seine Heiligkeit Papst Johannes Paul II.

In der Regel steht auch kein Komma bei „geb.", „verh.", „verw." usw.

Martha Schneider geb. Kühn

Der Geburtsname o. ä. kann aber auch als nachgetragener Zusatz aufgefaßt werden und wird dann in Kommas eingeschlossen.

Dr. Karl Schneider und Frau Martha[,] geb. Kühn[,] geben sich die Ehre ...

R 94 Das Komma steht nach **herausgehobenen Satzteilen,** die durch ein Pronomen (Fürwort) oder Adverb erneut aufgenommen werden.

Deinen Vater, den habe ich gut gekannt. In diesem Krankenhaus, da haben sie mir die Mandeln herausgenommen.

R 95 Das Komma trennt die **Anrede** vom übrigen Satz.

Kinder, hört doch mal zu! Haben Sie meinen Brief bekommen, Herr Müller? Das, mein Lieber, kannst du nicht von mir verlangen. Hallo, Tina, wie geht es dir?

Nach der Anrede am Anfang eines Briefes wird heute gewöhnlich ein Komma gesetzt (vgl. R 30). Das erste Wort des Brieftextes wird dann klein geschrieben, wenn es kein Substantiv oder Anredepronomen ist.

Sehr geehrter Herr Schmidt,
gestern erhielt ich ...

R 96 Das Komma trennt die **Interjektion (das Ausrufe-, Empfindungswort)** vom Satz, wenn sie mit besonderem Nachdruck gesprochen wird.

Ach, das ist schade! Au, du tust mir weh!

Dies gilt auch für die bekräftigende Bejahung und Verneinung.

Ja, daran ist nicht zu zweifeln. Nein, das sollte er nicht sagen.

Kein Komma steht, wenn sich die Interjektion o. ä. eng an den folgenden Text anschließt.

Ach laß mich doch in Ruhe! Ja wenn er nur käme! Seine ach so große Vergeßlichkeit ...

R 97 Das Komma trennt den **nachgestellten Beisatz (die Apposition)** ab.

Johannes Gutenberg, der Erfinder der Buchdruckerkunst, wurde in Mainz geboren. Das Auto, Massenverkehrsmittel und Statussymbol zugleich, bestimmt immer mehr das Gesicht unserer Städte.

• Kein Komma steht dagegen, wenn der Beisatz zum Namen gehört.

Heinrich der Löwe wurde im Dom zu Braunschweig begraben. Das ist ein Gemälde von Hans Holbein dem Jüngeren.

Gelegentlich entscheidet allein das Komma, ob eine Aufzählung oder ein Beisatz vorliegt. In diesen Fällen kann also das Komma den Sinn eines Satzes verändern.

Gertrud, meine Schwester, und ich wohnen im selben Haus (2 Personen).
Gertrud, meine Schwester und ich wohnen im selben Haus (3 Personen).

R 98 **Nachgestellte genauere Bestimmungen** werden durch das Komma abgetrennt oder, wenn der Satz weitergeführt wird, in Kommas eingeschlossen.

Das gilt vor allem für Bestimmungen, die durch „und zwar", „und das", „nämlich", „d. h.", „d. i.", „z. B." u. ä. eingeleitet werden.

Das Schiff verkehrt wöchentlich einmal, und zwar sonntags. Wir müssen etwas unternehmen, und das bald. Bei unserer nächsten Sitzung, das ist am Donnerstag, werde ich diese Angelegenheit zur Sprache bringen. Mit einem Scheck über 2 000,– DM, in Worten: zweitausend Deutsche Mark, hat er die Rechnung bezahlt. Es gibt vier Jahreszeiten, nämlich Frühling, Sommer, Herbst und Winter.

Wird eine adjektivische Beifügung (ein Attribut) durch eine zweite Beifügung näher bestimmt, dann setzt man kein schließendes Komma, um den Zusammenhang der Fügung nicht zu stören.

Ausländische, insbesondere holländische Firmen traten als Bewerber auf. Das Buch enthält viele farbige, und zwar mit der Hand kolorierte Holzschnitte.

Das schließende Komma steht auch dann nicht, wenn ein Teil des Prädikats (der Satzaussage) näher bestimmt und die zugehörige Personalform des Verbs nur einmal gesetzt wird.

Er wurde erst wieder ruhiger, als er sein Herz ausgeschüttet, d. h. alles erzählt hatte.

• Gelegentlich werden nachgestellte Beisätze oder nachgestellte genauere Bestimmungen nicht als Einschübe gewertet, die den Satz unterbrechen, sondern wie ein Satzglied behandelt und nicht durch Komma abgetrennt. Die Entscheidung liegt in diesen Fällen beim Schreibenden.

Die Kranke hatte entgegen ärztlichem Verbot das Bett verlassen.
Oder: *Die Kranke hatte, entgegen ärztlichem Verbot, das Bett verlassen.*
Alle bis auf Hannelore wollen mitfahren.
Oder: *Alle, bis auf Hannelore, wollen mitfahren.*
Der Angeklagte Max Müller erschien nicht zur Verhandlung.
Oder: *Der Angeklagte, Max Müller, erschien nicht zur Verhandlung.*

• Kein Komma steht bei genaueren Bestimmungen, die zwischen einem Artikel, Pronomen oder Zahlwort und dem zugehörigen Substantiv stehen.

eine wenn auch noch so bescheidene Forderung; diese den Betrieb stark belastenden Ausgaben; zwei mit allen Wassern gewaschene Betrüger

R 99 Nachgestellte Adjektive und Partizipien werden durch das Komma abgetrennt oder, wenn der Satz weitergeführt wird, in Kommas eingeschlossen.

Er schaut zum Fenster hinaus, müde und gelangweilt. Sie erzählte allerlei Geschichten, erlebte und erfundene. Der November, kalt und naß, löste eine heftige Grippewelle aus. Dein Wintermantel, der blaue, muß in die Reinigung.
Kabeljau, gedünstet

Das Komma steht aber nicht, wenn in bestimmten festen Fügungen oder dichterischen Wendungen ein alleinstehendes Adjektiv nachgestellt ist.

Aal blau
Karl Meyer junior
Bei einem Wirte wundermild ...

R 100 Das **Datum** wird von Orts-, Wochentags- und Uhrzeitangaben durch Komma getrennt.

Berlin, den 26. 12. 1990
Mannheim, im Januar 1991
Mittwoch, den 25. Juli, [um] 20 Uhr findet die Sitzung statt.

Folgt der Monatstag auf den Wochentag, so muß man beachten, ob eine Aufzählung vorliegt oder ob dem Wochentag ein erklärender Beisatz nachgestellt ist. (Vgl. R 44 f.)

Er kommt am Montag, dem 5. September, an. (Wochen- und Monatstag stehen im Dativ; Beisatz.) *Er kommt am Montag, den 5. September an.* (Der Wochentag steht im Dativ, der Monatstag im Akkusativ; Aufzählung.)
Er kommt Montag, den 5. September, an. Oder: *Er kommt Montag, den 5. September an.* (Wochen- und Monatstag stehen im Akkusativ; Beisatz oder Aufzählung.)

R 101 Das Komma steht zwischen Satzteilen, die durch **anreihende Konjunktionen (Bindewörter)**[1] in der Art einer Aufzählung verbunden sind.

[1] Als Konjunktionen werden hier der Einfachheit halber auch die einem Satzteil vorangestellten Adverbien (z. B. teils – teils) bezeichnet.

Dies gilt vor allem bei:
bald – bald
einerseits – and[e]rerseits
einesteils – ander[e]nteils
je – desto
ob – ob
teils – teils
nicht nur – sondern auch
halb – halb

Die Kinder spielen teils auf der Straße, teils im Garten. Er ist nicht nur ein guter Schüler, sondern auch ein guter Sportler. Halb zog sie ihn, halb sank er hin.

• Kein Komma steht vor den anreihenden Konjunktionen, die eng zusammengehörige Satzteile verbinden (vgl. aber R 109). Hierzu gehören:
und
sowie
wie
sowohl – als auch
weder – noch

Der prunkvolle Becher war innen wie außen vergoldet. Ich weiß weder seinen Nachnamen noch seinen Vornamen. Der Vorfall war sowohl ihm als auch seiner Frau sehr peinlich.

Vor „und" steht bei Aufzählungen auch dann kein Komma, wenn eine Infinitivgruppe oder ein Nebensatz folgt.

Die Mutter kaufte der Tochter einen Koffer, einen Mantel, ein Kleid und was sie sonst noch für die Reise brauchte.

Wird der übergeordnete Satz nach der Infinitivgruppe oder nach dem Nebensatz weitergeführt, dann ist es dem Schreibenden freigestellt, ein Komma zu setzen oder nicht.

Bei Regen oder wenn es kalt ist[,] ziehe ich den Mantel an.

R 102 Kein Komma steht vor den **ausschließenden Konjunktionen (Bindewörtern),** wenn sie nur Satzteile verbinden.

Hierzu gehören:
oder
beziehungsweise (bzw.)
respektive (resp.)
entweder – oder

Heute oder morgen will sie dich besuchen. Du mußt dich entweder für das eine oder für das andere entscheiden.

Vgl. aber R 109.

R 103 Das Komma steht vor den **entgegensetzenden Konjunktionen (Bindewörtern).**

Hierzu gehören vor allem:
aber
allein
[je]doch
vielmehr
sondern

arm, aber glücklich; nicht schön, doch sehr nützlich. Das war kein Pkw, sondern ein größerer Lieferwagen.

R 104 Kein Komma steht vor den **vergleichenden Konjunktionen (Bindewörtern)** „als", „wie" und „denn", wenn sie nur Satzteile verbinden.

Es ging besser als erwartet. Die neuen Geräte gingen weg wie warme Semmeln. Mehr denn je kommt es heute darauf an, gediegenes Fachwissen zu besitzen.

● Das Komma steht dagegen bei Vergleichssätzen und bei dem Infinitiv (der Grundform) mit „zu".

Es ging besser, als wir erwartet hatten. Komm so schnell, wie du kannst (aber: *Komm, so schnell du kannst*). *Für ihn gibt es nichts Schöneres, als weiterzuschlafen, wenn der Wecker geklingelt hat.*

Das Komma kann auch gesetzt werden, wenn der Vergleichssatz nur durch sein Prädikat mit nachgestellter Personalform erkennbar wird.

Wir haben mehr Stühle[,] als nötig sind.

Bei den mit „wie" angeschlossenen Fügungen ist es dem Schreibenden gelegentlich freigestellt, ob er die Fügung als eng zum Bezugswort gehörend oder als nachgetragen ansehen will.

Die Auslagen[,] wie Post- und Fernsprechgebühren, Eintrittsgelder, Fahrkosten u. dgl.[,] ersetzen wir Ihnen.

Das Komma bei Partizipial- und Infinitivgruppen (Mittelwort- und Grundformgruppen)

Partizipien und Infinitive bilden mit einer näheren Bestimmung Partizipialbzw. Infinitivgruppen, die zwischen Satzglied und Satz stehen. Infinitive mit „zu" ohne eine nähere Bestimmung sind demgegenüber einfache Satzglieder. Sie werden der Übersichtlichkeit wegen in diesem Abschnitt mitbehandelt.

R 105 **Partizipien** ohne nähere Bestimmung oder mit nur einem Wort als näherer Bestimmung stehen ohne Komma.

Lachend kam sie auf mich zu. Gelangweilt sah er zum Fenster hinaus. Schreiend und johlend durchstreiften sie die Straßen. Verschmitzt lächelnd schaute er zu.

Vgl. hierzu aber R 99.

●Bestimmte Fügungen können durch ein Komma abgetrennt werden, wenn man sie als Vertretung eines vollständigen Nebensatzes auffaßt.

Das sind[,] grob gerechnet[,] 20 % der Einnahmen. Das ist[,] logisch betrachtet[,] nicht in Ordnung.

R 106 Die **Partizipialgruppe** wird gewöhnlich durch Komma abgetrennt.

Aus vollem Halse lachend, kam er auf mich zu. Er sank, zu Tode getroffen, zu Boden.

Bei den mit „betreffend" und „entsprechend" gebildeten Gruppen ist das Komma freigestellt, weil diese Wörter auch wie Präpositionen gebraucht werden.

Seinem Vorschlag entsprechend[,] ist das Haus verkauft worden. Ihre Wohnung betreffend[,] möchte ich Ihnen folgenden Vorschlag machen.

Ist die vorangestellte Partizipialgruppe Subjekt des Satzes (Satzgegenstand), steht kein Komma.

Schlecht gefahren ist besser als gut gegangen.

● Einige Wortgruppen sind den Partizipialgruppen gleichzustellen, weil man sie durch „habend“, „seiend“, „werdend“, „geworden“ ergänzen kann. Sie werden durch Komma abgetrennt.

Neben ihm saß seine Freundin, den Kopf im Nacken, und hörte der Unterhaltung zu. Seit mehreren Jahren kränklich, hatte er sich in ein Sanatorium zurückgezogen.

R 107 Der **erweiterte Infinitiv** mit „zu“ (die Infinitivgruppe, Grundformgruppe) wird gewöhnlich durch Komma abgetrennt.

Ein Infinitiv ist bereits erweitert, wenn „ohne zu“, „um zu“, „als zu“, „[an]statt zu“ an Stelle des bloßen „zu“ stehen.

Sie ging in die Stadt, um einzukaufen. Du brauchst nichts zu tun, als ruhig abzuwarten. Er hatte keine Gelegenheit, sich zu waschen. Wir hoffen, hiermit Ihre Fragen beantwortet zu haben, und grüßen Sie ... Die Ursache des Unglücks festzustellen, hat die Polizei als sehr schwierig bezeichnet.

Als erweitert gelten auch die mehrgliedrigen Infinitive des Aktivs im Perfekt (der Tatform in der 2. Vergangenheit) und des Passivs (der Leideform).

Ich erinnere mich, widersprochen zu haben. Er war der Überzeugung, verraten worden zu sein. Er wünschte sich, eingeladen zu werden.

Es steht aber kein Komma:

- wenn der erweiterte Infinitiv mit dem Hauptsatz verschränkt ist oder wenn er innerhalb der verbalen Klammer steht;

Diesen Vorgang wollen wir zu erklären versuchen. (Hauptsatz: Wir wollen versuchen.)
Wir hatten den Betrag zu überweisen beschlossen. (Hauptsatz: Wir hatten beschlossen.)

- wenn ein Glied des erweiterten Infinitivs an den Anfang des Satzgefüges tritt und der Hauptsatz dadurch von dem erweiterten Infinitiv eingeschlossen wird;

Diesen Betrag bitten wir auf unser Konto zu überweisen. (Hauptsatz: Wir bitten.)

- wenn der voranstehende erweiterte Infinitiv das Subjekt (den Satzgegenstand) vertritt (es sei denn, ein hinweisendes Wort wie „das“ oder „dies“ weist auf den Infinitiv zurück);

Sich selbst zu besiegen ist der schönste Sieg.
Aber: *Sich selbst zu besiegen, das ist der schönste Sieg.*

- wenn der erweiterte Infinitiv auf Hilfsverben oder als Hilfsverben gebrauchte Verben folgt.

Nur als Hilfsverben werden gebraucht: sein, haben, brauchen, pflegen, scheinen.

Die Spur war deutlich zu sehen. Sie haben nichts zu verlieren. Sie pflegt abends ein Glas Wein zu trinken. Du scheinst heute schlecht gelaunt zu sein.

Als Hilfsverben oder als selbständige Verben können die Wörter „drohen“ und „versprechen“ gebraucht werden.

Als Hilfsverben:
Der Kranke drohte (= lief Gefahr) *bei dem Anfall zu ersticken.*
Er verspricht ein tüchtiger Kaufmann zu werden (= allem Anschein nach wird er ein tüchtiger Kaufmann).

Als selbständige Verben:
Der Kranke drohte (= sprach die Drohung aus), *sich umzubringen.*
Er hat versprochen (= gab das Versprechen), *mir das Buch zu bringen.*

- Bei einigen Verben kann zwischen dem Gebrauch als Hilfsverb und der Verwendung als selbständigem Verb nicht eindeutig unterschieden werden. Hier ist das Komma freigestellt.

Zu diesen Verben gehören: anfangen, aufhören, beginnen, bitten, denken, fürchten, gedenken, glauben, helfen, hoffen, meinen, verdienen, verlangen, versuchen, wagen, wünschen u. a.

Er glaubt[,] mir damit imponieren zu können. Wir bitten[,] diesen Auftrag möglichst schnell zu erledigen. Sie verlangte[,] ihren Bruder zu sprechen. Das verdient[,] an dieser Stelle erwähnt zu werden. Er half[,] den Schrank in die Wohnung zu tragen.

Tritt aber eine Umstandsangabe oder eine Ergänzung zu einem dieser Verben, dann ist es ein selbständiges Verb. Folglich muß in diesen Fällen ein Komma gesetzt werden.

Die Ärztin glaubte fest, den Kranken durch eine Operation retten zu können. Er bat mich, bald wiederzukommen. Er half ihm, den Schrank in die Wohnung zu tragen.

R 108 Der **reine Infinitiv** mit „zu“ wird in den meisten Fällen nicht durch Komma abgetrennt.

Die Abgeordnete beginnt zu sprechen. Seine Bereitschaft zu helfen muß man anerkennen. Zu klagen wagte sie nicht.

Ein Komma steht jedoch:

- wenn ein hinweisendes Wort wie „das“ oder „dies“ auf den vorangestellten reinen Infinitiv mit „zu“ hindeutet;

Zu tanzen, das ist ihre größte Freude.

- wenn mehrere reine Infinitive mit „zu“ dem Hauptsatz folgen oder in ihn eingeschoben sind oder wenn ein reiner und ein erweiterter Infinitiv zusammenstehen;

Er war immer bereit, zu raten und zu helfen. Ohne den Willen, zu lernen und zu arbeiten, wirst du es zu nichts bringen. Es ist sein Wunsch, zu arbeiten und in Ruhe zu leben.

- wenn der reine Infinitiv mit „zu“ als Subjekt (Satzgegenstand) dem Prädikat (der Satzaussage) folgt;

Seine Absicht war, zu gewinnen.

- wenn das „zu“ des reinen Infinitivs in der Bedeutung von „um zu“ verwendet wird;

Ich komme, [um] zu helfen.

- wenn Mißverständnisse vermieden werden sollen.

Wir rieten ihm, zu folgen.
Aber: *Wir rieten, ihm zu folgen.*

- Wird ein reiner Infinitiv durch einen nachfolgenden Nebensatz näher bestimmt, dann ist das Komma freigestellt.

Er hatte keinen Grund zu glauben, daß er übervorteilt wurde.
Oder: *Er hatte keinen Grund, zu glauben, daß er übervorteilt wurde.*

Wenn aber dem reinen Infinitiv ein als Hilfsverb gebrauchtes Verb vorausgeht, darf vor dem Infinitiv kein Komma stehen.

Wir bitten zu entschuldigen, daß ...

Das Komma zwischen Sätzen

Das Komma zwischen Sätzen hat in erster Linie die Aufgabe, den Nebensatz von seinem Hauptsatz und von anderen Nebensätzen zu trennen. Darüber hinaus trennt das Komma aber auch selbständige Sätze an Stelle des Punktes oder des Semikolons, wenn diese Sätze in enger gedanklicher Verbindung aneinandergereiht sind.

R 109 Das Komma trennt **nebengeordnete selbständige Sätze.**

Die Musik wird leiser, der Vorhang hebt sich, das Spiel beginnt.

Dies gilt auch dann, wenn sie durch Konjunktionen (Bindewörter) wie
und
oder
beziehungsweise
weder – noch
entweder – oder
verbunden sind.

Sie machten es sich bequem, die Kerzen wurden angezündet, und der Gastgeber versorgte sie mit Getränken. Er hat ihm weder beruflich geholfen, noch hat er seine künstlerischen Anlagen gefördert. Willst du mitkommen, oder hast du etwas anderes vor? Setzen Sie sich dort drüben hin, und verhalten Sie sich ganz ruhig!

Kein Komma steht aber:

- bei durch „und“ oder „oder“ verbundenen selbständigen Sätzen, wenn sie kurz sind und eng zusammengehören;

Er grübelte und er grübelte. Er lief oder er fuhr. Tue recht und scheue niemand!
(Aber bei verschiedenen Subjekten: *Er ruderte, und sie steuerte.*)

- nach formelhaften Aufforderungssätzen wie „Sei so gut“, „Seien Sie bitte so freundlich“, wenn der folgende Satz mit „und“ angeschlossen ist;

Seien Sie bitte so nett und geben Sie mir das Buch.

- bei durch „und“ oder „oder“ verbundenen Sätzen, die einen Satzteil gemeinsam haben. Dies gilt auch, wenn zwei Hauptsätze einen vorangestellten gemeinsamen Nebensatz haben.

Sie stiegen ins Auto und fuhren nach Hause. Er wohnt in Mannheim und ich in Darmstadt. Samstags wäscht er den Wagen oder mäht den Rasen. Bitte tanken Sie den Wagen auf und fahren Sie ihn dann in die Waschanlage. Als der Mann in den Hof trat, bellte der Hund und schnatterten die Gänse.
(Aber bei anderer Wortstellung: *Als der Mann in den Hof trat, bellte der Hund, und die Gänse schnatterten.)*

R 110 Das Komma steht vor und nach dem **eingeschobenen Satz.**

Eines Tages, es war mitten im Winter, stand ein Reh in unserem Garten.

Vgl. auch R 55 u. R 85.

R 111 Das Komma steht zwischen **Haupt- und Nebensatz (Gliedsatz).**

Der Nebensatz kann Vordersatz, Zwischensatz oder Nachsatz sein. Der Zwischensatz wird von Kommas eingeschlossen.

Wenn es möglich ist, erledigen wir den Auftrag sofort. Was er sagt, stimmt nicht. „Ich kenne Sie nicht", antwortete er. Hunde, die bellen, beißen nicht. Es freut mich sehr, daß du wieder gesund bist. Ich weiß, er ist unschuldig. Er fragt, mit welchem Zug du kommst. Sie rief: „Du hast mir gerade noch gefehlt!", als ich hereinkam.

● Nach der wörtlichen Rede steht kein Komma, wenn sie durch ein Frage- oder Ausrufezeichen abgeschlossen ist und der Hauptsatz unmittelbar anschließt.

„Was ist das für ein Käfer?" fragte er. „Du sollst mich in Ruhe lassen!" rief sie.

Bei hinweisendem „so", „das" o. ä. wird dagegen ein Komma gesetzt.

„Diese Betrüger, diese Schufte!", so jammerte er immer wieder.

R 112 Das Komma trennt **Nebensätze (Gliedsätze) gleichen Grades,** die nicht durch „und" oder „oder" verbunden sind.

Wenn das wahr ist, wenn du ihn wirklich nicht gesehen hast, dann brauchst du dir keine Vorwürfe zu machen. Er kannte niemanden, der ihm geholfen hätte, an den er sich hätte wenden können.
Aber: *Sie sagte, sie wisse Bescheid und der Vorgang sei ihr völlig klar.*

R 113 Das Komma trennt **Nebensätze (Gliedsätze) verschiedenen Grades.**

Er war zu klug, als daß er in die Falle gegangen wäre, die man ihm gestellt hatte.

R 114 Für das Komma in **Auslassungssätzen** gelten dieselben Richtlinien wie bei vollständigen Sätzen.

Vielleicht, daß er noch eintrifft. (Vielleicht geschieht es, daß ...)
Ich weiß nicht, was anfangen. (..., was ich anfangen soll.)
Ehre verloren, alles verloren. (Wenn die Ehre verloren ist, ist alles verloren.)

Unvollständige Nebensätze, die mit „wie" oder „wenn" u. a. eingeleitet sind, stehen oft ohne Komma; sie sind formelhaft geworden und wirken wie eine einfache Umstandsangabe.

Er ging wie immer (= gewohntermaßen) *nach dem Essen spazieren.*
Wir wollen die Angelegenheit wenn möglich (= möglichst) *heute noch erledigen.*
Ihre Darlegungen endeten wie folgt (= folgendermaßen): ...

R 115 Das Wort **„bitte"** wird meist als bloße Höflichkeitsformel verwendet und steht dann ohne Komma im Satz.

Bitte gehen Sie voran. Geben Sie mir bitte das Buch.

Bei besonderer Betonung kann es aber auch durch Komma abgetrennt bzw. in Kommas eingeschlossen werden.

Bitte, kommen Sie einmal zu mir! Geben Sie mir, bitte, noch etwas Zeit.

Das Komma vor „und" oder „oder" (Zusammenfassung)

R 116 Das Komma steht, wenn „und" oder „oder" **selbständige Sätze** verbindet.

Es wurde immer kälter, und der Südwind türmte Wolken um die Gipfel.

Dies gilt auch für selbständige Sätze mit Auslassungen.

Nur noch wenige Minuten, und wir können beginnen.

R 117 Das Komma steht, wenn ein **Zwischensatz** vorausgeht.

Wir glauben, daß wir richtig gehandelt haben, und werden diesen Weg weitergehen.

Als Zwischensatz gilt auch ein eingeschobener erweiterter Infinitiv (eine eingeschobene erweiterte Grundform).

Wir hoffen, Ihre Bedenken hiermit zerstreut zu haben, und grüßen Sie ...

R 118 Das Komma steht, wenn „und" oder „oder" ein Satzgefüge anschließt, das mit einem **Nebensatz oder** einem **erweiterten Infinitiv** beginnt.

Ich habe ihn oft besucht, und wenn er in guter Stimmung war, dann saßen wir bis spät in die Nacht zusammen. Es waren schlechte Zeiten, und um zu überleben, nahm man es mit vielen Dingen nicht so genau.

R 119 Das Komma steht, wenn ein **Beisatz (eine Apposition)** vorausgeht.

Mein Onkel, ein großer Tierfreund, und seine vierzehn Katzen leben jetzt in einer alten Mühle.

R 120 Das Komma steht, wenn „und zwar" oder „und das" **nachgestellte genauere Bestimmungen** einleitet.

Ich werde kommen, und zwar bald. Er gab nicht nach, und das mit Recht.

R 121 Es steht k e i n Komma, wenn „und" oder „oder" **kurze und eng zusammengehörende selbständige Sätze** verbindet.

Seid vernünftig und geht nach Hause! Er schrie und er tobte.

• Bei verschiedenen Subjekten dagegen muß das Komma stehen.

Er ruderte, und sie steuerte.

R 122 Es steht k e i n Komma, wenn „und" oder „oder" **selbständige Sätze mit einem gemeinsamen Satzteil** verbindet.

Sie öffnete die Tür und ging in den Garten. Er spielt Geige und sie Klarinette.

R 123 Es steht k e i n Komma, wenn „und" oder „oder" **Nebensätze (Gliedsätze) gleichen Grades** verbindet.

Weil sie die Schwäche ihres Sohnes für den Alkohol kannte und damit er nicht wieder entgleisen sollte, schickte sie ihn schon früh nach Hause.

R 124 Es steht k e i n Komma vor „und" oder „oder" in **Aufzählungen,** auch wenn in einer Aufzählung ein erweiterter Infinitiv oder ein Nebensatz folgt.

Sie zogen Tomaten, Gurken, Weißkohl und Wirsing in ihrem Kleingarten. Wir bewegten uns auf Zehenspitzen und ohne ein Wort zu sprechen. Sie lachte über ihn wegen seiner großen Füße und weil er vor Aufregung stotterte.

Das Komma beim Zusammentreffen einer Konjunktion (eines Bindewortes) mit einem Adverb, Partizip u. a.

Bei bestimmten Fügungen, in denen eine Konjunktion mit einem Adverb, Partizip u. a. zusammentrifft (z. B. „vorausgesetzt, daß"; „auch wenn"), sind besondere Richtlinien für die Kommasetzung innerhalb der Fügung zu beachten.

R 125 Werden die Teile der Fügung nicht als Einheit angesehen, dann steht das Komma gewöhnlich zwischen den Teilen, d.h. **vor der eigentlichen Konjunktion.**

Hierzu gehören Fügungen wie:
abgesehen davon, daß
angenommen, daß
ausgenommen, daß/wenn
es sei denn, daß
gesetzt [den Fall], daß
vorausgesetzt, daß

Angenommen, daß morgen gutes Wetter ist, wohin wollen wir fahren? Ich komme, es sei denn, daß ich im Büro aufgehalten werde. Ich mag ihn gern, ausgenommen, wenn er schlechter Laune ist.

R 126 Wird die Fügung als Einheit angesehen, dann steht vor der eigentlichen Konjunktion gewöhnlich kein Komma.

Hierzu gehören Fügungen wie:
als daß
[an]statt daß
auch wenn
außer daß/wenn/wo
ohne daß
selbst wenn

Sie hat uns geholfen, ohne daß sie es weiß. Du mußt dich zusammennehmen, auch wenn es dir schwerfällt. Der Plan ist viel zu umständlich, als daß wir ihn ausführen könnten. Anstatt daß der Direktor kam, erschien nur sein Stellvertreter. Selbst wenn er mir das Doppelte bietet, werde ich ihm die Uhr nicht verkaufen.

R 127 In einigen Fügungen ist der Gebrauch des Kommas freigestellt.

Wird das vor der Konjunktion stehende Adverb u.ä. besonders betont und hervorgehoben, dann wird meist ein Komma gesetzt.

Hierzu gehören Fügungen wie:
besonders[,] wenn
geschweige[,] daß (aber: geschweige denn, daß)
im Fall[,] daß/im Falle[,] daß
insofern/insoweit[,] als
je nachdem[,] ob/wie
namentlich[,] wenn
um so eher/mehr/weniger[,] als
ungeachtet[,] daß (aber: ungeachtet dessen, daß)
vor allem[,] wenn/weil

Ich habe ihn nicht gesehen, geschweige, daß ich ihn sprechen konnte.
Neben: *Ich glaube nicht einmal, daß er anruft, geschweige daß er vorbeikommt.*

Je nachdem, wie geschickt er ist, kann er hier oder im Garten arbeiten.
Neben: *Je nachdem wie geschickt er ist, kann er hier oder im Garten arbeiten.*

Weitere Hinweise: ↑Anführungszeichen (R 14), ↑Fragezeichen (R 51), ↑Gedankenstrich (R 57 f.), ↑Klammern (R 85), ↑Zahlen (R 200 ff.).

Konjunktion (Bindewort)

↑Groß- und Kleinschreibung (R 67), ↑Komma (R 101 ff.)

Konsonant (Mitlaut)

↑Silbentrennung (R 178 f., 181), ↑Zusammentreffen dreier gleicher Konsonanten (R 204)

Korrekturvorschriften

↑S. 77.

Länder- und Völkernamen

↑Namen (R 145 ff.)

Maß-, Mengen- und Währungsbezeichnungen

R 128 Folgt auf eine **stark gebeugte Maß- oder Mengenangabe** ein starkes männliches oder sächliches Substantiv, ohne daß durch ein Begleitwort der Fall deutlich wird, dann bleibt im Genitiv (Wesfall) Singular entweder die Angabe oder das davon abhängende Substantiv ungebeugt.

eines Glas Wassers oder: *eines Glases Wasser*
eines Pfund Fleisches oder: *eines Pfundes Fleisch*

• Geht aber dem Gezählten oder Gemessenen ein Adjektiv voran, dann werden in der Regel sowohl die Maß- oder Mengenangabe als auch das Gezählte oder Gemessene gebeugt.

der Preis eines Pfundes gekochten Schinkens

In den anderen Beugungsfällen steht das Gezählte oder Gemessene im gleichen Fall wie die Maß- oder Mengenangabe.

fünf Sack feinstes Mehl; mit einem Tropfen [warmem] Öl; von einem Sack [schlechten] Nüssen; ein Glas guter Wein

Nur selten wird hier der Genitiv gewählt, der im allgemeinen als gehoben (oder gespreizt) empfunden wird.

ein Glas guten Weines

R 129 Im Plural bleiben Maß-, Mengen- und Währungsbezeichnungen **in Verbindung mit Zahlwörtern** meist ungebeugt.

10 Faß, 2 Dutzend, 3 Zoll, 2 Fuß, 7 Paar, 9 Sack, 30 Pfennig, 10 Schilling, 342 Dollar, zwanzig Grad Kälte, zehn Schritt, 5 Karton (auch: *Kartons*) *Seife*

Fremde Bezeichnungen werden jedoch häufig gebeugt, bei manchen schwankt der Gebrauch.

4 Peseten (Singular: *Peseta*), *100 Lei* (Singular: *Leu*), *500 Lire* (Singular: *Lira*), *100 Centesimi* (Singular: *Centesimo*); *10 Inch* oder *Inches, 5 Yard* oder *Yards*

Weibliche Bezeichnungen, die auf -e ausgehen, werden immer gebeugt.

zwanzig norwegische Kronen, zwei Flaschen Wein, drei Tassen Kaffee, drei Tonnen, 2 Kannen Wasser, drei Dosen Milch

Ohne vorangehenden Artikel wird im allgemeinen die gebeugte Form gebraucht, wenn das Gemessene nicht folgt.

im Abstand von 50 Metern, ein Gewicht von zwei Zentnern

Folgt aber das Gemessene oder Gezählte, dann wird meist die ungebeugte Form gebraucht.

Die Steckdose ist in 90 Zentimeter Höhe angebracht. Ein Schwein von 3 Zentner Lebendgewicht.

• Die Bezeichnungen werden immer gebeugt, wenn das betreffende Substantiv den konkreten, einzeln gezählten Gegenstand o. ä. bezeichnet.

er trank 2 Glas, aber: *er zerbrach zwei Gläser; er hatte 30 Schuß Munition,* aber: *es fielen zwei Schüsse*

Mehrzahl (Plural)

↑Maß-, Mengen- und Währungsbezeichnungen (R 129), ↑Namen (R 141), ↑Substantiv (R 194 ff.)

Mengenangaben

↑Maß-, Mengen- und Währungsbezeichnungen

Mitlaut (Konsonant)

↑Silbentrennung (R 178 f., 181), ↑Zusammentreffen dreier gleicher Konsonanten (R 204)

Mittelwort (Partizip)

↑Silbentrennung (R 7 ff.), ↑Groß- und Kleinschreibung (R 65), ↑Komma (R 105 f.), ↑Zusammen- und Getrenntschreibung (R 209)

Namen

Familiennamen, Vornamen, historische Personennamen R 130–144
Geographische (erdkundliche) Namen R 145–156
Sonstige Namen R 157–159
(Straßennamen werden gesondert unter dem entsprechenden Stichwort behandelt; vgl. R 189–193.)

Familiennamen, Vornamen, historische Personennamen

R 130 Die **Schreibung der Familiennamen** unterliegt nicht den allgemeinen Richtlinien der Rechtschreibung. Für sie gilt die standesamtlich jeweils festgelegte Schreibung.

Bismarck, Goethe, Liszt

Zur Trennung vgl. R 179.

R 131 Für die **Schreibung der Vornamen** gelten im allgemeinen die heutigen Rechtschreibregeln.

Bei einer Reihe von Vornamen sind unterschiedliche Schreibweisen üblich.

Claus neben: *Klaus; Clara* neben: *Klara; Ralph* neben: *Ralf; Günther* neben: *Günter*

Fremde Vornamen werden in der fremden Schreibweise geschrieben.

Jean, Christa, Dorothea, Theodor

R 132 **Zwei Vornamen** stehen gewöhnlich unverbunden nebeneinander.

Johann Wolfgang, Johanna Katharina

• Einige Vornamen werden als feste Paare (Doppelnamen) empfunden und deshalb mit Bindestrich oder sogar in einem Wort geschrieben.

Karl-Heinz, Karlheinz neben: *Karl Heinz*

R 133 Zu einem **mehrteiligen Personennamen** gehörende Adjektive, Partizipien, Pronomen (Fürwörter) und Zahlwörter werden groß geschrieben.

Katharina die Große, Albrecht der Entartete, der Alte Fritz, der Große Kurfürst, Klein Erna, Heinrich der Achte, Unsere Liebe Frau (Maria, Mutter Jesu)

R 134 Von Personennamen **abgeleitete Adjektive** werden groß geschrieben, wenn sie die persönliche Leistung oder Zugehörigkeit ausdrücken.

Platonische Schriften (Schriften Platos), *die Heineschen Reisebilder* (von Heine geschrieben), *die Mozartschen Kompositionen* (von Mozart)

• Diese Adjektive werden klein geschrieben, wenn sie aussagen, daß etwas nach einer Person benannt worden ist oder ihrer Art, ihrem Geist entspricht.

platonische Liebe (nach Plato benannt), *eine heinesche Ironie* (nach der Art Heines), *die Kompositionen wirken mozartisch* (wie die Kompositionen Mozarts)

• Immer klein schreibt man die von Personennamen abgeleiteten Adjektive auf -istisch, -esk und -haft, weil sie die Art angeben, und die Zusammensetzungen mit vor-, nach- u. ä.

darwinistische Auffassungen, kafkaeske Gestalten, eulenspiegelhaftes Treiben, vorlutherische Bibelübersetzungen

R 135 Bildet ein **Familien- oder Personenname zusammen mit einem Substantiv** eine geläufige Bezeichnung, so schreibt man zusammen.

Dieselmotor, Röntgenstrahlen, Thomasmehl, Litfaßsäule, Kneippkur, Achillesferse, Bachkantate

• Einen Bindestrich kann man setzen, wenn der Name hervorgehoben werden soll.

Schiller-Theater, Paracelsus-Ausgabe

Man setzt einen Bindestrich, wenn dem Namen ein zusammengesetztes Grundwort folgt. So wird die Fügung übersichtlicher.

Mozart-Konzertabend, Beethoven-Festhalle

• Bindestriche setzt man, wenn die Bestimmung zum Grundwort aus mehreren oder aus mehrteiligen Namen besteht.

Richard-Wagner-Festspiele, Max-Planck-Gesellschaft, Goethe-und-Schiller-Denkmal, Johann-Sebastian-Bach-Gymnasium, Van-Allen-Gürtel, Sankt-Marien-Kirche (St.-Marien-Kirche), aber: *Marienkirche*

Es steht ein Bindestrich, wenn Vor- und Familienname umgestellt sind und der Artikel vorangeht,

der Huber-Franz, die Hofer-Marie

wenn der Name als Grundwort steht

Möbel-Müller, Bier-Meier

und wenn ein Doppelname vorliegt.

Müller-Frankenfeld

R 136 Zusammensetzungen von **einteiligen Namen mit einem Adjektiv** werden zusammengeschrieben.

goethefreundlich, lutherfeindlich

Bei mehrteiligen Namen dagegen schreibt man die Verbindung mit Bindestrich.

de-Gaulle-treu, Fidel-Castro-freundlich

R 137 Aus **mehrteiligen Namen abgeleitete Adjektive** werden mit Bindestrich geschrieben.

die Heinrich-Mannschen Romane
die von-Bülowschen Zeichnungen
die de-Morganschen Gesetze

Dies gilt auch, wenn Titel mit Namen oder mehrere Namen das Adjektiv bilden.

die Dr.-Müllersche Apotheke
die Thurn-und-Taxissche Post

R 138 Zusammensetzungen aus einem **Substantiv und einem Vornamen** schreibt man in der Regel zusammen.

Wurzelsepp, Schützenliesel, Suppenkaspar

Wird aber eine Berufsbezeichnung mit einem Vornamen zusammengesetzt, so steht ein Bindestrich.

Bäcker-Anna, Schuster-Franz

R 139 Stehen Familien-, Personen- und Vornamen **ohne Artikel oder Pronomen (Fürwort)** im Genitiv (Wesfall), so erhalten sie in der Regel das Genitiv-s.

Goethes, Beethovens, Siegfrieds, Hildegards, Kaiser Karls des Großen

Bei Familiennamen mit von, van, de, ten usw. wird heute gewöhnlich der Familienname gebeugt. Der Vorname wird nur dann gebeugt, wenn der Familienname – besonders bei historischen Namen – als Ortsname erkennbar ist und das übergeordnete Substantiv vorangeht.

Johann Wolfgang von Goethes Werke
Wolfram von Eschenbachs Lieder
aber: *die Lieder Wolframs von Eschenbach*

• Gehen die Familien-, Personen- und Vornamen auf s, ß, x, z, tz aus, dann gibt es folgende Möglichkeiten, den Genitiv zu bilden oder zu umschreiben:

durch Voranstellung des Artikels oder Pronomens mit oder ohne Gattungsnamen,

des Tacitus, des Geschichtsschreibers Tacitus; unseres Paracelsus, unseres großen Gelehrten Paracelsus

durch ein vorgesetztes „von“,

die Schriften von Paracelsus; die „Elektra“ von Strauss

durch einen Apostroph (vgl. R 23),

Demosthenes' Reden, Paracelsus' Schriften, Ringelnatz' Gedichte

durch die Endung -ens (veraltet).

Horaz, Horazens; Götz, Götzens

R 140 Stehen Familien-, Personen- und Vornamen **mit Artikel oder Pronomen (Fürwort)** im Genitiv (Wesfall), so bleiben sie ungebeugt.

des Lohengrin, des Anton Meier, eines Schiller; des Kaisers Karl, die Krönung der Königin Elisabeth, die Reise unseres Onkels Paul

Ist ein männlicher Personenname völlig zu einem Gattungsnamen geworden, dann erhält er in der Regel wie ein gewöhnliches Substantiv die Genitivendung -s.

des Dobermanns, des Zeppelins

R 141 Der **Plural der Familiennamen** wird meist mit -s gebildet.

Buddenbrooks, die Rothschilds, die Barrings; Meiers besuchen Müllers

Gelegentlich bleiben die Familiennamen ohne Beugungsendung, besonders wenn sie auf -en, -er, -el ausgehen.

die beiden Schlegel

R 142 Steht vor dem Namen **ein Titel, eine Berufs- oder Verwandtschaftsbezeichnung o. ä. ohne Artikel oder Pronomen (Fürwort),** dann wird im allgemeinen nur der Name [und der Beiname] gebeugt.

Professor Lehmanns Sprechstunde, Kaiser Karls des Großen Krönung, Personalchefin Krauses Rede, Tante Dagmars Brief

• Der Titel „Herr“ wird in Verbindung mit einem Namen immer gebeugt.

Herrn Müllers Brief ist eingetroffen. Das müssen Sie Herrn Müller sagen. Würden Sie bitte Herrn Müller rufen?

R 143 Steht vor dem Namen **ein Titel, eine Berufs- oder Verwandtschaftsbezeichnung o. ä. mit Artikel oder Pronomen (Fürwort),** dann wird nur der Titel usw. gebeugt.

des Herrn Müller, des Professors Lehmann, die Reise unseres Onkels Karl

• Der Titel „Doktor“ („Dr.“) bleibt, da er als Teil des Namens gilt, immer ungebeugt.

das Gesuch des Dr. Meier

R 144 Stehen vor dem Namen **mehrere mit dem Artikel verbundene Titel,** dann wird meist nur der erste Titel gebeugt.

Der Titel „Doktor“ („Dr.“) bleibt auch in diesen Fällen ungebeugt.

die Sprechstunde des Geheimrats Professor Dr. Lehmann

Ist der erste Titel „Herr“, dann wird meist auch der folgende Titel gebeugt.

die Akte des Herrn Finanzrats Heller

Für die Beugung der Titel in Anschriften gelten dieselben Richtlinien, auch dann, wenn die Präposition (das Verhältniswort) wegfällt.

[An] Herrn Regierungspräsidenten Müller; Herrn Ersten Bürgermeister Dr. Meier

Geographische (erdkundliche) Namen

R 145 Die **Schreibung der deutschen geographischen Namen** folgt im allgemeinen dem heutigen Schreibgebrauch.

Freudental, Freiburg im Breisgau, Zell

In vielen Fällen ist jedoch an alten Schreibweisen festgehalten worden.

Frankenthal, Freyburg/Unstrut, Celle

Zur Schreibung abgekürzter Zusätze vgl. R 1.

Fremde geographische Namen werden gewöhnlich in der fremden Schreibweise geschrieben.

Toulouse, Marseille, Rio de Janeiro, Reykjavík

Einige fremde geographische Namen sind eingedeutscht.

Kalifornien (für: California)
Kanada (für: Canada)
Rom (für: Roma)

R 146 Zu einem geographischen Namen gehörende **Adjektive und Partizipien** werden groß geschrieben.

die Hohe Tatra, der Kleine Belt, das Schwarze Meer, der Bayerische Wald

R 147 Die von geographischen Namen **abgeleiteten Wörter auf -er** schreibt man immer groß.

der Hamburger Hafen, ein Frankfurter Sportverein, ein Schwarzwälder Rauchschinken

R 148 Die von geographischen Namen abgeleiteten **Adjektive auf -isch** werden klein geschrieben, wenn sie nicht Teil eines Eigennamens sind.

indischer Tee, italienischer Salat
aber: *die Holsteinische Schweiz*

Vgl. R 157.

R 149 **Zusammensetzungen** aus Grundwort und einfachem oder zusammengesetztem geographischem Namen schreibt man im allgemeinen zusammen.

Nildelta, Rheinfall, Manilahanf, Großglocknermassiv; moskaufreundlich

Bei unübersichtlichen Zusammensetzungen (vor allem bei zusammengesetztem Grundwort) setzt man einen Bindestrich.

Mosel-Winzergenossenschaft

Bleibt die Zusammensetzung übersichtlich, dann schreibt man zusammen.

Weserbergland, Alpenvorland, Rheinseitenkanal

Ein Bindestrich kann gesetzt werden, um den Namen besonders hervorzuheben.

Jalta-Abkommen

R 150 Bindestriche setzt man, wenn die **Bestimmung zum Grundwort aus mehreren oder mehrteiligen Namen** besteht.

Dortmund-Ems-Kanal, Saar-Nahe-Bergland; Rio-de-la-Plata-Bucht, Sankt-Gotthard-Tunnel, Kaiser-Franz-Josef-Land, König-Christian-IX.-Land

Dies gilt auch für Abkürzungen.

St.-Lorenz-Strom, USA-freundlich

R 151 **Ableitungen auf -er** von geographischen Namen schreibt man zusammen, wenn sie Personen bezeichnen.

Schweizergarde, Römerbrief

Man schreibt solche Ableitungen getrennt, wenn sie die geographische Lage bezeichnen.

Walliser Alpen, Köln-Bonner Flughafen

Besonders in Österreich und in der Schweiz wird in diesen Fällen oft zusammengeschrieben.

Bregenzerwald, Bielersee

Es gibt geographische Namen, die auf -er enden und keine Ableitungen der oben genannten Art sind. Diese Namen werden zusammengeschrieben.

Glocknergruppe, Brennerpaß

Vgl. R 210.

R 152 Zusammensetzungen aus **ungebeugten Adjektiven und geographischen Namen** schreibt man im allgemeinen zusammen.

Großbritannien, Kleinasien, Mittelfranken, Hinterindien, Oberammergau, Niederlahnstein, Untertürkheim

Das gilt auch für Zusammensetzungen mit Bezeichnungen für Himmelsrichtungen.

Ostindien, Südafrika, Norddeutschland

Ein Bindestrich steht dagegen häufig bei nichtamtlichen Zusätzen.

Alt-Wien, Groß-London, Alt-Heidelberg

Bei Ableitungen schreibt man auch in diesen Fällen zusammen.

altheidelbergisch, Altwiener Theater

Die behördliche Schreibung der Ortsnamen schwankt.

Neuruppin, Groß Räschen, Klein-Auheim

Endet das ungebeugte Adjektiv auf -isch und ist es eine Ableitung von einem Orts-, Völker- oder Ländernamen, so setzt man einen Bindestrich.

Spanisch-Guinea, Britisch-Kolumbien

Auch hier gibt es Abweichungen bei behördlich festgelegten Schreibungen.

Schwäbisch Gmünd, Bayrischzell

R 153 Die Wörter **„Sankt"** und **„Bad"** stehen vor geographischen Namen ohne Bindestrich und getrennt.

Sankt Blasien (St. Blasien), Sankt Gotthard (St. Gotthard); Bad Elster, Bad Kissingen, Bad Kreuznach; Stuttgart-Bad Cannstatt

Dies gilt gewöhnlich auch für Ableitungen auf -er.

Sankt Galler, die Bad Kreuznacher Salinen, Bad Hersfelder Festspiele

R 154 Man setzt einen Bindestrich, wenn **ein geographischer Name aus zwei geographischen Namen zusammengesetzt** ist.

Berlin-Schöneberg, München-Schwabing, Hamburg-Altona, Leipzig-Grünau; Rheinland-Pfalz, Mecklenburg-Vorpommern, Nordrhein-Westfalen

Bei Ableitungen bleibt dieser Bindestrich erhalten.

Schleswig-Holsteiner, schleswig-holsteinisch

Der Bindestrich steht im allgemeinen auch, wenn bei Ortsnamen nähere Bestimmungen nachgestellt sind.

Frankfurt-Stadt, Frankfurt-Land, Frankfurt-Stadt und -Land, Autobahnausfahrt Frankfurt-Süd

Bahnamtlich werden solche Angaben meist ohne Bindestrich nachgestellt.

Wiesbaden Süd

> **R 155 Adjektivische Verbindungen von geographischen Bezeichnungen** werden mit Bindestrich geschrieben, wenn sie eine Beziehung, ein Verhältnis o. ä. ausdrücken.

Beide Wörter werden in diesen Fällen stark betont.

der deutsch-amerikanische Schiffsverkehr (zwischen Deutschland und Amerika), *die deutsch-schweizerischen Wirtschaftsverhandlungen, afro-asiatische Beziehungen*

• Zusammen schreibt man, wenn die Verbindung eine Begriffseinheit ausdrückt.

die deutschamerikanische Literatur (Literatur der Deutschamerikaner), *die schweizerdeutsche Mundart, frankokanadische Familien*

Das gilt besonders für Zusammensetzungen, deren erster Bestandteil auf -o ausgeht.

serbokroatisch, tschechoslowakisch

Entsprechend werden auch die zugehörigen Substantive geschrieben.

Anglo-Amerikaner (Sammelname für Engländer und Amerikaner), aber: *Angloamerikaner,* oder: *Angloamerikaner* (aus England stammender Amerikaner)

> **R 156** Sächliche geographische Namen ohne Artikel bilden den **Genitiv (Wesfall) mit -s.**

die Kirchen Kölns, Deutschlands Geschichte, die Staaten Europas

Männliche oder sächliche geographische Namen mit Artikel erhalten im Genitiv meist ein -s. Das -s wird jedoch, besonders bei fremden Namen, häufig schon weggelassen.

des Brockens, des Rheins

Aber: *des heutigen Europa[s], des Mississippi[s], des Sudan[s]*

• Geographische Namen auf s, ß, x, z, tz bilden den Genitiv wie Familien- und Personennamen, die in gleicher Weise enden (vgl. R 139).

Weißenfels' Einwohner, die Einwohner von Weißenfels, der Schuhstadt Weißenfels

Sonstige Namen

> **R 157** Zu einem **mehrteiligen Namen** gehörende Adjektive, Partizipien und Zahlwörter werden groß geschrieben.

der Kleine Bär, die Hängenden Gärten der Semiramis, Institut für Angewandte Geodäsie, Römisch-Germanisches Museum

Bei Namen von Gaststätten o. ä. schreibt man auch das erste Wort des Namens groß.

Zur Neuen Post, In der Alten Schmiede

Adjektive, die nicht am Anfang des mehrteiligen Namens stehen, werden in einigen Fällen auch klein geschrieben.

Institut für deutsche Sprache

• Es gibt Wortverbindungen, die keine Namen sind, obwohl sie häufig als Namen angesehen werden. Hier werden die Adjektive klein geschrieben. (Im Zweifelsfall schlage man im Wörterverzeichnis nach.)

schwarzer Tee, rote Bete, der blaue Brief, die katholische Kirche, neues Jahr

Vor allem in der Botanik und in der Zoologie werden die Adjektive in Verbindungen dieser Art oft groß geschrieben, weil man Benennungen aus der wissenschaftlichen Systematik von den allgemeinen Gattungsbezeichnungen abheben will.

Schwarzer Holunder (Sambucus nigra), *Kleines Sumpfhuhn* (Porzana parva)

Vgl. R 75.

R 158 Das **erste Wort** eines Buch-, Film- oder Zeitschriftentitels, einer Überschrift o. ä. wird groß geschrieben.

Er war Mitarbeiter der Neuen Rheinischen Zeitung. Wir haben den Film „Der Tod in Venedig" zweimal gesehen.

Vgl. R 73.

R 159 Titel von Büchern, Zeitungen usw. **werden gebeugt,** auch wenn sie in Anführungszeichen stehen.

die neue Auflage des Dudens, Zitate aus Büchmanns „Geflügelten Worten", die Schriftleitung der „Frankfurter Allgemeinen Zeitung", aus Wagners „Meistersingern"

Dies gilt auch für Firmen-, Gebäude- und Straßennamen o. ä.

der Senat der Freien Hansestadt Bremen, das Verwaltungsgebäude der Vereinigten Stahlwerke, die Leistungen des Rheinisch-Westfälischen Elektrizitätswerkes, er wohnt in der Oberen Riedstraße

Soll ein solcher Titel oder Firmenname unverändert wiedergegeben werden, dann muß mit einem entsprechenden Substantiv umschrieben werden.

aus der Zeitschrift „Die Kunst des Orients", aus Wagners Oper „Die Meistersinger", im Hotel „Europäischer Hof"

Nominativ (Werfall)

↑Substantiv (R 194 ff.)

Ordinalzahl (Ordnungszahl)

↑Punkt (R 162)

Ortsangabe

↑Komma (R 91 u. 100)

Ortsnamen

↑Namen (R 145 ff.)

Parenthese

↑Klammern

Partizip

↑Adjektiv (R 7 ff.), ↑Groß- und Kleinschreibung (R 65), ↑Komma (R 105 f.), ↑Zusammen- und Getrenntschreibung (R 209)

Personennamen

↑Namen (R 130 ff.)

Plural (Mehrzahl)

↑Maß-, Mengen- und Währungsbezeichnungen (R 129), ↑Namen (R 141), ↑Substantiv (R 194 ff.)

Präposition (Verhältniswort)

↑Groß- und Kleinschreibung (R 67), ↑Zusammen- und Getrenntschreibung (R 208)

Pronomen (Fürwort)

↑Apostroph (R 22), ↑Groß- und Kleinschreibung (R 66 u. 71 f.)

Punkt

R 160 Der Punkt steht nach einem **Aussagesatz.**

Es wird Frühling. Wir freuen uns. Wenn du willst, kannst du mitkommen.

Das gilt auch für Frage-, Aufforderungs- und Wunschsätze, die von einem Aussagesatz abhängig sind.

Sie fragte ihn, wann er kommen wolle. Er rief ihm zu, er solle sich nicht fürchten. Er wünschte, alles wäre vorbei.

● Der Punkt steht nicht nach einem Aussagesatz, der als Satzglied oder Beifügung (Attribut) am Anfang oder innerhalb eines anderen Satzes steht.

„Aller Anfang ist schwer" ist ein tröstlicher Spruch. Das Sprichwort „Eigener Herd ist Goldes wert" gilt nicht für jeden.

R 161 Der Punkt steht an Stelle des Ausrufezeichens nach **Aufforderungs- und Wunschsätzen,** die ohne Nachdruck gesprochen werden.

Bitte geben Sie mir das Buch. Vgl. Seite 25 seiner letzten Veröffentlichung.

R 162 Der Punkt steht nach Zahlen, um sie als **Ordnungszahlen** zu kennzeichnen.

Sonntag, den 15. April
Friedrich II., König von Preußen

Steht eine Ordnungszahl am Satzende, so wird kein zusätzlicher Satzschlußpunkt gesetzt.

Katharina von Aragonien war die erste Frau Heinrichs VIII.

R 163 Der Punkt steht nicht nach **Überschriften, Buch- und Zeitungstiteln,** die durch ihre Stellung vom übrigen Text deutlich abgehoben sind.

Der Frieden ist gesichert
Nach den schwierigen Verhandlungen zwischen den Vertragspartnern ...

R 164 Der Punkt steht nicht am Schluß der einzelnen Zeilen in **Tabellen, Listen** u. dgl.

Religion: gut
Deutsch: mangelhaft
Mathematik: sehr gut

R 165 Der Punkt steht nicht nach der **Jahreszahl** bei selbständigen Datumsangaben.

Mannheim, den 1. 4. 1990
Frankfurt, am 28. 8. 49

R 166 Der Punkt steht nicht nach der **Anschrift** in Briefen und auf Umschlägen.

Herrn
K. Meier
Rüdesheimer Straße 29
6200 Wiesbaden

Vgl. zur korrekten Form der Anschriften S. 65.

R 167 Der Punkt steht nicht nach **Grußformeln und Unterschriften** unter Briefen und anderen Schriftstücken.

Mit herzlichem Gruß
Dein Peter

Mit freundlichen Grüßen
die Schüler der Klasse 9b

Weitere Hinweise: ↑Abkürzungen (R 1 ff.), ↑Abschnittsgliederung (R 5 f.), ↑Klammern (R 86), ↑Zahlen und Ziffern (R 200 ff.) sowie in den Hinweisen für das Maschinenschreiben (S. 66 u. 68).

Schrägstrich

R 168 Der Schrägstrich kann zur Angabe von Größen- oder Zahlenverhältnissen **im Sinne von „je“** gebraucht werden.

durchschnittlich 60 km/h
100 Ew./km² (= 100 Einwohner je Quadratkilometer)

Vor allem in nichtmathematischen Texten wird der Schrägstrich häufig als Bruchstrich verwendet.

Das Guthaben wurde mit 3½ % verzinst.

R 169 Der Schrägstrich kann zur **Angabe mehrerer Möglichkeiten** gebraucht werden.

Ich/Wir überweise[n] von meinem/unserem Konto ...
für Männer und/oder Frauen

R 170 Der Schrägstrich kann **Namen verschiedener Personen** o. ä. verbinden, wenn ein Bindestrich mißverständlich oder nicht üblich ist.

Becker/Jelen erreichten durch einen 3:1-Erfolg das Endspiel.
In dieser Bootsklasse siegte die Renngemeinschaft Ratzeburg/Kiel.

Dies gilt vor allem, wenn Verwechslung mit einem Doppelnamen möglich ist.

Es ist ein Buch von Schulze/Delitzsch (zwei Autoren).
Aber: *Es ist ein Buch von Schulze-Delitzsch* (ein Autor).

R 171 Bei **abgekürzten Parteinamen** ist der Schrägstrich üblich geworden, um Fraktionsgemeinschaften o. ä. zu kennzeichnen.

Die Pressekonferenz der CDU/CSU wurde mit Spannung erwartet.

R 172 Der Schrägstrich kann zur Zusammenfassung zweier **aufeinanderfolgender Jahreszahlen, Monatsnamen** o. ä. gebraucht werden.

1870/71, im Wintersemester 90/91, der Beitrag für März/April

R 173 Der Schrägstrich steht häufig zur Gliederung von **Akten- oder Diktatzeichen** o. ä.

M/III/47
Dr. Dr/Ko
Rechn.-Nr. 195/75

Schriftsatz

↑Richtlinien für den Schriftsatz S. 69.

Selbstlaut (Vokal)

↑Bindestrich (R 36), ↑Silbentrennung (R 180)

Semikolon (Strichpunkt)

Das Semikolon grenzt stärker ab als das Komma, aber weniger stark als der Punkt.

R 174 Das Semikolon kann **an Stelle des Punktes** zwischen eng zusammengehörenden selbständigen Sätzen stehen.

Die Stellung der Werbeabteilung im Organisationsplan ist in den einzelnen Unternehmen verschieden; sie richtet sich nach den Anforderungen, die an die Werbung gestellt werden.

R 175 Das Semikolon kann **statt des Kommas** zwischen den nebengeordneten Sätzen einer Satzverbindung stehen.

Dies gilt besonders vor den Konjunktionen (Bindewörtern) oder Adverbien wie denn, doch, darum, daher, allein.

Die Angelegenheit ist erledigt; darum wollen wir nicht länger streiten. Ich wollte im Oktober zur Herbstmesse gehen; doch leider hatte ich damals keine Zeit.

R 176 Das Semikolon kann zur besseren Gliederung bei **mehrfach zusammengesetzten Sätzen** stehen.

Wer immer nur an sich selbst denkt; wer nur danach trachtet, andere zu übervorteilen; wer sich nicht in die Gemeinschaft einfügen kann: der kann von uns keine Hilfe erwarten.

R 177 Das Semikolon kann bei Aufzählungen **Gruppen gleichartiger Begriffe** abgrenzen.

Unser Proviant bestand aus gedörrtem Fleisch, Speck und Rauchschinken; Ei- und Milchpulver; Reis, Nudeln und Grieß.

Silbentrennung (Worttrennung)

Wörter können am Ende einer Zeile getrennt werden, wenn der Platz für das ganze Wort nicht ausreicht. Als Trennungszeichen dient der einfache Bindestrich.

R 178 Mehrsilbige **einfache und abgeleitete Wörter** trennt man so, wie es sich beim langsamen Sprechen von selbst ergibt, also nach Sprechsilben.

Freun-de, Män-ner, for-dern, wei-ter, Or-gel, kal-kig, Bes-se-rung
Bal-kon, Fis-kus, Ho-tel, Pla-net, Kon-ti-nent, Re-mi-nis-zenz, El-lip-se
Ber-lin, El-ba, Tür-kei

• Ein einzelner Konsonant (Mitlaut) kommt in diesen Fällen auf die folgende Zeile; von mehreren Konsonanten kommt der letzte auf die folgende Zeile.

tre-ten, nä-hen, Ru-der, rei-ßen, bo-xen; Ko-kon, Na-ta-li-tät; Kre-ta, Chi-na
An-ker, Fin-ger, war-ten, Fül-lun-gen, Rit-ter, Was-ser, Knos-pen, kämp-fen, Ach-sel, steck-ten, Kat-zen, Städ-ter, Drechs-ler, dunk-le, gest-rig, an-de-re, and-re, neh-men, Beß-rung; Ar-sen, Hip-pie, Kas-ko, Pek-tin; Un-garn, Hes-sen, At-lan-tik

Nachsilben, die mit einem Vokal (Selbstlaut) beginnen, nehmen bei der Trennung den vorangehenden Konsonanten zu sich.

Schaffne-rin, Freun-din, Bäcke-rei, Be-steue-rung, Lüf-tung

• Ein einzelner Vokal wird nicht abgetrennt.

Ader, Eber, Amor, eben, Ödem

In Ableitungen mit der Nachsilbe -heit lebt bei der Silbentrennung ein ursprünglich zum Stamm gehörendes, später abgestoßenes h nicht wieder auf.

Ho-heit, Rau-heit, Ro-heit (nicht: Roh-heit)

R 179 Die **Konsonantenverbindungen ch und sch, in Fremdwörtern auch ph, rh, sh und th** bezeichnen einfache Laute und bleiben ungetrennt.

Bü-cher, Fla-sche, Ma-chete, Pro-phet, Myr-rhe, Bu-shel, ka-tholisch

• Ebenso trennt man in Fremdwörtern im allgemeinen nicht die Buchstabengruppen
bl, pl, fl, gl, cl, kl, phl; br, pr, dr, tr, fr, vr, gr, cr, kr, phr, str, thr; chth; gn, kn

Pu-bli-kum, fle-xi-bler, Di-plom, Tri-fle, Re-gle-ment, Bou-clé, Zy-klus, Ty-phli-tis; Fe-bru-ar, Le-pra, Hy-drant, neu-tral, Chif-fre, Li-vree, ne-grid, Su-cre, Sa-kra-ment, Ne-phri-tis, In-du-strie, Ar-thri-tis; Ere-chthei-on; Ma-gnet, py-knisch

• Steht **ss** als Ersatz für **ß** (z. B. bei einer Schreibmaschine ohne ß), dann wird das Doppel-s wie das ß als einfacher Laut angesehen und nicht getrennt.

Grü-sse (für: Grü-ße), *hei-ssen* (für: hei-ßen)

• **ck** wird bei Silbentrennung in k-k aufgelöst. Bei Namen sollte die Trennung von ck möglichst vermieden werden, da sie das Schriftbild verändert.

Zuk-ker, bak-ken; (nur in Notfällen:) *Bek-ker, Zwik-kau*

Tritt in Namen oder in Ableitungen von Namen ck nach einem Konsonanten (Mitlaut) auf, dann wird ck wie ein einfacher Konsonant auf die nächste Zeile gesetzt.

Sen-ckenberg, Fran-cke, bismar-ckisch

• **st** wird nicht getrennt.

la-sten, We-sten, Bast-ler, sech-ste, er brem-ste, Dien-stes, verwahrlo-stes Kind, sie sau-sten, Aku-stik, Hy-sterie

Eine Ausnahme bildet die Wortfuge bei Zusammensetzungen.

Diens-tag, Haus-tier

Die Regel gilt auch nicht für ßt.

muß-te (nicht: mu-ßte)

R 180 **Vokalverbindungen** dürfen nur getrennt werden, wenn sie keine Klangeinheit bilden.

Befrei-ung, Trau-ung, bö-ig, europä-isch, faschisto-id, Muse-um, kre-ieren, sexu-ell, Ritu-al

• Enger zusammengehörende Vokale bleiben, wenn das möglich ist, besser ungetrennt.

Natio-nen, natio-nal, Flui-dum, kolloi-dal, asia-tisch, Idea-list, Sexua-lität, poe-tisch, böi-ge, europäi-sche

Wenn i und i zusammentreffen, gilt:

einei-ige, Unpartei-ische

• Zwei [gleiche] Vokale (Selbstlaute), die eine Klangeinheit darstellen, und Doppellaute (Diphthonge) dürfen nicht getrennt, sondern nur zusammen abgetrennt werden.

Waa-ge, Aa-le, Ei-er, Mau-er, Neu-ron, Kai-ro

• Die stummen Dehnungsbuchstaben e und i werden nicht abgetrennt.

Wie-se
Coes-feld (gesprochen ['ko:s...])
Trois-dorf (gesprochen ['tro:s...])

Das gilt auch für das w in der Namenendung -ow.

Tel-tow-er Rübchen (gesprochen ['tɛl-to:ər])

• Nicht trennbar sind die Wörter:

Feen, knien, [auf] Knien, Seen

R 181 **Zusammengesetzte Wörter** und Wörter mit einer Vorsilbe werden nach ihren sprachlichen Bestandteilen, also nach Sprachsilben, getrennt.

Kleider-schrank, Hosen-träger, Diens-tag, war-um, dar-auf, dar-in, ge-schwungen, be-treten, Be-treuung, Ver-gnügen

Dasselbe gilt auch für Fremdwörter.

Atmo-sphäre, Mikro-skop, Inter-esse, Synonym, At-traktion, Ex-spektant, De-szendenz, in-szenieren

Einige Fremdwörter trennt man aber bereits nach Sprechsilben, da ihre Bildung nicht allgemein bekannt ist.

Epi-sode (statt: Epis-ode)
Tran-sit (statt: Trans-it)
ab-strakt (statt: abs-trakt)

Auch zusammengesetzte geographische Namen werden nur dann nach Sprachsilben getrennt, wenn sich ihre Bestandteile erkennen lassen. Sonst trennt man nach Sprechsilben.
Im Zweifelsfall schlage man im Wörterverzeichnis nach.

Main-au, Schwarz-ach
aber: *Norder-ney;* nicht: Nordern-ey (ey = Insel)

• Ist bei einer Zusammensetzung an der Wortfuge einer von drei gleichen Konsonanten (Mitlauten) weggefallen (vgl. R 204), so tritt dieser Konsonant bei der Silbentrennung wieder ein.

Schiff-fahrt, Brenn-nessel, Ballett-theater, wett-turnen

Eine Ausnahme bilden die Wörter „dennoch“, „Dritteil“ und „Mittag“.

den-noch, Drit-teil, Mit-tag

Trennungen, die zwar den Vorschriften entsprechen, aber den Leseablauf stören, sollte man vermeiden.

Spar-gelder, aber nicht: Spargel-der; *bestehende,* aber nicht: beste-hende; *beinhalten,* aber nicht: bein-halten; *Gehörnerven,* aber nicht: Gehörner-ven

R 182 Treten in einem deutschen Text einzelne **fremdsprachige Wörter,** Wortgruppen oder kurze Sätze auf, dann trennt man nach den deutschen Regeln ab.

a po-ste-rio-ri, per as-pe-ra ad astra, Co-ming man, Swin-ging Lon-don

Die Trennungsregeln fremder Sprachen sollen nur bei längeren Zitaten, d.h. bei fortlaufendem fremdsprachigem Text, angewandt werden.

as-tra, com-ing, swing-ing

ss und ß

R 183 Man schreibt **ß im Inlaut** nach langem Vokal (Selbstlaut) oder nach Doppellaut (Diphthong).

Blöße, Maße, grüßen; außer, reißen, Preußen

R 184 Man schreibt **ß im Auslaut** aller Wortstämme, die im Inlaut ß oder ss haben, und in „miß-“.

Gruß (grüßen), *Maß* (messen), *ihr haßt* (hassen), *Kongreß* (Kongresse); *mißachten*

Nur mit s werden jedoch die Bildungen auf „-nis“ und bestimmte Fremdwörter geschrieben.

Zeugnis (trotz: Zeugnisse), *Geheimnis* (trotz: Geheimnisse), *Bus* (trotz: Busse), *Atlas* (trotz: Atlasse)

Man schreibt ß an Stelle von ss, wenn ein tonloses -e entfällt (vgl. R 22).

vergeßne (für: vergessene), *wäßrig* (für: wässerig), *laß!* (für: lasse!)

R 185 Man schreibt **ss im Inlaut** zwischen zwei Vokalen (Selbstlauten), deren erster kurz ist.

Masse, Missetat, Flüsse, hassen, essen, Zeugnisse, Dissertation

R 186 Man schreibt **ss im Auslaut** vor einem Apostroph.

ich lass' (für: ich lasse; aber als Imperativ, weil ohne Apostroph geschrieben: laß!)

Vgl. R 18.

R 187 Bei der Verwendung von **Großbuchstaben** steht SS für ß.

Das gilt besonders für Überschriften, Buchtitel, Plakate u. ä.

STRASSE, AUSSEN, KONGRESS

● Nur wenn Mißverständnisse möglich sind, schreibt man SZ.

MASSE, aber: *MASZE* (wenn Masse u. Maße verwechselt werden können)

In Dokumenten kann bei Namen aus Gründen der Eindeutigkeit auch ß verwendet werden.

HEINZ GROßE

R 188 Treffen **drei große S-Zeichen** zusammen, dann fügt man zweckmäßigerweise den Bindestrich ein.

SCHLOSS-SCHULE, MASS-STAB, FUSS-SOHLE

Vgl. auch S. 74.

Straßennamen

R 189 Das **erste Wort** eines Straßennamens wird groß geschrieben, ebenso alle zum Namen gehörenden Adjektive und Zahlwörter.

Im Trutz, Am Alten Lindenbaum, Kleine Bockenheimer Straße, An den Drei Tannen

R 190 Straßennamen, die aus einem **einfachen oder zusammengesetzten Substantiv** (auch Namen) und einem für Straßennamen typischen Grundwort bestehen, werden zusammengeschrieben.

Schloßstraße, Brunnenweg, Bahnhofstraße, Rathausgasse, Bismarckring, Beethovenplatz, Augustaanlage, Römerstraße, Dammtor, Wittelsbacherallee, Becksweg, Marienwerderstraße, Drusweilerweg, Herderstraße

Soll in einem Straßennamen ein [altes] Besitzverhältnis ausgedrückt werden, tritt oft ein Genitiv-s (Wesfall-s) auf. In solchen Fällen ist auch Getrenntschreibung möglich.

Brandtstwiete, Oswaldsgarten; Graffelsmanns Kamp

R 191 Straßennamen, die aus einem **ungebeugten Adjektiv** und einem Grundwort zusammengesetzt sind, werden zusammengeschrieben.

Altmarkt, Neumarkt, Hochstraße

Getrennt schreibt man dagegen, wenn das Adjektiv gebeugt ist.

Große Bleiche, Langer Graben, Neue Kräme, Französische Straße

● Getrennt schreibt man auch bei Ableitungen auf -er von Orts- und Ländernamen.

Münchener Straße, Bad Nauheimer Weg, Am Saarbrücker Tor, Schweizer Platz, Herner Weg, Kalk-Deutzer Straße

Bei Ortsnamen, Völker- oder Familiennamen auf -er wird jedoch nach R 190 zusammengeschrieben.

Drusweilerweg, Römerplatz, Herderstraße

Zur Beugung mehrteiliger Straßennamen vgl. R 159.

R 192 Den Bindestrich setzt man, wenn die Bestimmung zum Grundwort aus **mehreren Wörtern** besteht.

Albrecht-Dürer-Allee, Kaiser-Friedrich-Ring, Van-Dyck-Straße, Ernst-Ludwig-Kirchner-Straße, E.-T.-A.-Hoffmann-Straße, Professor-Sauerbruch-Straße, Berliner-Tor-Platz, Bad-Kissingen-Straße, Sankt-Blasien-Straße, Am St.-Georgs-Kirchhof, Bürgermeister-Dr.-Meier-Platz, Von-Repkow-Platz, v.-Repkow-Platz

Zum abgekürzten Adelsprädikat vgl. R 78.

• Besteht die Bestimmung zum Grundwort aus einem gebeugten oder ungebeugten Adjektiv und einem Substantiv, dann ist auch Zusammenschreibung möglich.

Hohetorstraße neben: *Hohe-Tor-Straße*

> **R 193** Bei der **Zusammenfassung von Straßennamen** schreibt man entsprechend den vorstehenden Richtlinien.

Ecke [der] Ansbacher und Motzstraße, Ekke [der] Motz- und Ansbacher Straße
Ecke [der] Schiersteiner und Wolfram-von-Eschenbach-Straße, Ecke [der] Wolfram-von-Eschenbach- und Schiersteiner Straße

Strichpunkt

↑Semikolon

Substantiv (Hauptwort)

Man unterscheidet drei Arten der Deklination (Beugung) des Substantivs: die starke (R 194–196), die schwache (R 197 u. 198) und die gemischte (R 199) Deklination.

> **R 194** Die **stark gebeugten männlichen und sächlichen** Substantive bilden den Genitiv (Wesfall) Singular mit -es oder -s; der Nominativ (Werfall) Plural endet auf -e, -er oder -s, er kann auch endungslos sein oder Umlaut haben.

des Überflusses, des Glases
des Wagens, des Papiers
die Reflexe, die Schafe
die Geister, die Bretter
die Uhus, die Autos
die Lehrer, die Gitter
die Gärten, die Klöster

> **R 195** Der **Dativ (Wemfall)** Singular starker männlicher und sächlicher Substantive wird heute gewöhnlich ohne -e gebildet.

dem Bau, im Heu, dem Frühling, dem Ausflug, dem Schicksal; im Senat, mit dem Tabak

• In festen Wendungen, Titeln oder in gehobener Sprache kommt das Dativ-e noch vor.

in diesem Sinne, dem Manne kann geholfen werden; „Vom Winde verweht"

> **R 196** Die **stark gebeugten weiblichen** Substantive sind im Singular endungslos; der Nominativ (Werfall) Plural endet auf -e oder -s, er kann auch endungslos sein und Umlaut haben.

die Trübsale, die Muttis, die Kräfte, die Töchter

> **R 197** Die **schwach gebeugten männlichen** Substantive enden in allen Formen mit Ausnahme des Nominativs (Werfalls) Singular auf -en oder -n.

des Menschen, dem Hasen, den Boten, die Studenten

• Die Endung -en bzw. -n darf im Dativ (Wemfall) und Akkusativ (Wenfall) Singular im allgemeinen nicht weggelassen werden.

Der Professor prüfte den Kandidaten (nicht: den Kandidat).
Er begrüßte den Fabrikanten (nicht: den Fabrikant).
Die Ärztin gab dem Patienten (nicht: dem Patient) *eine Spritze.*
Er sandte ihn als Boten (nicht: als Bote).
Dir als Juristen (nicht: als Jurist) *legt man die Frage vor.*

Nur in folgenden Fällen ist die endungslose Form richtig: wenn das Substantiv ohne Artikel oder Beifügung (Attribut) nach einer Präposition (einem Verhältniswort) steht oder wenn alleinstehende Substantive durch „und" verbunden sind.

eine Seele von Mensch
ein Forstmeister mit Assistent
Die neue Regelung betrifft Patient und Arzt gleichermaßen.

In Anschriften sind beide Formen möglich.

[An] Herrn Präsidenten (auch: *Präsident*) *Karl Müller*

R 198 Die **schwach gebeugten weiblichen** Substantive sind im Singular endungslos, im Plural enden sie auf -en oder -n.

die Frauen, die Gaben, die Kammern

R 199 Die **gemischt gebeugten männlichen und sächlichen** Substantive werden im Singular stark gebeugt (der Genitiv endet auf -es oder -s) und im Plural schwach (der Nominativ endet auf -en oder -n).

des Staates, die Staaten
des Sees, die Seen
des Doktors, die Doktoren

Superlativ
↑Groß- und Kleinschreibung (R 65)

Tätigkeitswort (Verb)
↑Apostroph (R 18 u. 22), ↑Bindestrich (R 32), ↑Groß- und Kleinschreibung (R 68), ↑Zusammen- und Getrenntschreibung (R 205 ff.)

Titel oder sonstige Namen
↑Anführungszeichen (R 12), ↑Bindestrich (R 41), ↑Groß- und Kleinschreibung (R 73 ff.), ↑Namen (R 142 ff. u. R 157 ff.)

Transkriptions- und Transliterationssysteme
↑S. 81 f.

Trennung
↑Silbentrennung

Überschriften
↑Namen (R 158), ↑Punkt (R 163)

Verb (Tätigkeitswort, Zeitwort)
↑Apostroph (R 18 u. 22), ↑Bindestrich (R 32), ↑Groß- und Kleinschreibung (R 68), ↑Zusammen- und Getrenntschreibung (R 205 ff.)

Vokal (Selbstlaut)
↑Bindestrich (R 36), ↑Silbentrennung (R 180)

Völkernamen
↑Namen (R 151 f.)

Vornamen
↑Namen (R 131 f. u. 139 f.)

Währungsbezeichnungen
↑Maß-, Mengen- und Währungsbezeichnungen

Wemfall (Dativ)
↑Substantiv (R 195 u. 197)

Wenfall (Akkusativ)
↑Substantiv (R 197)

Werfall (Nominativ)
↑Substantiv (R 194 u. 196 ff.)

Wesfall (Genitiv)
↑Substantiv (R 194, 197 u. 199)

Worttrennung
↑Silbentrennung

Wunschsatz
↑Ausrufezeichen (R 28), ↑Punkt (R 161)

Zahlen und Ziffern
Hinweise zur Schreibung der Zahlen in Buchstaben und als Bestandteile von Ableitungen und Zusammensetzungen finden sich in den Abschnitten Groß- und Kleinschreibung (R 66), Zusammen- und Getrenntschreibung (R 212), Bindestrich (R 37 u. 43).

R 200 Ganze Zahlen aus **mehr als drei Ziffern** werden von der Endziffer aus in dreistellige Gruppen zerlegt.

3 417 379 DM *25 000 kg* *4 150*

Man gliedert hierbei durch Zwischenraum, nicht durch Komma.
Eine Gliederung durch Punkt ist möglich, kann aber zu Verwechslungen führen, da z. B. im Englischen der Punkt die Dezimalstelle angibt.

10.000.000 kW

Bei Zahlen, die eine Nummer darstellen, sind auch andere Gruppierungen als die Dreiergliederung möglich.

Tel. 70 96 14
Kundennummer 2 1534 5677

Vgl. auch S. 71.

R 201 **Dezimalstellen** werden von den ganzen Zahlen durch ein Komma getrennt.

52,36 m
8,745 032 kg
1 244,552 12

Auch nach dem Komma ist eine Gliederung in Dreiergruppen durch Zwischenraum (nicht durch Punkt oder Komma!) möglich.

R 202 Bei der Angabe von **Geldbeträgen** in DM wird die Pfennigzahl durch ein Komma abgetrennt.

3,45 DM, auch (besonders in Aufstellungen und im Zahlungsverkehr): *DM 3,45*

Bei vollen Markbeträgen können die Dezimalstellen zusätzlich angedeutet werden.

5 DM
oder: *5,00 DM*
oder: *5,– DM*

In der Schweiz steht zwischen Franken- und Rappenzahl gewöhnlich ein Punkt.

Fr. 4.20

Will man eine Spanne zwischen zwei Geldbeträgen angeben, so achte man auf Eindeutigkeit.

10–25 000 DM (wenn die erste Zahl 10 DM bezeichnet)
10 000–25 000 DM (wenn die erste Zahl 10 000 DM bezeichnet)

R 203 Bei **Zeitangaben** wird die Zahl der Minuten von der Zahl der Stunden nicht durch ein Komma, sondern durch einen Punkt oder durch Hochstellung abgehoben.

6.30 [Uhr]
6^{30} *[Uhr]*

Zeitwort (Verb)

↑Apostroph (R 18 u. 22), ↑Bindestrich (R 32), ↑Groß- und Kleinschreibung (R 68), ↑Zusammen- und Getrenntschreibung (R 205 ff.)

Ziffern

↑Zahlen und Ziffern

Zusammentreffen von drei gleichen Konsonanten (Mitlauten)

R 204 Treffen bei Wortbildungen **drei gleiche Konsonanten** zusammen, dann setzt man nur zwei, wenn ein Vokal (Selbstlaut) folgt.

Schiffahrt, Brennessel, Balletttheater (th, griech. ϑ, gilt hier als ein Buchstabe), *wetturnen*

• Bei Silbentrennung tritt der dritte Konsonant wieder ein.

Schiff-fahrt, Brenn-nessel, Ballett-theater, wett-turnen

In den Wörtern „dennoch", „Dritteil" und „Mittag" wird jedoch auch bei der Silbentrennung der Konsonant nur zweimal gesetzt.

den-noch, Drit-teil, Mit-tag

• Nach **ck** darf **k** nicht ausfallen, und nach **tz** bleibt **z** erhalten.

Postscheckkonto, Rückkehr; Schutzzoll

Wo ein Mißverständnis möglich ist, kann ein Bindestrich gesetzt werden.

Bettuch (Laken für das Bett)
Bettuch oder *Bet-Tuch* (Gebetsmantel der Juden)

• Folgt auf drei gleiche Konsonanten noch ein anderer, vierter Konsonant, dann darf keiner von ihnen wegfallen.

Auspuffflamme, Pappplakat, Ballettruppe, fetttriefend

Treffen drei s aufeinander, wenn ss als Ersatz für ß steht (z. B. bei einer Schreibmaschine ohne ß), dann werden immer alle drei s geschrieben, also auch bei folgendem Vokal.

Kongressstadt, Fusssohle, Masssachen

Dies gilt auch, wenn ein Name auf ss endet.

die Heussschen Schriften

Zum Zusammentreffen von drei gleichen Vokalen ↑R 36.

Zusammen- und Getrenntschreibung

In der Zusammen- und Getrenntschreibung sind nicht alle Bereiche eindeutig geregelt. Wo die folgenden Hinweise nicht ausreichen und auch das Wörterverzeichnis nicht weiterhilft, schreibe man getrennt.

> **R 205** Verbindungen mit einem Verb als zweitem Glied schreibt man in der Regel dann zusammen, wenn durch die Verbindung ein **neuer Begriff** entsteht, den die bloße Nebeneinanderstellung nicht ausdrückt.

(Vgl. im Zweifelsfall das Wörterverzeichnis.)

Wenn du nicht fleißiger bist, wirst du sitzenbleiben (nicht versetzt werden). *Du sollst dich nicht gehenlassen* (nicht nachlässig sein). *Er wird uns bei diesem Fest freihalten* (für uns bezahlen).

Wir werden Ihnen die Summe gutschreiben (anrechnen). *Wie die Tage dahinfliegen* (vergehen)! *Diese Arbeit ist ihm schwergefallen* (sie war schwierig für ihn).

Bei zusammengeschriebenen Verbindungen schreibt man auch die gebeugten Formen im Nebensatz sowie die mit „zu" gebildeten Infinitive (Grundformen) und die Partizipien zusammen.

Ich hoffe, daß du nicht sitzenbleibst. Du kannst es dir nicht leisten, noch einmal sitzenzubleiben. Man hat mir versprochen, uns diese Summe gutzuschreiben. Die Summe wurde ihm gutgeschrieben.

• Verbindungen mit „sein" oder „werden" schreibt man nur im Infinitiv und Partizip zusammen.

er wollte dabeisein; er ist dabeigewesen; der Brief war bekanntgeworden
aber: *wenn er dabei ist, dabei war; als der Brief bekannt wurde*

• Ein zusammengesetztes Verb wird getrennt geschrieben, wenn das erste Glied am Anfang des Satzes steht und dadurch besonderes Eigengewicht erhält.

Fest steht, daß ...
Auf fällt, daß ...
Hinzu kam noch etwas anderes.

Dies gilt nicht für Infinitiv und Partizip.

Hinzugekommen war noch etwas anderes.

Zu substantivierten Verbverbindungen vgl. die Beispiele unter R 68.

> **R 206** Getrennt schreibt man, wenn beide Wörter noch ihre **eigene Bedeutung** haben.

Du sollst auf dieser Bank sitzen bleiben. Du kannst ihn um fünf Uhr gehen lassen. Er wird seine Rede frei halten. Diese Schülerin kann gut schreiben.

Besonders bei Verbindungen mit einem Adverb liegt hier die Betonung deutlich auf beiden Wörtern.

Es wird daher kommen, daß ...
Es ist sicher, daß er dahin fliegen wird.

Bei getrennt geschriebenen Verbindungen schreibt man auch die mit „zu" gebildeten Infinitive (Grundformen) getrennt.

Es ist besser, ihn jetzt gehen zu lassen. Das scheint mir daher zu kommen, daß ...

Wird aber das erste Partizip mit „zu" als Beifügung (Attribut) gebraucht, dann sind beide Schreibungen möglich.

das instand zu setzende (auch: *instandzusetzende*) *Gerät*

• Es gibt auch Verbindungen, die man herkömmlicherweise zusammenschreibt, obwohl kein neuer Begriff entsteht. (Vgl. im einzelnen das Wörterverzeichnis.)

sauberhalten, kennenlernen, spazierengehen

> **R 207** Man schreibt ein Substantiv mit einem Verb zusammen, wenn das **Substantiv verblaßt** ist und die Vorstellung der Tätigkeit vorherrscht.

wetterleuchten, es wetterleuchtet, es hat gewetterleuchtet
hohnlachen, er hohnlacht (auch: *er lacht hohn*), *er hat hohngelacht*
kopfstehen, er hat kopfgestanden, er steht kopf
radfahren, er ist radgefahren, aber: *er fährt Rad*
kegelschieben, aber: *er schiebt Kegel, er hat Kegel geschoben*

Getrennt schreibt man dagegen:

Gefahr laufen, Sorge tragen, Posten stehen, Auto fahren, Ski laufen, Klavier spielen, Karten spielen; aber: *das Skilaufen, das Kartenspielen*

R 208 Man schreibt ein verblaßtes **Substantiv mit einer Präposition (einem Verhältniswort)** zusammen, wenn die Fügung zu einer neuen Präposition oder einem Adverb geworden ist.

(Vgl. im einzelnen das Wörterverzeichnis.)

zuzeiten (bisweilen), *infolge, inmitten, vorderhand, zugunsten, imstande [sein], instand [halten, setzen], zustande [bringen, kommen], beiseite [legen], vonnöten [sein], vonstatten [gehen], zugrunde [gehen], zuschulden [kommen lassen]*

Getrennt schreibt man dagegen:

zu Zeiten [Karls d. Gr.], zu Händen, in Frage, in Kraft, unter Bezug auf

Gelegentlich stehen Getrennt- und Zusammenschreibung nebeneinander.

an Stelle oder *anstelle*
an Hand oder *anhand*
auf Grund oder *aufgrund*

R 209 Verbindungen mit einem **Adjektiv oder Partizip als zweitem Glied** werden zusammengeschrieben, wenn sie als Einheit empfunden werden.

ein halblauter Warnruf, der Mann war hochbetagt, in schwindelerregender Höhe, der Schnee lag meterhoch (aber: *drei Meter hoch*)

Dies gilt vor allem, wenn die Zusammensetzung eine Präposition (ein Verhältniswort) oder einen Artikel erspart.

mondbeschienen (= vom Mond beschienen), *sagenumwoben* (= von Sagen umwoben), *herzerquickend* (= das Herz erquickend)

• Man schreibt auch dann zusammen, wenn die Zusammensetzung eine [dauernde] Eigenschaft bezeichnet, die vielen Dingen in gleicher Weise eigen ist, d. h., wenn sie klassenbildend gebraucht wird.

eine fleischfressende Pflanze, die Tücher sind reinseiden, die eisenverarbeitende Industrie, wärmeisolierende Stoffe

• In bestimmten Fällen ist es der Entscheidung des Schreibenden überlassen, ob er zusammenschreibt (dann liegt beim Sprechen die Hauptbetonung auf dem ersten Bestandteil) oder getrennt (dann werden beide Glieder gleichmäßig betont). In der Regel schreibt man solche Fügungen getrennt, wenn sie in prädikativer Stellung (in der Satzaussage) stehen. (Vgl. auch R 206.)

die obenerwähnte Auffassung
oder: *die oben erwähnte Auffassung*
eine leichtverdauliche Speise
oder: *eine leicht verdauliche Speise*
kochendheißes Wasser
oder: *kochend heißes Wasser*
die Speisen sind leicht verdaulich
das Wasser ist kochend heiß

Getrennt schreibt man dagegen, wenn eine nähere Bestimmung hinzutritt.

dieser auffallend hell leuchtende Stern
eine besonders schwer verständliche Sprache
die bereits oben erwähnte Auffassung
heftiges Grauen erregend
die in Afrika wild lebenden Tiere

Zur Schreibung von Substantivierungen vgl. die Beispiele unter R 65.

R 210 **Ableitungen auf -er von geographischen Namen** schreibt man zusammen, wenn sie Personen bezeichnen.

Schweizergarde (päpstliche Garde, die aus Schweizern besteht), *Römerbrief* (Brief an die Römer), *Danaergeschenk* (Geschenk der Danaer)

• Man schreibt solche Ableitungen getrennt, wenn sie die geographische Lage bezeichnen.

Walliser Alpen (die Alpen im Wallis), *Glatzer Neiße* (die von Glatz kommende Neiße), *Köln-Bonner Flughafen*

Besonders in Österreich und in der Schweiz wird in diesen Fällen oft zusammengeschrieben.

Böhmerwald, Wienerwald, Bielersee

Es gibt geographische Namen, die auf -er enden und keine Ableitungen der oben genannten Art sind. Diese Namen werden zusammengeschrieben.

Glocknergruppe, Brennerpaß

R 211 **Straßennamen** werden zusammengeschrieben, wenn sie aus einem ungebeugten Adjektiv und einem Grundwort zusammengesetzt sind.

Altmarkt, Neumarkt, Hochstraße

Getrennt schreibt man dagegen, wenn das Adjektiv gebeugt ist.

Große Bleiche, Langer Graben, Breite Gasse, Neue Kräme

● Getrennt schreibt man auch bei Ableitungen von Orts- und Ländernamen auf -er und -isch.

Münchener Straße, Bad Nauheimer Weg, Französische Straße

Vgl. R 191.

R 212 In Buchstaben geschriebene **Zahlen** unter einer Million werden zusammengeschrieben.

neunzehnhundertfünfundfünfzig, dreiundzwanzigtausend, tausendsechsundsechzig

● Ableitungen, die eine Zahl enthalten, werden zusammengeschrieben, unabhängig davon, ob die Zahl in Buchstaben oder in Ziffern geschrieben wird. Das gilt auch für Zusammensetzungen (vgl. auch R 43).

achtfach, 8fach, achtmal, 8mal, Achtpfünder, 8pfünder, 14karätig, $3\frac{1}{2}$*prozentig, 32eck, 32stel,* 10^{6}*fach, das* 10^{-18}*fache, 1,5fach, 80er Jahre, 48er Raster*

Aber bei Aneinanderreihung:

400-m-Lauf, 2-kg-Dose, $\frac{3}{8}$*-Takt*

Getrennt schreibt man Angaben für Zahlen über eine Million.

zwei Millionen dreitausendvierhundertneunzehn

In Ableitungen und Zusammensetzungen werden auch diese Zahlen zusammengeschrieben.

der einmilliardste Teil, dreimillionenmal (aber: *drei Millionen Male*)

Hinweise für das Maschinenschreiben

Die folgenden Hinweise beschränken sich auf die in der Praxis am häufigsten auftretenden Probleme.

Abkürzungen

Nach Abkürzungen folgt ein Leerschritt.

```
... desgl. ein Paar
Strümpfe ...
Sie können das Programm auf
UKW empfangen.
```

Das gilt auch für mehrere aufeinanderfolgende Wörter, die jeweils mit einem Punkt abgekürzt sind.

```
... z. B. ein Zeppelin ...
... Hüte, Schirme, Taschen
u. a. m.
```

Anführungszeichen

Anführungszeichen setzt man ohne Leerschritt vor und nach den eingeschlossenen Textabschnitten, Wörtern u. a.

```
Deine "Überraschungen" kenne
ich!
"Wir haben viel nachzuholen",
sagte er.
Plötzlich rief er: "Achtung!"
```

Dasselbe gilt für halbe Anführungszeichen.

```
"Man nennt das einen 'Doppel-
axel'", erklärte sie ihm.
```

Anrede und Gruß in Briefen

Anrede und Gruß werden vom übrigen Brieftext durch jeweils eine Leerzeile abgesetzt.

```
Sehr geehrter Herr Schmidt,

gestern erhielten wir Ihre
Nachricht vom ... Wir würden
uns freuen, Sie bald hier
begrüßen zu können.

Mit freundlichen Grüßen

Kraftwerk AG
```

Anschrift

Anschriften auf Postsendungen werden durch Leerzeilen gegliedert[1].
Man unterteilt hierbei wie folgt:

[Art der Sendung];

[Firmen]name;
Postfach oder Straße und Hausnummer [Wohnungsnummer];

Postleitzahl, Bestimmungsort [Zustellpostamt]

Die Postleitzahl wird vierstellig geschrieben und nicht ausgerückt, der Bestimmungsort nicht unterstrichen. Die Länderkennzeichnungen A-, CH-, D- usw. sollen beim Schriftverkehr innerhalb des jeweiligen Landes nicht verwendet werden.[2] Bei Postsendungen ins Ausland empfiehlt die Deutsche Bundespost, Bestimmungsort (und Bestimmungsland) in Großbuchstaben zu schreiben.

```
Einschreiben

Bibliographisches Institut &
F. A. Brockhaus AG
Dudenstraße 6

W-6800 Mannheim
```

[1] In der Schweiz wird jedoch empfohlen, auf die Leerzeile über dem Bestimmungsort zu verzichten.

[2] In Deutschland werden jedoch bis zur Einführung einheitlicher Postleitzahlen die Kennzeichen W- (für die alten Bundesländer) und O- (für die neuen Bundesländer) verwendet.

```
Herrn
Helmut Schildmann
Jenaer Str. 18

O-5300 Weimar
```

```
Frau
Wilhelmine Baeren
Münsterplatz 8

CH-3000 BERN
```

Am Zeilenende stehen keine Satzzeichen; eine Ausnahme bilden Abkürzungspunkte sowie die zu Kennwörtern o. ä. gehörenden Anführungs-, Ausrufe- oder Fragezeichen.

```
Herrn Major a. D.
Dr. Kurt Meier
Postfach 90 10 98

W-6000 Frankfurt 90
```

```
Reisebüro Bauer
Kennwort "Ferienlotterie"
Postfach 70 96 14

A-1121 WIEN
```

Auslassungspunkte

Um eine Auslassung in einem Text zu kennzeichnen, setzt man drei Punkte. Vor und nach den Auslassungspunkten ist jeweils ein Leerschritt anzuschlagen, wenn sie für ein selbständiges Wort oder mehrere Wörter stehen. Bei Auslassung eines Wortteils werden sie unmittelbar an den Rest des Wortes angeschlossen.

```
Keiner der genannten Para-
graphen ... ist im vorliegen-
den Fall anzuwenden.
Sie glaubten in Sicherheit zu
sein, doch plötzlich ...
Mit "Para..." beginnt das
gesuchte Wort
```

Am Satzende wird kein zusätzlicher Schlußpunkt gesetzt. Satzzeichen werden ohne Leerschritt angeschlossen.

```
Bitte wiederholen Sie den
Abschnitt nach "Wir möchten
uns erlauben ..."
```

Ausrufezeichen

↑ Punkt ...

Bindestrich

Als Ergänzungsbindestrich steht der Mittestrich unmittelbar vor oder nach dem zu ergänzenden Wortteil.

```
Büro- und Reiseschreibmaschi-
nen
Eisengewinnung und -verarbei-
tung
```

Bei der Kopplung oder Aneinanderreihung gibt es zwischen den verbundenen Wörtern oder Schriftzeichen und dem Mittestrich ebenfalls keine Leerschritte.

```
Hals-Nasen-Ohren-Arzt,
St.-Martins-Kirche,
C-Dur-Tonleiter,
Berlin-Schöneberg,
Hawaii-Insel, UKW-Sender
```

Datum

Das nur in Zahlen angegebene Datum wird ohne Leerschritte durch Punkte gegliedert. Tag und Monat sollten jeweils zweistellig angegeben werden. Die Reihenfolge im deutschsprachigen Raum ist: Tag, Monat, Jahr.

```
09.08.1991
09.08.91
```

Schreibt man den Monatsnamen in Buchstaben, so schlägt man zwischen den Angaben je einen Leerschritt an.

```
9. August 1991
9. Aug. 91
```

Doppelpunkt

↑ Punkt ...

Fehlende Zeichen
Auf der Schreibmaschinentastatur fehlende Zeichen können in einigen Fällen durch Kombinationen anderer Zeichen ersetzt werden:
Die Umlaute ä, ö, ü kann man als ae, oe, ue schreiben. Das ß kann durch ss wiedergegeben werden.

```
südlich - suedlich
SÜDLICH - SUEDLICH
mäßig - maessig
Schlößchen - Schloesschen
Fußsohle - Fusssohle
```

Die Ziffern 0 und 1 können durch das große O und das kleine l ersetzt werden.

```
110 - llO
```

Fragezeichen
↑Punkt ...

Gedankenstrich
Vor und nach dem Gedankenstrich ist ein Leerschritt anzuschlagen.

```
Es wurde - das sei nebenbei
erwähnt - unmäßig gegessen
und getrunken.
```

Ein dem Gedankenstrich folgendes Satzzeichen wird jedoch ohne Leerschritt angehängt.

```
Wir wissen - und zwar schon
lange -, weshalb er nichts
von sich hören läßt.
```

Gradzeichen
Als Gradzeichen verwendet man das hochgestellte kleine o. Bei Winkelgraden wird es unmittelbar an die Zahl angehängt.

ein Winkel von 30°

Bei Temperaturgraden ist (vor allem in fachsprachlichem Text) nach der Zahl ein Leerschritt anzuschlagen; das Gradzeichen steht dann unmittelbar vor der Temperatureinheit. (Vgl. auch S. 72.)

eine Temperatur von 30 ^{o}C

Nachttemperaturen um -3 ^{o}C

Grußformel
↑Anrede und Gruß in Briefen

Hochgestellte Zahlen
Hochzahlen und Fußnotenziffern werden ohne Leerschritt angeschlossen.

eine Entfernung von 10^{8} Licht-
jahren

ein Gewicht von 10^{-6} Gramm

Nach einer sehr zuverlässigen
Quelle[4)] hat es diesen Mann
nie gegeben.

Klammern
Klammern schreibt man ohne Leerschritt vor und nach den Textabschnitten, Wörtern, Wortteilen oder Zeichen, die von ihnen eingeschlossen werden.

```
Das neue Serum (es wurde erst
vor kurzem entwickelt) hat
sich sehr gut bewährt.
Der Grundbetrag (12 DM) wird
angerechnet.
Lehrer(in) für Deutsch
gesucht.
```

Komma
↑Punkt ...

Paragraphzeichen
Das Paragraphzeichen wird nur in Verbindung mit darauf folgenden Zahlen gebraucht. Es ist durch einen Leerschritt von der zugehörigen Zahl getrennt.

```
Wegen eines Verstoßes gegen
§ 21 StVO werden Sie ...
Wir verweisen auf § 7 Abs. 1
Satz 4 ...
Wir verweisen auf § 7 (1) 4 ...
Beachten Sie besonders die
§§ 112 bis 114 ...
```

Prozentzeichen

Das Prozentzeichen ist durch einen Leerschritt von der zugehörigen Zahl zu trennen.

```
Bei Barzahlung 3 1/2 % Rabatt.
Der Verlust beträgt 8 %.
```

Der Leerschritt entfällt bei Ableitungen oder Zusammensetzungen.

```
eine 10%ige Erhöhung
eine  5%-Anleihe
```

Punkt, Komma, Semikolon, Doppelpunkt, Frage- und Ausrufezeichen

Die Satzzeichen Punkt, Komma, Semikolon, Doppelpunkt, Fragezeichen und Ausrufezeichen werden ohne Leerschritt an das vorangehende Wort oder Schriftzeichen angehängt. Das nächste Wort folgt nach einem Leerschritt.

```
Wir haben noch Zeit.
Gestern, heute und morgen.
Es muß heißen: Hippologie.
Wie muß es heißen? Hör doch zu!
Am Mittwoch reise ich ab;
mein Vertreter kommt nicht
vor Freitag.
```

Schrägstrich

Vor und nach dem Schrägstrich wird im allgemeinen kein Leerschritt angeschlagen. Der Schrägstrich kann als Bruchstrich verwendet werden; er steht außerdem bei Diktat- und Aktenzeichen sowie bei zusammengefaßten Jahreszahlen.

```
2/3, 3 1/4 % Zinsen
Aktenzeichen c/XII/14
Ihr Zeichen: Dr/Ls

Er begann sein Studium im
Wintersemester 1990/91.
```

Semikolon

↑Punkt ...

Silbentrennung

Zur Silbentrennung wird der Mittestrich ohne Leerschritt an die Silbe angehängt.

```
                ... Vergiß-
meinnicht ...
```

ss/ß

↑Fehlende Zeichen

Umlaut

↑Fehlende Zeichen

Unterführungen

Unterführungszeichen stehen jeweils unter dem ersten Buchstaben des zu unterführenden Wortes.

```
Duden, Band 2, Stilwörterbuch
"      "    5, Fremdwörter-
               buch
"      "    7, Herkunftswör-
               terbuch
```

Zahlen dürfen nicht unterführt werden.

```
1 Hängeschrank mit Befestigung
1 Regalteil    "    "
1 "            ohne Rückwand
1 "            "    Zwischen-
                    boden
```

Ein übergeordnetes Stichwort, das in Aufstellungen wiederholt wird, kann durch den Mittestrich ersetzt werden. Er steht unter dem ersten Buchstaben des Stichwortes.

```
Nachschlagewerke; deutsche und
fremdsprachige Wörterbücher
-; naturwissenschaftliche
und technische Fachbücher
-; allgemeine Enzyklopädien
-; Atlanten
```

Zahlen

↑Hochgestellte Zahlen

Richtlinien für den Schriftsatz

Bei der Herstellung von Drucksachen sind die folgenden Richtlinien zu beachten. Einzelheiten, die hier nicht erfaßt sind, und sachlich begründete Abweichungen sollten in einer besonderen Satzanweisung für das betreffende Werk eindeutig festgelegt werden.

Abkürzungen

(Vgl. hierzu auch R 1 f. u. R 38.)

a) Am Satzanfang
Abkürzungen, die für mehr als ein Wort stehen, werden am Satzanfang in der Regel ausgesetzt.

Zum Beispiel hat ... (für: *Z. B. hat ...*)
Mit anderen Worten ... (für: *M. a. W. ...*)

b) S., Bd., Nr., Anm.
Abkürzungen wie S., Bd., Nr., Anm. sollen nur verwendet werden, wenn ihnen kein Artikel und keine Zahl vorangeht.

S. 5, Bd. 8, Nr. 4, Anm. B;
aber: *die Seite 5, der Band 8, die Nummer 4, die Anmerkung B; 5. Seite, 8. Band, 4. Nummer.*

c) Mehrgliedrige Abkürzungen
Bei mehrgliedrigen Abkürzungen wird zwischen den einzelnen Gliedern nach dem Punkt ein kleinerer Zwischenraum gesetzt.

z. B., u. v. a. m., i. V., u. dgl. m.

Die Trennung mehrgliedriger Abkürzungen ist zu vermeiden.

nicht: *Die Hütte liegt 2800 m ü. d. M.*
sondern: *Die Hütte liegt 2800 m ü. d. M.*

Auch abgekürzte Maß- und Währungseinheiten sollen nach Möglichkeit nicht von den dazugehörigen Zahlen getrennt werden.

nicht: *Wir bestellten für 590 DM Gardinenstoff.*
sondern: *Wir bestellten für 590 DM Gardinenstoff.*

Anführungszeichen

Im deutschen Schriftsatz werden vornehmlich die Anführungszeichen „..." und »...« angewendet.
(Vgl. auch R 10 ff.)

„Ja", sagte er.
Sie rief: »Ich komme!«

Die französische Form «...» ist im Deutschen weniger gebräuchlich; in der Schweiz hat sie sich für den Antiquasatz eingebürgert.

Bei einzelnen aus fremden Sprachen angeführten Wörtern und Wendungen setzt man die Anführungszeichen wie im deutschen Text.

Der „guardia" ist mit unserem Schutzmann zu vergleichen.

Wird ein ganzer Satz oder Absatz aus einer fremden Sprache angeführt, dann verwendet man die in dieser Sprache üblichen Anführungszeichen.

Ein englisches Sprichwort lautet: "Early to bed and early to rise makes a man healthy, wealthy, and wise."
Cavours letzte Worte waren: «Frate, frate! Libera chiesa in libero stato!»

Anmerkungszeichen

↑ Fußnoten- und Anmerkungszeichen

Antiqua im Fraktursatz

a) Wörter aus Fremdsprachen
Fremdsprachige Wörter und Wortgruppen, die nicht durch Schreibung, Beugung oder Lautung als eingedeutscht erscheinen, sind im Fraktursatz mit Antiqua zu setzen.

en avant, en vogue, all right, in praxi, in petto, a conto, dolce far niente; Agent provocateur, Tempi passati, Lapsus linguae, Agnus Dei; last, not least

Dies gilt besonders für die italienischen Fachausdrücke in der Musik.

andante, adagio, moderato, vivace

Man setzt aber solche fremden Wörter in Fraktur, wenn sie in Schreibung, Beugung oder Lautung eingedeutscht sind oder mit einem deutschen Wort zusammengesetzt werden.

Er ſpielte ein Adagio (nicht: adagio).
Die Firma leiſtete eine Akontozahlung
(nicht: A-conto⸗Zahlung).

Auch fremdsprachige Personennamen und geographische Namen werden im Fraktursatz aus Fraktur gesetzt.

Michelangelo Buonarroti war ein berühmter Künſtler. Cherbourg iſt eine Stadt an der Kanalküſte.

b) Bindestriche im gemischten Satz
Treffen bei zusammengesetzten Wörtern Teile in verschiedener Schriftart aufeinander, dann ist der Bindestrich aus der Textschrift zu setzen.

Das ſinkende Schiff ſandte SOS⸗Rufe.

Innerhalb der gleichen Schriftart darf aber ein Bindestrich anderer Art nicht stehen.

Die Tänze des Staatstheater⸗Corps-de-ballet wurden begeiſtert aufgenommen.

Apostroph

(Vgl. auch R 16 ff.)
Dem Apostroph am Wortanfang geht der regelmäßige Wortzwischenraum voran.

aber 's kam anders
so 'n Mann

Eine Ausnahme machen nur einige übliche Verbindungen.

sich's, geht's, kommt's

Bindestriche im gemischten Satz

↑Antiqua im Fraktursatz (b)

„bis"

↑Strich für „gegen" und „bis"

Datum

Bei Datumsangaben in Ziffern setzt man einen Punkt nach den Zahlen für Tag und Monat. Die Jahresangabe steht ohne Punkt.

Mannheim, den 1. 9. 1990
am 10. 5. 08 geboren

Zur Zusammenfassung von aufeinanderfolgenden oder aus der Geschichte geläufigen Jahreszahlen verwendet man den Schrägstrich.
(Vgl. auch R 172.)

1990/91
1914/18

Et-Zeichen (&)

Das Et-Zeichen & ist gleichbedeutend mit „u.", darf aber nur bei Firmenbezeichnungen angewendet werden.

Voß & Co.
Meyer & Neumann

In allen anderen Fällen darf nur „u." als Abkürzung für „und" gesetzt werden.

Kosten für Verpflegung u. Unterbringung
Erscheinungstermin für Bd. I u. II

Fraktursatz

↑Antiqua im Fraktursatz, ↑S-Laute im Fraktursatz, ↑Ligaturen (c)

Fremdsprachige Namen (Besonderheiten)

Im Dänischen und Norwegischen setzt man Å, å für älteres, nicht mehr offizielles Aa, aa. Außerdem kommen Æ, æ und Ø, ø (für nicht mehr offizielles Ö, ö) vor.

Martin Andersen-Nexø, Århus, Næstved, Østfold, Håkon IV. Håkonsson, Ærø

Im Schwedischen gibt es die Zeichen å, ä, ö. Die Großbuchstaben Å, Ä, Ö müssen stets so (mit Kreis bzw. Punkten) wiedergegeben werden, sie dürfen nicht durch Aa, Ae, Oe ersetzt werden.

Ångström, Öland, Hälsingborg

Vgl. auch: ↑Antiqua im Fraktursatz, ↑S-Laute im Fraktursatz, ↑Ligaturen

Fußnoten- und Anmerkungszeichen

Als Fußnoten- und Anmerkungszeichen sind hochgestellte Ziffern ohne Klammer den anderen Möglichkeiten wie Sterne, Kreuze oder Ziffern mit Klammern vorzuziehen.

Die verschiedenen Holzsorten[1] *werden mit Spezialklebern*[2] *verarbeitet und später längere Zeit*[3] *getrocknet.*

[1] *Zum Beispiel Fichte, Eiche, Buche.*
[2] *Vorwiegend Zweikomponentenkleber.*
[3] *Etwa 4 bis 6 Wochen.*

Treffen Fußnotenziffern mit Satzzeichen zusammen, gilt folgende Grundregel: Wenn sich die Fußnote auf den ganzen Satz bezieht, steht die Ziffer nach dem schließenden Satzzeichen; wenn die Fußnote sich nur auf das unmittelbar vorangehende Wort oder eine unmittelbar vorangehende Wortgruppe bezieht, steht die Ziffer vor dem schließenden Satzzeichen.

In dem Tagungsbericht heißt es, der Vortrag behandele „einige neue Gesichtspunkte der Heraldik“.[1]

[1] *Ein ergänzendes Referat wurde von Dr. Meyer gehalten.*
(Anmerkung zu dem ganzen Satz.)

In dem Tagungsbericht heißt es, der Vortrag behandele „einige neue Gesichtspunkte der Heraldik“[1].

[1] *Tagungsbericht S. 12.*
(Stellenangabe für das Zitat.)

In dem Tagungsbericht heißt es, der Vortrag behandele „einige neue Gesichtspunkte der Heraldik[1]*“.*

[1] *Wappenkunde.*
(Erklärung zu dem einzelnen Wort.)

„gegen“

↑Strich für „gegen“ und „bis“

Genealogische Zeichen

Familiengeschichtliche Zeichen können in entsprechenden Texten zur Raumersparnis verwendet werden.

** = geboren (geb.), (*) = außerehelich geboren, †* = tot geboren, *† = am Tag der Geburt gestorben, ⁓ = getauft (get.), ○ = verlobt (verl.), ⚭ = verheiratet (verh.), ⚮ = geschieden (gesch.), ⚯ = außereheliche Verbindung, † = gestorben (gest.), ⚔ = gefallen (gef.), ▭ = begraben (begr.), ⚱ = eingeäschert*

Gliederung von Nummern

Telefonnummern, Telefaxnummern und Postfachnummern werden, von der letzten Ziffer ausgehend, in Zweiergruppen gegliedert.

14 28
1 14 23
17 09 14

In der Schweiz werden bei siebenstelligen Telefonnummern die ersten drei Ziffern zusammengefaßt.

922 71 31

Die Ortsnetzkennzahl wird für sich ebenso gegliedert und in runde Klammern gesetzt oder durch einen Schrägstrich abgetrennt.

(0 62 81) 4 91
0 62 81/4 91

In der Schweiz wird sie nicht gegliedert.

(064) 24 79 39
064/24 79 39

Fernschreibnummern (Telexnummern) bestehen aus voranstehender Kennzahl und Rufnummer. Die Kennzahl wird ohne Null geschrieben und von der Rufnummer abgesetzt. Die Rufnummer wird von der Endziffer aus jeweils in Dreiergruppen gegliedert.

8 582 404 (8 = Kennzahl von Düsseldorf)
4 62 527 (4 = Kennzahl von Mannheim)

Häufig erfolgt keine Gliederung durch Zwischenraum.

8582404
462527

Bei Postgirokontonummern werden die beiden letzten Ziffern vor dem Divis (Bindestrich) durch Zwischenraum abgetrennt.

3 49-603
640 74-208
1749 28-802

In der Schweiz erfolgt keine Gliederung durch Zwischenraum.

50-16154-3

Bankleitzahlen bestehen aus acht Ziffern. Sie werden, von der letzten Ziffer ausgehend, in eine Zweiergruppe und in zwei Dreiergruppen gegliedert.

670 409 20

Die ISBN (Internationale Standardbuchnummer) besteht aus Landes-, Verlags-, Artikelnummer und Reihenschlüssel. Diese vier Angaben werden durch Divis (Bindestrich) oder Zwischenraum voneinander getrennt.

ISBN 3-411-00911-X
ISBN 3-7610-9301-2
ISBN 3 406 06780 8

Jahreszahlen und Postleitzahlen werden nicht gegliedert.

1986
6100 Darmstadt

Gradzeichen

Bei Temperaturangaben ist zwischen der Zahl und dem Gradzeichen ein Zwischenraum zu setzen; der Kennbuchstabe der Temperaturskala folgt ohne weiteren Zwischenraum.

– 3 °C
+ 17 °C

In allgemeinsprachlichen Texten ist auch die frühere Form noch üblich.

–17° C

Bei anderen Gradangaben wird das Gradzeichen ohne Zwischenraum an die Zahl angeschlossen.

ein Winkel von 30°
50° nördlicher Breite

Hervorhebung von Eigennamen

↑Schriftauszeichnung

Klammern

↑Zusätze in Wortverbindungen

Ligaturen

In der modernen Satztechnik, besonders im Foto- bzw. Lichtsatz und im Schreibsatz (Composersatz), werden Ligaturen kaum noch angewendet. Im Handsatz werden sie nach wie vor gebraucht.
Soweit Ligaturen verwendet werden, muß das innerhalb eines Druckwerkes einheitlich geschehen.

a) Im deutschsprachigen Schriftsatz

In der Antiqua sind heute die nachstehenden Ligaturen gebräuchlich. (Die Ligatur ß gilt heute als ein Buchstabe.)

ff, fi, fl, z. T. auch ***ft, ch, ck***

Die Ligatur faßt Buchstaben zusammen, die im Wortstamm zusammengehören.

schaffen, schafft, erfinden, Pfiff, abflauen, Leidenschaft, heftig

Keine Ligatur steht zwischen Wortstamm und Endung (Ausnahme: *fi*).

ich schaufle, ich kaufte, höflich; aber: *streifig, affig*

Keine Ligatur steht in der Wortfuge von Zusammensetzungen.

Schaffell, Kaufleute, Schilfinsel; aber: bei Ausfall eines f: *Schiffahrt*

In Zweifelsfällen setzt man die Ligatur entsprechend der Gliederung des Wortes nach Sprechsilben.

Rohstofffrage, Sauerstoffflasche, knifflig, schafften

Schließt eine Abkürzung mit zwei Buchstaben, die eine Ligatur bilden können, dann wird diese angewendet.

Aufl. (aber: *Auflage*), *gefl.* (aber: *gefällig, gefälligst*)

b) Im Fremdsprachensatz

In französischen Wörtern werden die Ligaturen Œ und œ verwendet, in dänischen und norwegischen Wörtern die Ligaturen Æ und æ. Das gilt auch, wenn solche Wörter vereinzelt in deutschem Text vorkommen. Bei lateinischen Wörtern darf nur Ae, ae, Oe, oe gebraucht werden.

Œuvres, sœur; fadæse, ære, Ærø; aber: *Asa foetida, Caelius mons*

In polnischen und tschechischen Eigennamen wird ck nicht als Ligatur angewandt.

Chodowiecki, Hrdlicka, Potocki

c) Im Fraktursatz
Im Fraktursatz werden die nachstehenden Ligaturen gebraucht.

ch, ck, ff, fi, fl, ft, ll, sch, ſi, ſſ, ſt, ß, tz

Für die Anwendung dieser Ligaturen gilt das oben Gesagte. Im Sperrsatz werden nur die Ligaturen ch, ck, ß und tz verwendet. Die Ligaturen fi und ſi werden wie Antiqua-***fi*** behandelt.

Namen

↑Fremdsprachige Namen (Besonderheiten), ↑Ligaturen (b), ↑Schriftauszeichnung (b), ↑S-Laute im Fraktursatz (b)

Nummerngliederung

↑Gliederung von Nummern

Paragraphzeichen

Steht das Wort „Paragraph" in Verbindung mit einer nachgestellten Zahl, dann setzt man das Zeichen §.

§ 9
§ 17 ff.
der § 17

Zwei Paragraphzeichen (§§) kennzeichen den Plural.

§§ 10 bis 15, §§ 10–15
die §§ 10 bis 15, die §§ 10–15

Ohne Zahlenangabe wird das Wort „Paragraph" ausgesetzt.

Der Paragraph wurde geändert.

Prozent- und Promillezeichen

Vor dem Prozent- und dem Promillezeichen ist ein kleinerer Zwischenraum zu setzen.

25 %
0,8 ‰

Der Zwischenraum entfällt bei Ableitungen oder Zusammensetzungen.

eine 25%ige Umsatzsteigerung
die 5%-Klausel

Rechenzeichen

Rechenzeichen werden zwischen den Zahlen mit kleinerem Zwischenraum gesetzt.

6 + 2 = 8
6 – 2 = 4
6 × 2 = 12; 6 · 2 = 12
6 : 2 = 3

Vorzeichen werden aber kompreß gesetzt.

–2a
+15

Satzzeichen in der Hervorhebung

↑Schriftauszeichnung (c)

Schriftauszeichnung

Die wichtigsten Schriftauszeichnungen sind: halbfette Schrift, Kursive, Sperrsatz, Versalien, Kapitälchen.

a) Sperrsatz
Im allgemeinen werden die Satzzeichen im Sperrsatz mit gesperrt.

W a r u m ?
D a r u m !

Dies gilt in der Regel nicht für den Punkt und die Anführungszeichen. Auch Zahlen werden nicht gesperrt.

D e r T a g e s a u s s t o ß b e t r ä g t 10 000 S t ü c k.

b) Hervorhebung von Eigennamen
Bei der Hervorhebung von Eigennamen wird das Beugungs-s stets mit hervorgehoben.

M e y e r s Lexikon, *Meyers* Lexikon, **Meyers** Lexikon, MEYERS Lexikon

Die Silbe -sche usw. wird dagegen aus der Grundschrift gesetzt.

der V i r c h o w sche Versuch, der *Virchow*sche Versuch, der **Virchow**sche Versuch, der VIRCHOWsche Versuch

c) Satzzeichen
Die Satzzeichen werden – auch am Ende eines ausgezeichneten Textteils – in der

Regel in der Auszeichnungsschrift gesetzt.

flaggen: *die Fahne[n] hissen:* wir flaggen heute.

Wird ein gemischt gesetzter Textteil von Klammern eingeschlossen, so werden im allgemeinen beide Klammern aus der Grundschrift gesetzt.

Zur Großschreibung von Beinamen (z. B. *Friedrich der Große*) ↑R 133.

S-Laute im Fraktursatz

Das s der Antiqua wird in der Fraktur (sog. deutsche Schrift) durch ſ oder s wiedergegeben. Für ss steht ſſ, für ß steht ß. Dabei sind die nachstehenden Richtlinien zu beachten.

a) Das lange ſ

Für Antiqua-s im Anlaut einer Silbe steht langes ſ.

ſagen, ſehen, ſieben, ſezieren, Heldenſage, Höhenſonne; Erbſe, Rätſel, wachſen, kleckſen; leſen, Roſe, Baſis, Friſeur, Muſeum; Mikroſkop; Manuſkript, Abſzeß, Proſzenium.

Das gilt auch dann, wenn ein sonst im Silbenanlaut stehender S-Laut durch den Ausfall eines unbetonten e in den Auslaut gerät.

auserleſne (für: auserleſene), ich preiſ' (für: ich preiſe), Verwechſlung (für: Verwechſelung); Wechſler (zu: wechſeln)

In Zusammensetzungen mit trans-, deren zweiter Bestandteil mit einem s beginnt, ist das s von trans (trans-) meist ausgefallen. Hier steht also ſ.

tranſpirieren, tranſzendent, Tranſkription (aber: transſibiriſch, Transſubſtantiation)

Dies gilt vereinzelt auch, wenn der zweite Bestandteil mit einem Vokal beginnt.

Tranſit, tranſitiv (aber: Transaktion, Transuran)

In polnischen Namen wird der Laut [*sch*] durch ſz (nicht ß oder sz) wiedergegeben; das ſ steht auch in der Endung -ſki (nicht: -ski).

Lukaſzewſki

Das lange ſ steht in den Buchstabenverbindungen ſch, ſp, ſt.

ſchaden, Fiſch, maſchinell; Knoſpe, Weſpe, Veſper; geſtern, Herbſt, Optimiſt, er lieſt

Kein ſ steht aber, wenn in Zusammensetzungen s + ch, s + p und s + t zusammentreffen.

Zirkuschef, Lackmuspapier, Dispens, transparent, Dienstag, Preisträger

b) Das Schluß-s

Für Antiqua-s im Auslaut einer Silbe steht Schluß-s.

dies, Gans, Maske, Muskel, Riesling, Klausner, bösartig, Desinfektion, ich las, aus, als, bis; Dienstag, Donnerstag, Ordnungsliebe, Häschen; Kindes, Vaters, welches; Gleichnis, Kürbis, Globus, Atlas, Kirmes; Kubismus, Mesner, Arabeske, Ischias, Schleswig

Dasselbe gilt für -sk in bestimmten Fremdwörtern.

brüsk, grotesk, Obelisk

In skandinavischen Personennamen, die auf -ſen oder -ſon enden, ist der vorangehende S-Laut mit Schluß-s zu setzen.

Gulbransſen, Jonasſon

c) Das ſſ

Für Doppel-s der Antiqua steht ſſ.

Maſſe, Miſſetat, Flüſſe, Diſſertation, Aſſeſſor, Gleichniſſe, ich laſſ'

Kein ſſ steht aber, wenn in Zusammensetzungen s + s zusammentreffen.

Ausſatz, desſelben, Reisſuppe, transſilvaniſch

Sperrsatz

↑Schriftauszeichnung

ss/ß

a) In deutschsprachigem Satz

Nur wenn in einer Antiquaschrift kein ß vorhanden ist, darf – als Notbehelf – dafür ss gesetzt werden. Manuskripte ohne ß müssen im Normalfall den Regeln gemäß mit ß abgesetzt werden.

Reissbrett (für: *Reißbrett*), *Masse* (für: *Maße*)

Die Buchstabengruppe ss darf nicht getrennt werden, wenn sie für ß steht (↑R 179).

Mei-ssel, Grü-sse, muss-te, grüss-te

Stößt für ß verwendetes ss innerhalb eines Wortes mit s zusammen, dann werden drei s gesetzt.

Fusssohle, Kongressstadt, Reissschiene, massstabgerecht

Will man nur Großbuchstaben verwenden, so wird das ß durch SS ersetzt.

STRASSE, MASSE (für: *Masse* oder *Maße*)

Nur wenn Mißverständnisse möglich sind, schreibt man SZ (dies gilt nicht für Kleinbuchstaben!).

MASSE (für: *Masse*)
MASZE (für: *Maße*)

Treffen mehrere S-Zeichen als Großbuchstaben zusammen, dann ist eine Gliederung durch Bindestrich sinnvoll.

GROSS-STADT, SCHLOSS-SCHULE, MASS-STAB

In Ortsnamen wird jedoch nur dann ein Bindestrich gesetzt, wenn dies der amtlichen Schreibung entspricht.

GROSS-SIEGHARTS
aber: *GROSSSÖLK, MESSSTETTEN*

b) In fremdsprachigem Satz
Wird ein deutsches Wort mit ß latinisiert oder erscheint ein deutscher Name mit ß in fremdsprachigem Satz, dann bleibt das ß erhalten.

Weißenburg – der Codex Weißenburgensis
Monsieur Aßmann était à Paris.

Streckenstrich

Bei Streckenangaben setzt man den Streckenstrich, der die Ortsbezeichnungen ohne Zwischenraum verbindet.

Hamburg–Berlin
Köln–München

Strich für „gegen" und „bis"

Der Gedankenstrich als Zeichen für „gegen" (z. B. in Sportberichten) wird mit Zwischenraum gesetzt.

Schalke 04 – Eintracht Frankfurt 1 : 3
McEnroe/Fleming – Becker/Jelen 2 : 3

Der Gedankenstrich als Zeichen für „bis" wird ohne Zwischenraum (kompreß) gesetzt.

Das Buch darf 10–12 Mark kosten.
Sprechstunde 8–11, 14–16 Uhr
Burgstraße 14–16

Bei Hausnummern kann der Gedankenstrich oder der Schrägstrich stehen.

Burgstraße 14–16
Burgstraße 14/16

Das „bis"-Zeichen sollte nicht mit den Strichen zusammentreffen, die bei Währungsbeträgen auftreten können.

nicht: *4,—-4,80 DM*
sondern: *4,00–4,80 DM*
oder: *4,— bis 4,80 DM*

Am Zeilenende oder -anfang ist das Wort „bis" auszusetzen. Vgl. auch das Stichwort „bis" im Wörterverzeichnis.

Unterführungszeichen

Das Unterführungszeichen wird im Schriftsatz unter die Mitte des zu unterführenden Wortes gesetzt. Die Unterführung gilt auch für Bindestrich und Komma. Zahlen dürfen nicht unterführt werden.

Hamburg-Altona
„ Finkenwerder
„ Fuhlsbüttel
„ Blankenese

1 Regal, 50 × 80 cm mit Rückwand
1 „ 50 × 80 cm ohne „

Ist mehr als ein Wort zu unterführen, so wird das Unterführungszeichen auch dann unter jedes einzelne Wort gesetzt, wenn die Wörter nebeneinanderstehend ein Ganzes bilden.

Unterlauterbach b. Treuen
„ „ „

In der Schweiz wird als Unterführungszeichen das schließende Anführungszeichen der Schweizer Form (») verwendet.

Basel-Stadt
» Land

Zahlen (Schreibung von Ziffern)

Die Zahlen vor Zeichen und Abkürzungen von Maßen, Gewichten, Geldsorten usw. sind in Ziffern zu setzen.

21,5 kg
6 DM
14½ cm

Setzt man solche Bezeichnungen aus, dann kann die Zahl in Ziffern oder in Buchstaben gesetzt werden.

2 Mark
oder: *zwei Mark*
(nicht: *zwei DM*)

Bei Ableitungen und Zusammensetzungen mit Zahlen wird kein Zwischenraum hinter die Zahl gesetzt.

4teilig, 5%ig, 10^6fach, ½-, ¼- und ⅛zöllig, 20stündig

Vgl. auch: ↑Datum, ↑Gliederung von Nummern, ↑Rechenzeichen

Zeichen

↑Et-Zeichen, ↑Genealogische Zeichen, ↑Gradzeichen, ↑Paragraphzeichen, ↑Prozent- und Promillezeichen, ↑Rechenzeichen

Ziffern

↑Gliederung von Nummern, ↑Zahlen (Schreibung von Ziffern)

Zusätze in Wortverbindungen

Erklärende Zusätze innerhalb von Wortverbindungen werden in Klammern gesetzt (vgl. dazu R 84–89).

Gemeinde(amts)vorsteher (= Gemeindevorsteher oder Gemeindeamtsvorsteher), aber: *Gemeinde-(Amts-)Vorsteher (= Gemeindevorsteher oder Amtsvorsteher); Privat-(Haus-)Briefkasten, Magen-(und Darm-)Beschwerden, Ostende-Belgrad-(Tauern-)Expreß, die wappen-(oder medaillon-)tragenden Figuren,* aber ohne Klammer: *Fuhr- u. a. Kosten*

In Wörterverzeichnissen werden Erklärungen oft mit Hilfe von eckigen Klammern zusammengezogen.

[Gewebe]streifen (= *Gewebestreifen* und auch: *Streifen*)

Korrekturvorschriften[1]

I. Hauptregel

Jedes eingezeichnete Korrekturzeichen ist auf dem Rand zu wiederholen. Die erforderliche Änderung ist rechts neben das wiederholte Korrekturzeichen zu zeichnen, so- fern dieses nicht (wie ⌐, ⊏) für sich selbst spricht. ├──┤ schreib

II. Wichtigste Korrekturzeichen

1. **Andere Schrift** für Wörter oder Zeilen wird verlangt, indem man die betreffende Stelle unterstreicht und auf dem Rand die gewünschte Schriftart (fett, kursiv usw.) oder den gewünschten Schriftgrad (Korpus, Borgis, Petit usw.) oder beides (fette Petit, Borgis kursiv usw.) vermerkt. Gewünschte Kursivschrift wird oft nur durch eine Wellenlinie unter dem Wort und auf dem Rand bezeichnet. — halbfett └ kursiv — Borgis — Borgis kursiv ~~~

2. **Beschädigte Buchstaben** werden durchgestrichen und auf dem Rand einmal unterstrichen. /R

3. **Fälschlich aus anderen Schriften gesetzte Buchstaben (Zwiebelfische)** werden durchgestrichen und auf dem Rand zweimal unterstrichen. /R ⌐m

4. Um **verschmutzte Buchstaben** und **zu stark erscheinende Stellen** wird eine Linie gezogen. Dieses Zeichen wird auf dem Rand wiederholt. ◯ ◯

5. **Falsche Buchstaben** oder **Wörter** sowie **auf dem Kopf stehende Buchstaben** ◘ **(Fliegenköpfe)** werden durchgestrichen und auf dem Rønd durch die richtigen ersetzt. Dies gilt auch für quer ∠tehende und umgedrehte Buchstaben. K7mmen in ∅iner Zele mehrere Fehler vor, dann erhalten sie ihrer Reihenfolge nach verschie- /a Ls ⌐h 7o ⅃e Fi

[1] Der folgende Text wurde von der Dudenredaktion in Zusammenarbeit mit dem DIN Deutsches Institut für Normung e. V. und den Vertretern der Korrektorenverbände festgelegt. Er entspricht sachlich dem Normblatt DIN 16511.

dene Zeichen. Für ein und denselben falschen Buchstaben wird aber nur ein Korrekturzeichen verwendet, das ⌀m R⌀nde mehrf⌀ch vor den richtigen Buchstaben gesetzt wird. ⌈⌈⌈ a

6. **Ligaturen** (zusammengegossene Buchstaben) werden verlangt, indem man die fälschlich einzeln nebeneinandergesetzten Buchstaben durchstreicht und auf dem Rand mit einem Bogen darunter wiederholt, z. B. Schiff. ff

Fälschlich gesetzte Ligaturen werden durchgestrichen, auf dem Rand wiederholt und durch einen Strich getrennt, z. B. Auflage. f/l

7. **Falsche Trennungen** werden am Zeilenschluß und folgenden Zeilenanfang angezeichnet. ol ₰

8. Wird nach **Streichung eines Bindestrichs** oder **Buchstabens** die Schreibung der verbleibenden Teile zweifelhaft, dann wird außer dem Tilgungszeichen die Zusammenschreibung durch einen Doppelbogen, die Getrenntschreibung durch das Zeichen Z angezeichnet, z. B. blendend weiß. ₰ ₰ ₰ Z

9. **Fehlende Buchstaben** werden angezeichnet, indem der vorangehnde oder folgende uchstabe durchgestrichen und zusammen mit dem fehlenden wiederholt wird. Es kann auch das ganze Wrt oder die Silbe durchgestchen und auf dem Rand berichtigt werden. he Bu Wort stri

10. **Fehlende Wörter (Leichen)** werden in der Lücke durch Winkelzeichen ⌈ gemacht und auf dem Rand angegeben. ⌈ kenntlich

Bei größeren Auslassungen wird auf die Manuskriptseite verwiesen. Die Stelle ist auf der Manuskriptseite zu kennzeichnen.

Diese Presse bestand aus befestigt war. ⌈ ⌉ s. Ms. S. 85

11. **Überflüssige Buchstaben** oder **Wörter** werden durchgestrichen und auf auf dem Rand durch ₰ (für: deleatur, d. h. „es werde getilgt“) angezeichnet. ₰ ₰

12. Fehlende oder **überflüssige** Satzzeichen werden wie fehlende oder überflüssige Buchstaben angezeichnet. | L ß | Γt.

13. Verstellte Buchstaben werden durchgestrichen und auf dem Rand in der richtigen Reihenfolge angegeben. | ∏ tr

Verstellte Wörter durch werden das Umstellungszeichen gekennzeichnet.

Die Wörter werden bei größeren Umstellungen beziffert. | Ld ΓB 1–7

Verstellte Zahlen sind immer ganz durchzustreichen und in der richtigen Ziffernfolge auf den Rand zu schreiben, z. B. 1684. | 1864.

14. Für unleserliche oder **zweifelhafte Manuskriptstellen,** die noch nicht blockiert sind, wird vom Korrektor eine Blockade verlangt, z. B.

Hyladen sind Insekten mit unbeweglichem Prothorax (s. S. ...).

15. Sperrung oder **Aufhebung einer Sperrung** wird wie beim Verlangen einer anderen Schrift (vgl. S. 77, 1) durch Unterstreichung gekennzeichnet. | nicht sperren | sperren

16. Fehlender Wortzwischenraum wird mit bezeichnet. **Zu weiter Zwischenraum** wird durch , zu enger Zwischenraum durch angezeichnet. Soll ein **Zwischenraum ganz wegfallen,** so wird dies durch zwei Bogen ohne Strich angedeutet.

17. Spieße, d.h. im Satz mitgedruckter Ausschluß, Durchschuß oder ebensolche Quadrate, werden unterstrichen und auf dem Rand durch # angezeigt. | #

18. Nicht Linie haltende Stellen werden durch über und unter der Zeile gezogene parallele Striche angezeichnet.

Fehlender Durchschuß wird durch einen zwischen die Zeilen gezogenen Strich mit nach außen offenem Bogen angezeichnet.

Zu großer Durchschuß wird durch einen zwischen die Zeilen gezogenen Strich mit einem nach innen offenen Bogen angezeichnet.

19. Ein **Absatz** wird durch das Zeichen ⌐ im Text und auf dem Rand verlangt:

> Die ältesten Drucke sind so gleichmäßig schön ausgeführt, daß sie die schönste Handschrift übertreffen. Die älteste Druckerpresse scheint von der, die uns Jost Amman im Jahre 1568 im Bilde vorführt, nicht wesentlich verschieden gewesen zu sein.

20. Das Anhängen eines Absatzes verlangt man durch eine den Ausgang mit dem Einzug verbindende Linie:

> Die Presse bestand aus zwei Säulen, die durch ein Gesims verbunden waren.
> In halber Manneshöhe war auf einem verschiebbaren Karren die Druckform befestigt.

21. Zu tilgender Einzug erhält das Zeichen ⊢—, z. B.

> Die Buchdruckerpresse ist eine Maschine, deren ⊢—kunstvollen Mechanismus nur der begreift, der selbst daran gearbeitet hat.

22. Fehlender Einzug wird durch ⊏ möglichst genau bezeichnet, z. B. (wenn der Einzug um ein Geviert verlangt wird):

> .... über das Ende des 14. Jahrhunderts hinaus führt keine Art des Metalldruckes.
> Der Holzschnitt kommt in Druckwerken ebenfalls nicht vor dem 14. Jahrhundert vor.

23. Aus Versehen falsch Korrigiertes wird rückgängig gemacht, indem man die Korrektur ~~auf~~ dem Rand durchstreicht und Punkte unter die fälschlich korrigierte Stelle setzt. Ausradieren der Anzeichnung ist unzulässig.

⊢⊣ ~~über~~

Transkriptions- und Transliterationssysteme

Bei der Tabelle für das Griechische wurde aus Gründen der Übersichtlichkeit auf die Großbuchstaben verzichtet.

Klassisch-griechisches Transkriptions- und Transliterationssystem

I[1]	II[2]	III[3]	IV[4]
α	a	a	a
β	b	b	b
γ	g	g	g
γγ	ng	gg	gg
γκ	nk	gk	gk
γξ	nx	gx	gx
γχ	nch	gh	gch
δ	d	d	d
ε	e	e	e
ζ	z	z	z
η	e	ē	ē
θ	th	th	th
ι	i	i	i
κ	k	k	k
λ	l	l	l
μ	m	m	m
ν	n	n	n
ξ	x	x	x

I[1]	II[2]	III[3]	IV[4]
ο	o	o	o
π	p	p	p
ϱ	r	r	r
σ, ς	s	s	s
τ	t	t	t
υ[5]	y	u	y
φ	ph	f	ph
χ	ch	h	ch
ψ	ps	ps	ps
ω	o	ō	ō
᾿[6]			
῾[7]	h	'	h
´[8]		´	´
`[8]		`	`
~[8]		~	~
ͅ, ι[9]		j	.
¨[8]		¨	¨

[1] I = Griechische Buchstaben (Minuskeln) und diakritische Zeichen.
[2] II = Transkription (*ts.*).
[3] III = ISO-Transliteration (*ISO-tl.*).
[4] IV = Klassische Transliteration (*kl. tl.*).
[5] αυ, ευ = *ts., kl. tl.* au, eu; ηυ = *ts.* eu, *kl. tl.* ēu; ου = *ts.* u, *kl. tl.* ou; ωυ = *ts.* ou, *kl. tl.* ōu.
[6] Nicht wiedergegeben.
[7] a) h, ' steht vor [Doppel]vokalbuchstabe; z. B. ὁ = *ts., kl. tl.* ho, *ISO-tl.* 'o; οἱ = *ts., kl. tl.* hoi, *ISO-tl.* 'oi. b) ῥ = r.
[8] In *ts.* nicht wiedergegeben.
[9] In *ts.* nicht wiedergegeben; in *ISO-tl.* j nachgesetzt, z. B. ῳ = ōj, Ωι = Ōj; in *kl. tl.* Punkt untergesetzt, z. B. ῳ = ọ̄, Ωι = Ọ̄.

Russisches Transkriptions- und Transliterationssystem

Russischer Buchstabe[1]		Tran-skription	Trans-literation	Russischer Buchstabe[1]		Tran-skription	Trans-literation
А	а	a	a	П	п	p	p
Б	б	b	b	Р	р	r	r
В	в	w	v	С	с	s[11, 12]	s
Г	г	g[2]	g	Т	т	t	t
Д	д	d	d	У	у	u	u
Е	е	e[3]	e	Ф	ф	f	f
Е[4]	е[4]	jo[5]	e	Х	х	ch	h[13]
Ё	ё	jo[5]	ë	Ц	ц	z	c
Ж	ж	sch[6]	ž	Ч	ч	tsch	č
З	з	s	z	Ш	ш	sch	š
И	и	i[7]	i	Щ	щ	schtsch	ŝ (šč)[14]
Й	й	i[8,9]	j	Ъ	ъ	[15]	”[16]
К	к	k[10]	k	Ы	ы	y	y
Л	л	l	l	Ь	ь	[17]	’[18]
М	м	m	m	Э	э	e	ė
Н	н	n	n	Ю	ю	ju	û (ju)[19]
О	о	o	o	Я	я	ja	â (ja)[20]

[1] Russische Vokalbuchstaben sind: а, е, ё, и, о, у, ы, ю, э, я.
[2] In den Genitivendungen -его und -ого wird г mit w wiedergegeben.
[3] е = je am Wortanfang, nach russischem Vokalbuchstaben, nach ъ und nach ь.
[4] Wenn im Russischen für Е, е auch Ё, ё geschrieben werden kann.
[5] е, ё = o nach ж, ч, ш, щ.
[6] ж kann auch mit sh wiedergegeben werden, um den Unterschied zwischen dem stimmhaft zu sprechenden russischen ж und dem stimmlos zu sprechenden russischen ш deutlich zu machen.
[7] и = ji nach ь.
[8] й wird nach и und nach ы nicht wiedergegeben.
[9] й = i am Wortende sowie zwischen russischem Vokalbuchstaben und russischem Konsonantenbuchstaben.
[10] кс = x in allen Fällen.
[11] кс = x in allen Fällen.
[12] с = ss zwischen russischen Vokalbuchstaben; с = ß nach russischem Vokalbuchstaben vor russischem х.
[13] х = ch in der deutschen Bibliothekstransliteration.
[14] Die in Klammern angegebenen Transliterationsformen können noch angewendet werden, wenn eine Umstellung auf die Transliterationsformen mit nur einem Buchstaben und diakritischem Zeichen mit unvertretbar hohem Aufwand verbunden wäre.
[15] ъ wird nicht wiedergegeben; vgl. aber Fußnote 3.
[16] ъ = ″ oder " in der ISO-Transliteration; in der deutschen Bibliothekstransliteration mit Bindestrich wiedergegeben.
[17] ь = j vor o; ь wird sonst nicht wiedergegeben, vgl. aber Fußnote 3 und 7.
[18] ь = ′ oder ' in der ISO-Transliteration.
[19] vgl. 14. [20] vgl. 14.

Das griechische Alphabet

Buchstabe	Name	Buchstabe	Name	Buchstabe	Name	Buchstabe	Name
Α, α	Alpha	Η, η	Eta	Ν, ν	Ny	Τ, τ	Tau
Β, β	Beta	Θ, θ(ϑ)	Theta	Ξ, ξ	Xi	Υ, υ	Ypsilon
Γ, γ	Gamma	Ι, ι	Jota	Ο, ο	Omikron	Φ, φ	Phi
Δ, δ	Delta	Κ, ϰ	Kappa	Π, π	Pi	Χ, χ	Chi
Ε, ε	Epsilon	Λ, λ	Lambda	Ρ, ϱ	Rho	Ψ, ψ	Psi
Ζ, ζ	Zeta	Μ, μ	My	Σ, σ, ς	Sigma	Ω, ω	Omega

A

A (Buchstabe); das A; des A, die A, a b e r: das a in Land (↑R 82); der Buchstabe A, a; von A bis Z (*ugs. für* alles, von Anfang bis Ende; *falsch:* von A–Z; *vgl. Anm. bei Stichwort* bis); das A und [das] O (der Anfang und das Ende, das Wesentliche [nach dem ersten und letzten Buchstaben des griech. Alphabets]); A-Laut (↑R 37)
Ä (Buchstabe; Umlaut); das Ä; des Ä, die Ä, a b e r: das ä in Bäkker (↑R 82); der Buchstabe Ä, ä
a = [1]Ar; Atto...
a, A, das; -, - (Tonbezeichnung); **a** (*Zeichen für* a-Moll); in a; **A** (*Zeichen für* A-Dur); in A
A = Ampere; Autobahn; Austral
A (röm. Zahlzeichen) = 5000
Å = Ångström
A, α = Alpha
à [a] ⟨franz.⟩ (*bes. Kaufmannsspr.* zu [je]); 3 Stück à 20 Pfennig, *dafür besser:* ... zu [je] 20 Pfennig
a. = am (*bei Ortsnamen,* z. B. Frickenhausen a. Main); *vgl.* a. d.
a. = alt (*schweiz.; vor Amtsbezeichnungen,* z. B. a. Bundesrat)
a., *häufiger* **A.** = anno, Anno
a. a. = ad acta
Aa, das; - (*Kinderspr.* Kot); - machen
AA = Auswärtiges Amt; Anonyme Alkoholiker
Aa|chen (Stadt in Nordrhein-Westfalen); **Aa|che|ner** (↑R 147)
Aal, der; -[e]s, -e; a b e r: Älchen *(vgl. d.);* **aa|len,** sich (*ugs. für* behaglich ausgestreckt sich ausruhen); **aal|glatt**
Aall [o:l] (norw. Philosoph)
Aal|tier|chen (ein Fadenwurm)
a. a. O. = am angeführten Ort; *auch* am angegebenen Ort
Aar, der; -[e]s, -e (*geh. für* Adler)
Aar|au (Hptst. des Kantons Aargau); **Aa|re,** die; - (schweiz. Fluß); **Aar|gau,** der; -s (schweiz. Kanton); **Aar|gau|er** (↑R 147); **aar|gau|isch**
Aa|ron (bibl. m. Eigenn.)
Aas, das; -es, *Plur.* (*für* Tierleichen:) -e *u.* (*als* Schimpfwort:) Äser; **Aas|blu|me** (Pflanze, deren Blütengeruch Aasfliegen anzieht); **aa|sen** (*ugs. für* verschwenderisch umgehen); du aast, er aa|ste; **Aas|gei|er; aa|sig** (ekelhaft; gemein); **Aast,** das; -es, Äster (landsch. Schimpfwort)
A. B. = Augsburger Bekenntnis
ab; *Adverb:* ab und zu, *landsch.* ab und an (von Zeit zu Zeit); von ... ab (*ugs. für* von ... an); ab und zu (gelegentlich) nehmen, a b e r (in Zus.; ↑R 32): ab- und zunehmen (abnehmen und zunehmen); *Präp. mit Dat.:* ab Bremen, ab [unserem] Werk; ab erstem März; *bei Zeitangaben, Mengenangaben o. ä. auch Akk.:* ab ersten März, ab vierzehn Jahre[n], ab 50 Exemplare[n]
ab... (*in Zus. mit Verben,* z. B. abschreiben, du schreibst ab, abgeschrieben, abzuschreiben)
Aba, die; -, -s ⟨arab.⟩ (weiter, kragenloser Mantel der Araber)
Aba|kus, der; -, - ⟨griech.⟩ (Rechen- od. Spielbrett der Antike; *Archit.* Säulendeckplatte)
Abä|lard [...'lart, *auch* 'abɛ...] (franz. Philosoph)
ab|än|der|lich; ab|än|dern; Ab|än|de|rung; Ab|än|de|rungs|vor|schlag
Aban|don [abã'dõ:], der; -s, -s ⟨franz.⟩ (*Rechtsspr.* Abtretung, Preisgabe von Rechten od. Sachen); **aban|don|nie|ren** [abãdɔ'ni:...]
ab|ar|bei|ten; Ab|ar|bei|tung
Ab|art; ab|ar|ten (*selten für* von der Art abweichen); **ab|ar|tig; Ab|ar|tig|keit; Ab|ar|tung**
Aba|sie, die; -, ...ien ⟨griech.⟩ (*Med.* Unfähigkeit zu gehen)
ab|asten, sich (*ugs. für* sich abplagen)
ab|ästen; einen Baum -
Aba|te, der; -[n], *Plur.* ...ti *od.* ...ten ⟨ital.⟩ (*kath. Kirche* Titel der Weltgeistlichen in Italien)
Aba|ton ['a(:)batɔn], das; -s, ...ta ⟨griech.⟩ (*Rel.* das Allerheiligste, der Altarraum in den Kirchen des orthodoxen Ritus)
Abb. = Abbildung
Ab|ba ⟨aram. „Vater!"⟩ (neutest. Anrede Gottes im Gebet)
ab|backen [*Trenn.* ...bak|ken]
Ab|ba|si|de, der; -n, -n; ↑R 197 (Angehöriger eines aus Bagdad stammenden Kalifengeschlechtes)
Ab|bau, der; -[e]s, *Plur.* (*Bergmannsspr. für* Abbaustellen:) -e *u.* (*landsch. für* abseits gelegene Anwesen, einzelne Gehöfte:) -ten; **ab|bau|en; Ab|bau_feld, ...ge|rech|tig|keit, ...recht; ab|bau|wür|dig**
Ab|be (dt. Physiker)
Ab|bé [a'be:], der; -s, -s ⟨franz.⟩ (*kath. Kirche* Titel der niederen Weltgeistlichen in Frankreich)
ab|bei|ßen
ab|bei|zen; Ab|beiz|mit|tel, das
ab|be|kom|men
ab|be|ru|fen; Ab|be|ru|fung
ab|be|stel|len; Ab|be|stel|lung
ab|beu|teln (*südd., österr. für* abschütteln)
Ab|be|vil|lien [abəvi'liɛ̃:], das; -[s] ⟨nach der Stadt Abbeville in Nordfrankreich⟩ (Kultur der frühesten Altsteinzeit)
ab|be|zah|len; Ab|be|zah|lung
ab|bie|gen; Ab|bie|ge|spur; Ab|bie|gung
Ab|bild; ab|bil|den; Ab|bil|dung (*Abk.* Abb.)
ab|bim|sen (*ugs. für* abschreiben)
ab|bin|den; Ab|bin|dung
Ab|bit|te; - leisten, tun; **ab|bit|ten**
ab|bla|sen
ab|blas|sen
ab|blät|tern
ab|blen|den; Ab|blend|licht *Plur.* ...lichter; **Ab|blen|dung**
ab|blit|zen; jmdn. - lassen *(ugs.)*
ab|blocken [*Trenn.* ...blok|ken] (*Sportspr.* abwehren)
Ab|brand (*Hüttenw.* Röstrückstand; Metallschwund durch Oxydation und Verflüchtigung

beim Schmelzen); **Ab|brand|ler, Ab|bränd|ler** (*österr. ugs. für* durch Brand Geschädigter)
ab|brau|sen
ab|bre|chen
ab|brem|sen; Ab|brem|sung
ab|bren|nen
Ab|bre|via|ti|on [...v...], die; -, -en (↑R 180) ‹lat.›, **Ab|bre|via|tur,** die; -, -en (Abkürzung); **ab|bre|vi|ie|ren** *(veraltet)*
ab|brin|gen; jmdn. von etwas -
ab|bröckeln[1]; **Ab|bröcke|lung**[1], **Ab|bröck|lung; ab|brocken**[1] (*südd., österr. für* abpflücken)
Ab|bruch, der; -[e]s, ...brüche; einer Sache [keinen] - tun; **Ab|bruch‿ar|bei|ten** *(Plur.),* **...fir|ma, ...ge|neh|mi|gung, ...haus; ab|bruch|reif**
ab|brü|hen; *vgl.* abgebrüht
ab|bu|chen; Ab|bu|chung
ab|bum|meln (*ugs. für* [Überstunden] durch Freistunden ausgleichen)
ab|bür|sten
Abc, Abe|ce, das; -, -; **Abc-Buch,** Abe|ce|buch (Fibel); **Abc-Code,** der; -s (internationaler Telegrammschlüssel); **ABC-Flug** ‹engl.; dt.› (verbilligter Flug mit einem Linienflugzeug)
ab|checken[1] [...tʃɛk(ə)n] (*ugs. für* überprüfen)
Abc-Schüt|ze, Abeceschütze; **ABC-Staa|ten** *Plur.;* ↑R 38 (Argentinien, Brasilien und Chile); **ABC-Waf|fen** *Plur.;* ↑R 38 (atomare, biologische u. chemische Waffen); **ABC-Waffen-frei;** -e Zone
ab|da|chen; Ab|da|chung
Ab|dampf *(Technik);* **ab|damp|fen** (Dampf abgeben; als Dampf abgeschieden werden; *ugs. für* abfahren); **ab|dämp|fen** ([in seiner Wirkung] mildern); **Ab|dampf|wär|me** *(Technik)*
ab|dan|ken; Ab|dan|kung (*schweiz. auch für* Trauerfeier)
ab|decken[1]; **Ab|decker**[1] (Schinder); **Ab|decke|rei**[1]; **Ab|deck|plat|te; Ab|deckung**[1]
Ab|de|ra (altgriech. Stadt); **Ab|de|rit,** der; -en, -en; ↑R 180 (Bewohner von Abdera; *übertr. für* einfältiger Mensch, Schildbürger)
ab|dich|ten; Ab|dich|tung
Ab|di|ka|ti|on, die; -, -en ‹lat.› (*veraltet für* Abdankung)
ab|ding|bar (*Rechtsspr.* durch freie Vereinbarung ersetzbar)
ab|di|zie|ren ‹lat.› (*veraltet für* abdanken)
Ab|do|men, das; -s, *Plur.* - *u.* ...mina ‹lat.› (*Med.* Unterleib, Bauch; *Zool.* Hinterleib der Gliederfüßer); **ab|do|mi|nal**

[1] *Trenn.* ...k|k...

ab|dor|ren; abgedorrte Zweige
ab|drän|gen; jmdn. -
ab|dre|hen
Ab|drift, die; -, -en (*Seemannsspr., Fliegerspr.* durch Wind od. Strömung hervorgerufene Kursabweichung); **ab|drif|ten**
ab|dros|seln; Ab|dros|se|lung, Ab|droß|lung
Ab|druck, der; -[e]s, *Plur.* (in Gips u. a.:) ...drücke *u.* (*für* Drucksachen:) ...drucke; **ab|drucken**[1]; ein Buch -; **ab|drücken**[1]; das Gewehr -
abds. = abends
ab|ducken[1] *(Boxen)*
Ab|duk|ti|on, die; -, -en ‹lat.› (*Med.* das Bewegen von Körperteilen von der Körperachse weg, z. B. das Heben des Armes); **Ab|duk|tor,** der; -s, ...oren (eine Abduktion bewirkender Muskel, Abziehmuskel); **ab|du|zie|ren**
ab|eb|ben
Abe|ce *vgl.* Abc; **Abe|ce|buch** *vgl.* Abc-Buch; **abe|ce|lich; Abe|ce|schüt|ze** *vgl.* Abc-Schütze
Abee [*auch* 'abe], der *u.* das; -s, -s (*landsch. für* [1]Abort)
ab|ei|sen (*österr. für* abtauen)
Abel (bibl. m. Eigenn.)
Abel|mo|schus [*auch* 'a:b(ə)l...], der; -, -se ‹arab.› (eine Tropenpflanze)
Abend, der; -s, -e. **I.** *Großschreibung:* des, eines Abends; gegen Abend; den Abend über; es ist, wird Abend; am Abend; diesen Abend; zu Abend essen; guten Abend sagen; guten Abend! (Gruß). **II.** *Kleinschreibung* (↑R 61): [bis, von] gestern, heute, morgen abend; [am] Dienstag abend (an dem bestimmten, einmaligen); abends (*Abk.* abds.); von früh bis abends; von morgens bis abends; spätabends, abends spät; [um] 8 Uhr abends, abends [um] 8 Uhr; Dienstag *od.* dienstags abends (unbestimmt, wiederkehrend). **III.** *Zusammenschreibung: vgl.* Dienstagabend; **Abend‿brot, ...däm|me|rung; aben|de|lang,** aber: drei *od.* mehrere Abende lang; **Abend‿es|sen, ...frie|de[n]** (der; ...dens); **abend|fül|lend; Abend‿gym|na|si|um, ...kas|se, ...kleid, ...kurs, ...kur|sus; Abend|land,** das; -[e]s; **Abend|län|der,** der; **abend|län|disch; abend|lich; Abend|mahl** *Plur.* ...mahle; **Abend|mahls|kelch; Abend‿pro|gramm, ...rot** od. **...rö|te; abends** (*Abk.* abds.); ↑R 61; *vgl.* Abend, II *u.* Dienstag; **Abend‿schu|le, ...stern, ...ver|kauf, ...zei|tung**

[1] *Trenn.* ...k|k...

Aben|teu|er, das; -s, -; **Aben|teu|er|film; Aben|teue|rin,** Aben|teu|re|rin, die; -, -nen; **aben|teu|er|lich; Aben|teu|er|lust,** die; -; **aben|teu|er|lu|stig; aben|teu|ern;** ich ...ere (↑R 22); geabenteuert; **Aben|teu|er‿spiel|platz, ...ur|laub; Aben|teu|rer; Aben|teu|re|rin,** Aben|teue|rin, die; -, -nen; **Aben|teu|rer|na|tur**
aber; *Konj.:* er sah sie, aber (jedoch) er hörte sie nicht. *Adverb in Fügungen wie* aber und abermals (wieder und wiederum); tausend und aber (wiederum) tausend (*österr. nur* abertausend); Tausende und aber Tausende (*österr. nur* Abertausende); tausend- und aber tausendmal. *In Zusammenschreibung mit* hundert, tausend: aberhundert (viele hundert) Sterne; abertausend (viele tausend) Vögel; Aberhunderte, Abertausende kleiner Vögel (*vgl.* hundert, tausend); (↑R 67:) **Aber,** das; -s, -; es ist ein - dabei; viele Wenn und - vorbringen
Aber|glau|be, *seltener* **Aber|glau|ben; aber|gläu|big** (*veraltet für* abergläubisch); **aber|gläu|bisch;** -ste
aber|hun|dert; *vgl.* aber
ab|er|ken|nen; ich erkenne ab, *selten* ich aberkenne; ich erkannte ab, *selten* ich aberkannte; jmdm. etwas -; **Ab|er|ken|nung**
aber|ma|lig; aber|mals
Ab|er|ra|ti|on, die; -, -en ‹lat.› (*Optik, Astron., Biol.* Abweichung)
Aber|see *vgl.* Sankt-Wolfgang-See
aber|tau|send; *vgl.* aber; **Aber|witz,** der; -es (*geh. für* völliger Unsinn); **aber|wit|zig** *(geh.)*
ab|es|sen
Abes|si|ni|en [...i̯ən] (*ältere Bez. für* Äthiopien); **Abes|si|ni|er** [...i̯ər]; **abes|si|nisch**
ABF = Arbeiter-und-Bauern-Fakultät
Abf. = Abfahrt
ab|fackeln [*Trenn.* ...fak|keln] (*Technik* überflüssige Gase durch Abbrennen beseitigen)
ab|fä|deln; Bohnen -
ab|fah|ren; Ab|fahrt (*Abk.* Abf.); **Ab|fahrt[s]‿be|fehl, ...gleis; Abfahrts‿lauf, ...ren|nen; Ab|fahrt[s]|si|gnal; Ab|fahrts|strecke** [*Trenn.* ...strek|ke]; **Ab|fahrt[s]‿tag, ...zei|chen, ...zeit**
Ab|fall, der; **Ab|fall‿auf|be|rei|tung, ...ei|mer; ab|fal|len; ab|fäl|lig;** - beurteilen; **Ab|fall‿pro|dukt, ...quo|te, ...wirt|schaft**
ab|fäl|schen *(Sportspr.);* den Ball [zur Ecke] -
ab|fan|gen; Ab|fang‿jä|ger (ein Jagdflugzeug), **...sa|tel|lit**

ạb|fär|ben
ạb|fa|sen (*fachspr. für* abkanten)
ạb|fas|sen (verfassen; *ugs. für* abfangen); **Ạb|fas|sung**
ạb|fau|len
ạb|fe|dern; Ạb|fe|de|rung
ạb|fe|gen
ạb|fei|ern
ạb|fei|len
ạb|fer|ti|gen; Ạb|fer|ti|gung; Ạb|fer|ti|gungs‿dienst, ...schal|ter
ạb|feu|ern
ạb|fie|ren (*Seemannsspr.* an einem Tau herunterlassen); das Rettungsboot -
ạb|fin|den; Ạb|fin|dung; Ạb|fin|dungs‿er|klä|rung, ...sum|me
ạb|fi|schen
ạb|fla|chen; sich -; **Ạb|fla|chung**
ạb|flau|en (schwächer werden)
ạb|flie|gen
ạb|flie|ßen
Ạb|flug; Ạb|flug‿ge|schwin|dig|keit, ...tag, ...zeit
Ạb|fluß; Ạb|fluß‿hahn, ...rohr
Ạb|fol|ge
ạb|for|dern
ạb|fo|to|gra|fie|ren
ạb|fra|gen *(auch Postw., EDV);* jmdn. *od.* jmdm. etwas -
ạb|fres|sen
ạb|fret|ten, sich (*österr. ugs. für* sich abmühen)
ạb|frie|ren
ạb|frot|tie|ren
ạb|füh|len
Ạb|fuhr, die; -, -en; **ạb|füh|ren; Ạb|führ|mit|tel,** das; **Ạb|füh|rung**
ạb|fül|len; Ạb|fül|lung
ạb|füt|tern; Ạb|füt|te|rung
Abg. = Abgeordnete
Ạb|ga|be (*für* Steuer usw. *meist Plur.*); **ạb|ga|ben‿frei, ...pflich|tig; Ạb|ga|be‿preis** (*vgl.* [2]Preis), **...soll** (*vgl.* [2]Soll), **...ter|min**
Ạb|gang, der; **Ạb|gän|ger** (*Amtsspr.* von der Schule Abgehender); **ạb|gän|gig; Ạb|gän|gig|keits|an|zei|ge** (*österr. für* Vermißtenmeldung); **Ạb|gangs|zeug|nis**
Ạb|gas (bei Verbrennungsvorgängen entweichendes Gas); **ạb|gas|arm; Ạb|gas|ent|gif|tung; ạb|gas|frei; Ạb|gas‿ka|ta|ly|sa|tor, ...rei|ni|ger, ...son|der|un|ter|su|chung** (*Abk.* ASU)
ABGB = Allgemeines Bürgerliches Gesetzbuch (für Österreich)
ạb|ge|ar|bei|tet
ạb|ge|ben
ạb|ge|blaßt; -este
ạb|ge|brannt; -este (*ugs. auch für* ohne Geldmittel; *österr. auch für* von der Sonne gebräunt); **Ạb|ge|brann|te,** der *u.* die; -n, -n (↑R 7 ff.)
ạb|ge|brüht; -este (*ugs. für* [sittlich] abgestumpft, unempfindlich); **Ạb|ge|brüht|heit,** die; -
ạb|ge|dro|schen; -e (*ugs. für* [zu] oft gebrauchte) Redensart; **Ạb|ge|dro|schen|heit,** die; -
ạb|ge|feimt; -este (durchtrieben); **Ạb|ge|feimt|heit**
ạb|ge|fuckt [...fakt]; -este ‹dt.; engl.› (*derb für* in üblem Zustand, heruntergekommen)
ạb|ge|grif|fen
ạb|ge|hackt; -este
ạb|ge|han|gen
ạb|ge|härmt; -este
ạb|ge|här|tet
ạb|ge|hen
ạb|ge|hetzt; -este
ạb|ge|kämpft; -este
ạb|ge|kar|tet *(ugs.);* -e Sache
ạb|ge|klärt; -este; **Ạb|ge|klärt|heit** *Plur. selten*
ạb|ge|la|gert
Ạb|geld (*selten für* Disagio)
ạb|ge|lebt; -este
ạb|ge|le|dert (*landsch. für* abgenutzt, abgerissen); eine -e Hose
ạb|ge|le|gen
ạb|ge|lei|ert; -e (*ugs. für* [zu] oft gebrauchte, platte) Worte
ạb|gel|ten; Ạb|gel|tung
ạb|ge|macht *(ugs.);* -e Sache
ạb|ge|ma|gert
ạb|ge|mer|gelt (erschöpft; abgemagert); *vgl.* abmergeln
ạb|ge|mes|sen
ạb|ge|neigt; -este; **Ạb|ge|neigt|heit,** die; -
ạb|ge|nutzt; -este
ạb|ge|ord|net; Ạb|ge|ord|ne|te, der *u.* die; -n, -n; ↑R 7 ff. (*Abk.* Abg.); **Ạb|ge|ord|ne|ten|haus**
ạb|ge|plat|tet
ạb|ge|rech|net
ạb|ge|ris|sen; -e Kleider
ạb|ge|run|det
ạb|ge|sagt; ein -er (*geh. für* ausgesprochener) Feind des Nikotins
Ạb|ge|sand|te, der *u.* die; -n, -n (↑R 7 ff.)
Ạb|ge|sang (*Verslehre* abschließender Strophenteil)
ạb|ge|schabt; -este
ạb|ge|schie|den (*geh. für* einsam [gelegen]; verstorben); **Ạb|ge|schie|de|ne,** der *u.* die; -n, -n; ↑R 7 ff. *(geh.);* **Ạb|ge|schie|den|heit,** die; -
ạb|ge|schlafft; -este (*ugs. für* müde, erschöpft); *vgl.* abschlaffen
ạb|ge|schla|gen; Ạb|ge|schla|gen|heit, die; - (*landsch., schweiz. für* Erschöpfung)
ạb|ge|schlos|sen; -e Menge, -es Intervall *(Math.)*
ạb|ge|schmackt; -este; -e (platte) Worte; **Ạb|ge|schmackt|heit**
ạb|ge|se|hen; abgesehen von ...; abgesehen [davon], daß (↑R 125)
ạb|ge|son|dert
ạb|ge|spannt; -este
ạb|ge|spielt; -este
ạb|ge|stan|den
ạb|ge|stor|ben
ạb|ge|sto|ßen
ạb|ge|stuft
ạb|ge|stumpft; -este; **Ạb|ge|stumpft|heit,** die; -
ạb|ge|ta|kelt (*ugs. auch für* heruntergekommen, ausgedient); *vgl.* abtakeln
ạb|ge|tan; -e (erledigte) Sache; *vgl.* abtun
ạb|ge|tra|gen
ạb|ge|wetzt; -este
ạb|ge|win|nen; jmdm. etwas -
ạb|ge|wo|gen; Ạb|ge|wo|gen|heit, die; -
ạb|ge|wöh|nen; ich werde es mir *od.* ihm -; **Ạb|ge|wöh|nung,** die; -
ạb|ge|zehrt; -este
ạb|ge|zir|kelt
ạb|ge|zo|gen; -er (*geh. für* abstrakter) Begriff; *vgl.* abziehen
ạb|gie|ßen
Ạb|glanz
ạb|glei|chen (*fachspr. für* abstimmen, gleichmachen)
ạb|glei|ten
ạb|glit|schen *(ugs.)*
Ạb|gott, der; -[e]s, Abgötter; **Ab|göt|te|rei; Ạb|göt|tin; ạb|göt|tisch;** -ste; **Ạb|gott|schlan|ge**
ạb|gra|ben; jmdm. das Wasser -
ạb|gra|sen (*ugs. auch für* absuchen)
ạb|gra|ten; ein Werkstück -
ạb|grät|schen; vom Barren -
ạb|grei|fen
ạb|gren|zen; Ạb|gren|zung
Ạb|grund; ạb|grün|dig; ạb|grund|tief
ạb|gucken [*Trenn.* ...guk|ken] *(ugs.);* [von *od.* bei] jmdm. etwas -
Ạb|guß
Abh. = Abhandlung
ạb|ha|ben *(ugs.);* ..., daß er seine Brille abhat; er soll sein[en] Teil abhaben
ạb|hacken [*Trenn.* ...hak|ken]
ạb|hä|keln
ạb|ha|ken
ạb|half|tern (*ugs. auch für* entlassen); **Ạb|half|te|rung**
ạb|hal|ten; Ạb|hal|tung
ạb|han|deln; ein Thema -
ab|hạn|den; *nur in* - kommen (verlorengehen); **Ab|hạn|den|kom|men**
Ạb|hand|lung (*Abk.* Abh.)
Ạb|hang; [1]ạb|hän|gen, *mdal. u. schweiz.* ạb|han|gen; das hing von ihm ab, hat von ihm abgehangen; *vgl.* [1]hängen; **[2]ạb|hän|gen;** er hängte das Bild ab, hat es abgehängt; *vgl.* [2]hängen; **ạb|hän|gig;** -e (indirekte) Rede *(Sprachw.);* **Ạb|hän|gig|keit; Ạb|hän|gig|keits|ver|hält|nis**
ạb|här|men, sich
ạb|här|ten; Ạb|här|tung, die; -
ạb|hau|en (*ugs. auch für* davon-

laufen); ich hieb den Ast ab; wir hauten ab
ab|he|ben
ab|he|bern (*fachspr. für* eine Flüssigkeit mit einem Heber entnehmen); ich hebere ab (↑R 22)
ab|hef|ten
ab|hei|len; Ab|hei|lung
ab|hel|fen; einem Mangel -
ab|het|zen; sich -
ab|heu|ern; jmdn. -; er hat abgeheuert
Ab|hil|fe
Ab|hit|ze *vgl.* Abwärme
ab|hold; jmdm., einer Sache - sein
ab|ho|len; Ab|ho|ler; Ab|ho|lung
ab|hol|zen; Ab|hol|zung
ab|hor|chen
ab|hö|ren; jmdn. *od.* jmdm. etwas -; **Ab|hör‿ge|rät, ...wan|ze** *(ugs.)*
ab|hun|gern
ab|hu|sten
Abi, das; -s, -s *Plur. selten* (*Kurzw. für* Abitur)
Abi|djan [...'dʒa:n] (Stadt der [2]Elfenbeinküste)
Abio|ge|ne|se, Abio|ge|ne|sis [*auch* ...'ge:...], die; - ‹griech.› (Entstehung von Lebewesen aus unbelebter Materie)
ab|ir|ren
ab|iso|lie|ren; Ab|iso|lier|zan|ge
Ab|itur, das; -s, -e *Plur. selten* ‹lat.› (Reifeprüfung); **Ab|itu|ri|ent,** der; -en, -en; ↑R 197 (Reifeprüfling); **Ab|itu|ri|en|ten|prü|fung; Ab|itu|ri|en|tin**
ab|ja|gen
Ab|ju|di|ka|ti|on, die; -, -en ‹lat.› (*veraltet für* [gerichtliche] Aberkennung); **ab|ju|di|zie|ren** *(veraltet)*
Abk. = Abkürzung
ab|käm|men
ab|kan|ten; ein Brett, Blech -
ab|kan|zeln (*ugs. für* scharf tadeln); ich kanz[e]le ab (↑R 22); **Ab|kan|ze|lung, Ab|kanz|lung** *(ugs.)*
ab|ka|pi|teln (*ugs. für* schelten)
ab|kap|seln; ich kaps[e]le ab (↑R 22); **Ab|kap|se|lung, Ab|kaps|lung**
ab|kas|sie|ren
Ab|kauf *(regional);* **ab|kau|fen**
Ab|kehr, die; -; **ab|keh|ren**
ab|kip|pen
ab|klap|pern (*ugs. für* suchend, fragend ablaufen)
ab|klä|ren; Ab|klä|rung
Ab|klatsch; ab|klat|schen
ab|kle|ben
ab|klem|men
ab|klin|gen; Ab|kling‿kon|stan|te *(Physik),* **...zeit**
ab|klop|fen
ab|knab|bern
ab|knal|len (*ugs. für* niederschießen)
ab|knap|pen (*landsch. für* abknapsen); **ab|knap|sen;** jmdm. etwas - (*ugs. für* wegnehmen)
ab|knicken [*Trenn.* ...knik|ken]; abknickende Vorfahrt *(Verkehrsw.)*
ab|knöp|fen; jmdm. Geld - (*ugs. für* abnehmen)
ab|ko|chen
ab|kom|man|die|ren
Ab|kom|me, der; -n, -n; ↑R 197 (*geh. für* Nachkomme); **ab|kom|men; Ab|kom|men,** das; -s, -; **Ab|kom|men|schaft,** die; - *(veraltet);* **ab|kömm|lich; Ab|kömm|ling** (*auch für* Derivat *[Chemie]*)
ab|kön|nen (*nordd. ugs. für* aushalten, vertragen); du weißt doch, daß ich das nicht abkann
ab|kon|ter|fei|en (*veraltet für* abmalen, abzeichnen)
ab|kop|peln; Ab|kop|pe|lung; Ab|kopp|lung
ab|kra|gen (*Bauw.* abschrägen)
ab|krat|zen (*derb auch für* sterben)
ab|krie|gen *(ugs.)*
ab|küh|len; sich -; **Ab|küh|lung**
ab|kün|di|gen (von der Kanzel verkünden); **Ab|kün|di|gung**
Ab|kunft, die; -
ab|kup|fern (*ugs. für* abschreiben)
ab|kür|zen; Ab|kür|zung (*Abk.* Abk.); **Ab|kür|zungs|spra|che,** die; -, -n *Plur. selten* (*Kurzw.* Aküsprache); **Ab|kür|zungs‿ver|zeich|nis, ...zei|chen**
ab|la|den; *vgl.* [1]laden; **Ab|la|de|platz; Ab|la|der; Ab|la|dung**
Ab|la|ge (*schweiz. auch für* Annahme-, Zweigstelle); **ab|la|gern; Ab|la|ge|rung**
ab|lan|dig (*Seemannsspr.* vom Lande her wehend od. strömend)
Ab|laß, der; Ablasses, Ablässe *(kath. Kirche);* **Ab|laß|brief; ab|las|sen**
Ab|la|ti|on, die; -, -en ‹lat.› (*fachspr. für* Abschmelzung [von Schnee u. Eis]; *Geol.* Abtragung des Bodens; *Med.* Wegnahme; Ablösung, bes. der Netzhaut); **Ab|la|tiv,** der; -s, -e [...və] (*Sprachw.* Kasus in idg. Sprachen); **Ab|la|ti|vus ab|so|lu|tus** [...v... -], der; - -, ...vi ...ti (*Sprachw.* eine bestimmte Konstruktion in der lat. Sprache)
Ab|lauf; ab|lau|fen; Ab|lauf|rin|ne
ab|lau|gen
Ab|laut (*Sprachw.* gesetzmäßiger Vokalwechsel in der Stammsilbe von Wortformen und etymologisch verwandten Wörtern, z. B. „singen, sang, gesungen“); **ab|lau|ten** (Ablaut haben); **ab|läu|ten** (zur Abfahrt läuten)
Ab|le|ben, das; -s (*geh. für* Tod)
ab|lecken [*Trenn.* ...lek|ken]
ab|le|dern (*ugs. für* mit einem Leder trockenwischen u. blank putzen; *landsch. für* verprügeln); *vgl.* abgeledert
ab|le|gen; Ab|le|ger (Pflanzentrieb; *ugs. scherzh. für* Sohn)
ab|leh|nen; einen Vorschlag -; **Ab|leh|nung; Ab|leh|nungs|fron[t]**
ab|lei|sten; Ab|lei|stung
ab|lei|ten; Ab|lei|tung (*auc[h] Sprachw.* Bildung eines Worte[s] durch Lautveränderung [Ablau[t]] oder durch das Anfügen vo[n] Nachsilben, z. B. „Trank“ vo[n] „trinken“, „königlich“ vo[n] „König“); **Ab|lei|tungs|silb[e]** *(Sprachw.)*
ab|len|ken; Ab|len|kung; Ab|len|kungs|ma|nö|ver
ab|le|sen; Ab|le|ser
ab|leug|nen
ab|lich|ten; Ab|lich|tung
ab|lie|fern; Ab|lie|fe|rung; Ab|lie|fe|rungs|soll; *vgl.* [2]Soll
ab|lie|gen (*landsch. auch fü[r]* durch Lagern gut, reif werden); weit -
ab|li|sten; jmdm. etwas -
ab|lo|chen (auf Lochkarten über tragen); **Ab|lo|cher; Ab|lo|chun[g]**
ab|locken [*Trenn.* ...lok|ken]
ab|loh|nen *(veraltend);* jmdn. (bezahlen [u. entlassen])
ab|lö|schen
Ab|lö|se, die; -, -n (*bes. österr. fü[r]* Ablösungssumme); **ab|lö|sen; Ab|lö|se|sum|me; Ab|lö|sung; Ab|lö|sungs|sum|me**
ab|luch|sen *(ugs.);* jmdm. etwas -
Ab|luft, die; - (*Technik* verbrauchte, abgeleitete Luft)
ABM = Arbeitsbeschaffungsmaßnahme; ABM-Stel|le (↑R 38)
ab|ma|chen; *vgl.* abgemacht; **Ab|ma|chung**
ab|ma|gern; Ab|ma|ge|rung; Ab|ma|ge|rungs|kur
ab|mah|nen; Ab|mah|nung
ab|ma|len; ein Bild -
Ab|marsch, der; **ab|mar|schie|ren**
ab|meh|ren (*schweiz. für* abstimmen durch Handerheben)
ab|mei|ern; jmdn. - (*früher fü[r]* jmdm. den Meierhof, das Pachtgut, den Erbhof entziehen); ich meiere ab (↑R 22); **Ab|meie|rung**
ab|mel|den; Ab|mel|dung
Ab|melk|wirt|schaft (Rinderhaltung nur zur Milchgewinnung)
ab|mer|geln, sich (*ugs. für* sich abmühen); ich merg[e]le mich ab (↑R 22); *vgl.* abgemergelt
ab|mes|sen; Ab|mes|sung
ab|mon|tie|ren
ab|mü|den *(geh.);* sich -
ab|mü|hen, sich -
ab|murk|sen (*ugs. für* umbringen)
ab|mu|stern (*Seemannsspr.* entlassen; den Dienst aufgeben); **Ab|mu|ste|rung**
ab|na|beln; ich nab[e]le ab (↑R 22)

ab|na|gen
ab|nä|hen; Ab|nä|her
Ab|nah|me, die; -, -n *Plur. selten;* **ab|neh|men;** *vgl.* ab; **Ab|neh|mer; Ab|neh|mer|land** *Plur.* ...länder
Ab|nei|gung
ab|nib|beln (*landsch. derb für* sterben); ich nibb[e]le ab (↑ R 22)
ab|norm (vom Normalen abweichend, regelwidrig; krankhaft); **ab|nor|mal** (*bes. österr., schweiz. für* nicht normal, ungewöhnlich); **Ab|nor|mi|tät,** die; -, -en
ab|nö|ti|gen; jmdm. etwas -
ab|nut|zen, *bes. südd., österr.* **ab|nüt|zen; Ab|nut|zung,** *bes. südd., österr.* **Ab|nüt|zung; Ab|nut|zungs|ge|bühr**
Abo, das; -s, -s (*Kurzw. für* Abonnement)
A-Bom|be; ↑ R 37 (Atombombe)
Abon|ne|ment [...'maŋ *od.* ...'mã:, *schweiz.* ...mɛnt *od.* abɔn'mã:], das; -s, *Plur.* -s *u. (bei deutscher Aussprache:)* -e ‹franz.› (Dauerbezug von Zeitungen u. ä.; Dauermiete für Theater u. ä.); **Abon|ne|ment[s]‿kar|te** (Anrechtskarte), **...preis** (*vgl.* ²Preis), **...vor|stel|lung; Abon|nent,** der; -en, -en; ↑ R 197 (Inhaber eines Abonnements); **Abon|nen|tin; abon|nie|ren;** auf etwas abonniert sein
ab|ord|nen; Ab|ord|nung
Ab|ori|gi|nes [apǀo'ri:gine:s *od.* əbə'ridʒini:z] *Plur.* ‹lat.-engl.› (Ureinwohner [Australiens])
¹**Ab|ort** [*schweiz. nur* 'abɔrt], der; -[e]s, -e (Toilette)
²**Ab|ort,** der; -s, -e ‹lat.› (*Med.* Fehlgeburt); **ab|or|tie|ren; Ab|or|ti|on,** die; -, -en (Abtreibung); **ab|or|tiv** (abtreibend)
ab ovo [- 'o:vo] ‹lat.› (von Anfang an)
ab|packen [*Trenn.* ...pak|ken]
ab|pas|sen
ab|pau|sen; eine Zeichnung -
ab|per|len
ab|pfei|fen *(Sportspr.);* **Ab|pfiff**
ab|pflücken [*Trenn.* ...pflük|ken]
ab|pin|nen (*ugs. für* abschreiben)
ab|pla|gen, sich
ab|plat|ten (platt machen); **Ab|plat|tung**
Ab|prall, der; -[e]s, -e *Plur. selten;* **ab|pral|len;** von etwas -; **Ab|pral|ler** *(Sportspr.)*
ab|pres|sen
Ab|pro|dukt (*regional für* Abfall, Müll; Abfallprodukt)
ab|prot|zen (*Milit.; derb auch für* seine Notdurft verrichten)
Ab|putz ([Ver]putz); **ab|put|zen**
ab|quä|len, sich
ab|qua|li|fi|zie|ren
ab|rackern [*Trenn.* ...rak|kern], sich (*ugs. für* sich abarbeiten)
Abra|ham (bibl. m. Eigenn.); **Abra|ham a San[c]|ta Cla|ra** (dt. Prediger)
ab|rah|men; Milch -
Abra|ka|da|bra [*auch* 'a:braka-'da:...], das; -s (Zauberwort; [sinnloses] Gerede)
Abra|sax *vgl.* Abraxas
ab|ra|sie|ren
Ab|ra|si|on, die; -, -en ‹lat.› (*Geol.* Abtragung der Küste durch die Brandung)
ab|ra|ten; jmdm. von etwas -
Ab|raum, der; -[e]s (*Bergmannsspr.* Deckschicht über Lagerstätten; *landsch. für* Abfall); **ab|räu|men; Ab|raum‿hal|de, ...salz** *(Bergmannsspr.)*
Abra|xas, Abra|sax (Zauberwort)
ab|rea|gie|ren; sich -
ab|re|beln (*österr. für* [Beeren] einzeln abpflücken)
ab|rech|nen; Ab|rech|nung; Ab|rech|nungs|ter|min
Ab|re|de; etwas in - stellen
ab|re|gen, sich *(ugs.)*
ab|reg|nen
ab|rei|ben; Ab|rei|bung
Ab|rei|se *Plur. selten;* **ab|rei|sen**
Ab|reiß|block; *vgl.* Block; **ab|rei|ßen;** *vgl.* abgerissen; **Ab|reiß|ka|len|der**
ab|rei|ten
ab|rich|ten; Ab|rich|ter (Dresseur); **Ab|rich|tung**
Ab|rieb, der; -[e]s, *Plur.* (*Technik für* abgeriebene Teilchen:) -e; **ab|rieb|fest; Ab|rieb|fe|stig|keit**
ab|rie|geln; Ab|rie|ge|lung, Ab|rieg|lung
ab|rin|gen; jmdm. etwas -
Ab|riß, der; Abrisses, Abrisse
ab|rol|len
ab|rücken [*Trenn.* ...rük|ken]
Ab|ruf *Plur. selten;* auf -; **ab|ruf|be|reit;** sich - halten; **ab|ru|fen**
ab|run|den; eine Zahl [nach unten, *seltener* oben] -; **Ab|run|dung**
ab|rup|fen
ab|rupt; -este ‹lat.› (abgebrochen, zusammenhanglos, plötzlich)
ab|rü|sten; Ab|rü|stung; ab|rü|stungs|fä|hig; Ab|rü|stungs|kon|fe|renz
ab|rut|schen
Abruz|zen *Plur.* (Gebiet im südl. Mittelitalien; *auch für* Abruzzischer Apennin); **Abruz|zi|sche Apen|nin,** der; -n -s (Teil des Apennins)
ABS = Antiblockiersystem
Abs. = Absatz; Absender
ab|sacken [*Trenn.* ...sak|ken] (*ugs. für* [ab]sinken)
Ab|sa|ge, die; -, -n; **ab|sa|gen**
ab|sä|gen
ab|sah|nen (die Sahne abschöpfen; *ugs. für* sich das Beste, Wertvollste aneignen)
Ab|sa|lom, *ökum.* Ab|scha|lom (bibl. m. Eigenn.)
Ab|sam (österr. Ort)
Ab|satz, der; -es, Absätze (*Abk.* Abs.); **Ab|satz‿flau|te, ...ge|biet, ...kick** *(Fußball),* **...trick** *(Fußball);* **ab|satz|wei|se**
ab|sau|fen *(ugs.)*
ab|sau|gen
ab|scha|ben
ab|schaf|fen; *vgl.* ¹schaffen; **Ab|schaf|fung**
Ab|scha|lom *vgl.* Absalom
ab|schal|ten; Ab|schal|tung
ab|schat|ten; ab|schat|tie|ren; Ab|schat|tie|rung; Ab|schat|tung
ab|schät|zen; ab|schät|zig
Ab|schaum, der; -[e]s
ab|schei|den; *vgl.* abgeschieden; **Ab|schei|der** *(Technik, Chemie)*
ab|sche|ren; den Bart -; *vgl.* ¹scheren
Ab|scheu, der; -[e]s, *seltener* die; -; **ab|scheu|er|re|gend** (↑ R 209); **ab|scheu|lich; Ab|scheu|lich|keit**
ab|schicken [*Trenn.* ...schik|ken]
Ab|schie|be|haft, die; -; **ab|schie|ben**
Ab|schied, der; -[e]s, -e *Plur. selten;* **Ab|schieds‿be|such, ...brief, ...fei|er, ...schmerz, ...stun|de, ...sze|ne**
ab|schie|ßen
ab|schil|fern *(landsch.);* **Ab|schil|fe|rung** (Abschuppung)
ab|schin|den, sich *(ugs.)*
Ab|schirm|dienst; ab|schir|men; Ab|schir|mung
ab|schir|ren; die Pferde -
ab|schlach|ten; Ab|schlach|tung
ab|schlaf|fen (*ugs. für* schlaff werden; kraftlos, müde werden)
Ab|schlag; auf -; **ab|schla|gen; ab|schlä|gig** *(Amtsspr.);* jmdn. *od.* etwas - bescheiden ([jmdm.] etwas nicht genehmigen); **ab|schläg|lich** *(veraltet);* -e Zahlung; **Ab|schlags|zah|lung**
ab|schläm|men (Bodenteilchen wegspülen u. als Schlamm absetzen)
ab|schlei|fen
Ab|schlepp|dienst; ab|schlep|pen; Ab|schlepp|seil
ab|schlie|ßen; Ab|schlie|ßung;
Ab|schluß; Ab|schluß‿ex|amen, ...fei|er, ...prü|fung, ...trai|ning
ab|schmal|zen (*österr. für* abschmälzen); **ab|schmäl|zen** (*Kochk.* mit gebräunter Butter übergießen)
ab|schmecken[1] [*Trenn.* ...schmek|ken]
ab|schmel|zen; das Eis schmilzt ab; *vgl.* ¹,²schmelzen
ab|schmet|tern *(ugs.)*
ab|schmie|ren; Ab|schmier|fett
ab|schmin|ken

ab|schmir|geln (durch Schmirgeln glätten, polieren, entfernen)
Abschn. = Abschnitt
ab|schnal|len
ab|schnei|den; Ab|schnitt (*Abk.* Abschn.); **Ab|schnitts|be|voll|mäch|tig|te,** der; -n, -n; ↑R 7 ff. (in der ehem. DDR für ein bestimmtes [Wohn]gebiet zuständiger Volkspolizist; *Abk.* ABV);
ab|schnitt[s]|wei|se
Ab|schnit|zel, das; -s, - (*südd., österr. für* abgeschnittenes [Fleisch-, Papier]stückchen)
ab|schnü|ren; Ab|schnü|rung
ab|schöp|fen; Ab|schöp|fung
ab|schot|ten; Ab|schot|tung
ab|schrä|gen
ab|schram|men (*derb auch für* sterben)
ab|schrau|ben
ab|schrecken[1]; *vgl.* [2]schrecken; **ab|schreckend**[1]; -ste; **Ab|schreckung**[1]; **Ab|schreckungs|stra|fe**[1]
ab|schrei|ben; Ab|schrei|bung; ab|schrei|bungs|fä|hig; Ab|schrift; ab|schrift|lich *(Amtsspr.)*
Ab|schrot, der; -[e]s, -e (meißelförmiger Amboßeinsatz); **ab|schro|ten** (Metallteile auf dem Abschrot abschlagen)
ab|schrub|ben *(ugs.)*
ab|schuf|ten, sich (*ugs. für* sich abarbeiten)
ab|schup|pen; Ab|schup|pung
ab|schür|fen; Ab|schür|fung
Ab|schuß; ab|schüs|sig; Ab|schuß‿li|ste, ...ram|pe
ab|schüt|teln; Ab|schüt|te|lung
ab|schüt|ten
Ab|schütt|lung
ab|schwä|chen; Ab|schwä|chung
ab|schwei|fen; Ab|schwei|fung
ab|schwel|len; *vgl.* [1]schwellen
ab|schwem|men
ab|schwin|gen
ab|schwir|ren (*ugs. auch für* weggehen)
ab|schwö|ren
Ab|schwung
ab|seg|nen (*ugs. für* genehmigen)
ab|seh|bar; in -er Zeit; **ab|se|hen;** *vgl.* abgesehen
ab|sei|fen
ab|sei|len; sich -
ab|sein (*ugs. für* entfernt, getrennt sein; abgespannt sein); der Knopf ist ab, ist abgewesen, aber: ..., daß der Knopf ab ist, ab war
ab|seit, Ab|seit (*österr. Sportspr. neben* abseits, Abseits)
[1]**Ab|sei|te,** die; -, -n (*landsch. für* Nebenraum, -bau)
[2]**Ab|sei|te** (Stoffrückseite); **Ab|sei|ten|stoff** (*für* [1]Reversible); **ab|sei|tig; Ab|sei|tig|keit; ab|seits;** *Präp. mit Gen.:* - der Hauptstraße; *Adverb:* - stehen, sein; die - stehenden Kinder; **Ab|seits,** das; -, - *(Sportspr.);* - pfeifen; **Ab|seits‿fal|le, ...stel|lung, ...tor** (das; -[e]s, -e)
Ab|sence [ap'sã:s] die; -, -n [...sən] ‹franz.› (*Med.* kurzzeitige Bewußtseinstrübung, bes. bei Epilepsie)
ab|sen|den; Ab|sen|der (*Abk.* Abs.); **Ab|sen|dung**
ab|sen|ken; Ab|sen|ker (vorjähriger Trieb, der zur Vermehrung der Pflanze in die Erde gelegt wird); **Ab|sen|kung**
ab|sent ‹lat.› (*veraltet für* abwesend); **ab|sen|tie|ren,** sich (*veraltend für* sich entfernen); **Ab|senz,** die; -, -en (*österr., schweiz., sonst veraltend für* Abwesenheit, Fehlen; *Med. auch svw.* Absence)
ab|ser|beln (*schweiz. für* dahinsiechen, langsam absterben); ich ...[e]le ab (↑R 22)
ab|ser|vie|ren (*auch ugs. für* seines Einflusses berauben)
ab|setz|bar; ab|set|zen; sich -; **Ab|set|zung**
ab|si|chern; sich -
Ab|sicht, die; -, -en; **ab|sicht|lich** [*österr. u. schweiz. nur so, sonst bei besonderem Nachdruck auch* ...'ziçt...]; **Ab|sicht|lich|keit; ab|sichts‿los, ...voll**
Ab|sin|gen, das; -s; unter - (*nicht:* unter Absingung)
ab|sin|ken
Ab|sinth, der; -[e]s, -e ‹griech.› (Wermutbranntwein)
ab|sit|zen
ab|so|lut ‹lat.› (völlig; ganz und gar; uneingeschränkt); -er Nullpunkt *(Physik);* -er Ablativ, Nominativ, Superlativ (*Sprachw.; vgl.* Elativ); **Ab|so|lut|heit,** die; -; **Ab|so|lu|ti|on,** die; -, -en (Los-, Freisprechung, bes. Sündenvergebung); **Ab|so|lu|tis|mus,** der; - (uneingeschränkte Herrschaft eines Monarchen, Willkürherrschaft); **Ab|so|lu|tist,** der; -en, -en; ↑R 197 (*veraltet für* Anhänger des Absolutismus); **ab|so|lu|ti|stisch;** -ste; **Ab|so|lu|to|ri|um,** das; -s, ...ien [...i̯ən] (*österr. für* Bestätigung über ein abgeschlossenes Hochschulstudium); **Ab|sol|vent** [...v...], der; -en, -en; ↑R 197 (Schulabgänger mit Abschlußprüfung); **Ab|sol|ven|tin; ab|sol|vie|ren** (erledigen, ableisten; [eine Schule] durchlaufen; *Rel.* Absolution erteilen); **Ab|sol|vie|rung,** die; -
ab|son|der|lich; Ab|son|der|lich|keit; ab|son|dern; sich -; **Ab|son|de|rung**
Ab|sor|bens, das; -, *Plur.* ...benzien [...i̯ən] *u.* ...bentia ‹lat.› (*Technik* der bei der Absorption aufnehmende Stoff); **Ab|sor|ber,** der; -s, - ‹engl.› (Vorrichtung zur Absorption von Gasen, Strahlen); *vgl.* Absorbens; **ab|sor|bie|ren** ‹lat.› (aufsaugen; [gänzlich] beanspruchen); **Ab|sorp|ti|on,** die; -, -en; **Ab|sorp|ti|ons|spek|trum; ab|sorp|tiv** (zur Absorption fähig)
ab|spal|ten; Ab|spal|tung
ab|spa|nen, [1]**ab|spä|nen** (*Technik* ein metallisches Werkstück durch Abtrennung von Spänen formen)
[2]**ab|spä|nen** (*landsch. für* entwöhnen)
ab|span|nen; Ab|spann|mast, der *(Elektrotechnik);* **Ab|span|nung,** die; -
ab|spa|ren, sich; du hast es dir vom Munde abgespart
ab|specken [*Trenn.* ...spek|ken] (*ugs. für* [gezielt] abnehmen)
ab|spei|chern *(EDV)*
ab|spei|sen
ab|spen|stig; jmdm. jmdn. *od.* etwas - machen
ab|sper|ren; Ab|sperr‿hahn, ...ket|te, ...kom|man|do, ...mau|er; Ab|sper|rung
ab|spie|geln; Ab|spie|ge|lung, Ab|spieg|lung
Ab|spiel, das; -[e]s *(Sport);* **ab|spie|len**
ab|split|tern; Ab|split|te|rung
Ab|spra|che (Vereinbarung); **ab|spra|che|ge|mäß; ab|spre|chen**
ab|sprin|gen; Ab|sprung; Ab|sprung|ha|fen *(Militär); vgl.* [2]Hafen
ab|spu|len; ein Tonband -
ab|spü|len; Geschirr -
ab|stam|men; Ab|stam|mung
Ab|stand; von etwas - nehmen (etwas nicht tun); **Ab|stand|hal|ter** (am Fahrrad); **ab|stän|dig;** -er (*Forstw.* dürrer, absterbender) Baum; **Ab|stands|sum|me**
ab|stat|ten; jmdm. einen Besuch - *(geh.);* **Ab|stat|tung**
ab|stau|ben (*ugs. auch für* unbemerkt mitnehmen; *Sportspr.* ein Tor mühelos erzielen); **ab|stäu|ben** (*landsch. für* abstauben); **Ab|stau|ber; Ab|stau|ber|tor**
ab|ste|chen; Ab|ste|cher; einen - machen
ab|stecken [*Trenn.* ...stek|ken]; *vgl.* [2]stecken
ab|ste|hen
ab|stei|fen *(fachspr.);* **Ab|stei|fung**
Ab|stei|ge, die; -, -n (*ugs. abwertend);* **ab|stei|gen; Ab|stei|ge|quar|tier,** *österr.* **Ab|steig|quar|tier; Ab|stei|ger** *(Sportspr.)*
Ab|stell|bahn|hof; ab|stel|len; Ab|stell‿gleis, ...kam|mer, ...raum; Ab|stel|lung

[1] *Trenn.* ...k|k...

ab|stem|peln; Ab|stem|pe|lung, Ab|stemp|lung
ab|step|pen
ab|ster|ben
Ab|stich
Ab|stieg, der; [e]s, -e; **ab|stiegs|ge|fähr|det** *(Sportspr.)*
ab|stil|len
ab|stim|men; Ab|stimm_kreis *(fachspr.),* **...schär|fe** (die; -; *fachspr.*); **Ab|stim|mung; Ab|stim|mungs|er|geb|nis**
ab|sti|nent [...st...] ‹lat.› (enthaltsam, alkohol. Getränke meidend); **Ab|sti|nent,** der; -en, -en; ↑R 197 *(schweiz., sonst veraltet für* Abstinenzler); **Ab|sti|nenz,** die; -; **Ab|sti|nenz|ler** (enthaltsam lebender Mensch, bes. in bezug auf Alkohol); **Ab|sti|nenz|tag** *(kath. Kirche* Tag, an dem die Gläubigen kein Fleisch essen dürfen)
ab|stop|pen
Ab|stoß; ab|sto|ßen; ab|sto|ßend; -ste; **Ab|sto|ßung**
ab|stot|tern *(ugs. für* in Raten bezahlen)
Ab|stract ['ɛpstrɛkt], der; -s, -s ‹lat.-engl.› (kurze Inhaltsangabe eines Artikels od. Buches)
ab|stra|fen; Ab|stra|fung
ab|stra|hie|ren [...st...] ‹lat.› (das Allgemeine vom Einzelnen absondern, verallgemeinern)
ab|strah|len; Ab|strah|lung
ab|strakt [...st...]; -este ‹lat.› (begrifflich, nur gedacht); -e (vom Gegenständlichen absehende) Kunst; **Ab|strakt|heit; Ab|strak|ti|on,** die; -, -en; **Ab|strak|tum,** das; -s, ...ta *(Philos.* allgemeiner Begriff; *Sprachw.* Substantiv, das etwas Nichtgegenständliches benennt, z. B. „Liebe")
ab|stram|peln, sich *(ugs.)*
ab|strän|gen ([ein Zugtier] abspannen)
ab|strei|chen; Ab|strei|cher
ab|strei|fen; Ab|strei|fer
ab|strei|ten
Ab|strich
ab|strus [...st...]; -este ‹lat.› (verworren, schwer verständlich)
ab|stu|fen; Ab|stu|fung
ab|stump|fen; Ab|stump|fung
Ab|sturz; ab|stür|zen
ab|stüt|zen; sich -
Ab|sud [*auch* ...'zu:t], der; -[e]s, -e *(veraltet für* durch Abkochen gewonnene Flüssigkeit)
ab|surd; -este ‹lat.› (ungereimt, unvernünftig, sinnwidrig, sinnlos); *vgl.* ad absurdum; -es Drama (eine moderne Dramenform); **Ab|sur|di|tät,** die; -, -en
Ab|szeß, der, *österr. ugs. auch* das; Abszesses, Abszesse ‹lat.› *(Med.* eitrige Geschwulst)
Ab|szis|se, die; -, -n ‹lat.› *(Math.* auf der Abszissenachse abgetragene erste Koordinate eines Punktes); **Ab|szis|sen|ach|se**
Abt, der; -[e]s, Äbte (Kloster-, Stiftsvorsteher)
Abt. = Abteilung
ab|ta|keln; ein Schiff - (das Takelwerk entfernen, außer Dienst stellen); *vgl.* abgetakelt; **Ab|ta|ke|lung, Ab|tak|lung**
ab|ta|sten; Ab|ta|stung
ab|tau|en; einen Kühlschrank -
Ab|tausch; ab|tau|schen
Ab|tei (Kloster, dem ein Abt od. eine Äbtissin vorsteht)
Ab|teil [*ugs. auch, schweiz. nur* 'ap...], das; -[e]s, -e; **ab|tei|len;** [1]**Ab|tei|lung,** die; - (Abtrennung); [2]**Ab|tei|lung** [*österr., schweiz.* 'ap...] (abgeteilter Raum; Teil eines Unternehmens, einer Behörde o. ä.; *Abk.* Abt.); **Ab|tei|lungs|lei|ter,** der
ab|teu|fen *(Bergmannsspr.);* einen Schacht - (senkrecht nach unten bauen)
ab|tip|pen *(ugs.)*
Äb|tis|sin (Kloster-, Stiftsvorsteherin)
Abt.-Lei|ter = Abteilungsleiter (↑R 38)
ab|tö|nen; Ab|tö|nung
ab|tö|ten; Ab|tö|tung
Ab|trag, der; -[e]s, Abträge; jmdm. *od.* einer Sache - tun *(geh. für* schaden); **ab|tra|gen; ab|träg|lich** (schädlich); jmdm. *od.* einer Sache - sein *(geh.);* **Ab|träg|lich|keit; Ab|tra|gung**
ab|trai|nie|ren [...trɛ... *od.* ...tre...]; zwei Kilo -
Ab|trans|port; ab|trans|por|tie|ren
ab|trei|ben; Ab|trei|bung; Ab|trei|bungs_pa|ra|graph (§ 218 des Strafgesetzbuches), **...ver|such**
ab|trenn|bar; ab|tren|nen; Ab|tren|nung
ab|tre|ten; Ab|tre|ter; Ab|tre|tung
Ab|trieb, der; -[e]s, -e (das Abtreiben des Viehs von der Weide; *Forstw.* Abholzung; *österr. auch für* Rührteig)
Ab|trift usw. *vgl.* Abdrift usw.
ab|trin|ken
Ab|tritt *(veraltend, noch landsch. auch für* [1]Abort)
ab|trock|nen
ab|trop|fen
ab|trot|zen; jmdm. etw. -
ab|trump|fen *(auch ugs. für* scharf zurechtweisen, abweisen)
ab|trün|nig; Ab|trün|nig|keit, die; -
Abts_stab, ...wür|de
ab|tun; etw. als Scherz -
ab|tup|fen
Abt|wahl
Abu [*auch* 'abu] ‹arab., „Vater"› (Bestandteil von Eigenn.); **Abu Dha|bi** [- 'da:bi] (Scheichtum der Vereinigten Arabischen Emirate; dessen Hauptstadt); **abu-dha|bisch**
ab|un|dant ‹lat.› *(fachspr. für* häufig [vorkommend]); **Ab|un|danz,** die; - ([große] Häufigkeit)
ab und zu *vgl.* ab
ab ur|be con|di|ta ‹lat., „seit Gründung der Stadt" [Rom]› (altröm. Zeitrechnung, beginnend mit 753 v. Chr.; *Abk.* a. u. c.)
ab|ur|tei|len; Ab|ur|tei|lung
ABV = Abschnittsbevollmächtigter
Ab|ver|kauf *(österr. für* Ausverkauf); **ab|ver|kau|fen** *(österr.)*
ab|ver|lan|gen
ab|vie|ren [...f...] *(fachspr. für* vierkantig zuschneiden); **Ab|vie|rung**
ab|wä|gen; du wägst ab; du wägtest, wogst ab; abgewogen, abgewägt; **ab|wäg|sam** *(selten für* bedächtig); **Ab|wä|gung**
Ab|wahl; ab|wäh|len
ab|wäl|len *(Gastron.)*
ab|wäl|zen
ab|wan|deln; Ab|wan|de|lung, Ab|wand|lung
ab|wan|dern; Ab|wan|de|rung
Ab|wär|me *(Technik* nicht genutzte Wärmeenergie)
Ab|wart, der; -s, -e *(schweiz. für* Hausmeister, -wart); **ab|war|ten; Ab|war|tin** *(schweiz. für* Hausmeisterin)
ab|wärts; *Schreibung in Verbindung mit Verben* (↑R 205): **I.** *Getrenntschreibung in ursprünglicher Bedeutung, z. B.* abwärts (nach unten) gehen; er ist diesen Weg abwärts gegangen. **II.** *Zusammenschreibung, wenn durch die Verbindung ein neuer Begriff entsteht, z. B.* abwärtsgehen *(ugs. für* schlechter werden); es ist mit ihm abwärtsgegangen; **Ab|wärts|trend**
[1]**Ab|wasch,** der; -[e]s (Geschirrspülen; schmutziges Geschirr); [2]**Ab|wasch,** die; -, -en *(landsch. für* Abwaschbecken); **ab|wasch|bar; ab|wa|schen; Ab|wa|schung; Ab|wasch|was|ser** *Plur.* ...wässer
Ab|was|ser *Plur.* ...wässer; **Ab|was|ser|auf|be|rei|tung**
ab|wech|seln; sich -; **ab|wech|selnd; Ab|wech|se|lung, Ab|wechs|lung; ab|wechs|lungs_los, ...reich**
Ab|weg *meist Plur.;* **ab|we|gig; Ab|we|gig|keit**
Ab|wehr, die; -; **ab|weh|ren; Ab|wehr_ge|schütz, ...kampf, ...re|ak|ti|on, ...spie|ler** *(Sportspr.)*
[1]**ab|wei|chen;** ein Etikett -; *vgl.* [1]weichen

[2]**ab|wei|chen**; vom Kurs -; *vgl.* [2]weichen; **Ab|weich|ler** (jmd., der von der polit. Linie einer [kommunist.] Partei abweicht); **Ab|wei|chung**
ab|wei|den
ab|wei|sen; Ab|wei|ser (Prellstein); **Ab|wei|sung**
ab|wend|bar; ab|wen|den; ich wandte *od.* wendete mich ab, habe mich abgewandt *od.* abgewendet; er wandte *od.* wendete den Blick ab, hat den Blick abgewandt *od.* abgewendet; *aber nur:* er hat das Unheil abgewendet; **ab|wen|dig** (*veraltend für* abspenstig, abgeneigt); **Ab|wendung,** die; -
ab|wer|ben; Ab|wer|ber; Ab|werbung
ab|wer|fen
ab|wer|ten; Ab|wer|tung
ab|we|send; Ab|we|sen|de, der *u.* die; -n, -n (↑R 7 ff.); **Ab|we|senheit,** die; -, -en *Plur. selten*
ab|wet|tern; einen Sturm - (*Seemannsspr.* auf See überstehen); einen Schacht - (*Bergmannsspr.* abdichten)
ab|wet|zen (*ugs. auch für* schnell weglaufen)
ab|wich|sen; sich einen - (*derb für* onanieren)
ab|wickeln [*Trenn.* ...wik|keln]; **Ab|wicke|lung** [*Trenn.* ...wikke...], **Ab|wick|lung**
ab|wie|geln (beschwichtigen); **Ab|wie|ge|lung, Ab|wieg|lung**
ab|wie|gen; *vgl.* [2]wiegen
ab|wim|meln (*ugs. für* [mit Ausflüchten] abweisen)
Ab|wind (*fachspr. für* absteigender Luftstrom)
ab|win|ken
ab|wirt|schaf|ten; abgewirtschaftet
ab|wi|schen
ab|woh|nen
ab|wracken [*Trenn.* ...wrak|ken]; ein Schiff - (verschrotten); **Abwrack|fir|ma**
Ab|wurf; Ab|wurf|vor|rich|tung
ab|wür|gen
abys|sisch ‹griech.› (aus der Tiefe der Erde stammend; zum Tiefseebereich gehörend; abgrundtief); **Abys|sus,** der; - (*veraltet für* Tiefe der Erde, Abgrund)
ab|zah|len; ab|zäh|len; Ab|zählreim; Ab|zah|lung; Ab|zahlungs|ge|schäft
ab|zap|fen; Ab|zap|fung
ab|zap|peln, sich
ab|zäu|men
ab|zäu|nen; Ab|zäu|nung
Ab|zeh|rung (Abmagerung)
Ab|zei|chen; ab|zeich|nen; sich -
Ab|zieh|bild; ab|zie|hen; *vgl.* abgezogen; **Ab|zie|her**
ab|zie|len; auf etw. -
ab|zir|keln; Ab|zir|ke|lung, Abzirk|lung, die; -
ab|zi|schen (*ugs. für* sich rasch entfernen)
ab|zocken [*Trenn.* ...zok|ken] (*ugs. für* jmdn. [auf betrügerische Art] um sein Geld bringen)
Ab|zug; ab|züg|lich *(Kaufmannsspr.); Präp. mit Gen.:* - des gewährten Rabatts; *ein alleinstehendes, stark gebeugtes Substantiv steht im Sing. ungebeugt:* - Rabatt; **ab|zugs‿fä|hig, ...frei; Abzugs‿ka|nal, ...schacht**
ab|zup|fen
ab|zwacken [*Trenn.* ...zwak|ken] (*ugs. für* entziehen)
ab|zwecken [*Trenn.* ...zwek|ken] *(selten);* auf eine Sache -
Ab|zweig (*Amtsspr.* Abzweigung); **Ab|zweig|do|se; ab|zwei|gen; Ab|zweig|stel|le; Ab|zwei|gung**
Ac = *chem. Zeichen für* Actinium
a c. = a conto
à c. = à condition
Aca|dé|mie fran|çaise [akade,mi frã'sɛ:z], die; - - ‹franz.› (Akademie für franz. Sprache und Literatur)
a cap|pel|la ‹ital.› (*Musik* ohne Begleitung von Instrumenten); **A-cap|pel|la-Chor** (↑R 41)
acc. c. inf. = accusativus cum infinitivo; *vgl.* Akkusativ
ac|cel. = accelerando; **ac|ce|leran|do** [atʃele...] ‹ital.› (*Musik* schneller werdend)
Ac|cent ai|gu [ak,sã:tɛ'gy:], der; - -, -s -s [ak,sã:zɛ'gy:] (*Sprachw.* Akut; *Zeichen* ´, z. B. é); **Ac|cent cir|con|flexe** [ak,sã:sirkɔ̃'flɛks], der; - -, -s -s [ak,sã:sirkɔ̃'flɛks] (*Sprachw.* Zirkumflex; *Zeichen* ˆ, z. B. â); **Ac|cent grave** [ak,sã:'gra:v], der; - -, -s -s [ak,sã:'gra:v] (*Sprachw.* Gravis; *Zeichen* `, z. B. è)
Ac|ces|soire [aksɛ'so̯a:r], das; -s, -s *meist Plur.* ‹franz.› (modisches Zubehör, z. B. Gürtel, Schmuck)
Ac|cra ['akra] (Hauptstadt von Ghana)
Ac|cro|chage [akrɔ'ʃa:ʒ], die; -, -n ‹franz.› (Ausstellung einer Privatgalerie)
Ace|tat [atse...], das; -s, -e ‹lat.› (*Chemie* Salz der Essigsäure; Chemiefaser); **Ace|tat|sei|de; Ace|ton,** das; -s (ein Lösungsmittel); **Ace|ty|len,** das; -s (gasförmiger Kohlenwasserstoff); **Ace|ty|len|gas**
ach!; ach so!; ach ja!; ach je!; ach und weh schreien; (↑R 67:) **Ach,** das; -s, -[s]; mit - und Krach; mit - und Weh
Achä|er (Angehöriger eines altgriech. Stammes); **Achaia** [...ja, *auch* a'xaia] (griech. Landschaft)
Achä|me|ni|de, der; -n, -n; ↑R 197 (Angehöriger einer altpers. Dynastie)
Achä|ne, die; -, -n ‹griech.› (*Bot.* Schließfrucht)
Achat, der; -[e]s, -e ‹griech.› (ein Halbedelstein); **acha|ten**
Acha|ti|us, Achaz (m. Vorn.)
Ache [*auch* 'a:xə] *die;* - (Bestandteil von Flußnamen); Tiroler -
acheln ‹jidd.› (*landsch. für* essen); ich ach[e]le (↑R 22)
Achen|see, der; -s (See in Tirol)
Ache|ron, der; -[s] (Unterweltsfluß der griech. Sage)
Acheu|lé|en [aʃøle'ɛ̃:], das; -[s] ‹nach dem Fundort Saint-Acheul in Nordfrankreich› (Kultur der älteren Altsteinzeit)
Achill, Achil|les (Held der griech. Sage); **Achil|le|is,** die; - (Heldengesang über Achill); **Achil|les‿fer|se** (↑R 135; verwundbare Stelle), **...seh|ne** (sehniges Ende des Wadenmuskels am Fersenbein); **Achil|leus** [a'xi... *od.* ...'lɔys]; *vgl.* Achill
Achim (m. Vorn.)
Ach-Laut (↑R 33)
Ach|med (m. Vorn.)
a. Chr. [n.] = ante Christum [natum]
Achro|ma|sie [akro...], die; -, ...ien ‹griech.› (*Physik* Brechung der Lichtstrahlen ohne Zerlegung in Farben); **Achro|mat,** der; -[e]s, -e (Linsensystem, das Lichtstrahlen nicht in Farben zerlegt); **achroma|tisch** [*österr.* 'a...] (Achromasie aufweisend); **Achro|ma|tismus** [*österr.* 'a...], der; -, ...men (Achromasie); **Achro|mat|opsie,** die; -, ...ien (*Med.* Farbenblindheit)
Achs|bruch *vgl.* Achsenbruch; **Achs|druck** *Plur.* ...drücke; **Achse** *die;* -, -n
Ach|sel, die; -, -n; **Ach|sel‿griff, ...höh|le, ...klap|pe; ach|selstän|dig** (*Bot.* in der Blattachsel stehend); **Ach|sel|zucken,** das; -s [*Trenn.* ...zuk|ken]; **ach|selzuckend** [*Trenn.* ...zuk|kend]
Ach|sen|bruch, *auch* Achs|bruch, der; **ach|sig** (*für* axial); **...achsig** (z. B. einachsig); **Ach|sig|keit** (*für* Axialität); **Achs|ki|lo|me|ter** (Maßeinheit bei der Eisenbahn); **Achs‿la|ger** (*Plur.* ...lager), **...last; achs|recht** (*für* axial); **Achs|schen|kel|bol|zen** *(Kfz-Technik)*
acht; I. *Kleinschreibung* (↑R 66): wir sind [unser] acht; eine Familie von achten *(ugs.);* wir sind zu acht; die ersten, letzten acht; acht und eins macht, ist (*nicht:* machen, sind) neun; die Zahlen von acht bis zwölf; acht Millionen; acht zu vier (8 : 4); er ist über acht [Jahre]; ein Kind von

acht [bis zehn] Jahren; es ist acht [Uhr]; um acht [Uhr]; es schlägt eben acht; ein Viertel auf, vor acht; halb acht; Punkt, Schlag acht; im Jahre acht; die Linie acht; das macht acht fünfzig (*ugs. für* 8,50 DM); er sprang acht zweiundzwanzig (*ugs. für* 8,22 m). **II.** *Großschreibung* (↑R 66): die Acht usw. (*vgl.* [1]Acht [Ziffer, Zahl]). **III.** *Ableitungen und Zusammensetzungen:* achtens; achtel *(vgl. d.);* das Achtel *(vgl. d.);* der Achter (*vgl.* d.); acht[und]einhalb; achtundzwanzig; achterlei; achtfach; achtjährig *(vgl. d.);* achtmal *(vgl. d.);* achtmillionste; Achtmetersprung. **IV.** *Schreibung mit Ziffer:* 8jährig; 8mal; aber: 8 mal 2; 8-Meter-Sprung (↑R 43); **[1]Acht,** die; -, -en (Ziffer, Zahl); die Zahl, Ziffer -; eine - schreiben; eine arab., röm. -; eine - fahren *(Eislauf);* mit der - (*ugs. für* [Straßenbahn]linie 8) fahren

[2]Acht, die; - (*veraltet für* Aufmerksamkeit; Fürsorge); (↑R 64:) [ganz] außer acht lassen; sich in acht nehmen; achtgeben *(vgl. d.);* achthaben *(vgl. d.);* aber: außer aller Acht lassen; das Außerachtlassen (↑R 42 u. R 68)

[3]Acht, die; - (*früher für* Ächtung); in Acht und Bann tun

Acht|ach|ser (*mit Ziffer* 8achser; ↑R 212)

acht‿ar|mig, ...bän|dig

acht|bar; Acht|bar|keit, die; -

ach|te; I. *Kleinschreibung* (↑R 66): der achte (der Reihe nach); der achte, den ich treffe; das achte Gebot; der achte, am achten Januar; jeder achte. **II.** *Großschreibung:* **a)** (↑R 66:) der Achte (der Leistung nach); der Achte, am Achten [des Monats]; **b)** (↑R 133:) Heinrich der Achte; **Acht|eck; acht|eckig** [*Trenn.* ...ek|kig]; **acht|ein|halb,** acht|und|ein|halb

ach|tel; ein - Zentner, drei - Liter, aber (Maß): ein Achtelliter; **Ach|tel,** das, *schweiz. meist* der; -s, -; ein, das - vom Zentner; ein - Rotwein; drei - des Ganzen, aber: im Dreiachteltakt (*mit Ziffern* im ³⁄₈-Takt; ↑R 43); **Ach|tel‿fi|na|le** *(Sportspr.),* **...li|ter** (*vgl.* achtel), **...los, ...no|te**

ach|ten

äch|ten

Acht|en|der (ein Hirsch mit acht Geweihenden); **ach|tens; Ach|ter** (Ziffer 8; Form einer 8; ein Boot für acht Ruderer)

ach|ter|aus (*Seemannsspr.* nach hinten)

Ach|ter|bahn; [auf, mit der] Achterbahn fahren

Ach|ter|deck (Hinterdeck); **ach|ter|la|stig** (*Seemannsspr.* achtern tiefer liegend als vorn); ein -es Schiff

ach|ter|lei

ach|ter|lich (*Seemannsspr.* von hinten kommend); **ach|tern** (*Seemannsspr.* hinten); nach -

Ach|ter|ren|nen *(Rudersport)*

Ach|ter|ste|ven *(Seemannsspr.)*

acht|fach; Acht|fache (*mit Ziffer* 8fache), das; -n (↑R 7ff.); [um] ein -s; um das -; **acht‿fal|tig** (acht Falten habend), **...fäl|tig** (*veraltet für* achtfach); **Acht|flach,** das; -[e]s, -e, **Acht|fläch|ner** (*für* Oktaeder); **Acht|fü|ßer** (*für* Oktopode)

acht|ge|ben; er gibt acht (↑R 64); achtgegeben; achtzugeben; gib acht!; aber: auf etwas größte Acht geben

acht|ha|ben; *vgl.* achtgeben

acht|hun|dert; *vgl.* hundert; **acht|jäh|rig** (*mit Ziffer* 8jährig); **Acht|jäh|ri|ge** (*mit Ziffer* 8jährige), der *u.* die; -n, -n (↑R 7ff.); **Acht|kampf** *(Sportspr.)*

acht|kan|tig

acht|los; -este; **Acht|lo|sig|keit**

acht|mal, aber: acht mal zwei (*mit Ziffern* 8 mal 2) ist (*nicht:* sind) sechzehn; achtmal so groß wie (*seltener* als) ...; acht- bis neunmal (↑R 32); *vgl.* bis; **acht|ma|lig; acht|mil|lio|nen|mal** (aber: acht Millionen Male, *vgl.* [1]Mal, I *u.* II); **acht|mil|li|on|ste**

acht|sam; Acht|sam|keit, die; -

acht‿spän|nig, ...stöckig [*Trenn.* ...stök|kig]

Acht|stun|den|tag; acht|tau|send (*vgl.* tausend); **Acht|tau|sen|der** ([über] 8 000 m hoher Berg); **Acht|ton|ner** (*mit Ziffer* 8tonner; ↑R 212); **Acht|uhr|zug** (*mit Ziffer* 8-Uhr-Zug; ↑R 43); **acht‿[und]|ein|halb, ...und|zwan|zig;** *vgl.* acht

Ach|tung, die; -; Achtung vor ...; Achtung!

Äch|tung

ach|tung|ge|bie|tend; Ach|tungs‿ap|plaus, ...be|zei|gung, ...er|folg; Ach|tung|stel|lung, die; - (*schweiz. milit. für* Strammstehen); **ach|tungs|voll**

acht|zehn; *vgl.* acht; im Jahre achtzehn; **Acht|zehn|en|der** (ein Hirsch mit achtzehn Geweihenden); **acht|zehn|hun|dert; acht|zehn|jäh|rig;** *vgl.* achtjährig

acht|zig; I. *Kleinschreibung* (↑R 66): er ist, wird achtzig [Jahre alt]; mit achtzig [Jahren] (*vgl.* achtzig, II); im Jahre achtzig [eines Jahrhunderts]; mit achtzig [Sachen] (*ugs. für* mit achtzig Stundenkilometern) fahren; Tempo achtzig; auf achtzig bringen (*ugs. für* wütend machen). **II.** *Großschreibung* (↑R 66): Mitte [der] Achtzig; der Mensch über Achtzig (*auch* achtzig [Jahre]); mit Achtzig (*auch* achtzig [Jahren]) kannst du das nicht mehr; in die Achtzig kommen; *vgl.* acht; **Acht|zig,** die; -, -en (Zahl); *vgl.* [1]Acht

acht|zi|ger (*mit Ziffern* 80er); **I.** *Kleinschreibung* (↑R 66): - Jahrgang (aus dem Jahre achtzig [eines Jahrhunderts]); in den achtziger Jahren [des vorigen Jahrhunderts], aber: in den Achtzigerjahren (über achtzig Jahre alt) war er noch rüstig. **II.** *Großschreibung* (↑R 66): Mitte der Achtziger; in den Achtzigern (über achtzig Jahre alt) sein; **Acht|zi|ger** (jmd., der [über] 80 Jahre ist; Wein aus dem Jahre achtzig [eines Jahrhunderts]; *österr. auch für* 80. Geburtstag); **Acht|zi|ge|rin; Acht|zi|ger|jah|re** [*auch* 'axtsigər'ja:rə] *Plur.; vgl.* achtziger, I; **acht|zig|fach;** *vgl.* achtfach; **acht|zig‿jäh|rig** (*vgl.* achtjährig), **...mal; acht|zig|ste** (*Großschreibung:* er feiert seinen Achtzigsten [= 80. Geburtstag]; *vgl.* achte); **acht|zig|stel;** *vgl.* achtel; **Acht|zig|stel,** das, *schweiz. meist* der; -s, -; *vgl.* Achtel

acht‿zöl|lig, *auch* **...zol|lig; Acht|zy|lin|der** (*ugs. für* Achtzylindermotor od. damit ausgerüstetes Kraftfahrzeug); **Acht|zy|lin|der|mo|tor; acht|zy|lin|drig**

äch|zen; du ächzt

a. c. i. = accusativus cum infinitivo; *vgl.* Akkusativ

Aci|di|tät [atsi...], die; - ‹lat.› (*Chemie* Säuregrad einer Flüssigkeit); **Aci|do|se,** die; -, -n (*Med.* krankhafte Vermehrung des Säuregehaltes im Blut)

Acker[1], der; -s, Äcker; 30 - Land (↑R 128f.); **Acker|bau**[1], der; -[e]s; **Acker|bau|er**[1], der; *Gen.* -n, *seltener* -s, *Plur.* -n (*veraltet für* Landwirt) *u.* -s, - *meist Plur.* (Bebauer von Äckern); **acker|bau|trei|bend**[1]; die ackerbautreibenden Bewohner, aber (↑R 209): es gibt viele noch Akkerbau treibende Einwohner; **Äcker|chen**[1]; **Acker|flä|che**[1]; **Acker|mann**[1] *vgl.* Ackersmann; **Acker|men|nig**[1], Oder|men|nig, der; -[e]s, -e (eine Heilpflanze); **ackern**[1]; ich ...ere (↑R 22); **Acker|nah|rung**[1], die; - (*Landw.* Ackerfläche, die zum Unterhalt einer Familie ausreicht); **Acker[s]|mann**[1] *Plur* ...leute *u.* ...männer *(veraltet)*

---

[1] *Trenn.* ...k|k...

Ack|ja, der; -[s], -s ‹schwed.› (lappischer Schlitten in Bootsform; *auch für* Rettungsschlitten)
à con|di|ti|on [akõdi'si̯õ:] ‹franz.› (*Kaufmannsspr.* mit Rückgaberecht; *Abk.* à c.)
a con|to ‹ital.› (*Bankw.* auf [laufende] Rechnung von ...; *Abk.* a c.); *vgl.* Akontozahlung
Acre ['e:kər], der; -s, -s ‹engl.› (Flächenmaß); 7 - Land (↑R 128 f.)
Acro|le|in *vgl.* Akrolein; **Acryl,** das; -s ‹griech.› (eine Chemiefaser); **Acryl|säu|re** (stechend riechende Säure [Ausgangsstoff vieler Kunstharze])
ACS = Automobil-Club der Schweiz
Ac|ti|ni|um, das; -s ‹griech.› (chem. Element; *Zeichen* Ac)
Ac|tion ['əkʃ(ə)n], die; - ‹engl.› (spannende [Film]handlung; lebhafter Betrieb); **Ac|tion-painting** ['ɛkʃ(ə)npe:ntiŋ], das; - (moderne Richtung in der amerik. abstrakten Malerei)
a d. = a dato
a. d. = an der (bei Ortsnamen, z. B. Bad Neustadt a. d. Saale)
a. D. = außer Dienst
A. D. = Anno Domini
Ada (w. Vorn.)
Ada|bei, der; -s, -s (*österr. ugs. für* jmd., der überall dabeisein will)
ad ab|sur|dum ‹lat.›; - - führen (das Widersinnige nachweisen)
ADAC = Allgemeiner Deutscher Automobil-Club
ad ac|ta ‹lat., „zu den Akten"›; (*Abk.* a. a.); - - legen (als erledigt betrachten)
ada|gio [a'da:d͜ʒo] ‹ital.› (*Musik* langsam, ruhig); **Ada|gio,** das; -s, -s
Adal|bert, Adel|bert (m. Vorn.); **Adal|ber|ta,** Adel|ber|ta (w. Vorn.)
Adam (m. Vorn.); *vgl.* [1]Riese; **Ada|mit,** der; -en, -en; ↑R 197 (Angehöriger einer bestimmten Sekte); **ada|mi|tisch; Adams-ap|fel, ...ko|stüm**
Ad|ap|ta|ti|on, die; -, *Plur.* (*für* Umarbeitung eines literarischen Werkes:) -en ‹lat.› (*Physiol.* Anpassungsvermögen [bes. des Auges gegenüber Lichtreizen]; *Biol.* Anpassung an die Umwelt; *österr. auch für* Anpassung eines Hauses o. ä. an einen bes. Zweck); **Ad|ap|ter,** der; -s, - ‹engl.› (*Technik* Verbindungsstück [zum Anschluß von Zusatzgeräten]); **ad|ap|tie|ren** ‹lat.› (anpassen *[Biol. u. Physiol.];* ein literarisches Werk für Film u. Funk umarbeiten; *österr. auch für* eine Wohnung, ein Haus o. ä. herrichten); **Ad|ap|tie|rung; Ad-ap|ti|on,** die; -, -en; *vgl.* Adaptation; **ad|ap|tiv** *(fachspr.)*
ad|äquat; -este ‹lat.› (angemessen); **Ad|äquat|heit,** die; -
a da|to ‹lat.› (vom Tage der Ausstellung [an]; *Abk.* a d.)
ADB = Allgemeine Deutsche Biographie
ad ca|len|das grae|cas [- - 'grɛ:kas] ‹lat.› (niemals)
Ad|den|dum, das; -s, ...da *meist Plur.* ‹lat.› (*veraltet für* Zusatz, Nachtrag, Ergänzung); **ad|die-ren** (zusammenzählen); **Ad|dier-ma|schi|ne**
Ad|dis Abe|ba [- 'a(:)..., *auch* - a'be:ba] (Hptst. Äthiopiens)
Ad|di|ti|on, die; -, -en ‹lat.› (Zusammenzählung); **ad|di|tio|nal** (*fachspr. für* zusätzlich); **Ad|di|ti-ons|wort,** *Plur.* ...wörter (*svw.* Kopulativum); **ad|di|tiv** (*fachspr. für* hinzufügend, auf Addition beruhend); **Ad|di|tiv,** das; -s, -e [...və] ‹engl.› (*fachspr. für* Zusatz, der einen chem. Stoff verbessert)
ad|di|zie|ren ‹lat.› (zusprechen, zuerkennen)
Ad|duk|ti|on, die; -, -en ‹lat.› (*Med.* das Bewegen von Körperteilen zur Körperachse hin); **Ad-duk|tor,** der; -s, ...oren (eine Adduktion bewirkender Muskel)
ade! *(veraltend, noch landsch.);* ade sagen; **Ade,** das; -s, -s
Ade|bar, der; -s, -e (*bes. nordd. für* Storch)
[1]**Adel,** der; -s
[2]**Adel,** *auch* Odel, der; -s (*bes. bayr. u. österr. für* Mistjauche)
[1]**Ade|laide** ['ɛdəlit *od.* ...lid] (Hptst. von Südaustralien)
[2]**Ade|la|ide** (w. Vorn.); **Adel|bert,** Adal|bert (m. Vorn.); **Adel|ber-ta,** Adal|ber|ta (w. Vorn.)
Ade|le (w. Vorn.)
Adel|gund, Adel|gun|de (w. Vorn.); **Adel|heid** (w. Vorn.); **ade|lig,** ad|lig; **adeln;** ich ...[e]le (↑R 22); **Adels‿brief, ...präl|di-kat; Ade|lung**
Aden (Hafenstadt in Jemen)
Ade|nau|er (erster dt. Bundeskanzler)
Ade|nom, das; -s, -e ‹griech.› (*Med.* Drüsengeschwulst); **ade-no|ma|tös**
Ad|ept, der; -en, -en (↑R 197) ‹lat.› (*früher für* [als Schüler] in eine Geheimlehre Eingeweihter)
Ader, die; -, -n; **Äder|chen; ad[e]-rig, äd[e]|rig; Ader|laß** *der;* ...lasses, ...lässe; **Äder|lein; ädern;** ich ...ere (↑R 22); **Äde-rung**
à deux mains [a dø 'mɛ̃(:)] ‹franz.› (*Klavierspiel* mit zwei Händen)
Ad|go, die; - (Allgemeine Deutsche Gebührenordnung für Ärzte)
ad|hä|rent; ad|hä|rie|ren ‹lat.› (*veraltet für* anhaften; anhängen); **Ad|hä|si|on,** die; -, -en (*fachspr. für* Aneinanderhaften von Stoffen od. Körpern); **Ad-hä|si|ons|ver|schluß** (*Postw.* mit einer Haftschicht versehener Verschluß für Drucksachensendungen)
ad hoc [*auch* - ho:k] ‹lat.› ([eigens] zu diesem [Zweck]; aus dem Augenblick heraus [entstanden]); **Ad-hoc-Bil|dung**
adia|ba|tisch (↑R 180) ‹griech.› (*Physik, Meteor.* ohne Wärmeaustausch)
Adia|pho|ra *Plur.* (↑R 180) ‹griech.› (*Philos., Theol.* sittlich neutrale Werte)
adieu! [a'di̯ø:] ‹franz.› (*veraltend, noch landsch. für* lebe [lebt] wohl!); jmdm. - sagen; **Adieu,** das; -s, -s (Lebewohl)
Adi|ge ['a:did͜ʒe] (*ital. Name für* Etsch); *vgl.* Alto Adige
Ädil, der; *Gen.* -s *u.* -en, *Plur.* -en; ↑R 197 (altröm. Beamter)
ad in|fi|ni|tum, in in|fi|ni|tum ‹lat.› (ohne Ende, unaufhörlich)
Ad|jek|tiv, das; -s, -e [...ve] ‹lat.› (*Sprachw.* Eigenschaftswort, z. B. „schön"); **ad|jek|ti|visch** [...v...]
Ad|ju|di|ka|ti|on, die; -, -en ‹lat.› (richterl. Zuerkennung); **ad|ju-di|zie|ren**
Ad|junkt, der; -en, -en (↑R 197) ‹lat.› (*veraltet für* [Amts]gehilfe; österr. u. schweiz. Beamtentitel)
ad|ju|stie|ren ‹lat.› (*Technik* [Werkstücke] zurichten; eichen; fein einstellen; *österr. auch für* ausrüsten, dienstmäßig kleiden); **Ad|ju|stie|rung** (*Technik* genaue Einstellung; *österr. auch für* Uniform)
Ad|ju|tant, der; -en, -en (↑R 197) ‹lat.› (beigeordneter Offizier); **Ad|ju|tan|tur,** die; -, -en (Amt, Dienststelle des Adjutanten); **Ad|ju|tum,** das; -s, ...ten (*veraltet für* [Bei]hilfe; *österr. für* erste, vorläufige Entlohnung)
ad l. = ad libitum
Ad|la|tus, der; -, ...ten ‹lat.› (Gehilfe; Helfer)
Ad|ler, der; -s, -; **Ad|ler|blick**
ad lib. = ad libitum
ad li|bi|tum ‹lat.› (nach Belieben; *Abk.* ad l., ad lib., a. l.)
ad|lig, ade|lig; **Ad|li|ge,** der *u.* die; -n, -n (↑R 7 ff.)
ad maio|rem Dei glo|ri|am (↑R 180), *meist für* omnia ad maiorem Dei gloriam ‹lat., „[alles] zur größeren Ehre Gottes"› (Wahlspruch der Jesuiten)
Ad|mi|ni|stra|ti|on, die; -, -en ‹lat.› (das Verwalten; Verwaltung[sbehörde]); **ad|mi|ni|stra|tiv** (zur Verwaltung gehörend); **Ad|mi|ni-**

stra|tor, der; -s, ...oren (Verwalter); **ad|mi|ni|strie|ren**
ad|mi|ra|bel ‹lat.› (*veraltet für* bewundernswert); ...a|ble Schriften
Ad|mi|ral, der; -s, *Plur.* -e, *seltener* ...äle ‹franz.› (Marineoffizier im Generalsrang; ein Schmetterling); **Ad|mi|ra|li|tät**, die; -, -en; **Ad|mi|ra|li|täts|in|seln** *Plur.* (Inselgruppe in der Südsee); **Ad|mi|rals|rang; Ad|mi|ral|stab** (oberster Führungsstab einer Kriegsmarine)
ADN = Allgemeiner Deutscher Nachrichtendienst *(ehemals in der DDR)*
Ad|nex, der; -es, -e ‹lat.› (*veraltet für* Anhang)
ad no|tam ‹lat.›; - - (zur Kenntnis) nehmen
ad ocu|los ‹lat., „vor Augen"›; - - demonstrieren (vorzeigen; klar darlegen)
Ado|les|zenz, die; - ‹lat.› (späterer Abschnitt des Jugendalters)
Adolf (m. Vorn.)
Ado|nai ‹hebr., „mein Herr"› (alttest. Name Gottes)
[1]**Ado|nis** (schöner Jüngling der griech. Sage); [2]**Ado|nis**, der; -, -se (schöner Jüngling, Mann); **ado|nisch** (schön wie Adonis); -er Vers (antiker griech. Vers)
ad|op|tie|ren ‹lat.› (als Kind annehmen); **Ad|op|ti|on**, die; -, -en; **Ad|op|tiv_el|tern, ...kind**
ad|ora|bel ‹lat.› (*veraltet für* anbetungswürdig); ...a|ble Heilige; **Ad|ora|ti|on**, die; -, -en (*veraltet für* Anbetung; Huldigung); **ad|orie|ren** (*veraltet für* anbeten, verehren)
Adr. = Adresse
ad rem ‹lat.› (zur Sache [gehörend])
Adre|ma ⓦ, die; -, -s ‹Kurzwort für eine Adressiermaschine›; **adre|mie|ren** (mit einer Adrema beschriften)
Ad|re|na|lin, das; -s ‹nlat.› (*Med.* Hormon des Nebennierenmarks)
Adres|sant, der; -en, -en; ↑R 197 ‹lat.› (Absender); **Adres|sat**, der; -en, -en; ↑R 197 (Empfänger; [bei Wechseln:] Bezogener); **Adreß|buch; Adres|se**, die; -, -n (*Abk.* Adr.); **Adres|sen|ver|zeich|nis; adres|sie|ren; Adres|sier|ma|schi|ne**
adrett; -este ‹franz.› (nett, hübsch, ordentlich, sauber)
Adria, die; - (Adriatisches Meer); **Adri|an** (m. Vorn.); *vgl.* Hadrian; **Adria|na, Adria|ne**; ↑R 180 (w. Vorn.); **Adria|ti|sche Meer**, das; -n -[e]s (↑R 180)
ad|rig, ade|rig; **äd|rig**, äde|rig
Adrio, das; -s, -s (*schweiz. für* im Netz eines Schweinebauchfells eingenähte Bratwurstmasse aus Kalb- od. Schweinefleisch)
ad|sor|bie|ren ‹lat.› (*fachspr. für* [Gase od. gelöste Stoffe an der Oberfläche fester Körper] anlagern); **Ad|sorp|ti|on**, die; -, -en; **ad|sorp|tiv** (zur Adsorption fähig)
Ad|strin|gens [...st...], das; -, *Plur.* ...genzien [...iən], *auch* ...gentia ‹lat.› (*Med.* zusammenziehendes, blutstillendes Mittel); **ad|strin|gie|ren**
Adu|lar, der; -s, -e (ein Feldspat [Schmuckstein])
A-Dur [*auch* 'a:'du:r], das; - (Tonart; *Zeichen* A); **A-Dur-Ton|lei|ter** (↑R 41)
ad us. = ad usum
ad usum ‹lat.› („zum Gebrauch"; *Abk.* ad us.); **ad usum Del|phi|ni** (für Schüler bestimmt)
Ad|van|tage [əd'va:ntidʒ], der; -s, -s ‹engl.› (*Sportspr.* der erste gewonnene Punkt nach dem Einstand beim Tennis)
Ad|vent [...v..., *österr. u. schweiz. auch* ...f...], der; -[e]s, -e *Plur. selten* ‹lat., „Ankunft"› (Zeit vor Weihnachten); **Ad|ven|tist**, der; -en, -en (↑R 197) ‹engl.› (Angehöriger einer christl. Sekte); **Ad|vent_ka|len|der** *(österr.)*, **...kranz** *(österr.)*, **...sonn|tag** *(österr.)*; **Ad|vents_ka|len|der, ...kranz, ...sonn|tag, ...zeit; Ad|vent|zeit** *(österr.)*
Ad|verb [...v...], das; -s, -ien [...iən] ‹lat.› (*Sprachw.* Umstandswort, z. B. „dort"); **ad|ver|bi|al**; -e Bestimmung; **Ad|ver|bi|al**, das; -s, -e (Umstandsbestimmung); **Ad|ver|bi|al_be|stim|mung, ...satz; ad|ver|bi|ell** (*seltener für* adverbial)
ad|ver|sa|tiv [...v...] ‹lat.› (gegensätzlich, entgegensetzend); -e Konjunktion (*Sprachw.* entgegensetzendes Bindewort, z. B. „aber")
Ad|vo|ca|tus Dei [...v...], der; - -, ...ti - ‹lat.› (Geistlicher, der im kath. kirchl. Prozeß für eine Heilig- od. Seligsprechung eintritt); **Ad|vo|ca|tus Dia|bo|li**, der; - -, ...ti -; ↑R 180 (Geistlicher, der im kath. kirchl. Prozeß Gründe gegen die Heilig- od. Seligsprechung vorbringt; *übertr. für* überspitzt scharfer Kritiker); **Ad|vo|kat**, der; -en, -en; ↑R 197 (*landsch. u. schweiz., sonst veraltet für* [Rechts]anwalt); **Ad|vo|ka|tur**, die; -, -en (*veraltet für* Anwaltschaft; Büro eines Anwalts); **Ad|vo|ka|tur|bü|ro** *(schweiz.)*; **Ad|vo|ka|turs|kanz|lei** *(österr. veraltend)*
AdW = Akademie der Wissenschaften
AE = Ångström[einheit]; astronomische Einheit
Aech|mea [ɛç...], die; -, ...meen ‹griech.› (eine Zimmerpflanze)
ae|ro... [aero... *od.* ɛro...] ‹griech.› (luft...); **Ae|ro...** (Luft...); **ae|rob** (*Biol.* Sauerstoff zum Leben brauchend); **Ae|ro|bic** [ɛ'ro:bik], das; s, *meist ohne Artikel* ‹engl.-amerik.› (Fitneßtraining mit tänzerischen u. gymnast. Übungen); **Ae|ro|bi|er** [ae'ro:biər *od.* ɛ...] ‹griech.› (*Biol.* Organismus, der nur mit Luftsauerstoff leben kann); **Ae|ro|bi|ont** [ae... *od.* ɛ...], der; -en, -en; ↑R 197 (*svw.* Aerobier); **Ae|ro|dy|na|mik** (*Physik* Lehre von der Bewegung gasförmiger Körper); **ae|ro|dy|na|misch; Ae|ro|flot** [ae...], die; - ‹griech.; russ.› (sowjet. Luftfahrtgesellschaft); **Ae|ro|gramm** [ae... *od.* ɛ...], das; -s, -e (Luftpostleichtbrief); **Ae|ro|lith** [ae... *od.* ...'lit], der; *Gen.* -en *u.* -s, *Plur.* -e[n] (↑R 197) ‹griech.› (*veraltet für* Meteorstein); **Ae|ro|lo|gie**, die; - (Wissenschaft von der Erforschung der höheren Luftschichten); **Ae|ro|me|cha|nik**, die; - (*Physik* Lehre von dem Gleichgewicht und der Bewegung der Gase); **Ae|ro|me|di|zin** (Teilgebiet der Medizin, das sich mit den physischen Einwirkungen der Luftfahrt auf den Organismus befaßt); **Ae|ro|me|ter**, das; -s, - (Gerät zum Bestimmen des Luftgewichtes, der Luftdichte); **Ae|ro|nau|tik**, die; - (*veraltet für* Luftfahrt); **Ae|ro|plan**, der; -[e]s, -e ‹griech.; lat.› (*veraltet für* Flugzeug); **Ae|ro|sa|lon** [a'e:...], der; -s, -s ‹griech.; franz.› (Luftfahrtausstellung); **Ae|ro|sol** [ae... *od.* ɛ...], das; -s, -e ‹griech.; lat.› (feinste Verteilung fester oder flüssiger Stoffe in Gas [z. B. Rauch od. Nebel]); **Ae|ro|sta|tik** ‹griech.› (*Physik* Lehre von den Gleichgewichtszuständen bei Gasen); **ae|ro|sta|tisch; Ae|ro|tel**, das; -s, -s (Flughafenhotel); **Ae|ro|train** [a'e:rotrɛ̃:], der; -s, -s (Luftkissenzug)
AF = Air France
AFC = automatic frequency control [ɔ:tə'mɛtik 'fri:kwənsi kən'tro:l] ‹engl.› (automatische Scharfeinstellung bei Rundfunkgeräten)
Af|fä|re, die; -, -n ‹franz.› (Angelegenheit; [unangenehmer, peinlicher] Vorfall; Streitsache)
Äff|chen; Af|fe, der; -n, -n (↑R 197)
Af|fekt, der; -[e]s, -e ‹lat.› (Gemütsbewegung, stärkere Erregung); **Af|fek|ta|ti|on**, die; - (*selten für* Getue, Ziererei); **Af|fekt-**

handlung; **af|fek|tiert;** -este (geziert, gekünstelt); **Af|fek|tiert|heit; Af|fek|ti|on,** die; -, -en (*Med.* Befall eines Organs mit Krankheitserregern; *veraltet für* Wohlwollen); **af|fek|tiv** (gefühlsbetont); **Af|fek|ti|vi|tät** [...v...], die; -; **Af|fekt|stau** *(Psych.)*
äf|fen (*veraltend für* nachahmen; narren); **Af|fen|art; af|fen|ar|tig; Af|fen|brot|baum** (eine afrik. Baumart); *vgl.* Baobab; **af|fen|geil** (*ugs. für* großartig, toll); **Af|fen_hit|ze** *(ugs.)*, **...lie|be** (die; -), **...schan|de** *(ugs.)*, **...thea|ter** (das; -s; *ugs.*), **...zahn** (der; -s; *ugs.*), **...zeck** (der; -s; *ugs.*); **Äf|fer** (*veraltet für* äffende Person); **Af|fe|rei** (*ugs. abwertend für* eitles Gebaren); **Äf|fe|rei** (*veraltet für* Irreführung)
Af|fi|che [a'fi(:)ʃ(ə)], die; -, -n ‹franz.› (*schweiz., sonst selten für* Anschlag[zettel], Aushang); **af|fi|chie|ren** [afi'ʃi:...]
Af|fi|da|vit [...vit], das; -s, -s ‹lat.› (eidesstattl. Versicherung)
af|fig (*ugs. abwertend für* eitel); **Af|fig|keit** *(ugs. abwertend)*
Af|fi|lia|ti|on, die; -, -en (↑R 180) ‹lat.› (Wechsel der Loge eines Freimaurers; Tochtergesellschaft)
af|fin ‹lat.›; -e Geometrie
Af|fin, die; -, -nen
af|fi|nie|ren ‹franz.› (*Chemie* läutern; scheiden [z.B. Edelmetalle])
Af|fi|ni|tät, die; -, -en ‹lat.› (Verwandtschaft; Ähnlichkeit; *Chemie* Neigung von Atomen od. Atomgruppen, sich zu verbinden)
Af|fir|ma|ti|on, die; -, -en ‹lat.› (Bejahung, Zustimmung); **af|fir|ma|tiv** (bejahend, zustimmend); **af|fir|mie|ren** (bejahen, bekräftigen)
äf|fisch; -ste
Af|fix, das; -es, -e ‹lat.› (*Sprachw.* an den Wortstamm angefügte Vor- od. Nachsilbe); *vgl.* Präfix *u.* Suffix
af|fi|zie|ren ‹lat.› (*Med.* reizen; krankhaft verändern)
Äff|lein
Af|fo|dill, As|pho|dill, der; -s, -e ‹griech.› (ein Liliengewächs)
Af|fri|ka|ta, Af|fri|ka|te, die; -, ...ten ‹lat.› (*Sprachw.* Verschlußlaut mit folgendem Reibelaut, z.B. pf)
Af|front [a'frɔ̃:, *auch* a'frɔnt], der; -s, *Plur.* -s *u. (bei deutscher Aussprache:)* -e ‹franz.› (Schmähung; Beleidigung)
Af|gha|ne [...'ga:...], der; -n, -n; ↑R 197 (Angehöriger eines vorderasiat. Volkes; *auch* eine Hunderasse); **Af|gha|ni,** der; -[s], -[s] (afghan. Währungseinheit); **af|gha|nisch;** *vgl.* Paschtu; **Af|gha|ni|stan** (Staat in Vorderasien)
AFL ['e:ɛf'ɛl] ‹engl.› = American Federation of Labor [ə'mɛrikən fɛdə're:ʃ(ə)n əv 'le:bər] (amerik. Gewerkschaftsverband)
Afla|to|xin, das; -s, -e ‹lat.› (Giftstoff in Schimmelpilzen)
AFN ['e:ɛf'ɛn] ‹engl.› = American Forces Network [ə'mɛrikən 'fɔ:(r)siz 'nɛtwœ:(r)k] (Rundfunkanstalt der außerhalb der USA stationierten amerik. Streitkräfte)
à fonds per|du [a fɔ̃(:) pɛr'dy:] ‹franz.› (auf Verlustkonto; [Zahlung] ohne Aussicht auf Gegenleistung od. Rückerhalt)
AFP = Agence France-Presse
Afra (w. Vorn.)
a fres|co ‹ital.› (auf den noch feuchten Verputz [gemalt])
Afri|ka ['a(:)f...]; **Afri|kaan|der,** Afri|kan|der (*selten für* weißer Südafrikaner mit Afrikaans als Muttersprache); **afri|kaans;** die -e Sprache; **Afri|kaans,** das; - (Sprache der Buren); **Afri|ka|na** *Plur.* (Werke über Afrika); **Afri|kan|der** *vgl.* Afrikaander; **Afri|ka|ner; Afri|ka|ne|rin; afri|ka|nisch; Afri|ka|nist,** der; -en, -en; ↑R 197 (Wissenschaftler auf dem Gebiet der Afrikanistik); **Afri|ka|ni|stik,** die; - (wissenschaftl. Erforschung der Geschichte, Sprachen u. Kulturen Afrikas); **Afro|ame|ri|ka|ner** ['a(:)f...] (Amerikaner afrikanischer Abstammung); **afro|ame|ri|ka|nisch** (die Afroamerikaner betreffend); -e Musik; **afro-ame|ri|ka|nisch** (Afrika und Amerika betreffend); -e Beziehungen (↑R 155); **afro-asia|tisch** (↑R 155; 180); **Afro-Look** [...luk], der; -s ‹engl.› (Frisur, bei der das Haar in stark gekrausten, dichten Locken nach allen Seiten absteht)
Af|ter, der; -s, -; **Af|ter_le|der** (*österr. für* Hinterleder des Schuhes), **...mie|ter** (*veraltet für* Untermieter); **...sau|sen** (das; -; *derb für* Angst)
Af|ter-shave ['a:ftərʃe:v], das; -[s], -s (*kurz für* After-shave-Lotion); **Af|ter-shave-Lo|tion** ['a:ftərʃe:v-,lo:ʃən], die; -, -s (↑R 41) ‹engl.› (Rasierwasser zum Gebrauch nach der Rasur)
Ag = Argentum (*chem. Zeichen für* Silber)
a. G. = auf Gegenseitigkeit; *(beim Theater)* als Gast
AG = Aktiengesellschaft
AG = Amtsgericht
Aga, der; -s, -s ‹türk.› (früherer türk. Titel für Offiziere u. Beamte)
Äga|di|sche In|seln *Plur.* (Inselgruppe westl. von Sizilien)
Ägä|is, die; - (Ägäisches Meer)
Ägä|i|sche Meer, das; -n -[e]s (↑R 146 *u.* 180)
Aga Khan [- ka:n], der; - -s, - -s ‹türk.› (Oberhaupt eines Zweiges der Ismailiten)
Aga|mem|non (sagenhafter König von Mykenä)
Aga|pe, die; - ‹griech.› (schenkende [Nächsten]liebe)
Agar-Agar, der *od.* das; -s ‹malai.› (Gallerte aus ostasiat. Algen)
Aga|the (w. Vorn.); **Aga|thon** [*auch* 'a...] (m. Eigenn.)
Aga|ve [...və] die; -, -n ‹griech.› ([sub]trop. Pflanze)
Agence France-Presse [a'ʒɑ̃:s frɑ̃s 'prɛs], die; - - ‹franz.› (Name einer franz. Nachrichtenagentur; *Abk.* AFP)
Agen|da, die; -, ...den ‹lat.› (Merkbuch; Liste von Gesprächs- od. Verhandlungspunkten); **Agen|de,** die; -, -n (*ev. Kirche* Gottesdienstordnung); **Agen|den** *Plur.* (*österr. für* Obliegenheiten, Aufgaben)
Agens, das; -, Agen|zien [...i̯ən] ‹lat.› (*Philos.* tätiges Wesen od. Prinzip; *Med.* wirkendes Mittel; *Sprachw.* Träger eines im Verb genannten aktiven Verhaltens); **Agent,** der; -en, -en; ↑R 197 (Spion; Vermittler von Engagements; *veraltet für* Geschäftsvermittler, Vertreter); **Agen|ten_ring, ...tä|tig|keit; Agen|tie** [...'tsi:], die; -, ...ti̯en ‹ital.› (*österr. für* Geschäftsstelle der Donau-Dampfschiffahrtsgesellschaft); **agen|tie|ren** (*österr. für* Kunden werben); **Agen|tin** ‹lat.›; **Agent pro|vo|ca|teur** [a,ʒɑ̃: provoka'tø:r], der; - -, -s -s [a,ʒɑ̃: ...'tø:r] ‹franz.› (Lockspitzel); **Agen|tur,** die; -, -en ‹lat.› (Geschäfts[neben]stelle, Vertretung); **Agen|zi|en** [...i̯ən] *vgl.* Agens
Age|si|la|os, Age|si|la|us (König von Sparta)
Ag|fa Ⓦz (*Bez. für* fotogr. Erzeugnisse); **Ag|fa|co|lor** Ⓦz (Farbfilme, Farbfilmverfahren)
Ag|glo|me|rat, das; -[e]s, -e ‹lat.› (*fachspr. für* Anhäufung; *Geol.* Ablagerung loser Gesteinsbruchstücke); **Ag|glo|me|ra|ti|on,** die; -, -en (*fachspr. für* Anhäufung; Zusammenballung; Ballungsraum); **ag|glo|me|rie|ren**
Ag|glu|ti|na|ti|on, die; -, -en ‹lat.› (*Med.* Verklebung, Verklumpung; *Sprachw.* Anfügung von Bildungselementen an das unverändert bleibende Wort); **ag|glu|ti|nie|ren;** -de Sprachen
Ag|gre|gat, das; -[e]s, -e ‹lat.› (Maschinensatz; aus mehreren

Gliedern bestehender mathematischer Ausdruck); **Ag|gre|ga|ti|on,** die; -, -en (*Chemie* Zusammenlagerung [von Molekülen]); **Ag|gre|gat|zu|stand** (*Chemie, Physik* Erscheinungsform eines Stoffes)

Ag|gres|si|on, die; -, -en ‹lat.› (Angriff[sverhalten], Überfall); **Ag|gres|si|ons-krieg, ...trieb; ag|gres|siv** (angriffslustig); **Ag|gres|si|vi|tät** [...v...], die; -, -en; **Ag|gres|sor,** der; -s, ...oren (Angreifer)

Ägid, Ägi|di|us (m. Vorn.); **Ägi|de,** die; - ‹griech.› (Schutz, Obhut); unter der - von ...

agie|ren ‹lat.› (handeln; *Theater* als Schauspieler auftreten)

agil ‹lat.› (flink, wendig, beweglich); **Agi|li|tät,** die; -

Ägi|na (griech. Insel; Stadt); **Ägi|ne|te,** der; -n, -n; ↑R 197 (Bewohner von Ägina); **Ägi|ne|ten** *Plur.* (Giebelfiguren des Tempels von Ägina)

Agio ['a:dʒo, *auch* 'a:ʒi̯o], das; -s, *Plur.* -s *u.* Agien ['a:dʒən, *auch* 'a:ʒi̯ən] ‹ital.› (*Wirtsch.* Aufgeld; z. B. Betrag, um den der Preis eines Wertpapiers über dem Nennwert liegt); **Agio|ta|ge** [aʒi̯o'ta:ʒə, *österr.* ...'ta:ʒ], die; -, -n [...'ta:ʒ(ə)n] ‹franz.› (Ausnutzung von Kursschwankungen an der Börse); **Agio|teur** [aʒi̯o'tø:r], der; -s, -e (Börsenmakler); **agio|tie|ren** [aʒi̯o...]

Ägir (*nord. Mythol.* Meerriese)

Ägis, die; - (Schild des Zeus und der Athene)

Agi|ta|ti|on, die; -, -en ‹lat.› (politische Hetze; intensive politische Aufklärungs-, Werbetätigkeit); **Agi|ta|tor,** der; -s, ...oren (jmd., der Agitation betreibt); **agi|ta|to|risch; agi|tie|ren; Agit|prop,** die; - (*Kurzw. aus* Agitation und Propaganda); **Agit|prop|thea|ter** (Laientheater der Arbeiterbewegung in den 20er Jahren)

Agla|ia [...ja] ‹„Glanz"› (eine der drei griech. Göttinnen der Anmut, der Chariten; w. Vorn.)

Agnat, der; -en, -en (↑R 197) ‹lat.› (Blutsverwandte[r] der männl. Linie); **agna|tisch**

Agnes (w. Vorn.)

Ag|ni (ind. Gott des Feuers)

Agno|sie, die; -, ...i̯en ‹griech.› (*Med.* Störung des Erkennens; *Philos.* Nichtwissen); **Agno|sti|ker** (Verfechter des Agnostizismus); **Agno|sti|zis|mus,** der; - (philos. Lehre, die das übersinnliche Sein für unerkennbar hält)

agnos|zie|ren ‹lat.› (*veraltet für* anerkennen); einen Toten - (*österr. Amtsspr.* identifizieren)

Agnus Dei, das; - -, - - ‹lat., „Lamm Gottes"› (Bezeichnung Christi *[nur Sing.]*; Gebet; geweihtes Wachstäfelchen)

Ago|gik, die; - ‹griech.› (*Musik* Lehre von der individuellen Gestaltung des Tempos); **ago|gisch**

à go|go [a gɔ'go:] ‹franz.› (*ugs. für* in Hülle u. Fülle, nach Belieben)

Agon, der; -s, -e ‹griech.› (Wettkampf der alten Griechen; Streitgespräch als Teil der att. Komödie); **ago|nal** (kämpferisch); **Ago|nie,** die; -, ...i̯en (Todeskampf); **Ago|nist,** der; -en, -en; ↑R 197 (Teilnehmer an einem Agon)

[1]**Ago|ra,** die; -, Agoren ‹griech.› (Markt u. auch die dort stattfindende Volksversammlung im alten Griechenland)

[2]**Ago|ra,** die; -, Agorot ‹hebr.› (israel. Währungseinheit)

Ago|ra|pho|bie, die; -, ...i̯en ‹griech.› (Platzangst beim Überqueren freier Plätze)

Agraf|fe, die; -, -n ‹franz.› (Schmuckspange; *Bauw.* klammerförmige Rundbogenverzierung; *Med.* Wundklammer; *schweiz. auch für* Krampe)

Agram (*früherer Name von* Zagreb)

Agra|phie, die; -, ...i̯en ‹griech.› (*Med.* Verlust des Schreibvermögens)

Agrar|be|völ|ke|rung; Agra|ri|er [...i̯ər] ‹lat.› (Großgrundbesitzer, Landwirt); **agra|risch; Agrar-land, ...po|li|tik; agrar|po|li|tisch; Agrar-pro|dukt, ...re|form, ...staat, ...tech|nik**

Agree|ment [ə'gri:mənt], das; -s, -s ‹engl.› (*Politik* formlose Übereinkunft im zwischenstaatl. Verkehr); *vgl.* Gentleman's Agreement; **Agré|ment** [agre'mã:], das; -s, -s ‹franz.› (*Politik* Zustimmung zur Ernennung eines diplomat. Vertreters); **Agré|ments** [agre'mã:s] *Plur.* (*Musik* Verzierungen)

Agri|co|la, Georgius (dt. Naturforscher)

Agri|kul|tur ‹lat.› (Ackerbau, Landwirtschaft); **Agri|kul|tur|che|mie**

Agrip|pa (röm. m. Eigenn.); **Agrip|pi|na** (röm. w. Eigenn.)

Agro|nom, der; -en, -en (↑R 197) ‹griech.› (wissenschaftlich ausgebildeter Landwirt); **Agro|no|mie,** die; - (Ackerbaukunde, Landwirtschaftswissenschaft); **agro|no|misch; Agro|tech|nik** (*regional für* Landwirtschaftstechnik)

Ägyp|ten (Staat im NO Afrikas); **Ägyp|ter; ägyp|tisch;** (↑R 148:) eine -e (tiefe) Finsternis; *vgl.* deutsch; **Ägyp|tisch,** das; -[s] (Sprache); *vgl.* Deutsch; **Ägyp|ti|sche,** das; -n; *vgl.* Deutsche, das; **Ägyp|to|lo|ge,** der; -n, -n; ↑R 197 (Wissenschaftler auf dem Gebiet der Ägyptologie); **Ägyp|to|lo|gie,** die; - (wissenschaftl. Erforschung des ägypt. Altertums); **Ägyp|to|lo|gin; ägyp|to|lo|gisch**

A. H. = Alter Herr (einer student. Verbindung)

Ah = Amperestunde

ah!; ah so!; ah was!; **Ah,** das; -s, -s; ein lautes - ertönte; **äh!** [*auch* ɛ]; **aha!** [*od.* a'ha:]; **Aha-Er|leb|nis;** ↑R 33 *(Psych.)*

Ahas|ver [...'ve:r *od.* a'has...], der; -s, *Plur.* -s *u.* -e, *auch* **Ahas|ve|rus,** der; -, -se *Plur. selten* ‹hebr.-lat.› (ruhelos umherirrender Mensch; der Ewige Jude); **ahas|ve|risch**

ahd. = althochdeutsch

ahi|sto|risch (nicht historisch)

Ahl|beck, See|bad (Stadt auf Usedom)

Ah|le, die; -, -n (nadelartiges Werkzeug); *vgl.* Pfriem

Ah|ming, die; -, *Plur.* -e *u.* -s (*Seemannsspr.* Tiefgangsmarke am Schiff)

Ahn, der; *Gen.* -[e]s *u.* -en, *Plur.* -en; ↑R 197 (Stammvater, Vorfahr)

ahn|den (*geh. für* strafen; rächen); **Ahn|dung**

[1]**Ah|ne,** der; -n, -n; ↑R 197 (*geh. Nebenform von* Ahn); [2]**Ah|ne,** die; -, -n (Stammutter, Vorfahrin)

äh|neln; ich ...[e]le (↑R 22)

ah|nen

Ah|nen-gal|le|rie, ...kult, ...rei|he, ...ta|fel; Ahn-frau *(geh. veraltend),* **...herr** *(geh. veraltend)*

ähn|lich; I. *Kleinschreibung* (↑R 66): ähnliches (solches); und ähnliche[s] (*Abk.* u. ä.); und dem ähnliche[s] (*Abk.* u. d. ä.). **II.** *Großschreibung:* **a)** (↑R 65:) das Ähnliche, Ähnliches und Verschiedenes; **b)** (↑R 65:) etwas, viel, nichts Ähnliches; **Ähn|lich|keit**

Ah|nung; ah|nungs|los; -este; **Ah|nungs|lo|sig|keit;** die; -; **ah|nungs|voll**

ahoi! [a'hɔy] (*Seemannsspr.* Anruf [eines Schiffes]); Boot ahoi!

Ahorn, der; -s, -e (ein Laubbaum)

Ahr, die; - (l. Nebenfluß des Rheins)

Äh|re, die; -, -n; **Äh|ren|le|se; ...äh|rig** (z. B. kurzährig)

Ahu|ra Mas|dah [- 'masda] (Gestalt der iran. Religion); *vgl.* Ormuzd

AHV = Alters- und Hinterlassenenversicherung (Schweiz)

Ai, das; -s, -s ‹indian.› (ein Dreifingerfaultier)

Ai|chin|ger (österr. Schriftstellerin)
Ai|da (Titelgestalt der gleichnamigen Oper von Verdi)
Aide [ɛ(:)d], der; -n, -n (↑R 197) ‹franz.› (Mitspieler, Partner bes. im Whist); **Aide-mé|moire** [ɛ:dme'moa:r], das; -, -[s] (*Politik* Niederschrift von mündl. getroffenen Vereinbarungen)
Aids [e:ds], das; - *meist ohne Artikel* ‹*aus* engl. **a**cquired **i**mmune **d**eficiency **s**yndrome = erworbenes Immundefektsyndrom› (eine gefährliche Infektionskrankheit); **aids|krank; Aids-**
‿kran|ke, ...test
Ai|gret|te [ɛ'grɛt(ə)], die; -, -n ‹franz.› ([Reiher]federschmuck; büschelförmiges Gebilde)
Ai|ki|do, das; -[s] ‹jap.› (jap. Form der Selbstverteidigung)
Ai|nu, der; -[s], -[s] (Ureinwohner der jap. Inseln u. Südsachalins)
[1]**Air** [ɛ:(r)], das; -s, -s *Plur. selten* ‹franz.› (Aussehen, Haltung; Fluidum); [2]**Air,** das; -s -s (alte Form der Vokal- od. Instrumentalmusik, z. B. in der Suite)
Air|bag ['ɛ:(r)bɛk], der; -s, -s ‹engl.› (Luftkissen im Auto, das sich bei einem Aufprall automatisch vor dem Armaturenbrett aufbläst); **Air|bus** ['ɛ:(r)...] (Großraumflugzeug für Kurz- und Mittelstrecken); **Air-con|di|tio|ner** [...kən,diʃ(ə)nər], der; -s, -, **Air-con|di|tio|ning** [...kən,diʃ(ə)niŋ], das; -s, -s (Klimaanlage)
Aire|dale|ter|ri|er ['ɛ:(r)de:l,tɛriər] ‹engl.› (eine Hunderasse)
Air France [ɛr'frã:s], die; - - (franz. Luftfahrtges.; *Abk.* AF)
Air|port ['ɛ:(r)...], der; -s, -s ‹engl.› (Flughafen)
ais, Ais, das; -, - (Tonbezeichnung)
Ais|chy|los *vgl.* Äschylus
Ai|tel (*südd., österr. für* [1]Döbel [ein Fisch])
Aja, die; -, -s ‹ital.› (*veraltet für* Erzieherin [fürstlicher Kinder])
Aja|tol|lah, der; -[s], -s ‹pers.› (schiit. Ehrentitel)
Ajax (griech. Sagengestalt)
[1]**à jour** [a 'ʒu:r] ‹franz., „bis zum [heutigen] Tag"›; - - sein (auf dem laufenden sein); [2]**à jour** ‹franz., *zu* jour „Fenster", eigtl. = durchbrochen› (*Bauw.* frei gegen den Raum stehend [von Bauteilen]; durchbrochen [von Geweben]); - - gefaßt (nur am Rande gefaßt [von Edelsteinen]); **Ajour|ar|beit; ajou|rie|ren** (*österr. für* Ajourarbeit machen)
AK = Armeekorps
Aka|de|mie, die; -, ...ien ‹griech.› (wissenschaftliche Gesellschaft; [Fach]hochschule; *österr. auch für* literar. od. musik. Veranstaltung); **Aka|de|mi|ker** (Person mit Hochschulausbildung); **Aka|de|mi|ke|rin; aka|de|misch;** das -e Viertel
Akan|thit [*auch* ...'tit], der; -s ‹griech.› (ein Mineral); **Akan|thus,** der; -, - (stachliges Staudengewächs); **Akan|thus|blatt**
Aka|ro|id|harz ‹griech.; dt.› (ein Baumharz)
aka|ta|lek|tisch ‹griech.› (*Verslehre* unverkürzt)
Aka|tho|lik, der; -en, -en (↑R 197) ‹griech.› (nichtkatholischer Christ); **aka|tho|lisch**
Aka|zie [...iə], die; -, -n ‹griech.› (ein trop. Laubbaum od. Strauch)
Ake|lei, die; -, -en ‹mlat.› (eine Zier- u. Wiesenpflanze)
Aki, das; -[s], -[s] (*Kurzw. für* Aktualitätenkino)
Akk. = Akkusativ
Ak|kad (ehemalige Stadt in Babylonien); **ak|ka|disch;** *vgl.* deutsch; **Ak|ka|disch,** das; -[s] (Sprache); *vgl.* Deutsch; **Ak|ka|di|sche,** das; -n; *vgl.* Deutsche, das
Ak|kla|ma|ti|on, die; -, -en ‹lat.› (*geh. für* Zuruf; Beifall); **ak|kla|mie|ren** *(geh.)*
Ak|kli|ma|ti|sa|ti|on, die; -, -en ‹lat.› (Anpassung an veränderte Klima-, Umwelt- od. Lebensbedingungen); **ak|kli|ma|ti|sie|ren;** sich -; **Ak|kli|ma|ti|sie|rung** *vgl.* Akklimatisation
Ak|ko|la|de, die; -, -n ‹franz.› (feierliche Umarmung beim Ritterschlag u. a.; *Druckw.* Klammer ⏞)
ak|kom|mo|da|bel ‹franz.›; ...a|ble (*fachspr. für* anpassungsfähige) Organe; **Ak|kom|mo|da|ti|on,** die; -, -en (*fachspr. für* Anpassung); **Ak|kom|mo|da|ti|ons|fä|hig|keit; ak|kom|mo|die|ren**
Ak|kom|pa|gne|ment [akɔmpanjə'mã:], das; -s, -s ‹franz.› (*Musik* Begleitung); **ak|kom|pa|gnie|ren** [...'nji:...]
Ak|kord, der; -[e]s, -e ‹lat.› (*Musik* Zusammenklang; *Wirtsch.* Bezahlung nach Stückzahl; Übereinkommen); **Ak|kord‿ar|beit, ...ar|bei|ter; Ak|kor|de|on,** das; -s, -s (Handharmonika); **Ak|kor|deo|nist,** der; -en, -en; ↑R 180, 197 (Akkordeonspieler); **ak|kor|die|ren** (vereinbaren)
ak|kre|di|tie|ren ‹franz.› (*Politik* beglaubigen; bevollmächtigen); ‹ital.› (*Bankw.* Kredit einräumen, verschaffen); jmdn. bei einer Bank für einen Betrag -; **Ak|kre|di|tie|rung; Ak|kre|di|tiv,** das; -s, -e [...və] ‹franz.› (*Politik* Beglaubigungsschreiben eines Botschafters; *Bankw.* Handelsklausel, Kreditbrief)
Ak|ku, der; -s, -s (*Kurzw. für* Akkumulator)
Ak|kul|tu|ra|ti|on, die; -, -en ‹lat.› (kultureller Anpassungsprozeß); **ak|kul|tu|rie|ren**
Ak|ku|mu|lat, das; -[e]s, -e ‹lat.› (*Geol.* Anhäufung von Gesteinstrümmern); **Ak|ku|mu|la|ti|on,** die; -, -en (Anhäufung); **Ak|ku|mu|la|tor,** der; -s, ...oren (ein Stromspeicher; ein Druckwasserbehälter; *Kurzw.* Akku); **ak|ku|mu|lie|ren** (anhäufen; sammeln, speichern)
ak|ku|rat; -este ‹lat.› (sorgfältig, ordentlich; *landsch. für* genau); **Ak|ku|ra|tes|se,** die; - ‹franz.›
Ak|ku|sa|tiv, der; -s, -e [...və] ‹lat.› (*Sprachw.* Wenfall, 4. Fall; *Abk.* Akk.); Akkusativ mit Infinitiv, *lat.* accusativus cum infinitivo [...v... - - ...vo] (eine bestimmte grammatische Konstruktion; *Abk.* acc. c. inf. *od.* a. c. i.); **Ak|ku|sa|tiv|ob|jekt**
Ak|me, die; - ‹griech.› (*Med.* Höhepunkt [einer Krankheit])
Ak|ne, die; -, -n ‹griech.› (*Med.* Hautausschlag)
Ako|luth (*selten für* Akolyth); **Ako|lyth,** der; *Gen.* -en (↑R 197) *u.* -s, *Plur.* -en ‹griech.› (Laie, der während der Messe bestimmte Dienste am Altar verrichtet; *früher* kath. Kleriker im 4. Grad der niederen Weihen)
Akon|to, das; -s, *Plur.* ...ten *u.* -s ‹ital.› (*österr. für* Anzahlung); **Akon|to|zah|lung** (*Bankw.* Abschlagszahlung); *vgl.* a conto
AKP = Afrika, Karibik und pazifischer Raum; **AKP-Staa|ten** [a:ka:'pe:...] *Plur.* (mit den EG-Staaten assoziierte Entwicklungsländer aus Afrika, der Karibik und dem Pazifik)
ak|qui|rie|ren [akvi...] ‹lat.› (als Akquisiteur tätig sein; *veraltet für* erwerben); **Ak|qui|si|teur** [...'tø:r], der; -s, -e ‹franz.› (Kunden-, Anzeigenwerber); **Ak|qui|si|teu|rin** [...'tø:rin]; **Ak|qui|si|ti|on,** die; -, -en (Kundenwerbung durch Vertreter); **Ak|qui|si|tor,** der; -s, ...oren (*österr. für* Akquisiteur); **ak|qui|si|to|risch**
Akri|bie, die; - ‹griech.› (höchste Genauigkeit; Sorgfalt); **akri|bisch;** -ste
Akro|bat, der; -en, -en (↑R 197) ‹griech.›; **Akro|ba|tik,** die; - (große körperliche Gewandtheit, Körperbeherrschung); **Akro|ba|tin; akro|ba|tisch**
Akro|le|in, das; -s ‹griech.; lat.› (eine chem. Verbindung)
Akro|nym, das; -s, -e (aus den Anfangsbuchstaben mehrerer Wör-

ter gebildetes Wort, z. B. „Aids“); **Akro|po|lis,** die; -, ...polen (altgriech. Stadtburg [von Athen]); **Akro|sti|chon** [...ç...], das; -s, *Plur.* ...chen *u.* ...cha (die Anfangsbuchstaben, -silben oder -wörter der Verszeilen eines Gedichtes, die ein Wort oder einen Satz ergeben); **Akro|ter,** der; -s, -e *u.* **Akro|te|ri|on,** das; -s, ...ien [...i̯ən] (*Archit.* Giebelverzierung); **Akro|ze|pha|le,** der *u.* die; -n, -n; ↑R 197 (*Med.* Hoch-, Spitzkopf); **Akro|ze|pha|lie,** die; -, ...ien *(Med.)*

Akryl *vgl.* Acryl

äks! (*ugs. für* pfui!)

Akt, der; -[e]s, -e ‹lat.› (Abschnitt, Aufzug eines Theaterstückes; Handlung, Vorgang; künstler. Darstellung des nackten Körpers); *vgl.* Akte

Ak|tant, der; -en, -en (↑R 197) ‹franz.› (*Sprachw.* abhängiges Satzglied)

Ak|te, die; -, -n, *auch* Akt, der; -[e]s, *Plur.* -e, *österr.* -en ‹lat.›; zu den -n (erledigt; *Abk.* z. d. A.); **Ak|tei** (Aktensammlung); **ak|ten|kun|dig; Ak|ten|la|ge;** nach - *(Amtsspr.);* **Ak|ten‿schrank, ...ta|sche, ...zei|chen** (*Abk.* AZ *od.* Az.); **Ak|teur** [ak'tø:r], der; -s, -e ‹franz.› (Handelnder; [Schau]spieler); **Ak|teu|rin** [...'tø:rin]; **Ak|tie** [...i̯ə], die; -, -n ‹niederl.› (Anteil[schein]); **Ak|ti|en‿ge|sell|schaft** (*Abk.* AG), **...in|ha|ber** (*svw.* Aktionär), **...ka|pi|tal, ...pa|ket**

Ak|ti|nie [...i̯ə], die; -, -n ‹griech.› (*Zool.* eine sechsstrahlige Koralle); **ak|ti|nisch** (*Physik* radioaktiv; *Med.* durch Strahlung hervorgerufen, z. B. von Krankheiten); **Ak|ti|ni|um** *vgl.* Actinium; **Ak|ti|no|me|ter,** das; -s, - (*Meteor.* Strahlungsmesser); **ak|ti|no|morph** (*Biol.* strahlenförmig)

Ak|ti|on, die; -, -en ‹lat.› (Unternehmung; Handlung; *schweiz. auch für* Sonderangebot); eine konzertierte -

Ak|tio|när, der; -s, -e ‹franz.› (Besitzer von Aktien); **Ak|tio|nä|rin; Ak|tio|närs|ver|samm|lung**

Ak|tio|nis|mus, der; - ‹lat.› (Bestreben, das Bewußtsein der Menschen od. bestehende Zustände durch [provozierende, künstlerische] Aktionen zu verändern; übertriebener Tätigkeitsdrang); **Ak|tio|nist,** der; -en, -en; ↑R 197 (Verfechter des Aktionismus); **ak|tio|ni|stisch;** -ste

Ak|ti|ons|art (*Sprachw.* Geschehensweise beim Verb, z. B. perfektiv: „verblühen“); **Ak|ti|ons|ko|mi|tee; Ak|ti|ons|preis; Ak|ti|ons|ra|di|us** (Wirkungsbereich, Reichweite; Fahr-, Flugbereich); **Ak|ti|ons‿tag, ...wo|che**

Ak|ti|um (griech. Landzunge)

ak|tiv [*auch* 'ak...] ‹lat.› (tätig; wirksam; im Dienst stehend; *seltener für* aktivisch); -e [...və] Bestechung; -e Bilanz; -es Wahlrecht; [1]**Ak|tiv,** das; -s, -e [...və] *Plur. selten* (*Sprachw.* Tatform, Tätigkeitsform); [2]**Ak|tiv,** das; -s, *Plur.* -s, *seltener* -e [...və] (*regional* Gruppe von Personen, die gemeinsam an der Lösung bestimmter Aufgaben arbeiten); **Ak|ti|va** [...va], Ak|ti|ven [...vən] *Plur.* (Summe der Vermögenswerte eines Unternehmens); **Ak|tiv|bür|ger** (*schweiz. für* Bürger im Besitz des Stimm- u. Wahlrechts); **Ak|ti|ven** *vgl.* Aktiva; **Ak|tiv|for|de|rung** (*Kaufmannsspr.* ausstehende Forderung); **ak|ti|vie|ren** [...v...] (in Tätigkeit setzen; [die Wirkung] verstärken; Vermögensteile in die Bilanz einsetzen); **ak|ti|visch** ‹lat.› (*Sprachw.* das Aktiv betreffend, in der Tatform stehend); **Ak|ti|vis|mus,** der; - (Tätigkeitsdrang; zielstrebiges Handeln); **Ak|ti|vist,** der; -en, -en; ↑R 197 (zielbewußt Handelnder; *ehemals in der DDR* jmd., der für vorbildliche Leistungen ausgezeichnet wurde); **ak|ti|vi|stisch; Ak|ti|vi|tas,** die; -, (*Studentenspr.* Gesamtheit der zur aktiven Beteiligung in einer studentischen Verbindung Verpflichteten); **Ak|ti|vi|tät,** die; -, -en (Tätigkeit[sdrang]; Wirksamkeit); **Ak|tiv‿koh|le** (staubfeiner, poröser Kohlenstoff), **...le|gi|ti|ma|ti|on** (*Rechtsspr.* im Zivilprozeß die Rechtszuständigkeit auf der Klägerseite); **Ak|tiv‿po|sten** *(Kaufmannsspr.),* **...sal|do** (Einnahmeüberschuß), **...ver|mö|gen** (wirkliches Vermögen)

Ak|tri|ce [ak'tri:sə], die; -, -n ‹franz.› (*veraltend für* Schauspielerin)

ak|tua|li|sie|ren (↑R 180) ‹lat.› (aktuell machen); **Ak|tua|li|sie|rung; Ak|tua|li|tät,** die; -, -en; ↑R 180 (Gegenwartsbezogenheit; Bedeutsamkeit für die unmittelbare Gegenwart); **Ak|tua|li|tä|ten|ki|no;** ↑R 180 (*Kurzw.* Aki)

Ak|tu|ar, der; -s, -e (*veraltet für* Gerichtsschreiber; *schweiz. auch für* Schriftführer)

ak|tu|ell ‹franz.› (im augenblickl. Interesse liegend, zeitgemäß)

Aku|pres|sur, die; -, -en ‹lat.› (Heilbehandlung durch leichten Druck und kreisende Bewegung der Fingerkuppen); **aku|punk|tie|ren; Aku|punk|tur,** die; -, -en (Heilbehandlung durch Einstechen von Nadeln an bestimmten Körperpunkten)

Akü|spra|che, die; -, -n *Plur. selten* (*kurz für* Abkürzungssprache)

Aku|stik, die; - ‹griech.› (Lehre vom Schall, von den Tönen; Klangwirkung); **aku|stisch**

akut; -este ‹lat.›; -es (dringendes) Problem; -e (unvermittelt auftretende, heftig verlaufende) Krankheit; **Akut,** der; -[e]s, -e (*Phon.* ein Betonungszeichen: ´, z. B. é); **Akut|kran|ken|haus** (für intensive u. möglichst kurze Behandlung)

AKW = Atomkraftwerk; **AKW-Geg|ner** (↑R 38)

Ak|ze|le|ra|ti|on, die; -, -en ‹lat.› (*Physik* Beschleunigung); **Ak|ze|le|ra|tor,** der; -s, ...oren (Beschleuniger); **ak|ze|le|rie|ren**

Ak|zent, der; -[e]s, -e ‹lat.› (Betonung[szeichen]; Tonfall, Aussprache; Nachdruck); **Ak|zent|buch|sta|be; ak|zent‿frei, ...los; Ak|zen|tua|ti|on,** die; -, -en; ↑R 180 (Betonung); **ak|zen|tu|ie|ren; Ak|zen|tu|ie|rung; Ak|zent|wech|sel**

Ak|zept, das; -[e]s, -e ‹lat.› (*Bankw.* Annahmeerklärung des Bezogenen auf einem Wechsel; der akzeptierte Wechsel selbst); **ak|zep|ta|bel** (annehmbar); ...able Bedingungen; **Ak|zep|ta|bi|li|tät,** die; -; **Ak|zep|tant,** der; -en, -en; ↑R 197 (*Bankw.* der zur Bezahlung des Wechsels Verpflichtete; Bezogener); **Ak|zep|tanz,** die; - (*bes. Werbespr.* Bereitschaft, etwas [ein Produkt] anzunehmen); **Ak|zep|ta|ti|on,** die; -, -en (Annahme); **ak|zep|tie|ren** (annehmen); **Ak|zep|tie|rung; Ak|zep|tor,** der; -s, ...oren (*Bankw.* Empfänger)

Ak|zes|si|on, die; -, -en ‹lat.› (Zugang; Erwerb; Beitritt [zu einem Staatsvertrag]); **Ak|zes|so|rie|tät** [...iie...], die; -, -en; ↑R 180 (*Rechtsw.* Abhängigkeit des Nebenrechtes von dem zugehörigen Hauptrecht); **ak|zes|so|risch** (hinzutretend; nebensächlich)

Ak|zi|dens, das; -, *Plur.* ...denzien [...i̯ən] *u.* ...dentia ‹lat.› (das Zufällige, was einer Sache nicht wesenhaft zukommt); **ak|zi|den|tell, ak|zi|den|ti|ell** (zufällig; unwesentlich); **Ak|zi|denz,** die; -, -en *meist Plur.* (Druckarbeit, die nicht zum Buch-, Zeitungs- u. Zeitschriftendruck gehört [z. B. Formulare]); **Ak|zi|denz‿druck** (*Plur.* ...drucke), **...set|zer**

Ak|zi|se, die; -, -n ‹franz.› (*früher für* Verbrauchssteuer; Zoll)

Al = *chem. Zeichen für* Aluminium

AL = Alternative Liste
Al. = Alinea
a. l. = ad libitum
ä. L. = ältere[r] Linie *(Genealogie)*
à la ‹franz.› (im Stil, nach Art von)
Ala. = Alabama
alaaf! (Karnevalsruf); Kölle -!
à la baisse [ala'bɛ:s] ‹franz.› (*Börsenw.* auf Fallen der Kurse [spekulieren])
Ala|ba|ma (Staat in den USA; *Abk.* Ala.)
Ala|ba|ster, der; -s, - *Plur. selten* ‹griech.› (eine Gipsart); **ala|ba|stern** (aus od. wie Alabaster)
à la bonne heure! [alabɔ'nœ:r] ‹franz.› (so ist es recht!)
à la carte [ala'kart] ‹franz.› (nach der Speisekarte)
Ala|din (m. Eigenn.; Gestalt aus „1001 Nacht")
à la hausse [ala'o:s] ‹franz.› (*Börsenw.* auf Steigen der Kurse [spekulieren])
à la longue [ala'lɔ̃:g] (auf längere Zeit)
à la mode [ala'mɔd] ‹franz.› (nach der neuesten Mode); **Ala|mo|de-li|te|ra|tur** (die; -), **...zeit** (die; -)
Aland, der; -[e]s, -e (ein Fisch)
Åland|in|seln ['o:lant...] *Plur.* (finn. Inselgruppe in der Ostsee)
Ala|ne, der; -n, -n; ↑R 197 (Angehöriger eines alten, urspr. iran. Nomadenvolkes)
Alant, der; -[e]s, -e (eine Heilpflanze)
Ala|rich (König der Westgoten)
Alarm, der; -[e]s, -e ‹ital.› (Notsignal; Warnung bei Gefahr); **Alarm|an|la|ge; alarm|be|reit; Alarm-be|reit|schaft, ...ge|rät; alar|mie|ren** (zu Hilfe rufen; warnen; aufschrecken); **Alarm-si|gnal, ...stu|fe, ...zu|stand**
Alas. = Alaska
Alas|ka (nordamerik. Halbinsel; Staat der USA; *Abk.* Alas.)
à la suite [a la 'svi:t(ə)] ‹franz.› (*Milit. veraltet* im Gefolge [von])
Alaun, der; -s, -e ‹lat.› (*Chemie* ein Salz); **alau|ni|sie|ren** (mit Alaun behandeln); **Alaun|stein**
A-Laut (↑R 37 u. 82)
¹Alb, der; -[e]s, -en *meist Plur.* (unterird. Naturgeist); *vgl.* ¹Alp
²Alb, die; - (Gebirge); Schwäbische -, Fränkische - (↑R 146)
Al|ban, Al|ba|nus (m. Vorn.)
Al|ba|ner; Al|ba|ne|rin; Al|ba|ni|en [...i̯ən] (Balkanstaat); **al|ba|nisch;** *vgl.* deutsch; **Al|ba|nisch,** das; -[s] (Sprache); *vgl.* Deutsch; **Al|ba|ni|sche,** das; -n; *vgl.* Deutsche, das
Al|ba|nus *vgl.* Alban
Al|ba|tros, der; -, -se ‹angloind.-niederl.› (ein Sturmvogel)
Al|be, die; -, -n ‹lat.› (weißes liturg. Gewand)
Al|be|rei
Al|be|rich (den Nibelungenhort bewachender Zwerg)
¹al|bern; ich ...ere (↑R 22); **²al|bern; Al|bern|heit**
Al|bert (m. Vorn.); **¹Al|ber|ta** [*auch engl.* ɛl'bœ:(r)tə] (kanad. Provinz); **²Al|ber|ta** [al'bɛrta], Al|ber|ti|ne (w. Vorn.); **Al|ber|ti|na,** die; - (Sammlung graphischer Kunst in Wien); **Al|ber|ti|ni|sche Li|nie,** die; -n - (sächsische Linie der Wettiner); **Al|ber|ti|num,** das; -s (Museum in Dresden)
Al|bi|gen|ser, der; -s, - (Angehöriger einer mittelalterl. häretischen Gruppe in Südfrankreich)
Al|bin, Al|bi|nus (m. Vorn.)
Al|bi|nis|mus, der; - ‹lat.› (Unfähigkeit, Farbstoffe in Haut, Haaren u. Augen zu bilden); **Al|bi|no,** der; -s, -s ‹span.› (Mensch, Tier od. Pflanze mit fehlender Farbstoffbildung); **al|bi|no|tisch**
Al|bi|nus *vgl.* Albin
Al|bi|on ‹kelt.-lat.› (*alter dichterischer Name für* England)
Al|bo|in, Al|bu|in (langobard. König)
Al|brecht (m. Vorn.)
Al|bu|in *vgl.* Alboin
Al|bu|la, die; - (Fluß in der Schweiz); **Al|bu|la|paß,** der; ...passes
Al|bum, das; -s, ...ben ‹lat.› (Gedenk-, Sammelbuch); **Al|bu|men,** das; -s (*Med., Biol.* Eiweiß); **Al|bu|min,** das; -s, -e *meist Plur.* (ein Eiweißstoff); **al|bu|mi|nös** (eiweißhaltig); **Al|bu|min|urie,** die; -, ...i̯en ‹lat.; griech.› (*Med.* Ausscheidung von Eiweiß im Harn); **Al|bus,** der; -, -se (Weißpfennig, alte dt. Münze)
al|cä|isch [...ts...] *vgl.* alkäisch
Al|can|ta|ra ⓦ, das; -[s] ‹Kunstwort› (Velourslederimitat)
Al|cä|us [...ts...] *vgl.* Alkäus
Al|ce|ste [...ts...] *vgl.* Alkeste
Al|che|mie usw. *vgl.* Alchimie usw.
Äl|chen (kleiner Aal; Fadenwurm)
Al|chi|mie, die; - ‹arab.› (Chemie des MA.s; vermeintl. Goldmacherkunst; Schwarzkunst); **Al|chi|mist,** der; -en, -en; ↑R 197 (die Alchimie Ausübender); **al|chi|mi|stisch**
Al|ci|bia|des [...ts...] (↑R 180) *vgl.* Alkibiades
Al|cyo|ne [...ts... *od.* al'tsy:one:] (↑R 180) usw. *vgl.* Alkyone usw.
Al|de|ba|ran [*auch* ...'ba:...], der; -s ‹arab.› (ein Stern)
Al|de|hyd, der; -s, -e (*Chemie* eine organ. Verbindung)
Al|der|man ['ɔ:ldə(r)mən], der; -s, ...men ‹engl.› (Ratsherr, Vorsteher in angels. Ländern)
¹Al|di|ne, die; -, -n (Druckwerk des venezian. Druckers Aldus Manutius); **²Al|di|ne,** die; - (*Druckw.* halbfette Antiqua)
Ale [e:l], das; -s ‹engl.› (engl. Bier)
alea iac|ta est [- 'jakta -] ‹lat., „der Würfel ist geworfen"› (die Entscheidung ist gefallen)
Alea|to|rik, die; - (↑R 180) ‹lat.› (*Musik* moderner Kompositionsstil, bei dem der Gestaltung des Musikstücks durch den Interpreten ein breiter Spielraum gelassen wird); **alea|to|risch;** ↑R 180 (vom Zufall abhängig); -e Verträge (Spekulationsverträge)
Alek|to (eine der drei Erinnyen)
Ale|man|ne, der; -n, -n; ↑R 197 (Angehöriger eines germ. Volksstammes); **ale|man|nisch;** *vgl.* deutsch; **Ale|man|nisch,** das; -[s] (dt. Mundart); *vgl.* Deutsch; **Ale|man|ni|sche,** das; -n; *vgl.* Deutsche, das
Alep|po|kie|fer ‹nach der syr. Stadt Aleppo› (Kiefernart des Mittelmeerraumes)
alert; -este ‹ital.› (*landsch. für* munter, frisch)
Aleu|ron [*od.* 'a(:)lɔy...], das; -s ‹griech.› (*Biol.* Reserveeiweiß der Pflanzen)
Aleu|ten [ale'u...] *Plur.;* ↑R 180 (Inseln zwischen Beringmeer und Pazifischem Ozean)
Alex (m. Vorn.); **Alex|an|der** (m. Vorn.); **Alex|an|der Lu|cas,** die; - -, - - (eine Birnensorte); **Alex|an|dra** (w. Vorn.); **Alex|an|dria** [*auch* ...'dri:a], **Alex|an|dri|en** [...i̯ən] (ägypt. Stadt); **Alex|an|dri|ne** (w. Vorn.); **Alex|an|dri|ner** (Bewohner von Alexandria [↑R 147]; ein Versmaß); **alex|an|dri|nisch**
Ale|xia|ner, der; -s, - (↑R 180) ‹griech.› (Angehöriger einer Laienbruderschaft)
Ale|xie, die; - ‹griech.› (*Med.* Leseunfähigkeit bei erhaltenem Sehvermögen)
Ale|xin, das; -s, -e *meist Plur.* ‹griech.› (*Biochemie* ein Abwehrstoff gegen Bakterien)
Al|fa|gras ‹arab.; dt.› (Grasart, die als Rohstoff zur Papierfabrikation verwendet wird)
Al|fons (m. Vorn.)
Al|fred (m. Vorn.)
al fres|co (*häufig für* a fresco)
Al|fried (m. Vorn.)
Al|gar|ve [...və], die; - (südlichste Provinz Portugals)
Al|ge, die; -, -n ‹lat.› (eine blütenlose Wasserpflanze)
Al|ge|bra [*österr.* al'ge:...], die; -, *Plur.* (*für* algebraische Strukturen:) ...e|bren ‹arab.› (Lehre von den math. Gleichungen); Boolsche -; lineare -; **al|ge|brai|sch**

Al|ge|nib, der; -s ⟨arab.⟩ (ein Stern)
Al|ge|ri|en [...iən] (Staat in Nordafrika); **Al|ge|ri|er** [...iər]; **Al|ge|rie|rin** [...iə...]; **al|ge|risch; Al|gier** ['alʒiːr, *schweiz.* 'algiːr] (Hptst. Algeriens)
Al|gol [*auch* 'al...], der; -s ⟨arab.⟩ (ein Stern)
ALGOL, das; -[s] ⟨Kunstwort aus engl. **algo**rithmic **l**anguage⟩ (eine Programmiersprache)
Al|go|lo|ge, der; -n, -n (↑R 197) ⟨lat.; griech.⟩ (Algenforscher); **Al|go|lo|gie**, die; - (Algenkunde)
Al|gon|kin, das; -[s] (eine indian. Sprachfamilie in Nordamerika); **Al|gon|ki|um**, das; -s (*ältere Bez. für* Proterozoikum)
al|go|rith|misch ⟨arab.⟩ *(Math.)*; **Al|go|rith|mus**, der; -, ...men (nach einem bestimmten Schema ablaufender Rechenvorgang)
Al|gra|phie, die; -, ...ien; ↑R 53 ⟨lat.; griech.⟩ (Flachdruckverfahren u. danach hergestelltes Kunstblatt)
Al|ham|bra, die; - ⟨arab.⟩ (Palast bei Granada)
Ali [*auch* 'ali, a'liː] (m. Vorn.)
ali|as ⟨lat.⟩ (anders; sonst, auch ... genannt [z. B. Meyer alias Neumann]); **Ali|bi**, das; -s, -s ([Nachweis der] Abwesenheit [vom Tatort des Verbrechens]; Ausrede, Rechtfertigung); **Ali|bi‿be|weis, ...frau** (*abwertend* Frau, die in einer Firma, einem Gremium o. ä. [in gehobener Position] arbeitet und als Beweis für die Verwirklichung der Chancengleichheit herhalten muß)
Ali|ce [a'liːsə, *österr.* a'liːs] (w. Vorn.)
Alie|na|ti|on [aliе...], die; -, -en (↑R 180) ⟨lat.⟩ (*veraltet für* Entfremdung; Verkauf); **alie|nie|ren** (↑R 180) *(veraltet)*
Ali|gne|ment [alinjə'mãː], das; -s, -s ⟨franz.⟩ ([Abstecken einer] Richtlinie); **ali|gnie|ren** [ali'njiː...]
Ali|men|ta|ti|on, die; -, -en ⟨lat.⟩ (Lebensunterhalt); **Ali|men|te** *Plur.* (Unterhaltsbeiträge, bes. für uneheliche Kinder); **ali|men|tie|ren** (Lebensunterhalt gewähren)
Ali|nea, das; -s, -s ⟨lat.⟩ (*veraltet für* [mit Absatz beginnende] neue Druckzeile; *Abk.* Al.)
ali|pha|tisch ⟨griech.⟩ *(Chemie)*; -e Verbindungen (Verbindungen mit offenen Kohlenstoffketten in der Strukturformel)
ali|quant ⟨lat.⟩ (*Math.* mit Rest teilend); **ali|quot** [*od.* ...'kvɔːt] (*Math.* ohne Rest teilend)
Al|ita|lia, die; - ⟨ital.⟩ (italien. Luftfahrtgesellschaft)
Ali|za|rin, das; -s ⟨arab.⟩ (ein [Pflanzen]farbstoff)
Alk, der; *Gen.* -[e]s *od.* -en, *Plur.* -e[n] (↑R 197) ⟨nord.⟩ (ein arkt. Meeresvogel)
Al|kai|os *vgl.* Alkäus; **al|kä|isch** (nach Alkäus benannt); -e Strophe
Al|kal|de, der; -n, -n (↑R 197) ⟨span.⟩ (span. Bürgermeister, Dorfrichter)
Al|ka|li [*auch* 'al...], das; -s, ...alien [...iən] *meist Plur.* ⟨arab.⟩ (*Chemie* eine stark basische Verbindung); **Al|ka|li|me|tal|le** *Plur.* (Gruppe einwertiger basenbildender Metalle); **al|ka|lisch** (basisch; laugenhaft); **Al|ka|lo|id**, das; -[e]s, -e ⟨arab.; griech.⟩ (eine in Pflanzen vorkommende giftige Stickstoffverbindung)
Al|kä|us (griech. Dichter)
Al|ka|zar [...zar *od.* ...(t)sar, *österr.* ...'za(ː)r], der; -s, ...zare ⟨arab.-span.⟩ (Burg, Schloß, Palast [in Spanien])
Al|ke, Alk|je (w. Vorn.)
Al|ke|ste (w. Gestalt der griech. Mythol.)
Al|ki|bia|des; ↑R 180 (griech. Staatsmann)
Alk|je, Al|ke (w. Vorn.)
Alk|man [*auch* 'alk...] (griech. Dichter); **alk|ma|nisch**; -er Vers
Alk|me|ne (Gattin des Amphitryon, Mutter des Herakles)
Al|ko|hol [*auch* ...'hoːl], der; -s, -e ⟨arab.⟩ (eine organ. Verbindung; Äthylalkohol *[vgl. d.]*, Bestandteil der alkohol. Getränke); **al|ko|hol‿ab|hän|gig, ...arm, ...frei; Al|ko|ho|li|ka** *Plur.* (alkohol. Getränke); **Al|ko|ho|li|ker; Al|ko|ho|li|ke|rin; al|ko|ho|lisch**; -e Getränke; **al|ko|ho|li|sie|ren** (mit Alkohol versetzen; *scherzh. für* unter Alkohol setzen); **al|ko|ho|li|siert**; -este (betrunken); **Al|ko|ho|li|sie|rung; Al|ko|ho|lis|mus**, der; -; **al|ko|hol|krank; Al|ko|hol‿miß|brauch** (der; -[e]s), **...spie|gel, ...sün|der, ...ver|gif|tung**
Al|kor [*od.* 'al...], der; -s ⟨arab.⟩ (ein Stern)
Al|ko|ven [...vən, *auch* 'al...], der; -s, - ⟨arab.⟩ (Nebenraum; Bettnische)
Al|ku|in (angels. Gelehrter)
Al|kyl, das; -s, -e ⟨arab.; griech.⟩ (*Chemie* einwertiger Kohlenwasserstoffrest); **al|ky|lie|ren** (eine Alkylgruppe einführen)
[1]**Al|kyo|ne** [*od.* al'kyːoneː]; ↑R 180 (Tochter des Äolus); [2]**Al|kyo|ne**, die; -; ↑R 180 (ein Stern); **al|kyo|nisch**; ↑R 180 (*geh. für* friedlich, windstill); *fast nur in* -e Tage
all; (*nach* ↑R 66 *immer klein geschrieben:*) all und jeder; all der Schmerz; mit all[er] seiner Habe; all das Schöne; in, vor, bei allem; bei, in, mit, nach, trotz, von, zu allem dem *od.* all[e]dem, all[em] diesem; dem allen (*häufiger für* dem allem), diesem allen (*auch* diesem allem); unter allem Guten; aller erwiesene Respekt; allen Übels (*meist für* alles Übels); etwas allen Ernstes behaupten; das Bild allen (*auch* alles) geistigen Lebens; trotz aller vorherigen Planung; aller guten Dinge sind drei
alle; diese alle; all[e] diese; alle beide; alle, die geladen waren; sie kamen alle; sie alle (als Anrede: Sie alle); er opferte sich für alle; *(im Brief:)* ich grüße Euch alle; alle ehrlichen Menschen; all[e] die Mühe; all[e] die Fehler; bei, mit all[e] diesem; alle vier Jahre; alle zehn Schritte; alle neun[e] (beim Kegeln); alle (*landsch.* aller) nase[n]lang, naslang *(ugs.)*; alle Anwesenden; alle (*ugs. für* zu Ende, aufgebraucht) sein, werden
alles; alles und jedes; alles oder nichts; das, dies[es], was, wer alles; all[es] das, dies[es]; alles, was; für, um alles; alles in allem; (↑R 65:) alles Gute, die Summe alles Guten, alles Mögliche (er versuchte alles Mögliche [alle Möglichkeiten]), a b e r (↑R 66): alles mögliche (er versuchte alles mögliche [viel, allerlei]); alles andere, beliebige, übrige; mein ein und [mein] alles
Zusammenschreibung: allemal, ein für allemal, a b e r: ein für alle Male; all[e]zeit; allesamt; allenfalls; allenthalben; allerart *(vgl. d.)*; allerdings; allerhand *(vgl. d.)*; allerlei *(vgl. d.)*; allerorten, allerorts; all[er]seits; allerwärts; alle[r]wege *(vgl. d.)*; alltags *(vgl. d.)*; allwöchentlich; allzuoft (*vgl.* allzu)
All, das; -s (Weltall)
all|abend|lich; all|abends *(geh.)*
al|la bre|ve [- ...və] ⟨ital.⟩ (*Musik* im $^2/_2$- statt $^4/_4$-Takt); **Al|la-bre|ve-Takt** (↑R 41)
Al|lah ⟨arab.⟩ (*bes. islam. Rel.* Gott)
al|la mar|cia [- 'martʃa] ⟨ital.⟩ (*Musik* marschmäßig)
al|la po|lac|ca [- po'laka] ⟨ital.⟩ (*Musik* in der Art der Polonaise)
Al|lasch, der; -[e]s, -e (ein Kümmellikör)
al|la te|des|ca ⟨ital.⟩ (*Musik* in der Art eines deutschen Tanzes)
al|la tur|ca ⟨ital.⟩ (*Musik* in der Art der türkischen Musik)
al|la zin|ga|re|se [- ts...] ⟨ital.⟩ (*Musik* in der Art der Zigeunermusik)

all|be|kannt
all|da *(veraltend)*
all|dem, al|le|dem; bei -; aber: er hörte von all dem, was der Mann gesagt hatte
all|die|weil, die|weil *(veraltet, noch scherzh.)*
al|le *vgl.* all
al|le|dem, all|dem; bei -
Al|lee, die; -, Alleen ‹franz.› (von hohen Bäumen dicht gesäumte Straße); *Schreibung in Straßennamen:* ↑R 190 ff.
Al|le|ghe|nies ['ɛligɛnis *od.* ...niz] *Plur.* (*svw.* Alleghenygebirge); **Al|le|ghe|ny|ge|bir|ge** ['ɛligɛni...], das; -s (nordamerik. Gebirge)
Al|le|go|rie, die; -, ...ien ‹griech.› (Sinnbild; Gleichnis); **al|le|go|risch; al|le|go|ri|sie|ren** (versinnbildlichen)
al|le|gret|to ‹ital.› (*Musik* mäßig schnell, mäßig lebhaft); **Al|le|gret|to,** das; -s, *Plur.* -s *u.* ...tti; **al|le|gro** (*Musik* lebhaft); **Al|le|gro,** das; -s, *Plur.* -s *u.* ...gri
al|lein; - sein, stehen, bleiben; jmdn. - lassen; von allein[e] *(ugs.)*; **al|lei|ne** (*ugs. für* allein); **Al|lein|er|be; al|lein|er|zie|hend; Al|lein|er|zie|hen|de,** der *u.* die; -n, -n; (↑R 7 ff.); **Al|lein‿flug, ...gang** (der), **...gän|ger**
All|ein|heit, die; - *(Philos.)*
Al|lein‿herr|schaft, ...herr|scher; al|lei|nig; Al|lein|in|ha|ber; Al|lein|sein, das; -s; **al|lein|se|lig|ma|chend** *(bes. kath. Kirche)*; **al|lein ste|hen,** aber: **al|lein|ste|hend; Al|lein|ste|hen|de,** der *u.* die; -n, -n (↑R 7 ff.); **Al|lein‿un|ter|hal|ter, ...ver|die|ner, ...ver|tre|tung, ...ver|trieb**
al|lel ‹griech.› *(Biol.)*; -e Gene; **Al|lel,** das; -s, -e *meist Plur.* (eines von zwei einander entsprechenden Genen in homologen Chromosomen)
al|le|lu|ja! usw. *vgl.* halleluja! usw.
al|le|mal; ein für -, aber: ein für alle Male
Al|le|man|de [al(ə)'mã:də], die; -, -n ‹franz.› (alter dt. Tanz)
al|len|falls; *vgl.* Fall, der; **al|lent|hal|ben**
Al|ler, die; - (Nebenfluß der Weser)
al|ler|al|ler|letz|te
al|ler|art (allerlei); allerart Dinge, aber: Dinge aller Art (↑R 205)
Al|ler|bar|mer, der; -s (*Bez. für* Christus)
al|ler|be|ste; (↑R 65:) am allerbesten; es ist das allerbeste (sehr gut), daß ...; es ist das Allerbeste, was ...
al|ler|christ|lich|ste; Al|ler|christ|lich|ste Ma|je|stät, die; -n - (*früher* Titel der franz. Könige)
al|ler|dings
al|ler|durch|lauch|tig|ste; Al|ler|durch|lauch|tig|ster ... (*früher* Anrede an einen Kaiser)
al|ler|en|den (*veraltend, noch landsch. für* überall)
al|ler|er|ste
al|ler|frü|he|stens
Al|ler|gen, das; -s, -e *meist Plur.* ‹griech.› (*Med.* Stoff, der eine Allergie hervorrufen kann); **Al|ler|gie,** die; -, ...ien (Überempfindlichkeit); **Al|ler|gi|ker; al|ler|gisch; Al|ler|go|lo|ge** (Wissenschaftler auf dem Gebiet der Allergologie); **Al|ler|go|lo|gie** (wissenschaftliche Erforschung der Allergien); **Al|ler|go|lo|gin; al|ler|go|lo|gisch**
al|ler|hand *(ugs.)*; - Neues (↑R 65); - Streiche; er weiß - (*ugs. für* viel); das ist ja, doch - *(ugs.)*
Al|ler|hei|li|gen, das; - (kath. Fest zu Ehren aller Heiligen); **Al|ler|hei|li|gen|fest; al|ler|hei|lig|ste,** aber (↑R 157): das Allerheiligste Sakrament; **Al|ler|hei|lig|ste,** das; -n (↑R 7 ff.)
al|ler|höch|ste; allerhöchstens; auf das, aufs allerhöchste (↑R 65)
Al|ler|ka|tho|lisch|ste Ma|je|stät, die; -n - (Titel der span. Könige)
al|ler|lei; - Wichtiges (↑R 65); - Farben; **Al|ler|lei,** das; -s, -s; Leipziger - (Mischgemüse)
al|ler|letz|te; zuallerletzt
al|ler|liebst; Al|ler|lieb|ste, der *u.* die; -n, -n (↑R 7 ff.)
Al|ler|manns|har|nisch (Pflanze)
al|ler|mei|ste; *vgl.* zuallermeist
al|ler|näch|ste; al|ler|neu[e]|ste; (↑R 65:) das Allerneu[e]ste
al|ler|nö|tig|ste; (↑R 65:) das Allernötigste
al|ler|or|ten *(veraltend)*, **al|ler|orts** *(geh.)*
Al|ler|see|len, das; - (kath. Gedächtnistag für die Verstorbenen); **Al|ler|see|len|tag**
al|ler|seits, all|seits
al|ler|spä|te|ste; al|ler|spä|te|stens
al|ler|wärts
al|le[r]|we|ge, al|ler|we|gen, al|ler|wegs (*veraltet für* überall, immer)
al|ler|weil *vgl.* allweil
Al|ler|welts‿kerl, ...mit|tel (das), **...wort** (*Plur.* ...wörter)
al|ler|we|nig|ste; das allerwenigste, was ...; am allerwenigsten; allerwenigstens
Al|ler|wer|te|ste, der; -n, -n; ↑R 7 ff. (*ugs. scherzh. für* Gesäß)
al|les *vgl.* all
al|le|samt *(ugs.)*
Al|les‿bes|ser|wis|ser *(ugs.)*, **...bren|ner** (Ofen), **...fres|ser, ...kle|ber**
al|le|we|ge *vgl.* alle[r]wege
al|le|weil *vgl.* allweil
al|lez! [a'le:] ‹franz., „geht!"› (vorwärts!)
al|le|zeit, all|zeit (*veraltend, noch landsch. für* immer)
all|fäl|lig [*österr.* ...'fɛl...] (*österr., schweiz. für* etwaig, allenfalls [vorkommend], eventuell); **All|fäl|li|ge,** das; -n (*österr.* letzter Punkt einer Tagesordnung)
All|gäu, das; -s (ein Alpengebiet); **All|gäu|er** (↑R 147); **all|gäu|isch**
All|ge|gen|wart; all|ge|gen|wär|tig
all|ge|mein; (↑R 65:) im allgemeinen (gewöhnlich; *Abk.* i. allg.), aber: er bewegt sich stets nur im Allgemeinen (beachtet nicht das Besondere); die -e Schul-, Wehrpflicht; -e Geschäfts-, Versicherungsbedingungen. *Großschreibung* (↑R 157): Allgemeine Deutsche Biographie (*Abk.* ADB), Allgemeiner Deutscher Automobil-Club (*Abk.* ADAC), Allgemeiner Deutscher Nachrichtendienst (*ehemals in der DDR; Abk.* ADN), Allgemeiner Studentenausschuß (*Abk.* AStA), Allgemeines Bürgerliches Gesetzbuch (in Österreich geltend; *Abk.* ABGB); **All|ge|mein‿arzt, ...be|fin|den** (das; -s); **all|ge|mein|bil|dend** (↑R 209); die -en Schulen; **All|ge|mein|bil|dung,** die; -; **all|ge|mein|gül|tig;** die allgemeingültigen Ausführungen (↑*jedoch* R 209), aber: die Ausführungen sind allgemein gültig; **All|ge|mein‿gül|tig|keit** (die; -), **...gut; All|ge|mein|heit,** die; -; **All|ge|mein‿me|di|zin** (die; -), **...me|di|zi|ner, ...platz** (abgegriffene Redensart); **all|ge|mein|ver|ständ|lich;** *vgl.* allgemeingültig; **All|ge|mein‿wis|sen, ...wohl, ...zu|stand** (der; -[e]s)
All|ge|walt, die; - *(geh.)*; **all|ge|wal|tig** *(geh.)*
All|heil|mit|tel, das
All|heit, die; - *(Philos.)*
Al|li|anz, die; -, -en ‹franz.› ([Staaten]bündnis); die Heilige -
al|lie|bend [*Trenn.* all|lie..., ↑R 204] *(geh.)*
Al|li|ga|tor, der; -s, ...oren ‹lat.› (eine Panzerechse)
al|li|ie|ren, sich ‹franz.› (sich verbünden); **Al|li|ier|te,** der *u.* die; -n, -n (↑R 7 ff.)
Al|li|te|ra|ti|on, die; -, -en ‹lat.› (*Verslehre* Anlaut-, Stabreim); **al|li|te|rie|rend** (stabreimend)
all|jähr|lich
All|macht, die; - *(geh.)*; **all|mäch|tig; All|mäch|ti|ge,** der; -n (Gott); Allmächtiger!
all|mäh|lich
All|meind, All|mend, die; -, -en

(*schweiz. svw.* Allmende); **All|men|de,** die; -, -n (*früher für* gemeinsam genutztes Gemeindegut); **All|mend|recht**
all|mo|nat|lich
all|mor|gend|lich
All|mut|ter, die; - *(geh.)*; - Natur
all|nächt|lich
al|lo|chthon [...x'to:n] ‹griech.› (*Geol.* an anderer Stelle entstanden)
Al|lod, das; -[e]s, -e (*MA.* dem Lehensträger persönlich gehörender Grund und Boden); **al|lo|di|al** ‹germ.-mlat.› (zum Allod gehörend)
Al|lo|ga|mie, die; -, ...ien ‹griech.› (*Bot.* Fremdbestäubung)
Al|lo|ku|ti|on, die; -, -en ‹lat.› (feierliche [päpstliche] Ansprache [an die Kardinäle])
Al|lon|ge [a'lɔ̃:ʒə], die; -, -n ‹franz.› (*Wirtsch.* Verlängerungsstreifen [bei Wechseln]); **Al|lon|ge|perücke** [*Trenn.* ...rük|ke] (langlockige Perücke des 17. u. 18. Jh.s)
Al|lo|path, der; -en, -en (↑R 197) ‹griech.› (Anhänger der Allopathie); **Al|lo|pa|thie,** die; - (ein Heilverfahren der Schulmedizin); **al|lo|pa|thisch**
Al|lo|tria *Plur., heute meist* das; -[s] ‹griech.› (Unfug)
All|par|tei|en|re|gie|rung
All|rad|an|trieb
all right! ['ɔ:l 'rait] ‹engl.› (richtig!, in Ordnung!)
All|roun|der ['ɔ:l'raundə(r)], der; -s, - *u.* **All|round|man** ['ɔ:l'raundmən], der; -s, ...men [...mən] ‹engl.› (jmd., der in vielen Bereichen Bescheid weiß); **All|round|sport|ler** ['ɔ:l'raund...] (Sportler, der viele Sportarten beherrscht)
all|sei|tig; All|sei|tig|keit; all|seits, al|ler|seits
All-Star-Band ['ɔ:l'sta:(r)bɛnt], die; -, -s ‹engl.› (Jazzband, die aus berühmten Spielern besteht)
All|strom|ge|rät (für Gleich- u. Wechselstrom)
all|stünd|lich
All|tag *Plur. selten;* **all|täg|lich** [*auch* 'altɛ:k... (= alltags) *u.* al'tɛ:k... (= üblich, gewöhnlich)]; **All|täg|lich|keit; all|tags** (↑R 61), a b e r: des Alltags; alltags wie feiertags; **All|tags‿an|zug, ...be|schäf|ti|gung, ...kleid, ...sor|gen** *(Plur.)*, **...spra|che** (die; -), **...trott**
all|über|all *(geh.)*
all|um|fas|send
Al|lü|re, die; -, -n *meist Plur.* ‹franz.› (*meist abwertend für* eigenwilliges Benehmen, Gehabe)
al|lu|vi|al [...v...] ‹lat.› (*Geol.* angeschwemmt, abgelagert); **Al|lu|vi|on,** die; -, -en (angeschwemmtes Land); **Al|lu|vi|um,** das; -s (*ältere Bez. für* Holozän)

All|wal|ter, der; -s (*Bez. für* Gott)
all|ver|ehrt
all|weil, alle[r]weil (*bes. österr. ugs. für* immer)
All|wet|ter|klei|dung
all|wis|send; Doktor Allwissend (Märchengestalt); **All|wis|sen|heit,** die; -
all|wö|chent|lich
all|zeit, allezeit (*veraltend, noch landsch. für* immer)
all|zu; allzubald, allzufrüh, allzugern, allzulang[e], allzuoft, allzusehr, allzuselten, allzuviel, allzuweit, a b e r *(bei deutlich unterscheidbarer Betonung [und Beugung des zweiten Wortes] getrennt):* die Last ist allzu schwer, er hatte allzu viele Bedenken
all|zu|mal (*veraltet für* alle zusammen; immer)
All|zweck|tuch *Plur.* ...tücher
Alm, die; -, -en (Bergweide)
Al|ma (w. Vorn.)
Al|ma-Ata (Hptst. Kasachstans)
Al|ma ma|ter, die; - - ‹lat.› (*geh. für* Universität, Hochschule)
Al|ma|nach, der; -s, -e ‹niederl.› (Kalender, Jahrbuch)
Al|man|din, der; -s, -e (Abart des [1]Granats)
al|men (*österr. für* Vieh auf der Alm halten); **Al|men|rausch,** Alm|rausch, der; -[e]s (Alpenrose); **Al|mer** (*österr. neben* Senner); **Al|me|rin,** die; -, -nen
Al|mo|sen, das; -s, - ‹griech.› (kleine Gabe, geringes Entgelt); **Al|mo|sen|emp|fän|ger; Al|mo|se|nier,** der; -s, -e (geistl. Würdenträger)
Alm|rausch *vgl.* Almenrausch; **Alm|ro|se** (*südd., österr. neben* Alpenrose)
Al|mut (w. Vorn.)
Aloe ['a:lo|e:], die; -, -n ['a:loən] ‹griech.› (eine Zier- und Heilpflanze)
alo|gisch ‹griech.› (nicht logisch)
Alo|is ['a:loi(:)s], Aloi|si|us [*landsch. auch* a'lɔy...] (m. Vorn.); **Aloi|sia** [*landsch. auch* a'lɔy...] ↑R 180 (w. Vorn.)
[1]Alp, der; -[e]s, -e (gespenstisches Wesen; Alpdrücken); vgl. [1]Alb
[2]Alp, Al|pe, die; -, ...pen (*svw.* Alm)
[1]Al|pa|ka, das; -s, -s ‹indian.-span.› (Lamaart Südamerikas); **[2]Al|pa|ka,** das *u.* (*für* Gewebeart:) der; -s (Wolle vom Alpaka; Reißwolle); **[3]Al|pa|ka** (*als* Ⓦ Alpacca), das; -s (Neusilber)
al pa|ri ‹ital.› (*Bankw.* zum Nennwert [einer Aktie]); vgl. pari
Alp‿druck, der; -[e]s, ...drücke, **...drücken** [*Trenn.* ...drük|ken], das; -s
Al|pe vgl. [2]Alp; **al|pen** (*schweiz. für* Vieh auf einer [2]Alp halten);

Al|pen *Plur.* (Gebirge); **Al|pen‿glöck|chen, ...jä|ger, ...ro|se, ...veil|chen; Al|pen|vor|land**
Al|pha, das; -[s], -s (griech. Buchstabe: *A, α*); das - und [das] Omega (*geh. für* der Anfang und das Ende); **Al|pha|bet,** das; -[e]s, -e (Abc); **al|pha|be|tisch; al|pha|be|ti|sie|ren** (*auch für* Analphabeten lesen und schreiben lehren); **Al|pha Cen|tau|ri** [- tsɛn...], der; - - (hellster Stern im Sternbild Zentaur)
al|pha|me|risch, al|pha|nu|me|risch ‹griech.; lat.› (*EDV* Buchstaben und Ziffern enthaltend)
Al|phard, der; - ‹arab.› (ein Stern)
Al|pha|strah|len, ***α*-Strah|len** *Plur.;* ↑R 37 (*Physik* beim Zerfall von Atomkernen bestimmter radioaktiver Elemente auftretende Strahlen)
Al|phei|os *vgl.* Alpheus; **Al|phe|us,** der; - (peloponnes. Fluß)
Alp|horn *Plur.* ...hörner
al|pin ‹lat.› (die Alpen, das Hochgebirge betreffend od. darin vorkommend); -e Kombination (Skisport); **Al|pi|na|ri|um,** das; -s, ...ien [...iən] (Naturwildpark im Hochgebirge); **Al|pi|ni** *Plur.* ‹ital.› (ital. Alpenjäger); **Al|pi|nis|mus,** der; - ‹lat.› (sportl. Bergsteigen); **Al|pi|nist,** der; -en, -en; ↑R 197 (sportl. Bergsteiger im Hochgebirge); **Al|pi|ni|stik,** die; - (*svw.* Alpinismus); **Al|pi|num,** das; -s, ...nen (Alpenpflanzenanlage); **Älp|ler** (Alpenbewohner); **älp|le|risch**
Alp|traum
Al|raun, der; -[e]s, -e *vgl.* Alraune; **Al|rau|ne,** die; -, -n (menschenähnlich aussehende Zauberwurzel; Zauberwesen)
al s. = al segno
als; - ob; sie ist schöner als ihre Freundin, a b e r *(bei Gleichheit):* sie ist so schön wie ihre Freundin; (↑R 104:) er ist größer als Ludwig; Ilse ist größer, als ihre Mutter im gleichen Alter war; ich konnte nichts Besseres tun, als zu gehen; **als|bald** [*schweiz.* 'als...]; **als|bal|dig** [*schweiz.* 'als...]; **als|dann** [*schweiz.* 'als...]; **als daß** (↑R 126)
al se|gno [- 'sɛnjo] ‹ital.› (*Musik* bis zum Zeichen [bei Wiederholung eines Tonstückes]; *Abk.* al s.)
al|so
Als-ob, das; -; **Als-ob-Phi|lo|so|phie** (↑R 41)
Al|ster, die; - (r. Nebenfluß der unteren Elbe); **Al|ster|was|ser** *Plur.* ...wässer; (*landsch. für* Getränk aus Bier und Limonade)
alt; älter, älteste; alten Stils (Zeitrechnung; *Abk.* a. St.); alte Spra-

chen; ein alter Mann; alter Mann (*Bergmannsspr.* abgebaute Teile der Grube); die alten Bundesländer. **I.** *Kleinschreibung:* **a)** (↑R 66:) er ist immer der alte (derselbe); wir bleiben die alten (dieselben); (↑R 65:) er ist der ältere, älteste meiner Söhne; alt und jung (jedermann); beim alten bleiben; es beim alten lassen; aus alt mach neu. **II.** *Großschreibung:* **a)** (↑R 65:) der Alte (Greis), die Alte (Greisin); an das Alte denken; Altes und Neues; Alte und Junge; der Konflikt zwischen Alt und Jung (Generationen); eine Mischung aus Alt und Neu; die Alten (alte Leute, Völker); der Älteste (Kirchenälteste); mein Ältester (ältester Sohn); die Ältesten (der Gemeinde); **b)** (↑R 65:) etwas Altes; **c)** (↑R 157:) der Ältere (*Abk.* d. Ä.; als Ergänzung bei Eigenn.); der Alte Fritz; Alter Herr (*Studentenspr. für* Vater *u. für* Altmitglied einer student. Verbindung; *Abk.* A. H.); die Alte Geschichte (Geschichte des Altertums); das Alte Testament (*Abk.* A. T.); die Alte Welt (Europa, Asien u. Afrika im Gegensatz zu Amerika)

Alt, der; -s, -e ‹lat.› (tiefe Frauen- od. Knabenstimme; Sängerin mit dieser Stimme)

Alt... (z. B. Altbundespräsident; in der Schweiz gewöhnlich so geschrieben: alt Bundesrat)

Al|tai, der; -[s] (Gebirge in Zentralasien)

Al|ta|ir *vgl.* Atair

al|ta|isch; -e Sprachen

Al|ta|mi|ra (Höhle in Spanien mit altsteinzeitlichen Malereien)

Alt|am|mann [*auch* alt'am...] *(schweiz.)*

Al|tan, der; -[e]s, -e ‹ital.› (Balkon; Söller)

Alt|an|la|ge, die; -, -n *(Technik)*

Al|tar, der; -[e]s, ...täre ‹lat.›; **Altar|bild; Al|ta|rist,** der; -en, -en; ↑R 197 (kath. Priester, der nur die Messe liest); **Al|tar[s]|sa|krament,** das; -[e]s

alt|backen [*Trenn.* ...bak|ken]; -es Brot

Alt|bau, der; -[e]s, -ten; **Alt|bau-_sub|stanz** *(Plur. selten),* **...wohnung**

alt|be|kannt

Alt-Ber|lin (↑R 152)

alt|be|währt

Alt|bier (obergäriges, meist dunkles Bier)

Alt|bun|des|kanz|ler; Alt|bundes|prä|si|dent

alt|deutsch; -e Bierstube

Alt|dorf (Hauptort des Kantons Uri)

Alt|dor|fer (dt. Maler)

Al|te, der *u.* die; -n, -n; ↑R 7ff. (*ugs. für* Vater u. Mutter, Ehemann u. -frau, Chef u. Chefin)

alt|ehr|wür|dig *(geh.)*

alt|ein|ge|ses|sen

Alt|ei|sen, das; -s

Al|te Land, das; -n -[e]s (Teil der Elbmarschen)

Al|te|na (Stadt im Sauerland); **Al|te|na|er** (↑R 147); **al|te|na|isch**

alt|eng|lisch

Al|ten_heim, ...hil|fe (die; -), **...pfle|ger, ...teil** (das)

Al|ter, das; -s, -; (↑R 61:) seit alters *(geh.),* von alters her *(geh.)*

Al|te|ra|ti|on, die; -, -en ‹lat.› (*Musik* chromatische Veränderung eines Akkordtones; *Med.* krankhafte Veränderung)

Äl|ter|chen

Al|ter ego [*auch* - 'ɛgo], das; - - ‹lat.› (zweites, anderes Ich; vertrauter Freund)

al|te|rie|ren ‹franz.›; sich - (sich aufregen); alterierter Klang (*Musik* Alteration)

al|tern; ich ...ere (↑R 22); vgl. Alterung; **Al|tern,** das; -s

Al|ter|nanz, die; -, -en ‹lat.› (Wechsel zwischen zwei Dingen, Vorgängen); **al|ter|na|tiv** (wahlweise; zwischen zwei Möglichkeiten die Wahl lassend; eine andere Lebensweise vertretend, für als menschen- und umweltfreundlicher angesehene Formen des [Zusammen]lebens eintretend); -e Wählervereinigungen; **Al|ter|na|tiv|be|we|gung;** [1]**Al|ter|na|ti|ve** [...və], die; -, -n (Entscheidung zwischen zwei [oder mehr] Möglichkeiten; Möglichkeit des Wählens zwischen zwei [oder mehreren] Dingen); [2]**Al|ter|na|ti|ve** [...və], der *u.* die; -n, -n; ↑R 7ff. (jmd., der einer Alternativbewegung angehört); **Al|ter|na|tiv_ener|gie, ...kul|tur, ...programm; al|ter|nie|ren** ([ab]wechseln); **al|ter|nie|rend;** -e Blattstellung *(Bot.);* -e Reihe *(Math.)*

Al|terns_for|schung, die; - (*für* Gerontologie), **...vor|gang**

alt|er|probt

al|ters; *vgl.* Alter; **al|ters|be|dingt; Al|ters|be|schwer|den** *Plur.;* **alters|ge|recht;** -e Wohnung; **Alters_gren|ze, ...grup|pe, ...heilkun|de** (die; -; *für* Geriatrie), **...heim, ...jahr** (*schweiz. für* Lebensjahr), **...py|ra|mi|de** (graph. Darstellung des Altersaufbaus einer Bevölkerung in Form einer Pyramide); **Al|ters_ren|te, ...ruhe|geld; al|ters|schwach; Alters|schwä|che,** die; -; **Al|terssich|tig|keit,** die; -; **Al|ters_starr|sinn, ...ver|si|che|rung, ...ver|sor|gung, ...werk**

Al|ter|tum, das; -s; das klassische -; **Al|ter|tü|me|lei; al|ter|tü|meln** (Stil u. Wesen des Altertums nachahmen); ich ...[e]le (↑R 22)

Al|ter|tü|mer *Plur.* (Gegenstände aus dem Altertum); **al|ter|tümlich; Al|ter|tüm|lich|keit,** die; -

Al|ter|tums_for|scher, ...forschung (die; -), **...kun|de** (die; - *für* Archäologie), **...wis|senschaft**

Al|te|rung (*auch für* Reifung; Veränderung durch Altern)

Äl|te|ste, der *u.* die; -n, -n; ↑R 7ff. (in einer Kirchengemeinde u. a.)

Äl|te|sten_rat, ...recht (*für* Seniorat)

alt|frän|kisch; -ste (*veraltend für* altmodisch)

alt|ge|dient

Alt|gei|ge (Bratsche)

Alt|ge|sel|le

alt|ge|wohnt

Alt|glas, das; -es; **Alt|glas|be|hälter**

Alt|gold

Alt|grad *vgl.* Grad

alt|grie|chisch

Alt|händ|ler (*veraltend für* Altwarenhändler)

Al|thee, die; -, -n ‹griech.› (Eibisch)

Alt-Hei|del|berg (↑R 152)

alt|her|ge|bracht; alt|her|kömmlich

Alt|her|ren|mann|schaft *(Sport);* **Alt|her|ren|schaft** *(Studentenspr.)*

alt|hoch|deutsch (*Abk.* ahd.); *vgl.* deutsch; **Alt|hoch|deutsch,** das; -[s] (Sprache); *vgl.* Deutsch; **Althoch|deut|sche,** das; -n; vgl. Deutsche, das

Al|tist, der; -en, -en (↑R 197) ‹lat.› (Knabe mit Altstimme); **Al|ti|stin**

Alt|jahr|abend, Alt|jahrs|abend [*auch* ...'ja:r(s)...] (*landsch., schweiz. für* Silvesterabend); **Altjahrs|tag** (*österr., schweiz. für* Silvester)

alt|jüng|fer|lich

Alt|kanz|ler

Alt|ka|tho|lik[1]**; alt|ka|tho|lisch**[1]**; Alt|ka|tho|li|zis|mus**[1]

alt|klug; ...kluger, ...klugste (↑R 39)

Alt|last *meist Plur.* (stillgelegte Müllkippen; Halden mit umweltgefährdenden Produktionsrückständen u. ä., *auch übertr. für* ungelöste Probleme aus der Vergangenheit)

ält|lich

Alt|mark, die; - (Landschaft westl. der Elbe)

---

[1] *Die Kirchengemeinschaft selbst verwendet den Bindestrich:* Alt-Katholik, alt-katholisch, Alt-Katholizismus.

Alt|ma|te|ri|al
Alt|mei|ster (*urspr.* Vorsteher einer Innung; [als Vorbild geltender] altbewährter Meister in einem Fachgebiet)
Alt|me|tall
alt|mo|disch; -ste
alt|nor|disch; *vgl.* deutsch; **Alt|nor|disch,** das; -[s] (älteste nordgermanische Sprachstufe); *vgl.* Deutsch; **Alt|nor|di|sche,** das; -n; *vgl.* Deutsche, das
Al|to Adi|ge [-'a:didʒe] (*ital. Name für* Südtirol)
Alt|öl
Al|to|na (Stadtteil von Hamburg); **Al|to|na|er** (↑R 147); **al|to|na|isch**
Alt|pa|pier, das; -; **Alt|pa|pier‿be|häl|ter, ...samm|lung**
Alt|par|tei|en *Plur.*
Alt|phi|lo|lo|ge; Alt|phi|lo|lo|gie (klassische Philologie); **Alt|phi|lo|lo|gin; alt|phi|lo|lo|gisch**
Alt-Rom (↑R 152); **alt|rö|misch**
alt|ro|sa
Al|tru|is|mus, der; - ‹lat.› (Selbstlosigkeit); **Al|tru|ist,** der; -en, -en (↑R 197); **al|tru|i|stisch;** ↑R 180 (selbstlos)
Alt|sitz (*veraltet für* Altenteil)
alt|sprach|lich; -er Zweig
Alt|stadt|sa|nie|rung (Schaffung besserer Lebensverhältnisse in überalterten Stadtteilen)
Alt|stein|zeit, die; - (*für* Paläolithikum)
Alt|stim|me
Alt|stoff *meist Plur.;* **Alt|stoff|samm|lung**
alt|te|sta|men|ta|risch; Alt|te|sta|ment|ler (Erforscher des A. T.); **alt|te|sta|ment|lich**
Alt|tier (*Jägerspr.* Muttertier beim Rot- u. Damwild)
alt|über|lie|fert
alt|vä|te|risch; -ste (altmodisch); **alt|vä|ter|lich** (ehrwürdig)
alt|ver|traut
Alt|vor|dern *Plur.* (*veraltend für* Vorfahren)
Alt|wa|ren *Plur.;* **Alt|wa|ren|händ|ler**
Alt|was|ser, das; -s, ...wasser (ehemaliger Flußarm mit stehendem Wasser)
Alt|wei|ber‿ge|schwätz *(ugs.),* **...fas[t]|nacht** (*landsch. für* letzter Donnerstag vor Aschermittwoch), **...som|mer** (warme Nachsommertage; vom Wind getragene Spinnweben)
Alt-Wien (↑R 152); **alt|wie|ne|risch;** -ste
[1]**Alu** *(ugs.)* = Arbeitslosenunterstützung
[2]**Alu,** das; -s (*ugs. Kurzwort für* Aluminium); **Alu|fo|lie** (*kurz für* Aluminiumfolie); **Alu|mi|nat,** das; -[e]s, -e ‹lat.› (*Chemie* Salz der Aluminiumsäure); **alu|mi|nie|ren** (Metallteile mit Aluminium überziehen); **Alu|mi|nit** [*auch* ...'nit], der; -s (ein Mineral); **Alu|mi|ni|um,** das; -s (chem. Element, Leichtmetall; *Zeichen* Al); **Alu|mi|ni|um‿fo|lie, ...sul|fat**
Alum|nat, das; -[e]s, -e ‹lat.› (Schülerheim; *österr. für* Einrichtung zur Ausbildung von Geistlichen); **Alum|ne,** der; -n, -n (↑R 197) *u.* **Alum|nus,** der; -, ...nen (Alumnatszögling)
Al|veo|lar [...v...], der; -s, -e ‹lat.› (*Sprachw.* am Gaumen unmittelbar hinter den Zähnen gebildeter Laut, z. B. d); **Al|veo|le,** die; -, -n; ↑R 180 (Zahnmulde im Kiefer; Lungenbläschen)
Al|weg|bahn ‹Kurzw. nach dem Schweden Axel Leonard Wenner-Gren› (Einschienenbahn)
Al|win (m. Vorn.); **Al|wi|ne** (w. Vorn.)
Am = *chem. Zeichen für* Americium
am; ↑R 17 (an dem; *Abk.* a. [*bei Ortsnamen, z. B.* Ludwigshafen a. Rhein]; *vgl.* an); - [nächsten] Sonntag, dem (*od.* den) 27. März (↑R 45); - besten usw. (↑R 65)
a. m. = ante meridiem; ante mortem
Ama|de|us (m. Vorn.)
Ama|ler, Ame|lun|gen *Plur.* (ostgot. Königsgeschlecht)
Amal|gam, das; -s, -e ‹mlat.› (Quecksilberlegierung); **Amal|ga|ma|ti|on,** die; -, -en; **amal|ga|mie|ren** (mit Quecksilber legieren; Gold und Silber mit Quecksilber aus Erzen gewinnen)
Ama|lia, Ama|lie [...i̯ə] (w. Vorn.)
Aman|da (w. Vorn.); **Aman|dus** (m. Vorn.)
am an|ge|führ|ten, *auch* **an|ge|ge|be|nen Ort** (*Abk.* a. a. O.)
[1]**Ama|rant,** der; -s, -e ‹griech.› (eine Zierpflanze); [2]**Ama|rant,** der, *auch* das; -s (ein Farbstoff); **ama|ran|ten** (dunkelrot); **ama|rant|rot**
Ama|rel|le, die; -, -n ‹lat.› (eine Sauerkirschensorte)
Ama|ryl, der; -s, -e ‹griech.› (künstl. Saphir); **Ama|ryl|lis,** die; -, ...llen (eine Zierpflanze)
Ama|teur [...'tø:r], der; -s, -e ‹franz.› (jmd., der Kunst, Sport usw. als Liebhaber ausübt; Nichtfachmann); **Ama|teur‿film, ...fo|to|graf, ...sport|ler, ...sta|tus**
[1]**Ama|ti** (ital. Meister des Geigenbaus); [2]**Ama|ti,** die; -, -s (von der Geigenbauerfamilie Amati hergestellte Geige)
Ama|zo|nas, der; - (südamerik. Strom); **Ama|zo|ne,** die; -, -n (Angehörige eines krieger. Frauenvolkes der griech. Sage; *auch für* Turnierreiterin); **Ama|zo|nen|sprin|gen,** das; -s, - (Springreiten, an dem nur Reiterinnen teilnehmen)
Am|bas|sa|deur [...'dø:r], der; -s, -e (*veraltet für* Botschafter, Gesandter)
Am|be, die; -, -n ‹lat.› (*Math.* Verbindung zweier Größen in der Kombinationsrechnung)
Am|ber, der; -s, -[n] *u.* **Am|bra,** die; -, -s ‹arab.› (Ausscheidung des Pottwals; Duftstoff)
Am|bi|ance [ãbi̯ãs], die; - ‹franz.› (*schweiz. für* Umgebung, Atmosphäre)
Am|bi|en|te, das; - ‹ital.› (Umwelt, Atmosphäre)
am|big, am|bi|gue [...gu̯ə] ‹lat.› (*fachspr. für* mehrdeutig, doppelsinnig); **Am|bi|gui|tät** [...gui...], die; -, -en (↑R 180); **Am|bi|ti|on,** die; -, -en (Ehrgeiz); **am|bi|tio|niert;** ↑R 180; -este (*bes. österr. für* ehrgeizig, strebsam); **am|bi|ti|ös;** -este (ehrgeizig)
am|bi|va|lent [...v...] ‹lat.› (*fachspr. für* doppelwertig); **Am|bi|va|lenz,** die; -, -en (Doppelwertigkeit)
[1]**Am|bo,** der; -s, *Plur.* -s *u.* ...ben ‹lat.› (*österr. für* Doppeltreffer beim Lotto)
[2]**Am|bo,** der; -s, -s, **Am|bon,** der; -s, ...bo̱nen (erhöhtes Lesepult in christl. Kirchen)
Am|boß, der; ...bosses, ...bosse; **Am|böß|chen; Am|boß|klotz**
Am|bra *vgl.* Amber
Am|bro|sia, die; - ‹griech.› (Götterspeise in der griech. Sage)
am|bro|sia|nisch (↑R 180), a b e r (↑R 134): Ambrosianische Liturgie *(kath. Kirche)*
am|bro|sisch ‹griech.› (*geh., veraltend für* himmlisch)
Am|bro|si|us (Kirchenlehrer)
am|bu|lant ‹lat.› (wandernd; *Med.* nicht stationär); -es Gewerbe (Wandergewerbe); -e Behandlung; **Am|bu|lanz,** die; -, -en (bewegliches Lazarett; Krankentransportwagen; Abteilung einer Klinik für ambulante Behandlung); **am|bu|la|to|risch;** -e Behandlung; **Am|bu|la|to|ri|um,** das; -s, ...ien [...i̯ən] (Raum, Abteilung, medizin. Einrichtung für ambulante Behandlung)
Amei|se, die; -, -n; **Amei|sen‿bär, ...hau|fen, ...säu|re** (die; -)
Ame|lia, Ame|lie [...li(:), *auch* ame'li: *u.* a'me:li̯ə] (w. Vorn.)
Ame|lio|ra|ti|on, die; -, -en (↑R 180) ‹lat.› (Verbesserung [bes. des Ackerbodens]); **ame|lio|rie|ren** (↑R 180)
Ame|lun|gen *vgl.* Amaler
amen ‹hebr.›; zu allem ja und - sagen *(ugs.);* **Amen,** das; -s, - *Plur.*

selten (feierliche Bekräftigung); sein - (Einverständnis) zu etwas geben

Amen|de|ment [amã:d(ə)'mã:], das; -s, -s ‹franz.› (Zusatz-, Abänderungsantrag zu Gesetzen); **amen|die|ren** [amɛn...]

Amen|ho|tep, Ame|no|phis (ägypt. Königsname)

Ame|nor|rhö[1], **Ame|nor|rhöe** [...'rø:], die; -, ...rrhöen ‹griech.› (*Med.* Ausbleiben der Menstruation); **ame|nor|rho|isch**

Ame|ri|ci|um, das; -s ‹*nach* Amerika› (chem. Element, Transuran; *Zeichen* Am)

Ame|ri|ka; Ame|ri|ka|deut|sche, der *u.* die; **Ame|ri|ka|ner; ame|ri|ka|nisch;** *vgl.* deutsch; **ame|ri|ka|ni|sie|ren; Ame|ri|ka|ni|sie|rung; Ame|ri|ka|nis|mus,** der; -, ...men (sprachliche Besonderheit im amerik. Englisch; Entlehnung aus dem Amerikanischen); **Ame|ri|ka|nist,** der; -en, -en; ↑R 197 (Wissenschaftler auf dem Gebiet der Amerikanistik); **Ame|ri|ka|ni|stik,** die; - (Erforschung der Geschichte, Sprache u. Kultur Amerikas)

Ame|thyst, der; -[e]s, -e ‹griech.› (ein Halbedelstein)

Ame|trie, die; -, ...ien ‹griech.› (Ungleichmäßigkeit; Mißverhältnis); **ame|trisch;** -ste

Am|ha|ra *Plur.* (hamit. Volk in Äthiopien); **am|ha|risch;** *vgl.* deutsch; **Am|ha|risch,** das; -[s] (Sprache); *vgl.* Deutsch

Ami, der; -s, -s (*Kurzw. für* Amerikaner)

Ami|ant, der; -s, -e ‹griech.› (ein Mineral)

Amin, das; -s, -e (*Chemie* organ. Stickstoffverbindung); **Ami|no|säu|re,** die; - (Eiweißbaustein)

Ami|to|se, die; - ‹griech.› (*Biol.* einfache Zellkernteilung)

Am|man (Hptst. Jordaniens)

Am|mann, der; -[e]s, ...männer *(schweiz.); vgl.* Gemeinde-, Landammann

Am|me, die; -, -n; **Am|men|mär|chen**

[1]**Am|mer,** die; -, -n, *fachspr. auch* der; -s, -n (ein Singvogel)

[2]**Am|mer,** *im Unterlauf* Amper, die; - (Isarzufluß)

Am|mon (altägypt. Gott); Jupiter-

Am|mo|ni|ak [*od.* 'a..., *österr.* a'mo:...], das; -s ‹ägypt.› (*Chemie* stechend riechende, gasförmige Verbindung von Stickstoff u. Wasserstoff)

Am|mo|nit [*auch* ...'nit], der; -en, -en (↑R 197) ‹ägypt.› (Ammonshorn)

Am|mo|ni|ter, der; -s, - ‹ägypt.› (Angehöriger eines alttest. Nachbarvolks der Israeliten)

Am|mo|ni|um, das; -s ‹ägypt.› (*Chemie* aus Stickstoff u. Wasserstoff bestehende Atomgruppe)

Am|mons|horn, das; -[e]s, ...hörner ‹ägypt.; dt.› (Versteinerung)

Amne|sie, die; -, ...ien ‹griech.› (*Med.* Gedächtnisschwund); **Amne|stie,** die; -, ...ien (Begnadigung, Straferlaß); **amne|stie|ren; Amne|sty In|ter|na|tio|nal** ['ɛmnisti intə(r)'nɛʃ(ə)nəl] ‹engl.› (internationale Organisation zum Schutz der Menschenrechte)

Amö|be, die; -, -n ‹griech.› (*Zool.* ein Einzeller); **amö|bo|id** (amöbenartig)

Amok [*auch* a'mɔk], der; -s ‹malai.›; - laufen (in einem Anfall von Geistesgestörtheit mit einer Waffe umherlaufen und blindwütig töten); **Amok‿fah|rer, ...lau|fen** (das; -s), **...läu|fer, ...schüt|ze**

a-Moll [*auch* 'a:'mɔl], das; - (Tonart; *Zeichen* a); **a-Moll-Ton|lei|ter** (↑R 41)

Amor (röm. Liebesgott)

amo|ra|lisch ‹lat.› (sich über die Moral hinwegsetzend); **Amo|ra|lis|mus,** der; - (gleichgültige od. feindl. Einstellung gegenüber der geltenden Moral); **Amo|ra|li|tät,** die; - (amoralische Lebenshaltung)

Amo|ret|te, die; -, -n, ‹franz.› (*bild. Kunst* Figur eines geflügelten Liebesgottes)

amorph ‹griech.› (ungeformt, gestaltlos); **Amor|phie,** die; -, ...ien ‹griech.› (*Physik* formloser Zustand [eines Stoffes])

amor|ti|sa|bel ‹franz.› (tilgbar); ...a|ble Anleihen; **Amor|ti|sa|ti|on,** die; -, -en ‹lat.› ([allmähliche] Tilgung; Abschreibung, Abtragung [einer Schuld]); **amor|ti|sier|bar; amor|ti|sie|ren**

Amos (bibl. Prophet)

Amou|ren [a'mu:rən] *Plur.* ‹franz.› (*veraltend für* Liebschaften, Liebesabenteuer); **amou|rös** [amu...] (Liebes...; verliebt)

Am|pel, die; -, -n (Hängelampe; Hängevase; Verkehrssignal)

Am|pel|ko|ali|ti|on ‹nach den Parteifarben Rot, Gelb, Grün› (Koalition aus SPD, FDP und Grünen)

Am|per *vgl.* [2]Ammer

Am|pere [am'pɛ:r], das; -[s], - ‹nach dem franz. Physiker Ampère› (Einheit der elektr. Stromstärke; *Zeichen* A); **Am|pere‿me|ter** (das; -s, -; Strommesser), **...se|kun|de** (Einheit der Elektrizitätsmenge; *Zeichen* As), **...stun|de** (Einheit der Elektrizitätsmenge; *Zeichen* Ah)

Am|pex|ver|fah|ren (*Fernsehtechnik* Verfahren zur Bildaufzeichnung)

Amp|fer, der; -s, - (eine Pflanze)

Am|phet|amin, das; -s, -e (als Weckamin gebrauchte chemische Verbindung)

Am|phi|bie [...iə], die; -, -n *meist Plur.* ‹griech.› (sowohl im Wasser als auch auf dem Land lebendes Wirbeltier, Lurch); **Am|phi|bi|en‿fahr|zeug** (Land-Wasser-Fahrzeug), **...pan|zer; am|phi|bisch**

Am|phi|bo|lie, die; -, ...ien (*Stilk., Philos.* Mehrdeutigkeit; Doppelsinn); **am|phi|bo|lisch**

Am|phi|go|nie, die; - ‹griech.› (*Biol.* zweigeschlechtige Fortpflanzung)

Am|phi|ktyo|ne, der; -n, -n (↑R 197) ‹griech.› (Mitglied einer Amphiktyonie); **Am|phi|ktyo|nie,** die; -, ...ien; ↑R 180 (kultisch-polit. Verband altgriech. Nachbarstaaten od. -stämme)

Am|phio|le ®, die; -, -n; ↑R 180 (*Med.* Kombination aus Ampulle und Injektionsspritze)

Am|phi|thea|ter (↑R 180) ‹griech.› (elliptisches, meist dachloses Theatergebäude mit stufenweise aufsteigenden Sitzen); **am|phi|thea|tra|lisch** (↑R 180)

Am|phi|tri|te [...tə *od.* ...te:] (griech. Meeresgöttin)

Am|phi|try|on (sagenhafter König von Tiryns, Gemahl der Alkmene)

Am|pho|ra, Am|pho|re, die; -, ...oren ‹griech.› (zweihenkliges Gefäß der Antike)

am|pho|ter ‹griech., „zwitterhaft"› (*Chemie* sich teils als Säure, teils als Base verhaltend)

Am|pli|fi|ka|ti|on, die; -, -en ‹lat.› (*fachspr. für* Erweiterung; kunstvolle Ausweitung einer Aussage); **am|pli|fi|zie|ren; Am|pli|tu|de,** die; -, -n (*Physik* Schwingungsweite, Ausschlag)

Am|pul|le, die; -, -n ‹griech.› (Glasröhrchen [bes. mit sterilen Lösungen zum Einspritzen])

Am|pu|ta|ti|on, die; -, -en ‹lat.› (operative Abtrennung eines Körperteils); **am|pu|tie|ren**

Am|rum (Nordseeinsel)

Am|sel, die; -, -n

Am|ster|dam [*auch* 'am...] (Hptst. der Niederlande); **Am|ster|da|mer** (↑R 147)

Amt, das; -[e]s, Ämter; von Amts wegen; ein - bekleiden; **Ämt|chen; am|ten** *(schweiz., sonst veraltet);* **Äm|ter‿häu|fung, ...pa|tro|na|ge; Amt|frau; am|tie|ren;**

---

[1] *Vgl. die Anmerkung zu* „Diarrhö, Diarrhöe".

Ämt|lein; amt|lich; Amt|mann *Plur.* ...männer *u.* ...leute; **Amt|män|nin; amts|ärzt|lich; Amts-deutsch, ...ent|he|bung, ...ge|heim|nis, ...ge|richt** (*Abk.* AG), **...ge|richts|rat** (*Plur.* ...räte); **amts|hal|ber; amts|han|deln** *(österr.)*; ich amtshandle; amtsgehandelt; **Amts-hand|lung, ...hil|fe, ...kap|pel** (das; -s, -n; *österr. ugs. für* engstirniger Beamter), **...kir|che, ...mie|ne; amts|mü|de; Amts-per|son, ...rich|ter, ...schim|mel** (der; -s; *ugs.*), **...spra|che, ...vor|stand, ...weg**

Amu|lett, das; -[e]s, -e ‹lat.› (Gegenstand, dem unheilabwehrende Kraft zugeschrieben wird)

Amund|sen (norw. Polarforscher)

Amur [*od.* a'mu:r], der; -[s] (asiat. Fluß)

amü|sant; -este ‹franz.› (unterhaltend; vergnüglich); **Amü|se|ment** [amyz(ə)'maŋ *od.* ...'mã:], das; -s, -s; **Amü|sier|be|trieb; amü|sie|ren;** sich -

amu|sisch ‹griech.› (ohne Kunstverständnis)

Amyg|da|lin, das; -s ‹griech.› (Geschmacksstoff in bitteren Mandeln u. ä.)

an (*Abk.* a.; *bei Ortsnamen, die durch weibl. Flußnamen bezeichnet sind, nur:* a. d., *z. B.* Bad Neustadt a. d. Saale); *Präp. mit Dat. und Akk.:* an dem Zaun stehen, aber: an den Zaun stellen; es ist nicht an dem; an [und für] sich (eigentlich, im Grunde); am (an dem; *vgl.* am); ans (an das; *vgl.* ans); *Adverb:* Gemeinden von an [die] 1 000 Einwohnern; ab und an (*landsch. für* ab und zu)

an... (*in Zus. mit Verben,* z. B. anbinden, du bindest an, angebunden, anzubinden)

...ana, ...iana *Plur.* ‹lat.› (z. B. Afrikana; *vgl. d.*)

Ana|bap|tis|mus, der; - ‹griech.› (Wiedertäuferlehre); **Ana|bap|tist,** der; -en, -en; ↑R 197 (Wiedertäufer)

ana|bol ‹griech.›; -e Medikamente; **Ana|bo|li|kum,** das; -s, ...ka *meist Plur.* ‹griech.-lat.› (*Med.* muskelbildendes Präparat)

Ana|cho|ret [...ç... *od.* ...x..., *auch* ...k...], der; -en, -en (↑R 197) ‹griech.› (frühchristl. Einsiedler, Klausner); **Ana|cho|re|ten|tum,** das; -s; **ana|cho|re|tisch**

Ana|chro|nis|mus [...k...], der; -, ...men ‹griech.› (falsche zeitliche Einordnung; veraltete, überholte Einrichtung); **ana|chro|ni|stisch**

Ana|dyo|me|ne [...dy'o:mene: *od.* ...dyo'me(:)ne: *od.* ...'me:nə] (↑R 180) ‹griech., „die [aus dem Meer] Aufgetauchte"› (Beiname der griech. Göttin Aphrodite)

an|ae|rob [...a|e...] ‹griech.› (*Biol.* ohne Sauerstoff lebend)

Ana|gly|phen|bril|le ‹griech.; dt.› (für das Betrachten von dreidimensionalen Bildern od. Filmen)

Ana|gramm, das; -s, -e ‹griech.› (durch Umstellung von Buchstaben od. Silben eines Wortes entstandenes neues Wort; Buchstabenrätsel)

An|ako|luth, das, *auch* der; -s, -e ‹griech.› (*Sprachw.* Satzbruch); **an|ako|lu|thisch**

Ana|kon|da, die; -, -s (eine Riesenschlange)

Ana|kre|on (altgriech. Lyriker); **Ana|kre|on|ti|ker** (Nachahmer der Dichtweise Anakreons); **ana|kre|on|tisch;** *vgl.* R 134

anal ‹lat.› (*Med.* den After betreffend)

Ana|lek|ten *Plur.* ‹griech.› (gesammelte Aufsätze, Auszüge)

Ana|lep|ti|kum, das; -s, ...ka ‹griech.› (*Med.* anregendes Mittel); **ana|lep|tisch**

Anal|ero|tik ‹lat.; griech.› (*Psych.* [frühkindliches] sexuelles Lustempfinden im Bereich des Afters); **Anal|fis|sur** *(Med.)*

An|al|ge|sie, An|al|gie, die; -, ...ien ‹griech.› (*Med.* Schmerzlosigkeit); **An|al|ge|ti|kum,** das; -s, ...ka (schmerzstillendes Mittel); **An|al|gie** *vgl.* Analgesie

ana|log ‹griech.› (ähnlich; entsprechend); - [zu] diesem Fall; **Ana|lo|gie,** die; -, ...ien; **Ana|lo|gie|bil|dung; Ana|lo|gon** [*auch* a'na...], das; -s, ...ga (ähnlicher Fall); **Ana|log-rech|ner** (eine Rechenanlage), **...uhr** (Uhr mit Zeigern)

An|al|pha|bet [*od.* 'an...], der; -en, -en (↑R 197) ‹griech.› (jmd., der nicht lesen und schreiben gelernt hat); **An|al|pha|be|ten|tum,** das; -s; **An|al|pha|be|tin**

Anal|ver|kehr ‹lat.; dt.› (Variante des Geschlechtsverkehrs)

Ana|ly|sand, der; -en, -en (↑R 197) ‹griech.› (*Psychoanalyse* die zu analysierende Person); **Ana|ly|se,** die; -, -n (Zergliederung, Untersuchung); **Ana|ly|sen|waa|ge** (chem. Waage); **ana|ly|sie|ren; Ana|ly|sis,** die; - (Gebiet der Mathematik, in dem mit Grenzwerten u. veränderlichen Größen gearbeitet wird; Voruntersuchung beim Lösen geometr. Aufgaben); **Ana|lyst,** der; -en, -en; ↑R 197 (Fachmann, der das Geschehen an der Börse beobachtet und analysiert); **Ana|ly|tik,** die; - (Kunst od. Lehre der Analyse); **Ana|ly|ti|ker; ana|ly|tisch;** -e Geometrie

An|ämie, die; -, ...ien ‹griech.› (*Med.* Blutarmut); **an|ämisch**

Ana|mne|se, die; -, -n ‹griech.› (*Med.* Vorgeschichte einer Krankheit); **ana|mne|stisch,** *auch* **ana|mne|tisch**

Ana|nas, die; -, *Plur.* - *u.* -se ‹indian.-span.› (trop. Frucht)

Ana|ni|as, *ökum.* Ha|na|ni|as (bibl. m. Eigenn.)

An|an|kas|mus, der; -, ...men ‹griech.› (*Psych.* krankhafter Zwang zu bestimmten Handlungen)

Ana|päst, der; -[e]s, -e ‹griech.› (ein Versfuß); **ana|pä|stisch**

Ana|pha|se, die; -, -n ‹griech.› (*Biol.* dritte Phase der indirekten Zellkernteilung)

Ana|pher, die; -, -n *u.* **Ana|pho|ra** die; -, ...rä ‹griech.› (*Rhet.* Wiederholung des Anfangswortes [in aufeinanderfolgenden Sätzen], z. B.: mit all meinen Gedanken, mit all meinen Wünschen ...); **ana|pho|risch** (die Anapher betreffend; *Sprachw.* rückweisend)

ana|phy|lak|tisch ‹griech.› *(Med.)*; -er Schock; **Ana|phy|la|xie,** die; -, ...ien (schockartige allergische Reaktion)

An|ar|chie, die; -, ...ien ‹griech.› ([Zustand der] Herrschafts-, Gesetzlosigkeit; Chaos in polit., wirtschaftl. o. ä. Hinsicht); **an|ar|chisch; An|ar|chis|mus,** der; - (Lehre, die sich gegen jede Autorität richtet u. für unbeschränkte Freiheit des Individuums eintritt); **An|ar|chist,** der; -en, -en; ↑R 197; **an|ar|chi|stisch; An|ar|cho** der; -[s], -[s] (*ugs. für* jmd., der sich gegen die bürgerliche Gesellschaft mit [gewaltsamen] Aktionen auflehnt); **An|ar|cho|sze|ne**

Ana|sta|sia (w. Vorn.); **Ana|sta|si|us** (m. Vorn.)

An|äs|the|sie, die; -, ...ien ‹griech.› (*Med.* Schmerzunempfindlichkeit; Schmerzbetäubung); **an|äs|the|sie|ren,** an|äs|the|ti|sie|ren; **An|äs|the|sist,** der; -en, -en; ↑R 197 (Narkosefacharzt); **An|äs|the|si|stin; An|äs|the|ti|kum,** das; -s, ...ka (schmerzstillendes Mittel); **an|äs|the|tisch; an|äs|the|ti|sie|ren,** an|äs|the|sie|ren

An|astig|mat, der; -en, -en, *auch* das; -s, -e ‹griech.› (*Fotogr.* ein Objektiv); **an|astig|ma|tisch** (unverzerrt)

Ana|sto|mo|se, die; -, -n ‹griech.› (*Med.* Verbindung, z. B. zwischen Blut- od. Lymphgefäßen)

Ana|them, das; -s, -e *u.* **Ana|the|ma** das; -s, ...themata ‹griech.› (*Rel.* Verfluchung, Kirchenbann); **ana|the|ma|ti|sie|ren**

an|tio|nal (↑R 180) ‹lat.› (gleichgültig gegenüber der Nation, der man angehört)

Ana|tol (m. Vorn.); **Ana|to|li|en** [...i̯ən] (asiat. Teil der Türkei); **ana|to|lisch**

Ana|tom, der; -en, -en (↑R 197) ‹griech.› (*Med.* Lehrer der Anatomie); **Ana|to|mie,** die; -, ...i̯en (Lehre von Form u. Körperbau der [menschl.] Lebewesen; anatomisches Institut); **ana|to|mie|ren** (sezieren); **ana|to|misch**

Ana|xa|go|ras (altgriech. Philosoph)

an|backen [*Trenn.* ...bak|ken]

an|bah|nen; Kontakte -; **An|bah|nung**

an|ban|deln (*südd., österr. für* anbändeln); **an|bän|deln** *(ugs.);* ich bänd[e]le an (↑R 22); **An|bän|de|lung, An|bänd|lung** *(ugs.)*

An|bau, der; -[e]s, *Plur.* (*für* Gebäudeteile:) -ten; **an|bau|en; an|bau|fä|hig; An|bau_flä|che, ...mö|bel**

An|be|ginn *(geh.);* seit -, von - [an]

an|be|hal|ten *(ugs.)*

an|bei [*auch* 'an...] *(Amtsspr.)*

an|bei|ßen; (↑R 68:) zum Anbeißen sein (*ugs. für* reizend anzusehen sein)

an|[be|]lan|gen; was mich an[be]langt, so ...

an|bel|len

an|be|que|men, sich (*veraltend für* sich anpassen, sich an etwas gewöhnen)

an|be|rau|men; ich beraum[t]e an, *selten* ich anberaum[t]e; anberaumt; anzuberaumen; **An|be|rau|mung**

an|be|ten

An|be|tracht; *nur in* in - dessen, daß ...

an|be|tref|fen; *nur in* was mich anbetrifft, so ...

An|be|tung

an|bie|dern, sich *(abwertend);* ich biedere mich an (↑R 22); **An|bie|de|rung** *(abwertend)*

an|bie|ten; An|bie|ter

an|bin|den; angebunden *(vgl. d.)*

An|biß

an|blaf|fen (*ugs. für* anbellen; zurechtweisen)

an|bla|sen

An|blick; an|blicken [*Trenn.* ...blik|ken]

an|blin|ken

an|boh|ren

An|bot, das; -[e]s, -e (*österr. neben* Angebot)

an|bras|sen (*Seemannsspr.* die Rahen in Längsrichtung bringen)

an|bra|ten; das Fleisch -

an|bräu|nen

an|bre|chen; der Tag bricht an *(geh.)*

an|bren|nen

an|brin|gen; etwas am Haus[e] -

An|bruch, der; -[e]s, *Plur. (Bergmannsspr.)* ...brüche (*geh. für* Beginn; *Bergmannsspr.* bloßgelegter Erzgang)

an|brül|len

an|brum|men

an|brü|ten

ANC = African National Congress ['ɛfrikən 'nɛʃ(ə)nəl 'kɔŋgrɛs] ‹engl.› (Afrikanischer Nationalkongreß)

An|cho|vis [an'ʃo:vis] *vgl.* Anschovis

An|ci|en|ni|tät [ãsi̯eni'tɛ:t], die; - ‹franz.› (*veraltet für* [Reihenfolge nach dem] Dienstalter); **An|ci|en|ni|täts|prin|zip; An|ci|en ré|gime** [ã,si̯ɛ̃: re'ʒi:m], das; - - (Zeit des franz. Absolutismus [vor der Franz. Revolution])

An|dacht, die; -, *Plur.* (*für* Gebetsstunden:) -en; **an|däch|tig; An|dachts|übung; an|dachts|voll** *(geh.)*

An|da|lu|si|en [...i̯ən] (span. Landschaft); **An|da|lu|si|er** [...i̯ər]; **an|da|lu|sisch; An|da|lu|sit** [*auch* ...'zit], der; -s, -e (ein Mineral)

An|da|ma|nen *Plur.* (Inselkette im nordöstl. Indischen Ozean)

an|dan|te ‹ital., „gehend"› (*Musik* mäßig langsam); **An|dan|te,** das; -[s], -s (mäßig langsames Tonstück); **an|dan|ti|no** (etwas beschleunigter als andante); **An|dan|ti|no,** das; -s *Plur.* -s *u.* ...ni (kürzeres Musikstück im Andante- od. Andantinotempo)

an|dau|en (*Med.* anfangen zu verdauen)

an|dau|ern; an|dau|ernd

An|dau|ung, die; - ‹*zu* andauen›

An|den *Plur.* (südamerik. Gebirge); *vgl.* Kordilleren

An|den|ken, das; -s, *Plur.* (*für* Erinnerungsgegenstände:) -

an|de|re, and|re; (*nach* ↑R 66 *immer klein geschrieben:)* der, die, das, eine, keine, alles and[e]re; die, keine, alle and[e]ren, andern; ein, kein and[e]rer; ein, kein, etwas, allerlei, nichts and[e]res; der eine, der and[e]re; und and[e]re, und and[e]res (*Abk.* u. a.); und and[e]re mehr, und and[e]res mehr (*Abk.* u. a. m.); von etwas and[e]rem, anderm sprechen; unter and[e]rem, anderm (*Abk.* u. a.); zum einen ..., zum anderen ...; eines and[e]ren, andern belehren; sich eines and[e]ren, andern besinnen; ich bin and[e]ren, andern Sinnes; and[e]res gedrucktes Material; and[e]re ähnliche Fälle; andere Gute; ein andermal, a b e r : ein and[e]res Mal; das and[e]re Mal; ein um das and[e]re Mal; ein und das and[e]re Mal; *vgl.* anders; **an|de|ren|falls**[1]; *vgl.* Fall, der; **an|de|ren|orts**[1], an|der|orts *(geh.);* **an|de|ren|tags**[1]; **an|de|ren|teils**[1], einesteils ..., -; **an|de|rer|seits,** an|der|seits, and|rerseits; einerseits ..., -; **An|der|ge|schwi|ster|kind** [*auch* andərgə'ʃvi...] (*landsch. für* Verwandte, deren Großväter oder Großmütter Geschwister sind); **An|der|kon|to** (Treuhandkonto); **an|der|lei; an|der|mal;** ein -, a b e r : ein and[e]res Mal

An|der|matt (schweiz. Ortsn.)

än|dern; ich ...ere (↑R 22)

an|dern|falls usw. *vgl.* anderenfalls usw.; **an|der|orts** *(geh.),* an|de|ren|orts, an|dern|orts

an|ders; jemand, niemand, wer anders (*bes. südd., österr. auch* and[e]rer); mit jemand, niemand anders (*bes. südd., österr. auch* and[e]rem, anderm) reden; ich sehe jemand, niemand anders (*bes. südd., österr. auch* and[e]ren, andern); irgendwo anders (irgendwo sonst), wo anders? (wo sonst?; *vgl.* a b e r : woanders); anders als ... (*nicht:* anders wie ...); *vgl.* andere; **an|ders|ar|tig; An|ders|ar|tig|keit,** die; -

An|dersch (dt. Schriftsteller)

an|ders|den|kend; An|ders|den|ken|de der *u.* die; -n, -n (↑R 7 ff.)

an|der|seits, an|de|rer|seits, and|rer|seits

An|der|sen (dän. Dichter)

an|ders|far|big; an|ders|ge|ar|tet (↑R 209); **An|ders|ge|sinn|te,** der *u.* die; -n, -n (↑R 7 ff.); **An|ders|gläu|bi|ge,** der *u.* die; -n, -n (↑R 7 ff.); **an|ders|her|um; an|ders|lau|tend; an|ders|rum; An|ders|sein; an|ders|spra|chig; an|ders|wie; an|ders|wo; an|ders|wo|her; an|ders|wo|hin**

an|dert|halb; in - Stunden; - Pfund; **an|dert|halb|fach; An|dert|halb|fa|che,** das; -n; *vgl.* Achtfache; **an|dert|halb|mal;** - so groß wie (*seltener* als) ...

Än|de|rung; Än|de|rungs|kün|di|gung *(Betriebsrecht)*

an|der|wär|tig; an|der|wärts; an|der|weit, an|der|wei|tig

an|deu|ten; An|deu|tung; an|deu|tungs|wei|se

an|dich|ten; jmdm. etwas -

an|dicken [*Trenn.* ...dik|ken]

an|die|nen (*Kaufmannsspr.* [Waren] anbieten); **An|die|nung,** die; - *(Kaufmannsspr., Versicherungsw.);* **An|die|nungs|pflicht,** die; - *(Versicherungsw.)*

an|din (die Anden betreffend); -e Vegetation

---

[1] *Auch* an|dern|...

an|dis|ku|tie|ren
an|docken [*Trenn.* ...dok|ken] ‹dt.; engl.› (ein Raumfahrzeug an das andere koppeln)
An|dor|ra (Staat in den Pyrenäen); **An|dor|ra|ner; An|dor|ra|ne|rin; an|dor|ra|nisch**
An|drang, der; -[e]s; **an|drän|gen**
and|re *vgl.* andere
An|dré [an'dre:, *franz.* ã'dre:] (m. Vorn.); **An|drea** (w. Vorn.); **An|dre|as** (m. Vorn.); **An|dre|as‿kreuz, ...or|den** (ehem. höchster russ. Orden)
an|dre|hen; jmdm. etwas - (*ugs. für* jmdm. etwas Minderwertiges aufschwatzen)
and|rer|seits, an|de|rer|seits, an|der|seits
An|dres (dt. Schriftsteller)
an|dro|gyn ‹griech.› (*Biol.* männliche und weibliche Merkmale vereinigend; zwittrig); **An|dro|gy|nie,** die; -
an|dro|hen; An|dro|hung
An|droi|de, der; -n, -n (↑R 7 ff. *u.* R 180) ‹griech.› (künstlicher Mensch, menschenähnliche Maschine)
An|dro|lo|ge, der; -n, -n ‹griech.› (*Med.* Facharzt für Andrologie); **An|dro|lo|gie,** die; - (Männerheilkunde); **an|dro|lo|gisch**
An|dro|ma|che [...xe:] (griech. Sagengestalt, Frau Hektors)
[1]**An|dro|me|da** (weibl. griech. Sagengestalt); [2]**An|dro|me|da,** die; - (ein Sternbild)
An|druck, der; -[e]s, -e (*Druckw.* Probe-, Prüfdruck); **an|drucken** [*Trenn.* ...druk|ken]
an|du|deln; sich einen - (*ugs.* sich betrinken); ich dud[e]le mir einen an (↑R 22)
Äne|as (Held der griech.-röm. Sage)
an|ecken [*Trenn.* ...ek|ken] (an etwas anstoßen; *ugs. auch für* Anstoß erregen)
an|ei|fern (*südd., österr. für* anspornen); **An|ei|fe|rung**
an|eig|nen, sich; ich eigne mir Kenntnisse an, habe sie mir angeeignet; **An|eig|nung**
an|ein|an|der; *Schreibung in Verbindung mit Verben* (↑R 205): **I.** *Getrenntschreibung, wenn aneinander [als Ausdruck einer Wechselbezüglichkeit, einer Gegenseitigkeit] seine Selbständigkeit bewahrt,* z. B. weil sie aneinander (an sich gegenseitig) denken, gedacht haben, *oder wenn aneinander zu einem bereits zusammengesetzten Verb tritt,* z. B. er hat die Teile aneinander angefügt. **II.** *Zusammenschreibung, wenn aneinander nur den vom Verb bezeichneten Vorgang näher bestimmt,* z. B. **an|ein|an|der|fü|gen;** er hat die Teile aneinander-, nicht aufeinandergefügt; **an|ein|an|der‿ge|ra|ten** (in Streit geraten); **...gren|zen, ...le|gen, ...rei|hen** usw.
Äne|is, die; - (eine Dichtung Vergils)
An|ek|döt|chen; An|ek|do|te, die; -, -n ‹griech.› (kurze, jmdn. od. etwas [humorvoll] charakterisierende Geschichte); **an|ek|do|ten|haft; an|ek|do|tisch**
an|ekeln; du ekelst mich an
Ane|mo|graph, der; -en, -en (↑R 197) ‹griech.› (*Meteor.* selbstschreibender Windmesser); **Ane|mo|me|ter,** das; -s, - (Windmesser); **Ane|mo|ne,** die; -, -n (Windröschen)
an|emp|feh|len (*besser das einfache Wort* empfehlen); ich empfehle (empfahl) an *u.* ich anempfehle (anempfahl); anempfohlen; anzuempfehlen
An|er|be, der; -n, -n (*Rechtsspr.* bäuerlicher Alleinerbe, Hoferbe); **An|er|ben‿fol|ge, ...recht**
an|er|bie|ten, sich; ich erbiete mich an; anerboten; anzuerbieten; *vgl.* bieten; **An|er|bie|ten** das; -s, -; **An|er|bie|tung**
an|er|kann|ter|ma|ßen; an|er|ken|nen; ich erkenne (erkannte) an, *seltener* ich anerkenne (anerkannte); anerkannt; anzuerkennen; *vgl.* kennen; **an|er|ken|nens|wert; An|er|kennt|nis,** das; -ses, -se (*Rechtsspr.*), *sonst:* die; -, -se; **An|er|ken|nung; An|er|ken|nungs|schrei|ben**
Ane|ro|id, das; -[e]s, -e ‹griech.› *u.* **Ane|ro|id|ba|ro|me|ter** (*Meteor.* Gerät zum Anzeigen des Luftdrucks)
an|es|sen; ich habe mir einen Bauch angegessen; ich habe mich angegessen (*österr. ugs. für* bin satt)
An|eu|rys|ma, das; -s, ...men ‹griech.› (*Med.* Erweiterung der Schlagader)
an|fa|chen (*geh.*); er facht die Glut an
an|fah|ren (*auch für* heftig anreden); **An|fahrt; An|fahrts|weg**
An|fall, der; **an|fal|len; an|fäl|lig; An|fäl|lig|keit** *Plur. selten*
An|fang, der; -[e]s, ...fänge; *vgl.* anfangs, im -; von - an; zu -; - Januar; **an|fan|gen; An|fän|ger; An|fän|ge|rin; An|fän|ger|kurs; an|fäng|lich; an|fangs** (↑R 61); **An|fangs‿buch|sta|be, ...er|folg, ...ge|halt** (das), **...sta|di|um**
an|fas|sen; *vgl.* fassen
an|fau|chen
an|fau|len
an|fecht|bar; An|fecht|bar|keit, die; -; **an|fech|ten;** das ficht mich nicht an; **An|fech|tung**
an|fein|den; An|fein|dung
an|fer|ti|gen; An|fer|ti|gung
an|feuch|ten; An|feuch|ter
an|feu|ern; An|feue|rung
an|fi|xen (*ugs.* jmdn. zum Einnehmen von Drogen animieren)
an|flan|schen (*Technik*)
an|fle|hen; An|fle|hung
an|flie|gen; An|flug
an|for|dern; An|for|de|rung
An|fra|ge; die kleine oder große - [im Parlament]; **an|fra|gen;** bei jmdm. -, *schweiz.* jmdn. -
an|freun|den, sich; **An|freun|dung**
an|fü|gen; An|fü|gung
An|fuhr, die; -, -en; **an|füh|ren; An|füh|rer; An|füh|rung; An|füh|rungs‿strich, ...zei|chen**
an|fun|ken (durch Funkspruch)
an|fut|tern, sich (*ugs.*); du futterst dir einen Bauch an
An|ga|be (*nur Sing.: ugs. auch für* Prahlerei, Übertreibung)
an|gän|gig (erlaubt; zulässig)
An|ga|ra [*od.* ...'ra], die; - (Fluß in Mittelsibirien)
an|geb|bar; an|ge|ben; An|ge|ber (*ugs.*); **An|ge|be|rei** (*ugs.*); **an|ge|be|risch;** -ste (*ugs.*)
An|ge|be|te|te der *u.* die; -n, -n (↑R 7 ff.)
An|ge|bin|de, das; -s, - (*geh. für* Geschenk)
an|geb|lich
an|ge|bo|ren
An|ge|bot; An|ge|bots|lücke [*Trenn.* ...lük|ke] (*Wirtsch.*)
an|ge|bracht
an|ge|bro|chen; eine Flasche ist -
an|ge|bun|den; kurz - (*ugs. für* mürrisch, abweisend) sein
an|ge|dei|hen; *nur in* jmdm. etwas - lassen
An|ge|den|ken, das; -s (*veraltet für* Andenken, Souvenir; *geh. für* Erinnerung, Gedenken)
an|ge|führt; am -en Ort (*Abk.* a. a. O.)
an|ge|ge|ben; am -en Ort (*Abk.* a. a. O.)
an|ge|gos|sen; wie - sitzen (*ugs. für* genau passen)
an|ge|graut; -e Schläfen
an|ge|grif|fen (*auch für* erschöpft, geschwächt); **An|ge|grif|fen|heit,** die; -
an|ge|hei|ra|tet
an|ge|hei|tert (leicht betrunken)
an|ge|hen; das geht nicht an; es geht mich [nichts] an; jmdn. um etwas - (bitten); **an|ge|hend** (künftig)
an|ge|hö|ren; einem Volk[e] -; **an|ge|hö|rig; An|ge|hö|ri|ge,** der *u.* die; -n, -n (↑R 7 ff.); **An|ge|hö|rig|keit,** die; -
an|ge|jahrt
Angekl. = Angeklagte[r]
An|ge|klag|te, der *u.* die; -n, -n; ↑R 7 ff. (*Abk.* Angekl.)

ạn|ge|knackst *(ugs.)*
ạn|ge|krän|kelt
Ạn|gel, die; -, -n
Ạn|ge|la [*österr.* aŋ'ge:la, *ital.* 'andʒela] (w. Vorn.)
ạn|ge|le|gen; ich lasse mir etwas - sein; **Ạn|ge|le|gen|heit; ạn|ge|le|gent|lich;** -st; auf das, aufs -ste (↑R 65)
Ạn|gel|ha|ken
[1]An|ge|li|ka (w. Vorn.); **[2]An|ge|li|ka,** die; -, *Plur.* ...ken *u.* -s (Engelwurz)
An|ge|li|na [andʒe'li:na] (w. Vorn.)
ạn|geln; ich ...[e]le (↑R 22)
Ạn|geln *Plur.* (germ. Volksstamm)
An|ge|lo ['andʒelo] (m. Vorn.)
ạn|ge|lo|ben (*geh. für* zusagen, versprechen; *österr. für* feierlich vereidigen); **Ạn|ge|lo|bung**
Ạn|gel‿punkt, ...ru|te
Ạn|gel|sach|se, der; -n, -n (Angehöriger eines germ. Volksstammes); **ạn|gel|säch|sisch;** *vgl.* deutsch; **Ạn|gel|säch|sisch,** das; -[s] (Sprache); *vgl.* Deutsch; **Ạn|gel|säch|si|sche,** das; -n; *vgl.* Deutsche, das
Ạn|gel|schein
Ạn|ge|lus, der, *auch* das; -, - ⟨lat.⟩ (kath. Gebet; Glockenzeichen); **Ạn|ge|lus|läu|ten,** das; -s
ạn|ge|mes|sen; Ạn|ge|mes|sen|heit, die; -
ạn|ge|nä|hert
ạn|ge|nehm
ạn|ge|nom|men; -er Standort; angenommen, daß ... (↑R 125)
ạn|ge|paßt; -este; **Ạn|ge|paßt|heit,** die; -
Ạn|ger, der; -s, -; **Ạn|ger|dorf**
ạn|ge|regt
ạn|ge|säu|selt (*ugs. für* leicht betrunken)
ạn|ge|schla|gen (*ugs. für* erschöpft; beschädigt)
ạn|ge|schmutzt (leicht schmutzig)
Ạn|ge|schul|dig|te, der *u.* die; -n, -n (↑R 7 ff.)
ạn|ge|se|hen (geachtet); -ste
Ạn|ge|sicht *Plur.* Angesichter *u.* Angesichte *(geh.)*; **ạn|ge|sichts** (↑R 62); *Präp. mit Gen.:* - des Todes
ạn|ge|spannt
ạn|ge|stammt
Ạn|ge|stell|te, der *u.* die; -n, -n (↑R 7 ff.); **Ạn|ge|stell|ten|ver|si|che|rung; Ạn|ge|stell|ten|ver|si|che|rungs|ge|setz** (*Abk.* AVG)
ạn|ge|stie|felt; - kommen *(ugs.)*
ạn|ge|strengt; Ạn|ge|strengt|heit, die; -
ạn|ge|tan
ạn|ge|trun|ken (leicht betrunken)
ạn|ge|wandt; -e Kunst; -e Mathematik, Physik; *vgl.* anwenden
ạn|ge|wie|sen; auf eine Person oder eine Sache - sein

ạn|ge|wöh|nen; ich gewöhne mir etwas an; **Ạn|ge|wohn|heit; Ạn|ge|wöh|nung**
ạn|ge|wur|zelt; wie - stehenbleiben
An|gi|na, die; -, ...nen ⟨lat.⟩ (*Med.* Mandelentzündung); **An|gi|na pec|to|ris,** die; - - (Herzkrampf)
An|gi|om, das; -s, -e ⟨griech.⟩ (*Med.* Gefäßgeschwulst); **An|gio|sper|men** *Plur.* (*Bot.* bedecktsamige Blütenpflanzen)
Ạng|kor (Ruinenstadt in Kambodscha)
An|glai|se [ã'glɛ:zə], die; -, -n ⟨franz.⟩ („englischer" Tanz)
ạn|glei|chen; Ạn|glei|chung
Ạng|ler
ạn|glie|dern; Ạn|glie|de|rung
an|gli|ka|nisch ⟨mlat.⟩; -e Kirche (engl. Staatskirche); **An|gli|ka|nis|mus,** der; - (Lehre u. Wesen[sform] der engl. Staatskirche); **an|gli|sie|ren** (englische Sitten u. Gebräuche einführen; englisieren); **An|glist,** der; -en, -en (Wissenschaftler auf dem Gebiet der Anglistik); **An|gli|stik,** die; - (engl. Sprach- u. Literaturwissenschaft); **An|gli|zis|mus,** der; -, ...men (engl. Spracheigentümlichkeit in einer anderen Sprache); **An|glo|ame|ri|ka|ner** [*auch* 'aŋglo...]; ↑R 155 (aus England stammender Amerikaner); **Ạn|glo-Ame|ri|ka|ner;** ↑R 155 (Sammelname für Engländer u. Amerikaner); **an|glo|fran|zö|sisch** [*auch* 'aŋglo...]; **Ạn|glo|ka|na|di|er** [...i̯ər] (Englisch sprechender Kanadier); **An|glo|ma|ne,** der; -n, -n (↑R 197) ⟨lat; griech.⟩ (jmd., der alles Englische in übertriebener Weise schätzt und nachahmt); **An|glo|ma|nie,** die; -; **an|glo|nor|man|nisch; an|glo|phil** (englandfreundlich); **An|glo|phi|lie,** die; -; **an|glo|phob** (englandfeindlich); **An|glo|pho|bie,** die; -; **an|glo|phon** (englischsprachig)
An|go|la (Staat in Afrika); **An|go|la|ner; An|go|la|ne|rin; an|go|la|nisch**
An|go|ra‿kat|ze, ...wol|le ⟨*nach* Angora, dem früheren Namen von Ankara⟩
An|go|stu|ra ⓌⓏ, der; -s, -s ⟨span.⟩ (ein Bitterlikör)
ạn|grei|fen; *vgl.* angegriffen; **Ạn|grei|fer**
ạn|gren|zen; Ạn|gren|zer; Ạn|gren|zung
Ạn|griff, der; -[e]s, -e; in - nehmen; **ạn|grif|fig** (*schweiz. für* draufgängerisch, zupackend); **Ạn|griffs‿drit|tel** *(Eishockey),* **...geist, ...krieg, ...lust; ạn|griffs|lu|stig; Ạn|griffs‿spie|ler** *(Sportspr.),* **...waf|fe; ạn|griffs|wei|se**

Ạngst, die; -, Ängste; in Angst, in [tausend] Ängsten sein; Angst haben; aber (↑R 64): jmdm. angst [und bange] machen; mir ist, wird angst [und bange]; **ặng|sten,** sich (*nur noch geh. für* sich ängstigen); **ạngst‿er|füllt, ...frei; Ạngst|ge|fühl; Ạngst|geg|ner** (*Sportspr.* Gegner, der einem nicht liegt, den man fürchtet); **Ạngst|ha|se** *(ugs.)*; **ặng|sti|gen; Ặng|sti|gung; ặngst|lich; Ặngst|lich|keit,** die; -; **Ạngst‿neu|ro|se** (*Med., Psych.* krankhaftes Angstgefühl), **...par|tie** *(Sportspr.),* **...psy|cho|se,** *(Med., Psych.),* **...röh|re** (*scherzh. für* Zylinder)
Ång|ström ['ɔŋ... *od.* 'aŋ...], das; -[s] (veraltende Einheit der Licht- u. Röntgenwellenlänge; *Zeichen* Å)
Ạngst‿ruf, ...schweiß; ạngst|voll
an|gu|lar ⟨lat.⟩ (zu einem Winkel gehörend, Winkel...)
ạn|gur|ten; sich -
Anh. = Anhang
ạn|ha|ben *(ugs.)*; ..., daß er nichts anhat, angehabt hat; er kann mir nichts -
ạn|hä|keln (hinzuhäkeln)
ạn|ha|ken
[1]An|halt (ehem. Land des Deutschen Reichs); **[2]Ạn|halt** (Anhaltspunkt); **ạn|hal|ten; ạn|hal|tend; [1]Ạn|hal|ter** *vgl.* Anhaltiner; **[2]Ạn|hal|ter** *(ugs.)*; per - fahren (*ugs.* Fahrzeuge anhalten, um mitgenommen zu werden); **An|hal|ti|ner** *od.* Ạn|hal|ter ⟨*zu* [1]Anhalt⟩; **an|hal|tisch** ([1]Anhalt betreffend); **Ạn|halts|punkt**
an Hạnd, *jetzt häufig* **an|hạnd;** *Präp. mit Gen.:* an Hand *od.* anhand des Buches; an Hand *od.* anhand von Unterlagen; *vgl.* Hand *u.* ↑R 208
Ạn|hang, der; -[e]s, Anhänge (*Abk.* Anh.); **[1]ạn|hän|gen;** er hing einer Sekte an; *vgl.* [1]hängen; **[2]ạn|hän|gen;** er hängte den Zettel [an die Tür] an; *vgl.* [2]hängen; **Ạn|hän|ger; Ạn|hän|ger|schaft; ạn|hän|gig** (*Rechtsspr.* beim Gericht zur Entscheidung liegend); eine Klage - machen (Klage erheben); **ạn|häng|lich** (treu); **Ạn|häng|lich|keit,** die; -; **Ạn|häng|sel,** das; -s, -; **ạn|hangs|wei|se**
ạn|hau|chen
ạn|hau|en (*ugs. auch für* formlos ansprechen, um etwas bitten); wir hauten das Mädchen an
ạn|häu|fen; Ạn|häu|fung
ạn|he|ben (*auch geh. für* anfangen); er hob, *veraltet* hub an zu singen, zu sprechen usw.; **Ạn|he|bung**
ạn|hef|ten; am Hut *od.* an den Hut -

ạn|hei|meln; es heimelt mich an

an|heim|fal|len (*geh. für* zufallen); es fällt anheim; anheimgefallen; anheimzufallen; **an|heim‿ge|ben** *(geh.)*, **...stel|len** *(geh.)*

ạn|hei|schig; *nur in* sich - machen *(geh.)*

ạn|hei|zen

ạn|herr|schen; jmdn. -

ạn|heu|ern; jmdn. -; auf einem Schiff -

Ạn|hieb; *nur in* auf - (sofort)

ạn|him|meln *(ugs.)*

ạn|hin; bis - (*schweiz.* bis jetzt)

Ạn|hö|he

ạn|hö|ren; Ạn|hö|rung (*für* Hearing)

An|hy|drid, das; -s, -e ‹griech.› (*Chemie* durch Wasserentzug entstandene Verbindung); **An|hy|drit** [*auch* ...'drit], der; -s, -e (wasserfreier Gips)

änig|ma|tisch ‹griech.› (*selten für* rätselhaft)

Ani|lin, das; -s ‹arab.-port.› (Ausgangsstoff für Farben u. Heilmittel); **Ani|lin‿far|be, ...le|der, ...rot**

ani|ma|lisch ‹lat.› (tierisch; tierhaft; triebhaft); **Ani|ma|lis|mus,** der; - (religiöse Verehrung von Tieren); **Ani|ma|teur** [...'tø:r], der; -s, -e ‹franz.› (Spielleiter in einem Freizeitzentrum); **Ani|ma|ti|on,** die; -, -en ‹lat.› (organisierte Sport- u. Freizeitaktivitäten für Urlauber; Belebung, Bewegung der Figuren im Trickfilm); **ani|ma|to** ‹ital.› (*Musik* beseelt, belebt); **ani|mie|ren** ‹franz.› (beleben, anregen, ermuntern); **Ani|mier‿knei|pe** *(ugs.)*, **...mäd|chen** *(ugs.)*; **Ani|mis|mus,** der; - ‹lat.› (Lehre von der Beseeltheit aller Dinge); **Ani|mo,** das; -s ‹ital.› (*österr. für* Schwung, Lust; Vorliebe); **Ani|mo|si|tät,** die; -, -en ‹lat.› (Feindseligkeit); **Ani|mus,** der; - („Seele") (*scherzh. für* Ahnung)

Ạn|ion, das; -s, -en ‹griech.› (*Physik* negativ geladenes elektrisches Teilchen)

Anis [*od.* 'a:nis, *österr. u. schweiz. nur so*], der; -es, -e ‹griech.› (eine Gewürz- u. Heilpflanze); **Anis‿bo|gen** *od.* **...schar|te** (*österr.* eine Gebäckart); **Ani|sette** [...'zɛt], der; -s, -s ‹franz.› (Anislikör)

Ani|ta (w. Vorn.)

Ạn|ja (w. Vorn.)

An|jou [ã'ʒu:] (altfranz. Grafschaft; Fürstengeschlecht)

Ank. = Ankunft

Ạn|ka|ra (Hptst. der Türkei)

Ạn|ka|the|te, die; -, -n *(Geom.)*

Ạn|kauf; An- und Verkauf (↑R 32); **ạn|kau|fen; Ạn|kaufs‿etat, ...recht**

[1]**Ạn|ke** (w. Vorn.)

[2]**Ạn|ke,** der; -n, -n; ↑R 197 (ein Fisch)

Ạn|ken, der; -s (*schweiz. mdal. für* Butter)

Ạn|ker, der; -s, -; vor - gehen, liegen; **Ạn|ker‿bo|je, ...ket|te; ạn|kern;** ich ...ere (↑R 22); **Ạn|ker‿platz, ...spill, ...tau** (das; -[e]s, -e), **...win|de**

ạn|ket|ten

Ạn|kla|ge; Ạn|kla|ge|bank *Plur.* ...bänke; **ạn|kla|gen; Ạn|klä|ger; Ạn|kla|ge|schrift**

Ạn|klam (Stadt an der Peene)

ạn|klam|mern; sich -

Ạn|klang; - finden

ạn|kle|ben

Ạn|klei|de|ka|bi|ne; ạn|klei|den; sich -; **Ạn|klei|de|raum**

ạn|klin|gen

ạn|klop|fen

ạn|knab|bern

ạn|knack|sen (*ugs. für* leicht anbrechen; schädigen); meine Gesundheit ist angeknackst

ạn|knip|sen; das Licht - *(ugs.)*

ạn|knüp|fen; Ạn|knüp|fung; Ạn|knüp|fungs|punkt

ạn|ko|chen

ạn|koh|len; jmdn. - (*ugs. für* zum Spaß belügen)

ạn|kom|men; mich (*veraltet* mir) kommt ein Ekel an; es kommt mir nicht darauf an; **Ạn|kömm|ling**

ạn|kön|nen (*ugs. für* sich gegen jmdn. durchsetzen können); er kann gegen ihn nicht an

ạn|kop|peln

ạn|kör|nen (*Handw.* zu bohrende Löcher mit dem Körner markieren)

ạn|kot|zen *(derb)*; jmdn. - (anwidern)

ạn|kral|len; sich an das *od.* am Gitter -

ạn|krat|zen; sich - (*ugs. für* sich einschmeicheln)

ạn|krei|den; jmdm. etwas - (*ugs. für* zur Last legen)

Ạn|kreis *(Geometrie)*

ạn|kreu|zen

ạn|kün|den, *älter u. schweiz. für* **ạn|kün|di|gen; Ạn|kün|di|gung**

Ạn|kunft, die; - (*Abk.* Ank.); **Ạn|kunfts‿stem|pel, ...zeit**

ạn|kur|beln; Ạn|kur|be|lung, Ạn|kurb|lung

An|ky|lo|se, die; -, -n ‹griech.› (*Med.* Gelenkversteifung)

ạn|lä|cheln; ạn|la|chen

Ạn|la|ge; etwas als *od.* in der - übersenden; **Ạn|la|ge|be|ra|ter** *(Wirtsch.)*, **Ạn|la|gen|fi|nan|zie|rung; Ạn|la|ge‿pa|pier, ...ver|mö|gen**

ạn|la|gern *(Chemie);* **Ạn|la|ge|rung**

ạn|lan|den; etwas, jmdn. - (an Land bringen); irgendwo - (anlegen); das Ufer landet an (*Geol.* verbreitert sich durch Sandansammlung); **Ạn|lan|dung**

ạn|lan|gen *vgl.* an[be]langen

Ạn|laß, der; ...lasses, ...lässe; - geben, nehmen; **ạn|las|sen; Ạn|las|ser** *(Technik);* **ạn|läß|lich** *(Amtsspr.); Präp. mit Gen.:* - des Festes

ạn|la|sten (zur Last legen)

Ạn|lauf; ạn|lau|fen; Ạn|lauf‿ge|schwin|dig|keit, ...stel|le, ...zeit

Ạn|laut; ạn|lau|ten (mit einem bestimmten Laut beginnen); **ạn|läu|ten;** jmdn., *südd. auch, schweiz. nur* jmdm. - (jmdn. telefonisch anrufen)

ạn|le|gen; Ạn|le|ge|platz; Ạn|le|ger (jmd., der Kapital anlegt; *Druckw.* Papiereinführer); **Ạn|le|ge|rin; Ạn|le|ge|stel|le**

ạn|leh|nen; ich lehne mich an die Wand an; **Ạn|leh|nung; ạn|leh|nungs|be|dürf|tig**

Ạn|leh|re (*schweiz. für* Anlernzeit, Kurzausbildung)

ạn|lei|ern (*ugs. für* ankurbeln); ein Hilfsprogramm -

Ạn|lei|he; Ạn|lei|he|ab|lö|sung; Ạn|lei|he|pa|pier

ạn|lei|men

ạn|lei|nen; den Hund -

ạn|lei|ten; Ạn|lei|tung

Ạn|lern|be|ruf; ạn|ler|nen; jmdn. -; das habe ich mir angelernt *(ugs.);* **Ạn|lern|ling; Ạn|lern|zeit**

ạn|le|sen

ạn|lie|fern; Ạn|lie|fe|rung

ạn|lie|gen; eng am Körper -; *vgl.* angelegen; **Ạn|lie|gen,** das; -s, - (Wunsch); **ạn|lie|gend** *(Kaufmannsspr.);* - (anbei, hiermit) der Bericht; **Ạn|lie|ger** (Anwohner); **Ạn|lie|ger‿staat** (*Plur.* ...staaten), **...ver|kehr**

ạn|lie|ken (*Seemannsspr.* das Liek an einem Segel befestigen)

ạn|locken [*Trenn.* ...lok|ken]

ạn|lö|ten

ạn|lü|gen

ạn|lu|ven [...f...] (*Seemannsspr.* Winkel zwischen Kurs u. Windrichtung verkleinern)

Anm. = Anmerkung

Ạn|ma|che, die; - *(ugs.);* **ạn|ma|chen** (*ugs. auch für* ansprechen; belästigen); jmdn. -; **ạn|mä|che|lig** (*schweiz. mdal. für* reizend, attraktiv)

ạn|mah|nen

ạn|ma|len

Ạn|marsch, der; **Ạn|marsch|weg**

ạn|ma|ßen, sich; du maßt dir etwas an; **ạn|ma|ßend;** -ste; **Ạn|ma|ßung**

ạn|meckern [*Trenn.* ...mek|kern] (*ugs. für* nörgelnd belästigen); jmdn. -

ạn|mei|ern (*ugs. für* anführen, betrügen)

An|mel|de|for|mu|lar; an|mel|den; An|mel|de|pflicht; an|mel|de|pflich|tig; An|mel|dung
an|men|gen *(landsch.);* Mehl [mit Sauerteig] - (anrühren)
an|mer|ken; ich ließ mir nichts -; **An|mer|kung** (*Abk.* Anm.)
an|mes|sen; jmdm. etwas -
an|mie|ten; An|mie|tung
an|mon|tie|ren
an|mot|zen (*ugs. für* nörgelnd belästigen); jmdn. -
an|mu|stern (*Seemannsspr.* anwerben; den Dienst aufnehmen); **An|mu|ste|rung**
An|mut, die; -; **an|mu|ten;** es mutet mich komisch an; **an|mu|tig; an|mut[s]|voll; An|mu|tung** (*Psych.* emotionale Wirkung von Wahrnehmungen usw. auf den Erlebenden)
¹**An|na** (w. Vorn.); Anna selbdritt (Anna, Maria u. das Jesuskind)
²**An|na,** der; -[s], -[s] ‹Hindi› (frühere Münzeinheit in Indien; $^1/_{16}$ Rupie)
An|na|bel|la (w. Vorn.)
an|na|deln (*österr. für* mit einer Stecknadel befestigen); ich nad[e]le an (↑R 22)
an|na|geln
an|nä|hen
an|nä|hern; sich -; **an|nä|hernd; An|nä|he|rung; An|nä|he|rungs|ver|such; an|nä|he|rungs|wei|se**
An|nah|me, die; -, -n; **An|nah|me|er|klä|rung, ...stel|le, ...ver|merk, ...ver|wei|ge|rung**
An|na|len *Plur.* ‹lat.› ([geschichtliche] Jahrbücher)
An|na|pur|na, der; -[s] (Gebirgsmassiv im Himalaja)
An|na|ten *Plur.* ‹lat.› (finanzielle Abgaben an die päpstl. Kurie im MA.)
Änn|chen (w. Vorn.); **An|ne, Än|ne** (*für* Anna); **An|ne|do|re; An|ne|gret; An|ne|heid** *u.* **An|ne|hei|de;** ↑R 132 (w. Vorn.)
an|nehm|bar; an|neh|men; *vgl.* angenommen; **an|nehm|lich** *(veraltet);* **An|nehm|lich|keit**
an|nek|tie|ren ‹lat.› (sich [gewaltsam] aneignen)
An|ne|li (w. Vorn.); **An|ne|lie|se; An|ne|lo|re; An|ne|ma|rie; An|ne|ro|se;** ↑R 132 (w. Vorn.)
An|net|te (w. Vorn.)
An|nex, der; -es, -e ‹lat.› (Zubehör; Anhängsel); **An|ne|xi|on,** die; -, -en ([gewaltsame] Aneignung); **An|ne|xio|nis|mus,** der; -; ↑R 180 (Bestrebungen, eine Annexion herbeizuführen)
An|ni, Än|ni (w. Vorn.)
An|ni|ver|sar [...v...], das; -s, -e ‹lat.› *u.* **An|ni|ver|sa|ri|um,** das; -s, ...ien [...iən] *meist Plur.* (*kath. Kirche* jährlich wiederkehrende Gedächtnisfeier für einen Toten)
an|no, *österr. u. schweiz. nur so, auch* **An|no** ‹lat.› (*veraltet für* im Jahre; *Abk.* a. *od.* A.); - elf; - dazumal; - Tobak (*ugs. für* in alter Zeit); **An|no Do|mi|ni** (im Jahre des Herrn; *Abk.* A. D.)
An|non|ce [a'nɔŋsə *od.* a'nɔ̃:sə, *österr.* a'nɔ̃:s], die; -, -n [...s(ə)n] ‹franz.› (Zeitungsanzeige); **An|non|cen|ex|pe|di|ti|on** (Anzeigenvermittlung); **An|non|ceu|se** [...'sø:zə], die; -, -n (Angestellte im Gaststättengewerbe); **an|non|cie|ren** [...'si:...]
An|no|ne, die; -, -n ‹indian.› (trop. Baum mit eßbaren Früchten)
An|no|ta|ti|on, die; -, -en *meist Plur.* ‹lat.› (*veraltet für* Aufzeichnung, Vermerk; *Buchw.* kurze Charakterisierung eines Buches)
an|nu|ell ‹franz.› (*Bot.* einjährig); **An|nui|tät** [...ui...], die; -, -en (↑R 180) ‹lat.› (jährliche Zahlung zur Tilgung einer Schuld)
an|nul|lie|ren ‹lat.› (für ungültig erklären); **An|nul|lie|rung**
An|nun|zia|ten|or|den; ↑R 180 (ehem. höchster ital. Orden)
An|ode, die; -, -n ‹griech.› (*Physik* positive Elektrode, Pluspol)
an|öden (*ugs. für* langweilen)
An|oden‿bat|te|rie *(Physik),* **...span|nung, ...strah|len** *(Plur.)*
an|omal [*od.* ...'ma:l] ‹griech.› (unregelmäßig, regelwidrig); **An|oma|lie,** die; -, ...ien
Ano|mie, die; -, -n ‹griech.› (*Soziol.* Zustand, in dem die Stabilität der sozialen Beziehungen gestört ist)
an|onym ‹griech.› (ohne Nennung des Namens, ungenannt); ein -er Anrufer, a b e r (↑R 75): Anonyme Alkoholiker; **an|ony|mi|sie|ren; An|ony|mi|tät,** die; - (Unbekanntheit des Namens, Namenlosigkeit); **An|ony|mus,** der; -, *Plur.* ...mi *u.* ...nymen (Ungenannter)
An|ophe|les, die; -, - ‹griech.› (*Zool.* Malariamücke)
Ano|rak, der; -s, -s ‹eskim.› (Windbluse mit Kapuze)
an|ord|nen; An|ord|nung (*Abk.* AO)
an|or|ga|nisch ‹griech.› (unbelebt); -e Chemie, Natur
anor|mal ‹mlat.› (regelwidrig, ungewöhnlich, krankhaft)
An|or|thit [*auch* ...'tit], der; -s ‹griech.› (ein Mineral)
Anouilh [a'nuj] (franz. Dramatiker)
an|packen [*Trenn.* ...pak|ken]
an|pad|deln; An|pad|deln, das; -s (jährl. Beginn des Paddelsports)
an|pas|sen; sich -; **An|pas|sung,** die; -, -en *Plur. selten;* **an|pas|sungs|fä|hig**
an|pei|len
an|pfei|fen (*ugs. auch für* heftig tadeln); **An|pfiff**
an|pflan|zen; An|pflan|zung
an|pflau|men (*ugs. für* necken, verspotten); **An|pflau|me|rei**
an|picken [*Trenn.* ...pik|ken] (*österr. ugs. für* ankleben)
an|pin|keln *(ugs.)*
an|pin|nen (*ugs. für* mit Pinnen befestigen)
an|pir|schen; sich - (*ugs. für* sich heranschleichen)
an|pö|beln (*ugs. abwertend* in ungebührlicher Weise belästigen)
An|prall, der; -[e]s; **an|pral|len**
an|pran|gern (öffentl. tadeln); ich prangere an (↑R 22); **An|pran|ge|rung**
an|prei|en *(Seemannsspr.);* ein anderes Schiff - (anrufen)
an|prei|sen; An|prei|sung
An|pro|be; an|pro|bie|ren
an|pum|pen *(ugs.);* jmdn. - (sich von jmdm. Geld leihen)
an|quas|seln (*ugs. für* ungeniert ansprechen)
an|quat|schen (*ugs. für* ungeniert ansprechen)
an|rai|nen (angrenzen); **An|rai|ner** (*Rechtsspr., bes. österr. für* Anlieger, Grenznachbar); **An|rai|ner|staat**
an|ran|zen (*ugs. für* scharf tadeln); du ranzt an; **An|ran|zer** *(ugs.)*
an|ra|ten; An|ra|ten, das; -s; auf -
an|rau|chen; die Zigarre -
an|rau|hen; angerauht
an|raun|zen (*ugs. für* scharf zurechtweisen)
an|rech|nen; das rechne ich dir hoch an; **An|rech|nung;** *(Amtsspr.:)* in - bringen, *dafür besser:* anrechnen
An|recht; An|rechts|kar|te
An|re|de; An|re|de‿fall, der (*für* Vokativ), **...für|wort** (z. B. du, Sie); **an|re|den;** jmdn. mit Sie, du -
an|re|gen; an|re|gend; -ste; **An|re|gung; An|re|gungs|mit|tel,** das
an|rei|chern; ich reichere an (↑R 22); **An|rei|che|rung**
an|rei|hen; an|rei|hend (*für* kopulativ)
An|rei|se; an|rei|sen; An|rei|se|tag
an|rei|ßen; An|rei|ßer (Vorzeichner; aufdringlicher Kundenwerber); **an|rei|ße|risch** (aufdringlich; marktschreierisch)
An|reiz; an|rei|zen
an|rem|peln *(ugs.);* **An|rem|pe|lung, An|remp|lung** *(ugs.)*
an|ren|nen
An|rich|te, die; -, -n; **an|rich|ten; An|rich|te|tisch**
An|riß, der; ...isses, ...isse (*Technik* Vorzeichnung; *Sport* kräftiges

Durchziehen zu Beginn eines Ruderschlages)
an|rü|chig; An|rü|chig|keit, die; -
an|rucken [*Trenn.* ...ruk|ken] (mit einem Ruck anfahren); **an-rücken** [*Trenn.* ...rük|ken] ([in einer Formation] näher kommen)
an|ru|dern; An|ru|dern, das; -s (jährl. Beginn des Rudersports)
An|ruf; An|ruf|be|ant|wor|ter; an-ru|fen; An|ru|fer; An|ru|fung
an|rüh|ren
ans; ↑R 17 (an das); bis - Ende
an|sä|en; Weizen -
An|sa|ge, die; -, -n; **An|sa|ge-dienst; an|sa|gen**
an|sä|gen
An|sa|ger (*kurz für* Fernseh- od. Rundfunkansager); **An|sa|ge|rin**
an|sa|men (*Forstw.* sich durch herabfallende Samen entwik-keln)
an|sam|meln; An|samm|lung
an|säs|sig; An|säs|sig|keit, die; -
An|satz; An|satz‿punkt, ...rohr *(Med.),* **...stück; an|satz|wei|se**
an|sau|fen *(derb);* ich saufe mir einen an (*ugs. für* betrinke mich)
an|sau|gen
an|säu|seln; ich säusele mir einen an (*ugs. für* betrinke mich leicht); *vgl.* angesäuselt
Ans|bach (Stadt in Mittelfranken)
An|schaf|fe, die; - (*ugs.; auch für* Prostitution); **an|schaf|fen** (*bayr., österr. auch für* anordnen); *vgl.* ¹schaffen; **An|schaf-fung; An|schaf|fungs|ko|sten** *Plur.*
an|schäf|ten; Pflanzen - (veredeln)
an|schal|ten
an|schau|en; an|schau|lich; An-schau|lich|keit, die; -; **An-schau|ung; An|schau|ungs‿ma-te|ri|al, ...un|ter|richt**
An|schein, der; -[e]s; allem, dem - nach; **an|schei|nend;** *vgl.* scheinbar
an|schei|ßen (*derb für* heftig tadeln)
an|schicken [*Trenn.* ...schik|ken], sich -
an|schie|ben
an|schie|ßen
an|schim|meln
an|schir|ren; ein Pferd -
An|schiß, der; ...schisses, ...schisse (*derb für* heftiger Tadel)
An|schlag; an|schla|gen; das Essen schlägt an; er hat angeschlagen (*südd., österr. für* das Faß angestochen, angezapft); **An-schlä|ger** *(Bergmannsspr.);* **an-schlä|gig** (*landsch. für* schlau, geschickt); **An|schlag|säu|le**
an|schlei|chen; sich -
¹an|schlei|fen; sie hat das Messer angeschliffen (ein wenig scharf geschliffen); *vgl.* ¹schleifen; **²an-schlei|fen;** er hat den Sack angeschleift (*ugs. für* schleifend herangezogen); *vgl.* ²schleifen
an|schlep|pen
an|schlie|ßen; an|schlie|ßend;
An|schluß; An|schluß‿ka|bel, ...strecke [*Trenn.* ...strek|ke], **...tref|fer** *(Sport)*
an|schmei|cheln, sich -
an|schmie|gen, sich; **an-schmieg|sam; An|schmieg-sam|keit,** die; -
an|schmie|ren (*ugs. auch für* betrügen)
an|schmut|zen; angeschmutzt
an|schnal|len, sich -; **An|schnall-pflicht,** die; -
an|schnau|zen (*ugs. für* grob tadeln); **An|schnau|zer** *(ugs.)*
an|schnei|den; An|schnitt
An|schop|pung (*Med.* vermehrte Ansammlung von Blut in den Kapillaren)
An|scho|vis [...vis], die; -, - ‹griech.› ([gesalzene] kleine Sardelle)
an|schrau|ben
an|schrei|ben; An|schrei|ben
an|schrei|en
An|schrift
an|schul|di|gen; An|schul|di-gung
An|schuß *(Jägerspr.)*
an|schwär|zen (*ugs. auch für* verleumden)
an|schwei|ßen
¹an|schwel|len; der Strom schwillt an, war angeschwollen; *vgl.* ¹schwellen; **²an|schwel|len;** der Regen hat die Flüsse angeschwellt; *vgl.* ²schwellen; **An-schwel|lung**
an|schwem|men; An|schwem-mung
an|schwin|deln *(ugs.);* jmdn. -
an|schwit|zen (in heißem Fett gelb werden lassen)
An|schwung *(Sportspr.)*
an|se|geln; An|se|geln, das; -s (jährlicher Beginn des Segel[flug]sports)
an|se|hen; ich sehe mir etw. an; *vgl.* angesehen; **An|se|hen,** das; -s; ohne - der Person (ganz gleich, um wen es sich handelt);
an|se|hens|wert; an|sehn|lich;
An|sehn|lich|keit, die; -
an|sei|len; sich -
an|sein (*ugs. für* angeschaltet sein); das Licht ist an, ist angewesen, aber: ..., daß das Licht an ist, war
An|selm (m. Vorn.); *vgl.* Anshelm; **An|sel|ma** (w. Vorn.)
an|set|zen; am oberen Ende -; einen Saum an den *od.* am Rock -
Ans|gar (m. Vorn.); **Ans|helm** (m. Vorn.)
¹an sich (eigentlich); **²an sich;** etw. - - haben, bringen
An|sicht, die; -, -en; meiner - nach (*Abk.* m. A. n.); **an|sich|tig;** *mit Gen.:* des Gebirges - werden *(geh.);* **An|sichts‿kar|te, ...sa-che, ...sen|dung**
an|sie|deln; sich -; **An|sie|de-lung; An|sied|ler; An|sied|le|rin;**
An|sied|lung *vgl.* Ansiedelung
An|sin|nen, das; -s, -; ein - an jmdn. stellen
An|sitz (*Jägerspr.; österr. auch für* repräsentativer Wohnsitz)
an|sonst (*schweiz., österr. für* anderenfalls); **an|son|sten** (*ugs. für* im übrigen, anderenfalls)
an|span|nen; An|span|nung
an|spa|ren
an|spei|en *(geh.);* jmdn. - (anspucken)
An|spiel, das; -[e]s *(Sportspr.);* **an-spiel|bar; an|spie|len; An|spie-lung** (versteckter Hinweis)
an|spin|nen; etw. spinnt sich an
an|spit|zen (*ugs. auch für* antreiben); **An|spit|zer**
An|sporn, der; -[e]s; **an|spor|nen;**
An|spor|nung
An|spra|che; an|sprech|bar; an-spre|chen; auf etw. - (reagieren); **an|spre|chend;** am -sten (↑R 65); **An|sprech|part|ner**
an|sprin|gen
an|sprit|zen
An|spruch; etwas in - nehmen;
an|spruchs|los; -este; **An-spruchs|lo|sig|keit,** die; -; **an-spruchs|voll**
An|sprung
an|spucken[1]
an|spü|len; An|spü|lung
an|sta|cheln
An|stalt, die; -, -en; keine -en zu etw. machen (nicht beginnen [wollen]); **An|stalts‿er|zie|hung, ...lei|ter** (der)
An|stand; keinen - an dem Vorhaben nehmen (*geh. für* keine Bedenken haben); auf dem - stehen *(Jägerspr.);* **an|stän|dig; An-stän|dig|keit,** die; -; **an|stands-‿hal|ber, ...los; An|stands‿re-gel, ...wau|wau** *(ugs.)*
an|stän|kern *(ugs.);* gegen etw., jmdn. -
an|star|ren
an|statt; *vgl.* statt *u.* Statt; anstatt daß (↑R 126); anstatt zu (↑R 107)
an|stau|ben
an|stau|en
an|stau|nen
an|ste|chen; ein Faß - (anzapfen)
an|stecken[1]; *vgl.* ²stecken; **an-steckend**[1]; **An|steck|na|del; An-steckung**[1] *Plur. selten;* **An-steckungs|ge|fahr**[1]
an|ste|hen (*auch Bergmannsspr.* hervortreten, zutage liegen); ich stehe nicht an (habe keine Be-

[1] *Trenn.* ...k|k...

denken); anstehendes (*Geol.* zutage liegendes) Gestein; auf jmdn. - (*österr. für* angewiesen sein)
an|stei|gen
an Stel|le, *jetzt häufig* **an|stel|le** (↑R 208); *Präp. mit Gen.:* an Stelle *od.* anstelle des Vaters; an Stelle *od.* anstelle von Worten; aber: an die Stelle des Vaters ist der Vormund getreten
an|stel|len; sich -; **An|stel|le|rei; an|stel|lig** (geschickt); **An|stel|lig|keit,** die; -; **An|stel|lung; An|stel|lungs|ver|trag**
an|steu|ern
An|stich (eines Fasses [Bier])
An|stieg, der; -[e]s, -e
an|stie|ren
an|stif|ten; An|stif|ter; An|stif|te|rin; An|stif|tung
an|stim|men; ein Lied -
An|stoß; - nehmen an etwas; **an|sto|ßen; An|stö|ßer** (*schweiz. für* Anlieger, Anrainer); **an|stö|ßig; An|stö|ßig|keit**
an|strah|len; An|strah|lung
an|strän|gen; ein Pferd - (anschirren)
an|stre|ben; an|stre|bens|wert; -este
an|strei|chen; An|strei|cher
an|stren|gen; sich - (sehr bemühen); einen Prozeß -; **an|stren|gend; An|stren|gung**
An|strich
an|stücken [*Trenn.* ...stük|ken]
An|sturm, der; -[e]s; **an|stür|men**
an|su|chen; um etwas - (*Amtsspr.* um etwas bitten); **An|su|chen,** das; -s, - (förmliche Bitte; Gesuch); auf -; **An|su|cher**
Ant|ago|nis|mus, der; -, ...men ‹griech.› (Widerstreit; Gegensatz); **Ant|ago|nist,** der; -en, -en; ↑R 197 (Gegner); **ant|ago|ni|stisch;** -ste
an|tail|lie|ren [...ta(l)ji:...] (*Schneiderei* mit leichter Taille versehen); leicht antailliert
An|ta|na|na|ri|vo [...vo] (Hptst. von Madagaskar)
an|tan|zen (*ugs. für* kommen)
Ant|ares, der; - ‹griech.› (ein Stern)
Ant|ark|ti|ka (antarktischer Kontinent); **Ant|ark|tis,** die; - ‹griech.› (Südpolgebiet mit dem Meer); **ant|ark|tisch**
an|ta|sten
an|tau|chen (*österr. ugs. für* anschieben; sich mehr anstrengen)
an|tau|en
An|tä|us (Gestalt der griech. Sage)
an|täu|schen (*Sport*)
An|te, die; -, -n ‹lat.› (*Archit.* viereckiger Wandpfeiler)
an|te Chri|stum [na|tum] ‹lat.› (*veraltet für* vor Christi Geburt, vor Christus; *Abk.* a. Chr. [n.])
an|te|da|tie|ren ‹lat.› (*veraltet für* [ein Schreiben] vorausdatieren od. zurückdatieren)
An|teil, der; -[e]s, -e; - haben, nehmen; **an|tei|lig; An|teil|nah|me,** die; -; **An|teil|schein; An|teils|eig|ner** (Inhaber eines Anteilscheins); **an|teil[s]|mä|ßig**
an|te me|ri|di|em ‹lat.› (vormittags; *Abk.* a. m.)
an|te mor|tem ‹lat.› (*Med.* kurz vor dem Tode; *Abk.* a. m.)
An|ten|ne, die; -, -n ‹lat.› (Vorrichtung zum Senden od. Empfangen elektromagnet. Wellen; Fühler der Gliedertiere); **An|ten|nen‿an|la|ge, ...mast, ...wald** (*ugs.*)
An|ten|tem|pel ‹lat.› (altgriech. Tempel mit Anten)
An|te|pen|di|um, das; -s, ...ien [...i̯ən] ‹lat.› (Verkleidung des Altarunterbaus)
An|the|mi|on, das; -s, ...ien [...i̯ən] ‹griech.› (*Archit.* [altgriech.] Schmuckfries); **An|the|re,** die; -, -n (*Bot.* Staubbeutel der Blütenpflanzen); **An|tho|lo|gie,** die; -, ...i̲en ([Gedicht]sammlung; Auswahl); **an|tho|lo|gisch** (ausgewählt)
An|thra|cen, *auch* **An|thra|zen,** das; -s, -e ‹griech.› (aus Steinkohlenteer gewonnene chem. Verbindung); **an|thra|zit** [*auch* ...'tsit] (schwarzgrau); **An|thra|zit,** der; -s, -e *Plur. selten* (hochwertige, glänzende Steinkohle); **an|thra|zit‿far|ben** *od.* **...far|big**
an|thro|po|gen ‹griech.› (durch den Menschen beeinflußt, verursacht); -e Faktoren; **An|thro|po|ge|nie,** die; - ([Lehre von der] Entstehung des Menschen); **an|thro|po|id** (menschenähnlich); **An|thro|po|i|den** *Plur.;* ↑R 180 (Menschenaffen); **An|thro|po|lo|ge,** der; -n, -n; ↑R 197 (Wissenschaftler auf dem Gebiet der Anthropologie); **An|thro|po|lo|gie,** die; - (Wissenschaft vom Menschen u. seiner Entwicklung); **An|thro|po|lo|gin; an|thro|po|lo|gisch; an|thro|po|morph** (menschenähnlich); **an|thro|po|mor|phisch** (die menschliche Gestalt betreffend); **An|thro|po|mor|phis|mus,** der; -, ...men (Vermenschlichung [des Göttlichen]); **An|thro|po|pha|ge,** der; -n, -n; ↑R 197 (*fachspr. für* Kannibale); **An|thro|po|pho|bie,** die; - (*Psych.* Menschenscheu); **An|thro|po|soph,** der; -en, -en; ↑R 197 (Vertreter der Anthroposophie); **An|thro|po|so|phie,** die; - (Lehre, nach der der Mensch auf Grund höherer seel. Fähigkeiten übersinnl. Erkenntnisse erlangen kann); **an|thro|po|so|phisch; an|thro|po|zen|trisch** (den Menschen in den Mittelpunkt stellend)
An|thu|rie [...i̯ə], die; -, -n ‹griech.› (Flamingoblume, eine Zierpflanze)
an|ti... ‹griech.› (gegen...); **An|ti...** (Gegen...)
An|ti-AKW-De|mon|stra|ti|on [...a:ka:'ve:...] (↑R 41)
An|ti|al|ko|ho|li|ker[1] ‹griech.; arab.› (Alkoholgegner)
an|ti|ame|ri|ka|nisch[1] (gegen die USA gerichtet)
An|ti|apart|heid|be|we|gung
an|ti|au|to|ri|tär[1] ‹griech.; lat.› (autoritäre Normen ablehnend)
An|ti|ba|by|pil|le, *auch* **An|ti-Ba|by-Pil|le** [...'be:bi(:)...] ‹griech.; engl.; lat.› (ein hormonales Empfängnisverhütungsmittel)
an|ti|bak|te|ri|ell[1] ‹griech.›
An|ti|bio|ti|kum, das; -s, ...ka (↑R 180) ‹griech.› (*Med.* biologischer Wirkstoff gegen Krankheitserreger); **an|ti|bio|tisch**
An|ti|blockier|sy|stem [*Trenn.* ...blok|kier...] ‹griech.; franz.; griech.› (*Abk.* ABS)
an|ti|cham|brie|ren [...ʃam'bri:...] ‹franz.› (*veraltet* im Vorzimmer warten; katzbuckeln, dienern)
An|ti|christ [...krist], der; -[s] (*Rel.* der Widerchrist, Teufel) *u.* der; -en, -en (↑R 197) ‹griech.› (Gegner des Christentums); **an|ti|christ|lich**
an|ti|de|mo|kra|tisch[1] ‹griech.›
An|ti|de|pres|si|vum [...vum], das; -s ...va [...va] *meist Plur.* ‹griech.; lat.› (*Med.* Mittel gegen Depressionen)
An|ti|dia|be|ti|kum, das; -s, ...ka (↑R 180) ‹griech.› (*Med.* Medikament gegen Diabetes)
An|ti|dot, das; -[e]s, -e *u.* **An|ti|do|ton,** das; -s, ...ta ‹griech.› (*Med.* Gegengift)
An|ti|dum|ping|ge|setz [...'dam...] ‹griech.; engl.; dt.› (*Wirtsch.* Verbot des Dumpings)
An|ti|fa|schis|mus[1] ‹griech.; ital.› (Gegnerschaft gegen Faschismus und Nationalsozialismus); **An|ti|fa|schist**[1], der; -en, -en; ↑R 197 (Gegner des Faschismus); **an|ti|fa|schi|stisch**[1]
An|ti|fou|ling ['ɛntifaulin, *auch* 'anti...], das; -s ‹griech.; engl.› (Anstrich für den unter Wasser befindlichen Teil des Schiffes, der pflanzl. u. tier. Bewuchs verhindert)
An|ti|gen, das; -s, -e ‹griech.› (*Med., Biol.* artfremder Eiweißstoff, der im Körper die Bildung von Abwehrstoffen gegen sich selbst bewirkt)

---
[1] [*auch* 'anti...]

An|ti|go|ne [...ne:] (griech. Sagengestalt, Tochter des Ödipus)
An|ti|gua|ner; an|ti|gua|nisch; An|ti|gua und Bar|bu|da (Inselstaat in der Karibik)
An|ti|held ‹griech.; dt.› (negative Hauptfigur in der Literatur)
an|ti|im|pe|ria|li|stisch[1] (gegen den Imperialismus gerichtet)
an|tik ‹lat.› (altertümlich; dem klass. Altertum angehörend); **[1]An|ti|ke**, die; - (das klass. Altertum u. seine Kultur); **[2]An|ti|ke**, die; -, -n *meist Plur.* (antikes Kunstwerk); **An|ti|ken|samm|lung; an|ti|kisch** (der [1]Antike nachstrebend); **an|ti|ki|sie|ren** (nach der Art der [1]Antike gestalten; die [1]Antike nachahmen)
an|ti|kle|ri|kal[1] ‹griech.› (kirchenfeindlich); **An|ti|kle|ri|ka|lis|mus**[1]
An|ti|kli|max, die; -, -e *Plur. selten* ‹griech.› (*Rhet., Stilk.* Übergang vom stärkeren zum schwächeren Ausdruck)
an|ti|kli|nal ‹griech.› (*Geol.* sattelförmig)
An|ti|klopf|mit|tel, das; -s, - (Zusatz zu Vergaserkraftstoffen)
An|ti|kom|mu|nis|mus[1] [*österr. nur* 'anti...] ‹griech.; lat.›; **an|ti|kom|mu|ni|stisch**[1] [*österr. nur* 'anti...]
an|ti|kon|zep|tio|nell[1] (↑R 180) ‹griech.; lat.› (*Med.* die Empfängnis verhütend)
An|ti|kör|per *Plur.* ‹griech.; dt.› (*Med.* Abwehrstoffe im Blut gegen artfremde Eiweiße)
An|ti|kri|tik[1] [*auch* ...'tik] ‹griech.› (Erwiderung auf eine Kritik)
An|til|len *Plur.* (Inselgruppe in der Karibik)
An|ti|lo|pe, die; -, -n ‹franz.› (ein Huftier)
An|ti|ma|chia|vell [...makia'vɛl], der; -s (↑R 180) ‹griech.; ital.› (Schrift Friedrichs d. Gr. gegen Machiavelli)
An|ti|mi|li|ta|ris|mus[1], der; - ‹griech.; lat.› (Ablehnung militärischer Gesinnung u. Rüstung); **an|ti|mi|li|ta|ri|stisch**[1]
An|ti|mon [*österr.* 'anti...], das; -s ‹arab.› (chem. Element, Metall; *Zeichen* Sb [*vgl.* Stibium])
an|ti|mon|ar|chisch[1] ‹griech.› (monarchiefeindlich)
An|ti|neur|al|gi|kum, das; -s, ...ka ‹griech.› (*Med.* schmerzstillendes Mittel)
An|ti|no|mie, die; -, ...ien ‹griech.› (*fachspr.* Widerspruch eines Satzes in sich oder zweier gültiger Sätze)
An|ti|no|us (schöner griech. Jüngling an Hadrians Hof)

[1] [*auch* 'anti...]

an|tio|che|nisch [...'xe:...] (↑R 180); **An|tio|chia** [*auch* ...'xi:a] ↑R 180 (altsyr. Stadt); **An|tio|chi|en** [...iən] ↑R 180 (mittelalterl. Patriarchat in Kleinasien); **An|tio|chi|er** [...iər] (↑R 180); **An|tio|chos, An|tio|chus**; ↑R 180 (m. Eigenname)
An|ti|pa|thie, die; -, ...ien ‹griech.› (Abneigung; Widerwille); **an|ti|pa|thisch**; -ste
An|ti|phon, die; -, -en ‹griech.› (liturg. Wechselgesang); **An|ti|pho|na|le**, das; -s, ...lien [...iən] *u.* **An|ti|pho|nar**, das; -s, -ien [...iən] (Sammlung von Wechselgesängen)
An|ti|po|de, der; -n, -n (↑R 197) ‹griech.› (*Geogr.* auf dem gegenüberliegenden Punkt der Erde wohnender Mensch; *übertr. für* Gegner)
an|tip|pen
An|ti|py|re|ti|kum, das; -s, ...ka ‹griech.› (*Med.* fiebersenkendes Mittel)
An|ti|qua, die; - ‹lat.› (*Druckw.* Lateinschrift); **An|ti|quar**, der; -s, -e (jmd., der mit alten Büchern handelt; Antiquitätenhändler); **An|ti|qua|ri|at**, das; -[e]s, -e (Geschäft, in dem alte Bücher ge- u. verkauft werden; *nur Sing.:* Handel mit alten Büchern); **an|ti|qua|risch; An|ti|qua|schrift** (*Druckw.*); **an|ti|quiert**; -este (veraltet; altertümlich); **An|ti|quiert|heit** *Plur selten;* **An|ti|qui|tät**, die; -, -en *meist Plur.* (altertümliches Kunstwerk, Möbel u. a.); **An|ti|qui|tä|ten‿han|del, ...händ|ler, ...samm|ler**
An|ti|ra|ke|te; An|ti|ra|ke|ten|ra|ke|te
An|ti|rau|cher|kam|pa|gne
An|ti|se|mit, der; -en, -en; ↑R 197 (Gegner des Judentums, Feind der Juden); **an|ti|se|mi|tisch; An|ti|se|mi|tis|mus**, der; -
An|ti|sep|sis, An|ti|sep|tik, die; - ‹griech.› (*Med.* Vernichtung von Krankheitskeimen [bes. in Wunden]); **An|ti|sep|ti|kum**, das; -s, ...ka (keimtötendes Mittel [bes. bei der Wundbehandlung]); **an|ti|sep|tisch**
An|ti|se|rum[1], das; -s, *Plur.* ...ren *u.* ...ra ‹griech.; lat.› (*Med.* Heilserum mit Antikörpern)
an|ti|so|wje|tisch[1] (gegen die Sowjetunion gerichtet)
An|ti|spas|mo|di|kum, das; -s, ...ka ‹griech.› (*Med.* krampflösendes Mittel); **an|ti|spa|stisch** (*Med. für* krampflösend)
an|ti|sta|tisch ‹griech.› (*Physik* elektrostatische Aufladung aufhebend)

[1] [*auch* 'anti...]

An|ti|stes, der; -, ...stites ‹lat.› (*kath. Kirche* Ehrentitel für Bischof u. Abt)
An|ti|stro|phe[1] ‹griech.› (Chorlied im antiken griech. Drama)
An|ti|teil|chen (*Kernphysik*)
An|ti|ter|ror|ein|heit
An|ti|the|se[1] ‹griech.› (entgegengesetzte Behauptung); **An|ti|the|tik**, die; - (*Philos.*); **an|ti|the|tisch**
An|ti|to|xin[1], das; -s, -e ‹griech.› (*Med.* Gegengift); **an|ti|to|xisch**[1]
An|ti|tran|spi|rant, das; -s, *Plur.* -e *u.* -s ‹griech.; lat.› (schweißhemmendes Mittel)
An|ti|zi|pa|ti|on, die; -, -en ‹lat.› (Vorwegnahme; Vorgriff); **an|ti|zi|pie|ren**
an|ti|zy|klisch[1] [*auch* ...'tsyk...] (*Wirtsch.* einem Konjunkturzustand entgegenwirkend); **An|ti|zy|klo|ne**[1] (*Meteor.* Hochdruckgebiet)
Ant|je (w. Vorn.)
Ant|litz, das; -es, -e (*geh.*)
An|toi|net|te [antoa'nɛt(ə), *auch* ãtoa'nɛt(ə)] (w. Vorn.); **An|ton** (m. Vorn.)
an|tö|nen (*schweiz. für* andeuten)
An|to|nia, An|to|nie [...iə] (w. Vorn.); **An|to|ni|nus Pi|us** (röm. Kaiser); **An|to|ni|us** (röm. m. Eigenn.; Heiliger)
ant|onym ‹griech.› (*Sprachw.* von entgegengesetzter Bedeutung); **Ant|onym**, das; -s, -e (*Sprachw.* Gegen[satz]wort, Wort mit entgegengesetzter Bedeutung, z. B. „gesund – krank“); **ant|ony|misch** *vgl.* antonym
an|tör|nen (*ugs. für* in einen Rausch versetzen)
An|trag, der; -[e]s, ...träge; einen - auf etwas stellen; auf, *österr. auch* über - von ...; **an|tra|gen; An|trags|for|mu|lar; an|trags|ge|mäß; An|trag|stel|ler; An|trag|stel|le|rin**
an|trai|nie|ren
an|trau|en; angetraut
an|tref|fen
an|trei|ben; An|trei|ber
an|tren|zen; sich - (*österr. ugs. für* sich bekleckern)
an|tre|ten
An|trieb; An|triebs‿kraft, ...schei|be, ...sy|stem, ...wel|le
an|trin|ken; sich - (*österr. ugs. für* sich betrinken); ich trinke mir einen an (*ugs.*)
An|tritt, der; -[e]s; **An|tritts‿be|such, ...re|de**
an|trock|nen
an|tun; jmdm. etwas -; ich tue mir das nicht an; (*österr. ugs. auch für* sich über etwas [grundlos] aufregen)
[1]an|tur|nen (*ugs. für* herbeieilen)

[1] [*auch* 'anti...]

[2]**an|tur|nen** ['antœ(r)nən] ‹dt.; engl.› *vgl.* antörnen
Antw. = Antwort
Ant|wer|pen (belg. Hafenstadt)
Ant|wort, die; -, -en (*Abk.* Antw.); um [*od.* Um] - wird gebeten (*Abk.* u. [*od.* U.] A. w. g.); **ant|wor|ten; ant|wort|lich;** - Ihres Briefes (*Amtsspr.* auf Ihren Brief); **Ant|wort|schein** *(Postw.)*
an und für sich [*auch* - - 'fy:r -]
An|urie, die; -, ...ien ‹griech.› (*Med.* Versagen der Harnausscheidung)
Anus, der; -, Ani ‹lat.› (*Med.* After); **Anus prae|ter** [- 'prɛ:...], der; - -, Ani - (*Med.* künstlicher Darmausgang)
an|ver|trau|en; jmdm. einen Brief -; sich jmdm. -; ich vertrau[t]e an, *seltener* ich anvertrau[t]e; anvertraut; anzuvertrauen
an|ver|wan|deln *(geh.);* sich etwas - (zu eigen machen); du verwandelst dir ihre Meinung an, *seltener* du anverwandelst dir ...; **An|ver|wand|lung** *(geh.)*
An|ver|wand|te, der *u.* die; -n, -n (↑R 7 ff.)
an|vi|sie|ren
Anw. = Anweisung
an|wach|sen
an|wäh|len *(Fernsprechwesen)*
An|walt, der; -[e]s, ...wälte; **An|wäl|tin; An|walt|schaft,** die; -, -en *Plur. selten;* **An|walts|kam|mer**
an|wan|deln; An|wan|de|lung, *häufiger* **An|wand|lung**
an|wär|men
An|wär|ter; An|wart|schaft, die; -, -en *Plur. selten*
an|wei|sen; Geld -; *vgl.* angewiesen; **An|wei|sung** (*Abk.* Anw.)
an|wend|bar; An|wend|bar|keit, die; -; **an|wen|den;** ich wandte *od.* wendete die Regel an, habe angewandt *od.* angewendet; die angewandte *od.* angewendete Regel; *vgl.* angewandt; **An|wen|der; An|wen|dung; an|wen|dungs|be|zo|gen**
an|wer|ben; An|wer|bung
an|wer|fen
An|wert, der; -[e]s (*bayr., österr. für* Wertschätzung); - finden, haben
An|we|sen (Grundstück [mit Wohnhaus, Stall usw.]); **an|we|send; An|we|sen|de,** der *u.* die; -n, -n (↑R 7 ff.); **An|we|sen|heit,** die; -; **An|we|sen|heits|li|ste**
an|wi|dern; es widert mich an
an|win|keln
An|woh|ner; An|woh|ner|schaft, die; -
An|wuchs *(Forstw.)*
An|wurf
an|wur|zeln; *vgl.* angewurzelt
An|zahl, die; -; eine - gute[r] Freunde; **an|zah|len; an|zäh|len; An|zah|lung; An|zah|lungs|sum|me**
an|zap|fen; An|zap|fung
An|zei|chen
an|zeich|nen
An|zei|ge, die; -, -n; **an|zei|gen; An|zei|ge[n]|blatt; An|zei|gen|teil; An|zei|ge|pflicht; an|zei|ge|pflich|tig;** -e Krankheit; **An|zei|ger; An|zei|ge|ta|fel**
An|zen|gru|ber (österr. Schriftsteller)
an|zet|teln *(ugs.);* **An|zet|te|ler, An|zett|ler; An|zet|te|lung, An|zett|lung**
an|zie|hen; sich -; **an|zie|hend** (reizvoll); **An|zie|hung; An|zie|hungs|kraft**
an|zie|len (zum Ziel haben)
an|zi|schen
[1]**An|zucht,** die; -, ...züchte (*Bergmannsspr.* Abwassergraben)
[2]**An|zucht,** die; - (Aufzucht junger Pflanzen [und Tiere]); **An|zucht|gar|ten**
An|zug, der; -[e]s, ...züge (*schweiz. auch für* [Bett]bezug, Überzug; *schweiz. [Basel] auch* Antrag [im Parlament]); es ist Gefahr im -; **an|züg|lich; An|züg|lich|keit; An|zugs|kraft; An|zug|stoff; An|zugs|ver|mö|gen**
an|zün|den; An|zün|der
an|zwecken [*Trenn.* ...zwek|ken]
an|zwei|feln; An|zwei|fe|lung, An|zweif|lung
an|zwit|schern; sich einen - (*ugs. für* sich betrinken); ich zwitschere mir einen an
AO = Abgabenordnung; Anordnung
ao., a. o. [Prof.] = außerordentlich[er Professor]
AOK = Allgemeine Ortskrankenkasse
Äo|li|en [...iən] (antike Landschaft an der Nordwestküste von Kleinasien); **Äo|li|er** [...iər]; [1]**äo|lisch** ‹*zu* Äolien›; -er Dialekt; -e Tonart; -e Versmaße; Äolische Inseln *vgl.* Liparische Inseln; [2]**äo|lisch** ‹*zu* Äolus› (durch Windeinwirkung entstanden); -e Sedimente; **Äols|har|fe** (Windharfe); **Äo|lus** (griech. Windgott)
Äon, der; -s, -en *meist Plur.* ‹griech.› (Zeitraum, Weltalter; Ewigkeit); **äo|nen|lang**
Ao|rist, der; -[e]s, -e ‹griech.› (*Sprachw.* eine Zeitform, bes. im Griechischen)
Aor|ta, die; -, ...ten ‹griech.› (*Med.* Hauptschlagader); **Aor|ten|klap|pe**
AP [e:'pi:] = Associated Press
APA = Austria Presse Agentur *(so die von den Richtlinien der Rechtschreibung abweichende Schreibung)*
Apa|che [a'patʃə, *auch* a'paxə], der; -n, -n; ↑R 197 (Angehöriger eines Indianerstammes; [*nur* ...x...:] *veraltend für* Verbrecher, Zuhälter [in Paris])
Apa|na|ge [apa'na:ʒə, *österr.* ...'na:ʒ], die; -, -n [...'na:ʒ(ə)n] ‹franz.› (regelmäßige finanzielle Zuwendung)
apart; -este ‹franz.› (geschmackvoll, reizvoll); etwas Apartes (↑R 65); **Apart|be|stel|lung** (*Buchhandel* Einzelbestellung [eines Heftes oder Bandes aus einer Reihe]); **Apart|heid,** die; - ‹afrikaans› (Rassentrennung zwischen Weißen und Farbigen in der Republik Südafrika); **Apart|heid|po|li|tik; Apart|ment** [a'partmɛnt, *engl.* ə'pa:(r)tmənt], das; -s, -s ‹engl.› (kleinere Wohnung); *vgl.* Appartement; **Apart|ment|haus**
Apa|thie, die; -, ...ien *Plur. selten* ‹griech.› (Teilnahmslosigkeit); **apa|thisch;** -ste
Apa|tit [*auch* ...'tit], der; -s, -e ‹griech.› (ein Mineral)
Apa|to|sau|rus, der; -, ...rier [...iər] ‹griech.› (ausgestorbene Riesenechse)
Apel|les (altgriech. Maler)
Apen|nin, der; -s, *auch* **Apen|ni|nen** *Plur.* (Gebirge in Italien); **Apen|ni|nen|halb|in|sel,** die; -; **apen|ni|nisch,** a b e r (↑R 146): die Apenninische Halbinsel
aper (*südd., schweiz., österr. für* schneefrei); -e Wiesen
Aper|çu [apɛr'sy:], das; -s, -s ‹franz.› (geistreiche Bemerkung)
Ape|ri|tif, der; -s, *Plur.* -s, *auch* -e ‹franz.› (appetitanregendes alkohol. Getränk)
apern ‹*zu* aper› (*südd., schweiz., österr. für* schneefrei werden); es apert (taut)
Apé|ro [*franz.* ape'ro:], der; -s, -s ‹franz.› (*bes. schweiz., Kurzform von* Aperitif)
Aper|tur, die; -, -en ‹lat.› (*Optik* Maß für die Fähigkeit eines Systems, sehr feine Details abzubilden; *Med.* Öffnung, Eingang eines Organs)
Apex, der; -, Apizes [...tse:s] ‹lat.› (*Astron.* Zielpunkt der Bewegung eines Gestirns; *Sprachw.* Zeichen zur Bezeichnung langer Vokale, z. B. â, á)
Ap|fel, der; -s, Äpfel; **Ap|fel|baum; Äp|fel|chen; ap|fel|för|mig; Ap|fel‿ge|lee, ...kraut** (das; -[e]s; *landsch.* Sirup), **...most, ...mus; äp|feln;** das Pferd mußte -; **Ap|fel‿saft, ...schim|mel** (*vgl.* [2]Schimmel); **Ap|fel|si|ne,** die; -, -n; **Ap|fel|si|nen|scha|le; Ap|fel‿stru|del, ...wein, ...wick|ler** (ein Kleinschmetterling)

Aph|ä|re|se, Aph|ä|re|sis, die; -, ...resen ‹griech.› (*Sprachw.* Wegfall eines Lautes od. einer Silbe am Wortanfang, z. B. 's *für* „es")
Apha|sie, die; -, ...ien ‹griech.› (*Philos.* Urteilsenthaltung; *Med.* Verlust des Sprechvermögens)
Aph|el, das; -s, -e ‹griech.› (*Astron.* Punkt der größten Sonnenferne eines Planeten od. Kometen; *Ggs.* Perihel)
Aphel|an|dra, die; -, ...dren ‹griech.› (*Bot.* eine Pflanzengattung; z. T. beliebte Zierpflanzen)
Aphon|ge|trie|be ‹griech.; dt.› (geräuscharmes Schaltgetriebe)
Apho|ris|mus, der; -, ...men ‹griech.› (geistreicher, knapp formulierter Gedanke); **Apho|ri|sti|ker; apho|ri|stisch**
Aphro|di|si|a|kum, das; -s, ...ka (↑R 180) ‹griech.› (*Med.* den Geschlechtstrieb anregendes Mittel); **aphro|di|sisch** (auf Aphrodite bezüglich; den Geschlechtstrieb steigernd); **Aphro|di|te** (griech. Göttin der Liebe); **aphro|di|tisch** (auf Aphrodite bezüglich)
Aph|the ['aftə], die; -, -n *meist Plur.* ‹griech.› (*Med.* [schmerzhaftes] kleines Geschwür der Mundschleimhaut); **Aph|then|seu|che** (*Tiermed.* Maul- u. Klauenseuche)
Apia (Hptst. von Samoa)
api|kal ‹lat.› (den Apex betreffend)
Apis, der; - (heiliger Stier der alten Ägypter); **Apis|stier**
Api|zes (*Plur. von* Apex)
apl. = außerplanmäßig
Apla|nat, der; -en, -en, *auch* das; -s, -e ‹griech.› (*Optik* Linsensystem, durch das die Aberration korrigiert wird); **apla|na|tisch**
Aplomb [a'plɔ̃:], der; -s ‹franz.› (Sicherheit im Auftreten, Nachdruck; Abfangen einer Bewegung im Ballettanz)
APO, *auch* **Apo,** die; - (außerparlamentarische Opposition)
Apo|chro|mat [...k...], der; -en, -en, *auch* das; -s, -e ‹griech.› (*Optik* Linsensystem, das Farbfehler korrigiert); **apo|chro|ma|tisch**
apo|dik|tisch; -ste ‹griech.› (unwiderleglich, sicher; keinen Widerspruch duldend)
Apo|gä|um, das; -s, ...äen ‹griech.› (*Astron.* Punkt der größten Erdferne des Mondes od. eines Satelliten; *Ggs.* Perigäum)
Apo|ka|lyp|se, die; -, -n ‹griech.› (*Rel.* Schrift über das Weltende, bes. die Offenbarung des Johannes; Unheil, Grauen); **apo|ka|lyp|tisch,** aber (↑R 157): die Apokalyptischen Reiter
Apo|ko|pe [...pe], die; -, ...kopen ‹griech.› (*Sprachw.* Abfall eines Lautes od. einer Silbe am Wortende, z. B. „hatt'" *für* „hatte"); **apo|ko|pie|ren**
apo|kryph ‹griech.› (unecht); **Apo|kryph,** das; -s, -en *meist Plur.* ‹griech.› (*Rel.* nicht anerkannte Schrift [der Bibel])
Apol|da (Stadt in Thüringen)
apo|li|tisch ‹griech.› (unpolitisch)
Apoll (*geh. für* [1]Apollo); **Apol|li|na|ris** (Heiliger); **apol|li|nisch** (in der Art Apollos; harmonisch, ausgeglichen, maßvoll); **[1]Apol|lo** (griech.-röm. Gott [der Dichtkunst]); **[2]Apol|lo,** der; -s, -s (schöner [junger] Mann; ein Schmetterling); **[3]Apol|lo** (amerik. Raumfahrtprogramm, das die Landung bemannter Raumfahrzeuge auf dem Mond zum Ziel hatte); **Apol|lon** *vgl.* [1]Apollo; **Apol|lo|nia** (w. Vorn.); **Apol|lo|ni|us** (m. Vorn.); **Apol|lo-Raum|schiff** (*vgl.* [3]Apollo)
Apo|lo|get, der; -en, -en (↑R 197) ‹griech.› ([nachdrücklicher] Verfechter, Verteidiger); **Apo|lo|ge|tik,** die; -, -en (*bes. Theol.* Verteidigung, Rechtfertigung [der christl. Lehren]); **apo|lo|ge|tisch; Apo|lo|gie,** die; -, ...ien (*geh. für* Verteidigung; Verteidigungsrede, -schrift)
Apo|phtheg|ma [apo'ftɛgma], das; -s, *Plur.* ...men *u.* ...mata ‹griech.› ([witziger] Aus-, Sinnspruch)
Apo|phy|se, die; -, -n ‹griech.› (*Med.* Knochenfortsatz)
Apo|plek|ti|ker ‹griech.› (*Med.* zu Schlaganfällen Neigender; an den Folgen eines Schlaganfalls Leidender); **apo|plek|tisch; Apo|ple|xie,** die; -, ...ien (Schlaganfall)
Apo|rie, die; -, ...ien ‹griech.› (*Philos.* Unmöglichkeit, eine philos. Frage zu lösen; *allg. übertr.* Unmöglichkeit, eine richtige Entscheidung zu treffen)
Apo|sta|sie, die; -, ...ien ‹griech.› (*Rel.* Abfall [vom Glauben]); **Apo|stat,** der; -en, -en; ↑R 197 (Abtrünniger)
Apo|stel, der; -s, - ‹griech.›; **Apo|stel|ge|schich|te** *(N. T.)*
a po|ste|rio|ri ‹lat.› ↑R 180 (*Philos.* aus der Wahrnehmung gewonnen, aus Erfahrung); **Apo|ste|rio|ri,** das; -, -; ↑R 180 (Erfahrungssatz); **apo|ste|rio|risch;** ↑R 180 (erfahrungsgemäß)
Apo|stilb, das; -s, - ‹griech.› (veraltete photometr. Einheit der Leuchtdichte; *Zeichen* asb)
Apo|sto|lat, das, *Theol. auch* der; -[e]s, -e ‹griech.› (Apostelamt); **Apo|sto|li|kum,** das; -s (*Theol.* Apostolisches Glaubensbekenntnis); **apo|sto|lisch** (nach Art der Apostel; von den Aposteln ausgehend); die -e Sukzession; die -en Väter; den -en Segen erteilen, aber (↑R 157): das Apostolische Glaubensbekenntnis; die Apostolische Majestät; der Apostolische Delegat, Nuntius, Stuhl
Apo|stroph [*schweiz.* 'apo...], der; -s, -e ‹griech.› (Auslassungszeichen, z. B. in „wen'ge"); **Apo|stro|phe** [*auch* a'pɔstrofe:], die; -, ...ophen (*Rhet.* feierliche Anrede); **apo|stro|phie|ren** ([feierlich] anreden; [jmdn.] nachdrücklich bezeichnen); jmdn. als Ignoranten -; **Apo|stro|phie|rung**
Apo|the|ke, die; -, -n ‹griech.›; **Apo|the|ken|hel|fe|rin; Apo|the|ker; Apo|the|ker|ge|wicht** (*vgl.* [2]Gewicht); **Apo|the|ke|rin**
Apo|theo|se, die; -, -n ‹griech.› (Vergöttlichung; Verklärung; *Theater* wirkungsvolles Schlußbild)
apo|tro|pä|isch ‹griech.-nlat.› (*geh. für* Unheil abwehrend)
Ap|pa|la|chen *Plur.* (nordamerik. Gebirge)
Ap|pa|rat, der; -[e]s, -e ‹lat.› (größeres Gerät, Vorrichtung technischer Art); **Ap|pa|ra|te‿bau** (der; -[e]s), **...me|di|zin** (die; -; med. Versorgung mit [übermäßigem] Einsatz technischer Apparate); **ap|pa|ra|tiv** (den Apparat[ebau] betreffend); -e Diagnostik; **Ap|pa|rat|schik,** der; -s, -s ‹russ.› (*abwertend* Funktionär im Staats- u. Parteiapparat stalinistisch geprägter Staaten, der Weisungen und Maßnahmen bürokratisch durchzusetzen sucht); **Ap|pa|ra|tur,** die; -, -en (Gesamtanlage von Apparaten)
Ap|par|te|ment [apart(ə)'maŋ *od.* ...'mã:, *schweiz.* ...'mɛnt], das; -s, *Plur.* -s, *schweiz.* -e ‹franz.› (Zimmerflucht in einem Hotel; *auch für* Apartment); **Ap|par|te|ment|haus**
Ap|pas|sio|na|ta, die; - ‹ital.› (eine Klaviersonate von Beethoven)
Ap|peal [ə'pi:l], der; -s ‹engl.› (Anziehungskraft, Ausstrahlung)
Ap|pease|ment [ə'pi:zmənt], das; -s ‹engl.› (nachgiebige Haltung, Beschwichtigungspolitik)
Ap|pell, der; -s, -e ‹franz.› (Aufruf; Mahnruf; *Milit.* Antreten zum Befehlsempfang usw.); **Ap|pel|la|ti|on,** die; -, -en (*schweiz., sonst veraltet für* Berufung); **Ap|pel|la|ti|ons|ge|richt; Ap|pel|la|tiv,** das; -s, -e [...və] (*Sprachw.* Gattungsname; Wort, das eine Gattung gleichgearteter Dinge

od. Wesen u. zugleich jedes einzelne Wesen od. Ding dieser Gattung bezeichnet, z. B. „Mensch"); **ap|pel|lie|ren** (sich mahnend, beschwörend an jmdn. wenden; *veraltet für* Berufung einlegen); **Ap|pell|platz**

Ap|pen|dix, der; *Gen.* -, *auch* -es, *Plur.* ...dizes, *auch* -e (Anhängsel) *u.* die; -, ...dices [...tse:s], *alltagsspr. auch* der; -, ...dizes [...tse:s] ‹lat.› (*Med.* Wurmfortsatz des Blinddarms); **Ap|pen|di|zi|tis,** die; -, ...itiden (*Med.* Entzündung der Appendix)

Ap|pen|zell (Kanton der Schweiz [Halbkantone Appenzell Außerrhoden u. Appenzell Innerrhoden]; Hauptort von Innerrhoden); **Ap|pen|zel|ler** (↑R 147); **ap|pen|zel|lisch**

Ap|per|zep|ti|on, die; -, -en ‹lat.› (*Psych.* bewußte Wahrnehmung); **ap|per|zi|pie|ren** (bewußt wahrnehmen)

Ap|pe|tenz, die; -, -en ‹lat.› (*Biol.* Trieb); **Ap|pe|tenz|ver|hal|ten; Ap|pe|tit,** der; -[e]s, -e; **ap|pe|tit|an|re|gend;** aber (↑R 209): den Appetit anregend; **Ap|pe|tit|hap|pen, ...hem|mer** (*svw.* Appetitzügler); **ap|pe|tit|lich; ap|pe|tit|los; Ap|pe|tit|lo|sig|keit,** die; -; **Ap|pe|tit|züg|ler** (den Appetit zügelndes Mittel); **Ap|pe|ti|zer** ['ɛpitaizə(r)], der; -s, - ‹lat.-engl.› (appetitanregendes Mittel)

ap|plau|die|ren ‹lat.› (Beifall klatschen); jmdm. -; **Ap|plaus,** der; -es, -e *Plur. selten* (Beifall)

Ap|pli|ka|ti|on, die; -, -en ‹lat.› (Anwendung; *Med.* Verabreichung [von Arzneimitteln]; aufgenähte Verzierung); **ap|pli|ka|tiv; ap|pli|zie|ren**

ap|port! ‹franz.› (*Befehl an den Hund* bring es her!); **Ap|port,** der; -s, -e (Herbeibringen); **ap|por|tie|ren**

Ap|po|si|ti|on, die; -, -en ‹lat.› (*Sprachw.* substantivische Beifügung, meist im gleichen Fall wie das Bezugswort, z. B. Konrad Adenauer, „der erste deutsche Bundeskanzler", regierte ...); **ap|po|si|tio|nell**

Ap|pre|teur [...'tø:r], der; -s, -e ‹franz.› (*Textilind.* Zurichter, Ausrüster [von Geweben]); **ap|pre|tie|ren** ([Gewebe] zurichten, ausrüsten); **Ap|pre|tur,** die; -, -en ‹lat.› ([Gewebe]zurichtung, -veredelung)

Ap|proach [ə'pro:tʃ], der; -[e]s, -s ‹engl.› (*Wissensch.* Art der Annäherung an ein Problem; *Werbespr.* besonders wirkungsvolle Werbezeile; *Flugw.* Landeanflug)

Ap|pro|ba|ti|on, die; -, -en ‹lat.› (staatl. Zulassung als Arzt od. Apotheker); **ap|pro|bie|ren;** approbierter Arzt

Ap|pro|xi|ma|ti|on, die; -, -en ‹lat.› (*bes. Math.* Annäherung); **ap|pro|xi|ma|tiv** (annähernd, ungefähr)

Apr. = April

Après-Ski [aprɛ'ʃi:], das; - ‹franz.; norw.› (bequeme [modische] Kleidung, die man nach dem Skilaufen trägt; Vergnügung nach dem Skilaufen); **Après-Ski-Klei|dung** (↑R 41)

Apri|ko|se, die; -, -n ‹lat.›; **Apri|ko|sen|mar|me|la|de**

April, der; -[s], -e ‹lat.› (vierter Monat im Jahr, Ostermond, Wandelmonat; *Abk.* Apr.); **April-scherz, ...tag, ...wet|ter**

a pri|ma vi|sta [- - v...] ‹ital.› (ohne vorherige Kenntnis)

a prio|ri (↑R 180) ‹lat.› (*bes. Philos.* von der Wahrnehmung unabhängig, aus Vernunftgründen; von vornherein); **Aprio|ri,** das; -, -; ↑R 180 (*Philos.* Vernunftsatz); **aprio|risch;** ↑R 180 (allein durch Denken gewonnen; aus Vernunftgründen [erschlossen]); **Aprio|ris|mus,** der; -; ↑R 180 (philos. Lehre, die eine von der Erfahrung unabhängige Erkenntnis annimmt)

apro|pos [apro'po:] ‹franz.› (nebenbei bemerkt; übrigens)

Ap|si|de, die; -, -n ‹griech.› (*Astron.* Punkt der kleinsten od. größten Entfernung eines Planeten von dem Gestirn, das er umläuft; *auch für* Apsis); **Ap|sis,** die; -, ...siden ‹griech.› (*Archit.* halbrunde, auch vieleckige Altarnische; [halbrunde] Nische im Zelt für Gepäck u. a.)

ap|tie|ren ‹lat.› (*Philatelie* [einen Stempel] so ändern, daß eine weitere Benutzung möglich ist)

Apu|li|en [...iən] (Region in Italien)

Aqua de|stil|la|ta, das; - - ‹lat.› (destilliertes Wasser); **Aquä|dukt,** der, *auch* das; -[e]s, -e (über eine Brücke geführte antike Wasserleitung); **Aqua|kul|tur** (Bewirtschaftung des Meeres, z. B. durch Muschelkulturen); **Aqua|ma|rin,** der; -s, -e (ein Edelstein); **Aqua|naut,** der; -en, -en; ↑R 197 (Unterwasserforscher); **Aqua|pla|ning** [*selten auch* ...'ple:niŋ], das; -[s] ‹lat.; engl.› (Wasserglätte; das Rutschen der Reifen eines Kraftfahrzeugs auf aufgestautem Wasser bei regennasser Straße); **Aqua|rell,** das; -s, -e ‹ital. (-franz.)› (mit Wasserfarben gemaltes Bild); in - (Wasserfarben) malen; **Aqua|rell|far|be; aqua|rel|lie|ren** (in Wasserfarben malen); **Aqua|ria|ner** (↑R 180) ‹lat.› (Aquarienliebhaber); **Aqua|ri|en|glas** [...iən...] *Plur.* ...gläser; **Aqua|ri|stik,** die; - (sachgerechtes Halten und Züchten von Wassertieren u. -pflanzen); **Aqua|ri|um,** das; -s, ...ien [...iən] (Behälter zur Pflege und Züchtung von Wassertieren und -pflanzen; Gebäude für diese Zwecke); **Aqua|tel,** das; -s, -s ‹lat.; franz.› (Hotel, das statt Zimmern Hausboote vermietet); **Aqua|tin|ta,** die; -, ...ten ‹ital.› (ein Kupferstichverfahren *[nur Sing.];* nach diesem Verfahren hergestellte Graphik); **aqua|tisch** ‹lat.› (dem Wasser angehörend); -e Fauna

Äqua|tor, der; -s ‹lat.› (größter Breitenkreis der Erde); **äqua|to|ri|al** (in der Nähe des Äquators befindlich); **Äqua|to|ri|al|gui|nea** [...gi...] (Staat in Afrika); **Äqua|tor|tau|fe**

Aqua|vit [...'vi:t, *auch* ...'vit], der; -s, -e ‹lat.› (ein Branntwein)

äqui|di|stant ‹lat.› (*Math.* gleich weit voneinander entfernt)

Äqui|li|brist, Equi|li|brist, der; -en, -en (↑R 197) ‹franz.› (Gleichgewichtskünstler, bes. Seiltänzer); **äqui|nok|ti|al** ‹lat.› (*fachspr.* das Äquinoktium betreffend); **Äqui|nok|ti|al|stür|me** *Plur.;* **Äqui|nok|ti|um,** das; -s, ...ien [...iən] (Tagundnachtgleiche)

Aqui|ta|ni|en [...iən] (hist. Landschaft in Südwestfrankreich)

äqui|va|lent [...v...] ‹lat.› (gleichwertig); **Äqui|va|lent,** das; -[e]s, -e (Gegenwert; Ausgleich); **Äqui|va|lenz,** die; -, -en (Gleichwertigkeit); **äqui|vok** (mehrdeutig, doppelsinnig)

[1]**Ar,** das, *österr. nur so, auch* der; -s, -e ‹lat.› (ein Flächenmaß; *Zeichen* a); drei - (↑R 129)

[2]**Ar** = *chem. Zeichen für* Argon

Ara, Ara|ra, der; -s, -s ‹indian.› (trop. Langschwanzpapagei)

Ära, die; -, Ären *Plur. selten* ‹lat.› (Zeitalter, -rechnung); christliche -

Ara|bel|la (w. Vorn.)

Ara|ber [*auch* 'ara..., *österr. u. schweiz. auch* a'ra:...], der; -s, -;

Ara|bes|ke, die; -, -n ‹franz.› (*bild. Kunst* stilisiertes Rankenornament); **Ara|bi|en** [...iən]; **ara|bisch;** (↑R 148:) -es Vollblut; -e Ziffern, aber (↑R 157): Arabische Republik Ägypten; Arabisches Meer; Arabische Liga; *vgl.* deutsch; **Ara|bisch,** das; -[s] (eine Sprache); *vgl.* Deutsch; **Ara|bi|sche,** das; -n; *vgl.* Deutsche, das; **ara|bi|sie|ren; Ara|bist,**

der; -en, -en; ↑R 197 (Wissenschaftler auf dem Gebiet der Arabistik); **Ara|bi|stik,** die; - (Erforschung der arabischen Sprache u. Literatur)
Arach|ni|den, Arach|noi|den *Plur.* (↑R 180) ‹griech.› (*Zool.* Spinnentiere); **Arach|no|lo|ge,** der; -n, -n; ↑R 197 (Wissenschaftler auf dem Gebiet der Arachnologie); **Arach|no|lo|gie,** die; - (Wissenschaft von den Spinnentieren)
Ara|gón [...'gɔn] (*span. Schreibung für* Aragonien); **Ara|go|ne|se,** der; -n, -n (*selten für* Aragonier); **Ara|go|ni|en** [...i̯ən] (hist. Provinz in Spanien); **Ara|go|ni|er** [...i̯ər]; **ara|go|nisch; Ara|go|nit** [*auch* ...'nit], der; -s (ein Mineral)
Ara|lie [...i̯ə], die; -, -n (Pflanzengattung; Zierpflanze)
Aral|see, der; -s (abflußloser See in Mittelasien)
Ara|mäa ‹*aram.*, „Hochland"› (alter Name für Syrien); **Ara|mä|er,** der; -s, - (Angehöriger eines westsemit. Nomadenvolkes); **ara|mä|isch;** *vgl.* deutsch; **Ara|mä|isch,** das; -[s] (eine Sprache); *vgl.* Deutsch; **Ara|mä|i|sche,** das; -n (↑R 180); *vgl.* Deutsche, das
Aran|ci|ni [aran'tʃi:ni], **Aran|zi|ni** *Plur.* ‹pers.-ital.› (*bes. österr. für* überzuckerte od. schokoladenüberzogene gekochte Orangenschalen)
Aran|ju|ez [a'ranxu̯ɛs, *span.* araŋ'xu̯ɛθ] (span. Stadt)
Ärar, das; -s, -e ‹lat.› (Staatsschatz, -vermögen; *österr. für* Fiskus)
Ara|ra *vgl.* Ara
Ara|rat ['a(:)...], der; -[s] (höchster Berg der Türkei)
ära|risch ‹lat.› (zum Ärar gehörend; staatlich)
Arau|ka|ner (chilen. u. argentin. Indianer); **Arau|ka|rie** [...i̯ə], die; -, -en (Zimmertanne)
Araz|zo, der; -s, ...zzi ‹ital., nach der frz. Stadt Arras› (gewirkter Bildteppich)
Ar|beit, die; -, -en; **ar|bei|ten; Ar|bei|ter; Ar|bei|ter‿be|we|gung, ...dich|ter, ...füh|rer; Ar|bei|te|rin; Ar|bei|ter‿klas|se, ...par|tei, ...prie|ster** (kath. Priester, der unter denselben Bedingungen wie die Arbeiter lebt); **Ar|bei|ter|schaft,** die; -; **Ar|bei|ter-und-Bau|ern-Fa|kul|tät** (Bildungseinrichtung in der ehem. DDR; *Abk.* ABF); **Ar|bei|ter-Un|fall|ver|si|che|rungs|ge|setz** (↑R 84); **Ar|beit‿ge|ber, ...ge|ber|ver|band, ...neh|mer, ...neh|me|rin; ar|beit|sam; Ar|beit|sam|keit,** die; -; **Ar|beits‿amt, ...be|schaf|fung, ...be|schaf|fungs|maß|nah|me** (*Abk.* ABM), **...be|such** (*Politik*), **...di|rek|tor, ...es|sen** (*bes. Politik*); **ar|beits|fä|hig; Ar|beits‿fä|hig|keit** (die; -), **...feld, ...gang** (der), **...ge|mein|schaft, ...ge|richt, ...haus, ...hy|gie|ne; ar|beits|in|ten|siv; Ar|beits‿ka|me|rad, ...kampf, ...kli|ma, ...kraft** (die), **...la|ger, ...lohn; ar|beits|los; Ar|beits|lo|se,** der *u.* die; -n, -n (↑R 7 ff.); **Ar|beits|lo|sen‿geld, ...hil|fe** (die; -), **...quo|te, ...un|ter|stüt|zung, ...ver|si|che|rung** (die; -); **Ar|beits|lo|sig|keit,** die; -; **Ar|beits‿markt, ...mi|ni|ste|ri|um, ...mo|ral, ...platz, ...recht, ...stät|te; ar|beit[s]|su|chend; Ar|beit[s]|su|chen|de,** der *u.* die; -n, -n (↑R 7 ff.); **Ar|beits|tag; ar|beits‿täg|lich, ...tei|lig; Ar|beits‿tei|lung, ...un|ter|richt** (method. Prinzip der Unterrichtsgestaltung), **...ver|hält|nis, ...ver|mitt|lung; ar|beits|wil|lig; Ar|beits|wil|li|ge,** der *u.* die; -n, -n (↑R 7 ff.); **Ar|beits‿zeit, ...zeit|ver|kür|zung, ...zim|mer**
Ar|bi|tra|ge [...'tra:ʒə, *österr.* ...'tra:ʒ], die; -, -n [...'tra:ʒ(ə)n] ‹franz.› (Schiedsgerichtsvereinbarung im Handelsrecht; [Ausnutzen der] Kursunterschiede an verschiedenen Börsen); **ar|bi|trär** (nach Ermessen, willkürlich); **Ar|bi|tra|ti|on,** die; -, -en (Schiedswesen für Streitigkeiten an der Börse)
ARBÖ = Auto-, Motor- und Radfahrerbund Österreichs
Ar|bo|re|tum, das; -s, ...ten ‹lat.› (*Bot.* Pflanzung verschiedener Bäume zu Studienzwecken)
Ar|bu|se, die; -, -n ‹pers.-russ.› (Wassermelone)
arc = Arkus
Arc de Tri|omphe ['arkdətri'ɔ̃:f], der; - - - (Triumphbogen in Paris)
Ar|chai|kum, Ar|chä|i|kum, das; -s (↑R 180) ‹griech.› (*Geol.* ältestes Zeitalter der Erdgeschichte); **ar|cha|isch** (aus sehr früher Zeit [stammend], altertümlich); **ar|chä|isch** (das Archäikum betreffend); **ar|chai|sie|ren;** ↑R 180 (archaische Formen verwenden; altertümeln); **Ar|cha|is|mus,** der; -, ...men (altertümliche Ausdrucksform, veraltetes Wort); **ar|cha|i|stisch** (↑R 180)
Ar|chan|gelsk [*od.* ...x...] (russ. Stadt)
Ar|chäo|lo|ge, der; -n, -n (↑R 197; R 180) ‹griech.› (Wissenschaftler auf dem Gebiet der Archäologie, Altertumsforscher); **Ar|chäo|lo|gie,** die; -; ↑R 180 (Altertumskunde, -wissenschaft); **Ar|chäo|lo|gin; ar|chäo|lo|gisch,** a b e r (↑R 157): das Deutsche Archäologische Institut in Rom; **Ar|chäo|pte|ryx,** der *od.* die; -, *Plur.* -e *u.* ...pteryges [...ge:s]; ↑R 180 (Urvogel)
Ar|che, die; -, -n ‹lat.› (schiffähnlicher Kasten); - Noah
Ar|che|typ [*auch* 'ar...], der; -s, -en *u.* **Ar|che|ty|pus,** der; -, ...pen ‹griech.› (Urbild, Urform; älteste erreichbare Gestalt [einer Schrift]); **ar|che|ty|pisch** [*auch* 'ar...] (dem Urbild, der Urform entsprechend)
Ar|chi|bald (m. Vorn.)
Ar|chi|dia|kon (↑R 180) ‹griech.› (Titel von Geistlichen [der anglikanischen Kirche]); **Ar|chi|man|drit,** der; -en, -en; ↑R 197 (*Ostkirche* Klostervorsteher; Ehrentitel für verdiente Priester)
Ar|chi|me|des (altgriech. Mathematiker); **ar|chi|me|disch;** -e Spirale, a b e r (↑R 134): Archimedisches Prinzip, Archimedischer Punkt (Angelpunkt)
Ar|chi|pel, der; -s, -e ‹griech.-ital.› (Inselmeer, -gruppe); **Ar|chi|tekt,** der; -en, -en (↑R 197) ‹griech.›; **Ar|chi|tek|ten|bü|ro; Ar|chi|tek|to|nik,** die; -, -en (Wissenschaft der Baukunst [*nur Sing.*]; Bauart; planmäßiger Aufbau); **ar|chi|tek|to|nisch** (baulich; baukünstlerisch); **Ar|chi|tek|tur,** die; -, -en (Baukunst; Baustil); **Ar|chi|trav,** der; -s, -e [...və] (*Archit.* auf Säulen ruhender Tragbalken)
Ar|chiv, das; -s, -e [...və] (Akten-, Urkundensammlung; Titel wissenschaftlicher Zeitschriften); **Ar|chi|va|lie** [...v...], das; -s, ...lien [...li̯ən] *meist Plur.* (Aktenstück [aus einem Archiv]); **ar|chi|va|lisch** (urkundlich); **Ar|chi|var,** der; -s, -e (Archivbeamter); **Ar|chi|va|rin; Ar|chiv|bild; ar|chi|vie|ren** (in ein Archiv aufnehmen); **Ar|chi|vie|rung**
Ar|chon, der; -s, Archonten ‹griech.›, **Ar|chont,** der; -en, -en; ↑R 197 (höchster Beamter im alten Athen)
Ar|cus *vgl.* Arkus
ARD = Arbeitsgemeinschaft der öffentlich-rechtlichen Rundfunkanstalten der Bundesrepublik Deutschland
Ar|da|bil, Ar|de|bil, der; -[s], -s (iran. Teppich)
Ar|den|nen *Plur.* (Gebirge); **Ar|den|ner Wald,** der; - -[e]s (*früher für* Ardennen)
Ar|dey ['ardai̯], der; -s (gebirgiger Teil des Sauerlandes)
Are, die; -, -n (*schweiz. für* [1]Ar); **Are|al,** das; -s, -e ([Boden]fläche, Gelände)
Are|ka|nuß ‹Malayalam-port.; dt.›

(Frucht der Arekapalme; Betelnuß)
Ären (*Plur. von* Ära)
Are|na, die; -, ...nen ‹lat.› ([sandbestreuter] Kampfplatz; Sportplatz; Manege im Zirkus; *österr. veraltend auch* Sommerbühne)
Areo|pag, der; -s (↑R 180) ‹griech.› (Gerichtshof im alten Athen)
Ares (griech. Kriegsgott)
Arez|zo (ital. Stadt)
arg; ärger, ärgste. **I.** *Kleinschreibung* (↑R 65): im argen liegen. **II.** *Großschreibung:* **a)** (↑R 65:) der Arge *(vgl. d.);* zum Ärgsten kommen; vor dem Ärgsten bewahren; das Ärgste verhüten; **b)** (↑R 65:) nichts Arges denken; **Arg,** das; -s *(geh.);* ohne -; kein - an einer Sache finden; es ist kein - an ihm; **Ar|ge,** der; -n (Teufel)
Ar|gen|ti|ni|en [...i̯ən] (südamerik. Staat); **Ar|gen|ti|ni|er** [...i̯ər]; **Ar|gen|ti|nie|rin** [...i̯ə...]; **ar|gen|ti|nisch;** -e Literatur, a b e r (↑R 146): die Argentinische Republik; **Ar|gen|tit** [*auch* ...'tit], der; -s (Silberglanz; Silbersulfid); **Ar|gen|tum,** das; -[s] (*lat. Bez. für* Silber; *Zeichen* Ag)
Är|ger, der; -s; **är|ger|lich; är|gern;** ich ...ere (↑R 22); sich über etwas -; **Är|ger|nis,** das; ...nisses, ...nisse; **Arg|list,** die; -; **arg|li|stig; arg|los;** -este; **Arg|lo|sig|keit,** die; -
Ar|go, die; - ‹griech.› (Name des Schiffes der Argonauten; ein Sternbild)
Ar|go|lis (griech. Landschaft)
Ar|gon [*auch* ar'go:n], das; -s ‹griech.› (chem. Element, Edelgas; *Zeichen* Ar)
Ar|go|naut, der; -en, -en (↑R 197) ‹griech.› (Held der griech. Sage; ein Tintenfisch)
Ar|gon|nen *Plur.* (franz. Gebirge)
Ar|got [ar'go:], das *od.* der; -s, -s ‹franz.› (franz. Gaunersprache [im MA.]; Jargon bestimmter sozialer Gruppen)
Ar|gu|ment, das; -[e]s, -e ‹lat.› (Beweis[mittel, -grund]); **Ar|gu|men|ta|ti|on,** die; -, -en (Beweisführung); **ar|gu|men|ta|tiv** (mit Argumenten); **ar|gu|men|tie|ren**
[1]**Ar|gus** (Riese der griech. Sage); [2]**Ar|gus,** der; -, -se (scharf beobachtender Wächter); **Ar|gus|au|gen** *Plur.;* ↑R 135 (scharfe, wachsame Augen); **ar|gus|äu|gig**
Arg|wohn, der; -[e]s *(geh.);* **arg|wöh|nen** *(geh.);* ich argwöhne; geargwöhnt; zu -; **arg|wöh|nisch;** -ste
Arhyth|mie *vgl.* Arrhythmie
Ari|ad|ne (griech. weibliche Sagengestalt); **Ari|ad|ne|fa|den,** der; -s (↑R 135)
Ria|ne (w. Vorn.; Name einer europ. Trägerrakete)
Aria|ner; ↑R 180 (*Rel.* Anhänger des Arianismus); **aria|nisch** (↑R 180); -e Auffassung, a b e r (↑R 134): der Arianische Streit; **Aria|nis|mus,** der; -; ↑R 180 (Lehre des Arius, wonach Christus mit Gott nicht wesenseins, sondern nur wesensähnlich sei)
arid; -este ‹lat.› (*Geogr.* trocken; wüstenhaft); **Ari|di|tät,** die; -
Arie [...i̯ə], die; -, -n ‹ital.› (Sologesangsstück mit Instrumentalbegleitung)
[1]**Ari|el** [...i̯ɛl, *auch* ...i̯e:l] ‹hebr.› (alter Name Jerusalems; Name eines Engels; Luftgeist in Shakespeares „Sturm"); [2]**Ari|el,** der; -s (Uranusmond)
Ari|er [...i̯ər], der; -s, - ‹sanskr.› (Angehöriger eines der frühgeschichtl. Völker mit idg. Sprache; *nationalsoz.* Nichtjude, Angehöriger der sog. nordischen Rasse)
Ari|es [...iɛs], der; - ‹lat., „Widder"› (ein Sternbild)
Ari|ma|thia, *ökum.* Ari|ma|täa (altpalästin. Ort)
Ari|on (altgriech. Sänger)
ario|so (↑R 180) ‹ital.› (*Musik* liedmäßig [vorgetragen]); **Ario|so,** das; -s, *Plur.* -s *u.* ...si; ↑R 180 (liedhaftes Gesangs- od. Instrumentalstück)
Ari|ost, Ario|sto; ↑R 180 (ital. Dichter)
Ario|vist [...v...]; ↑R 180 (Heerkönig der Sweben)
arisch ‹*zu* Arier›; **ari|sie|ren** (*nationalsoz.* in arischen Besitz überführen)
Ari|sti|des (athen. Staatsmann)
Ari|sto|krat, der; -en, -en (↑R 197) ‹griech.› (Angehöriger des Adels; vornehmer Mensch); **Ari|sto|kra|tie,** die; -, ...i̯en; **ari|sto|kra|tisch;** -ste
Ari|sto|pha|nes (altgriech. Lustspieldichter); **ari|sto|pha|nisch;** von -er Laune, a b e r (↑R 134): die Aristophanische Komödie
Ari|sto|te|les (altgriech. Philosoph); Aristoteles' Schriften (↑R 139); **Ari|sto|te|li|ker** (Anhänger der Lehre des Aristoteles); **ari|sto|te|lisch,** a b e r (↑R 134): die Aristotelische Logik
Arith|me|tik, die; - ‹griech.› (Zahlenlehre, Rechnen mit Zahlen); **Arith|me|ti|ker; arith|me|tisch** (auf die Arithmetik bezüglich); -es Mittel (Durchschnittswert); **Arith|mo|griph,** der; -en, -en; ↑R 197 (Zahlenrätsel)
Ari|us (alexandrin. Presbyter)
Ariz. = Arizona
Ari|zo|na (Staat in den USA; *Abk.* Ariz.)
Ark. = Arkansas
Ar|ka|de, die; -, -n ‹franz.› (*Archit.* Bogen auf zwei Pfeilern od. Säulen); **Ar|ka|den** *Plur.* (Bogenreihe)
Ar|ka|di|en [...i̯ən] (griech. Landschaft); **Ar|ka|di|er** [...i̯ər]; **ar|kadisch;** -e Poesie (Hirten- u. Schäferdichtung)
Ar|kan|sas (Staat in den USA; *Abk.* Ark.)
Ar|ka|num, das; -s, ...na ‹lat.› (Geheimnis; Geheimmittel)
Ar|ke|bu|se, die; -, -n ‹niederl., „Hakenbüchse"› (Gewehr im 15./16. Jh.); **Ar|ke|bu|sier,** der; -s, -e (Soldat mit Arkebuse)
Ar|ko|na (Kap auf Rügen)
Ar|ko|se, die; - ‹franz.› (*Geol.* feldspatreicher Sandstein)
Ark|ti|ker, der; -s, - ‹griech.› (Bewohner der Arktis); **Ark|tis,** die; - (Gebiet um den Nordpol); **arktisch; Ark|tur, Ark|tu|rus,** der; - (ein Stern)
Ar|kus, *auch* Ar|cus, der; -, - ['arku:s] ‹lat.› (*Math.* Kreisbogen eines Winkels; *Zeichen* arc)
Arl|berg, der; -[e]s (Alpenpaß); **Arl|berg|bahn,** die; -
Arles [arl] (franz. Stadt)
arm; ärmer, ärmste. **I.** *Kleinschreibung:* **a)** (↑R 157:) arme Ritter (eine Süßspeise); **b)** (↑R 65:) [bei] arm und reich (*veraltet für* [bei] jedermann). **II.** *Großschreibung* (↑R 65): Arm und Reich (arme u. reiche Menschen), Arme und Reiche, bei Armen und Reichen, der Arme *(vgl. d.)* und der Reiche; wir Armen (↑R 7)
Arm, der; -[e]s, -e; *vgl.* Armvoll
Ar|ma|da, die; -, *Plur.* ...den *u.* -s ‹span.› ([mächtige] Kriegsflotte)
Ar|ma|gnac [arman'jak], der; -[s], -s ‹franz.› (franz. Weinbrand)
arm|am|pu|tiert; ein -er Mann
Ar|ma|tur, die; -, -en ‹lat.›; **Ar|ma|tu|ren|brett**
Arm|band, das; *Plur.* ...bänder; **Arm|band|uhr; Arm‿beu|ge, ...bin|de, ...blatt** (Einlage gegen Achselschweiß in Kleidungsstücken)
Arm|brust, die; -, *Plur.* ...brüste, *auch* -e
Ärm|chen; arm|dick; -er Ast, a b e r: einen Arm dick
Ar|me, der *u.* die; -n, -n (↑R 7 ff.)
Ar|mee, die; -, ...meen ‹franz.› (Heer; Heeresabteilung); **Armee-Ein|heit** (↑R 36); **Ar|mee|korps** (*Abk.* AK)
Är|mel, der; -s, -
Ar|me|leu|te‿es|sen, ...ge|ruch *(abwertend),* **...vier|tel**
...är|me|lig, ...ärm|lig (z. B. kurzärm[e]lig); **Är|mel|ka|nal,** der; -s; **Är|mel|län|ge; är|mel|los**
Ar|men‿haus *(veraltet),* **...häus|ler**

Ar|me|ni|en [...iən] (Staat in Vorderasien); **Ar|me|ni|er** [...iər]; **ar|me|nisch**
Ar|men₋pfle|ger *(veraltet),* **...recht** (das; -[e]s); **Ar|men|sün|der|glocke,** die; -, -n [*Trenn.* ...glok|ke] (*österr. für* Armesünderglocke); **Ar|men|vier|tel**
Ar|mes|län|ge; auf - an jmdn. herankommen; um - voraus sein
Ar|me|sün|der, der; des Armensünders, die Armensünder; ein Armersünder, zwei Armesünder; **Ar|me|sün|der|glocke,** die; der Arme[n]sünderglocke, die Arme[n]sünderglocken [*Trenn.* ...glok|ke] (*vgl.* Armsünderglocke, Armensünderglocke)
ar|mie|ren ‹lat.› (*Technik* ausrüsten, bestücken, bewehren); **Ar|mie|rung; Ar|mie|rungs|ei|sen**
..ar|mig (z. B. langarmig)
Ar|min (m. Vorn.); **Ar|mi|ni|us** (Cheruskerfürst)
arm|lang; -er Stiel, aber: einen Arm lang; **Arm₋län|ge, ...leh|ne; Ärm|lein; Arm|leuch|ter** (*auch* Schimpfwort)
ärm|lich; Ärm|lich|keit, die; -
...ärm|lig *vgl.* ...ärmelig; **Ärm|ling** (Ärmel zum Überstreifen)
Ar|mo|ri|ka (*kelt. Bez. für* die Bretagne); **ar|mo|ri|ka|nisch,** aber (↑R 146): das Armorikanische Gebirge *(Geol.)*
Arm|reif, der; -[e]s, -e
arm|se|lig; Arm|se|lig|keit, die; -
[1]**Arm|strong** ['a:(r)mstrɔŋ], Louis ['lu:i] (amerik. Jazzmusiker); [2]**Arm|strong,** Neil [ni:l] (amerik. Astronaut, der als erster Mensch den Mond betrat)
Arm|sün|der|glocke, die; -, -n [*Trenn.* ...glok|ke]; *auch* Armesünderglocke, *österr.* Armensünderglocke *(vgl. d.)*
Ar|mu|re [ar'my:rə], **Ar|mü|re,** die; -, -n ‹franz.› (kleingemustertes [Kunst]seidengewebe)
Ar|mut, die; -; **Ar|muts|zeug|nis**
Arm|voll, der; -, -; (↑R 205 f.:) zwei - Reisig
Arndt (dt. Dichter)
Ar|ni|ka, die; -, -s ‹griech.› (eine Heilpflanze); **Ar|ni|ka|tink|tur**
Ar|nim (märk. Adelsgeschlecht)
[1]**Ar|no,** der; -[s] (ital. Fluß)
[2]**Ar|no** (m. Vorn.); **Ar|nold** (m. Vorn.); **Ar|nulf** (m. Vorn.)
Arom, das; -s, -e ‹griech.› (*geh. für* Aroma); **Aro|ma,** das; -s, *Plur.* ...men, -s *u. älter* -ta; **aro|ma|tisch;** -ste; -e Verbindungen *(Chemie);* **aro|ma|ti|sie|ren**
Aron[s]|stab ‹griech.; dt.› (eine Pflanze)
Aro|sa (Ort in Graubünden); **Aro|ser** (↑R 147)
Ar|pad (erster Herzog der Ungarn); **Ar|pa|de,** der; -n, -n; ↑R 197 (Angehöriger eines ung. Fürstengeschlechtes)
Ar|peg|gia|tur [arpɛdʒa...], die; -, -en ‹ital.› (*Musik* Reihe gebrochener Akkorde); **ar|peg|gie|ren** [arpɛ'dʒi:...] (nach Harfenart spielen); **ar|peg|gio** [ar'pɛdʒo] (nach Harfenart); **Ar|peg|gio,** das; -s, *Plur.* -s *u.* ...ggien [...dʒiən]
Ar|rak, der; -s, *Plur.* -e *u.* -s ‹arab.› (Branntwein aus Reis od. Melasse)
Ar|ran|ge|ment [araŋʒə'maŋ *od.* arãʒə'mã:], das; -s, -s ‹franz.› (Anordnung; Übereinkunft; Einrichtung eines Musikstücks); **Ar|ran|geur** [araŋ'ʒø:r *od.* arã'ʒø:r], der; -s, -e (jmd., der etwas arrangiert; jmd., der ein Musikstück einrichtet, einen Schlager instrumentiert); **ar|ran|gie|ren** [araŋ'ʒi:... *od.* arã'ʒi:...]; **Ar|ran|gier|pro|be** (*Theater* Stellprobe)
Ar|ras (franz. Stadt)
Ar|rest, der; -[e]s, -e ‹lat.› (Beschlagnahme; Haft; *veraltet für* Nachsitzen); **Ar|re|stant,** der; -en, -en; ↑R 197 (*veraltend für* Häftling); **Ar|rest|zel|le; ar|re|tie|ren** (*Technik* anhalten; sperren; *veraltet für* verhaften); **Ar|re|tie|rung** (Sperrvorrichtung)
Ar|rhe|ni|us (schwed. Chemiker u. Physiker)
Ar|rhyth|mie, die; -, ...ien ‹griech.› (Unregelmäßigkeit in einer sonst rhythm. Bewegung; *Med.* Unregelmäßigkeit des Herzschlags); **ar|rhyth|misch** [*od.* a'ryt...]
Ar|ri|val [ə'raivəl], das; -s, -s ‹engl.› (Ankunft [Hinweis auf Flughäfen]); **ar|ri|vie|ren** [ari'vi:...] ‹franz.› (in der Karriere vorwärtskommen); **ar|ri|viert;** -este (anerkannt, erfolgreich); **Ar|ri|vier|te,** der *u.* die; -n, -n; ↑R 7 ff. (anerkannte[r] Künstler[in]; Emporkömmling)
ar|ro|gant; -este ‹lat.› (anmaßend); **Ar|ro|ganz,** die; -
ar|ron|die|ren [*od.* arɔ̃'di:...] ‹franz.›; Grundbesitz - (abrunden, zusammenlegen); **Ar|ron|die|rung; Ar|ron|dis|se|ment** [arɔ̃dis(ə)'mã:], das; -s, -s (Unterabteilung eines franz. Departements; Bezirk)
Ar|row|root ['ɛroru:t], das; -s ‹engl., „Pfeilwurz"› (ein Stärkemehl)
Ar|sa|ki|de, der; -n, -n; ↑R 197 (Angehöriger eines pers. u. armen. Herrschergeschlechtes)
Arsch, der; -[e]s, Ärsche *(derb);* **Arsch₋backe** [*Trenn.* ...bak|ke] *(derb),* **...gei|ge** *(derb),* **...krie|cher** (*derb für* übertrieben schmeichlerischer Mensch), **...le|der** *(Bergmannsspr.),* **...loch** *(derb),* **...pau|ker** (*derb für* Lehrer), **...wisch** (*derb für* wertloses Schriftstück)
Ar|sen, das; -s ‹griech.› (chem. Element; *Zeichen* As)
Ar|se|nal, das; -s, -e ‹arab.-ital.› (Geräte-, Waffenlager)
ar|se|nig ‹griech.› (arsenikhaltig); **Ar|se|nik,** das; -s (*Chemie* giftige Arsenverbindung); **ar|se|nik|hal|tig; Ar|sen₋kies** (ein Mineral), **...ver|gif|tung**
Ar|sis, die; -, Arsen ‹griech.› (*Verslehre* Hebung)
Art, die; -, -en; (↑R 205 f.:) ein Mann [von] der Art (solcher Art), aber: er hat mich derart (so) beleidigt, daß ...; *vgl.* allerart
Art. = Artikel
Art|an|ga|be (*Sprachw.* Umstandsangabe der Art u. Weise)
Art dé|co [arde'ko], der *u.* das; - - ‹franz.› (Kunst[gewerbe]stil der Jahre 1920–40)
Art-di|rec|tor ['a:(r)tdi'rɛktə(r)], der; -s, -s ‹engl.› (künstlerischer Leiter des Layouts in einer Werbeagentur)
Ar|te|fakt, das; -[e]s, -e ‹lat.› (*Archäol.* von Menschen geformter vorgeschichtlicher Gegenstand)
art|ei|gen (*Biol.* einer bestimmten Art entsprechend, eigen)
Ar|tel, das; -s, -s ‹russ., „Gemeinschaft"› ([Arbeiter]genossenschaft im alten Rußland u. in der sowjet. Kollektivwirtschaft)
Ar|te|mis (griech. Göttin der Jagd)
ar|ten; nach jmdm. -; **Ar|ten₋reich|tum** (der; -s), **...schutz** (der; -es); **art|er|hal|tend**
Ar|te|rie [...iə], die; -, -n ‹griech.› (*Med.* Schlagader); **ar|te|ri|ell; Ar|te|ri|en|ver|kal|kung** [...iən...]; **Ar|te|rii|tis,** die; -, ...iitiden (Arterienentzündung); **Ar|te|rio|skle|ro|se** (Arterienverkalkung); **ar|te|rio|skle|ro|tisch**
ar|te|sisch ‹*zu* Artois›; -er Brunnen (Brunnen, dessen Wasser durch Überdruck des Grundwassers selbsttätig aufsteigt)
art|fremd *(Biol.);* -es Gewebe
Art|ge|nos|se
Ar|thral|gie, die; -, ...ien ‹griech.› (*Med.* Gelenkschmerz, Gliederreißen); **Ar|thri|ti|ker** (an Arthritis Leidender); **Ar|thri|tis,** die; -, ...itiden (Gelenkentzündung); **ar|thri|tisch; Ar|thro|po|den** *Plur.* (*Zool.* Gliederfüßer); **Ar|thro|se,** die; -, -n (*Med.* chron. Gelenkerkrankung)
Ar|thur *vgl.* Artur
ar|ti|fi|zi|ell ‹franz.› (künstlich)
ar|tig (gesittet; folgsam); **...ar|tig** (z. B. gleichartig); **Ar|tig|keit**
Ar|ti|kel [*auch* ar'ti...], der; -s, - ‹lat.› (Geschlechtswort; Ab-

schnitt eines Gesetzes u. ä. [*Abk.* Art.]; Ware; Aufsatz); **Ar|ti|kel|se|rie** (Folge von Artikeln zu einem Thema); **ar|ti|ku|lar** (*Med.* zum Gelenk gehörend); **Ar|ti|ku|la|ti|on,** die; -, -en (*Sprachw.* Lautbildung; [deutliche] Aussprache); **ar|ti|ku|la|to|risch; ar|ti|ku|lie|ren** (deutlich aussprechen, formulieren)
Ar|til|le|rie [*auch* 'ar...], die; -, ...ien ‹franz.›; **Ar|til|le|rist** [*auch* 'ar...], der; -en, -en (↑R 197); **ar|til|le|ri|stisch**
Ar|ti|scho|cke, die; -, -n [*Trenn.* ...schok|ke] ‹ital.› (eine Zier- u. Gemüsepflanze)
Ar|tist, der; -en, -en (↑R 197) ‹franz.›; **Ar|ti|stik,** die; - (Kunst der Artisten); **Ar|ti|stin; ar|ti|stisch**
Art nou|veau [arnu'vo], der *u.* das, - - ‹franz.› (*Bez. für* Jugendstil in England u. Frankreich)
Ar|tois [ar'toa], das; - (hist. Provinz in Nordfrankreich)
Ar|to|thek, die; -, -en ‹lat.; griech.› (Galerie, die Bilder od. Plastiken ausleiht)
Ar|tur (m. Vorn.); **Ar|tus** (sagenhafter walis. König); **Ar|tus|hof,** der; -[e]s
art|ver|wandt; Art|wort *Plur.* ...wörter (*für* Adjektiv)
Ar|ve ['arvə, *schweiz.* 'arfə], die; -, -n (Zirbelkiefer)
Arz|nei; Arz|nei|kun|de, die; -; **arz|nei|lich; Arz|nei|mit|tel,** das; **Arz|nei|mit|tel|leh|re; Arzt,** der; -es, Ärzte; **Ärz|te|kam|mer; Ärz|te|schaft,** die; -; **Arzt|hel|fe|rin; Ärz|tin; ärzt|lich; Arzt‿rech|nung, ...ro|man**
[1]as, [1]As, das; -, - (Tonbezeichnung); **[2]as** (*Zeichen für* as-Moll); in as; **[2]As** (*Zeichen für* As-Dur); in As
[3]As, der; Asses, Asse ‹lat.› (altröm. Gewichts- und Münzeinheit)
[4]As, das; Asses, Asse ‹franz.› (Eins [auf Karten]; das od. der Beste [z. B. im Sport]; *Tennis* für den Gegner unerreichbarer Aufschlagball); *vgl.* [1]Aß
[5]As = *chem. Zeichen für* Arsen
A-Sai|te (z. B. bei der Geige)
asb = Apostilb
As|best, der; -[e]s, -e ‹griech.› (feuerfeste mineralische Faser); **As|be|sto|se,** die; -, -n (*Med.* durch Asbeststaub hervorgerufene Lungenerkrankung); **As|best|plat|te**
Asch, der; -[e]s, Äsche (*ostmitteld. für* Napf, [tiefe] Schüssel)
[1]Aschan|ti, der; -, - (Angehöriger eines Negerstammes in Ghana); **[2]Aschan|ti,** die; -, - (*österr. für* Erdnuß); **Aschan|ti|nuß** (*österr.*)
Asch|be|cher *vgl.* Aschenbecher; **asch‿bleich, ...blond; Asche,** die; -, *Plur. (Technik:)* -n
Äsche, die; -, -n (ein Süßwasserfisch)
Asche|ge|halt, der; **aschen|arm; Aschen|bahn; Asch[en]|be|cher; Aschen|brö|del,** das; -s, *Plur.* (*für* jmd., der ein unscheinbares Leben führt:) - (eine Märchengestalt); **Aschen|gru|be; aschen|hal|tig; Aschen|put|tel,** das; -s, - *vgl.* Aschenbrödel; **Ascher** (*ugs. für* Aschenbecher); **Äscher** (*Gerberei* Aschen- und Kalklauge); **Ascher|mitt|woch** (Mittwoch nach Fastnacht); **asch‿fahl, ...far|ben** *od.* **...far|big, ...grau,** aber (↑R 65): bis ins Aschgraue (bis zum Überdruß); **aschig**
Asch|ke|na|sim [...zi:m *od.* 'zi:m] *Plur.* ‹hebr.› (*Bez. für* die ost- u. mitteleuropäischen Juden)
Asch|ku|chen (*ostmitteld. für* Napfkuchen)
Asch|mo|dai *vgl.* [1]Asmodi
Asch|ram, der; -s, -s ‹sanskr.› (Zentrum für Meditation in Indien)
äschy|le|isch; *vgl.* aber (↑R 134); **Äschy|lus** [*od.* 'ɛ:...] (altgriech. Tragiker)
As|co|na (schweiz. Ort am Lago Maggiore)
Ascor|bin|säu|re *vgl.* Askorbinsäure
As|cot ['ɛskət] (Dorf in der Nähe von London, berühmter Austragungsort für Pferderennen)
As-Dur [*auch* 'as'du:r], das; - (Tonart; *Zeichen* As); **As-Dur-Ton|lei|ter** (↑R 41)
Ase, der; -n, -n *meist Plur.;* ↑R 197 (germ. Gottheit)
ASEAN ['e:siɛn], die; - ‹*Kurzw. aus* Association of South East Asian Nations› (Vereinigung südostasiat. Staaten zur Förderung von Frieden und Wohlstand); **ASEAN-Staa|ten** *Plur.*
äsen; das Rotwild äst (weidet)
Asep|sis, die; - ‹griech.› (*Med.* Keimfreiheit); **asep|tisch** (keimfrei)
Aser (*südd. für* Jagdtasche)
Äser (*Plur. von* Aas)
Aser|bai|dschan, Aser|bei|dschan (Landschaft u. Provinz im nordwestl. Persien; Staat am Kaspischen Meer); **Aser|bai|dscha|ner, Aser|bei|dscha|ner; aser|bai|dscha|nisch, aser|bei|dscha|nisch**
ase|xu|al [*od.* ...'a:l], **ase|xu|ell** [*od.* ...'ɛl] ‹griech.; lat.› (geschlechtslos)
As|gard (*germ. Mythol.* Sitz der Asen)
Asi|at, der; -en, -en (↑R 197) ‹lat.›; **asia|tisch;** (↑R 180; ↑R 148:) - Grippe; **Asi|en** [...iən]
As|ka|ni|er [...iər], der; -s, - (Angehöriger eines alten dt. Fürstengeschlechtes)
As|ka|ri, der; -s, -s ‹arab.› (eingeborener Soldat im ehemal. Deutsch-Ostafrika)
As|ka|ris, die; -, ...iden *meist Plu.* ‹griech.› (*Med., Zool.* Spulwurm)
As|ke|se, die; - ‹griech.› (enthaltsame Lebensweise); **As|ket,** der; -en, -en; ↑R 197 (enthaltsam lebender Mensch); **As|ke|tik** *vgl.* Aszetik; **as|ke|tisch;** -ste
As|kle|pi|os, As|kle|pi|us *vgl.* Äskulap
Askor|bin|säu|re, *chem. fachspr.* Ascor|bin|säu|re (Vitamin C)
Äs|ku|lap [*auch* 'ɛs...] (griech.-röm. Gott der Heilkunde); **Äs|ku|lap‿schlan|ge, ...stab**
As|ma|ra (Hptst. von Eritrea)
[1]As|mo|di, *ökum.* Asch|mo|dai ‹aram.› (ein Dämon im A. T. u. im jüd. Volksglauben); **[2]As|mo|di** (dt. Dramatiker)
as-Moll [*auch* 'as'mɔl], das; - (Tonart; *Zeichen* as); **as-Moll-Ton|lei|ter** (↑R 41)
As|mus (m. Vorn.)
Äsop (altgriech. Fabeldichter); **äso|pisch** (*auch veraltend für* witzig); *vgl.* aber (↑R 134); **Äso|pus** *vgl.* Äsop
Asow|sche Meer ['a:sɔf..., *auch* a'sɔf... -], das; -n -[e]s (Teil des Schwarzen Meeres)
aso|zi|al ‹griech.; lat.› (gemeinschaftsschädigend; gemeinschaftsunfähig); **Aso|zia|li|tät,** die; - (↑R 180)
As|pa|ra|gin, das; -s ‹griech.› (chem. Verbindung); **As|pa|ra|gus** [*auch* as'pa... *u.* ...'ra:gus], der; - (Zierspargel)
As|pa|sia (Geliebte [und später Frau] des Perikles)
Aspekt, der; -[e]s, -e ‹lat.› (Ansicht, Gesichtspunkt; *Sprachw.* [den slaw. Sprachen eigentümliche] grammat. Kategorie, die die subjektive Sicht u. Auffassung des Geschehens durch den Sprecher ausdrückt; *Astron.* bestimmte Stellung der Planeten zueinander)
Asper|gill, das; -s, -e ‹lat.› (*kath. Kirche* Weihwasserwedel)
Asper|si|on, die; -, -en ‹lat.› (Besprengung mit Weihwasser)
As|phalt [*auch* 'as...], der; -[e]s, -e ‹griech.›; **as|phal|tie|ren; as|phal|tisch; As|phalt‿lack, ...stra|ße**
As|pho|dill *vgl.* Affodill
As|pik [*landsch. auch* as'pik *u.* 'aspik], der, *auch* das; -s, -e ‹franz.› (Gallert aus Gelatine od. Kalbsknochen)

Aspi|rant, der; -en, -en (↑R 197) ‹lat.› (Bewerber; Anwärter; *seltener für* wissenschaftliche Nachwuchskraft in der Weiterbildung; *schweiz. auch für* Offiziersschüler); **Aspi|ran|tur,** die; -, -en (*selten* Institution zur Ausbildung des wissenschaftlichen Nachwuchses); **Aspi|ra|ta,** die; -, *Plur.* ...ten *u.* ...tä (*Sprachw.* behauchter Verschlußlaut, z. B. griech. ϑ); **Aspi|ra|teur** [...'tø:r] der; -s, -e ‹franz.› (Maschine zum Vorreinigen des Getreides); **Aspi|ra|ti|on,** die; -, -en ‹lat.› (*veraltet für* Bestrebung *[meist Plur.]; Sprachw.* [Aussprache mit] Behauchung; *Med.* Ansaugung); **Aspi|ra|tor,** der; -s, ...oren (Luft-, Gasansauger); **aspi|ra|to|risch** (*Sprachw.* mit Behauchung gesprochen); **aspi|rie|ren** (*Sprachw.* mit Behauchung aussprechen; *österr. auch für* sich um etwas bewerben)

Aspi|rin ®, das; -s (ein Schmerzmittel); **Aspi|rin|ta|blet|te**

Aß, das; Asses, Asse (*österr. ugs. für* Abszeß)

Ass. = Assessor

As|sa|gai, der; -s, -e ‹berberisch› (Wurfspeer der Kaffern)

As|sam (Bundesstaat der Republik Indien)

as|sa|nie|ren ‹franz.› (*österr.* Grundstücke, Wohngebiete o. ä. aus hygienischen, sozialen o. a. Gründen verbessern); **As|sa|nie|rung** *(österr.)*

As|sas|si|ne, der; -n, -n (↑R 197) ‹arab.-ital.› (Angehöriger einer mohammedan. religiösen Gemeinschaft; *veraltet für* Meuchelmörder)

As|saut [a'so:], das; -s, -s ‹franz.› (Übungsform des Fechtens)

As|se|ku|ranz, die; -, -en ‹lat.› (*veraltet für* Versicherung, Versicherungsgesellschaft)

As|sel, die; -, -n (ein Krebstier)

As|sem|bla|ge [asã'bla:ʒə], die; -, -n ‹franz.› (*Kunst* Hochrelief; Kombination verschiedener Objekte); **As|sem|bler** [ə'sɛm..., *auch* a'sɛm...], der; -s, - ‹engl.› (*EDV* eine Programmiersprache; Übersetzungsprogramm)

As|ser|ti|on die; -, -en ‹lat.› (*Philos.* bestimmte Behauptung); **as|ser|to|risch** (behauptend, versichernd)

As|ser|vat [...v...], das; -[e]s, -e ‹lat.› (*Rechtsw.* amtlich aufbewahrte Sache); **As|ser|va|ten|kam|mer**

As|ses|sor, der; -s, ...oren ‹lat.› (Anwärter der höheren Beamtenlaufbahn; *Abk.* Ass.); **as|ses|so|ral; As|ses|so|rin; as|ses|so|risch**

As|si|bi|la|ti|on die; -, -en ‹lat.› (*Sprachw.* Aussprache eines Verschlußlautes in Verbindung mit einem Zischlaut, z. B. z = ts in „Zahn"; Verwandlung eines Verschlußlautes in einen Zischlaut, z. B. niederd. „Water" = hochd. „Wasser"); **as|si|bi|lie|ren; As|si|bi|lie|rung**

As|si|mi|la|ti|on, die; -, -en ‹lat.› *vgl.* Assimilierung; **as|si|mi|lie|ren;** sich - (anpassen); **As|si|mi|lie|rung** (Angleichung; *Sprachw.* Angleichung eines Mitlautes an einen anderen, z. B. das m in „Lamm" aus mittelhochd. „lamb")

As|si|sen *Plur.* ‹lat.› (Schwurgericht in der Schweiz u. in Frankreich)

As|si|si (mittelital. Stadt)

As|si|stent, der; -en, -en (↑R 197) ‹lat.› (Gehilfe, Mitarbeiter [an Hochschulen]); **As|si|sten|tin; As|si|stenz,** die; -, -en (Beistand); **As|si|stenz‿arzt, ...pro|fes|sor, ...trai|ner; as|si|stie|ren** (beistehen, mitwirken)

As|so|cia|ted Press [ə'so:ʃie:tid -], die; - - ‹engl.› (US-amerik. Nachrichtenbüro; *Abk.* AP)

As|so|cié [aso'sie:], der; -s, -s ‹franz.› (*veraltet für* Teilhaber, Kompagnon)

As|so|lu|ta, die; -, -s ‹ital.› (weibl. Spitzenstar in Ballett u. Oper)

As|so|nanz, die; -, -en ‹lat.› (*Verslehre* Gleichklang nur der Vokale am Versende, z. B. „haben"; „klagen")

as|sor|tie|ren ‹franz.› (nach Warenarten ordnen und vervollständigen); **As|sor|ti|ment,** das; -[e]s, -e (*veraltet für* Lager; Auswahl, Sortiment)

As|so|zia|ti|on, die; -, -en (↑R 180) ‹lat.› (Vereinigung; *Psych.* Vorstellungsverknüpfung); **as|so|zia|tiv;** ↑R 180 (durch Vorstellungsverknüpfung bewirkt); **as|so|zi|ie|ren** ‹franz.› (verknüpfen); sich - (sich [genossenschaftlich] zusammenschließen); assoziierte Staaten; **As|so|zi|ie|rung**

ASSR = Autonome Sozialistische Sowjetrepublik (bis 1991)

As|su|an [*od.* 'as...] (oberägypt. Stadt); **As|su|an|stau|damm,** der; -[e]s (↑R 149)

As|sump|tio|nist, der; -en, -en; ↑R 197; ↑R 180 (Angehöriger einer kath. Ordensgemeinschaft); **As|sum|ti|on,** die; -, -en (Mariä Himmelfahrt *[nur Sing.];* deren bildliche Darstellung)

As|sy|rer; As|sy|ri|en [...i̯ən] (altes Reich in Mesopotamien); **As|sy|ri|er** [...i̯ər]; *vgl.* Assyrer; **As|sy|rio|lo|ge,** der; -n, -n; ↑R 197; ↑R 180 (Wissenschaftler auf dem Gebiet der Assyriologie); **As|sy|rio|lo|gie,** die; -; ↑R 180 (Erforschung der assyrisch-babylon. Kultur u. Sprache; *auch für* Keilschriftforschung); **as|sy|risch**

Ast, der; -[e]s, Äste

a. St. = alten Stils (Zeitrechnung)

Asta (w. Vorn.)

AStA ['asta], der; -[s], *Plur.* -[s], *auch* ASten = Allgemeiner Studentenausschuß

Astar|te (altsemit. Liebes- u. Fruchtbarkeitsgöttin)

Astat, Asta|tin, das; -s ‹griech.› (chem. Element; *Zeichen* At); **asta|tisch** (*Physik* gegen den Einfluß elektr. od. magnet. Felder geschützt); -er (staubabweisender) Werkstoff

Äst|chen; asten (*ugs. für* sich abmühen); geastet; **ästen** (Äste treiben)

Aster, die; -, -n ‹griech.› (eine Gartenblume); **Aste|ris|kus,** der; -, ...ken (*Druckw.* Sternchen; *Zeichen* *); **Astern|art; Aste|ro|id,** der; -en, -en; ↑R 197 (Planetoid)

ast|frei; -es Holz; **Ast|ga|bel**

Asthe|nie, die; -, ...ien ‹griech.› (*Med.* allgemeine Körperschwäche); **Asthe|ni|ker** (schmaler, schmächtiger Mensch); **asthe|nisch;** -ste

Äs|thet, der; -en, -en; ↑R 197 ([überfeinert empfindender] Freund des Schönen); **Äs|the|tik,** die; -, -en *Plur. selten* (Wissenschaft von den Gesetzen der Kunst, bes. vom Schönen; das Schöne, Schönheit); **Äs|the|ti|ker** (Vertreter od. Lehrer der Ästhetik); **äs|the|tisch** (*auch für* überfeinert); **äs|the|ti|sie|ren** ([einseitig] nach den Gesetzen des Schönen urteilen *od.* gestalten); **Äs|the|ti|zis|mus,** der; - ([einseitig] das Ästhetische betonende Haltung)

Asth|ma, das; -s ‹griech.› (anfallsweise auftretende Atemnot); **Asth|ma|an|fall; Asth|ma|ti|ker; asth|ma|tisch;** -ste

[1]**Asti** (ital. Stadt); [2]**Asti,** der; -[s], - (Wein [von [1]Asti]); - spumante (ital. Schaumwein)

astig|ma|tisch ‹griech.› (*Optik* Punkte strichförmig verzerrend); **Astig|ma|tis|mus,** der; - (*Med.* Stabsichtigkeit; *Optik* Abbildungsfehler von Linsen)

ästi|mie|ren ‹franz.› (*veraltend für* schätzen, würdigen)

Äst|lein; Ast|loch

[1]**Astra|chan** [...xa(:)n] (russ. Stadt); [2]**Astra|chan,** der; -s, -s (eine Lammfellart); **Astra|chan|ka|vi|ar** (↑R 149)

astral ‹griech.› (die Gestirne betreffend; Stern...); **Astral|leib**

(*Okkultismus* dem irdischen Leib innewohnender ätherischer Leib)
ast|rein (*ugs. auch für* völlig in Ordnung, sehr schön)
Astrid (w. Vorn.)
Astro|graph, der; -en, -en (↑R 197) ‹griech.› (Vorrichtung zur fotograf. Aufnahme von Gestirnen, zum Zeichnen von Sternkarten); **Astro|gra|phie,** die; -, ...ien (Sternbeschreibung); **Astro|la|bi|um,** das; -s, ...ien [...iən] (altes astron. Instrument); **Astro|lo|ge,** der; -n, -n; ↑R 197 (Sterndeuter); **Astro|lo|gie,** die; - (Sterndeutung); **Astro|lo|gin; astro|lo|gisch; Astro|naut,** der; -en, -en; ↑R 197 (Weltraumfahrer); **Astro|nau|tik,** die; - (Wissenschaft von der Raumfahrt, *auch* die Raumfahrt selbst); **Astro|nau|tin; astro|nau|tisch; Astro|nom,** der; -en, -en; ↑R 197 (Stern-, Himmelsforscher); **Astro|no|mie,** die; - (wissenschaftl. Stern-, Himmelskunde); **Astro|no|min; astro|no|misch; Astro|phy|sik** [*auch* ...'zi(:)k] (Teilgebiet der Astronomie)
Ästu|ar, das; -s, *Plur.* -e *u.* ...rien [...iən] ‹lat.› (*fachspr. für* trichterförmige Flußmündung)
Astu|ri|en [...iən] (hist. Provinz in Spanien); **Astu|ri|er** [...iər]; **astu|risch**
Ast|werk, das; -[e]s
ASU = Abgassonderuntersuchung
Asun|ción [asun'siɔn, *span.* asun'θiɔn] (Hptst. von Paraguay)
Äsung ‹*zu* äsen›
Asyl, das; -s, -e ‹griech.› (Zufluchtsort); **Asy|lant,** der; -en, -en; ↑R 197 (Bewerber um Asylrecht); **Asyl‿an|trag, ...be|wer|ber, ...recht** (das; -[e]s)
Asym|me|trie [*od.* ...'tri:], die; -, ...ien ‹griech.› (Mangel an Symmetrie); **asym|me|trisch** [*od.* ...'me:...]; -ste
Asym|pto|te, die; -, -n ‹griech.› (*Math.* Gerade, der sich eine ins Unendliche verlaufende Kurve beliebig nähert, ohne sie zu erreichen); **asym|pto|tisch**
asyn|chron [...k... *od.* ...'kro:n] ‹griech.› (nicht gleichzeitig)
asyn|de|tisch [*od.* ...'de...] ‹griech.› (*Sprachw.* nicht durch Konjunktion verbunden); **Asyn|de|ton,** das; -s, ...ta (*Sprachw.* Wort- od. Satzreihe, deren Glieder nicht durch Konjunktionen verbunden sind, z. B. „alles rennet, rettet, flüchtet")
Aszen|dent, der; -en, -en (↑R 197) ‹lat.› (*Genealogie* Vorfahr; Verwandter in aufsteigender Linie; *Astron.* Aufgangspunkt eines Gestirns); **Aszen|denz,** die; - (Verwandtschaft in aufsteigender Linie; Aufgang eines Gestirns); **aszen|die|ren** (*Astron.* [von Gestirnen] aufsteigen)
As|ze|se usw. *vgl.* Askese usw.; **As|ze|tik,** die; - (*kath. Kirche* Lehre vom Streben nach christlicher Vollkommenheit)
at *(veraltet)* = technische Atmosphäre
At = *chem. Zeichen für* Astat
A. T. = Altes Testament
Ata|ir, der; -s ‹arab.› (ein Stern)
Ata|man, der; -s, -e ‹russ.› (frei gewählter Stammes- u. militär. Führer der Kosaken)
Ata|ra|xie, die; - ‹griech.› (Unerschütterlichkeit, Seelenruhe [in der griech. Philosophie])
Ata|vis|mus [...v...], der; -, ...men ‹lat.› (*Biol.* Wiederauftreten von Merkmalen od. Verhaltensweisen aus einem früheren entwicklungsgeschichtlichen Stadium); **ata|vi|stisch;** -ste
Ate (griech. Göttin des Unheils)
Ate|lier [atə'lie:], das; -s, -s ‹franz.› ([Künstler]werkstatt; [fotogr.] Aufnahmeraum); **Ate|lier‿auf|nah|me, ...fen|ster, ...fest**
Atem, der; -s; - holen; außer - sein; **atem|be|rau|bend; Atem|be|schwer|den** *Plur.;* **Atem|ho|len,** das; -s; **atem|los;** -este; **Atem‿not** (die; -), **...pau|se**
a tem|po ‹ital.› (*ugs. für* schnell, sofort; *Musik* im Anfangstempo)
atem|rau|bend; Atem‿übung, ...we|ge *(Plur.),* **...zug**
Äthan, *chem. fachspr. auch* Ethan, das; -s ‹griech.› (gasförmiger Kohlenwasserstoff)
Atha|na|sia ‹griech., „die Unsterbliche"› (w. Vorn.); **atha|na|sia|nisch** (*Rel.;* ↑R 180); aber (↑R 134): das Athanasianische Glaubensbekenntnis; **Atha|na|sie,** die; - (*Rel.* Unsterblichkeit); **Atha|na|si|us** (Kirchenlehrer)
Ätha|nol, *chem. fachspr. auch* Etha|nol, das; -s ‹griech.› (*Chemie* eine organ. Verbindung, Hauptbestandteil der alkohol. Getränke; Weingeist)
Athe|is|mus, der; - ‹griech.› (Weltanschauung, die die Existenz eines Gottes leugnet); **Athe|ist,** der; -en, -en (↑R 197); **athe|i|stisch** (↑R 180)
Athen (Hptst. Griechenlands); **Athe|nä|um,** das; -s, ...äen (Tempel der Athene); **Athe|ne** (griech. Göttin der Weisheit); **Athe|ner** (↑R 147); **athe|nisch**
[1]**Äther,** der; -s ‹griech.› (feiner Urstoff in der griech. Philosophie; *geh. für* Himmel); [2]**Äther,** *chem. fachspr. auch* Ether, der; -s, - (chem. Verbindung; Betäubungs-, Lösungsmittel); **äthe|risch** (ätherartig; himmlisch; zart); -e Öle; **äthe|ri|sie|ren** (mit Äther behandeln)
ather|man ‹griech.› (*Physik* für Wärmestrahlen undurchlässig)
Äthio|pi|en [...iən] (↑R 180) ‹griech.› (Staat in Ostafrika); **Äthio|pi|er** [...iər] (↑R 180); **äthio|pisch** (↑R 180)
Ath|let, der; -en, -en (↑R 197) ‹griech.› (kräftig gebauter, muskulöser Mann; Wettkämpfer im Sport); **Ath|le|tik,** die; -; *bes. in* Leichtathletik, Schwerathletik; **Ath|le|ti|ker** (Mensch von athletischer Konstitution); **Ath|le|tin; ath|le|tisch;** -ste
Athos, der; - (Berg auf der nordgriech. Halbinsel Chalkidike)
Äthyl, *chem. fachspr. auch* Ethyl, das; -s ‹griech.› (Atomgruppe zahlreicher chem. Verbindungen); **Äthyl|al|ko|hol,** der; -s *vgl.* Äthanol; **Äthy|len,** *chem. fachspr. auch* Ethy|len, das; -s (im Leuchtgas enthaltener ungesättigter Kohlenwasserstoff)
Ätio|lo|gie, die; - (↑R 180) ‹griech.› (Lehre von den Ursachen, bes. der Krankheiten); **ätio|lo|gisch;** ↑R 180 (ursächlich, begründend)
At|lant, der; -en, -en (↑R 197) ‹griech.› (*Bauw.* Gebälkträger in Form einer Männerfigur); *vgl.* [2]Atlas; **At|lan|tik,** der; -s (Atlantischer Ozean); **At|lan|tik|char|ta,** die; - (1941 abgeschlossene Vereinbarung zwischen Großbritannien u. den USA über die Kriegs- u. Nachkriegspolitik); **At|lan|tik|pakt** (NATO); **At|lan|tis** (sagenhaftes, im Meer versunkenes Inselreich); **at|lan|tisch;** aber (↑R 146): der Atlantische Ozean;
[1]**At|las** (griech. Sagengestalt); [2]**At|las,** der; *Gen.* - *u.* ...lasses, *Plur.* ...lasse *u.* ...lanten (*selten für* Atlant); [3]**At|las,** der; - (Gebirge in Nordwestafrika); [4]**At|las,** der; *Gen.* - *u.* ...lasses, *Plur.* ...lasse *u.* ...lanten ([als Buch gebundene] Sammlung geographischer Karten; Bildtafelwerk); [5]**At|las,** der; *Gen.* - *u.* ...lasses (*Med.* erster Halswirbel)
[6]**At|las,** der; *Gen.* - *u.* ...lasses, *Plur.* ...lasse ‹arab.› (ein Seidengewebe); **at|las|sen** (aus [6]Atlas)
atm *(veraltet)* = physikal. Atmosphäre
at|men; ...at|mig (z. B. kurzatmig)
At|mo|sphä|re, die; -, -n ‹griech.› (Lufthülle; *als Druckeinheit früher für* Pascal [*Zeichen für die physikal. A.* atm, *für die techn. A.* at]; *nur Sing.:* Stimmung, Umwelt); **At|mo|sphä|ren|über|druck** *Plur.* ...drücke; (*Zeichen*

[veraltet] atü); **At|mo|sphä|ri|li|en** [...iən] *Plur.* (Bestandteile der Luft); **at|mo|sphä|risch**
AT-Mo|tor = Austauschmotor
At|mung, die; -; **at|mungs|ak|tiv; At|mungs|or|gan** *meist Plur.*
Ät|na [*od.* 'ɛtna], der; -[s] (Vulkan auf Sizilien)
Äto|li|en [...iən] (altgriech. Landschaft; Gebiet im westl. Griechenland); **Äto|li|er** [...iər], der; -s, - (Angehöriger eines altgriech. Stammes); **äto|lisch**
Atoll, das; -s, -e ‹drawid.› (ringförmige Koralleninsel)
Atom, das; -s, -e ‹griech.› (kleinste Einheit eines chem. Elements); **Atom|an|griff; ato|mar** (das Atom, die Kernenergie, die Atomwaffen betreffend; mit Atomwaffen [versehen]); **atom|be|trie|ben; Atom|bom|be** (*kurz* A-Bombe); **Atom|bom|ben|ver|such; Atom‿ener|gie** (die; -), **...geg|ner, ...ge|wicht; Ato|mi|seur** [...'zø:r], der; -s, -e (Zerstäuber); **ato|mi|sie|ren** (in Atome auflösen; völlig zerstören); **Ato|mi|sie|rung; Ato|mis|mus,** der; - (Weltanschauung, die alle Vorgänge in der Natur auf Atome und ihre Bewegungen zurückführt); **Ato|mist,** der; -en, -en; ↑R 197 (Anhänger des Atomismus); **ato|mi|stisch; Ato|mi|um,** das; -s (Bauwerk in Brüssel); **Atom‿kern; ...kraft** (die; -), **...kraft|werk** (*Abk.* AKW), **...krieg, ...macht** (Staat, der über Atomwaffen verfügt), **...mei|ler, ...mi|ne, ...müll, ...phy|sik, ...ra|ke|te, ...re|ak|tor, ...spreng|kopf, ...stopp, ...strom, ...test; Atom|test|stopp|ab|kom|men; Atom-U-Boot** (↑R 41); **Atom|waf|fe** *meist Plur.*; **atom|waf|fen|frei;** -e Zone; **Atom|waf|fen|sperr|ver|trag,** der; -[e]s; **Atom‿wär|me, ...wirt|schaft, ...zeit|al|ter** (das; -s), **...zer|trüm|me|rung** (*früher für* Kernspaltung)
ato|nal ‹griech.› (*Musik* an keine Tonart gebunden); -e Musik; **Ato|na|li|tät,** die; -
Ato|nie, die; -, ...ien ‹griech.› (*Med.* Muskelerschlaffung); **ato|nisch**
Atout [a'tu:], das, *auch* der; -s, -s ‹franz.› (Trumpf im Kartenspiel)
ato|xisch [*auch* a'tɔ...] ‹griech.› (*fachspr. für* ungiftig)
Atreus ['a:trɔys] (griech. Sagengestalt)
Atri|um, das; -s, ...ien [...iən] ‹lat.› nach oben offener [Haupt]raum des altröm. Hauses; *Archit.* offene [Vor]halle, Innenhof)
Atro|phie, die; -, ...ien ‹griech.› (*Med.* Schwund von Organen, Geweben, Zellen); **atro|phisch**
Atro|pin, das; -s ‹griech.› (Gift der Tollkirsche)
Atro|pos (eine der drei Parzen)
ätsch! *(ugs.)*
At|ta|ché [...'ʃe:], der; -s, -s ‹franz.› (Anwärter des diplomatischen Dienstes; einer Auslandsvertretung zugeteilter Berater); **at|ta|chie|ren** [...'ʃi...] (*veraltet für* zuteilen); **At|tacke,** die; -, -n [*Trenn.* ...tak|ke] ([Reiter]angriff; *Med.* Anfall); **at|tackie|ren** [*Trenn.* ...tak|kie...] (angreifen)
At|ten|tat [*auch* ...'ta:t], das; -[e]s, -e ‹franz.› ([Mord]anschlag); **At|ten|tä|ter** [*auch* ...'tɛ:...], der; -s, -
At|ter|see, der; -s (österr. See)
At|test, das; -[e]s, -e ‹lat.› (ärztl. Bescheinigung; Gutachten; Zeugnis); **At|te|sta|ti|on,** die; -, -en ‹lat.› (Qualifikationsbescheinigung ohne Prüfungsnachweis in der ehem. DDR); **at|te|stie|ren**
Ät|ti, der; -s (*südwestd. u. schweiz. mdal. für* Vater)
[1]**At|ti|ka** (griech. Halbinsel)
[2]**At|ti|ka,** die; -, ...ken ‹griech.-lat.› ([Skulpturen tragender] Aufsatz über dem Hauptgesims eines Bauwerks); **At|ti|ka|woh|nung** (*schweiz. für* Penthouse)
[1]**At|ti|la** (Hunnenkönig); *vgl.* Etzel; [2]**At|ti|la,** die; -, -s (mit Schnüren besetzte Husarenjacke)
at|tisch (aus [1]Attika)
At|ti|tü|de, die; -, -n ‹franz.› (Haltung; [innere] Einstellung; *Ballett* eine [Schluß]figur)
At|ti|zis|mus, der; -, ...men ‹griech.› (an klassischen Vorbildern orientierter Sprachstil im antiken Griechenland); **At|ti|zist,** der; -en, -en; ↑R 197 (Anhänger des Attizismus); **at|ti|zi|stisch**
Att|nang-Puch|heim (österr. Ort)
At|to... ‹skand.› (ein Trillionstel einer Einheit, z. B. Attofarad = 10^{-18} Farad; *Zeichen* a)
At|trak|ti|on, die; -, -en ‹lat.› (etwas, was große Anziehungskraft hat); **at|trak|tiv** (anziehend); **At|trak|ti|vi|tät** [...v...], die; - (Anziehungskraft)
At|trap|pe, die; -, -n ‹franz.› ([täuschend ähnliche] Nachbildung; Schau-, Blindpackung)
at|tri|bu|ie|ren ‹lat.› (als Attribut beifügen); **At|tri|but,** das; -[e]s, -e (charakteristische Eigenschaft; *Sprachw.* Beifügung); **at|tri|bu|tiv** [*od.* 'a...] (beifügend); **At|tri|but|satz**
atü *(veraltet)* = Atmosphärenüberdruck
aty|pisch (nicht typisch)
Ätz|al|ka|li|en *Plur.* (stark ätzende Hydroxyde der Alkalimetalle); **Ätz|druck** *Plur.* ...drucke
At|zel, die; -, -n (*landsch. für* Elster)
at|zen (*Jägerspr.* [Greifvögel] füttern); du atzt; **ät|zen** (mit Säure, Lauge o. ä. bearbeiten); du ätzt; **ät|zend** (*ugs. auch für* sehr schlecht); **Ätz|flüs|sig|keit; At|zung** (*Jägerspr.* Fütterung, Nahrung [der jungen Greifvögel]); **Ät|zung** *(Druckw.)*
au!; au Backe!; auweh!
Au = Aurum (*chem. Zeichen für* Gold)
Au, *österr. nur so, od.* **Aue,** die; -, Auen (*landsch. od. geh. für* flaches Wiesengelände)
AUA = Austrian Airlines (österr. Luftverkehrsgesellschaft)
au|ber|gi|ne [obɛr'ʒi:nə] ‹arab.-franz.› (rötlichviolett); **Au|ber|gi|ne,** die; -, -n (Pflanze mit gurkenähnlichen [violetten] Früchten; Eierpflanze)
a. u. c. = ab urbe condita
auch; wenn auch; auch wenn (↑R 126)
Auck|land ['ɔ:klənt *od.* ...lənd] (Hafenstadt in Neuseeland)
au con|traire [o kɔ̃'trɛ:r] ‹franz.› (im Gegenteil)
Au|di Ⓦⓩ (Kraftfahrzeuge)
au|dia|tur et al|te|ra pars (↑R 180) ‹lat.› (röm. Rechtsgrundsatz: auch die Gegenpartei soll angehört werden); **Au|di|enz,** die; -, -en (feierl. Empfang; Zulassung zu einer Unterredung); **Au|di|max,** das; - (*stud. Kurzw. für* Auditorium maximum); **Au|di|on,** das; -s, *Plur.* -s *u.* ...onen (*Elektrotechnik* Schaltung in Rundfunkempfängern zur Verstärkung der hörbaren Schwingungen); **Au|dio|vi|si|on,** die; - (audiovisuelle Technik; Information durch Wort und Bild); **au|dio|vi|su|ell** (zugleich hör- u. sichtbar, Hören u. Sehen ansprechend); -er Unterricht; **au|di|tiv** ‹lat.› (*Med.* das Hören betreffend; *Psych.* vorwiegend mit Gehörsinn begabt); **Au|di|tor,** der; -s, ...oren (Beamter der röm. Kurie, Richter im kanonischen Recht; *österr. früher, schweiz.* öffentl. Ankläger bei einem Militärgericht); **Au|di|to|ri|um,** das; -s, ...ien [...iən] (ein Hörsaal [der Hochschule]; Zuhörerschaft); **Au|di|to|ri|um ma|xi|mum,** das; - - (größter Hörsaal einer Hochschule; *stud. Kurzw.* Audimax)
Au|drey ['ɔ:dri] (w. Vorn.)
Aue *vgl.* Au; **Au|en|land|schaft; Au|en|wald,** Au|wald
Au|er|hahn
Au|er|licht, das; -[e]s ‹nach dem Erfinder› (ein Gasglühlicht)
Au|er|och|se
Au|er|stedt (Dorf in Thüringen)

auf; *Präp. mit Dat. u. Akk.:* auf dem Tisch liegen, aber: auf den Tisch legen; auf Grund (*vgl.* Grund); aufs neue (*vgl.* neu); auf das, aufs beste (*vgl.* beste); auf seiten *(vgl. d.);* auf einmal; aufs Mal (*schweiz. svw.* auf einmal); auf seine Aufforderung hin; *Adverb:* auf und ab *(vgl. d.), seltener* auf und nieder; auf und davon *(vgl. d.). Großschreibung* (↑R 67): das Auf und Nieder, das Auf und Ab
auf... (*in Zus. mit Verben,* z. B. aufführen, du führst auf, aufgeführt, aufzuführen)
auf|ad|die|ren
auf|ar|bei|ten; Auf|ar|bei|tung
auf|at|men
auf|backen [*Trenn.* ...bak|ken]
auf|bag|gern
auf|bah|ren; Auf|bah|rung
auf|bam|meln (*ugs. für* aufhängen)
auf|bän|ken; einen Steinblock - (auf zwei Haublöcke legen)
Auf|bau, der; -[e]s, *Plur.* (*für* Gebäude-, Schiffsteil:) -ten; **Auf|bau‿ar|beit, ...dar|le|hen; auf|bau|en;** eine Theorie auf einer Annahme -; jmdn. - (an jmds. Aufstieg arbeiten)
auf|bau|meln (*ugs. für* aufhängen)
auf|bau|men (*Jägerspr.* sich auf einem Baum niederlassen [vom Federwild]; auf einen Baum klettern [von Luchs, Marder u. a.])
auf|bäu|men, sich
auf|bau|schen (*auch für* übertreiben)
Auf|bau|schu|le; Auf|bau|spie|ler *(Sport)*
Auf|bau|ten *vgl.* Aufbau
Auf|bau|trai|ning *(Sport)*
auf|be|geh|ren
auf|be|hal|ten; den Hut -
auf|bei|ßen
auf|be|kom|men; Aufgaben -
auf|be|rei|ten; Auf|be|rei|tung
auf|bes|sern; Auf|bes|se|rung, *selten* **Auf|beß|rung**
auf|bet|ten (*landsch. für* das Bett machen; *auch für* im Bett höher legen); einen Kranken -; **Auf|bet|tung**
auf|be|wah|ren; Auf|be|wah|rung; Auf|be|wah|rungs|ort, der; -[e]s, -e
auf|bie|gen
auf|bie|ten; Auf|bie|tung, die; -; unter - aller Kräfte
auf|bin|den; jmdm. etwas - (*ugs. für* weismachen)
auf|blä|hen; *vgl.* aufgebläht; **Auf|blä|hung**
auf|blas|bar; auf|bla|sen; *vgl.* aufgeblasen
auf|blät|tern
auf|blei|ben
auf|blen|den
auf|blicken[1]
auf|blin|ken
auf|blit|zen
auf|blocken[1]; ein Bild -
auf|blü|hen
auf|bocken[1]
auf|boh|ren
auf|bra|ten
auf|brau|chen
auf|brau|sen; auf|brau|send
auf|bre|chen (*Jägerspr. auch für* ausweiden)
auf|bren|nen
auf|brin|gen (*auch für* kapern); *vgl.* aufgebracht; **Auf|brin|gung,** die; -
auf|bri|sen ⟨*zu* Brise⟩ (an Stärke zunehmen [vom Wind])
auf|bro|deln; Nebel brodelt auf
Auf|bruch, der; -[e]s, ...brüche (*Jägerspr. auch für* Eingeweide des erlegten Wildes; *Bergmannsspr.* senkrechter Blindschacht); **Auf|bruch[s]|stim|mung,** die; -
auf|brü|hen
auf|brül|len
auf|brum|men (*ugs. für* auferlegen); eine Strafe -
Auf|bü|gel|mu|ster; auf|bü|geln
auf|bür|den *(geh.);* **Auf|bür|dung**
auf|däm|mern
auf|damp|fen
auf|dämp|fen
auf daß (*veraltend für* damit)
auf|decken[1]; **Auf|deckung**[1]
auf|don|nern, sich (*ugs. für* sich auffällig kleiden u. schminken)
auf|drän|geln, sich *(ugs.);* ich dräng[e]le mich auf; **auf|drän|gen;** jmdm. etwas -; sich jmdm. -
auf|dre|hen (*südd., österr. auch für* einschalten; zu schimpfen anfangen, wütend werden)
auf|dring|lich; Auf|dring|lich|keit
auf|dröh|nen; Beifall dröhnte auf
auf|drö|seln (*landsch. für* [etwas Verheddertes, Wolle o. ä. mühsam] aufdrehen)
Auf|druck, der; -[e]s, -e; **auf|drucken**[1]
auf|drücken[1]
auf|ein|ạn|der; *Schreibung in Verbindung mit Verben* (↑R 205 f.): aufeinander (auf sich gegenseitig) ạchten, wạrten, aufeinander auffahren usw., aber: aufeinanderfahren; *vgl.* aneinander; **auf|ein|ạn|der|bei|ßen;** die Zähne -; **Auf|ein|ạn|der|fol|ge,** die; -; **auf|ein|ạn|der‿fol|gen; ...le|gen, ...lie|gen, ...pral|len, ...pres|sen, ...schla|gen, ...sit|zen, ...sta|peln, ...sto|ßen, ...tref|fen, ...tür|men**
auf|en|tern; *vgl.* entern
Auf|ent|halt, der; -[e]s, -e; **Auf|ent|hal|ter** (*schweiz. für* jmd., der an einem Ort nur vorübergehend seinen Wohnsitz hat); **Auf|ent|halts‿be|schrän|kung, ...dau|er, ...ge|neh|mi|gung, ...ort** (*der;* -[e]s, -e), **...raum**
auf|er|le|gen; ich erlege ihm etwas auf, *seltener* ich auferlege; auferlegt; aufzuerlegen
auf|er|ste|hen; *üblich sind nur ungetrennte Formen,* z. B. wenn er auferstünde, er ist auferstanden; **Auf|er|ste|hung,** die; - *(Rel.)*
auf|er|wecken[1]; *vgl.* auferstehen; **Auf|er|weckung**[1]
auf|es|sen
auf|fä|chern; Auf|fä|che|rung
auf|fä|deln; Auf|fä|de|lung, Auf|fäd|lung
auf|fah|ren; Auf|fahrt, die; -, -en (*nur Sing.: südd. u. schweiz. auch für* Christi Himmelfahrt); **Auf|fahrt|ram|pe; Auf|fahrts|stra|ße; Auf|fahr|un|fall**
auf|fal|len; auf fällt, daß ... (↑R 205); **auf|fal|lend;** -ste; **auf|fäl|lig; Auf|fäl|lig|keit**
Auf|fang‿becken[1]; **auf|fan|gen; Auf|fang‿la|ger, ...stel|le, ...vor|rich|tung**
auf|fas|sen; Auf|fas|sung; Auf|fas|sungs‿ga|be, ...sa|che *(ugs.)*
auf|fe|gen (*bes. nordd. für* zusammenfegen u. aufnehmen)
auf|fin|den; Auf|fin|dung
auf|fi|schen (*ugs.; auch für* zufällig kennenlernen)
auf|flackern[1]
auf|flam|men
auf|flat|tern
auf|flie|gen (*ugs. auch für* ein jähes Ende nehmen)
auf|for|dern; Auf|for|de|rung; Auf|for|de|rungs|satz
auf|for|sten (Wald [wieder] anpflanzen); **Auf|for|stung**
auf|fres|sen
auf|fri|schen; der Wind frischt auf; **Auf|fri|schung**
auf|führ|bar; Auf|führ|bar|keit, die; -; **auf|füh|ren; Auf|füh|rung; Auf|füh|rungs|recht**
auf|fül|len; Auf|fül|lung
auf|fut|tern (*ugs. für* aufessen)
Auf|ga|be
auf|ga|beln (*ugs. auch für* zufällig treffen und mitnehmen)
Auf|ga|ben‿be|reich (der), **...heft, ...stel|lung; Auf|ga|be|stem|pel**
auf|ga|gen [...gɛg(ə)n] (mit Gags versehen, ausstatten)
Auf|ga|lopp (*Reiten* Probegalopp an den Schiedsrichtern vorbei zum Start)
Auf|gang, der; **Auf|gangs|punkt** *(Astron.)*
auf|ge|ben
auf|ge|bläht; -este (*auch abwertend für* großtuerisch)
auf|ge|bla|sen; ein -er (*ugs. für*

[1] *Trenn.* ...k|k...

eingebildeter) Kerl; **Auf|ge|bla|sen|heit,** die; - *(ugs.)*
Auf|ge|bot; Auf|ge|bots|schein
auf|ge|bracht; -este (*auch für* erregt, erzürnt)
auf|ge|don|nert; *vgl.* aufdonnern
auf|ge|dreht; -este (*ugs. für* angeregt)
auf|ge|dun|sen
auf|ge|hen; es geht mir auf (es wird mir klar)
auf|gei|en (*Seemannsspr.* Segel mit Geitauen zusammenholen)
auf|geil|len *(derb);* sich -
auf|ge|klärt; -este; **Auf|ge|klärt|heit,** die; -
auf|ge|knöpft; -este (*ugs. auch für* mitteilsam)
auf|ge|kratzt; -este; in -er (*ugs. für* froher) Stimmung sein
Auf|geld (*für* Agio)
auf|ge|legt (*auch für* zu etwas bereit, gelaunt; *österr. ugs. auch für* klar, offensichtlich); zum Spazierengehen - sein; ein -er Blödsinn *(österr.)*
auf|ge|paßt!
auf|ge|rauht; -este
auf|ge|räumt; -este (*auch für* heiter); in -er Stimmung sein; **Auf|ge|räumt|heit,** die; -
auf|ge|regt; -este; **Auf|ge|regt|heit,** die; -
Auf|ge|sang (*Verslehre* erster Teil der Strophe beim Meistersang)
auf|ge|schlos|sen; - (mitteilsam) sein; **Auf|ge|schlos|sen|heit,** die; -
auf|ge|schmis|sen; - (*ugs. für* hilflos) sein
auf|ge|schos|sen; hoch -
auf|ge|schwemmt; -este
auf|ge|ta|kelt (*ugs. für* auffällig, geschmacklos gekleidet)
auf|ge|wärmt
auf|ge|weckt; -este; ein -er (kluger) Junge; **Auf|ge|weckt|heit,** die; -
auf|ge|wor|fen; ein -er Mund
auf|gie|ßen
auf|glei|sen (*Technik* auf Gleise setzen); du gleist auf; er glei|ste auf; **Auf|glei|sung**
auf|glei|ten (*Meteor.* sich [gleitend] über etwas schieben [von Luftmassen])
auf|glie|dern; Auf|glie|de|rung
auf|glim|men
auf|glü|hen
auf|gra|ben; Auf|gra|bung
auf|grät|schen; auf den Barren -
auf|grei|fen
auf Grund, *jetzt häufig* **auf|grund** (*vgl.* Grund *u.* ↑R 208)
Auf|guß; Auf|guß‿beu|tel, ...tier|chen (*für* Infusorium)
auf|ha|ben *(ugs.);* ..., daß er einen Hut aufhat; er wird einen Hut -; für die Schule viel -; ein Laden, der mittags aufhat (geöffnet ist)
auf|hacken [*Trenn.* ...hak|ken]; den Boden -
auf|ha|ken (einen Hakenverschluß lösen)
auf|hal|sen (*ugs. für* aufbürden)
auf|hal|ten; Auf|hal|tung
auf|hän|gen; sich -; *vgl.* [2]hängen; **Auf|hän|ger; Auf|hän|ge|vor|rich|tung; Auf|hän|gung**
auf|hau|en *(ugs.)*
auf|häu|fen
auf|he|ben; Auf|he|ben, das; -s; [ein] großes -, viel -[s] von dem Buch machen; **Auf|he|bung,** die; -
auf|hei|tern; ich heitere auf (↑R 22); **Auf|hei|te|rung**
auf|hei|zen; Auf|hei|zung
auf|hel|fen
auf|hel|len; Auf|hel|ler; optischer - *(Chemie);* **Auf|hel|lung**
auf|het|zen; Auf|het|zung
auf|heu|len
auf|ho|len; Auf|hol|jagd
auf|hor|chen; die Nachricht ließ -
auf|hö|ren
auf|hucken [*Trenn.* ...huk|ken] (*ugs. für* auf den Rücken nehmen)
auf|ja|gen
auf|jauch|zen
auf|jau|len
Auf|kauf; auf|kau|fen; Auf|käu|fer
auf|keh|ren (*bes. südd. für* zusammenkehren u. aufnehmen)
auf|kei|men
auf|klapp|bar; auf|klap|pen
auf|kla|ren (klar werden, sich aufklären [vom Wetter]; *Seemannsspr.* aufräumen); es klart auf; **auf|klä|ren** (Klarheit in etwas Ungeklärtes bringen; belehren); der Himmel klärt sich auf (wird klar); **Auf|klä|rer; auf|klä|re|risch; Auf|klä|rung; Auf|klä|rungs‿flug|zeug, ...kam|pa|gne**
auf|klat|schen
auf|klau|ben (*südd., österr. für* aufheben)
auf|kle|ben; Auf|kle|ber
auf|klin|gen
auf|klin|ken
auf|knacken [*Trenn.* ...knak|ken]
auf|knöp|fen; *vgl.* aufgeknöpft
auf|kno|ten
auf|knüp|fen; Auf|knüp|fung
auf|ko|chen (*südd., österr. auch* für einen bes. Anlaß reichlich kochen)
auf|kom|men; Auf|kom|men, das; -s, - (Summe der [Steuer]einnahmen)
auf|krat|zen; *vgl.* aufgekratzt
auf|krei|schen
auf|krem|peln
auf|kreu|zen *(ugs.)*
auf|krie|gen *(ugs.)*
auf|kün|den (*älter für* aufkündigen); **auf|kün|di|gen; Auf|kün|di|gung**
Aufl. = Auflage
auf|la|chen
auf|la|den; *vgl.* [1]laden; **Auf‿la|de|platz, ...la|der**
Auf|la|ge (*Abk.* Aufl.); **Auf|la|ge[n]|hö|he, auf|la|gen|stark**
Auf|la|ger *(Bauw.)*
auf|lan|dig (*Seemannsspr.* auf das Land zu wehend od. strömend)
auf|las|sen (aufsteigen lassen; *Bergmannsspr.* [eine Grube] stillegen; *Rechtsspr.* [Grundeigentum] übertragen; *bes. südd., österr. für* stillegen, schließen, aufgeben; *ugs. für* geöffnet lassen); **auf|läs|sig** (*Bergmannsspr.* außer Betrieb); **Auf|las|sung**
auf|la|sten (*für* aufbürden)
auf|lau|ern; jmdm. -
Auf|lauf (Ansammlung; überbackene [Mehl]speise); **Auf|lauf|brem|se; auf|lau|fen** (anwachsen [von Schulden]; *Seemannsspr.* auf Grund geraten); **Auf|lauf|form**
auf|le|ben
auf|lecken [*Trenn.* ...lek|ken]
Auf|le|ge|ma|trat|ze; auf|le|gen; *vgl.* aufgelegt; **Auf|le|ger**
auf|leh|nen, sich; **Auf|leh|nung**
auf|le|sen
auf|leuch|ten
auf|lich|ten; Auf|lich|tung
Auf|lie|fe|rer; auf|lie|fern; Auf|lie|fe|rung
auf|lie|gen (offen ausgelegt sein); sich - (sich wundliegen); **Auf|lie|ge|zeit** (Ruhezeit der Schiffe)
auf|li|sten; Auf|li|stung
auf|lockern [*Trenn.* ...lok|kern]; **Auf|locke|rung** [*Trenn.* ...lok|ke...]
auf|lo|dern
auf|lö|sen; Auf|lö|sung; Auf|lö|sungs‿er|schei|nung, ...pro|zeß, ...zei|chen *(Musik)*
auf|lüp|fisch (*schweiz. für* rebellisch, aufrührerisch)
auf|lut|schen *(ugs.);* den Bonbon -
auf|lu|ven [...f...] (*Seemannsspr.* den Winkel zwischen Kurs und Windrichtung verkleinern)
auf'm; ↑R 17 (*ugs. für* auf dem, auf einem)
auf|ma|chen; auf- und zumachen; sich - (sich auf den Weg machen); **Auf|ma|cher** (wirkungsvoller Titel; eingängige Schlagzeile); **Auf|ma|chung**
auf|ma|len
Auf|marsch, der; **Auf|marsch|ge|län|de; auf|mar|schie|ren**
Auf|maß *(Bauw.)*
auf|mei|ßeln
auf|mer|ken; auf|merk|sam; jmdn. auf etwas - machen; **Auf|merk|sam|keit**
auf|mes|sen *(Bauw.)*
auf|mi|schen (*ugs. auch für* verprügeln)

auf|mö|beln (*ugs. für* aufmuntern; erneuern); ich möb[e]le auf (↑R 22)
auf|mon|tie|ren
auf|mot|zen (*ugs. für* effektvoller gestalten, zurechtmachen)
auf|mucken [*Trenn.* ...muk|ken] *(ugs.)*
auf|mun|tern; ich muntere auf (↑R 22); **Auf|mun|te|rung**
auf|müp|fig (*landsch. für* aufsässig, trotzig); **Auf|müp|fig|keit**
auf|mut|zen (*landsch. für* Vorwürfe machen); jmdm. seine Fehler -
auf'n; ↑R 17 (*ugs. für* auf den, auf einen)
auf|nä|hen; Auf|nä|her
Auf|nah|me, die; -, -n; **Auf|nah|me|be|din|gung** *meist Plur.*; **auf|nah|me|fä|hig; Auf|nah|me‿fä|hig|keit, ...ge|bühr, ...lei|ter** (der; *Film*), **...prü|fung, ...tech|nik; auf|nahms|fä|hig** *(österr.)*; **Auf|nahms|prü|fung** *(österr.)*; **auf|neh|men; Auf|neh|mer** (*landsch. für* Scheuerlappen)
äuf|nen (*schweiz. für* [Güter, Bestände, Fonds] vermehren); **Äuf|nung**, die; - *(schweiz.)*
auf|ne|steln
auf|nö|ti|gen; jmdm. etw. -
auf|ok|troy|ie|ren [...ɔktro̯a'ji:...] (aufdrängen, aufzwingen)
auf|op|fern; sich [für jmdn. *od.* etwas] -; **Auf|op|fe|rung** *Plur. selten*; **auf|op|fe|rungs|voll**
auf|packen [*Trenn.* ...pak|ken]
auf|päp|peln *(ugs.)*; ein Kind -
auf|pas|sen; Auf|pas|ser
auf|peit|schen
auf|pel|zen (*österr. für* aufbürden)
auf|pep|pen (einer Sache Pep, Schwung geben)
auf|pflan|zen
auf|pfrop|fen
auf|picken [*Trenn.* ...pik|ken] (*österr. ugs. auch für* aufkleben)
auf|plat|zen
auf|plu|stern; sich -
auf|po|lie|ren
auf|pol|stern
auf|pop|pen (*ugs. für* nach Art der Popkunst aufmachen)
auf|prä|gen
Auf|prall, der; -[e]s, -e *Plur. selten*; **auf|pral|len**
Auf|preis (Mehrpreis); *vgl.* [2]Preis
auf|pro|bie|ren
auf|pul|vern
auf|pum|pen
auf|pu|sten
auf|put|schen; Auf|putsch|mit|tel, das
auf|put|zen; sich -
auf|quel|len; *vgl.* [1]quellen
auf|raf|fen; sich -
auf|ra|gen
auf|rap|peln, sich (*ugs. für* sich aufraffen)
auf|räu|feln (*landsch. für* [Gestricktes] wieder auflösen); ich räuf[e]le auf (↑R 22)
auf|rau|hen
auf|räu|men; *vgl.* aufgeräumt; **Auf‿räu|mer, ...räu|mung; Auf|räu|mungs|ar|bei|ten** *Plur.*
auf|rech|nen; Auf|rech|nung
auf|recht; -este; - (gerade, in aufrechter Haltung) halten, sitzen, stehen, stellen; er kann sich nicht - halten; a b e r: **auf|recht|er|hal|ten** (weiterbestehen lassen; ↑R 205 f.); ich erhalte aufrecht, habe -; aufrechtzuerhalten; *vgl.* halten; **Auf|recht|er|hal|tung**, die; -
auf|re|gen; sich -; **auf|re|gend**; -ste; **Auf|re|gung**
auf|rei|ben; sich -; **auf|rei|bend**; -ste
auf|rei|hen; sich -
auf|rei|ßen (*auch für* im Überblick darstellen; *ugs. auch für* mit jmdm. eine [sexuelle] Beziehung anzuknüpfen versuchen)
auf|rei|ten (*auch Zool.* [von bestimmten Säugetieren] begatten)
auf|rei|zen; auf|rei|zend; -ste
auf|rib|beln (*landsch. für* aufräufeln)
Auf|rich|te, die; -, -n (*schweiz. für* Richtfest); **auf|rich|ten**; sich -; **auf|rich|tig; Auf|rich|tig|keit**, die; -; **Auf|rich|tung**, die; -
Auf|riß (Bauzeichnung)
auf|rol|len; Auf|rol|lung, die; -
auf|rücken [*Trenn.* ...rük|ken]
Auf|ruf; auf|ru|fen
Auf|ruhr, der; -[e]s, -e *Plur. selten*; **auf|rüh|ren; Auf|rüh|rer; auf|rüh|re|risch**; -ste
auf|run|den ([Zahlen] nach oben runden); **Auf|run|dung**
auf|rü|sten; Auf|rü|stung
auf|rüt|teln; Auf|rüt|te|lung, Auf|rütt|lung
aufs; ↑R 17 (auf das); *vgl.* auf
auf|sa|gen; Auf|sa|gung (*geh. auch für* Kündigung)
auf|sam|meln
auf|säs|sig; Auf|säs|sig|keit, die; -
Auf|satz; Auf|satz|the|ma
auf|sau|gen
auf|schal|ten (*Fernspr.* eine Verbindung zu einem besetzten Anschluß herstellen); **Auf|schal|tung**
auf|schär|fen (*Jägerspr.* [den Balg] aufschneiden)
auf|schau|en
auf|schau|keln
auf|schäu|men
auf|schei|nen (*österr. für* erscheinen, auftreten, vorkommen)
auf|scheu|chen
auf|scheu|ern; ich habe mir die Knie aufgescheuert
auf|schich|ten; Auf|schich|tung
auf|schie|ben; Auf|schie|bung
auf|schie|ßen
Auf|schlag; auf|schla|gen; Auf|schlä|ger; Auf|schlag‿feh|ler, ...ver|lust *(Tennis)*, **...zün|der**
auf|schläm|men (in einer Flüssigkeit fein verteilen)
auf|schlie|ßen; *vgl.* aufgeschlossen; **Auf|schlie|ßung**, die; -
auf|schlit|zen
auf|schluch|zen
Auf|schluß; auf|schlüs|seln; Auf|schlüs|se|lung, Auf|schlüß|lung; auf|schluß|reich
auf|schmei|ßen (*österr. ugs. für* bloßstellen); *vgl.* aufgeschmissen
auf|schnap|pen
auf|schnei|den (*ugs. auch für* prahlen); **Auf|schnei|der; Auf|schnei|de|rei; auf|schnei|de|risch; Auf|schnitt**, der; -[e]s
auf|schnü|ren
auf|schrau|ben
[1]auf|schrecken [*Trenn.* ...schrek|ken]; sie schrak *od.* schreckte auf; sie war aufgeschreckt; *vgl.* [1]schrecken; **[2]auf|schrecken** [*Trenn.* ...schrek|ken]; ich schreckte ihn auf; sie hatte ihn aufgeschreckt; *vgl.* [2]schrecken
Auf|schrei
auf|schrei|ben; ich schreibe mir etwas auf
auf|schrei|en
Auf|schrift
Auf|schub
auf|schür|fen
auf|schüt|teln; das Kopfkissen -
auf|schüt|ten; Auf|schüt|tung
auf|schwat|zen, *landsch.* **auf|schwät|zen**
auf|schwei|ßen
[1]auf|schwel|len; der Leib schwoll auf, ist aufgeschwollen; *vgl.* [1]schwellen; **[2]auf|schwel|len**; der Exkurs schwellte das Buch auf, hat das Buch aufgeschwellt; *vgl.* [2]schwellen; **Auf|schwel|lung**
auf|schwem|men; Auf|schwem|mung
auf|schwin|gen, sich; **Auf|schwung**
auf|se|hen; zu jmdm. - (jmdn. bewundern); **Auf|se|hen**, das; -s; **auf|se|hen|er|re|gend**, a b e r (↑R 209): großes Aufsehen erregend; **Auf|se|her; Auf|se|he|rin**
auf|sein (*ugs. für* geöffnet sein; nicht [mehr] im Bett sein); der Kranke ist aufgewesen, a b e r: ..., daß der Kranke auf ist, war
auf sei|ten (↑R 208); *Präp. mit Gen.*: - - der Regierung
auf|set|zen; Auf|set|zer *(bes. Fußball, Handball)*
auf|seuf|zen
Auf|sicht, die; -, -en; **auf|sicht|füh|rend**, a b e r (↑R 209): eine strenge Aufsicht führend; **Auf|sicht|füh|ren|de**, der *u.* die; -n,

-n (↑R 7 ff.); **Auf|sichts_be|am|te, ...be|hör|de; auf|sicht[s]|los; Auf|sichts_pflicht, ...rat** (*Plur.* ...räte); **Auf|sichts|rats_sit|zung, ...vor|sit|zen|de**
auf|sit|zen; jmdn. - lassen (jmdn. im Stich lassen); jmdm. - (auf jmdn. hereinfallen); **Auf|sit|zer** (*österr. für* Reinfall)
auf|spal|ten; Auf|spal|tung
auf|span|nen
auf|spa|ren; ich spare mir etwas auf; **Auf|spa|rung**
auf|spei|chern; Auf|spei|che|rung
auf|sper|ren
auf|spie|len; sich -
auf|spie|ßen
auf|split|tern; Auf|split|te|rung
auf|spray|en [...ʃpre:ən *od.* ...sp...]
auf|spren|gen; einen Tresor -
auf|sprie|ßen
auf|sprin|gen
auf|sprit|zen
auf|sprü|hen
Auf|sprung
auf|spu|len; ein Tonband -
auf|spü|len; Sand -
auf|spü|ren; Auf|spü|rung
auf|sta|cheln; Auf|sta|che|lung, Auf|stach|lung
auf|stamp|fen
Auf|stand; auf|stän|dern (*Technik* auf Ständern errichten); ich ständere auf (↑R 22); **Auf|stän|de|rung; auf|stän|disch; Auf|stän|di|sche**, der *u.* die; -n, -n (↑R 7 ff.); **Auf|stands|ver|such**
auf|sta|peln; Auf|sta|pe|lung, Auf|stap|lung
Auf|stau (*Technik, Wasserbau*)
auf|stäu|ben
auf|stau|en
auf|ste|chen
auf|stecken [*Trenn.* ...stek|ken]; *vgl.* ²stecken
auf|ste|hen
auf|stei|gen (*österr. auch* in die nächste Klasse kommen, versetzt werden); **Auf|stei|ger**
auf|stel|len; Auf|stel|lung
auf|stem|men (mit dem Stemmeisen öffnen); sich -
auf|step|pen
Auf|stieg, der; -[e]s, -e; **Auf|stiegs_mög|lich|keit, ...spiel** (*Sport*)
auf|stö|bern
auf|stocken [*Trenn.* ...stok|ken] ([um ein Stockwerk] erhöhen); **Auf|stockung** [*Trenn.* ...stok|kung]
auf|stöh|nen
auf|stöp|seln (*ugs.*); eine Flasche -
auf|stö|ren; jmdn. -
auf|sto|ßen; mir stößt etwas auf
auf|stre|ben; auf|stre|bend; -ste
auf|strei|chen; Auf|strich
Auf|strom, der; -[e]s (*Technik* aufsteigender Luftstrom)
auf|stu|fen (höher einstufen); **Auf|stu|fung**
auf|stül|pen
auf|stüt|zen
auf|su|chen
auf|sum|men, auf|sum|mie|ren (*EDV* Werte addieren od. subtrahieren)
auf|ta|keln (*Seemannsspr.* mit Takelwerk ausrüsten); sich - (*ugs. für* sich sehr auffällig kleiden und schminken); *vgl.* aufgetakelt; **Auf|ta|ke|lung, Auf|tak|lung**
Auf|takt, der; -[e]s, -e
auf|tan|ken; ein Auto -; das Flugzeug tankt auf
auf|tau|chen
auf|tau|en
auf|tei|len; Auf|tei|lung
auf|tip|pen; den Ball kurz -
auf|ti|schen ([Speisen] auftragen; *ugs. für* vorbringen)
auf|top|pen (*Seemannsspr.* die Rahen in senkrechter Richtung bewegen)
Auf|trag, der; -[e]s, ...träge; im -[e] (*Abk.* i. A. *od.* I. A.; *vgl. d.*); **auf|tra|gen; Auf|trag_ge|ber, ...neh|mer; Auf|trags_ar|beit, ...be|stand, ...be|stä|ti|gung, ...buch; auf|trags|ge|mäß; Auf|trags_la|ge, ...pol|ster** (*Wirtsch.* Vorrat an Aufträgen), **...rück|gang; Auf|trag[s]|wal|ze** (*Druckw.*)
auf|tref|fen
auf|trei|ben
auf|tren|nen
auf|tre|ten; Auf|tre|ten, das; -s
Auf|trieb; Auf|triebs|kraft
Auf|tritt; Auf|tritts|ver|bot
auf|trump|fen
auf|tun; sich -
auf|tup|fen; Wassertropfen [mit einem Tuch] -
auf|tür|men; sich -
auf und ab; - - - gehen (ohne bestimmtes Ziel), aber (*in Zus.*; ↑R 32): auf- und absteigen (aufsteigen und absteigen); **Auf und Ab**, das; - - -[s]; **Auf|und|ab|ge|hen**, das; -s; ein Platz zum -, aber (↑R 32 *u.* R 68): das Auf- und Absteigen (Aufsteigen und Absteigen)
auf und da|von; - - - gehen (*ugs.*); sich - - - machen (*ugs.*)
auf|wa|chen
auf|wach|sen
auf|wal|len; Auf|wal|lung
auf|wäl|ti|gen (*Bergmannsspr.*; *vgl.* gewältigen)
Auf|wand, der; -[e]s; **Auf|wands|ent|schä|di|gung**
auf|wär|men; Auf|wär|mung
Auf|war|te|frau; auf|war|ten; mit Sekt - (*geh.*)
auf|wärts; auf- und abwärts. *Schreibung in Verbindung mit Verben:* ↑R 205 f. (*vgl.* abwärts): aufwärts (nach oben) gehen usw., aber: aufwärtsgehen (besser werden); **Auf|wärts_ent|wick|lung, ...ha|ken** (*Boxen*), **...trend**
Auf|war|tung
Auf|wasch, der; -[e]s (Geschirrspülen; schmutziges Geschirr); **auf|wa|schen; Auf|wasch_tisch, ...was|ser** (*Plur.* ...wässer)
auf|wecken [*Trenn.* ...wek|ken]; *vgl.* aufgeweckt
auf|wei|chen; *vgl.* ¹weichen; **Auf|wei|chung**
Auf|weis, der; -es, -e; **auf|wei|sen**
auf|wen|den; ich wandte *od.* wendete viel Zeit auf, habe aufgewandt *od.* aufgewendet; aufgewandte *od.* aufgewendete Zeit; **auf|wen|dig; Auf|wen|dung**
auf|wer|fen; sich zum Richter -
auf|wer|ten; Auf|wer|tung
auf|wickeln [*Trenn.* ...wik|keln]; **Auf|wicke|lung** [*Trenn.* ...wik|ke...], **Auf|wick|lung**
Auf|wie|ge|lei (*abwertend*); **auf|wie|geln; Auf|wie|ge|lung**
auf|wie|gen
Auf|wieg|ler; auf|wieg|le|risch; Auf|wieg|lung *vgl.* Aufwiegelung
Auf|wind (*Meteor.* aufsteigender Luftstrom)
auf|wir|beln
auf|wi|schen; Auf|wisch|lap|pen
auf|wöl|ben
auf|wöl|ken
Auf|wuchs (*Forstw.*)
auf|wüh|len
Auf|wurf
auf|zah|len (*südd., österr. für* dazuzahlen); **auf|zäh|len; Auf|zah|lung** (*auch schweiz. für* Aufpreis); **Auf|zäh|lung**
auf|zäu|men; das Pferd am *od.* beim Schwanz - (*ugs. für* etwas verkehrt beginnen)
auf|zeh|ren
auf|zeich|nen; Auf|zeich|nung
auf|zei|gen (dartun, darlegen)
auf Zeit (*Abk.* a. Z.)
auf|zie|hen; Auf|zucht; auf|züch|ten
auf|zucken [*Trenn.* ...zuk|ken]
Auf|zug; Auf|zug|füh|rer; Auf|zug[s]|schacht
auf|zün|geln (*geh.*)
auf|zwin|gen; jmdm. etwas -
auf|zwir|beln; die Bartenden -
Aug. = August (Monat)
Aug|ap|fel; Au|ge, das; -s, -n; - um -; **Äu|gel|chen; äu|geln** (*veraltet für* [verstohlen] blicken; *auch für* okulieren); ich ...[e]le (↑R 22); **äu|gen** ([angespannt] blicken); **Au|gen_arzt, ...auf|schlag, ...bank** (*Plur.* ...banken; *Med.*), **...blick**[1]; **au|gen|blick|lich**[1]; **au|gen|blicks**[1] (*veraltend für* sofort); **Au|gen|blicks**[1]**_idee,**

[1] [*auch* ...'blik(...)]

...sa|che; Au|gen|braue; Au|gen|brau|en|stift; Au|gen-deckel [*Trenn.* ...dek|kel], **...dia|gno|se; au|gen|fäl|lig; Au|gen-far|be, ...glas** (*veraltend; vgl.* [1]Glas), **...heil|kun|de, ...kli|nik, ...krank|heit, ...licht** (das; -[e]s), **...lid; Au|gen-Make-up; Au|gen-maß** (das), **...merk** (das; -[e]s), **...op|ti|ker, ...pul|ver** (das; -s; *ugs. für* sehr kleine, die Augen anstrengende Schrift), **...rin|ge** (*Plur.;* Schatten unter den Augen), **...schat|ten** *(Plur.),* **...schein** (der; -[e]s); **au|gen-schein|lich** [*auch* ...'ʃain...]; **Au|gen-stern** (*ugs. für* das Liebste), **...trost** (eine Heilpflanze), **...wei|de** (die; -), **...win|kel, ...wi|sche|rei, ...zahn** (oberer Eckzahn), **...zeu|ge; Au|gen|zeu|gen|be|richt; Au|gen|zwin|kern,** das; -s; **au|gen|zwin|kernd**

Au|gi|as (Gestalt der griech. Sage); **Au|gi|as|stall** [*auch* 'augi|as...] (*übertr. auch für* korrupte Verhältnisse)

...äu|gig (z. B. braunäugig)

Au|git [*auch* ...'git], der; -s, -e ‹griech.› (ein Mineral)

Äug|lein

Aug|ment, das; -s, -e ‹lat.› (*Sprachw.* Vorsilbe des Verbstammes zur Bezeichnung der Vergangenheit, bes. im Sanskrit u. im Griechischen); **Aug|men|ta|ti|on,** die; -, -en (*Musik* Vergrößerung der Notenwerte)

au gratin [o gra'tɛ̃] ‹franz.› (*Gastron.* mit einer Kruste überbakken)

Augs|burg (Stadt am Lech); **Augs|bur|ger** (↑R 147); - Bekenntnis (*Abk. [österr.]* A. B.); **augs|bur|gisch,** aber (↑R 157): die Augsburgische Konfession

Aug-sproß *od.* **...spros|se** (unterste Sprosse am Hirschgeweih)

Au|gur, der; *Gen.* -s *u.* ...uren, *Plur.* ...uren; ↑R 197 ‹lat., „Vogelschauer"› (Priester im alten Rom; Wahrsager); **Au|gu|ren|lä|cheln,** das; -s (wissendes Lächeln der Eingeweihten)

[1]**Au|gust,** der; *Gen.* -[e]s *u.* -, *Plur.* -e ‹lat.› (achter Monat im Jahr, Ernting, Erntemonat; *Abk.* Aug.); [2]**Au|gust** (m. Vorn.); der dumme - (Clown); **Au|gu|sta, Au|gu|ste** (w. Vorn.); **au|gu|ste|isch;** ein -es (der Kunst und Literatur günstiges) Zeitalter, aber (↑R 134): das Augusteische Zeitalter (das Zeitalter des Kaisers Augustus); [1]**Au|gu|stin** (m. Vorn.); [2]**Au|gu|stin** *vgl.* Augustinus; **Au|gu|sti|ne** (w. Vorn.); **Au|gu|sti|ner,** der; -s, - (Angehöriger eines kath. Ordens); **Au|gu|sti|nus,** Au|gu|stin (Heiliger, Kirchenlehrer); **Au|gu|stus** (Beiname des röm. Kaisers Oktavian)

Auk|ti|on, die; -, -en ‹lat.› (Versteigerung); **Auk|tio|na|tor,** der; -s, ...oren; ↑R 180 (Versteigerer); **auk|tio|nie|ren** (↑R 180)

Au|la, die; -, *Plur.* ...len *u.* -s ‹lat.› (Fest-, Versammlungssaal in [Hoch]schulen)

Au|le, die; -, -n (*landsch. derb für* Auswurf)

Au|los, der; -, ...oi ‹griech.› (ein antikes griech. Musikinstrument)

au na|tu|rel [o naty'rɛl] ‹franz.› (*Gastron.* ohne künstlichen Zusatz [bei Speisen, Getränken])

au pair [o 'pɛ:r] ‹franz.› (ohne Bezahlung, nur gegen Unterkunft u. Verpflegung); **Au-pair-Mäd|chen; Au-pair-Stel|le** (↑R 41)

Au|ra, die; - ‹lat.› (besondere Ausstrahlung; *Med.* Unbehagen vor epileptischen Anfällen)

Au|ra|min, das; -s ‹nlat.› (gelber Farbstoff)

Au|rar *vgl.* Eyrir

Au|re|lia, Au|re|lie [...iə] (w. Vorn.); **Au|re|li|an** (röm. Kaiser); **Au|re|lie** *vgl.* Aurelia; **Au|re|li|us** (altröm. Geschlechtername)

Au|reo|le, die; -, -n (↑R 180) ‹lat.› (Heiligenschein; Hof [um Sonne und Mond])

Au|ri|gna|ci|en [orinja'siɛ̃:], das; -[s] ‹nach der franz. Stadt Aurignac› (Kulturstufe der jüngeren Altsteinzeit); **Au|ri|gnac|mensch** [ori'njak...] (Mensch des Aurignacien)

Au|ri|kel [*auch* au'ri...], die; -, -n ‹lat.› (eine Primelart); **au|ri|ku|lar** (*Med.* die Ohren betreffend)

Au|ri|pig|ment, das; -[e]s ‹lat.› (ein Mineral, Rauschgelb)

[1]**Au|ro|ra** (röm. Göttin der Morgenröte); [2]**Au|ro|ra,** die; -, -s (ein Schmetterling; Lichterscheinung in der oberen Atmosphäre); **Au|ro|ra|fal|ter**

Au|rum, das; -[s] ‹lat.› (*lat. Bez. für* Gold; *Zeichen* Au)

aus; *Präp. mit Dat.:* - dem Hause; - aller Herren Länder[n]; *Adverb:* aus und ein gehen (verkehren), aber (*in Zus.;* ↑R 32): aus- und eingehende (ausgehende und eingehende) Waren; weder aus noch ein wissen; **Aus,** das; - (*Sportspr.* Raum außerhalb des Spielfeldes)

aus... (*in Zus. mit Verben,* z. B. ausbeuten, du beutest aus, ausgebeutet, auszubeuten)

aus|agie|ren *(Psych.)*

aus|apern (*südd., österr., schweiz. für* schneefrei werden)

aus|ar|bei|ten; sich -; **Aus|ar|bei|tung**

aus|ar|ten; Aus|ar|tung

aus|äs|ten; Obstbäume -

aus|at|men; Aus|at|mung

aus|backen [*Trenn.* ...bak|ken]

aus|ba|den; etwas - müssen *(ugs.)*

aus|bag|gern

aus|ba|ken (*Seew.* mit Baken versehen)

aus|ba|lan|cie|ren

aus|bal|do|wern ‹dt.; jidd.› (*ugs. für* auskundschaften)

Aus|ball *(Sportspr.)*

Aus|bau, der; -[e]s, *Plur.* (*für* Gebäudeteile, abseits gelegene Anwesen:) ...bauten

aus|bau|chen; Aus|bau|chung

aus|bau|en; aus|bau|fä|hig; Aus|bau|woh|nung

aus|be|din|gen, sich; *vgl.* [2]bedingen; ich bedinge mir etwas aus

aus|bei|nen (*landsch. für* Knochen aus dem Fleisch lösen)

aus|bei|ßen; ich beiße mir die Zähne aus

aus|bes|sern; Aus|bes|se|rung; aus|bes|se|rungs|be|dürf|tig

aus|beu|len

Aus|beu|te, die; -, -n

aus|beu|teln (*österr. für* ausschütteln)

aus|beu|ten; Aus|beu|ter; Aus|beu|te|rei; aus|beu|te|risch; -ste; **Aus|beu|ter|klas|se,** die; - *(marxist. Theorie);* **Aus|beu|tung**

aus|be|zah|len

aus|bie|gen

aus|bie|ten (feilbieten); **Aus|bie|tung** (Aufforderung zum Bieten bei Versteigerungen)

aus|bil|den; Aus|bil|den|de, der *u.* die; -n, -n (↑R 7 ff.); **Aus|bil|der; Aus|bild|ner** (*österr. u schweiz.);* **Aus|bil|dung; Aus|bil|dungs-bei|hil|fe, ...för|de|rungs|ge|setz, ...ver|trag**

aus|bit|ten; ich bitte mir etwas aus

aus|bla|sen; Aus|blä|ser (ausgebranntes, nicht auseinandergesprengtes Artilleriegeschoß)

aus|blei|ben

[1]**aus|blei|chen** (bleich machen), du bleichtest aus; ausgebleicht; *vgl.* [1]bleichen; [2]**aus|blei|chen** (bleich werden); es blich aus ausgeblichen (*auch schon* ausgebleicht); *vgl.* [2]bleichen

aus|blen|den

Aus|blick; aus|blicken [*Trenn* ...blik|ken]

aus|blü|hen (*fachspr. auch für* durch Verdunstung an die Oberfläche treten und eine Verkrustung entstehen lassen [von bestimmten Salzen]); **Aus|blü|hung**

aus|blu|ten

aus|bo|gen; ausgebogte Zacken

aus|boh|ren

aus|bo|jen (*Seew.* ein Fahrwasser mit Seezeichen versehen); er bojet aus, hat ausgebojet

aus|bom|ben; *vgl.* Ausgebombte
aus|boo|ten (*ugs. auch für* entmachten, entlassen)
aus|bor|gen; ich borge mir ein Buch von ihm aus
aus|bra|ten; Speck -
aus|bre|chen; **Aus|bre|cher**
aus|brei|ten; **Aus|brei|tung**, die; -
aus|brem|sen *(Rennsport)*
aus|bren|nen
aus|brin|gen; einen Trinkspruch -
Aus|bruch, der; -[e]s, ...brüche (*auch* Wein besonderer Güte); **Aus|bruchs|ver|such**
aus|brü|hen; die Teekanne -
aus|brü|ten
aus|bu|chen (*Kaufmannsspr.* aus dem Rechnungsbuch streichen); *vgl.* ausgebucht
aus|buch|ten; **Aus|buch|tung**
aus|bud|deln *(ugs.)*
aus|bü|geln (*ugs. auch für* bereinigen)
aus|bu|hen (*ugs.* durch Buhrufe sein Mißfallen ausdrücken)
Aus|bund, der; -[e]s; **aus|bün|dig** (*veraltet für* außerordentlich, sehr)
aus|bür|gern; ich bürgere aus (↑R 22); **Aus|bür|ge|rung**
aus|bür|sten
aus|bü|xen (*landsch. für* weglaufen); du büxt aus
aus|checken [...tʃɛkən] [*Trenn.* ...chek|ken] ‹dt.; engl.› *(Flugw.)*
Ausch|witz (im 2. Weltkrieg Konzentrationslager der Nationalsozialisten in Polen)
Aus|dau|er; **aus|dau|ernd**; -ste
aus|deh|nen; sich -; **Aus|deh|nung**; **Aus|deh|nungs|ko|ef|fi|zi|ent**
aus|dei|chen (Landflächen durch Zurückverlegung des Deichs preisgeben)
aus|den|ken; ich denke mir etwas aus
aus|deu|ten (*für* interpretieren)
aus|die|nen; *vgl.* ausgedient
aus|dif|fe|ren|zie|ren; sich -
aus|dis|ku|tie|ren
aus|docken [*Trenn.* ...dok|ken] (*Schiffbau* aus dem Dock holen)
aus|dor|ren; **aus|dör|ren**
aus|dre|hen
Aus|druck, der; -[e]s, *Plur.* ...drükke *u. (Druckw.:)* ...drucke; **aus|drucken** [*Trenn.* ...druk|ken] ([ein Buch] fertig drucken); **aus|drücken** [*Trenn.* ...drük|ken]; sich -; **aus|drück|lich** [*auch* ...'dryk...]; **Aus|drucks|kunst**, die; - (*auch für* Expressionismus); **aus|drucks|los**; -este; **Aus|drucks|lo|sig|keit**, die; -; **Aus|drucks|mit|tel** *meist Plur.*; **aus|drucks‿stark**, **...voll**; **Aus|drucks|wei|se**
Aus|drusch, der; -[e]s, -e (Ertrag des Dreschens)

aus|dün|nen; Obstbäume -; **Aus|dün|nung**
aus|dun|sten, *häufiger* **aus|dün|sten**; **Aus|dun|stung**, *häufiger* **Aus|dün|stung**
aus|ein|an|der; *Schreibung in Verbindung mit Verben* (↑R 205 f.): auseinander sein; auseinander (voneinander getrennt) setzen, liegen, a b e r : auseinandersetzen (erklären); *vgl.* aneinander; **aus|ein|an|der‿bie|gen**, **...bre|chen**, **...brin|gen**, **...di|vi|die|ren**, **...drif|ten** *(Geol.)*, **...ent|wickeln**[1]; **Aus|ein|an|der|ent|wick|lung**; **aus|ein|an|der‿fah|ren**, **...fal|len**, **...ge|hen** (sich trennen, unterscheiden; *ugs. für* dick werden), **...hal|ten** (sondern), **...kla|mü|sern** (*landsch. für* entwirren; erklären), **...lau|fen** (sich trennen; sich ausdehnen), **...le|ben** (sich), **...neh|men**, **...po|sa|men|tie|ren** (*landsch. für* erklären), **...rei|ßen**, **...rücken**[1]; **aus|ein|an|der|set|zen** (erklären); sich mit jmdm. *od.* etwas -; *vgl.* auseinander; **Aus|ein|an|der|set|zung**; **aus|ein|an|der‿sprin|gen**, **...sprit|zen**, **...stie|ben**, **...stre|ben**, **...zie|hen**
aus|er|ko|ren (*geh. für* auserwählt)
aus|er|le|sen
aus|er|se|hen
aus|er|wäh|len; **aus|er|wählt**; **Aus|er|wähl|te**, der *u.* die; -n, -n (↑R 7 ff.); **Aus|er|wäh|lung** *Plur. selten*
aus|fä|chern
aus|fä|deln, sich *(Verkehrsw.)*
aus|fahr|bar; **aus|fah|ren**; **aus|fah|rend** (heftig); **Aus|fahr‿gleis**, **...si|gnal** *(Eisenb.)*; **Aus|fahrt**; **Aus|fahrt[s]‿er|laub|nis**, **...gleis** (*vgl.* Ausfahrgleis); **Aus|fahrts|schild**, das; **Aus|fahrt[s]|si|gnal** *vgl.* Ausfahrsignal; **Aus|fahrts|stra|ße**
Aus|fall, der; **aus|fal|len**; *vgl.* ausgefallen; **aus|fäl|len** (*Chemie* gelöste Stoffe in Form von Kristallen, Flocken o. ä. ausscheiden; *schweiz. für* verhängen [eine Strafe usw.]); **aus|fal|lend** *od.* **aus|fäl|lig** (beleidigend); **Aus|fall[s]‿er|schei|nung** *(Med.)*, **...tor** (das); **Aus|fall|stra|ße**; **Aus|fäl|lung** *(Chemie)*; **Aus|fall|zeit**
aus|falt|bar; **aus|fal|ten**
aus|fech|ten; einen Streit -
aus|fe|gen *(landsch.)*; **Aus|fe|ger** *(landsch.)*
aus|fei|len
aus|fer|ti|gen; **Aus|fer|ti|gung**
aus|fet|ten; die Backform -
aus|fil|tern

[1] *Trenn.* ...k|k...

aus|fin|dig; - machen; **Aus|fin|dig|ma|chen**, das; -s
aus|fit|ten ([ein Schiff] mit seemännischem Zubehör ausrüsten)
aus|flag|gen (mit Flaggen kennzeichnen lassen)
aus|flie|gen
aus|flie|ßen
aus|flip|pen (*ugs. für* sich der Realität durch Drogenkonsum entziehen; sich [bewußt] außerhalb der gesellschaftlichen Norm stellen; außer sich geraten); ausgeflippt sein
aus|flocken [*Trenn.* ...flok|ken] (Flocken bilden)
Aus|flucht, die; -, ...flüchte *meist Plur.*
Aus|flug; **Aus|flüg|ler**; **Aus|flugs‿ort** (der; -[e]s, -e), **...schiff**, **...verkehr**, **...ziel**
Aus|fluß
aus|fol|gen (*bes. österr. für* übergeben, aushändigen); **Aus|fol|gung** *(bes. österr.)*
aus|for|men
aus|for|mu|lie|ren
Aus|for|mung
aus|for|schen (*österr. auch für* ausfindig machen); **Aus|for|schung** (*österr. auch für* [polizeiliche] Ermittlung)
aus|fra|gen; **Aus|fra|ge|rei** *(ugs. abwertend)*
aus|fran|sen; *vgl.* ausgefranst
aus|fres|sen; etwas ausgefressen (*ugs. für* verbrochen) haben
aus|fu|gen; eine Mauer -
Aus|fuhr, die; -, -en; **aus|führ|bar**; **Aus|führ|bar|keit**, die; -; **aus|füh|ren**; **Aus|füh|rer** (*für* Exporteur); **Aus|fuhr|land** *Plur.* ...länder *(Wirtsch.)*; **aus|führ|lich**[1]; Ausführlicheres in meinem nächsten Brief (↑R 65); **Aus|führ|lich|keit**[1], die; -; **Aus|fuhr|prä|mie**; **Aus|füh|rung**; **Aus|füh|rungs|be|stim|mung**; **Aus|fuhr|ver|bot**
aus|fül|len; **Aus|fül|lung**
aus|füt|tern
Ausg. = Ausgabe
Aus|ga|be (*Abk. für* Drucke Ausg.); **Aus|ga|be[n]|buch**; **Aus|ga|ben|po|li|tik**; **Aus|ga|be‿stel|le**, **...ter|min**
Aus|gang; **aus|gangs** (*Amtsspr.;* ↑R 61 *u.* 62); *Präp. mit Gen.:* - des Tunnels; **Aus|gangs‿ba|sis**, **...la|ge**, **...punkt**, **...sper|re**, **...spra|che** *(Sprachw.)*, **...stel|lung**
aus|gä|ren (fertig gären)
aus|ga|sen; **Aus|ga|sung**
aus|ge|ben; Geld -
Aus|ge|beu|te|te, der *u.* die; -n, -n (↑R 7 ff.)
aus|ge|bil|det

[1] [*auch* ...'fy:r...]

aus|ge|bleicht; *vgl.* [1]ausbleichen; **aus|ge|bli|chen;** *vgl.* [2]ausbleichen
Aus|ge|bomb|te, der *u.* die; -n, -n (↑R 7 ff.)
aus|ge|bucht (voll besetzt, ohne freie Plätze); ein -es Flugzeug
aus|ge|bufft; -este (*ugs. für* raffiniert)
Aus|ge|burt *(geh. abwertend)*
aus|ge|dehnt; -este
aus|ge|dient; ein -er Soldat; - haben
Aus|ge|din|ge, das; -s, - (*landsch. für* Altenteil); **Aus|ge|din|ger**
aus|ge|dorrt; aus|ge|dörrt
aus|ge|fal|len (*auch für* ungewöhnlich); -e Ideen
aus|ge|feilt; -este
aus|ge|feimt; -este (*landsch. für* abgefeimt)
aus|ge|flippt; -este *(ugs.); vgl.* ausflippen
aus|ge|franst; eine -e Hose
aus|ge|fuchst; -este (*ugs. für* durchtrieben)
aus|ge|gli|chen; ein -er Mensch; **Aus|ge|gli|chen|heit,** die; -
Aus|geh|an|zug; aus|ge|hen; es geht sich aus (*österr. für* es reicht, paßt); **Aus|ge|her** (*landsch. für* Bote, Laufbursche)
aus|ge|hun|gert (sehr hungrig)
Aus|geh|uni|form *(Milit.)*
Aus|geh|ver|bot
aus|ge|klü|gelt
aus|ge|kocht; -este (*ugs. auch für* durchtrieben); ein -er Kerl
aus|ge|las|sen (*auch für* übermütig); ein -er Junge; **Aus|ge|las|sen|heit** *Plur. selten*
aus|ge|la|stet
aus|ge|latscht; -este *(ugs.)*
aus|ge|laugt; -este; -e Böden
aus|ge|lei|ert
aus|ge|lernt; ein -er Schlosser; **Aus|ge|lern|te,** der *u.* die; -n, -n (↑R 7 ff.)
aus|ge|lit|ten; - haben
aus|ge|macht; -este (feststehend); als - gelten; ein -er (*ugs. für* großer) Schwindel
aus|ge|mer|gelt
aus|ge|mu|gelt *(österr. ugs.);* -e (stark ausgefahrene) Skipisten
aus|ge|nom|men; alle waren zugegen, er ausgenommen (*od.* ausgenommen er); ich erinnere mich aller Vorgänge, ausgenommen dieses einen (*od.* diesen einen ausgenommen); der Tadel galt allen, ausgenommen ihm (*od.* ihn ausgenommen); ausgenommen, daß/wenn (↑R 125)
aus|ge|picht; -este (*ugs. für* gerissen, durchtrieben)
aus|ge|po|wert *(ugs.); vgl.* auspowern
aus|ge|prägt; -este; eine -e Vorliebe; **Aus|ge|prägt|heit,** die; -
aus|ge|pumpt (*ugs. für* erschöpft)
aus|ge|rech|net (eben, gerade)
aus|ge|schamt; -este (*landsch. für* unverschämt)
aus|ge|schla|fen (*auch ugs. für* gewitzt)
aus|ge|schlos|sen
aus|ge|schnit|ten; ein -es Kleid
aus|ge|sorgt; - haben
aus|ge|spielt; - haben
aus|ge|spro|chen (entschieden, sehr groß); eine -e Abneigung; **aus|ge|spro|che|ner|ma|ßen**
aus|ge|stal|ten; eine Feier -; **Aus|ge|stal|tung**
aus|ge|stellt; -este; ein -er (nach unten erweiterter) Rock
aus|ge|steu|ert; Aus|ge|steu|er|te, der *u.* die; -n, -n (↑R 7 ff.)
aus|ge|sucht; -este ([aus]erlesen; ausgesprochen)
aus|ge|wach|sen (voll ausgereift)
aus|ge|wo|gen (sorgfältig abgestimmt, harmonisch); **Aus|ge|wo|gen|heit,** die; -
aus|ge|zehrt
aus|ge|zeich|net; -e Leistungen
aus|gie|big (reichlich); **Aus|gie|big|keit,** die; -
aus|gie|ßen; Aus|gie|ßer; Aus|gie|ßung *Plur. selten*
Aus|gleich, der; -[e]s, -e; **aus|gleich|bar; aus|glei|chen;** *vgl.* ausgeglichen; **Aus|gleichs‿ab|ga|be, ...amt, ...fonds, ...ge|trie|be** (*für* Differential), **...sport, ...tref|fer**
aus|glei|ten
aus|glie|dern; Aus|glie|de|rung
aus|glit|schen (*landsch. für* ausrutschen)
aus|glü|hen (z. B. einen Draht)
aus|gra|ben; Aus‿grä|ber, ...gra|bung, ...gra|bungs|stät|te
aus|grei|fen
aus|gren|zen; Aus|gren|zung
aus|grün|den (*Wirtsch.* einen Teil eines Betriebes getrennt als selbständiges Unternehmen weiterführen); **Aus|grün|dung**
Aus|guck, der; -[e]s, -e; **aus|gucken** [*Trenn.* ...guk|ken]; **Aus|guck|po|sten**
Aus|guß
aus|ha|ben *(ugs.);* ..., daß er den Mantel aushat; das Buch -; um 12 Uhr Schule -
aus|hacken [*Trenn.* ...hak|ken]; Unkraut -
aus|ha|ken (*ugs. auch für* zornig werden)
aus|hal|ten; (↑R 68:) es ist nicht zum Aushalten
aus|han|deln
aus|hän|di|gen; Aus|hän|di|gung
Aus|hang; Aus|hän|ge|bo|gen *(Druckw.);* **aus|han|gen** (*älter u. mdal. für* [1]aushängen); **[1]aus|hän|gen;** die Verordnung hat ausgehangen; *vgl.* [1]hängen; **[2]aus|hän|gen;** ich habe die Tür ausgehängt; *vgl.* [2]hängen; **Aus|hän|ger** (*svw.* Aushängebogen); **Aus|hän|ge|schild,** das
aus|har|ren
aus|här|ten *(Technik);* **Aus|här|tung**
aus|hau|chen *(geh.);* sein Leben -
aus|hau|en
aus|häu|sig (*landsch. für* außer Hauses; selten zu Haus); **Aus|häu|sig|keit,** die; -
aus|he|ben (herausheben; zum Heeresdienst einberufen; *österr. auch für* [einen Briefkasten] leeren); **Aus|he|ber** (Griff beim Ringen); **aus|he|bern** (mit einem Heber herausnehmen; *Med.* bes. den Magen zu Untersuchungszwecken entleeren); ich hebere aus (↑R 22); **Aus|he|be|rung; Aus|he|bung** (*österr. auch für* Leerung des Briefkastens)
aus|hecken [*Trenn.* ...hek|ken] (*ugs. für* mit List ersinnen)
aus|hei|len; Aus|hei|lung
aus|hel|fen; Aus|hel|fer; Aus|hil|fe; Aus|hilfs‿ar|beit, ...kell|ner, ...koch, ...kraft (die), **...stel|lung; aus|hilfs|wei|se**
aus|höh|len; Aus|höh|lung
aus|ho|len
aus|hol|zen; Aus|hol|zung
aus|hor|chen; Aus|hor|cher
aus|hor|sten (*Jägerspr.* junge Greifvögel aus dem Horst nehmen)
Aus|hub, der; -[e]s, Aushube *Plur. selten*
aus|hun|gern; *vgl.* ausgehungert
aus|hu|sten; sich -
aus|ixen (*ugs. für* [durch Übertippen] mit dem Buchstaben x ungültig machen); du ixt aus
aus|jä|ten
aus|kal|ku|lie|ren
aus|käm|men; Aus|käm|mung
aus|ke|geln (*landsch. auch für* ausrenken)
aus|keh|len; Aus|keh|lung (das Anbringen einer Hohlkehle)
aus|keh|ren; Aus|keh|richt, der; -s *(veraltet, noch landsch.)*
aus|kei|len; ein Pferd keilt aus (schlägt aus); eine Gesteinsschicht keilt aus (läuft nach einer Seite hin keilförmig aus)
aus|kei|men; Aus|kei|mung
aus|ken|nen, sich
aus|ker|ben; Aus|ker|bung
aus|ker|nen; Aus|ker|nung, die; -
aus|kip|pen
aus|kla|gen *(Rechtsspr.);* **Aus|kla|gung**
aus|klam|mern; Aus|klam|me|rung
aus|kla|mü|sern (*ugs. für* austüfteln)
Aus|klang
aus|klapp|bar; aus|klap|pen

aus|kla|rie|ren (Schiff und Güter vor der Ausfahrt verzollen)
aus|klau|ben (*landsch. für* mit den Fingern [mühsam] auslesen)
aus|klei|den; sich -; **Aus|klei|dung**
aus|klin|gen
aus|klin|ken; ein Seil -; ich klinke mich aus der Sitzung aus
aus|klop|fen; Aus|klop|fer
aus|klü|geln; Aus|klü|ge|lung, Aus|klüg|lung
aus|knei|fen (*ugs. für* feige u. heimlich weglaufen)
aus|knip|sen *(ugs.);* das Licht -
aus|kno|beln (*ugs. auch für* ausdenken)
aus|knocken [...nɔkən] [*Trenn.* ...knok|ken] ‹engl.› (*Boxen* durch K. o. besiegen)
aus|knöpf|bar; aus|knöp|fen
aus|ko|chen; *vgl.* ausgekocht
aus|kof|fern (*Straßenbau* eine vertiefte Fläche für den Unterbau schaffen); ich koffere aus (↑R 22); **Aus|kof|fe|rung**
aus|kol|ken (*Geol.* auswaschen); **Aus|kol|kung**
aus|kom|men; Aus|kom|men, das; -s; **aus|kömm|lich**
aus|kop|peln
aus|ko|sten
aus|kot|zen *(derb);* sich -
aus|kra|gen (*Bauw.* herausragen [lassen]); **Aus|kra|gung**
aus|kra|men *(ugs.)*
aus|krat|zen
aus|krie|chen
aus|krie|gen *(ugs.)*
aus|kri|stal|li|sie|ren; sich -; **Aus|kri|stal|li|sie|rung**
aus|ku|geln
aus|küh|len; Aus|küh|lung
Aus|kul|tant, der; -en, -en (↑R 197) ‹lat.› (*Rechtsspr. veraltet für* Beisitzer ohne Stimmrecht); **Aus|kul|ta|ti|on,** die; -, -en (*Med.* das Abhorchen); **aus|kul|ta|to|risch** (*Med.* durch Abhorchen); **aus|kul|tie|ren** (*Med.* abhorchen)
aus|kund|schaf|ten
Aus|kunft, die; -, ...künfte; **Aus|kunf|tei; Aus|kunfts‿be|am|te, ...bü|ro, ...stel|le**
aus|kup|peln; den Motor -
aus|ku|rie|ren
aus|la|chen
Aus|lad, der; -s (*schweiz. für* das Ausladen [von Gütern]); **[1]aus|la|den;** Waren -; *vgl.* [1]laden; **[2]aus|la|den;** jmdn. -; *vgl.* [2]laden; **aus|la|dend** (weit ausgreifend); **Aus|la|de|ram|pe; Aus|la|dung**
Aus|la|ge
aus|la|gern; Aus|la|ge|rung
Aus|land, das; -[e]s; **Aus|län|der; aus|län|der|feind|lich; Aus|län|der|feind|lich|keit; Aus|län|de|rin; aus|län|disch; Aus|lands‿ab|satz, ...auf|ent|halt, ...be|zie|hun|gen** *(Plur.);* **Aus|land|schwei|zer; aus|lands|deutsch; Aus|lands‿deut|sche** (der *u.* die; ↑R 7ff.), **...ge|schäft, ...ge|spräch, ...kor|re|spon|dent, ...kun|de** (die; -), **...rei|se, ...schutz|brief, ...sen|dung, ...tour|nee, ...ver|tre|tung**
aus|lan|gen (*landsch. für* zum Schlag ausholen; ausreichen); **Aus|lan|gen,** das; -s; das - finden (*österr. für* auskommen)
Aus|laß, der; ...lasses, ...lässe; **aus|las|sen** (*österr. auch für* frei-, loslassen); sich [über jmdn. *od.* etw.] -; *vgl.* ausgelassen; **Aus|las|sung; Aus|las|sungs‿punk|te** *(Plur.),* **...satz** (*für* Ellipse), **...zei|chen** (*für* Apostroph); **Aus|laß|ven|til** (beim Viertaktverbrennungsmotor)
aus|la|sten; Aus|la|stung
aus|lat|schen *(ugs.);* die Schuhe -
Aus|lauf; Aus|lauf|bahn *(Skisport);* **aus|lau|fen; Aus|läu|fer; Aus|lauf|mo|dell** *(Kaufmannsspr.)*
aus|lau|gen
Aus|laut; aus|lau|ten; auf „n" -
aus|läu|ten
aus|le|ben; sich -
aus|lecken [*Trenn.* ...lek|ken]
aus|lee|ren; Aus|lee|rung
aus|le|gen; Aus|le|ger; Aus|le|ger‿boot, ...brücke [*Trenn.* ...brük|ke]; **Aus|le|ge|wa|re,** die; - (Teppichmaterial zum Auslegen von Fußböden); **Aus|le|gung**
aus|lei|ern *(ugs.)*
Aus|lei|he; aus|lei|hen; ich leihe mir bei ihm ein Buch aus; **Aus|lei|hung**
aus|lei|ten; Aus|lei|tung
aus|ler|nen; *vgl.* ausgelernt
Aus|le|se; aus|le|sen; Aus|le|se|pro|zeß
aus|leuch|ten; Aus|leuch|tung
aus|lich|ten; Obstbäume -
aus|lie|fern; Aus|lie|fe|rung
aus|lie|gen
Aus|li|nie *(Sport)*
aus|lo|ben (*Rechtsspr.* als Belohnung aussetzen); **Aus|lo|bung**
aus|löf|feln; die Suppe -
aus|lo|gie|ren [...ʒiː...] (anderswo einquartieren)
aus|lös|bar
[1]aus|lö|schen; er löschte das Licht aus, hat es ausgelöscht; *vgl.* [1]löschen; **[2]aus|lö|schen** *(veraltet);* das Licht losch (*auch* löschte) aus, ist ausgelöscht; *vgl.* [2]löschen
aus|lo|sen
aus|lö|sen; Aus|lö|ser
Aus|lo|sung (durch das Los getroffene [Aus]wahl)
Aus|lö|sung (pauschale Entschädigung für Reisekosten; Loskaufen [eines Gefangenen])
aus|lo|ten
Aus|lucht, die; -, -en (*Archit.* Vorbau an Häusern; Quergiebel einer Kirche)
aus|lüf|ten
Aus|lug, der; -[e]s, -e (*veraltet für* Ausguck); **aus|lu|gen** *(veraltet)*
aus|lut|schen
aus'm; ↑R 17 (*ugs. für* aus dem, aus einem)
aus|ma|chen; *vgl.* ausgemacht
aus|mah|len; Aus|mah|lung, die; - (z. B. des Kornes)
aus|ma|len; Aus|ma|lung (z. B. des Bildes)
aus|ma|nö|vrie|ren
aus|mar|chen (*schweiz. für* seine Rechte, Interessen abgrenzen; sich auseinandersetzen); **Aus|mar|chung** *(schweiz.)*
aus|mä|ren, sich (*bes. ostmitteld. für* trödeln; *auch* zu trödeln aufhören)
Aus|maß, das
aus|mau|ern; Aus|maue|rung (↑R 180)
aus|mei|ßeln
aus|mer|geln; ich mergele aus (↑R 22); **Aus|mer|ge|lung, Aus|merg|lung**
aus|mer|zen (radikal beseitigen); du merzt aus; **Aus|mer|zung**
aus|mes|sen; Aus|mes|sung
aus|mie|ten *(Landw.);* Kartoffeln -; **Aus|mie|tung**
aus|mi|sten
aus|mit|teln (*veraltend für* ermitteln); ich mitt[e]le aus (↑R 22); **Aus|mit|te|lung,** Aus|mitt|lung; **aus|mit|tig, au|ßer|mit|tig** (*Technik* außerhalb des Mittelpunktes)
aus|mon|tie|ren; Aus|mon|tie|rung
aus|mu|geln (*österr. ugs. für* ausfahren, uneben machen [Skipiste])
aus|mün|den
aus|mün|zen; Aus|mün|zung (Münzprägung)
aus|mu|stern; Aus|mu|ste|rung
Aus|nah|me, die; -, -n (*österr. auch für* Altenteil); **Aus|nah|me‿ath|let** *(Sport),* **...be|stim|mung, ...er|schei|nung, ...fall** (der), **...ge|neh|mi|gung, ...zu|stand; Aus|nahms|fall** *(österr.);* **aus|nahms‿los, ...wei|se; Aus|nahms|zu|stand** *(österr.);* **aus|neh|men;** sich gut - (gut wirken); *vgl.* ausgenommen; **aus|neh|mend** (sehr); **Aus|neh|mer** (*österr. für* Bauer, der auf dem Altenteil lebt)
aus|nüch|tern; Aus|nüch|te|rung; Aus|nüch|te|rungs|zel|le
aus|nut|zen *od.* **aus|nüt|zen,** *südd., österr. u. schweiz. meist so;*

Aus|nut|zung *od.* **Aus|nüt|zung,** *südd., österr. u. schweiz. meist so*
aus|packen [*Trenn.* ...pak|ken]
aus|par|ken
aus|peit|schen; Aus|peit|schung
aus|pen|deln (*Boxen* mit dem Oberkörper seitlich od. nach hinten ausweichen); **Aus|pend|ler** (Person, die außerhalb ihres Wohnortes arbeitet)
aus|pen|nen (*ugs. für* ausschlafen)
aus|pfäh|len (einzäunen; *Bergmannsspr.* mit Pfählen Gesteinsmassen abstützen)
aus|pfei|fen
aus|pflan|zen
aus|pflücken [*Trenn.* ...pflük|ken]
Au|spi|zi|um, das; -s, ...ien [...i̯ən] *meist Plur.* ‹lat.› (*geh. für* Vorbedeutung; Aussichten); unter jemandes Auspizien (unter jmds. Schirmherrschaft, Oberhoheit)
aus|plau|dern
aus|plau|schen *(österr.)*
aus|plün|dern; Aus|plün|de|rung
aus|pol|stern; Aus|pol|ste|rung
aus|po|sau|nen (*ugs. für* [etwas, was nicht bekanntwerden sollte] überall erzählen)
aus|po|wern ‹dt.; franz.› (*ugs. abwertend für* bis zur Verelendung ausbeuten); ich powere aus (↑R 22); **Aus|po|we|rung**
aus|prä|gen; *vgl.* ausgeprägt; **Aus|prä|gung**
aus|prei|sen (Waren mit einem ²Preis versehen)
aus|pres|sen
aus|pro|bie|ren
Aus|puff, der; -[e]s, -e; **Aus|puff-an|la|ge; Aus|puff|flam|me** (↑R 204); **Aus|puff|topf**
aus|pum|pen; *vgl.* ausgepumpt
aus|punk|ten (*Boxen* nach Punkten besiegen)
aus|pu|sten
aus|put|zen; Aus|put|zer
aus|quar|tie|ren; Aus|quar|tie|rung
aus|quat|schen *(ugs.);* sich -
aus|quet|schen
aus|ra|deln, aus|rä|deln (mit einem Rädchen ausschneiden, übertragen); ich ...[e]le aus (↑R 22)
aus|ra|die|ren
aus|ran|gie|ren [...ʒiː...] (*ugs. für* aussondern; ausscheiden)
aus|ra|sie|ren
aus|ra|sten (*ugs. auch für* zornig werden; *südd., österr. für* ausruhen)
aus|rau|ben; aus|räu|bern
aus|räu|chern
aus|rau|fen; ich könnte mir [vor Wut] die Haare -
aus|räu|men; Aus|räu|mung
aus|rech|nen; Aus|rech|nung
aus|recken [*Trenn.* ...rek|ken]
Aus|re|de; aus|re|den; jmdm. etwas -
aus|reg|nen, sich
aus|rei|ben (*österr. auch für* scheuern); die Küche -; **Aus|reib|tuch** (*österr. für* Scheuertuch)
aus|rei|chen; aus|rei|chend; er hat [die Note] „ausreichend" erhalten; er hat mit [der Note] „ausreichend" bestanden
aus|rei|fen; Aus|rei|fung, die; -
Aus|rei|se; Aus|rei|se‿er|laub|nis, ...ge|neh|mi|gung; aus|rei|sen; Aus|rei|se|sper|re; aus|rei|se|wil|lig
aus|rei|ßen; Aus|rei|ßer
aus|rei|ten
aus|rei|zen; die Karten -
aus|ren|ken; du hast dir den Arm ausgerenkt; **Aus|ren|kung**
aus|rich|ten; etwas -; **Aus|rich|ter; Aus|rich|tung**
aus|rin|gen (*landsch. für* auswringen)
aus|rin|nen
aus|rip|pen (von den Rippen lösen); Tabakblätter -
Aus|ritt
aus|ro|den; Aus|ro|dung
aus|rol|len
aus|rot|ten; Aus|rot|tung
aus|rücken [*Trenn.* ...rük|ken] (*ugs. auch für* fliehen)
Aus|ruf; aus|ru|fen; Aus|ru|fer; Aus|ru|fe‿satz, ...wort (*für* Interjektion; *Plur.* ...wörter), **...zei|chen; Aus|ru|fung; Aus|ru|fungs|zei|chen** *(selten);* **Aus|ruf|zei|chen** *(schweiz.)*
aus|ru|hen; sich -
aus|rup|fen
aus|rü|sten; Aus|rü|ster; Aus|rü|stung; Aus|rü|stungs‿ge|gen|stand, ...stück
aus|rut|schen; Aus|rut|scher
Aus|saat; aus|sä|en
Aus|sa|ge, die; -, -n; **Aus|sa|ge|kraft,** die; -; **aus|sa|gen**
aus|sä|gen
Aus|sa|ge‿satz, ...wei|se (die; *Sprachw. für* Modus), **...wert**
Aus|satz, der; -es (eine Krankheit); **aus|sät|zig; Aus|sät|zi|ge,** der *u.* die; -n, -n (↑R 7 ff.)
aus|sau|fen
aus|sau|gen
Aussch. = Ausschuß
aus|scha|ben; Aus|scha|bung
aus|schach|ten; Aus|schach|tung
aus|scha|len (*Bauw.* Verschalung entfernen; verschalen)
aus|schä|len
aus|schal|men; Bäume - (*Forstw.* durch Kerben kennzeichnen)
aus|schal|ten; Aus|schal|ter; Aus|schal|tung
Aus|scha|lung *(Bauw.)*
Aus|schank
aus|schar|ren
Aus|schau, die; -; - halten; **aus|schau|en** (*südd., österr. auch für* aussehen); gut - *(südd., österr.)*
aus|schau|feln
aus|schäu|men
Aus|scheid, der; -[e]s, -e (*regional für* Ausscheidungskampf); **aus|schei|den; Aus|schei|dung; Aus|schei|dungs‿kampf, ...run|de, ...spiel**
aus|schei|ßen *(derb);* sich - (*auch für* sich aussprechen)
aus|schel|ten
aus|schen|ken (Bier, Wein usw.)
aus|sche|ren (die Linie, Spur verlassen [von Fahrzeugen]); scherte aus; ausgeschert
aus|schicken [*Trenn.* ...schik|ken]
aus|schie|ßen *(Druckw.);* **Aus|schieß|plat|te** *(Druckw.)*
aus|schif|fen; Aus|schif|fung
aus|schil|dern (mit Schildern markieren); **Aus|schil|de|rung**
aus|schimp|fen
aus|schir|ren
aus|schlach|ten (*ugs. auch für* noch brauchbare Teile aus etwas ausbauen; bedenkenlos für sich ausnutzen); **Aus|schlach|te|rei; Aus|schlach|tung**
aus|schla|fen; sich -; *vgl.* ausgeschlafen
Aus|schlag; aus|schla|gen; aus|schlag|ge|bend; -ste
aus|schläm|men (Schlamm aus etwas entfernen)
aus|schlecken [*Trenn.* ...schlek|ken]
aus|schlei|men; sich - (*ugs. für* sich aussprechen)
aus|schlie|ßen; *vgl.* ausgeschlossen; **aus|schlie|ßend; aus|schließ|lich**[1]; *Präp. mit Gen.:* - der Verpackung; *ein alleinstehendes, stark gebeugtes Substantiv steht im Sing. ungebeugt:* - Porto; *Dat., wenn bei Pluralformen der Gen. nicht erkennbar ist:* - Getränken; **Aus|schließ|lich|keit**[1], die; -; **Aus|schlie|ßung**
aus|schlip|fen (*schweiz. für* ausrutschen)
Aus|schlupf; aus|schlüp|fen
aus|schlür|fen
Aus|schluß
aus|schmie|ren (*ugs. auch für* übertölpeln)
aus|schmücken [*Trenn.* ...k|k...] den Saal -; **Aus|schmückung** [*Trenn.* ...k|k...]
aus|schnau|ben
aus|schnei|den; Aus|schnitt
aus|schnüf|feln
aus|schöp|fen; Aus|schöp|fung, die; -
aus|schop|pen (*österr. ugs. für* ausstopfen)

[1] [*od.* ...'ʃliːs..., *auch* 'aus'ʃliːs...]

aus|schrei|ben; Aus|schrei|bung
aus|schrei|en; Aus|schrei|er
aus|schrei|ten; Aus|schrei|tung *meist Plur.*
aus|schro|ten (*österr. für* [Fleisch] zerlegen, ausschlachten)
aus|schu|len (aus der Schule nehmen); **Aus|schu|lung**
Aus|schuß (*Abk. für* „Kommission": Aussch.); **Aus|schuß‿mit|glied, ...quo|te, ...sit|zung, ...wa|re**
aus|schüt|teln
aus|schüt|ten; Aus|schüt|tung
aus|schwär|men
aus|schwe|feln
aus|schwei|fen; aus|schwei|fend; -ste; **Aus|schwei|fung**
aus|schwei|gen, sich
aus|schwem|men; Aus|schwem|mung
aus|schwen|ken
aus|schwin|gen; Aus|schwin|get, der; -s (*schweiz.* Endkampf im Schwingen)
aus|schwit|zen; Aus|schwit|zung
Aus|see, Bad (Solbad in der Steiermark); **Aus|seer** (↑R 147, 151 *u.* 180); **Aus|seer Land** (Gebiet in der Steiermark)
aus|seg|nen (einem Verstorbenen den letzten Segen erteilen); **Aus|seg|nung**
aus|se|hen; Aus|se|hen, das; -s
aus|sein (*ugs. für* zu Ende sein; erloschen sein; ausgeschaltet sein; ausgegangen sein); das Theater ist aus, ist ausgewesen, aber: ..., daß das Theater aus ist, war; auf etwas - (*ugs. für* versessen sein)
au|ßen; von - [her]; nach innen und -; nach - [hin]; Farbe für - und innen; - vor lassen (*nordd. für* unberücksichtigt lassen); er spielt - (augenblickliche Position eines Spielers), aber *vgl.* Außen; **Au|ßen,** der; -, - (*Sportspr.* Außenspieler); er spielt - (als Außenspieler), aber *vgl.* außen; **Au|ßen‿al|ster, ...an|ten|ne, ...ar|bei|ten** *(Plur.)*, **...auf|nah|me** *(meist Plur.)*, **...bahn** *(Sport)*, **...be|zirk, ...bor|der** ([Boot mit] Außenbordmotor); **Au|ßen|bord|mo|tor; au|ßen|bords** (außerhalb des Schiffes)
aus|sen|den
Au|ßen|dienst; Au|ßen|dienst|ler; au|ßen|dienst|lich
Aus|sen|dung (*österr. auch für* schriftliche Verlautbarung, Pressemitteilung)
Au|ßen‿el|be, ...han|del (der; -s), **...han|dels|po|li|tik** (die; -), **...kur|ve; au|ßen|lie|gend; Au|ßen‿mi|ni|ster, ...mi|ni|ste|ri|um, ...po|li|tik** (die; -); **au|ßen|po|li|tisch; Au|ßen‿rist** (*bes. Fußball* äußere Seite des Fußrückens), **...sei|te; Au|ßen|sei|ter; Au|ßen|sei|te|rin; Au|ßen|spie|gel, ...stän|de** (*Plur.;* ausstehende Forderungen), **...ste|hen|de** (der *u.* die; -n, -n; ↑R 7 ff.), **...stel|le, ...stür|mer, ...tem|pe|ra|tur, ...tür, ...ver|tei|di|ger, ...wand, ...welt** (die; -), **...wirt|schaft** (die; -)
au|ßer; *Konj.:* - daß/wenn/wo: wir fahren in die Ferien, - [wenn] es regnet (↑R 126); niemand kann diese Schrift lesen - er selbst; *Präp. mit Dat.:* niemand kann es lesen - ihm selbst; - [dem] Haus[e]; - allem Zweifel; - Dienst (*Abk.* a. D.); - Rand und Band; ich bin - mir (empört); (↑R 64:) außerstande sein, - acht lassen, aber (↑R 64): - aller Acht lassen; *mit Akk. (bei Verben der Bewegung):* - Kurs, - allen Zweifel, - Tätigkeit setzen; ich gerate - mich (*od.* mir) vor Freude; außerstand setzen; *mit Gen. nur in* - Landes gehen, sein; - Hauses (*neben* Haus[e]); **Au|ßer|acht|las|sen,** das; -s (↑R 68); **Au|ßer|acht|las|sung,** die; -; **au|ßer‿amt|lich, ...be|ruf|lich; au|ßer daß** (↑R 126); **au|ßer|dem** [*auch* ...'de:m]; **au|ßer|dienst|lich; äu|ße|re;** die - Mission, aber (↑R 146): die Äußere Mongolei; **Äu|ße|re,** das; ...r[e]n (↑R 7 ff.); im Äußer[e]n; sein -s; ein erschreckendes Äußere[s]; Minister des -n; **au|ßer‿ehe|lich, ...eu|ro|pä|isch, ...ge|richt|lich, ...ge|wöhn|lich; au|ßer|halb;** - von München; *als Präp. mit Gen.:* - des Lagers; - Münchens; **au|ßer|ir|disch; Au|ßer|kraft|set|zung; äu|ßer|lich; Äu|ßer|lich|keit**
äu|ßerln *nur im Infinitiv gebr. (österr. ugs.);* seinen Hund - (auf die Straße) führen; - gehen
au|ßer|mit|tig *vgl.* ausmittig
äu|ßern; ich ...ere (↑R 22); sich -
au|ßer|or|dent|lich [*auch* 'ausərɔr...]; -er [Professor] (*Abk.* ao., a. o. [Prof.]); **au|ßer|orts** (*schweiz. für* außerhalb einer Ortschaft); **au|ßer|par|la|men|ta|risch;** die -e Opposition (*Abk.* APO, *auch* Apo); **au|ßer|plan|mä|ßig** (*Abk.* apl.)
Außerrhoden (*kurz für* Appenzell Außerrhoden)
au|ßer|schu|lisch
äu|ßerst (*auch für* sehr, in hohem Grade). **I.** *Kleinschreibung* (↑R 65): bis zum äußersten (sehr); auf das, aufs äußerste (sehr) erschrocken sein. **II.** *Großschreibung* (↑R 65): das Äußerste befürchten; 20 Mark sind *od.* ist das Äußerste; das Äußerste, was ...; auf das, aufs Äußerste (auf die schlimmsten Dinge) gefaßt sein; es auf das, aufs Äußerste ankommen, zum Äußersten kommen lassen; bis zum Äußersten gehen
au|ßer|stand [*auch* 'ausər...]; - setzen; *vgl.* außer; **au|ßer|stan|de;** - sein; sich - sehen; *vgl.* außer
äu|ßer|sten|falls; *vgl.* Fall, der
au|ßer|tour|lich [...'tu:r...] (*österr. für* außer der Reihe)
Äu|ße|rung
au|ßer wenn/wo (↑R 126)
aus|set|zen; Aus|set|zung
Aus|sicht, die; -, -en; **aus|sichts|los;** -este; **Aus|sichts|lo|sig|keit,** die; -; **Aus|sichts|punkt; aus|sichts|reich; Aus|sichts|turm; aus|sichts|voll; Aus|sichts|wa|gen**
aus|sie|ben
aus|sie|deln; Aus|sie|de|lung; Aus|sied|ler; Aus|sied|ler|hof; Aus|sied|lung
aus|sit|zen (*ugs. auch für* in der Hoffnung, daß sich etwas von allein erledigt, untätig bleiben)
aus|söh|nen; sich -; **Aus|söh|nung**
aus|son|dern; Aus|son|de|rung
aus|sor|gen; ausgesorgt haben
aus|sor|tie|ren
aus|spä|hen
Aus|spann, der; -[e]s, -e (*früher* Wirtshaus mit Stall); **aus|span|nen** (*ugs. auch für* abspenstig machen); **Aus|span|nung**
aus|spa|ren; Aus|spa|rung
aus|spei|en
aus|sper|ren; Aus|sper|rung
aus|spie|len; Aus|spie|lung
aus|spin|nen
aus|spio|nie|ren
Aus|spra|che; Aus|spra|che‿an|ga|be, ...be|zeich|nung, ...wör|ter|buch; aus|sprech|bar; aus|spre|chen; sich -; *vgl.* ausgesprochen
aus|spren|gen; ein Gerücht -
aus|sprit|zen; Aus|sprit|zung
Aus|spruch
aus|spucken [*Trenn.* ...spuk|ken]
aus|spü|len; Aus|spü|lung
aus|staf|fie|ren (ausstatten); **Aus|staf|fie|rung**
Aus|stand, der; -[e]s (*schweiz. auch für* vorübergehendes Ausscheiden aus einem Gremium); in den - treten (streiken); **aus|stän|dig** (*südd., österr. für* ausstehend); -e Beträge; **Aus|stän|der** (Streikender)
aus|stan|zen
aus|stat|ten; Aus|stat|tung; Aus|stat|tungs‿film, ...stück
aus|ste|chen
aus|stecken [*Trenn.* ...stek|ken]
aus|ste|hen; jmdn. nicht - können
aus|stei|fen *(Bauw.);* **Aus|stei|fung**
aus|stei|gen; Aus|stei|ger (jmd.,

der seinen Beruf, seine gesellschaftlichen Bindungen o. ä. plötzlich aufgibt)
aus|stei|nen; Pflaumen -
aus|stel|len; Aus|stel|ler; Aus|stell|fen|ster *(Kfz);* **Aus|stel|lung; Aus|stel|lungs‿flä|che, ...ge|län|de, ...hal|le, ...ka|ta|log, ...raum, ...stand, ...stück**
Aus|ster|be|etat; *in Wendungen wie* auf dem - stehen (*ugs.* zu Ende gehen, keine Bedeutung mehr haben), auf den - setzen (*ugs.* langsam ausschalten, kaltstellen); **aus|ster|ben**
Aus|steu|er, die; -, -n *Plur. selten;* **aus|steu|ern; Aus|steue|rung**
Aus|stich (das Beste [vom Wein]; *schweiz. Sportspr. auch für* Entscheidungskampf)
Aus|stieg, der; -[e]s, -e; **Aus|stieg|lu|ke**
aus|stop|fen; Aus|stop|fung
Aus|stoß, der; -es, Ausstöße *Plur. selten* (z. B. von Bier); **aus|sto|ßen**; jmdn. -; **Aus|sto|ßung**
aus|strah|len; Aus|strah|lung
aus|strecken [*Trenn.* ...strek|ken]
aus|strei|chen
aus|streu|en; Gerüchte -
Aus|strich *(Med.)*
aus|strö|men
aus|stül|pen; Aus|stül|pung
aus|su|chen; ich suche mir etw. aus; *vgl.* ausgesucht
aus|sü|ßen (zu Süßwasser werden)
aus|ta|pe|zie|ren
aus|ta|rie|ren (ins Gleichgewicht bringen; *österr. auch* [auf der Waage] das Leergewicht feststellen)
Aus|tausch, der; -[e]s; **aus|tausch|bar; Aus|tausch|bar|keit**, die; -; **aus|tau|schen; Aus|tausch‿mo|tor** ([als neuwertig geltender] Ersatzmotor), **...schü|ler, ...stoff** (künstlicher Roh- u. Werkstoff); **aus|tausch|wei|se**
aus|tei|len; Aus|tei|lung
Au|ste|nit [*auch* ...'nit], der; -s, -e ‹nach dem engl. Forscher Roberts-Austen› (ein Eisenmischkristall, Gammaeisen)
Au|ster, die; -, -n ‹niederl.› (eßbare Meeresmuschel)
Au|ste|ri|ty [ɔs'tɛriti], die; - ‹engl.› (*engl. Bez. für* Strenge; wirtschaftl. Einschränkung)
Au|ster|litz (Schlachtort bei Brünn)
Au|stern‿bank (*Plur.* ...bänke), **...fi|scher** (ein Watvogel), **...zucht**
aus|te|sten
aus|til|gen
aus|to|ben; sich -
aus|ton|nen (*Seew.* ausbojen)
Aus|trag, der; -[e]s (*südd. u. österr. auch für* Altenteil); zum - kommen *(Amtsspr.);* **aus|tra|gen; Aus|trä|ger** (Person, die etwas austrägt); **Aus|träg|ler** (*südd. u. österr. für* Bauer, der auf dem Altenteil lebt); **Aus|tra|gung; Aus|tra|gungs‿mo|dus, ...ort**
aus|trai|niert (völlig trainiert)
Au|stral, der; -[s], -e ‹span.› (argent. Währungseinheit; *Abk.* A); 30 - (↑R 129)
au|stra|lid ‹lat.› (*Anthropol.* Rassenmerkmale der Australiden zeigend); -er Zweig; **Au|stra|li|de**, der *u.* die; -n, -n (↑R 7 ff.); **Au|stra|li|en** [...i̯ən]; **Au|stra|li|er** [...i̯ər]; **au|stra|lisch**, aber (↑R 157): die Australischen Alpen; **au|stra|lo|id** (*Anthropol.* den Australiden ähnliche Rassenmerkmale zeigend); **Au|stra|loi|de**, der *u.* die; -n, -n (↑R 7 ff.)
aus|träu|men; ausgeträumt
aus|trei|ben; Aus|trei|bung
aus|tre|ten
Au|stria (*lat. Form von* Österreich); **Au|stria|zis|mus**, der; -, ...men (↑R 180) ‹lat.› (österr. Spracheigentümlichkeit)
aus|trick|sen *(auch Sportspr.)*
aus|trin|ken
Aus|tritt; Aus|tritts|er|klä|rung
au|stro|asia|tisch (↑R 180); -e Sprachen
aus|trock|nen; Aus|trock|nung, die; -
Au|stro‿fa|schis|mus [*auch* 'austro...] (österr. Sonderform des Faschismus [1933–1938]), **...mar|xis|mus** [*auch* 'austro...] (österr. Sonderform des Marxismus, bes. vor dem 2. Weltkrieg)
aus|trom|pe|ten *vgl.* ausposaunen
aus|tru|deln (*landsch. für* auswürfeln)
aus|tüf|teln; Aus|tüf|te|lung, Aus|tüft|lung
aus|tun; sich - können (*ugs. für* sich ungehemmt betätigen können)
aus|tup|fen; eine Wunde -
aus|üben; Aus|übung, die; -
aus|ufern (über die Ufer treten; das Maß überschreiten)
Aus|ver|kauf; aus|ver|kau|fen; aus|ver|kauft
aus|ver|schämt; -este (*landsch. für* dreist, unverschämt)
aus|wach|sen; (↑R 68:) es ist zum Auswachsen (*ugs. für* zum Verzweifeln); *vgl.* ausgewachsen
aus|wä|gen (*fachspr. für* das Gewicht feststellen, vergleichen)
Aus|wahl; aus|wäh|len; Aus|wahl‿mann|schaft, ...mög|lich|keit, ...spie|ler, ...wet|te (Wette, bei der Fußballspiele mit unentschiedenem Ausgang vorausgesagt werden müssen)
aus|wal|len (*schweiz., auch bayr. für* [Teig] ausrollen)
aus|wal|zen
Aus|wan|de|rer; Aus|wan|de|rer|schiff; aus|wan|dern; Aus|wan|de|rung; Aus|wan|de|rungs|wel|le
aus|wär|tig; -er Dienst, aber (↑R 157): das Auswärtige Amt (*Abk.* AA); Minister des Auswärtigen (↑R 65); **aus|wärts**; nach, von -; nach - gehen. *Schreibung in Verbindung mit Verben:* ↑R 205 f. (*vgl.* abwärts): auswärts (nicht zu Hause) essen, aber: auswärtsgehen, auswärtslaufen (mit auswärts gerichteten Füßen); **Aus|wärts|spiel**
aus|wa|schen; Aus|wa|schung
Aus|wech|sel|bank (*Plur.* ...bänke); **aus|wech|sel|bar; aus|wech|seln; Aus|wech|se|lung, Aus|wechs|lung**
Aus|weg; aus|weg|los; -este; **Aus|weg|lo|sig|keit**, die; -
Aus|wei|che; aus|wei|chen; *vgl.* [2]weichen; **aus|wei|chend; Aus|weich‿ma|nö|ver, ...mög|lich|keit, ...stel|le**
aus|wei|den (*Jägerspr.* Eingeweide entfernen [bei Wild usw.])
aus|wei|nen; sich -
Aus|weis, der; -es, -e; **aus|wei|sen**; sich -; **Aus|weis|kon|trol|le; aus|weis|lich** (*Amtsspr.* wie aus ... zu erkennen ist); *Präp. mit Gen.:* - der Akten; **Aus|weis|pa|pier** *meist Plur.*
aus|wei|ßen (z. B. einen Stall)
Aus|wei|sung
aus|wei|ten; Aus|wei|tung
aus|wel|len; Teig -
aus|wen|dig; - lernen, wissen; **Aus|wen|dig|ler|nen**, das; -s
aus|wer|fen; Aus|wer|fer *(Technik)*
aus|wer|keln; das Türschloß ist ausgewerkelt (*österr. ugs. für* ausgeleiert, stark abgenutzt)
aus|wer|ten; Aus|wer|tung
aus|wet|zen; eine Scharte -
aus|wickeln [*Trenn.* ...wik|keln]
aus|wie|gen; *vgl.* ausgewogen
aus|win|den (*landsch. u. schweiz. für* auswringen)
aus|win|tern (durch Frost Schaden leiden); die Saat ist ausgewintert; **Aus|win|te|rung**, die; -
aus|wir|ken, sich; **Aus|wir|kung**
aus|wi|schen; jmdm. eins - (*ugs. für* schaden)
aus|wit|tern (verwittern; an die Oberfläche treten lassen)
aus|wrin|gen; Wäsche -
Aus|wuchs, der; -es, ...wüchse
aus|wuch|ten *(bes. Kfz-Technik);* die Reifen -; **Aus|wuch|tung**
Aus|wurf; Aus|würf|ling (*Geol.* von einem Vulkan ausgeworfenes Magma- od. Gesteinsbruchstück); **Aus|wurf[s]|mas|se** *(Geol.)*

aus|zah|len; das zahlt sich nicht aus (*ugs. für* das lohnt sich nicht); **aus|zäh|len**; **Aus|zah|lung**; **Aus|zäh|lung**
aus|zan|ken (*landsch. für* ausschimpfen)
aus|zeh|ren; **Aus|zeh|rung**, die; - (Kräfteverfall; *veraltet für* Schwindsucht)
aus|zeich|nen; sich -; **Aus|zeich|nung**; **Aus|zeich|nungs|pflicht**
Aus|zeit (*Sportspr.* [einer Mannschaft zustehende] Spielunterbrechung)
aus|zieh|bar; **aus|zie|hen**; sich -; **Aus|zieh|tisch**
aus|zir|keln
aus|zi|schen (durch Zischen sein Mißfallen kundtun)
Aus|zu|bil|den|de, der *u.* die; -n, -n (↑R 7 ff.); *Kurzw.* Azubi
Aus|zug (*südd. auch für* Altenteil; *schweiz. auch* erste Altersklasse der Wehrpflichtigen); **Aus|züg|ler** (*landsch. für* Bauer, der auf dem Altenteil lebt); **Aus|zug|mehl** *vgl.* Auszugsmehl; **Aus|zugs|bau|er** (*österr. für* Bauer, der auf dem Altenteil lebt); **Aus|zug[s]|mehl** (feines, kleiefreies Weizenmehl); **aus|zugs|wei|se**
aus|zup|fen
aut|ark ‹griech.› (sich selbst genügend; wirtschaftlich unabhängig vom Ausland); **Aut|ar|kie**, die; -, ...ien (wirtschaftliche Unabhängigkeit vom Ausland)
Au|then|tie, die; - ‹griech.› (*svw.* Authentizität); **au|then|ti|fi|zie|ren** ‹griech.; lat.› (die Echtheit bezeugen; beglaubigen); **au|then|tisch** ‹griech.› (im Wortlaut verbürgt; echt); **au|then|ti|sie|ren** (*geh. für* glaubwürdig, rechtsgültig machen); **Au|then|ti|zi|tät**, die; - (Echtheit; Rechtsgültigkeit)
Au|tis|mus, der; - ‹griech.› (*Med.* [krankhafte] Ichbezogenheit, Kontaktunfähigkeit); **au|ti|stisch**
Au|to, das; -s, -s ‹griech.› (*kurz für* Automobil); (↑R 207:) Auto fahren; ich bin Auto gefahren; (↑R 32:) Auto und radfahren, aber: rad- und Auto fahren
au|to... ‹griech.› (selbst...); **Au|to...** (Selbst...)
Au|to‿at|las, **...bahn** (*Zeichen* A, z. B. A 14); **au|to|bahn|ar|tig**; **Au|to|bahn‿auf|fahrt**, **...aus|fahrt**, **...drei|eck**, **...ein|fahrt**, **...ge|bühr**, **...kreuz**, **...rast|stät|te**, **...vi|gnet|te** (Gebührenvignette), **...zu|brin|ger**
Au|to|bio|gra|phie, die; -, ...ien (↑R 180) ‹griech.› (literar. Darstellung des eigenen Lebens); **au|to|bio|gra|phisch** (↑R 180)
Au|to|bom|be
Au|to|bus, der; ...busses, ...busse ‹griech.; lat.›; *vgl. auch* Bus
Au|to|car, der; -s, -s ‹franz.› (*schweiz. für* [Reise]omnibus); *vgl.* Car
au|to|chthon [...x'to:n] ‹griech.› (an Ort und Stelle [entstanden]; eingesessen); **Au|to|chtho|ne** der *u.* die; -n, -n (Ureinwohner[in], Eingeborene[r])
Au|to|coat [...ko:t], der; -s, -s (kurzer Mantel für den Autofahrer)
Au|to-Cross, das; -, -e (Geländeprüfung für Autosportler)
Au|to|da|fé [...da'fe:], das; -s, -s ‹port.› (Ketzergericht u. -verbrennung)
Au|to|di|dakt, der; -en, -en (↑R 197) ‹griech.› (jmd., der sich sein Wissen durch Selbstunterricht angeeignet hat); **au|to|di|dak|tisch**
Au|to|drom, das; -s, -e ‹griech.-franz.› (ringförmige Straßenanlage für Renn- u. Testfahrten; *österr.* [Fahrbahn für] Skooter)
Au|to|ero|tik, die; - (*svw.* Narzißmus, Masturbation); **au|to|ero|tisch**
Au|to‿fäh|re, **...fah|ren** (das; -s; ↑R 68; aber: Auto fahren), **...fah|rer**, **...fah|re|rin**, **...fahrt**
Au|to|fo|kus (*Fotogr.* Einrichtung zur automatischen Einstellung der Bildschärfe bei Kameras etc.)
au|to|frei; -er Sonntag; **Au|to‿fried|hof** (*ugs.*), **...gas** (Gasgemisch als Treibstoff für Kraftfahrzeuge)
au|to|gen ‹griech.› (ursprünglich; selbsttätig); -es Schweißen (*Technik*); -es Training (*Med.* eine Methode der Selbstentspannung)
Au|to|gramm, das; -s, -e ‹griech.› (eigenhändig geschriebener Name); **Au|to|gramm|jä|ger**; **Au|to|graph**, das; -s, *Plur.* -e *od.* -en (eigenhändig geschriebenes Schriftstück einer bedeutenden Persönlichkeit); **Au|to|gra|phie**, die; -, ...ien (*Druckw.* Umdruckverfahren)
Au|to‿hil|fe, **...hof** (Einrichtung des Güterfernverkehrs)
Au|to|hyp|no|se ‹griech.› (Selbsthypnose)
Au|to‿in|du|strie, **...kar|te**, **...ki|no** (Freilichtkino, in dem man Filme vom Auto aus betrachtet)
Au|to|klav, der; -s, -en [...vən] ‹griech.; lat.› (Gefäß zum Erhitzen unter Druck)
Au|to‿knacker [*Trenn.* ...knak|ker], **...kol|lon|ne**, **...kor|so**
Au|to|krat, der; -en, -en (↑R 197) ‹griech.› (Alleinherrscher; selbstherrlicher Mensch); **Au|to|kra|tie**, die; -, ...ien (unumschränkte [Allein]herrschaft); **au|to|kra|tisch**
Au|to|ly|se, die; - ‹griech.› (*Med.* Abbau von Körpereiweiß ohne Mitwirkung von Bakterien)
Au|to‿mar|der (*ugs.; svw.* Autoknacker), **...mar|ke**
Au|to|mat, der; -en, -en (↑R 197) ‹griech.›; **Au|to|ma|ten‿knacker** [*Trenn.* ...knak|ker], **...re|stau|rant**; **Au|to|ma|tik**, die; -, -en (Vorrichtung, die einen techn. Vorgang steuert u. regelt); **Au|to|ma|tik|ge|trie|be**; **Au|to|ma|ti|on**, die; - ‹engl.› (vollautomatische Fabrikation); **au|to|ma|tisch** ‹griech.› (selbsttätig; selbstregelnd; unwillkürlich; zwangsläufig); **au|to|ma|ti|sie|ren** (auf vollautomatische Fabrikation umstellen); **Au|to|ma|ti|sie|rung**; **Au|to|ma|tis|mus**, der; -, ...men (sich selbst steuernder, unbewußter Ablauf)
Au|to|me|cha|ni|ker; **Au|to|mi|nu|te** (Strecke, die ein Auto in einer Minute fährt); zehn -n entfernt; **Au|to|mo|bil**, das; -s, -e ‹griech.; lat.›; **Au|to|mo|bil‿aus|stel|lung**, **...bau** (der; -[e]s), **...in|du|strie**; **Au|to|mo|bi|list**, der; -en, -en; ↑R 197 (*bes. schweiz. für* Autofahrer); **Au|to|mo|bil|klub**, aber: Allgemeiner Deutscher Automobil-Club (*Abk.* ADAC); Automobilclub von Deutschland (*Abk.* AvD)
au|to|nom ‹griech.› (selbständig, unabhängig); **Au|to|no|me**, der *u.* die; -n, -n (↑R 7 ff.); **Au|to|no|mie**, die; -, ...ien (Selbständigkeit, Unabhängigkeit)
Au|to‿num|mer, **...öl**
Au|to|pi|lot (automatische Steuerung von Flugzeugen u. ä.)
Au|to|pla|stik (*Med.* Verpflanzung körpereigenen Gewebes)
Aut|op|sie, die; -, ...ien ‹griech.› (Prüfung durch Augenschein; *Med.* Leichenöffnung)
Au|tor, der; -s, ...oren ‹lat.› (Verfasser); dem, den Autor
Au|to‿ra|dio, **...rei|fen**, **...rei|se|zug**
Au|to|ren‿grup|pe, **...kol|lek|tiv** (*bes. ehemals in der DDR*), **...kor|rek|tur** (*selten für* Autorkorrektur), **...le|sung**
Au|to‿ren|nen, **...re|pa|ra|tur**
Au|to|re|verse [...rivœ:(r)s], das; - ‹engl.› (Umschaltautomatik bei Kassettenrecordern)
Au|to|rin ‹lat.›; **Au|to|ri|sa|ti|on**, die; -, -en (Ermächtigung, Vollmacht); **au|to|ri|sie|ren**; **au|to|ri|siert** ([einzig] berechtigt; ermächtigt); **au|to|ri|tär** (unbedingten Gehorsam fordernd; diktatorisch); ein -er Lehrer; -es Regime; **Au|to|ri|tät**, die; -, -en

(Einfluß u. Ansehen; bedeutender Vertreter seines Faches; maßgebende Institution); **au|to|ri|ta|tiv** (sich auf echte Autorität stützend, maßgebend); **au|to|ri|täts|gläu|big; Au|tor|kor|rek|tur; Au|tor|re|fe|rat** (Referat des Autors über sein Werk); **Au|tor|schaft,** die; -

Au|to_schlan|ge, ...schlos|ser, ...schlüs|sel, ...ser|vice, ...skoo|ter, ...stopp (*vgl.* Anhalter), **...strich** (*ugs. für* Prostitution an Autostraßen)

Au|to|sug|ge|sti|on [*od.* ...'tio:n], die; -, -en ‹griech.; lat.› (Selbstbeeinflussung)

Au|to|te|le|fon

Au|to|to|xin (*Med.* Eigengift)

au|to|troph ‹griech.› (*Biol.* sich von anorganischen Stoffen ernährend)

Au|to|ty|pie, die; -, ...ien ‹griech.› (*Druckw.* netzartige Bildätzung für Buchdruck; Netz-, Rasterätzung)

Au|to_un|fall, ...ver|kehr, ...ver|leih, ...werk|statt

Au|to|zoom [...zu:m] (*Fotogr.* automatische Abstimmung von Brennweite und Entfernungseinstellung bei einer Filmkamera)

autsch!

Au|ver|gne [o'vɛrnjə], die; - (Region in Frankreich)

Au|wald, Au|en|wald

au|weh!; au|wei!; au|weia!

Au|xin, das; -s, -e ‹griech.› (*Bot.* Pflanzenwuchsstoff)

a v. = a vista

Aval [a'val], der, *seltener* das; -s, -e ‹franz.› (*Bankw.* Wechselbürgschaft); **aval|lie|ren** ([Wechsel] als Bürge unterschreiben)

Avan|ce [a'vã:sə *od.* a'vaŋsə], die; -, -n ‹franz.› (*veraltet für* Vorteil; Geldvorschuß); jmdm. Avancen machen (jmdm. entgegenkommen, um ihn für sich zu gewinnen); **Avan|ce|ment** [avãsə'mã:, *österr.* avãs'mã:], das; -s, -s (*veraltet für* Beförderung); **avan|cie|ren** [avaŋ'si:... *od.* avã'si:...] (befördert werden)

Avant|gar|de [a'vã... *od.* a'vaŋ...], die; -, -n ‹franz.› (die Vorkämpfer für eine Idee); **Avant_gar|dis|mus** (der; -), **...gar|dist** (der; -en, -en; ↑R 197; Vorkämpfer); **avant|gar|di|stisch**

avan|ti! [...v...] ‹ital.› (*ugs. für* vorwärts!)

AvD = Automobilclub von Deutschland

Ave [...v...], das; -[s], -[s] ‹lat.› (*kurz für* Ave-Maria); **Ave-Ma|ria,** das; -[s], -[s] („Gegrüßet seist du, Maria!") (kath. Gebet); **Ave-Ma|ria-Läu|ten,** das; -s (↑R 41)

Aven|tin [...v...], der; -s (Hügel in Rom); **Aven|ti|ni|sche Hü|gel,** der; -n -s

Aven|tiu|re [avɛn'ty:rə], die; -, -n ‹franz.› (mittelhochd. Rittererzählung); *als Personifikation* Frau -

Aven|tu|rin [...v...], der; -s, -e ‹lat.› (goldflimmriger Quarzstein); **Aven|tu|rin|glas**

Ave|nue [avə'ny:], die; -, ...uen [...'ny:ən] (Prachtstraße)

Aver|ro|es [a'vɛroɛs] (arab. Philosoph u. Theologe im MA.)

Avers [a'vɛrs, *österr.* a'vɛr], der; -es, -e ‹franz.› (*Münzw.* Vorderseite [einer Münze]); **Aver|si|on,** die; -, -en ‹lat.› (Abneigung, Widerwille)

AVG = Angestelltenversicherungsgesetz

Avia|ri|um [...v...], das; -s, ...ien [...iən] (↑R 180) ‹lat.› (großes Vogelhaus)

Avi|gnon ['avinjɔŋ, *franz.* avi'njõ:] (franz. Stadt)

Avis [a'vi:] der *od.* das; - [a'vi:(s)], - [a'vi:s]; *auch* [a'vi:s], der *od.* das; -es, -e ‹franz.› (*Wirtsch.* Nachricht, Anzeige); **avi|sie|ren** (ankündigen; *schweiz. auch für* benachrichtigen); [1]**Avi|so,** der; -s, -s ‹span.› (*früher* leichtbewaffnetes, kleines, schnelles Kriegsschiff); [2]**Avi|so,** das; -s, -s ‹ital.› (*österr. für* Avis)

a vi|sta [a 'vista] ‹ital.› (*Bankw.* bei Vorlage zahlbar; *Abk.* a v.); *vgl.* a prima vista; **Avi|sta|wech|sel** (Sichtwechsel)

Avit|ami|no|se [...v...], die; -, -n ‹lat.› (*Med.* durch Vitaminmangel hervorgerufene Krankheit)

avi|vie|ren [...v...] ‹franz.› (*Färberei* Gewebe nachbehandeln, ihnen mehr Glanz verleihen)

Avo|ca|do, Avo|ca|to [...v...], die; -, -s ‹indian.-span.› (birnenförmige Frucht eines südamerik. Baumes)

Avo|ga|dro [...v...] (ital. Physiker u. Chemiker)

Avus [...v...], die; - (*Kurzw. für* Automobil-Verkehrs- u. -Übungsstraße [Autorennstrecke in Berlin, Teil der Stadtautobahn])

AWACS (= Airborne early warning and control system ['ɛ:(r)bɔ(r)n 'œ:(r)li 'wɔ:(r)niŋ ənd kən'tro:l 'sistəm]; Frühwarnsystem der NATO)

Awa|re, der; -n, -n; ↑R 197 (Angehöriger eines untergegangenen türk.-mongol. Steppennomadenvolkes); **awa|risch**

Awe|sta, das; - ‹pers.› (heilige Schriften der Parsen); **awe|stisch;** -e Sprache

[1]**Axel** (m. Vorn.); [2]**Axel,** der; -s, - (*kurz für* Axel-Paulsen-Sprung); doppelter -; **Axel-Paul|sen-Sprung;** ↑R 135 (nach dem norw. Eiskunstläufer Axel Paulsen benannter Kürsprung)

Axen|stra|ße, die; - (in der Schweiz)

axi|al ‹lat.› (in der Achsenrichtung; längs der Achse); **Axia|li|tät,** die; -, -en; ↑R 180 (Achsigkeit); **Axi|al|ver|schie|bung**

axil|lar ‹lat.› (*Bot.* achsel-, winkelständig); **Axil|lar|knos|pe** (Knospe in der Blattachsel)

Axi|om, das; -s, -e ‹griech.› (keines Beweises bedürfender Grundsatz); **Axio|ma|tik,** die; -; ↑R 180 (Lehre von den Axiomen); **axio|ma|tisch** (↑R 180); -es System; **axio|ma|ti|sie|ren**

Ax|min|ster|tep|pich ['ɛks...] ‹nach dem engl. Ort›; ↑R 149

Axo|lotl, der; -s, - ‹aztekisch› (mexik. Schwanzlurch)

Axon, das; -s, *Plur.* Axone *u.* Axonen (*Biol.* zentraler Strang einer Nervenfaser)

Axt, die; -, Äxte; **Axt|helm** (Axtstiel); *vgl.* [2]Helm; **Axt|hieb**

Aya|tol|lah [aja...] *vgl.* Ajatollah

AZ, Az. = Aktenzeichen

a. Z. = auf Zeit

Aza|lee, *auch* **Aza|lie** [...iə], die; -, -n ‹griech.› (eine Zierpflanze aus der Familie der Heidekrautgewächse)

Aze|tat usw. *vgl.* Acetat usw.

Azid, das; -[e]s, -e ‹griech.› (*Chemie* Salz der Stickstoffwasserstoffsäure); **Azi|di|tät** *vgl.* Acidität; **Azi|do|se** *vgl.* Acidose

Azi|mut, das, *auch* der; -s, -e ‹arab.› (*Astron.* eine bestimmte Winkelgröße)

Azo|farb|stoff ‹griech.; dt.› (*Chemie* Farbstoff aus der Gruppe der Teerfarbstoffe); **Azoi|kum,** das; -s (↑R 180) ‹griech.› (*Geol.* erdgeschichtl. Urzeit ohne Spuren organ. Lebens); **azo|isch** (*Geol.* keine Lebewesen enthaltend); **Azoo|sper|mie** [atsoo-spɛr...], die; -, ...ien (*Biol., Med.* Fehlen reifer Samenzellen in der Samenflüssigkeit)

Azo|ren *Plur.* (Inselgruppe im Atlantischen Ozean)

Az|te|ke, der; -n, -n; ↑R 197 (Angehöriger eines Indianerstammes in Mexiko); **Az|te|ken|reich,** das; -[e]s

Azu|bi, der; -s, -s *u.* die; -, -s (*ugs. für* Auszubildende[r])

Azu|le|jos [atsu'lɛxɔs] *Plur.* ‹span.› (bunte, bes. blaue Wandkacheln)

Azur, der; -s ‹pers.› (*geh. für* Himmelsblau); **azur|blau; Azu|ree|li|ni|en** *Plur.* (waagerechtes, meist wellenförmiges Linienband auf Vordrucken [z. B. auf Schecks]); **azu|riert** (mit Azureelinien ver-

sehen); **Azu|rit** [*auch* ...'rit], der; -s (ein dunkelblaues Mineral); **azurn** (himmelblau)
azy|klisch ‹griech.› (*Chemie* nicht ringförmig geschlossen [*vgl.* aliphatisch]; *Med.* zeitlich unregelmäßig; *Bot. bei Blüten* spiralig gebaut)
Az|zu|ri, Az|zur|ris *Plur.* ‹ital., „die Blauen"› (*Bez. für* ital. Sportmannschaften)

B

B (Buchstabe); das B; des B, die B, aber: das b in Abend (↑R 82); der Buchstabe B, b
b, B, das; -, - (Tonbezeichnung); **b** (*Zeichen für* b-Moll); in b; **B** (*Zeichen für* B-Dur); in B
B = *Zeichen für* Bel; Bundesstraße
B = *chem. Zeichen für* Bor
B *(auf dt. Kurszetteln)* = Brief (d. h., das Wertpapier wurde zum angegebenen Preis angeboten)
B, β = Beta
b. = bei[m]
B. = Bachelor
Ba = *chem. Zeichen für* Barium
BA [bi'e:] = British Airways ['britiʃ 'ɛ:(r)we:s] (brit. Luftverkehrsgesellschaft)
Baal ‹hebr.› (semit. Wetter- und Himmelsgott); **Baal|bek** (Stadt im Libanon); **Baals|dienst,** der; -[e]s
Baar, die; - (Gebiet zwischen dem Schwarzwald u. der Schwäbischen Alb)
Baas, der; -es, -e ‹niederl.› (*nordd. für* Herr, Meister, Aufseher *[bes. Seemannsspr.]*)
ba|ba, bä|bä *(Kinderspr.);* das ist -!
bab|beln (*landsch. für* schwatzen); ich ...[e]le (↑R 22)
Ba|bel *vgl.* Babylon
Ba|ben|ber|ger, der; -s, - (Angehöriger eines Fürstengeschlechtes)
Ba|bet|te (w. Vorn.)
Ba|bu|sche, Pam|pu|sche [...u(:)ʃə], die; -, -n *meist Plur.* ‹pers.› (*landsch., bes. ostmitteld. für* Stoffpantoffel)
Ba|by ['be:bi], das; -s, -s ‹engl.› (Säugling, Kleinkind); **Ba|by|jahr** (für Mütter ein zusätzlich anzurechnendes Rentenversicherungsjahr für jedes Kind; einjähriger Mutterschaftsurlaub)
Ba|by|lon, Ba|bel (Ruinenstadt am Euphrat); **Ba|by|lo|ni|en** [...i̯ən] (antiker Name für das Land zwischen Euphrat u. Tigris); **Ba|by|lo|ni|er** [...i̯ər]; **ba|by|lo|nisch;** -e Kunst, Religion, ein -es Sprachengewirr; aber (↑R 157): die Babylonische Gefangenschaft; der Babylonische Turm
Ba|by|nah|rung ['be:bi...]; **ba|by|sit|ten** *nur im Infinitiv gebräuchlich (ugs.);* **Ba|by|sit|ter,** der; -s, - ‹engl.› (jmd., der Kleinkinder bei Abwesenheit der Eltern beaufsichtigt); **Ba|by|speck; Ba|by|zel|le** (kleine, längliche Batterie)
Bac|cha|nal [baxa..., *österr. auch* baka...], das; -s, *Plur.* -e *u.* -ien [...i̯ən] ‹griech.› (altröm. Bacchusfest; wüstes Trinkgelage); **Bacchant,** der; -en, -en; ↑R 197 (*geh. für* weinseliger Trinker); **Bac|chan|tin; bac|chan|tisch** (trunken; ausgelassen); **bac|chisch** (nach Art des Bacchus); **Bac|chi|us,** der; -, ...ien (antiker Versfuß); **Bac|chus** (griech.-röm. Gott des Weines); **Bac|chus|fest** (↑R 135)
[1]**Bach,** der; -[e]s, Bäche
[2]**Bach,** Johann Sebastian (dt. Komponist)
bach|ab *(schweiz.);* - gehen (zunichte werden); - schicken (verwerfen, ablehnen)
Ba|che, die; -, -n (*Jägerspr.* w. Wildschwein)
Bä|chel|chen
Ba|che|lor ['bɛtʃələ(r)], der; -[s], -s ‹engl.› (niedrigster akadem. Grad in England, den USA u. anderen englischsprachigen Ländern; *Abk.* B.; *vgl.* Bakkalaureus)
Bach|fo|rel|le; Bäch|lein; Bach|stel|ze
Bach-Wer|ke-Ver|zeich|nis; ↑R 135 (*so die nicht den Regeln entsprechende Schreibung im Buchtitel; Abk.* BWV)
back (*nordd. u. Seemannsspr.* zurück)
[1]**Back,** die; -, -en (*Seemannsspr.* [Eß]schüssel; Eßtisch; Tischgemeinschaft; Aufbau auf dem Vordeck)
[2]**Back** [bɛk], der; -s, -s ‹engl.› (*schweiz. u. österr. für* Verteidiger [beim Fußball etc.])
Back|blech
Back|bord, das; -[e]s, -e (linke Schiffsseite [von hinten gesehen]); **back|bord[s]**
Bäck|chen; Backe[1], die; -, -n, *landsch.* **Backen**[1], der; -s, -
backen[1] (Brot usw.); du bäckst *od.* backst; er bäckt *od.* backt; du backtest (*älter* buk[e]st); du backtest (*älter* bükest); gebakken; back[e]!; *Beugung in der Bed. von* „kleben" (*vgl.* „festbakken"): der Schnee backt, backte, hat gebackt
Backen|bart[1]; **Backen|zahn**[1]
Bäcker[1]; **Bäcke|rei**[1] (*österr. auch für* süßes Kleingebäck); **Bäcke|rin**[1]; **Bäcker**[1]**‿jun|ge, ...la|den; Bäcker[s]|frau**[1]
Back|fisch (*veraltend auch für* junges Mädchen)
Back|gam|mon [bɛk'gɛmən], das; -[s] ‹engl.› (dem Tricktrack ähnliches Würfelspiel)
Back|ground ['bɛkgraunt], der; -s, -s ‹engl.› (Hintergrund; *übertr. für* [Lebens]erfahrung); **Back|ground|mu|si|ker**
Back|hendl, das; -s, -n (*österr. für* paniertes Hähnchen); **Back|hendl|sta|ti|on** *(österr.)*
...backig[1], **...bäckig**[1] (z. B. rotbakkig, rotbäckig)
Back|list ['bɛk...], die; -, -s ‹engl.› (Liste lieferbarer Bücher)
Back‿obst, ...ofen, ...pa|pier
Back|pfei|fe (*landsch. für* Ohrfeige); **back|pfei|fen** *(landsch.);* er backpfeifte ihn, hat ihn gebackpfeift; **Back|pfei|fen|gesicht** *(ugs.)*
Back‿pflau|me, ...pul|ver, ...rohr (*österr. für* Backofen), **...röh|re**
Back|schaft (*Seemannsspr.* Tischgemeinschaft); **Back|stag** [...st...] (den Mast von hinten haltendes [Draht]seil)
Back|stein; Back|stein|bau *Plur.* ...bauten
Back|wa|re *meist Plur.*
[1]**Ba|con** ['be:k(ə)n], der; -s ‹engl.› (Frühstücksspeck)
[2]**Ba|con** ['be:k(ə)n] (engl. Philosoph)
Bad, das; -[e]s, Bäder; Bad Ems, Bad Homburg v. d. H., Stuttgart-Bad Cannstatt (↑R 153); **Bad...** (*südd., österr., schweiz. in Zusammensetzungen neben* Bade..., z. B. Badanstalt)
Bad Aus|see *vgl.* Aussee
Bad Bram|bach *vgl.* Brambach
Ba|de‿an|stalt, ...an|zug, ...arzt, ...ho|se, ...kap|pe, ...man|tel, ...mat|te, ...mei|ster, ...müt|ze; ba|den; - gehen (*ugs. auch für* keinen Erfolg haben, scheitern)
Ba|den (Teil des Bundeslandes Baden-Württemberg); **Ba|den-Ba|den** (Badeort im nördl. Schwarzwald); **Ba|de|ner,** *auch* **Ba|den|ser** (↑R 147); **Ba-**

[1] *Trenn.* ...k|k...

den-Würt|tem|berg (↑R 154); **Ba|den-Würt|tem|ber|ger** (↑R 147); **ba|den-würt|tem|ber|gisch**
Ba|de|ort, der; -[e]s, -e
Ba|der (*veraltet für* Barbier; Heilgehilfe)
Ba|de‿sai|son, ...salz, ...tuch, ...wan|ne, ...zeit, ...zim|mer
Bad|ga|stein (österr. Badeort)
ba|disch; ↑R 157 (aus Baden)
Bad Ischl *vgl.* Ischl
Bad|min|ton ['bɛdmintən], das; - ‹nach dem Landsitz des Herzogs von Beaufort in England› (Federballspiel)
Bad Oeyn|hau|sen *vgl.* Oeynhausen
Bad Pyr|mont *vgl.* Pyrmont
Bad Ra|gaz *vgl.* Ragaz
Bad Wö|ris|ho|fen *vgl.* Wörishofen
Bae|de|ker Ⓦ ['bɛ:...], der; -[s], - (ein Reisehandbuch)
Ba|fel, der; -s, - ‹jidd.› (*ugs. für* Ausschußware; *nur Sing.:* Geschwätz)
baff (*ugs. für* verblüfft); - sein
BAföG, *auch* **Ba|fög**, das; -[s] (= Bundesausbildungsförderungsgesetz; *auch für* ein Stipendium nach diesem Gesetz)
Ba|ga|ge [ba'ga:ʒə, *österr.* ba'ga:ʒ], die; -, -n [ba'ga:ʒ(ə)n] *Plur. selten* ‹franz.› (*veraltet für* Gepäck; *ugs. für* Gesindel)
Ba|gas|se, die; -, -n ‹franz.› (Preßrückstand bei der Rohrzuckergewinnung)
Ba|ga|tel|le, die; -, -n ‹franz.› (unbedeutende Kleinigkeit; kleines, leichtes Musikstück); **ba|ga|tel|li|sie|ren** (als unbedeutende Kleinigkeit behandeln); **Ba|ga|tell‿sa|che, ...scha|den**
Bag|dad (Hptst. des Iraks); **Bag|da|der**
Bag|ger, der; -s, - (Baumaschine zum Abtragen von Erdreich od. Geröll); **Bag|ge|rer**; **Bag|ger|füh|rer**; **bag|gern**; ich ...ere (↑R 22); **Bag|ger‿prahm, ...schau|fel, ...see**
Ba|gno ['banjo], das; -s, *Plur.* -s *u.* ...gni ‹ital.› (*früher für* Straflager [in Italien und Frankreich])
Ba|guette [ba'gɛt], die; -, -n, *auch* das; -s, -s ‹franz.› (franz. Stangenweißbrot)
bah!, pah! (Ausruf der Geringschätzung)
bäh! (Ausruf der Schadenfreude)
Ba|hai, der; -, -[s] ‹pers.› (Anhänger des Bahaismus); **Ba|ha|is|mus**, der; - (aus dem Islam hervorgegangene Religion)
Ba|ha|ma|er, *auch* Ba|ha|mer; **Ba|ha|ma|in|seln**, Ba|ha|mas *Plur.* (Inselstaat im Atlantischen Ozean); **ba|ha|ma|isch**, *auch* ba|ha|misch; **Ba|ha|mas** *vgl.* Bahamainseln; **Ba|ha|mer** usw. *vgl.* Bahamaer usw.
bä|hen (*südd., österr., schweiz.* [Brot] leicht rösten)
Bahn, die; -, -en; ich breche mir Bahn; **bahn|amt|lich; bahn|bre|chend**; -ste; eine -e Erfindung; **Bahn|bre|cher; Bahn|bus** (*Kurzw. für* Bahnomnibus); **bahn|ei|gen; bah|nen**; ich bahne mir einen Weg; **bah|nen|wei|se; Bahn|hof** (*Abk.* Bf., Bhf.); **Bahn|hof|buf|fet** *(schweiz.)*; **Bahn|hofs‿buch|hand|lung, ...buf|fet** *od.* **...büf|fet** *(österr.)*, **...hal|le, ...mis|si|on, ...vor|stand** (*österr. für* Bahnhofsvorsteher), **...vor|ste|her; Bahn|hof|vor|stand** (*schweiz. für* Bahnhofsvorsteher); **bahn|la|gernd; Bahn‿li|nie, ...schran|ke, ...steig; Bahn|steig‿kan|te, ...kar|te; Bahn‿über|gang, ...wär|ter**
Ba|höl, der; -s (*österr. ugs. für* großer Lärm, Tumult)
Bah|rain, Bah|rein [*auch* bax...] (Inselgruppe u. Scheichtum im Persischen Golf); **Bah|rai|ner**, Bah|rei|ner (↑R 147); **bah|rai|nisch**, bah|rei|nisch
Bah|re, die; -, -n
Bah|rein usw. *vgl.* Bahrain usw.
Bahr|tuch *Plur.* ...tücher
Baht, der; -, - (Währungseinheit in Thailand)
Bä|hung (Heilbehandlung mit warmen Umschlägen oder Dämpfen)
Bai, die; -, -en ‹niederl.› (Bucht)
Bai|er (*Sprachw.* Sprecher der bayerischen Mundart)
Bai|kal, der; -[s] (*kurz für* Baikalsee); **Bai|kal-Amur-Ma|gi|stra|le**, die; - (Eisenbahnstrecke im SO Sibiriens); **Bai|kal|see**, der; -s (See in Südsibirien)
Bai|ko|nur (Raumfahrtzentrum nordöstlich des Aralsees)
Bai|ri|ki (Hptst. von Kiribati)
bai|risch (*Sprachw.* die bayerische Mundart betreffend)
Bai|ser [bɛ'ze:], das; -s, -s ‹franz.› (Schaumgebäck)
Bais|se ['bɛ:sə], die; -, -n ‹franz.› ([starkes] Fallen der Börsenkurse od. Preise); **Bais|sier** [bɛ'sie:], der; -s, -s (auf Baisse Spekulierender)
Ba|ja|de|re, die; -, -n ‹franz.› (ind. [Tempel]tänzerin)
Ba|jaz|zo, der; -s, -s ‹ital.› (Possenreißer; *auch* Titel einer Oper von Leoncavallo)
Ba|jo|nett, das; -[e]s, -e ‹nach der Stadt Bayonne in Südfrankreich› (Seitengewehr); **ba|jo|net|tie|ren** (mit dem Bajonett fechten); **Ba|jo|nett|ver|schluß** (*Technik* [leicht lösbare] Verbindung von rohrförmigen Teilen)
Ba|ju|wa|re, der; -n, -n; ↑R 197 (*veraltet, noch scherzh. für* [2]Bayer); **ba|ju|wa|risch**
Ba|ke, die; -, -n (festes Orientierungszeichen für Seefahrt, Luftfahrt, Straßenverkehr; Vorsignal auf Bahnstrecken)
Ba|ke|lit Ⓦ, das; -s ‹nach dem belg. Chemiker Baekeland› (ein Kunststoff)
Ba|ken|ton|ne (ein Seezeichen)
Bak|ka|lau|re|at, das; -[e]s, -e ‹lat.› (unterster akadem. Grad [in England u. Nordamerika]; Abschluß der höheren Schule [in Frankreich]); **Bak|ka|lau|re|us** [...reus], der; -, ...rei [...re|i(:)] (Inhaber des Bakkalaureats)
Bak|ka|rat [*od.* ...'ra], das; -s ‹franz.› (ein Kartenglücksspiel)
Bak|ken, der; -[s], - ‹norw.› (*Skisport* Sprungschanze)
Bak|schisch, das; -[(e)s], -e ‹pers.› (Almosen; Trinkgeld)
Bak|te|ri|ämie, die; -, ...ien ‹griech.› (Überschwemmung des Blutes mit Bakterien); **Bak|te|rie** [...iə], die; -, -n *meist Plur.* (einzelliges Kleinstlebewesen, Spaltpilz); **bak|te|ri|ell** (durch Bakterien hervorgerufen, die Bakterien betreffend); **bak|te|ri|en|be|stän|dig** (widerstandsfähig gegenüber Bakterien); **Bak|te|ri|en|trä|ger** *(Med.)*; **Bak|te|rio|lo|ge**, der; -n, -n; ↑R 197 *u.* R 180 (Wissenschaftler auf dem Gebiet der Bakteriologie); **Bak|te|rio|lo|gie**, die; -; ↑R 180 (Lehre von den Bakterien); **bak|te|rio|lo|gisch** (↑R 180); -e Fleischuntersuchung; **Bak|te|rio|ly|se**, die; -, -n; ↑R 180 (Auflösung, Zerstörung von Bakterien); **Bak|te|rio|pha|ge**, der; -n, -n; ↑R 197 *u.* R 180 (Kleinstlebewesen, das Bakterien vernichtet); **Bak|te|rio|se**, die; -, -n; ↑R 180 (durch Bakterien verursachte Pflanzenkrankheit); **Bak|te|ri|um**, das; -s, ...ien [...iən] (*veraltet für* Bakterie); **bak|te|ri|zid** (*Med.* bakterientötend); **Bak|te|ri|zid**, das; -s, -e (keimtötendes Mittel)
Bak|tri|en (altpers. Landschaft)
Ba|ku [*od.* ba'ku:] (Hptst. von Aserbaidschan)
Ba|la|lai|ka, die; -, *Plur.* -s *u.* ...ken ‹russ.› (russ. Saiteninstrument)
Ba|lan|ce [ba'laŋsə *od.* ba'lã:s(ə)], die; -, -n [...s(ə)n] ‹franz.› (Gleichgewicht); **Ba|lan|ce|akt; Ba|lan|cier|bal|ken; ba|lan|cie|ren** [balaŋ'si:..., *auch* balã'si:...] (das Gleichgewicht halten, ausgleichen); **Ba|lan|cier|stan|ge**
Ba|la|ta [*auch* ba'la:ta], die; - ‹indian.-span.› (kautschukähnliches Naturerzeugnis)
Ba|la|ton [*ung.* 'bɔlɔtɔn], der; -[s]

‹ung.› (ung. Name für den Plattensee)
bal|bie|ren (*landsch. veraltet für* rasieren); jmdn. über den Löffel - [*auch* barbieren] (*ugs. für* betrügen)
Bal|boa, der; -[s], -[s] ‹nach dem gleichnamigen span. Entdecker› (Münzeinheit in Panama)
bald; *Steigerung* eher, am ehesten; möglichst - (*besser als* baldmöglichst); so - wie (als) möglich
Bal|da|chin [*österr. auch* ...'xi:n], der; -s, -e ‹nach der Stadt Baldacco, d. h. Bagdad› (Trag-, Betthimmel); **bal|da|chin|ar|tig**
Bäl|de; *nur in* in - (*Amtsspr. für* bald); **bal|dig;** -st; **bald|mög|lichst** (*dafür besser* möglichst bald)
bal|do|wern (*ugs. für* nachforschen)
Baldr, Bal|dur (*nord. Mythol.* Lichtgott)
Bal|dri|an, der; -s, -e (eine Heilpflanze); **Bal|dri|an‿tee, ...tink|tur, ...trop|fen** *(Plur.)*
Bal|du|in (m. Vorn.)
Bal|dung, Hans, *genannt* Grien (dt. Maler)
Bal|dur (m. Vorn.; *auch für* Baldr)
Ba|lea|ren *Plur.;* ↑R 180 (Inselgruppe im westl. Mittelmeer)
Ba|le|ster, der; -s, - ‹lat.› (*früher für* Armbrust, mit der Kugeln abgeschossen werden konnten)
[1]**Balg,** der; -[e]s, Bälge (Tierhaut; Luftsack; ausgestopfter Körper einer Puppe; *auch für* Balgen);
[2]**Balg** der *od.* das; -[e]s, Bälger (*ugs. für* unartiges Kind)
Bal|ge, die; -, -n (*nordd. für* Waschfaß; Wasserlauf im Watt)
bal|gen, sich (*ugs. für* raufen); **Bal|gen,** der; -s, - (ausziehbares Verbindungsteil zwischen Objektiv u. Gehäuse beim Fotoapparat); **Bal|gen|ka|me|ra; Bal|ge|rei** *(ugs.);* **Balg|ge|schwulst**
Ba|li (westlichste der Kleinen Sundainseln); **Ba|li|ne|se,** der; -n, -n (↑R 197); **ba|li|ne|sisch**
Bal|kan, der; -s (Gebirge; *auch für* Balkanhalbinsel); **Bal|kan|halb|in|sel** (↑R 149); **bal|ka|nisch; bal|ka|ni|sie|ren** (ein Land in Kleinstaaten aufteilen, polit. Verwirrung schaffen); **Bal|ka|ni|sie|rung,** die; -; **Bal|ka|ni|stik,** die; - (*svw.* Balkanologie); **Bal|kan|krieg; Bal|ka|no|lo|ge,** der; -n, -n; ↑R 197 (Wissenschaftler auf dem Gebiet der Balkanologie); **Bal|ka|no|lo|gie,** die; - (wissenschaftl. Erforschung der Balkansprachen u. -literaturen)
Bälk|chen; Bal|ken, der; -s, -; **Bal|ken‿decke** [*Trenn.* ...dek|ke], **...kon|struk|ti|on, ...kopf, ...schrö|ter** (Zwerghirschkäfer), **...waa|ge; Bal|kon** [bal'kɔŋ, *auch, südd., österr. u. schweiz. nur* ...'ko:n], der; -s, *Plur.* -s *u. (bei nichtnasalierter Ausspr.:)* -e ‹franz.›; **Bal|kon‿mö|bel, ...pflan|ze**
[1]**Ball,** der; -[e]s, Bälle (kugelförmiges Spielzeug, Sportgerät); Ball spielen (↑R 207), aber: das Ballspielen (↑R 68)
[2]**Ball,** der; -[e]s, Bälle ‹franz.› (Tanzfest); **Ball|abend**
Ball|ab|ga|be *(Sportspr.)*
Bal|la|de, die; -, -n ‹griech.› (episch-dramatisches Gedicht); **bal|la|den|haft,** bal|la|desk; -e Erzählung; **Bal|la|den|stoff**
Ball|an|nah|me *(Sportspr.)*
Bal|last [*auch, österr. u. schweiz. nur* ba'last], der; -[e]s, -e *Plur. selten* (tote Last; Bürde); **Bal|last|stof|fe** *Plur.* (Nahrungsbestandteile, die der Körper nicht verwertet)
Bal|la|watsch *vgl.* Pallawatsch
Ball|be|hand|lung *(Sportspr.)*
Bäll|chen
Bal|lei ‹lat.› ([Ritter]ordensbezirk)
Bal|lei|sen, Bal|len|ei|sen (Werkzeug); **bal|len; Bal|len,** der; -s, -
Bal|len|stedt (Stadt am Harz)
Bal|le|rei (*ugs. für* sinnloses, lautes Schießen)
Bal|le|ri|na, *selten* **Bal|le|ri|ne,** die; -, ...nen ‹ital.› (Ballettänzerin)
Bal|ler|mann, der; -s, ...männer (*scherzh. für* Revolver); **bal|lern** (*ugs. für* knallen, schießen); ich ...ere (↑R 22)
Bal|le|ron, der; -s, -s ‹franz.› (*schweiz.* eine dicke Aufschnittwurst)
bal|le|stern; ↑R 22 (*österr. ugs. für* Fußball spielen)
Bal|lett, das; -[e]s, -e ‹ital.› (Bühnentanz[gruppe]; Ballettmusik); **Ballettänzerin** [*Trenn.* Bal|lett|tän|ze|rin, ↑R 204]; **Bal|let|teu|se** [...'tø:zə], die; -, -n (Ballettänzerin); **Ballettheater** [*Trenn.* Bal|lett|thea|ter, ↑R 204]; **Bal|lett‿korps** (Theatertanzgruppe), **...mei|ster, ...mu|sik; Bal|lett|trup|pe** (↑R 204)
Ball‿füh|rung *(Sportspr.),* **...ge|fühl** (das; -[e]s; *Sportspr.*)
ball|hor|ni|sie|ren *vgl.* verballhornen
bal|lig (ballförmig, gerundet); - drehen *(Mech.)*
Bal|li|ste, die; -, -n ‹griech.› (antikes Wurfgeschütz); **Bal|li|stik,** die; - (Lehre von der Bewegung geschleuderter od. geschossener Körper); **Bal|li|sti|ker; bal|li|stisch;** -e Kurve (Flugbahn); -es Pendel (Stoßpendel)
Ball|jun|ge (Junge, der beim Tennis die Bälle aufsammelt)
Ball‿kleid, ...nacht; Ballokal [*Trenn.* Ball|lo|kal, ↑R 204]
Bal|lon [ba'lɔŋ, *auch, südd., österr. u. schweiz. nur,* ...'lo:n], der; -s, *Plur.* -s *u. (bei nichtnasalierter Ausspr.:)* -e ‹franz.› (mit Gas gefüllter Ball; Korbflasche; Glaskolben; Luftfahrzeug); **Bal|lo|nett** [balo'nɛt], das; -[e]s, *Plur.* -e *u.* -s (Luftkammer im Innern von Fesselballons und Luftschiffen); **Bal|lon‿fah|rer, ...kleid, ...müt|ze, ...rei|fen, ...sper|re; Bal|lot** [ba'lo:], das; -s, -s (kleiner Warenballen); **Bal|lo|ta|de** [balo'ta:də], die; -, -n (Sprung des Pferdes bei der Hohen Schule); **Bal|lo|ta|ge** [...'ta:ʒə], die; -, -n [...'ta:ʒ(ə)n] (geheime Abstimmung mit weißen od. schwarzen Kugeln); **bal|lo|tie|ren**
Ball|spiel, Ball|spie|len, das; -s, aber (↑R 207): Ball spielen;
Ball|tech|nik *(Sportspr.)*
Bal|lung; Bal|lungs‿ge|biet, ...raum
Ball|wech|sel *(Sportspr.)*
Bal|ly|hoo ['bɛlihu, *auch* ...'hu:], das; - ‹engl.› (Reklamerummel)
Bal|mung (Name von Siegfrieds Schwert)
Bal|neo|gra|phie, die; -, ...ien (↑R 180) ‹griech.› (Bäderbeschreibung); **Bal|neo|lo|gie,** die; -; ↑R 180 (Bäderkunde); **Bal|neo|the|ra|pie,** die; -; ↑R 180 (Heilung durch Bäder)
Bal pa|ré [bal pa're:], der; - -, -s -s [bal pa're:] ‹franz.› (*geh. veraltet für* festlicher Ball)
Bal|sa, das; - ‹span.› (sehr leichte Holzart); **Bal|sa|holz**
Bal|sam, der; -s, ...same *Plur. selten* ‹hebr.› (Gemisch von Harzen mit ätherischen Ölen, bes. als Linderungsmittel; *geh. auch für* Linderung, Labsal); **bal|sa|mie|ren** (einsalben); **Bal|sa|mie|rung; Bal|sa|mi|ne,** die; -, -n (eine Zierpflanze); **bal|sa|misch** (würzig; lindernd)
Bal|te, der; -n, -n; ↑R 197 (Angehöriger der balt. Sprachfamilie; früherer [deutscher] Bewohner des Baltikums); **Bal|ten|land**
Bal|tha|sar (m. Vorn.)
Bal|ti|kum, das; -s (das Gebiet der Staaten Estland, Lettland und Litauen)
Bal|ti|more ['baltimo:r] (Stadt in den USA)
bal|tisch, aber (↑R 146): der Baltische Höhenrücken; **bal|to|sla|wisch** (↑R 155)
Ba|lu|ba, der; -[s], -[s]; *vgl.* Luba
Ba|lu|ster, der; -s, - ‹franz.› (*Archit.* kleine Säule als Geländerstütze); **Ba|lu|ster|säu|le; Ba|lu|stra|de,** die; -, -n (Brüstung, Geländer)

Balz, die; -, -en (Paarungsspiel und Paarungszeit bestimmter Vögel)

Bal|zac [bal'sak] (franz. Schriftsteller)

bal|zen (werben [von bestimmten Vögeln]); **Balz‿ruf, ...zeit**

BAM, die; - (= Baikal-Amur-Magistrale)

Ba|ma|ko [*auch* ba'mako] (Hptst. von Mali)

Bam|berg (Stadt an der Regnitz); **Bam|ber|ger** (↑R 147); - Reiter (bekanntes Standbild im Bamberger Dom); **bam|ber|gisch**

Bam|bi, der; -s, -s (Filmpreis); **Bam|bi|no,** der; -s, *Plur.* ...ni, *ugs.* -s ‹ital.› (*ugs. für* kleines Kind, kleiner Junge)

Bam|bu|le, die; -, -n ‹franz.› (*Gaunerspr.* Krawall protestierender Häftlinge od. Heiminsassen)

Bam|bus, der; *Gen.* - *u.* ...busses, *Plur.* ...busse ‹malai.› (trop. baumartige Graspflanze); **Bambus‿hüt|te, ...rohr**

Ba|mi-go|reng, das; -[s], -s ‹malai.› (indones. Nudelgericht)

Bam|mel, der; -s (*ugs. für* Angst); **bam|meln** (*ugs. für* baumeln); ich bamm[e]le (↑R 22)

Bam|per|letsch, Pam|per|letsch, der; -[en], -[en] ‹ital.› (*österr. ugs. für* kleines Kind)

[1]**Ban,** der; -s, -e *u.* Ba|nus, der; -, - (früherer ung. u. kroat. Gebietsvorsteher)

[2]**Ban,** der; -[s], Bani ‹rumän.› (rumän. Münzeinheit); 50 - (↑R 129)

ba|nal ‹franz.› (alltäglich, fade, flach); **Ba|na|li|tät,** die; -, -en

Ba|na|ne, die; -, -n ‹afrik.-port.›; **Ba|na|nen‿flan|ke** *(Fußball),* **...re|pu|blik** *(abwertend),* **...split** (das; -s, -s; Banane mit Eis u. Schlagsahne), **...stecker** [*Trenn.* ...stek|ker] *(Elektrotechnik)*

Ba|nat, das; -[e]s (Gebiet zwischen Donau, Theiß u. Maros); **Ba|na|ter** (↑R 147)

Ba|nau|se, der; -n, -n (↑R 197) ‹griech.› (unkultivierter Mensch; Spießbürger); **Ba|nau|sen|tum,** das; -s; **ba|nau|sisch**

[1]**Band,** der; -[e]s, Bände (Buch; *Abk. Sing.:* Bd., *Plur.:* Bde.); [2]**Band,** das; -[e]s, -e *meist Plur.* (*geh. für* Bindung; Fessel); außer Rand und -; [3]**Band,** das; -[e]s, Bänder ([Gewebe]streifen; Gelenkband); auf - spielen, sprechen; am laufenden Band

[4]**Band** [bɛnt], die; -, -s ‹engl.› (Gruppe von Musikern, bes. Tanzkapelle, Jazz- u. Rockband)

Ban|da|ge [...'da:ʒə, *österr.* ...'da:ʒ], die; -, -n [...'da:ʒ(ə)n] ‹franz.› (Stütz- od. Schutzverband); **ban|da|gie|ren** [...da'ʒi:...] (mit Bandagen versehen); **Ban|da|gist** [...da'ʒist], der; -en, -en; ↑R 197 (Hersteller von Bandagen u. Heilbinden)

Ban|dar Se|ri Be|ga|wan (Hptst. von Brunei)

Band|brei|te; Bänd|chen

[1]**Ban|de,** die; -, -n (Einfassung, z. B. Billardbande)

[2]**Ban|de,** die; -, -n ‹franz.› (organisierte Gruppe von Verbrechern; *abwertend od. scherzh. für* Gruppe von Jugendlichen)

Band|ei|sen; Ban|del, das; -s, - *(bayr., österr.),* **Bän|del,** der; -s, - (*schweiz. für* Bendel)

Ban|den|spek|trum *(Physik)*

Ban|den|wer|bung (Werbung auf der Einfassung von Spielflächen u. -feldern)

Bän|der|chen *Plur.*

Ban|de|ril|la [...'rilja], die; -, -s ‹span.› (mit Bändern geschmückter Spieß, den der Banderillero dem Stier in den Nacken stößt); **Ban|de|ril|le|ro** [...ri'lje:ro], der; -s, -s (Stierkämpfer, der den Stier mit den Banderillas reizt)

bän|dern; ich ...ere (↑R 22)

Ban|de|ro|le, die; -, -n ‹franz.› (Verschlußband [mit Steuervermerk]); **Ban|de|ro|len|steu|er,** die (Verbrauchssteuer auf verpackte Konsumgüter); **ban|de|ro|lie|ren** (mit Banderole[n] versehen; versteuern)

Bän|der|riß, der; ...risses, ...risse (*Med.* Riß in den [3]Bändern); **Bän|der|ton,** der; -[e]s, ...tone *(Geol.);* **Bän|de|rung; Bän|der|zer|rung** *(Med.);* **Band‿för|de|rer, ...ge|ne|ra|tor, ...ge|schwin|dig|keit**

...bän|dig (z. B. vielbändig)

bän|di|gen; Bän|di|ger

Ban|dit [*auch* ...'dit], der; -en, -en (↑R 197) ‹ital.› ([Straßen]räuber); **Ban|di|ten|we|sen**

Band|ke|ra|mik, die; - (älteste steinzeitliche Kultur Mitteleuropas)

Band|lea|der ['bɛntli:də(r)], der; -s, - ‹engl.› (Leiter einer Jazz- od. Rockgruppe)

Bänd|lein; Band‿maß (das), **...nudeln** *(meist Plur.)*

Ban|do|ne|on, Ban|do|ni|on, das; -s, -s ‹nach dem dt. Erfinder Band› (ein Musikinstrument); **Ban|do|neo|nist,** der; -en, -en; ↑R 197 (Bandoneonspieler)

Band|sä|ge; Band|schei|be *(Med.);* **Band|schei|ben|scha|den** *(Med.);* **Bänd|sel,** das; -s, - (*Seemannsspr.* dünnes Tau)

Ban|dung (Stadt in Westjava); **Ban|dung|kon|fe|renz** (↑R 149)

Band|wurm; Band|wurm|be|fall

Ban|ga|le, Ben|ga|le, der; -n, -n; ↑R 197 (Einwohner von Bangladesch); **ban|ga|lisch,** ben|ga|lisch

Bang‿büx *od.* **...bü|xe** *od.* **...bu|xe,** die; -, ...xen (*nordd. scherzh. für* Angsthase); **bang, ban|ge;** banger *u.* bänger; am bangsten *u.* am bängsten (↑R 65); mir ist angst und bang[e] (↑R 64); bange machen, aber (↑R 68): das Bangemachen; Bangemachen (*auch* bange machen) gilt nicht; **Ban|ge,** die; - (*landsch. für* Angst); **ban|gen; Ban|gig|keit,** die; -

Bang|ka (eine Sundainsel)

Bang|kok (Hptst. von Thailand)

Bang|la|desch, Bang|la|desh [...'dɛʃ] (Staat am Golf von Bengalen); **Bang|la|de|scher,** Bang|la|de|sher; **bang|la|de|schisch,** bang|la|de|shisch

bäng|lich; Bang|nis, die; -, -se

Bang|sche Krank|heit, die; -n - ‹nach dem dän. Tierarzt B. Bang› (auf Menschen übertragbare Rinderkrankheit)

Ban|gui [bã'gi:] (Hptst. der Zentralafrikanischen Republik)

Ba|ni *vgl.* [2]Ban

Ban|jo [*auch* 'bɛndʒo], das; -s, -s ‹amerik.› (ein Musikinstrument)

Ban|jul (Hptst. von Gambia)

[1]**Bank,** die; -, Bänke (Sitzgelegenheit); [2]**Bank,** die; -, -en ‹ital. (-franz.)› (Kreditanstalt)

Ban|ka *vgl.* Bangka

Bank‿ak|zept (ein auf eine [2]Bank bezogener Wechsel), **...au|to|mat**

Ban|ka|zinn ‹*zu* Bangka›

Bank‿be|am|te, ...be|am|tin, ...buch; Bänk|chen; Bank|ei|sen (gelochtes Flacheisen an Tür- u. Fensterrahmen)

Bän|kel‿lied, ...sang, ...sän|ger; bän|kel|sän|ge|risch

Ban|ker [*auch* 'bɛŋkər] ‹engl.› (*ugs. für* Bankier, Bankfachmann); **ban|ke|rott** usw. *vgl.* bankrott usw.

Ban|kert, der; -s, -e (*veraltend, abwertend für* uneheliches Kind)

[1]**Ban|kett,** das; -[e]s, -e ‹ital.› (Festmahl); [2]**Ban|kett,** das; -[e]s, -e, *auch* **Ban|ket|te,** die; -, -n ‹franz.› ([unfester] Randstreifen neben einer Straße)

Bank|fach, das; -s, *Plur.* (*nur für* Schließfach:) ...fächer (Spezialgebiet des Bankkaufmanns; Schließfach in einer [2]Bank)

bank|fä|hig; -er Wechsel; **Bank‿fei|er|tag, ...ge|heim|nis, ...gut|ha|ben, ...hal|ter** (Spielleiter bei Glücksspielen); **Ban|kier** [baŋ'kie:], der; -s, -s ‹franz.› (Inhaber eines Bankhauses); **Bank‿kauf|frau, ...kauf|mann, ...kon|to; Bänk|lein; Bank|leit|zahl** (*Abk.* BLZ); **Bänk|ler** (*schweiz. svw.* Banker); **Bank‿no|te, ...raub, ...räu|ber**

bank|rott ‹ital.› (zahlungsunfähig; *auch übertr. für* am Ende, erledigt); - gehen, sein, werden; **Bank|rott,** der; -[e]s, -e; - machen; **Bank|rott|er|klä|rung; Bank|rot|teur** [...'tø:r], der; -s, -e (Person, die Bankrott macht); **bank|rot|tie|ren**

Bank_über|fall, ...ver|bin|dung, ...we|sen (das; -s)

Bann, der; -[e]s, -e (Ausschluß [aus einer Gemeinschaft]; *geh. für* beherrschender Einfluß, magische Wirkung); **Bann_bruch** (der; *Rechtsw.*), **...bul|le** (die; *kath. Kirche*); **ban|nen**

Ban|ner, das; -s, - (Fahne); **Ban|ner|trä|ger**

Bann_fluch (im MA.), **...gut** (*Rechtsw.*)

ban|nig (*nordd. ugs. für* sehr)

Bann_kreis, ...mei|le, ...strahl, ...wald (Schutzwald gegen Lawinen), **...wa|re, ...wart** (*schweiz. für* Flur- und Waldhüter)

Ban|se, die; -, -n (*mitteld. u. nordd. für* Lagerraum in einer Scheune); **ban|sen,** *auch* banseln; Getreide, Holz - (*mitteld. u. nordd. für* aufladen, aufschichten); du banst

Ban|sin, See|bad (auf Usedom)

Ban|tam (Ort auf Java); **Ban|tam|ge|wicht** (Körpergewichtsklasse in der Schwerathletik); **Ban|tam|huhn** (Zwerghuhn)

Ban|tu, der; -[s], -[s] (Angehöriger einer Sprach- u. Völkergruppe in Afrika); **Ban|tu|spra|che**

Ba|nus *vgl.* [1]Ban

Bao|bab, der; -s, -s ‹afrik.› (Affenbrotbaum)

Ba|pho|met, der; -[e]s ‹arab.› ([angebl.] Götzenbild der Tempelherren)

Bap|tis|mus, der; - ‹griech.› (Lehre evangel. Freikirchen, die nur die Erwachsenentaufe zuläßt); [1]**Bap|tist** (m. Vorn.); [2]**Bap|tist,** der; -en, -en; ↑R 197 (Anhänger des Baptismus); **Bap|ti|ste|ri|um,** das; -s, ...ien [...iən] (*christl. Rel., Kunstw.* Taufbecken; Taufkirche, -kapelle)

[1]**bar** = [1]Bar

[2]**bar** (bloß); aller Ehre[n] -; bares Geld, a b e r: Bargeld; bar zahlen; in -; gegen -; -er Unsinn

...bar (z. B. lesbar, offenbar)

[1]**Bar,** das; -s, -s ‹griech.› (veraltende Maßeinheit des [Luft]druckes; *Zeichen* bar; *Meteor. nur* b); 5 -

[2]**Bar,** die; -, -s ‹engl.› (kleines [Nacht]lokal; Schanktisch)

[3]**Bar,** der; -[e]s, -e (ein Meistersingerlied)

[1]**Bär,** der; -en, -en (ein Raubtier); ↑R 197; (↑R 157:) der Große, der Kleine - (Sternbilder); [2]**Bär,** der; -s, *Plur.* -en, *fachspr.* -e (Maschinenhammer); *vgl.* Rammbär

Ba|rab|bas (bibl. Gestalt)

Ba|ra|ber, der; -s, - ‹ital.› (*österr. ugs. für* Bauarbeiter); **ba|ra|bern** (*österr. ugs. für* schwer arbeiten)

Ba|racke, die; -, -n [*Trenn.* ...rak|ke] ‹franz.› (leichtes, meist eingeschossiges Behelfshaus); **Ba|racken|la|ger,** das; -s, - [*Trenn.* ...rak|ken...]; **Ba|rack|ler** (*ugs. für* Barackenbewohner)

Ba|ratt, der; -[e]s ‹ital.› (*Kaufmannsspr.* Austausch von Waren); **ba|rat|tie|ren**

Bar|ba|di|er [...iər] (Bewohner von Barbados); **bar|ba|disch; Bar|ba|dos** (Inselstaat im Osten der Kleinen Antillen)

Bar|bar, der; -en, -en (↑R 197) ‹griech.› (*urspr.* Nichtgrieche; *jetzt* roher, ungesitteter, wilder Mensch); **Bar|ba|ra** (w. Vorn.); **Bar|ba|ra|zweig; Bar|ba|rei** (Roheit); **bar|ba|risch;** -ste (roh); **Bar|ba|ris|mus,** der; -, ...men (grober sprachlicher Fehler)

Bar|ba|ros|sa ‹„Rotbart"› (Beiname des Kaisers Friedrich I.)

Bar|be, die; -, -n ‹lat.› (ein Karpfenfisch; *früher* Spitzenband an Frauenhauben)

Bar|be|cue ['ba:(r)bikju:], das; -[s], -s ‹engl.› (Gartenfest mit Spießbraten)

bär|bei|ßig (grimmig; verdrießlich); **Bär|bei|ßig|keit,** die; -

Bär|bel (w. Vorn.)

Bar|bier, der; -s, -e ‹franz.› (*veraltet für* Herrenfriseur); **bar|bie|ren** (*veraltet für* rasieren); *vgl. auch* balbieren

Bar|bi|tu|rat, das; -s, -e ‹Kunstw.› (*Pharm.* Schlaf- u. Beruhigungsmittel); **Bar|bi|tur|säu|re** (chem. Substanz mit narkotischer Wirkung)

bar|bu|sig (busenfrei)

Bar|ce|lo|na [...ts..., *span.* ...θ...] (span. Stadt)

Bar|chent, der; -s, -e ‹arab.› (Baumwollflanell)

Bar|da|me

[1]**Bar|de,** die; -, -n ‹arab.-franz.› (Speckscheibe auf gebratenem Geflügel)

[2]**Bar|de,** der; -n, -n (↑R 197) ‹kelt.-franz.› ([altkelt.] Sänger u. Dichter; *abwertend für* lyr. Dichter)

bar|die|ren (mit [1]Barden umwickeln)

Bar|diet, das; -[e]s, -e ‹germ.-lat.› *u.* Bar|di|tus, der; -, - (Schlachtgeschrei der Germanen vor dem Kampf); **bar|disch** ‹*zu* [2]Barde›; **Bar|di|tus** *vgl.* Bardiet

Bar|do|wick [...'vi:k, *auch* 'bar...] (Ort in Niedersachsen)

Bä|ren_dienst (*ugs. für* schlechter Dienst), **...dreck** (*südd., österr. ugs. für* Lakritze), **...fang** (der; -[e]s; Honiglikör), **...fell, ...haut, ...hun|ger** (*ugs. für* großer Hunger); **Bä|ren|klau,** die; - *od.* der; -s (ein Doldengewächs); **bä|ren|mä|ßig; Bä|ren|na|tur** (bes. kräftiger, körperlich unempfindlicher Mensch); **bä|ren|ru|hig** (*ugs. für* sehr ruhig); **bä|ren|stark** (*ugs. für* sehr stark; *auch für* hervorragend); **Bä|ren|trau|be** (eine Heilpflanze); **Bä|ren|trau|ben|blät|ter|tee**

Ba|rents|see, die; - ‹nach dem niederl. Seefahrer W. Barents› (Teil des Nordpolarmeeres)

Bä|ren|zucker [*Trenn.* ...k|k...] (*österr. neben* Bärendreck)

Ba|rett, das; -[e]s, *Plur.* -e, *selten* -s ‹lat.› (flache, randlose Kopfbedeckung, auch als Teil einer Amtstracht)

Bar|frei|ma|chung (*Postw.*)

Bar|frost (*landsch. für* Frost ohne Schnee)

bar|fuß; - gehen; **Bar|fuß|arzt** ([in der Volksrepublik China] jmd., der medizin. Grundkenntnisse hat und auf dem Land einfachere Krankheiten behandelt); **Bar|fü|ßer,** der; -s, - (*kath. Kirche* Angehöriger eines Ordens, dessen Mitglieder ursprünglich barfuß gingen); **bar|fü|ßig; Bar|füß|ler** (*svw.* Barfüßer)

Bar|geld, das; -[e]s; **bar|geld|los;** -er Zahlungsverkehr; **Bar|ge|schäft**

bar|haupt (*geh.*); **bar|häup|tig** (*geh.*)

Bar|hocker [*Trenn.* ...hok|ker]

Ba|ri (Stadt in Apulien)

Ba|ri|bal, der; -s, -s (nordamerik. Schwarzbär)

bä|rig (*landsch. für* bärenhaft, stark; *ugs. für* gewaltig, toll)

ba|risch ‹griech.› (*Meteor.* den Luftdruck betreffend); -es Windgesetz

Ba|ri|ton ['ba(:)ritɔn], der; -s, -e [...to:nə] ‹ital.› (Männerstimme zwischen Tenor u. Baß; *auch* Sänger mit dieser Stimme); **ba|ri|to|nal; Ba|ri|to|nist,** der; -en, -en; ↑R 197 (Baritonsänger)

Ba|ri|um, das; -s ‹griech.› (chem. Element, Metall; *Zeichen* Ba)

Bark, die; -, -en ‹niederl.› (ein Segelschiff); **Bar|ka|ro|le,** die; -, -n ‹ital.› (Gondellied); **Bar|kas|se,** die; -, -n ‹niederl.› (Motorboot; größtes Beiboot auf Kriegsschiffen)

Bar|kauf

Bar|ke, die; -, -n (kleines Boot)

Bar|kee|per [...ki:pə(r)], der; -s, - ‹engl.› (Inhaber od. Schankkellner einer [2]Bar)

Bar|lach (dt. Bildhauer, Graphiker u. Dichter)

Bär|lapp, der; -s, -e (moosähnliche Sporenpflanze)
Bar|mann, der; -[e]s, ...männer (*svw.* Barkeeper)
Barm|bek (Stadtteil von Hamburg)
Bär|me, die; - (*nordd. für* Hefe)
bar|men (*nord- u. ostd. abwertend für* klagen, jammern)
Bar|men (Stadtteil von Wuppertal); **Bar|mer** (↑R 147)
barm|her|zig *(geh.),* aber (↑R 157): Barmherzige Brüder, Barmherzige Schwestern (religiöse Genossenschaften für Krankenpflege); **Barm|her|zig|keit,** die; - *(geh.)*
Bar|mi|xer (Getränkemischer in einer [2]Bar)
Bar|na|bas (ein urchristl. Missionar); **Bar|na|bit,** der; -en, -en; ↑R 197 (Angehöriger eines kath. Männerordens)
Bar|nim, der; -s (Landsch. nordöstl. von Berlin)
ba|rock ‹franz.› (im Stil des Barocks; verschnörkelt, überladen); **Ba|rock,** das *od.* der; *Gen.* -s, *fachspr.* - ([Kunst]stil des 17. u. 18. Jh.s); **Ba|rock‿bau** (*Plur.* ...bauten), **...kir|che, ...kunst, ...per|le** (unregelmäßig geformte Perle), **...stil** (der; -[e]s), **...zeit** (die; -)
Ba|ro|graph, der; -en, -en (↑R 197) ‹griech.› (*Meteor.* Gerät zur Registrierung des Luftdrucks); **Ba|ro|me|ter,** das, *österr. u. schweiz. auch* der; -s, - (Luftdruckmesser); **Ba|ro|me|ter|stand; ba|ro|me|trisch;** -e Höhenformel *(Physik)*
Ba|ron, der; -s, -e ‹franz.› (*svw.* Freiherr); **Ba|ro|neß,** die; -, ...essen, *häufiger* **Ba|ro|nes|se,** die; -, -n (*svw.* Freifräulein); **Ba|ro|net** ['ba... *od.* 'bɛronɛt, *engl.* 'bɛrənit], der; -s, -s ‹engl.› (engl. Adelstitel); **Ba|ro|nie,** die; -, ...i̯en ‹franz.› (Besitz eines Barons; Freiherrnwürde); **Ba|ro|nin** (*svw.* Freifrau); **ba|ro|ni|sie|ren** (in den Freiherrnstand erheben)
Bar|ra|ku|da, der; -s, -s ‹span.› (Pfeilhecht, ein Raubfisch)
Bar|ras, der; - (*Soldatenspr.* Heerwesen; Militär)
Bar|re, die; -, -n ‹franz.› (*Bauw.* Schranke aus waagerechten Stangen; *Geol.* Sand-, Schlammbank)
Bar|rel ['bɛrəl], das; -s, -s ‹engl., „Faß, Tonne"› (Hohlmaß für Öl u. Getreide in Großbritannien u. in den USA); drei Barrel[s] Weizen (↑R 129)
bar|ren (*Pferdesport* [ein Springpferd] durch Schlagen mit einer Stange an die Vorder- od. Hinterbeine dazu bringen, einen Abwurf zu vermeiden); [1]**Bar|ren,** das; -s ‹*zu* barren›; [2]**Bar|ren,** der; -s, - (Turngerät; Handelsform der Edelmetalle; *südd., österr. auch für* Futtertrog)
Bar|rie|re, die; -, -n (↑R 180) ‹franz.› (Schranke; Sperre); **Bar|ri|ka|de** ([Straßen]sperre, Hindernis)
Bar|ri|ster ['bɛristə(r)], der; -s, - ‹engl.› (Rechtsanwalt bei den englischen Obergerichten)
barsch; -este (unfreundlich, rauh)
Barsch, der; -[e]s, -e (ein Raubfisch)
Bar|schaft; Bar|scheck (in bar einzulösender Scheck)
Barsch|heit
Bar|soi [...'zɔy], der; -s, -s ‹russ.› (russ. Windhund)
Bar|sor|ti|ment (Buchhandelsbetrieb zwischen Verlag u. Einzelbuchhandel)
Bart, der; -[e]s, Bärte; **Bärt|chen; Bar|te,** die; -, -n (Hornplatte im Oberkiefer der Bartenwale, Fischbein); **Bar|tel,** die; -, -n *meist Plur.* (bartähnliche Hautanhänge am Maul von Fischen); **Bar|ten|wal; Bar|terl,** das; -s, -n (*bayr. u. österr. für* Kinderlätzchen); **Bart‿flech|te, ...haar**
Bar|thel, Bar|tho|lo|mä|us (m. Vorn.)
Bär|tier|chen (mikroskopisch kleines, wurmförmiges Tier)
bär|tig; Bär|tig|keit, die; -; **Bärt|lein; bart|los; Bart|lo|sig|keit,** die; -
Bar|tók ['bartɔk], Béla ['be:la] (ung. Komponist)
Bart‿stop|pel, ...trä|ger, ...wisch (*bayr., österr. für* Handbesen; *vgl.* Borstwisch), **...wuchs**
Ba|ruch (Gestalt im A. T.)
ba|ry... ‹griech.› (schwer...); **Ba|ry...** (Schwer...); **Ba|ry|on,** das; -s, ...onen (*Kernphysik* schweres Elementarteilchen); **Ba|ry|sphä|re,** die; - (*Geol.* Erdkern); **Ba|ryt** [*auch* ...'ryt], der; -[e]s, -e (Schwerspat; chem. Bariumsulfat); **Ba|ry|ton,** das; -s, -e (gambenähnliches Saiteninstrument des 18. Jh.s); **Ba|ryt|pa|pier** [*auch* ba'ryt...] (mit Baryt beschichtetes Papier); **ba|ry|zen|trisch** (auf das Baryzentrum bezüglich); -e Koordinaten; **Ba|ry|zen|trum,** das; -s, *Plur.* ...tra *u.* ...tren (*Physik* Schwerpunkt)
Bar|zah|lung
ba|sal (die Basis betreffend)
Ba|salt, der; -[e]s, -e ‹griech.› (vulkan. Gestein)
Ba|sal|tem|pe|ra|tur (*Med.* morgens gemessene Körpertemperatur bei der Frau zur Feststellung des Eisprungs)
ba|sal|ten, ba|sal|tig, ba|sal|tisch; Ba|salt|tuff, der; -s, -e
Ba|sar, der; -s, -e ‹pers.› (orientalisches Händlerviertel; Verkauf von Waren für wohltätige Zwekke)
Bäs|chen
Basch|ki|re, der; -n, -n; ↑R 197 (Angehöriger eines turkotat. Stammes); **Basch|ki|ri|en** [...i̯ən]; **basch|ki|risch**
Basch|lik, der; -s, -s ‹turkotat.› (kaukas. Wollkapuze)
[1]**Ba|se,** die; -, -n (*veraltet, noch südd. für* Kusine)
[2]**Ba|se,** die; -, -n ‹griech.› (*Chemie* Verbindung, die mit Säuren Salze bildet); *vgl.* Basis
Base|ball ['be:sbɔ:l], der; -s ‹engl.› (amerik. Schlagballspiel)
Ba|se|dow [...do:], der; -s (*kurz für* Basedow-Krankheit); **Ba|se|dow-Krank|heit,** die; - ‹nach dem Arzt K. v. Basedow› (auf vermehrter Tätigkeit der Schilddrüse beruhende Krankheit)
Ba|sel (schweiz. Stadt am Rhein); **Ba|sel|biet,** das; -s (*svw.* Baselland); **Ba|sel|bie|ter** (↑R 147); **Ba|se|ler,** Bas|ler (*schweiz. nur so;* ↑R 147); Baseler Friede; **Ba|sel-Land|schaft,** *kurz auch* **Ba|sel|land** (Halbkanton); **ba|sel|land|schaft|lich; Ba|sel-Stadt** (Halbkanton); **ba|sel|städ|tisch**
Ba|sen (*Plur. von* Base, Basis)
BASIC ['be:sik], das; -[s] ‹engl.› (*Kunstwort aus* **b**eginner's **a**ll purpose **s**ymbolic **i**nstruction **c**ode; eine einfache Programmiersprache)
Ba|sic Eng|lish ['be:sik 'iŋgliʃ], das; - - (Grundenglisch; vereinfachte Form des Englischen)
ba|sie|ren ‹franz.›; etwas basiert auf der Tatsache (beruht auf der, gründet sich auf die Tatsache)
Ba|si|lia|ner; ↑R 180 (nach der Regel des hl. Basilius [4. Jh.] lebender Mönch)
Ba|si|li|en|kraut [...i̯ən...], *häufiger* Basilikum, das; -s, *Plur.* -s *u.* ...ken ‹griech.-lat.› (eine Gewürzpflanze)
Ba|si|li|ka, die; -, ...ken ‹griech.› (altröm. Markt- od. Gerichtshalle; Kirchenbauform mit überhöhtem Mittelschiff); **ba|si|li|kal; ba|si|li|ken|för|mig**
Ba|si|li|kum *vgl.* Basilienkraut
Ba|si|lisk, der; -en, -en (↑R 197) ‹griech.› (Fabeltier; trop. Echse); **Ba|si|lis|ken|blick** (böser, stechender Blick)
Ba|si|li|us (griech. Kirchenlehrer)
Ba|sis, die; -, Basen ‹griech.› (Grundlage; *Math.* Grundlinie, -fläche; Grundzahl; *Archit.* Fuß[punkt]; Sockel; Unterbau; Stütz-, Ausgangspunkt; *Politik*

Masse des Volkes, der Parteimitglieder o. ä.); **ba|sisch** (*Chemie* sich wie eine Base verhaltend); -e Farbstoffe, Salze; -er Stahl; **Ba|sis_de|mo|kra|tie, ...grup|pe** ([links orientierter] politisch aktiver [Studenten]arbeitskreis); **Ba|sis|kurs** *(Börsenw.)*; **Ba|si|zi|tät,** die; - *(Chemie)*

Bas|ke, der; -n, -n; ↑R 197 (Angehöriger eines Pyrenäenvolkes); **Bas|ken_land** (das; -[e]s), **...müt|ze**

Bas|ket|ball ‹engl.›

bas|kisch; -e Sprache; *vgl.* deutsch; **Bas|kisch,** das; -[s] (Sprache); *vgl.* Deutsch; **Bas|ki|sche,** das; -n; *vgl.* Deutsche, das

Bas|kü|le, die; -, -n ‹franz.› (Riegelverschluß für Fenster u. Türen, der zugleich oben u. unten schließt); **Bas|kü|le|ver|schluß**

Bäs|lein

Bas|ler, *schweiz. nur so,* Ba|se|ler (↑R 147); Basler Leckerli; **bas|le|risch**

Bas|re|li|ef ['barə,liɛf] ‹franz.› (*bild. Kunst* Flachrelief)

baß (*veraltet, noch scherzh. für* sehr); er war baß erstaunt

Baß, der; Basses, Bässe ‹ital.› (tiefe Männerstimme; Sänger; Streichinstrument); **Baß_arie, ...ba|ri|ton, ...blä|ser, ...buf|fo**

Bas|se, der; -n, -n; ↑R 197 (*Jägerspr.* [älterer] starker Keiler)

Bas|se|na, die; -, -s ‹ital.› (*ostösterr. für* Wasserbecken für mehrere Mieter im Flur eines Altbaus)

Bas|set [*franz.* ba'sɛ, *engl.* 'bɛsit], der; -s, -s (eine Hunderasse)

Basse|terre [bas'tɛ:r] (Hptst. von St. Kitts und Nevis)

Bas|sett|horn *Plur.* ...hörner (Blasinstrument des 18. Jh.s);

Baß|gei|ge

Bas|sin [ba'sɛŋ *od.* ba'sɛ̃:], das; -s, -s ‹franz.› (künstliches Wasserbecken)

Bas|sist, der; -en, -en (↑R 197) ‹ital.› (Baßsänger); **Bas|so,** der; -, Bassi *(Musik)*; - con|ti|nuo (Generalbaß); - osti|na|to (sich oft wiederholendes Baßthema); **Baß_sän|ger, ...schlüs|sel, ...stim|me**

Bast, der; -[e]s, -e (Pflanzenfaser; *Jägerspr.* Haut am Geweih)

ba|sta ‹ital.› (*ugs. für* genug!); [und] damit -!

Ba|stard, der; -[e]s, -e ‹franz.› (*Biol.* Pflanze od. Tier als Ergebnis von Kreuzungen; *veraltend für* uneheliches Kind); **ba|star|die|ren** (*Biol.* Arten kreuzen); **Ba|star|die|rung; Ba|stard_pflan|ze, ...schrift** (Druckschrift, die die Merkmale zweier Schriftarten vermischt)

Ba|ste, die; -, -n ‹franz.› (Trumpfkarte in einigen Kartenspielen)

Ba|stei ‹ital.› (vorspringender Teil an alten Festungsbauten; *nur Sing.*: Felsgruppe im Elbsandsteingebirge)

Ba|stel|ar|beit; ba|steln; ich ...[e]le (↑R 22)

ba|sten (aus Bast); **bast|far|ben, bast|far|big**

Ba|sti|an (m. Vorn.)

Ba|stil|le [bas'ti:jə], die; -, -n ‹franz.› (befestigtes Schloß, bes. das 1789 erstürmte Staatsgefängnis in Paris); **Ba|sti|on,** die; -, -en (Bollwerk)

Bast|ler; Bast|le|rin

Ba|sto|na|de, die; -, -n ‹franz.› (Prügelstrafe, bes. Schläge auf die Fußsohlen)

Ba|su|to, der; -[s], -[s] (Angehöriger eines Bantustammes)

BAT = Bundesangestelltentarif

Bat. = Bataillon

Ba|tail|le [ba'taljə *od.* ba'ta:jə], die; -, -n ‹franz.› (*veraltet für* Schlacht; Kampf); **Ba|tail|lon** [bata'ljo:n], das; -s, -e (Truppenabteilung; *Abk.* Bat.); **Ba|tail|lons|kom|man|deur**

Ba|ta|te, die; -, -n ‹indian.-span.› (trop. Süßkartoffel[pflanze])

Ba|ta|ver [...v...], der; -s, - (Angehöriger eines germ. Stammes); **Ba|ta|via** (*alter Name von* Jakarta); **ba|ta|visch**

Bath|se|ba, *ökum.* Bat|se|ba (bibl. w. Eigenn.)

Ba|thy|scaphe [...'ska:f], der *u.* das; -[s], - [...fə] ‹griech.› *u.* **Ba|thy|skaph** [...'ska:f], der; -en, -en; ↑R 197 (Tiefseetauchgerät); **Ba|thy|sphä|re,** die; - (*Geol.* tiefste Schicht des Weltmeeres)

Ba|tik, der; -s, -en, *auch* die; -, -en ‹malai.› (aus Südostasien stammendes Textilfärbeverfahren unter Verwendung von Wachs *[nur Sing.]*; derart gemustertes Gewebe); **Ba|tik|druck** *Plur.* ...drucke; **ba|ti|ken;** gebatikt

Ba|tist, der; -[e]s, -e ‹franz.› (feines Gewebe); **ba|ti|sten** (aus Batist)

Bat|se|ba *vgl.* Bathseba

Batt., Battr. = Batterie (Militär)

Bat|te|rie, die; -, ...ien ‹franz.› (*Milit.* Einheit der Artillerie [*Abk.* Batt(r).]; *Technik* [aus mehreren Elementen bestehender] Stromspeicher); **bat|te|rie|be|trie|ben; Bat|te|rie|ge|rät**

Battr. *vgl.* Batt.

Bat|zen, der; -s, - (*ugs. für* Klumpen; frühere Münze; *schweiz. mdal. veraltend für* Zehnrappenstück)

Bau, der; -[e]s, -ten (Gebäude) *u.* der; -[e]s, -e (Höhle als Unterschlupf für Tiere; *Bergmannsspr.* Stollen); sich im *od.* in - befinden; **Bau_ab|schnitt, ...ar|bei|ter, ...art, ...auf|sicht** (die; -); **Bau|auf|sichts|be|hör|de; Bau|bio|lo|gie** (Lehre von der Beziehung zwischen dem Menschen und seiner Wohnumwelt), **Bau|block** *Plur.* ...blocks *od.* ...blöcke

Bauch, der; -[e]s, Bäuche; **Bauch_an|satz, ...bin|de, ...decke** [*Trenn.* ...dek|ke]; **Bäu|chel|chen; Bauch_fell, ...fleisch, ...grim|men** (*veraltend für* Bauchschmerzen), **...höh|le; bau|chig, bäu|chig; Bauch_knei|fen, ...knei|pen** (das; -s; *landsch. für* Bauchschmerzen), **...la|den, ...lan|dung; Bäuch|lein; bäuch|lings; Bauch_mus|ku|la|tur, ...na|bel; bauch|re|den** *meist nur im Infinitiv gebr.*; **Bauch_red|ner, ...schmerz** *(meist Plur.)*, **...spei|chel|drü|se, ...tanz; bauch|tan|zen** *meist nur im Infinitiv gebr.*; **Bau|chung; Bauch|weh,** das; -s (*ugs. für* Bauchschmerzen)

Bau|cis [...tsis] (Frau des Philemon; *vgl. d.*)

Baud [*auch* bo:t], das; -[s], - ‹nach dem franz. Ingenieur Baudot› (Maßeinheit der Telegrafiergeschwindigkeit)

Bau|de, die; -, -n (*ostmitteld. für* Unterkunftshütte im Gebirge)

Bau|de|laire [bod(ə)'lɛ:r] (franz. Dichter)

Bau|denk|mal, das; -[e]s, *Plur.* ...mäler, *geh. auch* ...male

Bau|dou|in [bo'duɛ̃:] (m. Vorn.)

Bau|ele|ment; bau|en; Bau|ent|wurf

[1]**Bau|er,** der; -s, - (Be-, Erbauer)

[2]**Bau|er,** der; *Gen.* -n, *selten* -s, *Plur.* -n (Landwirt; eine Schachfigur; eine Spielkarte)

[3]**Bau|er,** das, *auch* der; -s, - (Vogelkäfig)

Bäu|er|chen; [ein] - machen (*ugs. für* aufstoßen); **Bäue|rin** (↑R 180); **bäue|risch;** -ste; ↑R 180 (*seltener für* bäurisch); **Bäu|er|lein; bäu|er|lich; Bau|ern_brot, ...bur|sche, ...fän|ger** *(abwertend)*; **Bau|ern|fän|ge|rei** *(abwertend)*; **Bau|ern_früh|stück** (Bratkartoffeln mit Rührei und Speck), **...gut, ...haus, ...hof, ...krieg, ...le|gen** (das; -s; Einziehen von Bauernhöfen durch den Großgrundbesitzer vom 16. bis zum 18. Jh.); **Bau|er[n]|sa|me,** die; - (*schweiz. svw.* Bauernschaft); **Bau|ern|schaft,** die; - (Gesamtheit der Bauern); **bau|ern|schlau; Bau|ern_schläue, ...stand** (der; -[e]s), **...ster|ben** (das; -s), **...stu|be; Bau|er|sa|me** *vgl.* Bauernsame; **Bau|er|schaft** (*landsch. für* Bauernsiedlung);

Bau|ers|frau (*svw.* Bäuerin); **Bau|ers₋leu|te** *(Plur.)*, **...mann** (der; -[e]s; *veraltet*); **Bäu|ert,** die; -, -en (*schweiz. [Berner Oberland] für* Gemeindefraktion)

Bau|er|war|tungs|land, das; -[e]s (zum Bauen vorgesehenes Land); **bau|fäl|lig; Bau|fäl|lig|keit,** die; -; **Bau₋fir|ma, ...flucht** (*vgl.* [1]Flucht), **...füh|rer, ...ge|neh|mi|gung, ...ge|nos|sen|schaft, ...ge|spann** (*schweiz. für* Stangen, die die Ausmaße eines geplanten Gebäudes anzeigen), **...ge|wer|be, ...gru|be**

Bau|haus, das; -es (dt. Hochschule für Gestaltung, an der bekannte Maler und Architekten der zwanziger Jahre arbeiteten)

Bau|herr; Bau|her|ren|mo|dell (Finanzierungsmodell für Bauobjekte, bei dem bestimmte Steuervorteile erzielt werden können); **Bau₋her|rin, ...holz, ...hüt|te, ...jahr, ...ka|sten; Bau|ka|sten|sy|stem** *(Technik)*; **Bau|klotz,** der; -es, *Plur.* ...klötze, *ugs. auch* ...klötzer; Bauklötze[r] staunen *(ugs.)*; **Bau|ko|sten** *Plur.*; **Bau|ko|sten|zu|schuß; Bau₋kunst** (die; -), **...land** (das; -[e]s; *auch* eine bad. Landschaft); **bau|lich; Bau|lich|keit** *meist Plur. (Amtsspr.)*; **Bau|lücke** [*Trenn.* ...lük|ke]

Baum, der; -[e]s, Bäume

Bau₋ma|schi|ne, ...ma|te|ri|al

Baum|blü|te, die; -; **Bäum|chen**

Bau|mé|grad [bo'me:...] ‹nach dem franz. Chemiker Baumé› (alte Maßeinheit für das spezifische Gewicht von Flüssigkeiten; ↑R 135; *Zeichen* °Bé); 5 °Bé (*vgl.* S. 67)

Bau|mei|ster

bau|meln; ich ...[e]le (↑R 22)

[1]**bau|men** *vgl.* aufbaumen; [2]**bau|men,** [1]**bäu|men** (mit dem Wiesbaum befestigen); [2]**bäu|men;** sich -; **Baum₋farn, ...gren|ze** *(Plur. selten)*; **baum|kan|tig** ([von Holzbalken] an den Kanten noch die Rinde zeigend); **Baum|ku|chen; baum|lang; Baum|läu|fer** (ein Vogel); **Bäum|lein; Baum|nuß** (*schweiz. für* Walnuß); **baum|reich; Baum₋sche|re, ...schu|le, ...stamm; baum|stark; Baum₋strunk, ...stumpf, ...wip|fel, ...wol|le; baum|wol|len** (aus Baumwolle); **Baum|woll₋garn, ...hemd, ...in|du|strie, ...pi|kee** (der), **...spin|ne|rei**

Baun|zerl, das; -s, -n (*österr. für* längliches Milchbrötchen)

Bau₋ord|nung, ...plan (*vgl.* [2]Plan), **...platz, ...po|li|zei; bau|po|li|zei|lich; Bau₋rat** (*Plur.* ...räte), **...recht; bau|reif;** ein -es Grundstück

bäu|risch, *seltener* bäue|risch

Bau₋rui|ne, ...satz (Fertigteile zum Zusammenbauen)

Bausch, der; -[e]s, *Plur.* -e *u.* Bäusche; in - und Bogen (ganz und gar); **Bäusch|chen**

Bäu|schel, Päu|schel, der *od.* das; -s, - (*Bergmannsspr.* schwerer Hammer)

bau|schen; du bauschst; sich -; **Bau|schen,** der; -s, - (*österr. neben* Bausch); **bau|schig; Bäusch|lein;** *vgl.* Bäuschchen

bau|spa|ren *fast nur im Infinitiv gebräuchlich;* bauzusparen; **Bau₋spa|rer, ...spar|kas|se, ...spar|ver|trag, ...stein, ...stel|le, ...stil, ...stoff, ...stopp, ...sub|stanz**

Bau|ta|stein ‹altnord.› (Gedenkstein der Wikingerzeit in Skandinavien)

Bau|te, die; -, -n (*schweiz. Amtsspr. für* Bau[werk], Gebäude); **Bau|teil,** der (Gebäudeteil) *od.* das (Bauelement); **Bau|ten** *vgl.* Bau; **Bau|trä|ger**

Baut|zen (Stadt in der Oberlausitz); **Baut|ze|ner** (↑R 147); **bautz|nisch**

Bau₋un|ter|neh|mer, ...vor|ha|ben, ...wei|se (*vgl.* [2]Weise), **...werk, ...wer|ker, ...we|sen** (das; -s); **Bau|wich,** der; -[e]s, -e (*Bauw.* Häuserzwischenraum); **bau|wür|dig** (*Bergmannsspr.* abbauwürdig)

Bau|xerl, das; -s, -n (*österr. ugs. für* kleines, herziges Kind)

Bau|xit [*auch* ...'ksit], der; -s, -e ‹nach dem ersten Fundort Les Baux in Südfrankreich› (ein Aluminiummineral)

bauz!

Bau|zaun

Ba|va|ria [...v...], die; - ‹lat.› (Frauengestalt als Sinnbild Bayerns)

Bay|er, der; -n, -n (↑R 197); *vgl.* Baier; **bay[e]|risch,** aber (↑R 146): der Bayerische Wald; *vgl.* bairisch; **Bay|er|land,** das; -[e]s; **Bay|ern**

Bay|reuth (Stadt am Roten Main)

Ba|zar [ba'za:r] *vgl.* Basar

Ba|zi, der; -, - (*bayr., österr. ugs. für* Gauner, Taugenichts)

Ba|zil|len|trä|ger ‹lat.; dt.›; **Ba|zil|lus,** der; -, ...llen ‹lat.› (*Biol., Med.* sporenbildender Spaltpilz, oft Krankheitserreger)

BBC [*engl.* bibi'si:], die; - (= British Broadcasting Corporation [brit. Rundfunkgesellschaft])

BBk = Deutsche Bundesbank

BCG = Bazillus Calmette-Guérin ‹nach zwei franz. Tuberkuloseforschern›; **BCG-Schutz|imp|fung** (vorbeugende Tuberkuloseimpfung)

Bd. = Band (Buch); Bde. = Bände

BDA = Bund Deutscher Architekten

BDPh = Bund Deutscher Philatelisten

BDÜ = Bundesverband der Dolmetscher und Übersetzer

B-Dur ['be:du:r, *auch* 'be:'du:r], das; - (Tonart; *Zeichen* B); **B-Dur-Ton|lei|ter** (↑R 41)

Be = *chem. Zeichen für* Beryllium

BE = Broteinheit

Bé = Baumé; *vgl.* Baumégrad

be... (*Vorsilbe von Verben,* z. B. beabsichtigen, du beabsichtigst, beabsichtigt, zu beabsichtigen)

be|ab|sich|ti|gen

be|ach|ten; be|ach|tens|wert; -este; **be|acht|lich; Be|ach|tung**

be|ackern [*Trenn.* ...ak|kern] ([den Acker] bestellen; *ugs. auch für* gründlich bearbeiten)

Bea|gle ['bi:gəl], der; -s, -[s] ‹engl.› (eine Hunderasse)

be|am|peln *(fachspr.)*; eine beampelte Kreuzung

Be|am|te, der; -n, -n (↑R 7 ff.); **Be|am|ten₋be|lei|di|gung, ...deutsch; Be|am|ten|schaft,** die; -; **Be|am|ten|stand,** der; -[e]s; **Be|am|ten|tum,** das; -s; **Be|am|ten|ver|hält|nis,** das; -ses; **be|am|tet; Be|am|te|te,** der *u.* die; -n, -n (↑R 7 ff.); **Be|am|tin**

be|äng|sti|gend; -ste

be|an|schrif|ten *(Amtsspr.)*

be|an|spru|chen; Be|an|spru|chung

be|an|stan|den, *österr. meist* **be|an|stän|den; Be|an|stan|dung,** *österr. meist* **Be|an|stän|dung**

be|an|tra|gen; du beantragtest; beantragt; **Be|an|tra|gung**

be|ant|wor|ten; Be|ant|wor|tung

be|ar|bei|ten; Be|ar|bei|ter; Be|ar|bei|te|rin; Be|ar|bei|tung

be|arg|wöh|nen *(geh.)*

Beat [bi:t], der; -[s] ‹engl.› (*im Jazz* Schlagrhythmus; betonter Taktteil; *kurz für* Beatmusik)

Bea|ta, Bea|te; ↑R 180 (w. Vorn.)

bea|ten ['bi:t(ə)n] ‹engl.› (*ugs.* Beatmusik spielen; nach Beatmusik tanzen); **Beat|fan** ['bi:tfɛn]

Beat ge|ne|ra|tion ['bi:t dʒɛnə're:ʃ(ə)n], die; - - ‹amerik.› (durch eine radikale Ablehnung alles Bürgerlichen gekennzeichnete amerikan. [Schriftsteller]gruppe der fünfziger Jahre)

Bea|ti|fi|ka|ti|on, die; -, -en (↑R 180) ‹lat.› (*kath. Kirche* Seligsprechung); **bea|ti|fi|zie|ren** (↑R 180)

Bea|tle ['bi:t(ə)l], der; -s, -s ‹nach dem Namen der Mitglieder einer Liverpooler Popmusikgruppe› (*veraltend für* langhaariger Jugendlicher); **Bea|tle|mäh|ne** *(veraltend)*

be|at|men (*Med.* Luft od. Gasge-

mische in die Atemwege blasen); **Be|at|mung; Be|at|mungs‿an|la|ge, ...ge|rät, ...stö|rung**
Beat|mu|sik ['bi:t...], die; - ([Tanz]musik mit betontem Schlagrhythmus)
Beat|nik ['bi:t...], der; -s, -s ‹amerik.› (Vertreter der Beat generation)
Bea|tri|ce [...'tri:sə, *ital.* ...'tri:tʃə, *franz.* ...'tri:s] (↑R 180), **Bea|trix;** ↑R 180 (w. Vorn.)
Beat|schup|pen ['bi:t...] *(ugs.)*
Bea|tus (↑R 180) ‹lat.› (m. Vorn.)
Beau [bo:], der; -, -s ‹franz.› (*spöttisch für* schöner Mann)
Beau|fort|ska|la ['bo:fərt...], die; - ‹nach dem engl. Admiral› (Skala für Windstärken; ↑R 135)
be|auf|schla|gen (*Technik* auf etw. auftreffen); der Dampf beaufschlagte das Laufrad; beaufschlagt; **Be|auf|schla|gung**
be|auf|sich|ti|gen; Be|auf|sich|ti|gung
be|auf|tra|gen; du beauftragtest; beauftragt; **Be|auf|trag|te,** der *u.* die; -n, -n (↑R 7 ff.)
be|aug|ap|feln *(landsch. scherzh.);* ich ...[e]le (↑R 22); **be|äu|geln** *(ugs. scherzh.);* ich ...[e]le (↑R 22); beäugelt; **be|äu|gen;** beäugt; **be|au|gen|schei|ni|gen** *(Amtsspr.; auch scherzh.);* der neue Wagen wurde beaugenscheinigt
Beau|jo|lais [boʒɔ'lɛ], der; - [...'lɛ(s)], - [...'lɛ(s)] ‹franz.› (ein franz. Rotwein)
Beau|mar|chais [bomar'ʃɛ] (franz. Schriftsteller)
Beau|té [bo'te:], die; -, -s ‹franz.› (*geh. für* schöne Frau)
Beau|ty|farm ['bju:ti...], die; -, -en ‹engl.› (*svw.* Schönheitsfarm)
Beau|voir, de [bo'vo̤a:r] (franz. Schriftstellerin)
be|bän|dern
be|bar|tet (mit Bart versehen)
be|bau|en; Be|bau|ung
Bé|bé [be:'be:], das; -s, -s ‹franz.› (*schweiz. für* Säugling, Baby)
Be|bel (Mitbegründer der dt. Sozialdemokratischen Partei)
be|ben; Be|ben, das; -s, -
be|bil|dern; ich ...ere (↑R 22); **Be|bil|de|rung**
Be|bop ['bi:bɔp], der; -[s], -s ‹amerik.› (Jazzstil der 40er Jahre *[nur Sing.];* Tanz in diesem Stil)
be|brillt
be|brü|ten
be|bun|kern ([ein Schiff] mit Brennstoff versehen)
be|buscht; ein -er Hang
Bé|cha|mel‿kar|tof|feln [beʃa'mɛl...] ‹nach dem Marquis de Béchamel›, **...so|ße**
Be|cher, der; -s, -; **be|cher|för|mig; be|chern** (*ugs. scherzh. für* tüchtig trinken); ich ...ere (↑R 22); **Be|cher|werk** (*Technik* Fördergerät)
be|cir|cen [bə'tsirtsən] ‹nach der sagenhaften griech. Zauberin Circe› (*ugs. für* verführen, bezaubern)
Becken[1], das; -s, -; **Becken|bruch**[1], der *(Med.)*
Beckett (ir.-franz. Schriftsteller); ↑R 179
Beck|mann (dt. Maler)
Beck|mes|ser (Gestalt aus Wagners „Meistersingern"; *abwertend* kleinlicher Kritiker); **Beck|mes|se|rei; beck|mes|sern** (kleinlich tadeln, kritteln); ich beckmessere *u.* ...meßre (↑R 22); gebeckmessert
Bec|que|rel [bɛkə'rɛl], das; -s, - ‹nach dem franz. Physiker› (Maßeinheit für die Aktivität ionisierender Strahlung; *Zeichen* Bq)
be|da|chen (*Handw.* mit einem Dach versehen)
be|dacht; -este; auf eine Sache - sein; **Be|dacht,** der; -[e]s; mit -; auf etwas - nehmen *(Amtsspr.);* **Be|dach|te,** der *u.* die; -n, -n; ↑R 7 ff. (jmd., dem ein Vermächtnis ausgesetzt worden ist); **be|däch|tig; Be|däch|tig|keit,** die; -; **be|dacht|sam; Be|dacht|sam|keit,** die; -
Be|da|chung *(Handw.)*
be|damp|fen (*Technik* durch Verdampfen von Metall mit einer Metallschicht überziehen)
be|dan|ken, sich; sei bedankt! *(südd., österr.)*
Be|darf, der; -[e]s, *Plur. (fachspr.)* -e; nach -; - an, *Kaufmannsspr. auch* in etwas; bei -; **Be|darfs‿am|pel, ...ar|ti|kel, ...deckung**[1], **...fall** (der; im -[e]); **be|darfs|ge|recht; Be|darfs‿gü|ter** *(Plur.),* **...hal|te|stel|le**
be|dau|er|lich; be|dau|er|li|cher|wei|se; be|dau|ern; ich ...ere (↑R 22); **Be|dau|ern,** das; -s; **be|dau|erns|wert;** -este
Be|de, die; -, -n (Abgabe im MA.)
be|decken[1]; **be|deckt;** -er Himmel; **Be|deckt|sa|mer,** der; -s, - *meist Plur.* (*Bot.* Pflanze, deren Samenanlage im Fruchtknoten eingeschlossen ist; *Ggs.* Nacktsamer); **be|deckt|sa|mig** *(Bot.);* **Be|deckung**[1]
be|den|ken; bedacht *(vgl. d.);* sich eines Besser[e]n -; **Be|den|ken,** das; -s, -; **be|den|ken|los;** -este; **Be|den|ken|lo|sig|keit,** die; -; **be|den|kens|wert;** -este; **be|denk|lich; Be|denk|lich|keit; Be|denk|zeit**
be|dep|pert (*ugs. für* ratlos, gedrückt); - sein, dreinschauen

[1] *Trenn.* ...k|k...

be|deu|ten; be|deu|tend; -ste. **I.** *Kleinschreibung* (↑R 65): am bedeutendsten; um ein bedeutendes (sehr) zunehmen. **II.** *Großschreibung* (↑R 65): das Bedeutendste; etwas Bedeutendes; **be|deut|sam; Be|deut|sam|keit,** die; -; **Be|deu|tung; Be|deu|tungs‿an|ga|be, ...leh|re** (die; -; *Sprachw.*); **be|deu|tungs|los;** -este; **Be|deu|tungs|lo|sig|keit,** die; -; **Be|deu|tungs|un|ter|schied; be|deu|tungs|voll; Be|deu|tungs‿wan|del, ...wör|ter|buch**
be|die|nen; sich eines Kompasses - *(geh.);* jmdn. - (*österr. ugs. auch für* benachteiligen); bedient sein (*ugs. für* von etwas, jmdm. genug haben); **Be|die|ner; Be|die|ne|rin** (*bes. österr. für* Aufwartefrau); **be|dien|stet** (in Dienst stehend); **Be|dien|ste|te,** der *u.* die; -n, -n (↑R 7 ff.); **Be|dien|te,** der *u.* die; -n, -n; ↑R 7 ff. (*veraltet für* Diener[in]); **Be|die|nung** (*österr. auch* Stelle als Bedienerin); **Be|die|nungs‿an|lei|tung, ...feh|ler, ...geld**
[1]**be|din|gen** (voraussetzen; zur Folge haben); das eine bedingt das andere; sich gegenseitig -; *vgl.* bedingt; [2]**be|din|gen** (*älter für* ausbedingen); du bedangst; bedungen; der bedungene Lohn; **Be|ding|nis,** das; -ses, -se (*österr. Amtsspr. für* Bedingung); **be|dingt** (eingeschränkt, an Bedingungen geknüpft); -er Reflex; -e Verurteilung (*schweiz. für* Verurteilung mit Bewährungsfrist); **Be|dingt|gut,** das; -[e]s (*für* Kommissionsgut); **Be|dingt|heit,** die; -; **Be|dingt|sen|dung** (*für* Kommissionssendung); **Be|din|gung; Be|din|gungs|form** (*für* Konditional); **be|din|gungs|los;** -este; **Be|din|gungs|satz** (*für* Konditionalsatz); **be|din|gungs|wei|se**
be|drän|gen; Be|dräng|nis, die; -, -se; **Be|dräng|te,** der *u.* die; -n, -n (↑R 7 ff.); **Be|drän|gung**
be|dripst; -este (*nordd. für* kleinlaut; betrübt)
be|dro|hen; be|droh|lich; Be|droh|lich|keit; Be|dro|hung
be|drucken[1]; **be|drücken**[1]; **Be|drücker**[1]; **be|drückt; Be|drückt|heit,** die; -; **Be|druckung**[1], die; - (das Bedrucken); **Be|drückung**[1]
Be|dui|ne, der; -n, -n (↑R 197, ↑R 180) ‹arab.› (arab. Nomade)
be|dun|gen *vgl.* [2]bedingen
be|dün|ken *(veraltet);* es will mich -; **Be|dün|ken,** das; -s; meines -s (*veraltet für* nach meiner Ansicht)

[1] *Trenn.* ...k|k...

be|dür|fen *(geh.);* eines guten Zuspruch[e]s -; **Be|dürf|nis,** das; -ses, -se; **Be|dürf|nis|an|stalt; be|dürf|nis|los;** -este; **be|dürf|tig;** *mit Gen.:* der Hilfe -; **Be|dürf|tig|keit,** die; -
be|du|seln, sich (*ugs. für* sich leicht betrinken); er ist beduselt
Bee|fa|lo ['bi:...], der; -[s], -s ‹amerik.› (Kreuzung aus Bison und Hausrind); **Beef|ea|ter** ['bi:fi:tə(r)], der; -s, -s ‹engl.› (Angehöriger der königl. Leibwache im Londoner Tower); **Beef|steak** ['bi:fste:k], das; -s, -s (Rinds[lenden]stück); deutsches - (↑R 157); **Beef|tea** ['bi:fti:], der; -s, -s (Rindfleischbrühe)
be|eh|ren *(geh.);* sich -
be|ei|den (mit einem Eid bekräftigen); **be|ei|di|gen** (*geh. für* beeiden; *österr. für* in Eid nehmen); gerichtlich beeidigter Sachverständiger
be|ei|fern, sich (*selten für* sich eifrig bemühen)
be|ei|len, sich; **Be|ei|lung!** (*ugs. für* bitte schnell!)
be|ein|drucken [*Trenn.* ...druk|ken]; von etwas beeindruckt sein
be|ein|fluß|bar; Be|ein|fluß|bar|keit, die; -; **be|ein|flus|sen;** du beeinflußt; **Be|ein|flus|sung**
be|ein|träch|ti|gen; Be|ein|träch|ti|gung
be|elen|den (*schweiz. für* nahegehen; betrüben); es beelendet mich
Beel|ze|bub [*auch* be'ɛl...], der; - ‹hebr.› (Herr der bösen Geister, oberster Teufel im N. T.)
be|en|den; beendet; **be|en|di|gen;** beendigt; **Be|en|di|gung; Be|en|dung**
be|en|gen; Be|engt|heit, die; -; **Be|en|gung**
be|er|ben; jmdn. -; **Be|er|bung**
be|er|den ([Pflanzen] mit Erde versehen); **be|er|di|gen; Be|er|di|gung; Be|er|di|gungs|in|sti|tut**
Bee|re, die; -, -n; **Bee|ren|aus|le|se; bee|ren|för|mig; Bee|ren|obst**
Beet, das; -[e]s, -e
Bee|te *vgl.* Bete
Beet|ho|ven [...ho:fən], Ludwig van (dt. Komponist)
be|fä|hi|gen; ein befähigter Mensch; **Be|fä|hi|gung,** die; -; **Be|fä|hi|gungs|nach|weis**
be|fahr|bar; Be|fahr|bar|keit, die; -; [1]**be|fah|ren;** -er (*Jägerspr.* bewohnter) Bau; -e (*Seemannsspr.* im Seedienst erfahrene) Matrosen; [2]**be|fah|ren;** eine Straße -
Be|fall, der; -[e]s; **be|fal|len**
be|fan|gen (schüchtern; voreingenommen); **Be|fan|gen|heit,** die; -
be|fas|sen; befaßt; sich mit etwas -; jmdn. mit etwas - *(Amtsspr.)*
be|feh|den (*geh. für* bekämpfen); sich -; **Be|feh|dung** *(geh.)*
Be|fehl, der; -[e]s, -e; **be|feh|len;** du befiehlst; du befahlst; du befählest, *älter* beföhlest; befohlen; befiehl!; **be|feh|le|risch;** -ste; **be|feh|li|gen; Be|fehls‿aus|ga|be, ...emp|fän|ger, ...form** (*für* Imperativ); **be|fehls|ge|mäß; Be|fehls‿ge|walt** (die; -), **...ha|ber; be|fehls|ha|be|risch; Be|fehls‿not|stand, ...satz, ...ton** (der; -[e]s), **...ver|wei|ge|rung**
be|fein|den; sich -; **Be|fein|dung**
be|fe|sti|gen; Be|fe|sti|gung; Be|fe|sti|gungs|an|la|ge *meist Plur.*
be|feuch|ten; Be|feuch|tung
be|feu|ern (*Seemannsspr. auch für* mit Leuchtfeuern versehen); **Be|feue|rung**
Beff|chen (Halsbinde mit zwei Leinenstreifen vorn am Halsausschnitt von Amtstrachten, bes. des ev. Geistlichen)
be|fie|dern; ich ...ere (↑R 22)
be|fin|den; befunden; den Plan für gut usw. -; sich -; **Be|fin|den,** das; -s; **be|find|lich** (vorhanden); *falsch* sich -; *richtig* sich befindend; **Be|find|lich|keit** (seel. Zustand, in dem sich jmd. befindet)
be|fin|gern (*ugs. für* betasten)
be|fi|schen; einen See -; **Be|fi|schung**
be|flag|gen; Be|flag|gung, die; -
be|flecken [*Trenn.* ...flek|ken]; **Be|fleckung** [*Trenn.* ...flek|kung]
be|fle|geln (*österr. für* beschimpfen)
be|flei|ßen, sich (*veraltet, selten noch für* sich befleißigen); du befleißt dich; ich befliß mich, du beflissest dich; beflissen *(vgl. d.);* befleiß[e] dich!; **be|flei|ßi|gen,** sich *(geh.); mit Gen.:* sich eines guten Stils -
be|flie|gen; eine Strecke -
be|flis|sen (eifrig bemüht); um Anerkennung -; **Be|flis|sen|heit,** die; -; **be|flis|sent|lich** (*seltener für* geflissentlich)
be|flü|geln *(geh.)*
be|flu|ten (unter Wasser setzen); **Be|flu|tung**
be|fol|gen; Be|fol|gung, die; -
be|för|der|bar; Be|för|de|rer, Be|förd|rer; **be|för|der|lich** (*schweiz. für* beschleunigt, rasch); **be|för|dern; Be|för|de|rung; Be|för|de|rungs‿be|din|gun|gen, ...ko|sten, ...mit|tel** (das), **...ta|rif; Be|förd|rer,** Be|för|de|rer
be|for|sten (forstlich bewirtschaften); **be|för|stern;** ↑R 22 (*Forstw.* nichtstaatliche Waldungen durch staatliche Forstbeamte verwalten lassen); **Be|för|ste|rung,** die; -; **Be|for|stung**
be|frach|ten; Be|frach|ter; Be|frach|tung
be|frackt (einen Frack tragend)
be|fra|gen; du befragst; du befragtest; befragt; befrag[e]!; (↑R 68:) auf Befragen; **Be|fra|gung**
be|franst
be|frei|en; sich -; **Be|frei|er; Be|frei|ung,** die; -; **Be|frei|ungs‿be|we|gung, ...kampf, ...krieg, ...schlag** *(Eishockey)*
be|frem|den; es befremdet [mich]; **Be|frem|den,** das; -s; **be|frem|dend; be|fremd|lich; Be|frem|dung,** die; -
be|freun|den, sich; **be|freun|det**
be|frie|den (Frieden bringen; *geh. für* einhegen); befriedet; **be|frie|di|gen** (zufriedenstellen); **be|frie|di|gend;** -ste; *vgl.* ausreichend; **Be|frie|di|gung,** die; -; **Be|frie|dung,** die; -
be|fri|sten; Be|fri|stung, die; -
be|fruch|ten; Be|fruch|tung
be|fu|gen; Be|fug|nis, die; -, -se; **be|fugt;** - sein
be|füh|len
be|fum|meln (*ugs. für* betasten, untersuchen)
Be|fund, der; -es, -e (Feststellung); nach -; ohne - (*Med.; Abk.* o. B.)
be|fürch|ten; Be|fürch|tung
be|für|sor|gen (*österr. Amtsspr. für* betreuen)
be|für|wor|ten; Be|für|wor|ter; Be|für|wor|tung
Beg, der; -s, -s (höherer türk. Titel); *vgl.* Bei
be|ga|ben (*geh. für* mit etw. ausstatten); **be|gabt;** -este; **Be|gab|te,** der *u.* die; -n, -n (↑R 7 ff.); **Be|gab|ten|för|de|rung; Be|ga|bung; Be|ga|bungs|re|ser|ve**
be|gaf|fen *(ugs. abwertend)*
Be|gäng|nis, das; -ses, -se (*veraltet, noch geh. für* feierliche Bestattung)
be|ga|sen *(fachspr.);* du begast; **Be|ga|sung**
be|gat|ten; sich -; **Be|gat|tung**
be|gau|nern (*ugs. für* betrügen)
be|geb|bar; [1]**be|ge|ben** (*Bankw.* verkaufen, in Umlauf setzen); einen Wechsel -; [2]**be|ge|ben,** sich (irgendwohin gehen; sich ereignen; verzichten); er begibt sich eines Rechtes (er verzichtet darauf); **Be|ge|ben|heit; Be|ge|ber** (*für* Girant [eines Wechsels]); **Be|geb|nis,** das; -ses, -se (*veraltend für* Begebenheit, Ereignis); **Be|ge|bung** *(Bankw.);* die - von Aktien
be|geg|nen; jmdm. -; **Be|geg|nis,** das; -ses, -se *(veraltet);* **Be|geg|nung; Be|geg|nungs|stät|te**
be|geh|bar; Be|geh|bar|keit; be|ge|hen
Be|gehr, das, *auch* der; -s *(veraltet);* **be|geh|ren; Be|geh|ren,**

das; -s; **be|geh|rens|wert; be|gehr|lich; Be|gehr|lich|keit**

Be|ge|hung

be|gei|fern (*auch für* beschimpfen); **Be|gei|fe|rung**

be|gei|stern; ich ...ere (↑R 22); sich -; **Be|gei|ste|rung,** die; -; **be|gei|ste|rungs|fä|hig; Be|gei|ste|rungs|sturm**; *vgl.* [1]Sturm

be|gich|ten (*Hüttenw.* Erz in den Schachtofen einbringen); **Be|gich|tung**

Be|gier *(geh.)*; **Be|gier|de,** die; -, -n; **be|gie|rig**

be|gie|ßen; Be|gie|ßung

Be|gi|ne, die; -, -n ‹niederl.› (Angehörige einer halbklösterl. Frauenvereinigung)

Be|ginn, der; -[e]s; von - an; zu -; **be|gin|nen**; du begannst; du begännest, *seltener* begönnest; begonnen; beginn[e]!; **Be|gin|nen,** das; -s (Vorhaben)

be|glän|zen *(geh.)*

be|glau|bi|gen; beglaubigte Abschrift; **Be|glau|bi|gung; Be|glau|bi|gungs|schrei|ben**

be|glei|chen; eine Rechnung -; **Be|glei|chung** *Plur. selten*

Be|gleit‿adres|se (Begleitschein), **...brief; be|glei|ten** (mitgehen); begleitet; **Be|glei|ter; Be|glei|te|rin; Be|gleit‿er|schei|nung, ...flug|zeug, ...mu|sik, ...pa|pier** *(meist Plur.)*, **...per|son, ...schein** *(Zollw.)*, **...schrei|ben, ...text, ...um|stand; Be|glei|tung**

Beg|ler|beg, der; -s, -s ‹türk.› (Provinzstatthalter in der alten Türkei)

be|glot|zen (*ugs. für* anstarren)

be|glücken [*Trenn.* ...glük|ken]; **Be|glücker** [*Trenn.* ...glük|ker]; **Be|glückung** [*Trenn.* ...glük|kung]; **be|glück|wün|schen**; beglückwünscht; **Be|glück|wün|schung**

be|gna|det (hochbegabt); **be|gna|di|gen** (jmdm. seine Strafe erlassen); **Be|gna|di|gung; Be|gna|di|gungs|recht,** das; -[e]s

be|gnü|gen, sich

Be|go|nie [...iə], die; -, -n ‹nach dem Franzosen Michel Bégon› (eine Zierpflanze)

be|gön|nern; ich ...ere (↑R 22)

be|gö|schen (*nordd. für* beschwichtigen); du begöschst

begr. (*Zeichen* ▭) = begraben;

be|gra|ben; Be|gräb|nis, das; -ses, -se; **Be|gräb|nis‿fei|er, ...fei|er|lich|keit, ...ko|sten** *(Plur.)*, **...stät|te**

be|gra|di|gen ([einen ungeraden Weg od. Wasserlauf] geradelegen, [eine Grenzlinie] ausgleichen); **Be|gra|di|gung**

be|grannt (mit Grannen versehen)

be|grap|schen (*landsch. abwertend für* betasten, anfassen)

be|grei|fen; *vgl.* begriffen; **be|greif|lich; be|greif|li|cher|wei|se**

be|gren|zen; Be|gren|zer (*Technik* bei Erreichen eines Grenzwertes einsetzende Unterbrechervorrichtung); **be|grenzt**; -este; **Be|grenzt|heit** *Plur. selten;* **Be|gren|zung**

Be|griff, der; -[e]s, -e; im - sein; **be|grif|fen**; diese Tierart ist im Aussterben -; **be|griff|lich**; -es Substantiv (*für* Abstraktum); **Be|griffs‿be|stim|mung, ...bil|dung, ...form** (*für* Kategorie); **be|griffs‿mä|ßig, ...stut|zig, ...stüt|zig** *(österr.)*; **Be|griffs|ver|wir|rung**

be|grün|den; be|grün|dend; Be|grün|der; Be|grün|dung; Be|grün|dungs‿an|ga|be (*Sprachw.* Umstandsangabe des Grundes), **...satz** (*für* Kausalsatz), **...wei|se**

be|grü|nen (mit Grün bedecken); sich - (grün werden); **Be|grü|nung,** die; -

be|grü|ßen (*schweiz. auch* jmdn., eine Stelle befragen); **be|grü|ßens|wert**; -este; **Be|grü|ßung; Be|grü|ßungs‿abend, ...an|spra|che, ...geld, ...kuß, ...trunk**

be|gucken [*Trenn.* ...guk|ken] *(ugs.)*

Be|gum [*auch* 'be:gam], die; -, -en ‹angloind.› (Titel ind. Fürstinnen)

be|gün|sti|gen; Be|gün|sti|gung

be|gut|ach|ten; begutachtet; **Be|gut|ach|ter; Be|gut|ach|tung**

be|gü|tert

be|gü|ti|gen; Be|gü|ti|gung

be|haa|ren, sich; **be|haart**; -este; **Be|haa|rung**

be|hä|big; Be|hä|big|keit, die; -

be|hacken [*Trenn.* ...hak|ken] (*ugs. auch für* betrügen)

be|haf|ten *(schweiz.)*; jmdn. auf od. bei etwas - (jmdn. auf etwas festlegen, beim Wort nehmen); **be|haf|tet**; mit etwas - sein

be|ha|gen; Be|ha|gen, das; -s; **be|hag|lich; Be|hag|lich|keit**

be|hal|ten; Be|häl|ter; Be|hält|nis, das; -ses, -se

be|häm|mern; be|häm|mert (*ugs. für* verrückt)

be|han|deln

be|hän|di|gen (*schweiz. Amtsspr. für* an sich nehmen)

Be|hand|lung; Be|hand|lungs‿ko|sten *(Plur.)*, **...pflicht, ...raum, ...stuhl, ...wei|se**

be|hand|schuht (Handschuhe tragend)

Be|hang, der; -[e]s, Behänge (*Jägerspr. auch* Schlappohren); **be|han|gen**; der Baum ist mit Äpfeln -; **be|hän|gen**; *vgl.* [2]hängen; **be|hängt**; eine grün -e Wand

be|har|ken; sich - (*ugs. für* bekämpfen)

be|har|ren; be|harr|lich; Be|harr|lich|keit, die; -; **Be|har|rung; Be|har|rungs|ver|mö|gen**

be|hau|chen; behauchte Laute (*für* Aspiraten); **Be|hau|chung**

be|hau|en; ich behaute den Stein

be|haup|ten; sich -; **be|haup|tet** (*Börse* fest, gleichbleibend); **Be|haup|tung**

be|hau|sen; Be|hau|sung

Be|ha|vio|ris|mus [bihevjə'ris...], der; - ‹engl.› (amerik. sozialpsychologische Forschungsrichtung); **be|ha|vio|ri|stisch**

be|he|ben (beseitigen; *österr. auch für* abheben, abholen, z. B. Geld von der Bank); **Be|he|bung** (Beseitigung; *österr. für* Abhebung, Abholung)

be|hei|ma|ten; be|hei|ma|tet; Be|hei|ma|tung, die; -

be|heiz|bar; be|hei|zen; Be|hei|zung, die; -

Be|helf, der; -[e]s, -e; **be|hel|fen,** sich; ich behelfe mich; **Be|helfs|heim; be|helfs|mä|ßig; Be|helfs|un|ter|kunft; be|helfs|wei|se**

be|hel|li|gen (belästigen); **Be|hel|li|gung**

be|helmt

be|hem|det *(selten)*

Be|he|mot[h] [*auch* 'be:...], der; -[e]s, -s ‹hebr., „Riesentier"› (im A. T. Name des Nilpferdes)

be|hend (-este), **be|hen|de; Be|hen|dig|keit,** die; -

Be|hen|nuß, Ben|nuß ‹span.; dt.› (ölhaltige Frucht eines afrik. Baumes)

be|her|ber|gen; Be|her|ber|gung

be|herrsch|bar; Be|herrsch|bar|keit, die; -; **be|herr|schen**; sich -; **Be|herr|scher; be|herrscht**; -este; **Be|herrsch|te,** der *u.* die; -n, -n (↑R 7 ff.); **Be|herrscht|heit,** die; -; **Be|herr|schung**

be|her|zi|gen; be|her|zi|gens|wert; -este; **Be|her|zi|gung; be|herzt**; -este (entschlossen); **Be|herzt|heit,** die; -

be|he|xen

be|hilf|lich

Be|hind [bi'haind], das; -s ‹engl.› (*schweiz. Sportspr.* Raum hinter der Torlinie)

be|hin|dern; be|hin|dert; geistig -; **Be|hin|der|te,** der *u.* die; -n, -n (↑R 7 ff.); die geistig -n; **Be|hin|der|ten|sport; Be|hin|de|rung; Be|hin|de|rungs|fall,** der; im -[e]

Behm|lot ‹nach dem dt. Physiker Behm› (Echolot)

be|ho|beln

be|hor|chen (*ugs. für* abhören, belauschen)

Be|hör|de, die; -, -n; **Be|hör|den‿deutsch, ...schrift|ver|kehr, ...spra|che** (*svw.* Behördendeutsch); **be|hörd|lich; be|hörd|li|cher|seits**

be|host (*ugs. für* mit Hosen bekleidet)
Be|huf, der; -[e]s, -e (*Amtsspr. veraltend für* Zweck, Erfordernis); zum -[e]; zu diesem -[e]; **be|hufs** (*Amtsspr. veraltet;* ↑R 62); *Präp. mit Gen.:* - des Verfahrens
be|hum[p]|sen (*ostmitteld. für* übervorteilen, bemogeln)
be|hü|ten; behüt' dich Gott!; **be|hut|sam; Be|hut|sam|keit,** die; -; **Be|hü|tung,** die; -
bei (*Abk.* b.); *Präp. mit Dat.;* beim (*vgl. d.);* bei weitem (↑R 65); bei all[e]dem; bei dem allen (*häufiger für* allem); bei diesem allem (*neben* allen); bei der Hand sein; bei[m] Abgang des Schauspielers; bei aller Bescheidenheit; bei all dem Treiben
Bei, der; -s, *Plur.* -e *u.* -s ‹türk., „Herr"› (türk. Titel, *oft hinter Namen,* z. B. Ali-Bei); *vgl.* Beg
bei... (*in Zus. mit Verben,* z. B. beidrehen, du drehst bei, beigedreht, beizudrehen)
bei|be|hal|ten; Bei|be|hal|tung, die; -
bei|bie|gen (*ugs. für* jmdm. etw. beibringen; mit diplomatischem Geschick sagen)
Bei|blatt
Bei|boot
bei|brin|gen; jmdm. etwas - (lehren, übermitteln); eine Bescheinigung, Zeugen -; jmdm. eine Wunde -; **Bei|brin|gung,** die; -
Beich|te, die; -, -n; **beich|ten; Beicht|ge|heim|nis; beicht|hö|ren** (*österr. für* die Beichte hören); **Beich|ti|ger** (*veraltet für* Beichtvater); **Beicht‿kind** (der od. die Beichtende), **...sie|gel** (das; -s; *svw.* Beichtgeheimnis), **...stuhl, ...va|ter** (die Beichte hörender Priester)
beid|ar|mig (*Sportspr.* mit beiden Armen [gleich geschickt]); -es Reißen; -er Stürmer; **beid|bei|nig** *(Sportspr.);* ein -er Absprung; **bei|de;** (↑R 66:) -s; alles -s; - jungen Leute; alle -; wir - (*selten* wir -n); ihr -[n] (*in Briefen usw.* Ihr -[n]); wir (ihr) -n jungen Leute; sie - (*als Anrede* Sie -); die[se] -n; dies[es] -s; einer von -n; euer (ihrer) -r Anteilnahme; mit unser -r Hilfe; für uns -; von -r Leben ist nichts bekannt; man bedarf aller -r; **bei|de|mal,** aber: beide Male; **bei|der|lei;** - Geschlecht[e]s; **bei|der|sei|tig; bei|der|seits;** *Präp. mit Gen.:* - des Flusses; **Bei|der|wand,** die; - *od.* das; -[e]s (grobes Gewebe); **beid|fü|ßig** (*Sportspr.* mit beiden Füßen [gleich geschickt]); -er Stürmer; **Beid|hän|der** (jmd., der mit beiden Händen gleich geschickt ist); **beid|hän|dig**
bei|dre|hen (*Seemannsspr.* die Fahrt verlangsamen)
beid|sei|tig; *vgl.* beiderseitig; **beid|seits** (*bes. schweiz. für* zu beiden Seiten); - des Rheins
bei|ein|an|der; *Schreibung in Verbindung mit Verben* (↑R 205 f.): beieinander (einer bei dem andern) sein, aber: beieinandersein (*ugs. für* bei Verstand sein; gesund sein); er ist gut -; *vgl.* aneinander; **bei|ein|an|der‿ha|ben, ...hocken** [*Trenn.* ...hok|ken], **...sit|zen, ...ste|hen**
bei|ern (*landsch.* mit dem Klöppel läuten); ich beiere (↑R 22)
beif. = beifolgend
Bei|fah|rer; Bei|fah|rer|sitz
Bei|fall, der; -[e]s; **bei|fal|len** (*veraltet für* einfallen, in den Sinn kommen); **bei|fall|hei|schend; bei|fäl|lig; Bei|fall[s]|klat|schen,** das; -s; **Bei|falls‿kund|ge|bung, ...sturm** (*vgl.* [1]Sturm)
Bei|film
bei|fol|gend (*Amtsspr. veraltend; Abk.* beif.); - (anbei) der Bericht
bei|fü|gen; Bei|fü|gung (*auch für* Attribut)
Bei|fuß, der; -es (eine Gewürz- u. Heilpflanze)
Bei|fut|ter (Zugabe zum gewöhnlichen Futter); *vgl.* [1]Futter
Bei|ga|be (Zugabe)
beige [be:ʃ] ‹franz.› (sandfarben); ein beige (*ugs. auch gebeugt* beiges) Kleid; *vgl.* blau, III–V;
[1]**Beige,** das; -, *Plur.* -, *ugs.* -s
[2]**Bei|ge,** die; -, -n (*südd. u. schweiz. für* Stoß, Stapel)
bei|ge|ben (*auch für* sich fügen); klein -
beige|far|ben ['be:ʃ...]; eine -e Couch
bei|gen (*südd. u. schweiz. für* [auf]schichten, stapeln)
Bei|ge|ord|ne|te, der *u.* die; -n, -n (↑R 7 ff.)
Bei|ge|schmack, der; -[e]s
bei|ge|sel|len *(geh.);* sich jmdm. -
Bei|gnet [bɛ'nje:], der; -s, -s ‹franz.› (Schmalzgebackenes mit Füllung, Krapfen)
Bei|heft; bei|hef|ten; beigeheftet
Bei|hil|fe; bei|hil|fe|fä|hig *(Amtsspr.)*
Bei|hirsch (*Jägerspr.* im Rudel mitlaufender, in der Brunft vom Platzhirsch verdrängter Hirsch)
Bei|jing [bei'djiŋ] *vgl.* Peking
Bei|klang
Bei|koch, der (Hilfskoch); **Bei|kö|chin**
bei|kom|men; ihm ist nicht beizukommen (er ist nicht zu fassen, zu besiegen); mir ist nichts beigekommen (*geh. für* nichts eingefallen)
Bei|kost (zusätzliche Nahrung)
Beil, das; -[e]s, -e
beil. = beiliegend
bei|la|den; *vgl.* [1]laden; **Bei|la|dung** *(auch Rechtsw.)*
Bei|la|ge
Bei|la|ger (*veraltet für* Beischlaf)
bei|läu|fig (*österr. auch für* ungefähr, etwa); **Bei|läu|fig|keit**
bei|le|gen; Bei|le|gung
bei|lei|be; - nicht (auf keinen Fall)
Bei|leid; Bei|leids‿be|zei|gung *od.* **...be|zeu|gung, ...kar|te, ...schrei|ben**
bei|lie|gend (*Abk.* beil.); **Bei|lie|gen|de,** das; -n (↑R 7 ff.)
Beiln|gries (Stadt in der Oberpfalz)
beim; ↑R 17 (bei dem; *Abk.* b.); es - alten lassen (↑R 65); (↑R 68:) - Singen und Spielen
Bei|mann *Plur.* ...männer (*schweiz. veraltend für* Gehilfe, Hilfsarbeiter)
bei|men|gen; Bei|men|gung
bei|mes|sen; Bei|mes|sung
bei|mi|schen; Bei|mi|schung
be|imp|fen
Bein, das; -[e]s, -e
bei|nah, bei|na|he [*beide auch* ...'na:...]; **Bei|na|he|zu|sam|men|stoß** (bes. bei Flugzeugen)
Bei|na|me
bein|am|pu|tiert; ein -er Mann; **Bein|am|pu|tier|te,** der *u.* die (↑R 7 ff.); **Bein|ar|beit** *(Sport)*
Bein|brech, der; -[e]s (Liliengewächs); **Bein|bruch,** der; **bei|nern** (aus Knochen); **Bein|fleisch** (*österr. für* Rindfleisch mit Knochen)
be|in|hal|ten (*Amtsspr.* enthalten); es beinhaltete; beinhaltet
bein|hart (*südd., österr. für* sehr hart); **Bein|haus** (Haus zur Aufbewahrung ausgegrabener Gebeine auf Friedhöfen); **...bei|nig** (z. B. hochbeinig); **Bein|kleid** (*veraltet für* Hose); **Bein|ling** (Strumpfoberteil; *auch* Hosenbein); **Bein‿pro|the|se, ...ring, ...sche|re** *(Sport),* **...schlag** *(Sport),* **...stumpf; bein|ver|sehrt; Bein|well,** der; -s (eine Heilpflanze); **Bein|zeug** (Beinschutz der Ritterrüstung)
bei|ord|nen; bei|ord|nend (*für* koordinierend); **Bei|ord|nung**
Bei|pack, der; -[e]s (zusätzliches Frachtgut; *Fernmeldetechnik* um den Mittelleiter liegende Leitungen bei Breitbandkabeln); **bei|packen** [*Trenn.* ...pak|ken]; beigepackt; **Bei|pack|zet|tel** (einer Ware beiliegender Zettel mit Angaben zur Zusammensetzung und Verwendung)
bei|pflich|ten
Bei|pro|gramm *(Film)*
Bei|rat *Plur.* ...räte
Bei|ried, das; -[e]s *u.* die; - (*österr. für* Rippen-, Rumpfstück)

be|ir|ren; sich nicht - lassen

Bei|rut [*auch* 'bai..., 'be:ru:t] (Hptst. des Libanons); **Bei|ru|ter** (↑R 147)

bei|sam|men; beisammen sein, aber (↑R 206): beisammensein (*ugs. für* in guter körperl. Verfassung sein; bei Verstand sein); **bei|sam|men‿blei|ben, ...ha|ben; Bei|sam|men|sein,** das; -s; **bei|sam|men‿sit|zen, ...ste|hen**

Bei|sas|se, der; -n, -n; ↑R 197 (Einwohner ohne Bürgerrecht im MA., Häusler)

Bei|satz (*für* Apposition)

bei|schie|ßen (einen [Geld]beitrag leisten)

Bei|schlaf (*geh., Rechtsw.* Geschlechtsverkehr); **bei|schla|fen; Bei|schlä|fer; Bei|schlä|fe|rin**

Bei|schlag, der; -[e]s, Beischläge (*Archit.* erhöhter Vorbau an Häusern)

bei|schla|gen (*Jägerspr.* in das Bellen eines anderen Hundes einstimmen)

Bei|schluß (*österr. für* das Beigeschlossene; Anlage); unter - von ...

Bei|se|gel (zusätzliches Segel)

Bei|sein, das; -s; in seinem -

bei|sei|te (↑R 208); beiseite legen, schaffen, stoßen usw.; **Bei|sei|te|schaf|fung,** die; -; **Bei|sei|te|set|zung** (*svw.* Hintansetzung); **bei|seits** (*südwestd. für* beiseite)

Bei|sel, *auch* Beisl, das; -s, -[n] (*bayr. ugs., österr. für* Kneipe)

bei|set|zen; Bei‿set|zung, ...sit|zer

Beisl *vgl.* Beisel

Bei|spiel, das; -[e]s, -e; zum - (*Abk.* z. B.); **bei|spiel|ge|bend; bei|spiel|haft;** -este; **bei|spiel|los;** -este; **Bei|spiel|satz; Bei|spiels|fall,** der; **bei|spiels‿hal|ber, ...wei|se**

bei|sprin|gen (*geh. für* helfen)

Bei|ßel, der; -s, - (*mitteld. für* Beitel, Meißel)

bei|ßen; du beißt; ich biß, du bissest; gebissen; beiß[e]; der Hund beißt ihn (*auch* ihm) ins Bein; sich - ([von Farben] nicht harmonieren); **Bei|ßer** (*österr. auch für* Brecheisen); **Bei|ße|rei; Beiß‿korb, ...ring; beiß|wü|tig; Beiß|zan|ge**

Bei|stand, der; -[e]s, Beistände (*österr. auch für* Trauzeuge); **Bei|stands|pakt; bei|ste|hen**

bei|stel|len (*österr. für* [zusätzlich] zur Verfügung stellen); **Bei|stell|mö|bel; Bei|stel|lung**

Bei|steu|er, die (*bes. südd.*); **bei|steu|ern**

bei|stim|men

Bei|strich (*für* Komma)

Bei|tel, der; -s, - (meißelartiges Werkzeug)

Bei|trag, der; -[e]s, ...träge; **bei|tra|gen;** er hat das Seine, sie hat das Ihre dazu beigetragen; **Bei|trä|ger; Bei|trags‿be|mes|sungs|gren|ze** (*Sozialversicherung*), **...klas|se, ...rück|er|stat|tung, ...satz, ...zah|lung**

bei|trei|ben (*Rechtsw.*); Schulden -; **Bei|trei|bung**

bei|tre|ten; Bei|tritt; Bei|tritts|er|klä|rung

Bei|wa|gen; Bei|wa|gen|fah|rer

Bei|werk, das; -[e]s ([schmückende] Zutat; Unwichtiges)

bei|woh|nen (*geh.*); einem Staatsakt -; einer Frau - (Geschlechtsverkehr mit einer Frau haben); **Bei|woh|nung**

Bei|wort *Plur.* ...wörter (*für* Adjektiv)

Beiz, die; -, -en (*schweiz. mdal. für* Dorfschenke, Wirtshaus)

Bei|zäu|mung (*Pferdesport*)

[1]**Bei|ze,** die; -, -n (chem. Flüssigkeit zum Färben, Gerben u. ä.)

[2]**Bei|ze,** die; -, -n (Beizjagd)

[3]**Bei|ze,** die; -, -n (*landsch. für* Wirtshaus)

bei|zei|ten (↑R 208)

bei|zen; du beizt

Bei|zer (*landsch.* Besitzer einer [3]Beize)

bei|zie|hen (*bes. südd., österr., schweiz. für* hinzuziehen); **Bei|zie|hung,** die; -

Beiz|jagd

Bei|zung (Behandlung mit [1]Beize)

Beiz|vo|gel (für die Jagd abgerichteter Falke)

be|ja|gen (*Jägerspr.*); **Be|ja|gung**

be|ja|hen

be|jahrt (*geh.*); -este

Be|ja|hung

be|jam|mern; be|jam|merns|wert; -este

be|ju|beln

be|ka|keln (*nordd. ugs. für* gemeinsam besprechen)

be|kämp|fen; Be|kämp|fung

be|kannt; -este; *Schreibung in Verbindung mit Verben* (↑R 205 f.): **a)** *Getrenntschreibung in ursprünglicher Bedeutung,* z. B. bekannt machen, sein; er soll mich mit ihm bekannt machen; sich mit einer Sache bekannt (vertraut) machen; einen Schriftsteller bekannt machen; **b)** *Zusammenschreibung, wenn durch die Verbindung ein neuer Begriff entsteht; vgl.* jmdm. bekanntgeben, bekanntmachen, bekanntwerden; **Be|kann|te,** der *u.* die; -n, -n (↑R 7 ff.); jemand -s; liebe -; **Be|kann|ten|kreis; be|kann|ter|ma|ßen; Be|kannt|ga|be,** die; -; **be|kannt|ge|ben** (↑R 205); er hat die Verfügung bekanntgegeben; **Be|kannt|heit,** die; -; **Be|kannt|heits|grad,** der; -[e]s; **be|kannt|lich; be|kannt|ma|chen;** ↑R 205 (veröffentlichen, öffentlich mitteilen); das Gesetz wurde bekanntgemacht; aber: ich habe dich mit ihm bekannt gemacht; **Be|kannt|ma|chung; Be|kannt|schaft; be|kannt|wer|den;** ↑R 205 (veröffentlicht werden; in die Öffentlichkeit dringen); der Wortlaut ist bekanntgeworden; wenn der Wortlaut bekannt wird; über ihn ist nichts Nachteiliges bekanntgeworden; aber: ich bin bald mit ihm bekannt geworden; das Dorf ist durch eine Schlacht bekannt geworden

be|kan|ten (mit Kanten versehen); **Be|kan|tung,** die; -

Be|kas|si|ne, die; -, -n ‹franz.› (Sumpfschnepfe)

be|kau|fen, sich (*landsch. für* zu teuer, unüberlegt einkaufen)

be|keh|ren; sich -; **Be|keh|rer; Be|keh|re|rin; Be|kehr|te,** der *u.* die; -n, -n (↑R 7 ff.); **Be|keh|rung**

be|ken|nen; sich -; Bekennende Kirche (Name einer Bewegung in den dt. ev. Kirchen); ↑R 157; **Be|ken|ner‿brief** (*svw.* Bekennerschreiben), **...schrei|ben** (Schreiben, in dem sich jmd. zu einem [politischen] Verbrechen bekennt); **Be|kennt|nis,** das; ...nisses, ...nisse (*österr. auch für* Steuererklärung); **Be|kennt|nis‿buch, ...frei|heit** (die; -), **...kir|che** (Bekennende Kirche); **be|kennt|nis|mä|ßig; Be|kennt|nis|schu|le** (Schule mit Unterricht im Geiste eines religiösen Bekenntnisses)

be|kie|ken (*landsch. für* betrachten)

be|kiest; -e Wege

be|kla|gen; sich -; **be|kla|gens|wert;** -este; **Be|klag|te,** der *u.* die; -n, -n; ↑R 7 ff. (jmd., gegen den eine [Zivil]klage erhoben wird)

be|klat|schen (mit Händeklatschen begrüßen)

be|klau|en (*ugs. für* bestehlen)

be|kle|ben; Be|kle|bung

be|kleckern [*Trenn.* ...klek|kern] (*ugs. für* beklecksen); sich -; **be|kleck|sen;** sich -; bekleckst

be|klei|den; ein Amt -; **Be|klei|dung; Be|klei|dungs|in|du|strie**

be|klem|men; beklemmt; **be|klem|mend;** -ste; **Be|klemm|nis,** die; -, -se; **Be|klem|mung; be|klom|men** (ängstlich, bedrückt); **Be|klom|men|heit,** die; -

be|klop|fen

be|kloppt; -este (*ugs. für* blöd)

be|knab|bern

be|knackt; -este (*ugs. für* dumm; unerfreulich)

be|knien; jmdn. - (*ugs. für* jmdn. dringend u. ausdauernd bitten)

be|ko|chen; jmdn. - (*ugs. für* regelmäßig für jmdn. kochen)
be|kö|dern (*Angeln* mit einem Köder versehen)
be|koh|len (*fachspr. für* mit Kohlen versorgen); **Be|koh|lung**
be|kom|men; ich habe es -; es ist mir gut -; **be|kömm|lich;** der Wein ist leicht bekömmlich, aber (↑R 209): ein leichtbekömmlicher Wein; **Be|kömm|lich|keit,** die; -
be|kom|pli|men|tie|ren (jmdm. viele Komplimente machen)
be|kö|sti|gen; Be|kö|sti|gung
be|kot|zen *(derb)*
be|kräf|ti|gen; Be|kräf|ti|gung
be|krallt (mit Krallen versehen)
be|krän|zen; Be|krän|zung
be|kreu|zen (mit dem Kreuzzeichen segnen); bekreuzt; **be|kreu|zi|gen,** sich
be|krie|chen
be|krie|gen
be|krit|teln (*abwertend für* bemängeln, [kleinlich] tadeln)
be|krit|zeln; Wände -
be|krö|nen; Be|krö|nung
be|kucken [*Trenn.* ...kuk|ken] (*nordd. für* begucken)
be|küm|mern; das bekümmert ihn; sich um jmdn. *od.* etwas -; **Be|küm|mer|nis,** die; -, -se *(geh.);* **Be|küm|mert|heit,** die; -; **Be|küm|me|rung,** die; -
be|kun|den *(geh.);* sich -; **Be|kun|dung**
Bel, das; -s, - ‹nach dem amerik. Physiologen A. G. Bell› (eine physikal. Zählungseinheit; *Zeichen* B)
Bé|la ['be:la] (m. Vorn.)
be|lä|cheln; be|la|chen
be|la|den; *vgl.* [1]laden; **Be|la|dung**
Be|lag, der; -[e]s, ...läge
Be|la|ge|rer; be|la|gern; Be|la|ge|rung; Be|la|ge|rungs|zu|stand
Bel|ami, der; -[s], -s ‹franz.› (Frauenliebling)
Be|lang, der; -[e]s, -e; von - sein; **be|lan|gen;** was mich belangt (*veraltend für* an[be]langt); jmdn. - (zur Rechenschaft ziehen; verklagen); **be|lang|los;** -este; **Be|lang|lo|sig|keit; be|lang|reich; Be|lang|sen|dung** (*österr. für* Sendung einer Interessenvertretung in Funk u. Fernsehen); **Be|lan|gung; be|lang|voll**
be|la|rus|sisch [*od.* 'b(i)ɛ...] (weißrussisch)
be|las|sen; Be|las|sung, die; -
be|last|bar; Be|last|bar|keit; be|la|sten; be|la|stend; -ste
be|lä|sti|gen; Be|lä|sti|gung
Be|la|stung; Be|la|stungs-EKG; Be|la|stungs‿gren|ze, ...ma|te|ri|al, ...pro|be, ...zeu|ge
be|lau|ben, sich; **Be|lau|bung**
be|lau|ern; Be|laue|rung (↑R 180)
[1]**Be|lauf,** der; -[e]s (*veraltet für* Betrag; Höhe [der Kosten]); [2]**Be|lauf** (Forstbezirk); **be|lau|fen;** sich -; die Kosten haben sich auf ... belaufen
be|lau|schen
Bel|can|to, *auch* Bel|kan|to, der; -s ‹ital.› (ital. Gesangsstil)
Bel|chen, der; -s; ↑R 146 (Erhebung im südl. Schwarzwald); Großer -, Elsässer - (Erhebung in den Vogesen)
be|le|ben; be|lebt; -este; **Be|lebt|heit; Be|le|bung**
be|lecken [*Trenn.* ...lek|ken]
Be|leg, der; -[e]s, -e (Beweis[stück]); zum -[e]; **Be|leg|arzt; be|leg|bar; be|le|gen; Be|leg|ex|em|plar; Be|leg|schaft; Be|leg|schafts‿ak|tie, ...stär|ke; Be|leg|sta|ti|on** (im Krankenhaus); **Be|leg|stück; be|legt;** -este; **Be|le|gung** *Plur. selten;* **Be|le|gungs|dich|te**
be|leh|nen (*früher* in ein Lehen einsetzen; *schweiz. für* beleihen); **Be|leh|nung**
be|lehr|bar; be|leh|ren; (↑R 66:) eines and[e]ren *od.* andern -, aber (↑R 65): eines Besser[e]n *od.* Beßren -; **Be|leh|rung**
be|leibt; -este; **Be|leibt|heit,** die; -
be|lei|di|gen; Be|lei|di|ger; be|lei|digt; Be|lei|di|gung; Be|lei|di|gungs‿kla|ge, ...pro|zeß
be|leih|bar; be|lei|hen; Be|lei|hung
be|lem|mern (*nordd. für* [mit dauernden Bitten] belästigen); **be|lem|mert** (*ugs. für* betreten, eingeschüchtert; übel)
Be|lem|nit [*auch* ...'nit], der; -en, -en (↑R 197) ‹griech.› (*Geol.* fossiler Schalenteil von Tintenfischen)
be|le|sen (unterrichtet; viel wissend); **Be|le|sen|heit,** die; -
Bel|es|prit [bɛlɛs'pri:], der; -s, -s ‹franz.› (*veraltet, noch spöttisch für* Schöngeist); **Bel|eta|ge** [bɛle'ta:ʒə], die; -, -n (*veraltet für* Hauptgeschoß, erster Stock)
be|leuch|ten; Be|leuch|ter; Be|leuch|tung *Plur. selten;* **Be|leuch|tungs‿an|la|ge, ...ef|fekt, ...tech|nik**
be|leum|det, be|leu|mun|det; er ist gut, übel -
Bel|fast [*od.* 'bɛl...] (Hptst. von Nordirland)
bel|fern (*ugs. für* bellen; keifend schimpfen); ich ...ere (↑R 22)
Bel|gi|en [...i̯ən]; **Bel|gi|er** [...i̯ər]; **Bel|gie|rin** [...i̯ərin]; **bel|gisch**
Bel|grad (Hptst. Jugoslawiens); *vgl.* Beograd
Be|li|al, *ökum.* **Be|li|ar,** der; -[s] ‹hebr.› (Teufel im N. T.)
be|lich|ten; Be|lich|tung; Be|lich|tungs‿mes|ser (der), **...zeit**
be|lie|ben (*geh. für* wünschen): es beliebt (gefällt) mir *(oft iron.)*; **Be|lie|ben,** das; -s; nach -; es steht in seinem -; **be|lie|big;** x-beliebig (↑R 37); alles -e (was auch immer), jeder -e (↑R 66), aber (↑R 65): etwas Beliebiges (etwas nach Belieben); **be|liebt;** -este; **Be|liebt|heit,** die; -
be|lie|fern; Be|lie|fe|rung, die; -
Be|lin|da (w. Vorn.)
Be|lize [bɛ'li:z] (Staat in Mittelamerika); **Be|li|zer** [bɛ'li:zər]; **be|li|zisch** [bɛ'li:ziʃ]
Bel|kan|to *vgl.* Belcanto
Bel|la (w. Vorn.)
Bel|la|don|na, die; -, ...nnen ‹ital.› (Tollkirsche)
Belle-Al|li|ance [bɛla'li̯ã:s]; die Schlacht bei - (Waterloo)
Belle Époque [bɛle'pɔk], die; - - ‹franz.› (Bez. für die Zeit des gesteigerten Lebensgefühls in Frankreich zu Beginn des 20. Jh.s.)
bel|len; Bel|ler
Bel|le|trist, der; -en, -en (↑R 197) ‹franz.› (Unterhaltungsschriftsteller); **Bel|le|tri|stik,** die; - (Unterhaltungsliteratur); **bel|le|tri|stisch**
[1]**Belle|vue** [bɛl'vy:], die; -, -n [...'vy:ən] ‹franz.› (*veraltet für* Aussichtspunkt); [2]**Belle|vue,** das; -[s], -s (*Bez. für* Schloß, Gaststätte mit schöner Aussicht)
Bel|li|ni (ital. Malerfamilie; ital. Komponist)
Bel|lin|zo|na (Hptst. des Kantons Tessin)
Bel|lo (ein Hundename)
Bel|lo|na (röm. Kriegsgöttin)
Bel|mo|pan (Hptst. von Belize)
be|lo|ben (*veraltet für* belobigen); **be|lo|bi|gen; Be|lo|bi|gung; Be|lo|bi|gungs|schrei|ben; Be|lo|bung** (*veraltet für* Belobigung)
be|loh|nen; Be|loh|nung
be|lo|rus|sisch [*od.* 'b(i)ɛ...] *vgl.* belarussisch
Bel-Pae|se, der; -; ↑R 180 (ein ital. Weichkäse)
Bel|sa|zar, *ökum.* **Bel|schaz|zar** (babylon. Kronprinz, nach dem A. T. letzter König von Babylon)
Belt, der; -[e]s, -e; ↑R 146 (Meerenge); der Große -, der Kleine -
be|lüf|ten; Be|lüf|tung, die; -
[1]**Be|lu|ga,** die; -, -s ‹russ.› (Hausen *[vgl. d.];* Weißwal); [2]**Be|lu|ga,** der; -s (der aus dem Rogen des Hausens bereitete Kaviar)
be|lü|gen
be|lu|sti|gen; sich -; **Be|lu|sti|gung**
Be|lu|tsche [*od.* be'lu...], der; -n, -n; ↑R 197 (Angehöriger eines asiat. Volkes); **be|lu|tschisch; Be|lu|tschi|stan** (westpakistan. Hochland)

Bel|ve|de|re [...v...], das; -[s], -s ‹ital., „schöne Aussicht"› (Aussichtspunkt; *Bez. für* Schloß, Gaststätte mit schöner Aussicht)
[1]**bel|zen** (*landsch. für* sich vor der Arbeit drücken); *vgl.* [1]pelzen
[2]**bel|zen** (*landsch. für* [2]pelzen)
Belz|nickel, der; -s, - [*Trenn.* ...nik|kel] (*westmitteld. für* Nikolaus)
Bem. = Bemerkung
be|ma|chen (*ugs. für* besudeln; betrügen); sich - (*ugs. auch für* sich aufregen)
be|mäch|ti|gen, sich *(geh.);* sich des Geldes -; **Be|mäch|ti|gung** die; -
be|mä|keln (*ugs. für* bemängeln, bekritteln); **Be|mä|ke|lung, Be|mäk|lung**
be|ma|len; Be|ma|lung
be|män|geln; ich ...[e]le (↑R 22); **Be|män|ge|lung, Be|mäng|lung**
be|man|nen; ein Schiff -; **Be|man|nung** (*auch für* Besatzung)
be|män|teln (beschönigen); ich ...[e]le (↑R 22); **Be|män|te|lung, Be|mänt|lung**
be|ma|ßen (*fachspr. für* [eine Zeichnung] mit Maßen versehen); **Be|ma|ßung**
be|ma|sten (mit einem Mast versehen); **Be|ma|stung**
be|mau|sen (*ugs. für* bestehlen)
Bem|bel, der; -s, - (*landsch. für* [Apfelwein]krug; kleine Glocke)
be|meh|len; Be|meh|lung
be|mei|ern (*ugs. für* überlisten); ich ...ere (↑R 22)
be|merk|bar; sich - machen; **be|mer|ken; Be|mer|ken,** das; -s; mit dem -; **be|mer|kens|wert;** -este; **Be|mer|kung** (*Abk.* Bem.)
be|mes|sen; sich -; die Steuern - sich nach dem Einkommen; **Be|mes|sung**
be|mit|lei|den; Be|mit|lei|dung
be|mit|telt (wohlhabend)
Bemm|chen *(ostmitteld.);* **Bem|me,** die; -, -n ‹slaw.› (*ostmitteld. für* Brotschnitte mit Aufstrich, Belag)
be|mo|geln (*ugs. für* betrügen)
be|moost
be|mü|hen; sich -; er ist um sie bemüht; **be|mü|hend** (*schweiz. für* unerfreulich, peinlich); **Be|mü|hung**
be|mü|ßi|gen (*veraltet für* veranlassen, nötigen); **be|mü|ßigt;** ich sehe mich - *(geh., oft iron.)*
be|mu|stern (*Kaufmannsspr.* mit Warenmustern versehen); einen Katalog -; **Be|mu|ste|rung**
be|mut|tern; ich ...ere (↑R 22); **Be|mut|te|rung**
be|mützt
Ben (*bei hebr. u. arab. Eigennamen* Sohn od. Enkel)
be|nach|bart
be|nach|rich|ti|gen; Be|nach|rich|ti|gung
be|nach|tei|li|gen; Be|nach|tei|li|gung
be|na|geln (mit Nägeln versehen); **Be|na|ge|lung**
be|na|gen
Be|nag|lung *vgl.* Benagelung
be|nam|sen (*ugs. u. scherzh. für* benennen); du benamst
be|nannt
be|narbt; -este (mit Narben bedeckt)
Be|na|res (*früherer Name für* Varanasi)
be|näs|sen *(geh.)*
Ben|del, der *od.* das; -s, - (*regional für* [schmales] Band, Schnur); *vgl.* Bändel
Ben|dix (m. Vorn.)
be|ne ‹lat.› (gut)
be|ne|beln (verwirren, den Verstand trüben); **be|ne|belt** (*ugs. für* [durch Alkohol] geistig verwirrt); **Be|ne|be|lung, Be|neb|lung** *Plur. selten*
be|ne|dei|en ‹lat.› (segnen; seligpreisen); du benedeist; du benedeitest; gebenedeit (*auch* benedeit); die Gebenedeite *(vgl. d.)*
Be|ne|dic|tus, das; -, - ‹lat.› (Teil der lat. Liturgie); **Be|ne|dikt,** Be|ne|dik|tus (m. Vorn.); **Be|ne|dik|ta** (w. Vorn.)
Be|ne|dikt|beu|ern (Ort u. Kloster in Bayern)
Be|ne|dik|ten|kraut, das; -[e]s (eine Heilpflanze); **Be|ne|dik|ti|ner** (Mönch des Benediktinerordens; *auch* Likörsorte); **Be|ne|dik|ti|ner|or|den,** der; -s (*Abk.* OSB; *vgl. d.*); **Be|ne|dik|ti|on,** die; -, -en (Segnung, kath. kirchl. Weihe); **Be|ne|dik|tus** *vgl.* Benedikt; **be|ne|di|zie|ren** (segnen, weihen)
Be|ne|fiz, das; -es, -e ‹lat.› (Vorstellung zugunsten eines Künstlers; Ehrenvorstellung); **Be|ne|fi|zi|ar,** der; -s, -e *u.* **Be|ne|fi|zi|at,** der; -en, -en; ↑R 197 (Inhaber eines [kirchl.] Benefiziums); **Be|ne|fi|zi|um,** das; -s, ...ien [...iən] (mit einer Pfründe verbundenes Kirchenamt; mittelalterl. Lehen); **Be|ne|fiz_kon|zert, ...spiel, ...vor|stel|lung**
be|neh|men; sich -; *vgl.* benommen; **Be|neh|men,** das; -s; sich mit jmdm. ins - setzen
be|nei|den; be|nei|dens|wert; -este
Be|ne|lux [*od.* ...'luks] (*Kurzw. für* die seit 1947 in einer Zollunion zusammengefaßten Länder **Be**lgique [Belgien], **Ne**derland [Niederlande] u. **Lux**embourg [Luxemburg]); **Be|ne|lux|staa|ten** *Plur.*
be|nen|nen; Be|nen|nung
be|net|zen *(geh.);* **Be|net|zung**
Ben|ga|le, der; -n, -n; ↑R 197 (Einwohner von Bengalen); **Ben|ga|len** (vorderind. Landschaft); **Ben|ga|li,** das; -[s] (Sprache); **ben|ga|lisch;** -es Feuer (Buntfeuer); -e Beleuchtung
Ben|gel, der; -s, *Plur.* -, *ugs.* -s ([ungezogener] Junge; *veraltet, noch landsch. für* Stock, Prügelholz)
be|nie|sen; etwas -
Be|nimm, der; -s (*ugs. für* Betragen, Verhalten)
Be|nin (Staat in Afrika, *früher* Dahome[y]); **Be|ni|ner** (Einwohner von Benin); **be|ni|nisch**
Be|ni|to (m. Vorn.)
[1]**Ben|ja|min** (m. Vorn.); [2]**Ben|ja|min,** der; -s, -e (Jüngster in einer Gruppe)
Benn (dt. Dichter)
Ben|ne, die; -, -n ‹lat.› (*schweiz. mdal. für* Schubkarren)
Ben|no (m. Vorn.)
Ben|nuß *vgl.* Behennuß
be|nom|men (fast betäubt); **Be|nom|men|heit,** die; -
be|no|ten
be|nö|ti|gen
Be|no|tung
Ben|thal, das; -s ‹griech.› (*Biol.* Bodenregion eines Gewässers); **Ben|thos,** das; - (in der Bodenregion eines Gewässers lebende Tier- und Pflanzenwelt)
be|num|mern; Be|num|me|rung
be|nutz|bar *od.* **be|nütz|bar**[1]; **Be|nutz|bar|keit,** die; -; **be|nut|zen** *od.* **be|nüt|zen**[1]; **Be|nut|zer** *od.* **Be|nüt|zer**[1]; **Be|nut|zer|kreis; Be|nut|zung** *od.* **Be|nüt|zung**[1]; **Be|nut|zungs|ge|bühr**
Ben|ve|nu|ta [...v...] (w. Vorn.); **Ben|ve|nu|to** (m. Vorn.)
Benz (dt. Ingenieur)
ben|zen *vgl.* penzen
Ben|zin, das; -s, -e ‹arab.› (Treibstoff; Lösungsmittel); **Ben|zin_hahn, ...ka|ni|ster, ...kut|sche** (*ugs. scherzh. für* Auto), **...preis, ...preis|er|hö|hung, ...tank, ...uhr, ...ver|brauch; Ben|zoe** [...tsoe(:)], die; - (ein duftendes ostind. Harz); **Ben|zoe|harz; Ben|zoe|säu|re** (ein Konservierungsmittel); **Ben|zol,** das; -s, -e (Teerdestillat aus Steinkohlen; Lösungsmittel); **Benz|py|ren,** das; -s (*Chemie* ein als krebserzeugend geltender Kohlenwasserstoff); **Ben|zyl,** das; -s (*Chemie* Atomgruppe in zahlreichen chem. Verbindungen); **Ben|zyl|al|ko|hol** (*Chemie* aromat. Alkohol; Grundstoff für Parfüme)
Beo, der; -s, -s ‹indones.› (Singvogel aus Indien)

[1] *südd., österr. u. schweiz. meist so*

be|ob|ach|ten; Be|ob|ach|ter; Be|ob|ach|ter|sta|tus *(Völkerrecht);* **Be|ob|ach|tung; Be|ob|ach|tungs_ga|be, ...sta|ti|on**
Beo|grad [*od.* bɛ'ɔ...]; ↑R 180 (*serbokroat. Name für* Belgrad)
be|ölen, sich (*Jugendspr.* sich sehr amüsieren)
be|or|dern; ich ...ere (↑R 22)
be|packen [*Trenn.* ...pak|ken]
be|pelzt
be|pflan|zen; Be|pflan|zung
be|pfla|stern; Be|pfla|ste|rung
be|pin|keln *(ugs.)*
be|pin|seln; Be|pin|se|lung, Be|pins|lung
be|pis|sen *(derb)*
be|pu|dern; Be|pu|de|rung
be|quas|seln (*ugs. für* bereden)
be|quat|schen (*ugs. für* bereden)
be|quem; be|que|men, sich; **be|quem|lich** (*veraltet für* bequem); **Be|quem|lich|keit**
be|ran|ken; Be|ran|kung
Be|rapp, der; -[e]s (*Bauw.* rauher Verputz); **¹be|rap|pen**
²be|rap|pen (*ugs. für* bezahlen)
be|ra|ten; beratender Ingenieur; **Be|ra|ter; Be|ra|ter|ver|trag** *(Wirtsch.);* **be|rat|schla|gen;** du beratschlagtest; beratschlagt; **Be|rat|schla|gung; Be|ra|tung; Be|ra|tungs_aus|schuß, ...ge|spräch, ...stel|le, ...ver|trag** *(Wirtsch.)*
be|rau|ben; Be|rau|bung
be|rau|schen; sich [an etw.] -; **be|rau|schend;** -ste; **be|rauscht;** -este; **Be|rauscht|heit,** die; -; **Be|rau|schung,** die, -
Ber|ber, der; -s, - (Angehöriger einer Völkergruppe in Nordafrika; *auch für* Nichtseßhafter); **Ber|be|rei,** die; - (alter Name für die Küstenländer im westl. Nordafrika); **ber|be|risch**
Ber|be|rit|ze, die; -, -n ‹lat.› (Sauerdorn, ein Zierstrauch)
Ber|ber_pferd, ...tep|pich
Ber|ceu|se [bɛr'sø:zə], die; -, -n ‹franz.› (*Musik* Wiegenlied)
Berch|tes|ga|den (Luftkurort in Oberbayern); **Berch|tes|ga|de|ner** (↑R 147); Berchtesgadener Alpen
Berch|told (m. Vorn.); **Berch|tolds|tag** (2. Januar; in der Schweiz vielerorts Feiertag)
be|re|chen|bar; Be|re|chen|bar|keit, die; -; **be|rech|nen; be|rech|nend; Be|rech|nung**
be|rech|ti|gen; be|rech|tigt; Be|rech|tig|te, der *u.* die; -n, -n (↑R 7 ff.); **be|rech|tig|ter|wei|se; Be|rech|ti|gung; Be|rech|ti|gungs|schein**
be|re|den; be|red|sam; Be|red|sam|keit, die; -; **be|redt;** auf das, aufs -este (↑R 65); **Be|redt|heit,** die; -; **Be|re|dung**
be|ree|dert (*Seew.* einer Reederei gehörend, von ihr betreut)
be|reg|nen; Be|reg|nung; Be|reg|nungs|an|la|ge
Be|reich, der, *selten* das; -[e]s, -e
be|rei|chern; ich ...ere (↑R 22); sich -; **Be|rei|che|rung; Be|rei|che|rungs_ab|sicht, ...ver|such**
be|rei|fen (mit Reifen versehen); das Auto ist neu bereift
be|reift (mit Reif bedeckt)
Be|rei|fung
be|rei|ni|gen; Be|rei|ni|gung
be|rei|sen; ein Land -; **Be|rei|sung**
be|reit; (↑R 205 f.:) zu etwas - sein, etwas - haben, sich - erklären, sich - finden, sich - halten, sich - machen; *vgl.* a b e r: bereithalten, bereitlegen, bereitliegen, bereitmachen usw.; **¹be|rei|ten** (zubereiten); bereitet
²be|rei|ten (zureiten); beritten; **Be|rei|ter** (Zureiter)
be|reit|hal|ten (↑R 205); ich habe es bereitgehalten; (↑R 32:) bereit- u. zur Verfügung halten, a b e r: zur Verfügung u. bereithalten; **be|reit|le|gen** (↑R 205); ich habe das Buch bereitgelegt; **be|reit|lie|gen** (↑R 205); die Bücher werden -; **be|reit|ma|chen** (↑R 205); ich habe alles bereitgemacht; **be|reits** (schon); **Be|reit|schaft; Be|reit|schafts_arzt, ...dienst, ...po|li|zei; be|reit|ste|hen** (↑R 205); das Essen hat bereitgestanden; **be|reit|stel|len** (↑R 205); ich habe das Paket bereitgestellt; **Be|reit|stel|lung; Be|rei|tung; be|reit|wil|lig;** -st; **Be|reit|wil|lig|keit,** die; -
Be|re|ni|ce [...'ni:tsə *od.* ...tʃe] *vgl.* Berenike; **Be|re|ni|ke** (w. Vorn.)
be|ren|nen; das Tor - *(Sportspr.)*
be|ren|ten (*Amtsspr.* eine Rente zusprechen)
Be|re|si|na [*od.* ...'na], die; - (Nebenfluß des Dnjepr)
Bé|ret [berɛ], das; -s, -s (*schweiz. für* Baskenmütze)
be|reu|en
¹Berg (früheres Großherzogtum)
²Berg, Alban (österr. Komponist)
³Berg, der; -[e]s, -e; zu -[e] fahren; die Haare stehen einem zu -[e] *(ugs.);* **berg|ab;** - gehen; **berg|ab|wärts; Berg_ahorn, ...aka|de|mie**
Ber|ga|mas|ke, der; -n, -n; ↑R 197 (Bewohner von Bergamo); **Ber|ga|mas|ker** (↑R 147); **ber|ga|mas|kisch; Ber|ga|mo** (ital. Stadt)
Ber|ga|mot|te, die; -, -n ‹türk.› (eine Birnensorte; eine Zitrusfrucht); **Ber|ga|mott|öl**
Berg|amt (Aufsichtsbehörde für den Bergbau)
berg|an; - gehen; **Berg|ar|bei|ter; berg|auf;** - steigen; **berg|auf|wärts; Berg_bahn, ...bau** (der; -[e]s), **...bau|er** (der; -n, -n), **...be|hör|de, ...be|woh|ner; Ber|ge** *Plur.* (taubes Gestein); **ber|ge|hoch,** berg|hoch
Ber|ge|lohn *(Seew.);* **ber|gen;** [in] sich -; du birgst; du bargst; du bärgest; geborgen; birg!
Ber|gen|gruen [...gry:n] (dt. Schriftsteller)
Ber|ges|hö|he *(geh.);* **ber|ge|wei|se** (*ugs. für* in großen Mengen); **Berg|fahrt** (Fahrt den Strom, den Berg hinauf; *Ggs.* Talfahrt); **berg|fern; Berg|fex** (leidenschaftl. Bergsteiger); **Berg|fried,** der; -[e]s, -e (Hauptturm auf Burgen; Wehrturm); *vgl. auch* Burgfried; **Berg_füh|rer, ...gip|fel; berg|hoch,** ber|ge|hoch; **Berg_ho|tel, ...hüt|te; ber|gig**
ber|gisch (zum Lande Berg gehörend), a b e r (↑R 146): das Bergische Land (Gebirgslandschaft zwischen Rhein, Ruhr und Sieg)
Berg Isel, der; - - *u.* **Berg|isel,** *österr. nur so,* der; - (Berg bei Innsbruck)
Berg_ket|te, ...kie|fer (die), **...knap|pe** *(veraltet),* **...krank|heit, ...kri|stall** (der; -s, -e; ein Mineral), **...kup|pe; Berg|ler,** der; -s, - (im Bergland Wohnender); **Berg|luft,** die; -; **Berg|mann** *Plur.* ...leute, *seltener* ...männer; **berg|män|nisch; Berg|manns|spra|che; Berg_mas|siv, ...mei|ster, ...not, ...par|te** (die; -, -n; *Bergmannsspr.* Paradebeil der Bergleute), **...pfad, ...pre|digt** (die; -; *N. T.*); **berg|reich; Berg_ren|nen** *(Motorsport),* **...ret|tungs|dienst, ...rutsch, ...schä|den** (*Plur.;* durch den Bergbau an der Erdoberfläche hervorgerufene Schäden), **...schi** (*vgl.* ...ski), **...schuh; berg|schüs|sig** (*Bergmannsspr.* reich an taubem Gestein); **Berg|see; berg|seits; Berg|ski,** Bergschi (bei der Fahrt am Hang der obere Ski); **Berg|spit|ze; berg|stei|gen** *nur im Infinitiv und Partizip II gebräuchlich;* berggestiegen; **Berg_stei|gen** (das; -s), **...stei|ger; berg|stei|ge|risch; Berg|stra|ße** (am Westrand des Odenwaldes); **Berg|strä|ßer** (↑R 147); - Wein; **Berg_tod** (der; -[e]s), **...tour; Berg-und-Tal-Bahn,** die; -, -en (↑R 41)
Ber|gung; Ber|gungs|mann|schaft
Berg_wacht, ...wand, ...wan|de|rung, ...werk; Berg|werks|ab|ga|be
Be|ri|be|ri die; - ‹singhal.› (auf einem Mangel an Vitamin B_1 beruhende Krankheit)

Be|richt, der; -[e]s, -e; - erstatten; **be|rich|ten**; falsch, gut berichtet sein *(veraltend)*; **Be|rich|ter; Be|richt|er|stat|ter; Be|richt|er|stat|tung; be|rich|ti|gen; Be|rich|ti|gung; Be|richts_heft** (Heft für wöchentl. Arbeitsberichte von Auszubildenden), **...jahr, ...zeit|raum**

be|rie|chen; sich - (*ugs. für* vorsichtig Kontakte herstellen)

be|rie|seln; ich ...[e]le (↑R 22); **Be|rie|se|lung**, Be|ries|lung *Plur. selten;* **Be|rie|se|lungs|an|la|ge**

be|rin|gen ([Vögel u. a.] mit Ringen [am Fuß] versehen)

Be|ring_meer (*das;* -[e]s; nördlichstes Randmeer des Pazifiks), **...stra|ße** (die; -); ↑R 149

Be|rin|gung (von Vögeln u. a.)

Be|ritt ([Forst]bezirk; [kleine] Abteilung Reiter); **be|rit|ten**

Ber|ke|li|um, das; -s ⟨nach der Universität Berkeley in den USA⟩ (chem. Element, Transuran; *Zeichen* Bk)

Ber|lin (Hauptstadt der Bundesrepublik Deutschland); **Ber|li|na|le**, die; -, -n (*Bez. für* die Filmfestspiele in Berlin); **Ber|lin-Char|lot|ten|burg** [- ʃar...]; **Ber|lin-Dah|lem; Ber|li|ner**; ↑R 147 (*auch kurz für* Berliner Pfannkuchen); ein - Kind; - Bär (Wappen von Berlin); **Ber|li|ner Blau**, das; - -s (ein Farbstoff); **ber|li|ne|risch; ber|li|nern** (berlinerisch sprechen); ich ...ere (↑R 22); **ber|li|nisch; Ber|lin-Jo|han|nis|thal; Ber|lin-Kö|pe|nick; Ber|lin-Neu|kölln; Ber|lin-Pan|kow** [...'paŋko:]; **Ber|lin-Prenz|lau|er Berg; Ber|lin-Rei|nicken|dorf** [*Trenn.* ...nik|ken...]; **Ber|lin-Span|dau; Ber|lin-Steg|litz; Ber|lin-Trep|tow** [...'tre:pto:, *auch* 'trɛpto:]; **Ber|lin-Wei|ßen|see; Ber|lin-Wil|mers|dorf; Ber|lin-Zeh|len|dorf**

Ber|li|oz [bɛr'li̯ɔs] (franz. Komponist)

Ber|litz|schu|le ⟨nach dem Gründer⟩ (Sprachschule); ↑R 135

Ber|locke, die; -, -n [*Trenn.* ...lok|ke] ⟨franz.⟩ (kleiner Schmuck an [Uhr]ketten)

Ber|me, die; -, -n (*Deichbau* Absatz an einer Böschung)

Ber|mu|da|drei|eck, das; -s (Teil des Atlantiks, in dem sich auf bisher nicht befriedigend geklärte Weise Schiffs- und Flugzeugunglücke häufen); **Ber|mu|da|in|seln** *od.* **Ber|mu|das** *Plur.* (Inseln im Atlantik); **Ber|mu|da|shorts** [...ʃo:(r)ts] *Plur.* (fast knielange Shorts od. Badehose)

Bern (Hptst. der Schweiz und des gleichnamigen Kantons)

Ber|na|dette [...'dɛt] (w. Vorn.)

Ber|na|dotte [...'dɔt] (schwed. Königsgeschlecht)

Ber|na|nos (franz. Schriftsteller)

Ber|nar|di|no, der; -[s] (*ital. Form von* Bernhardin)

Bern|biet, das; -s (*svw.* Kanton Bern)

Bernd, *auch* Bernt (m. Vorn.)

Ber|ner (↑R 147); die Berner Alpen, das Berner Oberland

Bern|hard (m. Vorn.); **Bern|har|de** (w. Vorn.); **Bern|har|din**, der; -s, *auch* Bern|har|din|paß, der; ...passes (*kurz für* Sankt-Bernhardin-Paß); *vgl.* Bernardino; **Bern|har|di|ne** (w. Vorn.); **Bern|har|di|ner**, der; -s, - (eine Hunderasse); **Bern|har|di|ner|hund**

Bern|hild, Bern|hil|de (w. Vorn.)

Ber|ni|na, der; -s, *auch* die; - (*kurz für* Piz Bernina *bzw. für* Berninagruppe, -massiv); **Ber|ni|na|bahn**, die; -

ber|nisch ⟨*zu* Bern⟩

[1]**Bern|stein** [*auch* 'bœ:(r)nst...], Leonard (amerik. Komponist u. Dirigent)

[2]**Bern|stein** ([als Schmuckstein verarbeitetes] fossiles Harz); **bern|stei|ne[r]n** (aus Bernstein); **Bern|stein|ket|te**

Bernt *vgl.* Bernd; **Bern|ward** (m. Vorn.); **Bern|wards|kreuz**, das; -es

Be|ro|li|na, die; - (Frauengestalt als Sinnbild Berlins)

Ber|sa|glie|re [bɛrsal'je:rə], der; -[s], ...ri ⟨ital.⟩ (ital. Scharfschütze)

Ber|ser|ker [*od.* ...'zɛr...], der; -s, - ⟨altnord.⟩ (wilder Krieger der altnord. Sage; *auch für* blindwütig tobender Mensch); **ber|ser|ker|haft; Ber|ser|ker|wut**

ber|sten; es birst; es barst; geborsten; **Berst|schutz**, der; -es *(Kerntechnik)*

Bert (m. Vorn.)

Ber|ta; ↑R 131 (w. Vorn.); **Bert|hil|de** (w. Vorn.); **Bert|hold** *vgl.* Bertold; **Ber|ti** (w. *od.* m. Vorn.)

Ber|ti|na, Ber|ti|ne (w. Vorn.)

Ber|told, Bert|hold (m. Vorn.)

Bert|ram (m. Vorn.); **Bert|rand** (m. Vorn.)

be|rüch|tigt

be|rücken [*Trenn.* ...rük|ken] (betören); **be|rückend**; -ste [*Trenn.* ...rük|kend]

be|rück|sich|ti|gen; Be|rück|sich|ti|gung, die; -

Be|rückung [*Trenn.* ...rük|kung] (*geh., selten für* Bezauberung)

Be|ruf, der; -[e]s, -e; **be|ru|fen** (*österr. auch für* Berufung einlegen); sich auf jmdn. *od.* etwas -; **be|ruf|lich; Be|rufs_an|fän|ger, ...auf|bau|schu|le** (Schulform des zweiten Bildungsweges zur Erlangung der Fachschulreife), **...aus|bil|dung, ...aus|sich|ten** *(Plur.)*, **...be|am|te; be|rufs|be|dingt; be|rufs|be|glei|tend**; -e Schulen; **Be|rufs_be|ra|ter, ...be|ra|tung, ...be|zeich|nung; be|rufs|be|zo|gen; be|rufs|bil|dend**; -e Schulen; **Be|rufs|bil|dungs|werk** (Einrichtung zur Berufsausbildung für behinderte Jugendliche); **Be|rufs|bo|xen**, das; -s; **Be|rufs|eig|nung; be|rufs|er|fah|ren; Be|rufs_er|fah|rung, ...ethos, ...fach|schu|le, ...fah|rer, ...feu|er|wehr; be|rufs|fremd; Be|rufs_ge|heim|nis, ...ge|nos|sen|schaft, ...heer, ...klas|se, ...klei|dung, ...krank|heit, ...le|ben; be|rufs_los, ...mä|ßig; Be|rufs_or|ga|ni|sa|ti|on, ...päd|ago|gik, ...prak|ti|kum, ...re|vo|lu|tio|när, ...rich|ter, ...ri|si|ko, ...schu|le, ...sol|dat, ...spie|ler, ...sport|ler, ...stand; be|rufs_stän|disch, ...tä|tig; Be|rufs|tä|ti|ge**, der *u.* die; -n, -n (↑R 7 ff.); **Be|rufs_ver|band, ...ver|bot, ...ver|bre|cher, ...ver|kehr** (der; -[e]s), **...wahl** (die; -), **...wech|sel; Be|ru|fung; Be|ru|fungs_frist** *(Rechtsspr.)*, **...in|stanz, ...recht, ...ver|fah|ren**

be|ru|hen; auf einem Irrtum -; die Sache auf sich - lassen; **be|ru|hi|gen**; sich -; **Be|ru|hi|gung; Be|ru|hi|gungs_mit|tel** (das), **...sprit|ze**

be|rühmt; -este; **be|rühmt-be|rüch|tigt; Be|rühmt|heit**

be|rüh|ren; sich -; **Be|rüh|rung; Be|rüh|rungs_angst** *(Psych.)*, **...li|nie, ...punkt**

be|ru|ßen; berußt sein

Be|ryll, der; -[e]s, -e ⟨griech.⟩ (ein Edelstein); **Be|ryl|li|um**, das; -s (chem. Element, Metall; *Zeichen* Be)

bes. = besonders

be|sab|beln (*ugs. für* mit Speichel beschmutzen); sich -; ich ...[e]le (↑R 22)

be|sab|bern (*ugs. für* mit Speichel beschmutzen); sich -; ich ...ere (↑R 22)

be|sä|en

be|sa|gen; das besagt nichts; **be|sagt** (*Amtsspr. für* erwähnt)

be|sai|ten; besaitet; *vgl.* zartbesaitet

be|sa|men

be|sam|meln (*schweiz. für* sammeln [von Truppen u. ä.]); ich ...[e]le (↑R 22); sich - (*schweiz. für* sich versammeln); **Be|samm|lung** *(schweiz.)*

Be|sa|mung (Befruchtung); künstliche -; **Be|sa|mungs_sta|ti|on, ...zen|trum**

Be|san, der; -s, -e ⟨niederl.⟩ (*Seemannsspr.* Segel am hintersten Mast)

be|sänf|ti|gen; Be|sänf|ti|gung
Be|san|mast (*Seemannsspr.* hinterster Mast eines Segelschiffes)
be|sät; mit etwas - (über u. über bedeckt) sein
Be|satz, der; -es, ...sätze; **Be|sat|zer,** der; -s, - (*ugs. abwertend für* Angehöriger einer Besatzungsmacht); **Be|satz|strei|fen; Be|sat|zung; Be|sat|zungs‿kind, ...ko|sten** *(Plur.)*, **...macht, ...sol|dat, ...zo|ne**
be|sau|fen, sich (*derb für* sich betrinken); besoffen; [1]**Be|säuf|nis,** das; -ses, -se *od.* die; -, -se (*ugs. für* Sauferei, Zechgelage); [2]**Be|säuf|nis,** die; - (*ugs. für* Volltrunkenheit)
be|säu|seln, sich (*ugs. für* sich [leicht] betrinken); **be|säu|selt**
be|schä|di|gen; Be|schä|di|gung
be|schaff|bar; [1]**be|schaf|fen** (besorgen); *vgl.* [1]schaffen; [2]**be|schaf|fen** (geartet); mit etwas ist es gut, schlecht beschaffen; **Be|schaf|fen|heit,** die; -; **Be|schaf|fung,** die; -; **Be|schaf|fungs|kri|mi|na|li|tät** (kriminelle Handlungen zur Beschaffung von [Geld für] Drogen)
be|schäf|ti|gen; sich [mit etw.] -; beschäftigt sein; **Be|schäf|tig|te,** der *u.* die; -n, -n (↑R 7 ff.); **Be|schäf|ti|gung; be|schäf|ti|gungs|los; Be|schäf|ti|gungs‿stand** (der; -[e]s), **...the|ra|pie**
be|schä|len (begatten [von Pferden]); **Be|schä|ler** (Zuchthengst)
be|schal|len (starken Schall eindringen lassen; *Technik u. Med.* mit Ultraschall behandeln, untersuchen); **Be|schal|lung**
be|schä|men; be|schä|mend; -ste; **be|schä|men|der|wei|se; Be|schä|mung**
be|schat|ten; Be|schat|tung
Be|schau, die; -; **be|schau|en; Be|schau|er; be|schau|lich; Be|schau|lich|keit,** die; -
Be|scheid, der; -[e]s, -e; - geben, sagen, tun, wissen; [1]**be|schei|den;** ein -er Mann; [2]**be|schei|den;** beschied; beschieden; ein Gesuch abschlägig - (*Amtsspr.* ablehnen); jmdn. irgendwohin - (*geh. für* kommen lassen); sich - (sich zufriedengeben); **Be|schei|den|heit,** die; -; **be|schei|dent|lich** *(geh., veraltend)*
be|schei|nen
be|schei|ni|gen; Be|schei|ni|gung
be|schei|ßen (*derb für* betrügen); beschissen
be|schen|ken; Be|schenk|te, der *u.* die; -n, -n (↑R 7 ff.)
[1]**be|sche|ren** (beschneiden); beschoren; *vgl.* [1]scheren
[2]**be|sche|ren** (schenken; zuteil werden lassen; *auch für* beschenken); beschert; jmdm. [etwas] -; die Kinder wurden [reich] beschert; **Be|sche|rung**
be|scheu|ert (*derb für* dumm, schwer von Begriff)
be|schich|ten *(fachspr.);* **Be|schich|tung**
be|schicken [*Trenn.* ...schik|ken]
be|schickert [*Trenn.* ...schik|kert] (*ugs. für* leicht betrunken)
Be|schickung [*Trenn.* ...schik|kung]
be|schie|den; das ist ihm beschieden; *vgl.* [2]bescheiden
be|schie|ßen; Be|schie|ßung
be|schil|dern (mit einem [1]Schild versehen); **Be|schil|de|rung**
be|schimp|fen; Be|schimp|fung
be|schir|men; Be|schir|mer; be|schirmt (*scherzh. für* mit einem Schirm ausgerüstet)
Be|schiß, der; ...isses (*derb für* Betrug); **be|schis|sen** (*derb für* sehr schlecht); *vgl.* bescheißen
be|schlab|bern, sich (sich beim Essen beschmutzen)
Be|schlächt, das; -[e]s, -e (hölzerner Uferschutz)
be|schla|fen; ich muß das noch -
Be|schlag, der; -[e]s, Beschläge; mit - belegen; in - nehmen, halten; **Be|schläg,** das; -s, -e (*schweiz. für* Beschlag, Metallteile an Türen, Fenstern, Schränken); [1]**be|schla|gen;** gut - (bewandert; kenntnisreich) sein; [2]**be|schla|gen;** Pferde -; die Fenster sind -; die Glasscheibe beschlägt [sich] (läuft an); die Hirschkuh ist - [worden] (*Jägerspr. für* befruchtet, begattet [worden]); **Be|schla|gen|heit,** die; - ⟨*zu* [1]beschlagen⟩; **Be|schlag|nah|me,** die; -, -n; **be|schlag|nah|men;** beschlagnahmt; **Be|schlag|nah|mung**
be|schlei|chen
be|schleu|ni|gen; Be|schleu|ni|ger; be|schleu|nigt (schnellstens); **Be|schleu|ni|gung; Be|schleu|ni|gungs‿an|la|ge** *(Kernphysik)*, **...ver|mö|gen** (das; -s; *Technik*), **...wert** *(Technik)*
be|schleu|sen (mit Schleusen versehen); einen Fluß -
be|schlie|ßen; Be|schlie|ßer (*veraltend für* Aufseher, Haushälter); **Be|schlie|ße|rin** *(veraltend);* **be|schlos|sen; be|schlos|se|ner|ma|ßen; Be|schluß; be|schluß|fä|hig; Be|schluß|fä|hig|keit,** die; -; **Be|schluß‿fas|sung, ...or|gan, ...recht**
be|schmei|ßen *(ugs.)*
be|schmie|ren
be|schmut|zen; ich beschmutze mir das Kleid; **Be|schmut|zung**
be|schnei|den; Be|schnei|dung; - Jesu (kath. Fest)
be|schnei|en; beschneite Dächer
be|schnüf|feln (*ugs. auch für* vorsichtig prüfen)
be|schnup|pern
be|schö|ni|gen; Be|schö|ni|gung
be|schot|tern *(fachspr.);* **Be|schot|te|rung**
be|schrän|ken; sich -; **be|schrankt** (*Eisenb.* mit Schranken versehen); -er Bahnübergang; **be|schränkt;** -este (beengt; geistesarm); **Be|schränkt|heit,** die; -; **Be|schrän|kung**
be|schreib|bar; be|schrei|ben; Be|schrei|bung
be|schrei|en; etwas nicht -
be|schrei|ten *(geh.)*
Be|schrieb, der; -s, -e (*schweiz. neben* Beschreibung)
be|schrif|ten; Be|schrif|tung
be|schu|hen; be|schuht
be|schul|di|gen; eines Verbrechens -; **Be|schul|di|ger; Be|schul|dig|te,** der *u.* die; -n, -n (↑R 7 ff.); **Be|schul|di|gung**
be|schu|len (*Amtsspr.* mit [Schulen u.] Schulunterricht versorgen); **Be|schu|lung** *Plur. selten;* **Be|schu|lungs|ver|trag**
be|schum|meln (*ugs. für* [in Kleinigkeiten] betrügen)
be|schup|pen *vgl.* beschupsen
be|schuppt (mit Schuppen bedeckt)
be|schup|sen (*ugs. für* betrügen)
be|schürzt
Be|schuß, der; ...schusses
be|schüt|zen; Be|schüt|zer
be|schwat|zen, *landsch.* **be|schwät|zen** *(ugs.)*
Be|schwer, die; -, *auch* das; -[e]s (*veraltet für* Anstrengung, Bedrückung); **Be|schwer|de,** die; -, -n; - führen; **Be|schwer|de|buch; be|schwer|de|frei; Be|schwer|de‿frist** *(Rechtsw.)*, **...füh|ren|de** (der *u.* die; -n, -n; ↑R 7 ff.), **...füh|rer, ...in|stanz, ...weg** (der; -[e]s; auf dem -); **be|schwe|ren;** sich -; **be|schwer|lich; Be|schwer|lich|keit; Be|schwer|nis,** die; -, -se, *auch* das; -ses, -se; **Be|schwe|rung**
be|schwich|ti|gen; Be|schwich|ti|gung
be|schwin|deln
be|schwin|gen (in Schwung bringen); **be|schwingt;** -este; **Be|schwingt|heit,** die; -
be|schwipst; -este (*ugs. für* leicht betrunken); **Be|schwip|ste,** der *u.* die; -n, -n (↑R 7 ff.)
be|schwö|ren; du beschworst; er beschwor; du beschwörest; beschworen; beschwör[e]!; **Be|schwö|rer; Be|schwö|rung; Be|schwö|rungs|for|mel**
be|see|len (*geh. für* beleben; mit Seele erfüllen); **be|seelt;** -e Natur; **Be|seelt|heit,** die; -; **Be|see|lung**

be|se|geln; die Meere -; **Be|se|ge|lung**, *seltener* **Be|seg|lung**
be|se|hen
be|sei|ti|gen; Be|sei|ti|gung
be|se|li|gen (*geh. für* glücklich machen); **be|se|ligt** *(geh.)*; **Be|se|li|gung** *(geh.)*
Be|sen, der; -s, -; **Be|sen_bin|der, ...kam|mer, ...ma|cher** (Berufsbez.); **be|sen|rein; Be|sen_schrank, ...stiel; Be|serl|baum** (*österr. ugs. für* unansehnlicher Baum); **Be|serl|park** (*österr. ugs. für* kleiner Park)
be|ses|sen; von einer Idee -; **Be|ses|se|ne**, der *u.* die; -n, -n (↑R 7 ff.); **Be|ses|sen|heit**, die; -
be|set|zen; besetzt; **Be|setzt|zei|chen** *(Telefon)*; **Be|set|zung; Be|set|zungs|li|ste** (Liste der Rollenverteilung für ein Theaterstück)
be|sich|ti|gen; Be|sich|ti|gung
be|sie|deln; Be|sie|de|lung, Be|sied|lung
be|sie|geln; Be|sie|ge|lung
be|sie|gen
Be|sieg|lung *vgl.* Besiegelung
Be|sieg|te, der *u.* die; -n, -n (↑R 7 ff.)
be|sin|gen
be|sin|nen, sich; sich eines and[e]ren, andern -, a b e r (R 65): sich eines Besseren, Beßren -; **be|sinn|lich; Be|sinn|lich|keit**, die; -; **Be|sin|nung**, die; -; **Be|sin|nungs|auf|satz; be|sin|nungs|los**
Be|sitz, der; -es; **Be|sitz|an|spruch; be|sitz|an|zei|gend**; -es Fürwort (*für* Possessivpronomen); **Be|sitz_bür|ger** *(meist abwertend)*, **...bür|ger|tum; be|sit|zen; Be|sit|zer; Be|sitz|er|grei|fung; Be|sit|zer_stolz, ...wech|sel; be|sitz|los; Be|sitz|lo|se**, der *u.* die; -n, -n (↑R 7 ff.); **Be|sitz|lo|sig|keit**, die; -; **Be|sitz|nah|me**, die; -, -n; **Be|sitz|stand; Be|sitz|tum; Be|sit|zung; Be|sitz_ver|hält|nis|se** *(Plur.)*, **...ver|tei|lung, ...wech|sel**
Bes|ki|den *Plur.* (Teil der Karpaten)
be|sof|fen (*derb für* betrunken); **Be|sof|fen|heit**, die; - *(derb)*
be|soh|len; Be|soh|lung
be|sol|den; Be|sol|de|te, der *u.* die; -n, -n (↑R 7 ff.); **Be|sol|dung; Be|sol|dungs_grup|pe, ...ord|nung, ...recht, ...ta|rif**
be|söm|mern (*Landw.* den Boden nur im Sommer nutzen)
be|son|de|re; zur -n Verwendung (*Abk.* z. b. V.). **I.** *Kleinschreibung* (↑R 65): im besonder[e]n, im besondren; insbesond[e]re; bis aufs einzelne und besond[e]re. **II.** *Großschreibung* (↑R 65): das Besond[e]re (das Seltene, Außergewöhnliche); etwas, nichts Besond[e]res; **Be|son|der|heit; be|son|ders** (*Abk.* bes.); besonders[,] wenn (↑R 127)
[1]**be|son|nen** (überlegt, umsichtig)
[2]**be|son|nen**; sich - (von der Sonne bescheinen) lassen
Be|son|nen|heit, die; -
be|sonnt; -e Hänge
be|sor|gen; Be|sorg|nis, die; -, -se; **be|sorg|nis|er|re|gend**; -ste; **be|sorgt**; -este; **Be|sorgt|heit**, die; -; **Be|sor|gung**
be|span|nen; Be|span|nung
be|spei|en (*geh. für* bespucken)
be|spickt (dicht besteckt)
be|spie|geln; Be|spie|ge|lung, Be|spieg|lung
be|spiel|bar; be|spie|len; eine Kassette -
be|spi|ken [bəˈspaikən] (*fachspr.* mit Spikes versehen)
be|spit|zeln; Be|spit|ze|lung, Be|spitz|lung
be|spöt|teln; Be|spöt|te|lung, Bespött|lung; **be|spot|ten**
be|spre|chen; sich -; **Be|spre|cher; Be|spre|chung**
be|spren|gen; mit Wasser -
be|spren|keln
be|sprin|gen (begatten [von Tieren])
be|sprit|zen
be|sprü|hen; Be|sprü|hung
be|spucken [*Trenn.* ...spuk|ken]
Bes|sa|ra|bi|en [...i̯ən] (Gebiet nordwestl. vom Schwarzen Meer)
Bes|se|mer|bir|ne; ↑R 135 ‹nach dem engl. Erfinder› (techn. Anlage zur Stahlgewinnung)
bes|ser; **I.** *Schreibung in Verbindung mit Verben* (↑R 205 f.): **a)** *Getrenntschreibung in ursprünglicher Bedeutung*, z. B. besser gehen; mit den neuen Schuhen wird er besser gehen; **b)** *Zusammenschreibung, wenn durch die Verbindung ein neuer Begriff entsteht*, z. B. bessergehen; dem Kranken wird es bald bessergehen, wenn ... **II.** *Kleinschreibung* (↑R 65): es ist das bessere (es ist besser), daß ... **III.** *Großschreibung* (↑R 65): eines Besser[e]n, *auch* Beßren belehren; sich eines Besser[e]n, *auch* Beßren besinnen; eine Wendung zum Besser[e]n, *auch* Beßren; das Bessere, *auch* Beßre ist des Guten Feind; nichts Besseres, *auch* Beßres war zu tun; **bes|ser|ge|hen;** *vgl.* besser I, b; **Bes|ser|ge|stell|te**, der *u.* die; -n, -n (↑R 7 ff.); **bes|sern**; ich bessere, *auch* beßre (↑R 22); sich -; **bes|ser|stel|len**; ↑R 205 f. (in eine bessere finanzielle, wirtschaftliche Lage versetzen), a b e r: du solltest das Glas besser stellen (nicht legen); **Bes|se|rung**, *auch* Beß|rung; **Bes|se|rungs|an|stalt; Bes|ser|ver|die|nen|de**, der *u.* die; -n, -n (↑R 7 ff.); **Bes|ser|wis|ser; Bes|ser|wis|se|rei; bes|ser|wis|se|risch; Beß|rung** *vgl.* Besserung; **Best**, das; -s, -e (*bayr., österr. für* ausgesetzter [höchster] Preis, Gewinn); **best...** (z. B. bestgehaßt)
be|stal|len (*Amtsspr.* [förmlich] in ein Amt einsetzen); wohlbestallt; **Be|stal|lung; Be|stal|lungs|ur|kun|de**
Be|stand, der; -[e]s, Bestände; - haben; von - sein; der zehnjährige - (*österr. für* Bestehen) des Vereins; ein Gut in - (*österr. für* Pacht) haben, nehmen; **be|stan|den** (bewachsen); dicht mit Wald - sein; (*schweiz. auch für* in vorgerücktem Alter:) ein -er Mann; **Be|stan|des|auf|nah|me** (*schweiz. svw.* Bestandsaufnahme); **Be|stan|des|ver|trag**, Be|stand|ver|trag (*österr. Amtsspr. für* Pachtvertrag); **be|stän|dig**; das Barometer steht auf „beständig"; **Be|stän|dig|keit**, die; -; **Be|stands|auf|nah|me; Be|stand[s]|ju|bi|lä|um** (*österr. für* Jubiläum des Bestehens); **Be|stand|teil**, der; **Be|stand|ver|trag** *vgl.* Bestandesvertrag
be|stär|ken; Be|stär|kung
be|stä|ti|gen; Be|stä|ti|gung
be|stat|ten; Be|stat|tung; Be|stat|tungs|in|sti|tut
be|stau|ben; bestaubt; sich - (staubig werden); **be|stäu|ben** *(Bot.)*; **Be|stäu|bung**
be|stau|nen
best_aus|ge|rü|stet, ...be|währt, ...be|zahlt; Best|bie|ter
be|ste; bestens; bestenfalls. **I.** *Kleinschreibung:* **a)** das beste [Buch] seiner Bücher; dieser Wein ist der beste; **b)** (↑R 65:) auf das, aufs beste (a b e r [nach II]: seine Wahl ist auf das, aufs Beste gefallen); am besten; nicht zum besten (nicht gut) gelungen; zum besten geben, haben, halten, stehen; **c)** (↑R 66:) der erste, nächste beste; **d)** (↑R 65:) es ist das beste, er hält es für das beste (am besten), daß ... **II.** *Großschreibung* (↑R 65): das Beste auslesen; auf das (aufs) Beste hoffen; aus etwas das Beste machen; das Beste ist für ihn gut genug; das Beste waren noch die Spaziergänge; er hält dies für das Beste (die beste Sache), was er je gesehen hat; er ist der Beste in der Klasse; eine[r] unserer Besten; es fehlt ihm am Besten; zu deinem Besten; zum Besten der Armen; zum Besten kehren, lenken, wenden; er hat sein Bestes getan; das

Beste vom Besten; das Beste von allem ist, daß ... (*vgl.* aber: I, d)
be|ste|chen; be|stech|lich; Be|stech|lich|keit, die; -; **Be|ste|chung; Be|ste|chungs‿geld, ...skan|dal, ...sum|me, ...ver|such**
Be|steck, das; -[e]s, *Plur.* -e, *ugs.* -s; **be|stecken**[1]; **Be|steck|ka|sten**
Be|steg, der; -[e]s, -e (*Geol.* tonige Zwischenlage zwischen Gesteinsschichten)
be|ste|hen; auf etwas -; ich bestehe auf meiner (*heute selten* meine) Forderung; **Be|ste|hen,** das; -s; seit - der Firma; **be|ste|hen|blei|ben;** es bleibt bestehen; bestehengeblieben; bestehenzubleiben; **be|ste|hen|las|sen** (beibehalten)
be|steh|len
be|stei|gen; Be|stei|gung
Be|stell|block *Plur.* ...blocks; **be|stel|len; Be|stel|ler; Be|stell|geld** (*Postw.* Zustellgebühr); **Be|stelliste,** die; -, -n [*Trenn.* Be|stell|li|ste, ↑R 204]; **Be|stell‿kar|te, ...num|mer; Be|stel|lung**
be|sten|falls; *vgl.* Fall, der; **be|stens**
be|sternt; der -e Himmel
be|steu|ern; Be|steu|e|rung (↑R 180)
Best|form, die; - *(Sport)*
best‿ge|haßt, ...ge|pflegt
be|stia|lisch; -ste; (↑R 180) ‹lat.› (unmenschlich, grausam); **Be|stia|li|tät,** die; -, -en; ↑R 180 (Unmenschlichkeit, grausames Verhalten); **Be|stia|ri|um,** das; -s, ...ien [...i̯ən] ↑R 180 (Titel mittelalterlicher Tierbücher)
be|sticken[1]; **Be|stick|hö|he** *(Deichbau);* **Be|stickung**[1]
Be|stie [...i̯ə], die; -, -n (wildes Tier; Unmensch)
be|stie|felt
be|stimm|bar; be|stim|men; be|stimmt; -este; an einem -en Tage; -er Artikel *(Sprachw.);* **Be|stimmt|heit,** die; -; **Be|stim|mung; Be|stim|mungs|bahn|hof; be|stim|mungs|ge|mäß; Be|stim|mungs‿ha|fen, ...ort, ...wort** (*Plur.* ...wörter; *Sprachw.* Wort als Vorderglied einer Zusammensetzung, das das Grundwort *[vgl. d.]* näher bestimmt, z. B. „Speise" in „Speisewagen")
best|in|for|miert
be|stirnt; der -e Himmel
Best|lei|stung
Best|mann, der; -[e]s, ...männer (*Seemannsspr.* erfahrener Seemann, der auf Küstenschiffen den Schiffsführer vertritt)
Best|mar|ke (*Sport* Rekord)

[1] *Trenn.* ...k|k...

best|mög|lich; *falsch:* bestmöglichst
be|stocken[1]; **Be|stockung**[1] (*Bot.* Seitentriebbildung; *Forstw.* Aufforstung)
be|sto|ßen (*fachspr.; schweiz. auch für* [eine Alp] mit Vieh besetzen)
be|stra|fen; Be|stra|fung
be|strah|len; Be|strah|lung; Be|strah|lungs‿do|sis, ...zeit
be|stre|ben, sich; **Be|stre|ben,** das; -s; **be|strebt;** - sein; **Be|stre|bung**
be|strei|chen; Be|strei|chung
be|strei|ken; Be|strei|kung
be|strei|ten; Be|strei|tung
best|re|nom|miert; das bestrenommierte Hotel
be|streu|en; Be|streu|ung
be|stricken[1] (bezaubern; für jmdn. stricken); **be|strickend**[1]; -ste; **Be|strickung**[1]
be|strumpft
Best|sel|ler, der; -s, - ‹engl.› (Ware [bes. Buch] mit bes. hohen Verkaufszahlen); **Best|sel|ler‿au|tor, ...li|ste**
be|stücken[1] (ausstatten, ausrüsten); **Be|stückung**[1]
be|stuh|len (mit Stühlen ausstatten); **Be|stuh|lung**
be|stür|men; Be|stür|mung
be|stür|zen; be|stür|zend; -ste; **be|stürzt;** - sein; **Be|stürzt|heit,** die; -; **Be|stür|zung,** die; -
be|stußt; -este (*ugs. für* dumm, nicht bei Verstand)
best|vor|be|rei|tet
Best‿wert (*für* Optimum), **...zeit** (*Sport* Rekordzeit), **...zu|stand**
Be|such, der; -[e]s, -e; auf, zu - sein; **be|su|chen; Be|su|cher; Be|su|cher|fre|quenz; Be|su|che|rin; Be|su|cher‿strom, ...zahl; Be|suchs‿er|laub|nis, ...kar|te, ...rit|ze** (*scherzh. für* Spalt zwischen zwei Ehebetten), **...tag, ...zeit, ...zim|mer**
be|su|deln; Be|su|de|lung, Be|sud|lung
Be|ta, das; -[s], -s (griech. Buchstabe: *Β, β*); **Be|ta|blocker**[1] (*kurz für* Betarezeptorenblocker)
be|tagt; -este (*geh. für* alt); *vgl.* hochbetagt; **Be|tagt|heit,** die; -
be|ta|keln (*Seemannsspr.* mit Takelwerk versehen; *österr. ugs. für* beschwindeln); **Be|ta|ke|lung, Be|tak|lung**
Be|ta|ni|en *vgl.* Bethanien
be|tan|ken; ein Fahrzeug -; **Be|tan|kung**
Be|ta|re|zep|to|ren|blocker[1] *od.* **β-Re|zep|to|ren-Blocker**[1]; ↑R 41 (Arzneimittel für bestimmte Herzkrankheiten)
be|ta|sten

[1] *Trenn.* ...k|k...

Be|ta|strah|len, β-Strah|len *Plur.* (↑R 37; *Kernphysik*); **Be|ta|strah|ler** (*Med.* Bestrahlungsgerät); **Be|ta|strah|lung** *(Kernphysik)*
Be|ta|stung
be|tä|ti|gen; sich -; **Be|tä|ti|gung; Be|tä|ti|gungs|feld**
Be|ta|tron, das; -s, *Plur.* ...one *od.* -s (*Kernphysik* Elektronenschleuder)
be|tat|schen (*ugs. für* betasten, streicheln)
be|täu|ben; Be|täu|bung; Be|täu|bungs|mit|tel, das
be|tau|en; betaute Wiesen
Be|ta|zer|fall *(Kernphysik)*
Bet‿bank, ...bru|der
Be|te, *landsch. Nebenform* Beete, die; -, -n (Wurzelgemüse; Futterpflanze); rote -
Be|tei|geu|ze, der; - ‹arab.› (ein Stern)
be|tei|len (*österr. für* beschenken; versorgen); **be|tei|li|gen;** sich -; **Be|tei|lig|te,** der *u.* die; -n, -n (↑R 7 ff.); **Be|tei|ligt|sein; Be|tei|li|gung; Be|tei|li|gungs|fi|nan|zie|rung; Be|tei|lung** (*österr. für* Beschenkung, Zuteilung)
Be|tel, der; -s ‹Malajalam-port.› (Genußmittel aus der Betelnuß); **Be|tel‿kau|er, ...nuß**
be|ten; Be|ter
Be|tes|da *vgl.* Bethesda
be|teu|ern; ich ...ere (↑R 22); **Be|teu|e|rung** (↑R 180)
be|tex|ten
Be|tha|ni|en, *ökum.* Be|ta|ni|en [...i̯ən] (bibl. Ortsn.)
Be|thel (Heil- u. Pflegeanstalt bei Bielefeld)
Be|thes|da, *ökum.* Be|tes|da, der; -[s] (ehem. Teich in Jerusalem)
Beth|le|hem, *ökum.* Bet|le|hem (palästin. Stadt); **beth|le|he|mi|tisch;** (↑R 148:) der -e Kindermord
Beth|männ|chen ‹nach der Frankfurter Bankiersfamilie Bethmann› (ein Gebäck aus Marzipan und Mandeln)
Be|ti|se, die; -, -n ‹franz.› (*geh. für* Dummheit)
be|ti|teln [*auch* ...'ti...]; **Be|ti|te|lung, Be|tit|lung**
Bet|le|hem *vgl.* Bethlehem
be|töl|peln (übertölpeln); **Be|töl|pe|lung**
Be|ton [be'tɔŋ, *österr.* be'to:n], der; -s, *Plur.* -s, *österr.* -e ‹franz.› (Baustoff aus einer Mischung von Zement, Wasser, Sand usw.); **Be|ton‿bau** (*Plur.* ...bauten), **...block** (*Plur.* ...blöcke)
be|to|nen
Be|to|nie [...i̯ə], die; -, -n ‹lat.› (eine Wiesenblume; Heilpflanze)
be|to|nie|ren (*auch übertr. für* festlegen, unveränderlich ma-

chen); **Be|to|nie|rung; Be|ton|kopf** (*abwertend für* völlig uneinsichtiger, auf seinen [politischen] Ansichten beharrender Mensch); **Be|ton|misch|ma|schi|ne**

be|ton|nen (*Seemannsspr.* ein Fahrwasser durch Seezeichen [Tonnen usw.] bezeichnen)

be|tont; -este, **be|ton|ter|ma|ßen; Be|to|nung**

be|tö|ren *(geh.);* **Be|tö|rer; Be|tö|re|rin; Be|tö|rung**

Bet|pult *(kath. Kirche)*

betr. = betreffend, betreffs; **Betr.** = Betreff

Be|tracht, der; *nur noch in Fügungen wie* in - kommen, ziehen; außer - bleiben; **be|trach|ten;** sich -; **Be|trach|ter; Be|trach|te|rin; be|trächt|lich;** (↑R 65:) um ein -es (bedeutend, sehr); **Be|trach|tung; Be|trach|tungs‿wei|se** (die), **...win|kel**

Be|trag, der; -[e]s, Beträge; **be|tra|gen;** sich -; **Be|tra|gen,** das; -s

be|tram|peln *(ugs.)*

be|trau|en; mit etwas betraut sein

be|trau|ern

be|träu|feln

Be|trau|ung

Be|treff, der; -[e]s, -e (*Amtsspr.; Abk.* Betr.); in dem - (in dieser Beziehung); (↑R 65 *u.* R 208:) in betreff, betreffs *(vgl. d.)* des Neubaus; **be|tref|fen;** *vgl.* betroffen; was mich betrifft; **be|tref|fend** (zuständig; sich auf jmdn., etwas beziehend; *Abk.* betr.); die -e Behörde; den Neubau -; **Be|tref|fen|de,** der *u.* die; -n, -n (↑R 7 ff.); **Be|treff|nis,** das; -ses, -se (*schweiz. für* Anteil; Summe, die auf jmdn. entfällt); **be|treffs** (*Amtsspr.; Abk.* betr.; ↑R 62); *Präp. mit Gen.:* - des Neubaus (*besser:* wegen)

be|trei|ben (*schweiz. auch für* jmdn. durch das Betreibungsamt zur Zahlung einer Schuld veranlassen); **Be|trei|ben,** das; -s; auf mein -; **Be|trei|ber; Be|trei|be|rin; Be|trei|bung** (Förderung, das Voranbringen; *schweiz. auch für* Beitreibung)

be|treßt (mit Tressen versehen)

[1]**be|tre|ten** (verlegen); [2]**be|tre|ten;** einen Raum -; **Be|tre|ten,** das; -s; **Be|tre|ten|heit,** die; -

be|treu|en; Be|treu|er; Be|treue|rin; Be|treu|te, der *u.* die; -n, -n (↑R 7 ff.); **Be|treu|ung,** die; -; **Be|treu|ungs|stel|le**

Be|trieb, der; -[e]s, -e; in - setzen; die Maschine ist in - (läuft); aber: er ist im - (hält sich an der Arbeitsstelle auf); **be|trieb|lich; be|trieb|sam; Be|trieb|sam|keit,** die; -; **Be|triebs‿an|ge|hö|ri|ge, ...an|lei|tung, ...arzt, ...aus|flug, ...aus|schuß, ...be|ge|hung; be|triebs‿be|reit, ...blind; Be|triebs‿blind|heit, ...di|rek|tor; be|triebs|ei|gen; Be|triebs|er|laub|nis; be|triebs|fä|hig; Be|triebs‿fe|ri|en, ...fest, ...form; be|triebs|fremd; Be|triebs‿frie|den, ...füh|rer, ...ge|heim|nis, ...ge|mein|schaft, ...grö|ße, ...in|ha|ber; be|triebs|in|tern; Be|triebs‿ka|pi|tal, ...kli|ma, ...ko|sten, ...kran|ken|kas|se, ...kü|che, ...lei|ter** (der), **...lei|tung; Be|triebs|nu|del** (*ugs.* jmd., der immer Betrieb zu machen versteht); **Be|triebs‿ob|mann, ...or|ga|ni|sa|ti|on, ...rat** (*Plur.* ...räte), **...rä|tin; Be|triebs|rats‿mit|glied, ...vor|sit|zen|de; Be|triebs‿ru|he, ...schluß** (der; ...schlusses), **...schutz; be|triebs|si|cher; Be|triebs‿stät|te** (*amtl. auch* Be|trieb|stät|te), **...stoff, ...stö|rung; Be|triebs|sy|stem** *(EDV);* **be|trieb|stö|rend; Be|triebs‿treue, ...un|fall, ...ver|fas|sung; Be|triebs|ver|fas|sungs|ge|setz; Be|triebs‿wirt, ...wir|tin, ...wirt|schaft; Be|triebs|wirt|schaf|ter** (*schweiz. für* Betriebswirt); **Be|triebs|wirt|schafts|leh|re**

be|trin|ken, sich; betrunken

be|trof|fen; - sein; **Be|trof|fe|ne,** der *u.* die; -n, -n (↑R 7 ff.); **Be|trof|fen|heit,** die; -

be|trü|ben; be|trüb|lich; be|trüb|li|cher|wei|se; Be|trüb|nis, die; -, -se *(geh.);* **be|trübt;** -este; **Be|trübt|heit,** die; -

Be|trug, der; -[e]s; **be|trü|gen; Be|trü|ger; Be|trü|ge|rei; Be|trü|ge|rin; be|trü|ge|risch;** -ste

be|trun|ken; Be|trun|ke|ne, der *u.* die; -n, -n (↑R 7 ff.)

Bet|schwe|ster *(abwertend)*

Bett, das; -[e]s, -en; zu -[e] gehen

Bet|tag; *vgl.* Buß- und Bettag

Bett‿bank (*Plur.* ...bänke; *österr.* auch als Bett benutzbare Couch), **...be|zug, ...couch, ...decke** [*Trenn.* ...dek|ke]

Bet|tel, der; -s (*abwertend für* minderwertiges Zeug, Kram); **bet|tel|arm; Bet|te|lei** *(abwertend);* **Bet|tel‿mann** (*Plur.* ...leute; *veraltet*), **...mönch; bet|teln;** ich ...[e]le (↑R 22); **Bet|tel|stab;** jmdn. an den - bringen (finanziell ruinieren)

bet|ten; sich -; **Bet|ten‿bau** (der; -[e]s), **...ma|chen** (das; -s), **...man|gel** (der; -s); **Bett‿fe|der, ...ge|her** (*österr. für* Mieter einer Schlafstelle), **...ge|stell, ...ha|se** *(ugs.),* **...him|mel, ...hup|ferl** (das; -s, -; *landsch. für* Süßigkeiten für Kinder vor dem Zubettgehen)

Bet|ti, Bet|ti|na, Bet|ti|ne (w. Vorn.)

Bett‿jacke [*Trenn.* ...jak|ke], **...kan|te, ...ka|sten, ...la|de** (*landsch. für* Bett[stelle]); **bett|lä|ge|rig; Bett‿la|ken, ...lek|tü|re**

Bett|ler; Bett|ler‿stolz, ...zin|ken

Bett‿näs|ser, ...pfan|ne, ...pfo|sten, ...rand; bett|reif *(ugs.);* **Bett‿ruhe, ...schwe|re** *(ugs.),* **...statt** (*Plur.* ...stätten, *schweiz.* ...statten; *landsch. u. schweiz. für* Bett[stelle]), **...stel|le, ...sze|ne** *(Film);* **Bett|tru|he** (↑R 204); [1]**Bettuch,** das; -[e]s, ...tücher [*Trenn.* Bett|tuch, ↑R 204]

[2]**Bet|tuch;** ↑R 204 (*Plur.* ...tücher; beim jüdischen Gottesdienst)

Bett|um|ran|dung; Bet|tung *(fachspr.);* **Bett‿vor|le|ger, ...wä|sche**

Bet|ty (w. Vorn.)

Bett|zeug

be|tucht; -este ‹jidd.› (*ugs. für* vermögend, wohlhabend)

be|tu|lich (in umständlicher Weise freundlich u. geschäftig; gemächlich); **Be|tu|lich|keit,** die; -; **be|tun,** sich (sich umständlich benehmen; sich zieren); betan

be|tup|fen

be|tu|sam (*seltener für* betulich)

be|tü|tern (*nordd. für* umsorgen); sich - (*nordd. ugs. für* sich einen Schwips antrinken); **be|tü|tert** (*nordd. ugs. für* beschwipst)

Beu|che, die; -, -n (*fachspr.* Lauge zum Bleichen von Textilien); **beu|chen** (in Lauge kochen)

beug|bar (*auch für* flektierbar); **Beu|ge,** die; -, -n (Turnübung; *selten für* Biegung); **Beu|ge|haft,** die; **Beu|gel,** das; -s, - (*österr.* ein bogenförmiges Gebäck, Hörnchen); **Beu|ge|mus|kel; beu|gen** (*auch für* flektieren, deklinieren, konjugieren); sich -; **Beu|ger** (Beugemuskel); **beug|sam** *(veraltet);* **Beu|gung** (*auch für* Flexion, Deklination, Konjugation); **Beu|gungs|en|dung** *(Sprachw.);* **Beu|gungs-s,** das; -, - (↑R 37; *Sprachw.*)

Beu|le, die; -, -n; **beu|len;** sich -; **Beu|len|pest,** die; -; **beu|lig**

be|un|ru|hi|gen; sich -; **Be|un|ru|hi|gung** *Plur. selten*

be|ur|grun|zen (*ugs. scherzh. für* näher untersuchen)

be|ur|kun|den; Be|ur|kun|dung

be|ur|lau|ben; Be|ur|lau|bung

be|ur|tei|len; Be|ur|tei|ler; Be|ur|tei|lung; Be|ur|tei|lungs|maß|stab

Beu|schel, das; -s, - (*österr. für* Gericht aus Lunge u. Herz)

beut, beutst (*veraltet u. geh. für* bietet, bietest); *vgl.* bieten

[1]**Beu|te,** die; - (Erbeutetes)

[2]**Beu|te,** die; -, -n (*landsch. für* Holzgefäß; *Imkerspr.* Bienenstock)

beu|te|gie|rig; Beu|te|gut
Beu|tel, der; -s, -; **beu|teln;** ich ...[e]le (↑R 22; *südd., österr. für* derb schütteln; sich bauschen); das Kleid beutelt [sich]; **Beu|tel-ratte, ...schnei|der** (*ugs. für* Taschendieb; Wucherer), **...tier**
beu|te|lü|stern; beu|te|lu|stig
beu|ten; Bienen - (*Imkerspr.* einsetzen); du beutst; er beutet; gebeutet; **Beu|ten|ho|nig**
Beu|te-recht, ...stück, ...zug
Beut|ler (*Zool.* Beuteltier)
Beut|ner (*Imkerspr.* Bienenzüchter); **Beut|ne|rei,** die; -
beutst; *vgl.* beut
Beuys [bɔys], Joseph (dt. Zeichner u. Aktionist)
Be|va|tron ['be:vatrɔn, *auch* ...'tro:n], das; -s, *Plur.* -s *od.* ...trone (*Kernphysik* Teilchenbeschleuniger)
be|völ|kern; ich ...ere (↑R 22); **Be|völ|ke|rung; Be|völ|ke|rungs-dich|te, ...ex|plo|si|on, ...grup|pe, ...kreis, ...po|li|tik, ...schicht, ...schwund, ...sta|ti|stik, ...wis|sen|schaft, ...zahl, ...zu|nah|me**
be|voll|mäch|ti|gen; Be|voll|mäch|tig|te, der *u.* die; -n, -n (↑R 7 ff.); **Be|voll|mäch|ti|gung**
be|vor
be|vor|mun|den; Be|vor|mun|dung
be|vor|ra|ten (mit einem Vorrat ausstatten); **Be|vor|ra|tung,** die; -
be|vor|rech|ten (*älter für* bevorrechtigen); bevorrechtet; **be|vor|rech|ti|gen;** bevorrechtigt; **Be|vor|rech|ti|gung; Be|vor|rech|tung** (*älter für* Bevorrechtigung)
be|vor|schus|sen; du bevorschußt *(Amtsspr.);* **Be|vor|schus|sung**
be|vor|ste|hen
be|vor|teil|len (jmdm. einen Vorteil zuwenden; *veraltet für* übervorteilen); **Be|vor|teil|lung**
be|vor|wor|ten (mit einem Vorwort versehen)
be|vor|zu|gen; Be|vor|zu|gung
be|wa|chen; Be|wa|cher
be|wach|sen
Be|wa|chung
be|waff|nen; Be|waff|ne|te, der *u.* die; -n, -n (↑R 7 ff.); **Be|waff|nung**
be|wah|ren (hüten; aufbewahren); jmdn. vor Schaden -; Gott bewahre uns davor!, aber: gottbewahre! *(ugs.)*
be|wäh|ren, sich
Be|wah|rer; be|wahr|hei|ten, sich; **Be|wahr|hei|tung**
be|währt; -este; **Be|währt|heit,** die; -
Be|wah|rung (Schutz; Aufbewahrung)
Be|wäh|rung (Erprobung); **Be|wäh|rungs-frist** *(Rechtsspr.),* **...hel|fer, ...pro|be, ...zeit**
be|wal|den; be|wal|det; be|wald|rech|ten (*Forstw.* [gefällte Bäume] behauen); **Be|wal|dung**
be|wäl|ti|gen; Be|wäl|ti|gung
be|wan|dert (erfahren; unterrichtet)
be|wandt (*veraltet für* gestaltet, beschaffen); **Be|wandt|nis,** die; -, -se
be|wäs|sern; Be|wäs|se|rung, *selten* Be|wäß|rung; **Be|wäs|se|rungs|sy|stem**
be|weg|bar, ¹be|we|gen (Lage ändern); du bewegst; du bewegtest; bewegt; beweg[e]!; sich -; **²be|we|gen** (veranlassen); du bewegst; du bewogst; du bewögest; bewogen; beweg[e]!; **Be|weg|grund; be|weg|lich; Be|weg|lich|keit,** die; -; **be|wegt;** -este; - sein; **Be|wegt|heit,** die; -; **Be|we|gung; Be|we|gungs-ab|lauf, ...drang, ...frei|heit** (die; -); **be|we|gungs|los; Be|we|gungs-stu|die, ...the|ra|pie; be|we|gungs|un|fä|hig**
be|weh|ren (*Technik* ausrüsten; *veraltend für* bewaffnen); **Be|weh|rung**
be|wei|ben, sich (*veraltet, noch scherzh. für* sich verheiraten)
be|wei|den *(Landw.)*
be|weih|räu|chern (*auch abwertend für* übertrieben loben); **Be|weih|räu|che|rung**
be|wei|nen
be|wein|kau|fen (*landsch.* einen Kauf durch Weintrinken besiegeln)
Be|wei|nung; - Christi
Be|weis, der; -es, -e; unter - stellen *(Amtsspr.);* **Be|weis-an|trag** *(Rechtsspr.),* **...auf|nah|me; be|weis|bar; Be|weis|bar|keit,** die; -; **be|wei|sen;** bewiesen; **Be|weis-er|he|bung, ...füh|rung, ...kraft; be|weis|kräf|tig; Be|weis-last, ...mit|tel** (das), **...stück**
be|wen|den, *nur in* - lassen; **Be|wen|den,** das; -s; es hat dabei sein Bewenden (es bleibt dabei)
Be|werb, der; -[e]s, -e (*österr. Sportspr. für* Wettbewerb); aus dem - werfen; **Be|werb|chen** *(landsch.); nur in* sich ein - machen (unter Vortäuschung einer Beschäftigung ein bestimmtes Ziel verfolgen); ich mache mir ein -; **be|wer|ben,** sich; sich um eine Stelle -; **Be|wer|ber; Be|wer|be|rin; Be|wer|bung; Be|wer|bungs-schrei|ben, ...un|ter|la|gen** *(Plur.)*
be|wer|fen; Be|wer|fung
be|werk|stel|li|gen; Be|werk|stel|li|gung
be|wer|ten; Be|wer|tung
Be|wet|te|rung (*Bergmannsspr.* Versorgung der Grubenbaue mit Frischluft)
be|wickeln [*Trenn.* ...wik|keln]; **Be|wicke|lung** [*Trenn.* ...wikke...], **Be|wick|lung**
be|wil|li|gen; Be|wil|li|gung
be|will|komm|nen; du bewillkommnest; bewillkommnet; **Be|will|komm|nung**
be|wim|pert
be|wir|ken; Be|wir|kung
be|wir|ten; be|wirt|schaf|ten; Be|wirt|schaf|tung; Be|wir|tung; Be|wir|tungs|ver|trag
Be|wit|te|rung (Methode der Werkstoffprüfung, bei der Verwitterungsvorgänge simuliert werden)
be|wit|zeln
be|wohn|bar; be|woh|nen; Be|woh|ner; Be|woh|ne|rin; Be|woh|ner|schaft
be|wöl|ken, sich; **be|wölkt;** -este; -er Himmel; **Be|wöl|kung,** die; -; **Be|wöl|kungs-auf|locke|rung** [*Trenn.* ...lok|ke...], **...zu|nah|me**
be|wu|chern
Be|wuchs, der; -es
Be|wun|de|rer, Be|wund|rer; **Be|wun|de|rin,** Be|wund|re|rin; **be|wun|dern; be|wun|derns|wert;** -este; **be|wun|derns|wür|dig; Be|wun|de|rung** *Plur. selten;* **be|wun|de|rungs|wert;** -este; **be|wun|de|rungs|wür|dig; Be|wund|rer,** Be|wun|de|rer; **Be|wund|re|rin,** Be|wun|de|rin
Be|wurf
be|wur|zeln, sich (Wurzeln bilden)
be|wußt; -este; *mit Gen.:* ich bin mir keines Vergehens -; ich war mir's (*vgl.* ²es *[alter Gen.])* *od.* mir dessen -; sich eines Versäumnisses - werden; *vgl.* bewußtmachen; **Be|wußt|heit,** die; -; **be|wußt|los; Be|wußt|lo|sig|keit,** die; -; **be|wußt|ma|chen;** ↑R 205 f. (klarmachen); sie hat ihm den Zusammenhang bewußtgemacht; aber: er hat den Fehler bewußt (mit Absicht) gemacht; **Be|wußt|ma|chung; Be|wußt|sein,** das; -s; **Be|wußt|seins-bil|dung** (die; -), **...er|wei|te|rung, ...spal|tung** *(Psych.),* **...trü|bung; Be|wußt|wer|dung,** die, -
Bey *vgl.* Bei
bez., bez, bz = bezahlt
bez. = bezüglich
Bez. = Bezeichnung
Bez., Bz. = Bezirk
be|zah|len; eine gutbezahlte Stellung (↑R 209), aber: die Stellung ist gut bezahlt; **Be|zah|ler; be|zahlt** (*Abk.* bez., bez, bz); sich - machen (lohnen); **Be|zah|lung** *Plur. selten*

be|zähm|bar; be|zäh|men; sich -; **Be|zäh|mung**
be|zau|bern; be|zau|bernd; -ste; **Be|zau|be|rung**
be|zecht; -este (betrunken)
be|zeich|nen; be|zeich|nend; -ste; **be|zeich|nen|der|wei|se; Be|zeich|nung** (*Abk.* Bez.); **Be|zeich|nungs|leh|re,** die; - (*für* Onomasiologie)
be|zei|gen (*geh. für* zu erkennen geben, bekunden); Gunst, Beileid, Ehren -; **Be|zei|gung**
be|zeu|gen (Zeugnis ablegen; aus eigenem Erleben bekunden); die Wahrheit -; **Be|zeu|gung**
be|zich|ti|gen; jemanden eines Verbrechens -; **Be|zich|ti|gung**
be|zieh|bar; be|zie|hen; sich auf eine Sache -; **be|zie|hent|lich** (*Amtsspr.* mit Bezug auf); *Präp. mit Gen.:* - des Unfalles; **Be|zie|her; Be|zie|hung;** in - setzen; **Be|zie|hungs|ki|ste** (*ugs. für* Beziehung zu einem [Lebens]partner); **Be|zie|hungs|leh|re** (Theorie der Soziologie); **be|zie|hungs|los; Be|zie|hungs|lo|sig|keit,** die; -; **be|zie|hungs|reich; be|zie|hungs|wei|se** (*Abk.* bzw.)
be|zif|fern; ich ...ere (↑R 22); sich - auf; **Be|zif|fe|rung**
Be|zirk, der; -[e]s, -e (*Abk.* Bez. *od.* Bz.); **be|zirk|lich; Be|zirks‿amt, ...ge|richt** *(österr. u. schweiz.),* **...haupt|mann** *(österr.),* **...haupt|mann|schaft** *(österr.),* **...kar|te** *(Verkehrsw.),* **...klas|se** *(Sport),* **...kom|mis|sar** *(österr.),* **...li|ga** *(Sport),* **...rich|ter** *(österr. u. schweiz.),* **...schul|rat** *(österr.),* **...vor|ste|her** *(österr.);* **be|zirks|wei|se**
be|zir|zen *vgl.* becircen
Be|zo|ar, der; -s, -e ‹pers.› (in der Volksmedizin verwendeter Magenstein von Wiederkäuern)
Be|zo|ge|ne, der; -n, -n; ↑R 7 ff. (*Bankw.* Adressat u. Akzeptant [eines Wechsels]); **Be|zo|gen|heit**
be|zopft
Be|zug (*österr. auch für* Gehalt; *vgl.* Bezüge); in bezug auf (↑R 208), a b e r: mit Bezug auf; auf etwas Bezug haben, nehmen (*dafür besser* sich auf etwas beziehen); Bezug nehmend auf (*dafür besser* mit Bezug auf); **Be|zü|ge** *Plur.* (Einkünfte); **Be|zü|ger** (*schweiz. für* Bezieher); **be|züg|lich;** -es Fürwort (*für* Relativpronomen); *als Präp. mit Gen.* (*Amtsspr.; Abk.* bez.): - Ihres Briefes; **Be|züg|lich|keit; Be|zug|nah|me,** die; -, -n; **be|zugs|fer|tig; Be|zugs‿per|son, ...punkt, ...quel|le, ...recht; Be|zug[s]‿schein, ...stoff, ...sy|stem**
be|zu|schus|sen (*Amtsspr.* einen Zuschuß gewähren); du bezuschußt; **Be|zu|schus|sung**
be|zwecken [*Trenn.* ...zwek|ken]
be|zwei|feln; Be|zwei|fe|lung, Be|zweif|lung
be|zwing|bar; be|zwin|gen; be|zwin|gend; Be|zwin|ger; Be|zwin|gung, die; -; **be|zwun|gen**
Bf. = Bahnhof; Brief
BfA = Bundesversicherungsanstalt für Angestellte
bfn. = brutto für netto
bfr *vgl.* Franc
Bg. = Bogen (Papier)
BGB = Bürgerliches Gesetzbuch
BGBl. = Bundesgesetzblatt
BGS = Bundesgrenzschutz
[1]**BH** *(österr.)* = Bezirkshauptmannschaft; Bundesheer
[2]**BH** [be'ha:], der; -[s], -[s] (*ugs. für* Büstenhalter)
Bhag|van, Bhag|wan, der; -s, -s ‹Hindi› (Ehrentitel für religiöse Lehrer des Hinduismus *[nur Sing.];* Träger dieses Ehrentitels)
Bha|rat ['ba:...] (*amtl. Bez. der* Republik Indien)
Bhf. = Bahnhof
Bhu|tan ['bu:...] (Königreich im Himalaja); **Bhu|ta|ner** (Einwohner von Bhutan); **bhu|ta|nisch**
bi (*ugs. für* bisexuell)
Bi = Bismutum (*chem. Zeichen für* Wismut)
bi... ‹lat.› (zwei...; doppel[t]...); **Bi...** (Zwei...; Doppel[t]...)
Bia|fra; ↑R 180 (Teil von Nigeria)
Bia|ły|stok [bia'listɔk, *poln.* ...'wi...] ↑R 180 (Stadt in Polen)
Bian|ca, Bian|ka [*beide* 'biaŋka] ↑R 180 (w. Vorn.)
Bi|ath|let, der; -en, -en ‹lat.; griech.›; **Bi|ath|lon,** das; -s, -s (Kombination aus Skilanglauf u. Scheibenschießen)
bib|bern (*ugs. für* zittern); ich ...ere (↑R 22)
Bi|bel, die; -, -n ‹griech.› (die Hl. Schrift); **Bi|bel|druck,** der; -[e]s, -e
Bi|be|les|käs, der; -es, **Bi|be|les|kä|se,** der; -s (*alemannisch für* Quark)
bi|bel|fest; -este; **Bi|bel‿kon|kor|danz, ...le|se** *(ev. Kirche),* **...re|gal** (kleine Orgel des 16. bis 18. Jh.s), **...spruch, ...stun|de, ...vers, ...wort** (*Plur.* ...worte)
[1]**Bi|ber,** der; -s, - (ein Nagetier; Pelz); [2]**Bi|ber,** der *od.* das; -s (Rohflanell); [3]**Bi|ber,** der; -s, - (*schweiz.* eine Art Lebkuchen); **Bi|ber|bettuch** [*Trenn.* ...bett|tuch]
Bi|ber|ach an der Riß (Stadt in Oberschwaben)
Bi|ber|geil, das; -[e]s (Drüsenabsonderung des Bibers)
Bi|ber|nel|le, die; -, -n (*Nebenform von* Pimpernell)
Bi|ber‿pelz, ...schwanz (*auch* Dachziegelart)
Bi|bi, der; -s, -s (*ugs. für* steifer Hut; Kopfbedeckung)
Bi|blio|graph, der; -en, -en (↑R 197) ‹griech.› (Bearbeiter einer Bibliographie); **Bi|blio|gra|phie,** die; -, ...ien (Bücherkunde, -verzeichnis); **bi|blio|gra|phie|ren** (den Titel einer Schrift bibliographisch verzeichnen, *auch* genau feststellen); **bi|blio|gra|phisch** (bücherkundlich), a b e r (↑R 157): das Bibliographische Institut; **Bi|blio|ma|ne,** der; -n, -n; ↑R 197 (Büchernarr); **Bi|blio|ma|nie,** die; - (krankhafte Bücherliebe); **bi|blio|phil** (schöne od. seltene Bücher liebend; für Bücherliebhaber); eine -e Kostbarkeit; **Bi|blio|phi|le,** der *u.* die; -n, -n (Bücherliebhaber[in]); zwei -[n]; **Bi|blio|phi|lie,** die; - (Liebe zu Büchern); **Bi|blio|thek,** die; -, -en ([wissenschaftliche] Bücherei); Deutsche Bibliothek (in Frankfurt); **Bi|blio|the|kar,** der; -s, -e (Beamter od. Angestellter in wissenschaftl. Bibliotheken od. Volksbüchereien); **Bi|blio|the|ka|rin; bi|blio|the|ka|risch; Bi|blio|theks‿saal, ...si|gna|tur, ...we|sen** (das; -s)
bi|blisch ‹griech.›; eine biblische Geschichte (Erzählung aus der Bibel), a b e r (↑R 157): die Biblische Geschichte (Lehrfach)
Bick|bee|re (*nordd. für* Heidelbeere)
Bi|det [bi'de:], das; -s, -s ‹franz.› (längliches Sitzbecken für Spülungen u. Waschungen)
Bi|don [bidõ:], das; -s, -s (*schweiz. für* Kanne, Kanister)
bie|der; Bie|der|keit, die; -; **Bie|der‿mann** (*Plur.* ...männer), **...mei|er** (das; *Gen.* -s, *fachspr. auch* -; [Kunst]stil in der Zeit des Vormärz [1815 bis 1848]); **bie|der|mei|er|lich; Bie|der|mei|er‿stil** (der; -[e]s), **...zeit** (die; -), **...zim|mer; Bie|der|sinn,** der; -[e]s *(geh.)*
bieg|bar; Bie|ge, die; -, -n (*landsch. für* Krümmung); **bie|gen;** du bogst; du bögest; gebogen; bieg[e]!; sich -; (↑R 68:) es geht auf Biegen oder Brechen *(ugs.);* **bieg|sam; Bieg|sam|keit,** die; -; **Bie|gung**
Biel (BE) (schweiz. Stadt)
Bie|le|feld (Stadt am Teutoburger Wald); **Bie|le|fel|der** (↑R 147)
Bie|ler See, der; - -s; ↑R 151 (in der Schweiz)
Bien, der; -s (*Imkerspr.* Gesamtheit des Bienenvolkes); **Bien|chen; Bie|ne,** die; -, -n; **Bie|nen|fleiß; bie|nen|flei|ßig; bie|nen|haft; Bie|nen‿haus, ...ho|nig,**

...kö|ni|gin, ...korb, ...schwarm, ...spra|che, ...stich (*auch* Hefekuchen mit Kremfüllung und Mandelbelag), **...stock** (*Plur.* ...stöcke), **...volk, ...wachs; Bie|nen|wachs|ker|ze; Bie|nen‿zucht, ...züch|ter; Bien|lein**

bi|en|nal [biɛ...] ⟨lat.⟩ (zweijährlich; alle zwei Jahre stattfindend); **Bi|en|na|le,** die; -, -n ⟨ital.⟩ (zweijährliche Veranstaltung od. Schau, bes. in der bildenden Kunst u. im Film)

Bier, das; -[e]s, -e; (↑R 128 f.:) 5 Liter helles -; 3 [Glas] -; untergäriges, obergäriges -; **Bier‿abend, ...arsch** (*derb für* breites Gesäß); **Bier|bank|po|li|tik** (*abwertend*); **Bier‿baß** (*ugs.*), **...bauch** (*ugs. für* dicker Bauch), **...brau|er, ...deckel** [*Trenn.* ...dek|kel], **...do|se, ...ei|fer** (*ugs.*); **bier|ernst** (*ugs. für* übertrieben ernst); **Bier‿ernst** (*ugs.*), **...faß, ...fla|sche, ...gar|ten, ...glas** (*Plur.* ...gläser), **...ka|sten, ...kel|ler, ...krug, ...lachs** (beim Skat ein Spiel um eine Runde Bier), **...lei|che** (*ugs. scherzh. für* Betrunkener), **...rei|se** (*ugs. scherzh.*), **...ru|he** (*ugs. für* unerschütterliche Ruhe), **...schin|ken** (eine Wurstsorte), **...sei|del; bier|se|lig** (*scherzh.*); **Bier‿sie|der** (Berufsbez.), **...stim|me** (*ugs. für* tiefe Stimme), **...ver|lag** (Unternehmen für den Zwischenhandel mit Bier), **...wär|mer, ...wurst** (eine Wurstsorte), **...zei|tung, ...zelt**

Bie|se, die; -, -n (farbiger Streifen an Uniformen; Ziersäumchen)

Bies|flie|ge (Dasselfliege)

[1]Biest, das; -[e]s, -er (*ugs. für* Tier; Schimpfwort)

[2]Biest, der; -[e]s (Biestmilch)

Bie|ste|rei ⟨*zu* [1]Biest⟩ (*ugs. abwertend für* Gemeinheit); **bie|stig** (*ugs. für* gemein; unangenehm; sehr [stark]); eine -e Kälte

Biest|milch ⟨*zu* [2]Biest⟩ (erste Kuhmilch nach dem Kalben)

bie|ten; du bietest (*selten* bietst); *vgl.* beut; du botst (*geh.* botest); du bötest; geboten; biet[e]!; sich -; **Bie|ter**

Bi|fo|kal|bril|le ⟨lat.; dt.⟩ (Brille mit Bifokalgläsern); **Bi|fo|kal|glas** *Plur.* ...gläser (Brillenglas mit Fern- und Nahteil)

Bi|ga, die; -, ...gen ⟨lat.⟩ (von zwei Pferden gezogener [Renn]wagen in der Antike)

BIGA, Bi|ga = Bundesamt für Industrie, Gewerbe und Arbeit (in der Schweiz)

Bi|ga|mie, die; -, ...ien ⟨lat.; griech.⟩ (Doppelehe); **bi|ga|misch; Bi|ga|mist,** der; -en, -en (↑R 197); **bi|ga|mi|stisch**

Big Band [- 'bɛnt], die; - -, - -s ⟨engl.-amerik.⟩ (großes Jazz- od. Tanzorchester)

Big Ben, der; - - ⟨engl.⟩ (Stundenglocke der Uhr im Londoner Parlamentsgebäude; *auch* der Glockenturm)

Big Busi|ness [- 'biznis], das; - - ⟨engl.-amerik.⟩ (Geschäftswelt der Großunternehmer)

bi|gott; -este ⟨franz.⟩ (engherzig fromm; scheinheilig; blindgläubig); **Bi|got|te|rie,** die; -, ...ien

Bi|jou [bi'ʒu:], der *od.* das; -s, -s ⟨franz.⟩ (*schweiz. für* Kleinod, Schmuckstück); **Bi|jou|te|rie** [biʒu...], die; -, ...ien ([billiger] Schmuck; *schweiz. auch für* Schmuckwarengeschäft)

Bi|kar|bo|nat, *chem. fachspr.* Bi|car|bo|nat ⟨lat.⟩ (doppeltkohlensaures Salz)

Bi|ki|ni, der; -s, -s ⟨nach dem Südseeatoll⟩ (knapper, zweiteiliger Badeanzug)

bi|kon|kav [*auch* ...'ka:f] ⟨lat.⟩ (*Optik* beiderseits hohl [geschliffen])

bi|kon|vex [*auch* ...'vɛks] ⟨lat.⟩ (*Optik* beiderseits gewölbt [geschliffen])

bi|la|bi|al [*auch* ...'bia:l] ⟨lat.⟩ (*Sprachw.* mit beiden Lippen gebildet); **Bi|la|bi|al,** der; -s, -e *u.* **Bi|la|bi|al|laut,** der; -[e]s, -e (mit Ober- u. Unterlippe gebildeter Laut, z. B. p)

Bi|lanz, die; -, -en ⟨ital.⟩ (*Wirtsch.* Gegenüberstellung von Einnahmen u. Ausgaben, Vermögen u. Schulden für ein Geschäftsjahr; *übertr. für* Ergebnis); **Bi|lanz|buch|hal|ter; bi|lan|zie|ren** (*Wirtsch.* sich ausgleichen; eine Bilanz abschließen); **Bi|lan|zie|rung; bi|lanz|si|cher;** ein -er Buchhalter; **Bi|lanz|sum|me**

bi|la|te|ral [*od.* ...'ra:l] ⟨lat.⟩ (zweiseitig); -e Verträge

Bilch, der; -[e]s, -e ⟨slaw.⟩ (ein Nagetier); **Bilch|maus**

Bild, das; -[e]s, -er; im -e sein; **Bild‿ar|chiv, ...aus|schnitt, ...band** (der), **...bei|la|ge, ...be|richt, ...be|richt|er|stat|ter, ...be|schrei|bung; Bild|chen; bil|den;** sich -; die bildenden Künste (↑R 157); **Bil|der‿at|las, ...bo|gen, ...buch; Bil|der|buch‿ehe** (ideale, sehr gute Ehe), **...kar|rie|re, ...lan|dung, ...tor** (*Sport*), **...wet|ter; Bil|der|chen** *Plur.* (*svw.* Bildchen); **Bil|der‿chro|nik, ...rah|men, ...rät|sel; bil|der|reich; Bil|der‿schrift, ...sturm** (der; -[e]s), **...stür|mer; Bil|der|stür|me|rei; Bild‿flä|che, ...fol|ge, ...fre|quenz, ...funk, ...ge|schich|te, ...ge|stal|tung; bild|haft;** -este; **Bild|haf|tig|keit,** die; -; **Bild|hau|er; Bild|haue|rei; Bild|haue|rin; bild|haue|risch; Bild|hau|er|kunst; bild|hau|ern** (*ugs.*); ich ...ere (↑R 22); gebildhauert; **bild|hübsch; Bild‿in|halt, ...kon|ser|ve** (*Fernsehjargon*), **...kraft** (die; -); **bild|kräf|tig; Bild|lein; bild|lich; bild|mä|ßig; Bild|mi|scher** (*Fernsehen*); **Bild|ner; bild|ne|risch; Bild|nis,** das; -ses, -se; **Bild‿plat|te, ...re|por|ta|ge, ...re|por|ter, ...röh|re; bild|sam** (*geh.*); **Bild|sam|keit,** die; - (*geh.*); **Bild‿säu|le, ...schär|fe, ...schirm, ...schirm|le|xi|kon, ...schirm|text** (*Abk.* Btx), **...schirm|zei|tung; bild|schön; Bild‿stel|le, ...stock** (*Plur.* ...stöcke), **...stö|rung, ...strei|fen; bild|syn|chron;** -er Ton; **Bild‿ta|fel, ...te|le|fon, ...te|le|gra|fie; Bild-Ton-Ka|me|ra** (↑R 41)

Bil|dung; Bil|dungs|an|stalt (*Amtsspr.*); **bil|dungs|be|flis|sen; Bil|dungs‿bür|ger|tum** (*Soziol.*), **...chan|cen** (*Plur.*), **...er|leb|nis; bil|dungs‿fä|hig, ...feind|lich; Bil|dungs‿gang** (der), **...grad, ...lücke** [*Trenn.* ...lük|ke], **...mög|lich|keit, ...not|stand, ...plan, ...po|li|tik, ...pri|vi|leg, ...rei|se; bil|dungs|sprach|lich; Bil|dungs‿stu|fe, ...ur|laub, ...weg, ...we|sen** (das; -s)

Bild‿vor|la|ge, ...wer|bung, ...wer|fer (*für* Projektionsapparat), **...wör|ter|buch, ...zu|schrift**

Bil|ge, die; -, -n ⟨engl.⟩ (*Seemannsspr.* Kielraum, in dem sich das Leckwasser sammelt); **Bil|ge|was|ser,** das; -

Bil|har|zio|se, die; -, -n; ↑R 180 ⟨nach dem dt. Arzt Bilharz⟩ (eine Wurmkrankheit)

bi|lin|gu|al [*auch* 'bi:...] ⟨lat.⟩ (*fachspr. für* zwei Sprachen sprechend; zweisprachig); **bi|lin|gu|isch** [*auch* 'bi:...] (in zwei Sprachen geschrieben; zweisprachig)

Bi|li|ru|bin, das; -s ⟨lat.⟩ (*Med.* Gallenfarbstoff)

[1]Bill, die; -, -s ⟨engl.⟩ (Gesetzentwurf im engl. Parlament)

[2]Bill (m. Vorn.)

Bil|lard ['biljart, *österr.* bi'ja:r], das; -s, *Plur.* -e, *österr.* -s ⟨franz.⟩ (Kugelspiel; dazugehörender Tisch); **bil|lar|die|ren** (beim Billard in regelwidriger Weise stoßen); **Bil|lard|queue** [...kø:] (Billardstock)

Bill|ber|gie [...iə], die; -, -n ⟨nach dem schwed. Botaniker Billberg⟩ (eine Zimmerpflanze)

Bil|le|teur [biljɛ'tø:r, *österr.* bijɛ'tø:r], der; -s, -e (*österr. für* Platzanweiser; *schweiz. für* Schaffner); **Bil|le|teu|se** [...'tø:zə], die; -, -n; **Bil|lett** [bi'ljɛt, *österr. meist* bi'je:, *auch* bi'lɛt], das; -[e]s, *Plur.* -s *u.* -e (*veraltet für* Zettel, kurzes

Briefchen; *bes. österr. für* Glückwunschbriefchen; *schweiz. für* Einlaßkarte, Fahrkarte)

Bil|li|ar|de, die; -, -n ‹franz.› (10^{15}; tausend Billionen)

bil|lig; das ist nur recht und -; **Bil|lig|an|ge|bot; bil|lig|den|kend; bil|li|gen; bil|li|ger|ma|ßen; bil|li|ger|wei|se; Bil|lig|keit,** die; -; **Bil|lig|preis; Bil|li|gung** *Plur. selten;* **Bil|lig|wa|re**

Bil|li|on, die; -, -en ‹franz.› (10^{12}; eine Million Millionen od. tausend Milliarden); **bil|li|on|[s]tel;** *vgl.* achtel; **Bil|li|on|[s]tel,** das, *schweiz. meist* der; -s, -; *vgl.* Achtel

Bil|lon [bi'ljõ:], der *od.* das; -s ‹franz.› (Silberlegierung mit hohem Kupfergehalt [für Münzen])

Bil|sen|kraut, das; -[e]s (ein giftiges Kraut)

Bil|wiß, der; ...isses (*landsch. für* Kobold, Zauberer)

bim!; bim, bam!; **Bim|bam,** das; -s; aber: heiliger Bimbam! *(ugs.)*

Bi|me|ster, das; -s, - ‹lat.› (*veraltet für* Zeitraum von zwei Monaten)

Bi|me|tall (*Elektrotechnik* zwei miteinander verbundene Streifen aus verschiedenem Metall); **Bi|me|tal|lis|mus,** der; - (Doppelwährung)

Bim|mel, die; -, -n (*ugs. für* Glokke); **Bim|mel|bahn** *(ugs.);* **Bim|mel|lei,** die; - *(ugs.);* **bim|meln** *(ugs.);* ich ...[e]le (↑R 22)

bim|sen (*ugs. für* schleifen, drillen; angestrengt lernen); du bimst; **Bims|stein**

bi|när, bi|när, bi|na|risch ‹lat.› (*fachspr.* aus zwei Einheiten bestehend, Zweistoff...)

Bin|de, die; -, -n; **Bin|de|ge|we|be; Bin|de|ge|webs‿ent|zün|dung, ...fa|ser, ...mas|sa|ge, ...schwä|che; Bin|de‿glied, ...haut, ...haut|ent|zün|dung, ...mit|tel** (das); **bin|den;** du bandst (bandest); du bändest; gebunden *(vgl. d.);* bind[e]!; sich -; **Bin|der; Bin|de|rei; Bin|de|rin; Bin|de-s,** das; -, - (↑R 37); **Bin|de‿strich, ...wort** (*Plur.* ...wörter; *für* Konjunktion); **Bind|fa|den; bin|dig;** -er (*Bodenkunde* schwerer, zäher) Boden; **Bin|dung**

Bin|ge, Pin|ge, die; -, -n (*Bergmannsspr.* durch Einsturz alter Grubenbaue entstandene trichterförmige Vertiefung)

Bin|gel|kraut (ein Gartenunkraut)

Bin|gen (Stadt am Rhein); **Bin|ger** (↑R 147); das - Loch; **bin|ge|risch**

Bin|go ['biŋgo], das; -[s] ‹engl.› (Glücksspiel; eine Art Lotto)

Bin|kel, Binkl, der; -s, -[n] (*bayr., österr. ugs. für* Bündel)

bin|nen; *Präp. mit Dat.:* - einem Jahre (*geh. auch mit Gen.:* - eines Jahres); - drei Tagen (*auch* - dreier Tage); - kurzem; - Jahr und Tag; **bin|nen|bords** (innerhalb des Schiffes); **Bin|nen‿deut|sche** (der *u.* die; -n, -n), **...eis, ...fi|sche|rei, ...han|del, ...land** (*Plur.* ...länder), **...markt, ...meer, ...schif|fer, ...see** (der)

Bin|okel [*auch* bi'nɔk(ə)l], das; -s, - ‹franz.› (*veraltet für* Brille, Fernrohr, Mikroskop für beide Augen); **bin|oku|lar** [*auch* 'bi:n...] ‹lat.› (mit beiden Augen, für beide zugleich)

Bi|nom, das; -s, -e ‹lat.; griech.› (*Math.* Summe aus zwei Gliedern); **Bi|no|mi|al‿ko|ef|fi|zi|ent, ...rei|he; bi|no|misch** (*Math.* zweigliedrig); -er Lehrsatz

Bin|se, die; -, -n; in die -n gehen (*ugs. für* verlorengehen; unbrauchbar werden); **Bin|sen‿wahr|heit** (allgemein bekannte Wahrheit), **...weis|heit**

bio... ‹griech.› (leben[s]...); **Bio...** (Leben[s]...); **bio|ak|tiv**[1] (biologisch aktiv); ein -es Waschmittel; **Bio|che|mie**[1] (Lehre von den chemischen Vorgängen in Lebewesen); **Bio|che|mi|ker**[1]; **bio|che|misch**[1]; **bio|dy|na|misch** (nur mit organischer Düngung); **Bio|gas** (bei der Zersetzung von Mist o. ä. entstehendes Gas); **bio|gen** (*Biol.* von Lebewesen stammend); **Bio|ge|ne|se,** die; -, -n (Entwicklung[sgeschichte] der Lebewesen); **bio|ge|ne|tisch;** -es Grundgesetz; **Bio|geo|gra|phie**[1], die; -; ↑R 53 (Beschreibung der geogr. Verbreitung der Lebewesen); **Bio|geo|zö|no|se,** die; - (Wechselbeziehungen zwischen Pflanzen u. Tieren einerseits u. der unbelebten Umwelt andererseits); **Bio|graph,** der; -en, -en; ↑R 53 *u.* 197 (Verfasser einer Lebensbeschreibung); **Bio|gra|phie,** die; -, ...ien; ↑R 53 (Lebensbeschreibung); **Bio|gra|phin; bio|gra|phisch** (↑R 53); **Bio|ka|ta|ly|sa|tor**[1] (die Stoffwechselvorgänge steuernder biolog. Wirkstoff); **Bio|kost** (Kost, die nur aus natürlichen, nicht mit chemischen Mitteln behandelten Nahrungsmitteln besteht); **Bio|la|den** (Laden, in dem nur chemisch unbehandelte Produkte verkauft werden); **Bio|lo|ge,** der; -n, -n (↑R 197); **Bio|lo|gie,** die; - (Lehre von der belebten Natur); **Bio|lo|gie|un|ter|richt; Bio|lo|gin; bio|lo|gisch;** -e Schädlingsbekämpfung, aber (↑R 157): Biologische Anstalt Helgoland;

[1] [*auch* 'bi:o...]

bio|lo|gisch-dy|na|misch (nur mit organischer Düngung [arbeitend]); **Bio|ly|se,** die; -, -n (chem. Zersetzung durch lebende Organismen); **bio|ly|tisch; Bio|mas|se,** die; - (Gesamtheit der lebenden, toten und zersetzten Organismen einschließlich der von ihnen produzierten organischen Substanz an einem Ort); **Bio|me|trie, Bio|me|trik,** die; - ([Lehre von der] Zählung u. [Körper]messung an Lebewesen); **Bio|müll** (organische [Haushalts]abfälle); **Bio|nik,** die; - ‹nach engl.-amerik. bionics, *Kurzw. aus* bio... *u.* electronics› (Wissenschaft, die elektronische Probleme nach dem Vorbild biologischer Funktionen zu lösen versucht); **bio|nisch; Bio|phy|sik**[1] (Lehre von den physikalischen Vorgängen in u. an Lebewesen; heilkundlich angewandte Physik); **Bi|op|sie,** die; -, -n (*Med.* Untersuchung von Gewebe, das dem lebenden Organismus entnommen ist); **Bio|sphä|re**[1] (gesamter irdischer Lebensraum der Pflanzen und Tiere); **Bio|tech|nik**[1] (Nutzbarmachung biologischer Vorgänge); **bio|tisch** (*fachspr. für* auf Lebewesen, auf Leben bezüglich)

Bio|tit [*auch* ...'tit], der; -[e]s, -e ‹nach dem franz. Physiker Biot› (ein Mineral)

Bio|ton|ne ‹griech.; dt.› (Mülltonne für organische [Haushalts]abfälle); **Bio|top,** der *u.* das; -s, -e ‹griech.› (*Biol.* durch bestimmte Lebewesen od. eine bestimmte Art gekennzeichneter Lebensraum); **Bio|typ, Bio|ty|pus** (*Biol.* Gruppe von Lebewesen mit gleicher Erbanlage); **Bio|zö|no|se,** die; - (Lebensgemeinschaft von Pflanzen u. Tieren); **bio|zö|no|tisch**

bi|po|lar [*od.* ...'la:r] ‹lat.; griech.› (zweipolig); **Bi|po|la|ri|tät** [*od.* ...'tɛ:t], die; -

Bi|qua|drat ‹lat.› (*Math.* Quadrat des Quadrats, vierte Potenz); **bi|qua|dra|tisch** [*od.* ...'dra:...]; -e Gleichung (Gleichung vierten Grades)

Bir|cher‿mus *od.* **...mües|li;** ↑R 135 ‹nach dem Arzt Bircher-Benner›; *vgl.* Müesli *u.* Müsli

Bir|die ['bœ:(r)di], das; -s, -s ‹engl.› (*Golf* ein Schlag unter Par)

Bi|re|me, die; -, -n ‹lat., „Zweiruderer"› (antikes Kriegsschiff)

Bi|rett, das; -[e]s, -e ‹lat.› (Kopfbedeckung des katholischen Geistlichen)

[1] [*auch* 'bi:o...]

Bir|ger (m. Vorn.)
Bir|git, Bir|git|ta (w. Vorn.)
Bir|ke, die; -, -n (Laubbaum); **bir|ken** (aus Birkenholz); **Bir|ken|wald; Birk‿hahn, ...huhn**
Bir|ma (Staat in Hinterindien); *vgl.* Burma; **Bir|ma|ne,** der; -n, -n (↑R 197); **bir|ma|nisch**
Bir|ming|ham ['bœ:(r)miŋəm] (engl. Stadt)
Birn|baum; Bir|ne, die; -, -n; **bir|nen|för|mig, birn|för|mig; Birn|stab** (*Archit.* Stilelement der got. Baukunst)
Bir|te (w. Vorn.)
bis[1]; - [nach] Berlin; - hierher; - wann?; - jetzt; - nächsten Montag; - ans Ende der Welt; - auf die Haut; - zu 50%; wir können - zu vier gebundene Exemplare abgeben („bis zu" *hier ohne Einfluß auf die folgende Beugung, weil adverbial gebraucht*), aber: Gemeinden - zu 10 000 Einwohnern („bis zu" *hier Präposition mit Dativ*); vier- bis fünfmal (↑R 32; *mit Ziffern* 4- bis 5mal); - auf weiteres (↑R 65); - und mit (*schweiz.* bis einschließlich); - und mit achtem August
Bi|sam, der; -s, *Plur.* -e *u.* -s ⟨hebr.⟩ (Moschus *[nur Sing.];* Pelz); **Bi|sam|rat|te**
Bis|ca|ya *vgl.* Biskaya
bi|schen (*mitteld. für* [ein Baby] beruhigend auf dem Arm wiegen); du bischst
Bisch|kek (Hptst. Kirgisiens)
Bi|schof, der; -s, Bischöfe (kirchl. Würdenträger); **bi|schöf|lich; Bi|schofs‿hut** (der), **...kon|fe|renz; bi|schofs|li|la; Bi|schofs‿müt|ze, ...sitz, ...stab, ...stuhl**
Bi|se, die; -, -n (*schweiz. für* Nord[ost]wind)
Bi|se|xua|li|tät [*auch* ...'tɛ:t] (*Biol.* Doppelgeschlechtigkeit; *Med., Psych.* Nebeneinander von homo- u. heterosexuellen Veranlagungen); **bi|se|xu|ell** [*auch* ...'ɛl] ⟨lat.⟩ (doppelgeschlechtig; sowohl heterosexuell als auch homosexuell)

[1] Ein Strich (–) darf, muß aber nicht dafür gesetzt werden, wenn „bis" einen Zwischenwert angibt, z. B.: er hat eine Länge von 6–8 Metern, das Buch darf 3–4 Mark kosten, 4–5mal. Der Strich darf nicht gesetzt werden, wenn „bis" in Verbindung mit „von" eine Erstreckung bezeichnet. Also nicht: die Tagung dauerte vom 5.–9. Mai. Bei verkürzter Wiedergabe ohne „von" kann der Strich jedoch gesetzt werden: Sprechstunde 8–10, 15–17. Am Zeilenanfang od. -ende wird „bis" immer ausgeschrieben.

bis|her (bis jetzt); **bis|he|rig;** (↑R 65:) im bisherigen (im obigen, weiter oben), aber: das Bisherige (das bisher Gesagte, Erwähnte); *vgl.* folgend
Bis|ka|ya, Bis|ca|ya [*beide* ...'ka:ja], die; - (*kurz für* Golf von Biskaya; Bucht des Atlantiks)
Bis|kot|te, die; -, -n ⟨ital.⟩ (*österr. für* Löffelbiskuit)
Bis|kuit [...'kvi(:)t], das, *auch* der; -[e]s, *Plur.* -s, *auch* -e ⟨franz.⟩ (feines Gebäck aus Mehl, Zucker, Eierschaum); **Bis|kuit‿por|zel|lan, ...teig**
bis|lang (bis jetzt)
Bis|marck (Gründer und erster Kanzler des Deutschen Reiches); **Bis|marck‿ar|chi|pel** (der; -s; Inselgruppe nordöstl. von Neuguinea), **...he|ring; bis|mar|ckisch, bis|marcksch;** ein Politiker von bismarck[i]schem Format; aber (↑R 134): die Bismarck[i]schen Sozialgesetze
Bis|mark (Stadt in der Altmark)
Bis|mut *vgl.* Wismut; **Bis|mu|tum,** das; -[s] (*lat. Bez. für* Wismut; *Zeichen* Bi)
Bi|son, der; -s, -s (nordamerik. Büffel)
Biß, der; Bisses, Bisse
Bis|sau (Hptst. von Guinea-Bissau)
biß|chen (↑R 63); das -; ein - (ein wenig); ein klein -; mit ein - Geduld; **Biß|chen,** Biß|lein (kleiner Bissen); **bis|sel,** bis|serl (*landsch. für* bißchen); ein - Brot; **Bis|sen,** der; -s, -; **bis|sen|wei|se; bis|serl** *vgl.* bissel; **Biß|gurn,** die; -, - (*bayr., österr. ugs. für* zänkische Frau); **bis|sig; Bis|sig|keit; Biß|lein** *vgl.* Bißchen
Bi|sten, das; -s (Lockruf der Haselhenne)
Bi|ster, der *od.* das; -s ⟨franz.⟩ (braune Wasserfarbe)
Bi|stro [*auch* ...'tro:], das; -s, -s ⟨franz.⟩ (kleine Schenke od. Kneipe)
Bis|tum, das; -s, ...tümer (Amtsbezirk eines kath. Bischofs)
bis|wei|len
Bis|wind, der; -[e]s (*schweiz., südbad. neben* Bise)
Bit, das; -[s], -[s] ⟨engl.; *Kurzw. aus* binary digit⟩ (*Nachrichtentechnik* Informationseinheit); *Zeichen* bit
Bi|thy|ni|en [...iən] (antike Landschaft in Kleinasien); **Bi|thy|ni|er** [...iər]; **bi|thy|nisch**
Bit|tag, der; -[e]s, -e [*Trenn.* Bitt|tag, ↑R 204] *(kath. Kirche);* **Bitt|brief; bit|te;** - schön!; - wenden! (*Abk.* b. w.); geben Sie mir[,] bitte[,] das Buch (↑R 115); du mußt bitte sagen; **Bit|te,** die; -, -n; **bit|ten;** du batst (batest); du bätest; gebeten; bitt[e]!; **Bit|ten,** das; -s
bit|ter; es ist - kalt; *vgl.* aber: bitterkalt; **bit|ter|bö|se; Bit|te|re,** der; ...tter[e]n, ...tter[e]n *u.* Bitt|re, der; ...ttren, ...ttren; ↑R 7 ff. (bitterer Schnaps); ein -r, zwei -; **bit|ter|ernst;** es wird - (bitt[e]rer Ernst); **bit|ter|kalt;** ein -er Wintertag, aber: der Tag war bitter kalt; **Bit|ter|keit,** die; -; **Bit|ter|klee; bit|ter|lich; Bit|ter|ling** (Fisch; Pflanze; Pilz); **Bit|ter|man|del|öl,** das; -s; **Bit|ter|nis,** die; -, -se *(geh.);* **Bit|ter|salz** (Magnesiumsulfat); **bit|ter|süß; Bit|ter‿was|ser** (*Plur.* ...wässer; Mineralwasser mit Bittersalzen), **...wurz** *od.* **...wur|zel** (gelber Enzian)
Bit|te|schön, das; -s; er sagte ein höfliches -; *vgl.* aber: bitte; **Bitt‿gang** (der), **...ge|bet, ...ge|such**
Bitt|re *vgl.* Bittere
Bitt‿schrift *(veraltend),* **...stel|ler; bitt|wei|se** *(selten)*
Bi|tu|men, das; -s, *Plur.* -, *auch* ...mina ⟨lat.⟩ (teerartige [Abdichtungs- u. Isolier]masse); **bi|tu|mig; bi|tu|mi|nie|ren** (mit Bitumen behandeln); **bi|tu|mi|nös;** -er Schiefer
[1]bit|zeln (*bes. südd. für* prickeln; [vor Kälte] beißend weh tun; *österr. auch für* zornig, gereizt sein); bitzelnder neuer Wein
[2]bit|zeln (*mitteld. für* kleine Stückchen abschneiden); ich bitz[e]le (↑R 22)
Bit|zel|was|ser (*bes. südd. für* Sprudelwasser)
bi|va|lent [*auch* 'bi:...] (zweiwertig)
Bi|wak, das; -s, *Plur.* -s *u.* -e ⟨nordd.-franz.⟩ (behelfsmäßiges Nachtlager im Freien); **bi|wa|kie|ren**
bi|zarr ⟨franz.⟩ (wunderlich; seltsam); **Bi|zar|re|rie,** die; -, ...ien
Bi|zeps, der; -[es], -e ⟨lat.⟩ (Beugemuskel des Oberarmes)
Bi|zet [bi'ze:] (franz. Komponist)
bi|zy|klisch, *chem. fachspr.* bi|cy|clisch [*od.* ...'tsy(:)...] (einen Kohlenstoffdoppelring enthaltend)
Bjørn (m. Vorn.); **Bjørn|son** ['bjœ:rnsɔn] (norweg. Schriftsteller)
Bk = *chem. Zeichen für* Berkelium
Bl. = Blatt (Papier)
Bla|bla, das; -[s] (*ugs. für* Gerede; Diskussion um Nichtigkeiten)
Bla|che (*landsch. u. schweiz. Nebenform von* Blahe)
Blach|feld (*geh. veraltend für* flaches Feld)
Black|out [blɛk'aut], das *u.* der; -[s], -s ⟨engl.⟩ (Geistesabwesenheit, Erinnerungslücke; *Theater*

plötzliche Verdunkelung am Szenenschluß; *auch* kleiner Sketch; *Raumfahrt* Unterbrechung des Funkkontakts); **Black Power** ['blɛk 'pau̯ə(r)], die; - - (Bewegung nordamerik. Neger gegen die Rassendiskriminierung)
blad; -este (*österr. ugs. für* dick); **Bla|de,** der *u.* die; -n, -n (↑R 7 ff.)
blaf|fen, bläf|fen (*ugs. für* bellen); **Blaf|fer, Bläf|fer** (*ugs.*)
Blag, das; -s, -en *u.* **Bla|ge,** die; -, -n (*ugs. für* kleines, meist unartiges, lästiges Kind)
Bläh|bauch (aufgeblähter Bauch)
Bla|he, *landsch. auch* Bla|che, *österr.* Pla|che, die; -, -n (Plane, Wagendecke; grobe Leinwand)
blä|hen; sich -; **Blä|hung**
bla|ken (*nordd. für* schwelen, rußen)
blä|ken (*ugs. abwertend für* schreien)
Bla|ker ‹*zu* blaken› (metallene [Wand]leuchte mit reflektierendem Schild)
bla|kig (*nordd. für* rußend)
bla|ma|bel ‹franz.› (beschämend); ...a|ble Geschichte; **Bla|ma|ge** [...'ma:ʒə, *österr.* ...'ma:ʒ], die; -, -n [...'ma:ʒ(ə)n] (Schande; Bloßstellung); **bla|mie|ren;** sich -
Blan|ca (w. Vorn.)
blan|chie|ren [blaŋ'ʃi..., *auch* blã'ʃi:...] ‹franz.› (*Gastron.* abbrühen)
bland ‹lat.› (*Med.* milde, reizlos [von einer Diät]; ruhig verlaufend [von einer Krankheit])
Blan|di|ne (w. Vorn.)
blank (rein, bloß); blanker, blankste; (↑R 157:) der -e Hans (*nordd. für* stürmische Nordsee). **I.** *Schreibung in Verbindung mit dem Partizip II:* die blankpolierte Dose (↑*jedoch* R 209), aber: die Dose ist blank poliert. **II.** *Schreibung in Verbindung mit Verben* (↑R 205 f.): blank machen, reiben, polieren usw., *vgl.* aber: blankziehen; blank (*südd., österr. für* ohne Mantel) gehen; **Blan|ka** (w. Vorn.); **Blän|ke,** die; -, -n (*selten für* kleiner Tümpel); **Blank|eis** ([Gletscher]eis ohne Schnee)
Blan|ke|ne|se (Stadtteil von Hamburg)
Blan|kett, das; -[e]s, -e ‹*zu* blank› (unterschriebenes, noch nicht [vollständig] ausgefülltes Schriftstück); **blan|ko** ‹ital.› (leer, unausgefüllt); **Blan|ko‿scheck, ...voll|macht** (*übertr. für* unbeschränkte Vollmacht); **Blank|vers** ‹engl.› (fünffüßiger Jambenvers); **blank|zie|hen** (↑R 205 f.); er hat den Säbel blankgezogen (aus der Scheide)
Bläs|chen; Bla|se, die; -, -n; **Bla|se|balg** *Plur.* ...bälge; **bla|sen;** du bläst, er bläst; ich blies, du bliesest; geblasen; blas[e]!; **Bla|sen‿bil|dung, ...ent|zün|dung, ...kam|mer** (*Kernphysik* Gerät zum Sichtbarmachen der Bahnspuren ionisierender Teilchen), **...ka|tarrh, ...ka|the|ter, ...lei|den, ...spie|ge|lung, ...stein, ...tang** (eine Braunalgenart); **bla|sen|zie|hend;** -e Mittel; **Blä|ser; Bla|se|rei**
bla|siert; -este ‹franz.› (dünkelhaft-herablassend; hochnäsig); **Bla|siert|heit,** die; -
bla|sig; Blas|in|stru|ment
Bla|si|us (m. Vorn.)
Blas|ka|pel|le; Bläs|lein; Blas|mu|sik
Bla|son [bla'zõ:], der; -s, -s ‹franz.› (*Heraldik* Wappen[schild]); **bla|so|nie|ren** [...zo...] (Wappen fachgerecht beschreiben); **Bla|so|nie|rung**
Blas|phe|mie, die; -, ...ien ‹griech.› (Gotteslästerung); **blas|phe|mie|ren; blas|phe|misch, blas|phe|mi|stisch;** -ste
Blas|rohr
blaß; blasser (*auch* blässer), blasseste (*auch* blässeste); - sein; - werden; **blaß|blau; Bläs|se,** die; - (Blaßheit); *vgl.* aber: Blesse; **blas|sen** (*selten für* blaß werden); du blaßt; geblaßt; **Bläß|huhn,** Bleß|huhn; **bläß|lich; blaß|ro|sa**
Bla|sto|ge|ne|se, die; - ‹griech.› (*Biol.* ungeschlechtliche Entstehung eines Lebewesens); **Bla|stom,** das; -s, -e (*Med.* Geschwulst); **Bla|stu|la,** die; -, ...lae [...lɛ:] (*Biol.* Entwicklungsstadium des Embryos nach der Furchung der Eizelle)
Blatt, das; -[e]s, Blätter (*Jägerspr. auch für* Schulterstück od. Instrument zum Blatten; *Abk.* Bl. [Papier]); 5 - Papier (↑R 128 f.); **Blattang,** der; -[e]s [*Trenn.* Blatt|tang, ↑R 204]; **Blätt|chen; blat|ten** (*Jägerspr.* auf einem Blatt [Pflanzenblatt od. Instrument] Rehe anlocken); **Blat|ter** (Instrument zum Blatten); **Blät|ter|chen** *Plur.* (*svw.* Blättchen); **blät|te|rig,** blätt|rig; **Blät|ter|ma|gen** (Magen der Wiederkäuer)
Blat|tern *Plur.* (*älter für* Pocken)
blät|tern; ich ...ere (↑R 22)
Blat|ter|nar|be (*älter für* Pockennarbe); **blat|ter|nar|big** (*älter für* pockennarbig)
Blät|ter‿teig, ...wald (*scherzh. für* Vielzahl von Zeitungen); **blät|ter|wei|se,** blatt|wei|se; **Blät|ter|werk,** Blatt|werk, das; -[e]s; **Blatt‿fe|der, ...gold, ...grün, ...laus; Blätt|lein; blatt|los; Blatt|pflan|ze; blätt|rig,** blät|te|rig; **Blatt|schuß; Blatt|trieb** (↑R 204); **blatt|wei|se,** blät|ter|wei|se; **Blatt|werk,** Blät|ter|werk, das; -[e]s
blau; -er; -[e]ste. **I.** *Kleinschreibung:* sein blaues Wunder erleben (*ugs. für* staunen); die blaue Mauritius; der blaue Planet (die Erde); blauer Montag; jmdm. blauen Dunst vormachen (*ugs.*); einen blauen Brief (*ugs. für* Mahnschreiben der Schule an die Eltern; *auch* Kündigungsschreiben) erhalten; Aal blau; *im Paß o. ä.:* Augen: blau; unsere blauen Jungs (*ugs. für* Marinesoldaten); die blaue Blume (Sinnbild der Romantik); blauer Fleck (*ugs. für* Bluterguß). **II.** *Großschreibung* (↑R 65): die Farbe Blau; ins Blaue reden; Fahrt ins Blaue; (↑R 157 *u.* ↑R 146:) das Blaue Band des Ozeans; die Blaue Grotte (von Capri); der Blaue Nil; Blauer Eisenhut; der Blaue Engel (Siegel für umweltschonende Produkte); der Blaue Reiter (Name einer Künstlergemeinschaft). **III.** *Schreibung in Verbindung mit Verben* (↑R 205 f.): **a)** *Getrenntschreibung in ursprünglicher Bedeutung,* z. B. blau färben, machen, werden; **b)** *Zusammenschreibung, wenn durch die Verbindung ein neuer Begriff entsteht,* z. B. blaumachen (nicht arbeiten); *vgl. d.* **IV.** *In Verbindung mit dem Partizip II Getrennt- oder Zusammenschreibung:* ein blaugestreifter Stoff (↑*jedoch* R 209), aber: der Stoff ist blau gestreift; blau u. weiß gestreift. **V.** *Farbenbezeichnungen:* **a)** *Zusammenschreibung* (↑R 40): blaurot usw.; **b)** *Bindestrich* (↑R 40): blau-rot usw.; **Blau,** das; -s, *Plur.* -, *ugs.* -s (blaue Farbe); mit -; in - gekleidet; mit - bemalt; Stoffe in -; das - des Himmels; **blau|äu|gig** (↑R 36); **Blau‿bart** (der; -[e]s, ...bärte; Frauenmörder [im Märchen]), **...ba|salt, ...bee|re** (*ostmitteld. für* Heidelbeere); **blau|blü|tig** (*ugs. für* adlig); **Blau|druck** *Plur.* ...drucke; **Blaue,** das; -n (↑R 65); ins - schießen; das - vom Himmel [herunter]reden; Fahrt ins -; **Bläue,** die; - (Himmel[sblau]); **Blau|ei|sen|erz; blau|en** (*geh. für* blau werden); der Himmel blaut; **bläu|en** (blau machen, färben); *vgl.* aber: bleuen; **Blau‿fel|chen** (ein Fisch), **...fuchs; blau‿grau** (↑R 40), **...grün** (↑R 40); **Blau|helm,** der; -[e]s, -e (UNO-Soldat); **Blau|jacke** [*Trenn.* ...jak|ke] (*ugs. für* Matrose); **Blau|kraut,** das; -[e]s; (*landsch. u. österr. für* Rotkohl);

bläu|lich; bläulichgrün, bläulichrot usw. (↑R 40); **Blau|licht** *Plur.* ...lichter; **Blau|ling, Bläu|ling** (ein Schmetterling; Fisch); **blau|ma|chen** (*ugs. für* nicht zur Arbeit, Schule o. ä. gehen), aber: blau ma|chen (blau färben); *vgl.* blau, III; **Blau₋mann** (*Plur.* ...männer; *ugs. für* blauer Monteuranzug), **...mei|se, ...racke** [*Trenn.* ...rak|ke] (ein Vogel); **blau|rot;** (↑R 40) das Kleid ist blaurot (seine Farbe ist ein bläuliches Rot); **Blau₋säu|re** (die; -), **...schim|mel; blau|sti|chig;** ein -es Farbfoto; **Blau|strumpf** (*veraltend scherzh. für* intellektuelle Frau); **Blau|weiß|por|zel|lan** (↑R 40)

Bla|zer ['ble:zə(r)], der; -s, - ‹engl.› (Klubjacke; sportl.-elegante Jakke)

Blech, das; -[e]s, -e; **Blech₋blas|in|stru|ment, ...büch|se, ...do|se; ble|chen** (*ugs. für* zahlen); **ble|chern** (aus Blech); **Blech₋la|wi|ne** (*ugs. für* lange, nur langsam vorankommende Kolonne dicht aufeinanderfolgender Autos); **...mu|sik; Blech|ner** (*südd. für* Klempner); **Blech₋sa|lat** (*ugs. für* Autounfall mit Totalschaden), **...schach|tel, ...scha|den, ...sche|re**

blecken [*Trenn.* blek|ken]; die Zähne -

[1]**Blei,** der; -[e]s, -e (*svw.* Brachse) [2]**Blei,** das; -[e]s, -e (chem. Element, Metall; *Zeichen* Pb [*vgl.* Plumbum]; Richtblei; *zollamtlich für* Plombe); [3]**Blei,** der, *auch* das; -[e]s, -e (*ugs. kurz für* Bleistift); **Blei|asche**

Blei|be, die; -, -n *Plur. selten* (Unterkunft); **blei|ben;** du bliebst; geblieben; bleib[e]!; *andere Verben mit* „bleiben" *als Grundwort* (↑R 205 f.): *vgl.* hängen-, liegen-, sitzen-, stehenbleiben, aber: sitzen bleiben (nicht aufstehen); **blei|ben|las|sen** (↑R 205 f.); das sollst du - (unterlassen); er hat es bleibenlassen, *seltener* bleibengelassen; aber *getrennt in ursprünglicher Bedeutung:* er wird uns nicht länger hier bleiben lassen

bleich; Blei|che, die; -, -n; [1]**blei|chen** (bleich machen); du bleichtest; gebleicht; bleich[e]!; die Sonne bleicht das Haar; [2]**blei|chen** (bleich werden); du bleichtest (*veraltet* blichst); gebleicht (*veraltet* geblichen); bleich[e]!; der Teppich bleicht in der Sonne; **Blei|che|rei; Blei|chert,** der; -s, -e (blasser Rotwein); **Bleich₋ge|sicht** (*Plur.* ...gesichter), **...sand** (*Geol.* graublaue Sandschicht), **...sucht** (die; -); **bleich|süch|tig**

blei|en (mit Blei versehen); **blei|ern** (aus Blei); **blei|far|ben; blei|frei;** sein Auto fährt - (mit bleifreiem Benzin); **Blei|frei,** das; -s *meist ohne Artikel;* - (-es Benzin) tanken; **Blei|fuß** (*ugs.*); mit - (ständig mit Vollgas) fahren; **Blei|gie|ßen,** das; -s; **Blei|glanz** (ein Mineral); **blei|hal|tig; Blei|kri|stall; blei|schwer; Blei|stift,** der; *vgl. auch* [3]Blei; **Blei|stift₋ab|satz** (*ugs.*), **...spit|zer, ...stum|mel; Blei|weiß** (Bleifarbe)

Blen|de, die; -, -n (*auch* blindes Fenster, Nische; *Optik* lichtabschirmende Scheibe; ein Mineral); **blen|den** (*auch Bauw.* [ver]decken); **Blen|den|au|to|ma|tik** (*Fototechnik*); **blen|dend;** -ste; ein blendendweißes Kleid (↑R 209), aber: der Schnee war blendend weiß; **Blen|der; blend|frei; Blend₋gra|na|te, ...la|ter|ne, ...rah|men, ...schutz, ...schutz|zaun** (*Verkehrsw.*); **Blen|dung; Blend|werk** (*geh.*)

Bles|se, die; -, -n (weißer Stirnfleck od. -streifen; Tier mit weißem Stirnfleck); *vgl.* aber: Blässe; **Bleß|huhn** *vgl.* Bläßhuhn

bles|sie|ren ‹franz.› (*veraltet für* verwunden); **Bles|sur,** die; -, -en (*veraltet für* Verwundung)

bleu [blø:] ‹franz.› (blaßblau); *vgl. auch* beige; **Bleu,** das; -s, *Plur.* -, *ugs.* -s

Bleu|el, der; -s, - (*veraltet für* Schlegel [zum Wäscheklopfen]); **bleu|en** (*ugs. für* schlagen); *vgl.* aber: bläuen

Blick, der; -[e]s, -e; **blicken** [*Trenn.* blik|ken]; **Blick₋fang, ...feld; blick|los; Blick₋punkt, ...rich|tung, ...win|kel**

blind; ein -er Mann; -er Alarm; *Schreibung in Verbindung mit Verben* (↑R 205 f.): blind sein, werden, *vgl.* aber: blindfliegen, blindschreiben; **Blind|darm; Blind|darm|ent|zün|dung; Blin|de,** der *u.* die; -n, -n (↑R 7 ff.); **Blin|de|kuh** *ohne Artikel;* - spielen; **Blin|den₋an|stalt, ...füh|rer, ...hund, ...schrift, ...stock; Blin|den|ver|band;** Deutscher -; **blind|flie|gen;** ↑R 205 (im Flugzeug); er ist blindgeflogen; **Blind₋flie|gen** (das; -s), **...flug, ...gän|ger; Blind|ge|bo|re|ne, Blind|ge|bor|ne,** der *u.* die; -n, -n (↑R 7 ff.); **Blind|heit,** die; -; **blind|lings; Blind₋schacht** (*Bergmannsspr.* nicht zu Tage gehender Schacht), **...schlei|che** (die; -, -n); **blind|schrei|ben;** ↑R 205 (auf der Schreibmaschine); sie hat blindgeschrieben; **Blind|schreib|ver|fah|ren; blind|spie|len;** ↑R 139 (*Schach* ohne Brett spielen); er hat blindgespielt; **Blind|spie|ler; blind|wü|tig; Blind|wü|tig|keit,** die; -

blink; - und blank; **blin|ken; Blin|ker; Blin|ke|rei; blin|kern;** ich ...ere (↑R 22); **Blink₋feu|er** (Seezeichen), **...leuch|te, ...licht** (*Plur.* ...lichter), **...zei|chen**

blin|zeln; ich ...[e]le (↑R 22)

Bli|ster, der; -s, - ‹engl.› (der Verpackung dienende Kunststofffolie)

Blitz, der; -es, -e; **Blitz₋ab|lei|ter, ...ak|ti|on; blitz|ar|tig; blitz|blank,** *ugs. auch* blit|ze|blank; **blitz|blau,** *ugs. auch* blit|ze|blau; **blit|zen** (*ugs. auch für* mit Blitzlicht fotografieren; [mit der Absicht zu provozieren] nackt über belebte Straßen o. ä. rennen); **Blit|zes|schnel|le,** die; -; **Blitz|ge|rät; blitz|ge|scheit; Blitz₋ge|spräch, ...kar|rie|re, ...krieg, ...lam|pe** (*Fototechnik*), **...licht** (*Plur.* ...lichter); **Blitz|licht|auf|nah|me; blitz|sau|ber; Blitz₋schach, ...schlag; blitz|schnell; Blitz₋sieg, ...strahl, ...um|fra|ge, ...wür|fel** (*Fototechnik*)

Bliz|zard ['blizə(r)t], der; -s, -s ‹engl.› (Schneesturm [in Nordamerika])

[1]**Bloch,** der, *auch* das; -[e]s, *Plur.* Blöcher, *österr. meist* Bloche (*südd. u. österr. für* Holzblock, -stamm)

[2]**Bloch** (dt. Philosoph)

blo|chen (*schweiz. für* bohnern); **Blo|cher** (*schweiz. für* Bohner[besen])

Block, der; -[e]s, *Plur.* (*für* Beton-, Eisen-, Fels-, Granit-, Hack-, Holz-, Metall-, Motor-, Stein-, Zylinderblock:) Blöcke *u.* (*für* Abreiß-, Brief-, Buch-, Formular-, Häuser-, Kalender-, Kassen-, Notiz-, Rezept-, Schreib-, Steno[gramm]-, Wohn-, Zeichenblock:) Blocks *od., österr. u. schweiz. nur,* Blöcke; (*für* Macht-, Militär-, Währungs-, Wirtschaftsblock u. a.:) Blöcke, *selten* Blocks; **Blocka|de**[1], die; -, -n ‹franz.› ([See]sperre, Einschließung; *Druckw.* durch Blokkieren gekennzeichnete Stelle); **Block₋bil|dung, ...buch** (aus einzelnen Holzschnitten geklebtes Buch des 15. Jh.), **...buch|sta|be; blocken**[1] (*südd. auch für* bohnern); **Blocker**[1] (*südd. für* Bohnerbesen); **Block|flö|te; block|frei;** -e Staaten; **Block|haus; blockie|ren**[1] ‹franz.› (einschließen, blocken, [ab]sperren; unterbinden, unterbrechen; *Druckw.* fehlenden Text durch ▮▮ kennzeichnen); **Blockie|rung**[1];

[1] *Trenn.* ...ok|k...

blo̩ckig[1] (klotzig); **Blo̩ck‿malz** (Hustenbonbon[s] aus Malzzukker), **...po|li|tik**

Blo̩cks|berg, der; -[e]s (*in der Volkssage für* ²Brocken)

Blo̩ck‿scho|ko|la|de, ...schrift, ...si|gnal *(Eisenb.),* **...stel|le** *(Eisenb.),* **...stun|de** (*Schulw.* Doppelstunde im Schulunterricht); **Blo̩ckung**[1]; **Blo̩ck|un|ter|richt** *(Schulw.);* **Blo̩ck|werk** (*Eisenb.* Kontrollstelle für einen Streckenabschnitt)

blö̠d, blö̠|de; blödeste (*veraltet für* schwachsinnig; *ugs. für* dumm); **Blö̠|del,** der; -s, - (*ugs. abwertend für* dummer Mensch); **Blö̠|del|bar|de; Blö̠|de|lei̠; blö̠|deln** (*ugs. für* Unsinn reden, albern sein); ich ...[e]le (↑R 22); **Blö̠d|ham|mel** (*svw.* Blödel); **Blö̠d|heit** (Dummheit); **Blö̠|di|an,** der; -[e]s, -e (*svw.* Blödel); **Blö̠|dig|keit,** die; - (*veraltet für* Schwäche; Schüchternheit); **Blö̠d|ling** (*svw.* Blödel); **Blö̠d|mann** *Plur.* ...männer (*svw.* Blödel); **Blö̠d|sinn,** der; -[e]s *(ugs.);* **blö̠d|sin|nig** (*svw.* blöd); **Blö̠d|sin|nig|keit** *(ugs.)*

blö̠|ken

blo̩nd; -este ‹franz.›; blondgefärbtes Haar (↑*jedoch* R 209), aber: ihr Haar war blo̩nd gefärbt; **¹Blo̩n|de,** die *u.* der; -n, -n (blonde Frau; blonder Mann); **²Blo̩n|de,** die *u.* das; -n, -n (Glas Weißbier, helles Bier); zwei Blonde; ein kühles Blondes (↑R 7 ff.); **³Blo̩n|de** [*auch* 'blɔ̃:d(ə)], die; -, -n ['blɔ̃:d(ə)n] (Seidenspitze); **blo̩nd|ge|lockt; Blo̩nd|haar,** das; -[e]s; **blon|di̠e|ren** (blond färben); **Blon|di̠|ne,** die; -, -n (blonde Frau); zwei reizende Blondinen; **Blo̩nd|kopf; blo̩nd|lockig**[1]

¹blo̠ß (nur); **²blo̠ß** (entblößt); **Blö̠|ße,** die; -, -n; **blo̠ß|fü|ßig** *(veraltend);* **blo̠ß‿le|gen, ...lie|gen, ...stel|len; Blo̠ß|stel|lung; blo̠ß|stram|peln,** sich

Blou|son [blu'zɔŋ *od.* ...'zɔ̃:], das, *auch* der; -[s], -s ‹franz.› (über Rock od. Hose getragene, an den Hüften enganliegende Jacke mit Bund)

Blow-up ['blo:ap], das; -s, -s ‹engl.› (fotograf. Vergrößerung)

blu̠b|bern (*nordd. für* glucksen; rasch u. undeutlich sprechen); ich ...ere (↑R 22)

Blü̠|cher (preuß. Feldmarschall)

Blu̠|denz (österr. Stadt)

Blue|jeans, Blue jeans [*beide* 'blu:dʒi:ns] *Plur.* ‹amerik.› (blaue [Arbeits]hose aus geköpertem Baumwollgewebe); **Blues** [blu:s], der; -, - (*urspr.* Volkslied der nordamerik. Neger; ältere Jazzform; langsamer Tanz im $^4/_4$-Takt)

Blu̠ff [*auch noch* blœf, *österr. auch* blaf], der; -s, -s ‹engl.› (Verblüffung; Täuschung); **bluf|fen**

blü̠|hen; Blü̠|het, der; -s (*schweiz. für* [Zeit der] Baumblüte); **Blü̠m|chen; Blü̠m|chen|kaf|fee** (*ugs. scherzh. für* dünner Kaffee); **Blu̠|me,** die; -, -n; **Blü̠|me|lein** *(geh.);* **Blu̠|men‿beet, ...bin|der** (Berufsbez.), **...bin|de|rin, ...brett, ...bu|kett, ...draht, ...frau, ...ge|schäft; blu̠|men|ge|schmückt** (↑R 209); **Blu̠|men‿gruß, ...ka|sten, ...kind, ...kohl, ...ra|bat|te; blu|men|reich; Blu|men‿strauß** (*Plur.* ...sträuße), **...topf**

blü̠|me|ra̠nt; -este ‹franz.› (*ugs. für* übel, flau); mir ist ganz -

blu̠|mig; Blü̠m|lein

Blu̠n|ze, die; -, -n, *auch* **Blu̠n|zen,** die; -, - (*bayr., österr. ugs. für* Blutwurst); das ist mir Blunzen (völlig gleichgültig)

Blü̠s|chen; Blu̠|se, die; -, -n ‹franz.›

Blü̠|se, die; -, -n (*Seemannsspr.* Leuchtfeuer)

blu̠|sig; Blü̠s|lein

Blu̠st, der *od.* das; -[e]s (*südd. u. schweiz., sonst veraltet für* Blütezeit, Blühen)

Blu̠t, das; -[e]s, *Plur. (Med. fachspr.)* -e; **Blu̠t‿ader, ...al|ko|hol; ¹blu̠t|arm** (arm an Blut); **²blut|a̠rm** (*ugs. für* sehr arm); **Blu̠t‿ar|mut, ...bad, ...bahn, ...bank** (*Plur.* ...banken; Sammelstelle für Blutkonserven); **blu̠t|be|schmiert; Blu̠t|bild; blu̠t|bil|dend; Blu̠t‿bu|che, ...do|ping** (*Sport* leistungssteigernde Eigenblutinjektion), **...druck** (der; -[e]s); **blu̠t|druck|sen|kend; Blu̠t|durst** *(geh.);* **blu̠t|dür|stig** *(geh.)*

Blü̠|te, die; -, -n

Blu̠t‿egel, ...ei|weiß; blu̠|ten

Blü̠|ten‿blatt, ...ho|nig, ...kelch, ...le|se; blü̠|ten|los; -e Pflanze; **Blü̠|ten‿stand, ...staub; blü̠|ten|weiß; Blü̠|ten|zweig**

Blu̠|ter (jmd., der an der Bluterkrankheit leidet); **Blu̠t|er|guß; Blu̠|ter|krank|heit,** die; - (erbl. Störung der Gerinnungsfähigkeit des Blutes)

Blü̠|te|zeit

Blu̠t‿farb|stoff, ...ge|fäß, ...ge|rinn|sel, ...grup|pe, ...grup|pen|un|ter|su|chung, ...hoch|druck, ...hund; blu̠|tig; ¹...blü̠|tig (z. B. heißblütig)

²...blü̠|tig ‹*zu* Blüte› (z. B. langblütig)

blu̠t|ju̠ng (*ugs. für* sehr jung); **Blu̠t‿kon|ser|ve** (konserviertes Blut), **...kör|per|chen, ...krebs** (der; -es), **...kreis|lauf, ...la|che; blu̠t|leer** (ohne Blut)

...blüt|ler (z. B. Lippenblütler)

blu̠t|mä|ßig *vgl.* blutsmäßig; **Blu̠t‿oran|ge, ...pfropf, ...plas|ma, ...plätt|chen, ...pro|be, ...ra|che, ...rausch; blu̠t‿rei|ni|gend, ...ro̠t; blu̠t|rün|stig; blu̠t|sau|gend; Blu̠t|sau|ger; Blu̠ts‿bru|der, ...brü|der|schaft; Blu̠t|schan|de,** die; -; **blu̠t|schän|de|risch; Blu̠t‿sen|kung, ...se|rum; blu̠ts|mä|ßig** (durch Blutsverwandtschaft bedingt); **Blu̠t‿spen|der, ...spur; blu̠t|stil|lend;** -e Watte (↑R 209); **Blu̠ts|trop|fen; Blu̠t|sturz; blu̠ts|ver|wandt; Blu̠ts‿ver|wand|te, ...ver|wandt|schaft; Blu̠t‿tat, ...trans|fu|si|on; blu̠t‿trie|fend, ...über|strömt; Blu̠t|über|tra|gung; Blu̠|tung; blu̠t|un|ter|lau|fen; Blu̠t‿un|ter|su|chung, ...ver|gie|ßen, ...ver|gif|tung, ...ver|lust; blu̠t‿ver|schmiert, ...voll; Blu̠t‿wä|sche, ...was|ser; blu̠t|we̠|nig** (*ugs. für* sehr wenig); **Blu̠t‿wurst, ...zeu|ge** (*für* Märtyrer), **...zoll** *(geh.),* **...zucker** [*Trenn.* ...zuk|ker], **...zu|fuhr** ⚓

BLZ = Bankleitzahl

B-Ma|tu|ra (*österr.* Beamtenaufstiegsprüfung)

b-Moll ['be:mɔl, *auch* 'be:'mɔl], das; - (Tonart; *Zeichen* b); **b-Moll-Ton|lei|ter** (↑R 41)

BMW Ⓦᶻ = Bayerische Motoren Werke AG

BMX-Rad ‹zu engl. bicycle motocross› (kleineres, bes. geländegängiges Fahrrad)

BND = Bundesnachrichtendienst

Bö̠, *auch* Bö̠e, die; -, Böen (heftiger Windstoß)

Bo̠a, die; -, -s (eine Riesenschlange; langer, schmaler Schal aus Pelz oder Federn)

Boat peo|ple ['bo:t 'pi:p(ə)l] *Plur.* ‹engl.› (mit Booten geflohene [vietnamesische] Flüchtlinge)

¹Bo̩b (m. Vorn.)

²Bo̩b, der; -s, -s ‹engl., *Kurzform für* Bobsleigh› (Rennschlitten); **Bo̩b|bahn; bo̩b|ben** (beim Bobfahren durch eine ruckweise Oberkörperbewegung die Fahrt beschleunigen)

Bob|by ['bɔbi], der; -s, *Plur.* -s *od.* Bobbies ['bɔbi:s] ‹nach dem Reorganisator der engl. Polizei, Robert („Bobby") Peel› (*engl. ugs. für* Polizist)

¹Bo̠|ber, der; -s, - (schwimmendes Seezeichen)

²Bo̠|ber, der; -s (Nebenfluß der Oder)

Bo|bi̠|ne, die; -, -n ‹franz.› ([Garn]spule in der Baumwollspinnerei; endloser Papierstreifen zur Herstellung von Zigarettenhülsen; *Bergmannsspr.* Wikkeltrommel für Flachseile an Fördermaschinen); **Bo̠|bi|net**

[1] *Trenn.* ...ok|k...

[*auch* ...'nɛt], der; -s, -s ‹engl.› (Gewebe; engl. Tüll)
Bob|sleigh ['bɔbsle:], der; -s, -s; *vgl.* ²Bob
Bob|tail [...'te:l], der; -s, -s ‹engl.› (Hunderasse)
Boc|cac|cio [bɔ'katʃo] (ital. Dichter)
Boc|cia ['bɔtʃa], das *od.* die; -, -s ‹ital.› (ital. Kugelspiel)
Boche [bɔʃ], der; -, -s ‹franz.› (franz. Schimpfname für den Deutschen)
Bo|cholt (Stadt im Münsterland)
Bo|chum (Stadt im Ruhrgebiet); **Bo|chu|mer** (↑R 147)
[1]**Bock**, der; -[e]s, Böcke (Ziegen-, Rehbock o. ä.; Gestell; Turngerät); - springen; *vgl.* aber: das Bockspringen
[2]**Bock**, das, *auch* der; -s (*Kurzform für* Bockbier); zwei -
bock|bei|nig
Bock|bier
Böck|chen; böckeln[1] (*landsch. für* nach [1]Bock riechen); **bocken**[1]; **Bockerl**[1], das; -s, -n (*österr. ugs. für* Föhrenzapfen); **bockig**[1]; **Bockig|keit**[1], die; -; **Bock|käl|fer; Böck|lein; Bock|lei|ter**, die
Böck|lin (schweiz. Maler)
Bock|mist (*ugs. für* Blödsinn, Fehler); **Bocks-beu|tel** (bauchige Flasche; Frankenwein in solcher Flasche), **...dorn** (der; -[e]s; Strauch); **Böck|ser**, der; -s, - (*Winzerspr.* fauliger Geruch u. Geschmack bei jungem Wein); **Bocks|horn** *Plur.* ...hörner; laß dich nicht ins - jagen *(ugs. für* einschüchtern); **Bocks|hörndl**, das; -s, -n (*österr. ugs. für* Frucht des Johannisbrotbaumes); **Bocks|horn|klee**, der; -s (eine Pflanze); **Bock-sprin|gen** (das; -s; ↑R 68), **...sprung, ...wurst**
Bod|den, der; -s, - (*nordd. für* Strandsee, [Ostsee]bucht)
Bo|de|ga, die; -, -s ‹span.› (span. Weinkeller, -schenke)
Bo|de-Gym|na|stik, die; -; ↑R 135 (von Rudolf Bode geschaffene Ausdrucksgymnastik)
Bo|del|schwingh (dt. ev. Theologe)
Bo|den, der; -s, Böden; **Bo|den-ab|wehr** *(Milit.)*, **...be|ar|bei|tung, ...be|lag; Bo|den-Bo|den-Ra|ke|te; Bo|den-ero|si|on** *(Geol.)*, **...frei|heit** *(Technik)*, **...frost, ...haf|tung** *(Motorsport)*, **...kam|mer, ...le|ger** (Berufsbez.); **bo|den|los**; -este; eine -e Unverschämtheit *(ugs.)*; aber: ins Bodenlose fallen; **Bo|den-ne|bel, ...per|so|nal, ...re|form, ...satz, ...schät|ze** *(Plur.)*
Bo|den|see, der; -s
Bo|den|spe|ku|la|ti|on; bo|den-stän|dig; Bo|den-sta|ti|on, ...tur|nen, ...va|se, ...wel|le, ...wich|se (*schweiz. für* Bohnerwachs); **bo|di|gen** (*schweiz. für* besiegen);
Bod|me|rei (Schiffsbeleihung, -verpfändung)
Bo|do (m. Vorn.); *vgl.* Boto
Body ['bɔdi], der; -s, -s ‹engl.› (*kurz für* Bodysuit); **Bo|dy|buil|der** ['bɔdibildə(r)], der; -s, - (jmd., der Bodybuilding betreibt); **Bo|dy|buil|ding**, das; -[s] (Training[smethode] zur besonderen Ausbildung der Körpermuskulatur); **Bo|dy|check** [...tʃɛk], der; -s, -s (erlaubtes Rempeln des Gegners beim Eishockey); **Bo|dy|stocking** [...stɔkiŋ], der; -[s], -s [*Trenn.* ...stok|king] *vgl.* Bodysuit; **Bo|dy|suit** [...sju:t], der; -[s], -s (enganliegende, einteilige Unterkleidung)
Böe *vgl.* Bö
Boe|ing ['bo:iŋ], die; -, -s (amerik. Flugzeugtyp)
Boe|thi|us (spätröm. Philosoph)
Bo|fist *vgl.* Bovist
Bo|gen, der; -s, *Plur.* - *u. (bes. südd., österr. u. schweiz.)* Bögen; *Abk.* (für den Bogen Papier:) Bg.; in Bausch und Bogen (ganz und gar); **Bo|gen-füh|rung** *(Musik)*, **...lam|pe, ...schie|ßen** (das; -s; *Sport*), **...schüt|ze; bo|gig**
Bo|gis|law (m. Vorn.)
Bo|go|tá [...'ta] (Hptst. von Kolumbien)
Bo|heme [bɔ'ɛ:m, *auch* bo'hɛ:m], die; - (ungezwungenes, unkonventionelles Künstlermilieu); **Bo|he|mi|en** [boe'miɛ̃:, *auch* bohe...], der; -s, -s (Angehöriger der Boheme)
Boh|le, die; -, -n (starkes Brett); **Boh|len|be|lag**
böh|ma|keln (*österr. ugs. für* radebrechen); **Böh|me**, der; -n, -n (↑R 197); **Böh|men; Böh|mer|land**, das; -[e]s; **Böh|mer|wald**, der; -[e]s; ↑R 151 (Gebirge); **Böh|mer|wäld|ler; Böh|min; böh|misch** (*auch ugs. für* unverständlich); (↑R 148:) das kommt mir - vor; das sind mir -e Dörfer, aber (↑R 146): Böhmisches Mittelgebirge
Böhn|chen; Boh|ne, die; -, -n; grüne -n
boh|nen (*landsch. für* bohnern)
Boh|nen-ein|topf, ...kaf|fee, ...kraut, ...sa|lat, ...stan|ge; Boh|nen|stroh; dumm wie - *(ugs.)*
Boh|ner (*svw.* Bohnerbesen); **Boh|ner|be|sen; boh|nern**; ich ...ere (↑R 22); **Boh|ner|wachs**
Böhn|lein
boh|ren; Boh|rer; Bohr-fut|ter *(Technik)*, **...ham|mer** (mit Druckluft betriebener Schlagbohrer), **...in|sel, ...loch, ...ma|schi|ne, ...turm; Boh|rung**
bö|ig; -er Wind (in kurzen Stößen wehender Wind)
Boi|ler ['bɔy...], der; -s, - ‹engl.› (Warmwasserbereiter)
Boi|zen|burg ['bɔy...] (Stadt an der Elbe)
Bo|jar, der; -en, -en (↑R 197) ‹russ.› (hoher Adliger im alten Rußland; adliger Großgrundbesitzer im alten Rumänien)
Bo|je, die; -, -n (*Seemannsspr.* [verankerter] Schwimmkörper als Seezeichen od. zum Festmachen); **Bo|jen|ge|schirr**
Bok|mål ['bo:kmo:l], das; -[s] ‹norw.› (vom Dänischen beeinflußte norw. Schriftsprache [*vgl.* Riksmål *u.* Nynorsk])
Bol *vgl.* Bolus
Bo|la, die; -, -s ‹span.› (südamerik. Wurf- und Fangleine); **Bo|le|ro**, der; -s, -s (Tanz; kurze Jacke); **Bo|le|ro|jäck|chen**
Bo|lid, Bo|li|de, der; ...iden, ...iden (schwerer Rennwagen; *Astron.* Meteor)
Bo|li|var [...v...], der; -[s], -[s] (Währungseinheit in Venezuela; *Abk.* Bs); **Bo|li|via|ner**; ↑R 180, *auch* Bo|li|vi|er [...viər]; **bo|li|via|nisch**; ↑R 180, *auch* bo|li|visch; **Bo|li|via|no**, der; -[s], -[s]; ↑R 180 (bolivian. Münzeinheit); **Bo|li|vi|en** [...viən] (südamerik. Staat); **Bo|li|vier** *vgl.* Bolivianer; **bo|li|visch** *vgl.* bolivianisch
böl|ken (*nordd. für* blöken [vom Rind, Schaf], brüllen; aufstoßen)
Böll (dt. Schriftsteller)
Bol|lan|dist, der; -en, -en; ↑R 197 (Mitglied der jesuit. Arbeitsgemeinschaft zur Herausgabe von Heiligenleben)
Bol|le, die; -, -n (*landsch. für* Zwiebel; Loch im Strumpf)
Böl|ler (kleiner Mörser zum Schießen, Feuerwerkskörper); **bol|lern** (*landsch. für* poltern, krachen); **böl|lern**; ich ...ere (↑R 22); **Bol|ler|wa|gen** (*landsch. für* Handwagen)
Bol|let|te, die; -, -n ‹ital.› (*österr. für* Zoll-, Steuerbescheinigung)
Boll|werk
Bo|lo|gna [bo'lɔnja] (ital. Stadt); **Bo|lo|gne|se** [...'nje:...], der; -n, -n (↑R 197); **Bo|lo|gne|ser** (↑R 147); **bo|lo|gne|sisch**
Bo|lo|me|ter, das; -s, - ‹griech.› (Strahlungsmeßgerät)
Bol|sche|wik, der; -en, *Plur.* -i *u. (abwertend)* -en (↑R 197) ‹russ.› (*histor. Bez. für* Mitglied der kommunistischen Partei Rußlands bzw. der Sowjetunion);

[1] *Trenn.* ...k|k...

bol|sche|wi|sie|ren; Bol|sche|wi|sie|rung; Bol|sche|wis|mus, der; -; **Bol|sche|wist,** der; -en, -en (↑R 197); **bol|sche|wi|stisch; Bol|schoi|thea|ter** [...'ʃɔy...] (führende Opern- u. Ballettbühne in Moskau)

Bo|lus, Bol, der; -, ...li ‹griech.› (Tonerdesilikat; *Med.* Bissen; große Pille)

Bol|za|no (*ital. Name von* Bozen)

bol|zen (*Fußball* derb, systemlos spielen); du bolzt; **Bol|zen,** der; -s, -; **bol|zen|ge|ra|de; Bol|ze|rei; Bolz|platz**

Bom|ba|ge [bɔm'ba:ʒə, *österr.* ...'ba:ʒ], die; -, -n [...'ba:ʒ(ə)n] ‹franz.› (Biegen des Glases im Ofen; Umbördeln von Blech; Hervorwölbung des Deckels von Konservendosen bei Zersetzung des Inhalts); **Bom|bar|de,** die; -, -n (Steinschleudermaschine des 15. bis 17. Jh.s); **Bom|bar|de|ment** [...'mã:, *österr.* bɔmbard'mã:, *schweiz.* bɔmbardə'mɛnt], das; -s, *Plur.* -s, *schweiz.* -e (Beschießung; Abwurf von Bomben); **bom|bar|die|ren; Bom|bar|die|rer|käl|fer** *(Zool.)*; **Bom|bar|die|rung; Bom|bar|don** [...'dõ:], das; -s, -s (Baßtuba)

Bom|bast, der; -[e]s ‹pers.-engl.› ([Rede]schwulst, Wortschwall); **bom|ba|stisch**

Bom|bay [...be:] (Stadt in Indien)

Bom|be, die; -, -n ‹franz.› (mit Sprengstoff angefüllter Hohlkörper; *auch ugs.* sehr kräftiger Schuß aufs [Fußball]tor); **bom|ben** *(ugs.)*; **Bom|ben‿an|griff, ...an|schlag, ...dro|hung, ...er|folg** (*ugs. für* großer Erfolg); [1]**bom|ben|fest;** ein -er Unterstand; [2]**bom|ben|fest** (*ugs. für* ganz sicher); er behauptet es -; **Bom|ben‿flug|zeug, ...form** *(ugs.)*, **...ge|schäft** *(ugs.)*, **...krieg, ...schuß** *(Sport)*; [1]**bom|ben|si|cher;** ein -er Keller; [2]**bom|ben|si|cher** *(ugs.)*; er weiß es -; **Bom|ben‿stim|mung** *(ugs.)*, **...tep|pich, ...ter|ror; Bom|ber; Bom|ber‿jacke** [*Trenn.* ...jak|ke], **...ver|band**

bom|bie|ren ‹*zu* Bombage› (*fachspr. für* biegen [von Glas, Blech]); bombiertes Blech (Wellblech); **Bom|bie|rung**

bom|big (*ugs. für* hervorragend)

Bom|mel, die; -, -n *u.* der; -s, - (*landsch. für* Quaste)

Bon [bɔŋ], der; -s, -s ‹franz.› (Gutschein; Kassenzettel)

bo|na fi|de ‹lat.› (guten Glaubens)

Bo|na|par|te (Familienn. Napoleons); **Bo|na|par|tis|mus,** der; -; **Bo|na|par|tist,** der; -en, -en; ↑R 197 (Anhänger der Familie Bonaparte)

Bo|na|ven|tu|ra [...v...] (Kirchenlehrer)

Bon|bon [bɔŋ'bɔŋ, *auch* bõ'bõ:, *österr. nur so*], der *od.* (*österr. nur*) das; -s, -s ‹franz.› (Süßigkeit zum Lutschen); **bon|bon|far|ben; Bon|bon|nie|re** [bɔŋbɔŋ'jɛ:rə, *auch* bõbɔn'jɛ:rə, *österr. nur so*], die; -, -n (gut ausgestattete Pralinenpackung)

Bond, der; -s, -s ‹engl.› (*engl. Bez. für* Schuldverschreibung mit fester Verzinsung)

bon|gen ‹franz.› (*ugs. für* einen Kassenbon tippen); ist gebongt (*ugs. für* ist abgemacht, wird erledigt)

Bon|go ['bɔŋgo], das; -[s], -s *od.* die; -, -s *meist Plur.* ‹span.› (paarweise verwendete [Jazz]trommel mit nur einem Fell)

Bön|ha|se (*nordd. für* Pfuscher; nichtzünftiger Handwerker)

Bon|ho|mie [bɔno'mi:], die; -, ...ien ‹franz.› (*veraltet für* Gutmütigkeit, Einfalt); **Bon|homme** [bɔ'nɔm], der; -, -s (*veraltet für* gutmütiger, einfältiger Mensch)

Bo|ni|fa|ti|us, Bo|ni|faz [*auch* 'bo:...] (Verkünder des Christentums in Deutschland; m. Vorn.); **Bo|ni|fa|ti|us|brun|nen**

Bo|ni|fi|ka|ti|on, die; -, -en ‹lat.› (Vergütung, Gutschrift); **bo|ni|fi|zie|ren** (vergüten, gutschreiben); **Bo|ni|tät,** die; -, -en (*Kaufmannsspr.* [guter] Ruf einer Person od. Firma in bezug auf ihre Zahlungsfähigkeit *[nur Sing.]; Forstw., Landw.* Güte, Wert eines Bodens); **bo|ni|tie|ren** ([Grundstück, Boden, Waren] schätzen); **Bo|ni|tie|rung**

Bon|mot [bõ'mo:, *auch* bɔŋ'mo:], das; -s, -s ‹franz.› (geistreiche Wendung)

Bonn (Stadt am Rhein)

Bon|nard [bɔ'na:r] (franz. Maler)

Bon|ne, die; -, -n ‹franz.› (*veraltet für* Kindermädchen, Erzieherin)

Bon|ner ‹*zu* Bonn› (↑R 147)

Bon|net [bɔ'ne:], das; -s, -s ‹franz.› (Damenhaube des 18. Jh.s)

[1]**Bon|sai,** der; -[s], -s ‹jap.› (japan. Zwergbaum); [2]**Bon|sai,** das; - (Kunst des Ziehens von Zwergbäumen)

Bon|sels (dt. Schriftsteller)

Bont|je, der; -s, -s (*landsch. für* Bonbon)

Bo|nus, der; *Gen.* - *u.* Bonusses, *Plur.* - *u.* Bonusse, *auch* Boni ‹lat.› (Vergütung; Rabatt)

Bon|vi|vant [bõvi'vã:], der; -s, -s ‹franz.› (*veraltend für* Lebemann; *Theater* Fach des Salonhelden)

Bon|ze, der; -n, -n (↑R 197) ‹jap.› ([buddhistischer] Mönch, Priester; *abwertend für* dem Volk entfremdeter höherer Funktionär); **Bon|zen|tum,** das; -s; **Bon|zo|kra|tie,** die; -, ...ien ‹jap.; griech.› (Herrschaft der Bonzen)

Boof|ke, der; -s, -s (*bes. berlin. für* ungebildeter Mensch, Tölpel)

Boo|gie-Woo|gie ['bugi'vugi], der; -[s], -s ‹amerik.› (Jazzart; ein Tanz)

Boom [bu:m], der; -s, -s ‹engl.› ([plötzlicher] Wirtschaftsaufschwung, Hausse an der Börse); **boo|men** ['bu:...] (*ugs. für* einen Boom erleben)

[1]**Boot,** das; -[e]s, *Plur.* -e, *landsch. auch* Böte; - fahren

[2]**Boot** [bu:t], der; -s, -s *meist Plur.* ‹engl.› (bis über den Knöchel reichender [Wildleder]schuh)

Boot|chen *(landsch.)*

Bo|otes, der; - ‹griech.› (ein Sternbild)

Bö|oti|en [...iən] (altgriech. Landschaft); **Bö|oti|er** [...iər]; **bö|otisch** (*veraltet auch für* denkfaul, unkultiviert)

Boot|leg|ger ['bu:t...], der; -s, - ‹amerik.› (*amerik. Bez. für* Alkoholschmuggler)

Boots‿bau (*Plur.* ...bauten), **...gast** (*Plur.* -en; Matrose im Bootsdienst), **...ha|ken, ...haus, ...län|ge, ...mann** (*Plur.* ...leute); **Boots|manns|maat; Boots‿motor, ...steg; boot[s]|wei|se**

Bor, das; -s ‹pers.› (chem. Element, Nichtmetall; *Zeichen* B)

Bo|ra, die; -, -s ‹ital.› (kalter Adriawind)

Bo|ra|go, der; -s ‹arab.› (Borretsch)

Bo|rat, das; -[e]s, -e ‹pers.› (borsaures Salz); **Bo|rax,** der, *österr. auch* das; *Gen.* - *u.* -es (Borverbindung)

Bor|chardt (dt. Schriftsteller)

Bor|chert (dt. Schriftsteller)

[1]**Bord,** das; -[e]s, -e ([Bücher-, Wand]brett); [2]**Bord,** der; -[e]s, -e ([Schiffs]rand, -deck, -seite; *übertr. auch für* Schiff, Luftfahrzeug); *heute meist in Fügungen wie* an - gehen; Mann über -!; [3]**Bord,** das; -[e]s, -e (*schweiz. für* Rand, [kleiner] Abhang, Böschung); **Bord|buch** (Schiffstagebuch; Fahrtenbuch); **Bord|case** [...ke:s], das *u.* der; -, *Plur.* - *u.* -s [...ke:siz] ‹dt.; engl.› (kleiner Koffer [für Flugreisen]); **Bord‿com|pu|ter, ...dienst**

Bör|de, die; -, -n (fruchtbare Ebene); Magdeburger -, Soester -

[1]**Bor|deaux** [bɔr'do:] (franz. Stadt); Bordeaux' [...'do:s] Hafen (↑R 156); [2]**Bor|deaux,** der; - [...'do:(s)], *Plur. (Sorten:)* - [...'do:s] (ein Wein); **bor|deaux|rot** (weinrot); **Bor|de|lai|ser** [...'lɛ:zər] (↑R 147); - Brühe (Mit-

tel gegen [Reben]krankheiten); **Bor|de|le|se,** der; -n, -n; ↑R 197 (Einwohner von Bordeaux); **Bor|de|le|sin**

Bor|dell, das; -s, -e (Haus, in dem Prostituierte ihrem Gewerbe nachgehen)

bör|deln (Blech mit einem Rand versehen; umbiegen); ich ...[e]le (↑R 22); **Bör|de|lung**

Bor|de|reau [bɔrdəˈro:], *auch* **Bor|de|ro,** der *od.* das; -s, -s ‹franz.› (*Bankw.* Verzeichnis eingelieferter Wertpapiere); **Bor|der|preis** ‹engl.; dt.› (Preis frei Grenze)

Bord₋funk, ...fun|ker

bor|die|ren ‹franz.› (*fachspr. für* einfassen, besetzen); **Bor|die|rung**

Bord₋ka|me|ra, ...kan|te, ...stein

Bor|dü|re, die; -, -n ‹franz.› (Einfassung, [farbiger] Geweberand, Besatz); **Bor|dü|ren|kleid**

Bord₋waf|fe *(meist Plur.),* **...zei|tung**

bo|re|al ‹griech.› (nördlich); [1]**Bo|re|as** (griech. Gottheit [des Nordwindes]); [2]**Bo|re|as,** der; - (Nordwind im Gebiet des Ägäischen Meeres)

Borg (das Borgen); *nur noch in* auf - kaufen; **bor|gen**

Bor|ghe|se [...ˈge:zə] (röm. Adelsgeschlecht); **Bor|ghe|sisch;** der -e Fechter (↑R 134)

Bor|gia [ˈbɔrdʒa], der; -s, -s (Angehöriger eines span.-ital. Adelsgeschlechtes)

Bor|gis, die; - ‹franz.› (*Druckw.* ein Schriftgrad)

borg|wei|se *(selten)*

Bo|ris (m. Vorn.)

Bor|ke, die; -, -n (Rinde); **Bor|ken₋kä|fer, ...krepp, ...scho|ko|la|de; bor|kig**

Bor|kum (Insel an der dt. Nordseeküste)

Born, der; -[e]s, -e (*veraltet, noch geh. für* Wasserquelle, Brunnen)

Bör|ne (dt. Schriftsteller)

Bor|neo (größte der Großen Sundainseln)

Born|holm (eine dän. Ostseeinsel)

bor|niert; -este ‹franz.› (unbelehrbar, engstirnig); **Bor|niert|heit**

Bor|retsch, der; -[e]s (ein Küchenkraut)

Bör|ri|es [...i̯əs] (m. Vorn.)

Bor|ro|mä|ische In|seln *Plur.;* ↑R 134 *u.* 180 (im Lago Maggiore); **Bor|ro|mä|us** (m. Eigenn.); **Bor|ro|mä|us|ver|ein**

Bor₋sal|be (die; -; ein Heilmittel), **...säu|re,** die; -

Borschtsch, der; - ‹russ.› (russ. Kohlsuppe mit Fleisch)

Bör|se, die; -, -n ‹niederl.› (*Wirtsch.* Markt für Wertpapiere u. vertretbare Waren; *veraltend für* Portemonnaie; *Boxen* Einnahme aus einem Wettkampf); **Bör|sen₋be|richt, ...ge|schäft, ...kurs, ...mak|ler, ...spe|ku|lant, ...spe|ku|la|ti|on, ...tip, ...ver|ein; Bör|sia|ner;** ↑R 180 (*ugs. für* Börsenspekulant)

Bor|ste, die; -, -n (starkes Haar); **Bor|sten|vieh** *(ugs. scherzh.);* **bor|stig; Bor|stig|keit; Borst|wisch** (*ostmitteld. für* Handfeger; vgl. Bartwisch)

Bor|te, die; -, -n (gemustertes Band als Besatz)

Bo|rus|se, der; -n, -n; ↑R 197 (*scherzh. für* Preuße); **Bo|rus|sia,** die; - (Frauengestalt als Sinnbild Preußens)

Bor|was|ser, das; -s

bös *vgl.* böse; **bös|ar|tig; Bös|ar|tig|keit,** die; -

[1]**Bosch,** Robert (dt. Erfinder); die Boschsche Zündkerze (↑R 20)

[2]**Bosch** [*niederl.* bɔs], Hieronymus (niederländ. Maler)

bö|schen (*Eisenb., Straßenbau* abschrägen); **Bö|schung; Bö|schungs|win|kel**

Bos|co [ˈbɔsko], Don (kath. Priester u. Pädagoge)

bö|se, bös; böser, böseste; -er Blick, eine -e Sieben; *Großschreibung* (↑R 65): das Gute und das Böse unterscheiden; jenseits von Gut und Böse; sich zum Bösen wenden; der Böse *(vgl. d.); Kleinschreibung* (↑R 65): im bösen auseinandergehen; **Bö|se,** der; -n, -n; ↑R 7 ff. (*auch für* Teufel *[nur Sing.]*); **Bö|se|wicht,** der; -[e]s, *Plur.* -er, *auch, österr. nur,* -e; **bos|haft;** -este; **Bos|haf|tig|keit; Bos|heit**

Bos|kett, das; -s, -e ‹franz.› (Ziergebüsch [bes. in Barockgärten])

Bos|koop, *schweiz. nur so, od.* **Bos|kop,** der; -s, - ‹nach dem niederl. Ort Boskoop› (Apfelsorte)

Bos|ni|ak, der; -en, -en (↑R 197; R 180); *vgl.* Bosnier; **Bos|ni|en** [...i̯ən] **und Her|ze|go|wi|na; Bos|ni|er** [...i̯ər]

Bos|nigl, der; -s, -n (*bayr., österr. ugs. für* boshafter Mensch)

bos|nisch

Bos|po|rus, der; - (Meerenge bei Istanbul)

Boß, der; Bosses, Bosse ‹amerik.› ([Unternehmens]leiter; Chef; Vorgesetzter)

Bos|sa No|va [- ˈno:va], der; - -, - -s ‹port.› (ein südamerikan. Modetanz)

Bo|ßel, der; -s, - *u.* die; -, -n (*nordd. für* Kugel)

bos|se|lie|ren *vgl.* bossieren

bos|seln (*ugs. für* kleine Arbeiten [peinlich genau] machen; *auch für* bossieren); ich bossele *u.* boßle (↑R 22); **bo|ßeln** (*nordd. für* mit der [dem] Boßel werfen; den Kloot schießen); ich ...[e]le (↑R 22); **Bos|sen₋qua|der** *(Bauw.),* **...werk** (rauh bearbeitetes Mauerwerk); **Bos|sier|ei|sen** (Gerät zum Behauen roher Mauersteine); **bos|sie|ren** (die Rohform einer Figur aus Stein herausschlagen; Mauersteine behauen; *auch* in Ton, Wachs od. Gips modellieren); **Bos|sie|rer; Bos|sier|wachs**

[1]**Bo|ston** [ˈbɔst(ə)n] (Stadt in England und in den USA); [2]**Bo|ston,** das; -s (ein Kartenspiel); [3]**Bo|ston,** der; -s, -s (ein Tanz)

bös|wil|lig; Bös|wil|lig|keit, die; -

Bot, Bott, das; -[e]s, -e (*schweiz. für* Mitgliederversammlung)

Bo|ta|nik, die; - ‹griech.› (Pflanzenkunde); **Bo|ta|ni|ker; bo|ta|nisch;** -e Gärten, aber (↑R 157): der Botanische Garten in München; **bo|ta|ni|sie|ren** (Pflanzen sammeln); **Bo|ta|ni|sier|trom|mel**

Böt|chen (kleines Boot)

Bo|te, der; -n, -n (↑R 197)

Bo|tel, das; -s, -s ‹*Kurzw. aus* Boot u. Hotel› (als Hotel ausgebautes Schiff)

Bo|ten₋dienst, ...frau, ...gang, ...lohn; Bo|tin

Böt|lein *vgl.* Bötchen

bot|mä|ßig (*geh., veraltet für* untertan); **Bot|mä|ßig|keit,** die; -

Bo|to (m. Vorn.)

Bo|to|ku|de, der; -n, -n; ↑R 197 (bras. Indianer); **bo|to|ku|disch**

Bot|schaft; die Deutsche Botschaft [z. B. in Paris]; **Bot|schaf|ter; Bot|schaf|ter|ebe|ne;** auf -; **Bot|schaf|te|rin; Bot|schafts₋rat** *(Plur.* ...räte), **...se|kre|tär**

Bo|tsua|na (Staat in Afrika); **Bo|tsua|ner; Bo|tsua|ne|rin; bo|tsua|nisch**

Bo|tswa|na usw. *vgl.* Botsuana usw.

Bott *vgl.* Bot

Bött|cher (Bottichmacher); *vgl. auch* Büttner *u.* Küfer; **Bött|cher|ar|beit; Bött|che|rei; bött|chern;** ich böttch[e]re (↑R 22)

Bot|ten *Plur.* (*landsch. für* Stiefel; große, klobige Schuhe)

Bot|ti|cel|li [...ˈtʃɛli], Sandro (ital. Maler)

Bot|tich, der; -[e]s, -e

Bot|tle-Par|ty [ˈbɔt(ə)l...], die; -, ...ties ‹engl.› (Party, zu der die Gäste die Getränke mitbringen)

bott|nisch, aber (↑R 146): der Bottnische Meerbusen

Bo|tu|lis|mus, der; - ‹lat.› (*Med.* bakterielle Lebensmittelvergiftung)

[1]**Bou|clé** [buˈkle:], das; -s, -s ‹franz.› (Garn mit Knoten u. Schlingen); [2]**Bou|clé,** der; -s, -s

(Gewebe u. Teppich aus diesem Garn)
Bou|doir [bu'doa:r], das; -s, -s ‹franz.› (*veraltet für* elegantes Zimmer einer Dame)
Bou|gain|vil|lea [bugɛ̃'vilea], die; -, ...leen [...leən] ‹nach dem Comte de Bougainville› (eine Zierpflanze)
Bou|gie [bu'ʒi:], die; -, -s ‹franz.› (*Med.* Dehnsonde); **bou|gie|ren** [bu'ʒi:...] (mit der Dehnsonde untersuchen, erweitern)
Bouil|la|baisse [buja'bɛ:s], die; -, -s [buja'bɛ:s] ‹franz.› (provenzal. Fischsuppe); **Bouil|lon** [bul'jɔŋ, *auch* bul'jɔ̃:, *österr.* bu'jɔ̃:], die; -, -s (Kraft-, Fleischbrühe); **Bouil|lon|wür|fel**
Boule [bu:l], das; -[s], *auch* die; - ‹franz.› (franz. Kugelspiel)
Bou|le|vard [bulə'va:r, *österr.* bul'va:r], der; -s, -s ‹franz.› (breite [Ring]straße); **Bou|le|vard‿pres|se** *(abwertend),* **...thea|ter** (↑R 180), **...zei|tung**
Bou|lez [bu'lɛ:z] (franz. Komponist u. Dirigent)
Bou|lo|gner [bu'lɔnjər] (↑R 147); **Bou|lo|gne-sur-Mer** [bu'lɔnjəsyr'mɛ:r] (franz. Stadt)
Bou|quet [bu'ke:], das; -s, -s ‹franz.›; *vgl.* Bukett
Bou|qui|nist [buki'nist], der; -en, -en ‹franz.› ([Straßen]buchhändler in Paris)
Bour|bo|ne [bur...], der; -n, -n; ↑R 197 (Angehöriger eines franz. Herrschergeschlechtes); **bour|bo|nisch**
bour|geois [bur'ʒoa] ‹franz.› (der Bourgeoisie angehörend, entsprechend); -es [bur'ʒoa:zəs] Verhalten; **Bour|geois,** der; -, - (*abwertend für* wohlhabender, selbstzufriedener Bürger); **Bour|geoi|sie** [...ʒoa'zi:], die; -, ...ien ([wohlhabender] Bürgerstand; *marxist.* herrschende Klasse in der kapitalistischen Gesellschaft)
Bour|rée [bu're:], die; -, -s ‹franz.› (ein alter Tanz; Teil der Suite)
Bour|ret|te [bu...], die; -, -n ‹franz.› (Gewebe aus Abfallseide)
Bour|tan|ger Moor [bu:r... -], das; - -[e]s (teilweise trockengelegtes Moorgebiet westl. der mittleren Ems)
Bou|teille [bu'tɛ:j], die; -, -n [bu'tɛ:jən] ‹franz.› (*veraltet für* Flasche)
Bou|tique [bu'ti:k, *österr.* bu'tik], die; -, *Plur.* -n [...kən], *selten* -s ‹franz.› (kleiner Laden für [meist exklusive] mod. Neuheiten)
Bou|ton [bu'tɔ̃:], der; -s, -s ‹franz.› (Ohrklips in Knopfform)
Bo|vist ['bo:vist, *auch* bo'vist] *od.* **Bo|fist** [*auch* bo'fist], der; -[e]s, -e (ein Pilz)
Bow|den|zug ['baud(ə)n...], der; -s, ...züge (↑R 135) ‹nach dem engl. Erfinder Bowden› (*Technik* Drahtkabel zur Übertragung von Zugkräften)
Bo|wie|mes|ser ['bo:vi...], das; -s, - (↑R 135) ‹nach dem amerik. Oberst James Bowie› ([nordamerik.] Jagdmesser)
Bow|le ['bo:lə], die; -, -n ‹engl.› (Getränk aus Wein, Zucker u. Früchten; Gefäß für dieses Getränk)
bow|len ['bo:lən] ‹engl.› (*Sport* Bowling spielen)
Bow|len|glas ['bo:lən...] *Plur.* ...gläser
Bow|ling ['bo:liŋ], das; -s, -s ‹engl.› (amerik. Art des Kegelspiels mit 10 Kegeln; engl. Kugelspiel auf glattem Rasen); **Bow|ling|bahn**
Box, die; -, -en ‹engl.› (Pferdestand; Unterstellraum; Montageplatz bei Autorennen; einfache, kastenförmige Kamera)
Box|calf *vgl.* Boxkalf
bo|xen ‹engl.›; du boxt; er boxte ihn (*auch* ihm) in den Magen
Bo|xen|stopp *(Automobilsport)*
Bo|xer, der; -s, - (*bes. südd., österr. auch* Faustschlag; eine Hunderasse); **bo|xe|risch;** -es Können; **Bo|xer‿mo|tor** *(Technik),* **...na|se; Box‿hand|schuh, ...hieb**
Box|kalf, Box|calf [*auch engl.* 'bɔkska:f], das; -s, -s ‹engl.› (Kalbsleder); **Box|kalf|schuh**
Box‿kampf, ...ring, ...sport
Boy [bɔy], der; -s, -s ‹engl.› ([Hotel]diener, Bote)
Boy|kott [bɔy...], der; -[e]s, *Plur.* -s *auch* -e ‹nach dem geächteten engl. Gutsverwalter Boycott› (politische, wirtschaftliche od. soziale Ächtung; Nichtbeachten); **boy|kot|tie|ren; Boy|kott|maß|nah|me** *meist Plur.*
Boyle-Ma|ri|otte|sche Ge|setz [ˌbɔylma'riɔtʃə -], das; -n -es; *vgl.* Mariotte
Boy-Scout ['bɔyskaut], der; -[s], -s (*engl. Bez. für* Pfadfinder)
Bo|zen (Stadt in Südtirol); *vgl.* Bolzano; **Boz|ner** (↑R 147)
Bq = Becquerel
Br = *chem. Zeichen für* Brom
BR = Bayerischer Rundfunk
Bra|ban|çonne [brabã'sɔn], die; - ‹franz.; nach der belg. Provinz Brabant› (belg. Nationalhymne); **Bra|bant** (belg. Provinz); **Bra|ban|ter** (↑R 147); - Spitzen
brab|beln (*ugs. für* undeutlich vor sich hin reden); ich ...[e]le (↑R 22)
brach (unbestellt; unbebaut); brachliegen *(vgl. d.);* **Bra|che,** die; -, -n (Brachfeld); **Bra|chet,** der; -s, -e (*alte Bez. für* Juni); **Brach|feld**
bra|chi|al ‹griech.› (*Med.* den Arm betreffend; mit roher Körperkraft); **Bra|chi|al|ge|walt,** die; - (rohe, körperliche Gewalt); **Bra|chio|sau|rus,** der; -, ...rier [...iər] (eine ausgestorbene Riesenechse)
brach|le|gen; ↑R 205 f. (nicht bebauen; nicht nutzen); **brach|lie|gen;** ↑R 205 f. (unbebaut liegen; nicht genutzt werden); der Acker liegt brach; brachgelegen; brachzuliegen; **Brach‿mo|nat** *od.* **...mond** *vgl.* Brachet
Brach|se, die; -, -n *u.* **Brach|sen,** *schweiz.* **Brachs|men,** der; -s, - (ein Karpfenfisch); *vgl. auch* Brasse *u.* Brassen
Brach|vo|gel (Schnepfenart)
bra|chy... [...x...] ‹griech.› (kurz...); **Bra|chy...** (Kurz...); **Bra|chy|lo|gie,** die; -, ...ien (*Rhet., Stilk.* Kürze im Ausdruck)
Brack, das; -[e]s, *Plur.* -s *od.* -en (*landsch. für* [von Brackwasser gebildeter] Tümpel, kleiner See; Brackwasser)
Bracke, der; -n, -n (↑R 197), *seltener* die; -, -n [*Trenn.* Brak|ke] (Spürhundrasse)
brackig [*Trenn.* brak|kig] (schwach salzig u. daher ungenießbar)
Bräckin [*Trenn.* Bräk|kin] (*w. Form von* Bracke)
brackisch [*Trenn.* brak|kisch] (aus Brackwasser abgelagert); **Brack|was|ser,** das; -s, ...wasser (Gemisch aus Salz- und Süßwasser)
Brä|gen, der; -s, - (*Nebenform von* Bregen)
Bra|gi (nord. Gott der Dichtkunst)
Brah|ma ‹sanskr.› (ind. Gott); **Brah|ma|huhn** *vgl.* Brahmaputrahuhn; **Brah|ma|is|mus;** *vgl.* Brahmanismus; **Brah|man,** das; -s (*ind. Rel. u. Philos.* Weltseele); **Brah|ma|ne,** der; -n, -n; ↑R 197 (Angehöriger einer ind. Priesterkaste); **brah|ma|nisch; Brah|ma|nis|mus,** der; - (eine ind. Religion; *auch für* Hinduismus); **Brah|ma|pu|tra** [...'pu(:)tra], der; -[s] (südasiat. Strom); **Brah|ma|pu|tra|huhn** (↑R 149), *auch* Brah|ma|huhn; ↑R 135 (eine Hühnerrasse)
Brahms (dt. Komponist)
Braille|schrift ['bra:j...], die; - (↑R 135) ‹nach dem franz. Erfinder Braille› (Blindenschrift)
Brain-Drain ['bre:ndre:n], der; -s ‹engl.-amerik.› (Abwanderung von Wissenschaftlern [z. B. nach Amerika]); **Brain|stor|ming** ['bre:nstɔ:(r)miŋ], das; -s (*bes.*

Wirtsch. gemeinsames Bemühen, [in einer Sitzung] durch spontane Äußerung von Einfällen zur Lösung eines Problems beizutragen); **Brain-Trust** ['bre:ntrast], der; -[s], -s ([wirtschaftl.] Beratungsausschuß)

Brak|te|at, der; -en, -en (↑R 197) ‹lat.› (einseitig geprägte mittelalterl. Münze)

Bram, die; -, -en ‹niederl.› (*Seemannsspr.* zweitoberste Verlängerung der Masten sowie deren Takelung)

Bra|mar|bas, der; -, -se (Aufschneider, Prahlhans); **bra|mar|ba|sie|ren** (aufschneiden, prahlen)

Bram|bach, Bad (Stadt im südl. Vogtland)

Bram|busch (*nordd. für* Ginster)

Bram|me, die; -, -n (*Walztechnik* Eisenblock); **Bram|men|walz|werk**

Bram|se|gel (*Seemannsspr.*)

bram|sig (*nordd. ugs. für* derb; protzig; prahlerisch)

Bram|sten|ge *vgl.* Bram

Bran|che ['brã:ʃə, *österr.* brã:ʃ], die; -, -n ['braŋʃ(ə)n] ‹franz.› (Wirtschafts-, Geschäftszweig; *ugs. für* Fachgebiet); **Bran|che[n]|er|fah|rung; bran|che[n]|fremd;** -este; **Bran|che[n]|kennt|nis; bran|che[n]‿kun|dig, ...üb|lich; Bran|chen|ver|zeich|nis**

Bran|chi|at, der; -en, -en (↑R 197) ‹griech.› (mit Kiemen atmender Gliederfüßer); **Bran|chie** [...i̯ə], die; -, -n *meist Plur.* (*Zool.* Kieme)

Brand, der; -[e]s, Brände; in - stekken; **brand|ak|tu|ell; Brand‿an|schlag, ...bin|de, ...bla|se, ...bom|be, ...brief** (*ugs.*), **...di|rek|tor; brand|ei|lig** (*ugs. für* sehr eilig); **bran|deln** (*österr. ugs. für* brenzlig riechen; *auch* viel zahlen müssen); **bran|den**

Bran|den|burg (Stadt an der Havel; dt. Land); **Bran|den|bur|ger** (↑R 147); **bran|den|bur|gisch,** aber (↑R 157): die Brandenburgischen Konzerte (von Bach)

Brand‿en|te (ein Vogel), **...fackel** [*Trenn.* ...fak|kel], **...grab** (*Archäol.*); **brand|heiß; Brand|herd; bran|dig; Brand‿kas|se, ...le|ger** (*österr. für* Brandstifter), **...le|gung** (*österr. für* Brandstiftung), **...mal** (*Plur.* ...male, *seltener* ...mäler; *geh.*); **brand|mar|ken;** gebrandmarkt; **Brand‿mau|er, ...mei|ster; brand‿neu, ...rot; Brand|sal|be; brand|schat|zen;** du brandschatzt; gebrandschatzt (*früher für* durch Branddrohung erpressen); **Brand‿schat|zung** (*früher*), **...soh|le, ...stif|ter, ...stif|tung, ...teig; Bran|dung; Brand‿ur|sa|che, ...wa|che, ...wun|de; Bran|dy** ['brɛndi], der; -s, -s ‹engl.› (*engl. Bez. für* Weinbrand); **Brand|zei|chen; Brannt‿kalk** (Ätzkalk), **...wein; Brannt|wei|ner** (*österr. für* [Wirt einer] Branntweinschenke); **Brannt|wein|steu|er,** die

Braque [brak] (franz. Maler)

[1]Bra|sil, der; -s, *Plur.* -e *u.* -s ‹*nach* Brasilien› (Tabak; Kaffeesorte); **[2]Bra|sil,** die; -, -[s] (Zigarre); **Bra|sil|holz** (↑R 149); **Bra|si|lia, Bra|si|lia** [*beide* ...'zi:li̯a] (Hptst. von Brasilien); **Bra|si|lia|ner** (↑R 180); **Bra|si|lia|ne|rin; bra|si|lia|nisch** (↑R 180); **Bra|si|li|en** [...i̯ən] (südamerik. Staat); **Bra|si|li|en|holz** *vgl.* Bra|sil|holz

Braß, der; Brasses (*ugs. für* Ärger, Wut); - haben; in - kommen

[1]Bras|se, die; -, -n u. Bras|sen, der; -s, - (*nordd., mitteld. für* Brachse)

[2]Bras|se, die; -, -n (*Seemannsspr.* Tau zum Stellen der Segel)

Bras|se|lett, das; -s, -e ‹franz.› (Armband; *Gaunerspr.* Handschelle)

bras|sen (*Seemannsspr.* die [2]Brassen benutzen); du braßt

Bras|sen *vgl.* [1]Brasse

Brät, das; -s (*landsch., bes. schweiz. für* feingehacktes [Bratwurst]fleisch); **Brat|ap|fel; Brät|chen; brä|teln;** ich ...[e]le (↑R 22); **bra|ten;** du brätst, er brät; du brietst; du brietest; gebraten; brat[e]!; **Bra|ten,** der; -s, -; **Bra|ten‿duft, ...fett, ...rock** (*veraltend scherzh. für* Gehrock), **...saft, ...so|ße; Brä|ter** (*landsch. für* Schmortopf); **brat|fer|tig; Brat‿fisch, ...hähn|chen, ...hendl** (das; -s, -n; *südd., österr. für* Brathähnchen); **Brat|he|ring**

Bra|ti|sla|va [...v...] (Hptst. der Slowakei); *vgl.* Preßburg

Brat|kar|tof|fel *meist Plur.*; **Brät|lein; Brat|ling** (gebratener Kloß aus Gemüse, Hülsenfrüchten); **Brät|ling** (Pilz; Fisch); **Brat‿pfan|ne, ...röh|re, ...rost**

Brat|sche, die; -, -n ‹ital.› (ein Streichinstrument); **Brat|scher** (Bratschenspieler); **Brat|schist,** der; -en, -en (↑R 197)

Brat‿spieß, ...spill (*Seemannsspr.* Ankerwinde mit waagerechter Welle), **...wurst**

Bräu, das; -[e]s, *Plur.* -e *u.* -s (*bes. südd. für* Bier; Brauerei); z. B. in Löwenbräu

Brauch, der; -[e]s, Bräuche; in *od.* im - sein; **brauch|bar; Brauch|bar|keit,** die; -; **brau|chen;** du brauchst, er braucht; du brauchtest; du brauchtest (*ugs. auch* bräuchtest); gebraucht; er hat es nicht zu tun brauchen; *vgl.* aber: gebrauchen; **Brauch|tum,** das; -s, ...tümer *Plur. selten;* **Brauch|was|ser,** das; -s (Wasser für industrielle Zwecke)

Braue, die; -, -n

brau|en; Brau|er; Braue|rei; Braue|rin; Brau‿haus, ...mei|ster

braun; *vgl.* blau; **Braun,** das; -s, *Plur.* -, *ugs.* -s (braune Farbe); *vgl.* Blau; **Braun|al|ge; braun|äu|gig; Braun|bär; [1]Brau|ne,** der; -n, -n; ↑R 7 ff. (braunes Pferd; *österr. auch für* Kaffee mit Milch); **[2]Brau|ne,** das; -n (↑R 65); **Bräu|ne,** die; - (braune Färbung; *veraltend für* Halsentzündung); **Braun|ei|sen‿erz** (das; -es) *od.* **...stein** (der; -[e]s); **[1]Brau|nel|le,** die; -, -n (ein Singvogel); **[2]Brau|nel|le** *vgl.* Brunelle; **bräu|nen; braun|ge|brannt;** ein braungebrannter Mann (↑*jedoch* R 209), aber: die Sonne hat ihn braun gebrannt; **Braun‿kehl|chen, ...koh|le; Braun|koh|len‿berg|werk, ...bri|kett; bräun|lich;** bräunlichgelb usw. (↑R 40)

Braun|schweig (Stadt im nördl. Vorland des Harzes); **Braun|schwei|ger; braun|schwei|gisch**

Braun|stein, der; -[e]s (ein Mineral); **Bräu|nung; Bräu|nungs|stu|dio**

Braus, der; *nur noch in* in Saus und - (verschwenderisch) leben

Brau|sche, die; -, -n (*landsch. für* Beule, bes. an der Stirn)

Brau|se, die; -, -n; **Brau|se‿bad, ...kopf** (*veraltend für* Hitzkopf); **brau|se|köp|fig** (*veraltend*); **Brau|se|li|mo|na|de; brau|sen;** du braust; er braus|ste; **Brau|sen,** das; -s; **Brau|se|pul|ver**

Bräu|stüb|chen (*südd. für* kleines Gasthaus; Gastraum)

Braut, die; -, Bräute; **Bräut|chen; Braut‿el|tern** (*Plur.*), **...füh|rer; Bräu|ti|gam,** der; -s, -e; **Braut‿jung|fer, ...kleid, ...kranz; Bräut|lein; Braut|leu|te; bräut|lich; Braut‿mut|ter, ...nacht, ...paar; Braut|schau;** auf - gehen; **Braut‿stand** (der; -[e]s), **...va|ter**

brav; -er, -ste ‹franz.› (tüchtig; artig, ordentlich); **Brav|heit,** die; -; **bra|vis|si|mo!** [...v...] ‹ital.› (sehr gut!); **bra|vo!** (gut!); **[1]Bra|vo,** das; -s, -s (Beifallsruf); **[2]Bra|vo,** der; -s, *Plur.* -s *u.* ...vi (*ital. Bezeichnung für* Meuchelmörder, Räuber); **Bra|vo|ruf; Bra|vour** [...'vu:r], die; - ‹franz.› (Tapferkeit; meisterhafte Technik); **Bra|vour‿arie, ...lei|stung; bra|vou|rös;** -este (schneidig; meisterhaft); **Bra|vour|stück**

Braz|za|ville [braza'vil] (Hptst. der Republik Kongo)

BRD = Bundesrepublik Deutschland (nichtamtliche Abk.)
break! [bre:k] ‹engl., „trennt euch"› (Trennkommando des Ringrichters beim Boxkampf); **Break**, der *od.* das; -s, -s (*Sport* unerwarteter Durchbruch; *Tennis* Durchbrechen des gegnerischen Aufschlags; *Jazz* kurzes Zwischensolo); **Break|dance** [...dɛns], der; -[s] ‹amerik.› (tänzerisch-akrobatische Darbietung zu moderner Popmusik); **Breakdan|cer** [...dɛnsə(r)]; **brea|ken** ['bre:kən] ‹*zu* Break› (*Tennis* dem Gegner bei dessen Aufschlag einen Punkt abnehmen; *Funktechnik* über CB-Funk ein Gespräch führen)
Brec|cie ['brɛtʃə] *od.* Brekzie [...i̯ə], die; -, -n ‹ital.› (*Geol.* aus kantigen Gesteinstrümmern gebildetes u. verkittetes Gestein)
brech|bar; **Brech‿boh|ne**, **...durch|fall**; **Bre|che**, die; -, -n (*früher für* Gerät zum Zerknicken der Flachsstengel u. a.); **Brech|ei|sen**; **bre|chen**; du brichst, er bricht; du brachst; du brächest; gebrochen; brich!; sich -; brechend voll; er brach den Stab über ihn (*nicht* ihm); auf Biegen oder Brechen *(ugs.)*; **Bre|cher** (Sturzsee; Grobzerkleinerungsmaschine); **Brech‿mit|tel** (das), **...reiz**, **...stan|ge**
Brecht, Bert[olt] (dt. Schriftsteller)
Bre|chung; **Bre|chungs|win|kel**
Bre|douil|le [bre'duljə], die; - ‹franz.› (*ugs. für* Verlegenheit, Bedrängnis); in der - sein
Bree|ches ['bri(:)tʃəs] *Plur.* ‹engl.› (Sport-, Reithose)
Bre|gen, der; -s, - (*nordd. für* Gehirn [vom Schlachttier]); *vgl. auch* Brägen; **bre|gen|klü|te|rig** (*nordd. für* melancholisch)
Bre|genz (österr. Stadt; Hptst. des Landes Vorarlberg); **Bre|gen|zer** (↑R 147); **Bre|gen|zer|wald**, der; -[e]s, *auch* **Bre|gen|zer Wald**, der; - -[e]s; ↑R 151 (Bergland)
Brehm (dt. Zoologe)
Brei, der; -[e]s, -e; **brei|ig**
Brein, der; -s (*österr. mdal. für* Hirse, Hirsebrei)
Brei|sach (Stadt am Oberrhein); **Breis|gau**, der, *landsch.* das; -[e]s (südwestdt. Landschaft)
breit; -este; groß und - dastehen *(ugs.)*; weit und -. **I.** *Kleinschreibung* (↑R 134): des langen und -en (umständlich), des -er[e]n darlegen; ein langes und -es (viel) sagen. **II.** *Großschreibung* (↑R 65): ins Breite fließen. **III.** *Schreibung in Verbindung mit Verben* (↑R 205 f.): **a)** *Getrenntschreibung in ursprünglicher Bedeutung*, z. B. breit machen; er soll den Weg breit machen; **b)** *Zusammenschreibung, wenn durch die Verbindung ein neuer Begriff entsteht; vgl.* breitmachen, breitschlagen, breittreten. **IV.** *In Verbindung mit dem Partizip II Getrennt- od. Zusammenschreibung:* ein breitgefächertes Angebot (↑*jedoch* R 209), aber: die Angebote sind breit gefächert; **breit|bei|nig**; **Brei|te**, die; -, -n; nördliche - (*Abk.* n. Br.); südliche - (*Abk.* s. Br.); in die - gehen (*ugs. für* dick werden); **brei|ten**; ein Tuch über den Tisch -; sich - (sich ausdehnen, ausbreiten); **Brei|ten‿ar|beit** (die; -), **...grad** *(Geogr.)*, **...sport**, **...wir|kung**; **breit|ge|fä|chert**; *vgl.* breit, IV; **Breit|ling** (Fisch); **breit|ma|chen** (↑R 205 f.), sich (*ugs. für* viel [Platz] in Anspruch nehmen); du hast dich breitgemacht; aber: man wird die Straße breit machen; **breit‿na|sig**, **...ran|dig**; **breit|schla|gen**; ↑R 205 f. (*ugs. für* durch Überredung für etwas gewinnen); er hat mich breitgeschlagen; sich - lassen; aber: er soll den Nagel breit schlagen; **breit‿schul|te|rig**, **...schult|rig**; **Breit‿schwanz** (ein Lammfell), **...sei|te**; **breit|spu|rig**; **breit|tre|ten**; ↑R 205 f. (*ugs. für* weitschweifig darlegen); er hat sein Lieblingsthema breitgetreten; aber: ich will die Schuhe nicht breit treten; **Breit|wand** (im Kino); **Breit|wand|film**
Brek|zie [...i̯ə] *vgl.* Breccie
Bre|me, die; -, -n (*südd., schweiz. mdal. für* Stechfliege, [2]Bremse)
Bre|men (Land und Hafenstadt an der Weser); **Bre|mer** (↑R 147); **Bre|mer|ha|ven** [...fən] (Hafenstadt an der Wesermündung); **bre|misch**
Brems‿backe [*Trenn.* ...bak|ke] *(Technik)*, **...be|lag**, **...berg** *(Bergbau)*; [1]**Brem|se**, die; -, -n (Hemmvorrichtung)
[2]**Brem|se**, die; -, -n (ein Insekt)
brem|seln (*österr. für* kribbeln)
brem|sen; du bremst
Brem|sen‿pla|ge, **...stich**
Brem|ser; **Brem|ser|häus|chen**; **Brems‿flüs|sig|keit**, **...he|bel**, **...klotz**, **...licht** (*Plur.* ...lichter), **...pe|dal**, **...pro|be**, **...ra|ke|te**, **...spur**; **Brem|sung**; **Brems|weg**
brenn|bar; **Brenn|bar|keit**, die; -; **Brenn|dau|er**; **Brenn|ele|ment** *(Kernphysik)*; **bren|nen**; du branntest; *selten* du brenntest; gebrannt; brenn[e]!; brennend gern *(ugs.)*; [1]**Bren|ner**
[2]**Bren|ner**, der; -s (ein Alpenpaß); **Bren|ner|bahn**, die; - (↑R 149)
Bren|ne|rei; **Brennessel**, die; -, -n [*Trenn.* Brenn|nes|sel, ↑R 204]; **Brenn‿glas**, **...holz** (das; -es), **...ma|te|ri|al**, **...punkt**, **...sche|re**, **...spie|gel**, **...spi|ri|tus**, **...stab** *(Kernphysik)*, **...stoff**, **...stoff|fra|ge** (↑R 204), **...wei|te** *(Optik)*
Bren|ta|no (dt. Dichter)
Bren|te, die; -, -n (*schweiz. für* Tragbütte)
bren|zeln (*landsch. für* nach Brand riechen); **brenz|lich** (*landsch. für* brenzlig); **brenz|lig**
Bre|sche, die; -, -n ‹franz.› (*veraltend für* große Lücke); eine - schlagen
Bresch|new, *auch* **Bresh|new** ['br(j)ɛʒn(j)ɛf] (sowjet. Politiker)
Bres|lau (*poln.* Wrocław); **Bres|lau|er** (↑R 147)
brest|haft; -este (*veraltet für* mit Gebrechen behaftet)
Bre|ta|gne [bre'tanjə], die; - (franz. Halbinsel); **Bre|ton** [brə'tõ:], der; -s, -s ([Stroh]hut mit hochgerollter Krempe); **Bre|to|ne** [bre...], der; -n, -n (↑R 197); **Bre|to|nin**; **bre|to|nisch**
Brett, das; -[e]s, -er; **Bret|tel**, Brettl, das; -s, -[n] *meist Plur.* (*südd., österr. für* kleines Brett; Ski); **Bret|ter|bu|de**; **bret|tern** (aus Brettern bestehend); **Bret|ter‿wand**, **...zaun**; **bret|tig**; -er Stoff; **Brettl**, das; -s, - (Kleinkunstbühne; *vgl.* Brettel); **Brett‿se|geln** (*veraltend für* Windsurfing), **...spiel**
Breu|ghel ['brɔygəl, *niederl.* 'brø:xəl] *vgl.* Brueg[h]el
Bre|ve [...v...], das; -s, *Plur.* -n *u.* -s ‹lat.› (päpstl. Erlaß in kurzgefaßter Form); **Bre|vet** [bre've:, *franz.* brə'vɛ], das; -s, -s (*früher* Gnadenbrief des franz. Königs; *veraltet für* Schutz-, Verleihungs-, Ernennungsurkunde; *schweiz. für* Prüfungsausweis); **bre|ve|tie|ren** (*schweiz.* ein Brevet erwerben; jmdm. ein Brevet erteilen); **Bre|vier**, das; -s, -e (Gebetbuch der kath. Geistlichen; Stundengebet; *veraltend für* Stellensammlung aus den Werken eines Schriftstellers)
Bre|zel, die; -, -n, *österr. auch* das; -s, -; **Bre|zen**, die; -, - *(bayr., österr.)*
Bri|and-Kel|logg-Pakt [bri,ã:...], der; -[e]s (↑R 135) ‹nach dem franz. Außenminister A. Briand u. dem nordamerik. Außenminister F. B. Kellogg› (Kriegsächtungspakt von 1928)
Bricke, die; -, -n [*Trenn.* ...ik|ke] (*landsch. für* Neunauge)
Bri|de, die; -, -n ‹franz.› (*schweiz. für* Kabelschelle)
Bridge [britʃ *od.* bridʒ], das; - ‹engl.› (Kartenspiel); **Bridge|par|tie**

Bridge|town ['bridʒtaun] (Hptst. von Barbados)

Brief, der; -[e]s, -e (*Abk.* Bf., *auf dt. Kurszetteln* B; *vgl. d.*); **Brief‿adel, ...be|schwe|rer, ...block** (*vgl.* Block), **...bo|gen, ...bom|be, ...druck|sa|che, ...freund, ...freun|din, ...ge|heim|nis** (das; -ses)

Brie|fing, das; -s, -s ‹engl.-amerik.› (kurze [Lage]besprechung; Informationsgespräch)

Brief‿kar|te, ...ka|sten (*Plur.* ...kästen); **Brief|ka|sten‿fir|ma** (Scheinfirma), **...on|kel, ...tan|te; Brief|kopf; brief|lich; Brief|mar|ke;** (↑R 43:) 60-Pfennig-Briefmarke; **Brief|mar|ken‿auk|ti|on, ...block** (*vgl.* Block), **...kun|de** (die; -), **...samm|ler; Brief‿öff|ner, ...pa|pier, ...part|ner, ...part|ne|rin, ...por|to, ...ro|man; Brief|schaf|ten** *Plur.;* **Brief‿schrei|ber, ...stel|ler** *(veraltend)*, **...ta|sche, ...tau|be, ...trä|ger, ...trä|ge|rin, ...um|schlag, ...wahl, ...wech|sel, ...zu|stel|ler**

Brie|kä|se (↑R 149)

Brienz (BE) (schweiz. Ort); -er See (See im Berner Oberland)

Bries, das; -es, -e *u.* Brie|sel, das; -s, - (innere Brustdrüse bei Tieren, bes. beim Kalb); **Bries|chen**, *auch* Brös|chen (Gericht aus Briesen des Kalbs)

Bri|ga|de, die; -, -n ‹franz.› (größere Truppenabteilung; *ehemals in der DDR* kleinste Arbeitsgruppe in einem Produktionsbetrieb); **Bri|ga|de‿füh|rer, ...ge|ne|ral, ...lei|ter** (der), **...lei|te|rin; Bri|ga|dier** [...'di̯e:], der; -s, -s (Befehlshaber einer militär. Brigade) *u.* [...'di̯e:, *auch* ...'di:r], der; -s, *Plur.* -s [...'di̯e:s] *od.* -e [...'di:rə] (*ehemals in der DDR* Leiter einer Arbeitsbrigade); **Bri|ga|die|rin; Bri|gant**, der; -en, -en (↑R 197) ‹ital.› (*früher für* [Straßen]räuber in Italien); **Bri|gan|ti|ne**, die; -, -n (*svw.* Brigg)

Brigg, die; -, -s ‹engl.› (zweimastiges Segelschiff)

Briggs (engl. Mathematiker); (↑R 134:) Briggssche Logarithmen; **Briggs-Log|arith|mus**

Bri|git|ta, Bri|git|te (w. Vorn.)

Bri|kett, das; -s, *Plur.* -s, *selten* -e ‹franz.› (aus kleinen Stücken od. Staub gepreßtes [Kohlen]stück); **bri|ket|tie|ren** (zu Briketts formen); **Bri|ket|tie|rung; Bri|kett|trä|ger** (↑R 204)

bri|ko|lie|ren ‹franz.› (*Billard* durch Rückprall [von der Bande] treffen)

bril|lant [bril'jant]; -este ‹franz.› (glänzend; fein); [1]**Bril|lant**, der; -en, -en; ↑R 197 (geschliffener Diamant); [2]**Bril|lant**, die; - (*Druckw.* ein Schriftgrad); **Bril|lant‿bro|sche, ...feu|er|werk; Bril|lan|tin**, das; -s, -e (*österr. neben* Brillantine); **Bril|lan|ti|ne**, die; -, -n (Haarpomade); **Bril|lant‿kol|lier, ...na|del, ...ring, ...schliff, ...schmuck; Bril|lanz**, die; - (Glanz, Feinheit)

Bril|le, die; -, -n; **Bril|len‿etui, ...fut|te|ral, ...glas** (*Plur.* ...gläser), **...schlan|ge** (*ugs. scherzh. auch für* Brillenträgerin), **...trä|ger, ...trä|ge|rin**

bril|lie|ren [bri'lji:..., *auch, österr. nur,* bri'li:...] (glänzen)

Brim|bo|ri|um, das; -s ‹lat.› (*ugs. für* Gerede; Umschweife)

Brim|sen, der; -s, - ‹tschech.› (*österr. für* Schafskäse)

Bri|nell|här|te, die; - ‹nach dem schwed. Ingenieur Brinell›; ↑R 135 (Maß der Härte eines Werkstoffes; *Zeichen* HB)

brin|gen; du brachtest; du brächtest; gebracht; bring[e]!; mit sich bringen; **Brin|ger** (*veraltend für* Überbringer); **Bring|schuld** (*Rechtsspr.* Schuld, die beim Gläubiger bezahlt werden muß)

Bri|oche [bri'ɔʃ], die; -, -s ‹franz.› (ein Gebäck)

Bri|o|ni|sche In|seln *Plur.;* ↑R 180 (Inselgruppe vor Istrien)

bri|sant; -este ‹franz.› (sprengend, hochexplosiv; sehr aktuell); **Bri|sanz**, die; -, -en (Sprengkraft; *nur Sing.:* brennende Aktualität)

Bris|bane ['brisbe:n, *auch* 'brizbən] (austr. Stadt)

Bri|se, die; -, -n ‹franz.› (leichter Wind [am Meer])

Bri|so|lett, das; -s, -e *u.* **Bri|so|let|te**, die; -, -n ‹franz.› (gebratenes Kalbfleischklößchen)

[1]**Bris|sa|go** (Ort am Lago Maggiore; [2]**Bris|sa|go**, die; -, -s (*schweiz.* eine Zigarrensorte)

Bri|stol ['brist(ə)l] (engl. Stadt am Avon); **Bri|stol‿ka|nal** (Bucht zwischen Wales u. Cornwall), **...kar|ton;** ↑R 149 (Zeichenkarton aus mehreren Lagen)

Brit (w. Vorn.)

Bri|tan|nia|me|tall, das; -s; ↑R 149 (Zinnlegierung); **Bri|tan|ni|en** [...i̯ən]; **bri|tan|nisch; Bri|te**, der; -n, -n (↑R 197); **Bri|tin; bri|tisch**, aber (↑R 157): die Britischen Inseln, das Britische Museum; **Bri|tisch-Hon|du|ras;** *vgl.* Belize; **Bri|tisch-Ko|lum|bi|en** (kanad. Provinz); **Bri|ti|zis|mus**, der; -, ...men (Spracheigentümlichkeit des britischen Englisch)

Britsch|ka, die; -, -s ‹poln.› (*früher für* leichter, offener Reisewagen)

Brit|ta (w. Vorn.)

Brit|ten (engl. Komponist)

Brno ['br(ə)nɔ] (Stadt in Mähren; *vgl.* Brünn)

Broad|way ['brɔ:dwe:], der; -s ‹engl.› (Hauptstraße in New York)

Broc|co|li *vgl.* Brokkoli

Broch (österr. Schriftsteller)

Bröck|chen; bröck|chen|wei|se; bröcke|lig[1], bröck|lig; **Bröcke|lig|keit**[1], Bröck|lig|keit, die; -; **bröckeln**[1]; ich ...[e]le (↑R 22); **brocken**[1] (einbrocken; *österr. auch für* pflücken); [1]**Brocken**[1], der; -s, - (das Abgebrochene)

[2]**Brocken**[1], der; -s (höchster Berg des Harzes)

brocken|wei|se[1]

Brockes[1]; ↑R 179 (dt. Dichter)

Bröck|lein; bröck|lig, bröcke|lig[1]; **Bröck|lig|keit** *vgl.* Bröckeligkeit

Brod (österr. Schriftsteller)

bro|deln (dampfend aufsteigen, aufwallen; *österr. ugs. für* Zeit vertrödeln); **Bro|dem**, der; -s (*geh. für* Qualm, Dampf, Dunst)

Bro|de|rie, die; -, ...i̯en ‹franz.› (*veraltet für* Stickerei; Einfassung)

Brod|ler (*österr. ugs. für* jmd., der die Zeit vertrödelt)

Broi|ler ['brɔy...], der; -s, - ‹engl.› (*regional für* Hähnchen zum Grillen); **Broi|ler|mast**, die

Bro|kat, der; -[e]s, -e ‹ital.› (kostbares gemustertes Seidengewebe); **Bro|ka|tell**, der; -s, -e *u.* **Bro|ka|tel|le**, die; -, -n (ein Baumwollgewebe); **bro|ka|ten** *(geh.);* ein -es Kleid

Bro|ker, der; -s, - ‹engl.› (*engl. Bez. für* Börsenmakler)

Brok|ko|li *Plur., auch* der; -s, -s ‹ital.› (Spargelkohl)

Brom, das; -s ‹griech.› (chem. Element, Nichtmetall; *Zeichen* Br)

Brom|bee|re; Brom|beer|strauch

brom|hal|tig; Bro|mid, das; -[e]s, -e ‹griech.› (Salz des Bromwasserstoffs); **Bro|mit** [*auch* ...'mit], das; -s, -e (Salz der Bromsäure); **Brom‿säu|re** (die; -), **...sil|ber, ...sil|ber|pa|pier**

bron|chi|al ‹griech.›; **Bron|chi|al‿asth|ma, ...ka|tarrh** (Luftröhrenkatarrh); **Bron|chie** [...i̯ə], die; -, -n *meist Plur.* (*Med.* Luftröhrenast); **Bron|chi|tis**, die; -, ...iti̯den (Bronchialkatarrh)

Bronn, der; -[e]s, -en *u.* **Bron|nen**, der; -s, - (*veraltet für* Brunnen)

Bron|to|sau|rus, der; -, ...rier [...i̯ər] ‹griech.› (eine ausgestorbene Riesenechse)

Bron|ze ['brɔŋsə *od.* 'brõ:sə, *österr.* brõ:s], die; -, -n [...s(ə)n] ‹ital.(-franz.)› (Metallmischung; Kunstgegenstand aus Bronze; *nur Sing.:* Farbe); **bron|ze‿far|ben, ...far|big; Bron|ze‿kunst** (die; -), **...me|dail|le; bron|zen**

---

[1] *Trenn.* ...k|k...

(aus Bronze); **Bron|ze|zeit,** die; - (vorgeschichtliche Kulturzeit); **bron|ze|zeit|lich; bron|zie|ren** [brɔŋ'si:... *od.* brɔ̃'si:..., *österr. nur so*] (mit Bronze überziehen); **Bron|zit** [*auch* ...'tsit], der; -s (ein Mineral)
Brook|lyn ['bruklin] (Stadtteil von New York)
Bro|säm|chen; Bro|sa|me, die; -, -n *meist Plur.;* **Bro|säm|lein**
brosch. = broschiert; **Bro|sche,** die; -, -n ‹franz.› (Anstecknadel)
Brös|chen *vgl.* Brieschen
bro|schie|ren ‹franz.› (Druckbogen in einen Papierumschlag heften od. leimen); **bro|schiert** (*Abk.* brosch.); [1]**Bro|schur,** die; - (das Heften od. Leimen); [2]**Broschur,** die; -, -en (in Papierumschlag geheftete Druckschrift); **Bro|schü|re,** die; -, -n (leicht geheftetes Druckwerk)
Brö|sel, der, *österr.* das; -s, - *meist Plur.* (Krümel, Bröckchen); **Brösel|lein,** *häufiger* Brös|lein; **brösel|lig,** brös|lig; **brö|seln** (bröckeln); ich ...[e]le (↑R 22)
Brot, das; -[e]s, -e; **Brot‿aufstrich, ...beu|tel; Bröt|chen; Bröt|chen|ge|ber** (*scherzh. für* Arbeitgeber); **Brot‿ein|heit** (*Med.; Abk.* BE), **...er|werb, ...fabrik, ...ge|trei|de, ...ka|sten, ...korb, ...kru|me, ...krü|mel, ...laib; brot|los;** -e Künste; **Brot‿ma|schi|ne, ...mes|ser, ...neid, ...preis, ...schei|be, ...schnit|te, ...stu|di|um** (das; -s), **...sup|pe, ...teig, ...zeit** (*landsch. für* Zwischenmahlzeit [am Vormittag])
Brow|ning ['braunin], der; -s, -s ‹nach dem amerik. Erfinder› (eine Schußwaffe)
brr! (*Zuruf an Zugtiere* halt!)
BRT = Bruttoregistertonne
[1]**Bruch,** der; -[e]s, Brüche ['bryçə] (Brechen; Zerbrochenes; Bruchzahl; *ugs. für* Einbruch); zu - gehen; in die Brüche gehen
[2]**Bruch** [*od.* bru:x], der *u.* das; -[e]s, *Plur.* Brüche ['bryçə *od.* 'bry:çə], *landsch.* Brücher (Sumpfland)
Bruch‿band (das; *Plur.* ...bänder; *Med.*), **...bu|de** (*ugs. für* schlechtes, baufälliges Haus); **bruchfest; Bruch|fe|stig|keit**
bru|chig [*od.* 'bru:...] (sumpfig)
brü|chig (morsch); **Brü|chig|keit,** die; -; **bruch|lan|den** *fast nur im Partizip II gebr.:* bruchgelandet; **Bruch|lan|dung; bruch|los; bruch|rech|nen** *nur im Infinitiv üblich;* **Bruch‿rech|nen** (das; -s), **...rech|nung** (die; -), **...scha|den, ...scho|ko|la|de; bruch|si|cher;** - verpackt; **Bruch‿stein, ...stel|le, ...strich, ...stück; bruch|stückhaft; Bruch‿teil** (der), **...zahl**
Brück|chen; Brücke, die; -, -n [*Trenn.* Brük|ke]; *Schreibung in Straßennamen:* ↑R 190ff.; **Brücken‿bau** (*Plur.* ...bauten; *Trenn.* Brük|ken...), **...ge|län|der, ...kopf** *(Milit.),* **...pfei|ler, ...zoll** *(früher);* **Brück|lein**
Bruck|ner (österr. Komponist)
Brü|den, der; -s, - (*Technik* Schwaden, Abdampf); *vgl.* Brodem
Bru|der, der; -s, Brüder; die Brüder Grimm; **Brü|der|chen; Brüder|ge|mei|ne,** die; -, -n ‹*Kurzform von* Herrnhuter Brüdergemeine› (pietistische Freikirche); **Bru|der‿hand, ...herz** (*veraltend, noch scherzh. für* Bruder, Freund), **...krieg, ...kuß; Brü|derlein; brü|der|lich; Brü|der|lichkeit,** die; -; **Bru|der Lu|stig,** der; *Gen.* Bruder Lustigs *u.* Bruder[s] Lustig, *Plur.* Brüder Lustig (*veraltend für* leichtlebiger Mensch); **Bru|der|mord; Bru|der|schaft** ([rel.] Vereinigung); **Brü|derschaft** (brüderliches Verhältnis); - trinken; **Bru|der‿volk, ...zwist**
Brue|g[h]el ['brø:xəl] (fläm. Malerfamilie)
Brüg|ge (belg. Stadt)
Brü|he, die; -, -n; **brü|hen; brühheiß; Brüh|kar|tof|feln** *Plur.;* **brüh|warm** *(ugs.);* **Brüh‿wür|fel, ...wurst**
Brüll|af|fe; brül|len; Brül|ler
Bru|maire [bry'mɛ:r], der; -[s], -s ‹franz., „Nebelmonat"› (2. Monat des Kalenders der Franz. Revolution: 22. Okt. bis 20. Nov.)
Brumm‿bär *(ugs.),* **...baß; brummeln** (*ugs. für* leise brummen; undeutlich sprechen); ich ...[e]le (↑R 22); **brum|men; Brum|mer** *(ugs.);* **Brum|mi,** der; -s, -s (*ugs. scherzh. für* Lastkraftwagen); **brum|mig; Brum|mig|keit,** die; -; **Brumm‿krei|sel, ...schä|del** *(ugs.)*
Brunch [bran(t)ʃ], der; -[e]s, *Plur.* -[e]s *u.* -e ‹engl.› (reichhaltiges, das Mittagessen ersetzendes Frühstück)
Bru|nei (Staat auf Borneo); **Brunei|er** (↑R 147); **bru|nei|isch**
Bru|nel|le, Brau|nel|le, die; -, -n ‹franz.› (eine Pflanze); **brü|nett** (braunhaarig, -häutig); **Brü|nette,** die; -, -n (brünette Frau); zwei reizende Brünette[n]
Brunft, die; -, Brünfte (*Jägerspr. svw.* Brunst beim Wild); **brunften; Brunft|hirsch; brunf|tig; Brunft‿schrei, ...zeit**
Brun|hild, Brun|hil|de (dt. Sagengestalt; w. Vorn.)
brü|nie|ren ‹franz.› (*fachspr. für* [Metall] bräunen)
Brunn, der; -[e]s, -en (*veraltet für* Brunnen); *vgl. auch* Born *u.* Bronn
Brünn (*tschech.* Brno)
Brünn|chen
Brün|ne, die; -, -n (Nackenschutz der mittelalterl. Ritterrüstung)
Brun|nen, der; -s, -; *vgl. auch* Brunn, Bronn *u.* Born; **Brunnen‿fi|gur, ...kres|se** (Salatpflanze), **...ver|gif|ter** (*abwertend für* Verleumder), **...ver|gif|tung**
Brünn|lein *(geh.)*
Bru|no (m. Vorn.)
Brunst, die; -, Brünste (Periode der geschlechtl. Erregung u. Paarungsbereitschaft bei einigen Tieren); *vgl. auch* Brunft; **brunsten; brün|stig; Brunst|zeit**
brun|zen (*landsch. derb für* urinieren)
brüsk; -este (barsch; schroff); **brüs|kie|ren** (barsch, schroff behandeln); **Brüs|kie|rung**
Brüs|sel, *niederl.* **Brus|sel** ['brysəl] (Hptst. Belgiens); *vgl.* Bruxelles; **Brüs|se|ler,** *seltener* **Brüß|ler** (↑R 147)
Brust, die; -, Brüste; **Brust‿bein, ...beu|tel, ...bild, ...brei|te; Brüstchen; brü|sten,** sich; **Brust|fell; Brust|fell|ent|zün|dung; brusthoch; Brust|höh|le; ...brü|stig** (z. B. engbrüstig); **Brust‿ka|sten** (*Plur.* ...kästen), **...kind, ...korb, ...krebs, ...la|ge; Brüst|lein; brust|schwim|men** *im allg. nur im Infinitiv gebr.;* **Brust‿schwimmen** (das; -s), **...stim|me, ...tasche, ...tee, ...ton** (*Plur.* ...töne), **...um|fang; Brü|stung; Brust‿war|ze, ...wehr** (die), **...wickel** [*Trenn.* ...wik|kel]
brut [bryt] ‹franz.› (*von Schaumweinen* sehr trocken)
Brut, die; -, -en *Plur. selten*
bru|tal ‹lat.› (roh; gefühllos; gewalttätig); **bru|ta|li|sie|ren; Bruta|li|sie|rung; Bru|ta|li|tät,** die; -, -en
Brut|ap|pa|rat; brü|ten; brü|tendheiß *(ugs.);* ein brütendheißer Tag (↑*jedoch* R 209), aber: der Tag war brütend heiß; **Brü|ter** (Kernreaktor, der mehr spaltbares Material erzeugt, als er verbraucht); schneller -; **Brut|hit|ze** *(ugs.);* **bru|tig** (*österr. auch für* brütig); **brü|tig** (zum Brüten bereit); **Brut‿ka|sten, ...ofen, ...pfle|ge, ...re|ak|tor** (*svw.* Brüter), **...schrank, ...stät|te**
brut|to ‹ital.› (mit Verpackung; ohne Abzug der [Un]kosten; *Abk.* btto.); - für netto (*Abk.* bfn.); **Brut|to‿ein|kom|men, ...er|trag** (Rohertrag), **...ge|halt** (das), **...ge|wicht, ...mas|se** (die; -), **...raum|zahl** (*Abk.* BRZ), **...regi|ster|ton|ne** (*früher für* Bruttoraumzahl; *Abk.* BRT); **Brut|toso|zi|al|pro|dukt** *(Wirtsch.);* **Brut|to|ver|dienst,** der

Bru|tus (röm. Eigenn.)

brut|zeln (*ugs. für* in zischendem Fett braten); ich ...[e]le (↑R 22)

Bru|xelles [bry'sɛl] (*franz. Form von* Brüssel)

Bruy|ère|holz [bry'jɛ:r...] ‹franz.; dt.› (Wurzelholz der Baumheide)

Bryo|lo|gie, die; - ‹griech.› (Mooskunde)

BRZ = Bruttoraumzahl

Bs = Bolivar

BSA = Bund schweizerischer Architekten

bst! *vgl.* pst!

Btl. = Bataillon

btto. = brutto

Bttr. = Batterie *(Militär)*

Btx = Bildschirmtext

Bub, der; -en, -en; ↑R 197 (*südd., österr. u. schweiz. für* Junge); **Büb|chen; Bu|be**, der; -n, -n (*veraltend für* gemeiner, niederträchtiger Mensch; Spielkartenbezeichnung); **bu|ben|haft; Bu|ben‿streich** (*auch veraltend für* übler Streich), **...stück** *(veraltend)*; **Bü|be|rei** *(veraltend)*; **Bu|bi**, der; -s, -s (*Koseform von* Bub); **Bu|bi|kopf** (Damenfrisur); **Bü|bin** *(abwertend)*; **bü|bisch**; -ste; **Büb|lein**

Bu|bo, der; -s, ...onen ‹griech.› (*Med.* entzündl. Lymphknotenschwellung in der Leistenbeuge)

Buch, das; -[e]s, Bücher; - führen; aber: die buchführende Geschäftsstelle (↑R 209); zu -e schlagen

[1]**Bu|cha|ra** (Landschaft u. Stadt in Usbekistan); [2]**Bu|cha|ra**, der; -[s], -s (ein Teppich); **Bu|cha|re**, der; -n, -n (↑R 197)

Buch‿aus|stat|tung, ...be|spre|chung, ...bin|der; Buch|bin|de|rei; Buch|bin|de|rin; buch|bin|dern; ich ...ere (↑R 22); gebuchbindert; **Buch‿block** (*vgl.* Block), **...deckel**[1], **...druck** (der; -[e]s), **...drucker**[1]; **Buch|drucke|rei**[1]; **Buch|drucker|kunst**[1], die; -; **Buch|druck|ge|wer|be**, das; -s

Bu|che, die; -, -n; **Buch|ecker**[1]; **Bu|chel**, die; -, -n (*landsch. für* Buchecker)

Bü|chel|chen

[1]**bu|chen** (aus Buchenholz)

[2]**bu|chen** (in ein Rechnungsbuch eintragen; reservieren lassen)

Bu|chen‿holz, ...klo|ben

Bu|chen|land, das; -[e]s (dt. Name der Bukowina); **bu|chen|län|disch**

Bu|chen‿scheit, ...stamm, ...wald

Bü|cher‿bord (das), **...brett; Bü|che|rei**; Deutsche Bücherei (in Leipzig; *Abk.* DB); **Bü|cher|kun|de**, die; -; **bü|cher|kund|lich;**

[1] *Trenn.* ...k|k...

Bü|cher‿reff, ...re|gal, ...re|vi|sor ([Rechnungs]buchprüfer), **...schrank, ...stu|be, ...ver|bren|nung, ...wand, ...wurm** (der; *scherzh.*)

Buch|fink

Buch‿füh|rung, ...ge|mein|schaft, ...ge|wer|be (das; -s), **...hal|ter, ...hal|te|rin; buch|hal|te|risch; Buch‿hal|tung, ...han|del** (*vgl.* [1]Handel), **...händ|ler, ...händ|le|rin; buch|händ|le|risch; Buch‿hand|lung, ...kri|tik, ...kunst** (die; -), **...lauf|kar|te; Büch|lein; Buch‿ma|cher, ...mes|se**

Büch|ner (dt. Dichter)

Buch|prü|fer (Bücherrevisor)

Buchs, der; -es, -e (*svw.* Buchsbaum); **Buchs|baum**

Büchs|chen; Buch|se, die; -, -n (Steckdose; Hohlzylinder als Lager einer Welle, eines Zapfens usw.); **Büch|se**, die; -, -n (zylindrisches [Metall]gefäß mit Dekkel; Feuerwaffe); **Büch|sen‿fleisch, ...licht** (das; -[e]s; zum Schießen ausreichende Helligkeit), **...ma|cher, ...milch, ...öff|ner, ...schuß; Büchs|lein**

Buch|sta|be, der; *Gen.* -ns, *selten* -n, *Plur.* -n; **buch|sta|ben‿ge|treu, ...gläu|big; Buch|sta|ben‿kom|bi|na|ti|on, ...rät|sel, ...rech|nung** (die; -); **buch|sta|bie|ren; ...buch|sta|big** (z. B. vierbuchstabig; *mit Ziffer* 4buchstabig; ↑R 212); **buch|stäb|lich** (genau nach dem Wortlaut); **Buch|stüt|ze**

Bucht, die; -, -en

Buch|tel, die; -, -n ‹tschech.› (*österr.* ein Hefegebäck)

buch|tig

Buch|ti|tel

Bu|chung; Bu|chungs|ma|schi|ne

Buch‿ver|leih, ...ver|sand

Buch|wei|zen (eine Nutzpflanze); **Buch|wei|zen|mehl**

Buch‿we|sen (das; -s), **...wis|sen** *(abwertend)*, **...zei|chen**

Bu|cin|to|ro [butʃin...], der; -s ‹ital.› (*ital. für* Buzentaur)

Bücke[1], die; -, -n (Turnübung)

[1]**Buckel**[1], der; -s, -, *auch* die; -, -n (erhabene Metallverzierung [auf Schilden]); [2]**Buckel**[1], der; -s, - (Höcker, Rücken); **Buckel|flie|ge**[1]; **bucke|lig**[1], **buck|lig; Buckel|kra|xe**[1], die; -, -n (*bayr., österr. ugs.* eine Rückentrage); **buckel|kra|xen**[1] (*österr. für* huckepack); - tragen; **buckeln**[1] (*ugs. für* einen Buckel machen; auf dem Buckel tragen; *abwertend für* liebedienern); ich ...[e]le (↑R 22); **Buckel|rind**[1] (Zebu)

bücken[1], sich; **Buckerl**[1], das; -s, -n (*österr. ugs. für* Verbeugung)

[1] *Trenn.* ...k|k...

Bücking [*Trenn.* Bük|king] (*landsch. für* [2]Bückling)

Buck|ing|ham ['bakiŋəm] (engl. Orts- u. Familienn.); **Buck|ing|ham-Pa|last**, der; -[e]s; ↑R 135

buck|lig *vgl.* buckelig; **Buck|li|ge**, der *u.* die; -n, -n (↑R 197)

[1]**Bück|ling** (*scherzh., auch abwertend für* Verbeugung)

[2]**Bück|ling** (geräucherter Hering)

Buck|ram, der; -s ‹nach der Stadt Buchara› (stark appretiertes Gewebe [für Bucheinbände])

Buck|skin, der; -s, -s ‹engl.› (gerauhtes Wollgewebe)

Bu|cu|re|şti [buku'rɛʃt] (*rumän. Form von* Bukarest)

Bu|da|pest (Hptst. Ungarns); **Bu|da|pe|ster** (↑R 147)

Büd|chen (kleine Bude)

Bud|del, But|tel, die; -, -n (*ugs. für* Flasche)

Bud|de|lei *(ugs.)*; **Bud|del|ka|sten** *(ugs.)*; **bud|deln** (*ugs. für* [im Sand] graben); ich ...[e]le (↑R 22)

Bud|del|schiff

Bud|den|brooks (Titel eines Romans von Thomas Mann)

[1]**Bud|dha** ['buda] ‹sanskr., „der Erwachte, der Erleuchtete"› (Ehrenname des ind. Religionsstifters Siddhartha); [2]**Bud|dha**, der; -s, -s (Abbild, Statue Buddhas); **Bud|dhis|mus**, der; - (Lehre Buddhas); **Bud|dhist**, der; -en, -en (↑R 197); **bud|dhi|stisch**

Budd|leia, Budd|le|ja, die; -, -s ‹nach dem engl. Botaniker A. Buddle› (ein Gartenzierstrauch)

Bu|de, die; -, -n; **Bu|del**, die; -, -[n] (*bayr. u. österr. ugs. für* Verkaufstisch); **Bu|den|zau|ber** (*ugs. für* ausgelassenes Fest auf der Bude, in der Wohnung)

Bud|get [by'dʒe:], das; -s, -s ‹franz.› ([Staats]haushaltsplan, Voranschlag); **bud|ge|tär; Bud|get|be|trag; bud|ge|tie|ren** (ein Budget aufstellen)

Bu|di|ke, die; -, -n ‹franz.› (*ugs. für* kleiner Laden; kleine Kneipe); *vgl. auch* Boutique; **Bu|di|ker** (Besitzer einer Budike)

Büd|ner (*landsch. für* Kleinbauer)

Bu|do, das; -s ‹jap.› (Sammelbezeichnung für Judo, Karate u. ä. Sportarten); **Bu|do|ka**, der; -[s], -[s] (Budosportler)

Bue|nos Ai|res (Hptst. Argentiniens)

Bü|fett, das; -[e]s, *Plur.* -s *u.* -e, Buf|fet [by'fe:], *österr. auch* Büf|fet [by'fe:], *schweiz.* Buf|fet ['byfe], das; -s, -s ‹franz.› (Anrichte; Geschirrschrank; Theke); kaltes -; **Bü|fet|tier** [byfɛ'tie:], der; -s, -s ([Bier]ausgeber, Zapfer); **Bü|fett|mam|sell**

Büf|fel, der; -s, - (wildlebende Rinderart); **Büf|fe|lei** *(ugs.)*; **Büf-**

fel|her|de; büf|feln (*ugs. für* angestrengt lernen); ich ...[e]le (↑R 22)

Buf|fet, Büf|fet *vgl.* Büfett

Buf|fo, der; -s, *Plur.* -s *u.* Buffi ‹ital.› (Sänger komischer Rollen); **buf|fo|nesk** (im Stil eines Buffos)

[1]**Bug,** der; -[e]s, *Plur.* (*für* Schiffsvorderteil:) -e *u.* (*für* Schulterstück [des Pferdes u. des Rindes]:) Büge

[2]**Bug,** der; -s (Fluß in Osteuropa); der Westliche -, der Südliche -

Bü|gel, der; -s, -; **Bü|gel‿au|tomat, ...brett, ...ei|sen, ...fal|te; bü|gel‿fest, ...frei; bü|geln;** ich ...[e]le (↑R 22); **Bü|gel|sä|ge**

Bug|gy ['bagi], der; -s, -s ‹engl.› (leichter [offener] Wagen; kleines Auto mit offener Karosserie; zusammenklappbarer Kindersportwagen)

Büg|le|rin

bug|sie|ren ‹niederl.› ([ein Schiff] schleppen, ins Schlepptau nehmen; *ugs. für* mühsam an einen Ort befördern); **Bug|sie|rer** (*Seemannsspr.* Bugsierschiff)

Bug|spriet, das *u.* der; -[e]s, -e (*Seemannsspr.* über den Bug hinausragende Segelstange); **Bug|wel|le**

buh! (Ausruf als Ausdruck des Mißfallens); **Buh,** das; -s, -s (*ugs.*); es gab viele -s

Bu|hei, das; -s (*landsch. für* Aufheben); großes - [um etw.] machen

Bü|hel, der; -s, - *u.* Bühl, der; -[e]s, -e (*südd. u. österr. für* Hügel)

bu|hen (*ugs. für* durch Buhrufe sein Mißfallen ausdrücken)

Bühl *vgl.* Bühel

[1]**Buh|le,** der; -n, -n; ↑R 197 (*geh. veraltet für* Geliebter); [2]**Buh|le,** die; -, -n (*geh. veraltet für* Geliebte); **buh|len** (*veraltet*); um jmds. Gunst - (*geh.*); **Buh|ler** (*veraltet*); **Buh|le|rei** (*veraltet*); **Buh|le|rin** (*veraltet*); **buh|le|risch;** -ste (*veraltet*); **Buhl|schaft** (*veraltet für* Liebesverhältnis)

Buh|mann *Plur.* ...männer (*ugs. für* böser Mann, Schreckgespenst, Prügelknabe)

Buh|ne, die; -, -n (künstlicher Damm zum Uferschutz)

Büh|ne, die; -, -n ([hölzerne] Plattform; Schaubühne; Spielfläche; *südd., schweiz. auch für* Dachboden; *vgl.* Heubühne); **Büh|nen‿ar|bei|ter, ...aus|spra|che, ...bear|bei|tung, ...bild, ...bild|ner, ...bild|ne|rin, ...fas|sung, ...gestalt, ...haus**

Buh|nen|kopf (äußerstes Ende einer Buhne [*vgl. d.*])

büh|nen|mä|ßig; Büh|nen|mu|sik; büh|nen|reif; Büh|nen|schaf|fende, der *u.* die; -n, -n (↑R 7 ff.); **büh|nen|wirk|sam**

Buh|ruf

Bu|hurt, der; -[e]s, -e ‹franz.› (mittelalterl. Reiterkampfspiel)

Bu|jum|bu|ra [...ʒum... *od.* bujum'bu:ra] (Hptst. von Burundi)

Bu|ka|ni|er [...i̯ər], der; -s, - ‹engl.› (westind. Seeräuber im 17. Jh.)

Bu|ka|rest (Hptst. Rumäniens); *vgl.* București; **Bu|ka|re|ster** (↑R 147)

Bu|kett, das; -[e]s, *Plur.* -s *u.* -e ‹franz.› ([Blumen]strauß; Duft [des Weines])

Bu|ko|lik, die; - ‹griech.› (*Literaturw.* Hirtendichtung); **bu|kolisch;** -e Dichtung

Bu|ko|wi|na, die; - (Karpatenlandschaft; *vgl.* Buchenland); **Bu|ko|wi|ner; bu|ko|wi|nisch**

bul|bös ‹lat.› (*Med.* zwiebelartig, knollig); -e Schwellung; **Bulbus,** der; -, *Plur.* ...bi *od., Bot. nur,* ...ben (*Bot.* Zwiebel; *Med.* Augapfel; Anschwellung)

Bu|let|te, die; -, -n ‹franz.› (*landsch. für* Frikadelle)

Bul|ga|re, der; -n, -n (↑R 197); **Bul|ga|ri|en** [...i̯ən]; **Bul|ga|rin; bul|ga|risch; Bul|ga|risch,** das; -[s] (Sprache); *vgl.* Deutsch; **Bulga|ri|sche,** das; -n; *vgl.* Deutsche, das

Bu|li|mie, die; - ‹griech.› (*Med.* krankhafter Heißhunger u. anschließend absichtlich herbeigeführtes Erbrechen)

Bulk|car|ri|er ['balkkɛri̯ə(r)], der; -s, - ‹engl.› (Massengutfrachtschiff); **Bulk|la|dung** ['bulk...] (*Seemannsspr.* Schüttgut)

Bull|au|ge (rundes Schiffsfenster)

Bull|dog ⓦ, der; -s, -s ‹engl.› (Zugmaschine); **Bull|dog|ge** (eine Hunderasse); **Bull|do|zer** [...do:zə(r)], der; -s, - (schwere Zugmaschine, Planierraupe)

[1]**Bul|le,** der; -n, -n; ↑R 197 (Stier, männl. Zuchtrind; auch männl. Tier verschiedener großer Säugetierarten; *ugs. abwertend für* Polizist)

[2]**Bul|le,** die; -, -n ‹lat.› (mittelalterl. Urkunde; feierl. päpstl. Erlaß); die Goldene - (↑R 157)

Bul|len|bei|ßer (*svw.* Bulldogge; *ugs. für* unfreundlicher, grober Mensch); **bul|len|bei|ße|risch** (*ugs.*); **Bul|len|hit|ze** (*ugs.*); **bullen|stark** (*ugs.*)

bul|le|rig, bull|rig (*landsch. für* polternd, aufbrausend); **bul|lern** (*ugs. für* dumpfe, unregelmäßige Geräusche machen); das Wasser, der Ofen bullert

Bul|le|tin [byl'tɛ̃:], das; -s, -s ‹franz.› (amtliche Bekanntmachung; Krankenbericht)

Bull|finch [...fintʃ], der; -s, -s ‹engl.› (Hecke als Hindernis beim Pferderennen)

bul|lig

bull|rig *vgl.* bullerig

Bull|ter|ri|er (engl. Hunderasse)

Bul|ly, das; -s, -s ‹engl.› (Anspiel im [Eis]hockey)

Bü|low ['by:lo] (Familienn.)

Bult, der; -s, *Plur.* Bülte *od.* Bulten *u.* **Bül|te,** die; -, -n (*nordd. für* feste, grasbewachsene [Moor]stelle; Hügelchen); **Bult|sack** (*früher für* Seemannsmatratze)

bum!; bum, bum!

Bum|baß, der; ...basses, ...basse (*früher* Instrument der Bettelmusikanten)

Bum|boot (kleines Händlerboot zur Versorgung großer Schiffe)

Bum|bum, das; -s (*ugs. für* Gepolter)

Bu|me|rang [*auch* 'bu...], der; -s, *Plur.* -s *od.* -e ‹engl.› (gekrümmtes Wurfholz)

[1]**Bum|mel,** der; -s, - (*ugs. für* Spaziergang); [2]**Bum|mel** *vgl.* Bommel; **Bum|me|lant,** der; -en, -en; ↑R 197 (*ugs.*); **Bum|me|lan|tentum,** das; -s (*ugs.*); **Bum|me|lei** (*ugs.*); **bum|me|lig** (*ugs.*); **Bumme|lig|keit,** die; - (*ugs.*); **bummeln;** ich ...[e]le; ↑R 22 (*ugs.*); **Bum|mel‿streik, ...zug** (*scherzh.*); **Bum|merl,** das; -s, -n (*österr. ugs. für* Verlustpunkt beim Kartenspiel); das - (der Gefoppte, Benachteiligte) sein; **bum|mern** (*ugs. für* dröhnend klopfen); ich ...ere (↑R 22); **Bumm|ler** (*ugs.*); **bumm|lig** (*ugs.*); **Bumm|lig|keit,** die; - (*ugs.*)

bums!; Bums, der; -es, -e (*ugs. für* dumpfer Schlag); **bum|sen** (*ugs. für* dröhnend aufschlagen; koitieren); du bumst; **Bums‿lo|kal** (*ugs. für* zweifelhaftes Vergnügungslokal), **...mu|sik** (*ugs. für* laute, dröhnende Musik); **bumsvoll** (*ugs. für* sehr voll)

Bu|na ⓦ, der *od.* das; -[s] (synthet. Gummi); **Bu|na|rei|fen**

[1]**Bund,** der; -[e]s, Bünde („das Bindende"; Vereinigung; oberer Rand an Rock od. Hose); der Alte, Neue - (↑R 157); [2]**Bund,** das; -[e]s, -e („das Gebundene"; Gebinde); vier - Stroh (↑R 128 f.)

BUND = Bund für Umwelt und Naturschutz Deutschland

Bun|da, die; -, -s ‹ung.› (Schaffellmantel ung. Bauern)

Bünd|chen; Bün|del, das; -s, -; **Bün|de|lei; bün|deln;** ich ...[e]le (↑R 22); **Bün|den** (*schweiz. Kurzform von* Graubünden); **Bundes‿amt, ...an|ge|stell|ten|ta|rif** (*Abk.* BAT), **...an|walt, ...an|waltschaft** (die; -), **...aus|bil|dungsför|de|rungs|ge|setz** (*Abk.*

BAföG), **...au|to|bahn, ...bahn, ...bank** (die; -), **...be|hör|de, ...bru|der, ...bür|ger; bun|desdeutsch; Bun|des|deut|sche,** der *u.* die; **Bun|des|ebe|ne,** die; -; auf -; **bun|des|ei|gen; Bundes_frau|en|mi|ni|ste|rin, ...gebiet** (das; -[e]s), **...ge|nos|se; bun|des|ge|nös|sisch; Bun|des_ge|richt, ...ge|richts|hof** (der; -[e]s), **...ge|setz|blatt** (*Abk.* BGBl.), **...grenz|schutz** (der; -es; *Abk.* BGS), **...haupt|stadt, ...haus** (das; -es), **...haus|halt, ...ka|bi|nett, ...kanz|ler, ...kri|minal|amt** (das; -[e]s), **...la|de** *(jüd. Rel.),* **...land** (*Plur.* ...länder), **...liga** (Spielklasse im Fußball u. a. in Deutschland; die erste, zweite -); **Bun|des|li|gist,** der; -en, -en; **Bun|des_ma|ri|ne, ...mi|ni|ster, ...mi|ni|ste|rin, ...nach|rich|tendienst** (*Abk.* BND), **...post** (die; -), **...prä|si|dent, ...pres|se|amt, ...rat, ...rech|nungs|hof, ...re|gierung; Bun|des|re|pu|blik Deutsch|land** (*nichtamtl. Abk.* BRD); **bun|des|re|pu|bli|kanisch; Bun|des_so|zi|al|ge|richt** (das; -[e]s), **...staat** (*Plur.* ...staaten), **...stadt** (die; -; *schweiz. für* Bern als Sitz von Bundesregierung u. -parlament), **...stra|ße** (*Zeichen* B, *z. B.* B 38); **Bun|destag; Bun|des|tags_ab|ge|ordne|te, ...de|bat|te, ...prä|si|dent, ...prä|si|den|tin, ...sit|zung, ...wahl; Bun|des_trai|ner, ...verdienst|kreuz, ...ver|fas|sungsge|richt** (das; -[e]s), **...ver|sammlung** (die; -), **...vor|stand, ...wehr** (die; -); **bun|des|weit; Bund|falten|ho|se; Bund|ho|se; bün|dig** (bindend; *Bauw.* in gleicher Fläche liegend); kurz und -; **Bündig|keit,** die; -; **bün|disch** (der freien Jugendbewegung angehörend); die -e Jugend; **Bünd|lein; Bünd|ner** (*schweiz. Kurzform von* Graubündner); **Bünd|ner Fleisch** (↑R 147); **bünd|ne|risch** (*schweiz. Kurzform von* graubündnerisch); **Bünd|nis,** das; -ses, -se; **Bünd|nis_block** (*vgl.* Block), **...sy|stem, ...treue, ...vertrag; Bund_schuh** (Bauernschuh im MA.), **...steg** *(Druckw.),* **...wei|te**

Bun|ga|low ['buŋgalo:], der; -s, -s ‹Hindi-engl.› (eingeschossiges Wohnhaus mit flachem Dach)

Bun|ge, die; -, -n (kleine Fischreuse aus Netzwerk od. Draht)

Bun|ker, der; -s, - (Behälter für Massengut [Kohle, Erz]; Betonunterstand; *Golf* Sandloch); **bun|kern** (in den Bunker füllen; Brennstoff aufnehmen [von Schiffen]); ich ...ere (↑R 22)

Bun|ny ['bani], das; -s, ...ies ‹engl.› (als Häschen kostümierte Serviererin in bestimmten Klubs)

Bun|sen|bren|ner ‹nach dem Erfinder› (↑R 135)

bunt; -este; - bemalen; ein bunter Abend. *Schreibung in Verbindung mit dem Partizip II:* ein buntgestreiftes Tuch (↑jedoch R 209), aber: das Tuch ist bunt gestreift; in Bunt gekleidet

Bunt_bart|schlüs|sel, ...druck (*Plur.* ...drucke), **...fern|se|hen** *(ugs.),* **...film, ...fo|to; bunt_gefie|dert, ...ge|mischt;** *vgl.* bunt; **Bunt|heit,** die; -; **Bunt_me|tall, ...pa|pier, ...sand|stein** (Gestein; *nur Sing.: Geol.* unterste Stufe des Trias); **bunt_scheckig** [*Trenn.* ...schek|kig], **...schillernd; Bunt_specht, ...stift** (der), **...wä|sche**

Bunz|lau (Stadt in Niederschlesien); **Bunz|lau|er;** - [Stein]gut

Buo|nar|ro|ti [*ital.* ...'rɔ:ti], Michelangelo (ital. Künstler)

Burck|hardt (Historiker)

Bür|de, die; -, -n

Bu|re, der; -n, -n; ↑R 197 (Nachkomme der niederl. u. dt. Ansiedler in Südafrika); **Bu|renkrieg,** der; -[e]s

Bu|ren|wurst (*ostösterr.* eine Brühwurst)

Bü|ret|te, die; -, -n ‹franz.› (Meßröhre für Flüssigkeiten)

Burg, die; -, -en

Bür|ge, der; -n, -n (↑R 197); **bürgen**

Bur|gel (w. Vorn.)

Bur|gen|land, das; -[e]s (österr. Bundesland); **bur|gen|län|disch**

Bur|ger, der; -s, - (*schweiz. landsch. für* Ortsbürger); **Bürger; Bür|ger_be|geh|ren** (das; -s, -), **...be|we|gung, ...haus; Bürge|rin; Bür|ger_in|itia|ti|ve** (↑R 180), **...ko|mi|tee, ...krieg; bür|ger|lich;** -e Ehrenrechte; -es Recht, aber (↑R 157): das Bürgerliche Gesetzbuch (*Abk.* BGB); **Bür|ger|lich|keit,** die; -; **Bür|ger|mei|ster** [*auch* ...'mai...]; **Bür|ger|mei|ste|rei; bür|gernah;** -e Politik; **Bür|ger_nä|he, ...pflicht, ...recht; Bür|ger|rechtler; Bür|ger|schaft; bür|gerschaft|lich; Bür|ger_schreck** (der; -s; Mensch mit provozierendem Verhalten), **...sinn** (*svw.* Gemeinsinn); **Bür|gers|mann** *Plur.* ...leute *(veraltet);* **Bür|gersteig; Bür|ger|tum,** das; -s; **Burg|fried** *vgl.* Bergfried; **Burg_frie|de[n], ...gra|ben, ...graf**

Burg|hild, Burg|hil|de (w. Vorn.)

Bür|gin

Burgk|mair (dt. Maler)

Bur|gos (span. Stadt)

Burg|rui|ne

Bürg|schaft

Burg|thea|ter; ↑R 180 (Name des österr. Staatstheaters in Wien)

Bur|gund (franz. Landschaft und früheres Herzogtum); **Bur|gunde,** der; -n, -n; ↑R 197 (Angehöriger eines germ. Volksstammes); **Bur|gun|der;** ↑R 147 (Einwohner von Burgund; franz. Weinsorte; *auch für* Burgunde); **Bur|gunder|wein** (↑R 151); **bur|gundisch,** aber (↑R 146): die Burgundische Pforte

Burg_ver|lies, ...vogt

bu|risch ‹*zu* Bure›

Bur|ja|te, *auch* **Bur|jä|te,** der; -n, -n; ↑R 197 (Angehöriger eines mongol. Volksstammes); **bur|jatisch,** *auch* **bur|jä|tisch**

Burk|hard (m. Vorn.)

Bur|ki|na Fa|so (Staat in Westafrika, früher Obervolta); **Bur|kiner; bur|ki|nisch**

bur|lesk; -este ‹franz.› (possenhaft); **Bur|les|ke,** die; -, -n (Posse, Schwank)

Bur|ma (*engl. und schweiz. für* Birma); **Bur|me|se,** der; -n, -n (↑R 197); **bur|me|sisch**

Burns [bœ:(r)ns] (schott. Dichter)

Bur|nus, der; *Gen.* - *u.* -ses, *Plur.* -se ‹arab.› (Beduinenmantel mit Kapuze)

Bü|ro, das; -s, -s ‹franz.›; **Bü|ro_an|ge|stell|te, ...ar|beit, ...bedarf, ...ge|hil|fe, ...ge|hil|fin, ...ge|mein|schaft, ...haus, ...kauf|frau, ...kauf|mann, ...klam|mer; Bü|ro|krat,** der; -en, -en (↑R 197); **Bü|ro|kra|tie,** die; -, ...ien; **bü|ro|kra|tisch;** -ste; **büro|kra|ti|sie|ren; Bü|ro|kra|ti|sierung; Bü|ro|kra|tis|mus,** der; - (*abwertend für* bürokratische Pedanterie); **Bü|ro|kra|ti|us,** der; - (*scherzh.* Personifizierung des Bürokratismus); heiliger -!; **Büro|list,** der; -en, -en (*schweiz. veraltend für* Büroangestellter); **Büro_ma|te|ri|al, ...mensch** *(ugs.),* **...mö|bel, ...schluß** (der; ...usses), **...zeit**

Bursch, der; -en, -en; ↑R 197 (*landsch. für* junger Mann; *Studentenspr.* Verbindungsstudent mit allen Rechten); **Bürschchen; Bur|sche,** der; -n, -n; ↑R 197 (*Studentenspr. auch für* Bursch); ein toller -; **Bur|schenschaft; Bur|schen|schaf|ter; bur|schen|schaft|lich; bur|schikos;** -este ([betont] ungezwungen; formlos); **Bur|schi|ko|sität,** die; -, -en; **Bürsch|lein; Burse,** die; -, -n (*früher für* Studentenheim)

Bürst|chen; Bür|ste, die; -, -n; **bür|sten; Bür|sten_ab|zug** (*Druckw.* Probeabzug), **...bin|der, ...[haar|]schnitt; Bürst|lein**

Bu|run|der *vgl.* Burundier; **Bu|**

run|di (Staat in Afrika); **Bu|run|di|er** [...i̯ər], Bu|run|der; **bu|run|disch**

Bür|zel, der; -s, - (Schwanz[wurzel], bes. von Vögeln); **Bür|zel|drü|se** *(Zool.)*

Bus, der; Busses, Busse (*Kurzform für* Autobus, Omnibus)

[1]**Busch** (dt. Humorist); die Buschschen Gedichte (↑R 20)

[2]**Busch,** der; -[e]s, Büsche; **Busch|boh|ne; Büsch|chen; Bü|schel,** das; -s, -; **bü|sche|lig,** büsch|lig; **bü|scheln** (*südd. u. schweiz. für* zu einem Büschel, Strauß zusammenbinden); ich ...[e]le (↑R 22); **bü|schel|wei|se; Bu|schen,** der; -s, - (*südd., österr. ugs. für* [Blumen]strauß); **Bu|schen|schank,** *auch* **Bu|schen|schen|ke** (*österr. für* Straußwirtschaft); **Busch|hemd; bu|schig; Busch|klep|per** (*veraltet für* Strauchdieb); **Büsch|lein; büsch|lig,** bü|sche|lig; **Busch|mann** *Plur.* ...männer (Angehöriger eines in Südwestafrika lebenden Eingeborenenvolkes); **Busch₋mes|ser** (das), **...werk** (das; -s), **...wind|rös|chen**

Bu|sen, der; -s, -; **bu|sen|frei; Bu|sen₋freund, ...freun|din, ...grap|schen** (das; -s; *ugs.*), **...grap|scher** *(ugs.)*, **...star** *(ugs.)*

Bus₋fah|rer, ...hal|te|stel|le

Bush [bʊʃ], George H. (Präsident der USA)

Bu|shel ['buʃ(ə)l], der; -s, -s ⟨engl.⟩ (engl.-amerik. Getreidemaß); 6 -[s] (↑R 129)

bu|sig *(ugs.)*; eine -e Schönheit

Busi|neß ['biznis], das; - ⟨engl.⟩ (Geschäft[sleben])

bus|per (*südwestd. u. schweiz. mdal. für* munter, lebhaft)

Buß|an|dacht *(kath. Kirche)*

Bus|sard, der; -s, -e ⟨franz.⟩ (ein Greifvogel)

Bu|ße, die; -, -n (*auch für* Geldstrafe); **bü|ßen** (*schweiz. auch für* jmdn. mit einer Geldstrafe belegen); du büßt; **Bü|ßer; Bü|ßer|hemd; Bü|ße|rin**

Bus|serl, das; -s, -[n] (*bayr., österr. ugs. für* Kuß)

buß|fer|tig *(Rel.)*; **Buß|fer|tig|keit,** die; -; **Buß|geld; Buß|geld|be|scheid; Buß|got|tes|dienst** *(kath. Kirche)*

Bus|so|le, die; -, -n ⟨ital.⟩ (Magnetkompaß)

Buß₋pre|di|ger, ...sa|kra|ment *(kath. Kirche)*, **...tag; Buß- und Bet|tag**

Bü|ste [*od.* 'by:...], die; -, -n; **Bü|sten|hal|ter** (*Abk.* BH)

Bu|stier [bys'ti̯e:], das; -s, -s ⟨franz.⟩ (miederartig anliegendes, nicht ganz bis zur Taille reichendes Damenunterhemd ohne Ärmel)

Bu|stro|phe|don, das; -s ⟨griech.⟩ (Art des Schreibens, bei der die Schrift abwechselnd nach rechts u. nach links läuft [in alten Inschriften])

Bu|su|ki, die; -, -s ⟨ngriech.⟩ (griech. Lauteninstrument)

Bu|ta|di|en, das; -s (*Chemie* ungesättigter gasförmiger Kohlenwasserstoff); **Bu|tan,** das; -s ⟨griech.⟩ (gesättigter gasförmiger Kohlenwasserstoff); **Bu|tan|gas** (Heiz- u. Treibstoff)

bu|ten (*nordd. für* draußen, jenseits [der Deiche])

Bu|ti|ke usw. *vgl.* Budike usw.

But|ja|din|gen (Halbinsel zwischen der Unterweser u. dem Jadebusen)

But|ler ['batlə(r)], der; -s, - ⟨engl.⟩ (Diener in vornehmen [engl.] Häusern)

Bu|tor [by'tɔ:r] (franz. Schriftsteller)

But|scher *vgl.* Buttje[r]

Buts|kopf (Schwertwal)

Butt, der; -[e]s, -e (*nordd. für* Scholle)

Bütt, die; -, -en (*landsch. für* faßförmiges Vortragspult für Karnevalsredner); in die - steigen; **But|te,** die; -, -n (*südd. u. österr. für* Bütte); **Büt|te,** die; -, -n (wannenartiges Gefäß)

But|tel *vgl.* Buddel

Büt|tel, der; -s, - (*veraltend, noch abwertend für* Ordnungshüter, Polizist)

Büt|ten, das; -s ⟨*zu* Bütte⟩ (Papierart); **Büt|ten₋pa|pier, ...re|de**

But|ter, die; -; **But|ter₋berg** *(ugs.)*, **...bir|ne, ...blu|me, ...brot; But|ter|brot|pa|pier; But|ter|creme,** But|ter|krem; **But|ter|do|se; But|ter|fahrt** (*ugs. für* Schiffsfahrt mit der Möglichkeit, [zollfrei] billig einzukaufen); **But|ter|faß**

But|ter|fly ['batə(r)flai̯], der; -s ⟨engl.⟩, **But|ter|fly|stil,** der; -[e]s (*Schwimmsport* Schmetterlingsstil)

But|ter|ge|bäck; But|ter|ge|backe|ne, das; -n [*Trenn.* But|ter|ge|bak|ke|ne]; ↑R 7ff.; **but|ter|gelb; but|te|rig,** butt|rig; **But|ter|kä|se; But|ter|krem,** But|ter|creme; **But|ter₋ku|chen, ...milch; but|tern;** ich ...ere (↑R 22); **But|ter|stul|le** *(nordostd.)*; **but|ter|weich**

Butt|je[r], But|scher, der; -s, -s (*nordd. für* Junge, Kind)

Bütt|ner (*landsch. für* Böttcher)

But|ton ['bat(ə)n], der; -s, -s ⟨engl.-amerik.⟩ (runde Ansteckplakette)

butt|rig, but|te|rig

Bu|tyl|al|ko|hol ⟨griech.; arab.⟩ (chem. Verbindung); **Bu|ty|ro|me|ter,** das; -s, - ⟨griech.⟩ (Fettgehaltmesser)

Butz, der; -en, -en *vgl.* [1]Butze; **Bütz|chen** (*rhein. für* Kuß); [1]**But|ze,** der; -n, -n (*landsch. für* Kobold; Knirps); [2]**But|ze,** die; -, -n (*nordd. für* Verschlag, Wandbett); **But|ze|mann** *Plur.* ...männer (*svw.* Kobold, Kinderschreck); **But|zen,** der; -s, - (*landsch. für* Kerngehäuse; Verdickung [im Glas]; *Bergmannsspr.* unregelmäßige Mineralanhäufung im Gestein); **büt|zen** (*rhein. für* küssen); **But|zen|schei|be** (in der Mitte verdickte [runde] Glasscheibe)

Büx, die; -, Büxen *u.* **Bu|xe,** die; -, Buxen (*nordd. für* Hose)

Bux|te|hu|de (Stadt südwestl. von Hamburg); *auch in Wendungen wie* aus - (*ugs. scherzh. für* von weit her) sein

Buyout ['bai̯aut], das; -s, -s (*kurz für* Management-Buyout)

Bu|zen|taur, der; -en, -en (↑R 197) ⟨griech.⟩ (Untier in der griech. Sage; Prunkschiff der Dogen von Venedig); *vgl.* Bucintoro

BV = [schweizerische] Bundesverfassung

BVG = Berliner Verkehrs-Betriebe (*früher* Berliner Verkehrs-Gesellschaft); Bundesversorgungsgesetz

b. w. = bitte wenden!

BWV = Bach-Werke-Verzeichnis *(vgl. d.)*

bye-bye! ['bai̯'bai̯] ⟨engl.⟩ (*ugs. für* auf Wiedersehen!)

By|pass ['bai̯pas], der; -es, ...pässe ⟨engl.⟩ (*Med.* Überbrückung eines krankhaft veränderten Abschnittes der Blutgefäße); **By|pass|ope|ra|ti|on**

By|ron ['bai̯rən] (engl. Dichter)

Bys|sus, der; - ⟨griech.⟩ (feines Gewebe des Altertums; *Zool.* Haftfäden mancher Muscheln)

Byte [bai̯t], das; -[s], -[s] ⟨engl.⟩ (*EDV* Zusammenfassung von 8 Bits)

By|zan|ti|ner (Bewohner von Byzanz; *veraltet für* Kriecher, Schmeichler); **by|zan|ti|nisch;** -e Zeitrechnung, aber (↑R 157): das Byzantinische Reich; **By|zan|ti|nis|mus,** der; - (*abwertend für* Kriecherei, Schmeichelei); **By|zan|ti|nist,** der; -en, -en; ↑R 197 (Wissenschaftler auf dem Gebiet der Byzantinistik); **By|zan|ti|ni|stik,** die; - (Wissenschaft von der byzantinischen Literatur u. Kultur); **By|zanz** (*alter Name von* Istanbul)

bz, bez, bez. = bezahlt (*auf Kurszetteln)*

Bz., Bez. = Bezirk

bzw. = beziehungsweise

C

Vgl. auch **K, Sch** *und* **Z**

C (Buchstabe); das C; des C, die C, aber: das c in Tacitus (↑R 82); Buchstabe C, c

c = Cent, Centime; Zenti...

c, C, das; -, - (Tonbezeichnung); das hohe C; **c** (*Zeichen für* c-Moll); in c; **C** (*Zeichen für* C-Dur); in C

C = Carboneum (*chem. Zeichen für* Kohlenstoff); Celsius (*fachsprachl.* °C); Coulomb

C (röm. Zahlzeichen) = 100

C. = Cajus; *vgl.* Gajus

Ca = *chem. Zeichen für* Calcium (*vgl.* Kalzium)

ca. = circa; *vgl.* zirka

Ca. = Carcinoma; *vgl.* Karzinom

Cab [kɛb], das; -s, -s ‹engl.› (einspännige engl. Droschke)

Ca|bal|le|ro [kabal'je:ro, *auch* kaval...], der; -s, -s ‹span.› (Herr; *früher* span. Edelmann, Ritter)

Ca|ban [ka'bã:], der; -s, -s ‹franz.› (kurzer Mantel)

Ca|ba|ret [kaba're:] *vgl.* Kabarett

Ca|bo|chon [kabɔ'ʃɔ̃:], der; -s, -s ‹franz.› (ein gewölbt geschliffener Edelstein)

Ca̲|brio *vgl.* Kabrio; **Ca|brio|let** [kabrio'le:] *vgl.* Kabriolett

Ca|che|nez [kaʃ(ə)'ne:], das; - [...'ne:(s)], - [...'ne:s] ‹franz.› ([seidenes] Halstuch)

Ca|chet [kaʃɛ], das; -s, -s ‹franz.› (*schweiz., sonst veraltet für* Gepräge; Eigentümlichkeit)

Ca|che|te̲|ro [katʃe...], der; -s, -s ‹span.› (Stierkämpfer, der dem Stier den Gnadenstoß gibt)

Cä|ci|lia, Cä|ci̲|lie [...i̯ə] (w. Vorn.); **Cä|ci̲|li|en-Ver|band,** der; -[e]s (Vereinigung für kath. Kirchenmusik)

CAD = computer-aided design [kɔm'pjutə(r)'e:did di'za̲in] (*EDV* computerunterstütztes Konstruieren)

Cad|die ['kɛdi], der; -s, -s ‹engl.› (jmd., der für den Golfspieler die Schlägertasche trägt; zweirädriger Wagen zum Transportieren der Golfschläger; Ⓦ Einkaufswagen im Supermarkt)

Ca|dil|lac Ⓦ [*franz.* kadi'jak, *engl.* 'kɛdilɛk] (amerik. Kraftfahrzeugmarke)

Cá|diz ['ka:dis] (span. Hafenstadt u. Provinz)

Ca̧d|mi|um *vgl.* Kadmium

Cae|li|us ['tse:...], der; - (Hügel in Rom)

Cae|sar ['tsɛ:...] *vgl.* [1]Cäsar

Cae|si|um ['tsɛ:...] *vgl.* Zäsium

Ca|fard [kafa:r], der; -s ‹franz.› (*schweiz. für* Unlust, Überdruß)

Ca|fé [ka'fe:], das; -s, -s ‹franz.› (Kaffeehaus, -stube); *vgl.* Kaffee; **Ca|fé com|plet** [kafe kɔ̃'plɛ], der; - -, -s -s (*schweiz. für* Kaffee mit Milch, Brötchen, Butter und Marmelade); **Ca|fé crème** [kafe 'krɛ:m], der; - -, -s - (*schweiz. für* Kaffee mit Sahne); **Ca|fe|te|ri̲a,** die; -, *Plur.* -s *u.* ..i̯en ‹amerik.-span.› (Café od. Restaurant mit Selbstbedienung); **Ca|fe|tier** [...'ti̯e:], der; -s, -s ‹franz.› (*veraltet für* Kaffeehausbesitzer); **Ca|fe|tie|re** [...'ti̯e:rə], die; -, -n (*veraltet für* Kaffeehauswirtin; *auch für* Kaffeekanne)

Ca|glio|stro [kal'jɔstro] (ital. Abenteurer)

Ca|i̲s|sa (Göttin des Schachspiels)

Cais|son [kɛ'sɔ̃:], der; -s, -s ‹franz.› (Senkkasten für Bauarbeiten unter Wasser); **Cais|son|krank|heit,** die; - (*Med.*)

Ca̲|jus *vgl.* Gajus

cal = Kalorie

Cal., Calif. = California; *vgl.* Kalifornien

Ca|lais [ka'lɛ:] (franz. Stadt)

Ca|la|ma̲|res *Plur.* ‹span.› (Gericht aus Tintenfischstückchen); *vgl.* [1]Kalmar

cal|la̧n|do ‹ital.› (*Musik* an Tonstärke u. Tempo gleichzeitig abnehmend)

Ca̲|lau (Stadt in der Niederlausitz)

Ca̧l|be (Sa̲a̲|le) (Stadt an der unteren Saale); *vgl.* aber: Kalbe (Milde)

Cal|ci... usw. *vgl.* Kalzi... usw.

Cal|de|rón ['kalderɔn, *span.* kalde'rɔn] (span. Dichter)

Ca|lem|bour, Ca|lem|bourg [*beide* kalã'bu:r], der; -s, -s ‹franz.› (*veraltet für* Wortspiel; Kalauer)

Ca|li|ban ['ka(:)..., *engl.* 'kɛlibɛn] *vgl.* Kaliban

Ca|lif. *vgl.* Cal.; **Ca|li|fo̧r|ni|um,** das; -s (stark radioaktives chem. Element, ein Transuran; *Zeichen* Cf)

Ca|li̲|gu|la (röm. Kaiser)

Ca|li̧xt, Ca|li̧x|tus *vgl.* Kalixt[us]

Ca̧l|la, die; -, -s ‹griech.› (eine Zierpflanze)

Call|boy ['kɔ:lbɔ̲y], der; -s, -s ‹engl.› (männliches Gegenstück zum Callgirl); **Call|girl** ['kɔ:lgœ:(r)l], das; -s, -s (Prostituierte, die auf telefonischen Anruf hin kommt od. jmdn. empfängt)

Cal|mette [kal'mɛt] (franz. Bakteriologe); *vgl.* BCG-Schutzimpfung

Ca|lu|mȩt *vgl.* Kalumet

Cal|va|do̲s [...v...], der; -, - ‹franz.› (ein Apfelbranntwein)

Cal|vin [kal'vi:n, *österr.* 'kal...] (Genfer Reformator); **cal|vi̲|nisch** usw. *vgl.* kalvinisch usw.

Calw [kalf] (Stadt a. d. Nagold); **Cal|wer** ['kalvər] (↑R 147)

Ca|lyp|so [ka'lipso], der; -[s], -s (Tanz im Rumbarhythmus); *vgl.* aber: Kalypso

CAM = computer-aided manufacturing [kɔm'pjutə(r)'e:did mɛnju'fɛktʃəriŋ] (computerunterstütztes Fertigen)

Ca|margue [ka'marg], die; - (südfranz. Landschaft)

Cam|bridge ['ke:mbridʒ] (engl. u. nordamerik. Ortsn.)

Ca̧m|burg (Stadt a. d. Saale)

Cam|cor|der ['kam...], der; -s, - ‹engl.›; *vgl.* Kamerarecorder

Ca|mem|bert ['kaməmbe:r, *auch* kamã'bɛ:r], der; -s, -s ‹nach der franz. Stadt› (ein Weichkäse mit weißem Schimmelbelag)

Ca̧|me|ra ob|scu̲|ra, die; - -, ...rae [...rɛ:] ...rae [...rɛ:] ‹lat.› (Lochkamera)

Ca|mi̧l|la (w. Vorn.); **Ca|mi̧l|lo** (m. Vorn.)

Ca|mion [kami̯ɔ̃], der; -s, -s ‹franz.› (*schweiz. für* Lastkraftwagen); **Ca|mion|na|ge** [kami̯ɔna:ʒə], die; - (*schweiz. für* Spedition); **Ca|mion|neur** [kami̯ɔnø:r], der; -s, -e (*schweiz. für* Spediteur)

Ca|mões [ka'mɔ̃iʃ] (port. Dichter)

Ca|mo̧r|ra *vgl.* Kamorra

Ca|mou|fla|ge [kamu'fla:ʒə], die; -, -n ‹franz.› (*veraltet für* milit. Tarnung; Verbergen); **ca|mou|fli̲e̲|ren** (*veraltet*)

Camp [kɛmp], das; -s, -s ‹engl.› ([Feld-, Gefangenen]lager)

Cam|pa|gna [kam'panja], die; - (ital. Landschaft)

Cam|pa|ni̲|le *vgl.* Kampanile

Cam|pa̲|ri Ⓦ, der; -s, - ‹ital.› (ein Bitterlikör)

Cam|pe|che|holz [kam'petʃe...] *vgl.* Kampescheholz

cam|pen ['kɛm...] ‹engl.› (im Zelt od. Wohnwagen leben); **Camper; Cam|pe|si̲|no** [kam...], der; -s, -s ‹span.› (armer Landarbeiter, Bauer [in Spanien u. Lateinamerika]); **Cam|ping** ['kɛm...], das; -s ‹engl.› (Leben auf Zeltplätzen im Zelt od. Wohnwagen); **Cam|ping‿an|hän|ger, ...ar|ti|kel, ...aus|rü|stung,**

...**beu|tel**, ...**bus**, ...**füh|rer**, ...**platz**; **Cam|pus** ['kam..., *engl.* 'kɛmpəs], der; -, - ‹lat.-engl.› (Universitätsgelände, bes. in den USA)
Ca|mus [ka'my:] (franz. Schriftsteller)
Ca|na|da (*engl. Schreibung von* Kanada)
Ca|nail|le *vgl.* Kanaille
Ca|na|let|to (ital. Maler)
Ca|na|pé *vgl.* Kanapee
Ca|na|sta, das; -s ‹span.› (ein Kartenspiel)
Ca|na|ve|ral *vgl.* Kap Canaveral
Can|ber|ra ['kɛnbərə] (Hptst. Australiens)
Can|can [kã'kã:], der; -s, -s ‹franz.› (ein Tanz)
cand. = candidatus; *vgl.* Kandidat
Can|de|la, die; -, - ‹lat.› (Lichtstärkeeinheit; *Zeichen* cd)
Can|di|da (w. Vorn.); **Can|di|dus** (m. Vorn.)
Ca|net|ti, Elias (deutschsprachiger Schriftsteller)
Can|na, die; -, -s ‹sumer.-lat.› (eine Zierpflanze)
Can|na|bis, der; - ‹griech.-lat.› (Hanf; *auch für* Haschisch)
Can|nae *vgl.* Kannä
Can|nel|lo|ni *Plur.* ‹ital.› (gefüllte Röllchen aus Nudelteig)
Cannes [kan] (Seebad an der Côte d'Azur)
Cann|statt, Bad (Stadtteil von Stuttgart); **Cann|stat|ter** (↑R 147); - Wasen (Volksfest)
Ca|ñon ['kanjɔn, *auch* ka'njo:n], der; -s, -s ‹span.› (enges, tief eingeschnittenes Tal, bes. im westl. Nordamerika)
Ca|no|pus *vgl.* [2]Kanopus
Ca|nos|sa (Ort u. Burg im Nordapennin); *vgl.* Kanossa
Can|stein|sche Bi|bel|an|stalt, die; -n - (↑R 134) ‹nach dem Gründer Frhr. von Canstein›
can|ta|bi|le ‹ital.› (*Musik* gesangartig, ausdrucksvoll); **Can|ta|te** *vgl.* [2]Kantate
Can|ter|bu|ry ['kɛntə(r)bəri] (engl. Stadt)
Can|tha|ri|din *vgl.* Kantharidin
Can|to, der; -s, -s ‹ital.› (Gesang); **Can|tus fir|mus**, der; - -, - [...tu:s] ...mi (Hauptmelodie eines mehrstimmigen Chor- od. Instrumentalsatzes)
Ca|pa, die; -, -s ‹span.› (roter Umhang der Stierkämpfer); **Cape** [ke:p], das; -s, -s ‹engl.› (ärmelloser Umhang); **Ca|pea|dor** [ka...], der; -s, -es (↑R 180) ‹span.› (Stierkämpfer, der den Stier mit der Capa reizt)
Ca|pel|la *vgl.* Kapella
Cap|puc|ci|no [kapu'tʃi:no], der; -[s], -[s] ‹ital.› (Kaffeegetränk)
Ca|pre|se, der; -n, -n (Bewohner von Capri); **ca|pre|sisch**; **Ca|pri** (Insel im Golf von Neapel)
Ca|pric|cio [ka'pritʃo], das; -s, -s ‹ital.› (scherzhaftes, launiges Musikstück); **ca|pric|cio|so** [...'tʃo:so] (*Musik* scherzhaft, launig); **Ca|pri|ce** [ka'pri:sə, *franz.* ka'pris] *vgl.* Kaprice
Cap|ta|tio be|ne|vo|len|tiae [- benevo'lɛntsiɛ], die; - - ‹lat.› (Redewendung, mit der man das Wohlwollen des Publikums zu gewinnen sucht)
Ca|pua (ital. Stadt)
Ca|pu|let|ti *Plur.; vgl.* Montecchi und Capuletti
Ca|put mor|tu|um [- ...tuum], das; - - ‹lat.› (Eisenrot, rote Malerfarbe; *veraltet für* Wertloses)
Car, der; -s, -s ‹franz.› (*schweiz. kurz für* Autocar)
Ca|ra|bi|nie|re *vgl.* Karabiniere
Ca|ra|cas (Hptst. Venezuelas)
ca|ram|ba! ‹span.› (*ugs. für* Donnerwetter!, Teufel!)
Ca|ra|mel *vgl.* Karamel
Ca|ra|van ['ka(:)ravan *od.* ...'va:n, *auch* 'kɛrəvɛn], der; -s, -s ‹engl.› (kombinierter Personen- u. Lastenwagen; Wohnwagen); **Ca|ra|va|ner**; **Ca|ra|va|ning**, das; -s (Leben im Wohnwagen)
Car|bid *vgl.* [2]Karbid
Car|bo... usw. *vgl.* Karbo... usw.; **Car|bo|ne|um**, das; -s ‹lat.› (*veraltete Bez. für* Kohlenstoff, chem. Element; *Zeichen* C)
Car|bo|run|dum Ⓦ *vgl.* Karborund
Car|ci|no|ma *vgl.* Karzinom
Car|di|gan, der; -s, -s ‹engl.› (lange Damenstrickweste)
CARE [kɛ:(r)] (= Cooperative for American Remittances to Europe; eine Hilfsorganisation)
care of ['kɛ:(r) ɔv] ‹engl.› (*in Briefanschriften usw.* wohnhaft bei ...; per Adresse; *Abk.* c/o)
Care|pa|ket [kɛ:(r)...]; *vgl.* CARE
Ca|ri|na *vgl.* Karina
Ca|rio|ca, die; -, -s (↑R 180) ‹indian.-port.› (lateinamerik. Tanz)
Ca|ri|tas, die; - (*kurz für* Deutscher Caritasverband); *vgl.* Karitas
Car|los (m. Vorn.)
Car|lyle [ka:(r)'lail] (schott. Schriftsteller u. Historiker)
Car|ma|gno|le [karman'jo:lə], die; -, -n (*nur Sing.:* franz. Revolutionslied; *auch für* ärmellose Jacke der Jakobiner)
Car|men (w. Vorn.)
Car|nal|lit *vgl.* Karnallit
Car|ne|gie [ka:(r)'nɛgi] (nordamerik. Milliardär); **Car|ne|gie Hall** ['ka:(r)nɛgi ˌhɔ:l], die; - - (Konzerthalle in New York)
Car|net [de pas|sa|ges] [kar'nɛ (də pa'sa:ʒə)], das; - - -, -s [kar'nɛ] - - (Zollbescheinigung zur Einfuhr von Kraftfahrzeugen)
Car|not|zet [...tsɛt, *schweiz.* ...tsɛ], das; -s, -s ‹franz. mdal.› (kleine [Keller]schenke [in der französischen Schweiz])
Ca|ro|la *vgl.* Karola
Ca|ros|sa (dt. Schriftsteller)
Ca|ro|tin *vgl.* Karotin
Car|port, der; -s, -s ‹engl.-amerik.› (überdachter Abstellplatz für Autos)
Car|ra|ra (ital. Stadt); **Car|ra|rer**; **car|ra|risch**; -er Marmor
Car|roll ['kɛrəl], Lewis ['lu:is] (engl. Schriftsteller)
Car|sten *vgl.* Karsten
Car|stens (fünfter dt. Bundespräsident)
Carte blanche [kart 'blã:ʃ], die; - -, -s -s [kart 'blã:ʃ] ‹franz.› (unbeschränkte Vollmacht)
car|te|sia|nisch (↑R 180), **car|te|sisch** *vgl.* kartesianisch, kartesisch; **Car|te|si|us** (*lat. Form von* Descartes)
Car|tha|min *vgl.* Karthamin
Car|toon [kar'tu:n], der *od.* das; -[s], -s ‹engl.› (Karikatur, Witzzeichnung; kurzer Comic strip); **Car|too|nist**, der; -en, -en; ↑R 197 (Cartoonzeichner); **Car|too|ni|stin**
Ca|ru|so (ital. Sänger)
Ca|sa|blan|ca (Stadt in Marokko)
Ca|sals (span. Cellist)
[1]**Ca|sa|no|va** [...va] (ital. Abenteurer, Schriftsteller u. Frauenheld); [2]**Ca|sa|no|va**, der; -[s], -s (*ugs. für* Frauenheld, -verführer)
[1]**Cä|sar** (röm. Feldherr u. Staatsmann; m. Vorn.); [2]**Cä|sar**, der; Cäsaren, Cäsaren; ↑R 197 (Ehrenname der römischen Kaiser); **Cä|sa|ren|wahn**; **cä|sa|risch** (kaiserlich; selbstherrlich); **Cä|sa|ris|mus**, der; - (unbeschränkte [despotische] Staatsgewalt); **Cä|sa|ro|pa|pis|mus**, der; - (Staatsform, bei der der weltl. Herrscher zugleich geistl. Oberhaupt ist)
cash [kɛʃ] ‹engl.› (*Wirtsch.* bar); **Cash**, das; - (*Wirtsch.* Kasse, Barzahlung); **Cash-and-car|ry-Klau|sel** ['kɛʃənd'kɛri...], die; - (*Überseehandel* Klausel, nach der der Käufer die Ware bar bezahlen u. im eigenen Schiff abholen muß)
Ca|shew|nuß ['kɛʃu...] ‹port.-engl.; dt.› (trop. Nußsorte)
Cash-flow ['kɛʃflo:], der; -s ‹engl.› (*Wirtsch.* Überschuß nach Abzug aller Unkosten)
Ca|si|mir *vgl.* Kasimir
Cä|si|um *vgl.* Zäsium
Cas|sa|ta, die; -, -s (Speiseeisspezialität)

Cas|si|us (Name eines röm. Staatsmannes)
Ca|stel Gan|dol|fo (ital. Stadt am Albaner See; Sommerresidenz des Papstes)
Ca|stries ['ka:stris, *auch* ka:'stri:] (Hptst. von St. Lucia)
Ca|stro, Fidel (kuban. Politiker)
Ca|sus bel|li, der; - -, - [...zu:s] - ‹lat., „Kriegsfall"› (Grund für einen Konflikt); **Ca|sus ob|li|quus** [- ...kvus], der; - -, - [...zu:s] ...qui (*Sprachw.* abhängiger Fall, z. B. Genitiv, Dativ, Akkusativ); **Casus rec|tus,** der; - -, - [...zu:s] ...ti (*Sprachw.* unabhängiger Fall, Nominativ)
Ca|ta|nia (Stadt auf Sizilien)
Cat|boot ['kɛt...], das; -[e]s, -e ‹engl.; dt.› (kleines Segelboot)
Catch-as-catch-can ['kɛtʃəz'kɛtʃ'kɛn], das; - ‹amerik.› (Freistilringkampf); **cat|chen** ['kɛtʃ(ə)n]; **Cat|cher**
Catch|up *vgl.* Ketchup
Ca|te|nac|cio [kate'natʃo], der; -[s] ‹ital.› (Verteidigungstechnik im Fußball)
Ca|ter|pil|lar ['kɛtə(r)pilə(r)], der; -s, -[s] ‹engl.› (Raupenschlepper)
Cat|gut ['kɛtgat] *vgl.* Katgut
Ca|ti|li|na (röm. Verschwörer); *vgl.* katilinarisch
Ca|to (röm. Zensor)
Cat|ta|ro (*ital. Name von* Kotor)
Ca|tull, Ca|tul|lus (röm. Dichter)
Cau|dil|lo [kau'diljo], der; -[s], -s ‹span.› (Diktator)
Cau|sa, die; -, ...sae [...zɛ] ‹lat.› (Grund, Ursache, [Streit]sache); **Cause cé|lè|bre** [ˌko:zse'lɛ:br(ə)], die; - -, *Plur.* -s -s [ˌko:zse'lɛ:br(ə)] ‹franz.› (berühmter Rechtsstreit; berüchtigte Angelegenheit); **Cau|seur** [ko'zø:r], der; -s, -e (*veraltet für* unterhaltsamer Plauderer)
ca|ve ca|nem! ['ka:və -] ‹lat., „hüte dich vor dem Hund!"› (Inschrift auf der Tür od. Schwelle altröm. Häuser)
Ca|yenne [ka'jɛn] (Hptst. von Französisch-Guayana); **Cayenne|pfef|fer;** ↑R 149 (ein scharfes Gewürz)
CB [tse:'be:, *engl.* si:'bi:] = Citizen-Band ['sitis(ə)n'bɛnd] ‹engl.-amerik.› (für den privaten Funkverkehr freigegebener Wellenbereich); **CB-Funk**
cbm (*früher für* m^3) = Kubikmeter
CC = Corps consulaire
ccm (*früher für* cm^3) = Kubikzentimeter
cd = Candela
Cd = *chem. Zeichen für* Cadmium (*vgl.* Kadmium)
¹CD = Corps diplomatique
²CD, die; -, -s (*svw.* CD-Platte; *vgl. d.*); **CD-Plat|te** ‹*zu* engl. compact disc› (Kompaktschallplatte); **CD-Spie|ler** (Plattenspieler für CD-Platten)
CDU = Christlich-Demokratische Union (Deutschlands)
C-Dur ['tse:du:r, *auch* 'tse:'du:r], das; - (Tonart; *Zeichen* C); **C-Dur-Ton|lei|ter** (↑R 41)
Ce = *chem. Zeichen für* Cer
Ce|dil|le [se'di:j(ə)], die; -, -n ‹franz.› (*Sprachw.* Häkchen als Aussprachezeichen, z. B. bei franz. ç als stimmloses s vor a, o, u)
Ce|le|bes [(t)se'le:..., *auch* 'tse:...] (eine der Großen Sundainseln)
Ce|le|sta [tʃe...], die; -, *Plur.* -s *u.* ...sten ‹ital.› (ein Tasteninstrument)
Ce|li|bi|da|che [tʃelibi'dake] (rumän. Dirigent)
Cel|la ['tsɛla], die; -, Cellae [...lɛ] ‹lat.› (Hauptraum im antiken Tempel; *Med.* Zelle)
Cel|le ['tsɛlə] (Stadt an der Aller); **Cel|ler** (↑R 147); **cel|lisch,** *auch* cel|lesch
Cel|li|ni [tʃɛ...] (ital. Goldschmied u. Bildhauer)
Cel|list [tʃɛ...], der; -en, -en (↑R 197) ‹ital.› (Cellospieler); **Cel|li|stin; Cel|lo,** das; -s, *Plur.* -s *u.* ...lli (*Kurzform für* Violoncello)
Cel|lo|phan ®, das; -s *u.* **Cel|lo|pha|ne** ®, die; - ‹lat.; griech.› (glasklare Folie); **cel|lo|pha|nie|ren; Cel|lu|loid** *vgl.* Zelluloid; **Cel|lu|lo|se** *vgl.* Zellulose
Cel|si|us ‹nach dem Schweden Anders Celsius› (Einheit der Grade beim 100teiligen Thermometer; *Zeichen* C; *fachspr.* °C); 5° C (*fachspr.* 5 °C)
Cem|ba|lo ['tʃɛm...], das; -s, *Plur.* -s *u.* ...li ‹ital.› (ein Tasteninstrument)
Ce|no|man [tse...], das; -s ‹nach der röm. Stadt Cenomanum = Le Mans› (*Geol.* Stufe der Kreideformation)
Cent [(t)sɛnt], der; -[s], -[s] ‹engl.› (Münze in den USA, in Kanada usw.; *Abk.* c *u.* ct, *im Plur.* cts; *Zeichen* ¢); 5 - (↑R 129)
Cen|ta|vo [sen'ta:vo], der; -[s], -[s] ‹port. *u.* span.› (Münze in Süd- u. Mittelamerika usw.)
Cen|ter ['sɛntə(r)], das; -s, - ‹amerik.› (Geschäftszentrum; Großeinkaufsanlage)
Cen|te|si|mo [tʃɛn...], der; -[s], ...mi ‹ital.› (ehem. ital. Münze)
Cen|té|si|mo [sɛn'te:...], der; -[s], -[s] ‹span.› (Münze in Chile, Panama, Uruguay)
Cen|time [sã'ti:m], der; -s [sã'ti:ms], -s [sã'ti:m(s)] ‹franz.› (belg., franz., luxemb. usw. Münze; *schweiz. veraltend neben* Rappen; *Abk.* c, ct, *im Plur.* ct[s], *schweiz. nur* Ct., *im Plur.* Cts.)
Cén|ti|mo ['sɛn...], der; -[s], -[s] ‹span.› (Münze in Spanien, Mittel- u. Südamerika)
Cen|tre Court ['sɛntə(r) 'kɔ:(r)t], der; - -s, - -s ‹engl.› (Hauptplatz großer Tennisanlagen)
Cer, das; -s ‹lat.› (chem. Element, Metall; *Zeichen* Ce)
Cer|be|rus *vgl.* Zerberus
Cer|cle ['sɛrk(ə)l], der; -s, -s ‹franz.› (*veraltet für* Empfang [bei Hofe], vornehmer Gesellschaftskreis; *österr. auch für* die ersten Reihen im Theater u. Konzertsaal); - halten; **Cer|cle|sitz** (*österr. für* Sitz im Cercle)
Ce|rea|li|en [...iən] *Plur.* (↑R 180) ‹lat.› (altröm. Fest zu Ehren der Ceres); *vgl.* aber: Zerealie
Ce|re|bel|lum *vgl.* Zerebellum; **Ce|re|brum** *vgl.* Zerebrum
Ce|res ['tse:rɛs] (röm. Göttin des Ackerbaus)
Ce|re|sin *vgl.* Zeresin
ce|rise [sə'ri:z] ‹franz.› (kirschrot); ein cerise Kleid; *vgl. auch* beige; in Cerise (↑R 65)
Cer|to|sa [tʃɛr...], die; -, ...sen ‹ital.› (Kloster der Kartäuser in Italien)
Cer|van|tes [sɛr'vantɛs, *span.* θɛr...] (span. Dichter)
Cer|ve|lat [sɛrvəla], der; -s, -s ‹franz.› (*schweiz. für* Brühwurst aus Rindfleisch mit Schwarten und Speck); *vgl.* Servela *u.* Zervelatwurst
ces, Ces, das; -, - (Tonbezeichnung); **Ces** (*Zeichen für* Ces-Dur); in Ces; **Ces-Dur** [*auch* 'tsɛs'du:r], das; - (Tonart; *Zeichen* Ces); **Ces-Dur-Ton|lei|ter** (↑R 41)
ce|te|ris pa|ri|bus ‹lat.› (unter [sonst] gleichen Umständen)
ce|te|rum cen|seo ‹lat., „übrigens meine ich"› (als Einleitung einer immer wieder vorgebrachten Forderung od. Ansicht)
Će|vap|či|ći [tʃe'vaptʃitʃi] *Plur.* ‹serbokroat.› (gegrillte Hackfleischröllchen)
Ce|ven|nen [se'vɛn...] *Plur.* (franz. Gebirge)
Cey|lon ['tsailɔn, *österr.* 'tsei...] (*früherer Name von* Sri Lanka); **Cey|lo|ne|se,** der; -n, -n (↑R 197); **cey|lo|ne|sisch; Cey|lon|tee** (↑R 149)
Cé|zanne [se'zan] (franz. Maler)
cf = cost and freight ['kɔst ənd 'fre:t] ‹engl.› (*Klausel im Überseehandel* Verladekosten und Fracht im Preis eingeschlossen)
Cf = *chem. Zeichen für* Californium
cf., conf., cfr. = confer!

C-Fal|ter ['tse:...]; ↑R 37 (ein Tagfalter)
cfr., cf., conf. = confer!
cg = Zentigramm
CGS-Sy|stem, das; -s (älteres physikal. Maßsystem, das auf den Grundeinheiten Zentimeter [C], Gramm [G] u. Sekunde [S] aufgebaut ist; *vgl.* MKS-System)
CH = Confoederatio Helvetica
Cha|blis [ʃa'bli:], der; - [ʃa'bli:(s)], - [ʃa'bli:s] ‹franz.› (franz. Weißwein)
Cha-Cha-Cha ['tʃa'tʃa'tʃa], der; -[s], -s (ein Tanz)
Chaco *vgl.* Gran Chaco
Cha|conne [ʃa'kɔn], die; -, *Plur.* -s *u.* -n [...nən] ‹franz.› *u.* **Cia|co|na** [tʃa'ko:na], die; -, -s ‹ital.› (ein Tanz; Instrumentalstück)
Cha|gall [ʃa'gal] (russ. Maler)
[1]**Cha|grin** [ʃa'grɛ̃:], der; -s ‹franz.› (*veraltet für* Gram, Kummer); [2]**Cha|grin**, das; -s, -s (Leder mit künstl. Narben); **cha|gri|nie|ren** [ʃagri...] (Leder künstlich mit Narben versehen); **Cha|grin|leder** [ʃa'grɛ̃:...]
Chai|ne ['ʃɛ:n(ə)], die; -, -n ‹franz.› (*Weberei* Kettfaden)
Chair|man ['tʃɛ:(r)mən], der; -, ...men ‹engl.› (*engl. Bez. für* Vorsitzender)
Chai|se ['ʃɛ:zə], die; -, -n ‹franz.› (*veraltet für* Stuhl, Sessel; *ugs. abwertend für* altes Auto); **Chaise|longue** [ʃɛzə'lɔŋ], die; -, *Plur.* -n [...'lɔŋən] *od.* -s, *ugs. auch* das; -s, -s (gepolsterte Liege mit Kopflehne)
Chal|däa [kal...] (*A. T.* Babylonien); **Chal|dä|er** (Angehöriger eines aramäischen Volksstammes); **chal|dä|isch**
Cha|let [ʃa'le:, *auch* ʃa'lɛ], das; -s, -s ‹franz.› (Sennhütte; Landhaus)
Chal|ki|di|ke [çal'ki:dike:], die; - (nordgriech. Halbinsel)
Chal|ko|che|mi|gra|phie [çalko...], die; - ‹griech.› (Metallgravierung); **chal|ko|gen** ‹griech.-lat., „erzbildend"› *(Chemie)*; **Chal|ko|gen**, das; -s, -e *meist Plur.* (Element einer chem. Gruppe); **Chal|ko|li|thi|kum** [*auch* ...'li...], das; -s (*Urgesch.* jungsteinzeitl. Stufe, in der schon Kupferbearbeitung bekannt war)
Chal|len|ger ['tʃɛlindʒə(r)], die; - ‹engl., „Herausforderer"› (Name einer amerik. Raumfähre)
Chal|ze|don [kal...], der; -s, -e (ein Mineral)
Cham [ka:m] (Stadt am Regen u. schweiz. Gemeinde)
Cha|ma|de [ʃa...] *vgl.* Schamade
Cha|mä|le|on [ka...], das; -s, -s ‹griech.› (eine Echse; *abwertend für* oft seine Überzeugung wechselnder Mensch); **cha|mä|le|on|ar|tig**
Cha|ma|ve [ça'ma:və], der; -n, -n; ↑R 197 (Angehöriger eines germ. Volksstammes)
Cham|ber|lain ['tʃe(:)mbə(r)lin] (engl. Familienn.)
Cham|bre sé|pa|rée [,ʃã:br(ə) sepa're:], das; - -, -s -s [,ʃã:br(ə) sepa're:] ‹franz.› (*veraltet für* kleiner Nebenraum für ungestörte Zusammenkünfte)
Cha|mis|so [ʃa...] (dt. Dichter)
cha|mois [ʃa'moa] ‹franz.› (gemsfarben, gelbbräunlich); ein chamois Hemd; *vgl. auch* beige; **Cha|mois**, das; - (chamois Farbe; weiches Gemsen-, Ziegen-, Schafleder); Stoffe in -; **Cha|mois|le|der**
Cham|pa|gne [ʃã'panjə], die; - (franz. Landschaft); **Cham|pagner** [ʃam'panjər] (ein Schaumwein); **cham|pa|gner|far|ben, cham|pa|gner|far|big; Cham|pagner|wein; Cham|pi|gnon** ['ʃampinjɔŋ], der; -s, -s (ein Edelpilz); **Cham|pi|on** ['tʃɛmpiən, *franz.* ʃã'piɔ̃:], der; -s, -s ‹engl.› (Meister in einer Sportart); **Cham|pio|nat** [ʃam...], das; -[e]s, -e ‹franz.› (Meisterschaft in einer Sportart)
Champs-Ély|sées [ʃãzeli'ze:] *Plur.* (eine Hauptstraße in Paris)
Chan [ka:n, *auch* xa:n] usw. *vgl.* Khan usw.
Chan|ce ['ʃã:s(ə), *auch* 'ʃaŋsə], die; -, -n ‹franz.› (günstige Gelegenheit; *meist Plur.:* Aussichten auf Erfolg)
Chan|cel|lor ['tʃa:nsələ(r)], der; -s, -s ‹engl.› (Bez. für den Kanzler in England)
Chan|cen|gleich|heit, die; - *(Päd., Soziol.)*
Change [tʃe:ndʒ], der; - ‹engl.› *u.* [ʃã:ʒ], die; - ‹franz.› (*engl. u. franz. Bez. für* Tausch, [Geld]wechsel); **chan|geant** [ʃã'ʒã:] ‹franz.› (in mehreren Farben schillernd [von Stoffen]); ein changeant Stoff; *vgl. auch* beige; **Chan|geant**, der; -[s], -s (schillernder Stoff; Edelstein mit schillernder Färbung); **chan|gie|ren** [ʃaŋ'ʒi:..., *auch* ʃã'ʒi:...] (schillern [von Stoffen]; *Jägerspr.* die Fährte wechseln [vom Jagdhund])
Chang|jiang, Chang Jiang [*beide* tʃaŋ'djiaŋ] *vgl.* Jangtse
Chan|son [ʃã'sɔ̃:], das; -s, -s ‹franz.› ([Kabarett]lied); **Chan|so|net|te**, *nach franz. Schreibung auch* **Chan|son|net|te** [*beide* ʃãsɔ'nɛtə], die; -, -n (Chansonsängerin; kleines Chanson); **Chan|son|nier** [ʃãsɔ'nie:], der; -s, -s (Chansonsänger, -dichter)
Cha|os ['ka:ɔs], das; - ‹griech.› (wüstes Durcheinander, Auflösung aller Ordnung); **Cha|ot** [ka'o:t], der; -en, -en (jmd., der [ohne klare politische Linie] die bestehende Gesellschaftsordnung durch Gewaltaktionen zu zerstören versucht; *ugs. für* sprunghafter Mensch, Wirrkopf); **chao|tisch** (↑R 180)
Cha|peau [ʃa'po:], der; -s, -s ‹franz.› (*veraltet, noch scherzh. für* Hut); **Cha|peau claque** [ʃapo 'klak], der; - -, -x -s [ʃapo 'klak] (Klappzylinder); **Cha|pi|teau** [ʃapi'to:], das; -, -x [...'to:] ‹lat.-franz.› (Zirkuszelt)
Chap|lin ['tʃɛp...] (engl. Filmschauspieler, Autor u. Regisseur); **Chap|li|na|de** [tʃa...], die; -, -n (komischer Vorgang [wie in Chaplins Filmen]); **chap|li|nesk**
Cha|ra|de [ʃa...] *vgl.* Scharade
Cha|rak|ter [ka...], der; -s, ...ere ‹griech.›; **Cha|rak|ter_an|la|ge, ...bild, ...bil|dung, ...dar|stel|ler, ...ei|gen|schaft, ...feh|ler; cha|rak|ter|fest**; -este; **Cha|rak|ter|fe|stig|keit**, die; -; **cha|rak|te|ri|sie|ren; Cha|rak|te|ri|sie|rung; Cha|rak|te|ri|stik**, die; -, -en (Kennzeichnung; [treffende] Schilderung); **Cha|rak|te|ri|sti|kum**, das; -s, ...ka (kennzeichnendes Merkmal); **cha|rak|te|ri|stisch**; -ste; -e Funktion *(Math.)*; **cha|rak|te|ri|sti|scher|wei|se; Cha|rak|ter_kopf, ...kun|de** (die; -; *für* Charakterologie); **cha|rak|ter|lich; cha|rak|ter|los**; -este; **Cha|rak|ter|lo|sig|keit; Cha|rak|te|ro|lo|gie**, die; - (Charakterkunde, Persönlichkeitsforschung); **cha|rak|te|ro|lo|gisch; Cha|rak|ter_rol|le, ...schwä|che, ...stär|ke** (die; -), **...stu|die; cha|rak|ter|voll; Cha|rak|ter|zug**
Char|ge ['ʃarʒə], die; -, -n ‹franz.› (Amt; Rang; *Militär* Dienstgrad; *Pharm.* eine bestimmte Serie von Arzneimitteln; *Technik* Ladung, Beschickung [von metallurgischen Öfen]; *Theater* [stark ausgeprägte] Nebenrolle); **Char|gen|num|mer** *(Pharm.)*; **char|gie|ren** [...'ʒi:...] (*Technik* beschicken; *Theater* eine Charge spielen); **Char|gier|te**, der; -n, -n; ↑R 7ff. (Mitglied des Vorstandes einer stud. Verbindung)
Cha|ris ['ça(:)...], die; -, ...iten *meist Plur.* ‹griech.› (eine der griech. Göttinnen der Anmut [Aglaia, Euphrosyne, Thalia]); **Cha|ris|ma** ['ça(:)..., *auch* ...'risma], das; -s, *Plur.* ...rismen *u.* ...rismata (besondere Ausstrahlung); **cha|ris|ma|tisch; Cha|ri|té** [ʃari'te:], die; -, -s ‹franz., „[Nächsten]liebe"› (Name von Krankenhäusern); **Cha|ri|ten**

[ça...] *vgl.* Charis; **Cha|ri|tin,** die; -, -nen ‹griech.› (*svw.* Charis)
Cha|ri|va|ri [ʃari'va:ri], das; -s, -s ‹franz.› (*veraltet für* Durcheinander; Katzenmusik; *bayr. für* [Anhänger für die] Uhrkette)
Char|kow ['çarkɔf, *auch* 'x...] (Stadt in der Ukraine)
Charles [*franz.* ʃarl, *engl.* tʃa:(r)lz] (m. Vorn.)
Charles|ton ['tʃa:(r)lst(ə)n], der; -, -s ‹engl.› (ein Tanz)
Char|ley, Char|lie [*beide* 'tʃa:(r)li] (m. Vorn.)
Char|lot|te [ʃar...] (w. Vorn.); **Char|lot|ten|burg** (Stadtteil Berlins); *vgl.* Berlin
char|mant [ʃar...]; *eindeutschend* schar|mant; -este ‹franz.›; **Charme** [ʃarm], *eindeutschend* Scharm, der; -s (bezauberndes Wesen, Liebenswürdigkeit); **Char|meur** [...'mø:r], der; -s, *Plur.* -s *od.* -e (charmanter Plauderer); **Char|meuse** [...'mø:s], die; - (maschenfeste Wirkware [aus synthet. Fasern])
Cha|ron ['ça:rɔn] (in der griech. Sage Fährmann in der Unterwelt)
Chart [tʃa(r)t], der *od.* das; -s, -s ‹engl.› (grafische Darstellung von Zahlenreihen); *vgl.* Charts
Char|ta ['karta], die; -, -s ‹lat.› ([Verfassungs]urkunde); **Char|te** ['ʃartə], die; -, -n ‹franz.› (wichtige Urkunde im Staats- u. Völkerrecht)
Char|ter ['(t)ʃa(r)...], der; -s, -s ‹engl.› (Freibrief, Urkunde; Frachtvertrag); **Char|te|rer** (Mieter eines Schiffes od. Flugzeugs); **Char|ter‿flug, ...ge|schäft, ...ge|sell|schaft, ...ma|schi|ne; char|tern** (ein Schiff od. Flugzeug mieten); ich ...ere (↑R 22); gechartert
Char|tres ['ʃartrə] (franz. Stadt)
¹Char|treu|se [ʃar'trø:zə], die; - ‹franz.› (Hauptkloster des Kartäuserordens); **²Char|treu|se** ®, der; - (Kräuterlikör der Mönche von ¹Chartreuse); **³Char|treu|se,** die; -, -n (Pudding aus Gemüse u. Fleischspeisen)
Charts [tʃa:(r)ts] *Plur.* ‹engl.› (Liste[n] der beliebtesten Schlager)
Cha|ryb|dis [ç...], die; - ‹griech.› (Meeresstrudel in der Straße von Messina); *vgl.* Szylla
Chas|sis [ʃa'si:, *auch* 'ʃasi:], das; - [...si:(s)], - [...s] ‹franz.› (Fahrgestell von Kraftfahrzeugen; Montagerahmen [eines Rundfunkgerätes])
Cha|su|ble [*franz.* ʃa'zyb(ə)l, *engl.* 'tʃɛzub(ə)l], das; -s, -s ‹franz.› (westenähnliches Überkleid)
Châ|teau [ʃa'to:], das; -s, -s ‹franz.› (*franz. Bez. für* Schloß)
Cha|teau|bri|and [ʃatobri'ã:] ‹nach dem franz. Schriftsteller u. Politiker› (gebratene, dicke Rindslendenschnitte)
Cha|tscha|tur|jan [xatʃatu'rjan] (armen. Komponist)
Chat|te [k..., *auch* ç...], der; -n, -n; ↑R 197 (Angehöriger eines westgerm. Volksstammes)
Chau|cer ['tʃɔ:sə(r)] (engl. Dichter)
Chau|deau [ʃo'do:], das; -[s], -s ‹franz.› (Weinschaumsoße)
Chauf|feur [ʃɔ'fø:r], der; -s, -e ‹franz.› (Fahrer); *vgl. auch* Schofför; **chauf|fie|ren** (*veraltend*)
Chau|ke [ç...], der; -n, -n; ↑R 197 (Angehöriger eines westgerm. Volksstammes)
Chaus|see [ʃɔ...], die; -, ...sseen ‹franz.› (*veraltend für* Landstraße); ↑R 190ff.; **Chaus|see‿baum, ...gra|ben**
Chau|vi ['ʃo:vi], der; -s, -s (*ugs. für* Mann, der sich Frauen gegenüber überlegen fühlt, der ein übertriebenes männliches Selbstwertgefühl hat); **Chau|vi|nis|mus** [ʃovi...], der; - ‹franz.› (übersteigerter Nationalismus, Patriotismus; übertriebenes männliches Selbstwertgefühl); **Chau|vi|nist,** der; -en, -en (↑R 197); **chau|vi|ni|stisch;** -ste
Chaux-de-Fonds *vgl.* La Chaux-de-Fonds
Che [tʃe:] (*volkstüml. Name von* Guevara)
Cheb [xɛp] (tschech. Stadt in Westböhmen; *vgl.* Eger)
¹Check [ʃɛk] *vgl.* ¹Scheck; **²Check** [tʃɛk], der; -s, -s ‹engl.› (*Eishokkey* Behinderung, Rempeln); **chęcken** [*Trenn.* ...k|k...] (*Eishokkey* behindern, [an]rempeln; *bes. Technik* kontrollieren; *ugs. auch für* begreifen); **Check|li|ste** (Kontrolliste); **Check|point** ['tʃɛkpɔynt], der; -s, -s (Kontrollpunkt an Grenzübergängen)
chee|rio! ['tʃi:rio] ‹engl.› (*ugs. für* auf Wiedersehen!; zum Wohl!)
Cheese|bur|ger ['tʃi:sbœ:(r)ge(r)], der; -s, - ‹engl.› (²Hamburger, der zusätzlich eine Scheibe Käse enthält)
Chef [ʃɛf, *österr.* ʃe:f], der; -s, -s ‹franz.›; **Chef|arzt; Chef de mis|sion** [ʃɛf də mi'sjɔ̃:], der; -[s] - -, -s - - ‹franz.› (Leiter einer [sportl.] Delegation); **Chef‿di|ri|gent, ...eta|ge; Chef|fin; Chef‿in|ge|nieur, ...lek|tor, ...pi|lot, ...re|dak|teur, ...se|kre|tä|rin, ...trai|ner; Chef|vi|si|te** (Visite des Chefarztes)
Chel|lé|en [ʃɛle'ɛ̃:] ‹nach der Stadt Chelles in Nordfrankreich› das; -[s] (*älter für* Abbevillien)
Che|mie [ç..., *südd., österr.* k...], die; - ‹arab.› (Lehre von den Stoffen und ihren Verbindungen); **Che|mie‿ar|bei|ter, ...fa|ser, ...in|ge|nieur, ...wer|ker; Che|mi|graph¹,** der; -en, -en (↑R 197) ‹arab.; griech.› (Hersteller von Druckplatten); **Che|mi|gra|phie¹,** die; - (fotomechan. Bildreproduktion u. Druckplattenherstellung); **Che|mi|ka|lie** [...iə], die; -, -n *meist Plur.;* **Che|mi|kant,** der; -en, -en; ↑R 197 (*regional für* Chemiefacharbeiter); **Che|mi|ker; Che|mi|ke|rin**
Che|mi|née ['ʃmine:], das; -s, -s ‹franz.› (*schweiz. für* offener Kamin in einem Wohnraum)
che|misch [ç..., *südd., österr.* k...] ‹arab.›; -e Reinigung; -es Element; -e Waffen; -e Keule (Tränengasspray); **che|misch-tech|nisch** (↑R 39)
Che|mise [ʃə'mi:z], die; -, -n [...zən] ‹franz.› (*veraltet für* Hemd); **Che|mi|sett,** das; -[e]s, *Plur.* -s *u.* -e *u.* **Che|mi|set|te,** die; -, -n (Hemdbrust; Einsatz an Damenkleidern)
che|mi|sie|ren [ç..., *südd., österr.* k...] ‹arab.; lat.› (*selten für* die Chemie in anderen Wirtschaftszweigen anwenden); **Che|mis|mus,** der; - (Gesamtheit der chem. Vorgänge, bes. beim Stoffwechsel)
Chem|nitz ['kɛm...] (Stadt in Sachsen); **Chem|nit|zer** (↑R 147)
Che|mo|keu|le [ç..., *südd., österr.* k...] ‹arab.; dt.› (chemische Keule); **che|mo|tak|tisch** ‹arab.; griech.› (*Biol.* die Chemotaxis betreffend); **Che|mo|ta|xis,** die; -, ...xen (durch chem. Reizung ausgelöste Orientierungsbewegung niederer Organismen); **Che|mo|tech|ni|ker; Che|mo|the|ra|peu|ti|kum** *meist Plur.* (*Pharm.*); **che|mo|the|ra|peu|tisch¹; Che|mo|the|ra|pie** (Heilbehandlung mit Chemotherapeutika)
...chen (z. B. Mädchen, das; -s, -)
Che|nil|le [ʃə'niljə, *auch* ʃə'ni:jə], die; -, -n ‹franz.› (Garn mit seitl. flauschig abstehenden Fasern)
Che|ops [ç..., *südd., österr.* k...] (altägypt. Herrscher); **Che|ops|py|ra|mi|de,** die; - (↑R 135)
Cher|bourg [ʃɛr'bu:r] (franz. Stadt)
cher|chez la femme! [ʃɛr'ʃe: la 'fam] ‹franz., „sucht nach der Frau!"› (hinter der Sache steckt bestimmt eine Frau)
Cher|ry Bran|dy ['tʃɛri 'brɛndi], der; - -s, - -s ‹engl.› (feiner Kirschlikör)

¹ ↑R 53

Che|rub [ç..., *auch* k...], *ökum.* Kerub, der; -s, *Plur.* -im *u.* -inen ‹hebr.› (das Paradies bewachender Engel); **che|ru|bi|nisch** (engelgleich), aber (↑R 157): der Cherubinische Wandersmann (eine Sinnspruchsammlung)

Che|rus|ker [ç...], der; -s, - (Angehöriger eines westgerm. Volksstammes)

Che|ster ['tʃɛstə(r)] (engl. Stadt); **Che|ster|field** ['tʃɛstə(r)fi:lt] (engl. Stadt); **Che|ster|kä|se** (↑R 149)

che|va|le|resk [ʃəva...]; -este ‹franz.› (ritterlich); **Che|va|lier** [ʃəva'li̯e:], der; -s, -s (franz. Adelstitel); **Che|vau|le|ger** [ʃəvole'ʒe:], der; -s, -s (*Milit. früher* leichter Reiter)

Che|vi|ot ['(t)ʃɛvi̯ɔt, *auch* 'ʃe:..., *österr.* 'ʃɛ:...], der; -s, -s ‹engl.› (ein Wollstoff)

Che|vreau [ʃə'vro:, *auch* 'ʃɛvro], das; -s, -s ‹franz.› (Ziegenleder); **Che|vreau|le|der**

Che|vron [ʃə'vrɔ̃:], der; -s, -s (Gewebe mit Fischgrätenmusterung; franz. Dienstgradabzeichen; *Heraldik* Sparren [nach unten offener Winkel])

Chew|ing-gum ['tʃu:iŋgam], der; -[s], -s ‹engl.› (Kaugummi)

Chey|enne [ʃai'ɛn], der; -, - (Angehöriger eines nordamerik. Indianerstammes)

Chi [çi:], das; -[s], -s (griech. Buchstabe: X, χ)

Chi|an|ti [k...], der; -[s], -s (ein ital. Rotwein)

Chi|as|mus [çi...], der; - ‹griech.› (*Sprachw.* Kreuzstellung von Satzgliedern, z. B.: „der Einsatz war groß, gering war der Gewinn")

Chi|as|so [k...] (schweiz. Ortsn.)

chia|stisch [çi...] ‹griech.› (*Sprachw.* in der Form des Chiasmus)

chic usw. *vgl.* schick usw. *(gebeugte Formen nur in deutscher Schreibung)*

Chi|ca|go [ʃi...] (Stadt in den USA)

Chi|chi [ʃi'ʃi:], das; -[s] ‹franz.› (Getue, Gehabe; verspielte Accessoires)

Chi|co|rée ['ʃikore:, *auch* ...'re:], der; -s, *auch* die; - ‹franz.› (ein Gemüse)

Chiem|see [ki:m...], der; -s

Chif|fon ['ʃifɔŋ, *auch* ʃi'fɔ̃:, *österr.* ʃi'fo:n], der; -s, *Plur.* -s, *österr.* -e (feines Gewebe)

Chif|fre ['ʃifrə, *auch* 'ʃifər], die; -, -n ‹franz.› (Ziffer; Geheimzeichen; Kennwort); **Chif|fre|schrift** (Geheimschrift); **chif|frie|ren** [ʃi'fri:...] (in Geheimschrift abfassen); **Chif|frier|kunst**, die; -

Chi|gnon [ʃi'njɔ̃:], der; -s, -s ‹franz.› (im Nacken getragener Haarknoten)

Chi|hua|hua [tʃi'u̯au̯a], der; -s, -s ‹span.› (eine Hunderasse)

Chi|ka|go [ʃi...] (*dt. Form von* Chicago)

Chil|bi *vgl.* Kilbi

Chi|le ['tʃi:le(:), *österr. u. schweiz. nur so, auch* 'çi:le(:)] (südamerik. Staat); **Chi|le|ne**, der; -n, -n (↑R 197); **Chi|le|nin; chi|le|nisch; Chi|le|sal|pe|ter** (↑R 149)

Chi|li ['tʃi:li], der; -s ‹span.› (ein scharfes Gewürz)

Chi|li|as|mus [ç...], der; - ‹griech.› (Lehre von der Erwartung des Tausendjährigen Reiches Christi); **Chi|li|ast**, der; -en, -en; ↑R 197 (Anhänger des Chiliasmus); **chi|li|a|stisch** (↑R 180)

Chi|mä|ra, [1]**Chi|mä|re** [*beide* ç...], die; - ‹griech.› (Ungeheuer der griech. Sage); [2]**Chi|mä|re** usw. *vgl.* Schimäre usw.; [3]**Chi|mä|re**, die, -, -n (*Biol.* auf dem Wege der Mutation od. Pfropfung entstandener Organismus)

Chim|bo|ras|so [tʃim...], der; -[s] (ein südamerik. Berg)

Chi|na [ç..., *südd., österr.* k...]; **Chi|na|kohl**, der; -[e]s

Chi|na|rin|de [ç..., *südd., österr.* k...] (eine chininhaltige Droge)

[1]**Chin|chil|la** [tʃin'tʃil(j)a], die; -, -s *od., österr. nur,* das; -s, -s ‹indian.-span.› (Nagetier); [2]**Chin|chil|la**, das; -s, -s (Kaninchenrasse; Fell von [1,2]Chinchilla)

Chi|ne|se [ç..., *südd., österr.* k...], der; -n, -n (↑R 197); **Chi|ne|sin; chi|ne|sisch**, aber (↑R 157): die Chinesische Mauer; **Chi|ne|sisch**, das; -[s] (Sprache); *vgl.* Deutsch; **Chi|ne|si|sche**, das; -n; *vgl.* Deutsche, das

Chi|nin [ç..., *südd., österr.* k...], das; -s ‹indian.› (Alkaloid der Chinarinde als Arznei gegen Fieber)

Chi|noi|se|rie [ʃino̯azə...], die; -, ...i̯en ‹franz.› (kunstgewerbl. Arbeit in chin. Stil)

Chintz [tʃ...], der; -[es], -e ‹Hindi› (bedrucktes [Baumwoll]gewebe)

Chip [tʃip], der; -s, -s ‹engl.› (Spielmarke [bei Glücksspielen]; *meist Plur.:* roh in Fett gebackene Kartoffelscheiben; *Elektronik* sehr kleines Halbleiterplättchen mit elektronischen Schaltelementen)

Chip|pen|dale ['(t)ʃipənde:l], das; -[s] ‹nach dem engl. Tischler› ([Möbel]stil); **Chip|pen|dale|stil**, der; -[e]s (↑R 135)

Chir|agra [ç..., *südd., österr.* k...], das; -s ‹griech.› (*Med.* Handgicht); **Chi|ro|mant**, der; -en, -en; ↑R 197 (Handliniendeuter); **Chi|ro|man|tie**, die; -; **Chi|ro|prak|tik**, die; - (Einrenken verschobener Wirbelkörper u. Bandscheiben mit Hilfe der Hände); **Chi|ro|prak|ti|ker; Chir|urg**, der; -en, -en; ↑R 197 (Facharzt für operative Medizin); **Chir|ur|gie**, die; -, ...i̯en; **Chir|ur|gin; chir|ur|gisch**

Chi|tin [ç..., *südd., österr.* k...], das; -s ‹semit.› (hornähnlicher Stoff im Panzer der Gliederfüßer); **chi|ti|nig; Chi|ton**, der; -s, -e (altgriech. Untergewand)

Chlad|ni|sche Klang|fi|gur [kl... -], die; -n -, -n -en (↑R 134) ‹nach dem dt. Physiker Chladni›

Chla|mys ['çla:mys, *auch* çla'mys], die; -, - ‹griech.› (altgriech. Überwurf für Reiter u. Krieger)

Ch-Laut [tse:'ha:...] (↑R 37)

Chlod|wig ['klo:t...] (fränk. König)

Chloe ['klo:e] (w. Eigenn.)

Chlor [klo:r], das; -s ‹griech.› (chem. Element; *Zeichen* Cl); **Chlo|ral**, das; -s (*Chemie* eine Chlorverbindung); **chlo|ren** (mit Chlor behandeln; *Chemie* Chlor in eine chem. Verbindung einführen); **chlor|hal|tig; Chlo|rid**, das; -[e]s, -e (*Chemie* eine Chlorverbindung); **chlo|rie|ren** (*svw.* chloren); **chlo|rig;** [1]**Chlo|rit** [*auch* ...'rit], der; -s, -e (ein Mineral); [2]**Chlo|rit** [*auch* ...'rit], das; -s, -e (*Chemie* ein Salz); **Chlor|kalk; Chlo|ro|form**, das; -s ‹griech.; lat.› (Betäubungs-, Lösungsmittel); **chlo|ro|for|mie|ren** (mit Chloroform betäuben); **Chlo|ro|phyll**, das; -s ‹griech.› (*Bot.* Blattgrün); **Chlo|ro|se**, die; -, -n (*Med.* Bleichsucht); **Chlo|rung** (Behandlung mit Chlor)

Chlot|hil|de [klo...] *vgl.* Klothilde

Cho|do|wiec|ki [kodo'vi̯ɛtski, *auch* x...] (dt. Kupferstecher)

Choke [tʃo:k], der; -s, -s ‹engl.› *u.* **Cho|ker** ['tʃo:kə(r)], der; -s, - (*Kfz-Technik* Luftklappe am Vergaser; Kaltstarthilfe)

Cho|le|ra [k...], die; - ‹griech.› (*Med.* eine Infektionskrankheit); **Cho|le|ra|epi|de|mie; Cho|le|ri|ker** (leicht erregbarer, jähzorniger Mensch); **cho|le|risch** (jähzornig; aufbrausend); **Cho|le|ste|rin**, *fachspr.* Cho|le|ste|rol [*beide* ç..., *auch* k...], das; -s (eine in tierischen Geweben vorkommende organische Verbindung; Hauptbestandteil der Gallensteine); **Cho|le|ste|rin|spie|gel; Cho|le|ste|rol** *vgl.* Cholesterin

Cho|mai|ni *vgl.* Khomeini

Cho|pin [ʃɔ'pɛ̃:] (poln. Komponist)

Chop|per [tʃɔpə(r)], der; -s, -[s] ‹engl.› (aus Teilen verschiedener Modelle gebautes Motorrad)

Chop-suey [tʃɔp'su:i], das; -[s], -s ‹chin.-engl.› (Gericht aus Fleisch- od. Fischstückchen mit Gemüse u. anderen Zutaten)
Chor [k...], der; -[e]s, Chöre ‹griech.› ([erhöhter] Kirchenraum mit [Haupt]altar; Gruppe von Sängern; Komposition für Gruppengesang); gemischter -; **Cho|ral,** der; -s, ...räle (Kirchengesang, -lied); **Cho|ral‿buch, ...vor|spiel; Chör|chen**
Chor|da [k...], die; -, ...den ‹griech.-lat.› (*Biol.* knorpeliges Gebilde als Vorstufe der Wirbelsäule); **Chor|dat,** der; -en, -en *u.* **Chor|da|te,** der; -n, -n *od.* **Chor|da|tier,** das; -[e]s, -e, *alle meist im Plur.* (*Zool.* Angehöriger eines Tierstammes, dessen Kennzeichen die Chorda ist)
Cho|rea [k...], die; - ‹griech.› (*Med.* Veitstanz); **Cho|reo|graph,** der; -en, -en; **Cho|reo|gra|phie,** die; -, ...ien (Gestaltung, Einstudierung eines Balletts); **cho|reo|gra|phie|ren;** ein Ballett -; **Cho|reo|gra|phin; Cho|reut** [ç...], der; -en, -en; ↑R 197 (altgriech. Chortänzer); **Chor‿ge|bet** [k...], **...ge|sang, ...ge|stühl, ...herr** *(kath. Kirche);* **...chö|rig** (z. B. zwei-, dreichörig)
Cho|rin [k...] (Ort u. ehem. Zisterzienserkloster bei Angermünde)
cho|risch [k...] ‹griech.›; **Cho|rist,** der; -en, -en; ↑R 197 ([Berufs]chorsänger); **Cho|ri|stin; Chor|kna|be; Chör|lein** (vieleckiger kleiner Erker an mittelalterl. Wohnbauten); **Chor‿lei|ter** (der), **...re|gent** (*südd. für* Leiter eines kath. Kirchenchors), **...sän|ger, ...sän|ge|rin; Cho|rus,** der; -, *Plur.* (*für* Themen:) -se (*veraltet für* Sängerchor; *Jazz* das mehrfach wiederholte u. improvisierte, aber in der Harmonie festliegende Thema)
Cho|se ['ʃo:zə], die; -, -n *Plur. selten* ‹franz.› (*ugs. für* Sache, Angelegenheit); *vgl.* Schose
Chow-Chow [(t)ʃau'(t)ʃau], der; -s, -s ‹chin.-engl.› (chin. Spitz)
Chre|sto|ma|thie [k...], die; -, ...ien ‹griech.› (Auswahl von Texten bekannter Autoren)
Chri|sam *vgl.* Chrisma; **Chris|ma** [ç...], das; -s *u.* Chri|sam [ç...], das *od.* der; -s ‹griech.› (Salböl der kath. Kirche)
[1]**Christ** [k...] ‹griech.› (*veraltet für* Christus); [2]**Christ,** der; -en, -en; ↑R 197 (Anhänger des Christentums); **Chri|sta** (w. Vorn.); **Christ|baum** (*landsch. für* Weihnachtsbaum); **Christ|de|mo|krat,** der; -en, -en (Anhänger einer christlich-demokratischen Partei); **Christ|de|mo|kra|tin;** **Chri|stel** (w. Vorn.); **Chri|sten|glau|be[n]; Chri|sten|heit,** die; -; **Chri|sten|leh|re,** die; - (kirchl. Unterweisung der konfirmierten ev. Jugend; *regional für* christl. Religionsunterricht); **Chri|sten|tum,** das; -s; **Chri|sten|ver|fol|gung; Christ|fest** (*veraltet für* Weihnachten); **Chri|sti|an** (m. Vorn.); **Chri|stia|ne** (w. Vorn.); **Chri|stia|nia** (*früherer Name von* Oslo; *ältere Schreibung von* [1]Kristiania); **chri|stia|ni|sie|ren; Chri|stia|ni|sie|rung; Chri|stin; Chri|sti|na, Chri|sti|ne** (w. Vorn.); **christ|ka|tho|lisch** (*schweiz. für* altkatholisch); **Christ|kind; Christ|kö|nigs|fest** *(kath. Kirche);* **christ|lich;** -e Seefahrt, aber (↑R 157): die Christlich-Demokratische Union [Deutschlands] (*Abk.* CDU), die Christlich-Soziale Union (*Abk.* CSU); **Christ|lich|keit,** die; -; **Christ‿met|te, ...mo|nat** *od.* **...mond** (*veraltet für* Dezember); **Chri|sto|lo|gie,** die; -, ...ien (*Theol.* Lehre von Christus); **chri|sto|lo|gisch; Chri|stoph** (m. Vorn.); **Chri|sto|pher** (m. Vorn.); **Chri|sto|pho|rus** [*auch* ...'tɔ...] (legendärer Märtyrer); **Christ‿ro|se, ...stol|le[n]; Chri|stus** („Gesalbter") (Jesus Christus); Christi Himmelfahrt; nach Christo *od.* nach Christus (*Abk.* n. Chr.), nach Christi Geburt (*Abk.* n. Chr. G.); vor Christo *od.* vor Christus (*Abk.* v. Chr.), vor Christi Geburt (*Abk.* v. Chr. G.); *vgl.* Jesus Christus; **Chri|stus‿dorn** (der; -s, -e; Zierpflanze), **...kopf, ...mo|no|gramm, ...or|den** (port. geistl. Ritterorden; höchster päpstl. Orden)
Chrom [k...], das; -s ‹griech.› (chem. Element, Metall; *Zeichen* Cr); **Chro|ma|tik,** die; - (*Physik* Farbenlehre; *Musik* Veränderung der Grundtöne um einen Halbton); **chro|ma|tisch** (die Chromatik betreffend; *Musik* in Halbtönen fortschreitend); -e Tonleiter; **Chro|ma|to|phor,** das; -s, -en *meist Plur.* (*Bot.* Farbstoffträger in der Pflanzenzelle; *Zool.* Farbstoffzelle bei Tieren, die den Farbwechsel der Haut ermöglicht); **Chro|ma|tron,** das; -s, *Plur.* ...one, *auch* -s (spezielle Bildröhre für das Farbfernsehen); **chrom|blit|zend; Chrom‿gelb** (eine Farbe), **...grün** (eine Farbe); **Chro|mo|lith** [*auch* ...'lit], der; *Gen.* -s *u.* -en, *Plur.* -e[n]; ↑R 197 (unglasiertes, farbig gemustertes Steinzeug); **Chro|mo|li|tho|gra|phie;** ↑R 53 (Farben[stein]druck); **Chro|mo|som,** das; -s, -en *meist Plur.* (*Biol.* in jedem Zellkern vorhandenes, das Erbgut tragendes, fadenförmiges Gebilde); **chro|mo|so|mal; Chro|mo|so|men‿satz, ...zahl; Chro|mo|sphä|re,** die; - (glühende Gasschicht um die Sonne); **Chrom|rot** (eine Farbe)
Chro|nik [k...], die; -, -en ‹griech.› (Aufzeichnung geschichtl. Ereignisse nach ihrer Zeitfolge; *im Sing. auch für* Chronika); **Chro|ni|ka** *Plur.* (Geschichtsbücher des A. T.); **chro|ni|ka|lisch; Chro|nique scan|da|leuse** [kro,nik skãda'lø:z], die; - -, -s -s [...,nik ...'lø:z] ‹franz.› (Skandalgeschichten); **chro|nisch** ‹griech.› (*Med.* langsam verlaufend, langwierig; *ugs. für* dauernd); **Chro|nist,** der; -en, -en; ↑R 197 (Verfasser einer Chronik); **Chro|ni|sten|pflicht; Chro|ni|stin; Chro|no|gra|phie,** die; -, ...ien (Geschichtsschreibung nach der zeitl. Abfolge); **chro|no|gra|phisch; Chro|no|lo|gie,** die; -, -en (*nur Sing.:* Wissenschaft von der Zeitmessung]; Zeitrechnung; zeitliche Folge); **chro|no|lo|gisch** (zeitlich geordnet); **Chro|no|me|ter,** das, *ugs. auch* der; -s, - (genau gehende Uhr); **chro|no|me|trisch**
Chru|schtschow [k...] (sowjet. Politiker)
Chrys|an|the|me [k...], die; -, -n ‹griech.› *u.* **Chrys|an|the|mum** [*auch* ç...], das; -s, -[s] (Zierpflanze mit großen strahligen Blüten)
Chry|so|be|ryll [ç...] ‹griech.› (ein Schmuckstein); **Chry|so|lith** [*auch* ...'lit], der; *Gen.* -s *u.* -en, *Plur.* -e[n]; ↑R 197 (ein Mineral); **Chry|so|pras,** der; -es, -e (ein Schmuckstein)
Chry|so|sto|mus [ç...] (griech. Kirchenlehrer)
chtho|nisch [ç...] ‹griech.› (der Erde angehörend; unterirdisch)
Chur [ku:r] (Hptst. des Kantons Graubünden)
Chur|chill ['tʃœ:(r)tʃil] (engl. Familienn.)
Chur|fir|sten ['ku:r...] *Plur.* (schweiz. Bergkette)
Chut|ney ['tʃatni], das; -[s], -s ‹Hindi-engl.› (Paste aus Früchten und Gewürzen)
Chuz|pe [x...], die; - ‹hebr.-jidd.› (*ugs. abwertend für* Dreistigkeit, Unverschämtheit)
Chy|mo|sin [ç...], das; -s ‹griech.› (*Biol.* Labferment); **Chy|mus,** der; - (*Med.* Speisebrei)
Ci = Curie
CIA ['si:ai:'e:] = Central Intelligence Agency ['sɛntrəl in'tɛlidʒ(ə)ns 'e:dʒ(ə)nsi], die *od.* der; - (US-amerik. Geheimdienst)
Cia|co|na *vgl.* Chaconne

ciao! [tʃau] ‹ital.› (*ugs.* [Abschieds]gruß); *vgl.* tschau
[1]**Ci|ce|ro** [tsi(:)tsəro] (röm. Redner); [2]**Ci|ce|ro,** die, *schweiz.* der; - (ein Schriftgrad); 3 -; **Ci|ce|ro|ne** [tʃitʃe...], der; -[s], *Plur.* -s *u.* ...ni ‹ital.› (*scherzh. für* geschwätziger Fremdenführer); **Ci|ce|ro|nia|ner** [tsitsə...] (↑R 180) ‹lat.› (Anhänger der mustergültigen Schreibweise Ciceros); **ci|ce|ro|nia|nisch** (↑R 180), **ci|ce|ro|nisch** (nach der Art des Cicero; mustergültig, stilistisch vollkommen); ciceronianische Beredsamkeit, aber (↑R 134): Ciceronianische *bzw.* Ciceronische Schriften
Ci|cis|beo [tʃitʃis...], der; -[s], -s ‹ital.› (Hausfreund)
Cid [sit], der; -[s] ‹„Herr"› (span. Nationalheld)
Ci|dre ['si:dr(ə), *auch* 'si:dər], Zider, der; -s ‹franz.› (franz. Apfelwein)
Cie. (*schweiz., sonst veraltet für* Co.)
cif [(t)sif] = cost, insurance, freight [kɔst, in'ʃu:r(ə)ns, fre:t] ‹engl.› (*Klausel im Überseehandel* frei von Kosten für Verladung, Versicherung, Fracht)
Ci|li [ts...] (w. Vorn.)
Cin|cin|na|ti [sinsi'nɛti] (Stadt in den USA)
Cin|cin|na|tus [tsintsi...] (röm. Staatsmann)
Ci|ne|ast [s...], der; -en, -en (↑R 197) ‹griech.› (Filmfachmann; Filmfan); **ci|nea|stisch**
Ci|ne|cit|tà [tʃinetʃit'ta] ‹ital.› (ital. Filmproduktionszentrum bei Rom)
Ci|ne|ma|scope ⓦ [sinəma'sko:p], das; - ‹engl.› (besonderes Breitwand- u. Raumtonverfahren beim Film); **Ci|ne|ma|thek** [s...], die; -, -en ‹griech.› (*svw.* Kinemathek); **Ci|ne|ra|ma** ⓦ, das; - (besonderes Breitwand- u. Raumtonverfahren)
Cin|que|cen|tist [tʃiŋkvetʃɛn..], der; -en, -en (↑R 197) ‹ital.› (Dichter, Künstler des Cinquecentos); **Cin|que|cen|to,** das; -[s] (Kunst u. Kultur in Italien im 16. Jh.)
CIO ['si:ai'o:] = Congress of Industrial Organizations ['kɔŋgrɛs əv in'dastriəl ɔ:(r)gənai'ze:ʃ(ə)nz] (Spitzenverband der amerik. Gewerkschaften)
CIP [tsip] = cataloguing in publishing ['kɛtəlɔgiŋ in 'pabliʃiŋ] (Neuerscheinungs-Sofortdienst der Deutschen Bibliothek)
Ci|pol|lin, Ci|pol|li|no [*beide* tʃ...], der; -s ‹ital.› (Zwiebelmarmor)
cir|ca (*svw.* zirka; *Abk.* ca.)
Cir|ce [tsirtsə], die; -, -n (verführerische Frau; *nur Sing.:* eine Zauberin der griech. Mythologie); *vgl.* becircen
Cir|cu|lus vi|tio|sus [ts... v...], der; - -, ...li ...si; ↑R 180 (Zirkelschluß; Teufelskreis); **Cir|cus** *vgl.* Zirkus
[1]**cis, Cis** das; -, - (Tonbezeichnung); [2]**cis** (*Zeichen für* cis-Moll); in cis; **Cis** (*Zeichen für* Cis-Dur); in Cis; **Cis-Dur** [*auch* 'tsis'du:r], das; - (Tonart; *Zeichen* Cis); **Cis-Dur-Ton|lei|ter** (↑R 41)
Cis|la|weng *vgl.* Zislaweng
cis-Moll [*auch* 'tsis'mɔl], das; - (Tonart; *Zeichen* cis); **cis-Moll-Ton|lei|ter** (↑R 41)
ci|tis|si|me [ts...] ‹lat.› (*veraltet für* sehr eilig)
ci|to [ts...] ‹lat.› (*veraltet für* eilig)
Ci|toy|en [sitoa'jɛ̃:], der; -s, -s ‹franz.› (*franz. Bez. für* Bürger)
Ci|trat, Ci|trin *vgl.* Zitrat, Zitrin
Ci|ty ['siti], die; -, -s ‹engl.› (Geschäftsviertel in Großstädten; Innenstadt)
Ci|vet [si've:, *auch* si'vɛ], das; -s, -s ‹franz.› (Ragout von Hasen u. anderem Wild)
Ci|vi|tas Dei [ts... -], die; - - ‹lat.› (der kommende [jenseitige] Gottesstaat [nach Augustinus])
cl = Zentiliter
Cl = *chem. Zeichen für* Chlor
c. l. = citato loco [ts... 'lo:ko] ‹lat.› (am angeführten Ort)
Claim [kle:m], das; -[s], -s ‹engl.› (Anspruch, Besitztitel; Anteil an einem Goldgräberunternehmen)
Clair-ob|scur [klɛ:rɔp'sky:r], das; -s ‹franz.› (Helldunkelmalerei)
Clair|vaux [klɛr'vo:] (ehemalige franz. Abtei)
Clan [kla:n, *engl.* klɛn], der; -s, *Plur.* -e, *bei engl. Ausspr.* -s ‹engl.› ([schott.] Lehns-, Stammesverband; Gruppe von Personen, die jmd. um sich schart)
Claque [klak], die; - ‹franz.› (eine bestellte Gruppe von Claqueuren); **Cla|queur** [kla'kø:r], der; -s, -e (bezahlter Beifallklatscher)
Clau|del [klo'dɛl] (franz. Schriftsteller)
Clau|dia, Clau|di|ne (w. Vorname); **Clau|dio** (m. Vorn.); **Clau|di|us** (röm. Kaiser)
Claus *vgl.* Klaus
Clau|se|witz (preuß. General)
Claus|thal-Zel|ler|feld (Stadt im Harz)
Cla|vi|cem|ba|lo [klavi'tʃɛm...], das; -s, *Plur.* -s *u.* ...li ‹ital.› (*älter für* Cembalo; *vgl.* Klavizimbel); **Cla|vi|cu|la** *vgl.* Klavikula
clean [kli:n] ‹engl., „sauber"› (*ugs. für* nicht mehr [drogen]süchtig)
Clea|ring ['kli:riŋ], das; -s, -s ‹engl.› (*Wirtsch.* Verrechnung[sverfahren]); **Clea|ring|ver|kehr,** der; -[e]s
Cle|ma|tis *vgl.* Klematis
Cle|mens (m. Vorn.); **Cle|men|tia** (w. Vorn.); [1]**Cle|men|ti|ne** (w. Vorn.)
[2]**Cle|men|ti|ne** *vgl.* [2]Klementine
Clerk [kla:(r)k], der; -s, -s ‹engl.› (kaufmänn. Angestellter, Verwaltungsbeamter in England u. in den USA)
cle|ver ['klɛvə(r)] ‹engl.› (klug, gewitzt); **Cle|ver|neß,** die; -
Cli|ché *vgl.* Klischee
Clinch [klin(t)ʃ], der; -[e]s ‹engl.› (Umklammerung des Gegners im Boxkampf); **clin|chen** (*Boxen*)
Clip *vgl.* Klipp, Klips, Videoclip
Clip|per ⓦ ‹engl.› (amerik. Langstreckenflugzeug); *vgl.* aber: Klipper
Cli|que ['kli(:)ke], die; -, -n (Freundeskreis [junger Leute]; Klüngel); **Cli|quen‿we|sen** (das; -s), **...wirt|schaft** (die; -)
Cli|via [...via], die; -, ...ien [...iən] ‹nach Lady Clive [klaiv]› (eine Zierpflanze); *vgl. auch* Klivie
Clo|chard [klɔ'ʃa:r], der; -[s], -s ‹franz.› (franz. Bez. für Stadt- od. Landstreicher)
Clog, der; -s, -s *meist Plur.* ‹engl.› (mod. Holzpantoffel)
Cloi|son|né [kloazɔ'ne:], das; -s, -s ‹franz.› (Art der Emailmalerei)
Clo|qué [klɔ'ke:], der; -[s], -s ‹franz.› (Krepp mit blasiger Oberfläche)
Cloth [klɔθ], der *od.* das; - ‹engl.› (glänzendes Baumwollgewebe)
Clou [klu:], der; -s, -s ‹franz.› (Glanzpunkt; Zugstück)
Clown [klaun], der; -s, -s ‹engl.› (Spaßmacher); **Clow|ne|rie,** die; -, ...ien (Betragen nach Art eines Clowns); **clow|nesk** (nach Art eines Clowns); **Clow|nin**
Club *vgl.* Klub
Clu|ny [kly'ni:] (franz. Stadt; Abtei)
Clu|ster ['klastə(r)], der; -s, - ‹engl.› (*Chemie, Physik* aus vielen Teilen od. Molekülen zusammengesetztes System; *Musik* Klangballung; *Sprachw.* ungeordnete Menge semantischer Merkmale eines Begriffs)
cm = Zentimeter
Cm = *chem. Zeichen für* Curium
cm² = Quadratzentimeter
cm³ = Kubikzentimeter
cmm (*früher für* mm³) = Kubikmillimeter
c-Moll ['tse:mɔl, *auch* 'tse:'mɔl], das; - (Tonart; *Zeichen* c); **c-Moll-Ton|lei|ter** (↑R 41)
cm/s, *früher auch* **cm/sec** = Zentimeter in der Sekunde
c/o = care of

[1]Co = Cobaltum (*chem. Zeichen für* Kobalt)
[2]Co, Co. = Compagnie, Kompanie (↑R 2); *vgl.* Komp. *u.* Cie.
Coach [ko:tʃ], der; -[s], -s ‹engl.› (Sportlehrer; Trainer u. Betreuer eines Sportlers, einer Mannschaft); **coa|chen** ['ko:tʃən] (trainieren, betreuen)
Coat [ko:t], der; -[s], -s ‹engl.› (dreiviertellanger Mantel)
Co|balt *vgl.* Kobalt; **Co|bal|tum,** das; -[s] (*lat. Bez. für* Kobalt; *Zeichen* Co)
Cob|bler, der; -s, -s ‹engl.› (Cocktail mit Fruchtsaft)
COBOL, das; -[s] ‹engl.› (*Kunstwort aus* common business oriented language ['kɔmən 'biznis 'ɔ:riɛntid 'lɛŋgwidʒ]; eine Programmiersprache)
Co|burg (Stadt in Oberfranken); die Veste Coburg
[1]Co|ca *vgl.* Koka; **[2]Co|ca,** das; -[s], -s *od.* die; -, -s (*ugs. kurz für* Coca-Cola); **Co|ca-Co|la** Ⓦ [koka'ko:la], das; -[s] *od.* die; - (Erfrischungsgetränk); 5 [Flaschen] -; **Co|ca|in** *vgl.* Kokain
Co|chem (Stadt a. d. Mosel)
Co|che|nil|le [kɔʃə'niljə] *vgl.* Koschenille
Co|chon|ne|rie [kɔʃɔnə'ri:], die; -, ...ien ‹franz.› (*veraltet für* Schweinerei)
Cocker|spa|ni|el, der; -s, -s [*Trenn.* Cok|ker...] ‹engl.› (engl. Jagdhundeart)
Cock|ney ['kɔkni], das; -[s] ‹engl.› (Londoner Mundart)
Cock|pit, das; -s, -s ‹engl.› (Pilotenkabine in [Düsen]flugzeugen; Fahrersitz in einem Rennwagen; vertiefter Sitzraum für die Besatzung von Jachten u. ä.)
Cock|tail [...te:l], der; -s, -s ‹engl.› (alkohol. Mischgetränk); **Cock|tail‿kleid, ...par|ty, ...schür|ze**
Coc|teau [kɔk'to:] (franz. Dichter)
Co|da *vgl.* Koda
Code *vgl.* Kode; **Code ci|vil** [ko:d si'vil], der; - - (bürgerliches Gesetzbuch in Frankreich)
Co|de|in *vgl.* Kodein
Code Na|po|lé|on [ko:d napɔle'õ:], der; - - (Bez. des Code civil im 1. u. 2. franz. Kaiserreich); **Co|dex** usw. *vgl.* Kodex usw.; **co|die|ren, Co|die|rung** *vgl.* kodieren, Kodierung
Coes|feld ['ko:s...] (Stadt in Nordrhein-Westfalen)
Cœur [kø:r], das; -[s], -[s] ‹franz.› (Herz im Kartenspiel); **Cœur|as** ['kø:ras, *auch* 'kø:r'as], das; ...asses, ...asse
Cof|fe|in *vgl.* Koffein
co|gi|to, er|go sum ‹lat., „ich denke, also bin ich"› (Grundsatz des franz. Philosophen Descartes)
co|gnac ['kɔnjak] (goldbraun); ein cognac Hemd; *vgl. auch* beige; in Cognac (↑R 65); **[1]Co|gnac** [kɔn'jak] (franz. Stadt); **[2]Co|gnac** Ⓦ ['kɔnjak], der; -s, -s (franz. Weinbrand); *vgl.* a b e r : Kognak; **co|gnac|far|ben**
Coif|feur [koa'fø:r], der; -s, -e (*schweiz., sonst geh. für* Friseur); **Coif|feu|se** [koa'fø:zə], die; -, -n; **Coif|fure** [koa'fy:r], die; -, -n (*franz. Bez. für* Frisierkunst; *schweiz. auch für* Coiffeursalon)
Co|ir, das; -[s] *od.* die; - ‹engl.› (Faser der Kokosnuß)
Co|itus usw. *vgl.* Koitus usw.
Coke Ⓦ [ko:k], das; -[s], -s ‹amerik.› (*Kurzw. für* Coca-Cola)
col. = columna (Spalte)
Col., Colo. = Colorado
Co|la, das; -[s], -s *od.* die; -, -s (*ugs. kurz für* Coca-Cola)
Co|la|ni *vgl.* Kolani
Cold Cream ['ko:ld 'kri:m], die; - -, - -s ‹engl.› (kühlende Hautcreme)
Co|leo|pter, der; -s, - ‹griech.› (senkrecht startendes Ringflügelflugzeug)
Cö|le|stin *vgl.* [2]Zölestin; **Cö|le|sti|ne** *vgl.* Zölestine; **Cö|le|sti|nus** *vgl.* Zölestinus
Co|li|gny [kɔlin'ji:] (franz. Hugenottenführer)
Col|la|ge [kɔ'la:ʒə, *österr.* kɔ'la:ʒ], die; -, -n [...'la:ʒ(ə)n] ‹franz.› (*Kunst* aus Papier od. anderem Material geklebtes Bild; *auch für* literar. od. musikal. Komposition aus verschiedenen sprachl. bzw. musikal. Materialien); **col|la|gie|ren** [kɔla'ʒi:...] (aus verschiedenen Materialien zusammensetzen)
Col|lege ['kɔlitʃ, *auch* 'kɔlidʒ], das; -[s], -s ‹engl.› (höhere Schule in England; Eingangsstufe der Universität in den USA); **Col|lège** [kɔ'lɛ:ʒ], das; -[s], -s ‹franz.› (höhere Schule in Frankreich, Belgien u. in der Westschweiz); **Col|le|gi|um mu|si|cum,** das; - -, ...gia ...ca ‹lat.› (freie Vereinigung von Musizierenden, bes. an Universitäten)
Col|li|co Ⓦ, der; -s, -s (zusammenlegbare, bahneigene Transportkiste); **Col|li|co-Ki|ste**
Col|lie, der; -s, -s ‹engl.› (schott. Schäferhund)
Col|lier *vgl.* Kollier
Col|mar (Stadt im Elsaß); **Col|ma|rer** (↑R 147); **col|ma|risch**
Colo., Col. = Colorado
Co|lom|bo (Hptst. von Sri Lanka)
Co|lón [ko'lɔn], der; -[s], -[s] (Münzeinheit von Costa Rica [= 100 Céntimos] u. El Salvador [= 100 Centavos])
Co|lo|nel [*franz.* kɔlɔ'nɛl, *engl.* 'kœ:(r)n(ə)l], der; -s, -s ‹franz. (-engl.)› (*franz. u. engl. Bez. für* Oberst)
Co|lo|nia|kü|bel, Ko|lo|nia|kü|bel (*ostösterr. für* Mülltonne)
Co|lor... ['kɔlɔr..., *auch* kɔ'lo:r...] ‹lat.› (*in Zus.* = Farb..., z. B. Colorfilm, Colornegativfilm)
Co|lo|ra|do (Staat in den USA; *Abk.* Col., Colo.); **Co|lo|ra|do|kä|fer** *vgl.* Koloradokäfer
Colt Ⓦ, der; -s, -s ‹nach dem amerik. Erfinder› (Revolver); **Colt|ta|sche**
Co|lum|bia *vgl.* D. C.
Com|bine *vgl.* Kombine
Com|bo, die; -, -s (kleines Jazz- od. Tanzmusikensemble)
Come|back [kam'bɛk], das; -[s], -s ‹engl.› (erfolgreiches Wiederauftreten eines bekannten Künstlers, Sportlers, Politikers nach längerer Pause)
COMECON, Co|me|con = Council for Mutual Economic Assistance/Aid ['kaunsil fɔ:(r) 'mju:tjuəl ikə'nɔmik ə'sistəns/e:d], der *od.* das; - (*engl. Bez. für* RGW; *vgl. d.*)
Co|me|ni|us (tschech. Theologe u. Pädagoge)
Co|mer See, der; - -s (in Italien)
Co|me|sti|bles [komɛsti:b(ə)l] *Plur.* ‹franz.› (*schweiz. für* Feinkost, Delikatessen)
Co|mic ['kɔmik], der; -s, -s ‹amerik.› (*kurz für* Comic strip); **Co|mic‿heft, ...held, ...hel|din; Comic strip** ['kɔmik 'strip], der; - -s, - -s (Bildgeschichte [mit Sprechblasentext])
Co|ming-out [kamiŋ'aut], das; -[s], -s ‹engl.› (öffentliches Sichbekennen zu seiner Homosexualität; das Öffentlichmachen von etwas [als bewußtes Handeln])
Com|me|dia dell'ar|te, die; - - ‹ital.› (volkstümliche ital. Stegreifkomödie des 16. bis 18. Jh.s)
comme il faut [kɔm il 'fo:] ‹franz.› (wie sich's gehört, musterhaft, vorbildlich)
Com|mis voya|geur [kɔ,mi voaja'ʒø:r], der; - -, - -s [- ...'ʒø:r] ‹franz.› (*veraltet für* Handlungsreisender)
Com|mon sense ['kɔmən 'sɛns], der; - - ‹engl.› (gesunder Menschenverstand)
Com|mon|wealth ['kɔmənwɛlθ], das; - ‹engl.› (*kurz für* British Commonwealth of Nations ['britiʃ - ɔv 'ne:ʃ(ə)nz]; Gemeinschaft der Staaten des ehemaligen brit. Weltreichs)
Com|mu|ni|qué *vgl.* Kommuniqué
Com|pact Disc [engl. kəm'pɛkt 'disk], die; - -, - -s ‹engl.› (*Abk.* CD); *vgl.* CD-Platte
Com|pa|gnie [kɔmpa'ni:] *vgl.* Kompanie

Com|pi|ler [kɔm'pailə(r)], der; -s, - ‹engl.› (*EDV* Programm zur Übersetzung einer Programmiersprache in eine andere)
Com|po|sé [kõpo'se:], das; -[s], -s ‹lat.-franz.› (mehrere farblich u. im Muster aufeinander abgestimmte Stoffe)
Com|po|ser [kɔm'po:zə(r)], der; -s, - ‹engl.› (*Druckw.* halbautomat. Schreibsatzmaschine)
Com|pound|ma|schi|ne [kɔm'paunt...] ‹engl.; franz.› (Verbunddampfmaschine; *Elektrotechnik* Gleichstrommaschine)
Com|pret|te ®, die; -, -n *meist Plur.* (ein Arzneimittel)
Com|pu|ter [...'pju:...], der; -s, - ‹engl.› (programmgesteuerte, elektron. Rechenanlage; Rechner); **Com|pu|ter‿bild, ...dia|gno|stik, ...ge|ne|ra|ti|on; com|pu|ter‿ge|steu|ert, ...ge|stützt; com|pu|te|ri|sie|ren** (dem Computer eingeben); **Com|pu|ter|kri|mi|na|li|tät; com|pu|tern** (mit dem Computer arbeiten, umgehen); **Com|pu|ter‿spiel, ...spra|che, ...to|mo|gra|phie** (die; -, -n; *Med.; Abk.* CT), **...vi|rus**
Co|na|kry [kɔna'kri, *auch* ko'na:kri] (Hptst. von [1]Guinea)
con|axi|al *vgl.* koaxial
con brio ‹ital.› (*Musik* lebhaft, feurig)
Con|cept-art ['kɔnsɛpt..., *auch* kɔn'sɛpt...], die; - ‹engl.› (moderne Kunstrichtung)
Con|cha *vgl.* Koncha
Con|cierge [kõ'siɛrʃ, *auch* kõ'siɛrʒ], der *u.* die; -, -s ‹franz.› (*franz. Bez. für* Pförtner[in])
Con|corde [kõ'kɔrd], die; -, -s [kõ'kɔrd] (brit.-franz. Überschallverkehrsflugzeug)
Con|di|tio si|ne qua non, die; - - - - ‹lat.› (unerläßliche Bedingung)
conf., cf., cfr. = confer!
con|fer! ‹lat.› (vergleiche!; *Abk.* cf., cfr., conf.)
Con|fé|rence [kõfe'rã:s], die; -, -n [...sən] ‹franz.› (Ansage); **Con|fé|ren|cier** [kɔnferaŋ'sie:, *auch* kõferã'sie:], der; -s, -s (Sprecher, Ansager); **con|fe|rie|ren** [kɔnfe'ri:...] (*bes. österr. für* als Conférencier sprechen); *vgl.* konferieren
Con|fi|se|rie *vgl.* Konfiserie
Con|foe|de|ra|tio Hel|ve|ti|ca [...fø... ...v...], die; - - ‹lat.› (Schweizerische Eidgenossenschaft; *Abk.* CH)
Conn. = Connecticut; **Con|nec|ti|cut** [kə'nɛtikət] (Staat in den USA; *Abk.* Conn.)
Con|se|cu|tio tem|po|rum, die; - - ‹lat.› (*Sprachw.* Zeitenfolge in einem zusammengesetzten Satz)
Con|si|li|um ab|eun|di, das; - - (↑R 180) ‹lat.› (*veraltend für* Aufforderung, eine höhere Schule od. Hochschule zu verlassen)
Con|som|mé [kõsɔ'me:], die; -, -s *od.* das; -s, -s (Fleischbrühe)
con sor|di|no ‹ital.› (*Musik* mit Dämpfer, gedämpft)
Con|stan|tin *vgl.* Konstantin
Con|stan|ze *vgl.* Konstanze
Con|sti|tu|ante [kõstity'ã:t], die; -, -s [...ty'ã:t] *u.* **Con|sti|tu|an|te,** die; -, -n ‹franz.› (grundlegende verfassunggebende [Nationalversammlung, bes. die der Franz. Revolution von 1789)
Con|ta|do|ra-Grup|pe, die; - ‹nach einer Insel vor der Küste Panamas› (von Kolumbien, Mexiko, Panama und Venezuela 1983 gebildete Vereinigung, die sich um eine friedliche Lösung der Konflikte in Mittelamerika bemüht)
Con|tai|ner [kɔn'te:nə(r)], der; -s, - ‹engl.› ([genormter] Großbehälter); **Con|tai|ner‿bahn|hof, ...ha|fen, ...schiff, ...ver|kehr**
Con|te|nance [kõtə'nã:s], die; - ‹franz.› (*veraltend für* Haltung, Fassung)
Con|ti|nuo, der; -s, -s ‹ital.› (Generalbaß)
con|tra (*lat. Schreibung von* kontra)
con|tre..., Con|tre... ['kõ:trə...] *vgl.* konter..., Konter...
Con|trol|ler [kɔn'trɔlər, *auch* kən'tro:lə(r)], der; -s, - ‹engl.› (*Wirtsch.* Fachmann für Kostenrechnung u. -planung in einem Betrieb); **Con|trol|ling** [kɔn'tro:liŋ], das; -s ‹engl.› (von der Unternehmensführung ausgeübte Steuerungsfunktion)
Con|vent *vgl.* Konvent
Con|vey|er [kɔn've:ə(r)], der; -s, - ‹engl.› (Becherwerk, Förderband)
Cook [kuk] (brit. Entdecker)
cool [ku:l] ‹engl.-amerik.› (*ugs. für* ruhig, überlegen, kaltschnäuzig); **Cool Jazz** [- 'dʒɛs], der; - - (Jazzstil der 50er Jahre)
Cop, der; -s, -s ‹amerik.› (*amerik. ugs. Bez. für* Polizist)
Co|pi|lot *vgl.* Kopilot
Co|py|right ['kɔpirait], das; -s, -s ‹engl.› (Urheberrecht; *Zeichen* ©)
Co|ra (w. Vorn.)
co|ram pu|bli|co ‹lat.› (vor aller Welt; öffentlich); etwas - - aussprechen
Cord, Kord, der; -[e]s, *Plur.* -e *u.* -s ‹engl.› (geripptes Gewebe); **Cord|an|zug,** Kord|an|zug
Cor|de|lia, Cor|de|lie [...iə] (w. Vorn.)
Cord|ho|se, Kord|ho|se
[1]Cór|do|ba ['kɔr...] (span. Stadt); **[2]Cór|do|ba,** der; -[s], -[s] ‹nach dem span. Forscher› (Währungseinheit in Nicaragua [= 100 Centavos])
Cor|don bleu [kɔrdõ 'blø:], das; - -, -s -s [kɔrdõ 'blø:] ‹franz.› (mit Käse u. gekochtem Schinken gefülltes [Kalbs]schnitzel)
Cord|samt, Kord|samt
Cor|du|la (w. Vorn.)
Core [kɔ:(r)], das; -[s], -s ‹engl.› (*Kernphysik* wichtigster Teil eines Kernreaktors)
Co|rel|li (ital. Komponist)
Co|rin|na (w. Vorn.)
Co|rinth, Lovis ['lo:vis] (dt. Maler)
Cor|nea, die; -, ...neae [...neɛ:] ‹lat.› (*Med.* Hornhaut des Auges)
Cor|ned beef ['kɔrnət, *auch* 'kɔ:(r)nt 'bi:f], das; - - (gepökeltes [Büchsen]rindfleisch); **Cor|ned-beef|büch|se**
Cor|neille [kɔr'nɛ:j] (franz. Dramatiker)
Cor|ne|lia, Cor|ne|lie [...iə] (w. Vorn.); **Cor|ne|li|us** (m. Vorn.)
Cor|ner ['kɔ:(r)nə(r)], der; -s, - ‹engl.› (*Börse* planmäßig herbeigeführter Kursanstieg; *Boxen* Ringecke; *österr. u. schweiz. für* Eckball beim Fußballspiel)
Corn-flakes, Corn|flakes ['kɔrnfle:ks, *auch* 'kɔ:(r)n...] *Plur.* ‹engl.› (geröstete Maisflocken)
Cor|ni|chon [kɔrni'ʃõ:], das; -s, -s (kleine Pfeffergurke)
Corn|wall ['kɔ:(r)nwəl] (Grafschaft in Südwestengland)
Co|ro|na (w. Vorn.); *vgl. auch* [2]Korona; **Co|ro|ner** ['kɔrənə(r)], der; -s, -s ‹engl.› (Beamter in England u. in den USA, der ungeklärte Todesfälle untersucht)
Cor|po|ra (*Plur. von* Corpus)
Corps *vgl.* Korps; **Corps con|su|laire** [kɔ:r kõsy'lɛ:r], das; - -, - -s (Konsularisches Korps; *Abk.* CC); **Corps de bal|let** [kɔ:r də ba'lɛ], das; - - -, - - - (Ballettgruppe, -korps); **Corps di|plo|ma|tique** [kɔ:r diploma'tik], das; - -, - -s (Diplomatisches Korps; *Abk.* CD); **Cor|pus,** das; -, ...pora ‹lat.› *vgl.* [2]Korpus; **Cor|pus de|lic|ti,** das; - -, ...pora - ‹lat.› (Gegenstand od. Werkzeug eines Verbrechens; Beweisstück); **Cor|pus ju|ris,** das; - - (Gesetzbuch, -sammlung)
Cor|reg|gio [kɔ'rɛdʒo] (ital. Maler)
Cor|ri|da [de to|ros], die; - [- -], -s [- -] ‹span.› (*span. Bez. für* Stierkampf)
cor|ri|ger la for|tune [kɔri,ʒe: la fɔr'ty:n] ‹franz.› (dem Glück nachhelfen; falschspielen)
Cor|so *vgl.* Korso
Cor|tes *Plur.* ‹span.› (Volksvertretung in Spanien)

Cor|tez, *span.* Cortés ['kɔrtɛs, *span.* kɔr'tes] (span. Eroberer)
Cor|ti|na d'Am|pez|zo (Kurort in den Dolomiten)
Cor|ti|sche Or|gan, das; -n -s, -n -e ‹nach dem ital. Arzt Corti› (*Med.* Teil des inneren Ohres)
Cor|ti|son *vgl.* Kortison
Cor|vey ['kɔrvai] (ehem. Benediktinerabtei bei Höxter)
cos = Kosinus
Co|sa No|stra, die; - - ‹ital., „unsere Sache"› (amerik. Verbrechersyndikat)
cosec = Kosekans
Co|sì fan tut|te [kɔ'si(:) - -] ‹ital., „so machen's alle [Frauen]"› (Titel einer Oper von Mozart)
Co|si|ma (w. Vorn.); **Co|si|mo** (m. Vorn.)
Co|sta Bra|va [- ...va], die; - - (Küstengebiet in Nordostspanien)
Co|sta Ri|ca (Staat in Mittelamerika); **Co|sta|ri|ca|ner; co|sta|ri|ca|nisch**
Cos|wig (dt. Ortsn.)
cot, cotg, ctg = Kotangens
Côte d'Azur [kot da'zy:r], die; - - (franz. Riviera); **Côte d'Or** [kot 'dɔ:r], die; - - (franz. Landschaft)
CO-Test ‹*zu* CO = Kohlenmonoxyd› (Messung des Kohlenmonoxydgehalts in Abgasen)
cotg, cot, ctg = Kotangens
Co|to|nou [kɔtɔ'nu:] (Regierungssitz von Benin)
Cot|tage ['kɔtitʃ, *auch* 'kɔtidʒ], das; -, -s ‹engl.› (*engl. Bez. für* Landhaus)
Cott|bus (Stadt an der Spree); **Cott|bus|ser,** *auch* **Cott|bu|ser** (↑R 147)
Cot|ti|sche Al|pen *Plur.;* ↑R 146 (Teil der Westalpen)
Cot|ton ['kɔt(ə)n], der *od.* das; -s ‹engl.› (*engl. Bez. für* Baumwolle, Kattun); *vgl.* Koton usw.
Cot|ton|ma|schi|ne ['kɔt(ə)n...] ‹nach dem Erfinder› (Wirkmaschine zur Herstellung von Damenstrümpfen)
Cot|ton|öl ['kɔt(ə)n...], das; -s (Öl aus Baumwollsamen)
Cou|ber|tin [kubɛr'tɛ̃:] (Initiator der Olympischen Spiele der Neuzeit)
Couch [kautʃ], die; -, *Plur.* -s, *auch* -en, *schweiz. auch* der; -s, -[e]s ‹engl.› (Liegesofa); **Couch|gar|ni|tur, ...tisch**
Cou|den|ho|ve-Ka|ler|gi [kud(ə)n-'ho:vəka'lɛrgi] (Gründer der Paneuropa-Bewegung)
Coué|is|mus [kue'is...], der; - ‹nach dem Franzosen Coué› (ein Heilverfahren)
Cou|leur [ku'lø:r], die; -, -s ‹franz.› (*nur Sing.:* bestimmte [Eigen]art, Prägung; Trumpf [im Kartenspiel]; *Studentenspr.* Band u. Mütze einer Verbindung)
Cou|loir [ku'loa:r], der *od.* das; -s, -s ‹franz.› (*Alpinistik* Schlucht, schluchtartige Rinne; *Reiten* ovaler Sprunggarten für Pferde)
Cou|lomb [ku'lɔ̃:, *auch* ku'lɔmp], das; -s, - ‹nach dem franz. Physiker› (Maßeinheit für die Elektrizitätsmenge; *Zeichen* C); 6 - (↑R 129)
Count [kaunt], der; -s, -s ‹engl.› (engl. Titel für einen nichtbritischen Grafen)
Count|down ['kaunt'daun], der *u.* das; -[s], -s ‹amerik.› (bis zum [Start]zeitpunkt Null rückwärtsschreitende Zeitzählung; die letzten [techn.] Vorbereitungen, die letzten Augenblicke vor dem Beginn eines Unternehmens)
Coun|ter|part ['kauntə(r)pa(r)t], der; -s, -s ‹engl.› (einem Entwicklungsexperten in der dritten Welt zugeordnete [heimische] Fachkraft)
Coun|ter|te|nor ['kauntə(r)te,no:r] ‹engl.› (*Musik* Altist)
Coun|tess ['kauntis], die; -, ...tesses [...tisiz], *eindeutschend auch* **Coun|teß,** die; -, ...tessen ‹engl.› (Gräfin)
Coun|try-mu|sic ['kantri,mju:zik], die; - ‹amerik.› (Volksmusik [der Südstaaten in den USA])
Coun|ty ['kaunti], die; -, *Plur.* -s *od.* ...ies [...ti:s] ‹engl.› (Verwaltungsbezirk in England u. in den USA)
Coup [ku:], der; -s, -s ‹franz.› (Schlag; [Hand]streich); **Coup d'État** [- de'ta], der; - -, -s - [ku -] ‹franz.› (*veraltend für* Staatsstreich)
Coupe [kup], die; -, *Plur.* -s *od.* -n, *auch* der; -s, *Plur.* -s *od.* -n ‹franz.› (*schweiz. für* Eisbecher)
Cou|pé [ku'pe:], das; -s, -s (Auto mit sportlicher Karosserie; *österr., sonst veraltet für* [Wagen]abteil); *vgl. auch* Kupee
Cou|plet [ku'ple:], das; -s, -s ‹franz.› (scherzhaft-satirisches Lied [für die Kleinkunstbühne])
Cou|pon [ku'pɔ̃:], der; -s, -s ‹franz.› (abtrennbarer Zettel; [Stoff]abschnitt; Zinsschein); *vgl. auch* Kupon
Cour [ku:r], die; - ‹franz.›; *in* jmdm. die - (den Hof) machen
Cou|ra|ge [ku'ra:ʒə, *österr.* ...'ra:ʒ], die; - ‹franz.› (Mut); **cou|ra|giert** [kura'ʒi:rt]; -este (beherzt)
Cour|bet [kur'bɛ] (franz. Maler)
Court [kɔ:(r)t], der; -s, -s ‹engl.› (Tennisplatz)
Cour|ta|ge [kur'ta:ʒə], *eindeutschend auch* Kur|ta|ge, die; -, -n ‹franz.› (Maklergebühr bei Börsengeschäften)
Courths-Mah|ler ['kurts...] (dt. Schriftstellerin)
Cour|toi|sie [kurtoa'zi:], die; -, ...ien ‹franz.› (*veraltend für* ritterliches Benehmen, Höflichkeit)
Cous|cous ['kuskus] *vgl.* ²Kuskus
Cou|sin [ku'zɛ̃:, *auch* ku'zɛŋ], der; -s, -s ‹franz.› (Vetter); **Cou|si|ne** [ku'zi:nə], die; -, -n (¹Base); *vgl. auch* Kusine
Cou|ture [ku'ty:r] *vgl.* Haute Couture; **Cou|tu|rier** [kuty'rie:], der; -s, -s ‹franz.› (Modeschöpfer)
Cou|vert [ku'vɛ:r], das; -s, -s usw. *vgl.* Kuvert usw.
Co|ven|try ['kɔvəntri] (engl. Stadt)
Co|ver ['kavə(r)], das; -s, -[s] ‹engl.› (Titelbild; Schallplattenhülle); **Co|ver|coat** ['kavə(r)ko:t], der; -[s], -s ([Mantel aus] Wollstoff); **Co|ver|girl** ['kavə(r)gœ:(r)l], das; -s, -s (auf der Titelseite einer Illustrierten abgebildetes Mädchen)
Cow|boy ['kaubɔy], der; -s, -s ‹engl.› (berittener amerik. Rinderhirt); **Cow|boy|hut**
Cow|per ['kau...], der; -s, -[s] ‹nach dem engl. Erfinder› (*Technik* Winderhitzer bei Hochöfen)
Cox' Oran|ge ['kɔks o,rã:ʒə], die; -, - -n, *eindeutschend auch* Cox Oran|ge, der; - -, - - ‹nach dem engl. Züchter Cox› (eine Apfelsorte)
Co|yo|te *vgl.* Kojote
cr. = currentis
Cr = *chem. Zeichen für* Chrom
Crack [krɛk], der; -s, -s ‹engl.› (*Sport* bes. aussichtsreicher Spitzensportler; gutes Rennpferd; Kokain enthaltendes synthetisches Rauschgift); **Cracker** ['krɛkə(r)], der; -s, -[s] *meist Plur.* [*Trenn.* Crak|ker] ‹engl.› (hartes, sprödes Kleingebäck)
Cra|nach (dt. Malerfamilie)
Cra|que|lé [krak(ə)'le:], das; -s, -s ‹franz.› (feine Haarrisse in der Glasur von Keramiken, auch auf Glas); *vgl. auch* Krakelee
Crash [krɛʃ], der; -s, -s ‹engl.› (Zusammenstoß [bei Autorennen]; *Wirtsch.* Zusammenbruch eines Unternehmens); **Crashtest** (Test, mit dem das Unfallverhalten von Kraftfahrzeugen ermittelt wird)
Cras|sus (röm. Staatsmann)
Crawl [krɔ:l] *vgl.* Kraul
Cray|on [krɛ'jɔ̃:] *vgl.* Krayon; **Cray|on|ma|nier** *vgl.* Krayonmanier
Cream [kri:m], die; -, -s (*engl. Bez. für* Creme; Sahne)
Cre|do *vgl.* Kredo
Creek [kri:k], der; -s, -s ‹engl.› ([zeitweise ausgetrockneter] Flußlauf, bes. in Nordamerika u. Australien)

creme [krɛ:m, *auch* kre:m] ‹franz.› (mattgelb); ein creme Kleid; *vgl. auch* beige; in Creme (↑R 65); **Creme,** die; -, *Plur.* -s, *schweiz. u. österr.* -n ['krɛ:mən] ‹franz.› (Salbe zur Hautpflege; Süßspeise; Tortenfüllung; *nur Sing.*: gesellschaftl. Oberschicht); *vgl. auch* Krem; **creme‿far|ben** *od.* **...farbig; Crème fraîche** [krɛm 'frɛʃ], die; - -, -s -s [krɛm 'frɛʃ] ‹franz.› (saure Sahne mit hohem Fettgehalt); **cre|men;** die Haut -; **Creme|tor|te; cre|mig,** *auch* kremig

Crêpe [krɛp] *vgl.* Krepp; **Crêpe de Chine** ['krɛp də 'ʃi:n], der; - - -, -s - - ['krɛp - -] ‹franz.› (Seidenkrepp in Taftbindung); **Crêpe Geor|gette** ['krɛp ʒɔr'ʒɛt], der; - -, -s - ['krɛp -] (zartes, durchsichtiges Gewebe aus Kreppgarn); **Crêpe Sa|tin** ['krɛp sa'tɛ̃:], der; - -, -s - ['krɛp -] (Seidenkrepp mit einer glänzenden u. einer matten Seite in Atlasbindung); **Crêpe Su|zette** ['krɛp sy'zɛt], die; - -, -s - ['krɛp -] (dünner Eierkuchen, mit Likör flambiert)

cresc. = crescendo; **cre|scen|do** [krɛ'ʃɛndo] ‹ital.› (*Musik* anschwellend; *Abk.* cresc.); **Cre|scen|do,** das; -s, *Plur.* -s *u.* ...di

Cres|cen|tia *vgl.* Kreszentia

Cre|tonne [kre'tɔn], die *od.* der; -, -s ‹franz.› (Baumwollstoff)

Cre|vet|te *vgl.* Krevette

Crew [kru:], die; -, -s ‹engl.› ([Schiffs- u. Flugzeug]mannschaft)

c. r. m. = cand. rev. min.; *vgl.* Kandidat

Croi|sé [kroa'ze:], das; -[s], -s ‹franz.› (ein Gewebe in Köperbindung)

Crois|sant [kroa'sã:], das; -[s], -s [...'sãs] ‹franz.› (Blätterteighörnchen)

Cro|ma|gnon|ras|se [kroma'njõ:...], die; - (↑R 149) ‹nach dem Fundort› (Menschenrasse der jüngeren Altsteinzeit)

Crom|ar|gan ®, das; -s (rostfreier Chrom-Nickel-Stahl)

Crom|well ['krɔmwəl] (engl. Staatsmann)

Cro|quet|te [kro'kɛtə] *vgl.* Krokette

Cro|quis [kro'ki:] *vgl.* Kroki

cross ‹engl.› (*Tennis* diagonal); den Ball - spielen; **Cross,** der; -, - (*Tennis* diagonal über den Platz geschlagener Ball; *kurz für* Cross-Country); **Cross-Coun|try** ['krɔs'kantri], das; -[s], -s (Querfeldeinwettbewerb [Lauf, Rad- u. Motorradrennen, Jagdrennen])

Crou|pier [kru'pie:], der; -s, -s ‹franz.› (Angestellter einer Spielbank); **Crou|pon** [kru'põ:], der; -s, -s (Kern-, Rückenstück einer [gegerbten] Haut)

Croû|ton [kru'tõ:], der; -[s], -s (gerösteter Weißbrotwürfel)

crt. = courant; *vgl.* kurant

Cruise-Mis|sile ['kru:z'misail], das; -s, -s ‹engl.-amerik.› (*Milit.* Marschflugkörper)

Crux, die; - ‹lat., „Kreuz"› (Last, Kummer; Schwierigkeit)

Cru|zei|ro [kru'ze:ro, *auch* kru'zɛiru], der; -s, -s ‹port.› (Münzeinheit in Brasilien)

Cs = *chem. Zeichen für* Cäsium

Csár|dás ['tʃa(:)rda(:)ʃ], der; -, - *eindeutschend auch* Tschardasch, der; -[es], -[e] ‹ung.› (ung. Nationaltanz)

C-Schlüs|sel *(Musik)*

ČSFR [tʃe:ɛsɛf'ɛr] = Česká a Slovenská federativná republika (Tschechische und Slowakische Föderative Republik)

Csi|kós ['tʃi(:)ko:ʃ], der; -, - *eindeutschend auch* Tschikosch, der; -[es], -[e] ‹ung.› (ung. Pferdehirt)

Cso|kor ['tʃɔ...] (österr. Schriftsteller)

CSU = Christlich-Soziale Union

ct = Centime[s]; Cent[s]

CT = Computertomographie

Ct. = Centime

c. t. = cum tempore

ctg, cot, cotg = Kotangens

cts = Centimes; Cents

Cu = Cuprum; *chem. Zeichen für* Kupfer

Cu|ba (*span. Schreibung von* Kuba)

cui bo|no? ‹lat., „wem nutzt es?"› (wer hat einen Vorteil?)

Cul de Pa|ris [ky də pa'ri], der; - - -, -s - - [ky d...] ‹franz.› (um die Jahrhundertwende unter dem Kleid getragenes Gesäßpolster)

Cu|le|mey|er, der; -s, -s ‹nach dem Erfinder› (schwerer Tieflader, auf den ein Eisenbahnwaggon verladen werden kann)

Cul|li|nan ['kalinən], der; -s ‹engl.› (ein großer Diamant)

Cu|ma|rin usw. *vgl.* Kumarin usw.

Cum|ber|land|so|ße ['kambə(r)lənd...], die; - ‹nach der engl. Grafschaft› (pikante Würzsoße)

cum gra|no sa|lis ‹lat., „mit einem Körnchen Salz"› (mit entsprechender Einschränkung, nicht ganz wörtlich zu nehmen)

cum lau|de ‹lat., „mit Lob"› (drittbeste Note der Doktorprüfung)

cum tem|po|re ‹lat.› (mit akadem. Viertel, d. h. [Vorlesungsbeginn] eine Viertelstunde nach der angegebenen Zeit; *Abk.* c. t.)

Cun|ni|lin|gus, der; - ‹lat.› (sexuelle Stimulierung der äußeren weibl. Geschlechtsorgane mit der Zunge); *vgl.* Fellatio

Cup [kap], der; -s, -s ‹engl.› (Pokal; Pokalwettbewerb; Schale des Büstenhalters); **Cup|fi|na|le**

Cu|pi|do (röm. Liebesgott, Amor)

Cu|prum, das; -s (*lat. Bez. für* Kupfer; *Zeichen* Cu)

[1]**Cu|ra|çao** [kyra'sa:o] (Insel im Karibischen Meer); [2]**Cu|ra|çao** ®, der; -[s], -s (ein Likör)

Cu|ra po|ste|ri|or, die; - - ‹lat., „spätere Sorge"› (nicht vorrangig zu klärende Angelegenheit)

Cu|ra|re *vgl.* Kurare

Cur|cu|ma *vgl.* Kurkuma

Cu|ré [ky're:], der; -s, -s ‹franz.› (kath. Pfarrer in Frankreich)

Cu|rie [ky'ri:], das; -, - ‹nach dem franz. Physikerehepaar› (Maßeinheit der Radioaktivität; *Zeichen* Ci); **Cu|ri|um,** das; -s (chem. Element, Transuran; *Zeichen* Cm)

Cur|ling [kœ:(r)liŋ], das; -s (schott. Eisspiel)

cur|ren|tis ‹lat.› (*veraltet für* „[des] laufenden" [Jahres, Monats]; *Abk.* cr.); am 15. cr., *dafür besser* am 15. d. M.; **cur|ri|cu|lar** (*Päd.* das Curriculum betreffend); **Cur|ri|cu|lum,** das; -s, ...la ‹lat.-engl.› (*Päd.* Theorie des Lehr- u. Lernablaufs; Lehrplan, -programm); **Cur|ri|cu|lum vi|tae** [- 'vi:tɛ:], das; - -, ...la - (Lebenslauf)

Cur|ry ['kœri, *seltener* 'kari], der, *auch* das; -s ‹angloind.› (Gewürzpulver); **Cur|ry|wurst**

Cur|sor ['kœ:(r)sə(r)], der; -s, -s ‹engl.› (*EDV* [meist blinkendes] Zeichen auf dem Bildschirm, das anzeigt, an welcher Stelle die nächste Eingabe erscheint)

Cu|stard ['kastə(r)t], der; -, -s ‹engl.› (eine engl. Süßspeise)

Cut [kœt, *auch* kat] (*kurz für* Cutaway; *Boxen* Riß der Haut; *Golf* Ausscheiden der schlechteren Spieler vor den beiden Schlußrunden); **Cut|away** ['kœtəwe:, *auch* 'ka...], der; -s, -s ‹engl.› (abgerundet geschnittener Herrenschoßrock)

cut|ten ['katən, *auch* 'kœ...] ‹engl.› (Filmszenen, Tonbandaufnahmen schneiden und zusammenkleben); **Cut|ter** ['katə(r), *auch* 'kœ...], der; -s, - (*Film, Rundf., Fernsehen* Schnittmeister; Gerät zum Zerkleinern von Fleisch); **Cut|te|rin; cut|tern;** ich ...ere (↑R 22); *vgl.* cutten

Cu|vier [ky'vie:] (franz. Zoologe)

Cux|ha|ven [...fən] (Hafenstadt a. d. Elbmündung)

CVJM = *früher* Christlicher Verein Junger Männer; *heute in Deutschland:* ... Menschen

CVP = Christlichdemokratische Volkspartei (in der Schweiz)

cw = Luftwiderstandsbeiwert
cwt, cwt. *vgl.* Hundredweight
cw-Wert *(Technik)*
Cy|an *vgl.* Zyan
cy|clisch ['tsy:k..., *auch* 'tsyk...] *vgl.* zyklisch
Cy|pern usw. *vgl.* Zypern usw.
Cy|re|nai|ka [tsy...], die; - (Landschaft in Nordafrika)
Cy|rus [tsy:...] *vgl.* Kyros

D

D (Buchstabe); das D; des D, die D, aber: das d in Bude (↑R 82); der Buchstabe D, d
d = dextrogyr; Denar; Dezi...; Penny, Pence
d, D, das; -, - (Tonbezeichnung); **d** (*Zeichen für* d-Moll); in d; **D** (*Zeichen für* D-Dur); in D
d *[stets in Kursiv zu setzen]* = Durchmesser
D = Deuterium; (iran.) Dinar
D (röm. Zahlzeichen) = 500
Δ, δ = Delta
D. = Decimus
D. *vgl.* Doktor
ꝺ = deleatur
da; hier und da, da und dort; da (weil) er krank war, konnte er nicht kommen. *Schreibung in Verbindung mit Verben* (↑R 205 f.); **1.** *Getrenntschreibung:* **a)** *wenn* da, daher, dahin usw. *den Umstand des Ortes bezeichnen,* z. B. da sein (dort sein; *vgl.* dasein); **b)** *wenn die gen. Adverbien hinweisend gebraucht sind,* z. B. es wird daher kommen, daß ... (*vgl.* daher); **2.** *Zusammenschreibung (meist nur mit einfachen Verben), wenn durch die Verbindung ein neuer Begriff entsteht* (↑R 205), z. B. dasein (gegenwärtig usw. sein; *vgl.* dasein). *Dieselben Gesichtspunkte gelten für die aus* dar... *mit Präpositionen zusammengesetzten Adverbien,* z. B. daran (dran), darauf (drauf)
da = Deka...; Deziar
d. Ä. = der Ältere
DAAD = Deutscher Akademischer Austauschdienst
DAB = Deutsches Arzneibuch
da|be|hal|ten (zurückbehalten, nicht weglassen); sie haben ihn gleich dabehalten; aber: sie sollen ihn da behalten und nicht zurückschicken (↑da *u.* R 205 f.)
da|bei [*auch* 'da:...]: er ist reich und dabei (doch) nicht stolz; *Getrenntschreibung* (↑da, 1 *u.* R 206): dabei (bei einer Meinung u. ä.) bleiben (verharren), dabei (bei einer Arbeit u. ä.) sitzen (und nicht stehen); *Zusammenschreibung* (↑da, 2 *u.* R 205): z. B. dabeibleiben, dabeisitzen; **da|bei|blei|ben** (bei einer Tätigkeit bleiben); er hat mit dem Training begonnen, ist aber nicht dabeigeblieben (*vgl.* dabei); **da|bei|ha|ben** (*ugs. für* bei sich haben; teilnehmen lassen); ..., weil er nichts dabeihatte; sie wollten ihn gern dabeihaben (*vgl.* dabei); **da|bei|sein** (anwesend, beteiligt sein): er will immer dabeisein; er ist bei dem Unfall dabeigewesen; aber: ..., weil er dabei ist, war (↑dabei *u.* R 205); **da|bei|sit|zen** (sitzend zugegen sein); er hat während des Vortrages dabeigesessen (*vgl.* dabei); **da|bei|ste|hen** (stehend zugegen sein); er hat bei dem Gespräch dabeigestanden (*vgl.* dabei)
da|blei|ben (nicht fortgehen; [in der Schule] nachsitzen); er ist während des Vortrages dageblieben; aber: er ist da geblieben, wo es ihm gefiel (↑da *u.* R 205 f.)
da ca|po [- 'ka:po] ‹ital.› (*Musik* noch einmal von Anfang an; *Abk.* d. c.); *vgl.* Dakapo
Dac|ca ['daka] *vgl.* Dhaka
d'ac|cord [da'ko:r] ‹franz.› (*veraltet für* einig; einverstanden)
Dach, das; -[e]s, Dächer; **dach|ar|tig**
Dach|au (Stadt in Bayern; ehem. Konzentrationslager)
Dach‿bo|den, ...decker [*Trenn.* ...dek|ker]; **Dä|chel|chen; Dä|cher|chen** *Plur.;* **Dach‿fen|ster, ...first, ...gar|ten, ...gau|be** *od.* **...gaupe, ...ge|schoß, ...ge|sell|schaft** (Spitzen-, Muttergesellschaft), **...glei|che** (die; -, -n; *österr. svw.* Dachgleichenfeier); **Dach|glei|chen|fei|er** (*österr. für* Richtfest); **Dach‿ha|se** (*ugs. scherzh. für* Katze), **...haut** (*Bauw.* äußerste Schicht der Dachkonstruktion), **...kam|mer, ...lat|te, ...la|wi|ne** (vom Hausdach abrutschende Schneemasse); **Däch|lein; Dach‿lu|ke, ...or|ga|ni|sa|ti|on, ...pap|pe, ...pfan|ne, ...rei|ter, ...rin|ne**
Dachs, der; -es, -e; **Dachs|bau** *Plur.* -e
Dach|scha|den, der; -s (*ugs. für* geistiger Defekt)
Dächs|chen; Däch|sel, der; -s, - (*Jägerspr.* Dachshund); **dach|sen** (*landsch. für* fest u. lange schlafen); du dachst; **Dachs‿fell, ...haar, ...hund; Däch|sin; Dächs|lein**
Dach|spar|ren
Dachs|pin|sel (Rasierpinsel aus Dachshaar; ein Hutschmuck)
Dach‿stu|be, ...stuhl; Dach|stuhl|brand
Dach|tel, die; -, -n (*landsch. für* Ohrfeige)
Dach‿trau|fe, ...ver|band, ...woh|nung, ...zie|gel
Dackel, der; -s, - [*Trenn.* Dak|kel] (Dachshund, Teckel)
Da|da|is|mus, der; - ‹nach franz. kindersprachl. „dada" = Holzpferdchen› (Kunst- u. Literaturrichtung um 1920); **Da|da|ist,** der; -en, -en (↑R 197); **da|da|i|stisch** (↑R 180)
Dä|da|lus (Baumeister u. Erfinder in der griech. Sage)
Dad|dy ['dɛdi], der; -s, *Plur.* -s *od.* Dad|dies ['dɛdi:s] ‹engl.› (*engl. ugs. Bez. für* Vater)
da|durch [*auch* 'da:...]; es geschah dadurch, daß er zu spät kam; dadurch, daß *u.* dadurch, weil (↑R 125)
Daff|ke *(berlin.); nur in* aus - (aus Trotz; nur zum Spaß)
da|für [*auch* 'da:...]; das Auto ist gebraucht, dafür aber billig; ich kann nicht dafür sein (kann nicht zustimmen); **da|für|hal|ten** (meinen); er hat dafürgehalten; aber: er wird ihn dafür halten (für etwas ansehen; ↑da *u.* R 205 f.); **Da|für|hal|ten,** das; -s; nach meinem -; **da|für|kön|nen;** nichts -; **da|für|ste|hen** (*veraltet für* für etwas bürgen; *österr. für* sich lohnen); es steht [nicht] dafür
dag = Dekagramm
DAG = Deutsche Angestellten-Gewerkschaft
da|ge|gen [*auch* 'da:...]; euere Arbeit war gut, seine - schlecht; - sein; wenn Sie nichts - haben; *Getrenntschreibung* (↑da, 1 *u.* R 206): dagegen (gegen die bezeichnete Sache) halten, setzen, stellen; *Zusammenschreibung* (↑da, 2 *u.* R 205): z. B. dagegenhalten; **da|ge|gen|hal|ten** (vorhalten, erwidern); sie wird dagegenhalten, das sei zu teuer (*vgl.* dagegen); **da|ge|gen|set|zen** (entgegensetzen, gegen etwas vorbringen); er hatte nichts dagegenzusetzen (*vgl.* dagegen); **da|ge|gen|stel|len,** sich (sich widersetzen); die Verwaltung hat sich dagegengestellt (*vgl.* dagegen)
Dag|mar (w. Vorn.); **Dag|ny** [...ni] (w. Vorn.); **Da|go|bert** (m. Vorn.)

Da|gon (Hauptgott der Philister)
Da|guerre [da'gɛ:r] (Erfinder der Fotografie); **Da|guer|reo|ty|pie** [dagɛro...], die; - (fotogr. Verfahren mit Metallplatten)
da|heim; - bleiben, sein, sitzen; von -; **Da|heim,** das; -s; **Da|heim|ge|blie|be|ne,** der *u.* die; -n, -n (↑R 7 ff.)
da|her [*auch* 'da:...]; daher (von da) bin ich; daher, daß *u.* daher, weil (↑R 125); **da|her|brin|gen** (*südd., österr. für* herbeibringen); **da|her|flie|gen;** es kam dahergeflogen (↑da, 2 *u.* R 205); **da|her|ge|lau|fen;** ein -er Kerl; **Da|her|ge|lau|fe|ne,** der *u.* die; -n, -n (↑R 7 ff.); **da|her|kom|men;** man sah ihn daherkommen; aber: es wird daher kommen, daß ... (↑da *u.* R 205 f.); **da|her|re|den;** dümmlich -
da|hier (*österr., sonst veraltet für* an diesem Ort)
da|hin [*auch* 'da:...]; wie weit ist es bis -?; etwas - auslegen; er hat es bis - gebracht; dahin|ab, dahinauf, dahin|aus, dahin|ein, dahingegen, dahin|unter; da- und dorthin (↑R 32); *Getrenntschreibung* (↑da, 1 *u.* R 206): dahin (an das bezeichnete Ziel) fahren, gehen, kommen; wir werden dahin fahren; ein dahin gehender Antrag; er äußerte sich dahin gehend; *Zusammenschreibung* (↑da, 2 *u.* R 205): z. B. dahinfahren, dahinleben; **da|hin|däm|mern;** ich dämmere dahin (↑R 22); **da|hin|ei|len** (*geh. für* vergehen); die Jahre sind dahingeeilt (*vgl.* dahin); **da|hin|fah|ren** (*geh. verhüllend für* sterben); er ist dahingefahren (*vgl.* dahin); **da|hin|fal|len** (*schweiz. für* als erledigt, als überflüssig wegfallen); **da|hin|flie|gen** (*geh. für* vergehen); die Zeit ist dahingeflogen (*vgl.* dahin)
da|hin|ge|gen [*auch* 'da:...]
da|hin|ge|hen (*geh. für* vergehen); wie schnell sind die Tage dahingegangen (*vgl.* dahin); **da|hin|gestellt;** - bleiben, sein; - sein lassen; **da|hin|le|ben; da|hin|plät|schern; da|hin|raf|fen; da|hin|schlep|pen,** sich (sich mühsam fortbewegen; *vgl.* dahin); **da|hin|schwin|den** (*geh. für* sich vermindern, abnehmen); **da|hin|se|geln** (*vgl.* dahin); **da|hin|sie|chen;** elend -; **da|hin|ste|hen** (nicht sicher, noch fraglich sein); **da|hin|ster|ben** (*geh. für* sterben)
da|hin|ten [*auch* 'da:...]; - auf der Heide; **da|hin|ter** [*auch* 'da:...]; der Bleistift liegt -; *Getrenntschreibung* (↑da, 1 *u.* R 206): dahinter (hinter dem/den bezeichneten Ort od. Gegenstand) knien, kommen, stehen; er hat dahinter gekniet; *Zusammenschreibung* (↑da, 2 *u.* R 205): z. B. dahinterkommen, dahinterstehen; **da|hin|ter|her;** - sein (*ugs. für* sich intensiv darum bemühen); **da|hin|ter|klem|men,** sich (*ugs. für* es mit Nachdruck betreiben); jetzt mußt du dich aber dahinterklemmen (*vgl.* dahinter); **da|hin|ter|knien,** sich (*ugs. für* sich dabei anstrengen); du mußt dich schon etwas dahinterknien (*vgl.* dahinter); **da|hin|ter|kom|men** (*ugs. für* es erkennen, erfahren); sie ist endlich dahintergekommen (*vgl.* dahinter); **da|hin|ter|stecken** [*Trenn.* ...stek|ken] (*ugs. für* zu bedeuten haben); was mag dahinterstecken? (*vgl.* dahinter); *vgl.* [1]stecken; **da|hin|ter|ste|hen** (es unterstützen; *vgl.* dahinter)
Däh|le, Dä|le, die; -, -n (*westschweiz. für* Föhre)
Dah|lie [...iə], die; -, -n ‹nach dem schwed. Botaniker Dahl› (Zierpflanze); *vgl.* [1]Georgine
Da|ho|me *u.* **Da|ho|mey** [da(h)o'mɛ(:)] (*früher für* Benin)
Dail Ei|reann [da:l 'e:rin], der; - - (das irische Abgeordnetenhaus)
Dai|mo|ni|on, das; -s ‹griech.› (die warnende innere Stimme [der Gottheit] bei Sokrates)
[1]**Dai|na,** die; -, Dainos ‹lit.› (lit. Volkslied); [2]**Dai|na,** die; -, -s ‹lett.› (lett. Volkslied)
Dai|sy ['de:zi] (w. Vorn.)
Da|ka|po, das; -s, -s ‹ital.› (*Musik* Wiederholung); *vgl.* da capo; **Da|ka|po|arie**
Da|kar [*franz.* da'ka:r] (Hptst. des Staates Senegal)
Da|ker; Da|ki|en [...iən] (*im Altertum* das Land zwischen Theiß, Donau und Dnjestr); **da|kisch,** aber (↑R 157): die Dakischen Kriege
Dak|ka *vgl.* Dhaka
[1]**Da|ko|ta,** der; -[s], -[s] (Angehöriger eines nordamerik. Indianerstammes); [2]**Da|ko|ta** (Staaten in den USA [Nord- u. Süddakota])
dak|ty|lisch ‹griech.› (*Verslehre* aus Daktylen bestehend [*vgl.* Daktylus]); **Dak|ty|lo,** die; -, -s (*kurz für* Daktylographin); **Dak|ty|lo|gramm,** das; -s, -e (Fingerabdruck); **Dak|ty|lo|gra|phin** (*schweiz. für* Maschinenschreiberin); **Dak|ty|lo|sko|pie,** die; -, ...ien (Fingerabdruckverfahren); **Dak|ty|lus,** der; -, ...ylen (*Verslehre* ein Versfuß)
dal = Dekaliter
Da|lai-La|ma, der; -[s], -s ‹tibet.› (weltl. Oberhaupt des Lamaismus)
da|las|sen; er hat seinen Mantel dagelassen; aber: er soll seinen Mantel da (an der bestimmten Stelle) lassen (↑da *u.* R 205 f.)
Dal|be, Dal|ben (*Kurzw. für* Duckdalbe, Duckdalben)
Dal|be|rei (*landsch. veraltend für* Alberei); **dal|be|rig, dalb|rig** (*landsch. veraltend für* albern); **dal|bern;** ich ...ere; ↑R 22 (*landsch. veraltend für* sich albern verhalten); **dal|brig;** *vgl.* dalberig
Dä|le *vgl.* Dähle
Da|lí [da'li] (span. Maler)
da|lie|gen (hingestreckt liegen); er hat wie tot dagelegen; aber: laß es da (dort) liegen, wo es liegt (↑da *u.* R 205 f.)
Da|li|la *vgl.* Delila
Dalk, der; -[e]s, -e (*südd., österr. ugs. für* ungeschickter Mensch); **dal|ken** (*österr. ugs. für* kindisch, dumm reden); **dal|kert;** -ste (*österr. ugs. für* dumm, ungeschickt; nichtssagend)
Dal|las ['dɛləs] (Stadt in Texas)
Dal|le, die; -, -n (*landsch. für* Delle)
Dal|les, der; - ‹hebr.-jidd.› (*landsch. für* Armut; Not)
dal|li! ‹poln.› (*ugs. für* schnell!)
Dal|ma|ti|en [...iən] (Küstenland an der Adria); **Dal|ma|tik, Dal|ma|ti|ka,** die; -, ...ken (liturg. Gewand); **Dal|ma|ti|ner;** ↑R 147 (*auch* Hunderasse; Wein); **dal|ma|ti|nisch, dal|ma|tisch**
Dal|to|nis|mus, der; - ‹nach dem engl. Physiker J. Dalton› (*Med.* angeborene Farbenblindheit)
dam = Dekameter
da|ma|lig; da|mals
Da|mas|kus (Hptst. von Syrien); **Da|mast,** der; -[e]s, -e (ein Gewebe); **da|mast|ar|tig; Da|mast|be|zug; da|ma|sten** (*geh. für* aus Damast); **Da|mas|ze|ner** (↑R 147); - Klinge, Stahl; **da|mas|ze|nisch; da|mas|zie|ren** (Stahl mit flammigen, aderigen Zeichnungen versehen); **Da|mas|zie|rung**
Dam|bock (*Jägerspr. selten für* männl. Damhirsch)
Däm|chen; Da|me, die; -, -n (*ohne Artikel kurz für* Damespiel); **Da|me|brett**
Dä|mel, der; -s, - (*ugs. für* Dummkopf, alberner Kerl)
Da|men‿bart, ...be|glei|tung (die; -), **...be|kannt|schaft, ...be|such, ...bin|de** (*svw.* Monatsbinde), **...dop|pel** *(Sport),* **...ein|zel** *(Sport),* **...fahr|rad, ...fri|seur** (↑R 53), **...fuß|ball, ...ge|sell|schaft; da|men|haft; Da|men‿hut** (der), **...mann|schaft, ...ober|be|klei|dung, ...re|de, ...sat|tel, ...schnei|der, ...toi|let|te, ...wahl** (beim Tanz); **Da|me‿spiel, ...stein**

Dam|hirsch
da|misch; -ste (*bayr.-schwäb., österr. ugs. für* dumm, albern; schwindelig; sehr)
[1]**da|mit** [*auch* 'da:...]; [und] - basta! *(ugs.);* was soll ich - tun?
[2]**da|mit;** er sprach langsam, - es alle verstanden
Däm|lack, der; -s, *Plur.* -e *u.* -s (*ugs. für* Dummkopf)
Dam|le|der; dam|le|dern
Däm|lein
däm|lich (*ugs. für* dumm, albern)
Damm, der; -[e]s, Dämme
Dam|mar, das; -s (Harz südostasiat. Bäume); **Dam|ma|ra‿fich|te, ...lack; Dam|mar|harz**
Damm|bruch, der; -[e]s, ...brüche; **däm|men** (*auch für* isolieren)
Däm|mer, der; -s (*geh. für* Dämmerung); **däm|me|rig,** dämmrig; **Däm|mer|licht,** das; -[e]s; **däm|mern;** es dämmert; **Däm|mer‿schein** (der; -[e]s; *geh.*), **...schlaf** (der; -[e]s), **...schop|pen, ...stun|de; Däm|me|rung; däm|me|rungs|ak|tiv;** -e Tiere; **Däm|me|rungs|schal|ter** (vom Tageslicht abhängiger Lichtschalter); **Däm|mer|zu|stand; dämm|rig** *vgl.* däm|me|rig
Damm‿riß *(Med.),* **...schnitt** *(Med.),* **...schutz** *(Med.)*
Däm|mung (*auch für* Isolierung)
Dam|num, das; -s, ...na ‹lat.› (*Wirtsch.* Abzug vom Nennwert eines Darlehens)
Da|mo|kles (griech. m. Eigenn.); **Da|mo|kles|schwert,** das; -[e]s (↑R 135)
Dä|mon, der; -s, ...onen ‹griech.›; **dä|mo|nen|haft; Dä|mo|nie,** die; -, ...ien; **dä|mo|nisch;** -ste; **dä|mo|ni|sie|ren; Dä|mo|nis|mus,** der; - (Glaube an Dämonen); **Dä|mo|no|lo|gie,** die; -, ...ien (Lehre von den Dämonen)
Dampf, der; -[e]s, Dämpfe; **Dampf‿bad, ...bü|gel|ei|sen, ...dom** (*Technik; vgl.* [2]Dom), **...druck** (*Plur. meist* ...drücke); **damp|fen;** die Suppe dampft, hat gedampft; **dämp|fen;** ich dämpfe das Gemüse, den Ton, seinen Zorn usw., habe gedämpft; **Damp|fer** (*kurz für* Dampfschiff); **Dämp|fer;** einen - bekommen (*ugs. für* eine Rüge einstecken müssen); jmdm. einen - aufsetzen (*ugs. für* jmds. Überschwang dämpfen); **Damp|fer‿an|le|ge|stel|le, ...fahrt; Dampf‿er|zeu|ger, ...hei|zung; damp|fig** (voll Dampf); **dämp|fig** (kurzatmig [vom Pferd]; *landsch. für* schwül); **Dämp|fig|keit,** die; - (Atembeschwerden bei Pferden); **Dampf‿kes|sel, ...koch|topf, ...lo|ko|mo|ti|ve, ...ma|schi|ne, ...nu|del, ...schiff, ...schiffahrt** [*Trenn.* ...schiff|fahrt, ↑R 204]; **Dämp|fung** (Abschwächung, Milderung); **Dampf|wal|ze**
Dam|wild
Dan, der; -, - ‹jap.› (Rangstufe im Budo)
da|nach [*auch* 'da:...]; sich - richten
Da|nae ['da:nae:, *auch* da'na|e:] (Mutter des Perseus); **Da|na|er|ge|schenk** [...naər...]; ↑R 151 (unheilbringendes Geschenk [der Danaer = Griechen]); **Da|nai|de,** die; -, -n *meist Plur.* (Tochter des Danaos); **Da|nai|den‿ar|beit, ...faß; Da|na|os, Da|na|us** [...na|us] (sagenhafter König, Stammvater der Griechen)
Dan|cing ['da:nsiŋ], das; -s, -s ‹engl.› (Tanz[veranstaltung], Tanzlokal)
Dan|dy ['dɛndi], der; -s, -s ‹engl.› (sich übertrieben modisch kleidender Mann); **dan|dy|haft;** -este; **Dan|dy|is|mus,** der; -; **Dan|dy|tum,** das; -s
Dä|ne, der; -n, -n (↑R 197)
da|ne|ben [*seltener* 'da:...]; *Getrenntschreibung* (↑ da, 1 *u.* R 206): daneben (neben dem/den bezeichneten Ort od. Gegenstand) gehen, liegen, stellen; ich will den Stuhl daneben stellen; *Zusammenschreibung* (↑ da, 2 *u.* R 205): z. B. danebengreifen, danebenschießen; **da|ne|ben|be|neh|men,** sich (*ugs. für* sich unpassend benehmen; *vgl.* daneben); **da|ne|ben|fal|len** (vorbeifallen); der Ball ist danebengefallen (*vgl.* daneben); **da|ne|ben|ge|hen** (*ugs. für* mißlingen); es ist danebengegangen (*vgl.* daneben); **da|ne|ben|grei|fen** (vorbeigreifen; einen Fehlgriff tun); beim Flöten danebengreifen; er hat mit seiner Bemerkung ein wenig danebengegriffen (*vgl.* daneben); **da|ne|ben|hau|en** ([am Nagel] vorbeihauen; *ugs. für* aus der Rolle fallen, sich irren; *vgl.* daneben); **da|ne|ben|lie|gen** (*ugs. für* sich irren); er hat mit seiner Ansicht danebengelegen (*vgl.* daneben); **da|ne|ben|schie|ßen** (vorbeischießen; *ugs. für* sich irren; *vgl.* daneben)
Da|ne|brog, der; -s ‹dän.› (dän. Flagge); **Dä|ne|mark; Da|ne|werk,** das; -[e]s (dän. Grenzwall)
da|nie|den (*veraltet, noch geh. für* [hier] unten auf der Erde); **da|nie|der** *(geh.);* **da|nie|der|lie|gen** (↑ da, 2 *u.* R 205); die Wirtschaft hat daniedergelegen
Da|ni|el [...ie:l, *auch* ...iɛl] (m. Vorn.; bibl. Prophet); **Da|nie|la** (w. Vorn.); **Da|ni|el|le** [...'iɛl] (w. Vorn.)
Dä|nin; dä|nisch; (↑R 148:) -e Dogge, aber (↑R 146): der Dänische Wohld (Halbinsel in Schleswig-Holstein); *vgl.* deutsch; **Dä|nisch,** das; -[s] (Sprache); *vgl.* Deutsch; **Dä|ni|sche,** das; -n; *vgl.* Deutsche, das; **dä|ni|sie|ren** (dänisch machen)
dank (↑R 62); *Präp. mit Gen. od. Dat., im Plur. meist mit Gen.:* - meinem Fleiße; - eures guten Willens; - raffinierter Verfahren;
Dank, der; -[e]s; Gott sei -!; vielen -!; tausend -!; hab[t] Dank!; er weiß dir dafür (*auch* dessen) keinen -; jmdm. - sagen (*vgl.* danksagen), schulden, wissen; mit - [zurück]; zu - verpflichtet; **Dank|adres|se; dank|bar; Dank|bar|keit,** die; -; **dan|ke!;** du mußt danke sagen; danke schön!; ich möchte ihm danke schön sagen; er sagte: „Danke schön!", *vgl.* aber: Dankeschön; **dan|ken; dan|kens|wert;** -este; **dan|kens|wer|ter|wei|se; dank|er|füllt** *(geh.);* -este; **Dan|kes|be|zei|gung** (*nicht:* ...bezeugung); **Dan|ke|schön,** das; -s; er sagte ein herzliches -, *vgl.* aber: danke!; **Dan|kes‿for|mel, ...schuld, ...wor|te** *(Plur.);* **Dank|ge|bet**
Dank|mar (m. Vorn.); **Dank|rad** (m. Vorn.)
dank|sa|gen *u.* **Dank sa|gen** (↑R 207); du danksagtest *u.* du sagtest Dank; dankgesagt *u.* Dank gesagt; dankzusagen *u.* Dank zu sagen; aber: ich sage vielen Dank; *vgl.* Dank; **Dank|sa|gung; Dank|schrei|ben**
Dank|ward (m. Vorn.)
dann; - und wann; *vgl.* dannzumal *u.* dazumal
dan|nen; *nur in* von - (*veraltet für* von da weg); von - gehen, eilen
dann|zu|mal (*schweiz. für* dann, in jenem Augenblick)
Danse ma|ca|bre [dã:s ma'ka:br(ə)], der; - -, -s -s [dã:s ma'ka:br(ə)] ‹franz.› (Totentanz)
Dan|te Ali|ghie|ri [- ...'gjɛ:ri] (ital. Dichter)
Dan|tes, Tan|tes *Plur.* ‹span.› (*veraltet für* Spielmarken)
dan|tesk (nach Art der Schöpfungen Dantes); **dan|tisch;** Verse von -er Schönheit, aber (↑R 134): die Dantischen Werke
Dan|ton [dã'tõ:] (franz. Revolutionär)
Dan|zig (*poln.* Gdańsk); **Dan|zi|ger** (↑R 147); - Goldwasser (ein Likör)
[1]**Daph|ne** (w. Vorn.); [2]**Daph|ne,** die; -, -n ‹griech.› (Seidelbast, ein Zierstrauch); **Daph|nia, Daph|nie** [...iə], die; -, ...ien (Wasserfloh)

dar... (*in Zus. mit Verben,* z. B. dartun, du tust dar, dargetan, darzutun)

dar|an [*auch* 'da:...], *ugs.* dran; *vgl.* dran *u. die Zusammensetzungen mit* dran; *Getrenntschreibung* (↑ da, 1 *u.* R 206): daran (an der/die bezeichnete[n] Sache) sein, kommen, glauben; er ist daran gewesen; du wirst gut daran tun; *Zusammenschreibung* (↑ da, 1 *u.* R 205): z. B. darangehen, sich daranmachen; **dar|an|ge|ben** (*geh. für* opfern); sie wollte alles darangeben (*vgl.* daran); **dar|an|ge|hen** (damit beginnen); er ist endlich darangegangen (*vgl.* daran); **dar|an|hal|ten,** sich (sich anstrengen, beeilen); du mußt dich schon daranhalten, wenn du fertig werden willst (*vgl.* daran); **dar|an|ma|chen,** sich (*ugs. für* damit beginnen; *vgl.* daran); **dar|an|set|zen** (aufbieten, einsetzen); sie hat alles darangesetzt, um ihr Ziel zu erreichen (*vgl.* daran)

dar|auf [*auch* 'da:...], *ugs.* drauf; *vgl.* drauf *und die Zusammensetzungen mit* drauf; darauf ausgehen (es erstreben), gehen, eingehen, kommen usw., aber: draufgehen *(vgl. d.);* darauf losgehen (auf ein Ziel), aber: drauflosgehen *(vgl. d.);* darauf folgen; das Schreiben und der darauf folgende Briefwechsel, aber: am darauffolgenden (nächsten) Tag (↑ da *u.* R 205 f.); **dar|auf|hin** [*auch* 'da:...] (demzufolge, danach, darauf, unter diesem Gesichtspunkt); sein Vermögen wurde daraufhin beschlagnahmt; wir haben alles daraufhin überprüft, ob ...; aber: darauf hindeuten; alles deutet darauf hin; darauf hinweisen; er hat darauf hingewiesen, daß ...

dar|aus [*auch* 'da:...], *ugs.* draus; sich nichts daraus machen; es wird nichts daraus werden; daraus, daß (↑ R 125)

dar|ben (*geh. für* Not, Hunger leiden)

dar|bie|ten *(geh.);* **Dar|bie|tung** *(geh.);* **Dar|bie|tungs|kunst**

dar|brin|gen; Dar|brin|gung

Dar|da|nel|len *Plur.* (Meerenge zwischen Ägäis u. Marmarameer)

dar|ein [*auch* 'da:...], *ugs.* drein; **dar|ein|fin|den,** *ugs.* drein|finden, sich; er hat sich dareingefunden (*vgl.* da, 2); **dar|ein|mischen,** *ugs.* dreinmischen, sich; du darfst dich nicht überall dareinmischen (*vgl.* da, 2); **dar|ein|re|den,** *ugs.* drein|re|den; er hat dareingeredet (*vgl.* da, 2); **dar|ein|set|zen** (*geh. für* aufbieten, einsetzen); sie hat ihren Ehrgeiz dareingesetzt, als erste fertig zu sein (*vgl.* da, 2)

Dar|es|sa|lam (frühere Hptst. von Tansania; *vgl.* Dodoma)

Darg, Dark, der; -s, -e (*nordd. für* fester Moorgrund, torfartige Schicht)

Dar|ge|bot, das; -[e]s (*Technik* die einer Anlage zur Verfügung stehende [Wasser]menge)

dar|ge|tan; *vgl.* dartun

dar|in [*auch* 'da:...], *ugs.* drin; wir können alle darin (im Wagen) sitzen, aber: drinsitzen *(vgl. d.);* der Schlüssel bleibt darin (im Schloß) stecken, aber: drinstecken *(vgl. d.);* **dar|in|nen** (*geh. für* drin|nen)

Da|ri|us (pers. König)

Dark *vgl.* Darg

dar|le|gen; Dar|le|gung

Dar|le|hen, *auch* Dar|lehn, das; -s, -; **Dar|le|hens‿kas|se,** *auch* Darlehns|kas|se, **...sum|me,** *auch* Dar|lehns|sum|me, **...ver|trag,** *auch* Dar|lehns|ver|trag, **...zins,** *auch* Dar|lehns|zins; **Dar|lehn** usw. *vgl.* Darlehen usw.; **Dar|lei|her** *(Rechtsw.)*

Dar|ling, der; -s, -s ‹engl.› (*svw.* Liebling)

Darm, der; -[e]s, Därme; **Darm|bak|te|ri|en** (*Plur.;* die die Darmflora bildenden Bakterien); **Darm‿blu|tung, ...bruch** (der), **...ent|lee|rung; Darm|flo|ra** (*Plur. selten; Med.* Gesamtheit der im Darm lebenden Bakterien); **Darm‿in|fek|ti|on, ...ka|nal, ...katarrh, ...krank|heit, ...krebs, ...pa|ra|sit, ...sai|te, ...spü|lung**

Darm|stadt (Stadt in Hessen); **Darm|städ|ter** (↑ R 147); **darm|städ|tisch**

Darm‿tä|tig|keit, ...träg|heit, ...ver|en|gung, ...ver|schlin|gung, ...ver|schluß, ...wand

dar|nach, dar|ne|ben, dar|nie|der (*älter für* danach usw.)

dar|ob [*auch* 'da:...], drob (*veraltet für* deswegen)

Dar|re, die; -, -n (*fachspr. für* Trocken- od. Röstvorrichtung; *auch svw.* Darrsucht)

dar|rei|chen *(geh.);* **Dar|rei|chung** *(geh.)*

dar|ren (*fachspr. für* dörren, trocknen, rösten); **Darr‿ge|wicht, ...ofen, ...sucht** (die; -; eine Tierkrankheit); **Dar|rung**

Darß, der; -es (Halbinsel an der Ostseeküste); -er Ort

dar|stell|bar; dar|stel|len; darstellende Geometrie; **Dar|stel|ler; Dar|stel|le|rin; dar|stel|le|risch; Dar|stel|lung; Dar|stel|lungs‿form, ...ga|be, ...kunst, ...mit|tel** (das), **...stil, ...wei|se**

dar|strecken [*Trenn.* ...strek|ken] (*veraltet für* hinstrecken)

Darts, das; - ‹engl.› (ein Wurfpfeilspiel)

dar|tun (zeigen); dargetan

dar|über [*auch* 'da:...], *ugs.* drüber; sie ist - sehr böse; - hinaus *(vgl. d.);* **dar|über|fah|ren** (über etwas streichen); er wollte mit der Hand darüberfahren; aber: er soll darüber fahren, nicht hierüber (↑ da *u.* R 205 f.); **darüber hin|aus** (außerdem); es gab - - nicht viel Neues; aber: darüber hinausgehende Informationen; er wird längst darüber hinaussein (die Enttäuschung o. ä. überwunden haben); **dar|über|ma|chen,** sich (*ugs. für* mit etwas beginnen); er wollte sich gleich darübermachen; aber: er soll sich keine Gedanken darüber (über diese Sache) machen (↑ da *u.* R 205 f.); **dar|über|schrei|ben;** sie hat eine Bemerkung darübergeschrieben; aber: sie hat ein Buch darüber (über dieses Thema) geschrieben (↑ da *u.* R 205 f.); **dar|über|ste|hen** (überlegen sein); er hat mit seiner Anschauung weit darübergestanden; aber: ... weil die Bücher [oben] darüber stehen (↑ da *u.* R 205 f.)

dar|um [*auch* 'da:...], *ugs.* drum; er läßt darum bitten; er wird es darum tun; darum herum; nicht darum herumkommen; er hat nur darum herumgeredet; **dar|um|kom|men** (nicht bekommen); er ist darumgekommen; aber: weil er nur darum (aus diesem Grunde) kommt (↑ da *u.* R 205 f.); **dar|um|le|gen** (um etwas legen); sie hat den Verband darumgelegt (↑ da, 2 *u.* R 205); **dar|um|ste|hen** (um etwas stehen); sie sah das brennende Auto und die Leute, die darumstanden (↑ da, 2 *u.* R 205)

dar|un|ter [*auch* 'da:...], *ugs.* drunter; es waren kleine Kinder -; **dar|un|ter|fal|len** (dazugehören; davon betroffen sein); ich kenne die Bestimmung, er wird auch darunterfallen (↑ da, 2 *u.* R 205); **dar|un|ter|lie|gen;** er hat mit seinen Leistungen daruntergelegen; aber: er soll darunter liegen und nicht hierunter (↑ da *u.* R 205 f.)

Dar|win (engl. Naturforscher); **dar|wi|nisch, dar|winsch,** aber (↑ R 134): die Darwinische *od.* Darwinsche Lehre; **Dar|wi|nis|mus,** der; - (Lehre Darwins); **Dar|wi|nist,** der; -en, -en (↑ R 197); **dar|wi|ni|stisch**

das *(Nom. u. Akk.); vgl.* der; alles das, was ich gesagt habe

da|sein (gegenwärtig, zugegen, vorhanden sein); man muß vor allen Dingen dasein (zugegen sein); so etwas ist noch nicht dagewesen (vorgekommen); *in gebeugter Form immer getrennt:* ob sie auch wirklich da ist, da war?; aber: sage ihr, sie soll um 5 Uhr da (*besser:* dort [an der bezeichneten Stelle]) sein; ich bin schon da (dort) gewesen; **Da|sein,** das; -s; **Da|seins|angst; da|seins|be|din|gend; Da|seins_be|din|gung, ...be|rech|ti|gung** (die; -), **...form, ...freu|de; da|seins|hung|rig; Da|seins|kampf,** der; -[e]s; **da|seins|mä|ßig** (*für* existentiell); **Da|seins_recht, ...wei|se** (die), **...zweck**

da|selbst (*geh., veraltend für* dort)

Dash [dɛʃ], der; -s, -s ‹engl.› (Spritzer, kleinste Menge [bei der Bereitung eines Cocktails])

das heißt (*Abk.* d. h.); ↑R 98; seine Freunde werden ihn am 27. August, d. h. an seinem Geburtstag, besuchen; wir weisen darauf hin, daß der Teilnehmerkreis gemischt ist, d. h., daß ein Teil bereits gute Fachkenntnisse besitzt

[1]**da|sig** (*österr. mdal. für* hiesig)

[2]**da|sig** (*südd., österr. mdal. für* verwirrt, schüchtern); - machen (einschüchtern)

das ist (*Abk.* d. i.); ↑R 98

da|sit|zen; wenn ihr so dasitzt ...; aber: er soll da (dort) sitzen; ↑da *u.* R 205 f.

das|je|ni|ge (↑R 66); *Gen.* desjenigen, *Plur.* diejenigen

daß; so daß (*immer* getrennt); auf daß (*veraltet*); bis daß (*veraltet*); ich glaube, daß ...; daß-Satz (↑R 33)

das|sel|be (↑R 66); *Gen.* desselben, *Plur.* dieselben; es ist alles ein und dasselbe

Das|sel_beu|le, ...flie|ge, ...lar|ve

daß-Satz (↑R 33)

da|ste|hen; fassungslos, steif -; die Firma hat glänzend dagestanden (war wirtschaftlich gesund); ein einmalig dastehender Fall; aber: er soll da (dort) stehen; ↑da *u.* R 205 f.

Da|sy|me|ter, das; -s, - ‹griech.› (Gasdichtemesser)

dat. = datum

Dat. = Dativ

Date [de:t], das; -[s], -s ‹amerik.› (*ugs. für* Verabredung, Treffen); **Da|tei** [da...] (Beleg- u. Dokumentensammlung, bes. in der Datenverarbeitung); **Da|ten** (*Plur. von* Datum; Angaben); **Da|ten_bank** (*Plur.* ...banken), **...er|fas|sung, ...schutz; Da|ten|schutz_be|auf|trag|te** (der *u.* die; ↑R 197), **...ge|setz; Da|ten_trä|ger, ...ty|pi|stin, ...über|tra|gung; da|ten|ver|ar|bei|tend;** -e Maschine (↑R 209); **Da|ten|ver|ar|bei|tung** (*Abk.* DV); elektronische - (*Abk.* EDV); **Da|ten|ver|ar|bei|tungs|an|la|ge; da|tie|ren** ‹franz.› ([Brief usw.] mit Zeitangabe versehen); einen Brief [auf den 5. Mai] -; die Handschrift datiert (stammt) aus dem 4. Jh.; der Brief datiert (trägt das Datum) vom 1. Oktober; **Da|tie|rung**

Da|tiv, der; -s, -e [...və] ‹lat.› (*Sprachw.* Wemfall, 3. Fall; *Abk.* Dat.); freier - (*Sprachw.*); **Da|tiv|ob|jekt; Da|ti|vus ethi|cus** [...v... ...kus], der; - -, ...vi ...ci [...vi ...tsi] (*Sprachw.*)

da|to ‹ital.› (*Kaufmannsspr. veraltet* heute); bis - (bis heute); **Da|to|wech|sel** (*Bankw.* der auf eine bestimmte Zeit nach dem Ausstellungstag zahlbar gestellte Wechsel)

Dat|scha, die; -, *Plur.* -s *od.* ...schen ‹russ.› *u.* **Dat|sche,** die; -, -n (*bes. regional für* Landhaus, Wochenendhaus)

Dat|tel, die; -, -n; **Dat|tel_pal|me, ...pflau|me, ...trau|be**

da|tum ‹lat., „gegeben"› (*veraltet für* geschrieben; *Abk.* dat.); **Da|tum,** das; -s, ...ten; *vgl.* Daten; **Da|tums_an|ga|be, ...gren|ze, ...stem|pel**

Dau, Dhau [dau̯], die; -, -en ‹arab.› (arab. Segelschiff)

Dau|be, die; -, -n (Seitenbrett eines Fasses; hölzernes Zielstück beim Eisschießen)

Dau|bel, die; -, -n (*österr. für* Fischnetz)

Dau|er, die; -, *Plur. fachspr. gelegentlich* -n; **Dau|er_ar|beits|lo|se** (der *u.* die), **...ar|beits|lo|sig|keit, ...auf|trag, ...aus|weis, ...be|la|stung, ...be|schäf|ti|gung, ...bren|ner, ...ein|rich|tung, ...frost, ...gast** (*Plur.* ...gäste), **...ge|schwin|dig|keit; dau|er|haft;** -este; **Dau|er|haf|tig|keit,** die; -; **Dau|er_kar|te, ...kun|de** (der), **...lauf, ...lei|stung, ...lut|scher, ...mie|ter;** [1]**dau|ern;** es dauert nicht lange

[2]**dau|ern** (*geh. für* leid tun); es dauert mich; mich dauert jeder Pfennig

dau|ernd; Dau|er_par|ker, ...re|gen, ...ritt, ...scha|den, ...schlaf, ...stel|lung, ...test, ...ton (*Plur.* ...töne), **...wel|le, ...wurst, ...zu|stand** (*Plur. selten*)

Däum|chen; Däu|me|lin|chen (eine Märchengestalt); **Dau|men,** der; -s, -; **Dau|men_ab|druck, ...bal|len; dau|men|breit;** ein -er Abstand, aber: der Abstand ist 2 Daumen breit; **dau|men|dick;** *vgl.* daumenbreit; **Dau|men_lut|scher, ...na|gel, ...re|gi|ster, ...schrau|be**

Dau|mier [do'mi̯e:] (franz. Graphiker, Zeichner u. Maler)

Däum|lein; Däum|ling (Daumenschutzkappe; *nur Sing.:* eine Märchengestalt)

Dau|ne, die; -, -n (Flaumfeder); **Dau|nen_bett, ...decke** [*Trenn.* ...dek|ke], **...fe|der, ...kis|sen; dau|nen|weich**

Dau|phin [do'fɛ̃:], der; -s, -s ‹franz.› (*früher* franz. Thronfolger); **Dau|phi|né** [dofi'ne:], die; - (franz. Landschaft)

[1]**Daus;** *nur noch in* was der -!; ei der -! (veraltete Ausrufe des Erstaunens)

[2]**Daus,** das; -es, *Plur.* Däuser, *auch* -e ‹lat.› (zwei Augen im Würfelspiel; As in der Spielkarte)

Da|vid ['da:fid, *auch* ...v...] (m. Vorn.; bibl. König); **Da|vid[s]|stern;** *vgl.* [2]Stern

Da|vis-Cup ['de:viskap], **Da|vis-Po|kal,** der; -s (↑R 135) ‹nach dem amerik. Stifter› (internationaler Tenniswanderpreis); **Da|vis-Po|kal-Mann|schaft**

Da|vis|stra|ße ['de:vis...], die; - (↑R 149) ‹nach dem Entdecker› (Durchfahrt zwischen Grönland u. Nordamerika)

Da|vit ['de:vit], der; -s, -s ‹engl.› (drehbarer Schiffskran)

da|von [*auch* 'da:...]; er will etwas, viel, nichts davon haben; auf und davon laufen; *Getrenntschreibung* (↑da, 1 *u.* R 206): davon (von der bezeichneten Sache) bleiben, kommen, lassen, tragen: es ist nichts davon geblieben; er mußte schließlich davon lassen; *Zusammenschreibung* (↑da, 2 *u.* R 205): z. B. davonbleiben, davongehen; **da|von|blei|ben** (sich entfernt halten, nicht anfassen); er sollte besser davonbleiben (*vgl.* davon); **da|von, daß** (↑R 125); **da|von|ge|hen** (weggehen); sie ist davongegangen, aber: auf und davon gehen (*vgl.* davon); **da|von|kom|men** (glücklich entrinnen); er ist noch einmal davongekommen (*vgl.* davon); **da|von|las|sen;** er soll die Finger davonlassen (sich nicht damit abgeben; *vgl.* davon); **da|von|lau|fen** (weglaufen); wenn sie davonläuft; (↑R 68:) es ist zum Davonlaufen; aber: auf und davon laufen (*vgl.* davon); **da|von|ma|chen,** sich (*ugs. für* davonlaufen, *auch für* sterben); er hat sich davongemacht (*vgl.* davon); **da|von|steh|len,** sich (sich unbemerkt entfernen); sie hat sich davongestohlen (*vgl.* davon); **da-**

von|tra|gen (wegtragen); weil er den Sack davontrug; er hat den Sieg davongetragen (*vgl.* davon)
da|vor [*auch* 'da:...]; ich fürchte mich -; - war alles gut; der Teppich soll davor liegen, nicht hiervor (↑ da *u.* R 205 f.); **da|vor|hän|gen;** sie soll einen Vorhang davorhängen (*vgl.* davor); **da|vor|lie|gen;** der Teppich hat davorgelegen (*vgl.* davor); **da|vor|schie|ben;** einen Riegel - (*vgl.* davor); **da|vor|ste|hen;** er hat schweigend davorgestanden (*vgl.* davor)
Da|vos [da'vo:s] (Kurort in der Schweiz); **Da|vo|ser** (↑ R 147)
Da|vy ['de:vi] (engl. Chemiker); **Da|vysch** ['de:viʃ] (↑ R 134); -e Lampe
da|wai! ‹russ.› (los!); dawai, dawai! (los, los!)
Dawes [dɔ:z] (amerik. Finanzmann); **Dawes|plan** ['dɔ:z...], der; -[e]s (↑ R 135)
da|wi|der (*veraltet für* dagegen); - sein; wenn sie nichts - haben; er wird dawider stoßen; **da|wi|der|re|den** (*veraltet für* das Gegenteil behaupten); sie hat dawidergeredet (↑ da *u.* R 205 f.)
Da|zi|en [...i̯ən], **Da|zi|er** [...i̯ər] usw. *vgl.* Dakien, Daker usw.
da|zu [*auch* 'da:...]; dazu bin ich gut; er ist nicht dazu bereit; *Getrenntschreibung* (↑ da, 1 *u.* R 206): dazu (zu dem genannten Ziel od. Zweck) geben, führen, gehören, kommen; die Entwicklung wird dazu führen, daß ...; weil viel Mut dazu (zu dieser Sache) gehört; er war nicht dazu gekommen, zu antworten; *Zusammenschreibung* (↑ da, 2 *u.* R 205): z. B. dazugehören, sich dazuhalten; **da|zu|be|kom|men** (zusätzlich bekommen); sie hat noch zwei Äpfel dazubekommen (*vgl.* dazu); **da|zu|ge|ben** (hinzutun); du mußt noch etwas Mehl dazugeben (*vgl.* dazu); **da|zu|ge|hö|ren** (zu jmdm. od. etw. gehören); ich weiß, daß er auch dazugehört (*vgl.* dazu); **da|zu|ge|hö|rig; da|zu|hal|ten,** sich (*landsch. für* sich anstrengen, beeilen); er hat sich nach Kräften dazugehalten (*vgl.* dazu); **da|zu|kom|men** (hinzukommen); sie ist eben dazugekommen (*vgl.* dazu); **da|zu|kön|nen** (*ugs. für* dafürkönnen); **da|zu|le|gen** (zu etwas anderem legen); du kannst deine Tasche dazulegen; **da|zu|ler|nen** (zusätzlich, neu lernen); man kann immer noch [etwas] dazulernen; **da|zu|mal;** Anno (*österr.* anno) -; **da|zu|rech|nen** (rechnend hinzufügen); er hat den Betrag dazugerechnet (*vgl.* dazu); **da|zu|schau|en** (*österr. für* sich anstrengen); er muß dazuschauen, daß er fertig wird (*vgl.* dazu); **da|zu|schrei|ben** (hinzufügen); er hat einige Zeilen dazugeschrieben; **da|zu|set|zen** (hinzusetzen); sie hat sich am Nachbartisch dazugesetzt; aber: du mußt dich dazu (zu dieser Tätigkeit) setzen; **da|zu|tun** (hinzutun); er hat einen Apfel dazugetan; aber: was kann ich noch dazu tun? (*vgl.* dazu); **Da|zu|tun,** das (Hilfe, Unterstützung); *noch in* ohne mein -; **da|zu|ver|die|nen** (zusätzlich verdienen); in den Ferien hat er sich etwas dazuverdient (*vgl.* dazu)
da|zwi|schen [*seltener* 'da:...] (örtl. od. zeitl. zwischen etwas); Blumen dazwischen pflanzen; weil sie immer Schokolade dazwischen aß (↑ da *u.* R 205 f.); **da|zwi|schen|fah|ren** (sich in etwas einmischen, Ordnung schaffen); du mußt mal ordentlich dazwischenfahren (↑ da, 2 *u.* R 205); **da|zwi|schen|fra|gen;** er hat ständig dazwischengefragt (↑ da, 2 *u.* R 205); **da|zwi|schen|fun|ken** (*ugs. für* sich in etwas einschalten, etwas durchkreuzen); der Chef hat dauernd dazwischengefunkt (↑ da, 2 *u.* R 205); **da|zwi|schen|kom|men** (*auch übertr. für* sich in etwas einmischen); er ist dazwischengekommen (↑ da, 2 *u.* R 205); **Da|zwi|schen|kunft,** die; -, ...künfte (*veraltet);* **da|zwi|schen|re|den;** er hat ständig dazwischengeredet (↑ da, 2 *u.* R 205); **da|zwi|schen|ru|fen;** sie hat ständig dazwischengerufen (↑ da, 2 *u.* R 205); **da|zwi|schen|schla|gen** (mit Schlägen in eine Auseinandersetzung o. ä. eingreifen); die Polizei hat dazwischengeschlagen, um die Krawalle zu beenden (↑ da, 2 *u.* R 205); **da|zwi|schen|ste|hen;** die Menge wartete, und wir haben dazwischengestanden (↑ da, 2 *u.* R 205); **da|zwi|schen|tre|ten** (*auch übertr. für* schlichten, ausgleichen); er ist dazwischengetreten (↑ da, 2 *u.* R 205); **Da|zwi|schen|tre|ten,** das; -s
dB = *Zeichen für* Dezibel
DB = Deutsche Bücherei; Deutsche Bundesbahn
DBB = Deutscher Beamtenbund
DBD = Demokratische Bauernpartei Deutschlands *(ehem. in der DDR)*
DBGM = Deutsches Bundes-Gebrauchsmuster
DBP = Deutsche Bundespost; Deutsches Bundespatent
d. c. = da capo
D. C. = District of Columbia ['distrikt əv kə'lambi̯ə] (dem Bundeskongreß unterstellter Bundesdistrikt der USA um Washington)
d. d. = de dato
Dd. = doctorandus; *vgl.* Doktorand
DDR = Deutsche Demokratische Republik (1949–1990); **DDR-Bür|ger;** die ehemaligen -
DDT Ⓦz, das; - ‹*aus* Dichlordiphenyltrichloräthan› ([heute weitgehend verbotenes] Mittel zur Ungezieferbekämpfung)
D-Dur ['de:du:r, *auch* 'de:'du:r], das; - (Tonart; *Zeichen* D); **D-Dur-Ton|lei|ter** (↑ R 41)
Deal [di:l], der; -s, -s (*ugs. für* Handel, Geschäft); **dea|len** ‹engl.› (illegal mit Rauschgift handeln); **Dea|ler,** der; -s, - (Rauschgifthändler)
De|ba|kel, das; -s, - ‹franz.› (Zusammenbruch; Niederlage)
De|bat|te, die; -, -n ‹franz.› (Diskussion, Erörterung [im Parlament]); **de|bat|te|los; De|bat|ten|schrift,** die; - (*veraltet für* Eilschrift); **De|bat|ter** ‹engl.› (*svw.* Debattierer); **De|bat|te|rin; de|bat|tie|ren** ‹franz.› (erörtern, verhandeln); **De|bat|tie|rer** (jmd., der an einer Debatte teilnimmt, der debattiert); **De|bat|tier|klub** *(abwertend)*
de Beau|voir [də bo'vo̯a:r]; *vgl.* Beauvoir, de
De|bet, das; -s, -s ‹lat.› (*Bankw.* die linke Seite, Sollseite eines Kontos)
de|bil ‹lat.› (*Med.* leicht schwachsinnig); **De|bi|li|tät,** die; - (*Med.* leichter Grad der Schwachsinnigkeit)
de|bi|tie|ren ‹lat.› (*Bankw.* jmdn., ein Konto belasten); **De|bi|tor,** der; -s, ...oren *meist Plur.* (Schuldner, der Waren auf Kredit bezogen hat); **De|bi|to|ren|kon|to**
De|bo|ra (bibl. w. Eigenn.); **De|bo|rah,** *auch* De|bo|ra (w. Vorn.)
De|bre|cen ['dɛbrɛtsɛn] (Stadt in Ungarn); **De|bre|czin** ['dɛbrɛtsi:n] (*slowak. Form von* Debrecen); **De|bre|czi|ner,** *auch* **De|bre|zi|ner,** die; -, - (stark gewürzte Würstchen)
De|bus|sy [dəby'si:] (franz. Komponist)
De|büt [de'by:], das; -s, -s ‹franz.› (erstes Auftreten); **De|bü|tant** [deby...], der; -en, -en; ↑ R 197 (erstmalig Auftretender; Anfänger); **De|bü|tan|tin; De|bü|tan|tin|nen|ball; de|bü|tie|ren**
Dec|ame|ro|ne, der, *auch* das; -s ‹ital.› *vgl.* Dekameron
De|cha|nat [dɛça...], De|ka|nat [deka...], das; -[e]s, -e ‹lat.› (Amt

od. Sprengel eines Dechanten, Dekans); **De|cha|nei,** De|ka|nei (Wohnung eines Dechanten); **De|chant** [*auch, österr. nur,* 'dɛç...], der; -en, -en; ↑R 197 *u.* Dekan (höherer kath. Geistlicher, Vorsteher eines kath. Kirchenbezirkes u. a.)
De|cher, das *od.* der; -s, - ‹lat.› (früheres deutsches Maß [= 10 Stück] für Felle u. Rauchwaren)
de|chif|frie|ren [deʃi'fri:...] ‹franz.› ([Geheimschrift, Nachricht] entschlüsseln); **De|chif|frie|rung**
Dech|sel, die; -, -n (beilähnliches Werkzeug)
De|ci|mus ['de:tsi...] (röm. m. Vorn.; *Abk.* D.)
Deck, das; -[e]s, *Plur.* -s, *selten* -e; **Deck‿adres|se, ...an|schrift, ...auf|bau|ten** *(Plur.),* **...bett, ...blatt; Decke**[1], die; -, -n; **Deckel**[1], der; -s, -; **Deckel**[1]**‿glas** (*Plur.* ...gläser), **...kan|ne, ...krug; deckeln**[1] (*ugs. auch für* rügen); ich ...[e]le (↑R 22); **decken**[1]; **Decken**[1]**‿be|leuch|tung, ...ge|mäl|de, ...kon|struk|ti|on, ...lam|pe, ...ma|le|rei; Deck‿far|be, ...haar, ...hengst, ...man|tel, ...na|me** (der; -ns, -n); **Deck|of|fi|zier** *(Seemannsspr.);* **Deck|plat|te; Deck[s]‿la|dung, ...last, ...plan|ke; Deckung**[1]; **Deckungs|feh|ler**[1] *(Sportspr.);* **deckungs|gleich**[1] (*für* kongruent); **Deckungs**[1]**‿kar|te** *(Kfz-Versicherung),* **...mit|tel** *(Plur.),* **...sum|me; Deck‿weiß, ...wort** (*Plur.* ...wörter)
De|co|der (*Elektronik* Datenentschlüßler); **de|co|die|ren** *vgl.* dekodieren
De|col|la|ge [dekɔ'la:ʒə, *österr.* dekɔ'la:ʒ], die; -, -n [...'laʒ(ə)n] ‹franz.› (Kunstwerk, das durch zerstörende Veränderung von Materialien entsteht); **De|col|la|gist** [...la'ʒist], der; -en, -en; ↑R 197 (Künstler, der Decollagen herstellt)
Dé|colle|té *vgl.* Dekolleté
de|cou|ra|giert [dekura'ʒi:rt] ‹franz.› (*veraltend für* mutlos, verzagt)
de|cresc. = decrescendo; **de|cre|scen|do** [dekrɛ'ʃɛndo] ‹ital.› (*Musik* abnehmend; *Abk.* decresc.); **De|cre|scen|do,** das; -s, *Plur.* -s *u.* ...di *(Musik)*
de da|to ‹lat.› (*veraltet für* vom Tage der Ausstellung an; *Abk.* d. d.); *vgl.* a dato
De|di|ka|ti|on, die; -, -en ‹lat.› (Widmung; Geschenk); **de|di|zie|ren** (widmen; schenken)
De|duk|ti|on, die; -, -en ‹lat.› (*Philos.* Herleitung des Besonderen aus dem Allgemeinen; Beweis); **de|duk|tiv** [*auch* 'de:...]; **de|du|zier|bar; de|du|zie|ren**
Deern, die; -, -s (*nordd. für* Mädchen)
De|es|ka|la|ti|on [*auch* 'de:...], die; -, -en ‹franz.-engl.› (stufenweise Abschwächung); **de|es|ka|lie|ren** [*auch* 'de:...]
DEFA, die; - (= Deutsche Film-AG)
de fac|to ‹lat.› (tatsächlich [bestehend]); **De-fac|to-An|er|ken|nung** (↑R 41)
De|fä|ka|ti|on, die; -, -en ‹lat.› (*Med.* Stuhlentleerung); **de|fä|kie|ren**
De|fä|tis|mus, *schweiz. meist* De|fai|tis|mus [...fɛ...], der; - ‹franz.› (Mut- u. Hoffnungslosigkeit, Neigung zum Aufgeben); **De|fä|tist,** *schweiz. meist* De|fai|tist [...fɛ...], der; -en, -en; ↑R 197 (jmd., der mut- u. hoffnungslos ist und die eigene Sache für aussichtslos hält); **de|fä|ti|stisch,** *schweiz. meist* de|fai|ti|stisch [...fɛ...]
de|fekt ‹lat.› (schadhaft; fehlerhaft); **De|fekt,** der; -[e]s, -e; **de|fek|tiv** [*auch* 'de:...] (mangelhaft); **De|fek|ti|vum** [...vum], das; -s, ...va [...va] (*Sprachw.* nicht an allen grammatischen Möglichkeiten seiner Wortart teilnehmendes Wort, z. B. „Leute" [ohne Singular])
de|fen|siv [*auch* 'de:...] ‹lat.› (verteidigend); **De|fen|si|ve** [...və], die; -, -n *Plur. selten* (Verteidigung, Abwehr); **De|fen|siv‿krieg, ...spiel** *(Sportspr.),* **...spie|ler** *(Sportspr.),* **...stel|lung, ...tak|tik; De|fen|sor,** der; -s, ...oren (Verteidiger, *z. B. in* Defensor fidei = Verteidiger des Glaubens [Ehrentitel des engl. Königs])
De|fer|eg|gen, das; -s (österr. Alpental); **De|fer|eg|gen|tal**
De|fi|lee [*schweiz.* 'de...], das; -s, *Plur.* -s, *schweiz. nur so, sonst auch* ...leen ‹franz.› ([parademäßiger] Vorbeimarsch); **de|fi|lie|ren** (parademäßig od. feierlich vorbeiziehen)
de|fi|nier|bar; de|fi|nie|ren ‹lat.› ([einen Begriff] erklären, bestimmen); **de|fi|nit** (bestimmt); -e Größen (*Math.* Größen, die immer das gleiche Vorzeichen haben); **De|fi|ni|ti|on,** die; -, -en; - eines Dogmas (*kath. Kirche* unfehlbare Entscheidung darüber); **de|fi|ni|tiv** [*auch* 'de:...] (endgültig, abschließend; ein für allemal); **De|fi|ni|ti|vum** [...vum], das; -s, ...va [...va] (endgültiger Zustand); **de|fi|ni|to|risch** (die Definition betreffend)
De|fi|zi|ent, der; -en, -en (↑R 197) ‹lat.› (*veraltet für* Dienstunfähiger); **De|fi|zit,** das; -s, -e (Fehlbetrag; Mangel); **de|fi|zi|tär; De|fi|zit|po|li|tik**
De|fla|ti|on, die; -, -en ‹lat.› (*Geol.* Abblasung lockeren Gesteins durch Wind; *Wirtsch.* Abnahme des Preisniveaus); **de|fla|tio|när, de|fla|tio|ni|stisch, de|fla|to|risch** (*Wirtsch.* eine Deflation betreffend, bewirkend)
De|flek|tor, der; -s, ...oren ‹lat.› (*Technik* Saug-, Rauchkappe; *Kerntechnik* Ablenkungselektrode im Zyklotron)
De|flo|ra|ti|on, die; -, -en ‹lat.› (*Med.* Zerstörung des Jungfernhäutchens beim ersten Geschlechtsverkehr, Entjungferung); **De|flo|ra|ti|ons|an|spruch** (*Rechtsw.* Kranzgeld); **de|flo|rie|ren; De|flo|rie|rung**
De|foe [də'fo:] (engl. Schriftsteller)
De|for|ma|ti|on, die; -, -en (Formänderung; Verunstaltung); **de|for|mie|ren; De|for|mie|rung** (*svw.* Deformation); **De|for|mi|tät,** die; -, -en (*Med.* Mißbildung)
De|frau|dant, der; -en, -en (↑R 197) ‹lat.› (*veraltend für* Betrüger); **De|frau|da|ti|on,** die; -, -en (Unterschlagung, Hinterziehung); **de|frau|die|ren**
De|fro|ster ‹engl.›, **De|fro|ster|an|la|ge** ‹engl.; dt.› (Anlage im Kraftfahrzeug, die das Beschlagen od. Vereisen der Windschutzscheibe verhütet)
def|tig (*ugs. für* derb, saftig; tüchtig, sehr); **Def|tig|keit** *(ugs.)*
De|ga|ge|ment [degaʒə'mã:], das; -s, -s ‹franz.› (*veraltet für* Zwanglosigkeit; Befreiung [von einer Verbindlichkeit]); **de|ga|gie|ren** [...'ʒi:...] (*veraltet für* [von einer Verbindlichkeit] befreien)
De|gas [də'ga] (franz. Maler)
de Gaulle [də 'go:l]; *vgl.* Gaulle, de; **De-Gaulle-An|hän|ger** (↑R 135); **de-Gaulle-freund|lich** (↑R 136)
[1]**De|gen,** der; -s, - (*altertüml. für* [junger] Held; Krieger)
[2]**De|gen,** der; -s, - (Stichwaffe)
De|ge|ne|ra|ti|on, die; -, -en (Entartung; Rückbildung); **De|ge|ne|ra|ti|ons|er|schei|nung; de|ge|ne|ra|tiv; de|ge|ne|rie|ren**
De|gen‿fech|ten, ...griff, ...gurt
De|gen|hard (m. Vorn.)
De|gen‿klin|ge, ...korb, ...stoß
De|gout [de'gu:], der; -s ‹franz.› (*geh. für* Ekel, Widerwille); **de|gou|tant** [degu'tant]; -este (*geh. für* ekelhaft); **de|gou|tie|ren** (*geh. für* anekeln; ekelhaft finden)

---
[1] *Trenn.* ...k|k...

De|gra|da|ti|on, die; -, -en ‹lat.› (Degradierung; Ausstoßung eines kath. Geistlichen aus dem geistl. Stand); **de|gra|die|ren; De|gra|die|rung** (Herabsetzung [im Rang]; Herabwürdigung)
De|gres|si|on, die; -, -en ‹franz.› (*Wirtsch.* relative Kostenabnahme bei steigender Produktionsmenge; *Steuerw.* Abnahme des Steuersatzes bei abnehmendem Einkommen); **de|gres|siv** (abnehmend, sich [stufenweise] vermindernd); -e Schulden, Kosten
De|gu|sta|ti|on, die; -, -en ‹lat.› (*bes. schweiz. für* Kostprobe); **de gu|sti|bus non est dis|pu|tan|dum** ‹lat., „über den Geschmack ist nicht zu streiten"›; **de|gu|stie|ren** (*bes. schweiz. für* probieren, kosten); Weine -
dehn|bar; Dehn|bar|keit, die; -; **deh|nen; Dehn‿fä|hig|keit, ...son|de; Deh|nung; Deh|nungs-h,** das; -, - (↑R 37); **Deh|nungs|zei|chen**
De|hors [de'o:r(s)] *Plur.* ‹franz.› (*veraltend für* äußerer Schein; gesellschaftlicher Anstand); die - wahren
De|hy|dra|ta|ti|on, die; -, -en ‹lat.; griech.› (*fachspr. für* Trocknung [von Lebensmitteln]); **De|hy|dra|ti|on,** die; -, -en; *vgl.* Dehydrierung; **de|hy|dra|ti|sie|ren** ([Lebensmitteln] zur Trocknung Wasser entziehen); **de|hy|drie|ren** ([einer chem. Verbindung] Wasserstoff entziehen); **De|hy|drie|rung** (Entzug von Wasserstoff)
Dei|bel *vgl.* Deiwel
Deich, der; -[e]s, -e (Damm); **Deich‿bau** (der; -[e]s), **...bruch** (der); **dei|chen; Deich‿fuß, ...graf, ...haupt|mann, ...kro|ne**
[1]**Deich|sel,** die; -, -n (Wagenteil)
[2]**Deich|sel,** die; -, -n (*Nebenform von* Dechsel)
Deich|sel‿bruch (der), **...kreuz**
deich|seln (*ugs. für* [etwas Schwieriges] zustande bringen); ich ...[e]le (↑R 22)
Dei|fi|ka|ti|on [dei...], die; -, -en ‹lat.› (Vergottung einer Person od. Sache); **dei|fi|zie|ren; Dei gra|tia** (von Gottes Gnaden; *Abk.* D. G.)
deik|tisch [*auch* de'ik...] ‹griech.› (hinweisend; auf Beispiele gegründet)
[1]**dein** (*in Briefen usw.* [↑R 71]: Dein usw.), deine, dein (dein Tisch usw.); Wessen Buch ist das? Ist es dein[e]s?; ein Streit über mein und dein; mein und dein verwechseln, aber (↑R 66): das Mein und Dein; [2]**dein,** deiner (*Gen. von* „du"; *geh.*); ich gedenke dein[er]; **dei|ne,** deinige; der, die, das dein[ig]e (*geh.; außer in Briefen klein geschrieben, wenn ein vorausgegangenes Substantiv zu ergänzen ist,* z. B.: Wessen Garten ist das? Ist es der dein[ig]e?); *Großschreibung* (↑R 66): die Dein[ig]en (deine Angehörigen); das Dein[ig]e (deine Habe, das dir Zukommende); du mußt das Dein[ig]e tun; **dei|ner**[1] *vgl.* [2]dein *Gen.*; **dei|ner|seits**[1]; **dei|nes|glei|chen**[1]; **dei|nes|teils**[1]; **dei|net|hal|ben**[1] *(veraltend);* **dei|net|we|gen**[1]; **dei|net|wil|len**[1]; um -; **dei|ni|ge**[1] *vgl.* deine
De|is|mus, der; - ‹lat.› (Gottesglaube [aus Vernunftgründen]); **De|ist,** der; -en, -en (↑R 197); **dei|stisch**
Dei|wel, Dei|xel, der; -s (*ugs. für* Teufel); pfui -!
Déjà-vu-Er|leb|nis [deʒa'vy:...] ‹franz.; dt.› (*Psych.* Eindruck, Gegenwärtiges schon einmal „gesehen", erlebt zu haben)
De|jekt, das; -[e]s, -e ‹lat.› (*Med.* Ausgeschiedenes [bes. Kot]); **De|jek|ti|on,** die; -, -en (Ausscheidung)
De|jeu|ner [deʒø'ne:], das; -s, -s ‹franz.› (*geh. für* Frühstücksgedeck; *veraltet für* Frühstück)
de ju|re ‹lat.› (von Rechts wegen); **De-ju|re-An|er|ken|nung** (↑R 41)
De|ka, das; -[s], - ‹griech.› (*österr. Kurzform für* Dekagramm); **deka...** (zehn...); **De|ka...** (Zehn...; das Zehnfache einer Einheit, z. B. Dekameter = 10 Meter; *Zeichen* da); **De|ka|brist,** der; -en, -en (↑R 197) ‹griech.-russ.› (Teilnehmer an dem Aufstand im Dezember 1825 in Rußland); **De|ka|de,** die; -, -n ‹griech.› (zehn Stück; Zeitraum von zehn Tagen, Wochen, Monaten oder Jahren)
de|ka|dent; -este ‹lat.› (im Verfall begriffen); **De|ka|denz,** die; - ([kultureller] Verfall, Niedergang)
de|ka|disch ‹griech.› (zehnteilig); -er Logarithmus, -es System *(Math.);* **De|ka|eder,** das; -s, - (Zehnflächner); **De|ka|gramm** [*auch* 'dɛka...] (10 g; *Zeichen* dag; *vgl.* Deka; **De|ka|li|ter** [*auch* 'dɛka...] (10 l; *Zeichen* dal)
De|kal|kier|pa|pier ‹lat.; griech.› (für den Druck von Abziehbildern)
De|ka|log, der; -[e]s ‹griech.› (*christl. Rel.* die Zehn Gebote)
Dek|ame|ron, das; -s ‹ital.› (Boccaccios Erzählungen der „zehn Tage"); *vgl.* Decamerone

[1] *Als Anrede in Briefen stets* groß *geschrieben* (↑R 71).

De|ka|me|ter [*auch* 'dɛka...] ‹griech.› (10 m; *Zeichen* dam)
De|kan, der; -s, -e ‹lat.› (Vorsteher einer Fakultät; Amtsbezeichnung für Geistliche); *vgl.* Dechant; **De|ka|nat,** das; -[e]s, -e (Amt, Bezirk eines Dekans); *vgl.* Dechanat; **De|ka|nei** (Wohnung eines Dekans); *vgl.* Dechanei; **De|ka|nin**
de|kan|tie|ren ‹franz.› (*bes. Chemie* [eine Flüssigkeit vom Bodensatz] abgießen)
de|ka|pie|ren ‹franz.› (*fachspr. für* [Metalle] abbeizen; entzundern)
De|ka|po|de, der; -n, -n *meist Plur.;* ↑R 197 ‹griech.› (*Zool.* Zehnfußkrebs); **Dek|ar,** das; -s, -e; 3 - (↑R 129) *u. schweiz.* **Dek|are,** die; -, -n ‹lat.› (10 Ar)
de|kar|tel|lie|ren, *häufiger* **de|kar|tel|li|sie|ren** ‹franz.› (*Wirtsch.* Kartelle entflechten, auflösen); **De|kar|tel|li|sie|rung**
De|ka|ster, der; -s, *Plur.* -e *u.* -s ‹griech.› (10 Ster = 10 m³)
De|ka|teur [deka'tø:r], der; -s, -e ‹franz.› (*Textilw.* Fachmann, der dekatiert); **de|ka|tie|ren** ([Woll]stoffe durch Dämpfen krumpffrei und bügelecht machen); **De|ka|tie|rer** *vgl.* Dekateur; **De|ka|tur,** die; -, -en (Vorgang des Dekatierens)
De|kla|ma|ti|on, die; -, -en ‹lat.› (kunstgerechter Vortrag [einer Dichtung]); **De|kla|ma|tor,** der; -s, ...oren; **de|kla|ma|to|risch; de|kla|mie|ren**
De|kla|ra|ti|on, die; -, -en ‹lat.› ([öffentl.] Erklärung; Steuer-, Zollerklärung; Inhalts-, Wertangabe); **de|kla|ra|tiv;** von rein -em Charakter; **de|kla|ra|to|risch;** -e Urkunde; **de|kla|rie|ren; De|kla|rie|rung**
de|klas|sie|ren ‹lat.› (herabsetzen; *Sport* [einen Gegner] überlegen besiegen); **De|klas|sie|rung**
de|kli|na|bel ‹lat.› (*Sprachw.* veränderlich, beugbar); ...a|ble Wörter; **De|kli|na|ti|on,** die; -, -en (*Sprachw.* Beugung der Substantive, Adjektive, Pronomen u. Numeralien; *Geophysik* Abweichung der Richtung einer Magnetnadel von der wahren Nordrichtung; *Astron.* Abweichung, Winkelabstand eines Gestirns vom Himmelsäquator); **De|kli|na|ti|ons|en|dung** *(Sprachw.);* **De|kli|na|tor,** der; -s, ...oren *u.* **De|kli|na|to|ri|um,** das; -s, ...ien [...iən] (*Geophysik* Gerät zur Bestimmung [zeitlicher Änderungen] der Deklination); **de|kli|nier|bar** (*Sprachw.* beugbar); **de|kli|nie|ren** (*Sprachw.* [Substantive, Adjektive, Pronomen u. Numeralien] beugen)

de|ko|die|ren, *in der Technik meist* de|co|die|ren (eine Nachricht entschlüsseln); **De|ko|die|rung**

De|kokt, das; -[e]s, -e ‹lat.› (*Pharm.* Abkochung, Absud [von Arzneimitteln])

De|kolle|té, *bes. schweiz.* Dé|colle|té [*beide* dekɔl'te:], das; -s, -s ‹franz.› (tiefer [Kleid]ausschnitt); **de|kolle|tie|ren; de|kolle|tiert**

De|ko|lo|ni|sa|ti|on, die; -, -en ‹nlat.› (Entlassung einer Kolonie aus der Abhängigkeit vom Mutterland); **de|ko|lo|ni|sie|ren; De|ko|lo|ni|sie|rung**

de|kom|po|nie|ren ‹lat.› (zerlegen [in die Grundbestandteile]); **De|kom|po|si|ti|on,** die; -, -en; **de|kom|po|si|to|risch** (*geh. für* zersetzend, zerstörend)

De|kom|pres|si|on, die; -, -en ‹lat.› (*Technik* Druckabfall; Druckentlastung)

De|kon|ta|mi|na|ti|on, die; -, -en ‹nlat.› (Entgiftung; Entseuchung; Beseitigung od. Verringerung radioaktiver Verstrahlung); **de|kon|ta|mi|nie|ren; De|kon|ta|mi|nie|rung**

De|kon|zen|tra|ti|on, die; -, -en ‹nlat.› (Zerstreuung, Zersplitterung); **de|kon|zen|trie|ren**

De|kor, der *od.* das; -s, *Plur.* -s *u.* -e ‹franz.› ([farbige] Verzierung, Ausschmückung, Vergoldung; Muster); **De|ko|ra|teur** [...'tø:r], der; -s, -e; **De|ko|ra|teu|rin** [...'tø:rin]; **De|ko|ra|ti|on,** die; -, -en; **De|ko|ra|ti|ons_ma|ler, ...pa|pier, ...stoff; de|ko|ra|tiv; de|ko|rie|ren; De|ko|rie|rung** (*auch für* Auszeichnung mit Orden u. ä.)

De|kort [de'ko:r, *auch* de'kɔrt], der; -s, *Plur.* -s *u. (bei dt. Ausspr.)* -e ‹franz.› (*Wirtsch.* Zahlungsabzug wegen Mindergewicht, Qualitätsmangel u. ä.; Preisnachlaß); **de|kor|tie|ren**

De|ko|rum, das; -s ‹lat.› (*veraltend für* Anstand, Schicklichkeit); das - wahren

De|ko|stoff (*Kurzform für* Dekorationsstoff)

De|kre|ment, das; -[e]s, -e ‹lat.› (*Med.* Abklingen einer Krankheit; Verminderung, Verfall)

De|kre|pi|ta|ti|on, die; -, -en (*Chemie* Verpuffen, knisterndes Zerplatzen [von Kristallen beim Erhitzen]); **de|kre|pi|tie|ren**

De|kre|scen|do *vgl.* Decrescendo; **De|kres|zenz,** die; -, -en (*fachspr. für* Abnahme)

De|kret, das; -[e]s, -e ‹lat.› (Beschluß; Verordnung; behördliche, richterliche Verfügung); **De|kre|ta|le,** das; -, ...lien [...i̯ən] *od.* die; -, -n *meist Plur.* ([päpstlicher] Entscheid); **de|kre|tie|ren**

De|ku|ma|ten|land, De|ku|mat|land, das; -[e]s ‹lat.; dt., „Zehntland"› (altröm. Kolonialgebiet zw. Rhein, Main u. Neckar)

de|ku|pie|ren ‹franz.› (ausschneiden, aussägen); **De|ku|pier|sä|ge** (Schweif-, Laubsäge)

De|ku|rie [...i̯ə], die; -, -n ‹lat.› (*bei den Römern urspr.* Abteilung von zehn Mann; *dann allgemein für* Gruppe von Senatoren, Richtern, Rittern); **De|ku|rio,** der; *Gen.* -s *u.* ...onen, *Plur.* ...onen (*urspr.* Vorsteher einer Dekurie; *dann auch* Mitglied des Gemeinderates in altröm. Städten)

De|ku|vert [...'ve:r, *auch* ...'vɛ:r], das; -s, -s ‹franz.› (*Börse* Überschuß der Baissegeschäfte über die Haussegeschäfte); **de|ku|vrie|ren** (*geh. für* entlarven); **De|ku|vrie|rung** *(geh.)*

del. = deleatur; delineavit

Del. = [1]Delaware

De|la|croix [dəla'kro̯a], Eugène [ø'ʒɛ(:)n] (franz. Maler)

[1]**De|la|ware** ['dɛləwɛ:(r)] (Staat in den USA; *Abk.* Del.); [2]**De|la|wa|re** [dela'va:rə], der; -n, -n; ↑R 197 (Angehöriger eines nordamerik. Indianerstammes)

de|lea|tur ‹lat., „man streiche"› (*Druckw.* Anweisung zur Streichung; *Abk.* del.; *Zeichen* ₰); **De|lea|tur,** das; -s, - (*Druckw.* Tilgungszeichen ₰); **De|lea|tur|zei|chen**

De|le|gat, der; -en, -en (↑R 197) ‹lat.› (Bevollmächtigter); Apostolischer -; **De|le|ga|ti|on,** die; -, -en (Abordnung); **De|le|ga|ti|ons_lei|ter** (der), **...mit|glied; de|le|gie|ren** (abordnen; auf einen anderen übertragen); **De|le|gier|te,** der *u.* die; -n, -n; ↑R 7 ff. (Abgesandte[r], Mitglied einer Delegation); **De|le|gier|ten|ver|samm|lung; De|le|gie|rung**

de|lek|tie|ren ‹lat.› (*geh. für* ergötzen, erfreuen); sich -

de|le|tär ‹nlat.› (*Med.* tödlich, verderblich)

Delft (niederl. Stadt); **Delf|ter** (↑R 147); - Fayencen (Töpferwaren)

Del|hi ['de:li] (Hptst. der Republik Indien); *vgl.* Neu-Delhi

De|lia (w. Vorn.)

de|li|kat; -este ‹franz.› (lecker, wohlschmeckend; zart; heikel); **De|li|ka|tes|se,** die; -, -n (Leckerbissen; Feinkost; *nur Sing.:* Zartgefühl); **De|li|ka|tes|sen|ge|schäft, De|li|ka|teß|ge|schäft; De|li|ka|teß_gur|ke, ...senf; De|li|kat|la|den** (Geschäft für hochwertige Lebens- u. Genußmittel in der ehemaligen DDR)

De|likt, das; -[e]s, -e ‹lat.› (Vergehen; Straftat)

De|li|la (w. Vorn.; bibl. w. Eigenn.)

de|lin., del. = delineavit; **de|li|nea|vit** [...vit] ‹lat., „hat [es] gezeichnet"› (unter Bildern; *Abk* del., delin.)

de|lin|quent ‹lat.› (straffällig, verbrecherisch); **De|lin|quent,** der; -en, -en; ↑R 197 (Übeltäter); **De|lin|quenz,** die; - (*fachspr. für* Straffälligkeit)

de|li|rie|ren ‹lat.› (*Med.* irre sein, irrereden); **De|li|ri|um,** das; -s, ...ien [...i̯ən] (Bewußtseinstrübung mit Sinnestäuschungen u. Wahnideen); **De|li|ri|um tre|mens,** das; - - (Säuferwahnsinn)

de|lisch (von Delos); (↑R 148:) das delische Problem (von Apollo den Griechen gestellte Aufgabe, seinen würfelförmigen Alta[r] auf Delos zu verdoppeln), aber (↑R 157): der Delische Bund

de|li|zi|ös; -este ‹franz.› (*geh. für* köstlich); **De|li|zi|us,** der; -, -; *vgl.* Golden Delicious

Del|kre|de|re, das; -, - ‹ital.› (*Wirtsch.* Haftung; Wertberichtigung für voraussichtliche Ausfälle)

Del|le, die; -, -n (*landsch. für* [leichte] Vertiefung; Beule)

de|lo|gie|ren [...'ʒi:...] ‹franz.› (*bes. österr. für* jmdn. zum Auszug aus einer Wohnung veranlassen od. zwingen); **De|lo|gie|rung** (Zwangsräumung)

De|los (Insel im Ägäischen Meer)

Del|phi (altgriech. Orakelstätte)

Del|phin, der; -s, -e ‹griech.› (ein Zahnwal); **Del|phi|na|ri|um,** das; -s, ...ien [...i̯ən] (Anlage zur Pflege, Züchtung und Dressur von Delphinen); **Del|phi|no|lo|ge,** der; -n, -n (↑R 197) (Delphinforscher); **del|phin|schwim|men** *(im allg. nur im Infinitiv gebr.);* er kann nicht -; **Del|phin_schwim|men** (das; -s), **...schwim|mer, ...sprung**

del|phisch; (↑R 148:) ein -es ([nach Delphi benanntes] doppelsinniges) Orakel, aber (↑R 157): das Delphische (in Delphi bestehende) Orakel

[1]**Del|ta,** das; -[s], -s (griech. Buchstabe: Δ, δ); [2]**Del|ta,** das; -s, *Plur* -s *u.* ...ten (fächerförmiges Gebiet im Bereich einer mehrarmigen Flußmündung); **del|ta|för|mig; Del|ta|strah|len, δ-Strah|len** *Plur.* (beim Durchgang radioaktiver Strahlung durch Materie freigesetzte Elektronenstrahlen); **Del|to|id,** das; -[e]s, -e ‹griech.› (Viereck aus zwei gleichschenkligen Dreiecken); **Del|to|id|do|de|ka|eder** (Kristallform mit 12 Deltoiden)

de Luxe [də'lyks] ‹franz.› (aufs be

ste ausgestattet, mit allem Luxus); **De-Luxe-Aus|stat|tung**

dem *vgl.* der

Dem|ago|ge, der; -n, -n (↑R 197) ‹griech.› (Volksverführer, -aufwiegler); **Dem|ago|gie,** die; -, ...ien; **Dem|ago|gin; dem|ago|gisch;** -ste

De|mant [*auch* de'mant], der; -[e]s, -e ‹franz.› (*geh. für* Diamant); **de|man|ten** (*geh. für* diamanten); **De|man|to|id,** der; -[e]s, -e ‹griech.› (ein Mineral)

De|mar|che [de'marʃ(ə)], die; -, -n ‹franz.› (diplomatischer Schritt, mündlich vorgetragener diplomatischer Einspruch)

De|mar|ka|ti|on, die; -, -en ‹franz.› (Abgrenzung); **De|mar|ka|ti|ons|li|nie; de|mar|kie|ren; De|mar|kie|rung**

de|mas|kie|ren ‹franz.› (entlarven); sich - (die Maske abnehmen); **De|mas|kie|rung**

De|men (*Plur. von* Demos)

dem|ent|ge|gen (dagegen)

De|men|ti, das; -s, -s ‹lat.› (offizieller Widerruf; Berichtigung)

De|men|tia, die; -, ...tiae [...tsiɛ:] ‹lat.› *vgl.* Demenz

de|men|tie|ren ‹lat.› (widerrufen; für unwahr erklären)

dem|ent|spre|chend

De|menz, die; -, -en ‹lat.› (*Med.* erworbener Schwachsinn)

De|me|rit, der; -en, -en (↑R 197) ‹franz.› (*kath. Kirche* straffällig gewordener Geistlicher)

De|me|ter [*österr. meist* 'de:...] (griech. Göttin des Ackerbaues)

dem|ge|gen|über (dagegen, anderseits), aber: dem [Mann] gegenüber saß ...; **dem|ge|mäß**

De|mi|john ['de:midʒɔn], der; -s, -s ‹engl.› (Korbflasche)

de|mi|li|ta|ri|sie|ren (entmilitarisieren); **De|mi|li|ta|ri|sie|rung**

De|mi|mon|de [dəmi'mɔ̃:d(ə)], die; - ‹franz.› („Halbwelt“)

de|mi|nu|tiv usw. (*Nebenform von* diminutiv usw.)

de|mi-sec [...'sɛk] ‹franz.› (halbtrocken [von Schaumweinen])

De|mis|si|on ‹franz.› (Rücktritt eines Ministers od. einer Regierung); **De|mis|sio|när,** der; -s, -e (*schweiz. für* Funktionär, der seinen Rücktritt erklärt hat; *veraltet für* entlassener, verabschiedeter Beamter); **de|mis|sio|nie|ren**

De|mi|urg, der; *Gen.* -en (↑R 197) *u.* -s ‹griech.› (Weltschöpfer, göttlicher Weltbaumeister [bei Platon u. in der Gnosis])

dem|nach; dem|nächst [*auch* ...'nɛ:çst]

De|mo [*auch* 'dɛmo], die; -, -s (*ugs. kurz für* Demonstration)

De|mo|bi|li|sa|ti|on, die; -, -en ‹lat.› (den Kriegszustand beenden, die Kriegswirtschaft abbauen); **de|mo|bi|li|sie|ren; De|mo|bi|li|sie|rung; De|mo|bil|ma|chung**

De|mo|graph, der; -en, -en (↑R 197) ‹griech.› (jmd., der berufsmäßig Demographie betreibt); **De|mo|gra|phie,** die; -, ...ien (Beschreibung der Bevölkerungsbewegung; Bevölkerungsstatistik, -wissenschaft); **De|mo|gra|phin; de|mo|gra|phisch**

De|moi|selle [demo̯a'zɛl], die; -, -n [...ən] ‹franz.› (*veraltet für* Fräulein)

De|mo|krat, der; -en, -en (↑R 197) ‹griech.›; **De|mo|kra|tie,** die; -, ...ien ‹griech., „Volksherrschaft“› (Staatsform, in der die vom Volk gewählten Vertreter die Herrschaft ausüben); mittelbare, parlamentarische, repräsentative, unmittelbare -; **De|mo|kra|tin; de|mo|kra|tisch;** -ste; -e Verfassung, aber (↑R 157): Demokratische Bauernpartei Deutschlands (*ehem. in der DDR; Abk.* DBD), Partei des Demokratischen Sozialismus (*Abk.* PDS); **de|mo|kra|ti|sie|ren; De|mo|kra|ti|sie|rung**

De|mo|krit (griech. Philosoph); **De|mo|kri|tos** *vgl.* Demokrit

de|mo|lie|ren ‹franz.› (gewaltsam beschädigen); **De|mo|lie|rung**

de|mo|ne|ti|sie|ren ‹franz.› (*Bankw.* [Münzen] aus dem Verkehr ziehen); **De|mo|ne|ti|sie|rung**

De|mon|strant, der; -en, -en (↑R 197) ‹lat.›; **De|mon|stran|tin; De|mon|stra|ti|on,** die; -, -en ([Protest]kundgebung; nachdrückliche Bekundung; Veranschaulichung); **De|mon|stra|ti|ons‿ma|te|ri|al, ...ob|jekt, ...recht, ...ver|bot, ...zug; de|mon|stra|tiv; De|mon|stra|tiv,** das; -s, -e [...və]; *vgl.* Demonstrativpronomen; **De|mon|stra|tiv|pro|no|men** (*Sprachw.* hinweisendes Fürwort, z. B. „dieser, diese, dieses“); **De|mon|stra|tor,** der; -s, ...oren (Beweisführer, Vorführer); **de|mon|strie|ren** (beweisen, vorführen; eine Demonstration veranstalten, daran teilnehmen)

De|mon|ta|ge [demɔn'ta:ʒə, *auch* demɔŋ'ta:ʒə, *österr.* ...'ta:ʒ] ‹franz.› (Abbau, Abbruch [insbes. von Industrieanlagen]); **de|mon|tie|ren; De|mon|tie|rung**

De|mo|ra|li|sa|ti|on, die; -, -en ‹franz.› (Untergrabung der Moral; Entmutigung); **de|mo|ra|li|sie|ren** (jmdm. den moralischen Halt nehmen; entmutigen); **De|mo|ra|li|sie|rung**

de mor|tu|is nil ni|si be|ne ‹lat.› („von den Toten [soll man] nur gut [sprechen]“)

De|mos, der; -, Demen (*früher* altgriech. Stadtstaat; *heute* in Griechenland kleinster staatl. Verwaltungsbezirk); **De|mo|skop,** der; -en, -en (↑R 197) ‹griech.› (Meinungsforscher); **De|mo|sko|pie,** die; -, ...ien (Meinungsumfrage, Meinungsforschung); **De|mo|sko|pin; de|mo|sko|pisch;** -e Untersuchung

De|mo|sthe|nes (altgriech. Redner); **de|mo|sthe|nisch;** -e Beredsamkeit, aber (↑R 134): die Demosthenischen Reden

de|mo|tisch ‹griech.› (volkstümlich); -e Schrift (altägypt. volkstüml. Schrägschrift); -e Sprache (jüngste altägypt. Sprachstufe); **De|mo|tisch,** das; -[s]; *vgl.* Deutsch; **De|mo|ti|sche,** das; -n; *vgl.* Deutsche, das

De|mo|ti|va|ti|on, die; -, -en ‹nlat.› (das Demotivieren; das Demotiviertsein); **de|mo|ti|vie|ren** (jmds. Motivation schwächen)

dem|un|er|ach|tet [*auch* 'de:m'un...], **dem|un|ge|ach|tet** [*auch* 'de:m'un...] (dessenungeachtet)

De|mut, die; -; **de|mü|tig; de|mü|ti|gen; De|mü|ti|gung; De|muts‿ge|bär|de, ...hal|tung; de|mut[s]|voll**

dem|zu|fol|ge (demnach); - ist die Angelegenheit geklärt, aber: das Vertragswerk, dem zufolge die Staaten sich verpflichten ...

den *vgl.* der

den = Denier

De|nar, der; -s, -e ‹lat.› (altröm. Münze; merowing.-karoling. Münze, Pfennig [*Abk.* d])

De|na|tu|ra|li|sa|ti|on, die; -, -en ‹lat.› (Entlassung aus der bisherigen Staatsangehörigkeit); **de|na|tu|ra|li|sie|ren; de|na|tu|rie|ren** (*fachspr. für* ungenießbar machen; vergällen); denaturierter Spiritus; **De|na|tu|rie|rung**

de|na|zi|fi|zie|ren (*svw.* entnazifizieren); **De|na|zi|fi|zie|rung**

Den|drit [*auch* ...'drit], der; -en, -en (↑R 197) ‹griech.› (*Geol.* Gestein mit feiner, verästelter Zeichnung; *Med.* verästelter Protoplasmafortsatz einer Nervenzelle); **den|dri|tisch;** -ste (verzweigt, verästelt); **Den|dro|lo|gie,** die; - (wissenschaftliche Baumkunde); **Den|dro|me|ter,** das; -s, - (Baummeßgerät)

De|neb, der; -s ‹arab.› (ein Stern)

de|nen *vgl.* der

Den|gel, der; -s, - (Schneide einer Sense o. ä.); **Den|gel‿am|boß, ...ham|mer; den|geln** ([eine Sense o. ä.] durch Hämmern schärfen); ich ...[e]le (↑R 22)

Den|gue|fie|ber ['dɛŋge...], das; -s

‹span.› (eine trop. Infektionskrankheit)
Deng Xiao|ping [- çiau...] (chin. Politiker)
Den Haag *vgl.* Haag, Den
De|nier [də'nie:], das; -[s], - ‹franz.› (Einheit für die Fadenstärke bei Seide u. Chemiefasern; *Abk.* den); *vgl.* Tex
De|nise [də'ni:z] (w. Vorn.)
Denk‿an|satz, ...an|stoß, ...art, ...auf|ga|be; denk|bar; die - günstigsten Bedingungen; **den|ken;** du dachtest; du dächtest; gedacht; denk[e]!; **Den|ken,** das; -s; sein ganzes -; **Den|ker; den|ke|risch; Den|ker|stirn; denk|faul; Denk‿feh|ler, ...form, ...hil|fe, ...in|halt, ...mal** (*Plur.* ...mäler, *österr. nur so, auch* ...male); **Denk|mal[s]|kun|de,** die; -; **denk|mal[s]|kund|lich; Denk|mal[s]‿pfle|ge, ...pfle|ger; denk|mal[s]|pfle|ge|risch; Denk|mal[s]‿schän|dung, ...schutz; Denk‿mo|dell, ...mün|ze, ...mu|ster; denk|not|wen|dig; Denk‿pau|se, ...pro|zeß, ...scha|blo|ne, ...schrift, ...sport; Denk|sport|auf|ga|be; Denk|spruch; denk|ste!** (*ugs. für* das hast du dir so gedacht!); **Denk‿stein, ...übung; Den|kungs|art; Denk‿ver|mö|gen** (das; -s), **...wei|se** (die); **denk|wür|dig; Denk|wür|dig|keit,** die; -, -en; **Denk|zet|tel;** jmdm. einen - geben
denn; es sei -, daß ...; *vor* „je" *u. zur Vermeidung von doppeltem* „als": mehr - je; man kennt ihn eher als Maler - als Dichter; **den|noch** [*Trenn.* ↑R 204]; **denn|schon** *vgl.* wennschon
De|no|mi|na|ti|on, die; -, -en ‹lat.› (*veraltet für* Benennung; *amerik. Bez. für* christliche Glaubensgemeinschaft, Sekte); **De|no|mi|na|tiv,** das; -s, -e [...və] *u.* **De|no|mi|na|ti|vum** [...vum], das; -s, ...va [...va] (*Sprachw.* Ableitung von einem Substantiv od. Adjektiv, z. B. „trösten" von „Trost", „bangen" von „bang")
De|no|ta|ti|on, die; -, -en (*Sprachw.* begriffliche od. Sachbedeutung eines Wortes); **de|no|ta|tiv**
Den|si|me|ter, das; -s, - ‹lat.; griech.› (Gerät zur Messung des spezifischen Gewichts [vorwiegend von Flüssigkeiten])
den|tal ‹lat.› (*Med.* die Zähne betreffend; *Sprachw.* mit Hilfe der Zähne gebildet); **Den|tal,** der; -s, -e *od.* **Den|tal|laut,** der; -[e]s, -e (*Sprachw.* Zahnlaut, an den oberen Schneidezähnen gebildeter Laut, z. B. t); **den|te|lie|ren** [dãtə'li:...] ‹franz.› (*Textilw.* auszacken [von Spitzen]); **Den|tin,** das; -s ‹lat.› (*Med.* Zahnbein; *Biol.* Hartsubstanz der Haischuppen); **Den|tist,** der; -en, -en; ↑R 197 (*früher für* Zahnarzt ohne Hochschulprüfung); **Den|ti|ti|on,** die; -, -en (*Med.* Zahnen; Zahndurchbruch); **Den|to|lo|gie,** die; - ‹lat.; griech.› (Zahnheilkunde)
De|nu|da|ti|on, die; -, -en ‹lat.› (*Geol.* flächenhafte Abtragung der Erdoberfläche durch Wasser, Wind u. a.)
De|nun|zi|ant, der; -en, -en (↑R 197) ‹lat.› (jmd., der einen anderen denunziert); **De|nun|zi|an|ten|tum,** das; -s; **De|nun|zia|ti|on,** die; -, -en; ↑R 180 (Anzeige eines Denunzianten); **de|nun|zia|to|risch; de|nun|zie|ren** (aus persönlichen, niedrigen Beweggründen anzeigen; als negativ hinstellen, brandmarken)
Den|ver [...vər] (Hptst. des amerik. Bundesstaates Colorado)
Deo, das; -s, -s (*Kurzwort für* Deodorant); **De|odo|rant,** das; -s, *Plur.* -s, *auch* -e ‹engl.› (Mittel gegen Körpergeruch); **De|odo|rant|spray; de|odo|rie|ren** ([Körper]geruch hemmen, überdecken)
Deo gra|ti|as! ‹lat., „Gott sei Dank!"› *(kath. Kirche)*
Deo|rol|ler (ein Deodorantstift); **Deo|spray** (*kurz für* Deodorantspray)
De|par|te|ment [departə'mã:, *österr.* depart'mã:, *schweiz.* departə'mɛnt], das; *Gen.* -s, *schweiz.* -[e]s, *Plur.* -s, *schweiz.* -e ‹franz.› (Verwaltungsbezirk in Frankreich; Ministerium beim Bund und in einigen Kantonen der Schweiz; *veraltet für* Abteilung, Geschäftsbereich); **De|part|ment** [di'pa:(r)tmənt], das; -s, -s (*engl. Form von* Departement)
De|pen|dance [depã'dã:s], *schweiz. meist* **Dé|pen|dance** ['de:pãdã:s], die; -, -n [...sən] ‹franz.› (Zweigstelle; Nebengebäude [eines Hotels]); **De|pen|denz,** die; -, -en ‹lat.› (*Philos., Sprachw.* Abhängigkeit); **De|pen|denz|gram|ma|tik** (Forschungsrichtung der modernen Linguistik)
De|pe|sche, die; -, -n ‹franz.› (*veraltet für* Telegramm); **de|pe|schie|ren** (*veraltet für* telegrafieren)
De|pi|la|ti|on, die; -, -en ‹lat.› (*Med.* Enthaarung); **De|pi|la|to|ri|um,** das; -s, ...ien [...iən] (Enthaarungsmittel); **de|pi|lie|ren**
De|place|ment [deplas'mã:], das; -s, -s ‹franz.› (*Seew.* Wasserverdrängung eines Schiffes); **de|pla|cie|ren** [depla'(t)si:...] (*veraltet für* verrücken, verdrängen); **de|pla|ciert,** *eingedeutscht* **de|pla|ziert** (unangebracht)
De|po|la|ri|sa|ti|on, die; -, -en ‹lat.› (*Physik* Aufhebung der Polarisation); **de|po|la|ri|sie|ren**
De|po|nat, das; -[e]s, -e ‹lat.› (etwas, was deponiert ist); **De|po|nens,** das; -, *Plur.* ...nentia *u.* ...nenzien [...iən] (*Sprachw.* Verb mit passivischen Formen, aber aktivischer Bedeutung); **De|po|nent,** der; -en, -en; ↑R 197 (jmd., der etw. hinterlegt); **De|po|nie,** die; -, ...ien ‹lat.-franz.› (zentraler Müllabladeplatz); geordnete, wilde -; **de|po|nie|ren** ‹lat.›; **De|po|nie|rung**
De|port [*auch* de'pɔ:r], der; -s, *Plur.* -s, *bei dt. Ausspr.* -e ‹franz.› (*Bankw.* Kursabschlag)
De|por|ta|ti|on, die; -, -en ‹lat.› (zwangsweise Verschickung; Verbannung); **De|por|ta|ti|ons|la|ger; de|por|tie|ren; De|por|tier|te,** der *u.* die; -n, -n (↑R 7 ff.); **De|por|tie|rung**
De|po|si|tar ‹lat.›, **De|po|si|tär** ‹franz.›, der; -s, -e (Verwahrer von Wertgegenständen, -papieren u. a.); **De|po|si|ten** *Plur.* ‹lat.› (*Bankw.* Gelder, die bei einem Kreditinstitut gegen Verzinsung angelegt, aber nicht auf ein Spar- od. Kontokorrentkonto verbucht werden); **De|po|si|ten‿bank** (*Plur.* ...banken), **...kas|se; De|po|si|ti|on,** die; -, -en (Hinterlegung; Absetzung eines kath. Geistlichen); **De|po|si|to|ri|um,** das; -s, ...ien [...iən] (Aufbewahrungsort; Hinterlegungsstelle); **De|po|si|tum,** das; -s (das Hinterlegte; hinterlegter Betrag); *vgl.* Depositen
De|pot [de'po:], das; -s, -s ‹franz.› (Aufbewahrungsort; Hinterlegtes; Sammelstelle, Lager; Bodensatz; *Med.* Ablagerung); **De|pot‿fund** (*Archäol.* Sammelfund), **...prä|pa|rat** *(Med.)*, **...schein** (*Bankw.* Hinterlegungsschein), **...wech|sel** (*Bankw.* als Sicherheit hinterlegter Wechsel)
Depp, der; *Gen.* -en, *auch* -s, *Plur.* -en, *auch* -e (*bes. südd., österr. ugs. für* ungeschickter, einfältiger Mensch); **dep|pert** (*südd., österr. ugs. für* einfältig, dumm)
De|pra|va|ti|on [...v...], die; -, -en ‹lat.› (Wertminderung im Münzwesen; *Med.* Verschlechterung eines Krankheitszustandes); **de|pra|vie|ren** (*geh. für* verderben; im Wert mindern [von Münzen])
De|pres|si|on, die; -, -en ‹lat.› (Niedergeschlagenheit; Senkung; wirtschaftlicher Rückgang; *Meteor.* Tief); **de|pres|siv** (gedrückt, niedergeschlagen); **De|pres|si|vi|tät,** die; -

de|pri|mie|ren ‹franz.› (niederdrücken; entmutigen); **de|pri|miert;** -este (entmutigt, niedergeschlagen, schwermütig)
De|pri|va|ti|on [...v...], die; -, -en ‹lat.› (*Psych.* Entzug von Liebe und Zuwendung; Absetzung eines kath. Geistlichen); **de|pri|vie|ren** (*Psych.* [Liebe] entbehren lassen)
De pro|fun|dis, das; - - ‹lat., „Aus der Tiefe [rufe ich, Herr, zu dir]"› (Anfangsworte und Bez. des 130. Psalms nach der Vulgata)
De|pu|tant, der; -en, -en (↑R 197) ‹lat.› (jmd., der auf ein Deputat Anspruch hat); **De|pu|tat,** das; -[e]s, -e (regelmäßige Leistungen in Naturalien als Teil des Lohnes); **De|pu|ta|ti|on,** die; -, -en (Abordnung); **De|pu|tat|lohn; de|pu|tie|ren** (abordnen); **De|pu|tier|te,** der *u.* die; -n, -n (↑R 7 ff.); **De|pu|tier|ten|kam|mer**
der, die *(vgl. d.),* das *(vgl. d.);* des *u.* dessen *(vgl. d.),* dem, den; *Plur.* die, der, deren *u.* derer *(vgl. d.),* den *u.* denen, die
De|ran|ge|ment [derãʒəˈmã:], das; -s, -s ‹franz.› (*veraltet für* Störung, Verwirrung); **de|ran|gie|ren** [derãˈʒi:...] (verwirren, durcheinanderbringen; *veraltet für* stören); **de|ran|giert;** -este (verwirrt, zerzaust)
der|art (so); *vgl.* Art; **der|ar|tig;** derartiges (solches), aber (↑R 65): etwas Derartiges (so Beschaffenes)
derb; Derb|heit; derb|kno|chig; derb|ko|misch
[1]**Der|by** [ˈda:(r)bi] (engl. Stadt)
[2]**Der|by** [ˈdɛrbi], das; -[s], -s ‹nach dem 12. Earl of Derby› (Pferderennen); **Der|by|ren|nen**
der|einst, *selten* **der|ein|stig**
de|ren; *Gen. Sing. des zurückweisenden Demonstrativpronomens und des Relativpronomens* die, *Gen. Plur. der zurückweisenden Demonstrativpronomen und der Relativpronomen* der, die, das *(vgl. d.);* mit - nettem Mann; von - bester Art; seit - erstem Hiersein; mit Ausnahme der Mitarbeiter und - Angehöriger; die Frist, innerhalb - ...; die Freunde, - Geschenke du siehst; ich habe - (z. B. Freunde) nicht viele; *vgl.* derer; **de|rent|hal|ben; de|rent|we|gen; de|rent|wil|len;** um -
de|rer; *Gen. Plur. der vorausweisenden Demonstrativpronomen* der, die, das (derer *ist richtig, sobald dafür* derjenigen *stehen kann*); der Andrang derer, die ...; gedenkt -, die euer gedenken; das Haus - von Arnim; *vgl.* deren
der|ge|stalt (so)
der|glei|chen (*Abk.* dgl.); und - [mehr] (*Abk.* u. dgl. [m.])
De|ri|vat [...v...], das; -[e]s, -e ‹lat.› (*Chemie* chem. Verbindung, die aus einer anderen entstanden ist; *Sprachw.* abgeleitetes Wort, z. B. „kräftig" von „Kraft"; *Biol.* aus einer Vorstufe abgeleitetes Organ); **De|ri|va|ti|on,** die; -, -en (*Sprachw.* Ableitung); **de|ri|va|tiv** (durch Ableitung entstanden); **De|ri|va|tiv,** das; -s, -e [...və]; **de|ri|vie|ren**
der|je|ni|ge (↑R 66); *Gen.* desjenigen, *Plur.* diejenigen
Derk (m. Vorn.)
der|lei (dergleichen)
Der|ma, das; -s, -ta (*Med.* Haut); **der|mal** (*Med.* die Haut betreffend, an ihr gelegen)
der|mal|einst *(veraltet);* **der|ma|len** [*österr.* ...ˈma:...] (*veraltet für* jetzt); **der|ma|lig** [*österr.* ...ˈma:...] (*veraltet für* jetzig)
der|ma|ßen (so)
der|ma|tisch *vgl.* dermal; **Der|ma|ti|tis,** die; -, ...itiden ‹griech.› (*Med.* Hautentzündung); **Der|ma|to|lo|ge,** der; -n, -n; ↑R 197 (Hautarzt); **Der|ma|to|lo|gie,** die; - (Lehre von den Hautkrankheiten); **Der|ma|to|lo|gin; Der|ma|to|pla|stik,** die; -, -en (*Med.* operativer Ersatz von kranker od. verletzter Haut durch gesunde); **Der|ma|to|se,** die; -, -n (*Med.* Hautkrankheit); **Der|mo|gra|phie,** die; - *u.* **Der|mo|gra|phis|mus,** der; - (*Med.* Streifen- od. Striemenbildung auf gereizten Hautstellen); **Der|mo|pla|stik,** die; -, -en (Verfahren zur lebensgetreuen Präparation von Tieren; *Med. svw.* Dermatoplastik)
Der|nier cri [dɛrnie ˈkri:], der; - -, -s -s [dɛrnie ˈkri:] ‹franz., „letzter Schrei"› (neuste Mode)
de|ro (*veraltet für* deren); *in der Anrede* Dero
De|ro|ga|ti|on, die; -, -en ‹lat.› (*Rechtsspr.* Teilaufhebung [eines Gesetzes]); **de|ro|ga|tiv, de|ro|ga|to|risch** ([ein Gesetz] zum Teil aufhebend); **de|ro|gie|ren** ([ein Gesetz] zum Teil aufheben)
de|ro|hal|ben *(veraltet); vgl.* dero
De|rou|te [deˈru:t(ə)], die; -, -n ‹franz.› (*Wirtsch.* Kurs-, Preissturz; *veraltet für* wilde Flucht)
de|ro|we|gen *(veraltet); vgl.* dero
Der|rick, der; -s, -s ‹nach einem engl. Henker› (Drehkran); **Der|rick|kran**
der|sel|be (↑R 66); *Gen.* desselben, *Plur.* dieselben; ein und -; mit ein[em] und demselben; ein[en] und denselben; es war derselbe Hund; **der|sel|bi|ge** (↑R 66; *veraltet für* derselbe)
der|weil, der|wei|le[n]
Der|wisch, der; -[e]s, -e ‹pers.› (Mitglied eines islamischen religiösen Ordens); **Der|wisch|tanz**
der|zeit (augenblicklich, gegenwärtig; *veraltend für* früher, damals; *Abk.* dz.); **der|zei|tig** (*vgl.* derzeit)
des; *auch ältere Form für* dessen *(vgl. d.);* der Wille - (dessen), der mich gesandt hat *(bibl.);* - (dessen) bin ich sicher; *vgl.* der
des, Des, das; -, - (Tonbezeichnung); **Des** (*Zeichen für* Des-Dur); in Des
des. = designatus
des|ar|mie|ren ‹franz.› (*veraltet für* entwaffnen; *Fechten* dem Gegner die Klinge aus der Hand schlagen)
De|sa|ster, das; -s, - ‹franz.› (schweres Mißgeschick; Zusammenbruch)
des|avou|ie|ren [...avu...] ‹franz.› (nicht anerkennen, in Abrede stellen; bloßstellen); **Des|avou|ie|rung**
Des|cartes [deˈkart] (franz. Philosoph)
Des|de|mo|na [*auch* ...ˈde:...] (Frauengestalt bei Shakespeare)
Des-Dur [*auch* ˈdɛsˈdu:r], das; - (Tonart; *Zeichen* Des); **Des-Dur-Ton|lei|ter** (↑R 41)
de|sen|si|bi|li|sie|ren ‹lat.› (*Med.* unempfindlich machen; *Fotogr.* Filme weniger lichtempfindlich machen); **De|sen|si|bi|li|sie|rung**
De|ser|teur [...ˈtø:r], der; -s, -e ‹franz.› (Fahnenflüchtiger, Überläufer); **de|ser|tie|ren; De|ser|ti|on,** die; -, -en (Fahnenflucht)
desgl. = desgleichen
des|glei|chen (*Abk.* desgl.)
des|halb
de|si|de|ra|bel ‹lat.› (wünschenswert); ...a|ble Erfolge; **De|si|de|rat,** das; -[e]s, -e *u.* **De|si|de|ra|tum,** das; -s, ...ta (vermißtes u. zur Anschaffung in Bibliotheken vorgeschlagenes Buch; etwas Erwünschtes, Fehlendes)
De|sign [diˈzain], das; -s, -s ‹engl.› (Plan, Entwurf, Muster, Modell); **De|si|gna|ti|on,** die; -, -en ‹lat.› (Bestimmung; vorläufige Ernennung); **de|si|gna|tus** (im voraus ernannt, vorgesehen; *Abk.* des.; z. B. Dr. des.); **De|si|gner** [diˈzainər], der; -s, - ‹engl.› (Formgestalter für Gebrauchs- u. Verbrauchsgüter); **De|si|gner|dro|ge** ([in Abwandlung einer bekannten Droge] synthetisch hergestelltes, neuartiges Rauschmittel); **De|si|gne|rin; De|si|gner|mo|de; de|si|gnie|ren** ‹lat.› (bestimmen, für ein Amt vorsehen)

Des|il|lu|si|on, die; -, -en ‹franz.› (Enttäuschung; Ernüchterung); **des|il|lu|sio|nie|ren; Des|il|lu|sio|nie|rung**
Des|in|fek|ti|on, die; -, -en, Des|in|fi|zie|rung ‹lat.› (Vernichtung von Krankheitserregern; Entkeimung); **Des|in|fek|ti|ons_gut, ...lö|sung, ...mit|tel** (das); **Des|in|fi|zi|ens** [...i̯ɛns], das; -, *Plur.* ...zi̯enzien [...i̯ən] *u.* ...zi̯entia (Entkeimungsmittel); **des|in|fi|zie|ren; Des|in|fi|zie|rung** *vgl.* Desinfektion
Des|in|for|ma|ti|on [*auch* 'dɛs...], die; -, -en ‹lat.› (bewußt falsche Information)
Des|in|te|gra|ti|on, die; -, -en ‹lat.› (Spaltung, Auflösung eines Ganzen in seine Teile); **Des|in|te|gra|tor,** der; -s, ...oren (eine techn. Apparatur); **des|in|te|grie|ren**
Des|in|ter|es|se, das; -s ‹franz.› (Uninteressiertheit, Gleichgültigkeit); **des|in|ter|es|siert**
De|skrip|ti|on, die; -, -en ‹lat.› (Beschreibung); **de|skrip|tiv** (beschreibend); -e Grammatik; **De|skrip|tor,** der; -s, ...oren (*Buchw., EDV* Kenn-, Schlagwort)
Desk|top pu|bli|shing [- 'pabliʃiŋ], das; - -[s] ‹engl.› (*EDV* das Erstellen von Satz und Layout eines Textes am Schreibtisch mit Hilfe der EDV; *Abk.* DTP)
Des|odo|rant, das; -s, *Plur.* -s, *auch* -e ‹nlat.›; *vgl.* Deodorant; **des|odo|rie|ren,** des|odo|ri|sie|ren; *vgl.* deodorieren; **Des|odo|rie|rung, Des|odo|ri|sie|rung**
de|so|lat; -este ‹lat.› (trostlos, traurig)
Des|or|dre [de'zɔrdər], der; -s, -s ‹franz.› (*veraltet für* Unordnung, Verwirrung)
Des|or|ga|ni|sa|ti|on [*auch* 'dɛs...], die; -, -en ‹franz.› (Auflösung, Zerrüttung, Unordnung); **des|or|ga|ni|sie|ren** [*auch* 'dɛs...]
des|ori|en|tiert [*auch* 'dɛs...] (nicht od. falsch unterrichtet; verwirrt); **Des|ori|en|tie|rung**
Des|oxy|da|ti|on, *chem. fachspr.* Des|oxi|da|ti|on, die; -, -en ‹griech.› (Entzug von Sauerstoff); *vgl.* Oxydation; **des|oxy|die|ren,** *chem. fachspr.* des|oxi|die|ren *vgl.* oxydieren; **Des|oxy|ri|bo|nu|kle|in|säu|re** (Bestandteil des Zellkerns; *Abk.* DNS)
de|spek|tier|lich [...sp...] ‹lat.› (*geh. für* geringschätzig, abfällig; respektlos)
De|spe|ra|do [...sp...], der; -s, -s ‹span.› (zu jeder Verzweiflungstat entschlossener [politischer] Abenteurer; Bandit); **de|spe|rat;** -este ‹lat.› (verzweifelt, hoffnungslos); **De|spe|ra|ti|on,** die; - (*veraltet für* Verzweiflung)
Des|pot, der; -en, -en (↑R 197) ‹griech.› (Gewaltherrscher; herrische Person); **Des|po|tie,** die; -, ...i̯en; **Des|po|tin; des|po|tisch;** -ste; **Des|po|tis|mus,** der; -
Des|sau (Stadt nahe der Mündung der Mulde in die Elbe); **Des|sau|er** (↑R 147); der Alte Dessauer (Leopold I. von Anhalt-Dessau; ↑R 133); **des|sau|isch**
des|sel|ben; *vgl.* der-, dasselbe
des|sen (*Gen. Sing. der [als Vertreter eines Substantivs gebrauchten] Pronomen* der, das); mit - neuem Wagen; die Ankunft meines Bruders und - Verlobter; *vgl.* des; indessen, währenddessen *(vgl. d.)*; **des|sent|hal|ben; des|sent|we|gen,** des|we|gen; **des|sent|wil|len,** des|wil|len; um -; **des|sen|un|ge|ach|tet** [*auch* 'dɛsən'un...], des|un|ge|ach|tet
Des|sert [dɛ'sɛːr, *österr. nur so, auch* dɛ'sɛrt, *schweiz.* 'dɛsɛːr], das; -s, -s ‹franz.› (Nachtisch); **Des|sert_ga|bel, ...löf|fel, ...mes|ser** (das), **...tel|ler, ...wein**
Des|sin [dɛ'sɛ̃ː], das; -s, -s ‹franz.› (Zeichnung; Muster); **Des|si|na|teur** [dɛsina'tøːr], der; -s, -e (Musterzeichner [im Textilgewerbe]); **des|si|nie|ren** (*fachspr. für* [Muster] zeichnen); **des|si|niert** (gemustert); **Des|si|nie|rung**
Des|sous [dɛ'suː], das; - [dɛ'suː(s)], - [dɛ'suːs] *meist Plur.* ‹franz.› (Damenunterwäsche)
de|sta|bi|li|sie|ren ‹lat.› (aus dem Gleichgewicht bringen, weniger stabil machen); **De|sta|bi|li|sie|rung**
De|stil|lat [...st...], das; -[e]s, -e ‹lat.› (wiederverflüssigter Dampf bei einer Destillation); **De|stil|lat|bren|ner** (Lehrberuf der Industrie); **De|stil|la|teur** [...'tøːr], der; -s, -e ‹franz.› (Branntweinbrenner); **De|stil|la|ti|on,** die; -, -en ‹lat.› (Trennung flüssiger Stoffe durch Verdampfung u. Wiederverflüssigung; Branntweinbrennerei); **De|stil|la|ti|ons|gas; De|stil|le,** die; -, -n (*ugs. veraltend für* Branntweinausschank); **De|stil|lier|ap|pa|rat; de|stil|lie|ren;** destilliertes Wasser (chemisch reines Wasser); **De|stil|lier_kol|ben, ...ofen**
De|sti|na|tar [...st...] ‹lat.›, **De|sti|na|tär,** der; -s, -e ‹franz.› (*auf Seefrachtbriefen* Empfänger von Gütern); **De|sti|na|ti|on,** die; -, -en ‹lat.› (*veraltet für* Bestimmung, Endzweck)
de|sto; - besser, - größer, - mehr, - weniger, aber *(in einem Wort):* nichtsdestoweniger
de|stru|ie|ren [...st...] ‹lat.› (*selten für* zerstören); **De|struk|ti|on,** die; -, -en (Zerstörung; *Geol.* Abtragung der Erdoberfläche durch Verwitterung); **de|struk|tiv** [*auch* 'deː...] (zersetzend, zerstörend); **De|struk|ti|vi|tät,** die; - (*auch für* destruktive Art)
des|un|ge|ach|tet [*auch* 'dɛs-'un...], des|sen|un|ge|ach|tet; **des|we|gen,** des|sent|we|gen; **des|wil|len** *vgl.* dessentwillen
de|szen|dent ‹lat.› (*fachspr. für* nach unten sinkend, absteigend); -es Wasser, -e Lagerstätten; **De|szen|dent,** der; -en, -en; ↑R 197 (Nachkomme, Ab-, Nachkömmling; *Astron.* Gestirn im Untergang; Untergangspunkt); **De|szen|denz,** die; -, -en (Abstammung; Nachkommenschaft; *Astron.* Untergang eines Gestirns); **De|szen|denz|theo|rie,** die; - (Abstammungslehre); **de|szen|die|ren** (*fachspr. für* absteigen, sinken)
De|ta|che|ment [detaʃ(ə)'mãː, *schweiz.* ...ə'mɛnt], das; -s, *Plur.* -s, *schweiz.* -e ‹franz.› (*veraltet für* abkommandierte Truppe); **[1]De|ta|cheur** [...'ʃøːr], der; -s, -e (Maschine zum Lockern des Mehls)
[2]De|ta|cheur [...'ʃøːr], der; -s, -e ‹franz.› (Fachmann für chem. Fleckenentfernung); **De|ta|cheu|se** [...'ʃøːzə], die; -, -n (w. Detacheur); **[1]de|ta|chie|ren** [...'ʃiː...] (von Flecken reinigen)
[2]de|ta|chie|ren [...'ʃiː...] ‹franz.› (Mehl auflockern; *veraltet für* abkommandieren, entsenden)
De|tail [de'tai̯, *auch* de'taːj], das; -s, -s ‹franz.› (Einzelheit, Einzelteil); *vgl.* en détail; **De|tail|fra|ge; de|tail|ge|treu; De|tail|han|del** ‹*zu* [1]Handel› (*schweiz., sonst veraltet für* Einzelhandel); **De|tail|kennt|nis; de|tail|lie|ren** [deta'jiː...] (im einzelnen darlegen); **de|tail|liert;** -este; **De|tail|list** [detai̯'list, *auch* ...'jist], der; -en, -en; ↑R 197 (*schweiz. für* Einzelhändler); **de|tail|reich**
De|tek|tei ‹lat.› (Detektivbüro); **De|tek|tiv,** der; -s, -e [...və]; dem, den Detektiv; **De|tek|tiv_bü|ro, ...ge|schich|te; De|tek|ti|vin** [...'tiːvin]; **de|tek|ti|visch** [...viʃ]; **De|tek|tiv_ka|me|ra** [...f...], **...ro|man; De|tek|tor,** der; -s, ...oren ‹lat.› (*Technik* Hochfrequenzgleichrichter); **De|tek|tor_emp|fän|ger, ...ge|rät**
Dé|tente [de'tãːt], die; - ‹franz.› (Entspannung zwischen Staaten); **Dé|tente|po|li|tik**
De|ter|gens, das; -, *Plur.* ...gentia

u. ...genzien [...i̯ən] *meist Plur.* ‹lat.› (*fachspr. für* Wasch-, Reinigungsmittel)

De|te|rio|ra|ti|on, die; -, -en (↑R 180) ‹lat.› (*Rechtsw.* Wertminderung einer Sache); **de|te|rio|rie|ren** (↑R 180); **De|te|rio|rie|rung** *vgl.* Deterioration

De|ter|mi|nan|te, die; -, -n ‹lat.› (Hilfsmittel der Algebra zur Lösung eines Gleichungssystems; bestimmender Faktor); **De|ter|mi|na|ti|on,** die; -, -en (nähere Begriffsbestimmung); **de|ter|mi|na|tiv** (bestimmend, begrenzend, festlegend; entschieden, entschlossen); **de|ter|mi|nie|ren** (bestimmen, begrenzen, festlegen); **De|ter|mi|niert|heit,** die; -; **De|ter|mi|nis|mus,** der; - (Lehre von der Unfreiheit des menschlichen Willens); **De|ter|mi|nist,** der; -en, -en (↑R 197); **de|ter|mi|ni|stisch**

de|te|sta|bel ‹lat.› (*veraltet für* verabscheuungswürdig); ...a|ble Ansichten

Det|lef [*auch* 'dɛt...] (m. Vorn.)

Det|mold (Stadt am Teutoburger Wald)

[1]**De|to|na|ti|on,** die; -, -en ‹lat.› (Knall, Explosion)

[2]**De|to|na|ti|on,** die; -, -en ‹franz.› (*Musik* Unreinheit des Tones)

De|to|na|tor, der; -s, ...oren ‹lat.› (*fachspr. für* Zündmittel); [1]**de|to|nie|ren** (knallen, explodieren)

[2]**de|to|nie|ren** ‹franz.› (*Musik* unrein singen, spielen)

De|tri|tus, der; - ‹lat.› (*Med.* Zell- u. Gewebstrümmer; *Geol.* zerriebenes Gestein; *Biol.* Schwebe- und Sinkstoffe in den Gewässern)

De|troit [di'trɔyt] (Stadt in den USA)

det|to ‹ital.› (*bes. bayr., österr. für* dito)

De|tu|mes|zenz, die; - ‹lat.› (*Med.* Abschwellung [einer Geschwulst])

Deu|bel *vgl.* Deiwel

deucht usw. *vgl.* dünken

Deu|ka|li|on (Gestalt der griech. Sage); Deukalionische Flut

De|us ex ma|chi|na [- - ...x...], der; - - -, Dei - - ['de:i - -] *Plur. selten* ‹lat., „Gott aus der [Theater]maschine"› (unerwarteter Helfer)

Deut, der ‹niederl.› (*veraltet für* kleine Münze); *nur noch in* keinen -, nicht einen - (*ugs. für* gar nicht, gar nichts)

deut|bar; Deu|te|lei (*abwertend für* kleinliche Auslegung); **deu|teln;** ich ...[e]le (↑R 22); **deu|ten; Deu|ter**

Deu|ter|ago|nist, der; -en, -en (↑R 197) ‹griech.› (zweiter Schauspieler auf der altgriech. Bühne)

Deu|te|ri|um, das; -s ‹griech.› (schwerer Wasserstoff, Wasserstoffisotop; *Zeichen* D); **Deu|te|ron,** das; -s, ...onen (Atomkern des Deuteriums); **Deu|te|ro|no|mi|um,** das; -s (5. Buch Mosis)

...deu|tig (z. B. zweideutig); **Deut|ler; deut|lich;** auf das, aufs deutlichste (↑R 65); etwas - machen; **Deut|lich|keit; deut|lich|keits|hal|ber**

deutsch (*Abk.* dt.); -este; **A.** Als Attribut: **I.** *Kleinschreibung:* das deutsche Volk; die deutschen Meisterschaften [im Eiskunstlauf]; das deutsche Recht; die deutsche Schweiz; die deutsche Bundesrepublik; die deutsche Sprache; die deutsche Dogge; der deutsche Schäferhund; der deutsche Michel. **II.** *Großschreibung* (↑R 157): der Deutsch-Französische Krieg (1870/71) [aber: ein deutsch-französischer Krieg (irgendeiner)]; Deutscher Akademischer Austauschdienst (*Abk.* DAAD); Deutsche Angestellten-Gewerkschaft[1] (*Abk.* DAG); Deutsches Arzneibuch (*Abk.* DAB); die Deutsche Bibliothek (in Frankfurt); die Deutsche Bücherei (in Leipzig; *Abk.* DB); die Deutsche Bucht (Teil der Nordsee); der Deutsche Bund (1815–66); der Deutsche Bundestag; Deutsche Bundesbahn (*Abk.* DB); Deutsche Bundesbank (*Abk.* BBk); Deutsche Bundespost *u.* Deutsches Bundespatent (*Abk.* DBP); Deutsche Demokratische Republik (1949–1990; *Abk.* DDR); Deutscher Fußball-Bund[1] (*Abk.* DFB); Deutscher Gewerkschaftsbund (*Abk.* DGB); Deutscher Industrie- und Handelstag[2] (*Abk.* DIHT); Deutsches Institut für Normung (*Zeichen* DIN; *vgl. d.*); Deutsche Jugendherberge (*Abk.* DJH); Deutsche Jugendkraft (ein kath. Verband für Sportpflege; *Abk.* DJK); Deutsche Kommunistische Partei (*Abk.* DKP); Deutsche Lebens-Rettungs-Gesellschaft[1] (*Abk.* DLRG); Deutsche Mark (*Abk.* DM); der Deutsche Orden; Deutsche Post (*ehem. in der DDR; Abk.* DP); Deutsche Presse-Agentur[1] (*Abk.* dpa); das Deutsche Reich; Deutsche Reichsbahn (*Abk.* DR); Deutsches Rotes Kreuz (*Abk.* DRK); Deutsche Soziale Union (*Abk.* DSU); Deutscher Sprachatlas (*Abk.* DSA); Deutscher Touring Automobil Club[1] (*Abk.* DTC); Deutscher Turnerbund (*Abk.* DTB); Deutscher Turn- und Sportbund (*ehem. in der DDR; Abk.* DTSB); *steht das Adjektiv „deutsch" nicht am Anfang des Titels, dann wechselt die Schreibweise:* Tag der Deutschen Einheit (3. Oktober); Verein Deutscher Ingenieure; Gesellschaft für deutsche Sprache; Gesellschaft für Deutsch-Sowjetische Freundschaft (*ehem. in der DDR; Abk.* DSF); Institut für deutsche Sprache (↑R 133); *vgl.* Deutsch *u.* Deutsche, das – **B.** Als Artangabe: deutsch (auf deutsche Art, in deutscher Weise; von deutscher Abstammung; in deutschem Wortlaut); (↑R 65:) zu deutsch; auf deutsch; auf gut deutsch, in deutsch (in deutschem Text, Wortlaut; *vgl. auch* in Deutsch); der Redner hat deutsch (nicht englisch) gesprochen (*vgl.* aber: Deutsch); [auf] deutsch gesagt; sich deutsch (auf deutsch) unterhalten; der Brief ist deutsch (in deutscher Sprache bzw. in deutscher Schreibschrift) geschrieben; deutsch mit jmdm. reden (*ugs. für* jmdm. unverblümt die Wahrheit sagen); Staatsangehörigkeit: deutsch (in Formularen u. ä.); **Deutsch,** das; des -[s], dem - (die deutsche Sprache, sofern sie die Sprache eines einzelnen oder einer bestimmten Gruppe bezeichnet oder sonstwie näher bestimmt ist; Kenntnis der deutschen Sprache); mein, dein, sein Deutsch ist schlecht; die Aussprache seines Deutsch[s]; das Plattdeutsch Fritz Reuters; das Kanzleideutsch, das Kaufmannsdeutsch, das Schriftdeutsch; er kann, lehrt, lernt, schreibt, spricht, versteht [kein, nicht, gut, schlecht] Deutsch (*vgl.* aber: deutsch, B); [das ist] gutes Deutsch; er spricht gut[es] Deutsch; er kann kein Wort Deutsch; ein Lehrstuhl für Deutsch; er hat eine Eins in Deutsch (im Fach Deutsch); am Ende des Artikels steht eine Zusammenfassung in Deutsch (in der Sprache Deutsch); der Prospekt erscheint in Deutsch und in Englisch (in den Sprachen Deutsch und Englisch; *vgl. auch* in deutsch); in heutigem Deutsch *od.* im heutigen Deutsch; *vgl. auch* Deutsche, das, *u.* deutsch, B; **Deutsch-**

[1] So die von den Regeln (↑R 33) abweichende Schreibung.

[2] So die von den Regeln (↑R 41) abweichende Schreibung.

[1] So die von den Regeln (↑R 33) abweichende Schreibung.

ame|ri|ka|ner [*auch* ...'ka:...]; ↑R 155 (Amerikaner dt. Abstammung); **deutsch|ame|ri|ka|nisch;** ↑R 155 (die Deutschamerikaner betreffend); deutsch-amerikanische Kultur; aber: **deutsch-ame|ri|ka|nisch** (zwischen Deutschland und Amerika bestehend); der deutsch-amerikanische Schiffsverkehr; **Deutsch|ar|beit;** eine - schreiben; **deutsch-deutsch;** die -en Beziehungen (*früher* zwischen der Bundesrepublik Deutschland und der DDR); [1]**Deut|sche,** der *u.* die; -n, -n (↑R 7 ff.); ich Deutscher; wir Deutschen (*auch* wir Deutsche); alle Deutschen; alle guten Deutschen; [2]**Deut|sche,** das; des -n, dem -n (die deutsche Sprache überhaupt; in Zusammensetzungen bes. zur Bezeichnung der hist. u. landsch. Teilbereiche der deutschen Sprache); das Deutsche (z. B. im Ggs. zum Französischen); das Althochdeutsche, das Mittelhochdeutsche, das Neuhochdeutsche; die Laute des Deutschen (z. B. im Ggs. zum Englischen); die Formen des Niederdeutschen; im Deutschen (z. B. im Ggs. zum Italienischen); aus dem Deutschen, ins Deutsche übersetzen; *vgl. auch* Deutsch; **Deut|schen‿feind, ...freund, ...haß; deutsch‿feind|lich, ...freund|lich; Deutsch‿herr** (*meist Plur.; svw.* Deutschordensritter), **...kun|de** (die; -); **deutsch|kund|lich;** -er Unterricht; **Deutsch|land;** des vereinigten -[s]; **Deutsch|land‿funk** (in Köln), **...lied** (das; -[e]s; deutsche Nationalhymne), **...po|li|tik, ...sen|der** (der; -s; *früher*); **Deutsch|leh|rer; Deutsch|mei|ster** (Landmeister des Deutschen Ordens); **Deutsch|or|dens|rit|ter; Deutsch|rit|ter|or|den,** der; -s; **Deutsch|schweiz,** die; - (*schweiz. für* deutschsprachige Schweiz); **Deutsch|schwei|zer** (Schweizer deutscher Muttersprache); **deutsch|schwei|ze|risch** (die deutschsprachige Schweiz betreffend); (↑R 155:) das deutschschweizerische Schrifttum, aber: **deutsch-schwei|ze|risch,** z. B. ein deutsch-schweizerisches Abkommen; *vgl.* schweizerdeutsch; **deutsch|spra|chig** (die deutsche Sprache sprechend, in ihr abgefaßt, vorgetragen); -e Bevölkerung; **deutsch|sprach|lich** (die deutsche Sprache betreffend); -er Unterricht; **Deutsch|spre|chen,** das; -s; **deutsch|spre|chend;** ein -er (*auch* deutsch/Deutsch sprechender) Ausländer; **deutsch|stäm|mig; Deutsch|tum,** das; -s (deutsche Eigenart); **Deutsch|tü|me|lei** (*abwertend für* aufdringliche Betonung des Deutschtums); **Deutsch|tüm|ler** (*abwertend*); **Deutsch|un|ter|richt,** der; -[e]s

Deu|tung; Deu|tungs|ver|such

Deut|zie [...i̯ə], die; -, -n ‹nach dem Holländer van der Deutz› (ein Zierstrauch)

Deux-pièces [dø'piɛ:s], das; -, - ‹franz.› (zweiteiliges Kleid)

De|val|va|ti|on [devalva...], die; -, -en ‹lat.› (Abwertung einer Währung); **de|val|va|to|risch,** *auch* de|val|va|tio|ni|stisch; ↑R 180 (abwertend); **de|val|vie|ren**

De|va|sta|ti|on [devast...], die; -, -en ‹lat.› (Verwüstung, Zerstörung); **de|va|stie|ren**

De|ver|ba|tiv [devɛr...], das; -s, -e [...və] *u.* **De|ver|ba|ti|vum** [...vum], das; -s, ...va [...va] ‹lat.› (*Sprachw.* von einem Verb abgeleitetes Substantiv od. Adjektiv, z. B. „Eroberung" von „erobern", „hörig" von „hören")

de|vi|ant [...v...]; -este ‹lat.› (*fachspr. für* abweichend); **De|via|ti|on,** die; -, -en; ↑R 180 (Abweichung); **de|vi|ie|ren**

De|vi|se [...v...], die; -, -n ‹franz.› (Wahlspruch); **De|vi|sen** *Plur.* (Zahlungsmittel in ausländ. Währung); **De|vi|sen‿aus|gleich, ...be|stim|mung** (*meist Plur.*), **...be|wirt|schaf|tung, ...brin|ger, ...ge|schäft, ...han|del** (*vgl.* [1]Handel), **...kurs, ...markt, ...re|ser|ve, ...schmug|gel, ...ver|ge|hen, ...ver|kehr**

De|von [...v...], das; -[s] ‹nach einer engl. Grafschaft› (*Geol.* eine Formation des Paläozoikums); **de|vo|nisch**

de|vot [...v...] ‹lat.› (unterwürfig); **De|vo|ti|on,** die; -, -en (Unterwürfigkeit; Andacht); **De|vo|tio|na|li|en** [...i̯ən] *Plur.;* ↑R 180 (*kath. Kirche* der Andacht dienende Gegenstände)

De|wa|na|ga|ri, die; - ‹sanskr.› (ind. Schrift [für das Sanskrit])

Dex|trin, das; -s, -e ‹lat.› ([Klebe]stärke); **dex|tro|gyr** ‹lat.; griech.› (*Chemie* die Ebene polarisierten Lichtes nach rechts drehend; *Zeichen* d); **Dex|tro|kar|die,** die; -, ...ien ‹lat.; griech.› (*Med.* anomale rechtsseitige Lage des Herzens); **Dex|tro|se,** die; - (Traubenzucker)

Dez, der; -es, -e (*mdal. für* Kopf)

Dez. = Dezember

De|zem|ber, der; -[s], - ‹lat.› (zwölfter Monat im Jahr; Christmond, Julmond, Wintermonat; *Abk.* Dez.); **De|zem|ber‿abend, ...tag; De|zem|vir** [...v...], der; *Gen.* -s *u.* -n, *Plur.* -n; ↑R 197 (Mitglied des Dezemvirats); **De|zem|vi|rat,** das; -[e]s, -e (altröm. Zehnmännerkollegium); **De|zen|ni|um,** das; -s, ...ien [...i̯ən] (Jahrzehnt)

de|zent; -este ‹lat.› (zurückhaltend, taktvoll, feinfühlig; unaufdringlich)

de|zen|tral [*auch* 'de:...] ‹nlat.› (vom Mittelpunkt entfernt); **De|zen|tra|li|sa|ti|on,** die; -, -en *u.* **De|zen|tra|li|sie|rung** (Auseinanderlegung von Verwaltungen usw.); **de|zen|tra|li|sie|ren**

De|zenz, die; - ‹lat.› (*geh. für* Anstand, Zurückhaltung; unauffällige Eleganz)

De|zer|nat, das; -[e]s, -e ‹lat.› (Geschäftsbereich eines Dezernenten; Sachgebiet); **De|zer|nent,** der; -en, -en; ↑R 197 (Sachbearbeiter mit Entscheidungsbefugnis [bei Behörden]; Leiter eines Dezernats)

De|zi... ‹lat.› (Zehntel...; ein Zehntel einer Einheit [z. B. Dezimeter = $^1/_{10}$ Meter]; *Zeichen* d)

De|zi|bel, das; -s, - ($^1/_{10}$ Bel; bes. Maß der relativen Lautstärke; *Zeichen* dB)

de|zi|diert ‹lat.› (entschieden, energisch, bestimmt)

De|zi|gramm ‹lat.; griech.› ($^1/_{10}$ g; *Zeichen* dg); **De|zi|li|ter** ($^1/_{10}$ l; *Zeichen* dl); **de|zi|mal** ‹lat.› (auf die Grundzahl 10 bezogen); **De|zi|mal|bruch,** der (Bruch, dessen Nenner mit [einer Potenz von] 10 gebildet wird); **De|zi|ma|le,** die; -[n], -n (eine Ziffer der Ziffernfolge, die rechts vom Komma einer Dezimalzahl steht); **de|zi|ma|li|sie|ren** (auf das Dezimalsystem umstellen); **De|zi|ma|li|sie|rung; De|zi|mal‿klas|si|fi|ka|ti|on** (die; -; *Abk.* DK), **...maß** (das), **...rech|nung, ...stel|le, ...sy|stem** (das; -s), **...waa|ge, ...zahl; De|zi|me,** die; -, -n (*Musik* zehnter Ton vom Grundton an); **De|zi|me|ter** ‹lat.; griech.› ($^1/_{10}$ m; *Zeichen* dm); **de|zi|mie|ren** ‹lat.› (große Verluste beibringen; stark vermindern); **de|zi|miert; De|zi|mie|rung**

de|zi|siv ‹lat.› (entscheidend, bestimmt)

De|zi|ton|ne (100 kg; *Zeichen* dt)

DFB = Deutscher Fußball-Bund

DFF = Deutscher Fernsehfunk; **DFF-Län|der|ket|te** (Rundfunkkette in den neuen Bundesländern)

dg = Dezigramm

Dg = Dekagramm

D. G. = Dei gratia

DGB = Deutscher Gewerkschaftsbund

dgl. = dergleichen
d. Gr. = der *od.* die Große
d. h. = das heißt
Dha|ka (Hptst. von Bangladesch)
Dhau *vgl.* Dau
d'Hondt|sche Sy|stem, das; -n -s ‹nach dem belgischen Juristen d'Hondt› (ein Berechnungsmodus bei [Parlaments]wahlen)
d. i. = das ist
Di. = Dienstag
Dia, das; -s, -s (*Kurzform für* Diapositiv)
Dia|bas, der; -es, -e ‹griech.› (ein Ergußgestein)
Dia|be|tes, der; - ‹griech.› (*Med.* Harnruhr); - mellitus (*Med.* Zuckerkrankheit); **Dia|be|ti|ker; Dia|be|ti|ke|rin; dia|be|tisch**
Dia|bo|lie, Dia|bo|lik, die; - ‹griech.› (teuflisches Verhalten); **dia|bo|lisch;** -ste (teuflisch); -es (magisches) Quadrat; **Dia|bo|lo,** das; -s, -s ‹ital.› (ein Geschicklichkeitsspiel); **Dia|bo|los, Dia|bo|lus,** der; - ‹griech.› (der Teufel)
dia|chron [...k...], dia|chro|nisch ‹griech.› (*Sprachw.* [entwicklungs]geschichtlich); **Dia|chro|nie,** die; - (*Sprachw.* [Darstellung der] geschichtl. Entwicklung einer Sprache); **dia|chro|nisch** *vgl.* diachron
Dia|dem, das; -s, -e ‹griech.› (kostbarer [Stirn]reif)
Dia|do|che, der; -n, -n (↑R 197) ‹griech.› (mit anderen konkurrierender Nachfolger [Alexanders d. Gr.]); **Dia|do|chen‿kämp|fe** *(Plur.)*, **...zeit** (die; -)
Dia|ge|ne|se, die; -, -n ‹griech.› (Veränderung eines Sediments durch Druck u. Temperatur)
Dia|gno|se, die; -, -n ‹griech.› ([Krankheits]erkennung; *Zool., Bot.* Bestimmung); **Dia|gno|se‿ver|fah|ren, ...zen|trum; Dia|gno|stik,** die; - (*Med.* Fähigkeit und Lehre, Krankheiten usw. zu erkennen); **Dia|gno|sti|ker; dia|gno|stisch; dia|gno|sti|zie|ren**
dia|go|nal ‹griech.› (schräglaufend); **Dia|go|nal,** der; -[s], -s (schräggestreifter Kleiderstoff in Köperbindung); **Dia|go|na|le,** die; -, -n (Gerade, die zwei nicht benachbarte Ecken eines Vielecks miteinander verbindet); drei -[n]; **Dia|go|nal|rei|fen**
Dia|gramm, das; -s, -e ‹griech.› (zeichnerische Darstellung errechneter Werte in einem Koordinatensystem; Stellungsbild beim Schach)
Dia|kau|stik, die; -, -en ‹griech.› (die beim Durchgang von parallelem Licht bei einer Linse entstehende Brennfläche); **dia|kau|stisch**
Dia|kon [*österr.* 'di:...], der; *Gen.* -s *u.* -en (↑R 197), *Plur.* -e[n] ‹griech.› (kath., anglikan. od. orthodoxer Geistlicher, der um einen Weihegrad unter dem Priester steht; karitativ od. seelsorgerisch tätiger Angestellter in ev. Kirchen); *vgl.* Diakonus; **Dia|ko|nat,** das, *auch* der; -[e]s, -e (Diakonenamt, -wohnung); **Dia|ko|nie,** die; - ([berufsmäßige] Sozialtätigkeit [Krankenpflege, Gemeindedienst] in der ev. Kirche); **Dia|ko|nin; dia|ko|nisch; Dia|ko|nis|se,** die; -, -n *u.* Dia|ko|nis|sin, die; -, -nen (ev. Kranken- u. Gemeindeschwester); **Dia|ko|nis|sen|haus; Dia|ko|nis|sin** *vgl.* Diakonisse; **Dia|ko|nus,** der; -, ...kone[n] (*veraltet für* zweiter od. dritter Pfarrer einer ev. Gemeinde, Hilfsgeistlicher)
Dia|kri|se, Dia|kri|sis, die; -, ...isen ‹griech.› (*Med.* entscheidende Krise einer Krankheit); **dia|kri|tisch** [*auch* ...'kri...] (unterscheidend); -es Zeichen *(Sprachw.)*
Dia|lekt, der; -[e]s, -e ‹griech.› (Mundart); **dia|lek|tal** (mundartlich); -e Besonderheiten; **Dia|lekt‿aus|druck, ...dich|tung, ...fär|bung, ...for|schung; dia|lekt|frei; Dia|lekt|geo|gra|phie; Dia|lek|tik,** die; - (Erforschung der Wahrheit durch Aufweisung u. Überwindung von Widersprüchen; Gegensätzlichkeit); **Dia|lek|ti|ker** (jmd., der die dialektische Methode anwendet); **dia|lek|tisch** (mundartlich; die Dialektik betreffend; *auch für* spitzfindig); -e Methode (von den Sophisten ausgebildete Kunst der Gesprächsführung; das Denken in These, Antithese, Synthese [Hegel]); -er Materialismus (marxist. Lehre von den Grundbegriffen der Dialektik u. des Materialismus); -e Theologie (eine Richtung der ev. Theologie nach dem 1. Weltkrieg); **Dia|lek|to|lo|gie,** die; - (Mundartforschung); **dia|lek|to|lo|gisch**
Dia|log, der; -[e]s, -e ‹griech.› (Zwiegespräch; Wechselrede); **Dia|log|be|reit|schaft,** die; -; **dia|lo|gisch** (in Dialogform); **dia|lo|gi|sie|ren** (in Dialogform kleiden); **Dia|log|kunst,** die; -
Dia|ly|sa|tor, der; -s, ...oren ‹griech.› (*Chemie* Gerät zur Durchführung der Dialyse); **Dia|ly|se,** die; -, -n (chem. Trennungsmethode; *Med.* Blutwäsche); **Dia|ly|se‿sta|ti|on, ...zen|trum** (für Nierenkranke); **dia|ly|sie|ren; dia|ly|tisch** (auf Dialyse beruhend)
[1]Dia|mant, die; - ‹franz.› (*Druckw.* ein Schriftgrad); **[2]Dia|mant,** der; -en, -en (↑R 197); *vgl. auch* Demant; **Dia|mant|boh|rer; dia|man|ten;** (↑R 133:) -e Hochzeit (60. Jahrestag der Hochzeit); **Dia|mant‿feld, ...gra|vie|rung** (in Glas), **...hals|band, ...kol|lier, ...leim** (zum Fassen von Schmucksteinen), **...na|del, ...ring, ...schild|krö|te, ...schlei|fer, ...schliff, ...schmuck, ...staub, ...tin|te** (ein Ätzmittel für Glas)
DIAMAT, Dia|mat, der; - (= dialektischer Materialismus; *vgl.* dialektisch)
Dia|me|ter, der; -s, - ‹griech.› (Durchmesser); **dia|me|tral** (entgegengesetzt [wie die Endpunkte eines Durchmessers]); - entgegengesetzt; **dia|me|trisch** (dem Durchmesser entsprechend)
Dia|na (röm. Göttin der Jagd)
Dia|pa|son, der; -s, *Plur.* -s *u.* ...one ‹griech.› (Kammerton; Stimmgabel; [*auch* das; -s, -s:] engl. Orgelregister)
dia|phan ‹griech.› (*Kunstw.* durchscheinend); **Dia|phan|bild** (durchscheinendes Bild)
Dia|pho|ra, die; - ‹griech.› (*Rhet.* Betonung des Unterschieds zweier Dinge); **Dia|pho|re|se,** die; -, -n (*Med.* Schwitzen); **dia|pho|re|tisch** (schweißtreibend)
Dia|phrag|ma, das; -s, ...men ‹griech.› (*Chemie* durchlässige Scheidewand; *Med.* Zwerchfell)
Dia|po|si|tiv [*auch* ...'ti:f], das; -s, -e [...ve] ‹griech.; lat.› (durchscheinendes fotografisches Bild; *Kurzform* Dia); **Dia|pro|jek|tor** (Vorführgerät für Dias)
Di|äre|se *u.* **Di|äre|sis,** die; -, ...resen ‹griech.› (*Sprachw.* getrennte Aussprache zweier Vokale, z. B. naiv; *Verslehre* Einschnitt im Vers an einem Wortende; *Philos.* Begriffszerlegung; *Med.* Zerreißung eines Gefäßes mit Blutaustritt)
Dia|ri|um, das; -s, ...ien [...iən] ‹lat.› (Tagebuch; Kladde)
Di|ar|rhö[1], Di|ar|rhöe [...'rø:], die; -, ...rrhöen ‹griech.› (*Med.* Durchfall); **di|ar|rhö|isch**
Dia|skop, das; -s, -e ‹griech.› (*veraltend für* Diaprojektor)
Dia|spo|ra, die; - ‹griech.› (*Rel.* Gebiet, in dem die Anhänger einer Konfession in der Minder-

---

[1] In Übereinstimmung mit der Arbeitsgruppe für medizin. Literaturdokumentation in der Deutschen Gesellschaft für Dokumentation und mit führenden Fachverlagen wurde die Form auf -oe zugunsten der Form auf -ö aufgegeben.

heit sind; religiöse od. nationale Minderheit); **Di|a|spo|ra|ge|mein|de**

Di|a|sto|le [...stole:, *auch* ...'sto:lə], die; -, ...olen (*Med.* mit der Systole rhythmisch abwechselnde Erweiterung des Herzens); **dia|sto|lisch;** -er Blutdruck *(Med.)*

di|ät ‹griech.› (der Ernährung mit Diätkost entsprechend); - kochen, leben; **Di|ät,** die; -, *Plur. (Arten:)* -en (Krankenkost; Schonkost; spezielle Ernährungsweise); - halten; [eine salzlose] - kochen; jmdn. auf - setzen; **Di|ät|as|si|sten|tin** (*svw.* Diätistin)

Di|ä|ten *Plur.* ‹lat.› (Tagegelder; Aufwandsentschädigung u.a. [bes. von Parlamentariern]); **Di|ä|ten‿do|zent, ...do|zen|tur**

Diä|te|tik, die; -, -en ‹griech.› (Ernährungslehre); **Diä|te|ti|kum,** das; -s, ...ka (für eine Diät geeignetes Nahrungsmittel); **diä|te|tisch** (der Diätetik gemäß); **Di|ät|feh|ler** (*Med.* Fehler in der Ernährungsweise)

Dia|thek, die; -, -en ‹griech.› (Diapositivsammlung)

dia|ther|man ‹griech.› (*Med., Meteor.* Wärmestrahlen durchlassend); **Dia|ther|mie,** die; - (*Med.* Heilverfahren, bei dem Hochfrequenzströme innere Körperabschnitte durchwärmen)

Dia|the|se, die; -, -n ‹griech.› (*Med.* Veranlagung zu bestimmten Krankheiten)

Di|äthy|len|gly|kol, *chem. fachspr. auch* Di|ethy|len|gly|kol ‹griech.› (Bestandteil von Frostschutzmitteln u.a.)

diä|tisch ‹griech.› (die Ernährung betreffend); **Diä|ti|stin** (w. Fachkraft, die bei der Aufstellung von Diätplänen mitwirkt); **Di|ät‿koch, ...kost, ...kü|che, ...kur**

Dia|to|mee, die; -, -n *meist Plur.* ‹griech.› (*Bot.* Kieselalge); **Dia|to|me|en‿er|de** (die; -; *svw.* Kieselgur), **...schlamm** (Ablagerung von Diatomeen)

Dia|to|nik, die; - ‹griech.› (*Musik* Dur-Moll-Tonsystem; das Fortschreiten in der Tonfolge der 7stufigen Tonleiter); **dia|to|nisch** (auf der Diatonik beruhend); die -e Tonleiter

Di|ät|plan

Dia|tri|be, die; -, -n ‹griech.› (Abhandlung; Streitschrift)

Dib|bel|ma|schi|ne ‹engl.; franz.›; **dib|beln** ‹engl.› (*Landw.* in Reihen mit größeren Abständen säen); ich ...[e]le (↑R 22); *vgl.* aber: tippeln

dich; *in Briefen usw.* Dich (↑R 71)

Di|cho|to|mie [...ç...], die; -, ...ien ‹griech.› (Zweiteilung [in Begriffspaare]; *Bot.* Gabelung); **di|cho|to|misch,** di|cho|tom

Di|chro|is|mus [...k...], der; - ‹griech.› (*Physik* Zweifarbigkeit von Kristallen bei Lichtdurchgang); **di|chro|i|tisch** (↑R 180); -e Spiegel; **di|chro|ma|tisch** (*Optik* zweifarbig); -e Gläser; **Di|chro|skop,** das; -s, -e (besondere Lupe zur Prüfung auf Dichroismus); **di|chro|sko|pisch**

dicht; I. *Schreibung in Verbindung mit dem Partizip II* (↑R 209): z.B. dichtbehaart *(vgl. d.),* dichtbevölkert *(vgl. d.),* dichtgedrängt *(vgl. d.).* **II.** *Schreibung in Verbindung mit Verben* (↑R 205): **a)** *Getrenntschreibung in ursprünglicher Bedeutung,* z.B. dicht halten; das Faß wird dicht halten; **b)** *Zusammenschreibung, wenn durch die Verbindung ein neuer Begriff entsteht; vgl.* dichthalten; **dicht|auf;** - folgen; **dicht|be|haart;** dichter, am dichtesten behaart; das dichtbehaarte Fell (↑*jedoch* R 209), a b e r: das Fell ist dicht behaart; **dicht|be|völ|kert;** dichter, am dichtesten bevölkert; ein dichtbevölkertes Land (↑*jedoch* R 209), a b e r: das Land ist dicht bevölkert; **Dich|te,** die; -, -n *Plur. selten* (*Technik auch für* Verhältnis der Masse zur Raumeinheit); **Dich|te|mes|ser,** der (*für* Densimeter); **[1]dich|ten** (dicht machen)

[2]dich|ten (Verse schreiben); **Dich|ten,** das; -s; (↑R 68:) das - und Trachten der Menschen; **Dich|ter; Dich|te|rin; dich|te|risch;** -ste; -e Freiheit; **Dich|ter‿kom|po|nist** (Dichter u. Komponist in einer Person), **...kreis, ...le|sung, ...spra|che; Dich|ter|tum,** das; -s; **Dich|ter|wort** *Plur.* ...worte

dicht|ge|drängt; dichter, am dichtesten gedrängt; die dichtgedrängten Zuhörer (↑*jedoch* R 209), a b e r: die Zuhörer sind dicht gedrängt; **dicht|hal|ten;** ↑R 205 (*ugs. für* schweigen); du hältst dicht; dichtgehalten; dichtzuhalten; a b e r: dicht halten (undurchlässig bleiben); **Dicht|heit,** die; -; **Dich|tig|keit,** die; -

Dicht|kunst, die; -

dicht|ma|chen; ↑R 205 (*ugs. für* schließen); er hat seinen Laden dichtgemacht; a b e r: er hat das Rohr durch Isolierung dicht gemacht (abgedichtet)

[1]Dich|tung (Gedicht)

[2]Dich|tung (Vorrichtung zum Dichtmachen)

Dich|tungs‿art, ...gat|tung

Dich|tungs‿mas|se, ...mit|tel (das), **...ring, ...schei|be, ...stoff**

dick; durch - und dünn (↑R 65); **dick|bau|chig; Dick|darm; Dick|darm|ent|zün|dung; dicke** [*Trenn.* dik|ke]; *nur in* jmdn., eine Sache - haben (*ugs. für* jmds., einer Sache überdrüssig sein); **[1]Dicke[1],** die; -, -n (*nur Sing.:* Dicksein; *[in Verbindung mit Maßangaben]* Abstand von einer Seite zur anderen); Bretter von 2 mm -, von verschiedenen -n; **[2]Dicke[1],** der *u.* die; -n, -n (↑R 7ff.); **dicken[1]** (zähflüssig machen, werden); eine Soße mit Rahm -; Brombeersaft dickt leicht

Dickens; ↑R 179 (engl. Schriftsteller)

Dicken|wachs|tum[1] (z.B. eines Baumes); **Dicker|chen[1]; dicke|tun[1],** dick|tun; ↑R 205 (*ugs. für* sich wichtig machen); ich tue mich dick[e]; dick[e]getan; dick[e]zutun; **dick|fel|lig** *(ugs. abwertend);* **Dick|fel|lig|keit,** die; - *(ugs. abwertend);* **dick|flüs|sig; Dick|häu|ter; Dickicht[1],** das; -s, -e; **Dick|kopf** *(ugs.);* **dick‿köp|fig** *(ugs.),* **...lei|big; dick|lich; Dick‿ma|cher** (*ugs. für* sehr kalorienreiches Nahrungsmittel), **...milch, ...schä|del** *(ugs.),* **...schiff** (großes Seeschiff), **...sein** (das; -s); **Dick|te,** die; -, -n (*Druckw.* Buchstabenbreite); **Dick|tu|er; Dick|tue|rei; dick|tun** *vgl.* dicketun; **Dickung[1]** (*Jägerspr.* Dickicht); **dick|wan|dig; Dick‿wanst** *(ugs. abwertend),* **...wurz** (Runkelrübe)

Di|dak|tik, die; -, -en ‹griech.› (Unterrichtslehre); **Di|dak|ti|ker; Di|dak|ti|ke|rin; di|dak|tisch;** -ste (unterrichtskundlich; lehrhaft)

di|del|dum!, di|del|dum|dei!

Di|derot [didə'ro:] (franz. Schriftsteller u. Philosoph)

Di|do (sagenhafte Gründerin Karthagos)

die; *Gen.* der *u.* deren *(vgl. d.); Plur. vgl.* der

Dieb, der; -[e]s, -e; **Die|be|rei; Die|bes‿ban|de** (*vgl.* [2]Bande), **...beu|te, ...gut, ...ha|ken** ([2]Dietrich), **...nest; die|bes|si|cher; Die|bes‿tour, ...zug; Die|bin; die|bisch;** -ste; **Diebs|ge|sin|del; Dieb|stahl,** der; -[e]s, ...stähle; **Dieb|stahl|ver|si|che|rung**

Dief|fen|ba|chie [...xiə], die; -, -n ‹nach dem österr. Botaniker Dieffenbach› (eine Zierpflanze mit großen, länglichrunden Blättern)

die|je|ni|ge (↑R 66); *Gen.* derjenigen; *Plur.* diejenigen

Die|le, die; -, -n

Di|elek|tri|kum, das; -s, ...ka

---

[1] *Trenn.* ...k|k...

⟨griech.⟩ (elektr. Nichtleiter); **di|elek|trisch; Di|elek|tri|zi|täts|kon|stan|te** (Wert, der die elektr. Eigenschaften eines Stoffes kennzeichnet; *Zeichen* ε)
die|len; Die|len‿bo|den, ...brett, ...lam|pe
Die|me, die; -, -n *u.* **Die|men,** der; -s, - (*nordd. für* [Heu]haufen)
die|nen; Die|ner; Die|ne|rin; die|nern; ich ...ere (↑R 22); **Die|ner|schaft; Die|ner|schar** *vgl.* [1]Schar; **die|n|lich; Dienst,** der; -[e]s, -e; zu -en stehen; etw. in - stellen (in Betrieb nehmen); außer Dienst (*Abk.* a. D.); **Dienst|ab|teil**
Diens|tag, der; -[e]s, -e (*Abk.* Di.); ich werde Sie - aufsuchen; alle -e; eines -s; des -s, aber (↑R 61): dienstags. *Tageszeiten* (*vgl.* Abend, II): [am] Dienstag früh beginnen wir; [nächsten] Dienstag abend, am Dienstag abend (an dem bestimmten Dienstag) treffen wir uns, er ist für Dienstag abend bestellt; aber: Dienstag *od.* dienstags abends (an jedem wiederkehrenden Dienstag) spielen wir Skat; *entsprechend in Verbindung mit* morgen, morgens usw.; **Diens|tag|abend** [*auch* 'di:nstak'a:...]; am - hat sie Gesangstunde, am Donnerstagabend hat sie frei; meine Dienstagabende sind schon alle belegt; *vgl.* Dienstag; **diens|tä|gig** *vgl.* ...tägig; **diens|täg|lich** *vgl.* ...täglich; **Diens|tag|nacht** [*auch* 'di:nstak'naxt]; *vgl.* Dienstag; **diens|tags** (↑R 61); *vgl.* Dienstag
Dienst‿al|ter, ...äl|te|ste, ...an|tritt, ...an|zug, ...auf|fas|sung, ...auf|sicht; Dienst|auf|sichts|be|schwer|de *(Rechtsw.);* **Dienst|aus|weis; dienst|bar; Dienst|bar|keit; dienst|be|flis|sen; Dienst|be|ginn; dienst|be|reit; Dienst‿be|reit|schaft** (die; -), **...bo|te; dienst‿eif|rig, ...fer|tig, ...frei** (- haben, sein); **Dienst‿ge|ber** (*österr. neben* Arbeitgeber), **...ge|brauch** (nur für den -), **...ge|heim|nis, ...ge|spräch, ...grad; dienst|ha|bend; Dienst|ha|ben|de,** der *u.* die; -n, -n (↑R 7 ff.); **Dienst‿herr, ...jahr** *(meist Plur.);* **Dienst|lei|stung; Dienst|lei|stungs‿abend, ...be|trieb, ...ge|sell|schaft** *(Soziol.),* **...ge|wer|be; dienst|lich; Dienst|mäd|chen** (*veraltet für* Hausgehilfin); [1]**Dienst|mann** *Plur.* ...mannen (*früher für* Lehnsmann); [2]**Dienst|mann** *Plur.* ...männer, *österr. u. schweiz. nur so, u.* ...leute (*veraltend für* Gepäckträger); **Dienst‿neh|mer** (*österr. neben* Arbeitnehmer), **...per|so|nal, ...pflicht; dienst|pflich|tig; Dienst|prag|ma|tik,** die; - (*österr. früher für* generelle Norm für das öffentl.-rechtl. Dienstverhältnis); **Dienst|rang; dienst|recht|lich; Dienst‿rei|se, ...sa|che, ...schluß** (der; ...usses), **...sie|gel, ...stel|le, ...stem|pel; dienst‿taug|lich, ...tu|end, ...un|fä|hig; Dienst|un|fä|hig|keit,** die; -; **dienst|ver|pflich|tet; Dienst‿vor|schrift, ...waf|fe, ...wa|gen, ...weg; dienst|wid|rig; Dienst‿woh|nung, ...zeit**
dies, dieses (↑R 66); *Gen.* dieses; diesjährig, diesmal, diesseits; **dies|be|züg|lich**
Di|es ['di:ɛs], der; - (*kurz für* Dies academicus); **Di|es aca|de|mi|cus,** der; - - ⟨lat.⟩ (vorlesungsfreier Tag an der Universität, an dem aus besonderem Anlaß eine Feier o. ä. angesetzt ist); **Di|es ater,** der; - - ⟨lat., „schwarzer Tag"⟩ (Unglückstag)
Die|sel, der; -[s], - ⟨nach dem Erfinder⟩ (*kurz für* Dieselkraftstoff; [Auto mit] Dieselmotor)
die|sel|be (↑R 66); *Gen.* derselben; *Plur.* dieselben; ein[e] und -; **die|sel|bi|ge;** ↑R 66 (*veraltet für* dieselbe)
die|sel|elek|trisch; Die|sel‿kraft|stoff (*Abk.* DK), **...lo|ko|mo|ti|ve, ...ma|schi|ne, ...mo|tor** (↑R 135); **die|seln** (wie ein Dieselmotor ohne Zündung weiterlaufen [vom Ottomotor]); **Die|sel‿öl, ...trieb|wa|gen** (↑R 135)
die|ser (↑R 66), diese, dieses (dies); *Gen.* dieses, dieser, dieses; *Plur.* diese; dieser selbe [Augenblick]; **die|ser|art** (auf diese Weise; so); aber: Fälle [von] dieser Art; **die|ser|halb** (*veraltend für* deshalb); **die|ses** *vgl.* dies; **die|ses Jah|res** (*Abk.* d. J.); **die|ses Mo|nats** (*Abk.* d. M.); **dies|falls** *(veraltet)*
die|sig (dunstig, trübe u. feucht); **Die|sig|keit,** die; -
Di|es irae ['di:ɛs 'i:rɛ:], das; - - ⟨lat., „Tag des Zornes"⟩ (Anfang eines Hymnus auf das Weltgericht; Teil des Requiems)
dies|jäh|rig; dies|mal, aber: dieses Mal, dieses *od.* dies eine, letzte Mal; **dies|ma|lig; dies|sei|tig; Dies|sei|tig|keit,** die; -; **dies|seits;** *Präp. mit Gen.:* - des Flusses; **Dies|seits,** das; -; im -; **Dies|seits|glau|be**
Die|ter, Die|ther; ↑R 131 (m. Vorn.); **Diet|hild, Diet|hil|de** (w. Vorn.)
Di|ethy|len|gly|kol *vgl.* Diäthylenglykol
Diet|lind, Diet|lin|de (w. Vorn.); **Diet|mar** (m. Vorn.); [1]**Diet|rich** (m. Vorn.); [2]**Diet|rich,** der; -s, -e (Nachschlüssel)
die|weil, all|die|weil *(veraltet); vgl.* weil
Dif|fa|ma|ti|on, die; -, -en ⟨lat.⟩ (Verleumdung); **dif|fa|ma|to|risch; Dif|fa|mie,** die; -, ...ien (verleumderische Bosheit; Beschimpfung); **dif|fa|mie|ren; Dif|fa|mie|rung**
dif|fe|rent ⟨lat.⟩ (verschieden, ungleich); **dif|fe|ren|ti|al,** dif|fe|ren|ti|ell (einen Unterschied begründend od. darstellend); **Dif|fe|ren|ti|al,** das; -s, -e (*Math.* unendlich kleine Differenz; *kurz für* Differentialgetriebe); **Dif|fe|ren|ti|al‿dia|gno|se** (*Med.* Unterscheidung ähnlicher Krankheitsbilder), **...geo|me|trie** *(Math.),* **...ge|trie|be** (Ausgleichsgetriebe beim Kraftfahrzeug), **...quo|ti|ent** *(Math.),* **...rech|nung** *(Math.),* **...schal|tung** *(Elektrotechnik),* **...ta|rif** *(Verkehrsw.);* **Dif|fe|ren|tia|ti|on,** die; -, -en (*Math.* Anwendung der Differentialrechnung; *Geol.* Aufspaltung einer Stammschmelze); **dif|fe|ren|ti|ell** *vgl.* differential; **Dif|fe|renz,** die; -, -en (Unterschied; Unstimmigkeit); **Dif|fe|renz‿be|trag, ...ge|schäft** (Börsentermingeschäft); **dif|fe|ren|zie|ren** (trennen; unterscheiden; abstufen; *Math.* die Differentialrechnung anwenden); **Dif|fe|ren|ziert|heit,** die; - (Unterschiedlichkeit; Abgestuftsein); **Dif|fe|ren|zie|rung** (Abstufung; Auseinanderentwicklung); **dif|fe|rie|ren** (verschieden sein; voneinander abweichen)
dif|fi|zil ⟨franz.⟩ (schwierig, kompliziert; schwer zu behandeln)
Dif|flu|enz, die; -, -en ⟨lat.⟩ (*Geol.* Gabelung eines Gletschers)
dif|form ⟨lat.⟩ (*Med.* mißgestaltet); **Dif|for|mi|tät,** die; -, -en (Mißbildung)
Dif|frak|ti|on, die; -, -en ⟨lat.⟩ (*Physik* Strahlenbrechung, Beugung des Lichtes)
dif|fun|die|ren ⟨lat.⟩ (*fachspr. für* durchdringen; zerstreuen); **dif|fus;** -este (zerstreut; ungeordnet; verschwommen); -es Licht, -e Reflexion; **Dif|fu|si|on,** die; -, -en (*Chemie* gegenseitige Durchdringung [von Gasen od. Flüssigkeiten]; *Physik* Zerstreuung; *Bergmannsspr.* Wetteraustausch; *Zuckerherstellung* Auslaugung); **Dif|fu|sor,** der; -s, ...oren (*Technik* Rohrleitungsteil, dessen Querschnitt sich erweitert)
Di|gam|ma, das; -[s], -s (Buchstabe im ältesten griech. Alphabet; Ϝ)
di|gen ⟨griech.⟩ (*Biol.* durch Verschmelzung zweier Zellen gezeugt)

di|ge|rie|ren ‹lat.› (*Chemie* auslaugen, -ziehen; *Med.* verdauen); **Di|gest** ['daidʒɛst], der *od.* das; -[s], -s ‹engl.› (bes. in den angels. Ländern übliche Art von Zeitschriften, die Auszüge aus Büchern, Zeitschriften u. ä. bringen); **Di|ge|sten** [di'gɛ...] *Plur.* ‹lat.› (Gesetzessammlung des Kaisers Justinian); **Di|ge|stif** [diʒes'tif], der; -s, -s ‹franz.› (die Verdauung anregendes alkoholisches Getränk); **Di|ge|sti|on** [...g...], die; -, -en ‹lat.› (*Med.* Verdauung; *Chemie* Auslaugen, -ziehen); **di|ge|stiv** (*Med.* Verdauung bewirkend; Verdauungs...); **Di|ge|stor,** der; -s, ...oren (Dampfkochtopf)
Di|git ['didʒit], das; -[s], -s ‹engl.› (Ziffer einer elektron. Anzeige); **di|gi|tal** [digi...] ‹lat.› (*Med.* mit dem Finger; *Technik* in Ziffern dargestellt, ziffernmäßig; *EDV* in Stufen erfolgend); **Di|gi|ta|lis,** die; -, - (Fingerhut, eine Arzneipflanze); **di|gi|ta|li|sie|ren** (*Technik* mit Ziffern darstellen; in ein digitales Signal umwandeln); **Di|gi|tal‿rech|ner, ...uhr**
Di|glos|sie, die; -, -n ‹griech.› (*Sprachw.* Form der Zweisprachigkeit)
Di|glyph, der; -s, -e ‹griech.› (*Archit.* zweigeschlitzte Platte am Gebälk [ital. Renaissance])
Di|gni|tar ‹lat.›, **Di|gni|tär** ‹franz.›, der; -s, -e (Würdenträger der kath. Kirche); **Di|gni|tät,** die; -, -en ‹lat.› ([kath. kirchl.] Würde)
Di|gres|si|on, die; -, -en ‹lat.› (*Astron.* Winkel zwischen dem Meridian u. dem Vertikalkreis, der durch ein polnahes Gestirn geht)
DIHT = Deutscher Industrie- und Handelstag (*vgl.* deutsch)
di|hy|brid ‹griech.› (*Biol.* sich in zwei erblichen Merkmalen unterscheidend)
Di|jam|bus, der; -, ...ben ‹griech.› (*Verslehre* Doppeljambus)
Di|ke ['di:kə, *auch* 'di:ke:] (griech. Göttin der Gerechtigkeit, eine der [2]Horen)
di|klin ‹griech.› (*Bot.* eingeschlechtig)
Di|ko|ty|le, Di|ko|ty|le|do|ne, die; -, -n ‹griech.› (*Bot.* zweikeimblättrige Pflanze)
dik|tan|do ‹lat.› (*selten für* diktierend, beim Diktieren); **Dik|tant,** der; -en, -en; ↑R 197 (jmd., der diktiert); **Dik|ta|phon,** das; -s, -e ‹lat.; griech.› (Tonbandgerät zum Diktieren); **Dik|tat,** das; -[e]s, -e ‹lat.›; **Dik|ta|tor,** der; -s, ...oren (unumschränkter Machthaber); **dik|ta|to|risch; Dik|ta|tur,** die; -, -en; **dik|tie|ren** (zur Niederschrift vorsprechen; aufzwingen); **Dik|tier|ge|rät; Dik|ti|on,** die; -, -en (Schreibart; Ausdrucksweise); **Dik|tio|när,** das *u.* der; -s, -e ‹franz.› (*veraltend für* Wörterbuch); **Dik|tum,** das; -s, ...ta ‹lat., „Gesagtes"› (Ausspruch)
di|la|ta|bel ‹lat.› (dehnbar); ...table Buchstaben; **Di|la|ta|bi|les** [...le:s] *Plur.* (in die Breite gezogene hebr. Buchstaben); **Di|la|ta|ti|on,** die; -, -en (*Physik* Ausdehnung; *Med.* Erweiterung [von Körperhöhlen])
Di|la|ti|on, die; -, -en ‹lat.› (*Rechtsw.* Aufschub[frist]); **di|la|to|risch** (aufschiebend; hinhaltend; schleppend)
Di|lem|ma, das; -s, *Plur.* -s, *auch* -ta ‹griech.› (Zwangslage; Wahl zwischen zwei [unangenehmen] Dingen)
Di|let|tant, der; -en, -en (↑R 197) ‹ital.› (*geh. für* [Kunst]liebhaber; Nichtfachmann; Stümper); **di|let|tan|ten|haft, di|let|tan|tisch** (unfachmännisch, laienhaft; stümperhaft); **Di|let|tan|tis|mus,** der; - (laienhafte Beschäftigung mit etwas, Liebhaberei; Stümperhaftigkeit); **di|let|tie|ren** (*selten für* sich als Dilettant betätigen; sich versuchen)
Di|li|gence [dili'ʒã:s], die; -, -n [...s(ə)n] ‹franz.› (*früher* [Eil]postkutsche)
Dill, der; -s, -e, *bes. österr. auch* **Dil|le,** die; -, -n (eine Gewürzpflanze); **Dil|len|kraut, Dill|kraut** *(österr.)*
Dil|they [...tai] (dt. Philosoph)
di|lu|vi|al [...v...] ‹lat.› (*älter für* pleistozän); **Di|lu|vi|um,** das; -s (*älter für* Pleistozän)
dim. = diminuendo
Dime [daim], der; -s, -s (US-amerik. Münze); 10 - (↑R 129)
Di|men|si|on, die; -, -en ‹lat.› (Ausdehnung; [Aus]maß; Bereich); **di|men|sio|nal** (die Ausdehnung bestimmend); ↑R 180; **di|men|sio|nie|ren** (abmessen; *Technik* die Maße festlegen)
Di|me|ter, der; -s, - ‹griech.› (*Verslehre* antike Verseinheit aus zwei Füßen)
di|mi|nu|en|do ‹ital.› (*Musik* in der Tonstärke abnehmend; *Abk.* dim.); **Di|mi|nu|en|do,** das; -s, *Plur.* -s *u.* ...di; **di|mi|nu|ie|ren** ‹lat.› (verkleinern, verringern); **Di|mi|nu|ti|on,** die; -, -en (Verkleinerung, Verringerung; *Musik* Verkürzung der Notenwerte; variierende Verzierung); **di|mi|nu|tiv** (*Sprachw.* verkleinernd); **Di|mi|nu|tiv,** das; -s, -e [...və] *u.* Di|mi|nu|ti|vum [...vum], das; -s, ...va [...va] (*Sprachw.* Verkleinerungswort, z. B. „Öfchen"); **Di|mi|nu|tiv|form** [...f...] *(Sprachw.)*; **Di|mi|nu|ti|vum** *vgl.* Diminutiv
di|mit|tie|ren ‹lat.› (*veraltet für* entlassen, verabschieden)
Dim|mer, der; -s, - ‹engl.› (stufenloser Helligkeitsregler)
di|morph ‹griech.› (zweigestaltig, -formig); **Di|mor|phis|mus,** der; -, ...men
DIN Ⓦⓩ [di:n] ‹*Abk. für* **D**eutsche **I**ndustrie-**N**orm(en), *später gedeutet als* **D**as **I**st **N**orm› (Verbandszeichen des Deutschen Instituts für Normung e. V. [*früher* Deutscher Normenausschuß]); *Schreibweise:* DIN (*mit einer Nummer zur Bezeichnung einer Norm* [z. B. DIN 16511] *u. bei Kopplungen* [z. B. DIN-Norm, DIN-Mitteilungen, DIN-Format]; *vgl. auch* R 41)
Din = (jugoslaw.) Dinar
Di|na (w. Vorn.; bibl. w. Eigenn.)
Di|nar, der; -[s], -e (Münzeinheit von Jugoslawien, Tunesien u. a.; iran. Münze [100 Dinar = 1 Rial]; *Abk. jugoslaw.* Din, *iran.* D); 6 - (↑R 129)
di|na|risch; -e Rasse (ein Menschentypus, benannt nach dem Dinarischen Gebirge), aber (↑R 146): das Dinarische Gebirge (Gebirgssystem im Westen Jugoslawiens)
Di|ner [di'ne:], das; -s, -s ‹franz.› (*geh. für* [festliches] Abend- od. Mittagessen mit mehreren Gängen)
[1]Ding, das; -[e]s, *Plur.* -e, *ugs.* -er (Sache); guter -e sein
[2]Ding, das; -[e]s, -e (germ. Volks-, Gerichts- u. Heeresversammlung); *vgl. auch* Thing
Din|gel|chen (kleines Ding)
din|gen (*veraltend für* zu Dienstleistungen gegen Entgelt verpflichten; in Dienst nehmen); du dingtest (*selten* dangst, *Konj.* dängest); gedungen (*seltener* gedingt); ding[e]!
Din|ger|chen *Plur.*
ding|fest; *nur in* jmdn. - machen (verhaften)
Din|gi ['diŋgi], das; -s, -s ‹Hindi› (kleines Beiboot)
Ding|lein *vgl.* Dingelchen
ding|lich (eine Sache betreffend; gegenständlich); -er Anspruch; **Ding|lich|keit,** die; -
Din|go ['diŋgo], der; -s, -s ‹austr.› (austr. Wildhund)
...dings (z. B. neuerdings); **Dings,** der, die, das; - *u.* **Dings|bums,** der, die, das; - *u.* **[1]Dings|da,** der, die, das; - (*ugs. für* eine unbekannte od. unbenannte Person od. Sache); **[2]Dings|da, Dings|kirchen** [*auch* ...'kir...] (*ugs. für* einen unbekannten od. unbenann-

ten Ort); **Ding|wort** *Plur.* ...wörter (*für* Substantiv)

di|nie|ren ‹franz.› (*geh. für* [in festlichem Rahmen] essen, speisen); **Di|ning-room** ['dainiŋru(:)m], der; -s, -s ‹engl.› (*engl. Bez. für* Speisezimmer)

Dink, der; -s, -s *meist Plur.* ‹*aus* engl. double income, no kids = doppeltes Einkommen, keine Kinder› (jmd., der in einer Partnerschaft lebt, in der beide Partner einem Beruf nachgehen u. keine Kinder vorhanden sind)

Din|kel, der; -s, - *Plur. selten* (nur noch vereinzelt angebaute Weizenart, Spelt)

Din|ner, das; -s, -[s] ‹engl.› (Hauptmahlzeit in England [abends eingenommen]); **Din|ner|jacket** [...dʒɛkit], das; -s, -s [*Trenn.* ...jak|ket] (*engl. Bez. für* Smoking[jackett])

Di|no|sau|ri|er [...i̯ər], der; -s, - *u.* **Di|no|sau|rus,** der; -, ...rier [...i̯ər] ‹griech.› (ausgestorbene Riesenechse); **Di|no|the|ri|um,** das; -s, ...ien [...i̯ən] (ausgestorbenes Rüsseltier Europas)

Di|ode, die; -, -n ‹griech.› (elektron. Bauelement)

Dio|ge|nes (altgriech. Philosoph)

Dio|kle|ti|an (röm. Kaiser); **dio|kle|tia|nisch;** -e (blutige, grausame) Verfolgung, aber (↑R 134): die Diokletianischen Reformen

Dio|len ®, das; -[s] (eine synthet. Faser)

Di|on, die; -, -en (*österr. kurz für* Direktion, *selten für* Division)

Dio|ny|si|en [...i̯ən] *Plur.* ‹griech.› (Dionysosfest); **dio|ny|sisch;** ↑R 134 (dem Gott Dionysos zugehörend; *auch für* wild begeistert, tobend; rauschend [von Festen]); **Dio|ny|sos** (griech. Gott des Weines, des Rausches u. der Fruchtbarkeit)

dio|phan|tisch ‹nach dem altgriech. Mathematiker Diophantos›; -e Gleichung; ↑R 134

Di|op|ter, das; -s, - ‹griech.› (Zielgerät; *Fotogr.* Rahmensucher); **Di|op|trie,** die; -, ...ien (*Optik* Maßeinheit für den Brechwert von Linsen); *Abk.* dpt, dptr., Dptr.; **di|op|trisch** (lichtbrechend); -es Fernrohr

Di|ora|ma, das; -s, ...men ‹griech.› (plastisch wirkendes Schaubild)

Di|orit [*auch* ...'rit], der; -s, -e ‹griech.› (ein Tiefengestein)

Di|os|ku|ren *Plur.* ‹griech., „Zeussöhne"› (Kastor u. Pollux; *auch für* unzertrennliche Freunde)

Dio|ti|ma [*auch* ...'ti:ma] (myth. Priesterin bei Platon; Gestalt bei Hölderlin)

Di|oxin, das; -s ‹griech.› (hochgiftige Verbindung von Chlor und Kohlenwasserstoff); **Di|oxyd** [*auch* ...'ksy:t] (Oxyd, das zwei Sauerstoffatome enthält); *vgl.* Oxid

Di|öze|san, der; -en, -en (↑R 197) ‹griech.› (Angehöriger einer Diözese); **Di|öze|se,** die; -, -n (Amtsgebiet eines kath. Bischofs); **Di|özie,** die; - (*Bot.* Zweihäusigkeit); **di|özisch** (zweihäusig)

Dip, der; -s, -s ‹engl.› (Soße zum Eintunken)

Diph|the|rie, die; -, ...ien ‹griech.› (*Med.* eine Infektionskrankheit); **Diph|the|rie_schutz|imp|fung, ...se|rum; diph|the|risch**

Di|phthong, der; -s, -e ‹griech.› (*Sprachw.* Doppellaut, z. B. ei, au; *Ggs.* Monophthong); **di|phthon|gie|ren** (einen Vokal zum Diphthong entwickeln); **Di|phthon|gie|rung; di|phthon|gisch**

dipl. (*schweiz.*) = diplomiert; **Dipl.-Bibl.** = Diplombibliothekar; **Dipl.-Biol.** = Diplombiologe; **Dipl.-Chem.** = Diplomchemiker; **Dipl.-Dolm.** = Diplomdolmetscher

Di|plex|be|trieb *vgl.* Duplexbetrieb

Dipl.-Hdl. = Diplomhandelslehrer; **Dipl.-Hist.** = Diplomhistoriker; **Dipl.-Holzw.** = Diplomholzwirt; **Dipl.-Ing.** = Diplomingenieur; **Dipl.-Kfm.** = Diplomkaufmann; **Dipl.-Ldw.** = Diplomlandwirt; **Dipl.-Math.** = Diplommathematiker; **Dipl.-Med.** = Diplommediziner; **Dipl.-Met.** = Diplommeteorologe

Di|plo|do|kus, der; -, ...ken ‹griech.› (ausgestorbene Riesenechse)

di|plo|id ‹griech.› (*Biol.* mit doppeltem Chromosomensatz)

Dipl.-Ök. = Diplomökonom

Di|plo|kok|kus, der; -, ...kken ‹griech.› (*Med.* Kokkenpaar [Krankheitserreger])

Di|plom, das; -[e]s, -e ‹griech.› (amtl. Schriftstück; Urkunde; [Ehren]zeugnis; akadem. Grad); **Di|plo|mand,** der; -en, -en; ↑R 197 (jmd., der sich auf die Diplomprüfung vorbereitet); **Di|plo|man|din; Di|plom|ar|beit; Di|plo|mat,** der; -en, -en; ↑R 197 (beglaubigter Vertreter eines Landes bei einem fremden Staat); **Di|plo|ma|ten_aus|weis, ...kof|fer, ...lauf|bahn, ...paß, ...schreib|tisch** (bes. wuchtiger Schreibtisch); **Di|plo|ma|tie,** die; - (Regeln u. Methoden für die Führung außenpolit. Verhandlungen; Gesamtheit der Diplomaten; Geschicktheit im Umgang); **Di|plo|ma|tik,** die; - (Urkundenlehre); **Di|plo|ma|ti|ker** (Urkundenforscher u. -kenner); **Di|plo|ma|tin; di|plo|ma|tisch;** -ste (die Diplomatie u. die Diplomatik betreffend; urkundlich; klug u. geschickt im Umgang); das -e Korps, aber (↑R 157): das Diplomatische Korps in Rom; **Di|plom_bi|blio|the|kar**[1] (*Abk.* Dipl.-Bibl.), **...bio|lo|ge**[1] (*Abk.* Dipl.-Biol.); **...che|mi|ker**[1] (*Abk.* Dipl.-Chem.), **...dol|met|scher**[1] (*Abk.* Dipl.-Dolm.), **...han|dels|leh|rer**[1] (*Abk.* Dipl.-Hdl.), **...hi|sto|ri|ker**[1] (*Abk.* Dipl.-Hist.), **...holz|wirt**[1] (*Abk.* Dipl.-Holzw.); **di|plo|mie|ren** (ein Diplom erteilen); **Di|plom_in|ge|nieur**[1] (*Abk.* Dipl.-Ing.), **...kauf|frau**[1], **...kauf|mann**[1] (*Plur.* ...leute; *Abk.* Dipl.-Kfm., *österr.* Dkfm.), **...land|wirt**[1] (*Abk.* Dipl.-Ldw.), **...ma|the|ma|ti|ker**[1] (*Abk.* Dipl.-Math.), **...me|di|zi|ner**[1] (*Abk.* Dipl.-Med.), **...me|teo|ro|lo|ge**[1] (*Abk.* Dipl.-Met.), **...öko|nom**[1] (*Abk.* Dipl.-Ök.), **...päd|ago|ge**[1] (*Abk.* Dipl.-Päd.), **...phy|si|ker**[1] (*Abk.* Dipl.-Phys.), **...psy|cho|lo|ge**[1] (*Abk.* Dipl.-Psych.), **...sport|leh|rer**[1] (*Abk.* Dipl.-Sportl.), **...volks|wirt**[1] (*Abk.* Dipl.-Volksw.); **...wirt|schafts|in|ge|nieur**[1] (*Abk.* Dipl.-Wirt.-Ing.); **Dipl.-Päd.** = Diplompädagoge; **Dipl.-Phys.** = Diplomphysiker; **Dipl.-Psych.** = Diplompsychologe; **Dipl.-Sportl.** = Diplomsportlehrer; **Dipl.-Volksw.** = Diplomvolkswirt; **Dipl.-Wirt.-Ing.** = Diplomwirtschaftsingenieur

Di|po|die, die; -, ...ien ‹griech.› (*Verslehre* zweiteilige Taktgruppe in einem Vers); **di|po|disch;** -e Verse

Di|pol, der; -s, -e ‹griech.› (*Physik* Anordnung von zwei entgegengesetzt gleichen elektrischen Ladungen); **Di|pol|an|ten|ne**

Dip|pel, der; -s, - (*südd. für* Dübel; *österr. ugs. für* Beule; *vgl.* Tippel); **Dip|pel|baum** (*österr. für* Trag-, Deckenbalken)

[1]**dip|pen** (*landsch. für* eintauchen); [2]**dip|pen** ‹engl.› (*Seemannsspr.* die Flagge zum Gruß halb niederholen u. wieder hochziehen)

Di|ptam, der; -s ‹griech.› (eine Zierpflanze)

Di|pte|ren *Plur.* ‹griech.› (*Zool.* zweiflüglige Insekten); **Di|pte|ros,** der; -, ...roi [...rɔy] (Tempel mit doppelter Säulenreihe)

Di|pty|chon [...çɔn], das; -s, *Plur.* ...chen *u.* ...cha ‹griech.› (zusam

---

[1] *Heute oft* Diplom-Bibliothekar usw.

menklappbare Schreibtafel im Altertum; zweiflügeliges Altarbild)

dir; *in Briefen usw.* Dir (↑R 71); (↑R 7:) dir alten (*selten* alter) Frau; dir jungem (*auch* jungen) Menschen; dir Geliebten (*weibl.; selten* Geliebter); dir Geliebtem (*männl.; neben* Geliebten)

Dir. = Direktor

Di|rec|toire [dirɛk'to̯a:r], das; -[s] ‹franz.› (französ. [Kunst]stil Ende des 18. Jh.s); **di|rekt;** -este ‹lat.›; -e Rede (*Sprachw.* wörtliche Rede); **Di|rekt|flug; Di|rekt|heit; Di|rek|ti|on,** die; -, -en (Leitung, Verwaltung; Vorstand; *schweiz. auch* kantonales Ministerium); **Di|rek|ti|ons|kraft** *(Physik);* **di|rek|ti|ons|los;** -este (richtungslos); **Di|rek|ti|ons‿se|kre|tä|rin, ...zim|mer; Di|rek|ti|ve** [...və], die; -, -n (Weisung; Verhaltensregel); **Di|rekt|man|dat; Di|rek|tor,** der; -s, ...oren (*Abk.* Dir.); **Di|rek|to|rat,** das; -[e]s, -e; **di|rek|to|ri|al** (dem Direktor zustehend, von ihm herrührend); **Di|rek|to|rin; Di|rek|to|ri|um,** das; -s, ...ien [...i̯ən]; **Di|rek|tor|zim|mer; Di|rek|tri|ce** [...'tri:sə, *österr.* ...'tri:s], die; -, -n ‹franz.› (leitende Angestellte [bes. in der Bekleidungsindustrie]); **Di|rek|trix,** die; - ‹lat.› (*Math.* Leitlinie von Kegelschnitten); **Di|rekt‿sen|dung, ...spiel** *(Sportspr.),* **...über|tra|gung, ...ver|kauf, ...wer|bung; Di|ret|tis|si|ma,** die; -, -s ‹ital.› (Route, die ohne Umwege zum Berggipfel führt); **Di|rex,** der; -, -e *Plur. selten* (*Schülerspr.* Direktor)

Dir|ham, *auch* **Dir|hem,** der; -s, -s (Währungs- u. Münzeinheit in arab. Ländern; frühere Gewichtseinheit in islam. Ländern); 5 - (↑R 129)

Di|ri|gat, das; -[e]s, -e ‹lat.› (das Dirigieren [eines Orchesters]); **Di|ri|gent,** der; -en, -en (↑R 197); **Di|ri|gen|ten‿pult, ...stab; Di|ri|gen|tin; di|ri|gie|ren** ([ein Orchester] leiten; lenken); **Di|ri|gis|mus,** der; - (staatl. Lenkung der Wirtschaft); **di|ri|gi|stisch**

Dirk (m. Vorn.)

Dirn, die; -, -en (*bayr., österr. mdal. für* Magd); **Dirndl,** das; -s, -n (*bayr., österr. für* junges Mädchen; Dirndlkleid; *ostösterr. ugs. auch für* [Frucht der] Kornelkirsche); **Dirndl|kleid; Dirndl|strauch** (*ostösterr. ugs. für* Strauch der Kornelkirsche); **Dir|ne,** die; -, -n (Prostituierte; *mdal. für* junges Mädchen)

dis, Dis, das; -, - (Tonbezeichnung); **dis** (*Zeichen für* dis-Moll); in dis

Dis|agio [...'a:d͡ʒo, *auch* ...'a:ʒi̯o], das; -s, *Plur.* -s *u.* ...gien [...'a:d͡ʒən, *auch* ...'a:ʒi̯ən] ‹ital.› (Abschlag, um den der Kurs von Wertpapieren od. Geldsorten unter dem Nennwert od. der Parität steht)

Disc|jockey [*Trenn.* ...jok|key] *vgl.* Diskjockey; **Dis|co** *vgl.* Disko

Dis|coun|ter [dis'kau̯ntə(r)], der; -s, - (Besitzer eines Discountgeschäftes); **Dis|count‿ge|schäft, ...la|den, ...preis** (*vgl.* [2]Preis)

Dis|co|ve|ry [dis'kavəri], die; - ‹engl., „Entdeckung"› (Name einer amerik. Raumfähre)

Dis|en|gage|ment [disin'ge:d͡ʒmənt], das; -s ‹engl.› (milit. Auseinanderrücken der Machtblöcke)

Di|seur [di'zø:r], der; -s, -e ‹franz.› (Sprecher, Vortragskünstler); **Di|seu|se** [di'zø:zə], die; -, -n

dis|gru|ent; -este ‹lat.› (*geh. für* nicht übereinstimmend)

Dis|har|mo|nie [*auch* 'dis...], die; -, ...ien ‹lat.; griech.› (Mißklang; Uneinigkeit); **dis|har|mo|nie|ren** [*auch* 'dis...]; **dis|har|mo|nisch** [*auch* 'dis...]; -ste

Dis|junk|ti|on, die; -, -en ‹lat.› (Trennung; Sonderung); **dis|junk|tiv** (trennend); -e Konjunktion (*Sprachw.* ausschließendes Bindewort, z. B. „oder")

Dis|kant, der; -s, -e ‹lat.› (*Musik* höchste Stimm- od. Tonlage); **Dis|kant‿schlüs|sel, ...stim|me**

Dis|ken (*Plur. von* Diskus); **Dis|ket|te,** die; -, -n ‹engl.; franz.›; *vgl.* Floppy disk; **Disk|jockey** [...d͡ʒɔke:, *engl.* ...ki; *Trenn.* ...jok|key], der; -s, -s ‹engl.› (jmd., der Schallplatten präsentiert); **Disk|ka|me|ra** ‹griech.; lat.› (Kamera, bei der die Fotos auf einer runden Scheibe belichtet werden); **Dis|ko,** die; -, -s ‹engl.› (Tanzlokal u. -veranstaltung mit Schallplatten- oder Tonbandmusik); **Dis|ko|gra|phie,** die; -, ...ien ‹griech.› (Schallplattenverzeichnis); **Dis|ko|mu|sik**

Dis|kont, der; -s, -e ‹ital.› (*Bankw.* Zinsvergütung bei noch nicht fälligen Zahlungen); **Dis|kon|ten** *Plur.* (inländische Wechsel); **Dis|kont‿er|hö|hung, ...ge|schäft, ...her|ab|set|zung; dis|kon|tie|ren** (eine später fällige Forderung unter Abzug von Zinsen ankaufen)

dis|kon|ti|nu|ier|lich [*auch* 'dis...] ‹lat.› (aussetzend, unterbrochen, zusammenhanglos); **Dis|kon|ti|nui|tät** [*auch* 'dis...], die; -, -en; ↑R 180

Dis|kont‿satz (*Bankw.* Zinssatz), **...spe|sen** (*Plur.;* Wechselspesen)

Dis|kor|danz, die; -, -en ‹lat.› (Uneinigkeit, Mißklang; *Geol.* ungleichförmige Lagerung zweier Gesteinsverbände)

Dis|ko|rol|ler [*auch* ...ro:lə(r)], der; -s, - ‹engl.› (Rollschuh [mit Kunststoffrollen]); **Dis|ko|thek,** die; -, -en ‹griech.› (Schallplattensammlung; *auch svw.* Disko); **Dis|ko|the|kar,** der; -s, -e (Verwalter einer Diskothek [beim Rundfunk])

Dis|kre|dit, der; -[e]s ‹lat.› (übler Ruf); **dis|kre|di|tie|ren** (in Verruf bringen); **Dis|kre|di|tie|rung**

dis|kre|pant; -este ‹lat.› (abweichend; widersprüchlich); **Dis|kre|panz,** die; -, -en (Widersprüchlichkeit; Mißverhältnis)

dis|kret; -este ‹lat.› (taktvoll, rücksichtsvoll; unauffällig; vertraulich; *Physik, Math.* abgegrenzt, getrennt); -e Zahlenwerte; **Dis|kre|ti|on,** die; - (Verschwiegenheit, [2]Takt)

Dis|kri|mi|nan|te, die; -, -n ‹lat.› (math. Ausdruck bei Gleichungen zweiten u. höheren Grades); **dis|kri|mi|nie|ren; Dis|kri|mi|nie|rung** (unterschiedliche Behandlung; Herabsetzung)

dis|kur|rie|ren ‹lat.› (*veraltet, aber noch landsch. für* sich eifrig unterhalten; diskutieren); **Dis|kurs,** der; -es, -e ([eifrige] Erörterung; methodisch aufgebaute Abhandlung); **dis|kur|siv** (*Philos.* von Begriff zu Begriff logisch fortschreitend)

Dis|kus, der; *Gen.* - *u.* -ses, *Plur.* ...ken *u.* -se ‹griech.› (Wurfscheibe)

Dis|kus|si|on, die; -, -en ‹lat.› (Erörterung; Aussprache; Meinungsaustausch); **Dis|kus|si|ons‿abend, ...bei|trag; dis|kus|si|ons|freu|dig; Dis|kus|si|ons‿ge|gen|stand, ...grund|la|ge, ...lei|ter** (der), **...red|ner, ...run|de, ...teil|neh|mer, ...the|ma; dis|kus|si|ons|wür|dig**

Dis|kus‿wer|fen (das; -s), **...wer|fer, ...wurf**

dis|ku|ta|bel ‹lat.› (erwägenswert; strittig); ...a|ble Fragen; **Dis|ku|tant,** der; -en, -en; ↑R 197 (Diskussionsteilnehmer); **Dis|ku|tan|tin; dis|ku|tier|bar; dis|ku|tie|ren;** [über] etwas -

Dis|lo|ka|ti|on, die; -, -en ‹lat.› (räumliche Verteilung [von Truppen]; *Geol.* Störung der normalen Lagerung von Gesteinsverbänden; *Med.* Verschiebung der Bruchenden); **dis|lo|zie|ren** ([Truppen] räumlich verteilen, verlegen); **Dis|lo|zie|rung**

dis-Moll [*auch* 'dis'mɔl], das; - (Tonart; *Zeichen* dis); **dis-Moll-Ton|lei|ter** (↑R 41)

Dis|ney ['dizni], Walt [wɔ:lt] (amerik. Trickfilmzeichner u. Filmproduzent)
Dis|pa|che [dis'paʃə], die; -, -n ‹franz.› (*Seew.* Schadensberechnung u. -verteilung bei Seeschäden); **Dis|pa|cheur** [...'ʃø:r], der; -s, -e (Seeschadenberechner); **dis|pa|chie|ren** [...'ʃi:...]
dis|pa|rat; -este ‹lat.› (ungleichartig; unvereinbar); **Dis|pa|ri|tät,** die; -, -en (Ungleichheit, Verschiedenheit)
Dis|pat|cher [...'pɛtʃə(r)], der; -s, - ‹engl.› (leitender Angestellter in der Industrie, der den Produktionsablauf überwacht); **Dis|pat|cher|sy|stem**
Dis|pens, der; -es, -e *u. (österr. u. im kath. Kirchenrecht nur)* die; -, -en ‹lat.› (Aufhebung einer Verpflichtung, Befreiung; Ausnahme[bewilligung]); **Dis|pen|saire-be|treu|ung** [...pɛn'sɛ:r..., *auch* ...pã'sɛ:r...] ‹franz.; dt.› (vorbeugende med. Betreuung Gefährdeter); **Dis|pen|sa|ti|on** [...pɛnza...], die; -, -en ‹lat.› (Befreiung); **Dis|pen|sa|to|ri|um,** das; -s, ...ien [...iən] (Arznei-, Apothekerbuch); **Dis|pens|ehe; dis|pen|sie|ren** (von einer Vorschrift befreien, freistellen; Arzneien bereiten u. abgeben); **Dis|pen|sie|rung**
di|sper|gie|ren ‹lat.› (zerstreuen; verbreiten); **di|spers** (feinverteilt; zerstreut); -e Phase *(Physik);* **Di|sper|si|on,** die; -, -en (feinste Verteilung eines Stoffes in einem anderen; *Physik* Abhängigkeit der Fortpflanzungsgeschwindigkeit einer Wellenbewegung von der Wellenlänge); **Di|sper|si|ons|far|be**
Dis|placed per|son [dis'ple:st 'pœ:(r)s(ə)n], die; - -, - -s (Bez. für Ausländer, die während des 2. Weltkriegs nach Deutschland [zur Arbeit] verschleppt wurden)
Dis|play [...'ple:], das; -s, -s ‹engl.› (optisch wirksames Ausstellen von Waren; aufstellbares Werbungsmaterial; *EDV* optische Datenanzeige); **Dis|play|er,** der; -s, - (Dekorations-, Packungsgestalter); **Dis|play‿funk|ti|on, ...gra|phi|ker, ...ma|te|ri|al**
Di|spon|de|us, der; -, ...een ‹griech.› (*Verslehre* Doppelspondeus)
Dis|po|nen|de, die; -, -n *meist Plur.* ‹lat.› (bis zum Abrechnungstermin unverkauftes Buch, dessen weitere Lagerung beim Sortimentsbuchhändler der Verleger gestattet); **Dis|po|nent,** der; -en, -en; ↑R 197 (kaufmänn. Angestellter mit besonderen Vollmachten, der einen größeren Unternehmungsbereich leitet); **Dis|po|nen|tin; dis|po|ni|bel** (verfügbar); ...i|ble Gelder; **Dis|po|ni|bi|li|tät,** die; - (Verfügbarkeit); **dis|po|nie|ren; dis|po|niert** (*auch für* aufgelegt; gestimmt zu ...; empfänglich [für Krankheiten]); **Dis|po|si|ti|on,** die; -, -en (Anordnung, Gliederung; Verfügung; Anlage; Empfänglichkeit [für Krankheiten]); zur - (im einstweiligen Ruhestand; *Abk.* z. D.); **dis|po|si|ti|ons|fä|hig** (geschäftsfähig); **Dis|po|si|ti|ons‿fonds, ...gel|der** (*Plur.;* Verfügungsgelder), **...kre|dit** (Überziehungskredit); **dis|po|si|tiv** (anordnend, verfügend; *Rechtsw.* abdingbar; *vgl. d.*); -es Recht
Dis|pro|por|ti|on [*auch* 'dis...], die; -, -en ‹lat.› (Mißverhältnis); **dis|pro|por|tio|nal** [*auch* 'dis...] (schlecht proportioniert); **Dis|pro|por|tio|na|li|tät** [*auch* 'dis...], die; -, -en (*svw.* Disproportion); **dis|pro|por|tio|niert** [*auch* 'dis...] (*svw.* disproportional)
Dis|put, der; -[e]s, -e ‹lat.› (Wortwechsel; Streitgespräch); **dis|pu|ta|bel** (strittig); ...a|ble Fragen; **Dis|pu|tant,** der; -en, -en; ↑R 197 (Disputierender); **Dis|pu|ta|ti|on,** die; -, -en (gelehrtes Streitgespräch); **dis|pu|tie|ren**
Dis|qua|li|fi|ka|ti|on, die; -, -en; ‹lat.›; **dis|qua|li|fi|zie|ren** (vom sportl. Wettbewerb ausschließen; für untauglich erklären); **Dis|qua|li|fi|zie|rung**
Dis|ra|eli [*engl.* diz're:li] (brit. Schriftsteller u. Politiker)
Diss. = Dissertation
Dis|sens, der; -es, -e ‹lat.› (*Rechtsspr.* Meinungsverschiedenheit); **Dis|sen|ter,** der; -s, -s *meist Plur.* ‹engl.› (sich nicht zur anglikan. Kirche Bekennender); **dis|sen|tie|ren** ‹lat.› (abweichender Meinung sein)
Dis|ser|tant, der; -en, -en (↑R 197) ‹lat.› (jmd., der eine Dissertation anfertigt); **Dis|ser|tan|tin; Dis|ser|ta|ti|on,** die; -, -en (wissenschaftl. Abhandlung zur Erlangung der Doktorwürde; *Abk.* Diss.); **dis|ser|tie|ren** (eine Dissertation anfertigen)
Dis|si|dent, der; -en, -en (↑R 197) ‹lat.› (jmd., der außerhalb einer staatlich anerkannten Religionsgemeinschaft steht; jmd., der von einer offiziellen politischen Meinung abweicht); **Dis|si|den|tin; dis|si|die|ren** (anders denken; [aus der Kirche] austreten)
Dis|si|mi|la|ti|on, die; -, -en ‹lat.› (*Sprachw.* „Entähnlichung" von Lauten, z. B. Wechsel von t zu k in „Kartoffel" [*aus* „Tartüffel"]; *Naturwiss.* Abbau u. Verbrauch von Nährstoffen unter Energiegewinnung); **dis|si|mi|lie|ren**
Dis|si|mu|la|ti|on, die; -, -en ‹lat.› (*Med., Psych.* bewußte Verheimlichung einer Krankheit); **dis|si|mu|lie|ren**
Dis|si|pa|ti|on, die; -, -en ‹lat.› (*Physik* Übergang einer Energieform in Wärmeenergie); **Dis|si|pa|ti|ons|sphä|re,** die; - (*svw.* Exosphäre)
dis|so|lu|bel ‹lat.› (löslich, auflösbar, zerlegbar); ...u|ble Mischungen; **Dis|so|lu|ti|on,** die; -, -en (Auflösung, Trennung)
dis|so|nant; -este ‹lat.› (mißtönend); **Dis|so|nanz,** die; -, -en (Mißklang; Unstimmigkeit); **dis|so|nie|ren**
Dis|so|zia|ti|on, die; -, -en (↑R 180) ‹lat.› (*fachspr. für* Zerfall, Trennung; Auflösung); **dis|so|zi|ie|ren**
Dis|streß, der; ...sses, ...sse ‹griech., engl.› (*Psych., Med.* lang andauernder starker Streß)
di|stal ‹lat.› (*Med.* weiter von der Körpermitte, bei Blutgefäßen weiter vom Herzen entfernt liegend); **Di|stanz,** die; -, -en (Entfernung; Abstand); **Di|stanz|ge|schäft** (Verkauf nach Katalog od. Mustern); **di|stan|zie|ren** ([im Wettkampf] überbieten, hinter sich lassen); sich - (von jmdm. od. etwas abrücken); **di|stan|ziert;** -este (zurückhaltend); **Di|stan|zie|rung; Di|stanz‿re|lais** *(Elektrotechnik),* **...ritt** (Ritt über eine sehr lange Strecke), **...wech|sel** (*Bankw.* Wechsel mit verschiedenem Ausstellungs- u. Zahlungsort)
Di|stel, die; -, -n; **Di|stel‿fal|ter** (ein Schmetterling), **...fink** (ein Vogel)
Di|sthen, der; -s, -e ‹griech.› (ein Mineral)
Di|sti|chon [...çɔn], das; -s, ...chen ‹griech.› (*Verslehre* Verspaar aus Hexameter u. Pentameter)
di|stin|guiert [...stiŋ'gi:rt]; -este ‹lat.› (betont vornehm); **Di|stin|guiert|heit,** die; -; **di|stinkt;** -este (klar und deutlich [abgegrenzt]); **Di|stink|ti|on,** die; -, -en (Auszeichnung; [hoher] Rang; *österr. für* Rangabzeichen); **di|stink|tiv** (unterscheidend)
Dis|tor|si|on, die; -, -en ‹lat.› (*Optik* Verzerrung, Verzeichnung; *Med.* Verstauchung)
dis|tra|hie|ren ‹lat.› (*fachspr. für* auseinanderziehen; trennen); **Dis|trak|ti|on,** die; -, -en (*veraltet für* Zerstreuung; *Geol.* Zerrung von Teilen der Erdkruste; *Med.* Behandlung von Knochenbrüchen mit Streckverband)

Dis|tri|bu|ent, der; -en, -en (↑R 197) ‹lat.› (Verteiler); **dis|tri|bu|ie|ren** (verteilen); **Dis|tri|bu|ti|on,** die; -, -en (Verteilung; Auflösung; *Wirtsch.* Einkommensverteilung, Verteilung von Handelsgütern; *Sprachw.* die Umgebung eines sprachlichen Elements; *Psych.* Verteilung u. Aufspaltung der Aufmerksamkeit); **Dis|tri|bu|ti|ons|for|mel** (Spendeformel beim Abendmahl); **dis|tri|bu|tiv** (verteilend); **Dis|tri|bu|tiv_ge|setz** *(Math.),* **...zahl** (im Deutschen mit „je" gebildet, z. B. „je acht")
Di|strikt, der; -[e]s, -e ‹lat.› (Bezirk, Bereich); **Di|strikts|vor|ste|her**
Dis|zi|plin, die; -, -en ‹lat.› (*nur Sing.:* Zucht, Ordnung; Fach einer Wissenschaft; Teilbereich des Sports); (↑R 32:) Disziplin und maßhalten, aber: maß- u. Disziplin halten; **dis|zi|pli|när** (*bes. österr. für* disziplinarisch); **Dis|zi|pli|nar_ge|walt** (Ordnungsgewalt); **dis|zi|pli|na|risch,** dis|zi|pli|nell (die Disziplin, Dienstordnung betreffend; mit gebotener Strenge); **Dis|zi|pli|nar_maß|nah|me, ...recht** (Teil des Beamtenrechts), **...stra|fe, ...ver|fah|ren, ...ver|ge|hen** (Vergehen im Dienst); **dis|zi|pli|nell** *vgl.* disziplinarisch; **dis|zi|pli|nie|ren** (zur Ordnung erziehen); **dis|zi|pli|niert;** -este; **Dis|zi|pli|niert|heit,** die; -; **dis|zi|plin_los** (-este), **...wid|rig**
Di|te|tro|de, die; -, -n ‹griech.› (*Elektrotechnik* Doppelvierpolröhre)
Dith|mar|schen (Gebiet an der Nordseeküste); **Dith|mar|scher** (↑R 147); **dith|mar|sisch**
Di|thy|ram|be, die; -, -n ‹griech.› *u.* Di|thy|ram|bus, der; -, ...ben (Weihelied [auf Dionysos]; überschwengliches Gedicht); **di|thy|ram|bisch** (begeistert, überschwenglich); **Di|thy|ram|bus** *vgl.* Dithyrambe
di|to ‹lat.› (dasselbe, ebenso; *Abk.* do. *od.* dto.); *vgl.* detto
Di|tro|chä|us [...x...], der; -, ...äen ‹griech.› (*Verslehre* Doppeltrochäus)
Dit|te (w. Vorn.)
Dit|to|gra|phie, die; -, ...ien ‹griech.› (Doppelschreibung von Buchstaben[gruppen])
Di|ure|se, die; -, -n ‹griech.› (*Med.* Harnausscheidung); **Di|ure|ti|kum,** das; -s, ...ka (harntreibendes Mittel); **di|ure|tisch** (harntreibend)
Di|ur|nal, das; -s, -e ‹lat.› *u.* **Di|ur|na|le,** das; -, ...lia (Gebetbuch der kath. Geistlichen mit den Tagesgebeten); **Di|ur|num,** das; -s, ...nen (*österr. veraltet für* Tagegeld)
Di|va ['di:va], die; -, *Plur.* -s *u.* ...ven [...vən] ‹ital., „Göttliche"› (erste Sängerin, gefeierte Schauspielerin)
di|ver|gent [...v...]; -este ‹lat.› (auseinandergehend; in entgegengesetzter Richtung [ver]laufend); **Di|ver|genz,** die; -, -en (Auseinandergehen; Meinungsverschiedenheit); **di|ver|gie|ren**
di|vers [...v...]; -este ‹lat.› (verschieden; *bei attributivem Gebrauch im Plur.* mehrere); **Di|ver|sant,** der; -en, -en; ↑R 197 (*im kommunist. Sprachgebrauch* Saboteur); **Di|ver|si|fi|ka|ti|on,** die; -, -en (Abwechslung, Mannigfaltigkeit; *Wirtsch.* Ausweitung des Waren- oder Produktionssortiments eines Unternehmens); **di|ver|si|fi|zie|ren; Di|ver|si|on,** die; -, -en (*veraltet für* Ablenkung; Angriff von der Seite; *im kommunist. Sprachgebrauch* Sabotage durch den Klassenfeind); **Di|ver|ti|kel,** das; -s, - (*Med.* Ausbuchtung an Organen); **Di|ver|ti|men|to,** das; -s, *Plur.* -s *u.* ...ti ‹ital.› (*Musik* heiteres Instrumentalstück; Tanzeinlage; Zwischenspiel); **Di|ver|tis|se|ment** [...tis(ə)'mã:], das; -s, -s ‹franz.› (Gesangs- od. Balletteinlage der franz. Oper des 17./18. Jh.s; *selten für* Divertimento)
di|vi|de et im|pe|ra ['di:vide: - -] ‹lat., „teile und herrsche!"› (legendäres Prinzip der altrömischen Außenpolitik)
Di|vi|dend [...v...], der; -en, -en (↑R 197) ‹lat.› (*Math.* zu teilende Zahl; Zähler eines Bruchs); **Di|vi|den|de,** die; -, -en (*Wirtsch.* der auf eine Aktie entfallende Gewinnanteil); **Di|vi|den|den_aus|schüt|tung, ...schein** (Gewinnanteilschein); **di|vi|die|ren** (*Math.* teilen); zehn dividiert durch fünf ist, macht, gibt (*nicht:* sind, machen, geben) zwei
Di|vi|di|vi [divi'di:vi] *Plur.* ‹indian.-span.› (gerbstoffreiche Schoten einer [sub]tropischen Pflanze)
Di|vi|na Com|me|dia [di'vi:na -], die; - - ‹ital.› (Dantes „Göttliche Komödie")
Di|vi|na|ti|on [...v...], die; -, -en ‹lat.› (*selten für* Ahnung; Wahrsagung, Wahrsagekunst); **di|vi|na|to|risch** (vorahnend; seherisch); **Di|vi|ni|tät,** die; - (Göttlichkeit; göttliches Wesen)
Di|vis [...v...], das; -es, -e ‹lat.› (*Druckw.* Trennungs- od. Bindestrich); **Di|vi|si|on,** die; -, -en (*Math.* Teilung; Heeresabteilung); **Di|vi|sio|när,** der; -s, -e ‹franz.› (*bes. schweiz. für* Befehlshaber einer Division); ↑R 180; **Di|vi|si|ons_kom|man|deur, ...la|za|rett, ...stab; Di|vi|sor,** der; -s, ...oren ‹lat.› (*Math.* teilende Zahl; Nenner); **Di|vi|so|ri|um,** das; -s, ...ien [...iən] (*Druckw.* gabelförmige Klammer [zum Halten der Vorlage])
Di|wan, der; -s, -e ‹pers.› (*veraltend für* niedriges Liegesofa; *Literaturw.* [oriental.] Gedichtsammlung; *früher* türk. Staatsrat); [Goethes] „Westöstlicher Diwan"
Dix (dt. Maler)
Di|xie, der; -s (*ugs. Kurzform für* Dixieland); **Di|xie|land** ['diksilɛnd], der; -[s] ‹amerik.› *u.* **Di|xie|land-Jazz** (eine nordamerik. Variante des Jazz)
d. J. = dieses Jahres; der Jüngere
Dja|kar|ta [dʒa...] (*ältere Schreibung für* Jakarta)
Djer|ba ['dʒɛrba] (tunes. Insel)
DJH = Deutsche Jugendherberge
Dji|bu|ti [dʒi'bu:ti] *vgl.* Dschibuti
DJK = Deutsche Jugendkraft
DK = Dezimalklassifikation; Dieselkraftstoff
Dkfm. *(österr.)* = Diplomkaufmann
DKP = Deutsche Kommunistische Partei
dkr = dänische Krone (Münze)
dl = Deziliter
DLF = Deutschlandfunk
DLG = Deutsche Landwirtschafts-Gesellschaft
DLRG = Deutsche Lebens-Rettungs-Gesellschaft
dm = Dezimeter
dm² = Quadratdezimeter
dm³ = Kubikdezimeter
DM = Deutsche Mark
d. M. = dieses Monats
d-Moll ['de:mɔl, *auch* 'de:'mɔl], das; - (Tonart; *Zeichen* d); **d-Moll-Ton|lei|ter** (↑R 41)
Dnjepr, der; -[s] (russ. Strom)
Dnjestr, der; -[s] (russ. Strom)
DNS = Desoxyribonukleinsäure
do. = dito
Do. = Donnerstag
d. O. = der *od.* die Obige
Do|bel *vgl.* Tobel
¹Dö|bel, der; -s, - (ein Fisch)
²Dö|bel usw. *vgl.* Dübel usw.
Do|ber|mann, der; -s, ...männer ‹nach dem Züchter› (Hunderasse); **Do|ber|mann|pin|scher**
Döb|lin (dt. Schriftsteller)
Do|bratsch, der; -[e]s (Gebirge in Kärnten)
Do|bru|dscha, die; - (Gebiet zwischen Donau u. Schwarzem Meer)
doch; ja -!; nicht -!; o daß - ...!
Docht, der; -[e]s, -e; **Docht|sche|re**

Dock, das; -s, *Plur.* -s, *selten* -e ‹niederl. *od.* engl.› (Anlage zum Ausbessern von Schiffen)

Docke[1], die; -, -n (Garnmaß; zusammengedrehter Garnstrang; *landsch. für* Puppe); *vgl.* aber: Dogge; [1]**docken**[1] (Garn, Flachs, Tabak bündeln)

[2]**docken**[1] ‹niederl. *od.* engl.› (ein Schiff ins Dock bringen; im Dock liegen; *auch svw.* andokken); **Docker**[1] (Arbeiter in einem Dock); **Dock|ha|fen;** *vgl.* [1]Hafen; **Docking**[1], das; -s, -s (Ankoppelung an ein Raumfahrzeug); **Docking|ma|nö|ver**[1]

do|de|ka|disch ‹griech.› (12 Einheiten umfassend, duodezimal); **Do|de|ka|eder,** das; -s, - (von 12 gleichen, regelmäßigen Fünfecken begrenzter Körper); **Do|de|ka|nes,** der; - ‹„Zwölfinseln"› (Inselgruppe im Ägäischen Meer); **Do|de|ka|pho|nie,** die; - (Zwölftonmusik); **do|de|ka|pho|nisch** (die Dodekaphonie betreffend); **Do|de|ka|pho|nist,** der; -en, -en; ↑R 197 (Komponist od. Anhänger der Zwölftonmusik)

Do|de|rer, Heimito von (österr. Schriftsteller)

Do|do|ma (Hptst. von Tansania)

Do|do|na (Orakelheiligtum des Zeus); **do|do|nä|isch**

Do|ga|res|sa, die; -, ...essen ‹ital.› (Gemahlin des Dogen)

Dog|cart ['dɔgka:(r)t], der; -s, -s ‹engl.› (offener, zweirädriger Einspänner)

Do|ge ['do:ʒə, *ital.* 'do:dʒə], der; -n, -n ‹ital., „Herzog"› (*früher* Titel des Staatsoberhauptes in Venedig u. Genua); **Do|gen‿müt|ze, ...pa|last**

Dog|ge, die; -, -n ‹engl.› (eine Hunderasse); *vgl.* aber: Docke

[1]**Dog|ger,** der; -s ‹engl.› (*Geol.* mittlere Juraformation; Brauner Jura)

[2]**Dog|ger,** der; -s, - ‹niederl.› (niederl. Fischereifahrzeug); **Dog|ger|bank,** die; - (Untiefe in der Nordsee)

Dög|ling ‹schwed.› (Pott-, Entenwal)

Dog|ma, das; -s, ...men ‹griech.› (Kirchenlehre; [Glaubens]satz; Lehrmeinung); **Dog|ma|tik,** die; -, -en (Glaubenslehre); **Dog|ma|ti|ker** (Glaubenslehrer; *abwertend für* [unkritischer] Verfechter einer Lehrmeinung); **Dog|ma|ti|ke|rin; dog|ma|tisch** (die [Glaubens]lehre betreffend; lehrhaft; streng [an Lehrsätze] gebunden); **dog|ma|ti|sie|ren** (zum Dogma erheben); **Dog|ma|tis|mus,** der; - (*oft abwertend für* [unkritisches] Festhalten an Lehrmeinungen u. Glaubenssätzen); **Dog|men|ge|schich|te**

Dog|skin, das; -s ‹engl.› (Leder aus kräftigem Schaffell)

Do|ha (Hptst. von Katar)

Doh|le, die; -, -n (ein Rabenvogel)

Doh|ne, die; -, -n (Schlinge zum Vogelfang); **Doh|nen‿steig, ...stieg** (*der;* -[e]s, -e)

do it your|self! ['du: it ju:(r)'sɛlf] ‹engl., „mach es selbst!"› (Schlagwort für die eigene Ausführung handwerklicher Arbeiten); **Do-it-your|self-Be|we|gung** (↑R 41)

Do|ket, der; -en, -en (↑R 197) ‹griech.› (Anhänger einer Sekte der ersten christl. Jahrhunderte)

dok|tern; ich ...ere (↑R 22) ‹lat.› (*ugs. u. scherzh. für* den Arzt spielen); **Dok|tor,** der; -s, ...oren (höchster akadem. Grad; *ugs. auch für* Arzt; *Abk.* Dr. [*im Plur.* Dres., *wenn mehrere Personen, nicht mehrere Titel einer Person gemeint sind*] *u.* D. [*in* D. theol.]); Ehrendoktor, - Ehren halber (*Abk.* Dr. eh., Dr. e. h. *u.* Dr. E. h.; *vgl.* E. h.), - honoris causa (*Abk.* Dr. h. c.); mehrfacher - (*Abk.* Dr. mult.); mehrfacher - honoris causa (*Abk.* Dr. h. c. mult.); *im Brief:* Sehr geehrter Herr Doktor!, Sehr geehrter Herr Dr. Schmidt!; - der Arzneikunde (*Abk.* Dr. pharm.); - der Bergbauwissenschaften (*Abk.* Dr. rer. mont., *österr.* Dr. mont.); *österr.* - der Bodenkultur (*Abk.* Dr. nat. techn.); - der Forstwissenschaft (*Abk.* Dr. forest.); - der Gartenbauwissenschaften (*Abk.* Dr. rer. hort.); habilitierter - [z. B. der Philosophie] (*Abk.* Dr. [z. B. phil.] habil.); *österr.* - der Handelswissenschaften (*Abk.* Dr. rer. comm.); - der Humanwissenschaften (*Abk.* Dr. sc. hum.); - der Ingenieurwissenschaften (Doktoringenieur, *Abk.* Dr.-Ing.); - der Landwirtschaft (*Abk.* Dr. [sc.] agr.); - der mathematischen Wissenschaften (*Abk.* Dr. sc. math.); - der Medizin (*Abk.* Dr. med.); *österr.* - der gesamten Medizin (*Abk.* Dr. med. univ.); - der Naturwissenschaften (*Abk.* Dr. phil. nat. *od.* Dr. rer. nat. *od.* Dr. sc. nat.); - der Pädagogik (*Abk.* Dr. paed.); - der Philosophie (*Abk.* Dr. phil.); - der Rechtswissenschaft (*Abk.* Dr. jur.); - beider Rechte (*Abk.* Dr. j. u. *od.* Dr. jur. utr.); - der Sozialwissenschaften (*Abk.* Dr. disc. pol.); *österr.* - der Sozial- und Wirtschaftswissenschaften (*Abk.* Dr. rer. soc. oec.); *schweiz.* - der Staatswirtschaftskunde (*Abk.* Dr. rer. camer.); - der Staatswissenschaften (*Abk.* Dr. rer. pol. *od.* Dr. sc. pol. *od.* Dr. oec. publ.); - der technischen Wissenschaften (*Abk.* Dr. rer. techn., Dr. sc[ient]. techn. [*österr.* Dr. techn.]); - der Theologie (*Abk.* Dr. theol.; Ehrenwürde der ev. Theologie, *Abk.* D. *od.* D. theol.); - der Tierheilkunde (*Abk.* Dr. med. vet.); - der Wirtschaftswissenschaft (*Abk.* Dr. oec. *od.* Dr. rer. oec.); - der Zahnheilkunde (*Abk.* Dr. med. dent.); **Dok|to|rand,** der; -en, -en; ↑R 197 (Student, der sich auf die Doktorprüfung vorbereitet; *Abk.* Dd.); **Dok|to|ran|din; Dok|tor|ar|beit; Dok|to|rat,** das; -[e]s, -e (*veraltend für* Doktorwürde); **Dok|tor‿di|plom, ...ex|amen, ...fra|ge** (sehr schwierige Frage), **...grad, ...hut** (der); **dok|to|rie|ren** (*veraltet für* die Doktorwürde erlangen, an der Doktorschrift arbeiten); **Dok|to|rin** [*auch* 'dɔk...] (*ugs. auch für* Ärztin); **Dok|tor‿in|ge|nieur** (*Abk.* Dr.-Ing.), **...prü|fung, ...schrift, ...ti|tel, ...va|ter, ...wür|de; Dok|trin,** die; -, -en (Lehrsatz; Lehrmeinung); **dok|tri|när** ‹franz.› (*abwertend für* an einer Lehrmeinung starr festhaltend; gedanklich einseitig); **Dok|tri|när,** der; -s, -e; **Dok|tri|na|ris|mus,** der; - ‹lat.› (*abwertend für* starres Festhalten an einer Lehrmeinung)

Do|ku|ment, das; -[e]s, -e ‹lat.› (Urkunde; Schriftstück; Beweis); **Do|ku|men|ta|list,** der; -en, -en (↑R 197) *u.* **Do|ku|men|tar,** der; -s, -e (wissenschaftlicher Mitarbeiter in einer Dokumentationsstelle); **Do|ku|men|tar‿auf|nah|me, ...film** (Film, der Ereignisse u. Zustände tatsachengetreu zu schildern sucht); **do|ku|men|ta|risch** (urkundlich; belegbar); **Do|ku|men|ta|rist,** der; -en, -en ([künstler.] Gestalter von Dokumentarfilmen); **Do|ku|men|ta|ti|on,** die; -, -en (Zusammenstellung, Ordnung und Nutzbarmachung von Dokumenten u. Materialien jeder Art); **Do|ku|men|ten|samm|lung; do|ku|men|tie|ren** (beurkunden; beweisen)

Dol|by-Sy|stem Ⓦz ‹nach dem amerik. Elektrotechniker› (Verfahren zur Rauschunterdrükkung bei Tonbandaufnahmen)

dol|ce ['dɔltʃə] ‹ital.› (*Musik* sanft, lieblich, weich); **dol|ce far ni|en|te** ‹„süß [ist's], nichts zu tun"›; **Dol|ce|far|ni|en|te,** das; - (süßes Nichtstun); **Dol|ce vi|ta** [- 'vi:ta], das *od.* die; - - ‹„süßes Leben"› (ausschweifendes u. übersättigtes Müßiggängertum)

[1] *Trenn.* ...k|k...

Dolch, der; -[e]s, -e; **Dolch_mes|ser** (das), **...spit|ze, ...stich, ...stoß; Dolch|stoß|le|gen|de**, die; -
Dol|de, die; -, -n (schirmähnlicher Blütenstand); **Dol|den|blüt|ler; dol|den|för|mig; Dol|den_ge|wächs, ...ris|pe; dol|dig**
Do|le, die; -, -n (bedeckter Abzugsgraben; *schweiz. auch für* Sinkkasten)
Do|le|rit [*auch* ...'rit], der; -s, -e ‹griech.› (grobkörnige Basaltart)
Dolf (m. Vorn.)
do|li|cho|ke|phal usw. *vgl.* dolichozephal usw.; **do|li|cho|ze|phal** [...ç...] ‹griech.› (*Med., Biol.* langköpfig); **Do|li|cho|ze|pha|lie**, die; - (Langköpfigkeit)
do|lie|ren *vgl.* dollieren
Do|li|ne, die; -, -n ‹slaw.› (*Geol.* trichterförmige Vertiefung im Karst)
Dol|lar, der; -[s], -s ‹amerik.› (Währungseinheit in den USA, in Kanada, Australien u. a.; *Zeichen* $); 30 - (↑R 129); **Dol|lar|kurs**
Dol|lart, der; -s (Nordseebucht an der Emsmündung)
Dol|lar_wäh|rung, ...zei|chen
Doll|bord, der; -[e]s, -e (obere Planke auf dem Bootsbord); **Dol|le**, die; -, -n (Vorrichtung zum Halten der Riemen [Ruder]); **Dol|len**, der; -s, - (*fachspr. für* Dübel)
dol|lie|ren, do|lie|ren ‹franz.› (*Gerberei* [Leder] abschleifen)
Doll|punkt (*ugs. für* immer wieder aufgegriffenes Thema, umstrittener Punkt)
Dol|man, der; -s, -e ‹türk.› (Leibrock der alttürk. Tracht; mit Schnüren besetzte Jacke der Husaren; kaftanartiges Frauengewand auf dem Balkan)
Dol|men, der; -s, - ‹bret.-franz.› (tischförmig gebautes urgeschichtliches Steingrab)
Dol|metsch, der; -[e]s, -e ‹türk.-ung.› (*österr., sonst seltener für* Dolmetscher; *meist übertr. für* sich zum Dolmetsch machen); **dol|met|schen**; du dolmetschst; **Dol|met|scher**, der; -s, - (jmd., der [berufsmäßig] mündlich übersetzt); **Dol|met|sche|rin; Dol|met|scher_in|sti|tut, ...schu|le**
Do|lo|mit [*auch* ...'mit], der; -s, -e ‹nach dem franz. Mineralogen Dolomieu› (ein Mineral; Sedimentgestein); **Do|lo|mi|ten** *Plur.* (Teil der Südalpen)
Do|lo|res (w. Vorn.)
do|los; -este ‹lat.› (*Rechtsspr.* arglistig, mit bösem Vorsatz); -e Täuschung; **Do|lus**, der; - (*Rechtsw.* List; böse Absicht); **Do|lus even|tu|a|lis** [- evɛn...], der; - - (*Rechtsw.* das Inkaufnehmen einer [wenn auch unerwünschten] Folge); ↑R 180
[1]**Dom**, der; -[e]s, -e ‹lat.› (Bischofs-, Hauptkirche); [2]**Dom**, der; -[e]s, -e ‹griech.› (gewölbeartige Decke; gewölbter Aufsatz); [3]**Dom** [*port.* dõ:], der; - ‹port.› (Herr; *in Verbindung mit Namen ohne Artikel*); **Do|ma**, das; -s, ...men ‹griech.› (Kristallfläche, die zwei Kristallachsen schneidet); **Do|mä|ne**, die; -, -n ‹franz.› (Staatsgut, -besitz; besonderes [Arbeits-, Wissens]gebiet); **Do|mä|nen|amt; Do|ma|ni|al|be|sitz** (staatlicher Landbesitz); **Dom_chor** (*vgl.* [2]Chor), **...de|chant; Do|me|stik**, der; -en, -en *meist Plur.;* ↑R 197 (*veraltend für* Dienstbote; *Radsport* jmd., der Hilfsdienste leistet); **Do|me|sti|ka|ti|on**, die; -, -en ‹lat.› (Umzüchtung wilder Tiere zu Haustieren); **Do|me|sti|ke**, der; -n, -n; *vgl.* Domestik; **do|me|sti|zie|ren; Dom|frei|heit** (der einem [1]Dom zunächst gelegene Bereich, der im MA. unter der geistl. Gerichtsbarkeit des Domstiftes stand); **Dom|herr; Do|mi|na**, die; -, ...nä ‹„Herrin"› (Stiftsvorsteherin; *Jargon* Prostituierte, die sadistische Handlungen vornimmt); **do|mi|nant**; -este (vorherrschend; überlagernd, überdeckend); **Do|mi|nan|te**, die; -, -n (vorherrschendes Merkmal; *Musik* die Quinte vom Grundton aus); **Do|mi|nanz**, die; -, -en (*Vererbungslehre* Vorherrschen bestimmter Merkmale); **Do|mi|ni|ca** (Inselstaat in Mittelamerika); **do|mi|nie|ren** ([vor]herrschen; beherrschen); leuchtende Farben - in der neuen Mode; junge Autoren - die literarische Szene; **Do|mi|nik**, Do|mi|ni|kus (m. Vorn.); [1]**Do|mi|ni|ka|ner**, der; -s, - (Angehöriger des vom hl. Dominikus gegr. Ordens); [2]**Do|mi|ni|ka|ner** (Einwohner der Dominikanischen Republik); **Do|mi|ni|ka|ner_klo|ster, ...mönch, ...or|den** (der; -s; *Abk.* O. P. *od.* O. Pr.; *vgl. d.*); **do|mi|ni|ka|nisch**, a b e r (↑R 133): **Do|mi|ni|ka|ni|sche Re|pu|blik**, die; -n - (Staat in Mittelamerika); **Do|mi|ni|kus** *vgl.* Dominik; **Do|mi|nion** [do'miniən], das; -s, *Plur.* -s *u.* ...ien [...iən] ‹engl.› (*früher* sich selbst regierender Teil des Commonwealth); **Do|mi|nique** [...'ni:k] (m. *u.* w. Vorn.); **Do|mi|ni|um**, das; -s, *Plur.* -s *u.* ...ien [...iən] ‹lat.› (altröm. Herrschaftsgebiet); [1]**Do|mi|no**, der; -s, -s (Maskenmantel, -kostüm); [2]**Do|mi|no**, das; -s, -s (Spiel); **Do|mi|no_spiel, ...stein; Do|mi|nus vo|bis|cum!** [- v...] ‹„Der Herr sei mit euch!"› (liturg. Gruß); **Do|mi|zil**, das; -s, -e (Wohnsitz; *Bankw.* Zahlungsort [von Wechseln]); **do|mi|zi|lie|ren** (ansässig sein, wohnen; *Bankw.* [Wechsel] an einem andern Ort als dem Wohnort des Bezogenen zahlbar anweisen); **Do|mi|zil|wech|sel** *(Bankw.)*; **Dom_ka|pi|tel, ...ka|pi|tu|lar** (Domherr)
Do|mo|wi|na ['do:..., *auch* 'dɔ...], die; - ‹sorb., „Heimat"› (Organisation der sorb. Minderheit in Deutschland)
Dom|pfaff, der; *Gen.* -en, *auch* -s, *Plur.* -en (ein Singvogel [Gimpel])
Domp|teur [...'tø:r], der; -s, -e ‹franz.› (Tierbändiger); **Domp|teur|kunst; Domp|teu|se** [...'tø:zə], die; -, -n
Dom|ra, die; -, *Plur.* -s *u.* ...ren ‹russ.› (altes russ. Volksinstrument)
Dom|schatz
[1]**Don**, der; -[s] (russ. Fluß)
[2]**Don**, der; -[s], -s *(in Verbindung mit Namen ohne Artikel)* ‹span. *u.* ital., „Herr"› (*in Spanien* höfl. Anrede, *w. Form* Doña; *vgl. d.; in Italien* Titel der Priester u. bestimmter Adelsfamilien, *w. Form* Donna; *vgl. d.*); **Do|ña** ['dɔnja], die; -, -s ‹span.› (Frau; *in Verbindung mit Namen ohne Artikel*)
Do|nar (germ. Gott); *vgl.* Thor; **Do|na|rit** [*auch* ...'rit], der; -s (ein Sprengstoff)
Do|na|tor, der; -s, ...oren ‹lat.› (*schweiz., sonst veraltet für* Geber, Spender; *Physik, Chemie* Atom od. Molekül, das Elektronen od. Ionen abgibt)
Do|na|tus (m. Vorn.)
Do|nau, die; - (europ. Strom); **Do|nau-Dampf|schiffahrts|ge|sell|schaft**, die; - [*Trenn.* ...schiff|fahrts..., ↑R 204]; ↑R 34; **Do|nau|wörth** (Stadt in Bayern)
Don|bass [*auch* ...'bas], der, *auch* das; - ‹russ.› (*russ. Kurzw. für* Donez-Steinkohlenbecken; Industriegebiet westl. des Donez)
Don Bos|co *vgl.* Bosco
Don Car|los (span. Prinz)
Dö|ner|ke|bab, der; -[s], -s ‹türk.› (Kebab aus an einem senkrecht stehenden Spieß gebratenem, stark gewürztem Hammelfleisch)
Do|nez [*russ.* da'n(j)ɛts], der; - (r. Nebenfluß des Don)
Dong, der; -[s], -[s] (vietnam. Währungseinheit); 50 - (↑R 129)
Don Gio|van|ni [dɔn dʒɔ'vani] ‹ital.› (Titelgestalt der gleichnamigen Oper von Mozart)
Do|ni|zet|ti (ital. Komponist)

Do̩n|ja, die; -, -s ‹span., „Herrin"› (*scherzh. für* [Dienst]mädchen; *veraltend für* Geliebte); *vgl.* Doña
Don|jon [dõ'ʒõ:], der; -s, -s ‹franz.› (Hauptturm mittelalterl. Burgen in Frankreich)
Don Ju|an [dɔn 'xu̯an], der; - -s, - -s ‹span.› (span. Sagengestalt; Verführer; Frauenheld)
Do̩n|ko|sak *meist Plur.* (Angehöriger eines am Don wohnenden Stammes der Kosaken); **Do̩n|ko|sa|ken|chor,** der; -[e]s
Do̩n|na, die; -, *Plur.* -s *u.* Donnen ‹ital.› (Herrin; *vor Namen ohne Artikel*); *vgl. auch* Madonna
Do̩n|ner, der; -s, -; - und Doria! (*ugs.; vgl.* Doria); **Do̩n|ner‿bal|ken** (*ugs. scherzh. für* Latrine), **...büch|se** (*scherzh. für* Feuerwaffe); **Do̩n|ne|rer** (Donnergott); **Do̩n|ner|keil** (Belemnit); **Do̩n|ner|litt|chen!, Do̩n|ner|lütt|chen!** (*landsch.* Ausruf des Erstaunens); **do̩n|nern;** ich ...ere; **Do̩n|ner|schlag; Do̩n|ners|tag,** der; -[e]s, -e (*Abk.* Do.); *vgl.* Dienstag; **do̩n|ners|tags** (↑R 61); *vgl.* Dienstag; **Do̩n|ner|wet|ter;** - [noch einmal]!
[1]**Don Qui|chotte** [dɔn ki'ʃɔt] ‹span.› (Romanheld bei Cervantes); [2]**Don Qui|chotte,** der; - -s, - -s (weltfremder Idealist); **Don|qui|chot|te|ri̲e,** die; -, ...i̲en (Torheit [aus weltfremdem Idealismus]); **Don Qui|jo|te** *u.* **Don Qui|xo|te** [*beide* dɔn ki'xo:tə] *vgl.* Don Quichotte
Dont|ge|schäft ['dõ:...] ‹franz.; dt.› (*Börse* Termingeschäft)
doo̲f; -er, -ste (*ugs. für* dumm; einfältig); **Doo̲f|heit,** die; - *(ugs.)*
Dope [do:p], das; -[s] ‹niederl.-engl.› (*ugs. für* Rauschgift, Droge); **do̩|pen** [*auch* 'do:...] (*Sport* durch [verbotene] Anregungsmittel od. muskelaufbauende Präparate zu Höchstleistungen bringen); gedopt; **Do|ping,** das; -s, -s; **Do|ping|kon|trol|le**
[1]**Do̩p|pel,** das; -s, - (zweite Ausfertigung [einer Schrift], Zweitschrift; *[Tisch]tennis* Doppelspiel); [2]**Do̩p|pel,** der; -s, -e (*schweiz. für* Einsatz beim Schützenfest); **Do̩p|pel...** (z. B. Doppel-a, Doppelgänger); **Do̩p|pel‿ad|ler, ...agent, ...axel** (doppelter [2]Axel), **...bau|er** (der; *Schach*), **...be|la|stung, ...be|lich|tung** *(Fotogr., Film),* **...be|steue|rung, ...bett, ...bock** (das, *auch* der; -s; ein Starkbier); **do̩p|pel|bö|dig** (hintergründig); **Do̩p|pel|bö|dig|keit; Do̩p|pel‿brief, ...buch|sta|be, ...ci|ce|ro** (ein Schriftgrad), **...decker** [*Trenn.* ...dek|ker] (ein Flugzeugtyp; *ugs. für* Omnibus mit Oberdeck); **do̩p|pel|deu|tig; Do̩p|pel|deu|tig|keit; Do̩p|pel‿er|folg, ...feh|ler** *(Sport),* **...fen|ster, ...gän|ger; do̩p|pel|glei|sig; Do̩p|pel‿haus, ...heft; Do̩p|pel|heit** *Plur. selten;* **Do̩p|pel‿he|lix** (die; -; *Biol.* Struktur des DNS-Moleküls), **...hoch|zeit, ...kinn, ...kno|ten, ...kopf** (der; -[e]s; Kartenspiel), **...laut** (*für* Diphthong), **...le|ben** (das; -s), **...lutz** (doppelter [2]Lutz), **...mo|ral, ...mord; do̩p|peln;** ich ...[e]le (↑R 22); Schuhe - (*südd. mdal. u. österr. für* Schuhe sohlen); **Do̩p|pel‿na|me, ...nel|son** (doppelter [2]Nelson), **...num|mer** (doppeltes Heft einer Zeitschrift u. ä.), **...part|ner** *([Tisch]tennis),* **...paß** *(Fußball),* **...punkt; do̩p|pel|rei|hig; Do̩p|pel‿ritt|ber|ger** (doppelter Rittberger), **...rol|le, ...sal|chow** (doppelter Salchow); **do̩p|pel|schlä|fig, do̩p|pel|schläf|rig;** eine - Couch; **do̩p|pel|sei|tig;** eine -e Anzeige; **do̩p|pel|sin|nig; do̩p|pelt;** -e Buchführung; - gemoppelt (*ugs. für* unnötigerweise zweimal); doppelt so groß, a b e r: doppelt soviel; er ist doppelt so reich wie (*seltener* als) ich; (↑R 65:) um das, ums Doppelte größer, ums Doppelte spielen, das Doppelte an Zeit; **do̩p|pelt|koh|len|sau|er;** doppeltkohlensaures Natron; **Do̩p|pel-T-Trä|ger,** der; -s, -; ↑R 41 (von I-förmigem Querschnitt); **Do̩p|pel|tür; do̩p|pelt|wir|kend;** ein -es Mittel; **Do̩p|pe|lung; Do̩p|pel‿ver|die|ner, ...zent|ner** (100 kg; *Zeichen* dz), **...zim|mer; do̩p|pel|zün|gig** *(abwertend);* **Do̩p|pel|zün|gig|keit**
Do̩p|pik, die; - (doppelte Buchführung)
Do̩pp|ler (*südd. mdal. u. österr. für* erneuerte Schuhsohle)
Do̩pp|ler|ef|fekt, der; -[e]s (↑R 135) ‹nach dem österr. Physiker› (ein physikal. Prinzip)
Do̩pp|lung
Do̲|ra (w. Vorn.)
Do|ra̲|de, die; -, -n ‹franz.› (ein Fisch); **Do|ra̲|do** *vgl.* Eldorado
Do|ra̩nt, der; -[e]s, -e ‹mlat.› (Zauber abwehrende Pflanze)
Do̩r|chen (w. Vorn.)
Dor|do|gne [...'dɔnjə], die; - (Fluß u. Departement in Frankreich)
Do̩r|drecht (Stadt in den Niederlanden)
Do|reen [do'ri:n] (w. Vorn.)
Do̲|rer *vgl.* Dorier
Do̩rf, das; -[e]s, Dörfer; **Do̩rf‿an|ger, ...bach, ...be|woh|ner; Dö̩rf|chen; dö̩r|fisch** *(meist abwertend);* **Do̩rf|klub** (*regional für* kulturelles Zentrum auf dem Land); **Dö̩rf|lein; Dö̩rf|ler; dö̩rf|lich; Do̩rf|lin|de; Do̩rf|schaft** (*schweiz. für* Dorf, Gesamtheit der Dorfbewohner); **Do̩rf‿schen|ke, ...schö|ne, ...schön|heit, ...schu|le, ...schul|ze** *(veraltet),* **...stra|ße, ...teich, ...trot|tel**
Do̲|ria (ital. Familienn.); *nur in* Donner und -! (Ausruf)
Do̲|ri|er [...i̯ər], Do̲|rer, der; -s, - (Angehöriger eines altgriech. Volksstammes); [1]**Do̲|ris** (altgriech. Landschaft)
[2]**Do̲|ris** (w. Vorn.)
do̲|risch (auf die Dorier bezüglich; aus [1]Doris); -e Tonart
Do̲|rit (w. Vorn.)
Dor|mi|to̲|ri|um, das; -s, ...ien [...i̯ən] ‹lat.› (Schlafsaal eines Klosters)
Do̩rn, der; -[e]s, *Plur.* -en, *ugs. auch* Dörner, *in der Technik* -e; **Do̩rn|busch; Dö̩rn|chen; Do̩r|nen|hecke,** Do̩rn|hecke [*Trenn.* ...hek|ke]; **Do̩r|nen|kro|ne; do̩r|nen|reich; Do̩r|nen|weg** (Leidensweg); **Do̩rn‿fort|satz** (*Med.* nach hinten gerichteter Wirbelfortsatz), **...ge|strüpp, ...hecke** (*vgl.* Dornenhecke); **Do̩r|nicht,** das; -s, -e (*veraltet für* Dorngestrüpp); **do̩r|nig; Dö̩rn|lein; Dorn|rö̲s|chen** (eine Märchengestalt); **Dorn|rö̲s|chen|schlaf**
Do|ro|the̲a, Do|ro|thee ['do:..., *auch* ...'te:(ə)] (w. Vorn.)
Do̩r|pat (*estn.* Tartu)
Dö̲r|re, die; -, -n (*landsch. für* Darre [Trocken- od. Röstvorrichtung]); **do̩r|ren** (*geh. für* dürr werden); **dö̩r|ren** (dürr machen); *vgl.* darren; **Dö̩rr‿fleisch, ...ge|mü|se, ...obst, ...pflau|me**
dor|sa̲l ‹lat.› (*Med.* den Rücken betreffend, rückseitig); **Dor|sa̲l,** der; -s, -e *od.* **Dor|sa̲l|laut,** der; -[e]s, -e (*Sprachw.* mit dem Zungenrücken gebildeter Laut)
Do̩rsch, der; -[e]s, -e (junger Kabeljau)
do̩rt; - drüben; von - aus; **do̩rt|be|hal|ten** *vgl.* dabehalten; **do̩rt|blei|ben** *vgl.* dableiben; **dort|he̲r** [*auch* 'dɔrt...]; von -; **dort|hi̲n** [*auch* 'dɔrt...] (↑R 32:) da̲- und do̩rthin; **dort|hin|a̲b** [*auch* 'dɔrt...]; **dort|hin|a̲us** [*auch* 'dɔrt...]; bis do̩rthinaus (*ugs. für* sehr, maßlos); **do̩r|tig**
Do̩rt|mund (Stadt im Ruhrgebiet); **Do̩rt|mund-E̲ms-Ka|na̲l,** der; -[e]s; ↑R 150; **Do̩rt|mun|der** (↑R 147)
do̩rt|sei|tig (*Amtsspr. für* dortig); **do̩rt|seits** (*Amtsspr. für* [von] dort); **dort|se̩lbst** *(veraltend);* **do̩rt|zu|lan|de** (↑R 208)
Do|ry|pho|ros, der; - ‹griech., „Speerträger"› (berühmte Statue des griech. Bildhauers Polyklet)

Dos, die; -, Dotes ['do:te:s] ‹lat.› (*Rechtsspr.* Mitgift)
dos à dos [doza'do:] ‹franz.› (Rükken an Rücken)
Dös|chen; Do|se, die; -, -n (kleine Büchse; *selten für* Dosis); **Dosen** (*auch Plur. von* Dosis)
dö|sen (*ugs. für* wachend träumen; halb schlafen; unaufmerksam vor sich hin starren); du döst; er dö|ste
Do|sen‿bier, ...blech; do|sen|fertig; Do|sen‿fleisch, ...ge|mü|se, ...milch, ...öff|ner, ...sup|pe, ...wurst
do|sier|bar; do|sie|ren ‹franz.› (ab-, zumessen); **Do|sie|rung**
dö|sig (*ugs. für* schläfrig; *auch für* stumpfsinnig)
Do|si|me|ter, das ‹griech.› (Gerät zur Messung der aufgenommenen Menge radioaktiver Strahlen); **Do|si|me|trie,** die; - (Messung der Energiemenge von Strahlen); **Do|sis,** die; -, ...sen (zugemessene [Arznei]gabe, kleine Menge); **Dös|lein**
Dos|sier [dɔ'sie:], das, *veraltet* der; -s, -s ‹franz.› (Aktenheft, -bündel); **dos|sie|ren** (*fachspr. für* abschrägen; böschen); **Dossie|rung** (flache Böschung)
Dost, der; -[e]s, -e (eine Gewürzpflanze)
Do|stal, Nico (österr. Komponist)
Do|sto|jew|ski [...'jɛfski] (russ. Schriftsteller)
Do|ta|ti|on, die; -, -en ‹lat.› (Schenkung; [geldliche] Zuwendung; *veraltet für* Mitgift); **dotie|ren** (mit einer bestimmten Geldsumme ausstatten; bezahlen); **Do|tie|rung**
Dot|ter, der *u.* das; -s, - (Eigelb); **Dot|ter|blu|me; dot|ter|gelb; Dot|ter|sack** *(Zool.)*
Doua|ne [du'a:n(ə)], die; -, -n ‹arab.-franz.› (*franz. Bez. für* Zoll[amt]); **Doua|nier** [dua'nie:], der; -s, -s (*franz. Bez. für* Zollaufseher)
dou|beln ['du:...] ‹franz.› (*Film* als Double spielen); ich ...[e]le (↑R 22); **Dou|ble** ['du:b(ə)l], das; -s, -s (*Film* Ersatzspieler [ähnlichen Aussehens]); **Dou|blé** [du'ble:] *vgl.* Dublee; **dou|blie|ren** [du'bli:...] *vgl.* dublieren
Dou|glas|fich|te ['du(:)...] (↑R 135) *u.* **Dou|gla|sie** [du'gla:ziə], die; -, -n *u.* **Dou|glas|tan|ne** ['du(:)...] (↑R 135) ‹nach dem schott. Botaniker David Douglas› (schnell wachsender Nadelbaum)
Dou|ro ['doru], der; - (port. Name des Duero)
do ut des ‹lat., „ich gebe, damit du gibst"›
Do|ver ['do:və(r)] (engl. Hafenstadt)
Dow-Jones-In|dex ['dau-'dʒo:nz...], der; - ‹nach der amerik. Firma Dow, Jones & Co.› (*Wirtsch.* Aufstellung der errechneten Durchschnittskurse der 30 wichtigsten Aktien in den USA)
down! [daun] ‹engl.› (*Befehl an Hunde* nieder!); down sein (*ugs. für* bedrückt, abgespannt sein)
Dow|ning Street ['dauniŋ 'stri:t], die; - - ‹nach dem engl. Diplomaten Sir George Downing› (Straße in London; Amtssitz des Premierministers; *übertr. für* die britische Regierung)
Do|xa|le, das; -s, -s ‹lat.› (*Archit.* Gitter zwischen hohem Chor u. Hauptschiff); **Do|xo|lo|gie,** die; -, ...ien ‹griech.› (gottesdienstliche Lobpreisungsformel)
Doy|en [doa'jɛ̃:], der; -s, -s ‹franz.› ([Rang]ältester u. Wortführer des diplomatischen Korps)
Doz. = Dozent; **Do|zent,** der; -en, -en (↑R 197) ‹lat.› (Lehrer [an einer Universität od. Hochschule]; *Abk.* Doz.); **Do|zen|tenschaft; Do|zen|tin; Do|zen|tur,** die; -, -en; **do|zie|ren**
DP = Deutsche Post
dpa = Deutsche Presse-Agentur; **dpa-Mel|dung** (↑R 38)
dpt, dptr., Dptr. = Dioptrie
Dr = Drachme
DR = Deutsche Reichsbahn
Dr. = doctor, Doktor; *vgl. d.*
d. R. = der Reserve *(Milit.)*; des Ruhestandes
Dra|che, der; -n, -n; ↑R 197 (ein Fabeltier); **Dra|chen,** der; -s, - (Fluggerät; Segelboot; *abwertend für* zänkische Frau); **Drachen|boot** *(Segeln)*; **Dra|chenfels,** der; - (Berg im Siebengebirge); **Dra|chen‿flie|gen** (das; -s; *Sport*), **...flie|ger, ...gift, ...klas|se** *(Segeln)*, **...saat**
Drach|me, die; -, -n ‹griech.› (griech. Währungseinheit; *Abk.* Dr; früheres Apothekergewicht)
Dra|cu|la (Titelfigur eines Vampirromans)
Dra|gée, *auch* **Dra|gee** [*beide* dra'ʒe:], das; -s, -s ‹franz.› (mit Zukker od. Schokolade überzogene Süßigkeit; Arzneipille); **Drageur** [...'ʒø:r], der; -s, -e (jmd., der Dragées herstellt)
Drag|gen, der; -s, - (*Seemannsspr.* mehrarmiger Anker ohne Stock)
dra|gie|ren [...'ʒi:...] ‹franz.› (Dragées herstellen)
Dra|go|man, der; -s, -e ‹arab.› (einheim. Dolmetscher, Übersetzer im Nahen Osten)
Dra|gon, Dra|gun, der *od.* das; -s ‹arab.› (*seltener für* Estragon)
Dra|go|na|de, die; -, -n ‹franz.› (*früher* gewaltsame [durch Dragoner ausgeführte] Maßregel);
Dra|go|ner, der; -s, - (*früher* leichter Reiter; *österr. noch für* Rückenspange am Rock u. am Mantel; *ugs. für* derbe, resolute Frau)
Dr. agr. = doctor agronomiae; *vgl.* Doktor
Dra|gun *vgl.* Dragon
drahn (*österr. ugs. für* [nachts] feiern, sich vergnügen); **Drah|rer,** der; -s, - (*österr. ugs. für* Nachtschwärmer)
Draht, der; -[e]s, Drähte; **Draht‿an|schrift, ...be|sen, ...bür|ste; Dräht|chen;** [1]**drah|ten** (*veraltend für* telegrafieren; mit Draht zusammenflechten); [2]**drah|ten** (aus Draht); **Draht‿esel** (*ugs. scherzh. für* Fahrrad), **...funk** (Verbreitung von Rundfunksendungen über Fernsprecher), **...ge|flecht, ...git|ter, ...glas; Draht|haar|fox** (eine Hunderasse); **draht|haarig; drah|tig; ...dräh|tig** (z. B. dreidrähtig); **Draht‿kom|mo|de** (*ugs. scherzh. für* Klavier), **...korb; Draht|leh|re** (Werkzeug zur Bestimmung der Drahtdikke); **Dräht|lein; draht|los;** -e Telegrafie; **Draht‿sche|re, ...seil; Draht|seil‿akt, ...bahn; Draht‿ver|hau, ...zan|ge, ...zaun, ...zieher** (*auch für* jmd., der im verborgenen andere für seine [polit.] Ziele einsetzt)
Drain [drɛ:n, *auch* drɛ̃:], der; -s, -s, *auch* **Drän,** der; -s, *Plur.* -s *u.* -e ‹franz.› (*Med.* Wundröhrchen; *vgl. auch* Drän); **Drai|na|ge,** *auch* Drä|na|ge [...'na:ʒə, *österr.* ...'na:ʒ], die; -, -n [...'na:ʒ(ə)n] (*Med.* Ableitung von Wundabsonderungen; *vgl. auch* Dränage); **drai|nie|ren,** *auch* drä|nieren (*Med.; vgl. auch* dränen)
Drai|si|ne [drai..., *auch, bes. österr.,* drɛ...], die; -, -n ‹nach dem dt. Erfinder Drais› (Vorläufer des Fahrrades; Eisenbahnfahrzeug zur Streckenkontrolle)
Drake [dre:k] (engl. Seefahrer)
Dra|ko *vgl.* Drakon; **Dra|kon** (altgriech. Gesetzgeber); **dra|konisch;** -ste; ↑R 134 (sehr streng)
drall (derb, stramm); **Drall,** der; -[e]s, -e *Plur. selten* ([Geschoß]drehung; Windung der Züge in Feuerwaffen; Drehung bei Garn und Zwirn); **Drall|heit,** die; -
Dra|lon Ⓦ, das; -[s] (eine synthet. Faser)
Dra|ma, das; -s, ...men ‹griech.› (Schauspiel; erregendes od. trauriges Geschehen); **Dra|ma|tik,** die; - (dramatische Dichtkunst; erregende Spannung); **Dra|ma|tiker** (Dramendichter); **dra|matisch;** -ste (in Dramenform; auf das Drama bezüglich; gesteigert

lebhaft; erregend, spannend); -e Musik; **dra|ma|ti|sie|ren** (als Schauspiel für die Bühne bearbeiten; als besonders aufregend, schlimm darstellen); **Dra|ma|ti|sie|rung; Dra|ma|turg,** der; -en, -en; ↑R 197 (literarisch-künstler. Berater bei Theater, Film u. Fernsehen); **Dra|ma|tur|gie,** die; -, ...ien (Gestaltung, Bearbeitung eines Dramas; Lehre vom Drama); **Dra|ma|tur|gin; dra|ma|tur|gisch**

dran (*ugs. für* daran); - sein (*ugs. für* an der Reihe sein); - glauben müssen (*ugs. für* vom Schicksal ereilt werden); das Drum und Dran (↑R 67)

Drän, der; -s, *Plur.* -s *u.* -e, *auch, bes. schweiz.* Drain [drɛ:n, *schweiz.* drɛ̃:], der; -s, -s ‹franz.› (der Entwässerung dienendes unterirdisches Abzugsrohr; *vgl. auch* Drain); **Drä|na|ge,** *schweiz.* Drai|na|ge [...'na:ʒə, *österr.* ...'na:ʒ], die; -, -n [...'na:ʒ(ə)n] (*schweiz., sonst veraltet für* Dränung; *vgl. auch* Drainage)

dran|blei|ben (*ugs. für* an jmdm., etwas bleiben); am Gegner -

drä|nen, *schweiz.* drai|nie|ren [drɛ...] ‹*zu* Drän› ([Boden] entwässern; *vgl. auch* drainieren)

Drang, der; -[e]s, Dränge *Plur. selten*

dran|ge|ben (*ugs. für* darangeben *[vgl. d.]*); **dran|ge|hen** (*ugs. für* darangehen *[vgl. d.]*)

Drän|ge|lei; drän|geln; ich ...[e]le (↑R 22); **drän|gen; Drän|ge|rei; Drang|pe|ri|ode** *(Ballsport);* **Drang|sal,** die; -, -e, *veraltet* das; -[e]s, -e *(geh.);* **drang|sa|lie|ren** (quälen, peinigen); **drang|voll**

dran|hal|ten, sich (*ugs. für* daranhalten, sich *[vgl. d.]*); **dran|hän|gen** (*ugs. für* zusätzlich Zeit für etwas aufbringen); sie will noch ein Semester [an ihr Studium] -

drä|nie|ren (*älter für* dränen; *auch für* drainieren)

Drank, der; -[e]s (*nordd. für* Küchenabfälle, Spülicht, flüssiges Viehfutter); **Drank|faß**

dran|kom|men (*ugs. für* an die Reihe kommen); **dran|krie|gen** (*ugs. für* hereinlegen, übertölpeln); jmdn. -

Drank|ton|ne *(nordd.)*

dran|ma|chen *vgl.* daranmachen

Drän‿netz, ...rohr

dran|set|zen (*ugs. für* daransetzen *[vgl. d.]*)

Drän|sy|stem; Drä|nung (Bodenentwässerung durch Dräne)

Dra|pé [dra'pe:], der; -s, -s ‹franz.› (ein Stoff); **Dra|pe|rie,** die; -, ...ien (*veraltend für* Behang; [kunstvoller] Faltenwurf); **dra|pie|ren** ([mit Stoff] behängen, [aus]schmücken; raffen; in Falten legen); **Dra|pie|rung**

drapp, drapp‿far|ben *od.* **...far|big** (*österr. für* sandfarben)

Drasch, der; -s (*landsch. für* lärmende Geschäftigkeit, Hast)

Dra|stik, die; - ‹griech.› (Deutlichkeit, Wirksamkeit, Derbheit); **Dra|sti|kum,** das; -s, ...ka (*Pharm.* starkes Abführmittel); **dra|stisch;** -ste (sehr deutlich, wirksam; derb); ein -es Beispiel

Drau, die; - (Nebenfluß der Donau)

dräu|en (*veraltet für* drohen)

drauf (*ugs. für* darauf); - und dran (*ugs. für* nahe daran) sein, etwas zu tun; **Drauf|ga|be** (Handgeld beim Vertrags-, Kaufabschluß; *österr. auch für* Zugabe des Künstlers); **Drauf|gän|ger; drauf|gän|ge|risch;** -ste; **Drauf|gän|ger|tum,** das; -s; **drauf|ge|ben;** jmdm. eins - (*ugs. für* einen Schlag versetzen; zurechtweisen); **drauf|ge|hen** (*ugs. auch für* verbraucht werden, sterben); er geht drauf; ist draufgegangen; *vgl.* darauf; **Drauf|geld** (Draufgabe); **drauf‿ha|ben** (*ugs. für* beherrschen), **...hal|ten** (*ugs. für* etwas zum Ziel nehmen), **...hau|en** *(ugs.),* **...krie|gen;** eins, etwas - (*ugs. für* getadelt werden; eine Enttäuschung erleben), **...le|gen** (*ugs. für* zusätzlich bezahlen); **drauf|los;** immer -!; **drauf|los‿ge|hen** (er geht drauflos; drauflosgegangen; draufloszugehen; *vgl.* darauf), **...re|den, ...rei|ten, ...schie|ßen, ...schimp|fen, ...wirt|schaf|ten; drauf|ma|chen;** einen - (*ugs. für* ausgiebig feiern); **drauf|sat|teln** (*ugs. für* zusätzlich geben); **drauf|schla|gen** (*ugs. für* auf etwas schlagen; erhöhen, steigern, aufschlagen); **drauf|sein** (*ugs. für* [gut/schlecht] gelaunt sein); aber: wenn ich gut drauf bin; **Drauf|sicht,** die; - *(Zeichenlehre);* **drauf|ste|hen** (*ugs. für* darauf zu lesen sein); **drauf|zah|len** (drauflegen; *vgl. d.*)

draus (*ugs. für* daraus)

drau|ßen

Dra|wi|da [*auch* 'dra:...], der; -[s], -[s] (Angehöriger einer Völkergruppe in Vorderindien); **dra|wi|disch;** -e Sprachen

Draw|ing-room ['drɔ:iŋru(:)m], der; -s, -s ‹engl.› (in England Empfangszimmer)

Dr. disc. pol. = doctor disciplinarum politicarum; vgl. Doktor

Drech|sel|lei (*auch für* geschraubte [Schreib]weise); **drech|seln;** ich ...[e]le (↑R 22); **Drechs|ler; Drechs|ler|ar|beit; Drechs|le|rei**

Dreck, der; -[e]s *(ugs.);* **Dreck‿ar|beit, ...ei|mer** *(ugs.),* **...fink** (der; *Gen.* -en, *auch* -s, *Plur.* -en; *ugs.),* **...hau|fen** *(ugs.);* **dreckig** [*Trenn.* drek|kig] *(ugs.);* **Dreck|kerl** *vgl.* Dreckskerl; **Dreck‿nest** (*ugs. abwertend für* Dorf, Kleinstadt), **...pfo|te** (*ugs. für* schmutzige Hand), **...sack** *(derb abwertend),* **Drecks|ar|beit** *(ugs. abwertend);* **Dreck|sau** *(derb abwertend);* **Dreck|schleu|der** (*ugs. für* freches Mundwerk; Fabrikanlage o. ä., die die Luft stark verschmutzt); **Drecks|kerl** *(derb abwertend);* **Dreck|spatz** *(ugs.)*

Dred|sche, die; -, -n ‹engl.› (*fachspr. für* Schleppnetz)

Dreesch usw. *vgl.* Driesch usw.

Dr. eh., *auch* **e. h.** *u.* **E. h.** = Ehrendoktor, Doktor Ehren halber; *vgl.* Doktor

Dreh, der; -[e]s, *Plur.* -s *od.* -e (*ugs. für* Einfall od. Weg, der zu einer Lösung führt; *seltener für* Drehung); **Dreh‿ach|se, ...ar|beit** (die; -, -en; *meist Plur.; Film*), **...bank** (*Plur.* ...bänke; *älter für* Drehmaschine); **dreh|bar;** -er Sessel; **Dreh‿be|we|gung, ...blei|stift, ...brücke** [*Trenn.* ...brük|ke], **...buch** (Vorlage für Filmaufnahmen); **Dreh|buch|au|tor; Dreh|büh|ne; Dre|he,** die; - (*landsch. ugs. für* Gegend); in der - kenne ich mich aus; **dre|hen; Dre|her; Dre|he|rei; Dreh‿kran, ...krank|heit** (die; -), **...kreuz, ...ma|schi|ne, ...mo|ment** (das; *Physik*), **...or|gel, ...ort** *(Film),* **...pau|se** *(Film),* **...punkt, ...re|stau|rant, ...schei|be, ...schuß** *(Fußball);* **Dreh|strom; Dreh|strom|mo|tor; Dreh‿stuhl, ...tür; Dre|hung; Dreh‿wurm, ...zahl** (Anzahl der Umdrehungen in einer Zeiteinheit); **Dreh|zahl|mes|ser,** der

drei, *Gen.* dreier, *Dat.* dreien, drei; zu dreien *od.* zu dritt; herzliche Grüße von uns dreien; die drei sagen, daß ...; (*im Zeugnis:)* Latein: drei Komma fünf (*vgl.* aber: Drei); er kann nicht bis drei zählen (*ugs. für* er ist sehr dumm); ↑R 66; (↑R 8:) dreier großer, *selten* großen Völker, aber: dreier Angestellten, *seltener* Angestellter; *vgl.* acht; **Drei,** die; -, -en; eine Drei würfeln; er schrieb in Latein eine Drei; die Note „Drei"; mit [der Durchschnittsnote] „Drei-Komma-fünf" bestanden; *vgl.* [1]Acht *u.* Eins; **Drei|ach|ser** (Wagen mit drei Achsen; *mit Ziffer* 3achser; ↑R 212); **drei|ach|sig; Drei|ach|tel|takt,** der; -[e]s (*mit Ziffern* $^3/_8$-Takt; ↑R 43); im -; **Drei|an|gel,** der; -s, - (*landsch. für* winkelförmiger Riß im Stoff); **drei‿ar|mig, ...bän|dig, ...bei|nig;**

Drei|blatt (Name von Pflanzen); **drei_blät|te|rig, ...blätt|rig; Drei|bund,** der; -[e]s; **drei|di|men|sio|nal;** -er Film *od.* (↑R 41:) Drei-D-Film *od., mit Ziffer,* ↑R 43: 3-D-Film; **Drei|eck; drei|eckig** [*Trenn.* ...ek|kig]; **Drei|eck|schal|tung** *(Technik);* **Drei|ecks_ge|schich|te, ...mes|sung, ...netz; Drei|eck[s]|tuch; drei|ein|halb,** drei|und|ein|halb; **drei|ei|nig;** der -e Gott; **Drei|ei|nig|keit,** die; - *(christl. Rel.);* **Drei|ei|nig|keits|fest** (1. Sonntag nach Pfingsten); **Drei|er;** *vgl.* Achter; **Drei|er|kom|bi|na|ti|on** *(Sportspr.);* **drei|er|lei; Drei|er|rei|he** (in -n); **drei|fach; Drei|fa|che,** das; -n; *vgl.* Achtfache; **Drei|fal|tig|keit,** die; - (*svw.* Dreieinigkeit); **Drei|fal|tig|keits|fest** (1. Sonntag nach Pfingsten); **Drei|far|ben|druck** (*Plur.* ...drucke); **drei|far|big; Drei|fel|der|wirt|schaft,** die; -; **drei|fenst|rig; Drei|fin|ger|faul|tier** (Ai); **Drei_fuß, ...ge|stirn; drei|ge|stri|chen** *(Musik);* -e Note; **Drei|heit,** die; -; **drei|hun|dert;** *vgl.* hundert; **drei|jäh|rig;** *vgl.* achtjährig; **Drei|kai|ser|bünd|nis; Drei|kant,** das *od.* der; -[e]s, -e (↑R 212); **Drei|kan|ter** (Gesteinsform); **drei|kan|tig; Drei|kant|stahl** (*vgl.* [1]Stahl *u.* ↑R 212); **Drei|kä|se|hoch,** der; -s, -[s]; **Drei|klang; Drei|klas|sen|wahl|recht,** das; -[e]s; **Drei|kö|ni|ge** *ohne Artikel* (Dreikönigsfest); an, auf, nach, vor, zu -; **Drei|kö|nigs_fest** (6. Jan.), **...spiel; Drei|län|der|tref|fen; Drei|ling** (alte Münze; altes Weinmaß); **drei|mäh|dig** (dreischürig); **drei|mal;** (↑R 32:) zwei- bis dreimal (2- bis 3mal); *vgl.* achtmal; **drei|ma|lig; Drei|ma|ster** (dreimastiges Schiff; *auch für* Dreispitz); **drei|ma|stig; Drei|mei|len|zo|ne; Drei|me|ter|brett** (↑R 43); **drei|mil|lio|nen|mal** (aber: drei Millionen Male, *vgl.* [1]Mal I *u.* II)

drein (*ugs. für* darein); **drein|blicken** [*Trenn.* ...blik|ken] (in bestimmter Weise blicken); finster -; **drein|fah|ren** (*ugs. für* energisch in eine Angelegenheit eingreifen); **drein|fin|den,** sich (*ugs. für* dareinfinden, sich); **Drein|ga|be** (*landsch. u. schweiz. für* Zugabe); **drein|mi|schen,** sich (*ugs. für* dareinmischen, sich); **drein|re|den** (*ugs. für* dareinreden); **drein|schla|gen** (*ugs. für* in etwas hineinschlagen)

Drei|paß, der; ...passes, ...passe (gotisches dreibogiges Maßwerk); **Drei|pha|sen|strom** (*svw.* Drehstrom); **Drei|punkt|gurt** *(Verkehrsw.);* **Drei|rad; Drei|raum|woh|nung** (*regional für* Dreizimmerwohnung); **Drei_ru|de|rer** (antikes Kriegsschiff), **...satz, ...schneuß** (Ornament im got. Maßwerk); **Drei|schritt|re|gel** (die; -; *Handball*); **drei|schü|rig;** -e (drei Ernten liefernde) Wiese; **drei_sil|big, ...spal|tig; Drei_spän|ner, ...spitz** (*früher* ein dreieckiger Hut), **...sprung; drei|ßig** usw. *vgl.* achtzig usw.; **drei|ßig|jäh|rig;** eine -e Frau, aber (↑R 157): der Dreißigjährige Krieg; *vgl.* achtjährig

dreist; -este

drei|stel|lig; Drei|ster|ne|ho|tel

Dreist|heit; Drei|stig|keit

drei_stim|mig, ...stöckig [*Trenn.* ...stök|kig], **...strah|lig; drei|stück|wei|se** (↑R 41); **Drei|stu|fen|ra|ke|te; Drei|ta|ge|fie|ber** (subtrop. Infektionskrankheit); **drei|tau|send;** *vgl.* tausend; **Drei|tau|sen|der** ([über] 3000 m hoher Berg); **drei|tei|lig; drei|und|ein|halb,** drei|ein|halb; **drei|und|zwan|zig;** *vgl.* acht; **drei|vier|tel** ['drai'firtəl]; in - Länge, aber (↑R 66): in Dreiviertel der Länge; dreiviertel *od.* drei Viertel der Bevölkerung; in einer dreiviertel Stunde, aber: in drei viertel Stunden (*mit Ziffern* $^3/_4$ Stunden), in drei Viertelstunden (dreimal einer Viertelstunde); *vgl.* acht, viertel, Viertel, Viertelstunde; **drei|vier|tel|lang** [...'fir...]; **Drei|vier|tel|li|ter|fla|sche** (*mit Ziffern* $^3/_4$-Liter-Flasche; ↑R 43); **Drei|vier|tel|mehr|heit** [...'fir...]; **Drei|vier|tel|stun|de; Drei|vier|tel|takt** [...'fir...], der; -[e]s (*Musik; mit Ziffern* $^3/_4$-Takt; ↑R 43); im -; **Drei|we|ge|ka|ta|ly|sa|tor** *(Kfz-Technik);* **Drei|zack,** der; -[e]s, -e; **drei|zackig** [*Trenn.* ...zak|kig]; **drei|zehn;** die verhängnisvolle Dreizehn (↑R 66); *vgl.* acht; **drei|zehn|hun|dert; Drei|zim|mer|woh|nung** (*mit Ziffer* 3-Zimmer-Wohnung; ↑R 43); **Drei|zü|ger** (mit drei Zügen zu lösende Schachaufgabe)

Drell, der; -s, -e (*nordd. für* Drillich)

drem|meln (*landsch. für* bittend drängen); ich ...[e]le (↑R 22)

Drem|pel, der; -s, - (Mauer zur Vergrößerung des Dachraumes; Schwelle [im Schleusenbau])

Dres. = doctores; *vgl.* Doktor

Dre|sche, die; - (*ugs. für* Prügel); **dre|schen;** du drischst, er drischt; du droschst, *veraltet* drasch[e]st; du dröschest, *veraltet* dräschest; gedroschen; drisch!; **Dre|scher; Dresch_fle|gel, ...gut** (das; -[e]s), **...ma|schi|ne**

Dres|den (Stadt a. d. Elbe); **Dres|den-Alt|stadt; Dres|de|ner,** Dresd|ner (↑R 147); **Dres|den-Neu|stadt; Dresd|ner** *vgl.* Dresdener

Dreß, der; *Gen.* - *u.* Dresses, *Plur.* Dresse, *österr. auch* die; -, Dressen *Plur. selten* ‹engl.› ([Sport]kleidung); **Dres|seur** [...'sø:r], der; -s, -e ‹franz.› (jmd., der Tiere abrichtet); **dres|sie|ren; Dres|sing,** das; -s, -s ‹engl.› (Salatsoße; Kräuter- od. Gewürzmischung für Füllungen); **Dress|man** [...mən], der; -s, ...men ‹anglisierend› (männl. Person, die auf Modeschauen Herrenkleidung vorführt); **Dres|sur,** die; -, -en ‹franz.›; **Dres|sur_akt, ...num|mer, ...prü|fung, ...rei|ten** (das; -s)

Drey|fus|af|fä|re ['draifu:s...], die; - (der 1894–1906 gegen den franz. Offizier A. Dreyfus geführte Prozeß u. seine Folgen)

Dr. forest. = doctor scientiae rerum forestalium; *vgl.* Doktor

Dr. ... (z. B. phil.) **habil.** = doctor ... (z. B. philosophiae) habilitatus; *vgl.* Doktor

Dr. h. c. = doctor honoris causa; *vgl.* Doktor; **Dr. h. c. mult.** = doctor honoris causa multiplex; *vgl.* Doktor

drib|beln ‹engl.› (*Sport* den Ball durch kurze Stöße vortreiben); ich ...[e]le (↑R 22); **Dribb|ling,** das; -s, -s (das Dribbeln)

Driesch, Dreesch, der; -s, -e (*landsch. für* Brache)

Drift, die; -, -en (vom Wind bewirkte Strömung an der Meeresoberfläche; *auch svw.* Abtrift; *vgl.* Trift); **drif|ten** (*Seemannsspr.* treiben); **drif|tig** (treibend)

Drilch, der; -[e]s, -e (*schweiz. für* Drillich)

[1]**Drill,** der; -[e]s, -e (*Nebenform von* Drell)

[2]**Drill,** der; -[e]s (*Milit.* Einübung, harte Ausbildung); **Drill|boh|rer; dril|len** (*Milit.* einüben, hart ausbilden; mit dem Drillbohrer bohren; *Landw.* in Reihen säen)

Dril|lich, der; -s, -e (ein festes Gewebe); **Dril|lich_an|zug, ...ho|se, ...zeug** (das; -[e]s); **Dril|ling** (*auch für* Jagdgewehr mit drei Läufen)

Drill|ma|schi|ne (*Landw.* Maschine, die in Reihen sät)

drin (*ugs. für* darin)

Dr.-Ing. = Doktoringenieur, Doktor der Ingenieurwissenschaften; *vgl.* Doktor

drin|gen; du drang[e]st; du drängest; gedrungen; dring[e]!; **drin|gend;** auf das, aufs -ste (↑R 65); **dring|lich; Dring|lich|keit,** die; -; **Dring|lich|keits_an|fra|ge, ...an|trag**

Drink, der; -[s], -s ‹engl.› (alkohol. [Misch]getränk)

drin|nen; drin|sein (*ugs. für* möglich sein); eine kleine Pause muß -, aber: ..., damit eine Pause drin ist, war; **drin|sit|zen** (*ugs. für* in der Patsche sitzen); er hat ganz schön dringesessen; *vgl.* darin; **drin|stecken** [*Trenn.* ...stek|ken] (*ugs. für* viel Arbeit, Schwierigkeiten haben); er hat bis über die Ohren dringesteckt; *vgl.* darin; **drin|ste|hen** (*ugs. für* in etwas zu lesen sein); *vgl.* darin

Dri|schel, der; -s, - *od.* die; -, -n (*bayr. u. österr. für* [Schlagkolben am] Dreschflegel)

dritt *vgl.* drei; **drit|te; I.** *Kleinschreibung* (↑R 66): **a)** von dreien der dritte; der eine ..., der andere ..., der dritte ...; jeder dritte; der dritte Stand (Bürgerstand); die dritte Welt (die Entwicklungsländer); **b)** zum dritten (drittens). **II.** *Großschreibung* (↑R 66): er ist der Dritte im Bunde; ein Dritter (ein Unbeteiligter), z. B. einem Dritten gegenüber; es bleibt noch ein Drittes zu erwähnen; (↑R 157:) das Dritte Reich; (↑R 133:) Friedrich der Dritte; *vgl.* achte; **Drit|teil** *das* [*Trenn.* ↑R 204] (*veraltet für* Drittel); **drit|tel;** *vgl.* achtel; **Drit|tel,** das, *schweiz. meist* der; -s, -; *vgl.* Achtel; **drit|teln** (in drei Teile teilen); ich ...[e]le (↑R 22); **Drit|ten|ab|schla|gen,** das; -s (ein Laufspiel); **drit|tens; Drit|te-Welt-La|den** (Laden, in dem Erzeugnisse der Entwicklungsländer [zu deren Unterstützung] verkauft werden); *vgl.* dritte I a; **dritt|höch|ste; Dritt|in|ter|es|se; dritt|letz|te,** aber (↑R 66): der Drittletzte (in der Leistung); **Dritt|mit|tel** *Plur.;* etwas aus -n finanzieren; **Dritt‿scha|den** (*Rechtsspr.*), **...schuld|ner**

Drive [draif, *engl.* draiv], der; -s, -s ‹engl.› (Schwung; Tendenz, Neigung; Treibschlag beim Golf u. Tennis; *Jazz* treibender Rhythmus); **Drive-in-Re|stau|rant** (Schnellgaststätte für Autofahrer mit Bedienung am Fahrzeug); **Dri|ver** ['draivə(r)], der; -s, - (ein Golfschläger)

Dr. j. u., Dr. jur. utr. = doctor juris utriusque; *vgl.* Doktor

Dr. jur. = doctor juris; *vgl.* Doktor

DRK = Deutsches Rotes Kreuz

Dr. med. = doctor medicinae; *vgl.* Doktor

Dr. med. dent. = doctor medicinae dentariae; *vgl.* Doktor

Dr. med. univ. (in Österr.) = doctor medicinae universae; *vgl.* Doktor

Dr. med. vet. = doctor medicinae veterinariae; *vgl.* Doktor

Dr. mont. (in Österr.) = doctor rerum montanarum; *vgl.* Doktor

Dr. mult. = doctor multiplex; *vgl.* Doktor

Dr. nat. techn. = doctor rerum naturalium technicarum; *vgl.* Doktor

drob *vgl.* darob; **dro|ben** (*geh.; südd. u. österr. für* da oben)

Dr. oec. = doctor oeconomiae; *vgl.* Doktor

Dr. oec. publ. = doctor oeconomiae publicae; *vgl.* Doktor

Dro|ge, die; -, -n ‹franz.› (bes. medizin. verwendeter tier. od. pflanzl. [Roh]stoff; *auch für* Rauschgift)

drö|ge (*nordd. für* trocken; langweilig)

dro|gen|ab|hän|gig; Dro|gen|ab|hän|gi|ge, der *u.* die; -n, -n (↑R 7 ff.); **Dro|gen‿be|ra|tungs|stel|le, ...ge|schäft, ...kon|sum, ...miß|brauch, ...sze|ne** (die; -; *ugs. für* Rauschgiftmilieu), **...to|te; Dro|ge|rie,** die; -, ...ien; **Dro|gist,** der; -en, -en (↑R 197); **Dro|gi|stin**

Droh|brief; dro|hen; Droh|ge|bär|de

Drohn, der; -en, -en; ↑R 197 (*fachspr. für* Drohne); **Droh|ne,** die; -, -n (Bienenmännchen)

dröh|nen (*ugs. auch für* Rauschgift nehmen)

Droh|nen‿da|sein, ...schlacht

Dröh|nung (*ugs. für* Rauschgiftdosis; Rauschzustand)

Dro|hung; Droh|wort *Plur.* ...worte

drol|lig; Drol|lig|keit

Dro|me|dar [*auch* 'dro:...], das; -s, -e ‹griech.› (einhöckeriges Kamel)

Dron|te, die; -, -n (ein ausgestorbener Vogel)

Dront|heim (norweg. Stadt); *vgl. auch* Trondheim

Drop|kick, der; -s, -s ‹engl.› (*Fußball* Schuß, bei dem der Ball in dem Augenblick gespielt wird, in dem er auf dem Boden aufprallt); **Drop-out** [...aut], der; -[s], -s (jmd., der aus seiner sozialen Gruppe ausgebrochen ist; *Tontechnik* Aussetzen der Schallaufzeichnung)

Drops, der, *auch* das; -, - *meist Plur.* ‹engl.› (Fruchtbonbon)

Drosch|ke, die; -, -n ‹russ.›; **Drosch|ken‿gaul, ...kut|scher**

drö|seln (*landsch. für* [Faden] drehen; trödeln); ich ...[e]le (↑R 22)

[1]**Dros|sel,** die; -, -n (ein Singvogel)

[2]**Dros|sel,** die; -, -n (*Jägerspr.* Luftröhre des Wildes; *auch für* Drosselspule); **Dros|sel|bart;** König - (eine Märchengestalt); **Dros|sel|klap|pe** (*Technik*); **dros|seln;** ich drossele *u.* droßle (↑R 22); **Dros|sel|spu|le** (*Elektrotechnik*); **Dros|se|lung; Dros|sel|ven|til** (*Technik*); **Droß|lung** *vgl.* Drosselung

Drost, der; -es, -e (*nordd. früher* Verwalter einer Drostei); **Dro|ste-Hüls|hoff** (dt. Dichterin); **Dro|stei** (*nordd. früher* Verwaltungsbezirk)

Dr. paed. = doctor paedagogiae; *vgl.* Doktor

Dr. pharm. = doctor pharmaciae; *vgl.* Doktor

Dr. phil. = doctor philosophiae; *vgl.* Doktor

Dr. phil. nat. = doctor philosophiae naturalis; *vgl.* Doktor

Dr. rer. camer. = doctor rerum cameralium; *vgl.* Doktor

Dr. rer. comm. (in Österr.) = doctor rerum commercialium; *vgl.* Doktor

Dr. rer. hort. = doctor rerum hortensium; *vgl.* Doktor

Dr. rer. mont. = doctor rerum montanarum; *vgl.* Doktor

Dr. rer. nat. = doctor rerum naturalium; *vgl.* Doktor

Dr. rer. oec. = doctor rerum oeconomicarum; *vgl.* Doktor

Dr. rer. pol. = doctor rerum politicarum; *vgl.* Doktor

Dr. rer. soc. oec. (in Österr.) = doctor rerum socialium oeconomicarumque; *vgl.* Doktor

Dr. rer. techn. = doctor rerum technicarum; *vgl.* Doktor

Dr. sc. agr. = doctor scientiarum agrarium; *vgl.* Doktor

Dr. sc. hum. = doctor scientiarum humanarum; *vgl.* Doktor

Dr. sc[ient]. techn. = doctor scientiarum technicarum; *vgl.* Doktor

Dr. sc. math. = doctor scientiarum mathematicarum; *vgl.* Doktor

Dr. sc. nat. = doctor scientiarum naturalium *od.* doctor scientiae naturalis; *vgl.* Doktor

Dr. sc. pol. = doctor scientiarum politicarum *od.* doctor scientiae politicae; *vgl.* Doktor

Dr. techn. (in Österr.) = doctor rerum technicarum; *vgl.* Doktor

Dr. theol. = doctor theologiae; *vgl.* Doktor

drü|ben (auf der anderen Seite); hüben und -; **drü|ber** (*ugs. für* darüber); es geht drunter und -

Druck, der; -[e]s, *Plur.* (*Technik:*) Drücke, *seltener* -e, (*Druckw.:*) Drucke *u.* (*Textilw.* bedruckte Stoffe:) -s; **Druck‿ab|fall** (der; -[e]s), **...an|stieg** (der; -[e]s), **...aus|gleich** (der; -[e]s), **...bo|gen** (der; -s, -), **...buch|sta|be;**

Drụ̈cke|ber|ger[1]; **drụ̈cke|ber|ge|risch**[1]; -ste; **drụck|emp|find|lich**; **drụcken**[1]; **drụ̈cken**[1]; **drụ̈ckend**[1]; drụ̈ckendheißes Wetter (↑R 209), aber: das Wetter ist drụ̈ckend heiß; **Drụcker**[1]; **Drụ̈cker**[1]; **Drucke|rei**[1]; **Drụ̈cke|rei**[1]; **Drụ̈cker|fisch**[1] (ein Aquarienfisch); **Drụck|er|laub|nis**, die; -; **Drụcker**[1]**‿pres|se, ...schwär|ze, ...spra|che**; [1]**Drụck|er|zeug|nis**, aber: [2]**Drụcker|zeug|nis**[1] (↑R 35); **Drụck‿fah|ne, ...feh|ler, ...feh|ler|teu|fel** *(scherzh.)*; **drụck‿fer|tig, ...fest, ...frisch**; **Drụck‿gra|phik** *(Kunstw.)*, **...in|du|strie, ...ka|bi|ne, ...kes|sel, ...knopf, ...koch|topf, ...le|gung**; **Drụck|luft|brem|se**; **drụck|luft|ge|steu|ert**; **Drụck‿mit|tel** (das), **...mu|ster, ...pa|pier, ...plat|te, ...punkt**; **drụck|reif**; **Drụck‿sa|che, ...schrift, ...sei|te**; **drụck|sen** (*ugs. für* nicht recht mit der Sprache herauskommen); du druckst; **Drụck|se|rei**; **Drụck‿sor|te** (*österr. für* Formular), **...spal|te, ...stel|le, ...stock** (*Plur.* ...stöcke), **...ta|ste, ...ver|band, ...ver|fah|ren, ...wel|le, ...we|sen, ...zy|lin|der**

Dru|de, die; -, -n (Nachtgeist; Zauberin); **Dru|den|fuß** (Zeichen gegen Zauberei; Pentagramm)

Drug|store ['dragstɔ:(r)], der; -s, -s ‹engl.-amerik.› ([in den USA] Verkaufsgeschäft für gängige Bedarfsartikel mit Imbißecke)

Drui|de, der; -n, -n; ↑R 197 *u.* R 180 (kelt. Priester); **drui|disch**

drụm (*ugs. für* darum); drum herum, aber: das Drumherum; das Drum und Dran

Drum [dram], die; -, -s ‹engl.› (*engl. Bez. für* Trommel); *vgl.* [1]Drums

Drum|her|um, das; -s *(ugs.)*

Drụm|lin [*engl.* 'dramlin], der; -s, -s ‹kelt.-engl.› (*Geol.* ellipt. Hügel der Grundmoräne)

Drum|mer ['dramə(r)], der; -s, - ‹engl.› (Schlagzeuger in einer [4]Band); [1]**Drums** [drams] *Plur.* (*Bez. für* das Schlagzeug)

[2]**Drums** [*engl.* drams] *Plur.* ‹kelt.-engl.› (*svw.* Drumlins)

Drụm und Drạn, das; - - -

drụn|ten (da unten); **drụn|ter** (*ugs. für* darunter); es geht drunter und drüber; **Drụn|ter und Drü|ber**, das; - - - *(ugs.)*

Drụsch, der; -[e]s, -e (Dreschen; Dreschertrag)

Drụ̈s|chen (kleine Drüse)

Drụsch|ge|mein|schaft *(ehem. in der DDR)*

Dru|schi|na, die; - ‹russ.› (Gefolgschaft altruss. Fürsten)

[1] *Trenn.* ...k|k...

[1]**Dru|se**, die; -, -n (innen mit kristallisierten Mineralien besetzter Hohlraum im Gestein; eine Pferdekrankheit)

[2]**Dru|se**, der; -n, -n; ↑R 197 (Angehöriger einer kleinasiatisch-syrischen Sekte des Islams)

Drü|se, die; -, -n

Dru|sen *Plur.* (*veraltet, noch landsch. für* Weinhefe, Bodensatz)

Drü|sen‿funk|ti|on, ...schwel|lung

dru|sig ‹*zu* [1]Druse›

drü|sig (voll Drüsen)

Dru|sin ‹*zu* [2]Druse›; **dru|sisch**

Drüs|lein

Dru|sus (röm. Beiname)

dry [drai] ‹engl., „trocken"› ([von alkohol. Getränken] herb)

Drya|de, die; -, -n *meist Plur.* (↑R 180) ‹griech.› (*griech. Mythol.* Baumnymphe)

DSA = Deutscher Sprachatlas

Dschẹ|bel, der; -[s] ‹arab.› (*in arab. erdkundl. Namen* Gebirge, Berg)

Dschi|bu|ti (Staat u. dessen Hptst. in Nordostafrika)

D-Schicht, die; -; ↑R 37 (*Meteor.* stark ionisierte Luftschicht in der hohen Atmosphäre)

Dschig|ge|tai, der; -s, -s ‹mong.› (wilder Halbesel in Asien)

Dschịn|gis-Khan (mongol. Eroberer)

Dschịnn, der; -s, *Plur. - u.* -en ‹arab.› (Dämon, Geist im Volksglauben der Araber)

Dschụn|gel, der, *selten* das; -s, - ‹Hindi› (undurchdringlicher tropischer Sumpfwald); **Dschụn|gel‿krieg, ...pfad**

Dschụn|ke, die; -, -n ‹chin.-malai.› (chin. Segelschiff)

DSF = [Gesellschaft für] Deutsch-Sowjetische Freundschaft

DSG = Deutsche Schlafwagen- und Speisewagen-Gesellschaft mbH; *vgl.* Mitropa

DSU = Deutsche Soziale Union

Dsun|ga|rei, die; - (zentralasiat. Landschaft); **dsun|ga|risch**

dt = Dezitonne

dt. = deutsch

DTB = Deutscher Turnerbund

DTC = Deutscher Touring Automobil Club

dto. = dito

DTP = Desktop publishing

DTSB = Deutscher Turn- und Sportbund

Dtzd. = Dutzend

du; *in Briefen usw.* Du (↑R 71); jmdn. du nennen; du zueinander sagen; Leute wie du und ich; jmdn. mit du anreden; mit einem auf du und du stehen; **Du**, das; -[s], -[s]; (↑R 66:) das traute Du; jmdn. das Du anbieten

du|al ‹lat.› (eine Zweiheit bildend); **Du|al**, der; -s, -e (*Sprachw.* Zweizahl)

[1]**Dua|la**; ↑R 180 (Hafenstadt in Kamerun); [2]**Dua|la**, der; -[s], -[s] (Angehöriger eines Bantustammes); [3]**Dua|la**, das; - (Sprache)

Dua|lis, der; -, ...le (↑R 180) ‹lat.›; *vgl.* Dual; **Dua|lis|mus**, der; - (Zweiheit; Gegensätzlichkeit); **Dua|list**, der; -en, -en (↑R 197); **dua|li|stisch**; -e Weltanschauung; **Dua|li|tät**, die; - (Zweiheit; Doppelheit; Vertauschbarkeit); **Du|al|sy|stem**, das; -s *(Math., Soziol.)*

Du|bai (Hafenstadt u. Scheichtum am Persischen Golf)

Dü|bel, der; -s, - (Pflock, Zapfen zum Verankern von Schrauben, Nägeln, Haken u. a.; *Bauw.* Verbindungselement zum Zusammenhalten von Bauteilen); **Dü|bel|mas|se**, die; -; **dü|beln**; ich ...[e]le (↑R 22)

du|bi|os ‹lat.›, *seltener* **du|bi|ös** ‹franz.›; -este (zweifelhaft; unsicher); **Du|bio|sen** *Plur.* (*Wirtsch.* unsichere Forderungen); **du|bi|ta|tiv** (Zweifel ausdrückend)

Du|blee, das; -s, -s ‹franz.› (Metall mit Edelmetallüberzug; Stoß beim Billardspiel); **Du|blee|gold**; **Du|blẹt|te**, die; -, -n; **du|blie|ren** ([Garn] verdoppeln; Dublee herstellen); **Du|blier|ma|schi|ne** (Spinnerei)

Dub|lin ['dablin] (Hptst. der Republik Irland)

Du|blo|ne, die; -, -n ‹lat.› (frühere span. Goldmünze); **Du|blü|re**, die; -, -n ‹franz.› (Unterfutter; Aufschlag an Uniformen; verzierte Innenseite des Buchdeckels)

Du|brov|nik [...v...] (Hafenstadt in Kroatien)

[1]**Du|chesse** [dy'ʃɛs], die; -, -n [...s(ə)n] ‹franz.› (*franz. Bez. für* Herzogin); [2]**Du|chesse**, die; - (ein Seidengewebe)

Dụcht, die; -, -en (*Seemannsspr.* Sitzbank im Boot)

Dụck|dal|be, *seltener* **Dụ̈ck|dal|be**, die; -, -n *meist Plur., auch* **Dụck|dal|ben, Dụ̈ck|dal|ben**, der; -s, - *meist Plur.* (*Seemannsspr.* in den Hafengrund gerammte Pfahlgruppe [zum Festmachen von Schiffen])

dụcken [*Trenn.* duk|ken]; sich -; **Dụcker** [*Trenn.* Duk|ker] (Schopfantilope); **Dụck|mäu|ser** (*ugs. für* verängstigter, feiger, heuchlerischer Mensch); **dụck|mäu|se|risch**; -ste

du|del|dum|dei!; **Du|de|lei**; **Du|de|ler**, Dud|ler; **du|deln**; ich ...[e]le (↑R 22); **Du|del|sack** ‹türk.› (ein Blasinstrument); **Du-**

del|sack|pfei|fer; Dud|ler *vgl.* Dudeler
Du|ell, das; -s, -e ‹franz.› (Zweikampf); **Du|el|lant,** der; -en, -en (↑R 197); **du|el|lie|ren,** sich
Du|en|ja, die; -, -s ‹span., „Herrin"› (*veraltet für* Erzieherin)
Due|ro, der; - (↑R 180) ‹span.› (Fluß auf der Pyrenäenhalbinsel; *port.* Douro)
Du|ett, das; -[e]s, -e ‹ital.› (Musikstück für zwei Singstimmen)
duff (*nordd. für* matt); -es Gold
Düf|fel, der; -s, - ‹nach einem belg. Ort› (ein weiches Gewebe); **Duf|fle|coat** ['daf(ə)lko:t], der; -s, -s ‹engl.› (dreiviertellanger Sportmantel)
Duft, der; -[e]s, Düfte; **Düft|chen**
duf|te ‹jidd.› (*ugs., bes. berlin. für* gut, fein)
duf|ten; duf|tig; Duf|tig|keit, die; -; **Düft|lein; Duft‿marke** (*Biol.*), **...no|te; duft|reich; Duft‿stoff, ...was|ser** (*Plur.* ...wässer), **...wol|ke** (*oft scherzh.*)
Du|gong, der; -s, *Plur.* -e *u.* -s ‹malai.› (Seekuh der austr. Gewässer u. des Roten Meeres)
Duis|burg ['dy:s...] (Stadt in Nordrhein-Westfalen); **Duis|bur|ger** (↑R 147); - Hafen
du jour [dy'ʒu:r] ‹franz., „vom Tage"›; - - sein (*veraltend für* Tagesdienst haben)
Du|ka|ten, der; -s, - ‹ital.› (frühere Goldmünze); **Du|ka|ten‿esel** (*ugs. für* unerschöpfliche Geldquelle), **...schei|ßer** (*derb*)
Duke [dju:k], der; -s, -s ‹engl.› (*engl. Bez. für* Herzog)
Dü|ker, der; -s, - (Rohrleitung unter einem Deich, Fluß, Weg o. ä.; *landsch. für* Tauchente)
duk|til ‹lat.› (*Technik* dehn-, verformbar); **Duk|ti|li|tät,** die; -; **Duk|tus,** der; - (charakteristische Art, Linienführung)
dul|den; Dul|der; Dul|der|mie|ne; duld|sam; Duld|sam|keit, die; -; **Dul|dung**
Dult, die; -, -en (*bayr. für* Messe, Jahrmarkt)
Dul|zi|nea, die; -, *Plur.* -een *u.* -s ‹span.; nach der Geliebten des Don Quichotte› (*scherzh. abwertend für* Geliebte, Freundin)
Du|ma, die; -, -s ‹russ.› (Rat der fürstl. Gefolgsleute im alten Rußland; russ. Stadtverordnetenversammlung [seit 1870]; russ. Parlament [1906–1917])
Du|mas d. Ä., Du|mas d. J. [*beide* dy'ma - -], (Dumas der Ältere u. der Jüngere: franz. Schriftsteller)
Dum|dum, das; -[s], -[s] ‹nach dem Ort der ersten Herstellung in Indien› (Geschoß mit sprenggeschoßartiger Wirkung); **Dum|dum|ge|schoß**

dumm; dümmer, dümmste; -er August (Clown); **Dumm|bar|tel,** der; -s, - (*ugs. für* dummer Mensch); **Dumm|chen** (*ugs.*); **dumm|dreist; Dum|me|jun|gen|streich,** der; *Gen.* des Dumme[n]jungenstreich[e]s, *Plur.* die Dumme[n]jungenstreiche; ein Dumme[r]jungenstreich; **Dum|men|fang,** der; -[e]s; auf - ausgehen; **Dum|mer|chen** (*ugs.*); **Dum|mer|jan,** Dumm|ri|an, der; -s, -e (*ugs. für* dummer Kerl); **Dum|merl,** das; -s, -n (*österr. ugs. für* Dummerchen); **Dum|mer|ling** (*ugs.*); **dum|mer|wei|se; dumm|frech; Dumm|heit; Dum|mi|an,** der; -s, -e (*landsch. u. österr. für* Dummerjan); **Dumm|kopf** (*abwertend*); **dümm|lich; Dümm|ling; Dumm|ri|an** *vgl.* Dummerjan; **dumm|stolz**
Dum|my ['dami], der, *auch* (*für* Attrappe, Probeband:) das; -s, *Plur.* -s *od.* Dummies ['dami:s] ‹engl.› (Puppe für Unfalltests; Attrappe; Probeband zu Werbezwecken)
düm|peln (*Seemannsspr.* leicht schlingern)
Dum|per ['dam..., *auch* 'dum...], der; -s, - ‹engl.› (ein Kippfahrzeug)
dumpf; Dumpf|heit, die; -; **dump|fig; Dump|fig|keit,** die; -
Dum|ping ['dam...], das; -s ‹engl.› (*Wirtsch.* Unterbieten der Preise im Ausland); **Dum|ping|preis** (Preis einer Ware, der deutlich unter ihrem Wert liegt)
dun (*nordd. für* betrunken)
Dü|na, die; - (Westliche Dwina; *vgl.* Dwina)
Du|nant [dy'nã:], Henri, *später* Henry (schweiz. Philanthrop, Begründer des Roten Kreuzes)
Du|ne, die; -, -n (*nordd. für* Daune)
Dü|ne, die; -, -n; **Dü|nen|gras**
Dung, der; -[e]s; **Dung|ab|la|ge; Dün|ge|mit|tel,** das; **dün|gen; Dün|ger,** der; -s, -; **Dün|ger|wirt|schaft,** die; -; **Dung‿gru|be, ...hau|fen; Dün|gung**
dun|kel; dunkler, -ste; (↑R 65:) seine Spuren verloren sich im dunkeln (im ungewissen); im dunkeln (im ungewissen) lassen, a b e r: im Dunkeln ist gut munkeln; im dunkeln tappen (nicht Bescheid wissen), a b e r: im Dunkeln (in der Finsternis) tappte er nach Hause; ein Sprung ins Dunkle; dunkel färben usw.; *vgl.* blau, III *u.* IV; dunkelblau usw.; **Dun|kel,** das; -s
Dün|kel, der; -s (*abwertend für* Eingebildetheit, Hochmut)
Dun|kel|ar|rest; dun|kel‿äu|gig, ...blau, ...blond, ...braun|rot (*vgl.* dunkel), **...haa|rig**
dün|kel|haft (*abwertend*); **Dün|kel|haf|tig|keit,** die; -
dun|kel|häu|tig; Dun|kel|heit; Dun|kel‿kam|mer, ...mann (*Plur.* ...männer); **dun|keln;** es dunkelt; **dun|kel|rot; Dun|kel|zif|fer** (nicht bekannte Anzahl)
dün|ken; mich *od.* mir dünkt, *veraltet* deucht; dünkte, *auch* deuchte; hat gedünkt, *veraltet* gedeucht
Dun|king ['daŋkiŋ], das; -s, -s ‹engl.› (*Basketball* Korbwurf, bei dem die Hände des Werfers oberhalb des Korbrings sind)
Dün|kir|chen, *franz.* Dun|kerque [dœ̃'kɛrk] (franz. Hafenstadt)
dünn; I. *Kleinschreibung* (↑R 65): durch dick und -. **II.** *Schreibung in Verbindung mit dem Partizip II* (↑R 209), z. B. dünnbevölkert (*vgl. d.*). **III.** *Schreibung in Verbindung mit Verben* (↑R 205 f.): **a)** *Getrenntschreibung in ursprünglicher Bedeutung,* z. B. dünn machen; sie hat den Teig dünn gemacht; **b)** *Zusammenschreibung, wenn durch die Verbindung ein neuer Begriff entsteht; vgl.* dünnmachen; **dünn|bei|nig; dünn|be|sie|delt;** dünner, am dünnsten besiedelt; die dünnbesiedelte Gegend (↑R 209), a b e r: die Gegend ist dünn besiedelt; **dünn|be|völ|kert;** dünner, am dünnsten bevölkert; das dünnbevölkerte Land (↑R 209), a b e r: das Land ist dünn bevölkert; **Dünn|bier; Dünn|brett|boh|rer** (*ugs. für* wenig intelligenter Mensch; jmd., der den Weg des geringsten Widerstandes geht); **Dünn|darm; Dünn|darm|ent|zün|dung; Dünn|druck** *Plur.* ...drucke; **Dünn|druck‿aus|ga|be, ...pa|pier; Dün|ne,** die; -
dun|ne|mals (*landsch. für* damals)
dünn|flüs|sig; dünn|häu|tig (*auch übertr. für* empfindlich, sensibel); **Dünn|heit,** die; -; **dünn|ma|chen,** sich; ↑R 205 (*ugs. für* weglaufen); er hat sich dünngemacht; a b e r: sich dünn machen (wenig Platz einnehmen); *vgl.* dünn; **Dünn‿pfiff** (*ugs. für* Durchfall), **...säu|re** (*Chemie* Schwefelsäure als Abfallprodukt); **Dünn|säu|re|ver|klap|pung; Dünn‿schiß** (*derb für* Durchfall), **...schliff, ...schnitt; Dün|nung** (*Jägerspr.* Flanke des Wildes); **dünn|wan|dig**
Dun|sel, der; -s, - (*landsch. für* Dummkopf, Tolpatsch)
Duns Sco|tus [- 'sko:tus] (schott. Philosoph u. Theologe)
Dunst, der; -[e]s, Dünste; **dun|sten** (Dunst verbreiten); **dün-**

sten (dunsten; durch Dampf gar machen); **Dunst_glocke** [*Trenn.* ...glok|ke], **...hau|be; dun|stig; Dunst|kreis; Dunst|obst,** *österr. nur so, od.* **Dünst|obst; Dunst_schicht, ...schlei|er, ...wol|ke**
Dü|nung (durch Wind hervorgerufener Seegang)
Duo, das; -s, -s ‹ital.› (Musikstück für zwei Instrumente; *auch für* die zwei Ausführenden)
Duo|de|num, das; -s, ...na ‹lat.› (*Med.* Zwölffingerdarm)
Duo|dez, das; -es ‹lat.› (*Buchw.* Zwölftelbogengröße; *Zeichen* 12°); **Duo|dez...** (*in Zus. übertr.* Begriff des Kleinen, Lächerlichen); **Duo|dez|für|sten|tum; duo|de|zi|mal** (zwölfteilig); **Duo|de|zi|mal|sy|stem,** das; -s; **Duo|de|zi|me,** die; -, -n (der zwölfte Ton der diaton. Tonleiter; Intervall von 12 diaton. Tonstufen)
dü|pie|ren ‹franz.› (täuschen, überlisten); **Dü|pie|rung**
Du|pla *Plur. von* Duplum; **Du|plex|be|trieb,** *auch* Di|plex|betrieb ‹lat.; dt.› (Doppelbetrieb); **du|plie|ren** ‹lat.› (verdoppeln); **Du|plie|rung; Du|plik,** die; -, -en ‹franz.› (*veraltend für* Gegenantwort auf eine Replik); **Du|pli|kat,** das; -[e]s, -e ‹lat.› (Doppel; Ab-, Zweitschrift); **Du|pli|ka|ti|on,** die; -, -en (Verdopplung); **Du|pli|ka|tur,** die; -, -en (*Med.* Verdopplung, Doppelbildung); **du|pli|zie|ren** (verdoppeln); **Du|pli|zi|tät,** die; -, -en (Doppelheit; doppeltes Vorkommen, Auftreten; *veraltet für* Zweideutigkeit); **Du|plum,** das; -s, ...pla (Duplikat)
Dups, der; -es, -e ‹poln.› (*landsch. veraltend für* Gesäß)
Dur, das; - ‹lat.› (*Musik* Tongeschlecht mit großer Terz); A-Dur, A-Dur-Tonleiter (↑R 41); *vgl.* [1]Moll
du|ra|bel ‹lat.› (dauerhaft; bleibend); ...a|ble Ausführung
Dur|ak|kord *(Musik)*
Dur|alu|min ⓦ, das; -s (eine Aluminiumlegierung)
du|ra|tiv ‹lat.› (*Sprachw.* verlaufend, dauernd)
durch; *Präp. mit Akk.:* - ihn; durch und durch; die ganze Nacht [hin]durch; **durch...** *in Verbindung mit Verben:* **a)** *unfeste Zusammensetzungen,* z. B. durcharbeiten *(vgl. d.),* durchgearbeitet; durchdürfen *(vgl. d.);* **b)** *feste Zusammensetzungen,* z. B. durcharbeiten *(vgl. d.),* durcharbeitet
durch|ackern [*Trenn.* ...ak|kern] (*ugs. für* sorgsam durcharbeiten); sie hat das ganze Buch durchgeackert
durch|ar|bei|ten (sorgsam bearbeiten; pausenlos arbeiten); der Teig ist tüchtig durchgearbeitet; er hat die Nacht durchgearbeitet; **durch|ar|bei|ten** *(selten, meist im Partizip II);* eine durcharbeitete Nacht; **Durch|ar|bei|tung**
durch|at|men; sie hat tief durchgeatmet
durch|aus [*auch* 'durç...]
durch|backen [*Trenn.* ...bak|ken]; [gut] durchgebackenes Brot; **durch|backen** [*Trenn.* ...bak|ken]; mit Rosinen durchbackenes Brot
durch|be|ben *(geh.);* von Schauern durchbebt
durch|bei|ßen (beißend trennen); sie hat den Faden durchgebissen; sich -; **durch|bei|ßen** (beißend durchdringen); der Hund hat ihm beinahe die Kehle durchbissen
durch|be|ra|ten; der Plan ist durchberaten
durch|bet|teln; er hat sich durchgebettelt [und nichts gearbeitet]; **durch|bet|teln;** er hat das Land durchbettelt
durch|bie|gen; das Regal hat sich durchgebogen
durch|bil|den (vollständig ausbilden); sein Körper ist gut durchgebildet; **Durch|bil|dung**
durch|bla|sen; der Arzt hat ihm die Ohren durchgeblasen
durch|blät|tern, durch|blät|tern; sie hat das Buch durchgeblättert *od.* durchblättert
durch|bleu|en (*ugs. für* durchprügeln); er hat ihn durchgebleut
Durch|blick; durch|blicken [*Trenn.* ...blik|ken] (hindurchblicken); sie hat [durch das Fernrohr] durchgeblickt; - lassen (andeuten); sie hat durchblicken lassen, daß ...
durch|blit|zen; ein Gedanke hat sie durchblitzt
durch|blu|ten (Blut durch etwas dringen lassen); die Wunde hat durchgeblutet; **durch|blu|ten** (mit Blut versorgen); frisch durchblutete Haut; **Durch|blu|tung; Durch|blu|tungs|stö|rung**
durch|boh|ren; er hat ein Loch durchgebohrt; der Wurm hat sich durchgebohrt; **durch|boh|ren;** eine Kugel hat die Tür durchbohrt; von Blicken durchbohrt; **Durch|boh|rung**
durch|bo|xen (*ugs. für* durchsetzen); er hat das Projekt durchgeboxt; sich -
durch|bra|ten; das Fleisch war gut durchgebraten
durch|brau|sen; der Zug ist durchgebraust; **durch|brau|sen;** der Sturm hat das Tal durchbraust
durch|bre|chen; er ist [durch das Eis] durchgebrochen; er hat den Stock durchgebrochen; **durch|bre|chen;** er hat die Schranken, die Schallmauer durchbrochen; durchbrochene Arbeit (Stickerei, Goldarbeit); **Durch|bre|chung**
durch|bren|nen (*ugs. auch für* sich heimlich davonmachen); der Faden ist durchgebrannt; der Kassierer ist mit einer großen Summe durchgebrannt; **Durch|bren|ner** (*ugs. für* Ausreißer)
durch|brin|gen; sie haben die Flüchtlinge glücklich durchgebracht; es war schwer, sich ehrlich durchzubringen; er hat die ganze Erbschaft durchgebracht (vergeudet, verschwendet)
Durch|bruch, der; -[e]s, ...brüche
durch|bum|meln *(ugs.);* sie haben die ganze Nacht durchgebummelt; **durch|bum|meln** *(ugs.);* eine durchbummelte Nacht
durch|checken [*Trenn.* ...chek|ken] (vollständig checken; bis zum Zielort abfertigen); wir haben die Liste durchgecheckt
durch|den|ken; ich habe die Sache noch einmal durchgedacht; **durch|den|ken;** ein fein durchdachter Plan
durch|dis|ku|tie|ren; die Frage ist noch nicht durchdiskutiert
durch|drän|gen; sich -; sie hat sich durchgedrängt
durch|dre|hen; das Fleisch [durch den Wolf] -; ich bin völlig durchgedreht (*ugs. für* verwirrt)
durch|drin|gen; sie ist mit ihrer Ansicht durchgedrungen; **durch|drin|gen;** sie hat das Urwaldgebiet durchdrungen; sie war von der Idee ganz durchdrungen (erfüllt); **Durch|drin|gung,** die; -
Durch|druck *Plur.* ...drucke (ein Druckverfahren); **durch|drucken** [*Trenn.* ...druk|ken]; sie haben die ganze Nacht durchgedruckt
durch|drücken [*Trenn.* ...drük|ken]; er hat die Änderung doch noch durchgedrückt (*ugs. für* durchgesetzt)
durch|drun|gen; von etwas - (erfüllt); *vgl.* durchdringen
durch|dür|fen (*ugs. für* hindurchgelangen dürfen); wir haben nicht durchgedurft
durch|ei|len; er ist schnell durchgeeilt; **durch|ei|len;** er hat den Hof durcheilt
durch|ein|an|der; *Schreibung in Verbindung mit Verben* (↑R 205 f.): durcheinander (verwirrt, konfus) sein, alles durcheinander essen und trinken, aber: durcheinanderbringen (in Unordnung bringen); *vgl.* aneinander; **Durch|ein|an|der** [*auch*

'durç...], das; -s; **durch|ein|an|der_brin|gen** (in Unordnung bringen), **...ge|hen** (*ugs. für* völlig ungeordnet vor sich gehen), **...ge|ra|ten** (in Unordnung geraten), **...kom|men** (*svw.* durcheinandergeraten), **...lau|fen; Durch|ein|an|der|lau|fen,** das; -s; **durch|ein|an|der_re|den** (gleichzeitig reden), **...wir|beln** (wirbelnd umherfliegen; *Sportspr.* [den Gegner] verwirren)

durch|es|sen, sich; er hat sich überall durchgegessen

durch|ex|er|zie|ren *(ugs.)*; wir haben den Plan durchexerziert

durch|fah|ren; ich bin die ganze Nacht durchgefahren; **durch|fah|ren;** er hat das ganze Land -; ein Schreck durchfuhr sie; **Durch|fahrt;** - verboten!; **Durch|fahrts_recht, ...stra|ße**

Durch|fall, der; -[e]s, ...fälle; **durch|fal|len;** die kleinen Steine sind [durch den Rost] durchgefallen; er ist durchgefallen (*ugs. für* hat die Prüfung nicht bestanden); **durch|fal|len;** der Stein hat den Raum -

durch|fau|len; das Brett ist durchgefault

durch|fech|ten; er hat den Kampf durchgefochten; er hat sich durchgefochten (*veraltend für* durchgebettelt)

durch|fe|gen; er hat nur durchgefegt

durch|fei|ern; sie haben bis zum Morgen durchgefeiert; **durch|fei|ern;** die Nacht wurde durchfeiert

durch|fei|len; er hat das Gitter durchgefeilt

durch|feuch|ten; vom Regen durchfeuchtet

durch|fil|zen (*ugs. für* genau durchsuchen); die Gefangenen wurden durchgefilzt

durch|fin|den; sich -; ich habe mich gut durchgefunden

durch|flech|ten; sie hat das Band [durch den Kranz] durchgeflochten; **durch|flech|ten;** mit Blumen durchflochten

durch|flie|gen; der Stein ist [durch die Fensterscheibe] durchgeflogen; er ist durchgeflogen (*ugs. für* hat die Prüfung nicht bestanden); **durch|flie|gen;** das Flugzeug hat die Wolken durchflogen; ich habe das Buch nur durchflogen (rasch gelesen)

durch|flie|ßen; das Wasser ist durchgeflossen; **durch|flie|ßen;** das Tal wird von einem Bach durchflossen

Durch|flug; Durch|flugs|recht

Durch|fluß

durch|flu|ten; das Wasser ist beim Deichbruch durchgeflutet; **durch|flu|ten;** das Zimmer ist von Licht durchflutet

durch|for|men (vollständig formen); die Statue ist durchgeformt; **Durch|for|mung**

durch|for|schen (forschend durchsuchen); er hat alles durchforscht; **Durch|for|schung**

durch|for|sten (den Wald ausholzen; etw. [kritisch] durchsehen); durchforstet; **Durch|for|stung**

durch|fra|gen, sich; sie hat sich zum Bahnhof durchgefragt

durch|fres|sen; der Rost hat sich durchgefressen; er hat sich bei anderen durchgefressen (*derb für* durchgegessen); **durch|fres|sen;** von Lauge -

durch|frie|ren; der Teich ist bis auf den Grund durchgefroren; wir waren völlig durchgefroren; **durch|frie|ren;** ich bin ganz durchfroren

Durch|fuhr, die; -, -en (*Wirtsch.* Transit); **durch|führ|bar; Durch|führ|bar|keit,** die; -; **durch|füh|ren;** er hat die ihm gestellte Aufgabe durchgeführt; **Durch|fuhr|er|laub|nis; Durch|füh|rung; Durch|füh|rungs_be|stim|mung, ...ver|ord|nung, ...vor|schrift; Durch|fuhr|ver|bot**

durch|fur|chen; ein durchfurchtes Gesicht

durch|fut|tern, sich (*ugs. für* sich durchessen); er hat sich überall durchgefuttert

durch|füt|tern; wir haben das Vieh durchgefüttert

Durch|ga|be; die - eines Telegramms

Durch|gang; Durch|gän|ger; durch|gän|gig; Durch|gangs_arzt, ...bahn|hof, ...la|ger, ...pra|xis, ...sta|di|um, ...sta|ti|on, ...stra|ße, ...ver|kehr (der; -[e]s)

durch|ga|ren; das Gemüse ist nicht durchgegart

durch|gau|nern, sich *(ugs.)*; du hast dich oft durchgegaunert

durch|ge|ben; er hat die Meldung durchgegeben

durch|ge|dreht (*ugs. für* verwirrt); er ist völlig durchgedreht; *vgl.* durchdrehen

durch|ge|hen; ich bin [durch alle Räume] durchgegangen; das Pferd ist durchgegangen; wir sind den Plan Punkt für Punkt durchgegangen; **durch|ge|hen** *(veraltet)*; ich habe den Wald durchgangen; **durch|ge|hend,** *österr.* **durch|ge|hends;** das Geschäft ist - geöffnet

durch|gei|stigt

durch|ge|stal|ten; das Motiv ist künstlerisch durchgestaltet

durch|glie|dern, durch|glie|dern (unterteilen); ein gut durchgegliedertes *od.* durchgliedertes Buch; **Durch|glie|de|rung** [*auch* ...'gli:...]

durch|glü|hen; das Eisen wird durchgeglüht; **durch|glü|hen;** von Begeisterung durchglüht

durch|grei|fen; sie hat energisch durchgegriffen

durch|ha|ben (*ugs. für* hindurchbewegt haben; ganz gelesen, bearbeitet haben); er hat das Buch bald durchgehabt

durch|hal|ten (bis zum Ende aushalten); er hat bis zum Schluß durchgehalten; **Durch|hal|te_pa|ro|le, ...ver|mö|gen** (das; -s)

durch|hän|gen (*ugs. auch für* müde, abgespannt sein); das Seil hat stark durchgehangen; **Durch|hän|ger;** einen - haben (*ugs. für* in schlechter Verfassung sein, abgespannt sein)

Durch|hau *vgl.* Durchhieb; **durch|hau|en** (*ugs. auch für* durchprügeln); er hieb den Ast mit der Axt durch, hat ihn durchgehauen; er haute den Jungen durch, hat ihn durchgehauen; **durch|hau|en;** er hat den Knoten mit einem Schlag durchhauen; durchhauener Wald

Durch|haus (*österr. für* Haus mit einem Durchgang, der zwei Straßen verbindet)

durch|he|cheln; Flachs -; die lieben Verwandten wurden durchgehechelt (*ugs. für* es wurde unfreundlich über sie geredet)

durch|hei|zen; das Haus ist gut durchgeheizt

durch|hel|fen; er hat ihr durchgeholfen

Durch|hieb (Schneise, ausgehauener Waldstreifen)

durch|hun|gern, sich; ich habe mich durchgehungert

durch|ir|ren; sie hat die Straßen durchirrt

durch|ixen (*ugs. für* auf der Schreibmaschine mit dem Buchstaben x ungültig machen); du ixt durch; in dem Text waren einige Wörter durchgeixt

durch|ja|gen; der Antrag wurde durchgejagt

durch|käm|men; das Haar wurde durchgekämmt; die Polizei hat den Wald durchgekämmt; **durch|käm|men;** die Polizei durchkämmte den Wald, hat ihn durchkämmt; **Durch|käm|mung** [*auch* ...'kɛm...]

durch|kämp|fen; er hat sich zum Ausgang durchgekämpft; **durch|kämp|fen;** sie hat manche Nacht durchkämpft

durch|kau|en (*ugs. auch für* eingehend, immer wieder erörtern); das Thema wurde durchgekaut

durch|kit|zeln; er wurde gehörig durchgekitzelt

durch|klet|tern; sie ist unterm Zaun durchgeklettert; **durch|klet|tern;** der Bergsteiger hat den Kamin durchklettert; **Durch|klet|te|rung**
durch|klin|gen; der Baß hat zu laut durchgeklungen; **durch|klin|gen;** die Musik hat das ganze Haus durchklungen
durch|kne|ten; sie hat den Teig, die Muskeln gut durchgeknetet
durch|knöp|fen; das Kleid ist durchgeknöpft
durch|kom|men; er ist noch einmal durchgekommen
durch|kom|po|nie|ren (ein Gedicht von Strophe zu Strophe wechselnd vertonen); die Lieder sind durchkomponiert
durch|kön|nen (*ugs. für* hindurchgelangen, vorbeikommen können); wir haben wegen der Absperrungen nicht durchgekonnt
durch|kon|stru|ie|ren; der Motor war gut durchkonstruiert
durch|ko|sten; er hat alle Weine durchgekostet; **durch|ko|sten** (*geh. für* ganz genießen); er hat alle Freuden durchkostet
durch|kreu|zen (kreuzweise durchstreichen); sie hat den Brief durchgekreuzt; **durch|kreu|zen;** man hat ihren Plan durchkreuzt (vereitelt); **Durch|kreu|zung**
durch|krie|chen; er ist unter dem Zaun durchgekrochen; **durch|krie|chen;** er hat das Gestrüpp durchkrochen
durch|la|den; er hatte das Gewehr durchgeladen
durch|län|gen (*Bergmannsspr.* Strecken anlegen); durchgelängt
Durch|laß, der; ...lasses, ...lässe; **durch|las|sen;** sie haben ihn noch durchgelassen; **durch|läs|sig; Durch|läs|sig|keit,** die; -
Durch|laucht [*auch* ...'lauxt], die; -, -en; *vgl.* euer, ihr *u.* sein; **durch|lauch|tig; durch|lauch|tigst;** *in der Anrede u. als Ehrentitel* Durchlauchtigst
Durch|lauf; durch|lau|fen; er ist die ganze Nacht durchgelaufen; das Wasser ist durchgelaufen; **durch|lau|fen;** er hat den Wald -; das Projekt hat viele Stadien -; es durchläuft mich eiskalt; **Durch|lauf|er|hit|zer, Durch|lauf-Was|ser|er|hit|zer;** ↑R 34 (ein Gas- od. Elektrogerät)
durch|la|vie|ren, sich (*ugs. für* sich geschickt durchbringen); er hat sich überall durchlaviert
durch|le|ben; wir haben die Tage froh durchlebt
durch|lei|den; sie hat viel durchlitten
durch|le|sen; ich habe den Brief durchgelesen
durch|leuch|ten; das Licht hat [durch die Vorhänge] durchgeleuchtet; **durch|leuch|ten** (mit Licht, mit Röntgenstrahlen durchdringen); er hat den Raum durchleuchtet; die Brust des Kranken wurde durchleuchtet; **Durch|leuch|tung**
durch|lie|gen, sich (sich wundliegen); die Kranke hat sich durchgelegen
durch|lo|chen; er hat das Papier durchlocht; **durch|lö|chern;** von Kugeln durchlöchert
durch|lot|sen (*ugs. für* geschickt hindurchgeleiten); sie hat uns durchgelotst
durch|lüf|ten (gründlich lüften); er hat gut durchgelüftet; **durch|lüf|ten** (von der Luft durchziehen lassen); das Zimmer wurde durchlüftet; **Durch|lüf|ter; Durch|lüf|tung**
durch|lü|gen, sich (*ugs.*); er hat sich frech durchgelogen)
durch|ma|chen (*ugs.*); die Familie hat viel durchgemacht
Durch|marsch, der (*ugs. auch für* Durchfall); **durch|mar|schie|ren;** sie sind durchmarschiert
durch|mes|sen (vollständig messen); er hat alle Räume durchgemessen; **durch|mes|sen;** er hat die Strecke laufend -; **Durch|mes|ser,** der (*Zeichen d* [nur kursiv] *od.* ∅)
durch|mi|schen; der Salat ist gut durchgemischt; **durch|mi|schen;** der Kalk ist mit Sand durchmischt
durch|mo|geln, sich (*ugs.*); du hast dich da durchgemogelt
durch|müs|sen (*ugs. für* hindurchgelangen müssen); wir haben hier durchgemußt
durch|mu|stern, durch|mu|stern; er hat die Waren durchgemustert *od.* durchmustert; **Durch|mu|ste|rung** [*auch* ...'mus...]
durch|na|gen, durch|na|gen; die Maus hat den Strick durchgenagt *od.* durchnagt
Durch|nah|me, die; -
durch|näs|sen; sie war völlig durchnäßt
durch|neh|men; die Klasse hat den Stoff schon durchgenommen
durch|nu|me|rie|ren; Durch|nu|me|rie|rung
durch|or|ga|ni|sie|ren; es war alles gut durchorganisiert
durch|ör|tern (*Bergmannsspr.* Strecken anlegen); durchörtert
durch|pau|ken (*ugs. auch für* schnell u. unbeirrt durchsetzen); das Gesetz wurde durchgepaukt
durch|pau|sen; er hat die Zeichnung durchgepaust
durch|peit|schen; man hat ihn grausam durchgepeitscht; der Gesetzentwurf wurde im Parlament durchgepeitscht (*ugs. abwertend für* eilig durchgebracht)
durch|prü|fen; wir haben alles noch einmal durchgeprüft
durch|prü|geln; man hat ihn tüchtig durchgeprügelt
durch|pul|sen; von Begeisterung durchpulst
durch|que|ren; sie hat das Land durchquert; **Durch|que|rung**
durch|quet|schen, sich; sie haben sich durchgequetscht
durch|ra|sen; der Zug ist durchgerast; **durch|ra|sen;** der Wagen hat die Stadt durchrast
durch|ras|seln (*ugs. für* eine Prüfung nicht bestehen); er ist durchgerasselt
durch|ra|tio|na|li|sie|ren; durchrationalisierte Betriebe
durch|rau|schen (*ugs. für* eine Prüfung nicht bestehen); er ist durchgerauscht
durch|rech|nen; er hat die Aufgabe noch einmal durchgerechnet
durch|reg|nen; es hat durchgeregnet; **durch|reg|nen;** ich bin ganz durchregnet *od.* durchgeregnet)
Durch|rei|che, die; -, -n (Öffnung zum Durchreichen von Speisen); **durch|rei|chen;** er hat es ihm durchgereicht
Durch|rei|se; durch|rei|sen; ich bin oft durchgereist; **durch|rei|sen;** er hat das Land durchreist; **Durch|rei|sen|de,** der *u.* die; -n, -n (↑R 7 ff.); **Durch|rei|se|vi|sum**
durch|rei|ßen; sie hat den Brief durchgerissen
durch|rei|ten; sie ist nur durchgeritten; **durch|rei|ten;** sie hat den Parcours durchritten
durch|rie|seln; der Sand ist durchgerieselt; **durch|rie|seln;** von Wonne durchrieselt
durch|rin|gen; er hat sich zu dieser Überzeugung durchgerungen
durch|rol|len; der Ball ist durchgerollt
durch|ro|sten; das Rohr ist ganz durchgerostet
durch|rut|schen (*ugs.*); er ist bei der Prüfung gerade noch durchgerutscht
durch|rüt|teln; der Bus hat uns durchgerüttelt
durchs; ↑R 17 (durch das); durchs Haus
durch|sacken [*Trenn.* ...sak|ken]; das Flugzeug ist durchgesackt
Durch|sa|ge, die; -, -n; **durch|sa|gen;** der Termin wurde durchgesagt
durch|sä|gen; er hat das Brett durchgesägt
Durch|satz (*fachspr. für* der in einer bestimmten Zeit durch Hochöfen u. ä. geleitete Stoff)

durch|sau|sen (*ugs. für* eine Prüfung nicht bestehen); er ist durchgesaust
durch|schau|bar; durch|schau|en; er hat [durch das Fernrohr] durchgeschaut; **durch|schau|en;** ich habe ihn durchschaut
durch|schau|ern *(geh.);* von Entsetzen durchschauert
durch|schei|nen; die Sonne hat durchgeschienen; **durch|schei|nen;** vom Tageslicht durchschienen; **durch|schei|nend**
durch|scheu|ern; der Ärmel ist durchgescheuert
durch|schie|ßen; er hat den Ball zwischen den Stangen durchgeschossen; **durch|schie|ßen;** er hat das Blech durchschossen
durch|schim|mern; die Sterne haben durchgeschimmert; **durch|schim|mern;** von Licht durchschimmert
durch|schla|fen; sie hat durchgeschlafen (ohne Unterbrechung); **durch|schla|fen;** er hat die Tage durchschlafen
Durch|schlag (*Bergmannsspr. auch* Treffpunkt zweier Grubenbaue, die aufeinander zulaufen); **durch|schla|gen;** sie hat die Suppe [durch das Sieb] durchgeschlagen; **durch|schla|gen;** die Kugel hat den Panzer durchschlagen; **durch|schla|gend;** am -sten; ein -er Erfolg; **durch|schlä|gig** *(Bergmannsspr.);* **Durch|schlag|pa|pier; Durch|schlags|kraft,** die; -; **durch|schlags|kräf|tig**
durch|schlän|geln, sich; ich habe mich überall durchgeschlängelt
durch|schlei|chen; er hat sich durchgeschlichen
durch|schlep|pen *(ugs.);* er hat ihn bis zum Abitur, drei Jahre durchgeschleppt
durch|schleu|sen; das Schiff wurde durchgeschleust
Durch|schlupf; durch|schlüp|fen; er ist durchgeschlüpft
durch|schmo|ren; das Kabel war durchgeschmort
durch|schmug|geln; er hat den Brief durchgeschmuggelt
durch|schnei|den; er hat das Tuch durchgeschnitten; **durch|schnei|den;** die Landschaft ist von Kanälen durchschnitten; **Durch|schnitt;** im -; **durch|schnitt|lich; Durch|schnitts_al|ter, ...bil|dung** (die; -), **...bür|ger, ...ein|kom|men, ...ge|schwin|dig|keit, ...ge|sicht, ...lei|stung, ...mensch, ...schü|ler, ...tem|pe|ra|tur, ...wert**
durch|schnüf|feln, durch|schnüf|feln (*ugs. für* untersuchen); er hat alle Winkel durchgeschnüffelt *od.* durchschnüffelt

durch|schos|sen; ein [mit leeren Seiten] -es Buch; *(Druckw.)* -er Satz
Durch|schrei|be|block *Plur.* ...blocks; **durch|schrei|ben;** er hat diese Rechnung durchgeschrieben; **Durch|schrei|be|ver|fah|ren**
durch|schrei|ten; sie haben den Fluß durchschritten
Durch|schrift
durch|schum|meln, sich *(ugs.);* du hast dich wieder mal durchgeschummelt
Durch|schuß (*Druckw.* Zeilenzwischenraum); *vgl.* Reglette
durch|schüt|teln; wir wurden im Bus kräftig durchgeschüttelt
durch|schwär|men; eine durchschwärmte Nacht
durch|schwei|fen; sie haben die Gegend durchschweift
durch|schwim|men; er ist unter dem Seil durchgeschwommen; **durch|schwim|men;** er hat den Fluß durchschwommen
durch|schwin|deln, sich; er hat sich frech durchgeschwindelt
durch|schwit|zen; er hat das Hemd durchgeschwitzt
durch|se|geln; das Schiff ist [durch den Kanal] durchgesegelt; **durch|se|geln;** er hat das Meer durchsegelt
durch|se|hen; sie hat die Akten durchgesehen
durch|sein (*ugs. für* durchgekommen sein, fertig sein, entzwei sein); der Zug ist schon durchgewesen; a b e r : wenn er durch ist, war; bei jmdm. unten - (*ugs. für* jmds. Wohlwollen verscherzt haben)
durch|setz|bar; durch|set|zen (erreichen); ich habe es durchgesetzt; **durch|set|zen;** das Gestein ist mit Erzen durchsetzt; **Durch|set|zung,** die; -; **Durch|set|zungs|ver|mö|gen,** das; -s
durch|seu|chen; das Gebiet war völlig durchseucht
Durch|sicht; durch|sich|tig; Durch|sich|tig|keit, die; -
durch|sickern [*Trenn.* ...sik|kern]; die Nachricht ist durchgesickert
durch|sie|ben; sie hat das Mehl durchgesiebt; **durch|sie|ben;** die Tür war von Kugeln durchsiebt
durch|sit|zen; er hat die Hose durchgesessen
durch|spie|len; 90 Minuten voll -; er hat alle Möglichkeiten durchgespielt
durch|spre|chen; sie haben den Plan durchgesprochen
durch|sprin|gen; der Löwe ist [durch den Reifen] durchgesprungen; **durch|sprin|gen;** der Löwe hat [den Reifen] durchsprungen

durch|star|ten; der Pilot hat die Maschine durchgestartet
durch|ste|chen; ich habe [durch das Tuch] durchgestochen; **durch|ste|chen;** der Damm wird durchstochen; **Durch|ste|che|rei** (Täuschung, Betrug)
durch|ste|hen; sie hat viel durchgestanden; er hat den Skisprung durchgestanden
durch|stei|gen; er ist [durch das Fenster] durchgestiegen; da steig' ich nicht mehr durch (*ugs. für* das verstehe ich nicht); **durch|stei|gen;** er hat die Gebirgswand durchstiegen; **Durch|stei|gung**
durch|stel|len; sie hat das Gespräch zum Chef durchgestellt
Durch|stich
Durch|stieg
durch|stö|bern; er hat die Papiere durchstöbert
Durch|stoß; durch|sto|ßen; er hat die Stange [durch das Eis] durchgestoßen; **durch|sto|ßen;** er hat das Eis durchstoßen
durch|strecken [*Trenn.* ...strek|ken]; er hat den Kopf durchgesteckt
durch|strei|chen; das Wort ist durchgestrichen; **durch|strei|chen** *(veraltend);* er hat das Land durchstrichen
durch|strei|fen; er hat das Land durchstreift
durch|strö|men; große Scharen sind durchgeströmt; **durch|strö|men;** das Land wird von Flüssen durchströmt
durch|struk|tu|rie|ren (bis ins einzelne strukturieren); **Durch|struk|tu|rie|rung**
durch|sty|len [...stai...] ‹dt.; engl.›; durchgestylte Räume
durch|su|chen; sie hat das ganze Adreßbuch durchgesucht; **durch|su|chen;** alle Koffer wurden durchsucht; **Durch|su|chung; Durch|su|chungs|be|fehl**
durch|tan|ken, sich (*Handball, Fußball* mit kraftvollem Einsatz die Abwehr überwinden); er hat sich durchgetankt
durch|tan|zen; er hat die Nacht durchgetanzt; **durch|tan|zen;** er hat ganze Nächte durchgetanzt
durch|to|ben; ein vom Bürgerkrieg durchtobtes Land
durch|trai|nie|ren; mein Körper ist durchtrainiert
durch|trän|ken; das Papier ist mit Öl durchtränkt
durch|trei|ben; er hat den Nagel durch das Holz durchgetrieben
durch|tren|nen, durch|tren|nen; er hat das Kabel durchgetrennt *od.* durchtrennt
durch|tre|ten; er hat das Gaspedal ganz durchgetreten

durch|trie|ben (gerissen, verschlagen); ein durchtriebener Bursche; **Durch|trie|ben|heit,** die; -
durch|wa|chen; sie hat bis zum Morgen durchgewacht; **durch|wa|chen;** ich habe die Nacht durchwacht
durch|wach|sen; [mit Fleisch] -er Speck; [mit Speck, Fett] -es Fleisch; -es (*ugs. für* abwechselnd besseres u. schlechteres) Wetter; die Stimmung ist - (*ugs. für* nicht besonders gut)
durch|wa|gen, sich; ich habe mich durchgewagt
Durch|wahl, die; -; **durch|wäh|len** (beim Telefon); wir haben nach Tokio durchgewählt; **Durch|wahl|num|mer**
durch|wal|ken; das Tuch wurde durchgewalkt; er wurde durchgewalkt (*ugs. für* verprügelt)
durch|wan|dern; er ist ohne Rast durchgewandert; **durch|wan|dern;** er hat das ganze Land durchwandert
durch|wär|men, durch|wär|men; der Tee hat uns durchgewärmt *od.* durchwärmt
durch|wa|schen; sie hat die Strümpfe durchgewaschen
durch|wa|ten; er ist [durch den Bach] durchgewatet; **durch|wa|ten;** er hat den Bach durchwatet
durch|we|ben; der Stoff ist durchgewebt; **durch|we|ben;** mit Goldfäden durchwebt; das Haar war von Silberfäden durchwoben *(geh.)*
durch|weg [*auch* ...'vɛk]; **durch|wegs** [*auch* ...'ve:ks] (*österr. u. schweiz. nur so, sonst ugs. neben* durchweg)
durch|wei|chen, durch|wei|chen; ich bin vom Regen ganz durchgeweicht *od.* durchweicht worden; *vgl.* [1]weichen
durch|wet|zen; seine Ärmel waren durchgewetzt
durch|win|den, sich; ich habe mich zwischen den Tischen durchgewunden
durch|win|ken; an der Grenze wurden alle nur durchgewinkt
durch|win|tern; sie hat die Knollen im Keller durchwintert; **Durch|win|te|rung**
durch|wir|ken; der Teig war gut durchgewirkt; **durch|wir|ken;** mit Goldfäden durchwirkt
durch|wit|schen; er ist mir durchgewitscht (*ugs. für* entkommen)
durch|wol|len (*ugs. für* hindurchgelangen wollen); an dieser Stelle haben sie durchgewollt
durch|wüh|len; die Maus hat sich durchgewühlt; er hat den Schrank durchgewühlt; **durch|wüh|len;** die Diebe haben alles durchwühlt
durch|wursch|teln, durch|wur|steln, sich *(ugs.);* er hat sich irgendwie durchgewurschtelt *od.* durchgewurstelt
durch|zäh|len; er hat durchgezählt; **Durch|zäh|lung**
durch|ze|chen; er hat die Nacht durchgezecht; **durch|ze|chen;** er hat ganze Nächte durchzecht
durch|zeich|nen; er hat die Skizze durchgezeichnet
durch|zie|hen; ich habe den Faden durchgezogen; **durch|zie|hen;** wir haben das Land durchzogen
durch|zit|tern; Freude hat ihn durchzittert
durch|zucken [*Trenn.* ...zuk|ken]; Blitze haben den Himmel durchzuckt
Durch|zug; Durch|züg|ler *(Zool.);* **Durch|zugs|ar|beit** (*Weberei* eine Art Spitze)
durch|zwän|gen; ich habe mich durchgezwängt
Dur|drei|klang *(Musik)*
Dü|rer (dt. Maler)
dür|fen; du darfst, er darf; du durftest; du dürftest; gedurft; du hast [es] nicht gedurft, aber: das hättest du nicht tun -
dürf|tig; Dürf|tig|keit, die; -
Du|ro|plast, der; -[e]s, -e *meist Plur.* ‹lat.; griech.› (in Hitze härtbarer, aber nicht schmelzbarer Kunststoff)
dürr
Dur|ra, die; - ‹arab.› (eine Getreidepflanze; Sorgho)
Dür|re, die; -, -n; **Dür|re|ka|ta|stro|phe**
Dür|ren|matt (schweiz. Dramatiker u. Erzähler)
Dür|re‿pe|ri|ode, ...schä|den *(Plur.)*
Dürr|fut|ter (*vgl.* [1]Futter; Trockenfutter)
Durst, der; -[e]s; **dur|sten** (*geh. für* Durst haben); **dür|sten** *(geh.);* mich dürstet, ich dürste; **dur|stig; durst‿lö|schend** (↑R 209), **...stil|lend** (↑R 209); **Durst|strecke** [*Trenn.* ...strek|ke] (Zeit der Entbehrung)
Dur‿ton|art, ...ton|lei|ter *(Musik)*
Dusch|bad [*auch* 'du:ʃ...]; **Dusche,** die; -, -n ‹franz.›; **Duschecke** [*Trenn.* ...ek|ke]; **du|schen;** du duschst; **Dusch‿gel, ...ge|le|gen|heit, ...ka|bi|ne, ...raum, ...schaum, ...vor|hang**
Dü|se, die; -, -n
Du|sel, der; -s (*ugs. für* unverdientes Glück; *landsch. für* Schwindel, Rausch); **Du|se|lei** *(ugs.);* **du|se|lig,** dus|lig, *nordd.* **dü|se|lig** *(ugs.);* **du|seln** (*ugs. für* im Halbschlaf sein); ich ...[e]le (↑R 22)
dü|sen (*ugs. für* sausen); du düst; er düs|ste; **Dü|sen‿ag|gre|gat, ...an|trieb, ...flug|zeug, ...jä|ger, ...ma|schi|ne, ...trieb|werk**
dus|lig *vgl.* duselig
Dus|sel, der; -s, - (*ugs. für* Dummkopf)
Düs|sel|dorf (Stadt am Rhein); **Düs|sel|dor|fer** (↑R 147)
Dus|se|lei *(ugs.);* **dus|se|lig,** dußlig *(ugs.);* **Dus|se|lig|keit,** Dußlig|keit *(ugs.);* **dußlig** *vgl.* dusselig; **Duß|lig|keit** *vgl.* Dusseligkeit
Dust, der; -[e]s (*nordd. für* Dunst, Staub)
dü|ster (*landsch. für* düster); **dü|ster;** düst[e]rer, -ste; **Dü|ster,** das; -s *(geh.);* **Dü|ster|heit, Dü|ster|keit,** die; -; **dü|stern** *(geh.);* es düstert; **Dü|ster|nis,** die; -, -se
Dutch|man ['datʃmən], der; -s, ...men [...mən] ‹engl.› (Niederländer; Bez. englischer Matrosen für einen deutschen Seemann)
Dutt, der; -[e]s, *Plur.* -s *od.* -e (*landsch. für* Haarknoten)
Dut|te, die; -, -n (*landsch. für* Zitze)
Du|ty-free-Shop ['dju:ti'fri:ʃɔp] ‹engl.› (Laden, in dem zollfreie Waren verkauft werden)
Dut|zend, das; -s, -e (*Abk.* Dtzd.); 6 - (↑R 129); das Heulen Dutzender von Sirenen; **dut|zen|de|mal; dut|zend|fach; dut|zend|mal;** ein, ein halbes, einige, viele -, aber: viele Dutzend Male; **Dut|zend|wa|re; dut|zend|wei|se**
Du|um|vir [...v...], der; *Gen.* -s *u.* -n, *Plur.* -n *meist Plur.* (↑R 197) ‹lat.› (altröm. Beamtentitel); **Du|um|vi|rat,** das; -[e]s, -e (Amt der Duumvirn)
Du|vet [dy'vɛ], das; -s, -s ‹franz.› (*schweiz. für* Feder-, Deckbett); **Duve|tine** [dyf'ti:n], der; -s, -s (ein samtartiges Gewebe)
Du|wock, der; -s, -s (*nordd. für* Schachtelhalm)
Duz|bru|der; du|zen; du duzt; **Duz|freund; Duz|fuß;** *nur in* mit jmdm. auf [dem] - stehen
DV = Datenverarbeitung
Dvo|řák ['dvɔrʒa(:)k], Antonín ['antoni:n] (tschech. Komponist)
DW = Deutsche Welle
dwars (*Seemannsspr.* quer); **Dwars‿li|nie** (in - [nebeneinander] fahren), **...see** (die)
Dweil, der; -s, -e (*Seemannsspr.* schrubberähnlicher Aufwischer)
Dwi|na, die; - (russ. Fluß, Nördliche Dwina; russ.-lett. Fluß, Düna od. Westliche Dwina)
Dy = *chem. Zeichen für* Dysprosium
dya|disch (↑R 180) ‹griech.› (dem Zweiersystem zugehörend); -es Zahlensystem; **Dy|as,** die; - (*veraltet für* [2]Perm)

Dyck, van [van, *auch* fan 'daik] (flämischer Maler)
dyn = Dyn
Dyn, das; -s ‹griech.› (veraltete Maßeinheit der Kraft, 10^{-5} Newton; *Zeichen* dyn); **Dy|na|mik,** die; - (Lehre von den Kräften; Schwung, Triebkraft); **dy|na|misch** (die Kraft betreffend; voll innerer Kraft; eine Entwicklung aufweisend; Kraft...); -e Belastung; -e Rente; **dy|na|mi|sie|ren** (vorantreiben; an eine Entwicklung anpassen); Renten -; **Dy|na|mi|sie|rung; Dy|na|mis|mus,** der; - (*Philos.* Weltanschauung, die die Wirklichkeit auf Kräfte u. deren Wirkungen zurückführt); **Dy|na|mit** [*auch* ...'mit], das; -s (Sprengstoff); **Dy|na|mit|pa|tro|ne; Dy|na|mo** [*auch* 'dy:...], der; -s, -s (*Kurzform für* Dynamomaschine); **Dy|na|mo|ma|schi|ne** (Stromerzeuger); **Dy|na|mo|me|ter,** das; -s, - (Vorrichtung zum Messen von Kräften u. von mechan. Arbeit); **Dy|nast,** der; -en, -en; ↑R 197 (Herrscher; [kleiner] Fürst); **Dy|na|stie,** die; -, ...ien (Herrschergeschlecht, -haus); **dy|na|stisch**
dys... ‹griech.› (übel, schlecht, miß...); **Dys...**
Dys|en|te|rie, die; -, ...ien ‹griech.› (*Med.* [1]Ruhr); **dys|en|te|risch** (ruhrartig)
Dys|funk|ti|on, die; -, -en ‹griech.; lat.› (*Med.* gestörte Funktion)
dys|mel ‹griech.› (mit Dysmelie behaftet); **Dys|me|lie,** die; -, ...ien (*Med.* angeborene Mißbildung an Gliedmaßen)
Dys|me|nor|rhö[1], **Dys|me|nor|rhöe** [...'rø:], die; -, ...rrhöen ‹griech.› (*Med.* Menstruationsschmerzen)
Dys|pep|sie, die; -, ...ien ‹griech.› (*Med.* Verdauungsbeschwerden); **dys|pep|tisch** (schwerverdaulich; schwer verdauend)
Dys|pnoe [...'pno:e], die; - ‹griech.› (*Med.* Atembeschwerden)
Dys|pro|si|um, das; -s ‹griech.› (chem. Element, Metall; *Zeichen* Dy)
Dys|to|nie, die; -, ...ien ‹griech.› (*Med.* Störung des normalen Spannungszustandes der Muskeln u. Gefäße); vegetative -
dys|troph ‹griech.› (*Med.* die Ernährung störend); **Dys|tro|phie,** die; -, ...ien (*Med.* Ernährungsstörung); **Dys|tro|phi|ker** (jmd., der an Dystrophie leidet)
Dys|urie, die; -, ...ien ‹griech.› (*Med.* Harnbeschwerden)

[1] *Vgl. die Anmerkung zu* „Diarrhö, Diarrhöe".

dz = Doppelzentner
dz. = derzeit
D-Zug ['de:...] („Durchgangszug") (Schnellzug); **D-Zug-ar|tig** (↑R 41); **D-Zug-Wa|gen** (↑R 41)

E

E (Buchstabe); das E; des E, die E, aber: das e in Berg (↑R 82); der Buchstabe E, e
e, E, das; -, - (Tonbezeichnung); **e** (*Zeichen für* e-Moll); in e; **E** (*Zeichen für* E-Dur); in E
ε = *Zeichen für* Dielektrizitätskonstante
E = (*internationale Wetterkunde*) East [i:st] ‹engl.› *od.* Est [ɛst] ‹franz.› (Ost)
E = Eilzug; Europastraße
E, ε = Epsilon
H, η = Eta
Ea|gle ['i:g(ə)l], das; -s, -s ‹engl., „Adler"› (*Golf* zwei Schläge unter Par)
EAN = europäische Artikelnumerierung (für den Strichkode auf Waren)
[1]**Earl** [œ:(r)l], der; -s, -s ‹engl.› (*engl. Bez. für* Graf); [2]**Earl** (m. Vorn.)
Ea|sy-ri|der ['i:ziraidə(r)], der; -s, -[s] ‹nach dem amerik. Spielfilm› (Jugendlicher, der ein Motorrad mit hohem, geteiltem Lenker u. einem Sattel mit hoher Rückenlehne fährt)
Eau de Co|lo|gne [o: də ko'lɔnjə, *österr.* ...'lɔn], das, *seltener* die; - -, Eaux - - [o: - -] ‹franz.› (Kölnischwasser); **Eau de par|fum** [o: də par'fœ̃], das; - - -, Eaux - - [o: - -] (Duftwasser, das stärker als Eau de toilette duftet); **Eau de toi|lette** [o: də toa'lɛt], das; - - -, Eaux - - [o: - -] (Duftwasser)
Eb|be, die; -, -n; **eb|ben;** es ebbte (die Ebbe kam); **Eb|be|strom** *vgl.* Ebbstrom
Eb|bo (m. Vorn.)
Ebb|strom (Strömung bei Ebbe)
ebd. = ebenda
eben; -es (flaches) Land; -e Fläche; - sein; - (soeben) genannt; das ist nun - (einmal) so; *vgl.* aber: ebenso; **Eben|bild; eben|bür|tig; Eben|bür|tig|keit,** die; -; **eben|da** [*auch* ...'da:] (*Abk.* ebd.); **eben|da|her** [*auch* ...'da:...]; **eben|da|hin** [*auch* ...'da:...]; **eben|dann** [*auch* ...'dan]; **eben|dar|um** [*auch* ...'da:...]; **eben|da|selbst** [*auch* ...'zɛlbst]; **eben|der** [*auch* ...'de:r]; **eben|der|sel|be** [*auch* ...'zɛlbə]; **eben|des|halb** [*auch* ...'dɛs...]; **eben|des|we|gen** [*auch* ...'dɛs...]; **eben|die|ser** [*auch* ...'di:...]; **eben|dort** [*auch* ...'dɔrt]; **eben|dort|selbst** [*auch* ...'zɛlbst]; **Ebe|ne,** die; -, -n; **eben|er|dig; eben|falls;** *vgl.* Fall, der; **Eben|heit,** die; - (ebene Beschaffenheit)
Eben|holz ‹ägypt.; dt.›
eben|je|ner [*auch* ...'je:...]; **Eben|maß,** das; -es; **eben|mä|ßig; Eben|mä|ßig|keit,** die; -
eben|so; - wie. **I.** *Bei folgendem Adverb u. bei den ungebeugten Formen der unbestimmten Zahlwörter* „viel" *u.* „wenig" *Zusammenschreibung* (*der Ton liegt auf* ebenso): ebensooft, ebensoviel. **II.** *Bei folgendem ungebeugtem Adjektiv Zusammenschreibung, wenn der Ton nur auf* ebenso *liegt, Getrenntschreibung, wenn beide Wörter betont werden:* er hätte ebensogut zu Hause bleiben können, aber: er spielt ebenso gut Klavier wie ich; das ist ebenso schön wie teuer. **III.** *Bei folgendem gebeugtem Adjektiv od. bei den gebeugten Formen der unbestimmten Zahlwörter* „viel" *u.* „wenig" *immer Getrenntschreibung (der Ton liegt auf beiden Wörtern):* ebenso gute Leute, ebenso viele Freunde; **eben|so|gern; eben|so|gut** (ebensowohl); du kannst das ebensogut machen, aber: das ist ebenso gut wie ..., ebenso (gleich) gute Leute; *vgl.* ebenso; **eben|so|häu|fig;** er hat es ebensohäufig getan, aber: eine ebenso häufige Wiederholung; *vgl.* ebenso; **eben|so|lang, eben|so|lan|ge** (gleich lange dauernd); das dauert ebensolang[e], aber: er hat ebenso lange Beine wie ich; *vgl.* ebenso; **eben|solch** [*auch* ...'zɔlç]; **eben|sol|cher** [*auch* ...'zɔl...]; **eben|so|oft; eben|so|sehr; eben|so|viel;** ebensoviel sonnige Tage, aber: ebenso viele sonnige Tage; *vgl.* ebenso; **eben|so|weit;** wir laufen ebensoweit, aber: eine ebenso weite Entfernung; *vgl.* ebenso; **eben|so|we|nig;** ebensowenig reife Birnen, aber: ebenso wenige reife Birnen; *vgl.* ebenso; **eben|so|wohl**
Eber, der; -s, - (m. Schwein)
Eber|esche (ein Laubbaum)

Eber|hard (m. Vorn.)
eb|nen
Eb|ner-Eschen|bach, Marie von (österr. Schriftstellerin)
Eb|nung
Ebo|nit [*auch* ...'nit], das; -s ‹ägypt.› (Hartgummi aus Naturkautschuk)
Ebro, der; -[s] (Fluß in Spanien)
Ec|ce-Ho|mo [ˌɛktsə...], das; -[s], -[s] ‹lat., „Sehet, welch ein Mensch!"› (Darstellung des dornengekrönten Christus)
Echarpe [e'ʃarp], die; -, -s ‹franz.› (*schweiz. u. fachspr., sonst veraltend für* Schärpe, Schal)
echauf|fie|ren [eʃɔ'fi:...], sich ‹franz.› (*veraltend für* sich erhitzen; sich aufregen); **echauf|fiert**
Eche|ve|ria [ɛtʃe've:ria], die; -, ...ien [...iən] ‹nach dem mexikan. Pflanzenzeichner Echeverría› (ein Dickblattgewächs)
Echi|nit [...ç..., *auch* ...'nit], der; *Gen.* -s *u.* -en (↑R 197), *Plur.* -e[n] ‹griech.› (*Geol.* versteinerter Seeigel); **Echi|no|der|me,** der; -n, -n *meist Plur.;* ↑R 197 (*Zool.* Stachelhäuter); **Echi|no|kok|kus,** der; -, ...kken (*Med.* Blasenwurm [ein Hundebandwurm] od. dessen Finne); **Echi|nus,** der; -, - (ein Seeigel; *Archit.* ein Säulenwulst)
[1]**Echo** (Nymphe des griech. Mythos); [2]**Echo,** das; -s, -s ‹griech.› (Widerhall); **echo|en** ['ɛçoən]; es echot; geechot; **Echo|gra|phie,** die; -, ...ien (*Med.* elektroakust. Untersuchungsverfahren zur Lokalisation von Tumoren); **Echo|lot; Echo|lo|tung**
Ech|se, die; -, -n (ein Kriechtier, z. B. Eidechse)
echt; ein echtgoldener, echtsilberner Ring, *auch getrennt* ↑R 209: ein echt goldener, echt silberner Ring; der Ring ist echt golden, echt silbern; a b e r *klassenbildend,* ↑R 209: **echt|blau;** ein echtblauer Farbstoff, der Farbstoff ist echtblau
Ech|ter|nach (Stadt in Luxemburg); **Ech|ter|na|cher** (↑R 147); - Springprozession
echt|gol|den; *vgl.* echt; **Echt|haar; Echt|haar|pe|rücke** [*Trenn.* ...rük|ke]; **Echt|heit,** die; -; **Echt|heits|prü|fung; Echt|sil|ber;** aus -; **echt|sil|bern;** *vgl.* echt
Eck, das; -[e]s, *Plur.* -e, *österr.* -en *u.* (*für* Dreieck usw.:) -e (*bes. südd. u. österr. für* Ecke; *sonst fast nur noch in geogr. Namen u. in* Dreieck usw.); das Deutsche - (↑R 146)
Eckart [*Trenn.* Ek|kart], Eck|hart, Ecke|hart (dt. Mystiker, *gen.* Meister -; m. Vorn.)
Eck‿ball (*Sport*), **...bank** (*Plur.* ...bänke)
Eck|bert, Eg|bert (m. Vorn.); **Eck|brecht,** Eg|brecht (m. Vorn.)
Eck|brett; Eck|chen; Eck|da|ten *Plur.* (Richtwerte); **Ecke**[1], die; -, -n; *vgl.* Eck
Ecke|hard[1], **Ecke|hart**[1] (m. Vorn.)
ecken[1] (*veraltet für* mit Ecken versehen); **Ecken|band**[1] *vgl.* Eggenband; **ecken|los**[1]; **Ecken|ste|her**[1] (*ugs. veraltend*)
Ecker[1], die; -, -n (*svw.* Buchecker, *selten für* Eichel)
Ecker|mann[1] (Vertrauter u. Gehilfe Goethes)
Eckern[1] *Plur., als Sing. gebraucht* (Farbe im dt. Kartenspiel); - spielen; - sticht
Eckern|för|de[1] (Hafenstadt in Schleswig-Holstein)
Eck‿fah|ne, ...fen|ster
Eck|hard, Eck|hart (m. Vorn.)
Eck|haus; eckig[1]; **Eckig|keit**[1], die; -; **Eck|lein; Eck|lohn**
Eck|mann|schrift, die; -; ↑R 135 (eine Druckschrift des Jugendstils)
Eck‿pfei|ler, ...plat|te, ...satz (*Musik*), **...schrank, ...stein, ...stoß** (*Sport*), **...tisch, ...wer|te** (*Plur.*), **...zahn, ...zim|mer, ...zins**
Eclair [e'klɛ:r], das; -s, -s ‹franz.› (ein Gebäck)
Eco|no|mi|ser [i'kɔnəmaizə(r)], der; -s, - ‹engl.› (*Technik* Vorwärmer bei Dampfkesselanlagen); **Eco|no|my|klas|se** [i'kɔnəmi...] (billigste Tarifklasse im Flugverkehr)
Ecos|sai|se *vgl.* Ekossaise
Ecu, ECU [*beide* e'ky:], der; -[s], -[s] *u.* die; -, - ‹franz.› (europ. Verrechnungseinheit); 10 -; *vgl.* EWS
Ecua|dor, Ekua|dor (südamerik. Staat); **Ecua|do|ria|ner,** Ekua|do|ria|ner (↑R 147); **ecua|do|ria|nisch,** ekua|do|ria|nisch
ed. = edidit ‹lat., „herausgegeben hat es ..."›; ediert; **Ed.** = Edition
Edam (niederl. Stadt); [1]**Eda|mer** (↑R 147); - Käse, *österr.* Edamerkäse; [2]**Eda|mer,** der; -s, - (ein Käse)
Eda|phon, das; -s ‹griech.› (*Biol.* die in und auf dem Erdboden lebenden Kleinlebewesen)
edd. = edide̲runt ‹lat., „herausgegeben haben es ..."›
[1]**Ed|da,** die; - ‹altnord.› (Sammlung altnord. Dichtungen)
[2]**Ed|da** (w. Vorn.)
ed|disch ‹*zu* [1]Edda›; -e Lieder
edel; ed|ler, -ste; *vgl.* Edle; **Edel|bert** (m. Vorn.); **Edel|fäu|le** (*fachspr. für* Überreife von Weintrauben); **Edel‿frau** (*früher* für Adlige), **...fräu|lein** (*früher*); **Edel|gard** (w. Vorn.); **Edel|gas** (*Chemie*); **Ede|ling** (germ. Adliger); **Edel‿ka|sta|nie, ...kitsch** (*iron.*), **...mann** (*Plur.* ...leute; *früher für* Adliger); **edel|män|nisch; Edel‿mar|der, ...me|tall, ...mut** (der); **edel|mü|tig; Edel|pilz|kä|se; Edel‿rost** (*für* Patina), **...stahl, ...stein, ...tan|ne**
Edel|traud, Edel|trud (w. Vorn.); **Edel|weiß,** das; -[es], -[e] (eine Gebirgspflanze); **Edel|zwicker** [*Trenn.* ...zwik|ker] (ein elsässischer Weißwein)
Eden, das; -s ‹hebr.› (Paradies im A. T.); der Garten -
Eden|ta|te, der; -n, -n *meist Plur.;* ↑R 197 (*Zool.* zahnarmes Säugetier)
Eder, die; - (Nebenfluß der Fulda)
Ed|gar (m. Vorn.)
edie|ren ‹lat.›; Bücher - (herausgeben, veröffentlichen); **ediert** (*Abk.* ed.)
Edikt, das; -[e]s, -e ‹lat.› (amtl. Erlaß [von Kaisern u. Königen])
Edin|burg (*dt. Form von* Edinburgh); **Edin|burgh** ['ɛdinbərə] (Hptst. Schottlands)
Edi|son [*engl.* 'ɛdis(ə)n] (amerik. Erfinder)
Edith, Edi|tha (w. Vorn.)
edi|tie|ren ‹engl.› (*EDV* Daten in ein Terminal eingeben, löschen, verändern); **Edi|ti|on,** die; -, -en ‹lat.› (Ausgabe; *Abk.* Ed.); **Edi|tor** [*auch* e'di:...], der; -s, ...oren (Herausgeber); **edi|to|risch**
Ed|le, der *u.* die; -n, -n (↑R 7 ff.); -r von ... (Adelstitel)
Ed|mund (m. Vorn.)
Edom (Land östl. u. südöstl. des Toten Meeres im A. T.); **Edo|mi|ter**
Ed|schmid [*auch* 'ɛt...] (dt. Schriftsteller)
Edu|ard (m. Vorn.)
Edu|ka|ti|on, die; - ‹lat.› (*veraltet für* Erziehung); **Edukt,** das; -[e]s, -e (*fachspr. für* aus Rohstoffen abgeschiedener Stoff [z. B. Öl])
E-Dur [*auch* 'e:'du:r], das; - (Tonart; *Zeichen* E); **E-Dur-Ton|lei|ter** (↑R 41)
EDV = elektronische Datenverarbeitung; **EDV-Pro|gramm** (↑R 38)
Ed|ward (m. Vorn.); **Ed|win** (m. Vorn.)
Ed|zard (m. Vorn.)
EEG = Elektroenzephalogramm
Efen|di, der; -s, -s ‹türk.› (*früher* ein türk. Anredetitel)
Efeu, der; -s; **efeu|be|wach|sen; Efeu|ran|ke**
Ef|feff (*ugs.*); etwas aus dem - (*ugs. für* gründlich) verstehen
Ef|fekt, der; -[e]s, -e ‹lat.› (Wir-

[1] *Trenn.* ...k|k...

kung, Erfolg; Ergebnis); **Ef|fek|ten** *Plur.* (Wertpapiere); **Ef|fek|ten‿bank** (*Plur.* ...banken), **...bör|se, ...gi|ro|ver|kehr, ...han|del; Ef|fekt|ha|sche|rei** *(abwertend);* **ef|fek|tiv** (tatsächlich; wirksam; greifbar); -e Leistung (Nutzleistung); **Ef|fek|tiv**, das; -s, -e [...və] (*Sprachw.* Verb des Verwandelns, z. B. „knechten" = „zum Knecht machen"); **Ef|fek|tiv|be|stand** (Ist-Bestand); **Ef|fek|ti|vi|tät** [...v...], die; - (Wirkungskraft); **Ef|fek|tiv|lohn** [...f...]; **ef|fek|tu|ie|ren** ‹franz.› (*Wirtsch.* einen Auftrag ausführen; eine Zahlung leisten); **ef|fekt|voll** (wirkungsvoll)

ef|fe|mi|niert ‹lat.› (*Med., Psych.* verweiblicht)

Ef|fen|di *vgl.* Efendi

Ef|fet [ɛ'fe:], der, *selten* das; -s, -s ‹franz.› (Drall einer [Billard]kugel, eines Balles); **Ef|fi|cien|cy** [ə'fiʃ(ə)nsi], die; - ‹engl.› (*Wirtsch.* Wirtschaftlichkeit, bestmöglicher Wirkungsgrad)

ef|fi|lie|ren ‹franz.› (die Haare beim Schneiden ausdünnen); **Ef|fi|lier|sche|re**

ef|fi|zi|ent; -este ‹lat.› (wirksam; wirtschaftlich); **Ef|fi|zi|enz,** die; -, -en (Wirksamkeit)

Ef|flo|res|zenz, die; -, -en ‹lat.› (*Med.* Hautblüte [z. B. Pusteln]; *Geol.* Mineralüberzug auf Gesteinen); **ef|flo|res|zie|ren**

Ef|fu|si|on, die; -, -en ‹lat.› (*Geol.* Ausfließen von Lava); **ef|fu|siv** (durch Erguß gebildet); **Ef|fu|siv|ge|stein** (Ergußgestein)

EFTA, die; - ‹engl.; *Kurzwort für* European Free Trade Association [ju(ə)rə'pi:ən 'fri: 'tre:d əso:'sje:ʃ(ə)n]› (Europäische Freihandelsassoziation)

eG, e. G. = eingetragene Genossenschaft; *vgl.* eingetragen

EG = Europäische Gemeinschaft[en]

[1]**egal** (*ugs. für* gleichgültig); das ist mir -; [2]**egal** (*landsch. für* immer [wieder, noch]); er hat - etwas an mir auszusetzen; **ega|li|sie|ren** (gleichmachen, ausgleichen); **Ega|li|sie|rung; ega|li|tär** (auf Gleichheit gerichtet); **Ega|li|ta|ris|mus,** der; -; **Ega|li|tät,** die; - (*geh. für* Gleichheit); **Éga|li|té** *vgl.* Liberté

Egart, die; - (*bayr. u. österr. veraltet für* Grasland); **Egar|ten|wirt|schaft, Egart|wirt|schaft,** die; - (Feldgraswirtschaft)

Eg|bert, Eg|brecht (m. Vorn.)

Egel, der; -s, - (ein Wurm); **Egel|schnecke** [*Trenn.* ...schnek|ke]

Eger (*tschech.* Cheb); **Eger|land,** das; -[e]s; **Eger|län|der** (↑R 147)

Eger|ling (*landsch. für* Champignon)

[1]**Eg|ge,** die; -, -n (Gewebekante, -leiste); [2]**Eg|ge,** die; -, -n (ein Ackergerät); **eg|gen;** das Feld wird geeggt; **Eg|gen|band** *Plur.* ...bänder (festes Band, das Nähte vor dem Verziehen schützen soll)

Egg|head ['ɛghɛd], der; -[s], -s ‹engl.-amerik., „Eierkopf"› (*in den USA iron. od. abwertende Bez. für* Intellektueller)

Egil [*auch* 'ɛgil] (nord. Sagengestalt)

Egi|nald [*auch* 'ɛ...] (m. Vorn.); **Egin|hard,** Ein|hard (m. Vorn.)

Egk [ɛk] (dt. Komponist)

Eg|li, das; -[s], - (*bes. schweiz. für* Flußbarsch)

eGmbH, *auch* **EGmbH** = eingetragene, *auch* Eingetragene Genossenschaft mit beschränkter Haftpflicht (*dafür jetzt* eG, e. G.; *vgl. d.*)

Eg|mont (Titelgestalt der gleichnamigen Tragödie von Goethe)

eGmuH, *auch* (↑R 157:) **EGmuH** = eingetragene, *auch* Eingetragene Genossenschaft mit unbeschränkter Haftpflicht (*dafür jetzt* eG, e. G.; *vgl. d.*)

ego [*auch* 'ɛgo] ‹lat.› (ich); *vgl.* Alter -; **Ego,** das; -, -s (*Philos., Psych.* das Ich); **Ego|is|mus,** der; -, ...men (Selbstsucht; *Ggs.* Altruismus); **Ego|ist,** der; -en, -en (↑R 197); **Ego|i|stin** (↑R 180); **egoi|stisch** (↑R 180); -ste

Egolf (m. Vorn.)

Egon (m. Vorn.)

Ego|tis|mus, der; - ‹lat.› (Neigung, sich selbst in den Vordergrund zu stellen); **Ego|tist,** der; -en, -en (↑R 197); **Ego|ti|stin; Ego|trip** ‹engl.›; auf dem - sein (*ugs. für* sich egozentrisch verhalten); **Ego|zen|trik,** die; - ‹lat.› (Ichbezogenheit); **Ego|zen|tri|ker; Ego|zen|tri|ke|rin; ego|zen|trisch**

egre|nie|ren ‹franz.› (*fachspr. für* Baumwollfasern von den Samen trennen); **Egre|nier|ma|schi|ne**

Egyp|ti|enne [*fachspr.* egip'tsjɛn, *auch* eʒip'sjɛn], die; - ‹franz.› (*Druckw.* eine Antiquaschriftart)

[1]**eh** (*südd., österr. für* sowieso)

[2]**eh!**

eh' *vgl.* ehe

eh., e. h. = ehrenhalber

e. h. *(österr.)* = eigenhändig

E. h. = Ehren halber (*frühere Schreibung von* ehrenhalber), *z. B. in* Dr.-Ing. E. h.

ehe; ehedem; - denn; ehe (eh') ich das nicht weiß, ...; (↑R 18:) seit eh und je; *vgl.* eher *u.* eheste

Ehe, die; -, -n; **ehe|ähn|lich; Ehe|an|bah|nungs|in|sti|tut**

ehe|bal|dig[st] (*österr. für* möglichst bald)

Ehe‿be|ra|ter, ...be|ra|te|rin, ...be|ra|tung, ...be|ra|tungs|stel|le, ...bett; ehe|bre|chen *nur im Infinitiv u. Partizip I gebr.; sonst:* er bricht die Ehe, hat die Ehe gebrochen; die Ehe zu brechen (↑R 207); **Ehe‿bre|cher, ...bre|che|rin; ehe|bre|che|risch; Ehe|bruch,** der

ehe|dem (*geh. für* vormals)

Ehe‿dis|pens, ...fä|hig|keit (die; -), **...frau, ...füh|rung, ...gat|te** *(bes. Amtsspr.),* **...gat|tin, ...ge|spons** *(veraltet, noch scherzh.)*

ehe|ge|stern (*veraltet für* vorgestern); gestern und -

Ehe‿glück, ...ha|fen *(scherzh.),* **...hälf|te** *(scherzh.),* **...hin|der|nis, ...hy|gie|ne, ...joch** *(ugs. scherzh.),* **...krach** *(ugs.),* **...kre|dit** ([staatlicher] Kredit für junge Ehepaare), **...kri|se, ...le|ben, ...leu|te** *(Plur.);* **ehe|lich;** -es Güterrecht; **ehe|li|chen** *(veraltend);* **Ehe|lich|er|klä|rung** *(BGB);* **Ehe|lich|keit,** die; - (Abstammung aus rechtsgültiger Ehe); **Ehe|lich|keits|er|klä|rung** *svw.* Ehelicherklärung; **ehe|los; Ehe|lo|sig|keit,** die; -

ehe|ma|lig; ehe|mals

Ehe|mann *Plur.* ...männer; **ehe|männ|lich** *(meist scherzh.);* **Ehe‿na|me, ...paar, ...part|ner**

eher; je eher (früher), je lieber; je eher (früher), desto besser; eher ([viel]mehr) klein [als groß]; er wird es um so eher (lieber) tun, als ...

Ehe‿recht (das; -[e]s), **...ring**

ehern; -es (unveränderliches) Gesetz; -es Lohngesetz *(Sozialwissenschaft),* aber (↑R 157): die Eherne Schlange *(bibl.)*

Ehe‿schei|dung, ...schlie|ßung

ehest (*österr. für* baldmöglichst)

Ehe|stand, der; -[e]s

ehe|ste; bei -r (nächster) Gelegenheit; (↑R 65:) mit -m (*Kaufmannsspr.* so früh wie möglich); am -n (am leichtesten); **ehe|stens** (frühestens; *österr. für* so schnell wie möglich)

Ehe‿streit, ...tra|gö|die, ...ver|bot, ...ver|mitt|lung, ...ver|spre|chen, ...ver|trag, ...weib *(veraltet, noch scherzh.);* **ehe|wid|rig;** -es Verhalten

Ehr|ab|schnei|der; ehr|bar *(geh.);* **Ehr|bar|keit,** die; -; **ehr|be|gie|rig; Ehr‿be|griff, ...be|lei|di|gung** (*vgl.* Ehrenbeleidigung); **Eh|re,** die; -, -n; in, mit Ehren, jmdm. zu Ehren; *vgl.* E. h.; **eh|ren; Eh|ren|amt; eh|ren|amt|lich; Eh|ren‿be|lei|di|gung, ...be|zei|gung,** *seltener* **...be|zeu|gung, ...bür|ger, ...bür|ger|brief, ...dienst, ...dok|tor** (*vgl.* Doktor), **...ein|tritt** (*für* Intervention [bei einem Wechsel]), **...er|klä|rung,**

...es|kor|te, ...fä|hig|keit (die; -; *schweiz. Rechtsspr.*); **Eh|ren|fried** (m. Vorn.); **Eh|ren‿ga|be, ...gar|de, ...gast** (*Plur.* ...gäste), **...ge|leit, ...ge|richt; eh|ren|haft; Eh|ren|haf|tig|keit,** die; -; **eh|ren|hal|ber** (*Abk.* eh. *u.* e.h.; *vgl.* aber: E.h.); **Eh|ren‿kar|te, ...ko|dex, ...kom|pa|nie, ...le|gi|on** (die; -; franz. Orden), **...mal** (*Plur.* ...male *u.* ...mäler), **...mann** (*Plur.* ...männer), **...mit|glied, ...na|del, ...na|me, ...pflicht, ...platz;** [1]**Eh|ren|preis** (Gewinn; *vgl.* [2]Preis); [2]**Eh|ren|preis,** das *od.* der; -es, - (eine Heilpflanze); **Eh|ren‿pro|mo|ti|on, ...rat, ...rech|te** (*Plur.*; die bürgerlichen -); **eh|ren|reich; Eh|ren|ret|tung; eh|ren|rüh|rig; Eh|ren|run|de; Eh|ren|sa|che;** das ist für mich eine -; Ehrensache! (*ugs. für* selbstverständlich!); **Eh|ren‿sa|lut, ...sal|ve; eh|ren|schän|de|risch** *(geh.);* **Eh|ren‿schuld, ...sold, ...spa|lier, ...stra|fe, ...tag, ...tanz, ...ti|tel, ...tor** (das; *Sport*); **Eh|ren|traud** (w. Vorn.); **Eh|ren|tri|bü|ne; Eh|ren|trud** (w. Vorn.); **Eh|ren|ur|kun|de; eh|ren‿voll, ...wert; Eh|ren|wort** *Plur.* ...worte; **eh|ren|wört|lich; Eh|ren|zei|chen; ehr|er|bie|tig** *(geh.);* **Ehr|er|bie|tig|keit,** die; - *(geh.);* **Ehr|er|bie|tung,** die; -; **Ehr|furcht; ehr|furcht|ge|bie|tend; ehr|fürch|tig; ehr|furchts‿los, ...voll; Ehr‿ge|fühl** (das; -[e]s), **...geiz; ehr|gei|zig; Ehr|geiz|ling** *(abwertend);* **ehr|lich;** ein -er Makler (redlicher Vermittler) sein; **ehr|li|cher|wei|se; Ehr|lich|keit,** die; -; **ehr|lie|bend; ehr|los;** -este; **Ehr|lo|sig|keit,** die; -; **ehr|pus|se|lig** (mit einem kleinlichen, spießigen Ehrbegriff); **Ehr|pus|se|lig|keit,** die; -; **ehr|puß|lig** usw. *vgl.* ehrpusselig usw.; **ehr|sam** *(geh. veraltend);* **Ehr|sam|keit,** die; - *(geh. veraltend);* **Ehr|sucht,** die; -; **ehr|süch|tig; Eh|rung; ehr|ver|ges|sen; Ehr|ver|lust,** der; -[e]s *(Rechtsspr.);* **Ehr|wür|den** (*kath. Kirche [veraltend]* Anrede für Brüder u. Schwestern in geistl. Orden u. Kongregationen); **ehr|wür|dig; Ehr|wür|dig|keit,** die; -

ei!; ei, ei!; ei machen (*Kinderspr.* streicheln, liebkosen)

Ei, das; -[e]s, -er

...ei (z. B. Bäckerei, die; -, -en)

eia!

Ei|ab|la|ge *(Zool.)*

eia|po|peia!, heia|po|peia!

Ei|be, die; -, -n (ein Nadelbaum); **ei|ben** (aus Eibenholz)

Ei|bisch, der; -[e]s, -e (eine Heilpflanze); **Ei|bisch|tee,** der; -s

Eib|see, der; -s

Eich (dt. Lyriker u. Hörspielautor)

Eich|amt

Eich|baum ([1]Eiche); [1]**Ei|che,** die; -, -n (ein Baum)

[2]**Ei|che,** die; -, -n (Eichung; *fachspr.* ein Maischemaß)

Ei|chel, die; -, -n; **Ei|chel|hä|her** (ein Vogel); **Ei|chel|mast,** die; **Ei|cheln** *Plur., als Sing. gebraucht* (Farbe im dt. Kartenspiel); - sticht, - spielen; [1]**ei|chen** (aus Eichenholz)

[2]**ei|chen** (das gesetzl. Maß geben; prüfen)

Ei|chen, das; -s, - (kleines Ei)

Ei|chen|baum (*geh. für* [1]Eiche)

Ei|chen|dorff (dt. Dichter)

Ei|chen‿hain, ...holz, ...klotz, ...kranz, ...laub, ...tisch, ...wick|ler (ein Schmetterling)

Ei|cher (Eichmeister); **Eich|ge|wicht**

Eich‿hörn|chen, *landsch.* **...kätz|chen** *od.* **...kat|ze**

Eich‿maß (das), **...mei|ster** (Beamter beim Eichamt), **...me|ter** (das)

Eichs|feld, das; -[e]s (dt. Landschaft); **Eichs|fel|der** (↑R 147); **eichs|fel|disch**

Eich|stätt (Stadt am Rande der Fränkischen Alb)

Eich‿stem|pel, ...strich; Ei|chung

Eid, der; -[e]s, -e; an -es Statt [erklären]

Ei|dam, der; -[e]s, -e (*veraltet für* Schwiegersohn)

Eid|bruch, der; **eid|brü|chig**

Ei|dechs|chen; Ei|dech|se, die; -, -n; **Ei|dech|sen|le|der, Ei|dechs|le|der; Ei|dechs|lein**

Ei|der, die; - (ein Fluß)

Ei|der|dau|ne ‹isländ.; dt.›; **Ei|der‿en|te, ...gans**

Ei|der|stedt (Halbinsel an der Nordseeküste); **Ei|der|sted|ter** (↑R 147)

Ei|des‿be|leh|rung, ...for|mel; Ei|des|hel|fer, *auch* Eid|hel|fer; **Ei|des|lei|stung; ei|des|statt|lich** (an Eides Statt); -e Versicherung

Ei|de|tik, die; - ‹griech.› (*Psych.* Fähigkeit, früher Geschehenes od. Vorgestelltes anschaulich zu vergegenwärtigen); **Ei|de|ti|ker; ei|de|tisch**

eidg. = eidgenössisch; **Eid|ge|nos|se; Eid|ge|nos|sen|schaft,** die; -; Schweizerische Eidgenossenschaft (amtl. Name der Schweiz); **eid|ge|nös|sisch** (*Abk.* eidg.), aber (↑R 157): Eidgenössische Technische Hochschule (*Abk.* ETH); **Eid|hel|fer** *vgl.* Eideshelfer; **eid|lich;** eine -e Erklärung

Ei|dot|ter (das Gelbe im Ei); **Ei|er‿be|cher, ...bri|kett; Ei|er|chen** *Plur.;* **Ei|er‿frau** *(ugs.),* **...hand|gra|na|te, ...kopf** (*für* Egghead), **...korb, ...ku|chen, ...lau|fen** (das; -s), **...li|kör, ...löf|fel, ...mann** *(ugs.);* **ei|ern** (*ugs. für* ungleichmäßig rotieren; wakkelnd gehen); das Rad eiert; **Ei|er|pecken** [*Trenn.* ...pek|ken], das; -s (*österr.* ein Osterbrauch); **Ei|er‿pfann|ku|chen, ...punsch, ...scha|le** (*auch, bes. fachspr.* Eischale), **...schecke** ([*Trenn.* ...schek|ke] *landsch. für* eine Kuchensorte), **...schnee** (*vgl.* Eischnee), **...schwamm** (*landsch. für* Pfifferling); **Ei|er|speis,** die *od.* **...spei|se** (Gericht, für das bes. Eier verwendet werden; *österr. für* Rührei); **Ei|er‿stich** (Suppeneinlage aus Ei), **...stock** (*Plur.* ...stöcke; *Med.*), **...tanz** *(ugs.),* **...uhr, ...wär|mer**

Ei|fel, die; - (Teil des westl. Rhein. Schiefergebirges); **Ei|fe|ler, Eif|ler** (↑R 147)

Ei|fer, der; -s; **Ei|fe|rer; ei|fern;** ich ...ere (↑R 22); **Ei|fer|sucht,** die; -, ...süchte *Plur. selten;* **Ei|fer|süch|te|lei; ei|fer|süch|tig; Ei|fer|suchts|sze|ne**

Eif|fel|turm (in Paris); ↑R 135

Eif|ler *vgl.* Eifeler

ei|för|mig

eif|rig

Ei|gelb, das; -s, -e (Dotter); 3 - (↑R 129)

ei|gen; eig[e]ne; zu - geben, machen; mein - Kind *(geh.),* mein eig[e]ner Sohn; es ist, ich nenne es mein -; das ist ihm -; eigene Aktien *(Wirtsch.); vgl.* volkseigen; **Ei|gen,** das; -s; mein - (*geh. für* Besitz); **Ei|gen|art; ei|gen|ar|tig; Ei|gen‿ar|tig|keit, ...bau** (der; -[e]s), **...be|darf, ...be|richt, ...be|sitz** *(BGB),* **...be|sit|zer** *(BGB),* **...be|we|gung; Ei|gen|bröt|te|lei; Ei|gen|bröt|ler** (Sonderling); **Ei|gen|bröt|le|rei** (*svw.* Eigenbrötelei); **ei|gen|bröt|le|risch;** -ste; **Ei|gen|dün|kel** *(geh.);* **Ei|ge|ne, Eig|ne,** das; -n (Eigentum; Eigenart); -s und Fremdes; **Ei|gen‿fi|nan|zie|rung, ...ge|schwin|dig|keit; ei|gen|ge|setz|lich; Ei|gen‿ge|setz|lich|keit, ...ge|wicht; ei|gen|hän|dig** (*Abk. österr.* e. h.); **Ei|gen|hän|dig|keit,** die; -; **Ei|gen‿heim, ...hei|mer** *(ugs.);* **Ei|gen|heit; Ei|gen‿hil|fe, ...in|itia|ti|ve, ...ka|pi|tal, ...kir|che** *(im MA.),* **...le|ben, ...lei|stung, ...lie|be, ...lob; ei|gen|mäch|tig; ei|gen|mäch|ti|ger|wei|se; Ei|gen‿mäch|tig|keit, ...mar|ke** *(Wirtsch.),* **...mit|tel** *(Plur.),* **...na|me, ...nutz** (der; -es); **ei|gen|nüt|zig; Ei|gen|nüt|zig|keit,** die; -; **Ei|gen|pro|duk|ti|on; ei|gens** *(geh.);* **Ei|gen|schaft; Ei|gen|schafts|wort** *Plur.* ...wörter (*für* Adjektiv); **ei-**

gen|schafts|wört|lich; Ei|gen-‿schwin|gung, ...sinn (der; -[e]s); **ei|gen|sin|nig; Ei|gen|sin|nig-keit; ei|gen|staat|lich; Ei|gen-staat|lich|keit,** die; -; **ei|gen-stän|dig; Ei|gen|stän|dig|keit,** die; -; **Ei|gen|sucht,** die; -; **ei-gen|süch|tig; ei|gent|lich** (*Abk.* eigtl.); **Ei|gent|lich|keit,** die; -; **Ei|gen|tor,** das *(Sport)*

Ei|gen|tum, das; -s, *Plur.* (*für* Wohnungseigentum u. ä.:) ...tume; **Ei|gen|tü|mer; Ei|gen|tü-me|rin; ei|gen|tüm|lich; Ei|gen-tüm|lich|keit; Ei|gen|tums‿bil-dung, ...de|likt, ...recht, ...streu-ung, ...ver|ge|hen, ...woh|nung**

ei|gen|ver|ant|wort|lich; Ei|gen-‿ver|brauch, ...ver|si|che|rung, ...wär|me, ...wech|sel (*für* Solawechsel), **...wer|bung, ...wert** (der; -[e]s); **ei|gen|wer|tig; Ei-gen|wil|le; ei|gen|wil|lig; Ei|gen-wil|lig|keit; ei|gen|wüch|sig** *(selten)*

Ei|ger, der; -s (Bergstock in den Berner Alpen); **Ei|ger|nord-wand,** die; -

Eig|ne *vgl.* Eigene; **eig|nen;** etwas eignet ihm (*geh. für* ist ihm eigen); sich - (geeignet sein); **eig-ner, ei|ge|ner** *vgl.* eigen; **Eig|ner** ([Schiffs]eigentümer); **Eig|nung** (Befähigung); **Eig|nungs‿prü-fung, ...test**

eigtl. = eigentlich

...ei|ig (z. B. eineiig)

Ei|ke (m., *seltener* w. Vorn.)

Ei|klar, das; -s, - (*österr. für* Eiweiß)

Ei|ko (m. Vorn.)

Ei|land, das; -[e]s, -e (*geh. für* Insel)

Eil|an|ge|bot

Eil|bert (m. Vorn.)

Eil‿bo|te, ...brief; Ei|le, die; -

Ei|lei|ter, der *(Med.)*

ei|len; eile mit Weile!; **ei|lends; eil|fer|tig; Eil|fer|tig|keit; Eil|gut; Eil|gü|ter|zug**

Eil|hard (m. Vorn.)

ei|lig; (↑R 65:) etwas Eiliges besorgen; nichts Eiligeres (Wichtigeres) zu tun haben, als ...; **ei-ligst; Eil‿marsch, ...päck|chen, ...schritt, ...sen|dung, ...tem|po, ...trieb|wa|gen, ...zug** (*Zeichen* E), **...zu|stel|lung**

Ei|mer, der; -s, -; im - sein (*ugs. für* entzwei, verdorben sein); **ei-mer|wei|se**

[1]**ein; I.** *Unbestimmter Artikel (nicht betont; als Beifügung zu einem Subst. od. Pronomen):* es war ein Mann, nicht eine Frau; es war ein Kind und kein Erwachsener; eines Mannes, Kindes; ein anderer, jeder; eines jeden [Mannes] Hilfe ist wichtig. **II.** *Unbestimmtes Pronomen* **1.** *alleinstehend:* wenn einer (jemand) das nicht versteht, dann soll er darüber nicht reden; da kann einer (*ugs. statt* man) doch völlig verrückt werden; wenn einer, *ugs.* eins (jemand) das hört!; nach den Aussagen eines (jemandes), der dabei war, ...; ein[e]s (etwas) fehlt ihm: Geduld; das tut einem (mir) wirklich leid; sie sollen einen in Ruhe lassen; einer (irgendeiner) dieser Burschen; einer von uns, unsereiner; ein[e]s (irgendein[e]s) von uns Kindern; *ugs.:* einen (einen Schnaps) heben, eins (ein Lied) singen, gib ihm eins (einen Schlag), jmdm. eins auswischen. **2.** *in [hinweisender] Gegenüberstellung:* eins kommt nach dem and[e]ren, andern; ein[er] und der and[e]re; vom einen, von einem (von diesem) zum and[e]ren, andern (zu jenem); die einen (diese) [Zuschauer] klatschten, die and[e]ren, andern (jene) [Zuschauer] pfiffen; eins (dieses) geht ins and[e]re (in jenes) über. **III.** *Zahlw. (betont; als Beifügung oder alleinstehend):* es war ein Mann, eine Frau, ein Kind [es waren nicht zwei]; wenn [nur] einer das erfährt, dann ist der Plan zunichte; einer für alle und alle für einen; der eine, aber (↑R 66): der Eine (*Bez. für* Gott); ein[e]s der beiden Pferde, nicht beide; einer, eine, ein[e]s von uns, nicht zwei; eins von beiden; zwei Augen sehen mehr als ein[e]s; mit einem Schlag; in einem fort; unter einem (*österr. für* zugleich); zwei Pfund Wurst in einem [Stück]; in ein[em] und einem halben Jahr; in ein[er] und derselben Straße; ein und dieselbe Sache; es läuft alles auf eins (ein u. dasselbe) hinaus; sein ein und [sein] alles; einundzwanzig; einmal; einhalbmal; ein für allemal; ein oder mehrmals (*vgl.* Mal, II); ein bis zwei Tage; *vgl.* eins

[2]**ein;** *Adverb:* nicht ein noch aus wissen (ratlos sein); wer bei dir ein und aus geht (verkehrt), aber (*in Zus.;* ↑R 32): ein- und aussteigen (einsteigen und aussteigen); **ein...** (*in Zus. mit Verben,* z. B. einbürgern, du bürgerst ein, eingebürgert, einzubürgern)

Ein|achs|an|hän|ger; ein|ach|sig

Ein|ak|ter (Bühnenstück aus nur einem Akt); **ein|ak|tig**

ein|an|der *(meist geh.); vgl.* an-, auf-, aus-, beieinander usw.

ein|ant|wor|ten (*österr. Amtsspr. veraltend für* übergeben); **Ein-ant|wor|tung** *(österr.)*

Ei|nar (m. Vorn.)

ein|ar|bei|ten; Ein|ar|bei|tung

ein|ar|mig

ein|äschern; ich äschere ein (↑R 22); eingeäschert (*Zeichen* ⚱); **Ein|äsche|rung; Ein|äsche-rungs|hal|le** (*für* Krematorium)

ein|at|men; Ein|at|mung, die; -

ein|ato|mig *(Chemie, Physik)*

ein|ät|zen

ein|äu|gig; Ein|äu|gi|ge, der *u.* die; -n, -n (↑R 7 ff.)

Ein|back, der; -[e]s, *Plur.* -e *u.* ...bäcke, *ugs. auch* -s (ein Gebäck)

ein|bah|nig; -er Verkehr; **Ein-bahn‿stra|ße, ...ver|kehr**

ein|bal|lie|ren (*veraltet für* in Ballen verpacken); **Ein|bal|lie|rung**

ein|bal|sa|mie|ren; Ein|bal|sa-mie|rung

Ein|band, der; -[e]s, ...bände; **Ein-band|decke** [*Trenn.* ...dek|ke]

ein|bän|dig

ein|ba|sig, *auch* **ein|ba|sisch** *(Chemie);* -e Säure

Ein|bau, der; -[e]s, *Plur.* (*für* eingebauter Teil:) -ten; **ein|bau|en; ein|bau|fer|tig; Ein|bau|kü|che**

Ein|baum (Boot aus einem ausgehöhlten Baumstamm)

Ein|bau|mö|bel; ein|bau|reif; Ein-bau‿schrank, ...teil (das)

Ein|bee|re (eine Giftpflanze)

ein|be|grif|fen, in|be|grif|fen *(österr. u. schweiz. nur so);* in dem *od.* den Preis [mit] einbegriffen; alle waren beteiligt, er einbegriffen; sie erinnerte sich aller Beteiligten, ihn einbegriffen; der Tadel galt allen, ihn einbegriffen; er zahlte die Zeche, den Wein einbegriffen

ein|be|hal|ten; Ein|be|hal|tung

ein|bei|nig

ein|be|ken|nen (*österr. für* eingestehen); **Ein|be|kennt|nis**

ein|be|rech|nen (*selten für* einkalkulieren)

ein|be|ru|fen; Ein|be|ru|fe|ne, der *u.* die; -n, -n (↑R 7 ff.); **Ein|be|ru-fung; Ein|be|ru|fungs|be|fehl**

ein|be|schlie|ßen *(geh.)*

ein|be|schrie|ben *(Math.);* -er Kreis (Inkreis)

ein|be|stel|len (*Amtsspr.* an einen bestimmten Ort bestellen)

ein|be|to|nie|ren; Ein|be|to|nie-rung

ein|bet|ten; Ein|bet|tung

ein|beu|len

ein|be|zie|hen; jmdn./etw. mit - (*vgl.* mit II,1); **Ein|be|zie|hung;** unter - von ...

ein|bie|gen; Ein|bie|gung

ein|bil|den, sich; du bildest dir die Geschichte nur ein; **Ein|bil-dung; Ein|bil|dungs|kraft,** die; -

ein|bim|sen (*ugs. für* durch angestrengtes Lernen einprägen)

ein|bin|den; Ein|bin|dung

ein|bla|sen; Ein|blä|ser (*Schülerspr. auch für* Vorsager)
Ein|blatt *(Kunstw.)*; **Ein|blattdruck** *Plur.* ...drucke
ein|bläu|en (blau machen); *vgl.* aber: einbleuen
ein|blen|den; sich - *(Rundf., Fernsehen)*; **Ein|blen|dung**
ein|bleu|en (*ugs. für* mit Nachdruck einprägen, einschärfen); *vgl.* aber: einbläuen
Ein|blick
ein|boh|ren; sich -
ein|boo|ten *(Seew.)*; Passagiere -; **Ein|boo|tung**
ein|bre|chen; in ein[em] Haus -; **Ein|bre|cher**
Ein|brenn, die; -, -en *(österr.)* *u.* **Ein|bren|ne,** die; -, -n (*bes. südd. für* Mehlschwitze); **ein|brennen; Ein|brenn|lackie|rung**[1]; **Ein|brenn|sup|pe** *(österr.)*
ein|brin|gen; sich -; **ein|bringlich; Ein|brin|gung**
ein|brocken[1]; sich, jmdm. etwas - (*ugs. für* Unannehmlichkeiten bereiten)
Ein|bruch, der; -[e]s, ...brüche; **Ein|bruch[s]|dieb|stahl; einbruch[s]|si|cher; Ein|bruch|stelle; Ein|bruch[s]|werk|zeug**
ein|buch|ten (*ugs. für* ins Gefängnis sperren); **Ein|buch|tung**
ein|bud|deln *(ugs.)*
ein|bü|geln; eingebügelte Falten
ein|bun|kern (*ugs. auch für* ins Gefängnis sperren)
ein|bür|gern; ich bürgere ein (↑R 22); sich -; **Ein|bür|ge|rung**
Ein|bu|ße; ein|bü|ßen
ein|checken[1] [...tʃɛkən] ‹dt.; engl.› ([am Flughafen] abfertigen; sich abfertigen lassen)
ein|cre|men
ein|däm|men; Ein|däm|mung
ein|damp|fen; Ein|damp|fung
ein|decken[1]; sich mit Obst -
Ein|decker[1] (ein Flugzeugtyp)
ein|dei|chen; Ein|dei|chung
ein|del|len (*ugs. für* eine Delle in etwas machen)
ein|deu|tig; Ein|deu|tig|keit
ein|deut|schen; du deutschst ein; **Ein|deut|schung**
ein|dicken[1]
ein|di|men|sio|nal (↑R 180)
ein|docken[1] (*Schiffbau* ins Dock transportieren)
ein|do|sen (in Dosen einkochen); du dost ein; sie do|ste ein
ein|dö|sen (*ugs. für* in Halbschlaf fallen; einschlafen)
ein|drän|gen; auf jmdn. -; sich -
ein|dre|hen; sich die Haare -
ein|dre|schen; er hat auf das Pferd eingedroschen
ein|dril|len (*ugs. für* einüben)
ein|drin|gen; ein|dring|lich; auf das, aufs -ste (↑R 65); **Ein|dringlich|keit,** die; -; **Ein|dring|ling**
Ein|druck, der; -[e]s, ...drücke; **ein|drucken** [*Trenn.* ...druk|ken]; **ein|drücken** [*Trenn.* ...drük|ken]; **ein|drück|lich** (*bes. schweiz. für* eindrucksvoll); **ein|drucks|voll**
ein|dü|beln (mit einem Dübel befestigen)
ein|du|seln (*ugs. für* in Halbschlaf fallen)
ei|ne; I. *Unbestimmter Artikel: vgl.* [1]ein, I. **II.** *Unbestimmtes Pronomen: vgl.* [1]ein, II. **III.** *Zahlwort: vgl.* [1]ein, III.
ein|eb|nen; Ein|eb|nung
Ein|ehe (*für* Monogamie); **einehig** (*für* monogam)
ein|ei|ig; -e Zwillinge
ein|ein|deu|tig (*fachspr. für* umkehrbar eindeutig); **Ein|ein|deutig|keit** *Plur. selten*
ein|ein|halb, ein|und|ein|halb; - Tage, aber: ein und ein halber Tag; ein[und]einhalbmal soviel
Ei|nem, von (österr. Komponist)
ei|nen (*geh. für* einigen)
ein|en|gen; Ein|en|gung
ei|ner; I. *Unbestimmtes Pronomen: vgl.* [1]ein, II. **II.** *Zahlwort: vgl.* [1]ein, III.; [1]**Ei|ner,** Ein|ser (Zahl); [2]**Einer** (einsitziges Sportboot); **Einer|ka|jak; ei|ner|lei; Ei|ner|lei,** das; -s; **ei|ner|seits;** einerseits ... ander[er]seits, andrerseits; **eines; I.** *Unbestimmter Artikel (Gen.): vgl.* [1]ein, I. **II.** *Unbestimmtes Pronomen: vgl.* [1]ein, II. **III.** *Zahlwort: vgl.* [1]ein, III.; **ei|nesteils;** einesteils ... ander[e]nteils
ein|ex|er|zie|ren
ein|fach; -er Bruch; -e Buchführung; -e Fahrt; der -e Mann; - wirkend; (↑R 65:) [sich] etwas Einfaches [wünschen]; das einfachste (am einfachsten) ist, wenn ..., aber: das Einfachste, was er finden konnte; **Ein|fa|che,** das; -n (↑R 7 ff.); das - einer Zahl
ein|fä|chern (in Fächer verteilen)
Ein|fach|heit, die; -; der - halber
ein|fä|deln; sich - *(Verkehrsw.)*; **Ein|fä|de|lung, Ein|fäd|lung**
ein|fah|ren; Ein|fahr‿gleis, ...signal *(Eisenb.)*; **Ein|fahrt; Einfahrt[s]‿er|laub|nis, ...gleis** (*vgl.* Einfahrgleis), **...si|gnal** (*vgl.* Einfahrsignal)
Ein|fall, der; **ein|fal|len; ein|fallslos; Ein|falls|lo|sig|keit,** die; -; **ein|fall[s]|reich; Ein|fall[s]‿reich|tum, ...win|kel**
Ein|falt, die; -; **ein|fäl|tig; Ein|fältig|keit,** die; -; **Ein|falts|pin|sel** *(abwertend)*
ein|fal|zen *(Buchw.)*; **Ein|fal|zung**
Ein|fa|mi|li|en|haus
ein|fan|gen
ein|fär|ben; ein|far|big, *österr.* **ein|fär|big; Ein|fär|bung**
ein|fa|schen (*österr. für* verbinden; *vgl.* Fasche)
ein|fas|sen; Ein|fas|sung
ein|fen|zen ‹dt.; engl.› (einzäunen); du fenzt ein
ein|fet|ten; Ein|fet|tung
ein|fil|trie|ren (*ugs. für* einflößen)
ein|fin|den, sich
ein|flech|ten; Ein|flech|tung
ein|flicken [*Trenn.* ...flik|ken]
ein|flie|gen; Ein|flie|ger *(Flugw.)*
ein|flie|ßen
ein|flö|ßen; Ein|flö|ßung
Ein|flug
ein|flü|ge|lig, ein|flüg|lig
Ein|flug|schnei|se *(Flugw.)*
Ein|fluß; Ein|fluß|be|reich, der; **Ein|fluß|nah|me,** die; -, -n *Plur. selten (Amtsspr.)*; **ein|fluß|reich**
ein|flü|stern; Ein|flü|ste|rung
ein|for|dern; Ein|for|de|rung
ein|för|mig; Ein|för|mig|keit
Ein|fran|ken|stück (*mit Ziffer* 1-Franken-Stück; ↑R 43); **Einfränk|ler,** der; -s, - (*schweiz. svw.* Einfrankenstück)
ein|fres|sen, sich; der Rost hatte sich tief eingefressen
ein|frie|den, *seltener* **ein|frie|digen** (*geh. für* einhegen); **Ein|friedi|gung,** *häufiger* **Ein|frie|dung**
ein|frie|ren; Ein|frie|rung
ein|fro|sten; Ein|fro|stung
ein|fuch|sen (*ugs. für* gut einarbeiten)
ein|fü|gen; sich -; **Ein|fü|gung**
ein|füh|len, sich; **ein|fühl|sam; Ein|füh|lung,** die; -; **Ein|fühlungs‿ga|be** (die; -), **...ver|mögen** (das; -s)
Ein|fuhr, die; -, -en; **Ein|fuhr|beschrän|kung; ein|füh|ren; Einfuhr‿ha|fen** (*vgl.* [1]Hafen), **...kontin|gent, ...land, ...sper|re; Einfüh|rung; Ein|füh|rungs‿kurs, ...preis** (*vgl.* [2]Preis), **...vor|trag; Ein|fuhr‿ver|bot, ...zoll**
ein|fül|len; Ein|füll|öff|nung
[1]**ein|füt|tern** (*EDV* in den Computer eingeben)
[2]**ein|füt|tern** (*Gartenbau* [Pflanzen] tief eingraben)
Ein|ga|be; Ein|ga|be|ge|rät *(EDV)*
Ein|gang; Ein- und Ausgang (↑R 32); **ein|gän|gig; Ein|gängig|keit,** die; -; **ein|gangs** *(Amtsspr.*; ↑R 61 f.); *Präp. mit Gen.:* - des Briefes; **Ein|gangs‿buch, ...da|tum, ...hal|le, ...stem|pel, ...stro|phe, ...tür, ...ver|merk**
ein|ge|äschert (*Zeichen* ▢)
ein|ge|ben
ein|ge|bet|tet; - in die *od.* in der Landschaft
ein|ge|bil|det; - sein
Ein|ge|bin|de (*veraltet für* Patengeschenk)
[1]**ein|ge|bo|ren;** der eingeborene (einzige) Sohn [Gottes]

[1] *Trenn.* ...k|k...

[2]ein|ge|bo|ren; die -e Bevölkerung; **Ein|ge|bo|re|ne**, Ein|ge|bor|ne, der *u.* die; -n, -n (↑R 7 ff.); **Ein|ge|bo|re|nen|spra|che; Ein|ge|bor|ne** *vgl.* Eingeborene

ein|ge|bracht; -es Gut, -e Sachen *(Rechtsspr.)*; **Ein|ge|brach|te**, das; -n; ↑R 7 ff. (*veraltet für* Heiratsgut)

Ein|ge|bung

ein|ge|denk *(geh.); mit Gen.:* - des Verdienstes

ein|ge|fal|len; mit -em Gesicht

ein|ge|fleischt; -er Junggeselle

ein|ge|frie|ren

ein|ge|fuchst (*ugs. für* eingearbeitet)

ein|ge|hen; ein|ge|hend; auf das, aufs -ste (↑R 65)

ein|ge|keilt; in eine[r] Menge -

Ein|ge|mach|te, das; -n (↑R 7 ff.)

ein|ge|mein|den; Ein|ge|mein|dung

ein|ge|nom|men (begeistert); er ist von dem Plan sehr -; **Ein|ge|nom|men|heit**, die; -

ein|ge|rech|net; den Überschuß -

Ein|ge|rich|te, das; -s, - (*fachspr.* innerer Bau eines Türschlosses)

ein|ge|sandt; ...sand|te Manuskripte; **Ein|ge|sandt**, das; -s, -s (*veraltet für* Leserzuschrift)

ein|ge|schlech|tig (*für* diklin)

ein|ge|schlos|sen; - im, *auch* in den Preis

ein|ge|schos|sig (*vgl.* ...geschossig)

ein|ge|schwo|ren; sie ist auf diese Musik -

ein|ge|ses|sen (einheimisch)

Ein|ge|sot|te|ne, das; -n; ↑R 7 ff. (*österr. für* eingemachte Früchte)

ein|ge|spielt; sie sind aufeinander -

ein|ge|sprengt; -es Gold

ein|ge|stan|de|ner|ma|ßen, ein|ge|stand|ner|ma|ßen; Ein|ge|ständ|nis; ein|ge|ste|hen

ein|ge|stri|chen *(Musik)*; -e Note

ein|ge|tra|gen; eingetragene Genossenschaft (*Abk.* eG, e. G.), *auch* (↑R 157:) Eingetragene Genossenschaft (*Abk.* EG); eingetragener Verein (*Abk.* e. V.), *auch* (↑R 157:) Eingetragener Verein (*Abk.* E. V.)

Ein|ge|tropf|te, das; -n; ↑R 7 ff. (*österr. für* als Einlage in die Suppe getropfter Teig)

Ein|ge|wei|de, das; -s, - *meist Plur.*; **Ein|ge|wei|de|bruch** *(Med.)*

Ein|ge|weih|te, der *u.* die; -n, -n (↑R 7 ff.)

ein|ge|wöh|nen; sich -; **Ein|ge|wöh|nung**, die; -

ein|ge|zo|gen; - (zurückgezogen) leben; **Ein|ge|zo|gen|heit**, die; -

ein|gie|ßen; Ein|gie|ßung

ein|gip|sen; einen Haken -

ein|git|tern

Ein|glas *Plur.* ...gläser (*veraltet für* Monokel)

ein|gla|sen

ein|glei|sen (wieder auf das Gleis bringen); du gleist ein; er gleis|ste ein

ein|glei|sig

ein|glie|dern; sich -; **Ein|glie|de|rung**

ein|gra|ben; Ein|gra|bung

ein|gra|vie|ren [...v...]

ein|grei|fen

ein|gren|zen; Ein|gren|zung

Ein|griff; Ein|griffs|mög|lich|keit

ein|grü|nen; Ein|grü|nung

ein|grup|pie|ren; Ein|grup|pie|rung

Ein|guß ⟨*zu* eingießen⟩ *(Technik)*

ein|hacken [*Trenn.* ...hak|ken]; der Sperber hackte auf die Beute ein

ein|ha|ken; den Riemen -; sich bei jmdm. -; er hakte hier ein (*ugs. für* unterbrach das Gespräch)

ein|halb|mal; - so teuer

Ein|halt, der; -[e]s; - gebieten, tun; **ein|hal|ten; Ein|hal|tung**

ein|häm|mern

ein|han|deln

ein|hän|dig

ein|hän|di|gen; Ein|hän|di|gung, die; -

Ein|hand|seg|ler (jmd., der ein Segelboot allein führt)

ein|hän|gen; *vgl.* [2]hängen; **Ein|hän|ge|öse**

Ein|hard (m. Vorn.)

ein|har|ken (*nordd. für* [Samen, Dünger] mit der Harke unter das Erdreich mischen)

ein|hau|chen *(geh.)*; **Ein|hau|chung**

ein|hau|en; er hieb auf den Fliehenden ein; er haute tüchtig ein (*ugs. für* aß tüchtig)

ein|häu|sig (*Bot.* monözisch)

ein|he|ben; einen Betrag - (*bes. südd. für* einziehen); **Ein|he|bung**

ein|hef|ten

ein|he|gen; Ein|he|gung

ein|hei|len *(Med.)*; **Ein|hei|lung**

ein|hei|misch; Ein|hei|mi|sche, der *u.* die; -n, -n (↑R 7 ff.)

ein|heim|sen *(ugs.)*; du heimst ein

Ein|hei|rat; ein|hei|ra|ten

Ein|heit; Tag der Deutschen - (3. Oktober); **Ein|hei|ten|sy|stem**, das; -s; das Internationale - (↑R 157); *vgl. auch* SI; **ein|heit|lich; Ein|heit|lich|keit**, die; -; **Ein|heits‿front** (die; -), **...ge|werk|schaft, ...klei|dung, ...kurz|schrift** (die; -), **...li|ste, ...look, ...par|tei, ...preis** (*vgl.* [2]Preis), **...staat, ...wert**

ein|hei|zen

ein|hel|fen (vorsagen); jmdm. -

ein|hel|lig; Ein|hel|lig|keit, die; -

ein|hen|ke|lig, ein|henk|lig

ein|hen|keln; ich henk[e]le ein (↑R 22); **ein|henk|lig** *vgl.* einhenkelig

ein|her...; ein|her‿fah|ren, ...ge|hen; er ist einhergefahren, einhergegangen

Ein|he|ri|er [...i̯ər], der; -s, - (*nord. Mythol.* der gefallene Kämpfer in Walhall)

ein|her|schrei|ten *(geh.)*

ein|hie|ven [...f..., *auch* ...v...]; die Ankerkette - (einziehen)

ein|höcke|rig [*Trenn.* ...hök|kerig], **ein|höck|rig**

ein|ho|len; Ein|hol‿netz, ...ta|sche; Ein|ho|lung, die; -

ein|hö|ren, sich

Ein|horn *Plur.* ...hörner (ein Fabeltier)

Ein|hu|fer *(Zool.)*; **ein|hu|fig**

ein|hül|len; Ein|hül|lung

ein|hun|dert; *vgl.* hundert

ein|hü|ten (*nordd. für* sich in jmds. Abwesenheit um die Wohnung kümmern)

ei|nig; *Schreibung in Verbindung mit Verben* (↑R 205 f.): [sich] einig sein, werden; *vgl.* aber: einiggehen; **ei|ni|ge**; einige (mehrere) Häuser weiter; einige Stunden später; einige tausend Schüler; von einigen wird behauptet ...; einiges, was; einige (etwas; *oft auch* [sehr] viel) Mühe hat dies bereitet; einiges Geld konnte ich verdienen; dieser Schüler wußte einiges (↑R 66); einiger politischer Sinn; einiges milde (*selten* mildes) Nachsehen; bei einigem guten Willen; einige gute Menschen; die Taten einiger guter (*selten* guten) Menschen; mit einigem Neuen

ein|igeln, sich; ich ig[e]le mich ein (↑R 22); **Ein|ige|lung**

ei|ni|ge|mal [*auch* 'ainigə'ma:l], aber: **ei|ni|ge Ma|le; ei|ni|gen**; sich -; **Ei|ni|ger; ei|ni|ger|ma|ßen; ei|ni|ges** *vgl.* einige; **ei|nig|ge|hen**; ↑R 205 (*Kaufmannsspr.* übereinstimmen, *dafür besser* einig sein); **Ei|nig|keit**, die; -; **Ei|ni|gung; Ei|ni|gungs‿be|stre|bung** *(meist Plur.)*, **...ver|trag, ...werk**

ein|imp|fen; Ein|imp|fung

ein|ja|gen; jmdm. einen Schrekken -

ein|jäh|rig; [1]Ein|jäh|ri|ge, der *od.* die; -n, -n (↑R 7 ff.); **[2]Ein|jäh|ri|ge**, das; -n (*veraltend für* mittlere Reife); **Ein|jäh|rig-Frei|wil|li|ge**, der; -n, -n; ↑R 7 ff. (im ehem. deutschen Heer)

ein|jo|chen *(veraltet)*

ein|ka|cheln (*ugs. für* stark heizen)

ein|kal|ku|lie|ren (einplanen)

Ein|kam|mer|sy|stem, das; -s
ein|kamp|fern (mit Kampfer behandeln); ich kampfere ein (↑R 22)
ein|kap|seln; ich kaps[e]le ein (↑R 22); sich -; **Ein|kap|se|lung, Ein|kaps|lung**
Ein|ka|rä|ter (einkarätiger Edelstein); **ein|ka|rä|tig**
ein|kas|sie|ren; Ein|kas|sie|rung
Ein|kauf; ein|kau|fen; Ein|käu|fer; Ein|käu|fe|rin; Ein|kaufs‿ab|tei|lung, ...beu|tel, ...bum|mel, ...cen|ter, ...ge|nos|sen|schaft, ...netz, ...preis (*vgl.* ²Preis), **...quel|le, ...ta|sche, ...wa|gen, ...zen|trum**
Ein|kehr, die; - (*veraltet für* das Einkehren; *geh. für* innere Sammlung); **ein|keh|ren** *(veraltend)*
ein|kei|len *meist im Partizip II;* wir waren rundherum eingekeilt
ein|keim|blät|te|rig, ein|keim|blätt|rig *(Bot.);* -e Pflanzen (mit nur einem Keimblatt)
ein|kel|lern; ich kellere ein (↑R 22); **Ein|kel|le|rung; Ein|kel|le|rungs|kar|tof|feln** *Plur.*
ein|ker|ben; Ein|ker|bung
ein|ker|kern *(geh.);* ich kerkere ein (↑R 22); **Ein|ker|ke|rung** *(geh.)*
ein|kes|seln; ich kessele ein (↑R 22); **Ein|kes|se|lung** *(bes. Milit.)*
ein|kip|pen (*ugs. für* eingießen)
ein|kla|gen; einen Rechnungsbetrag -; **Ein|kla|gung**
ein|klam|mern; Ein|klam|me|rung
Ein|klang; mit etwas im *od.* in - stehen
Ein|klas|sen|schu|le; ein|klas|sig; eine -e Schule
ein|kle|ben
ein|klei|den; sich -; **Ein|klei|dung**
ein|klem|men; du hast dir die Finger eingeklemmt; **Ein|klem|mung**
ein|klin|ken
ein|knicken [*Trenn.* ...knik|ken]; **Ein|knickung** [*Trenn.* ...knik|kung]
ein|knöp|fen; Ein|knöpf|fut|ter; *vgl.* ²Futter
ein|knüp|peln; auf jmdn. -
ein|ko|chen; Ein|koch|topf
ein|kom|men; um Urlaub, Versetzung - (*Amtsspr.* bitten); **Ein|kom|men,** das; -s, -; **Ein|kom|mens|gren|ze; ein|kom|mens‿los, ...schwach, ...stark; Ein|kom|mens|steu|er,** *fachspr. auch* **Ein|kom|men|steu|er,** die (↑R 54); **Ein|kom|men|steu|er|er|klä|rung; ein|kom|men|steu|er|pflich|tig; Ein|kom|mens‿ver|hält|nis|se** *(Plur.),* **...zu|wachs**
ein|köp|fen (*Fußball* durch einen Kopfball ein Tor erzielen)
Ein|korn, das; -[e]s (Weizenart)

ein|kra|chen *(ugs.)*
ein|krei|sen; Ein|krei|sung; Ein|krei|sungs|po|li|tik, die; -
ein|kre|men *vgl.* eincremen
ein|kreu|zen (*Biol.* durch Kreuzung verändern); **Ein|kreu|zung**
ein|krie|gen (*ugs. für* einholen)
Ein|kri|stall, der (*fachspr. für* einheitlich aufgebauter Kristall)
ein|küh|len (in einer Kühlanlage haltbar machen); **Ein|küh|lung**
Ein|künf|te *Plur.*
ein|kup|peln; langsam -
ein|ku|scheln; sich - *(ugs.)*
Ein|lad, der; -s (*schweiz. svw.* Verladung); **¹ein|la|den;** Waren -; *vgl.* ¹laden
²ein|la|den; zum Essen -; *vgl.* ²laden; **ein|la|dend; Ein|la|dung; Ein|la|dungs‿kar|te, ...schrei|ben**
Ein|la|ge
ein|la|gern; Ein|la|ge|rung
ein|lan|gen (*österr. für* eintreffen)
Ein|laß, der; ...lasses, ...lässe; **ein|las|sen** (*südd. u. österr. auch für* mit Wachs einreiben; lackieren); sich auf etwas -; **Ein|laß|kar|te; ein|läß|lich** (*schweiz. für* gründlich); des -sten (↑R 65); **Ein|las|sung** *(Rechtsspr.)*
Ein|lauf; ein|lau|fen; sich -; **Ein|lauf|wet|te** (beim Pferderennen)
ein|läu|ten; den Sonntag -
ein|le|ben, sich
Ein|le|ge|ar|beit; ein|le|gen; Ein|le|ger *(Bankw.);* **Ein|le|ge|rin** *(Bankw.);* **Ein|le|ge|soh|le; Ein|le|gung;** die; -
ein|lei|ten; Ein|lei|te|wort *Plur.* ...wörter *(Sprachw.);* **Ein|lei|tung; Ein|lei|tungs|ka|pi|tel**
ein|len|ken; Ein|len|kung *Plur. selten*
ein|ler|nen
ein|le|sen; sich -
ein|leuch|ten; dieser Grund leuchtet mir ein; **ein|leuch|tend;** -ste
Ein|lie|fe|rer; ein|lie|fern; Ein|lie|fe|rung; Ein|lie|fe|rungs‿schein, ...ter|min
ein|lie|gend *od., österr., schweiz. nur,* in|lie|gend *(Kaufmannsspr.);* - (anbei, hiermit) der Bericht; **Ein|lie|ger** (Mieter [bei einem Bauern]); **Ein|lie|ger|woh|nung**
ein|li|nig
ein|lo|chen (*ugs. für* ins Gefängnis sperren; *Golf* den Ball ins Loch spielen)
ein|lo|gie|ren [...ʒi:...]
ein|lös|bar; ein|lö|sen; Ein|lö|se|sum|me; Ein|lö|sung; Ein|lö|sungs|sum|me
ein|lul|len *(ugs.)*
Ein|mach, Ein|ma|che, die; - (*österr. für* Mehlschwitze); **ein|ma|chen; Ein|mach|glas** *Plur.* ...gläser

ein|mäh|dig (*svw.* einschürig; *vgl. d.*)
ein|mah|nen; Ein|mah|nung
ein|mal; auf -; noch -; nicht -; nun -; (↑R 32:) ein- bis zweimal (*mit Ziffern* 1- bis 2mal); *vgl.* mal; **Ein|mal|eins,** das; -; das große -, das kleine -; **Ein|mal|hand|tuch; ein|ma|lig; Ein|ma|lig|keit,** die; -
Ein|mann‿be|trieb, ...ge|sell|schaft (*Wirtsch.* Kapitalgesellschaft, deren Anteile in einer Hand sind)
Ein|mark|stück (*mit Ziffer* 1-Mark-Stück; ↑R 43)
Ein|marsch, der; **ein|mar|schie|ren**
ein|mas|sie|ren
Ein|ma|ster; ein|ma|stig
ein|mau|ern; Ein|maue|rung
ein|mei|ßeln
ein|men|gen, sich
Ein|me|ter|brett (*mit Ziffer* 1-Meter-Brett; ↑R 43)
¹ein|mie|ten; sich -; *vgl.* ¹mieten
²ein|mie|ten; Feldfrüchte -; *vgl.* ²mieten
Ein|mie|ter *meist Plur.* (*Zool.* Insekt, das in Nestern anderer Tiere lebt); **Ein|mie|tung**
ein|mi|schen, sich; **Ein|mi|schung**
ein|mo|na|tig; ein -er (einen Monat dauernder) Lehrgang
ein|mon|tie|ren
ein|mo|to|rig; -es Flugzeug
ein|mot|ten
ein|mum|meln *od.* **ein|mum|men** (*ugs. für* warm einhüllen); sich -
ein|mün|den; Ein|mün|dung
ein|mü|tig; Ein|mü|tig|keit, die; -
ein|nach|ten (*schweiz. für* nachten)
ein|nä|hen
Ein|nah|me, die; -, -n; **Ein|nah|me‿aus|fall, ...buch, ...quel|le, ...sei|te, ...soll; Ein|nahms|quel|le** *(österr.)*
ein|näs|sen *(bes. Med., Psych.);* das Kind näßt ein
ein|ne|beln; ich neb[e]le ein (↑R 22); **Ein|ne|be|lung; Ein|neb|lung**
ein|neh|men; ein|neh|mend; -ste; **Ein|neh|mer** *(veraltend)*
ein|nicken [*Trenn.* ...nik|ken] (*ugs.* [für kurze Zeit] einschlafen)
ein|ni|sten, sich; **Ein|ni|stung** (*für* Nidation)
ein|nor|den; eine Landkarte -
Ein|öde; Ein|öd|hof
ein|ölen; sich -
ein|ord|nen; sich links, rechts -; **Ein|ord|nung; Ein|ord|nungs|schwie|rig|kei|ten** *Plur.*
ein|packen [*Trenn.* ...pak|ken]; **Ein|packung** [*Trenn.* ...pak|kung]
ein|par|ken
Ein|par|tei[en]‿re|gie|rung, ...sy|stem

ein|pas|sen; Ein|pas|sung
ein|pau|ken *(ugs.)*; **Ein|pau|ker**
ein|peit|schen; Ein|peit|scher
ein|pen|deln, sich; **Ein|pend|ler** (Person, die an einem Ort arbeitet, aber nicht dort wohnt)
ein|pen|nen (*ugs. für* einschlafen)
Ein|per|so|nen₋haus|halt, ...stück *(Theater)*
ein|pfar|ren (einer Pfarrei eingliedern); **Ein|pfar|rung**
Ein|pfen|nig|stück (*vgl.* Einmarkstück)
ein|pfer|chen; Ein|pfer|chung
ein|pflan|zen; Ein|pflan|zung
Ein|pha|sen|strom *(Elektrotechnik)*; **Ein|pha|sen-Wech|sel|strom|sy|stem** (↑R 34); **ein|pha|sig**
ein|pin|seln; Ein|pin|se|lung, Ein|pins|lung
ein|pla|nen; Ein|pla|nung
ein|pö|keln
ein|pol|dern; Ein|pol|de|rung (Eindeichung)
ein|po|lig *(Elektrotechnik)*
ein|prä|gen; sich -; **ein|präg|sam; Ein|präg|sam|keit,** die; -; **Ein|prä|gung**
ein|pras|seln; Fragen prasselten auf sie ein
ein|pres|sen
ein|pro|gram|mie|ren *(EDV)*
ein|pu|dern; du puderst dir das Gesicht ein
ein|pup|pen, sich *(Biol.)*
ein|quar|tie|ren; Ein|quar|tie|rung
ein|rah|men; ein Bild -; **Ein|rah|mung**
ein|ram|men; Pfähle -
ein|ran|gie|ren; Ein|ran|gie|rung
ein|ra|sten
ein|räu|men; jmdm. etwas -; **Ein|räu|mung; Ein|räu|mungs|satz** (*für* Konzessivsatz); **Ein|raum|woh|nung** (*regional für* Einzimmerwohnung)
ein|rech|nen; *vgl.* eingerechnet
Ein|re|de (*Rechtsspr.* Einwand, Einspruch); **ein|re|den**
ein|reg|nen; es hat sich eingeregnet
ein|re|gu|lie|ren; Ein|re|gu|lie|rung
ein|rei|ben; Ein|rei|bung
ein|rei|chen; Ein|rei|chung
ein|rei|hen; sich -; **Ein|rei|her** *(Textilwirtsch.)*; **ein|rei|hig;** -er Anzug; **Ein|rei|hung**
Ein|rei|se; Ein|rei|se₋er|laub|nis, ...ge|neh|mi|gung; ein|rei|sen; nach Frankreich, in die Schweiz - (wohin?), a b e r: er ist in Frankreich (wo?) eingereist; **Ein|rei|se₋ver|wei|ge|rung, ...vi|sum**
ein|rei|ßen; Ein|reiß|ha|ken; Ein|rei|ßung
ein|rei|ten
ein|ren|ken; Ein|ren|kung
ein|ren|nen
ein|re|xen (*österr. für* einwecken); du rext ein
ein|rich|ten; sich -; **Ein|rich|ter; Ein|rich|tung; Ein|rich|tungs₋ge|gen|stand, ...haus, ...stück**
Ein|riß
ein|rit|zen; Ein|rit|zung
ein|rol|len
ein|ro|sten
ein|rücken [*Trenn.* ...rük|ken]; **Ein|rückung** [*Trenn.* ...rük|kung]
ein|rüh|ren; sich, jmdm. etwas - (*ugs. auch für* Unannehmlichkeiten bereiten)
ein|rü|sten; ein Haus - (mit einem Gerüst versehen)
eins; I. *Zahlw.* (Zahl 1): eins u. zwei macht, ist (*nicht:* machen, sind) drei; er war eins, zwei, drei damit fertig; es ist, schlägt eins (ein Uhr); ein Viertel auf, vor eins; halb eins; gegen eins; das ist eins a [Ia] (*ugs. für* ausgezeichnet); Nummer, Abschnitt, Punkt, Absatz eins; im Jahr[e] eins; *vgl.* drei *u.* [1]ein, III. **II.** (*für* einig, gleich, dasselbe:) eins (einig) sein, werden; in eins setzen (gleichsetzen); es ist mir alles eins (gleichgültig). **III.** *Unbestimmtes Pronomen:* ein[e]s *vgl.* [1]ein, II; **Eins,** die; -, -en; er hat die Prüfung mit der Note „Eins" bestanden; er würfelt drei Einsen; er hat in Latein eine Eins geschrieben; *vgl.* [1]Acht
Ein|saat *(Landw.)*
ein|sacken [*Trenn.* ...sak|ken]
ein|sä|en
ein|sa|gen (*landsch. für* vorsagen); **Ein|sa|ger**
ein|sal|ben
ein|sal|zen; eingesalzen, *seltener* eingesalzt; **Ein|sal|zung**
ein|sam; Ein|sam|keit, die; -, -en *Plur. selten;* **Ein|sam|keits|ge|fühl**
ein|sam|meln; Ein|sam|me|lung, Ein|samm|lung *Plur. selten*
ein|sar|gen; Ein|sar|gung
Ein|sat|te|lung, Ein|satt|lung (sattelförmige Vertiefung)
Ein|satz, der; -es, Einsätze; **Ein|satz|be|fehl; ein|satz|be|reit; Ein|satz₋be|reit|schaft** (die; -), **...dienst; ein|satz₋fä|hig, ...freu|dig; Ein|satz₋grup|pe, ...kom|man|do, ...lei|ter** (der), **...mög|lich|keit, ...wa|gen** (nach Bedarf einzusetzender [Straßenbahn]wagen; Spezialfahrzeug der Polizei); **Ein|satz|zen|tra|le**
ein|sau|en (*derb für* [stark] beschmutzen)
ein|säu|ern; Ein|säue|rung
ein|sau|gen; Ein|sau|gung
ein|säu|men
ein|schach|teln; Ein|schach|te|lung, Ein|schacht|lung
ein|scha|len (*Bauw.* verschalen); **Ein|scha|ler** (jmd., der einschalt); **Ein|scha|lung**
ein|schal|ten; sich -; **Ein|schalt₋he|bel, ...quo|te; Ein|schal|tung**
ein|schär|fen; jmdm. etw. -
ein|schar|ren
ein|schätz|bar; ein|schät|zen; sich -; **Ein|schät|zung**
ein|schäu|men
ein|schen|ken; Wein -
ein|sche|ren (*Verkehrsw.* sich in den Verband, in die Kolonne einreihen; *Seemannsspr.* Tauwerk durch Halterungen o. ä. ziehen); scherte ein; eingeschert
Ein|schicht, die; - (*südd., österr. für* Öde, Einsamkeit); **ein|schich|tig** (*südd., österr. für* abseits gelegen, einsam)
ein|schicken [*Trenn.* ...schik|ken]
ein|schie|ben; Ein|schieb|sel, das; -s, -; **Ein|schie|bung**
Ein|schie|nen|bahn
ein|schie|ßen; sich -
ein|schif|fen; sich -; **Ein|schif|fung**
einschl. = einschließlich
ein|schla|fen
ein|schlä|fe|rig *vgl.* einschläfig
ein|schlä|fern; ich schläfere ein (↑R 22); **ein|schlä|fernd; Ein|schlä|fe|rung**
ein|schlä|fig, ein|schläf|rig; -es Bett (für eine Person)
Ein|schlag; ein|schla|gen; ein|schlä|gig (zu etwas gehörend); **Ein|schlag|pa|pier**
ein|schläm|men *(Landw.)*; Sträucher - (stark bewässern)
ein|schlei|chen, sich
ein|schlei|fen; das hat sich bei ihr eingeschliffen (ist ihr zur Gewohnheit geworden)
ein|schlep|pen; Ein|schlep|pung
ein|schleu|sen; Ein|schleu|sung
ein|schlie|ßen; ein|schließ|lich (*Abk.* einschl.); *Präp. mit Gen.:* - des Kaufpreises; *ein alleinstehendes, stark gebeugtes Subst. steht im Sing. ungebeugt:* - Porto; *mit Dat., wenn bei Pluralformen der Gen. nicht erkennbar ist:* - Getränken; **Ein|schlie|ßung**
ein|schlum|mern
Ein|schlupf
Ein|schluß
ein|schmei|cheln, sich; sich [bei jmdm.] -; **Ein|schmei|che|lung; Ein|schmeich|ler; Ein|schmeich|lung**
ein|schmei|ßen (*ugs. für* einwerfen)
ein|schmel|zen; Ein|schmel|zung; Ein|schmel|zungs|pro|zeß
ein|schmie|ren; sich -
ein|schmug|geln
ein|schnap|pen (*ugs. auch für* gekränkt sein)

ein|schnei|den; ein|schnei|dend; -ste; -e Veränderung
ein|schnei|en
Ein|schnitt
ein|schnü|ren; Ein|schnü|rung
ein|schrän|ken; sich -; **Ein-schrän|kung**
ein|schrau|ben
Ein|schreib|brief, Ein|schrei|be-brief; ein|schrei|ben; Ein-schrei|ben, das; -s, - (eingeschriebene Postsendung); **Ein-schrei|be|sen|dung, Ein-schreib|sen|dung; Ein|schrei-bung**
ein|schrei|ten
ein|schrump|fen; Ein|schrump-fung
Ein|schub, der; -[e]s, Einschübe; **Ein|schub₋decke** [*Trenn.* ...dek-ke] *(Bauw.),* **...tech|nik** (die; -)
ein|schüch|tern; ich schüchtere ein (↑R 22); **Ein|schüch|te|rung; Ein|schüch|te|rungs|ver|such**
ein|schu|len; Ein|schu|lung; Ein-schu|lungs|al|ter, das; -s
ein|schü|rig; -e (nur eine Ernte im Jahr liefernde) Wiese
Ein|schuß; Ein|schuß|stel|le
ein|schwär|zen (*veraltet auch für* einschmuggeln)
ein|schwe|ben *(Flugw.)*
ein|schwei|ßen; in Folie ein|geschweiß|ter Aufschnitt
ein|schwen|ken (einen Richtungs- od. Gesinnungswechsel vollziehen)
ein|schwim|men *(Technik)*
ein|schwin|gen
ein|schwö|ren; er ist auf diese Mittel eingeschworen
ein|seg|nen; Ein|seg|nung
ein|seh|bar; ein|se|hen; Ein|se-hen, das; -s; ein - haben
ein|sei|fen (*ugs. auch für* anführen, betrügen)
ein|sei|tig; -es Rechtsgeschäft; **Ein|sei|tig|keit** *Plur. selten*
ein|sen|den; Ein|sen|der; Ein-sen|de|rin; Ein|sen|de₋schluß, ...ter|min; Ein|sen|dung
ein|sen|ken; sich -; **Ein|sen|kung**
Ein|ser *vgl.* Einer
ein|set|zen; Ein|set|zung
Ein|sicht, die; -, -en; in etwas - nehmen; **ein|sich|tig; Ein|sich-tig|keit,** die; -; **Ein|sicht|nah|me,** die; -, -n *(Amtsspr.);* **ein|sichts-₋los, ...voll**
ein|sickern [*Trenn.* ...sik|kern]
Ein|sie|de|glas *Plur.* ...gläser (*südd., österr. für* Einmachglas)
Ein|sie|de|lei; Ein|sie|deln (Abtei u. Wallfahrtsort in der Schweiz)
ein|sie|den (*südd., österr. für* einkochen, einmachen)
Ein|sied|ler; ein|sied|le|risch; -ste; **Ein|sied|ler|krebs**
Ein|sil|ber *vgl.* Einsilbler; **ein|sil-big; Ein|sil|big|keit,** die; -; **Ein-silb|ler,** Ein|sil|ber (einsilbiges Wort)
ein|si|lie|ren (*Landw.* in einem Silo einlagern)
ein|sin|gen; sich -
ein|sin|ken; Ein|sink|tie|fe
ein|sit|zen (*Rechtsspr.* im Gefängnis sitzen)
Ein|sit|zer; ein|sit|zig
ein₋som|me|rig *od.* **...söm|me|rig;** -e Forellen
ein|sor|tie|ren; Ein|sor|tie|rung, die; -
ein|spal|tig *(Druckw.)*
ein|span|nen
Ein|spän|ner (*österr. auch für* Mokka mit Schlagsahne; einzelnes Frankfurter Würstchen);
ein|spän|nig
ein|spa|ren; Ein|spar|mög|lich-keit; Ein|spa|rung; Ein|spa-rungs|maß|nah|me *meist Plur.*
ein|spei|cheln; Ein|spei|che|lung
ein|spei|sen (*Technik* zuführen, eingeben)
ein|sper|ren (*ugs. auch für* gefangensetzen)
ein|spie|len; Ein|spiel|er|geb|nis; Ein|spie|lung
ein|spin|nen; sich -
Ein|spon|be|trug (eine Form des Wirtschaftsbetrugs)
Ein|spra|che (*österr., schweiz. für* Einspruch)
ein|spra|chig; Ein|spra|chig|keit, die; -
ein|spre|chen; er hat auf sie eingesprochen
ein|spren|gen; Ein|spreng|sel
ein|sprin|gen
Ein|spritz|dü|se; ein|sprit|zen; Ein|sprit|zer (*ugs. für* Einspritzmotor); **Ein|spritz|mo|tor; Ein-sprit|zung**
Ein|spruch; - erheben; **Ein-spruchs|recht**
ein|sprü|hen
ein|spu|rig
Eins|sein
einst *(geh.);* **Einst,** das; - *(geh.);* das - und [das] Jetzt (↑R 67)
ein|stal|len *(Landw.);* Kühe -
ein|stamp|fen; Ein|stamp|fung
Ein|stand, der; -[e]s, Einstände; **Ein|stands|preis**
ein|stan|zen
ein|stau|ben (*österr. auch für* einstäuben); **ein|stäu|ben** (pudern)
ein|ste|chen
Ein|steck|bo|gen *(Druckw.);* **ein-stecken** [*Trenn.* ...stek|ken]; *vgl.* [2]stecken; **Ein|steck|kamm**
ein|ste|hen (bürgen)
Ein|stei|ge|dieb|stahl; ein|stei-gen; Ein|stei|ger *(ugs.)*
Ein|stein (dt.-amerik. Physiker); **Ein|stei|ni|um,** das; -s ⟨*nach* Einstein⟩ (chem. Element; *Zeichen* Es); **Ein|stein|sche Glei|chung,** die; -n - (↑R 134)
ein|stell|bar; ein|stel|len; sich -; **Ein|stell|platz; Ein|stel|lung; Ein|stel|lungs₋ge|spräch, ...stopp, ...test**
ein|stens (*veraltet für* einst)
Ein|stich; Ein|stich|stel|le
Ein|stieg, der; -[e]s, -e; **Ein-stiegs|dro|ge** (Droge, deren ständiger Genuß meist zur Einnahme stärkerer Rauschgifte führt)
ein|stie|len (mit Stiel versehen); einen Besen, Hammer -
ein|stig
ein|stim|men; sich -
ein|stim|mig; Ein|stim|mig|keit, die; -
Ein|stim|mung
ein|stip|pen *(landsch.);* das Brot - (eintauchen)
einst|ma|lig; einst|mals *(veraltend)*
ein|stöckig [*Trenn.* ...stök|kig]
ein|sto|ßen
ein|strah|len; Ein|strah|lung
ein|strei|chen; er strich das Geld ein (*ugs. für* nahm es an sich)
Ein|streu *(Landw.);* **ein|streu|en**
ein|strö|men
ein|stu|die|ren; Ein|stu|die|rung
ein|stu|fen; ein|stu|fig; Ein|stu-fung
ein|stül|pen; sich -; **Ein|stül|pung**
Ein|stun|den|takt; die Züge verkehren im -
ein|stür|men; alles stürmt auf ihn ein
Ein|sturz *Plur.* ...stürze; **Ein|sturz-be|ben; ein|stür|zen; Ein|sturz-ge|fahr,** die; -
einst|wei|len; einst|wei|lig *(Amtsspr.);* -e Verfügung
Eins|wer|den, das; -s *(geh.);* **Eins-wer|dung,** die; -
Ein|tags₋fie|ber, ...flie|ge
ein|tan|zen; Ein|tän|zer (in Tanzlokalen angestellter Tanzpartner); **Ein|tän|ze|rin**
ein|ta|sten (über eine Tastatur eingeben)
ein|tä|to|wie|ren
ein|tau|chen
Ein|tausch, der; -[e]s; **ein|tau-schen**
ein|tau|send; *vgl.* tausend
ein|ta|xie|ren
ein|tei|gen
ein|tei|len
ein|tei|lig
Ein|tei|lung; Ein|tei|lungs|prin|zip
Ein|tel, das, *schweiz. meist* der; -s, - (*Math.* Ganzes)
ein|tip|pen; den Betrag -
ein|tö|nig; Ein|tö|nig|keit, die; -
Ein|topf
ein|top|fen; eine Pflanze -
Ein|topf|ge|richt
Ein|tracht, die; -; **ein|träch|tig; Ein|träch|tig|keit,** die; -; **ein-träch|tig|lich** *(veraltet)*

Ein|trag, der; -[e]s, ...träge; **ein|tra|gen;** *vgl.* eingetragen; **ein|träg|lich; Ein|träg|lich|keit,** die; -; **Ein|tra|gung**
ein|trai|nie|ren
ein|trän|ken; jmdm. etwas - (*ugs. für* heimzahlen)
ein|träu|feln; Ein|träu|fe|lung, Ein|träuf|lung
ein|tref|fen
ein|treib|bar; ein|trei|ben; Ein|trei|ber; Ein|trei|bung
ein|tre|ten; in ein Zimmer, eine Verhandlung -; auf etwas - (*schweiz. für* auf etwas eingehen, mit der Beratung von etwas beginnen); **ein|tre|ten|den|falls** *(Amtsspr.); vgl.* Fall, der; **Ein|tre|tens|de|bat|te** (*schweiz. für* allg. Aussprache über eine Vorlage im Parlament)
ein|trich|tern (*ugs. für* einflößen; einprägen)
Ein|tritt; Ein|tritts‿geld, ...kar|te, ...preis
ein|trock|nen
ein|tröp|feln; Ein|tröp|fe|lung, Ein|tröpf|lung
ein|trü|ben; sich -; **Ein|trü|bung**
ein|tru|deln (*ugs. für* langsam eintreffen)
ein|tun|ken *(landsch.);* das Brot - (eintauchen)
ein|tü|rig; ein -er Schrank
ein|tü|ten (in Tüten füllen)
ein|üben; sich -; **Ein|über** (*für* Korrepetitor); **Ein|übung**
ein und aus ge|hen; *vgl.* [2]ein
ein und der|sel|be; *vgl.* derselbe
ein|[und|]ein|halb; ein[und]einhalbmal soviel; **ein|und|zwan|zig**
Ei|nung (*veraltet für* Einigung)
ein|ver|lei|ben; sich -; er verleibt ein, *auch* er einverleibt; einverleibt; einzuverleiben; **Ein|ver|lei|bung**
Ein|ver|nah|me, die; -, -n (*bes. österr., schweiz. für* Verhör); **ein|ver|neh|men** ‹*zu* Einvernahme›; **Ein|ver|neh|men,** das; -s; mit jmdm. in gutem - stehen; sich ins - setzen; **ein|ver|nehm|lich**
ein|ver|stan|den; ein|ver|ständ|lich; Ein|ver|ständ|nis; Ein|ver|ständ|nis|er|klä|rung
Ein|waa|ge, die; - (in Dosen o.ä. eingewogene Menge; Gewichtsverlust beim Wiegen)
[1]**ein|wach|sen;** ein eingewachsener Zehennagel
[2]**ein|wach|sen** (mit Wachs einreiben)
Ein|wand, der; -[e]s, ...wände
Ein|wan|de|rer; Ein|wan|de|rin; ein|wan|dern; Ein|wan|de|rung; Ein|wan|de|rungs‿be|hör|de, ...land
ein|wand|frei
ein|wärts; ein|wärts|ge|bo|gen; (↑R 209:) -e Stäbe, aber: die Stäbe sind einwärts gebogen; **ein|wärts|ge|hen** (mit einwärts gerichteten Füßen gehen)
ein|we|ben
ein|wech|seln; Ein|wech|se|lung, Ein|wechs|lung
ein|wecken[1] ([in Weckgläsern] einmachen); **Ein|weck|glas** *Plur.* ...gläser
Ein|weg‿fla|sche (Flasche zum einmaligen Gebrauch), **...glas, ...hahn** *(Chemie),* **...schei|be** (nur einseitig durchsichtige Glasscheibe), **...sprit|ze**
ein|wei|chen; *vgl.* [1]weichen; **Ein|wei|chung**
ein|wei|hen; Ein|wei|hung
ein|wei|sen; jmdn. in ein Amt -; **Ein|wei|ser; Ein|wei|sung**
ein|wen|den; ich wandte *od.* wendete ein, habe eingewandt *od.* eingewendet; **Ein|wen|der; Ein|wen|dung**
ein|wer|fen
ein|wer|tig *(fachspr.);* **Ein|wer|tig|keit,** die; -
ein|wickeln[1]; **Ein|wickel|pa|pier**[1]; **Ein|wick|lung**
ein|wie|gen
ein|wil|li|gen; Ein|wil|li|gung
ein|win|keln; die Arme -
ein|win|ken *(Verkehrsw.)*
ein|win|tern; ich wintere Kartoffeln ein (↑R 22)
ein|wir|ken; Ein|wir|kung; Ein|wir|kungs|mög|lich|keit
ein|woh|nen; Ein|woh|ner; Ein|woh|ne|rin; Ein|woh|ner|mel|de|amt; Ein|woh|ner|schaft; Ein|woh|ner‿ver|zeich|nis, ...zahl
ein|wüh|len; sich -
Ein|wurf
ein|wur|zeln; Ein|wur|ze|lung, Ein|wurz|lung
Ein|zahl, die; -, -en *Plur. selten* (*für* Singular)
ein|zah|len; Ein|zah|ler; Ein|zah|lung; Ein|zah|lungs‿be|leg, ...schal|ter, ...schein (*schweiz. für* Zahlkarte)
ein|zäu|nen; Ein|zäu|nung
ein|ze|hig *(Zool.)*
ein|zeich|nen; Ein|zeich|nung
ein|zei|lig
Ein|zel, das; -s, - (*Sportspr.* Einzelspiel); **Ein|zel‿ab|teil, ...ak|ti|on, ...aus|ga|be, ...be|ob|ach|tung, ...ding** (*Plur.* ...dinge), **...dis|zi|plin** *(Sportspr.),* **...er|schei|nung, ...fall** (der), **...gän|ger, ...gän|ge|rin, ...grab, ...haft** (die), **...han|del** (*vgl.* [1]Handel); **Ein|zel|han|dels|ge|schäft; Ein|zel|händ|ler; Ein|zel|heit; Ein|zel|kämp|fer, ...kind, ...lei|stung**
Ein|zel|ler (*Biol.* einzelliges Lebewesen); **ein|zel|lig**

[1] *Trenn.* ...k|k...

Ein|zel|mit|glied|schaft
ein|zeln; einzelnes neues Gerät; einzelnes Gutes; **I.** *Kleinschreibung* (↑R 66): der, die, das einzelne; einzelnes; ein einzelner; er als einzelner; einzelnes hat mir gefallen; einzelne sagen, ...; jeder einzelne; bis ins einzelne; alles einzelne; im einzelnen; zu sehr ins einzelne gehen. **II.** *Großschreibung* (↑R 65): vom Einzelnen (von der Einzelform, der Einzelheit) ins Ganze gehen; vom Einzelnen zum Allgemeinen; **Ein|zel‿per|son, ...rei|se, ...rich|ter, ...staat; ein|zeln|ste|hend;** ein -er Baum; **Ein|zel|ste|hen|de,** der *u.* die; -n, -n (↑R 7ff.); **Ein|zel‿stück, ...tä|ter, ...teil** (das), **...ver|kauf** (der; -s), **...we|sen, ...zel|le, ...zim|mer**
ein|ze|men|tie|ren
ein|zie|hen; Ein|zieh|schacht (*Bergmannsspr.* Schacht, durch den frische Luft einzieht); **Ein|zie|hung**
ein|zig; I. *Kleinschreibung* (↑R 66): der, die, das einzige; das einzige (*nicht:* einzigste) wäre, zu ...; ein einziger; kein einziger; etwas einziges; einzig schön; er ist einzig in seiner Art; er als einziger; einzig und allein. **II.** *Großschreibung* (↑R 65): Karl ist unser Einziger. **III.** *Getrenntschreibung:* ein - dastehendes Erlebnis; **ein|zig|ar|tig;** (↑R 65:) das -e ist, daß ...; **Ein|zig|ar|tig|keit; Ein|zig|keit,** die; -
Ein|zim|mer|woh|nung
ein|zuckern [*Trenn.* ...k|k...]
Ein|zug; [1]**Ein|zü|ger** (*schweiz. für* Einnehmer)
[2]**Ein|zü|ger** (mit einem Zug zu lösende Schachaufgabe)
Ein|zugs‿be|reich, ...er|mäch|ti|gung, ...ge|biet
ein|zwän|gen; Ein|zwän|gung
Ei|pul|ver (Trockenei)
Eire ['e:ri, *engl.* 'ɛərə] (*ir. Name von* Irland)
Ei|re|ne (griech. Göttin des Friedens, eine der [2]Horen)
ei|rund; Ei|rund
Eis, das; -es; [drei] - essen
eis, Eis, das; -, - (Tonbezeichnung)
Ei|sack, der; -s (l. Nebenfluß der Etsch)
Eis‿bahn, ...bär, ...be|cher, ...bein (eine Speise), **...berg, ...beu|tel; Eis|blink,** der; -[e]s, -e (*Meteor.* Widerschein des Polareises am Horizont); **Eis‿block** (*Plur.* ...blöcke), **...blu|me, ...bom|be, ...bre|cher, ...ca|fé** (Lokal; *vgl.* Eiskaffee)
Ei|schale *(bes. fachspr.);* **Ei|schnee, Ei|er|schnee**
Eis‿creme (*od.* ...krem), **...decke**

[*Trenn.* ...dek|ke], **...die|le; ei|sen** (mit Eis kühlen, mischen); du eist; ge|ei|ste Früchte

Ei|sen, das; -s, - (*nur Sing.:* chem. Element, Metall; *Zeichen* Fe; *vgl.* Ferrum; Gegenstand aus Eisen)

Ei|sen|ach (Stadt am Thüringer Wald); **Ei|sen|acher** (↑R 147)

Ei|sen|bahn; Ei|sen|bah|ner; Ei|sen|bahn‿fahr|plan (↑R 34), **...wa|gen, ...we|sen** (das; -s)

Ei|sen|bart[h] (dt. Wanderarzt); ein Doktor - (*übertr. für* derbe Kuren anwendender Arzt)

Ei|sen|bau *Plur.* ...bauten; **ei|sen|be|schla|gen; Ei|sen‿be|ton, ...blech, ...block** (*Plur.* ...blöcke), **...blü|te** (ein Mineral), **...fres|ser** (*ugs. für* Aufschneider), **...guß; ei|sen|hal|tig; ei|sen|hart**

Ei|sen|hower [...hauə(r)] (Präsident der USA)

Ei|sen|hut, der (eine Heil- u. Zierpflanze); **Ei|sen‿hüt|te, ...hüt|ten|we|sen** (das; -s), **...in|du|strie, ...lup|pe** *(Technik)*, **...rahm** (der; -[e]s, -e; ein Mineral); **ei|sen‿schaf|fend** (-e Industrie), **...schüs|sig** (eisenhaltig); **Ei|sen|stadt** (Hptst. des Burgenlandes in Österreich); **Ei|sen|stan|ge; ei|sen|ver|ar|bei|tend;** die -e Industrie (↑R 209); **Ei|sen|wa|ren** *Plur.*; **Ei|sen|wa|ren|hand|lung; Ei|sen|zeit,** die; - (frühgeschichtl. Kulturzeit); **ei|sern;** -e Disziplin; mit -er Faust; -er Wille; die -e Ration; die -e Lunge *(Med.)*; die -e Hochzeit (65. Jahrestag der Hochzeit); der -e Bestand; mit -em Besen auskehren *(ugs.)*; der -e Vorhang (feuersicherer Abschluß der Bühne gegen den Zuschauerraum), aber (↑R 157): der Eiserne Vorhang (undurchdringl. Trennlinie zwischen Ost und West in der Zeit des kalten Krieges); die Eiserne Krone (die lombard. Königskrone); das Eiserne Kreuz (ein Orden); (↑R 146:) das Eiserne Tor (Durchbruchstal der Donau)

Ei|ses|käl|te; Eis‿fach, ...flä|che; eis|frei; dieser Hafen ist -; **Eis|gang; eis|ge|kühlt; eis|glatt; Eis|glät|te; eis|grau; Eis|hei|li|gen** *Plur.* (Maifröste); die -; **Eis|hockey** [...hɔke:; *Trenn.* ...hok|key]; **Eis|hockey|län|der|spiel** [*Trenn.* ...hok|key...] (↑R 34); **ei|sig;** *Schreibung in Verbindung mit einem Adj.* (↑R 209): die eisigkalten Tage, aber: die Tage sind eisig kalt; **Eis‿jacht** (Schlitten zum Eissegeln), **...kaf|fee** (Kaffee mit Eis und Sahne; *vgl.* Eiscafé); **eis|kalt; Eis‿ka|sten** (*bes. südd., österr. für* Kühlschrank), **...krem** *od.* ...creme, **...kri|stall** *(meist Plur.)*, **...kü|bel; Eis|kunst|lauf,** der; -[e]s; **Eis|kunst|läu|fer; Eis|kunst|läu|fe|rin; Eis|lauf,** der; -[e]s; **eis|lau|fen** (↑R 207); ich laufe eis (↑R 64); bin eisgelaufen; eiszulaufen; (↑R 32:) eis- u. Ski laufen, aber: Ski u. eislaufen

Eis|le|ben (Stadt im östl. Harzvorland); **Eis|le|be|ner, Eis|le|ber** (↑R 147)

Eis|män|ner *Plur.* (*bayr., österr. für* Eisheilige); **Eis|meer;** (↑R 146:) das Nördliche -, das Südliche -; **Eis‿mo|nat** *od.* **...mond** (*alte Bez. für* Januar), **...pickel** [*Trenn.* ...pik|kel]

Ei|sprung (*Med.* Follikelsprung)

Eis|re|vue

Eiß, der; -es, -e *u.* Ei|ße, die; -, -n (*südd. u. schweiz. mdal. für* Blutgeschwür; Eiterbeule)

Eis|schie|ßen, das; -s (*svw.* Eisstockschießen); **Eis|schnellauf** [*Trenn.* ...schnell|lauf, ↑R 204], der; -[e]s; **Eis|schnel|läu|fer** [*Trenn.* ...schnell|läufer]; **Eis|schnelläu|fe|rin** [*Trenn.* ...schnell|läuferin]; **Eis‿schol|le, ...schrank, ...se|geln** (das; -s), **...sproß** *od.* **...spros|se** *(Jägerspr.)*, **...sta|di|on, ...stau; Eis|stock** *Plur.* ...stöcke (ein Sportgerät); - schießen, wir schießen -; **Eis|stock|schie|ßen,** das; -s; **Eis‿stoß** (*landsch. für* aufgestautes Eis in Flüssen), **...tanz, ...vo|gel, ...wein, ...wür|fel, ...zap|fen, ...zeit; eis|zeit|lich**

[1]ei|tel; ein eitler Mensch; **[2]ei|tel** (*veraltend für* nur, nichts als); - Sonnenschein; **Ei|tel|keit**

Ei|ter, der; -s; **Ei|ter‿beu|le, ...er|re|ger, ...herd; ei|te|rig,** eit|rig; **ei|tern; Ei|ter|pickel** [*Trenn.* ...pik|kel]; **Ei|te|rung; ei|trig** *vgl.* eiterig

Ei|weiß, das; -es, -e; 2 - (↑R 129); **Ei|weiß‿be|darf, ...ge|halt** (der), **...man|gel** (der); **ei|weiß|reich; Ei|weiß|stoff; Ei|zel|le**

Eja|ku|lat, das; -[e]s, -e ‹lat.› (*Med.* ausgespritzte Samenflüssigkeit); **Eja|ku|la|ti|on,** die; -, -en (Ausspritzung; Samenerguß); **eja|ku|lie|ren; Ejek|ti|on,** die; -, -en (*Geol.* Ausschleudern von Magma); **Ejek|tor,** der; -s, ...oren (Auswerfer bei Jagdgewehren; absaugende Strahlpumpe); **eji|zie|ren** (*Geol.* ausschleudern)

Ekart [e'ka:r], der; -s, -s ‹franz.› (*Börsenw.* Abstand zwischen Basis- u. Prämienkurs); **[1]Ekar|té** [...'te:], das; -s, -s (*Ballett* Stellung schräg zum Zuschauer)

[2]Ekar|té [...'te:], das; -s, -s ‹franz.› (ein Kartenspiel)

EKD = Evangelische Kirche in Deutschland

ekel *(geh.)*; ek|le Angelegenheit; **[1]Ekel,** der; -s; **[2]Ekel,** das; -s, - (*ugs. für* widerlicher Mensch); **ekel|er|re|gend,** aber (↑R 209): heftigen Ekel erregend; **ekel|haft;** -este; **ek[e]l|ig; ekeln;** es ekelt mich *od.* mir; sich -; ich ek[e]le mich (↑R 22)

Ekel|na|me (Spitz-, Übername)

EKG, Ekg = Elektrokardiogramm

Ek|ke|hard (*Scheffelsche Schreibung von* Eckehard)

Ek|kle|sia, die; - ‹griech.-lat.› (*Theol.* christl. Kirche); **Ek|kle|sia|sti|kus,** der; - (*in der Vulgata* Titel des Buches Jesus Sirach); **Ek|kle|sio|lo|gie,** die; - (Lehre von der Kirche)

Eklat [e'kla(:)], der; -s, -s ‹franz.› (aufsehenerregendes Ereignis, Skandal); **ekla|tant;** -este (aufsehenerregend; offenkundig)

Ek|lek|ti|ker ‹griech., „Auswähler"› (Vertreter des Eklektizismus); **ek|lek|tisch; Ek|lek|ti|zis|mus,** der; - (unschöpferische, unselbständige, mechan. Vereinigung zusammengetragener Gedanken-, Stilelemente usw.); **ek|lek|ti|zi|stisch**

ek|lig, ekel|lig

Ek|lip|se, die; -, -n ‹griech.› (Sonnen- od. Mondfinsternis); **Ek|lip|tik,** die; -, -en (scheinbare Sonnenbahn; Erdbahn); **ek|lip|tisch**

Ek|lo|ge, die; -, -n ‹griech.› (altröm. Hirtenlied)

Eko|no|mi|ser *vgl.* Economiser

Ekos|sai|se [ekɔ'sɛ:zə], die; -, -n ‹franz.› (ein Tanz)

Ekra|sit, das; -s ‹franz.› (ein Sprengstoff)

Ekrü|sei|de ‹franz.› (Rohseide)

Ek|sta|se, die; -, -n ‹griech.› ([religiöse] Verzückung; höchste Begeisterung); **Ek|sta|ti|ker; ek|sta|tisch;** -ste

Ek|ta|se, Ek|ta|sis, die; -, Ektasen ‹griech.› (*antike Verslehre* Dehnung eines Selbstlautes); **Ek|ta|sie,** die; -, ...ien (*Med.* Erweiterung); **Ek|ta|sis** *vgl.* Ektase

ek|to... ‹griech.› (außen...); **Ek|to...** (Außen...)

Ek|to|derm, das; -s, -e ‹griech.› (*Zool.* äußeres Keimblatt des Embryos); **Ek|to|derm|zel|le**

Ek|to|mie, die; -, ...ien ‹griech.› (*Med.* operative Entfernung)

Ek|to|pa|ra|sit ‹griech.› (*Med.* Schmarotzer der äußeren Haut)

Ekua|dor usw. *vgl.* Ecuador usw.

Ek|zem, das; -s, -e ‹griech.› (*Med.* eine Entzündung der Haut)

Ela|bo|rat, das; -[e]s, -e ‹lat.› (schriftl. Ausarbeitung; *meist abwertend für* Machwerk)

Elan, der; -s ‹franz.› (Schwung; Begeisterung)

Elast, der; -[e]s, -e *meist Plur.* ‹griech.› (elastischer Kunststoff); **Ela|stik,** das; -s, -s *od.* die; -, -en (ein elastisches Gewebe); **Ela|stik|akt** *(Artistik);* **ela|stisch** (biegsam, dehnbar, aber wieder in die Ausgangsform zurückstrebend; *übertr. für* flexibel); -ste; **Ela|sti|zi|tät,** die; - (Federkraft; Spannkraft); **Ela|sti|zi|täts_gren|ze, ...mo|dul** (der; -s, -n; *Physik, Technik* Meßgröße der Elastizität), **...ver|lust; Ela|sto|mer,** das; -s, -e *u.* **Ela|sto|me|re,** das; -n, -n *meist Plur.;* ↑R 7 ff. ([synthetischer] Kautschuk u. ä.)

Ela|tiv, der; -s, -e [...və] ‹lat.› (*Sprachw.* absoluter Superlativ [ohne Vergleich], z. B. „beste [= sehr gute] Lage“)

El|ba (ital. Mittelmeerinsel)

elb|ab|wärts; elb|auf|wärts; El|be, die; - (ein Strom); **El|be-Lü|beck-Ka|nal,** der; -s (↑R 150); **El|be|sei|ten|ka|nal,** der; -s (↑R 149)

Elb-Flo|renz; ↑R 154 (*Bez. für* Dresden); **Elb_kahn, ...mün|dung** (die; -)

El|brus, der; - (höchste Erhebung des Kaukasus)

Elb|sand|stein|ge|bir|ge, das; -s (↑R 149); **Elb_strand** (der; -[e]s), **...strom** (der; -[e]s)

El|burs, der; - (iran. Gebirge)

Elch, der; -[e]s, -e (Hirschart); **Elch_bul|le** (der), **...jagd, ...kuh**

El|do|ra|do, Do|ra|do, das; -s, -s ‹span.› (sagenhaftes Goldland in Südamerika; *übertr. für* Paradies)

Elea|te, der; -n, -n *meist Plur.;* ↑R 180 *u.* ↑R 197 (Vertreter einer altgriech. Philosophenschule); **elea|tisch;** -e Schule

Ele|fant, der; -en, -en (↑R 197) ‹griech.›; **Ele|fan|ten_bul|le** (der), **...fuß** (runder Trittschemel), **...hoch|zeit** (*ugs. für* Zusammenschluß von mächtigen Unternehmen, Verbänden o. ä.); **Ele|fan|ten_kuh, ...ren|nen** (*ugs. für* langwieriger Überholvorgang zwischen Lastwagen); **Ele|fan|tia|sis,** die; -, ...iasen (*Med.* unförmige Hautverdickung)

ele|gant; -este ‹franz.›; **Ele|gant** [ele'gã:], der; -s, -s (*veraltet für* sich übertrieben modisch kleidender Mann); **Ele|ganz,** die; -

Ele|gie, die; -, ...ien ‹griech.› (eine Gedichtform; Klagelied); **Ele|gi|en|dich|ter; Ele|gi|ker** (Elegiendichter); **ele|gisch** (wehmütig); -ste; **Eleg|jam|bus** (ein altgriech. Versmaß)

Elei|son [*auch* e'leizɔn], das; -s, -s ‹griech., „Erbarme dich!“› (Bittformel im gottesdienstl. Gesang); *vgl.* Kyrie eleison

elek|tiv ‹lat.› (auswählend); *vgl.* selektiv; **Elek|to|rat,** das; -[e]s, -e (*früher für* Kurfürstentum, Kurwürde)

Elek|tra (griech. Sagengestalt)

Elek|tri|fi|ka|ti|on, die; -, -en ‹griech.› (*schweiz. neben* Elektrifizierung); **elek|tri|fi|zie|ren** (auf elektr. Betrieb umstellen); **Elek|tri|fi|zie|rung; Elek|trik,** die; - (Gesamtheit einer elektr. Anlage; *ugs. für* Elektrizitätslehre); **Elek|tri|ker; elek|trisch;** -e Eisenbahn; -e Lokomotive (*Abk.* E-Lok); -er Strom; -er Stuhl; -es Feld; -es Klavier; **Elek|tri|sche,** die; -n, -n (*ugs. veraltet für* elektr. Straßenbahn); vier -[n]; **elek|tri|sie|ren; Elek|tri|sier|ma|schi|ne; Elek|tri|zi|tät,** die; -; **Elek|tri|zi|täts|werk** (*Abk.* E-Werk); **Elek|tro|aku|stik**[1] (Umwandlung von Schall in elektr. Spannung u. umgekehrt); **elek|tro|aku|stisch**[1]; **Elek|tro|au|to; Elek|tro|che|mie**[1]; **elek|tro|che|misch**[1]; -e Spannungsreihe; **Elek|tro|de,** die; -, -n (den Stromübergang vermittelnder Leiter); **Elek|tro|dy|na|mik**[1]; **elek|tro|dy|na|misch**[1]; **Elek|tro|en|ze|pha|lo|gramm** (*Med.* Aufzeichnung der Hirnströme; *Abk.* EEG); **Elek|tro|ge|rät; Elek|tro|gra|phie,** die; - (*Elektrotechnik, EDV* galvanische Hochätzung); **Elek|tro_herd, ...in|du|strie, ...in|ge|nieur, ...in|stal|la|teur; Elek|tro|kar|dio|gramm** (*Med.* Aufzeichnung der Aktionsströme des Herzens; *Abk.* EKG, Ekg); **Elek|tro|kar|re[n]; Elek|tro|ly|se,** die; -, -n (elektr. Zersetzung chem. Verbindungen); **Elek|tro|lyt,** der; *Gen.* -s, *selten* -en, *Plur.* -e, *selten* -en (durch Strom zersetzbarer Stoff); **elek|tro|ly|tisch;** -e Dissoziation; **Elek|tro|ma|gnet**[1]; **elek|tro|ma|gne|tisch**[1]; -es Feld; -e Wellen; **Elek|tro_me|cha|ni|ker, ...mei|ster; Elek|tro|me|ter,** das; -s, -; **Elek|tro_mon|teur, ...mo|tor**

[1]**Elek|tron** [*auch* e'lɛk..., ...'tro:n], das; -s, ...onen (*Kernphysik* negativ geladenes Elementarteilchen); [2]**Elek|tron** (Wz), das; -s (eine Magnesiumlegierung); **Elek|tro|nen_blitz, ...[ge|]hirn, ...mi|kro|skop, ...or|gel, ...rech|ner, ...röh|re, ...schleu|der** (*für* Betatron), **...stoß** (Stoß eines Elektrons auf Atome), **...theo|rie** (Lehre vom Elektron), **...volt** (*vgl.* Elektronvolt); **Elek|tro|nik,** die; - (Zweig der Elektrotechnik; Gesamtheit der elektron. Bauteile einer Anlage); **Elek|tro|ni|ker** (Berufsbez.); **elek|tro|nisch;** -e Musik; -e Datenverarbeitung (*Abk.* EDV); **Elek|tron|volt,** Elek|tro|nen|volt (Energieeinheit der Kernphysik; *Zeichen* eV)

Elek|tro|ofen; Elek|tro|pho|re|se, die; - (Transport elektr. geladener Teilchen durch elektr. Strom); **Elek|tro|phy|sik**[1]; **Elek|tro_ra|sie|rer, ...ra|sur, ...schock** (der); **Elek|tro|sta|tik; elek|tro|sta|tisch; Elek|tro_tech|nik**[1] (die; -), **...tech|ni|ker**[1]; **elek|tro|tech|nisch**[1]; **Elek|tro|the|ra|pie; Elek|tro|to|mie,** die; -, ...ien (*Med.* Operation mit elektr. einer Schneidschlinge)

Ele|ment, das; -[e]s, -e ‹lat.› (Urstoff; Grundbestandteil; chem. Grundstoff; Naturgewalt; ein elektr. Gerät; *meist Plur.: abwertend für* verdächtige, zwielichtige Person; *vgl.* Elemente); er ist, fühlt sich in seinem -; **ele|men|tar** (grundlegend; naturhaft; einfach; Anfangs...); -e Begriffe; -e Gewalt; **Ele|men|tar_ge|walt** (Naturgewalt), **...schu|le** (Anfänger-, Volksschule), **...teil|chen** (Atom[kern]baustein); **Ele|men|te** *Plur.* (Grundbegriffe [einer Wissenschaft])

Ele|mi, das; -s ‹arab.› (trop. Harz); **Ele|mi|öl,** das; -[e]s

Elen, das, *seltener* der; -s, - ‹lit.› (Elch); **Elen|an|ti|lo|pe**

elend; ...este; **Elend,** das; -[e]s; **elen|dig** *(landsch.),* **elen|dig|lich** *(geh.);* **Elends_ge|stalt, ...quar|tier, ...vier|tel**

Elen|tier (Elen, Elch)

Eleo|no|re; ↑R 180 (w. Vorn.)

Ele|phan|tia|sis *vgl.* Elefantiasis

Eleu|si|ni|en [...iən] *Plur.* ‹*nach* Eleusis› (Fest mit Prozession zu Ehren der griech. Ackerbaugöttin Demeter); **eleu|si|nisch,** aber (↑R 157): die Eleusinischen Mysterien (Geheimkult im alten Athen); **Eleu|sis** (altgriech. Ort)

Ele|va|ti|on [...v...], die; -, -en ‹lat.› (Erhebung; Emporheben der Hostie u. des Kelches beim kath. Meßopfer; *Astron.* Höhe eines Gestirns über dem Horizont); **Ele|va|tor,** der; -s, ...oren (*Technik* Förder-, Hebewerk); **Ele|ve,** der; -n, -n (↑R 197) ‹franz.› (Schauspiel-, Ballettschüler; Land- u. Forstwirt während der prakt. Ausbildungszeit); **Ele|vin**

elf; wir sind zu elfen *od.* zu elft; *vgl.* acht

[1]**Elf,** der; -en, -en; ↑R 197 (m. Naturgeist)

[2]**Elf,** die; -, -en (Zahl; [Fußball]mannschaft); *vgl.* [1]Acht

[1] [*auch* e'lɛk...]

[1] [*auch* e'lɛk...]

El|fe, die; -, -n (w. Naturgeist)
Elf|eck; elf|eckig [*Trenn.* ...ek|kig]; **elf|ein|halb,** elf|und|ein|halb
El|fen|bein, das; -[e]s, -e *Plur. selten;* **el|fen|bei|nern** (aus Elfenbein); **el|fen|bein|far|ben;** [1]**El|fen|bein|kü|ste,** die; - (Küstenstreifen in Westafrika); [2]**El|fen|bein|kü|ste,** die; -; *auch ohne Artikel* (Staat in Westafrika); **El|fen|bein_schnit|zer, ...turm** (im - [abgekapselt] leben)
el|fen|haft; El|fen|rei|gen
El|fer (*ugs. für* Elfmeter); *vgl.* Achter; **el|fer|lei; El|fer_rat** (beim Karneval), **...wet|te** (beim Fußballtoto); **elf|fach; Elf|fa|che,** das; -n; *vgl.* Achtfache
El|fi (w. Vorn.)
el|fisch ‹*zu* [1]Elf›
elf|mal; *vgl.* achtmal; **elf|ma|lig; Elf|me|ter,** der; -s, - (Strafstoß beim Fußball); **Elf|me|ter_mar|ke, ...punkt; elf|me|ter|reif;** -e Situationen; **Elf|me|ter_schie|ßen, ...schuß** (↑R 212), **...tor**
El|frie|de (w. Vorn.)
elft; *vgl.* elf; **elf|tau|send;** *vgl.* tausend; **elf|te;** der Elfte im Elften (karnevalist. Bezeichnung für den 11. November); *vgl.* achte; **elf|tel;** *vgl.* achtel; **Elf|tel,** das, *schweiz. meist* der; -s, -; *vgl.* Achtel; **elf|tens; elf|[und|]ein|halb**
Eli|as, *ökum.* Eli|ja (Prophet im A. T.)
eli|die|ren ‹lat.› (*Sprachw.* eine Elision vornehmen); **Eli|die|rung**
Eli|gi|us (ein Heiliger)
Eli|ja *vgl.* Elias
Eli|mi|na|ti|on, die; -, -en ‹lat.› (Beseitigung, Ausscheidung); **eli|mi|nie|ren; Eli|mi|nie|rung**
Eliot ['ɛljət] (amerik.-engl. Schriftsteller)
Eli|sa (w. Vorn.); [1]**Eli|sa|beth** (w. Vorn.); [2]**Eli|sa|beth,** *ökum.* Eli|sa|bet (bibl. w. Eigenn.); **eli|sa|be|tha|nisch,** a b e r (↑R 134): das Elisabethanische England
Eli|se (w. Vorn.)
Eli|si|on, die; -, -en ‹lat.› (*Sprachw.* Auslassung eines unbetonten Vokals, z. B. des „e" in „Wand[e]rung")
eli|tär (einer Elite angehörend, auserlesen); **Eli|te** [*österr.* ɛ'lit], die; -, -n ‹franz.› (Auslese der Besten); **Eli|te|trup|pe** *(Milit.)*
Eli|xier, das; -s, -e ‹griech.› (Heil-, Zaubertrank)
El|ke (w. Vorn.)
El|la (w. Vorn.)
Ell|bo|gen, El|len|bo|gen, der; -s, ...bogen; **Ell|bo|gen|frei|heit,** El|len|bo|gen|frei|heit, die; -
El|le, die; -, -n (ein Unterarmknochen; alte Längeneinheit); drei -n Tuch (↑R 129)
El|len (w. Vorn.)
El|len|bo|gen *vgl.* Ellbogen; **El|len|bo|gen|frei|heit** *vgl.* Ellbogenfreiheit; **El|len|bo|gen|ge|sell|schaft** *(abwertend);* **el|len|lang** *(ugs.)*
El|ler, die; -, -n (*nordd. für* Erle)
El|li (w. Vorn.)
El|lip|se, die; -, -n ‹griech.› (*Sprachw.* Ersparung von Redeteilen, z. B. „[ich] danke schön"; Auslassungssatz; *Math.* Kegelschnitt); **el|lip|sen|för|mig; El|lip|so|id,** das; -[e]s, -e (*Geom.* durch Drehung einer Ellipse entstandener Körper); **el|lip|tisch** (in der Form einer Ellipse; *Sprachw.* unvollständig); -e Geometrie; **El|lip|ti|zi|tät,** die; - (*Astron.* Abplattung)
El|lok, die; -, -s; *vgl.* E-Lok
Ell|wan|gen (Jagst) (Stadt an der Jagst); **Ell|wan|ger** (↑R 147)
El|ly (w. Vorn.)
Elm, der; -s (Höhenzug südöstl. von Braunschweig)
El|mar, El|mo (m. Vorn.)
Elms|feu|er (elektr. Lichterscheinung); *vgl. auch* Sankt
Elo|ge [...ʒə], die; -, -n ‹franz.› (Lob, Schmeichelei)
Elo|him ‹hebr.› (*im A. T.* Gottesbezeichnung)
E-Lok, die; -, -s; ↑R 38 (= elektrische Lokomotive)
Elon|ga|ti|on, die; -, -en ‹lat.› (*Physik* Ausschlag des Pendels; *Astron.* Winkel zwischen Sonne u. Planeten)
elo|quent; -este ‹lat.› (beredt); **Elo|quenz,** die; -
Elo|xal ⓦ, das; -s (Schutzschicht auf Aluminium); **elo|xie|ren**
El|rit|ze, die; -, -n (ein Karpfenfisch)
Els, El|sa (w. Vorn.)
El Sal|va|dor [- ...v...] (mittelamerik. Staat); *vgl.* Salvadorianer *u.* salvadorianisch
El|saß, das; *Gen.* - *u.* ...sasses; **El|säs|ser** (↑R 147); **El|säs|se|rin; el|säs|sisch; El|saß-Loth|rin|gen; el|saß-loth|rin|gisch**
Els|beth, El|se (w. Vorn.)
El|se|vir *vgl.* Elzevir
El|si (w. Vorn.)
[1]**El|ster,** die; - (Flußname); die Schwarze -, die Weiße - (↑R 146)
[2]**El|ster,** die; -, -n (ein Vogel); **El|stern|nest**
El|ter, das *u.* der; -s, -n (*fachspr. für* ein Elternteil); **el|ter|lich;** -e Gewalt; **El|tern** *Plur.;* **El|tern_abend, ...ak|tiv** (Elternvertretung einer Schulklasse in der ehem. DDR); **El|tern_bei|rat, ...haus, ...lie|be; el|tern|los; El|tern|recht; El|tern|schaft** *Plur. selten;* **El|tern_se|mi|nar, ...teil** (der)
Elt|vil|le am Rhein [ɛlt'vilə, *auch* 'ɛlt...] (Stadt im Rheingau)
El|vi|ra [ɛl'vi:ra] (w. Vorn.)
ely|sä|isch *vgl.* ely|sisch; **Ely|see** [eli...], das; -s ‹franz.› (Palast in Paris); **ely|sisch** ‹griech.› (wonnevoll, paradiesisch); -e Gefilde; **Ely|si|um** [e'ly:...], das; -s ‹griech.› (Aufenthaltsort der Seligen in der griech. Sage)
Ely|tron, das; -s, ...ytren *meist Plur.* ‹griech.› (*Zool.* Deckflügel [der Insekten])
El|ze|vir ['ɛlzəvi:r], die; - ‹nach der niederl. Buchdruckerfamilie Elsevi(e)r› (*Druckw.* eine Antiquadruckschrift); **El|ze|vi|ria|na** *Plur.;* ↑R 180 (Elzevirdrucke)
em. = emeritiert, emeritus (*vgl.* Emerit)
Email [e'mai, *auch* e'ma:j, *österr.* e'mail], das; -s, -s *(österr. nur so) u.* Email|le [e'maljə, *auch* e'ma:j], die; -, -n ‹franz.› (Schmelzüberzug); **Email|far|be; Email|le** *vgl.* Email; **Email|leur** [ema(l)'jø:r], der; -s, -e (Schmelzarbeiter); **email|lie|ren** [ema(l)'ji:..., *österr.* emai'li:...]; **Email|lier_ofen, ...werk; Email|ma|le|rei**
Eman, das; -s, -[s] ‹lat.› (alte Maßeinheit für den radioaktiven Gehalt, bes. im Quellwasser); 5 -;
Ema|na|ti|on, die; -, -en ‹lat., „Ausfluß"› (das Ausströmen; Ausstrahlung); **ema|nie|ren**
Ema|nu|el [...e:l, *auch* ...ɛl], Im|ma|nu|el (m. Vorn.); **Ema|nue|la** (w. Vorn.); ↑R 180
Eman|ze, die; -, -n ‹lat.› (*ugs. abwertend für* emanzipierte, sich für die Emanzipation einsetzende Frau); **Eman|zi|pa|ti|on,** die; -, -en (Befreiung von Abhängigkeit; Gleichstellung); **Eman|zi|pa|ti|ons_be|we|gung, ...stre|ben; eman|zi|pa|to|risch; eman|zi|pie|ren;** sich -; **eman|zi|piert** (unabhängig; frei von überkommenen Vorstellungen); **Eman|zi|pie|rung,** die; -
Em|bal|la|ge [ãba'la:ʒə, *österr.* ...'la:ʒ], die; -, -n [...'la:ʒ(ə)n] ‹franz.› (Verpackung [einer Ware]); **em|bal|lie|ren**
Em|bar|go, das; -s, -s ‹span.› (Zurückhalten od. Beschlagnahme [von Schiffen] im Hafen; Ausfuhrverbot)
Em|blem [*auch* ã'ble:m], das; -s, -e ‹franz.› (Kennzeichen, Hoheitszeichen; Sinnbild); **Em|ble|ma|tik,** die; - (sinnbildliche Darstellung; Emblemforschung); **em|ble|ma|tisch** (sinnbildlich)
Em|bo|lie, die; -, ...ien ‹griech.› (*Med.* Verstopfung eines Blutgefäßes); **Em|bo|lus,** der; -, ...li (*Med.* Pfropf, Fremdkörper in der Blutbahn)

Em|bon|point [ãbɔ̃'po̤ɛ̃:], das *od.* der; -s ‹franz.› (*veraltet für* Wohlbeleibtheit; dicker Bauch)
Em|bryo, der, *österr. auch* das; -s, *Plur.* -s *u.* ...o̲nen ‹griech.› (noch nicht geborenes Lebewesen); **Em|bryo|lo|gie,** die; - (Lehre von der Entwicklung des Embryos); **em|bryo|nal, em|bryo|nisch** (im Anfangsstadium der Entwicklung); **Em|bryo|trans|fer** (*Biol.* Übertragung u. Einpflanzung von Eizellen, die außerhalb des Körpers befruchtet wurden)
Emd, das; -[e]s (*schweiz. für* Grummet); *vgl.* Öhmd; **em|den** (*schweiz. für* Grummet machen)
Em|den (Hafenstadt an der Emsmündung); **Em|der,** *auch* **Em|dener** (↑R 147)
Em|det, *der; -s (schweiz. für* zweiter Grasschnitt)
Emen|da|ti|on, die; -, -en ‹lat.› (*Literaturw.* Verbesserung, Berichtigung [von Texten]); **emen|die|ren**
Eme|ren|tia, Eme|renz (w. Vorn.)
Eme|rit, der; -en, -en (↑R 197) ‹lat.› (*kath. Kirche* im Alter dienstunfähig gewordener Geistlicher; *vgl.* em.); **eme|ri|tie|ren** (in den Ruhestand versetzen); **eme|ri|tiert** (*Abk.* em.); -er Professor; **Eme|ri|tie|rung; eme|ri|tus** *vgl.* emeritiert; **Eme|ri|tus,** der; -, ...ti (emeritierter Hochschulprofessor); *vgl.* Emerit
Eme|ti|kum, das; -s, ...ka ‹griech.› (*Pharm.* Brechmittel); **eme|tisch** (Brechen erregend)
Emi|grant, der; -en, -en (↑R 197) ‹lat.› (Auswanderer [bes. aus polit. od. religiösen Gründen]); **Emi|gran|ten|schick|sal; Emi|gran|tin; Emi|gra|ti|on,** die; -, -en; **emi|grie|ren**
Emil (m. Vorn.); **Emi|lia, Emi|lie** [...i̯ə] (w. Vorn.)
emi|nent ‹lat.› (hervorragend; außerordentlich); **Emi|nenz,** die; -, -en (früherer Titel der Kardinäle); *vgl. auch* euer *u.* [1]sein; *vgl.* grau
Emir [*auch* e'mi:r], der; -s, -e ‹arab.› (arab. [Fürsten]titel); **Emi|rat,** das; -[e]s, -e (arab. Fürstentum)
Emis|sär, der; -s, -e ‹franz.› (Abgesandter mit geheimem Auftrag); **Emis|si|on,** die; -, -en ‹lat.› (*Physik* Ausstrahlung; *Technik* Abblasen von Gasen, Ruß u. ä. in die Luft; *Wirtsch.* Ausgabe [von Wertpapieren]; *Med.* Entleerung); **Emis|si|ons|stopp; Emit|tent,** der; -en, -en; ↑R 197 (*Bankw.* Ausgeber von Wertpapieren); **Emit|ter,** der; -s, - ‹engl.› (*Technik* Teil des Transistors); **emit|tie|ren** ‹lat.›; Wertpapiere - (ausgeben); Elektronen - (*Physik* aussenden)
Em|ma (w. Vorn.)
Em|ma|us (bibl. Ort)
Emm|chen *meist Plural* (*ugs. scherzh. für* Mark); zehn -
Em|me, die; - (Nebenfluß der Aare); Kleine - (Nebenfluß der Reuß)
Em|men|tal, das; -[e]s (schweiz. Landschaft); [1]**Em|men|ta|ler** (↑R 147); - Käse; [2]**Em|men|ta|ler,** der; -s, - (ein Käse)
Em|mer, der; -s (eine Weizenart)
Em|me|rich (m. Vorn.); **Em|mi** (w. Vorn.); **Em|mo** (m. Vorn.)
e-Moll [*auch* 'e:'mɔl], das; - (Tonart; *Zeichen* e); **e-Moll-Ton|lei|ter** (↑R 41)
Emo|ti|on, die; -, -en ‹lat.› (Gemütsbewegung, seelische Erregung); **emo|tio|nal** (gefühlsmäßig; seelisch erregt); **emo|tio|na|li|sie|ren; Emo|tio|na|li|tät,** die; -; **emo|tio|nell** *vgl.* emotional; **emo|ti|ons‿frei, ...ge|la|den** (eine -e Diskussion), **...los**
EMPA, Em|pa = Eidgenössische Materialprüfungs- und Forschungsanstalt
Em|pa|thie, die; - ‹griech.› (*Psych.* Fähigkeit, sich in andere hineinzuversetzen); **em|pa|thisch**
Em|pe|do|kles (altgriech. Philosoph)
Emp|fang, der; -[e]s, ...fänge; **emp|fan|gen;** du empfängst; du empfingst; du empfingest; empfangen; empfang[e]!; **Emp|fän|ger; Emp|fän|ger|ab|schnitt; Emp|fän|ge|rin; emp|fäng|lich; Emp|fäng|lich|keit,** die; -; **Emp|fang|nah|me,** die; - *(Amtsspr.)*; **Emp|fäng|nis,** die; -, -se; **emp|fäng|nis|ver|hü|tend;** ein -es Mittel; **Emp|fäng|nis‿ver|hü|tung, ...zeit; Emp|fangs|an|ten|ne; emp|fangs|be|rech|tigt;** allein - sein; **Emp|fangs‿be|schei|ni|gung, ...be|stä|ti|gung, ...chef, ...da|me, ...saal, ...sta|ti|on, ...stö|rung, ...zim|mer**
emp|feh|len; du empfiehlst; du empfahlst; du empföhlest, *auch* empfählest; empfohlen; empfiehl!; sich -; **emp|feh|lens|wert; Emp|feh|lung; Emp|feh|lungs‿brief, ...schrei|ben**
emp|find|bar; emp|fin|den; du empfandst; du empfändest; empfunden; empfind[e]!; **Emp|fin|den,** das; -s; **emp|find|lich; Emp|find|lich|keit; emp|find|sam;** -e Dichtung; **Emp|find|sam|keit,** die; -; **Emp|fin|dung; emp|fin|dungs|los; Emp|fin|dungs|lo|sig|keit,** die; -; **Emp|fin|dungs|wort** *Plur.* ...wörter (*für* Interjektion)
Em|pha|se, die; -, -n ‹griech.› (Nachdruck [im Reden]); **em|pha|tisch** (mit Nachdruck, stark)
Em|phy|sem, das; -s, -e ‹griech.› (*Med.* Luftansammlung im Gewebe)
[1]**Em|pire** [ã'pi:r], das; *Gen.* -s, *fachspr. auch* - ‹franz.› (Kunststil der Zeit Napoleons I.); [2]**Em|pi|re** ['ɛmpa̤i̯ə(r)], das; -[s] ‹engl.› (das frühere britische Weltreich)
Em|pi|rem, das; -s, -e ‹griech.› (Erfahrungstatsache)
Em|pire|stil [ã'pi:r...], der; -[e]s ‹*zu* [1]Empire›
Em|pi|rie, die; - ‹griech.› (Erfahrung, Erfahrungswissen[schaft]); **Em|pi|ri|ker; Em|pi|rio|kri|ti|zis|mus** (eine Richtung der Philosophie, die sich allein auf die kritische Erfahrung beruft); **em|pi|risch; Em|pi|ris|mus,** der; - (Lehre, die allein die Erfahrung als Erkenntnisquelle gelten läßt); **Em|pi|rist,** der; -en, -en (↑R 197); **em|pi|ri|stisch;** -ste
em|por; em|por... (*in Zus. mit Verben,* z. B. emporkommen, du kamst empor, emporgekommen, emporzukommen); **em|por‿ar|bei|ten** (sich -), **...blicken** [*Trenn.* ...k|k...]; **Em|po|re,** die; -, -n (erhöhter Sitzraum [in Kirchen]); **em|pö|ren;** sich -; **em|pö|rend** (unerhört); **Em|pö|rer** (*geh. für* Rebell); **em|pö|re|risch;** -ste; **em|por|kom|men; Em|por|kömm|ling** *(abwertend);* **em|por‿ra|gen, ...schla|gen, ...stei|gen, ...stre|ben; Em|pö|rung; Em|pö|rungs|schrei**
em|py|re|isch ‹griech.› (lichtstrahlend; himmlisch); **Em|py|re|um,** das; -s (Himmel in der antiken u. scholast. Philosophie; *bei Dante* Ort der Seligen)
Ems, die; - (Fluß in Nordwestdeutschland)
[1]**Em|scher,** die; - (r. Nebenfluß des Niederrheins); [2]**Em|scher,** das; -s ‹*nach* [1]Emscher› (eine geolog. Stufe)
Em|ser ‹*nach* Bad Ems› (↑R 147); Emser Depesche; Emser Salz
em|sig; Em|sig|keit, die; -
Ems-Ja|de-Ka|nal, der; -s (↑R 150)
Emu, der; -s, -s ‹port.› (ein straußenähnl. Laufvogel)
Emu|la|ti|on, die; -, -en ‹lat.-engl.› (*EDV* Nachahmung der Funktionen eines anderen Computers)
Emul|ga|tor, der; -s, ...o̲ren ‹lat.› (*Chemie* Stoff, der die Bildung einer Emulsion ermöglicht); **emul|gie|ren** (eine Emulsion bilden); **Emul|sin,** das; -s (Ferment in bitteren Mandeln); **Emul|si|on,** die; -, -en (feinste Verteilung einer Flüssigkeit in einer ande-

ren, nicht mit ihr mischbaren Flüssigkeit; lichtempfindl. Schicht auf fotogr. Platten, Filmen u. ä.)
E-Mu|sik, die; -; ↑R 38 (*kurz für* ernste Musik; *Ggs.* U-Musik)
Ena|ki|ter, Enaks|kin|der, Enaks-söh|ne *Plur.* (*im A. T.* sagenhaftes Volk von Riesen)
En|al|la|ge [ɛn'alage, *auch* ɛnˌala'ge:], die; - ‹griech.› (Versetzung des Attributs, z. B. „mit einem blauen Lächeln seiner Augen" *statt* „mit einem Lächeln seiner blauen Augen")
En|an|them, das; -s, -e ‹griech.› (*Med.* Schleimhautausschlag)
en avant! [ãna'vã:] ‹franz.› (vorwärts!)
en bloc [ã 'blɔk] ‹franz.› (im ganzen); **En-bloc-Ab|stim|mung** (↑R 41)
en car|riè|re [ã ka'ri̯ɛ:r] ‹franz.› (in vollem Lauf)
en|co|die|ren *vgl.* enkodieren
En|coun|ter [in'kau̯ntə(r)], das, *auch* der; -s, - ‹engl.› (*Psych.* Gruppentraining zur Steigerung der Empfindungsfähigkeit)
End_ab|rech|nung, ...aus|schei-dung, ...bahn|hof, ...be|scheid, ...be|trag; End|chen; ein - Schnur; **End_drei|ßi|ger** (Mann Ende Dreißig), **...drei|ßi|ge|rin; En|de,** das; -s, -n; am -; am - sein; zu - sein, bringen, führen, gehen, kommen; das dicke - kommt nach *(ugs.)*; - Januar; letzten Endes; **End|ef|fekt;** im -; **En|del,** das; -s, - (*bayr., österr. für* Stoffrand); **en|deln** (*bayr., österr. für* Stoffränder einfassen); ich end[e]le (↑R 22)
En|de|mie, die; -, ...ien ‹griech.› (*Med.* örtlich begrenztes Auftreten einer Infektionskrankheit); **en|de|misch** *(Med., Biol.)*; **En-de|mis|mus,** der; - (*Biol.* begrenztes Vorkommen von Tieren u. Pflanzen in einem bestimmten Bezirk)
en|den; nicht enden wollender Beifall; **...en|der** (z. B. Achtender); **End_er|folg, ...er|geb|nis**
en dé|tail [ã de'ta̯i, *auch* de'ta:j] ‹franz.› (im kleinen; einzeln; im Einzelverkauf; *Ggs.* en gros); *vgl.* Detail
End_fas|sung, ...ge|schwin|dig-keit; end|gül|tig; End|gül|tig-keit; End|hal|te|stel|le; en|di-gen (*älter für* enden); **En|di-gung** *(veraltet)*
En|di|vie [...vi̯ə], die; -, -n ‹ägypt.› (Salatpflanze); **En|di|vi|en|sa|lat**
End_kampf, ...kon|so|nant; End-la|ger; end|la|gern *nur im Inf. u. Partizip II gebr.*; **End_la|ger|stät-te, ...la|ge|rung, ...lauf; End|lein;** ein - Schnur; **end|lich;** aber (↑R 65): im Endlichen (im endlichen Raum); **End|lich|keit** *Plur. selten*; **end|los;** -es Band; bis ins Endlose (↑R 65); **End|los_band** (*Plur.* ...bänder), **...for|mu|lar** *(Druckw.)*; **End|lo|sig|keit,** die; -; **End|mo|rä|ne**
en|do... ‹griech.› (innen...); **En-do...** (Innen...)
En|do|ga|mie, die; -, ...ien ‹griech.› (*Völkerk.* Heirat innerhalb von Stamm, Kaste usw.)
en|do|gen ‹griech.› (*Bot.* im Innern entstehend; *Med.* von innen kommend); -e Psychosen
En|do|kard, das; -s, -e ‹griech.› (*Med.* Herzinnenhaut); **En|do-kar|di|tis,** die; -, ...itiden (Entzündung der Herzinnenhaut)
En|do|karp, das; -s, -e ‹griech.› (*Bot.* die innerste Schicht der Fruchtwand)
en|do|krin ‹griech.› (*Med.* mit innerer Sekretion); -e Drüsen; **En-do|kri|no|lo|gie,** die; - (Lehre von der inneren Sekretion)
En|do|pro|the|se ‹griech.› (*Med.* künstl. Gelenk od. Knochenersatz zur Einpflanzung in den Körper)
En|dor|phin, das; -s, -e ‹*aus* endo... *u.* Morphin› (*Med., Biol.* körpereigener Eiweißstoff mit schmerzstillender Wirkung)
En|do|skop, das; -s, -e ‹griech.› (*Med.* Instrument zur Untersuchung von Körperhöhlen); **En-do|sko|pie,** die; -, ...ien (Untersuchung mit dem Endoskop)
En|do|thel, das; -s, -e *u.* **En|do-the|li|um,** das; -s, ...ien [...i̯ən] ‹griech.› (Zellschicht, die Blut- u. Lymphgefäße auskleidet)
en|do|therm ‹griech.› (*Chemie* Wärme bindend, aufnehmend)
End_pha|se, ...punkt, ...reim, ...re-sul|tat, ...run|de, ...sil|be, ...spiel, ...spurt, ...sta|di|um, ...sta|ti|on, ...stück, ...sum|me; En|dung; en|dungs|los *(Grammatik)*
En|du|ro, die; -, -s ‹engl.› (geländegängiges Motorrad)
End_ur|sa|che, ...ver|brau|cher, ...vier|zi|ger, ...vo|kal, ...zeit; end|zeit|lich; End_ziel, ...zif|fer, ...zu|stand, ...zweck
Ener|ge|tik, die; - ‹griech.› (Lehre von der Energie; *Philos.* Auffassung von der Energie als Grundkraft aller Dinge); **ener|ge|tisch; Ener|gie,** die; -, ...ien (Tatkraft; *Physik* Fähigkeit, Arbeit zu leisten); **ener|gie|arm; Ener|gie-be|darf; ener|gie|be|wußt; Ener-gie|bün|del** (*ugs. für* energiegeladener Mensch); **Ener|gie_ein-spa|rung, ...er|spar|nis; ener-gie|ge|la|den** (↑R 209); **Ener-gie_haus|halt, ...kri|se; ener|gie-los; Ener|gie|lo|sig|keit,** die; -; **Ener|gie_po|li|tik, ...quel|le; ener|gie|reich; Ener|gie_spa-rer, ...spar|pro|gramm, ...trä|ger, ...ver|brauch, ...ver|sor|gung, ...wirt|schaft, ...zu|fuhr; ener-gisch;** -ste
Ener|va|ti|on [...v...], die; -, -en ‹lat.› (*Med.* Ausschaltung der Verbindung zwischen Nerv u. dazugehörigem Organ); **ener-vie|ren** (entnerven, entkräften)
Enes|cu, *auch* Enesco (rumän. Komponist u. Geigenvirtuose)
en face [ã 'fas] ‹franz.› (von vorn; gegenüber)
en fa|mille [ã fa'mij] ‹franz., „in der Familie"› (*veraltend für* im engsten [Familien]kreis)
En|fant ter|ri|ble [ã,fã tɛ'ri:b(ə)l], das; - -, -s -s [ã,fã tɛ'ri:b(ə)l] ‹franz.› (jmd., der gegen die geltenden [gesellschaftlichen] Regeln verstößt und dadurch seine Umgebung oft schockiert)
eng; I. *Kleinschreibung:* einen engen Horizont haben; (↑R 65:) auf das, aufs engste. **II.** *Schreibung in Verbindung mit dem Partizip II,* z. B. engbefreundet, enger, am engsten befreundet; die engbefreundeten Männer (↑*jedoch* R 209), aber: die Männer sind eng befreundet; *ebenso bei* engbedruckt, engverwandt u. a.
En|ga|din [*auch, schweiz. nur,* ...'di:n], das; -s (Talschaft des Inns in der Schweiz)
En|ga|ge|ment [ãgaʒ(ə)'mã:], das; -s, -s (Verpflichtung, Bindung; [An]stellung, bes. eines Künstlers; persönlicher Einsatz); **en-ga|gie|ren** [ãga'ʒi:...] (verpflichten, binden); sich - (sich einsetzen); **en|ga|giert;** -este; **En|ga-giert|heit,** die; -
eng|an|lie|gend; eng|an|schlie-ßend; eng|be|druckt; *vgl.* eng II; **eng|be|freun|det;** *vgl.* eng II; **eng|be|grenzt;** *vgl.* eng II; **eng-be|schrie|ben;** *vgl.* eng II; **eng-brü|stig; En|ge,** die; -, -n
En|gel, der; -s, -
En|gel|laut (*für* Frikativ)
En|gel|berg (schweiz. Abtei u. Kurort südl. des Vierwaldstätter Sees)
En|gel|bert (m. Vorn.); **En|gel-ber|ta** (w. Vorn.); **En|gel|brecht** (m. Vorn.)
En|gel|chen, En|gel|lein; en|gel-gleich, en|gels|gleich; **en|gel-haft; En|gel|haf|tig|keit,** die; -
En|gel|hard (m. Vorn.)
En|gel|kopf, En|gels|kopf; **En|gel-ma|cher** (*ugs. verhüllend für* Kurpfuscher, der illegale Abtreibungen vornimmt); **En|gel|ma-che|rin; en|gel|rein** *(geh.)*; eine -e Stimme

Ẹn|gels (Mitbegründer des Marxismus)

Ẹn|gels|burg, die; - (in Rom); **ẹn|gel|schön** *(geh.);* **Ẹn|gels‿ge|duld, ...ge|sicht** (*Plur.* ...gesichter); **ẹn|gels|gleich; Ẹn|gels‿haar, ...kopf, ...stim|me; Ẹn|gel|süß,** das; -es (Farnart); **Ẹn|gels|zun|gen** *Plur.; nur in* mit [Menschen- und mit] Engelszungen (so eindringlich wie möglich) reden; **Ẹn|gel|wurz** (eine Heilpflanze)

ẹn|gen (*selten für* einengen)

Ẹn|ger|ling (Maikäferlarve)

ẹng|her|zig; Ẹng|her|zig|keit, die; -; **Ẹn|gig|keit,** die; -

Ẹng|land; Ẹng|län|der (*auch Bez. für* ein zangenartiges Werkzeug); **Ẹng|län|de|rin**

Ẹng|lein

ẹng|lisch; (↑R 148:) die -e Krankheit (*veraltet für* Rachitis), die -e Dogge, -es Pflaster, -er Trab, -er Garten, -e Broschur (ein Bucheinband), -e Woche *(Fußball),* a b e r (↑R 157): das Englische Fräulein *(vgl. d.),* der Englische Garten in München; *vgl.* deutsch; **Ẹng|lisch,** das; -[s] (Sprache); *vgl.* Deutsch; **Ẹng|li|sche,** das; -n; *vgl.* Deutsche, das; **Ẹng|li|sche Fräu|lein,** das; -n -s, -n - (Angehörige eines Frauenordens)

Ẹng|li|sche Gruß, der; -n -es ‹*zu* Engel› (ein Gebet)

Ẹng|lisch|horn *Plur.* ...hörner (ein Holzblasinstrument); **Eng|lish spo|ken** ['iŋgliʃ 'spo:k(ə)n] ‹engl., [hier wird] „Englisch gesprochen"›; **Eng|lish-Waltz** ['iŋgliʃwɔ:ls], der; -, - (langsamer Walzer); **eng|li|sie|ren** ([einem Pferd] die niederziehenden Schweifmuskeln durchschneiden, damit es den Schwanz hoch trägt; anglisieren; *vgl. d.*)

ẹng|ma|schig

En|go|be [ã'go:bə], die; -, -n ‹franz.› (keram. Überzugsmasse); **en|go|bie|ren**

Ẹng|paß

En|grạmm, das; -s, -e ‹griech.› (*Med., Psych.* bleibende Spur geistiger Eindrücke, Erinnerungsbild)

en gros [ã 'gro:] ‹franz.› (im großen; *Ggs.* en détail); **En|gros‿han|del** (Großhandel), **...preis; En|gros|sịst** (*österr. neben* Grossist)

ẹng|stir|nig *(abwertend);* **Ẹng|stir|nig|keit,** die; -; **ẹng|um|grenzt;** *vgl.* eng II; **ẹng|ver|wandt;** *vgl.* eng II

en|har|mo|nisch ‹griech.› ([von Tönen] dem Klang nach gleich, in der Bez. verschieden, z. B. cis = des); -e Verwechslung

enig|ma|tisch *vgl.* änigmatisch

En|jam|be|ment [ãʒãb(ə)'mã:], das; -s, -s (*Verslehre* Übergreifen eines Satzes auf den nächsten Vers)

en|kau|stie|ren ‹griech.› (*bild. Kunst* mit flüssigem Wachs verschmolzene Farbe auftragen); **En|kau|stik,** die; -; **en|kau|stisch**

[1]**Ẹn|kel,** der; -s, - (*landsch. für* Fußknöchel)

[2]**Ẹn|kel,** der; -s, - (Kindeskind); **Ẹn|ke|lin; Ẹn|kel‿kind, ...sohn, ...toch|ter**

En|kla|ve [...və], die; -, -n ‹franz.› (ein fremdstaatl. Gebiet im eigenen Staatsgebiet); *vgl.* Exklave

En|kli|se, Ẹn|kli|sis, die; -, ...isen ‹griech.› (*Sprachw.* Anlehnung eines unbetonten Wortes an das vorausgehende betonte; *Ggs.* Proklise); **En|kli|ti|kon,** das; -s, *Plur.* ...ka *od.* ...ken (unbetontes Wort, das sich an das vorhergehende betonte anlehnt, z. B. *in ugs.* „kommste" *für* „kommst du"); **en|kli|tisch**

en|ko|die|ren, *fachspr. meist* en|co|die|ren ‹engl.› ([eine Nachricht] verschlüsseln)

En|ko|mi|on, En|ko|mi|um, das; -s, ...ien [...iən] ‹griech.› (Lobrede, -schrift)

en masse [ã 'mas] ‹franz., „in Masse"› (*ugs. für* massenhaft, gehäuft)

en mi|nia|ture [ã minia'ty:r] ‹franz.› (in kleinem Maßstab, im kleinen)

ẹn|net (*schweiz. mdal. für* jenseits), *Präp. mit Dat.;* - dem Gebirge; **ẹn|net|bir|gisch** (*schweiz. für* jenseits der Alpen gelegen); **ẹn|net|rhei|nisch** (*schweiz. für* jenseits des Rheins gelegen)

Ẹn|no (m. Vorn.)

[1]**Ẹnns,** die; - (r. Nebenfluß der Donau); [2]**Ẹnns** (Stadt in Oberösterreich); **Ẹnns|tal** (Tal in der Steiermark); **Ẹnns|ta|ler Al|pen**

en|nu|yie|ren [ãny'ji:...] (*veraltet für* langweilen)

enọrm ‹franz.› (außerordentlich; ungeheuer); **Enor|mi|tät,** die; -

en pas|sant [ã pa'sã:] ‹franz.› (im Vorübergehen; beiläufig)

en pro|fil [ã prɔ'fi(:)l] ‹franz.› (im Profil, von der Seite)

En|quete [ã'kɛ:t], die; -, -n [...tən] ‹franz.› (Untersuchung, Erhebung; *österr. auch für* Arbeitstagung); **En|quete|kom|mis|si|on**

en|ra|giert [ãra'ʒi:rt] ‹franz.› (*veraltet für* leidenschaftlich erregt)

en route [ã 'rut] ‹franz.› (unterwegs)

En|sem|ble [ã'sã:b(ə)l], das; -s, -s ‹franz.› (ein zusammengehörendes Ganzes; Künstlergruppe; mehrteiliges [Damen]kleidungsstück); **En|sem|ble|spiel,** das; -[e]s

En|si|la|ge [ãsi'la:ʒə], Si|la|ge, die; - ‹franz.› (Gärfutter[bereitung])

Ẹn|sor (belg. Maler)

en suite [ã 'svit] ‹franz.› (ununterbrochen)

ent... (*Vorsilbe von Verben,* z. B. entführen, du entführst, er hat ihn entführt, zu entführen)

...ent (z. B. Referẹnt, der; -en, -en; ↑R 197)

ent|ạm|ten (*veraltet für* des Amtes entheben); **Ent|ạm|tung**

ent|ar|ten; ent|ar|tet; -e Kunst *(Nationalsoz.);* **Ent|ar|tung; Ent|ar|tungs|er|schei|nung**

ent|ạschen; Ent|ạschung

En|ta|se, Ẹn|ta|sis, die; -, ...asen ‹griech.› (*Archit.* Schwellung des Säulenschaftes)

ent|ạsten, ent|ạ̈sten (Äste entfernen)

ent|äu|ßern, sich *(geh.);* ich entäußere mich allen Besitzes; **Ent|äu|ße|rung,** die; -

Ent|bạl|lung; - von Industriegebieten

ent|bẹh|ren; ein Buch -; des Trostes -; **ent|bẹhr|lich; Ent|bẹhr|lich|keit,** die; -; **Ent|bẹh|rung; ent|bẹh|rungs‿reich, ...voll**

ent|bei|nen (Knochen aus etwas entfernen)

ent|bie|ten *(geh.);* Grüße -

ent|bịn|den; Ent|bịn|dung; Ent|bịn|dungs‿heim, ...pfle|ger (Berufsbez.), **...sta|ti|on**

ent|blät|tern; sich -

ent|blö|den; *nur in* sich nicht entblöden (*geh. für* sich nicht scheuen)

ent|blö|ßen; du entblößt; sich -; **Ent|blö|ßung**

ent|brẹn|nen *(geh.)*

ent|bü|ro|kra|ti|sie|ren; Ent|bü|ro|kra|ti|sie|rung, die; -

Ẹnt|chen

ent|chlo|ren; Trinkwasser -

ent|dẹcken[1]; **Ent|dẹcker**[1]; **Ent|dẹcker|freu|de**[1]; **Ent|dẹcke|rin**[1]; **ent|dẹcke|risch**[1]; **Ent|dẹckung**[1]; **Ent|dẹckungs**[1]**‿fahrt, ...rei|se**

ent|dröh|nen (*Technik* dröhnende Geräusche dämpfen); eine Maschine -; **Ent|dröh|nung**

ent|dụn|keln; ich ...[e]le (↑R 22)

Ẹn|te, die; -, -n (*ugs. auch für* falsche [Presse]meldung); ↑R 157: kalte - (ein Getränk)

ent|eh|ren; ent|eh|rend; Ent|eh|rung

ent|eig|nen; Ent|eig|nung

ent|ei|len *(geh.)*

ent|ei|sen (von Eis befreien); du enteist; er entei|ste; enteist

ent|ei|se|nen (von Eisen befreien); du enteisenst; enteisent;

[1] *Trenn.* ...k|k...

enteisentes Wasser; **Ent|ei|se|nung**
Ent|ei|sung (Befreiung von Eis)
En|te|le|chie, die; -, ...ien ‹griech.› (*Philos.* im Organismus liegende Kraft zur Entwicklung u. Vollendung der Anlagen); **en|te|le|chisch**
En|ten‿bra|ten, ...ei, ...grüt|ze (die; -; Geflecht von Wasserlinsen), **...kü|ken** (*vgl.* [1]Küken)
En|tente [ã'tã:t], die; -, -n [...tən] ‹franz.› (Staatenbündnis); (↑R 157:) die Große -, die Kleine -; **En|tente cor|di|ale** [- kɔr'djal], die; - - (*Bez. für* das franz.-engl. Bündnis nach 1904)
En|ten‿teich, ...wal
En|ter, das, *auch* der; -s, - (*nordd. für* einjähr. Fohlen, Kalb)
ent|er|ben
En|ter|brücke [*Trenn.* ...brük|ke]
Ent|er|bung
En|ter|ha|ken
En|te|rich, der; -s, -e (m. Ente)
En|te|ri|tis, die; -, ...iti̱den ‹griech.› (*Med.* Darmentzündung)
en|tern ‹niederl.› (auf etwas klettern); ein Schiff - (mit Enterhaken festhalten und erobern); ich ...ere (↑R 22)
En|te|ro|kly|se, die; -, -n ‹griech.› (*Med.* Darmspülung); **En|te|ro|skop**, das; -s, -e (*Med.* Endoskop zur Untersuchung des Dickdarms); **En|te|ro|sto|mie**, die; -, ...ien (*Med.* Anlegung eines künstl. Afters)
En|ter|tai|ner [...te:nə(r)], der; -s, - ‹engl.› ([berufsmäßiger] Unterhalter)
En|te|rung
ent|fa|chen (*geh.*); **Ent|fa|chung**
ent|fah|ren; ein Fluch entfuhr ihm
ent|fal|len
ent|falt|bar; ent|fal|ten; sich -; **Ent|fal|tung; Ent|fal|tungs|mög|lich|keit**
ent|fär|ben; Ent|fär|ber (Entfärbungsmittel)
ent|fer|nen; sich -; **ent|fernt**; weit [davon] -, das zu tun; nicht im -esten (↑R 65); **Ent|fer|nung**; in einer - von 4 Meter[n] (↑R 129); **Ent|fer|nungs|mes|ser**, der
ent|fes|seln; Ent|fes|se|lung, *seltener* Ent|feß|lung; **Ent|fes|se|lungs|künst|ler; Ent|feß|lung** *vgl.* Entfesselung
ent|fe|sti|gen; Metalle - (weich[er] machen); **Ent|fe|sti|gung**
ent|fet|ten; Ent|fet|tung; Ent|fet|tungs|kur
ent|feuch|ten; Ent|feuch|ter (Gerät, das der Luft Feuchtigkeit entzieht); **Ent|feuch|tung**
ent|flamm|bar; ent|flam|men (*geh.*); **ent|flammt; Ent|flam|mung**
ent|flech|ten; er entflicht (*auch* entflechtet); er entflocht (*auch* entflechtete); entflochten; **Ent|flech|tung**
ent|flie|gen
ent|flie|hen
ent|frem|den; sich -; **Ent|frem|dung**
ent|fri|sten (von einer Befristung lösen); Tarifverträge -
ent|fro|sten; Ent|fro|ster; Ent|fro|stung
ent|füh|ren; Ent|füh|rer; Ent|füh|rung
ent|ga|sen; du entgast; **Ent|ga|sung**
ent|ge|gen; meinem Vorschlag - *od.* - meinem Vorschlag; **ent|ge|gen...** (*in Zus. mit Verben,* z. B. entgegenkommen, du kommst entgegen, entgegengekommen, entgegenzukommen); **ent|ge|gen‿blicken** [*Trenn.* ...blik|ken], **...brin|gen** (jmdm. Vertrauen -), **...fah|ren, ...ge|hen; ent|ge|gen|ge|setzt**; aber: das Entgegengesetzte (↑R 65); er ging in die -e Richtung; die Verhandlungen entwickelten sich -; **ent|ge|gen|ge|setz|ten|falls** (*Amtsspr.*); *vgl.* Fall, der; **ent|ge|gen‿hal|ten, ...kom|men; Ent|ge|gen|kom|men**, das; -s; **ent|ge|gen|kom|mend; ent|ge|gen|kom|men|der|wei|se**; aber: in entgegenkommender Weise; **ent|ge|gen‿lau|fen, ...neh|men, ...se|hen, ...set|zen; ent|ge|gen|set|zend** (*auch für* adversativ); **ent|ge|gen‿ste|hen, ...stel|len, ...stem|men** (sich), **...tre|ten; ent|geg|nen** (erwidern); **Ent|geg|nung**
ent|ge|hen; ich lasse mir nichts -
ent|gei|stert (sprachlos; verstört)
Ent|gelt, das; -[e]s, -e; gegen, ohne -; **ent|gel|ten** (*geh.*); er läßt mich meine Nachlässigkeit nicht -; **ent|gelt|lich** (gegen Bezahlung); **Ent|gelt[s]|ta|rif**
ent|gif|ten; Ent|gif|tung
ent|glei|sen; du entgleist; er entgleis|te; **Ent|glei|sung**
ent|glei|ten
ent|glo|ri|fi|zie|ren; Ent|glo|ri|fi|zie|rung
ent|got|ten; ent|göt|tern; ich ...ere (↑R 22); **Ent|göt|te|rung; Ent|got|tung**
ent|gra|ten; entgratetes Eisen
ent|grä|ten; entgräteter Fisch
ent|gren|zen (*geh. für* aus der Begrenztheit lösen); **Ent|gren|zung**
ent|haa|ren; Ent|haa|rung; Ent|haa|rungs|mit|tel, das
ent|haf|ten (*selten für* aus der Haft entlassen); **Ent|haf|tung**
ent|hal|ten; sich -; ich enthielt mich der Stimme; **ent|halt|sam; Ent|halt|sam|keit**, die; -; **Ent|hal|tung**
ent|här|ten; Ent|här|tung
ent|haup|ten; Ent|haup|tung
ent|häu|ten; Ent|häu|tung
ent|he|ben (*geh.*); jmdn. seines Amtes -; **Ent|he|bung**
ent|hei|li|gen; Ent|hei|li|gung
ent|hem|men (*Psych.*); **Ent|hemmt|heit**, die; -; **Ent|hem|mung**
ent|hül|len (*geh.*); sich -; **Ent|hül|lung**
ent|hül|sen
ent|hu|ma|ni|sie|ren; Ent|hu|ma|ni|sie|rung
en|thu|si|as|mie|ren ‹franz.› (begeistern); **En|thu|si|as|mus**, der; - ‹griech.› (Begeisterung; Leidenschaftlichkeit); **En|thu|si|ast**, der; -en, -en (↑R 197); **En|thu|si|a|stin; en|thu|si|a|stisch**; -ste
ent|ideo|lo|gi|sie|ren (von ideologischen Zielen, Vorurteilen frei machen); **Ent|ideo|lo|gi|sie|rung**
En|ti|tät, die; -, -en ‹lat.› (*Philos.* Dasein im Unterschied zum Wesen eines Dinges)
ent|jung|fern; Ent|jung|fe|rung
ent|kal|ken; Ent|kal|kung
ent|kei|men; Ent|kei|mung
ent|ker|nen; Früchte -; **Ent|ker|ner; Ent|ker|nung**
ent|klei|den (*geh.*); sich -; **Ent|klei|dung; Ent|klei|dungs|sze|ne** (im Film, Theaterstück)
ent|kno|ten
ent|kof|fei|nie|ren [...fei...]; entkoffeinierter Kaffee
ent|ko|lo|nia|li|sie|ren; Ent|ko|lo|nia|li|sie|rung
ent|kom|men; Ent|kom|men, das; -s
ent|kop|peln; Ent|kop|pe|lung, Ent|kopp|lung
ent|kor|ken
ent|kräf|ten; Ent|kräf|tung
ent|kramp|fen; Ent|kramp|fung
ent|krau|ten; den Boden -
ent|kri|mi|na|li|sie|ren; Ent|kri|mi|na|li|sie|rung, die; -
ent|la|den; *vgl.* [1]laden; sich -; **Ent|la|dung**
ent|lang; *bei Nachstellung mit Akk.:* den Wald - (*selten Dat.:* dem Wald -); *bei Voranstellung Dat.:* - dem Fluß (*selten Gen.:* - des Flusses; *veraltet Akk.:* - den Fluß); am Ufer -; am, das Ufer entlang laufen (nicht fahren), aber: am, das Ufer entlanglaufen (nicht am Berg, den Berg); *vgl.* längs; **ent|lang...** (*in Zus. mit Verben,* z. B. entlanglaufen, du läufst entlang, entlanggelaufen, entlangzulaufen); **ent|lang‿fah|ren, ...füh|ren, ...ge|hen, ...kom|men, ...lau|fen** (*vgl.* entlang *u.* entlang...)
ent|lar|ven [...f...]; **Ent|lar|vung**
Ent|laß... (*südd. in Zus. für* Entlassungs..., z. B. Entlaßfeier); **ent-**

las|sen; Ent|las|sung; Ent|las|sungs.fei|er, ...klas|se, ...pa|pie|re *(Plur.)*, **...schein, ...schü|ler**
ent|la|sten; Ent|la|stung; Ent|la|stungs.an|griff, ...ma|te|ri|al, ...schlag, ...zeu|ge, ...zug
ent|lau|ben; Ent|lau|bung
ent|lau|fen
ent|lau|sen; Ent|lau|sung; Ent|lau|sungs|schein
Ent|le|buch, das; -s (schweiz. Landschaft)
ent|le|di|gen *(geh.);* sich der Aufgabe -; **Ent|le|di|gung**
ent|lee|ren; Ent|lee|rung
ent|le|gen; Ent|le|gen|heit, die; - *(geh.)*
ent|leh|nen; Ent|leh|nung
ent|lei|ben, sich (*geh. für* sich töten)
ent|lei|hen (für sich leihen); **Ent|lei|her; Ent|lei|hung**
Ent|lein (kleine Ente)
ent|lo|ben, sich; **Ent|lo|bung**
ent|locken [*Trenn.* ...lok|ken]
ent|loh|nen, *schweiz.* **ent|löh|nen; Ent|loh|nung**, *schweiz.* **Ent|löh|nung**
ent|lüf|ten; Ent|lüf|ter; Ent|lüf|tung; Ent|lüf|tungs.hau|be, ...ven|til
ent|mach|ten; Ent|mach|tung
ent|ma|gne|ti|sie|ren
ent|man|nen; Ent|man|nung
ent|men|schen; ent|mensch|li|chen; ent|menscht
ent|mie|ten (Häuser, Wohnungen nicht mehr vermieten, um sie [in saniertem Zustand] zu verkaufen oder teurer zu vermieten); **Ent|mie|ter**
ent|mi|li|ta|ri|sie|ren; entmilitarisierte Zone; **Ent|mi|li|ta|ri|sie|rung**
ent|mi|schen *(Chemie, Technik);* **Ent|mi|schung**
ent|mi|sten; Ent|mi|stung
ent|mün|di|gen; Ent|mün|di|gung
ent|mu|ti|gen; Ent|mu|ti|gung
ent|my|sti|fi|zie|ren (mystische Vorstellungen, die mit etwas verknüpft sind, beseitigen); **Ent|my|sti|fi|zie|rung**
ent|my|thi|sie|ren *vgl.* entmythologisieren; **Ent|my|thi|sie|rung;**
ent|my|tho|lo|gi|sie|ren (mythische od. irrationale Vorstellungen, die mit etwas verknüpft sind, beseitigen); **Ent|my|tho|lo|gi|sie|rung**
Ent|nah|me, die; -, -n
ent|na|tio|na|li|sie|ren (ausbürgern; die Verstaatlichung rückgängig machen); **Ent|na|tio|na|li|sie|rung**
ent|na|zi|fi|zie|ren; Ent|na|zi|fi|zie|rung
ent|neh|men; [aus] den Worten -
ent|ner|ven [...f...]; **ent|nervt; Ent|ner|vung**

En|to|derm, das; -s, -e ‹griech.› (*Biol.* inneres Keimblatt des Embryos)
ent|ölen; entölter Kakao
En|to|mo|lo|ge, der; -n, -n (↑R 197) ‹griech.› (Insektenforscher); **En|to|mo|lo|gie**, die; -; **en|to|mo|lo|gisch**
en|to|pisch ‹griech.› (*fachspr. für* am Ort befindlich, einheimisch)
ent|op|tisch ‹griech.› (*Med.* im Innern des Auges gelegen)
ent|otisch ‹griech.› (*Med.* im Innern des Ohres entstehend)
ent|per|sön|li|chen (das Persönliche bei etwas ausschalten); **Ent|per|sön|li|chung**
ent|pflich|ten (von Amtspflichten entbinden); **Ent|pflich|tung**
ent|po|li|ti|sie|ren; Ent|po|li|ti|sie|rung
ent|pul|pen (*fachspr. für* [Rübenzuckersaft] entfasern)
ent|pup|pen, sich; **Ent|pup|pung**
ent|quel|len *(geh.)*
ent|rah|men; Ent|rah|mer (Milchschleuder); **Ent|rah|mung**
ent|ra|ten (*veraltend für* entbehren); des Brotes [nicht] - können
ent|rät|seln; Ent|rät|se|lung, *seltener* **Ent|räts|lung**
En|treakt [ã'trakt], der; -[e]s, -e ‹franz.› (*Theater* Zwischenakt, Zwischenspiel, Zwischenmusik)
ent|rech|ten; Ent|rech|tung
En|tre|cote [ãtrə'ko:t], das; -[s], -s ‹franz.› (Rippenstück vom Rind)
En|tree [ã'tre:], das; -s, -s ‹franz.› (Eintritt[sgeld], Eingang; Vorspeise; Eröffnungsmusik [bei Balletten]); **En|tree|tür**
ent|rei|ßen
en|tre nous [ˌãtrə 'nu] ‹franz., „unter uns"› (*selten für* ungezwungen, vertraulich)
En|tre|pot [ãtr(ə)'po:], das; -, -s ‹franz.› (zollfreier Stapelplatz)
ent|rich|ten; Ent|rich|tung
ent|rie|geln; Ent|rie|ge|lung
ent|rin|den; Baumstämme -
ent|rin|gen, sich *(geh.);* ein Seufzer entrang sich ihm
ent|rin|nen *(geh.);* **Ent|rin|nen**, das; -s
ent|risch (*bayr., österr. mdal. für* unheimlich, nicht geheuer)
ent|rol|len *(geh.);* sich -
En|tro|pie, die; -, ...ien ‹griech.› (*Physik* Größe der Thermodynamik; *Informationstheorie* Größe des Nachrichtengehalts einer Zeichenmenge)
ent|ro|sten; Ent|ro|ster (Mittel gegen Rost); **Ent|ro|stung**
ent|rücken [*Trenn.* ...rük|ken] *(geh.);* **Ent|rückt|heit; Ent|rückung** [*Trenn.* ...rük|kung]
ent|rüm|peln; ich ...[e]le (↑R 22); **Ent|rüm|pe|lung**, *seltener* **Ent|rümp|lung**

ent|ru|ßen (vom Ruß befreien, säubern); den Ofen -
ent|rü|sten; sich -; **ent|rü|stet; Ent|rü|stung; Ent|rü|stungs|sturm**
ent|saf|ten; Ent|saf|ter
ent|sa|gen *(geh.);* dem Vorhaben -; **Ent|sa|gung** *(geh.);* **ent|sa|gungs|voll**
ent|sah|nen
ent|sal|zen; entsalzt; **Ent|sal|zung**
Ent|satz, der; -es; jmdm. - bringen
ent|säu|ern; Ent|säue|rung
ent|schä|di|gen; Ent|schä|di|gung; Ent|schä|di|gungs|sum|me
ent|schär|fen; Ent|schär|fung
Ent|scheid, der; -[e]s, -e; **ent|schei|den;** sich für etwas -; **ent|schei|dend;** -ste; **Ent|schei|dung; Ent|schei|dungs.be|fug|nis, ...fin|dung, ...fra|ge** *(Sprachw.)*, **...frei|heit, ...ge|walt, ...schlacht; ent|schei|dungs|schwer** *(geh.);* **Ent|schei|dungs|spiel; ent|schie|den;** auf das, aufs -ste (↑R 65); **Ent|schie|den|heit**, die; -
ent|schlacken [*Trenn.* ...schlak|ken]; **Ent|schlackung** [*Trenn.* ...schlak|kung]
ent|schla|fen (*geh., verhüllend für* sterben); **Ent|schla|fe|ne**, der *u.* die; -n, -n (↑R 7 ff.)
ent|schla|gen, sich *(veraltet);* sich aller Sorgen -
ent|schlam|men; Ent|schlam|mung
ent|schlei|ern *(geh.);* ich ...ere (↑R 22); **Ent|schleie|rung**
ent|schlie|ßen, sich; **Ent|schlie|ßung; ent|schlos|sen; Ent|schlos|sen|heit**, die; -
ent|schlüp|fen
Ent|schluß
ent|schlüs|seln; Ent|schlüs|se|lung, Ent|schlüß|lung
ent|schluß|fä|hig; Ent|schluß.fä|hig|keit (die; -), **...frei|heit** (die; -), **...freu|dig|keit** (die; -), **...kraft** (die; -); **ent|schluß|los; Ent|schluß|lo|sig|keit**, die; -; **Ent|schlüß|lung** *vgl.* Entschlüsselung
ent|schrot|ten; Ent|schrot|tung
ent|schuld|bar; Ent|schuld|bar|keit, die; -; **ent|schul|den** (Schulden senken); **ent|schul|di|gen;** sich wegen *od.* für etwas -; **Ent|schul|di|gung; Ent|schul|di|gungs.brief, ...grund, ...schrei|ben; Ent|schul|dung**
ent|schup|pen
ent|schwe|ben *(geh., oft iron.)*
ent|schwe|feln; Ent|schwe|fe|lung, Ent|schwef|lung
ent|schwei|ßen (*Textilwirtsch.* [Wolle] von Schweiß und Fett reinigen)

ent|schwin|den *(geh.)*
ent|seelt (*geh. für* tot); **Ent|see|lung,** die; - (*geh. für* das Seelenloswerden); die - der Umwelt
ent|sen|den; Ent|sen|dung
ent|set|zen; sich -; **Ent|set|zen,** das; -s; **ent|set|zen|er|re|gend;** ein -er Anblick; **Ent|set|zens|schrei; ent|setz|lich; Ent|setz|lich|keit; ent|setzt**
ent|seu|chen (*fachspr. für* desinfizieren); **Ent|seu|chung**
ent|si|chern; das Gewehr -
ent|sie|geln; Ent|sie|ge|lung, *seltener* **Ent|sieg|lung**
ent|sin|nen, sich; ich habe mich deiner entsonnen; **ent|sinn|li|chen; Ent|sinn|li|chung,** die; -
ent|sitt|li|chen; Ent|sitt|li|chung
ent|sor|gen; Ent|sor|gung (Beseitigung von Müll u. ä.)
ent|span|nen; sich -; **ent|spannt;** -es Wasser; **Ent|span|nung; Ent|span|nungs‿po|li|tik, ...übung**
ent|spie|geln; eine Brille -; **Ent|spie|ge|lung, Ent|spieg|lung**
ent|spin|nen, sich
ent|spre|chen; ent|spre|chend; (↑R 106:) - seinem Vorschlag *od.* seinem Vorschlag -; (↑R 65:) Entsprechendes, das Entsprechende gilt für ...; **Ent|spre|chung**
ent|sprie|ßen *(geh.)*
ent|sprin|gen
ent|sta|li|ni|sie|ren; Ent|sta|li|ni|sie|rung, die; -
ent|stam|men
ent|stau|ben; Ent|stau|ber; Ent|stau|bung
ent|ste|hen; Ent|ste|hung; Ent|ste|hungs‿ge|schich|te, ...ort, ...ur|sa|che, ...zeit
ent|stei|gen *(geh.)*
ent|stei|nen; Kirschen -
ent|stel|len (verunstalten); **ent|stellt; Ent|stel|lung**
ent|stem|peln; die Nummernschilder wurden entstempelt
ent|sticken [*Trenn.* ...stik|ken] (*Chemie* Stickoxyde aus Rauchgasen entfernen); **Ent|stickung** [*Trenn.* ...stik|kung]
ent|stoff|li|chen
ent|stö|ren; Ent|stö|rung; Ent|stö|rungs‿dienst, ...stel|le
ent|strö|men *(geh.)*
ent|süh|nen *(geh.)*; **Ent|süh|nung**
ent|sump|fen; Ent|sump|fung
ent|ta|bu|ie|ren, ent|ta|bui|sie|ren; ↑R 180 ([einer Sache] den Charakter des Tabus nehmen); **Ent|ta|bu|ie|rung; ent|ta|bui|sie|ren** *vgl.* enttabuieren; **Ent|ta|bui|sie|rung**
ent|tar|nen; Ent|tar|nung
ent|täu|schen; Ent|täu|schung; ent|täu|schungs|reich
ent|tee|ren; Ent|tee|rung
ent|thro|nen; Ent|thro|nung
ent|trüm|mern; Ent|trüm|me|rung
ent|völ|kern; ich ...ere (↑R 22); **Ent|völ|ke|rung,** die; -
entw. = entweder
ent|wach|sen
ent|waff|nen; Ent|waff|nung
ent|wal|den; Ent|wal|dung
ent|wan|zen; Ent|wan|zung
ent|war|nen; Ent|war|nung
ent|wäs|sern; Ent|wäs|se|rung, Ent|wäß|rung; **Ent|wäs|se|rungs|gra|ben; Ent|wäß|rung** *vgl.* Entwässerung
ent|we|der [*auch* ...'ve:...] (*Abk.* entw.); *nur in* entweder – oder; **Ent|we|der-Oder,** das; -, - (↑R 67)
ent|wei|chen; *vgl.* [2]weichen; **Ent|weich|ge|schwin|dig|keit** (*svw.* Fluchtgeschwindigkeit); **Ent|wei|chung**
ent|wei|hen; Ent|wei|hung
ent|wen|den; ich entwendete, habe entwendet; **Ent|wen|dung**
ent|wer|fen; Pläne -; **Ent|wer|fer**
ent|wer|ten; Ent|wer|ter (Automat zur Entwertung von Fahrscheinen); **Ent|wer|tung**
ent|we|sen; ein Gebäude - (*fachspr. für* von Ungeziefer reinigen); **Ent|we|sung**
ent|wickeln [*Trenn.* ...wik|keln]; sich -; **Ent|wicke|lung** [*Trenn.* ...wik|ke...], Ent|wick|lung; **Ent|wick|ler** *(Fotogr.)*; **Ent|wick|lung** *vgl.* Entwickelung; **Ent|wick|lungs|dienst; ent|wick|lungs|fä|hig; Ent|wick|lungs|ge|schich|te; ent|wick|lungs|ge|schicht|lich; Ent|wick|lungs‿ge|setz, ...grad, ...hel|fer, ...hel|fe|rin; ent|wick|lungs|hem|mend; Ent|wick|lungs‿hil|fe, ...jah|re** *(Plur.)*, **...land** (*Plur.* ...länder), **...pro|zeß, ...ro|man, ...stö|rung, ...stu|fe, ...zeit**
ent|wid|men (*Amtsspr.* einer bestimmten Benutzung entziehen); einen Weg -; **Ent|wid|mung**
ent|win|den; *vgl.* [1]winden
ent|wirr|bar; ent|wir|ren; sich -; **Ent|wir|rung**
ent|wi|schen (*ugs. für* entkommen)
ent|wöh|nen; Ent|wöh|nung
ent|wöl|ken, sich *(geh.)*; **Ent|wöl|kung**
ent|wür|di|gen; Ent|wür|di|gung
Ent|wurf; Ent|wurfs‿ge|schwin|dig|keit (Richtwert im Straßenbau), **...zeich|nung**
ent|wur|men; Ent|wur|mung
ent|wur|zeln; ich ...[e]le (↑R 22); **Ent|wur|ze|lung,** *seltener* **Ent|wurz|lung**
ent|zau|bern; Ent|zau|be|rung
ent|zer|ren; Ent|zer|rer *(Technik)*; **Ent|zer|rung**
ent|zie|hen; sich -; **Ent|zie|hung; Ent|zie|hungs‿an|stalt, ...er|schei|nung, ...kur**
ent|zif|fer|bar; Ent|zif|fe|rer; ent|zif|fern; ich ...ere (↑R 22); **Ent|zif|fe|rung**
ent|zücken[1]; **Ent|zücken**[1], das; -s *(geh.)*; **ent|zückend**[1]; **Ent|zückung**[1] *(geh.)*
Ent|zug, der; -[e]s; **Ent|zugs|er|schei|nung**
ent|zünd|bar; ent|zün|den; sich -
ent|zun|dern (*für* dekapieren); ich ...ere (↑R 22)
ent|zünd|lich; leichtentzündlich (*vgl. d.*); **Ent|zünd|lich|keit,** die; -; **Ent|zün|dung; ent|zün|dungs|hem|mend; Ent|zün|dungs|herd**
ent|zwei; - sein; **ent|zwei...** (*in Zus. mit Verben,* z. B. entzweibrechen, du brichst entzwei, entzweigebrochen, entzweizubrechen); **ent|zwei|bre|chen; ent|zwei|en;** sich -; **ent|zwei‿ge|hen, ...ma|chen** *(ugs.)*, **...schnei|den; Ent|zwei|ung**
Enu|me|ra|ti|on, die; -, -en ‹lat.› (Aufzählung); **enu|me|ra|tiv** (aufzählend)
En|vel|lop|pe [ãvə'lɔp(ə)], die; -, -n ‹franz.› (*Math.* einhüllende Kurve)
En|vi|ron|ment [ɛn'vai(ə)rənmənt], das; -s, -s ‹amerik.› (*Kunstw.* künstlerisch gestalteter Raum); **en|vi|ron|men|tal** [ɛnvirɔn...]; **En|vi|ron|to|lo|gie,** die; - (Umweltforschung)
en vogue [ã 'vo:k] ‹franz.› (beliebt; modisch; im Schwange)
En|voyé [ãvoa'je:], der; -s, -s ‹franz.› (*franz. für* Gesandter)
Enz, die; - (l. Nebenfluß des Neckars)
En|ze|pha|li|tis, die; -, ...itiden ‹griech.› (*Med.* Gehirnentzündung); **En|ze|pha|lo|gramm,** das; -s, -e (Röntgenbild der Gehirnkammern)
En|zi|an, der; -s, -e (eine Alpenpflanze; ein alkohol. Getränk); 3 [Glas] - (↑R 129); **en|zi|an|blau**
En|zio (m. Vorn.)
En|zy|kli|ka [ɛn'tsy(:)...], die; -, ...ken ‹griech.› (päpstl. Rundschreiben); **en|zy|klisch** (einen Kreis durchlaufend)
En|zy|klo|pä|die, die; -, ...ien ‹griech.› (ein Nachschlagewerk); **en|zy|klo|pä|disch** (umfassend); **En|zy|klo|pä|dist,** der; -en, -en; ↑R 197 (Mitarbeiter an der berühmten franz. „Enzyklopädie")
En|zym, das; -s, -e ‹griech.› (*Biochemie* den Stoffwechsel regulierende Verbindung); **en|zy|ma|tisch; En|zy|mo|lo|gie,** die; - (Lehre von den Enzymen)
eo ip|so ‹lat.› (von selbst; selbstverständlich)
Eo|li|enne [eɔ'liɛn], die; - ‹franz.›

[1] *Trenn.* ...k|k...

(ein [Halb]seidengewebe in Taftbindung)
Eo|lith [*auch* ...'lit], der; *Gen.* -s *u.* -en (↑R 197), *Plur.* -e[n] ⟨griech.⟩ (vermeintl. vorgeschichtl. Werkzeug); **Eos** (griech. Göttin der Morgenröte)
EOS = erweiterte Oberschule; *vgl.* erweitern
Eo|sin, das; -s ⟨griech.⟩ (ein roter Farbstoff); **eo|si|nie|ren** (mit Eosin färben)
eo|zän ⟨griech.⟩ (*Geol.* das Eozän betreffend); **Eo|zän,** das; -s (zweitälteste Stufe des Tertiärs); **Eo|zän|for|ma|ti|on; Eo|zoi|kum,** das; -s (*svw.* Algonkium); **eo|zoisch**
ep..., Ep... *vgl.* epi..., Epi...
ep|ago|gisch ⟨griech.⟩ (*Philos.* zum Allgemeinen führend)
Epau|lett [epo...], das; -s, -s ⟨franz.⟩, *häufiger* **Epau|let|te** [epo'lɛtə], die; -, -n (Schulterstück auf Uniformen)
Epen (*Plur. von* Epos)
Ep|en|the|se, Ep|en|the|sis, die; -, ...thesen ⟨griech.⟩ (*Sprachw.* Einschaltung von Lauten [zur Ausspracheerleichterung], z. B. „t" in „namentlich")
Ep|ex|ege|se, die; -, -n ⟨griech.⟩ (*Rhet.* hinzugefügte Erklärung, z. B. drunten „im Unterland")
eph..., Eph... *vgl.* epi..., Epi...
Ephe|be, der; -n, -n (↑R 197) ⟨griech.⟩ (*im alten Griechenland Bez. für* den wehrfähigen jungen Mann); **ephe|bisch**
Eph|eli|den *Plur.* ⟨griech.⟩ (*Med.* Sommersprossen)
eph|emer ⟨griech.⟩ (nur einen Tag dauernd; vorübergehend); -e Blüten, Pflanzen; **Eph|eme|ri|de,** die; -, -n (*Astron.* Gestirn[berechnungs]tafel)
Ephe|ser (Bewohner von Ephesus); **Ephe|ser|brief,** der; -[e]s (*N. T.;* ↑R 151); **ephe|sisch; Ephe|sos** *vgl.* Ephesus; **Ephe|sus** (altgriech. Stadt in Kleinasien)
Ephor, der; -en, -en; ↑R 197 ⟨griech.⟩ (einer der fünf höchsten Beamten im alten Sparta); **Epho|rat,** das; -[e]s, -e (Amt eines Ephoren od. Ephorus); **Epho|ren|amt; Epho|rie,** die; -, ...ien ([kirchl.] Aufsichtsbezirk); **Epho|rus** [*auch* 'ɛ...], der; -, Ephoren (Dekan in der reformierten Kirche; Leiter eines ev. Predigerseminars)
Ephra|im (m. Vorn.)
epi..., Epi... *vor Selbstlauten und h* ep..., Ep... (*griech. Vorsilbe* darauf *[örtl. u. zeitl.],* daneben, bei, darüber)
Epi|de|mie, die; -, ...ien ⟨griech.⟩ (Seuche, Massenerkrankung); **Epi|de|mio|lo|ge,** der; -n, -n (↑R 197); **Epi|de|mio|lo|gie,** die; - (Lehre von den epidemischen Erkrankungen); **epi|de|mio|lo|gisch; epi|de|misch** (seuchenartig)
Epi|der|mis, die; -, ...men ⟨griech.⟩ (*Med.* Oberhaut)
Epi|dia|skop, das; -s, -e ⟨griech.⟩ (Bildwerfer, der als Diaskop und Episkop verwendbar ist)
Epi|ge|ne|se, die; -, -n ⟨griech.⟩ (*Biol.* Entwicklung durch Neubildung; *Geol.* nachträgliche Entstehung eines Flußtals in älteren Ablagerungen); **epi|ge|netisch**
epi|go|nal (nachahmend, unschöpferisch); **Epi|go|ne,** der; -n, -n (↑R 197) ⟨griech.⟩ (Nachahmer ohne Schöpferkraft); **epi|go|nen|haft; Epi|go|nen|tum,** das; -s
Epi|gramm, das; -s, -e ⟨griech.⟩ (Sinn-, Spottgedicht); **Epi|gram|ma|ti|ker** (Verfasser von Epigrammen); **epi|gram|ma|tisch** (kurz, treffend); **Epi|graph,** das; -s, -e (antike Inschrift); **Epi|gra|phik,** die; - (Inschriftenkunde); **Epi|gra|phi|ker** (Inschriftenforscher)
Epik, die; - ⟨griech.⟩ (erzählende Dichtkunst)
Epi|karp, das; -s, -e ⟨griech.⟩ (*Bot.* äußerste Schicht der Fruchtschale)
Epi|ker ⟨*zu* Epik⟩
Epi|kle|se, die; -, -n ⟨griech.⟩ (Anrufung des Heiligen Geistes in der orthodoxen Kirche)
Epi|kon|dy|li|tis, die; -, ...itiden ⟨griech.⟩ (*Med.* Tennisarm)
Epi|kri|se, die; -, -n ⟨griech.⟩ (*Med.* abschließende Beurteilung einer Krankheit)
Epi|kur (griech. Philosoph); **Epi|ku|re|er** (Anhänger der Lehre Epikurs; *seit der röm. Zeit für* Genußmensch); **epi|ku|re|isch** (nach Epikurs Art; *auch für* auf Genuß gerichtet), aber (↑R 134): Epikureische Schriften; **epi|ku|risch** *vgl.* epikureisch
Epi|la|ti|on, die; -, -en ⟨lat.⟩ (*Med.* Enthaarung)
Epi|lep|sie, die; -, ...ien ⟨griech.⟩ (Erkrankung mit plötzlich eintretenden Krämpfen u. kurzer Bewußtlosigkeit); **Epi|lep|ti|ker; Epi|lep|ti|ke|rin; epi|lep|tisch**
epi|lie|ren ⟨lat.⟩ (*Med.* enthaaren)
Epi|log, der; -s, -e ⟨griech.⟩ (Nachwort; Nachspiel, Ausklang)
Epin|glé [epɛ̃'gle:], der; -[s], -s ⟨franz.⟩ (Kleider- u. Möbelstoff mit ungleich starken Querrippen)
Epi|ni|ki|on, das; -s, ...ien [...iən] ⟨griech.⟩ (altgriech. Siegeslied)
Epi|pha|ni|as, das; - ⟨*zu* Epiphanie⟩ (Fest der Erscheinung des Herrn; Dreikönigsfest); **Epi|pha|nie,** die; - ⟨griech., „Erscheinung"⟩; **Epi|pha|ni|en|fest** [...iən...] (*svw.* Epiphanias)
Epi|pho|ra [*auch* e'pi...], die; -, ...rä ⟨griech.⟩ (*Med.* Tränenfluß; *Rhet., Stilk.* Wiederholung von Wörtern am Ende aufeinanderfolgender Sätze oder Satzteile)
Epi|phyl|lum, das; -s, ...llen ⟨griech.⟩ (ein Blätterkaktus)
Epi|phy|se, die; -, -n ⟨griech.⟩ (*Med.* Zirbeldrüse; Endstück der Röhrenknochen); **Epi|phyt,** der; -en, -en; ↑R 197 (*Bot.* Pflanze, die [bei selbständiger Ernährung] auf anderen Pflanzen wächst)
Epi|rot, der; -en, -en; ↑R 197 (Bewohner von Epirus); **epi|ro|tisch; Epi|rus** (westgriech. Landschaft)
episch ⟨griech.⟩ (erzählend; das Epos betreffend); -es Theater
Epi|skop, das; -s, -e ⟨griech.⟩ (Bildwerfer für nicht durchsichtige Bilder [z. B. aus Büchern])
epi|sko|pal, *auch* epi|sko|pisch ⟨griech.⟩ (bischöflich); **Epi|sko|pa|lis|mus,** der; - (Auffassung, nach der das Konzil der Bischöfe über dem Papst steht); **Epi|sko|pa|list,** der; -en, -en; ↑R 197 (Anhänger des Episkopalismus); **Epi|sko|pal|kir|che; Epi|sko|pat,** das, *Theol.* der; -[e]s, -e (Gesamtheit der Bischöfe [eines Landes]; Bischofswürde); **epi|sko|pisch** *vgl.* episkopal; **Epi|sko|pus,** der; -, ...pi (*lat. Bez. für* Bischof)
Epi|so|de, die; -, -n ⟨griech.⟩ (vorübergehendes, nebensächl. Ereignis; Zwischenstück); **Epi|so|den|film; epi|so|den|haft; epi|so|disch**
Epi|stel, die; -, -n ⟨griech.⟩ (Apostelbrief im N. T.; vorgeschriebene gottesdienstl. Lesung; *ugs. für* Brief, Strafpredigt)
Epi|ste|mo|lo|gie, die; - ⟨griech.-engl.⟩ (*Philos.* Erkenntnistheorie); **epi|ste|mo|lo|gisch**
Epi|styl, das; -s, -e ⟨griech.⟩ (*svw.* Architrav)
Epi|taph, das; -s, -e ⟨griech.⟩ *u.* **Epi|ta|phi|um,** das; -s, ...ien [...iən] (Grabschrift; Grabmal mit Inschrift)
Epi|tha|la|mi|on, Epi|tha|la|mi|um, das; -s, ...ien [...iən] ⟨griech.⟩ ([antikes] Hochzeitslied)
Epi|thel, das; -s, -e ⟨griech.⟩ *u.* **Epi|the|li|um,** das; -s, ...ien [...iən] (*Biol.* oberste Zellschicht der Haut); **Epi|thel|zel|le** *meist Plur.*
Epi|the|ton, das; -s, ...ta ⟨griech.⟩ (*Sprachw.* Beiwort); **Epi|the|ton or|nans,** das; - -, ...ta ...antia

⟨griech.; lat., „schmückendes“ Beiwort⟩ (typisierendes, immer wiederkehrendes Attribut; z. B. „grüne“ Wiese)
Epi|trit, der; -en, -en (↑R 197) ⟨griech.⟩ (altgriech. Versfuß)
Epi|zen|trum ⟨griech.⟩ (senkrecht über dem Erdbebenherd liegender Erdoberflächenpunkt)
Epi|zy|kloi|de, die; -, -n (↑R 180) ⟨griech.⟩ (*Math.* eine geometr. Kurve)
epo|chal ⟨griech.⟩ (für einen [großen] Zeitabschnitt geltend; [hoch]bedeutend); **Epo|che**, die; -, -n (Zeitabschnitt); - machen; das Buch hat - gemacht; **epo|che|ma|chend**; eine -e Erfindung; **Epo|chen|un|ter|richt**, der; -[e]s *(Päd.)*
Ep|ode, die; -, -n ⟨griech.⟩ (eine [antike] Gedichtform)
Epo|pöe [*auch* ...'pø:], die; -, -n [...'pø:(ə)n] ⟨griech.⟩ (*veraltet für* Epos); **Epos**, das; -, Epen (erzählende Versdichtung; Heldengedicht)
Ep|pich, der; -s, -e (*landsch.* Bez. für mehrere Pflanzen, z. B. Efeu)
Eprou|vette [epru'vɛt], die; -, -n [...tən] ⟨franz.⟩ (*österr. für* Proberöhrchen, Reagenzglas)
Ep|si|lon, das; -[s], -s (griech. Buchstabe [kurzes e]: *E, ε*)
Equa|li|zer ['i:kwəlaizə(r)], der; -s, - ⟨engl.⟩ (Zusatzgerät an Verstärkern von Hi-Fi-Anlagen zur Klangverbesserung)
Equi|li|brist *vgl.* Äquilibrist
Equi|pa|ge [ek(v)i'pa:ʒə, *österr.* ...'pa:ʒ], die; -, -n [...'pa:ʒ(ə)n] ⟨franz.⟩ (*veraltet für* elegante Kutsche; Ausrüstung eines Offiziers); **Equipe** [e'ki:p, *auch* e'kip, *schweiz.* e'kipə], die; -, -n [...p(ə)n] ([Reiter]mannschaft); **equi|pie|ren** (*veraltet für* ausrüsten); **Equi|pie|rung**
er; - kommt; [1]**Er**; ↑R 72 (veraltete Anrede an eine Person männl. Geschlechts); höre Er!; jmdn. Er nennen; (↑R 66:) das veraltete Er; [2]**Er**, der; -, -s (*ugs. für* Mensch oder Tier männl. Geschlechts); es ist ein Er; ein Er und eine Sie saßen dort
[3]**Er** = *chem. Zeichen für* Erbium
er... (*Vorsilbe von Verben,* z. B. erahnen, du erahnst, erahnt, zu erahnen)
...er (z. B. Lehrer, der; -s, -)
er|ach|ten; jmdn. *od.* etwas als *od.* für etwas -; **Er|ach|ten**, das; -s; meinem - nach, meines -s (*Abk.* m. E.); (*falsch:* meines Erachtens nach)
er|ah|nen
er|ar|bei|ten; das mußt du dir selbst -; **Er|ar|bei|tung**
eras|misch (in der Weise des Erasmus von Rotterdam), aber (↑R 134): die Erasmische Satire „Lob der Torheit“; **Eras|mus** (m. Vorn.); **Eras|mus von Rot|ter|dam** (niederländ. Theologe; Humanist u. Gegner Luthers)
Era|to [*auch* 'e:...] (Muse der Lyrik, bes. der Liebesdichtung)
Era|to|sthe|nes (altgriech. Gelehrter)
er|äu|gen *(meist scherzh.)*
Erb‿adel, ...an|la|ge, ...an|spruch
er|bar|men; sich -; du erbarmst dich seiner, *seltener* über ihn; er erbarmt mich, *österr. auch* mir (tut mir leid); **Er|bar|men**, das; -s; (↑R 68:) zum -; **er|bar|mens|wert**; **Er|bar|mer**, der; -s *(geh.)*; **er|bärm|lich**; **Er|bärm|lich|keit**, die; -; **Er|bar|mung** *Plur. selten;* **er|bar|mungs|los**; -este; **Er|bar|mungs|lo|sig|keit**, die; -; **er|bar|mungs‿voll, ...wür|dig**
er|bau|en; sich an einem Lied -; **Er|bau|er**; **Er|baue|rin**; **er|bau|lich** *(veraltend);* **Er|bau|lich|keit**, die; - *(veraltend);* **Er|bau|ung**; **Er|bau|ungs|li|te|ra|tur**, die; -
Erb‿bau|recht, ...be|gräb|nis; **erb|be|rech|tigt**; **Erb‿bild** (*für* Genotyp), **...bio|lo|gie**; **erb|bio|lo|gisch**; [1]**Er|be**, der; -n, -n (↑R 197); der gesetzliche -; [2]**Er|be**, das; -s; das kulturelle -
er|be|ben
erb|ei|gen (ererbt); **erb|ein|ge|ses|sen** (alteingesessen); **er|ben**; **Er|ben|ge|mein|schaft**
[1]**er|be|ten** (durch Beten erlangen); erbetete, erbetet
[2]**er|be|ten**; ein -er Gast
er|bet|teln
er|beu|ten; **Er|beu|tung**
erb|fä|hig; **Erb‿fak|tor, ...fall** (der; *Rechtsspr.* Todesfall, der jmdn. zum Erben macht), **...feind, ...fol|ge** (die; -); **Erb|fol|ge|krieg**; **Erb‿fol|ger, ...groß|her|zog, ...gut, ...hof**
er|bie|ten, sich *(geh.);* **Er|bie|ten**, das; -s *(geh.)*
Er|bin
Erb|in|for|ma|ti|on *(Genetik)*
er|bit|ten; jmds. Rat -
er|bit|tern; es erbittert mich; **Er|bit|te|rung**, die; -
Er|bi|um, das; -s (chem. Element, Metall; *Zeichen* Er)
Erb|krank|heit
er|blas|sen (*geh. für* bleich werden)
Erb|las|sen|schaft *(Rechtsw.);* **Erb|las|ser** (der eine Erbschaft Hinterlassende); **Erb|las|se|rin**; **erb|las|se|risch**; **Erb|las|sung**; **Erb|le|hen**
er|blei|chen (bleich werden); du erbleichtest; erbleicht *u.* (*veraltet, im Sinne von* „gestorben“:) erblichen; *vgl.* [2]bleichen
Erb‿lei|den, ...lei|he; **erb|lich**; **Erb|lich|keit**, die; -
er|blicken [*Trenn.* ...blik|ken]
er|blin|den; **Er|blin|dung**
erb|los
er|blü|hen
Erb|mas|se; **erb|mä|ßig**; **Erb|on|kel** *(ugs. scherzh.)*
er|bo|sen (erzürnen); du erbost; sein Verhalten erbost mich; sich -; ich habe mich erbost
er|bö|tig (bereit); er ist -, macht sich -, diesen Dienst zu leisten; **Er|bö|tig|keit**, die; -
Erb‿pacht *(früher),* **...päch|ter** *(früher),* **...pfle|ge** (die; -; *für* Eugenik), **...prinz**
er|bre|chen; sich -; **Er|bre|chen**, das; -s; bis zum - (*ugs. für* bis zum Überdruß)
Erb|recht
er|brin|gen; den Nachweis -
er|brü|ten (*fachspr. für* ausbrüten)
Erbs|brei *vgl.* Erbsenbrei
Erb|schaft; **Erb|schafts|steu|er**, **Erb|schaft|steu|er**, die (↑R 54);
Erb‿schein, ...schlei|cher
Erb|se, die; -, -n; **Erb|sen|bein** (*Med.* Knochen der Handwurzel); **Erb|sen|brei**, Erbs|brei; **erb|sen|groß**; **Erb|sen|stroh**, Erbs|stroh; **Erb|sen|sup|pe**; **Erbs|stroh** *vgl.* Erbsenstroh
Erb‿stück, ...sün|de *(christl. Rel.)*
Erbs|wurst
Erb|tan|te *(ugs. scherzh.);* **Erb|teil**, das (*BGB* der); **Erb|tei|lung**; **erb|tüm|lich**; erb- und eigentümlich (↑R 32); **Erb‿ver|trag, ...ver|zicht**; **Erb|ver|zichts|ver|trag**; **Erb|we|sen**, das; -s
Erd|ach|se, die; -
er|dacht; eine -e Geschichte
Erd‿al|ka|li|en (*Plur.; Chemie),* **...an|zie|hung** (die; -), **...ap|fel** (*landsch. für* Kartoffel), **...ar|bei|ten** *(Plur.),* **...at|mo|sphä|re**
er|dau|ern (*schweiz. für* [ein Problem] reifen lassen; durch Warten verdienen); **Er|daue|rung** (↑R 180) *(schweiz.)*
Erd‿ball (der; -[e]s), **...be|ben**; **Erd|be|ben‿herd, ...mes|ser** (der), **...war|te, ...wel|le**; **Erd|beer|bow|le**; **Erd|bee|re**; **Erd|beer|eis**; **erd|beer‿far|ben, ...far|big**; **Erd‿be|schleu|ni|gung** (*Physik* Fallbeschleunigung), **...be|schrei|bung, ...be|stat|tung, ...be|völ|ke|rung** (die; -), **...be|we|gung, ...bir|ne** (*landsch. für* Kartoffel), **...bo|den, ...boh|rer** *(Technik);* **erd|braun**; **Er|de**, die; -, -n *Plur. selten;* **er|den** (*Elektrotechnik* Verbindung zwischen einem elektr. Gerät und der Erde herstellen); **Er|den‿bür|ger, ...glück**
er|denk|bar; **er|den|ken**; **er|denk|lich**; alles -[e] Gute wünschen

Er|den|le|ben; Er|den|rund, das; -[e]s; **Erd|fall,** der (trichterförmige Senkung von Erdschichten); **erd_far|ben** *od.* **...far|big, ...fern;** ein -er Planet; **Erd|fer|ne,** die; -
Erdg. = Erdgeschichte; Erdgeschoß
Erd|gas; erd|gas|höf|fig (reiches Erdgasvorkommen versprechend); **erd|ge|bo|ren** (*geh. für* sterblich, irdisch); **Erd|ge|bo|re|ne, Erd|ge|bor|ne,** der *u.* die; -n, -n (↑R 7ff.); **erd|ge|bun|den; Erd_geist** (*Plur.* ...geister), **...ge|schich|te** (die; -; *Abk.* Erdg.), **...ge|schoß** (*Abk.* Erdg.); **erd|haft; Erd_höh|le, ...hörn|chen** (ein Nagetier)
er|dich|ten ([als Ausrede] erfinden; sich ausdenken)
er|dig; Erd_kern (der; -s), **...kreis** (der; -es), **...kru|ste, ...ku|gel, ...kun|de** (die; -); **Erd|kund|ler; erd|kund|lich; erd|ma|gne|tisch;** -e Wellen; **Erd|ma|gne|tis|mus**
Erd|männ|chen (Kobold; ein Tier)
erd|nah; ein -er Planet; **Erd_nä|he** *(Astron.),* **...nuß; Erd|nuß|but|ter; Erd_ober|flä|che** (die; -), **...öl**
er|dol|chen *(geh.);* **Er|dol|chung**
erd|öl_ex|por|tie|rend, ...för|dernd, ...höf|fig (reiches Erdölvorkommen versprechend); **Erd|öl_pro|duk|ti|on, ...vor|kom|men; Erd_pech, ...rauch** (eine Pflanze), **...reich** (das; -[e]s)
er|drei|sten, sich *(geh.)*
Erd|rin|de, die; -
er|dröh|nen
er|dros|seln; Er|dros|sel|lung, *seltener* **Er|droß|lung**
er|drücken [*Trenn.* ...k|k...]; **er|drückend** [*Trenn.* ...k|k...]; -ste
Er|drusch, der; -[e]s, -e (Ertrag des Dreschens)
Erd_rutsch, ...sa|tel|lit, ...schicht, ...schlipf (*schweiz. neben* Erdrutsch), **...schluß** *(Elektrotechnik),* **...schol|le, ...sicht** *(Flugw.),* **...spal|te, ...stoß, ...strö|me** (*Plur.;* elektr. Ströme in der Erdkruste), **...teil** (der), **...tra|bant**
er|dul|den; Er|dul|dung, die; -
Erd_um|krei|sung, ...um|run|dung; erd|um|span|nend; Er|dung (das Erden); **Erd_ver|mes|sung, ...wachs** (*für* Ozokerit), **...wall, ...wär|me, ...zeit|al|ter**
Ere|bos, Ere|bus, der; - ‹griech.› (Unterwelt der griech. Sage)
Ere|chthei|on [*auch* e'rɛç...], das; -s (Tempel des Erechtheus in Athen); **Ere|chthe|um** *vgl.* Erechtheion; **Ere|chtheus** [e'rɛçtɔys] (griech. Sagengestalt)
er|ei|fern, sich; **Er|ei|fe|rung**
er|eig|nen, sich; **Er|eig|nis,** das; -ses, -se; ein freudiges -; ein großes -; **er|eig|nis_los, ...reich**

er|ei|len *(geh.);* das Schicksal ereilte ihn
Erek (m. Vorn.)
erek|til ‹lat.› (*Med.* aufrichtbar, schwellfähig); **Erek|ti|on,** die; -, -en (Aufrichtung, Anschwellung [des Penis])
Ere|mit [*auch* ...'mit], der; -en, -en (↑R 197) ‹griech.› (Einsiedler; Klausner); [1]**Ere|mi|ta|ge** [...'ta:ʒə, *österr.* ...'ta:ʒ], die; -, -n [...'ta:ʒ(ə)n] (abseits gelegene Grotte od. Nachahmung einer Einsiedelei in Parkanlagen des 18. Jh.s); [2]**Ere|mi|ta|ge,** Er|mi|ta|ge, die; - (Kunstsammlung in Sankt Petersburg)
Eren, Ern, der; -, - (*landsch., bes. südwestd. veraltend für* Hausflur, -gang)
er|erbt; -er Besitz
Ere|thi|s|mus, der; - ‹griech.› (*Med., Psych.* krankhafte Gereiztheit)
er|fahr|bar; [1]**er|fah|ren;** etwas Wichtiges -; [2]**er|fah|ren;** -er Mann; **Er|fah|re|ne,** der *u.* die; -n, -n (↑R 7ff.); **Er|fah|ren|heit,** die; -; **Er|fah|rung; Er|fah|rungs_aus|tausch, ...be|richt; er|fah|rungs_ge|mäß, ...mä|ßig; Er|fah|rungs_schatz, ...tat|sa|che, ...wert, ...wis|sen|schaft** (die; -; *für* Empirie)
er|faß|bar; er|fas|sen; erfaßt; **Er|fas|sung**
er|fech|ten; erfochtene Siege
er|fin|den; Er|fin|der; Er|fin|der|geist, der; -[e]s; **Er|fin|de|rin; er|fin|de|risch;** -ste; **er|find|lich;** nicht - (erkennbar, verständlich) sein; **Er|fin|dung; Er|fin|dungs_ga|be, ...kraft** (die; -); **er|fin|dungs|reich**
er|fle|hen *(geh.);* erflehte Hilfe
Er|folg, der; -[e]s, -e; **er|fol|gen; er|folg|ge|krönt** *(geh.);* **Er|folg|ha|sche|rei,** die; - *(abwertend);* **er|folg|los;** -este; **Er|folg|lo|sig|keit,** die; -; **er|folg|reich; Er|folgs_aus|sicht** *(meist Plur.),* **...au|tor, ...buch, ...den|ken, ...er|leb|nis, ...kurs; er|folgs|ori|en|tiert;** -este; **Er|folgs_prä|mie, ...quo|te, ...rech|nung** *(Wirtsch.),* **...se|rie; er|folgs|si|cher; Er|folgs_stück, ...zif|fer, ...zwang; er|folg|ver|spre|chend;** -ste; ein -er Anfang
er|for|der|lich; er|for|der|li|chen|falls *(Amtsspr.); vgl.* Fall, der; **er|for|dern; Er|for|der|nis,** das; -ses, -se
er|forsch|bar; er|for|schen; Er|for|scher; Er|for|schung
er|fra|gen; Er|fra|gung
er|fre|chen, sich *(veraltend)*
er|freu|en; sich -; **er|freu|lich;** manches Erfreuliche (↑R 65); **er|freu|li|cher|wei|se**

er|frie|ren; Er|frie|rung; Er|frie|rungs|tod
er|fri|schen; sich -; **er|fri|schend;** -ste; ein -er Humor; **Er|fri|schung; Er|fri|schungs_ge|tränk, ...raum, ...stand, ...tuch**
Erft, die; - (l. Nebenfluß des Niederrheins)
er|füh|len *(geh.)*
er|füll|bar; -e Wünsche; **er|fül|len;** sich -; **Er|füllt|heit,** die; -; **Er|fül|lung; Er|fül|lungs|ort** der; -[e]s, -e *(Rechtsw.)*
Er|furt (Stadt a. d. Gera); **Er|fur|ter** (↑R 147); der - Dom
erg = Erg; **Erg,** das; -s, - ‹griech.› (ältere physikal. Energieeinheit; *Zeichen* erg)
erg. = ergänze!; **er|gän|zen;** du ergänzt; ergänze! (*Abk.* erg.); sich -; **Er|gän|zung; Er|gän|zungs_ab|ga|be** (Zuschlag zur Einkommensteuer), **...band** (der; *Abk.* Erg.-Bd.), **...bin|de|strich, ...fra|ge** *(Sprachw.),* **...satz** (*für* Objektsatz)
er|gat|tern (*ugs. für* sich durch eifriges, geschicktes Bemühen verschaffen); ich ...ere (↑R 22)
er|gau|nern (*ugs. für* sich durch Betrug verschaffen); ich ...ere (↑R 22)
Erg.-Bd. = Ergänzungsband
[1]**er|ge|ben;** die Zählung hat ergeben, daß ...; sich ins Unvermeidliche -; [2]**er|ge|ben;** -er Diener; **Er|ge|ben|heit,** die; -; **Er|ge|ben|heits|adres|se; er|ge|benst; Er|geb|nis,** das; -ses, -se; **er|geb|nis|los; Er|geb|nis|lo|sig|keit,** die; -; **er|geb|nis|reich; Er|ge|bung** *(geh.);* **er|ge|bungs|voll** *(geh.)*
er|ge|hen; wie ist es dir ergangen?; sich im Park - (*geh. für* spazierengehen); sie erging sich in Vermutungen; er hat es über sich - lassen; **Er|ge|hen,** das; -s (Befinden)
er|gie|big; Er|gie|big|keit, die; -
er|gie|ßen; sich -; **Er|gie|ßung**
er|glän|zen *(geh.)*
er|glü|hen *(geh.)*
er|go ‹lat.› (folglich, also)
Er|go|graph, der; -en, -en (↑R 197) ‹griech.› (*Med.* Gerät zur Aufzeichnung der Muskelarbeit); **Er|go|lo|gie,** die; - ([historische] Erforschung der Arbeitsgeräte); **Er|go|me|ter,** das; -s, - (*Med.* Gerät zur Messung der körperl. Leistungsfähigkeit); **Er|go|no|mie, Er|go|no|mik,** die; - (Erforschung der Leistungsmöglichkeiten u. optimalen Arbeitsbedingungen des Menschen); **er|go|no|misch**
Er|go|ste|rin, das; -s (Vorstufe des Vitamins D_2)
er|göt|zen *(geh.);* du ergötzt; sich

-; **Er|göt|zen,** das; -s *(geh.);* **er|götz|lich** *(geh.);* **Er|göt|zung** *(geh.)*
er|grau|en; ergraut
er|grei|fen; er|grei|fend; -ste; **Er|grei|fung** *Plur. selten;* **er|grif|fen;** er war sehr -; **Er|grif|fen|heit,** die; -; **Er|grif|fen|sein,** das; -s
er|grim|men *(geh.)*
er|gründ|bar; er|grün|den; Er|grün|dung *Plur. selten*
er|grü|nen *(geh.);* die Natur ergrünt
Er|guß; Er|guß|ge|stein (*für* Effusivgestein)
er|ha|ben; -e (erhöhte) Stellen einer Druckplatte; über allen Zweifel -; **Er|ha|ben|heit**
Er|halt, der; -[e]s (*Amtsspr.* Empfang; Erhaltung, Bewahrung); **er|hal|ten;** etwas frisch -; sich gesund -; erhalten bleiben; **er|hal|tens|wert; Er|hal|ter** (Ernährer); **er|hält|lich; Er|hal|tung,** die; -; **Er|hal|tungs|trieb; er|hal|tungs|wür|dig; Er|hal|tungs|zu|stand**
er|han|deln
er|hän|gen; sich -; *vgl.* ^{2}hängen; **Er|häng|te,** der *u.* die; -n, -n (↑R 7 ff.)
Er|hard (m. Vorn.)
er|här|ten; Er|här|tung
er|ha|schen
er|he|ben; sich -; **er|he|bend** (feierlich); **er|heb|lich; Er|he|bung**
er|hei|ra|ten (durch Heirat erlangen)
er|hei|schen (*geh. für* erfordern)
er|hei|tern; ich ...ere (↑R 22); **Er|hei|te|rung**
^{1}**er|hel|len;** sich - (hell, heiter werden); ^{2}**er|hel|len;** daraus erhellt (wird klar), daß ...; **Er|hel|lung**
er|hit|zen; du erhitzt; sich -; **Er|hit|zer; Er|hit|zung**
Er|ho|ben|sein, das; -s (*geh. für* feierliche Stimmung)
er|hof|fen; ich erhoffe mir Vorteile
er|hö|hen; Er|hö|hung; Er|hö|hungs|zei|chen (*Musik* ♯)
er|ho|len, sich; **er|hol|sam; Er|ho|lung,** die; -; **Er|ho|lungs|auf|ent|halt; er|ho|lungs|be|dürf|tig; Er|ho|lungs‿ge|biet, ...heim, ...kur, ...pau|se, ...rei|se, ...stät|te; er|ho|lung|su|chend; Er|ho|lung|su|chen|de,** der *u.* die; -n, -n (↑R 7 ff.); **Er|ho|lungs‿ur|laub, ...zeit, ...zen|trum**
er|hö|ren; Er|hö|rung
Erich (m. Vorn.)
Eri|da|nos, ^{1}**Eri|da|nus,** der; - ‹griech.› (Fluß der griech. Sage); ^{2}**Eri|da|nus,** der; - (ein Sternbild)
Erie|see [*engl.* 'iəri...], der; -s (in Nordamerika)
eri|gi|bel ‹lat.› (*svw.* erektil); **eri|gie|ren** (*Med.* sich aufrichten)
Erik (m. Vorn.)
^{1}**Eri|ka** (w. Vorn.)
^{2}**Eri|ka,** die; -, ...ken ‹griech.› (Heidekraut)
er|in|ner|lich; er|in|nern; ich ...ere (↑R 22); jemanden an etwas -; sich -; ich erinnere mich an das Ereignis, *geh.* des Ereignisses; **Er|in|ne|rung; Er|in|ne|rungs‿bild, ...fo|to; er|in|ne|rungs|los; Er|in|ne|rungs‿lücke** [*Trenn.* ...lük|ke], **...mal** (*vgl.* ^{2}Mal), **...schrei|ben** *(veraltet);* **er|in|ne|rungs|schwer; Er|in|ne|rungs‿stät|te, ...stück, ...ver|mö|gen** (das; -s), **...zei|chen**
Erin|nye [...nÿə], **Erin|nys,** die; -, ...yen *meist Plur.* ‹griech.› (griech. Rachegöttin)
Eris (griech. Göttin der Zwietracht); **Eri|stik,** die; - ‹griech.› (Kunst u. Technik des Redestreits)
Eri|trea (äthiop. Provinz am Roten Meer); **Eri|tre|er; eri|tre|isch**
Eri|wan *vgl.* Jerewan
er|ja|gen
er|kal|ten; erkaltet; **er|käl|ten,** sich; erkältet; **Er|kal|tung,** die; -; **Er|käl|tung; Er|käl|tungs‿ge|fahr, ...krank|heit**
er|kämp|fen
er|kau|fen
er|kecken [*Trenn.* ...kek|ken], sich (*veraltend für* sich erkühnen)
er|kenn|bar; Er|kenn|bar|keit, die; -; **er|ken|nen;** etwas, jmdn. -; auf eine Freiheitsstrafe - (*Rechtsspr.* als Urteil verkünden); sich zu erkennen geben; **er|kennt|lich;** sich - zeigen; **Er|kennt|lich|keit;** ^{1}**Er|kennt|nis,** die; -, -se (Einsicht); ^{2}**Er|kennt|nis,** das; -ses, -se (*österr., sonst veraltet für* richterl. Urteil); **Er|kennt|nis‿fä|hig|keit** (die; -), **...kri|tik** *(Philos.);* **er|kennt|nis|theo|re|tisch** *(Philos.);* **Er|kennt|nis|theo|rie** *(Philos.);* **Er|ken|nung,** die; -; **Er|ken|nungs|dienst; er|ken|nungs|dienst|lich; Er|ken|nungs‿mar|ke, ...me|lo|die, ...zei|chen**
Er|ker, der; -s, -; **Er|ker‿fen|ster, ...zim|mer**
er|kie|sen (*geh. für* [aus]wählen); *nur noch im Präteritum und Partizip II gebräuchlich:* ich erkor, du erkorst; erkoren; *vgl.* ^{2}kiesen
er|klär|bar; Er|klär|bar|keit, die; -; **er|klä|ren;** sich -; **Er|klä|rer; er|klär|lich; er|klär|li|cher|wei|se; er|klärt** (entschieden; offenkundig); ein -er Nichtraucher, der -e Publikumsliebling; **er|klär|ter|wei|se; Er|klä|rung**
er|kleck|lich (*geh. für* beträchtlich)
er|klet|tern; Er|klet|te|rung
er|klim|men *(geh.);* **Er|klim|mung**
er|klin|gen
er|ko|ren *vgl.* erkiesen
er|kran|ken; Er|kran|kung; Er|kran|kungs|fall, der; im -
er|küh|nen, sich
er|kun|den; er|kun|di|gen, sich; **Er|kun|di|gung; Er|kun|dung; Er|kun|dungs‿fahrt, ...flug**
er|kün|steln *(abwertend);* **er|kün|stelt**
er|kü|ren; *vgl.* küren
er|la|ben *(veraltet);* sich -
Er|lag, der; -[e]s (*österr. für* Hinterlegung); **Er|lag|schein** (*österr. für* Zahlkarte der Post)
er|lah|men; Er|lah|mung, die; -
er|lan|gen
Er|lan|gen (Stadt a.d. Regnitz); **Er|lan|ger** (↑R 147)
Er|lan|gung, die; - *(Amtsspr.)*
Er|laß, der; Erlasses, *Plur.* Erlasse, *österr.* Erlässe; **er|las|sen; Er|las|sung**
er|lau|ben; sich -; ich erlaube mir zu fragen; **Er|laub|nis,** die; -, ...sse *Plur. selten;* **Er|laub|nis|schein**
er|laucht *(geh.);* **Er|laucht,** die; -, -en (ein Adelstitel); *vgl.* euer, ihr *u.* sein
er|lau|fen; den Ball - *(Sport)*
er|lau|schen *(selten)*
er|läu|tern; ich ...ere (↑R 22); **Er|läu|te|rung; er|läu|te|rungs|wei|se**
Er|le, die; -, -n (ein Laubbaum)
er|le|ben; Er|le|ben, das; -s; **Er|le|bens|fall,** der; -[e]s; im - (*Versicherungsw.);* **Er|leb|nis,** das; -ses, -se; **Er|leb|nis‿auf|satz, ...be|richt, ...fä|hig|keit** (die; -; *Psych.*), **...hun|ger; er|leb|nis|hung|rig; er|leb|nis|reich; Er|leb|nis|ro|man; er|lebt;** -e Rede *(Sprachw.)*
er|le|di|gen; er|le|digt (*ugs. für* völlig erschöpft); **Er|le|di|gung**
er|le|gen (*Jägerspr.* [Wild] töten; *bes. österr. auch für* [einen Betrag] zahlen); **Er|le|gung**
er|leich|tern; ich ...ere (↑R 22); sich -; **er|leich|tert; Er|leich|te|rung**
er|lei|den
er|len (aus Erlenholz); **Er|len‿bruch** (*vgl.* ^{2}Bruch), **...holz**
er|lern|bar; Er|lern|bar|keit, die; -; **er|ler|nen; Er|ler|nung,** die; -
er|le|sen; ein -es (ausgesuchtes) Gericht; **Er|le|sen|heit,** die; -
er|leuch|ten; Er|leuch|tung
er|lie|gen; (↑R 68:) zum Erliegen kommen
er|li|sten; Er|li|stung, die; -
Erl|kö|nig („Elfenkönig") (*nur Sing.:* Sagengestalt; *ugs. für* getarnter Versuchswagen)
er|lo|gen; *vgl.* erlügen
Er|lös, der; -es, -e
er|lö|schen; *vgl.* ^{2}löschen; **Er|lö|schen,** das; -s

er|lö|sen; erlöst; **Er|lö|ser; Er|lö|ser|bild** *(Rel.)*; **er|lö|ser|haft; Er|lö|sung** *Plur. selten*
er|lü|gen; erlogen
er|mäch|ti|gen; Er|mäch|ti|gung
er|mah|nen; Er|mah|nung
er|man|geln *(geh.)*; jeglichen Sachverstandes -; **Er|man|ge|lung, Er|mang|lung,** die; -; in - eines Besser[e]n *(geh.)*
er|man|nen, sich *(geh.)*; **Er|man|nung,** die; -
er|mä|ßi|gen; Er|mä|ßi|gung
er|mat|ten; Er|mat|tung, die; -
er|meß|bar; er|mes|sen; Er|mes|sen, das; -s; nach meinem -; **Er|mes|sens‿ent|schei|dung, ...fra|ge, ...frei|heit**
Er|mi|ta|ge *vgl.* [2]Eremitage
er|mit|teln; ich ...[e]le (↑R 22); **Er|mitt|lung; Er|mitt|lungs‿ar|beit, ...be|am|te, ...rich|ter, ...ver|fah|ren**
Ermlland, das; -[e]s (Landschaft im ehem. Ostpreußen)
er|mög|li|chen; Er|mög|li|chung, die; -
er|mor|den; Er|mor|dung
er|müd|bar; Er|müd|bar|keit, die; -; **er|mü|den; Er|mü|dung** *Plur. selten;* **Er|mü|dungs‿er|schei|nung, ...zu|stand**
er|mun|tern; ich ...ere (↑R 22); **Er|mun|te|rung**
er|mu|ti|gen; Er|mu|ti|gung
Ern *vgl.* Eren
Er|na (w. Vorn.)
er|näh|ren; sich -; **Er|näh|rer; Er|näh|re|rin; Er|näh|rung,** die; -; **Er|näh|rungs‿ba|sis, ...bei|hil|fe, ...for|schung** (die; -), **...la|ge, ...leh|re** *(Med.)*, **...phy|sio|lo|gie** *(Med.)*; **er|näh|rungs|phy|sio|lo|gisch** *(Med.)*; **Er|näh|rungs‿plan, ...stö|rung** *(Med.)*
er|nen|nen; Er|nen|nung; Er|nen|nungs‿schrei|ben, ...ur|kun|de
Er|ne|sta, Er|ne|sti|ne (w. Vorn.)
Er|ne|sti|ni|sche Li|nie, die; -n - (herzogl. Linie der Wettiner)
er|neu|en *(seltener für* erneuern); **Er|neu|er,** *häufiger* **Er|neue|rer,** Er|neu|rer; **Er|neue|rin; er|neu|ern;** sich -; **Er|neue|rung; er|neue|rungs|be|dürf|tig; Er|neu|rer** *vgl.* Erneuerer; **er|neut** (nochmals); **Er|neu|ung** *(seltener für* Erneuerung)
er|nied|ri|gen; sich -; **er|nied|ri|gend;** -ste; **Er|nied|ri|gung; Er|nied|ri|gungs|zei|chen** *(Musik* ♭)
ernst; -er, -este; **I.** *Schreibung in Verbindung mit dem Partizip II* (↑R 209), z. B. ernstgenommen, ernstgemeint *(vgl. d.)*. **II.** *In Verbindung mit Verben immer getrennt,* z. B. ernst sein, werden, nehmen; die Lage wird -; es wurde - und gar nicht lustig; eine Sache [für] - nehmen; [1]**Ernst,** der; -es; im -; - machen; Scherz für - nehmen; es ist mir [vollkommener] - damit; es wurde - [aus dem Spiel]; allen -es; [2]**Ernst** (m. Vorn.); **Ernst|fall,** der; **ernst|ge|meint;** ernster, am ernstesten gemeint; die ernstgemeinte Anfrage (↑R 209), aber: die Anfrage ist ernst gemeint; **ernst|haft;** -este; **Ernst|haf|tig|keit,** die; -; **ernst|lich; ernst|zu|neh|mend;** ein ernstzunehmender *od.* ernst zu nehmender Einwand (↑R 206), aber: der Einwand wird ernst genommen
Ern|te, die; -, -n; **Ern|te‿aus|fäl|le** *(Plur.;* Einbußen bei der Ernte), **...bri|ga|de** *(ehem. in der DDR)*; **Ern|te|dank|fest** [*auch* 'ɛrn...]; **Ern|te‿ein|satz, ...er|geb|nis, ...fest** (Erntedankfest), **...kranz, ...kro|ne, ...ma|schi|ne, ...mo|nat** *od.* **...mond** *(alte Bez. für* August); **ern|ten; Ern|te‿se|gen** (der; -s; reicher -), **...ver|si|che|rung, ...zeit; Ern|ting,** der; -s, -e *(alte Bez. für* August)
er|nüch|tern; ich ...ere (↑R 22); **Er|nüch|te|rung**
Er|obe|rer; Er|obe|rin; er|obern; ich ...ere (↑R 22); **Er|obe|rung; Er|obe|rungs‿ab|sicht, ...drang, ...krieg, ...lust; er|obe|rungs|lu|stig; Er|obe|rungs|zug**
ero|die|ren ‹lat.› *(Geol.* auswaschen)
er|öff|nen; Er|öff|nung; Er|öff|nungs‿be|schluß *(Rechtsw.)*, **...bi|lanz** *(Wirtsch.)*, **...re|de, ...vor|stel|lung**
ero|gen ‹griech.› *(Med.* geschlechtliche Erregung auslösend); -e Zone
Eroi|ca, *auch* **Eroi|ka,** die; - ‹griech.› *(kurz für* Sinfonia eroica [Titel der 3. Sinfonie Es-Dur von Beethoven])
er|ör|tern; Er|ör|te|rung
[1]**Eros** (griech. Gott der Liebe); *vgl.* Eroten; [2]**Eros,** der; - ‹griech.› (sinnl. Liebe; *Philos.* Drang nach Erkenntnis); philosophischer -; [3]**Eros,** der; - (ein Planet); **Eros-Cen|ter** ‹griech.-engl.› *(verhüllend für* Bordell)
Ero|si|on, die; -, -en ‹lat.› *(Geol.* Erdabtragung durch Wasser, Eis od. Wind); **ero|siv**
Ero|ten *Plur.* ‹griech.› (allegor. Darstellung geflügelter Liebesgötter, meist in Kindergestalt); *vgl.* [1]Eros; **Ero|tik,** die; - (den geistig-seel. Bereich einbeziehende sinnliche Liebe); [1]**Ero|ti|ka** *(Plur. von* Erotikon); [2]**Ero|ti|ka** *Plur.* (sexuell anregende Gegenstände, Mittel o. ä.); **Ero|ti|ker** (Verfasser von Liebesliedern u. erot. Schriften; sinnlicher Mensch); **Ero|ti|kon,** das; -s, *Plur.* ...ka *od.* ...ken (erotisches Buch); **ero|tisch;** -ste; **ero|ti|sie|ren; Ero|ti|sie|rung; Ero|tis|mus, Ero|ti|zis|mus,** der; - (Überbetonung des Erotischen); **Ero|to|ma|nie,** die; - *(Med., Psych.* krankhaftes sexuelles Verlangen)
Er|pel, der; -s, - (Enterich)
er|picht; auf eine Sache - (begierig) sein
er|preß|bar; Er|preß|bar|keit, die; -; **er|pres|sen; Er|pres|ser; Er|pres|ser|brief; Er|pres|se|rin; er|pres|se|risch;** -ste; **Er|pres|sung; Er|pres|sungs|ver|such**
er|pro|ben; er|probt; er|prob|ter|wei|se; Er|pro|bung; er|pro|bungs|hal|ber
er|quicken [*Trenn.* ...quik|ken] *(geh. für* erfrischen); sich -; **er|quick|lich** *(geh.)*; -ste; **Er|quickung** [*Trenn.* ...quik|kung] *(geh.)*
Er|ra|ta *(Plur. von* Erratum)
er|rat|bar; er|ra|ten
er|ra|tisch ‹lat.› *(Geol.* verirrt, zerstreut); -er Block (Findling[sblock]); **Er|ra|tum,** das; -s, ...ta (Versehen, Druckfehler)
er|re|chen|bar; er|rech|nen
er|reg|bar; Er|reg|bar|keit, die; -; **er|re|gen;** sich -; **Er|re|ger; Er|regt|heit,** die; -; **Er|re|gung; Er|re|gungs|zu|stand**
er|reich|bar; Er|reich|bar|keit, die; -; **er|rei|chen; Er|rei|chung,** die; -
er|ret|ten *(geh.)*; - von *od.* vor etwas; **Er|ret|ter; Er|ret|tung**
er|rich|ten; Er|rich|tung
er|rin|gen; Er|rin|gung, die; -
er|rö|ten; Er|rö|ten, das; -s
Er|run|gen|schaft
Er|satz, der; -es; **Er|satz‿bank** *(Plur.* ...bänke; *Sport)*, **...be|frie|di|gung** *(Psych.)*, **...deh|nung** *(Sprachw.)*, **...dienst; Er|satz|dienst|lei|sten|de,** der; -n, -n (↑R 197); **er|satz|dienst|pflich|tig; Er|satz|dienst|pflich|ti|ge,** der; -n, -n (↑R 197); **Er|satz|dro|ge; er|satz|ge|schwächt** *(Sport)*; **Er|satz‿hand|lung** *(Psych.)*, **...in|fi|ni|tiv** *(Sprachw.* Infinitiv an Stelle eines Partizips II nach einem reinen Infinitiv, z. B. er hat ihn kommen „hören" statt „gehört"), **...kas|se; er|satz|los;** - gestrichen; **Er|satz|mann** *Plur.* ...leute, *auch* ...männer; **er|satz|pflich|tig; Er|satz‿rad, ...re|ser|ve** (die; -; *Milit.*), **...spie|ler** *(Sport)*, **...teil** (das, *seltener* der); **Er|satz|teil|la|ger; er|satz|wei|se; Er|satz|zeit** *(Versicherungsw.)*
er|sau|fen *(ugs. für* ertrinken); ersoffen; **er|säu|fen** (ertränken); ersäuft
er|schaf|fen; *vgl.* [2]schaffen; **Er-**

schaf|fer (*geh.; meist für* Gott); **Er|schaf|fung,** die; - *(geh.)*
er|schal|len *(geh.);* es erscholl *od.* erschallte; es erschölle *od.* erschallte; erschollen *od.* erschallt; erschall[e]!
er|schau|dern *(geh.)*
er|schau|en
er|schau|ern *(geh.)*
er|schei|nen; Er|schei|nung; Er|schei|nungs‿bild, ...form, ...jahr, ...ort
er|schie|ßen; Er|schie|ßung
er|schim|mern *(geh.)*
er|schlaf|fen; er|schlafft; Er|schlaf|fung, die; -
er|schla|gen
er|schlei|chen (durch List erringen); **Er|schlei|chung**
er|schließ|bar; er|schlie|ßen; sich -; **Er|schlie|ßung**
er|schmel|zen *(Hüttenw.)*
er|schöpf|bar; er|schöp|fen; sich -; **er|schöpft; Er|schöp|fung** *Plur. selten;* **Er|schöp|fungs‿tod, ...zu|stand**
[1]**er|schre|cken**[1]; ich bin darüber erschrocken; *vgl.* [1]schrecken; [2]**er|schre|cken**[1]; sein Aussehen hat mich erschreckt; *vgl.* [2]schrekken; [3]**er|schre|cken**[1], sich *(ugs.);* ich habe mich erschreckt, erschrocken; **er|schre|ckend**[1]; -ste; **er|schreck|lich** (*veraltet für* erschreckend, schrecklich); **Er|schro|cken|heit**[1], die; -; **er|schröck|lich** (*scherzh. für* erschrecklich)
er|schüt|tern; er|schüt|ternd; -ste; **Er|schüt|te|rung**
er|schwe|ren; Er|schwer|nis, die; -, -se; **Er|schwer|nis|zu|la|ge** (Zulage bei bes. schwerer od. Schichtarbeit); **Er|schwe|rung**
er|schwin|deln
er|schwing|bar (*svw.* erschwinglich); **er|schwin|gen; er|schwing|lich** (finanziell zu bewältigen); **Er|schwing|lich|keit,** die; -
er|se|hen
er|seh|nen *(geh.);* du ersehnst dir etwas
er|setz|bar; Er|setz|bar|keit, die; -; **er|set|zen; Er|set|zung**
er|sicht|lich
er|sin|nen; er|sinn|lich (*veraltet für* erdenklich)
er|sit|zen; ersessene Rechte; **Er|sit|zung** (*Rechtsw.* Eigentumserwerb durch langjährigen Besitz)
er|sor|gen (*schweiz. für* mit Sorge erwarten)
er|spä|hen *(geh.)*
er|spa|ren; das hat ihm viel erspart; **Er|spar|nis,** die; -, -se, *österr. auch* das; -ses, -se; **Er|spa|rung,** die; -

[1] *Trenn.* ...k|k...

er|spie|len; du hast [dir] einen guten Platz erspielt
er|sprie|ßen *(geh.);* **er|sprieß|lich** *(geh.);* **Er|sprieß|lich|keit,** die; -
er|spü|ren *(geh.)*
erst; - recht; - mal (*ugs. für* erst einmal)
er|star|ken; Er|star|kung, die; -
er|star|ren; Er|star|rung, die; -
er|stat|ten; Er|stat|tung
erst|auf|füh|ren *nur im Infinitiv u. Partizip II gebr.;* erstaufgeführt; **Erst|auf|füh|rung**
er|stau|nen; Er|stau|nen, das; -s; **er|stau|nens|wert; er|staun|lich; Er|staunt|heit,** die; -
Erst‿aus|ga|be, ...aus|stat|tung, ...beich|te *(kath. Kirche),* **...be|sitz; erst|be|ste** (*vgl.* erste); **Erst‿be|stei|gung, ...be|zug, ...druck** (*Plur.* ...drucke)
er|ste; erstere *(vgl. d.);* erstens. **I.** *Kleinschreibung:* (↑R 66:) der, die, das erste (der Reihe nach); als erster, erstes; der erste – der letzte (*zurückweisend für* jener – dieser); er war der erste, der das erwähnte (er hat das zuerst erwähnt); das erste, was ich höre (das höre ich jetzt zuerst); mein erstes war, ein Heft zu kaufen (zuerst kaufte ich ...); der erstbeste; der erste beste; die ersten beiden (das erste und das zweite Glied, das erste Paar einer Gruppe), die ersten drei usw., aber: die beiden ersten (von zwei Gruppen das jeweils erste Glied); die drei ersten usw.; der erste (*häufig als Name:* Erste) Weltkrieg, der erste (1.) April (Datum); erstes Mittelwort (Partizip I; *vgl. d.*); der erste Rang; erste Geige spielen; erster Geiger; die erste heilige Kommunion; der erste Spatenstich; erster Klasse fahren; Bachstraße 7, erster Stock; das erste Programm; die erste Bundesliga; das erste Mal *od.* das erstemal; am ersten (zuerst), fürs erste, zum ersten; beim, zum ersten Mal[e] *od.* beim, zum erstenmal. **II.** *Großschreibung:* **a)** (↑R 75, ↑R 133, ↑R 157:) Otto der Erste (*Abk.* Otto I.); der Erste Staatsanwalt; der Erste Vorsitzende *(als Dienstbez.);* der Erste Schlesische Krieg; der Erste Mai (Feiertag); die Erste Hilfe (bei Unglücksfällen); Erstes Deutsches Fernsehen (*für* ARD); **b)** (↑R 66:) der Erste des Monats; vom nächsten Ersten an; das Erste und [das] Letzte (Anfang und Ende); der, die Erste (dem Range, der Tüchtigkeit nach [nicht der Reihe nach]), z. B. die Ersten unter Gleichen; die Ersten werden die Letzten sein

er|ste|chen
er|ste|hen; Er|ste|her
Er|ste-Hil|fe-Aus|rü|stung (↑R 41)
Er|ste|hung
er|steig|bar; Er|steig|bar|keit, die; -; **er|stei|gen; Er|stei|ger**
er|stei|gern; Er|stei|ge|rung
Er|stei|gung
er|stel|len (errichten; aufstellen); **Er|stel|ler; Er|stel|lung**
er|ste|mal; das -; beim, zum erstenmal; *vgl.* erste *u.* Mal; **er|stens; er|ster;** als -
er|ster|ben *(geh.);* mit -der Stimme
er|ste|re; der - (der erste [von zweien]); -r; das -; -s *(auch alleinstehend klein geschrieben);* **Er|ste[r]-Klas|se-Ab|teil** (↑R 41); **erst|er|wähnt,** aber (↑R 65): der Ersterwähnte; **Erst|ge|bä|ren|de,** die; -n, -n; ↑R 7 ff. *(Med.);* **erst|ge|bo|ren; Erst|ge|bo|re|ne, Erst|ge|bor|ne,** der, die, das; -n, -n (↑R 7 ff.); **Erst|ge|burt; Erst|ge|burts|recht,** das; -[e]s; **erst|ge|nannt,** aber (↑R 65): der Erstgenannte; **Erst|hel|fer** (jmd., der einem Unfallopfer als erster Hilfe leistet); **Erst|hel|fe|rin**
er|sticken[1]; **Er|stickung**[1], die; -; **Er|stickungs**[1]**‿an|fall, ...ge|fahr, ...tod**
Erst|kläs|ser (*mitteld. für* Erstkläßler); **erst|klas|sig; Erst|klas|sig|keit,** die; -; **Erst|klaß|ler** *(landsch., bes. österr.) u.* **Erst|kläß|ler** (*schweiz. u. südd. für* Schüler der ersten Klasse); **Erst|klaß|wa|gen** (*schweiz. für* Wagen erster Klasse); **Erst‿kom|mu|ni|kant, ...kom|mu|ni|on** *(kath. Kirche);* **erst|lich** (*veraltet für* erstens); **Erst|ling; Erst|lings‿aus|stat|tung, ...druck** (*Plur.* ...drukke), **...film, ...ro|man, ...stück, ...werk; erst|ma|lig; Erst|ma|lig|keit,** die; -; **erst|mals; Erst|pla|zier|te,** der *u.* die; -n, -n (↑R 7 ff.); *vgl.* plazieren
er|strah|len
erst|ran|gig; Erst|ran|gig|keit, die; -
er|stre|ben *(geh.);* **er|stre|bens|wert**
er|strecken[1], sich; **Er|streckung**[1]
er|strei|ten *(geh.)*
Erst|schlag *(Milit.);* **Erst|schlag|waf|fe; Erst|se|me|ster; erst|stel|lig;** -e Hypothek; **Erst|stim|me; Erst|tags‿brief, ...stem|pel**
er|stun|ken (*derb für* erdichtet); - und erlogen
er|stür|men; Er|stür|mung
Erst|ver|kaufs|tag; erst|ver|öf|fent|li|chen *nur im Infinitiv u. Partizip II gebr.;* **Erst‿ver|öf|fent|li|chung, ...ver|sor|gung**

[1] *Trenn.* ...k|k...

(Erste Hilfe), **...ver|stor|be|ne** (der *u.* die; -n, -n; ↑R 7ff.), **...wa|gen, ...wäh|ler, ...zu|las|sung**
er|su|chen; Er|su|chen, das; -s, -; auf -
er|tap|pen; sich bei etwas -
er|tei|len; Er|tei|lung
er|tö|nen
er|tö|ten *(geh.);* Begierden -; **Er|tö|tung,** die; -
Er|trag, der; -[e]s, ...träge; **er|trag|bar; er|tra|gen; er|trag|fä|hig,** *auch* er|trags|fä|hig; **Er|trag|fä|hig|keit,** *auch* Er|trags|fä|hig|keit, die; -; **er|träg|lich; Er|träg|lich|keit,** die; -; **er|trag|los; Er|träg|nis,** das; -ses, -se (*seltener für* Ertrag); **er|träg|nis|reich** (*seltener für* ertragreich); **er|trag|reich; Er|trags|aus|sich|ten** *Plur.;* **er|trags|fä|hig** *vgl.* ertragfähig; **Er|trags|fä|hig|keit** *vgl.* Ertragfähigkeit; **Er|trags‿la|ge, ...min|de|rung; er|trags|si|cher; Er|trag[s]‿stei|ge|rung, ...steu|er**
er|trän|ken; ertränkt; **Er|trän|kung**
er|träu|men; ich erträume mir etwas
er|trin|ken; ertrunken; **Er|trin|ken,** das; -s; **Er|trin|ken|de,** der *u.* die; -n, -n (↑R 7ff.)
er|trot|zen; Er|trot|zung
er|trun|ken; *vgl.* ertrinken; **Er|trun|ke|ne,** der *u.* die; -n, -n (↑R 7ff.)
er|tüch|ti|gen; Er|tüch|ti|gung, die; -
er|üb|ri|gen; er hat viel erübrigt (gespart); es erübrigt sich (ist überflüssig) [,] zu erwähnen, ...; **Er|üb|ri|gung,** die; -
eru|ie|ren ‹lat.› (herausbringen; ermitteln); **Eru|ie|rung**
erup|tie|ren; Erup|ti|on, die; -, -en ‹lat.› ([vulkan.] Ausbruch); **erup|tiv; Erup|tiv|ge|stein**
Er|ve ['ɛrvə], die; -, -n (eine Hülsenfrucht)
er|wa|chen; Er|wa|chen, das; -s
¹er|wach|sen; ein erwachsener Mensch; **²er|wach|sen;** mir sind Bedenken erwachsen; **Er|wach|se|ne,** der *u.* die; -n, -n (↑R 7ff.); **Er|wach|se|nen‿bil|dung** (die; -), **...tau|fe; Er|wach|sen|sein,** das; -s
er|wä|gen; du erwägst; du erwogst; du erwögest; erwogen; erwäg[e]!; **er|wä|gens|wert; Er|wä|gung;** in - ziehen
er|wäh|len *(geh.);* **Er|wähl|te,** der *u.* die; -n, -n (↑R 7ff.); **Er|wäh|lung**
er|wäh|nen; er|wäh|nens|wert; er|wähn|ter|ma|ßen *(Amtsspr.);* **Er|wäh|nung**
er|wah|ren (*schweiz. für* als wahr erweisen; das Ergebnis einer Abstimmung od. Wahl amtl. bestätigen); **Er|wah|rung**
er|wan|dern; Er|wan|de|rung
er|wär|men (warm machen); sich - (begeistern) für; **Er|wär|mung**
er|war|ten; Er|war|ten, das; -s; wider -; **Er|war|tung; er|war|tungs|ge|mäß; Er|war|tungs|hal|tung; er|war|tungs|voll**
er|wecken [*Trenn.* ...wek|ken]; **Er|weckung** [*Trenn.* ...wek|kung]
er|weh|ren, sich; ich konnte mich seiner kaum -
er|weich|bar; er|wei|chen; ich lasse mich nicht -; *vgl.* ¹weichen; **Er|wei|chung**
Er|weis, der; -es, -e (*veraltend für* Nachweis, Beweis); **er|wei|sen;** sich -; **er|weis|lich** *(veraltet);* **Er|wei|sung,** die; -
er|wei|tern; die erweiterte Oberschule (mit dem Abitur abschließende Schule in der ehem. DDR; *Abk.* EOS); **Er|wei|te|rung; Er|wei|te|rungs|bau** *Plur.* ...bauten
Er|werb, der; -[e]s, -e; **er|wer|ben; Er|wer|ber; Er|wer|be|rin; er|werbs‿be|schränkt, ...fä|hig; Er|werbs|fä|hig|keit,** die; -; **er|werbs|ge|min|dert; Er|werbs|le|ben;** im - stehen; **er|werbs|los; Er|werbs|lo|se,** der *u.* die; -n, -n (↑R 7ff.); **Er|werbs|lo|sig|keit,** die; -; **Er|werbs‿min|de|rung, ...mög|lich|keit, ...quel|le, ...stre|ben; er|werbs|tä|tig; Er|werbs|tä|ti|ge,** der *u.* die; -n, -n (↑R 7ff.); **er|werbs|un|fä|hig; Er|werbs|zweig; Er|wer|bung**
er|wi|dern; ich ...ere (↑R 22); **Er|wi|de|rung**
er|wie|sen; er|wie|se|ner|ma|ßen
Er|win (m. Vorn.)
er|wir|ken; Er|wir|kung
er|wirt|schaf|ten; Gewinn -; **Er|wirt|schaf|tung**
er|wi|schen (*ugs. für* ertappen; fassen, ergreifen); mich hat es erwischt (*ugs. für* ich bin krank, *auch für* ich bin verliebt)
er|wor|ben; -e Rechte
er|wünscht; das -este, am -esten wäre es, wenn ... (↑R 65)
er|wür|gen; Er|wür|gung
ery|man|thisch, a b e r (↑R 157): der Erymanthische Eber; **Ery|man|thos, Ery|man|thus,** der; - (Gebirge im Peloponnes)
Ery|si|pel, das; -s, -e ‹griech.› (*Med.* Wundrose [Hautentzündung]); **Ery|them,** das; -s, -e (*Med.* Hautrötung)
Ery|thrä|ische Meer, das; -n -[e]s (*altgriech. Name für* das Arabische Meer); ↑R 180
Ery|thrin, der; -s ‹griech.› (ein Mineral); **Ery|thro|zyt,** der; -en, -en *meist Plur.;* ↑R 197 (*Med.* rotes Blutkörperchen)
Erz[1], das; -es, -e
erz... ‹griech.› (*verstärkende Vorsilbe,* z. B. erzböse); **Erz...** (*in Titeln,* z. B. Erzbischof, *u. in Scheltnamen,* z. B. Erzschelm)
Erz|ader[1]
er|zäh|len; erzählende Dichtung; **er|zäh|lens|wert; Er|zäh|ler; Er|zäh|le|rin; er|zäh|le|risch; Er|zähl|kunst,** die; -; **Er|zäh|lung**
Erz|bau[1], der; -[e]s; **Erz|berg|bau**[1], der; -[e]s
Erz|bi|schof; erz|bi|schöf|lich; Erz|bis|tum; erz|bö|se; Erz|di|öze|se; erz|dumm
er|zei|gen *(geh.);* sich dankbar -
er|zen[1] (aus Erz)
Erz|en|gel
er|zeu|gen; Er|zeu|ger; Er|zeu|ger‿land, ...preis (*vgl.* ²Preis); **Er|zeug|nis,** das; -ses, -se; **Er|zeu|gung; Er|zeu|gungs|ko|sten** *Plur.*
erz|faul; Erz‿feind, ...feind|schaft, ...gau|ner
Erz|ge|bir|ge[1], das; -s; **erz|ge|bir|gisch**[1]; **Erz|ge|birg|ler**[1]; **Erz‿ge|win|nung**[1], **...gie|ßer**[1], **...gie|ße|rei**[1]; **erz|hal|tig**[1]
Erz|ha|lun|ke; Erz|her|zog; Erz|her|zo|gin; Erz|her|zog-Thron|fol|ger (↑R 34); **Erz|her|zog|tum**
erz|höf|fig[1] (reiches Erzvorkommen versprechend)
er|zieh|bar; er|zie|hen; Er|zie|her; Er|zie|her|ga|be, die; -; **Er|zie|he|rin; er|zie|he|risch; er|zieh|lich** (*bes. österr.);* **Er|zie|hung,** die; -; **Er|zie|hungs‿an|stalt, ...bei|hil|fe, ...be|ra|tung; Er|zie|hungs|be|rech|tig|te,** der *u.* die; -n, -n (↑R 7ff.); **Er|zie|hungs‿geld, ...heim, ...schwie|rig|kei|ten** *(Plur.),* **...sy|stem, ...ur|laub, ...we|sen, ...wis|sen|schaft**
er|zie|len; Er|zie|lung, die; -
er|zit|tern
erz|kon|ser|va|tiv; Erz|lüg|ner; Erz|lump; Erz|prie|ster; Erz‿schelm, ...spitz|bu|be, ...übel
er|zür|nen; Er|zür|nung
Erz|va|ter
er|zwin|gen; Er|zwin|gung, die; -; **Er|zwun|ge|ne,** das; -n (↑R 7ff.); etwas -s; **er|zwun|ge|ner|ma|ßen**
¹es; es sei denn, daß (↑R 125); (↑R 16:) er ist's, er war's, er sprach's, 's ist nicht anders, 's war einmal; (↑R 66:) das unbestimmte Es; **²es;** *alter Gen. von* „es", *nur noch in Wendungen wie* ich bin es zufrieden; ich habe *od.* ich bin es satt
³es, ¹Es, das; -, - (Tonbezeichnung); **⁴es** (*Zeichen für* es-Moll); in es; **²Es** (*Zeichen für* Es-Dur); in Es

[1] [*auch* 'ɛrts...]

³Es = Einsteinium
⁴Es, das; -, - *(Psych.)*
ESA, die; - (= European Space Agency [ju(ə)rə'pi:ən 'spe:s 'e:dʒ(ə)nsi]; Europäische Weltraumorganisation)
Esau (bibl. m. Eigenn.)
Esc = Escudo
Es|cha|to|lo|gie [ɛsça...], die; - ‹griech.› (Lehre vom Endschicksal des einzelnen Menschen u. der Welt); **es|cha|to|lo|gisch**
Esche, die; -, -n (ein Laubbaum); **eschen** (aus Eschenholz); **Eschen|holz**
E-Schicht, die; -; ↑R 37 (eine Schicht der Ionosphäre)
Es|co|ri|al, der; -[s] (span. Kloster u. Schloß)
Es|cu|do, der; -[s], -[s] ‹port.› (port. Währungseinheit; *Abk.* Esc)
Es-Dur [*auch* 'ɛs'du:r], das; - (Tonart; *Zeichen* Es); **Es-Dur-Ton|lei|ter** (↑R 41)
Esel, der; -s, -; **Esel|chen; Ese|lei; Esel|lein; esel|haft; Esel|hengst; Ese|lin; Esels‿brücke** [*Trenn.* ...brük|ke] *(ugs.)*, **...ohr** *(ugs.)*, **...rücken** [*Trenn.* ...rük|ken]; **Esel|stu|te**
es|ka|la|die|ren ‹franz.› (*früher für* mit Sturmleitern erstürmen; *veraltet für* eine Eskaladierwand überwinden); **Es|ka|la|dier|wand** (*veraltet für* Kletterwand); **Es|ka|la|ti|on,** die; -, -en ‹franz.-engl.› (stufenweise Steigerung, Verschärfung); **es|ka|lie|ren** ([sich] stufenweise steigern); **Es|ka|lie|rung**
Es|ka|mo|ta|ge [...'ta:ʒə, *österr.* ...'ta:ʒ], die; -, -n [...'ta:ʒ(ə)n] ‹franz.› (*veraltet für* Taschenspielerei); **Es|ka|mo|teur** [...'tø:r], der; -s, -e (Taschenspieler, Zauberkünstler); **es|ka|mo|tie|ren** (wegzaubern)
Es|ka|pa|de, die; -, -n ‹franz.› (*Reiten* Sprung zur Seite; *geh. für* mutwilliger Streich); **Es|ka|pis|mus,** der; - ‹engl.› (*Psych.* vor der Realität ausweichendes Verhalten); **es|ka|pi|stisch**
Es|ka|ri|ol, der; -s ‹lat.› (Winterendivie)
¹Es|ki|mo, der; -[s], -[s] (Angehöriger eines arkt. Volkes); **²Es|ki|mo,** der; -s, -s ‹indian.› (ein Wollstoff); **es|ki|mo|isch; Es|ki|moi|sche,** das; -en; ↑R 180 (Sprache der Eskimos); *vgl.* Deutsche, das
Es|ko|ri|al *vgl.* Escorial
Es|kor|te, die; -, -n ‹franz.› (Geleit, Schutz; Begleitmannschaft); **es|kor|tie|ren; Es|kor|tie|rung**
Es|ku|do *vgl.* Escudo
¹Es|me|ral|da, die; -, -s ‹span.› (ein span. Tanz); **²Es|me|ral|da** (w. Vorn.)
es-Moll [*auch* 'ɛs'mɔl], das; - (Tonart; *Zeichen* es); **es-Moll-Ton|lei|ter** (↑R 41)
Eso|te|rik, die; - ‹griech.› (Geheimlehre); **Eso|te|ri|ker** (in eine Geheimlehre Eingeweihter); **Eso|te|ri|ke|rin; eso|te|risch** (nur für Eingeweihte, Fachleute u. ä. verständlich)
Es|pa|gno|le [ɛspa'njo:lə], die; -, -n [...o:len] ‹franz.› (ein span. Tanz); **Es|pa|gno|let|te|ver|schluß** (Drehstangenverschluß für Fenster)
Espan, der; -[e]s, -e (*landsch. für* Viehweide)
Es|par|set|te, die; -, -n ‹franz.› (eine Futterpflanze)
Es|par|to, der; -s ‹span.› (ein Gras); *vgl.* Alfagras; **Es|par|to|gras**
Es|pe, die; -, -n (Zitterpappel); **es|pen** (aus Espenholz); **Es|pen|laub**
Es|pe|ran|tist, der; -en, -en; ↑R 197 (Kenner, Anhänger des Esperanto); **Es|pe|ran|to,** das; -[s] ‹nach dem Pseudonym „Dr. Esperanto" des poln. Erfinders L. Zamenhof› (eine künstl. Weltsprache); **Es|pe|ran|to|lo|ge,** der; -n, -n; ↑R 197 (Erforscher von Sprache u. Literatur des Esperantos); **Es|pe|ran|to|lo|gie,** die; -; **Es|pe|ran|to|lo|gin**
Es|pla|na|de, die; -, -n ‹franz.› (freier Platz)
es|pres|si|vo [...vo] ‹ital.› (*Musik* ausdrucksvoll); **¹Es|pres|so,** der; -[s], *Plur.* -s *od.* ...ssi (in der Maschine bereitetes, starkes Kaffeegetränk); **²Es|pres|so,** das; -[s], -s (kleines Café); **Es|pres|so‿bar** (die), **...ma|schi|ne**
Es|prit [ɛs'pri:], der; -s ‹franz.› (Geist, Witz)
Esq. = Esquire
Es|qui|lin, der; -s (Hügel in Rom)
Es|qui|re [is'kwaiə(r)], der; -s, -s ‹engl.› (engl. Höflichkeitstitel, *Abk.* Esq.)
Es|ra (bibl. m. Vorn.)
Es|say ['ɛse:, *auch* ɛ'se:, *österr. nur so*], der *od.* das; -s, -s ‹engl.› (kürzere Abhandlung); **Es|say|ist,** der; -en, -en; ↑R 197 (Verfasser von Essays); **Es|sayi|stin; es|sayi|stisch;** ↑R 180
eß|bar; Eß|ba|re, das; -n (↑R 7ff.); etwas -s; **Eß|bar|keit,** die; -; **Eß|be|steck**
Es|se, die; -, -n (Schmiedeherd; *bes. ostmitteld. für* Schornstein)
Eß|ecke [*Trenn.* ...ek|ke]
es sei denn, daß (↑R 125)
es|sen; du ißt; du aßest; du äßest; gegessen; iß!; zu Mittag -; selber - macht fett; **¹Es|sen,** das; -s, -
²Es|sen (Stadt im Ruhrgebiet)
Es|sen|aus|ga|be
es|sen|disch *vgl.* essensch
Es|sen|emp|fang
¹Es|se|ner *Plur.* ‹hebr.› (eine altjüdische Sekte)
²Es|se|ner (↑R 147)
Es|sen‿hol|ler, ...kar|te
Es|sen|keh|rer (*bes. ostmitteld. für* Schornsteinfeger)
Es|sen|mar|ke, Es|sens|mar|ke
es|sensch ‹*zu* ²Essen›
Es|sens|mar|ke *vgl.* Essenmarke; **Es|sens|zeit**
es|sen|ti|al ‹lat.›, *häufiger* **es|sen|ti|ell** ‹franz.› (*Philos.* wesentlich; *Biol., Chemie* lebensnotwendig); essentielle Fettsäuren; **Es|senz,** die; -, -en (*nur Sing.:* Wesen, Kern; konzentrierter Auszug)
Es|ser; Es|se|rei, die; - *(ugs. abwertend);* **Es|se|rin; Eß‿ge|schirr, ...ge|wohn|heit** *(meist Plur.)*, **...gier**
Es|sig, der; -s, -e; **Es|sig‿baum, ...es|senz, ...gur|ke, ...mut|ter** (die; -; die sich im Essigfaß bildende Bakterienkultur); **es|sig|sau|er** *(Chemie);* essigsaure Tonerde; **Es|sig|säu|re**
Eß|koh|le (eine Steinkohlenart)
Eß‿kul|tur, ...löf|fel; eß|löf|fel|wei|se; Eß|lust, die; -; **eß|lu|stig; Eß‿tisch, ...un|lust, ...wa|ren** *(Plur.)*, **...zim|mer**
Esta|blish|ment [is'tɛbliʃmənt], das; -s, -s ‹engl.› (Schicht der Einflußreichen u. Etablierten)
Estam|pe [ɛs'tã:p(ə)], die; -, -n (Abdruck eines Holz-, Kupfer- od. Stahlstichs)
Estan|zia, die; -, -s ‹span.› (südamerik. Landgut [mit Viehwirtschaft])
Este[1], der; -n, -n; ↑R 197 (Estländer)
¹Ester, der; -s, - (*Chemie* eine organ. Verbindung)
²Ester *vgl.* ¹Esther
¹Esther, *ökum.* Ester (bibl. w. Eigenn.); **²Esther** (w. Vorn.)
Estin[1]; **Est|land**[1]; **Est|län|der**[1]; **est|län|disch**[1]; **est|nisch**[1]; -e Sprache; *vgl.* deutsch; **Est|nisch**[1], das; -[s] (Sprache); *vgl.* Deutsch; **Est|ni|sche**[1], das; -n; *vgl.* Deutsche, das
Esto|mi|hi ‹lat., „Sei mir [ein starker Fels]!"› (letzter Sonntag vor der Passionszeit)
Estra|de, die; -, -n ‹franz.› (*veraltend für* erhöhter Teil des Fußbodens; Podium; *regional für* volkstüml. künstler. Veranstaltung mit gemischtem Programm [aus Musik, Artistik u. ä.]); **Estra|den|kon|zert** *(regional)*
Estra|gon, der; -s ‹arab.› (eine Gewürzpflanze)

---
[1] [*auch* 'ɛst...]

[1]Estre|ma|du|ra (hist. Provinz in Spanien; port. Landschaft); **[2]Estre|ma|du|ra,** die; - *u.* **Estre|ma|du|ra|garn,** das; -[e]s; ↑R 149 (ein Baumwollgarn)

Est|rich, der; -s, -e (fugenloser Fußboden; *schweiz. für* Dachboden, -raum)

Es|zett, das; -, - (Buchstabe: „ß")

et ‹lat.› (und; *Zeichen [in Firmennamen]* &); *vgl.* Et-Zeichen

Eta, das; -[s], -s (griech. Buchstabe [langes e]: *H, η*)

eta|blie|ren ‹franz.› (festsetzen; begründen); sich - (sich [als selbständiger Geschäftsmann] niederlassen; einen sicheren [gesellschaftl.] Platz gewinnen); **Eta|blier|te,** der *u.* die; -n, -n; ↑R 7 ff. (jmd., der es zu etwas gebracht hat; Mitglied der Gesellschaft); **Eta|blie|rung; Eta|blis|se|ment** [etablis(ə)'mã:, *schweiz.* ...blisə'mɛnt], das; -s, *Plur.* -s, *schweiz.* -e (*geh. für* Betrieb; Niederlassung; [vornehme] Gaststätte; *auch für* [Nacht]lokal, Bordell)

Eta|ge [e'ta:ʒə, *österr.* e'ta:ʒ], die; -, -n [e'ta:ʒ(ə)n] (Stock[werk], [Ober]geschoß); **Eta|gen|bett; eta|gen|för|mig; Eta|gen‿hei|zung, ...tür, ...woh|nung; Eta|ge|re** [...'ʒɛ:rə], die; -, -n (drei übereinander angeordnete, mit einem Stab in der Mitte verbundene Schalen für Obst u. ä.; *veraltend auch für* Gestell für Bücher od. Geschirr)

et al. *vgl.* et alii

et alii [- 'a(:)lii] ‹lat.› (und andere; *Abk.* et al.)

Eta|lon [...'lɔ̃:], der; -s, -s ‹franz.› (*fachspr. für* Normalmaß, Eichmaß)

Eta|min, das, *auch, bes. österr.* der; -s ‹franz.› *od.* **Eta|mi|ne,** die; - (ein Gewebe)

Etap|pe, die; -, -n ‹franz.› ([Teil]strecke, Abschnitt; Stufe; *Milit.* Versorgungsgebiet hinter der Front); **Etap|pen‿ha|se** *(Soldatenspr.),* **...hengst** *(Soldatenspr.),* **...sieg** *(Rennsport);* **etap|pen|wei|se**

Etat [e'ta:], der; -s, -s ‹franz.› ([Staats]haushalt[splan]; Geldmittel); **Etat|auf|stel|lung; eta|ti|sie|ren** [etati...] (in den Etat aufnehmen); **Etat‿jahr** [e'ta:...], **...la|ge; etat|mä|ßig** (dem Etat gemäß; eine Planstelle innehabend; *Sport* auf einer Position regelmäßig eingesetzt); **Etat‿pe|ri|ode, ...po|sten, ...re|de, ...über|schrei|tung**

Eta|zis|mus, der; - ‹griech.› (Aussprache des griech. Eta [*η*] wie langes e)

etc. = et cetera; *dafür besser* usw.; **et ce|te|ra** (und so weiter; *Abk.* etc.); **etc. pp.** (*verstärkend für* etc.); *vgl.* pp.

ete|pe|te|te (*ugs. für* geziert, zimperlich; übertrieben feinfühlig)

Eter|nit [*auch* ...'nit] (Wz), das *od.* der; -s ‹lat.› (Asbestzement); **Eter|nit|plat|te**

Ete|si|en [...iən] *Plur.* ‹griech.› (passatartige Winde im Mittelmeer); **Ete|si|en|kli|ma,** das; -s (winterfeuchtes, sommertrockenes Mittelmeerklima)

ETH = Eidgenössische Technische Hochschule; ETHL (in Lausanne; *oft auch* EPFL = École polytechnique fédérale Lausanne); ETHZ (in Zürich)

Ethan *vgl.* Äthan; **Etha|nol** *vgl.* Äthanol; **Ether** *vgl.* [2]Äther

Ethik, die; -, -en *Plur. selten* ‹griech.› (Sittenlehre; Gesamtheit der sittlichen und moralischen Grundsätze [einer Gesellschaft]); **Ethi|ker** (Vertreter der Ethik); **ethisch** (sittlich)

ETHL *vgl.* ETH

Eth|nie, die; -, ...ien ‹griech.› (*Völkerk.* Volk, Stamm); **eth|nisch** (die [einheitl.] Kultur- u. Lebensgemeinschaft einer Volksgruppe betreffend); **Eth|no|graph,** der; -en, -en; ↑R 197 (Völkerkundler); **Eth|no|gra|phie,** die; -, ...ien ([beschreibende] Völkerkunde); **Eth|no|gra|phin; eth|no|gra|phisch; Eth|no|lo|ge,** der; -n, -n; ↑R 197 (Völkerkundler); **Eth|no|lo|gie,** die; -, ...ien (Völkerkunde); **Eth|no|lo|gin; eth|no|lo|gisch**

Etho|lo|gie, die; - ‹griech.› (Wissenschaft vom Verhalten der Tiere u. des Menschen; Verhaltensforschung); **Ethos,** das; - (die sittl.-moral. Gesamthaltung)

Ethyl usw. *vgl.* Äthyl usw.

ETHZ *vgl.* ETH

Eti|kett, das; -[e]s, *Plur.* -e[n], *auch* -s *u. schweiz., österr., sonst veraltet* **[1]Eti|ket|te,** die; -, -n ‹franz.› (Zettel mit [Preis]aufschrift, Schild[chen]; Auszeichnung [von Waren]); **[2]Eti|ket|te,** die; -, -n (Gesamtheit der herkömmlichen Umgangsformen; Vorschriften für den förmlichen Umgang); **eti|ket|tie|ren** (mit einem Etikett versehen); **Eti|ket|tie|rung**

etio|lie|ren ‹franz.› (*Bot.* vergeilen)

et|li|che; etliche (einige, mehrere) Tage, Stunden usw. sind vergangen; ich weiß etliches (manches) darüber zu erzählen; etlicher politischer Zündstoff, a b e r : etliches milde Nachsehen, mit etlichem kalten Wasser; etliche gute Menschen; die Taten etlicher guter, *selten* guten Menschen; **et|li|che|mal,** a b e r : etliche Male

Et|mal, das; -[e]s, -e (*Seemannsspr.* Zeit von Mittag bis Mittag; innerhalb dieses Zeitraums zurückgelegte Strecke)

Eton ['i:t(ə)n] (engl. Schulstadt)

Etru|ri|en [...iən] (altital. Landschaft); **Etrus|ker** (Einwohner Etruriens); **etrus|kisch**

Etsch, die; - (Zufluß der Adria); *vgl.* Adige; **Etsch|tal**

Et|ter, der *od.* das; -s, - (*südd. für* bebautes Ortsgebiet)

Etü|de, die; -, -n ‹franz.› (*Musik* Übungsstück)

Etui [ɛt'vi:], das; -s, -s ‹franz.› (Behälter, [Schutz]hülle); **Etui|kleid** (sehr eng geschnittenes Kleid)

et|wa; in - (annähernd, ungefähr); **et|wa|ig;** etwaige weitere Kosten; **et|was;** (↑R 65 f.:) etwas Auffälliges, Dementsprechendes, Derartiges, Passendes usw., a b e r : etwas anderes, weniges, einziges; das ist doch etwas; *vgl. auch* was; **Et|was,** das; -, -; ein gewisses -; **et|wel|che** *Plur.* (*veraltet für* einige)

Ety|mo|lo|ge, der; -n, -n (↑R 197) ‹griech.›; **Ety|mo|lo|gie,** die; -, ...ien (*Sprachw.* Ursprung u. Geschichte der Wörter; Forschungsrichtung, die sich damit befaßt); **ety|mo|lo|gisch; ety|mo|lo|gi|sie|ren** (nach Herkunft u. Wortgeschichte untersuchen); **Ety|mon** [*auch* 'ɛ...], das; -s, ...ma (Wurzel-, Stammwort)

Et-Zei|chen, das; -s, - (Und-Zeichen [in Firmennamen]: &)

Et|zel (*in der dt. Sage* Name des Hunnenkönigs Attila; *vgl. d.*)

Eu = *chem. Zeichen für* Europium

eu... ‹griech.› (wohl..., gut...); **Eu...** (Wohl..., Gut...)

Eu|bio|tik, die; - ‹griech.› (*Med.* Lehre von der gesunden Lebensführung)

Eu|böa (griech. Insel); **eu|bö|isch**

euch; *in Briefen* (↑R 71 f.): Euch; *vgl.* dein

Eu|cha|ri|stie [...ç...], die; -, ...ien ‹griech.› (*kath. Kirche* Abendmahl, Altarsakrament); **eu|cha|ri|stisch;** -e Taube (ein liturg. Gefäß), a b e r (↑R 157): der Eucharistische Kongreß

Eu|dä|mo|nie, die; - ‹griech.› (*Philos.* Glückseligkeit); **Eu|dä|mo|nis|mus,** der; - (Glückseligkeitslehre); **eu|dä|mo|ni|stisch**

[1]eu|er, eu[e]re, eu|er (*in Briefen:* Euer usw.; ↑R 71); euer Tisch, eu[e]rem, euerm Tisch usw.; euer von allen unterschriebener Brief (↑R 7); *vgl.* eu[e]re. *In Titeln: Nom., Akk.:* Euer, Eure (*Abk. für beide* Ew.) Hochwürden usw.; *Gen., Dat.:* Euer, Eurer (*Abk. für beide* Ew.) Hochwürden usw.; [2]**eu|er** (*in Briefen:* Euer usw.; *Gen. von* [2]ihr; *geh.*); euer (*nicht* eurer) sind drei, sind wenige; ich gedenke, ich erinnere mich euer (*nicht* eurer); **eu[e]re**, eu|ri|ge; der, die, das eu[e]re *od.* eurige *(geh.); außer in Briefen klein geschrieben, wenn ein vorausgegangenes Substantiv zu ergänzen ist,* z. B.: unser Bauplatz ist dicht bei dem eur[ig]en; *Großschreibung* (↑R 66): die Euern, Euren *od.* Eurigen (eure Angehörigen); das Eu[e]re *od.* Eurige (eure Habe); ihr müßt das Eu[e]re *od.* Eurige tun; **eu|er|seits**[1], eu|rer|seits[1]; **eu|ers|glei|chen**[1], eu|res|glei|chen[1]; **eu|ert|hal|ben**[1], eu|ret|hal|ben[1] *(veraltend);* **eu|ert|we|gen**[1], eu|ret|we|gen[1]; **eu|ert|wil|len**[1], eu|ret|wil|len[1]; um -

Eu|gen ['ɔyge:n, *auch* ɔy'ge:n] (m. Vorn.); **Eu|ge|nie** [...iə] (w. Vorn.)

Eu|ge|nik, die; - ‹griech.› (*Med.* Erbgesundheitslehre, -forschung, -pflege); **Eu|ge|ni|ker; eu|ge|nisch**

Eu|ka|lyp|tus, der; -, *Plur.* ...ten *u.* - ‹griech.› (ein Baum); **Eu|ka|lyp|tus|öl**

Eu|klid (altgriech. Mathematiker); **eu|kli|disch;** die euklidische Geometrie, a b e r (↑R 134): der Euklidische Lehrsatz

Eu|la|lia, Eu|la|lie [...iə] (w. Vorn.)

Eu|le, die; -, -n (*nordd. auch für* [Decken]besen); **eu|len|äu|gig; Eu|len|flucht**, die; - (*nordd. für* Abenddämmerung); **Eu|len|flug**, der; -[e]s; **eu|len|haft**

Eu|len|spie|gel (Titelgestalt eines dt. Volksbuches); **Eu|len|spie|ge|lei**

Eu|ler (schweiz. Mathematiker)

Eu|mel, der; -s, - (*ugs. für* unsympathischer Mensch, Dummkopf; Gegenstand, Ding)

Eu|me|ni|de, die; -, -n *meist Plur.* ‹griech.-lat., die „Wohlwollende"› (verhüllender Name der ↑Erinnye)

Eu|no|mia [*auch* ...'mi:a] (griech. Göttin der Gesetzmäßigkeit, eine der [2]Horen)

Eu|nuch, der; -en, -en (↑R 197) ‹griech.› (Kastrat [als Haremswächter]); **Eu|nu|che**, der; -n, -n; *vgl.* Eunuch; **eu|nu|chen|haft; Eu|nu|chen|stim|me**

Eu|phe|mia (w. Vorn.)

Eu|phe|mis|mus, der; -, ...men ‹griech.› (beschönigendes, verhüllendes Wort, Hüllwort, z. B. „einschlafen" für „sterben"); **eu|phe|mi|stisch;** -ste

Eu|pho|nie, die; -, ...ien ‹griech.› (Wohlklang, -laut; *Ggs.* Kakophonie); **eu|pho|nisch;** -ste (wohlklingend; [von Lauten] des Wohllauts wegen eingeschoben, z. B. „t" in „eigen*t*lich")

Eu|phor|bia, Eu|phor|bie [...iə], die; -, ...ien [...iən] ‹griech.› (*Bot.* ein Wolfsmilchgewächs)

Eu|pho|rie, die; - ‹griech.› (Zustand gesteigerten Hochgefühls); **eu|pho|risch;** -ste; **eu|pho|ri|sie|ren** (in Euphorie versetzen)

Eu|phrat, der; -[s] (Strom in Vorderasien)

Eu|phro|sy|ne [...nə, *auch* ...ne:] ‹griech., „die Frohsinnige"› (eine der drei Chariten)

Eu|phu|is|mus, der; - ‹engl.› (schwülstiger Stil der engl. Barockzeit); **eu|phu|i|stisch** (↑R 180)

Eu|ra|si|en [...iən] (Festland von Europa u. Asien); **Eu|ra|si|er** [...iər], der; -s, - (Bewohner Eurasiens; Mischling, dessen einer Elternteil Europäer, der andere Asiate ist); **Eu|ra|sie|rin; eu|ra|sisch; Eu|ra|tom**, die; - (*Kurzw. für* Europäische Atomgemeinschaft)

eu|re[1], eu|e|re[1], eu|ri|ge[1]; *vgl.* eu[e]re; **Eu|rer** (*Abk.* Ew.); *vgl.* [1]euer; **eu|[r]er|seits**[1]; **eu|res|glei|chen**[1], eu|ers|glei|chen[1]; **eu|ret|hal|ben**[1], eu|ert|hal|ben[1] *(veraltend);* **eu|ret|we|gen**[1], eu|ert|we|gen[1]; **eu|ret|wil|len**[1], eu|ert|wil|len[1]; um -

Eu|rhyth|mie, die; - ‹griech.› (Ebenmaß, Gleichmaß von Bewegungen; *Med.* Regelmäßigkeit des Pulses)

eu|ri|ge *vgl.* eu[e]re

eu|ri|pi|de|isch, a b e r (↑R 134): die Euripideischen Dramen; **Eu|ri|pi|des** (altgriech. Tragiker)

Eu|ro|cheque, *internationale Schreibung auf den Formularen* **eu|ro|cheque** [*beide* ...ʃɛk], der; -s, -s ‹*Kurzw. aus* europäisch *u. franz.* chèque› (offizieller, bei den Banken zahlreicher [europ.] Länder einlösbarer Scheck); **Eu|ro|cheque-Kar|te; Eu|ro‿dol|lars** (*Plur.;* Dollarguthaben in Europa), **...kom|mu|nis|mus** (westeurop. Richtung des Kommunismus), **...kom|mu|nist**

Eu|ro|pa ‹griech.› (*auch* griech. weibl. Sagengestalt); **Eu|ro|pa|cup** *vgl.* Europapokal; **Eu|ro|pä|er**, der; -s, -; **Eu|ro|päe|rin** (↑R 180); **eu|ro|pä|id** (*Anthropol.* Europäern ähnlich); **Eu|ro|pä|i|de**, der *u.* die; -n, -n (↑R 180 *u.* R 7 ff.); **eu|ro|pä|isch;** europäische (↑R 180); (↑R 148:) der -e Gedanke, eine -e Gemeinschaft, a b e r (↑R 157): die Europäische[n] Gemeinschaft[en] (*Abk.* EG, *Sammelbez. für* Europäische Atomgemeinschaft [*Kurzw.* Euratom], Europäische Gemeinschaft für Kohle und Stahl [Montanunion], Europäische Wirtschaftsgemeinschaft [*Abk.* EWG]); das Europäische Parlament; **eu|ro|pä|i|sie|ren** (↑R 180); **Eu|ro|pä|i|sie|rung** (↑R 180); **Eu|ro|pa‿mei|ster, ...mei|ster|schaft, ...par|la|ment** (das; -[e]s), **...po|kal** (internationale Sporttrophäe, bes. im Fußball), **...rat** (der; -[e]s), **...re|kord, ...stra|ße** (*Zeichen* E, z. B. E 5), **...uni|on** (die; -); **eu|ro|pid** (*Anthropol.* zum europäisch-südeurasischen Rassenkreis gehörend); **Eu|ro|pi|de**, der *u.* die; -n, -n; ↑R 7 ff. (Angehörige[r] des europiden Rassenkreises); **Eu|ro|pi|um**, das; -s (chem. Element, Metall; *Zeichen* Eu); **Eu|ro|vi|si|on** ‹*Kurzw. aus* europäisch *u.* Television› (europ. Organisation zur gemeinsamen Veranstaltung von Fernsehsendungen); **Eu|ro|vi|si|ons|sen|dung**

Eu|ry|di|ke [...ke:, *auch* ...ry'di:ke:] (*griech. Mythol.* Gattin des Orpheus)

Eu|ryth|mie, die; - ‹*von R. Steiner gebrauchte Schreibung für* ↑Eurhythmie› (in der Anthroposophie gepflegte Bewegungskunst); **eu|ryth|misch; Eu|ryth|mist**, der; -en, -en; ↑R 197 (Lehrer der Eurythmie)

eu|ry|top ‹griech.› (*Biol.* weitverbreitet [von Tieren u. Pflanzen])

Eu|se|bi|us (m. Eigenn.); - von Cäsarea (griech. Kirchenschriftsteller)

Eu|stach, Eu|sta|chi|us (m. Vorn.)

Eu|sta|chi|sche Röh|re, Eu|sta|chi|sche Tu|be, die; -n -, -n -n ‹nach dem ital. Arzt Eustachi[o]›; ↑R 134 (*Med., Biol.* Ohrtrompete); **Eu|sta|chi|us** *vgl.* Eustach

Eu|streß, der; ...sses, ...sse ‹griech.; engl.› (*Med., Psych.* anregender, stimulierender Streß)

Eu|ter, das, *landsch. auch* der; -s, -

Eu|ter|pe (Muse der lyr. Poesie u. des lyr. Gesangs)

Eu|tha|na|sie, die; - ‹griech.› (*Med.* Erleichterung des Sterbens [durch Narkotika]; bewußte Herbeiführung des Todes)

Eu|tin (Stadt im Ostholsteinischen Hügelland)

eu|troph ‹griech.› (nährstoffreich); -e Pflanzen (an nährstoffreichen Boden gebundene Pflanzen); **Eu|tro|phie**, die; - (*Med.* guter Ernährungszustand); **Eu|tro|phie|rung** (Zunahme von

[1] *In Briefen:* Euer ... usw., ↑R 71.

[1] *In Briefen:* Eure ... usw., ↑R 71.

Nährstoffen in Gewässern, die zu unerwünschtem Wuchern bestimmter Pflanzenarten führt)
eV = Elektronvolt
ev. = evangelisch
Ev. = Evangelium
e. V. = eingetragener Verein; **E. V.** = Eingetragener Verein (*vgl.* eingetragen)
Eva ['e:fa, *auch* 'e:va] (w. Vorn.)
eva|ku|ie|ren [...v...] ‹lat.› ([ein Gebiet von Bewohnern] räumen; [Bewohner aus einem Gebiet] aussiedeln; *Technik* ein Vakuum herstellen); **Eva|ku|ier|te,** der *u.* die; -n, -n (↑R 7ff.); **Eva|ku|ie|rung**
Eva|lua|ti|on [...v...], die; -, -en (↑R 180) ‹lat.› (Bewertung; Beurteilung); **eva|lu|ie|ren**
Evan|ge|li|ar [...v...], das; -s, *Plur.* -e *u.* -ien [...i̯ən] *u.* **Evan|ge|lia|ri|um,** das; -s, ...ien [...i̯ən] ‹mlat.› (Evangelienbuch); **Evan|ge|li|en|buch; evan|ge|li|kal** (die unbedingte Autorität des Evangeliums vertretend); **Evan|ge|li|ka|le,** der *u.* die; -n, -n (↑R 7ff.); **Evan|ge|li|sa|ti|on,** die; -, -en (Verkündigung des Evangeliums außerhalb des Gottesdienstes); **evan|ge|lisch** (das Evangelium betreffend; auf dem Evangelium fußend; protestantisch; *Abk.* ev.); die evangelische Kirche, aber (↑R 157): die Evangelische Kirche in Deutschland (*Abk.* EKD); der Evangelische Bund; **evan|ge|lisch-lu|the|risch** [*auch noch* ...lu'te:...] (*Abk.* ev.-luth.); **evan|ge|lisch-re|for|miert** (*Abk.* ev.-ref.); **evan|ge|li|sie|ren** ([Außenstehenden] das Evangelium verkünden); **Evan|ge|list,** der; -en, -en; ↑R 197 (Verfasser eines der 4 Evangelien; Titel in ev. Freikirchen; Wanderprediger); **Evan|ge|li|um,** das; -s, *Plur.* (*für* die vier ersten Bücher im N. T.:) ...ien [...i̯ən] („gute Botschaft") (Heilsbotschaft Christi; *Abk.* Ev.)
Eva|po|ra|ti|on [...v...], die; -, -en ‹lat.› (*fachspr. für* Verdunstung); **Eva|po|ra|tor,** der; -s, ...oren (Gerät zur Verdunstung, bes. bei der Süßwassergewinnung aus Meerwasser); **eva|po|rie|ren** (verdunsten; eindampfen)
Eva|si|on [...v...], die; -, -en ‹lat.› (Massenflucht; *veraltet für* [Aus]flucht)
Evas‿ko|stüm, ...toch|ter ['e:fas..., *auch* 'e:vas...]; **Eve|li|ne, Eve|lyn** (w. Vorn.)
Even|tu|al... [...v...] ‹lat.› (möglicherweise eintretend, für mögliche Sonderfälle bestimmt); **Even|tu|al‿an|trag** (*Rechtsspr.* Neben-, Hilfsantrag), **...fall** (der; im -[e]), **...haus|halt; Even|tua|li|tät,** die; -, -en; ↑R 180 (Möglichkeit, möglicher Fall); **even|tua|li|ter;** ↑R 180 (*veraltet für* eventuell); **even|tu|ell** ‹franz.› (möglicherweise eintretend; gegebenenfalls; *Abk.* evtl.)
Eve|rest *vgl.* Mount Everest
Ever|glades ['ɛvə(r)gle:dz] *Plur.* (Sumpfgebiet in Florida)
Ever|glaze ⓦ ['ɛvə(r)gle:z], das; -, - ‹engl.› (ein [Baumwoll]gewebe); **Ever|green** [...gri:n], der, *auch* das; -s, -s (populär gebliebener Schlager usw.)
Ever|te|brat [...v...], **In|ver|te|brat,** der; -en, -en *meist Plur.;* ↑R 197 ‹lat.› (*Zool.* wirbelloses Tier)
Evi ['e:fi] (w. Vorn.)
evi|dent [...v...]; -este ‹lat.› (offenbar; einleuchtend); **Evi|denz,** die; - (Deutlichkeit, völlige Klarheit); in - halten (*österr. Amtsspr.* auf dem laufenden halten, registrieren); **Evi|denz|bü|ro** (*österr. für* Büro, in dem bestimmte Personen, Daten registriert werden)
ev.-luth. = evangelisch-lutherisch
Evo|ka|ti|on [...v...], die; -, -en ‹lat.› (Erweckung von Vorstellungen od. Erlebnissen bei Betrachtung eines Kunstwerkes; *Rechtsspr.* Vorladung eines Beklagten vor ein höheres Gericht); **evo|ka|tiv**
Evo|lu|ti|on [...v...], die; -, -en ‹lat.› ([allmählich fortschreitende] Entwicklung; *Biol.* stammesgeschichtl. Entwicklung der Lebewesen von niederen zu höheren Formen); **evo|lu|tio|när** (sich stetig weiterentwickelnd); **Evo|lu|tio|nis|mus,** der; - (eine naturphilos. Richtung des 19. Jh.s); **Evo|lu|ti|ons|theo|rie,** die; -;
Evol|ven|te [evɔl'vɛntə], die; -, -n (eine math. Kurve); **evol|vie|ren** (entwickeln, entfalten)
Evo|ny|mus [e'vo:...], der; - ‹griech.› (ein Zierstrauch, Spindelbaum)
evo|zie|ren [evo...] ‹lat.› (hervorrufen; *Rechtsspr.* vorladen)
ev.-ref. = evangelisch-reformiert
evtl. = eventuell
ev|vi|va [ɛ'vi:va] ‹ital., „er, sie, es lebe hoch!"› (ital. Hochruf)
Ew. *vgl.* euer
Ewald (m. Vorn.)
[1]**Ewe,** der; -, - (Angehöriger eines westafrik. Volkes); [2]**Ewe,** das; - (Sprache); *vgl.* Deutsch
Ewen|ke, der; -n, -n; ↑R 197 (Angehöriger eines sibir. Volksstammes; Tunguse)
Ewer, der; -s, - (*nordd. für* kleines Küsten[segel]schiff)
E-Werk, das; -[e]s, -e; ↑R 38 (*kurz für* Elektrizitätswerk)
EWG = Europäische Wirtschaftsgemeinschaft
ewig; auf -; für immer und -; ein -es Einerlei; das -e Leben; der -e Frieden; -er Schnee; die -e Seligkeit; das -e Licht leuchte ihnen, aber (↑R 157): die Ewige Lampe, das Ewige Licht [in kath. Kirchen]; die Ewige Stadt (Rom); der Ewige Jude (Ahasver); **Ewig|gest|ri|ge,** der *u.* die; -n, -n (↑R 7ff.); **Ewig|keit; Ewig|keits|sonn|tag** (Totensonntag, letzter Sonntag des ev. Kirchenjahres); **ewig|lich** (*veraltet für* ewig); **Ewig|weib|li|che,** das; -n (↑R 7ff.)
Ew. M. = Euer *od.* Eure Majestät
EWS = Europäisches Währungssystem
ex ‹lat.› (*ugs. für* aus; tot); - trinken
Ex... (ehemalig, z. B. Exminister)
ex|akt; -este ‹lat.› (genau; sorgfältig; pünktlich); -e Wissenschaften (Naturwissenschaften u. Mathematik); **Ex|akt|heit,** die; -
Ex|al|ta|ti|on, die; -, -en ‹lat.› (Überspanntheit; leidenschaftl. Erregung); **ex|al|tiert;** -este; **Ex|al|tiert|heit**
Ex|amen, das; -s, *Plur.* -, *seltener* ...mina ‹lat.› ([Abschluß]prüfung); **Ex|amens‿angst, ...arbeit, ...kan|di|dat, ...not; Ex|ami|nand,** der; -en, -en; ↑R 197 (Prüfling); **Ex|ami|na|tor,** der; -s, ...oren (Prüfer); **ex|ami|nie|ren** (prüfen)
Ex|an|them, das; -s, -e ‹griech.› (*Med.* Hautausschlag)
Ex|arch, der; -en, -en (↑R 197) ‹griech.› (byzant. weltl. od. geistl. Statthalter); **Ex|ar|chat,** das, *auch* der; -[e]s, -e (Amt[szeit] od. Verwaltungsgebiet eines Exarchen)
Ex|ar|ti|ku|la|ti|on, die; -, -en ‹lat.› (*Med.* Abtrennung eines Gliedes im Gelenk)
Ex|au|di ‹lat., „Erhöre!"› (6. Sonntag nach Ostern)
exc., excud. = excudit
ex ca|the|dra ‹lat., „vom [Päpstl.] Stuhl"› (aus päpstl. Vollmacht; unfehlbar)
Ex|change [iks'tʃe:ndʒ], die; -, -n (*Bankw.* Tausch, Kurs [im Börsengeschäft])
excud., exc. = excudit
ex|cu|dit ‹lat., „hat es gebildet, verlegt od. gedruckt"› (Vermerk hinter dem Namen des Verlegers [Druckers] bei Kupferstichen; *Abk.* exc. *u.* excud.)
Ex|edra, die; -, Exedren ‹griech.› (*Archit.* [halbrunde] Nische)
Ex|ege|se, die; -, -n ‹griech.› ([Bibel]erklärung; Wissenschaft von der Bibelauslegung); **Ex|eget,** der; -en, -en; ↑R 197 (gelehrter [Bibel]erklärer); **Ex|ege|tik,** die;

- (*veraltet für* Wissenschaft der Bibelauslegung); **ex|ege|tisch**
exe|ku|tie|ren ‹lat.› (vollstrecken); exekutiert (*österr. für* gepfändet) werden; **Exe|ku|ti|on,** die; -, -en (Vollstreckung [eines Urteils]; Hinrichtung; *österr. auch für* Pfändung); **exe|ku|tiv** (ausführend); **Exe|ku|ti|ve** [...və], die; -, -n *u.* **Exe|ku|tiv|ge|walt** (vollziehende Gewalt [im Staat]); **Exe|ku|tor,** der; -s, ...oren (Vollstrecker; *österr. für* Gerichtsvollzieher); **exe|ku|to|risch**
Ex|em|pel, das; -s, - ‹lat.› ([warnendes] Beispiel; Aufgabe); **Ex|em|plar,** das; -s, -e ([einzelnes] Stück; *Abk.* Expl.); **ex|em|pla|risch;** -ste (beispielhaft; warnend, abschreckend); -es Lernen; **Ex|em|pli|fi|ka|ti|on,** die; -, -en (Erläuterung durch Beispiele); **ex|em|pli|fi|zie|ren**
ex|emt ‹lat.› (*Rechtsw.* befreit); **Ex|em|ti|on,** die; -, -en ([gesetzliche] Freistellung)
exen ‹*zu* lat. ex› (*Schülerspr.* von der Schule weisen)
Exe|qua|tur, das; -s, ...uren ‹lat., „er vollziehe!"› (Zulassung eines ausländ. Konsuls); **Exe|qui|en** [...iən] *Plur.* (kath. Totenmesse)
ex|er|zie|ren ‹lat.› ([von Truppen] üben); **Ex|er|zier|platz; Ex|er|zi|ti|en** [...iən] *Plur.* (geistl. Übungen); **Ex|er|zi|ti|um,** das; -s, ...ien [...iən] (Übung; Hausarbeit)
Ex|ha|la|ti|on, die; -, -en ‹lat.› (*Med.* Ausatmung; *Geol.* Ausströmen vulkan. Gase u. Dämpfe); **ex|ha|lie|ren**
ex|hau|stiv ‹lat.› (*geh. für* vollständig, erschöpfend); **Ex|hau|stor,** der; -s, ...oren (*Technik* Absauger, Entlüfter)
ex|hi|bie|ren ‹lat.› (zur Schau stellen, vorzeigend darbieten); **Ex|hi|bi|ti|on,** die; -, -en (*Med.* Zurschaustellung); **Ex|hi|bi|tio|nis|mus,** der; - (*Med.* krankhafte Neigung zur öffentl. Entblößung der Geschlechtsteile); **Ex|hi|bi|tio|nist,** der; -en, -en (↑R 197); **ex|hi|bi|tio|ni|stisch**
ex|hu|mie|ren ‹lat.› ([einen Leichnam] wieder ausgraben); **Ex|hu|mie|rung**
Exil, das; -s, -e ‹lat.› (Verbannung[sort]); **exi|liert** (ins Exil geschickt); **Exil_li|te|ra|tur, ...po|li|ti|ker, ...re|gie|rung**
ex|imie|ren ‹lat.› (*Rechtsspr.* von einer Verbindlichkeit, bes. von der Gerichtsbarkeit eines anderen Staates, befreien)
exi|stent ‹lat.› (wirklich, vorhanden); **exi|sten|ti|al;** ↑R 180 (das [menschl.] Dasein hinsichtl. seines Seinscharakters betreffend); **Exi|sten|tia|lis|mus,** der; - (philosophische Richtung des 20. Jh.s); **Exi|sten|tia|list,** der; -en, -en (↑R 197); **Exi|sten|tia|li|stin; exi|sten|tia|li|stisch; Exi|sten|ti|al|phi|lo|so|phie** *vgl.* Existentialismus; **exi|sten|ti|ell** ‹franz.›; ↑R 180 (auf das unmittelbare u. wesenhafte Dasein bezogen; lebenswichtig); **Exi|stenz,** die; -, -en (Dasein; Lebensgrundlage; *abwertend für* Mensch); **Exi|stenz|angst** (Daseinsangst); **exi|stenz|be|dro|hend** (↑R 209); **Exi|stenz|be|rech|ti|gung,** die; -; **exi|stenz|fä|hig; Exi|stenz|grund|la|ge; Exi|sten|zi|al...** usw. *vgl.* Existential... usw.; **Exi|stenz_kampf, ...mi|ni|mum, ...phi|lo|so|phie** (*vgl.* Existentialismus); **exi|stie|ren** (vorhanden sein, bestehen)
Exi|tus, der; - ‹lat.› (*Med.* Tod)
Ex|kai|ser; Ex|kai|se|rin
Ex|kar|di|na|ti|on, die; -, -en ‹lat.› (*kath. Kirche* Entlassung eines Geistlichen aus seiner Diözese)
Ex|ka|va|ti|on [...v...], die; -, -en ‹lat.› (*Med.* Aushöhlung, Ausbohrung; *fachspr. für* Ausschachtung); **ex|ka|vie|ren**
exkl. = exklusive
Ex|kla|ma|ti|on, die; -, -en ‹lat.› (*veraltet für* Ausruf); **ex|kla|ma|to|risch; ex|kla|mie|ren**
Ex|kla|ve [...və], die; -, -n ‹lat.› (ein eigenstaatl. Gebiet in fremdem Staatsgebiet); *vgl.* Enklave
ex|klu|die|ren ‹lat.› (*veraltet für* ausschließen); **Ex|klu|si|on,** die; -, -en (*veraltet für* Ausschließung); **ex|klu|siv** (nur einem bestimmten Personenkreis zugänglich; sich [gesellschaftl.] absondernd; ausschließlich auf eine Zeitung, einen Sender o. ä. beschränkt); **ex|klu|si|ve** [...və] (mit Ausschluß von ..., ausschließlich; *Abk.* exkl.); *Präp. mit Gen.:* - aller Versandkosten; *ein alleinstehendes, stark gebeugtes Substantiv steht im Sing. ungebeugt:* - Porto; *mit Dativ, wenn der Gen. nicht erkennbar ist:* - Getränken; **Ex|klu|siv|in|ter|view** [...f...]; **Ex|klu|si|vi|tät** [...v...], die; - (Ausschließlichkeit, [gesellschaftl.] Abgeschlossenheit)
Ex|kom|mu|ni|ka|ti|on, die; -, -en ‹lat.› (*kath. Kirche* Ausschluß aus der Kirchengemeinschaft); **ex|kom|mu|ni|zie|ren**
Ex|kö|nig; Ex|kö|ni|gin
Ex|kre|ment, das; -[e]s, -e *meist Plur.* ‹lat.› (Ausscheidungsprodukt, z. B. Kot)
Ex|kret, das; -[e]s, -e ‹lat.› (*Med., Zool.* vom Körper ausgeschiedenes wertloses Stoffwechselprodukt); **Ex|kre|ti|on,** die; -, -en (Ausscheidung von Exkreten); **ex|kre|to|risch** (ausscheidend, absondernd)
Ex|kul|pa|ti|on, die; -, -en ‹lat.› (*Rechtsw.* Rechtfertigung, Entlastung); **ex|kul|pie|ren;** sich -
Ex|kurs, der; -es, -e ‹lat.› (Abschweifung; einer Abhandlung beigefügte kürzere Ausarbeitung; Anhang); **Ex|kur|si|on,** die; -, -en (Lehrfahrt; Streifzug)
Ex|li|bris, das; -, - ‹lat.› (Bücherzeichen mit dem Namen[szeichen] des Bucheigentümers)
Ex|ma|tri|kel [*auch, österr. nur* ...'trikəl], die; -, -n ‹lat.› (Bescheinigung über das Verlassen einer Hochschule); **Ex|ma|tri|ku|la|ti|on,** die; -, -en (Streichung aus der Matrikel einer Hochschule); **ex|ma|tri|ku|lie|ren**
Ex|mi|ni|ster; Ex|mi|ni|ste|rin
Ex|mis|si|on, die; -, -en ‹lat.› (*Rechtsw.* gerichtl. Ausweisung aus einer Wohnung); **ex|mit|tie|ren; Ex|mit|tie|rung**
Exo|bio|lo|gie, die; - ‹griech.› (Wissenschaft vom außerirdischen Leben); **exo|bio|lo|gisch**
Ex|odus, der; - ‹griech., „Auszug"› (das 2. Buch Mosis)
ex of|fi|cio ‹lat.› (*Rechtsspr.* von Amts wegen)
Exo|ga|mie, die; -, ...ien ‹griech.› (*Völkerk.* Heirat außerhalb von Stamm, Kaste usw.)
exo|gen ‹griech.› (*Bot.* außen entstehend; *Med.* von außen wirkend; *Psych.* umweltbedingt)
Exo|karp, das; -s, -e ‹griech.› (*Bot.* äußere Schicht der Fruchtwand)
exo|krin ‹griech.› (*Med.* nach außen abscheidend); -e Drüsen
Ex|onym, das; -s, -e ‹griech.› (vom amtlichen Namen abweichende Ortsnamenform, z. B. dt. „Mailand" für ital. „Milano")
ex|or|bi|tant; -este ‹lat.› (übertrieben; gewaltig)
ex ori|en|te lux ‹lat., „aus dem Osten [kommt das] Licht"› (von der Sonne, dann von Christentum u. Kultur)
ex|or|zie|ren, ex|or|zi|sie|ren ‹griech.› (böse Geister durch Beschwörung austreiben); **Ex|or|zis|mus,** der; -, ...men (Beschwörung böser Geister); **Ex|or|zist,** der; -en, -en; ↑R 197 (Geisterbeschwörer; *früher* dritter Grad der kath. niederen Weihen)
Exo|sphä|re, die; - ‹griech.› (oberste Schicht der Erdatmosphäre)
Exot, der; -en, -en (↑R 197) ‹griech.› (Mensch, Tier, Pflanze aus fernen, meist überseeischen od. tropischen Ländern; *Plur. auch für* überseeische Wertpapiere); **Exo|ta|ri|um,** das; -s, ...ien [...iən] (Anlage für exotische Tiere)

exo|te|risch ‹griech.› (für Außenstehende, allgemeinverständlich) **exo|therm** ‹griech.› (*Physik, Chemie* Wärme abgebend) **Exo|tik,** die; - ‹griech.› (Anziehungskraft, die vom Fremdländischen ausgeht); **Exo|tin; exotisch** (fremdländisch, -artig) **Ex|pan|der,** der; -s, - ‹engl.› (Trainingsgerät zur Stärkung der Arm- u. Oberkörpermuskulatur); **ex|pan|die|ren** ‹lat.› ([sich] ausdehnen); **ex|pan|si|bel** ‹franz.› (*veraltet für* ausdehnbar); ...i|ble Stoffe; **Ex|pan|si|on,** die; -, -en ‹lat.› (Ausdehnung; Erweiterung; Ausbreitung [eines Staates]); **ex|pan|sio|ni|stisch** (↑R 180); **Ex|pan|si|ons‿be|stre|bun|gen** *(Plur.)*, **...ge|schwin|dig|keit, ...kraft** (die; *Physik*), **...po|li|tik; ex|pan|siv** ([sich] ausdehnend); **Ex|pan|siv|kraft,** die *(Physik)* **ex|pa|tri|ie|ren** ‹lat.› (ausbürgern) **Ex|pe|di|ent,** der; -en, -en (↑R 197) ‹lat.› (Abfertigungsbeauftragter in der Versandabteilung einer Firma); **Ex|pe|di|en|tin; ex|pe|die|ren** (abfertigen; absenden; befördern); **Ex|pe|dit,** das; -[e]s, -e (*österr. für* Versandabteilung); **Ex|pe|di|ti|on,** die; -, -en (Forschungsreise; Gruppe von Forschungsreisenden; Versand- od. Abfertigungsabteilung); **Ex|pe|di|ti|ons|lei|ter,** der; **Ex|pe|di|tor,** der; -s, ...oren (*seltener, bes. österr. für* Expedient) **Ex|pek|to|rans,** das; -, *Plur.* ...ranzien [...iən] *u.* ...rantia *u.* **Ex|pek|to|ran|ti|um,** das; -s, ...tia ‹lat.› (*Pharm.* schleimlösendes [Husten]mittel); **Ex|pek|to|ra|ti|on,** die; -, -en (*veraltet für* Erklärung [von Gefühlen], das Sichaussprechen; *Med.* Auswurf); **ex|pek|to|rie|ren** (*veraltet für* Gefühle aussprechen; *Med.* Schleim aushusten) **ex|pen|siv** ‹lat.› (*selten für* kostspielig) **Ex|pe|ri|ment,** das; -[e]s, -e ‹lat.› ([wissenschaftlicher] Versuch); **Ex|pe|ri|men|tal...** (auf Experimenten beruhend, z. B. Experimentalphysik); **Ex|pe|ri|men|ta|tor,** der; -s, ...oren; **ex|pe|ri|men|tell** (auf Experimenten beruhend); -e Psychologie; **Ex|pe|ri|men|tier|büh|ne** (Bühne für experimentelles Theater); **ex|pe|ri|men|tie|ren; ex|pe|ri|men|tier|freu|dig; Ex|per|te,** der; -n, -n; ↑R 197 (Sachverständiger, Gutachter); **Ex|per|ten|sy|stem** (*EDV* hochentwickeltes Programmsystem, das Elemente künstlicher Intelligenz besitzt); **Ex|per|tin; Ex|per|ti|se,** die; -, -n ‹franz.› (Gutachten) **Expl.** = Exemplar **Ex|plan|ta|ti|on,** die; -, -en ‹lat.› (*Med., Zool.* Entnahme von Zellen od. Gewebe aus dem lebenden Organismus); **ex|plan|tie|ren** **Ex|pli|ka|ti|on,** die; -, -en ‹lat.› (*veraltet für* Erklärung, Erläuterung); **ex|pli|zie|ren; ex|pli|zit** (erklärt, ausführlich dargestellt; *Ggs.* implizit); -e Funktion *(Math.)*; **ex|pli|zi|te** [...te] (ausdrücklich); etwas - sagen **ex|plo|dier|bar; ex|plo|die|ren** ‹lat.› (krachend [zer]bersten; einen Gefühlsausbruch haben) **Ex|ploi|ta|ti|on** [...ploata...], die; -, -en ‹franz.› (*veraltet für* Ausbeutung; Nutzbarmachung); **ex|ploi|tie|ren** **Ex|plo|rand,** der; -en, -en (↑R 197) ‹lat.› (*fachspr. für* zu Untersuchender; zu Befragender); **Ex|plo|ra|ti|on,** die; -, -en (Untersuchung, Erforschung); **ex|plo|ra|to|risch; Ex|plo|rer** [iks'plɔ:rə(r)], der; -s, - ‹engl., „Erforscher"› (*Bez. für* die ersten amerik. Erdsatelliten); **ex|plo|rie|ren** ‹lat.› **ex|plo|si|bel** ‹franz.› (explosionsfähig, -gefährlich); ...i|ble Stoffe; **Ex|plo|si|on,** die; -, -en ‹lat.›; **ex|plo|si|ons|ar|tig; Ex|plo|si|ons‿ge|fahr, ...herd, ...ka|ta|stro|phe, ...kra|ter** *(Geol.)*, **...mo|tor; ex|plo|si|ons|si|cher; ex|plo|siv** (leicht explodierend, explosionsartig); **Ex|plo|siv,** der; -s, -e [...və] *u.* Ex|plo|siv|laut (*Sprachw.* Verschlußlaut, z. B. b, k); **Ex|plo|siv|ge|schoß; Ex|plo|si|vi|tät** [...v...], die; - (explosive Beschaffenheit); **Ex|plo|siv‿kör|per** [...f...], **...laut** (*vgl.* Explosiv), **...stoff** **Ex|po|nat,** das; -[e]s, -e ‹russ.› (Ausstellungs-, Museumsstück); **Ex|po|nent,** der; -en, -en (↑R 197) ‹lat.› (Hochzahl, bes. in der Wurzel- u. Potenzrechnung; herausgehobener Vertreter [einer bestimmten Richtung, Politik usw.]); **Ex|po|nen|ti|al‿funk|ti|on** *(Math.)*, **...glei|chung** *(Math.)*, **...grö|ße, ...röh|re** *(Technik)*; **ex|po|nen|ti|ell** *(Math.)*; **Ex|po|nen|tin; ex|po|nie|ren** (hervorheben; [einer Gefahr] aussetzen); **ex|po|niert;** -este (gefährdet; [Angriffen] ausgesetzt; herausgehoben) **Ex|port,** der; -[e]s, -e ‹engl.› (Ausfuhr); ↑R 32: Ex- u. Import; **ex|port|ab|hän|gig; Ex|port‿ab|hän|gig|keit, ...an|teil, ...ar|ti|kel; Ex|por|ten** *Plur.* (Ausfuhrwaren); **Ex|por|teur** [...'tø:r], der; -s, -e ‹franz.› (Ausfuhrhändler od. -firma); **Ex|port|ge|schäft; ex|por|tie|ren; ex|port|in|ten|siv;** -e Branchen; **Ex|port‿kauf|mann, ...quo|te, ...über|schuß** **Ex|po|sé** [...'ze:], das; -s, -s ‹franz.› (Denkschrift, Bericht, Darlegung; Zusammenfassung; Plan, Skizze [für ein Drehbuch]); **Ex|po|si|ti|on,** die; -, -en ‹lat.› (Ausstellung, Schau; *Literaturw., Musik* Einleitung, erster Teil; *veraltet für* Darlegung); **Ex|po|si|tur,** die; -, -en (*kath. Kirche* abgegrenzter selbständiger Seelsorgebezirk einer Pfarrei; *österr. für* auswärtige Geschäftsfiliale, auswärtiger Teil einer Schule); **Ex|po|si|tus,** der; -, ...ti (Geistlicher einer Expositur) **ex|preß** ‹lat.› (*veraltet, noch ugs. für* eilig, Eil...; *landsch. für* eigens, ausdrücklich, zum Trotz); **Ex|preß,** der; ...presses, ...presse (*kurz für* Expreßzug); per - zustellen; **Ex|preß‿bo|te** (*veraltet für* Eilbote), **...gut; Ex|pres|si|on,** die; -, -en (Ausdruck); **Ex|pres|sio|nis|mus,** der; - (Kunstrichtung im frühen 20. Jh., Ausdruckskunst); **Ex|pres|sio|nist,** der; -en, -en (↑R 197); **Ex|pres|sio|ni|stin; ex|pres|sio|ni|stisch;** -ste; **ex|pres|sis ver|bis** [- v...] (ausdrücklich; mit ausdrücklichen Worten); **ex|pres|siv** (ausdrucksvoll); **Ex|pres|si|vi|tät** [...v...], die; - (Fülle des Ausdrucks, Ausdrucksfähigkeit; *Biol.* Ausprägungsgrad einer Erbanlage); **Ex|preß‿rei|ni|gung, ...zug** (*regional für* Schnellzug; *vgl.* Expreß) **Ex|pro|pria|ti|on,** die; -, -en; ↑R 180 ‹lat.› (Enteignung [marxist. Begriff]); **ex|pro|pri|ie|ren** **Ex|pul|si|on,** die; -, -en ‹lat.› (*Med.* Austreibung, Abführung); **ex|pul|siv** **ex|qui|sit;** -este ‹lat.› (ausgesucht, erlesen); **Ex|qui|sit,** das; -s, -s (*kurz für* Exquisitladen); **Ex|qui|sit|la|den** (*ehem. in der DDR* Geschäft für auserlesene Waren zu hohen Preisen) **Ex|sik|ka|ti|on,** die; -, -en ‹lat.› (*Chemie* Austrocknung); **ex|sik|ka|tiv; Ex|sik|ka|tor,** der; -s, ...oren (Gerät zum Austrocknen od. zum trockenen Aufbewahren von Chemikalien) **ex|spek|ta|tiv** (*Med.* abwartend [bei Krankheitsbehandlung]) **Ex|spi|ra|ti|on,** die; - ‹lat.› (*Med.* Ausatmung); **ex|spi|ra|to|risch** (*Med.* auf Exspiration beruhend); -er Akzent (*Sprachw.* Druckakzent); -e Artikulation (*Sprachw.* Lautbildung beim Ausatmen); **ex|spi|rie|ren** *(Med.)* **Ex|stir|pa|ti|on,** die; -, -en ‹lat.› (*Med.* völlige Entfernung [eines Organs]); **ex|stir|pie|ren**

Ex|su|dat, das; -[e]s, -e ‹lat.› (*Med.* Ausschwitzung; *Biol.* Absonderung); **Ex|su|da|ti|on,** die; -, -en (Ausschwitzen, Absondern eines Exsudates)

Ex|tem|po|ra|le, das; -s, ...lien [...i̯ən] ‹lat.› (*veraltet für* unvorbereitet anzufertigende [Klassen]arbeit); **ex tem|po|re** [- ...re] (aus dem Stegreif); **Ex|tem|po|re** [...re], das; -s, -s (*Theater* Zusatz, Einlage; Stegreifspiel); **ex|tem|po|rie|ren** (aus dem Stegreif reden, schreiben usw.)

ex|ten|die|ren ‹lat.› (strecken; ausdehnen); **Ex|ten|si|on,** die; -, -en; **Ex|ten|si|tät,** die; - (Ausdehnung; Umfang); **ex|ten|siv** (der Ausdehnung nach; räumlich; nach außen wirkend); -e Wirtschaft (Form der Bodennutzung mit geringem Einsatz von Arbeitskraft u. Kapital); **Ex|ten|sor,** der; -s, ...oren (*Med.* Streckmuskel)

Ex|te|rieur [...'ri̯ø:r], das; -s, *Plur.* -s *u.* -e ‹franz.› (Äußeres; Außenseite)

ex|tern ‹lat.› (draußen befindlich; auswärtig); **Ex|ter|nat,** das; -[e]s, -e (Lehranstalt, deren Schüler außerhalb der Schule wohnen); **Ex|ter|ne,** der *u.* die; -n, -n; ↑R 7 ff. (nicht im Internat wohnender Schüler bzw. nicht dort wohnende Schülerin; von auswärts zugewiesener Prüfling); **Ex|ter|nist,** der; -en, -en; ↑R 197 (*österr. für* Externer)

Ex|tern|stei|ne *Plur.* (Felsgruppe im Teutoburger Wald)

ex|ter|ri|to|ri|al ‹lat.› (den Landesgesetzen nicht unterworfen); **Ex|ter|ri|to|ria|li|tät,** die; - (exterritorialer Status, Charakter)

Ex|tink|ti|on, die; -, -en ‹lat.› (*fachspr. für* Schwächung einer Strahlung)

ex|tra ‹lat.› (nebenbei, außerdem, besonders, eigens); **Ex|tra,** das; -s, -s ([nicht serienmäßig mitgeliefertes] Zubehör[teil]); **Ex|tra-aus|ga|be, ...blatt** (Sonderausgabe), **...chor** (zusätzlicher, nur in bestimmten Opern eingesetzter Theaterchor); **ex|tra dry** [- drai] ‹engl.› (sehr herb); *vgl.* dry; **ex|tra|fein**

ex|tra|ga|lak|tisch ‹lat.-griech.› (*Astron.* außerhalb der Galaxis gelegen)

ex|tra|hie|ren ‹lat.› (einen Auszug machen; [einen Zahn] ausziehen; auslaugen)

Ex|tra|klas|se; ein Film, Sportler der -

ex|tra|kor|po|ral (*Biol., Med.* außerhalb des Organismus befindlich, geschehend); -e Befruchtung

Ex|trakt, der, *auch* das; -[e]s, -e ‹lat.› (Auszug [aus Büchern, Stoffen]; Hauptinhalt; Kern); **Ex|trak|ti|on,** die; -, -en (Auszug; Auslaugung; Herausziehen, z. B. eines Zahnes); **ex|trak|tiv** ‹franz.› (ausziehend; auslaugend); **Ex|trak|tiv|stof|fe** *Plur. (Biol.)*

ex|tra|or|di|när ‹franz.› (*veraltend für* außergewöhnlich, außerordentlich); **Ex|tra|or|di|na|ri|um,** das; -s, ...ien [...i̯ən] ‹lat.› (außerordentl. Haushaltsplan od. Etat); **Ex|tra|or|di|na|ri|us,** der; -, ...ien [...i̯ən] (außerordentl. Professor)

Ex|tra|po|la|ti|on, die; -, -en ‹lat.› (das Extrapolieren); **ex|tra|po|lie|ren** (*Math., Statistik* aus den bisherigen Werten einer Funktion auf weitere schließen)

Ex|tra|post (*früher für* besonders eingesetzter Postwagen)

Ex|tra|sy|sto|le, die; -, -n ‹lat.; griech.› (*Med.* vorzeitige Zusammenziehung des Herzens innerhalb der normalen Herzschlagfolge)

ex|tra|ter|re|strisch ‹lat.› (*Astron., Physik* außerhalb der Erde gelegen)

Ex|tra|tour (*ugs. für* eigenwilliges Verhalten od. Vorgehen)

ex|tra|va|gant [...v..., *auch* 'ɛks...]; -este ‹franz.› (verstiegen, überspannt); **Ex|tra|va|ganz,** die; -, -en

Ex|tra|ver|si|on, Ex|tro|ver|si|on [*beide* ...v...], die; -, -en ‹lat.› (Konzentration der eigenen Interessen auf äußere Objekte); **ex|tra|ver|tiert,** ex|tro|ver|tiert; -este (nach außen gerichtet); ein -er Mensch; **Ex|tra|ver|tiert|heit;** die; -

Ex|tra|wurst *(ugs.);* jmdm. eine - braten; **Ex|tra|zug** (*schweiz. für* Sonderzug)

ex|trem ‹lat., „äußerst"› (bis an die äußerste Grenze gehend; radikal; kraß); **Ex|trem,** das; -s, -e (höchster Grad; äußerster Standpunkt); **Ex|trem|fall,** der; im -; **Ex|tre|mis|mus,** der; -, ...men (übersteigert radikale Haltung); **Ex|tre|mist,** der; -en, -en (↑R 197); **Ex|tre|mi|stin; ex|tre|mi|stisch; Ex|tre|mi|tät,** die; -, -en (äußerstes Ende); **Ex|tre|mi|tä|ten** *Plur.* (Gliedmaßen); **Ex|trem|si|tua|ti|on**

Ex|tro|ver|si|on *vgl.* Extraversion; **ex|tro|ver|tiert** *vgl.* extravertiert

Ex|tru|der, der; -s, - ‹engl.› (*Technik* Maschine zum Ausformen thermoplastischer Kunststoffe; Schneckenpresse); **ex|tru|die|ren** (mit dem Extruder formen)

Ex|ul|ze|ra|ti|on, die; -, -en ‹lat.› (*Med.* Geschwürbildung); **ex|ul|ze|rie|ren**

Ex-und-hopp-Fla|sche (*ugs. für* Einwegflasche)

ex usu ‹lat., „aus dem Gebrauch heraus"› (aus der Erfahrung, durch Übung)

Ex|uvie [...vi̯ə], die; -, -n ‹lat.› (abgestreifte tierische Körperhülle [z. B. Schlangenhaut])

ex vo|to [- 'vo:to] ‹lat., „auf Grund eines Gelübdes"› (Inschrift auf Votivgaben); **Ex|vo|to,** das; -s, *Plur.* -s *od.* ...ten (Weihegabe, Votivbild)

Ex|welt|mei|ster *(Sport)*

Exz. = Exzellenz

Ex|ze|dent, der; -en, -en ‹lat.› (über die gewählte Versicherungssumme hinausgehender Betrag)

ex|zel|lent ‹lat.› (hervorragend); **Ex|zel|lenz,** die; -, -en (ein Titel; *Abk.* Exz.); *vgl.* euer; **ex|zel|lie|ren** (*selten für* hervorragen; glänzen)

Ex|zen|ter, der; -s, - *u.* **Ex|zen|ter|schei|be** ‹nlat.[; dt.]› (*Technik* exzentrisch angebrachte Steuerungsscheibe); **Ex|zen|trik,** die; - ([mit Groteske verbundene] Artistik; Überspanntheit); **Ex|zen|tri|ker; Ex|zen|tri|ke|rin; ex|zen|trisch;** -ste (*Math., Astron.* außerhalb des Mittelpunktes liegend; *geh. für* überspannt); **Ex|zen|tri|zi|tät,** die; -, -en (Abweichen, Abstand vom Mittelpunkt; Überspanntheit)

ex|zep|tio|nell ‹franz.› (ausnahmsweise eintretend, außergewöhnlich); **ex|zep|tiv** ‹lat.› (*veraltet für* ausschließend)

ex|zer|pie|ren ‹lat.› (ein Exzerpt machen); **Ex|zerpt,** das; -[e]s, -e (schriftl. Auszug aus einem Werk); **Ex|zerp|tor,** der; -s, ...oren (jmd., der Exzerpte anfertigt)

Ex|zeß, der; Exzesses, Exzesse ‹lat.› (Ausschreitung; Ausschweifung); **ex|zes|siv** (das Maß überschreitend; ausschweifend)

ex|zi|die|ren ‹lat.› (*Med.* herausschneiden); **Ex|zi|si|on,** die; -, -en (*Med.* Ausschneidung, z. B. einer Geschwulst)

Eyck, van [van, *auch* fan 'aik] (niederl. Maler)

Eye|li|ner ['ailainər], der; -s, - ‹engl.› (flüssiges Kosmetikum zum Ziehen des Lidstriches)

Ey|rir ['ai...], der *od.* das; -s, Aurar ‹isländ.› (isländ. Währungseinheit; 100 Aurar = 1 Krone)

Eze|chi|el [...çie:l, *auch* ...ɛl] (bibl. Prophet; *bei Luther* Hesekiel)

Ez|zes *Plur.* ‹hebr.-jidd.› (*österr. ugs. für* Tips, Ratschläge)

F

F (Buchstabe); das F, des F, die F, aber: das f in Haft (↑R 82); der Buchstabe F, f
f = Femto...; forte
f, F, das; -, - (Tonbezeichnung); **f** (*Zeichen für* f-Moll); in f; **F** (*Zeichen für* F-Dur); in F
F = Fahrenheit; Farad; *vgl.* Franc
F = *chem. Zeichen für* Fluor
f. = folgende [Seite]; für
Fa. = Firma
Faa|ker See, der; - -s (in Kärnten)
Fa|bel, die; -, -n ‹franz.› (erdichtete [lehrhafte] Erzählung; Grundhandlung einer Dichtung); **Fa|bel‿buch, ...dich|ter; Fa|be|lei; fa|bel|haft;** -este; **fa|beln** (Unwahres, Erfundenes erzählen); ich ...[e]le (↑R 22); **Fa|bel‿tier, ...welt, ...we|sen**
Fa|bia (w. Vorn.); **Fa|bi|an** (m. Vorn.); **Fa|bi|er** [...i̯ər], der; -s, - (Angehöriger eines altröm. Geschlechtes); **Fa|bio|la** (w. Vorn.); **Fa|bi|us** (Name altröm. Staatsmänner)
Fa|brik[1], die; -, -en ‹franz.›; **Fa|brik|an|la|ge**[1]; **Fa|bri|kant,** der; -en, -en; ↑R 197 (Fabrikbesitzer; Hersteller); **Fa|brik**[1]**‿ar|beit** (die; -), **...ar|bei|ter; Fa|bri|kat,** das; -[e]s, -e ‹lat.› (Industrieerzeugnis); **Fa|bri|ka|ti|on,** die; -, -en (fabrikmäßige Herstellung); **Fa|bri|ka|ti|ons‿feh|ler, ...ge|heim|nis, ...me|tho|de, ...pro|zeß; Fa|brik**[1]**‿be|sit|zer, ...ge|bäu|de, ...ge|län|de, ...hal|le, ...mar|ke; fa|brik**[1]**‿mä|ßig, ...neu; fa|briks..., Fa|briks...** (*österr. für* fabrik..., Fabrik..., z. B. Fabriksarbeiter, Fabriksbesitzer, fabriksneu); **Fa|brik**[1]**‿schorn|stein, ...si|re|ne; fa|bri|zie|ren** ([fabrikmäßig] herstellen; *ugs. auch für* mühsam anfertigen; anrichten)
Fa|bu|lant, der; -en, -en (↑R 197) ‹lat.› (Erzähler von phantastisch ausgeschmückten Geschichten; Lügner, Schwätzer); **fa|bu|lie|ren** (phantasievoll erzählen); **Fa|bu|lier|kunst; fa|bu|lös;** -este (phantastisch anmutend; unwahrscheinlich)
Fa|cet|te [fa'sɛtə], die; -, -n ‹franz.› (eckig geschliffene Fläche von Edelsteinen u. Glaswaren); **Fa|cet|ten‿au|ge** (*Zool.* Netzauge), **...glas** (*Plur.* ...gläser), **...schliff; fa|cet|tie|ren** (mit Facetten versehen)
Fach, das; -[e]s, Fächer
...fach (z. B. vierfach [*mit Ziffer* 4fach; ↑R 212]; aber: n-fach)
Fach|ar|bei|ter; Fach|ar|bei|ter|brief; Fach‿arzt, ...ärz|tin; fach|ärzt|lich; Fach‿aus|druck, ...be|griff, ...be|reich, ...bi|blio|thek, ...buch
...fa|che (z. B. Vierfache, das; -n [*mit Ziffer* 4fache; ↑R 212])
fä|cheln; ich ...[e]le (↑R 22); **fa|chen** (*seltener für* anfachen); **Fä|cher,** der; -s, -; **fä|cher|för|mig; fä|che|rig; fä|chern;** ich ...ere (↑R 22); **Fä|cher|pal|me; Fä|che|rung**
Fach‿frau, ...ge|biet; fach‿ge|mäß, ...ge|recht; Fach‿ge|schäft, ...grup|pe, ...han|del (*vgl.* [1]Handel); **Fach|han|dels|or|ga|ni|sa|ti|on** (*ehem. in der DDR; Abk.* FHO); **Fach‿hoch|schu|le** (*Abk.* FH), **...hoch|schul|rei|fe, ...idi|ot** (*abwertend für* jmd., der nur sein Fachgebiet kennt), **...jar|gon, ...ken|ner, ...kennt|nis, ...kraft** (die), **...kreis** (in -en), **...kun|de** (die); **fach|kun|dig** (Fachkenntnisse habend); **fach|kund|lich** (die Fachkunde betreffend); **Fach‿leh|rer, ...leh|re|rin, ...leu|te** (*Plur.*); **fach|lich; Fach‿li|te|ra|tur, ...mann** (*Plur.* ...leute, *selten* ...männer); **fach|män|nisch;** -ste; **fach|mä|ßig; Fach‿ober|schu|le, ...pres|se, ...re|fe|rent, ...rich|tung; Fach|schaft; Fach|schu|le; Fach|sim|pe|lei** (*ugs.*); **fach|sim|peln** (*ugs. für* [ausgiebige] Fachgespräche führen); ich ...[e]le (↑R 22); gefachsimpelt; zu -; **Fach|spra|che; fach‿sprach|lich, ...über|grei|fend; Fach‿ver|käu|fer, ...ver|käu|fe|rin, ...welt** (die; -), **...werk, ...werk|haus, ...wis|sen|schaft, ...wort** (*Plur.* ...wörter), **...wör|ter|buch, ...zeit|schrift**
Fackel[1], die; -, -n ‹lat.›; **Fackel|licht**[1] *Plur.* ...lichter; **fackeln**[1]; ich ...[e]le (↑R 22); wir wollen nicht lange - (*ugs. für* zögern); es wird nicht lange gefackelt; **Fackel**[1]**‿schein** (der; -s; bei -), **...trä|ger, ...zug**
Fact [fɛkt], der; -s, -s *meist Plur.* ‹engl.› (Tatsache[nmaterial]; *vgl.* Fakt); **Fac|to|ring** ['fɛktəriŋ], das; -s (bestimmte Methode der Absatzfinanzierung mit Absicherung des Kreditrisikos)
Fa|cul|tas do|cen|di, die; - - ‹lat.› (Lehrbefähigung)
fad, fa|de; fad[e]ste ‹franz.› (schlecht gewürzt, schal; langweilig, geistlos)
Fäd|chen
fa|de *vgl.* fad
fä|deln (einfädeln); ich ...[e]le (↑R 22); **Fa|den,** der; -s, *Plur.* Fäden *u.* (*als* Längenmaß:) -; (*Seemannsspr.:*) 4 - tief (↑R 129); **fa|den|dünn; Fa|den‿en|de, ...hef|tung** (*Buchbinderei*), **...kreuz, ...lauf** (*Weberei*), **...nu|del, ...pilz; fa|den|schei|nig;** -e (nicht sehr glaubhafte) Gründe; **Fa|den‿schlag** (der; -[e]s; *schweiz. für* lockere [Heft]naht; Heftfaden; *übertr. für* Vorbereitung), **...wurm, ...zäh|ler** (*Weberei*)
Fad|heit
fä|dig (aus feinen Fäden bestehend); **...fä|dig** (z. B. feinfädig)
Fa|ding ['fe:diŋ], das; -s, -s ‹engl.› (Schwund, An- und Abschwellen der Lautstärke im Rundfunkgerät; *Technik* Nachlassen der Bremswirkung infolge Erhitzung der Bremsen)
fa|di|sie|ren (*österr. ugs. für* langweilen); sich -
Fäd|lein
Fae|ces ['fɛ:tse:s] *vgl.* Fäzes
Faf|ner, Faf|nir (nord. Sagengestalt)
Fa|gott, das; -[e]s, -e (ein Holzblasinstrument); **Fa|gott|blä|ser; Fa|got|tist,** der; -en, -en; ↑R 197 (Fagottbläser)
Fä|he, die; -, -n (*Jägerspr.* weibl. Tier bei Fuchs, Marder u. a.)
fä|hig; *mit Gen.* (eines Betruges -) *od. mit* „zu" (zu allem - sein); **...fä|hig** (z. B. begeisterungsfähig, transportfähig); **Fä|hig|keit**
fahl; -es Licht; **Fahl|erz** (Silber- od. Kupfererz mit fahlem Glanz); **fahl|gelb; Fahl|heit,** die; -; **Fahl|le|der,** das; -s (*fachspr. für* Rindsoberleder)
Fähn|chen (*ugs. auch für* billiges Kleid)
fahn|den (polizeilich suchen); **Fahn|der; Fahn|dung; Fahn|dungs‿ap|pa|rat, ...buch, ...fo|to, ...li|ste**
Fah|ne, die; -, -n; **Fah|nen‿ab|zug** (*Druckw.*), **...eid** (*Milit.*), **...flucht** (die; -; *vgl.* [2]Flucht); **fah|nen|flüch|tig; Fah|nen‿jun|ker, ...kor|rek|tur** (*Druckw.*), **...mast** (der), **...schwin|ger, ...stan|ge, ...wei|he; Fähn|lein** (*auch* Truppeneinheit; Formation); **Fähn|rich,** der; -s, -e
Fahr‿ab|tei|lung, ...aus|weis

[1] [*auch* ...'rik(...)]

[1] *Trenn.* ...k|k...

(Fahrkarte, -schein; *schweiz. auch für* Führerschein), **...bahn; Fahr|bahn_mar|kie|rung, ...ver|en|gung, ...wech|sel; fahr|bar; fahr|be|reit; Fahr|be|reit|schaft**
Fähr|be|trieb
Fahr|damm *(landsch.)*
Fähr|de, die; -, -n (*geh. für* Gefahr)
Fahr|dienst, der; -[e]s *(Eisenb.)*; **Fahr|dienst_lei|ter** (der), **...lei|te|rin; Fahr|draht** (elektr. Oberleitung)
Fäh|re, die; -, -n
fah|ren; du fährst, er fährt; du fuhrst; du führest; gefahren; fahr[e]!; erster, zweiter [Klasse] -; (↑R 207:) ich fahre Auto, ich fahre Rad; *vgl.* spazierenfahren, fahrenlassen; (↑R 32:) Auto u. radfahren, aber: rad- u. Auto fahren; **fah|rend;** -e Habe (*Rechtsspr.* Fahrnis), -e Leute; **Fah|ren|de,** der; -n, -n; ↑R 7ff. (*früher für* umherziehender Spielmann, Gaukler)
Fah|ren|heit ‹nach dem dt. Physiker› (Einheit der Grade beim 180teiligen Thermometer; *Zeichen* F, *fachspr.* °F); 5° F
fah|ren|las|sen; ↑R 205 (nicht mehr festhalten, aufgeben); er hat den Plan fahrenlassen; aber: er hat ihn fahren lassen (ihm erlaubt zu fahren); **Fah|rens|mann** *Plur.* ...leute *u.* ...männer *(Seemannsspr.)*; **Fah|rer; Fah|re|rei,** die; - *(oft abwertend)*; **Fah|rer_flucht** (die; -), **...haus; Fah|re|rin; fah|re|risch;** -es Können; **Fahr|er|laub|nis; Fah|rer|sitz; Fahr|gast** *Plur.* ...gäste; **Fahr|gast|schiff; Fahr_ge|fühl, ...geld, ...ge|le|gen|heit, ...ge|mein|schaft, ...ge|schwin|dig|keit, ...ge|stell, ...ha|be** (die; -, -n; *schweiz. für* Fahrnis), **...hau|er** *(Bergmannsspr.)*; **fah|rig** (zerstreut); **Fah|rig|keit,** die; -; **Fahr|kar|te; Fahr|kar|ten_aus|ga|be, ...au|to|mat, ...kon|trol|le, ...schal|ter; Fahr|kom|fort; Fahr|ko|sten,** Fahrt|ko|sten *Plur.*; **fahr|läs|sig;** -e Tötung; **Fahr|läs|sig|keit; Fahr_leh|rer, ...leh|re|rin**
Fähr|mann *Plur.* ...männer *u.* ...leute
Fahr|nis, die; -, -se *od.* das; -ses, -se (*Rechtsspr.* fahrende Habe, bewegliches Vermögen)
Fähr|nis, die; -, -se (*geh. für* Gefahr)
Fahr|plan; *vgl.* [2]Plan; **fahr|plan|mä|ßig; Fahr_preis** (*vgl.* [2]Preis), **...prü|fung; Fahr|rad; Fahr|rad_rei|fen, ...schlüs|sel, ...stän|der; Fahr_rin|ne, ...schein; Fahr|schein|heft**
Fähr|schiff
Fahr_schu|le, ...schü|ler, ...si|cher|heit (die; -), **...spur, ...stei|ger** *(Bergmannsspr.)*, **...stil, ...strahl** *(Math., Physik)*, **...stra|ße, ...stuhl, ...stun|de; Fahrt,** die; -, -en; - ins Blaue; **fahr|taug|lich; Fahr|taug|lich|keit; Fahrt|dau|er**
Fähr|te, die; -, -n (Spur)
fahr|tech|nisch
Fahr|ten_buch, ...mes|ser (das), **...schrei|ber** (*amtlich* Fahrtschreiber), **...schwim|mer**
Fähr|ten|su|cher
Fahr|test; Fahrt|ko|sten *vgl.* Fahrkosten; **Fahr|trep|pe** (Rolltreppe); **Fahrt_rich|tung, ...schrei|ber** (*vgl.* Fahrtenschreiber); **fahr|tüch|tig; Fahr|tüch|tig|keit; Fahrt_un|ter|bre|chung, ...wind** (beim Auto u. ä.); **Fahr_un|tüch|tig|keit, ...ver|bot, ...ver|hal|ten, ...was|ser** (das; -s), **...weg, ...wei|se** (die), **...werk, ...wind** (guter Segelwind), **...zeit, ...zeug; Fahr|zeug_bau** (der; -[e]s), **...füh|rer, ...hal|ter, ...len|ker, ...park, ...rah|men**
Fai|ble ['fɛ:b(ə)l], das; -s, -s ‹franz.› (Schwäche; Neigung, Vorliebe); ein - für etwas haben
fair [fɛ:r] ‹engl.› (gerecht; anständig; den Regeln entsprechend); das war ein -es Spiel; **Fair|neß** ['fɛ:r...], die; -; **Fair play** ['fɛ:r 'ple:], das; - - (ehrenhaftes, anständiges Spiel od. Verhalten [im Sport])
Fait ac|com|pli [fɛ:takõ'pli], das; - -, -s -s [fɛ:zakõ'pli] ‹franz.› (vollendete Tatsache)
fä|kal ‹lat.› (*Med.* kotig); **Fä|kal|dün|ger; Fä|ka|li|en** [...iən] *Plur.* (*Med.* Kot)
Fa|kir [*österr.* fa'ki:r], der; -s, -e ‹arab.› ([indischer] Büßer, Asket; Zauberkünstler)
Fak|si|mi|le [...le:], das; -s, -s ‹lat., „mache ähnlich!"› (getreue Nachbildung einer Vorlage, z. B. einer alten Handschrift); **Fak|si|mi|le_aus|ga|be, ...druck** (*Plur.* ...drucke); **fak|si|mi|lie|ren**
Fakt, der, *auch* das; -[e]s, *Plur.* -en, *auch* -s (*svw.* Faktum); das ist -; **Fak|ta** (*Plur. von* Faktum); **Fak|ten|wis|sen**
Fak|ti|on, die; -, -en ‹lat.› (*veraltet für* polit. [bes. aktive od. radikale] Gruppe in einer Partei); **fak|ti|ös;** -este ‹franz.› (*veraltet für* vom Parteigeist beseelt; aufrührerisch)
fak|tisch ‹lat.› (tatsächlich); -es Vertragsverhältnis *(Rechtsspr.)*; **fak|ti|tiv** [*auch* 'fak...] (bewirkend); **Fak|ti|tiv,** das; -s, -e [...və] (*Sprachw.* Verb des Bewirkens, z. B. „schärfen" = „scharf machen"); **Fak|ti|zi|tät,** die; -, -en (Tatsächlichkeit, Gegebenheit, Wirklichkeit); **Fak|tor,** der; -s, ...oren (bestimmender Grund, Umstand; *Math.* Vervielfältigungszahl; *veraltend für* Werkmeister [in einer Buchdruckerei]); **Fak|to|rei** (*veraltet für* Handelsniederlassung, bes. in Kolonien); **Fak|to|tum,** das; -s, *Plur.* -s *u.* ...ten ‹lat., „tu alles!"› (jmd., der alles besorgt; Mädchen für alles); **Fak|tum,** das; -s, *Plur.* ...ten, *veraltend auch* ...ta ([nachweisbare] Tatsache; Ereignis); *vgl.* Fakt
Fak|tur, die; -, -en ‹ital.› ([Waren]rechnung); **Fak|tu|ra,** die; -, ...ren (*österr. u. schweiz., sonst veraltet für* Faktur); **Fak|tu|ren|buch** *(veraltend)*; **fak|tu|rie|ren** ([Waren] berechnen, Fakturen ausschreiben); **Fak|tu|rier|ma|schi|ne; Fak|tu|rist,** der; -en, -en (↑R 197); **Fak|tu|ri|stin**
Fa|kul|tas, die; -, ...täten ‹lat.› ([Lehr]befähigung); *vgl.* Facultas docendi; **Fa|kul|tät,** die; -, -en (zusammengehörende Wissenschaftsgebiete umfassende Abteilung einer Hochschule; math. Ausdruck); **fa|kul|ta|tiv** (freigestellt, wahlfrei); -e Fächer
falb; Fal|be, der; -n, -n (graugelbes Pferd mit dunklem Mähnen- u. Schwanzhaar); zwei -n
Fal|bel, die; -, -n ‹franz.› (gekrauster od. gefältelter Kleidbesatz); **fäl|beln** (mit Falbeln versehen); ich ...[e]le (↑R 22)
Fa|ler|ner, der; -s, - (eine Weinsorte); - Wein
Falk (m. Vorn.); **Fal|ke,** der; -n, -n (↑R 197); **Fal|ken_au|ge, ...bei|ze; Fal|ke|nier,** der; -s, -e (*svw.* Falkner); **Fal|ken|jagd**
Fal|ken|see; Fal|ken|seer [...ze:ər] (↑R 147, 151 *u.* 180); Falkenseer Forst
Falk|land|in|seln *Plur.* (östl. der Südspitze Südamerikas)
Falk|ner (Falkenabrichter); **Falk|ne|rei** (Jagd mit Falken); **Fal|ko** (m. Vorn.)
[1]**Fall,** der; -[e]s, Fälle (*auch für* Kasus); (↑R 125 *u.* R 127:) für den -, daß ...; gesetzt den -, daß ...; im Fall[e](,) daß ...; von - zu -; zu Fall bringen; erster (1.) Fall; *Klein- u. Zusammenschreibung* (↑R 61): besten-, nötigen-, eintretenden-, gegebenenfalls; allen-, ander[e]n-, jeden-, keinesfalls u. ä.; [2]**Fall,** das; -[e]s, -en (*Seemannsspr.* ein Tau)
Fal|la|da (dt. Schriftsteller)
Fäll|bad (bei der Chemiefaserherstellung); **Fall_beil, ...be|schleu|ni|gung** *(Physik; Zeichen g)*, **...brücke** [*Trenn.* ...brük|ke] *(früher)*; **Fal|le,** die; -, -n; **fal|len;** du

fällst, er fällt; du fielst; du fielest; gefallen *(vgl. d.)*; fall[e]!; **fäl|len;** du fällst; er fällt, du fälltest; du fälltest; gefällt, fäll[e]!; **fal|len|las|sen;** (↑R 205:) er hat seine Absicht fallenlassen (aufgegeben); er hat eine Bemerkung fallenlassen, *seltener* fallengelassen (geäußert); aber: ich habe den Teller fallen lassen; die Maske fallen lassen (sein wahres Gesicht zeigen); **Fal|len|stel|ler**

Fal|lers|le|ben (Stadt am Mittellandkanal); **Fal|lers|le|be|ner, Fal|lers|le|ber** (↑R 147)

Fall‿ge|schwin|dig|keit *(Physik),* **...ge|setz** *(Physik),* **...gru|be** *(Jägerspr.),* **...hö|he** *(Physik)*

fal|lie|ren ‹ital.› (zahlungsunfähig werden; *schweiz. ugs. für* mißlingen); der Kuchen ist falliert

fäl|lig; -er, - gewordener Wechsel; **Fäl|lig|keit; Fäl|lig|keits|tag**

Fal|li|nie [*Trenn.* Fall|li...] (Linie des größten Gefälles; *Skisport* kürzeste Abfahrt); **Fäll|mit|tel,** das (*Chemie* Mittel zum Ausfällen eines Stoffes); **Fall|obst**

Fall|out [fɔ:l'aut], der; -s, -s ‹engl.› (*Kernphysik* radioaktiver Niederschlag [nach Kernwaffenexplosionen])

Fall|plätt|chen (Metallplättchen an der Schachuhr, das vom Zeiger mitgenommen wird); **Fall|reep** (*Seemannsspr.* äußere Schiffstreppe); **Fall|rohr; Fall|rück|zie|her** *(Fußball);* **falls;** komme doch [,] falls möglich [,] schon um 17 Uhr (↑R 114); **Fall|schirm; Fall|schirm‿jä|ger** *(Milit.),* **...sei|de, ...sprin|gen** (das; -s), **...sprin|ger, ...trup|pe; Fall‿strick, ...stu|die** *(Psych., Soziol.),* **...sucht** (die; -; *veraltet für* Epilepsie); **fall|süch|tig; Fall|tür; Fäl|lung; fall|wei|se** (*österr. für* von Fall zu Fall); **Fall|wind**

Fal|lott, der; -en, -en (↑R 197) ‹franz.› (*österr. für* Gauner)

Fal|sa (*Plur. von* Falsum)

falsch; -este; - sein; - und richtig nicht unterscheiden können; -e Zähne; unter -er Flagge segeln; an die -e Adresse geraten; -er Hase (eine Speise). *Schreibung in Verbindung mit Verben* (↑R 207 f.): **a)** *Getrenntschreibung in ursprünglicher Bedeutung,* z. B. falsch (fehlerhaft) spielen; er hat immer falsch (fehlerhaft) gespielt; **b)** *Zusammenschreibung, wenn ein neuer Begriff entsteht; vgl.* falschspielen; **Falsch,** der; *nur noch in* es ist kein - an ihm; ohne -; **Falsch‿aus|sa|ge, ...bu|chung** *(Wirtsch.),* **...eid** (unwissentl. falsches Schwören); **fäl|schen;** du fälschst; **Fäl|scher; Fäl|sche|rin; Falsch‿fah|rer, ...geld; Falsch|heit,** die; -; **fälsch|lich; fälsch|li|cher|wei|se; falsch|lie|gen** (*ugs. für* das Falsche tun, sich falsch verhalten); er hat immer falschgelegen; aber: das Besteck hat falsch gelegen (am falschen Platz); **Falsch‿mel|dung, ...mün|zer, ...mün|ze|rei, ...par|ker; falsch|spie|len;** ↑R 205 (betrügerisch spielen); er spielt falsch; falschgespielt; falschzuspielen; **Falsch|spie|ler; Fäl|schung; fäl|schungs|si|cher**

Fal|sett, das; -[e]s, -e ‹ital.› (*Musik* Kopfstimme); **fal|set|tie|ren; Fal|set|tist,** der; -en, -en (↑R 197); **Fal|sett|stim|me**

Fal|si|fi|kat, das; -[e]s, -e ‹lat.› (Fälschung); **Fal|si|fi|ka|ti|on,** die; -, -en (*veraltet für* Fälschung); **fal|si|fi|zie|ren**

Fal|staff (Gestalt bei Shakespeare)

Fal|ster (dän. Insel)

Fal|sum, das; -s, ...sa ‹lat.› (*veraltet für* Betrug, Fälschung)

Falt|ar|beit; falt|bar; Falt‿blatt, ...boot; Fält|chen; Fal|te, die; -, -n; **fäl|teln;** ich ...[e]le (↑R 22); **fal|ten;** gefaltet; **Fal|ten‿bil|dung, ...ge|bir|ge** *(Geol.);* **fal|ten|los; fal|ten|reich; Fal|ten‿rock, ...wurf**

Fal|ter, der; -s, - (Schmetterling)

fal|tig (Falten habend)

...fäl|tig (z. B. vielfältig)

Falt‿kar|te, ...kar|ton; Fält|lein; Falt‿schach|tel, ...tür; Fal|tung

Falz, der; -es, -e; **Falz|bein** *(Buchbinderei);* **fal|zen;** du falzt; **Fal|zer; Fal|ze|rin; fal|zig; Fal|zung; Falz|zie|gel**

Fa|ma, die; - ‹lat.› (Ruf; Gerücht)

fa|mi|li|är ‹lat.› (die Familie betreffend; vertraut); **Fa|mi|lia|ri|tät,** die; -, -en; **Fa|mi|lie** [...iə], die; -, -n; **Fa|mi|li|en‿ähn|lich|keit, ...al|bum, ...an|ge|le|gen|heit, ...an|schluß** (der; ...anschlusses), **...be|sitz, ...be|trieb, ...bild, ...fei|er, ...fest, ...fla|sche, ...for|schung, ...ge|setz|buch** (das; -[e]s; *ehem. in der DDR; Abk.* FGB), **...grab, ...gruft, ...kreis, ...kun|de** (die; -), **...la|sten|aus|gleich, ...le|ben** (das; -s), **...mi|ni|ster, ...mi|ni|ste|rin, ...mit|glied, ...na|me, ...ober|haupt, ...packung** [*Trenn.* ...pak|kung], **...pla|nung, ...sinn** (der; -[e]s), **...stand** (der; -[e]s), **...tag, ...va|ter, ...ver|hält|nis|se** *(Plur.),* **...vor|stand, ...wap|pen, ...zu|la|ge, ...zu|sam|men|füh|rung**

fa|mos; -este ‹lat.› (*ugs. für* ausgezeichnet, prächtig, großartig)

Fa|mu|la, die; -, ...lä (*weibl. Form zu* Famulus); **Fa|mu|la|tur,** die; -, -en ‹lat.› (von Medizinstudenten abzuleistendes Krankenhauspraktikum); **fa|mu|lie|ren; Fa|mu|lus,** der; -, *Plur.* -se *u.* ...li (‹„Diener"›) (Medizinstudent im Praktikum)

Fan [fɛn], der; -s, -s ‹engl.› (begeisterter Anhänger)

Fa|nal, das; -s, -e ‹griech.› (Aufmerksamkeit erregendes Zeichen)

Fa|na|ti|ker ‹lat.› (blinder, rücksichtsloser Eiferer); **Fa|na|ti|ke|rin; fa|na|tisch;** -ste (sich unbedingt, rücksichtslos einsetzend); **fa|na|ti|sie|ren** (fanatisch machen; aufhetzen); **Fa|na|tis|mus,** der; -

Fan|be|treu|er ['fɛn...] (Betreuer der Fans eines Sportvereins)

Fan|dan|go [...'daŋgo], der; -s, -s (ein schneller span. Tanz)

Fan|fa|re, die; -, -n ‹franz.› (Trompetensignal; Blasinstrument); **Fan|fa|ren‿blä|ser, ...stoß, ...zug**

Fang, der; -[e]s, Fänge; **Fang‿arm** *(Zool.),* **...ball** (der; -[e]s), **...ei|sen; fan|gen;** du fängst, er fängt; du fingst; du fingest; gefangen; fang[e]!; sich -; **Fan|gen,** das; -s; - spielen; **Fän|ger; Fang|fra|ge; fang|frisch; Fang‿ge|rät, ...gru|be, ...grün|de** *(Plur.)*

fän|gisch (*Jägerspr.* fangbereit [von Fallen]); **Fang‿korb, ...lei|ne, ...mes|ser** (das; *Jägerspr.*), **...netz**

Fan|go ['faŋgo], der; -s ‹ital.› (heilkräftiger Mineralschlamm); **Fan|go‿bad, ...packung** [*Trenn.* ...pak|kung]

Fang‿schnur (*Plur.* ...schnüre; Uniformteil), **...schuß** *(Jägerspr.);* **fang|si|cher;** ein -er Torwart; **Fang‿spiel, ...stoß** *(Jägerspr.),* **...vor|rich|tung, ...zahn** *(Jägerspr.)*

Fan|klub ['fɛn...] ‹engl.› (Klub für die Fans eines Filmstars, Sportvereins usw.)

Fan|ni, Fan|ny (w. Vorn.)

Fant, der; -[e]s, -e (*veraltet für* unreifer junger Mensch)

Fan|ta|sia, die; -, -s ‹griech.› (nordafrik. Reiterkampfspiel); **Fan|ta|sie,** die; -, ...ien (Musikstück; *auch eindeutschend für* Phantasie); **fan|ta|stisch** (*seltener für* phantastisch); **Fan|ta|sy** ['fɛntəzi], die; - ‹engl.› (Roman-, Filmgattung, die märchen- u. mythenhafte Traumwelten voller Magie u. Zauber darstellt); **Fan|ta|sy|ro|man**

Fa|rad, das; -[s], - ‹nach dem engl. Physiker Faraday› (Maßeinheit der elektr. Kapazität; *Zeichen* F); 3 - (↑R 129); **Fa|ra|day|kä|fig** ['farade:..., *auch* 'fɛrədi...] (*Physik* Abschirmung gegen äußere elektrische Felder); **Fa|ra|day|sche**

Ge|set|ze [...'de:ʃə -] *Plur.*; ↑R 77 (Grundgesetze der Elektrolyse); **Fa|ra|di|sa|ti|on,** [faradi...], die; -, -en (med. Anwendung faradischer Ströme); **fa|ra|disch;** -e Ströme (Induktionsströme); **fa|ra|di|sie|ren**

Farb‿ab|stim|mung, ...auf|nah|me, ...band (das; *Plur.* ...bänder), **...beu|tel, ...be|zeich|nung, ...bild, ...brü|he; Farb|druck** *vgl.* Farbendruck; **Far|be,** die; -, -n; eine blaue -; die - Blau; **farb|echt; Farb‿ef|fekt, ...ei; Fär|be|mit|tel,** das; **...far|ben,** ...far|big (z. B. cremefarben, cremefarbig; beigefarben, beigefarbig); **fär|ben; Far|ben|be|zeich|nung** *vgl.* Farbbezeichnung; **far|ben|blind; Far|ben‿blind|heit** (die; -), **...druck** (*Plur.* ...drucke); **far|ben‿freu|dig, ...froh; Far|ben|ka|sten** *vgl.* Farbkasten; **Far|ben‿leh|re, ...pracht** (die; -); **far|ben|präch|tig; Far|ben|pro|be; Far|ben‿sinn** (der; -[e]s), **...sym|bo|lik; Fär|ber; Fär|ber|baum** (Pflanze); *vgl.* Sumach; **Fär|be|rei; Fär|be|rin; Fär|ber|waid** (Pflanze); **Farb‿fern|se|hen, ...fern|se|her, ...fern|seh|ge|rät, ...film, ...fil|ter, ...fo|to, ...fo|to|gra|fie, ...ge|bung** (die; -; *für* Kolorit), **...holz; far|big,** *österr. auch* **fär|big;** farbig ausgeführt, aber (↑R 65): in Farbig ausgeführt; **...far|big,** *österr.* **...fär|big,** z. B. einfarbig, *österr.* einfärbig; *vgl.* ...farben; **Far|bi|ge,** der *u.* die; -n, -n; ↑R 7 ff. (Angehöriger einer nichtweißen Rasse); **Far|big|keit,** die; -; **Farb‿ka|sten, ...kom|bi|na|ti|on, ...kom|po|nen|te, ...kon|trast, ...kör|per** (*für* Pigment); **Farb|leh|re** *vgl.* Farbenlehre; **farb|lich; farb|los;** -este; **Farb|lo|sig|keit,** die; -; **Farb‿mi|ne, ...mo|ni|tor, ...nu|an|ce, ...pho|to|gra|phie** (*vgl.* ...fotografie), **...pro|be** (*vgl.* Farbenprobe), **...schicht, ...stift, ...stoff, ...ton** (*Plur.* ...töne); **farb|ton|rich|tig** (*für* isochromatisch); **Farb‿tup|fen, ...tup|fer; Fär|bung; Farb|wal|ze** *(Druckw.)*

Far|ce ['farsə, *österr.* fars], die; -, -n [...s(ə)n] ⟨franz.⟩ (Posse; Verhöhnung, Karikatur eines Geschehens; *Gastron.* Füllsel); **far|cie|ren** [...'si:...] (*Gastron.* füllen)

Fa|rin, der; -s ⟨lat.⟩ (nichtraffinierter, gelblicher Zucker)

Fä|rin|ger *vgl.* ²Färöer

Farm, die; -, -en ⟨engl.⟩; **Far|mer,** der; -s, -; **Far|mers|frau**

Farn, der; -[e]s, -e (eine Sporenpflanze)

Far|ne|se, der; -, - (Angehöriger eines ital. Fürstengeschlechtes); **far|ne|sisch,** aber (↑R 134): der Farnesische Herkules, der Farnesische Stier

Farn‿kraut, ...pflan|ze, ...we|del

¹Fä|rö|er [*auch* fɛ'rø:ər] *Plur.* („Schafinseln") (dän. Inselgruppe im Nordatlantik); **²Fä|rö|er** *od.* Fä|rin|ger, der; -s, - (Bewohner der ¹Färöer); **fä|rö|isch** [*auch* fɛ'rø:iʃ]

Far|re, der; -n, -n; ↑R 197 (*landsch. für* junger Stier); **Fär|se,** die; -, -n (Kuh, die noch nicht gekalbt hat); *vgl.* aber: Ferse

Fa|san, der; -[e]s, -e[n]; **Fa|sa|nen‿ge|he|ge, ...zucht; Fa|sa|ne|rie,** die; -, ...ien (Fasanengehege)

Fa|sche, die; -, -n ⟨ital.⟩ (*österr. für* Binde); **fa|schen** (*österr. für* mit einer Fasche umwickeln)

fa|schie|ren ⟨franz.⟩ (*österr. für* Fleisch durch den Fleischwolf drehen); faschierte Laibchen (Frikadellen); **Fa|schier|ma|schi|ne** (*österr. seltener neben* Fleischmaschine); **Fa|schier|te,** das; -n; ↑R 7 ff. (*österr. für* Hackfleisch)

Fa|schi|ne, die; -, -n ⟨franz.⟩ (*fachspr. für* Reisigbündel zur Sicherung von [Ufer]böschungen o. ä.); **Fa|schi|nen‿mes|ser** (das; eine Art Seitengewehr), **...wall**

Fa|sching, der; -s, *Plur.* -e *u.* -s; **Fa|schings‿ball, ...diens|tag, ...ko|stüm, ...krap|fen** *(österr.)*, **...prinz, ...prin|zes|sin, ...scherz, ...zeit** (die; -), **...zug**

fa|schi|sie|ren (mit faschistischen Tendenzen durchsetzen); **Fa|schis|mus,** der; - ⟨ital.⟩ (antidemokratische, nationalistische Staatsauffassung od. Herrschaftsform); **Fa|schist,** der; -en, -en (↑R 197); **fa|schi|stisch; fa|schi|sto|id** (dem Faschismus ähnlich)

Fa|se, die; -, -n (Abschrägung einer Kante)

Fa|sel, der; -s, - (junges Zuchttier); **Fa|sel|eber**

Fa|se|lei; Fa|se|ler *vgl.* Fasler; **Fa|sel|hans,** der; -[es], *Plur.* -e *u.* ...hänse; **fa|se|lig; fa|seln** (törichtes Zeug reden); ich ...[e]le (↑R 22)

fa|sen (abkanten); du fast

Fa|ser, die; -, -n; **Fä|ser|chen; fa|se|rig** *vgl.* fasrig; **Fä|ser|lein; fa|sern;** das Gewebe, Papier fasert; **fa|ser|nackt** (völlig nackt); **Fa|ser‿pflan|ze, ...plat|te; fa|ser|scho|nend;** ein -es Waschmittel; **Fa|ser|schrei|ber; Fa|se|rung,** die; -

Fa|shion ['fɛʃ(ə)n], die; - ⟨engl.⟩ (Mode; feine Lebensart); **fa|shio|na|bel** [faʃio'na:b(ə)l], *heute meist* **fa|shio|na|ble** ['fɛʃənəbəl] (modisch, fein); ...a|ble Kleidung

Fas|ler, Fa|se|ler

Fas|nacht (*landsch. u. schweiz. fü* Fastnacht)

fas|rig, fa|se|rig; -es Papier

Faß, das; Fasses, Fässer; zwei Bier (↑R 128 f.)

Fas|sa|de, die; -, -n ⟨franz.⟩ (Vo der-, Schauseite; Ansicht); **Fas|sa|den‿klet|te|rer, ...rei|ni|gung**

faß|bar; Faß|bar|keit, die; -

Faß‿bier, ...bin|der (*südd. u österr. für* Böttcher); **Fäß|chen**

Faß|dau|be

fas|sen; du faßt; er faßt; du faß test; gefaßt; fasse! *u.* faß!

fäs|ser|wei|se (in Fässern)

Fäß|lein

faß|lich; Faß|lich|keit, die; -

¹Fas|son [fa'sɔŋ, *auch* fa'sõ: *südd., österr. u. schweiz. meist* fa 'so:n], die; -, *Plur.* -s, *österr schweiz.* -en ⟨franz.⟩ (Form; Mu ster; Art; Zuschnitt); **²Fas|son** das; -s, -s (Revers); **fas|so|nie|ren** [faso'ni:...]; **Fas|son|schnit** (ein Haarschnitt)

Faß‿rei|fen, ...spund

Fas|sung; Fas|sungs|kraft, die; - **fas|sungs|los;** -este; **Fas|sungs|lo|sig|keit,** die; -; **Fas|sungs|ver|mö|gen**

Faß|wein; faß|wei|se (Faß fü Faß)

fast (beinahe)

Fast|back ['fa:stbɛk], das; -s, - ⟨engl.⟩ (Fließheck [bei Autos])

Fast|ebe|ne (*Geogr.* nicht gan ebene Fläche, Rumpffläche)

Fa|stel|abend (*rheinisch für* Fast nacht); **fa|sten; ¹Fa|sten,** das; -s **²Fa|sten** *Plur.* (Fasttage); **Fa|sten‿kur, ...spei|se, ...zeit**

Fast food ['fa:st 'fu:d] ⟨engl „schnelles Essen"⟩ (schnell ver zehrbare kleinere Gerichte)

Fast|nacht, die; -; **Fast|nachts‿brauch, ...diens|tag, ...ko|stüm ...spiel, ...trei|ben** (das; -s), **...zei** (die; -), **...zug; Fast|tag**

Fas|zes ['fastse:s] *Plur.* ⟨lat.⟩ (Bün del aus Stäben [Ruten] u. einen Beil, Abzeichen der altröm. Lik toren); **Fas|zie** [...iə], die; -, - (*Med.* sehnenartige Muske haut); **Fas|zi|kel,** der; -s, - ([Ak ten]bündel; Lieferung)

Fas|zi|na|ti|on, die; -, -en ⟨lat (fesselnde Wirkung; Anzie hungskraft); **fas|zi|nie|ren**

Fa|ta (*Plur. von* Fatum); **fa|ta** ⟨lat.⟩ (verhängnisvoll; unange nehm; peinlich); **fa|ta|ler|wei|se; Fa|ta|lis|mus,** der; - (Glaub an Vorherbestimmung; Schick salsglaube); **Fa|ta|list,** der; -en -en (↑R 197); **Fa|ta|li|stin; fa|ta|li|stisch;** -ste; **Fa|ta|li|tät,** die; -en (Verhängnis, Mißgeschick)

Fa|ta Mor|ga|na, die; - -, *Plur.* ...nen *u.* - -s ⟨ital.⟩ (durch Luf

spiegelung verursachte Täuschung)
fa|tie|ren ‹lat.› (*veraltet für* bekennen; *österr. für* seine Steuererklärung abgeben); **Fa|tie|rung**
Fa|ti|ma (w. Vorn.)
Fa|tum, das; -s, ...ta ‹lat.› (Schicksal)
Fatz|ke, der; *Gen.* -n (↑R 197) *u.* -s, *Plur.* -n *u.* -s (*ugs. für* eitler Mensch)
fau|chen
faul; -er (*ugs. für* deckungsloser) Wechsel; -er Zauber; auf der -en Haut liegen *(ugs.);* **Faul‿baum** (eine Heilpflanze), **...brut** (die; -; eine Bienenkrankheit); **Fäu|le,** die; -; **fau|len; fau|len|zen;** du faulenzt; **Fau|len|zer; Fau|len|ze|rei; Fau|len|ze|rin; Faul|heit,** die; -; **fau|lig**
Faulk|ner ['fɔ:knər] (amerik. Schriftsteller)
Fäul|nis, die; -; **Fäul|nis|er|re|ger; Faul‿pelz** (*ugs. für* fauler Mensch), **...schlamm** (Bodenschlamm in flachen u. stehenden Gewässern), **...tier**
Faun, der; -[e]s, -e (gehörnter Waldgeist; Faunus; *auch für* lüsterner Mensch); **Fau|na,** die; -, ..nen (Tierwelt [eines Gebietes]); **fau|nisch** ([lüstern] wie ein Faun); **Fau|nus** (röm. Feld- u. Waldgott)
Fau|ré [fo're:] (franz. Komponist)
[1]**Faust** (Gestalt der dt. Dichtung)
[2]**Faust,** die; -, Fäuste; **Faust‿abwehr** *(Sport),* **...ball; Fäust|chen; faust|dick;** er hat es - hinter den Ohren; **Fäu|stel,** der; -s, - (Hammer, Schlägel der Bergleute); **fau|sten** *(Sport);* **Faust|feu|er|waf|fe; faust|groß; Faust‿hand|schuh, ...hieb**
fau|stisch; ↑R 134 (nach Art u. Wesen des [1]Faust)
Faust‿kampf (*veraltend für* Boxen), **...keil; Fäust|lein; Fäust|ling** (Fausthandschuh; *Bergmannsspr.* faustgroßer Stein); **Faust‿pfand, ...recht** (das; -[e]s; [gewaltsame] Selbsthilfe), **...re|gel, ...schlag, ...skiz|ze**
faute de mieux [fot də 'mi̯ø:] ‹franz.› (in Ermangelung eines Besseren; im Notfall)
Fau|teuil [fo'tœ:j], der; -s, -s ‹franz.› (*österr. u. schweiz., sonst veraltend für* Lehnsessel)
Faut|fracht ‹franz.; dt.› (*Verkehrsw.* abmachungswidrig nicht genutzter [Schiffs]frachtraum; Summe, die beim Rücktritt vom Frachtvertrag zu zahlen ist)
Fau|vis|mus [fo'vis...], der; - ‹franz.› (Richtung der franz. Malerei im frühen 20. Jh.); **Fau|vist,** der; -en, -en *meist Plur.* (↑R 197); **fau|vi|stisch**

Faux|pas [fo'pa], der; - [fo'pa(s)], - [fo'pas] ‹franz., „Fehltritt"› (Taktlosigkeit; Verstoß gegen die Umgangsformen)
Fa|ve|la [fa'vɛla], die; -, -s ‹port.› (Slum in Südamerika)
fa|vo|ra|bel [...v...] ‹franz.› (*veraltet für* günstig, geneigt; vorteilhaft); ...a|ble Werte; **fa|vo|ri|sie|ren** (begünstigen; *Sport* als voraussichtlichen Sieger nennen); **Fa|vo|rit,** der; -en, -en; ↑R 197 (Günstling; Liebling; *Sport* voraussichtlicher Sieger); **Fa|vo|ri|ten|rol|le** *(Sport);* **Fa|vo|ri|tin** (Geliebte [eines Herrschers]; *Sport* voraussichtliche Siegerin)
Fa|vus ['fa:vus], der; -, *Plur.* ...ven *u.* ...vi ‹lat.› (*Med.* eine Hautkrankheit; *Zool.* Wachsscheibe im Bienenstock)
Fax, das; -, -[e] (*kurz für* Telefax)
Fa|xe, die; -, -n *meist Plur.* (Grimasse; dummer Spaß)
fa|xen (*kurz für* telefaxen)
Fa|xen|ma|cher (Grimassenschneider; Spaßmacher)
Fa|yence [fa'jã:s, *auch* fa'jaŋs], die; -, -n [...sən] ‹franz.› (feinere Töpferware); **Fa|yence‿krug, ...ofen, ...tel|ler**
Fa|zen|da [fa'tsɛnda, *auch* fa'zɛnda], die; -, -s ‹port.› (Farm in Brasilien)
Fä|zes ['fɛ:tse:s] *Plur.* ‹lat.› (*Med.* Ausscheidungen, Kot)
fa|zi|al ‹lat.› (*Med.* das Gesicht betreffend; Gesichts...); **Fa|zia|lis,** der; - (*Med.* Gesichtsnerv); **Fa|zi|es** ['fa:tsi̯e:s], die; -, - [...tsi̯e:s] (*Geol.* Merkmal von Sedimentgesteinen)
Fa|zi|li|tät, die; -, -en ‹lat.› (*Wirtsch.* Kreditmöglichkeit)
Fa|zit, das; -s, *Plur.* -e *u.* -s (Ergebnis; Schlußfolgerung)
FBI [ɛfbi'ai] = Federal Bureau of Investigation ['fɛdərəl bju(ə)'ro:əv invɛsti'ge:ʃ(ə)n], der *od.* das; - (Bundeskriminalpolizei der USA)
FCKW = Fluorchlorkohlenwasserstoff
FD = Fernexpreß
FDGB = Freier Deutscher Gewerkschaftsbund *(ehem. in der DDR)*
FDJ = Freie Deutsche Jugend *(ehem. in der DDR);* **FDJler** (↑R 38); **FDJle|rin** (↑R 38)
FDP = Freisinnig-Demokratische Partei (der Schweiz)
FDP, *parteiamtliche Schreibung* **F.D.P.** = Freie Demokratische Partei (Deutschlands)
F-Dur ['ɛfdu:r, *auch* 'ɛf'du:r], das; - (Tonart; *Zeichen* F); **F-Dur-Ton|lei|ter** (↑R 41)
Fe = Ferrum (*chem. Zeichen für* Eisen)

Fea|ture ['fi:tʃə(r)], das; -s, -s, *auch* die; -, -s ‹engl.› (aktuell aufgemachter Dokumentarbericht, bes. für Funk od. Fernsehen)
Fe|ber, der; -s, - (*österr. für* Februar); **Febr.** = Februar
fe|bril ‹lat.› (*Med.* fieberhaft)
Fe|bru|ar, der; -[s], -e ‹lat.› (der zweite Monat des Jahres, Hornung; *Abk.* Febr.)
fec. = fecit
Fech|ser (*Landw.* Schößling, Steckling)
Fecht‿bahn, ...bo|den (*Studentenspr.*), **...bru|der** (*veraltend für* Bettler); **fech|ten;** du fichtst, er ficht; du fochtest; du föchtest; gefochten; ficht!; **Fech|ter; Fech|ter|flan|ke** *(Turnen);* **Fech|te|rin; fech|te|risch; Fecht‿hand|schuh, ...hieb, ...kunst, ...mas|ke, ...mei|ster, ...sport**
fe|cit ‹lat., „hat [es] gemacht"› (*Abk.* fec.); ipse - *(vgl. d.)*
Fe|da|jin, der; -s, - ‹arab.› (arabischer Freischärler; arabischer Untergrundkämpfer)
Fe|der, die; -, -n; **Fe|der‿ball, ...bein** *(Technik),* **...bett, ...blu|me** (eine Kunstblume), **...boa, ...busch, ...fuch|ser** (Pedant); **fe|der|füh|rend; Fe|der‿füh|rung** (die; -), **...ge|wicht** (Körpergewichtsklasse in der Schwerathletik), **...hal|ter; fe|de|rig** *vgl.* fedrig; **Fe|der|kern|ma|trat|ze; Fe|der|kleid; fe|der|leicht; Fe|der|le|sen,** das; -s; *in* nicht viel -s (Umstände) machen; **Fe|der|ling** (ein Insekt); **Fe|der‿mäpp|chen, ...mes|ser** (das); **fe|dern;** ich ...ere (↑R 22); **Fe|der‿nel|ke, ...schmuck, ...spiel** (*Jägerspr.* zwei Taubenflügel zum Zurücklocken des Beizvogels), **...stiel** (*österr. für* Federhalter), **...strich; Fe|de|rung; Fe|der‿vieh** (*ugs. für* Geflügel), **...waa|ge; Fe|der|wei|ße,** der; -n, -n; ↑R 7 ff. (gärender Weinmost); **Fe|der‿wild, ...wol|ke, ...zan|ge** (*für* Pinzette), **...zeich|nung**
Fe|dor, Feo|dor (m. Vorn.)
fed|rig; Fed|rig|keit, die; -
Fee, die; -, Feen ‹franz.› (eine w. Märchengestalt)
Feed|back ['fi:dbɛk], das; -s, -s ‹engl.› (*Kybernetik* Rückmeldung; *Rundf., Fernsehen* Reaktion des Publikums)
Fee|ling ['fi:liŋ], das; -s, -s ‹engl.› (Einfühlungsvermögen; Gefühl)
feen|haft (↑R 180); **Feen‿mär|chen, ...rei|gen, ...schloß**
Feet [fi:t] (*Plur. von* Foot)
Fe|ge, die; -, -n (Werkzeug zum Getreidereinigen); **Fe|ge|feu|er,** *selten* Feg|feu|er; **fe|gen; Fe|ger; Feg|nest,** das; -[e]s, -e (*schweiz. mdal. für* unruhiger Mensch

[bes. Kind]); **feg|ne|sten** *(schweiz. mdal.);* gefegnestet; zu -; **Feg|sel,** das; -s, - (*landsch. für* Kehricht)

Feh, das; -[e]s, -e (russ. Eichhörnchen; Pelzwerk)

Feh|de, die; -, -n (Streit; kriegerische Auseinandersetzung); **Feh|de|hand|schuh**

fehl; - am Platz; **Fehl,** der; *nur noch in* ohne -; **Fehl|an|zei|ge; fehl|bar** (*schweiz. für* [einer Übertretung] schuldig); **Fehl|bar|keit,** die; -; **Fehl|be|die|nung; fehl|be|le|gen** *(Amtsspr.); vgl.* fehlbesetzen; **Fehl|be|le|gung; fehl|be|set|zen;** er besetzt[e] fehl; fehlbesetzt; fehlzubesetzen; **Fehl‿be|set|zung, ...be|stand, ...be|trag, ...deu|tung, ...dia|gno|se, ...dis|po|si|ti|on, ...ein|schät|zung; feh|len; Fehl‿ent|schei|dung, ...ent|wick|lung; Feh|ler; feh|ler|frei; feh|ler|haft; Feh|ler|haf|tig|keit,** die; -; **feh|ler|los; Feh|ler|lo|sig|keit,** die; -; **Feh|ler‿quel|le, ...zahl; Fehl‿far|be, ...funk|ti|on, ...ge|burt; fehl‿ge|hen, ...grei|fen;** *vgl.* fehlbesetzen; **Fehl‿griff, ...in|for|ma|ti|on, ...in|ter|pre|ta|ti|on; fehl|in|ter|pre|tie|ren;** *vgl.* fehlbesetzen; **Fehl‿in|ve|sti|ti|on** *(bes. Wirtsch.),* **...kon|struk|ti|on, ...lei|stung; fehl|lei|ten;** *vgl.* fehlbesetzen; **Fehl‿lei|tung, ...mel|dung, ...paß** *(Sport),* **...pla|nung; fehl|schie|ßen;** *vgl.* fehlbesetzen; **Fehl|schlag,** der; -[e]s, ...schläge; **fehl|schla|gen;** *vgl.* fehlbesetzen; **Fehl|schuß; Fehl|sich|tig|keit,** die; - *(Med.);* **Fehl‿sprung** *(Sport),* **...start** *(Sport);* **fehl|tre|ten;** *vgl.* fehlbesetzen; **Fehl‿tritt, ...ur|teil, ...ver|hal|ten, ...zün|dung**

Feh|marn (eine Ostseeinsel); **Feh|marn|belt,** der; -[e]s

Fehn, das; -[e]s, -e ‹niederl.›; *vgl.* Fenn; **Fehn‿ko|lo|nie** (Moorsiedlung), **...kul|tur** (die; -; bes. Art Moorkultur)

Fehr|bel|lin (Stadt in Brandenburg)

Feh|werk, das; -[e]s (Pelzwerk)

fei|en (*geh. für* [durch vermeintliche Zaubermittel] schützen); gefeit (sicher, geschützt)

Fei|er, die; -, -n; **Fei|er|abend; Fei|er|abend|heim** (*regional für* Altenheim); **fei|er|abend|lich; Feie|rei,** die; -; **fei|er|lich; Fei|er|lich|keit; fei|ern;** ich ...ere (↑R 22); **Fei|er‿schicht, ...stun|de; Fei|er|tag;** des Feiertags, aber (↑R 61): feiertags, sonn- u. feiertags (↑R 32); **fei|er|täg|lich; fei|er|tags;** *vgl.* Feiertag; **Fei|er|tags|stim|mung**

feig, fei|ge

Fei|ge, die; -, -n; **Fei|gen‿baum, ...blatt, ...kak|tus**

Feig|heit, die; -; **feig|her|zig; Feig|her|zig|keit,** die; -; **Feig|ling**

Feig|war|ze (*Med.* eine Hautwucherung)

feil (*veraltend für* verkäuflich); **feil|bie|ten** (↑R 205); er bietet feil; feilgeboten; feilzubieten; **Feil|bie|tung**

Fei|le, die; -, -n; **fei|len; Fei|len|hau|er**

feil|hal|ten; *vgl.* feilbieten

feil|schen; du feilschst

Feil‿span, ...staub

Feim, der; -[e]s, -e *u.* **Fei|me,** die; -, -n *u.* **Fei|men,** der; -s, - (*landsch. für* geschichteter Getreidehaufen; Schober)

fein; sehr - (*Zeichen* ff); *Schreibung in Verbindung mit dem Partizip II:* feingemahlenes Mehl (↑*jedoch* R 209), aber: feiner, am feinsten gemahlenes Mehl; das Mehl ist fein gemah|len; [das Feinste] vom Feinsten; **Fein‿ab|stim|mung, ...ar|beit, ...bäcke|rei** [*Trenn.* ...bäk|ke...], **...blech**

feind *(veraltend);* (↑R 64:) jmdm. - bleiben, sein, werden; **Feind,** der; -[e]s, -e; jemandes - bleiben, sein, werden; **Feind‿be|rüh|rung, ...ein|wir|kung; Fein|des|hand,** die; -; in - sein, geraten; **Fein|des|land,** das; -[e]s; **Fein|din; feind|lich; Feind|lich|keit; Feind|schaft; feind|schaft|lich; feind|se|lig; Feind|se|lig|keit**

Fei|ne, die; - (Feinheit); **fei|nen** (*Hüttenw.* [Metall] veredeln); **Fein|frost|ge|mü|se** (*regional für* tiefgefrorenes Gemüse); **fein|füh|lend;** -ste; **fein|füh|lig; Fein|füh|lig|keit,** die; -; **fein|ge|ädert;** *vgl.* fein; **Fein‿ge|bäck, ...ge|fühl** (das; -[e]s), **...ge|halt** (der); **fein‿ge|mah|len, ...ge|schnit|ten, ...ge|schwun|gen, ...ge|spon|nen, ...ge|streift;** *vgl.* fein; **Fein|ge|wicht; fein|glie|de|rig, fein|glied|rig; Fein|gold; Fein|heit; Fein|ke|ra|mik; fein‿ke|ra|misch, ...kör|nig; Fein‿kör|nig|keit** (die; -), **...kost; fein|ma|chen** (schön anziehen); sich -; **fein|ma|schig; Fein‿me|cha|ni|ker, ...mes|sung; fein‿ner|vig, ...po|rig, ...san|dig; fein|schlei|fen** (↑R 205); ich schleife fein; feingeschliffen; feinzuschleifen; **Fein‿schliff, ...schmecker** [*Trenn.* ...schmek|ker], **...schnitt, ...sil|ber; fein|sin|nig; Fein|sin|nig|keit,** die; -; **Feins|lieb|chen** (*veraltet für* Geliebte); **Fein|strumpf|ho|se; Feinst|waa|ge; fein|ver|mah|len;** *vgl.* fein; **Fein|wasch|mit|tel**

feiß; -este (*südwestd. u. schweiz. mdal. für* fett, feist); **feist;** -este; **Feist,** das; -[e]s (*Jägerspr.* Fett); **Fei|ste, Feist|heit,** die; -; **Feist|hirsch** *(Jägerspr.);* **Fei|stig|keit,** die; -

Fei|tel, der; -s, - (*südd., österr. ugs. für* einfaches Taschenmesser)

fei|xen (*ugs. für* grinsend lachen); du feixt

Fel|bel, der; -s, - ‹ital.› (ein Gewebe)

Fel|ber, der; -s, -, **Fel|ber|baum** (*südd. mdal. für* Weidenbaum)

Fel|chen, der; -s, - (ein Fisch)

Feld, das; -[e]s, -er; elektrisches -; feldein u. feldaus; querfeldein; ins - (in den Krieg) ziehen; (↑R 32:) Feld- u. Gartenfrüchte; **Feld‿ar|beit, ...ar|til|le|rie, ...bett, ...blu|me, ...dienst; feld|ein;** feldein u. feldaus; querfeldein; **Feld‿fla|sche, ...flüch|ter** (Taube), **...flur** (die; -), **...for|schung** *(Soziol., Sprachw.),* **...frucht** *(meist Plur.),* **...got|tes|dienst; feld|grau; Feld‿hand|ball, ...heer, ...herr; Feld|herrn|blick; Feld|hockey** [*Trenn.* ...hok|key], **...huhn, ...hü|ter; ...fel|dig** (z. B. vierfeldig); **Feld‿jä|ger** *(Milit.),* **...kü|che, ...la|ger, ...mark** (die; [1]Flur), **...mar|schall** (der; -[e]s; *früher*); **feld|marsch|mä|ßig** *(Milit.);* **Feld‿maß** (das), **...maus, ...mes|ser** (der), **...post** *(Milit.),* **...sa|lat; Feld|scher,** der; -s, -e (*veraltet für* Wundarzt; *ehem. in der DDR* milit. Arzthelfer); **Feld‿spat** (ein Mineral), **...spie|ler** *(Sport),* **...stär|ke** *(Physik),* **...ste|cher** (Fernglas), **...stein, ...stuhl, ...theo|rie** *(Sprachw.),* **...über|le|gen|heit** *(Sport),* **...ver|weis** *(Sport);* **Feld-Wald-und-Wie|sen-...** (*ugs. für* durchschnittlich, Allerwelts...); z. B. Feld-Wald-und-Wiesen-Programm; **Feld|we|bel,** der; -s, -; **Feld‿weg, ...wei|bel** (*schweiz.* ein Unteroffiziersgrad), **...zug**

Felg|auf|schwung (Reckübung); **Fel|ge,** die; -, -n (Radkranz; eine Reckübung); **fel|gen** ([ein Rad] mit einer Felge versehen); **Fel|gen|brem|se; Felg|um|schwung** (eine Reckübung)

Fe|lix (m. Vorn.); **Fe|li|zia** (w. Vorn.); **Fe|li|zi|tas** (w. Vorn.)

Fell, das; -[e]s, -e

Fel|la|che, der; -n, -n (↑R 197) ‹arab.› (Bauer im Vorderen Orient); **Fel|la|chin**

Fel|la|tio, die; -, ...ones ‹lat.› (Herbeiführen der Ejakulation mit Lippen u. Zunge)

Fell|ei|sen, das; -s, - (*veraltet für* Rucksack, Tornister)

Fell|müt|ze

Fel|low ['fɛlo:], der; -s, -s ‹engl.›

(Mitglied eines College, einer wissenschaftlichen Gesellschaft)
Fe|lo|nie, die; -, ...ien ‹franz.› (Untreue [gegenüber dem Lehnsherrn im MA.])
[1]**Fels**, der; - (hartes Gestein); auf - stoßen; im - klettern; [2]**Fels**, der; *Gen.* -ens, *älter* -en, *Plur.* -en (*geh. für* Felsen, Felsblock); ein - in der Brandung; **Fels‿bild** *(vorgeschichtl. Kunst)*, **...block** (*Plur.* ...blöcke); **Fel|sen**, der; -s, - ([aufragende] Gesteinsmasse, Felsblock); **fel|sen|fest; Fel|sen‿nest, ...riff; Fel|sen|schlucht** usw. *vgl.* Felsschlucht usw.; **fel|sig; Fel|sit** [*auch* ...'zit], der; -s, -e (ein Quarzporphyr); **Fels‿ma|le|rei, ...schlucht, ...spalt, ...spal|te, ...spit|ze, ...stück, ...vor|sprung, ...wand, ...zeich|nung**
Fe|lu|ke, die; -, -n ‹arab.› (Küstenfahrzeug des Mittelmeers)
Fe|me, die; -, -n (heiml. Gericht, Freigericht); **Fe|me|ge|richt**
Fe|mel, Fim|mel, der; -s (*Landw.* Gesamtheit der männl. Hanfpflanzen); **Fe|mel|be|trieb** (Art des Forstbetriebes); **Fe|mel|hanf** *vgl.* Femel
Fe|me|mord; Fem|ge|richt *vgl.* Femegericht
fe|mi|ni|nie|ren ‹lat.› (*Med., Zool.* verweiblichen); **fe|mi|nin** [*auch* ...'ni:n] (weiblich; weibisch); **Fe|mi|ni|num**, das; -s, ...na (*Sprachw.* weibliches Substantiv, z. B. „die Erde"); **Fe|mi|nis|mus**, der; -, ...men (Richtung der Frauenbewegung, die ein neues Selbstverständnis der Frau und die Aufhebung der traditionellen Rollenverteilung anstrebt *[nur Sing.]; Med., Zool.* Ausbildung weibl. Merkmale bei männl. Wesen; Verweiblichung); **Fe|mi|ni|stin** (Vertreterin des Feminismus); **fe|mi|ni|stisch**
Femme fa|tale [fam fa'tal], die; - -, -s -s [fam fa'tal] ‹franz.› (charmante Frau, die durch Extravaganz o. ä. ihrem Partner zum Verhängnis wird)
Fem|to... ‹skand.› (ein Billiardstel einer Einheit, z. B. Femtofarad = 10^{-15} Farad; *Zeichen* f)
Fench, Fen|nich, der; -[e]s, -e ‹lat.› (Hirseart); **Fen|chel**, der; -s (eine Heil- und Gemüsepflanze); **Fen|chel‿ge|mü|se, ...öl, ...tee**
Fen|dant [fã'dã:], der; -s ‹franz.› (Weißwein aus dem Wallis)
Fen|der, der; -s, - ‹engl.› (Stoßschutz an Schiffen [aus Tauwerk, Reifen o. ä.])
Fe|nek *vgl.* Fennek
Fenn, das; -[e]s, -e (*nordd. für* Sumpf-, Moorland)
Fen|nek, der; -s, *Plur.* -s *u.* -e ‹arab.› (Wüstenfuchs)
Fen|nich *vgl.* Fench
Fen|no|sar|ma|tia ‹lat.› (*Geol.* europäischer Urkontinent); **fen|no|sar|ma|tisch; Fen|no|skan|dia** (ein Teil von Fennosarmatia); **fen|no|skan|disch**
Fen|rir (Untier der nord. Mythol.); **Fen|riswolf**, der; -[e]s (*svw.* Fenrir)
Fen|ster, das; -s, -; **Fen|ster‿bank** (*Plur.* ...bänke), **...brett, ...brief|um|schlag, ...flü|gel, ...glas** (*Plur.* ...gläser), **...griff, ...kreuz, ...la|den** (*Plur.* ...läden, *selten* ...laden), **...lai|bung, ...le|der; fen|sterln** (*südd., österr. für* die Geliebte nachts [am od. durchs Fenster] besuchen); ich fensterle, du fensterlst, er fensterlt, hat gefensterlt; **fen|ster|los; Fen|ster‿ni|sche, ...öff|nung, ...platz, ...put|zer, ...rah|men, ...re|de** (großspurige Ansprache, Propagandarede), **...ro|se** (rundes [got.] Kirchenfenster), **...schei|be, ...schnal|le** (*österr. für* Fenstergriff), **...sims, ...stock** (*Plur.* ...stöcke); **...fenst|rig** (z. B. zweifenstrig)
Fenz, die; -, -en ‹engl.› (Einfried[ig]ung in Nordamerika)
Feo|dor (m. Vorn.); **Feo|do|ra** (w. Vorn.)
Fe|ra|li|en [...iən] *Plur.* ‹lat.› (altröm. jährliches Totenfest)
Fer|di|nand (m. Vorn.); **Fer|di|nan|de** (w. Vorn.); **Ferdl** (m. Vorn.)
Fe|renc ['fɛrɛnts] (m. Vorn.)
Fer|ge, der; -n, -n; ↑R 197 (*veraltet für* Fährmann)
fer|gen (*schweiz. für* abfertigen, fortschaffen); **Fer|ger** (*schweiz. für* Spediteur, Geschäftsvermittler)
Fe|ri|al... ‹lat.› (*österr. neben* Ferien..., z. B. Ferialarbeit, Ferialpraxis, Ferialtag); **Fe|ri|en** [...iən] *Plur.* ‹lat.› (zusammenhängende Freizeiten [im Schulleben]; Urlaub); die großen Ferien; **Fe|ri|en‿ar|beit, ...be|ginn, ...dorf, ...en|de, ...häus|chen, ...heim, ...job, ...kind, ...kurs, ...la|ger, ...ort** (der; -[e]s, -e), **...pa|ra|dies, ...park, ...rei|se, ...son|der|zug, ...tag, ...woh|nung, ...zeit**
Fer|kel, das; -s, -; **Fer|ke|lei; fer|keln; Fer|kel|zucht**
Fer|man, der; -s, -e ‹pers.› (*früher* in islam. Ländern Erlaß des Landesherrn)
Fer|ma|te, die; -, -n ‹ital.› (*Musik* Haltezeichen; *Zeichen* 𝄐)
Fer|ment, das; -s, -e ‹lat.› (*veraltend für* Enzym); **Fer|men|ta|ti|on**, die; -, -en (Gärung); **fer|men|ta|tiv** (durch Ferment hervorgerufen); **Fer|ment|bil|dung; fer|men|tie|ren** (durch Fermentation veredeln); **Fer|ment‿man|gel, ...pro|duk|ti|on**
Fer|mi|um, das; -s ‹nach dem ital. Physiker Fermi› (chem. Element, ein Transuran; *Zeichen* Fm)
fern; -e Länder; *Präp. mit Dat.* fern dem Heimathaus; *vgl.* ferne. **I.** *Kleinschreibung* (↑R 65): von nah und fern; von fern, von fern her, *vgl.* aber: fernher. **II.** *Großschreibung:* **a)** (↑R 157:) der Ferne Osten (*svw.* Ostasien); **b)** (↑R 65:) das Ferne suchen; **fern|ab** *(geh.)*
Fer|nam|buk|holz *vgl.* Pernambukholz
Fern‿amt, ...auf|nah|me, ...bahn, ...be|ben, ...be|die|nung; fern|be|heizt; -e Wohnung; **fern|blei|ben** (↑R 205); er bleibt fern; ferngeblieben; fernzubleiben; **fer|ne** *(geh.)*; von - [her]; **Fer|ne**, die; -, -n; **fer|ner**; des -[e]n darlegen (*Amtsspr.;* ↑R 65); er rangiert unter „ferner liefen"
Fer|ner, der; -s, - (*westösterr., bayr. für* Gletscher); *vgl.* Firn
fer|ner|hin [*auch* 'fɛrnər'hin]; **Fern|ex|preß** (*Abk.* FD); **Fern|fah|rer; fern|ge|lenkt; Fern|ge|spräch; fern|ge|steu|ert; Fern|glas** *Plur.* ...gläser; **fern|hal|ten**; *vgl.* fernbleiben; **Fern|hei|zung; fern|her** (*geh. für* aus der Ferne), aber: von fern her; **fern|hin** *(geh.)*; **fern|ko|pie|ren** (über das Fernsprechnetz originalgetreu übertragen); **Fern|ko|pie|rer** (Gerät zum Fernkopieren); **Fern‿kurs, ...kur|sus, ...la|ster** (der; *ugs. für* Fernlastzug), **...last|zug, ...lei|he, ...leih|ver|kehr** *(Buchw.)*, **...lei|tung; fern|len|ken**; *vgl.* fernbleiben; **Fern‿len|kung, ...licht** (*Plur.* ...lichter); **fern|lie|gen**; nichts würde mir ferner liegen; *vgl.* fernbleiben; **fern|lie|gend; Fern|mel|de‿amt, ...dienst, ...ge|bühr, ...tech|nik, ...turm, ...we|sen** (das; -s); **fern|münd|lich** (*für* telefonisch); **Fern|ost**; in -; **fern|öst|lich; Fern‿pend|ler, ...rohr, ...ruf, ...schrei|ben, ...schrei|ber; Fern|schreib|netz; fern|schrift|lich; Fern|seh‿an|sa|ger, ...an|sa|ge|rin, ...an|ten|ne, ...ap|pa|rat, ...bild, ...emp|fang** *(Plur. selten)*, **...emp|fän|ger; fern|se|hen**; *vgl.* fernbleiben; **Fern|se|hen**, das; -s; **Fern|se|her** (Fernsehgerät; Fernsehteilnehmer); **Fern|seh‿film, ...ge|bühr, ...ge|rät, ...in|ter|view, ...ka|me|ra, ...kom|men|ta|tor, ...leuch|te, ...pro|gramm, ...re|por|ta|ge, ...re|por|ter, ...schirm, ...sen|der, ...sen|dung, ...se|rie, ...spiel, ...stu|dio, ...teil|neh|mer, ...tru|he, ...turm, ...über|tra|gung, ...zeit|schrift,**

...zu|schau|er; Fern|sicht; fern|sich|tig; Fern|sich|tig|keit, die; -; **Fern|sprech_amt, ...an|schluß, ...ap|pa|rat, ...auf|trags|dienst; Fern|spre|cher; Fern|sprech_ge|bühr, ...ge|heim|nis** (das; -ses), **...teil|neh|mer, ...ver|zeich|nis, ...zel|le; Fern|spruch; fern_ste|hen, ...steu|ern;** *vgl.* fernbleiben; **Fern_steue|rung, ...stra|ße, ...stu|dent, ...stu|di|um, ...sucht** (die; -); **fern|trau|en;** *nur im Inf. u. Part. II gebr.;* **Fern|trau|ung; Fern_un|ter|richt, ...ver|kehr** (der; -[e]s); **Fern|ver|kehrs|stra|ße; Fern_wär|me, ...weh** (das; -s), **...ziel**

Fer|ra|ra (ital. Stadt)

Fer|ra|ri ⓦ (ital. Automarke)

Fer|rit [*auch* ...'rit], der; -s, -e ‹lat.› (reine Eisenkristalle; *Nachrichtentechnik* ein magnetischer Werkstoff); **Fer|rit|an|ten|ne**

Fer|ro (kleinste der Kanarischen Inseln); *vgl.* Hierro; **Fer|rum,** das; -s ‹lat.› (*lat. Bez. für* Eisen, chem. Element; *Zeichen* Fe)

Fer|se, die; -, -n ([1]Hacke); *vgl.* a b e r: Färse; **Fer|sen|geld;** *nur noch in* - geben (*scherzh. für* fliehen)

fer|tig; - sein, werden. *Schreibung in Verbindung mit Verben* (↑R 205 f.): fertig (im endgültigen Zustand) bringen; sie wird den Kuchen fertig [nach Hause] bringen; a b e r: fertigbringen (vollbringen); ich bringe es fertig, habe es fertiggebracht, habe es fertigzubringen; **Fer|tig_bau** (*Plur.* ...bauten), **...bau|wei|se; fer|tig_be|kom|men, ...brin|gen;** *vgl.* fertig; **fer|ti|gen; Fer|tig_er|zeug|nis, ...ge|richt, ...haus; Fer|tig|keit; Fer|tig|klei|dung** (*für* Konfektion); **fer|tig_ko|chen, ...ma|chen** (*ugs. auch für* zermürben; völlig besiegen), **...stel|len;** *vgl.* fertig; **Fer|tig_stel|lung, ...teil** (das); **Fer|ti|gung; Fer|ti|gungs_bri|ga|de** *(ehem. in der DDR),* **...ko|sten** *(Plur.),* **...me|tho|de, ...pro|gramm, ...pro|zeß, ...stra|ße, ...ver|fah|ren; Fer|tig|wa|re**

fer|til ‹lat.› (*Biol., Med.* fruchtbar); **Fer|ti|li|tät,** die; - (Fruchtbarkeit)

fes, [1]Fes, das; -, - (Tonbezeichnung)

[2]Fes, der; -[es], -[e] ‹türk.› (rote Filzkappe)

[3]Fes [fɛ:s] (Stadt in Marokko)

fesch; -este ‹engl.› (*ugs. für* flott, schneidig); **Fe|schak,** der; -s, -s (*österr. ugs. für* fescher Kerl)

[1]Fes|sel, die; -, -n (Teil des Beines)

[2]Fes|sel, die; -, -n (Band, Kette); **Fes|sel|bal|lon; fes|sel|frei**

Fes|sel|ge|lenk

fes|sel|los; Fes|sel|lo|sig|keit, die; -; **fes|seln;** ich fessele *u.* feßle (↑R 22); **fes|selnd;** -ste; **Fes|se|lung, Feß|lung**

fest; -este; -er Grundsatz; -e Kosten; -er Wohnsitz; -er Körper. **I.** *Schreibung in Verbindung mit dem Partizip II:* die festgeschnürte Schlinge (↑*jedoch* R 209), a b e r: die Schlinge ist fest geschnürt. **II.** *Schreibung in Verbindung mit Verben* (↑R 205 f.), z. B. fest binden; eine Schleife [ganz] fest binden; a b e r: festbinden (anbinden); die Kuh ist festgebunden

Fest, das; -[e]s, -e; **Fest|akt**

fest|an|ge|stellt; ein festangestellter Mitarbeiter (↑*jedoch* R 209), a b e r: der Mitarbeiter ist fest angestellt; **Fest|an|ge|stell|te,** der *u.* die; -n, -n (↑R 7 ff.)

Fest_an|spra|che, ...auf|füh|rung

fest|backen [*Trenn.* ...bak|ken] (ankleben); der Schnee backt fest, backte fest, hat festgebackt, festzubacken; *vgl.* fest, II

Fest|ban|kett

fest|bei|ßen, sich (*auch für* sich intensiv u. ausdauernd mit etwas beschäftigen); der Hund hat sich festgebissen; wir haben uns an dem Problem festgebissen; *vgl.* fest, II

Fest_bei|trag, ...be|leuch|tung

fest|be|sol|det; *vgl.* festangestellt; **Fest|be|sol|de|te,** der *u.* die; -n, -n (↑R 7 ff.); **fest|bin|den** (anbinden); die Kuh ist festgebunden; *vgl.* fest, II; **fest|blei|ben** (nicht nachgeben); er ist in seinem Entschluß festgeblieben; *vgl.* fest, II; **Fest|brenn|stoff**

Fe|ste, die; -, -n (*veraltet für* Festung; *geh. für* Himmel); *vgl. auch* Veste

fe|sten (*schweiz., sonst selten für* ein Fest feiern); **Fe|stes|freu|de; Fest|es|sen; Fe|stes|stim|mung**

fest|fah|ren; sich -; **fest|fres|sen,** sich; der Kolben hat sich festgefressen; *vgl.* fest, II

Fest|freu|de

fest|ge|fügt; fest|ge|schnürt; *vgl.* fest, I

Fest_ge|wand, ...got|tes|dienst

fest|ha|ken; sich -

Fest|hal|le

fest|hal|ten; sich -; **fest|hef|ten;** *vgl.* fest, II; **fe|sti|gen; Fe|sti|ger** (*kurz für* Haarfestiger); **Fe|stig|keit,** die; -; **Fe|stig|keits|leh|re,** die; - *(Technik);* **Fe|sti|gung,** die; -

Fe|sti|val ['fɛstiv(ə)l, *auch* 'fɛstival], das; -s, -s ‹engl.› (Musikfest, Festspiel); **Fe|sti|vi|tät** [...v...], die; -, -en ‹lat.› (*schweiz., sonst nur noch scherzh. für* Festlichkeit)

fest|klam|mern; sich -; **fest|kle|ben; fest|klop|fen** (*ugs. für* festlegen, besiegeln); **fest|kno|ten;** *vgl.* fest, II; **fest|ko|chend;** -e Kartoffeln

Fest|ko|mi|tee

Fest|kör|per (*Physik* bes. die Kristalle); **Fest|kör|per|phy|sik; Fest|land** *Plur.* ...länder; **fest|län|disch; Fest|land[s]_block** (*Plur.* ...blöcke), **...sockel** [*Trenn.* ...sok|kel]; **fest|lau|fen; fest|le|gen** (*auch für* anordnen); sie hat die Hausordnung festgelegt; sich - (sich binden); sie hat sich mit dieser Äußerung festgelegt; *vgl.* fest, II; **Fest|le|gung**

fest|lich; Fest|lich|keit

fest|lie|gen; auf einer Sandbank -; *vgl.* fest, II; **Fest|lohn** (*svw.* Mindestlohn); **Fest|ma|che|bo|je; fest|ma|chen** (*auch für* vereinbaren); ich habe nichts mit ihm festgemacht; *vgl.* fest, II

Fest|mahl

Fest|me|ter (*alte Maßeinheit für* 1 m³ fester Holzmasse, im Gegensatz zu Raummeter; *Abk.* Fm, fm); **fest|na|geln** (*ugs. auch für* jmdn. auf etwas festlegen); ich nag[e]le fest (↑R 22); ich habe ihn festgenagelt; *vgl.* fest, II; **fest|nä|hen;** *vgl.* fest, II; **Fest|nah|me,** die; -, -n; **fest|neh|men** (verhaften); *vgl.* fest, II; **Fest|of|fer|te** (*Kaufmannsspr.* festes Angebot)

Fe|ston [fɛs'tɔŋ, *auch* ...'tõ:], das; -s, -s ‹franz.› (Blumengewinde, meist als Ornament; Stickerei); **fe|sto|nie|ren** [fɛstɔ'ni:...] (mit Festons versehen; Stoffkanten mit Knopflochstich ausarbeiten); **Fe|ston|stich**

Fest_ord|ner, ...pla|ket|te

Fest|plat|te *(EDV)*

Fest|platz

Fest|preis; *vgl.* [2]Preis

Fest_pro|gramm, ...re|de, ...red|ner, ...red|ne|rin

fest|ren|nen, sich; *vgl.* festbeißen, sich

Fest|saal

fest|sau|gen, sich; **fest|schnal|len;** *vgl.* fest, II; sich -; **fest|schrei|ben** (durch einen Vertrag o. ä. vorläufig festlegen); *vgl.* fest, II; **Fest|schrei|bung**

Fest|schrift

fest|set|zen (bestimmen, anordnen; gefangensetzen); er wurde nach dieser Straftat festgesetzt; *vgl.* fest, II; **Fest|set|zung; fest|sit|zen** (*ugs. auch für* nicht weiterkommen); wir sitzen mit unserem Plan fest; *vgl.* fest, II

Fest|spiel; Fest|spiel_haus, ...stadt

fest|ste|hen (*auch für* sicher, gewiß sein); fest steht, daß ...

(↑R 206); es hat festgestanden, daß ...; *vgl.* fest, II; **fest|ste|hend** (sicher, gewiß); fester stehend, am festesten stehend; **fest|stell|bar; Fest|stell|brem|se; fest|stel|len** (*auch für* nachdrücklich aussprechen); er hat es eindeutig festgestellt; *vgl.* fest, II; **Fest|stell₋he|bel, ...ta|ste; Fest|stel|lung**

Fest|stie|ge (*österr. für* Prunktreppe); **Fest|stim|mung; Fest|tag;** des Festtags, aber (↑R 61): festtags, sonn- und festtags; **fest|täg|lich; fest|tags;** *vgl.* Festtag; **Fest|tags₋klei|dung, ...stim|mung**

fest|tre|ten; *vgl.* fest, II; **fest|um|ris|sen;** *vgl.* fest, I

Fest|um|zug

Fe|stung; Fe|stungs₋ge|län|de, ...gra|ben, ...wall

Fest₋ver|an|stal|tung, ...ver|samm|lung

fest|ver|wur|zelt; *vgl.* festangestellt; **fest|ver|zins|lich;** -e Wertpapiere

Fest₋vor|stel|lung, ...vor|trag

fest|wach|sen; *vgl.* fest, II

Fest₋wie|se, ...wo|che, ...zelt

fest|zie|hen; *vgl.* fest, II

Fest|zug

fe|tal, *auch* fötal ‹lat.› (*Med.* zum Fetus gehörend, auf ihn bezüglich)

Fe|te [*auch* 'fɛ:tə], die; -, -n ‹franz.› (*ugs. für* Fest)

Fe|tisch, der; -[e]s, -e ‹franz.› (magischer Gegenstand; Götzenbild); **fe|ti|schi|sie|ren** (zum Fetisch erheben); **Fe|ti|schis|mus,** der; - (Fetischverehrung; krankhaftes Übertragen des Geschlechtstriebes auf Gegenstände); **Fe|ti|schist,** der; -en, -en (↑R 197); **Fe|ti|schi|stin; fe|ti|schi|stisch**

fett; -este; -er Boden. *Schreibung in Verbindung mit dem Partizip II:* fettgedruckt *(vgl. d.); Fett,* das; -[e]s, -e; **Fett|an|satz; fett|arm; Fett₋au|ge, ...bauch, ...creme, ...de|pot** *(Med.);* **Fet|te,** die; - (*geh. für* Fettheit); **fet|ten; fett|fein** *(Druckw.);* **Fett₋fleck** *od.* **...flecken** [*Trenn.* ...flek|ken]; **fett|frei; fett|füt|tern** (mästen); **fett|ge|druckt;** fetter, am fettesten gedruckt; die fettgedruckten Buchstaben (↑*jedoch* R 209), aber: die Hauptstellen sind fett gedruckt; **Fett₋ge|halt** (der), **...ge|we|be** *(Med.);* **fett₋glän|zend, ...hal|tig; Fett|heit,** die; -; **Fett|hen|ne** (Zierpflanze); **fet|tig; Fet|tig|keit,** die; - (das Fettigsein); **Fett|koh|le** (Steinkohlenart); **Fett|le|be,** die; - (*ugs. für* reichhaltige, üppige Mahlzeit; Wohlleben); - machen (üppig leben); **fett|lei|big; Fett|lei|big|keit,** die; -; **Fett|näpf|chen;** bei jmdm. ins - treten (jmds. Unwillen erregen); **Fett₋pol|ster, ...sack** (*derb für* fetter Mensch), **...säu|re** *(Chemie),* **...schicht, ...stift** (der), **...sucht** (die; -); **fett|trie|fend** (↑R 204); **Fett|trop|fen** (↑R 204); **Fettusche** [*Trenn.* Fett|tu|sche, ↑R 204]; **Fett|wanst** (*derb für* fetter Mensch)

Fe|tus, *auch* Fö|tus, der; *Gen.* - *u.* -ses, *Plur.* -se *u.* ...ten ‹lat.› (*Med.* Leibesfrucht vom dritten Monat an)

Fetz|chen; fet|zeln (*landsch. für* in Fetzen zerreißen); ich ...[e]le (↑R 22); **fet|zen;** du fetzt; **Fet|zen,** der; -s, -; **fet|zig** (*ugs. für* toll, mitreißend); **Fetz|lein**

feucht; -este; - werden; **Feucht|bio|top; Feuch|te,** die; -; **feuch|ten** *(geh.);* **feucht₋fröh|lich** (fröhlich beim Zechen; ↑R 39), **...heiß** (↑R 39); **Feuch|tig|keit,** die; -; **Feuch|tig|keits₋ge|halt** (der; -[e]s), **...grad, ...mes|ser** (der); **feucht|kalt** (↑R 39); **Feucht|raum|ar|ma|tur** *(Technik)*

Feucht|wan|ger, Lion (dt. Schriftsteller)

feucht|warm (↑R 39)

feu|dal ‹germ.-mlat.› (das Lehnswesen betreffend; Lehns...; *ugs. für* vornehm, großartig; *abwertend für* reaktionär); **Feu|dal₋ge|sell|schaft, ...herr|schaft; Feu|da|lis|mus,** der; - (auf dem Lehnswesen beruhende, den Adel privilegierende Gesellschafts- u. Wirtschaftsordnung [im MA.]); **feu|da|li|stisch; Feu|da|li|tät,** die; - (Lehnsverhältnis im MA.; Vornehmheit); **Feu|dal₋staat, ...sy|stem** (das; -s)

Feu|del, der; -s, - (*nordd. für* Scheuerlappen); **feu|deln**

Feu|er, das; -s, -; offenes -; **Feu|er₋alarm, ...an|zün|der, ...ball, ...be|fehl** *(Milit.),* **...be|reit|schaft** *(Milit.);* **feu|er|be|stän|dig; Feu|er₋be|stat|tung, ...boh|ne, ...dorn** (Zierstrauch), **...ei|fer; feu|er|fest; Feu|er₋fe|stig|keit** (die; -), **...fres|ser, ...ge|fahr** (die; -); **feu|er|ge|fähr|lich; Feu|er₋ge|fähr|lich|keit** (die; -), **...ge|fecht, ...ha|ken, ...hal|le** (*österr. neben* Krematorium), **...herd, ...holz** (das; -es); **Feu|er|land** (Südspitze von Südamerika); **Feu|er|län|der,** der; **Feu|er₋lei|ter** (die), **...li|lie, ...loch, ...lö|scher; Feu|er|lösch₋ge|rät, ...teich, ...zug; Feu|er₋mau|er, ...mel|der; feu|ern;** ich ...[e]re (↑R 22); **Feu|er₋pau|se** *(Milit.),* **...po|li|zei; feu|er|po|li|zei|lich; Feu|er|pro|be; feu|er|rot; Feu|er|sa|la|man|der; Feu|ers|brunst; Feu|er₋scha|den, ...schein, ...schlucker** [*Trenn.* ...schluk|ker], **...schutz; Feu|ers|ge|fahr; feu|er|si|cher; Feu|ers|not,** die; - *(veraltet);* **feu|er|spei|end; Feu|er₋sprit|ze, ...stät|te, ...stein, ...stel|le, ...stoß** (*bes. Milit.*), **...stuhl** (*ugs. für* Motorrad), **...tau|fe, ...tod** *(geh.),* **...über|fall; Feue|rung; Feue|rungs|an|la|ge; Feu|er|ver|si|che|rung; feu|er|ver|zinkt; Feu|er₋wa|che, ...waf|fe, ...was|ser** (das; -s; *ugs. für* Branntwein), **...wehr; Feu|er|wehr₋au|to, ...haus, ...mann** (*Plur.* ...männer *u.* ...leute), **...übung; Feu|er|werk; feu|er|wer|ken;** ich feuerwerke; gefeuerwerkt; zu -; **Feu|er|wer|ker; Feu|er|werks|kör|per; Feu|er|zan|ge; Feu|er|zan|gen|bow|le; Feu|er₋zei|chen, ...zeug**

Feuil|la|ge [fœ'ja:ʒə], die; -, -n ‹franz.› (geschnitztes, gemaltes usw. Laubwerk); **Feuil|le|ton** [fœjə'tõ:, *auch* 'fœ...], das; -s, -s (*Zeitungsw.* literarischer Unterhaltungsteil; im Plauderton geschriebener Aufsatz); **Feuil|le|to|nist,** der; -en, -en (↑R 197); **feuil|le|to|ni|stisch; Feuil|le|ton₋re|dak|teur, ...stil** (der; -[e]s)

feu|rig; -e Kohlen auf jmds. Haupt sammeln (ihn beschämen); **feu|rio!** (alter Feuerruf)

Fex, der; *Gen.* -es, *seltener* -en, *Plur.* -e, *seltener* -en; ↑R 197 (*südd., österr. für* Narr; jmd., der in etwas vernarrt ist)

[1]**Fez** [fe:(t)s] *vgl.* [2]Fes

[2]**Fez,** der; -es ‹franz.› (*ugs. für* Spaß, Vergnügen)

ff = sehr fein; *vgl.* Effeff

ff = fortissimo

ff. = folgende [Seiten]

FF *vgl.* Franc

FGB = Familiengesetzbuch

FH = Fachhochschule

FHD = Frauenhilfsdienst[leistende] *(früher in der Schweiz)*

FHO = Fachhandelsorganisation

Fia|ker, der; -s, - (↑R 180) ‹franz.› (*österr. für* Pferdedroschke; Kutscher)

Fia|le, die; -, -n (↑R 180) ‹ital.› ([gotisches] Spitztürmchen)

Fi|as|ko, das; -s, -s ‹ital.› (Mißerfolg; Zusammenbruch)

fi|at! ‹lat., „es geschehe!"›

Fi|at Ⓦ (Kraftfahrzeuge)

[1]**Fi|bel,** die; -, -n ‹griech.› (Abc-Buch; Elementarlehrbuch)

[2]**Fi|bel,** die; -, -n ‹lat.› (frühgeschichtl. Spange oder Nadel)

Fi|ber, die; -, -n ‹lat.› ([Muskel- od. Pflanzen]faser); *vgl.* aber: Fieber; **Fi|bril|le,** die; -, -n (*Med.* Einzelfaser des Muskel- u. Nervengewebes); **Fi|brin,** das; -s (Eiweißstoff des Blutes); **Fi|bro-**

in, das; -s (Eiweißstoff der Naturseide); **Fi|brom,** das; -s, -e (*Med.* Bindegewebsgeschwulst); **fi|brös** (aus Bindegewebe bestehend); -e Geschwulst
Fi|bu|la, die; -, *Plur.* Fibuln *u.* *(Med.)* Fibulae [...lɛ] ‹lat.› ([2]Fibel; *Med.* Wadenbein)
[1]Fiche [fi:ʃ], die; -, -s ‹franz.› (Spielmarke); **[2]Fi|che** ['fiʃ(ə)], die; -, -n (*schweiz. für* Karteikarte); **[3]Fiche,** das *od.* der; -s, -s (Filmkarte mit Mikrokopien)
[1]Fich|te (dt. Philosoph)
[2]Fich|te, die; -, -n (ein Nadelbaum); **Fich|tel|ge|bir|ge,** das; -s; **fich|ten** (aus Fichtenholz); **Fich|ten‿hain, ...holz, ...na|del; Fich|ten|na|del|bad**
Fi|chu [fi'ʃy:], das; -s, -s ‹franz.› (Schultertuch)
Fick, der; -s, -s (*derb für* Koitus); **ficken**[1] (*derb für* koitieren); **ficke|rig**[1] (*landsch. für* nervös, unruhig; *derb für* geil); **Fick|fack,** der; -[e]s, -e (*landsch. für* Ausflucht, Vorwand); **fick|facken**[1] (*landsch. für* Ausflüchte suchen); **Fick|facker**[1] (*landsch. für* unzuverlässiger Mensch); **Fick|facke|rei**[1]; **Fick|müh|le** (*landsch. für* Zwickmühle)
Fi|cus, der; -, ...ci [...tsi] ‹lat.› (ein [Zier]baum)
Fi|dei|kom|miß [fide|i..., *auch* 'fi...], das; ...misses, ...misse ‹lat.› (*Rechtsspr.* unveräußerliches u. unteilbares Familienvermögen)
fi|del ‹lat.› (*ugs. für* lustig, heiter)
Fi|del, die; -, -n (der Geige ähnliches Streichinstrument [des Mittelalters]); *vgl.* Fiedel
Fi|del Ca|stro *vgl.* Castro
Fi|di|bus, der; *Gen.* - *u.* -ses, *Plur.* - *u.* -se (gefalteter Papierstreifen als [Pfeifen]anzünder)
Fi|dschi (Inselstaat im Südwestpazifik); **Fi|dschia|ner;** ↑R 180; **fi|dschia|nisch;** ↑R 180; **Fi|dschi|in|seln** *Plur.*
Fi|duz, das; -es (*ugs. für* Mut); *nur noch in* kein - zu etwas haben
Fie|ber, das; -s, - *Plur. selten* ‹lat.›; *vgl.* aber: Fiber; **Fie|ber|an|fall; fie|ber|frei; Fie|ber|frost; fie|ber|haft; Fie|ber|hit|ze; fie|be|rig** *vgl.* fiebrig; **fie|ber|krank; Fie|ber‿kur|ve, ...mes|ser** (der; *ugs. für* Fieberthermometer); **fie|bern;** ich ...ere (↑R 22); **Fie|ber‿phan|ta|sie** *(meist Plur.)*, **...ta|bel|le, ...ther|mo|me|ter, ...traum; fieb|rig**
Fie|del, die; -, -n (*veraltend für* Geige); *vgl.* Fidel; **fie|deln;** ich ...[e]le (↑R 22)
Fie|der, die; -, -n (*veraltet für* kleine Feder); **Fie|der|blatt** (*Bot.* gefiedertes Blatt); **fie|de|rig; fie|der|tei|lig; Fie|de|rung**
Fied|ler
fie|pen (*Jägerspr.* [von Rehkitz u. Rehgeiß], *auch allg.* einen leisen, hohen Ton von sich geben)
Fie|rant [fiə..., *auch* fie...], der; -en, -en (↑R 197) ‹ital.› (*österr. für* Markthändler)
fie|ren (*Seemannsspr.* [Tau] ablaufen lassen, herablassen)
fies; -este (*ugs. für* ekelhaft, widerwärtig); fieses Gefühl
Fies|co, *bei Schiller* **Fies|ko** (genues. Verschwörer); ↑R 180
Fies|ling (*ugs. für* widerwärtiger Mensch)
Fie|sta, die; -, -s ‹span.› ([span.] Volksfest)
FIFA, Fi|fa, die; - ‹franz.› (*Kurzw. für* Fédération Internationale de Football Association [federa,sjɔ̃: ɛ̃tɛrnasjɔ,nal də fut'bo:l asɔsja,sjɔ̃:]; Internationaler Fußballverband)
fif|ty-fif|ty ['fifti'fifti] ‹engl.› (*ugs. für* halbpart)
Fi|ga|ro, der; -s, -s (Lustspiel- u. Opernfigur; *auch scherzh. für* Friseur)
Fight [fait], der; -s, -s ‹engl.› (*Boxen* [draufgängerisch geführter Nah]kampf); **figh|ten** ['faitən] *(Boxen);* **Figh|ter** ['faitə(r)], der; -s, - (*Boxen* Kämpfer)
Figl (österr. Politiker)
Fi|gur, die; -, -en; **Fi|gu|ra;** *in* wie - zeigt (wie klar vor Augen liegt); **fi|gu|ral** (mit Figuren versehen); **Fi|gu|ral|mu|sik** (in der Kirchenmusik des MA.); **Fi|gu|rant,** der; -en, -en; ↑R 197 (*veraltet für* Statist); **Fi|gu|ran|tin; Fi|gu|ra|ti|on,** die; -, -en *u.* Fi|gu|rie|rung (*Musik* Ausschmückung einer Figur od. Melodie); **fi|gu|ra|tiv** (bildlich [darstellend]); **Fi|gür|chen; fi|gu|rie|ren** (in Erscheinung treten, auftreten; *Musik* eine Figur od. Melodie ausschmücken); **fi|gu|riert** (gemustert; *Musik* ausgeschmückt); -es Gewebe; **Fi|gu|rie|rung** *vgl.* Figuration; **...fi|gu|rig** (z. B. kleinfigurig); **Fi|gu|ri|ne,** die; -, -n ‹franz.› (Figürchen; Nebenfigur in Landschaftsgemälden; Kostümzeichnung [für Bühne od. Mode]); **Fi|gür|lein; fi|gür|lich**
Fik|ti|on, die; -, -en ‹lat.› (Erdachtes; falsche Annahme); **fik|tio|nal** (auf einer Fiktion beruhend); **fik|tiv** (nur angenommen, erdacht)
Fi|la|ment, das; -s, -e ‹lat.› (*Bot.* Staubfaden der Blüte)
File [fail] das; -s, -s ‹engl.› (*EDV* bestimmte Art von Datei)
Fi|let [fi'le:], das; -s, -s ‹franz.› (Netzstoff; Lenden-, Rückenstück); **Fi|let‿ar|beit, ...decke** [*Trenn.* ...dek|ke], **...hand|schuh; fi|le|tie|ren** [file'ti:...] (Filets herausschneiden); **Fi|le|tier|ma|schi|ne; Fi|let‿na|del** [fi'le:...], **...spit|ze, ...steak**
Fi|lia hos|pi|ta|lis, die; - -, ...ae ...les ['filiɛ ...le:s] ‹lat.› (*Studentenspr.* Tochter der Wirtsleute);
Fi|lia|le, die; -, -n; ↑R 180 (Zweiggeschäft, -stelle); **Fi|lia|list,** der; -en, -en; ↑R 197, R 180 (Filialleiter); **Fi|li|al‿kir|che** (Tochterkirche), **...lei|ter** (der); **Fi|lia|ti|on,** die; -, -en; ↑R 180 (rechtliche Abstammung; Gliederung des Staatshaushaltsplanes)
Fi|li|bu|ster *vgl.* Flibustier
fi|lie|ren ‹franz.› (Netzwerk knüpfen; *auch für* filetieren); **fi|liert** (netzartig); **Fi|li|gran,** das; -s, -e ‹ital.› (Goldschmiedearbeit aus feinem Drahtgeflecht); **Fi|li|gran‿ar|beit, ...glas, ...schmuck**
Fi|li|pi|na, die; -, -s ‹span.› (*weibl. Form zu* Filipino); **Fi|li|pi|no,** der; -s, -s (Bewohner der Philippinen)
Fi|li|us, der; -, ...usse ‹lat.› (*scherzh. für* Sohn)
Fil|lér ['filər, *ung.* 'file:r], der; -[s], - (ung. Münze; 100 Fillér = 1 Forint)
Film, der; -[e]s, -e ‹engl.›; **Film‿ama|teur, ...ar|chiv, ...ate|lier, ...au|tor, ...ball, ...bran|che, ...di|va; Fil|me‿ma|cher, ...ma|che|rin; fil|men; Film‿fan, ...fe|sti|val, ...fest|spie|le** *(Plur.)*, **...ge|sell|schaft, ...in|du|strie; fil|misch; Film‿ka|me|ra, ...kom|po|nist, ...ko|pie; Fil|mo|thek,** die; -, -en ‹engl.; griech.› (*svw.* Kinemathek); **Film‿pla|kat, ...pro|du|zent, ...schau|spie|ler, ...schau|spie|le|rin, ...stadt, ...star** (*Plur.* ...stars), **...stu|dio, ...sze|ne, ...ver|leih, ...vor|füh|rer**
Fi|lou [fi'lu:], der; -s, -s ‹franz.› (*scherzh. für* Betrüger, Spitzbube; Schlaukopf)
Fils, der; -, - ‹arab.› (irak. Münze; 1 000 Fils = 1 Dinar)
Fil|ter, der, *Technik meist* das; -s, - ‹mlat.›; **fil|ter|fein;** - gemahlener Kaffee; **fil|tern;** ich ...ere (↑R 22); **Fil|ter|pa|pier,** Fil|trier|pa|pier; **Fil|ter|tü|te** ⓦ; **Fil|te|rung; Fil|ter|zi|ga|ret|te; Fil|trat,** das; -[e]s, -e (durch Filtration geklärte Flüssigkeit); **Fil|tra|ti|on,** die; -, -en (Filterung); **fil|trie|ren; Fil|trier|pa|pier** *vgl.* Filterpapier
Filz, der; -es, -e (*ugs. auch für* Geizhals; *österr. auch für* unausgeschmolzenes Fett); **Filz|decke** [*Trenn.* ...dek|ke]; **fil|zen** (*ugs. auch für* nach [verbotenen] Gegenständen durchsuchen; [fest]

[1] *Trenn.* ...k|k...

schlafen); du filzt; **Filz|hut,** der; **fil|zig; Filz|laus; Fil|zo|kra|tie,** die; -, ...ien ‹dt.; griech.› („verfilzte" Machtverhältnisse); **Filz‿pan|tof|fel, ...schrei|ber, ...stift** (der)

¹Fim|mel (Hanf); *vgl.* Femel

²Fim|mel, der; -s, - (*ugs. für* übertriebene Vorliebe für etwas; Tick, Spleen)

FINA, Fi|na, die; - ‹franz.› (*Kurzw. für* Fédération Internationale de Natation Amateur [federa'siõ: ɛ̃tɛrnasjo'nal də nata'siõ: ama'tø:r]; Internationaler Amateur-Schwimmverband)

fi|nal ‹lat.› (den Schluß bildend; zweckbezeichnend); **Fi|nal,** der; -s, -s ‹franz.› (*schweiz. für* Finale *[Sport]*); **Fi|nal|ab|schluß** (*Wirtsch.* Endabschluß); **Fi|na|le,** das; -s, *Plur. -, im Sport auch* Finals ‹franz.› (Schlußteil; *Musik* Schlußstück, -satz; *Sport* Endrunde, Endspiel); **Fi|na|list,** der; -en, -en; ↑R 197 (Endrundenteilnehmer); **Fi|nal‿pro|dukt** (*regional für* End-, Fertigprodukt), **...satz** (*Sprachw.* Umstandssatz der Absicht, Zwecksatz)

Fi|nan|cier [finã'sie:] *vgl.* Financier; **Fi|nanz,** die; - ‹franz.› (Geldwesen; Gesamtheit der Geld- und Bankfachleute); *vgl.* Finanzen; **Fi|nanz‿ab|tei|lung, ...amt, ...aus|gleich, ...be|am|te, ...buch|hal|ter, ...buch|hal|tung; Fi|nan|zen** *Plur.* (Geldwesen; Staatsvermögen; Vermögenslage); **Fi|nan|zer** (*österr. ugs. für* Zollbeamter); **Fi|nanz‿ex|per|te, ...ge|ba|ren, ...ge|nie, ...ho|heit** (die; -); **fi|nan|zi|ell; Fi|nan|zier** [finan'tsie:], der; -s, -s (kapitalkräftiger Geldgeber); **fi|nan|zier|bar; fi|nan|zie|ren** (mit Geldmitteln ausstatten; geldlich ermöglichen); **Fi|nan|zie|rung; fi|nanz|kräf|tig; Fi|nanz‿kri|se, ...la|ge** (die; -), **...mi|ni|ster, ...plan** (*vgl.* ²Plan); **fi|nanz‿po|li|tisch, ...schwach, ...stark; Fi|nanz‿ver|wal|tung, ...we|sen** (das; -s), **...wirt|schaft**

Fin|del|kind; fin|den; du fandst; du fändest; gefunden; find[e]!; ein gefundenes Fressen für jmdn. sein (*ugs. für* jmdm. sehr gelegen kommen); **Fin|der; Fin|der|lohn,** der; -[e]s

Fin de siècle [fɛ̃d'sjɛkl], das; - - - (durch Verfallserscheinungen in Gesellschaft, Kunst u. Literatur geprägte Zeit des ausgehenden 19. Jh.s)

fin|dig; ein -er Kopf (einfallsreicher Mensch); **Fin|dig|keit,** die; -; **Find|ling; Find|lings|block** *Plur.* ...blöcke; **Fin|dung** *Plur. selten* (das [Heraus]finden)

Fines herbes [fin'zɛrb] *Plur.* ‹franz.› (*Gastron.* fein gehackte Kräuter)

Fi|nes|se, die; -, -n ‹franz.› (Feinheit; Kniff)

Fin|ger, der; -s, -; der kleine -; jmdn. um den kleinen - wickeln *(ugs.)*; etwas mit spitzen -n (vorsichtig) anfassen; lange, krumme - machen (*ugs. für* stehlen); **Fin|ger|ab|druck** *Plur.* ...drücke; **fin|ger|breit;** ein -er Spalt, aber: der Spalt ist keinen Finger breit, 3 Finger breit (*vgl.* aber: Fingerbreit); **Fin|ger|breit,** der; -, -; einen, ein paar - größer; keinen - nachgeben; **fin|ger|dick;** *vgl.* fingerbreit; **Fin|ger|far|be** (für Kinder); **fin|ger|fer|tig; Fin|ger‿fer|tig|keit** (die; -), **...glied; Fin|ger|hal|keln,** das; -s (alpenländischer Wettkampf); **Fin|ger‿hand|schuh, ...hut** (der); **...fin|ge|rig,** ...fing|rig (z. B. dickfing[e]rig); **Fin|ger|kup|pe** (Fingerspitze); **fin|ger|lang;** *vgl.* fingerbreit; **Fin|ger|ling; fin|gern;** ich ...ere (↑R 22); **Fin|ger‿na|gel, ...ring, ...satz** (*Musik* Fingerverteilung beim Spielen eines Instruments), **...spiel, ...spit|ze; Fin|ger|spit|zen|ge|fühl,** das; -[e]s; **Fin|ger|übung; Fin|ger|zeig,** der; -[e]s, -e

fin|gie|ren ‹lat.› (erdichten; vortäuschen; unterstellen)

...fing|rig *vgl.* ...fingerig

Fi|nis, das; -, - ‹lat., „Ende"› (*veraltet für* Schlußvermerk in Druckwerken); **Fi|nish** ['finiʃ], das; -s, -s ‹engl.› (letzter Schliff; Vollendung; *Sport* Endspurt, Endkampf)

Fi|nis|ter|re (nordwestspan. Kap)

fi|nit ‹lat.› (*Sprachw.* bestimmt, konjugiert); -e Form (Personalform, Form des Verbs, die im Ggs. zur infiniten Form [*vgl.* infinit] nach Person u. Zahl bestimmt ist, z. B. [er] „erwacht" [3. Pers. Sing.])

Fink, der; -en, -en; ↑R 197 (ein Singvogel)

Fin|ken, der; -s, - (*schweiz. mdal. für* warmer Hausschuh)

Fin|ken|schlag, der; -[e]s (das Zwitschern des Finken)

Fin|ken|wer|der (Elbinsel)

Fink|ler, der; -s, - (*veraltet für* Vogelfänger)

Finn-Din|gi [...diŋgi], das; -s, -s ‹schwed.; Hindi› (kleines Einmann-Sportsegelboot)

¹Fin|ne, die; -, -n (Jugendform bestimmter Bandwürmer; entzündete Pustel); **²Fin|ne,** die; -, -n (Rückenflosse von Hai u. Wal; zugespitzte Seite des Hammers)

³Fin|ne, die; - (Höhenzug in Thüringen)

⁴Fin|ne, der; -n, -n; ↑R 197 (Einwohner von Finnland); **Finn|hüt|te**

fin|nig (von ¹Finnen befallen)

Fin|nin; fin|nisch, aber (↑R 146): der Finnische Meerbusen; *vgl.* deutsch; **Fin|nisch,** das; -[s] (Sprache); *vgl.* Deutsch; **Fin|ni|sche,** das; -n; *vgl.* Deutsche, das; **fin|nisch-ugrisch;** finnisch-ugrische Sprachen, Völker; **Finn|land; Finn|län|der** (⁴Finne mit schwed. Muttersprache); **finn|län|disch; ¹Finn|mark,** die; -, - (finn. Währungseinheit; *Abk.* Fmk); **²Finn|mark** (norw. Verwaltungsbezirk); **fin|no|ugrisch** (↑R 155) *vgl.* finnisch-ugrisch; **Fin|no|ugrist,** der; -en, -en; ↑R 197 (Fachmann für finnisch-ugrische Sprachen); **Fin|no|ugri|stik,** die; -

Finn|wal

Fi|now|ka|nal ['fi:no:...], der; -s; ↑R 149

fin|ster; finst[e]rer, -ste; eine -e Nacht; - dreinblicken; (↑R 65:) im finstern tappen (nicht Bescheid wissen), aber: wir tappten lange im Finstern (in der Dunkelheit); **Fin|ster|keit,** die; -; **Fin|ster|ling** (grimmig wirkender Mensch); **fin|stern** (*veraltet für* dunkel werden); es finstert; **Fin|ster|nis,** die; -, -se

Fin|te, die; -, -n ‹ital.› (Vorwand, Täuschung[smanöver]; *Sport* Scheinangriff); **fin|ten|reich**

fin|ze|lig, finz|lig (*landsch. für* überzart, überfein; die Augen [über]anstrengend)

Fio|ret|te, die; -, -n *meist Plur.* ‹ital., „Blümchen"› (*Musik* Gesangsverzierung); **Fio|ri|tur,** die; -, -en *meist Plur.* (*svw.* Fiorette)

Fips, der; -es, -e (*landsch. für* kleiner, unscheinbarer Mensch); Meister - (*Spottname für* Schneider); **fip|sig** (*ugs. für* unbedeutend, klein)

Fi|ren|ze (*ital. Form von* Florenz)

Fir|le|fanz, der; -es (*ugs. für* überflüssiges, wertloses Zeug; Unsinn); **Fir|le|fan|ze|rei**

firm ‹lat.›; in etw. - (erfahren, beschlagen) sein

Fir|ma, die; -, ...men ‹ital.› (*Abk.* Fa.)

Fir|ma|ment, das; -[e]s ‹lat.› *(geh.)*

fir|men ‹lat.› (jmdm. die Firmung erteilen)

Fir|men‿auf|druck, ...buch, ...chef, ...in|ha|ber, ...in|ha|be|rin, ...kopf (*svw.* Firmenaufdruck), **...re|gi|ster, ...schild** (das), **...stem|pel, ...ver|zeich|nis, ...wert** (der; -[e]s), **...zei|chen; fir|mie|ren** (einen bestimmten Geschäfts-, Handelsnamen führen)

Firm|ling ‹lat.› (der zu Firmende);

Firm₋pa|te, ...pa|tin; Fir|mung (kath. Sakrament)
firn (*fachspr. für* alt, abgelagert [von Wein]); ein -er Wein; **Firn,** der; -[e]s, *Plur.* -e, *auch* -en (körnig gewordener Altschnee im Hochgebirge; *österr., schweiz. auch für* damit bedeckter Gipfel, Gletscher); **Fir|ne,** die; -, -n (Reife des Weines); **Firn|eis,** das; -es; **Fir|ne|wein; fir|nig**
Fir|nis, der; -ses, -se ‹franz.› (schnell trocknender Schutzanstrich); **fir|nis|sen;** du firnißt
Firn|schnee
First, der; -[e]s, -e; **First|bal|ken**
first class ['fœ:(r)st 'kla:s] ‹engl.› (zur Spitzenklasse gehörend); **First-class-Ho|tel** ‹engl.; franz.› (Luxushotel); **First La|dy** ['fœ:(r)st 'le:di], die; - -, *Plur.* - -s, *auch* - Ladies [- 'le:diz] ‹engl., „Erste Dame"› (Frau eines Staatsoberhauptes)
First₋pfet|te, ...zie|gel
fis, Fis, das; -, - (Tonbezeichnung); **fis** (*Zeichen für* fis-Moll); in fis; **Fis** (*Zeichen für* Fis-Dur); in Fis
FIS, Fis, die; - ‹franz.› (*Kurzw. für* Fédération Internationale de Ski [federa,sjõ: ɛ̃tɛrnasjɔ,nal də 'ski]; Internationaler Skiverband); FIS-Rennen
Fisch, der; -[e]s, -e; faule -e (*ugs. für* Ausreden); kleine -e (*ugs. für* Kleinigkeiten); frische Fische; **Fisch|ad|ler; fisch|arm; Fisch|au|ge** (*auch* ein fotograf. Objektiv); **fisch|äu|gig; Fisch₋bein** (das; -[e]s), **...be|stand, ...besteck, ...bla|se; Fisch|bla|sen|stil,** der; -[e]s *(Archit.)*; **Fisch|blut; Fisch|bra|te|rei, Fisch|brat|kü|che** (Gaststätte für Fischgerichte); **Fisch₋bröt|chen, ...brut; fi|scheln** (*bes. österr. für* nach Fisch riechen); **fi|schen;** du fischst; **Fi|schenz,** die; -, -en (*schweiz. für* Fischpacht); **Fi|scher; Fi|scher|boot**
Fi|scher-Dies|kau (dt. Sänger)
Fi|scher|dorf; Fi|sche|rei; Fi|sche|rei₋gren|ze, ...ha|fen, ...we|sen (das; -s); **Fi|sche|rin; Fi|scher₋netz, ...ste|chen** (das; -s; Brauch der Fischer, bei dem diese versuchen, sich gegenseitig mit langen Stangen aus dem Boot zu stoßen)
Fi|scher von Er|lach (österr. Barockbaumeister)
Fisch₋frau, ...ge|richt, ...geschäft, ...grä|te; Fisch|grä|ten|mu|ster; Fisch|grün|de *Plur.*; **fi|schig; Fisch₋kal|ter** (*bayr., österr. für* Fischbehälter), **...kon|ser|ve, ...kut|ter, ...la|den, ...laich, ...leim, ...markt, ...maul, ...mehl, ...mes|ser** (das), **...ot|ter** (der), **...rei|her, ...reu|se, ...rogen, ...stäb|chen** *(meist Plur.)*, **...sup|pe; fisch|ver|ar|bei|tend;** -e Industrie; **Fisch₋ver|gif|tung, ...zug**
Fis-Dur [*auch* 'fis'du:r], das; - (Tonart; *Zeichen* Fis); **Fis-Dur-Ton|lei|ter** (↑R 41)
Fi|sett|holz, das; -es (einen gelben Farbstoff enthaltendes Holz)
Fi|si|ma|ten|ten *Plur.* (*ugs. für* leere Ausflüchte); mach keine -!
fis|ka|lisch (dem Fiskus gehörend; staatlich); **Fis|kus,** der; -, *Plur.* ...ken *u.* -se *Plur. selten* (der Staat als Eigentümer des Staatsvermögens; Staatskasse)
fis-Moll [*auch* 'fis'mɔl], das; - (Tonart; *Zeichen* fis); **fis-Moll-Ton|lei|ter** (↑R 41)
Fi|so|le, die; -, -n ‹ital.› (*österr. für* grüne Gartenbohne)
fis|se|lig (*landsch. für* dünn, fein; Geschicklichkeit erfordernd)
fis|sil ‹lat.› (spaltbar); **Fis|si|li|tät,** die; -; **Fis|si|on,** die; -, -en (*Kernphysik* Kernspaltung); **Fis|sur,** die; -, -en (*Med.* Spalte, Riß)
Fi|stel, die; -, -n ‹lat.› (*Med.* krankhafter od. künstlich angelegter röhrenförmiger Kanal, der ein Organ mit der Körperoberfläche od. einem anderen Organ verbindet); **fi|steln** (mit Fistelstimme sprechen, singen); ich ...[e]le (↑R 22); **Fi|stel|stim|me** (Kopfstimme)
fit; fitter, fitteste ‹engl.-amerik.› (in guter [körperlicher] Verfassung; durchtrainiert); sich - halten; ein fitter Bursche
Fi|tis, der; *Gen.* - *u.* -ses, *Plur.* -se (ein Singvogel)
Fit|neß, die; - ‹engl.-amerik.› (gute körperliche Gesamtverfassung, Bestform); **Fit|neß₋cen|ter, ...test, ...trai|ning**
Fit|sche, die; -, -n (*landsch. für* Tür-, Fensterangel, Scharnier)
Fit|tich, der; -[e]s, -e (*geh. für* Flügel)
Fit|ting, das; -s, -s *meist Plur.* ‹engl.› (Formstück zur Installation von Rohrleitungen)
Fitz, der; -es, -e (*landsch. für* Fadengewirr); **Fitz|boh|ne** (*landsch. für* Schnittbohne); **Fitz|chen** (Kleinigkeit); **Fit|ze,** die; -, -n (*landsch. für* Faden; Garngebinde; geflochtene Rute); **fit|zen** (*landsch. für* sich verwirren; nervös sein); du fitzt
Fiu|ma|ra, Fiu|ma|re, die; -, ...re[n] ‹ital.› (*Geogr.* Flußlauf, der nur in regenreicher Zeit Wasser führt); **Fiu|me** (*ital. Name von* Rijeka)
Five o'clock ['faivə'klɔk], der; - -, - -s, **Five o'clock tea** [- - 'ti:], der; - - -, - - -s ‹engl.› (Fünfuhrtee)
fix; -este ‹lat., „fest"› (sicher, stetig, feststehend; *ugs. für* gewandt, schnell); -e Idee (Zwangsvorstellung; törichte Einbildung); -er Preis (fester Preis); -es Gehalt; -e Kosten; - und fertig; **Fi|xa|teur** [...'tø:r], der; -s, -e ‹franz.› (Zerstäuber für Fixiermittel); **Fi|xa|tiv,** das; -s, -e [...və] ‹lat.› (Fixiermittel für Zeichnungen u. ä.); **fi|xen** ‹engl.› (*Börsenw.* Leerverkäufe von Wertpapieren tätigen; *ugs. für* sich Drogen spritzen); du fixt; **Fi|xer** (*Börsenw.* Leerverkäufer; Börsenspekulant; *ugs. für* jmd., der sich Drogen spritzt); **fix|fer|tig** (*schweiz. für* fix und fertig); **Fi|xier|bad** *(Fotogr.)*; **fi|xie|ren; Fi|xier|mit|tel,** das; **Fi|xie|rung; Fi|xig|keit,** die; - (*ugs. für* Gewandtheit); **Fix₋ko|sten** (*Plur.*; fixe Kosten), **...punkt** (Festpunkt), **...stern** (scheinbar unbeweglicher Stern; *vgl.* [2]Stern); **Fi|xum,** das; -s, ...xa (festes Entgelt); **Fix|zeit** (Festzeit, während der auch bei gleitender Arbeitszeit alle Arbeitnehmer anwesend sein müssen)
Fjäll ‹schwed.› *od.* **Fjell** ‹norw.›, *ältere Form* Fjeld ‹dän.›, der; -s, -s (baumlose Hochfläche in Skandinavien)
Fjord, der; -[e]s, -e ‹skand.› (schmale Meeresbucht [mit Steilküsten])
FKK = Freikörperkultur; **FKKler;** ↑R 38 *(ugs.)*; **FKK-Strand** (↑R 38)
fl., Fl. = Florin (Gulden)
Fla. = Florida
Flab, die; - (*schweiz. Kurzw. für* Fliegerabwehr); *vgl.* Flak
flach; -er, -ste; ein -es Wasser; auf dem -en Land[e] (außerhalb der Stadt) wohnen; - atmen; einen Hut flach drücken; **Flach,** das; -[e]s, -e (*Seemannsspr.* Untiefe); **...flach** (z. B. Achtflach, das; -[e]s, -e); **Flach|bau** *Plur.* ...bauten; **flach|brü|stig; Flach₋dach, ...druck** (*Plur.* ...drucke; *Druckw.*); **Flä|che,** die; -, -n; **Flach|ei|sen** (ein Werkzeug); **Flä|chen₋aus|deh|nung, ...blitz, ...brand; flä|chen|deckend** [*Trenn.* ...dek|kend]; **Flä|chen|er|trag; flä|chen|haft; Flä|chen|in|halt; flach|fal|len** (*ugs. für* nicht stattfinden); **Flach|feu|er|ge|schütz; Flach|heit; flä|chig; Flach₋kopf** (*svw.* Dummkopf), **...kü|ste, ...land** (*Plur.* ...länder), **...län|der** (der), **...mann** (*ugs. für* Taschenflasche); **...fläch|ner** (z. B. Achtflächner)
Flachs, der; -es (Faserpflanze); **flachs|blond; Flachs|bre|che**
Flach|schuß *(bes. Fußball)*
Flachs|dar|re

Flach|se (*bayr., österr. für* Flechse)

flach|sen (*ugs. für* necken, spotten, scherzen); du flachst; **fläch|sen,** fläch|sern (aus Flachs); **Flach|se|rei; fläch|sern** *vgl.* flächsen; **Flachs‿haar, ...kopf**

Flach|zan|ge

flacken[1] (*landsch. für* flackern); **Flacker|feu|er**[1]; **flacke|rig**[1], flack|rig; **flackern**[1]

Fla|den, der; -s, - (flacher Kuchen; breiige Masse; *kurz für* Kuhfladen); **Fla|den|brot**

Fla|der, die; -, -n (Maser, Holzader; bogenförmiger Jahresring in Schnittholz); **Fla|der|holz; fla|de|rig,** flad|rig (gemasert)

fla|dern (*österr. ugs. für* stehlen)

Fla|der|schnitt; Fla|de|rung, die; - (Maserung)

Fläd|le, das; -s, - (*bes. schwäb. für* Streifen aus Eierteig als Suppeneinlage); **Fläd|le|sup|pe**

flad|rig *vgl.* fladerig

Fla|gel|lant, der; -en, -en *meist Plur.;* ↑R 197 ‹lat., „Geißler"› (Angehöriger religiöser Bruderschaften des Mittelalters, die sich zur Sündenvergebung selbst geißelten); **Fla|gel|lan|ten|tum,** das; -s; **Fla|gel|lat,** der; -en, -en *meist Plur.;* ↑R 197 (*Biol.* Geißeltierchen)

Fla|geo|lett [flaʒo'lɛt], das; -s, *Plur.* -e *u.* -s ‹franz.› (kleinster Typ der Schnabelflöte; flötenähnlicher Ton bei Streichinstrumenten u. Harfen; Flötenregister der Orgel); **Flageolетton** [*Trenn.* Fla|geo|lett|ton, ↑R 204]

Flag|ge, die; -, -n; **flag|gen; Flaggen‿al|pha|bet, ...gruß, ...mast** (*vgl.* [1]Mast); **Flagg‿of|fi|zier, ...schiff**

fla|grant ‹lat.› (deutlich u. offenkundig); *vgl.* in flagranti

Flair [flɛ:r], das; -s ‹franz.› (Fluidum, Atmosphäre, gewisses Etwas; *bes. schweiz. für* feiner Instinkt, Gespür)

Flak, die; -, *Plur.* -, *auch* -s (*Kurzw. für* Flugzeugabwehrkanone; Flugabwehrartillerie); die leichten und schweren Flak[s]; **Flak|bat|te|rie**

Fla|ke, die; -, -n (*nordd. für* [Holz]geflecht; Netz)

Flak|hel|fer

Fla|kon [...'kõ:], der *od.* das; -s, -s ‹franz.› ([Riech]fläschchen)

Flam|beau [flã'bo:], der; -s, -s ‹franz.› (mehrarmiger Leuchter mit hohem Fuß)

Flam|berg, der; -[e]s, -e (zweihändiges [meist flammenförmiges] Schwert der Landsknechte)

flam|bie|ren ([Speisen] mit Alkohol übergießen u. brennend auftragen; *veraltet für* absengen)

Fla|me, der; -n, -n; ↑R 197 (Angehöriger der Bevölkerung im Westen u. Norden Belgiens u. in den angrenzenden Teilen Frankreichs u. der Niederlande)

Fla|men|co, der; -[s], -s ‹span.› (andalus. [Tanz]lied; Tanz)

Fla|min, Flä|min

Flä|ming, der; -s (Landrücken in der Mark Brandenburg)

Fla|min|go, der; -s, -s ‹span.› ([rosafarbener] langbeiniger, großer Wasservogel); **Fla|min|go|blu|me**

flä|misch; *vgl.* deutsch; **Flä|misch,** das; -[s] (Sprache); *vgl.* Deutsch; **Flä|mi|sche,** das; -n; *vgl.* Deutsche, das; **Flam|län|der** *vgl.* Flame

Flämm|chen; Flam|me, die; -, -n; **Flamm|ei|sen** (ein Tischlerwerkzeug); **flam|men; fläm|men** (*Technik* absengen); **Flam|men‿meer, ...tod, ...wer|fer**

Flam|me|ri, der; -[s], -s ‹engl.› (eine kalte Süßspeise)

Flamm|garn; flam|mig; Flamm|koh|le (mit langer Flamme brennende Steinkohle); **Flämm|lein; Flamm|punkt** (Temperatur, bei der die Dämpfe über einer Flüssigkeit entflammbar sind)

Flan|dern (Gebiet zwischen der Schelde u. der Nordsee); **flandrisch;** -e Küste

Fla|nell, der; -s, -e ‹franz.› (gerauhtes Gewebe); **Fla|nell|anzug; fla|nel|len** (aus Flanell); **Fla|nell‿hemd, ...ho|se**

Fla|neur [fla'nø:r], der; -s, -e ‹franz.› (müßig Umherschlendernder); **fla|nie|ren**

Flan|ke, die; -, -n ‹franz.›; **flanken; Flan|ken‿an|griff, ...ball, ...wech|sel**

Flan|kerl, das; -s, -n (*österr. ugs. für* Fussel)

flan|kie|ren ‹franz.› ([schützend] begleiten)

Flansch, der; -[e]s, -e (Verbindungsansatz an Rohren, Maschinenteilen usw.); **flan|schen** (mit einem Flansch versehen); **Flanschen|dich|tung; Flansch|ver|bin|dung**

Fla-Pan|zer (Flugabwehrpanzer)

Flap|pe, die; -, -n (*landsch. für* schiefer Mund); eine - ziehen (schmollen)

Flaps, der; -es, -e (*ugs. für* Flegel); **flap|sig** *(ugs.)*

Fla-Ra|ke|te (Flugabwehrrakete)

Fläsch|chen; Fla|sche, die; -, -n (*ugs. auch für* Versager); **Flaschen‿bier, ...bür|ste, ...gar|ten** (Zierpflanzen in einer Flasche), **...gä|rung** (bei Schaumwein); **flaschen|grün; Fla|schen‿hals** (*ugs. auch für* Engpaß), **...kind, ...öff|ner, ...pfand, ...post, ...zug; Fläsch|lein; Flasch|ner** (*südd. für* Klempner, Spengler)

Fla|ser, die; -, -n (Ader im Gestein); **fla|se|rig, flas|rig**

Flat|sche ['fla(:)tʃə], die; -, -n *u.* **Flat|schen,** der; -s, - (*landsch. für* großes Stück; breiige Masse)

Flat|ter, die; -; *nur in* die - machen (*ugs. für* verschwinden, fliehen); **Flat|ter|geist** *Plur.* ...geister; **flat|ter|haft;** -este; **Flatter|haf|tig|keit,** die; -; **flat|te|rig,** flatt|rig; **Flat|ter|mann** *Plur.* ...männer (*ugs. für* Unruhe, Nervosität; unruhiger Mensch; *auch für* Brathähnchen); **Flat|ter|marke** *(Druckw.)*; **Flat|ter|mi|ne** (*veraltet für* Tretmine); **flat|tern;** ich ...ere (↑R 22); **Flat|ter|satz** *(Druckw.)*

flat|tie|ren ‹franz.› (*schweiz., sonst veraltet für* schmeicheln, gut zureden)

flatt|rig *vgl.* flatterig

Fla|tu|lenz, die; - ‹lat.› (*Med.* Darmaufblähung); **Fla|tus,** der; -, - ['fla:tu:s] (*Med.* Blähung)

flau; -er, -[e]ste (*ugs. für* schlecht, übel)

Flau|bert [flo'bɛ:r] (franz. Schriftsteller)

Flau|heit, die; -

[1]**Flaum,** der; -[e]s; *vgl.* Flom[en]

[2]**Flaum,** der; -[e]s (weiche Bauchfedern; erster Bartwuchs)

Flau|ma|cher (*svw.* Miesmacher)

Flau|mer, der; -s, - (*schweiz. für* Mop)

Flaum|fe|der; flau|mig; flaumweich; *vgl.* pflaumenweich

Flaus, der; -es, -e (*veraltet für* Flausch); **Flausch,** der; -[e]s, -e (weiches Wollgewebe); **flauschig; Flausch|rock; Flau|se,** die; -, -n *meist Plur.* (*ugs. für* Ausflucht; törichter Einfall)

Flau|te, die; -, -n (Windstille; *übertr. für* Unbelebtheit [z. B. im Geschäftsleben])

Fla|via [...vi̯a] (w. Vorn.); **Fla|vi|er** [...vi̯ər], der; -s, - (Angehöriger eines röm. Kaisergeschlechtes); **Fla|vio** (m. Vorn.); **fla|visch**

Fläz, der; -es, -e (*ugs. für* plumper, roher Mensch, Lümmel); **flä|zen,** sich (*ugs. für* nachlässig sitzen; sich hinlümmeln); du fläzt dich; **flä|zig** *(ugs.)*

Fleb|be, die; -, -n *meist Plur.* (*Gaunerspr.* Ausweispapier)

Flech|se, die; -, -n (Sehne); **flechsig**

Flech|te, die; -, -n (Pflanze; Hautausschlag; *geh. für* Zopf); **flechten;** du flichtst, er flicht; du flochtest; du flöchtest; geflochten; flicht!; **Flech|ter; Flech|terin; Flecht|werk,** das; -[e]s

[1] *Trenn.* ...k|k...

Fleck, der; -[e]s, -e *u.* Flecken[1], der; -s, -; der blinde Fleck (im Auge); **Fleck|chen; Flecke**[1] *Plur.* (*landsch. für* Kaldaunen); **flecken**[1] (Flecke[n] machen, annehmen; *landsch. auch für* vorankommen, z. B. es fleckt); **Flecken**[1], der; -s, - (*svw.* Fleck; größeres Dorf); **Flecken|ent|fer|ner**[1]; **flecken|los**[1]; **Flecken|lo|sig|keit**[1], die; -; **Fleck|ent|fer|ner** *svw.* Fleckenentferner; **Flecken|was|ser**[1]; **Fleckerl**[1], das; -s, -n (*österr. für* quadratisch geschnittenes Nudelteigstück als Suppeneinlage); **Fleckerl**[1]**‿sup|pe** *(österr.)*, **...tep|pich** (*südd. u. österr.* Teppich aus Stoffstreifen); **Fleck|fie|ber**, das; -s; **fleckig**[1]; **Fleckig|keit**[1], die; -; **Fleck|lein; Fleck‿ty|phus, ...vieh**

Fled|de|rer; fled|dern (*Gaunerspr.* [Leichen] ausplündern); ich ...ere (↑R 22)

Fle|der‿maus, ...wisch

Fleet, das; -[e]s, -e (Kanal in Küstenstädten, bes. in Hamburg)

Fle|gel, der; -s, -; **Fle|ge|lei; fle|gel|haft**; -este; **Fle|gel|haf|tig|keit; fle|ge|lig; Fle|gel|jah|re** *Plur.*; **fle|geln**, sich; ich ...[e]le mich (↑R 22) aufs Sofa

fle|hen; fle|hent|lich

Fleisch, das; -[e]s; **Fleisch‿bank** (*Plur.* ...bänke; *österr. auch für* Fleischerei), **...be|schau** (die; -), **...be|schau|er, ...brü|he, ...ein|la|ge, ...ein|waa|ge; Flei|scher; Flei|sche|rei; Flei|scher‿ha|ken, ...in|nung, ...mei|ster, ...mes|ser; flei|schern** (aus Fleisch); **Flei|sches|lust; Fleisch|ex|trakt; fleisch|far|ben, fleisch|far|big; fleisch|fres|send**; (↑R 209:) -e Pflanzen, Tiere; **Fleisch|ge|richt; fleisch|ge|wor|den** (*veraltend für* personifiziert); **Fleisch‿hacker**[1] *(ostösterr. ugs.)*, **...hau|er** (*österr. für* Fleischer); **Fleisch|haue|rei** (*österr. für* Fleischerei); **flei|schig; Flei|schig|keit**, die; -; **Fleisch‿kä|se** *(landsch.)*, **...klop|fer, ...klöß|chen, ...kon|ser|ve, ...laib|chen** (das; -s, -) *u.* **...lai|berl** (das; -, -n; *österr. für* Frikadelle); **fleisch|lich**; -e Lüste *(geh., veraltet)*; **Fleisch|lich|keit**, die; -; **fleisch|los; Fleisch‿ma|schi|ne** (*österr. für* Fleischwolf), **...sa|lat, ...to|ma|te, ...ver|gif|tung, ...vo|gel** (*schweiz. für* Roulade), **...wa|ren** *(Plur.)*, **...wer|dung** (Menschwerdung, Verkörperung), **...wolf** (der), **...wun|de, ...wurst**

Fleiß, der; -es; **Fleiß|ar|beit; flei|ßig**, a b e r (↑R 157): das Fleißige Lieschen (eine Zierpflanze)

[1] *Trenn.* ...k|k...

Flei|ver|kehr, der; -[e]s (Flug-Eisenbahn-Güterverkehr)

flek|tier|bar ‹lat.› (*Sprachw.* beugbar); **flek|tie|ren** ([ein Wort] beugen, d. h. deklinieren oder konjugieren); *vgl. auch* Flexion

Fle|ming (dt. Dichter)

flen|nen (*ugs. für* weinen); **Flen|ne|rei** *(ugs.)*

Flens|burg (Stadt in Schleswig-Holstein)

Fles|serl, das; -s, -n (*österr. mdal.* ein Salz-, Mohngebäck)

flet|schen (die Zähne zeigen); du fletschst

flet|schern ‹nach dem Amerikaner Fletcher› (sorgfältig u. lange kauen); ich ...ere (↑R 22)

Flett, das; -[e]s, -e (Wohn- u. Herdraum im niedersächs. Bauernhaus)

Flett|ner (dt. Maschinenbauer); **Flett|ner|ru|der** (Hilfsruder); ↑R 135

Fletz [*auch* flɛts], das *od.* der; -es, -e (*südd. für* Hausflur)

fleucht; *nur in* alles, was da kreucht und fleucht (kriecht und fliegt = alle Tiere)

Fleur [flœ:r] (w. Vorn.)

Fleu|ron [flœ'rɔ̃:], der; -s, -s ‹franz.› (Blumenornament); **Fleu|rons** [flœ'rɔ̃:s] *Plur.* (ungesüßte Blätterteigstückchen [zum Garnieren])

Fleu|rop [*auch* 'flø:rɔp], die; - (internationale Blumengeschenkvermittlung)

fle|xi|bel ‹lat.› (biegsam, elastisch; sehr anpassungsfähig; *Sprachw.* beugbar); ...i|ble Wörter; **fle|xi|bi|li|sie|ren** (flexibel gestalten); **Fle|xi|bi|li|sie|rung; Fle|xi|bi|li|tät**, die; - (Biegsamkeit, Elastizität; Anpassungsfähigkeit); **Fle|xi|on**, die; -, -en (*Med.* Beugung, Abknickung; *Sprachw.* Beugung, d. h. Deklination od. Konjugation); **Fle|xi|ons|en|dung; fle|xi|ons‿fä|hig, ...los; fle|xi|visch** [...vɪʃ] (*Sprachw.* die Beugung betreffend); **Fle|xur**, die; -, -en (*Geol.* Verbiegung)

Fli|bu|stier [...i̯ər], der; -s, - ‹niederl.› (Seeräuber des 17. Jh.s)

Flic [flik], der; -s, -s ‹franz.› (*franz. ugs. für* Polizist)

Flick|ar|beit; flicken[1]; **Flicken**[1], der; -s, -; **Flicken‿decke**[1], **...tep|pich; Flic|ker**[1]; **Flicke|rei**[1]; **Flicke|rin**[1]

Flick|flack, der; -s, -s ‹franz.› (in schneller Folge geturnter Handstandüberschlag)

Flick‿korb, ...schnei|der *(veraltet)*, **...schu|ster** (*veraltet, aber noch ugs. für* Stümper), **...werk** (das; -[e]s)

[1] *Trenn.* ...k|k...

Flie|boot ‹niederl.› (kleines Fischerboot; *auch für* Beiboot)

Flie|der, der; -s, - (Zierstrauch; *landsch. für* schwarzer Holunder); **Flie|der‿bee|re, ...beer|sup|pe** *(landsch.)*, **...blü|te, ...busch; flie|der‿far|ben** *od.* **...far|big; Flie|der‿strauch, ...tee**, der; -s *(landsch.)*

Flie|ge, die; -, -n; **flie|gen**; er fliegt; du flogst (flogest); du flögest; geflogen; flieg[e]!; fliegende Blätter, fliegende Hitze, fliegende Brücke (Fähre), fliegende Fische, fliegende Untertasse, in fliegender Eile, a b e r (↑R 157): Fliegende Blätter (frühere humoristische Zeitschrift), der Fliegende Holländer (Sagengestalt, Oper); **Flie|gen‿dreck, ...fän|ger, ...fen|ster, ...ge|wicht** (Körpergewichtsklasse in der Schwerathletik), **...ge|wicht|ler, ...klap|pe, ...klat|sche, ...kopf** *(Druckerspr.)*, **...pilz, ...schnäp|per** (ein Singvogel); **Flie|ger; Flie|ger‿ab|wehr, ...alarm; Flie|ge|rei**, die; -; **Flie|ger|horst; flie|ge|risch; Flie|ger‿ren|nen** *(Radsport; Pferdesport)*, **...spra|che**

Flieh|burg *(früher)*; **flie|hen**; er flieht; du flohst (flohest); du flöhest; geflohen; flieh[e]!; **flie|hend** (schräg nach hinten verlaufend); eine -e Stirn; **Flieh|kraft** (*für* Zentrifugalkraft); **Flieh|kraft|kupp|lung** *(Technik)*

Flie|se, die; -, -n (Wand- od. Bodenplatte); **flie|sen** (mit Fliesen versehen); du fliest; er flieste; gefliest; **Flie|sen|le|ger**

Fließ, das; -es, -e (*veraltet für* Bach); **Fließ‿ar|beit** (Arbeit am laufenden Band), **...band** (das; *Plur.* ...bänder); **Fließ|band‿ar|beit, ...ar|bei|ter, ...ar|bei|te|rin; Fließ|ei** (Vogelei ohne Kalkschale); **flie|ßen**; du fließt, er fließt; ich floß, du flossest; du flössest; geflossen; fließ[e]!; **Fließ‿heck** (bei Autos; *vgl.* [1]Heck), **...laut** (*Sprachw.*; *für* Liquida), **...pa|pier** (Löschpapier), **...was|ser** (das; -s; *österr. für* Wasserleitungsanschluß; Zimmer mit -)

Flim|mer, der; -s, -; **Flim|mer‿epi|thel** (*Biol.* mit Wimpern versehene Zellschicht), **...ki|ste** (*ugs. für* Fernsehgerät); **flim|mern**; ich ...ere (↑R 22)

flink; Flink|heit, die; -; **flink|zün|gig**

Flin|serl, das; -s, -n (*österr. ugs. für* Flitter; kleines Gedicht)

Flint, der; -[e]s, -e (*nordd. für* Feuerstein); **Flin|te**, die; -, -n (Jagdgewehr, bes. Schrotgewehr); **Flin|ten‿ku|gel, ...schuß, ...weib** *(abwertend)*; **Flint|glas** *Plur.* ...gläser (sehr reines Glas)

Flinz, der; -es, -e (ein Gestein)
Flip, der; -s, -s ‹engl.› (ein alkohol. Mischgetränk mit Ei); **Flip-chart** [...tʃa:(r)t], das; -s, -s (auf einem Gestell befestigter großer Papierblock); **Flip|flop,** das; -s, -s *u.* **Flip|flop|schal|tung** (elektron. Kippschaltung); **Flip|per,** der; -s, - (Spielautomat); **flip|pern** (am Flipper spielen); **flip|pig** (*ugs. für* keß, flott)
flir|ren (flimmern)
Flirt [flœrt, *auch* flirt], der; -[e]s, -s ‹engl.› (Liebelei; harmloses, kokettes Spiel mit der Liebe); **flirten**
Flit|scherl, das; -s, -n (*österr. ugs. für* Flittchen); **Flitt|chen** (*ugs. für* leichtes Mädchen, Dirne)
Flit|ter, der; -s, -; **Flit|ter‿glanz, ...gold, ...kram; flit|tern** (glänzen); **Flit|ter‿werk** (das; -[e]s), **...wo|chen** *(Plur.),* **...wöch|ner**
Flitz, der; -es, -e (*veraltet für* Pfeil); **Flitz|bo|gen** *(ugs.);* **flitzen** (*ugs. für* sausen, eilen); du flitzt; du flitztest; **Flit|zer** (*ugs. für* kleines, schnelles Fahrzeug)
floa|ten ['flo:...] ‹engl.› (*Wirtsch.* den Wechselkurs freigeben); **Floa|ting,** das; -s
Flo|bert|ge|wehr [*auch* flo'bɛ:r...] ‹nach dem franz. Waffenschmied› (↑R 135)
F-Loch, das; -[e]s, F-Löcher; ↑R 37 (an Streichinstrumenten)
Flocke[1], die; -, -n; **flocken**[1]; **flocken|för|mig**[1]; **flocken|weise**[1]; **flockig**[1]; **Flock|sei|de,** die; - (äußere Schicht des Seidenkokons); **Flockung**[1] *(Chemie);* **Flockungs|mit|tel**[1], das
Flö|del, der; -s, - (schmaler Doppelstreifen am Rand von Decke u. Boden bei Streichinstrumenten)
Floh, der; -[e]s, Flöhe; **flö|hen; Floh‿biß, ...markt** (Trödelmarkt), **...zir|kus**
Flo|ka|ti, der; -s, -s ‹ngriech.› (Teppich aus langen Wollfäden)
Flom, der; -[e]s *u.* **Flo|men,** der; -s (Bauch- u. Nierenfett des Schweines usw.); *vgl.* [1]Flaum
Flop, der; -s, -s ‹engl.› (Mißerfolg; *auch kurz für* Fosbury-Flop); **Flop|py disk,** die; - -, - -s (*EDV* als Datenspeicher dienende [flexible] Magnetplatte)
[1]**Flor,** der; -s, -e *Plur. selten* ‹lat.› (*geh. für* Blüte, Blumenfülle; Wohlstand, Gedeihen); [2]**Flor,** der; -s, *Plur.* -e, *selten* Flöre ‹niederl.› (dünnes Gewebe; samtartige Oberfläche eines Gewebes); [1]**Flo|ra** (altröm. Göttin; w. Vorn.); [2]**Flo|ra,** die; -, Floren ‹lat.› (Pflanzenwelt [eines Gebietes]); **Flor|band,** das; *Plur.* ...bänder; **Flo|re|al,** der; -[s], -s ‹franz., „Blütenmonat"› (8. Monat des Kalenders der Franz. Revolution: 20. April bis 19. Mai); **Flo|ren|tin** (m. Vorn.); **Flo|ren|ti|ne** (w. Vorn.)
Flo|ren|ti|ner (↑R 147); - Hut; **flo|ren|ti|nisch; Flo|renz** (ital. Stadt)
Flo|res|zenz, die; -, -en *Plur. selten* ‹lat.› (*Bot.* Blütenstand; Blütezeit)
Flo|rett, das; -[e]s, -e ‹franz.›; **Flo|rett‿fech|ten** (das; -s), **...sei|de** (die; -; Abfallseide)
Flo|ri|an (m. Vorn.)
Flo|ri|da (Halbinsel u. Staat in den USA; *Abk.* Fla.)
flo|rie|ren ‹lat.› (blühen, [geschäftlich] vorankommen; gedeihen); **Flo|ri|le|gi|um,** das; -s, ...ien [...iən] (*veraltet für* Anthologie; Sammlung von schmückenden Redewendungen); **Flo|rin,** der; -s, *Plur.* -e *u.* -s (Gulden in den Niederlanden; ehem. engl. Silbermünze; *Abk.* fl. *u.* Fl.); **Flo|rist,** der; -en, -en; ↑R 197 (Erforscher einer Flora; Blumenbinder); **Flo|ri|stin; flo|ri|stisch;**
Flos|kel, die; -, -n ([inhaltsarme] Redensart); **flos|kel|haft**
Floß, das; -es, Flöße (Wasserfahrzeug); **flöß|bar; Flos|se,** die; -, -n; **flö|ßen;** du flößt; **Flos|sen|fü|ßer** *(Zool.);* **Flö|ßer; ...flos|ser** (z. B. Bauchflosser); **Flö|ße|rei,** die; -; **Floß‿fahrt, ...gas|se** *(Wasserbau),* **...holz; ...flos|sig** (z. B. breitflossig)
Flo|ta|ti|on, die; -, -en ‹engl.› (*Technik* Verfahren zur Aufbereitung von Erzen); **flo|ta|tiv**
Flö|te, die; -, -n; (↑R 207:) - spielen, a b e r (↑R 68): beim Flötespielen; **flö|ten; Flö|ten|blä|ser**
flö|ten|ge|hen (*ugs. für* verlorengehen)
Flö|ten‿spiel (das; -[e]s), **...ton** (*Plur.* ...töne)
flo|tie|ren ‹engl.› (*Technik* Erze durch Flotation aufbereiten)
Flö|tist, der; -en, -en; ↑R 197 (Flötenbläser); **Flö|ti|stin**
Flo|tow [...to] (dt. Komponist)
flott; -este (leicht; rasch, flink). **I.** *Schreibung in Verbindung mit dem Partizip:* ein flottgehendes Geschäft, ein flottgeschriebenes Buch (↑R 209), a b e r : das Buch ist flott geschrieben. **II.** *Schreibung in Verbindung mit Verben,* z. B. flottmachen (↑R 205 f.): er hat das Schiff flottgemacht (zum Schwimmen gebracht), a b e r : seine Arbeit flott (= flink) machen; **Flott,** das; -[e]s (*nordd. für* Milchrahm); **flott|be|kom|men;** ↑R 205 *(ugs.);* **Flot|te,** die; -, -n; **Flot|ten‿ab|kom|men, ...ba|sis, ...stütz|punkt; flot|tie|ren** (schwimmen; schweben); -de (schwebende, kurzfristige) Schuld; **Flot|til|le** [*österr. nur so, sonst auch* ...'tiljə], die; -, -n ‹span.› (Verband kleiner Kriegsschiffe); **flott|ma|chen;** ↑R 205 *(auch ugs.); vgl.* flott; **flott|weg** (*ugs. für* in einem weg; zügig)
Flotz|maul (der stets feuchte Nasenteil beim Rind)
Flöz, das; -es, -e (abbaubare [Kohle]schicht)
Flu|at, das; -[e]s, -e (*Kurzw. für* Fluorosilikat)
Fluch, der; -[e]s, Flüche; **fluch|be|la|den; flu|chen; Flu|cher**
[1]**Flucht,** die; -, -en ‹*zu* fliegen› (Fluchtlinie, Richtung, Gerade)
[2]**Flucht,** die; -, -en ‹*zu* fliehen›; **flucht|ar|tig; Flucht|burg** (*svw.* Fliehburg)
fluch|ten (*Bauw.* in eine gerade Linie bringen)
flüch|ten; sich -; **Flucht‿fahr|zeug, ...ge|fahr** (die; -), **...ge|schwin|dig|keit** (*Physik* Geschwindigkeit, die nötig ist, um das Gravitationsfeld eines Planeten zu überwinden); **Flucht|hel|fer**
fluch|tig (*veraltet für* perspektivisch)
flüch|tig; Flüch|tig|keit; Flüch|tig|keits|feh|ler; Flücht|ling; Flücht|lings|la|ger
Flucht‿li|nie, ...punkt
Flucht|ver|dacht; flucht|ver|däch|tig; Flucht‿ver|such, ...wa|gen, ...weg
fluch|wür|dig *(geh.)*
Flüe ['fly:(ə)], Nik[o]laus von (schweiz. Heiliger)
Flug, der; -[e]s, Flüge; im -[e]; **Flug‿ab|wehr, ...asche, ...bahn, ...ball** *(bes. Tennis),* **...be|glei|ter** (Steward), **...be|glei|te|rin** (Stewardeß); **flug|be|reit; Flug‿blatt, ...boot, ...ech|se** (*vgl.* Flugsaurier); **Flü|gel,** der; -s, -; **Flü|gel‿ad|ju|tant** *(veraltet),* **...al|tar, ...horn; ...flü|ge|lig,** ...flüg|lig (z. B. einflüg[e]lig); **flü|gel|lahm; Flü|gel|mann** *Plur.* ...männer *u.* ...leute; **flü|geln** (*Jägerspr.* in den Flügel schießen); ich ...[e]le (↑R 22); geflügelt *(vgl. d.);* **Flü|gel‿ra|ke|te, ...schlag; flü|gel|schla|gend; Flü|gel‿schrau|be, ...stür|mer** *(Sport),* **...tür; Flug‿funk, ...gast** (*Plur.* ...gäste); **flüg|ge; Flug‿ge|sell|schaft, ...ha|fen** (*vgl.* [2]Hafen), **...hö|he, ...hund** (Fledermausart), **...ka|pi|tän, ...ki|lo|me|ter, ...kör|per, ...lärm, ...leh|rer; ...flüg|lig** *vgl.* ...flügelig; **Flug‿li|nie, ...loch, ...lot|se, ...plan** (*vgl.* [2]Plan), **...platz, ...rei|se; flugs** (*veraltend für* schnell, sogleich); ↑R 61;

---
[1] *Trenn.* ...k|k...

Flug‿sand, ...sau|ri|er (*für* Pterosaurier), **...schein, ...schrei|ber** (Gerät), **...schrift, ...schü|ler, ...si|che|rung, ...steig, ...stun|de, ...taug|lich|keit, ...tech|nik, ...tou|ri|stik, ...ver|kehr, ...we|sen** (das; -s), **...zet|tel** (*österr. für* Flugblatt), **...zeug** (das; -[e]s, -e); **Flug|zeug|ab|wehr|ka|no|ne** (*Kurzw.* Flak); **Flug|zeug‿bau** (der; -[e]s), **...ent|füh|rer, ...ent|füh|rung, ...füh|rer, ...mut|ter|schiff, ...trä|ger**

Fluh, die; -, Flühe (*schweiz. für* Fels[wand]); **Flüh|vo|gel** (*schweiz. für* [1]Braunelle)

flu|id ‹lat.› (*Chemie* flüssig); **Flu|id** [*auch* flu'i:t], das; -s, *Plur.* -s, *bei Ausspr.* [flu'i:t] -e ‹engl.› (*fachspr. für* flüssiges Mittel, Flüssigkeit); **Flui|dum,** das; -s, ...da (↑R 180) ‹lat.› (von einer Person od. Sache ausströmende Wirkung)

Flu|ke, die; -, -n (querstehende Schwanzflosse der Wale)

Fluk|tua|ti|on, die; -, -en (↑R 180) ‹lat.› (Schwanken, Wechsel); **fluk|tu|ie|ren**

Flun|der, die; -, -n (ein Fisch)

Flun|ke|rei; Flun|ke|rer; Flun|ke|rin; flun|kern (*ugs. für* schwindeln, aufschneiden); ich ...ere (↑R 22)

Flunsch, die; -, -en *u.* der; -[e]s, -e (*ugs. für* [verdrießlich od. zum Weinen] verzogener Mund)

Flu|or, das; -s ‹lat.› (chem. Element; Nichtmetall; *Zeichen* F); **Fluo|res|zenz,** die; - (Aufleuchten unter Strahleneinwirkung); **fluo|res|zie|ren;** fluoreszierender Stoff (Leuchtstoff); **Fluo|rid,** das; -[e]s, -e (*Chemie* Salz des Fluorwasserstoffs); **fluo|ri|die|ren** *vgl.* fluorieren; **fluo|rie|ren** (mit Fluor anreichern); Trinkwasser -; **Fluo|rit** [*auch* ...'rit], das; -[e]s, -e (*Chemie* Kalziumfluorid); **Fluo|ro|phor,** der; -s, -e (Fluoreszenzträger); **Fluo|ro|si|li|kat** (Mittel zur Härtung von Baustoffen); *vgl.* Fluat

[1]Flur, die; -, -en (nutzbare Landfläche; Feldflur); **[2]Flur,** der; -[e]s, -e (Gang [mit Türen], Hausflur); **Flur‿be|rei|ni|gung, ...buch** (*für* Kataster), **...för|de|rer** (Fahrzeug), **...gar|de|ro|be, ...hü|ter, ...na|me, ...scha|den, ...schütz** (der), **...um|gang** (*früher* Flurkontrollgang [mit Segnungen])

Flu|se, die; -, -n (*landsch. für* Fadenrest, Fussel)

Fluß, der; Flusses, Flüsse; **fluß|ab, fluß|ab|wärts; Fluß|arm; fluß|auf, fluß|auf|wärts; Fluß|bett; Flüß|chen; Fluß‿dia|gramm** (graph. Darstellung von Arbeitsabläufen), **...fisch, ...gott; flüs|sig;** -e (verfügbare) Gelder; -e Luft; -e Kristalle. *Schreibung in Verbindung mit Verben* (↑R 205 f.): Metall flüssig machen (schmelzen), *vgl.* aber: flüssigmachen; **Flüs|sig‿ei** (das; -[e]s), **...gas; Flüs|sig|keit; Flüs|sig|keits‿brem|se** (hydraulische Bremse), **...maß** (das), **...men|ge; Flüs|sig|kri|stall|an|zei|ge** ([Ziffern]anzeige mit Hilfe flüssiger Kristalle); **flüs|sig|ma|chen** ([Geld] verfügbar machen); er hat das Kapital flüssiggemacht; *vgl.* flüssig; **Fluß‿land|schaft, ...lauf; Flüß|lein; Fluß‿mün|dung, ...pferd, ...re|gu|lie|rung, ...sand, ...schiffahrt** [*Trenn.* ...schiff|fahrt, ↑R 204], **...spat** (ein Mineral; *vgl.* [1]Spat), **...stahl** (*vgl.* [1]Stahl), **...ufer**

Flü|ste|rer; flü|stern; ich ...ere (↑R 22); **Flü|ster‿pro|pa|gan|da, ...stim|me, ...ton** (der; -[e]s; im - sprechen), **...tü|te** (*scherzh. für* Sprachrohr), **...witz** (gegen ein totalitäres Regime gerichteter Witz)

Flut, die; -, -en; **flu|ten; Flut‿hö|he, ...ka|ta|stro|phe, ...licht** (das; -[e]s)

flut|schen (*ugs. für* gut vorankommen, -gehen); es flutscht

Flut‿war|nung, ...wel|le, ...zeit

flu|vi|al [...v...] ‹lat.› (*Geol.* von fließendem Wasser verursacht)

Fly|er ['flaiə(r)], der; -s, - ‹engl.› (Vorspinn-, Flügelspinnmaschine; Arbeiter an einer solchen Maschine); **Flye|rin; Fly|ing Dutch|man** ['flaiiŋ 'datʃmən], der; - -, - ...men ‹engl.› (ein Zweimann-Sportsegelboot); **Fly-over** [flai'o:və(r)], der; -s, -s (Straßenüberführung)

Flysch [fliʃ, *schweiz.* fli:ʃ, *österr.* fly:ʃ], das, *österr.* der; -[e]s (ein Gestein)

Fm = Fermium

Fm, fm = Festmeter

FMH = Foederatio Medicorum Helveticorum (Vereinigung schweiz. [Fach]ärzte)

Fmk = Finnmark; *vgl.* Markka

f-Moll ['ɛfmɔl, *auch* 'ɛf'mɔl], das; - (Tonart; *Zeichen* f); **f-Moll-Ton|lei|ter** (↑R 41)

fob = free on board [fri: ɔn 'bɔ:(r)d] ‹engl., „frei an Bord"›; - Hamburg, - deutschen Ausfuhrhafen; **Fob|klau|sel**

Fock, die; -, -en (Vorsegel; unterstes Rahsegel des Vormastes); **Fock‿mast** (der), **...ra|he, ...se|gel**

fö|de|ral (föderativ); **Fö|de|ra|lis|mus,** der; - ‹lat.-franz.› ([Streben nach] Selbständigkeit der Länder innerhalb eines Staatsganzen); **Fö|de|ra|list,** der; -en, -en (↑R 197); **fö|de|ra|li|stisch; Fö|de|ra|ti|on,** die; -, -en (loser [Staaten]bund); **fö|de|ra|tiv** (bundesmäßig); **Fö|de|ra|tiv|staat** (*Plur.* ...staaten); **fö|de|riert** (verbündet)

Fo|gosch, der; -[e]s, -e ‹ung.› (*österr. für* Zander)

foh|len (ein Fohlen zur Welt bringen); **Foh|len,** das; -s, -

Föhn, der; -[e]s, -e (warmer, trockener Fallwind); *vgl.* aber: Fön; **föh|nen** (föhnig werden); es föhnt; **föh|nig;** -es Wetter; **Föhn‿krank|heit, ...wind**

Föhr (eine nordfries. Insel)

Föh|re, die; -, -n (*landsch. für* Kiefer); **föh|ren** (aus Föhrenholz); **Föh|ren|wald**

fo|kal ‹lat.› (den Fokus betreffend, Brenn...); **Fo|kal|in|fek|ti|on** (*Med.* von einem Streuherd ausgehende Infektion); **Fo|kus,** der; -, -se (*Physik* Brennpunkt; *Med.* Krankheitsherd); **fo|kus|sie|ren** ([eine Linse] ausrichten; [ein Objektiv] scharf stellen; [Strahlen] bündeln, in einem Punkt vereinigen)

fol., Fol. = Folio; Folioblatt

Fol|ge, die; -, -n; Folge leisten; zur Folge haben; für die Folge, in der Folge; demzufolge *(vgl. d.);* infolge; zufolge; infolgedessen; **Fol|ge‿er|schei|nung, ...ko|sten** *(Plur.),* **...la|sten** *(Plur.);* **fol|gen;** er ist mir gefolgt (nachgekommen); er hat mir gefolgt (Gehorsam geleistet); **fol|gend;** folgende [Seite] (*Abk.* f.); folgende [Seiten] (*Abk.* ff.); folgendes, was ...; folgendes politische Bekenntnis; folgende lange (*seltener* langen) Ausführungen. **I.** *Kleinschreibung:* **a)** (↑R 66:) der -e (der Reihe nach); -es (dieses); das -e (dieses; er sagte das folgende: ...; *auch* das Folgende, *vgl.* II); aus -em (diesem); durch -es (dieses); mit -em (diesem); von -em (diesem); alle -en (anderen); **b)** (↑R 65:) im -en, in -em (weiter unten). **II.** *Großschreibung* (↑R 65): der Folgende (der einem anderen Nachfolgende); das Folgende (das später Erwähnte, Geschehende, die folgenden Ausführungen: das Folgende steht in seinem Brief: ...; im Folgenden werden wir das vertiefen; *auch* das folgende, *vgl.* I, a); durch das Folgende; aus, in, mit, nach, von dem Folgenden (den folgenden Ausführungen); **fol|gen|der|ge|stalt; fol|gen|der|ma|ßen; fol|gen‿reich, ...schwer; Fol|gen|schwe|re,** die; -; **fol|ge|recht** *(veraltend);* **fol|ge|rich|tig; Fol|ge|rich|tig|keit; fol|gern;** ich ...ere (↑R 22); **fol|gernd; Fol|ge|rung; Fol|ge-**

satz (*für* Konsekutivsatz); **Folge|scha|den; fol|ge|wid|rig; Folge_wid|rig|keit, ...zeit; folg|lich; folg|sam; Folg|sam|keit,** die; -

Fo|lia (*Plur. von* Folium); **Fo|li|ant,** der; -en, -en (↑R 197) ‹lat.› (Buch in Folio); **Fo|lie** [...i̯ə], die; -, -n (dünnes [Metall]blatt; Prägeblatt; Hintergrund); **Fo|li|en|schweiß|ge|rät; fo|li|en|ver|packt;** -e Ware

Fo|lies-Ber|gère [fɔlibɛr'ʒɛ:r] *Plur.* ‹franz.› (Varieté u. Tanzkabarett in Paris)

fo|li|ie|ren ‹lat.› ([Bogenseiten] beziffern; mit einer Folie unterlegen); **Fo|lio,** das; -s, *Plur.* Folien [...i̯ən] *u.* -s (*Buchw.* Halbbogengröße [*nur Sing.;* Buchformat; *Abk.* fol., Fol. *od.* 2°]; Blatt im Geschäftsbuch); in -; **Fo|lio_band** (der), **...blatt** (*Abk.* Fol.), **...for|mat; Fo|li|um,** das; -s, *Plur.* Folia *u.* Folien [...i̯ən] (*Bot.* Pflanzenblatt)

Folk [fo:k], der; -s ‹engl.› (an englischsprachige Volksmusik anknüpfende, [vom [2]Rock beeinflußte] populäre Musik)

Fol|ke, Fol|ko (m. Vorn.)

Fol|ke|ting, das; -s (bis 1953 zweite Kammer des dän. Reichstags, seitdem Bez. für das dän. Parlament)

Folk|lo|re, die; - ‹engl.› (volkstüml. Überlieferung; Volkskunde; Volksmusik [in der Kunstmusik]); **Folk|lo|rist,** der; -en, -en (↑R 197); **Folk|lo|ri|stik,** die; - (Wissenschaft von der Folklore); **Folk|lo|ri|stin; folk|lo|ri|stisch**

Fol|ko *vgl.* Folke

Folk|song ['fo:k...] ‹engl.› (volkstümliches Lied, volksliedhafter [Protest]song); **Folk|wang** (*nord. Mythol.* Palast der Freyja)

Fol|li|kel, der; -s, - ‹lat.› (*Biol., Med.* Drüsenbläschen; Hülle der reifenden Eizelle im Eierstock); **Fol|li|kel_hor|mon, ...sprung; fol|li|ku|lar, fol|li|ku|lär** (auf den Follikel bezüglich)

Fol|ter, die; -, -n; **Fol|ter|bank** *Plur.* ...bänke; **Fol|te|rer; Fol|ter_in|stru|ment, ...kam|mer; fol|tern;** ich ...ere (↑R 22); **Fol|te|rung; Fol|ter|werk|zeug**

Fön Ⓦ, der; -[e]s, -e (elektr. Heißlufttrockner); *vgl.* aber: Föhn

Fond [fɔ̃:], der; -s, -s ‹franz.› (Hintergrund eines Gemäldes od. einer Bühne; Rücksitz im Wagen; ausgebratener od. -gekochter Fleischsaft)

Fon|dant [fɔ̃'dã:], der, *auch, österr. nur* das; -s, -s ‹franz.› ([Konfekt aus] Zuckermasse)

Fonds [fɔ̃:], der; - [...(s)], - [...s] ‹franz.› (Geldmittel, -vorrat, Bestand; *Plur. auch für* Anleihen); *vgl.* à fonds perdu

Fon|due [fɔ̃'dy:], das; -s, -s *od.* die; -, -s ‹franz.› (schweiz. Käsegericht; bei Tisch gegartes Fleischgericht); **Fon|due|ga|bel**

fö|nen (mit dem Fön trocknen)

Fon|taine|bleau [fɔ̃tɛn'blo:] (Stadt u. Schloß in Frankreich)

Fon|ta|ne (dt. Dichter)

Fon|tä|ne, die; -, -n ‹franz.› ([Spring]brunnen); **Fon|ta|nel|le,** die; -, -n (*Med.* Knochenlücke am Schädel Neugeborener)

Fon|tan|ge [fɔ̃'tã:ʒə], die; -, -n ‹nach einer franz. Herzogin› (Frauenhaartracht des 17. Jh.s)

Foot [fut], der; -, Feet [fi:t] ‹engl.› (engl. Längenmaß; *Abk.* ft.; *Zeichen* '); **Foot|ball** ['futbɔ:l], der; -[s] (dem Rugby ähnliches amerik. Mannschaftsspiel)

fop|pen; Fop|per; Fop|pe|rei

Fo|ra|mi|ni|fe|re, die; -, -n *meist Plur.* ‹lat.› (*Biol.* zu den Wurzelfüßern gehörendes Urtierchen)

Force de frappe [fɔrs də 'frap], die; - - - ‹franz.› (Gesamtheit der franz. Atomstreitkräfte); **for|cie|ren** [fɔr'si:...] (erzwingen; verstärken); **for|ciert** (*auch* gezwungen, unnatürlich)

Ford Ⓦ (Kraftfahrzeugmarke)

För|de, die; -, -n (*nordd. für* schmale, lange Meeresbucht)

För|der_band (das; *Plur.* ...bänder), **...be|trieb** (der; -[e]s); **För|de|rer; För|de|rer|kreis** *vgl.* Förderkreis; **För|de|rin; För|der_koh|le, ...korb, ...kreis** (eines Museums u. ä.); **För|der_kurs, ...land; för|der|lich**

for|dern; ich ...ere (↑R 22)

för|dern; ich ...ere (↑R 22); **För|der_preis** (zur Förderung junger Künstler u. ä.), **...schacht, ...seil, ...stu|fe** *(Schulw.)*, **...turm**

For|de|rung

För|de|rung; För|de|rungs|maß|nah|me; För|der|werk *(Technik)*

Fö|re, die; - ‹skand.› (*Skisport* Geführigkeit)

Fore|checking ['fɔ:(r)tʃɛkiŋ], das; -s, -s [*Trenn.* ...chek|king] ‹engl.› (*Eishockey* das Stören und Angreifen des Gegners in dessen Verteidigungsdrittel)

Fo|reign Of|fice ['fɔrin 'ɔfis], das; - - (Brit. Auswärtiges Amt)

Fo|rel|le, die; -, -n (ein Fisch); **Fo|rel|len_teich, ...zucht**

fo|ren|sisch ‹lat.› (gerichtlich)

Fo|rint [*österr.* fɔ'rint], der; -[s], *Plur.* -s, *österr.* Forinte ‹ung.› (ung. Währungseinheit; *Abk.* Ft); 10 - (↑R 129)

For|ke, die; -, -n (*nordd. für* Heu-, Mistgabel); **for|keln** (*Jägerspr.* mit dem Geweih aufspießen, kämpfen)

For|le, die; -, -n (*südd. für* Kiefer); **For|leu|le** (Schmetterling)

Form, die; -, -en; in - sein; in - von; *vgl.* pro forma; **for|mal** (auf die Form bezüglich; nur der Form nach)

Form|al|de|hyd [*auch* ...'hy:t], der; -s (ein Gas als Desinfektionsmittel)

For|ma|lie [...i̯ə], die; -, -n *meist Plur.* (formale Einzelheit, Äußerlichkeit)

For|ma|lin Ⓦ, das; -s (ein Konservierungs-, Desinfektionsmittel)

for|ma|li|sie|ren ‹franz.› (in [strenge] Form bringen; formal darstellen); **For|ma|lis|mus,** der; -, ...men ‹lat.› (Überbetonung der Form, des rein Formalen; formalist. Arbeitsweise); **For|ma|list,** der; -en, -en (↑R 197); **For|ma|li|stin; for|ma|li|stisch; For|ma|li|tät,** die; -, -en (Äußerlichkeit, Formsache; [behördliche] Vorschrift); **for|ma|li|ter** (förmlich); **for|mal_ju|ri|stisch, ...recht|lich; Form|an|stieg** *(Sportspr.);* **For|mat,** das; -[e]s, -e; **For|ma|ti|on,** die; -, -en (Anordnung; Gruppe; *Geol.* Zeitabschnitt, Folge von Gesteinsschichten); **For|ma|ti|ons_flug, ...tanz; for|ma|tiv** (auf die Gestaltung bezüglich, gestaltend); **form|bar; Form|bar|keit,** die; -; **form|be|stän|dig; Form|be|stän|dig|keit; Form_blatt, ...ei|sen; For|mel,** die; -, -n; **For|mel-1-Wa|gen** [...'ains...]; ↑R 43 (ein Rennwagen); **for|mel|haft; For|mel|haf|tig|keit,** die; -; **For|mel|kram,** der; -[e]s; **for|mell** ‹franz.› (förmlich, die Formen [peinlich] beachtend; rein äußerlich; zum Schein vorgenommen); **For|mel|spra|che; for|men; For|men|leh|re,** die; - (Teil der Sprachlehre u. der Musiklehre); **for|men|reich; For|men|reich|tum,** der; -s; **For|men|sinn,** der; -[e]s; **For|mer; For|me|rei; Form_feh|ler, ...fra|ge, ...ge|bung, ...ge|fühl** (das; -[e]s), **...ge|stal|ter** (*für* Designer), **...ge|stal|tung; form|ge|wandt; Form|ge|wandt|heit,** die; -

for|mi|da|bel ‹franz.› (*veraltend für* furchtbar; *auch für* großartig); ...a|ble Erscheinung

for|mie|ren ‹franz.›; sich -; **For|mie|rung; ...för|mig** (z. B. nadelförmig); **Form|kri|se** *(Sportspr.);* **förm|lich; Förm|lich|keit; form|los; Form|lo|sig|keit;** die; -; **Form_obst** (Spalierobst[bäume]), **...sa|che, ...sand** *(Gießerei);* **form|schön; Form|schön|heit;** die; -; **Form_schwan|kung** *(Sportspr.)*, **...stren|ge** (die; -), **...tief** *(Sportspr.);* **form|treu; For|mu|lar,** das; -s, -e ‹lat.›; **For|mu-**

la|block (*vgl.* Block); **for|mu|lie|ren** (in eine angemessene sprachliche Form bringen); **For|mu|lie|rung; For|mung; form|voll|en|det**

For|nix, der; -, ...nices [...tse:s] ‹lat.› (*Med.* Gewölbe eines Organs)

forsch; -este ‹lat.› (schneidig, kühn, selbstbewußt); **For|sche,** die; - (*ugs. für* Nachdruck)

for|schen; du forschst; **For|scher; For|scher|geist,** der; -[e]s; **For|sche|rin; for|sche|risch; For|schung; For|schungs‿auf|trag, ...be|richt, ...er|geb|nis, ...in|sti|tut, ...la|bor, ...me|tho|de, ...ra|ke|te, ...rei|se, ...rei|sen|de, ...rich|tung, ...schiff, ...se|me|ster, ...sta|ti|on, ...sti|pen|di|um, ...stu|dent** *(regional)*, **...stu|di|um** *(regional)*, **...zen|trum, ...zweig**

Forst, der; -[e]s, -e[n]; **Forst|amt; För|ster; För|ste|rei; För|ste|rin; Forst‿fre|vel, ...haus; forst|lich; Forst‿mann** (*Plur.* ...männer *u.* ...leute), **...mei|ster, ...rat** (*Plur.* ...räte; *früher*), **...re|vier, ...scha|den, ...schu|le, ...ver|wal|tung, ...we|sen** (das; -s), **...wirt, ...wirt|schaft, ...wis|sen|schaft** (die; -)

For|sy|thie [...'zy:t(s)iə, *österr. u. schweiz.* ...'zi:tsiə], die; -, -n ‹nach dem engl. Botaniker Forsyth› (ein Zierstrauch)

fort; - sein; - mit ihm!; und so - (*Abk.* usf.); in einem -; weiter -; immerfort; **fort...** (*in Zus. mit Verben,* z. B. fortbestehen, du bestehst fort, fortbestanden, fortzubestehen)

Fort [fo:r], das; s, -s ‹franz.› (Festungswerk)

fort|ab; fort|an

Fort|be|stand, der; -[e]s; **fort|be|ste|hen**

fort|be|we|gen; sich -; *vgl.* [1]bewegen; **Fort|be|we|gung**

fort|bil|den; sich -; **Fort|bil|dung**

fort|blei|ben

fort|brin|gen

Fort|dau|er; fort|dau|ern; fort|dau|ernd

for|te ‹ital.› (*Musik* stark, laut; *Abk.* f); **For|te,** das; -s, *Plur.* -s *u.* ...ti

fort|ent|wickeln [*Trenn.* ...wik|keln]; sich -; **Fort|ent|wick|lung**

For|te|pia|no, das; -s, *Plur.* -s *u.* ...ni ‹ital.› (*alte Bez. für* Pianoforte)

fort|er|ben, sich

fort|fah|ren; in der Rede -

Fort|fall, der; -[e]s; in - kommen *(Amtsspr.)*; **fort|fal|len**

fort|flie|gen

fort|füh|ren; Fort|füh|rung

Fort|gang, der; -[e]s; **fort|ge|hen**

fort|ge|schrit|ten; Fort|ge|schrit|te|ne, der *u.* die; -n, -n (↑R 7 ff.)

fort|ge|setzt

fort|ha|ben; etwas - wollen *(ugs.)*

fort|hin *(veraltend)*

For|ti|fi|ka|ti|on, die; -, -en ‹lat.› (*veraltet für* Befestigungswerk; *nur Sing.:* Befestigungskunst); **for|ti|fi|ka|to|risch; for|ti|fi|zie|ren**

For|tis, die; -, ...tes ‹lat.› (*Sprachw.* starker, mit großer Intensität gesprochener Konsonant, z. B. p, t, k; *Ggs.* Lenis *[vgl. d.]*); **for|tis|si|mo** ‹ital.› (*Musik* sehr stark, sehr laut; *Abk.* ff); **For|tis|si|mo,** das; -s, *Plur.* -s *u.* ...mi

fort|ja|gen

fort|kom|men; Fort|kom|men, das; -

fort|kön|nen

fort|las|sen; Fort|las|sung; unter - des Titels

fort|lau|fen; fort|lau|fend; - numeriert

fort|le|ben

fort|lo|ben; einen Mitarbeiter -

fort|ma|chen

fort|müs|sen

fort|pflan|zen; sich -; **Fort|pflan|zung,** die; -; **Fort|pflan|zungs‿ge|schwin|dig|keit, ...or|gan**

FORTRAN, das; -s ‹*Kurzwort für* engl. formula translator „Formelübersetzer"› (eine Programmiersprache)

fort|rei|ßen; jmdn. mit sich -

fort|ren|nen

fort|rüh|ren; sich [nicht] -

Fort|satz, der; -es, Fortsätze

fort|schaf|fen; *vgl.* [1]schaffen

fort|sche|ren, sich *(ugs.)*

fort|schicken [*Trenn.* ...schik|ken]

fort|schrei|ben ([eine Statistik] fortlaufend ergänzen; *Wirtsch.* den Grundstückseinheitswert neu feststellen); **Fort|schrei|bung**

fort|schrei|ten; fort|schrei|tend; Fort|schritt; Fort|schritt|ler; fort|schritt|lich; Fort|schritt|lich|keit, die; -; **fort|schritts|feind|lich; Fort|schritts|glau|be,** der; -ns; **fort|schritts|gläu|big**

fort|set|zen; Fort|set|zung; Fort|set|zungs|ro|man

fort|steh|len, sich

fort|stre|ben

fort|tra|gen

For|tu|na (röm. Glücksgöttin); **For|tu|nat, For|tu|na|tus** (m. Vorn.); **For|tune** [...'ty:n], *eingedeutscht* **For|tü|ne,** die; - ‹franz.› (Glück, Erfolg); keine - haben

fort|wäh|rend

fort|wer|fen

fort|wol|len

fort|zie|hen

Fo|rum, das; -s, *Plur.* ...ren *u.* ...ra ‹lat.› (altröm. Marktplatz, Gerichtsort; *nur Plur.* ...ren: Öffentlichkeit; öffentliche Diskussion); **Fo|rums‿dis|kus|si|on, ...ge|spräch**

For|ward ['fo:rvart, *engl.* 'fɔ:(r)wəd], der; -s, -s ‹engl.› (*schweiz. Sportspr.* Stürmer)

for|za|to *vgl.* sforzato

Fos|bu|ry-Flop ['fɔsbəriflɔp], der; -s, -s ‹nach dem amerik. Leichtathleten› (ein Hochsprungstil *[nur Sing.]*; einzelner Sprung in diesem Stil); ↑R 135

Fo|se, die; -, -n (*derb für* Dirne)

Fo|ße, die; -, -n ‹franz.› (*nordd. für* minderwertige Spielkarte)

fos|sil ‹lat.› (versteinert; vorweltlich); -e Brennstoffe (z. B. Kohle, Erdöl); - befeuerte Kraftwerke; **Fos|sil,** das; -s, -ien [...iən] *meist Plur.* ([versteinerter] Überrest von Tieren od. Pflanzen)

fö|tal *vgl.* fetal

[1]**Fo|to**[1], das; -s, -s, *schweiz.* die; -, -s (*kurz für* Fotografie); [2]**Fo|to,** der; -s, -s (*ugs. kurz für* Fotoapparat); **Fo|to‿al|bum, ...ama|teur, ...ap|pa|rat, ...ar|ti|kel, ...ate|lier; Fo|to|che|mie** *vgl.* Photochemie; **Fo|to|che|mi|gra|fie** usw. *vgl.* Photochemigraphie usw.; **Fo|to|fi|nish** (Zieleinlauf, bei dem der Sieger durch Zielfoto ermittelt wird); **fo|to|gen** (zum Fotografieren od. Filmen geeignet, bildwirksam); **Fo|to|ge|ni|tät,** die; - (Bildwirksamkeit); **Fo|to|graf,** der; -en, -en (↑R 197); **Fo|to|gra|fie,** die; -, ...ien; **fo|to|gra|fie|ren; Fo|to|gra|fik** [*auch* 'fo:...] (fotografisches Verfahren mit gestalterischen Elementen *[nur Sing.]*; gestaltetes Foto); **Fo|to|gra|fin; fo|to|gra|fisch;** -e Kamera; -es Objektiv; **Fo|to|in|du|strie; Fo|to|ko|pie** (Lichtbildabzug von Schriften, Dokumenten u. a.); **Fo|to|ko|pier|au|to|mat; fo|to|ko|pie|ren; Fo|to|li|tho|gra|fie** *vgl.* Photolithographie; **Fo|to‿mo|dell** (jmd., der für Fotoaufnahmen Modell steht), **...mon|ta|ge** (Zusammenstellung verschiedener Bildausschnitte zu einem Gesamtbild), **...rea|lis|mus** (der; -; moderne Kunstrichtung), **...re|por|ter, ...sa|fa|ri; Fo|to|satz** *vgl.* Photosatz; **Fo|to|thek,** die; -, -en (Lichtbildsammlung); **fo|to|trop** ([von Brillengläsern] sich unter Lichteinwirkung verfärbend); **Fo|to|zeit|schrift**

Fö|tus *vgl.* Fetus

Fot|ze, die; -, -n (*derb für* weibl. Scham; *bayr. u. österr. ugs. für* Ohrfeige; Maul)

Föt|zel, der; -s, - (*schweiz. für* Lump, Taugenichts)

fot|zen (*bayr. u. österr. ugs. für*

---

[1] *Vgl. auch* photo..., Photo...

ohrfeigen); du fotzt; **Fotz|ho|bel** (*bayr. u. österr. ugs. für* Mundharmonika)
Fou|cault [fu'ko:] (franz. Physiker); **Fou|cault|sche Pen|del|ver|such** [fu'ko:ʃə -], der; -n -[e]s
Fou|ché [fu'ʃe:] (franz. Staatsmann)
foul [faul] ‹engl.› (*Sport* regelwidrig); **Foul,** das; -s, -s (Regelverstoß)
Fou|lard [fu'la:r], der, *schweiz.* das; -s, -s ‹franz.› (leichtes [Kunst]seidengewebe; *schweiz. für* Halstuch aus [Kunst]seide); **Fou|lé** [fu'le:], der; -[s], -s (ein Gewebe)
Foul|elf|me|ter ['faul...], der *(Sport);* **foul|len** ['faulən] ‹engl.› (*Sport* sich regelwidrig verhalten); **Foul|spiel** ['faul...], das; -[e]s (regelwidriges Spielen)
Fou|qué [fu'ke:] (dt. Dichter)
Four|gon [fur'gɔ̃:], der; -s, -s (*veraltet für* Packwagen, Vorratswagen; *schweiz. für* Militär-, Postlastauto)
Fou|rier [fu'ri:r], der; -s, -e ‹franz.› (*österr. u. schweiz. für* Furier)
Fox, der; -[es], -e (*Kurzform für* Foxterrier, Foxtrott); **Fox|ter|ri|er** [...iər] ‹engl.› (Hunderasse); **Fox|trott,** der; -[e]s, *Plur.* -e *u.* -s ‹engl.-amerik.› (ein Tanz)
Foy|er [foa'je:], das; -s, -s ‹franz.› (Wandelhalle [im Theater])
FPÖ = Freiheitliche Partei Österreichs
fr = Franc
Fr = *chem. Zeichen für* Francium
fr. = frei
Fr. = Frau; Freitag; *vgl.* [2]Franken
Fra ‹ital.› (Ordens„bruder"; *meist vor konsonantisch beginnenden Namen,* z. B. Fra Tommaso); *vgl.* Frate
Fracht, die; -, -en; **Fracht_brief, ...damp|fer; Frach|ten|aus|schuß,** der; ...schusses *(Wirtsch.);* **Frach|ter** (Frachtschiff); **fracht|frei; Fracht_gut, ...raum, ...schiff, ...stück, ...ver|kehr**
Frack, der; -[e]s, *Plur.* Fräcke *u.* -s ‹engl.›; **Frack_hemd, ...ho|se, ...sau|sen** (*nur in* - haben [*ugs. für* Angst haben]), **...we|ste**
Fra Dia|vo|lo [- di'a:volo] („Bruder Teufel") (neapolitan. Räuberhauptmann)
Fra|ge, die; -, -n; (↑R 208:) in - kommen, stehen, stellen; die in - kommenden Personen; **Fra|ge_bo|gen, ...für|wort** (*für* Interrogativpronomen); **fra|gen;** du fragst (*landsch.* frägst); er fragt (*landsch.* frägt); du fragtest (*landsch.* frugst); gefragt; frag[e]!; **Fra|gen_ka|ta|log, ...kom|plex, ...kreis; Fra|ger;** **Fra|ge|rei; Fra|ge|rin; Fra|ge_satz** (*für* Interrogativsatz), **...stel|lung, ...stun|de** (im Parlament); **Fra|ge-und-Ant|wort-Spiel** (↑R 41); **Fra|ge_wort** (*Plur.* ...wörter), **...zei|chen**
fra|gil ‹lat.› (zerbrechlich; zart); **Fra|gi|li|tät,** die; -
frag|lich; Frag|lich|keit; frag|los; Frag|lo|sig|keit, die; -
Frag|ment, das; -[e]s, -e ‹lat.› (Bruchstück; unvollendetes Werk); **frag|men|ta|risch;** -ste
Frag|ner, der; -s, - (*bayr. u. österr. veraltet für* Krämer)
frag|wür|dig; Frag|wür|dig|keit
frais [frɛ:s] *od., österr. nur,* **fraise** ['frɛ:z] ‹franz.› (erdbeerfarben); mit einem frais[e] Band; *vgl. auch* beige; in Frais[e] (↑R 65)
Frai|sen *Plur.* (*südd., österr. für* Krämpfe [bei kleinen Kindern])
frak|tal ‹lat.-engl.›; -e Geometrie (Geometrie der Fraktale); **Frak|tal,** das; -s, -e (komplexes geometrisches Gebilde [wie es ähnlich auch in der Natur vorkommt]); **Frak|ti|on,** die; -, -en ‹franz.› (organisatorischer Zusammenschluß [im Parlament]; *Chemie* Destillat; *westösterr. für* Teil einer Gemeinde); **frak|tio|nell; Frak|tio|nier|ap|pa|rat** *(Chemie);* **frak|tio|nie|ren** (Gemische durch Verdampfung in Destillate zerlegen); fraktionierte Destillation; **Frak|ti|ons_aus|schuß, ...be|schluß, ...bil|dung, ...dis|zi|plin** (die; -), **...füh|rer, ...mit|glied, ...stär|ke, ...vor|sit|zen|de, ...vor|stand, ...zwang; Frak|tur,** die; -, -en ‹lat.› (*Med.* Knochenbruch; *nur Sing.:* dt. Schrift, Bruchschrift); **Frak|tur_satz** (der; -es; *Druckw.*), **...schrift**
Fram|bö|sie, die; -, ...ien ‹franz.› (*Med.* trop. Hautkrankheit)
Frame [fre:m], der; -n ['fre:mən], -n (↑R 197) ‹engl.› (*Technik* Rahmen, Träger in Eisenbahnfahrzeugen)
Franc [frã:], der; -, -s [frã:] ‹franz.› (Währungseinheit; *Abk.* fr, *Plur.* frs); 100 - (↑R 129); franz. Franc (*Abk.* F, FF); belg. Franc (*Abk.* bfr, *Plur.* bfrs); Luxemburger Franc (*Abk.* lfr, *Plur.* lfrs); *vgl.* [2]Franken
Fran|çai|se [frã'sɛ:zə], die; -, -n ‹franz.› (alter franz. Tanz)
France [frã:s], Anatole [...'tɔl] (franz. Schriftsteller); France' Werke (↑R 23)
Fran|ces|ca [fran'tʃɛska] (w. Vorn.); **Fran|ces|co** [...'tʃɛsko] (m. Vorn.)
[1]**Fran|chi|se** [frã'ʃi:zə], die; -, -n ‹franz.› (Betrag der Selbstbeteiligung an der Versicherung; *veraltet für* Freiheit, Freimütigkeit); [2]**Fran|chise** ['frɛntʃaiś], das; - *u.* **Fran|chi|sing** [...tʃaiziŋ], das; -s ‹franz.-engl.› (*Wirtsch.* Vertrieb auf Grund von Lizenzverträgen)
Fran|ci|um [...tsium], das; -s (chem. Grundstoff, Metall; *Zeichen* Fr)
Fran|cke [*zur Trenn.* ↑R 179] (dt. Theologe u. Pädagoge); **Fran|cke|sche Stif|tun|gen** *Plur.*
Fran|co, Francisco [...'θisko] (span. General u. Politiker)
frank ‹mlat.-franz.› (frei, offen); - und frei
Frank (m. Vorn.); **Fran|ka** (w. Vorn.)
Fran|ka|tur, die; -, -en ‹ital.› (das Freimachen von Postsendungen, Porto)
Fran|ke, der; -n, -n; ↑R 197 (Angehöriger eines germanischen Volksstammes; Einwohner von [1]Franken); [1]**Fran|ken** (Land); [2]**Fran|ken,** der; -s, - (schweiz. Währungseinheit; *Abk.* Fr., sFr.; *im dt. Bankwesen* sfr, *Plur.* sfrs); *vgl.* Franc; **Fran|ken|stein** (Gestalt eines Schauerromans); **Fran|ken|wald,** der; -[e]s (Gebirge in Bayern); **Fran|ken|wein**
Frank|furt am Main (Stadt in Hessen); [1]**Frank|fur|ter** (↑R 147); [2]**Frank|fur|ter,** die; -, - *meist Plur.* (Frankfurter Würstchen); **frank|fur|tisch; Frank|furt (Oder)** (Stadt in Brandenburg)
fran|kie|ren ‹ital.› *(Postw.);* **Fran|kier|ma|schi|ne**
Frän|kin; frän|kisch, aber (↑R 146): die Fränkische Schweiz, die Fränkische Alb
Frank|lin ['frɛŋklin] (nordamerik. Staatsmann u. Schriftsteller)
fran|ko ‹ital.› (*Kaufmannsspr. veraltend* portofrei [für den Empfänger]); - nach allen Stationen; - Basel; - dort; - hier
Fran|ko|ka|na|di|er [...iər] (französisch sprechender Bewohner Kanadas); **fran|ko|ka|na|disch;** ↑R 155
fran|ko|phil ‹germ.; griech.› (frankreichfreundlich); **fran|ko|phon** (französischsprachig); die -en Staaten; **Fran|ko|pho|nie,** die; - (Französischsprachigkeit)
Frank|reich
Frank|ti|reur [fraŋkti'rø:r, *auch* frã...], der; -s, *Plur.* -e, *bei franz. Ausspr.* -s (*früher für* Freischärler)
Frän|s|chen; Fran|se, die; -, -n; **fran|sen;** der Stoff franst, hat gefranst; **fran|sig; Fräns|lein**
Franz (m. Vorn.)
Franz_band (der; Ledereinband mit tiefem Falz), **...brannt|wein** (der; -[e]s), **...brot** (kleines Weißbrot), **...bröt|chen**

Frän|ze (w. Vorn.)
fran|zen (*Motorsport* als Beifahrer dem Fahrer den Verlauf der Strecke angeben); du franzt; **Fran|zer** *(Motorsport)*
Frän|zi, Fran|zis|ka (w. Vorn.); **Fran|zis|ka|ner,** der; -s, - (Angehöriger des Mönchsordens der Franziskaner); **Fran|zis|ka|ne|rin** (Angehörige des Ordens der Franziskanerinnen); **Fran|zis|ka|ner|or|den,** der; -s (*Abk.* OFM); **fran|zis|ko-jo|se|phi|nisch** ‹nach dem österr. Kaiser Franz Josef›; franzisko-josephinische Bauten, aber (↑R 134): das Franzisko-Josephinische Zeitalter; **Fran|zis|kus** (m. Vorn.); **Fran|zi|um** *vgl.* Francium; **Franz-Jo|seph-Land,** das; -[e]s; ↑R 150 (eine arktische Inselgruppe)
Franz|mann *Plur.* ...männer (*ugs. veraltend für* Franzose); **Fran|zo|se,** der; -n, -n (↑R 197); **fran|zo|sen‿feind|lich, ...freund|lich; fran|zö|sie|ren** (franz. Verhältnissen anpassen; nach franz. Art gestalten); **Fran|zö|sin; fran|zö|sisch;** -e Broschur; die französische Schweiz (der französische Teil der Schweiz), aber (↑R 157): die Französische Republik; die Französische Revolution (1789–1794); *vgl.* deutsch; **Fran|zö|sisch,** das; -[s] (Sprache); *vgl.* Deutsch; **Fran|zö|si|sche,** das; -n; *vgl.* Deutsche, das; **fran|zö|si|sie|ren** *vgl.* französieren
frap|pant ‹franz.› (auffallend, überraschend); **[1]Frap|pé** [fra'pe:], der; -s, -s (Stoff mit eingepreßtem Muster); **[2]Frap|pé,** das; -s, -s (mit Eis serviertes alkohol. Getränk); **frap|pie|ren** (überraschen, verblüffen; Wein u. Sekt in Eis kühlen)
Fräs|dorn *Plur.* ...dorne; **Frä|se,** die; -, -n (Maschine zum spanabhebenden Formen); **frä|sen;** du fräst, er fräste; **Frä|ser** (Teil an der Fräsmaschine; Berufsbez.); **Fräs|ma|schi|ne**
Fraß, der; -es, -e; **Fraß‿gift, ...spur**
Fra|te ‹ital.› (Ordensbruder; *meist vor vokalisch beginnenden Namen,* z. B. Frate Elia, Frat'Antonio); *vgl.* Fra; **Fra|ter,** der; -s, Fra|tres [...re:s] ‹lat.› ([Ordens]bruder); **fra|ter|ni|sie|ren** ‹franz.› (sich verbrüdern; vertraut werden); **Fra|ter|ni|tät,** die; -, -en ‹lat.› (Brüderlichkeit; Verbrüderung; kirchl. Bruderschaft); **Fra|ter|ni|té** *vgl.* Liberté; **Fra|tres** (*Plur. von* Frater)
Fratz, der; *Gen.* -es, *österr.* -en, *Plur.* -e, *österr.* -en ‹ital.› (ungezogenes Kind; schelmisches Mädchen); **Frätz|chen; Frat|ze,** die; -, -n (verzerrtes Gesicht); **Frat|zen|ge|sicht; frat|zen|haft;** -este; **Frätz|lein**
Frau, die; -, -en (*Abk.* Fr.); **Frau|chen; Frau|en‿ar|beit, ...arzt, ...ärz|tin, ...be|auf|trag|te** (die), **...be|ruf, ...be|we|gung** (die; -), **...eis** (ein Mineral), **...eman|zi|pa|ti|on** (die; -), **...feind; frau|en|feind|lich**
Frau|en|feld (Hptst. des Kantons Thurgau)
Frau|en‿film, ...fra|ge, ...ge|fäng|nis, ...grup|pe, ...haar (*auch* ein Laubmoos); **frau|en|haft; Frau|en‿haus** (für Frauen, die von ihren Männern mißhandelt werden), **...heil|kun|de** (die; -; *für* Gynäkologie), **...held, ...hilfs|dienst** (der; -es; früher in der Schweiz; *Abk.* FHD); **Frau|en|hilfs|dienst|lei|sten|de,** die; -n, -n; ↑R 7 ff. (*Abk.* FHD); **Frau|en‿ken|ner, ...kleid** (in -ern), **...krank|heit, ...lei|den, ...mann|schaft; Frau|en|recht|le|rin; frau|en|recht|le|risch; Frau|en‿schuh** (*auch* eine Orchideenart), **...schutz; Frau|ens‿leu|te** *(veraltet);* **...per|son** *(veraltet);* **Frau|en|tum,** das; -s *(geh.);* **Frau|en‿über|schuß, ...wahl|recht** (das; -[e]s), **...zeit|schrift, ...zim|mer** *(veraltet);* **Frau|ke** (w. Vorn.); **Fräu|lein,** das; -s, *Plur.* -, *ugs. auch* -s (*Abk.* Frl.); - Müllers Adresse; die Adresse - Müllers, des - Müller, Ihres - Tochter; Ihr, *veraltet* Ihre - Braut, Tochter; **frau|lich; Frau|lich|keit,** die; -
Fraun|ho|fer-Li|ni|en, Fraun|ho|fer|sche Li|ni|en *Plur.* ‹nach dem dt. Physiker› (Linien im Sonnenspektrum)
frdl. = freundlich
Freak [fri:k], der; -s, -s ‹amerik.› (jmd., der sich nicht in das normale bürgerliche Leben einfügt; fanatisch für etw. Begeisterter)
frech; Frech|dachs (*ugs. scherzh. für* freches Kind); **Frech|heit; Frech|ling**
Fred [fre:t, *auch* frɛt] (m. Vorn.)
Free clim|bing ['fri: 'klaimiŋ], das; - -s ‹engl.› (Bergsteigen ohne Hilfsmittel); **Free|hol|der** ['fri:-ho:ldə(r)], der; -s, -s (*früher* lehnsfreier Grundbesitzer in England); **Free Jazz** ['fri: 'dʒɛs], der; - - (Spielweise des Modern Jazz)
Free|sie [...iə], die; -, -n ‹nach dem Kieler Arzt Freese› (eine Zierpflanze)
Free|town ['fri:taun] (Hptst. von Sierra Leone)
Freeze [fri:z], das; - ‹engl.› (das Einfrieren aller atomaren Rüstung)
Fre|gat|te, die; -, -n ‹franz.› (Kriegsschiff [zum Geleitschutz]; *ugs. auch für* [aufgetakelte] Frau); **Fre|gat|ten|ka|pi|tän; Fre|gatt|vo|gel**
frei; -er, -[e]ste (*Abk.* fr.). **I.** *Kleinschreibung:* - Haus, - deutschen Ausfuhrhafen, - deutsche Grenze liefern; das Signal steht auf „frei" (↑R 80); der -e Fall; der -e Wille; der -e Raum; -e Beweiswürdigung; -e Fahrt; -e Liebe; -e Marktwirtschaft; -e Station; -e Berufe; -e Rhythmen; -e Rücklagen; -e Wahlen; -er Eintritt; -er Journalist; -er Mitarbeiter; -er Schriftsteller; aus -em Antrieb; das -e Spiel der Kräfte; in -er Wildbahn; -es Geleit zusichern; jmdm. -e Hand, -es Spiel lassen; jmdn. auf -en Fuß setzen. **II.** *Großschreibung:* **a)** (↑R 65:) das Freie, im Freien, ins Freie; **b)** (↑R 157:) Sender Freies Berlin (*Abk.* SFB); Freie Demokratische Partei (*Abk.* FDP *u. parteiamtlich* F.D.P.); Freie Deutsche Jugend (*ehem. in der DDR; Abk.* FDJ); die Sieben Freien Künste (im Mittelalter); Freier Architekt (*im Titel, sonst* [er ist ein] freier Architekt); Freie und Hansestadt Hamburg; Freie Hansestadt Bremen, aber: Frankfurt war lange Zeit eine freie Reichsstadt (*vgl.* I). **III.** *In Verbindung mit Verben* (↑R 205 f.): **a)** *Getrenntschreibung, wenn* „frei" *in Bedeutungen wie* „nicht abhängig", „nicht gestützt", „nicht behindert", „nicht bedeckt" *als selbständiges Satzglied steht,* z. B. frei sein, werden, bleiben; frei (für sich) stehen; ein Gewicht frei halten; frei (ohne Manuskript) sprechen; frei (ohne Stütze, ohne Leine) laufen; einen Platz frei (unbesetzt) lassen, machen (*vgl.* aber: freihalten); den Oberkörper frei machen (entblößen); **b)** *Zusammenschreibung, wenn* „frei" *mit dem Verb einen neuen Begriff bildet,* z. B. freigeben (ich gebe frei, freigegeben, freizugeben), freisprechen, jmdm. freistehen
Freia *vgl.* Freyja
Frei‿bad, ...bank (*Plur.* ...bänke); **frei|be|kom|men;** eine Stunde freibekommen; *vgl.* frei, III
Frei|berg (Stadt in Sachsen)
frei|be|ruf|lich; Frei|be|trag; Frei|beu|ter (Seeräuber); **Frei|beu|te|rei; frei|beu|te|risch; Frei|bier,** das; -[e]s; **frei blei|ben;** *vgl.* frei, III; **frei|blei|bend** (*Kaufmannsspr.* ohne Verbindlichkeit, ohne Verpflichtung [bei Angeboten]); (↑R 209:) das -e Angebot, das Angebot ist -; **Frei‿bord**

(der; Höhe des Schiffskörpers über der Wasserlinie), **...brief**

Frei|burg (Kanton der Schweiz; *franz.* Fribourg); **Frei|burg im Breis|gau** (Stadt in Baden-Württemberg); **Frei|burg im Ücht|land** *od.* **Üecht|land** [- - 'yəxt...] (Hptst. des Kantons Freiburg)

Frei|de|mo|krat (Mitglied der Freien Demokratischen Partei); **Frei|de|mo|kra|tin**; **frei|de|mo|kra|tisch**

Frei|den|ker; **Frei|den|ke|rin**; **frei|den|ke|risch**

Freie, der; -n, -n; ↑R 7 ff. (*früher für* jmd., der Rechtsfähigkeit u. polit. Rechte besitzt)

frei|en (*veraltet für* heiraten; um eine Frau werben); **Frei|er**; **Frei|ers|fü|ße** *Plur.*; *nur in* auf -n gehen (*scherzh.*); **Frei|ers|mann** *Plur.* ...leute (*veraltet*)

Frei‿ex|em|plar, **...frau**, **...fräu|lein**, **...ga|be**, **...gän|ger** (*Rechtsw.*); **frei|ge|ben**; *vgl.* frei, III; **frei|ge|big**; **Frei|ge|big|keit**, die; -; **Frei‿ge|he|ge**, **...geist** (*Plur.* ...geister); **Frei|gei|ste|rei**, die; -; **frei|gei|stig**; **Frei|ge|las|se|ne**, der *u.* die; -n, -n (↑R 7 ff.); **Frei‿ge|richt** (*früher* Feme), **...graf** (*früher* Vorsitzender des Freigerichts), **...gren|ze** (*Steuerwesen*), **...gut** (*Zollw.*); **frei|ha|ben** (Urlaub, keinen Dienst haben); *vgl.* frei, III; **Frei|ha|fen** (*vgl.* ²Hafen); **frei|hal|ten**; ich werde dich - (für dich bezahlen); ich werde den Stuhl - (belegen); die Ausfahrt - (nicht verstellen); *vgl.* frei, III; **Frei|hand|bü|che|rei** (Bibliothek, in der man die Bücher selbst aus den Regalen entnehmen kann); **Frei|han|del**, der; -s; **Frei|han|dels|zo|ne**; **frei|hän|dig**; **Frei|hand|zeich|nen**, das; -s; **Frei|heit**; **frei|heit|lich**; **Frei|heits‿be|griff** (*Plur. selten*), **...be|rau|bung**, **...drang** (der; -[e]s), **...ent|zug**; **frei|heits|feind|lich**; **Frei|heits‿kampf**, **...krieg**; **frei|heits|lie|bend**; **Frei|heits‿sinn** (der; -[e]s), **...sta|tue**, **...stra|fe**; **frei|her|aus**; etwas freiheraus (offen) sagen; **Frei|herr** (*Abk.* Frhr.); **Frei|herrn|stand**, der; -[e]s; **Frei|in** (Freifräulein); **Frei|kar|te**; **frei|kau|fen** (durch ein Lösegeld befreien); *vgl.* frei, III; **Frei|kir|che**; eine protestantische -; **Frei|klet|tern**, das; -s (*svw.* Free climbing); **frei|kom|men** (loskommen); *vgl.* frei, III; **Frei|kör|per|kul|tur**, die; - (*Abk.* FKK); **Frei|korps** (*früher*); **Frei|la|de|bahn|hof** (*Eisenb.*); **Frei|land** (das; -[e]s); **Frei|land|ge|mü|se**; **frei|las|sen** (einen Gefangenen); *vgl.* frei, III; **Frei‿las|sung**, **...lauf** (*Technik*); **frei|lau|fen**, sich (bes. beim Fußballspiel); *vgl.* frei, III; **frei|le|bend**; **frei|le|gen** (entblößen; deckende Schicht entfernen); *vgl.* frei, III; **Frei‿le|gung**, **...lei|tung**

frei|lich

Frei|licht‿büh|ne, **...ma|le|rei**, **...mu|se|um**

Frei|lig|rath (dt. Dichter)

Frei|luft‿kon|zert, **...schu|le**; **frei|ma|chen**; einen Brief - (*Postw.*); ein paar Tage - (Urlaub machen); sich - (Zeit nehmen); *vgl.* frei, III; **Frei|ma|chung** (*Postw.*); **Frei|mar|ke**; **Frei|mau|rer**; **Frei|mau|re|rei**, die; -; **frei|mau|re|risch**; **Frei|mau|rer|lo|ge**; **Frei|mund** (m. Vorn.); **Frei|mut**; **frei|mü|tig**; **Frei|mü|tig|keit**, die; -; **Frei‿pla|stik**, **...platz**; **frei|pres|sen** (durch Erpressung jmds. Freilassung erzwingen); **Frei|raum**; **frei|re|li|gi|ös**; **Frei‿saß**, **...sas|se** (*früher*); **frei|schaf|fend**; (↑R 209:) der freischaffende Künstler; **Frei‿schar** (*vgl.* ¹Schar), **...schär|ler**, **...schlag** (*bes. Hockey*); **frei|schwim|men**, sich (die Schwimmprüfung ablegen); *vgl.* frei, III; **Frei|schwim|mer**; **frei|set|zen** (aus einer Bindung lösen); Energie, Kräfte -; *vgl.* frei, III; **Frei|sinn**, der; -[e]s (*veraltet*); **frei|sin|nig** (*veraltet*); **frei|spie|len** (*Sport*); sich, einen Stürmer -; **frei|spre|chen** (für nicht schuldig erklären; *Handwerk* zum Gesellen erklären); *vgl.* frei, III; **Frei‿spre|chung**, **...spruch**, **...staat** (*Plur.* ...staaten), **...statt** *od.* **...stät|te**; **frei|ste|hen**; das soll dir - (gestattet sein); die Wohnung hat lange freigestanden (war lange unbenutzt); *vgl.* frei, III; **frei|stel|len** (erlauben); jmdm. etwas -; *vgl.* frei, III; **Frei‿stem|pel** (*Postw.*), **...stemp|ler** (Frankiermaschine); **Frei|stil**, der; -s (*Sport*); **Frei|stil‿rin|gen**, **...schwim|men** (das; -s); **Frei|stoß** (beim Fußball); [in]direkter -; **Frei|stun|de**

Frei|tag, der; -[e]s, -e (*Abk.* Fr.); (↑R 157:) der Stille Freitag (Karfreitag); *vgl.* Dienstag; **frei|tags** (↑R 61); *vgl.* Dienstag

Frei|te, die; - (*veraltet für* Brautwerbung); *in* auf die - gehen

Frei‿tisch (*veraltend*), **...tod** (Selbstmord); **frei|tra|gend**; -e Brücken; **Frei‿trep|pe**, **...übung**, **...um|schlag**, **...wa|che** (*Seemannsspr.*); **frei|weg** (unbekümmert, ohne Skrupel); **frei wer|den**; *vgl.* frei, III; eine frei werdende *od.* freiwerdende Wohnung (↑R 209); das Freiwerden (↑R 68); **Frei|wild**; **frei|wil|lig**; die -e Feuerwehr, a b e r (↑R 157): die Freiwillige Feuerwehr Nassau; **Frei|wil|li|ge**, der *u.* die; -n, -n (↑R 7 ff.); **Frei|wil|lig|keit**, die; -; **Frei‿wurf** (*bes. Handball, Basketball*), **...zei|chen**, **...zeit**; **Frei|zeit‿an|zug**, **...be|schäf|ti|gung**, **...ge|stal|tung**, **...hemd**, **...klei|dung**, **...ko|stüm**, **...wert**, **...zen|trum**; **frei|zü|gig**; **Frei|zü|gig|keit**, die; -

fremd; -este; **Fremd|ar|bei|ter** (*veraltend*); **fremd|ar|tig**; **Fremd|ar|tig|keit**, die; -; **Fremd|be|stim|mung**; **¹Frem|de**, der *u.* die; -n, -n (↑R 7 ff.); **²Frem|de**, die; - (Ausland); in der -; **Fremd|ein|wir|kung**, die; - (*Verkehrsw.*); **frem|deln** (*landsch.*); ich ...[e]le (↑R 22) *u.* **frem|den** (*schweiz. für* vor Fremden scheu, ängstlich sein); **Frem|den‿bett**, **...buch**, **...füh|rer**, **...heim**, **...le|gi|on** (die; -), **...paß**, **...po|li|zei**, **...sit|zung** (öffentliche Karnevalssitzung), **...ver|kehr** (der; -[e]s), **...zim|mer**; **fremd|ge|hen** (*ugs. für* untreu sein); **Fremd|heit**, die; - (Fremdsein); **Fremd‿herr|schaft** (*Plur. selten*), **...ka|pi|tal**, **...kör|per**; **fremd|län|disch**; **Fremd|ling** (*veraltend*); **Fremd|mit|tel** *Plur.*; **Fremd|spra|che**; **Fremd|spra|chen‿kor|re|spon|den|tin**, **...un|ter|richt**; **fremd|spra|chig** (eine fremde Sprache sprechend; in einer fremden Sprache geschrieben, gehalten); -er (in einer Fremdsprache gehaltener) Unterricht; -er Druck; **fremd|sprach|lich** (auf eine fremde Sprache bezüglich); -er (über eine Fremdsprache gehaltener) Unterricht; **fremd|stäm|mig**; **Fremd|stäm|mig|keit**, die; -; **Fremd‿stoff**, **...ver|schul|den** (*Amtsspr.*); **Fremd|wort** *Plur.* ...wörter; **Fremd|wör|ter|buch**; **fremd|wort‿frei**, **...reich**

fre|ne|tisch ‹franz.› (rasend); -er Beifall; *vgl.* a b e r : phrenetisch

fre|quent ‹lat.› (häufig, zahlreich; *Med.* beschleunigt [vom Puls]); **Fre|quen|ta|ti|on**, die; - (*veraltet*); **fre|quen|tie|ren** (*geh. für* häufig besuchen; ein u. aus gehen; verkehren); **Fre|quenz**, die; -, -en (Besucherzahl, Verkehrsdichte; Schwingungs-, Periodenzahl); **Fre|quenz‿be|reich**, **...mes|ser** (der; zur Zählung der Wechselstromperioden)

Fres|ke, die; -, -n ‹franz.› *u.* **Fres|ko**, das; -s, ...ken ‹ital., „frisch"› (Wandmalerei auf feuchtem Kalkputz); *vgl.* a fresco; **Fres|ko|ma|le|rei**

Fres|nel|lin|se [frɛ'nɛl...] ‹nach dem franz. Physiker› ↑R 135 (eine zusammengesetzte Linse)

Fres|sa|li|en [...iən] *Plur.* (*ugs.*

scherzh. für Eßwaren); **Fres|se,** die; -, -n (*derb für* Mund, Maul); **fres|sen;** du frißt, er frißt; du fraßest; du fräßest; gefressen; friß!; **Fres|sen,** das; -s; **Fres|ser; Fres|se|rei; Freß‿gier, ...korb** *(ugs.),* **...napf, ...pa|ket** *(ugs.),* **...sack** (*ugs. für* gefräßiger Mensch), **...werk|zeu|ge** *(Plur.; Zool.)*

Frett|chen, das; -s, - ‹niederl.› (Iltisart)

fret|ten, sich (*südd., österr. für* sich abmühen; sich mühsam durchbringen)

fret|tie|ren ‹niederl.› (*Jägerspr.* mit dem Frettchen jagen)

Freud (österr. Psychiater u. Neurologe)

Freu|de, die; -, -n; [in] Freud und Leid (↑R 18); **Freu|den‿be|cher** *(geh.),* **...bot|schaft, ...fest, ...feu|er, ...ge|heul, ...haus** (*verhüllend für* Bordell); **freu|de[n]|los** *vgl.* freudlos; **Freu|den|mäd|chen** (*verhüllend für* Dirne); **freu|den|reich; Freu|den‿ruf, ...sprung, ...tag, ...tanz, ...tau|mel, ...trä|ne; freu|de|strah|lend; freu|de|trun|ken**

Freu|dia|ner; ↑R 180 (Schüler, Anhänger Freuds); **Freu|dia|ne|rin;** ↑R 180; **freu|dia|nisch;** ↑R 180

freu|dig; ein -es Ereignis; **Freu|dig|keit,** die; -; **freud|los; Freud|lo|sig|keit,** die; -

Freud|sche Fehl|lei|stung; ↑R 134 *(Psych.)*

freu|en; sich -

freund *(geh., veraltend);* (↑R 64:) jmdm. - (freundlich gesinnt) sein, bleiben, werden; **Freund,** der; -[e]s, -e; jemandes - bleiben, sein, werden; gut - sein; **Freund|chen** *(meist [scherzh.] drohend als Anrede);* **Freun|des‿kreis, ...treue; Freund-Feind-Den|ken; Freun|din; freund|lich** (*Abk.* frdl.); **freund|li|cher|wei|se; Freund|lich|keit; freund|nach|bar|lich; Freund|schaft;** -! (ehem. Grußformel der FDJ); **freund|schaft|lich; Freund|schafts‿ban|de** *(Plur.),* **...be|weis, ...dienst, ...spiel** *(Sport),* **...ver|trag**

fre|vel *(veraltet);* frevler Mut; **Fre|vel,** der; -s, - (Verstoß, Verbrechen); **fre|vel|haft; Fre|vel|haf|tig|keit,** die; -; **Fre|vel|mut; fre|veln;** ich ...[e]le (↑R 22); **Fre|vel|tat; fre|vent|lich** *(veraltend);* **Frev|ler; Frev|le|rin; frev|le|risch;** -ste

Frey, Freyr (*nord. Mythol.* Gott der Fruchtbarkeit u. des Friedens)

Frey|burg/Un|strut (Stadt an der unteren Unstrut)

Frey|ja (*nord. Mythol.* Liebesgöttin)

Frey|tag (dt. Schriftsteller)

Frhr. = Freiherr

Fri|aul *auch mit Artikel* das; -[s] (ital. Landschaft)

Fri|csay ['fritʃai] (ung. Dirigent)

Fri|de|ri|cus (*lat. Form für* Friedrich); - Rex (König Friedrich [der Große]); **fri|de|ri|zia|nisch;** ↑R 180

Fri|do|lin (m. Vorn.)

Frie|da (w. Vorn.); **Fried|bert, Frie|de|bert** (m. Vorn.)

Frie|de, der; -ns, -n (*älter, geh. für* Frieden); [in] Fried und Freud (↑R 18)

Frie|del (m. u. w. Vorn.)

Frie|dell (österr. Schriftsteller)

Frie|de|mann (m. Vorn.)

frie|den (*selten für* einfrieden, befrieden); gefriedet; **Frie|den,** der; -s, -; *vgl.* Friede; **Frie|dens‿be|din|gung, ...be|we|gung, ...bruch** (der), **...fahrt** (Radrennen in ehem. sozialist. Staaten), **...for|schung, ...freund, ...in|itia|ti|ve, ...kon|fe|renz, ...kurs, ...la|ger** (das; -s; *in der ehem. DDR Bez. für* die sozialist. Staaten), **...lie|be, ...no|bel|preis, ...ord|nung, ...pfei|fe, ...pflicht, ...po|li|tik** (die; -), **...rich|ter, ...schluß; Frie|den[s]‿stif|ter, ...stö|rer; Frie|dens‿tau|be, ...ver|hand|lun|gen** *(Plur.),* **...ver|trag, ...zei|chen, ...zeit**

Frie|der (m. Vorn.); **Frie|de|ri|ke** (w. Vorn.)

frie|de|voll *vgl.* friedvoll; **fried|fer|tig; Fried|fer|tig|keit,** die; -; **Fried|fisch**

Fried|helm (m. Vorn.)

Fried|hof; Fried|hofs‿gärt|ner, ...gärt|ne|rei, ...ka|pel|le, ...mau|er, ...ru|he

Fried|län|der (Bez. Wallensteins nach dem Herzogtum Friedland; einer aus Wallensteins Mannschaft); **fried|län|disch**

fried|lich; -e Koexistenz; **Fried|lich|keit,** die; -; **fried‿lie|bend, ...los; Fried|lo|sig|keit,** die; -

Fried|mann (m. Vorn.)

Frie|do|lin *vgl.* Fridolin; [1]**Fried|rich** (m. Vorn.); Friedrich der Große (↑R 133); [2]**Fried|rich,** Caspar David (dt. Maler)

Fried|rich|ro|da (Stadt am Nordrand des Thüringer Waldes)

Fried|richs|dor, der; -s, -e (alte preuß. Goldmünze); 10 -

Fried|richs|ha|fen (Stadt am Bodensee)

Fried|rich Wil|helm, der; - -s, - -s (*ugs. für* Unterschrift)

fried|sam *(veraltet);* **Fried|sam|keit,** die; - *(veraltet);* **fried|voll**

frie|meln (*landsch. für* basteln); ich ...[e]le (↑R 22)

frie|ren; du frierst; du frorst; du frörest; gefroren; frier[e]!; ich friere an den Füßen; mich friert an den Füßen (*nicht* an die Füße); mir, *landsch.* mich frieren die Füße

Fries, der; -es, -e ‹franz.› (Gesimsstreifen; ein Gewebe)

Frie|se, der; -n, -n; ↑R 197 (Angehöriger eines germ. Stammes an der Nordseeküste)

Frie|sel, der *od.* das; -s, -n *meist Plur.* (Hautbläschen, Pustel); **Frie|sel|fie|ber**

Frie|sen|nerz (*scherzh. für* Öljakke, Regencape); **Frie|sin; frie|sisch; Fries|land; Fries|län|der,** der; **fries|län|disch**

Frigg (*nord. Mythol.* Wodans Gattin); *vgl.* Frija

fri|gid, fri|gi|de ‹lat.› (sexuell nicht erregbar, nicht zum Orgasmus fähig [von Frauen]); **Fri|gi|da|ri|um,** das; -s, ...ien [...i̯ən] ‹lat.› (Abkühlungsraum [in altröm. Bädern]); **fri|gi|de** *vgl.* frigid; **Fri|gi|di|tät,** die; - (mangelnde sexuelle Erregbarkeit, Unfähigkeit zum Orgasmus [von Frauen])

Fri|ja (*altd. Name für* Frigg)

Fri|ka|del|le, die; -, -n ‹ital.› (gebratenes Fleischklößchen; Bulette); **Fri|kan|deau** [...'do:], das; -s, -s ‹franz.› (Teil der [Kalbs]keule); **Fri|kan|del|le,** die; -, -n (Schnitte aus gedämpftem Fleisch; *auch für* Frikadelle); **Fri|kas|see,** das; -s, -s (Gericht aus kleingeschnittenem Fleisch); **fri|kas|sie|ren** (zu Frikassee verarbeiten)

fri|ka|tiv ‹lat.› (auf Reibung beruhend); **Fri|ka|tiv,** der; -s, -e [...və] *u.* **Fri|ka|tiv|laut,** der; -[e]s, -e (*Sprachw.* Reibe-, Engelaut, z. B. f, sch); **Frik|ti|on,** die; -, -en (Reibung); **Frik|ti|ons|kupp|lung** *(Technik);* **frik|ti|ons|los**

Fri|maire [fri'mɛ:r], der; -[s], -s *Plur. selten* ‹franz., „Reifmonat"› (3. Monat des Kalenders der Franz. Revolution: 21. Nov. bis 20. Dez.)

Fris|bee Ⓦⓩ ['frisbi], das; -, -s ‹engl.› (Wurfscheibe als Sportgerät)

Frisch (schweiz. Erzähler u. Dramatiker)

frisch; -este; etwas - halten; sich - machen; auf -er Tat ertappen; frisch-fröhlich (↑R 39). *In Verbindung mit dem Partizip II* (↑R 209): frisch gestrichen; das frisch gebackene, *auch* frischgebackene Brot, aber: das Brot ist frisch gebacken; ein frischgebakkenes (*scherzh. für* gerade erst getrautes) Ehepaar; *vgl. auch* frischbacken; (↑R 65:) von frischem, aufs frische; (↑R 146:) die Frische Nehrung, das Frische Haff; **frisch|auf!** (*veraltend* Wanderergruß); **frisch|backen** [*Trenn.* ...bak|ken]; ein frischbakkenes Brot; **Frisch|blut** (erst vor kurzer Zeit entnommenes Blut); **Fri|sche,** die; -; **Frisch|ei; fri|schen** (*Hüttenw.* Metall herstellen, reinigen; [vom Wildschwein] Junge werfen); du frischst; **frisch-fröh|lich;** *vgl.* frisch; **frisch|ge|backen** [*Trenn.* ...bakken]; *vgl.* frisch; **Frischˍge|mü|se, ...ge|wicht; Frisch|hal|te|packung** [*Trenn.* ...pak|kung]; **Frischˍkä|se, ...kost; Frisch|ling** (junges Wildschwein); **Frisch|luft; frisch|mel|kend;** *nur in* -e Kuh (Kuh, die gerade gekalbt hat); **Frischˍmilch, ...was|ser** (das; -s; *auch* auf Schiffen mitgeführtes Süßwasser [für Dampfkessel]); **frisch|weg; Frisch|zel|le; Frisch|zel|lenˍbe|hand|lung, ...the|ra|pie**

Fris|co (*amerik. Abkürzung für* San Francisco)

Fri|sée|sa|lat [fri'ze:...] ‹franz.; dt.› (Kopfsalat mit kraus gefiederten Blättern)

Fri|seur [fri'zø:r], der; -s, -e ‹*zu* frisieren›; *vgl. auch* Frisör; **Fri|seu|rin** [...'zø:rin] (*bes. österr. für* Friseuse); **Fri|seur|sa|lon; Fri|seu|se** [...'zø:zə], die; -, -n; **fri|sie|ren** ‹franz.› (*ugs. auch für* herrichten, [unerlaubt] verändern); sich -; **Fri|sierˍkom|mo|de, ...sa|lon, ...toi|let|te, ...um|hang**

Fri|sör usw. (*eindeutschend für* Friseur usw.)

Frist, die; -, -en; **fri|sten; Fri|stenˍlö|sung, ...re|ge|lung** (Regelung für straffreien Schwangerschaftsabbruch in den ersten [drei] Monaten); **frist|ge|mäß; frist|los;** -e Entlassung; **Fristˍüber|schrei|tung, ...wech|sel** (*Kaufmannsspr.* Datowechsel)

Fri|sur, die; -, -en

Fri|teu|se [...'tø:zə], die; -, -n (elektr. Gerät zum Fritieren)

Frit|flie|ge (Getreideschädling)

Frit|hjof (norweg. Held; m. Vorn.); **Frit|hjof[s]|sa|ge,** die; -

fri|tie|ren ‹franz.›; Fleisch, Kartoffeln - (in schwimmendem Fett braun braten); **Frit|ta|te,** die; -, -n ‹ital.› (Eierkuchen); **Frit|ta|ten|sup|pe** (*svw.* Flädlesuppe); **Frit|te,** die; -, -n ‹franz.› (Schmelzgemenge; *Plur. ugs. auch für* Pommes frites); **frit|ten** (eine Fritte machen; [von Steinen] sich durch Hitze verändern; *ugs. auch für* fritieren); **Fri|tü|re,** die; -, -n ‹franz.› (heißes Ausbackfett; die darin gebackene Speise; *auch für* Friteuse)

Fritz (m. Vorn.); **...frit|ze** (der; -n, -n; ↑R 197; *ugs. abwertend,* z. B. Filmfritze, Zeitungsfritze)

fri|vol [...v...] ‹franz.› (leichtfertig; schlüpfrig); **Fri|vo|li|tät,** die; -, -en; **Fri|vo|li|tä|ten|ar|beit** (*veraltet für* Okkiarbeit)

Frl. = Fräulein

Frö|bel (dt. Pädagoge)

froh; -er, -[e]ste; -en Sinnes (↑R 7); -es Ereignis, aber (↑R 157): die Frohe Botschaft (Evangelium); **Froh|bot|schaft,** die; - (*svw.* Evangelium); **froh|ge|launt;** froher, am froh[e]sten gelaunt; **froh|ge|mut;** -er, -este; **fröh|lich; Fröh|lich|keit,** die; -; **froh|locken** [*Trenn.* ...lok|ken]; er hat frohlockt; **Froh|mut** *(geh.);* **froh|mü|tig** *(geh.);* **Frohˍna|tur, ...sinn** (der; -[e]s); **froh|sin|nig** *(selten)*

Frois|sé [froa'se:], der *od.* das; -s, -s ‹franz.› (künstlich geknittertes Gewebe)

Fro|mage de Brie [frɔ,ma:ʒ də 'bri:], der; - - -, -s [frɔ,ma:ʒ] - - ‹franz.› (Briekäse)

fromm; frommer *od.* frömmer, frommste *od.* frömmste; **Fromme,** der; -n (*veraltet für* Ertrag; Nutzen), *noch in* zu Nutz und -n; **Fröm|me|lei,** die; -; **fröm|meln** (sich [übertrieben] fromm zeigen); ich ...[e]le (↑R 22); **frommen** (*veraltend für* nutzen); es frommt ihm nicht; **Fromm|heit,** die; -; **Fröm|mig|keit,** die; -; **Frömm|ler; Frömm|le|rei; Frömm|le|rin; frömm|le|risch**

Fron, die; -, -en (dem Lehnsherrn zu leistende Arbeit); **Fron|ar|beit** (*schweiz. auch für* unbezahlte Gemeinschaftsarbeit für Gemeinde, Verein o. ä.); [1]**Fron|de,** die; -, -n (*veraltet für* Fron)

[2]**Fron|de** ['frɔ̃:də], die; -, -n ‹franz.› (regierungsfeindliche Gruppe)

fron|den (*veraltet für* fronen)

Fron|deur [frɔ̃'dø:r], der; -s, -e ‹franz.› (Anhänger der [2]Fronde)

Fron|dienst (*früher* Dienst für den Lehnsherrn; *schweiz. svw.* Fronarbeit)

fron|die|ren [frɔ̃'di:...] ‹franz.› (Widerspruch erheben; als Frondeur auftreten)

fro|nen (Frondienste leisten); **frö|nen** (sich einer Leidenschaft o. ä. hingeben); **Frö|ner** (Arbeiter im Frondienst); **Fron|leich|nam,** der; -[e]s *meist ohne Artikel* („des Herrn Leib") (kath. Fest); **Fron|leich|namsˍfest, ...pro|zes|si|on**

Front, die; -, -en ‹franz.›; - machen (sich widersetzen); **Front|ab|schnitt; fron|tal; Fron|talˍan|griff, ...zu|sam|men|stoß; Frontˍan|trieb, ...be|gra|di|gung, ...be|richt, ...brei|te, ...dienst, ...ein|satz, ...frau** (*vgl.* Frontmann); **Fron|ti|spiz,** das; -es, -e (*Archit.* Giebeldreieck; *Buchw.* Titelblatt [mit Titelbild]); **Frontˍkämp|fer, ...la|der** (Schleppfahrzeug), **...li|nie; Front|mann** (Musiker, der [als Sänger] in einer Gruppe im Vordergrund agiert); **Frontˍmo|tor, ...sol|dat, ...wech|sel** (Gesinnungswandel)

Frosch, der; -[e]s, Frösche; **Froschˍau|ge, ...biß** (Sumpf- und Wasserpflanze); **Frösch|chen; Froschˍgo|scherl** (das; -s, -n; *österr. ugs. für* Löwenmaul; geraffte Borte, bes. an Trachtenkleidern), **...kö|nig** (der; -s; eine Märchengestalt), **...laich; Frösch|lein; Froschˍmann** (*Plur.* ...männer), **...per|spek|ti|ve, ...schen|kel, ...test** (ein Schwangerschaftstest)

Frost, der; -[e]s, Fröste; **frost|an|fäl|lig; Frostˍauf|bruch, ...beu|le; frö|stel|ig,** fröst|lig; **frö|steln;** ich ...[e]le (↑R 22); mich fröstelt; **fro|sten; Fro|ster,** der; -s, - (Tiefkühlteil einer Kühlvorrichtung); **frost|frei; Frostˍge|fahr** (die; -), **...gren|ze; frost|hart; fro|stig; Fro|stig|keit,** die; -; **frostˍklar, ...klir|rend; Fröst|ler; fröst|lig,** frö|ste|lig; **Fröst|ling; Frostˍscha|den, ...schutz|mit|tel** (das), **...span|ner** (ein Schmetterling), **...wet|ter**

Frot|tee, *österr. u. fachspr. auch* **Frot|té** [*beide* ...'te:, *österr. nur so, auch* 'frɔ...], das *od.* der; -[s], -s ‹franz.› ([Kleider]stoff aus gekräuseltem Zwirn; *auch für* Frottiergewebe); **Frot|teeˍhand|tuch, ...kleid, ...stoff, ...tuch** (*vgl.* Frottiertuch); **frot|tie|ren; Frot|tier|tuch** *Plur.* ...tücher

Frot|ze|lei; frot|zeln (*ugs. für* nekken, aufziehen); ich ...[e]le (↑R 22)

Frucht, die; -, Früchte; **frucht|bar; Frucht|bar|keit,** die; -; **Fruchtˍbe|cher, ...bla|se, ...blatt** (*für* Karpell), **...bo|den, ...bon|bon; frucht|brin|gend; Frücht|chen** (*ugs. auch für* kleiner Taugenichts); **Früch|te|brot; fruch|ten;** es fruchtet (nutzt) nichts; **Früch|ten|brot** (*österr. für* Früchtebrot); **früch|te|reich** *vgl.* fruchtreich; **Fruchtˍfleisch, ...fol|ge** (Anbaufolge der einzelnen Feldfrüchte), **...ge|schmack, ...holz** (fruchttragendes Holz der Obstbäume); **fruch|tig** (z. B. vom Wein); **...fruch|tig** (z. B. einfruchtig); **Frucht|kno|ten** *(Bot.);* **Frücht|lein; frucht|los; Frucht|lo|sig|keit,** die; -; **Fruchtˍmark** (das), **...pres|se; frucht|reich,** früch|te|reich; **Fruchtˍsaft, ...was|ser** (das; -s), **...wech|sel, ...zucker** [*Trenn.* ...zuk|ker]

Fruc|to|se, die; - ‹lat.› (Fruchtzucker) **fru|gal** ‹lat.› (mäßig; einfach; bescheiden); **Fru|ga|li|tät,** die; - **früh;** früh[e]stens; -er Winter; eine -e Sorte Äpfel; (↑R 65:) zum, mit dem, am früh[e]sten; frühmorgens; morgens früh; von [morgens] früh bis [abends] spät; morgen früh; Dienstag früh; frühestmöglich *(vgl. d.);* allzufrüh; **früh|auf;** von -; **Früh_auf|ste|her, ...beet; Früh|chen** (Frühgeborenes); **Früh_dia|gno|se** *(Med.),* **...dienst, ...druck** (*Plur.* ...drukke); **Frü|he,** die; -; in der -; in aller -; bis in die Früh; **Früh|ehe; frü|her; Früh|er|ken|nung,** die; - *(Med.);* **frü|he|stens,** früh|stens; **frü|hest|mög|lich;** zum -en Termin; **Früh_ge|burt, ...ge|mü|se, ...ge|schich|te** (die; -); **früh_ge|schicht|lich, ...go|tisch; Früh|in|va|li|di|tät; Früh|jahr; früh|jahrs; Früh|jahrs_an|fang, ...be|stel|lung, ...kol|lek|ti|on, ...mü|dig|keit, ...putz; Früh|jahrs-Tag-und|nacht|glei|che; Früh|kar|tof|fel; früh|kind|lich; Früh|ling,** der; -s, -e; **früh|lings** (*selten für* frühjahrs); **Früh|lings_an|fang, ...fest, ...ge|fühl** (-e haben; *ugs. scherzh. für* sich [im reifen Alter noch einmal] verlieben); **früh|ling[s]|haft; Früh|lings_mo|nat** *od.* **...mond** (März), **...rol|le** (chin. Vorspeise), **...tag, ...zeit; Früh|met|te; früh|mor|gens; früh|neu|hoch|deutsch;** *vgl.* deutsch; **Früh|neu|hoch|deutsch,** das; -[s]; *vgl.* Deutsch; **Früh|neu|hoch|deut|sche,** das; -n; *vgl.* Deutsche, das; **früh|reif; Früh_reif** (gefrorener Tau), **...rei|fe** (die; -), **...ren|te, ...rent|ner, ...schicht, ...schop|pen, ...sport, ...sta|di|um, ...start; früh|stens;** *vgl.* frühestens; **Früh|stück; früh|stücken** [*Trenn.* ...stük|ken]; gefrühstückt; **Früh|stücks_brett|chen, ...brot, ...bü|fett, ...ei, ...fern|se|hen** (Fernsehprogramm am frühen Morgen), **...pau|se; früh|ver|stor|ben** (↑R 209); **früh|voll|en|det** (↑R 209); **Früh|warn|sy|stem** *(Milit.);* **früh|zei|tig**

Fruk|ti|dor [fryk...], der; -[s], -s ‹franz., „Fruchtmonat"› (12. Monat des Kalenders der Franz. Revolution: 18. Aug. bis 16. Sept.); **Fruk|ti|fi|ka|ti|on,** die; -, -en ‹lat.› (*Bot.* Frucht- bzw. Sporenbildung); **fruk|ti|fi|zie|ren; Fruk|to|se** *vgl.* Fructose

Frust, der; -[e]s (*ugs. für* Frustration, das Frustriertsein); **Fru|stra|ti|on,** die; -, -en ‹lat.› (*Psych.* Enttäuschung durch erzwungenen Verzicht od. Versagung von Befriedigung); **fru|strie|ren** ([eine Erwartung] enttäuschen); frustriert sein; **Fru|strie|rung**

Frut|ti *Plur.* ‹ital.› (Früchte); **Frut|ti di ma|re** *Plur.* ‹„Meeresfrüchte"› (mit dem Netz gefangene Muscheln, Krebse u. ä.)

F-Schlüs|sel *(Musik)*

ft. = Foot, Feet

Ft = Forint

Fuchs, der; -es, Füchse; **Fuchs|bau** *Plur.* ...baue; **Füchs|chen; fuch|sen;** sich - (*ugs. für* sich ärgern); du fuchst dich; das fuchst (ärgert) ihn; **Fuchs|hatz** *(Jägerspr.)*

Fuch|sie [...i̯ə], die; -, -n ‹nach dem Botaniker Leonhard Fuchs› (eine Zierpflanze)

fuch|sig (fuchsrot; fuchswild)

Fuch|sin, das; -s (roter Farbstoff)

Füch|sin; Fuchs|jagd; Füchs|lein; Fuchs_loch, ...pelz; fuchs|rot; Fuchs|schwanz; fuchs|[teu|fels|]wild

Fuch|tel, die; -, -n (*früher* breiter Degen; strenge Zucht; *österr. ugs. für* herrschsüchtige, zänkische Frau); unter jmds. - stehen; **fuch|teln;** ich ...[e]le (↑R 22); **fuch|tig** (*ugs. für* aufgebracht)

fud. = fudit

Fu|der, das; -s, - (Wagenladung, Fuhre; Hohlmaß für Wein); **fu|der|wei|se**

fu|dit ‹lat., „hat [es] gegossen"› (auf künstlerischen Gußwerken; *Abk.* fud.)

Fu|dschi|ja|ma [fudʒi...], der; -s (jap. Vulkan)

Fuff|zehn *(landsch.); meist in* 'ne - machen (Pause machen); **Fuff|zi|ger,** der; -s, - (*landsch. für* Fünfzigpfennigstück); ein falscher - (*ugs. für* unaufrichtiger Mensch)

Fug, der; *in* mit - und Recht

fu|ga|to ‹ital.› (*Musik* fugenartig); **Fu|ga|to,** das; -s, *Plur.* -s *u.* ...ti

[1]**Fu|ge,** die; -, -n (schmaler Zwischenraum; Verbindungsstelle)

[2]**Fu|ge,** die; -, -n ‹lat.-ital.› (kontrapunktisches Musikstück)

fu|gen ([Bau]teile verbinden); **fü|gen;** sich -; **fu|gen|los; Fu|gen-s,** das; -, - (↑R 37)

Fu|gen|stil, der; -[e]s *(Musik)*

Fu|gen|zei|chen (*Sprachw.* die Fuge einer Zusammensetzung kennzeichnender Laut oder kennzeichnende Silbe, z. B. -es- in „Liebesdienst")

Fug|ger (Augsburger Kaufmannsgeschlecht im 15. und 16. Jh.); **Fug|ge|rei,** die; - (Handelsgesellschaft der Fugger; Stadtteil in Augsburg)

fu|gie|ren (ein musikal. Thema nach Fugenart durchführen)

füg|lich; füg|sam; Füg|sam|keit, die; -; **Fu|gung; Fü|gung**

fühl|bar; Fühl|bar|keit, die; -; **füh|len;** er hat den Schmerz gefühlt, aber: er hat das Fieber kommen fühlen (*od.* gefühlt); **Füh|ler; Fühl|horn** *Plur.* ...hörner; **fühl|los; Fühl|lo|sig|keit,** die; -; **Füh|lung; Füh|lung|nah|me,** die; -, -n

Fuh|re, die; -, -n

Füh|re, die; -, -n (*Bergsteigen* Route); **füh|ren;** Buch -; **Füh|rer; Füh|rer_aus|weis** (*schweiz. amtl. für* Führerschein), **...haus; Füh|re|rin; füh|rer|los; Füh|rer|na|tur; Füh|rer|schaft; Füh|rer_schein, ...sitz, ...stand; Führ|hand** *(Boxen);* **füh|rig** usw. *vgl.* geführig usw.

Fuhr_lohn, ...mann (*Plur.* ...männer *u.* ...leute), **...park**

Füh|rung; Füh|rungs_an|spruch, ...auf|ga|be, ...kraft, ...schie|ne *(Technik),* **...spit|ze, ...tor** (das; *Sport*), **...wech|sel, ...zeug|nis**

Fuhr_un|ter|neh|men, ...un|ter|neh|mer, ...werk; fuhr|wer|ken; ich fuhrwerke; gefuhrwerkt; zu fuhrwerken

Ful|be *Plur.* (westafrik. Volk)

[1]**Ful|da,** die; - (Quellfluß der Weser); [2]**Ful|da** (Stadt a. d. Fulda); **Ful|da|er** (↑R 147); **ful|da|isch, ful|disch**

Ful|gu|rit [*auch* ...'rit], der; -s, -e ‹lat.› (*Geol.* Blitzröhre in Sandboden)

Fül|le, die; -; **fül|len**

Fül|len, das; -s, - (*geh. für* Fohlen)

Fül|ler; Füll_fe|der, ...[fe|der|]hal|ter, ...horn (*Plur.* ...hörner); **fül|lig; Füll_mas|se, ...ofen, ...ort** (*Bergmannsspr.; Plur.* ...örter); **Füll|sel,** das; -s, -

Full-time-Job ['fultaim...] ‹engl.› (Ganztagsbeschäftigung)

Fül|lung; Füll|wort *Plur.* ...wörter

ful|mi|nant; -este ‹lat.› (glänzend, prächtig); **Ful|mi|nanz,** die; -

Fulp|mes (Ort in Tirol)

Fu|ma|ro|le, die; -, -n ‹ital.› (vulkan. Dampfquelle); **Fu|mé** [fy'me:], der; -[s], -s ‹franz.› (Probeabdruck eines Holzschnittes mit Hilfe feiner Rußfarbe)

Fum|mel, der; -s, - (*ugs. für* billiges Kleid; Fähnchen); **Fum|me|lei; fum|meln** (*ugs. für* sich [unsachgemäß] an etwas zu schaffen machen); ich ...[e]le (↑R 22)

Fu|na|fu|ti (Hptst. von Tuvalu)

Fund, der; -[e]s, -e

Fun|da|ment, das; -[e]s, -e ‹lat.›; **fun|da|men|tal** (grundlegend; schwerwiegend); **Fun|da|men|ta|lis|mus,** der; -; **Fun|da|men|ta|list,** der; -en, -en (jmd., der [kompromißlos] an seinen [polit.] Grundsätzen festhält); **Fun|da|men|ta|li|stin; Fun|da|men|tal|satz; fun|da|men|tie|ren** (den Grund legen; gründen); **Fun|da-**

ment|wan|ne *(Bauw.)*; **Fun|da|ti|on,** die; -, -en ([kirchliche] Stiftung; *schweiz. für* Fundament[ierung])
Fund₋amt *(österr.)*, **...bü|ro, ...gru|be**
Fun|di, der; -s, -s (*ugs. für* Fundamentalist [bes. bei den Grünen])
fun|die|ren ⟨lat.⟩ ([be]gründen; mit [den nötigen] Mitteln versehen); **fun|diert;** -este ([fest] begründet; *Kaufmannsspr.* durch Grundbesitz gedeckt, sicher[gestellt])
fün|dig (*Bergmannsspr.* ergiebig, reich); - werden (entdecken, ausfindig machen; *Bergmannsspr.* auf Lagerstätten stoßen)
Fund₋ort (der; -[e]s, -e), **...sa|che, ...stät|te, ...un|ter|schla|gung**
Fun|dus, der; -, - ⟨lat.⟩ (Grund u. Boden; Grundlage; Bestand an Kostümen, Kulissen usw.)
Fü|nen (dän. Insel)
Fu|ne|ra|li|en [...i̯ən] *Plur.* ⟨lat.⟩ (*veraltet für* [feierliches Gepränge bei einem] Leichenbegängnis)
fünf; die - Sinne; wir sind heute zu fünfen *od.* zu fünft; fünf gerade sein lassen (*ugs. für* etwas nicht so genau nehmen); *vgl.* acht, drei; in fünf viertel Stunden *od.* in fünf Viertelstunden; *vgl.* Viertelstunde; **Fünf,** die; -, -en (Zahl); eine - würfeln, schreiben; *vgl.* [1]Acht *u.* Eins; **Fünf|eck; fünf|eckig** [*Trenn.* ...ek|kig]; **fünf|ein|halb,** fünf|und|ein|halb; **Fün|fer** (*ugs. auch für* Fünfpfennigstück); *vgl.* Achter; **fün|fer|lei; Fün|fer|rei|he;** in -n; **fünf|fach; Fünf|fa|che,** das; -n; *vgl.* Achtfache; **Fünf|flach,** das; -[e]s, -e, **Fünf|fläch|ner** (*für* Pentaeder); **Fünf|fran|ken|stück** (*mit Ziffer* 5-Franken-Stück; ↑R 43), **Fünf|fränk|ler** *(schweiz.)*; **fünf|hun|dert** (*als röm. Zahlzeichen* D); *vgl.* hundert; **Fünf|jah|res|plan** (*mit Ziffer* 5-Jahr[e]s-Plan; ↑R 43), *selten* **Fünf|jah|re|plan, Fünf|jahr|plan** (für jeweils fünf Jahre aufgestellter Wirtschaftsplan in sozialist. Ländern); **Fünf|kampf; Fünf|li|ber,** der; -s, - (*schweiz. mdal. für* Fünffrankenstück); **Fünf|ling; fünf|mal;** *vgl.* achtmal; **fünf|ma|lig; Fünf|mark|stück** (*mit Ziffer* 5-Mark-Stück; ↑R 43); **fünf|mark|stück|groß; Fünf|paß,** der; ...passes, ...passe (gotisches Maßwerk); **Fünf|pfen|nig|stück; Fünf|pro|zent|klau|sel,** die; - (*mit Ziffer* 5-Prozent-Klausel, ↑R 43; *mit Zeichen* 5%-Klausel, *vgl.* Prozent *u.* ...prozentig); **fünf|stel|lig; Fünf|strom|land,** das; -[e]s (*für* Pandschab); **fünft** *vgl.* fünf; **Fünf|ta|ge₋fie|ber** (das; -s; Infektionskrankheit), **...wo|che; fünf|tau|send;** *vgl.* tausend; **fünf|te;** die - Kolonne; *vgl.* achte; **fünf|tel;** *vgl.* achtel; **Fünf|tel,** das, *schweiz. meist* der; -s, -; *vgl.* Achtel; **fünf|tens; Fünf|ton|ner** (*mit Ziffer* 5tonner; ↑R 212); **Fünf|uhr|tee; fünf|und|ein|halb,** fünf|ein|halb; **fünf|und|sech|zig|jäh|rig;** *vgl.* achtjährig; **fünf|und|zwan|zig;** *vgl.* acht; **fünf|zehn;** *vgl.* acht *u.* Fuffzehn; **fünf|zehn|hun|dert; fünf|zig** (*als röm. Zahlzeichen* L) usw.; *vgl.* achtzig usw.; **Fünf|zi|ger,** der; -s, - (*ugs. auch für* Fünfzigpfennigstück); *vgl.* Fuffziger; **fünf|zig|jäh|rig;** *vgl.* achtjährig; **Fünf|zig|mark|schein** (*mit Ziffern* 50-Mark-Schein; ↑R 43); **Fünf|zim|mer|woh|nung** (*mit Ziffer* 5-Zimmer-Wohnung; ↑R 43)
fun|gi|bel ⟨lat.⟩ (einsetzbar, ersetzbar; *Rechtsspr.* vertretbar); ...gible Sache; **Fun|gi|bi|li|tät,** die; -; **fun|gie|ren** (ein Amt verrichten, verwalten; tätig, wirksam sein)
Fun|gi|zid, das; -[e]s, -e ⟨lat.⟩ (Mittel zur Pilzbekämpfung); **Fun|gus,** der; -, ...gi (*Med.* schwammige Geschwulst)
Funk, der; -s (Rundfunk[wesen], drahtlose Telegrafie); **Funk₋ama|teur, ...an|la|ge, ...aus|stel|lung, ...bild; Fünk|chen; Funk|dienst; Fun|ke,** *auch* Funken, der; ...kens, ...ken; **fun|keln;** ich ...[e]le (↑R 22); **fun|kel|na|gel|neu** *(ugs.)*; **fun|ken** (durch Funk übermitteln); **Fun|ken** *vgl.* Funke; **Fun|ken₋flug, ...ma|rie|chen** (Tänzerin im Karneval), **...re|gen; fun|ken|sprü|hend; funk|ent|stö|ren;** ein funkentstörtes Elektrogerät; **Fun|ker; Funk₋ge|rät, ...haus**
Fun|kie [...i̯ə], die; -, -n ⟨nach dem dt. Apotheker Funck⟩ (eine Zierpflanze)
Funk₋kol|leg, ...kon|takt; Fünk|lein; Funk₋meß|tech|nik, ...pei|lung, ...schat|ten, ...sprech|ge|rät, ...sprech|ver|kehr, ...spruch, ...sta|ti|on, ...stil|le, ...stö|rung, ...strei|fe, ...strei|fen|wa|gen, ...ta|xi, ...tech|nik (die; -)
Funk|ti|on, die; -, -en ⟨lat.⟩ (Tätigkeit; Aufgabe; Wirkungsweise; *Math.* abhängige Größe); in, außer - (im, außer Dienst, Betrieb); **funk|tio|nal** (funktionell); -e Grammatik; **funk|tio|na|li|sie|ren; Funk|tio|na|lis|mus,** der; - *(Archit., Philos.)*; **Funk|tio|na|list,** der; -en, -en (↑R 197); **Funk|tio|när,** der; -s, -e ⟨franz.⟩; **funk|tio|nell** (auf die Funktion bezüglich; wirksam); -e Erkrankung; **funk|tio|nie|ren; Funk|ti|ons|ein|heit; funk|ti|ons|fä|hig; Funk|ti|ons₋stö|rung, ...theo|rie; funk|ti|ons|tüch|tig; Funk|ti|ons|verb** (*Sprachw.* Verb, das in verblaßter Bedeutung in einer festen Verbindung mit einem Substantiv gebraucht wird, z. B. „[zur Durchführung] bringen")
Funk₋turm, ...ver|bin|dung, ...wa|gen, ...wer|bung, ...we|sen (das; -s)
Fun|zel, *selten* Fun|sel, die; -, -n (*ugs. für* schlecht brennende Lampe)
für (*Abk.* f.); *Präp. mit Akk.:* für ihn; ein für allemal; fürs erste (*vgl.* fürs); für und wider, aber (↑R 67): das Für und [das] Wider
Fu|ra|ge [fu'ra:ʒə, *österr.* fu'ra:ʒ], die; - ⟨franz.⟩ (*Milit.* Lebensmittel; Mundvorrat; Futter); **fu|ra|gie|ren** [...'ʒi:...] (*Milit.* Lebensmittel, Futter empfangen, holen)
für|baß (*veraltet für* weiter); - schreiten
Für|bit|te; für|bit|ten, *nur im Infinitiv gebräuchlich;* fürzubitten; **Für|bit|ten,** das; -s; **Für|bit|ter; Für|bit|te|rin**
Fur|che, die; -, -n; **fur|chen; fur|chig**
Furcht, die; -; **furcht|bar; Furcht|bar|keit,** die; -
Fürch|te|gott (m. Vorn.)
furcht|ein|flö|ßend; ein -es Äuße|re[s] (↑R 209); **fürch|ten; fürch|ter|lich; furcht|er|re|gend;** *vgl.* furchteinflößend; **furcht|los;** -este; **Furcht|lo|sig|keit,** die; -; **furcht|sam; Furcht|sam|keit,** die; -
Fur|chung
für|der, für|der|hin (*veraltet für* von jetzt an, künftig)
für|ein|an|der; *Schreibung in Verbindung mit Verben* füreinander (für sich gegenseitig) einstehen, leben usw.
Fu|rie [...i̯ə], die; -, -n ⟨lat.⟩ (röm. Rachegöttin; wütende Frau)
Fu|rier, der; -s, -e ⟨franz.⟩ (*Milit. veraltet* der für Unterkunft u. Verpflegung sorgende Unteroffizier)
fü|rio! (*schweiz. für* feurio!)
fu|ri|os; -er, -este ⟨lat.⟩ (*veraltend für* hitzig, leidenschaftlich; mitreißend); **fu|rio|so** ⟨ital.⟩ (*Musik* leidenschaftlich); **Fu|rio|so,** das; -s, *Plur.* -s *u.* ...si *(Musik)*
Fur|ka, die; - (schweiz. Alpenpaß)
für|lieb|neh|men (*älter für* vorliebnehmen); ich nehme fürlieb; fürliebgenommen; fürliebzunehmen
Fur|nier, das; -s, -e ⟨franz.⟩ (dünnes Deckblatt aus wertvollem Holz); **fur|nie|ren; Fur|nier₋holz, ...plat|te; Fur|nie|rung**
Fu|ror, der; -s ⟨lat.⟩ (Wut); **Fu|ro|re,** die; - *od.* das; -s ⟨ital.⟩; *meist in* - machen ([durch Erfolg] Auf-

sehen erregen); **Fu|ror teu|to|ni|cus,** der; - - ‹lat., „teutonisches Ungestüm"›
fürs; ↑R 17 (für das); - erste (↑R 66)
Für|sor|ge, die; - (*früher auch für* Sozialhilfe); **Für|sor|ge₋amt, ...emp|fän|ger, ...er|zie|hung, ...pflicht; Für|sor|ger** (Sozialarbeiter); **Für|sor|ge|rin** (Sozialarbeiterin); **für|sor|ge|risch** (zum Fürsorgewesen gehörend); **Für|sor|ge|un|ter|stüt|zung; für|sorg|lich** (pfleglich, liebevoll); **Für|sorg|lich|keit,** die; -
Für|spra|che; Für|sprech, der; -s, -e (*veraltet für* Fürsprecher, Wortführer; *schweiz. für* Rechtsanwalt); **Für|spre|cher; Für|spre|che|rin**
Fürst, der; -en, -en (↑R 197); **Fürst₋abt, ...bi|schof; für|sten;** *meist nur noch im Partizip II:* gefürstet; **Für|sten₋ge|schlecht, ...haus, ...hof, ...sitz; Für|sten|tum; Fürst|erz|bi|schof; Für|stin; Für|stin|mut|ter,** die; -; **fürst|lich,** *in Titeln* (↑R 157): Fürstlich; **Fürst|lich|keit; Fürst-Pück|ler-Eis** ‹nach Hermann Fürst von Pückler-Muskau› (Sahneeis in drei Schichten)
Furt, die; -, -en
Fürth (Nachbarstadt von Nürnberg)
Furt|wäng|ler (dt. Dirigent)
Fu|run|kel, der, *auch* das; -s, - ‹lat.› (Geschwür, Eiterbeule); **Fu|run|ku|lo|se,** die; -, -n
für|wahr (*veraltend*)
Für|witz, der; -es (*älter für* Vorwitz); **für|wit|zig** (*älter für* vorwitzig)
Für|wort *Plur.* ...wörter (*für* Pronomen); **für|wört|lich**
Furz, der; -es, Fürze (*derb für* abgehende Blähung); **fur|zen;** du furzt
Fu|sche|lei; fu|scheln (*landsch. für* rasch hin u. her bewegen; täuschen; pfuschen); ich ...[e]le (↑R 22); **fu|schen** (*svw.* fuscheln); du fuschst; **fu|schern** (*svw.* fuscheln); ich ...ere (↑R 22)
Fu|sel, der; -s, - (*ugs. für* schlechter Branntwein)
fu|seln (*landsch. für* hastig u. schlecht arbeiten); ich ...[e]le (↑R 22)
Fu|sel|öl
Fü|si|lier, der; -s, -e ‹franz.› (*schweiz., sonst veraltet für* Infanterist); **fü|si|lie|ren** (standrechtlich erschießen); **Fü|sil|la|de** [fyzi'ja:də], die; -, -n (*veraltet für* standrechtliche Massenerschießung)
Fu|si|on, die; -, -en ‹lat.› (Verschmelzung, Zusammenschluß [großer Unternehmen]); **fu|sio|nie|ren; Fu|sio|nie|rung; Fu|si|ons|ver|hand|lung**
Fuß, der; -es, Füße; drei - lang (↑R 129); nach - rechnen; zu - gehen; zu Füßen fallen; - fassen; einen - breit, aber: keinen Fußbreit (*vgl. d.*) weichen; der Weg ist kaum fußbreit; **Fuß₋ab|strei|fer, ...ab|tre|ter, ...ab|wehr** (*Sport*), **...an|gel, ...bad; Fuß|ball;** - spielen (↑R 207), aber: das Fußballspielen (↑R 68); **Fuß|ballän|der|spiel** [*Trenn.* ...ball|län..., ↑R 204]; **Fuß|ball|braut** (*ugs.*); **Fuß|ball|bun|des|trai|ner** (↑R 34); **Fuß|bal|ler; fuß|bal|le|risch; Fuß|ball₋fan, ...feld, ...klub; Fuß|ball₋mann|schaft, ...mei|ster|schaft, ...schuh, ...spiel; Fuß|ball|spie|len,** das; -s, aber (↑R 207): Fußball spielen; **Fuß|ball₋spie|ler, ...spie|le|rin, ...sta|di|on, ...ten|nis** (ein Spiel), **...to|to, ..trai|ner, ...ver|ein, ...welt|mei|ster|schaft** (↑R 34); **Fuß₋bank** (*Plur.* ...bänke), **...bo|den; Fuß|bo|den₋hei|zung, ...le|ger; fuß|breit;** eine -e Rinne; *vgl.* Fuß; **Fuß|breit,** der; -, - (Maß); keinen - weichen; keinen - Landes hergeben; *vgl.* Fuß; **Füß|chen**
Fus|sel, die; -, -n, *auch* der; -s, -[n] (Fädchen, Faserstückchen); **fus|se|lig,** fuß|lig; **fus|seln;** der Stoff fusselt
fü|ßeln (*landsch. für* mit den Füßen unter dem Tisch Berührung suchen); ich ...[e]le (↑R 22); **fu|ßen;** du fußt; auf einem Vertrag -
Füs|sen (Stadt am Lech)
Fuß|en|de
Fus|sen|eg|ger (österr. Schriftstellerin)
...fü|ßer (z. B. Bauchfüßer), ...füßler (z. B. Tausendfüßler); **Fuß|fall,** der; **fuß|fäl|lig; Fuß|feh|ler** (*Hockey, Tennis*); **fuß|frei** (die Füße frei lassend); **Fuß|gän|ger; Fuß|gän|ger|am|pel; Fuß|gän|ge|rin; Fuß|gän|ger₋tun|nel, ...über|weg, ...zo|ne; Fuß|ge|her** (*österr. neben* Fußgänger); **fuß|ge|recht;** -es Schuhwerk; **fuß|hoch;** das Wasser steht -; *vgl.* Fuß; **...fü|ßig** (z. B. vierfüßig); **fuß|kalt;** ein -es Zimmer; **fuß|krank; fuß|lang;** die Blindschleiche war -; *vgl.* Fuß; **Fuß|lap|pen; fuß|lei|dend; Füß|lein; ...füß|ler** *vgl.* ...füßer
Füß|li, Füss|li (schweiz.-engl. Maler)
fuß|lig, fus|se|lig
Füß|ling (Fußteil des Strumpfes); **Fuß₋marsch** (der), **...no|te, ...pfad, ...pfle|ge, ...pfle|ger, ...pfle|ge|rin, ...pilz, ...ra|ste, ...sack, ...soh|le, ...sol|dat, ...spur; Fuß|[s]tap|fe,** die; -, -n *u.* **Fuß|[s]tap|fen,** der; -s, -; **fuß|tief;** ein -es Loch; *vgl.* Fuß; **Fuß₋tritt, ...volk, ...wan|de|rung, ...wa|schung, ...weg; fuß|wund**
Fu|sta|ge [...'ta:ʒə, *österr.* ...'ta:ʒ], die; -, -n [...'ta:ʒ(ə)n] ‹franz.› ([Preis für] Leergut)
Fu|sta|nel|la, die; -, ...llen ‹ital.› (kurzer Männerrock der Albaner und Griechen)
Fu|sti *Plur.* ‹ital.› ([Vergütung für] unbrauchbare Bestandteile einer Ware)
Fu|stik|holz ‹arab.; dt.› (einen gelben Farbstoff enthaltendes Holz)
Fu|thark ['fu:θark], das; -s, -e (Runenalphabet)
Fu|ton, der; -s, -s ‹jap.› (jap. Matratze)
futsch, *österr.* pfutsch (*ugs. für* weg, verloren)
[1]Fut|ter, das; -s (Nahrung [der Tiere])
[2]Fut|ter, das; -s, - (innere Stoffschicht der Oberbekleidung)
Fut|te|ra|ge [...'ra:ʒə, *österr.* ...'ra:ʒ], die; - (*ugs. für* Essen)
Fut|te|ral, das; -s, -e ‹germ.-mlat.› ([Schutz]hülle, Überzug; Behälter)
Fut|ter₋ge|trei|de, ...häus|chen (für Vögel), **...kar|tof|fel, ...krip|pe**
Fut|ter|mau|er (Stützmauer)
Fut|ter|mit|tel, das; **fut|tern** (*ugs. scherzh. für* essen); ich ...ere (↑R 22); **[1]füt|tern;** den Hund -; ich ...ere (↑R 22)
[2]füt|tern (Futterstoff einlegen); ich ...ere (↑R 22)
Fut|ter₋neid, ...platz, ...rau|fe, ...rü|be, ...schnei|de|ma|schi|ne *od.* **...schneid|ma|schi|ne**
Fut|ter₋sei|de, ...stoff
Fut|ter|trog; Füt|te|rung
Fu|tur, das; -s, -e *Plur. selten* ‹lat.› (*Sprachw.* Zukunftsform, Zukunft); **fu|tu|risch** (das Futur betreffend, im Futur auftretend); **Fu|tu|ris|mus,** der; - (Kunstrichtung des 20. Jh.s); **Fu|tu|rist,** der; -en, -en; ↑R 197 (Anhänger des Futurismus); **fu|tu|ri|stisch; Fu|tu|ro|lo|ge,** der; -n, -n; ↑R 197 (Zukunftsforscher); **Fu|tu|ro|lo|gie,** die; - (Zukunftsforschung); **fu|tu|ro|lo|gisch; Fu|tu|rum,** das; -s, ...ra (*älter für* Futur); **Fu|tu|rum ex|ak|tum,** das; - -, ...ra ...ta (*Sprachw.* vollendete Zukunft, Vorzukunft)
Fu|zel, der; -s, - (*österr. ugs. für* Fussel); **fu|zeln** (*österr. ugs. für* sehr klein schreiben); ich ...[e]le (↑R 22); **Fu|zerl,** das; -s, -n (*svw.* Fuzel)
Fuz|zi, der; -s, -s (*ugs. für* nicht ganz ernst zu nehmender Mensch)

G

G (Buchstabe); das G; des G, die G, aber: das g in Lage (↑R 82); der Buchstabe G, g
g = Gramm; *in Österreich auch* Groschen
g = *Zeichen für* Fallbeschleunigung
g = *früheres Zeichen für* Gon
g, G, das; -, - (Tonbezeichnung); **g** (*Zeichen für* g-Moll); in g; **G** (*Zeichen für* G-Dur); in G
G *(auf dt. Kurszetteln)* = Geld (d.h., das betr. Wertpapier war zum angegebenen Preis gesucht)
G = ²Gauß; Giga...; Gourde
Γ, γ = Gamma
Ga = *chem. Zeichen für* Gallium
Ga. = Georgia
Gäa (griech. Göttin der Erde)
Ga|bar|dine ['gabardi:n, *auch* ...'di:n], der; -s, *auch* [...'di:nə], die; - ‹franz.› (ein Gewebe); **Gabar|dine|man|tel**
Gab|bro, der; -s ‹ital.› (*Geol.* ein Tiefengestein)
Ga|be, die; -, -n; **gä|be** *vgl.* gang
Ga|bel, die; -, -n; **Ga|bel_bis|sen, ...bock** *(Jägerspr.)*; **Gä|bel|chen; Ga|bel_deich|sel, ...früh|stück, ...hirsch** *(Jägerspr.)*; **ga|be|lig,** gab|lig; **ga|beln;** ich ...[e]le (↑R 22)
Ga|bels|ber|ger (Familienn.); -sche Stenographie
Ga|bel_schlüs|sel, ...stap|ler; Ga|be|lung, Gab|lung; **Ga|bel|wei|he** (ein Greifvogel)
Ga|ben|tisch
Ga|bi (w. Vorn.)
Gäb|lein; Gab|ler (*Jägerspr.* Gabelbock, -hirsch); **gab|lig,** ga|be|lig; **Gab|lung,** Ga|be|lung
Ga|bo|ro|ne (Hpst. von Botsuana)
Ga|bri|el [...e:l, *auch* ...ɛl] (ein Erzengel; m. Vorn.); **Ga|brie|le** (w. Vorn.)
Ga|bun (Staat in Afrika); **Ga|bu|ner; Ga|bu|ne|rin; ga|bu|nisch**
Gacke|lei[1]; **gackeln**[1] (*landsch. für* gackern); ich ...[e]le (↑R 22); **gackern**[1]; ich ...ere (↑R 22);

[1] *Trenn.* ...k|k...

gack|sen (*landsch. für* gackern; knarren); du gackst; gicksen u. -
Gad (bibl. m. Eigenn.)
Ga|den, der; -s, - (*landsch. für* einräumiges Haus; Kammer)
Ga|do|li|ni|um, das; -s ‹nach dem finn. Chemiker Gadolin› (chem. Grundstoff; *Zeichen* Gd)
Gaf|fel, die; -, -n (um den Mast drehbare, schräge Segelstange); **Gaf|fel_scho|ner, ...se|gel**
gaf|fen; Gaf|fer; Gaf|fe|rei
Gag [gɛk], der; -s, -s ‹engl.-amerik.› (witziger Einfall; überraschende Besonderheit)
Ga|gat, der; -[e]s, -e ‹griech.› (Pechkohle, Jett); **Ga|gat|koh|le**
Ga|ge ['ga:ʒə, *österr.* ga:ʒ], die; -, -n ['ga:ʒ(ə)n] ‹germ.-franz.› (Bezahlung, Gehalt [von Künstlern])
gäh|nen; Gäh|ne|rei, die; -
Gail|lar|de [ga'jardə], die; -, -n ‹franz.› (ein Tanz)
Gains|bo|rough ['ge:nzbərə] (engl. Maler)
Ga|jus (altröm. m. Vorn.; *Abk.* C. [nach der alten Schreibung Cajus])
Ga|la ['ga(:)la], die; - ‹span.› (Kleiderpracht; Festkleid); **Ga|la_abend, ...an|zug, ...di|ner, ...emp|fang, ...kon|zert**
ga|lak|tisch ‹griech.› (zur Galaxis gehörend); **Ga|lak|tor|rhö**[1], **Ga|lak|tor|rhöe,** [...'rø:], die; -, ...rrhöen (*Med.* Milchfluß nach dem Stillen); **Ga|lak|to|se,** die; -, -n (einfacher Zucker)
ga|la|mä|ßig ['ga(:)la...]
Ga|lan, der; -s, -e ‹span.› (*veraltend für* [vornehm auftretender] Liebhaber); **ga|lant;** -este ‹franz.› (betont höflich, ritterlich; aufmerksam); -e Dichtung (eine literar. Strömung in Europa um 1700); -er Stil (eine Kompositionsweise des 18. Jh.s in Deutschland); **Ga|lan|te|rie,** die; -, ...ien (Höflichkeit [gegenüber Frauen]); **Ga|lan|te|rie|wa|ren** *Plur.* (*veraltet für* Schmuck-, Kurzwaren); **Ga|lant|homme** [galan'tɔm], der; -s, -s ‹franz.› (*veraltend für* Ehrenmann)
Ga|la|pa|gos|in|seln *Plur.* (zu Ecuador gehörend)
Ga|la|tea (griech. Meernymphe)
Ga|la|ter *Plur.* (griech. Name der Kelten in Kleinasien); **Ga|la|ter|brief,** der; -[e]s; ↑R 151 *(N. T.)*
Ga|la_uni|form ['ga(:)la...], **...vor|stel|lung**
Ga|la|xie, die; -, ...xien ‹griech.› (*Astron.* großes Sternsystem); **Ga|la|xis,** die; -, ...xien (die Milchstraße *[nur Sing.]; selten für* Galaxie)

[1] *Vgl. die Anmerkung zu* „Diarrhö, Diarrhöe".

Gal|ba (röm. Kaiser)
Gä|le, der; -n, -n; ↑R 197 (irisch-schottischer Kelte)
Gal|le|as|se, die; -, -n ‹ital.› (Küstenfrachtsegler; *früher* größere Galeere); **Ga|lee|re,** die; -, -n (Ruderkriegsschiff); **Ga|lee|ren_skla|ve, ...sträf|ling**
Ga|len, Ga|le|nus (altgriech. Arzt); **ga|le|nisch,** aber (↑R 134): Galenische Schriften
Ga|leo|ne, Ga|lio|ne, die; -, -n ‹niederl.› (mittelalterl. Segel[kriegs]schiff); **Ga|leo|te,** Ga|lio|te, die; -, -n (der Galeasse ähnliches kleineres Küstenfahrzeug)
Ga|le|rie, die; -, ...ien ‹ital.›; **Ga|le|rist,** der; -en, -en; ↑R 197 (Galeriebesitzer, -leiter); **Ga|le|ri|stin**
Gal|gant|wur|zel ‹arab.; dt.› (heilkräftige Wurzel)
Gal|gen, der; -s, -; **Gal|gen_frist, ...hu|mor** (der; -s; *vgl.* ¹Humor), **...strick** (*svw.* Galgenvogel), **...vo|gel** (*ugs. für* Strolch, Taugenichts)
Ga|li|ci|en [...tsiən] (hist. Provinz in Spanien); *vgl.* aber: Galizien; **Ga|li|ci|er** [...tsiər]; **ga|li|cisch**
Ga|li|läa (Gebirgsland westl. des Jordans); **Ga|li|lä|er; ga|li|lä|isch,** aber (↑R 146): das Galiläische Meer (See Genezareth)
Ga|li|lei (ital. Physiker)
Ga|li|ma|thi|as, der *u.* das; - ‹franz.› (*veraltend für* verworrenes Gerede)
Ga|li|on, das; -s, -s ‹niederl.› (Vorbau am Bug älterer Schiffe); **Ga|lio|ne** *vgl.* Galeone; **Ga|li|ons|fi|gur; Ga|lio|te** *vgl.* Galeote
Ga|li|pot [...'po:], der; -s ‹franz.› (ein Fichtenharz)
gä|lisch; -e Sprache (Zweig des Keltischen); *vgl.* deutsch; **Gä|lisch,** das; -[s] (Sprache); *vgl.* Deutsch; **Gä|li|sche,** das; -n; *vgl.* Deutsche, das
Ga|li|zi|en [...iən] (*früher für* Gebiet nördl. der Karpaten); *vgl.* aber: Galicien; **Ga|li|zi|er** [...iər]; **ga|li|zisch**
Gall|ap|fel (kugelförmiger Auswuchs an Blättern usw.); **¹Gal|le,** die; -, -n (Geschwulst [bei Pferden]; Gallapfel)
²Gal|le, die; -, -n (Sekret der Leber; Gallenblase); **gal|le[n]|bit|ter; Gal|len_bla|se, ...gang** (der), **...ko|lik, ...lei|den, ...stein, ...tee; gal|len|trei|bend; Gal|len|we|ge** *Plur.*
Gal|lert [*auch* ga'lɛrt], das; -[e]s, -e ‹lat.› (durchsichtige, steife Masse aus eingedickten pflanzl. od. tier. Säften); **gal|lert|ar|tig; Gal|ler|te** [*auch* 'ga...], die; -, -n (*svw.*

Gallert); **gal|ler|tig** [*auch* 'ga...]; **Gal|lert|mas|se**
Gal|li|en [...i̯ən] (röm. Name Frankreichs); **Gal|li|er** [...i̯ər], **Gal|lie|rin** [...i̯ə...]
gal|lig ‹*zu* ²Galle› (gallebitter; verbittert); -er Humor
gal|li|ka|nisch; -e [kath.] Kirche (in Frankreich vor 1789); **gal|lisch** (aus, von Gallien; Gallien, die Gallier betreffend); **Gal|li|um**, das; -s (chem. Element, Metall; *Zeichen* Ga); **Gal|li|zis|mus**, der; -, ...men (*Sprachw.* franz. Spracheigentümlichkeit in einer nichtfranz. Sprache); **Gal|lo|ma|ne**, der; -n, -n (↑R 197) ‹lat.; griech.› (leidenschaftlicher Bewunderer alles Französischen); **Gal|lo|ma|nie**, die; - (übertriebene Vorliebe für alles Französische)
Gal|lo|ne, die; -, -n ‹engl.› (engl.-amerik. Hohlmaß)
gal|lo|ro|ma|nisch (den roman. Sprachen auf gallischem Boden angehörend, von ihnen abstammend)
Gal|lup-In|sti|tut [*auch* 'gɛləp...], das; -[e]s (↑R 135) ‹nach dem Begründer› (amerik. Meinungsforschungsinstitut)
Gal|lus (m. Eigenname)
Gal|lus‿säu|re (die; - ‹*zu* ¹Galle›), **...tin|te** (die; -); **Gall|wes|pe**
Gal|mei [*auch* 'gal...], der; -s, -e ‹griech.› (Zinkerz)
Gal|lon [ga'lɔ̃:], der; -s, -s ‹franz.› *u.* **Gal|lo|ne** [ga'lo:nə], die; -, -n ‹ital.› (Borte, Tresse); **ga|lo|nie|ren** (mit Borten, Tressen usw. besetzen)
Ga|lopp, der; -s, *Plur.* -s *u.* -e ‹ital.›; **Ga|lop|per** (Pferd für Galopprennen); **ga|lop|pie|ren**; galoppierende Schwindsucht (*volkstüml. Bez. für* die in kurzer Zeit tödl. verlaufende Form der Lungentuberkulose); **Ga|lopp|ren|nen**
Ga|lo|sche, die; -, -n ‹franz.› (*veraltend für* Überschuh; *ugs. für* ausgetretener Schuh)
Gals|wor|thy ['gɔ:lswœ(r)ði] (engl. Schriftsteller)
galt (*bayr., österr., schweiz. für* [von Kühen] keine Milch gebend; vorübergehend unfruchtbar); *vgl.* ¹gelt; **Galt|vieh** (*bayr., österr., schweiz. für* Jungvieh; Kühe, die keine Milch geben)
Gal|va|ni [...v...] (ital. Naturforscher); **Gal|va|ni|sa|ti|on**, die; - ‹nlat.› (*Med.* therapeut. Anwendung des elektr. Gleichstromes); **gal|va|nisch**; -er Strom; -es Element; -e Verbindung; **Gal|va|ni|seur** [...'zø:r], der; -s, -e ‹franz.› (Facharbeiter für Galvanotechnik); **gal|va|ni|sie|ren** (durch Elektrolyse mit Metall überziehen); **Gal|va|nis|mus**, der; - ‹nlat.› (Lehre vom galvanischen Strom); **Gal|va|no**, das; -s, -s ‹ital.› (*Druckw.* galvanische Abformung eines Druckstockes); **Gal|va|no‿kau|stik** ‹ital.; griech.› (*Med.* Anwendung des Galvanokauters), **...kau|ter** (*Med.* auf galvanischem Wege glühend gemachtes chirurg. Instrument), **...me|ter** (das; -s, -; Strommesser), **...pla|stik** (Verfahren, Gegenstände galvanisch mit Metall zu überziehen, bes. die Herstellung von Galvanos), **...pla|sti|ker** (Berufsbez.); **gal|va|no|pla|stisch**; **Gal|va|no‿skop** (das; -s, -e; ein elektr. Meßgerät), **...tech|nik** (die; -; Technik des Galvanisierens), **...ty|pie** (die; -; *früher für* Galvanoplastik)
Ga|man|der, der; -s, - ‹griech.› (eine Pflanze)
Ga|ma|sche, die; -, -n ‹arab.› (eine Leder- od. Stoffbekleidung des Beins); **Ga|ma|schen|dienst** (*veraltend für* kleinlicher, pedantischer [Kasernen]drill)
Gam|be, die; -, -n ‹ital.› (Viola da gamba)
Gam|bia (Staat in Afrika); **Gam|bi|er** [...i̯ər]; **Gam|bie|rin** [...i̯ə...]; **gam|bisch**
Gam|bist, der; -en, -en (↑R 197) ‹ital.› (Gambenspieler); **Gam|bi|stin**
Gam|bit, das; -s, -s ‹span.› (eine Schachspieleröffnung)
Gam|bri|nus ([sagenhafter] König, angeblicher Erfinder des Bieres)
Ga|me|lan, das; -s, -s ‹indones.› (Orchester mit einheimischen Instrumenten auf Java u. Bali)
Ga|mel|le, die; -, -n ‹franz.› (*schweiz. für* Koch- u. Eßgefäß des Soldaten im Feld)
Ga|met, der; -en, -en (↑R 197) ‹griech.› (*Biol.* Geschlechtszelle); **Ga|me|to|phyt**, der; -en, -en; ↑R 197 (*Bot.* Pflanzengeneration, die sich geschlechtlich fortpflanzt)
Gam|ma, das; -[s], -s (griech. Buchstabe; *Γ, γ*); **Gam|ma|strah|len**, **γ-Strah|len** *Plur.*; ↑R 37 (radioaktive Strahlen, kurzwellige Röntgenstrahlen)
Gam|mel, der; -s (*ugs. für* wertloses Zeug); **gam|me|lig**, gamm|lig (*ugs. für* verkommen; verdorben, faulig); **gam|meln** (*ugs. für* verderben [von Nahrungsmitteln]; *auch für* [ohne Ansprüche] in den Tag hinein leben); ich ...[e]le (↑R 22); **Gam|mler**; **Gamm|le|rin**; **Gamm|ler|tum**, das; -s; **gamm|lig** *vgl.* gammelig
Gams, der *od.* die, *Jägerspr. u. landsch.* das; -, -[en] (*bes. Jägerspr. u. landsch. für* Gemse); **Gams‿bart**, **...le|der**, **...wild**
Ga|nau|ser (*österr. mdal. für* Gänserich)
Gand, die; -, -en *od.* das; -s, Gänder (*tirol. u. schweiz. für* Schuttfeld, Geröllhalde)
Gan|dhi, Mahatma (ind. Staatsmann)
Ga|neff *vgl.* Ganove
Gan|er|be, der (*früher für* Miterbe); **Gan|erb|schaft**, die; -
gang; *nur noch in* - und gäbe sein, *landsch. auch* gäng und gäbe sein (allgemein üblich sein); ¹**Gang**, der; -[e]s, Gänge; im -[e] sein; in - bringen, halten, setzen, aber (↑R 68): das Inganghalten, Ingangsetzen
²**Gang** [gɛŋ], die; -, -s ‹engl.-amerik.› ([Verbrecher]bande)
gäng (*landsch. svw.* gang); **Gang|art**; **gang|bar**; **Gang|bar|keit**, die; -; **Gän|gel|band**, das; -[e]s, ...bänder; jmdn. am - führen; **Gän|ge|lei**; **gän|geln** (dauernd bevormunden); ich ...[e]le (↑R 22)
Gan|ges ['gaŋgɛs], der; - (Fluß in Vorderindien)
Gang|ge|stein (*Geol.*); **gän|gig**; -es Pferd; -e Ware; -er Hund (*Jägerspr.*); **Gän|gig|keit**, die; -
Gan|gli|en|zel|le ['gaŋ(g)li̯ən...] (*Med.* Nervenzelle); **Gan|gli|on**, das; -s, ...ien [...i̯ən] ‹griech.› (Nervenknoten; Überbein)
Gan|grän [gaŋ'grɛ:n], die; -, -en, *auch* das; -s, -e ‹griech.› (*Med.* Brand der Gewebe, Knochen); **gan|grä|nes|zie|ren** (brandig werden); **gan|grä|nös** (brandig)
Gang|schal|tung
Gang|spill ‹niederl.› (*Seew.* Ankerwinde)
Gang|ster ['gɛŋstə(r)], der; -s, - ‹engl.-amerik.› (Schwerverbrecher); **Gang|ster‿ban|de**, **...boß**, **...braut**, **...me|tho|de**; **Gang|ster|tum**
Gang|way ['gɛŋwe:], die; -, -s ‹engl.› (Laufgang zum Besteigen eines Schiffes od. Flugzeuges)
Ga|no|ve [...v...], der; -n, -n (↑R 197) ‹jidd.-hebr.› *u.* Ga|neff, der; -[s], *Plur.* -e *u.* -s (*ugs. abwertend für* Gauner, Betrüger); **Ga|no|ven‿eh|re**, **...spra|che**
Gans, die; -, Gänse; **Gans|bra|ten** (*südd., österr. für* Gänsebraten); **Gäns|chen**; **Gän|se‿blüm|chen**, **...bra|ten**, **...brust**, **...fe|der**, **...fett** (das; -[e]s), **...füß|chen** (*ugs. für* Anführungsstrich), **...haut** (die; -), **...keu|le**, **...kiel**, **...klein** (das; -s), **...le|ber**, **...marsch** (der; -es); **Gan|ser** (*südd., österr. für* Gänserich); **Gän|se|rich**, der; -s, -e; **Gän|se‿schmalz**, **...wein** (der;

-[e]s; *scherzh. für* Wasser); **Gans|jung,** das; -s (*südd. für* Gänseklein); **Gans|le|ber** (*österr. für* Gänseleber); **Gäns|lein; Gansl|jun|ge,** das; -n; ↑R 7 ff. (*österr. für* Gänseklein)
Gant, die; -, -en (*schweiz. für* öffentl. Versteigerung)
Gan|ter (*nordd. für* Gänserich)
Ga|ny|med [*auch, österr. nur,* 'ga:...], **Ga|ny|me|des** (Mundschenk des Zeus)
ganz; [in] ganz Europa; ganze Zahlen *(Math.);* ganz und gar; ganz und gar nicht; die ganzen Leute (*mdal. u. ugs. für* alle Leute); etwas wieder ganz machen. **I.** *Kleinschreibung* (↑R 65): im ganzen [gesehen]; im großen [und] ganzen. **II.** *Großschreibung* (↑R 65): das Ganze; aufs Ganze gehen; als Ganzes gesehen; fürs Ganze; ums Ganze; das große Ganze; ein großes Ganze *od.* Ganzes; ein Ganzer; ein Ganzes; als Ganzes. **III.** *Schreibung in Verbindung mit einem Adjektiv:* ganz hell, ganz groß; aber (*klassenbildend,* ↑R 209): ein ganzleinener, ganzwollener Kleiderstoff, der Kleiderstoff ist ganzleinen, ganzwollen; **Gän|ze;** *nur in Wendungen wie* zur - (ganz, vollständig); in seiner/ihrer - (*geh. für* in seinem/ihrem ganzen Umfang); **ganz|gar** (fertig gegerbt); -e Häute, aber: das Fleisch ist noch nicht ganz gar; *vgl.* ganz, III; **Ganz|glas|tür; Ganz|heit,** die; - (gesamtes Wesen); **ganz|heit|lich; Ganz|heits_me|di|zin** (die; -), **...me|tho|de, ...theo|rie; ganz|jäh|rig** (während des ganzen Jahres); **Ganz|le|der|band,** der; **ganz|le|dern** (aus reinem Leder; *vgl.* ganz, III); **ganz|lei|nen** (aus reinem Leinen; *vgl.* ganz, III); **Ganz|lei|nen,** das; -s; **Ganz|lei|nen|band,** der; **gänz|lich; ganz_sei|den** (aus reiner Seide; *vgl.* ganz, III), **...sei|tig** (eine -e Anzeige), **...tä|gig** (während des ganzen Tages); **ganz|tags; Ganz|tags|schu|le; Ganz|ton** *Plur.* ...töne; **ganz|wol|len** (aus reiner Wolle; *vgl.* ganz, III); **Ganz|wort|me|tho|de,** die; - *(Päd.)*
[1]**gar** (fertiggekocht; *südd., österr. ugs. für* zu Ende); das Fleisch ist noch nicht ganz gar, erst halb gar; *vgl.* ganzgar, halbgar; gar kochen (*vgl.* gargekocht); [2]**gar** (ganz, sehr, sogar; *stets getrennt geschrieben*); ganz und gar, gar kein, gar nicht, gar nichts; gar sehr, gar wohl; du sollst das nicht gar so sehr ernst nehmen
Ga|ra|ge [ga'ra:ʒə, *österr.* ga'ra:ʒ], die; -, -n [ga'ra:ʒ(ə)n] ‹franz.›; **Ga|ra|gen_ein|fahrt, ...tor, ...wa|gen** (nicht im Freien geparktes Auto); **ga|ra|gie|ren** (*österr. neben, schweiz. für* [Wagen] einstellen)
Ga|ra|mond [...'mõ:, *fachspr.* 'ga(:)ramɔnt], die; - ‹nach dem franz. Stempelschneider› (eine Antiquadruckschrift)
Ga|rant, der; -en, -en (↑R 197) ‹franz.›; **Ga|ran|tie,** die; -, ...ien (Gewähr; Zusicherung); **Ga|ran|tie|an|spruch; ga|ran|tie|ren; Ga|ran|tie|schein**
Gar|aus, der; *nur in* jmdm. den - machen (jmdn. umbringen)
Gar|be, die; -, -n; **Gar|ben|bin|de|ma|schi|ne; Gar|ben|bund,** das
Gar|bo, Greta (schwed. Filmschauspielerin)
Gär|bot|tich
Gar|cía Lor|ca [gar'θi:a -] (span. Dichter)
Gar|çon [gar'sõ:], der; -s, -s ‹franz.› (*veraltet für* Kellner; Junggeselle); **Gar|çonne** [gar'sɔn], die; -, -n [...nən] (*veraltet für* Junggesellin); **Gar|çon|nière** [garsɔ'niɛ:r], die; -, -n (*österr. für* Einzimmerwohnung)
Gar|da|see, der; -s (in Oberitalien)
Gar|de, die; -, -n ‹franz.› (*Milit.* Elitetruppe); **Gar|de|du|korps** [gard(ə)dy'ko:r], das; - (*früher für* Leibgarde); **Gar|de_maß** (das; -es), **...of|fi|zier, ...re|gi|ment**
Gar|de|ro|be, die; -, -n ‹franz.› (Kleidung; Kleiderablage); **Gar|de|ro|ben_frau, ...mar|ke, ...schrank, ...stän|der; Gar|de|ro|bier** [...'bie:], der; -s, -s (*Theater* jmd., der den Künstlern beim Ankleiden hilft und für die Pflege der Kostüme zuständig ist); **Gar|de|ro|bie|re,** die; -, -n (Garderobenfrau; *Theater vgl.* Garderobier)
gar|dez! [gar'de:] ‹franz.› (bei privaten Schachpartien manchmal verwendeter Hinweis auf die Bedrohung der Dame)
Gar|di|ne, die; -, -n ‹niederl.›; **Gar|di|nen_pre|digt** *(ugs.),* **...schnur, ...stan|ge**
Gar|dist, der; -en, -en (↑R 197) ‹franz.› (Soldat der Garde)
Ga|re, die; - (*Landw.* günstigster Zustand des Kulturbodens)
ga|ren (gar kochen)
gä|ren; es gor (*auch, bes. in übertr. Bedeutung* gärte); es göre (*auch* gärte); gegoren (*auch* gegärt); gär[e]!
gar|ge|kocht; -es Fleisch (↑*jedoch* R 209), aber: das Fleisch ist gar gekocht
Ga|ri|bal|di (ital. Freiheitskämpfer)
gar kein; *vgl.* [2]gar
Gar_koch (der), **...kü|che** (*veraltet für* Küche in einer einfachen Gaststätte o. ä.)
Gar|misch-Par|ten|kir|chen (bayr. Fremdenverkehrsort)
Garn, das; -[e]s, -e
Gar|ne|le, die; -, -n (ein Krebstier)
gar|ni *vgl.* Hotel garni
gar nicht; gar nichts; *vgl.* [2]gar
gar|nie|ren ‹franz.› (schmücken, verzieren); **Gar|nie|rung; Gar|ni|son,** die; -, -en (Standort einer [Besatzungs]truppe); **gar|ni|so|nie|ren** (*veraltend für* in der Garnison liegen); **Gar|ni|son[s]|kir|che; Gar|ni|tur,** die; -, -en (Verzierung; Anzahl od. Satz zusammengehöriger Gegenstände)
Garn|knäu|el
Ga|ronne [ga'rɔn], die; - (franz. Fluß)
Ga|rot|te usw. *vgl.* Garrotte usw.; **Gar|rot|te,** die; -, -n ‹span.› (Würgschraube od. Halseisen zum Hinrichten [Erdrosseln]); **gar|rot|tie|ren**
gar|stig; Gar|stig|keit
Gär|stoff
Gärt|chen; gär|teln (*südd. für* Gartenarbeit aus Liebhaberei verrichten); ich ...[e]le (↑R 22); **Gar|ten,** der; -s, Gärten; **Garten_ar|beit, ...ar|chi|tekt, ...bank** (*Plur.* ...bänke), **...bau** (der; -[e]s); **Gar|ten|bau|aus|stel|lung; Garten_beet, ...blu|me, ...fest, ...freund, ...frucht, ...ge|rät, ...haus, ...lau|be, ...lo|kal, ...par|ty, ...rot|schwanz** (ein Singvogel), **...schach, ...stadt, ...weg, ...wirt|schaft, ...zaun, ...zwerg; Gärt|lein; Gärt|ner; Gärt|ne|rei; Gärt|ne|rin; Gärt|ne|rin|art;** *nur in* nach - *(Gastron.);* **gärt|ne|risch; gärt|nern;** ich ...ere (↑R 22); **Gärt|ners|frau**
Gä|rung; Gä|rungs|pro|zeß
Gar|zeit
Gas, das; -es, -e; - geben; **Gas_an|griff, ...an|zün|der, ...ba|de|ofen, ...be|ton** *(Bauw.)*
Ga|sel, Gha|sel [ga...], das; -s, -e ‹arab.› *u.* **Ga|se|le, Gha|se|le,** die; -, -n (eine [oriental.] Gedichtform)
ga|sen; es gast; es ga|ste; **Gas_ex|plo|si|on, ...feu|er|zeug, ...fla|sche; gas|för|mig; Gas_ge|misch, ...hahn, ...hei|zung, ...herd, ...hül|le; ga|sie|ren** (*Textiltechnik* Garne sengen, glattbrennen); **ga|sig; Gas_ko|cher, ...lei|tung; Gas-Luft-Ge|misch;** ↑R 41; **Gas_mann, ...mas|ke, ...ofen, ...öl; Ga|so|me|ter,** der; -s, - ‹franz.› (*veraltend für* großer Gasbehälter); **Gas_pe|dal, ...pi|sto|le, ...rech|nung**
gaß|aus, gaß|ein *(veraltet);* **Gäß|chen**

Gas|schlauch; Gas[|schmelz]|schwei|ßung (autogene Schweißung)

Gas|se, die; -, -n (enge, schmale Straße; *österr. in bestimmten Verwendungen auch für* Straße, z. B. über die Gasse); *Schreibung in Straßennamen:* ↑R 190 ff.; **Gas|sen‿bu|be, ...hau|er** (*ugs. für* Schlager, allbekanntes Lied), **...jun|ge, ...lied, ...lo|kal** *(österr.)*; **gas|sen|sei|tig** (*österr. für* nach der Straße zu gelegen); **Gas|sen‿ver|kauf** (*österr. für* Verkauf über die Straße), **...woh|nung** *(österr.)*; **Gas|si;** *nur in* Gassi gehen (*ugs. für* mit dem Hund auf die Straße [Gasse] gehen); **Gäß|lein**

Gast, der; -[e]s, *Plur.* Gäste *u.* (*Seemannsspr. für* bestimmte Matrosen:) -en; zu - sein; zu -[e] bitten; als - (*Abk.* a. G.); **Gast‿ar|bei|ter, ...ar|bei|te|rin, ...do|zent, ...do|zen|tin; Gä|ste‿bett, ...buch, ...hand|tuch, ...haus, ...heim; Ga|ste|rei** (*veraltet für* üppiges Gastmahl; Schlemmerei); **Gä|ste‿toi|let|te, ...zim|mer; gast|frei;** -[e]ste; **Gast‿frei|heit** (die; -), **...freund; gast|freund|lich; Gast‿freund|lich|keit** (die; -), **...freund|schaft** (die; -), **...ge|ber, ...ge|be|rin, ...ge|schenk, ...haus, ...hof, ...hö|rer; ga|stie|ren** (*Theater* eine Gastrolle geben); **Gast|land; gast|lich; Gast|lich|keit,** die; -; **Gast‿mahl** (*Plur.* ...mähler *u.* -e; *geh.*), **...mann|schaft** *(Sport)*, **...pflan|ze** (*Bot.* Schmarotzer)

Ga|strä|a, die; -, ...äen ‹griech.› (*Zool.* angenommenes Urdarmtier); **ga|stral** (*Med.* zum Magen gehörend, den Magen betreffend); **Ga|stral|gie,** die; -, ...ien (Magenkrampf)

Gast‿recht, ...red|ner, ...red|ne|rin

ga|strisch ‹griech.› (*Med.* zum Magen gehörend, vom Magen ausgehend); -es Fieber; **Ga|stri|tis,** die; -, ...itiden (Magenschleimhautentzündung)

Gast|rol|le

Ga|stro|nom, der; -en, -en (↑R 197) ‹griech.› (Gastwirt mit besonderen Kenntnissen auf dem Gebiet der Kochkunst u. des Gaststättenwesens); **Ga|stro|no|mie,** die; - (Gaststättengewerbe; feine Kochkunst); **Ga|stro|no|min; ga|stro|no|misch;** -ste; **Ga|stro|po|de,** der; -n, -n *meist Plur.*; ↑R 197 (*Zool.* Schnecke); **Ga|stro|skop,** das; -s, -e (*Med.* Gerät zur Untersuchung des Mageninneren); **Ga|stro|sto|mie,** die; -, ...ien (Anlegung einer Magenfistel); **Ga|stro|to|mie,** die; -, ...ien (Magenschnitt); **Ga|stru|la,** die; - (*Biol.* Entwicklungsstadium vielzelliger Tiere)

Gast‿spiel, ...stät|te; Gast|stät|ten|ge|wer|be, das; -s; **Gast‿stu|be, ...tier** (Schmarotzer), **...vor|le|sung, ...vor|stel|lung, ...vor|trag, ...wirt, ...wirt|schaft, ...wort** (*Plur.* ...wörter; geläufiges Fremdwort), **...zim|mer**

Gas‿ver|gif|tung, ...werk, ...zäh|ler

Gat *vgl.* Gatt; **Gatt,** Gat, das; -[e]s, *Plur.* -en *u.* -s (*Seemannsspr.* Öse, Loch; enger Raum; Schiffsheck)

Gat|te, der; -n, -n (↑R 197); **gat|ten,** sich (*geh. für* sich paaren); **Gat|ten‿lie|be, ...mord, ...wahl**

Gat|ter, das; -s, - (Gitter, [Holz]zaun); **Gat|ter|sä|ge**

gat|tie|ren (verschiedene Eisensorten u. Zusätze für das Gießen von Gußeisen zusammenstellen); **Gat|tin; Gat|tung; Gat|tungs|na|me** (*auch für* Appellativ)

GAU, der; -s, -s (= größter anzunehmender Unfall)

Gau, der, *landsch.* das; -[e]s, -e; **Gäu,** das; -[e]s, -e (*landsch. für* Gau); das Obere -; das Allgäu

Gau|be, Gau|pe, die; -, -n (*Bauw. u. landsch. für* aus einem Dach herausgebautes Fenster)

Gauch, der; -[e]s, *Plur.* -e *u.* Gäuche ‹„Kuckuck"› (*veraltet für* Narr); **Gauch|heil,** der; -[e]s, -e (Zierpflanze u. Ackerunkraut)

Gau|cho ['gautʃo], der; -[s], -s ‹indian.-span.› (südamerik. Viehhirt)

Gau|de|a|mus, das; - (↑R 180) ‹lat., „Freuen wir uns!"› (Name [u. Anfang] eines Studentenliedes)

Gau|dee, die; -, -n (*österr. Nebenform von* Gaudi); **Gau|di,** die; -, *österr. nur so, auch* das; -s (*ugs. für* Gaudium)

Gau|dieb (*nordd. veraltet für* Gauner)

Gau|di|um, das; -s ‹lat.› (Freude; Ausgelassenheit; Spaß); **Gau|di|wurm** (*ugs. scherzh. für* Fastnachtszug)

gau|frie|ren [go'fri:...] ‹franz.› (mit dem Gaufrierkalander prägen); **Gau|frier|ka|lan|der** (Kalander zur Narbung od. Musterung von Papier u. Geweben)

Gau|graf *(früher)*

Gau|guin [go'gɛ̃:] (franz. Maler)

Gau|ke|lei; gau|kel|haft; -este; **gau|keln** *(veraltend)*; ich ...[e]le (↑R 22); **Gau|kel‿spiel, ...werk** (das; -[e]s); **Gauk|ler; Gauk|le|rei; gauk|ler|haft;** -este; **Gauk|le|rin; gauk|le|risch;** -ste; **Gauk|ler|trup|pe**

Gaul, der; -[e]s, Gäule; **Gäul|chen**

Gaulle ['go:l], **de** (franz. General u. Staatsmann); *vgl.* de-Gaulle-freundlich; **Gaul|lis|mus** [go'lismus], der; - ‹nach de Gaulle› (politische Bewegung in Frankreich); **Gaul|list** [go'list], der; -en, -en; ↑R 197 (Anhänger des Gaullismus)

Gault [gɔ:lt], der; -[e]s ‹engl.› (*Geol.* zweitälteste Stufe der Kreide)

Gau|men, der; -s, -; **Gau|men‿kit|zel, ...laut** (*für* Guttural), **...se|gel, ...zäpf|chen; gau|mig;** - sprechen

Gau|ner, der; -s, -; **Gau|ner|ban|de; Gau|ne|rei; gau|ner|haft;** -este; **Gau|ne|rin; gau|ne|risch;** -ste; **gau|nern;** ich ...ere (↑R 22); **Gau|ner|spra|che**

Gau|pe *vgl.* Gaube

Gaur, der; -s, -[s] ‹Hindi› (wildlebendes Rind in Indien)

[1]**Gauß** (dt. Mathematiker); [2]**Gauß,** das; -, - (alte Maßeinheit der magnetischen Induktion; *Zeichen* G); *vgl.* Tesla

Gautsch‿brett (Gerät zum Pressen des nassen Papiers), **...brief; Gaut|sche,** die; -, -n (*südd. für* Schaukel); **gaut|schen** (Papier zum Pressen ins Gautschbrett legen; *auch* Lehrlinge nach altem Buchdruckerbrauch unter die Gehilfen aufnehmen; *südwestd. für* schaukeln); du gautschst; **Gaut|scher; Gautsch|fest**

Ga|vot|te [ga'vɔt, *österr. nur so, auch* ga'vɔtə], die; -, -n ‹franz.› (ein alter Tanz)

Ga|wein (Gestalt der Artussage)

Ga|ze ['gazə], die; -, -n ‹pers.› (durchsichtiges Gewebe; Verbandmull)

Ga|zel|le, die; -, -n ‹arab.-ital.› (Antilopenart)

Ga|zet|te [*auch* ga'zɛt(ə)], die; -, -n ‹franz.› (*veraltet, noch abwertend für* Zeitung)

GBl. = Gesetzblatt

Gd = *chem. Zeichen für* Gadolinium

Gdańsk [gdansk, *poln.* gdaĩsk] (poln. Hafenstadt an der Ostsee; *vgl.* Danzig)

G-Dur ['ge:du:r, *auch* 'ge:'du:r], das; - (Tonart; *Zeichen* G); **G-Dur-Ton|lei|ter** (↑R 41)

Ge = *chem. Zeichen für* Germanium

ge... (*Vorsilbe von Verben,* z. B. gehorchen, du gehorchst, gehorcht, zu gehorchen)

Ge|äch|te|te, der *u.* die; -n, -n (↑R 7 ff.)

Ge|äch|ze, das; -s

Ge|äder, das; -s; **ge|ädert;** das Blatt ist schön -

Ge|äf|ter, das; -s, - (*Jägerspr.* die

beiden hinteren Zehen beim Schalenwild u. a.)
Ge|al|be|re, das; -s
ge|ar|tet; das Kind ist gut -
Ge|äse, das; -s, - (*Jägerspr.* Äsung; *auch* Maul bei Hirsch und Reh)
Ge|äst, das; -[e]s (Astwerk)
[1]geb. (*Zeichen* *) = geboren[e], *auch* geborener
[2]geb. = gebunden (bei Büchern)
Ge|bab|bel, das; -s (*landsch. für* Geplapper, dauerndes Reden)
Ge|bäck, das; -[e]s, -e; **Ge|backe|ne**, das; -n (↑R 7ff.) [*Trenn.* ...bak|ke...]; **Ge|bäck|scha|le**
Ge|bal|ge, das; -s (Prügelei)
Ge|bälk, das; -[e]s, -e *Plur. selten*
Ge|bän|de, das; -s, - (eine mittelalterl. Kopftracht)
Ge|bär|de, die; -, -n; **ge|bär|den**, sich; **Ge|bär|den‿spiel** (das; -[e]s), **...spra|che; ge|ba|ren**, sich (*veraltet für* sich gebärden); **Ge|ba|ren**, das; -s
ge|bä|ren; du gebärst, sie gebärt (*geh.* gebierst, gebiert); du gebarst; du gebärest; geboren *(vgl. d.)*; gebär[e]! (*geh.* gebier!); **Ge|bä|re|rin; Ge|bär‿kli|nik** (*österr. für* Entbindungsabteilung, -heim), **...mut|ter** (die; -, ...mütter); **Ge|bär|mut|ter|spie|gel**
Ge|ba|rung (Gebaren; *österr. für* Buch-, Geschäftsführung)
ge|bauch|pin|selt (*ugs. für* geehrt, geschmeichelt); **ge|baucht** (bauchig)
Ge|bäu|de, das; -s, -; **Ge|bäu|de‿kom|plex, ...teil** (der); **Ge|bäu|lich|keit** *meist Plur.* (*südd., schweiz. für* Baulichkeit)
ge|be|freu|dig
Ge|bein, das; -[e]s, -e
Ge|bel|fer, das; -s (Belfern, Bellen); **Ge|bell**, das; -[e]s; **Ge|belle**, das; -s
ge|ben; du gibst, er gibt; du gabst; du gäbest; gegeben *(vgl. d.)*; gib!; (↑R 68:) Geben (*auch* geben) ist seliger denn Nehmen (*auch* nehmen)
Ge|ben|de *vgl.* Gebände
Ge|be|ne|dei|te, die; -n ‹*zu* benedeien› (Gottesmutter)
Ge|ber; Ge|be|rin; Ge|ber|lau|ne, die; -; in -; **Ge|ber|spra|che** *(Sprachw.)*
Ge|bet, das; -[e]s, -e; **Ge|bet|buch; Ge|bets‿man|tel, ...müh|le, ...ni|sche, ...rie|men, ...tep|pich**
Ge|bet|tel, das; -s
ge|beut (*veraltet für* gebietet); die Stunde -, daß ...
Geb|hard (m. Vorn.)
Ge|biet, das; -[e]s, -e; **ge|bie|ten**; geboten; **ge|bie|tend; Ge|bie|ter; Ge|bie|te|rin; ge|bie|te|risch**; -ste; **ge|biet|lich; Ge|biets‿an|spruch, ...er|wei|te|rung, ...ho|heit, ...kör|per|schaft** *(Rechtsw.)*, **...kran|ken|kas|se** *(österr.)*, **...re|form; ge|biets|wei|se**
Ge|bild|brot (Gebäck besonderer Gestalt zu bestimmten Festtagen); **Ge|bil|de**, das; -s, -; **ge|bil|det; Ge|bil|de|te**, der *u.* die; -n, -n (↑R 7ff.)
Ge|bim|mel, das; -s
Ge|bin|de, das; -s, -
Ge|bir|ge, das; -s, -; **ge|bir|gig; Ge|bir|gig|keit**, die; -; **Ge|birg|ler; Ge|birgs‿bach, ...jä|ger** *(Milit.)*, **...kamm, ...ket|te, ...land|schaft, ...mas|siv, ...stock** (*Plur.* ...stöcke), **...zug**
Ge|biß, das; Gebisses, Gebisse
Ge|blaf|fe, das; -s *(ugs.)*
Ge|bla|se, das; -s (Blasen); **Ge|blä|se**, das; -s, - *(Technik)*
Ge|blö|del, das; -s *(ugs.)*
Ge|blök, das; -[e]s *u.* **Ge|blö|ke**, das; -s
ge|blümt, *österr.* **ge|blumt** (mit Blumen gemustert)
Ge|blüt, das; -[e]s *(geh.)*
ge|bo|gen (gekrümmt); **ge|bogt** (bogenförmig geschnitten); ein -er Kragen
ge|bo|ren (*Abk.* geb.; *Zeichen* *); er ist ein geborener Schmitt; sie ist eine geborene Schulz; Frau Müller geb. Schulz *od.* Frau Müller, geb. Schulz (↑R 93); **Ge|bo|ren|zei|chen**
ge|bor|gen; hier fühle ich mich -; **Ge|bor|gen|heit**, die; -
Ge|bot, das; -[e]s, -e; zu -[e] stehen; das erste, zweite -, a b e r : die Zehn -e (↑R 157); **Ge|bots|schild** *Plur.* ...schilder *(Verkehrsw.)*
Gebr. = Gebrüder
Ge|bräch, das; -[e]s, -e *u.* **Ge|brä|che**, das; -s, - (*Bergmannsspr.* Gestein, das leicht in Stücke zerfällt; *Jägerspr.* der vom Schwarzwild mit dem Rüssel aufgewühlte Boden)
Ge|brä|me, das; -s, - (*veraltet für* Verbrämung)
ge|brand|markt
ge|brannt; -er Kalk
Ge|bra|te|ne, das; -n (↑R 7ff.)
Ge|bräu, das; -[e]s, -e
Ge|brauch, der; -[e]s, *Plur.* (*für* Sitte, Verfahrensweise:) Gebräuche; **ge|brau|chen** (benutzen); **ge|bräuch|lich; Ge|bräuch|lich|keit**, die; -; **Ge|brauchs‿an|wei|sung, ...ar|ti|kel; ge|brauchs|fer|tig; Ge|brauchs‿ge|gen|stand, ...gra|phik** (*vgl. Anm. zu* Graphik), **...gut, ...mu|sik, ...mu|ster, ...wert; Ge|braucht|wa|gen; Ge|braucht|wa|gen|markt**
Ge|braus, das; -es *u.* **Ge|brau|se**, das; -s
Ge|brech, das; -[e]s, -e *u.* **Ge|bre|che**, das; -s, - (*Bergmannsspr.* Gebräch; *Jägerspr.* Rüssel des Schwarzwildes); **ge|bre|chen** (*geh. für* fehlen, mangeln); es gebricht mir an [einer Sache]; **Ge|bre|chen**, das; -s, - (*geh. für* Körperschaden); **ge|brech|lich; Ge|brech|lich|keit**, die; -
Ge|bre|sten, das; -s, - (*schweiz., sonst veraltet für* Gebrechen)
ge|bro|chen; -e Farben, Zahlen
Ge|bröckel[1], das; -s
Ge|bro|del, das; -s
Ge|brü|der *Plur.* (*Abk.* Gebr.)
Ge|brüll, das; -[e]s
Ge|brumm, das; -[e]s *u.* **Ge|brum|me**, das; -s; **Ge|brum|mel**, das; -s
ge|buch|tet; eine -e Küste
Ge|bück, das; -[e]s, -e (*früher für* geflochtene Hecke zum Schutz von Anlagen oder Siedlungen)
Ge|bühr, die; -, -en; nach, über -; **ge|büh|ren**; etwas gebührt ihm (kommt ihm zu); es gebührt sich nicht, dies zu tun; **ge|büh|rend**; er erhielt die -e (entsprechende) Antwort; **ge|büh|ren|der‿ma|ßen, ...wei|se; Ge|büh|ren‿ein|heit, ...er|hö|hung; ge|büh|ren|frei; Ge|büh|ren‿frei|heit** (die; -), **...ord|nung; ge|büh|ren|pflich|tig; Ge|büh|ren|vi|gnet|te** (für die Autobahnbenutzung [in der Schweiz]); **ge|bühr|lich** *(veraltet)*; **Ge|bühr|nis**, die; -, -se (*veraltet für* Gebühr, Abgabe)
Ge|bum|se, das; -s *(ugs.)*
Ge|bund, das (*landsch. für* Bund, Bündel); 4 - Seide, Stroh (↑R 128f.); **ge|bun|den** (*Abk. [bei Büchern]* geb.); -es System *(roman. Baukunst)*; -e Rede (Verse); **Ge|bun|den|heit**, die; -
Ge|burt, die; -, -en; **Ge|bur|ten‿be|schrän|kung, ...häu|fig|keit, ...kon|trol|le, ...re|ge|lung** *od.* **...reg|lung, ...rück|gang; ge|bur|ten‿schwach, ...stark; Ge|bur|ten‿über|schuß, ...zif|fer; ge|bür|tig; Ge|burts‿adel, ...an|zei|ge, ...da|tum, ...feh|ler, ...haus, ...hel|fer, ...hel|fe|rin, ...hil|fe** (die; -), **...jahr, ...na|me, ...ort** (der; -[e]s, -e), **...schein, ...tag; Ge|burts|tags‿fei|er, ...ge|schenk, ...kind, ...tor|te; Ge|burts|ur|kun|de**
Ge|büsch, das; -[e]s, -e
ge|chintzt [gəˈtʃintst]; eine -e Bluse; *vgl.* Chintz
Geck, der; -en, -en (↑R 197); **Gecken|art**[1], die; -; **gecken|haft**[1]; -este; **Gecken|haf|tig|keit**[1], die; -
Gecko[1], der; -s, *Plur.* -s *u.* ...onen ‹malai.› (eine trop. Eidechse)

[1] *Trenn.* ...k|k...

ge|dacht ⟨*von* denken, gedenken⟩; ich habe nicht daran -; ich habe seiner -; **Ge|dach|te,** das; -n (↑R 7 ff.); **Ge|dächt|nis,** das; -ses, -se; **Ge|dächt|nis‿aus|stel|lung, ...fei|er, ...kon|zert, ...pro|to|koll, ...schwä|che, ...schwund** (der; -[e]s), **...stö|rung, ...stüt|ze**
ge|dackt (*Orgelbau* oben verschlossen); -e Pfeife
Ge|dan|ke, *selten* **Ge|dan|ken,** der; ...kens, ...ken; **Ge|dan|ken‿ar|beit, ...aus|tausch, ...blitz, ...flug, ...frei|heit** (die; -), **...gang** (der), **...gut** (das; -[e]s), **...le|sen** (das; -s); **ge|dan|ken|los;** -este; **Ge|dan|ken|lo|sig|keit; ge|dan|ken‿reich, ...schnell; Ge|dan|ken‿split|ter, ...sprung, ...strich, ...über|tra|gung, ...ver|bin|dung; ge|dan|ken|ver|lo|ren; ge|dan|ken|voll; ge|dank|lich**
Ge|därm, das; -[e]s, -e *u.* **Ge|där|me,** das; -s, -
Ge|deck, das; -[e]s, -e; **ge|deckt**
Ge|deih, der; *nur in* auf - und Verderb; **ge|dei|hen;** du gedeihst; du gediehest; du gediehest; gediehen; gedeih[e]!; **Ge|dei|hen,** das; -s; **ge|deih|lich** (*geh. für* nützlich, fruchtbar); **Ge|deih|lich|keit,** die; -
Ge|den|ke|mein, das; -s, - (eine Waldblume); **ge|den|ken;** *mit Gen.:* gedenket unser!; **Ge|den|ken,** das; -s; **Ge|denk‿fei|er, ...mar|ke, ...mi|nu|te, ...mün|ze, ...re|de, ...stät|te, ...stun|de, ...ta|fel, ...tag**
ge|deucht *vgl.* dünken
Ge|dicht, das; -[e]s, -e; **Ge|dicht‿in|ter|pre|ta|ti|on, ...samm|lung**
ge|die|gen; -es (reines) Gold; du bist aber -! (*ugs. für* wunderlich); **Ge|die|gen|heit,** die; -
ge|dient; -er Soldat
Ge|din|ge, das; -s, - (Akkordlohn im Bergbau); **Ge|din|ge|ar|bei|ter**
Ge|don|ner, das; -s
Ge|döns, das; -es (*landsch. für* Aufheben, Getue); viel - um etwas machen
Ge|drän|ge, das; -s; **Ge|drän|gel,** das; -s *(ugs.)*; **ge|drängt;** -este; **Ge|drängt|heit,** die; -
Ge|dröhn, das; -[e]s *u.* **Ge|dröh|ne,** das; -s
ge|drückt; -este; seine Stimmung ist -
Ge|druck|te, das; -n (↑R 7 ff.)
Ge|drückt|heit, die; -
ge|drun|gen; eine -e (untersetzte) Gestalt; **Ge|drun|gen|heit,** die; -
Ge|du|del, das; -s *(ugs.)*
Ge|duld, die; -; **ge|dul|den,** sich; **ge|dul|dig; Ge|dulds‿ar|beit, ...fa|den** (*nur in* jmdm. reißt der Geduldsfaden), **...pro|be; Ge|duld[s]|spiel**

ge|dun|gen; ein -er Mörder
ge|dun|sen; der Kranke hat ein -es Gesicht; **Ge|dun|sen|heit,** die; -
Ge|dün|ste|te, das; -n; ↑R 7 ff. *(österr.)*
ge|eig|net; -ste; **ge|eig|ne|ten|orts** *(Amtsspr. veraltet)*; **Ge|eig|net|heit,** die; -
Geest, die; -, -en (hochgelegenes, trockenes, weniger fruchtbares Land im Küstengebiet); **Geest|land,** das; -[e]s
gef. (*Zeichen* ⚔) = gefallen
Ge|fach, das; -[e]s, *Plur.* -e *u.* Gefächer (Fach, Lade)
Ge|fahr, die; -, -en; - laufen; **ge|fahr|brin|gend; ge|fähr|den; ge|fahr|dro|hend; Ge|fähr|dung**
Ge|fah|re, das; -s (*ugs. für* häufiges [unvorsichtiges, schlechtes] Fahren)
Ge|fah|ren‿be|reich, ...ge|mein|schaft, ...herd, ...mo|ment (das), **...quel|le, ...zo|ne, ...zu|la|ge;**
ge|fähr|lich; -e Körperverletzung *(Rechtsspr.)*; **Ge|fähr|lich|keit,** die; -; **ge|fahr|los;** -este; **Ge|fahr|lo|sig|keit,** die; -
Ge|fährt, das; -[e]s, -e (Wagen); **Ge|fähr|te,** der; -n, -n; ↑R 197 (Begleiter); **Ge|fähr|tin**
ge|fahr|voll
Ge|fäl|le, das; -s, -; **Ge|fäl|le|mes|ser,** der *(Geodäsie)*; [1]**ge|fal|len;** es hat mir -; sich etwas - lassen; [2]**ge|fal|len;** er ist - (*Abk.* gef.; *Zeichen* ⚔); [1]**Ge|fal|len,** der; -s, -; jmdm. einen Gefallen tun; jmdm. etwas zu Gefallen tun; [2]**Ge|fal|len,** das; -s; [kein] - an etwas finden; **Ge|fal|le|ne,** der *u.* die; -n, -n (↑R 7 ff.); **Ge|fal|le|nen‿fried|hof, ...ge|denk|fei|er; Ge|fäl|le|strecke** [*Trenn.* ...strek|ke] *vgl.* Gefällstrecke; **ge|fäl|lig** (*Abk.* gefl.); **Ge|fäl|lig|keit; Ge|fäl|lig|keits|wech|sel** *(Bankw.)*; **ge|fäl|ligst** (*Abk.* gefl.); **Ge|fäll|strecke** [*Trenn.* ...strek|ke]; **Ge|fall|sucht,** die; -; **ge|fall|süch|tig**
Ge|fäl|tel, das; -s (viele kleine Falten)
ge|fan|gen; Ge|fan|ge|ne, der *u.* die; -n, -n (↑R 7 ff.); **Ge|fan|ge|nen‿aus|tausch, ...be|frei|ung, ...haus** (*österr. neben* Gefängnis), **...la|ger, ...wär|ter; ge|fan|gen|hal|ten** (↑R 205); du hältst gefangen; gefangengehalten; gefangenzuhalten; **Ge|fan|gen|haus** (*österr. amtl. Form für* Gefangenenhaus); **Ge|fan|gen|nah|me,** die; -; **ge|fan|gen|neh|men;** *vgl.* gefangenhalten; **Ge|fan|gen|schaft,** die; -, -en *Plur. selten;* **ge|fan|gen|set|zen;** *vgl.* gefangenhalten; **Ge|fäng|nis,** das; -ses, -se; **Ge|fäng|nis‿auf|se|her, ...stra|fe, ...wär|ter, ...zel|le**

ge|färbt; dunkelgefärbt usw.; *vgl.* blau, IV
Ge|fa|sel, das; -s *(ugs.)*
Ge|fa|ser, das; -s
Ge|fäß, das; -es, -e; **Ge|fäß‿chir|ur|gie** (die; -), **...er|wei|te|rung, ...krank|heit**
ge|faßt; -este; auf alles - sein; **Ge|faßt|heit,** die; -
Ge|fecht, das; -[e]s, -e; **ge|fechts|be|reit; Ge|fechts‿be|reit|schaft** (die; -), **...kopf** (Vorderteil mit Sprengstoff und Zünder bei Raketen o. ä.); **ge|fechts|mä|ßig; Ge|fechts‿pau|se, ...stand**
Ge|fe|ge, das; -s, - (*Jägerspr.* vom Geweih abgefegter Bast)
Ge|feil|sche, das; -s
ge|feit (sicher, geschützt); sie ist gegen böse Einflüsse -
Ge|fels, das; -es (*veraltet für* Felsen)
ge|fen|stert
Ge|fer|tig|te, der *u.* die; -n, -n; ↑R 7 ff. (*Kaufmannsspr. veraltet für* Unterzeichnete[r])
Ge|fie|del, das; -s
Ge|fie|der, das; -s, -; **ge|fie|dert;** -e (mit Federn versehene) Pfeile; -es Blatt
Ge|fil|de, das; -s, - (*geh. für* Gegend; Landschaft)
ge|fin|gert; -es Blatt
ge|fin|kelt (*österr. für* schlau, durchtrieben)
Ge|fi|on (nord. Göttin)
ge|fir|nißt; das Brett ist -
ge|fitzt; -este (*schweiz. mdal. für* schlau, geschickt)
gefl. = gefällig, gefälligst
Ge|flacker, das; -s [*Trenn.* ...flak|ker]
ge|flammt; -e Muster
Ge|flat|ter, das; -s
Ge|flecht, das; -[e]s, -e
ge|fleckt; rotgefleckt usw.; *vgl.* blau, IV; rot und weiß -
Ge|flen|ne, das; -s (*ugs. für* andauerndes Weinen)
Ge|flim|mer, das; -s
Ge|flis|sen|heit, die; -; **ge|flis|sent|lich**
Ge|flu|che, das; -s
Ge|flu|der, das; -s, - (*Bergmannsspr.* Wasserrinne)
Ge|flü|gel, das; -s; **Ge|flü|gel‿farm, ...sa|lat, ...sche|re; ge|flü|gelt;** -es Wort (oft angeführtes Zitat); -e Worte
Ge|flun|ker, das; -s *(ugs.)*
Ge|flü|ster, das; -s
Ge|fol|ge, das; -s, - *Plur. selten;* im - von ...; **Ge|folg|schaft; Ge|folgs|mann** *Plur.* ...männer *u.* ...leute
Gefr. = Gefreite
Ge|fra|ge, das; -s; dein dummes -; **ge|fragt;** -este
ge|frä|ßig; der Kerl ist dumm und -; **Ge|frä|ßig|keit,** die; -

Ge|frei|te, der; -n, -n; ↑R 7ff. (*Abk.* Gefr.)
Ge|frett *vgl.* Gfrett
ge|freut; -este (*schweiz. mdal. für* erfreulich)
ge|frie|ren; Ge|frier₋fach (im Kühlschrank), **...fleisch, ...ge|mü|se; ge|frier|ge|trock|net; Ge|frier₋ket|te** (die; -; Aneinanderreihung von Kühlvorrichtungen), **...punkt, ...schrank, ...schutz|mit|tel, ...trock|nung, ...tru|he, ...ver|fah|ren, ...wa|re**
Ge|frieß *vgl.* Gfrieß
Ge|fro|re|ne, Ge|fror|ne, das; -n; ↑R 7ff. (*südd., österr. für* [Speise]eis)
Ge|fü|ge, das; -s, -; **ge|fü|gig; Ge|fü|gig|keit,** die; -
Ge|fühl, das; -[e]s, -e; **ge|füh|lig** (gefühlvoll); **Ge|füh|lig|keit,** die; -; **ge|fühl|los;** -este; **Ge|fühl|lo|sig|keit; ge|fühls₋arm, ...betont** (-este); **Ge|fühls|du|se|lei** *(ugs.);* **ge|fühls₋du|se|lig, ...dus|lig; ge|fühls|echt; ge|fühls|mä|ßig; Ge|fühls₋mensch, ...re|gung, ...sa|che; ge|fühl|voll**
ge|füh|rig ([vom Schnee] für das Skilaufen günstig); **Ge|füh|rig|keit,** die; - (*für* Före)
Ge|fum|mel, das; -s *(ugs.)*
Ge|fun|kel, das; -s
ge|furcht; eine -e Rinde
ge|für|stet; -e Abtei
Ge|gacker, das; -s [*Trenn.* ...gak|ker]
ge|ge|ben; es ist das -e (↑R 65), aber: er nahm das Gegebene gern; **ge|ge|be|nen|falls** (*Abk.* ggf.); *vgl.* [1]Fall; **Ge|ge|ben|heit**
ge|gen; *Präp. mit Akk.:* er rannte - das Tor; *Adverb:* - 20 Leute kamen; gegeneinander; gegenüber; *vgl.* gen; **Ge|gen₋ak|ti|on, ...an|ge|bot, ...an|griff, ...an|trag, ...ar|gu|ment, ...be|haup|tung, ...be|such, ...be|weis, ...bu|chung**
Ge|gend, die; -, -en
Ge|gen₋dar|stel|lung, ...de|mon|stra|ti|on, ...dienst, ...druck (der; -[e]s)
ge|gen|ein|an|der; *Schreibung in Verbindung mit Verben* (↑R 205f.): damit sie gegeneinander (einer gegen den anderen) kämpfen, aber: die Bretter gegeneinanderstellen, *vgl.* aneinander; **ge|gen|ein|an|der₋drücken** [*Trenn.* ...drük|ken], **...pral|len, ...pres|sen, ...ste|hen** (sich feindlich gegenüberstehen; sie haben gegeneinandergestanden), **...stel|len, ...sto|ßen;** *vgl.* gegeneinander
Ge|gen₋fahr|bahn, ...for|de|rung, ...fra|ge, ...füß|ler (*veraltend für* Antipode), **...ga|be, ...ge|ra|de** *(Sportspr.),* **...ge|walt** (die; -), **...ge|wicht, ...gift** (das), **...kan|di|dat, ...ka|the|te, ...kla|ge, ...kul|tur, ...kurs; ge|gen|läu|fig; Ge|gen|lei|stung; ge|gen|len|ken** (um eine Abweichung von der Fahrtrichtung auszugleichen); **ge|gen|le|sen** (als zweiter zur Kontrolle lesen); **Ge|gen|licht,** das; -[e]s; im -; **Ge|gen|licht|auf|nah|me** *(Fotogr.);* **Ge|gen₋lie|be, ...maß|nah|me, ...mit|tel** (das), **...papst, ...part** (*svw.* Widerpart), **...par|tei, ...pol, ...pro|be, ...re|de, ...re|for|ma|ti|on** (die; -), **...re|gie|rung, ...rich|tung, ...satz; ge|gen|sätz|lich; Ge|gen|sätz|lich|keit; Ge|gen|satz|wort,** Ge|gen|wort *Plur.* ...wörter (*für* Antonym); **Ge|gen₋schlag, ...sei|te; ge|gen|sei|tig; Ge|gen|sei|tig|keit,** die; -; **Ge|gen₋spie|ler, ...spie|le|rin, ...sprech|an|la|ge**
Ge|gen|stand; ge|gen|stän|dig (*Bot.* [von Blättern] gegenüberstehend); **ge|gen|ständ|lich** (sachlich, anschaulich, klar); -es Hauptwort (*für* Konkretum); **Ge|gen|ständ|lich|keit,** die; -; **ge|gen|stands|los** (keiner Berücksichtigung wert); **Ge|gen|stands|lo|sig|keit,** die; -
Ge|gen|stim|me; ge|gen|stim|mig; Ge|gen₋stoß, ...strom; ge|gen₋stro|mig *od.* **...strö|mig; Ge|gen₋strö|mung, ...stück**
Ge|gen|teil, das; -[e]s, -e; im -; ins - umschlagen; **ge|gen|tei|lig**
Ge|gen₋the|se (*svw.* Antithese), **...tor, ...tref|fer** *(Sport)*
ge|gen|über; *Präp. mit Dat.:* die Schule steht - dem Rathaus, *auch* dem Rathaus -; *bei Ortsnamen auch mit* „von": gegenüber von Blankenese. *Schreibung in Verbindung mit Verben* (↑R 205f.): gegenüber (dort drüben, auf der anderen Seite) stehen zwei Häuser; *vgl.* aber: gegenüberliegen, gegenüberstehen usw.; *vgl. auch* aneinander; **Ge|gen|über,** das; -s, -; **ge|gen|über₋lie|gen** (die Truppen haben sich gegenübergelegen), **...se|hen** (er wird sich Problemen gegenübersehen), **...sit|zen** (wir wollen uns gegenübersitzen); **...ste|hen** (sie haben sich gegenübergestanden), **...stel|len; Ge|gen|über|stel|lung; ge|gen|über|tre|ten**
Ge|gen₋ver|kehr (der; -[e]s), **...vor|schlag**
Ge|gen|wart, die; -; **ge|gen|wär|tig** [*auch* ...ˈvɛr...]; (↑R 65:) die hier Gegenwärtigen; **ge|gen|warts|be|zo|gen; Ge|gen|warts|form,** die; - (*für* Präsens); **ge|gen|warts|fremd; Ge|gen|warts|kun|de; ge|gen|warts₋nah** *od.* **...na|he; Ge|gen|warts|spra|che**
Ge|gen₋wehr (die), **...wert, ...wind, ...wir|kung; Ge|gen|wort** *vgl.* Gegensatzwort
ge|gen|zeich|nen ([als zweiter] mitunterschreiben); ich zeichne gegen; gegengezeichnet; gegenzuzeichnen; **Ge|gen|zeich|nung**
Ge|gen₋zeu|ge, ...zug
Ge|gir|re, das; -s
Ge|glit|zer, das; -s
Geg|ner; Geg|ne|rin; geg|ne|risch; Geg|ner|schaft, die; -
ge|go|ren; der Saft ist -
gegr. = gegründet
Ge|grin|se, das; -s
Ge|grö|le, das; -s (*ugs. für* Geschrei)
ge|grün|det (*Abk.* gegr.)
Ge|grun|ze, das; -s
geh. = geheftet
Ge|ha|be, das; -s (Ziererei; eigenwilliges Benehmen); **ge|ha|ben,** sich; gehab[e] dich wohl!; **Ge|ha|ben,** das; -s
Ge|hack|te, das; -n; ↑R 7ff. (Hackfleisch)
Ge|ha|der, das; -s
[1]**Ge|halt,** das, *österr. veraltend auch* der; -[e]s, Gehälter (regelmäßige monatliche Bezahlung); [2]**Ge|halt,** der; -[e]s, -e (Inhalt; Wert); **ge|halt|arm; ge|hal|ten;** - (verpflichtet) sein; **ge|halt|los;** -este; **Ge|halt|lo|sig|keit,** die; -; **ge|halt|reich; Ge|halts₋aus|zah|lung, ...emp|fän|ger, ...er|hö|hung, ...kon|to, ...nach|zah|lung, ...stu|fe; Ge|halts|vor|rückung** [*Trenn.* ...rük|kung] (*österr. für* Gehaltserhöhung der Beamten); **Ge|halts₋zah|lung, ...zu|la|ge; ge|halt|voll**
Ge|häm|mer, das; -s
Ge|ham|pel, das; -s *(ugs.)*
ge|han|di|kapt [gəˈhɛndikɛpt] ‹engl.› (behindert, benachteiligt)
Ge|hän|ge, das; -s, - (*auch Jägerspr.* Hirschfängerkoppel, Tragriemen für das Jagdhorn)
Ge|häng|te, der *u.* die; -n, -n (↑R 7ff.); *vgl. auch* Gehenkte
ge|har|nischt; ein -er Reiter; ein -er (scharfer) Protest
ge|häs|sig; Ge|häs|sig|keit
Ge|häu|se, das; -s, -
ge|haut; -este (*österr. ugs. für* durchtrieben)
Geh|bahn; geh|be|hin|dert; Geh|be|hin|der|te, der *u.* die; -n, -n (↑R 7ff.); **Geh|be|hin|de|rung**
Ge|heck, das; -[e]s, -e (*Jägerspr.* die Jungen vom Raubwild; Brut [bei Entenvögeln])
ge|hef|tet (*Abk.* geh.); die Akten sind -
Ge|he|ge, das; -s, -
ge|hei|ligt
ge|heim; insgeheim. **I.** *Kleinschreibung:* geheimer Vorbehalt; (↑R 65:) im -en. **II.** *Großschrei-*

bung in Titeln (↑R 157): [Wirklicher] Geheimer Rat, Geheime Staatspolizei (polit. Polizei im nationalsoz. Reich; *Abk.* Gestapo), Geheimes Staatsarchiv. **III.** *Schreibung in Verbindung mit Verben* (↑R 205 f.): **a)** *Getrenntschreibung, wenn beide Wörter ihre Selbständigkeit bewahren;* etwas geheim erledigen; etwas muß geheim bleiben; **b)** *Zusammenschreibung, wenn beide Wörter als Einheit empfunden werden,* z. B. geheimhalten, geheimtun; **Ge|heim‿ab|kom|men, ...agent, ...bund** (der); **Ge|heim|bün|de|lei,** die; - *(veraltend);* **Ge|heim‿bünd|ler, ...dienst, ...di|plo|ma|tie, ...do|ku|ment, ...fach; ge|heim|hal|ten** (↑R 205); du hältst geheim; geheimgehalten; geheimzuhalten; **Ge|heim|hal|tung,** die; -; **Ge|heim‿leh|re, ...mit|tel** (das); **Ge|heim|nis,** das; -ses, -se; **Ge|heim|nis|krä|mer; Ge|heim|nis|krä|me|rei; Ge|heim|nis|trä|ger; Ge|heim|nis|tu|er; Ge|heim|nis|tue|rei,** die; -; **ge|heim|nis|tue|risch; ge|heim|nis|voll; Ge|heim‿num|mer, ...po|li|zei, ...rat** (*Plur.* ...räte; *vgl.* geheim); **Ge|heim|rats‿ecken** (*Plur.* [*Trenn.* ...ek|ken]), **...ti|tel; Ge|heim‿re|zept, ...schrift, ...sen|der, ...tip; Ge|heim|tu|er; Ge|heim|tue|rei,** die; -; **ge|heim|tue|risch; ge|heim|tun;** *vgl.* geheimhalten; **Ge|heim‿tür, ...waf|fe**

Ge|heiß, das; -es; auf - des ...; auf sein -

ge|hemmt; -este; **Ge|hemmt|heit,** die; -

ge|hen; du gehst; du gingst, er ging; du gingest; gegangen; geh[e]!; geht's! (*südd., österr.* Ausdruck der Ablehnung, des Unwillens); vor sich -; baden gehen, schlafen gehen, *vgl.* aber: gehenlassen *u.* gutgehen; **Ge|hen,** das; -s (Sportart); (↑R 43:) 20-km-Gehen

Ge|henk, das; -[e]s, -e (*selten für* Gehänge)

ge|hen|kelt (mit Henkeln versehen)

Ge|henk|te, der *u.* die; -n, -n; ↑R 7 ff. (durch Erhängen hingerichtete Person); *vgl. auch* Gehängte

ge|hen|las|sen; ↑R 205 (in Ruhe lassen); er hat ihn gehenlassen; sich - (sich nicht beherrschen; sich keine Selbstdisziplin auferlegen); er hat sich gehenlassen, *seltener* gehengelassen; aber: du sollst ihn nach Hause gehen lassen; den Teig gehen lassen

Ge|hen|na, die; - ‹hebr.› (spätjüd.-neutest. Bez. der Hölle)

Ge|her *(Sport);* **Ge|he|rin**

Ge|het|ze, das; -s

ge|heu|er; das ist mir nicht -

Ge|heul, das; -[e]s

Geh|fal|te; Geh‿gips (stützender Gipsverband für Bein u. Fuß), **...hil|fe**

Ge|hil|fe, der; -n, -n (↑R 197); **Ge|hil|fen|brief; Ge|hil|fen|schaft** (*schweiz. Rechtsspr. für* Beihilfe); **Ge|hil|fin**

Ge|hirn, das; -[e]s, -e; **Ge|hirn‿akro|ba|tik** (die; -; *ugs. scherzh.*), **...chir|ur|gie** (die; -), **...er|schüt|te|rung, ...er|wei|chung** (*für* Paralyse), **...haut** (die; -), **...schal|le, ...schlag, ...schmalz** *(ugs. scherzh.),* **...schwund, ...wä|sche** (Versuch der Umorientierung eines Menschen durch phys. und psych. Druck)

gehl (*landsch. für* gelb); **Gehl|chen** (*landsch. für* Pfifferling, Gelbling)

ge|ho|ben; -er Sprachgebrauch

Ge|höft [*auch* ...'hœft], das; -[e]s, -e

Ge|höh|ne, das; -s

Ge|hölz, das; -es, -e; **Ge|hol|ze,** das; -s (*Sportspr.* rücksichtsloses u. stümperhaftes Spielen)

Ge|hop|se, das; -s

Ge|hör, das; -[e]s; - finden, schenken; **Ge|hör|bil|dung** *(Musik);* **ge|hor|chen;** du mußt ihm -; der Not gehorchend; **ge|hö|ren;** das Haus gehört mir; die mir gehörenden Häuser; ich gehöre zur Familie; *südd., österr., schweiz. auch* ihm gehört (gebührt) eine Strafe; **Ge|hör‿feh|ler, ...gang** (der); **ge|hör|ge|schä|digt; ge|hö|rig;** er hat -en Respekt; -en Ortes *(Amtsspr.);* **ge|hör|los; Ge|hör|lo|se,** der *u.* die; -n, -n (↑R 7 ff.); **Ge|hör|lo|sen|schu|le; Ge|hör|lo|sig|keit,** die; -

Ge|hörn, das; -[e]s, -e; **ge|hörnt;** -es Wild

ge|hor|sam; Ge|hor|sam, der; -s; **Ge|hor|sam|keit,** die; -; **Ge|hor|sams‿pflicht** (die; -), **...ver|wei|ge|rung**

Ge|hör|sinn, der; -[e]s

[1]**Geh|re** *vgl.* Gehrung; [2]**Geh|re,** die; -, -n *u.* **Geh|ren,** der; -s, - (*landsch. für* Zwickel, Einsatz, Schoß); **geh|ren** (*fachspr. für* schräg abschneiden)

Geh|rock

Geh|rung, die; -, -en, *fachspr. auch* Geh|re, die; -, -n (schräger Zuschnitt von Brettern o. ä., die unter einem [beliebigen] Winkel zusammenstoßen); **Geh|rungs|sä|ge**

Geh|steig

Geht|nicht|mehr; *nur in* bis zum - ([bis] zum Überdruß)

Ge|hu|del, das; -s *(landsch.)*

Ge|hu|pe, das; -s

Ge|hüp|fe, das; -s

Geh‿ver|band *(Med.),* **...weg, ...werk** (Teil des Uhrwerkes)

Gei, die; -, -en (*Seemannsspr.* Tau zum Geien); **gei|en** ([Segel] zusammenschnüren)

Gei|er, der; -s, -; **Gei|er|na|se**

Gei|fer, der; -s; **Gei|fe|rer; gei|fern;** ich ...ere (↑R 22)

Gei|ge, die; -, -n; die erste - spielen; **gei|gen; Gei|gen‿bau** (der; -[e]s), **...bau|er** (der; -s, -), **...bo|gen, ...hals, ...ka|sten, ...sai|te, ...spie|ler; Gei|ger; Gei|ge|rin**

Gei|ger|zäh|ler ‹nach dem dt. Physiker›; ↑R 135 (Gerät zum Nachweis radioaktiver Strahlen)

geil (*Jugendspr. auch für* großartig, toll); [1]**Gei|le,** die; - (*veraltet für* Geilheit); [2]**Gei|le,** die; -, -n (*Jägerspr.* Hoden); **gei|len; Geil|heit,** die; -

Gei|sa (*Plur. von* Geison)

Gei|sel, die; -, -n; -n stellen; *vgl.* aber: Geißel; **Gei|sel‿dra|ma, ...gang|ster, ...haft; Gei|sel|nah|me,** die; -, -n; **Gei|sel|neh|mer**

Gei|ser, der; -s, - (*eindeutschende Schreibung für* Geysir)

Gei|se|rich (König der Wandalen)

Gei|sha ['ge:ʃa], die; -, -s ‹jap.› (jap. Gesellschafterin)

Gei|son, das; -s, *Plur.* -s *u.* ...sa ‹griech.› (Kranzgesims des antiken Tempels)

Geiß, die; -, -en (*südd., österr., schweiz. für* Ziege); **Geiß‿bart** (der; -[e]s; eine Waldpflanze), **...blatt** (das; -[e]s; ein [Kletter]strauch), **...bock** *(südd., österr., schweiz.)*

Gei|ßel, die; -, -n (*auch landsch. für* Peitsche; *übertr. für* Plage); eine - der Menschheit; *vgl.* aber: Geisel; **gei|ßeln;** ich ...[e]le (↑R 22); **Gei|ßel|tier|chen** (*Biol.* ein Einzeller); **Gei|ße|lung,** Geiß|lung

Geiß|fuß, der; -es, ...füße (Werkzeug; zahnärztl. Instrument; *nur Sing.:* ein Wiesenkraut); **Geiß|hirt** *(südd., österr., schweiz.);* **Geiß|lein** (junge Geiß)

Geiß|ler ‹*zu* geißeln›; **Geiß|lung** *vgl.* Geißelung

Geist, der; -[e]s, *Plur.* (*für* Gespenst, kluger Mensch:) -er *u.* (*für* Weingeist usw.:) -e; **geist|bil|dend; Gei|ster‿bahn, ...be|schwö|rung, ...er|schei|nung, ...fah|rer** (jmd., der auf der Autobahn auf der falschen Seite fährt); **gei|ster|haft; Gei|ster|hand;** wie von -; **gei|stern;** es geistert; **Gei|ster‿se|her, ...stadt** (von den Menschen verlassene Stadt), **...stun|de; gei|stes|ab-**

we|send; **Gei|stes‿ab|we|sen|heit** (die; -), **...ar|beit, ...ar|bei|ter, ...blitz, ...ga|ben** *(Plur.)*, **...ge|gen|wart; gei|stes|ge|gen|wär|tig; Gei|stes|ge|schich|te,** die; -; **gei|stes|ge|schicht|lich; gei|stes|ge|stört; Gei|stes|ge|stör|te,** der *u.* die; -n, -n (↑R 7ff.); **Gei|stes‿grö|ße, ...hal|tung; gei|stes|krank; Gei|stes|kran|ke,** der *u.* die; -n, -n (↑R 7ff.); **Gei|stes‿krank|heit, ...schwä|che** (die; -), **...stö|rung; gei|stes|ver|wandt; Gei|stes‿wis|sen|schaf|ten** *Plur.*, **...wis|sen|schaft|ler; gei|stes|wis|sen|schaft|lich; Gei|stes|zu|stand,** der; -[e]s; **geist|feind|lich; gei|stig;** -es Eigentum; - behindert sein; **Gei|stig|keit,** die; -; **gei|stig-see|lisch** (↑R 39); **geist|lich;** -er Beistand, aber (↑R 157): Geistlicher Rat *(kath. Kirche)*; **Geist|li|che,** der; -n, -n (↑R 7ff.); **Geist|lich|keit,** die; -; **geist|los;** -este; **geist‿reich, ...tö|tend, ...voll**

Gei|tau, das; -[e]s, -e (Tau zum Geien)

Geiz, der; -es, -e (übertriebene Sparsamkeit *[nur Sing.]*; die Entwicklung beeinträchtigender Nebentrieb einer Pflanze); **gei|zen;** du geizt; **Geiz|hals** (geiziger Mensch); **gei|zig; Geiz|kra|gen** (*svw.* Geizhals)

Ge|jam|mer, das; -s

Ge|jauch|ze, das; -s

Ge|jau|le, das; -s

Ge|jo|del, das; -s

Ge|joh|le, das; -s

Ge|kalk, das; -[e]s (*Jägerspr.* Ausscheidung [von Greifvögeln])

Ge|kei|fe, das; -s

Ge|ki|cher, das; -s

Ge|kläff, das; -[e]s *u.* **Ge|kläf|fe,** das; -s

Ge|klap|per, das; -s

Ge|klat|sche, das; -s

Ge|klim|per, das; -s

Ge|klin|gel, das; -s

Ge|klirr, das; -[e]s *u.* **Ge|klir|re,** das; -s

Ge|klop|fe, das; -s

Ge|klüft, das; -[e]s, -e *u.* **Ge|klüf|te,** das; -s, - *(geh.)*

Ge|knat|ter, das; -s

ge|knickt; -este (*ugs. auch für* bedrückt, traurig)

Ge|knir|sche, das; -s

Ge|kni|ster, das; -s

ge|knüp|pelt; *nur in* - voll (*ugs. für* sehr voll)

ge|konnt; -este; sein Spiel wirkte sehr -; **Ge|konnt|heit,** die; -

ge|kö|pert (in Köperbindung gewebt)

ge|ko|ren; *vgl.* [2]kiesen

ge|körnt *(fachspr.)*; ein -es Werkstück

Ge|krächze, das; -s

Ge|kra|kel, das; -s *(ugs.)*

Ge|krätz, das; -es (*Technik* Metallabfall); **Ge|krat|ze,** das; -s

Ge|kräu|sel, das; -s

Ge|kreisch, das; -[e]s *u.* **Ge|krei|sche,** das; -s

Ge|kreu|zig|te, der; -n, -n (↑R 7ff.)

Ge|krit|zel, das; -s

ge|kröpft (hakenförmig gebogen)

Ge|krö|se, das; -s, - (Innereien, bes. vom Rind)

ge|kün|stelt; ein -es Benehmen

Gel, das; -s, -e (gallertartige Substanz; Gelatine)

Ge|lab|ber, das; -s (*landsch. für* fades Getränk)

Ge|la|ber, das; -s (*landsch. für* törichtes Gerede)

Ge|läch|ter, das; -s, -

ge|lack|mei|ert (*ugs. für* angeführt); **Ge|lack|mei|er|te,** der *u.* die; -n, -n (↑R 7ff.)

ge|lackt; *vgl.* lacken

ge|la|den; - (*ugs.* zornig, wütend) sein

Ge|la|ge, das; -s, -; **Ge|lä|ger,** das; -s, - (Ablagerung im Weinfaß nach der Gärung)

ge|lähmt; Ge|lähm|te, der *u.* die; -n, -n (↑R 7ff.)

ge|lahrt; -este (*veraltet, noch scherzh. für* gelehrt); ein -er Mann

Ge|län|de, das; -s, -; **Ge|län|de‿fahrt, ...fahr|zeug; ge|län|de|gän|gig; Ge|län|de‿lauf** *(Leichtathletik)*, **...marsch**

Ge|län|der, das; -s, -

Ge|län|de‿ritt, ...spiel, ...sport (der; -[e]s), **...übung, ...wa|gen**

ge|lan|gen; der Brief gelangte nicht in meine Hände; an jmdn. - (*schweiz. für* an jmdn. herantreten, sich an jmdn. wenden)

ge|lappt; -e Blätter *(Bot.)*

Ge|lär|me, das; -s

Ge|laß, das; Gelasses, Gelasse (*geh. für* Raum)

ge|las|sen; sie steht der Gefahr - gegenüber; **Ge|las|sen|heit,** die; -

Ge|la|ti|ne [ʒe...], die; - ‹franz.› ([Knochen]leim, Gallert); **Ge|la|ti|ne|kap|sel; ge|la|ti|nie|ren** (zu Gelatine erstarren; in Gelatine verwandeln); **ge|la|ti|nös** (gelatineartig); -e Masse

Ge|läuf, das; -[e]s, -e (*Jägerspr.* Spuren u. Wechsel des Federwildes; *Sport* Boden einer Pferderennbahn, eines Spielfeldes); **Ge|lau|fe,** das; -s; **ge|läu|fig;** die Redensart ist -; **Ge|läu|fig|keit,** die; -

ge|launt; gutgelaunt; der gutgelaunte Vater (↑*jedoch* R 209), aber: der Vater ist gut gelaunt

Ge|läut, das; -[e]s, -e (Glocken einer Kirche); **Ge|läu|te,** das; -s (anhaltendes Läuten)

gelb; gelbe Rüben (*südd. für* Mohrrüben), das gelbe Fieber, die gelbe Rasse, das gelbe Trikot (des Spitzenreiters im Radsport), die gelbe Karte *(bes. Fußball)*, aber (↑R 146): der Gelbe Fluß; die Gelben Engel (des ADAC); *vgl.* blau, IV, V; **Gelb,** das; -s, *Plur.* -, *ugs.* -s (gelbe Farbe); bei Gelb ist die Kreuzung zu räumen; die Ampel steht auf Gelb; *vgl.* Blau; **gelb|braun** usw.; *vgl.* blau, V *u.* ↑R 40; **Gel|be,** das; -n; **Gelb‿fie|ber, ...fil|ter; gelb|grün; Gelb‿kör|per|hor|mon** (ein Sexualhormon), **...kreuz** (ein Giftgas); **gelb|lich;** gelblichgrün usw. (↑R 40); **Gelb|licht,** das; -[e]s; **Gelb|ling** (ein Pilz); **Gelb|rand|kä|fer; gelb|rot; Gelb‿rü|be** (*südd. für* Möhre), **...schna|bel** (*seltener für* Grünschnabel), **...sucht** (die; -); **gelb|süch|tig; Gelb|vei|ge|lein** (*südd. für* Goldlack); **Gelb‿wurst, ...wur|zel** (tropisches Ingwergewächs)

Geld, das; -[e]s, -er (*Börse; Abk. auf dt. Kurszetteln* G *[vgl. d.]*); (↑R 32:) Geld- und andere Sorgen; **Geld‿adel, ...an|ge|le|gen|heit, ...an|la|ge, ...au|to|mat, ...beu|tel, ...bom|be, ...bör|se, ...brief|trä|ger, ...bu|ße, ...ent|wer|tung**

Gel|dern (Stadt im Niederrhein. Tiefland); **Gel|der|ner** (↑R 147)

Gel|des|wert, der; -[e]s; **Geld‿fra|ge, ...ge|ber, ...ge|be|rin, ...gier; geld|gie|rig; Geld|hahn;** *meist in* jmdm. den - zudrehen (*ugs. für* jmdm. kein Geld mehr geben); **Geld‿hei|rat, ...in|sti|tut; geld|lich,** aber: unentgeltlich; **Geld‿markt, ...men|ge, ...mit|tel** *(Plur.)*, **...quel|le**

gel|drisch ‹*zu* Geldern›

Geld‿sack, ...schein, ...schnei|de|rei, ...schrank, ...schrank|knacker [*Trenn.* ...knak|ker], **...sor|gen** *(Plur.)*, **...sor|te, ...stra|fe, ...stück, ...sum|me, ...ta|sche, ...um|tausch, ...ver|le|gen|heit; Geld|wasch|an|la|ge** (*ugs. für* Institution, die [steuerbegünstigte] Spendengelder an eine polit. Partei weiterleitet); **Geld|wä|sche** (*ugs. für* Umtausch von illegal erworbenem Geld in solches von unverdächtiger Herkunft); **Geld|wech|sel; geld|wert** *(Bankw.)*; ein -er Vorteil; **Geld‿wert** (der; -[e]s), **...we|sen, ...wirt|schaft** (die; -)

ge|leckt; das Zimmer sieht aus wie - (*ugs. für* sehr sauber)

Ge|lee [ʒə...], das, *auch* der; -s, -s ‹franz.›

Ge|le|ge, das; -s, -

ge|le|gen; das kommt mir sehr - (das kommt zur rechten Zeit); ich werde zu -er Zeit wiederkommen; **Ge|le|gen|heit; Ge|le|gen|heitsˍar|beit, ...ar|bei|ter, ...ge|dicht, ...kauf; ge|le|gent|lich;** *als Präp. mit Gen.:* - seines Besuches (*Amtsspr., dafür besser* bei seinem Besuch)

ge|leh|rig; Ge|leh|rig|keit, die; -; **ge|lehr|sam; Ge|lehr|sam|keit,** die; -; **ge|lehrt;** -este; ein -er Mann; **Ge|lehr|te,** der *u.* die; -n, -n (↑R 7 ff.); **Ge|lehrt|heit,** die; -

Ge|lei|er, das; -s

Ge|lei|se, das; -s, - (*österr., sonst geh. für* Gleis)

Ge|leit, das; -[e]s, -e; **Ge|lei|te,** das; -s, - *(veraltet);* **ge|lei|ten; Ge|leitˍschutz** (der; -es), **...wort** (*Plur.* ...worte), **...zug**

ge|lenk (*veraltet für* gelenkig); **Ge|lenk,** das; -[e]s, -e; **Ge|lenkˍband** (das; *Plur.* ...bänder), **...ent|zün|dung, ...fahr|zeug; ge|len|kig; Ge|len|kig|keit,** die; -; **Ge|lenkˍkap|sel, ...knor|pel, ...pfan|ne, ...rheu|ma|tis|mus, ...schmie|re; Ge|lenks|ent|zün|dung** (*österr. für* Gelenkentzündung); **Ge|lenk|wel|le** (*für* Kardanwelle)

ge|lernt; ein -er Maurer

Ge|leucht, das; -[e]s *u.* **Ge|leuch|te,** das; -s (*Bergmannsspr.* Licht, Beleuchtung unter Tage)

Ge|lich|ter, das; -s (*veraltend für* Gesindel)

Ge|lieb|te, der *u.* die; -n, -n (↑R 7 ff.)

ge|lie|fert; - (*ugs.* verloren, ruiniert) sein

ge|lie|ren [ʒe...] ‹franz.› (zu Gelee werden); **Ge|lierˍmit|tel** (das), **...zucker** [*Trenn.* ...zuk|ker]

ge|lind, ge|lin|de; ...este; das ist, gelinde gesagt, sehr übereilt (↑R 106)

ge|lin|gen; es gelang; es gelänge; gelungen; geling[e]!; **Ge|lin|gen,** das; -s

Ge|lis|pel, das; -s

ge|li|stet; *vgl.* listen

[1]**gell** (helltönend)

[2]**gell?, gel|le?** (*landsch. svw.* [2]gelt?)

gel|len; es gellt; es gellte; gegellt

Geln|hau|sen (Stadt a. d. Kinzig)

ge|lo|ben; jmdm. etwas - (versprechen); ich habe es mir gelobt (ernsthaft vorgenommen); (↑R 157:) das Gelobte Land *(bibl.);* **Ge|löb|nis,** das; -ses, -se

Ge|lock, das; -[e]s; **ge|lockt**

ge|löscht; -er Kalk

ge|löst; -este; **Ge|löst|heit,** die; -

Gel|se, die; -, -n (*österr. für* Stechmücke)

Gel|sen|kir|chen (Stadt im Ruhrgebiet); **Gel|sen|kir|che|ner Barock** (*scherzh. für* neugefertigte Möbel im traditionellen Stil mit überladenen Verzierungen)

[1]**gelt** (*mitteld. für* nichttragend, unfruchtbar [bes. von Kühen]); *vgl.* galt

[2]**gelt?** (*bes. südd. u. österr. für* nicht wahr?); *vgl. auch* gell?

gel|ten; du giltst, er gilt; du galtst (galtest); du gältest, *auch* göltest; gegolten; *(selten:)* gilt!; - lassen; geltend machen; **Gel|tend|ma|chung,** die; - *(Amtsspr.);* **Gel|tung,** die; -; **Gel|tungsˍbe|dürf|nis** (das; -ses), **...be|reich** (der), **...dau|er, ...sucht** (die; -)

Ge|lüb|de, das; -s, -

Ge|lum|pe, das; -s *(ugs.)*

Ge|lün|ge, das; -s (*svw.* [1]Geräusch)

ge|lun|gen; gutgelungen; eine gutgelungene Aufführung (↑*jedoch* R 209), aber: die Aufführung ist gut gelungen

Ge|lüst, das; -[e]s, -e *u.* **Ge|lü|ste,** das; -s, - *(geh.);* **ge|lü|sten** *(geh.);* es gelüstet mich; **Ge|lü|sten,** das; -s *(veraltet);* **ge|lü|stig** (*landsch. für* begierig)

Gel|ze, die; -, -n (*veraltet, noch landsch. für* verschnittene Sau); **gel|zen** (*veraltet, noch landsch. für* [ein Schwein] verschneiden); du gelzt

GEMA = Gesellschaft für musikal. Aufführungs- u. mechan. Vervielfältigungsrechte

ge|mach; gemach, gemach! (langsam, nichts überstürzen); **Ge|mach,** das; -[e]s, *Plur.* ...mächer, *veraltet* -e; **ge|mäch|lich** [*auch* gəˈmɛç...]; **Ge|mäch|lich|keit,** die; -

Ge|mächt, das; -[e]s, -e *u.* **Ge|mäch|te,** das; -s, - (*veraltet für* männliche Geschlechtsteile)

[1]**Ge|mahl,** der; -[e]s, -e; [2]**Ge|mahl,** das; -[e]s, -e (*veraltet für* Gemahlin); **Ge|mah|lin**

ge|mah|nen (*geh. für* erinnern); das gemahnt mich an ...

Ge|mäl|de, das; -s, -; **Ge|mäl|deˍaus|stel|lung, ...ga|le|rie, ...samm|lung**

Ge|mar|chen *Plur.* (*schweiz. für* Gemarkung); **Ge|mar|kung**

ge|ma|sert; -es Holz

ge|mäß; dem Befehl - (*seltener* - dem Befehl; *nicht:* - des Befehles); - Erlaß vom ...; **...ge|mäß;** -este (z. B. zeitgemäß); **Ge|mäß|heit,** die; - (Angemessenheit); **ge|mä|ßigt;** -e Zone *(Meteor.)*

Ge|mäu|er, das; -s, -

Ge|mau|schel, das; -s *(ugs.)*

Ge|mecker, das; -s [*Trenn.* ...mek|ker] *u.* **Ge|mecke|re,** das; -s [*Trenn.* ...mek|ke...] *u.* **Ge|meck|re,** das; -s

ge|mein; das gemeine Recht, aber (↑R 157): die Gemeine Stubenfliege; **Ge|mein|be|sitz; Ge|mein|de,** die; -, -n; **Ge|mein|de|am|mann** (*schweiz. für* Gemeindevorsteher; Gerichtsvollzieher); **Ge|mein|deˍamt, ...be|am|te; ge|mein|de|ei|gen; Ge|mein|deˍgut** (Allmende), **...haus, ...hel|fer** (*ev. Kirche* Diakon), **...kir|chen|rat, ...ord|nung, ...rat** (*Plur.* ...räte), **...rä|tin, ...schwe|ster, ...steu|er** (die); **Ge|mein|de|um|la|ge** *meist Plur.;* **ge|mein|deutsch; Ge|mein|deˍver|tre|tung, ...ver|wal|tung, ...vor|ste|her, ...wahl, ...zen|trum; ge|meind|lich; Ge|mein|ei|gen|tum; ge|meinˍfaß|lich, ...ge|fähr|lich; Ge|meinˍgeist** (der; -[e]s), **...gut** (das; -[e]s); **Ge|mein|heit; ge|mein|hin; ge|mei|nig|lich** (*veraltend für* gewöhnlich, im allgemeinen); **Ge|mein|ko|sten** *Plur.* (indirekte Kosten); **Ge|mein|nutz,** der; -es; **ge|mein|nüt|zig; Ge|mein|platz** (*svw.* Phrase); **ge|mein|sam;** -er Unterricht, aber (↑R 157): der Gemeinsame Markt (Ziel der Europäischen Wirtschaftsgemeinschaft); **Ge|mein|sam|keit; Ge|mein|schaft; ge|mein|schaft|lich; Ge|mein|schaftsˍan|ten|ne, ...ar|beit, ...ge|fühl** (das; -[e]s), **...geist** (der; -[e]s), **...haus, ...kun|de** (die; -; ein Schulfach), **...pra|xis, ...pro|duk|ti|on, ...raum, ...schu|le, ...sen|dung, ...un|ter|neh|men, ...ver|pfle|gung** (die; -), **...wer|bung; Ge|meinˍsinn** (der; -[e]s), **...spra|che** (allgemeine Sprache)

ge|meint; gutgemeint; ein gutgemeinter Vorschlag (↑*jedoch* R 209), aber: der Vorschlag ist gut gemeint

ge|mein|ver|ständ|lich; Ge|mein|werk, das; -[e]s (*schweiz. für* unbezahlte gemeinschaftl. Arbeit für die Gemeinde, eine Genossenschaft u. ä.); **Ge|meinˍwe|sen, ...wirt|schaft** (die; -), **...wohl**

Ge|men|ge, das; -s, -; **Ge|meng|sel,** das; -s, -

ge|mes|sen; in -er Haltung; **Ge|mes|sen|heit,** die; -

Ge|met|zel, das; -s, -

Ge|mi|na|ti|on, die; -, -en ‹lat.› (*Sprachw.* Konsonantenverdoppelung); **ge|mi|nie|ren**

Ge|misch, das; -[e]s, -e; **ge|mischt;** -e Gefühle; -es Doppel *(Sport);* -er Ausschuß *(Grundgesetz);* **Ge|mischt|bau|wei|se,** die; -; **ge|mischt|spra|chig; Ge|mischt|wa|ren|hand|lung; ge|mischt|wirt|schaft|lich**

Gem|ma, die; - ‹lat.› (ein Stern); **Gem|me,** die; -, -n (Schmuckstein mit eingeschnittenem

Bild); **Gem|mo|lo|gie,** die; - (Edelsteinkunde)
Gems₋bart, ...bock; Gem|se, die; -, -n; *vgl. auch* Gams; **Gem|sen|jä|ger; gems|far|ben** (*für* chamois); **Gems|jä|ger**
Ge|mun|kel, das; -s
Ge|mur|mel, das; -s
Ge|mur|re, das; -s
Ge|mü|se, das; -s, -; Mohrrüben sind ein nahrhaftes -; Mohrrüben u. Bohnen sind nahrhafte -; frühes -; **Ge|mü|se|an|bau, Ge|mü|se|bau,** der; -[e]s; **Ge|mü|se₋beet, ...bei|la|ge, ...ein|topf, ...frau** *(ugs.),* **...gar|ten, ...händ|ler, ...la|den, ...mann** (*Plur.* ...männer; *ugs.*), **...pflan|ze, ...saft, ...sup|pe**
ge|mu|stert
Ge|müt, das; -[e]s, -er; zu Gemüte führen; **ge|müt|haft; ge|müt|lich; Ge|müt|lich|keit,** die; -; **ge|müts|arm; Ge|müts₋art, ...be|we|gung; ge|müts|krank; Ge|müts₋kran|ke, ...krank|heit, ...la|ge, ...lei|den, ...mensch** *(ugs.),* **...ru|he, ...ver|fas|sung, ...zu|stand; ge|müt|voll**
gen (*veraltend für* in Richtung, nach [*vgl.* gegen]); - Himmel
Gen, das; -s, -e *meist Plur.* ‹griech.› (Träger der Erbanlage)
gen. = genannt
Gen. = Genitiv; Genosse; Genossenschaft
ge|nannt (*Abk.* gen.)
ge|nant [ʒe...]; -este ‹franz.› (*veraltend für* unangenehm; peinlich)
ge|narbt; -es Leder
ge|nä|schig (*geh. für* naschhaft)
ge|nau; auf das, aufs -[e]ste (↑R 65); genau[e]stens; nichts Genaues; etwas - nehmen; **ge|nau|ge|nom|men** (↑R 205 f.), aber: er hat es genau genommen; **Ge|nau|ig|keit,** die; -; **ge|nau so;** es waren genau so viele Mädchen, daß ...; *vgl.* aber: genauso; **ge|nau|so** (ebenso); genauso viele Freunde; *vgl.* aber: genau so; **ge|nau|so|gut** usw. *vgl.* ebenso, ebensogut usw.
Gen|bank *Plur.* ...banken
Gen|darm [ʒan..., *auch* ʒã...], der; -en, -en (↑R 197) ‹franz.› (*österr., sonst veraltet für* Polizist [auf dem Lande]); **Gen|dar|me|rie,** die; -, ...ien
Ge|nea|lo|ge, der; -n, -n (↑R 197) ‹griech.›; **Ge|nea|lo|gie,** die; -, ...ien (Geschlechterkunde, Familienforschung); **ge|nea|lo|gisch**
ge|nehm; ge|neh|mi|gen; Ge|neh|mi|gung; Ge|neh|mi|gungs|pflicht; ge|neh|mi|gungs|pflich|tig
ge|neigt; -este; er ist - zuzustimmen; der -e Leser; das Gelände ist leicht -; **Ge|neigt|heit,** die; -
Ge|ne|ra (*Plur. von* Genus)
Ge|ne|ral, der; -s, *Plur.* -e *u.* ...räle ‹lat.›; **Ge|ne|ral₋ab|so|lu|ti|on** *(kath. Kirche),* **...ad|mi|ral, ...agent** (Hauptvertreter), **...amne|stie, ...an|griff, ...arzt** *(Milit.);* **Ge|ne|ra|lat,** das; -[e]s, -e (Generalswürde); **Ge|ne|ral₋baß** *(Musik),* **...beich|te, ...be|voll|mäch|tig|te, ...bun|des|an|walt, ...di|rek|tor; Ge|ne|ral|feld|mar|schall; Ge|ne|ral₋gou|ver|ne|ment, ...gou|ver|neur; Ge|ne|ra|lin; Ge|ne|ral₋in|spek|teur, ...in|ten|dant; Ge|ne|ra|li|sa|ti|on,** die; -, -en (Verallgemeinerung); **ge|ne|ra|li|sie|ren** (verallgemeinern); **Ge|ne|ra|li|sie|rung; Ge|ne|ra|lis|si|mus,** der; -, *Plur.* ...mi *u.* ...musse ‹ital.› (Oberbefehlshaber); **Ge|ne|ra|list,** der; -en, -en; ↑R 197 (jmd., der nicht auf ein bestimmtes Gebiet festgelegt ist); **Ge|ne|ra|li|tät,** die; -, -en ‹franz.›; **ge|ne|ra|li|ter** ‹lat.› (*veraltend für* im allgemeinen; allgemein betrachtet); **Ge|ne|ral₋ka|pi|tel** *(kath. Kirche),* **...klau|sel** *(Rechtsspr.),* **...kom|man|do, ...kon|su|lat, ...leut|nant, ...ma|jor, ...mu|sik|di|rek|tor** (*Abk.* GMD), **...nen|ner, ...oberst, ...pau|se** *(Musik),* **...pro|be, ...se|kre|tär; Ge|ne|rals|rang; Ge|ne|ral|staa|ten** *Plur.* (das niederländische Parlament); **Ge|ne|ral|staats|an|walt; Ge|ne|ral|stab;** der Große - (↑R 157; *früher*); **Ge|ne|ral|stäb|ler; Ge|ne|ral|stabs|kar|te; Ge|ne|ral|streik; Ge|ne|rals|uni|form; ge|ne|ral|über|ho|len** *nur im Infinitiv u. Partizip II gebr.:* ich lasse den Wagen -; der Wagen wurde generalüberholt; **Ge|ne|ral₋über|ho|lung, ...ver|samm|lung, ...ver|tre|ter, ...vi|kar** (Vertreter des kath. Bischofs, bes. in der Verwaltung)
Ge|ne|ra|ti|on, die; -, -en ‹lat.› (Glied in der Geschlechterfolge; Gesamtheit der Menschen ungefähr gleicher Altersstufe); **Ge|ne|ra|tio|nen|ver|trag; Ge|ne|ra|ti|ons₋kon|flikt, ...wech|sel; ge|ne|ra|tiv** (erzeugend; *Biol.* die geschlechtl. Fortpflanzung betreffend); -e Zelle; -e Grammatik *(Sprachw.);* **Ge|ne|ra|tor,** der; -s, ...oren (Maschine, die Strom erzeugt; Apparat zur Gasgewinnung); **ge|ne|rell** ‹franz.› (allgemein[gültig]); **ge|ne|rie|ren** ‹lat.› (hervorbringen); **Ge|ne|ri|kum,** das; -s, ...ka (pharmazeut. Präparat mit der gleichen Zusammensetzung wie ein Markenarzneimittel); **ge|ne|risch** (das Geschlecht od. die Gattung betreffend, Gattungs...)
ge|ne|rös [*seltener* ʒe...]; -este ‹franz.› (groß-, edelmütig; freigebig); **Ge|ne|ro|si|tät,** die; -
Ge|ne|se, die; -, -n ‹griech.› (Entstehung, Entwicklung); *vgl. auch* Genesis
ge|ne|sen; du genest, er genest; du genasest, er genas; du genäsest; genesen; genese!; **Ge|ne|sen|de,** der *u.* die; -n, -n (↑R 7 ff.)
Ge|ne|sis [*auch* 'ge:...], die; - ‹griech.› (Entstehung, Ursprung; [1. Buch Mosis mit der] Schöpfungsgeschichte); *vgl. auch* Genese
Ge|ne|sung; Ge|ne|sungs₋heim, ...pro|zeß, ...ur|laub
Ge|net [ʒəˈnɛ] (franz. Schriftsteller)
Ge|ne|tik, die; - ‹griech.› (Vererbungslehre); **ge|ne|tisch** (entwicklungsgeschichtlich; erblich bedingt; die Vererbung betreffend)
Ge|ne|tiv *vgl.* Genitiv
Ge|nève [ʒəˈnɛ:v] (*franz. Form von* Genf)
Ge|ne|ver [ʒeˈnevər, *auch* ge...], der; -s, - (Wacholderbranntwein)
Ge|ne|za|reth; *vgl.* See Genezareth
Genf (Kanton u. Stadt in der Schweiz); *vgl.* Genève; **Gen|fer** (↑R 147); - Konvention; **gen|fe|risch; Gen|fer See,** der; - -s (See zwischen den Westalpen u. dem Jura)
Gen|for|schung
ge|ni|al ‹lat.› (überaus begabt und schöpferisch; großartig); **ge|nia|lisch;** ↑R 180 (nach Art eines Genies); **Ge|nia|li|tät,** die; - (↑R 180)
Ge|nick, das; -[e]s, -e; **Ge|nick₋fang** (der; -[e]s, -e *Plur. selten; Jägerspr.*), **...fän|ger** (Wildmesser), **...schuß, ...star|re**
[1]**Ge|nie** [ʒe...], das; -s, -s ‹franz.› (*nur Sing.:* höchste schöpferische Geisteskraft]; höchstbegabter, schöpferischer Mensch); [2]**Ge|nie,** die; - *od.* das; -s *meist nur in Zus.* (*schweiz. für* Pioniertruppe); **Ge|ni|en** ['ge:...] (*Plur. von* Genius); **Ge|nie|of|fi|zier** [ʒe...] *(schweiz.)*
ge|nie|ren [ʒe...] ‹franz.›; sich -; **ge|nier|lich** (*ugs. für* peinlich; schüchtern)
ge|nieß|bar; Ge|nieß|bar|keit, die; -; **ge|nie|ßen;** du genießt; ich genoß, du genossest, er genoß; du genössest; genossen; genieß[e]!; **Ge|nie|ßer; Ge|nie|ße|rin; ge|nie|ße|risch;** -ste
Ge|nie|streich [ʒe...]; **Ge|nie|trup|pe** *(schweiz.)*
ge|ni|tal ‹lat.› (die Genitalien betreffend); **Ge|ni|ta|le,** das; -s, ...lien [...iən] *meist Plur.* (Ge-

schlechtsorgan); **Ge|ni|tal|tu|ber|ku|lo|se**

Ge|ni|tiv, der; -s, -e [...və] ‹lat.› (*Sprachw.* Wesfall, 2. Fall; *Abk.* Gen.); **Ge|ni|tiv|ob|jekt; Ge|ni|us,** der; -, ...ien [...iən] (Schutzgeist im röm. Altertum; *geh. für* [1]Genie); - loci [- 'lo:tsi] (Schutzgeist eines Ortes)

Gen|ma|ni|pu|la|ti|on ‹griech.; lat.› (Manipulation des Erbgutes); **Gen|mu|ta|ti|on,** die; -, -en (erbliche Veränderung eines Gens)

Gen|ne|sa|ret *vgl.* See Genezareth

Ge|nom, das; -s, -e ‹griech.› (*Genetik* Gesamtheit der im einfachen Chromosomensatz vorhandenen Erbanlagen); **Ge|nom|ana|ly|se**

ge|noppt (mit Noppen versehen)

Ge|nör|gel, das; -s

Ge|nos|se, der; -n, -n (↑R 197; *Abk.* Gen.); **Ge|nos|sen|schaft** (*Abk.* Gen.); *vgl.* EG; **Ge|nos|sen|schaf|ter, Ge|nos|sen|schaft|ler; ge|nos|sen|schaft|lich; Ge|nos|sen|schafts‿bank** (*Plur.* ...banken), **...bau|er** (der; *bes. in der ehem. DDR*); **Ge|nos|sin; Ge|noß|sa|me,** die; -, -n (*schweiz. für* Alp-, Allmendgenossenschaft)

Ge|no|typ, der; -s, -en, Ge|no|ty|pus, der; -, ...typen ‹griech.› (*Biol.* Gesamtheit der Erbfaktoren eines Lebewesens); **ge|no|ty|pisch** (erbmäßig)

Ge|no|ve|va [...'fe:fa] (w. Vorn.)

Ge|no|zid, der, *auch* das; -[e]s, *Plur.* -e *u.* -ien [...iən] ‹griech.; lat.› (Völkermord)

Gen|re [ʒã:rə], das; -s, -s ‹franz.› (Art, Gattung; Wesen); **Gen|re|bild** (Bild aus dem täglichen Leben); **gen|re|haft;** -este (volksmäßig, in der Art der Genremalerei); **Gen|re|ma|le|rei**

[1]**Gent** (Stadt in Belgien)

[2]**Gent** [dʒɛnt], der; -s, -s ‹engl.› ([übertrieben] modisch gekleideter Mann)

Gen|tech|nik *Plur. selten* ‹griech.› (Technik der Erforschung und Manipulation der Gene); **gen|tech|nisch; Gen|tech|no|lo|gie,** die; -; **gen|tech|no|lo|gisch**

gen|til [ʒɛn'ti:l, *auch* ʒã...] ‹franz.› (*veraltet für* fein, nett, liebenswürdig); **Gen|til|homme** [ʒãti'jɔm], der; -s, -s (*veraltet für* Mann von vornehmer Gesinnung); **Gen|tle|man** ['dʒɛnt(ə)lmən], der; -s, ...men ‹engl.› (Mann von Lebensart u. Charakter [mit tadellosen Umgangsformen]); **gen|tle|man|like** [...laik] (nach Art eines Gentlemans; vornehm; höflich); **Gen|tle|man's** *od.* **Gen|tle|men's Agree|ment** [*beide* 'dʒɛnt(ə)lmənz ə'gri:mənt], das; - -, - -s (diplomat. Übereinkunft ohne formalen Vertrag; Abkommen auf Treu u. Glauben)

Gen|trans|fer ‹griech.; engl.› (*Genetik* Übertragung fremder Erbanlagen in die befruchtete Eizelle)

Gen|try ['dʒɛntri], die; - ‹engl.› (niederer Adel und wohlhabendes Bürgertum in England)

Ge|nua (ital. Stadt); **Ge|nue|se,** der; -n, -n (↑R 197; R 180); **Ge|nue|ser** (↑R 147; R 180); **ge|nue|sisch** (↑R 180)

ge|nug; - u. übergenug; (↑R 65:) - Gutes, Gutes -; - des Guten; von etw. - haben; *vgl.* genugtun; **Ge|nü|ge,** die; -; - tun, leisten; zur -; **ge|nü|gen;** dies genügt für unsere Zwecke; **ge|nü|gend;** *vgl.* ausreichend; **ge|nug|sam** (*veraltend* für hinreichend); **ge|nüg|sam** (anspruchslos); **Ge|nüg|sam|keit,** die; -; **ge|nug|tun** (*veraltend);* ↑R 205 f.; jmdm. - (Genugtuung gewähren); er hat mir genuggetan; ich kann mir damit nicht - (kann damit nicht aufhören); aber: ich habe jetzt genug (genügend) getan; **Ge|nug|tu|ung** *Plur. selten*

ge|nu|in ‹lat.› (echt; *Med.* angeboren, erblich); **Ge|nus** [*auch* 'ge:...], das; -, Genera (Gattung, Art; *Sprachw.* grammatisches Geschlecht); *vgl.* in genere

Ge|nuß, der; Genusses, Genüsse; **ge|nuß|freu|dig; Ge|nuß|gift; ge|nüß|lich; Ge|nüß|ling** (*veraltend für* Genußmensch); **Ge|nuß|mit|tel,** das; **ge|nuß|reich; Ge|nuß|sucht,** die; -; **ge|nuß‿süch|tig, ...voll**

Ge|nus ver|bi [- 'vɛrbi], das; - -, Genera - ‹lat.› (*Sprachw.* Verhaltensrichtung des Verbs: Aktiv u. Passiv)

Geo|bo|ta|nik[1] ‹griech.› (Wissenschaft von der geograph. Verbreitung der Pflanzen); **geo|bo|ta|nisch**[1]; **Geo|che|mie**[1] (Wissenschaft von der chemischen Zusammensetzung der Erde); **geo|che|misch**[1]; **Geo|dä|sie,** die; - (Vermessungskunde); **Geo|dät,** der; -en, -en; ↑R 197 (Fachmann, Wissenschaftler auf dem Gebiet der Geodäsie); **geo|dä|tisch; Geo|drei|eck** Ⓦⓩ (transparentes Dreieck zum Ausmessen u. Zeichnen von Winkeln o. ä.); **Geo|ge|nie, Geo|go|nie,** die; - (Lehre von der Entstehung der Erde); **Geo|graph** (↑R 53), der; -en, -en (↑R 197); **Geo|gra|phie** (↑R 53); die; -; **Geo|gra|phin** (↑R 53); **geo|gra|phisch** (↑R 53); **Geo|lo|ge,** der; -n, -n (↑R 197); **Geo|lo|gie,** die; - (Wissenschaft vom Aufbau, von der Entstehung u. Entwicklung der Erde); **Geo|lo|gin; geo|lo|gisch; Geo|man|tie,** die; - (Kunst, aus Linien u. Figuren im Sand wahrzusagen); **Geo|me|ter,** der; -s, - (*svw.* Geodät); **Geo|me|trie,** die; - (ein Zweig der Mathematik); **geo|me|trisch;** -er Ort; -es Mittel; **Geo|mor|pho|lo|gie**[1], die; - (Lehre von der äußeren Gestalt der Erde u. deren Veränderungen); **Geo|phy|sik**[1] (Lehre von den physikal. Eigenschaften des Erdkörpers); **geo|phy|si|ka|lisch**[1]; -e Untersuchungen, aber (↑R 157): das Geophysikalische Jahr; **Geo‿pla|stik**[1] (die; -; räuml. Darstellung von Teilen der Erdoberfläche), **...po|li|tik**[1] (die; -; Lehre von der Einwirkung geograph. Faktoren auf polit. Vorgänge); **geo|po|li|tisch**[1]

ge|ord|net; in -en Verhältnissen leben; eine gutgeordnete Bibliothek (↑*jedoch* R 209), aber: die Bibliothek ist gut geordnet

Ge|org [*auch* ge'ɔrk] (m. Vorn.); **George** [dʒɔ:(r)dʒ] (m. Vorn.); **George|town** ['dʒɔ:(r)dʒtaun] (Hptst. von Guyana); [1]**Geor|gette** [ʒɔr'ʒɛt] (w. Vorn.); [2]**Geor|gette,** der; -s (*svw.* Crêpe Georgette); **Geor|gia** ['dʒɔ:(r)dʒ(i)ə] (Staat in den USA; *Abk.* Ga.); **Ge|or|gi|en** [...iən] (Staat am Südhang des Kaukasus); **Ge|or|gi|er** [...iər]; **Ge|or|gie|rin** [...iər...]; [1]**Ge|or|gi|ne,** die; -, -n ‹nach dem Petersburger Botaniker Georgi› (*svw.* Dahlie); [2]**Ge|or|gi|ne** (w. Vorn.); **ge|or|gisch;** -e Sprache; **Ge|or|gisch,** das; -[s] (Sprache); *vgl.* Deutsch; **Ge|or|gi|sche,** das; -n; *vgl.* Deutsche, das

Geo|tek|to|nik[1] ‹griech.› (Lehre von Entwicklung u. Aufbau der gesamten Erdkruste); **geo|tek|to|nisch**[1]; **geo|ther|misch**[1] (die Wärmeverhältnisse im Erdkörper betreffend); -e Energie; **geo|trop, geo|tro|pisch; Geo|tro|pis|mus** (*Bot.* Vermögen der Pflanzen, sich in Richtung der Schwerkraft zu orientieren); **Geo|wis|sen|schaft; geo|zen|trisch**[1] (auf die Erde als Mittelpunkt bezogen; auf den Erdmittelpunkt bezogen); **geo|zy|klisch**[1] [*auch* ...'tsyk...] (den Umlauf der Erde betreffend)

Ge|päck, das; -[e]s; **Ge|päck‿ab|fer|ti|gung, ...ab|la|ge, ...an|nah|me;** (↑R 32:) Gepäckannahme

[1][*auch* 'ge:o...]

[1][*auch* 'ge:o...]

und -ausgabe; **Ge|päck|auf|be|wah|rung; Ge|päck|auf|be|wah|rungs|schein; Ge|päck_aus|ga|be, ...netz; Ge|päcks...** (*österr. für* Gepäck..., z. B. Gepäcksaufbewahrung, Gepäcksnetz, Gepäcksstück, Gepäcksträger); **Ge|päck_schal|ter, ...schein, ...stück, ...trä|ger, ...wa|gen**
Ge|pard, der; -s, -e ‹franz.› (ein katzenartiges Raubtier)
ge|perlt (mit Perlen versehen); -e Arm- und Beinringe
ge|pfef|fert *(ugs.);* -e Preise
Ge|pfei|fe, das; -s
ge|pflegt; -este; ein -es Äußere[s]; gutgepflegt; ein gutgepflegter Rasen (↑*jedoch* R 209), aber: der Rasen ist gut gepflegt; **Ge|pflegt|heit,** die; -; **Ge|pflo|gen|heit** (Gewohnheit)
Ge|pi|de, der; -n, -n; ↑R 197 (Angehöriger eines ostgerm. Volkes)
Ge|pie|pe, das; -s; **Ge|piep|se,** das; -s
Ge|plän|kel, das; -s, -
Ge|plap|per, das; -s
Ge|plärr, das; -[e]s *u.* **Ge|plär|re,** das; -s
Ge|plät|scher, das; -s
Ge|plau|der, das; -s
Ge|po|che, das; -s
Ge|pol|ter, das; -s
Ge|prä|ge, das; -s
Ge|prah|le, das; -s
Ge|drän|ge, das; -s (*geh. für* Prunk, Prachtentfaltung)
Ge|pras|sel, das; -s
ge|punk|tet; -er Stoff
Ge|qua|ke, das; -s; **Ge|quä|ke,** das; -s
Ge|quas|sel, das; -s *(ugs.)*
Ge|quat|sche, das; -s *(ugs.)*
Ge|quen|gel, das; -s *u.* **Ge|quen|ge|le, Ge|queng|le,** das; -s *(ugs.)*
Ge|quie|ke, das; -s
Ge|quiet|sche, das; -s
Ger, der; -[e]s, -e (germ. Wurfspieß)
Ge|ra (Stadt in Thüringen)
ge|rad[1]**...** (z. B. geradlinig); **Ge|rad**[1]**...** (z. B. Geradflügler)
ge|ra|de[1]; eine - Zahl; fünf - sein lassen *(ugs.);* - darum; der Weg ist - (ändert die Richtung nicht); er wohnt mir - (direkt) gegenüber; etwas - (offen, ehrlich) heraussagen (*vgl.* geradeheraus); er hat ihn - (genau) in das Auge getroffen; er hat es - (soeben) getan. *Schreibung in Verbindung mit Verben* (↑R 205 f.): **I.** *Zusammenschreibung,* z. B. geradelegen, geradesitzen, geradestellen. **II.** *Getrenntschreibung:* **a)** *wenn die Verben selbst schon Zusammensetzungen sind,* z. B. das Buch gerade (nicht schief) hinlegen; **b)** *wenn* „gerade" *die Bedeutung* „soeben, zur Zeit" *hat,* z. B. da er gerade sitzt (sich soeben hingesetzt hat); **Ge|ra|de**[1], die; -n, -n (gerade Linie; ein Boxschlag); vier -[n]; **ge|ra|de|aus**[1]; - blicken, gehen; **ge|ra|de|bie|gen**[1]; ↑R 205 (in gerade Form bringen; *ugs. für* einrenken); **ge|ra|de|hal|ten**[1], sich; ↑R 205 (eine aufrechte Haltung einnehmen); *vgl.* gerade, II, b; **ge|ra|de|her|aus**[1] (freimütig, direkt); etwas - sagen; **ge|ra|de|hin**[1] (leichtfertig); etwas - versprechen; **ge|ra|de|le|gen**[1]; ↑R 205 (zurechtlegen, ordnen); *vgl.* gerade, II, b; **ge|ra|de|ma|chen**[1]; ↑R 205 (*ugs. für* in gerade Lage, Form bringen); *vgl.* gerade, II, b; **ge|ra|den|wegs**[1] *vgl.* geradewegs; **ge|ra|de|rich|ten**[1]; ↑R 205 (in gerade Lage, Form bringen); *vgl.* gerade, II, b
ge|rä|dert; sich wie - (erschöpft, zerschlagen) fühlen
ge|ra|de|sit|zen[1]; ↑R 205 (aufrecht sitzen); *vgl.* gerade, II, b; **ge|ra|de so**[1]; er blieb gerade so lange, wie er vorausgesagt hatte; *vgl.* aber: geradeso; **ge|ra|de|so**[1] (ebenso); *vgl.* aber: gerade so; **ge|ra|de|so|gut**[1] usw.; *vgl.* ebenso, ebensogut usw.; **ge|ra|de|ste|hen**[1]; ↑R 205 (aufrecht stehen; die Folgen auf sich nehmen); *vgl.* gerade, II, b; **ge|ra|de|stel|len**[1]; ↑R 205 (ordnen); *vgl.* gerade, II, b; **ge|ra|des|wegs**[1] (*schweiz., sonst selten für* geradewegs); **ge|ra|de|wegs**[1], ge|ra|den|wegs[1]; **ge|ra|de|zu**[1] [*auch* ...'tsu:]; das ist geradezu absurd!; er ist immer sehr geradezu (*landsch. für* geradeheraus); **Ge|rad|flüg|ler** (*Zool.* Libelle u. dgl.); **Ge|rad|heit**[1], die; -; **ge|rad|läu|fig**[1]; **ge|rad|li|nig**[1]; **Ge|rad|li|nig|keit**[1], die; -; **ge|rad|sin|nig**[1]
Ge|rald, Ge|rold (m. Vorn.); **Ge|ral|di|ne** (w. Vorn.)
ge|ram|melt; *in der Wendung* - voll (*ugs. für* übervoll)
Ge|ran|gel, das; -s
Ge|ra|nie [...iə], die; -, -n ‹griech.› *u.* **Ge|ra|ni|um,** das; -s, ...ien [...iən] (*svw.* Pelargonie)
Ge|rank, das; -s (*geh. für* Rankenwerk)
Ge|ra|schel, das; -s
Ge|ras|sel, das; -s
Ge|rät, das; -[e]s, -e; **ge|ra|ten;** es gerät [mir]; geriet; geraten; ich gerate außer mir (*auch* mich) vor Freude; (↑R 65:) es ist das geratenste (am besten); **Ge|rä|te|schup|pen, ...stecker** [*Trenn.* ...stek|ker]; **Ge|rä|te|tur|nen,** das; -s; **Ge|rä|te_tur|ner, ...wart; Ge|ra|te|wohl** [*auch* gə'ra:...], das; *nur in* aufs - (auf gut Glück); **Ge|rät|schaf|ten** *Plur.*
Ge|rat|ter, das; -s
Ge|rät|tur|nen usw. *vgl.* Geräteturnen usw.
Ge|räu|cher|te, das; -n (↑R 7 ff.)
Ge|rau|fe, das; -s
ge|raum *(geh.);* -e (längere) Zeit; **Ge|räum|de,** das; -s, - (*Forstw.* abgeholztes Waldstück); **ge|räu|mig; Ge|räu|mig|keit,** die; -; **Ge|räum|te,** das; -s, - (*svw.* Geräumde)
Ge|rau|ne, das; -s
[1]**Ge|räusch,** das; -[e]s (*Jägerspr.* Herz, Lunge, Leber u. Nieren des Schalenwildes, Gelünge)
[2]**Ge|räusch,** das; -[e]s, -e; **ge|räusch|arm; Ge|räusch_däm|mung, ...dämp|fung; Ge|rau|sche,** das; -s; **ge|räusch|emp|find|lich; Ge|räusch|ku|lis|se; ge|räusch|los; Ge|räusch|lo|sig|keit,** die; -; **Ge|räusch|pe|gel; ge|räusch|voll**
Ge|räus|per, das; -s
ger|ben; Leder -; **Ger|ber**
Ger|be|ra, die; -, -[s] ‹nach dem dt. Arzt u. Naturforscher T. Gerber› (eine Schnittblume)
Ger|be|rei; Ger|be|rin; Ger|ber|lo|he, die; -, -n
Ger|bert (m. Vorn.)
Gerb_säu|re, ...stoff; Ger|bung
Gerd (m. Vorn.); **Ger|da** (w. Vorn.)
Ge|re|bel|te, der; -n, -n; ↑R 7 ff. (*österr. für* Wein aus einzeln abgenommenen Beeren); *vgl.* rebeln
ge|recht; -este; jmdm. - werden; **Ge|rech|te,** der *u.* die; -n, -n (↑R 7 ff.); **Ge|rech|tig|keit,** die; -; **Ge|rech|tig|keits_lie|be** (die; -), **...sinn** (der; -[e]s); **Ge|recht|sa|me,** die; -, -n (*Rechtsspr. veraltet für* [Vor]recht)
Ge|re|de, das; -s; ins - kommen
ge|re|gelt; -er Arbeit nachgehen
ge|rei|chen *(geh.);* es gereicht mir zur Ehre
Ge|rei|me, das; -s
ge|reizt; -este; in -er Stimmung; **Ge|reizt|heit,** die; -
Ge|ren|ne, das; -s
ge|reu|en *(veraltend);* es gereut mich
Ger|fal|ke (Jagdfalke)
Ger|hard (m. Vorn.); **Ger|har|de, Ger|har|di|ne** (w. Vorn.)
Ger|hardt, Paul (dt. Dichter)
Ger|hild, Ger|hil|de (w. Vorn.)
Ger|ia|ter ‹griech.› (Facharzt für Geriatrie); **Ger|ia|trie,** die; - (*Med.* Altersheilkunde); **Ge|ria|tri|kum,** das; -s, ...ka (Medika-

[1] *Ugs. häufig in der verkürzten Form* „grad...", „Grad..."

[1] *Ugs. häufig in der verkürzten Form* „grad...", „Grad..."

ment zur Behandlung von Altersbeschwerden); **ge|ri|a|trisch**
Ge|richt, das; -[e]s, -e; **ge|richt|lich;** -e Medizin; -e Psychologie; **Ge|richts_arzt,** ...**as|ses|sor; Ge|richts|bar|keit; Ge|richts_be|schluß,** ...**fe|ri|en** *(Plur.),* ...**ge|bäu|de,** ...**herr** *(früher),* ...**hof,** ...**ko|sten** *(Plur.),* ...**me|di|zin** (die; -), ...**me|di|zi|ner; ge|richts|no|to|risch** (*Rechtsspr.* vom Gericht zur Kenntnis genommen); **Ge|richts_ort,** ...**prä|si|dent,** ...**saal,** ...**spra|che,** ...**stand** *(Rechtsspr.),* ...**ur|teil,** ...**ver|fah|ren,** ...**ver|hand|lung,** ...**voll|zie|her,** ...**weg** (auf dem -)
ge|rie|ben (*auch ugs. für* schlau); ein -er Bursche; **Ge|rie|ben|heit,** die; -
ge|rie|hen (*landsch. u. fachspr. für* gereiht); *vgl.* reihen
ge|rie|ren, sich ‹lat.› (*geh. für* sich benehmen, auftreten als ...)
Ge|rie|sel, das; -s
ge|rif|felt
ge|ring; I. *Kleinschreibung:* **a)** (↑R 66:) ein geringes (wenig) tun; um ein geringes (wenig) erhöhen; **b)** (↑R 65:) am geringsten; nicht im geringsten (gar nicht); es geht ihn nicht das geringste (gar nichts) an. **II.** *Großschreibung:* **a)** (↑R 65:) auch der Geringste hat Anspruch auf ...; kein Geringerer als ...; es entgeht ihm nicht das Geringste (nicht die kleinste, unbedeutendste Sache); er ist auch im Geringsten treu; [sich] auf ein Geringes beschränken; das Geringste, was er tun kann, ist ...; **b)** (↑R 65:) es ist nichts Geringes, nichts Geringeres als ... **III.** *In Verbindung mit Verben,* z. B. **ge|ring|ach|ten** (↑R 205); ich achte gering; geringgeachtet; geringzuachten
ge|rin|gelt; -e Socken
ge|ring|fü|gig; Ge|ring|fü|gig|keit; ge|ring|hal|tig *(Mineral.);* **ge|ring|schät|zen;** ↑R 205 f. (verachten); *vgl.* geringachten; aber: es kostet, gering geschätzt (niedrig veranschlagt), drei Mark; **ge|ring|schät|zig; Ge|ring|schät|zung,** die; -; **ge|ring|sten|falls;** *vgl.* [1]Fall
ge|rinn|bar; Ge|rinn|bar|keit, die; -; **Ge|rin|ne,** das; -s, -; **ge|rin|nen; Ge|rinn|sel,** das; -s, -; **Ge|rin|nung,** die; -
Ge|rip|pe, das; -s, -; **ge|rippt**
Ge|riß, das; ...isses (*landsch. für* Wetteifern); **ge|ris|sen** (durchtrieben, sehr erfahren u. schlau); ein -er Bursche; **Ge|ris|sen|heit,** die; -
ge|ritzt; ist - (*ugs. für* ist in Ordnung; wird erledigt)
Ger|lin|de (w. Vorn.)

Germ, der; -[e]s, *österr.* die; - (*bayr., österr. für* Hefe)
Ger|ma|ne, der; -n, -n (↑R 197); **Ger|ma|nen|tum,** das; -s; **Ger|ma|nia,** die; - (Frauengestalt als Sinnbild Deutschlands; *lat. Bez. für* Deutschland); **Ger|ma|ni|en** [...iən] (das zur Römerzeit von den Germanen besiedelte Gebiet); **Ger|ma|nin; ger|ma|nisch;** -e Kunst, aber (↑R 157): Germanisches Nationalmuseum (Nürnberg); **ger|ma|ni|sie|ren** (eindeutschen); **Ger|ma|nis|mus,** der; -, ...men (*Sprachw.* deutsche Spracheigentümlichkeit in einer nichtdeutschen Sprache); **Ger|ma|nist,** der; -en, -en; ↑R 197 (Wissenschaftler auf dem Gebiet der Germanistik); **Ger|ma|ni|stik,** die; - (deutsche [*auch* germanische] Sprach- u. Literaturwissenschaft); **Ger|ma|ni|stin; ger|ma|ni|stisch; Ger|ma|ni|um,** das; -s (chem. Element; Metall; *Zeichen* Ge)
Ger|mar (m. Vorn.)
Ger|mer, der; -s, - (eine Pflanze)
Ger|mi|nal [ʒɛr...], der; -[s], -s ‹franz., „Keimmonat"› (7. Monat des Kalenders der Franz. Revolution: 21. März bis 19. April); **Ger|mi|na|ti|on,** die; -, -en ‹lat.› (*Bot.* Keimungsperiode der Pflanzen)
Ger|mund (m. Vorn.)
gern, ger|ne; lieber, am liebsten; jmdn. - haben, mögen; etwas - tun; gar zu gern; allzugern; ein gerngesehener Gast (↑*jedoch* R 209), aber: er ist gern gesehen; **Ger|ne|groß,** der; -, -e *(ugs. scherzh.);* **Ger|ne|klug,** der; -, -e *(ugs. scherzh.)*
Ger|not [*auch* 'gɛr...] (m. Vorn.); **Ge|ro** (m. Vorn.)
Ge|rö|chel, das; -s
ge|ro|chen; *vgl.* riechen *u.* rächen
Ge|rold *vgl.* Gerald; **Ge|rolf** (m. Vorn.)
Ge|röll, das; -[e]s, -e *u.* **Ge|röl|le,** das; -s, -; **Ge|röll_hal|de,** ...**schutt**
Ge|ront, der; -en, -en (↑R 197) ‹griech.› (Mitglied der Gerusia); **Ge|ron|to|lo|ge; Ge|ron|to|lo|gie,** die; - (Alternsforschung)
Ge|rö|ste|te [*auch* ...'rœ...] *Plur.* (*südd., österr. für* Bratkartoffeln)
Ger|shwin ['gœ:(r)ʃwin] (amerikanischer Komponist)
Ger|ste, die; -, *Plur. (Sorten:)* -n; **Ger|stel,** das; -s; -[n] (*österr. für* Graupe); **Ger|stel|sup|pe** (*österr. für* Graupensuppe); **Ger|sten|korn,** das; *Plur.* ...körner (*auch* Vereiterung einer Drüse am Augenlid); **Ger|sten_saft** (der; -[e]s; *scherzh. für* Bier), ...**schrot,** ...**sup|pe**

Gert (m. Vorn.); **Ger|ta** (w. Vorn.)
Ger|te, die; -, -n; **Ger|tel,** der; -s, - (*schweiz. für* [1]Hippe); **ger|ten|schlank; ger|tig** *(selten)*
Ger|traud, Ger|trau|de, Ger|traut, Ger|trud, Ger|tru|de (w. Vorn.)
Ge|ruch, der; -[e]s, Gerüche; **ge|ruch|frei** *vgl.* geruch[s]frei; **ge|ruch|los; Ge|ruch|lo|sig|keit,** die; -; **Ge|ruchs|be|lä|sti|gung; ge|ruchs|bin|dend; ge|ruch[s]|frei; Ge|ruchs_or|gan,** ...**sinn** (der; -[e]s), ...**ver|mö|gen** (das; -s), ...**ver|schluß** (*für* Trap)
Ge|rücht, das; -[e]s, -e; **Ge|rüch|te|ma|cher**
ge|ruch|til|gend
ge|rücht|wei|se
Ge|ru|fe, das; -s
ge|ru|hen (*veraltend, noch iron. für* sich bereit finden); **ge|ru|hig** (*veraltet für* ruhig)
ge|rührt; *vgl.* rühren
ge|ruh|sam; Ge|ruh|sam|keit, die; -
Ge|rum|pel, das; -s (*ugs. für* Rumpeln)
Ge|rüm|pel, das; -s (Unbrauchbares)
Ge|run|di|um, das; -s, ...ien [...iən] ‹lat.› (*Sprachw.* gebeugter Infinitiv des lat. Verbs); **Ge|run|div,** das; -s, -e [...və] (*Sprachw.* Partizip des Passivs des Futurs, z. B. der „zu billigende" Schritt)
Ge|ru|sia, Ge|ru|sie, die; - ‹griech.› (Rat der Alten [in Sparta])
Ge|rüst, das; -[e]s, -e; **Ge|rüst|bau,** der; -[e]s; **Ge|rüst|bau|er; Ge|rü|ster** (*österr. für* Gerüstarbeiter)
Ge|rüt|tel, das; -s; **ge|rüt|telt;** *nur noch in* ein - Maß; - voll
Ger|va|si|us [...'va:...] (ein Heiliger)
Ger|wig (m. Vorn.); **Ger|win** (m. Vorn.)
ges, Ges, das; -, - (Tonbezeichnung); **Ges** (*Zeichen für* Ges-Dur); in Ges
Ge|sa, Ge|se (w. Vorn.)
Ge|sab|ber, das; -s (*ugs. für* dummes Geschwätz)
Ge|sä|ge, das; -s
Ge|salb|te, der *u.* die; -n, -n (↑R 7 ff.; *Rel.*)
ge|sal|zen; *vgl.* salzen; **Ge|sal|ze|ne,** das; -n (↑R 7 ff.)
ge|sam|melt; -e Aufmerksamkeit
ge|samt; im -en (*veraltend für* insgesamt); **Ge|samt,** das; -s *(selten);* im -; **Ge|samt_an|sicht,** ...**aus|ga|be,** ...**be|trag; ge|samt|deutsch;** -e Fragen; **Ge|samt|deutsch|land** (↑R 152); **Ge|samt_ein|druck,** ...**er|geb|nis; ge|samt|eu|ro|pä|isch; Ge|samt|ge|winn; ge|samt|haft** (*schweiz. u. westösterr. für*

[ins]gesamt); **Ge|samt|heit**, die; -; **Ge|samt_hoch|schu|le, ...in|ter|es|se, ...klas|se|ment, ...kom|plex, ...kunst|werk, ...no|te, ...scha|den, ...schuld|ner** *(Rechtsspr.),* **...schu|le, ...sieg, ...sie|ger, ...sum|me, ...ver|band, ...wer|tung**

Ge|sand|te, der *u.* die; -n, -n (↑R 7ff.); **Ge|sand|ten|po|sten; Ge|sand|tin; Ge|sandt|schaft; ge|sandt|schaft|lich; Ge|sandt|schafts|rat** *Plur.* ...räte

Ge|sang, der; -[e]s, Gesänge; **Ge|sang_buch** (*österr.* Ge|sangs|buch), **...leh|rer, ...leh|re|rin; ge|sang|lich; Ge|sang|schu|le; Ge|sangs|kunst; Ge|sang[s]_päd|ago|ge, ...päd|ago|gin, ...stück, ...stun|de, ...un|ter|richt; Ge|sang|ver|ein**, *österr.* Ge|sangs|ver|ein

Ge|säß, das; -es, -e; **Ge|säß_fal|te, ...mus|kel, ...ta|sche**

ge|sät|tigt; -e Kohlenwasserstoffe *(Chemie)*

Ge|sätz, das; -es, -e (*Literaturw.* Strophe im Meistergesang); **Ge|sätz|lein** (*südd. für* Abschnitt, Strophe)

Ge|säu|ge, das; -s (*Jägerspr.* Milchdrüsen)

Ge|sau|se, das; -s; **Ge|säu|se**, das; -s (ein Alpental); **Ge|säu|sel**, das; -s

gesch. (*Zeichen* ⚭) = geschieden

Ge|schä|dig|te, der *u.* die; -n, -n (↑R 7ff.)

Ge|schäft, das; -[e]s, -e; -e halber, *auch* geschäftehalber; **Ge|schäf|te|ma|cher; Ge|schäf|te|ma|che|rei; ge|schäf|tig; Ge|schäf|tig|keit**, die; -; **Ge|schaftl|hu|ber**, Gschaftl|hu|ber, der; -s, - (*bes. südd., österr.* fast unangenehm betriebsamer, wichtigtuerischer Mensch); **ge|schäft|lich; Ge|schäfts_ab|schluß, ...auf|ga|be, ...auf|lö|sung, ...be|reich** (der), **...be|richt, ...brief, ...buch, ...er|öff|nung; ge|schäfts|fä|hig** *(Rechtsspr.);* **Ge|schäfts_frau, ...freund, ...füh|rer, ...füh|re|rin, ...füh|rung, ...ge|ba|ren, ...ge|heim|nis, ...geist** (der; -[e]s), **...in|ha|ber, ...in|ha|be|rin, ...in|ter|es|se, ...jahr, ...ko|sten** (*in* auf -); **ge|schäfts|kun|dig; Ge|schäfts_la|ge, ...lei|tung, ...mann** (*Plur.* ...leute, *selten* ...männer); **ge|schäfts|mä|ßig; Ge|schäfts_ord|nung, ...part|ner, ...rei|se; ge|schäfts|schä|di|gend; Ge|schäfts_schluß, ...sinn** (der; -[e]s), **...sitz, ...stel|le, ...stra|ße, ...stun|den** *(Plur.),* **...trä|ger; ge|schäfts_tüch|tig, ...un|fä|hig** *(Rechtsspr.);* **Ge|schäfts_ver|bin|dung, ...ver|kehr, ...vier|tel, ...zei|chen, ...zeit**

Ge|schä|ker, das; -s

ge|schä|mig, gschä|mig, **ge|schä|mig**, gschä|mig (*österr. u. bayr. für* schamhaft)

Ge|schar|re, das; -s

Ge|schau|kel, das; -s

ge|scheckt; ein -es Pferd

ge|sche|hen; es geschieht; es geschah; es geschähe; geschehen; **Ge|sche|hen**, das; -s, -; **Ge|scheh|nis**, das; -ses, -se

Ge|schei|de, das; -s, - (*Jägerspr.* Magen u. Gedärme des Wildes)

Ge|schein, das; -[e]s, -e (*Bot.* Blütenstand der Weinrebe)

ge|scheit; -este; **Ge|scheit|heit**, die; -, -en

Ge|schenk, das; -[e]s, -e; **Ge|schenk_ar|ti|kel, ...packung** [*Trenn.* ...pak|kung], **...pa|pier, ...sen|dung; ge|schenk|wei|se**

ge|schert *vgl.* gschert; **Ge|scher|te** *vgl.* Gscherte

Ge|schich|te, die; -, -n; **Ge|schich|ten|buch** (Buch mit Geschichten [Erzählungen]); **ge|schicht|lich; Ge|schicht|lich|keit**, die; -; **Ge|schichts_be|wußt|sein, ...buch** (Buch mit Geschichtsdarstellungen), **...fäl|schung, ...for|scher, ...for|schung, ...kennt|nis** *(meist Plur.),* **...klit|te|rung; ge|schichts|los; Ge|schichts_phi|lo|so|phie, ...schrei|ber, ...schrei|bung** (die; -); **ge|schichts|träch|tig; Ge|schichts_un|ter|richt** *(Plur. selten),* **...werk, ...wis|sen|schaft** (die; -), **...wis|sen|schaft|ler**

Ge|schick, das; -[e]s, *Plur.* (*für* Schicksal:) -e; **Ge|schick|lich|keit**, die; -; **Ge|schick|lich|keits_prü|fung** *(Motorsport),* **...spiel; ge|schickt**; -este; ein -er Arzt; **Ge|schickt|heit**, die; -

Ge|schie|be, das; -s, -; **Ge|schie|be|mer|gel** *(Geol.)*

ge|schie|den (*Abk.* gesch.; *Zeichen* ⚭); **Ge|schie|de|ne**, der *u.* die; -n, -n (↑R 7ff.)

Ge|schie|ße, das; -s

Ge|schimp|fe, das; -s

Ge|schirr, das; -[e]s, -e; **Ge|schirr|auf|zug; Ge|schirrei|ni|gen**, das; -s [*Trenn.* ...schirr|r..., ↑R 204]; **Ge|schirr_ma|cher, ...schrank, ...spü|ler, ...spül|ma|schi|ne, ...tuch** (*Plur.* ...tücher)

Ge|schiß, das; ...isses *(derb); meist in* - (ärgerliches Aufheben) [um etw.] machen

Ge|schlab|ber, das; -s *(ugs.)*

ge|schla|gen; eine -e Stunde

ge|schlämmt; -e Kreide

Ge|schlecht, das; -[e]s, -er; **Ge|schlech|ter_buch, ...fol|ge, ...kun|de** (die; -), **...rol|le** *(Soziol.).* **...ge|schlech|tig** (z. B. getrenntgeschlechtig); **ge|schlecht|lich**; -e Fortpflanzung; **Ge|schlecht|lich|keit**, die; -; **Ge|schlechts_akt, ...ap|pa|rat, ...be|stim|mung; ge|schlechts|krank; Ge|schlechts_krank|heit, ...le|ben** (das; -s); **ge|schlecht[s]|los; Ge|schlechts_merk|mal, ...na|me; ge|schlechts|neu|tral; Ge|schlechts|or|gan; ge|schlechts|reif; Ge|schlechts_rei|fe** (die; -), **...rol|le** (*vgl.* Geschlechterrolle); **ge|schlechts|spe|zi|fisch; Ge|schlechts_teil** (das, *auch* der), **...trieb** (der; -[e]s), **...um|wand|lung, ...ver|kehr** (der; -[e]s), **...wort** (*Plur.* ...wörter)

Ge|schleck, das; -[e]s *u.* **Ge|schlecke**, das; -s [*Trenn.* ...schlek|ke]

Ge|schleif, das; -[e]s *u.* **Ge|schlei|fe**, das; -s (*Jägerspr.* Röhren des Dachsbaus)

Ge|schlep|pe, das; -s (*Jägerspr.* hinterhergezogener Köder)

ge|schlif|fen; Ge|schlif|fen|heit

Ge|schlin|ge, das; -s, - (Herz, Lunge, Leber bei Schlachttieren)

ge|schlos|sen; -e Gesellschaft; **Ge|schlos|sen|heit**, die; -

Ge|schluch|ze, das; -s

Ge|schmack, der; -[e]s, *Plur.* Geschmäcke, *scherzh.* Geschmäk|ker; sehr, nicht nach jmds. - sein; **ge|schmack|bil|dend; ge|schmackig** [*Trenn.* ...ak|kig] (*österr. für* wohlschmeckend; nett; kitschig); **ge|schmäck|le|risch** *(abwertend);* **ge|schmack|lich; ge|schmack|los**; -este; **Ge|schmack|lo|sig|keit; Ge|schmack|sa|che** *vgl.* Geschmackssache; **ge|schmacks|bil|dend; Ge|schmacks_emp|fin|dung, ...knos|pe** *(meist Plur.; Biol., Med.),* **...rich|tung; Ge|schmacks|sa|che**, die; -; *meist in* das ist -; **Ge|schmacks_sinn** (der; -[e]s), **...stoff, ...ver|ir|rung; ge|schmack|voll**

Ge|schmat|ze, das; -s

Ge|schmau|se, das; -s

Ge|schmei|chel, das; -s

Ge|schmei|de, das; -s, -; **ge|schmei|dig; Ge|schmei|dig|keit**, die; -

Ge|schmeiß, das; -es (ekelerregendes Ungeziefer; Gesindel; *Jägerspr.* Raubvogelkot)

Ge|schmet|ter, das; -s

Ge|schmier, das; -[e]s *u.* **Ge|schmie|re**, das; -s

Ge|schmor|te, das; -n (↑R 7ff.)

Ge|schmun|zel, das; -s

Ge|schmus, Ge|schmu|se, das; ...ses *(ugs.)*

Ge|schnä|bel, das; -s

Ge|schnat|ter, das; -s

Ge|schnet|zel|te, das; -n (↑R 7ff.)

ge|schnie|gelt; *meist in* - und gebügelt *(ugs. scherzh.)*

Ge|schnör|kel, das; -s
Ge|schnüf|fel, das; -s
Ge|schöpf, das; -[e]s, -e
Ge|schoß [*südd., österr. auch* gə'ʃo:s], das; Geschosses, Geschosse, *südd., österr. auch* Geschoße, Geschoße; **Ge|schoß₋bahn, ...ha|gel; ...ge|schos|sig,** *südd., österr. auch* ...ge|scho|ßig (z. B. dreigeschossig, *mit Ziffer* 3geschossig; ↑R 43)
ge|schraubt; -este *(abwertend);* -er Stil; **Ge|schraubt|heit,** die; -
Ge|schrei, das; -s
Ge|schrei|be, das; -s; **Ge|schreib|sel,** das; -s
Ge|schütz, das; -es, -e; **Ge|schütz₋be|die|nung, ...bet|tung, ...rohr**
Ge|schwa|der, das; -s, - (Verband von Kriegsschiffen od. Flugzeugen)
Ge|schwa|fel, das; -s *(ugs.)*
Ge|schwätz, das; -es; **Ge|schwät|ze,** *landsch.* **Ge|schwät|ze,** das; -s; **ge|schwät|zig; Ge|schwät|zig|keit,** die; -
ge|schweift; -e Tischbeine
ge|schwei|ge [denn] (noch viel weniger); geschweige[,] daß *u.* geschweige denn, daß (↑R 127)
ge|schwind; -este; **Ge|schwin|dig|keit; Ge|schwin|dig|keits₋be|gren|zung, ...be|schrän|kung, ...kon|trol|le, ...mes|ser** (der), **...über|schrei|tung; Ge|schwind|schritt;** *nur in* im -
Ge|schwirr, das; -s
Ge|schwi|ster, das; -s, - (*im allg. Sprachgebrauch nur Plur.; Sing. nur fachspr. für* eines der Geschwister [Bruder od. Schwester]); **Ge|schwi|ster|kind** (*veraltet, noch landsch. für* Neffe, Nichte); **ge|schwi|ster|lich; Ge|schwi|ster₋lie|be, ...paar**
ge|schwol|len; ein -er Stil; *vgl.* [1]schwellen
ge|schwo|ren; ein -er Feind des Alkohols; **Ge|schwo|re|ne,** *österr. amtl. auch* Ge|schwor|ne, der *u.* die; -n, -n (↑R 7 ff.); **Ge|schwo|re|nen|li|ste; Ge|schwor|ne** *vgl.* Geschworene
Ge|schwulst, die; -, Geschwülste; **ge|schwulst|ar|tig; Ge|schwulst|bil|dung,** die; - *(Med.)*
ge|schwun|gen; eine -e Linie
Ge|schwür, das; -[e]s, -e; **Ge|schwür|bil|dung; ge|schwü|rig**
Ges-Dur [*auch* 'gɛs'du:r], das; - (Tonart; *Zeichen* Ges); **Ges-Dur-Ton|lei|ter** (↑R 41)
Ge|se, Ge|sa (w. Vorn.)
ge|seg|net; gesegnete Mahlzeit!
Ge|seich, das; -s (*landsch. derb für* leeres Geschwätz)
Ge|sei|re, das; -s ⟨jidd.⟩ (*ugs. für* unnützes Gerede, Gejammere)
Ge|selch|te, das; -n; ↑R 7 ff. (*bayr., österr. für* geräuchertes Fleisch)
Ge|sell, der; -en, -en; ↑R 197 *(veraltet);* ein fahrender -; **Ge|sel|le,** der; -n, -n (↑R 197); **ge|sel|len;** sich -; **Ge|sel|len₋brief, ...prü|fung, ...stück; ge|sel|lig; Ge|sel|lig|keit** *Plur. selten;* **Ge|sel|lin; Ge|sell|schaft;** - mit beschränkter Haftung (*Abk.* GmbH); **Ge|sell|schaf|ter; Ge|sell|schaf|te|rin; ge|sell|schaft|lich; Ge|sell|schafts₋an|zug, ...da|me; ge|sell|schafts|fä|hig; Ge|sell|schafts₋form, ...in|seln** (*Plur.;* in der Südsee), **...klei|dung, ...kri|tik** (die; -), **...leh|re, ...ord|nung, ...po|li|tik** (die; -); **ge|sell|schafts|po|li|tisch; Ge|sell|schafts₋rei|se, ...schicht, ...spiel, ...sy|stem, ...tanz, ...wis|sen|schaft** *(meist Plur.)*
Ge|senk, das; -[e]s, -e (*Technik* Hohlform zum Pressen von Werkstücken; *Bergmannsspr.* von oben nach unten hergestellte Verbindung zweier Sohlen); **Ge|sen|ke,** das; -s, - (*selten für* Bodensenkung)
Ge|setz, das; -es, -e; **Ge|setz₋aus|le|gung, ...blatt** (*Abk.* GBl.), **...buch, ...ent|wurf; Ge|set|zes₋bre|cher, ...ent|wurf** *(schweiz.),* **...hü|ter, ...kraft** (die; -); **Ge|set|zes|samm|lung,** Ge|setz|samm|lung; **Ge|set|zes₋spra|che, ...text, ...vor|la|ge, ...werk; ge|setz|ge|bend;** -e Gewalt; **Ge|setz|ge|ber; ge|setz|ge|be|risch; Ge|setz|ge|bung; ge|setz|lich;** -e Erbfolge; -er Richter; -e Zinsen; **Ge|setz|lich|keit,** die; -; **ge|setz|los;** -este; **Ge|setz|lo|sig|keit; ge|setz|mä|ßig; Ge|setz|mä|ßig|keit; Ge|setz|samm|lung** *vgl.* Gesetzessammlung
ge|setzt; -, [daß] ...; - den Fall, [daß] ... (↑R 125); **Ge|setzt|heit,** die; -
ge|setz|wid|rig
Ge|seuf|ze, das; -s
ges. gesch. = gesetzlich geschützt
[1]**Ge|sicht,** das; -[e]s, -er; sein - wahren; [2]**Ge|sicht,** das; -[e]s, -e (*für* Vision); **Ge|sichts₋aus|druck, ...creme, ...er|ker** (*ugs. scherzh. für* Nase), **...far|be, ...feld, ...kreis, ...mas|ke, ...mas|sa|ge, ...par|tie, ...punkt, ...sinn** (der; -[e]s), **...was|ser** (*Plur.* ...wässer), **...win|kel, ...zug** *(meist Plur.)*
Ge|sims, das; -es, -e
Ge|sin|de, das; -s, - (*früher* Gesamtheit der Knechte u. Mägde); **Ge|sin|del,** das; -s; **Ge|sin|de|stu|be**
Ge|sin|ge, das; -s
ge|sinnt (von einer bestimmten Gesinnung); ein gutgesinnter, gleichgesinnter Mensch usw. (↑*jedoch* R 209), aber: er ist gut gesinnt usw.; *vgl.* gesonnen; **Ge|sin|nung; Ge|sin|nungs|ge|nos|se; ge|sin|nungs|los;** -este; **Ge|sin|nungs|lo|sig|keit,** die; -; **Ge|sin|nungs₋lump** *(ugs.),* **...schnüf|fe|lei, ...tä|ter, ...wan|del**
ge|sit|tet; Ge|sit|tung, die; -
Ge|socks, das; -[es] (*derb für* Gesindel)
Ge|söff, das; -[e]s, -e (*ugs. für* schlechtes Getränk)
ge|son|dert; - verpacken
ge|son|nen (willens); - sein, etwas zu tun; *vgl.* gesinnt
ge|sot|ten; Ge|sot|te|ne, das; -n; ↑R 7 ff. (*landsch. für* Gekochtes)
ge|spal|ten; *vgl.* spalten
[1]**Ge|span,** der; *Gen.* -[e]s *u.* -en (↑R 197), *Plur.* -e[n] (*veraltet für* Mitarbeiter, Helfer; Genosse)
[2]**Ge|span,** der; -[e]s, -e ⟨ung.⟩ (*früher* ung. Verwaltungsbeamter)
Ge|spän|ge, das; -s (Spangenwerk)
Ge|spann, das; -[e]s, -e (Zugtiere; Wagen mit Zugtieren)
ge|spannt; -este; **Ge|spannt|heit,** die; -
Ge|spär|re, das; -s (*Bauw.* ein Paar sich gegenüberliegender Dachsparren)
Ge|spenst, das; -[e]s, -er; **Ge|spen|ster|chen** *Plur.;* **Ge|spen|ster₋furcht, ...glau|be[n]; ge|spen|ster|haft;** -este; **ge|spen|stern;** ich ...ere (↑R 22); **Ge|spen|ster|stun|de; ge|spen|stig, ge|spen|stisch;** -ste
ge|sper|bert (*Jägerspr.* in der Art des Sperbers); -es Gefieder
Ge|sper|re, das; -s, - (*Jägerspr.* bei Auer-, Birkwild, Fasan die Jungen [mit Henne]; *Technik* Hemmvorrichtung)
[1]**Ge|spie|le,** das; -s (andauerndes Spielen); [2]**Ge|spie|le,** der; -n, -n; ↑R 197 (*veraltend für* Spielkamerad); **Ge|spie|lin**
Ge|spinst, das; -[e]s, -e
[1]**Ge|spons,** der; -es, -e (*veraltet, noch scherzh. für* Bräutigam; Gatte); [2]**Ge|spons,** das; -es, -e (*veraltet, noch scherzh. für* Braut; Gattin)
ge|spon|sert; *vgl.* sponsern
Ge|spött, das; -[e]s; jmdn. zum - machen; **Ge|spöt|tel,** das; -s
Ge|spräch, das; -[e]s, -e; **ge|sprä|chig; Ge|sprä|chig|keit,** die; -; **ge|sprächs|be|reit; Ge|sprächs₋form, ...part|ner, ...part|ne|rin, ...stoff, ...teil|neh|mer, ...teil|neh|me|rin, ...the|ma; ge|sprächs|wei|se**
ge|spreizt; -este; -e (gezierte) Reden; **Ge|spreizt|heit,** die; -

Ge|spren|ge, das; -s, - (*Archit.* Aufbau über spätgot. Altären; *Bergmannsspr.* steil aufsteigendes Gebirge)
ge|spren|kelt; ein -es Fell
Ge|spritz|te, der; -n, -n; ↑R 7ff. (*bes. südd., österr. für* Wein mit Sprudel)
Ge|spru|del, das; -s
Ge|spür, das; -s
Geß|ner, Salomon (schweiz. Dichter u. Maler)
Gest, der; -[e]s *od.* die; - (*nordd. für* Hefe)
gest. (*Zeichen* †) = gestorben
Ge|sta|de, das; -s, - (*geh. für* Küste, Ufer)
Ge|sta|gen, das; -s, -e ‹lat.› (*Biol.* Schwangerschaftshormon)
Ge|stalt, die; -, -en; dergestalt (so); **ge|stalt|bar; ge|stal|ten; ge|stal|ten|reich; Ge|stal|ter; Ge|stal|te|rin; ge|stal|te|risch;** -ste; **ge|stalt|haft; ge|stalt|los;** -este; **Ge|stal|tung; Ge|stal|tungs‿kraft** (die; -), **...prin|zip**
Ge|stam|mel, das; -s
Ge|stamp|fe, das; -s
Ge|stän|de, das; -s, - (*Jägerspr.* Füße, bes. der Beizvögel; Horst); **ge|stan|den;** ein -er Mann
ge|stän|dig; Ge|ständ|nis, das; -ses, -se
Ge|stän|ge, das; -s, -
Ge|stank, der; -[e]s
Ge|sta|po = Geheime Staatspolizei *(nationalsoz.)*
ge|stat|ten
Ge|ste [*auch* 'ge:...], die; -, -n ‹lat.› (Gebärde)
Ge|steck, das; -[e]s, -e (Blumenarrangement; *bayr., österr. für* Hutschmuck)
ge|ste|hen; gestanden; **Ge|ste|hungs|ko|sten** *Plur.* (*Wirtsch.* Herstellungs-, Selbstkosten)
Ge|stein, das; -[e]s, -e; **Ge|steins‿art, ...block** (*Plur.* ...blöcke), **...boh|rer, ...kun|de** (die; -), **...pro|be, ...schicht**
Ge|stell, das; -[e]s, -e; **Ge|stel|lung** *(Amtsspr.);* **Ge|stel|lungs|be|fehl** (*veraltet für* Einberufungsbefehl)
ge|stelzt; eine -e (gekünstelte) Sprache
ge|stern; (↑R 61:) - abend, morgen, nachmittag, nacht; bis -; die Mode von -; zwischen - und morgen, *auch substantivisch* [↑R 67]: zwischen [dem] Gestern und [dem] Morgen liegt das Heute; vorgestern; ehegestern; **Ge|stern,** das; - (die Vergangenheit)
Ge|sti|chel, das; -s *(ugs.)*
ge|stie|felt; - u. gespornt (bereit, fertig) sein; aber (↑R 157): der Gestiefelte Kater (im Märchen)
ge|stielt; ein -er Besen
Ge|stik [*auch* 'ge:...], die; - ‹lat.› (Gesamtheit der Gesten [als Ausdruck einer inneren Haltung]); **Ge|sti|ku|la|ti|on,** die; -, -en (Gebärde, Gebärdensprache); **ge|sti|ku|lie|ren**
Ge|stimmt|heit (Stimmung)
Ge|sti|ons|be|richt (*österr. Amtsspr. für* Geschäftsbericht)
Ge|stirn, das; -[e]s, -e; **ge|stirnt;** der -e Himmel
ge|stisch [*auch* 'ge:...]
Ge|stö|ber, das; -s, -
ge|sto|chen; eine -e Handschrift
ge|stockt; -e Milch (*südd. u. österr. für* Dickmilch)
Ge|stöhn, das; -[e]s; **Ge|stöh|ne,** das; -s
Ge|stol|per, das; -s
Ge|stör, das; -[e]s, -e (Teil eines Floßes)
ge|stor|ben (*Abk.* gest.; *Zeichen* †)
ge|stört; ein -es Verhältnis zu etwas haben
Ge|stot|ter, das; -s
Ge|stram|pel, das; -s
Ge|sträuch, das; -[e]s, -e
ge|streckt; -este; -er Galopp
ge|streift; rot gestreift, rotgestreift (*vgl.* blau, IV); ein weiß und rot gestreiftes Kleid, das Kleid ist weiß u. rot gestreift
Ge|strei|te, das; -s
ge|streng *(veraltend);* aber (↑R 157): die Gestrengen Herren (Eisheiligen)
Ge|streu, das; -[e]s
Ge|strick, das; -[e]s, -e (Strickware)
gest|rig; mein -er Brief
Ge|ström, das; -[e]s (Strömung); **ge|stromt** (streifig ohne scharfe Abgrenzung); eine -e Katze
Ge|strüpp, das; -[e]s, -e
Ge|stü|be, das; -s (*Hüttenw.* Gemisch von Koksrückstand u. Lehm)
Ge|stü|ber, das; -s, - (*Jägerspr.* Kot des Federwildes)
Ge|stühl, das; -[e]s, -e
Ge|stüm|per, das; -s *(ugs.)*
Ge|stürm, das; -[e]s (*schweiz. mdal. für* aufgeregtes Gerede, Getue)
Ge|stus, der; - ‹lat.› (Gestik, Ausdruck)
Ge|stüt, das; -[e]s, -e; **Ge|stüt‿hengst, ...pferd; Ge|stüts|brand** (Brandzeichen eines Gestütes)
Ge|such, das; -[e]s, -e; **Ge|such|stel|ler** *(Amtsspr., veraltet)*
ge|sucht; -este; eine -e Ausdrucksweise; **Ge|sucht|heit,** die; -
Ge|su|del, das; -s
Ge|summ, das; -[e]s *u.* **Ge|sum|me,** das; -s
Ge|sums, das; -es *(ugs.)*
ge|sund; gesünder, *seltener* gesunder, gesündeste, *seltener* gesundeste; gesund sein, werden; jmdn. gesund schreiben, pflegen; *vgl.* aber: gesundmachen, sich; **ge|sund|be|ten** (↑R 205); jmdn. -; ich bete gesund; gesundgebetet; um gesundzubeten; **Ge|sund‿be|ten** (das; -s), **...be|ter, ...be|te|rin, ...brun|nen** (etw., was jmdn. gesund macht, in Schwung hält); **Ge|sun|de,** der *u.* die; -n, -n (↑R 7ff.); **ge|sun|den; Ge|sund|heit,** die; -; **ge|sund|heit|lich; Ge|sund|heits‿amt, ...apo|stel** *(scherzh.),* **...er|zie|hung** (die; -); **ge|sund|heits|hal|ber; Ge|sund|heits|pfle|ge,** die; -; **ge|sund|heits‿schä|di|gend, ...schäd|lich; Ge|sund|heits‿schutz** (der; -es), **...we|sen** (das; -s), **...zeug|nis, ...zu|stand** (der; -[e]s); **ge|sund|ma|chen,** sich; ↑R 205 f. (*ugs. für* sich bereichern); ich mache mich gesund; gesundgemacht; um sich gesundzumachen; aber: einen Kranken gesund machen; **ge|sund|schrump|fen** (↑R 205); sich - (*ugs. für* durch Verkleinerung [eines Betriebes] die rentable Größe erreichen); **ge|sund|sto|ßen,** sich; ↑R 205 (*ugs. für* sich bereichern); **Ge|sun|dung,** die; -
get. *(Zeichen* ⁓*)* = getauft
Ge|tä|fel, das; -s (Tafelwerk, Täfelung); **ge|tä|felt; Ge|tä|fer,** das; -s (*schweiz. für* Getäfel); **ge|tä|fert** (*schweiz. für* getäfelt)
Ge|tän|del, das; -s
ge|tauft (*Abk.* get.; *Zeichen* ⁓)
Ge|tau|mel, das; -s
ge|teilt *vgl.* teilen
Geth|se|ma|ne [...ne:], **Geth|se|ma|ni,** *ökum.* Get|se|ma|ni (Garten am Ölberg bei Jerusalem)
Ge|tier, das; -[e]s
ge|ti|gert (geflammt)
Ge|tön, das; -[e]s; **Ge|tö|ne,** das; -s
Ge|tö|se, das; ...ses; **Ge|to|se,** das; -s
ge|tra|gen; eine -e Redeweise
Ge|tram|pel, das; -s
Ge|tränk, das; -[e]s, -e; **Ge|trän|ke‿au|to|mat, ...kar|te, ...steu|er** (die)
Ge|trap|pel, das; -s
Ge|tratsch, das; -[e]s *u.* **Ge|trat|sche,** das; -s *(ugs.)*
ge|trau|en, sich; ich getraue mich (*seltener* mir), das zu tun
Ge|trei|de, das; -s, -; **Ge|trei|de‿an|bau, ...aus|fuhr, ...ein|fuhr, ...ern|te, ...feld, ...spei|cher**
ge|trennt; - schreiben, - lebend, *auch* getrenntlebend (↑R 209), - vorkommend u.a., aber: **ge|trennt|ge|schlech|tig** *(Biol.);* **Ge|trennt|schrei|bung**

ge|treu; -er, -[e]ste; - seinem Vorsatz; **Ge|treue,** der *u.* die; -n, -n (↑R 7 ff.); **ge|treu|lich** *(geh.)*
Ge|trie|be, das; -s, -; **ge|trie|ben;** aus -em Gold; **Ge|trie|be‿öl, ...scha|den**
Ge|tril|ler, das; -s
Ge|trip|pel, das; -s
Ge|trom|mel, das; -s
ge|trost; ge|trö|sten, sich *(geh.)*
Get|se|ma|ni *vgl.* Gethsemane
Get|to, Ghet|to ['gɛto], das; -s, -s ‹ital.› (abgesondertes [jüd.] Wohnviertel); **get|toi|sie|ren** [...oi...]; ↑R 180 (isolieren)
Ge|tue, das; -s
Ge|tüm|mel, das; -s, -
ge|tüp|felt, ge|tupft; ein -er Stoff
ge|türkt (*ugs. für* vorgetäuscht)
Ge|tu|schel, das; -s
ge|übt; -este; **Ge|übt|heit,** die; -
Geu|se, der; -n, -n *meist Plur.;* ↑R 197 ‹niederl.› (niederländ. Freiheitskämpfer gegen Spanien)
Ge|vat|ter, der; *Gen.* -s, *älter* -n (↑R 197), *Plur.* -n (*veraltet, noch scherzh. für* Freund, guter Bekannter); **Ge|vat|te|rin** *(veraltet, noch scherzh.);* **Ge|vat|ter|schaft** (*veraltet für* Patenschaft); **Ge|vat|ters|mann** *Plur.* ...leute *(veraltet)*
Ge|viert, das; -[e]s, -e (Viereck, Quadrat); ins Geviert; **ge|vier|teilt; Ge|viert|schein** *(Astron.)*
Ge|wächs, das; -es, -e; **ge|wach|sen;** jmdm., einer Sache - sein; -er Boden; **Ge|wächs|haus**
ge|wachst (mit Wachs behandelt)
Ge|wackel, das; -s [*Trenn.* ...wak|kel] *u.* **Ge|wacke|le** [*Trenn.* ...wak|ke...], **Ge|wack|le,** das; -s
Ge|waff, das; -[e]s (*Jägerspr.* Eckzähne des Keilers); **Ge|waf|fen,** das; -s (*veraltet für* Gesamtheit der Waffen)
ge|wagt; -este; **Ge|wagt|heit**
ge|wählt; -este; sich - ausdrücken
ge|wahr; *nur in Wendungen wie* eine[r] Sache - werden; es (*vgl.* [2]es) *u.* dessen - werden
Ge|währ, die; - (Bürgschaft, Sicherheit); ohne -
ge|wah|ren (*geh. für* bemerken, erkennen); er gewahrte den Freund
ge|wäh|ren (bewilligen); **Ge|währ|frist; ge|währ|lei|sten** (↑R 207); ich gewährleiste, a b e r: ich leiste [dafür] Gewähr; gewährleistet; zu -; **Ge|währ|lei|stung**
[1]**Ge|wahr|sam,** der; -s, -e (Haft, Obhut); [2]**Ge|wahr|sam,** das; -s, -e (*veraltet für* Gefängnis)
Ge|währs|mann *Plur.* ...männer *u.* ...leute; **Ge|wäh|rung** *Plur. selten*
ge|walmt ‹*zu* [2]Walm›; -es Dach
Ge|walt, die; -, -en; **Ge|walt‿akt, ...an|wen|dung, ...ein|wir|kung; Ge|wal|ten|tei|lung,** die; -; **ge|walt|frei; Ge|walt‿herr|schaft, ...herr|scher; ge|wal|tig; ge|wäl|ti|gen** (*Bergmannsspr.* wieder zugänglich machen); **Ge|wal|tig|keit,** die; -; **ge|walt|los; Ge|walt|lo|sig|keit,** die; -; **Ge|walt‿marsch** (der), **...maß|nah|me, ...mensch; ge|walt|sam; Ge|walt|sam|keit; Ge|walt‿schuß** *(Sportspr.),* **...streich, ...tat; ge|walt|tä|tig; Ge|walt|tä|tig|keit; Ge|walt‿ver|bre|chen, ...ver|bre|cher, ...ver|zicht** (der; -[e]s); **Ge|walt|ver|zichts|ab|kom|men**
Ge|wand, das; -[e]s, ...wänder; **Ge|wän|de,** das; -s, - (*Archit.* seitl. Umgrenzung der Fenster und Türen); **ge|wan|den** (*veraltet, noch geh. od. scherzh. für* kleiden); **Ge|wand|haus** (*früher für* Lagerhaus der Tuchhändler); **Ge|wand|haus|or|che|ster,** das; -s (in Leipzig); **Ge|wand|mei|ster** (*Theater, Film usw.* Leiter der Kostümschneiderei)
ge|wandt; -este; ein -er Tänzer; *vgl.* wenden; **Ge|wandt|heit,** die; -
Ge|wan|dung
Ge|wann, das; -[e]s, -e, *seltener* **Ge|wan|ne,** die; -s, - (*bes. südd.* viereckiges Flurstück, Ackerstreifen)
ge|wär|tig; einer Sache - sein; ich bin es (*vgl.* [2]es) -; **ge|wär|ti|gen** *(geh.);* zu - (erwarten) haben
Ge|wäsch, das; -[e]s (*ugs. für* [nutzloses] Gerede)
Ge|wäs|ser, das; -s, -; **Ge|wäs|ser|schutz,** der; -es; **ge|was|sert;** das gewasserte Flugzeug; **ge|wäs|sert;** gewässerte Salzheringe
Ge|we|be, das; -s, -; **Ge|we|be‿bank** (*Plur.* ...banken), **...brei|te, ...leh|re** (die; -; *für* Histologie), **...trans|plan|ta|ti|on, ...ver|än|de|rung; Ge|webs|flüs|sig|keit**
ge|weckt; -este (aufgeweckt); **Ge|weckt|heit,** die; -
Ge|wehr, das; -[e]s, -e; **Ge|wehr‿kol|ben, ...lauf**
Ge|weih, das; -[e]s, -e; **Ge|weih|farn;** [1]**ge|weiht** (*Jägerspr.* Geweih tragend)
[2]**ge|weiht** ‹*zu* weihen›
Ge|wen|de, das; -s, - (*veraltet für* Feldstück; *noch landsch. für* Akkergrenze)
Ge|wer|be, das; -s, -; **Ge|wer|be|auf|sicht,** die; -; **Ge|wer|be|auf|sichts|amt; Ge|wer|be‿be|trieb, ...frei|heit** (die; -), **...ge|biet, ...in|spek|tor, ...leh|rer, ...leh|re|rin, ...ord|nung** (die; -; *Abk.* GewO), **...schein, ...schu|le, ...steu|er** (die); **ge|wer|be|trei|bend; Ge|wer|be|trei|ben|de,** der *u.* die; -n, -n (↑R 7 ff.); **Ge|wer|be|zweig; ge|werb|lich;** -er Rechtsschutz; **ge|werbs|mä|ßig**
Ge|werk, das; -[e]s, -e (*regional für* Zweig des Bauhandwerks; *veraltet für* Gewerbe; Zunft); **Ge|wer|ke,** der; -n, -n; ↑R 197 (*veraltet für* Mitglied einer bergrechtlichen Gewerkschaft); **Ge|werk|schaft; Ge|werk|schaf|ter,** Ge|werk|schaft|ler; **Ge|werk|schaf|te|rin,** Ge|werk|schaft|le|rin; **Ge|werk|schaft|ler** usw. *vgl.* Gewerkschafter usw.; **ge|werk|schaft|lich; Ge|werk|schafts‿ap|pa|rat, ...be|we|gung** (die; -), **...boß** *(ugs.),* **...bund** (der; -es, ...bünde *Plur. selten*), **...funk|tio|när, ...mit|glied, ...ver|samm|lung, ...vor|sit|zen|de**
Ge|we|se, das; -s, - (*ugs. für* auffallendes Gebaren *[nur Sing.]; nordd. für* Anwesen)
[1]**Ge|wicht,** das; -[e]s, -er (*Jägerspr.* Rehgehörn)
[2]**Ge|wicht,** das; -[e]s, -e; **ge|wich|ten** (Schwerpunkte bei etw. setzen; *Statistik* einen Durchschnittswert unter Berücksichtigung der Häufigkeit vorhandener Einzelwerte bilden); **Ge|wicht|he|ben,** das; -s (Sportart); **Ge|wicht|he|ber; ge|wich|tig; Ge|wich|tig|keit,** die; -; **Ge|wichts‿klas|se** *(Sport),* **...kon|trol|le, ...ver|la|ge|rung, ...ver|lust; Ge|wich|tung**
ge|wieft; -este (*ugs. für* schlau, gerissen)
ge|wiegt; -este (*ugs. für* sehr erfahren; schlau, durchtrieben)
Ge|wie|her, das; -s
ge|willt; *nur in* - (bereit) sein, etw. zu tun
Ge|wim|mel, das; -s
Ge|wim|mer, das; -s
Ge|win|de, das; -s, -; **Ge|win|de‿boh|rer, ...gang, ...schnei|der**
Ge|winn, der; -[e]s, -e; **Ge|winn‿an|teil, ...aus|schüt|tung, ...be|tei|li|gung; ge|winn|brin|gend; Ge|winn|chan|ce; ge|win|nen;** du gewannst; du gewönnest, *auch* gewännest; gewonnen; gewinn[e]!; **ge|win|nend;** -ste; **Ge|win|ner; Ge|win|ne|rin; Ge|win|ner|stra|ße;** *nur in* auf der - sein *(Sport ugs.);* **Ge|winn‿klas|se, ...quo|te; ge|winn|reich; Ge|winn‿satz** *(Sport),* **...span|ne, ...stre|ben** (das; -s), **...sucht** (die; -); **ge|winn‿süch|tig, ...träch|tig; Ge|win|num|mer** [*Trenn.* ...winn|num..., ↑R 204]; **Ge|winn-und-Ver|lust-Rech|nung** (↑R 41); **Ge|win|nung; Ge|winn|zahl**
Ge|win|sel, das; -s
Ge|winst, der; -[e]s, -e (*veraltet für* Gewinn)
Ge|wirk, das; -[e]s, -e *u.* **Ge|wir|ke,**

das; -s, - (aus Maschen bestehender Textilstoff); **ge|wirkt;** -er Stoff

Ge|wirr, das; -[e]s

Ge|wis|per, das; -s

ge|wiß; gewisser, gewisseste; (↑R 65:) etwas, nichts Gewisses; (↑R 66:) ein gewisses Etwas; ein gewisser Jemand, aber: ein gewisser anderer

Ge|wis|sen, das; -s, -; **ge|wis|sen|haft;** -este; **Ge|wis|sen|haf|tig|keit,** die; -; **ge|wis|sen|los;** -este; **Ge|wis|sen|lo|sig|keit,** die; -; **Ge|wis|sens|biß** *meist Plur.;* **Ge|wis|sens_ent|schei|dung, ...er|for|schung, ...fra|ge, ...frei|heit** (die; -), **...grün|de** (*Plur.;* etwas aus -n verweigern), **...kon|flikt, ...wurm** (der; -[e]s; *ugs. scherzh.*)

ge|wis|ser|ma|ßen; Ge|wiß|heit; ge|wiß|lich *(veraltend)*

Ge|wit|ter, das; -s, -; **Ge|wit|ter|front; ge|wit|te|rig** *vgl.* gewittrig; **ge|wit|tern;** es gewittert; **Ge|wit|ter_nei|gung, ...re|gen; ge|wit|ter|schwül; Ge|wit|ter_stim|mung** (die; -), **...sturm, ...wand, ...wol|ke; ge|witt|rig,** *selten* ge|wit|te|rig

Ge|wit|zel, das; -s; **ge|wit|zigt** (durch Schaden klug geworden); **ge|witzt;** -este (schlau); **Ge|witzt|heit,** die; -

GewO = Gewerbeordnung

Ge|wo|ge, das; -s

ge|wo|gen (zugetan); er ist mir -; **Ge|wo|gen|heit,** die; -

ge|wöh|nen; sich an etw. *od.* jmdn. -; **Ge|wohn|heit; ge|wohn|heits|mä|ßig; Ge|wohn|heits_mensch** (der; -en, -en), **...recht, ...tier** *(scherzh.),* **...trin|ker, ...ver|bre|cher; ge|wöhn|lich;** für - (meist); **Ge|wöhn|lich|keit,** die; -; **ge|wohnt;** ich bin es -, bin schwere Arbeit -; die -e Arbeit; mit der -en Gründlichkeit; jung -, alt getan; **ge|wöhnt** (*Partizip II von* gewöhnen); ich habe mich an diese Arbeit -; ich bin daran -; **Ge|wöh|nung,** die; -

Ge|wöl|be, das; -s, -; **Ge|wöl|be_bo|gen, ...pfei|ler**

Ge|wölk, das; -[e]s

Ge|wöl|le, das; -s, - (*Jägerspr.* von Greifvögeln herausgewürgter Klumpen unverdaulicher Nahrungsreste)

Ge|wühl, das; -[e]s

ge|wür|felt; -e Stoffe

Ge|würm, das; -[e]s

Ge|würz, das; -es, -e; **ge|wür|zig** (*selten für* würzig); **Ge|würz_gur|ke, ...ku|chen, ...mi|schung, ...nel|ke, ...tra|mi|ner** (eine Rebsorte)

Ge|wu|sel, das; -s *(landsch.)*

Gey|sir ['gai...], der; -s, -e ⟨isländ.⟩ (in bestimmten Abständen eine Wasserfontäne ausstoßende heiße Quelle); *vgl.* Geiser

gez. = gezeichnet

ge|zackt; der Felsgipfel ist -

Ge|zä|he, das; -s, - (*Bergmannsspr.* Werkzeug der Bergleute)

ge|zahnt, ge|zähnt; -es Blatt

Ge|zänk, das; -[e]s; **Ge|zan|ke,** das; -s

Ge|zap|pel, das; -s

ge|zeich|net (*Abk.* gez.)

Ge|zeit, die; -, -en (*im allg. Sprachgebrauch nur Plur.; Sing. nur fachspr. für* eine der Gezeiten [Ebbe od. Flut]); **Ge|zei|ten_kraft|werk, ...ta|fel, ...wech|sel**

Ge|zer|re, das; -s

Ge|ze|ter, das; -s

Ge|zie|fer, das; -s (*veraltend für* Ungeziefer)

ge|zielt; -este; - fragen

ge|zie|men, sich *(veraltend);* es geziemt sich für ihn; **ge|zie|mend;** -ste

Ge|zie|re, das; -s; **ge|ziert;** -este; **Ge|ziert|heit**

Ge|zirp, das; -[e]s, **Ge|zir|pe,** das; -s

Ge|zisch, das; -[e]s, **Ge|zi|sche,** das; -s; **Ge|zi|schel,** das; -s

Ge|zücht, das; -[e]s, -e (*veraltet für* Brut; Gesindel)

Ge|zün|gel, das; -s

Ge|zweig, das; -[e]s

ge|zwirnt; *vgl.* zwirnen

Ge|zwit|scher, das; -s

ge|zwun|ge|ner|ma|ßen; Ge|zwun|gen|heit, die; -

Gfrast, das; -s, -er (*bayr., österr. ugs. für* Fussel; Nichtsnutz)

Gfrett, Ge|frett, das; -s (*südd., österr. ugs. für* Ärger, Plage)

Gfrieß, Ge|frieß, das; -es, -er (*südd., österr. ugs. abwertend für* Gesicht)

GG = Grundgesetz

ggf. = gegebenenfalls

g.g.T., ggT = größter gemeinsamer Teiler *(Math.)*

Gha|na ['ga:...] (Staat in Afrika); **Gha|na|er; Gha|nae|rin** (↑R 180); **gha|na|isch**

Gha|sel [ga...], **Gha|se|le** *vgl.* Gasel, Gasele

Ghet|to *vgl.* Getto

Ghi|bel|li|ne *vgl.* Gibelline

Ghost|wri|ter ['go:straitə(r)], der; -s, - ⟨engl.⟩ (Autor, der für eine andere Person schreibt und nicht als Verfasser genannt wird)

G.I., GI ['dʒi: 'ai], der; -[s], -[s] ⟨*amerik. Abk. v.* Government Issue ['gavə(r)nmənt 'iʃu] = „Regierungsausgabe" [urspr. für die Ausrüstung der Truppe]⟩ (*ugs. für* amerik. Soldat)

Gi|aur, der; -s, -s ⟨pers.⟩ (*im Islam* Nichtmoslem, Ungläubiger)

Gib|bon, der; -s, -s ⟨franz.⟩ (ein Affe)

Gi|bel|li|ne, Ghi|bel|li|ne [gi...], der; -n, -n (↑R 197) ⟨ital.⟩ (ital. Anhänger der Hohenstaufen im 13. Jh.)

Gi|bral|tar [*auch* ...'ta:r, *österr.* 'gi:...] ⟨arab.⟩ (Halbinsel an der Südspitze Spaniens)

[1]**Gicht,** die; -, -en (*Hüttenw.* oberster Teil des Hochofens)

[2]**Gicht,** die; - (eine Stoffwechselkrankheit); **Gicht|bee|re** (*bes. nordd., ostd. für* schwarze Johannisbeere); **gicht|brü|chig** *(veraltet);* **gich|tig; gich|tisch;** -ste; **Gicht|kno|ten; gicht|krank**

Gickel, der; -s, - [*Trenn.* Gik|kel] (*landsch. für* Hahn)

gickeln [*Trenn.* gik|keln], **gickern** [*Trenn.* gik|kern] (*landsch. für* kichern, albern lachen)

gicks *(ugs.);* weder - noch gacks sagen; **gick|sen,** kick|sen (*landsch. für* einen [leichten] Schrei ausstoßen; stechen; stoßen); du gickst; gicksen und gacksen

Gide [ʒi(:)d] (franz. Schriftsteller)

Gi|de|on (m. Vorn.; bibl. m. Eigenn.)

[1]**Gie|bel,** der; -s, - (ein Fisch)

[2]**Gie|bel,** der; -s, - (senkrechter Dachabschluß); **gie|be|lig,** gieb|lig; **Gie|bel_fen|ster, ...wand; gie|blig** *vgl.* giebelig

Giek|baum (*Seemannsspr.* Rundholz für Gaffelsegel)

Gie|men, das; -s (krankhaftes Atmungsgeräusch)

Gien, das; -s, -e ⟨engl.⟩ (*Seemannsspr.* starker Flaschenzug); **Gien|block** *Plur.* ...blöcke

Gien|gen an der Brenz ['giŋən - - -] (Stadt in Baden-Württemberg)

Gie|per, der; -s (*bes. nordd. für* Gier, Appetit); einen - auf etwas haben; **gie|pern;** ich ...ere (↑R 22); nach etwas -; **giep|rig**

Gier, die; -; [1]**gie|ren** (gierig sein)

[2]**gie|ren** ([von Schiffen, Flugzeugen] seitlich abweichen); **Gier|fäh|re** (Seilfähre)

gie|rig; Gie|rig|keit, die; -

Giersch, der; -[e]s (*landsch. für* Geißfuß [ein Wiesenkraut])

Gieß|bach; gie|ßen; du gießt; ich goß, du gossest; du gössest; gegossen; gieß[e]!

Gie|ßen (Stadt a. d. Lahn); **Gie|ße|ner** (↑R 147)

Gie|ßer; Gie|ße|rei; Gieß_form, ...harz (das), **...kan|ne; Gieß|kan|nen|prin|zip,** das; -s; *nur in* etwas nach dem - (unterschiedslos, willkürlich) verteilen

[1]**Gift,** das; -[e]s, -e; [2]**Gift,** der; -[e]s (*bes. südd. für* Ärger, Zorn); einen - auf jmdn. haben; **gif|ten** (*ugs. für* gehässig reden); sich -

(sich ärgern); das giftet mich; **gift‿fest, ...frei; Gift|gas; gift|grün; gif|tig; Gif|tig|keit,** die; -; **Gift‿mi|scher, ...mi|sche|rin, ...mord, ...müll, ...nu|del** (*ugs. für* boshafter Mensch), **...pflan|ze, ...pilz, ...schlan|ge, ...schrank, ...sta|chel, ...stoff, ...zahn, ...zwerg** (*ugs. für* boshafter Mensch)

[1]**Gig,** das; -s, -s ‹engl.› (leichter Einspänner); [2]**Gig,** die; -, -s, *seltener* das; -s, -s (Sportruderboot; leichtes Beiboot)

[3]**Gig,** der; -s, -s ‹engl.› (Auftritt bei einem Pop- od. Jazzkonzert)

Gi|ga... ‹griech.› (das Milliardenfache einer Einheit, z. B. Gigameter = 10^9 Meter; *Zeichen* G)

Gi|gant, der; -en, -en (↑R 197) ‹griech.› (Riese); **gi|gan|tisch;** -ste; **Gi|gan|tis|mus,** der; - (übersteigerte Größensucht; *Med.* krankhafter Riesenwuchs); **Gi|gan|to|ma|chie,** die; - (Kampf der Giganten gegen Zeus); **Gi|gan|to|ma|nie,** die; - (Übertreibungssucht)

Gi|gerl, der, *auch* das; -s, -n (*bes. österr. für* Modegeck); **gi|gerl|haft;** -este

Gi|gli ['dʒilji] (ital. Sänger)

Gi|go|lo ['ʒi(:)...], der; -s, -s ‹franz.› (Eintänzer; *ugs. für* Hausfreund, ausgehaltener Mann)

Gi|got [ʒigo], das; -s, -s (*schweiz. für* Hammelkeule)

Gigue [ʒi:k], die; -, -n ['ʒi:gən] (ein alter Tanz)

gil|ben (*geh. für* gelb werden)

Gil|bert (m. Vorn.); **Gil|ber|ta** (w. Vorn.)

Gilb|hard, Gilb|hart, der; -s, -e (*alte Bez. für* Oktober)

Gil|de, die; -, -n (*bes. im MA.* Vereinigung bes. von Handwerkern u. Kaufleuten); **Gil|de‿haus, ...mei|ster; Gil|den|hal|le; Gil|den|schaft**

Gi|let [ʒi'le:], das; -s, -s ‹franz.› (*österr. neben, schweiz. für* Weste)

Gil|ga|mesch (sagenhafter babylonischer Herrscher); **Gil|ga|mesch-Epos** (↑R 135)

Gil|ling, die; -, -s *u.* **Gil|lung,** die; -, -en (*Seemannsspr.* einwärts gebogene Seite des Rahsegels; nach innen gewölbter Teil des Hinterschiffs)

Gim|mick, der, *auch* das; -s, -s ‹engl.› (Werbegag, -geschenk)

Gim|pe, die; -, -n (mit Seide umsponnener Baumwollfaden)

Gim|pel, der; -s, - (ein Singvogel; *ugs. für* einfältiger Mensch)

Gin [dʒin], der; -s, -s ‹engl.› (Wacholderbranntwein); **Gin-Fizz** ['dʒinfis], der; -, - (ein Mixgetränk mit Gin)

Gin|gan ['giŋgan] ‹malai.› *u.* **Gingham** ['giŋəm], der; -s, -s ‹engl.› (ein Baumwollstoff)

Gin|ger ['dʒindʒə(r)], der; -s, - (*engl. Bez. für* Ingwer); **Ginger-ale** [...'e:l], das; -s (ein Erfrischungsgetränk)

Gink|go ['giŋko], der; -s, -s ‹jap.› (ein in Japan u. China heimischer Zierbaum)

Gin|seng [*auch* 'ʒin...], der; -s, -s ‹chin.› (ostasiat. Pflanze mit heilkräftiger Wurzel)

Gin|ster, der; -s, - (ein Strauch)

Gin To|nic ['dʒin -], der; - -[s], - -s ‹engl.› (Gin mit Tonic [und Zitronensaft o. ä.])

gio|co|so [dʒo'ko:zo] ‹ital.› (*Musik* heiter, spaßhaft)

Giot|to ['dʒɔto] (ital. Maler)

Gio|van|ni [dʒo'vani] (m. Vorn.)

Gip|fel, der; -s, - (*schweiz. auch für* Hörnchen, Kipfel); **gip|fe|lig,** gipf|lig; **Gip|fel‿kon|fe|renz, ...kreuz** (Kreuz auf dem Berggipfel); **gip|feln; Gip|fel‿punkt, ...tref|fen; gipf|lig,** gip|fe|lig

Gips, der; -es, -e; **Gips‿ab|druck** (*Plur.* ...abdrücke), **...bein** *(ugs.),* **...bü|ste; gip|sen;** du gipst; **Gipser; gip|sern** (aus Gips; gipsartig); **Gips|ver|band**

Gi|pü|re, die; -, -n ‹franz.› (Klöppelspitze aus Gimpen)

Gi|raf|fe [*südd., österr.* ʒi...], die; -, -n ‹arab.› (langhalsiges Tier)

Gi|ran|do|la [dʒi...] ‹ital.› *u.* **Gi|ran|do|le** [dʒi...], die; -, ...olen ‹franz.› (Feuergarbe beim Feuerwerk; Armleuchter); **Gi|rant** [ʒi...], der; -en, -en (↑R 197) ‹ital.› (*Bankw.* jmd., der einen Scheck od. einen Wechsel durch Giro auf einen anderen überträgt; Indossant); **Gi|rat,** der; -en, -en (↑R 197) *u.* **Gi|ra|tar,** der; -s, -e (Person, der bei der Übertragung eines Orderpapiers ein Indossament erteilt wurde); **gi|rie|ren** ([einen Wechsel] übertragen)

Gi|rau|doux [ʒiro'du:] (franz. Schriftsteller); Giraudoux' [...'du:s] Werke (↑R 139)

Girl [gœ:(r)l], das; -s, -s ‹engl.› (*scherzh. für* Mädchen; weibl. Mitglied einer Tanztruppe)

Gir|lan|de, die; -, -n ‹franz.› (Gewinde aus Laub, Blumen, buntem Papier o. ä.)

Gir|litz, der; -es, -e (ein Singvogel)

Gi|ro ['ʒi:ro], das; -s, *Plur.* -s, *österr. auch* Giri ‹ital.› (Überweisung im bargeldlosen Zahlungsverkehr; Übertragungsvermerk eines Orderpapiers); **Gi|ro|bank** *Plur.* ...banken; **Gi|ro d'Ita|lia** ['dʒi:ro di'ta:lia], der; - - (in Italien ausgetragenes Etappenrennen für Berufsradsportler); **Gi|ro‿kas|se** ['ʒi:ro...], **...kon|to**

Gi|ronde [ʒi'rõ:d], die; - (Mündungstrichter der Garonne; franz. Departement); **Gi|ron|dist,** der; -en, -en *meist Plur.;* ↑R 197 (gemäßigter Republikaner der Franz. Revolution)

Gi|ro|ver|kehr ['ʒi:ro...] (bargeldloser Zahlungsverkehr)

gir|ren; die Taube girrt

gis, Gis, das; -, - (Tonbezeichnung); **gis** (*Zeichen für* gis-Moll); in gis

Gis|bert (m. Vorn.); **Gis|ber|ta** (w. Vorn.)

Gis|card d'Estaing [ʒiskardɛs'tɛ̃:] (franz. Staatsmann)

gi|schen (*veraltet für* gischten); du gischst; **Gischt,** der; -[e]s, -e *u.* die; -, -en *Plur. selten* (Schaum; Sprühwasser, aufschäumende See); **gisch|ten** (aufschäumen, sprühen); **gischt|sprü|hend**

Gi|se[h] ['gi:ze] (Stadt in Ägypten)

Gi|se|la [*österr.* gi'ze:la] (w. Vorn.); **Gi|sel|bert** (m. Vorn.); **Gi|sel|her, Gi|sel|mar** (m. Vorn.)

gis-Moll [*auch* 'gis'mɔl], das; - (Tonart; *Zeichen* gis); **gis-Moll-Ton|lei|ter** (↑R 41)

gis|sen (*Seemannsspr., Fliegerspr.* die Position eines Flugzeugs od. Schiffes schätzen); du gißt; du gißtest; gegißt

Gi|tar|re, die; -, -n ‹span.› (ein Saiteninstrument); **Gi|tar|ren|spieler; Gi|tar|rist,** der; -en, -en (↑R 197); **Gi|tar|ri|stin**

Git|ta, Git|te (w. Vorn.)

Git|ter, das; -s, -; **Git|ter‿bettchen, ...fen|ster; git|tern** *(selten);* ich ...ere (↑R 22); **Git|ter‿netz, ...rost, ...span|nung** *(Elektronik)*

Glace [gla(:)s, *schweiz.* 'glasə], die; -, *Plur.* -s [gla(:)s], *schweiz.* -n ['glasən] ‹franz.› (Zuckerglasur; Gelee aus Fleischsaft; *schweiz.* Speiseeis, Gefrorenes); **Gla|cé** [gla'se:], der; -[s], -s (ein glänzendes Gewebe); **Gla|cé‿hand|schuh, ...le|der; gla|cie|ren** [gla'si:...] (mit Glace überziehen; *veraltet für* zum Gefrieren bringen); **Gla|cis** [gla'si:], das; - [gla'si:(s)], - [gla'si:s] (*Milit.* Erdaufschüttung vor einem Festungsgraben, die keinen toten Winkel entstehen läßt)

Gla|dia|tor, der; -s, ...oren (↑R 180) ‹lat.› (altröm. Schwertkämpfer bei Zirkusspielen); **Gla|dio|le,** die; -, -n; ↑R 180 (ein Schwertliliengewächs)

gla|go|li|tisch ‹slaw.›; -es Alphabet (kirchenslaw. Alphabet); **Gla|go|li|za,** die; - (die glagolitische Schrift)

Gla|mour ['glɛmə(r)], der *u.* das; -s ‹engl.› (Glanz, betörende Aufmachung); **Gla|mour|girl** (Reklame-, Filmschönheit)

Glans, die; -, Glandes [...de:s] ‹lat.› (*Med.* Eichel des Penis)

Glanz, der; -es, *Plur. (fachspr.)* -e; **Glanz|bür|ste; glän|zen;** du glänzt; **glän|zend;** -ste; glänzendschwarze Haare (↑*jedoch* R 209), aber: seine Augen waren glänzend schwarz; **glanz|er|füllt** *(geh.);* **Glanz₋koh|le** *(Plur. selten),* **...le|der, ...lei|stung, ...licht** (*Plur.* ...lichter); **glanz|los; Glanz₋num|mer, ...pa|pier, ...punkt** (Höhepunkt), **...rol|le, ...stück; glanz|voll; Glanz|zeit**

Gla|ner; ↑R 147 ‹*zu* Glarus›; **Glar|ner Al|pen** *Plur.;* **glar|ne|risch; Gla|rus** (Kanton und Stadt in der Schweiz)

[1]**Glas,** das; -es, Gläser; zwei - Bier (↑R 128 *u.* 129); ein - voll; - blasen; [2]**Glas,** das; -es, -en (*Seemannsspr.* halbe Stunde); **glas|ar|tig; Glas₋au|ge, ...bau|stein, ...blä|ser, ...blä|se|rei, ...blä|se|rin; Gläs|chen**

gla|sen (*Seemannsspr.* die halbe Stunde für die Schiffswache schlagen)

Gla|ser; Gla|se|rei; Gla|se|rin; Glä|ser|klang, der; -[e]s *(geh.);* **Gla|ser|mei|ster; glä|sern** (aus Glas, glasartig); **Glas|fa|ser; Glas|fa|ser|ka|bel; Glas|fi|ber|stab** *(Sport)*

Glas|gow ['gla:sgo:] (Stadt in Schottland)

Glas|har|fe; glas|hart; Glas₋haus, ...hüt|te; gla|sie|ren (mit Glasur versehen); **gla|sig; glas|klar; Glas|kopf,** der; -[e]s (Eisenerzart); **Glas|kör|per** (*Med.* gallertiger Teil des Auges); **Gläs|lein; Glas₋ma|ler, ...ma|le|rei, ...ma|le|rin**

Glas|nost, die; - ‹russ.› ([polit.] Offenheit)

Glas₋nu|del, ...per|le, ...rei|ni|ger, ...röh|re, ...schei|be, ...schrank, ...schüs|sel, ...split|ter, ...sturz (*Plur.* ...stürze; *bes. österr. für* Glasglocke)

Glast, der; -[e]s (*veraltet, noch südd. für* Glanz); **gla|stig**

Glas|tür; Gla|sur, die; -, -en (glasiger Überzug, Schmelz; Zukker-, Schokoladenguß); **Glas|ver|si|che|rung; glas|wei|se; Glas|wol|le**

glatt; -er, *auch* glätter, -este, *auch* glätteste; **Glät|te,** die; -; **Glatt|eis; Glatt|eis₋bil|dung, ...ge|fahr; glät|ten** (*landsch. u. schweiz. auch für* bügeln); **glat|ter|dings; Glät|te|rin** (*schweiz. für* Büglerin); **glatt|ge|hen** (*ugs.* ohne Hindernis vonstatten gehen); ich hoffe, daß alles glattgeht; *vgl.* glatthobeln; **glatt|ho|beln** (↑R 205); ich hob[e]le glatt (↑R 22); glattgehobelt; glattzuhobeln; **glatt₋käm|men, ...le|gen, ...ma|chen** (ausgleichen; *ugs. für* bezahlen; *vgl.* glatthobeln), **...rüh|ren** (*vgl.* glatthobeln), **...schlei|fen** (*vgl.* glatthobeln); **Glätt|stahl** (*landsch. für* Bügeleisen); **glatt|stel|len** (*Kaufmannsspr.* ausgleichen); *vgl.* glatthobeln; **Glatt|stel|lung; glatt|strei|chen;** *vgl.* glatthobeln; **Glät|tung; glatt|weg; glatt|zie|hen;** *vgl.* glatthobeln; **glatt|zün|gig; Glatt|zün|gig|keit,** die; -

Glat|ze, die; -, -n; **Glatz|kopf; glatz|köp|fig**

Glau|be, der; -ns, -n *Plur. selten;* jmdm. -n schenken; **glau|ben;** er wollte mich - machen, daß ...; **Glau|ben,** der; -s, - *Plur. selten* (*seltener für* Glaube); **Glau|bens₋ar|ti|kel, ...be|kennt|nis, ...din|ge** *(Plur.),* **...ei|fer, ...frei|heit, ...ge|mein|schaft, ...krieg, ...leh|re, ...sa|che, ...satz; glau|bens|stark; Glau|bens|streit; glau|bens|voll**

Glau|ber|salz, das; -es (Natriumsulfat)

glaub|haft; -este; **Glaub|haf|tig|keit,** die; -; **gläu|big; Gläu|bi|ge,** der *u.* die; -n, -n (↑R 7 ff.); **Gläu|bi|ger,** der; -s, - (jmd., der berechtigt ist, von einem Schuldner Geld zu fordern); **Gläu|bi|ge|rin; Gläu|bi|ger|ver|samm|lung; Gläu|big|keit,** die; -; **glaub|lich;** kaum -; **glaub|wür|dig; Glaub|wür|dig|keit,** die; -

Glau|kom, das; -s, -e ‹griech.› (*Med.* grüner Star [Augenkrankheit]); **Glau|ko|nit** [*auch* ...'nit], der; -s, -e (Mineral)

gla|zi|al ‹lat.› (*Geol.* eiszeitlich, die Gletscher betreffend); **Gla|zi|al₋fau|na, ...flo|ra, ...see, ...zeit** (Vereisungszeit); **Gla|zio|lo|ge,** der; -n, -n (↑R 197) ‹lat.; griech.›; **Gla|zio|lo|gie,** die; - (Eis- u. Gletscherkunde); **gla|zio|lo|gisch**

Glei|bo|den ‹russ.; dt.› (*Geol.* feuchter, mineralischer Boden)

gleich; die Sonne ging gleich einem roten Ball unter. **I.** *Kleinschreibung:* **a)** (↑R 66:) der, die, das gleiche; das gleiche (dasselbe) tun; das gleiche gilt ...; es kommt aufs gleiche hinaus; **b)** (↑R 65:) ins gleiche (in Ordnung) bringen; gleich und gleich gesellt sich gern. **II.** *Großschreibung* (↑R 65): Gleiches mit Gleichem vergelten; es kann uns Gleiches begegnen; Gleiches von Gleichem bleibt Gleiches; ein Gleiches tun; Gleicher unter Gleichen. **III.** *Getrenntschreibung:* gleich sein, werden; gleich alt, groß, gut, lang, schnell, verteilt, wahrscheinlich, weit u. a.; zwei gleich große Kinder; die Kinder waren gleich groß. **IV.** *In Verbindung mit Verben* (↑R 205 f.): **1.** *Getrenntschreibung, wenn* „gleich" *bedeutet:* **a)** „nicht verschieden", „in gleicher Weise", z. B. gleich denken, gleich klingen, gleich lauten, die Wörter werden gleich geschrieben; **b)** „sogleich", „sofort", z. B. er soll gleich kommen. **2.** *Zusammenschreibung in übertragenem Sinne* (↑R 205), z. B. gleichkommen *(vgl. d.);* ich komme gleich, gleichgekommen, gleichzukommen; **gleich|al|te|rig, gleich|alt|rig; gleich|ar|tig;** Gleichartiges (↑R 65); **Gleich|ar|tig|keit,** die; -; **gleich|auf;** - liegen; **gleich|be|deu|tend; Gleich|be|hand|lung; gleich|be|rech|tigt; Gleich|be|rech|ti|gung,** die; -; **gleich|blei|ben** (↑R 205 f.) (unverändert bleiben); ich bleibe mir gleich; gleichgeblieben, gleichzubleiben; gleichbleibend (unveränderlich); *vgl.* aber: gleich, IV, 1, b; **gleich|den|kend;** *vgl.* aber: gleich, IV, 1, a; **Glei|che,** die; -; etwas in die - bringen; *vgl.* aber: gleich, I, b; **glei|chen** (gleich sein; gleichmachen); du glichst; geglichen; gleich[e]!; **Glei|chen|fei|er** (*österr. für* Richtfest); **glei|chen|tags** (*schweiz. für* am selben Tage); **glei|cher|ge|stalt** *(veraltet);* **glei|cher|ma|ßen; glei|cher|wei|se; gleich|falls;** *vgl.* Fall, der; **gleich₋far|big, ...för|mig; Gleich|för|mig|keit,** die; -; **gleich₋ge|ar|tet, ...ge|la|gert, ...ge|schlecht|lich, ...ge|sinnt; Gleich|ge|sinn|te,** der *u.* die; -n, -n (↑R 7 ff.); **gleich|ge|stimmt** (↑R 209); **Gleich|ge|wicht,** das; -[e]s, *Plur. (fachspr.)* -e; **gleich|ge|wich|tig; Gleich|ge|wichts₋la|ge, ...or|gan, ...sinn, ...stö|rung; gleich|gül|tig; Gleich|gül|tig|keit,** die; -; **Gleich|heit; Gleich|heits₋grund|satz, ...prin|zip, ...zei|chen** (*Zeichen* =); **Gleich|klang; gleich|kom|men;** ↑R 205 f. (entsprechen); das war einer Kampfansage gleichgekommen; *vgl.* aber: gleich, IV, 1, b; **Gleich|lauf,** der; -[e]s *(Technik);* **gleich|lau|fend; gleich|läu|fig** *(Technik);* **Gleich|läu|fig|keit,** die; -; **gleich|lau|tend;** *vgl.* aber: gleich, IV, 1, a; **gleich|ma|chen;** ↑R 205 f. (angleichen); dem Erdboden -; *vgl.* aber: gleich, IV, 1, b; **Gleich|ma|cher; Gleich|ma|che|rei; gleich|ma|che|risch; Gleich|maß,** das; **gleich|mä|ßig;**

Gleich|mä|ßig|keit, die; -; **Gleich|mut,** der; -[e]s, *selten* die; -; **gleich|mü|tig; Gleich|mü|tig|keit,** die; -; **gleich|na|mig; Gleich|na|mig|keit,** die; -; **Gleich|nis,** das; -ses, -se; **gleich|nis|haft; gleich|nis|wei|se; gleich|ran|gig; Gleich|rich|ter** *(Elektrotechnik);* **gleich|sam;** -[,] als ob/wenn (↑R 127); **gleich|schal|ten;** ↑R 205 f. (auf eine einheitliche Linie bringen); *vgl.* aber: gleich, IV, 1, b; **Gleich|schal|tung; gleich|schen|ke|lig, gleich|schenk|lig; Gleich|schritt,** der; -[e]s; im -; **gleich|se|hen;** ↑R 205 f. (ähnlich sehen); *vgl.* aber: gleich, IV, 1, b; **gleich sein; gleich|sei|tig; Gleich|sei|tig|keit,** die; -; **gleich|set|zen;** ↑R 205 f.; etwas mit einer Sache -; *vgl.* aber: gleich, IV, 1, b; **Gleich|set|zung; Gleich|set|zungs-ak|ku|sa|tiv** (*Sprachw.* Gleichsetzungsglied neben einem Akkusativobjekt, z. B. er nennt mich „einen Lügner"), **...no|mi|na|tiv** (*Sprachw.* Ergänzung im Nominativ, z. B. er ist „ein Lügner"), **...satz** *(Sprachw.);* **Gleich|stand,** der; -[e]s; **gleich|ste|hen;** ↑R 205 f. (gleich sein); *vgl.* aber: gleich, IV, 1, b; **gleich|stel|len;** ↑R 205 f. (auf die gleiche Stufe stellen); *vgl.* aber: gleich, IV, 1, b; **Gleich|stel|lung; gleich|stim|mig; Gleich|strom; Gleich|strom|ma|schi|ne; gleich|tun;** ↑R 205 f. (nacheifern); es jmdm. -; *vgl.* aber: gleich, IV, 1, b; **Glei|chung; gleich|viel;** gleichviel[,] ob/wann/wo (↑R 127); -[,] ob du kommst, aber: wir haben gleich viel; **gleich wer|den; gleich|wer|tig; Gleich|wer|tig|keit,** die; -; **gleich|wie; gleich|win|ke|lig, gleich|wink|lig; gleich|wohl;** aber: wir befinden uns alle gleich (in gleicher Weise) wohl; **gleich|zei|tig; Gleich|zei|tig|keit,** die; -; **gleich|zie|hen;** ↑R 205 f. *(Technik); vgl.* aber: gleich, IV, 1, b

Gleis, das; -es, -e; **Gleis-an|schluß, ...ar|bei|ter, ...bau** (der; -[e]s), **...bett** (Unterlage aus Schotter für Gleise), **...drei|eck; ...glei|sig** (z. B. zweigleisig)

Gleis|ner (*veraltet für* Heuchler); **Gleis|ne|rei,** die; -; **gleis|ne|risch;** -ste

Glei|ße, die; -, -n (*landsch. für* Hundspetersilie); **glei|ßen** (glänzen, glitzern); du gleißt; du gleißtest; gegleißt; gleiß[e]!

Gleit-bahn, ...boot; glei|ten; du glittst; geglitten; gleit[e]!; gleitende Arbeitszeit, Lohnskala; **Glei|ter** *(Flugw.);* **Gleit-flä|che, ...flug, ...klau|sel, ...schie|ne, ...schuh, ...schutz** (der; -es); **gleit|si|cher; Gleit|zeit**

Glen|check ['glɛntʃɛk], der; -[s], -s ‹engl.› (ein Gewebe; großflächiges Karomuster)

Glet|scher, der; -s, -; **glet|scher|ar|tig; Glet|scher-brand, ...feld, ...milch** (die; -; milchig-trübes Schmelzwasser des Gletschers), **...müh|le** (ausgespülter Schacht im Eis oder Fels), **...schliff, ...spal|te, ...sturz, ...tor** (Austrittsstelle des Gletscherbaches), **...zun|ge**

Gle|ve ['gle:fə], die; -, -n ‹franz.› (eine mittelalterl. Waffe)

Glib|ber, der; -s (*nordd. für* glitschige Masse); **glib|be|rig**

Glied, das; -[e]s, -er; **Glie|der|fü|ßer** (*für* Arthropoden); **...glie|de|rig,** ...glied|rig (z. B. zweigliederig, zweigliedrig, *mit Ziffer* 2gliederig, 2gliedrig; ↑R 212); **Glie|der|kak|tus; glie|der|lahm; glie|dern;** ich ...ere (↑R 22); **Glie|der-pup|pe, ...rei|ßen, ...schmerz, ...tier** *(Zool.);* **Glie|de|rung; Glied|ma|ße,** die; -, -n *meist Plur.;* **...glied|rig** *vgl.* ...gliederig; **Glied-satz** *(Sprachw.),* **...staat** (*Plur.* ...staaten); **glied|wei|se**

glim|men; es glomm, *auch* glimmte; es glömme, *auch* glimmte; geglommen, *auch* geglimmt; glimm[e]!; **Glim|mer,** der; -s, - (eine Mineralgruppe); **glim|me|rig** *vgl.* glimmrig; **glim|mern; Glim|mer|schie|fer; Glimm|lam|pe; glimm|rig,** glim|me|rig *(veraltend);* **Glimm|sten|gel** (*scherzh. für* Zigarette)

glimpf|lich; Glimpf|lich|keit, die; -

Gli|om, das; -s, -e ‹griech.› (*Med.* Geschwulst im Gehirn, Rückenmark od. an der Netzhaut des Auges)

Glis|sa|de, die; -, -n ‹franz.› (Gleitschritt beim Tanzen); **glis|san|do** ‹ital.› (*Musik* gleitend); **Glis|san|do,** das; -s, *Plur.* -s *u.* ...di

Glitsch|bahn; Glit|sche, die; -, -n (*landsch. für* Schlitterbahn); **glit|schen** (*ugs. für* schlittern); du glitschst; **glit|sche|rig, glit|schig, glitsch|rig** (*ugs. für* glatt, rutschig)

Glit|zer, der; -s, -; **glit|ze|rig, glitz|rig; glit|zern;** ich ...ere (↑R 22)

glo|bal ‹lat.› (auf die ganze Erde bezüglich; umfassend; allgemein); **Glo|bal-sum|me, ...zahl; Glo|be|trot|ter** [*auch* 'glo:ptrɔtə(r)], der; -s, - ‹engl.› (Weltenbummler); **Glo|bin,** das; -s ‹lat.› (*Med., Biol.* Eiweißbestandteil des Hämoglobins); **Glo|bu|lin,** das; -s, -e (Eiweißkörper); **Glo|bus,** der; *Gen.* - *u.* ...busses, *Plur.* ...ben *u. (bereits häufiger)* ...busse ‹lat., „Kugel"› (Nachbildung der Himmelskörper, bes. der Erde)

Glöck|chen; Glocke[1], die; -, -n; **Glocken**[1]**-ap|fel, ...blu|me; glocken|för|mig**[1]; **Glocken**[1]**-ge|läut** *od.* **...ge|läu|te, ...gie|ßer, ...gie|ße|rei, ...guß, ...hei|de** (die; -; Heidekraut, Erika); **glocken|hell**[1]; **Glocken**[1]**-klang, ...läu|ten, ...man|tel, ...rock, ...schlag, ...spiel, ...stuhl, ...ton, ...turm; glockig**[1]; **Glöck|lein; Glöck|ner**

Glogg|nitz (österr. Stadt)

[1]**Glo|ria,** das; -s *u.* die; - ‹lat.› (*meist iron. für* Ruhm, Ehre); mit Glanz und -; [2]**Glo|ria,** das; -s (Lobgesang in der kath. Messe); **Glo|rie** [...iə], die; -, -n (*geh. für* Ruhm, Glanz; Heiligenschein); **Glo|ri|en|schein; Glo|ri|fi|ka|ti|on,** die; -, -en (Verherrlichung); **glo|ri|fi|zie|ren; Glo|ri|fi|zie|rung; Glo|rio|le,** die; -, -n; ↑R 180 (Heiligenschein); **glo|ri|os** (ruhmvoll); -este; **glor|reich**

glo|sen (*landsch. für* glühen, glimmen); es glo|ste

Glos|sar, das; -s, -e ‹griech.› (Sammlung von Glossen; Wörterverzeichnis [mit Erklärungen]); **Glos|sa|tor,** der; -s, ...oren (Verfasser von Glossen); **Glos|se** [*fachspr. auch* 'glo:sə], die; -, -n (Erläuterung zu einem erklärungsbedürftigen Ausdruck innerhalb eines Textes; spöttische [Rand]bemerkung; [polemischer] Kommentar zu aktuellen Problemen); **glos|sie|ren; Glos|so|la|lie,** die; - ‹griech.› (*Psych.* das Hervorbringen unverständlicher Laute in religiöser Ekstase)

Glot|tal, der; -s, -e ‹griech.› (*Sprachw.* Stimmritzenlaut, Kehlkopflaut); **Glot|tis,** die; -, Glottides [...de:s] (Stimmapparat, Stimmritze); **Glot|tis|schlag**

Glotz|au|ge; glotz|äu|gig; Glot|ze, die; -, -n (*ugs. für* Fernsehgerät); **glot|zen** *(ugs.);* du glotzt; **Glotz|kopf** *(ugs.)*

Glo|xi|nie [...iə], die; -, -n ‹nach dem Arzt Gloxin› (eine Zimmerpflanze)

glub|schen *vgl.* glupschen

gluck!; gluck, gluck!

Gluck (dt. Komponist)

Glück, das; -[e]s; jmdm. - wünschen; **Glück ab!** (Fliegergruß); **Glück|ab,** das; -s; **Glück auf!** (Bergmannsgruß); **Glück|auf,** das; -s; er rief ihm ein Glückauf zu; **glück|brin|gend** (↑R 209)

Glucke[1], die; -, -n; **glucken**[1] (*ugs. auch für* untätig herumsitzen)

---

[1] *Trenn.* ...k|k...

glücken [*Trenn.* glük|ken]
gluckern [*Trenn.* gluk|kern]; ich ...ere (↑R 22)
glück|haft; -este
Gluck|hen|ne
glück|lich; glück|li|cher|wei|se; glück|los; -este; **Glück|sa|che**, die; - (*seltener für* Glückssache); **Glücks‿brin|ger, ...bu|de; glück|se|lig; Glück|se|lig|keit**
gluck|sen; du gluckst
Glücks‿fall (der), **...fee, ...ge|fühl, ...göt|tin, ...kä|fer, ...kind, ...pfen|nig, ...pilz, ...rad, ...rit|ter, ...sa|che** (die; -), **...schwein, ...spiel, ...stern** (der; -s), **...sträh|ne** (die; -), **...tag; glück|strah|lend** (↑R 209); **Glücks‿tref|fer, ...um|stand, ...zahl; glück|ver|hei|ßend** (↑R 209); **Glück|wunsch; Glück|wunsch‿kar|te, ...te|le|gramm; Glück zu!; Glück|zu**, das; -
Glu|co|se *vgl.* Glukose
Glüh|bir|ne; glü|hen; glü|hend; ein -er Verehrer; ein glühendheißes Eisen (↑*jedoch* R 209), aber: das Eisen ist glühend heiß; **glüh|heiß; Glüh‿hit|ze** (*vgl.* Gluthitze), **...lam|pe, ...strumpf, ...wein, ...würm|chen**
Glu|ko|se, *chem. fachspr.* Glu|cose, die; - ‹griech.› (Traubenzucker)
Glum|pert, Klum|pert, das; -s (*österr. ugs. für* wertloses Zeug)
Glum|se, die; - (*landsch. für* Quark)
Glupsch|au|ge *meist Plur.*; **glupschen** (*nordd. für* mit großen Augen starr blicken); du glupschst
Glut, die; -, -en
Glut|amat, das; -[e]s, -e ‹lat.› (Würzzusatz bei Suppen u. Konserven); **Glut|amin|säu|re**
glut|äu|gig *(geh.)*
Glu|ten, das; -s (Kleber)
Glut|hit|ze
Glu|tin, das; -s ‹lat.› (Eiweißstoff)
Gly|ce|rin *vgl.* Glyzerin; **Gly|ce|rol** *vgl.* Glyzerin; **Glyk|ämie**, die; - ‹griech.› (Zuckergehalt des Blutes); **Gly|ko|gen**, das; -s (tierische Stärke); **Gly|kol**, das; -s, -e (ein Frostschutz- u. Lösungsmittel); **Gly|ko|se**, die; - (*ältere Form für* Glukose); **Gly|ko|sid**, das; -[e]s, -e (*Chemie* eine zukkerhaltige Verbindung); **Gly|kos|urie**, die; -, ...ien (*Med.* Zukkerausscheidung im Harn)
Glyp|te, die; -, -n ‹griech.› (geschnittener Stein; Skulptur); **Glyp|tik**, die; - (Steinschneidekunst); **Glyp|to|thek**, die; -, -en (Sammlung von geschnittenen Steinen od. [antiken] Skulpturen)
Gly|san|tin ⓦ, das; -s (ein Frostschutzmittel); **Gly|ze|rin**, *chem. fachspr.* Gly|ce|rin *u.* Gly|ce|rol [*beide* ...ts...], das; -s ‹griech.› (dreiwertiger Alkohol); **Gly|ze|rin|sei|fe; Gly|zi|ne, Gly|zi|nie** [...iə], die; -, -n (ein Kletterstrauch)
G-man ['dʒi:mɛn], der; -[s], G-men ‹amerik. Kurzw. aus government man = Regierungsmann› (Sonderagent des FBI)
GmbH = Gesellschaft mit beschränkter Haftung; **GmbH-Gesetz**
GMD = Generalmusikdirektor
g-Moll ['ge:mɔl, *auch* 'ge:'mɔl], das; - (Tonart; *Zeichen* g); **g-Moll-Ton|lei|ter** (↑R 41)
Gmünd (österr. Stadt)
Gmun|den (österr. Stadt)
Gna|de, die; -, -n; von Gottes Gnaden; Euer Gnaden (*veraltet; vgl.* [1]euer); **gna|den** (*veraltet für* gnädig sein); *heute nur noch im Konjunktiv Präsens:* gnade dir Gott!; **Gna|den‿akt, ...be|weis, ...brot** (das; -[e]s), **...er|laß, ...frist, ...ge|such, ...hoch|zeit** (siebzigster Hochzeitstag); **gna|den|los**; -este; **gna|den|reich; Gna|den|stoß; gna|den|voll; Gna|den|weg**, der; -[e]s; **gnä|dig**
Gna|gi, das; -s (*schweiz. für* gepökelte Teile von Kopf, Beinen und Schwanz des Schweines)
Gnatz, der; -es, -e (*landsch. für* üble Laune); **gnat|zen** (*landsch. für* mürrisch, übellaunig sein); du gnatzt; **gnat|zig** *(landsch.)*
Gneis, der; -es, -e (ein Gestein)
Gnei|se|nau (preuß. Generalfeldmarschall)
gnei|ßen (*österr. ugs. für* merken, durchschauen); du gneißt
Gnit|te, Gnit|ze, die; -, -n (*nordd. für* kleine Mücke)
Gnom, der; -en, -en; ↑R 197 (Kobold; Zwerg)
Gno|me, die; -, -n ‹griech.› (lehrhafter [Sinn-, Denk]spruch)
gno|men|haft; -este (in der Art eines Gnomen)
Gno|mi|ker ‹griech.› (Verfasser von [Sinn-, Denk]sprüchen); **gno|misch**; -er Dichter (Spruchdichter); **Gno|mon**, der; -s, ...mone (antikes astronom. Instrument [Sonnenuhr]); **Gno|sis**, die; - ([Gottes]erkenntnis; Wissen um göttliche Geheimnisse); **Gno|stik**, die; - (Lehre der Gnosis); **Gno|sti|ker** (Vertreter der Gnosis); **gno|stisch; Gno|sti|zis|mus**, der; -
Gnu, das; -s, -s ‹hottentott.› (ein Steppenhuftier)
Go, das; - (ein jap. Brettspiel)
Goa (ind. Bundesstaat)
Goal [go:l], das; -s, -s ‹engl.› (*veraltet, aber noch österr. u. schweiz. für* Tor [beim Fußball]); **Goal|get|ter** (*bes. österr. u. schweiz. für* Torschütze); **Goa|lie** ['go:li], der; -s, -s (*schweiz. Sportspr.* Torhüter); **Goal‿kee|per** (*bes. österr. u. schweiz. für* Torhüter), **...mann** (*Plur.* ...männer; *bes. österr. u. schweiz. für* Torhüter)
Go|be|lin [gɔbə'lɛ̃:], der; -s, -s ‹franz.› (Wandteppich mit eingewirkten Bildern)
Go|bi, die; - ‹mong.› (Wüste in Innerasien)
Gockel, der; -s, - [*Trenn.* Gok|kel] (*bes. südd. für* Hahn); *vgl. auch* Gickel; **Gockel|hahn** [*Trenn.* Gok|kel...]
Go|de (*Nebenform von* Gote [Pate]); **Go|del, Godl**, die; -, -n (*südd. u. österr. für* Patin)
Gode|mi|ché [go:tmi'ʃe:], der; -, -s ‹franz.› (künstlich nachgebildeter erigierter Penis)
Go|den, die; -, - (*svw.* Godel)
Go|der, der; -s, - (*österr. ugs. für* Doppelkinn); **Go|derl**, das; -s, -n; jmdm. das - kratzen (*österr. ugs. für* jmdm. schöntun)
Godl *vgl.* Godel
Godt|håb ['gɔdhɔ:b] (Hptst. von Grönland)
Goes [gø:s] (dt. Schriftsteller)
Goe|the ['gø:...] (dt. Dichter); **Goe|the|a|num**, das; -s; ↑R 180 (Tagungs- und Aufführungsgebäude in Dornach bei Basel); **Goe|the-Band**, der; -[e]s, -Bände (↑R 135); **goe|the|freund|lich** (↑R 136); **Goe|the|haus**, das; -es (↑R 135); **goe|thesch**, goe|thisch (nach Art Goethes); ihm gelangen Verse von goethescher *od.* goethischer Klarheit, aber (↑R 134): Goethesche *od.* Goethische Dramen (Dramen von Goethe); **Goe|the-und-Schil|ler-Denk|mal** (↑R 135); **goethisch** *vgl.* goethesch
Gof, der *od.* das; -s, -en (*schweiz. für* [kleines, ungezogenes] Kind)
Gog (König im A. T.); - und Magog
Gogh, van [fan 'gɔx, *auch* fan 'go:k] (niederl. Maler)
Go-go-Girl, das; -s, -s ‹amerik.› (Vortänzerin in Tanzlokalen)
Go|gol ['go:..., *auch* 'gɔ...] (russ. Schriftsteller)
Goi, der; -[s], Gojim [*auch* go'ji:m] ‹hebr.› (jüd. Bez. des Nichtjuden)
Go-in [go:'in], das; -[s], -s ‹engl.› (unbefugtes [gewaltsames] Eindringen demonstrierender Gruppen, meist um eine Diskussion zu erzwingen)
Go-Kart ['go:...], der; -[s], -s ‹engl.› (niedriger, unverkleideter kleiner Sportrennwagen)
go|keln (*mitteld. für* mit Feuer spielen); ich ...[e]le (↑R 22)

Go|lat|sche *vgl.* Kolatsche
Gold, das; -[e]s (chem. Element, Edelmetall; *Zeichen* Au); etwas ist - wert; *vgl.* Aurum; **gold|ähn|lich; Gold‿am|mer** (ein Singvogel), **...am|sel** (Pirol), **...bar|ren, ...barsch; gold|blond; Gold‿bro|kat, ...bron|ze; Gold|dou|blé** [...du'ble:], **Gold|du|blee; gol|den; I.** *Kleinschreibung* (↑R 157): goldene Hochzeit, die goldenen zwanziger Jahre, die goldenen Zwanziger, goldene Medaille, goldene Worte, den goldenen Mittelweg einschlagen; goldenes Tor (*Sportspr.* den Sieg entscheidendes Tor). **II.** *Großschreibung:* **a)** (↑R 146:) die Goldene Aue; **b)** (↑R 157:) der Goldene Schnitt *(Math.),* der Goldene Sonntag, das Goldene Buch (einer Stadt), die Goldene Bulle, die Goldene Rose, die Goldene Stadt (Prag), das Goldene Kalb *(bibl.),* das Goldene Vlies (*vgl.* Vlies), das Goldene Zeitalter (*vgl.* saturnisch); **Gol|den De|li|cious** ['go:ld(ə)n di'liʃəs], der; - -, - - ‹engl.› (eine Apfelsorte); **gold‿far|ben, ...far|big; Gold‿fa|san, ...fisch; gold‿gelb, ...ge|rän|dert; Gold‿grä|ber, ...gru|be; gold|haa|rig; Gold‿hähn|chen** (ein Singvogel); **gold|hal|tig,** *österr.* **gold|häl|tig; Gold‿hams|ter, ...ha|se** (ein Nagetier); **gol|dig; Gold‿jun|ge, ...klum|pen, ...kro|ne, ...kü|ste** (die; -; in Westafrika), **...lack** (der; -s; eine Blume), **...le|gie|rung, ...lei|ste, ...ma|cher, ...me|dail|le, ...mi|ne, ...mull** (der; -s, -e; ein maulwurfähnlicher Insektenfresser), **...mün|ze**
Gol|do|ni (ital. Dramatiker)
Gold‿pa|pier, ...par|mä|ne (die; -, -n; eine Apfelsorte), **...preis, ...rand, ...rausch, ...re|gen** (ein Strauch, Baum), **...re|ser|ve; gold|rich|tig** *(ugs.);* **Gold‿ring, ...schmied, ...schmie|din, ...schnitt** *(Buchw.),* **...stern** (ein Liliengewächs), **...stück, ...waa|ge, ...wäh|rung, ...wert** (der; -[e]s), **...zahn**
Go|lem, der; -s ‹hebr.› (durch Zauber zum Leben erweckte menschl. Tonfigur der jüd. Sage)
[1]Golf, der; -[e]s, -e ‹griech.› (größere Meeresbucht); der Persische -
[2]Golf, das; -s ‹schott.-engl.› (ein Rasenspiel); - spielen (↑R 207); **Gol|fer,** der; -s, - (Golfspieler)
Golf‿krieg, ...kri|se
Golf‿platz, ...schlä|ger, ...spiel
Golf|strom, der; -[e]s
Gol|ga|tha, *ökum.* **Gol|go|ta** ‹hebr., „Schädelstätte"› (Hügel vor dem alten Jerusalem)

[1]Go|li|ath, *ökum.* Go|li|at (Riese im A. T.); **[2]Go|li|ath,** der; -s, -s (riesiger Mensch)
Göl|ler, das; -s, - (*schweiz. für* Schulterpasse)
Go|lo (m. Vorn.)
Go|mor|rha, *ökum.* **Go|mor|ra** *vgl.* Sodom
gon = Gon; **Gon,** das; -s, -e ‹griech.› (in der Geodäsie verwendete Einheit für [ebene] Winkel [1 gon = 100. Teil eines rechten Winkels], früher auch Neugrad genannt [*vgl.* Grad]; *Zeichen* gon); 5 - (↑R 129)
Go|na|de, die; -, -n ‹griech.› (*Med., Biol.* Keimdrüse)
Gon|agra, das; -s ‹griech.› (*Med.* Gicht im Kniegelenk)
Gon|del, die; -, -n ‹ital.› (langes, schmales venezianisches Ruderboot; Korb am Luftballon; Kabine am Luftschiff); **gon|deln** (*ugs. für* [gemächlich] fahren); ich ...[e]le (↑R 22); **Gon|do|lie|re,** der; -, ...ri (Gondelführer)
Gong, der, *selten* das; -s, -s ‹malai.›; **gon|gen;** es gongt; **Gong|schlag**
Go|nio|me|ter, das; -s, - ‹griech.› (Winkelmesser); **Go|nio|me|trie,** die; - (Winkelmessung)
gön|nen; Gön|ner; gön|ner|haft; -este; **Gön|ner|haf|tig|keit,** die; -; **Gön|ne|rin; gön|ne|risch** (*selten für* gönnerhaft); **Gön|ner|mie|ne**
Go|no|kok|kus, der; -, ...kken *meist Plur.* ‹griech.› (eine Bakterienart [Trippererreger]); **Go|nor|rhö**[1], **Go|nor|rhöe** [...'rø:], die; -, ...rrhöen (Tripper); **go|nor|rho|isch**
good bye! [gud 'bai] ‹engl., „auf Wiedersehen!"›
Good|will ['gudwil], der; -s ‹engl.› (Ansehen; Wohlwollen, freundliche Gesinnung; Firmen-, Geschäftswert); **Good|will|rei|se**
Gö|pel, der; -s, - (alte Drehvorrichtung zum Antrieb von Arbeitsmaschinen durch im Kreis herumgehende Menschen od. Tiere); **Gö|pel|werk**
Gör, das; -[e]s, -en *u.* Gö|re, die; -, -n (*nordd. für* [kleines] Kind; ungezogenes Mädchen)
Go|ra|le, der; -n, -n (Angehöriger der poln. Bergbevölkerung in den Beskiden u. der Tatra)
Gor|ba|tschow [gɔrba'tʃɔf] (sowjet. Politiker)
Gor|ding, die; -, -s (*Seemannsspr.* Tau zum Zusammenholen der Segel)
gor|disch; ein [beliebiger] gordischer (unauflösbarer) Knoten, aber (↑R 134): der [berühmte] Gordische Knoten
Gor|don ['gɔ:(r)d(ə)n] (m. Vorn.)
Gö|re *vgl.* Gör
Gor|go, die; -, ...onen (weibl. Ungeheuer der griech. Sage); **Gor|go|nen|haupt**
Gor|gon|zo|la, der; -s, -s ‹nach dem gleichnamigen ital. Ort› (ein Käse)
Go|ril|la, der; -s, -s ‹afrik.› (größter Menschenaffe; *ugs. für* Leibwächter)
Go|ri|zia (*ital. Form von* Görz)
[1]Gor|ki (russ. Schriftsteller); **[2]Gor|ki** *vgl.* Nischni Nowgorod
Gör|litz (Stadt an der Neiße)
Gör|res (dt. Publizist)
Görz (ital. Stadt); *vgl.* Gorizia
Gösch, die; -, -en ‹niederl.› (*Seemannsspr.* kleine rechteckige Nationalflagge; andersfarbiges Obereck am Flaggenstock)
Go|sche, Gu|sche, die; -, -n (*landsch. für* Mund)
Go|se, die; -, -n (*mitteld. für* obergäriges Bier)
Gos|lar (Stadt am Nordrand des Harzes)
Go-slow [go:'slo:], der *u.* das; -s, -s ‹engl.› (Bummelstreik)
Gos|pel, das *od.* der; -s, -s *u.* **Gos|pel|song** (religiöses Lied der nordamerikan. Neger)
Gos|po|dar *vgl.* Hospodar; **Gos|po|din,** der; -s, ...da ‹russ., „Herr"› (russ. Anrede)
Gos|se, die; -, -n
Gös|sel, das; -s, -[n] (*nordd. für* Gänseküken)
[1]Go|te, der; -n, -n; ↑R 197 (*landsch. für* Pate); **[2]Go|te,** die; -, -n (*landsch. für* Patin); *vgl. auch* Gotte *u.* Gode
[3]Go|te, der; -n, -n; ↑R 197 (Angehöriger eines germ. Volkes)
Gö|te|borg (Hafenstadt an der Südwestküste Schwedens)
[1]Go|tha (Stadt im Thüringer Becken); **[2]Go|tha,** der; - (Adelskalender); **Go|tha|er** (↑R 147); **go|tha|isch,** aber (↑R 157): Gothaischer Hofkalender
Go|tik, die; - ‹franz.› (Kunststil vom 12. bis 15. Jh.; Zeit des got. Stils); **go|tisch** (den Goten gemäß; im Stil der Gotik, die Gotik betreffend); **[1]Go|tisch,** die; - ‹*zu* Gotik› (eine Schriftart); **[2]Go|tisch,** das; -[s] ‹*zu* [3]Gote› (Sprache); *vgl.* Deutsch; **Go|ti|sche,** das; -n; *vgl.* Deutsche, das; **Got|land** (schwed. Ostseeinsel)
Gott, der; *Gen.* -es, *selten in festen Wendungen* -s (z. B. -s Wunder!), *Plur.* Götter; um -es willen; in -es Namen; - sei Dank! - befohlen!; weiß -!; Gott[,] der Herr[,] hat ...; grüß [dich] Gott!; **gott|ähn|lich; Gott|ähn|lich|keit,** die; -; **gott-**

[1] *Vgl. die Anmerkung zu* „Diarrhö, Diarrhöe".

be|gna|det; gott|be|wah|re! *(ugs.),* aber: Gott bewahre uns davor!

Got|te, die; -, -n (*schweiz. mdal. für* Patin)

Gott|er|bar|men; *in* zum - (*ugs. für* jämmerlich [schlecht]); **Göt|ter‿bild, ...bo|te, ...däm|me|rung, ...gat|te** *(scherzh.);* **gott|er|ge|ben; göt|ter|gleich; Göt|ter‿spei|se** (*auch* eine Süßspeise), **...trank; Got|tes|acker** [*Trenn.* ...ak|ker] (*landsch. für* Friedhof); **Got|tes‿an|be|te|rin** (eine Heuschreckenart), **...be|weis, ...dienst, ...furcht; got|tes|fürch|tig; Got|tes‿ga|be, ...ge|richt; Got|tes|gna|de;** es ist eine -, aber *in Titeln:* von Gottes Gnaden König ...; **Got|tes|gna|den|tum,** das; -s; **Got|tes‿haus, ...kind|schaft** (die; -); **got|tes|läs|ter|lich; Got|tes‿läs|te|rung, ...leug|ner, ...lohn** (der; -[e]s), **...mann** (*Plur.* ...männer), **...mut|ter** (die; -), **...sohn** (der; -[e]s), **...ur|teil; Gott|fried** (m. Vorn.); **gott‿ge|fäl|lig, ...ge|wollt, ...gläu|big;** [1]**Gott|hard** (m. Vorn.); [2]**Gott|hard,** der; -s (*kurz für* Sankt Gotthard); **Gott|hard|bahn,** die; -; **Gott|heit;** [1]**Gott|helf** (m. Vorn.)

[2]**Gott|helf** (schweiz. Schriftsteller)

Gott|hold (m. Vorn.)

Göt|ti, der; -s, - (*schweiz. mdal. für* Pate)

Göt|tin

Göt|tin|gen (Stadt a. d. Leine); **Göt|tin|ger** (↑R 147); Göttinger Sieben; Göttinger Wald

gött|lich; die -e Gnade, aber (↑R 157): die Göttliche Komödie (von Dante); **Gött|lich|keit,** die; -; **Gott|lieb** (m. Vorn.); **gott|lob!,** aber: Gott [sei] Lob und Dank!; **Gott|lob** (m. Vorn.); **gott|los;** -este; **Gott|lo|se,** der *u.* die; -n, -n (↑R 7ff.); **Gott|lo|sig|keit; Gott|mensch,** der; -en (Christus); **Gott|schalk** (m. Vorn.)

Gott|sched (dt. Gelehrter u. Schriftsteller)

Gott|sei|bei|uns [*auch* ...'zai...], der; - (*verhüllend für* Teufel); **gott|se|lig** *(veraltend);* **Gott|se|lig|keit,** die; - *(veraltend);* **gotts‿er|bärm|lich, ...jäm|mer|lich; Gott|su|cher; Gott|va|ter,** der; -s *meist ohne Artikel;* **gott|ver|dammt** *(derb);* ein -er Feigling; **gott|ver|las|sen; Gott|ver|trau|en; gott|voll; Gott|wald** (m. Vorn.); **Gott|we|sen,** das; -s (Gott); **Götz** (m. Vorn.); **Göt|ze,** der; -n, -n; ↑R 197 (Abgott); **Göt|zen‿al|tar, ...bild, ...die|ner, ...dienst** (der; -es)

Gou|ache [gu'a(:)ʃ], die; -, -n ‹franz.› (Malerei mit Wasserdeckfarben *[nur Sing.];* Bild in dieser Maltechnik); *vgl.* Guasch

[1]**Gou|da** ['xauda] (niederl. Stadt bei Rotterdam); [2]**Gou|da** ['gauda], der; -s, -s *u.* **Gou|da|kä|se,** der; -s, - (ein Schnittkäse)

Gou|dron [gu'drɔ̃:], der, *auch* das; -s ‹arab.-franz.› (wasserdichter Anstrich)

Gou|nod [gu'no:] (franz. Komponist)

Gourde [gurd], der; -, -s [gurd] ‹franz.› (Währungseinheit in Haiti; *Abk.* G; 1 Gourde = 100 Centimes); 10 - (↑R 129)

Gour|mand [gur'mã:], der; -s, -s ‹franz., „Vielfraß"› (Schlemmer); **Gour|man|di|se** [gurmã'di:zə], die; -, -n (Leckerbissen); **Gour|met** [gur'mɛ, *auch* ...'me:], der; -s, -s (Feinschmecker)

gou|tie|ren [gu'ti:...] ‹franz.› (Geschmack an etwas finden)

Gou|ver|nan|te [guvɛr...], die; -, -n ‹franz.› (*veraltet für* Erzieherin); **gou|ver|nan|ten|haft; Gou|ver|ne|ment** [...'mã:], das; -s, -s (Regierung; Verwaltung, Verwaltungsbezirk); **gou|ver|ne|men|tal** [...mã'ta:l] (*schweiz., sonst veraltet für* regierungsfreundlich; Regierungs...); **Gou|ver|neur** [...'nø:r], der; -s, -e (Statthalter)

Go|ya ['go(:)ja] (span. Maler)

GPU, die; - ‹*Abk. aus* russ. Gossudarstwennoje polititscheskoje uprawlenije = staatliche politische Verwaltung› (sowjet. Geheimpolizei bis 1934)

Gr. = Greenwich

Gr.-2° = Großfolio

Gr.-4° = Großquart

Gr.-8° = Großoktav

Grab, das; -[e]s, Gräber

Grab|be (dt. Dichter)

Grab|bei|ga|be

Grab|be|lei; grab|beln (*nordd. für* herumtasten); ich ...[e]le (↑R 22); *vgl.* aber: krabbeln; **Grab|bel‿sack** *(ugs.),* **...tisch** *(ugs.)*

Gräb|chen; Gra|be|land, das; -[e]s (kleingärtnerisch genutztes Brachland; künftiges Bauland); **gra|ben;** du gräbst; du grubst; du grübest; gegraben; grab[e]!; **Gra|ben,** der; -s, Gräben; *Schreibung in Straßennamen:* ↑R 190ff.; **Grä|ber; Grä|ber|feld; Gra|bes‿käl|te, ...kir|che** (in Jerusalem), **...ru|he, ...stil|le, ...stim|me; Grab‿ge|sang, ...ge|wöl|be, ...hü|gel, ...kam|mer, ...le|gung; Gräb|lein; Grab‿mal** (*Plur.* ...mäler, *geh.* ...male), **...plat|te, ...re|de, ...schän|dung, ...scheit** (*landsch. für* Spaten)

grab|schen *vgl.* grapschen

Grab‿spruch, ...stät|te, ...stein, ...ste|le, ...stel|le, ...sti|chel (ein Werkzeug); **Gra|bung**

Grac|che ['graxə], der; -n, -n *meist Plur.* (Angehöriger eines altröm. Geschlechtes)

Grace [gre:s] (w. Vorn.)

Gracht, die; -, -en ‹niederl.› (Wassergraben, Kanal[straße] in Holland)

grad. = graduiert; *vgl.* graduieren

grad..., Grad... (*ugs. für* gerad..., Gerad...)

Grad, der; -[e]s, -e ‹lat.› (Temperatureinheit; Einheit für [ebene] Winkel [1° = 90. Teil eines rechten Winkels], *früher auch* Altgrad *genannt* [*vgl.* Gon]; *Zeichen* °); 3 - C (↑R 129) *oder* 3° C (*fachspr. nur* 3 °C); *aber auch* der 30. - (*nicht:* 30. °); es ist heute um einige - wärmer; ein Winkel von 30° (↑S. 72); **Gra|da|ti|on,** die; -, -en (Steigerung, stufenweise Erhöhung; Abstufung); **Grad|bo|gen**

gra|de (*ugs. für* gerade)

Grad|ein|tei|lung; Gra|del, Gradl, der; -s, - (*südd., österr. für* ein Gewebe); **Gra|di|ent,** der; -en, -en (↑R 197) ‹lat.› (*fachspr.* Gefälle od. Anstieg einer Größe auf einer bestimmten Strecke); **Gra|di|en|te,** die; -, -n (von Gradienten gebildete Neigungslinie); **gra|die|ren** (Salzsole konzentrieren; verstärken; in Grade einteilen); **Gra|dier|haus** (Salzgewinnungsanlage); **Gra|die|rung** (Verstärkung; Verdunstung); **Gra|dier|werk** (Solerieselanlage [in Kurorten]); **...gra|dig,** *österr. u. schweiz.* **...grä|dig** (z. B. dreigradig, *mit Ziffer* 3gradig; ↑R 43); **Gräd|dig|keit** (*Chemie* Konzentrationsgrad)

Gra|ditz (Ort südöstl. von Torgau); **Gra|dit|zer** (↑R 147); - Gestüt

Gradl *vgl.* Gradel

grad|mä|ßig; Grad‿mes|ser (der), **...netz; gra|du|al** ‹lat.› (den Rang betreffend); **Gra|dua|le,** das; -s, ...lien [...iən]; ↑R 180 (kurzer Psalmengesang nach der Epistel in der kath. Messe; das die Choralmeßgesänge enthaltende Buch); **gra|du|ell** ‹franz.› (grad-, stufenweise, allmählich); **gra|du|ie|ren** (*Technik* mit genauer Einteilung versehen; einen [akadem.] Grad erteilen); graduierter Ingenieur, *Abk.* Ing. (grad.); **Gra|du|ier|te,** der *u.* die; -n, -n; ↑R 7ff. (jmd., der einen akademischen Grad besitzt); **Gra|du|ie|rung; Grad|un|ter|schied; grad|wei|se**

Grae|cum ['grɛ:...], das; -s ‹griech.› (Prüfung im Altgriechischen)

Graf, der; -en, -en (↑R 197); **Gra|fen‿kro|ne, ...ti|tel**

Graf|fel, das; -s (*österr. ugs. für* Gerümpel)

Graf|fi|to, der *u.* das; -[s], ...ti ‹ital.› (in eine Wand eingekratzte Inschrift; *meist Plur.:* Wandkritzelei; auf Mauern, Fassaden o. ä. gesprühte od. gemalte Parole)
Gra|fik usw. (*eindeutschende Schreibung von* Graphik usw.)
Grä|fin; Grä|fin|wit|we; gräf|lich, *im Titel* (↑R 75): Gräflich; **Graf|schaft**
Gra|ham|brot ‹nach dem amerik. Arzt› (↑R 135)
Grain [gre:n], der; -s, -s ‹engl.› (älteres kleines Gewicht); 5 - (↑R 129)
Gra|ji|sche Al|pen (↑R 146) *Plur.* (Teil der Westalpen)
grä|ko-la|tei|nisch; ↑R 155 (griechisch-lateinisch); **Grä|ko|ma|nie,** die; - ‹griech.› ([übertriebene] Vorliebe für altgriech. Kultur); **Grä|kum** *vgl.* Graecum
Gral, der; -s ‹franz.› (wunderwirkende Schale in der Heldensage); der Heilige - (↑R 157); **Grals‿burg, ...hü|ter, ...rit|ter, ...sa|ge**
gram; jmdm. - sein (↑R 64); **Gram,** der; -[e]s; **grä|meln** (*bes. mitteld., nordd. für* mißmutig sein); ich ...[e]le (↑R 22); **grä|men** *(geh.);* sich -; **gram|er|füllt;** -este; *vgl.* gramgebeugt
Gram-Fär|bung ‹nach dem dän. Arzt H. C. J. Gram›; ↑R 135 (Färbemethode zur Unterscheidung von Bakterien); (↑R 136:) gramnegativ, grampositiv
gram|ge|beugt; -este (↑R 209); **gräm|lich; Gräm|lich|keit,** die; -
Gramm, das; -s, -e ‹griech.› (*Zeichen* g); 2 - (↑R 129); **Gram|ma|tik,** die; -, -en (Sprachlehre); **gram|ma|ti|ka|lisch** (*seltener für* grammatisch); **Gram|ma|ti|ker; Gram|ma|tik|theo|rie; gram|ma|tisch;** -es Geschlecht (Genus)
Gram|mel, die; -, -n (*bayr., österr. für* Griebe)
...gräm|mig (*schweiz.;* z. B. hundertgrämmig, *mit Ziffern* 100grämmig); **Gramm|ka|lo|rie** *vgl.* Kalorie; **Grammol, Grammo|le|kül** [*Trenn.* Grammmo..., ↑R 204] ‹griech.; lat.› *u.* **Mol,** das; -s, -e ‹lat.› (*früher für* so viele Gramm einer chemischen Verbindung, wie deren Molekulargewicht angibt); **Gram|mo|phon** ⓦ, das; -s, -e ‹griech.› (Gerät zum Abspielen von Schallplatten)
gram‿ne|ga|tiv, ...po|si|tiv (↑R 136); *vgl.* Gram-Färbung
gram|voll
Gran ‹lat.›, *auch* **Grän,** das; -[e]s, -e ‹franz.› (altes Apotheker- und Edelmetallgewicht); 3 - (↑R 129)
Gra|na|da (Hptst. der gleichnamigen span. Provinz)
Gra|na|dil|le *vgl.* Grenadille
[1]**Gra|nat,** der; -[e]s, -e ‹niederl.› (kleines Krebstier, Garnelenart)
[2]**Gra|nat,** der; -[e]s, -e, *österr.* der; -en, -en; ↑R 197 ‹lat.› (ein Schmuckstein); **Gra|nat|ap|fel** (Frucht einer subtrop. Pflanze); **Gra|na|te,** die; -, -n ‹ital.›; **Gra|nat‿schmuck, ...split|ter, ...trich|ter, ...wer|fer** (ein Geschütz)
Gran Ca|na|ria (eine kanarische Insel)
Gran Cha|co [- 'tʃako], der; - -s (südamerik. Landschaft)
[1]**Grand,** der; -[e]s (*nordd. für* Kies)
[2]**Grand,** der; -[e]s, -e (*bayr. für* Wasserbehälter)
[3]**Grand** [grã:, *auch* graŋ], der; -s, -s ‹franz.› (höchstes Spiel im Skat); **Gran|de,** der; -n, -n (↑R 197) ‹span.› (*früher* Mitglied des Hof-, Hochadels in Spanien)
Gran|del, Grä|ne, die; -, -n (*Jägerspr.* oberer Eckzahn des Rotwildes)
Gran|deur [grã'dø:r], die; - ‹franz.› (Großartigkeit, Größe); **Gran|dez|za,** die; - ‹ital.› (würdevollelegantes Benehmen); **Grand|ho|tel** ['grã:...]; **gran|dig** ‹roman.› (*landsch. für* groß, stark); **gran|di|os;** -este ‹ital.› (großartig, überwältigend); **Grand Old La|dy** ['grɛnd 'o:ld 'le:di], die; - - -, *Plur.* - - -s *od.* - - Ladies ‹engl.› (älteste bedeutende weibliche Persönlichkeit in einem bestimmten Bereich); **Grand Old Man** ['grɛnd 'o:ld 'mɛn], der; - - -, - - Men [- - 'mɛn] (älteste bedeutende männliche Persönlichkeit in einem bestimmten Bereich); **Grand ou|vert** [grã:, *auch* graŋ u'vɛ:r], der; - -[s], - -s [grã:, *auch* graŋ u'vɛ:rs] ‹franz.› (Grand aus der Hand, bei dem der Spieler seine Karten offen hinlegen muß); **Grand Prix** [grã(:) 'pri:], der; - -, -s - [grã(:) -] ‹franz., „großer Preis"›; **Grand|sei|gneur** [grãsɛ'njø:r], der; -s, *Plur.* -s *u.* -e ‹franz.› (vornehmer, weltgewandter Mann); **Grand Slam** ['grɛnd 'slɛm], der; - -[s], - -s ‹engl.› *(Tennis);* **Grand-Tou|ris|me-Ren|nen** [grãtu'rism(ə)...], das; -s, - (Sportwagenrennen)
Grä|ne *vgl.* Grandel
gra|nie|ren ‹lat.› (*fachspr. für* körnig machen); **Gra|nit** [*auch* ...'nit], der; -s, -e ‹ital.› (ein Gestein); **gra|nit|ar|tig; Gra|nit|block** *Plur.* ...blöcke; **gra|ni|ten** (aus Granit); **Gra|nit|qua|der**
Gran|ne, die; -, -n (Ährenborste); **gran|nig**
Gran|ny Smith ['grɛni 'smiθ], der; - -, - - ‹engl.› (eine Apfelsorte)
Grant, der; -s (*bayr., österr. für* Übellaunigkeit; Unmut); **gran|tig;** ein -er (mürrischer) Mann; **Gran|tig|keit,** die; -
Gra|nu|lat, das; -[e]s, -e ‹lat.› (Substanz in Körnchenform); **Gra|nu|la|ti|on,** die; -, -en (körnige [Oberflächen]struktur; Herstellung, Bildung einer solchen Struktur); **gra|nu|lie|ren** (körnig machen; *Med.* Wärzchen bilden); **Gra|nu|lit** [*auch* ...'lit], der; -s, -e (ein Gestein); **Gra|nu|lom,** das; -s, -e (*Med.* Granulationsgeschwulst); **gra|nu|lös;** -este (körnig)
Grape|fruit ['gre:pfru:t], die; -, -s ‹engl.› (eine Zitrusfrucht)
[1]**Graph,** der; -en, -en (↑R 197) ‹griech.› (*Math.* graphische Darstellung); [2]**Graph,** das; -s, -e (*Sprachw.* Schriftzeichen); **Gra|phem,** das; -s, -e (*Sprachw.* kleinste bedeutungsunterscheidende Einheit der geschriebenen Sprache); **...gra|phie** (...[be]schreibung, z. B. Geographie); **Gra|phik**[1], die; -, *Plur.* (*für* Einzelblatt:) -en ‹griech.› (Schaubild, Illustration; Sammelbezeichnung für Holzschnitt, Kupferstich, Lithographie u. Handzeichnung); **Gra|phi|ker**[1]; **Gra|phi|ke|rin**[1]; **gra|phisch**[1]; -e Darstellung (Schaubild); -es Gewerbe; -es Rechnen; **Gra|phit** [*auch* ...'fit], der; -s, -e (ein Mineral); **gra|phit|grau** [*auch* ...'fit...]; **Gra|pho|lo|ge,** der; -n, -n (↑R 197); **Gra|pho|lo|gie,** die; - (Lehre von der Deutung der Handschrift als Ausdruck des Charakters); **gra|pho|lo|gisch; Gra|pho|sta|tik** (zeichnerische Methode zur Lösung von Aufgaben der Statik); drei - (↑R 129)
Grap|pa, die; -, -s ‹ital.› (ital. Tresterbranntwein)
grap|schen (*ugs. für* schnell nach etwas greifen); du grapschst; **grap|sen** (*österr. ugs. für* stehlen); du grapst
Gras, das; -es, Gräser; **Gras|af|fe** (*Schimpfwort für* unreifer Mensch); **gras|ar|tig; Gras|bahn|ren|nen** *(Motorradsport);* **gras|be|wach|sen** (↑R 209); **Gräs|chen; Gras|decke** [*Trenn.* ...dek|ke]; **gra|sen;** du grast; er graste; **Gra|ser** (*Jägerspr. für* Zunge von Rot- u. Damwild); **Grä|ser|chen** *Plur.;* **Gras‿flä|che, ...fleck; gras|grün; Gras‿halm, ...hüp|fer; gra|sig; Gras|land,** das; -[e]s; **Gräs|lein; Gras|li|lie; Gras|mücke,** die; -, -n [*Trenn.* ...mük|ke] (ein Singvogel); **Gras|nar|be**

[1] *In eindeutschender Schreibung:* Gra|fik, Gra|fi|ker, Gra|fi|ke|rin, gra|fisch (↑R 53).

Graß, *aus graphischen Gründen mit Zustimmung des Autors auch* Grass (dt. Schriftsteller); Graß' Roman (↑R 139)
gras|sie|ren ‹lat.› (sich ausbreiten; wüten [von Seuchen])
gräß|lich; Gräß|lich|keit
Gras˯step|pe, ...strei|fen
Grat, der; -[e]s, -e (Kante; Bergkamm[linie]); **Grä|te,** die; -, -n (Fischgräte); **grä|ten|los**
Gra|ti|an, Gra|tia|nus (röm. Kaiser; m. Vorn.); **Gra|ti|as,** das; -, - (Dank[gebet]); **Gra|ti|fi|ka|ti|on,** die; -, -en ([freiwillige] Vergütung, [Sonder]zuwendung)
grä|tig (viele Gräten enthaltend; *ugs. für* reizbar, aufbrausend)
Gra|tin [gra'tɛ̃:], das; -s, -s ‹franz.› (überbackenes Gericht)
Grä|ting, die; -, *Plur.* -e *od.* -s ‹engl.› (*Seemannsspr.* Gitterrost [auf Schiffen])
gra|ti|nie|ren ‹franz.› (mit einer Kruste überbacken)
gra|tis ‹lat.› (unentgeltlich); - und franko; **Gra|tis˯ak|tie, ...an|teil, ...bei|la|ge, ...pro|be, ...vor|stel|lung**
Grat|lei|ste (in der Tischlerei)
grätsch|bei|nig; Grät|sche, die; -, -n (eine Turnübung); **grät|schen** ([die Beine] seitwärts spreizen); du grätschst; **Grätsch|stel|lung,** die; -
Gra|tu|lant, der; -en, -en (↑R 197) ‹lat.›; **Gra|tu|lan|tin; Gra|tu|la|ti|on,** die; -, -en; **Gra|tu|la|ti|ons|cour** [...ku:r], die; -, -en ‹lat.; franz.› ([feierliche] Beglückwünschung durch viele Gratulanten); **gra|tu|lie|ren;** jmdm. zu etw. -
Grat|wan|de|rung
Grät|zel, das; -s, -n (*österr. ugs. für* Teil eines Wohnviertels, einer Straße)
grau; **I.** *Kleinschreibung:* - werden; - in - malen; (↑R 157:) der -e Alltag, eine -e Eminenz (*Bez. für* eine nach außen kaum in Erscheinung tretende, aber einflußreiche [polit.] Persönlichkeit; *vgl.* aber *unter* II.: die Graue Eminenz), in -er Vorzeit, sich keine -en Haare wachsen lassen (*ugs. für* sich keine Sorgen machen), -er Markt, -er Papagei, -e Salbe, -er Star. **II.** *Großschreibung:* **a)** (↑R 133, 157:) die Grauen Schwestern (kath. Kongregation), die Grauen Panther (Seniorenschutzbund); die Graue Eminenz (F. v. Holstein; *vgl.* aber *unter* I.: eine graue Eminenz); **b)** (↑R 146:) Graue Hörner (schweiz. Berggruppe); *vgl.* blau, II–V; *vgl.* graumeliert; **Grau,** das; -s, *Plur.* -, *ugs.* -s (graue Farbe); *vgl.* Blau; **grau|äu|gig; Grau|bart; grau˯bär|tig, ...blau** (↑R 40); **Grau|brot**
Grau|bün|den (schweiz. Kanton); *vgl.* Bünden; **Grau|bünd|ner** (↑R 147); *vgl.* Bündner; **grau|bünd|ne|risch;** *vgl.* bündnerisch
Grau|chen (Eselchen)
[1]**grau|en** (Furcht haben); mir, *seltener* mich graut [es] vor dir
[2]**grau|en** (allmählich hell, dunkel werden; dämmern); der Morgen, der Abend graut
Grau|en, das; -s, -; es überkommt ihn ein - (Furcht, Schauder); die - (Schrecken) des Atomkrieges; **grau|en|er|re|gend** (↑R 209); **grau|en|haft;** -este; **grau|en|voll**
Grau|gans; grau˯grün, ...haa|rig; Grau|kopf
grau|len (sich fürchten); es grault mir; ich graule mich
gräu|lich, *auch* **grau|lich** ‹*zu* grau›; **grau|me|liert;** das -e Haar (↑*jedoch* R 209), aber: das Haar war grau meliert
Gräup|chen; Grau|pe, die; -, -n *meist Plur.* ([Getreide]korn); **Grau|pel,** die; -, -n *meist Plur.* (Hagelkorn); **grau|peln;** es graupelt; **Grau|pel˯schau|er, ...wet|ter; Grau|pen|sup|pe**
graus; -este (*veraltet für* grausig); -es Morden; **Graus,** der; -es (*veraltet für* Schrecken); o -!
grau|sam; Grau|sam|keit
Grau˯schim|mel, ...schlei|er
grau|sen (sich fürchten); mir *od.* mich grauste; sich -; **Grau|sen,** das; -s; **grau|sig** (grauenerregend); **graus|lich** (*bes. österr. für* unangenehm, häßlich)
Grau˯specht, ...spieß|glanz (ein Mineral), **...tier** (Esel), **...wacke** (*Trenn.* ...wak|ke; *Geol.* Sandstein), **...werk** (das; -[e]s; Pelzwerk, bes. aus dem grauen Winterpelz russ. Eichhörnchen; Feh), **...zo|ne** (Übergangszone [zwischen Legalität u. Illegalität])
gra|ve [...və] ‹ital.› (*Musik* schwer, wuchtig)
Gra|ven|ha|ge *vgl.* 's-Gravenhage
Gra|ven|stei|ner [...v...] (eine Apfelsorte); ↑R 147
Gra|veur [...'vø:r], der; -s, -e ‹franz.› (Metall-, Steinschneider, Stecher); **Gra|veur|ar|beit** [...'vø:r...] *vgl.* Gravierarbeit; **Gra|veu|rin** [...'vø:rin]
gra|vid [...v...] ‹lat.› (*Med.* schwanger); **Gra|vi|di|tät,** die; -, -en (Schwangerschaft)
Gra|vier|an|stalt [...v...] ‹franz.; dt.›; **Gra|vier|ar|beit,** Gra|veur|ar|beit; **gra|vie|ren** [...v...] ([in Metall, Stein, Glas o. ä.] [ein]schneiden)
gra|vie|rend [...v...] ‹lat.› (schwerwiegend; belastend)
Gra|vie|rung [...v...]
Gra|vi|me|ter [...v...], das ‹lat.; griech.› (*Physik* Gerät zum Messen der Schwerkraft[änderungen]); **Gra|vi|me|trie,** die; - (*Physik, Chemie*); **gra|vi|me|trisch;**
Gra|vis, der; -, - ‹lat.› (*Sprachw.* ein Betonungszeichen: `, z. B. è);
Gra|vi|tät, die; - (*veraltet für* [steife] Würde); **Gra|vi|ta|ti|on,** die; - (Schwerkraft, Anziehungskraft); **Gra|vi|ta|ti|ons˯feld, ...ge|setz** (das; -es); **gra|vi|tä|tisch;** -ste (würdevoll); **gra|vi|tie|ren** ([auf Grund der Gravitation] zu etwas hinstreben)
Gra|vur [...v...], die; -, -en ‹franz.› (Darstellung, Zeichnung auf Metall, Stein, Glas o. ä.); **Gra|vü|re,** die; -, -n ([Kupfer-, Stahl]stich)
Gray [gre:], das; -[e]s, - ‹nach dem engl. Physiker› (Maßeinheit der Energiedosis; *Zeichen* Gy)
Graz (Hptst. der Steiermark); **Gra|zer** (↑R 147)
[1]**Gra|zie** [...iə], die; - ‹lat.› (Anmut); [2]**Gra|zie,** die; -, -n *meist Plur.* (eine der drei röm. Göttinnen der Anmut; *scherzh. für* anmutige, hübsche junge Frau)
gra|zil ‹lat.› (schlank, geschmeidig, zierlich); **Gra|zi|li|tät,** die; -
gra|zi|ös; -este ‹franz.› (anmutig); **gra|zio|so** (↑R 180) ‹ital.› (*Musik* anmutig); **Gra|zio|so,** das; -s, *Plur.* -s *u.* ...si (↑R 180)
grä|zi|sie|ren ‹griech.› (nach griech. Muster formen; die alten Griechen nachahmen); **Grä|zis|mus,** der; -, ...men (*Sprachw.* altgriech. Spracheigentümlichkeit [in einer nichtgriech. Sprache]); **Grä|zist,** der; -en, -en; ↑R 197 (Kenner, Erforscher des Altgriechischen); **Grä|zi|stik,** die; - (Erforschung des Altgriechischen); **Grä|zi|stin; Grä|zi|tät,** die; - (Wesen der altgriech. Sprache u. Sitte)
Greene [gri:n] (engl. Schriftsteller)
Green|horn ['gri:n...], das; -s, -s ‹engl.› (Anfänger, Neuling)
Green|peace ['gri:npi:s] ‹engl.› (internationale Umweltschutzorganisation)
Green|wich ['grinidʒ] (Stadtteil Londons; *Abk.* Gr.); **Green|wi|cher** (↑R 147); - Zeit (westeuropäische Zeit)
Grège [grɛ:ʒ], die; - ‹franz.› (Naturseidenfaden); **Grège|sei|de**
Gre|gor, Gre|go|ri|us (m. Vorn.); **gre|go|ria|nisch,** aber (↑R 134): der Gregorianische Kalender
Greif, der; *Gen.* -[e]s *u.* -en, *Plur.* -e[n] (Fabeltier [Vogel]; *auch für* Greifvogel)
Greif˯arm, ...bag|ger; greif|bar; grei|fen; du griffst; du griffest;

gegriffen; greif[e]!; um sich -; (↑R 68:) zum Greifen nahe; **Grei|fer**
Greifs|wald (Stadt in Vorpommern); **Greifs|wal|der** (↑R 147)
Greif|vo|gel
Greif|zan|ge
grei|nen (*ugs. für* weinen)
greis; -este (*geh. für* sehr alt); **Greis**, der; -es, -e; **Grei|sen|al|ter**, das; -s; **grei|sen|haft**; -este; **Grei|sen|haf|tig|keit**, die; -; **Grei|sen|stim|me; Grei|sin**
Greiß|ler (*ostösterr. für* Krämer); **Greiß|le|rei**
grell; grellrot usw.; **grell|be|leuch|tet**; die grellbeleuchtete Bühne, aber (↑R 209): die zu grell beleuchtete Bühne; **Grel|le**, die; -
Gre|mi|um, das; -s, ...ien [...iən] ‹lat.› (Ausschuß; Körperschaft)
Gre|na|da (Staat im Bereich der Westindischen Inseln)
Gre|na|dier, der; -s, -e ‹franz.› (Infanterist)
Gre|na|dil|le, die; -, -n ‹franz.›, **Gra|na|dil|le**, die; -, -n ‹span.› (Passionsblumenfrucht)
[1]**Gre|na|di|ne**, die; - ‹franz.› (Saft, Sirup aus Granatäpfeln)
[2]**Gre|na|di|ne**, die; - (ein Gewebe)
Grenz‿aus|gleich, ...bahn|hof, ...baum, ...be|am|te, ...be|fe|sti|gung *(meist Plur.)*, **...be|reich, ...be|woh|ner; Gren|ze**, die; -, -n; **gren|zen**; du grenzt; **gren|zen|los**; bis ins Grenzenlose (bis in die Unendlichkeit; ↑R 65); **Gren|zen|lo|sig|keit**, die; -; **Gren|zer** (*ugs. für* Grenzjäger, -bewohner); **Grenz‿fall** (der), **...fluß, ...for|ma|li|tät** *(meist Plur.)*, **...gän|ger, ...ge|biet, ...kon|trol|le, ...land, ...li|nie; grenz|nah**; -e Gebiete; **Grenz‿po|sten, ...rain, ...schutz** (der; -es), **...si|tua|ti|on** (↑R 180), **...stein, ...strei|tig|keit** *(meist Plur.)*, **...trup|pen** *(Plur.; ehem. in der DDR)*, **...über|gang; grenz|über|schrei|tend**; -er Verkehr; **Grenz‿über|tritt, ...ver|kehr, ...ver|let|zung, ...wall, ...wert, ...zwi|schen|fall**
Gret, Gret|chen (w. Vorn.); **Gret|chen|fra|ge; Gre|te, Gre|tel, Gre|ti** (w. Vorn.)
Greu|el, der; -s, -; **Greu|el‿mär|chen, ...pro|pa|gan|da** *(bes. nationalsoz.)*, **...tat; greu|lich**
Gre|ven|broich [gre:vən'bro:x] (Stadt in Nordrhein-Westfalen)
Grey|erz ['graiərts] (schweiz. Ortsn.); -er Käse; *vgl.* Gruyères
Grey|hound ['gre:haund], der; -[s], -s ‹engl.› (engl. Windhund; ein amerik. Überlandbus)
Grie|be, die; -, -n (ausgebratener Speckwürfel; *landsch. auch für* Bläschenausschlag am Mund); **Grie|ben‿fett** (das; -[e]s), **...schmalz, ...wurst**
Griebs, der; -es, -e (*landsch. für* Kerngehäuse des Obstes; *mitteld. für* Gurgel)
Grie|che, der; -n, -n (↑R 197); **Grie|chen|land; Grie|chin; grie|chisch**; *vgl.* deutsch; **Grie|chisch**, das; -[s] (Sprache); *vgl.* Deutsch; **Grie|chi|sche**, das; -n; *vgl.* Deutsche, das; **grie|chisch-ka|tho|lisch** (*Abk.* gr.-kath.); **grie|chisch-or|tho|dox; grie|chisch-rö|misch** *(Ringen)*; **grie|chisch-uniert**
Grie|fe, die; -, -n (*mitteld. für* Griebe)
Grieg, Edvard (norw. Komponist)
grie|meln (*westmitteld. für* schadenfroh in sich hineinlachen); ich ...[e]le (↑R 22)
grie|nen (*ugs. für* grinsen)
grie|seln (*nordd. für* erschauern [vor Kälte usw.]); mich grieselt; *vgl.* aber: grießeln
Gries|gram, der; -[e]s, -e (mißmutiger, mürrischer Mensch); **gries|grä|mig**, *seltener* **gries|grä|misch, gries|gräm|lich**
Grieß, der; -es, -e; **Grieß|brei; grie|ßeln** (körnig werden; *auch* rieseln); es grießelt; *vgl.* aber: grieseln; **grie|ßig**; -es Mehl; **Grie|ßig**, das; -s (Bienenkot); **Grieß‿kloß, ...koch** (*bayr., österr. für* Grießbrei; *vgl.* [2]Koch), **...mehl, ...schmar|ren** (*österr.* Süßspeise aus geröstetem Grieß), **...sup|pe**
Griff, der; -[e]s, -e; **griff|be|reit; Griff|brett**
Grif|fel, der; -s, -
griffest [*Trenn.* griff|fest, ↑R 204]; **grif|fig; Grif|fig|keit**, die; -; **griff|los**
Grif|fon [gri'fɔ̃:], der; -s, -s ‹franz.› (ein Vorstehhund)
Griff|tech|nik *(Ringen)*
Grill, der; -s, -s ‹engl.› (Bratrost); **Gril|la|de** [gri'ja:də], die; -, -n ‹franz.› (gegrilltes Stück Fleisch, Fisch o. ä.)
Gril|le, die; -, -n (ein Insekt; *auch für* sonderbarer Einfall; Laune)
gril|len ‹engl.› (auf dem Grill braten)
Gril|len|fän|ger (trüben Gedanken nachhängender Mensch); **gril|len|fän|ge|risch; gril|len|haft** (sonderbar; launisch); -este; **Gril|len|haf|tig|keit**, die; -
Gril|let|te [gri'lɛt(ə)], die; -, -n (*regional für* gegrilltes Hacksteak); **Grill‿fest, ...ge|rät, ...ge|richt; gril|lie|ren** [*auch* gri'ji:...] ‹franz.› (grillen)
gril|lig (*svw.* grillenhaft); **Gril|lig|keit**
Grill|par|zer (österr. Dichter)
Grill‿platz, ...re|stau|rant; Grill|room ['grilru:m], der; -s, -s ‹engl.› (Grillrestaurant, -stube)
Gri|mas|se, die; -, -n ‹franz.› (Verzerrung des Gesichts); **gri|mas|sie|ren**
Grim|bart, der; -s (der Dachs in der Tierfabel)
grimm (*veraltet für* zornig); [1]**Grimm**, der; -[e]s *(veraltend)*
[2]**Grimm**, Jacob *u.* Wilhelm (dt. Sprachwissenschaftler); die Brüder Grimm
Grimm|darm (Dickdarmteil)
Grim|mels|hau|sen (dt. Schriftsteller im 17. Jh.)
grim|men (*veraltet für* ärgern)
Grim|men, das; -s ([Bauch]weh)
grim|mig; Grim|mig|keit, die; -
Grimmsch; ↑R 134 (von Grimm herrührend); das -e Wörterbuch; die -en Märchen
Grind, der; -[e]s, -e (Schorf; *schweiz. derb für* Kopf; *Jägerspr.* Kopf von Hirsch od. Gemse); **grin|dig; Grind|wal** (eine Delphinart)
Grin|go ['griŋgo], der; -s, -s ‹span.› (*abwertend für* nichtromanischer Fremder in Südamerika)
Grin|sel, das; -s, -[n] (*österr. für* Kimme am Gewehrlauf)
grin|sen; du grinst
Grin|zing (Stadtteil von Wien)
grip|pal *vgl.* grippös; **Grip|pe**, die; -, -n ‹franz.› (eine Infektionskrankheit); **Grip|pe‿an|fall, ...epi|de|mie** (↑R 36), **...vi|rus, ...wel|le; grip|pös**, grip|pal (*Med.* grippeartig)
Grips, der; -es, -e (*ugs. für* Verstand, Auffassungsgabe)
Gri|saille [gri'za:j], die; -, -n [...'za:jən] (schwarzweißer Seidenstoff; Malerei in Grautönen *[nur Sing.]*; in dieser Weise hergestelltes Kunstwerk)
Gri|sel|dis (w. Vorn.)
Gri|set|te, die; -, -n ‹franz.› (*veraltet für* leichtlebiges Mädchen)
Gris|ly|bär, Grizzlybär ‹engl.; dt.› (großer nordamerik. Braunbär)
[1]**Grit**, der; -s, -e ‹engl.› (grober Sand; Sandstein)
[2]**Grit[t]** (w. Vorn.)
Grizz|ly|bär ['grizli...] *vgl.* Grislybär
gr.-kath. = griechisch-katholisch
grob [*auch* grɔp]; gröber, gröbste; grob fahrlässig; (↑R 65:) jmdn. aufs gröbste beleidigen, aber: aus dem Gröbsten heraussein; **Grob|blech; Grö|be**, die; - (Siebrückstand); **grob‿fa|se|rig, ...ge|mah|len; Grob|heit; Gro|bi|an**, der; -[e]s, -e (grober Mensch); **grob‿kno|chig, ...kör|nig; gröb|lich** (ziemlich grob; stark; sehr); **grob|ma|schig; Grob|ma|schig|keit**, die; -; **grob|schläch|tig**

(von grober Art); **Grob|schläch|tig|keit,** die; -; **Grob_schmied, ...schnitt**

Gro|den, der; -s, - (*nordd. für* [mit Gras bewachsenes] angeschwemmtes Deichvorland)

Grog, der; -s, -s ‹vielleicht nach dem Spitznamen des engl. Admirals Vernon: „Old Grog"› (heißes alkohol. Getränk); **grog|gy** ['grɔgi] ‹*eigentl.* „vom Grog betrunken"› (*Boxen* schwer angeschlagen; *auch ugs. für* zerschlagen, erschöpft)

Groitzsch [grɔytʃ] (Stadt südl. von Leipzig)

grö|len (*ugs. für* schreien, lärmen); **Grö|le|rei**

Groll, der; -[e]s; **grol|len**

Gro|nin|gen (niederl. Stadt)

Grön|land; Grön|län|der (↑R 147); **Grön|län|de|rin; Grön|land|fah|rer; grön|län|disch; Grön|land|wal**

Groom [gru:m], der; -s, -s ‹engl.› (Reitknecht)

Gro|pi|us (amerik. Architekt dt. Herkunft)

Grop|pe, die; -, -n (ein Fisch)

[1]**Gros** [gro:], das; - [gro:(s)], - [gro:s] ‹franz.› (überwiegender Teil); *vgl.* en gros; [2]**Gros** [grɔs], das; Grosses, Grosse ‹niederl.› (12 Dutzend); 2 Gros Nadeln (↑R 128 f.); **Gro|schen,** der; -s, - ‹mlat.› (österr. Münze; *Abk.* g [100 Groschen = 1 Schilling]; *ugs. für* dt. Zehnpfennigstück); **Gro|schen_blatt** (billige, anspruchslose Zeitung), **...grab** (*scherzh. für* Spielautomat, Parkuhr o. ä.), **...heft, ...ro|man**

groß; größer, größte; (↑R 61:) großenteils, größer[e]nteils, größtenteils. **I.** *Kleinschreibung:* **a)** (↑R 65:) am größten (sehr groß); **b)** (↑R 66:) um ein großes (viel) verteuert; das größte (*ugs. für* sehr gut) wäre, wenn ...; **c)** (↑R 65:) im großen [und] ganzen; im großen und im kleinen betreiben, im großen (en gros) einkaufen; groß und klein (jedermann); **d)** (↑R 157:) die großen Ferien; auf große Fahrt gehen; Kapitän auf großer Fahrt *(Seew.);* der große Teich (*ugs. für* Atlant. Ozean); die große Anfrage; das große Einmaleins; das große Latinum; die große Pause; die große (vornehme) Welt; auf großem Fuß (*ugs. für* verschwenderisch) leben; etwas an die große Glokke hängen (*ugs. für* überall erzählen); einen großen Bahnhof (*ugs. für* feierlichen Empfang) bekommen. **II.** *Großschreibung:* **a)** (↑R 65:) Große und Kleine, die Großen und die Kleinen; er ist der Größte (*ugs. für* ist uneingeschränkt anerkannt, ist unübertroffen); vom Kleinen auf das Große schließen; ein Zug ins Große; im Großen wie im Kleinen treu sein; **b)** (↑R 65:) etwas, nichts, viel, wenig Großes; **c)** (↑R 133, 157:) Otto der Große (*Abk.* d. Gr.), *Gen.:* Ottos des Großen; der Große Schweiger (Moltke); der Große Wagen, der Große Bär; Große Kreisstadt (als verwaltungstechn. Begriff); die Große Strafkammer; die Große Mauer (in China); das Große Los; der Große Rat (*schweiz.* das Kantonsparlament); **d)** (↑R 146:) Großer Belt; Großer Ozean. **III.** *Schreibung in Verbindung mit dem Partizip II:* ein großangelegter Plan (↑*jedoch* R 209), aber: der Plan ist groß angelegt. **IV.** *Schreibung in Verbindung mit Verben* (↑R 205 f.): **a)** *Getrenntschreibung in ursprünglicher Bedeutung,* z. B. groß sein, werden; das Wort wird groß (mit großen Anfangsbuchstaben) geschrieben; **b)** *Zusammenschreibung, wenn durch die Verbindung ein neuer Begriff entsteht; vgl.* großmachen, großschreiben, großtun, großziehen. **V.** *Über die Schreibung in erdkundlichen Namen* ↑R 152, *in Straßennamen* ↑R 191; **Groß_ab|neh|mer, ...ad|mi|ral, ...ak|tio|när, ...alarm; groß|an|ge|legt;** *vgl.* groß, III; **groß|ar|tig; Groß|ar|tig|keit,** die; -; **Groß_auf|nah|me, ...auf|trag, ...bank, ...bau|stel|le; Groß-Ber|lin** (↑R 152); **Groß|ber|li|ner** (↑R 147); **Groß_be|trieb, ...bour|geoi|sie, ...brand; Groß|bri|tan|ni|en** [...iən]; **groß|bri|tan|nisch; Groß|buch|sta|be; groß|bür|ger|lich; Groß|bür|ger|tum; groß|den|kend;** ein -er Mann; **groß|deutsch** *(bes. nationalsoz.);* **Grö|ße,** die; -, -n; Schuhe in - vierzig; **Groß_ein|kauf, ...ein|satz, ...el|tern** *(Plur.),* **...en|kel, ...en|ke|lin; Grö|ßen|ord|nung; gro|ßen|teils; Grö|ßen_un|ter|schied, ...ver|hält|nis, ...wahn; grö|ßen|wahn|sin|nig; grö|ßer;** *vgl.* groß; **Groß|er|eig|nis; grö|ße|ren|teils, grö|ßern|teils; Groß_fahn|dung, ...fa|mi|lie, ...feu|er; groß_fi|gu|rig, ...flä|chig; Groß_flug|zeug, ...fo|lio** (das; -s; *Buchw.; Abk.* Gr.-2°), **...for|mat, ...fürst, ...für|stin; Groß|für|stin-Mut|ter,** die; -; **Groß_ga|ra|ge, ...ge|mein|de; groß|ge|mu|stert; groß|ge|wach|sen; Groß|glock|ner** [*auch* 'gro:s...], der; -s (ein Berg); **Groß|glock|ner|mas|siv** (↑R 149); **Groß_grund|be|sitz, ...grund|be|sit|zer, ...han|del; Groß|han|dels|preis;** *vgl.* [2]Preis; **Groß|händ|ler; groß|her|zig; Groß|her|zig|keit,** die; -; **Groß|her|zog; groß|her|zog|lich,** *im Titel* (↑R 75): Großherzoglich; **Groß|hirn; Groß|hirn|rin|de; Groß|hun|dert** (ein altes Zählmaß; 120 Stück), **...in|du|stri|el|le**

Gros|sist, der; -en, -en (↑R 197) ‹franz.› (Großhändler)

groß|jäh|rig (*veraltend für* volljährig); **Groß|jäh|rig|keit,** die; -; **groß_ka|li|be|rig** *od.* **...ka|li|brig; Groß|kampf|tag** (*Milit.; auch ugs. für* harter Arbeitstag); **groß|ka|riert; Groß|kat|ze** (z. B. Löwe); **Groß|kauf|mann** *Plur.* ...kaufleute; **Groß|kind** (*schweiz. für* Enkelkind); **Groß|kli|ma; Groß|kop|fe|te,** *bes. bayr., österr.* **Groß|kop|fer|te,** der; -n, -n; ↑R 7 ff. (*ugs. für* einflußreiche Persönlichkeit); **groß|köp|fig; Groß|kotz,** der; -es, -e (*derb für* Angeber, Protz); **groß|kot|zig; Groß|kot|zig|keit,** die; -; **Groß|kund|ge|bung; groß|ma|chen;** sich -; ↑R 205 (*ugs. für* prahlen); er hat sich großgemacht; **Groß|macht; groß|mäch|tig** (*veraltet für* sehr mächtig); **Groß|macht|po|li|tik; Groß|ma|ma; Groß|manns|sucht,** die; -; **groß|manns|süch|tig; Groß|markt; groß|ma|schig; groß_maß|stä|big,** *häufiger* **...maß|stäb|lich; Groß|maul** (*ugs. für* Angeber); **groß|mäu|lig; Groß|mäu|lig|keit,** die; -; **Groß_mei|ster, ...mo|gul, ...mut** (die; -); **groß|mü|tig; Groß|mü|tig|keit,** die; -; **Groß_mut|ter** (*Plur.* ...mütter), **...nef|fe, ...nich|te; Groß|ok|tav,** das; -s (*Buchw.; Abk.* Gr.-8°); **Groß_on|kel, ...pa|pa, ...packung** [*Trenn.* ...pak|kung]; **Groß|quart,** das; -[e]s (*Buchw.; Abk.* Gr.-4°); **Groß|rat** *Plur.* ...räte (Mitglied eines schweiz. Kantonsparlaments); **Groß|raum_bü|ro, ...flug|zeug; groß|räu|mig; Groß|raum|wa|gen** (bei der Straßen- od. Eisenbahn); **Groß|rech|ner** *(EDV);* **Groß|rei|ne|ma|chen, Groß|rein|ma|chen,** das; -s; **Groß|schiffahrts|weg** [*Trenn.* ...schiff|fahrts..., *vgl.* ↑R 204]; **Groß|schnau|ze,** die; -, -n (*ugs. svw.* Großmaul); **groß|schnau|zig, groß|schnäu|zig; groß|schrei|ben;** ↑R 205 (*ugs. für* hochhalten, besonders schätzen); Toleranz wird bei ihm großgeschrieben; *vgl.* aber groß IV, a; **Groß|schrei|bung; Groß|se|gel; groß|spre|che|risch;** -ste; **groß|spu|rig; Groß|spu|rig|keit,** die; -; **Groß_stadt, ...städ|ter, ...städ|te|rin; groß|städ|tisch; Groß|stadt_mensch,**

...ver|kehr; Groß|stein|grä|ber|leu|te *Plur.* (Megalithiker der jüngeren Steinzeit); **Groß_tan|te, ...tat; größ|te;** *vgl.* groß; **Groß|teil,** der; **größ|ten|teils; Größt|maß,** das; **größt|mög|lich** (*falsch:* größtmöglichst); **Groß|tu|er; Groß|tue|rei,** die; -; **groß|tue|risch;** -ste; **groß|tun;** ↑R 205 (prahlen); er soll nicht so großtun; **Groß|va|ter; Groß|va|ter|ses|sel; Groß_ver|an|stal|tung, ...ver|die|ner, ...vieh, ...we|sir, ...wet|ter|la|ge, ...wild; groß|zie|hen;** ↑R 205 (aufziehen); sie hat das Reh großgezogen; **groß|zü|gig; Groß|zü|gig|keit,** die; -

[1]Grosz [grɔs] (dt.-amerik. Maler u. Graphiker)

[2]Grosz [grɔʃ], der; -, -e ['grɔʃɛ], *Gen. Plur.* -y ['grɔʃi] ‹dt.-poln.› (Währungseinheit in Polen [100 Groszy = 1 Zloty])

gro|tesk; -este ‹franz.› (wunderlich, grillenhaft; überspannt, verzerrt); **Gro|tesk,** die; - (*Druckw.* eine Schriftgattung); **Gro|tes|ke,** die; -, -n (phantastisch geformte Tier- u. Pflanzenverzierung der Antike u. der Renaissance; phantastische Erzählung); **gro|tes|ker|wei|se; Gro|tesk|tanz**

Grot|te, die; -, -n ‹ital.› ([künstl.] Felsenhöhle); **Grot|ten|bau** *Plur.* ...bauten; **Grot|ten|olm,** der; -[e]s, -e (ein Lurch)

Grot|zen, der; -s, - (*mdal. für* Griebs, Kerngehäuse)

Grou|pie ['gru:pi], das; -s, -s ‹engl.› (weiblicher Fan, der engen Kontakt mit seinem Idol sucht)

grub|ben *vgl.* grubbern; **Grub|ber,** der; -s, - ‹engl.› (ein landw. Gerät); **grub|bern** (mit dem Grubber pflügen); ich ...ere (↑R 22)

Grüb|chen; Gru|be, die; -, -n

Grü|be|lei; grü|beln; ich ...[e]le (↑R 22)

Gru|ben_ar|bei|ter, ...aus|bau, ...bau (*Plur.* ...baue), **...brand, ...gas, ...lam|pe, ...un|glück;**

Grüb|lein

Grüb|ler; Grüb|le|rin; grüb|le|risch; -ste

Gru|de, die; -, -n (Braunkohlenkoks); **Gru|de|koks**

grüe|zi ['gryətsi] (schweiz. Grußformel)

Gruft, die; -, Grüfte; **Gruf|ti,** der; -s, -s (*Jugendspr.* älterer Mensch)

grum|meln (*landsch. für* ein rollendes od. polterndes Geräusch verursachen; undeutlich sprechen; murren); ich ...[e]le (↑R 22)

Grum|met, das; -s, *österr. nur so, u.* **Grumt,** das; -[e]s (zweites Heu)

grün; I. *Kleinschreibung:* **a)** (↑R 65:) er ist mir nicht grün (*ugs. für* gewogen); **b)** (↑R 157:) am grünen Tisch; der grüne Star; die grüne Grenze; die grüne Minna (*ugs. für* Polizeiauto); die grüne Welle (*Verkehrsw.*); die grüne Hochzeit; die grüne Versicherungskarte; die grüne Hölle (trop. Urwald); die grüne Lunge (Grünflächen) der Großstadt; eine grüne Witwe (Frau, deren Mann tagsüber beruflich abwesend ist und die sich vernachlässigt fühlt); die grünen Listen (Umweltschutzparteien); ein grüner (*ugs. für* unerfahrener) Junge; ach du grüne Neune! (*ugs.* Ausruf des Erstaunens). **II.** *Großschreibung:* **a)** (↑R 65:) das ist dasselbe in Grün (*ugs. für* [fast] ganz dasselbe); die Grünen (Umweltschutzpartei); **b)** (↑R 157:) die Grüne Insel (Irland); die Grüne Woche (Berliner Ausstellung); das Grüne Gewölbe (Kunstsammlung in Dresden); der Grüne Plan (staatl. Plan zur Unterstützung der Landwirtschaft); *vgl.* blau, III-V; **Grün,** das; -s, *Plur. -, ugs.* -s (grüne Farbe); das erste -; bei Grün darf man die Straße überqueren; die Ampel steht auf, zeigt Grün; *vgl.* Blau; **Grün_al|ge, ...an|la|ge; grün|blau** (↑R 40)

Grund, der; -[e]s, Gründe; im Grunde; von Grund auf; von Grund aus; auf Grund[1] [dessen, von]; auf Grund laufen; in [den] Grund bohren; im Grunde genommen; aber (↑R 208): zugrunde gehen, legen, liegen, richten; der Grund und Boden (*vgl. d.*); **Grund|ak|kord** (*Musik*); **grund|an|stän|dig; Grund_an|strich, ...aus|bil|dung, ...aus|stat|tung, ...be|darf, ...be|deu|tung, ...be|din|gung, ...be|griff, ...be|sitz, ...be|sit|zer, ...buch; Grund|buch|amt; Grund|deutsch** (*Sprachw.*); **grund|ehr|lich; Grund_ei|gen|tum, ...ei|gen|tü|mer, ...eis; Grun|del, Grün|del,** die; -, -n, *auch* der; -s, - (ein Fisch); **grün|deln** ([von Enten] Nahrung unter Wasser suchen); **grün|den;** gegründet (*Abk.* gegr.); sich auf eine Tatsache gründen; **Grün|der; Grün|de|rin; Grün|der|jah|re** *Plur.*; **Grund|er|werb; Grund|er|werbs|steu|er, Grund|er|werb|steu|er,** die (↑R 54); **Grün|der_va|ter** (*meist Plur.*), **...zeit** (die; -); **grund|falsch; Grund_far|be, ...feh|ler; Grund|fe|sten** *Plur.*; in den - erschüttert; **Grund_form** (*für* Infinitiv), **...fra|ge, ...ge|bühr; Grund|ge|dan|ke; Grund|ge|setz** (Statut); Grundgesetz für die Bundesrepublik Deutschland vom 23. Mai 1949 (*Abk.* GG); **Grund|hal|tung; grund|häß|lich; Grund|hol|de,** der; -n, -n; ↑R 7 ff. (ehem. an Grund und Boden gebundener Höriger); **grun|die|ren** (Grundfarbe auftragen); **Grun|die|rung; Grund|kurs; Grund|la|ge; Grund|la|gen|for|schung; grund|le|gend** (↑R 209); **gründ|lich; Gründ|lich|keit,** die; -; **Gründ|ling** (ein Fisch); **Grund|li|nie; Grund|li|ni|en|spiel,** das; -[e]s (*Tennis*); **grund|los; Grund|lo|sig|keit,** die; -; **Grund_mau|er** (*meist Plur.*), **...mo|rä|ne** (*Geol.*), **...nah|rungs|mit|tel**

Grün|don|ners|tag

Grund_ord|nung, ...pfei|ler, ...prin|zip, ...recht, ...re|gel, ...ren|te, ...riß, ...satz; Grund|satz_de|bat|te, ...ent|schei|dung, ...er|klä|rung; grund|sätz|lich; (↑R 65:) im -en (grundsätzlich), aber: er bewegt sich stets nur im Grundsätzlichen; **Grund|satz_re|de, ...re|fe|rat, ...ur|teil; grund|schlecht; Grund_schnel|lig|keit** (*Sport*), **...schuld, ...schu|le, ...schü|ler, ...schü|le|rin; grund|so|li|de; grund|stän|dig** (bodenständig; *Bot.* unten am Sproß der Pflanze stehend); -e Blätter; **Grund|stein; Grund|stein|le|gung; Grund_stel|lung, ...steu|er** (die), **...stock** (*Plur.* ...stöcke), **...stoff, ...strecke** [*Trenn.* ...strek|ke] (*Bergbau*), **...stück; Grund|stücks_ei|gen|tü|mer, ...ei|gen|tü|me|rin; Grund_stu|di|um, ...stu|fe** (*für* [2]Positiv), **...ten|denz, ...ton** (*Plur.* ...töne), **...übel, ...um|satz** (*Med.* Energiebedarf des ruhenden Menschen); **Grund und Bo|den,** der; - - -s; ein Teil meines - - -s; **Grün|dung; Grün|dungs_fei|er, ...jahr, ...ka|pi|tal, ...mit|glied, ...ver|samm|lung**

Grün|dün|gung

grund_ver|kehrt, ...ver|schie|den; Grund|was|ser, das; -s (*Ggs.* Oberflächenwasser); **Grund|was|ser_ab|sen|kung** (künstl. Tieferlegen des Grundwasserspiegels), **...spie|gel; Grund_wehr|dienst, ...wert, ...wort** (*Plur.* ...wörter; *Sprachw.* durch das Bestimmungswort näher bestimmter zweiter Bestandteil einer Zusammensetzung, z. B. „Wagen" in „Speisewagen"); **Grund_wort|schatz, ...zahl** (*für* Kardinalzahl), **...zins** (*Plur.* ...zinsen), **...zug**

[1]Grü|ne, das; -n; im -n lustwandeln; ins - gehen; Fahrt ins -; **[2]Grü|ne,** der *u.* die; -n, -n; ↑R 7 (Mitglied einer Umweltschutz-

[1] *Jetzt häufig* aufgrund.

partei); [3]**Grü|ne**, die; - (*veraltet, noch geh. für* grüne Farbe, Grünsein); **grü|nen** (grün werden, sein); **Grü|nen|ab|ge|ord|ne|te** ‹*zu* [2]Grüne›
Grü|ne|wald (dt. Maler)
Grün‿flä|che, ...fut|ter (*vgl.* [1]Futter); **grün|gelb** (↑R 40); **Grün‿gür|tel, ...horn** (*Plur.* ...hörner; *selten für* Neuling), **...kern, ...kohl** (der; -[e]s); **Grün|kram|laden** *(landsch.)*; **Grün|land,** das; -[e]s *(Landw.)*; **grün|lich**; grünlichgelb (↑R 40); **Grün|li|lie** (eine Zimmerpflanze); **Grün|ling** (*ugs. auch für* unerfahrener, unreifer Mensch); **Grün‿pflan|ze, ...rock** (*scherzh. für* Förster, Jäger); **Grün|rot|blind|heit** *vgl.* Rotgrünblindheit; **Grün‿schna|bel** (*ugs. für* unerfahrener, unreifer, vorlauter Mensch), **...span** (der; -[e]s; grüner Belag auf Kupfer od. Messing), **...specht, ...strei|fen**
grun|zen; du grunzt
Grün‿zeug (das; -[e]s; *ugs.*), **...zo|ne**
Grupp, der; -s, -s ‹franz.› (Paket aus Geldrollen); **Grüpp|chen;** [1]**Grup|pe**, die; -, -n
[2]**Grup|pe, Grüp|pe,** die; -, -n (*landsch. für* [Wasser]graben, Rinne); **grüp|peln** (eine [2]Gruppe ausheben); ich ...[e]le (↑R 22); **grup|pen** (*svw.* grüppeln)
Grup|pen‿abend, ...ar|beit, ...auf|nah|me, ...bild, ...bil|dung, ...dy|na|mik, ...füh|rer, ...füh|re|rin, ...lei|ter (der), **...lei|te|rin, ...psy|cho|lo|gie, ...rei|se, ...sex, ...sieg** *(Sport)*, **...spra|che, ...the|ra|pie, ...trai|ning, ...un|ter|richt, ...ver|si|che|rung; grup|pen|wei|se; Grup|pen|ziel; grup|pie|ren; Grup|pie|rung; Grüpp|lein**
Grus, der; -es, -e ‹„Grieß"› (verwittertes Gestein; zerbröckelte Kohle, Kohlenstaub); *vgl.* aber: Gruß
Gru|sel|ef|fekt, ...film, ...ge|schich|te; gru|se|lig, grus|lig (schaurig, unheimlich); **Gru|sel‿ka|bi|nett, ...mär|chen; gru|seln;** ich ...[e]le mich (↑R 22); mir *od.* mich gruselt's; **Gru|si|cal** ['gru:zik(ə)l], das; -s, -s ‹anglisierende Neubildung nach dem Vorbild von „Musical"› (*scherzh. für* [nach Art eines Musicals aufgemachter] Gruselfilm)
gru|sig ‹*zu* Grus›
Gru|si|ni|en [...i̯ən] (*russ. Name für* Georgien); **gru|si|nisch;** aber (↑R 146): die Grusinische Heerstraße (Paßstraße über den Kaukasus)
Grus|koh|le, die; - (grobkörniger Kohlenstaub)
grus|lig *vgl.* gruselig

Gruß, der; -es, Grüße; *vgl.* aber: Grus; **Gruß|adres|se; grü|ßen;** du grüßt; grüß [dich] Gott!; grüß Gott sagen; **Gruß|for|mel; gruß|los; Gruß|wort** *Plur.* ...worte
Grütz|beu|tel (Balggeschwulst [bes. unter der Kopfhaut]); **Grüt|ze**, die; -, -n
Gruy|ère [gry'jɛ:r], der; -s (*franz. Bez. für* Greyerzer Käse, ein Schweizer Hartkäse); **Gruy|ères** [gry'jɛ:r] (Stadt im Kanton Freiburg, *dt.* Greyerz)
Gry|phi|us (dt. Dichter)
Grzi|mek ['gʒimɛk] (dt. Zoologe)
G-Sai|te ['ge:...] *(Musik)*
Gschaftl|hu|ber *vgl.* Geschaftl...
gscha|mig, gschä|mig *vgl.* geschamig, geschämig
gschert, ge|schert; -este (*bayr., österr. ugs. für* ungeschlacht, grob, dumm); **Gscher|te**, Ge|scher|te, der; -n, -n; ↑R 7ff. (*bayr., österr. für* Tölpel, Landbewohner)
G-Schlüs|sel ['ge:...] (Violinschlüssel)
Gschnas|fest, das; -es, -e (Maskenball der Wiener Künstler)
gschupft; -este (*österr. ugs., schweiz. mdal. für* überspannt, affektiert)
gspa|ßig (*bayr., österr. ugs. für* spaßig, lustig)
Gspu|si, das; -s, -s ‹ital.› (*südd., österr. ugs. für* Liebschaft; Liebste[r])
GST = Gesellschaft für Sport und Technik (paramilitärische Organisation in der ehem. DDR)
Gstaad (schweiz. Kurort)
Gstan|zel, Gstanzl, das; -s, -n (*bayr., österr. für* Schnaderhüpfl)
Gstät|ten, die; -, - (*ostösterr. für* abschüssige, steinige Wiese)
Gua|de|loupe [...'lup] (Insel der Kleinen Antillen; franz. Überseedepartement)
Gua|jak|harz, das; -es ‹indian.; dt.›; **Gua|jak|holz**, das; -es; **Gua|ja|kol**, das; -s (eine als Antiseptikum verwendete Alkoholart)
Gua|na|ko, das, *älter* der; -s, -s ‹indian.› (südamerik. Lama)
Gua|no, der; -s ‹indian.› ([Vogel]dünger); **Gua|no|in|seln** *Plur.* (an der Westküste Südamerikas)
Gua|ra|ni, der; -, - (Angehöriger eines südamerik. Indianerstammes; Währungseinheit in Paraguay)
Guar|dia ci|vil [- si'vil], die; - - ‹span.› (span. Gendarmerie); **Gu|ar|di|an** [*österr.* 'gu̯a:r...], der; -s, -e ‹mlat.› (Oberer [bei Franziskanern u. Kapuzinern])
Gu|asch, die; -, -en (*eindeutschende Schreibung von* Gouache); **Gu|asch|ma|le|rei**

Gua|te|ma|la (Staat und Stadt in Mittelamerika); **Gua|te|mal|te|ke**, der; -n, -n; ↑R 197 (Bewohner von Guatemala); **Gua|te|mal|te|kin; gua|te|mal|te|kisch**
Gua|ya|na (Landschaft in Südamerika; *vgl.* Guyana)
gucken[1] (*ugs. für* blicken, sehen); *vgl. auch* kucken; **Gucker**[1]
Gucker|schecken[1] *vgl.* Gugerschecken
Guck|fen|ster; Gucki[1], der; -s, -s (*ugs.* Gerät zum Betrachten von Dias; Skatausdruck); **Guck|in|die|luft;** Hans -; **Guck|ka|sten** *(früher)*; **Guck|ka|sten|büh|ne; Guck|loch**
Gü|del|mon|tag *od.* **Gü|dis|mon|tag** (*schweiz. für* Rosenmontag)
Gud|run (w. Vorn.)
Gu|du|la (w. Vorn.)
Guel|fe ['g(u̯)ɛlfə], der; -n, -n (↑R 197) ‹ital.› (mittelalterl. Anhänger der päpstl. Politik, Gegner der Gibellinen)
Gue|ricke ['ge:...]; ↑R 179 (dt. Physiker); (↑R 134:) -sche Halbkugel, -sche Leere *(Physik)*
[1]**Gue|ril|la** [ge'ril(j)a], die; -, -s ‹span.› (*kurz für* Guerillakrieg); [2]**Gue|ril|la**, der; -[s], -s *meist Plur.* (Angehöriger einer Einheit, die einen Guerillakrieg führt); **Gue|ril|la|krieg** (von Guerilleros geführter Krieg); **Gue|ril|le|ro** [geri'lje:ro], der; -s, -s (Untergrundkämpfer in Lateinamerika)
Guer|ni|ca [gɛr...] (span. Ort.; berühmtes Gemälde Picassos)
Gue|va|ra [ge'va:ra] (kuban. Politiker u. Guerillaführer); *vgl.* Che
Gu|gel|hopf (*schweiz. für* Gugelhupf); **Gu|gel|hupf**, der; -[e]s, -e (*südd., österr. u. seltener schweiz. für* Napfkuchen)
Gu|ger|schecken[1] *od.* Guckerschecken[1] *Plur.* (*österr. ugs. für* Sommersprossen)
Güg|gel, der; -s, - (*schweiz. mdal. für* Gockel); **Güg|ge|li** ['gykəli], das; -s, - (*schweiz. für* Backhähnchen)
Gui|do ['gi:do, *österr. meist* 'gu:ido] (m. Vorn.)
Guil|loche [gi(l)'jɔʃ, *österr.* gui'jɔʃ], die; -, -n ‹franz.› (verschlungene Linienzeichnung; Werkzeug zum Anbringen solcher Linien); **Guil|lo|cheur** [...'ʃø:r], der; -s, -e (Linienstecher); **guil|lo|chie|ren** (Guillochen stechen)
Guil|lo|ti|ne [gi(l)jo...], die; -, -n ‹nach dem franz. Arzt Guillotin› (Fallbeil); **guil|lo|ti|nie|ren**
[1]**Gui|nea** [gi...] (Staat in Westafrika); [2]**Gui|nea** ['gini], die; -, -s ‹engl.› (*vgl.* Guinee); **Gui|nea-Bis|sau** [gi...] (Staat in West-

[1] *Trenn.* ...k|k...

afrika); **Gui|nee,** die; -, ...een ‹franz.› (ehem. engl. Münze); **Gui|ne|er** (Einwohner von [1]Guinea); **Gui|nee|rin; gui|ne|isch** ([1]Guinea betreffend)

Gu|lasch ['gu(:)...], das, *österr. u. schweiz. nur so, od.* der; -[e]s, *Plur.* -e, *österr. nur so, u.* -s ‹ung.›; **Gu|lasch‿ka|no|ne** (*scherzh. für* Feldküche), **...sup|pe**

Gul|brans|sen, Trygve (norweg. Schriftsteller)

Gul|brans|son, Olaf (norweg. Zeichner u. Karikaturist)

Gul|den, der; -s, - (niederl. Münzeinheit; *Abk.* hfl [*vgl.* holländisch]); **gül|den** (*geh. für* golden); **gül|disch** (*Bergmannsspr.* goldhaltig); **Gül|disch|sil|ber** (*Bergmannsspr.* goldhaltiges Silber)

Gül|le, die; - (*Landw.* flüssiger Stalldünger; *südwestd. u. schweiz. für* Jauche); **gül|len** (*südwestd. u. schweiz.*); **Gül|len|faß**

Gul|ly, der, *auch* das; -s, -s ‹engl.› (Einlaufschacht für Straßenabwässer)

Gült, Gül|te, die; -, ...ten (*südd. für* Grundstücksertrag; Zins; Grundschuld; *schweiz. für* Art des Grundpfandrechts); **Gült‿brief, ...buch; gül|tig; Gül|tig|keit,** die; -; **Gül|tig|keits|dau|er**

Gu|lyas ['gulaʃ], das *od.* der; -, - (*bes. österr. neben* Gulasch)

[1]**Gum|mi,** der *u.* das; -s, -[s] (elastisches Kautschukprodukt); [2]**Gum|mi,** das; -s, -s (*kurz für* Gummiband); [3]**Gum|mi,** der; -s, -s (*kurz für* Radiergummi; *ugs. für* Präservativ); **Gum|mi|ad|ler** (*ugs. scherzh. für* [zähes] Brathähnchen); **Gum|mi|ara|bi|kum,** das; -s ‹nlat.› (Klebstoff); **gum|mi|ar|tig; Gum|mi‿ball, ...band** (das; *Plur.* ...bänder), **...bär|chen, ...baum, ...druck** (der; -[e]s); **Gum|mi|ela|sti|kum,** das; -s (Kautschuk); **gum|mie|ren** (mit Gummi[arabikum] bestreichen); **Gum|mi|gutt,** das; -s ‹ägypt.; malai.› (giftiges Harz, Farbe); **Gum|mi‿hand|schuh, ...ho|se, ...knüp|pel, ...lö|sung** (ein Klebstoff), **...man|tel, ...pa|ra|graph** (*ugs. für* Paragraph, der so allgemein formuliert ist, daß er verschiedene Auslegungen zuläßt); **Gum|mi‿rei|fen, ...ring, ...schuh, ...schür|ze, ...soh|le, ...stie|fel, ...tier, ...zel|le; Gum|mo|se,** die; -, -n (*Bot.* krankhafter Harzfluß)

Gum|pe, die; -, -n (*Bergmannsspr.* Schlammkasten; *südd. für* Wasseransammlung, Wasserloch, tiefe Stelle in Wasserläufen und Seen)

Gun|del|re|be, die; -, -n *u.* **Gun|der|mann,** der; -[e]s (eine Heilpflanze)

Gun|du|la (w. Vorn.)

Gun|hild (w. Vorn.)

Gun|nar (m. Vorn.)

Gün|sel, der; -s, - (eine Pflanze)

Gunst, die; -; nach Gunst; in Gunst stehen; zu seinen Gunsten, zu seines Freundes Gunsten, a b e r (↑R 208): zugunsten, zuungunsten der Armen; **Gunst‿be|weis, ...be|zei|gung, ...ge|werb|le|rin** (*scherzh. für* Prostituierte); **gün|stig; gün|sti|gen|falls, gün|stig|sten|falls;** *vgl.* Fall, der; **Günst|ling; Günst|lings|wirt|schaft,** die; -

Gün|ter, *auch* **Gün|ther;** ↑R 131 (m. Vorn.); **Gun|ther** (dt. Sagengestalt; m. Vorn.); **Gunt|hild, Gunt|hil|de** (w. Vorn.)

Gupf, der; -[e]s, *Plur.* Güpfe, *österr.* -e (*südd., österr. ugs. u. schweiz. mdal. für* Gipfel, Spitze; stumpfer Teil des Eies)

Gup|py, der; -s, -s ‹nach dem engl.-westind. Naturforscher› (ein Aquarienfisch)

Gur, die; - (*Geol.* breiige, erdige Flüssigkeit)

Gur|gel, die; -, -n; **gur|geln;** ich ...[e]le (↑R 22); **Gur|gel‿mit|tel** (das), **...was|ser** (*Plur.* ...wässer)

Gürk|chen; Gur|ke, die; -, -n (*ugs. auch für* [große] Nase; minderwertiger Gegenstand; unfähiger Mensch); **gur|ken** (*ugs. für* fahren); durch die Gegend -; **Gur|ken‿ge|würz, ...glas** (*Plur.* ...gläser), **...ho|bel, ...kraut, ...sa|lat, ...trup|pe** (*ugs. abwertend für* unfähige [Sport]mannschaft)

Gur|kha [...ka], der; -[s], -[s] ‹angloind.› (Angehöriger eines Volkes in Nepal)

Gürk|lein

gur|ren; die Taube gurrt

Gurt, der; -[e]s, *Plur.* -e, *landsch. u. fachspr.* -en; **Gurt|bo|gen** (*Archit.*); **Gur|te,** die; -, -n (*schweiz. für* Sicherheitsgurt); **Gür|tel,** der; -s, -; **Gür|tel‿li|nie, ...rei|fen, ...ro|se** (die; -; eine Krankheit), **...ta|sche, ...tier; gur|ten** (mit einem Gurt anschnallen); **gür|ten; Gurt|ge|sims** (*Archit.*); **Gürt|ler** (Messingschlosser); **Gurt|muf|fel** (*ugs. für* jmd., der sich im Auto nicht anschnallt)

Gu|ru, der; -s, -s ‹Hindi› (religiöser Lehrer des Hinduismus)

GUS = Gemeinschaft Unabhängiger Staaten

Gu|sche *vgl.* Gosche

Guß, der; Gusses, Güsse; **Guß|ei|sen,** das; -s; **guß|ei|sern; Guß‿form, ...re|gen, ...stahl**

güst (*bes. nordd. für* unfruchtbar, nicht milchgebend [von Tieren])

Gu|stav (m. Vorn.); **Gu|stav Adolf** (Schwedenkönig); **Gu|stav-Adolf-Werk,** das; -[e]s (↑R 135)

Gu|ste (w. Vorn.); **Gu|stel** (m. *u.* w. Vorn.); **Gu|sti** (w. Vorn.)

gu|stie|ren ‹ital.› (*svw.* goutieren; *österr. ugs. für* kosten, prüfen); **gu|sti|ös;** -este (*österr. ugs. für* appetitlich); **Gu|sto,** der; -s, -s (Appetit; Neigung); **Gu|sto|stückerl,** das; -s, -n [*Trenn.* ...stük|kerl] (*österr. ugs. für* besonders gutes Stück)

gut; besser (*vgl. d.*), beste (*vgl. d.*); *vgl.* ausreichend; guten Abend, Morgen, gute Nacht sagen; einen guten Morgen wünschen; ein gut Teil; guten Mutes (↑R 7); gute Sitten; gut und gern; so gut wie; so weit, so gut; es gut sein lassen; *vgl. auch* Gut. **I.** *Kleinschreibung:* **a)** (↑R 66:) um ein gutes (viel); **b)** (↑R 65:) im guten sagen; im guten wie im bösen (allezeit); ins gute [Heft] schreiben. **II.** *Großschreibung:* **a)** (↑R 65:) ein Guter; Gutes und Böses; jenseits von Gut und Böse; sein Gutes haben; des Guten zuviel tun; vom Guten das Beste; zum Guten lenken, wenden; **b)** (↑R 65:) etwas, nichts, viel, wenig Gutes; alles Gute; **c)** (↑R 133:) der Gute Hirte (Christus); das Kap der Guten Hoffnung. **III.** *In Verbindung mit Verben* (↑R 205 f.): **a)** *Getrenntschreibung, wenn* „gut" *in ursprünglichem Sinne gebraucht wird,* z. B. er will gut sein; er wird es gut haben; er wird mit ihm gut auskommen; er will gut leben; ich kann in den Schuhen gut gehen; die Bücher werden gut gehen (sich gut verkaufen); **b)** *Zusammenschreibung in übertragenem Sinne; vgl.* gutbringen, gutgehen, guthaben, gutheißen, gutmachen, gutsagen, gutschreiben, gutsprechen, guttun. **IV.** *In Verbindung mit dem Partizip II:* der gutgelaunte Besucher (↑*jedoch* R 209), a b e r: die Besucher waren alle gut gelaunt; **Gut,** das; -[e]s, Güter; all sein Hab und -; (↑R 64:) zugute halten, kommen, tun; **gut|ach|ten** *nur im Infinitiv u. Partizip I;* **Gut|ach|ten,** das; -s, -; **Gut|ach|ter; Gut|ach|te|rin; gut|ach|ter|lich; gut|acht|lich; gut|ar|tig; Gut|ar|tig|keit,** die; -; **gut|aus|se|hend;** eine -e Frau; **gut|be|zahlt;** *vgl.* gut, IV; **gut|brin|gen;** ↑R 205 f. (*Kaufmannsspr.* gutschreiben); er hat mir diese Summe gutgebracht; *vgl.* gut, III, a; **gut|bür|ger|lich;** -e Küche; [1]**Güt|chen;** *nur in* sich an etwas ein - tun (*ugs. für* etwas genießen); [2]**Güt|chen** (kleines Besitztum, kleines Gut);

gut|do|tiert; *vgl.* gut, IV; **Gutdün|ken,** das; -s; nach [seinem] -; **Gü|te,** die; -; in -; **Gut|edel,** der; -s (eine Rebsorte); **Gü|te|klas|se** (einer Ware); **Gu|te|nacht⌣gruß, ...kuß, ...lied**

Gu|ten|berg (Erfinder des Buchdrucks mit bewegl. Lettern)

Gu|ten|mor|gen|gruß; Gü|ter⌣abfer|ti|gung, ...aus|tausch, ...bahn|hof; Gü|ter|fern|verkehr; Gü|ter|ge|mein|schaft; Gü|ter|nah|ver|kehr; Gü|ter⌣tren|nung, ...ver|kehr, ...wagen, ...zug; Gü|te⌣ver|fah|ren *(Rechtsw.),* **...zei|chen; Gut Freund!** (Antwort auf den Ruf: Wer da?); **gut|ge|hen;** ↑R 205 f. (sich in einem angenehmen Zustand befinden; ein gutes Ende nehmen); als es mir gutging; es ist ihm gutgegangen; das ist zum Glück noch einmal gutgegangen; *vgl.* gut, III, a; **gut|ge|hend;** ein -es Geschäft; **gut⌣ge|kleidet, ...ge|launt, ...ge|meint, ...gepflegt, ...ge|sinnt;** *vgl.* gut, IV; **Gut|ge|sinn|te,** der *u.* die; -n, -n (↑R 7 ff.); **gut|gläu|big; Gutgläu|big|keit,** die; -; **gut|ha|ben;** ↑R 205 f. (*Kaufmannsspr.* zu fordern haben); du hast bei mir noch 10 DM gut; den Betrag hat er noch gutgehabt; *vgl.* gut, III, a; **Gut|ha|ben,** das; -s, -; **Gut Heil!** (alter Turnergruß); **gut|heißen;** ↑R 205 (billigen); gutgeheißen; **Gut|heit,** die; -; **gut|her|zig; Gut|her|zig|keit,** die; -; **Gut Holz!** (Keglergruß); **gül|tig; Gutleut|haus** (*früher für* Heim der Leprakranken; *heute vereinzelt südd. für* Armenhaus); **güt|lich;** etwas - regeln; sich - tun; **gutma|chen;** ↑R 205 (auf gütlichem Wege erledigen, in Ordnung bringen; erwerben, Vorteil erringen); er hat etwas gutgemacht; *vgl.* gut, III, a; **gut|mü|tig; Gutmü|tig|keit,** die; -; **gut|nach|barlich; Gut|punkt** *(Sportspr.);* **gutsa|gen;** ↑R 205 (bürgen); ich habe für ihn gutgesagt; *vgl.* gut, III, a; **Guts⌣be|sit|zer, ...be|sit|zerin; Gut|schein; gut|schrei|ben;** ↑R 205 (anrechnen); er versprach, den Betrag gutzuschreiben; *vgl.* gut, III, a; **Gut|schrift** (eingetragenes Guthaben); **gut sein** (freundlich gesinnt sein); jmdm. - -; es - - lassen; **Gut|sel,** das; -s, - (*landsch. für* Bonbon); **Guts⌣haus, ...herr, ...her|rin, ...herr|schaft, ...hof; gut|si|tuiert** (in guten Verhältnissen lebend, wohlhabend); **gut|sitzend;** ein -er Anzug

Guts|Muths (Mitbegründer des dt. Turnens)

gut|spre|chen; ↑R 205 (*veraltet für* bürgen, gutsagen); er hat für mich gutgesprochen; *vgl.* gut, III, a; **Guts|ver|wal|ter**

Gut|ta|per|cha, die; - *od.* das; -[s] ‹malai.› (kautschukartiger Stoff)

Gut|temp|ler; Gut|temp|ler|orden, der; -s (den Alkoholgenuß bekämpfender Bund)

Gut|tio|le ®, die; -, -n (↑R 180) ‹lat.› (Fläschchen, mit dem man Medizin einträufeln kann)

gut|tun; ↑R 205 (wohltun); die Wärme hat dem Kranken gutgetan; *vgl.* gut, III, a

gut|tu|ral ‹lat.› (die Kehle betreffend; Kehl..., kehlig); **Gut|tu|ral,** der; -s, -e *u.* **Gut|tu|ral|laut** (*Sprachw.* Gaumen-, Kehllaut)

gut|un|ter|rich|tet; *vgl.* gut, IV; **gut wer|den;** das wird schon - -; **gut|wil|lig; Gut|wil|lig|keit,** die; -

Guy [*franz.* gi, *engl.* gai] (m. Vorn.)

Gu|ya|na (Staat in Südamerika); **Gu|ya|ner; gu|ya|nisch**

Gwirkst, das; -s (*österr. ugs. für* verzwickte Angelegenheit; mühsame Arbeit)

Gy = Gray

Gym|kha|na [...'ka:na], das; -s, -s ‹angloind.› (ein [sportl.] Geschicklichkeitswettbewerb)

Gym|nae|stra|da [...nɛ...], die; -, -s ‹griech.; span.› (internationales Turnfest); **Gym|na|si|al⌣bil|dung** (die; -), **...leh|rer, ...leh|re|rin, ...pro|fes|sor** (*österr., sonst veraltet für* Lehrer an einem Gymnasium); **Gym|na|si|ast,** der; -en, -en (↑R 197) ‹griech.› (Schüler eines Gymnasiums); **Gym|na|siastin** (↑R 180); **Gym|na|si|um,** das; -s, ...ien [...i̯ən] (*im Altertum* Schule, Raum für Leibesübungen, Versammlungsraum für Philosophen; *in Deutschland, Österreich u. der Schweiz* eine Form der höheren Schule); **Gym|nastik,** die; -; **Gym|na|sti|ker; Gym|na|stik|un|ter|richt; Gymna|stin** (Lehrerin der Heilgymnastik); **gym|na|stisch; Gym|nosper|men** *Plur.* (*Bot.* nacktsamige Pflanzen)

Gy|nä|kei|on, das; -s, ...keien ‹griech.› (Frauengemach des altgriech. Hauses); *vgl.* Gynäzeum; **Gy|nä|ko|lo|ge,** der; -n, -n; ↑R 197 (Frauenarzt); **Gy|nä|kolo|gie,** die; - (Frauenheilkunde); **Gy|nä|ko|lo|gin; gy|nä|ko|logisch; Gyn|an|drie,** die; -, ...ien (*Biol.* Verwachsung der männl. u. weibl. Blütenorgane; Scheinzwittrigkeit bei Tieren durch Auftreten von Merkmalen des anderen Geschlechtes); **Gy|näze|um,** das; -s, ...een (*svw.* Gynäkeion; *Bot.* Gesamtheit der weibl. Blütenorgane)

Gy|ros, das; -, - ‹griech.› (griech. Gericht aus am senkrechten Drehspieß gebratenem Fleisch); **Gy|ro|skop,** das; -s, -e (Meßgerät zum Nachweis der Achsendrehung der Erde)

H

H (Buchstabe); das H; des H, die H, aber: das h in Bahn (↑R 82); der Buchstabe H, h

h = *Zeichen für* Plancksches Wirkungsquantum

h = Hekto...; hora (Stunde); 8 h = 8 Stunden, 8 Uhr; *hochgestellt* 8^h = 8 Uhr

h, H, das; -, - (Tonbezeichnung); **h** (*Zeichen für* h-Moll); in h; **H** (*Zeichen für* H-Dur); in H

H = [2]Henry; Hydrogenium (*chem. Zeichen für* Wasserstoff)

ha! [*auch* ha:]; haha!

ha = Hektar, Hektare

Ha = *chem. Zeichen für* Hahnium

Haag, Den (Residenzstadt der Niederlande); *dt. auch* Haag, der; im Haag; in Den Haag, *auch* in Haag; *vgl.* 's-Gravenhage; **Haa|ger** (↑R 147); Haager Konventionen

[1]**Haar,** die; -, *auch* Haar|strang, der; -[e]s (Höhenzug in Westfalen)

[2]**Haar,** das; -[e]s, -e; *vgl.* aber: Härchen; **Haar⌣an|satz, ...ausfall, ...band** (*Plur.* ...bänder); **Haar|breit;** *nur in* nicht [um] ein -

Haard, die; - (Waldhöhen im Münsterland); *vgl.* Hardt

Haardt, die; - (östl. Teil des Pfälzer Waldes); *vgl.* Hardt

haa|ren; sich -; der Hund hat [sich] gehaart; **Haa|res|brei|te;** *nur in* um -, aber: um eines Haares Breite; **Haar⌣far|be, ...farn; haar|fein; Haar|fe|sti|ger; Haar|garn|tep|pich; haar|genau; haa|rig** (*ugs. auch für* heikel); **Haar⌣klam|mer, ...kleid** (*geh. für* Fell); **haar|klein;** jmdm. etw. - (in allen Einzelheiten) erzählen; **Haar|kranz**

Haar|lem (niederl. Stadt); **Haarle|mer** (↑R 147)

Haar|ling (eine Lausart); **Haar|nadel; Haar|na|del|kur|ve; Haar-**

‿pfle|ge, ...pracht, ...riß, ...röhr|chen; haar|scharf; Haar‿schnei|der, ...schnitt, ...schopf, ...spal|ter (spitzfindiger Mensch); **Haar|spal|te|rei; haar|spal|te|risch; Haar‿span|ge, ...spit|ze; Haar|spit|zen|ka|tarrh** (*scherzh. für* Kopfschmerzen [nach durchzechter Nacht]); **Haar|spray**
Haar|strang *vgl.* [1]Haar
haar|sträu|bend; -ste; **Haar‿teil** (das), **...trock|ner, ...wasch|mit|tel, ...was|ser** (*Plur.* ...wässer), **...wild** (*Jägerspr.: Sammelbez. für* alle jagdbaren Säugetiere), **...wuchs; Haar|wuchs|mit|tel,** das; **Haar|wur|zel**
Ha|ba|kuk (bibl. Prophet)
Ha|ba|na [a'bana], **La** (*span. Form von* Havanna); **Ha|ba|ne|ra,** die; -, -s (ein kubanischer Tanz)
Ha|be, die; - *(geh.); vgl.* Hab und Gut
Ha|be|as|kor|pus|ak|te, die; - ‹lat.› (engl. Staatsgrundgesetz von 1679 zum Schutz der persönlichen Freiheit)
ha|ben; du hast, er hat; du hattest; du hättest; gehabt; hab[e]!; Gott hab' ihn selig!; habt acht! (*österr. Kommando für* „stillgestanden!"); ich habe auf dem Tisch Blumen stehen (*nicht:*... zu stehen); **Ha|ben,** das; -s, -; [das] Soll und [das] -; **Ha|be|nichts,** der; *Gen.* - *u.* -es, *Plur.* -e; **Ha|ben‿sei|te** (*für* [2]Kredit), **...zin|sen** *(Plur.)*
Ha|ber, der; -s (*südd., österr. u. schweiz. mdal. neben* Hafer)
Ha|be|rer, der; -s, - (*österr. ugs. für* Verehrer; Kumpan)
Ha|ber|feld|trei|ben, das; -s, - (*früher* volkstüml. Rügegericht in Bayern u. Tirol)
Ha|ber|geiß (*bayr. u. österr. veraltend* eine Spukgestalt)
ha|bern; ich ...ere; ↑R 22 (*österr. ugs. für* essen)
Hab|gier, die; -; **hab|gie|rig; hab|haft;** des Diebes - werden (ihn festnehmen)
Ha|bicht, der; -s, -e; **Ha|bichts‿kraut, ...na|se**
ha|bil ‹lat.› (*veraltet für* geschickt, fähig; handlich; passend); **habil.** *vgl.* Dr. habil.; **Ha|bi|li|tand,** der; -en, -en; ↑R 197 (jmd., der zur Habilitation zugelassen wird); **Ha|bi|li|tan|din; Ha|bi|li|ta|ti|on,** die; -, -en (Erwerb der Lehrberechtigung an Hochschulen); **Ha|bi|li|ta|ti|ons|schrift; ha|bi|li|tie|ren** (die Lehrberechtigung an Hochschulen erlangen, verleihen)
[1]**Ha|bit** [*österr. u. schweiz. meist* 'ha:...], das, *auch* der; -s, -e ‹franz.› ([Amts]kleidung, [Ordens]tracht; Aufzug); [2]**Ha|bit** ['hɛbit], das, *auch* der; -s, -s ‹engl.› (*Psych.* Gewohnheit, Verhaltensart; *auch* Lernschritt); **Ha|bi|tat,** das; -s, -e ‹lat.› (Wohnplatz, Wohngebiet [einer Tierart]); **ha|bi|tua|li|sie|ren;** ↑R 180 (*Psych.* zur Gewohnheit werden, machen); **Ha|bi|tué** [(h)abi'tÿe:], der; -s, -s ‹franz.› (*österr., sonst veraltet für* ständiger Besucher, Stammgast); **ha|bi|tu|ell** (gewohnheitsmäßig; ständig); **Ha|bi|tus,** der; - ‹lat.› (Erscheinungsbild [von Menschen, Pflanzen u. Kristallen]; Anlage; Haltung; Körperbau)
hab|lich (*schweiz. für* wohlhabend)
Habs|burg [die; -] (Ort u. Burg im Kanton Aargau); **Habs|bur|ger,** der; -s, - (Angehöriger eines dt. Fürstengeschlechtes); **Habs|bur|ger|mon|ar|chie,** die; - (↑R 151); **habs|bur|gisch**
Hab|schaft (*veraltet für* Habe); **Hab|se|lig|keit,** die; -, -en *meist Plur.* (Besitztum); **Hab|sucht,** die; -; **hab|süch|tig; Hab und Gut,** das; - - -[e]s (↑R 18)
Habt|acht|stel|lung (*österr. für* stramme [milit.] Haltung)
Háček ['ha:tʃɛk], *eingedeutscht* Hatschek, das; -s, -s ‹tschech.› (Aussprachezeichen bes. in slaw. Sprachen, z. B. č [tʃ] *u.* ž [ʒ])
hach!
[1]**Ha|chel,** die; -, -n (*landsch. für* Granne; Stachel, Nadel)
[2]**Ha|chel,** das; -s, - *u.* die; -, -n (*österr. für* Küchenhobel); **ha|cheln** (*österr. für* [Gemüse] hobeln); ich ...[e]le (↑R 22)
Hach|se, *südd.* Ha|xe, die; -, -n (unterer Teil des Beines von Kalb od. Schwein); *vgl.* [2]Hesse
Hack, das; -s (*kurz für* Hackfleisch); **Hack‿bank** (*Plur.* ...bänke), **...bau** (der; -[e]s), **...beil, ...block** (*Plur.* ...blöcke), **...braten, ...brett** (Hackbank für Fleischer; ein Saiteninstrument)
[1]**Hacke**[1], die; -, -n, *seltener* Hacken[1], der; -s, - (Ferse)
[2]**Hacke**[1], die; -, -n (ein Werkzeug; *österr. svw.* Beil); **Hacke|beil**[1] (*svw.* Hackbeil); **hacken**[1] (hauen; mit dem Beil spalten); gehacktes Fleisch
Hacken[1] *vgl.* [1]Hacke; **Hacken|trick**[1] (*Fußball* Spielen des Balls mit der [1]Hacke [zur Täuschung des Gegners])
Hacke|pe|ter[1], der; -s, - (*landsch. für* angemachtes Hackfleisch); **Hacker**[1] (*auch für* jmd., der sich unerlaubt Zugang zu fremden Computersystemen zu verschaffen sucht); **Häcker|ling**[1], der; -s (*veraltend für* Häcksel); **Hack‿fleisch, ...frucht, ...klotz, ...messer** (das), **...ord|nung** (die; -; *Verhaltensforschung*); **Häck|sel,** das *od.* der; -s (Schnittstroh); **Häckse|ler, Häcks|ler** (Häckselmaschine); **Hack‿steak, ...stock** (*österr. für* Hackklotz)
[1]**Ha|der,** der; -s, *Plur.* -n *u.* (*für* Scheuertücher:) - (*südd., österr. für* Lumpen; *ostmitteld. für* Scheuertuch)
[2]**Ha|der,** der; -s (*geh. für* Zank, Streit); in - leben; **Ha|de|rer,** Had|rer
Ha|der|lump (*österr. für* liederlicher Mensch, Taugenichts)
ha|dern ‹*zu* [2]Hader› (*geh. für* unzufrieden sein; streiten); ich ...ere (↑R 22)
ha|dern|hal|tig (*fachspr. für* Stoff-, Lumpenreste in der Herstellungsmasse enthaltend); -es Papier
[1]**Ha|des** (griech. Gott der Unterwelt); [2]**Ha|des,** der; - (Unterwelt)
Had|rer *vgl.* Haderer
Ha|dri|an [*od., österr. nur,* 'ha:...] (röm. Kaiser; Papstname); *vgl.* Adrian
Ha|dschi, der; -s, -s ‹arab.› (Mekkapilger; *auch für* christl. Jerusalempilger im Orient)
Ha|du|brand (germ. Sagengestalt)
Haeckel ['hɛ...; *Trenn.* ↑R 179] (dt. Naturforscher)
Haem|oc|cult-Test (Wz) [hɛm...] ‹griech.; lat.; engl.› (zur Krebsvorsorgeuntersuchung)
[1]**Ha|fen,** der, *auch* das; -s, Häfen (*südd., schweiz., österr. für* Topf); [2]**Ha|fen,** der; -s, Häfen (Lande-, Ruheplatz); **Hä|fen,** der, *auch* das; -s, - (*österr. für* [1]Hafen; *österr. ugs. für* Gefängnis); **Ha|fen‿amt, ...an|la|gen** *(Plur.)*, **...ar|bei|ter, ...ein|fahrt, ...ge|bühr, ...knei|pe, ...kom|man|dant, ...po|li|zei, ...rund|fahrt, ...schen|ke, ...stadt, ...um|schlag, ...vier|tel**
Ha|fer, der; -s, *Plur. (Sorten:)* -; *vgl. auch* Haber; **Ha|fer‿brei, ...flocken** (*Plur.* [*Trenn.* ...flok|ken]), **...grüt|ze**
Ha|ferl, Hä|ferl, das; -s, -n (*österr. ugs. für* Tasse); **Ha|ferl|schuh** (*österr. für* ein Sporthalbschuh)
Ha|fer‿mark (das), **...mehl, ...sack, ...schleim**
Haff, das; -[e]s, *Plur.* -s *od.* -e (durch Nehrungen vom Meer abgetrennte Küstenbucht); ↑R 146: das Frische -, das Kurische -; **Haf|fi|scher** [*Trenn.* Haff|fi..., ↑R 204]
Ha|fis (pers. Dichter)
Haf|lin|ger (Pferd einer Gebirgsrasse); **Haf|lin|ger|ge|stüt**
Haf|ner *(schweiz. nur so),* **Häf|ner,**

[1] *Trenn.* ...k|k...

der; -s, - (*südd., österr. für* Töpfer, [Kachel]ofensetzer); **Haf|ne|rei**

Haf|ni|um ['ha(:)f...], das; -s ‹nlat.› (chem. Element, Metall; *Zeichen* Hf)

...haft (z. B. krankhaft)

[1]**Haft,** die; - (Gewahrsam); [2]**Haft,** der; -[e]s, -e[n] (*veraltet für* Haken; Spange); **Haft‿an|stalt, ...aus|set|zung; haft|bar; Haft|bar|ma|chung; Haft‿be|din|gun|gen** *(Plur.),* **...be|fehl, ...dau|er; Haf|tel,** der *od.* das, *österr. nur so;* -s, - (*südd., österr. für* Häkchen und Öse); **häf|teln** (*landsch. für* durch ein Haftel schließen); ich ...[e]le (↑R 22); **haf|ten; haf|ten|blei|ben;** (↑R 205:) ich bleibe haften; haftengeblieben; haftenzubleiben; **Haft‿ent|las|sung, ...ent|schä|di|gung; haft|fä|hig; Haft|fä|hig|keit,** die; -; **Häft|ling; Haft|pflicht; haft|pflich|tig; haft|pflicht|ver|si|chert; Haft|pflicht|ver|si|che|rung; Haft‿prü|fungs|ter|min, ...prü|fungs|ver|fah|ren, ...rei|bung** (die; -; *Physik*), **...rei|fen, ...rich|ter, ...scha|le** *(meist Plur.),* **...stra|fe; haft|un|fä|hig; Haft|un|fä|hig|keit; Haf|tung,** die; -; *vgl.* GmbH; **Haft‿un|ter|bre|chung, ...ur|lau|ber, ...ver|scho|nung, ...ze|her** (eine Eidechsenart)

Hag, der; -[e]s, *Plur.* -e, *schweiz.* Häge (*schweiz. für* Hecke, Zaun; *veraltet für* Hecke; umfriedeter Bezirk; Waldgrundstück)

Ha|ga|na, die; - ‹hebr.› (Vorläufer der israel. Nationalarmee)

Ha|gar (bibl. w. Eigenn.)

Ha|ge|bu|che (*svw.* Hainbuche); **Ha|ge‿but|te** (die; -, -n), **...dorn** (*Plur.* ...dorne; *svw.* Weißdorn)

Ha|gel, der; -s; **ha|gel|dicht; Ha|gel|korn,** das; *Plur.* ...körner; **ha|geln;** es hagelt; **Ha|gel‿scha|den, ...schau|er, ...schlag, ...schlo|ße** *(landsch.)*

Ha|gel|stan|ge (dt. Schriftsteller)

Ha|gel‿wet|ter, ...zucker [*Trenn.* ...zuk|ker]

Ha|gen (m. Vorn.); - von Tronje (Gestalt der Nibelungensage)

ha|ger; -er, -ste; **Ha|ger|keit,** die; -

Ha|ge|stolz, der; -es, -e (*veraltet für* [alter] Junggeselle)

Hag|gai (bibl. Prophet)

Ha|gia So|phia, die; - - ‹griech.› (Kirche in Istanbul [heute ein Museum]); **Ha|gio|graph,** der; -en, -en; ↑R 197 (Verfasser von Heiligenleben); **Ha|gio|gra|phen** *Plur.* (dritter Teil der Bücher des A. T.); **Ha|gio|gra|phie,** die; -, ...ien (Erforschung u. Beschreibung von Heiligenleben); **Ha|gio|la|trie,** die; -, ...ien (Verehrung der Heiligen)

ha|ha!, ha|ha|ha! [*beide auch* ...'ha]

Hä|her, der; -s, - (ein Rabenvogel)

Hahn, der; *Gen.* -[e]s, *schweiz.* -en, *Plur.* Hähne, *landsch., schweiz. u. fachspr.* (*für* techn. Vorrichtungen:) -en; **Hähn|chen; Hah|nen‿bal|ken** (*Bauw.* oberster Querbalken im Sparrendach), **...fe|der, ...fuß** (der; -es; eine Wiesenblume), **...kamm** (*auch* Zierpflanze; Pilz), **...kampf, ...ruf, ...schrei, ...tritt** (der; -[e]s; Keimscheibe im Hühnerei; ein Stoffmuster; *auch für* Zuckfuß); **Hah|ne|pot,** der, *auch* das; -s, -en, *selten* die; -, -en (*Seemannsspr.* Tau mit auseinanderlaufenden Enden)

Hah|ni|um, das; -s ‹nach dem Chemiker Otto Hahn› (chem. Element; *Zeichen* Ha)

Hähn|lein; Hahn|rei, der; -[e]s, -e (*veraltet für* betrogener Ehemann)

Hai, der; -[e]s, -e ‹niederl.› (ein Raubfisch)

Hai|fa (Hafenstadt in Israel)

Hai|fisch; Hai|fisch|flos|sen|sup|pe

Hai|kai ['haikai] *u.* **Hai|ku** ['hai...], das; -[s], -s ‹jap.› (eine japanische Gedichtform)

Hai|mons|kin|der *Plur.* (Helden des karoling. Sagenkreises)

Hain, der; -[e]s, -e (*geh. für* kleiner [lichter] Wald); **Hain‿bu|che** (ein Baum), **...bund** (der; -[e]s; ein dt. Dichterbund)

Hain|lei|te, die; - (Höhenzug in Thüringen)

Hair-Sty|list ['hɛ:(r)stailist], der; -en, -en ‹engl.› (Friseur mit künstlerischem Anspruch)

Hai|ti; ↑R 180 (westind. Insel; Republik); **Hai|tia|ner** [hai...], *auch* **Hai|ti|er** [...iər] (↑R 180); **hai|tia|nisch,** *auch* **hai|tisch** (↑R 180)

Häk|chen; Hä|kel|ar|beit; Ha|ke|lei *(Sport);* **Hä|ke|lei; Hä|kel|garn; ha|keln** *(Sport);* ich ...[e]le (↑R 22); **hä|keln;** ich ...[e]le (↑R 22); **Hä|kel|na|del; ha|ken; Ha|ken,** der; -s, -; **Ha|ken|büch|se** (*früher* eine Handfeuerwaffe); **ha|ken|för|mig; Ha|ken‿kreuz, ...na|se; ha|kig**

Ha|kim, der; -s, -s ‹arab.› (Gelehrter, Philosoph, Arzt [im Orient])

Häk|lein

Hal|la|li, das; -s, -[s] ‹franz.› (ein Jagdruf); - blasen

halb; das Haus liegt halb rechts; es ist, es schlägt halb eins; alle (*besser:* jede) halbe Stunde; alle halbe[n] Stunden; eine viertel und eine halbe Stunde; eine halbe und eine dreiviertel Stunde; [um] voll und halb jeder Stunde; der Zeiger steht auf halb; ein halb[es] Dutzend; ein halbes Brot; ein halbes dutzendmal, ein halbes hundertmal; drei[und]einhalb Prozent, aber: drei und ein halbes Prozent; anderthalb; (↑R 66:) ein Halbes (Glas), einen Halben (Schoppen), eine Halbe (*bayr. für* halbe Maß); (↑R 65:) nichts Halbes und nichts Ganzes; die halboffene Tür (↑*jedoch* R 209), aber: die Tür steht halb offen; *vgl.* halbfett, halbgar, halbrund, halbtot, halbvoll; **Halb|af|fe; halb|amt|lich;** eine -e Nachricht, aber (↑R 209): etwas geschieht halb amtlich, halb privat; **halb|bat|zig** (*schweiz. für* ungenügend, nicht zu Ende geführt, halbherzig); **Halb|bil|dung,** die; -; **halb|bit|ter; halb|blind;** ein -er Mann, aber (↑R 209): er ist halb blind; **Halb|blut,** das; -[e]s; **Halb|blü|ti|ge,** der *u.* die; -n, -n; ↑R 7 ff. (Mischling); **Halb|bru|der; halb|bür|tig** (nur einen Elternteil gemeinsam habend); **halb|dun|kel; Halb|dun|kel; Hal|be,** der, die, das; -n, -n (↑R 7 ff.); **Halb|edel|stein** (*veraltet für* Schmuckstein); **hal|be-hal|be;** [mit jmdm.] - machen (*ugs. für* teilen); **...hal|ben** (z. B. meinethalben); **hal|ber;** *Präp. mit Gen.:* der Ehre -; gewisser Umstände -; des [guten] Beispiels -; **...hal|ber** (z. B. beispielshalber, umständehalber); **halb|er|wach|sen;** eine -e Tochter, aber (↑R 209): sie ist [erst] halb erwachsen; **Halb|fa|bri|kat; halb|fett;** -e Buchstaben, der Name ist - gesetzt *(Druckw.),* aber: das Schwein ist erst halb fett; **Halb|fi|na|le** *(Sport);* **Halb|franz,** das; - *(Buchw.);* in - [binden]; **Halb|franz|band,** der (Halblederband); **halb|gar;** -es Fleisch (↑*jedoch* R 209), aber: das Essen ist halb gar; **halb|ge|bil|det; Halb|ge|bil|de|te,** der *u.* die; **Halb|ge|fro|re|ne,** das; -n; **Halb‿glat|ze, ...gott; Halb|heit; halb|her|zig; Halb|her|zig|keit; halb|hoch; hal|bie|ren; Hal|bie|rung; Halb‿in|sel, ...jahr; Halb|jah|res|kurs,** Halb|jahrs|kurs; **halb|jäh|rig** (ein halbes Jahr alt, ein halbes Jahr dauernd); -e Übungszeit; **halb|jähr|lich** (jedes Halbjahr wiederkehrend, alle halben Jahre); -e Zusammenkunft; **Halb|jahrs|kurs** *vgl.* Halbjahreskurs; **Halb‿kan|ton** (in der Schweiz), **...kreis, ...ku|gel; halb‿lang, ...laut; Halb|le|der** (ein Bucheinband); **halb|leer;** ein -es Kino, aber (↑R 209): das Kino war halb leer; **halb|lei|nen;** ein halbleinenes Tuch, aber (↑R 209): ein halb leinenes, halb wollenes Tuch; **Halb|lei|nen; Halb|lei-**

nen|band, der; **Hạlb|lei|ter,** der (*Elektrotechnik* Stoff, der bei Zimmertemperatur elektrisch leitet u. bei tieferen Temperaturen isoliert); **Halb|lịn|ke,** der; -n, -n; ↑R 7 ff. *(Sport);* **halb|lịnks;** er spielt halblinks (augenblickliche Position eines Spielers), aber: du mußt dich hạlb lịnks halten; **hạlb|mast** (als Zeichen der Trauer); [Flagge] - hissen; auf - stehen; **Hạlb|mes|ser,** der (*für* Radius); **Hạlb|me|tall** (Element mit teils metallischen, teils nichtmetallischen Eigenschaften); **hạlb|me|ter|dick; hạlb|mi|li|tä|risch; Hạlb|mond; hạlb|mond|för|mig; hạlb|nackt;** ein -es Mädchen (↑*jedoch* R 209), aber: sie war hạlb nạckt; **hạlb|of|fen;** die hạlboffene Tür (↑*jedoch* R 209), aber: die Tür steht hạlb ọffen; **hạlb|part;** *meist in* [mit jmdm.] - machen (*ugs. für* teilen); **Hạlb|pen|si|on,** die; - (Unterkunft mit Frühstück u. einer warmen Mahlzeit); **Hạlb|preis|abon|ne|ment,** ½-Preis-Abon|ne|ment (*schweiz. für* Abonnement zum Bezug von Fahrkarten zum halben Preis); **Halb|rẹch|te,** der; -n, -n; ↑R 7 ff. *(Sport);* **halb|rẹchts;** er spielt halbrechts (augenblickliche Position eines Spielers), aber: du mußt dich hạlb rẹchts halten; **hạlb|rund** (halbkreisförmig); **Hạlb₋rund, ...schat|ten; hạlb|schläch|tig** (*veraltet für* nicht eindeutig, schwankend); **Hạlb₋schlaf** (*vgl.* ²Schlaf), **...schuh; hạlb|schü|rig** (*veraltet für* minderwertig); **Hạlb₋schwer|ge|wicht** (Körpergewichtsklasse in verschiedenen Sportarten), **...schwe|ster, ...sei|de; halb|sei|den;** ein hạlbseidenes Tuch, aber (↑R 209): ein hạlb seidenes, hạlb wọllenes Tuch; **hạlb|sei|tig; hạlb|staat|lich;** ein -er Betrieb *(ehem. in der DDR),* aber (↑R 209): der Betrieb ist hạlb staatlich, hạlb privat; **Hạlb|star|ke,** der; -n, -n (↑R 7 ff.); **Hạlb|stie|fel; hạlb|stock** (*Seemannsspr. svw.* halbmast); **hạlb|stün|dig** (eine halbe Stunde dauernd); **hạlb|stünd|lich** (jede halbe Stunde [stattfindend]); **Hạlb|stür|mer** *(bes. Fußball);* **hạlb|tags; Hạlb|tags₋ar|beit, ...schu|le; Hạlb|tax|abon|ne|ment** (*früher für* Halbpreisabonnement); **Hạlb₋teil** (das, *auch* der; *selten für* Hälfte), **...ton** (*Plur.* ...töne); **hạlb|tot;** das hạlbtote Tier (↑*jedoch* R 209), aber: das Tier ist hạlb tot; er wurde hạlb totgeschlagen, hat sich hạlb totgelacht; **Hạlb|to|ta|le** *(Film);* **hạlb|trocken** [*Trenn.* ...trok|ken] (vom Wein); **hạlb|ver|hun|gert;** -es Vieh (↑*jedoch* R 209), aber: das Vieh ist hạlb verhụngert; **hạlb|voll;** ein hạlbvolles Glas (↑*jedoch* R 209), aber: das Glas ist nur hạlb vọll; **hạlb|wach;** in hạlbwachem Zustand (↑*jedoch* R 209), aber: er war erst hạlb wạch; **Hạlb₋wahr|heit, ...wai|se; hạlb|wegs; Hạlb|welt,** die; -; **Hạlb|welt|da|me; Hạlb|wel|ter|ge|wicht** *(Boxen);* **Hạlb|werts|zeit** (*Kernphysik* Zeit, nach der die Hälfte einer Anzahl radioaktiver Atome zerfallen ist); **Hạlb|wis|sen; Hạlb|wol|le; hạlb|wol|len;** ein hạlbwollenes Tuch, aber (↑R 209): ein hạlb wọllenes, hạlb baumwollenes Tuch; **hạlb|wüch|sig; Hạlb|wüch|si|ge,** der *u.* die; -n, -n (↑R 7 ff.); **Hạlb|zeit; Hạlb|zeit|pfiff; Hạlb|zeug** (Halbfabrikat)

Hạl|de, die; -, -n

Ha|léř ['halɛ:rʃ], der; -, ...ře [...rʒɛ], *Gen. Plur.* ...řů [...rʒu:] (Heller, tschechoslowak. Münze; 100 Haléřů = 1 Krone)

Hạl|fa|gras *vgl.* Alfagras

Hälf|te, die; -, -n; bessere - (*scherzh. für* Ehefrau, -mann); zur -; **hälf|ten** (*svw.* halbieren)

¹Hạlf|ter, der *od.* das; -s, -, *schweiz., sonst veraltet,* die; -, -n (Zaum ohne Gebiß)

²Hạlf|ter, das; -s, -, *auch* die; -, -n (Pistolentasche)

hạlf|tern (den ¹Halfter anlegen); ich ...ere (↑R 22); **Hạlf|ter|rie|men**

hälf|tig; Hälf|tung

Hal|kyo|ne usw. *vgl.* Alkyone usw.

¹Hạll, der; -[e]s, -e

²Hạll (Name mehrerer Orte)

Hạl|le, die; -, -n

hal|le|lu|ja! ‹hebr., „lobet den Herrn!“›; **Hal|le|lu|ja,** das; -s, -s (liturg. Freudengesang); das - singen

hạl|len (schallen)

Hạl|len₋bad, ...fuß|ball (der; -[e]s), **...hand|ball** (der; -[e]s), **...hockey** [*Trenn.* ...hok|key], **...kir|che**

Hal|lẹn|ser (Einwohner von Halle [Saale]); ↑R 147

Hạl|ler (Einwohner von ²Hall u. von Halle [Westf.]); ↑R 147

Hạl|lert|au, *auch* Hol|led|au [*auch* 'hɔl...], die; - (Landschaft in Bayern)

Hạl|le (Saa|le) (Stadt an der mittleren Saale); *vgl.* Hallenser; **hạl|lesch** *vgl.* hallisch

Hạl|le (Westf.) (Stadt am Teutoburger Wald); *vgl.* Haller

Hal|ley-Ko|met ['hale:...], der; -en ‹nach dem engl. Astronomen›, **Hal|ley|sche Ko|met,** der; -n -en

Hạl|lig, die; -, -en (kleinere, bei Sturmflut überflutete Insel im nordfries. Wattenmeer); **Hạl|li|gen** *Plur.* (eine Inselgruppe im Wattenmeer); **Hạl|lig|leu|te** *Plur.*

Hal|li|masch, der; -[e]s, -e (ein Pilz)

hạl|lisch ‹*zu* Halle [Saale]›

häl|lisch *vgl.* schwäbisch-hällisch

Hạll|jahr (*A. T.* Feier-, Jubeljahr)

hal|lo! [*auch* ha'lo:]; - rufen; **Hal|lo,** das; -s, -s; mit großem -; **Hal|lo|dri,** der; -s, -[s] (*bayr. u. österr. für* ausgelassener Mensch)

Hal|lo|re, der; -n, -n; ↑R 197 (*früher* Salinenarbeiter in Halle [Saale])

Hạll|statt (Ort in Oberösterreich); **Hạll|stät|ter See,** der; - -s; **Hạll|statt|zeit,** die; - (ältere Eisenzeit)

Hal|lu|zi|na|ti|on, die; -, -en ‹lat.› (Sinnestäuschung); **hal|lu|zi|na|tiv; hal|lu|zi|nie|ren; Hal|lu|zi|no|gen,** das; -s, -e (Medikament, das Halluzinationen hervorruft)

Hạlm, der; -[e]s, -e

Hạl|ma, das; -s ‹griech.› (ein Brettspiel)

Hälm|chen; Hạlm₋flie|ge (ein Getreideschädling), **...frucht** *(meist Plur.);* **...hal|mig** (z. B. langhalmig); **Hälm|lein**

Ha|lo, der; -[s], *Plur.* -s *od.* ...onen ‹griech.› (*Physik* Hof um eine Lichtquelle; *Med.* Ring um die Augen; Warzenhof)

ha|lo... ‹griech.› (salz...); **Ha|lo...** (Salz...)

Ha|lo|ef|fekt [*auch* 'he:lo:...] (*Psych.* Beeinflussung einer Beurteilung durch bestimmte Vorkenntnisse)

ha|lo|gen ‹griech.› (*Chemie* salzbildend); **Ha|lo|gen,** das; -s, -e (salzbildendes chem. Element); **Ha|lo|ge|nid,** Ha|lo|id, das; -[e]s, -e (Metallsalz eines Halogens); **Ha|lo|ge|nid|salz** *od.* Ha|lo|id|salz; **ha|lo|ge|nie|ren** (Salz bilden); **Ha|lo|gen₋lam|pe, ...schein|wer|fer; Ha|lo|id** *vgl.* Halogenid; **Ha|lo|id|salz** *vgl.* Halogenidsalz; **Ha|lo|phyt,** der; -en, -en; ↑R 197 (*Bot.* auf Salzboden wachsende Pflanze)

¹Hạls, Frans (niederl. Maler)

²Hạls, der; -es, Hälse; - über Kopf; Hals- und Beinbruch; **Hạls|ab|schnei|der** (Wucherer); **hạls|ab|schnei|de|risch; Hạls₋aus|schnitt, ...band** (das; *Plur.* ...bänder), **...ber|ge** (die; -, -n; Teil der mittelalterl. Rüstung); **hals|bre|che|risch;** -ste; **Häls|chen; Hạl|se,** die; -, -n (*Seemannsspr.* ein Wendemanöver); **hạl|sen** (*veraltet für* umarmen; *Seemannsspr.* eine Halse durchführen); du halst; **Hạls|ent|zün|dung; hạls|fern;** ein -er Kragen; **Hạls|ge|richt** (im späten MA. Gericht für schwere Verbrechen); **...hal|sig** (z. B. langhalsig); **Hạls₋ket|te, ...krau|se;**

Häls|lein; hals|nah; *vgl.* halsfern; **Hals-Na|sen-Oh|ren-Arzt** (*Abk.* HNO-Arzt); **Hals|schlag-ader; Hals|schmerz** *meist Plur.*; **hals|star|rig; Hals|star|rig|keit,** die; -; **Hals|tuch** *Plur.* ...tücher; **Hals über Kopf** *(ugs.)*; **Hals- und Bein|bruch!** *(ugs.)*; **Hal|sung** (*Jägerspr.* Hundehalsband); **Hals-‿weh, ...wei|te, ...wir|bel**

[1]**halt** (*landsch. u. schweiz. für* eben, wohl, ja, schon)

[2]**halt!**; Halt! Wer da?; *vgl.* Werda; **Halt,** der; -[e]s, *Plur.* -e *u.* -s; keinen - haben; - gebieten; *vgl.* haltmachen; **halt|bar; Halt|bar|keit,** die; -; **Hal|te‿bo|gen** *(Musik)*, **...bucht, ...griff, ...gurt, ...li|nie; hal|ten** (*landsch., bes. österr. auch für* [Kühe] hüten); du hältst, er hält; du hieltst; du hieltest; gehalten; halt[e]!; an sich -; ich hielt an mich; **Hal|te|punkt; Hal|ter** (*landsch., bes. österr. auch für* Viehhirt)

Hal|te|re, die; -, -n *meist Plur.* ‹griech.› (*Zool.* umgebildeter Hinterflügel der Zweiflügler)

Hal|te|rin

hal|tern (festmachen, festklemmen); ich ...ere (↑R 22); **Hal|te-rung** (Haltevorrichtung)

Hal|te‿stel|le, ...tau, ...ver|bot (*amtl.* Haltverbot); **Hal|te|ver-bots|schild; hal|tig** (*Bergmannsspr.* Erz führend); **...hal-tig,** *österr.* **...häl|tig** (z. B. mehlhaltig); **halt|los;** -este; **Halt|lo-sig|keit,** die; -; **halt|ma|chen** (↑R 207); ich mache halt (↑R 64); haltgemacht; haltzumachen; **Halt|ma|chen,** das; -s; **Hal|tung; Hal|tungs‿feh|ler, ...no|te** *(Sport)*; **Halt|ver|bot** *vgl.* Halteverbot

Ha|lun|ke, der; -n, -n (↑R 197) ‹tschech.› (Schuft, Spitzbube); **Ha|lun|ken|streich**

Ham (bibl. m. Eigenn.)

Ha|ma|me|lis, die; - ‹griech.› (Zaubernuß, ein Zierstrauch, eine Heilpflanze)

Hä|ma|tin, das; -s ‹griech.› (*Med.* eisenhaltiger Bestandteil des roten Blutfarbstoffs); **Hä|ma|ti-non,** das; -s (rote Glasmasse [im Altertum sehr beliebt]); **Hä|ma-tit** [*auch* ...'tit], der; -s, -e (wichtiges Eisenerz); **Hä|ma|to|lo|gie,** die; - (Lehre vom Blut u. seinen Krankheiten); **Hä|ma|tom,** das; -s, -e (*Med.* Bluterguß); **Hä|ma-to|zo|on,** das; -s, ...zoen *meist Plur.* (*Zool.* im Blut lebender tierischer Parasit); **Hä|mat|urie,** die; -, ...ien (*Med.* Blutharnen)

Ham|burg (Land u. Hafenstadt an der unteren Elbe); [1]**Ham|bur-ger;** ↑R 147 (Einwohner von Hamburg); [2]**Ham|bur|ger** [*engl.* 'hɛmbœ:(r)ge(r)], der; -s, *Plur.* -, *bei engl. Ausspr.* -s (Brötchen mit gebratenem Rinderhackfleisch); **ham|bur|gern** (hamburgisch sprechen); ich ...ere (↑R 22); **ham|bur|gisch**

Hä|me, die; - (Gehässigkeit)

Ha|meln (Stadt an der Weser); **Ha|mel|ner,** *auch* **Ha|me|ler** (↑R 147); **ha|melnsch**

Ha|men, der; -s, - (Fangnetz; *landsch. auch für* Kummet)

Hä|min, das; -s, -e ‹griech.› (*Chemie* Salz des Hämatins; *vgl. d.*)

hä|misch; -ste

Ha|mit *od.* **Ha|mi|te,** der; ...ten, ...ten (↑R 197) ‹*zu* Ham› (Angehöriger einer Völkergruppe in Afrika); **ha|mi|tisch;** -e Sprachen

Ham|let (Dänenprinz der Sage)

Hamm (Stadt an der Lippe)

Ham|mel, der; -s, *Plur.* - *u.* Hämmel; **Ham|mel|bein;** *meist in* jmdm. die -e langziehen (*ugs. für* jmdn. heftig tadeln; drillen); **Ham|mel‿bra|ten, ...keu|le, ...sprung** (ein parlamentar. Abstimmungsverfahren)

Ham|mer, der; -s, Hämmer; **Häm-mer|chen; Ham|mer‿hai, ...kla-vier;** [1]**Häm|mer|lein;** [2]**Häm|mer-lein** *u.* **Häm|mer|ling** (*veraltet für* böser Geist, Teufel); Meister - (Teufel; Henker); **häm|mern;** ich ...ere (↑R 22); **Ham|mer-‿schmied, ...wer|fen** (das; -s; *Sport*), **...wer|fer, ...ze|he** *(Med.)*

Ham|mond|or|gel ['hɛmənd...] (↑R 135) ‹nach dem amerik. Erfinder› (elektroakustische Orgel)

Ham|mu|ra|bi (babylon. König)

Hä|mo|glo|bin, das; -s ‹griech.; lat.› (*Med.* roter Blutfarbstoff; *Zeichen* Hb); **Hä|mo|phi|lie,** die; -, ...ien ‹griech.› (Bluterkrankheit); **Hä|mor|rha|gie,** die; -, ...ien (Blutung); **Hä|mor|rhoi-dal|lei|den** [...roi...] (↑R 180); **Hä-mor|rhoi|de,** die; -, -n *meist Plur.* (↑R 180) ‹griech.› ([leicht blutender] Venenknoten des Mastdarms); **Hä|mo|zyt,** der; -en, -en; ↑R 197 (Blutkörperchen)

Ham|pel|mann *Plur.* ...männer; **ham|peln** (zappeln); ich ...[e]le (↑R 22)

Ham|ster, der; -s, - (ein Nagetier); **Ham|ster|backe** [*Trenn.* ...bak-ke] *meist Plur.* *(ugs.)*; **Ham|ste-rer** (*ugs. für* Mensch, der [gesetzwidrig] Vorräte aufhäuft); **Ham-ster|kauf; ham|stern;** ich ...ere (↑R 22)

Ham|sun (norw. Dichter)

Ha|na|ni|as *vgl.* Ananias

Hand, die; -, Hände; Hand anlegen; letzter, linker, rechter Hand; freie Hand haben; von langer Hand [her] (lange) vorbereitet; an Hand (*jetzt häufig* anhand) des Buches, an Hand von Unterlagen; etwas an, bei, unter der Hand haben; an etwas Hand anlegen; jmdm. an die Hand gehen; Hand in Hand arbeiten, die Hand in Hand Arbeitenden, aber (↑R 42): das Hand-in-Hand-Arbeiten; von Hand zu Hand; das ist nicht von der Hand zu weisen (ist möglich); von Hand (mit der Hand) eintragen; zur Hand sein; zu Händen (*vgl. d.*). **I.** *Zusammenschreibung; vgl. die folgenden Stichwörter:* allerhand, zuhanden, abhanden, kurzerhand, unterderhand, vorderhand, vorhanden, handhaben, überhandnehmen. **II.** *Maßangaben:* das Regalbrett ist eine Hand breit, aber *(als Maßeinheit)*: eine Handbreit (*vgl. d.*) Tuch ansetzen, der Rand ist kaum handbreit; zwei Hände *od.* Hand breit, groß, lang; er hat die eine Hand voll Kirschen, aber *(als Mengenangabe)*: eine Handvoll Kirschen essen; **Hand|än-de|rung** (*schweiz. für* Besitzerwechsel bei Grundstücken); **Hand|ap|pa|rat; Hand|ar|beit; hand|ar|bei|ten;** gehandarbeitet; *vgl.* aber: handgearbeitet; **Hand|ar|bei|ter; Hand|ar|beits-un|ter|richt; Hand|auf|he|ben;** eine Abstimmung durch -; **Hand|ball;** - spielen (↑R 207), aber: das Handballspielen (↑R 68); **Hand‿bal|len, ...bal|ler** (Handballspieler), **...be|sen, ...be|trieb** (der; -[e]s), **...be|we-gung, ...brau|se; hand|breit;** ein handbreiter Saum, aber: der Streifen ist eine Hand breit; **Hand|breit,** die; -, -; eine, zwei, keine Handbreit, aber: ein zwei Hand breiter Streifen; **Hand-‿brem|se, ...buch; Händ|chen; Händ|chen|hal|ten,** das; -s; **händ|chen|hal|tend; Hand-creme; Hän|de‿druck** (*Plur.* ...drücke), **...klat|schen** (das; -s)

[1]**Han|del,** der; -s (Kaufgeschäft); - treiben; -s wegen; [2]**Han|del,** der; -s, Händel *meist Plur.* (*veraltend für* Streit); Händel suchen, Händel haben

Hän|del (dt. Komponist)

Han|del-Maz|zet|ti (österr. Schriftstellerin)

han|deln; ich ...[e]le (↑R 22); es handelt sich um ...; **Han|deln,** das; -s; **Han|dels‿ab|kom|men, ...aka|de|mie** (*österr. für* höhere Handelsschule), **...bank** (*Plur.* ...banken), **...be|zie|hun|gen** *(Plur.)*, **...bi|lanz, ...brauch; han-dels‿ei|nig** *od.* **...eins; Han|dels-‿em|bar|go, ...fir|ma, ...flot|te, ...ge|richt; han|dels|ge|richt-**

lich; **Han|dels_ge|sell|schaft, ...ge|setz|buch** (*Abk.* HGB), **...ha|fen** (*vgl.* ²Hafen), **...kam|mer, ...klas|se, ...leh|rer, ...leh|re|rin, ...mann** (*Plur.* ...leute, *selten* ...männer), **...ma|ri|ne, ...mar|ke, ...or|ga|ni|sa|ti|on** (die; -; *ehem. in der DDR; Abk.* HO; *vgl. d.*), **...platz, ...po|li|tik; han|dels|po|li|tisch; Han|dels|recht; han|dels|recht|lich; Han|dels_re|gi|ster, ...rei|sen|de, ...schiff, ...schu|le, ...span|ne, ...stand** (der; -[e]s), **...stra|ße; han|dels|üb|lich; Hän|del|sucht,** die; - *(veraltend);* **hän|del|süch|tig; Han|dels_ver|trag, ...ver|tre|ter, ...ver|tre|te|rin, ...ver|tre|tung, ...vo|lu|men; han|del|trei|bend** (↑R 209)

Hän|de|rin|gen, das; -s; **hän|de|rin|gend** (↑R 209); **Hän|de|wa|schen,** das; -s; **Hand|fe|ger; Hand|fer|tig|keit; hand|fest;** -este; **Hand|fe|ste** (*früher für* Urkunde); **Hand_feu|er|lö|scher, ...feu|er|waf|fe, ...flä|che; hand|ge|ar|bei|tet;** ein -es Möbelstück; *vgl.* aber: handarbeiten; **Hand|ge|brauch,** der; -[e]s; zum, für den -; **hand_ge|bun|den, ...ge|knüpft; Hand_geld, ...ge|lenk; hand|ge|mein;** - werden; **Hand_ge|men|ge, ...ge|päck; hand_ge|schöpft** (-es Papier), **...ge|schrie|ben, ...ge|strickt, ...ge|webt; Hand|gra|na|te; hand|greif|lich;** - sein, werden; **Hand|greif|lich|keit; Hand|griff; hand|groß;** ein -er Flecken; *vgl.* Hand II; **hand|hab|bar; Hand|hab|bar|keit,** die; -; **Hand|ha|be,** die; -, -n; **hand|ha|ben;** du handhabst; du handhabtest; gehandhabt; das ist schwer zu handhaben; **Hand|ha|bung; ...hän|dig** (z. B. zweihändig); **Hand|har|mo|ni|ka**

Han|di|cap, *eingedeutscht* Han|di|kap [*beide* 'hɛndikɛp], das; -s, -s ‹engl.› (Benachteiligung, Behinderung; *Sport* [Wettkampf mit] Ausgleichsvorgabe); **han|di|ca|pen,** *eingedeutscht* han|di|ka|pen [*beide* ...kɛpən]; gehandicapt, gehandikapt; **han|di|ca|pie|ren** [...kɛ'pi:...] (*schweiz. für* handicapen); **Han|di|kap** usw. *vgl.* Handicap

Hand-in-Hand-Ar|bei|ten, das; -s (↑R 42); **Hand-in-Hand-Ge|hen,** das; -s (↑R 42); **hän|disch** (manuell); **Hand|kan|ten|schlag; Hand|kä|se** *(landsch.)*

Hand|ke (österr. Schriftsteller)

hand|kehr|um (*schweiz. für* plötzlich, unversehens); **Hand|kehr|um;** *nur in* im - (*schweiz. für* im Handumdrehen); **Hand|kof|fer; hand|ko|lo|riert; Hand_kom|mu|ni|on** *(kath. Kirche),* **...korb, ...kuß; hand|lang;** ein -er Schnitt, aber: der Schnitt war zwei Hand lang; **Hand|lan|ger; Hand|lan|ger|dienst** *meist Plur.;* **Hand|lan|ge|rin; hand|lan|gern** *(ugs.);* ich ...ere (↑R 22); **Hand|lauf** (an Treppengeländern)

Händ|lein

Händ|ler; Händ|le|rin

Hand|le|se|kunst; Hand|le|se|rin; Hand|le|xi|kon; hand|lich; Hand|lich|keit, die; -

Hand|ling ['hɛndliŋ], das; -[s] ‹engl.› (Handhabung, Gebrauch)

Hand|lung; Hand|lungs|ab|lauf; Hand|lungs|be|darf; es besteht [kein] -; **Hand|lungs|be|voll|mäch|tig|te,** der *u.* die; -n, -n (↑R 7 ff.); **hand|lungs|fä|hig; Hand|lungs_fä|hig|keit** (die; -), **...frei|heit** (die; -), **...ge|hil|fe, ...rei|sen|de, ...wei|se** (die)

Hand|ma|le|rei; Hand|mehr, das; -s (*schweiz. für* durch Handaufheben festgestellte Mehrheit); **Hand|or|gel** (*schweiz., sonst veraltet für* Handharmonika); **hand|or|geln**

Hand|out ['hɛnd|aut], das; -s, -s ‹engl.› (Informationsunterlage)

Hand_pferd, ...pres|se, ...pup|pe, ...rei|chung, ...rücken [*Trenn.* ...rük|ken]

Hands [hɛnts], das; -, - ‹engl.› (*österr., schweiz. für* Handspiel)

hand|sam (*österr., sonst veraltet für* handlich); **Hand_schel|le** *(meist Plur.),* **...schlag, ...schrei|ben, ...schrift** (*in der Bedeutung* „altes Schriftstück" *Abk.* Hs., *Plur.* Hss.); **Hand|schrif|ten_deu|tung** (die; -), **...kun|de** (die; -), **...kun|di|ge; hand|schrift|lich; Hand|schuh;** ein Paar -e; **Hand|schuh|fach; Hand|set|zer** *(Druckw.);* **hand|si|gniert; Hand_spie|gel, ...spiel** *(bes. Fußball),* **...stand, ...stein** (*nordd. für* Ausguß), **...streich, ...ta|sche; Hand|ta|schen_raub, ...räu|ber; Hand_tel|ler, ...tuch** (*Plur.* ...tücher); **Hand|tuch|hal|ter; Hand|um|dre|hen,** das; -s; im - (schnell [u. mühelos]); **hand|ver|le|sen** (*auch für* sorgfältig ausgewählt); **Hand|voll,** die; -, -; eine, zwei, etliche, einige, ein paar -, aber: die Hand voll Geld; **Hand|wa|gen; hand|warm; Hand|wech|sel** (*veraltend für* Besitzwechsel [bei Grundstücken]); **Hand_werk, ...wer|ker, ...wer|ke|rin; Hand|wer|ker|stand,** der; -[e]s; **hand|werk|lich; Hand|werks_be|trieb, ...bur|sche, ...kam|mer, ...mann** (*Plur.* ...leute; *veraltet für* Handwerker), **...mei|ster, ...rol|le** (Verzeichnis der selbständigen Handwerker), **...zeug** (das; -[e]s); **Hand_wör|ter|buch, ...wur|zel, ...zei|chen, ...zeich|nung, ...zet|tel**

ha|ne|bü|chen (*veraltend für* unverschämt, unerhört)

Hanf, der; -[e]s (eine Faserpflanze); **han|fen, hän|fen** (aus Hanf); **Hanf|garn; Hänf|ling** (eine Finkenart); **Hanf_sa|men, ...seil**

Hang, der; -[e]s, Hänge; **hang|ab|wärts**

Han|gar [*auch* ...'ga:r], der; -s, -s ‹germ.-franz.› ([Flugzeug]halle)

Hän|ge_arsch *(derb),* **...backen** ([*Trenn.* ...bak|ken]; *Plur.*), **...bank** (*Plur.* ...bänke; *Bergbau*); **Hän|ge|bauch; Hän|ge|bauch|schwein; Hän|ge_bo|den, ...brücke** [*Trenn.* ...brük|ke], **...bu|sen, ...lam|pe; han|geln** *(Turnen);* ich ...[e]le (↑R 22); **Hän|ge|mat|te; han|gen** (*schweiz., landsch., sonst veraltet für* ¹hängen); mit Hangen und Bangen; **¹hän|gen;** du hängst; du hingst; du hingest; gehangen; häng[e]!; die Kleider hängen an der Wand; der Rock hing an der Wand, hat dort gehangen; (↑R 68:) mit Hängen und Würgen (*ugs. für* mit Müh und Not); hängende Gärten (terrassenförmig angelegte Gärten im Altertum), aber (↑R 157): die Hängenden Gärten der Semiramis; **²hän|gen;** du hängst; du hängtest; gehängt; häng[e]!; ich hängte den Rock an die Wand, habe ihn an die Wand gehängt; **hän|gen|blei|ben** (↑R 205 f.); ich bleibe hängen; hängengeblieben; hängenzubleiben; er ist an einem Nagel hängengeblieben; von dem Gelernten ist wenig hängengeblieben; aber: das Bild soll hängen bleiben (nicht abgehängt werden); **Han|gen|de,** das; -n; ↑R 7 ff. (*Bergmannsspr.* Gesteinsschicht über einer Lagerstätte); **hän|gen|las|sen;** ↑R 205 f. (vergessen; *ugs. für* [jmdn.] im Stich lassen); er hat seinen Hut hängenlassen, *seltener* hängengelassen; aber: kann ich meinen Hut hier hängen lassen?; er hat den Verräter hängen lassen; **Hän|ge|par|tie** (*Schach* vorläufig abgebrochene Partie); **Hän|ger** (eine Mantelform; *auch für* [Fahrzeug]anhänger); **Han|gerl,** das; -s, -n (*österr. ugs. für* Lätzchen; Wischtuch [der Kellner]); **Hän|ge_schloß, ...schrank; hän|gig** (*fachspr. für* abschüssig; *schweiz. für* schwebend, unerledigt); **Hang_la|ge, ...tä|ter**

Han|na (w. Vorn.)

Han|na|ke, der; -n, -n; ↑R 197 (Angehöriger eines tschech. Volksstammes)

Hanlne, Hanlnellolre (w. Vorn.); **Hanlnes** (m. Vorn.); **Hanlni** (w. Vorn.)
Hanlnilbal (karthag. Feldherr)
Hann. Münlden [ha'no:fɛrʃ -] (*post- u. bahnamtl. Schreibung von* Münden)
Hanlno (m. Vorn.)
Hanlnolver [...fər] (Stadt a. d. Leine); **Hanlnolvelralner** [...v...]; **hanlnolvelrisch, hanlnölverisch, hanlnolversch, hanlnöversch** [*alle* ...f...], aber (↑R 65): im Hannöverschen; das Hannoversche Wendland
Halnoi [ha'noy] (Hptst. von Vietnam)
Hans (m. Vorn.); Hans' Mütze (↑R 139); - im Glück; - Liederlich; - Taps; *vgl.* Hansdampf, Hansnarr, Hanswurst; (↑R 157:) der blanke - (Nordsee bei Sturm)
Hanlsa *vgl.* Hanse usw.
Hanlsalplast ®, das; -[e]s (ein Verbandpflaster, Wundschnellverband)
Hänslchen (*Koseform von* Hans); **Hansldampf** [*auch* 'hans...], der; -[e]s, -e; - in allen Gassen
Hansldieltər (m. Vorn.)
Hanlse, die; - (mittelalterl. nordd. Kaufmanns- u. Städtebund); **Hanlselat**, der; -en, -en; ↑R 197 (Mitglied der Hanse; Hansestädter); **Hanlsealtenlgeist**, der; -[e]s (↑R 180); **Hanlsealtin** (↑R 180); **hanlsealtisch** (↑R 180); *vgl.* hansisch; **Hanlse͜bund** (der; -[e]s), **...koglge**
Hanlsel, der; -s, -[n] (*landsch. für* unfähiger od. dummer Mensch); **Hänlsel**; - und Gretel (dt. Märchen)
Hanlsellbank *vgl.* Heinzelbank
Hänlsellei; hänlseln (necken); ich ...[e]le (↑R 22)
Hanlselstadt; hanlselstädltisch
Hanlsi (m. *u.* w. Vorn.)
hanlsisch (hansestädtisch), aber (↑R 157): die Hansische Universität (in Hamburg)
Hansljoalchim [*auch* ...'jo:...] (↑R 180), **Hansljürlgen** (m. Vorn.); **Hanslnarr** [*auch* 'hans...]; **Hans Taps**; *vgl.* Taps; **Hanswurst** [*auch* 'hans...], der; -[e]s, *Plur.* -e, *scherzh. auch* ...würste (derb-komische Figur; dummer Mensch); **Hanslwurlstelrei; Hanslwurlstialde**, die; -, -n (↑R 180)
Hanltel, die; -, -n (ein Sportgerät); **hanlteln**; ich ...[e]le (↑R 22)
hanltielren (niederl.) (handhaben; umgehen mit ...); **Hanltielrung**
hanltig (*bayr., österr. für* bitter, scharf; barsch, unwillig)
halpelrig, haplrig (*nordd. für* stokkend); **halpern**; es hapert (geht nicht vonstatten; fehlt [an])
halplolid (griech.) (*Biol.* mit einfachem Chromosomensatz)
Häpplchen; haplpen (*nordd. für* einen Biß machen, zubeißen); **Haplpen**, der; -s, -
Haplpelning ['hɛpəniŋ], das; -s, -s (engl.) ([Kunst]veranstaltung, bei der durch Aktionen ein künstlerisches Erlebnis vermittelt werden soll); **Haplpelnist**, der; -en, -en (↑R 197)
haplpig (*ugs. für* zu stark, übertrieben; *nordd. veraltend für* gierig); **Häppllein**
haplpy ['hɛpi] (engl.) (*ugs. für* glücklich, zufrieden); sie ist richtig -; **Haplpy-End**, *österr. auch* Haplpylend [*beide* 'hɛpi'ɛnt], das; -[s], -s („glückliches Ende")
haplrig *vgl.* haperig
Hapltik, die; - (griech.) (Lehre vom Tastsinn); **hapltisch** (den Tastsinn betreffend)
har! (*Zuruf an Zugtiere* links!)
Halralkilri, das; -[s], -s (jap.) (rituellek Selbstmord durch Bauchaufschneiden [in Japan])
Halrald (m. Vorn.)
Halralre (Hptst. von Simbabwe)
Halraß, der; ...rasses, ...rasse (franz.) (Lattenkiste [zum Verpacken von Glas od. Porzellan])
Härlchen (*zu* Haar)
Hard colver ['ha:(r)d 'kavə(r)], das; - -s, - -s (engl.) (Buch mit festem Einband); **Hard-colver-Einlband**
Harlde, die; -, -n (*früher in Schleswig-Holstein* Verwaltungsbezirk von mehreren Dörfern od. Höfen); **Harldeslvogt** (*früher* Amtsvorsteher einer Harde)
Harldi, Harldy (m. Vorn.)
Hardllilner ['ha:(r)dlainə(r)], der; -s, - (engl.) (Vertreter eines harten [politischen] Kurses); **Hard Rock** ['ha:(r)d -], der; - -[s] (laute Rockmusik mit einfachen Harmonien und Rhythmen)
Hardt, die; - (Teil der Schwäb. Alb); *vgl.* Haard *u.* Haardt
Hardltop ['ha:(r)dtɔp], das *od.* der; -s, -s (engl.) (abnehmbares, nicht faltbares Verdeck von Kraftwagen, bes. Sportwagen; auch der Wagen selbst); **Hardlware** ['ha:(r)dwɛ:(r)], die; -, -s (engl., „harte Ware") (*EDV* die apparativen Bestandteile der Anlage; *Ggs.* Software)
Harldy *vgl.* Hardi
Halrem, der; -s, -s (arab.) (von Frauen bewohnter Teil des islam. Hauses; die Frauen darin)
hälren (aus Haar); -es Gewand
Hälrelsie, die; -, ...ien (griech.) (Ketzerei); **Hälreltilker; Hälreltikelrin; hälreltisch**
Harlfe, die; -, -n; **harlfen; Harlfelnist**, der; -en, -en; ↑R 197 (Harfenspieler); **Harlfelnilstin; Harfen͜klang, ...spiel** (das; -[e]s); **Harflner** (*veraltet für* Harfenspieler)
Harlke, die; -, -n (*nordd. für* Rechen); **harlken** (rechen)
Härllein
Harllelkin [...ki:n], der; -s, -e (franz.) (Hanswurst; Narrengestalt); **Harllelkilnalde**, die; -, -n (Hanswursterei); **harllelkilnisch**
Harm, der; -[e]s (*veraltend für* Kummer, Leid); **härlmen**, sich (*geh. für* sich sorgen; bedrückt sein); **harmllos**; -este; **Harmllosiglkeit**
Harlmolnie, die; -, ...ien (griech.) (Wohlklang; ausgewogenes Verhältnis; Einklang); **Harlmolnielehlre; harlmolnielren** (gut zusammenklingen, zusammenpassen); **Harlmolnik**, die; - (Lehre von der Harmonie); **Harlmolnika**, die; -, *Plur.* -s *u.* ...ken (ein Musikinstrument); **Harlmolnikaltür** (*svw.* Falttür); **harlmonisch**; -ste; -e Funktion *(Math.)*; **harlmolnilsielren** (in Einklang bringen); **Harlmolnilsielrung; Harlmolnilum**, das; -s, *Plur.* ...ien [...iən] *od.* -s (ein Tasteninstrument)
Harn, der; -[e]s, -e; **Harn͜blalse, ...drang** (der; -[e]s); **harlnen** *(selten)*
Harlnisch, der; -[e]s, -e ([Brust]panzer); jmdn. in - (in Wut) bringen
Harn͜leilter (der), **...röhlre, ...ruhr** (*für* Diabetes), **...säulre, ...stoff; harnltreilbend**
Harlpulne, die; -, -n (niederl.) (Wurfspeer od. pfeilartiges Geschoß für den [Wal]fischfang); **Harlpulnenlwerlfer; Harlpulnier**, der; -s, -e *u.* **Harlpulnielrer**, der; -s, - (Harpunenwerfer); **harlpunielren**
Harlpylie [...'py:jə], die; -, -n (Sturmdämon in Gestalt eines vogelartigen Mädchens in der griech. Sage; ein großer Greifvogel)
harlren (*geh. für* warten)
Harlri, Harlro (m. Vorn.); **Harlry** ['hari, *engl.* 'hɛri] (m. Vorn.)
harsch; -este; **Harsch**, der; -[e]s (hartgefrorener Schnee); **harschen** (hart, krustig werden); der Schnee harscht; **harlschig**
Harst, der; -[e]s, -e (*schweiz. für* [Heer]schar, Haufen)
hart; härter, härteste; hart auf hart; -e Währung. *Schreibung in Verbindung mit dem Partizip II:* das hartgewordene Brot (↑*jedoch* R 209), aber: das Brot ist hart geworden; hartgebrannter Stein (↑*jedoch* R 209), aber: der Stein ist hart gebrannt; **Hartlbrand-**

zie|gel; **Har|te,** der; -n, -n (*ugs. für* Schnaps); **Här|te,** die; -, -n; **Här|te_aus|gleich, ...fall** (der), **...fonds, ...grad, ...klau|sel; här|ten; Här|te|pa|ra|graph; Här|ter** *(Chemie);* **Här|te|rei** *(Metallurgie);* **Hart|fa|ser|plat|te; hart_ge|brannt** (*vgl.* hart), **...ge|fro|ren** (*vgl.* hart), **...ge|kocht** (*vgl.* hart); **Hart|geld,** das; -[e]s; **hart|ge|sot|ten;** -er Sünder; **Hart|gum|mi,** der *u.* das; **hart|her|zig; Hart|her|zig|keit** *Plur. selten;* **Hart_heu** (Johanniskraut), **...holz; hart|hö|rig; Hart|hö|rig|keit,** die; -; **Hart|kä|se; hart|köp|fig; Hart|köp|fig|keit,** die; -; **hart|lei|big; Hart|lei|big|keit,** die; -; **Härt|ling** (*Geol.* Erhebung, die aus abgetragenem Gestein aufragt); **hart|lö|ten** *(Technik); nur im Infinitiv u. Partizip II gebr.;* hartgelötet

Hart|mann (m. Vorn.)

hart|mäu|lig (von Pferden); **Hart|mäu|lig|keit,** die; -; **Hart|me|tall**

Hart|mo|nat, Hart|mond (*alte Bez. für* Januar [auch für November od. Dezember])

Hart|mut (m. Vorn.)

hart|näckig [*Trenn.* ...näk|kig]; **Hart|näckig|keit,** die; - [*Trenn.* ...näk|kig...]

Hart|platz *(Sport)*

Hart|rie|gel, der; -s, - (ein Strauch); **hart_rin|dig, ...scha|lig**

Hart|schier, der; -s, -e ‹ital.› (*früher* Leibwächter [der bayr. Könige])

Hart|spi|ri|tus, der; - (ein Brennstoff); **Har|tung,** der; -s, -e (*alte Bez. für* Januar); **Här|tung; Hart|wei|zen**

Hart|wig (m. Vorn.)

Ha|ru|spex, der; -, *Plur.* -e *u.* ...spizes [...tse:s] ‹lat.› (jmd., der aus den Eingeweiden von Opfertieren wahrsagt [bei den Etruskern od. Römern])

Har|vard|uni|ver|si|tät [...və(r)t...], die; -; ↑R 135 ‹nach dem Mitbegründer J. Harvard› (in Cambridge [Mass.])

[1]**Harz,** das; -es, -e (zähflüssige, klebrige Absonderung, bes. aus dem Holz von Nadelbäumen)

[2]**Harz,** der; -es (dt. Gebirge)

har|zen (Harz ausscheiden; *schweiz. auch für* schwer, schleppend vonstatten gehen)

[1]**Har|zer** (↑R 147) ‹*zu* [2]Harz›; - Käse; - Roller (Kanarienvogel); [2]**Har|zer,** der; -s, - (eine Käseart)

har|zig (*schweiz. auch für* mühsam, schleppend); **Harz|säu|re**

Ha|sard, das; -s ‹franz.› (*Kurzform für* Hasardspiel); **Ha|sar|deur** [...'dø:r], der; -s, -e (Glücksspieler); **ha|sar|die|ren** (*veraltend für* wagen, aufs Spiel setzen); **Ha|sard|spiel** (Glücksspiel)

Hasch, das; -s (*ugs. für* Haschisch)

Ha|schee, das; -s, -s ‹franz.› (Gericht aus feinem Hackfleisch)

[1]**ha|schen** (fangen); du haschst; sich -

[2]**ha|schen** (*ugs. für* Haschisch rauchen); du haschst

Ha|schen, das; -s; - spielen

Häs|chen

[1]**Ha|scher** (*österr. ugs. für* armer, bedauernswerter Mensch)

[2]**Ha|scher** (*ugs. für* Haschischraucher)

Hä|scher (*veraltet für* Büttel; Gerichtsdiener)

Ha|scherl, das; -s, -n (*bayr. u. österr. ugs. für* bedauernswertes Kind, bedauernswerter Mensch)

ha|schie|ren (zu Haschee machen)

Ha|schisch, das, *auch* der; -[s] ‹arab.› (ein Rauschgift)

Hasch|mich, der; *nur in* einen - haben (*ugs. für* nicht recht bei Verstand sein)

Ha|se, der; -n, -n; ↑R 197; (↑R 157:) falscher - (Hackbraten)

[1]**Ha|sel,** der; -s, - (ein Fisch)

[2]**Ha|sel,** die; -, -n (ein Strauch); **Ha|sel_busch, ...huhn, ...maus, ...nuß; Ha|sel|nuß|strauch; Ha|sel_stau|de, ...wurz** (die; -; eine Pflanze)

Ha|sen_bra|ten, ...fell, ...fuß (*scherzh. für* überängstlicher Mensch); **ha|sen|fü|ßig** *(ugs.);* **Ha|sen|herz** (*svw.* Hasenfuß); **ha|sen|her|zig** *(ugs.);* **Ha|sen_jun|ge** (das; -n; *österr. für* Hasenklein), **...klein** (das; -s; Gericht aus Innereien, Kopf u. Vorderläufen des Hasen); **Ha|sen|pa|nier,** das; *nur in* das - ergreifen (*ugs. für* fliehen); **Ha|sen|pfef|fer,** der; -s (Hasenklein); **ha|sen|rein** *(Jägerspr.);* nicht ganz - (verdächtig, nicht einwandfrei); **Ha|sen|schar|te; Hä|sin; Häs|lein**

Has|pe, die; -, -n (Tür- od. Fensterhaken); **Has|pel,** die; -, -n, *seltener* der; -s, - (Garnwinde; Gerbereibottich; Seilwinde); **has|peln;** ich ...[e]le (↑R 22); **Has|pen,** der; -s, - (*Nebenform von* Haspe)

Haß, der; Hasses; **has|sen;** du haßt; gehaßt; hasse! *u.* haß!; **has|sens|wert; Has|ser; haß|er|füllt** (↑R 209); **häs|sig** (*schweiz. mdal. für* verdrießlich); **häß|lich; Häß|lich|keit; Haß_lie|be, ...ti|ra|de; haß|ver|zerrt**

Hast, die; -; **ha|sten; ha|stig; Ha|stig|keit,** die; -

Ha|tschek (*eingedeutschte Schreibung für* Háček)

Hät|sche|lei; Hät|schel|kind; hät|scheln; ich ...[e]le (↑R 22)

hat|schen (*bayr., österr. ugs. für* schlendernd gehen, *auch für* hinken); du hatschst; **Hat|scher,** der; -s, - (*österr. ugs. für* langer Marsch; ausgetretener Schuh)

hat|schi!, hat|zi! [*beide auch* 'ha...]

Hat-Trick, *auch* **Hat|trick** [*beide* 'hɛt...], der; -s, -s ‹engl.› (*Fußball* dreimaliger Torerfolg hintereinander in einer Halbzeit durch denselben Spieler)

Hatz, die; -, -en (*landsch., bes. bayr. für* Eile, Hetze; *Jägerspr.* Hetzjagd mit Hunden)

hat|zi! *vgl.* hatschi!

Hatz|rü|de *(Jägerspr.)*

Hau, der; -[e]s, -e (*veraltet für* Stelle, wo Holz geschlagen wird; *landsch. für* Hieb); *vgl.* [2]Haue; **Hau|bank** *Plur.* ...bänke (*landsch. für* Werkbank zum Zurichten von Schieferplatten)

Hau|barg, der; -[e]s, -e (Bauernhaus mit hohem Reetdach, unter dem das Heu gelagert wird)

Hau|bar|keits|al|ter *(Forstw.)*

Häub|chen; Hau|be, die; -, -n; **Hau|ben_ler|che, ...tau|cher**

Hau|bit|ze, die; -, -n ‹tschech.› (Flach- u. Steilfeuergeschütz)

Häub|lein

Hauch, der; -[e]s, -e; **hauch|dünn; hau|chen; hauch|fein; Hauch|laut** *(Sprachw.);* **hauch|zart**

Hau|de|gen (alter, erprobter Krieger; Draufgänger)

[1]**Haue,** die; -, -n (*südd., österr. u. schweiz. für* [2]Hacke); [2]**Haue,** die; - ‹*eigtl. Plur. zu* Hau› (*ugs. für* Hiebe); - kriegen; **hau|en;** du haust; du hautest (*für* „mit dem Schwert schlagen" *u. geh.* hiebest); gehauen (*landsch.* gehaut); hau[e]!; sich -; er hat Holz gehauen; er hat ihm (*auch* ihn) ins Gesicht gehauen; **Hau|er** (Bergmann mit abgeschlossener Ausbildung; *österr. svw.* Weinhauer, Winzer; *Jägerspr.* Eckzahn des Keilers); **Häu|er** (*bes. österr. für* Hauer [Bergmann])

Häuf|chen; Hau|fe, der; -ns, -n (*veraltend für* Haufen); **häu|feln;** ich ...[e]le (↑R 22); **Hau|fen,** der; -s, -; (↑R 208:) zuhauf; **häu|fen;** sich -; **Hau|fen|dorf; hau|fen|wei|se; Hau|fen|wol|ke**

Hauff (dt. Schriftsteller)

häu|fig; Häu|fig|keit *Plur. selten;* **Häuf|lein; Häu|fung; Hauf|werk,** Hau|werk, das; -[e]s (*Bergmannsspr.* durch Hauen erhaltenes Roherzeugnis)

Hau|he|chel, die; -, -n (eine Heilpflanze)

Hau|ke (m. Vorn.)

Hau|klotz

Häu|nel, das; -s, -n (*österr. für* kleine [1]Haue)

Haupt, das; -[e]s, Häupter *(geh.)*; zu Häupten; **Hauptlalltar; hauptlamtllich; Haupt‿anlgeklaglte, ...aulgenlmerk, ...bahnhof** (*Abk.* Hbf.), **...belruf; hauptbelrufllich; Haupt‿belschäfltigung, ...belstandlteil, ...buch, ...darlstelller, ...darlstelllelrin, ...einlgang; Häupltel**, das; -s, -[n] (*südd., österr. für* Kopf einer Gemüsepflanze, z. B. von Salat); **Häupltellsallat** (*österr. für* Kopfsalat); **Hauplteslänlge**; um -; **Haupt‿fach, ...feldlwelbel, ...figur, ...film, ...gelbäulde, ...gericht, ...gelschäftslzeit, ...gewicht, ...gelwinn, ...gelwinlner, ...gelwinlnelrin, ...haar** (das; -[e]s; *geh.*), **...hahn; Häuptlling; häuptllings; Hauptlmahllzeit**; [1]**Hauptlmann** *Plur.* ...leute
[2]**Hauptlmann**, Gerhart (dt. Dichter)
Haupt‿mielter, ...nenlner, ...person, ...porltal, ...post, ...postamt, ...prolbe, ...punkt, ...quartier, ...reilselzeit, ...rolle, ...sache; hauptlsächllich; Haupt‿saison, ...satz, ...schlaglader, ...schullablschluß, ...schuld, ...schulle, ...schwielriglkeit, ...selgel, ...stadt (*Abk.* Hptst.); **hauptlstädltisch; Haupt‿straße, ...teil** (der), **...thelma, ...treffer; Haupt- und Staatslakltilon** (↑R 32); **Haupt‿verlantlwortung, ...verldielner, ...verlhandlung, ...verlkehrslstralße, ...verkehrslzeit, ...verlleisen** (das; -s, -; *schweiz. Milit.* Appell vor Ausgang od. Urlaub), **...verlsammlung, ...verlwalltung, ...wert, ...wohnlsitz, ...wort** (*Plur.* ...wörter; *für* Substantiv); **hauptlwörtlich** (*für* substantivisch); **Haupt‿zeulge, ...ziel, ...zweck**
hau ruck!, ho ruck!; **Haulruck**, das; -s; mit einem kräftigen -
Haus, das; -es, Häuser; außer [dem] Hause; außer Haus; zu, nach Hause (*auch* Haus); von Hause; von Haus aus; von Haus zu Haus; von zu Haus[e] *(ugs.)*; im Hause (*auch* Haus; *Abk.* i. H.); *vgl.* Zuhause
Haulsa *vgl.* Haussa
Haus‿anlgelstellte, ...anlzug, ...apolthelke, ...arlbeit, ...arzt, ...ärzltin, ...auflgalbe; hausbacken [*Trenn.* ...baklken]; **Haus‿bar, ...bau** (*Plur.* ...bauten), **...belsetlzer, ...belsetlzerin, ...belsitlzer, ...belsitlzelrin, ...belsorlger** (*österr. neben* Hausmeister), **...belwohlner, ...bewohlnelrin, ...boot; Hauslbrand‿kohlle, ...verlsorlgung; Hausbuch** (polizeil. Kontrollbuch über Hausbewohner u. deren Besucher in der ehem. DDR); **Hauslburlsche; Häuslchen**, Häusllein, *landsch. auch* Häulsel *od.* Häusl, das; -s, -; **Haus‿dame, ...dralchen** (*ugs. für* herrschsüchtige Ehefrau od. Hausangestellte), **...durchlsulchung** (*bes. österr. u. schweiz. für* Haussuchung); **hausleilgen**; -e Sauna; **Häulsel** *vgl.* Häuschen; **haulsen**; du haust; er haulste
Haulsen, der; -s, - (ein Fisch); **Haulsenblalse**, die; - (Fischleim)
Haulser (*bayr., westösterr. für* Haushälter, Wirtschaftsführer); **Häulserlblock** (*vgl.* Block); **Häuserlchen** *Plur.*; **Häulserlfront; Haulselrin, Häulselrin** (*bayr., westösterr. für* Haushälterin); **Häulser‿meer, ...reilhe; Haus‿flur** (der), **...frau; hauslfraullich; Haus‿freund, ...frieldenslbruch** (der; -[e]s), **...gelbrauch** (für den - genügen), **...gelhillfin; hauslgemacht**; -e Nudeln; **Haus‿gemeinlschaft; Hauslhalt**, der; -[e]s, -e; **hauslhallten** (↑R 207); er hält haus (↑R 64); hausgehalten; hauszuhalten; **Haus‿hallter** *od.* **...hällter; Hauslhälltelrin; haushälltelrisch**; -ste (sparsam); **Hauslhalt[s]‿auslgleich, ...ausschuß, ...buch, ...delbatlte, ...defilzit, ...fralge, ...führung, ...geld, ...gelrät, ...gelsetz, ...hillfe, ...jahr, ...kaslse, ...mitltel** *(Plur.)*, **...plan, ...plalnung, ...polliltik** (die; -), **...polsten, ...sumlme, ...tag** *(regional)*; **hauslhaltslüblich**; in -en Mengen; **Hauslhaltswalren**, Hauslhaltlwalren *Plur.*; **Hauslhalltung; Hauslhalltungs‿schulle, ...vorlstand, ...welsen** (das; -s); **Hauslhaltlwalren** *vgl.* Haushaltswaren; **Haus‿herr, ...herlrin; hauslhoch**; haushohe Wellen; **Hauslhoflmeilster** *(früher)*; **haulsielren** (*veraltend für* Waren von Haus zu Haus anbieten); **Haulsielrer; ...häulsig** (z. B. einhäusig); **hauslinltern**; eine -e Regelung; **Haus‿julrist, ...katze; Häusl** *vgl.* Häuschen; **Hauslehlrer; Häusllein** *vgl.* Häuschen; **Häusller** (Dorfbewohner, der ein kleines Haus ohne Land besitzt); **Hausleulte** *Plur.*; **häuslich; Häusllichlkeit**, die; -; **Hausmalcher‿art** (die; -; nach -), **...wurst; Haus‿macht** (die; -), **...mann** (*Plur.* ...männer)
Hauslmanlnit [*auch* ...'nit], der; -s (ein Mineral)
Hauslmannslkost; Haus‿märchen, ...marlke, ...meiler (Vorsteher der merowing. Hofhaltung), **...meilster, ...mitltel** (das), **...musik, ...mütlterlchen, ...numlmer, ...ordlnung, ...putz, ...rat** (der; -[e]s); **Hauslratlverlsilchelrung**
[1]**Hauslsa**, *auch* Haulsa, der; -[s], -[s] (Angehöriger eines afrik. Volkes); [2]**Hauslsa**, *auch* Haulsa, das; - (Sprache der Haussa)
Hauslsammllung; [1]**hauslschlachten** *nur im Infinitiv u. im Partizip II gebr.*; hausgeschlachtet; [2]**hauslschlachlten**; -e Wurst; **Haus‿schlachltung, ...schlüssel, ...schuh, ...schwamm, ...schwein**
Hausse ['ho:s(ə), *auch* o:s], die; -, -n ‹franz.› ([starkes] Steigen der Börsenkurse; allg. Aufschwung der Wirtschaft); **Hauslsier** [(h)o'sie:], der; -s, -s (auf Hausse Spekulierender); **hauslsielren** [(h)o:'si:...] (im Kurswert steigen)
Haus‿stand (der; -[e]s), **...strecke** ([*Trenn.* ...streklke]; *Sportspr.*), **...sulchung** (*vgl.* Hausdurchsuchung), **...tier, ...tür, ...tylrann, ...urlne** (ein vorgeschichtl. Tongefäß), **...verlbot, ...verlwallter, ...verlwalltelrin, ...verlwalltung, ...wart** (der; -[e]s, -e; *landsch.*), **...warltin** *(schweiz.)*, **...welsen** (das; -s), **...wirt, ...wirltin, ...wirtschaft; Hauslwirtlschafts‿meistelrin, ...pflelgelrin** *(regional)*, **...schulle; Haus‿wurz** (die; -; eine Pflanze), **...zins** (*Plur.* ...zinse; *südd. u. schweiz. für* Miete); **Haus[-zu]-Haus-Verlkehr**; ↑R 41
Haut, die; -, Häute; (↑R 42:) zum Aus-der-Haut-Fahren; **Haut‿arzt, ...ärzltin, ...auslschlag, ...bank** (*Plur.* ...banken; *Med.*); **Häutlchen; Hautlcreme**
Haute Coiflfure [(h)o:t koa'fy:r], die; - - ‹franz.› (für die Mode tonangebende Friseurkunst [bes. in Paris]); **Haute Coulture** [(h)o:t ku'ty:r], die; - - (für die Mode tonangebende Schneiderkunst [bes. in Paris]); **Haute-Couture-Moldell** (↑R 41); **Hautelfinance** [(h)o:tfi'nã:s], die; - (Hochfinanz); **Hautellisse** [(h)o:t'lis], die; -, -n [...'lis(ə)n] (Webart mit senkrechten Kettfäden); **Hautellisselstuhl**
häulten; sich -; **hautleng**
Hautelvollee [(h)o:tvo'le:], die; - ‹franz.› (vornehmste Gesellschaft)
Haut‿farlbe, ...fetlzen, ...flügller *(Zool.)*; **hautlfreundllich**; ein -er Stoff
Hautlgout [o'gu:], der; -s ‹franz.› (scharfer Wildgeschmack; *auch übertr. für* Anrüchigkeit)
häultig; Haut‿jucken (*Trenn.* ...juklken; das; -s), **...kliInik, ...kranklheit, ...krebs; Häutllein; hautlnah; Hautlpflelge**
Hautlrellilef ['(h)o(:)re,liɛf] ‹franz.› (Hochrelief); **Haut-Saulternes** [oso'tɛrn], der; - (ein südwestfranz. Weißwein)

haut|scho|nend; Haut|schrift, die; - (*für* Dermographie); **haut|sym|pa|thisch; Haut|trans|plan|ta|ti|on; Häu|tung; Haut|ver|pflan|zung**
Hau|werk *vgl.* Haufwerk
[1]**Ha|van|na** [...v...] (Hptst. Kubas); *vgl.* Habana; [2]**Ha|van|na,** die; -, -s (Havannazigarre); **Ha|van|na|zi|gar|re** (↑R 149)
Ha|va|rie [...v...], die; -, ...ien ‹arab.› (Unfall von Schiffen od. Flugzeugen; schwere Betriebsstörung durch Brand, Explosion u. ä.; *österr. auch für* Kraftfahrzeugunfall, -schaden); **ha|va|rie|ren; Ha|va|rist,** der; -en, -en; ↑R 197 (*Seew.* havariertes Schiff; dessen Eigentümer)
Ha|vel [...f...], die; - (r. Nebenfluß der Elbe); **Ha|vel|land,** das; -[e]s (↑R 149); **ha|vel|län|disch,** aber (↑R 146:) das Havelländische Luch
Ha|ve|lock ['ha:vəlɔk], der; -s, -s ‹nach dem engl. General› (ärmelloser Herrenmantel mit Schulterkragen)
Ha|waii (Hauptinsel der Hawaii-Inseln im Pazif. Ozean; Staat der USA; *vgl.* Hawaii-Inseln); **Ha|wai|ia|ner; Ha|waii|gi|tar|re; Ha|waii-In|sel,** die; -, -n; ↑R 36 (eine der Hawaii-Inseln); **Ha|waii-In|seln** *Plur.* (Inselgruppe im Pazif. Ozean, die den Staat Hawaii [*vgl. d.*] bildet); **ha|wai|isch**
Ha|xe, die; -, -n (*südd. für* Hachse)
Haydn (österr. Komponist); **haydnsch,** aber (↑R 134): eine Haydnsche Sinfonie
Ha|zi|en|da, die; -, *Plur.* -s, *auch* ...den ‹span.› (südamerik. Farm)
Hb = Hämoglobin
HB = Brinellhärte
H. B. = Helvetisches Bekenntnis
Hbf. = Hauptbahnhof
H-Bom|be ['ha:...]; ↑R 38 ‹nach dem chem. Zeichen H = Wasserstoff› (Wasserstoffbombe)
h. c. = honoris causa
H-Dur ['ha:du:r, *auch* 'ha:'du:r], das; - (Tonart; *Zeichen* H); **H-Dur-Ton|lei|ter** (↑R 41)
he!; heda!
He = *chem. Zeichen für* Helium
Head|line ['hɛdlain], die; -, -s ‹engl.› (*engl. Bez. für* Schlagzeile)
Hea|ring ['hi:riŋ], das; -[s], -s ‹engl.› ([öffentliche] Anhörung)
Hea|vi|side ['hɛvisaid] (engl. Physiker); **Hea|vi|side|schicht,** die; -; ↑R 135 (*svw.* Kennelly-Heaviside-Schicht)
Hea|vy me|tal ['hɛvi 'mɛt(ə)l], das; - -[s] ‹engl.› (*svw.* Hard Rock)
Heb|am|me, die; -, -n
Heb|bel (dt. Dichter)
He|be (griech. Göttin der Jugend)
He|be‿baum, ...büh|ne, ...fi|gur (*Sport*)
[1]**He|bel** (dt. [Mundart]dichter)
[2]**He|bel,** der; -s, -; **He|bel‿arm, ...griff; he|beln;** ich ...[e]le (↑R 22); **he|ben;** du hobst, *veraltet* hub[e]st; du höbest, *veraltet* hübest; gehoben; heb[e]!; sich -; **He|be|prahm; He|ber; He|be‿satz** (*Steuerwesen*), **...schmaus** (Bewirtung beim Richtfest), **...werk**
He|brä|er (*bes. im A. T. für* Angehörige des Volkes Israel); **He|brä|er|brief,** der; -[e]s; ↑R 151 (*bibl.*); **He|brä|e|rin; He|brai|cum,** das; -s (↑R 180) ‹lat.› (Prüfung über bestimmte Kenntnisse des Hebräischen); **he|brä|isch;** -e Schrift; *vgl.* deutsch; **He|brä|isch,** das; -[s] (Sprache); *vgl.* Deutsch; **He|brä|i|sche,** das; -n; *vgl.* Deutsche, das (↑R 180); **He|bra|ist,** der; -en, -en; ↑R 197 (Forscher u. Kenner des Hebräischen); **He|brai|stik,** die; -; ↑R 180 (wissenschaftl. Erforschung der hebr. Sprache u. Literatur); **He|brai|stin** (↑R 180)
He|bri|den *Plur.* (schott. Inselgruppe); Äußere u. Innere -; die Neuen - (Inselgruppe im Pazifischen Ozean)
He|bung
He|chel, die; -, -n; (ein landw. Gerät); **He|che|lei** (*ugs. für* boshaftes Gerede); **he|cheln;** ich ...[e]le (↑R 22)
Hecht, der; -[e]s, -e; **hecht|blau; hech|ten** (*ugs. für* einen Hechtsprung machen); **hecht|grau; Hecht‿rol|le** (eine Bodenturnübung), **...sprung; Hecht|sup|pe;** es zieht wie - (*ugs. für* es zieht sehr)
[1]**Heck,** das; -[e]s, *Plur.* -e *od.* -s (hinterster Teil eines Schiffes, Flugzeugs, Autos); [2]**Heck,** das; -[e]s, -e (*nordd. für* Gattertür; Weide, Koppel); **Heck|an|trieb;** [1]**Hecke**[1], die; -, -n (Umzäunung aus Sträuchern)
[2]**Hecke**[1], die; -, -n (*veraltet für* Nistplatz; Paarungs- *od.* Brutzeit; Brut); **hecken**[1] (*veraltet für* Junge zur Welt bringen [von Vögeln und kleineren Säugetieren])
Hecken[1]**‿ro|se, ...sche|re, ...schüt|ze; Heck‿fen|ster, ...flos|se, ...klap|pe; heck|la|stig; Heck|la|ter|ne**
Heck|meck, der; -s (*ugs. für* Geschwätz; unnötige Umstände)
Heck|mo|tor
Heck|pfen|nig ‹*zu* hecken› (*scherzh. für* Münze, die man nicht ausgibt)

[1] *Trenn.* ...k|k...

Heck|schei|be
He|cu|ba *vgl.* Hekuba
he|da! (*veraltend*)
Hed|da (w. Vorn.)
[1]**He|de** (w. Vorn.)
[2]**He|de,** die; -, -n (*nordd. für* Werg); **he|den** (aus [2]Hede)
He|de|rich, der; -s, -e (ein Unkraut)
He|di (w. Vorn.)
He|din, Sven (schwed. Asienforscher)
He|do|ni|ker, He|do|nist, der; -en, -en (↑R 197) ‹griech.› (Anhänger des Hedonismus); **He|do|nis|mus,** der; - (philosoph. Lehre, nach der das höchste ethische Prinzip das Streben nach Sinnenlust ist)
He|dschas (Landschaft in Arabien); **He|dschas|bahn,** die; -
He|dschra, die; - ‹arab.› (Übersiedlung Mohammeds von Mekka nach Medina; Beginn der islam. Zeitrechnung)
Hed|wig (w. Vorn.)
Heer, das; -[e]s, -e; **Heer|bann** (*früher*); **Hee|res‿be|richt, ...be|stand** (*meist Plur.*), **...grup|pe, ...lei|tung, ...zug** (*vgl.* Heerzug); **Heer‿füh|rer, ...la|ger, ...schar** (*vgl.* [1]Schar), **...schau, ...stra|ße, ...we|sen** (das; -s); **Heer|zug,** Hee|res|zug
He|fe, die; -, -n; **He|fe‿brot, ...kloß, ...kranz, ...ku|chen, ...stück|chen** (Kleingebäck), **...teig, ...zopf; he|fig**
Hef|ner|ker|ze; ↑R 135 ‹nach dem dt. Elektrotechniker› (frühere Lichtstärkeeinheit; *Zeichen* HK)
Heft, das; -[e]s, -e; **Heft|chen; Hef|tel,** das; -s, - (*landsch. für* Häkchen, Spange); **hef|teln** (*landsch.*); ich ...[e]le (↑R 22); **hef|ten;** geheftet (*Abk.* geh.); die Akten wurden geheftet; **Hef|ter** (Mappe zum Abheften); **Heft|fa|den** *Plur.* ...fäden
hef|tig; Hef|tig|keit
Heft‿klam|mer, ...la|de (Gerät in der Buchbinderei), **...pfla|ster, ...zwecke** [*Trenn.* ...zwek|ke]
He|gau, der; -[e]s (Landschaft am Bodensee)
He|ge, die; - (Pflege u. Schutz des Wildes)
He|gel (dt. Philosoph); **He|ge|lia|ner** (Anhänger Hegels); **he|ge|lia|nisch; he|gelsch** (in der Art Hegels), aber (↑R 134): die Hegelsche Philosophie
He|ge|mei|ster (Forstbeamter)
he|ge|mo|ni|al ‹griech.› (den Herrschaftsbereich [eines Staates] betreffend); **He|ge|mo|ni|al...** (Vorherrschafts...); **He|ge|mo|nie,** die; -, ...ien ([staatliche] Vorherrschaft); **he|ge|mo|nisch**
he|gen; - und pflegen; **He|ger**

(Jägerspr.); **He|ge‿ring** (kleinster jagdlicher Bezirk), **...zeit**

Hehl, das, *auch* der; *nur in* kein, *auch* keinen - daraus machen (es nicht verheimlichen); **heh|len; Heh|ler; Heh|le|rei; Heh|le|rin**

hehr (*geh. für* erhaben; heilig)

hei!; Heia, die; -, -[s] (*Kinderspr. für* Bett); **Heia|bett; heia|popeia!** *vgl.* eiapopeia!; **hei|da!** [*auch* 'haida]

[1]**Hei|de,** der; -n, -n; ↑R 197 (Nichtchrist; *auch für* Ungetaufter, Religionsloser)

[2]**Hei|de,** die; -, -n (sandiges, unbebautes Land; *nur Sing.:* Heidekraut)

Hei|deg|ger (dt. Philosoph)

Hei|de‿korn (das; -[e]s), **...kraut** (das; -[e]s), **...land** (das; -[e]s); **Hei|del|bee|re; Hei|del|beer|kraut,** das; -[e]s

Hei|del|berg (Stadt am Neckar)

Hei|de|ler|che

Hei|den, der; -s (*ostösterr. für* Buchweizen)

Hei|den... (*ugs. für* groß, sehr viel, z. B. Heidenangst, Heidenarbeit, Heidengeld, Heidenlärm, Heidenspaß); **Hei|den|chri|sten|tum; hei|den|mä|ßig** (*ugs. für* sehr, groß)

Hei|den|rös|chen, Hei|de|röschen; **Hei|den|rös|lein,** Hei|de|rös|lein

Hei|den|tum, das; -s; **Hei|den|volk**

Hei|de|rös|chen usw. *vgl.* Heidenröschen; **Hei|de|ro|se** (w. Vorn.)

hei|di! [*auch* 'haidi] (*nordd. für* lustig!; schnell!); - gehen (*ugs. für* verlorengehen)

Hei|di (w. Vorn.)

Hei|din

Heid|jer (Bewohner der [Lüneburger] Heide)

heid|nisch

Heid|schnucke, die; -, -n [*Trenn.* ...schnuk|ke] (eine Schafrasse)

Hei|duck, der; -en, -en (↑R 197) ‹ung.› (*früher* ung. [Grenz]soldat)

Hei|er|mann (*ugs. für* Fünfmarkstück)

Hei|ke (w., *seltener* m. Vorn.)

hei|kel (schwierig; *landsch. auch für* wählerisch [beim Essen]); eine heik|le Sache; sei nicht so -!

Hei|ko (m. Vorn.)

heil; Heil, das; -[e]s; Berg -!; Ski -!; **Hei|land,** der; -[e]s, -e (*geh. für* Retter, Erlöser); unser Herr und - [Jesus Christus]; **Heil‿an|stalt, ...an|zei|ge** (*Med.* Indikation), **...bad; heil|bar; Heil|bar|keit,** die; -; **heil|brin|gend** (↑R 209)

Heil|bronn (Stadt am Neckar)

Heil|butt (ein Fisch); **hei|len; Heil‿er|de, ...er|folg; heil|froh; Heil‿ge|hil|fe, ...gym|nast, ...gym|na|stik, ...gym|na|stin;**

hei|lig (*Abk.* hl., *für den Plur.* hll.). **I.** *Kleinschreibung:* in heiligem Zorn; heilige Einfalt! (Ausruf der Verwunderung); der heilige Paulus, die heilige Theresia usw.; (↑R 157:) das heilige Abendmahl, die erste heilige Kommunion, die heilige Messe, die heilige Taufe usw.; das heilige Pfingstfest usw. **II.** *Großschreibung* (↑R 157): der Heilige Abend; Heiliger Abend (24. Dez.); die Heilige Allianz; der Heilige Christ; die Heilige Dreifaltigkeit; die Heilige Familie; der Heilige Geist; das Heilige Grab; der Heilige Gral; die Heilige Jungfrau; die Heiligen Drei Könige; Heilige Drei Könige (6. Jan.); der Heilige Krieg (Glaubenskrieg des Islams); das Heilige Land; die Heilige Nacht; der Heilige Rock von Trier; das Heilige Römische Reich Deutscher Nation; die Heilige Schrift; die Heilige Stadt (Jerusalem); der Heilige Stuhl; der Heilige Vater (der Papst). **III.** *In Verbindung mit Verben,* z. B. heilighalten, heiligsprechen (↑R 205); **Hei|lig|abend; Hei|li|ge,** der *u.* die; -n, -n (↑R 7 ff.); **Hei|li|ge|drei|kö|nigs|tag,** Heilige[n]dreikönigstag[e]s, Heilige[n]dreikönigstage; ein Heilige[r]dreikönigstag; **hei|li|gen; Hei|li|gen‿bild, ...fi|gur, ...le|ben, ...schein, ...schrein; Hei|lig|geist|kir|che; hei|lig|hal|ten;** ↑R 205 (feiern); ich halte heilig; heiliggehalten; heiligzuhalten; **Hei|lig|keit,** die; -; Seine -; ↑R 75 (der Papst); **hei|lig|spre|chen;** ↑R 205 (zum *od.* zur Heiligen erklären); *vgl.* heilighalten; **Hei|lig|spre|chung; Hei|lig|tum; Hei|li|gung; heil|kli|ma|tisch; Heil|kraft; heil|kräf|tig; Heil|kun|de,** die; -, -n; **heil|kun|dig; Heil|kun|di|ge,** der *u.* die; -n, -n (↑R 7 ff.); **heil|los;** -este; **Heil|mit|tel,** das; **Heil‿päd|ago|ge, ...päd|ago|gin; heil|päd|ago|gisch; Heil‿pflan|ze, ...prak|ti|ker, ...prak|ti|ke|rin, ...quel|le, ...ruf; heil|sam; Heil|sam|keit,** die; -; **Heils‿ar|mee** (die; -), **...bot|schaft; Heil‿schlaf, ...schlamm, ...se|rum; Heils|leh|re; Hei|lung; Hei|lungs|pro|zeß; Heil‿ver|fah|ren, ...wir|kung, ...zweck** (*meist in* zu -en)

heim...; *vgl.* heimbegeben, sich; *vgl.* heimbegleiten usw.; **Heim,** das; -[e]s, -e; **Heim‿abend, ...ar|beit; Hei|mat,** die; -, -en; **hei|mat|be|rech|tigt; Hei|mat‿dich|ter, ...dich|tung, ...er|de** (die; -), **...fest, ...film, ...for|scher; hei|mat|ge|nös|sig** (*schweiz. neben* heimatberechtigt); **Hei|mat‿ha|fen** (*vgl.* [2]Hafen), **...kun|de** (die; -); **hei|mat|kund|lich; Hei|mat‿kunst** (die; -), **...land** (*Plur.* ...länder); **hei|mat|lich; hei|mat|los; Hei|mat|lo|se,** der *u.* die; -n, -n (↑R 7 ff.); **Hei|mat|lo|sig|keit,** die; -; **Hei|mat‿mu|se|um, ...ort** (der; -[e]s, ...orte), **...recht, ...staat** (*Plur.* ...staaten), **...stadt, ...ver|trie|be|ne; heim|be|ge|ben,** sich; du hast dich heimbegeben; **heim|be|glei|ten;** er hat sie heimbegleitet; **heim|brin|gen;** er hat sie heimgebracht; **Heim|bür|gin** (*landsch. für* Totenfrau); **Heim|chen** (eine Grille); **Heim|com|pu|ter; Heim|dal[l]** (*nord. Mythol.* Wächter der Götter u. ihres Sitzes); **hei|me|lig** (anheimelnd); **Hei|men, Hei|met,** das; -s, - (*schweiz. für* Bauerngut); *vgl.* Heimwesen; **heim|fah|ren;** er ist heimgefahren; **Heim|fahrt; Heim|fall,** der; -[e]s (*Rechtsspr.* das Zurückfallen [eines Gutes] an den Besitzer); **heim|füh|ren;** er hat ihn heimgeführt; **Heim|gang,** der; -[e]s, ...gänge *Plur. selten;* **heim|ge|gan|gen** (*verhüllend für* gestorben); **Heim|ge|gan|ge|ne,** der *u.* die; -n, -n (↑R 7 ff.); **heim|ge|hen;** er ist heimgegangen; **heim|gei|gen** (*svw.* heimleuchten); **heim|ho|len;** er wurde heimgeholt; **hei|misch; Heim|kehr,** die; -; **heim|keh|ren;** er ist heimgekehrt; **Heim‿keh|rer, ...ki|no** (*auch scherzh. für* Fernsehen); **Heim|kunft,** die; -; **Heim‿lei|ter** (der), **...lei|te|rin; heim|leuch|ten;** dem haben sie heimgeleuchtet (*ugs.* ihn derb abgefertigt); **heim|lich;** *vgl.* heimlichtun; **heim|lich|feiß;** -este (*schweiz. mdal. für* einen Besitz, ein Können verheimlichend); **Heim|lich|keit; Heim|lich|tu|er; Heim|lich|tue|rei; Heim|lich|tue|rin; heim|lich|tun;** ↑R 205 f. (geheimnisvoll tun); er hat sehr heimlichgetan; aber: er hat es heimlich getan; **Heim|mann|schaft** *(Sport);* **heim|müs|sen; Heim‿mut|ter** (*Plur.* ...müt|ter), **...nie|der|la|ge** *(Sport),* **...rei|se; heim|rei|sen;** er ist heimgereist; **Heim‿sieg** *(Sport),* **...spiel** *(Sport),* **...statt, ...stät|te; heim|su|chen;** er wurde von Unglück u. Krankheit schwer heimgesucht; **Heim|su|chung; Heim‿tier** (z. B. Hund, Katze, Meerschweinchen), **...trai|ner** (*für* Hometrainer), **...tücke**[1] (hinterlistige Bösartigkeit); **Heim|tücker**[1] (heimtückischer Mensch); **heim|tückisch**[1]; -ste; **Heim|volks|hoch|schule;**

---

[1] *Trenn.* ...k|k...

Heim|vor|teil, der; -s *(Sport)*; **heim|wärts; Heim-weg** (der; -[e]s), **...weh** (das; -s); **heim|weh|krank; Heim-wer|ker** (jmd., der handwerkliche Arbeiten zu Hause selbst macht; Bastler), **...we|sen** (*schweiz. für* Anwesen); **heim|wol|len; heim|zah|len;** jmdm. etwas -; **heim|zu** (*ugs. für* heimwärts)
Hein (m. Vorn.); Freund - (*verhüllend für* der Tod)
Hei|ne (dt. Dichter)
Hei|ne|mann (dritter dt. Bundespräsident)
Hei|ner (m. Vorn.)
hei|nesch *vgl.* heinisch
[1]**Hei|ni** (m. Vorn.); [2]**Hei|ni,** der; -s, -s (*ugs. für* einfältiger Mensch); ein doofer -
hei|nisch; dies ist heinische Ironie (nach Art von Heine), aber (↑R 134): die Heinischen „Reisebilder" (ein Werk von Heine)
Hein|rich (m. Vorn.); [1]**Heinz** (m. Vorn.); [2]**Heinz,** der; -en, -en (↑R 197) *u.* [1]**Hein|ze,** der; -n, -n; ↑R 197 (*südd. für* Heureuter; Stiefelknecht); [2]**Hein|ze,** die; -, -n (*schweiz. für* Heureuter); **Hein|zel|bank** *Plur.* ...bänke (*österr. für* eine Art von Werkbank); **Hein|zel|männ|chen** ‹*zu* [1]Heinz› (hilfreicher Hausgeist)
Hei|rat, die; -, -en; **hei|ra|ten; Hei|rats-ab|sicht** *(meist Plur.)*, **...an|non|ce, ...an|trag, ...an|zei|ge; hei|rats-fä|hig, ...lu|stig; Hei|rats-markt, ...schwind|ler, ...ur|kun|de, ...ver|mitt|ler, ...ver|mitt|le|rin**
hei|sa!, hei|ßa!
hei|schen (*geh. für* fordern, verlangen); du heischst
hei|ser; -er, -ste; **Hei|ser|keit**
heiß; -er, -este; am -esten (↑R 65); das Wasser heiß machen; jmdm. die Hölle heiß machen (*ugs. für* jmdm. heftig zusetzen; jmdn. bedrängen); was ich nicht weiß, macht mich nicht heiß; (↑R 157:) ein heißes Eisen (*ugs. für* eine schwierige Angelegenheit); ein heißes (inbrünstiges) Gebet; ein heißer (sehnlicher) Wunsch; heißer Draht ([telefon.] Direktverbindung für schnelle Entscheidungen); heiße Höschen (*ugs. für* Hot pants); heißer Ofen (*ugs. für* Sportwagen, schweres Motorrad). *Schreibung in Verbindung mit dem Partizip II* (↑R 209): *vgl.* heißersehnt, heißgeliebt usw.
hei|ßa!, hei|sa!; **hei|ßas|sa!**
Heiß|be|hand|lung; heiß|blü|tig
[1]**hei|ßen** (einen Namen tragen; nennen; befehlen); du heißt; ich hieß, du hießest; geheißen; heiß[e]!; er hat mich's geheißen, aber: wer hat dich das tun heißen?; er hat mich kommen heißen, *seltener* geheißen; das heißt (*Abk.* d. h.)
[2]**hei|ßen** (hissen); du heißt; du heißtest; geheißt; heiß[e]!
heiß|er|sehnt; seine heißersehnte Ankunft (↑*jedoch* R 209), aber: seine Ankunft wurde heiß ersehnt; **heiß|ge|liebt;** ein heißgeliebtes Mädchen (↑*jedoch* R 209), aber: er hat sein Vaterland heiß geliebt; **Heiß|hun|ger; heiß|hung|rig; heiß|lau|fen;** der Motor hat sich heißgelaufen; der Motor ist heißgelaufen; **Heiß|luft-hei|zung, ...herd; Heiß-man|gel** (die), **...sporn** (*Plur.* ...sporne; hitziger, draufgängerischer Mensch); **heiß|spor|nig; heiß|um|kämpft;** ein heißumkämpfter Sieg (↑*jedoch* R 209), aber: der Sieg war heiß umkämpft; **heiß|um|strit|ten;** das ist eine heißumstrittene Frage (↑*jedoch* R 209), aber: die Frage war lange Zeit heiß umstritten; **Heiß|was|ser-be|rei|ter, ...spei|cher**
Hei|ster, der; -s, - (junger Laubbaum aus Baumschulen)
...heit (z. B. Keckheit, die; -, -en)
hei|ter; heit[e]rer, -ste; **Hei|ter|keit,** die; -; **Hei|ter|keits|er|folg**
Heiz|an|la|ge; heiz|bar; Heiz-decke [*Trenn.* ...dek|ke]; **hei|zen;** du heizt; **Hei|zer; Heiz-gas, ...ge|rät, ...kes|sel, ...kis|sen, ...kör|per, ...ko|sten** *(Plur.)*, **...öl, ...pe|ri|ode, ...plat|te, ...rohr, ...son|ne; Hei|zung; Hei|zungs-an|la|ge, ...kel|ler, ...mon|teur, ...rohr, ...tank**
He|ka|te [...te: *od.* he'ka:te] (griech. Nacht- u. Unterweltsgöttin)
He|ka|tom|be, die; -, -n ‹griech.› (einem Unglück zum Opfer gefallene, erschütternd große Zahl von Menschen)
hekt..., hekto... ‹griech.› (100); **Hekt|ar** [*auch* ...'ta:r], das, *auch* der; -s, -e ‹griech.; lat.› (100 a; *Zeichen* ha); 3 - gutes Land *od.* guten Landes (↑R 128 *u.* R 129); **Hekt|are,** die; -, -n (*schweiz. für* Hektar; *Zeichen* ha); **Hekt|ar|er|trag** *meist Plur.*
Hek|tik, die; - ‹griech.› (fieberhafte Aufregung, nervöses Getriebe); **hek|tisch** (fieberhaft, aufgeregt, sprunghaft); -e Röte; -es Fieber
hek|to... *vgl.* hekt...; **Hek|to...** (das Hundertfache einer Einheit, z. B. Hektoliter = 100 Liter; *Zeichen* h); **Hek|to|graph,** der; -en, -en; ↑R 197 (Vervielfältigungsgerät); **Hek|to|gra|phie,** die; -, ...ien (Vervielfältigung); **hek|to|gra|phie|ren; Hek|to|li|ter** (100 l; *Zeichen* hl); **Hek|to|pas|cal** (100 Pascal; *Zeichen* hPa)
Hek|tor (Held der griech. Sage)
He|ku|ba (w. griech. Sagengestalt)
Hel (nord. Todesgöttin; *auch* Welt der Toten; Unterwelt)
He|lan|ca (Wz), das; - (hochelastisches Kräuselgarn aus Nylon)
hel|lau! (Fastnachtsruf)
Held, der; -en, -en (↑R 197); **Hel|den-brust** *(scherzh.)*, **...dar|stel|ler, ...epos, ...fried|hof; hel|den|haft;** -este; **Hel|den|mut; hel|den|mü|tig; Hel|den-tat, ...te|nor, ...tod; Hel|den|tum,** das; -s
Hel|der, der *od.* das; -s, - (*nordd. für* uneingedeichtes Marschland)
Hel|din; hel|disch
He|le|na (w. griech. Sagengestalt; w. Eigenn.); **He|le|ne** (w. Vorn.)
Hel|fe, die; -, -n (Schnur am Webstuhl); **hel|fen;** du hilfst; du halfst; du hülfest, *selten* hälfest; geholfen; hilf!; sie hat ihr beim Nähen geholfen, aber: sie hat ihr nähen helfen *od.* geholfen; sich zu - wissen; **Hel|fer; Hel|fe|rin; Hel|fers|hel|fer** (Mittäter, Komplize)
Helf|gott (m. Vorn.)
Hel|ga (w. Vorn.); [1]**Hel|ge** (m. Vorn.)
[2]**Hel|ge,** die; -, -n *u.* [1]**Hel|gen,** der; -s, - ‹*aus* Helligen› (*Nebenform von* Helling)
[2]**Hel|gen,** der; -s, - (*schweiz. mdal. für* Bild)
Hel|go|land; Hel|go|län|der (↑R 147); **hel|go|län|disch**
He|li|and, der; -s ‹„Heiland"› (altsächs. Evangeliendichtung)
He|li|an|thus, der; -, ...then ‹griech.› (*Bot.* Sonnenblume)
[1]**He|li|kon,** das; -s, -s ‹griech.› (runde Baßtuba)
[2]**He|li|kon,** der; -[s] (Gebirge in Böotien)
He|li|ko|pter, der; -s, - ‹engl.› (Hubschrauber)
He|lio... ‹griech.› (Sonnen...); **He|lio|dor,** der; -s, -e (ein Edelstein); **He|lio|graph,** der; -en, -en; ↑R 197 (ein Signalgerät für Blinkzeichen mit Hilfe des Sonnenlichts); **He|lio|gra|phie,** die; - (ein Tiefdruckverfahren; Zeichengeben mit dem Heliographen); **he|lio|gra|phisch; He|lio|gra|vü|re,** die; -, -n (*nur Sing.:* ein älteres Tiefdruckverfahren; Ergebnis dieses Verfahrens); **He|li|os** (griech. Sonnengott); **He|lio|skop,** das; -s, -e (Gerät mit Lichtschwächung zur direkten Sonnenbeobachtung); **He|lio|stat,** der; *Gen.* -[e]s *u.* -en, *Plur.* -en; ↑R 197 (Spiegelvorrichtung, die den Sonnenstrahlen eine gleichbleibende Richtung gibt);

He|lio|the|ra|pie, die; - (*Med.* Heilbehandlung mit Sonnenlicht); [1]**He|lio|trop**, das; -s, -e (eine Zierpflanze; *nur Sing.*: eine Farbe; *früher* Spiegelvorrichtung [in der Geodäsie]); [2]**He|lio|trop**, der; -s, -e (ein Edelstein); **he|lio|tro|pisch** (*veraltet für* phototropisch); **he|lio|zen|trisch** (auf die Sonne als Mittelpunkt bezüglich); -es Weltsystem; **He|lio|zo|on**, das; -s, ...zoen *meist Plur.* (*Zool.* Sonnentierchen)
He|li|port, der; -s, -s ‹engl.› (Landeplatz für Hubschrauber); **He|li-Ski|ing** [...skiːiŋ], das; -[s] (Abfahrt von einem Berggipfel, zu dem der Skiläufer mit dem Helikopter gebracht worden ist)
He|li|um, das; -s (chem. Element, Edelgas; *Zeichen* He)
He|lix, die; -, ...ices [...tseːs] ‹griech.-lat.› (*Chemie* spiralige Molekülstruktur)
Hel|ke (w. Vorn.)
hell; hellblau usw. *Schreibung in Verbindung mit Partizipien* (↑R 209): *vgl.* helleuchtend, hellodernd, hellstrahlend
Hel|la (w. Vorn.)
Hel|las (Griechenland)
hell|auf; - lachen (laut u. fröhlich lachen); aber: hell auflachen (plötzlich zu lachen anfangen); - begeistert; **hell|äu|gig**; **hell|blau**; - färben; **hell|blond**; **hell|dun|kel**; **Hell|dun|kel**; **Hell-Dun|kel-Ad|ap|[ta]|ti|on** (*Physiol.* Anpassung des Auges an die Lichtverhältnisse); **Hell|dun|kel|ma|le|rei**; **hel|le** (*landsch. für* aufgeweckt, gewitzt); [1]**Hel|le**, die; - (Helligkeit); [2]**Hel|le**, das; -n, -n (*ugs. für* [ein Glas] helles Bier); 3 Helle (↑R 129)
Hel|le|bar|de [*schweiz.* ˈhɛ...], die; -, -n (Hieb- u. Stoßwaffe im MA.; Paradewaffe der Schweizergarde im Vatikan); **Hel|le|bar|dier**, der; -s, -e (mit einer Hellebarde Bewaffneter)
Hel|le|gat[t], das; -s, *Plur.* -en *u.* -s ([Vorrats-, Geräte]raum auf Schiffen)
hel|len, sich (*veraltet für* sich erhellen)
Hel|le|ne, der; -n, -n; ↑R 197 (Grieche); **Hel|le|nen|tum**, das; -s; **Hel|le|nin**; **hel|le|nisch**; **hel|le|ni|sie|ren** (nach griech. Vorbild gestalten, einrichten); **Hel|le|nis|mus**, der; - (nachklass. griech. Kultur); **Hel|le|nist**, der; -en, -en; ↑R 197 (Gelehrter des nachklass. Griechentums; Forscher u. Kenner des Hellenismus); **Hel|le|ni|stik**, die; - (wissenschaftl. Erforschung der hellenist. Sprache u. Literatur); **hel|le|ni|stisch**
Hel|ler, der; -s, - (ehem. dt. Münze); auf - u. Pfennig; ich gebe keinen [roten] - dafür; *vgl.* Haléř
Hel|les|pont, der; -[e]s ‹griech.› (*antike Bez. für* Dardanellen)
hel|leuch|tend [*Trenn.* hell|leuch..., ↑R 204]; dieser helleuchtende Stern, aber (↑R 209): dieser auffallend hell leuchtende Stern
Hell|gat[t] *vgl.* Hellegat[t]
hell‿grün, **...haa|rig**, **...häu|tig**; **hell|hö|rig** (schalldurchlässig); - (stutzig) werden; jmdn. - machen (jmds. Aufmerksamkeit erregen); **hel|licht** [*Trenn.* hell|licht, ↑R 204]; es ist -er Tag
Hel|li|gen (*Plur. von* Helling)
Hel|lig|keit, die; -, *Plur.* (*fachspr.*) -en; **Hel|lig|keits|reg|ler**; **hel|li|la** [*Trenn.* hell|li..., ↑R 204]; ein hellila Kleid; *vgl.* beige; in Hellila (↑R 65)
Hel|ling, die; -, *Plur.* -en *u.* Helligen, *auch* der; -s, -e (Schiffsbauplatz); *vgl.* Helge[n]
hel|lo|dernd [*Trenn.* ...hell|lo..., ↑R 204]; die hellodernde Flamme, aber (↑R 209): die sehr hell lodernde Flamme; **hell|rot**; **hell|se|hen** *nur im Infinitiv gebräuchlich;* **Hell‿se|hen** (das; -s), **...se|her**; **Hell|se|he|rei**; **Hell|se|he|rin**; **hell|se|he|risch**; **hell|sich|tig** (scharfsinnig; vorausschauend); **Hell|sich|tig|keit**, die; -; **hell|wach**
Hell|weg, der; -[e]s (in Westfalen)
[1]**Helm**, der; -[e]s, -e (Kopfschutz; Turmdach)
[2]**Helm**, der; -[e]s, -e (Stiel von Werkzeugen zum Hämmern o. ä.)
Hel|ma (w. Vorn.)
Helm|busch
Helm|holtz (dt. Physiker)
Hel|mi|ne (w. Vorn.)
Hel|min|the, die; -, -n *meist Plur.* ‹griech.› (*Med.* Eingeweidewurm); **Hel|min|thi|a|sis**, die; -, ...thiasen; ↑R 180 (*Med.* Wurmkrankheit)
Helm|stedt (Stadt östl. von Braunschweig); **Helm|sted|ter** (↑R 147)
Helm|traud, **Helm|traut**, **Helm|trud** (w. Vorn.); **Hel|mut** (m. Vorn.); **Helm|ward** (m. Vorn.)
He|loi|se; ↑R 180 (w. Eigenn.)
He|lot, der; -en, -en, *seltener* **He|lo|te**, der; -n, -n (↑R 197) ‹griech.› ([spartan.] Staatssklave); **He|lo|ten|tum**, das; -s
Hel|sing|fors (*schwed. für* Helsinki); **Hel|sin|ki** (Hptst. Finnlands)
Hel|ve|ti|en [...ˈveːtsiən] (*lat. Name für* Schweiz); **Hel|ve|ti|er** [...iər] (Angehöriger eines kelt. Volkes); **hel|ve|tisch**, aber (↑R 157): die Helvetische Republik; das Helvetische Bekenntnis (*Abk.* H. B.); **Hel|ve|tis|mus**, der; -, ...men ‹lat.› (schweizerische Spracheigentümlichkeit)
hem!, hm!; **hem, hem!**; hm, hm!
Hemd, das; -[e]s, -en; **hemd|är|me|lig** *vgl.* hemdsärmelig; **Hemd|blu|se**; **Hemd|blu|sen|kleid**; **Hemd|chen**; **Hem|den|knopf**, Hemd|knopf; **Hem|den|matz** (*ugs. für* Kind, das nur ein Hemdchen anhat); **Hemd|ho|se**; **Hemd|knopf** *vgl.* Hemdenknopf; **Hemd|kra|gen**; **Hemd|lein**; **Hemds|är|mel** *meist Plur.*; **hemds|är|me|lig**, *schweiz. auch* hemdärm[e]lig
He|ming|way [...weː] (amerik. Schriftsteller)
he|mi... ‹griech.› (halb...); **He|mi...** (Halb...); **He|mi|ple|gie**, die; -, ...ien (*Med.* halbseitige Lähmung); **He|mi|pte|re**, die; -, -n *meist Plur.* (*Zool.* Schnabelkerf); **He|mi|sphä|re**, die; -, -n ([Erd-od. Himmels]halbkugel; *Med.* rechte bzw. linke Hälfte des Groß- u. Kleinhirns); **he|mi|sphä|risch**; **He|mi|sti|chi|on**, **He|mi|sti|chi|um**, das; -s, ...ien [...iən] (Halbvers in der altgriech. Metrik); **he|mi|zy|klisch** [*auch* ...ˈtsyk...] (halbkreisförmig)
Hem|lock|tan|ne *vgl.* Tsuga
hem|men; **Hemm|nis**, das; -ses, -se; **Hemm‿schuh**, **...schwel|le** (*bes. Psych.*), **...stoff** (*Chemie* Substanz, die chem. Reaktionen hemmt); **Hem|mung**; **hem|mungs|los**; -este; **Hem|mungs|lo|sig|keit**; **Hemm|wir|kung**
Hem|ster|huis [ˈhɛmstərhœi̯s], Frans (niederl. Philosoph)
Hen|de|ka|gon, das; -s, -e ‹griech.› (Elfeck); **Hen|de|ka|syl|la|bus**, der; -, *Plur.* ...syllaben *u.* ...syllabi (elfsilbiger Vers)
Hen|dia|dy|oin [...dyˈoyn], das; -s ‹griech.›, *seltener* **Hen|dia|dys**, das; - (*Rhet.* Ausdrucksverstärkung durch Verwendung von zwei sinnverwandten Wörtern, z. B. „bitten und flehen")
Hendl, das; -s, -n (*südd., österr. für* [junges] Huhn; Brathuhn)
Hengst, der; -es, -e
Henk (m. Vorn.)
Hen|kel, der; -s, -; **Hen|kel‿glas** (*Plur.* ...gläser), **...korb**, **...krug**, **...mann** (*ugs. für* Gefäß zum Transport von [warmen] Mahlzeiten); **Hen|kel|topf**
hen|ken (*veraltend für* durch den Strang hinrichten); **Hen|ker**; **Hen|kers‿beil**, **...frist**, **...knecht**, **...mahl[|zeit]** (letzte Mahlzeit)
Hen|na, die; - *od.* das; -[s] ‹arab.› (rotgelber Farbstoff, der u. a. zum Färben von Haaren verwendet wird); **Hen|na|strauch**

Hen|ne, die; -, -n
Hen|ne|gat[t] (*nordd. für* [1]Koker)
Hen|ne|gau, der; -[e]s (belg. Provinz)
Hen|ni (w. Vorn.)
Hen|nig, [1]Hen|ning (m. Vorn.)
[2]Hen|ning (der Hahn in der Tierfabel)
Hen|ny (w. Vorn.)
He|no|the|is|mus ‹griech.› (Verehrung einer Gottheit, ohne andere Gottheiten zu leugnen od. deren Verehrung zu verbieten)
Hen|ri [ã'ri:] (m. Vorn.); **Hen|ri|et|te** [hɛn...] (w. Vorn.)
Hen|ri|qua|tre [ãri'katr(ə)], der; -[s] [...'katr(ə)], -s [...'katr(ə)] ‹franz.› (Spitzbart [wie ihn Heinrich IV. von Frankreich trug])
[1]Hen|ry ['hɛnri] (m. Vorn.)
[2]Hen|ry ['hɛnri], das; -, - ‹nach dem amerik. Physiker› (Einheit der Induktivität; *Zeichen* H)
Hen|ze (dt. Komponist)
he|pa|tisch ‹griech.› (*Med.* zur Leber gehörend); **He|pa|ti|tis,** die; -, ...itiden (Leberentzündung); **He|pa|to|lo|gie** die; - (Lehre von den Funktionen u. Krankheiten der Leber)
He|phai|stos, *auch* He|phäst, He|phä|stus (griech. Gott des Feuers u. der Schmiedekunst)
Hep|ta|chord [...'kɔrt], der *od.* das; -[e]s, -e ‹griech.› (*Musik* große Septime); **Hep|ta|gon,** das; -s, -e (Siebeneck); **Hept|ame|ron,** das; -s (Novellensammlung, an „sieben Tagen" erzählt, von Margarete von Navarra); **Hep|ta|me|ter,** der; -s, - (siebenfüßiger Vers); **Hep|tan,** das; -s (*Chemie* Kohlenwasserstoff mit sieben Kohlenstoffatomen, Bestandteil von Erdöl, Benzin usw.); **Hep|ta|teuch,** der; -s (die ersten sieben bibl. Bücher); **Hept|ode,** die; -, -n (*Physik* Elektronenröhre mit sieben Elektroden)
her (Bewegung auf den Sprechenden zu); her zu mir!; her damit!; hin und her; *auch zeitlich* von früher her; *vgl.* hin
her... (*in Zus. mit Verben,* z. B. herbringen, du bringst her, hergebracht, herzubringen)
He|ra, He|re (Gemahlin des Zeus)
her|ab; her|ab... (z. B. herablassen; er hat sich herabgelassen); **her|ab|blicken** [*Trenn.* ...blik|ken]; **her|ab|hän|gen;** die Dekkenverkleidung hing herab; *vgl.* [1]hängen; **her|ab|las|sen;** sich -; **her|ab|las|send; Her|ab|las|sung,** die; -; **her|ab|se|hen;** auf jemanden -; **her|ab|set|zen; Her|ab|set|zung; her|ab|wür|di|gen; Her|ab|wür|di|gung**
He|ra|kles (Halbgott u. Held der griech.-röm. Sage); *vgl.* Herkules; **He|ra|kli|de,** der; -n, -n; ↑R 197 (Nachkomme des Herakles); **He|ra|klit** [*auch* ...'klit] (altgriech. Philosoph)
He|ral|dik, die; - ‹franz.› (Wappenkunde); **He|ral|di|ker** (Wappenforscher); **he|ral|disch**
her|an, *ugs.* ran (↑R 16); **her|an...** (z. B. heranbringen; er hat es mir herangebracht); **her|an|ar|bei|ten,** sich; **her|an|bil|den; Her|an|bil|dung; her|an|brin|gen;** *vgl.* heran...; **her|an|dür|fen; her|an|fah|ren;** er ist zu nahe herangefahren; **her|an|füh|ren; her|an|ge|hen; her|an|kom|men; her|an|kön|nen; her|an|las|sen; her|an|ma|chen,** sich (*ugs. für* sich [mit einer bestimmten Absicht] nähern; beginnen); **her|an|müs|sen; her|an|rei|chen; her|an|rei|fen** (allmählich reif werden); **her|an|rücken** [*Trenn.* ...rük|ken]; **her|an|schaf|fen;** *vgl.* [1]schaffen; **her|an|sein;** aber: sobald er heran ist; *vgl.* dasein; **her|an|ta|sten,** sich; **her|an|tra|gen; her|an|tre|ten; her|an|wach|sen; Her|an|wach|sen|de,** der *u.* die; -n, -n (↑R 7 ff.); **her|an|wa|gen,** sich; **her|an|wol|len; her|an|zie|hen**
her|auf, *ugs.* rauf (↑R 16); **her|auf...** (z. B. heraufziehen; er hat den Eimer heraufgezogen); **her|auf|be|mü|hen; her|auf|be|schwö|ren; her|auf|brin|gen; her|auf|däm|mern; her|auf|ho|len; her|auf|las|sen; her|auf|set|zen; her|auf|zie|hen;** *vgl.* herauf...
her|aus, *ugs.* raus (↑R 16); **her|aus...** (z. B. herausstellen; er hat die Schuhe herausgestellt); **her|aus|ar|bei|ten; Her|aus|ar|bei|tung; her|aus|be|kom|men; her|aus|bil|den,** sich; **Her|aus|bil|dung; her|aus|brin|gen; her|aus|dür|fen; her|aus|fah|ren; her|aus|fin|den; Her|aus|for|de|rer; Her|aus|for|de|rin; her|aus|for|dern;** ich fordere heraus (↑R 22); **her|aus|for|dernd; Her|aus|for|de|rung; Her|aus|ga|be,** die; -; **her|aus|ge|ben;** ich gebe heraus; *vgl.* herausgegeben; **Her|aus|ge|ber** (*Abk.* Hg. *u.* Hrsg.); **Her|aus|ge|be|rin; her|aus|ge|ge|ben** (*Abk.* hg. *u.* hrsg.); - von ...; **her|aus|ge|hen;** du mußt mehr aus dir - (dich freier, weniger befangen äußern); **her|aus|ha|ben** (*ugs. auch für* etwas begriffen haben; etwas gelöst haben); schnell -, wie das Gerät funktioniert; er hat die Aufgabe heraus; **her|aus|hal|ten;** sich -; **[1]her|aus|hän|gen;** die Fahne hing zum Fenster heraus; *vgl.* [1]hängen; **[2]her|aus|hän|gen;** er hängte die Fahne heraus; *vgl.* [2]hängen; **her|aus|hau|en;** er haute ihn heraus (befreite ihn); **her|aus|he|ben;** sich -; **her|aus|ho|len; her|aus|hö|ren; her|aus|keh|ren;** den Vorgesetzten -; **her|aus|kom|men;** es wird nichts dabei herauskommen *(ugs.);* **her|aus|kön|nen; her|aus|kri|stal|li|sie|ren;** sich -; **her|aus|las|sen; her|aus|ma|chen;** sich - (*ugs. für* sich gut entwickeln); **her|aus|müs|sen; her|aus|neh|men;** sich etwas - (*ugs. für* sich dreisterweise erlauben); **her|aus|pau|ken** (*ugs. für* befreien; retten); **her|aus|plat|zen; her|aus|ra|gen;** eine herausragende Leistung; **her|aus|rei|ßen** (*ugs. auch für* befreien; retten); **her|aus|rücken** [*Trenn.* ...rük|ken]; mit der Sprache - *(ugs.);* **her|aus|rut|schen; her|aus|schaf|fen;** *vgl.* [1]schaffen; **her|aus|schä|len;** sich - (allmählich deutlich, erkennbar werden); **her|aus|schau|en** (*ugs. auch für* als Nutzen, Gewinn erbringen); **her|aus|schicken** [*Trenn.* ...schik|ken]; **her|aus|schin|den; her|aus|sein;** aber: sobald es heraus war; *vgl.* dasein
her|au|ßen (*bayr., österr. für* hier außen)
her|aus|spie|len; her|aus|sprin|gen (*auch für* sich als Gewinn, als Vorteil ergeben); **her|aus|spru|deln; her|aus|stel|len;** *vgl.* heraus...; es hat sich herausgestellt, daß ...; **her|aus|strecken** [*Trenn.* ...strek|ken]; **her|aus|strei|chen** (*auch für* nachdrücklich hervorheben); **her|aus|tra|gen; her|aus|wach|sen;** sie ist aus dem Kleid herausgewachsen; aber: seine Sicherheit ist aus den Erfahrungen heraus gewachsen; **her|aus|wa|gen,** sich; **her|aus|win|den,** sich; **her|aus|wirt|schaf|ten; her|aus|wol|len; her|aus|zie|hen**
herb
Her|ba|ri|um, das; -s, ...ien [...iən] ‹lat.› (Sammlung getrockneter Pflanzen)
Her|bart (dt. Philosoph)
Her|be, die; - (*geh. für* Herbheit)
her|bei; her|bei... (z. B. herbeieilen; er ist herbeigeeilt); **her|bei|brin|gen; her|bei|füh|ren; her|bei|las|sen,** sich; **her|bei|locken** [*Trenn.* ...lok|ken]; **her|bei|re|den;** ein Unglück -; **her|bei|ru|fen;** herbeirufen und -winken (↑R 32); **her|bei|schaf|fen;** *vgl.* [1]schaffen; **her|bei|schlep|pen; her|bei|seh|nen; her|bei|strö|men; her|bei|wün|schen; her|bei|zi|tie|ren**
her|be|mü|hen; sich -; er hat sich herbemüht; **her|be|or|dern**

Her|ber|ge, die; -, -n; **her|ber|gen** (*veraltet für* Unterkunft finden); du herbergtest; geherbergt; **Her|bergs‿el|tern** *(Plur.)*, **...mut|ter, ...va|ter**
Her|bert (m. Vorn.)
Herb|heit, die; -
her|bit|ten; er hat ihn hergebeten
Her|bi|vo|re [...v...], der; -n, -n (↑R 197) ‹lat.› (*Zool.* pflanzenfressendes Tier); **Her|bi|zid**, das; -[e]s, -e (*Chemie* Unkrautbekämpfungsmittel)
Herb|ling (unreife Frucht aus später Blüte)
her|brin|gen
Herbst, der; -[e]s, -e; **Herbst|anfang; Herbst|blu|me; herb|steln**, *österr. nur so, od.* **herb|sten** (*landsch. auch für* Trauben ernten); es herbste[l]t; **Herbst|fe|rien** *Plur.*; **herbst|lich; herbst|lich|gelb; Herbst|ling** (ein Pilz); **Herbst‿mei|ster, ...mei|ster|schaft** (*bes. Fußball* erster Tabellenplatz nach der Hinrunde), **...mes|se, ...mo|de, ...mo|nat** *od.* **...mond** (*alte Bez. für* September), **...ne|bel, ...son|ne** (die; -), **...sturm, ...tag; Herbst-Tag|und|nacht|glei|che**, die; -, -n (↑R 34); **Herbst|zeit|lo|se**, die; -, -n
herb|süß
Her|cu|la|ne|um, Her|cu|la|num (röm. Ruinenstadt am Vesuv); **her|cu|la|nisch; Her|cu|la|num** *vgl.* Herculaneum
Herd, der; -[e]s, -e
Herd|buch (*Landw.* Zuchtstammbuch); **Her|de**, die; -, -n; **Her|den‿mensch, ...tier, ...trieb** (der; -[e]s); **her|den|wei|se**
Her|der (dt. Philosoph u. Dichter); **her|de|risch, her|dersch**; eine herder[i]sche Betrachtungsweise (nach Art Herders), aber (↑R 134): die Herder[i]schen Schriften (von Herder)
Herd‿feu|er, ...plat|te
her|dür|fen
he|re|di|tär ‹lat.› (die Erbschaft betreffend; *Biol.* vererbbar, erblich)
her|ein, *ugs.* rein (↑R 16); „Herein!" rufen; **her|ein...** (z. B. hereinbrechen; der Abend ist hereingebrochen); **her|ein|be|kom|men; her|ein|be|mü|hen; her|ein|bre|chen; her|ein|brin|gen; her|ein|dür|fen; her|ein|fah|ren; her|ein|fal|len**; auf etw. - *(ugs.)*; **Her|ein|ga|be** *(Sport)*; **her|ein|ge|ben; Her|ein|ge|schmeck|te**, Rein|ge|schmeck|te, der *u.* die; -n, -n; ↑R 7 ff. (*schwäb. für* Ortsfremde[r], Zugezogene[r]); **her|ein|ho|len; her|ein|kom|men; her|ein|kön|nen; her|ein|las|sen; her|ein|le|gen**; jmdn. - (*ugs. für* anführen, betrügen); **her|ein|müs|sen; her|ein|neh|men; her|ein|plat|zen** (*ugs. für* unerwartet erscheinen); **her|ein|ras|seln** (*ugs. für* hereinfallen; in eine schlimme Situation geraten); **her|ein|ru|fen**; jmdn. -; *vgl.* aber: herein; **her|ein|schaf|fen**; *vgl.* [1]schaffen; **her|ein|schicken** [*Trenn.* ...schik|ken]; **her|ein|schlei|chen**; sich -; **her|ein|schnei|en** (*ugs. für* unvermutet hereinkommen); **her|ein|spa|zie|ren** *(ugs.)*; hereinspaziert!; **her|ein|strö|men; her|ein|stür|zen; her|ein|wa|gen**, sich; **her|ein|wol|len**
He|re|ro, der; -[s], -[s] (Angehöriger eines Bantustammes)
her|fah|ren; Her|fahrt; *vgl.* Hin- und Herfahrt (↑R 32)
her|fal|len; über jmdn. -
her|füh|ren
Her|ga|be, die; -
Her|gang, der; -[e]s
her|ge|ben; sich [für *od.* zu etwas] -
her|ge|brach|ter|ma|ßen
her|ge|hen; hinter jmdm. -; hoch - (*ugs. für* laut, toll zugehen)
her|ge|hö|ren
her|ge|lau|fen; Her|ge|lau|fe|ne, der *u.* die; -n, -n (↑R 7 ff.)
her|ha|ben *(ugs.)*; wo er's wohl herhat?
her|hal|ten; er mußte dafür - (büßen)
her|ho|len; das ist weit hergeholt (ist kein naheliegender Gedanke); aber: diesen Wein haben wir von weither geholt
her|hö|ren; alle mal -!
He|ri|bert (m. Vorn.)
He|ring, der; -s, -e (ein Fisch; Zeltpflock); **He|rings‿fang, ...faß, ...fi|let, ...milch** (die; -), **...ro|gen, ...sa|lat**
her|in|nen (*bayr. u. österr. für* [hier] drinnen)
He|ris, der; -, - ‹nach dem iran. Ort› (ein Perserteppich)
He|ris|au (Hauptort des Halbkantons Appenzell Außerrhoden)
her|ja|gen
her|kom|men; er ist hinter mir hergekommen; aber: er ist von der Tür her gekommen; **Her|kom|men**, das; -s; **her|kömm|lich; her|kömm|li|cher|wei|se**
her|kön|nen
her|krie|gen
[1]**Her|ku|les** (*lat. Form von* Herakles); [2]**Her|ku|les**, der; - (ein Sternbild); [3]**Her|ku|les**, der; -, -se (Mensch von großer Körperkraft); **Her|ku|les|ar|beit; her|ku|lisch**; -ste (riesenstark)
Her|kunft, die; -, ...künfte; **Her|kunfts‿an|ga|be, ...ort** (*Plur.* ...orte)
her|lau|fen; hinter jmdm. -
her|lei|hen (*ugs. für* verleihen)
her|lei|ten; sich -
Her|lin|de (w. Vorn.)
Her|ling (*veraltet für* unreife, harte Weintraube)
Her|lit|ze [*auch* ...'lɪtsə], die; -, -n (Kornelkirsche, ein Ziergehölz)
her|ma|chen *(ugs.)*; sich über etwas -
Her|mann (m. Vorn.); **Her|manns‿denk|mal** (das; -[e]s), **...schlacht** (die; -)
Her|mann|stadt (*rumän.* Sibiu)
Herm|aphro|dis|mus *vgl.* Hermaphroditismus; **Herm|aphro|dit**, der; -en, -en (↑R 197) ‹griech.› (*Biol., Med.* Zwitter); **herm|aphro|di|tisch; Herm|aphro|di|tis|mus**, der; - (Zwittrigkeit); **Her|me**, die; -, -n (Büstenpfeiler, -säule)
[1]**Her|me|lin**, das; -s, -e (großes Wiesel); [2]**Her|me|lin**, der; -s, -e (ein Pelz); **Her|me|lin|kra|gen**
Her|me|neu|tik, die; - ‹griech.› (Auslegekunst, Deutung); **her|me|neu|tisch**
Her|mes (griech. Götterbote, Gott des Handels, Totenführer)
her|me|tisch ‹griech.› ([luft- u. wasser]dicht)
Her|mi|ne (w. Vorn.)
Her|mi|no|nen *Plur.* (germ. Stammesgruppe); **her|mi|no|nisch**
Her|mi|ta|ge [ɛrmi'ta:ʒə], der; - ‹franz.› (ein franz. Wein)
Her|mun|du|re, der; -n, -n; ↑R 197 (Angehöriger eines germ. Volksstammes)
her|müs|sen
her|nach (*landsch. für* nachher)
her|neh|men *(ugs.)*
Her|nie [...iə], die; -, -n ‹lat.› (*Med.* [Eingeweide]bruch; *Biol.* eine Pflanzenkrankheit)
her|nie|der *(geh.)*; **her|nie|der...** (z. B. herniedergehen; der Regen ist herniedergegangen)
Her|nio|to|mie, die; -, ...ien ‹lat.; griech.› (*Med.* Bruchoperation)
He|ro (w. Eigenn.); *vgl.* Hero-und-Leander-Sage
He|roa (*Plur. von* Heroon)
her|oben (*bayr., österr. für* hier oben)
He|ro|des (jüd. Königsname)
He|ro|dot [*auch* ...'do:t, *österr.* 'he...] (griech. Geschichtsschreiber)
He|roe, der; -n, -n (↑R 197) ‹griech.› (Heros); **He|ro|en|kult, He|ro|en|kul|tus** (Heldenverehrung); **He|ro|ik**, die; - (Heldenhaftigkeit); [1]**He|ro|in**, das; -s (ein Rauschgift); [2]**He|ro|in** (Heldin; *auch für* Heroine); **He|roi|ne**, die; -, -n; ↑R 180 (Heldendarstellerin); **he|ro|in|süch|tig; He|ro|in|süch|ti|ge**, der *u.* die; -n, -n (↑R 7 ff.); **he|ro|isch**; -ste (hel-

denmütig, heldisch; erhaben); **he|roi|sie|ren** [...oi...]; ↑R 180 (zum Helden erheben; verherrlichen); **He|ro|is|mus,** der; -

He|rold, der; -[e]s, -e (Verkündiger, Ausrufer [im MA.]); **He|rolds₋amt** (*früher* Wappenamt), **...stab** *(früher)*

He|ron (griech. Mathematiker); **He|rons|ball;** ↑R 135 (*vgl.* [1]Ball)

He|ro|on, das; -s, Heroa ‹griech.› (Heroentempel); **He|ros,** der; -, ...oen (Held; Halbgott [bes. im alten Griechenland])

He|ro|strat, der; -en, -en (↑R 197) ‹nach dem Griechen Herostratos, der den Artemistempel zu Ephesus anzündete, um berühmt zu werden› (Verbrecher aus Ruhmsucht); **He|ro|stra|ten|tum,** das; -s; **he|ro|stra|tisch** (ruhmsüchtig)

He|ro-und-Le|an|der-Sa|ge, die; - (↑R 41)

Her|pes, der; - ‹griech.› (*Med.* Bläschenausschlag); **Her|pe|to|lo|gie,** die; - (Zweig der Zoologie, der sich mit den Lurchen u. Kriechtieren befaßt)

Herr, der; -n, -en (*Abk.* Hr., *Dat. u. Akk.* Hrn.); mein Herr!; meine Herren!; seines Unmutes Herr werden; der Besuch eines Ihrer Herren; Ihres Herrn Vaters; aus aller Herren Länder[n]; Herrn Ersten Staatsanwalt Müller (*vgl.* erste II, a); Herrn Präsident[en] Meyer; **Herr|chen**

Her|rei|se; *vgl.* Hin- und Herreise (↑R 32)

Her|ren₋abend, ...aus|stat|ter, ...be|glei|tung, ...be|kannt|schaft, ...be|klei|dung, ...be|such

Her|ren|chiem|see [...'ki:m...] (Ort u. Schloß auf der Herreninsel im Chiemsee)

Her|ren₋dop|pel *(Sport),* **...ein|zel** *(Sport),* **...fah|rer, ...fahr|rad, ...haus; her|ren|los; Her|ren₋ma|ga|zin, ...mann|schaft, ...mensch, ...mo|de, ...par|tie, ...rei|ter, ...sa|lon, ...schnei|der, ...sitz** (der; -es), **...toi|let|te; Her|ren|tum** (das; -s); **Her|ren₋witz, ...zim|mer; Herr|gott,** der; -s; **Herr|gotts|frü|he,** die; -; *nur in* in aller -; **Herr|gotts₋schnit|zer** (*südd., österr. für* Holzbildhauer, der bes. Kruzifixe schnitzt), **...win|kel** (*südd., österr. für* Ecke, die mit dem Kruzifix geschmückt ist)

her|rich|ten; etwas - lassen; **Her|rich|tung**

Her|rin; her|risch; -ste; **herr|je!** ‹*aus* Herr Jesus!›, **herr|je|mi|ne!;** *vgl. auch* jemine; **Herr|lein; herr|lich; Herr|lich|keit**

Herrn|hut (Stadt im Lausitzer Bergland); **Herrn|hu|ter** (↑R 147); - Brüdergemeine *(vgl. d.);* **herrn|hu|tisch**

Herr|schaft; herr|schaft|lich; Herr|schafts₋an|spruch, ...be|reich (der), **...form, ...ord|nung, ...struk|tur, ...wis|sen** (als Machtmittel genutztes [anderen nicht zugängliches] Wissen); **herr|schen;** du herrschst; **herr|schend; Herr|scher; Herr|scher₋ge|schlecht, ...haus; Herr|sche|rin; Herrsch|sucht,** die; -; **herrsch|süch|tig**

her|rüh|ren

her|sa|gen; etwas auswendig -

her|schau|en *(ugs.);* da schau her! (*bayr., österr. für* sieh mal an!)

Her|schel (engl. Astronom dt. Herkunft); -sches Teleskop (↑R 134)

her|schicken [*Trenn.* ...schik|ken]

her|schie|ben; etwas vor sich -

her|sein; es ist drei Jahre hergewesen, aber: obwohl es schon drei Jahre her ist, war; *vgl.* dasein

her|stam|men

her|stel|len; Her|stel|ler; Her|stel|ler|fir|ma; Her|stel|le|rin; Her|stel|lung, die; -; **Her|stel|lungs₋ko|sten** *(Plur.),* **...land**

Her|ta, Her|tha; ↑R 131 (w. Vorn.)

her|trei|ben; Kühe vor sich -

Hertz, das; -, - ‹nach dem dt. Physiker› (Maßeinheit der Frequenz; *Zeichen* Hz); 440 -

her|üben (*bayr., österr. für* hier auf dieser Seite; diesseits)

her|über, *ugs.* rü|ber (↑R 16); **her|über...** (z. B. herüberkommen; herübergekommen); **her|über|bit|ten; her|über|brin|gen; her|über|ho|len; her|über|kom|men; her|über|rei|chen; her|über|zie|hen**

her|um, *ugs.* rum (↑R 16); um den Tisch -; **her|um...** (z. B. herumlaufen; er ist herumgelaufen); **her|um|al|bern** *(ugs.);* **her|um|är|gern,** sich *(ugs.);* **her|um|bal|gen,** sich *(ugs.);* **her|um|deu|teln** *(ugs.);* **her|um|dok|tern** *(ugs.);* an etwas, jmdm. - (etwas, jmdn. mit dilettantischen Methoden zu heilen versuchen); **her|um|dre|hen; her|um|drücken** [*Trenn.* ...drük|ken], sich *(ugs.);* **her|um|druck|sen** *(ugs.);* **her|um|ex|pe|ri|men|tie|ren** *(ugs.);* **her|um|füh|ren; her|um|fuhr|wer|ken** (*ugs. für* heftig u. planlos hantieren); **her|um|ge|hen; her|um|gei|stern** *(ugs.);* **her|um|kom|men;** nicht darum - *(ugs.);* **her|um|krie|gen** (*ugs. für* umstimmen); **her|um|lau|fen; her|um|lie|gen; her|um|lun|gern** *(ugs.);* ich lungere herum; **her|um|re|den; her|um|rei|ßen;** das Steuer -; **her|um|schar|wen|zeln** *(ugs.);* **her|um|schla|gen,** sich *(ugs.);* **her|um|sein;** aber: sobald die Zeit herum war; *vgl.* dasein; **her|um|sit|zen** *(ugs.);* **her|um|spre|chen;** etwas spricht sich herum (wird allgemein bekannt); **her|um|stie|ren** (*österr. für* herumstöbern); **her|um|stö|bern** *(ugs.);* **her|um|tol|len; her|um|trei|ben,** sich *(ugs.);* **Her|um|trei|ber; Her|um|trei|be|rin; her|um|wer|fen;** das Steuer -

her|un|ten (*bayr., österr. für* hier unten)

her|un|ter, *ugs.* run|ter (↑R 16); **her|un|ter...** (z. B. herunterkommen; er ist sofort heruntergekommen); **her|un|ter|be|kom|men; her|un|ter|bren|nen; her|un|ter|brin|gen; her|un|ter|dür|fen; her|un|ter|fal|len; her|un|ter|ge|hen; her|un|ter|ge|kom|men** (*ugs. für* armselig; verkommen); ein -er Mann; **her|un|ter|hän|gen;** der Vorhang hing herunter; *vgl.* [1]hängen; **her|un|ter|kom|men; her|un|ter|kön|nen; her|un|ter|krem|peln;** die Ärmel -; **her|un|ter|las|sen; her|un|ter|ma|chen** (*ugs. für* abwerten, schlechtmachen; ausschelten); **her|un|ter|müs|sen; her|un|ter|rei|ßen; her|un|ter|sein** (*ugs. für* abgearbeitet, elend sein); **her|un|ter|spie|len** (*ugs. für* nicht so wichtig nehmen); **her|un|ter|wirt|schaf|ten; her|un|ter|wol|len; her|un|ter|zie|hen**

her|vor; her|vor... (z. B. hervorholen; er hat es hervorgeholt); **her|vor|bre|chen; her|vor|brin|gen; her|vor|ge|hen; her|vor|he|ben; her|vor|ho|len; her|vor|keh|ren; her|vor|ra|gen; her|vor|ra|gend;** -ste; **her|vor|ru|fen; her|vor|ste|chen; her|vor|trau|en,** sich; **her|vor|tre|ten; her|vor|tun,** sich; **her|vor|wa|gen,** sich; **her|vor|zau|bern; her|vor|zie|hen**

her|wärts

Her|weg; *vgl.* Hin- und Herweg

Her|wegh (dt. Dichter)

Her|wig (m. Vorn.); **Her|wi|ga** (w. Vorn.)

Herz, das; -ens, *Dat.* -en, *Plur.* -en, (*Med. auch starke Beugung* des Herzes, am Herz, die Herze); von -en kommen; zu -en gehen, nehmen; mit Herz und Hand (*formelhaft ungebeugt;* ↑R 197); *vgl.* Herze; **herz|al|ler|liebst; Herz₋al|ler|lieb|ste, ...an|fall, ...an|oma|lie; Herz|as** [*auch* 'herts'as]; **Herz₋asth|ma, ...at|tacke** [*Trenn.* ...tak|ke]; **herz|be|klem|mend;** der Anblick war - (↑R 209); **Herz|beu|tel; Herz|beu|tel|ent|zün|dung; herz|be|we|gend; Herz₋bin|kerl** (das; -s,

-n; *österr. ugs. für* Lieblingskind), **...blätt|chen, ...blut; herz|bre|chend** *(geh.);* **Herz|chen** (*auch für* naive Person); **Herz|chir|ur|gie,** die; -; **Her|ze,** das; -ns, -n (*veraltet für* Herz)

Her|ze|go|wi|na [*auch* ...'vi:na], die; - (südl. Teil von Bosnien und Herzegowina)

Her|ze|leid *(veraltend);* **her|zen** *(geh.);* du herzt; **Her|zens_an|ge|le|gen|heit, ...angst, ...be|dürf|nis, ...bre|cher; Her|zens|bru|der; Her|zens_er|gie|ßung** *(veraltet),* **...freund** *(veraltend);* **her|zens|gut; Her|zens_gü|te, ...lust** (*nur in* nach -), **...sa|che, ...wunsch; herz_er|freu|end, ...er|fri|schend, ...er|grei|fend, ...er|quickend** (-ste; ↑R 209; *Trenn.* ...quik|kend), **...er|wei|chend; Herz_feh|ler, ...flim|mern** (das; -s; *Med.*); **herz|för|mig; Herz_fre|quenz, ...ge|gend; herz|haft;** -este; **Herz|haf|tig|keit,** die; -

her|zie|hen; ... so daß ich den Sack hinter mir herzog; er ist, hat über ihn hergezogen (*ugs. für* hat schlecht von ihm gesprochen); aber: von der Tür her zog es

her|zig; Herz|in|farkt; herz|in|nig *(veraltend);* **herz|in|nig|lich** *(veraltend);* **Herz_in|suf|fi|zi|enz** *(Med.),* **...kam|mer, ...ka|the|ter** *(Med.),* **...kir|sche, ...klap|pe; Herz|klap|pen|feh|ler; Herz|klop|fen,** das; -s; **herz|krank; Herz|krank|heit; Herz|kranz|ge|fäß; Herz-Kreis|lauf-Er|kran|kung** (↑R 41); **Herz|lein; herz|lich;** aufs, auf das -ste (↑R 65); **Herz|lich|keit; herz|los;** -este; **Herz|lo|sig|keit; Herz-Lun|gen-Ma|schi|ne** (↑R 41; *Med.*)

Herz|ma|nov|sky-Or|lan|do [...ski...] (österr. Schriftsteller)

Herz_mas|sa|ge, ...mit|tel (das; *ugs.*), **...mus|kel; Herz|mus|kel|schwä|che; herz|nah**

Her|zog, der; -[e]s, *Plur.* ...zöge, *auch* -e

Her|zo|gen|busch (niederl. Stadt)

Her|zo|gin; Her|zo|gin|mut|ter *Plur.* ...mütter; **her|zog|lich,** *im Titel* (↑R 75): Herzoglich; **Her|zogs|wür|de,** die; -; **Her|zog|tum**

Herz|rhyth|mus; Herz|rhyth|mus|stö|rung; Herz_schlag, ...schmerz *(meist Plur.),* **...schritt|ma|cher, ...schwä|che; herz|stär|kend** (↑R 209); **Herz_stich** *(meist Plur.),* **...still|stand** (der; -[e]s), **...stück, ...tä|tig|keit, ...ton** (*Plur.* ...töne), **...trans|plan|ta|ti|on, ...trop|fen** *(Plur.)*

her|zu *(geh.);* aber: [komm] her zu mir!; **her|zu...** (z. B. herzukommen; er ist herzugekommen)

Herz_ver|pflan|zung, ...ver|sa|gen

her|zy|nisch (*Geol.* von Nordwesten nach Südosten verlaufend), aber (↑R 157): der Herzynische Wald (antiker Name der dt. Mittelgebirge)

herz|zer|rei|ßend; -ste (↑R 209)

He|se|ki|el [...kie:l, *auch* ...kiɛl] (bibl. Prophet); *vgl.* Ezechiel

He|si|od [*auch* he'zi̯ɔt] (altgriech. Dichter)

Hes|pe|ri|de, die; -, -n *meist Plur.* (Tochter des Atlas); **Hes|pe|ri|den|äp|fel** *Plur.;* **Hes|pe|ri|en** [...i̯ən] (*im Altertum Bez. für* Land gegen Abend [Italien, Westeuropa]); **Hes|pe|ros, Hes|pe|rus,** der; - (Abendstern in der griech. Mythol.)

[1]Hes|se (dt. Dichter)

[2]Hes|se, die; -, -n (*landsch. für* unterer Teil des Beines von Rind od. Pferd); *vgl.* Hachse

[3]Hes|se, der; -n, -n; ↑R 197 (Angehöriger eines dt. Volksstammes); **Hes|sen; Hes|sen-Darm|stadt; Hes|sen|land,** das; -[e]s; **Hes|sen-Nas|sau; Hes|sin; hes|sisch,** aber (↑R 157): das Hessische Bergland

He|stia (griech. Göttin des Herdes)

He|tä|re, die; -, -n ‹griech.› ([hochgebildete] Freundin, Geliebte bedeutender Männer in der Antike); **He|tä|rie,** die; -, ...ien (eine altgriech. polit. Verbindung)

he|te|ro... ‹griech.› (anders..., fremd...); **He|te|ro...** (Anders..., Fremd...); **he|te|ro|dox** (anders-, irrgläubig); **He|te|ro|do|xie,** die; -, ...ien (*Rel.* Irrlehre); **he|te|ro|gen** (andersgeartet, ungleichartig, fremdstoffig); **He|te|ro|ge|ni|tät,** die; -; **he|te|ro|morph** (anders-, verschiedengestaltig); **He|te|ro|phyl|lie,** die; - (*Bot.* Verschiedengestaltigkeit der Blätter bei einer Pflanze); **He|te|ro|se|xua|li|tät,** die; - (auf das andere Geschlecht gerichtetes Empfinden im Ggs. zur Homosexualität); **he|te|ro|se|xu|ell; He|te|ro|sphä|re,** die; - (*Meteor.* der obere Bereich der Atmosphäre); **he|te|ro|troph** (*Biol.* sich von organ. Stoffen ernährend); **He|te|ro|tro|phie,** die; -; **he|ter|özisch** (*svw.* diözisch); **he|te|ro|zy|got** (*Biol.* ungleicherbig)

He|thi|ter, *ökum.* He|ti|ter, der; -s, - (Angehöriger eines idg. Kulturvolkes in Kleinasien); **he|thi|tisch,** *ökum.* he|ti|tisch; **He|ti|ter** usw. *vgl.* Hethiter usw.

Het|man, der; -s, *Plur.* -e *od.* -s (Oberhaupt der Kosaken; in Polen [bis 1792] vom König eingesetzter Oberbefehlshaber)

Het|sche|petsch, die; -, - *u.* **Het|scherl,** das; -s, -n (*österr. mdal. für* Hagebutte)

Hett|stedt (Stadt östl. des Harzes)

Hetz, die; -, -en *Plur. selten* (*österr. ugs. für* Spaß); aus -; **Het|ze,** die; -, -n; **het|zen;** du hetzt; **Het|zer; Het|ze|rei; Het|ze|rin; het|ze|risch;** -ste; **hetz|hal|ber** (*österr. ugs. für* zum Spaß); **Hetz_jagd, ...kam|pa|gne, ...re|de**

Heu, das; -[e]s; **Heu_bo|den, ...büh|ne** (*schweiz. svw.* Heuboden), **...bün|del**

Heu|che|lei; heu|cheln; ich ...[e]le (↑R 22); **Heuch|ler; Heuch|le|rin; heuch|le|risch;** -ste; **Heuch|ler|mie|ne**

Heu|die|le (*schweiz. für* Heuboden); **heu|en** (*landsch. u. schweiz. für* Heu machen)

heu|er (*südd., österr., schweiz. für* in diesem Jahr)

[1]Heu|er (*landsch. u. schweiz. für* Heumacher)

[2]Heu|er, die; -, -n (Lohn eines Seemanns; Anmusterungsvertrag); **Heu|er_baas, ...bü|ro; heu|ern** ([Schiffsleute] einstellen; [ein Schiff] chartern); ich ...ere (↑R 22)

Heu|ern|te; Heu|ert *vgl.* [1]Heuet; **[1]Heu|et,** der; -s, -e (*für* Heumonat); **[2]Heu|et,** der; -s, *südd. auch* die; - (*südd. u. schweiz. für* Heuernte); **Heu_feim** *od.* **...fei|me** *od.* **...fei|men** (*landsch., bes. nordd. für* Heuhaufen), **...fie|ber** (das; -s), **...gal|bel, ...hüp|fer** (*ugs. für* Heuschrecke)

Heul|bo|je *(Seew.);* **heu|len;** das heulende Elend bekommen; (↑R 68:) Heulen und Zähneklappern; das ist [ja] zum Heulen; **Heu|ler; Heul_krampf, ...su|se** (Schimpfwort), **...ton**

Heu_mahd, ...mo|nat *od.* **...mond** (*alte Bez. für* Juli), **...ochs** *od.* **...och|se** (Schimpfwort), **...pferd** (Heuschrecke), **...rei|ter** *(österr.) od.* ...reu|ter (*südd. für* Gestell zum Heu- u. Kleetrocknen)

heu|re|ka! ‹griech., „ich hab's [gefunden]!"›

Heu|reu|ter *vgl.* Heureiter

heu|rig (*südd., österr., schweiz. für* diesjährig); **Heu|ri|ge,** der; -n, -n; ↑R 7 ff. (*bes. österr. für* junger Wein im ersten Jahr; Lokal für den Ausschank jungen Weins, Straußwirtschaft; *Plur.:* Frühkartoffeln); **Heu|ri|gen_abend, ...lo|kal**

Heu|ri|stik, die; - ‹griech.› (Lehre von den Methoden zur Auffindung neuer wissenschaftl. Erkenntnisse); **heu|ri|stisch** (erfinderisch; das Auffinden bezweckend); -es Prinzip

Heu‿schnup|fen, ...scho|ber, ...schreck (der; -[e]s, -e; *österr. neben* Heuschrecke); **Heu|schrecke,** die; -, -n [*Trenn.* ...schrek|ke] (ein Insekt)
Heuss (erster dt. Bundespräsident); Heusssche Reden (↑R 20)
Heu‿sta|del (*südd., österr., schweiz. für* Scheune zum Aufbewahren von Heu), **...stock** (*Plur.* ...stöcke; *schweiz., österr. für* Heuvorrat [auf dem Heuboden])
heu|te, *ugs. auch* heut; (↑R 61:) - abend, früh, mittag, morgen, nachmittag, nacht; die Frau von -; bis -; hier und -; **Heu|te,** das; - (die Gegenwart); das - und das Morgen; **heu|tig;** (↑R 65:) am Heutigen; *nicht gut ist kaufmänn.* mein Heutiges (Schreiben vom gleichen Tag); **heu|ti|gen|tags** (↑R 61); **heut|zu|ta|ge** (↑R 61)
He|xa|chord [...'kɔrt], der *od.* das; -[e]s, -e ‹griech.› (*Musik* Aufeinanderfolge von sechs Tönen der diaton. Tonleiter); **He|xa|eder,** das; -s, - (Sechsflächner, Würfel); **he|xa|edrisch; He|xa|eme|ron,** das; -s (Schöpfungswoche außer dem Sabbat); **He|xa|gon,** das; -s, -e (Sechseck); **he|xa|go|nal; He|xa|gramm,** das; -s, -e (Figur aus zwei gekreuzten gleichseitigen Dreiecken; Sechsstern); **He|xa|me|ter,** der; -s, - (sechsfüßiger Vers); **he|xa|me|trisch; He|xa|teuch,** der; -s (die ersten sechs bibl. Bücher)
He|xe, die; -, -n; **he|xen;** du hext; **He|xen‿jagd, ...kes|sel, ...kü|che, ...mei|ster, ...sab|bat, ...schuß** (der; ...schusses), **...tanz, ...ver|bren|nung, ...wahn; He|xer; He|xe|rei**
Hex|ode, die; -, -n ‹griech.› (Elektronenröhre mit sechs Elektroden)
Hey|er|dahl (norw. Forscher)
Heym, Georg (dt. Lyriker)
Hf = *chem. Zeichen für* Hafnium
hfl = Hollands florijn [- 'flo:rɛin] (holländ. Gulden)
Hg = Hydrargyrum (*chem. Zeichen für* Quecksilber)
hg., hrsg. = herausgegeben
Hg., Hrsg. = Herausgeber
HGB = Handelsgesetzbuch
hi!; hi|hi!
Hi|as (m. Vorn.)
Hi|at, der; -s, -e ‹lat.› (*svw.* Hiatus); **Hia|tus,** der; -, -; ↑R 180 (*Sprachw.* Zusammentreffen zweier Vokale im Auslaut des einen u. im Anlaut des folgenden Wortes oder Wortteiles, z. B. „sagte er" *od.* „Kooperation"; *Geol.* zeitliche Lücke bei der Ablagerung von Gesteinen; *Med.* Öffnung, Spalt)
Hi|ber|na|kel, das; -s, -[n] *meist Plur.* ‹lat.› (Überwinterungsknospe von Wasserpflanzen); **Hi|ber|na|ti|on,** die; - (*Med.* künstl. „Winterschlaf", Schlafzustand als Ergänzung zur Narkose od. als Heilschlaf)
Hi|ber|nia ‹lat.› (*lat. Name von* Irland)
Hi|bis|kus, der; -, ...ken ‹griech.› (Eibisch)
hick!
hickeln [*Trenn.* hik|keln] (*landsch. für* hinken, humpeln; auf einem Bein hüpfen); ich ...[e]le (↑R 22)
Hick|hack, der *u.* das; -s, -s (*ugs. für* nutzlose Streiterei; törichtes, zermürbendes Hinundhergerede)
[1]**Hicko|ry,** der; -s, -s, *auch* die; -, -s [*Trenn.* Hik|ko...] ‹indian.-engl.› (nordamerik. Walnußbaum); [2]**Hicko|ry,** das; -s [*Trenn.* Hikko...] (Holz des [1]Hickorys); **Hicko|ry|holz,** das; -es [*Trenn.* Hik|ko...]
hick|sen (*landsch. für* Schluckauf haben); du hickst
Hi|dal|go, der; -s, -s ‹span.› (Angehöriger des niederen span. Adels; eine mexikanische Goldmünze)
Hid|den|see (dt. Ostseeinsel); **Hid|den|seer** [...ze:ər] (↑R 147, 151 *u.* 180)
hi|dro|tisch ‹griech.› (*Med.* schweißtreibend)
hie; *nur in Wendungen wie* hie und da; hie Pflicht, hie Neigung
Hieb, der; -[e]s, -e
hie|bei[1] (*südd., österr., sonst veraltet neben* hierbei)
hieb|fest; *nur in* hieb- und stichfest (↑R 32); **Hiebs|art** (*Forstw.* Art des Holzfällens)
hie|durch[1] (*südd., österr., sonst veraltet neben* hierdurch)
Hie|fe (*landsch. für* Hagebutte); **Hie|fen|mark,** das
hie|für[1], **hie|ge|gen**[1], **hie|her**[1], **hie|mit**[1], **hie|nach**[1], **hie|ne|ben**[1] (*südd., österr., sonst veraltet neben* hierfür usw.)
hie|nie|den[1] (*geh. für* auf d[ies]er Erde)
hier; - und da; von - aus; - oben, unten usw. *Für die Schreibung in Verbindung mit Verben gelten dieselben Gesichtspunkte wie für* „da" *(vgl. d.);* **hier|amts** *(österr. Amtsspr.);* **hier|an**[2]
Hier|ar|chie [hi(e)...], die; -, ...ien ‹griech.› ([pyramidenförmige] Rangfolge, Rangordnung); **hier|ar|chisch; hier|ar|chi|sie|ren; hie|ra|tisch** (priesterlich); -e Schrift (altägypt. Priesterschrift)
hier|auf[2]; **hier|auf|hin**[2]; **hier|aus**[2]; **hier|be|hal|ten** (zurückbehalten, nicht weglassen); *vgl.* hier; **hier|bei**[2]; **hier|blei|ben;** ↑R 205 (nicht weggehen), aber: du sollst hier [an der bezeichneten Stelle] bleiben; *vgl.* hier; **hier|durch**[2]; **hier|ein**[2]; **hier|für**[2]; **hier|ge|gen**[2]; **hier|her**[2]; **hier|her...** (z. B. hierherkommen; er ist hierhergekommen); **hier|her|auf**[2]; **hier|her|ge|hö|rend, hier|her|ge|hö|rig; hier|her|kom|men;** *vgl.* hierher...; **hier|her|um**[2]; **hier|hin**[2]; **hier|hin...** (z. B. hierhinlaufen; er ist hierhingelaufen); **hier|hin|ter**[2]; **hier|in**[2]; **hier|in|nen**[2] *(veraltet);* **hier|lands** (*veraltet für* hierzulande); **hier|las|sen;** er hat das Buch hiergelassen; aber: er soll das Buch hier (nicht dort) lassen; **hier|mit**[2]; **hier|nach**[2]; **hier|ne|ben**[2]
[1]**Hie|ro|du|le** [hi(e)...], der; -n, -n (↑R 197) ‹griech.› (Tempelsklave des griech. Altertums); [2]**Hie|ro|du|le,** die; -, -n (Tempelsklavin); **Hie|ro|gly|phe,** die; -, -n (Bilderschriftzeichen; *nur Plur.: scherzh. für* schwer entzifferbares Schriftzeichen); **hie|ro|gly|phisch** (in Bilderschrift; dunkel, rätselhaft); **Hie|ro|kra|tie,** die; -, -n (Priesterherrschaft); **Hie|ro|mant,** der; -en, -en; ↑R 197 (aus [Tier]opfern Weissagender); **Hie|ro|man|tie,** die; - (Weissagung aus [Tier]opfern); **Hie|ro|ny|mus** [*auch* hi(e)'rɔ...] (ein Heiliger; m. Vorn.)
hier|orts[2] *(Amtsspr.)*
Hier|ro ['jɛro] (*span. Form von* Ferro)
hier|sein (zugegen sein), aber: hier (an dieser Stelle) sein; **Hier|sein,** das; -s; **hier|selbst**[2] *(veraltet);* **hier|über**[2]; **hier|um**[2]; **hie[r] und da;** *vgl.* hier; **hier|un|ter**[2]; **hier|von**[2]; **hier|vor**[2]; **hier|wi|der**[2] *(veraltet);* **hier|zu**[2]; **hier|zu|lan|de** (↑R 208); **hier|zwi|schen**[2]
hie|selbst[1] (*südd., österr., sonst veraltet neben* hierselbst)
hie|sig; -en Ort[e]s; **Hie|si|ge,** der *u.* die; -n, -n (↑R 7 ff.)
hie|ven [...f..., *auch* ...v...] (*Seemannsspr. u. ugs. für* [eine Last] hochziehen; heben)
hie|von[1], **hie|vor**[1], **hie|wi|der**[1], **hie|zu**[1], **hie|zu|lan|de, hie|zwi|schen**[1] (*südd., österr., sonst veraltet neben* hiervon usw.)
Hi-Fi ['haifi, *auch* 'hai'fai] = High-Fidelity; **Hi-Fi-An|la|ge; Hi-Fi-Turm**
Hift|horn *Plur.* ...hörner (Jagdhorn)
high [hai] ‹engl.› (*ugs. für* in geho-

---
[1] [*auch* 'hi:...]
[2] [*auch* 'hi:r...]

bener Stimmung [nach dem Genuß von Rauschgift]); **High-Church** ['haitʃœ:(r)tʃ], die; - ‹engl., „Hochkirche"› (Richtung der engl. Staatskirche); **High-Fi-de|li|ty** ['haifi'dɛliti], die; - (originalgetreue Wiedergabe bei Schallplatten u. elektroakustischen Geräten; *Abk.* Hi-Fi); **High|life** ['hailaif], das; -[s] ‹engl.› (glanzvolles Leben der begüterten Gesellschaftsschicht); **High-light** ['hailait], das; -[s], -s ‹engl.› (Höhepunkt, Glanzpunkt); **High-ri|ser** ['hairaizə(r)], der; -[s], - ‹engl.› (Fahrrad, Moped mit hohem, geteiltem Lenker und Sattel mit Rückenlehne); **High-So|cie|ty** ['haisə'saiəti], die; - ‹engl.› (die vornehme Gesellschaft, die große Welt); [1]**High-Tech** ['hai'tɛk], der; -[s] ‹engl.› (moderner Stil der Innenarchitektur); [2]**High-Tech,** das; -[s], *auch* die; - (*bes. in Zus.* Spitzentechnologie); **High-Tech-In|du-strie; High|way** ['haiwe:], der; -s, -s (*amerik. Bez. für* Fernstraße)

hi|hi!

Hi|jacker ['haidʒɛkə(r)], der; -s, - [*Trenn.* ...jak|ker] ‹engl.› (Luftpirat)

Hil|da, Hild|burg, Hild|chen, Hil-de (w. Vorn.); **Hil|de|brand** (m. Eigenn.); **Hil|de|brands|lied,** das; -[e]s; **Hil|de|burg,** Hild|burg (w. Vorn.); **Hil|de|fons,** Il|defons (m. Vorn.); **Hil|de|gard, Hil-de|gund, Hil|de|gun|de** (w. Vorn.)

Hil|des|heim (Stadt in Niedersachsen)

Hil|fe, die; -, -n; (↑R 157:) die Erste Hilfe (bei Verletzungen usw.); - leisten, suchen; zu - kommen, eilen; der Mechaniker, mit Hilfe dessen *od.* mit dessen Hilfe er sein Auto reparierte; **hil-fe|brin|gend** (↑R 209); **Hil|fe|er-su|chen; hil|fe|fle|hend** (↑R 209); **Hil|fe‿lei|stung, ...ruf; hil|fe|ru-fend** (↑R 209); **Hil|fe|stel|lung; hil|fe|su|chend** (↑R 209); **hilf-los;** -este; **Hilf|lo|sig|keit,** die; -; **hilf|reich** *(geh.);* **Hilfs‿ak|ti|on, ...ar|bei|ter, ...ar|bei|te|rin; hilfs-be|dürf|tig; Hilfs|be|dürf|tig-keit; hilfs|be|reit;** -este; **Hilfs-‿be|reit|schaft** (die; -), **...kraft** (die), **...leh|rer, ...mit|tel** (das), **...mo|tor, ...or|ga|ni|sa|ti|on, ...po|li|zist, ...pro|gramm, ...quel|le, ...schiff, ...schu|le, ...she|riff, ...verb; hilfs|wei|se; Hilfs|werk; hilfs|wil|lig; Hilfs-‿wis|sen|schaft, ...zeit|wort** (*für* Hilfsverb)

Hi|li (*Plur. von* Hilus)

Hil|ke (w. Vorn.)

Hill|bil|ly-mu|sic [...'mju:zik], die; - (ländliche Musik der nordamerik. Südstaaten)

Hil|le|bil|le, die; -, -n (ein altes hölzernes Signalgerät)

Hil|mar (m. Vorn.)

Hil|traud, Hil|trud (w. Vorn.)

Hi|lus, der; -, Hili ‹lat.› (*Med.* Einod. Austrittsstelle der Gefäße, Nerven usw. an einem Organ)

Hi|ma|la|ja [*auch* hima'la:ja], der; -[s] (Gebirge in Asien)

Him|bee|re; him|beer|far|ben, him|beer|far|big; Him|beer-‿geist (der; -[e]s; ein Obstschnaps), **...saft** (der; -[e]s)

Him|mel, der; -s, -; um [des] -s willen; **him|mel|an** *(geh.);* **him|mel-angst;** es ist mir -; **Him|mel|bett; him|mel|blau; Him|mel|don|ner-wet|ter!; Him|mel|fahrt** *(christl. Kirche);* **Him|mel|fahrts|kom-man|do** ([Kriegs]auftrag, der das Leben kosten kann; *auch für* die Ausführenden eines solchen Auftrags); **Him|mel|fahrts‿na|se** (*ugs. für* nach oben gebogene Nase), **...tag; Him|mel|herr-gott!; him|mel|hoch; Him|mel-hund** (*ugs. für* Schuft; Teufelskerl); **him|meln;** ich ...[e]le (↑R 22); **Him|mel|reich,** das; -[e]s; **Him|mels‿ach|se** (die; -), **...bahn, ...bo|gen** (der; -s; *geh.*), **...braut** (*für* Nonne); **Him|mel-schlüs|sel,** *seltener* Him|mels-schlüs|sel, der, *auch* das (Schlüsselblume); **him|mel|schrei|end** (↑R 209); -ste; **Him|mels‿fe|ste** (die; -; *geh.*), **...ge|gend, ...kör-per, ...ku|gel** (die; -), **...lei|ter** (die; -; *A. T.*), **...rich|tung; Him-mels|schlüs|sel** *vgl.* Himmelschlüssel; **Him|mels|strich** (*svw.* Himmelsgegend); **Him|mel[s]-stür|mer; Him|mels‿tür** (die; -; *geh.*), **...zelt** (das; -[e]s; *geh.*); **him|mel|wärts; him|mel|weit; himm|lisch;** -ste

hin (Bewegung vom Sprechenden weg); bis zur Mauer hin; über die ganze Welt hin verstreut; vor sich hin brummen usw.; hin und her laufen (ohne bestimmtes Ziel), a b e r (↑R 32): hin- und herlaufen (hin- und wieder zurücklaufen); *auch zeitlich:* gegen Abend -; hin und wieder (zuweilen); *vgl.* hinsein

hin... (*in Zus. mit Verben,* z. B. hingehen, du gehst hin, hingegangen, hinzugehen)

hin|ab; etwas weiter -; **hin|ab...** (z. B. hinabfahren; er ist hinabgefahren); **hin|ab‿fah|ren, ...fal-len, ...rei|ßen, ...sen|ken, ...sin-ken, ...stei|gen, ...stür|zen** (sich -), **...tau|chen, ...zie|hen**

hin|an *(geh.);* etwas weiter -; **hin-an...** (z. B. hinangehen; er ist hinangegangen)

hin|ar|bei|ten; auf eine Sache -, a b e r: auf seine Mahnungen hin arbeiten

hin|auf, *ugs.* 'nauf (↑R 16); den Rhein -; **hin|auf...** (z. B. hinaufsteigen; er ist hinaufgestiegen); **hin|auf‿blicken** [*Trenn.* ...blik-ken], **...brin|gen, ...dür|fen, ...füh-ren, ...ge|hen, ...klet|tern, ...kön-nen, ...las|sen, ...müs|sen, ...rei-chen, ...schrau|ben, ...sol|len, ...stei|gen, ...wol|len, ...zie|hen**

hin|aus, *ugs.* 'naus (↑R 16); auf das Meer -; **hin|aus...** (z. B. hinausgehen; er ist hinausgegangen); **hin|aus‿be|för|dern, ...be-glei|ten, ...beu|gen** (sich), **...blicken** [*Trenn.* ...blik|ken], **...brin|gen, ...drän|gen** (sich -), **...dür|fen, ...ekeln** *(ugs.),* **...fah-ren, ...fin|den, ...füh|ren, ...ge-hen** (alles darüber Hinausgehende), **...ge|lei|ten, ...grei|fen** (darüber -), **...ka|ta|pul|tie|ren, ...kom|men, ...kom|pli|men|tie-ren, ...kön|nen, ...las|sen, ...lau-fen** (aufs gleiche -), **...müs|sen, ...po|sau|nen** *(ugs.),* **...schaf|fen** (*vgl.* [1]schaffen), **...schie|ben, ...schmei|ßen** *(ugs.);* **hin|aus-sein;** darüber -, a b e r: ob er schon darüber hinaus ist; **hin-aus‿sprin|gen, ...stel|len; Hin-aus|stel|lung** *(Sport);* **hin|aus-‿tra|gen, ...trei|ben, ...wa|gen** (sich), **...wer|fen, ...wol|len** (zu hoch -), **...zie|hen, ...zö|gern**

hin|be|ge|ben, sich

hin|be|kom|men *(ugs.)*

hin|bie|gen (*ugs. für* in Ordnung bringen)

hin|blät|tern *(ugs.);* Geldscheine -

Hin|blick; *nur in* im, *seltener* in - auf

hin|brin|gen; er hat es ihm hingebracht

Hin|de *vgl.* Hindin

Hin|de|mith (dt. Komponist)

hin|der|lich; hin|dern; ich ...ere (↑R 22); **Hin|der|nis,** das; -ses, -se; **Hin|der|nis‿lauf, ...ren|nen; Hin|de|rung; Hin|de|rungs-grund**

hin|deu|ten; alles scheint darauf hinzudeuten, daß ...

Hin|di, das; - (Amtsspr. in Indien)

Hin|din, die; -, -nen, *auch* Hin|de, die; -, -n (*veraltet für* Hirschkuh)

Hin|do|stan [*auch* ...'sta(:)n] *vgl.* Hindustan; **Hin|du,** der; -[s], -[s] (Anhänger des Hinduismus); **Hin|du|is|mus,** der; - (indische Volksreligion); **hin|dui|stisch** (↑R 180); **Hin|du|kusch,** der; -[s] (zentralasiat. Hochgebirge)

hin|durch; durch alles -; **hin-durch...** (z. B. hindurchgehen; er ist hindurchgegangen); **hin-durch|müs|sen; hin|durch-zwän|gen;** sich -

hin|dür|fen (*ugs. für* hingehen, hinkommen [o. ä.] dürfen)
Hin|du|stan [*auch* ...'sta(:)n] (*veraltete Bez. für* Indien); **Hin|du|sta|ni**, das; -[s] (Form des Westhindi); **hin|du|sta|nisch**
hin|ein, *ugs.* 'nein (↑R 16); **hinein...** (z. B. hineingehen; er ist hineingegangen); **hin|ein₋be|geben** (sich), **...be|mü|hen, ...bit|ten, ...brin|gen, ...dür|fen, ...fal|len, ...fin|den** (sich -), **...flüch|ten** (sich -); **hin|ein|ge|bo|ren; hinein₋ge|heim|nis|sen** (du geheimnißt hinein), **...ge|hen, ...ge|ra|ten** (in etwas -), **...grät|schen** *(Fußball)*, **...grei|fen, ...in|ter|pre|tie|ren, ...kom|men, ...kom|pli|men|tie|ren, ...kön|nen, ...las|sen, ...müs|sen, ...pas|sen, ...pfu|schen, ...plat|zen** *(ugs.)*, **...re|den, ...ren|nen** (in sein Unglück -), **...schaf|fen** (*vgl.* [1]schaffen), **...schau|en, ...schlit|tern** *(ugs.)*, **...schüt|ten, ...stecken** [*Trenn.* ...stek|ken], **...stei|gern** (sich), **...stel|len, ...stop|fen** *(ugs.)*, **...tap|pen** *(ugs.)*, **...tra|gen, ...tre|ten, ...ver|set|zen** (sich -), **...wa|gen** (sich), **...wol|len, ...zie|hen**
hin|fah|ren; Hin|fahrt; Hin- und Herfahrt, Hin- und Rückfahrt *(vgl. d.)*
hin|fal|len; hin|fäl|lig; Hin|fäl|lig|keit, die; -
hin|fin|den; sich -
hin|flä|zen, sich *(ugs.)*
hin|fle|geln, sich *(ugs.)*
Hin|flug; Hin- und Rückflug *(vgl. d.)*
hin|fort (*geh., veraltend für* in Zukunft)
hin|füh|ren
Hin|ga|be, die; -; **hin|ga|be|fä|hig**
Hin|gang (*geh. für* Tod, Sterben)
hin|ge|ben (↑R 205 f.); sich -; er hat sein Geld hingegeben; aber: auf sein Verlangen hin geben; **hin|ge|bend**; -ste; **Hin|ge|bung**, die; -; **hin|ge|bungs|voll**
hin|ge|gen
hin|ge|gos|sen *(ugs.)*; sie lag wie - auf dem Sofa
hin|ge|hen
hin|ge|hö|ren
hin|ge|ris|sen (begeistert); er war von diesem Spiel hingerissen
hin|ge|zo|gen; sich - fühlen
hin|gucken [*Trenn.* ...guk|ken] *(ugs.)*
hin|hal|ten; er hat das Buch hingehalten; mit der Rückgabe des Buches hat er sie lange hingehalten; hinhaltend antworten; **Hin|hal|te|tak|tik**
hin|hän|gen; *vgl.* [2]hängen
hin|hau|en *(ugs.)*; das haute hin (das traf zu, das war in Ordnung); ich haute mich hin (legte mich schlafen); er haut hin (*landsch. u. österr. für* beeilt sich)
hin|hocken [*Trenn.* ...hok|ken]; sich -
hin|hor|chen
Hin|ke₋bein *(ugs.)*, **...fuß** *(ugs.)*
Hin|kel, das; -s, - (*landsch. für* [junges] Huhn)
Hin|kel|stein (größerer, unbehauener [kultischer] Stein)
hin|ken; gehinkt
hin|knien; sich
hin|kön|nen *(ugs.)*
hin|krie|gen (*ugs. für* zustande bringen); wir werden das schon -
Hin|kunft, die; -; *nur in* in - (*österr. für* in Zukunft)
hin|lan|gen *(ugs.)*; **hin|läng|lich** (genügend, ausreichend)
hin|le|gen; sich -
hin|ma|chen (*landsch. für* sich beeilen, sich hinbegeben)
hin|müs|sen *(ugs.)*
Hin|nah|me, die; -; **hin|neh|men**
hin|nei|gen; sich -; **Hin|nei|gung**
hin|nen *(veraltet)*; *noch in* von - gehen
hin|rei|chen; hin|rei|chend
Hin|rei|se; Hin- und Herreise *(vgl. d.)*; **hin|rei|sen**
hin|rei|ßen; sich - lassen; hin- und hergerissen sein (sich nicht entscheiden können; *scherzh. auch für* begeistert sein); **hin|rei|ßend**; -ste
Hin|rich (m. Vorn.)
hin|rich|ten; Hin|rich|tung
Hin|run|de (*Sportspr.; Ggs.* Rückrunde)
hin|sa|gen; das war nur so hingesagt
hin|schau|en
hin|schau|keln (*ugs. für* zustande bringen)
hin|schicken [*Trenn.* ...schik|ken]
hin|schie|ben
Hin|schied, der; -[e]s (*schweiz. für* Ableben, Tod)
hin|schla|gen; er ist lang hingeschlagen *(ugs.)*
hin|schlep|pen; sich -
hin|schmei|ßen *(ugs.)*; sich -
hin|se|hen
hin|sein (*ugs. für* völlig kaputt sein; tot sein; hingerissen sein); alles ist hin; das Auto wird hinsein; aber: weil alles hin ist, war ...
hin|set|zen; sich -
Hin|sicht, die; -, -en; in - auf ...; **hin|sicht|lich** *Präp. mit Gen.*: - des Briefes
hin|sie|chen *(geh.)*
hin|sin|ken *(geh.)*
Hin|spiel (*Sportspr.; Ggs.* Rückspiel)
hin|stel|len; sich -
hin|strecken [*Trenn.* ...strek|ken]; sich -
hin|streu|en
hin|strö|men
hin|stür|zen
hint|an... (*geh.*, z. B. hintansetzen; er hat seine Wünsche hintangesetzt); **hint|an|hal|ten; Hint|an|hal|tung**, die; -; **hint|an|set|zen; Hint|an|set|zung**, die; -; **hint|an|stel|len; Hint|an|stel|lung**, die; -; unter - aller Wünsche; **hin|ten; hin|ten|an; hin|ten|an|set|zen; hin|ten|drauf** *(ugs.)*; **hin|ten|her|um; hin|ten|hin; hin|ten|nach** (*landsch., bes. südd., österr.*); **hin|ten|rum** (*ugs. für* hintenherum); **hin|ten|über; hin|ten|über...** (z. B. hintenüberfallen; er ist hintenübergefallen); **hin|ten|über₋kip|pen, ...stür|zen**
hin|ter; *Präp. mit Dat. u. Akk.*: hinter dem Zaun stehen, aber: hinter den Zaun stellen; **hin|ter...** *in Verbindung mit Verben:* **a)** *unfeste Zusammensetzungen*, z. B. hinterbringen *(vgl. d.)*, hintergebracht; **b)** *feste Zusammensetzungen*, z. B. hinterbringen *(vgl. d.)*, hinterbracht
Hin|ter₋ab|sicht, ...ach|se, ...an|sicht, ...aus|gang, ...backe [*Trenn.* ...bak|ke], **...bänk|ler** (wenig einflußreicher Parlamentarier [der auf einer der hinteren Bänke sitzt]), **...bein** *(bei Tieren)*
hin|ter|blei|ben; die hinterbliebenen Kinder; **Hin|ter|blie|be|ne**, der *u.* die; -n, -n (↑R 7 ff.); **Hin|ter|blie|be|nen|ren|te**
hin|ter|brin|gen (*ugs. für* nach hinten bringen); er hat das Essen kaum hintergebracht (*ostmitteld. für* hinunterschlucken, essen können); **hin|ter|brin|gen** (heimlich melden); er hat die Nachricht hinterbracht; **Hin|ter|brin|gung**
hin|ter|drein *(veraltend)*; er war -; **hin|ter|drein...** (z. B. hinterdreinlaufen; er ist hinterdreingelaufen)
hin|te|re; hinterst *(vgl. d.)*; **Hin|te|re**, der; ...ter[e]n, ...ter[e]n (*ugs. für* Gesäß); *vgl. auch* Hintern *u.* Hinterste
hin|ter|ein|an|der; *Schreibung in Verbindung mit Verben* (↑R 205 f.): die Briefe hintereinander (ohne Pause) schreiben, aber: die Namen in der Liste hintereinanderschreiben, *vgl.* aneinander; **hin|ter|ein|an|der|fah|ren; hin|ter|ein|an|der|ge|hen; hin|ter|ein|an|der|her; hin|ter|ein|an|der|schal|ten** *(Elektrotechnik)*; **Hin|ter|ein|an|der|schal|tung; hin|ter|ein|an|der|weg** (*ugs. für* ohne Pause)
Hin|ter|ein|gang
hin|ter|es|sen (*ostmitteld. für* mit Mühe, *auch* unwillig essen); er hat das Gemüse hintergegessen

hịn|ter|fot|zig (*bayr., österr. ugs., sonst derb für* hinterlistig, heimtückisch); **Hịn|ter|fot|zig|keit** *(bayr., österr. ugs., sonst derb)*
hin|ter|fra|gen; etwas - (nach den Hintergründen von etwas fragen); hinterfragt
Hịn|ter‿front, ...fuß; Hịn|ter|gau|men|laut (*für* Velar); **Hịn|ter|ge|dan|ke**
hịn|ter|ge|hen (*ugs. für* nach hinten gehen); hintergegangen; **hin|ter|ge|hen** (täuschen, betrügen); hintergangen; **Hin|ter|ge|hung**
Hịn|ter|glas‿bild, ...ma|le|rei
Hịn|ter|grund; hịn|ter|grün|dig; Hịn|ter|grün|dig|keit; Hịn|ter|grund‿in|for|ma|ti|on, ...mu|sik
hịn|ter|ha|ken (*ugs. für* einer Sache auf den Grund gehen)
Hịn|ter|halt, der; -[e]s, -e; **hịn|ter|häl|tig; Hịn|ter|häl|tig|keit**
Hịn|ter|hand, die; -
Hịn|ter|haupt *(Med.)*; **Hịn|ter|haupt[s]|bein**
Hịn|ter|haus
hin|ter|her [*auch* 'hin...]; hinterher (danach) polieren, a b e r: hinterherlaufen (nachlaufen); er ist hinterhergelaufen; **hin|ter|her|kleckern** [*Trenn.* ...klek|kern] *(ugs.)*; **hin|ter|her|sein** *(ugs.)*; a b e r: da er mit seinen Leistungen ständig hinterher war; **hin|ter|her|wer|fen**
Hịn|ter|hof
Hịn|ter|in|di|en (südöstl. Halbinsel Asiens; ↑R 152)
Hịn|ter|kopf
Hịn|ter|la|der (eine Feuerwaffe)
Hịn|ter|la|ge (*schweiz. für* Hinterlegung, Faustpfand)
Hịn|ter|land, das; -[e]s
hin|ter|las|sen (zurücklassen; vererben); er hat etwas -; **Hin|ter|las|se|ne**, der *u.* die; -n, -n; ↑R 7 ff. (*schweiz. für* Hinterbliebene); **Hin|ter|las|sen|schaft; Hin|ter|las|sung**, die; - *(Amtsspr.)*; unter - von ...
hịn|ter|la|stig
hin|ter|le|gen (als Pfand usw.); er hat die Aktien hinterlegt; **Hin|ter|le|ger; Hin|ter|le|gung**
Hịn|ter|leib
Hịn|ter|list, die; -; **hịn|ter|li|stig; Hịn|ter|li|stig|keit**
hịn|term; ↑R 17 (*ugs. für* hinter dem)
Hịn|ter|mann *Plur.* ...männer; **Hịn|ter|mann|schaft** *(Sport)*
hin|ter|mauern *(Bauw.)*
hịn|tern; ↑R 17 (*ugs. für* hinter den)
Hịn|tern, der; -s, - (*ugs. für* Gesäß)
Hịn|ter|rad; Hịn|ter|rad|an|trieb; Hịn|ter|rei|fen
Hịn|ter|rhein (Quellfluß des Rheins)
hịn|ter|rücks
hịn|ters; ↑R 17 (*ugs. für* hinter das)
Hịn|ter‿saß *od.* **...sas|se**, der; ...sassen, ...sassen (*früher* vom Feudalherrn abhängiger Bauer)
Hịn|ter|schin|ken
hịn|ter|schlin|gen (*landsch. für* hinunterschlingen); **hịn|ter|schlucken** [*Trenn.* ...schluk|ken] (*landsch. für* hinunterschlucken)
Hịn|ter|sinn, der; -[e]s (geheime Nebenbedeutung); **hin|ter|sin|nen**, sich (*südd. u. schweiz. für* grübeln, schwermütig werden); du hast dich hintersonnen; **hịn|ter|sin|nig**; -er Humor
hịn|terst; zuhinterst; der hinterste Mann, a b e r (↑R 65): die Hintersten müssen stehen; **Hịn|ter|ste**, der; -n, -n (*ugs. für* Gesäß)
Hịn|ter‿ste|ven, ...stüb|chen, ...teil (das; Gesäß), **...tref|fen** (*ugs.*; ins - kommen, geraten)
hin|ter|trei|ben (vereiteln); er hat den Plan hintertrieben
Hịn|ter|trep|pe; Hịn|ter|trep|pen|ro|man
Hin|ter|tup|fin|gen (*ugs. für* abgelegener, unbedeutender Ort)
Hịn|ter|tür
Hịn|ter|wäld|ler (rückständiger Mensch); **hịn|ter|wäld|le|risch**
hịn|ter|wärts (*veraltet für* zurück, [nach] hinten)
hin|ter|zie|hen (unterschlagen); er hat die Steuer hinterzogen; **Hin|ter|zie|hung**
hịn|tra|gen
hịn|trei|ben
hịn|tre|ten; vor jmdn. -; **Hịn|tritt**, der; -[e]s (*veraltet für* Tod)
hịn|tun *(ugs.)*
hin|über, *ugs.* 'nüber (↑R 16); **hin|über...** (z. B. hinübergehen; er ist hinübergegangen); **hin|über‿brin|gen, ...dür|fen, ...fah|ren, ...ge|hen, ...ge|lan|gen, ...kön|nen, ...müs|sen, ...ret|ten, ...schaf|fen** (*vgl.* [1]schaffen), **...schau|en, ...schicken** [*Trenn.* ...schik|ken], **...schwim|men; hin|über|sein** (*ugs. für* verbraucht, tot, verdorben sein); das Fleisch ist hinübergewesen, a b e r: weil das Fleisch hinüber ist, war; **hin|über‿spie|len** (ein ins Grünliche hinüberspielendes Blau), **...wech|seln, ...wer|fen, ...win|ken, ...wol|len, ...zie|hen**
hịn und her; *vgl.* hin; **Hịn und Her**, das; - -[s]; nach längerem - - -; ein ewiges - - -; **Hin|und|her|fah|ren**, das; -s; a b e r (↑R 32): [das] Hịn- und [das] Herfahren; **Hịn- und Her|fahrt** (↑R 32); **Hin|und|her|ge|re|de; Hịn- und Her|rei|se** (↑R 32); **Hịn- und Her|weg** (↑R 32); **Hịn- und Rück|fahrt** (↑R 32); **Hịn- und Rück|flug** (↑R 32)
hin|un|ter, *ugs.* 'nun|ter (↑R 16); **hin|un|ter...** (z. B. hinuntergehen; er ist hinuntergegangen); **hin|un|ter‿be|för|dern, ...be|glei|ten, ...blicken** [*Trenn.* ...blik|ken], **...brin|gen, ...ei|len, ...flie|ßen, ...ge|hen, ...kip|pen, ...rei|chen, ...rei|ßen, ...rol|len, ...schlucken** [*Trenn.* ...schluk|ken], **...stür|zen, ...ta|sten** (sich -), **...tau|chen, ...wer|fen, ...wür|gen**
hịn|wa|gen, sich
hịn|wärts
hin|weg; hin|weg... (z. B. hinweggehen; er ist hinweggegangen)
Hịn|weg; Hịn- und Herweg (↑R 32)
hin|weg‿brin|gen, ...fe|gen, ...ge|hen, ...hel|fen (sie half ihm darüber hinweg), **...kom|men, ...kön|nen, ...raf|fen, ...se|hen, ...set|zen** (sich darüber -), **...stei|gen, ...täu|schen, ...trö|sten**
Hịn|weis, der; -es, -e; **hịn|wei|sen**; -des Fürwort (*für* Demonstrativpronomen); **Hịn|weis|schild**, das; **Hịn|wei|sung**
hịn|wen|den; sich -; **Hịn|wen|dung**
hịn|wer|fen; sich -
hin|wie|der, hin|wie|der|um (*veraltend*)
Hịnz (m. Vorn.); - und Kunz (*ugs. für* jedermann)
hịn|zie|hen (*auch für* verzögern); der Wettkampf hat sich lange hingezogen (hat lange gedauert)
hịn|zie|len; auf Erfolg -
hin|zu; hin|zu... (z. B. hinzukommen; er ist hinzugekommen, a b e r [↑R 205]: hinzu kommt, daß ...); **hin|zu|dich|ten; hin|zu|fü|gen; Hin|zu|fü|gung; hin|zu‿ge|sel|len** (sich), **...kau|fen, ...kom|men, ...ler|nen, ...rech|nen, ...sprin|gen, ...tre|ten; Hin|zu|tun**, das; -s
Hi|ob, Job, *ökum.* Ijob (bibl. m. Eigenn.); **Hi|obs‿bot|schaft, ...post** (Unglücksbotschaft)
hipp..., hip|po... ‹griech.› (pferde...); **Hipp...**, Hip|po... (Pferde...); **Hipp|arch**, der; -en, -en; ↑R 197 (Befehlshaber der Reiterei bei den alten Griechen); **Hip|pa|ri|on**, das; -s, ...ien [...iən] (fossiles Urpferd)
[1]**Hip|pe**, die; -, -n (sichelförmiges Messer)
[2]**Hip|pe**, die; -, -n (*südd. für* eine Art Fladenkuchen)
[3]**Hip|pe**, die; -, -n (*landsch. für* Ziege)
hịpp, hịpp, hur|ra!; hipp, hipp, hurra rufen; er rief: „Hipp, hipp, hurra!"; **Hipp|hipp|hur|ra**, das; -s, -s (Hochruf beim [Ruder]sport); er rief ein kräftiges -
Hipp|ia|trik, die; - ‹griech.› (Pferdeheilkunde)

Hip|pie ['hipi], der; -s, -s ‹amerik.› ([jugendlicher] Anhänger einer antibürgerlichen, pazifistischen, naturnahen Lebensform; Blumenkind)
hip|po... *vgl.* hipp...; **Hip|po...** *vgl.* Hipp...; **Hip|po|drom,** der *od., österr. nur,* das; -s, -e ‹griech.› (Reitbahn); **Hip|po|gryph,** der; *Gen.* -s *u.* -en, *Plur.* -e[n]; ↑R 197 (Flügelroß der Dichtkunst)
Hip|po|kra|tes (altgriech. Arzt); **Hip|po|kra|ti|ker** (Anhänger des Hippokrates); **hip|po|kra|tisch;** -er Eid (Hippokrates zugeschriebenes Gelöbnis als Grundlage der ärztlichen Ethik); -es Gesicht (*Med.* Gesichtsausdruck des Sterbenden), aber (↑R 134): die Hippokratischen Schriften
Hip|po|lo|gie, die; - ‹griech.› (wissenschaftl. Pferdekunde); **hip|po|lo|gisch** (die Hippologie betreffend); **Hip|po|lyt, Hip|po|ly|tos, Hip|po|ly|tus** (m. Eigenn.); **Hip|po|po|ta|mus,** der; -, - (Flußpferd); **Hip|pu|rit** [*auch* ...'rit], der; -en, -en; ↑R 197 (fossile Muschel); **Hip|pur|säu|re,** die; - (*Biol., Chemie* eine organ. Säure)
Hi|ra|ga|na, das; -[s] *od.* die; - (eine jap. Silbenschrift)
Hirn, das; -[e]s, -e; **Hirn|an|hangs|drü|se; Hirn|blu|tung; Hirn|er|schüt|te|rung** (*schweiz. neben* Gehirnerschütterung); **hirn|ge|schä|digt; Hirn|ge|spinst; Hirn|haut|ent|zün|dung; Hirn|holz,** das; -es (quer zur Faser geschnittenes Holz mit Jahresringen); **Hir|ni,** der; -s, -s (*ugs. für* törichter Mensch); **hirn|los;** -este; **Hirn|rin|de; hirn|ris|sig** (*ugs. für* unsinnig, verrückt); **Hirn|scha|le; Hirn|strom|bild; hirn|ver|brannt;** -este (*ugs. für* unsinnig, verrückt); **hirn|ver|letzt; Hirn|win|dung**
Hi|ro|hi|to (jap. Kaiser)
Hi|ro|schi|ma [*auch* hi'ro(:)...], *häufig auch* **Hi|ro|shi|ma** [...ʃ...] (jap. Stadt, auf die 1945 die erste Atombombe abgeworfen wurde)
Hirsch, der; -[e]s, -e; **Hirsch‿art, ...fän|ger, ...ge|weih, ...horn** (das; -[e]s), **...käl|fer, ...kalb, ...kuh; hirsch|le|dern**
Hir|se, die; -, *Plur. (Sorten:)* -n; **Hir|se‿brei, ...korn** (*Plur.* ...körner)
Hirt, der; -en, -en (↑R 197), *auch* **Hir|te,** der; -n, -n; **Hir|ten‿amt, ...brief** (bischöfl. Rundschreiben), **...flö|te, ...ge|dicht, ...stab, ...tä|schel** (das; -s, -; eine [Heil]pflanze), **...volk; Hir|tin**
his, His, das; -, - (Tonbezeichnung)
His|kia, His|ki|as, *ökum.* **His|ki|ja** (jüd. König)
Hi|spa|ni|en [his'pa:niən] (alter Name der Pyrenäenhalbinsel); **hi|spa|nisch; hi|spa|ni|sie|ren** (spanisch machen); **Hi|spa|nist; Hi|spa|ni|stik,** die; - (Wissenschaft von der span. Sprache u. Literatur); **Hi|spa|ni|stin**
his|sen ([Flagge, Segel] hochziehen); du hißt; du hißtest; gehißt; hisse! *od.* hiß!; *vgl. auch* [2]heißen
Hist|amin, das; -s, -e (ein Gewebehormon); **Hi|sto|gramm,** das; -s, -e ‹griech.› (*Statistik* graph. Darstellung von Häufigkeiten in Form von Säulen); **Hi|sto|lo|ge,** der; -n, -n; ↑R 197 (*Med.* Forscher u. Lehrer der Histologie); **Hi|sto|lo|gie,** die; - (Lehre von den Geweben des Körpers); **Hi|sto|lo|gin; hi|sto|lo|gisch**
Hi|stör|chen ‹griech.› (Geschichtchen); **Hi|sto|rie** [...iə], die; -, -n (*nur Sing.: veraltend für* [Welt]geschichte; *veraltet für* Bericht, Erzählung); **Hi|sto|ri|en|ma|le|rei; Hi|sto|rik,** die; - (Geschichtsforschung); **Hi|sto|ri|ker** (Geschichtsforscher); **Hi|sto|ri|ke|rin; Hi|sto|rio|graph,** der; -en, -en; ↑R 197 (Geschichtsschreiber); **hi|sto|risch;** -e Grammatik; ein -er (bedeutungsvoller) Augenblick; -es Präsens; **hi|sto|ri|sie|ren** (das Geschichtliche betonen, anstreben); **Hi|sto|ris|mus,** der; -, ...men (Überbetonung des Geschichtlichen); **hi|sto|ri|stisch** (in der Art des Historismus)
Hi|strio|ne, der; -n, -n (↑R 197, R 180) ‹lat.› (altröm. Schauspieler)
Hit, der; -[s], -s ‹engl.› (*ugs. für* [musikalischer] Verkaufsschlager); **Hit‿li|ste, ...pa|ra|de**
Hit|sche, Hut|sche, Hüt|sche, die; -, -n (*landsch. für* Fußbank; kleiner Schlitten)
Hit|ze, die; -, *Plur. (fachspr.)* -n; **hit|ze‿ab|wei|send, ...be|stän|dig; Hit|ze‿bläs|chen, ...fe|ri|en** *(Plur.)*; **hit|ze|frei; Hit|ze|frei,** das; -; Hitzefrei *od.* hitzefrei haben, bekommen; *aber nur groß:* Hitzefrei erteilen; kein Hitzefrei bekommen, haben; **Hit|ze‿pe|rio|de, ...schild** (der), **...wel|le; hit|zig; Hitz|kopf; hitz|köp|fig; Hitz‿pocke** ([*Trenn.* ...pok|ke]; *meist Plur.*), **...schlag**
HIV [ha:i:'fau], das; -[s], -[s] *Plur. selten* ‹*Abk. aus* engl. human immunodeficiency virus› (ein Aidserreger); **HIV-ne|ga|tiv; HIV-po|si|tiv** (↑R 38)
Hi|wi, der; -s, -s ‹*kurz für* Hilfswilliger› (*ugs. für* Hilfskraft)
Hjal|mar ['jal...] (m. Vorn.)
HK = Hefnerkerze
hl = Hektoliter
hl. = heilig; **hll.** = heilige *Plur.*
hm!, *auch* hem!; **hm, hm!,** *auch* hem, hem!
H-Milch ['ha:...] (*kurz für* haltbare Milch)
h-Moll ['ha:mɔl, *auch* 'ha:'mɔl], das; - (Tonart; *Zeichen* h); **h-Moll-Ton|lei|ter,** die; -, -n (↑R 41)
HNO-Arzt = Hals-Nasen-Ohren-Arzt; **HNO-ärzt|lich**
ho!; ho|ho!; ho ruck!
Ho = *chem. Zeichen für* Holmium
HO = Handelsorganisation *(ehem. in der DDR);* HO-Geschäft (↑R 38)
Ho|ang|ho *vgl.* Hwangho
Hob|bes [*engl.* 'hɔbz] (engl. Philosoph)
Hob|bock, der; -s, -s (ein Versandbehälter)
Hob|by, das; -s, -s ‹engl.› (Steckenpferd; Liebhaberei); **Hob|by|gärt|ner; Hob|by|ist,** der; -en, -en (↑R 197); **Hob|by‿kel|ler, ...koch, ...raum**
Ho|bel, der; -s, -; **Ho|bel|bank** *Plur.* ...bänke; **ho|beln;** ich ...[e]le (↑R 22); **Ho|bel|span; Hob|ler**
hoch; höher *(vgl. d.),* höchst *(vgl. d.);* hoch oben; *vgl.* hohe. **I.** *Klein- und Großschreibung vgl.* hohe, höher, höchst. **II.** *In Verbindung mit Verben* (↑R 205f.): **1.** *Getrenntschreibung, wenn* „hoch" *im Sinne von* „nicht tief, nicht niedrig" *gebraucht wird,* z. B. hoch sitzen; hoch fliegen (*vgl.* aber: hochfliegen); den Zaun hoch (nicht niedrig) machen; den Ertrag hoch (nicht niedrig) schätzen (*vgl.* aber: hochschätzen). **2.** *Zusammenschreibung:* **a)** *wenn* „hoch" *bedeutet* „in die Höhe", z. B. hochhalten, hochheben; **b)** *wenn* „hoch" *in übertragenem Sinne gebraucht wird,* z. B. hochhalten (schätzen), hochschätzen. **III.** *In Verbindung mit dem Partizip II od. einem Adjektiv Getrennt- oder Zusammenschreibung* (↑R 209): ein hochbegabter Mann, aber: der Mann ist hoch begabt; *vgl.* hochgeehrt, hochverehrt; eine hochgiftige Substanz, aber: eine hoch tonerdehaltige Substanz; eine hochgewachsene Tanne, aber: ein hoch aufgeschossener Junge
Hoch, das; -s, -s (Hochruf; *Meteor.* Gebiet hohen Luftdrucks)
hoch|ach|ten; er wurde hochgeachtet; *vgl.* hoch, II, 2, b; **hoch|ach|tend; Hoch|ach|tung; hoch|ach|tungs|voll; Hoch|adel; hoch‿ak|tu|ell, ...al|pin; Hoch‿al|tar, ...amt; hoch|an|stän|dig;** die hochanständige Frau (↑*jedoch* R 209), aber: die Frau ist

hoch anständig; **hoch|ar|bei|ten,** sich
Hoch_bahn, ...bau (*Plur.* ...bauten); **hoch|be|gabt;** höherbegabt, höchstbegabt; die hochbegabte Frau (↑*jedoch* R 209), aber: die Frau ist hoch begabt; **hoch|be|glückt;** *vgl.* hocherfreut; **hoch|bei|nig; hoch|be|kom|men; hoch|be|rühmt;** sie ist -; **hoch|be|steu|ert;** höherbesteuert, höchstbesteuert; ein hochbesteuertes Unternehmen (↑*jedoch* R 209), aber: das Unternehmen ist hoch besteuert; **hoch|be|tagt;** er ist -; **Hoch|be|trieb,** der; -[e]s; es herrscht -; **hoch|be|zahlt;** eine -e Stellung (↑*jedoch* R 209), aber: der Posten wird hoch bezahlt; **hoch|bin|den; Hoch|blü|te,** die; -; **hoch|brin|gen** (*ugs. auch für* in Wut versetzen; hochbekommen); er hat den Korb hochgebracht; *vgl.* hoch, II, 2, a; **Hoch|burg; hoch|bu|sig**
hoch|deutsch; auf -; *vgl.* deutsch; **Hoch|deutsch,** das; -[s] (Sprache); *vgl.* Deutsch; **Hoch|deut|sche,** das; -n; im -n; *vgl.* Deutsche, das; **hoch|die|nen,** sich; **hoch|do|tiert;** *vgl.* hochbezahlt; **hoch|dre|hen;** den Motor - (auf hohe Drehzahlen bringen); **Hoch|druck,** der; -[e]s, *Plur.* (*für* Erzeugnis im Hochdruckverfahren:) ...drucke; **Hoch|druck_ge|biet** *(Meteor.),* **...ver|fah|ren**
Hoch|ebe|ne; hoch|emp|find|lich; ein -er Film; **hoch|ent|wickelt** [*Trenn.* ...wik|kelt]; eine -e Technologie (↑*jedoch* R 209), aber: diese Technologie ist sehr hoch entwickelt; **hoch|er|freut;** der hocherfreute Vater (↑*jedoch* R 209), aber: der Vater war hoch erfreut; **hoch|ex|plo|siv**
hoch|fah|ren; er ist aus dem Schlaf hochgefahren; *vgl.* hoch, II, 2, a; **hoch|fah|rend;** -er, -ste; ein -er Plan; **hoch|fein; Hoch|fi|nanz,** die; -; **hoch|flie|gen** (in die Höhe fliegen, auffliegen); die Tauben sind plötzlich hochgeflogen; *vgl.* aber: hoch, II, 1; **hoch|flie|gend;** -ste; eine -e Idee; **Hoch|form,** die; - *(Sportspr.);* in - sein; **Hoch|for|mat; hoch|fre|quent** *(Physik);* **Hoch|fre|quenz; Hoch|fre|quenz|strom; Hoch|fri|sur**
Hoch|ga|ra|ge; hoch|ge|bil|det; ein hochgebildeter Mann (↑*jedoch* R 209), aber: der Mann ist hoch gebildet; **Hoch|ge|bir|ge; hoch|ge|bo|ren** *(veraltet); als Titel* Hochgeboren; *in der Anrede* Eure, Euer Hochgeboren; **hoch|ge|ehrt;** ein hochgeehrter Herr (↑*jedoch* R 209), aber: der von mir hoch geehrte Herr; der Herr wird von mir hoch geehrt; **Hoch|ge|fühl; hoch|ge|hen** (*ugs. auch für* aufbrausen); **hoch|ge|lehrt;** eine -e Abhandlung; **hoch|ge|mut** *(geh.);* ein -er Mensch; **Hoch_ge|nuß, ...ge|richt** *(früher);* **hoch_ge|schlos|sen, ...ge|spannt; hoch|ge|steckt;** -e Ziele; **hoch|ge|stellt;** höhergestellt, höchstgestellt; ein hochgestellter Mann (↑*jedoch* R 209), aber: der Mann ist hoch gestellt; **hoch|ge|sto|chen** *(ugs.);* er ist - (eingebildet); **hoch_ge|wach|sen, ...ge|züch|tet, ...gif|tig; Hoch|glanz; hoch|glän|zend;** -e Seide; **Hoch|glanz|pa|pier; hoch|glanz|po|liert; hoch|gra|dig**
hoch|hackig [*Trenn.* ...hak|kig]; -e Schuhe; **hoch|hal|ten;** er hat das Kind hochgehalten; er hat die Ehre hochgehalten; *vgl.* aber: hoch, II, 1; **Hoch|haus; hoch|he|ben;** er hat den Sack hochgehoben; **Hoch|hei|mer** (ein Wein); **hoch|herr|schaft|lich; hoch|her|zig; Hoch|her|zig|keit,** die; -; **hoch|ho|len**
Ho Chi Minh [hotʃi'min] (nordvietnames. Politiker); **Ho-Chi-Minh-Pfad,** der; -[e]s (↑R 135); **Ho-Chi-Minh-Stadt** (Stadt in Vietnam [*früher* Saigon])
hoch_in|du|stria|li|siert (↑R 180 *u.* 209), **...in|tel|li|gent** (*vgl.* hochgebildet), **...in|ter|es|sant**
hoch|ja|gen (aufscheuchen, aufjagen; *ugs. auch für* auf hohe Drehzahlen bringen); er hat den Motor hochgejagt; **hoch|ju|beln** (*ugs. für* durch übertriebenes Lob allgemein bekannt machen)
hoch|kant; - stellen; **hoch|kan|tig;** *meist in* jmdn. - rauswerfen *(ugs.);* **hoch|ka|rä|tig; Hoch|kir|che; hoch|klap|pen; hoch|klet|tern; hoch|kom|men** *(ugs.);* **Hoch|kon|junk|tur; hoch|krem|peln;** die Ärmel -; **Hoch|kul|tur; hoch|kur|beln**
Hoch|land *Plur.* ...länder, *auch* ...lande; **Hoch|län|der,** der (*auch für* Schotte); **hoch|län|disch** (*auch für* schottisch); **Hoch|lau|tung,** die; - (*Sprachw.* normierte Aussprache des Deutschen); **hoch|le|ben;** er hat ihn hochleben lassen; er lebe hoch!; **hoch|le|gen; Hoch|lei|stung; Hoch|lei|stungs_mo|tor, ...sport** (der; -[e]s), **...trai|ning; höch|lich;** -st; **hoch|löb|lich**
Hoch|mei|ster *(früher);* **hoch_mo|dern, ...mo|disch, ...mö|gend** *(veraltet),* **...mo|le|ku|lar** (*Chemie* aus Makromolekülen bestehend); **Hoch_moor, ...mut; hoch|mü|tig; Hoch|mü|tig|keit,** die; -
hoch|nä|sig (*ugs. für* hochmütig); **Hoch|nä|sig|keit,** die; -; **Hoch|ne|bel; hoch|neh|men;** jmdn. - (*ugs. für* übervorteilen; necken, verspotten; verhaften); sie hat ihn tüchtig hochgenommen; **hoch|not|pein|lich** (sehr streng); -es Gericht *(früher)*
Hoch|ofen; hoch|of|fi|zi|ell; Hoch|öf|ner
hoch|päp|peln *(ugs.);* **Hoch|par|ter|re; hoch|prei|sen;** er hat Gott hochgepriesen; **hoch|prei|sig;** -e Produkte; **hoch|pro|zen|tig**
hoch|qua|li|fi|ziert
hoch|räd|rig; ein -er Wagen; **hoch|ran|gig;** -e Personen; **hoch|rap|peln,** sich *(ugs.);* **hoch|rech|nen** (*Statistik* aus repräsentativen Teilergebnissen [mit dem Computer] das Gesamtergebnis vorausberechnen); **Hoch_rech|nung, ...re|li|ef, ...rip|pe; hoch|rot; Hoch|ruf**
Hoch|sai|son; hoch|schät|zen (sehr schätzen, verehren); er hat sie hochge|schätzt; aber: die Kosten hoch schätzen; *vgl.* hoch, II, 1 *u.* 2; **Hoch|schät|zung,** die; -; **Hoch|schau|bahn** (*österr. für* Achterbahn); **hoch|schau|keln;** *(ugs.);* sich -; **hoch|scheu|chen; hoch|schie|ben; hoch|schla|gen;** den Kragen -; **Hoch|schrank; hoch|schrecken** [*Trenn.* ...schrek|ken]; *vgl.* [1]schrecken; **Hoch|schul|ab|schluß; Hoch_schu|le, ...schü|ler, ...schü|le|rin; Hoch|schul_leh|rer, ...leh|re|rin, ...re|form, ...rei|fe; hoch|schul|te|rig, hoch|schult|rig; hoch|schwan|ger; Hoch|see_an|geln** (das; -s), **...fi|sche|rei, ...jacht; Hoch|seil; Hoch|si|cher|heits|trakt** (besonders ausbruchssicherer Teil bestimmter Strafvollzugsanstalten); **hoch|sin|nig; Hoch_sitz** *(Jägerspr.),* **...som|mer; hoch|som|mer|lich; Hoch|span|nung; Hoch|span|nungs_lei|tung, ...mast** (der); **hoch|spie|len;** er hat die Angelegenheit hochgespielt; aber: hoch (mit hohem Einsatz) spielen; *vgl.* hoch, II, 1 *u.* 2; **Hoch|spra|che; hoch|sprach|lich; hoch|sprin|gen;** vom Stuhl -; der Hund ist an ihr hochgesprungen; aber: sie kann sehr hoch springen; *vgl.* hoch, II, 1 *u.* 2; **Hoch|sprung**
höchst; höchstens; am höchsten. **I.** *Kleinschreibung* (↑R 65): auf das *od.* aufs höchste (im höchsten Grade); das höchste der Gefühle. **II.** *Großschreibung* (↑R 65): sein Sinn ist auf das *od.* aufs Höchste gerichtet; nach dem Höchsten streben

Hoch|stamm *(Gartenbau);* **hoch|stäm|mig; Hoch|sta|pe|lei; hoch|sta|peln** (*Ggs.* tiefstapeln); ich stap[e]le hoch (↑R 22); ich habe hochgestapelt; um hochzustapeln; **Hoch|stap|ler; Hoch|stap|le|rin**

Höchst|be|trag; Höchst|bie|ten|de, der *u.* die; -n, -n (↑R 7ff.); **höchst|der|sel|be** *(veraltet);* höchstdieselben

hoch|ste|hend; höherstehend, höchststehend; **hoch|stei|gen**

höchst|ei|gen *(veraltend);* in -er Person

hoch|stel|len; er hat die Stühle hochgestellt; *vgl.* hoch, II, 2, a

höch|stens; Höchst‿fall (*nur in* im -), **...form, ...ge|schwin|dig|keit, ...gren|ze**

Hoch|stift (*früher* reichsunmittelbarer Territorialbesitz eines Bischofs); **hoch|sti|li|sie|ren** (übertreibend hervorheben); **Hoch|stim|mung,** die; -

Höchst‿lei|stung, ...maß (das); **höchst|mög|lich;** die -e (*falsch:* höchstmöglichste) Leistung; **höchst|per|sön|lich;** er ist höchstpersönlich (selbst, in eigener Person) gekommen, a b e r : das ist eine höchst (im höchsten Grade, rein) persönliche Ansicht; **Höchst|preis;** *vgl.* [2]Preis; **Hoch|stra|ße; höchst|rich|ter|lich; Höchst‿satz, ...stand, ...stra|fe, ...stu|fe** (*für* Superlativ); **höchst|wahr|schein|lich;** er hat es höchstwahrscheinlich getan, a b e r : es ist höchst (im höchsten Grade) wahrscheinlich, daß ...; **Höchst‿wert, ...zahl; höchst|zu|läs|sig**

Hoch|tal; hoch|tech|ni|siert; Hoch‿tech|no|lo|gie (*svw.* Spitzentechnologie), **...ton** (*Plur.* ...töne; *Sprachw.*); **hoch|tö|nend;** -er, -ste; **hoch|to|nig** (*Sprachw.* den Hochton tragend); **Hoch|tour;** auf -en laufen; **hoch|tou|rig; Hoch|tou|rist,** der; -en, -en; **hoch|tra|bend;** -er, -ste; (↑R 209); **hoch|trei|ben;** die Preise -

hoch|ver|dient; hoch|ver|ehrt; *in der Anrede auch* hochverehrtest; (↑R 209:) hochverehrter Herr, a b e r : ein von mir hoch verehrter Herr; der Herr wird von mir hoch verehrt; **Hoch‿ver|rat, ...ver|rä|ter; hoch‿ver|rä|te|risch, ...ver|zins|lich** *(Bankw.)*

Hoch‿wald, ...was|ser (*Plur.* ...wasser); **hoch|wer|fen; hoch|wer|tig;** -es Metall; **Hoch|wild; hoch|will|kom|men;** der hochwillkommene Gast, a b e r (↑R 209): es ist ihm hoch (sehr) willkommen; **hoch|win|den;** sich -; **hoch|wir|beln; hoch|wirk|sam;** eine -e Medizin; **hoch|wohl|ge|bo|ren** *(veraltet), als Titel* Hochwohlgeboren; *in der Anrede* Eure, Euer Hochwohlgeboren; **hoch|wohl|löb|lich** *(veraltend);* **hoch|wöl|ben;** sich -; **Hoch|wür|den** (Anrede für kath. Geistliche); Eure, Euer (*Abk.* Ew.) -; **hoch|wür|dig** *(veraltend);* der -e Herr Pfarrer; **hoch|wür|digst** (Anrede für höhere kath. Geistliche); a b e r (↑R 157): das Hochwürdigste Gut (*kath. Kirche* heiligstes Altarsakrament)

Hoch|zahl (*für* Exponent); **[1]Hoch|zeit** (Feier der Eheschließung); silberne, goldene -; **[2]Hoch|zeit** (glänzender Höhepunkt, Hochstand); **Hoch|zei|ter** *(landsch.);* **Hoch|zei|te|rin** *(landsch.);* **hoch|zeit|lich; Hoch|zeits‿bit|ter** (der; -s, -; *veraltet*), **...fei|er, ...flug** *(Zool.),* **...ge|schenk, ...kleid, ...kut|sche, ...nacht, ...paar, ...rei|se, ...schmaus, ...tag; hoch|zie|hen; Hoch|ziel; Hoch|zins|po|li|tik** *(Wirtsch., Bankw.)*

Hock, Höck, der; -s, Höcke (*schweiz. mdal. für* geselliges Beisammensein); **Hocke**[1], die; -, -n (auf dem Feld zusammengesetzte Garben; eine Turnübung); **hoc|ken**[1]; sich -; **Hocker**[1] (Schemel)

Höcker[1], der; -s, - (Buckel)

Hocker|grab[1] *(Archäol.)*

höcke|rig[1]; **Höcker|schwan**[1]

Hockey[1] ['hɔke:, *auch* 'hɔki], das; -s ‹engl.› (eine Sportart); **Hockey**[1]**‿schlä|ger, ...spie|ler, ...spie|le|rin**

Hock|stel|lung

Ho|de, der; -n, -n (↑R 197) *od.* die; -, -n (*selten für* Hoden); **Ho|den,** der; -s, - (männl. Keimdrüse); **Ho|den‿bruch** (der; -[e]s, ...brüche), **...sack**

Hod|ler (schweiz. Maler)

Ho|do|me|ter, das; -s, - ‹griech.› (Wegemesser, Schrittzähler)

Hödr, Hö|dur (*nord. Mythol.* der blinde Gott)

Ho|dscha, der; -[s], -s ‹pers.› ([geistl.] Lehrer)

Hö|dur *vgl.* Hödr

Hoek van Hol|land ['huk fan -] (niederl. Hafen- u. Badeort)

Hof, der; -[e]s, Höfe; *vgl.* hofhalten; **Höf|chen; Hof|da|me; hof|fä|hig; Hof|fä|hig|keit,** die; -

Hof|fart, die; - (*veraltend für* Dünkel, Hochmut); **hof|fär|tig; Hof|fär|tig|keit**

hof|fen

Hof|fen|ster

hof|fent|lich

...höf|fig (reiches Vorkommen versprechend, z. B. erdölhöffig); **höff|lich** (*Bergmannsspr.* reiche Ausbeute verheißend)

Hoff|mann, E. T. A. (dt. Schriftsteller)

Hoff|mann von Fal|lers|le|ben (dt. Dichter)

Hoff|nung; Hoff|nungs|lauf *(Sport);* **hoff|nungs|los;** -este; **Hoff|nungs|lo|sig|keit,** die; -; **Hoff|nungs‿schim|mer** (der; -s), **...strahl** *(Plur. selten),* **...trä|ger, ...trä|ge|rin; hoff|nungs|voll**

Hof|ga|stein, Bad (österr. Ort)

hof|hal|ten (↑R 207); ich halte hof; hofgehalten; hofzuhalten; **Hof|hal|tung**

Hof|hund

ho|fie|ren (den Hof machen); jmdn. -

hö|fisch; -ste; -e Kunst; **Hof|knicks; Höf|lein**

höf|lich; Höf|lich|keit; Höf|lich|keits‿be|such, ...flos|kel; höf|lich|keits|hal|ber

Höf|ling; Hof|mann *Plur.* ...leute (*veraltet für* Höfling); **hof|män|nisch;** -ste

Hof|manns|thal (österr. Dichter)

Hof|mann von Hof|manns|wal|dau (dt. Dichter)

Hof‿mei|ster (*veraltet für* Hauslehrer, Erzieher), **...narr, ...rat** (*Plur.* ...räte); **Hof|rei|te,** die; -, -n (*südd. für* bäuerl. Anwesen); **Hof|schran|ze,** die; -, -n, *selten* der; -n, -n (↑R 197) *meist Plur.* (*veraltend für* Höfling, Hofbeamter); **Hof|staat,** der; -[e]s; **Hof|statt,** die; -, -en (*schweiz. für* [Bauernhaus mit Hof und] Hauswiese, Baumgarten)

Höft, das; -[e]s, -e (*nordd. für* Haupt; Landspitze; Buhne)

Hof‿tor (das), **...trau|er, ...tür**

hö|gen (*nordd. für* freuen); sich -

HO-Ge|schäft *(ehem. in der DDR); vgl.* HO

ho|he; I. *Kleinschreibung* (↑R 157): der hohe Berg; der hohe Chor; die hohe Jagd; das hohe C; auf hoher See. **II.** *Großschreibung:* **a)** (↑R 146:) die Hohe Tatra; die Hohen Tauern; **b)** (↑R 157:) die Hohe Schule *(Reiten);* das Hohe Haus (Parlament); die Hohe Messe in h-Moll (von J. S. Bach); **Hö|he,** die; -, -n

Ho|heit (↑R 178); *vgl.* euer, Ew., ihr *u.* sein; **ho|heit|lich; Ho|heits‿ad|ler, ...akt, ...ge|biet, ...ge|walt, ...ge|wäs|ser** *(meist Plur.),* **...recht; ho|heits|voll; Ho|heits|zei|chen** (sinnbildliches Zeichen der Staatsgewalt, z. B. Flagge, Siegel u. a.)

Ho|he|lied, das; Hohenlied[e]s; im Hohenlied[e]; in Salomo[n]s Hohemlied[e]; ein Hohe[s]lied der Treue *(geh.)*

---

[1] *Trenn.* ...k|k...

hö|hen (*Malerei* bestimmte Stellen hervortreten lassen); weiß gehöht
Hö|hen‿an|ga|be, ...angst (die; -), **...flug**
Ho|hen|fried|ber|ger, der; -s; der - Marsch
hö|hen|gleich *(Verkehrsw.);* **Hö|hen‿krank|heit** (die; -), **...kur|ort, ...la|ge, ...leit|werk** *(Flugw.),* **...li|nie** *(Geogr.),* **...luft** (die; -), **...mar|ke, ...mes|ser** (der), **...mes|sung, ...rücken** [*Trenn.* ...rük|ken], **...ru|der** *(Flugw.),* **...son|ne** (*als* Ⓦ: Ultraviolettlampe)
Ho|hen|stau|fe, der; -n, -n; ↑R 197 (Angehöriger eines dt. Fürstengeschlechts); [1]**Ho|hen|stau|fen** (Ort am gleichnamigen Berg); [2]**Ho|hen|stau|fen,** der; -s (Berg vor der Schwäb. Alb); **ho|hen|stau|fisch**
Hö|hen‿steu|er (das; *Flugw.*), **...strah|lung** (kosmische Strahlung)
Ho|hen|twiel, der; -s (Bergkegel bei Singen)
Hö|hen‿un|ter|schied, ...weg
Ho|hen|zol|ler, der; -n, -n; ↑R 197 (Angehöriger eines dt. Fürstengeschlechts); **ho|hen|zol|le|risch; Ho|hen|zol|lern,** der; -s (Berg vor der Schwäb. Alb); **Ho|hen|zol|lern-Sig|ma|rin|gen**
Hö|hen|zug
Ho|he|prie|ster, der; Hohenpriesters, Hohenpriester; ein Hoherpriester, zwei Hohepriester; **Ho|he|prie|ster|amt,** das; *Gen.* -[e]s, *auch* Hohenpriesteramtes, *Plur.* ...ämter; **ho|he|prie|ster|lich**
Hö|he|punkt
hö|her; -e Gewalt; -[e]n Ort[e]s; die höhere Laufbahn; höheres Lehramt; höhere Schule (Oberschule, Gymnasium usw.), a b e r (↑R 75): Höhere Handelsschule in Stuttgart; höher achten; etwas läßt die Herzen höher schlagen; **Hö|her|ent|wick|lung; hö|he|rer|seits; hö|her|ge|stellt** *vgl.* hochgestellt; **hö|her|grup|pie|ren; hö|her|ran|gig; hö|her|schrau|ben;** die Preise -; **hö|her|stu|fen** (auf eine höhere Stufe bringen); einen Beamten -; **Hö|her|stu|fung**
Ho|he Schu|le, die; -n -; ↑R 157 (Reitkunst; *übertr. für* Kunstfertigkeit, Gewandtheit); die - - reiten; die - - des Lebens
hohl; hohl|äu|gig; Hohl|block|stein; Höh|le, die; -, -n; **Hohl|ei|sen** (ein Werkzeug); **höh|len; Höh|len‿bär, ...be|woh|ner, ...brü|ter, ...for|scher, ...ma|le|rei, ...mensch; Hohl|heit; Hohl|keh|le** (rinnenförmige Vertiefung), **...kopf** (dummer Mensch), **...kör|per, ...ku|gel, ...maß** (das), **...na|del, ...naht, ...raum; Hohl|raum‿kon|ser|vie|rung, ...ver|sie|ge|lung** *(Kfz-Technik);* **Hohl|saum; hohl|schlei|fen** *(Technik);* **Hohl‿schliff, ...spie|gel; Höh|lung; Hohl|ve|ne; hohl|wan|gig; Hohl‿weg, ...zie|gel**
Hohn, der; -[e]s; **höh|nen; Hohn|ge|läch|ter; höh|nisch;** -ste; **hohn|lä|cheln** (↑R 207); *meist nur im Infinitiv u. im Partizip I gebräuchlich:* hohnlächelnd; **hohn|la|chen** (↑R 207); *meist im Infinitiv u. im Partizip I gebräuchlich:* hohnlachend; hohnzulachen; *seltener in konjugierten Formen u. im Partizip II:* er hohnlachte *od.* lachte hohn; hohngelacht; **hohn|spre|chen** (↑R 207); jmdm. -; das spricht allem Recht hohn; er sprach mir hohn, hat mir hohngesprochen; hohnzusprechen
ho|ho!
hoi! [hɔy]
Hö|ker (*veraltet für* Kleinhändler); **Hö|ke|rei; Hö|ke|rin; hö|kern;** ich ...ere (↑R 22); **Hö|ker|weib**
Ho|kus|po|kus, der; - ‹engl.› (Zauberformel der Taschenspieler, Gaukelei; Blendwerk)
Hol|ark|tis, die; - ‹griech.› (*Pflanzen- u. Tiergeographie* Gebiet zwischen Nordpol u. nördlichem Wendekreis); **hol|ark|tisch**
Hol|bein (dt. Maler); **hol|beinsch,** a b e r (↑R 134): die Holbeinsche Madonna
hold; -este
[1]**Hol|da,** Hol|le (Gestalt der dt. Mythologie); Frau Holle; [2]**Hol|da** (w. Vorn.)
Hol|der, der; -s, - (*landsch. für* Holunder); **Hol|der|baum**
Höl|der|lin (dt. Dichter)
Hol|ding|ge|sell|schaft ['ho:ldiŋ...] ‹engl.; dt.› (*Wirtsch.* Gesellschaft, die nicht selbst produziert, aber Aktien anderer Gesellschaften besitzt)
hol|drio! [*auch* ...dri'o:] (Freudenruf); [1]**Hol|drio,** das; -s, -s; [2]**Hol|drio,** der; -[s], -[s] (*veraltet für* leichtlebiger Mensch)
hold|se|lig (*veraltend für* liebreizend, anmutig); **Hold|se|lig|keit,** die; -
ho|len (abholen); etwas - lassen
Hol|ger (m. Vorn.)
Ho|lis|mus, der; - ‹griech.› (eine philos. Ganzheitslehre)
Holk *vgl.* Hulk
hol|la!
Hol|la|brunn (österr. Stadt)
Hol|land; [1]**Hol|län|der** (↑R 147); - Käse; der Fliegende - (Oper; *vgl.* fliegen); [2]**Hol|län|der** (Kinderfahrzeug; Holländermühle, *vgl. d.*); [3]**Hol|län|der,** der; -s, - (Käse); **Hol|län|de|rin; Hol|län|der|müh|le** (Zerkleinerungsmaschine für Papier); **hol|län|dern** (*Buchw.* [ein Buch] mit Fäden heften, die im Buchrücken verleimt werden); ich ...ere (↑R 22); **hol|län|disch;** -er Gulden (*Abk.* hfl); **Hol|län|disch,** das; -[s] (Sprache; *vgl.* Niederländisch); *vgl.* Deutsch; **Hol|län|di|sche,** das; -n; *vgl.* Deutsche, das
[1]**Hol|le,** die; -, -n (Federhaube [bei Vögeln])
[2]**Hol|le** *vgl.* [1]Holda
Höl|le, die; -, -n
Hol|led|au *vgl.* Hallertau
Höl|len... (*ugs. auch für* groß, sehr viel, z. B. Höllenlärm); **Höl|len‿brut, ...fahrt, ...hund, ...lärm** *(ugs.),* **...ma|schi|ne, ...spek|ta|kel** (der; -s; *ugs.*), **...stein** (der; -[e]s; ein Ätzmittel)
Hol|ler, der; -s, - (*südd. u. österr. meist für* Holunder); **Hol|ler|baum** *(südd., österr.)*
Höl|ler, Karl (dt. Komponist)
hol|le|ri|thie|ren (*EDV* auf Lochkarten bringen); **Hol|le|rith|ma|schi|ne** [*auch* 'hɔ...] ‹nach dem dt.-amerik. Erfinder› (Lochkartenbuchungsmaschine)
höl|lisch; -ste
Hol|ly|wood ['hɔliwud] (US-amerik. Filmstadt); **Hol|ly|wood|schau|kel;** ↑R 149 (breite, frei aufgehängte Sitzbank)
[1]**Holm,** der; -[e]s, -e (Griffstange des Barrens, Längsstange der Leiter)
[2]**Holm,** der; -[e]s, -e (*nordd. für* kleine Insel); **Holm|gang,** der (altnord. Zweikampf, der auf einem [2]Holm ausgetragen wurde)
Hol|mi|um, das; -s (chem. Element, Metall; *Zeichen* Ho)
Ho|lo|caust [*auch* 'hɔlәkɔ:st], der; -[s], -s ‹griech.-engl.› (Tötung einer großen Zahl von Menschen, bes. der Juden in der Zeit des Nationalsozialismus)
Ho|lo|fer|nes (assyr. Feldherr)
Ho|lo|gramm, das; -s, -e ‹griech.› (*Optik* Speicherbild); **Ho|lo|gra|phie,** die; -, ...ien (besondere Technik zur Bildspeicherung u. -wiedergabe in dreidimensionaler Struktur; Laserfotografie); **ho|lo|gra|phisch** (*Bibliotheksw., Rechtsspr.* [ganz] eigenhändig geschrieben); **ho|lo|kri|stal|lin** (ganz kristallin [von Gesteinen]); **Ho|lo|zän,** das; -s (*Geol.* jüngste Abteilung des Quartärs)
hol|pe|rig; Hol|pe|rig|keit, die; -; **hol|pern;** ich ...ere (↑R 22); **holp|rig; Holp|rig|keit,** die; -
Hol|ste, der; -n, -n; ↑R 197 (*altertüml. für* Holsteiner); **Hol|stein** (Teil des Bundeslandes Schleswig-Holstein); **Hol|stei|ner** (*auch für* eine Pferderasse); ↑R 147; **Hol|stei|ne|rin; hol|stei-**

nisch; -e Butter, aber (↑R 157): die Holsteinische Schweiz

Hol|ster, das; -s, - ‹engl.› (Pistolen-, Revolvertasche)

hol|ter|die|pol|ter! *(ugs.)*

hol|über! (Ruf an den Fährmann)

Ho|lun|der, der; -s, - (ein Strauch; *nur Sing. auch für* Holunderbeeren); (↑R 157:) Schwarzer -; **Holun|der|bee|re**

Holz, das; -es, Hölzer; er siegte mit 643 - (↑R 129; *Kegeln*); **Holz‿ap|fel, ...art, ...bein, ...blä|ser, ...blas|in|stru|ment, ...block** (*vgl.* Block), **...bock, ...bo|den; Hölzchen; Holz|ein|schlag** *(Forstw.)*; **hol|zen;** du holzt; **Hol|zer** (*landsch. für* Waldarbeiter; *Sport* roher Spieler [im Fußball]); **Holze|rei** (*ugs. für* Prügelei; *Sport* regelwidriges, rohes Spiel); **hölzern** (aus Holz); **Holz‿es|sig** (der; -s), **...fäl|ler; holz|frei;** -es Papier; **Holz‿geist** (der; -[e]s; Methylalkohol), **...ge|rüst, ...hacker** ([*Trenn.* ...hak|ker]; *bes. österr. für* Holzfäller), **...hammer; Holz|ham|mer|me|tho|de** (plumpe Art und Weise); **Holzhaus; hol|zig; Holz‿ki|ste, ...klas|se** (*ugs. für* billigste Klasse, bes. in der Bahn), **...klotz, ...knecht** (*veraltet, noch österr. für* Holzfäller), **...koh|le; Hölzlein; Holz‿pflock, ...scheit, ...schliff** *(fachspr.)*; **holz|schlifffrei** (↑R 204); **Holz‿schnei|der, ...schnitt, ...schnit|zer, ...schuh, ...schutz|mit|tel, ...span, ...stapel, ...stoß, ...trep|pe; Hol|zung; holz|ver|ar|bei|tend;** die -e Industrie (↑R 209); **holz|ver|klei|det; Holz‿weg, ...wol|le** (die; -), **...wurm**

Hom|burg, der; -s, -s (ein steifer Herrenhut)

Home|land ['ho:mlɛnd], das; -[s], -s ‹engl.› (bestimmten Teilen der schwarzen Bevölkerung zugewiesenes Siedlungsgebiet in der Republik Südafrika)

Ho|mer (altgriech. Dichter); **Home|ri|de,** der; -n, -n (↑R 197) ‹griech.› (Nachfolger Homers); **ho|me|risch;** -es Gelächter, aber (↑R 134): Homerische Gedichte; **Ho|me|ros** *vgl.* Homer

Home|rule ['ho:mru:l], die; - ‹engl., „Selbstregierung"› (Schlagwort der irischen Unabhängigkeitsbewegung); **Homespun** ['ho:mspan], das; -s, -s (grobes Wollgewebe); **Home|trai|ner** ['ho:mtrɛ:nə(r)] (Sportgerät für häusliches Training)

Ho|mi|let, der; -en, -en (↑R 197) ‹griech.› (Kenner der Homiletik); **Ho|mi|le|tik,** die; - (Geschichte u. Theorie der Predigt); **ho|mi|le|tisch; Ho|mi|lie,** die; -, ...ien (erbaul. Bibelauslegung; Predigt über einen Bibeltext)

Ho|mi|ni|den *Plur.* ‹lat.› (*Biol.* Familie der Menschenartigen)

Hom|mage [ɔ'ma:ʒ], die; -, -n [...ʒ(ə)n] ‹franz.› (Veranstaltung, Werk als Huldigung für einen Menschen); - à (für) Miró

Ho|mo, der; -s, -s (*ugs. für* Homosexueller); **ho|mo...** ‹griech.› (gleich...); **Ho|mo...** (Gleich...); **Ho|mo|ero|tik,** die; - (gleichgeschlechtl. Erotik); **ho|mo|erotisch; ho|mo|gen** (gleichartig, gleichmäßig zusammengesetzt); -es Feld; **ho|mo|ge|ni|sie|ren** (homogen machen, vermischen); **Ho|mo|ge|ni|sie|rung; Ho|moge|ni|tät,** die; - (Gleichartigkeit); **ho|mo|log** (gleichliegend, übereinstimmend, entsprechend); **ho|mo|lo|gie|ren** ([einen Serienwagen] in die internationale Zulassungsliste zur Klasseneinteilung für Rennwettbewerbe aufnehmen); **hom|onym** (gleichlautend [aber in der Bedeutung verschieden]); **Hom|onym,** das; -s, -e (*Sprachw.* Wort, das mit einem anderen gleich lautet, z. B. „Heide" = Nichtchrist *u.* „Heide" = unbebautes Land); **hom|onymisch** (*älter für* homonym)

ho|möo... ‹griech.› (ähnlich...); **Ho|möo...** (Ähnlich...); **Ho|möopath,** der; -en, -en; ↑R 197 (homöopath. Arzt, Anhänger der Homöopathie); **Ho|möo|pa|thie,** die; - (ein Heilverfahren); **Homöo|pa|thin; ho|möo|pa|thisch**

ho|mo|phil ‹griech.› (*svw.* homosexuell); **Ho|mo|phi|lie,** die; - (*svw.* Homosexualität); **ho|mo|phon; Ho|mo|pho|nie,** die; - (Kompositionsstil mit nur einer führenden Melodiestimme)

Ho|mo sa|pi|ens [- 'za:piɛns], der; - - ‹lat.› (wissenschaftl. Bez. für den Menschen)

Ho|mo|se|xua|li|tät, die; - (↑R 180) ‹griech.; lat.› (gleichgeschlechtliche Liebe [bes. des Mannes]); **ho|mo|se|xu|ell; Homo|se|xu|el|le,** der *u.* die; -n, -n (↑R 7ff.); **ho|mo|zy|got** (*Biol.* reinerbig); **Ho|mo|zy|go|tie,** die; - (Reinerbigkeit)

Ho|mun|ku|lus, der; -, *Plur.* ...lusse *od.* ...li ‹lat.› ([nach alchimistischer Vorstellung] künstlich erzeugter Mensch)

Ho|nan (chines. Prov.); **Ho|nansei|de**

Hon|du|ra|ner (Bewohner von Honduras); **hon|du|ra|nisch; Hon|du|ras** (mittelamerik. Staat)

Ho|necker (Vorsitzender des Staatsrates der ehem. DDR)

Ho|neg|ger [*franz.* ɔnɛ'gɛ:r] (franz.-schweiz. Komponist)

ho|nen ‹engl.› ([Metallflächen] sehr fein schleifen)

ho|nett; -este ‹franz.› (*veraltend für* ehrenhaft; anständig)

Hong|kong (chines. Hafenstadt)

Ho|nia|ra; ↑R 180 (Hptst. der Salomonen)

Ho|nig, der; -s, *Plur. (Sorten:)* -e; **Ho|nig|bie|ne; ho|nig|gelb; Honig‿glas, ...ku|chen; Ho|nig|kuchen|pferd;** *nur in* strahlen wie ein - (*ugs. für* über das ganze Gesicht strahlen); **Ho|nig|lecken,** das [*Trenn.* ...lek|ken]; etwas ist kein Honiglecken *(ugs.)*; **Ho|nigmond** (*veraltend für* Flitterwochen); **Ho|nig|schlecken,** das [*Trenn.* ...schlek|ken]; *vgl.* Honiglecken; **Ho|nig|seim** *(veraltet)*; **ho|nig|süß; Ho|nig‿tau** (der), **...wa|be, ...wein**

Hon|neurs [(h)ɔ'nø:rs] *Plur.* ‹franz.› (*veraltend für* [milit.] Ehrenerweisungen); die - machen (*geh. für* die Gäste begrüßen)

Ho|no|lu|lu (Hptst. von Hawaii)

ho|no|ra|bel ‹lat.› (*veraltet für* ehrbar; ehrenvoll); ...a|ble Bedingungen; **Ho|no|rar,** das; -s, -e (Vergütung [für Arbeitsleistung in freien Berufen]); **Ho|no|rarpro|fes|sor; Ho|no|ra|tio|ren** *Plur.*; ↑R 180 (Standespersonen, bes. in kleineren Orten); **ho|norie|ren** (belohnen; bezahlen; vergüten); **Ho|no|rie|rung; ho|norig** (*veraltend für* ehrenhaft; freigebig); **ho|no|ris cau|sa** (ehrenhalber; *Abk.* h. c.)

Ho|no|ri|us (röm. Kaiser)

Hoo|li|gan ['hu:ligən], der; -s, -s ‹engl.› (Randalierer, bes. bei Massenveranstaltungen)

Hoorn; Kap - (Südspitze Amerikas [auf der Insel Hoorn])

hop|fen (Bier mit Hopfen versehen); **Hop|fen,** der; -s, - (eine Kletterpflanze; Bierzusatz); **Hop|fen|stan|ge**

Ho|pi, der; -[s], -[s] (Angehöriger eines nordamerik. Indianerstammes)

Ho|plit, der; -en, -en (↑R 197) ‹griech.› (Schwerbewaffneter im alten Griechenland)

hopp!; hopp, hopp!; **hop|peln;** ich ...[e]le (↑R 22); **Hop|pel|poppel,** das; -s, - (*landsch. für* Bauernfrühstück; heißer Punsch); **hopp|hopp!; hopp|la!; hoppneh|men** (*ugs. für* festnehmen); **hops;** - (*ugs. für* verloren) sein; **Hops,** der; -es, -e; **hops!, hopsa!, hop|sa|la!, hop|sa|sa!; hopsen;** du hopst; **Hop|ser; Hop|serei; hops‿ge|hen** (*ugs. für* umkommen; verlorengehen), **...nehmen** (*vgl.* hoppnehmen)

ho|ra ‹lat., „Stunde"›; *nur als Zeichen* (h) *in Abkürzungen von*

Maßeinheiten, z. B. kWh [= Kilowattstunde], *u. als Zeitangabe,* z. B. 6 h *od.* 6[h] (= 6 Uhr); **Ho|ra,** Ho|re, die; -, Horen *meist Plur.* (Stundengebet der kath. Geistlichen); die Horen beten
Hör|ap|pa|rat
Ho|ra|ti|us, Ho|raz (röm. Dichter); **ho|ra|zisch,** aber (↑R 134): die Horazischen Satiren
hör|bar; Hör_be|reich (der), **...bild, ...bril|le; horch!; hor-chen; Hor|cher; Hor|che|rin; Horch_ge|rät, ...po|sten**
[1]**Hor|de,** die; -, -n (Flechtwerk; Lattengestell; Rost, Sieb zum Dörren u. Lagern von Obst, Gemüse usw.); *vgl.* Hurde, Hürde
[2]**Hor|de,** die; -, -n ‹tatar.› (wilde Menge, ungeordnete Schar); **hor|den|wei|se**
Ho|re *vgl.* Hora; [1]**Ho|ren** *(eingedeutschter Plur. von* Hora)
[2]**Ho|ren** *Plur. (griech. Mythol.* Töchter des Zeus u. der Themis [Dike, Eunomia, Eirene; *vgl. d.*], Göttinnen der Jahreszeiten)
hö|ren; er hat von dem Unglück heute gehört; sie hat die Glocken läuten hören *od.* gehört; von sich - lassen; **Hö|ren|sa|gen,** das; *meist in* er weiß es vom -; **hö-rens|wert;** -este; **Hö|rer; Hö|re-rin; Hö|rer|kreis; Hö|rer|schaft; Hör_feh|ler, ...fol|ge, ...funk** *(für* Rundfunk im Ggs. zum Fernsehen); **Hör|ge|rät; Hör|ge|rä|te-aku|sti|ker; hör|ge|schä|digt; hö|rig; Hö|ri|ge,** der *u.* die; -n, -n; ↑R 7ff. *(früher);* **Hö|rig|keit**
Ho|ri|zont, der; -[e]s, -e ‹griech.› (scheinbare Begrenzungslinie zwischen Himmel u. Erde; Gesichtskreis); **ho|ri|zon|tal** (waagerecht); **Ho|ri|zon|ta|le,** die; -, -n; drei -[n]; **Ho|ri|zon|tal|pen-del**
Hor|mon, das; -s, -e ‹griech.› (Drüsenstoff; ein körpereigener Wirkstoff); **hor|mo|nal,** hor|mo-nell; **Hor|mon|be|hand|lung; hor|mo|nell** *vgl.* hormonal; **Hor-mon_for|schung, ...haus|halt, ...prä|pa|rat, ...spie|gel, ...sprit-ze**
Hör|mu|schel (am Telefon)
Horn, das; -[e]s, *Plur.* Hörner *u.* *(für* Hornarten:) -e; **Horn|ber-ger Schie|ßen;** *nur in* ausgehen wie das - - (ergebnislos enden); **Horn_blen|de** (ein Mineral), **...bril|le; Hörn|chen; Hörndl-bau|er** *(österr. für* Bauer, der vorwiegend Viehzucht betreibt); **hor|nen** *(veraltet für* hörnern); **hör|nen** (das Gehörn abwerfen; *ugs. scherzh. für* [den Ehemann] betrügen); **hör|nern** (aus Horn); **Hör|ner_schall, ...schlit|ten; Horn|haut; hor|nig**
Hor|nis|gri|nde [*auch* 'hɔr...] (höchster Berg des nördl. Schwarzwaldes)
Hor|nis|se [*auch* 'hɔr...], die; -, -n (eine Wespenart); **Hor|nis|sen-nest**
Hor|nist, der; -en, -en; ↑R 197 (Hornbläser); **Hor|ni|stin; Horn-klee,** der; -s; **Hörn|lein; Horn-_ochs** *od.* **...och|se** *(derb für* dummer Mensch), **...si|gnal, ...tier**
Hor|nung, der; -s, -e *(alte dt. Bez. für* Februar)
Hor|nuß ['hɔrnu:s], der; -es, -e *(schweiz. für* Schlagscheibe); **hor|nu|ßen** *(schweiz. für* eine Art Schlagball spielen)
Horn|vieh *(auch svw.* Hornochse)
Hör|or|gan
Ho|ros (Sohn der Isis)
Ho|ro|skop, das; -s, -e ‹griech.› (astrolog. Voraussage an Hand der Stellung der Gestirne)
hor|rend; -este ‹lat.› (schauderhaft; schrecklich; übermäßig); -e Preise; **hor|ri|bel** (grauenerregend; furchtbar); ...i|ble Zustände; **hor|ri|bi|le dic|tu** (schrecklich zu sagen)
hor|ri|do! (ein Jagdruf); **Hor|ri|do,** das; -s, -s
Hör|rohr
Hor|ror, der; -s ‹lat.› (Schauder, Abscheu); **Hor|ror|film; Hor|ror-trip** *(ugs. für* Drogenrausch mit Angst- u. Panikgefühlen; höchst unangenehmes Erlebnis); **Hor-ror va|cui** [- 'va:kui], der; - - (Scheu vor der Leere)
Hör|saal
hors con|cours [ɔr kɔ̃'ku:r] ‹franz.› (außer Wettbewerb); **Hors|d'œu|vre** [ɔr'dœ:vr(ə), *auch* o:r...], das; -s, -s [...vr(ə)] (appetitanregende Vorspeise)
Hör|sel, die; - (r. Nebenfluß der Werra); **Hör|sel|ber|ge** *Plur.* (Höhen im nördl. Vorland des Thüringer Waldes)
Hör|spiel
[1]**Horst** (m. Vorn.)
[2]**Horst,** der; -[e]s, -e (Greifvogelnest; Strauchwerk)
hor|sten (nisten [von Greifvögeln])
Horst|mar (m. Vorn.)
Hör|sturz *(Med.* plötzlich auftretende Schwerhörigkeit od. Taubheit)
Hort, der; -[e]s, -e (Schatz; Ort, Stätte [bes. der Zuflucht]; *kurz für* Kinderhort)
hört!; hört, hört!
hor|ten ([Geld usw.] aufhäufen)
Hor|ten|sia (w. Vorn.); **Hor|ten-sie** [...iə], die; -, -n (ein Zierstrauch); **Hor|ten|si|us** (m. Vorn.)
hört, hört!; Hört|hört|ruf
Hort|ne|rin (Erzieherin in einem Kinderhort); **Hor|tung** ‹*zu* horten›
ho ruck!, hau ruck!
Ho|rus *vgl.* Horos
Hor|váth ['hɔrva:t], Ödön von (österr. Schriftsteller)
Hör|wei|te; in -
ho|san|na! usw. *vgl.* hosianna!
Hös|chen; Ho|se, die; -, -n
Ho|sea (bibl. Prophet)
Ho|sen_an|zug, ...band (das; *Plur.* ...bänder); **Ho|sen|band|or|den; Ho|sen_bein, ...bo|den, ...bund** (der; -[e]s, ...bünde), **...knopf, ...la|den** *(ugs. auch für* Hosenschlitz), **...lupf** *(schweiz. für* Ringkampf [Schwingen]; Kräftemessen), **...matz, ...naht, ...rock, ...rol|le** (von einer Frau gespielte Männerrolle), **...schei|ßer** *(derb für* ängstlicher Mensch), **...schlitz, ...stall** *(ugs. scherzh.),* **...ta|sche, ...trä|ger** *(meist Plur.)*
ho|si|an|na!, *ökum.* ho|san|na! ‹hebr.› (Gebets- u. Freudenruf); **Ho|si|an|na,** *ökum.* Ho|san|na, das; -s, -s
Hös|lein
Hos|pi|tal, das; -s, *Plur.* -e *u.* ...täler ‹lat.› (Krankenhaus; *früher für* Armenhaus, Altersheim); **hos|pi|ta|li|sie|ren** *(Amtsspr.* in ein Hospital einweisen); **Hos|pi-ta|lis|mus,** der; - *(Med.* seel. u. körperl. Schäden, bes. bei Kindern, durch längere Krankenhaus- od. Heimunterbringung); **Hos|pi|tant,** der; -en, -en; ↑R 197 (Gast[hörer an Hochschulen]; Parlamentarier, der sich als Gast einer Fraktion anschließt); **Hos-pi|tan|tin; hos|pi|tie|ren** (als Gast [in Schulen] zuhören); **Hos-piz,** das; -es, -e ([in christl. Geist geführter] Beherbergungsbetrieb)
Hos|po|dar, Gos|po|dar, der; *Gen.* -s *u.* -en (↑R 197), *Plur.* -e[n] (ehem. slaw. Fürstentitel in der Moldau u. Walachei)
Ho|steß [*auch* 'hɔ...], die; -, ...tessen ‹engl.› ([sprachkundige] Begleiterin, Betreuerin, Führerin [auf einer Ausstellung, in Hotels o. ä.]; *verhüll. auch für* Prostituierte)
Ho|stie [...iə], die; -, -n ‹lat.› (Abendmahlsbrot)
Hot, der; -s ‹amerik.› *(kurz für* Hot Jazz)
Hot dog, das, *auch* der; - -s, - -s ‹amerik.› (heißes Würstchen in einem Brötchen)
Ho|tel, das; -s, -s ‹franz.›; **Ho|tel-_bar, ...be|sit|zer, ...be|sit|ze|rin, ...be|trieb, ...bett, ...de|tek|tiv, ...dieb, ...die|bin, ...di|rek|tor, ...di|rek|to|rin, ...fach, ...fach-schu|le, ...füh|rer** *(svw.* Hotelver-

zeichnis); **Ho|tel gar|ni** [hɔ'tɛl gar'ni:], das; - -, -s -s [hɔ'tɛl gar'ni:] (Hotel, das neben der Übernachtung nur Frühstück anbietet); **Ho|tel‿ge|wer|be, ...hal|le; Ho|te|lier** [...'li̯e:], der; -s, -s (Hotelbesitzer); **Ho|tel‿kauf|frau, ...kauf|mann, ...ket|te; Ho|tel|le|rie**, die; - (Gast-, Hotelgewerbe); **Ho|tel‿nach|weis, ...rech|nung, ...ver|zeich|nis, ...zim|mer**
Hot Jazz ['hɔt 'dʒɛs], der; - - ‹amerik.› (scharf akzentuierter, oft synkopischer Jazzstil)
Hot pants ['hɔt 'pɛnts] *Plur.* ‹engl., „heiße Hosen"› (modische, kurze u. enge Damenhose)
hott! (*Zuruf an Zugtiere* rechts!); - und har!; - und hüst!; - und hü!
Hot|te, die; -, -n (*bes. südwestd. für* Bütte, Tragkorb); *vgl.* Hutte
hot|te|hü!; Hot|te|hü, das; -s, -s (*Kinderspr.* Pferd)
hot|ten ‹amerik.› (Hot Jazz spielen, danach tanzen)
Hot|ten|tot|te, der; -n, -n; ↑R 197 (Angehöriger eines Mischvolkes in Südwestafrika); **hot|ten|tot|tisch**
Hot|ter, der; -s, - (*ostösterr. für* Gemeindegrenze)
hot|to!; Hot|to, das; -s, -s (*Kinderspr.* Pferd)
Ho|va|wart ['ho:fa...], der; -s, - (eine Hunderasse)
Höx|ter (Stadt im Weserbergland)
h. p., *früher* **HP** = horsepower ['hɔ:(r)spau̯ə(r)] ‹engl., „Pferdestärke"› (mechan. Leistungseinheit = 745,7 Watt, nicht gleichzusetzen mit PS = 736 Watt); *vgl.* PS
hPa = Hektopascal
Hptst. = Hauptstadt
Hr. = Herr
HR = Hessischer Rundfunk
Hra|ban [r...] (dt. Gelehrter des MA.); **Hra|ba|nus Mau|rus** (*lat. Name für* Hraban)
Hrad|schin ['(h)ratʃi:n], der; -s (Stadtteil von Prag mit Burg)
Hrd|lic|ka ['hirdlitska] (österr. Bildhauer u. Graphiker)
Hrn. = Herrn *Dat. u. Akk.; vgl.* Herr
Hro|swi|tha [r...] *vgl.* Roswith
hrsg., hg. = herausgegeben; **Hrsg.**, Hg. = Herausgeber
Hs. = Handschrift; **Hss.** = Handschriften
HTL = höhere technische Lehranstalt (Technikum, Ingenieurschule in der Schweiz u. in Österreich)
hu!; hu|hu!
hü! (*Zuruf an Zugtiere, meist* vorwärts!); *vgl.* hott
Hub, der; -[e]s, Hübe (Weglänge eines Kolbens usw.)
Hub|bel, der; -s, - (*landsch. für* Unebenheit; kleiner Hügel); **hub|be|lig**
Hub|brücke[1] (Brücke, deren Verkehrsbahn angehoben werden kann)
Hu|be, die; -, -n (*südd., österr. für* Hufe)
Hu|bel, Hü|bel, der; -s, - (*veraltet, noch landsch.; vgl.* Hubbel)
hü|ben; - und drüben
Hu|ber, Hüb|ner, der; -s, - (*südd., österr. für* Hufner, Hüfner)
Hu|bert, Hu|ber|tus (m. Vorn.)
Hu|ber|tus|burg, die; - (Schloß in Sachsen); der Friede von -; **Hu|ber|tus‿jagd** (festl. Treibjagd, ursprüngl. am Hubertustag), **...man|tel** (*österr. für* grüner Lodenmantel), **...tag** (3. November)
Hub|hö|he
Hüb|ner *vgl.* Huber
Hub|raum; Hub|raum|steu|er, die
hübsch; -este; **Hübsch|heit**, die; -
Hub|schrau|ber; Hub|stap|ler; Hub|vo|lu|men (Hubraum)
huch!
Huch, Ricarda (dt. Schriftstellerin)
Hu|chen, der; -s, - (ein Raubfisch)
Hucke[1], die; -, -n (*landsch. für* Rückentrage, auf dem Rücken getragene Last); jmdm. die - voll lügen *(ugs.)*; **Hucke|bein**[1] (*landsch. für* Hinkebein); Hans - (Gestalt bei W. Busch); **hucken**[1] (*landsch. für* auf den Rücken laden); **hucke|pack**[1]; - (*ugs. für* auf dem Rücken) tragen; **Hucke|pack|ver|kehr**[1] (*Eisenb.* Transport von Straßenfahrzeugen auf Waggons)
Hu|de, die; -, -n (*landsch. für* Weideplatz)
Hu|del, der; -s, -[n] (*veraltet, noch landsch. für* Lappen, Lumpen; liederlicher Mensch); **Hu|de|lei; Hu|de|ler** *vgl.* Hudler; **hu|de|lig** *vgl.* hudlig; **hu|deln** (*landsch. für* nachlässig sein od. handeln); ich ...[e]le (↑R 22)
hu|dern (die Jungen unter die Flügel nehmen); sich - (im Sand baden [von Vögeln])
Hud|ler, Hu|de|ler ‹*zu* hudeln›; **hud|lig**, hu|de|lig *(landsch.)*
Hud|son|bai ['hads(ə)n...], die; - (nordamerik. Binnenmeer)
hüf!, *auch* **hüf!** (*Zuruf an Zugtiere* zurück!)
Huf, der; -[e]s, -e; **Huf|be|schlag**
Hu|fe, die; -, -n (ehem. Durchschnittsmaß bäuerlichen Grundbesitzes; *veraltet für* Acker, Landbesitz); *vgl.* Hube
Huf|ei|sen; huf|ei|sen|för|mig
Hu|fe|land (dt. Arzt)
hu|fen ‹*zu* huf!› (*veraltet, noch landsch. für* zurückweichen)

[1] *Trenn.* ...k|k...

Huf‿lat|tich (ein Wildkraut u. eine Heilpflanze), **...na|gel**
Huf|ner, Hüf|ner (*früher für* Besitzer einer Hufe); *vgl.* Huber, Hübner
Huf‿schlag, ...schmied
Hüf|te, die; -, -n; **Hüft‿ge|lenk, ...gür|tel, ...hal|ter; hüft|hoch; Hüft|horn** *Plur.* ...hörner; *vgl.* Hifthorn
Huf|tier
Hüft‿kno|chen, ...lei|den, ...weh
Hü|gel, der; -s, -; **hü|gel‿ab, ...an, ...auf; hü|ge|lig**, hüg|lig; **Hü|gel‿ket|te, ...land** (*Plur.* ...länder)
Hu|ge|not|te, der; -n, -n (↑R 197) ‹franz.› (franz. Reformierter); **Hu|ge|not|tin; hu|ge|not|tisch**
Hughes|te|le|graf ['hju:s...] (↑R 135) ‹nach dem engl. Physiker› (erster Drucktelegrafenapparat)
Hu|gin ‹„der Denker"› (*nord. Mythol.* einer der beiden Raben Odins); *vgl.* Munin
hüg|lig, hü|ge|lig
[1]**Hu|go** (m. Vorn.)
[2]**Hu|go** [y'go:], Victor (franz. Schriftsteller)
Huhn, das; -[e]s, Hühner; **Hühn|chen; Hüh|ner‿au|ge, ...brü|he, ...brust, ...dreck, ...ei, ...fri|kas|see, ...ha|bicht, ...hof, ...hund, ...lei|ter** (die), **...stall, ...stei|ge** *od.* **...stie|ge, ...volk, ...zucht; Hühn|lein**
hu|hu!
hui! [hui], a b e r (↑R 67): im Hui, in einem Hui
Hu|ka, die; -, -s ‹arab.› (ind. Wasserpfeife)
Huk|boot ‹niederl.› *u.* **Hu|ker**, der; -s, - (größeres Fischerfahrzeug)
Hu|la, die; -, -s *od.* der; -s, -s ‹hawaiisch› (Eingeborenentanz auf Hawaii); **Hu|la-Hoop** [...'hu:p] *u.* Hu|la-Hopp, der *od.* das; -s ‹hawaiisch; engl.› (ein Reifenspiel); **Hu|la-Hoop-Rei|fen; Hu|la-Mäd|chen**
Hül|be, die; -, -n (*schwäb. für* flacher Dorfteich, Wasserstelle)
Huld, die; - (*veraltend für* Wohlwollen, Freundlichkeit)
Hul|da (w. Vorn.)
hul|di|gen; Hul|di|gung; Hul|din (*veraltet für* anmutiges weibl. Wesen); **huld‿reich, ...voll**
Hulk, Holk, die; -, -e[n] *od.* der; -[e]s, -e[n] ‹engl.› (ausgedientes, für Kasernen- u. Magazinzwecke verwendetes Schiff)
Hüll|blatt; Hül|le, die; -, -n; **hül|len**; sich in etwas -; **hül|len|los; Hüll|wort** *Plur.* ...wörter (*für* Euphemismus)
Hül|chen; Hül|se, die; -, -n (Kapsel[frucht]); **hül|sen**; du hülst; **Hül|sen|frucht; Hül|sen|frücht|ler** *(Bot.)*; **hül|sig; Hüls|lein**

Hul|tschin [*auch* 'hul...] (Ort in der Tschechoslowakei); **Hul|tschi|ner** [*auch* 'hul...] (↑R 147); - Ländchen
hu|man ‹lat.› (menschlich; menschenfreundlich; mild, gesittet, zugänglich); **Hu|man|ge|ne|tik** (Teilgebiet der Genetik); **hu|ma|ni|sie|ren** (gesittet, menschlich machen; zivilisieren); **Hu|ma|ni|sie|rung,** die; -; **Hu|ma|nis|mus,** der; - (auf das Bildungsideal der griech.-röm. Antike gegründetes Denken u. Handeln; Humanität; geistige Strömung zur Zeit der Renaissance, als Neuhumanismus im 18. Jh.); **Hu|ma|nist,** der; -en, -en; ↑R 197 (Vertreter des Humanismus; Kenner der alten Sprachen); **Hu|ma|ni|stin; hu|ma|ni|stisch;** -es Gymnasium; **hu|ma|ni|tär** (menschenfreundlich; wohltätig); **Hu|ma|ni|tät,** die; - (Menschlichkeit; humane Gesinnung); **Hu|ma|ni|täts₋den|ken, ...du|se|lei** *(abwertend),* **...ide|al; Hu|man₋me|di|zin** (die; -), **...wis|sen|schaft** *(meist Plur.)*
Hum|bert (m. Vorn.)
Hum|boldt (Familienn.); **hum|bold|tisch, hum|boldtsch,** aber (↑R 134): die Humboldt[i]schen Schriften; **Hum|boldt-Uni|ver|si|tät,** die; - (in Berlin)
Hum|bug, der; -s ‹engl.› (*ugs. für* Schwindel; Unsinn)
Hume [hju:m] (engl. Philosoph)
Hu|me|ra|le, das; -s, *Plur.* ...lien [...i̯ən] *u.* ...lia ‹lat.› (liturg. Schultertuch des kath. Priesters)
hu|mid *u.* **hu|mi|de;** ...deste ‹lat.› (*Geogr.* feucht, naß); **Hu|mi|di|tät,** die; -
Hu|mi|fi|ka|ti|on, die; - ‹lat.› (Vermoderung; Humusbildung); **hu|mi|fi|zie|ren; Hu|mi|fi|zie|rung,** die; - (*svw.* Humifikation)
Hum|mel, die; -, -n
Hum|mer, der; -s, -; **Hum|mer₋fleisch, ...ma|yon|nai|se, ...sup|pe**
[1]**Hu|mor,** der; -s, -e *Plur. selten* ‹engl.› (heitere Gelassenheit, fröhliche Wesensart; [gute] Laune); [2]**Hu|mor,** der; -s, ...ores [...re:s] ‹lat.› (*Med.* Feuchtigkeit, Körperflüssigkeit); **hu|mo|ral** (*Med.* die Körperflüssigkeiten betreffend); **Hu|mo|ral|pa|tho|lo|gie,** die; - (antike Lehre von den Körpersäften als Ausgangspunkt der Krankheiten); **Hu|mo|res|ke,** die; -, -n ‹*zu* [1]Humor› (kleine humoristische Erzählung; Musikstück von heiterem Charakter); **hu|mo|rig** (launig, mit Humor); **Hu|mo|rist,** der; -en, -en; ↑R 197 (jmd., der mit Humor schreibt, spricht, vorträgt usw.); **hu|mo|ri|stisch; hu|mor|los;** -este; **Hu|mor|lo|sig|keit,** die; -; **hu|mor|voll**
hu|mos; -este ‹lat.› (reich an Humus); -er Boden
Hüm|pel, der; -s, - (*nordd. für* Haufen)
Hum|pe|lei; hum|pe|lig, hump|lig (*landsch. für* uneben, holperig); **hum|peln;** ich ...[e]le (↑R 22)
Hum|pen, der; -s, -
Hum|per|dinck (dt. Komponist)
hump|lig *vgl.* humpelig
Hu|mus, der; - ‹lat.› (fruchtbarer Bodenbestandteil, organ. Substanz im Boden); **Hu|mus₋bo|den, ...er|de; hu|mus|reich**
Hund, der; -[e]s, -e (*Bergmannsspr. auch* Förderwagen); (↑R 157:) der Große -, der Kleine - (Sternbilder); **Hünd|chen; Hun|de|art; hun|de|elend** (*ugs. für* sehr elend); **Hun|de₋hal|ter** *(Amtsspr.),* **...hüt|te; hun|de|kalt** (*ugs. für* sehr kalt); **Hun|de₋käl|te** *(ugs.),* **...kot, ...ku|chen, ...lei|ne, ...mar|ke** (*scherzh. auch für* Erkennungsmarke); **hun|de|mü|de,** hunds|mü|de (*ugs. für* sehr müde); **Hun|de₋ras|se, ...ren|nen**
hun|dert (*als römisches Zahlzeichen* C). **I.** *Kleinschreibung als einfaches, ungebeugtes Zahlwort* (↑R 66): [vier] von hundert; [einige, mehrere] hundert Menschen; bis hundert zählen; Tempo hundert (*für* hundert Stundenkilometer); aberhundert (viele hundert) Sterne; an die hundert Menschen; der fünfte Teil von hundert; *vgl.* III, b. **II.** *Großschreibung als Maßeinheit* (↑R 66): das Hundert *(vgl. d.);* ein halbes Hundert; ein paar Hundert; das zweite Hundert; einige, viele Hunderte; Aberhunderte kleiner Vögel; vier vom Hundert (*vgl.* Hundert); einige Hundert Büroklammern (Packungen von je hundert Stück); [ganze] Hunderte von Menschen; Hunderte von berufstätigen Jugendlichen, *auch* Hunderte berufstätige Jugendliche *od.* Hunderte berufstätiger Jugendlicher; Hunderte armer Kinder; viele Hunderte von Menschen; Hunderte und aber (abermals) Hunderte, *österr.* Hunderte und Aberhunderte; zu Hunderten u. Tausenden; es geht in die Hunderte; der Protest einiger, vieler Hunderte; der Einsatz Hunderter Freiwilliger; der Beifall Hunderter von Zuschauern. **III.** *Zusammen- u. Getrenntschreibung:* **a)** *Zusammenschreibung mit bestimmten Zahlwörtern:* einhundert, zweihundert [Mann, Menschen]; hundert[und]eins, hundert[und]siebzig; hundert[und]ein Salutschuß, mit hundertundeinem Salutschuß *od.* mit hundert[und]ein Salutschüssen; hundert[und]eine Deutsche Mark; hundertunderster Tag; **b)** *Getrenntschreibung nach unbestimmten Zahlwörtern:* viel[e], einige, mehrere, ein paar hundert Bäume, Menschen u. a.; hundert und aber (abermals) hundert;
[1]**Hun|dert,** das; -s, -e; [vier] vom Hundert (*Abk.* v. H., p. c.; *Zeichen* %); *vgl.* hundert, II; [2]**Hun|dert,** die; -, -en (Zahl); *vgl.* [1]Acht; **hun|dert|ein[s],** hun|dert|und|ein[s]; *vgl.* hundert, III, a; **Hun|der|ter,** der; -s, -; *vgl.* Achter; **hun|der|ter|lei;** auf - Weise; **hun|dert|fach; Hun|dert|fa|che,** das; -n; *vgl.* Achtfache; **hun|dert|fäl|tig; hun|dert|fünf|zig|pro|zen|tig** (*ugs. für* übertrieben, fanatisch); **Hun|dert|jahr|fei|er** (*mit Ziffern* 100-Jahr-Feier; ↑R 43); **hun|dert|jäh|rig,** aber (↑R 75): der Hundertjährige Kalender; *vgl.* achtjährig; **Hun|dert|ki|lo|me|ter|tem|po,** das; -s *(ugs.);* im -; **hun|dert|mal;** einhundertmal; vielhundertmal, viele hundertmal, viel[e] hundert Male; ein halbes hundertmal; *vgl.* achtmal; **hun|dert|ma|lig; Hun|dert₋mark|schein** (*mit Ziffern* 100-Mark-Schein; ↑R 43), **...me|ter|lauf; hun|dert|pro|zen|tig; Hun|dert|satz,** Vomhundertsatz (*für* Prozentsatz); **Hun|dert|schaft; hun|dert|ste;** das hundertste Tausend, aber (↑R 66): vom Hundertsten ins Tausendste kommen; *vgl.* achte; **hun|dert|stel;** *vgl.* achtel; **Hun|dert|stel,** das, *schweiz. meist* der; -s, -; *vgl.* Achtel; **Hun|dert|stel|se|kun|de; hun|dert|stens; hun|dert|tau|send;** mehrere hunderttausend DM; *vgl.* tausend; **Hun|dert|tau|send|mann|heer,** das; -[e]s; ↑R 43 (Reichsheer in der Weimarer Republik); **hun|dert|[und]|ein[s];** *vgl.* hundert, III, a
Hun|de₋sa|lon, ...schei|ße *(derb),* **...schlit|ten, ...schnau|ze, ...sper|re, ...steu|er** (die), **...wa|che** (*Seemannsspr.* Nachtwache), **...wet|ter** (das; -s; *ugs. für* sehr schlechtes Wetter), **...zucht; Hün|din; hün|disch;** -ste; **Hünd|lein**
Hun|dred|weight ['handrədwe:t], das; -, -s (engl. Handelsgewicht; *Abk.* cwt, cwt. [*eigtl. für* centweight])
Hunds|fott, der; -[e]s, *Plur.* -e *u.* ...fötter (*derb für* gemeiner Kerl, Schurke); **Hunds|föt|te|rei; hunds|föt|tisch;** -ste; **hunds|ge|mein** *(ugs.),* **Hunds|ka|mil|le;**

hunds⌣mi|se|ra|bel *(ugs.)*, **...mü|de** (*vgl.* hundemüde); **Hunds⌣ro|se** (wilde Rose), **...stern, ...ta|ge** (*Plur.*; vom 23. Juli bis zum 23. August), **...vei|gerl** (das; -s, -n; *österr. ugs.*) *u.* **...veil|chen** (duftloses Veilchen)
Hü|ne, der; -n, -n (↑R 197); **Hü|nen⌣ge|stalt, ...grab; hü|nen|haft;** -este
Hun|ger, der; -s; vor - sterben, -s sterben; **Hun|ger⌣blüm|chen** *od.* **...blume** (eine Pflanze), **...ge|fühl, ...künst|ler, ...kur, ...lei|der** (*ugs. für* armer Schlucker), **...lohn; hun|gern;** ich ...ere (↑R 22); mich hungert; **Hun|ger|ödem; Hun|gers|not; Hun|ger⌣streik, ...tod, ...tuch** (*Plur.* ...tücher; Fastentuch), **...turm** *(früher)*; **hung|rig**
Hun|ne, der; -n, -n; ↑R 197 (*früher* Angehöriger eines eurasischen Nomadenvolkes); **Hun|nen⌣kö|nig, ...zug; hun|nisch**
Hu|nold (m. Vorn.)
Huns|rück, der; -s (Teil des westl. Rhein. Schiefergebirges); **Huns|rücker** [*Trenn.* ...rük|ker] (↑R 147)
Hunt, der; -[e]s, -e (*Nebenform von* Hund [Förderwagen])
Hun|ter ['han...], der; -s, - ‹engl.› (*Reiten* Jagdpferd; ein Jagdhund)
hun|zen (*veraltet, noch landsch. für* wie einen Hund behandeln; beschimpfen); du hunzt
Hu|pe, die; -, -n; **hu|pen; Hu|pe|rei**
Hupf, der; -[e]s, -e (*veraltet, noch landsch. für* Sprung); **Hupf|doh|le** (*ugs. scherzh. für* [Revue]tänzerin); **hup|fen** (*südd., österr., sonst veraltet für* hüpfen); das ist gehupft wie gesprungen (*ugs. für* das ist völlig gleich); **hüp|fen; Hup|fer** *(südd., österr.)*, **Hüp|fer** (kleiner Sprung); **Hüp|fer|ling** (eine Krebsart)
Hup|kon|zert (*ugs. für* gleichzeitiges Hupen mehrerer Autofahrer)
Hür|chen ‹*zu* Hure›
Hur|de, die; -, -n (Flechtwerk; *südwestd. u. schweiz. für* [1]Horde); **Hür|de,** die; -, -n (Flechtwerk; tragbare Einzäunung [für Schafe]; Hindernis beim Hürdenlauf); *vgl.* [1]Horde; **Hür|den⌣lauf, ...läu|fer, ...läu|fe|rin**
Hu|re, die; -, -n; **hu|ren; Hu|ren⌣bock** (Schimpfwort), **...kind** (*Druckerspr.* [einen Absatz beschließende] Einzelzeile am Anfang einer neuen Seite od. Spalte); **Hu|ren⌣sohn** (Schimpfwort), **...wei|bel** (*früher* Aufseher über den Troß im Landsknechtsheer); **Hu|re|rei**
Hu|ri, die; -, -s ‹arab.› (schönes Mädchen im Paradies des Islams)
hür|nen (*veraltet für* aus Horn)
Hu|ro|ne, der; -n, -n; ↑R 197 (Angehöriger eines nordamerik. Indianerstammes); **hu|ro|nisch**
hur|ra! [*auch* 'hu...]; hurra schreien; **Hur|ra,** das; -s, -s; viele -s; **Hur|ra⌣pa|trio|tis|mus** (↑R 180), **...ruf** [*auch* 'hu...]
Hur|ri|kan [*engl.* 'harikən], der; -s, *Plur.* -e, *bei engl. Ausspr.* -s ‹indian.› (Wirbelsturm in Amerika)
hur|tig; Hur|tig|keit, die; -
Hus, Jan (tschech. Reformator)
Hu|sar, der; -en, -en (↑R 197) ‹ung.› (*früher* Angehöriger einer leichten Reitertruppe in ungarischer Nationaltracht); **Hu|sa|ren⌣ritt, ...streich** (*svw.* waghalsiges Unternehmen, tollkühner Handstreich), **...stück|chen**
husch!; husch, husch!; **Husch,** der; -[e]s, -e *Plur. selten (ugs.)*; auf einen - (für kurze Zeit) besuchen; im - (rasch); **Hu|sche,** die; -, -n (*landsch. für* Regenschauer); **hu|sche|lig,** hu|schig, husch|lig (*landsch. für* oberflächlich, eilfertig); **Hu|sche|lig|keit,** Husch|lig|keit; **hu|scheln** (*landsch. für* ungenau arbeiten); ich ...[e]le (↑R 22); sich - (*landsch. für* sich in einen Mantel usw. wickeln); **hu|schen;** du huschst; **hu|schig, husch|lig** *vgl.* huschelig; **Husch|lig|keit** *vgl.* Huscheligkeit
Hus|ky ['haski], der; -s, *Plur.* ...ies *od.* -s ‹engl.› (Eskimohund)
hus|sa!; hus|sa|sa!; hus|sen (*österr. ugs. für* aufwiegeln, hetzen); du hußt
Hus|serl (dt. Philosoph)
Hus|sit, der; -en, -en; ↑R 197 (Anhänger von J. Hus); **Hus|si|ten|krieg**
hüst! (*Zuruf an Zugtiere* links!)
hü|steln; ich ...[e]le (↑R 22); **hu|sten; Hu|sten,** der; -s, - *Plur. selten;* **Hu|sten⌣an|fall, ...bon|bon, ...mit|tel** (das), **...reiz** (der; -es), **...saft**
Hu|sum (Stadt an der Nordsee); **Hu|su|mer** (↑R 147)
[1]Hut, der; -[e]s, Hüte (Kopfbedekkung); **[2]Hut,** die; - (*geh. für* Schutz, Aufsicht); auf der - sein; **Hut⌣ab|tei|lung, ...band** (das; *Plur.* ...bänder); **Hüt|chen; Hü|te⌣hund, ...jun|ge** (der); **hü|ten;** sich -; **Hü|ter; Hü|te|rin, Hut⌣kof|fer, ...krem|pe; Hüt|lein; hut|los; Hut⌣ma|cher, ...ma|che|rin, ...na|del, ...schach|tel**
[1]Hut|sche, Hüt|sche *vgl.* Hitsche; **[2]Hut|sche,** die; -, -n (*bayr., österr. für* Schaukel); **hut|schen** (*bayr., österr. für* schaukeln); du hutschst
Hut|schnur; *meist in* das geht über die - (*ugs. für* das geht zu weit)
Hut|sch|pferd (*österr. für* Schaukelpferd)
Hütt|chen
Hut|te, die; -, -n (*schweiz. mdal. für* Rückentragkorb); *vgl.* Hotte
Hüt|te, die; -, -n (*auch kurz für* Eisenhütte, Glashütte u. a.)
Hut|ten (dt. Humanist)
Hüt|ten⌣ar|bei|ter, ...be|trieb, ...dorf, ...in|du|strie, ...kä|se, ...kun|de (die; -), **...schuh, ...werk, ...we|sen** (das; -s); **Hütt|lein; Hütt|ner** (*veraltet für* Häusler; Kleinbauer); **Hütt|rach,** das; -s (*österr. ugs. für* Arsen)
Hu|tung (*Landw.* dürftige Weide); **Hü|tung** (Bewachung); **Hut|wei|de** (Gemeindeweide, auf die das Vieh täglich getrieben wird)
Hut|zel, die; -, -n (*landsch. für* Tannenzapfen; Dörrobstschnitzel; *auch für* alte Frau); **Hut|zel|brot** (mit Hutzeln [Dörrobstschnitzeln] gebackenes Brot; südd. Festgebäck); **hut|ze|lig,** hutz|lig (*landsch. für* dürr, welk; alt); **Hut|zel|männ|chen** (*auch für* Heinzelmännchen); **hut|zeln** (*landsch. für* dörren; schrumpfen); ich ...[e]le (↑R 22); **hutz|lig** *vgl.* hutzelig
Hut|zucker [*Trenn.* ...zuk|ker]
Hux|ley ['haksli], Aldous ['ɔ:ldəs] (engl. Schriftsteller)
Huy [hy:], der; -s (Höhenzug nördl. des Harzes)
Huy|gens ['hɔyg(ə)ns, *niederl.* 'hœyxəns] (niederl. Physiker u. Mathematiker); das -sche Prinzip (↑R 20 *u.* R 134)
Huy|wald [hy:...], der; -[e]s *vgl.* Huy
Hu|zu|le, der; -n, -n; ↑R 197 (Angehöriger eines ukrain. Volksstammes)
Hwang|ho, der; -[s] ‹chin., „gelber Fluß"› (Strom in China)
Hya|den[1] *Plur.* ‹griech., „Regensterne"› (Töchter des Atlas)
hya|lin[1] ‹griech.› (*Med.* durchsichtig wie Glas, glasartig); **Hya|lit**[1] [*auch* ...'lit], der; -s, -e (*Geol.* ein heller, glasartiger Opal)
Hyä|ne[1], die; -, -n ‹griech.› (ein Raubtier)
[1]Hya|zinth[1] (Liebling Apollos); **[2]Hya|zinth**[1], der; -[e]s, -e ‹griech.› (ein Edelstein); **[3]Hya|zinth**[1], der; -s, -e (schöner Jüngling); **Hya|zin|the**[1], die; -, -n (eine Zwiebelpflanze)
[1]hy|brid; -este ‹griech.› (Hybris zeigend)
[2]hy|brid ‹lat.› (von zweierlei Herkunft; zwitterhaft); -e Bildung (*Sprachw.* Zwitterbildung; zusammengesetztes Wort, dessen Teile versch. Sprachen angehö-

---
[1] ↑R 180.

ren); **Hy|bri|de,** die; -, -n, *auch* der; -n, -n; ↑R 197 (*Biol.* Bastard [Pflanze od. Tier] als Ergebnis von Kreuzungen); **Hy|bri|di|sa|ti|on; hy|bri|di|sie|ren; Hy|brid|rech|ner** (*EDV* Rechenanlage, die sowohl analog als auch digital arbeiten kann); **Hy|brid‿schwein, ...züch|tung**

Hy|bris, die; - ‹griech.› (frevelhafter Übermut)

Hyde|park ['haid...], der; -[e]s (Park in London)

hy|dr... *vgl.* hydro...; **Hy|dr...** *vgl.* Hydro; **¹Hy|dra,** die; - ‹griech.› (sagenhafte Seeschlange; ein Sternbild); **²Hy|dra,** die; -, ...dren (ein Süßwasserpolyp); **Hy|drä|mie,** die; -, ...ien ‹griech.› (*Med.* erhöhter Wassergehalt des Blutes); **Hy|drant,** der; -en, -en; ↑R 197 (Anschluß an die Wasserleitung, Zapfstelle); **Hy|drar|gy|rum,** das; -s (Quecksilber, chem. Element; *Zeichen* Hg); **Hy|drat,** das; -[e]s, -e (Verbindung chem. Stoffe mit Wasser); **Hy|dra|[ta]ti|on,** die; -, -en (Bildung von Hydraten); **hy|dra|ti|sie|ren; Hy|drau|lik,** die; - (Lehre von der Bewegung der Flüssigkeiten; deren techn. Anwendung); **hy|drau|lisch** (mit Flüssigkeitsdruck arbeitend); -e Bremse; -e Presse; -er Mörtel (Wassermörtel); **Hy|dra|zin,** das; -s (chem. Verbindung von Stickstoff mit Wasserstoff; Bestandteil im Raketentreibstoff); **Hy|drier|ben|zin; hy|drie|ren** (*Chemie* Wasserstoff anlagern); **Hy|drie|rung; Hy|drier‿ver|fah|ren, ...werk**

hy|dro... ‹griech.›, *vor Vokalen* hy|dr... (wasser...); **Hy|dro...,** *vor Vokalen* Hy|dr... (Wasser...)

Hy|dro|bio|lo|gie ‹griech.› (Lehre von den im Wasser lebenden Organismen)

Hy|dro|chi|non, das; -s ‹griech.; indian.› (*Chemie* besonders als fotogr. Entwickler verwendete organische Verbindung)

Hy|dro|dy|na|mik ‹griech.› (Strömungslehre); **hy|dro|dy|na|misch**

Hy|dro|gen, Hy|dro|ge|ni|um, das; -s ‹griech.› (Wasserstoff; chem. Element; *Zeichen* H); **Hy|dro|gra|phie,** die; - (Gewässerkunde); **hy|dro|gra|phisch**

Hy|dro|kul|tur, die; - ‹griech.› (Wasserkultur; Pflanzenzucht in Nährlösungen ohne Erde)

Hy|dro|lo|gie, die; - ‹griech.› (Lehre vom Wasser); **hy|dro|lo|gisch; Hy|dro|ly|se,** die; -, -n (Spaltung chem. Verbindungen durch Wasser); **hy|dro|ly|tisch**

Hy|dro|me|cha|nik, die; - ‹griech.› (Mechanik der Flüssigkeiten); **Hy|dro|me|ter,** das; -s, - (Gerät zur Messung der Fließgeschwindigkeit von Wasser); **Hy|dro|me|trie,** die; -; **hy|dro|me|trisch**

Hy|dro|path, der; -en, -en (↑R 197) ‹griech.› (hydropathisch Behandelnder); **Hy|dro|pa|thie,** die; - (*svw.* Hydrotherapie); **hy|dro|pa|thisch; hy|dro|phil** (*Biol.* im od. am Wasser lebend); **hy|dro|phob** (*Biol.* das Wasser meidend); **Hy|droph|thal|mus,** der; -, ...mi (*Med.* Augenwassersucht); **Hy|dro|phyt,** der; -en, -en; ↑R 197 (Wasserpflanze); **hy|dro|pisch** (*Med.* wassersüchtig); **hy|dro|pneu|ma|tisch** (*Technik* durch Wasser u. Luft [betrieben]); **Hy|drops,** der; - *u.* **Hy|drop|sie,** die; - (*Med.* Wassersucht)

Hy|dro|sphä|re, die; - (Wasserhülle der Erde); **Hy|dro|sta|tik** (*Physik* Lehre von den Gleichgewichtszuständen bei Flüssigkeiten); **hy|dro|sta|tisch;** -e Waage (zum Bestimmen des Auftriebs)

Hy|dro|tech|nik, die; - ‹griech.› (Wasserbau[kunst]); **hy|dro|the|ra|peu|tisch; Hy|dro|the|ra|pie,** die; -, -n (*Med.* Heilbehandlung durch Anwendung von Wasser; *nur Sing.:* Wasserheilkunde)

Hy|dro|xyd, das; -[e]s, -e ‹griech.› (chem. Verbindung); *vgl.* Oxyd; **Hy|dro|xyl|grup|pe** ‹griech.; dt.› (Wasserstoff-Sauerstoff-Gruppe)

Hy|dro|ze|pha|lus, der; -, ...alen ‹griech.› (*Med.* Wasserkopf); **Hy|dro|zo|on,** das; -s, ...zoen *meist Plur.* (*Zool.* Nesseltier)

Hye|to|gra|phie, die; - (↑R 180) ‹griech.› (*Meteor.* Beschreibung der Verteilung von Niederschlägen); **Hye|to|me|ter,** das; -s, -; ↑R 180 (Regenmesser)

Hy|gi|eia (griech. Göttin der Gesundheit); **Hy|gie|ne,** die; - ‹griech.› (Gesundheitslehre, -fürsorge, -pflege); **Hy|gie|ni|ker; hy|gie|nisch;** -ste

Hy|gro|me|ter, das; -s, - ‹griech.› (Luftfeuchtigkeitsmesser); **Hy|gro|phyt,** der; -en, -en; ↑R 197 (*Bot.* Landpflanze mit hohem Wasserverbrauch); **Hy|gro|skop,** das; -s, -e (*Meteor.* Luftfeuchtigkeitsmesser); **hy|gro|sko|pisch** (Feuchtigkeit an sich ziehend)

Hyk|sos *Plur.* (ein asiat. Erobervolk im alten Ägypten)

¹Hy|men, Hy|me|nai|os *u.* Hy|me|nä|us (griech. Hochzeitsgott); **²Hy|men,** der; -s, - ‹griech.› (antiker Hochzeitsgesang); **³Hy|men,** das, *auch* der; -s, - (*Med.* Jungfernhäutchen); **Hy|me|nai|os** [*auch* hy'mɛnaiɔs], **Hy|me|nä|us** *vgl.* ¹Hymen; **Hy|me|no|pte|ren** *Plur.* (*Zool.* Hautflügler)

Hym|ne, die; -, -n *u.* Hym|nus, der; -, ...nen ‹griech.› (Festgesang; christl. Lobgesang; Weihelied); **Hym|nik** (Kunstform der Hymne); **hym|nisch; Hym|no|lo|gie,** die; - (Hymnenkunde); **hym|no|lo|gisch; Hym|nus** *vgl.* Hymne

Hy|os|cya|min, Hy|os|zya|min [*beide* ...tsya...], das; -s; ↑R 180 ‹griech.› (Alkaloid, Heilmittel)

hyp... *vgl.* hypo...; **Hyp...** *vgl.* Hypo...

Hyp|al|la|ge [*auch* hy'palage], die; - ‹griech.› (*Sprachw.* Vertauschung eines attributiven Genitivs mit einem attributivischen Adjektiv u. umgekehrt, z. B. jagdliche Ausdrücke *statt* Ausdrücke der Jagd)

hy|per... ‹griech.› (über...); **Hy|per...** (Über...); **Hy|per|aci|di|tät,** die; - (*Med.* übermäßig hoher Säuregehalt im Magen); **Hy|per|al|ge|sie,** die; -, ...ien (*Med.* gesteigertes Schmerzempfinden); **hy|per|al|ge|tisch** (schmerzüberempfindlich); **Hy|per|ämie,** die; -, ...ien (*Med.* Blutüberfüllung in einem Körperteil); **Hy|per|äs|the|sie,** die; -, ...ien (*Med.* Überempfindlichkeit); **hy|per|äs|the|tisch**

Hy|per|bel, die; -, -n ‹griech.› (*Stilk.* Übertreibung des Ausdrucks; *Math.* Kegelschnitt); **hy|per|bo|lisch** (hyperbelartig; im Ausdruck übertreibend); -ste; -e Funktion *(Math.);* **Hy|per|bo|lo|id,** das; -[e]s, -e (*Math.* Körper, der durch Drehung einer Hyperbel um ihre Achse entsteht)

Hy|per|bo|re|er (Angehöriger eines sagenhaften Volkes des hohen Nordens); **hy|per|bo|re|isch** (*veraltet für* im hohen Norden gelegen, wohnend)

Hy|per|dak|ty|lie, die; -, ...ien ‹griech.› (*Med.* Bildung von mehr als je fünf Fingern od. Zehen)

Hy|per|eme|sis, die; - ‹griech.› (*Med.* übermäßiges Erbrechen)

Hy|per|funk|ti|on, die; -, -en ‹griech.› (*Med.* Überfunktion eines Organs)

hy|per|go|lisch ‹griech.; lat.›; *(Chemie);* -er Treibstoff (Raketentreibstoff, der bei Berührung mit einem Sauerstoffträger sofort zündet)

Hy|pe|ri|on [*auch* ...'rio:n] (Titan, Vater des Helios)

hy|per|ka|ta|lek|tisch ‹griech.› (*Verslehre* mit überzähliger Silbe versehen); **hy|per|kor|rekt** (überkorrekt); **hy|per|kri|tisch** (überstreng, tadelsüchtig)

Hy|per|me|ter, der; -s, - ‹griech.› (Vers, der um eine Silbe zu lang ist u. mit der Anfangssilbe des folgenden Verses durch Elision verbunden wird); **hy|per|me|trisch; Hy|per|me|tro|pie,** die; - (*Med.* Weit-, Übersichtigkeit); **hy|per|me|tro|pisch**

hy|per|mo|dern (übermodern, übertrieben neuzeitlich)

Hy|pe|ron, das; -s, ...onen ‹griech.› (*Kernphysik* überschweres Elementarteilchen)

Hy|per|pla|sie, die; -, ...ien ‹griech.› (*Med., Biol.* abnorme Vermehrung von Zellen); **hy|per|pla|stisch**

hy|per|sen|si|bel (überaus sensibel, empfindsam); **hy|per|so|nisch** ‹griech.; lat.› *(Physik);* -e Geschwindigkeit (Überschallgeschwindigkeit)

Hy|per|to|nie, die; -, ...ien ‹griech.› (*Med.* gesteigerter Blutdruck; gesteigerte Muskelspannung; vermehrte Spannung im Augapfel); **hy|per|troph** (überspannt, überzogen; *Med., Biol.* durch Zellenwachstum vergrößert); **Hy|per|tro|phie,** die; -, ...ien ‹griech.› (übermäßige Vergrößerung von Geweben u. Organen; Überernährung)

Hy|phe, die; -, -n ‹griech.› (*Bot.* Pilzfaden)

Hyph|en, das; -[s], - ‹griech.› (Bindestrich bei zusammengesetzten Wörtern)

Hyp|no|pä|die, die; - ‹griech.› (Schlaflernmethode); **hyp|no|pä|disch; Hyp|nos** (griech. Gott des Schlafes); **Hyp|no|se,** die; -, -n ([durch Suggestion herbeigeführter] schlafähnlicher Bewußtseinszustand); **Hyp|no|tik,** die; - (Lehre von der Hypnose); **Hyp|no|ti|kum,** das; -s, ...ka (Schlafmittel); **hyp|no|tisch; Hyp|no|ti|seur** [...'zø:r], der; -s, -e ‹franz.› (die Hypnose Bewirkender); **hyp|no|ti|sie|ren** (in Hypnose versetzen; beeinflussen, widerstandslos machen); **Hyp|no|tis|mus,** der; - ‹griech.› (Lehre von der Hypnose; Beeinflussung)

hy|po... ‹griech.›, *vor Vokalen* hyp... (unter...); **Hy|po...,** *vor Vokalen* Hyp... (Unter...)

Hy|po|chon|der [...x...], der; -s, - ‹griech.› (Schwermütiger; eingebildeter Kranker); **Hy|po|chon|drie,** die; -, ...ien (Einbildung, krank zu sein; Trübsinn, Schwermut); **hy|po|chon|drisch;** -ste

Hy|po|ga|stri|um, das; -s, ...ien [...iən] ‹griech.› (*Med.* Unterleib)

Hy|po|gä|um, das; -s, ...gäen ‹griech.-lat.› (unterirdisches Gewölbe; unterirdischer Kultraum)

hy|po|kau|stisch ‹griech.›; **Hy|po|kau|stum,** das; -s, ...sten (Fußbodenheizung der Antike); **Hy|po|ko|tyl,** das; -s, -e (*Bot.* Keimstengel der Samenpflanzen); **Hy|po|kri|sie,** die; -, ...ien (Heuchelei); **Hy|po|krit,** der; -en, -en; ↑R 197 (Heuchler); **hy|po|kri|tisch;** -ste

Hy|po|phy|se, die; -, -n ‹griech.› (*Med.* Hirnanhang)

Hy|po|sta|se, die; -, -n ‹griech.› (Verdinglichung von Begriffen; Personifizierung göttlicher Eigenschaften od. religiöser Vorstellungen); **hy|po|sta|sie|ren** (personifizieren; gegenständlich machen, verdinglichen); **hy|po|sta|tisch** (vergegenständlichend, gegenständlich); **Hy|po|sty|lon,** das; -s, ...la *u.* **Hy|po|sty|los,** der; -, ...loi [...lɔy] (*Archit.* gedeckter Säulengang; Säulenhalle; Tempel mit Säulengang)

hy|po|tak|tisch ‹griech.› (*Sprachw.* unterordnend); **Hy|po|ta|xe,** die; -, -n, *älter* **Hy|po|ta|xis,** die; -, ...taxen (*Sprachw.* Unterordnung); **Hy|po|te|nu|se,** die; -, -n (*Math.* im rechtwinkligen Dreieck die Seite gegenüber dem rechten Winkel); **Hy|po|tha|la|mus,** der; -, ...mi (*Med.* Teil des Zwischenhirns); **Hy|po|thek,** die; -, -en (im Grundbuch eingetragenes Pfandrecht an einem Grundstück; *übertr. für* ständige Belastung); **Hy|po|the|kar,** der; -s, -e (Hypothekengläubiger); **hy|po|the|ka|risch; Hy|po|the|ken_bank** (*Plur.* ...banken), **...[pfand|]brief; Hy|po|ther|mie,** die; -, ...ien (*Med.* unternormale Körperwärme); **Hy|po|the|se,** die; -, -n (Annahme, Vermutung; Vorentwurf für eine Theorie); **hy|po|the|tisch** (angenommen; zweifelhaft); **Hy|po|to|nie,** die; -, ...ien (*Med.* Verminderung des Blutdrucks; herabgesetzte Muskelspannung); **Hy|po|tra|che|li|on,** das; -s, ...ien [...iən] (*Archit.* Säulenhals unter dem Kapitell); **Hy|po|tro|phie,** die; -, ...ien (*Med.* Unterernährung, Unterentwicklung)

Hy|po|zen|trum (unter der Erdoberfläche liegender Erdbebenherd); **Hy|po|zy|kloi|de,** die; -, -n ‹griech.› (*Math.* eine geometr. Kurve)

Hyp|si|pho|bie, die; -, ...ien ‹griech.› (*Med.* Höhenangst); **Hyp|so|me|ter,** das; -s, - (Höhenmesser); **Hyp|so|me|trie,** die; -; **hyp|so|me|trisch**

Hyr|ka|ni|en [...iən] ‹griech.› (*im Altertum Bez. für* die südöstl. Küste des Kaspischen Meeres); **hyr|ka|nisch,** aber (↑R 146): das Hyrkanische Meer (alter Name für das Kaspische Meer)

Hy|ster|al|gie, die; -, ...ien ‹griech.› (*Med.* Gebärmutterschmerz); **Hy|ster|ek|to|mie,** die; -, ...ien (operative Entfernung der Gebärmutter); **Hy|ste|re|se, Hy|ste|re|sis,** die; - (*Physik* Fortdauer einer Wirkung nach Aufhören der Ursache); **Hy|ste|rie,** die; -, ...ien (abnorme seel. Verhaltensweise; nervöse Aufgeregtheit, Überspanntheit); **Hy|ste|ri|ker; Hy|ste|ri|ke|rin; hy|ste|risch;** -ste (an Hysterie leidend; aufgeregt, überspannt); **Hy|ste|ron-Pro|te|ron,** das; -s, Hystera-Protera (*Philos.* Scheinbeweis; *Rhet.* Redefigur, bei der das Spätere zuerst steht); **Hy|ste|ro|pto|se,** die; -, -n (*Med.* Senkung der Gebärmutter); **Hy|ste|ro|sko|pie,** die; -, -n (Untersuchung der Gebärmutterhöhle); **Hy|ste|ro|to|mie,** die; - (*Med.* Gebärmutterschnitt)

Hz = Hertz

I

I (Buchstabe); das I, des I, die I, aber: das i in Bild; der Buchstabe I, i; der Punkt auf dem i (↑R 82); I-Punkt (↑R 37)

i (*Math.* Zeichen für die imaginäre Zahl)

i!; i bewahre!; i wo!

I = *chem. Zeichen für* Iod; *vgl.* Jod

I (röm. Zahlzeichen) = 1

I, ι = Iota

i. = in, im (*bei Ortsnamen,* z.B. Immenstadt i. Allgäu); *vgl.* i. d.

Ia = (*ugs. für* prima); das ist Ia *od.* eins a

Ia. = Iowa

i. A.[1] = im Auftrag[e]

iah!; ia|hen; der Esel iaht, hat iaht

i. allg. = im allgemeinen

Iam|be usw. *vgl.* Jambe usw.

...iana *vgl.* ...ana

Ia|son *vgl.* Jason

[1] *Diese Abkürzung wird so geschrieben, wenn sie unmittelbar der Grußformel oder der Bezeichnung einer Behörde, Firma u. dgl. folgt. Sie wird im ersten Bestandteil groß geschrieben* (I. A.), *wenn sie nach einem abgeschlossenen Text allein vor einer Unterschrift steht.*

Ia|trik, die; - ‹griech.› (*Med.* Heilkunst); **ia|tro|gen** (*Med.* durch ärztliche Einwirkung verursacht)
ib., ibd. = ibidem
Ibe|rer (Angehöriger der vorindogermanischen Bevölkerung der Iberischen Halbinsel); **ibe|risch**, aber (↑R 146): die Iberische Halbinsel; **Ibe|ro|ame|ri|ka** (Lateinamerika); **ibe|ro|ame|ri|ka|nisch**; ↑R 155 (lateinamerikanisch), aber: **ibe|ro-ame|ri|ka|nisch** (zwischen Spanien, Portugal u. Lateinamerika bestehend)
ibi|dem [*auch* 'i(:)bi...] ‹lat.› (ebenda; *Abk.* ib., ibd.)
Ibis, der; Ibisses, Ibisse ‹ägypt.› (ein Schreitvogel)
Ibi|za (eine Baleareninsel); **Ibi|zen|ker**, der; -s, - (Einwohner von Ibiza); **ibi|zen|kisch**
Ibn ‹arab., „Sohn"› (Teil von arab. Personennamen)
Ibra|him [*auch* ...'hi:m] (m. Vorn.)
Ib|sen (norw. Schriftsteller)
Iby|kos, Iby|kus (altgriech. Dichter)
IC = Intercity-Zug; **ICE** = Intercity-Expreßzug
ich; **Ich**, das; -[s], -[s]; das liebe -; mein anderes -; **ich|be|zo|gen**; **Ich-Er|zäh|ler** (↑R 33); **Ich|form**, die; -; Erzählung in der -; **Ich-ge|fühl**, das; -[e]s; **Ich-Laut**, der; -[e]s, -e (↑R 33)
Ich|neu|mon, der *od.* das; -s, *Plur.* -e *u.* -s ‹griech.› (eine Schleichkatze); **Ich|no|gramm** (*Med.* Gipsabdruck des Fußes)
Ich-Ro|man, der; -s, -e (Roman in der Ichform; ↑R 33); **Ich|sucht**, die; -; **ich|süch|tig**
Ich|thy|odont, der; -en, -en (↑R 197) ‹griech.› (versteinerter Fischzahn); **Ich|thyo|lith** [*auch* ...'lit], der; *Gen.* -s *u.* -en, *Plur.* -e[n] (↑R 197) (versteinerter Fisch[rest]); **Ich|thyo|lo|ge**, der; -n, -n; ↑R 197; **Ich|thyo|lo|gie**, die; - (Wissenschaft von den Fischen); **Ich|thyo|sau|ri|er** [...iər], der; -s, - *u.* **Ich|thyo|sau|rus**, der; -, ...rier [...iər] (ausgestorbenes fischförmiges Kriechtier); **Ich-thyo|se, Ich|thyo|sis**, die; -, ...osen (*Med.* eine Hautkrankheit)
Icing ['aisiŋ], das; -s, -s ‹engl.-amerik.› (*Eishockey* Befreiungsschlag)
id. = [1]idem, [2]idem
Id. = Idaho
i. d. = in der (*bei Ortsnamen*, z. B. Neumarkt i. d. Opf. [in der Oberpfalz])
[1]**Ida**, der; - (Berg auf Kreta; [im Altertum] Gebirge in Kleinasien)
[2]**Ida** (w. Vorn.); **Ida|feld**, das; -[e]s (*nord. Mythol.* Wohnort der Asen)
Ida|ho ['aidəho:] (Staat in den USA; *Abk.* Id.)
idä|isch ‹*zu* [1]Ida›
ide. = indoeuropäisch
ide|al ‹griech.› (nur in der Vorstellung existierend; der Idee entsprechend; musterhaft, vollkommen); **Ide|al**, das; -s, -e (dem Geiste vorschwebendes Muster der Vollkommenheit, Wunschbild; als ein höchster Wert erkanntes Ziel); **Ide|al‿bild, ...fall** (der), **...fi|gur, ...ge|stalt, ...gewicht; idea|li|sie|ren**; ↑R 180 (der Idee od. dem Ideal annähern; verklären); **Idea|li|sie|rung** (↑R 180); **Idea|lis|mus**, der; -; ↑R 180 (Überordnung der Gedanken-, Vorstellungswelt über die wirkliche; Streben nach Verwirklichung von Idealen); **Idea|list**, der; -en, -en (↑R 197, 180); **Idea|li|stin** (↑R 180); **idea|li|stisch**; -ste (↑R 180); **Idea|li|tät**, die; -; ↑R 180 (ideale Beschaffenheit; *Philos.* das Sein als Idee oder Vorstellung); **Ide|al‿kon|kur|renz** (die; -; *Rechtsw.*), **...li|nie** (*bes. Sport*), **...lö|sung, ...maß, ...staat; ide|al|ty|pisch; Ide|al‿ty|pus, ...vor|stel|lung, ...wert** (Kunstwert), **...zu|stand; Idee**, die; -, Ideen ([Ur]begriff, Urbild; [Leit-, Grund]gedanke; Einfall, Plan); eine - (*ugs. auch für* eine Kleinigkeit); **Idée fixe** [ide: 'fiks], die; - -, -s -s [ide: 'fiks] ‹franz.› (Zwangsvorstellung; leitmotivisches Kernthema eines musikalischen Werkes); **ide|ell** (nur gedacht, geistig); **ide|en|arm; Ide|en‿ar|mut, ...as|so|zia|ti|on** (Gedankenverbindung); **Ide|en‿dra|ma, ...flucht** (die; -; krankhaftes sprunghaftes Denken; *vgl.* [2]Flucht); **Ide|en‿fül|le, ...ge|halt** (der), **...gut; ide|en|los**; -este; **Ide|en|lo|sig|keit**, die; -; **ide|en|reich; Ide|en‿reich|tum** (der; -s), **...welt**
[1]**idem** ‹lat.› (derselbe; *Abk.* id.);
[2]**idem** (dasselbe; *Abk.* id.)
Iden, **Idus** ['i:du:s] *Plur.* ‹lat.› (13. od. 15. Monatstag des altröm. Kalenders); die Iden des März (15. März)
Iden|ti|fi|ka|ti|on, die; -, -en ‹lat.›, Iden|ti|fi|zie|rung (Gleichsetzung, Feststellung der Identität); **iden|ti|fi|zie|ren** (einander gleichsetzen; [die Persönlichkeit] feststellen; genau wiedererkennen); sich -; **Iden|ti|fi|zie|rung** *vgl.* Identifikation; **iden|tisch** ([ein und] derselbe; übereinstimmend; völlig gleich); **Iden|ti|tät**, die; - (völlige Gleichheit); **Iden-ti|täts‿kar|te** (*österr. u. schweiz. für* Personalausweis), **...kri|se, ...nach|weis** (*Zollw.*), **...ver|lust**
Ideo|gramm ‹griech.› (Schriftzeichen, das für einen Begriff, nicht für eine bestimmte Lautung steht); **Ideo|gra|phie**, die; -, ...ien *Plur. selten* (aus Ideogrammen gebildete Schrift); **ideo|gra|phisch**; -e Schrift; **Ideo|lo|ge**, der; -n, -n; ↑R 197 (Lehrer od. Anhänger einer Ideologie); **Ideo|lo|gie**, die; -, ...ien (System von Weltanschauungen, [polit.] Grundeinstellungen u. Wertungen); **ideo|lo|gie‿frei, ...ge|bun-den; Ideo|lo|gie|kri|tik**, die; -; **Ideo|lo|gin; ideo|lo|gisch** (eine Ideologie betreffend); **ideo|lo|gi|sie|ren** (ideologisch durchdringen, interpretieren); **Ideo|lo-gi|sie|rung; ideo|mo|to|risch** ‹griech.; lat.› (*Psych.* unbewußt ausgeführt)
id est ‹lat.› (*veraltend für* das ist, das heißt; *Abk.* i. e.)
idg. = indogermanisch
idio... ‹griech.› (eigen..., sonder...); **Idio...** (Eigen..., Sonder...); **Idio-blast**, der; -en, -en *meist Plur.*; ↑R 197 (*Biol.* Pflanzenzelle mit bes. Funktion, die in andersartiges Gewebe eingelagert ist); **Idio|la|trie**, die; - (Selbstvergötterung); **Idio|lekt**, der; -[e]s, -e (*Sprachw.* individueller Sprachgebrauch); **idio|lek|tal**
Idi|om, das; -s, -e ‹griech.› (feste Redewendung; eigentümliche Sprache od. Sprechweise; Mundart); **Idio|ma|tik**, die; - (Lehre von den Idiomen); **idio-ma|tisch; idio|ma|ti|sie|ren; Idio|ma|ti|sie|rung**
idio|morph ‹griech.› (*Mineralogie* von eigenen echten Kristallflächen begrenzt); **Idio|plas|ma**, das; -s (*Biol.* Gesamtheit der im Zellplasma vorhandenen Erbanlagen); **Idio|syn|kra|sie**, die; -, ...ien (*Med.* Überempfindlichkeit gegen bestimmte Stoffe u. Reize); **idio|syn|kra|tisch**
Idi|ot, der; -en, -en (↑R 197) ‹griech.› (schwachsinniger Mensch; Dummkopf); **idio|ten-haft**; -este; **Idio|ten|hü|gel** (*ugs. scherzh. für* Hügel, an dem Anfänger sich im Skifahren üben); **idio|ten|si|cher** (*ugs. für* so beschaffen, daß niemand etwas falsch machen kann); **Idio|tie**, die; -, ...ien (hochgradiger Schwachsinn; Dummheit)
Idio|ti|kon, das; -s, *Plur.* ...ken, *auch* ...ka ‹griech.› (Mundartwörterbuch)
Idio|tin ‹griech.›; **idio|tisch**; -ste; **Idio|tis|mus**, der; -, ...men (Äußerung der Idiotie; *Sprachw. veraltet* kennzeichnende Eigenheit eines Idioms)
Idio|va|ria|ti|on [...v...], die; -, -en

⟨griech.; lat.⟩ (*Biol.* erbliche Veränderung eines Gens, Mutation)
Ido, das; -s (eine künstl. Weltsprache)
Ido|kras, der; -, -e ⟨griech.⟩ (ein Mineral)
Idol, das; -s, -e ⟨griech.⟩ (Gegenstand der Verehrung; Publikumsliebling, Schwarm; Götzenbild, Abgott); **Ido|la|trie,** Idololatrie, die; -, ...ien (Bilderanbetung; Götzendienst); **ido|li|sie|ren; Ido|lo|la|trie** *vgl.* Idolatrie
I-Dötz|chen (*rhein. für* Abc-Schütze)
Idu|mäa *vgl.* Edom
Idun, *latinisiert* **Idu|na** (nord. Göttin der ewigen Jugend)
Idus *vgl.* Iden
Idyll, das; -s, -e ⟨griech.⟩ (Bereich, Zustand eines friedl. und einfachen, meist ländl. Lebens); **Idyl|le,** die; -, -n (Schilderung eines Idylls in Literatur u. bildender Kunst; *auch svw.* Idyll); **Idyl|lik,** die; - (idyllischer Zustand, idyllisches Wesen); **idyl|lisch;** -ste (das Idyll, die Idylle betreffend; ländlich; friedlich; einfach; beschaulich)
i. e. = id est
i.-e. = indoeuropäisch
I. E., IE = Internationale Einheit
i. f. = ipse fecit
I-för|mig (in Form eines lat. I); ↑R 37
IG = Industriegewerkschaft
Igel, der; -s, -; **Igel‿fisch, ...kak|tus, ...stel|lung** (ringförmige Verteidigungsstellung)
igitt!, igit|ti|gitt!
Ig|lu, der *od.* das; -s, -s ⟨eskim.⟩ (runde Schneehütte der Eskimos)
Igna|ti|us (Name von Heiligen); Ignatius von Loyola (Gründer der Gesellschaft Jesu); **Ignaz** [*auch* ig'na:ts] (m. Vorn.)
igno|rant; -este ⟨lat.⟩ (von Unwissenheit zeugend); **Igno|rant,** der; -en, -en; ↑R 197 („Nichtwisser") (Dummkopf); **Igno|ran|ten|tum,** das; -s; **Igno|ran|tin; Igno|ranz,** die; - (Unwissenheit, Dummheit); **igno|rie|ren** (nicht wissen [wollen], absichtlich übersehen, nicht beachten)
Igor (m. Vorn.); **Igor|lied,** das; -[e]s; ↑R 135 (ein altruss. Heldenepos)
Igu|an|odon, das; -s, *Plur.* -s *od.* ...odonten ⟨indian.; griech.⟩ (pflanzenfressender Dinosaurier)
i. H. = im Haus[e]
IHK = Industrie- u. Handelskammer *(vgl. d.);* Internationale Handelskammer
Ih|le, der; -n, -n; ↑R 197 (Hering, der abgelaicht hat)

ihm; ihn; ih|nen[1]
[1]**ihr**[1], **ih|re, ihr;** ihres, ihrem, ihren, ihrer; Ihre Majestät (*Abk.* I. M.); *vgl.* dein; [2]**ihr**[1]; (↑R 7:) ihr lieben Kinder; (↑R 8:) ihr Hilflosen; **ih|re**[1], **ih|ri|ge**[1]; *vgl.* deine, deinige; **ih|rer|seits**[1]; **ih|res|glei|chen**[1]; **ih|res|teils**[1]; **ih|ret|hal|ben**[1] *(veraltend);* **ih|ret|we|gen**[1]; **ih|ret|wil|len**[1]; um -; **ih|ri|ge**[1], ihre[1]; *vgl.* deine, deinige; **Ih|ro** (*veraltet für* Ihre); - Gnaden; **ihr|zen** (mit „Ihr" anreden); du ihrzt
IHS = *IH(ΣΟΥ)Σ* = Jesus
I. H. S. = in hoc salus; in hoc signo
i. J. = im Jahre
Ijob *vgl.* Hiob
Ijs|sel, *niederl.* IJs|sel ['aisəl, *niederl.* 'ɛisəl], die; - (Flußarm im Rheindelta); **Ijs|sel|meer,** das; -[e]s (durch Abschlußdeich gebildeter See in Holland)
ika|risch ⟨*zu* Ikarus⟩, aber (↑R 146): das Ikarische Meer; **Ika|ros, Ika|rus** (Gestalt der griech. Sage)
Ike|ba|na, das; -[s] ⟨jap.⟩ (Kunst des Blumensteckens)
Ikon, das; -s, -e ⟨griech.⟩ (*seltener für* Ikone); **Iko|ne,** die; -, -n (Kultbild der Ostkirche); **Iko|nen|ma|le|rei; Iko|no|du|lie,** die; - (Bilderverehrung); **Iko|no|graph,** der; -en, -en; ↑R 197; **Iko|no|gra|phie,** die; -, ...ien (wiss. Bestimmung, Beschreibung, Erklärung von Ikonen); **Iko|no|klas|mus,** der; -, ...men (Bildersturm); **Iko|no|klast,** der; -en, -en; ↑R 197 (Bilderstürmer); **iko|no|kla|stisch; Iko|no|la|trie,** die; - (*svw.* Ikonodulie); **Iko|no|lo|gie,** die; - (*svw.* Ikonographie); **Iko|no|skop,** das; -s, -e (*Fernsehen* Bildspeicherröhre); **Iko|no|stas,** der; -, -e *u.* **Iko|no|sta|se,** die; -, -n (dreitürige Bilderwand in orthodoxen Kirchen)
Iko|sa|eder, das; -s, - ⟨griech.⟩ (*Math.* Zwanzigflächner); **Iko|si|te|tra|eder,** das; -s, - (Vierundzwanzigflächner)
ikr = isländische Krone
IKRK = Internationales Komitee vom Roten Kreuz (in Genf)
IKS = Interkantonale Kontrollstelle für Heilmittel (in der Schweiz)
ik|te|risch ⟨griech.⟩ (*Med.* gelbsüchtig); **Ik|te|rus,** der; - (Gelbsucht)
Ik|tus, der; -, *Plur.* - ['iktu:s] *u.* Ikten ⟨lat.⟩ (*Verslehre* Betonung der Hebung im Vers; *Med.* plötzlich auftretendes Krankheitszeichen)

[1] *Als Anrede (entsprechend „Sie") u. in Briefen stets groß geschrieben* (↑R 71 f.).

Ilang-Ilang-Öl *vgl.* Ylang-Ylang-Öl
Il|de|fons, Hil|de|fons (m. Vorn.)
Iler, der; -s, - (Schabeisen der Kammacher)
Ile|us ['i:leus], der; -, Ileen [...eən] ⟨griech.⟩ (*Med.* Darmverschluß)
Ilex, die, *auch* der; -, - ⟨lat.⟩ (Stechpalme)
Ili|as, *auch* Ilia|de, die; - ([Homers] Heldengedicht über den Krieg gegen Ilion); **Ili|on** (*griech. Name von* Troja); **Ili|um** (*latinis. Form von* Ilion)
Il|ja (m. Vorn.)
Il|ka (w. Vorn.)
Ill, die; - (r. Nebenfluß des Rheins; l. Nebenfluß des Rheins)
ill. = illustriert
Ill. = Illinois; Illustration, Illustrierte[n]
il|le|gal [*auch* ...'ga:l] ⟨lat.⟩ (gesetzwidrig); **Il|le|ga|li|tät** [*auch* 'il...], die; -, -en; in der - leben; **il|le|gi|tim** [*auch* ...'ti:m] (unrechtmäßig; unehelich); **Il|le|gi|ti|mi|tät** [*auch* 'il...], die; -
Il|ler, die; - (r. Nebenfluß der Donau)
il|lern (*landsch. für* [verstohlen] gucken); ich ...ere (↑R 22)
il|li|be|ral [*auch* ...'ra:l] ⟨lat.⟩ (*selten für* engherzig); **Il|li|be|ra|li|tät** [*auch* 'il...], die; -
Il|li|nois [...'nɔy(z)] (Staat in den USA; *Abk.* Ill.)
il|li|quid [*auch* ...'kvi:t] ⟨lat.⟩ ([vorübergehend] zahlungsunfähig); **Il|li|qui|di|tät** [*auch* 'il...], die; -
Il|li|te|rat [*auch* ...'ra:t], der; -en, -en (↑R 197) ⟨lat.⟩ (*selten für* Ungelehrter, Ungebildeter)
Il|lo|ku|ti|on, die; -, -en ⟨lat.⟩ (*Sprachw.* Sprechakt im Hinblick auf die kommunikative Funktion); **il|lo|ku|tio|när; il|lo|ku|tiv;** -er Akt (Illokution)
il|loy|al ['iloaja:l, *auch* ...'ja:l] ⟨franz.⟩ (den Staat, eine Instanz o. ä. nicht respektierend; unredlich, untreu; Vereinbarungen nicht einhaltend); **Il|loya|li|tät** [*auch* 'il...], die; -
Il|lu|mi|nat, der; -en, -en (↑R 197) ⟨lat.⟩ (Angehöriger verschiedener früherer Geheimverbindungen, bes. des Illuminatenordens); **Il|lu|mi|na|ten|or|den,** der; -s (aufklärerisch-freimaurerische geheime Gesellschaft des 18. Jh.s); **Il|lu|mi|na|ti|on,** die; -, -en (Festbeleuchtung; Ausmalung); **Il|lu|mi|na|tor,** der; -s, ...oren (mittelalterl. Ausmaler von Büchern); **il|lu|mi|nie|ren** (festlich erleuchten; bunt ausmalen); **Il|lu|mi|nie|rung** (Festbeleuchtung)
Il|lu|si|on, die; -, -en ⟨lat.⟩ (Wunschvorstellung; Wahn, Sin-

nestäuschung); **il|lu|sio|när** (auf Illusion beruhend); **Il|lu|sio|nis|mus,** der; - (*Philos.* Lehre, daß die Außenwelt nur Illusion sei); **Il|lu|sio|nist,** der; -en, -en; ↑R 197 (Schwärmer, Träumer; Zauberkünstler); **il|lu|sio|ni|stisch; il|lu|si|ons|los;** -este; **il|lu|so|risch;** -ste (nur in der Illusion bestehend; trügerisch)

il|lu|ster ‹lat.› (glänzend, vornehm); ...u|stre Gesellschaft; **Il|lu|stra|ti|on,** die; -, -en (Erläuterung, Bildbeigabe, Bebilderung); *Abk.* Ill.; **il|lu|stra|tiv** (erläuternd, anschaulich); **Il|lu|stra|tor,** der; -s, ...oren (Künstler, der ein Buch mit Bildern schmückt); **Il|lu|stra|to|rin; il|lu|strie|ren** ([durch Bilder] erläutern; [ein Buch] mit Bildern schmücken; bebildern); **il|lu|striert** (*Abk.* ill.); **Il|lu|strier|te,** die; -n, -n; zwei -, *auch* -n; *Abk.* Ill.; **Il|lu|strie|rung** (Vorgang des Illustrierens)

Il|ly|ri|en [...i̯ən] (das heutige Dalmatien u. Albanien); **Il|ly|rer, Il|ly|ri|er** [...i̯ər] (Angehöriger idg. Stämme in Illyrien); **il|ly|risch**

Ilm, die; - (l. Nebenfluß der Saale; r. Nebenfluß der Donau); **[1]Il|men|au** (Stadt im Thüringer Wald); **[2]Il|men|au,** die; - (l. Nebenfluß der unteren Elbe)

Il|me|nit [*auch* ...'nit], der; -s, -e ‹nach dem russ. Ilmengebirge› (ein Mineral)

Ilo|na ['i(:)..., *auch* i'lo:na] (w. Vorn.)

Il|se (w. Vorn.)

Il|tis, der; Iltisses, Iltisse (ein kleines Raubtier; Pelz aus dessen Fell)

im (in dem; *Abk.* i. [*bei Ortsnamen,* z. B. Königshofen i. Grabfeld]); - Auftrag[e] (*Abk.* i. A.[1] *od.* I. A.[1]); - Grunde [genommen]; - Haus[e] (*Abk.* i. H.). *Kleinschreibung folgender Wörter in Verbindung mit* „im" (↑R 65): - allgemeinen (*Abk.* i. allg.), - besonderen, - einzelnen, - ganzen, - großen [und] ganzen, [nicht] - geringsten, [nicht] - mindesten usw.; - argen liegen; - klaren, - reinen sein

I. M. = Ihre Majestät; Innere Mission

Image ['imitʃ, *engl.* 'imidʒ], das; -[s], -s ['imitʃ(s), *engl.* 'imidʒiz] ‹engl.› (Vorstellung, Bild von jmdm. od. etw. [in der öffentlichen Meinung]); **Image|pfle|ge; ima|gi|na|bel** [imagi...] ‹lat.› (vorstellbar, erdenklich); ...a|ble Vorgänge; **ima|gi|när** (nur in der Vorstellung bestehend; scheinbar); -e Zahl (*Math.; Zeichen* i); **Ima|gi|na|ti|on,** die; -, -en ([dichter.] Einbildung[skraft]); **ima|gi|nie|ren** ([sich] vorstellen, einbilden); **Ima|go,** die; -, ...gines [...gine:s] (*Biol.* fertig ausgebildetes, geschlechtsreifes Insekt)

[1] *Vgl.* S. 350, Sp. 3, Anm. 1.

im all|ge|mei|nen [*auch* - 'al...] (*Abk.* i. allg.; ↑R 65)

Imam, der; -s, *Plur.* -s *u.* -e ‹arab.› (Vorbeter in der Moschee; Titel für Gelehrte des Islams; Prophet u. religiöses Oberhaupt der Schiiten)

Iman, das; -s ‹arab.› (Glaube [im Islam])

im Auf|trag, im Auf|tra|ge (*Abk.* i. A.[1] *od.* I. A.[1])

im Be|griff, im Be|grif|fe; - - sein

im be|son|de|ren (↑R 65)

im|be|zil, im|be|zill ‹lat.› (*Med.* mittelgradig schwachsinnig); **Im|be|zil|li|tät,** die; -

Im|bi|bi|ti|on, die; -, -en ‹lat.› (*Bot.* Quellung von Pflanzenteilen; *Geol.* Durchtränken von Gestein mit magmatischen Gasen od. wäßrigen Lösungen)

Im|biß, der; Imbisses, Imbisse; **Im|biß‿hal|le, ...stand, ...stu|be**

im Fall *od.* **Fal|le[,] daß** (↑R 127)

im Grun|de; - - genommen

Imi|tat, das; -[e]s, -e, **Imi|ta|ti|on,** die; -, -en ‹lat.› ([minderwertige] Nachahmung); **Imi|ta|tor,** der; -s, ...oren (Nachahmer); **imi|ta|to|risch; imi|tie|ren; imi|tiert** (nachgeahmt, unecht)

im Jah|re (*Abk.* i. J.)

Im|ke (w. Vorn.)

Im|ker, der; -s, - (Bienenzüchter); **Im|ke|rei** (Bienenzucht; Bienenzüchterei); **Im|ke|rin; im|kern;** ich ...ere (↑R 22)

Im|ma (w. Vorn.)

im|ma|nent ‹lat.› (innewohnend, in etwas enthalten); **Im|ma|nenz,** die; - (das Innewohnen, das Anhaften)

Im|ma|nu|el (m. Vorn.)

Im|ma|te|ria|li|tät [*auch* 'im...], die; - ‹franz.› (unkörperliche Beschaffenheit); **im|ma|te|ri|ell** [*auch* 'im...] (unstofflich; geistig)

Im|ma|tri|ku|la|ti|on, die; -, -en ‹lat.› (Einschreibung an einer Hochschule; *schweiz. auch für* amtliche Zulassung eines Kraftfahrzeugs); **im|ma|tri|ku|lie|ren; Im|ma|tri|ku|lie|rung**

Im|me, die; -, -n (*landsch. für* Biene)

im|me|di|at ‹lat.› (*veraltend für* unmittelbar [dem Staatsoberhaupt unterstehend, vortragend usw.]); **Im|me|di|at|ge|such** (unmittelbar an die höchste Behörde gerichtetes Gesuch)

im|mens; -este ‹lat.› (unermeßlich [groß]); -er Reichtum; **Im|men|si|tät,** die; - (*veraltet für* Unermeßlichkeit)

[1] *Vgl.* S. 350, Sp. 3, Anm. 1.

Im|men|stock *Plur.* ...stöcke ‹*zu* Imme›

im|men|su|ra|bel ‹lat.› (unmeßbar); **Im|men|su|ra|bi|li|tät,** die; -

im|mer; - wieder; - mehr; noch -; für -; **im|mer|dar** (*veraltend*); **im|mer|fort; im|mer|grün;** -e Blätter, **aber:** immer grün bleiben; **Im|mer|grün,** das; -s, -e (eine Pflanze); **im|mer|hin**

Im|mer|si|on, die; -, -en ‹lat.› (Ein-, Untertauchen, z. B. eines Himmelskörpers in den Schatten eines anderen)

im|mer|wäh|rend; -er Kalender; **im|mer|zu** (fortwährend)

Im|mi|grant, der; -en, -en (↑R 197) ‹lat.› (Einwanderer); **Im|mi|gran|tin; Im|mi|gra|ti|on,** die; -, -en; **im|mi|grie|ren**

im|mi|nent; -este ‹lat.› (*Med.* bevorstehend, drohend [z. B. von Fehlgeburten])

Im|mis|si|on, die; -, -en ‹lat.› (Einwirkung von Verunreinigungen, Lärm o. ä. auf Lebewesen); **Im|mis|si|ons|schutz,** der; -es

Im|mo (m. Vorn.)

im|mo|bil [*auch* ...'bi:l] ‹lat.› (unbeweglich; *Milit.* nicht für den Krieg bestimmt od. ausgerüstet); **Im|mo|bi|li|ar‿kre|dit** ‹lat.; ital.› (durch Grundbesitz gesicherter Kredit), **...ver|si|che|rung** (Versicherung von Gebäuden gegen Feuerschäden); **Im|mo|bi|lie** [...i̯ə], die; -, -n ‹lat.› (Grundstück, Grundbesitz); **Im|mo|bi|li|en‿händ|ler, ...händ|le|rin; im|mo|bi|li|sie|ren; Im|mo|bi|lis|mus,** der; -, **Im|mo|bi|li|tät,** die; - (Unbeweglichkeit)

im|mo|ra|lisch; Im|mo|ra|lis|mus, der; - ‹lat.› (Ablehnung moralischer Grundsätze); **Im|mo|ra|li|tät** [*auch* 'im...], die; - (Gleichgültigkeit gegenüber moral. Grundsätzen)

Im|mor|ta|li|tät [*auch* 'im...], die; - (Unsterblichkeit); **Im|mor|tel|le,** die; -, -n ‹franz.› (eine Sommerblume mit strohtrockenen Blüten)

im|mun ‹lat.› (unempfänglich [für Krankheit]; unter Rechtsschutz stehend; unempfindlich); **Im|mun|bio|lo|gie; im|mu|ni|sie|ren** (unempfänglich machen [für Krankheiten]); **Im|mu|ni|sie|rung; Im|mu|ni|tät,** die; - (Unempfindlichkeit gegenüber Krankheitserregern; Persönlichkeitsschutz der Abgeordneten in der Öffentlichkeit); **Im|mu|ni|täts|for|schung; Im|mun|kör|per** (*Med.* Antikörper); **Im|mu|no|lo|ge,** der; -n, -n; ↑R 197; **Im|mu|no|lo|gie,** die; - (*Med.* Lehre von

der Immunität); **im|mu|no|lo|gisch; Im|mun|schwä|che; Im|mun|sy|stem**
im nach|hin|ein (nachträglich, hinterher)
Imp, der; -s, - (*bayr., österr. mdal. für* Biene); *vgl.* Imme
imp. = imprimatur
Imp. = Imperator
Im|pa|la, die; -, -s ‹afrik.› (eine Antilopenart)
im|pa|stie|ren ‹ital.› (Farbe [mit dem Spachtel] dick auftragen); **Im|pa|sto,** das; -s, *Plur.* -s *u.* ...sti (dickes Auftragen von Farben)
Im|pe|danz, die; -, -en ‹lat.› (elektr. Scheinwiderstand)
im|pe|ra|tiv ‹lat.› (befehlend, zwingend); -es Mandat (Mandat, das den Abgeordneten an den Auftrag seiner Wähler bindet); **Im|pe|ra|tiv** [*auch* ...'ti:f], der; -s, -e [...və] (*Sprachw.* Befehlsform, z. B. „lauf!, lauft!“; *Philos.* unbedingt gültiges sittliches Gebot); **im|pe|ra|ti|visch** [...v..., *auch* 'im...] (befehlend; Befehls...); **Im|pe|ra|tiv|satz; Im|pe|ra|tor,** der; -s, ...oren (*im alten Rom* Oberfeldherr; *später für* Kaiser; *Abk.* Imp.); **im|pe|ra|to|risch; Im|pe|ra|tor Rex** (Kaiser [und] König; *Abk.* I. R.)
Im|per|fekt [*auch* ...'fɛkt], das; -s, -e ‹lat.› (*Sprachw.* Präteritum); **im|per|fek|tisch** [*auch* ...'fɛk...]
im|pe|ri|al ‹lat.› (das Imperium betreffend; kaiserlich); **Im|pe|ria|lis|mus,** der; -; ↑R 180 (das Streben von Großmächten nach wirtschaftl., polit. u. militär. Vorherrschaft); **Im|pe|ria|list,** der; -en, -en (↑R 197, 180); **im|pe|ria|li|stisch;** -ste (↑R 180); **Im|pe|ri|um,** das; -s, ...ien [...iən] (*im alten Rom* Oberbefehl; [röm.] Kaiserreich; Weltreich)
im|per|mea|bel [*auch* 'im...] (↑R 180) ‹lat.› (*fachspr. für* undurchlässig); ...a|ble Schicht; **Im|per|mea|bi|li|tät,** die; - (↑R 180)
Im|per|so|na|le, das; -s, *Plur.* ...lien [...iən] *u.* ...lia ‹lat.› (*Sprachw.* unpersönliches Verb, Verb, das mit unpersönlichem „es“ konstruiert wird, z. B. „es schneit“)
im|per|ti|nent; -este ‹lat.› (ungehörig, frech, unausstehlich); **Im|per|ti|nenz,** die; -, -en
Im|pe|ti|go, die; -, ...gines [...gine:s] ‹lat.› (eine Hautkrankheit)
im|pe|tuo|so (↑R 180) ‹ital.› (*Musik* stürmisch); **Im|pe|tus,** der; - ‹lat.› (Ungestüm, Antrieb, Drang)
Impf‿ak|ti|on, ...arzt; imp|fen; Impf|ka|len|der; Impf|ling; Impf‿paß, ...pflicht (die; -), **...pi|sto|le, ...schein, ...stoff; Imp|fung; Impf|zwang,** der; -[e]s
Im|plan|tat, das; -[e]s, -e ‹lat.› (*Med.* dem Körper eingepflanztes Gewebestück o. ä.); **Im|plan|ta|ti|on,** die; -, -en (Einpflanzung von Gewebe o. ä. in den Körper); **im|plan|tie|ren**
im|ple|men|tie|ren ‹engl.› (einführen, einsetzen; einbauen); Anwendungsprogramme - *(EDV);* **Im|ple|men|tie|rung** (das Implementieren)
Im|pli|ka|ti|on, die; -, -en ‹lat.› (das Einbeziehen); **im|pli|zie|ren** (mit hineinziehen, mit einbegreifen); **im|pli|zit** (inbegriffen, eingeschlossen, mitgemeint; *Ggs.* explizit); **im|pli|zi|te** [...te] (mit inbegriffen, einschließlich); etwas - (zugleich mit) sagen
im|plo|die|ren ‹lat.› (durch äußeren Überdruck eingedrückt und zertrümmert werden); **Im|plo|si|on,** die; -, -en
im|pon|de|ra|bel ‹lat.› (*veraltet für* unwägbar); ...a|ble Stoffe; **Im|pon|de|ra|bi|li|en** [...iən] *Plur.* (Unwägbarkeiten, Gefühls- u. Stimmungswerte); **Im|pon|de|ra|bi|li|tät,** die; - (Unwägbarkeit)
im|po|nie|ren ‹lat.› (Achtung einflößen, Eindruck machen); **Im|po|nier|ge|ha|be** (*Zool.* bei männl. Tieren vor der Paarung)
Im|port, der; -[e]s, -e ‹engl.› (Einfuhr); Im- u. Export (↑R 32); **im|port|ab|hän|gig; Im|port‿ab|hän|gig|keit, ...be|schrän|kung; Im|por|te,** die; -, -n *meist Plur.* (*veraltend für* eingeführte Ware, bes. Zigarre); **Im|por|teur** [...'tø:r], der; -s, -e ‹franz.› ([Groß]händler, der Waren einführt); **Im|port‿ge|schäft, ...han|del** (*vgl.* [1]Handel); **im|por|tie|ren**
im|por|tun ‹lat.› (ungeeignet, ungelegen; *Ggs.* opportun)
im|po|sant; -este ‹franz.› (eindrucksvoll; großartig)
im|po|tent [*auch* ...'tɛnt]; -este ‹lat.› (zum Koitus, zur Zeugung nicht fähig); **Im|po|tenz,** die; -, -en
impr. = imprimatur
Im|prä|gna|ti|on, die; -, -en ‹lat.› (*Geol.* feine Verteilung von Erdöl od. Erz in Spalten od. Poren eines Gesteins; *Med.* Eindringen des Spermiums in das reife Ei, Befruchtung); **im|prä|gnie|ren** (mit einem Schutzmittel [gegen Feuchtigkeit, Zerfall] durchtränken); **Im|prä|gnie|rung**
im|prak|ti|ka|bel [*auch* 'im...] ‹lat.; griech.› (unausführbar, unanwendbar); ...a|ble Anordnung
Im|pre|sa|rio, der; -s, *Plur.* -s *od.* ...ri, *auch* ...rien [...iən] ‹ital.› ([Theater-, Konzert]agent)
Im|pres|sen (*Plur. von* Impressum); **Im|pres|si|on,** die; -, -en ‹lat.› (Eindruck; Empfindung; Sinneswahrnehmung); **im|pres|sio|na|bel** (für Eindrücke empfänglich; erregbar); ...a|ble Naturen; **Im|pres|sio|nis|mus,** der; - (Kunstrichtung der 2. Hälfte des 19. Jh.s); **Im|pres|sio|nist,** der; -en, -en (↑R 197); **Im|pres|sio|ni|stin; im|pres|sio|ni|stisch;** -ste; **Im|pres|sum,** das; -s, ...ssen (*Buchw.* Erscheinungsvermerk; Angabe über Verleger, Drucker usw. in Druckerzeugnissen); **im|pri|ma|tur** ‹„es werde gedruckt“› (Vermerk auf dem letzten Korrekturabzug); *Abk.* impr. *u.* imp.); **Im|pri|ma|tur,** das; -s (Druckerlaubnis); **im|pri|mie|ren** (das Imprimatur erteilen)
Im|promp|tu [ɛ̃prɔ̃'ty:], das; -s, -s ‹franz.› (*Musik* Phantasiekomposition)
Im|pro|vi|sa|ti|on [...v...], die; -, -en ‹ital.› (unvorbereitetes Handeln; Stegreifdichtung, -rede, -musizieren); **Im|pro|vi|sa|ti|ons|ta|lent; Im|pro|vi|sa|tor,** der; -s, ...oren (jmd., der improvisiert; Stegreifdichter usw.); **im|pro|vi|sie|ren**
Im|puls, der; -es, -e ‹lat.› (Antrieb; Anregung; [An]stoß; Anreiz); **im|pul|siv** (von plötzl. Einfällen abhängig; lebhaft, rasch); **Im|pul|si|vi|tät** [...v...], die; -
Imst (österr. Stadt)
im|stand *(bes. südd.),* **im|stan|de;** - sein; *vgl.* Stand *u.* R 208
im üb|ri|gen (↑R 65)
im vor|aus [*auch* - ...'raus] (↑R 65)
im vor|hin|ein (im voraus)
[1]**in** (*Abk.* i. [*bei Ortsnamen,* z. B. Weißenburg i. Bay.]); *Präp. mit Dat. u. Akk.:* ich gehe in dem (im) Garten auf und ab, a b e r : ich gehe in den Garten; im (in dem); ins (in das); *vgl.* ins
[2]**in** ‹engl.›; - sein (*ugs. für* dazugehören; zeitgemäß, modern sein)
in, in. = Inch
In = *chem. Zeichen für* Indium
...in (z. B. Lehrerin, die; -, -nen)
Ina (w. Vorn.)
in ab|sen|tia ‹lat.› (in Abwesenheit [des Angeklagten])
in ab|strac|to ‹lat.› (im allgemeinen betrachtet; rein begrifflich); *vgl.* abstrakt
in|ad|äquat [*auch* ...'kva:t] ‹lat.› (nicht passend; nicht entsprechend); **In|ad|äquat|heit,** die; -, -en
in ae|ter|num [- ɛ...] ‹lat.› (auf ewig)
in|ak|ku|rat [*auch* ...'ra:t]; -este ‹lat.› (ungenau)
in|ak|tiv [*auch* ...'ti:f] ‹lat.› (untä-

tig, passiv; unwirksam; ruhend; außer Dienst); **in|ak|ti|vie|ren** [...v...] (*Chemie, Med.* unwirksam machen); **In|ak|ti|vi|tät** [*auch* 'in...], die; - (Untätigkeit, Unwirksamkeit)

in|ak|tu|ell [*auch* ...'ɛl] (nicht aktuell)

in|ak|zep|ta|bel [*auch* ...'ta:b(ə)l] ‹lat.› (unannehmbar); ...a|ble Bedingung

in|an ‹lat.› (*Philos.* nichtig, leer)

In|an|griff|nah|me, die; -, -n

In|an|spruch|nah|me, die; -, -n

in|ar|ti|ku|liert [*auch* ...'li:rt]; -este ‹lat.› (ungegliedert; undeutlich [ausgesprochen])

In|au|gen|schein|nah|me, die; -, -n

In|au|gu|ral|dis|ser|ta|ti|on, die; -, -en ‹lat.› (wissenschaftliche Arbeit zur Erlangung der Doktorwürde); **In|au|gu|ra|ti|on,** die; -, -en ([feierl.] Einsetzung in ein hohes [polit. od. akadem.] Amt); **in|au|gu|rie|ren** (einsetzen; beginnen, einleiten)

in bar; etwas - - bezahlen

In|be|griff, der; -[e]s, -e (absolute Verkörperung; Musterbeispiel); **in|be|grif|fen** *vgl.* einbegriffen

In|be|sitz|nah|me, die; -, -n

in be|treff *vgl.* Betreff *u.* R 208

In|be|trieb|nah|me, die; -, -n; **In|be|trieb|set|zung**

in be|zug; *vgl.* Bezug *u.* R 208

In|bild (*geh. für* Ideal)

In|brunst, die; -; **in|brün|stig**

In|bus|schlüs|sel ⓦ (ein Werkzeug)

Inc. = incorporated [in'kɔ:(r)pəre:tid] ‹engl.-amerik.› (*amerik. Bez. für* eingetragen [von Vereinen o. ä.])

Inch [intʃ], der; -, -es [intʃis] ‹engl.› (angelsächs. Längenmaß; *Abk.* in, in.; *Zeichen* "); 4 -[es] (↑R 129)

in|choa|tiv ‹lat.›; -e Aktionsart; **In|choa|tiv** ['inkoa..., *auch* ...'ti:f], das; -s, -e [...və]; ↑R 180 (*Sprachw.* Verb, das den Beginn eines Geschehens ausdrückt, z. B. „erwachen")

in|ci|pit [...ts...] ‹lat., „es beginnt"› (Vermerk am Anfang von Handschriften u. Frühdrucken)

incl. *vgl.* inkl.

in con|cert [- 'kɔnsə(r)t] ‹engl.› (in einem öffentlichen Konzert; bei einem öffentlichen Konzert aufgenommen)

in con|cre|to ‹lat.› (in Wirklichkeit; tatsächlich); *vgl.* konkret

in con|tu|ma|ci|am [- ...ts...] ‹lat.› *(Rechtsspr.);* - - urteilen (in Abwesenheit des Beklagten ein Urteil fällen)

in cor|po|re [- ...re] ‹lat.› (insgesamt; alle gemeinsam)

I. N. D. = in nomine Dei; in nomine Domini

Ind. = Indiana; Indikativ

Ind|an|thren ⓦ, das; -s, -e (ein licht- u. waschechter Farbstoff); **ind|an|thren|far|ben; Ind|an|thren|farb|stoff**

In|de|fi|nit|pro|no|men [*auch* 'in...] ‹lat.› (*Sprachw.* unbestimmtes Fürwort, z. B. „jemand")

in|de|kli|na|bel [*auch* 'in...] ‹lat.› (*Sprachw.* nicht beugbar); ein ...a|bles Wort

in|de|li|kat [*auch* ...'ka:t]; -este ‹franz.› (unzart; unfein)

in|dem; er diktierte den Brief, indem (während) er im Zimmer umherging (↑R 111); aber: er diktierte den Brief, in dem (in welchem) ...

in|dem|ni|sie|ren ‹lat.› (*veraltet für* entschädigen, vergüten; Indemnität erteilen); **In|dem|ni|tät,** die; - (nachträgliche Billigung eines zuvor vom Parlament [als verfassungswidrig] abgelehnten Regierungsaktes; Straflosigkeit [der Abgeordneten])

In-den-April-Schicken, das; -s [*Trenn.* ...Schik|ken] (↑R 42)

In-den-Tag-hin|ein-Le|ben, das; -s (↑R 42)

In|dent|ge|schäft ‹engl.; dt.› (eine Art des Exportgeschäftes)

In|de|pen|dence Day [indi'pendəns 'de:], der; - - ‹engl.-amerik.› (Unabhängigkeitstag der USA [4. Juli]); **In|de|pen|den|ten** *Plur.* ‹engl.› (Anhänger einer engl. puritan. Richtung des 17. Jh.s); **In|de|pen|denz,** die; - ‹lat.› (*veraltet für* Unabhängigkeit)

In|der, der; -s, - (Bewohner Indiens); **In|de|rin**

in|des, in|des|sen

in|de|ter|mi|na|bel [*auch* 'in...] ‹lat.› (unbestimmbar); ...a|bler Begriff; **In|de|ter|mi|na|ti|on** [*auch* 'in...], die; - (Unbestimmtheit); **in|de|ter|mi|niert** [*auch* 'in...], -este (unbestimmt, nicht festgelegt, nicht abgegrenzt, frei); **In|de|ter|mi|nis|mus** [*auch* 'in...], der; - (*Philos.* Lehre von der Willensfreiheit)

In|dex, der; -[es], *Plur.* -e *u.* ...dizes [...tse:s] ‹lat.› (alphabet. Namen-, Sachverzeichnis; Liste verbotener Bücher; statistische Meßziffer); das Buch steht auf dem -; **In|dex◡wäh|rung** *(Wirtsch.),* **...zif|fer**

in|de|zent; -este ‹lat.› (nicht taktvoll, nicht feinfühlig); **In|de|zenz,** die; -, -en (Mangel an Takt)

In|dia|ca ⓦ [...ka], das; -s (eine Art Volleyballspiel, Handtennis)

In|di|an, der; -s, -e (*bes. österr. für* Truthahn)

In|dia|na (Staat in den USA; *Abk.* Ind.); **In|dia|na|po|lis-Start;** ↑R 180 (fliegender Start beim Autorennen); **In|dia|ner,** der; -s, -; ↑R 180 (Angehöriger der Urbevölkerung Amerikas [außer den Eskimos]); *vgl. auch* Indio; **In|dia|ner◡buch, ...ge|schich|te, ...häupt|ling, ...krap|fen** (*österr. für* Mohrenkopf), **...re|ser|va|ti|on, ...schmuck, ...spra|che, ...stamm; in|dia|nisch** (↑R 180); **In|dia|nist,** der; -en, -en; ↑R 197; R 180 (Erforscher der indian. Sprachen und Kulturen); **In|dia|ni|stik,** die; - (↑R 180)

In|di|en [...iən] (Staat in Südasien); *vgl. auch* Bharat

In|dienst|nah|me, die; -, -n *(Amtsspr.);* **In|dienst|stel|lung**

in|dif|fe|rent [*auch* ...'rɛnt]; -este ‹lat.› (unbestimmt, gleichgültig, teilnahmslos; wirkungslos); **In|dif|fe|ren|tis|mus,** der; - (Gleichgültigkeit [gegenüber bestimmten Dingen, Meinungen, Lehren]); **In|dif|fe|renz** [*auch* ...'rɛnts], die; -, -en (Unbestimmtheit, Gleichgültigkeit; Wirkungslosigkeit)

In|di|ge|sti|on [*auch* 'in...], die; -, -en ‹lat.› (*Med.* Verdauungsstörung)

In|di|gna|ti|on, die; - ‹lat.› (Unwille, Entrüstung); **in|di|gniert;** -este (peinlich berührt, unwillig, entrüstet); **In|di|gni|tät,** die; - (*Rechtsspr.* Erbunwürdigkeit; *veraltet für* Unwürdigkeit)

In|di|go, der *od.* das; -s, *Plur.* (*für* Indigoarten:) -s ‹span.› (ein blauer Farbstoff); **in|di|go|blau; In|di|go|blau; In|di|go|lith** [*auch* ...'lit], der; *Gen.* -s *u.* -en, *Plur.* -e[n]; ↑R 197 (ein Mineral); **In|di|go|tin,** das; -s ‹nlat.› (Indigo)

In|dik, der; -s (Indischer Ozean)

In|di|ka|ti|on, die; -, -en ‹lat.› (Merkmal; *Med.* Heilanzeige); **In|di|ka|ti|ons|mo|dell** (Modell zur Freigabe des Schwangerschaftsabbruchs unter bestimmten Voraussetzungen); **In|di|ka|tiv,** der; -s, -e [...və] (*Sprachw.* Wirklichkeitsform; *Abk.* Ind.); **in|di|ka|ti|visch** [...v..., *auch* ...'ti:...] (die Wirklichkeitsform betreffend); **In|di|ka|tor,** der; -s, ...oren (Merkmal, das etwas anzeigt; Gerät zum Messen physikal. Vorgänge; Stoff, der durch Farbwechsel das Ende einer chem. Reaktion anzeigt); **In|di|ka|tor|dia|gramm** (Leistungsbild [einer Maschine]); **In|di|ka|trix,** die; - (math. Hilfsmittel zur Feststellung einer Flächenkrümmung)

In|dio, der; -s, -s ‹span.› (süd- u. mittelamerik. Indianer)

in|di|rekt [*auch* ...'rɛkt]; -este ‹lat.› (mittelbar; auf Umwegen; abhängig; nicht geradezu); -e Wahl; -e Rede (*Sprachw.* abhängige Rede); -er Fragesatz (abhängiger Fragesatz); **In|di|rekt|heit**

in|disch; -e Musik, aber (↑R 146): der Indische Ozean; **Indisch Lamm,** das; - -[e]s (eine Pelzsorte); **In|disch|rot** (eine Anstrichfarbe)

in|dis|kret [*auch* ...'kre:t]; -este ‹franz.› (nicht verschwiegen; taktlos; zudringlich); **In|dis|kre|ti|on** [*auch* 'in...], die; -, -en (Vertrauensbruch; Taktlosigkeit)

in|dis|ku|ta|bel [*auch* ...'ta:b(ə)l] ‹franz.› (nicht der Erörterung wert); ...a|ble Forderung

in|dis|po|ni|bel [*auch* ...'ni:b(ə)l] ‹lat.› (nicht verfügbar; festgelegt); eine ...i|ble Menge; **in|dis|po|niert;** -este (in schlechter körperlich-seel. Verfassung; nicht zu etwas aufgelegt); **In|dis|po|si|ti|on,** die; -, -en (schlechte körperlich-seel. Verfassung)

in|dis|pu|ta|bel [*auch* ...'ta:b(ə)l] ‹lat.› (*veraltet für* unbestreitbar); eine ...a|ble Sache

in|dis|zi|pli|niert [*auch* ...'ni:rt]; -este ‹lat.›

In|di|um, das; -s (chem. Element, Metall; *Zeichen* In)

in|di|vi|dua|li|sie|ren [...v...] (↑R 180) ‹franz.› (die Individualität bestimmen; das Besondere, Eigentümliche hervorheben); **In|di|vi|dua|li|sie|rung** (↑R 180); **In|di|vi|dua|lis|mus,** der; - (↑R 180) ‹lat.› (Anschauung, die dem Individuum den Vorrang vor der Gemeinschaft gibt); **In|di|vi|dua|list,** der; -en, -en (↑R 197; R 180); (Vertreter des Individualismus; Einzelgänger); **In|di|vi|dua|li|stin** (↑R 180); **in|di|vi|dua|li|stisch;** -ste; ↑R 180 (nur das Individuum berücksichtigend; das Besondere, Eigentümliche betonend); **In|di|vi|dua|li|tät,** die; -, -en (↑R 180) ‹franz.› (*nur Sing.:* Einzigartigkeit der Persönlichkeit; Eigenart; Persönlichkeit); **In|di|vi|du|al‿psy|cho|lo|gie** (die; -), **...recht** (Persönlichkeitsrecht), **...sphä|re; In|di|vi|dua|ti|on,** die; -, -en (Entwicklung der Einzelpersönlichkeit, Vereinzelung); **in|di|vi|du|ell** ‹franz.› (dem Individuum eigentümlich; vereinzelt; besonders geartet; *regional für* privat, nicht staatlich); **In|di|vi|du|um** [...duum], das; -s, ...duen [...duən] ‹lat.› (Einzelwesen, einzelne Person; *abwertend für* Kerl, Lump)

In|diz, das; -es, -ien [...iən] ‹lat.› (Anzeichen; Verdacht erregender Umstand); **In|di|zes** (*Plur. von* Index); **In|di|zi|en** (*Plur. von* Indiz); **In|di|zi|en‿be|weis** [...iən...] (auf zwingenden Verdachtsmomenten beruhender Beweis); **In|di|zi|en‿ket|te, ...pro|zeß; in|di|zie|ren** (auf den Index setzen; mit einem Index versehen; anzeigen; *Med.* als angezeigt erscheinen lassen); **in|di|ziert** (*Med.* angezeigt, ratsam); **In|di|zie|rung**

In|do|chi|na (ehem. franz. Gebiet in Hinterindien); **In|do|eu|ro|pä|er** *vgl.* Indogermane; **in|do|eu|ro|pä|isch** (*Abk.* ide., i.-e.); *vgl.* indogermanisch; **In|do|ger|ma|ne** (Angehöriger einer westasiatisch-europäischen Sprachfamilie); **in|do|ger|ma|nisch** (*Abk.* idg.); **In|do|ger|ma|nisch,** das; -[s]; *vgl.* Deutsch; **In|do|ger|ma|ni|sche,** das; -n; *vgl.* Deutsche, das; **In|do|ger|ma|nist,** der; -en, -en (↑R 197); **In|do|ger|ma|ni|stik** (Wissenschaft, die die indogermanischen Sprachen erforscht); **In|do|ger|ma|ni|stin**

In|dok|tri|na|ti|on, die; -, -en (massive [ideologische] Beeinflussung); **in|dok|tri|na|tiv; in|dok|tri|nie|ren** (durch Indoktrination beeinflussen); **In|dok|tri|nie|rung**

In|dol, das; -s (chem. Verbindung)

in|do|lent [*auch* ...'lɛnt]; -este ‹lat.› (unempfindlich; gleichgültig; träge); **In|do|lenz** [*auch* ...'lɛnts], die; -

In|do|lo|ge, der; -n, -n (↑R 197) ‹griech.› (Erforscher der Sprachen u. Kulturen Indiens); **In|do|lo|gie,** die; -; **In|do|lo|gin**

In|do|ne|si|en [...iən] (Inselstaat in Südostasien); **In|do|ne|si|er** [...iər]; **In|do|ne|sie|rin; in|do|ne|sisch**

in|do|pa|zi|fisch (um den Indischen u. Pazifischen Ozean gelegen); der -e Raum

In|dos|sa|ment, das; -s, -e ‹ital.› (*Bankw.* Wechselübertragungsvermerk); **In|dos|sant,** der; -en, -en; ↑R 197 (Wechselüberschreiber); **In|dos|sat,** der; -en, -en (↑R 197) *u.* **In|dos|sa|tar,** der; -s, -e (durch Indossament ausgewiesener Wechselgläubiger); **in|dos|sie|ren** ([einen Wechsel] durch Indossament übertragen); **In|dos|sie|rung; In|dos|so,** das; -s, *Plur.* -s *u.* ...dossi (Übertragungsvermerk auf einem Wechsel)

In|dra (ind. Hauptgott der wedischen Zeit)

in du|bio ‹lat.› (im Zweifelsfalle); **in du|bio pro reo** („im Zweifel für den Angeklagten") (ein alter Rechtsgrundsatz); In-dubio-pro-reo-Grundsatz (↑R 41)

In|duk|tanz, die; - ‹lat.› (*Elektrotechnik* rein induktiver Widerstand); **In|duk|ti|on,** die; -, -en (*Logik* Herleitung von allgemeinen Regeln aus Einzelfällen; *Elektrotechnik* Erregung elektr. Ströme u. Spannungen durch bewegte Magnetfelder); **In|duk|ti|ons‿ap|pa|rat** (*svw.* Induktor), **...be|weis** *(Logik)*, **...krank|heit** *(Med.)*, **...ofen** *(Technik)*, **...strom** (durch Induktion erzeugter Strom); **in|duk|tiv** [*auch* 'in...] (auf Induktion beruhend); **In|duk|ti|vi|tät** [...v...], die; -, -en (Größe, die für die Stärke des Induktionsstromes mit maßgebend ist); **In|duk|tor,** der; -s, ...oren (Transformator zur Erzeugung hoher Spannung)

in dul|ci ju|bi|lo [- 'dultsi -] ‹lat., „in süßem Jubel"› (*übertr. für* herrlich u. in Freuden)

in|dul|gent; -este ‹lat.› (nachsichtig); **In|dul|genz,** die; -, -en (Nachsicht; Straferlaß; Ablaß der zeitl. Sündenstrafen); **In|dult,** der *od.* das; -[e]s, -e (Frist; vorübergehende Befreiung von einer kirchengesetzlichen Verpflichtung)

In|du|ra|ti|on, die; -, -en ‹lat.› (*Med.* Gewebe- od. Organverhärtung)

In|dus, der; - (Strom in Vorderindien)

In|du|si, die; - ‹*Kurzw. aus* induktive Zugsicherung› (*Eisenb.* Zugsicherungseinrichtung)

In|du|si|um, das; -s, ...ien [...iən] ‹lat.› (*Bot.* häutiger Auswuchs der Blattunterseite von Farnen)

In|du|stri|al De|sign [in'dastri(ə)l di'zain], das; - -s ‹engl.› (Formgebung der Gebrauchsgegenstände); **In|du|stri|al De|si|gner** [- di'zainə(r)], der; - -s, - - (Formgestalter für Gebrauchsgegenstände); **in|du|stria|li|sie|ren** (↑R 180) ‹franz.› (Industrie ansiedeln, einführen); **In|du|stria|li|sie|rung** (↑R 180); **In|du|stria|lis|mus,** der; -; ↑R 180 (Prägung einer Volkswirtschaft durch die Industrie); **In|du|strie,** die; -, ...ien; **In|du|strie‿an|la|ge, ...ar|bei|ter, ...ar|chäo|lo|gie** (↑R 180; die; -; Erhaltung u. Erforschung von industriellen Bauwerken, Maschinen o.ä.); **In|du|strie‿aus|stel|lung, ...bau** (*Plur.* ...bauten), **...be|trieb, ...de|sign** (Gestaltung von Gebrauchsgegenständen), **...er|zeug|nis** (↑R 36), **...ge|biet, ...ge|werk|schaft** (*Abk.* IG), **...ka|pi|tän** *(ugs.)*, **...kauf|frau, ...kauf|mann** (*Plur.* ...leute), **...kom|bi|nat** *(ehem. in der DDR)*, **...la|den** *(ehem. in der DDR)*, **...land, ...land|schaft; in|du|stri|ell** (die Industrie betreffend); die erste, zweite -e Revolution; **In|du|stri|e|lle,** der; -n, -n; ↑R 7 ff. (Inhaber eines Industriebetriebes); **In|du|strie_ma|gnat, ...müll, ...pro|dukt, ...ro|bo|ter, ...staat, ...stadt; In|du|strie- u. Han|dels|kam|mer** (*so die von den Richtlinien der Rechtschreibung* [↑R 41] *abweichende übliche Schreibung; Abk.* IHK); **In|du|strie_un|ter|neh|men, ...zeit|al|ter, ...zweig**

in|du|zie|ren ‹lat.› (*Verb zu* Induktion)

in|ef|fek|tiv [*auch* ...'ti:f] ‹lat.› (unwirksam, frucht-, nutzlos)

in ef|fi|gie [- ...gie, *auch* - ...giə] ‹lat., „im Bilde"› (bildlich)

in|ef|fi|zi|ent [*auch* ...'tsiɛnt]; -este ‹lat.› (unwirksam; unwirtschaftlich); **In|ef|fi|zi|enz,** die; -, -en

in|egal [*auch* ...'ga:l] ‹franz.› (ungleich[mäßig])

in|ein|an|der; *Schreibung in Verbindung mit Verben* (↑R 205 f.): ineinander (in sich gegenseitig) aufgehen, die Fäden haben sich ineinander (sich gegenseitig) verschlungen, aber: die Linien sollen ineinanderfließen; *vgl.* aneinander; **in|ein|an|der_flie|ßen, ...fü|gen, ...grei|fen; In|ein|an|der|grei|fen,** das; -s; **in|ein|an|der_schie|ben, ...stecken** [*Trenn.* ...stek|ken]

in eins; in eins setzen (gleichsetzen); **In|eins|set|zung** *(geh.)*

in|ert; -este ‹lat.› (*veraltet für* untätig, träge; unbeteiligt); **In|ert|gas** (*Chemie* reaktionsträges Gas)

Ines (w. Vorn.)

in|es|sen|ti|ell [*auch* ...'tsiɛl] ‹lat.› (unwesentlich)

in|ex|akt [*auch* ...'akt]; -este ‹lat.› (ungenau)

in|exi|stent [*auch* ...'stɛnt] ‹lat.› (nicht vorhanden); **In|exi|stenz,** die; - (*Philos.* das Dasein, Enthaltensein in etwas)

in ex|ten|so ‹lat.› (ausführlich, vollständig)

in ex|tre|mis ‹lat.› (*Med.* im Sterben [liegend])

in|fal|li|bel ‹lat.› (unfehlbar [vom Papst]); eine ...ible Entscheidung; **In|fal|li|bi|li|tät,** die; - ([päpstliche] Unfehlbarkeit)

in|fam ‹lat.› (ehrlos; niederträchtig, schändlich); **In|fa|mie,** die; -, ...ien

In|fant, der; -en, -en (↑R 197) ‹span., „Kind"› (*früher* Titel span. u. port. Prinzen); **In|fan|te|rie** [*auch* ...'ri:], die; -, ...ien ‹franz.› (*Milit.* Fußtruppe); **In|fan|te|rie|re|gi|ment** (*Abk.* IR.); **In|fan|te|rist** [*auch* ...'rist], der; -en, -en; ↑R 197 (Fußsoldat); **in|fan|te|ri|stisch; in|fan|til** ‹lat.› (kindlich; unentwickelt, unreif); **In|fan|ti|lis|mus,** der; -, ...men (Stehenbleiben auf kindlicher Entwicklungsstufe); **In|fan|ti|li|tät,** die; -; **In|fan|tin** ‹span.› (*früher* Titel span. u. port. Prinzessinnen)

In|farkt, der; -[e]s, -e ‹lat.› (*Med.* Absterben eines Gewebeteils infolge Gefäßverschlusses)

In|fekt, der; -[e]s, -e ‹lat.› (*Med.* Infektionskrankheit; *kurz für* Infektion); grippaler -; **In|fek|ti|on,** die; -, -en (Ansteckung durch Krankheitserreger); **In|fek|ti|ons_ge|fahr, ...herd, ...krank|heit; in|fek|ti|ös;** -este (ansteckend)

In|fel *vgl.* Inful

In|fe|rio|ri|tät, die; - ‹lat.› (untergeordnete Stellung; Minderwertigkeit)

in|fer|nal (*seltener für* infernalisch); **in|fer|na|lisch;** -ste ‹lat.› (höllisch; teuflisch); **In|fer|no,** das; -s ‹ital., „Hölle"› (entsetzliches Geschehen)

in|fer|til [*auch* 'in...] ‹lat.› (*Med.* unfruchtbar); **In|fer|ti|li|tät,** die; -

In|fight ['infait], der; -[s], -s *u.* **In|figh|ting** ['infaitiŋ], das; -[s], -s ‹engl.› (*Boxen* Nahkampf)

In|fil|tra|ti|on, die; -, -en ‹lat.› (Eindringen, z. B. von fremdartigen [krankheitserregenden] Substanzen in Zellen u. Gewebe; [ideologische] Unterwanderung); **In|fil|tra|ti|ons_an|äs|the|sie** (*Med.* Betäubung durch Einspritzungen), **...ver|such; in|fil|trie|ren** (eindringen; durchtränken); **In|fil|trie|rung,** die; -, -en

in|fi|nit [*auch* ...'ni:t] ‹lat.› (*Sprachw.* unbestimmt); -e Form (Form des Verbs, die im Ggs. zur finiten Form [*vgl.* finit] nicht nach Person u. Zahl bestimmt ist, z. B. „schwimmen" [*vgl.* Infinitiv], „schwimmend" u. „geschwommen" [*vgl.* Partizip]); **in|fi|ni|te|si|mal** (*Math.* zum Grenzwert hin unendlich klein werdend); **In|fi|ni|te|si|mal|rech|nung** *(Math.)*; **In|fi|ni|tiv** [*auch* ...'ti:f], der; -s, -e [...və] (*Sprachw.* Grundform [des Verbs], z. B. „schwimmen"); **In|fi|ni|tiv|kon|junk|ti|on** (z. B. „zu", „ohne zu", „anstatt zu"); **In|fi|ni|tiv|satz** (satzwertiger Infinitiv)

In|fir|mi|tät, die; - ‹lat.› (*Med.* Schwäche, Gebrechlichkeit)

In|fix [*auch* 'in...], das; -es, -e ‹lat.› (in den Wortstamm eingefügtes Sprachelement)

in|fi|zie|ren ‹lat.› (anstecken; mit Krankheitserregern verunreinigen); **In|fi|zie|rung**

in fla|gran|ti ‹lat.› (auf frischer Tat); - - ertappen; *vgl. auch* flagrant

in|flam|ma|bel ‹lat.› (entzündbar); ...able Stoffe

In|fla|ti|on, die; -, -en (übermäßige Ausgabe von Zahlungsmitteln; Geldentwertung); **in|fla|tio|när, in|fla|tio|ni|stisch, in|fla|to|risch** (die Inflation betreffend; Inflation bewirkend)

in|fle|xi|bel [*auch* ...'ksi:b(ə)l] ‹lat.› (*selten für* unbiegsam; unveränderlich; *Sprachw.* nicht beugbar); ...ibles Wort; **In|fle|xi|bi|li|tät** [*auch* 'in...], die; - (Unbiegsamkeit; Unbeugbarkeit)

In|flu|enz, die; -, -en ‹lat.› (Beeinflussung eines elektr. ungeladenen Körpers durch die Annäherung eines geladenen); **In|flu|en|za,** die; - ‹ital.› (*veraltet für* Grippe); **In|flu|enz|ma|schi|ne** (Maschine zur Erzeugung hoher elektr. Spannung)

In|fo, das; -s, -s (*ugs. kurz für* Informationsblatt)

in|fol|ge (↑R 208); *mit Gen. od. mit* „von": - des schlechten Wetters; - übermäßigen Alkoholgenusses; - von Krieg; **in|fol|ge|des|sen**

In|fo|mo|bil, das; -s, -e (Fahrzeug als fahrbarer Informationsstand)

In|for|mand, der; -en, -en (↑R 197) ‹lat.› (eine Person, die informiert wird); **In|for|mant,** der; -en, -en; ↑R 197 (jmd., der [geheime] Informationen liefert); **In|for|ma|tik,** die; - (Wissenschaft von der Informationsverarbeitung, insbes. mit Hilfe von Computern); **In|for|ma|ti|ker; In|for|ma|ti|ke|rin; In|for|ma|ti|on,** die; -, -en (Auskunft; Nachricht; Belehrung); **in|for|ma|tio|nell; In|for|ma|ti|ons_aus|tausch, ...be|dürf|nis, ...blatt, ...bü|ro, ...fluß** (der; ...flusses), **...ge|halt** (der), **...ma|te|ri|al, ...quel|le, ...theo|rie** (die; -), **...ver|ar|bei|tung; in|for|ma|tiv** (belehrend; Auskunft gebend; aufschlußreich); **In|for|ma|tor,** der; -s, ...oren (jmd., von dem man Informationen bezieht); **in|for|ma|to|risch** (der [vorläufigen] Unterrichtung dienend)

In|for|mel [ɛ̃fɔr'mɛl], das; - ‹franz.› (informelle Kunst; *vgl.* ²informell)

¹in|for|mell ‹lat.› (informierend, mitteilend)

²in|for|mell [*auch* ...'mɛl] ‹franz.› (nicht förmlich; auf Formen verzichtend); -e Kunst (eine Richtung der modernen Malerei)

in|for|mie|ren ‹lat.› (belehren; Auskunft geben; benachrichtigen); sich - (sich unterrichten, Auskünfte, Erkundigungen einziehen); **In|for|miert|heit,** die; -; **In|for|mie|rung**

in Fra|ge; - - kommen, stehen

in|fra|rot ‹lat.; dt.›, *auch* ul|tra|rot

(zum Infrarot gehörend); **In|fra|rot,** *auch* Ul|tra|rot (unsichtbare Wärmestrahlen, die im Spektrum zwischen dem roten Licht u. den kürzesten Radiowellen liegen); **In|fra|rot‿film, ...hei|zung, ...strah|ler** (ein Elektrogerät), **...strah|lung** (die; -); **In|fra|schall,** der; -[e]s (Schallwellenbereich unterhalb von 16 Hertz); **In|fra|struk|tur** (wirtschaftlich-organisatorischer Unterbau einer hochentwickelten Wirtschaft; Gesamtheit milit. Anlagen); **in|fra|struk|tu|rell**

In|ful, die; -, -n ‹lat.› (altröm. weiße Stirnbinde; *Bez. der* Mitra mit herabhängenden Bändern); **in|fu|liert** (zum Tragen der Inful berechtigt)

in|fun|die|ren ‹lat.› (*Med.* durch Infusion in den Körper einführen); **In|fus,** das; -es, -e (Aufguß; Tee); **In|fu|si|on,** die; -, -en (Zufuhr von Flüssigkeit in den Körper mittels einer Hohlnadel); **In|fu|si|ons|tier|chen** *u.* **In|fu|so|ri|um,** das; -s, ...ien [...iən] *meist Plur.* (Aufgußtierchen [einzelliges Wimpertierchen]); **In|fu|sum,** das; -s, ...sa (*svw.* Infus)

Ing. = Ingenieur

In|ga (w. Vorn.)

In|gang‿hal|tung (die; -), **...set|zung** (die; -)

In|gä|wo|nen usw. *vgl.* Ingwäonen usw.

Ing|bert (m. Vorn.); **In|ge, In|ge|borg** (w. Vorn.)

In|ge|brauch|nah|me, die; -, -n

In|ge|lo|re (w. Vorn.); ↑R 132

in ge|ne|re [*auch* - 'ge:...] ‹lat.› (im allgemeinen)

In|ge|nieur [inʒe'ni̯ø:r], der; -s, -e ‹franz.› (*Abk.* Ing.); **In|ge|nieur‿aka|de|mie, ...bau** (*Plur.* ...bauten), **...bü|ro; In|ge|nieu|rin; In|ge|nieur|öko|nom** (auch auf techn. Gebiet ausgebildeter Wirtschaftswissenschaftler in der ehem. DDR); **In|ge|nieur|schu|le; in|ge|ni|ös** [inge...]; -este ‹lat.› (sinnreich; erfinderisch; scharfsinnig); **In|ge|nio|si|tät,** die; - (Erfindungsgabe, Scharfsinn); **In|ge|ni|um,** das; -s, ...ien [...iən] (natürl. Begabung, Erfindungskraft; Genie)

In|ge|sti|on, die; - ‹lat.› (*Med.* Nahrungsaufnahme)

in|ge|züch|tet ‹*zu* Inzucht›

In|go, In|go|mar (m. Vorn.)

In|got ['iŋgɔt], der; -s, -s ‹engl.› (Metallblock, -barren)

In|grain|pa|pier [in'gre:n...] ‹engl.; dt.› (rauhes Zeichenpapier mit farbigen od. schwarzen Wollfasern)

In|gre|di|ens [...di̯ɛns], das; -, ...i̯enzien [...i̯ən] *meist Plur. u.* **In|gre|di|enz,** die; -, -en *meist Plur.* ‹lat.› (Zutat; Bestandteil)

In|gres ['ɛ̃:gr(ə)] (franz. Maler)

In|greß, der; Ingresses, Ingresse ‹lat.› (*veraltet für* Eingang, Zutritt); **In|gres|si|on,** die; -, -en (*Geol.* das Eindringen von Meerwasser in Landsenken)

Ing|rid (w. Vorn.)

In|grimm, der; -[e]s (*veraltend für* Grimm); **in|grim|mig**

in gros|so ‹ital.› (*veraltend für* en gros, im großen)

Ing|wäo|nen *Plur.*; ↑R 180 (Kultgemeinschaft westgerm. Stämme); **ing|wäo|nisch** (↑R 180)

Ing|wer, der; -s, - ‹sanskr.› (eine Gewürzpflanze; ein Likör; *nur Sing.:* ein Gewürz); **Ing|wer‿bier, ...öl**

In|ha|ber; In|ha|be|rin; In|ha|ber|pa|pier *(Bankw.)*

in|haf|tie|ren (in Haft nehmen); **In|haf|tier|te,** der *u.* die; -n, -n (↑R 7 ff.); **In|haf|tie|rung; In|haft|nah|me,** die; -, -n *(Amtsspr.)*

In|ha|la|ti|on, die; -, -en ‹lat.› (*Med.* Einatmung meist dampfförmiger od. zerstäubter Heilmittel); **In|ha|la|ti|ons|ap|pa|rat; In|ha|la|to|ri|um,** das; -s, ...ien [...iən] (Raum zum Inhalieren); **in|ha|lie|ren** (*auch für* [beim Zigarettenrauchen] den Rauch [in die Lunge] einziehen)

In|halt, der; -[e]s, -e; **in|halt|lich; In|halts|an|ga|be; in|halts|arm; in|halts|los;** -este; **in|halts‿reich, ...schwer; In|halts‿über|sicht, ...ver|zeich|nis; in|halt[s]|voll**

in|hä|rent ‹lat.› (anhaftend; innewohnend); **In|hä|renz,** die; - (*Philos.* die Zugehörigkeit der Eigenschaften zu ihren Trägern); **in|hä|rie|ren** (anhaften)

in hoc sa|lus ‹lat., „in diesem [ist] Heil"› (*Abk.* I. H. S.)

in hoc si|gno ‹lat., „in diesem Zeichen"› (*Abk.* I. H. S.)

in|ho|mo|gen [*auch* ...'ge:n] ‹lat.; griech.› (ungleichartig); **In|ho|mo|ge|ni|tät** [*auch* 'in...], die; -

in ho|no|rem ‹lat.› (zu Ehren)

in|hu|man [*auch* ...'ma:n] ‹lat.› (unmenschlich; rücksichtslos); **In|hu|ma|ni|tät** [*auch* 'in...], die; -, -en

in in|fi|ni|tum *vgl.* ad infinitum

In|iti|al *vgl.* Initiale; **In|iti|al|buch|sta|be; In|itia|le,** die; -, -n (↑R 180) ‹lat.›, *seltener* In|iti|al, das; -s, -e (großer [meist verzierter] Anfangsbuchstabe); **In|iti|al‿spreng|stoff** (Zündstoff für Initialzündungen), **...wort** (*Plur.* ...wörter; *Sprachw.*), **...zel|len** *(Plur.; Bot.),* **...zün|dung** (Zündung eines schwer entzündlichen Sprengstoffs durch einen leicht entzündlichen); **In|iti|and,** der; -en, -en; ↑R 197 (Einzuweihender; Anwärter auf eine Initiation); **In|iti|ant,** der; -en, -en; ↑R 197 (jemand, der die Initiative ergreift); **In|itia|ti|on,** die; -, -en; ↑R 180 (*Soziol.* Aufnahme in eine Gemeinschaft; *Völkerk.* Reifefeier bei den Naturvölkern); **In|itia|ti|ons|ri|tus** *meist Plur.;* **in|itia|tiv;** ↑R 180 (Initiative ergreifend, besitzend); - werden; **In|itia|tiv|an|trag;** ↑R 180 (die parlamentarische Diskussion eines Problems einleitender Antrag); **In|itia|ti|ve** [...və], die; -, -n (↑R 180) ‹franz.› (erste tätige Anregung zu einer Handlung; Entschlußkraft, Unternehmungsgeist; *schweiz. auch für* Begehren nach Erlaß, Änderung od. Aufhebung eines Gesetzes od. Verfassungsartikels); die - ergreifen; **In|itia|tiv|recht,** das; -[e]s; ↑R 180 (das Recht, Gesetzentwürfe einzubringen); **In|itia|tor,** der; -s, ...oren (↑R 180) ‹lat.› (Urheber; Anstifter); **In|itia|to|rin** (↑R 180); **In|iti|en** [...iən] *Plur.* (Anfänge; Anfangsgründe); **in|iti|ie|ren** (den Anstoß geben; einleiten; [in ein Amt] einführen; einweihen)

In|jek|ti|on, die; -, -en ‹lat.› (*Med.* Einspritzung; *Geol.* Eindringen von Magma in Gesteinsspalten; *Bauw.* Bodenverfestigung durch das Einspritzen von Zement); **In|jek|ti|ons‿lö|sung** *(Med.),* **...sprit|ze; In|jek|tor,** der; -s, ...oren (*Technik* Preßluftzubringer in Saugpumpen; Pumpe, die Wasser in einen Dampfkessel einspritzt); **in|ji|zie|ren** (einspritzen)

In|ju|rie [...iə], die; -, -n ‹lat.› (Unrecht, Beleidigung); **in|ju|ri|ie|ren** (*veraltet für* beleidigen)

In|ka, der; -[s], -[s] (Angehöriger der ehem. indian. Herrscher- u. Adelsschicht in Peru); **In|ka‿bein** *od.* ...kno|chen (*Med.* ein Schädelknochen); **in|ka|isch**

In|kar|di|na|ti|on, die; -, -en ‹lat.› (Zuteilung eines kath. Geistlichen an eine Diözese)

in|kar|nat ‹lat.› (*Kunstw., sonst veraltet für* fleischfarben); **In|kar|nat,** das; -[e]s (Fleischton [auf Gemälden]); **In|kar|na|ti|on,** die; -, -en ‹„Fleischwerdung"› (Verkörperung; *Rel.* Menschwerdung [Christi]); **In|kar|nat|rot,** das; -s; **in|kar|nie|ren,** sich (verkörpern); **in|kar|niert** (*Rel.* fleischgeworden)

In|kas|sant, der; -en, -en (↑R 197) ‹ital.› (*österr. für* jmd., der Geld kassiert); **In|kas|san|tin; In|kas|so,** das; -s, *Plur.* -s *od., österr. auch,* ...kassi (*Bankw.* Einziehung von Geldforderungen); **In|kas|so‿bü|ro, ...voll|macht**

In|kauf|nah|me, die; -

inkl. = inklusive

In|kli|na|ti|on, die; -, -en ‹lat.› (Vorliebe, Zuneigung; *Physik* Neigung einer frei aufgehängten Magnetnadel zur Waagrechten; *Math.* Neigung zweier Ebenen od. einer Linie u. einer Ebene gegeneinander)

in|klu|si|ve [...və] ‹lat.› (einschließlich, inbegriffen; *Abk.* inkl.); *Präp. mit Gen.:* - des Verpackungsmaterials; *ein alleinstehendes, stark gebeugtes Substantiv steht im Sing. ungebeugt:* - Porto; *mit Dat., wenn der Gen. nicht erkennbar ist:* - Getränken

in|ko|gni|to ‹ital., „unerkannt"› (unter fremdem Namen); - reisen; **In|ko|gni|to,** das; -s, -s

in|ko|hä|rent [*auch* ...'rɛnt]; -este ‹lat.› (unzusammenhängend); **In|ko|hä|renz** [*auch* ...'rɛnts], die; -, -en

In|koh|lung (*Geol.* Umwandlung von Pflanzen in Kohle unter Luftabschluß)

in|kom|men|su|ra|bel ‹lat.› (nicht meßbar; nicht vergleichbar); ...ra|ble Größen *(Math.)*

in|kom|mo|die|ren ‹lat.› (*veraltend für* belästigen; bemühen); sich - (sich Mühe machen); **In|kom|mo|di|tät,** die; -, -en (Unbequemlichkeit, Lästigkeit einer Sache)

in|kom|pa|ra|bel [*auch* ...'ra:...] ‹lat.› (*veraltend für* unvergleichbar; *Sprachw.* nicht steigerungsfähig); ...a|ble Verhältnisse

in|kom|pa|ti|bel [*auch* ...'ti:...] ‹lat.› (unverträglich; unvereinbar); ...i|ble Blutgruppen; **In|kom|pa|ti|bi|li|tät,** die; -, -en

in|kom|pe|tent [*auch* ...'tɛnt]; -este ‹lat.› (nicht zuständig, nicht befugt); **In|kom|pe|tenz** [*auch* ...'tɛnts], die; -, -en

in|kom|plett [*auch* ...'plɛt] ‹franz.› (unvollständig)

in|kom|pres|si|bel [*auch* ...'si:...] ‹lat.› (*Physik* nicht zusammenpreßbar); ...i|ble Körper; **In|kom|pres|si|bi|li|tät,** die; -

in|kon|gru|ent [*auch* ...'ɛnt] ‹lat.› (nicht übereinstimmend; *Math.* nicht deckungsgleich); **In|kon|gru|enz** [*auch* ...'ɛnts], die; -, -en

in|kon|se|quent [*auch* ...'kvɛnt]; -este ‹lat.› (nicht folgerichtig; widersprüchlich; wankelmütig); **In|kon|se|quenz** [*auch* ...'kvɛnts], die; -, -en

in|kon|si|stent [*auch* ...'stɛnt]; -este ‹lat.› (unbeständig; unhaltbar; widersprüchlich); **In|kon|si|stenz** [*auch* ...'stɛnts], die; -

in|kon|stant [*auch* ...'stant]; -este ‹lat.› (veränderlich, unbeständig); **In|kon|stanz** [*auch* ...'stants], die; - (inkonstante Beschaffenheit)

In|kon|ti|nenz [*auch* ...'nɛnts], die; -, -en ‹lat.› (*Med.* Unvermögen, Harn, Stuhl zurückzuhalten)

in|kon|ver|ti|bel [*auch* ...'ti:...] ‹lat.› (*Wirtsch.* nicht austauschbar [von Währungen]); ...i|ble Währungen

in|kon|zi|li|ant [*auch* ...'li̯ant]; -este ‹lat.› (nicht umgänglich)

in|kor|po|ral ‹lat.› (*Med.* im Körper [befindlich]); **In|kor|po|ra|ti|on,** die; -, -en (Einverleibung; Aufnahme); **in|kor|po|rie|ren; In|kor|po|rie|rung**

in|kor|rekt [*auch* ...'rɛkt]; -este ‹lat.› ([sprachlich] ungenau, fehlerhaft; unangemessen); **In|kor|rekt|heit** [*auch* ...'rɛkt...]

in Kraft; *vgl.* Kraft; **In|kraft|set|zung** *(Amtsspr.);* **In|kraft|tre|ten,** das; -s (eines Gesetzes); ↑R 68 *u.* ↑R 42 *u.* Kraft, die

In|kreis, der; -es, -e (*Math.* einer Figur einbeschriebener Kreis)

In|kre|ment, das; -[e]s, -e ‹lat.› (*Math.* Betrag, um den eine Größe zunimmt)

In|kret, das; -[e]s, -e ‹lat.› (*Med.* von Drüsen ins Blut abgegebener Stoff, Hormon); **In|kre|ti|on,** die; - (innere Sekretion); **in|kre|to|risch** (die innere Sekretion betreffend, auf ihr beruhend)

in|kri|mi|nie|ren ‹lat.› (beschuldigen; unter Anklage stellen); **in|kri|mi|niert** (beschuldigt; zum Gegenstand einer Beschuldigung gemacht)

In|kru|sta|ti|on, die; -, -en ‹lat.› (farbige Verzierung von Flächen durch Einlagen; *Geol.* Krustenbildung); **in|kru|stie|ren**

In|ku|ba|ti|on, die; -, -en ‹lat.› (Tempelschlaf in der Antike; *Zool.* Bebrütung von Vogeleiern; *Med.* das Sichfestsetzen von Krankheitserregern im Körper; *auch kurz für* Inkubationszeit); **In|ku|ba|ti|ons|zeit** (Zeit von der Infektion bis zum Ausbruch einer Krankheit); **In|ku|ba|tor,** der; -s, ...oren (Brutkasten [für Frühgeburten]; Brutschrank); **In|ku|bus,** der; -, Inkuben (Buhlteufel des mittelalterl. Hexenglaubens); *vgl.* Sukkubus

in|ku|lant [*auch* ...'lant]; -este ‹franz.› ([geschäftlich] ungefällig); **In|ku|lanz** [*auch* ...'lants], die; -, -en

In|kul|pant, der; -en, -en (↑R 197) ‹lat.› (*Rechtsspr. veraltet* Ankläger); **In|kul|pat,** der; -en, -en; ↑R 197 (*Rechtsspr. veraltet* Angeschuldigter)

In|ku|na|bel, die; -, -n *meist Plur.* ‹lat.› (Wiegen-, Frühdruck, Druck aus der Zeit vor 1500)

in|ku|ra|bel [*auch* ...'ra:...] ‹lat.› (*Med.* unheilbar); ...a|ble Krankheit

In|laid, der; -s, -e ‹engl.› (durchgemustertes Linoleum)

In|land, das; -[e]s; **In|land|eis; In|län|der,** der; **In|län|de|rin; In|land|flug; in|län|disch; In|lands‿brief, ...ge|spräch, ...markt, ...por|to, ...preis, ...rei|se**

In|laut; in|lau|tend

In|lay ['inle:], das; -s, -s ‹engl., „Einlegestück"› (aus Metall od. Porzellan gegossene Zahnfüllung)

In|lett, das; -[e]s, *Plur.* -e *od.* -s (Baumwollstoff [für Federbetten u. -kissen])

in|lie|gend *vgl.* einliegend; **In|lie|gen|de,** das; -n (↑R 7 ff.)

in maio|rem Dei glo|ri|am *vgl.* ad maiorem Dei gloriam

in me|di|as res ‹lat., „mitten in die Dinge hinein"› ([unmittelbar] zur Sache)

in me|mo|ri|am ‹lat., „zum Gedächtnis"› (zum Andenken); - - Maria Theresia

in|mit|ten *(geh.);* ↑R 208; *als Präp. mit Gen.:* - des Sees

Inn, der; -[s] (r. Nebenfluß der Donau)

in na|tu|ra ‹lat.› (in Wirklichkeit; *ugs. für* in Form von Naturalien)

in|ne; mitteninne *(vgl. d.);* **in|ne|ha|ben;** seit er dieses Amt innehat; er hat dieses Amt innegehabt; **in|ne|hal|ten;** er hat mitten im Satz innegehalten

in|nen; von, nach -; - und außen; **In|nen‿an|ten|ne, ...ar|bei|ten** *(Plur.),* **...ar|chi|tekt, ...ar|chi|tek|tin, ...ar|chi|tek|tur** (die; -), **...auf|nah|me, ...aus|stat|tung, ...bahn** *(Sport),* **...dienst, ...ein|rich|tung, ...flä|che, ...hand** *(Boxen),* **...hof, ...kan|te, ...kur|ve, ...le|ben** (das; -s), **...mi|ni|ster, ...mi|ni|ste|rin, ...mi|ni|ste|ri|um, ...po|li|tik** (die; -); **in|nen|po|li|tisch,** in|ner|po|li|tisch; **In|nen‿raum, ...rist** (*bes. Fußball* innere Seite des Fußrükkens), **...sei|te, ...spie|gel, ...stadt, ...stür|mer, ...ta|sche, ...tem|pe|ra|tur, ...ver|tei|di|ger, ...welt** (die; -)

In|ner|asi|en [...i̯ən]; **in|ner‿be|trieb|lich, ...deutsch, ...dienst|lich; in|ne|re;** innerste; zuinnerst; die innere Medizin; innere Angelegenheiten eines Staates; innere Führung (*Bez. für* geistige Rüstung u. zeitgemäße Menschenführung in der dt. Bundeswehr); die äußere und die innere Mission, a b e r (↑R 157): die Innere Mission (Organisation der ev. Kirche; *Abk.* I. M.); (↑R 146:) die Innere Mongolei; **In|ne|re,** das; ...r[e]n; das Ministerium des

Innern; im Inner[e]n (↑R 7 ff.); **In|ne|rei|en** *Plur.* (z. B. Leber, Herz, Gedärme von Schlachttieren); **in|ner|halb;** *als Präp. mit Gen.:* - eines Jahres, zweier Jahre; *im Plur. mit Dat., wenn der Gen. nicht erkennbar ist:* - vier Jahren, vier Tagen; **in|ner|lich; In|ner|lich|keit,** die; -; **in|ner|orts** (*bes. schweiz. für* innerhalb des Ortes); **In|ner|öster|reich** (*hist. Bez. für* Steiermark, Kärnten, Krain, Görz; *heute westösterr. für* Ostösterreich); **in|ner|par|teil|lich; in|ner|po|li|tisch,** innenpo|li|tisch; **In|ner|rho|den** (*kurz für* Appenzell Innerrhoden); **in|ner_se|kre|to|risch** (*Med.* die innere Sekretion betreffend, auf ihr beruhend), **...staat|lich; In|ner|stadt** (*schweiz. veraltend für* Innenstadt); **in|ner|städ|tisch;** der -e Verkehr; **In|ner|ste,** das; -n (↑R 7 ff.); im -n; bis ins -; **in|nert** (*schweiz. u. westösterr. für* innerhalb, binnen); - eines Jahres *od.* - einem Jahre; - drei Tagen

In|ner|va|ti|on [...v...], die; -, -en ‹lat.› (*Med.* Versorgung der Körperteile mit Nerven; Reizübertragung durch Nerven); **in|ner|vie|ren** (mit Nerven od. Nervenreizen versehen; *übertr. auch für* anregen, Auftrieb geben)

in|ne|sein *(geh.);* er ist dieses Erlebnisses innegewesen, a b e r : ehe er dessen inne ist, inne war; **in|ne|wer|den** *(geh.);* er ist sich seines schlechten Verhaltens innegeworden, a b e r : ehe er dessen inne wurde; **in|ne|woh|nen** *(geh.);* auch diesen alten Methoden hat Gutes innegewohnt

in|nig; In|nig|keit, die; -; **in|nig|lich; in|nigst**

in no|mi|ne ‹lat., „im Namen"› (im Auftrage); - - Dei (‚„in Gottes Namen"› (*Abk.* I. N. D.); - - Domini (‚„im Namen des Herrn"› (*Abk.* I. N. D.)

In|no|va|ti|on [...v...], die; -, -en ‹lat.› (Erneuerung; Neuerung [durch Anwendung neuer Verfahren u. Techniken]); **In|no|va|ti|ons|sproß** ‹lat.; dt.› (*Bot.* Erneuerungssproß einer mehrjährigen Pflanze); **in|no|va|tiv** (Innovationen betreffend, schaffend); **in|no|va|to|risch** (Innovationen anstrebend)

In|no|zenz (m. Vorn.)

Inns|bruck (Hptst. Tirols)

in nu|ce [- 'nu:tsə] ‹lat.› (im Kern; in Kürze, kurz und bündig)

In|nung; In|nungs|mei|ster

Inn|vier|tel, das; -s; ↑R 149 (Landschaft in Österreich)

in|of|fen|siv [*auch* ...'zi:f] ‹lat.› (nicht offensiv)

in|of|fi|zi|ell [*auch* ...'tsiɛl] ‹franz.› (nichtamtlich; außerdienstlich; vertraulich; nicht förmlich); **in|of|fi|zi|ös** [*auch* ...'tsiø:s] (nicht offiziös)

in|ope|ra|bel [*auch* ...'ra:b(ə)l] ‹franz.› (*Med.* nicht operierbar); ...a|ble Verletzungen

in|op|por|tun [*auch* ...'tu:n] ‹lat.› (ungelegen, unangebracht); **In|op|por|tu|ni|tät** [*auch* 'in...], die; -, -en

Ino|sit [*auch* ...'zit], der; -s, -e ‹griech.› (in pflanzl. u. tierischen Geweben vorkommender Zukker); **Inos|urie,** die; -, ...ien (*Med.* Auftreten von Inosit im Harn)

in per|pe|tu|um [- ...tuum] ‹lat.› (auf immer)

in per|so|na ‹lat.› (persönlich)

in pet|to ‹ital.›; etwas - - (*ugs. für* im Sinne, bereit) haben

in ple|no ‹lat.› (in, vor der Vollversammlung, vollzählig)

in pra|xi ‹lat.; griech.› (im wirklichen Leben; tatsächlich)

in punc|to ‹lat.› (hinsichtlich); - - puncti (‚„im Punkte des Punktes"› (*scherzh. für* hinsichtlich der Keuschheit)

In|put, der, *auch* das; -s, -s ‹engl.› (*Wirtsch.* von außen bezogene u. im Betrieb eingesetzte Produktionsmittel; *EDV* Eingabe); **Input-Out|put-Ana|ly|se** ['input-'autput...]

in|qui|rie|ren ‹lat.› (*veraltend für* untersuchen, verhören); **In|qui|si|ten|spi|tal** (*österr. für* Gefangenenkrankenhaus); **In|qui|si|ti|on,** die; -, -en (*nur Sing.:* mittelalterl. kath. Ketzergericht; Untersuchung [dieses Gerichts]); **In|qui|si|ti|ons|ge|richt; In|qui|si|tor,** der; -s, ...oren (Richter der Inquisition); **in|qui|si|to|risch**

I. N. R. I. = Jesus Nazarenus Rex Judaeorum

ins; ↑R 17 (in das); eins - andre gerechnet

in sal|do ‹ital.› (*veraltet für* im Rückstand); - - bleiben

In|sas|se, der; -n, -n (↑R 197); **In|sas|sen|ver|si|che|rung; In|sas|sin**

ins|be|son|de|re, ins|be|sond|re (↑R 98); insbesond[e]re[,] wenn (↑R 127)

in|schal|lah ‹arab.› (wenn Allah will [muslim. Redensart])

In|schrift; In|schrif|ten_kun|de (die; -), **...samm|lung; in|schrift|lich**

In|sekt, das; -[e]s, -en ‹lat.› (Kerbtier); **In|sek|ta|ri|um,** das; -s, ...ien [...iən] (Anlage für Insektenaufzucht); **In|sek|ten_be|kämp|fung, ...fraß; in|sek|ten|fres|send;** -e Pflanzen; **In|sek|ten_fres|ser, ...gift, ...haus** (Anlage zur Aufzucht u. zum Studium der Insekten; Insektarium), **...kun|de** (die; -), **...pla|ge, ...pul|ver, ...stich, ...ver|til|gungs|mit|tel** (das); **[1]In|sek|ti|vo|re** [...v...], der; -n, -n *meist Plur.* (*Zool.* Insektenfresser); **[2]In|sek|ti|vo|re,** die; -n, -n *meist Plur.* (*Bot.* insektenfressende Pflanze); **In|sek|ti|zid,** das; -s, -e (insektentötendes Mittel)

In|sel, die; -, -n ‹lat.›; **In|sel_berg, ...be|woh|ner, ...grup|pe; In|sel|land** *Plur.* ...länder

In|sels|berg, der; -[e]s (im Thüringer Wald)

In|sel|staat *Plur.* ...staaten

In|se|mi|na|ti|on, die; -, -en ‹lat.› ([künstl.] Befruchtung)

in|sen|si|bel [*auch* ...'zi:b(ə)l] ‹lat.› (unempfindlich; gefühllos); **In|sen|si|bi|li|tät** [*auch* 'in...], die; -

In|se|rat, das; -[e]s, -e ‹lat.› (Anzeige [in Zeitungen usw.]); **In|se|ra|ten|teil,** der; **In|se|rent,** der; -en, -en; ↑R 197 (jmd., der ein Inserat aufgibt); **In|se|ren|tin; in|se|rie|ren** (ein Inserat aufgeben); **In|sert,** das; -s, -s ‹engl.› (Inserat mit beigehefteter Bestellkarte; im Fernsehen eingeblendete Schautafel); **In|ser|ti|on,** die; -, -en ‹lat.› (Aufgeben einer Anzeige; *Med.* Muskelansatz); **In|ser|ti|ons|preis**

ins|ge|heim [*österr.* 'ins...]; **ins|ge|mein** [*österr.* 'ins...] *(veraltet);* **ins|ge|samt** [*österr.* 'ins...]

In|side ['insaid], der; -[s], -s ‹engl.› (*schweiz. für* Innenstürmer); **In|si|der** ['insaidə(r)], der; -s, - (jmd., der interne Kenntnisse von etwas besitzt; Eingeweihter); **In|side-Sto|ry** ['insaid...] (Geschichte, die auf Grund interner Kenntnis von etwas geschrieben wurde)

In|sie|gel (*veraltet für* Siegelbild; *Jägerspr.* Fährtenzeichen des Rotwildes)

In|si|gni|en [...iən] *Plur.* ‹lat.› (Abzeichen, Symbole der Macht u. Würde); **in|si|gni|fi|kant** [*auch* ...'kant] (unbedeutend, unwichtig)

in|si|stent; -este ‹lat.› (beharrlich); **In|si|stenz,** die; - (Beharrlichkeit, Hartnäckigkeit); **in|si|stie|ren** (auf etwas bestehen, dringen)

in si|tu ‹lat., „in [natürlicher] Lage"› *(bes. Med., Archäol.)*

in|skri|bie|ren ‹lat.› (in eine Liste aufnehmen; *bes. österr. für* sich für das laufende Semester als Hörer an einer Universität anmelden); **In|skrip|ti|on,** die; -, -en

ins|künf|tig (*schweiz., sonst veraltet für* zukünftig, fortan)

in|so|fern [*auch* ...'fɛrn *od., österr. nur,* 'in...]; - hast du recht; - du nichts dagegen hast, ...; insofern[,] als (↑R 127)
In|so|la|ti|on, die; -, -en ‹lat.› (*Meteor.* Sonnenbestrahlung; *Med.* Sonnenstich)
in|so|lent [*auch* ...'lɛnt]; -este ‹lat.› (anmaßend, unverschämt); **In|so|lenz** [*auch* ...'lɛnts], die; -, -en
in|sol|vent [*auch* ...'vɛnt]; -este ‹lat.› (*Wirtsch.* zahlungsunfähig); **In|sol|venz** [*auch* ...'vɛnts], die; -, -en
in|son|der|heit (*geh. für* besonders, im besonderen); insonderheit[,] wenn (↑R 127)
in|so|weit [*auch* ...'vait *od., österr. nur,* 'in...]; - hast du recht; - es möglich ist, ...; insoweit[,] als (↑R 127)
in spe [- 'spe:] ‹lat., „in der Hoffnung"› (zukünftig)
In|spek|teur [...'tø:r], der; -s, -e ‹franz.› (Leiter einer Inspektion; Dienststellung der ranghöchsten Offiziere der Bundeswehr); **In|spek|ti|on,** die; -, -en ‹lat.› (Besichtigung; [regelmäßige] Wartung [eines Kraftfahrzeugs]; Behörde, Dienststelle); **In|spek|ti|ons_fahrt, ...gang** (der), **...rei|se; In|spek|tor,** der; -s, ...oren (jmd., der etwas inspiziert; Verwaltungsbeamter); **In|spek|to|rin**
In|spi|ra|ti|on, die; -, -en ‹lat.› (Eingebung; Erleuchtung); **In|spi|ra|tor,** der; -s, ...oren (jmd., der andere zu etwas anregt); **in|spi|rie|ren**
In|spi|zi|ent, der; -en, -en (↑R 197) ‹lat.› (*Theater, Fernsehen usw.* jmd., der für den reibungslosen Ablauf einer Aufführung verantwortlich ist); **in|spi|zie|ren** (be[auf]sichtigen); **In|spi|zie|rung**
in|sta|bil [*auch* ...'bi:l] ‹lat.› (nicht konstant bleibend; unbeständig); **In|sta|bi|li|tät** [*auch* 'in...], die; -, -en *Plur. selten* (Unbeständigkeit)
In|stal|la|teur [...'tø:r], der; -s, -e ‹franz.› (Handwerker für Installationen); **In|stal|la|teu|rin** [...'tø:rin]; **In|stal|la|ti|on,** die; -, -en (Einrichtung, Einbau, Anlage, Anschluß von techn. Anlagen); **in|stal|lie|ren**
in|stand|be|set|zen ([ein leerstehendes Haus] widerrechtlich besetzen und wieder bewohnbar machen); **In|stand|be|set|zer**
in|stand hal|ten (↑R 208); aber: das Instandhalten; ↑R 68 *u.* Stand; **In|stand|hal|tung; In|stand|hal|tungs|ko|sten** *Plur.*
in|stän|dig (eindringlich; flehentlich); **In|stän|dig|keit,** die; -
in|stand set|zen (↑R 208); aber: das Instandsetzen; ↑R 68 *u.* Stand; **In|stand|set|zung; in|stand stel|len;** ↑R 208 (*schweiz. neben* instand setzen); **In|stand|stel|lung** (*schweiz. neben* Instandsetzung)
in|stant [*auch* 'instənt] ‹engl.› (sofort löslich, in kürzester Zeit zum Genuß bereit); *nur als nachgestellte Beifügung,* z. B. Haferflokken -; **In|stant...** (*in Zusammensetzungen,* z. B. Instantgetränk, Instantkaffee)
In|stanz, die; -, -en ‹lat.› (zuständige Stelle bei Behörden od. Gerichten); **In|stan|zen|weg** (Dienstweg)
in sta|tu nas|cen|di [- ˌsta:tu: nas'tsɛndi] ‹lat.› (im Zustand des Entstehens); **in sta|tu quo** (im gegenwärtigen Zustand); **in sta|tu quo an|te** (im früheren Zustand)
In|ste, der; -n, -n; ↑R 197 (*nordd. früher für* Gutstagelöhner)
In|stil|la|ti|on, die; -, -en ‹lat.› (*Med.* Einträufelung); **in|stil|lie|ren**
In|stinkt, der; -[e]s, -e ‹lat.› (angeborene Verhaltensweise [bes. bei Tieren]; *auch für* sicheres Gefühl); **in|stinkt|haft;** -este; **In|stinkt|hand|lung; in|stink|tiv** (trieb-, gefühlsmäßig, unwillkürlich); **in|stinkt|los;** -este; **In|stinkt|lo|sig|keit; in|stinkt|mä|ßig; in|stinkt|si|cher**
in|sti|tu|ie|ren ‹lat.› (einrichten); **In|sti|tut,** das; -[e]s, -e (Unternehmen; Bildungs-, Forschungsanstalt); **In|sti|tu|ti|on,** die; -, -en (öffentliche [staatliche, kirchliche o. ä.] Einrichtung); **in|sti|tu|tio|na|li|sie|ren** (in eine feste, auch starre Institution verwandeln); **In|sti|tu|tio|na|li|sie|rung; in|sti|tu|tio|nell** (die Institution betreffend); **In|sti|tuts_bi|blio|thek, ...di|rek|tor, ...di|rek|to|rin, ...lei|ter** (der), **...lei|te|rin**
Inst|mann, der; -[e]s, ...leute ‹*zu* Inste› (*nordd. früher für* Gutstagelöhner)
in|stru|ie|ren ‹lat.› (unterweisen; anleiten); **In|struk|teur** [...'tø:r], der; -s, -e ‹franz.› (jmd., der andere instruiert); **In|struk|ti|on,** die; -, -en ‹lat.› (Anleitung; [Dienst]anweisung); **in|struk|tiv** (lehrreich); **In|struk|tor,** der; -s, ...oren (*österr. u. schweiz. für* Instrukteur)
In|stru|ment, das; -[e]s, -e ‹lat.›; **in|stru|men|tal** (Musikinstrumente verwendend); **In|stru|men|tal,** der; -s, -e (*Sprachw.* Fall, der das Mittel bezeichnet); **In|stru|men|tal|be|glei|tung; In|stru|men|ta|lis,** der; -, ...les [...le:s] *vgl.* Instrumental; **In|stru|men|ta|list,** der; -en, -en (↑R 197); **In|stru|men|ta|li|stin; In|stru|men|tal_mu|sik** (die; -), **...satz** (*Sprachw.* Umstandssatz des Mittels); **In|stru|men|ta|ri|um,** das; -s, ...ien [...iən] (Gesamtheit der zur Verfügung stehenden Instrumente); **In|stru|men|ta|ti|on,** die; -, -en (Instrumentierung); **in|stru|men|tell** (mit Instrumenten); **In|stru|men|ten_bau** (der; -[e]s), **...brett, ...flug** (*Flugw.*), **...ma|cher, ...ma|che|rin; in|stru|men|tie|ren** ([ein Musikstück] für Orchesterinstrumente einrichten; mit [techn.] Instrumenten ausstatten); **In|stru|men|tie|rung**
In|sub|or|di|na|ti|on [*auch* 'in...], die; -, -en ‹lat.› (mangelnde Unterordnung; Ungehorsam im Dienst)
in|suf|fi|zi|ent [*auch* ...'tsiɛnt]; -este ‹lat.› (unzulänglich); **In|suf|fi|zi|enz** [*auch* ...'tsiɛnts], die; -, -en (Unzulänglichkeit; *Med.* mangelhafte Funktion eines Organs; *Rechtsspr.* Überschuldung)
In|su|la|ner ‹lat.› (Inselbewohner); **in|su|lar** (eine Insel od. Inseln betreffend, inselartig; Insel...); **In|su|lin,** das; -s (ein Hormon; Ⓦⓩ ein Arzneimittel); **In|su|lin_man|gel** (der; -s; *Med.*), **...prä|pa|rat, ...schock**
In|sult, der; -[e]s, -e ‹lat.› ([schwere] Beleidigung; *Med.* [Schlag]anfall); **In|sul|ta|ti|on,** die; -, -en; **in|sul|tie|ren** ([schwer] beleidigen)
in sum|ma ‹lat.› (*veraltend für* im ganzen, insgesamt)
In|sur|gent, der; -en, -en (↑R 197) ‹lat.› (Aufständischer); **in|sur|gie|ren** (zum Aufstand anstacheln; einen Aufstand machen); **In|sur|rek|ti|on,** die; -, -en (Aufstand)
in|sze|na|to|risch ‹lat.; griech.› (die Inszenierung betreffend); **in|sze|nie|ren** (eine Bühnenaufführung vorbereiten; geschickt ins Werk setzen); **In|sze|nie|rung**
In|ta|glio [in'taljo], das; -s, ...ien [in'taljən] ‹ital.› (Gemme mit eingeschnittenen Figuren)
in|takt; -este ‹lat.› (unversehrt, unberührt; funktionsfähig); **In|takt|heit,** die; -; **In|takt|sein,** das; -s
In|tar|sia, *häufiger* **In|tar|sie** [...iə], die; -, ...ien [...iən] *meist Plur.* ‹ital.› (Einlegearbeit); **In|tar|si|en|ma|le|rei**
in|te|ger ‹lat.› (unbescholten; unversehrt); ein in|te|grer Charakter; **in|te|gral** (ein Ganzes ausmachend; vollständig; für sich bestehend); **In|te|gral,** das; -s, -e (*Math.; Zeichen* ∫); **In|te|gral_glei|chung, ...helm** (Kopf u.

Hals bedeckender Schutzhelm bes. für Motorradfahrer), **...rechnung; In|te|gra|ti|on,** die; -, -en (Vervollständigung; Eingliederung, Vereinigung); **in|te|gra|tiv** (eingliedernd); **in|te|grier|bar; in|te|grie|ren** (ergänzen; eingliedern; *Math.* das Integral berechnen); **in|te|grie|rend** (notwendig [zu einem Ganzen gehörend]); ein -er Bestandteil; **in|te|griert;** -e Gesamtschule; -e Schaltung *(Elektronik);* **In|te|grie|rung; In|te|gri|tät,** die; - (Unbescholtenheit; Unverletzlichkeit)

In|te|gu|ment, das; -s, -e ‹lat.› (*Biol.* Hautschichten von Tier u. Mensch; *Bot.* Hülle um die Samenanlage)

In|tel|lekt, der; -[e]s ‹lat.› (Verstand; Erkenntnis-, Denkvermögen); **In|tel|lek|tua|lis|mus,** der; -; ↑R 180 (philos. Lehre, die dem Intellekt den Vorrang gibt; einseitig verstandesmäßiges Denken); **in|tel|lek|tu|ell** ‹franz.› (den Intellekt betreffend; [einseitig] verstandesmäßig; geistig); **In|tel|lek|tu|el|le,** der *u.* die; -n, -n; ↑R 7 ff. ([einseitiger] Verstandesmensch; geistig Geschulte[r]); **in|tel|li|gent;** -este ‹lat.› (verständig; klug, begabt); -e Maschinen (computergesteuerte Automaten); **In|tel|li|genz,** die; -, -en (besondere geistige Fähigkeit, Klugheit; *meist Plur.:* Vernunftwesen; *nur Sing.:* Schicht der Intellektuellen); **In|tel|li|genz|be|stie** (*salopp für* Person, die ihre Intelligenz in auffallender Weise nach außen hin zeigt); **In|tel|li|genz₋grad, ...lei|stung; In|tel|li|genz|ler,** der; -s, - ‹lat.› (*oft abwertend für* Angehöriger der Intelligenz); **In|tel|li|genz₋quo|ti|ent** (Maß für die intellektuelle Leistungsfähigkeit; *Abk.* IQ), **...test; in|tel|li|gi|bel** (*Philos.* nur durch den Intellekt, nicht sinnlich wahrnehmbar); die ...i|ble Welt (Ideenwelt)

In|ten|dant, der; -en, -en (↑R 197) ‹franz.› (Leiter eines Theaters, eines Rundfunk- od. Fernsehsenders); **In|ten|dan|tin; In|ten|dan|tur,** die; -, -en (*veraltet für* Amt eines Intendanten; Verwaltungsbehörde eines Heeres); **In|ten|danz,** die; -, -en (Amt, Büro eines Intendanten); **in|ten|die|ren** ‹lat.› (beabsichtigen, anstreben)

In|ten|si|me|ter, das; -s, - ‹lat.; griech.› (Meßgerät für Röntgenstrahlen); **In|ten|si|on,** die; -, -en ‹lat.› (Anspannung; Eifer); **In|ten|si|tät,** die; -, -en *Plur. selten* (Stärke, Kraft; Wirksamkeit); **in|ten|siv** (eindringlich; kräftig; gründlich; durchdringend); -e Bewirtschaftung (*Landw.* Form der Bodennutzung mit großem Einsatz von Arbeitskraft u. Kapital); **In|ten|siv₋an|bau** (der; -s), **...hal|tung** (die; -); **in|ten|si|vie|ren** [...v...] (verstärken, steigern); **In|ten|si|vie|rung; In|ten|siv₋kurs, ...pfle|ge, ...sta|ti|on; In|ten|si|vum** [...vum], das; -s, ...va [...va] (*Sprachw.* Verb, das die Intensität eines Geschehens kennzeichnet, z. B. „schnitzen" = kräftig schneiden)

In|ten|ti|on, die; -, -en ‹lat.› (Absicht; Plan; Vorhaben); **in|ten|tio|nal;** ↑R 180 (zweckbestimmt; zielgerichtet)

in|ter|agie|ren ‹lat.› (*Psych., Soziol.* Interaktion betreiben); **In|ter|ak|ti|on,** die; -, -en (Wechselbeziehung zwischen Personen u. Gruppen)

in|ter|al|li|iert [*auch* 'in...] ‹lat.› (mehrere Alliierte betreffend; aus Verbündeten bestehend)

In|ter|ci|ty [...'siti], der; -s, -s ‹engl.-amerik.› *vgl.* Intercity-Zug; **In|ter|ci|ty-Ex|preß|zug** (besonders schneller Intercity-Zug; *Abk.* ICE); **In|ter|ci|ty-Zug** (schneller, zwischen bestimmten Großstädten [im Stundentakt] eingesetzter Eisenbahnzug; *Abk.* IC)

in|ter|de|pen|dent ‹lat.› (voneinander abhängend); **In|ter|de|pen|denz,** die; -, -en (gegenseitige Abhängigkeit)

In|ter|dikt, das; -[e]s, -e ‹lat.› (Verbot kirchlicher Amtshandlungen als Strafmaßnahme der kath. Kirchenbehörde)

in|ter|dis|zi|pli|när [*auch* 'in...] ‹lat.› (zwischen Disziplinen bestehend, mehrere Disziplinen betreffend)

in|ter|es|sant; -este ‹franz.›; **in|ter|es|san|ter|wei|se; In|ter|es|sant|heit,** die; -; **In|ter|es|se,** das; -s, -n ‹lat.›; - an, für etwas haben; *vgl.* Interessen; **in|ter|es|se|hal|ber; in|ter|es|se|los;** -este; **In|ter|es|se|lo|sig|keit,** die; -; **In|ter|es|sen** *Plur.* (*veraltet für* Zinsen); **In|ter|es|sen₋aus|gleich, ...ge|biet, ...ge|mein|schaft** (Zweckverband), **...grup|pe, ...kon|flikt, ...la|ge, ...sphä|re** (Einflußgebiet); **In|ter|es|sent,** der; -en, -en (↑R 197); **In|ter|es|sen|ten|kreis; In|ter|es|sen|tin; In|ter|es|sen₋ver|band, ...ver|tre|tung; in|ter|es|sie|ren** (Teilnahme erwecken); jmdn. an, für etwas -; sich - (Anteil nehmen, Sinn haben) für ...; **in|ter|es|siert;** -este (Anteil nehmend; beteiligt); **In|ter|es|siert|heit,** die; -

In|ter|face [...fe:s], das; -, -s [..səs, *engl.* ...siz] ‹engl.› (*EDV svw.* Schnittstelle)

In|ter|fe|renz, die; -, -en ‹lat.› (*Physik* Überlagerung von Wellen; *Sprachw.* Abweichung von der Norm durch den Einfluß anderer sprachlicher Elemente; Verwechslung, falscher Gebrauch); **in|ter|fe|rie|ren** (überlagern; einwirken); **In|ter|fe|ro|me|ter,** das; -s, - ‹lat.; griech.› (ein physikal. Meßgerät); **In|ter|fe|ron,** das; -s, -e (*Biol., Med.* bei Infektionen wirksame, körpereigene Abwehrsubstanz)

In|ter|flug, die; - ‹lat.; dt.› (Luftfahrtgesellschaft der ehem. DDR)

in|ter|frak|tio|nell ‹lat.› (zwischen Fraktionen bestehend, ihnen gemeinsam)

in|ter|ga|lak|tisch ‹lat.; griech.› (*Astron.* zwischen mehreren Galaxien gelegen)

in|ter|gla|zi|al ‹lat.› (*Geol.* zwischeneiszeitlich); **In|ter|gla|zi|al|zeit,** die; -

In|ter|ho|tel ‹lat.; franz.› (besonders gut ausgestattetes Hotel [für internationale Gäste] in der ehem. DDR)

In|te|rieur [ɛ̃te'ri̯ø:r], das; -s, *Plur.* -s *u.* -e ‹franz.› (Inneres; Ausstattung eines Innenraumes; einen Innenraum darstellendes Bild)

In|te|rim, das; -s, -s ‹lat.› (Zwischenzeit, -zustand; vorläufige Regelung); **in|te|ri|mi|stisch** (vorläufig, einstweilig); **In|te|rims₋kon|to, ...lö|sung, ...re|ge|lung** *od.* ...reg|lung, **...re|gie|rung, ...schein** (vorläufiger Anteilschein statt der eigentlichen Aktie)

In|ter|jek|ti|on, die; -, -en ‹lat.› (*Sprachw.* Ausrufe-, Empfindungswort, z. B. „au", „bäh")

in|ter|ka|lar ‹lat.› (eingeschaltet [von Schaltjahren])

in|ter|kan|to|nal ‹lat.; franz.› (*schweiz. für* mehrere [od. alle] Kantone betreffend)

In|ter|ko|lum|nie [...i̯ə], die; -, -n *u.* **In|ter|ko|lum|ni|um,** das; -s, ...ien [...i̯ən] ‹lat.› (*Archit.* Säulenabstand bei einem antiken Tempel)

in|ter|kom|mu|nal ‹lat.› (zwischen Gemeinden bestehend)

in|ter|kon|fes|sio|nell ‹lat.› (das Verhältnis verschiedener Konfessionen zueinander betreffend)

in|ter|kon|ti|nen|tal ‹lat.› (Erdteile verbindend); **In|ter|kon|ti|nen|tal|ra|ke|te** (*Milit.* Rakete mit sehr großer Reichweite)

in|ter|ko|stal ‹lat.› (*Med.* zwischen den Rippen)

in|ter|kur|rent ‹lat.› (*Med.* hinzukommend); -e Krankheit

In|ter|la|ken (schweiz. Kurort)

in|ter|li|ne|ar ‹lat.› (zwischen die Zeilen des Urtextes geschrieben); **In|ter|li|ne|ar-glos|se** (zwischen die Zeilen geschriebene Glosse; *vgl.* Glosse), **...über|set|zung, ...ver|si|on**

In|ter|lock|wa|re ‹engl.; dt.› (feine Wirkware für Trikotagen)

In|ter|lu|di|um, das; -s, ...ien [...i̯ən] ‹lat.› (*Musik* Zwischenspiel)

In|ter|lu|ni|um, das; -s, ...ien [...i̯ən] ‹lat.› (Zeit des Neumondes)

In|ter|ma|xil|lar|kno|chen ‹lat.; dt.› (*Med.* Zwischenkiefer)

in|ter|me|di|är ‹lat.› (*fachspr. für* dazwischen befindlich; ein Zwischenglied bildend)

In|ter|mez|zo, das; -s, *Plur.* -s *u.* ...zzi ‹ital.› (Zwischenspiel, -fall)

in|ter|mi|ni|ste|ri|ell (zwischen Ministerien bestehend, mehrere Ministerien betreffend)

in|ter|mit|tie|rend ‹lat.› (zeitweilig aussetzend); -es Fieber

in|tern ‹lat.› (nur die inneren, eigenen Verhältnisse angehend; vertraulich; *Med.* innerlich; *veraltend für* im Internat wohnend [von Schülern]); **In|ter|na** (*Plur. von* Internum); **in|ter|na|li|sie|ren** (*Psych.* sich [unbewußt] zu eigen machen); **In|ter|nat,** das; -[e]s, -e (einer [höheren] Schule angeschlossenes Wohnheim; Internatsschule)

in|ter|na|tio|nal ‹lat.› (zwischenstaatlich, nicht national begrenzt); -es Recht; -e Vereinbarung, aber (↑R 157): Internationales Einheitensystem (*Abk.* SI *[vgl. d.]*); Internationale Handelskammer (*Abk.* IHK); Internationales Olympisches Komitee (*Abk.* IOK); Internationales Rotes Kreuz (*Abk.* IRK); Internationale Einheit (*Abk.* I. E. *od.* IE); [1]**In|ter|na|tio|na|le,** die; -, -n (internationale Vereinigung von Arbeiterbewegungen; *nur Sing.:* Kampflied der Arbeiterbewegung); [2]**In|ter|na|tio|na|le,** der *u.* die; -n, -n; ↑R 7 ff. (*Sport* Sportler[in] in der Nationalmannschaft); **in|ter|na|tio|na|li|sie|ren** (international gestalten); **In|ter|na|tio|na|li|sie|rung,** die; -; **In|ter|na|tio|na|lis|mus,** der; -, *Plur.* (*für* Wörter:) ...men (Streben nach überstaatl. Gemeinschaft; *Sprachw.* ein international gebräuchliches Wort)

In|ter|nats|schu|le ([höhere] Schule mit angeschlossenem Wohnheim)

In|ter|ne, der *u.* die; -n, -n (↑R 7 ff.) ‹lat.› (Schüler[in] eines Internats); **in|ter|nie|ren** (in staatl. Gewahrsam, in Haft nehmen; [Kranke] isolieren); **In|ter|nier|te,** der *u.* die; -n, -n (↑R 7 ff.); **In|ter|nie|rung; In|ter|nie|rungs|la|ger; In|ter|nist,** der; -en, -en; ↑R 197 (Facharzt für innere Krankheiten); **In|ter|ni|stin**

In|ter|no|di|um, das; -s, ...ien [...i̯ən] ‹lat.› (*Bot.* Sproßabschnitt zwischen zwei Blattknoten)

In|ter|num, das; -s, ...na *meist Plur.* ‹lat.› (nicht für Außenstehende bestimmte Angelegenheit)

In|ter|nun|ti|us, der; -, ...ien [...i̯ən] ‹lat.› (päpstl. Gesandter in kleineren Staaten)

in|ter|ozea|nisch (↑R 180) ‹lat.; griech.› (Weltmeere verbindend)

in|ter|par|la|men|ta|risch ‹lat.; engl.› (die Parlamente der einzelnen Staaten umfassend)

In|ter|pel|lant, der; -en, -en (↑R 197) ‹lat.› (Fragesteller [in einem Parlament]); **In|ter|pel|la|ti|on,** die; -, -en ([parlamentar.] Anfrage; *früher für* Einspruch); **in|ter|pel|lie|ren**

in|ter|pla|ne|tar, in|ter|pla|ne|ta|risch (zwischen den Planeten befindlich); -e Materie; -er Raum

In|ter|pol, die; - (*Kurzw. für* Internationale Kriminalpolizeiliche Organisation; Zentralstelle zur internationalen Koordination der Ermittlungsarbeit in der Verbrechensbekämpfung)

In|ter|po|la|ti|on, die; -, -en ‹lat.› (nachträgl. Einfügung od. Änderung [in Texten]; *Math.* Bestimmung von Zwischenwerten); **in|ter|po|lie|ren**

In|ter|pret, der; -en, -en (↑R 197) ‹lat.› (Ausleger, Deuter; reproduzierender Künstler); **In|ter|pre|ta|ti|on,** die; -, -en; **in|ter|pre|tie|ren; In|ter|pre|tin**

in|ter|pun|gie|ren ‹lat.› (*seltener für* interpunktieren); **in|ter|punk|tie|ren** (Satzzeichen setzen); **In|ter|punk|ti|on,** die; - (Zeichensetzung); **In|ter|punk|ti|ons-re|gel, ...zei|chen**

In|ter|rail|kar|te [...'re:l...] ‹engl.; dt.› (*Eisenb.* verbilligte Jugendfahrkarte für Fahrten in Europa)

In|ter|re|gio, der; -s, -s *u.* **In|ter|re|gio-Zug** ‹lat. [dt.]› (schneller [im Zweistundentakt eingesetzter] Eisenbahnzug; *Abk.* IR)

In|ter|re|gnum, das; -s, *Plur.* ...gnen *u.* ...gna ‹lat.› (Zwischenregierung; kaiserlose Zeit [1254–1273])

in|ter|ro|ga|tiv ‹lat.› (fragend); **In|ter|ro|ga|tiv,** das; -s, -e [...və] (*Sprachw.* Frage[für]wort, z. B. „wer?“, „welcher?“); **In|ter|ro|ga|tiv-ad|verb** (Frageumstandswort), **...pro|no|men** (Fragefürwort), **...satz** (Fragesatz)

In|ter|rup|ti|on, die; -, -en ‹lat.› (Unterbrechung, z. B. Schwangerschaftsabbruch)

In|ter|sex [*auch* 'in...], das; -es, -e ‹lat.› (*Biol.* Organismus mit Intersexualität); **In|ter|se|xua|li|tät,** die; -; ↑R 180 (das Auftreten männl. Geschlechtsmerkmale bei einem weibl. Organismus u. umgekehrt); **in|ter|se|xu|ell** (zwischengeschlechtlich)

In|ter|shop [...ʃɔp], der; -[s], -s ‹lat.; engl.› (*ehem. in der DDR* Spezialgeschäft mit konvertierbarer Währung als Zahlungsmittel)

in|ter|stel|lar (zwischen den Sternen befindlich); -e Materie

in|ter|sti|ti|ell ‹lat.› (*Med., Biol.* dazwischenliegend); **In|ter|sti|ti|um,** das; -s, ...ien [...i̯ən] (*Biol.* Zwischenraum [zwischen Organen]; *nur Plur.: kath. Kirche* vorgeschriebene Zwischenzeit zwischen dem Empfang zweier geistl. Weihen)

in|ter|sub|jek|tiv ‹lat.› (*Psych.* dem Bewußtsein mehrerer Personen gemeinsam)

in|ter|ter|ri|to|ri|al ‹lat.› (zwischenstaatlich)

In|ter|tri|go, die; -, ...trigines [...ne:s] ‹lat.› (*Med.* Wundsein, Hautwolf)

in|ter|ur|ban [*auch* 'in...] ‹lat.› *(veraltend);* -es Telefongespräch (Ferngespräch)

In|ter|usu|ri|um, das; -s, ...ien [...i̯ən] ‹lat.› (*BGB* Zwischenzinsen)

In|ter|vall [...v...], das; -s, -e ‹lat.› (Zeitabstand, Zeitspanne, Zwischenraum; Frist; Abstand [zwischen zwei Tönen]); **In|ter|vall|trai|ning** *(Sport)*

In|ter|ve|ni|ent [...v...], der; -en, -en (↑R 197) ‹lat.› (jmd., der sich in [Rechts]streitigkeiten [als Mittelsmann] einmischt); **in|ter|ve|nie|ren** (vermitteln; *Politik* Protest anmelden; sich einmischen); **In|ter|vent,** der; -en, -en (↑R 197) ‹lat.-russ.› (*nach ehem. DDR-Sprachgebrauch* Staat, der sich gewaltsam in die Belange eines anderen einmischt); **In|ter|ven|ti|on,** die; -, -en ‹lat.› (Vermittlung; staatl. Einmischung in die Angelegenheiten eines fremden Staates; Eintritt in eine Wechselverbindlichkeit); **In|ter|ven|ti|ons|krieg**

In|ter|view [...vju:, *auch* ...'vju:], das; -s, -s ‹engl.› (Unterredung [von Reportern] mit [führenden] Persönlichkeiten über Tagesfragen usw.; Befragung); **in|ter|view|en** [...'vju:..., *auch* 'in...]; interviewt; **In|ter|view|er; In|ter|view|erin**

In|ter|vi|si|on [...v...], die; - ‹*Kurzw. aus* international und Television› osteurop. Organisation zur Ge-

meinschaftsübertragung von Fernsehsendungen)
in|ter|ze|die|ren ‹lat.› (*veraltend für* vermitteln; sich verbürgen)
in|ter‿zel|lu|lar, ...zel|lu|lär ‹lat.› (*Biol., Med.* zwischen den Zellen gelegen); **In|ter|zel|lu|lar|raum** (Zwischenzellraum)
In|ter|zes|si|on, die; -, -en ‹lat.› (*Rechtsw.* Schuldübernahme)
in|ter|zo|nal ‹lat.; griech.› (zwischen den Zonen); **In|ter|zo|nen‿han|del** *(früher),* **...ver|kehr** *(früher),* **...zug** *(früher)*
in|te|sta|bel ‹lat.› (*Rechtsspr. veraltet* unfähig, ein Testament zu machen od. als Zeuge aufzutreten); ...a|ble Leute; **In|te|stat|er|be,** der (natürlicher, gesetzl. Erbe)
in|te|sti|nal ‹lat.› (*Med.* zum Darmkanal gehörend)
In|thro|ni|sa|ti|on, die; -, -en ‹lat.; griech.› (Thronerhebung, feierliche Einsetzung); **in|thro|ni|sie|ren; In|thro|ni|sie|rung**
In|ti, der; -[s], -s ‹südamerik. Indianerspr.› (Währungseinheit in Peru); 5 - (↑R 129)
in|tim ‹lat.› (vertraut; innig, eng verbunden; vertraulich; das Geschlechtsleben betreffend); **In|ti|ma,** die; -, ...mä (*veraltend für* vertraute Freundin; *nur Sing.: Med.* innerste Haut der Gefäße); **In|ti|ma|ti|on,** die; -, -en (*veraltet für* gerichtl. Ankündigung, Aufforderung); **In|tim‿be|reich** (der), **...hy|gie|ne; In|ti|mi** (*Plur. von* Intimus); **In|ti|mi|tät,** die; -, -en ‹*zu* intim›; **In|tim‿sphä|re** (vertraut-persönlicher Bereich), **...spray; In|ti|mus,** der; -, ...mi (vertrauter Freund)
in|to|le|ra|bel [*auch* ...'ra:b(ə)l]; **in|to|le|rant** [*auch* ...'rant]; -este (unduldsam); **In|to|le|ranz** [*auch* ...'rants], die; -, -en
In|to|na|ti|on, die; -, -en ‹lat.› (*Musik* das An-, Abstimmen; *Sprachw.* die Veränderung des Tones nach Höhe u. Stärke beim Sprechen von Silben oder ganzen Sätzen, Tongebung); **in|to|nie|ren** (anstimmen)
in to|to ‹lat.› (im ganzen)
In|tou|rist [...tu...], *auch mit Artikel* der; - (staatl. sowjet. Reisebüro mit Vertretungen im Ausland)
In|to|xi|ka|ti|on, die; -, -en ‹lat.; griech.› (*Med.* Vergiftung)
In|tra|da, In|tra|de, die; -, ...den ‹ital.› (*Musik* instrumentales Einleitungsstück [der Barockzeit])
in|tra|kar|di|al ‹lat.; griech.› (*Med.* innerhalb des Herzens)
in|tra|ku|tan ‹lat.› (*Med.* im Innern, ins Innere der Haut)
in|tra|mo|le|ku|lar ‹lat.› (*Chemie* sich innerhalb der Moleküle vollziehend); -e Prozesse
in|tra mu|ros ‹lat., „innerhalb der Mauern"› (nichtöffentlich)
in|tra|mus|ku|lär ‹lat.› (*Med.* im Innern, ins Innere des Muskels)
in|tran|si|gent; -este ‹lat.› (starr, unnachgiebig); **In|tran|si|gent,** der; -en, -en; ↑R 197 (starrer Parteimann; *nur Plur.:* extreme polit. Parteien); **In|tran|si|genz,** die; -
in|tran|si|tiv ‹lat.› (*Sprachw.* nicht zum persönlichen Passiv fähig; nichtzielend); -es Verb; **In|tran|si|tiv,** das; -s, -e [...və] *u.* **In|tran|si|ti|vum,** das; -s, ...va [...va] (nichtzielendes Verb, z. B. „blühen")
in|tra|oku|lar ‹lat.› (*Med.* im Augeninnern liegend)
in|tra|ute|rin ‹lat.› (*Med.* innerhalb der Gebärmutter liegend); **In|tra|ute|rin|pes|sar**
in|tra|ve|nös [...v...] ‹lat.› (*Med.* im Innern, ins Innere der Vene); -e Einspritzung, Injektion
in|tra‿zel|lu|lar, ...zel|lu|lär ‹lat.› (*Biol., Med.* innerhalb der Zelle liegend)
in|tri|gant; -este ‹franz.› (auf Intrigen sinnend; hinterhältig); **In|tri|gant,** der; -en, -en (↑R 197); **In|tri|gan|tin; In|tri|ge,** die; -, -n (hinterhältige Machenschaften, Ränke[spiel]); **In|tri|gen‿spiel, ...wirt|schaft; in|tri|gie|ren**
In|tro|duk|ti|on, die; -, -en ‹lat.› (Einführung, Einleitung; *Musik* Vorspiel, Einleitungssatz); **in|tro|du|zie|ren**
In|tro|itus, der; -, - [...tu:s] ‹lat.› (Eingangsgesang der kath. Messe; Eingangsworte od. Eingangslied im ev. Gottesdienst)
In|tro|spek|ti|on, die; -, -en ‹lat.› (*Psych.* Selbstbeobachtung); **in|tro|spek|tiv**
In|tro|ver|si|on [...v...], die; -, -en ‹lat.› (*Psych.* Konzentration auf die eigene Innenwelt); **in|tro|ver|tiert;** -este
In|tru|si|on, die; -, -en ‹lat.› (*Geol.* Eindringen von Magma in die Erdkruste); **In|tru|siv|ge|stein**
In|tu|ba|ti|on, die; -, -en ‹lat.› (*Med.* Einführen eines Röhrchens in den Kehlkopf [bei Erstickungsgefahr]); **in|tu|bie|ren**
In|tui|ti|on, die; -, -en (↑R 180) ‹lat.› (Eingebung, ahnendes Erfassen; unmittelbare Erkenntnis [ohne Reflexion]); **in|tui|tiv**
In|tu|mes|zenz, In|tur|ges|zenz, die; -, -en ‹lat.› (*Med.* Anschwellung)
in|tus ‹lat.› (inwendig, innen); etwas - haben (*ugs. für* etwas im Magen haben; etwas begriffen haben); **In|tus|sus|zep|ti|on,** die; -, -en (*Bot.* Einlagerung neuer Teilchen zwischen bereits vorhandene; *Med.* Darmeinstülpung)
Inu|it *Plur.* ‹eskim., „Menschen"› (Selbstbez. der Eskimos)
Inu|lin, das; -s ‹griech.› (ein Fruchtzucker)
In|un|da|ti|on, die; -, -en ‹lat.› (*Geogr.* völlige Überflutung durch das Meer od. einen Fluß); **In|un|da|ti|ons|ge|biet**
In|unk|ti|on, die; -, -en ‹lat.› (*Med.* Einreibung)
in usum Del|phi|ni *vgl.* ad ...
inv. = invenit
In|va|gi|na|ti|on [...v...], die; -, -en ‹lat.› (*Med.* Darmeinstülpung)
in|va|lid, in|va|li|de [...v...] ‹franz.› ([durch Verwundung od. Unfall] dienst-, arbeitsunfähig); **In|va|li|de,** der *u.* die; -n, -n; ↑R 197 (Dienst-, Arbeitsunfähige[r]); **In|va|li|den‿ren|te, ...ver|si|che|rung** (die; -); **in|va|li|die|ren** (*veraltet für* ungültig machen; entkräften); **in|va|li|di|sie|ren** (zum Invaliden erklären); **In|va|li|di|sie|rung; In|va|li|di|tät,** die; - (Erwerbs-, Dienst-, Arbeitsunfähigkeit)
in|va|ria|bel [*auch* ...'ria:...] (↑R 180) ‹lat.› (unveränderlich); ...a|ble Größen; **In|va|ri|an|te,** die; -, -n (*Math.* unveränderliche Größe); **In|va|ri|an|ten|theo|rie** *(Math.);* **In|va|ri|anz** [*auch* ...'riants], die; -, -en (Unveränderlichkeit)
In|va|si|on [...v...], die; -, -en ‹franz.› ([feindlicher] Einfall; *Med.* das Eindringen [von Krankheitserregern]); **in|va|siv** (*Med.* eindringend); **In|va|sor,** der; -s, ...oren *meist Plur.* ‹lat.› (Eroberer; eindringender Feind)
In|vek|ti|ve [invɛk'ti:və], die; -, -n ‹lat.› (Beleidigung, Schmähung)
in|ve|nit [...v...] ‹lat., „hat [es] erfunden"› (Vermerk auf graphischen Blättern vor dem Namen des Künstlers, der die Originalzeichnung schuf; *Abk.* inv.)
In|ven|tar [...v...], das; -s, -e ‹lat.› (Einrichtungsgegenstände [eines Unternehmens]; Vermögensverzeichnis; Nachlaßverzeichnis); **In|ven|tar|er|be,** der; **In|ven|ta|ri|sa|ti|on,** die; -, -en (Bestandsaufnahme); **in|ven|ta|ri|sie|ren; In|ven|ta|ri|sie|rung; In|ven|tar‿recht** (das; -[e]s), **...ver|zeich|nis; In|ven|ti|on,** die; -, -en ([musikal.] Erfindung); **In|ven|tur,** die; -, -en (*Wirtsch.* Bestandsaufnahme des Vermögens eines Unternehmens); **In|ven|tur‿prü|fung, ...ver|kauf** (verbilligter Verkauf nach einer Inventur)

in|vers [...v...] ‹lat.› (umgekehrt); **In|ver|si|on,** die; -, -en (*fachspr. für* Umkehrung, Umstellung)
In|ver|te|brat *vgl.* Evertebrat
In|ver|ter [...v...], der; -s, - ‹engl.› (*EDV* Gerät zur Verschlüsselung des Sprechfunkverkehrs); **in|ver|tie|ren** ‹lat.› (umkehren); **in|ver|tiert** (umgekehrt; *Psych. svw.* homosexuell)
In|ver|tin [...v...], das; -s ‹lat.› (ein Enzym)
in Ver|tre|tung (*Abk.* i. V. *od.* I. V.; *Klein- od. Großschreibung vgl.* „i. V."[1])
In|vert|zucker [...v...] ‹lat.; dt.› [*Trenn.* ...zuk|ker] (Gemisch von Trauben- u. Fruchtzucker)
In|ver|wahr|nah|me, die; -, -n (*Amtsspr.*)
in|ve|stie|ren [...v...] ‹lat.› ([Kapital] anlegen; in ein [geistl.] Amt einweisen); **In|ve|stie|rung; In|ve|sti|ti|on,** die; -, -en ‹lat.› (langfristige [Kapital]anlage); **In|ve|sti|ti|ons|gut** *meist Plur.* (Gut, das der Produktion dient); **In|ve|sti|ti|ons_hil|fe, ...len|kung, ...pro|gramm; In|ve|sti|tur,** die; -, -en (Einweisung in ein [niederes geistl.] Amt; im MA. feierl. Belehnung mit dem Bischofsamt durch den König; in Frankreich Bestätigung des Ministerpräsidenten durch die Nationalversammlung); **In|ve|sti|tur|streit,** der; -s (im 11./12. Jh.); **in|ve|stiv** (für Investitionen bestimmt); **In|ve|stiv|lohn** (als Spareinlage gebundener Teil des Arbeitnehmerlohnes); **In|vest|ment,** das; -s, -s ‹engl.› (*engl. Bez. für* Investition); **In|vest|ment_fonds** (Effektenbestand einer Kapitalanlagegesellschaft), **...ge|sell|schaft** (Kapitalverwaltungsgesellschaft), **...pa|pier; In|vest|ment|trust** [...trast], der; -s, -s (*svw.* Investmentgesellschaft); **In|vest|ment|zer|ti|fi|kat; In|ve|stor,** der; -s, ...oren ‹lat.› (Kapitalanleger)
in vi|no ve|ri|tas [- 'vi:no v...] ‹lat., „im Wein [ist, liegt] Wahrheit"›
In-vi|tro-Fer|ti|li|sa|ti|on [...'vi:...], die; -, -en ‹lat.› (*Med.* Befruchtung außerhalb des Körpers; *Abk.* IVF)
in vi|vo [- 'vi:vo] ‹lat., „im Leben"› (am lebenden Objekt [beobachtet od. durchgeführt])
In|vo|ka|ti|on [...v...], die; -, -en ‹lat.› (Anrufung [Gottes]); **In|vo|ka|vit** [invo'ka:vit] (Bez. des ersten Fastensonntags)
in Voll|macht (*Abk.* i. V. *od.* I. V.; *Klein- od. Großschreibung vgl.* „i. V."[1])

---
[1] *Vgl.* S. 368, Spalte 1, Anm. 1.

In|vo|lu|ti|on [...v...], die; -, -en ‹lat.› (*bes. Med.* Rückbildung [eines Organs]); **in|vol|vie|ren** [invɔl'vi:...] (in sich schließen)
in|wärts
in|wen|dig; in- u. auswendig
in|wie|fern
in|wie|weit
In|woh|ner (*veraltet für* Bewohner; *österr. auch für* Mieter)
In|zah|lung|nah|me, die; -, -n (*Kaufmannsspr.*)
In|zest, der; -[e]s, -e ‹lat.› (Geschlechtsverkehr zwischen engsten Blutsverwandten); **In|zest|ta|bu; in|ze|stu|ös**
In|zi|si|on, die; -, -en ‹lat.› (*Med.* Einschnitt); **In|zi|siv,** der; -s, -en [...vən] *od.* **In|zi|siv|zahn** (Schneidezahn); **In|zi|sur,** die; -, -en (Einschnitt, Einkerbung [an Knochen u. Organen])
In|zucht, die; -, -en *Plur. selten;* **In|zucht|scha|den**
in|zwi|schen
Io. = Iowa
IOC [i:o:'tse:, *engl.* aio:'si:] = International Olympic Committee [intə(r)'nɛʃ(ə)nəl o'limpik kə'miti] (*svw.* IOK)
Iod, Io|dat, Io|did *vgl.* Jod, Jodat, Jodid
IOK = Internationales Olympisches Komitee
Io|ka|ste (Mutter u. Gattin des Ödipus)
Io|lan|the (w. Vorn.)
Ion, das; -s, -en ‹griech.› (elektr. geladenes atomares od. molekulares Teilchen); **Io|nen_an|trieb, ...aus|tausch, ...strah|len** (*Plur.*), **...wan|de|rung**
Io|nes|co [jɔ'nɛsko] (franz. Dramatiker rumänischer Abstammung)
Io|ni|en [...iən] (Küstenlandschaft Kleinasiens); **Io|ni|er** [...iər]
Io|ni|sa|ti|on, die; -, -en ‹griech.› (*Physik, Chemie* Versetzung neutraler materieller Teilchen in elektr. geladenen Zustand)
io|nisch; -er Vers, Stil, aber (↑R 146): die Ionischen Inseln
io|ni|sie|ren ‹griech.› (Ionisation bewirken); **Io|ni|sie|rung**
Io|no|sphä|re, die; - ‹griech.› (oberste Schicht der Atmosphäre)
Io|ta usw. *vgl.* Jota usw.
Io|wa ['aiɔwə] (Staat in den USA; *Abk.* Ia. *od.* Io.)
Ipe|ka|ku|an|ha [...'kuanja], die; - ‹indian.-port.› (Brechwurzel, eine Heilpflanze)
Iphi|ge|nie [...iə] (Tochter Agamemnons)
ip|se fe|cit ‹lat., „er hat [es] selbst gemacht"› (auf Kunstwerken; *Abk.* i. f.); **ip|so fac|to** („durch die Tat selbst") (eigenmächtig);
ip|so ju|re („durch das Recht selbst") (ohne weiteres)
I-Punkt, der; -[e]s, -e (↑R 37)
IQ = Intelligenzquotient
Ir = *chem. Zeichen für* Iridium
IR = Interregio-Zug
IR. = Infanterieregiment
i. R. = im Ruhestand
I. R. = Imperator Rex
Ira (w. Vorn.)
IRA = Irisch-Republikanische Armee
Ira|de, der *od.* das; -s, -n ‹arab.› (*früher* ein Erlaß des Sultans)
Irak [*auch* 'i:...] *meist mit Artikel* der; -[s] (vorderasiat. Staat); die Städte des Irak[s], a b e r: die Städte Iraks; **Ira|ker; Ira|ke|rin; ira|kisch**
Iran *meist mit Artikel* der; -[s] (asiat. Staat); *vgl.* Irak, Persien; **Ira|ner; Ira|ne|rin; ira|nisch; Ira|nist,** der; -en, -en; ↑R 197 (Wissenschaftler auf dem Gebiet der Iranistik); **Ira|ni|stik,** die; - (Wissenschaft von den Sprachen u. Kulturen des Irans); **Ira|ni|stin**
Ir|bis, der; -ses, -se ‹mong.› (Schneeleopard)
ir|den (aus gebranntem Ton); -e Ware; **Ir|den_ge|schirr, ...wa|re; ir|disch**
Ire, der; -n, -n; ↑R 197 (Irländer)
Ire|nä|us (griech. Kirchenvater)
Ire|ne (w. Vorn.); **Ire|nik,** die; - ‹griech.› (Friedenslehre; Friedensstreben, Aussöhnung [bei kirchl. Streitigkeiten]); **ire|nisch**
ir|gend; wenn du irgend kannst, so ...; wenn irgend möglich; irgend so ein Bettler. **I.** *Zusammenschreibung:* irgendein; irgendeinmal; irgendwann; irgendwas (*ugs. für* irgend etwas); irgendwelch; irgendwer; irgendwie; irgendwo anders, irgendwo sonst, sonst irgendwo; irgendwoher, irgendwohin; irgendworan. **II.** *Getrenntschreibung, da* „jemand" *u.* „etwas" *größere Selbständigkeit bewahren:* irgend jemand, irgend etwas
Irid|ek|to|mie, die; -, ...ien ‹griech.› (*Med.* Ausschneiden der Regenbogenhaut); **Iri|di|um,** das; -s (chem. Element, Metall; *Zeichen* Ir); **Iri|do|lo|ge,** der; -n, -n; ↑R 197 (*Med.* Augendiagnostiker); **Iri|do|lo|gie,** die; -
Irin (Irländerin)
Iri|na (w. Vorn.)
[1]**Iris** (griech. Götterbotin; w. Vorn.); [2]**Iris,** die; -, *Plur.* -, *auch* Iriden *Plur. selten* ‹griech.› (Regenbogenhaut im Auge); [3]**Iris,** die; -, - (Schwertlilie; Regenbogen); **Iris|blen|de** (*Optik* verstellbare Blende an der Kamera)
irisch; (↑R 148:) das -e Bad, a b e r (↑R 146): die Irische See;

Irisch-Re|pu|bli|ka|ni|sche Ar|mee (irische Untergrundorganisation; *Abk.* IRA); **Irish cof|fee** ['airiʃ 'kɔfi], der; - -, - -s ‹engl.› (Kaffee mit einem Schuß Whisky u. Schlagsahne); **Irish-Stew** ['airiʃ 'stju:], das; -[s], -s (Weißkraut mit Hammelfleisch u.a.)
iri|sie|ren ‹griech.› (in Regenbogenfarben schillern); **Iri|tis,** die; -, ...itiden (*Med.* Entzündung der Regenbogenhaut)
IRK = Internationales Rotes Kreuz
Ir|kutsk [*österr.* 'ir...] (Stadt in Sibirien)
Ir|land (nordwesteurop. Insel; Staat auf dieser Insel); **Ir|län|der; Ir|län|de|rin; ir|län|disch,** aber (↑R 146): Irländisches Moos (*svw.* Karrag[h]een)
Ir|ma, Irm|gard (w. Vorn.)
Ir|min|säu|le, Ir|min|sul, die; - (ein germ. Heiligtum)
Irm|traud (w. Vorn.)
Iro|ke|se, der; -n, -n; ↑R 197 (Angehöriger eines nordamerik. Indianerstammes)
Iro|nie, die; -, ...ien ‹griech.› ([versteckter, feiner] Spott); **Iro|ni|ker; iro|nisch;** -ste; **iro|ni|sie|ren**
irr *vgl.* irre
Ir|ra|dia|ti|on, die; -, -en (↑R 180) ‹lat.› (*Med., Psych.* Ausstrahlung [von Schmerzen, Gefühlen, Affekten]; *Fotogr.* Überbelichtung fotografischer Platten)
ir|ra|tio|nal [*auch* ...'na:l] ‹lat.› (verstandesmäßig nicht faßbar; vernunftwidrig; unberechenbar); -e Zahl; **Ir|ra|tio|na|lis|mus,** der; - ([philosoph. Lehre vom] Vorrang des Gefühlsmäßigen vor dem logisch-rationalen Denken); **Ir|ra|tio|na|li|tät,** die; - (das Irrationale); **Ir|ra|tio|nal|zahl** *(Math.)*
ir|re, irr; irr[e] sein, werden; *vgl.* aber: irreführen, irregehen, irreleiten, irremachen, irrereden; **¹Ir|re,** die; -; in die - gehen; **²Ir|re,** der *u.* die; -n, -n (↑R 7ff.)
ir|re|al [*auch* ...'a:l] ‹lat.› (unwirklich); **Ir|re|al** [*auch* ...'a:l], der; -s, -e (*Sprachw.* Verbform, mit der man einen unerfüllbaren Wunsch o.ä. ausdrückt); **Ir|rea|li|tät** [*auch* 'ir...], die; -; ↑R 180 (Unwirklichkeit)
Ir|re|den|ta, die; -, ...ten ‹ital.› (polit. Bewegung, die den staatl. Anschluß abgetrennter Gebiete an das Mutterland erstrebt); **Ir|re|den|tis|mus,** der; - (Geisteshaltung der Irredenta; polit. Bewegung); **Ir|re|den|tist,** der; -en, -en (↑R 197); **ir|re|den|ti|stisch**
ir|re|du|zi|bel [*auch* ...'tsi:...] ‹lat.› (*Philos., Math.* nicht ableitbar); ...i|ble Sätze
ir|re|füh|ren; seine Darstellungsweise hat mich irregeführt; eine irreführende Auskunft; **Ir|re|füh|rung; ir|re|ge|hen;** er ist irregegangen, obwohl ich ...
ir|re|gu|lär [*auch* ...'lɛ:r] ‹lat.› (unregelmäßig, ungesetzmäßig); -e Truppen (die nicht zum eigentl. Heer gehören); **Ir|re|gu|lä|re,** der; -n, -n; ↑R 7ff. (nicht zum eigentl. Heer Gehörender); **Ir|re|gu|la|ri|tät** [*auch* 'ir...], die; -, -en (Regellosigkeit; Abweichung)
ir|re|lei|ten; er hat die Polizei irregeleitet; ein irregeleitetes Kind
ir|re|le|vant [*auch* ...'vant]; -este ‹lat.› (unerheblich); **Ir|re|le|vanz** [*auch* ...'vants], die; -, -en
ir|re|li|gi|ös [*auch* ...'giø:s]; -este ‹lat.› (nicht religiös); ein -er Mann; **Ir|re|li|gio|si|tät** [*auch* 'ir...], die; - (↑R 180)
ir|re|ma|chen; er hat mich irregemacht; **ir|ren;** sich -; (↑R 68:) Irren, *auch* irren ist menschlich; **Ir|ren‿an|stalt, ...arzt** *(veraltet),* **...haus; ir|ren|haus|reif** *(ugs.)*
ir|re|pa|ra|bel [*auch* ...'ra:...] ‹lat.› (unersetzlich, nicht wiederherstellbar); ...a|bler Verlust
ir|re|po|ni|bel [*auch* ...'ni:...] ‹lat.› (*Med.* nicht einrenkbar); ...i|ble Gelenkköpfe
ir|re|re|den; er hat irregeredet; **ir|re sein,** irr sein; **Ir|re|sein,** Irrsein, das; -s (↑R 68)
ir|re|spi|ra|bel [*auch* ...'ra:...] ‹lat.› (*Med.* zum Einatmen untauglich); ...a|ble Luft
ir|re|ver|si|bel [...v..., *auch* ...'zi:...] ‹lat.› (nicht umkehrbar); ...i|ble Vorgänge
ir|re wer|den, irr wer|den; **Ir|re|wer|den,** Irr|wer|den, das; -s (↑R 68); **Irr‿fahrt, ...gang** (der), **...gar|ten, ...gast** *(Zool.),* **...glau|be[n]; irr|gläu|big; ir|rig**
Ir|ri|ga|ti|on, die; -, -en ‹lat.› (*Med.* Ab- od. Ausspülung); **Ir|ri|ga|tor,** der; -s, ...oren (Spülapparat)
ir|ri|ger|wei|se
ir|ri|ta|bel ‹lat.› (reizbar); ein ...abler Mensch; **Ir|ri|ta|bi|li|tät,** die; -; **Ir|ri|ta|ti|on,** die; -, -en (Reiz, Erregung); **ir|ri|tie|ren** ([auf]reizen, verwirren, stören)
Irr‿läu|fer (falsch beförderter Gegenstand), **...leh|re, ...licht** (*Plur.* ...lichter); **irr|lich|te|lie|ren** (*in Goethes Faust svw.* irrlichtern); **irr|lich|tern** (wie ein Irrlicht funkeln, sich hin und her bewegen); es irrlichtert; geirrlichtert; **Irr|sal,** das; -[e]s, -e (*geh. für* Zustand des menschlichen Irrens); **irr sein** *vgl.* irre sein; **Irr|sein,** das; -s; *vgl.* Irresein; **Irr|sinn,** der; -[e]s; **irr|sin|nig; Irr|sin|nig|keit,** die; -; **Irr|tum,** der; -s, ...tümer; **irr|tüm|lich; irr|tüm|li|cher|wei|se; Ir|rung** (*veraltet für* Irrtum); **Irr|weg; irr wer|den** *vgl.* irre werden; **Irr|wer|den** *vgl.* Irrewerden; **Irr|wisch,** der; -[e]s, -e (Irrlicht; sehr lebhafter Mensch); **irr|wit|zig**
Ir|tysch [*auch* ir'tiʃ], der; -[s] (linker Nebenfluß des Ob)
Ir|vin|gia|ner (Anhänger E. Irvings); **Ir|vin|gia|nis|mus,** der; -
Isa (*moslem. Name für* Jesus)
Isa|ak ['i:zaak, *auch* 'i:za(:)k, *österr.* 'i:zak] (bibl. m. Vorn.)
Isa|bel, Isa|bel|la, ¹Isa|bel|le (w. Vorn.); **²Isa|bel|le,** die; -, -n (falbes Pferd); **isa|bell|far|ben, isa|bell|far|big** (falb, graugelb)
Isai|as (*Schreibung der Vulgata für* Jesaja)
Isar, die; - (r. Nebenfluß der Donau); **Isar-Athen;** ↑R 154 (*scherzh. für* München)
Isa|tin, das; -s ‹griech.› (*Chemie* eine Indigoverbindung)
Isau|ri|en [...iən] (antike Landschaft in Kleinasien)
ISBN = Internationale Standardbuchnummer
Isch|ämie [isçɛ..., *auch* iʃɛ...], die; -, ...ien ‹griech.› (*Med.* örtl. Blutleere)
Is|cha|ri|ot [i'ʃa:...] ‹hebr.›; *vgl.* Judas
Ische ['i(:)ʃə], die; -, -n ‹hebr.-jidd.› (*ugs. für* Mädchen, Freundin)
Is|chia ['iskia] (ital. Insel)
Is|chia|di|kus [is'çia:...][1], der; -, ...dizi (↑R 180) ‹griech.› (Hüftnerv); **is|chia|disch;** ↑R 180 (den Ischias betreffend); **Is|chi|al|gie** [isçial...][1], die; - (Hüftschmerz); **Is|chi|as** ['isçias][1], der, *auch* das, *fachspr. auch* die; - (*svw.* Ischialgie); **Is|chi|as|nerv**[1]
Ischl, Bad (österr. Badeort)
Isch|tar (babylon. Göttin)
Isch|urie [isçu...], die; -, ...ien ‹griech.› (*Med.* Harnverhaltung)
Ise|grim, der; -s, -e (der Wolf in der Tierfabel; *übertr. für* mürrischer Mensch)
Isel, der; -[s] (Berg in Tirol)
Iser, die; - (r. Nebenfluß der Elbe); **Iser|ge|bir|ge,** das; -s
Iser|lohn (Stadt im Sauerland)
Isi|dor (m. Vorn.)
Isis (altägypt. Göttin)
Is|ka|ri|ot *vgl.* Judas
Is|lam [*auch* 'is...], der; -[s] ‹arab.› (Lehre Mohammeds); **Is|la|ma|bad** (Hptst. von Pakistan); **Is|la|mi|sa|ti|on,** die; -, -en (die Bekehrung zum Islam); **is|la|misch** (mohammedanisch); **is|la|mi|sie|ren** (zum Islam bekehren; unter die Herrschaft des Islam bringen); **Is|la|mis|mus,** der; -

[1] [*oft auch* iʃia...]

(*früher* Islam); **Is|la|mit,** der; -en, -en (↑R 197); **Is|la|mi|tin; is|la|mi|tisch**

Is|land; Is|län|der; Is|län|de|rin; is|län|disch; -e Sprache, aber (↑R 157): Isländisch[es] Moos (eine Heilpflanze); **Is|län|disch,** das; -[s] (Sprache); *vgl.* Deutsch; **Is|län|di|sche,** das; -n; *vgl.* Deutsche, das

Is|ma|el [...e:l, *auch* ...ɛl] (bibl. m. Eigenn.); **Is|mai|lit** [ismai...], der; -en, -en; ↑R 197; ↑R 180 (Angehöriger einer schiit. Sekte)

Is|me|ne (Tochter des Ödipus)

Is|mus, der; -, ...men ‹griech.› (*abwertend für* bloße Theorie)

ISO = International Organization for Standardization [intə(r)ˌnɛʃ(ə)nəl ɔ:(r)gənaiˈze:ʃ(ə)n fɔ:(r) stɛndə(r)daiˈze:ʃ(ə)n], die; - (internationale Normierungsorganisation)

iso... ‹griech.› (gleich...); **Iso...** (Gleich...); **Iso|ba|re,** die; -, -n (*Meteor.* Verbindungslinie zwischen Orten gleichen Luftdrucks); **Iso|bu|tan,** das; -s (ein brennbares Gas, das zur Herstellung von Flugbenzin verwendet wird)

iso|chrom [...ˈkro:m] ‹griech.› (*svw.* isochromatisch); **Iso|chro|ma|sie** [...kro...], die; - (gleiche Farbempfindlichkeit von fotogr. Material); **iso|chro|ma|tisch** (gleichfarbig, farbtonrichtig); **iso|chron** [...ˈkro:n] (*Physik* gleich lange dauernd); **Iso|chro|ne,** die; -, -n (Linie gleichzeitigen Auftretens [von Erdbeben u. a.])

Iso|dy|na|me, die; -, -n ‹griech.› (Verbindungslinie zwischen Orten mit gleicher magnet. Stärke); **Iso|dy|ne,** die; -, -n (*Physik* Linie, die Punkte gleicher Kraft verbindet)

Iso|ga|mie, die; -, ...ien ‹griech.› (*Biol.* Fortpflanzung durch gleichgestaltete Geschlechtszellen); **Iso|glos|se,** die; -, -n (*Sprachw.* Linie auf Sprachkarten, die Gebiete gleichen Wortgebrauchs begrenzt); **Iso|gon,** das; -s, -e (regelmäßiges Vieleck); **iso|go|nal** (winkelgetreu; gleichwinklig); **Iso|go|ne,** die; -, -n (*Meteor.* Verbindungslinie zwischen Orten gleicher magnet. Abweichung od. gleicher Windrichtung)

Iso|hye|te, die; -, -n ‹griech.› (*Meteor.* Verbindungslinie zwischen Orten mit gleicher Niederschlagsmenge); **Iso|hyp|se,** die; -, -n (*Geogr.* Verbindungslinie zwischen Orten mit gleicher Höhe ü. d. M.)

Iso|kli|ne, die; -, -n ‹griech.› (*Geogr.* Verbindungslinie zwischen Orten mit gleicher Neigung der Magnetnadel)

Iso|la|ti|on, die; -, -en ‹franz.›, Isolierung ([politische u. a.] Absonderung; Abkapselung; Getrennthaltung; [Ab]dämmung, Sperrung); **Iso|la|tio|nis|mus,** der; - ‹engl.› (polit. Tendenz, sich vom Ausland abzuschließen); **Iso|la|tio|nist,** der; -en, -en (↑R 197); **iso|la|tio|ni|stisch; Iso|la|ti|ons|fol|ter, ...haft; Iso|la|tor,** der; -s, ...oren (Stoff, der Elektrizität schlecht od. gar nicht leitet)

Isol|de (mittelalterl. Sagengestalt; w. Vorn.)

Iso|lier|band, das; *Plur.* ...bänder; **iso|lie|ren** ‹franz.› (absondern; getrennt halten; abschließen, [ab]dichten, [ab]dämmen; [Stromleitungen o. ä.] schützen); **Iso|lie|rer; Iso|lier-ma|te|ri|al, ...schicht, ...sta|ti|on; iso|liert;** -este (*auch für* vereinsamt); **Iso|liert|heit,** die; -; **Iso|lie|rung** *vgl.* Isolation

Iso|li|nie, die; -, -n ‹griech.; lat.› (Verbindungslinie zwischen Punkten gleicher Wertung od. Erscheinung auf geographischen u. a. Karten)

iso|mer ‹griech.› (Isomerie aufweisend); **Iso|mer,** das; -s, -e *u.* **Iso|me|re,** das; -n, -n *meist Plur.* (eine Isomerie aufweisende chem. Verbindung); ein -; **Iso|me|rie,** die; - (*Bot.* Gleichzähligkeit in bezug auf die Zahl der Glieder in den verschiedenen Blütenkreisen; *Chemie* unterschiedliches Verhalten chem. Verbindungen trotz der gleichen Anzahl gleichartiger Atome); **Iso|me|trie,** die; - (Längengleichheit, Längentreue, bes. bei Landkarten); **iso|me|trisch; iso|morph** (gleichförmig, von gleicher Gestalt, bes. bei Kristallen); **Iso|mor|phie,** die; -; **Iso|mor|phis|mus,** der; - (Eigenschaft gewisser chem. Stoffe, gemeinsam die gleichen Kristalle zu bilden)

Ison|zo, der; -[s] (Zufluß des Golfs von Triest)

iso|pe|ri|me|trisch ‹griech.› (*Math.* von gleichem Ausmaß [von Längen, Flächen u. Körpern]); **Iso|po|de,** der; -n, -n *meist Plur.;* ↑R 197 (*Zool.* Assel)

Iso|pren, das; -s ‹Kunstwort› (ein chem. Stoff, der zur Herstellung von synthet. Kautschuk verwendet wird)

Iso|sei|ste, die; -, -n ‹griech.› (Verbindungslinie zwischen Orten mit gleicher Erdbebenstärke); **Iso|sta|sie,** die; - (Gleichgewichtszustand der Krustenschollen der Erde)

Iso|ther|me, die; -, -n ‹griech.› (*Meteor.* Verbindungslinie zwischen Orten mit gleicher Temperatur); **Iso|ton,** das; -s, -e *meist Plur.* (Atomkern, der die gleiche Anzahl Neutronen wie ein anderer enthält); **iso|to|nisch** (*Chemie* von gleichem osmot. Druck); **Iso|top,** das; -s, -e (Atom, das sich von einem andern des gleichen chem. Elements nur in seiner Masse unterscheidet); **Iso|to|pen-dia|gno|stik** (*Med.*), **...the|ra|pie, ...tren|nung; Iso|tron,** das; -s, *Plur.* ...trone, *auch* -s (Gerät zur Isotopentrennung); **iso|trop** (*Physik, Chemie* nach allen Richtungen hin gleiche Eigenschaften aufweisend); **Iso|tro|pie,** die; -

Is|ra|el [...e:l, *auch* ...ɛl] (Volk der Juden im A. T.; Staat in Vorderasien); das Volk -; die Kinder -[s]; **Is|rae|li,** der; -[s], -s *u.* die; -, -[s]; ↑R 180 (Angehörige[r] des Staates Israel); **is|rae|lisch** (zum Staat Israel gehörend); **Is|rae|lit,** der; -en, -en; ↑R 197; ↑R 180 (Angehöriger eines der semit. Stämme im alten Palästina); **is|rae|li|tisch** (↑R 180)

Istan|bul [ˈistambu:l] (türk. Stadt)

Ist-Auf|kom|men; ↑R 33 (der tatsächliche [Steuer]ertrag); **Ist-Be|stand** (↑R 33)

isth|misch ‹griech.›, aber (↑R 157): Isthmische Spiele; **Isth|mus,** der; -, ...men (Landenge, bes. die von Korinth)

Istri|en [...iən] (Halbinsel im Adriatischen Meer)

Ist-Stär|ke, die; -, -n (↑R 33)

Ist|wäo|nen *Plur.;* ↑R 180 (Kultgemeinschaft westgerm. Stämme); **ist|wäo|nisch** (↑R 180)

Is|we|sti|ja, die; - ‹russ., „Nachrichten"› (eine russ. Tageszeitung)

it. = item

Ita|ker, der; -s, - (*ugs. abwertend für* Italiener)

Ita|la, die; - ‹lat.› (älteste lat. Bibelübersetzung); **Ita|ler** (Einwohner des antiken Italien); **Ita|lia** (*lat. u. ital. Form von* Italien); **ita|lia|ni|sie|ren,** ita|lie|ni|sie|ren [...lie...] (italienisch machen); **Ita|li|en** [...iən]; **Ita|lie|ner; Ita|lie|ne|rin; ita|lie|nisch;** die -e Schweiz; eine -e Nacht (↑R 148); italienischer Salat (↑R 157), aber (↑R 146): die Italienische Republik; *vgl.* deutsch; *vgl.* aber: italisch; **Ita|lie|nisch,** das; -[s] (Sprache); *vgl.* Deutsch; **Ita|lie|ni|sche,** das; -n; *vgl.* Deutsche, das; **ita|lie|ni|sie|ren** *vgl.* italianisieren; **Ita|li|enne** [...ˈliɛn], die; - ‹franz.› (*Druckw.* eine Schriftart); **Ita|li|ker** ‹lat.› (Italer); **Italique** [...ˈlik], die; - ‹franz.›

(*Druckw.* eine Schriftart); **ita|lisch** ‹lat.› (das antike Italien betreffend); *vgl.* aber: italienisch; **Ita|lo|we|stern** (Western in einem von italienischen Regisseuren geprägten Stil)
Ita|zis|mus, der; - (Aussprache der altgriech. E-Laute wie langes i)
item ‹lat.› (*veraltet für* ebenso, desgleichen; ferner; *Abk.* it.); **Item,** das; -s, -s (*veraltet für* das Fernere, Weitere, ein [Frage]punkt; Einzelangabe)
Ite|ra|ti|on, die; -, -en ‹lat.› (Wiederholung; *Math.* schrittweises Rechenverfahren zur Annäherung an die exakte Lösung); **ite|ra|tiv** [*auch* 'i...] (wiederholend); **Ite|ra|tiv,** das; -s, -e [...və] (*Sprachw.* Verb, das eine stete Wiederholung von Vorgängen ausdrückt, z. B. „sticheln" = immer wieder stechen)
Itha|ka (eine griech. Insel)
Iti|ne|rar, das; -s, -e *u.* **Iti|ne|ra|ri|um,** das; -s, ...ien [...iən] ‹lat.› (Straßenverzeichnis der röm. Zeit; Aufzeichnung noch nicht vermessener Wege bei Forschungsreisen)
i. Tr. = in der Trockenmasse
I-Tüp|fel|chen (↑R 37); **I-Tüp|ferl,** das; -s, -n (*österr. für* I-Tüpfelchen); **I-Tüp|ferl-Rei|ter** (*österr. ugs. für* Pedant)
It|ze|hoe [...'ho:] (Stadt in Schleswig-Holstein); **It|ze|ho|er** (↑R 147)
it|zo, itzt, itz|und (*veraltet für* jetzt)
i. v. = intravenös
IV = Invalidenversicherung (in der Schweiz)
i. V.[1] = in Vertretung; in Vollmacht
IVF = In-vitro-Fertilisation
Ivo (m. Vorn.)
Ivo|rer, der; -s, - ‹eingedeutschte Form von franz. Ivoirien› (Einwohner der Republik Elfenbeinküste)
Iwan, der; -[s], -s (m. Vorn.; scherzh. Bez. für den Russen od. *[nur Sing.:]* die Russen)
Iwein (Ritter der Artussage)
i wo! (*ugs. für* keineswegs)
Iwrit[h], das; -[s] (Neuhebräisch; Amtssprache in Israel)
Iz|mir [is..., *auch* 'is..., *österr.* 'iz...] (heutiger Name von Smyrna)

[1] *Diese Abkürzung wird so geschrieben, wenn sie unmittelbar der Grußformel oder der Bezeichnung einer Behörde, Firma u. dgl. folgt. Sie wird im ersten Bestandteil groß geschrieben (I. V.), wenn sie nach einem abgeschlossenen Text allein vor einer Unterschrift steht.*

J

J [jɔt, *österr.* je:] (Buchstabe); das J; des J, die J, aber: das j in Boje (↑R 82); der Buchstabe J, j; *vgl. auch* Jot
J = *chem. Zeichen für* Jod; Joule
ja; ja und nein sagen; jaja, *auch* ja, ja!; jawohl; ja freilich; ja doch; aber ja; na ja; nun ja; ach ja; zu allem ja und amen sagen *(ugs.). Großschreibung* (↑R 67): das Ja und [das] Nein; mit [einem] Ja antworten; mit Ja oder [mit] Nein stimmen; die Folgen seines Ja[s]
Jab [dʒɛb], der; -s, -s ‹engl.› (*Boxen* kurzer, hakenartiger Schlag)
Ja|bo, der; -s, -s (*kurz für* Jagdbomber)
Ja|bot [ʒa'bo:], das; -s, -s ‹franz.› (Spitzenrüsche [an Hemden usw.])
Jacht, *Seemannsspr. auch* Yacht, die; -, -en ‹niederl.› ([luxuriös eingerichtetes] Schiff für Sport- u. Vergnügungsfahrten, *auch* Segelboot); **Jacht|klub**
Jack [dʒɛk] (m. Vorn.)
Jäck|chen; Jacke[1], die; -, -n ‹arab.-franz.›
Jäckel[1], der; -s, - ‹Koseform von Jakob› (*abwertend für* einfältiger Mensch)
Jacken_kleid[1], **...ta|sche; Jacket|kro|ne**[1] ['dʒɛkit...] ‹engl.› (Porzellanmantelkrone, Zahnkronenersatz); **Jackett**[1] [ʒa...], das; -s, *Plur.* -s, *selten* -e ‹franz.› (gefütterte Stoffjacke von Herrenanzügen); **Jackettasche**[1] [*Trenn.* Jackett|ta|sche[1], ↑R 204]; **Jäck|lein**
Jack|pot ['dʒɛk...], der; -s, -s ‹engl.› (Variante des Pokerspiels; bes. hoher [angesammelter] Gewinn bei einem Glücksspiel)
Jack|stag ['dʒɛk...], das; -[e]s, -e[n] ‹engl.; dt.› (*Seemannsspr.* Eisen zum Festmachen von Segeln; Gleitschiene)
Jac|quard [ʒa'ka:r], der; -[s], -s ‹nach dem franz. Seidenweber› (Gewebe mit großem Muster); **Jac|quard_ge|we|be** (↑R 135), **...ma|schi|ne**
Jacque|line [ʒa'klin] (w. Vorn.); **Jacques** [ʒak] (m. Vorn.)
[1]**Ja|de,** die; - (Zufluß der Nordsee)
[2]**Ja|de,** der; -[s] *u.* die; - ‹franz.› (ein Mineral; ein blaßgrüner Schmuckstein)
Ja|de|bu|sen (Nordseebucht bei Wilhelmshaven); *vgl.* [1]Jade
ja|de|grün; *vgl.* [2]Jade
Ja|fet *vgl.* Japhet
Jaf|fa (Teil der Stadt Tel Aviv-Jaffa in Israel); **Jaf|fa|ap|fel|si|ne** (↑R 149)
Jagd, die; -, -en; **Jagd|auf|se|her; jagd|bar; Jagd|bar|keit,** die; -; **Jagd_beu|te, ...bom|ber** (*vgl.* Jabo), **...fie|ber, ...flie|ger, ...flin|te, ...flug|zeug, ...fre|vel, ...ge|schwa|der, ...ge|wehr, ...glück, ...grün|de** (*Plur.;* die ewigen -), **...horn** (*Plur.* ...hörner), **...hund, ...hüt|te; jagd|lich; Jagd_mes|ser** (das), **...pan|zer, ...ren|nen** *(Pferdesport),* **...re|vier, ...schein, ...schloß, ...sprin|gen** *(Pferdesport),* **...staf|fel** (Verband von Kampfflugzeugen), **...tro|phäe, ...wurst, ...zeit**
Ja|gel|lo|ne, der; -n, -n; ↑R 197 (Angehöriger eines lit.-poln. Königsgeschlechtes)
ja|gen; er jagt; gejagt; **Ja|gen,** das; -s, - (forstl. Wirtschaftsfläche); **Jä|ger; Ja|ge|rei,** die; - (fortwährendes Hetzen); **Jä|ge|rei,** die; - (Jagdwesen; Jägerschaft); **Jä|ger|hut; Jä|ge|rin; Jä|ger_la|tein, ...mei|ster; Jä|ger|schaft,** die; -; **Jä|ger|schnit|zel** (*Gastron.* Schnitzel mit würziger Soße und Pilzen); **Jä|gers|mann** *Plur.* ...leute *(veraltet, geh.);* **Jä|ger|spra|che,** die; -; **Ja|ger|tee** (*österr. für* Tee mit Schnaps)
Ja|giel|lo|ne [jagiɛl...] *vgl.* Jagellone
Ja|go (m. Vorn.)
Jagst, die; - (r. Nebenfluß des Neckars)
Ja|gu|ar, der; -s, -e ‹indian.› (ein Raubtier)
jäh; -[e]ste; **Jä|he,** die; - *(veraltet);* **Jä|heit,** die; - (↑R 178); **jäh|lings**
Jahn; Turnvater -
Jahnn, Hans Henny (dt. Schriftsteller)
Jahr, das; -[e]s, -e; im -[e] (*Abk.* i. J.); laufenden -es (*Abk.* lfd. *od.* l. J.); künftigen -es (*Abk.* k. J.); nächsten -es (*Abk.* n. J.); ohne - (*Abk.* o. J.); vorigen -es (*Abk.* v. J.); dieses -es (*Abk.* d. J.); das Jahr eins unserer Zeitrechnung; über - und Tag; - für -; von - zu -; zwei, viele -e lang; er ist über (mehr als) 14 Jahre alt; Schüler

[1] *Trenn.* ...k|k...

ab 14 Jahre[n], bis zu 18 Jahren; freiwillige Helfer nicht unter 14 Jahren; das neue -; zum neuen -e Glück wünschen; *vgl.* achtziger; **jahr|aus;** *nur in* -, jahrein (jedes Jahr, immerzu); **Jahr|buch** (*Abk.* Jb.); **Jähr|chen; jahr|ein** *vgl.* jahraus; **jah|re|lang; jäh|ren,** sich; **Jah|res‿abon|ne|ment, ...ab|schluß, ...an|fang, ...aus|gleich** *(Steuerwesen),* **...aus|klang, ...aus|stoß, ...be|ginn, ...bei|trag, ...be|richt, ...best|zeit** *(Sport),* **...ein|kom|men, ...en|de, ...frist** (innerhalb -), **...kar|te, ...ra|te, ...ring** *(meist Plur.),* **...tag, ...um|satz, ...ur|laub, ...wa|gen** (von einem Mitarbeiter eines Automobilwerks mit Preisnachlaß erworbener neuer Pkw, den dieser erst nach einem Jahr veräußern darf); **Jah|res‿wech|sel, ...wen|de, ...zahl, ...zeit; jah|res|zeit|lich; Jahr|fünft,** das; -[e]s, -e; **Jahr‿gang** (der; *Abk.* Jg.; *Plur.* ...gänge [*Abk.* Jgg.]), **...gän|ger** (*südwestd., westösterr. u. schweiz. für* Person desselben Geburtsjahres); **Jahr|hun|dert,** das; -s, -e (*Abk.* Jh.); **jahr|hun|der|te|alt,** aber: zwei, viele Jahrhunderte alt; **jahr|hun|der|te|lang; Jahr|hun|dert‿fei|er, ...mit|te, ...wein, ...wen|de; jäh|rig** (*veraltet für* ein Jahr her; ein Jahr dauernd; ein Jahr alt); **...jäh|rig** (z. B. vierjährig, *mit Ziffer* 4jährig [vier Jahre dauernd, vier Jahre alt]); ein Fünfjähriger (*mit Ziffer* 5jähriger); zwei dreijährige (*mit Ziffer* 3jährige) Pferde; **Jähr|lein; jähr|lich** (jedes Jahr wiederkehrend); die -e Wiederkehr der Zugvögel; **...jähr|lich** (z. B. alljährlich [alle Jahre wiederkehrend], vierteljährlich); **Jähr|ling** (einjähriges Tier); **Jahr|markt; Jahr|markts|bu|de; Jahr|mil|lio|nen** *Plur.;* in -; **Jahr|tau|send,** das; -s, -e (*vgl.* Jahrhundert); **Jahr|wei|ser** (*geh. für* Kalender); **Jahr|zehnt,** das; -[e]s, -e; **jahr|zehn|te‿alt, ...lang**

Jah|ve, *ökum.* **Jah|we** [*beide* 'ja:ve] (Name Gottes im A. T.); *vgl. auch* Jehova

Jäh|zorn; jäh|zor|nig

Jai|rus (bibl. m. Eigenn.)

ja|ja *vgl.* ja

Jak, der; -s, -s ‹tibet.› (asiat. Hochgebirgsrind); *vgl. auch* Yak

Ja|ka|ran|da|holz ‹indian.; dt.› (*svw.* Palisander)

Ja|kar|ta [dʒa...] (Hptst. u. wichtigster Hafen Indonesiens)

Ja|ko, der; -s, -s ‹franz.› (eine Papageienart)

Ja|kob (m. Vorn.); (↑R 157:) der wahre - (*ugs. für* der rechte Mann, das Rechte); der billige - (*ugs. für* Verkäufer auf Jahrmärkten); **Ja|ko|bi,** das; - (Jakobitag); **Ja|ko|bi|ne** (w. Vorn.); **Ja|ko|bi|ner** (Angehöriger der radikalsten Partei in der Franz. Revolution); **Ja|ko|bi|ner|müt|ze; Ja|ko|bi|ner|tum,** das; -s; **ja|ko|bi|nisch; Ja|ko|bi|tag** *vgl.* Jakobstag; **Ja|kobs|lei|ter,** die; -, -n (Himmelsleiter; *Seemannsspr.* Strickleiter); **Ja|kobs|tag,** Ja|ko|bi|tag; **Ja|ko|bus** (Apostel); ↑R 133: - der Ältere, - der Jüngere

Ja|ku|te, der; -n, -n; ↑R 197 (Angehöriger eines Turkvolkes); **ja|ku|tisch**

Ja|la|pe, die; -, -n ‹span.› (trop. Windengewächs)

Ja|lon [ʒa'lɔ̃:], der; -s, -s ‹franz.› (Absteckpfahl; Fluchtstab [für Vermessungen])

Ja|lou|set|te [ʒalu...], die; -, -n ‹franz.› (Jalousie aus Leichtmetall- od. Kunststofflamellen); **Ja|lou|sie,** die; -, ...ien ([hölzerner] Fensterschutz, Rolladen); **Ja|lou|sie‿schrank** (Rollschrank), **...schwel|ler** (bei der Orgel)

Jal|ta (Hafenstadt auf der Krim); **Jal|ta-Ab|kom|men;** ↑R 149 (von 1945)

Jam [dʒɛm], das; -s, -s *u.* die; -, -s ‹engl.› (*engl. Bez. für* Konfitüre)

Ja|mai|ka (Insel der Großen Antillen; Staat auf dieser Insel); **Ja|mai|ka|ner,** *auch* Ja|mai|ker; **Ja|mai|ka|ne|rin,** *auch* Ja|mai|ke|rin; **ja|mai|ka|nisch,** *auch* ja|mai|kisch; **Ja|mai|ka-Rum,** der; -s (↑R 149); **Ja|mai|ker** usw. *vgl.* Jamaikaner usw.

Jam|be, die; -, -n ‹griech.› *u.* Jambus, der; -, ...ben (ein Versfuß); **jam|bisch**

Jam|bo|ree [dʒɛmbə'ri:], das; -[s], -s ‹engl.› ([Pfadfinder]treffen; Zusammenkunft)

Jam|bus *vgl.* Jambe

James [dʒe:ms, *auch* dʒe:mz] (m. Vorn.); **James Grieve** [- 'gri:v], der; - -, - - ‹nach dem engl. Apfelzüchter› (eine Apfelsorte)

Jam|mer, der; -s; **Jam|mer‿bild, ...ge|stalt, ...lap|pen** (*ugs. für* ängstlicher Mensch, Schwächling); **jäm|mer|lich; Jäm|mer|lich|keit; Jäm|mer|ling; Jam|mer|mie|ne; jam|mern;** ich ...ere (↑R 22); er jammert mich; es jammert mich; **jam|mer|scha|de;** es ist -; **Jam|mer|tal,** das; -[e]s; **jam|mer|voll**

Jam Ses|sion ['dʒɛm 'sɛʃ(ə)n], die; - -, - -s ‹engl.› (zwanglose Zusammenkunft von Jazzmusikern zu gemeinsamem Spiel)

Jams|wur|zel ‹engl.; dt.› (eine trop. Staude)

Jan (m. Vorn.)

Jan. = Januar

Ja|ná|ček ['jana:tʃɛk] (tschech. Komponist)

Jane [dʒe:n] (w. Vorn.); *vgl.* Mary Jane

Jan|ga|da [ʒaŋ'ga:da], die; -, -s ‹port.› (indian. Floßboot)

Jang|tse, der; -[s] *u.* **Jang|tse|ki|ang** [*auch* ...'kiaŋ], der; -[s] (chin. Strom)

Jan|ha|gel [*auch* 'jan...], der; -s (*veraltet für* Pöbel)

Ja|ni|cu|lus mons, der; - - *u.* **Ja|ni|ku|lus** [*auch* ja'nik...], der; - (Hügel in Rom)

Ja|ni|tschar, der; -en, -en (↑R 197) ‹türk.› (Angehöriger der ehem. türk. [Kern]truppe); **Ja|ni|tscha|ren|mu|sik**

Jan|ker, der; -s, - (*südd., österr. für* wollene Trachtenjacke)

Jan Maat, der; - -[e]s, *Plur.* - -e *u.* - -en, **Jan|maat** [*auch* 'jan...], der; -[e]s, *Plur.* -e *u.* -en ‹niederl.› (*scherzh. für* Matrose)

Jän|ner, der; -[s] ‹lat.› (*österr., seltener auch südd., schweiz. für* Januar)

Jan|se|nis|mus, der; - (eine kath.-theolog. Richtung); **Jan|se|nist,** der; -en, -en (↑R 197)

Ja|nu|ar, der; -[s], -e ‹lat.› (erster Monat im Jahr, Eismond, Hartung, Schneemond, Wintermonat; *Abk.* Jan.); *vgl.* Jänner; **Ja|nua|ri|us** (ital. Heiliger); **Ja|nus** (röm. Gott der Türen u. des Anfangs); **Ja|nus|ge|sicht, Ja|nus|kopf** (doppelgesichtiger Männerkopf); ↑R 135; **ja|nus|köp|fig; Ja|nus|köp|fig|keit,** die; -

Ja|pan; *vgl.* Nippon; **Ja|pa|ner; Ja|pa|ne|rin; ja|pa|nisch,** aber (↑R 146): das Japanische Meer; *vgl.* deutsch; **Ja|pa|nisch,** das; -[s] (Sprache); *vgl.* Deutsch; **Ja|pa|ni|sche,** das; -n; *vgl.* Deutsche, das; **Ja|pa|no|lo|ge,** der; -n, -n (↑R 197) ‹jap.; griech.› (Erforscher der jap. Sprache u. Kultur); **Ja|pa|no|lo|gie,** die; - (Japankunde); **Ja|pa|no|lo|gin; Ja|pan|pa|pier**

Ja|phet, *ökum.* Ja|fet (bibl. m. Eigenn.)

jap|pen (*nordd. für* japsen); **jap|sen** (*ugs. für* nach Luft schnappen); du japst; **Jap|ser**

Jar|di|nie|re [ʒar...], die; -, -n ‹franz.› (Schale für Blumenpflanzen)

Jar|gon [ʒar'gɔ̃:], der; -s, -s ‹franz.› ([saloppe] Sondersprache einer Berufsgruppe od. Gesellschaftsschicht)

Ja|ro|wi|sa|ti|on, die; -, -en ‹russ.› (Verfahren, mit dem das Wachstum von Saatgut beschleunigt wird); **ja|ro|wi|sie|ren**

Ja|sa|ger

Jas|min, der; -s, -e ‹pers.-span.›

(ein Zierstrauch [mit stark duftenden Blüten])
Jas|mund (Halbinsel von Rügen); -er Bodden (↑R 147)
Ja|son (*griech. Sage* Führer der Argonauten)
Jas|pers (dt. Philosoph)
Jas|per|wa|re ['dʒɛs...] ⟨engl.⟩ (farbiges, weiß verziertes Steingut)
Jas|pis, der; *Gen.* - *u.* -ses, *Plur.* -se ⟨semit.⟩ (ein Halbedelstein)
Jaß, der; Jasses (*schweiz. u. südd. u. westösterr.* ein Kartenspiel); **jas|sen** (Jaß spielen); du jaßt; er jaßt; du jaßtest; gejaßt; jaß! *u.* jasse!; **Jas|ser**
Ja|stim|me
Ja|ta|gan, der; -s, -e ⟨türk.⟩ (gekrümmter Türkensäbel)
jä|ten
Jau|che, die; -, -n; **jau|chen; Jau|che[n]‿faß, ...gru|be, ...wa|gen**
Jau|chert *vgl.* Juchart
jau|chig
jauch|zen; du jauchzt; **Jauch|zer;** *vgl.* juchzen
Jauk, der; -s ⟨slowen.⟩ (*südösterr. für* Föhn)
Jau|kerl, das; -s, -n (*österr. ugs. für* Injektion)
jau|len (klagend winseln, heulen)
Jaun|de (Hptst. von Kamerun)
Jau|se, die; -, -n ⟨slowen.⟩ (*österr. für* Zwischenmahlzeit, Vesper); **jau|sen** (du jaust) *u.* jaus|nen; **Jau|sen‿brot, ...sta|ti|on** (Gaststätte, in der man einen Imbiß einnehmen kann), **...zeit; jaus|nen** *vgl.* jausen
Ja|va [...v...] (eine der Großen Sundainseln); **Ja|va|ner; Ja|va|ne|rin; ja|va|nisch**
ja|wohl
Ja|wort *Plur.* ...worte
Jazz [dʒɛs, *auch* jats], der; - ⟨amerik.⟩ ([zeitgenöss.] Musikstil, der sich aus der Volksmusik der schwarzen Bevölkerung Amerikas entwickelt hat); **Jazz|band** ['dʒɛsbɛnt, *auch* 'jats...], die; -, -s (Jazzkapelle); **jaz|zen** ['dʒɛs(ə)n, *auch* 'jats(ə)n]; du jazzt; er jazzt; gejazzt; **Jaz|zer** ['dʒɛsər, *auch* 'jatsər], der; -s, - (Jazzmusiker); **Jazz|fan** ['dʒɛsfɛn, *auch* 'jats...]; **Jazz‿fe|sti|val, ...gym|na|stik, ...ka|pel|le, ...kel|ler, ...mu|sik, ...mu|si|ker, ...trom|pe|ter**
Jb. = Jahrbuch
je; seit je; je Person; je drei; je zwei und zwei; je beschäftigten Arbeiter; je länger, je lieber (*vgl.* aber: Jelängerjelieber); je mehr, desto lieber; je kürzer, um so schneller; je nachdem *(vgl. d.);* je nach ...; je nun
Jean [ʒã:] (m. Vorn.); **Jeanne** [ʒan] (w. Vorn.); **Jeanne d'Arc** [ʒan'dark] (Jungfrau von Orleans); **Jean|nette** [ʒa'nɛt] (w. Vorn.); **Jean Paul** [ʒã: -] ⟨*eigtl.* Johann (Jean) Paul Friedrich Richter⟩ (dt. Schriftsteller)
Jeans [dʒi:nz] *Plur. od.* die; -, - ⟨amerik.⟩ ([saloppe] Hose im Stil der Blue jeans); **Jeans‿an|zug, ...kleid**
jeck (*rhein. für* närrisch, verrückt); **Jeck,** der; -en, -en (*rhein. für* [Fastnachts]narr)
je|den|falls; *vgl.* Fall, der
je|der, jede, jedes; zu jeder Stunde, Zeit; auf jeden Fall; zu Anfang jedes Jahres, *häufig auch schon* jeden Jahres; (↑R 66:) das weiß ein jeder; jeder beliebige kann daran teilnehmen; jeder einzelne wurde gefragt; alles und jedes (alles ohne Ausnahme); **je|der|art; je|der|lei;** auf - Weise; **je|der|mann** (↑R 66); es ist nicht -s Sache; **je|der|zeit** (immer), aber: zu jeder Zeit; **je|der|zei|tig; je|des|mal,** aber: ein jedes Mal; **je|des|ma|lig**
je|doch
jed|we|der (*veraltend für* jeder), jedwede, jedwedes; jedweden Inhalts; jedweder neue Versuch; jedweder Angestellte
Jeep Ⓦ [dʒi:p], der; -s, -s ⟨amerik.⟩ (kleiner [amerik.] Kriegs-, Geländekraftwagen)
jeg|li|cher; ↑R 66 (*veraltend für* jeder); ein jeglicher; jegliches; jeglichen Geschlechts; jeglicher Angestellte; frei von jeglichem neidischen Gefühl
je|her [*auch* 'je:'he:r]; von -
Je|ho|va [...va] (durch Vokalveränderung entstandener Name für Jahwe)
jein (*ugs. für* ja *u.* nein)
Je|län|ger|je|lie|ber, das; -s, - (Geißblatt)
je|mals
je|mand; *Gen.* -[e]s, *Dat.* -em, *auch* -, *Akk.* -en, *auch* -. **I.** *Kleinschreibung* (↑R 66): irgend jemand; sonst jemand; jemand anders; mit, von jemand anders, *auch* anderem; jemand Fremdes. **II.** *Großschreibung* (↑R 66): ein gewisser Jemand
je mehr
Je|men *auch mit Artikel* der; -[s] (Staat auf der Arabischen Halbinsel); *vgl.* Irak; **Je|me|nit,** der; -en, -en (↑R 197); **je|me|ni|tisch**
je|mi|ne! ⟨*entstellt aus lat.* Jesu domine! = „o Herr Jesus!"⟩ *(ugs.);* ojemine!, herrjemine!
Jen *vgl.* Yen
Je|na (Stadt an der Saale)
je nach|dem; je nachdem[,] ob/wie (↑R 127)
Je|na|er, *auch* Je|nen|ser (↑R 147); Jenaer Glas; **je|na|isch; Je|nen|ser** *vgl.* Jenaer
je|ner, jene, jenes; in jener Zeit, Stunde; ich erinnere mich jenes Tages; (↑R 66:) da kam jener; jener war es, der ...
je|nisch (die Landfahrer betreffend; *rotwelsch für* klug, gewitzt); -e Sprache (Gaunersprache, Rotwelsch)
Je|nis|sei, Je|nis|sej [*beide* ...se:j, *auch* ...'se:j], der; -[s] (sibir. Strom)
Jen|ni, *auch* **Jen|ny** (w. Vorn.); **Jens** (m. Vorn.)
jen|sei|tig[1]; **Jen|sei|tig|keit**[1], die; -; **jen|seits**[1]; *als Präp. mit Gen.:* - des Flusses; **Jen|seits**[1], das; -; **Jen|seits|glau|be**[1]
Je|re|mia|de, die; -, -n; ↑R 180 (Klagelied); **Je|re|mia, Je|re|mi|as** (bibl. Prophet); die Klagelieder Jeremiä (des Jeremia)
Je|re|wan [*auch* ...'van] (Hptst. von Armenien)
Je|rez ['çe:rɛs], der; - (ein span. Wein); *vgl.* Sherry; **Je|rez de la Fron|te|ra** [xe'rɛs - -] (span. Stadt); **Je|rez|wein** (↑R 149)
Je|ri|cho (jordan. Stadt); **Je|ri|cho|ro|se** (↑R 149)
Je|ri|chow [...ço] (Stadt südöstl. von Tangermünde)
Jé|rôme [ʒe'ro:m] (m. Vorn.)
[1]**Jer|sey** ['dʒœ:(r)zi], der; -[s], -s ⟨engl.⟩ (eine Stoffart); [2]**Jer|sey,** das; -s, -s (Trikot des Sportlers)
je|rum!; ojerum!
Je|ru|sa|lem (die Heilige Stadt der Juden, Christen u. Moslems)
Je|sa|ja (bibl. Prophet); *vgl.* Isaias
Je|su|it, der; -en, -en; ↑R 197 (Mitglied des Jesuitenordens); **Je|sui|ten|or|den,** der; -s; ↑R 180 (Gesellschaft Jesu; *Abk.* SJ); **Je|sui|ten|tum,** das; -s (↑R 180); **je|sui|tisch** (↑R 180); **Je|sus** ⟨„Gott hilft" [*vgl.* Josua]⟩ (bibl. m. Eigenn.); **Je|sus Chri|stus;** *Gen.* Jesu Christi, *Dat.* - - *u.* Jesu Christo, *Akk.* - - *u.* Jesum Christum, *Anredefall* - - *u.* Jesu Christe; **Je|sus|kind,** das; -[e]s; **Jesus Na|za|re|nus Rex Ju|daeo|rum** [- - - judɛ...] (↑R 180) ⟨lat., „Jesus von Nazareth, König der Juden"⟩; *Abk.* I.N.R.I.; **Je|sus Peo|ple** ['dʒi:zəs 'pi:p(ə)l] *Plur.* ⟨engl.⟩ (Anhänger der Jesus-People-Bewegung); **Je|sus-Peo|ple-Be|we|gung,** die; - (weltweit verbreitete religiöse Bewegung der Jugend); **Je|sus Si|rach** (Verfasser einer bibl. Spruchsammlung)
[1]**Jet** [dʒɛt], der; -[s], -s ⟨engl.⟩ (*ugs. für* Düsenflugzeug)
[2]**Jet** *vgl.* Jett
Jet|li|ner ['dʒɛtlainə(r)], der; -s, - ⟨*zu* [1]Jet⟩ (Düsenverkehrsflugzeug)

[1] [*auch* 'jɛn...]

Je|ton [ʒə'tõ:], der; -s, -s ‹franz.› (Spielmarke)
Jet-set ['dʒɛtsɛt], der; -s ‹engl.› (Gruppe reicher, den Tagesmoden folgender Menschen, die, um immer „dabeizusein", ständig [mit dem [1]Jet] reisen); **Jet-stream** ['dʒɛtstri:m], der; -[s], -s (starker Luftstrom in der Tropo- od. Stratosphäre)
Jett, *fachspr.* Jet [dʒɛt], der *od.* das; -[e]s ‹franz.-engl.› (Pechkohle, Gagat); **jett|ar|tig**
Jett|chen (w. Vorn.)
jet|ten ['dʒɛt(ə)n] ‹engl.› (mit dem [1]Jet fliegen); gejettet
jet|zig; jet|zo (*veraltet für* jetzt); **jetzt;** bis -; von - an; **Jetzt,** das; - (Gegenwart, Neuzeit); **Jetzt-mensch, ...zeit** (die; -)
Jeu [ʒø:], das; -s, -s ‹franz.› ([Karten]spiel)
Jeu|nesse do|rée [ʒø,nɛs dɔ're:], die; - - ‹franz.› (*früher für* reiche, leichtlebige Jugend der Großstädte)
Je|ver [...f..., *auch* ...v...] (Stadt in Niedersachsen); **Je|ve|ra|ner; Je|ve|ra|ne|rin; Je|ver|land,** das; -[e]s (Gebiet im nördl. Oldenburg); **Je|ver|län|der; je|ver|län|disch; je|versch**
je|wei|len (*veraltet für* dann und wann; *schweiz. neben* jeweils); **je|wei|lig; je|weils**
Jg. = Jahrgang; **Jgg.** = Jahrgänge
Jh. = Jahrhundert
jid|disch (jüd.-dt.); **Jid|disch,** das; -[s] (jüd.-dt. Schrift- u. Umgangssprache [in Osteuropa]); *vgl.* Deutsch; **Jid|di|sche,** das; -n; *vgl.* Deutsche, das; **Jid|di|stik,** die; - (jiddische Literatur- und Sprachwissenschaft)
Jim [dʒim], **Jim|my** ['dʒimi] (m. Vorn.)
Jin|gle ['dʒiŋg(ə)l], der; -[s], -[s] ‹engl.› (kurze, einprägsame Melodie eines Werbespots)
Jir|mi|lik, der; -s, -s ‹türk.› (frühere türk. Silbermünze)
Jit|ter|bug ['dʒitə(r)bag], der; -, -[s] ‹amerik.› (in Amerika entstandener Jazztanz)
Jiu-Jit|su [,dʒi:u'dʒitsu(:)], das; -[s] ‹jap.› (*älter für* Jujutsu; *[vgl. d.]*)
Jive [dʒaiv], der; -, -[s] ‹amerik.› (dem Jitterbug ähnlicher Tanz)
j. L. = jüngere[r] Linie *(Genealogie)*
J.-Nr. = Journalnummer
Jo|ab (bibl. m. Eigenn.)
Joa|chim [*auch* 'jo:...]; ↑R 180 (m. Vorn.); **Joa|chims|ta|ler,** der; -s, - (↑R 180) ‹nach dem Ort St. Joachimsthal in Böhmen› (eine Münze); *vgl.* Taler
Jo|as, *ökum.* **Jo|asch** (bibl. m. Eigenn.)

[1]**Job** (*Schreibung der Vulgata für* Hiob, Ijob)
[2]**Job** [dʒɔp], der; -s, -s ‹engl.-amerik.› ([Gelegenheits]arbeit, Stelle); **job|ben** ['dʒɔ...] (*ugs. für* einen [2]Job ausüben); gejobbt; **Job|ber** ['dʒɔbər], der; -s, - (Händler an der Londoner Börse, der nur in eigenem Namen Geschäfte abschließen darf; *auch allg. für* Börsenspekulant; *ugs. für* jmd., der jobbt); **Job-ber|tum,** das; -s; **Job-hop|ping** [...hɔpiŋ], das; -s, -s ‹engl.› (*ugs. für* häufiger Stellenwechsel); **Job|kil|ler** (*ugs. abwertend für* etwas, das Arbeitsplätze überflüssig macht); **Job-sha|ring** [...ʃɛ:riŋ], das; -[s] (Aufteilung eines Arbeitsplatzes unter mehrere Personen)
Job|sia|de, die; -; ↑R 180 (komisches Heldengedicht von K. A. Kortum)
Jobst (m. Vorn.)
Joch, das; -[e]s, -e (*auch* ein älteres Feldmaß); ↑R 128 *u.* 129: 9 - Acker, 3 - Ochsen; **Joch-bein, ...bo|gen** *(Med.)*
Jo|chem, Jo|chen (m. Vorn.)
jo|chen (*landsch. für* ins Joch spannen)
Jockei ['dʒɔke:, *engl.* 'dʒɔki, *auch* 'dʒɔkai *od.* 'jɔkai], der; -s, -s [*Trenn.* Jok|kei] ‹engl.› (berufsmäßiger Rennreiter); **Jockey** *vgl.* Jockei
Jod, *chem. fachspr. auch* Iod, das; -[e]s ‹griech.› (chem. Element, Nichtmetall; *Zeichen* J, *auch* I); **Jo|dat,** *chem. fachspr. auch* Iodat, das; -[e]s, -e (Salz der Jodsauerstoffsäure)
Jo|del, der; -s, *Plur.* - *u.* Jödel (*landsch. für* Jodelgesang); **jo-deln;** ich ...[e]le (↑R 22)
jod|hal|tig; Jo|did, *chem. fachspr. auch* Io|did, das; -[e]s, -e ‹griech.› (Salz der Jodwasserstoffsäure); **jo|die|ren** (mit Jod versehen); **Jo|dit** [*auch* ...'dit], das; -s, -e (ein Mineral)
Jod|ler; Jod|le|rin
Jo|do|form, das; -s (ein Mittel zur Wunddesinfektion)
Jo|dok, Jo|do|kus (m. Vorn.)
Jod|tink|tur, die; - ([Wund]desinfektionsmittel)
Jo|el [...e:l, *auch* ...ɛl] (bibl. Prophet)
Jo|ga *vgl.* Yoga
jog|gen ['dʒɔ...] (Jogging betreiben); sie joggt, hat gejoggt; **Jog-ger; Jog|ging,** das; -s ‹amerik.› (Laufen in mäßigem Tempo [als Fitneßtraining]); **Jog|ging-an-zug, ...be|klei|dung**
Jo|ghurt ['jo:gurt], der *u., bes. österr. u. schweiz.,* das; -[s], *Plur. (Sorten:)* -[s], *bes. österr. auch* die; -, -[s] ‹türk.› (durch Zusatz von Bakterienkulturen gewonnene säuerliche Dickmilch)
Jo|gi, Jo|gin *vgl.* Yogi, Yogin
Jo|hann [*auch* 'jo:..., *österr. nur so*] (m. Vorn.); *vgl.* Johannes; **Jo-han|na, Jo|han|ne** (w. Vorn.); **jo-han|ne|isch;** -er Geist, aber (↑R 134): die Johanneischen (von Johannes herrührenden) Briefe; [1]**Jo|han|nes** (m. Vorn.); - der Täufer; [2]**Jo|han|nes** (Apostel u. Evangelist)
Jo|han|nes|burg (größte Stadt der Republik Südafrika)
Jo|han|nes-evan|ge|li|um (das; -s), **...pas|si|on**
Jo|hann|ge|or|gen|stadt (Stadt im westl. Erzgebirge)
Jo|han|ni[s], das; - (Johannistag); **Jo|han|nis-bee|re, ...ber|ger** (ein Wein), **...brot** (Hülsenfrucht des Johannisbrotbaumes), **...feu|er, ...kä|fer, ...nacht, ...tag** (am 24. Juni), **...trieb, ...würm|chen; Jo|han|ni|ter,** der; -s, - (Angehöriger des Johanniterordens); **Jo-han|ni|ter|or|den,** der; -s; **Jo-han|ni|ter|un|fall|hil|fe,** die; -
joh|len
John [dʒɔn] (m. Vorn.); - Bull („Hans Stier"; scherzh. Bez. des Engländers)
John|son (dt. Schriftsteller)
Joint [dʒɔynt], der; -s, -s ‹engl.› (Zigarette, deren Tabak mit Haschisch od. Marihuana vermischt ist); **Joint-ven|ture** [dʒɔynt'vɛntʃə(r)], das; -[s], -s (*Wirtsch.* Zusammenschluß von Unternehmen, Gemeinschaftsunternehmen)
Jo-Jo, das; -s, -s ‹amerik.› (Geschicklichkeitsspiel aus zwei miteinander verbundenen [Holz]scheiben und einer Schnur)
Jo|ker [*auch* dʒo:...], der; -s, - ‹engl.› (eine Spielkarte)
Jo|ko|ha|ma, *postamtl.* Yo|ko|ha|ma; *vgl. d.*
jo|kos; -este ‹lat.› (*veraltet für* scherzhaft); **Jo|kus,** der; -, -se (*ugs. für* Scherz, Spaß)
Jo|liot-Cu|rie [ʒɔ'ljo:ky'ri], Frédéric [frede'rik] *u.* Irène [i'rɛn] (franz. Physiker)
Jol|le, die; -, -n (kleines [einmastiges] Boot); **Jol|len|kreu|zer**
Jom Kip|pur, der; - - (hoher jüd. Feiertag)
Jo|na, *ökum.* [1]**Jo|nas** (bibl. Prophet); [2]**Jo|nas** (m. Vorn.)
[1]**Jo|na|than,** der; -s, - (ein Winterapfel); [2]**Jo|na|than,** *ökum.* **Jo|na-tan** (bibl. m. Eigenn.)
Jon|gleur [ʒɔŋ'lø:r], der; -s, -e ‹franz.› (Geschicklichkeitskünstler); **jon|glie|ren**
Jons|dorf, Kur|ort (im Zittauer Gebirge)

Jöp|chen; Jop|pe, die; -, -n (Jakke); **Jöpp|lein**
Jor|dan, der; -[s] (größter Fluß Israels u. Jordaniens); **Jor|da|ni|en** [...iən] (Staat in Vorderasien); *vgl. auch* Transjordanien; **Jor|da|ni|er** [...iər]; **Jor|da|nie|rin** [...iə...]; **jor|da|nisch**
Jörg (m. Vorn.)
Jörn (m. Vorn.)
Jo|sa|phat, *ökum.* Jo|scha|fat (bibl. m. Eigenn.); das Tal - (östl. von Jerusalem)
Jo|schi|ja *vgl.* Josia
Jo|sef usw. *vgl.* Joseph usw.; [1]**Jo|seph,** [1]Jo|sef (↑R 131; m. Vorn.); [2]**Jo|seph,** *ökum.* [2]Jo|sef (bibl. m. Eigenn.); **Jo|se|pha** [*auch* jo'ze:fa], *auch u. österr. nur* Jo|se|fa [*auch* jo'ze:fa] (w. Vorn.); **Jo|se|phi|ne,** *auch u. österr. nur* Jo|se|fi|ne (w. Vorn.); **Jo|se|phi|nisch;** ↑R 134; -es Zeitalter (Zeitalter Josephs II.); **Jo|se|phi|nis|mus,** der; - (aufgeklärte kath. Staatskirchenpolitik im Österreich des 18. u. 19. Jh.s); **Jo|se|phus** (jüd. Geschichtsschreiber)
Jo|sia, Jo|si|as, *ökum.* Jo|schi|ja (bibl. m. Eigenn.)
Jost (m. Vorn.)
Jo|sua ‹„Gott hilft" [*vgl.* Jesus]› (bibl. m. Eigenn.)
Jot, das; -, - ‹semit.› (Buchstabe); **Jo|ta,** das; -[s], -s (griech. Buchstabe: *I, ι*); kein - (nicht das geringste); **Jo|ta|zis|mus** (*svw.* Itazismus)
Joule [dʒu:l], das; -[s], - ‹nach dem Engländer J. P. Joule› (*Physik* Maßeinheit für die Energie; *Zeichen* J)
Jour [ʒu:r], der; -s, -s ‹franz.› (*früher für* [Dienst-, Amts-, Empfangs]tag); - fixe (fester Tag in der Woche [für Gäste, die nicht besonders eingeladen werden]); *vgl.* du jour *u.* à jour; **Jour|nail|le** [ʒur'naljə, *auch* ...'naj, *österr.* ...'naijə], die; - (gewissenlos u. hetzerisch arbeitende Tagespresse); **Jour|nal** [ʒur...], das; -s, -e (Tagebuch in der Buchhaltung; Zeitschrift gehobener Art, bes. auf dem Gebiet der Mode; *veraltet für* Zeitung); **Jour|nal‿be|am|te** (*österr. für* diensthabender Beamter), **...dienst** (*österr. für* Bereitschafts-, Tagesdienst); **Jour|na|lis|mus,** der; - ([bes. Wesen, Eigenart der] Zeitungsschriftstellerei; Pressewesen); **Jour|na|list,** der; -en, -en; ↑R 197 (jmd., der beruflich für die Presse, den Rundfunk, das Fernsehen schreibt, publizistisch tätig ist); **Jour|na|li|stik,** die; - (Zeitungswesen); **Jour|na|li|stin; jour|na|li|stisch; Jour|nal|num|mer** (Nummer eines kaufmänn. od. behördl. Tagebuchs; *Abk.* J.-Nr.)
jo|vi|al [...v..., *österr. u. schweiz.* ʒo...] ‹lat.› (leutselig, gönnerhaft); **Jo|via|li|tät,** die; - (↑R 180)
Joyce [dʒɔys], James (ir. Schriftsteller)
Joy|stick ['dʒɔystik], der; -s, -s ‹engl.› (Steuerhebel für Computer[spiele])
jr., jun. = junior
[1]**Ju|an** [xuan] (m. Vorn.); Don - (*vgl.* d.)
[2]**Ju|an** *vgl.* Yuan
Ju|bel, der; -s; **Ju|bel‿fei|er, ...ge|schrei, ...greis** (*ugs. für* lebenslustiger alter Mann), **...jahr** (*bei den Juden* jedes 50., *in der kath. Kirche* jedes 25. Jahr); alle -e (*ugs. für* ganz selten); **ju|beln;** ich ...[e]le (↑R 22); **Ju|bel‿paar, ...ruf; Ju|bi|lar,** der; -s, -e ‹lat.›; **Ju|bi|la|rin; Ju|bi|la|te** ‹„jubelt!"› (dritter Sonntag nach Ostern); **Ju|bi|lä|um,** das; -s, ...äen; **Ju|bi|lä|ums‿aus|ga|be, ...aus|stel|lung, ...fei|er; ju|bi|lie|ren** (jubeln; *auch* ein Jubiläum feiern)
[1]**Ju|chart, Ju|chert,** der; -s, -e (altes südwestd. Feldmaß); 10 - Akkerland (↑R 128 *u.* 129); *vgl.* Jauchert; [2]**Ju|chart, Ju|char|te,** die; -, ...ten (*schweiz. für* [1]Juchart)
ju|chen (*landsch. für* jauchzen); **juch|he!; Juch|he,** das; -s, -s (*ugs. für* oberste Galerie im Theater); **juch|hei!; juch|hei|ras|sa!; juch|hei|ras|sas|sa!; juch|hei|sa!; juch|hei|ßa!**
juch|ten (aus Juchten); **Juch|ten,** der *od.* das; -s ‹russ.› (feines, wasserdichtes Leder); **Juch|ten‿le|der, ...stie|fel**
juch|zen (*Nebenform von* jauchzen); du juchzt; **Juch|zer**
jucken[1]; es juckt mich [am Arm]; die Hand juckt mir, *auch* mich; mir, *auch* mich juckt die Hand; es juckt mir, *auch* mich in den Fingern (*ugs. für* es drängt mich), dir eine Ohrfeige zu geben; ihm, *auch* ihn juckt das Fell (*ugs. für* er scheint Prügel haben zu wollen); a b e r *(ohne nähere Angabe):* es juckt (reizt) mich, ihm einen Streich zu spielen
Jucker[1], der; -s, - (leichtes [ung.] Wagenpferd); **Jucker|ge|schirr**[1]
Juck‿pul|ver, ...reiz
[1]**Ju|da** (bibl. m. Eigenn.); [2]**Ju|da** (Sitz des Stammes Juda in u. um Jerusalem); *vgl.* Judäa; **Ju|däa** (Bez. des alten Südpalästinas, später ganz Palästinas); **Ju|dai|ka** *Plur.;* ↑R 180 (Bücher, Sammelobjekte der jüd. Kultur u. Religion); **Ju|da|is|mus,** der; - (jüdische Religion); **Ju|dai|stik,** die; -; ↑R 180 (Wissenschaft von der jüdischen Religion, Kultur, Geschichte); [1]**Ju|das** (bibl. m. Eigenn.); - Is|cha|ri|ot, *ökum.* - Is|ka|ri|ot (Apostel, Verräter Jesu); - Thaddäus (ein Apostel); [2]**Ju|das,** der; -, -se ‹nach Judas Ischariot› ([heimtückischer] Verräter); **Ju|das‿kuß, ...lohn** (der; -[e]s; ↑R 135); **Ju|de,** der; -n, -n (↑R 197); **Ju|den|chri|sten|tum; Ju|den|geg|ner** (*für* Antisemit); **Ju|den|heit,** die; -; **Ju|den‿kir|sche** (eine Zierpflanze), **...stern; Ju|den|tum,** das; -s; **Ju|den|ver|fol|gung**
Ju|di|ka ‹lat., „richte!"› (Passionssonntag, zweiter Sonntag vor Ostern); **Ju|di|ka|ti|ve** [...və], die; - (*Rechtsspr.* richterliche Gewalt [im Staat]); **ju|di|ka|to|risch** (*veraltend für* richterlich); **Ju|di|ka|tur,** die; -, -en (Rechtsprechung)
Jü|din; jü|disch; die jüdische Zeitrechnung; [1]**Ju|dith** (w. Vorn.); [2]**Ju|dith,** *ökum.* **Ju|dit** (bibl. w. Eigenn.)
ju|di|zie|ren ‹lat.› (*Rechtsspr.* urteilen, richten); **Ju|di|zi|um,** das; -s, ...ien [...iən] (aus langjähriger Gerichtspraxis sich entwickelndes Rechtsfindungsvermögen)
[1]**Ju|do,** der; -s, -s (*Kurzw. für* Jungdemokrat)
[2]**Ju|do** [*österr. meist* 'dʒu:...], das; -[s] ‹jap.› (sportl. Ausübung des Jujutsu); **Ju|do|griff; Ju|do|ka,** der; -s, -s (Judosportler)
Ju|gend, die; -; **Ju|gend‿amt, ...ar|beits|lo|sig|keit, ...ar|beits|schutz|ge|setz, ...be|geg|nung, ...be|we|gung, ...bild, ...bild|nis, ...er|in|ne|rung, ...er|zie|her, ...ese|lei** *(ugs.);* **ju|gend|frei** (Prädikat für Filme); **Ju|gend‿freund** (*ehem. in der DDR auch* Anrede für ein Mitglied der FDJ), **...freun|din, ...für|sor|ge; ju|gend|ge|fähr|dend;** ein -er Film (↑R 209); **Ju|gend‿grup|pe, ...her|ber|ge** (*vgl.* DJH), **...klub, ...kri|mi|na|li|tät** (die; -); **ju|gend|lich; Ju|gend|li|che,** der *u.* die; -n, -n (↑R 7 ff.); **Ju|gend|lich|keit,** die; -; **Ju|gend‿lie|be, ...li|te|ra|tur, ...or|ga|ni|sa|ti|on, ...pfar|rer, ...pfle|ge, ...psy|cho|lo|gie, ...recht** (das; -[e]s), **...rich|ter, ...schutz, ...sek|te; Ju|gend|stil,** der; -[e]s (eine Kunstrichtung); **Ju|gend|stil|lam|pe; Ju|gend‿streich, ...sün|de, ...tor|heit, ...wei|he** (eine feierliche Veranstaltung beim Übergang der Jugendlichen in das Leben der Erwachsenen), **...werk, ...zeit, ...zen|trum**
Ju|go|sla|we, der; -n, -n (↑R 197); **Ju|go|sla|wi|en** [...iən]; **Ju|go|sla|win; ju|go|sla|wisch**

[1] *Trenn.* ...k|k...

Ju|gur|tha (König von Numidien); **Ju|gur|thi|ni|sche Krieg,** der; -n -[e]s
ju|he! (*schweiz. für* juchhe!); **ju-hu!** [*auch* 'ju...]
Juice [dʒu:s], der *od.* das; -, -s [...sis] ‹engl.› (Obst- od. Gemüsesaft); 3 [Glas] - (↑R 129)
Juist [jy:st] (eine ostfries. Insel)
Ju|ju|be, die; -, -n ‹franz.› (ein Strauch; Beere)
Ju|jut|su, das; -[s] ‹jap.› (Technik der Selbstverteidigung)
Juke|box ['dʒu:k...], die; -, -es [...sis] ‹engl.› (*svw.* Musikbox)
Jul|bock, der ‹schwed.› (eine skandinavische Weihnachtsfigur)
Jul|chen (w. Vorn.)
Ju|lei (*verdeutlichende Sprechform von* Juli)
Jul|fest (Fest der Wintersonnenwende); *vgl.* Julklapp
Ju|li, der; -[s], -s ‹lat.› (der siebte Monat im Jahr, Heue[r]t, Heumond, Sommermonat); *vgl.* Julei; **Ju|lia,** Ju|lie [...iə] (w. Vorn.); **Ju|li|an,** Ju|lia|nus (röm. Jurist); **Ju|lia|na, Ju|lia|ne** (w. Vorn.); **ju|lia|nisch,** aber (↑R 134): der Julianische Kalender; **Ju|lia|nus** *vgl.* Julian; **Ju|lie** *vgl.* Julia; [1]**Ju|li|enne** [ʒy'liɛn] ‹franz.› (w. Vorn.); [2]**Ju|li|enne,** die; - (*Gastron.* feine Gemüsestreifen als Suppeneinlage und für Soßen); **Ju|li|enne|sup|pe;** [1]**Ju|li|er** [...iər], der; -s, - ‹lat.› (Angehöriger eines röm. [Kaiser]geschlechtes); [2]**Ju|li|er,** der; -s (schweiz. Alpenpaß), *auch* **Ju|li|er|paß,** der; ...passes; **ju|lisch,** aber (↑R 146): die Julischen Alpen; **Ju|li|us** (röm. Geschlechtername; m. Vorn.); **Ju|li|us|turm,** der; -[e]s (↑R 135) ‹nach einem Turm der früheren Zitadelle in Spandau, in dem der Kriegsschatz des Dt. Reiches lag› (*übertr. für* vom Staat angesparte Gelder)
Jul|klapp, der; -s ‹schwed.› ([scherzhaft mehrfach verpacktes] kleines Weihnachtsgeschenk, das am Julfest von unbekanntem Geber in die Stube geworfen wird); **Jul‿mond** (*alte Bez. für* Dezember), **...nacht**
Jum|bo, der; -s, -s ‹amerik.› (*Kurzform für* Jumbo-Jet); **Jumbo-Jet** [...dʒɛt] (Großraumflugzeug)
Ju|me|lage [ʒymə'la:ʒ], die; -, -n [...'la:ʒ(ə)n] ‹franz.› (Städtepartnerschaft)
jum|pen ['dʒam...] ‹engl.› (springen); gejumpt
Jum|per [*engl.* 'dʒam..., *bes. südd., österr.* 'dʒɛm...], der; -s, - ‹engl.› (blusen- od. pulloverähnliches Kleidungsstück); **Jum|per|kleid**

jun., jr. = junior
jung; jünger, jüngste *(vgl. d.).* **I.** *Kleinschreibung* (↑R 65): von jung auf; jung und alt (jedermann); ↑R 65: er ist der jüngere, jüngste meiner Söhne. **II.** *Großschreibung:* **a)** (↑R 65:) Junge und Alte; mein Jüngster; er ist nicht mehr der Jüngste; er gehört nicht mehr zu den Jüngsten; **b)** (↑R 133; R 157:) Jung Siegfried; der Jüngere (*Abk. [bei Eigennamen]* d. J.); das Junge Deutschland (eine Dichtergruppe des 19. Jh.s); die Junge Gemeinde (*Bez. für* Jugendliche einer Kirchengemeinde); die Junge Union (gemeinsame Jugendorganisation von CDU u. CSU); *vgl. auch* jüngste; **Jung‿brunnen, ...bür|ger** (*österr. für* jmd., der das Wahlalter erreicht hat); **Jung|chen** *(landsch.);* **Jung|de|mo|krat** (Mitglied der [ehemaligen] Jugendorganisation der F.D.P.; *Kurzw.* Judo); **Jung|de|mo|kra|tin;** [1]**Jun|ge,** der; -n (↑R 197), *Plur.* -n, *ugs. auch* Jungs *u.* -ns; [2]**Jun|ge,** das; -n, -n (↑R 7ff.); **Jün|gel|chen** *(oft abwertend);* **jun|gen** (Junge werfen); die Katze jungt; **Jun|gen|ge|sicht; jun|gen|haft;** -este; **Jun|gen|haf|tig|keit,** die; -; **Jungen‿schu|le, ...streich; Jün|ger,** der; -s, -; **Jün|ge|rin; Jün|gerschaft; Jung|fer,** die; -, -n *(veraltet);* **jüng|fer|lich; Jung|fern|fahrt** (erste Fahrt, bes. die eines neuerbauten Schiffes); **Jungfern|flug; jung|fern|haft;** -este; **Jung|fern‿häut|chen** (*für* Hymen), **...kranz** (*veraltet für* Brautkranz), **...re|de; Jung|fernschaft,** die; - *(veraltet);* **Jungfern|zeu|gung** (*für* Parthenogenese); **Jung|frau; jung|fräu|lich; Jung|fräu|lich|keit,** die; -; **Jungge|sel|le; Jung|ge|sel|len‿bu|de** *(ugs.),* **...da|sein, ...wirt|schaft, ...woh|nung; Jung|ge|sel|lin; Jung|gram|ma|ti|ker** (Angehöriger der Leipziger Schule der indogermanischen u. allgemeinen Sprachwissenschaft um 1900); **Jung|he|ge|lia|ner** (Angehöriger der radikalen Gruppe der Hegelianer); **Jung‿holz, ...leh|rer; Jüng|ling; Jüng|lings|al|ter,** das; -s; **jüng|ling[s]|haft;** -este; **Jungpflan|ze; jungsch** (*berlin. für* jung); **Jung|so|zia|list,** der; -en, -en; ↑R 180 (Angehöriger einer Nachwuchsorganisation der SPD; *Kurzw.* Juso); **Jung|so|zia|li|stin; jüngst** *(veraltend);* **jüngste,** aber (↑R 157): das Jüngste Gericht, der Jüngste Tag; *vgl.* jung; **Jung|stein|zeit,** die; - (*für* Neolithikum); **Jüng|sten|recht**

(*für* Minorat); **jüng|stens** (*veraltet für* jüngst); **jüngst|hin** *(veraltend)*
Jung-Stil|ling (dt. Gelehrter u. Schriftsteller)
jüngst|ver|gan|gen; in -er Zeit; **Jung‿tier, ...un|ter|neh|mer, ...ver|hei|ra|te|te, ...ver|mähl|te, ...vieh, ...vo|gel, ...wäh|ler, ...wäh|le|rin**
Ju|ni, der; -[s], -s ‹lat.› (der sechste Monat des Jahres, Brachet, Brachmonat); **Ju|ni|kä|fer**
ju|ni|or ‹lat., „jünger"› (*hinter Namen* der Jüngere; *Abk.* jr. *u.* jun.); Karl Meyer junior; **Ju|nior,** der; -s, ...oren (Sohn [im Verhältnis zum Vater]; *Mode* Jugendlicher; *Sport* Sportler zwischen 18 u. 23 Jahren); **Ju|niorat,** das; -[e]s (*svw.* Minorat); **Ju|ni|or|chef** (Sohn des Geschäftsinhabers); **Ju|nio|ren‿mei|sterschaft** *(Sport),* **...ren|nen** *(Sport);* **Ju|nio|rin** (↑R 180); **Ju|ni|or|partner**
Ju|ni|us (röm. m. Eigenn.)
Jun|ker, der; -s, -; **jun|ker|haft;** -este; **jun|ker|lich; Jun|kerschaft,** die; -; **Jun|ker|tum,** das; -s
Jun|kie ['dʒaŋki], der; -s, -s ‹engl.-amerik.› (*Jargon* Drogenabhängiger)
Junk|tim, das; -s, -s ‹lat.› (Verbindung mehrerer [parlamentar.] Anträge, z. B. Gesetzesvorlagen, zur gleichzeitigen Erledigung); **Junk|tims|vor|la|ge**
[1]**Ju|no** (*verdeutlichende Sprechform von* Juni)
[2]**Ju|no** (höchste röm. Himmelsgöttin); [3]**Ju|no,** die; - (ein Planetoid); **ju|no|nisch;** ↑R 134 ([2]Juno betreffend, der [2]Juno ähnlich; stolz, erhaben); -e Gestalt, Schönheit
Jun|ta ['xunta, *auch* 'junta], die; -, ...ten ‹span.› (Regierungsausschuß, bes. in Südamerika; *kurz für* Militärjunta)
Jüp|chen (*landsch. für* Jäckchen für Säuglinge); **Jupe** [ʒy:p], der, *seltener* das; -s, -s ‹franz.› (*schweiz. für* Frauenrock)
[1]**Ju|pi|ter** *Gen.* -s, *auch* Jovis [...v...] (höchster röm. Gott); [2]**Jupi|ter,** der; -s (ein Planet); **Ju|piter|lam|pe** ⓦ ‹nach der Berliner Firma „Jupiterlicht"› (sehr starke elektr. Bogenlampe für Film- u. Fernsehaufnahmen)
Ju|pon [ʒypõ], der; -s, -s ‹franz.› (*schweiz. für* Unterrock)
Jupp (m. Vorn.)
[1]**Ju|ra** (*Plur. von* [1]Jus)
[2]**Ju|ra,** der; -s (*Geol.* mittlere Formation des Mesozoikums); ↑R 157: der Weiße -, der Braune -, der Schwarze -; [3]**Ju|ra,** der; -[s]

(Bez. von Gebirgen); ↑R 146: der Fränkische -, der Schwäbische -; (↑R 147:) der Schweizer -; [4]**Ju|ra**, der; -[s] (schweiz. Kanton); **Ju|ra|for|ma|ti|on**, die; -; **Ju|ras|si|er** [...i̯ər] (Bewohner des [3,4]Jura); **ju|ras|sisch** (zum Jura gehörend)

Ju|ra|stu|dent

Jür|gen (m. Vorn.)

ju|ri|disch ‹lat.› (*österr., sonst veraltend für* juristisch); **ju|rie|ren** (in einer Jury mitwirken); **Ju|ris|dik|ti|on**, die; -, -en (Rechtsprechung; Gerichtsbarkeit); **Ju|ris|pru|denz**, die; - (Rechtswissenschaft); **Ju|rist**, der; -en, -en; ↑R 197 (Rechtskundiger); **Ju|ri|sten|deutsch**, das; -[s]; **Ju|ri|ste|rei**, die; - (*veraltet, noch scherzh. für* Rechtswissenschaft, Rechtsprechung); **Ju|ri|stin**; **ju|ri|stisch**; -e Fakultät; -e Person (rechtsfähige Körperschaft; *Ggs.* natürliche Person); **Ju|ror**, der; -s, ...oren ‹engl.› (Mitglied einer Jury); **Ju|ro|rin**

Jur|te, die; -, -n ‹türk.› (rundes Filzzelt mittelasiatischer Nomaden)

Ju|ry [ʒy'ri:, *auch* 'ʒy:ri], die; -, -s (Preisrichter- bzw. Kampfrichterkollegium); **ju|ry|frei** (nicht von Fachleuten zusammengestellt); [1]**Jus** [*österr.* jus], das; -, Jura ‹lat.› (Recht, Rechtswissenschaft); Jura, *österr. u. schweiz.* Jus studieren

[2]**Jus** [ʒy:], die; -, *südd. auch* das; -, *schweiz. meist* der; - ‹franz.› (Bratenbrühe; *schweiz. auch für* Fruchtsaft)

Ju|so, der; -s, -s (*Kurzw. für* Jungsozialist)

Jus|stu|dent (*österr. u. schweiz. für* Jurastudent)

just ‹lat.› (*veraltend für* eben, gerade; recht); das ist - das Richtige; **ju|sta|ment** ‹franz.› (*veraltet, noch landsch. für* richtig, genau; nun erst recht, nun gerade); **ju|stie|ren** (genau einstellen, einpassen, ausrichten); **Ju|stie|rer** (jmd., der mit dem Justieren betraut ist); **Ju|stie|rung**; **Ju|stier|waa|ge** (Münzkontrollwaage); **Ju|sti|fi|ka|ti|on**, die; -, -en (*fachspr. für* Rechtfertigung; *auch svw.* Justifikatur); **Ju|sti|fi|ka|tur**, die; -, -en (*fachspr. für* Genehmigung von Rechnungen nach Prüfung); **ju|sti|fi|zie|ren** (rechtfertigen; [eine Rechnung] nach Prüfung genehmigen); **Ju|sti|ne** (w. Vorn.); **Ju|sti|ni|an**, **Ju|sti|nia|nus**; ↑R 180 (Name byzant. Kaiser); **Ju|sti|nus** (m. Vorn.); **Ju|sti|tia** (altröm. Göttin der Gerechtigkeit); **ju|sti|tia|bel**; ↑R 180 (richterlicher Entscheidung unterworfen); ...**tia|ble** Vergehen; **Ju|sti|ti|ar**, der; -s, -e (Rechtsbeistand, Syndikus); **Ju|sti|tia|ri|at**, das; -[e]s, -e (Amt des Justitiars); **Ju|sti|ti|um**, das; -s, ...ien [...i̯ən] (Stillstand der Rechtspflege); **Ju|stiz**, die; - (Gerechtigkeit; Rechtspflege); **Ju|stiz‿be|am|te**, ...**be|am|tin**, ...**be|hör|de**, ...**irr|tum**, ...**mi|ni|ster**, ...**mi|ni|ste|rin**, ...**mi|ni|ste|ri|um**; **Ju|stiz|mord** (Hinrichtung eines unschuldig Verurteilten); **Ju|stiz‿pa|last**, ...**voll|zugs|an|stalt** (*Abk.* JVA), ...**wa|che|be|am|te** (*österr.*); **Ju|stus** (m. Vorn.)

Ju|te, die; - ‹bengal.-engl.› (Faserpflanze; Bastfaser dieser Pflanze)

Jü|te, der; -n, -n; ↑R 197 (Bewohner Jütlands)

Jü|ter|bog (Stadt im Fläming)

Ju|te‿sack, ...**spin|ne|rei**, ...**ta|sche**

jü|tisch, a b e r (↑R 146): die Jütische Halbinsel; **Jüt|land** (festländ. Teil Dänemarks)

Jut|ta, **Jut|te** (w. Vorn.)

Ju|ve|nal [...v...] (röm. Satiriker); **ju|ve|na|lisch** (satirisch, spöttisch), a b e r (↑R 134): die Juvenalischen Satiren

ju|ve|na|li|sie|ren [...v...] ‹lat.› (am Stil, Geschmack der Jugend orientieren); **Ju|ve|na|li|sie|rung**; **ju|ve|nil** [...v...] (*geh. für* jugendlich, für junge Menschen charakteristisch; *Geol.* dem Erdinnern entstammend)

ju|vi|val|le|ra! [ju(:)vi(:)'va..., *auch* ...'fa...]

[1]**Ju|wel**, das, *auch* der; -s, -en *meist Plur.* ‹niederl.› (Edelstein; Schmuckstück); [2]**Ju|wel**, das; -s, -e (Person od. Sache, die von jmdm. besonders geschätzt wird); **Ju|we|len|dieb|stahl**; **Ju|we|lier**, der; -s, -e (Schmuckhändler; Goldschmied); **Ju|we|lier|ge|schäft**

Jux, der; -es, -e *Plur. selten* ‹lat.› (*ugs. für* Scherz, Spaß); **ju|xen** (*ugs. für* scherzen, Spaß machen); du juxt

Jux|ta, die; -, ...ten ‹lat.› (Kontrollstreifen [an Lotterielosen usw.]); **Jux|ta|po|si|ti|on**, die; -, -en (*Sprachw.* Nebeneinanderstellung [im Ggs. zur Komposition]; *Mineralogie* Ausbildung von zwei miteinander verwachsenen Kristallen, die eine Fläche gemeinsam haben); **Jux|te** (*österr. für* Juxta)

JVA = Justizvollzugsanstalt

jwd [jɔtve:'de:] ‹*aus berlinisch* janz weit draußen› (*ugs. scherzh. für* abgelegen, nicht ohne großen Zeitaufwand zu erreichen)

K

Vgl. auch **C** *und* **Z**

K (Buchstabe); das K; des K, die K, a b e r: das k in Haken (↑R 82); der Buchstabe K, k

k = Kilo...

K = *chem. Zeichen für* Kalium; Kelvin

Κ, κ = Kappa

k.[1] = kaiserlich; königlich (im ehem. Österreich-Ungarn)

Kaa|ba, die; - ‹arab.› (Hauptheiligtum des Islams in Mekka)

Ka|ba|le, die; -, -n ‹hebr.› (*veraltet für* Intrige, Ränke)

Ka|ba|nos|si, die; -, - (Wurstsorte)

Ka|ba|rett [*auch* 'ka...], das; -s, *Plur.* -s *u.* -e, *auch [österr. nur so]* das; -s, -s, Cabaret [...'re:, *auch* 'kabare], das; -s, -s ‹franz.› (Kleinkunst[bühne]; Speiseplatte mit Fächern); **Ka|ba|ret|tier** [...rɛ'ti̯e:], der; -s, -s (Besitzer einer Kleinkunstbühne); **Ka|ba|ret|tist**, der; -en, -en; ↑R 197 (Künstler an einer Kleinkunstbühne); **Ka|ba|ret|ti|stin**; **ka|ba|ret|ti|stisch**

Ka|bäus|chen (*westmitteld. für* kleines Haus od. Zimmer)

Kab|ba|la, die; - ‹hebr.› (mittelalterl. jüd. Geheimlehre); **kab|ba|li|stisch** (auf die Kabbala bezüglich; Geheim...)

Kab|be|lei (*bes. nordd. für* Zankerei, Streit); **kab|be|lig** (*Seemannsspr.* unruhig; ungleichmäßig); **kab|beln**; sich - (*bes. nordd. für* zanken, streiten); ich ...[e]le mich (↑R 22); die See kabbelt (ist ungleichmäßig bewegt); **Kab|be|lung** (*Seemannsspr.* [Stelle mit] Kräuselbewegung der See)

Ka|bel, das; -s, - ‹franz.› (isolierte elektr. Leitung; starkes Tau od. Drahtseil; *veraltet für* Kabelnachricht); **Ka|bel‿an|schluß**, ...**fern|se|hen**, ...**gat[t]** (Schiffsraum für Tauwerk)

Ka|bel|jau, der; -s, *Plur.* -e *u.* -s ‹niederl.› (ein Fisch)

Ka|bel‿län|ge (seem. Maß), ...**le|ger** (Kabel verlegendes Schiff),

[1] *Vgl.* S. 376, Spalte 1, Anm. 1.

...**lei|tung; ka|beln** (*veraltend für* [nach Übersee] telegrafieren); ich ...[e]le (↑R 22); **Ka|bel‿nach|richt** *(veraltet),* **...netz, ...schuh** *(Elektrotechnik),* **...tau** (das; -[e]s, -e), **...trom|mel, ...tu|ner** *(Fernsehtechnik);* **Ka|bel-TV,** das; -[s] (Kabelfernsehen)

Ka|bi|ne, die; -, -n ‹franz.› (Schlaf-, Wohnraum auf Schiffen; Zelle [in Badeanstalten usw.]; Abteil); **Ka|bi|nen|rol|ler** (ein Fahrzeug); **Ka|bi|nett,** das; -s, -e ‹franz.› (Gesamtheit der Minister; Raum für Sammlungen; *regional für* Fachunterrichtsraum; *österr. für* kleines, einfenstriges Zimmer; *früher für* Beraterkreis eines Fürsten, Geheimkanzlei; Qualitätsstufe für Wein); **Ka|bi|netts‿be|schluß, ...bil|dung, ...fra|ge** (*seltener für* Vertrauensfrage); **Ka|bi|netts|justiz** ([unzulässige] Einwirkung der Regierung auf die Rechtsprechung); **Ka|bi|netts‿kri|se, ...or|der** (Befehl des Herrschers), **...sit|zung; Ka|bi|nett|stück** (Prachtstück; besonders geschicktes Handeln); **Ka|bi|netts|vor|la|ge; Ka|bi|nett|wein**

Ka|bis, der; - ‹lat.› (*südd., schweiz. für* Kohl); *vgl.* Kappes

Ka|bo|ta|ge [...'ta:ʒə], die; - ‹franz.› (*Rechtsw.* Personen- u. Güterbeförderung innerhalb eines Landes); **ka|bo|tie|ren**

Ka|brio, das; -[s], -s (*Kurzform von* Kabriolett); **Ka|brio|lett** [*auch* ...'le:, *österr. nur so*], das; -s, -s ‹franz.› (Pkw mit zurückklappbarem Verdeck; *früher* leichter, zweirädriger Wagen); **Ka|brio|li|mou|si|ne**

Ka|buff, das; -s, *Plur.* -e *u.* -s (*landsch. für* kleiner, dunkler Nebenraum)

Ka|bul [*auch* 'ka:...] (Hptst. von Afghanistan)

Ka|bu|se, Ka|bü|se, die; -, -n (*nordd. für* enge Kammer, kleiner, dunkler Raum; *auch für* Kombüse)

Ka|by|le, der; -n, -n; ↑R 197 (Angehöriger eines Berberstammes)

Ka|chel, die; -, -n; **ka|cheln;** ich ...[e]le (↑R 22); **Ka|chel|ofen**

Kach|exie [kax...], die; -, ...ien ‹griech.› (*Med.* Kräfteverfall)

Kacke, die; - [*Trenn.* Kak|ke] (*derb für* Kot); **kacken** [*Trenn.* kak|ken] *(derb);* **Kacker** [*Trenn.* Kak|ker] (derbes Schimpfwort); **kack|fi|del** (*derb für* sehr fidel)

Ka|da|ver [...vər], der; -s, - ‹lat.› (toter [Tier]körper, Aas); **Ka|da|ver‿ge|hor|sam** (blinder Gehorsam), **...mehl, ...ver|wer|tung**

Kad|disch, das; -s ‹hebr.› (jüdisches Gebet für Verstorbene)

Ka|denz, die; -, -en ‹ital.› (Schluß eines Verses, eines Musikstückkes; unbegleitetes Improvisieren des Solisten im Konzert; *Sprachw.* Schlußfall der Stimme); **ka|den|zie|ren** (*Musik* eine Kadenz spielen)

Ka|der, der, *schweiz.* das; -s, - ‹franz.› (*ehem. in der DDR* Stamm von besonders ausgebildeten u. geschulten Nachwuchsbzw. Führungskräften [in Wirtschaft, Staat u. ä.]; *auch für* Angehöriger dieses Personenkreises; *Milit.* Stamm, Kerntruppe einer Armee; *Sport* Stamm von Sportlern, die für einen Wettkampf in Frage kommen); **Ka|der|lei|ter,** der *(ehem. in der DDR);* **Ka|der|par|tie** (bestimmte Partie im Billard); **Ka|der|schmie|de** (*ugs. für* Ausbildungsstelle für Kader)

Ka|dett, der; -en, -en; ↑R 197 ‹franz.› (*früher* Zögling einer militär. Erziehungsanstalt; *schweiz. für* Mitglied einer [Schul]organisation für militär. Vorunterricht; *ugs. scherzh. für* Bursche, Kerl); **Ka|det|ten‿an|stalt, ...korps, ...schu|le**

Ka|di, der; -s, -s ‹arab.› (Richter in islamischen Ländern; *ugs. für* Richter)

kad|mie|ren *od.* ver|kad|men ‹griech.› (Metalle mit einer Kadmiumschicht überziehen); **Kad|mi|um,** *chem. fachspr.* Cad|mium, das; -s (chem. Element, Metall; *Zeichen* Cd); **Kad|mi|um|le|gie|rung**

Kad|mos, Kad|mus (König u. Held der griech. Sage)

ka|du|zie|ren (*Rechtsw.* für verfallen erklären)

Ka|far|na|um *vgl.* Kapernaum

Kä|fer, der; -s, - (*ugs. auch für* Volkswagen); **Kä|fer|samm|lung**

[1]**Kaff,** das; -[e]s (*nordd. für* Spreu; Wertloses; Geschwätz)

[2]**Kaff,** das; -s, *Plur.* -s *u.* -e ‹zigeuner.› (*ugs. für* Dorf, armselige Ortschaft)

Kaf|fee [*auch, österr. nur,* ka'fe:], der; -s, *Plur. (Sorten:)* -s ‹arab.-franz.› (Kaffeestrauch, Kaffeebohnen; Getränk); 3 [Tassen] -; **Kaf|fee‿baum, ...boh|ne; kaf|fee|braun; Kaf|fee-Ern|te, Kaf|fee-Er|satz, Kaf|fee-Ex|port, Kaf|fee-Ex|trakt** (↑R 36); **Kaf|fee‿fahrt, ...fil|ter; Kaf|fee|haus** (*österr. für* Café); **Kaf|fee‿kan|ne, ...klatsch** *(ugs. scherzh.),* **...kränz|chen, ...löf|fel, ...ma|schi|ne, ...müh|le, ...satz, ...ser|vice; Kaf|fee|sie|der** (*österr. amtl., sonst meist abwertend für* Kaffeehausbesitzer); **Kaf|fee‿sor|te, ...strauch, ...tan|te** (*ugs. scherzh.),* **...tas|se, ...trin|ker, ...was|ser** (das; -s), **...zu|satz**

[1]**Kaf|fer,** der; -n, -n; ↑R 197 (*früher* Angehöriger eines Bantustammes in Südafrika)

[2]**Kaf|fer,** der; -s, - ‹hebr.-jidd.› (*ugs. für* dummer, blöder Kerl)

Kaf|fern|büf|fel

Kä|fig, der; -s, -e; **kä|fi|gen** (*fachspr. für* in einem Käfig halten); **Kä|fig|hal|tung**

Ka|fil|ler, der; -s, - (*Gaunerspr.* Schinder, Abdecker); **Ka|fil|le|rei** (*Gaunerspr.* Abdeckerei)

Ka|fir, der; -s, -n ‹arab.› (*abwertend für* jmd., der nicht dem islamischen Glauben angehört)

Kaf|ka (österr. Schriftsteller); **kaf|ka|esk;** -este (nach Art der Schilderungen Kafkas)

Kaf|tan, der; -s, -e ‹pers.› (langes Obergewand der orthodoxen Juden; *ugs. für* langes, weites Kleidungsstück)

Käf|ter|chen (*mitteld. für* Kämmerchen; Verschlag)

kahl; - sein, werden, bleiben; *vgl.* a b e r: kahlfressen, kahlscheren, kahlschlagen

Kah|len|berg, der; -[e]s (Berg bei Wien)

Kahl|fraß, der; -es; **kahl|fres|sen** (↑R 205); die Raupen fressen den Baum kahl; kahlgefressen; kahlzufressen; **Kahl|frost** (Frost ohne Schnee); **Kahl|heit,** die; -; **Kahl‿hieb** (abgeholztes Waldstück), **...kopf; kahl|köp|fig; Kahl|köp|fig|keit,** die; -; **kahl|sche|ren; Kahl|schlag** (abgeholztes Waldstück); **kahl|schla|gen;** einen Wald -; **Kahl|wild** (*Jägerspr.* weibl. Hirsche)

Kahm, der; -[e]s (*fachspr. für* hefeähnl. Pilz-, Bakterienart); **kah|men** (Kahm ansetzen); **Kahm|haut** (aus Kahm gebildete Haut auf Flüssigkeiten); **kah|mig**

Kahn, der; -[e]s, Kähne; - fahren (↑R 207), a b e r: das Kahnfahren; **Kähn|chen; Kahn|fahrt; Kähn|lein**

[1]**Kai** [*österr.* ke:], der; -s, *Plur.* -s, *selten* -e ‹niederl.› (befestigtes Hafenufer, Ladestraße)

[2]**Kai,** Kay (m. od. w. Vorn.)

Kai|man, der; -s, -e ‹indian.› (Krokodil im trop. Südamerika)

Kai|mau|er

Kain (bibl. m. Eigenn.)

Kai|nit [*auch* ...'nit], der; -s, -e ‹griech.› (ein Mineral)

Kains‿mal (*Plur.* ...male), **...zei|chen**

Kai|phas, *ökum.* Ka|ja|fas (bibl. m. Eigenn.)

Kai|ro (Hptst. Ägyptens); **Kai|ro|er** (↑R 147)

Kai|ser, der; -s, -; des -s Hadrian; - Hadrians Bauten; **Kai|ser‿ad-**

ler (ein Greifvogel), **...fleisch** (*österr. für* geräuchertes Bauchfleisch, Schweinebauch), **...gebir|ge** (das; -s; in Tirol); **Kai|se|rin; Kai|se|rin|mut|ter** *Plur.* ...mütter; **Kai|ser|kro|ne** (*auch* eine Zierpflanze); **kai|ser|lich;** kaiserlich deutsch; kaiserlich österreichische Staatskanzlei; *im Titel* (↑R 75): Kaiserlich[1]; **kai|ser|lich-kö|nig|lich** (Abk.: k. k.), *im Titel* Kaiserlich-Königlich[1] (Abk.: K. K.)

Kai|ser|ling (ein Pilz)

Kai|ser˽man|tel (ein Schmetterling), **...pfalz** (*vgl.* [1]Pfalz), **...reich, ...sa|ge, ...schmar|ren** (*österr., auch südd.* in kleine Stücke gerissener Eierkuchen)

Kai|ser|schnitt (Entbindung, bei der die Gebärmutter durch einen Bauchschnitt geöffnet wird)

Kai|ser|sem|mel *(österr.)*

Kai|sers|lau|te|rer (↑R 147); **Kai|sers|lau|tern** (Stadt in Rheinland-Pfalz)

Kai|ser|stuhl, der; -[e]s (Bergland in Baden-Württemberg); **Kai|ser|stüh|ler** (↑R 41)

Kai|ser|tum, das; -s, ...tümer

Ka|ja|fas *vgl.* Kaiphas

Ka|jak, der, *seltener* das; -s, -s ‹eskim.› (einsitziges Boot der Eskimos; Sportpaddelboot); **Ka|jak˽ei|ner, ...zwei|er**

Ka|jal, das; -[s] ‹sanskr.› (Kosmetikfarbe zum Umranden der Augen); **Ka|jal|stift**

Ka|je, die; -, -n ‹niederl.› (*nordd. für* Uferbefestigung; Kai); **Ka|je|deich** ([niedriger] Hilfsdeich)

Ka|je|put|baum ‹malai.; dt.› (ein Myrtengewächs); **Ka|je|put|öl,** das; -[e]s

Ka|jüt˽boot, ...deck; Ka|jü|te, die; -, -n (Wohn-, Aufenthaltsraum auf Schiffen)

Kak, der; -[e]s, -e (*nordd. veraltet für* Pranger)

Ka|ka|du [*österr.* ...'du:], der; -s, -s ‹malai.-niederl.› (ein Papagei)

Ka|kao [ka'kau, *auch* ka'ka:o], der; -s, *Plur. (Sorten:)* -s ‹mexik.-span.› (eine tropische Frucht; ein Getränk); **Ka|kao˽baum, ...boh|ne, ...but|ter, ...pul|ver**

ka|keln (*nordd. ugs. für* über Dummes, Belangloses reden); ich ...[e]le (↑R 22)

Ka|ke|mo|no, das; -s, -s ‹jap.› (japan. Gemälde im Hochformat auf einer Rolle aus Seide od. Papier)

Ka|ker|lak, der; *Gen.* -s *u.* -en, *Plur.* -en; ↑R 197 (Küchenschabe; Tier, auch Mensch mit vollständigem Albinismus)

Ka|ki *vgl.* Khaki

ka|ko... ‹griech.› (schlecht..., übel..., miß...); **Ka|ko...** (Schlecht..., Übel..., Miß...); **Ka|ko|dyl|ver|bin|dung,** die; -, -en *meist Plur.* (*Chemie* Arsenverbindung); **Ka|ko|pho|nie,** die; -, ...ien ‹griech.› (Mißklang; *Ggs.* Euphonie); **ka|ko|pho|nisch;** ein -er Akkord

Kak|tee, die; -, -n ‹griech.› *u.* **Kak|tus,** der; *Gen.* -, *ugs. auch* -ses, *Plur.* ...teen [*auch* ...'te:n], *ugs. auch* -se (eine [sub]trop. Pflanze); **Kak|tus|fei|ge** ([Frucht des] Feigenkaktus)

Ka|la-Azar, die; - ‹Hindi› (eine trop. Infektionskrankheit)

Ka|la|bas|se *vgl.* Kalebasse

Ka|la|bre|se, der; -n, -n (↑R 197); *vgl.* Kalabrier; **Ka|la|bre|ser** (breitrandiger Filzhut); **Ka|la|bri|en** [...i̯ən] (Landschaft in Italien); **Ka|la|bri|er** [...i̯ər] (Bewohner Kalabriens); **ka|la|brisch**

Ka|la|fa|ti, der; - ‹ital.› (Figur im Wiener Prater)

Ka|la|ha|ri[|step|pe], die; - (in Südafrika)

Ka|la|mai|ka, die; -, ...ken ‹russ.› (slaw.-ung. Nationaltanz)

Ka|la|mit, der; -en, -en *meist Plur.* (↑R 197) ‹griech.› (ausgestorbener baumhoher Schachtelhalm des Karbons)

Ka|la|mi|tät, die; -, -en ‹lat.› (schlimme, mißliche Lage)

Ka|lan|choe [...çoe], die; -, ...choen ‹griech.› (eine Zimmerpflanze)

Ka|lan|der, der; -s, - ‹franz.› (*Technik* Glätt-, Prägemaschine; Walzenanlage zur Herstellung von Kunststoffolien)

Ka|lan|der|ler|che ‹griech.; dt.› (Lerchenart im Mittelmeerraum)

ka|lan|dern (*fachspr. für* mit dem Kalander bearbeiten); ich ...ere (↑R 22); **ka|lan|drie|ren** (Kunststoff zu Folie auswalzen)

Ka|la|sche, die; -, -n ‹russ.› (*landsch. für* Tracht Prügel); **ka|la|schen** (*landsch. für* prügeln); du kalaschst

Ka|lasch|ni|kow [...kɔf], die; -, -s ‹nach dem sowjet. Konstrukteur› (eine sowjet. Maschinenpistole)

Ka|lau|er, der; -s, - ‹*aus franz.* calembour *unter Anlehnung an die Stadt* Calau *umgebildet*› (*ugs. für* nicht sehr geistreicher [Wort]witz); **ka|lau|ern** (Kalauer machen); ich ...ere (↑R 22)

Kalb, das; -[e]s, Kälber; (↑R 157:) das Goldene - *(bibl.)*; **Kälb|chen; Kal|be,** die; -, -n (*svw.* Färse)

Kal|be (Mil|de) (Stadt in der Altmark); *vgl.* aber: Calbe (Saale)

kal|ben (ein Kalb werfen); **Käl|ber|ma|gen; kal|bern,** [1]**käl|bern** (*ugs. für* wie junge Kälber spielen, umhertollen); ich ...ere (↑R 22); [2]**käl|bern** (*südd., österr. für* aus Kalbfleisch); **Käl|ber|ne,** das; -n; ↑R 7 ff. (*südd., österr. für* Kalbfleisch); **Käl|ber|zäh|ne** *Plur.* (*ugs. für* große Graupen); **Kalb|fell** *vgl.* Kalbsfell; **Kalb|fleisch; Kal|bin** (*südd., österr. svw.* Färse); **Kalb|le|der,** Kalbsleder, das; -s; **Kälb|lein; Kalbs˽bra|ten, ...bries, ...bries|chen** *od.* **...brös|chen, ...brust; Kalb[s]|fell** (*früher auch für* Trommel); **Kalbs˽fri|kas|see, ...hach|se** (*vgl.* Hachse), **...keu|le, ...le|ber, ...le|ber|wurst; Kalb[s]|le|der,** das; -s; **Kalbs˽me|dail|lon, ...milch** (Bries-chen), **...nie|ren|bra|ten, ...nuß** (kugelförmiges Stück der Kalbskeule), **...schle|gel** (*landsch. für* Kalbskeule), **...schnit|zel** (*vgl.* [1]Schnitzel), **...steak, ...stel|ze** (*österr. für* Kalbshachse)

Kal|chas (griech. Sagengestalt)

Kalck|reuth (dt. Maler)

Kal|da|ri|um, das; -s, ...ien [...i̯ən] ‹lat.› (altröm. Warmwasserbad; *veraltet für* warmes Gewächshaus)

Kal|dau|ne, die; -, -n *meist Plur.* ‹lat.› (*nordd., mitteld. für* eßbares Eingeweidestück, Kuttelfleck)

Ka|le|bas|se, die; -, -n ‹arab.-franz.› (aus einem Flaschenkürbis hergestelltes Gefäß)

Ka|le|do|ni|en [...i̯ən] (*veraltet für* nördl. Schottland); **Ka|le|do|ni|er** [...i̯ər]; **ka|le|do|nisch,** aber (↑R 157): der Kaledonische Kanal (in Schottland)

Ka|lei|do|skop, das; -s, -e ‹griech.› (optisches Spielzeug; lebendigbunte [Bilder]folge); **ka|lei|do|sko|pisch** (*übertr. auch für* in bunter Folge ständig wechselnd)

Ka|lei|ka, das; -s ‹poln.› (*landsch. für* Aufheben, Umstände); [k]ein - machen

ka|len|da|risch ‹lat.› (nach dem Kalender); **Ka|len|da|ri|um,** das; -s, ...ien [...i̯ən] (Kalender; Verzeichnis kirchl. Fest- u. Gedenktage); **Ka|len|den** *Plur.* (erster Tag des altröm. Monats); **Ka|len|der,** der; -s, -; (↑R 134:) der Gregorianische, Julianische -; (↑R 75:) der Hundertjährige -; aber: ein immerwährender -; **Ka|len|der˽blatt, ...jahr, ...macher, ...re|form, ...spruch, ...tag; ka|len|der|täg|lich**

Ka|le|sche, die; -, -n ‹poln.› (leichte vierrädrige Kutsche)

Ka|le|va|la, *eingedeutscht* **Ka|le-**

---

[1] *Im ehem. Österreich-Ungarn schrieb man „kaiserlich" u. „königlich" auch in Titeln von Ämtern und Personen immer klein;* aber: Ew. Kaiserliche Hoheit, Majestät.

wa|la, die *od.* das; - (Titel des finn. Volksepos)
Kal|fak|ter, der; -s, - ‹lat.› *u.* **Kal|fak|tor,** der; -s, ...oren (*veraltend, oft abwertend für* jmd., der allerlei Arbeiten und Dienste verrichtet, z. B. im Gefängnis; *landsch. für* Aushorcher, Schmeichler)
kal|fa|tern ‹arab.-niederl.› (*Seemannsspr.* [hölzerne Schiffswände] in den Fugen abdichten); ich ...ere (↑R 22); **Kal|fa|te|rung; Kal|fat|ham|mer**
[1]**Ka|li,** das; -s ‹arab.› (*Sammelbez. für* Kalisalze [wichtige Ätz- u. Düngemittel])
[2]**Ka|li** (ind. Göttin, Gemahlin Schiwas)
Ka|li|an, Ka|li|un, der *od.* das; -s, -e ‹pers.› (pers. Wasserpfeife)
Ka|li|ban, der; -s, -e (*nach* Caliban, einer Gestalt in Shakespeares „Sturm") (*selten für* Unhold, häßliches Ungeheuer)
Ka|li|ber, das; -s, - ‹griech.› (lichte Weite von Rohren; innerer Durchmesser; *auch für* Meßgerät zur Bestimmung des Durchmessers; *ugs. übertr. für* Art, Schlag); **Ka|li|ber|maß,** das; **ka|li|brie|ren** (*Technik* das Kaliber messen, [Werkstücke] auf genaues Maß bringen; [Meßinstrumente] eichen); **...ka|li|brig** (z. B. kleinkalibrig)
Ka|li|da|sa (altind. Dichter)
Ka|li|dün|ger
Ka|lif, der; -en, -en (↑R 197) ‹arab.› (ehem. Titel morgenländ. Herrscher); **Ka|li|fat,** das; -[e]s, -e (Reich, Herrschaft eines Kalifen); **Ka|li|fen|tum,** das; -s
Ka|li|for|ni|en [...iən] (mexikan. Halbinsel; Staat in den USA; *Abk.* Calif.); **Ka|li|for|ni|er** [...iər]; **ka|li|for|nisch,** aber (↑R 157): der Kalifornische Meerbusen (*älterer Name für* Golf von Kalifornien)
Ka|li|in|du|strie
Ka|li|ko, der; -s, -s ‹nach der ostind. Stadt Kalikut› (dichter Baumwollstoff)
Ka|li|lau|ge
Ka|li|man|tan (*indones. Name von* Borneo)
Ka|li|nin|grad [*auch* ...'gra:t] (russ. Stadt am Pregel; *vgl.* Königsberg)
Ka|li‿sal|pe|ter, ...salz; Ka|li|um, das; -s ‹arab.-nlat.› (chem. Element, Metall; *Zeichen* K); **Ka|li|um‿bro|mid, ...chlo|rat, ...hy|dro|xyd** (*vgl.* Oxyd), **...per|man|ga|nat, ...ver|bin|dung**
Ka|li|un *vgl.* Kalian
Ka|lixt, Ka|lix|tus (Papstname)
Ka|lix|ti|ner, der; -s, - ‹lat.› (Anhänger der gemäßigten Hussiten; *vgl.* Utraquist)
Kalk, der; -[e]s, *Plur. (Sorten:)* -e; - brennen; **Kalk|al|pen** *Plur.;* Nördliche, Südliche -
Kal|kant, der; -en, -en (↑R 197) ‹lat.› (Blasebalgtreter an der Orgel)
Kal|kar (Stadt in Nordrhein-Westfalen)
Kalk|bo|den; kal|ken; käl|ken (*Jägerspr.* Exkremente ausscheiden [von Greifvögeln]; *landsch. auch für* kalken); **Kalk|gru|be; kalk|hal|tig; kal|kig; Kalk‿man|gel, ...ofen, ...oo|lith** (ein Gestein), **...prä|pa|rat** (ein Arzneimittel), **...sin|ter** (aus Wasser abgesetzter Kalk[spat]), **...spat** (ein Mineral), **...stein, ...tuff**
[1]**Kal|kül,** das, *auch* der; -s, -e ‹franz.› (Berechnung, Schätzung); [2]**Kal|kül,** der; -s, -e (*Math.* Methode zur systematischen Lösung bestimmter Probleme); **Kal|ku|la|ti|on,** die; -, -en ‹lat.› (Ermittlung der Kosten, [Kosten]voranschlag); **Kal|ku|la|tor,** der; -s, ...oren (Angestellter des betriebl. Rechnungswesens); **kal|ku|la|to|risch** (rechnungsmäßig); -e Abschreibungen, Zinsen *(Wirtsch.);* **kal|ku|lier|bar; kal|ku|lie|ren** ([be]rechnen; veranschlagen; überlegen)
Kal|kut|ta (größte Stadt Indiens); **kal|kut|tisch**
Kalk|was|ser, das; -s; **kalk|weiß**
Kal|la *vgl.* Calla
Kal|le, die; -, -n ‹hebr.-jidd.› (*Gaunerspr.* Braut, Geliebte; Dirne)
Kal|li|graph, der; -en, -en (↑R 197) ‹griech.› (Schönschreiber); **Kal|li|gra|phie,** die; - (Schönschreibkunst); **kal|li|gra|phisch**
Kal|lio|pe [ka'li:ope]; ↑R 180 (Muse der erzählenden Dichtkunst)
Kal|li|py|gos [*auch* ...'li(:)...] ‹griech., „mit schönem Gesäß"› (Beiname der Aphrodite)
kal|lös; -este ‹lat.› (*Med.* schwielig); **Kal|lus,** der; -, -se (*Bot.* an Wundrändern von Pflanzen entstehendes Gewebe; *Med.* Schwiele; nach Knochenbrüchen neu gebildetes Gewebe)
Kál|mán (ung. Komponist)
[1]**Kal|mar,** der; -s, ...are ‹franz.› (eine Tintenfischart)
[2]**Kal|mar** (schwed. Hafenstadt); **Kal|ma|rer Uni|on,** die; - - *od.* **Kal|ma|ri|sche Uni|on,** die; -n -
Kal|mäu|ser [*auch* ...'mɔy...], der; -s, - (*veraltend, noch landsch. für* jmd., der sehr zurückgezogen lebt und seinen Gedanken nachhängt)
Kal|me, die; -, -n ‹franz.› (*Meteor.* Windstille); **Kal|men‿gür|tel, ...zo|ne**
Kal|muck, der; -[e]s, -e (ein Gewebe); **Kal|mück, Kal|mü|cke,** der; ...cken, ...cken [*Trenn.* ...mük|ke]; ↑R 197 (Angehöriger eines westmongol. Volkes)
Kal|mus, der; -, -se ‹griech.› (eine Heilpflanze); **Kal|mus|öl,** das; -[e]s
Kal|my|ke, der; -n, -n *vgl.* Kalmück
Ka|lo|bio|tik, die; - (↑R 180) ‹griech.› (bei den alten Griechen die Kunst, ein harmon. Leben zu führen); **Ka|lo|ka|ga|thie,** die; - (körperl. u. geistige Vollkommenheit als Bildungsideal im alten Griechenland)
Ka|lo|rie, die; -, ...ien ‹lat.› (*früher* physikal. Maßeinheit für die Wärmemenge; *auch* Maßeinheit für den Energiewert von Lebensmitteln; *Zeichen* cal); **ka|lo|ri|en‿arm, ...be|wußt; Ka|lo|ri|en|ge|halt; Ka|lo|rik,** die; - (Wärmelehre); **Ka|lo|ri|me|ter,** das; -s, - ‹lat.; griech.› (*Physik* Wärmemeßgerät); **Ka|lo|ri|me|trie,** die; - (*Physik* Lehre von der Messung von Wärmemengen); **ka|lo|ri|me|trisch; ka|lo|risch** ‹lat.› (*Physik* die Wärme, die Kalorien betreffend); **ka|lo|ri|sie|ren** (*Chemie* auf Metallen eine Schutzschicht durch Glühen in Aluminiumpulver herstellen)
Ka|lot|te, die; -, -n ‹franz.› (Käppchen [der kath. Geistlichen]; *Archit.* flache Kuppel; *Med.* Schädeldach)
Kal|pak [*auch* 'kal...], Kol|pak [*auch* 'kɔl...], der; -s, -s ‹türk.› (asiat. Lammfell-, Filzmütze; Husarenmütze)
kalt; kälter, kälteste; kalte Ente (ein Getränk); kalte Fährte; kalte Küche; kalter Krieg; kalte Miete (Miete ohne Heizung); kalter Schlag (nicht zündender Blitz); auf kalt und warm reagieren; *Schreibung in Verbindung mit Verben* (↑R 205 f.): **I.** *Getrenntschreibung in ursprünglicher Bedeutung,* z. B. kalt bleiben; das Wetter war kalt geblieben. **II.** *Zusammenschreibung, wenn durch die Verbindung ein neuer Begriff entsteht; vgl.* kaltbleiben, kaltlassen, kaltmachen, kaltschweißen, kaltstellen, kaltwalzen; **kalt|blei|ben;** ↑R 205 (*ugs. für* sich nicht erregen); er ist bei dieser Nachricht kaltgeblieben; *vgl.* aber: kalt, I; **Kalt|blut,** das; -[e]s (eine Pferderasse); **Kalt|blü|ter** *(Zool.);* **kalt|blü|tig; Kalt|blü|tig|keit,** die; -; **Käl|te,** die; -; **Käl|te‿ein|bruch, ...grad, ...ma|schi|ne, ...pe|ri|ode, ...pol** (kältester Ort der Erde)
Kal|ter (*bayr., österr. für* [Fisch]behälter)
Käl|te‿sturz, ...tech|nik, ...wel|le;

Kalt|front *(Meteor.)*; **kalt|ge|schla|gen**; -es Öl; **Kalt|haus** (Gewächshaus mit Innentemperaturen um 12 °C); **kalt|her|zig**; **Kalt|her|zig|keit**, die; -; **kalt|lä|chelnd**; ↑R 209 *(ugs. abwertend)*; **kalt|las|sen**; ↑R 205 (*ugs. für* nicht beeindrucken); dieses traurige Ereignis hat ihn kaltgelassen; *vgl.* aber: kalt, I; **Kalt-leim**, **...luft** *(Meteor.)*; **kalt|ma|chen**; ↑R 205 (*ugs. für* ermorden); er hat ihn kaltgemacht; *vgl.* aber: kalt, I; **Kalt-mam|sell** (kalte Mamsell; *vgl.* Mamsell), **...mie|te** (Miete ohne Heizung); **Kalt|na|del|ra|die|rung** (ein Kupferdruckverfahren); **Kalt|scha|le** (kalte süße Suppe); **kalt|schnäu|zig** *(ugs.)*; **Kalt|schnäu|zig|keit**, die; - *(ugs.)*; **kalt|schwei|ßen**; ↑R 205 *(Technik)*; *nur im Infinitiv u. Partizip II gebr.*; kaltgeschweißt; **Kalt|start**; **kalt|stel|len**; ↑R 205 (*ugs. für* aus einflußreicher Stellung bringen, einflußlos machen); er hat ihn kaltgestellt; *vgl.* aber: kalt, I; **Kalt-stel|lung** *(ugs.)*, **...ver|pfle|gung**; **kalt|wal|zen**; ↑R 205 *(Technik)*; *nur im Infinitiv u. Partizip II gebr.*; kaltgewalzt; **Kalt|walz|werk**; **Kalt|was|ser**, das; -s; **Kalt|was|ser-heil|an|stalt**, **...kur**; **Kalt|wel|le** (mit Hilfe chem. Mittel hergestellte Dauerwelle)

Ka|lum|bin, das; -s ‹Bantuspr.-nlat.› (Bitterstoff der Kolombowurzel)

Ka|lu|met [*auch* kaly'mɛ], das; -s, -s ‹lat.-franz.› (Friedenspfeife der nordamerik. Indianer)

Ka|lup|pe, die; -, -n ‹tschech.› (*landsch. für* schlechtes, baufälliges Haus)

Kal|va|ri|en|berg [...'va:ri̯ən...], der; -[e]s, -e ‹lat. calvaria „Schädel"; dt.› (Kreuzigungsgruppe; *nur Sing.*: Kreuzigungsort Christi)

kal|vi|nisch, cal|vi|nisch [...v...] ‹nach dem Genfer Reformator J. Calvin›; das -e Bekenntnis, aber (↑R 134): eine Kalvinische, Calvinische (von Calvin verfaßte) Schrift; **Kal|vi|nis|mus**, Cal|vi|nis|mus, der; - (evangelisch-reformierter Glaube); **Kal|vi|nist**, Cal|vi|nist, der; -en, -en; ↑R 197 (Anhänger des Kalvinismus); **kal|vi|ni|stisch**, cal|vi|ni|stisch

Ka|ly|do|ni|sche Eber, der; -n -s ‹nach der ätol. Stadt Kalydon› (Riesentier der griech. Sage)

Ka|lyp|so (griech. Nymphe); *vgl.* aber: Calypso

Ka|lyp|tra, die; -, ...ren ‹griech.› (*Bot.* Wurzelhaube der Farn- u. Samenpflanzen); **Ka|lyp|tro|gen**, das; -s (Gewebeschicht, aus der sich die Kalyptra bildet)

Kal|zeo|la|rie [...i̯ə], die; -, -n ‹lat.› (*Bot.* Pantoffelblume)

Kal|zi|na|ti|on, *chem. fachspr.* Cal|ci|na|ti|on, die; - ‹lat.› (Zersetzung einer chem. Verbindung durch Erhitzen; Umwandlung in kalkähnliche Substanz); **kal|zi|nie|ren**, *chem. fachspr.* cal|ci|nie|ren; kalzinierte Soda; **Kal|zi|nier|ofen**, *chem. fachspr.* Cal|ci|nier|ofen; **Kal|zi|nie|rung**, *chem. fachspr.* Cal|ci|nie|rung (*svw.* Kalzination); **Kal|zit**, *chem. fachspr.* Cal|cit [*auch* ...'tsit], der; -s, -e (Kalkspat); **Kal|zi|um**, *chem. fachspr.* Cal|ci|um, das; -s (chem. Element, Metall; *Zeichen* Ca); **Kal|zi|um-chlo|rid**, **...kar|bid**, **...kar|bo|nat** (*chem. fachspr.* Cal|ci|um...)

Ka|mal|du|len|ser, der; -s, - ‹nach dem Kloster Camaldoli bei Arezzo› (Angehöriger eines kath. Ordens)

Ka|ma|ril|la [...'ril(j)a], die; -, ...llen [...'ril(j)ən] ‹span.› (*geh. für* einflußreiche, intrigierende Gruppe in der Umgebung einer Regierung; *veraltet für* Berater eines Fürsten)

Ka|ma|su|tra, das; -[s] ‹sanskr.› (indisches Lehrbuch der Erotik)

Kam|bi|um, das; -s, ...ien ‹nlat.› (*Bot.* ein zeitlebens teilungsfähig bleibendes Pflanzengewebe)

Kam|bo|dscha (Staat in Hinterindien); **Kam|bo|dscha|ner**; **kam|bo|dscha|nisch**

Kam|brik [*auch* 'ke:m...], der; -s ‹*zu* Cambrai› (ein Gewebe); **Kam|brik|ba|tist**

kam|brisch (zum Kambrium gehörend); **Kam|bri|um**, das; -s ‹*zu* Cambria = *alter Name von* Wales› (*Geol.* älteste Stufe des Paläozoikums); ↑R 157: das Obere - usw.

Ka|mee, die; -, -n [...'me:ən, *auch* ...'me:n] ‹franz.› (Schmuckstein mit erhaben geschnittenem Bild); **Ka|me|en|schnei|der**

Ka|mel, das; -[e]s, -e ‹semit.› (ein Huftier); **Ka|mel|dorn** (*Plur.* ...dorne; ein Steppenbaum); **Kä|mel|garn** *od.* Käm|mel|garn (Garn aus den Haaren der Angoraziege [*früher* = Kamelziege]); **Ka|mel|haar**

Ka|me|lie [...i̯ə], die; -, -n ‹nach dem mährischen Jesuiten Kamel [*latinis.* Camellus]› (eine Zierpflanze)

Ka|mel|le, die; -, -n (*rhein. für* Karamelbonbon)

Ka|mel|len *Plur.* ‹griech.›; olle - (*ugs. für* Altbekanntes)

Ka|mel|lie [...i̯ə] *vgl.* Kamelie

Ka|me|lo|pard, der; *Gen.* -[e]s *u.* -en (↑R 197) ‹griech.› (Sternbild der Giraffe)

Ka|me|lott, der; -s, -e (ein Gewebe)

Ka|menz (Stadt in Sachsen)

Ka|me|ra, die; -, -s ‹lat.›; *vgl.* Camera obscura

Ka|me|rad, der; -en, -en (↑R 197) ‹franz.›; **Ka|me|ra|den|dieb|stahl**; **Ka|me|ra|de|rie**, die; - (*meist abwertend für* Kameradschaft; Cliquengeist); **Ka|me|ra|din**; **Ka|me|rad|schaft**; **ka|me|rad|schaft|lich**; **Ka|me|rad|schaft|lich|keit**, die; -; **Ka|me|rad|schafts-ehe**, **...geist** (der; -[e]s)

Ka|me|ra-ein|stel|lung, **...frau**, **...füh|rung**

Ka|me|ra|list, der; -en, -en (↑R 197) ‹griech.› (Fachmann auf dem Gebiet der Kameralistik; *früher* Beamter einer fürstl. Kammer); **Ka|me|ra|li|stik**, die; - (bei staatswirtschaftl. Abrechnungen gebr. System des Rechnungswesens; *veraltet für* Finanzwissenschaft); **ka|me|ra|li|stisch**; **Ka|me|ral|wis|sen|schaft**

Ka|me|ra-mann (*Plur.* ...männer *u.* ...leute), **...re|cor|der** (Kamera, mit der man Videofilme aufnehmen [und abspielen] kann), **...team**, **...über|wa|chung**, **...ver|schluß**

Ka|me|run [*auch* ...'ru:n] (Staat im Westen Zentralafrikas); **Ka|me|ru|ner** (↑R 147); **ka|me|ru|nisch**; **Ka|me|run|nuß** (Erdnuß); ↑R 149

ka|mie|ren, ka|mi|nie|ren ‹ital.› (*Fechtsport* die gegnerische Klinge mit der eigenen umgehen)

Ka|mi|ka|ze, der; -, - ‹jap.› (jap. Kampfflieger im 2. Weltkrieg, der sich mit seinem Flugzeug auf das feindliche Ziel stürzte)

Ka|mil|la *vgl.* Camilla

Ka|mil|le, die; -, -n ‹griech.› (eine Heilpflanze); **Ka|mil|len-öl** (das; -[e]s), **...tee**

Ka|mil|lia|ner, der; -s, - (↑R 180) ‹nach dem Ordensgründer Camillo de Lellis› (Angehöriger eines Krankenpflegerordens)

Ka|mil|lo *vgl.* Camillo

Ka|min, der (*schweiz. für* „Schornstein" *u.* „Felsenspalte" *meist* das); -s, -e ‹griech.› (offene Feuerstelle mit Rauchabzug; *landsch. für* Schornstein; *Alpinistik* steile und enge Felsenspalte); **Ka|min-fe|ger** *(landsch., schweiz.)*, **...feu|er**; **[1]ka|mi|nie|ren** (*Alpinistik* im Kamin klettern)

[2]ka|mi|nie|ren *vgl.* kamieren

Ka|min-keh|rer *(landsch.)*, **...kleid** (langes Hauskleid)

Ka|mi|sol, das; -s, -e ‹franz.› (*früher* Unterjacke, kurzes Wams)

Kamm, der; -[e]s, Kämme;

Kạmmacher [*Trenn.* Kamm|ma-cher, ↑R 204]; **Kạ̈mmaschine** [*Trenn.* Kämm|ma|schi|ne, ↑R 204]; **Kạ̈mm|chen**

Kạm|mel|garn, Kä|mel|garn *(vgl. d.)*

kạ̈m|meln ([Wolle] fein kämmen); ich ...[e]le (↑R 22); **kạ̈m|men;** sich -

Kạm|mer, die; -, -n; **Kạm|mer|bul|le** (*Soldatenspr.* Unteroffizier, der die Kleiderkammer unter sich hat); **Kạ̈m|mer|chen; Kạm|mer|die|ner; Käm|me|rei** (*veraltet für* Finanzverwaltung einer Gemeinde); **Kạ̈m|me|rer; Kạm|mer‿frau** *(veraltet),* **...herr** *(veraltet);* **...kam|me|rig** (z. B. vielkammerig); **Kạm|mer‿jä|ger, ...jung|fer** *(veraltet),* **...jun|ker** *(veraltet);* **Kạ̈m|mer|lein; Kạm|mer|ling** (ein Wurzelfüßer); **Kạ̈m|mer|ling** (*früher für* Kammerdiener); **Kạm|mer‿mu|sik** (die; -), **...or|che|ster, ...rat** (*Plur.* ...räte; früherer Titel), **...sän|ger; Kạm|mer|spiel** (in einem kleinen Theater aufgeführtes Stück mit wenigen Rollen); **Kạm|mer‿spie|le** (*Plur.*; kleines Theater), **...ton** (der; -[e]s; Normalton zum Einstimmen der Instrumente), **...zo|fe**

Kạmm‿fett (vom Kamm des Pferdes), **...garn; Kạmm|garn|spin|ne|rei; Kạmm‿gras** (das; -es), **...griff** (der; -[e]s; *Geräteturnen*), **...grind** (der; -[e]s; eine Geflügelkrankheit); **Kạmm|la|ge; Kạ̈mm|lein; Kạ̈mm|ling** (Abfall von Kammgarn); **Kạmmolch** [*Trenn.* Kamm|molch, ↑R 204]; **Kạmmu|schel** [*Trenn.* Kamm-mu..., ↑R 204]; **Kạmm|weg**

Ka|mo̱r|ra, die; - ⟨ital.⟩ (Geheimbund im ehem. Königreich Neapel)

Kạmp, der; -s, Kämpe ⟨lat.⟩ (*nordd. für* abgegrenztes Stück Land, Feldstück)

Kam|pa|gne [...'panjə], die; -, -n ⟨franz.⟩ (Presse-, Wahlfeldzug; polit. Aktion; *Wirtsch.* Hauptbetriebszeit; Arbeitsabschnitt bei Ausgrabungen; *veraltet für* milit. Feldzug)

Kam|pa̱|la (Hptst. von Uganda)

Kam|pa̱|ni|en [...i̯ən] (hist. ital. Landschaft)

Kam|pa|ni̱|le, der; -, - ⟨ital.⟩ (frei stehender Glockenturm [in Italien])

Kạ̈m|pe, der; -n, -n; ↑R 197 (*veraltet, noch scherzh. für* Kämpfer, Krieger)

Kam|pe|le̱i *(landsch.);* **kạm|peln,** sich (*landsch. für* sich balgen; sich streiten, zanken); ich ...[e]le mich mit ihm (↑R 22)

Kam|pẹ|sche|holz, das; -es ⟨nach dem Staat Campeche in Mexiko⟩ (Färbeholz)

Käm|pe|vi|se ['kɛmpəvi:zə], die; -, -r *meist Plur.* ⟨dän.⟩ (skand., bes. dän. Ballade des Mittelalters mit Stoffen aus der Heldensage)

Kạmpf, der; -[e]s, Kämpfe; - ums Dasein; **Kạmpf‿ab|stim|mung, ...an|sa|ge, ...bahn** (*für* Stadion), **...be|gier[|de]** (die; -); **kạmpf‿be|reit, ...be|tont; kạ̈mp|fen**

Kạmp|fer, der; -s ⟨sanskr.⟩ (eine in Medizin u. chem. Industrie verwendete harzartige Masse)

[1]**Kạ̈mp|fer** (Kämpfender)

[2]**Kạ̈mp|fer,** der; -s, - (*Archit.* Gewölbeauflage; Teil eines Fensters)

Kạ̈mp|fe|rin; kạ̈mp|fe|risch; -ste; **Kạ̈mp|fer|na|tur**

Kạmp|fer‿öl, ...spi|ri|tus

Kạmp|fes|lärm, Kạmpf|lärm; **Kạmp|fes|lust,** Kạmpf|lust; **kạmpf|fä|hig; Kạmpf‿fä|hig|keit** (die; -), **...fisch, ...flie|ger, ...flug|zeug, ...ge|fähr|te, ...geist** (der; -[e]s), **...grup|pe, ...hahn, ...hand|lung** *(meist Plur.),* **...hund, ...kraft, ...lärm** (*od.* Kạmp|fes|lärm), **...läu|fer** (ein Vogel); **kạmpf|los; Kạmpf‿lust** (*od.* Kạmp|fes|lust), **...maß|nah|me** *(meist Plur.),* **...mo|ral, ...pan|zer, ...pau|se, ...platz, ...preis** (*vgl.* [2]Preis), **...rich|ter; kạmpf|stark; Kạmpf|stoff; kạmpf|un|fä|hig; Kạmpf|un|fä|hig|keit,** die; -

kam|pie̱|ren ⟨franz.⟩ ([im Freien] lagern; *ugs. für* wohnen, hausen)

Kam|pu|chea [...pu'tʃe:a], **Kam|pu|tsche̱a** (zeitweiliger Name von Kambodscha)

Kam|si̱n, der; -s, -e ⟨arab.⟩ (heißtrockener Sandwind in der ägypt. Wüste)

Kam|tscha|da̱|le, der; -n, -n; ↑R 197 (Bewohner von Kamtschatka); **Kam|tschạt|ka** (eine nordostasiat. Halbinsel)

Ka|mụf|fel, das; -s, - (*Schimpfwort, svw.* Dummkopf)

Kan. = Kansas

Ka̱|na (bibl. Ort); Hochzeit zu -

Ka̱|na|an [...naan] (das vorisraelitische Palästina); **ka|naa|nä̱|isch** (↑R 180); **Ka|naa|ni̱|ter** (↑R 180); **ka|naa|ni̱|tisch** (↑R 180)

Kạ|na|da (Bundesstaat in Nordamerika); **Kạ|na|da|bal|sam,** der; -s (↑R 149); **Ka|na̱|di|er** [...i̯ər] (Bewohner von Kanada; *auch* offenes Sportboot; *österr. auch* ein Polstersessel); **ka|na̱|disch,** aber (↑R 146): der Kanadische Schild (Festlandskern Nordamerikas)

Ka|nail|le [ka'naljə, *österr.* ka'naij(ə)], die; -, -n ⟨franz.⟩ (Schurke; *nur Sing.: veraltet für* Gesindel)

Ka|na̱|ke, der; -n, -n (↑R 197) ⟨polynes.⟩ (Eingeborener der Südseeinseln; *Ausspr. meist* [ka'nakə]: *ugs. abwertend für* ausländischer Arbeitnehmer)

Ka|na̱l, der; -s, ...näle ⟨ital.⟩ (*Sing. auch für* Ärmelkanal); **Ka|na̱l|bau** *Plur.* ...bauten; **Ka|nä̱l|chen** (kleiner Kanal); **Ka|na̱l‿deckel** [*Trenn.* ...dek|kel], **...ge|bühr; Ka|na|li|sa|ti|o̱n,** die; -, -en (Anlage zur Ableitung der Abwässer); **ka|na|li|sie̱|ren** (eine Kanalisation bauen; schiffbar machen; *übertr. für* in eine bestimmte Richtung lenken); **Ka|na|li|sie̱|rung** (System von Kanälen; Ausbau zu Kanälen); **Ka|na̱l‿schacht, ...schleu|se**

ka|na|nä̱|isch, Ka|na|ni̱|ter, ka|na|ni̱|tisch *vgl.* kanaanäisch usw.

Kạ|na|pee [*österr.* ...'pe:], das; -s, -s ⟨franz.⟩ (*veraltend für* Sofa; *meist Plur.:* pikant belegte [geröstete] Weißbrotscheibe)

Ka|na̱|ren *Plur.* (Kanarische Inseln); **Ka|na̱|ri,** der; -s, - (*südd., österr. ugs. für* Kanarienvogel); **Ka|na̱|rie** [...i̯ə], die; -, -n (*fachspr. für* Kanarienvogel); **Ka|na̱|ri|en|vo|gel** [...i̯ən...]; **Ka|na̱|ri|er** [...i̯ər] (Bewohner der Kanarischen Inseln); **ka|na̱|risch; Ka|na̱|ri|sche In|seln** *Plur.* (vor der Nordwestküste Afrikas)

Kạn|da|har-Ren|nen ⟨nach dem Earl of Kandahar⟩ (jährl. stattfindendes Skirennen); ↑R 135

Kan|da̱|re, die; -, -n ⟨ung.⟩ (Gebißstange des Pferdes); jmdn. an die - nehmen (streng behandeln)

Kạn|del, der; -s, -n *od.* die; -, -n (*landsch. für* [Dach]rinne)

Kan|de|la̱|ber, der; -s, - ⟨franz.⟩ (Ständer für Kerzen od. Lampen)

kạn|deln (*landsch. für* auskehlen, rinnenförmig aushöhlen); ich ...[e]le (↑R 22)

Kạn|del|zucker [*Trenn.* ...zuk|ker] (*landsch. für* Kandis[zucker])

Kan|di|da̱t, der; -en, -en (↑R 197) ⟨lat.⟩ (in der Prüfung Stehender; [Amts]bewerber, Anwärter; *Abk.* cand.); - der Medizin (*Abk.* cand. med.); - des [lutherischen] Predigtamtes (*Abk.* cand. [rev.] min. *od.* c. r. m.; *vgl.* Doktor); **Kan|di|da̱|ten|li|ste; Kan|di|da̱|tin; Kan|di|da|tu̱r,** die; -, -en (Bewerbung [um ein Amt, einen Parlamentssitz usw.]); **kan|di̱|del** (*nordd. veraltet für* heiter, lustig); **kan|di|die̱|ren** (sich [um ein Amt usw.] bewerben)

Kạn|di|dus *vgl.* Candidus

kan|die̱|ren ⟨arab.⟩ ([Früchte] durch Zucker haltbar machen)

Kan|di̱n|sky (russ. Maler)

Kạn|dis, der; - ⟨arab.⟩ *u.* **Kạn|dis-**

zucker [*Trenn.* ...zuk|ker] (an Fäden auskristallisierter Zucker); **Kan|di|ten** *Plur.* (*bes. österr. für* überzuckerte Früchte; Süßigkeiten)

Ka|neel, der; -s, -e ‹sumer.› (beste Zimtsorte); **Ka|neel|blu|me**

Ka|nepho|re, die; -, -n ‹griech.› (*Archit.* weibliche Figur als Gebälkträger)

Ka|ne|vas ['kanəvas], der; *Gen.* - *u.* -ses, *Plur.* - *u.* -se ‹franz.› (Gittergewebe; Akt- u. Szeneneinteilung in der ital. Stegreifkomödie); **ka|ne|vas|sen** (aus Kanevas)

Kän|gu|ruh ['kɛŋg...], das; -s, -s ‹austral.› (ein Beuteltier)

Ka|ni|den *Plur.* ‹lat.› (*Zool.; Sammelbez. für* Hunde u. hundeartige Tiere)

Ka|nin, das; -s, -e ‹iber.› (Kaninchenfell); **Ka|nin|chen**

Ka|ni|ster, der; -s, - ‹sumer.-ital.› (tragbarer Behälter für Flüssigkeiten)

Kan|ker, der; -s, - ‹griech.› (*svw.* Weberknecht)

Kan|na *vgl.* Canna

Kan|nä, das; -, - ‹nach dem Schlachtort des Altertums in Italien: Cannae› (*geh. für* vernichtende Niederlage); *vgl.* kannensisch

Kan|na|da, das; -[s] (eine Sprache in Indien)

Kann-Be|stim|mung (↑R 33)

Känn|chen; Kan|ne, die; -, -n; **Kan|ne|gie|ßer** (*veraltend iron. für* polit. Schwätzer); **kan|ne|gie|ßern** (*veraltend iron.*); ich ...ere (↑R 22); gekannegießert

Kän|nel, der; -s, - (*bes. schweiz. für* Dachrinne); **kan|ne|lie|ren** (*Archit.* mit Kannelüren versehen; auskehlen; riefeln); **Kan|ne|lie|rung**

Kän|nel|koh|le, die; - ‹engl.; dt.› (eine Steinkohlenart)

Kan|ne|lur, die; -, -en ‹sumer.-franz.› *u.* **Kan|ne|lü|re,** die; -, -n (*Archit.* senkrechte Rille am Säulenschaft; Hohlkehle)

Kan|ne[n]|bäcker|land, das; -[e]s [*Trenn.* ...bäk|ker...] (Landschaft im Westerwald); **Kan|nen|pflan|ze** (eine insektenfressende Pflanze)

kan|nen|sisch; -e Niederlage (*geh. für* vollständige Niederlage, wie die bei Cannae); *vgl.* Kannä

kan|nen|wei|se; das Öl wurde - abgegeben

Kan|ni|ba|le, der; -n, -n (↑R 197) ‹span.› (Menschenfresser; *übertr. für* roher, ungesitteter Mensch); **kan|ni|ba|lisch;** -ste; **Kan|ni|ba|lis|mus,** der; - (Menschenfresserei; *übertr. für* unmenschliche Roheit; *Zool.* das Auffressen von Artgenossen)

Kan|nit|ver|stan, der; -s, -e ‹niederl., „kann nicht verstehen"› (Figur bei J. P. Hebel)

Känn|lein

Kann-Vor|schrift (↑R 33)

Ka|noldt (dt. Maler)

[1]**Ka|non,** der; -s, -s ‹sumer.-lat.› (Maßstab, Richtschnur; Regel; Lied, bei dem mehrere Stimmen nacheinander mit der Melodie einsetzen; Liste der kirchl. anerkannten bibl. Schriften; in der kath. Liturgie das Hochgebet der Eucharistie; kirchenamtl. Verzeichnis der Heiligen; kirchenrechtliche Norm [*fachspr. Plur.* Kanones ('ka:none:s)]; Verzeichnis mustergültiger Schriftsteller); [2]**Ka|non,** die; - (ein alter Schriftgrad)

Ka|no|na|de, die; -, -n ‹sumer.-franz.› ([anhaltendes] Geschützfeuer); **Ka|no|ne,** die; -, -n ‹sumer.-ital.› (Geschütz; *ugs. für* Pistole, Revolver; Könner); **Ka|no|nen|boot; Ka|no|nen|boot|po|li|tik,** die; - (Demonstration militärischer Macht [durch Entsendung von Kriegsschiffen] zur Durchsetzung politischer Ziele); **Ka|no|nen‿don|ner,** **...fut|ter** (*ugs. abwertend; vgl.* [1]Futter), **...ku|gel,** **...öf|chen,** **...rohr,** **...schlag** (ein Feuerwerkskörper), **...schuß; Ka|no|nier,** der; -s, -e ‹sumer.-franz.› (Soldat, der ein Geschütz bedient); **ka|no|nie|ren** (*ugs. für* kraftvoll schießen, werfen [beim Fuß-, Handball usw.])

Ka|no|nik, die; - ‹sumer.-lat.› (Name der Logik bei Epikur); **Ka|no|ni|kat,** das; -[e]s, -e (Amt, Würde eines Kanonikers); **Ka|no|ni|ker,** der; -s, - *od.* **Ka|no|ni|kus,** der; -, ...ker (Mitglied eines geistl. Kapitels, Chorherr); **Ka|no|ni|sa|ti|on,** die; -, -en (Heiligsprechung); **ka|no|nisch** (den Kanon betreffend, ihm gemäß; mustergültig); -es Recht; -e Schriften; **ka|no|ni|sie|ren** (heiligsprechen, in den Kanon aufnehmen); **Ka|no|nis|se,** die; -, -n ‹sumer.-franz.› *u.* **Ka|no|nis|sin** (Stiftsdame); **Ka|no|nist,** der; -en, -en (↑R 197) ‹sumer.-lat.› (Lehrer des kanon. Rechtes)

Ka|no|pe, die; -, -n ‹griech.› (altägypt. u. etrusk. Urne); **Ka|no|pen|deckel** [*Trenn.* ...dek|kel]; **Ka|no|pos** *vgl.* [1]Kanopus; [1]**Ka|no|pus** (antiker Name eines Ortes an der Nilmündung); [2]**Ka|no|pus,** der; - (ein Stern)

Ka|nos|sa, das; -s, -s ‹nach der Felsenburg Canossa in Norditalien›; ein Gang nach - (*übertr. für* Demütigung); **Ka|nos|sa|gang,** der (↑R 149)

Kä|no|zo|ikum, das; -s; ↑R 180 ‹griech.› (*Geol.* Erdneuzeit [Tertiär u. Quartär]); **kä|no|zo|isch**

Kans. = Kansas

Kan|sas (Staat in den USA; *Abk.* Kan. u. Kans.)

Kant (dt. Philosoph); Kant-Gesellschaft, a b e r : Kantstudium (↑R 135)

kan|ta|bel ‹ital.› (*Musik* sangbar; gesanglich vorgetragen); ...a|bles Spiel; **Kan|ta|bi|li|tät,** die; - ‹lat.› (*Musik* die Sangbarkeit, gesanglicher Ausdruck, melod. Schönheit)

Kan|ta|brer [*auch* 'kan...], der; -s, - (Angehöriger eines alten iber. Volkes); **kan|ta|brisch,** a b e r (↑R 146): das Kantabrische Gebirge

Kan|tar, der *od.* das; -s, -e ‹lat.-arab.› (altes Gewichtsmaß im Mittelmeerraum); 5 - (↑R 129)

[1]**Kan|ta|te,** die; -, -n ‹lat.› (mehrteiliges, instrumentalbegleitetes Gesangsstück für eine Solostimme oder Solo- und Chorstimmen); [2]**Kan|ta|te** (‹„singet!"›) (vierter Sonntag nach Ostern)

Kan|te, die; -, -n; **Kan|tel,** die; -, -n (Holzstück mit quadrat. od. rechteckigem Querschnitt für Stuhlbeine usw.); **kan|ten** (mit Kanten versehen, rechtwinklig behauen; auf die Kante stellen); **Kan|ten,** der; -s, - (*bes. nordd. für* Brotrinde; Anschnitt od. Endstück eines Brotes); **Kan|ten‿ball** (*Tischtennis*), **...ge|schie|be** (*Geol.*), **...win|kel** (*Kristallographie*)

[1]**Kan|ter,** der; -s, - (Gestell [für Fässer]; Verschlag)

[2]**Kan|ter** [*auch* 'kɛn...], der; -s, - ‹engl.› (*Reitsport* leichter, kurzer Galopp); **kan|tern** (kurz galoppieren); ich ...ere (↑R 22); **Kan|ter|sieg** (*Sport* müheloser [hoher] Sieg)

Kant|ha|ken (ein kurzer Eisenhaken); jmdn. beim - kriegen (*ugs. für* jmdn. gehörig zurechtweisen)

Kan|tha|ri|de, der; -n, -n *meist Plur.* ‹griech.› (*Zool.* Weichkäfer); **Kan|tha|ri|den|pfla|ster** (*Med.*); **Kan|tha|ri|din,** *fachspr.* Can|tha|ri|din, das; -s (früher als Heilmittel verwendete Drüsenabsonderung bestimmter Insekten)

Kant|holz

Kan|tia|ner; ↑R 180 (Schüler, Anhänger Kants)

kan|tig

Kan|ti|le|ne, die; -, -n ‹ital.› (gesangartige, getragene Melodie)

Kan|til|le [*auch* ...'tiljə], die; -, -n ‹lat.-franz.› (gedrehter, vergoldeter od. versilberter Draht [für Tressen u. Borten])

Kan|ti|ne, die; -, -n ‹franz.› (Speisesaal in Betrieben, Kasernen o. ä.); **Kan|ti|nen_es|sen, ...wirt**

kan|tisch ‹*zu* Kant›, aber (↑R 134): die Kantischen Werke

[1]**Kan|ton** [...tɔn] (chin. Stadt)

[2]**Kan|ton,** der; -s, -e ‹franz.› (Bundesland der Schweiz [*Abk.* Kt.]; Bezirk, Kreis in Frankreich u. Belgien); **kan|to|nal** (den Kanton betreffend); **Kan|to|nal|bank** *Plur.* ...banken; **kan|to|na|li|sie|ren** (der Verantwortung des Kantons unterstellen); **Kan|to|nie|re,** die; -, -n ‹ital.› (Straßenwärterhaus in den ital. Alpen); **kan|to|nie|ren** ‹franz.› (*veraltet für* Truppen unterbringen; in Standorte legen); **Kan|to|nist,** der; -en, -en; ↑R 197 (*veraltet für* ausgehobener Rekrut); unsicherer - (*ugs. für* unzuverlässiger Mensch); **Kan|tön|li|geist,** der; -[e]s (*schweiz. abwertend für* Kirchturmpolitik, Lokalpatriotismus); **Kan|ton|ne|ment** [...'mã:], das; -s, -s *u. schweiz.* [...'mɛnt], das; -[e]s, -e (*schweiz., sonst veraltet für* Truppenunterkunft); **Kan|tons_ge|richt, ...rat** (*Plur.* ...räte), **...rä|tin, ...schu|le** (kantonale höhere Schule), **...spi|tal**

Kan|tor, der; -s, ...oren ‹lat.› (Vorsänger im Gregorian. Choral; Leiter des Kirchenchores, Organist); **Kan|to|rat,** das; -[e]s, -e (Amt eines Kantors); **Kan|to|rei** (ev. Kirchenchor; kleine Singgemeinschaft); **Kan|to|ren|amt**

Kan|tschu, der; -s, -s ‹türk.› (Riemenpeitsche)

Kant|stein (*nordd. für* Bordstein)

Kan|tus, der; -, -se ‹lat.› (*Studentenspr.* Gesang)

Ka|nu [*österr.* ka'nu:], das; -s, -s ‹karib.› (leichtes Boot der Indianer; Einbaum; *zusammenfassende Bez. für* Kajak *u.* Kanadier)

Ka|nü|le, die; -, -n ‹sumer.-franz.› (Röhrchen; Hohlnadel)

Ka|nu|sla|lom; Ka|nu|te, der; -n, -n (↑R 197) ‹karib.› (*Sport* Kanufahrer)

Kan|zel, die; -, -n ‹lat.›; **Kan|zel_red|ner, ...ton** (der; -[e]s)

kan|ze|ro|gen (*svw.* karzinogen); **kan|ze|rös** (*Med.* krebsartig)

Kanz|lei (Büro eines Anwalts od. einer Behörde); **Kanz|lei_aus|druck, ...be|am|te; kanz|lei|mä|ßig; Kanz|lei_spra|che, ...stil** (der; -[e]s); **Kanz|ler; Kanz|ler|kan|di|dat; Kanz|ler|schaft,** die; -; **Kanz|list,** der; -en, -en; ↑R 197 (*veraltet für* Schreiber, Angestellter in einer Kanzlei)

Kan|zo|ne, die; -, -n ‹ital.› (Gedichtform; Gesangstück; Instrumentalkomposition)

Kao|lin, das *od.* der (*fachspr. nur so); -s, Plur. (Sorten:)* -e ‹chin.-franz.› (Porzellanerde); **Kao|lin|er|de** (*svw.* Kaolin)

Kap, das; -s, -s ‹niederl.› (Vorgebirge); Kap der Guten Hoffnung (Südspitze Afrikas); Kap Hoorn (Südspitze Südamerikas)

Kap. = Kapitel (Abschnitt)

Ka|paun, der; -s, -e (kastrierter Masthahn); **ka|pau|nen** (*svw.* kapaunisieren); kapaunt; **ka|pau|ni|sie|ren** (Hähne kastrieren)

Ka|pa|zi|tät, die; -, -en ‹lat.› (Aufnahmefähigkeit, Fassungsvermögen; hervorragender Fachmann); **Ka|pa|zi|täts_aus|la|stung, ...er|wei|te|rung; ka|pa|zi|tiv** (*Physik* auf die [elektr.] Kapazität bezüglich)

Kap Ca|na|ve|ral [- kə'nɛvərəl] (amerik. Raketenstartplatz)

Ka|pee ‹franz.›; *nur in der Wendung* schwer von - sein (*ugs. für* begriffsstutzig sein)

Ka|pe|lan, der; -s, -e ‹franz.› (ein Lachsfisch, Lodde)

Ka|pel|la, die; - ‹lat.› (ein Stern)

[1]**Ka|pel|le,** die; -, -n ‹lat.› (kleiner kirchl. Raum; Orchester)

[2]**Ka|pel|le,** *älter* Ku|pel|le, die; -, -n ‹lat.› (*fachspr. für* Tiegel)

Ka|pell|mei|ster

[1]**Ka|per,** die; -, -n *meist Plur.* ‹griech.› ([eingelegte] Blütenknospe des Kapernstrauches)

[2]**Ka|per,** der; -s, - ‹niederl.› (*früher* Kaperschiff; Freibeuter, Seeräuber); **Ka|per|brief; Ka|pe|rei** (*früher* Aufbringung feindlicher und Konterbande führender neutraler Handelsschiffe); **Ka|per_fahrt, ...gut; ka|pern;** ich ...ere (↑R 22)

Ka|per|na|um, *ökum.* Ka|far|na|um (bibl. Ort)

Ka|pern_so|ße, ...strauch

Ka|per|schiff *(früher);* **Ka|pe|rung**

Ka|pe|tin|ger [*auch* 'kap...], der; -s, - (Angehöriger eines franz. Königsgeschlechtes)

ka|pie|ren ‹lat.› (*ugs. für* fassen, begreifen, verstehen)

ka|pil|lar ‹lat.› (haarfein, z. B. von Blutgefäßen); **Ka|pil|lar|ana|ly|se** *(Chemie);* **Ka|pil|la|re,** die; -, -n (Haargefäß, kleinstes Blutgefäß; Haarröhrchen); **Ka|pil|lar|ge|fäß** (feinstes Blutgefäß); **Ka|pil|la|ri|tät,** die; - (*Physik* Verhalten von Flüssigkeiten in engen Röhren); **Ka|pil|lar|mi|kro|sko|pie,** die; - (*Med.* mikroskop. Untersuchung der Kapillaren)

ka|pi|tal ‹lat.› (hauptsächlich; groß, gewaltig); ein -er Hirsch; **Ka|pi|tal,** das; -s, *Plur.* -e *u., österr. nur,* -ien [...iən] (Vermögen; Geldsumme); **Ka|pi|täl,** das; -s, -e (*seltener für* Kapitell); **Ka|pi|tal_an|la|ge, ...auf|stockung** [*Trenn.* ...stok|kung], **...aus|fuhr; Ka|pi|tal|band,** Kap|tal|band, das; -[e]s, ...bänder (Schutz- u. Zierband am Buchrücken); **Ka|pi|tal_be|darf, ...bil|dung, ...buch|sta|be** (Großbuchstabe); **Ka|pi|täl|chen** (lat. Großbuchstabe in der Größe eines kleinen Buchstabens); **Ka|pi|ta|le,** die; -, -n ‹franz.› (*veraltet für* Hauptstadt); **Ka|pi|tal_eig|ner, ...er|hö|hung, ...er|trag[s]|steu|er, ...ex|port, ...feh|ler** (besonders schwerer Fehler), **...flucht** (die; -), **...ge|ber, ...ge|sell|schaft, ...ge|winn, ...hirsch; ka|pi|tal|in|ten|siv** (viel Kapital erfordernd); **Ka|pi|tal|in|ve|sti|ti|on; Ka|pi|ta|li|sa|ti|on,** die; -, -en (Umwandlung eines laufenden Ertrags od. einer Rente in einen einmaligen Betrag); **ka|pi|ta|li|sie|ren; Ka|pi|ta|li|sie|rung** *vgl.* Kapitalisation; **Ka|pi|ta|lis|mus,** der; - (Wirtschafts- u. Gesellschaftsordnung, deren treibende Kraft das Gewinnstreben einzelner ist); **Ka|pi|ta|list,** der; -en, -en; ↑R 197 (*oft abwertend für* Vertreter des Kapitalismus); **ka|pi|ta|li|stisch; Ka|pi|tal|kraft,** die; -; **ka|pi|tal|kräf|tig; Ka|pi|tal_markt, ...ver|bre|chen** (schweres Verbrechen), **...zins** (*Plur.* ...zinsen)

Ka|pi|tän, der; -s, -e ‹ital.-(-franz.)›; **Ka|pi|tän|leut|nant; Ka|pi|täns_ka|jü|te, ...pa|tent**

Ka|pi|tel, das; -s, - ‹lat.› ([Haupt]stück, Abschnitt [*Abk.* Kap.]; geistl. Körperschaft [von Domherren, Mönchen]); Kapitel XII; **ka|pi|tel|fest;** -este (*ugs. für* fest im Wissen; bibelfest)

Ka|pi|tell, das; -s, -e ‹lat.› (*Archit.* oberer Säulen-, Pfeilerabschluß)

ka|pi|teln ‹lat.› (*landsch. für* ausschelten); ich ...[e]le (↑R 22); **Ka|pi|tel_saal** (Sitzungssaal im Kloster), **...über|schrift**

Ka|pi|tol, das; -s (Burg Alt-Roms; Kongreßpalast in Washington); **ka|pi|to|li|nisch;** die -en Gänse, aber (↑R 157): der Kapitolinische Hügel, die Kapitolinische Wölfin

Ka|pi|tu|lant, der; -en, -en (↑R 197) ‹lat.› (jmd., der vor Schwierigkeiten kapituliert); **Ka|pi|tu|lar,** der; -s, -e (Mitglied eines Kapitels, z. B. Domherr); **Ka|pi|tu|la|ri|en** [...iən] *Plur.* (Gesetze u. Verordnungen der karoling. Könige); **Ka|pi|tu|la|ti|on,** die; -, -en ‹franz.› (Übergabe [einer Truppe od. einer Festung], Aufgabe; Übergabevertrag); **ka|pi-**

tu|lie|ren (sich ergeben, aufgeben)
Kap|la|ken, das; -s, - ‹niederl.› (*Seemannsspr. veraltet* dem Kapitän zustehende Sondervergütung)
Ka|plan, der; -s, ...pläne ‹lat.› (kath. Hilfsgeistlicher)
Kap|land, das; -[e]s (*svw.* Kapprovinz)
Ka|po, der; -s, -s ‹Kurzform von franz. caporal› (Unteroffizier; Häftling eines Konzentrationslagers, der ein Arbeitskommando leitete)
Ka|po|da|ster, der; -s, - ‹ital.› (bei Lauten u. Gitarren über alle Saiten reichender, auf dem Griffbrett verschiebbarer Bund)
Ka|pok, der; -s ‹malai.› (Samenfaser des Kapokbaumes, ein Füllmaterial)
ka|po|res ‹hebr.-jidd.› (*ugs. für* entzwei); - gehen, - sein
Ka|po|si-Sar|kom ‹nach dem österr.-ungar. Hautarzt Moritz Kaposi› (*Med.* ein [bei Aidspatienten häufiger auftretender] Hautkrebs)
Ka|pot|te, die; -, -n ‹franz.› (um die Jahrhundertwende getragener Damenhut); **Ka|pott|hut,** der
Kap|pa, das; -[s], -s ‹griech. Buchstabe: *K, κ*›
Kap|pa|do|ki|en usw. *vgl.* Kappadozien usw.; **Kap|pa|do|zi|en** [...i̯ən] (antike Bez. einer Landschaft im östl. Kleinasien); **Kap|pa|do|zi|er** [...i̯ər]; **kap|pa|do|zisch**
Kapp|beil *(Seemannsspr.)*
Käpp|chen; Kap|pe, die; -, -n ‹lat.›
kap|pen (ab-, beschneiden; abhauen)
Kap|pen|abend (eine Faschingsveranstaltung)
Kap|pes, Kap|pus, der; - ‹lat.› (*westd. für* Weißkohl)
Kapp|hahn (Kapaun)
Käp|pi, das; -s, -s (kleine, längliche [Uniform]mütze); **Käpp|lein**
Kapp|naht (eine doppelt genähte Naht)
Kap|pro|vinz, die; - (größte Provinz der Republik Südafrika)
Kap|pung
Kap|pus *vgl.* Kappes
Kapp|zaum ‹ital.› (*Reitsport* Halfterzaum ohne Mundstück)
Kapp|zie|gel (luftdurchlässiger Dachziegel)
Ka|pri|ce [...'pri:sə], die; -, -n ‹franz.› (Laune)
Ka|prio|le, die; -, -n (↑R 180) ‹ital.› (närrischer Einfall, Streich; Luftsprung; *Reitsport* besonderer Sprung der Hohen Schule); **ka|prio|len;** ↑R 180 (*selten für* Kapriolen machen)
Ka|pri|ze (*österr. svw.* Kaprice); **ka|pri|zie|ren,** sich ‹franz.› (*veraltend für* eigensinnig auf etwas bestehen); **ka|pri|zi|ös;** -este (launenhaft, eigenwillig); **Ka|priz|pol|ster,** der; -s, - (*österr. ugs. veraltet für* ein kleines Polster)
Ka|prun (österr. Kraftwerk)
Kap|sel, die; -, -n; **Käp|sel|chen; kap|sel|för|mig; kap|se|lig,** kapslig; **Kap|se|lung** *(Technik)*
Kap|si|kum, das; -s ‹lat.› (span. Pfeffer)
kaps|lig *vgl.* kapselig
Kap|stadt (Hptst. der Kapprovinz)
Kap|tal, das; -s, -e ‹lat.› (Kapitalband); **Kap|tal|band** *vgl.* Kapitalband
Kap|ta|ti|on, die; -, -en ‹lat.› (*veraltet für* Erschleichung)
Kap|tein, Käp|ten, der; -s, -s (*nordd. für* Kapitän)
Kap|ti|on, die; -, -en ‹lat.› (*veraltet für* Fangfrage; verfänglicher Trugschluß); **kap|ti|ös;** -este (*veraltet für* verfänglich); -e Frage
Ka|put, der; -s, -e ‹roman.› (*schweiz. für* Soldatenmantel)
ka|putt; -este ‹franz.› (*ugs. für* entzwei, zerbrochen; matt; zerrüttet; psychisch angeschlagen); - sein, a b e r (↑R 205): **ka|putt|drücken** [*Trenn.* ...drük|ken]; kaputtgedrückt; **ka|putt|ge|hen;** kaputtgegangen; **Ka|putt|heit,** die; - *(ugs.);* **ka|putt|la|chen,** sich; kaputtgelacht; **ka|putt|ma|chen;** sich -; kaputtgemacht; **ka|putt|schla|gen;** kaputtgeschlagen; **ka|putt|tre|ten;** kaputtgetreten
Ka|pu|ze, die; -, -n ‹ital.› (an einen Mantel od. eine Jacke angearbeitete Kopfbedeckung); **Ka|pu|zi|na|de,** die; -, -n ‹franz.› (*veraltet für* Kapuzinerpredigt, [derbe] Strafrede); **Ka|pu|zi|ner,** der; -s, - ‹ital.› (Angehöriger eines kath. Ordens; *österr. auch für* Kaffee mit wenig Milch); **Ka|pu|zi|ner‿af|fe, ...kres|se, ...mönch, ...or|den** (der; -s; *Abk.* O. [F.] M. Cap. *[vgl. d.]*)
Kap Ver|de [- v...] (Staat, der die Kapverdischen Inseln umfaßt); **Kap|ver|den** *Plur.* (Kapverdische Inseln); **Kap|ver|di|er** [...i̯ər]; **kap|ver|disch; Kap|ver|di|sche In|seln** *Plur.* (vor der Westküste Afrikas)
Kap|wein (Wein aus der Kapprovinz)
Kar, das; -[e]s, -e (Mulde [an vergletscherten Hängen])
Ka|ra|bi|ner, der; -s, - ‹franz.› (kurzes Gewehr; *österr. auch für* Karabinerhaken); **Ka|ra|bi|ner|ha|ken** (federnder Verschlußhaken); **Ka|ra|bi|nier** [...'ni̯e:], der; -s, -s ([urspr. mit Karabiner ausgerüsteter] Reiter; Jäger zu Fuß); **Ka|ra|bi|nie|re,** der; -[s], ...ri ‹ital.› (Angehöriger einer ital. Polizeitruppe)
Ka|ra|cho [...xo], das; - ‹span.› (*ugs. für* große Geschwindigkeit, Tempo); mit -
Ka|rä|er, der; -s, - ‹hebr.› (Angehöriger einer jüd. Sekte)
Ka|raf|fe, die; -, -n ‹arab.-franz.› ([geschliffene] bauchige Glasflasche [mit Glasstöpsel]); **Ka|raf|fi|ne,** die; -, -n (*veraltet, noch landsch. für* kleine Karaffe)
Ka|ra|gös, der; - ‹türk.› (Hanswurst im türk.-arab. Schattenspiel)
Ka|rai|be *vgl.* Karibe; **ka|rai|bisch** *vgl.* karibisch
Ka|ra|jan ['ka(:)...], Herbert von (österr. Dirigent)
Ka|ra|kal, der; -s, -s ‹turkotat.› (Wüstenluchs)
Ka|ra|kal|pa|ke, der; -n, -n; ↑R 197 (Angehöriger eines Turkvolkes)
Ka|ra|ko|rum [*auch* ...'rum], der; -[s] (Hochgebirge in Mittelasien)
Ka|ra|kul|schaf ‹nach dem See im Hochland von Pamir› (Fettschwanzschaf, dessen Lämmer den Persianerpelz liefern); ↑R 149
Ka|ra|kum, die; - (Wüstengebiet im Süden der Sowjetunion)
Ka|ram|bo|la|ge [...'la:ʒə], die; -, -n ‹franz.› (*ugs. für* Zusammenstoß; *Billard* Treffer [durch Karambolieren]; *veraltend für* Streit); **Ka|ram|bo|le,** die; -, -n (*Billard* roter Ball); **ka|ram|bo|lie|ren** (*ugs. für* zusammenstoßen; *Billard* mit dem Spielball die beiden anderen Bälle treffen)
Ka|ra|mel, der, *schweiz. auch* das; -s ‹franz.› (gebrannter Zucker); **Ka|ra|mel‿bier, ...bon|bon; ka|ra|me|li|sie|ren** (Zucker[lösungen] trocken erhitzen; Karamel zusetzen); **Ka|ra|mel|le,** die; -, -n *meist Plur.* (Bonbon mit Zusatz aus Milch[produkten]); **Ka|ra|mel‿pud|ding, ...zucker** [*Trenn.* ...zuk|ker]
Ka|ra|see, die; - ‹nach dem Fluß Kara› (Teil des Nordpolarmeeres)
Ka|rat, das; -[e]s, -e ‹griech.› (Gewichtseinheit von Edelsteinen; Maß der Feinheit einer Goldlegierung); 24 - (↑R 129)
Ka|ra|te, das; -[s] ‹jap.› (eine sportliche Methode der waffenlosen Selbstverteidigung); **Ka|ra|te|ka,** der; -[s], -[s] (jmd., der Karate betreibt); **Ka|ra|te|kämp|fer**
...ka|rä|ter (z. B. Zehnkaräter, *mit*

Ziffern 10karäter; ↑R 212); **...karä|tig,** *österr. auch* ...ka|ra|tig (z. B. zehnkarätig; *mit Ziffern* 10karätig; ↑R 212)

Ka|ra|tschi (pakistan. Hafenstadt)

Ka|rau|sche, die; -, -n ‹lit.› (ein karpfenartiger Fisch)

Ka|ra|vel|le [...v...], die; -, -n ‹niederl.› (mittelalterl. Segelschiff)

Ka|ra|wa|ne, die; -, -n ‹pers.› (im Orient durch Wüsten u. ä. ziehende Gruppe von Reisenden); **Ka|ra|wa|nen‿han|del, ...stra|ße**

Ka|ra|wan|ken *Plur.* (Berggruppe im südöstl. Teil der Alpen)

Ka|ra|wan|se|rei ‹pers.› (Unterkunft für Karawanen)

Kar|bat|sche, die; -, -n ‹türk.› (Riemenpeitsche)

[1]**Kar|bid,** das; -[e]s ‹lat.› (Kalziumkarbid); [2]**Kar|bid,** *chem. fachspr.* Car|bid, das; -[e]s, -e (Verbindung aus Kohlenstoff u. einem Metall od. Bor od. Silicium); **Kar|bid|lam|pe; kar|bo...** (kohlen...); **Kar|bo...** (Kohlen...); **Karbol,** das; -s (*ugs. für* Karbolsäure); **Kar|bo|li|ne|um,** das; -s (Teerprodukt, Imprägnierungs- und Schädlingsbekämpfungsmittel); **Kar|bol|mäus|chen** (*ugs. scherzh. für* Krankenschwester); **Kar|bol|säu|re,** die; - (*veraltet für* Phenol, ein Desinfektionsmittel); **Kar|bon,** das; -s (*Geol.* Steinkohlenformation); **Kar|bona|de,** die; -, -n ‹franz.› (*landsch. für* gebratenes Rippenstück); **Kar|bo|na|do,** der; -s, -s ‹span.› ([1]Karbonat); **Kar|bo|na|ri** *Plur.* ‹ital.› (Angehörige eines im 19. Jh. für die Freiheit u. Einheit Italiens eintretenden Geheimbundes); [1]**Kar|bo|nat,** der; -[e]s, -e ‹lat.› (eine Diamantenart); [2]**Kar|bo|nat,** *chem. fachspr.* Carbo|nat, das; -[e]s, -e (Salz der Kohlensäure); **Kar|bo|ni|sa|tion,** die; - (Verkohlung, Umwandlung in [2]Karbonat); **kar|bonisch** (*Geol.* das Karbon betreffend); **kar|bo|ni|sie|ren** (verkohlen lassen, in [2]Karbonat umwandeln; Zellulosereste in Wolle durch Schwefelsäure od. andere Chemikalien zerstören); **Karbon|pa|pier** (*österr. neben* Kohlepapier); **Kar|bon|säu|ren** *Plur.* (eine Gruppe organ. Säuren); **Kar|bo|rund,** das; -[e]s (Carborundum ⓦ; ein Schleifmittel); **Kar|bun|kel,** der; -s, - (Häufung dicht beieinanderliegender Furunkel); **kar|bu|rie|ren** (*Technik* die Leuchtkraft von Gasgemischen durch Zusatz von Kohlenstaub o. ä. steigern)

Kar|da|mom, der *od.* das; -s, -e[n] *Plur. selten* ‹griech.› (ein scharfes Gewürz)

Kar|dan‿an|trieb ‹nach dem Erfinder G. Cardano› *(Technik),* **...ge|lenk** (Verbindungsstück zweier Wellen, das Kraftübertragung unter wechselnden Winkeln ermöglicht); **kar|da|nisch;** -e Aufhängung (Vorrichtung, die Schwankungen der aufgehängten Körper ausschließt); **Kardan‿tun|nel** (im Kraftfahrzeug), **...wel|le** (Antriebswelle [für Kraftfahrzeuge] mit Kardangelenk)

Kar|dät|sche, die; -, -n ‹ital.› (grobe [Pferde]bürste); *vgl.* aber: Kartätsche; **kar|dät|schen** (striegeln); du kardätschst; *vgl.* aber: kartätschen; **Kar|de,** die; -, -n ‹lat.› (eine distelähnliche, krautige Pflanze; *Textiltechnik* eine Maschine zum Aufteilen von Faserbüscheln)

Kar|deel, das; -s, -e ‹niederl.› (*Seemannsspr.* Strang einer Trosse)

kar|den, kar|die|ren ‹lat.› (rauhen, kämmen [von Wolle]); **Kar|den‿di|stel, ...ge|wächs**

kar|di... usw. *vgl.* kardio... usw.; **Kar|dia|kum,** das; -s, ...ka ‹griech.-lat.› ↑R 180 (*Med.* herzstärkendes Mittel); **kar|di|al** ‹griech.› (*Med.* das Herz betreffend); **Kar|di|al|gie,** die; -, ...ien (*Med.* Magenkrampf; Herzschmerzen)

kar|die|ren *vgl.* karden

kar|di|nal ‹lat.› (*veraltet für* grundlegend; hauptsächlich); **Kar|dinal,** der; -s, ...äle (Titel der höchsten kath. Würdenträger nach dem Papst); **Kar|di|nal...** (Haupt...; Grund...); **Kar|di|nale,** das; -[s], ...lia *meist Plur.* (*veraltet für* Grundzahl); **Kar|di|nal‿feh|ler, ...fra|ge, ...pro|blem, ...punkt; Kar|di|nals‿hut, ...kolle|gi|um, ...kon|gre|ga|ti|on** (eine Hauptbehörde der päpstlichen Kurie); **Kar|di|nal|staats|se|kretär; Kar|di|nal‿tu|gend, ...vi|kar** (päpstlicher Generalvikar von Rom), **...zahl** (Grundzahl, z. B. null, eins, zwei)

kar|di[o]... ‹griech.› (herz...; magen...); **Kar|di[o]...** (Herz...; Magen...); **Kar|dio|gramm,** das; -s, -e (*Med.* mittels des Kardiographen aufgezeichnete Kurve); **Kar|dio|graph,** der; -en, -en; ↑R 197 (*Med.* Gerät zur Aufzeichnung des Herzrhythmus); **Kar|dio|ide,** die; -, -n (*Math.* [herzförmige] Kurve); **Kar|diolo|gie,** die; - (*Med.* Lehre vom Herzen u. den Herzkrankheiten); **kar|dio|lo|gisch** *(Med.);* **Kar|dio|spas|mus,** der; -, ...men (*Med.* Krampf des Mageneinganges); **Kar|di|tis,** die; -, ...tiden (*Med.* entzündliche Erkrankung des Herzens)

Ka|re|li|en [...i̯ən] (nordosteurop. Landschaft); **Ka|re|li|er** [...i̯ər], der; -s, - (Angehöriger eines finn. Volksstammes); **ka|re|lisch**

Ka|ren (w. Vorn.)

Ka|renz, die; -, -en ‹lat.› (Wartezeit, Sperrfrist; Enthaltsamkeit, Verzicht); **Ka|renz|zeit**

Ka|rer (Bewohner Kariens)

ka|res|sie|ren ‹franz.› (*veraltet, aber noch landsch. für* liebkosen; schmeicheln)

Ka|ret|te, die; -, -n ‹franz.› (Meeresschildkröte); **Ka|rett|schildkrö|te**

Ka|rez|za, die; - ‹ital.› (Koitus, bei dem der Samenerguß vermieden wird)

Kar|fi|ol, der; -s ‹ital.› (*südd., österr. für* Blumenkohl)

Kar|frei|tag (Freitag vor Ostern)

Kar|fun|kel, der; -s, - ‹lat.› (*volkstüml. für* roter Granat; *ugs. auch für* Karbunkel); **kar|fun|kel|rot; Kar|fun|kel|stein**

karg; karger (*auch* kärger), kargste (*auch* kärgste)

Kar|ga|deur [...'dø:r] ‹span.-franz.›, **Kar|ga|dor,** der; -s, -e ‹span.› (*Seew.* Begleiter einer Schiffsladung, der den Transport bis zur Übergabe an den Empfänger überwacht)

kar|gen *(geh.);* **Karg|heit,** die; -; **kärg|lich; Kärg|lich|keit,** die; -

Kar|go, der; -s, -s ‹span.› (*Seew.* Schiffsladung)

Ka|ri|be, der; -n, -n; ↑R 197 (Angehöriger einer indian. Sprachfamilie u. Völkergruppe in Mittel- u. Südamerika); **Ka|ri|bik,** die; - (Karibisches Meer mit den Antillen); **ka|ri|bisch,** aber (↑R 146): das Karibische Meer

Ka|ri|bu, das; -s, -s ‹indian.› (kanadisches Ren)

Ka|ri|en [...i̯en] (hist. Landschaft in Kleinasien)

ka|rie|ren ‹franz.› (*selten für* mit Würfelzeichnung mustern, kästeln); **ka|riert** (gewürfelt, gekästelt)

Ka|ri|es [...i̯ɛs], die; - ‹lat.› (*Med.* Zerstörung der harten Zahnsubstanz bzw. von Knochengewebe)

Ka|ri|ka|tur, die; -, -en ‹ital.› (Zerr-, Spottbild, kritische od. satirische Darstellung); **Ka|ri|katu|ren|zeich|ner; Ka|ri|ka|tu|rist,** der; -en, -en; ↑R 197 (Karikaturenzeichner); **Ka|ri|ka|tu|ri|stin; ka|ri|ka|tu|ri|stisch; ka|ri|kie|ren**

Ka|rin (w. Vorn.)

Ka|ri|na (w. Vorn.)

ka|rio|gen ‹lat.; griech.› (*Med.* Karies hervorrufend); **ka|ri|ös;** -este ‹lat.› (*Med.* von Karies befallen); -e Zähne

ka|risch (aus Karien)
Ka|ri|sche Meer, das; -n -[e]s (ältere Bez. der Karasee)
Ka|ri|tas, die; - ‹lat.› (Nächstenliebe; Wohltätigkeit); *vgl.* Caritas; **ka|ri|ta|tiv** (wohltätig)
kar|juckeln [*Trenn.* ...juk|keln] (*landsch. für* gemächlich umherfahren); ich ...[e]le (↑R 22)
Kar|kas|se, die; -, -n ‹franz.› (*Technik* fester Unterbau [eines Fahrzeugreifens]; *Gastron.* Gerippe von zerlegtem Geflügel, Wild od. Fisch)
Karl (m. Vorn.); **Kar|la** (w. Vorn.); **Karl|heinz;** ↑R 132 (m. Vorn.); **Kar|li|ne,** die; -, -n (*veraltendes Schimpfwort für* dumme weibl. Person)
kar|lin|gisch (*für* karolingisch)
Kar|list, der; -en, -en; ↑R 197 (Anhänger der spanischen Thronanwärter mit Namen Don Carlos aus einer bourbon. Seitenlinie)
Karl|mann (dt. m. Eigenn.)
Karl-Marx-Stadt (Name für Chemnitz [1953–1990])
Kar|lo|vy Va|ry [...vi 'va:ri] (Kurort in der ČSFR)
Karls|bad (*tschech.* Karlovy Vary); **Karls|ba|der** (↑R 147); - Salz, - Oblaten
Karls|kro|na [...'kru:na] (schwed. Hafenstadt)
Karls|preis (internationaler Preis der Stadt Aachen für Verdienste um die Einigung Europas); *vgl.* [2]Preis
Karls|ru|he (Stadt in Baden-Württemberg); **Karls|ru|he-Rüp|purr**
Karls|sa|ge; Karls|sa|gen|kreis, der; -es
[1]**Karl|stadt** (Stadt am Main)
[2]**Karl|stadt** (dt. Reformator)
Kar|ma[n], das; -s ‹sanskr.› (in östl. Religionen [z. B. im Hinduismus] das den Menschen bestimmende Schicksal)
Kar|mel, der; -[s] (Gebirgszug in Palästina); **Kar|me|lit,** der; -en, -en (↑R 197) *u.* **Kar|me|li|ter,** der; -s, - (Angehöriger eines kath. Ordens); **Kar|me|li|ter|geist,** der; -[e]s (ein Heilkräuterdestillat); **Kar|me|li|te|rin,** Kar|me|li|tin; **Kar|me|li|ter|or|den; Kar|me|li|tin** *vgl.* Karmeliterin
Kar|men, das; -s, ...mina ‹lat.› (*veraltet für* Fest-, Gelegenheitsgedicht)
Kar|me|sin ‹pers.› (*svw.* Karmin); **kar|me|sin|rot** (*svw.* karminrot); **Kar|min,** das; -s ‹franz.› (ein roter Farbstoff); **kar|min|rot; Kar|min|säu|re,** die; -
kar|mo|sie|ren ‹arab.› ([einen Edelstein] mit weiteren kleinen Steinen umranden)
[1]**Karn,** die; -, -en (*nordd. für* Butterfaß)
[2]**Karn,** das; -s ‹nach den Karnischen Alpen› (*Geol.* eine Stufe der alpinen Trias)
Kar|nal|lit [*auch* ...'lit], der; -s ‹nach dem Geologen R. v. Carnall› (ein Mineral)
Kar|na|ti|on, die; - ‹lat.› (*svw.* Inkarnat)
Kar|nau|ba|wachs, das; -es ‹indian.; dt.› (ein Pflanzenwachs)
Kar|ne|ol, der; -s, -e ‹ital.› (ein rot bis gelblich gefärbter Schmuckstein)
[1]**Kar|ner,** Ker|ner, der; -s, - (*Archit.* [Friedhofskapelle mit] Beinhaus; *landsch. veraltet für* Räucherkammer)
[2]**Kar|ner,** der; -s, - (Angehöriger eines ehem. kelt. Volkes in den Karnischen Alpen)
Kar|ne|val [...v...], der; -s, *Plur.* -e *u.* -s ‹ital.› (Fastnacht[szeit], Fasching); **Kar|ne|va|list,** der; -en, -en (↑R 197); **Kar|ne|va|li|stin; kar|ne|va|li|stisch; Kar|ne|vals-ge|sell|schaft, ...prinz, ...trubel, ...ver|ein, ...zeit** (die; -), **...zug**
Kar|nickel, das; -s, - [*Trenn.* ...nik|kel] (*landsch. für* Kaninchen; *ugs. auch für* Sündenbock)
Kar|nies, das; -es, -e ‹roman.› (*Bauw.* Leiste od. Gesims mit S-förmigem Querschnitt); **Kar|nie|se,** die; -, -n (*österr. für* Gardinenleiste)
kar|nisch ‹*zu* [2]Karn› *(Geol.)*; -e Stufe, a b e r (↑R 146): die Karnischen Alpen
Kar|ni|sche *vgl.* Karniese
kar|ni|vor [...v...] ‹lat.› (fleischfressend [von Tieren u. Pflanzen]); [1]**Kar|ni|vo|re,** der; -n, -n; ↑R 197 (fleischfressendes Tier); [2]**Kar|ni|vo|re,** die; -, -n (fleischfressende Pflanze)
Kar|nöf|fel, Kar|nüf|fel, der; -s (ein altes Kartenspiel)
Kärn|ten (österr. Bundesland); **Kärn|te|ner,** Kärnt|ner; **kärntisch** *(selten)*, **kärnt|ne|risch**
Kar|nüf|fel *vgl.* Karnöffel
[1]**Ka|ro** (Hundename)
[2]**Ka|ro,** das; -s, -s ‹franz.› (Raute, [auf der Spitze stehendes] Viereck; *nur Sing.:* eine Spielkartenfarbe); **Ka|ro|as** [*auch* ...'as], das; ...asses, ...asse (↑R 35)
Ka|ro|be *vgl.* Karube
Ka|ro|la [*auch* 'ka:...] (w. Vorn.); **Ka|ro|li|ne** (w. Vorn.)
Ka|ro|li|nen *Plur.* (Inselgruppe im Pazifischen Ozean)
Ka|ro|lin|ger, der; -s, - (Angehöriger eines fränk. Herrschergeschlechtes); **Ka|ro|lin|ger|zeit,** die; -; **ka|ro|lin|gisch;** -e Minuskel; **ka|ro|li|nisch** (auf einen der fränk. Herrscher mit dem Namen Karl bezüglich)
Ka|ros|se, die; -, -n ‹franz.› (Prunkwagen; *kurz für* Staatskarosse; *ugs. für* Karosserie); **Ka|ros|se|rie,** die; -, ...ien (Wagenoberbau, -aufbau [von Kraftfahrzeugen]); **Ka|ros|se|rie|bau|er,** der; -s, -; **Ka|ros|sier** [...'sie:], der; -s, -s (Karosserieentwerfer; *veraltet für* Kutschpferd); **ka|ros|sie|ren** (mit einer Karosserie versehen)
Ka|ro|tin, *fachspr.* Ca|ro|tin, das; -s ‹lat.› (ein gelbroter Farbstoff in Pflanzenzellen)
Ka|ro|tis, die; -, ...iden ‹griech.› (*Med.* Kopf-, Halsschlagader)
Ka|rot|te, die; -, -n ‹niederl.› (eine Mohrrübenart); **Ka|rot|ten|beet**
Kar|pa|ten *Plur.* (Gebirge in Mitteleuropa); **kar|pa|tisch**
Kar|pell, das; -s, *Plur.* ...pelle *u.* ...pella ‹nlat.› (*Bot.* die Samenanlage tragender Teil der Blüte; Fruchtblatt)
Karp|fen, der; -s, - (ein Fisch); **Karp|fen-teich, ...zucht**
Kar|po|lith [*auch* ...'lit], der; *Gen.* -s *od.* -en, *Plur.* -e[n] (↑R 197) ‹griech.› (*veraltet für* fossile Frucht); **Kar|po|lo|gie,** die; - (Lehre von den Pflanzenfrüchten)
Kar|ra|g[h]een [...'ge:n], das; -[s] ‹nach dem irischen Ort Carrageen ['kɛrəgi:n]› (ein Heilmittel aus getrockneten Algen)
kar|ra|risch *svw.* carrarisch
Kärr|chen; [1]**Kar|re,** die; -, -n *u., österr. nur,* Kar|ren, der; -s, -
[2]**Kar|re,** die; -, -n *meist Plur.* (*Geol.* Rinne od. Furche in Kalkgestein)
Kar|ree, das; -s, -s ‹franz.› (Viereck; *bes. österr. für* Rippenstück)
kar|ren (mit einer Karre befördern); **Kar|ren** *vgl.* [1]Karre
Kar|ren|feld *(Geol.)*
Kar|re|te, die; -, -n ‹ital.› (*bes. ostmitteld. für* schlechter Wagen); **Kar|ret|te,** die; -, -n (*schweiz. für* Schubkarren; schmalspuriger Transportwagen der Gebirgstruppen)
Kar|rie|re, die; -, -n ‹franz.› ([bedeutende, erfolgreiche] Laufbahn; schnellste Gangart des Pferdes); **Kar|rie|re-frau** *(auch abwertend)*, **...ma|cher; Kar|rie|ris|mus** [kariɛ...], der; - (*abwertend für* rücksichtsloses Streben nach Erfolg); **Kar|rie|rist,** der; -en, -en; ↑R 197 (*abwertend für* rücksichtsloser Karrieremacher); **kar|rie|ri|stisch;** -ste
Kar|ri|ol, das; -s, -s *u.* **Kar|rio|le,** die; -, -n; ↑R 180 ‹franz.› (*veraltet für* leichtes, zweirädriges Fuhrwerk mit Kasten; Briefpostwagen); **kar|rio|len;** ↑R 180 (*veraltet für* mit Karriol[post] fahren;

übertr. für umherfahren, drauflosfahren)

Kärr|lein; Kärr|ner (*veraltet für* Arbeiter, der harte körperliche Arbeit verrichten muß); **Kärr|ner|ar|beit**

Kar|sams|tag (Samstag vor Ostern)

[1]**Karst,** der; -[e]s, -e (*landsch. für* zweizinkige Erdhacke)

[2]**Karst,** der; -[e]s, -e (*nur Sing.:* Teil der Dinarischen Alpen; *Geol.* durch Wasser ausgelaugte, meist unbewachsene Gebirgslandschaft aus Kalkstein od. Gips)

Kar|sten (m. Vorn.)

Karst|höh|le; kar|stig; Karst|land|schaft

kart. = kartoniert

Kar|tät|sche, die; -, -n ‹ital. (-franz.-engl.)› (*früher* mit Bleikugeln gefülltes Artilleriegeschoß; *Bauw.* Brett zum Verreiben des Putzes); *vgl.* aber: Kardätsche; **kar|tät|schen** (*früher für* mit Kartätschen schießen); du kartätschst; *vgl.* aber: kardätschen

Kar|tau|ne, die; -, -n ‹ital.› (*früher* großes Geschütz)

Kar|tau|se, die; -, -n (Kartäuserkloster); **Kar|täu|ser** (Angehöriger eines kath. Einsiedlerordens; ein Kräuterlikör); **Kar|täu|ser‿mönch, ...nel|ke**

Kärt|chen; Kar|te, die; -, -n; alles auf eine - setzen; die gelbe -, die rote - *(Sport);* Karten spielen (↑R 207); **Kar|tei** (Zettelkasten); **Kar|tei‿kar|te, ...ka|sten, ...lei|che** *(scherzh.),* **...zet|tel; Kar|tell,** das; -s, -e ‹franz.› (Interessenvereinigung in der Industrie; Zusammenschluß von student. Verbindungen mit gleicher Zielsetzung); **Kar|tell‿amt, ...ge|setz; kar|tel|lie|ren** (in Kartellen zusammenfassen); **Kar|tel|lie|rung; Kar|tell|ver|band; kar|ten** (*ugs. für* Karten spielen); **Kar|ten‿blatt, ...block** (*vgl.* Block), **...brief, ...haus, ...le|gen** (das; -s), **...le|ge|rin, ...schlä|ge|rin** (*ugs. für* Kartenlegerin), **...spiel, ...te|le|fon, ...[vor|]ver|kauf, ...zeich|ner**

kar|te|sia|nisch (↑R 180), kar|te|sisch ‹nach R. Cartesius (= Descartes) benannt›; -er Teufel *od.* Taucher, aber (↑R 134): Kartesianisches *od.* Kartesisches Blatt *(Math.)*

Kar|tha|ger, *veraltet* **Kar|tha|gi|ni|en|ser; kar|tha|gisch; Kar|tha|go** (antike Stadt in Nordafrika)

Kar|tha|min, *fachspr.* Car|tha|min, das; -s ‹arab.› (ein roter Farbstoff)

kar|tie|ren ‹franz.› (*Geogr.* vermessen u. auf einer Karte darstellen; *auch für* in eine Kartei einordnen); **Kar|tie|rung**

Kar|ting, das; -s ‹engl.› (Ausübung des Go-Kart-Sports)

Kärt|lein

Kar|tof|fel, die; -, -n; **Kar|tof|fel‿acker** [*Trenn.* ...ak|ker], **...bo|vist** *od.* ...bo|fist, **...brei** (der; -[e]s); **Kar|töf|fel|chen; Kar|tof|fel‿chip** *(meist Plur.),* **...ern|te, ...feu|er, ...hor|de, ...kä|fer, ...kloß, ...knö|del** *(südd.),* **...mehl, ...mus** (das; -es), **...puf|fer, ...pü|ree** (das; -s), **...sack, ...sa|lat, ...scha|le, ...schnaps, ...stock** (der; -[e]s; *schweiz. für* Kartoffelbrei), **...sup|pe**

Kar|to|gramm, das; -s, -e ‹franz.; griech.› (Darstellung statistischer Daten auf Landkarten); **Kar|to|graph,** der; -en, -en; ↑R 197 (Landkartenzeichner; wissenschaftl. Bearbeiter einer Karte); **Kar|to|gra|phie,** die; - (Technik, Lehre, Geschichte der Herstellung von Karten[bildern]); **kar|to|gra|phie|ren** (auf Karten aufnehmen); **Kar|to|gra|phin; kar|to|gra|phisch; Kar|to|man|tie,** die; - (Kartenlegekunst); **Kar|to|me|ter,** das (Kurvenmesser); **Kar|to|me|trie,** die; - (Kartenmessung)

Kar|ton [...'tɔŋ, *auch, österr. nur,* ...'to:n], der; -s, *Plur.* -s, *seltener* -e [...'to:nə] ‹franz.› ([leichte] Pappe, Steifpapier; Kasten, Hülle od. Schachtel aus [leichter] Pappe; Vorzeichnung zu einem [Wand]gemälde); 5 Karton[s] Seife (↑R 128 *u.* 129); **Kar|to|na|ge** [...'na:ʒə], die; -, -n (Pappverpackung; Einbandart); **Kar|to|na|ge|ar|beit; Kar|to|na|gen‿fa|brik, ...ma|cher; kar|to|nie|ren** (in Pappe [leicht] einbinden, steif heften); **kar|to|niert** (*Abk.* kart.)

Kar|to|thek, die; -, -en ‹franz.; griech.› (Kartei, Zettelkasten)

Kar|tu|sche, die; -, -n ‹franz.› (*Milit.* Metallhülse [mit der Pulverladung] für Artilleriegeschosse; *Kunstw.* schildförmiges Ornament des Barocks mit Laubwerk usw.)

Ka|ru|be, Ka|ro|be, die; -, -n ‹arab.› (Johannisbrot)

Ka|run|kel, die; -, -n ‹lat.› (*Med.* kleine Warze aus gefäßreichem Bindegewebe)

Ka|rus|sell, das; -s, *Plur.* -s *u.* -e ‹franz.› (Drehgestell mit kleinen Pferden, Fahrzeugen, an Ketten aufgehängten Sitzen o.ä., bes. auf Jahrmärkten)

kar|weel|ge|baut usw. *vgl.* kraweelgebaut

Kar|wen|del|ge|bir|ge, *auch* Kar|wen|del, das; -s (Gebirgsgruppe der Tirolisch-Bayerischen Kalkalpen)

Kar|wo|che (Woche vor Ostern)

Ka|rya|ti|de, die; -, -n (↑R 180) ‹griech.› (*Archit.* weibl. Säulenfigur als Gebälkträgerin an altgriech. Tempeln)

Ka|ry|op|se, die; -, -n ‹griech.› (*Bot.* Frucht der Gräser)

Kar|zer, der; -s, - ‹lat.› (*früher für* Schul-, Hochschulgefängnis; *nur Sing.:* verschärfter Arrest)

kar|zi|no|gen ‹griech.› (*Med.* Krebs[geschwülste] erzeugend); **Kar|zi|no|gen,** das; -s, -e (krebserregende Substanz); **Kar|zi|no|lo|gie,** die; - (wissenschaftl. Erforschung der Krebserkrankungen); **Kar|zi|nom,** das; -s, -e (Krebs[geschwulst]; *Abk.* Ca. [*für* Carcinoma]); **kar|zi|no|ma|tös** (krebsartig); -e Geschwulst; **Kar|zi|no|se,** die; -, -n (über den Körper verbreitete Krebsbildung)

Ka|sach, Ka|sak, der; -[s], -s (handgeknüpfter kaukasischer Teppich); **Ka|sa|che,** der; -n, -n; ↑R 197 (Angehöriger eines Turkvolkes in Mittelasien); **ka|sa|chisch,** aber (↑R 146): die Kasachische Schwelle (mittelasiat. Berg- u. Hügellandschaft); **Ka|sach|stan** (Staat in Mittelasien)

[1]**Ka|sack** (dt. Schriftsteller)

[2]**Ka|sack,** der; -s, -s ‹türk.› (dreiviertellange Damenbluse)

Ka|sak *vgl.* Kasach

Ka|san (Stadt an der Wolga)

Ka|sa|tschok, der; -s, -s ‹russ.› (ein russ. Volkstanz)

Kas|ba[h], die; -, -s *od.* Ksa|bi ‹arab.› (arab. Altstadtviertel in nordafrik. Städten)

Kasch, der; -s *u.* **Ka|scha,** die; - ‹russ.› (Brei, Grütze)

ka|scheln (*landsch. für* [auf der Eisbahn] schlittern); ich ...[e]le (↑R 22)

Ka|schem|me, die; -, -n ‹zigeuner.› (Lokal mit schlechtem Ruf)

ka|schen (*ugs. für* ergreifen, verhaften); du kaschst

Käs|chen

Kä|scher *vgl.* Kescher

ka|schie|ren ‹franz.› (verdecken, verbergen; *Druckw.* überkleben; *Theater* nachbilden); **Ka|schie|rung**

[1]**Kasch|mir** (Landschaft in Vorderindien); [2]**Kasch|mir,** der; -s, -e (ein Gewebe); **Kasch|mir‿schal, ...wol|le**

Kasch|nitz, Marie Luise (dt. Schriftstellerin)

Ka|scho|long, der; -s, -s ‹mong.› (ein Halbedelstein)

Ka|schu|be, der; -n, -n; ↑R 197 (Angehöriger eines westslaw. Stammes); **Ka|schu|bin; ka-**

schu|bisch, aber (↑R 146): die Kaschubische Schweiz (östl. Teil des Pommerschen Höhenrückens [in Polen])
Kä|se, der; -s, -; **Kä|se‿auf|schnitt, ...be|rei|tung, ...blatt** (*ugs. für* niveaulose Zeitung), **...ecke** [*Trenn.* ...ek|ke], **...ge|bäck, ...glocke** [*Trenn.* ...glok|ke]; **Ka|se|in,** das; -s (Eiweißbestandteil der Milch, Käsestoff); **Kä|se|ku|chen** (Quarkkuchen)
Ka|sel, die; -, -n ‹lat.› (liturg. Meßgewand)
Kä|se|laib
Ka|se|mat|te, die; -, -n ‹franz.› (*Milit.* beschußsicherer Raum in Festungen; Geschützraum eines Kriegsschiffes)
Kä|se‿mes|ser (das), **...mil|be; kä|sen;** du käst; er käs|te; die Milch käst (gerinnt, wird zu Käse); [1]**Ka|ser** (*landsch., bes. österr. für* Käser); [2]**Ka|ser,** die; -, -n (*westösterr. mdal. für* Sennhütte); **Kä|ser** (Facharbeiter in der Käseherstellung; *landsch. auch für* Käsehändler, Senn o. ä.); **Kä|se|rei** ([Betrieb für] Käseherstellung); **Kä|se|rin|de**
Ka|ser|ne, die; -, -n ‹franz.›; **Ka|ser|nen‿block** (*vgl.* Block), **...hof; Ka|ser|nen|hof|ton** (lauter, herrischer Ton); **ka|ser|nie|ren** (in Kasernen unterbringen); **Ka|ser|nie|rung**
Kä|se‿sah|ne|tor|te, ...stan|ge, ...stoff (*für* Kasein), **...tor|te** (Quarktorte); **kä|se|weiß** (*ugs. für* sehr bleich); **kä|sig**
Ka|si|mir (m. Vorn.)
Ka|si|no, das; -s, -s ‹ital., „Gesellschaftshaus"› (Speiseraum [für Offiziere]; *kurz für* Spielkasino)
Kas|ka|de, die; -, -n ‹franz.› ([künstlicher] stufenförmiger Wasserfall; *Artistik* wagemutiger Sprung, Sturzsprung); **kas|ka|den|för|mig; Kas|ka|den|schal|tung** (*Technik* Reihenschaltung gleichgearteter Teile); **Kas|ka|deur** [...'dø:r], der; -s, -e (Artist, der eine Kaskade ausführt)
Kas|ka|rill|rin|de ‹span.; dt.› (ein westind. Gewürz)
Kas|ko, der; -s, -s ‹span.› (*Seemannsspr.* Schiffsrumpf od. Fahrzeug [im Ggs. zur Ladung]; Spielart des Lombers); **kas|ko|ver|si|chert; Kas|ko|ver|si|che|rung** (Versicherung gegen Schäden an Fahrzeugen)
Käs|lein
Kas|par (m. Vorn.); **Kas|per,** der; -s, - (*ugs. für* alberner Kerl); **Kas|perl,** der; -s, -n (*österr. nur so*), **Kas|per|le,** das *od.* der; -s, -; **Kas|per|le|thea|ter; Kas|per|li,** der; -s, - (*schweiz.*); **Kas|per|li|thea|ter** (*schweiz.*); **Kas|perl|thea|ter** (*österr.*); **kas|pern** (*ugs. für* sich wie ein Kasper benehmen); ich ...ere (↑R 22); **Kas|per|thea|ter**
Kas|pisch (*in geogr. Namen* ↑R 146), z. B. das Kaspische Meer; **Kas|pi|sche Meer,** das; -n -[e]s *od.* **Kas|pi|see,** der; -s (östl. des Kaukasus)
Kas|sa, die; -, Kassen ‹ital.› (*österr. für* Kasse); *vgl.* per cassa; **Kas|sa‿buch** (*österr. für* Kassenbuch), **...ge|schäft** (*Börse, Wirtsch.* Geschäft, das sofort od. kurzfristig erfüllt werden soll)
Kas|san|dra (*griech. Mythol.* eine Seherin, Tochter des Priamos); **Kas|san|dra|ruf** (*übertr. für* unheilverheißende Warnung)
[1]**Kas|sa|ti|on,** die; -, -en ‹ital.› (mehrsätziges instrumentales Musikstück im 18. Jh.)
[2]**Kas|sa|ti|on,** die; -, -en ‹lat.›, Kas|sie|rung (*Rechtsw.* Ungültigmachung einer Urkunde; Aufhebung eines gerichtlichen Urteils; *früher für* unehrenvolle Dienstentlassung); **Kas|sa|ti|ons|hof** (*Rechtsw.* oberster Gerichtshof mancher romanischer Länder); **kas|sa|to|risch** (*Rechtsw.* die Kassation betreffend)
Kas|sa|zah|lung ‹ital.; dt.› (Barzahlung); **Kas|se,** die; -, -n ‹ital.› (Geldkasten, -vorrat; Zahlraum, -schalter; Bargeld); *vgl.* Kassa
Kas|sel (Stadt an der Fulda); **Kas|se|ler,** Kaß|ler, *auch* Kas|se|la|ner (↑R 147); Kasseler Leberwurst; **Kas|se|ler Braun,** das; -s; **Kas|se|ler Rip|pen|speer,** das *od.* der; - -[e]s (gepökeltes Schweinebruststück mit Rippen)
Kas|sen‿arzt, ...be|stand, ...block (*vgl.* Block), **...bon, ...bril|le** (*ugs. für* von der Krankenkasse bezahlte Brille), **...buch, ...ma|gnet** (*ugs. für* Person od. Sache, die ein großes zahlendes Publikum anzieht), **...pa|ti|ent, ...schal|ter, ...schla|ger, ...sturz** (Feststellung des Kassenbestandes), **...zet|tel**
Kas|se|rol|le, die; -, -n, *landsch. auch* Kas|se|rol, das; -s, -e ‹franz.› (Schmortopf, -pfanne)
Kas|set|te, die; -, -n ‹franz.› (verschließbares Kästchen für Wertsachen; *Bauw.* vertieftes Feld [in der Zimmerdecke]; Schutzhülle für Bücher u. a.; Behältnis für Bild- od. Tonaufzeichnungen [auf Magnetband], Fotoplatten od. Filme); **Kas|set|ten‿deck,** das; -s, -s (Kassettenrecorder ohne Verstärker u. Lautsprecher), **...decke** [*Trenn.* ...dek|ke] (*Bauw.*), **...film, ...re|cor|der; kas|set|tie|ren** (*Bauw.* mit Kassetten versehen, täfeln)
Kas|sia usw. *vgl.* Kassie usw.
Kas|si|ber, der; -s, - ‹hebr.-jidd.› (*Gaunerspr.* heiml. Schreiben von Gefangenen u. an Gefangene)
Kas|si|de, die; -, -n ‹arab.› (eine arab. Gedichtgattung)
Kas|sie [...iə], Kas|sia, die; -, ...ien [...iən] ‹semit.› (eine Heil- u. Gewürzpflanze); **Kas|si|en|baum,** Kas|sia|baum; **Kas|si|en|öl,** Kas|sia|öl, das; -[e]s
Kas|sier, der; -s, -e ‹ital.› (*österr., schweiz., südd. häufig für* Kassierer); **kas|sie|ren** (Geld einnehmen; [Münzen] für ungültig erklären; *ugs. für* wegnehmen; verhaften); **Kas|sie|rer; Kas|sie|re|rin; Kas|sie|rin** (*österr., schweiz., südd. häufig für* Kassiererin); **Kas|sie|rung;** *vgl. auch* [2]Kassation
[1]**Kas|sio|peia** (Mutter der Andromeda); [2]**Kas|sio|peia,** die; - ‹griech.› (ein Sternbild)
Kas|si|te, der; -n, -n; ↑R 197 (Angehöriger eines alten Gebirgsvolkes im Iran)
Kas|si|te|rit [*auch* ...'rit], der; -s, -e ‹griech.› (Zinnerz)
Kaß|ler *vgl.* Kasseler
Ka|sta|gnet|te [...ta'njɛtə], die; -, -n *meist Plur.* ‹span.(-franz.)› (ein kleines Rhythmusinstrument aus zwei Holzschälchen, die mit einer Hand aneinandergeschlagen werden)
Ka|sta|lia (griech. Nymphe); **Ka|sta|li|sche Quel|le,** die; -n - (am Parnaß)
Ka|sta|nie [...iə], die; -, -n ‹griech.› (ein Baum u. dessen Frucht); **Ka|sta|ni|en|baum; ka|sta|ni|en|braun; Ka|sta|ni|en‿holz, ...wald**
Käst|chen
Ka|ste, die; -, -n ‹franz.› (Gruppe in der hinduist. Gesellschaftsordnung; sich streng abschließende Gesellschaftsschicht)
ka|stei|en, sich (sich [zur Buße] Entbehrungen auferlegen; sich züchtigen); kasteit; **Ka|stei|ung**
Ka|stell, das; -s, -e ‹lat.› (fester Platz, Burg, Schloß [bes. in Südeuropa]; *früher* römische Grenzbefestigungsanlage); **Ka|stel|lan,** der; -s, -e (Aufsichtsbeamter in Schlössern u. öffentl. Gebäuden; *früher* Schloß-, Burgvogt); **Ka|stel|la|nei** (Schloßverwaltung)
kä|steln (karieren); ich ...[e]le (↑R 22); **Ka|sten,** der; -s, *Plur.* Kästen, *selten* - (*südd., österr., schweiz. auch für* Schrank); **Ka|sten|brot**
Ka|sten|geist, der; -[e]s (*abwertend für* Standesdünkel)
Ka|sten|wa|gen
Ka|sten|we|sen, das; -s
Ka|sti|li|en [...iən] (ehem. König-

reich im Innern der Iberischen Halbinsel); **ka|sti|lisch**

Käst|lein

Käst|ner (dt. Schriftsteller)

[1]**Ka|stor** (Held der griech. Sage); - und Pollux (Zwillingsbrüder der griech. Sage; *übertr. für* zwei engbefreundete Männer); [2]**Ka|stor,** der; -s (ein Stern); **Ka|stor|öl,** das; -[e]s (*Handelsbez. für* Rizinusöl)

Ka|strat, der; -en, -en (↑R 197) ‹ital.› (kastrierter Mann); **Ka|stra|ti|on,** die; -, -en ‹lat.› (Entfernung od. Ausschaltung der Keimdrüsen); **ka|strie|ren; Ka|strie|rung**

Ka|sua|li|en [...i̯ən] *Plur.* (↑R 180) ‹lat.› ([geistliche] Amtshandlungen aus besonderem Anlaß)

Ka|su|ar [*auch* 'ka:...], der; -s, -e ‹malai.-niederl.› (straußenähnlicher Laufvogel); **Ka|sua|ri|ne,** die; -, -n (austral.-ostind. Baum)

Ka|su|ist, der; -en, -en (↑R 197) ‹lat.› (Vertreter der Kasuistik; *übertr. für* Wortverdreher, Haarspalter); **Ka|sui|stik,** die; -; ↑R 180 (Lehre von der Anwendung sittl. u. religiöser Normen auf den Einzelfall, bes. in Moraltheologie u. -philosophie; *Rechtsw.* Rechtsfindung auf Grund von Einzelfällen gleicher od. ähnl. Art; *Med.* Beschreibung von Krankheitsfällen; *übertr. für* Haarspalterei); **ka|sui|stisch;** -ste (↑R 180); **Ka|sus,** der; -, - [...zu:s] (Fall; Vorkommnis); *vgl.* Casus belli, Casus obliquus *u.* Casus rectus; **Ka|sus|en|dung** *(Sprachw.)*

Kat, der; -s, -s (*kurz für* Katalysator [an Kraftfahrzeugen])

Ka|ta|bo|lis|mus, der; - ‹griech.› (Abbau von Substanzen im Körper durch den Stoffwechsel)

Ka|ta|chre|se, Ka|ta|chre|sis [...ç...], die; -, ...chresen ‹griech.› (*Rhet., Stilk.* Bildbruch, Vermengung von nicht zusammengehörenden Bildern im Satz, z.B. „das schlägt dem Faß die Krone ins Gesicht"); **ka|ta|chre|stisch**

Ka|ta|falk, der; -s, -e ‹franz.› (schwarz verhängtes Gerüst für den Sarg bei Trauerfeiern)

Ka|ta|ka|na, das; -[s] *od.* die; - ‹jap.› (eine jap. Silbenschrift)

ka|ta|kau|stisch ‹griech.› (*Optik* einbrennend); -e Fläche (Brennfläche)

Ka|ta|kla|se, die; -, -n ‹griech.› (*Geol.* Zerbrechen u. Zerreiben eines Gesteins durch tekton. Kräfte); **Ka|ta|klas|struk|tur,** die; - ‹griech.; lat.› (Trümmergefüge eines Gesteins); **ka|ta|kla|stisch**

Ka|ta|klys|mus, der; -, ...men ‹griech.› (erdgeschichtl. Katastrophe)

Ka|ta|kom|be, die; -, -n *meist Plur.* ‹ital.› (unterird. Begräbnisstätte)

Ka|ta|la|ne, der; -n, -n; ↑R 197 (Bewohner Kataloniens); *vgl.* Katalonier; **ka|ta|la|nisch; Ka|ta|la|nisch,** das; -[s] (Sprache); *vgl.* Deutsch; **Ka|ta|la|ni|sche,** das; -n; *vgl.* Deutsche, das

Ka|ta|la|se, die; -, -n ‹griech.› (*Biochemie* ein Enzym)

Ka|ta|lau|ni|sche Fel|der *Plur.* (Gegend in der Champagne, Kampfstätte der Hunnenschlacht i. J. 451)

ka|ta|lek|tisch ‹griech.› (*Verslehre* verkürzt, unvollständig); -er Vers

Ka|ta|lep|sie, die; -, ...i̯en ‹griech.› (*Med.* Muskelverkrampfung); **ka|ta|lep|tisch**

Ka|ta|le|xe, Ka|ta|le|xis [*auch* ...'lɛ...], die; -, ...lexen ‹griech.› (*Verslehre* Unvollständigkeit des letzten Versfußes)

Ka|ta|log, der; -[e]s, -e ‹griech.› (Verzeichnis [von Bildern, Büchern, Waren usw.]); **ka|ta|lo|gi|sie|ren** ([nach bestimmten Regeln] in einen Katalog aufnehmen); **Ka|ta|lo|gi|sie|rung**

Ka|ta|lo|ni|en [...i̯ən] (hist. Provinz in Nordostspanien); **Ka|ta|lo|ni|er** [...i̯ər] (*veraltet für* Katalane); **ka|ta|lo|nisch** (*für* katalanisch), aber (↑R 146): das Katalonische Bergland

Ka|tal|pa, Ka|tal|pe, die; -, ...pen ‹indian.› (Trompetenbaum)

Ka|ta|ly|sa|tor, der; -s, ...oren ‹griech.› (*Chemie* Stoff, der eine Reaktion auslöst od. in ihrem Verlauf beeinflußt; *Kfz-Technik* Gerät zur Abgasreinigung); geregelter - *(Kfz-Technik);* **Ka|ta|ly|sa|tor|au|to; Ka|ta|ly|se,** die; -, -n (*Chemie* Herbeiführung, Beschleunigung od. Verlangsamung einer chem. Reaktion); **ka|ta|ly|sie|ren; ka|ta|ly|tisch**

Ka|ta|ma|ran [*auch* ka'ta:...], der; -s, -e ‹tamil.-engl.› (schnelles, offenes Segelboot mit Doppelrumpf)

Ka|ta|mne|se, die; -, -n ‹griech.› (*Med.* abschließender Krankenbericht)

Ka|ta|pho|re|se, die; -, -n ‹griech.› (*Physik* Wanderung positiv elektr. geladener Teilchen in einer Flüssigkeit)

Ka|ta|pla|sie, die; -, ...i̯en ‹griech.› (*Med.* Rückbildung)

Ka|ta|plas|ma, das; -s, ...men ‹griech.› (*Med.* heißer Breiumschlag)

ka|ta|plek|tisch ‹griech.› (*Med.* zur Kataplexie neigend); **Ka|ta|ple|xie,** die; -, ...i̯en (durch Erschrecken, plötzliche Freude o. ä. ausgelöste Muskelerschlaffung)

Ka|ta|pult, das, *auch* der; -[e]s, -e ‹griech.› (Wurf-, Schleudermaschine im Altertum; Schleudereinrichtung für den Start von Flugzeugen); **Ka|ta|pult_flug** (Schleuderflug), **...flug|zeug; ka|ta|pul|tie|ren** (schleudern, schnellen); sich -; **Ka|ta|pult|sitz**

Ka|tar [*auch* 'ka:...] (Scheichtum am Persischen Golf)

[1]**Ka|ta|rakt,** der; -[e]s, -e ‹griech.› (Wasserfall; Stromschnelle); [2]**Ka|ta|rakt,** die; -, -e *u.* **Ka|ta|rak|ta,** die; -, ...ten (*Med.* grauer Star)

Ka|ta|rer (Einwohner von Katar); **ka|ta|risch**

Ka|tarrh, der; -s, -e ‹griech.› (*Med.* Schleimhautentzündung); **ka|tar|rha|lisch; ka|tarrh|ar|tig**

Ka|ta|ster, der *(österr. nur so) od.* das; -s, - ‹ital.› (amtl. Grundstücksverzeichnis); **Ka|ta|ster_amt, ...aus|zug, ...steu|ern** *(Plur.);* **Ka|ta|stral|ge|mein|de** (*österr. für* Verwaltungseinheit [innerhalb einer Gemeinde], Steuergemeinde); **Ka|ta|stral|joch** (*österr. Amtsspr.* ein Feldmaß); *vgl.* Joch; **ka|ta|strie|ren** (in ein Kataster eintragen)

ka|ta|stro|phal ‹griech.› (verhängnisvoll; niederschmetternd; entsetzlich); **Ka|ta|stro|phe,** die; -, -n (Unglück[sfall] großen Ausmaßes; Verhängnis; Zusammenbruch); **Ka|ta|stro|phen|alarm; ka|ta|stro|phen|ar|tig; Ka|ta|stro|phen_dienst, ...ein|satz, ...fall** (der), **...ge|biet, ...schutz**

Ka|ta|to|nie, die; -, ...i̯en ‹griech.› (*Med.* eine Geisteskrankheit)

Kät|chen, [1]**Ka|te, Kä|te** *vgl.* Käthchen, Kathe, Käthe

[2]**Ka|te,** die; -, -n (*nordd., oft abwertend für* kleines, ärmliches Bauernhaus)

Ka|te|che|se [...ç...], die; -, -n ‹griech.› (Religionsunterricht); **Ka|te|chet,** der; -en, -en; ↑R 197 (Religionslehrer, insbes. für die kirchl. Christenlehre außerhalb der Schule); **Ka|te|che|tik,** die; - (Lehre von der Katechese); **Ka|te|che|tin; ka|te|che|tisch; Ka|te|chi|sa|ti|on,** die; -, -en (*seltener für* Katechese); **ka|te|chi|sie|ren** (Religionsunterricht erteilen); **Ka|te|chis|mus,** der; -, ...men (in Frage u. Antwort abgefaßtes Lehrbuch des christl. Glaubens); **Ka|te|chist,** der; -en, -en; ↑R 197 (einheimischer Laienhelfer in der kath. Mission)

Ka|te|chu [...çu], das; -s, -s ‹malai.-port.› (*Biol., Pharm.* ein Gerbstoff)

Ka|te|chu|me|ne [*auch* ...'çu:...], der; -n, -n (↑R 197) ‹griech.› ([erwachsener] Taufbewerber im Vorbereitungsunterricht; Teilnehmer am Konfirmandenunterricht, bes. im 1. Jahr); **Ka|te|chu|me|nen|un|ter|richt**

ka|te|go|ri|al ‹griech.›; **Ka|te|go|rie,** die; -, ...ien (Klasse; Gattung; Begriffs-, Anschauungsform); **ka|te|go|risch;** -ste (nachdrücklich, entschieden; unbedingt gültig); -er Imperativ (unbedingtes ethisches Gesetz); **ka|te|go|ri|sie|ren** (nach Kategorien ordnen); **Ka|te|go|ri|sie|rung**

Ka|ten, der; -s, - (*Nebenform von* [2]Kate)

Ka|te|ne, die; -, -n *meist Plur.* ‹lat.› (Sammlung von Bibelauslegungen alter Schriftsteller)

Ka|ter, der; -s, - (männl. Katze; *ugs.* Folge übermäßigen Alkoholgenusses); **Ka|ter‿bum|mel** *(ugs.),* **...früh|stück** *(ugs.),* **...idee** *(ugs.),* **...stim|mung** *(ugs.)*

kat|exo|chen [...x...] ‹griech.› (schlechthin; beispielhaft)

Kat|gut [*auch* 'kɛtgat], das; -s ‹engl.› (*Med.* chirurg. Nähmaterial aus Darmsaiten)

kath. = katholisch

Ka|tha|rer [*auch* 'ka...], der; -s, - ‹griech.› (Angehöriger einer Sekte im MA.); **Ka|tha|ri|na, Ka|tha|ri|ne** (w. Vorn.); **Ka|thar|sis** ['ka(:)..., *auch* ...'tar...], die; - („Reinigung") (*Literaturw.* innere Läuterung als Wirkung des Trauerspiels; *Psych.* das Sichbefreien); **ka|thar|tisch** (die Katharsis betreffend); **Käth|chen**[1], **Ka|the**[1], **Kä|the**[1] (w. Vorn.)

Ka|the|der, das *od.* der *(österr. nur so);* -s, - ‹griech.› ([Lehrer]pult, Podium); *vgl.* aber: Katheter; **Ka|the|der|blü|te** (ungewollt komischer Ausdruck eines Lehrers); **Ka|the|dra|le,** die; -, -n (bischöfl. Hauptkirche); **Ka|the|dral‿ent|schei|dung** (unfehlbare päpstl. Entscheidung), **...glas**

Ka|the|te, die; -, -n ‹griech.› (*Math.* eine der beiden Seiten im rechtwinkligen Dreieck, die die Schenkel des rechten Winkels bilden)

Ka|the|ter, der; -s, - ‹griech.› (*Med.* röhrenförmiges Instrument zur Entleerung od. Spülung von Körperhohlorganen); *vgl.* aber: Katheder; **ka|the|te|ri|sie|ren** *u.* **ka|the|tern** (den Katheter einführen); ich ...ere (↑R 22)

Kä|thi, Ka|thi|n|ka, Ka|ti|n|ka (w. Vorn.)

Ka|tho|de, *fachspr. auch* Ka|to|de, die; -, -n ‹griech.› (*Physik* negative Elektrode, Minuspol); **Ka|tho|den|strahl,** *fachspr. auch* Ka|to|den|strahl *meist Plur.*

[1] *Auch* Kätchen, Kate, Käte.

Ka|tho|lik, der; -en, -en (↑R 197) ‹griech.› (Anhänger der kath. Kirche u. Glaubenslehre); **Ka|tho|li|ken|tag** (Generalversammlung der Katholiken eines Landes); **Ka|tho|li|kin; ka|tho|lisch** (die kath. Kirche betreffend od. ihr angehörend; *Abk.* kath.); -e Kirche, aber (↑R 157): die Katholische Aktion; **ka|tho|li|sie|ren** (katholisch machen); **Ka|tho|li|zis|mus,** der; - (Geist u. Lehre des kath. Glaubens); **Ka|tho|li|zi|tät,** die; - (Rechtgläubigkeit im Sinne der kath. Kirche)

Ka|threin[1], **Ka|thrin**[1] [*auch* 'ka...], **Ka|thri|ne**[1] (w. Vorn.)

ka|ti|li|na|risch ‹nach dem röm. Verschwörer Catilina›; -e (heruntergekommene, zu verzweifelten Schritten neigende) Existenz, aber (↑R 134): die Katilinarische Verschwörung

Ka|ti|n|ka, Ka|thi|n|ka (w. Vorn.)

Kat|ion ‹griech.› (*Physik* positiv geladenes Ion)

Kat|ja (w. Vorn.)

Kat|man|du [*auch* ...'du:] (Hptst. von Nepal)

Kät|ner (*nordd. für* Häusler, Besitzer einer [2]Kate)

Ka|to|de usw. *vgl.* Kathode usw.

ka|to|nisch ‹nach dem röm. Zensor Cato›; -e Strenge, aber (↑R 134): Katonische Reden

kat|schen; du katschst *od.* **kät|schen;** du kätschst (*landsch. für* schmatzend kauen)

Katt|an|ker (*Seemannsspr.* zweiter Anker)

Kat|te|gat, das; -s ‹*dän.,* „Katzenloch"› (Meerenge zwischen Schweden u. Jütland)

kat|ten (*Seemannsspr.* [Anker] hochziehen)

Kat|tun, der; -s, -e ‹arab.-niederl.› (feinfädiges, leinwandbindiges Gewebe aus Baumwolle od. Chemiefasern); **kat|tu|nen;** -er Stoff; **Kat|tun|kleid**

Ka|tyn (Ort bei Smolensk)

katz|bal|gen, sich *(ugs.);* ich katzbalge mich; gekatzbalgt; zu katzbalgen; **Katz|bal|ge|rei; katz|buckeln** [*Trenn.* ...buk|keln] (*ugs. für* sich unterwürfig zeigen); er hat gekatzbuckelt; **Kätz|chen; Kat|ze,** die; -, -n; (↑R 18:) für die Katz (*ugs. für* umsonst); Katz und Maus mit jmdm. spielen *(ugs.)*

Kat|zel|ma|cher ‹ital.› (*bes. südd., österr. abwertend für* Italiener)

Kat|zen‿au|ge (*auch* ein Mineral; *ugs. für* Rückstrahler am Fahrrad), **...buckel** [*Trenn.* ...buk|kel] (höchster Berg des Odenwaldes), **...dreck, ...fell; kat|zen‿freund|lich** (*ugs. für* heuchlerisch freundlich), **...gleich; kat|zen|haft; Kat|zen‿jam|mer** *(ugs.),* **...klo** *(ugs.),* **...kopf; Kat|zen|kopf|pfla|ster; Kat|zen‿mu|sik** *(ugs.),* **...sprung** *(ugs.),* **...tisch** *(ugs.),* **...wä|sche** *(ugs.),* **...zun|gen** (*Plur.;* Schokoladetäfelchen); **Kät|zin; Kätz|lein; Katz-und-Maus-Spiel** (↑R 41)

[1] *Auch* Katrein, Katrin, Katrine.

Kaub (Stadt am Mittelrhein)

Kau|be|we|gung

kau|dal ‹lat.› (*Zool.* den Schwanz betreffend; *Med.* fußwärts liegend)

kau|dern (*veraltet, aber noch landsch. für* unverständlich sprechen); ich ...ere (↑R 22); **kau|der|welsch;** - sprechen (*svw.* kaudern); **Kau|der|welsch,** das; -[s]; ein - sprechen; *vgl.* Deutsch; **kau|der|wel|schen** (*svw.* kaudern); du kauderwelschst; gekauderwelscht

kau|di|nisch; ein kaudinisches Joch (*übertr. für* schimpfliche Demütigung), aber (↑R 157): das Kaudinische Joch (Joch, durch das die bei Caudium geschlagenen Römer schreiten mußten); ↑R 146: die Kaudinischen Pässe

Kaue, die; -, -n (*Bergmannsspr.* Gebäude über dem Schacht; Wasch- u. Umkleideraum)

kau|en

kau|ern (hocken); ich ...ere (↑R 22); **Kau|er|start** *(Sportspr.)*

Kauf, der; -[e]s, Käufe; in - nehmen; **kau|fen;** du kaufst usw., *landsch.* käufst usw.; **kau|fens|wert; Käu|fer; Käu|fe|rin; Kauf|fah|rer** (*veraltet für* Handelsschiff); **Kauf|fahr|tei|schiff** (*veraltet für* Handelsschiff); **Kauf|frau** (weibl. Kaufmann; Bez. im Handelsregister, *Abk.* Kffr.); **Kauf‿haus, ...in|ter|es|sent, ...kraft; kauf|kräf|tig; Kauf|la|den** *(veraltend);* **käuf|lich; Käuf|lich|keit,** die; -; **kauf|lu|stig; Kauf|mann** *Plur.* ...leute; *Abk.* Kfm.; **kauf|män|nisch;** -ste; -er Angestellter, Direktor (↑R 157); -es Rechnen; *Abk.* kfm.; **Kauf|mann|schaft,** die; - *(veraltend);* **Kauf|manns‿ge|hil|fe** (*älter für* Handlungsgehilfe), **...gil|de** *(früher),* **...la|den, ...spra|che, ...stand** *(veraltend);* **Kauf‿preis** (*vgl.* [2]Preis), **...rausch** *(oft scherzh.),* **...sum|me**

Kau|fun|ger Wald, der; - -[e]s (Teil des Hessischen Berglandes)

Kauf‿ver|trag, ...wert, ...zwang

Kau|gum|mi, der, *auch* das; -s, -[s]

Kau|kamm (*Bergmannsspr.* Grubenbeil)

Kau|ka|si|en [...i̯ən] (Gebiet zwischen Schwarzem Meer u. Kaspischem Meer); **Kau|ka|si|er** [...i̯ər]; **kau|ka|sisch; Kau|ka|sus,** der; - (Hochgebirge in Kaukasien)
Kaul|barsch (ein Fisch); **Käul|chen** *vgl.* Quarkkäulchen
Kau|le, die; -, -n (*mitteld. für* Grube, Loch)
kau|li|flor ‹lat.› (*Bot.* am Stamm ansetzend [von Blüten])
Kaul|quap|pe (Froschlarve)
kaum; das ist - glaublich; er war - hinausgegangen, da kam ...; kaum[,] daß (↑R 127)
Kau|ma|zit [*auch* ...'tsit], der; -s, *Plur.* (*Sorten:*) -e ‹griech.› (Braunkohlenkoks)
Kau|mus|kel
Kau|pe|lei (*ostmitteld. für* heimlicher Handel); **kau|peln** (*ostmitteld.*); ich ...[e]le (↑R 22)
Kau|ri, der; -s, -s *od.* die; -, -s ‹Hindi› (Porzellanschnecke; sog. Muschelgeld [in Asien u. Afrika])
Kau|ri|fich|te ‹maorisch; dt.› (*svw.* Kopalfichte)
Kau|ri‿mu|schel, ...schnecke [*Trenn.* ...schnek|ke]
kau|sal ‹lat.› (ursächlich zusammenhängend; begründend); -e Konjunktion (*Sprachw.;* z. B. „denn"); **Kau|sal‿be|zie|hung, ...ge|setz** (*bes. Philos.*); **Kau|sa|li|tät,** die; -, -en (Ursächlichkeit); **Kau|sal‿ket|te, ...kon|junk|ti|on** (*Sprachw.*), **...ne|xus** (*fachspr. für* ursächl. Zusammenhang), **...satz** (*Sprachw.* Umstandssatz des Grundes), **...zu|sam|men|hang; kau|sa|tiv** [*auch* ...'ti:f] (*Sprachw.* bewirkend; als Kausativ gebraucht); **Kau|sa|tiv,** das; -s, -e [...və] (veranlassendes Verb, z. B. „tränken" = „trinken machen"); **Kau|sa|ti|vum** [...v...], das; -s, ...va (*älter für* Kausativ)
Kausch, Kau|sche, die; -, ...schen (*Seemannsspr.* Ring mit Hohlrand, zur Verstärkung von Tau- u. Seilschlingen)
Kau|stik, die; - ‹griech.› (*Optik* Brennfläche; *svw.* Kauterisation); **Kau|sti|kum,** das; -s, ...ka (*Med.* ein Ätzmittel); **kau|stisch;** -ste (*Chemie* ätzend, brennend, scharf; *übertr. für* beißend, spöttisch); -er Witz; **Kau|sto|bio|lith** [*auch* ...'lit], der; *Gen.* -s *od.* -en, *Plur.* -e[n]; *meist Plur.* ↑R 197 (brennbares Produkt fossiler Lebewesen; z. B. Torf)
Kau|ta|bak
Kau|tel, die; -, -en ‹lat.› (*Rechtsspr.* Vorsichtsmaßregel; Vorbehalt; Absicherung)
Kau|ter, der; -s, - ‹griech.› (*Med.* chirurgisches Instrument zum Ausbrennen von Gewebsteilen); **Kau|te|ri|sa|ti|on,** die; -, -en (Ätzung zu Heilzwecken); **kau|te|ri|sie|ren; Kau|te|ri|um,** das; -s, ...ien [...i̯ən] (*Chemie* ein Ätzmittel; *Med.* Brenneisen)
Kau|ti|on, die; -, -en ‹lat.› (Geldsumme als Bürgschaft, Sicherheit[sleistung]); **kau|ti|ons|fä|hig** (bürgfähig); **Kau|ti|ons|sum|me**
Kau|tschuk, der; -s, -e ‹indian.› (Milchsaft des Kautschukbaumes; Rohstoff für Gummiherstellung); **Kau|tschuk‿milch** (die; -), **...pa|ra|graph** (dehnbare Rechtsvorschrift), **...plan|ta|ge; kau|tschu|tie|ren** (mit Kautschuk überziehen; aus Kautschuk herstellen)
Kau|werk|zeu|ge *Plur.*
Kauz, der; -es, Käuze; **Käuz|chen; kau|zig; Käuz|lein**
Ka|val [...v...], der; -s, -s ‹ital.› (Spielkarte im Tarockspiel: Ritter); **Ka|va|lier,** der; -s, -e ‹franz.›; **Ka|va|liers|de|likt; ka|va|lier[s]|mä|ßig; Ka|va|lier[s]|start** (schnelles, geräuschvolles Anfahren mit dem Auto); **Ka|val|ka|de,** die; -, -n (Reiter[auf]zug); **Ka|val|le|rie** [*auch* 'ka...], die; -, ...ien (*Milit. früher* Reiterei; Reitertruppe); **Ka|val|le|rist,** der; -en, -en (↑R 197)
Ka|va|ti|ne [...v...], die; -, -n ‹ital.› (*Musik* [kurze] Opernarie; liedartiger Instrumentalsatz)
Ka|ve|ling [...v...], die; -, -en ‹niederl.› (*Wirtsch.* Mindestmenge[neinheit], die ein Käufer auf einer Auktion erwerben muß)
Ka|vents|mann [...v...] *Plur.* ...männer (*landsch. für* beleibter Mann; Prachtexemplar; *Seemannsspr.* bes. hoher Wellenberg)
Ka|ver|ne [...v...], die; -, -n ‹lat.› (Höhle, Hohlraum); **Ka|ver|nen|kraft|werk; Ka|ver|nom,** das; -s, -e (*Med.* Blutgefäßgeschwulst); **ka|ver|nös** (Kavernen bildend; voll Höhlungen); -er Kalkstein
Ka|vi|ar [...v...], der; -s, -e ‹türk.› (Rogen des Störs); **Ka|vi|ar|bröt|chen**
Ka|vi|tät [...v...], die; -, -en ‹lat.› (*Med.* Hohlraum); **Ka|vi|ta|ti|on,** die; -, -en (*Technik* Hohlraumbildung)
Ka|wa, die; - ‹polynes.› (berauschendes Getränk der Polynesier)
Ka|waß, Ka|was|se, der; ...wassen, ...wassen (↑R 197) ‹arab.› (*früher* oriental. Polizeisoldat; Ehrenwache)
Ka|wi, das; -[s] *od.* **Ka|wi|spra|che,** die; - ‹sanskr.› (alte Schriftsprache Javas)
Kay, Kai [*beide* kai] (m. od. w. Vorn.)
Ka|zi|ke, der; -n, -n (↑R 197) ‹indian.› (Häuptling bei den süd- u. mittelamerik. Indianern; *auch* indian. Ortsvorsteher)
KB = Kilobyte
kcal = Kilokalorie
Kčs = tschechoslowak. Krone
Keats [ki:ts] (engl. Dichter)
Ke|bab, der; -[s], -s ‹türk.› (am Spieß gebratene [Hammel]fleischstückchen)
keb|beln *vgl.* kibbeln
Keb|se, die; -, -n (*früher für* Nebenfrau); **Kebs‿ehe, ...weib**
keck
keckern [*Trenn.* kek|kern] (zornige Laute ausstoßen [von Fuchs, Marder, Iltis])
Keck|heit; keck|lich (*veraltet*)
Ke|der, der; -s, - (Randverstärkung aus Leder od. Kunststoff)
Keep, die; -, -en (*Seemannsspr.* Kerbe, Rille)
Kee|per ['ki:pə(r)], der; -s, - ‹engl.› (*bes. österr. für* Torhüter); **Keep-smi|ling** [ki:p'smailiŋ], das; - ‹„lächle weiter"› ([zur Schau getragene] optimistische Lebensanschauung)
Kees, das; -es, -e (*bayr. u. österr. für* Gletscher); **Kees|was|ser,** das; -s, ...wasser (*bayr. u. westösterr. für* Gletscherbach)
Ke|fe, die; -, -n (*schweiz. für* Zuckererbse)
Ke|fir, der; -s ‹tatar.› (aus Milch gewonnenes gegorenes Getränk)
Ke|gel, der; -s, - (*Druckw. auch* Stärke des Typenkörpers); mit Kind und Kegel; *vgl.* kegelschieben; **Ke|gel‿bahn, ...bre|cher** (eine Zerkleinerungsmaschine); **ke|gel|för|mig; ke|ge|lig,** keg|lig; **Ke|gel‿klub, ...ku|gel, ...man|tel** (*Math.*); **ke|geln;** ich ...[e]le (↑R 22); **ke|gel|schei|ben** (*bayr., österr. für* kegelschieben); **Ke|gel|schei|ben,** das; -s (*bayr., österr.*); **ke|gel|schie|ben** (↑R 207); ich schiebe Kegel; weil ich Kegel schob; ich habe Kegel geschoben; um Kegel zu schieben; **Ke|gel‿schie|ben** (das; -s), **...schnitt** (*Math.*), **...sport, ...statt** (*Plur.* ...stätten; *österr. neben* Kegelbahn), **...stumpf** (*Math.*); **Keg|ler; keg|lig** *vgl.* kegelig
Keh|din|gen *vgl.* Land Kehdingen
Kehl (Stadt am Oberrhein)
Kehl|chen; Keh|le, die; -, -n; **keh|len** (rinnenartig aushöhlen; [Fisch] aufschneiden u. ausnehmen); **Kehl|ho|bel; keh|lig; Kehl|kopf; Kehl|kopf‿ka|tarrh, ...krebs, ...mi|kro|phon** (*auch* ...mikrofon), **...schnitt, ...spie|gel; Kehl‿laut, ...lei|ste; Keh|lung** (*svw.* Hohlkehle)

Kehr|aus, der; -; **Kehr|be|sen**
Keh|re, die; -, -n (Wendekurve; eine turnerische Übung); [1]**keh|ren** (umwenden); sich nicht an etwas - (*ugs. für* sich nicht um etwas kümmern)
[2]**keh|ren** (fegen); **Keh|richt,** der, *auch* das; -s; **Keh|richt-ei|mer, ...hau|fen, ...schau|fel; Kehr|ma|schi|ne**
Kehr|ord|nung (*schweiz. für* festgelegte Wechselfolge, Turnus); **Kehr-reim, ...schlei|fe** (*für* Serpentine), **...sei|te; kehrt!** *(auch Milit.);* rechtsum kehrt!; **kehrt|ma|chen** (umkehren); ich mache kehrt; kehrtgemacht; kehrtzumachen; **Kehrt|wen|dung; Kehr|wert** (*für* reziproker Wert); **Kehr|wie|der** der *od.* das; -s (Name von Sackgassen, Gasthäusern u. ä.)
Kehr|wisch (*südd. für* Handbesen)
Keib, der; -en, -en; ↑R 197 (*schwäb. u. schweiz. mdal. für* Aas; Lump, Kerl [grobes Schimpfwort])
kei|fen; Kei|fe|rei; kei|fisch *(veraltet);* -ste
Keil, der; -[e]s, -e; **Keil|bein** (Schädelknochen); **Kei|le,** die; - (*ugs. für* Prügel); - kriegen; **kei|len** (*ugs. für* stoßen; [für eine Studentenverbindung] anwerben); sich - (*ugs. für* sich prügeln); **Kei|ler** (*Jägerspr.* männl. Wildschwein); **Kei|le|rei** (*ugs. für* Prügelei); **keil|för|mig; Keil-haue** *(Bergmannsspr.),* **...ho|se, ...kis|sen, ...pol|ster** *(österr.),* **...rie|men, ...schrift**
Keim, der; -[e]s, -e; **Keim-blatt, ...drü|se; kei|men; keim-fä|hig, ...frei; keim|haft; Keim|ling; Keim|plas|ma; Kei|mung; Keim|zel|le**
kein, -e, -, *Plur.* -e; - and[e]rer; in -em Falle, auf -en Fall; zu -er Zeit; keine unreifen Früchte, es bedarf keiner großen Erörterungen. *Alleinstehend* (↑R 66): keiner, keine, kein[e]s; -er, -e, -[e]s von beiden; keiner, der (*nicht:* welcher); **kei|ner|lei; kei|ner|seits; kei|nes|falls;** *vgl.* Fall, der; **kei|nes|wegs; kein|mal,** a b e r : kein einziges Mal
...keit (z. B. Ähnlichkeit, die; -, -en)
Keks, der *od.* das; *Gen.* - *u.* -es, *Plur.* - *u.* -e, *österr.* das; -, -[e] ‹engl.›; **Keks|do|se**
Kelch, der; -[e]s, -e; **Kelch|blatt; kelch|för|mig; Kelch-glas** (*Plur.* ...gläser), **...kom|mu|ni|on** *(kath. Rel.)*
Kel|heim (Stadt in Bayern)
Ke|lim, der; -s, -s ‹türk.› (ein oriental. Teppich); **Ke|lim|sticke|rei** [*Trenn.* ...stik|kerei] (eine Wollgarnstickerei)
Kel|le, die; -, -n
[1]**Kel|ler** (schweiz. Schriftsteller)
[2]**Kel|ler,** der; -s, -; **Kel|ler|as|sel; Kel|le|rei; Kel|ler-fal|te, ...fen|ster, ...ge|schoß;** [1]**Kel|ler|hals** (*svw.* Seidelbast); [2]**Kel|ler|hals** (Überbau od. ansteigendes Gewölbe über einer Kellertreppe); **Kel|ler-kind, ...mei|ster, ...trep|pe, ...tür, ...woh|nung; Kell|ner,** der; -s, -; **Kell|ne|rin; kell|nern** *(ugs.);* ich ...ere (↑R 22)
Kel|logg-Pakt *vgl.* Briand-Kellogg-Pakt (↑R 135)
Kelt, der; -[e]s, -e ‹kelt.-lat.› (*veraltet für* bronzezeitliches Beil)
Kel|te, der; -n, -n; ↑R 197 (Angehöriger eines indogerm. Volkes)
Kel|ter, die; -, -n (Weinpresse); **Kel|te|rei; Kel|te|rer; kel|tern;** ich ...ere (↑R 22)
Kelt|ibe|rer (Angehöriger eines Mischvolkes im alten Spanien); **kelt|ibe|risch; kel|tisch; Kel|tisch,** das; -[s] (Sprache); *vgl.* Deutsch; **Kel|ti|sche,** das; -n; *vgl.* Deutsche, das; **kel|to|ro|ma|nisch**
Kel|vin [...vin], das; -s, - ‹nach dem engl. Physiker W. T. Kelvin› (Maßeinheit der absoluten Temperaturskala; *Zeichen* K); 0 K = −273,15 °C
Ke|ma|lis|mus, der; - (von dem türk. Präsidenten Kemal Atatürk begründete polit. Richtung); **Ke|ma|list,** der; -en, -en; ↑R 197 (Verfechter des Kemalismus)
Ke|me|na|te, die; -, -n ([Frauen]gemach einer Burg)
Ken, das; -, - ‹jap.› (jap. Verwaltungsbezirk, Präfektur)
Ken. = Kentucky
Ken|do, das; -[s] ‹jap.› (jap. Form des Fechtens mit Bambusstäben)
Ke|nia (Staat in Ostafrika); **Ke|nia|ner; Ke|nia|ne|rin; ke|nia|nisch** (↑R 180)
Ken|ne|dy [ˈkɛnidi], John F. (Präsident der USA)
Ken|nel, der; -s, - ‹engl.› (Hundezwinger)
Kennel|ly [ˈkɛnli] (amerik. Ingenieur u. Physiker); **Kennel|ly-Hea|vi|side-Schicht** [ˈkɛnliˈhɛvisaid...], die; - (*Meteor.* elektr. leitende Schicht in der Atmosphäre); *vgl.* Heaviside
ken|nen; du kanntest; *selten* kenntest; gekannt; kenn[e]!; **ken|nen|ler|nen** (↑R 205): ich lerne kennen; ich habe ihn kennengelernt; kennenzulernen; jmdn. kennen- u. liebenlernen; **Ken|ner; Ken|ner|blick; Ken|ne|rin; ken|ne|risch; Ken|ner|mie|ne; Ken|ner|schaft,** die; -; **Kenn|far|be**
Ken|ning, die; -, *Plur.* -ar, *auch* -e ‹altnord.› (*altnord. Dichtung* bildl. Umschreibung eines Begriffes durch eine mehrgliedrige Benennung)
Kenn-kar|te, ...mar|ke, ...si|gnal; kennt|lich; - machen; **Kennt|lich|ma|chung; Kennt|nis,** die; -, -se; von etwas - nehmen; in - setzen; zur - nehmen; **Kennt|nis|nah|me,** die; -; **kennt|nis|reich; Kennum|mer** [*Trenn.* Kenn|num|mer]; **Ken|nung** (charakteristisches Merkmal; typ. Kennzeichen von Leuchtfeuern usw.); **Kenn-wort** (*Plur.* ...wörter), **...zahl, ...zei|chen; kenn|zeich|nen;** gekennzeichnet; zu -; **kenn|zeich|nen|der|wei|se; Kenn-zeich|nung, ...zif|fer**
Ke|no|taph, *auch* Ze|no|taph, das; -s, -e ‹griech.› (Grabmal für einen andernorts bestatteten Toten)
Kent (engl. Grafschaft)
Ken|taur *vgl.* Zentaur
ken|tern (umkippen [von Schiffen]); ich ...ere (↑R 22); **Ken|te|rung**
Ken|tucky [...ˈtaki; *Trenn.* ...tuk|ky] (Staat in den USA; *Abk.* Ken. *u.* Ky.)
Ken|tum|spra|che *meist Plur.* ‹lat.; dt.› (Sprache aus einer bestimmten Gruppe der indogerm. Sprachen)
[1]**Ke|pheus** (griech. Sagengestalt); [2]**Ke|pheus,** der; - (ein Sternbild)
Ke|phi|sos, der; - (griech. Fluß)
Kep|ler (dt. Astronom); das Keplersche Gesetz (↑R 134)
kep|peln (*österr. ugs. für* fortwährend schimpfen; keifen); ich kepp[e]le (↑R 22); **Kep|pel|weib; Kepp|le|rin**
Ke|ra|bau, der; -s, -s ‹malai.› (ind. Wasserbüffel)
Ke|ra|mik, die; -, *Plur.* (*für* Erzeugnisse:) -en ‹griech.› ([Erzeugnis der] [Kunst]töpferei); **Ke|ra|mi|ker; Ke|ra|mi|ke|rin; ke|ra|misch**
Ke|ra|tin, das; -s, -e ‹griech.› (*Biochemie* Hornsubstanz); **Ke|ra|ti|tis,** die; -, ...itiden (*Med.* Hornhautentzündung des Auges); **Ke|ra|tom,** das; -s, -e (Horngeschwulst der Haut); **Ke|ra|to|skop,** das; -s, -e (Instrument zur Untersuchung der Hornhautkrümmung)
[1]**Kerb,** die; -, -en (*hess.-pfälz. für* Kirchweih); *vgl.* Kerwe
[2]**Kerb,** der; -[e]s, -e (*Technik neben* Kerbe); **Ker|be,** die; -, -n (Einschnitt)
Ker|bel, der; -s (eine Gewürzpflanze); **Ker|bel|kraut,** das; -[e]s
ker|ben (Einschnitte machen)
Ker|be|ros *vgl.* Zerberus

Kẹrb|holz; *fast nur noch in* etwas auf dem - haben (*ugs. für* etwas auf dem Gewissen haben); **Kẹrb‿schnitt** (der; -[e]s; Holzverzierung), **...tier; Kẹr|bung**

Ke̱|ren *Plur.* (griech. Schicksalsgöttinnen)

Kẹrf, der; -[e]s, -e (Kerbtier)

Ker|gue|len [...'ge:...] *Plur.* (Inseln im Indischen Ozean)

Kẹr|ker, der; -s, - (*früher* sehr festes Gefängnis; *österr. für* schwere Freiheitsstrafe); **Kẹr|ker‿mei|ster, ...stra|fe**

Kẹr|kops, der; -, ...o̱pen ‹griech.› (Kobold der griech. Sage)

Kẹr|ky|ra (*griech. Name für* Korfu)

Kẹrl, der; -[e]s, *Plur.* -e, *landsch., bes. nordd.* -s; **Kẹrl|chen**

Kẹr|mes|bee|re ‹arab.; dt.› (Pflanze, deren Beeren zum Färben von Getränken verwendet werden); **Kẹr|mes‿ei|che** (Eichenart des Mittelmeergebietes), **...schild|laus** (auf der Kermeseiche lebende Schildlaus, aus der ein roter Farbstoff gewonnen wird)

Kẹrn, der; -[e]s, -e; **Kẹrn|bei|ßer** (ein Singvogel); **kẹr|nen** (*seltener für* auskernen); **Kẹrn|ener|gie** (*svw.* Atomenergie)

[1]**Kẹr|ner,** der; -s, - ‹nach dem Dichter J. Kerner› (eine Reb-, Weinsorte)

[2]**Kẹr|ner** *vgl.* [1]Karner

Kẹrn|ex|plo|si|on (Zertrümmerung eines Atomkerns); **Kẹrn|fäu|le** (Fäule des Kernholzes von lebenden Bäumen); **Kẹrn‿for|de|rung, ...for|schung** (Atomforschung), **...fra|ge, ...frucht, ...fu|si|on, ...ge|dan|ke, ...ge|häu|se; kẹrn|ge|su̱nd; Kẹrn|holz; kẹr|nig; Kẹrn|kraft‿geg|ner, ...werk; Kẹrn|ling** (aus einem Kern gezogener Baum od. Strauch); **kẹrn|los; Kẹrn‿obst, ...phy|sik** (Lehre von den Atomkernen u. -kernreaktionen); **kẹrn|phy|si|ka|lisch; Kẹrn‿phy|si|ker, ...pro|blem, ...punkt, ...re|ak|ti|on, ...re|ak|tor, ...schat|ten** *(Optik, Astron.),* **...sei|fe, ...spal|tung, ...spruch, ...stadt, ...stück, ...tech|nik, ...tei|lung, ...trup|pe, ...um|wand|lung, ...ver|schmel|zung, ...waf|fen** *(Plur.)*

Ke|ro|pla̱|stik *vgl.* Zeroplastik; **Ke|ro|si̱n,** das; -s ‹griech.› (ein Treibstoff)

Ke|rou|ac ['kɛruɛk] (amerik. Schriftsteller)

Kẹr|stin (w. Vorn.)

Ke̱|rub *vgl.* Cherub

Kẹr|we, die; -, -n (*hess.-pfälz. für* Kirchweih)

Ke̱|ryg|ma, das; -s ‹griech.› (*Theol.* Verkündigung [des Evangeliums]); **ke|ryg|ma̱|tisch** (verkündigend, predigend); -e Theologie

Kẹr|ze, die; -, -n; **Kẹr|zen|be|leuch|tung; kẹr|zen|ge|ra̱|de**[1]; **Kẹr|zen‿hal|ter, ...licht** (*Plur.* ...lichter), **...schein** (der; -[e]s), **...stän|der**

Kẹ|scher, der; -s, - (Fangnetz)

kẹß; kesser, kesseste (*ugs. für* frech; schneidig; flott); ein kesses Mädchen

Kẹs|sel, der; -s, -; **Kẹs|sel‿bo|den, ...ex|plo|si|on, ...fleisch** (*landsch. für* Wellfleisch), **...flicker** [*Trenn.* ...flik|ker], **...haus, ...pau|ke, ...schmied, ...stein, ...trei|ben, ...wa|gen** *(Eisenb.)*

Keß|heit

Ketch|up, Catch|up ['kɛtʃap, *auch* 'kɛtʃup, *engl.* 'kɛtʃəp], der *od.* das; -[s], -s ‹malai.-engl.› (pikante [Tomaten]soße zum Würzen)

Ke|to̱n, das; -s, -e *meist Plur.* (eine chem. Verbindung); **Ke|to̱n|harz**

Kẹtsch, die; -, -en ‹engl.› (eine zweimastige [Sport]segeljacht)

kẹt|schen (*Nebenform von* kätschen)

Kẹ|tschua *vgl.* Quechua

Kẹtt|baum, Kẹt|ten|baum (Teil des Webstuhls); **Kẹtt|car** (Wz), der *od.* das; -s, -s ‹dt.; engl.› (ein Kinderfahrzeug); **Kẹtt|chen**

Kẹt|te, die; -, -n; **Kẹt|tel,** der; -s, - *od.* die; -, -n (*landsch. für* Krampe); **Kẹt|tel|ma|schi|ne; kẹt|teln** ([kettenähnlich] verbinden); ich ...[e]le (↑R 22); **kẹt|ten; Kẹt|ten|baum** *vgl.* Kettbaum; **Kẹt|ten‿blu|me** (Löwenzahn), **...brief, ...bruch** (der; *Math.*), **...brücke** [*Trenn.* ...brük|ke]; **Kẹt|ten|fa|den** *vgl.* Kettfaden; **Kẹt|ten|garn** *vgl.* Kettgarn; **Kẹt|ten‿glied, ...haus** *(Bauw.),* **...hemd, ...hund, ...pan|zer, ...rad, ...rau|chen** (das; -s), **...rau|cher, ...re|ak|ti|on, ...schutz, ...stich; Kẹtt‿fa|den** *(Weberei),* **...garn** *(Weberei);* **Kẹtt|lein; Kẹt|tung**

Kẹt|zer; Ket|ze|re̱i; Kẹt|zer|ge|richt; Kẹt|ze|rin; kẹt|ze|risch; -ste; **Kẹt|zer‿tau|fe, ...ver|fol|gung**

keu̱|chen; Keu̱ch|hu|sten

Keu̱|le, die; -, -n; **keu̱|len** (*Tiermed.* seuchenkranke Tiere töten); **Keu̱|len|är|mel; keu̱|len|för|mig; Keu̱|len‿gym|na|stik, ...schlag, ...schwin|gen** (das; -s)

Keu̱|per, der; -s (*landsch. für* roter, sandiger Ton; *Geol.* oberste Stufe der Trias)

keu̱sch; -este

Keu̱|sche, die; -, -n (*österr. für* Bauernhäuschen, Kate)

Keu̱sch|heit, die; -; **Keu̱sch|heits‿ge|lüb|de, ...gür|tel** *(früher);* **Keu̱sch|lamm|strauch**

Keu̱sch|ler (*österr. für* Bewohner einer Keusche, Häusler)

Ke|ve|laer ['ke:vəla:r] (Stadt in Nordrhein-Westfalen)

Ke|vin ['kɛvin] (m. Vorn.)

Key|board ['ki:bɔ:(r)d], das; -s, -s ‹engl.› (elektronisches Tasteninstrument); **Key|boar|der**

Key|ser|ling ['ka̱i...] (balt. Adelsgeschlecht)

Kffr. = Kauffrau

kfm. = kaufmännisch

Kfm. = Kaufmann

Kfz = Kraftfahrzeug; **Kfz-Werk|statt** (↑R 38)

kg = Kilogramm; 2-kg-Dose (↑R 43)

KG = Kommanditgesellschaft; **KGaA** = Kommanditgesellschaft auf Aktien

KGB, der; -[s] ‹*Abk. aus* russ. Komite̱t gossuda̱rstwennoi besopa̱snosti = Komitee für Staatssicherheit› (Geheimdienst der ehem. Sowjetunion)

kgl. = königlich, *im Titel* Kgl.

K-Grup|pe *meist Plur.* (*Bez. für* unabhängige kommunistische Organisationen in der Bundesrepublik Deutschland)

k. g. V., kgV = kleinstes gemeinsames Vielfaches

Khai|ber|paß ['ka̱i...], der; ...passes (Gebirgspaß zwischen Afghanistan und Pakistan)

[1]**Kha|ki** ['ka:...], das; -[s] ‹pers.-engl.› (Erdfarbe, Erdbraun); [2]**Kha|ki,** der; -[s] (gelbbrauner Stoff [für die Tropenuniform]); **kha|ki‿far|ben** *od.* **...far|big; Kha|ki‿jacke** [*Trenn.* ...jak|ke], **...uni|form**

Khan [ka:n], der; -s, -e ‹mong.› (mong.-türk. Herrschertitel); **Kha|na̱t,** das; -[e]s, -e (Amt, Land eines Khans)

Khar|tum ['kar..., *auch* ...'tu:m] (Hptst. von Sudan)

Khe|di|ve [ke'di:və], der; *Gen.* -s *u.* -n, *Plur.* -n; ↑R 197 (Titel des früheren Vizekönigs von Ägypten)

Khmer [kme:r], der; -, - (Angehöriger eines Volkes in Kambodscha); **Khmer-Re|pu|blik**

Kho|mei|ni [xɔ'me:ni] (iran. Schiitenführer)

kHz = Kilohertz

kịb|beln, kẹb|beln (*landsch. Nebenform von* kabbeln)

Kib|bu̱z, der; -, *Plur.* ...uzi̱m *od.* -e ‹hebr.› (Gemeinschaftssiedlung in Israel); **Kib|bu̱z|nik,** der; -s, -s (Angehöriger eines Kibbuz)

Ki̱|be|rer ‹Gaunerspr.› (*österr. ugs. für* Kriminalpolizist)

Ki|bịt|ka, die; -, -s ‹russ.› *u.* **Ki|bịt|ke,** die; -, -n (Filzzelt asiat. Nomadenstämme; russ. Bretterwa-

[1] *Vgl. die Anmerkung zu* „gerade".

gen, russ. Schlitten mit Mattendach)
Ki|che|rei
Ki|cher|erb|se
ki|chern; ich ...ere (↑R 22)
Kick, der; -[s], -s ‹engl.› (*ugs. für* Tritt, Stoß [beim Fußball]); **Kick|bo|xen** (eine asiat. Sportart); **Kick|down** [...'daun], der *od.* das; -s, -s (*Kfz-Technik* plötzliches Durchtreten des Gaspedals)
Kickel|hahn[1], der; -[e]s (ein Berg im Thüringer Wald)
kicken[1] ‹engl.› (*ugs. für* Fußball spielen); **Kicker**[1], der; -s, -[s] (*ugs. für* Fußballspieler); **Kickers**[1] *Plur.* (Name von Fußballvereinen); **Kick-off**, der; -s, -s (*schweiz. für* Anstoß beim Fußballspiel); **kick|sen** *vgl.* gicksen; **Kick|star|ter** (Fußhebel zum Anlassen bei Motorrädern)
Kick|xia ['kiksia], die; -, ...ien [...iən] ‹nach dem belg. Botaniker Kickx› (ein Kautschukbaum)
Kid, das; -s, -s ‹engl.› ([Handschuh aus] Kalb-, Ziegen-, Schafleder; *meist Plur.: ugs. für* Jugendliche, Kinder); **kid|nap|pen** [...nɛpən] ([einen Menschen, bes. ein Kind] entführen); gekidnappt; **Kid|nap|per**, der; -s, - (Entführer); **Kid|nap|ping**, das; -s, -s
Ki|dron (Bachtal östl. von Jerusalem)
Kids *vgl.* Kid
kie|big (*landsch. für* zänkisch, schlechtgelaunt; frech, prahlerisch, aufbegehrend)
Kie|bitz, der; -es, -e (ein Vogel); **Kie|bitz|ei**
kie|bit|zen ‹Gaunerspr.› (*ugs. für* zuschauen beim [Karten-, Schach]spiel); du kiebitzt
kie|feln (*österr. ugs. für* nagen); ich kief[e]le (↑R 22); hartes Brot -
[1]**Kie|fer**, die; -, -n (ein Nadelbaum)
[2]**Kie|fer**, der; -s, - (ein Schädelknochen); **Kie|fer‿an|oma|lie** *(Med.)*, **...bruch**, **...chir|ur|gie**, **...höh|le**; **Kie|fer|höh|len|ent|zün|dung**; **Kie|fer|kno|chen**
kie|fern (aus Kiefernholz); **Kie|fern‿eu|le** (ein Schmetterling), **...holz**, **...na|del** *(meist Plur.)*, **...schwär|mer** (ein Schmetterling), **...span|ner** (ein Schmetterling), **...spin|ner** (ein Schmetterling), **...wald**, **...zap|fen**
Kie|ke, die; -, -n (*nordd. für* Kohlenbecken zum Fußwärmen)
kie|ken (*nordd. für* sehen); **Kie|ker** (*Seemannsspr. u. landsch. für* Fernglas); jmdn. auf dem - haben (*ugs. für* jmdn. mißtrauisch beobachten; jmdn. nicht leiden können); **Kiek|in|die|welt**, der; -s, -s (*ugs. scherzh. für* kleines Kind; unerfahrener Mensch)
[1]**Kiel**, der; -[e]s, -e (Blütenteil; Federschaft)
[2]**Kiel** (Hafenstadt a. d. Ostsee)
[3]**Kiel**, der; -[e]s, -e (Grundbalken der Wasserfahrzeuge); **Kiel|boot**
kie|len (*veraltet für* Kielfedern bekommen)
Kie|ler (von [2]Kiel); ↑R 147; Kieler Bucht; Kieler Förde; Kieler Sprotten; Kieler Woche
Kiel|fe|der
kiel|ho|len ([ein Schiff] umlegen [zum Ausbessern]; frühere seemänn. Strafe: jmdn. unter dem Schiff durchs Wasser ziehen); er wurde gekielholt
Kiel|kropf (*veraltet für* Mißgeburt, Wechselbalg)
Kiel|li|nie (Formation von [Kriegs]schiffen); in - fahren; **kiel|oben** *(Seemannsspr.)*; - liegen; **Kiel|raum**; **Kiel|schwein** (*Seemannsspr.* auf dem Hauptkiel von Schiffen liegender Verstärkungsbalken oder -träger); **Kiel‿schwert** *(Seemannsspr.)*, **...was|ser** (das; -s; Wasserspur hinter einem fahrenden Schiff)
Kie|me, die; -, -n *meist Plur.* (Atmungsorgan im Wasser lebender Tiere); **Kie|men‿at|mer** *(Zool.)*, **...at|mung**, **...spal|te**
[1]**Kien** ‹Herkunft unsicher›; *nur in* auf dem - sein (*landsch. für* wachsam sein, gut aufpassen)
[2]**Kien**, der; -[e]s (harzreiches [Kiefern]holz); **Kien‿ap|fel**, **...fackel** [*Trenn.* ...fak|kel], **...holz**; **kie|nig**; **Kien‿span**, **...zap|fen**
Kie|pe, die; -, -n (*nordd., mitteld. für* auf dem Rücken getragener, hoher Tragekorb); **Kie|pen|hut**, der (ein Frauenhut, Schute)
Kier|ke|gaard ['kirkəgart, *dän.* 'kɛrgəgɔ:r] (dän. Philosoph u. Theologe)
Kies, der; -es, *Plur.* (*für* Kiesarten:) -e (*ugs. auch für* Geld); **Kie|sel**, der; -s, -; **Kie|sel‿al|ge**, **...er|de**, **...gur** (die; -; Erdart aus den Panzern von Kieselalgen); **kie|seln** (mit Kies beschütten); ich ...[e]le (↑R 22); **Kie|sel‿säu|re** (die; -), **...stein**; [1]**kie|sen** (*svw.* kieseln); du kiest; er kie|ste; gekiest; kies[e]!
[2]**kie|sen** (*veraltet für* wählen); du kiest; kies[e]!; du kor[e]st, körest; gekoren; *vgl.* küren
Kie|se|rit [*auch* ...'rit], der; -s, *Plur.* *(Sorten:)* -e (ein Mineral)
Kies‿gru|be, **...hau|fen**; **kie|sig**; **Kies|weg**
Ki|ew ['ki:ɛf] (Hptst. der Ukraine); **Kie|wer** (↑R 147)
Kiez, der; -es, -e ‹slaw.› (*nordostd. für* Ort[steil]; *ugs. für* Prostituiertenviertel)
kif|fen ‹arab.-amerik.› (*Jargon* Haschisch od. Marihuana rauchen); **Kif|fer**
Ki|ga|li (Hptst. von Ruanda)
ki|ke|ri|ki!; [1]**Ki|ke|ri|ki**, der; -s, -s (*Kinderspr.* Hahn); [2]**Ki|ke|ri|ki**, das; -s, -s (Hahnenschrei)
Ki|ki, der; -s (*ugs. für* überflüssiges Zeug; Unsinn)
Kil|bi, die; -, ...benen *vgl.* Chilbi; **Kil|bi|tanz**
Ki|li|an (m. Vorn.)
Ki|li|ki|en, Zi|li|zi|en [...iən] (im Altertum Landschaft in Kleinasien); **ki|li|kisch**, zi|li|zisch
Ki|li|ma|ndscha|ro, der; -[s] (höchster Berg Afrikas)
kil|le|kil|le; - machen (*ugs. für* kitzeln; unterm Kinn streicheln)
[1]**kil|len** ‹engl.› (*ugs. für* töten); er hat ihn gekillt
[2]**kil|len** ‹niederd.› (*Seemannsspr.* leicht flattern [von Segeln])
Kil|ler (*ugs. für* Totschläger, [berufsmäßiger] Mörder); **Kil|ler‿al|ge** *(ugs.)*, **...sa|tel|lit** (*ugs. für* Satellit, der Flugkörper im All zerstören soll); **Kil|ler|vi|rus** *(ugs.)*
Kiln, der; -[e]s, -e ‹engl.› (Schachtofen zur Holzverkohlung od. Metallgewinnung)
ki|lo... ‹griech.› (tausend...); **Ki|lo**, das; -s, -[s] (*Kurzform für* Kilogramm); **Ki|lo...** (Tausend...; das Tausendfache einer Einheit, z. B. Kilometer = 1000 Meter; *Zeichen* k)
Ki|lo|byte [...'bait, *auch* 'ki:...] (*EDV* Einheit von 1024 Byte; *Abk.* KB)
Ki|lo|gramm [*auch* 'ki:...] (1000 Gramm; Maßeinheit für Masse; *Zeichen* kg); 3 - (↑R 129)
Ki|lo|hertz [*auch* 'ki:...] (1000 Hertz; Maßeinheit für die Frequenz; *Zeichen* kHz)
Ki|lo|joule [...'dʒu:l, *auch* 'ki:...] (1000 Joule; *Zeichen* kJ); *vgl.* Joule
Ki|lo|ka|lo|rie [*auch* 'ki:...] (1000 Kalorien; *Zeichen* kcal)
Ki|lo|li|ter [*auch* 'ki:...] (1000 Liter; *Zeichen* kl)
Ki|lo|me|ter [*auch* 'ki:...], der; -s, - (1000 m; *Zeichen* km); 80 Kilometer je Stunde (*Abk.* km/h); **Ki|lo|me|ter‿fres|ser** *(ugs.)*, **...geld**; **Ki|lo|me|ter|geld|pau|scha|le**; **ki|lo|me|ter|lang**, aber: 3 Kilometer lang; **Ki|lo|me|ter‿mar|ke**, **...stand**, **...stein**, **...ta|rif**; **ki|lo|me|ter|weit**; *vgl.* kilometerlang; **Ki|lo|me|ter|zäh|ler**; **ki|lo|me|trie|ren** ([Straßen, Flüsse usw.] mit Kilometereinteilung versehen); **Ki|lo|me|trie|rung**; **ki|lo|me|trisch**
Ki|lo|new|ton [...'nju:t(ə)n, *auch* 'ki:...] (1000 Newton; *Zeichen* kN)

[1] *Trenn.* ...k|k...

Ki|lo|ohm [*auch* 'ki:...] (1 000 Ohm; *Zeichen* kΩ)
Ki|lo|pas|cal [*auch* 'ki:...] (1 000 Pascal; *Zeichen* kPa)
Ki|lo|pond [*auch* 'ki:...] (1 000 Pond; ältere Maßeinheit für Kraft u. Gewicht; *Zeichen* kp); **Ki|lo|pond|me|ter** (ältere Einheit der Energie; *Zeichen* kpm)
Ki|lo‿volt [*auch* 'ki:...] (1 000 Volt; *Zeichen* kV), **...volt|am|pere** [...am'pɛ:r] (1 000 Voltampere; *Zeichen* kVA)
Ki|lo|watt [*auch* 'ki:...] (1 000 Watt; *Zeichen* kW); **Ki|lo|watt|stun|de** (1 000 Wattstunden; *Zeichen* kWh)
[1]**Kilt**, der; -[e]s (*früher südwestd. u. schweiz. für* das Fensterln)
[2]**Kilt**, der; -[e]s, -s ‹engl.› (knielanger Rock der Bergschotten)
Kilt|gang ‹*zu* [1]Kilt›
Kim|ber usw. *vgl.* Zimber usw.
Kimm, die; - (*Seew.* Horizontlinie zwischen Meer u. Himmel; *Schiffbau* Krümmung des Schiffsrumpfes zwischen Bordwand u. Boden); **Kim|me**, die; -, -n (Einschnitt; Kerbe; Teil der Visiereinrichtung); **Kimm|ho|bel; Kim|mung** (*Seew.* Luftspiegelung; Horizont)
Ki|mon (athen. Feldherr)
Ki|mo|no [*auch* 'ki... *od.* ki'mo:no], der; -s, -s ‹jap.› (weitärmeliges Gewand); **Ki|mo|no‿är|mel** (weiter, angeschnittener Ärmel), **...blu|se**
Ki|nä|de, der; -n, -n (↑R 197) ‹griech.› (männl. Hetäre im alten Griechenland; Päderast)
Kin|äs|the|sie, die; - ‹griech.› (*Med.* Fähigkeit der unbewußten Steuerung von Körperbewegungen)
Kind, das; -[e]s, -er; an -es Statt; *vgl.* Statt; von - auf; sich bei jmdm. lieb - machen (einschmeicheln); **Kind|bett**, das; -[e]s; *(veraltend);* **Kind|bet|te|rin** *(veraltet);* **Kind|bett|fie|ber**, das; -s *(veraltend);* **Kind|chen; Kin|del|bier** (*nordd. für* Bewirtung bei der Kindtaufe); **Kin|der‿ar|beit, ...arzt, ...bett, ...buch; Kin|derchen** *Plur.;* **Kin|der‿dorf, ...ehe; Kin|de|rei; Kin|der‿er|zie|hung; kin|der|feind|lich; Kin|der|fräulein; kin|der|freund|lich; Kin|der‿gar|ten, ...gärt|ne|rin, ...geld; kin|der|ge|recht; Kin|der‿got|tes|dienst, ...heim, ...hort, ...klei|dung, ...krank|heit, ...krie|gen** (das; -s; *ugs.*), **...krip|pe, ...la|den** (*auch für* nicht autoritär geleiteter Kindergarten), **...läh|mung; kin|der|leicht; Kin|der|lein** *Plur.;* **kin|der‿lieb, ...los; Kin|der|lo|sig|keit**, die; -; **Kin|der‿mäd|chen, ...mund, ...nah|rung, ...post; kin|der|reich; Kin|der‿reich|tum** (der; -s), **...schreck** (der; -s), **...schuh, ...schutz, ...sei|te** (einer Zeitung), **...sen|dung; kin|der|si|cher;** ein -er Verschluß; **Kin|der‿spiel, ...spra|che, ...stu|be, ...ta|ges|stät|te, ...tel|ler; kin|der|tüm|lich; Kin|der‿uhr, ...wa|gen, ...zeit, ...zim|mer; Kin|des‿al|ter, ...aus|set|zung, ...bei|ne** (*Plur.; in* von -n an), **...ent|zie|hung** *(Rechtsw.),* **...kind** (*veraltet für* Enkelkind), **...lie|be, ...miß|hand|lung, ...mord, ...mör|de|rin, ...un|ter|schie|bung; kind|ge|mäß; kind|haft; Kind|heit**, die; -; **Kind|heits|er|in|ne|rung; kin|disch;** -ste; **Kind|lein; kind|lich; Kind|lich|keit**, die; -; **Kinds‿be|we|gung, ...kopf** *(ugs. abwertend);* **kinds|köp|fig** *(ugs. abwertend);* **Kinds|pech** (Stuhlgang des neugeborenen Kindes); **Kind|tau|fe**
Ki|ne|ma|thek, die; -, -en ‹griech.› (Sammlung von Filmen; Filmarchiv); **Ki|ne|ma|tik**, die; - (*Physik* Lehre von den Bewegungen); **ki|ne|ma|tisch** (die Kinematik betreffend); **Ki|ne|ma|to|graph**, der; -en, -en; ↑R 197 (der erste Apparat zur Aufnahme u. Wiedergabe bewegter Bilder; *Kurzform* Kino); **Ki|ne|ma|to|gra|phie**, die; - (Filmwissenschaft u. -technik, Aufnahme u. Wiedergabe von Filmen); **ki|ne|ma|to|gra|phisch; Ki|ne|tik**, die; - (*Physik* Lehre von den Kräften, die nicht im Gleichgewicht sind); **ki|ne|tisch** (die Kinetik betreffend); -e Energie (Bewegungsenergie); **Ki|ne|to|se**, die; -, -n (Bewegungs- od. Reisekrankheit [z. B. Auto-, Luft-, Seekrankheit])
King, der; -[s], -s ‹engl.› (*engl. für* König; *ugs. für* Anführer; jmd., der größtes Ansehen genießt);
King-size [...saiz], die, *auch* das; - (Großformat, Überlänge [von Zigaretten])
Kings|ton [...tən] (Hptst. von Jamaika)
Kings|town [...taun] (Hptst. des Staates St. Vincent und die Grenadinen)
Kink, der, *auch* die; -en, -en (*Seemannsspr. u. nordd. für* Knoten, Fehler im Tau)
Kin|ker|litz|chen *Plur.* ‹franz.› (*ugs. für* Nichtigkeiten, Albernheiten)
Kinn, das; -[e]s, -e; **Kinn‿backe[n]** [*Trenn.* ...bak|ke(n)], **...ha|ken, ...la|de, ...rie|men, ...spit|ze**
Ki|no, das; -s, -s (Lichtspieltheater); *vgl.* Kinematograph; **Ki|no‿be|sit|zer, ...be|su|cher, ...kar|te, ...pro|gramm, ...re|kla|me**
Kin|sha|sa [...'ʃa...] (Hptst. von Zaire)
Kin|topp, der; -s, *Plur.* -s *u.* ...töp|pe (*ugs. für* Kino, Film)
Kin|zig, die; - (r. Nebenfluß des unteren Mains; r. Nebenfluß des Oberrheins); **Kin|zi|git** [*auch* ...'git], der; -s (eine Gneisart)
Ki|osk [*auch* ...'ɔsk], der; -[e]s, -e ‹pers.› (Verkaufshäuschen; oriental. Gartenhaus)
Kio|to ['kjo:to] (jap. Stadt)
Kipf, der; -[e]s, -e (*südd. für* länglich geformtes [Weiß]brot); **Kip|fel**, das; -s, - *u.* **Kip|ferl**, das; -s, -n (*österr. für* Hörnchen [Gebäck]); **Kipf|ler** *Plur.* (*österr. für* eine Kartoffelsorte)
Kip|ling (engl. Schriftsteller)
Kip|pe, die; -, -n (Spitze, Kante; eine Turnübung; *ugs. für* Zigarettenstummel); **kip|pe|lig**, kipplig; **kip|peln** *(ugs.);* ich ...[e]le (↑R 22); **kip|pen;** [1]**Kip|per** (*früher* jmd., der Münzen mit zu geringem Edelmetallgehalt in Umlauf brachte); - und Wipper; [2]**Kip|per** (Wagen mit kippbarem Wagenkasten); **Kipp|fen|ster; kipp|lig** *vgl.* kippelig; **Kipp‿lo|re, ...pflug** (↑R 204), **...re|gel** (ein Vermessungsgerät), **...schal|ter, ...schwin|gun|gen** *(Plur.; Physik),* **...wa|gen**
Kips, das; -es, -e *meist Plur.* ‹engl.› (getrocknete Haut des Zebus)
Kir, der; -s, -s ‹nach dem Dijoner Bürgermeister Felix Kir› (Getränk aus Johannisbeerlikör und Weißwein)
Kir|be, die; -, -n (*bayr. für* Kirchweih)
Kir|che, die; -, -n; **Kir|chen‿äl|te|ste** (der *u.* die), **...amt, ...aus|tritt, ...bann, ...bau** (*Plur.* ...bauten), **...be|su|cher, ...bu|ße, ...chor, ...die|ner, ...fa|brik** (Stiftungsvermögen einer kath. Kirche), **...fest, ...gän|ger** (*svw.* Kirchgänger), **...ge|schich|te** (die; -), **...glocke** [*Trenn.* ...glok|ke], **...jahr, ...leh|rer; Kir|chen|licht** *Plur.* -er; er ist kein [großes] Kirchenlicht (*ugs. für* er ist nicht sehr klug); **Kir|chen‿lied, ...maus, ...mu|sik, ...rat** (*Plur.* ...räte), **...recht, ...schiff, ...spren|gel** *od.* Kirch|spren|gel, **...staat** (der; -[e]s), **...steu|er** (die), **...tag** (z. B. Deutscher Evangelischer Kirchentag [↑R 157]), **...tür, ...uhr; Kir|chen|va|ter** *meist Plur.* (besonders anerkannter Kirchenschriftsteller aus der Frühzeit der christlichen Kirche); **Kir|chen|vor|stand; Kirch‿gän|ger, ...geld, ...hof; Kirch|hofs‿mau|er, ...stil|le; kirch|lich; Kirch|lich|keit**, die; -; **Kirch|ner** (*veraltet für* Küster)

Kirch|schlä|ger (österr. Bundespräsident)
Kirch‿spiel (Kirchensprengel), **...spren|gel** *od.* Kir|chen|sprengel, **...tag** (*südd., österr. für* Kirchweih), **...turm; Kirch|turmpo|li|tik,** die; - (auf engen Gesichtskreis beschränkte Politik); **Kirch|va|ter** (*landsch. für* Kirchenältester); **Kirch|weih,** die; -, -en
Kir|gi|se, der; -n, -n; ↑R 197; **Kirgi|si|en, Kir|gi|stan** (Staat in Mittelasien); **kir|gi|sisch**
Ki|ri|ba|ti (Inselstaat im Pazifik)
Kir|ke *vgl.* Circe
Kir|mes, die; -, ...messen (*bes. mittel- u. nordd. für* Kirchweih); **Kirmes|ku|chen**
kir|nen (*landsch. für* buttern; [Erbsen] ausschoten)
kir|re (*ugs. für* zutraulich, zahm); jmdn. - machen; **kir|ren** (*noch ugs. für* kirre machen)
Kir roy|al [kir roa'jal], der; - -[s], -s -s ‹*vgl.* Kir *u.* royal› (Getränk aus Johannisbeerlikör und Champagner)
Kir|rung (*Jägerspr.* Lockfutter)
Kirsch, der; -[e]s, - (ein Branntwein); **Kirsch‿baum, ...blü|te; Kir|sche,** die; -, -n; **Kir|schenbaum** usw. (*seltener für* Kirschbaum usw.); **Kirsch‿geist** (der; -[e]s; ein Branntwein), **...holz, ...kern, ...ku|chen, ...li|kör; kirsch|rot; Kirsch‿saft, ...wasser** (das; -s, -; ein Branntwein)
Kir|sten (m. od. w. Vorn.)
Kir|tag (*bayr., österr. für* Kirchweih)
Kis|met, das; -s ‹arab., „Zugeteiltes“› (Los; gottergeben hinzunehmendes Schicksal im Islam)
Kiß|chen; Kis|sen, das; -s, -; **Kissen‿be|zug, ...fül|lung, ...hül|le, ...schlacht, ...über|zug**
Ki|ste, die; -, -n; **Ki|sten‿deckel** [*Trenn.* ...dek|kel], **...grab; kisten|wei|se**
Ki|sua|he|li, Ki|swa|hi|li, Swa|hi|li, das; -[s] (Suahelisprache)
Kit|fuchs *vgl.* Kittfuchs
Ki|tha|ra, die; -, *Plur.* -s *u.* ...tharen ‹griech.› (altgriech. Saiteninstrument); **Ki|thar|öde,** der; -n, -n; ↑R 197 (altgriech. Zitherspieler u. Sänger)
Ki|thä|ron, der; -s (griech. Gebirge)
Kitsch, der; -[e]s (süßlich-sentimentale, geschmacklose Kunst; geschmacklos gestalteter Gebrauchsgegenstand); **kit|schen** (*landsch. für* zusammenscharren); du kitschst; **kit|schig**
Kitt, der; -[e]s, -e
Kitt|chen, das; -s, - (*ugs. für* Gefängnis)
Kit|tel, der; -s, -; **Kit|tel|schür|ze**
kit|ten
Kitt|fuchs (Fuchs einer nordamerik. Art; Fell dieses Fuchses)
Kitz, das; -es, -e *u.* Kit|ze, die; -, -n (Junges von Reh, Gemse, Ziege)
Kitz|bü|hel (österr. Stadt)
Kitz|chen; Kit|ze *vgl.* Kitz
Kit|zel, der; -s, - *Plur. selten;* **kitze|lig,** kitz|lig; **kit|zeln;** ich ...[e]le (↑R 22)
Kitz|lein
Kitz|ler (*für* Klitoris)
kitz|lig *vgl.* kitzelig
[1]**Ki|wi,** der; -s, -s ‹maorisch› (ein flugunfähiger Laufvogel in Neuseeland)
[2]**Ki|wi,** die; -, -s (eine exotische Frucht)
kJ = Kilojoule
k. J. = künftigen Jahres
Kjök|ken|möd|din|ger *vgl.* Kökkenmöddinger
k. k. = kaiserlich-königlich (im ehem. österr. Reichsteil von Österreich-Ungarn für alle Behörden); *vgl.* kaiserlich; *vgl.* k. u. k.; **K. K.** = Kaiserlich-Königlich; *vgl.* kaiserlich
KKW = Kernkraftwerk
kl = Kiloliter
Kl. = Klasse, *österr. auch* = Klappe (*für* Telefonnebenstelle, Apparat)
Kl.-8° = Kleinoktav
kla|ba|stern (*landsch. für* schwerfällig gehen); ich ...ere (↑R 22)
Kla|bau|ter|mann, der; -[e]s, ...männer (ein Schiffskobold)
klack!; klack, klack!; **klacken** [*Trenn.* klak|ken] (klack machen); **klackern** [*Trenn.* klakkern] (*landsch. für* gluckern *u.* klecksen); ich ...ere (↑R 22); **klacks!; Klacks,** der; -es, -e (*ugs. für* kleine Menge; klatschendes Geräusch)
Klad|de, die; -, -n (*landsch. für* Schmierheft; Geschäftsbuch)
Klad|de|ra|datsch [*auch* ...'datʃ], der; -[e]s, -e (*ugs. für* Durcheinander nach einem Zusammenbruch; Skandal, Aufregung)
Kla|do|ze|re, die; -, -n *meist Plur.* (*Zool.* Wasserfloh)
klaf|fen; kläf|fen; Kläf|fer (*ugs. abwertend);* **Klaff|mu|schel**
Klaf|ter, der *od.* das; -s, -, *selten* die; -, -n (altes Längen-, Raummaß); 5 - Holz (↑R 128 f.); **Klafter|holz,** das; -es; **klaf|ter|lang;** -er Riß, aber: 3 Klafter lang; **klaf|tern;** ich ...ere (↑R 22) Holz (schichte es auf); **klaf|ter|tief**
klag|bar *(Rechtsspr.);* - werden; **Klag|bar|keit,** die; - *(Rechtsspr.);* **Kla|ge,** die; -, -n; **Kla|ge|geschrei,** Klag|ge|schrei; **Kla|ge‿laut, ...lied, ...mau|er** (Überreste des Tempels in Jerusalem); **klagen**
Kla|gen|furt (Hptst. von Kärnten)
Kla|ge|punkt; Klä|ger; Klag|erhe|bung *(BGB);* **Klä|ge|rin; klä|ge|risch; klä|ge|ri|scher|seits** *(Rechtsspr.);* **Klä|ger|schaft** *(bes. schweiz.);* **Kla|ge‿schrift, ...weg; Klag|ge|schrei** *vgl.* Klagegeschrei; **kläg|lich; Kläg|lich|keit,** die; -; **klag|los**
Klai|pe|da (Hafenstadt in Litauen; *vgl.* [2]Memel)
Kla|mauk, der; -s (*ugs. für* Lärm; Ulk)
klamm (feucht; steif [vor Kälte]); -e Finger; **Klamm,** die; -, -en (Felsenschlucht [mit Wasserlauf]); **Klam|mer,** die; -, -n; **Klam|mer‿af|fe, ...beu|tel; Klämmer|chen; klam|mern;** ich ...ere (↑R 22); sich an etw. *od.* jmdn. -; **klamm|heim|lich** (*ugs. für* ganz heimlich)
Kla|mot|te, die; -, -n (*ugs. für* [Gesteins]brocken; minderwertiges [Theater]stück; *meist Plur.:* [alte] Kleidungsstücke)
Klam|pe, die; -, -n (*Seemannsspr.* Holz- od. Metallstück zum Festmachen der Taue); **Klamp|fe,** die; -, -n (*volkstüml. für* Gitarre; *österr. für* Bauklammer)
kla|mü|sern (*nordd. ugs. für* nachsinnen); ich ...ere (↑R 22)
Klan (*eindeutschend für* Clan)
klan|de|stin ‹lat.› (*veraltet für* heimlich); -e Ehe (nicht nach kanon. Vorschrift geschlossene Ehe)
klang!; kling, klang!; **Klang,** der; -[e]s, Klänge; **Klang‿ef|fekt, ...far|be, ...fül|le, ...kör|per; klang|lich; klang|los; Klangschön|heit,** die; -; **klang|voll; Klang|wir|kung**
Klapf, der; -s, Kläpfe (*südd., schweiz. mdal. für* Knall, Schlag, Ohrfeige); **kläp|fen** (*südd., schweiz. mdal. für* knallen, schlagen)
Kla|po|tetz, der; -es, -e (*südösterr.;* ein Windrad)
klapp!; klipp, klapp!; **klapp|bar; Klapp|bett; Klap|pe,** die; -, -n (*österr. auch für* Nebenstelle eines Telefonanschlusses, *svw.* Apparat); **klap|pen; Klap|pen‿fehler** (*kurz für* Herzklappenfehler), **...horn** (*Plur.* ...hörner; ein älteres Musikinstrument), **...text** *(Buchw.);* **Klap|per,** die; -, -n; **klap|per|dürr; klap|pe|rig,** klapp|rig; **Klap|per‿ka|sten, ...ki|ste** (*ugs. für* altes Auto, alte Schreibmaschine u. a.); **klappern;** ich ...ere (↑R 22); **Klap|per‿schlan|ge, ...storch** *(Kinderspr.);* **Klapp‿fahr|rad, ...fenster; Klapp|horn|vers** (Scherzvers in Form eines Vierzeilers, beginnend mit: Zwei Knaben

...); **Klapp‿hut** (der), **...lei|ter** (die), **...lie|ge, ...mes|ser** (das), **...rad; klapp|rig** *vgl.* klapperig; **Klapp‿ses|sel, ...sitz, ...stuhl, ...stul|le** *(landsch.),* **...tisch, ...ver|deck**

Klaps, der; -es, -e; **Kläps|chen; klap|sen; klap|sig** (*ugs. für* leicht verrückt); **Klaps‿mann** (*Plur.* ...männer; *ugs. für* leicht Verrückter), **...müh|le** (*ugs. für* Nervenheilanstalt)

klar; -er, -ste; (↑R 65:) ich bin mir über etwas im -en; klar Schiff! (seemänn. Kommando). *In Verbindung mit Verben* (↑R 205 f.): **I.** *Getrenntschreibung, wenn* „klar" *im urspr. Sinne gebraucht ist,* z. B. klar sein, klar werden (auch vom Wetter), etwas klar (deutlich) sehen. **II.** *Zusammenschreibung, wenn ein neuer Begriff entsteht,* z. B. klargehen, klarkommen, klarlegen, klarmachen, klarsehen, klarstellen, klarwerden; **Klar** *vgl.* Eiklar

Kla|ra (w. Vorn.)

Klär|an|la|ge; Klar|ap|fel; Klär-becken [*Trenn.* ...bek|ken]; **Klar-blick; klar|blickend** [*Trenn.* ...blik|kend]; ein -er Mann

Klär|chen (w. Vorn.)

klar|den|kend; ein -er Mann; **Kla-re,** der; -n, -n; ↑R 7 ff. (Schnaps); **klä|ren**

Kla|rett, der; -s, -s ‹franz.› (gewürzter Rotwein)

klar|ge|hen; ↑R 205 (*ugs. für* reibungslos ablaufen); es ist alles klargegangen; **Klar|heit** *Plur. selten*

kla|rie|ren ‹lat.› (beim Ein- u. Auslaufen eines Schiffes die Zollformalitäten erledigen); ein Schiff -

Kla|ri|net|te, die; -, -n ‹ital.(-franz.)› (ein Holzblasinstrument); **Kla|ri|net|tist,** der; -en, -en; ↑R 197 (Klarinettenbläser); **Kla|ri|net|ti|stin**

Kla|ris|sa (w. Vorn.); **Kla|ris|sen-or|den,** der; -s *(kath. Kirche);* **Kla|ris|sin** (Angehörige des Klarissenordens)

klar|kom|men; ↑R 205 (*ugs. für* zurechtkommen); ich bin damit, mit ihm klargekommen; **klar|le-gen;** ↑R 205 (erklären); er hat ihm den Vorgang klargelegt; **klär|lich** (*veraltet für* klar, deutlich); **klar|ma|chen;** ↑R 205 (deutlich machen; [Schiff] fahr-, gefechtsbereit machen); er hat ihm den Vorgang klargemacht; das Schiff hat klargemacht; **Klär-mit|tel,** das; **Klar|schiff,** das; -[e]s (*Seemannsspr.* Gefechtsbereitschaft); **Klär|schlamm; Klar-schrift|le|ser** (EDV-Eingabegerät, das Daten in lesbarer Form verarbeitet); **klar|se|hen;** ↑R 205 (*ugs. für* etwas völlig verstehen; Bescheid wissen); er hat in dieser Sache sofort klargesehen; *vgl.* klar; **Klar|sicht‿do|se, ...fo-lie; klar|sich|tig; Klar|sicht-packung** [*Trenn.* ...pak|kung]; **klar|stel|len;** ↑R 205 (Irrtümer beseitigen); er hat das Mißverständnis klargestellt; **Klar|stel-lung; Klar|text,** der (entzifferter [dechiffrierter] Text); **Klä|rung; klar|wer|den;** ↑R 205 (verständlich, einsichtig werden); sich -; ihm ist sein Irrtum klargeworden; ich bin mir über vieles klargeworden; wenn ihm das klar wird; *vgl.* klar

Klas (m. Vorn.)

Klaß... (*südd. in Zusammensetzungen für* Klassen... [= Schulklasse], z. B. Klaßlehrer); **klas|se** (*ugs. für* hervorragend, großartig); ein - Auto; er hat - gespielt; das finde ich - (*auch* Klasse; *vgl. d.*); er ist, das ist, wird - (*auch* Klasse; *vgl. d.*); **Klas|se,** die; -, -n ‹lat.(-franz.)› (*Abk.* Kl.); jmd. *od.* etwas ist - (*auch* klasse; *vgl. d.*), ist ganz große - (*ugs. für* ist großartig, hervorragend); **Klas-se|lei|stung** *(ugs.);* **Klas|se|ment** [...'mã:, *schweiz.* ...'mɛnt], das; -s, -s ‹franz.› (Einreihung; Reihenfolge); **Klas|sen‿ar|beit, ...auf-satz, ...be|wußt|sein; klas|sen-bil|dend; Klas|sen‿buch, ...ge-sell|schaft, ...haß, ...in|ter|es|se, ...ju|stiz, ...ka|me|rad, ...kampf, ...leh|rer, ...lei|ter** (der); **klas-sen|los;** -e Gesellschaft; **Klas-sen‿lot|te|rie, ...sie|ger** *(Sport),* **...spre|cher, ...staat, ...tref|fen, ...vor|stand** (*österr. für* Klassenlehrer), **...wahl|recht; klas|sen-wei|se; Klas|sen‿ziel, ...zim-mer; klas|sie|ren** (in ein gegebenes System einordnen; *Bergmannsspr.* nach der Größe trennen); **Klas|sie|rung; Klas|si-fi|ka|ti|on,** die; -, -en (*vgl.* Klassifizierung); **klas|si|fi|zie|ren; Klas|si|fi|zie|rung** (Einteilung, Einordnung [in Klassen]); **...klas|sig** (z. B. erst-, zweitklassig); **Klas|sik,** die; - (Epoche kultureller Höchstleistungen u. ihre mustergültigen Werke); **Klas|si-ker** (maßgebender Künstler od. Schriftsteller [bes. der antiken u. der dt. Klassik]); **Klas|si|ke|rin; klas|sisch** (mustergültig; vorbildlich; die Klassik betreffend; typisch, bezeichnend; herkömmlich, traditionell); -es Theater; -e Philologie; -e Sprachen; -er Jazz; -er Blues *(Jazz);* **Klas|si-zis|mus,** der; - (die Klassik nachahmende Stilrichtung, bes. der Stil um 1800); **klas|si|zi|stisch; Klas|si|zi|tät,** die; - (Mustergültigkeit); **...kläß|ler** (z. B. Erst-, Zweitkläßler)

kla|stisch ‹griech.› *(Geol.);* -es Gestein (Trümmergestein)

Kla|ter, der; -s, -n (*nordd. für* Lumpen, zerrissenes Kleid; *nur Sing.:* Schmutz); **kla|te|rig, klat-rig** (*nordd. für* schmutzig; schlimm, bedenklich; elend)

klatsch!; klitsch, klatsch!; **Klatsch,** der; -[e]s, -e (*ugs. auch für* Rederei, Geschwätz); **Klatsch|ba|se** *(ugs. abwertend);* **Klat|sche,** die; -, -n (*kurz für* Fliegenklatsche; Klatschbase); **klat|schen;** du klatschst; Beifall -; **klat|sche|naß** *vgl.* klatschnaß; **Klat|scher; Klat|sche|rei** *(ugs.);* **Klat|sche|rin; klatsch|haft** *(ugs.);* -este; **Klatsch|haf|tig|keit,** die; -; **Klatsch‿ko|lum|nist, ...maul** (*ugs. abwertend für* geschwätzige Person), **...mohn** (der; -[e]s); **klatsch|naß** (*ugs. für* völlig durchnäßt); **Klatsch|nest** (*ugs. für* kleiner Ort, in dem viel geklatscht wird); **Klatsch‿spal-te, ...sucht** (die; -); **klatsch-süch|tig; Klatsch‿tan|te** *(ugs. abwertend),* **...weib** *(ugs. abwertend)*

Klau, die; -, -en (*nordd. für* gabelförmiges Ende der Gaffel)

Klaub|ar|beit (*Bergmannsspr.* das Sondern des haltigen u. tauben Gesteins, der Steine aus der Kohle); **klau|ben** (sondern; mit Mühe heraussuchen; *österr. für* pflücken, sammeln); **Klau|ber; Klau|be|rei**

Klau|dia *vgl.* Claudia; **Klau|di|ne** *vgl.* Claudine

Klaue, die; -, -n; **klau|en** (*ugs. für* stehlen); **Klau|en|seu|che,** die; -; Maul- u. Klauenseuche (↑R 32); **...klau|ig** (z. B. scharfklauig)

Klaus (m. Vorn.)

Klau|se, die; -, -n ‹lat.› (Klosterzelle, Einsiedelei; Talenge); **Klau|sel,** die; -, -n (Nebenbestimmung; Einschränkung, Vorbehalt)

Klau|sen|paß, der; ...passes (ein Alpenpaß)

Klaus|ner ‹lat.› (Bewohner einer Klause, Einsiedler); **Klau|stro-pho|bie,** die; -, ...ien ‹lat.; griech.› (*Psych.* krankhafte Angst vor dem Aufenthalt in geschlossenen Räumen); **Klau|sur,** die; -, -en ‹lat.› (abgeschlossener Gebäudeteil [im Kloster]; *svw.* Klausurarbeit); **Klau|sur‿ar|beit** (Prüfungsarbeit in einem abgeschlossenen Raum), **...ta|gung** (geschlossene Tagung)

Kla|via|tur [...v...], die; -, -en ‹lat.› (Tasten [eines Klaviers], Tastbrett); **Kla|vi|chord** [...vi'kɔrt], das; -[e]s, -e ‹lat.; griech.› (altes Tasteninstrument); **Kla|vier** [...v...], das; -s, -e ‹franz.›; - spielen (↑R 207); *vgl.* Wohltemperiertes Klavier; **Kla|vier‿abend, ...aus|zug, ...be|glei|tung; kla|vie|ren** (*ugs. für* an etwas herumfingern); **kla|vie|ri|stisch** (der Technik des Klavierspiels entsprechend); **Kla|vier‿kon|zert, ...leh|rer, ...so|na|te, ...spiel, ...spie|ler, ...stim|mer, ...stuhl, ...stun|de, ...un|ter|richt; Kla|vi|kel** [...v...], das; -s, - ‹lat.› (*veraltet für* Schlüsselbein); **Kla|vi|ku|la,** die; -, ...lä *u. med. fachspr.* Cla|vi|cu|la, die; -, ...lae [...lɛ] (Schlüsselbein); **kla|vi|ku|lar** (das Schlüsselbein betreffend); **Kla|vi|zim|bel** *svw.* Clavicembalo

Kle|be, die; - (*ugs. für* Klebstoff); **Kle|be|bin|dung** *(Buchw.);* **Kle|be|mit|tel,** Kleb|mit|tel, das; **kle|ben;** *vgl.* festkleben; **kle|ben|blei|ben;** ↑R 205 (*ugs. auch für* sitzenbleiben [in der Schule]); ich bleibe kleben; klebengeblieben; klebenzubleiben; **Kle|ber** (*auch* Bestandteil des Getreideeiweißes); **Kle|be|strei|fen** *vgl.* Klebstreifen; **Kleb|mit|tel** *vgl.* Klebemittel; **kleb|rig; Kleb|rig|keit,** die; -; **Kleb|stoff; Kleb|strei|fen,** Kle|be|strei|fen; **Kle|bung**

[1]**klecken**[1] (*landsch. für* ausreichen; vonstatten gehen); es kleckt

[2]**klecken**[1] (*landsch. für* geräuschvoll fallen [von Flüssigkeiten]); **Klecker‿be|trag**[1] *(ugs.),* **...frit|ze**[1] *(ugs.);* **kleckern**[1] (*ugs. für* beim Essen od. Trinken Flecke machen, sich beschmutzen); ich ...ere (↑R 22); *vgl.* [2]klotzen; **klecker|wei|se**[1] (*ugs. für* mehrmals in kleinen Mengen); **Klecks,** der; -es, -e; **kleck|sen** (Kleckse machen); **Kleck|ser; Kleck|se|rei; kleck|sig; Kleck|so|gra|phie,** die; -, ...ien (Tintenklecksbild für psycholog. Tests)

Kle|da|ge [...'da:ʒə], **Kle|da|sche,** die; -, -n *Plur. selten* (*nordd. für* Kleidung)

[1]**Klee** (dt. Maler)

[2]**Klee,** der; -s; **Klee|blatt; Klee-Ein|saat,** die; -, -en (↑R 36); **Klee-Ern|te,** die; -, -n (↑R 36); **Klee‿gras** (mit Klee vermischtes Gras), **...salz** (das; -es; ein Fleckenbeseitigungsmittel)

Klei, der; -[e]s (*landsch. für* fetter, zäher Boden); **klei|ben** (*landsch. für* kleben[bleiben]); **Klei|ber** (ein Vogel; *landsch. für* Klebstoff); **Klei|bo|den** *(landsch.)*

Kleid, das; -[e]s, -er; **Kleid|chen; klei|den;** sich -; es kleidet mich gut usw.; **Klei|der‿bad, ...bü|gel, ...bür|ste; Klei|der|chen** *Plur.;* **Klei|der‿ha|ken, ...kam|mer** *(bes. Milit.),* **...ka|sten** (*südd., österr., schweiz. für* Kleiderschrank), **...ma|cher** (*österr., sonst veraltet für* Schneider), **...mot|te, ...re|chen** (*österr. für* Kleiderhaken), **...schrank, ...stän|der, ...stoff; kleid|sam; Kleid|sam|keit,** die; -; **Klei|dung** *Plur. selten;* **Klei|dungs|stück**

Kleie, die; -, -n (Abfallprodukt beim Mahlen von Getreide); **Klei|en|brot; klei|ig** (von Klei od. Kleie)

klein; -er, -ste; kleiner als (*Math.; Zeichen* <); kleiner[e]nteils. **I.** *Kleinschreibung:* **a)** (↑R 65:) im kleinen verkaufen; die Gemeinde ist ein Staat im kleinen; groß u. klein; von klein auf; ein klein wenig; um ein kleines (wenig); ein kleines (wenig) abhandeln; über ein kleines (*veraltet für* bald); bei kleinem (*nordd. für* allmählich); am kleinsten; bis ins kleinste (sehr eingehend); **b)** (↑R 157:) die kleine Anfrage (im Parlament); das Schiff macht kleine Fahrt *(Seemannsspr.);* das sind kleine Fische (*ugs. für* Kleinigkeiten); der kleine Grenzverkehr; das kleine Latinum; er ist kleiner Leute Kind; das Auto für den kleinen Mann. **II.** *Großschreibung:* **a)** (↑R 65:) Kleine u. Große; die Kleinen u. die Großen; die Kleinen (Kinder); die Kleine (junges Mädchen); meine Kleine *(ugs.);* im Kleinen genau; im Kleinen wie im Großen treu sein; vom Kleinen auf das Große schließen; es ist mir ein Kleines (eine kleine Mühe), dies zu tun; **b)** (↑R 65:) etwas, nichts, viel, wenig Kleines; **c)** (↑R 133 *u.* 157:) Pippin der Kleine; Klein Dora, Klein Udo; Klein Erna, Klein Roland; der Kleine Bär, der Kleine Wagen *(Astron.);* die Kleine Strafkammer; **d)** (↑R 146:) Kleiner Belt; Kleines Walsertal; Kleine Sundainseln. **III.** *Schreibung in Verbindung mit Verben* (↑R 205 f.): klein sein, werden; die Kosten klein (niedrig) halten; sich klein machen (um in etwas hineinzukommen); klein beigeben (nachgeben); klein (mit kleinem Anfangsbuchstaben) schreiben; kurz u. klein schlagen; *vgl.* a b e r: kleinbekommen, kleinhacken, kleinkriegen, kleinmachen, kleinschneiden, kleinschreiben. **IV.** *Über die Schreibung in Straßennamen* ↑R 189 *u.* ↑R 191; **Klein,** das; -s (*kurz für* Gänseklein o. ä.); **Klein‿ak|tio|när, ...an|zei|ge, ...ar|beit; klein|asia|tisch; Klein|asi|en** [...iən] (↑R 152); **Klein|bahn; klein|be|kom|men;** ↑R 205 (*svw.* kleinkriegen); **Klein‿be|trieb; Klein|bild|ka|me|ra; Klein‿buch|sta|be, ...bür|ger; klein|bür|ger|lich; Klein‿bür|ger|tum, ...bus; Klein|chen** (kleines Kind); **klein|den|kend; Klei|ne,** der, die, das; -n, -n; ↑R 7 ff.; **Klei|ne|leu|te|mi|lieu; Klein|emp|fän|ger** (ein Rundfunkgerät); **klei|ne|ren|teils, klei|nern|teils; Klein‿fa|mi|lie, ...feld** *(Sport),* **...for|mat, ...gar|ten, ...gärt|ner, ...ge|bäck; klein|ge|druckt;** -e Anmerkungen; **Klein|ge|druck|te,** das; -n; **Klein‿geist** *(abwertend),* **...geld** (das; -[e]s); **klein|ge|mu|stert; klein|ge|wach|sen; klein|gläu|big; Klein|gläu|big|keit,** die; -; **klein|hacken** [*Trenn.* ...hak|ken]; ↑R 205 (zerkleinern); **Klein‿han|del** (*vgl.* [1]Handel), **...häus|ler** (*österr. für* Kleinbauer); **Klein|heit,** die; -; **klein|her|zig; Klein‿hirn, ...holz; Klei|nig|keit; Klei|nig|keits|krä|mer** *(abwertend);* **Klein|ka|li|ber|schie|ßen,** das; -s; **klein|ka|li|brig; klein|ka|riert** (*übertr. auch für* engherzig, engstirnig); **Klein|kat|ze** (z. B. Luchs, Wildkatze); **Klein|kind; Klein|kleckers|dorf** [*Trenn.* ...klek|kers...] (*ugs. für* unbedeutender Ort); **Klein‿kli|ma** *(Meteor.),* **...kraft|rad, ...kraft|wa|gen, ...kram** (der; -[e]s), **...krieg; klein|krie|gen;** ↑R 205 (*ugs. für* zerkleinern; aufbrauchen; gefügig machen); ich kriege klein; kleingekriegt; kleinzukriegen; **Klein|kunst,** die; -; **Klein|kunst|büh|ne; klein|laut; klein|lich; Klein|lich|keit; klein|ma|chen;** ↑R 205 (zerkleinern; *ugs. für* aufbrauchen, durchbringen; wechseln; erniedrigen); **klein|maß|stä|big, klein|maß|stäb|lich; Klein‿mö|bel, ...mut** (der; -[e]s); **klein|mü|tig; Klein|mü|tig|keit,** die; -; **Klein|od,** das; -[e]s, *Plur.* (*für* Kostbarkeit:) -e, (*für* Schmuckstück:) ...odien [...iən]; **Klein|ok|tav,** das; -s (*Abk.* Kl.-8°); **Klein-Pa|ris;** ↑R 154 (*Bez. für* Leipzig); **Klein‿rech|ner, ...rent|ner; klein|schnei|den;** ↑R 205 (zerkleinern); ich schneide klein; kleingeschnitten; kleinzuschneiden; **klein|schrei|ben;** ↑R 205 (*ugs. für* nicht beachten, nicht wichtig nehmen); Demokratie wird in diesem Betrieb kleingeschrieben; *vgl.* a b e r: klein, III; **Klein‿schrei|bung, ...sied|lung, ...staat** (*Plur.* ...staaten); **Klein|staa|te|rei,** die; -; **Klein‿stadt, ...städ|ter; klein-**

[1] *Trenn.* ...k|k...

städ|tisch; -ste; **Kleinst‿be|trag, ...kind, ...le|be|we|sen; kleinst|mög|lich,** *dafür besser:* möglichst klein; *falsch:* kleinstmöglichst; **Klein|tier|zucht; Klein‿trans|por|ter, ...vieh, ...wa|gen; klein‿weis** (*österr. ugs. für* im kleinen, nach und nach), **...win|zig; Klein|woh|nung; Klein|wüch|si|ge,** der *u.* die (↑R 7)

Kleio *vgl.* Klio

Kleist (dt. Dichter)

Klei|ster, der; -s, -; **klei|ste|rig,** kleist|rig; **klei|stern;** ich ...ere (↑R 22); **Klei|ster|topf**

klei|sto|gam ‹griech.› (*Bot.* selbstbestäubend, selbstbefruchtend); **Klei|sto|ga|mie,** die; -

kleist|rig *vgl.* kleisterig

Kle|ma|tis [*auch* ...'ma:tis], die; -, - ‹griech.› (Waldrebe, eine Kletterpflanze)

Kle|mens, Kle|men|tia, [1]Kle|men|ti|ne *vgl.* Clemens, Clementia, [1]Clementine

[2]Kle|men|ti|ne, die; -, -n ‹vermutl. nach dem franz. Trappistenmönch Père Clément› (kernlose Sorte der Mandarine)

Klemmappe [*Trenn.* Klemm|mappe; ↑R 204]; **Klem|me,** die; -, -n (*ugs. auch für* Notlage, Verlegenheit); **klem|men; Klem|mer** (*landsch. für* Kneifer, Zwicker); **klem|mig** (*Bergmannsspr.* fest [vom Gestein]); **Klemm|schrau|be**

klem|pern (*veraltet für* Blech hämmern; lärmen); ich ...ere (↑R 22); **Klemp|ner** (Blechschmied); **Klemp|ne|rei; Klemp|ner|la|den** (*ugs. für* viele Orden u. Ehrenzeichen auf der Brust); **Klemp|ner|mei|ster; klemp|nern** (Klempnerarbeiten ausführen); ich ...ere (↑R 22); **Klemp|ner|werk|statt**

Kleng|an|stalt (Darre zur Gewinnung von Nadelholzsamen); **klen|gen** (Nadelholzsamen gewinnen)

Kleo|pa|tra (ägypt. Königin)

[1]Klep|per, der; -s, - (*ugs. für* ausgemergeltes Pferd)

[2]Klep|per (Wz); **Klep|per|boot;** ↑R 135 (Faltboot); **Klep|per|man|tel;** ↑R 135 (wasser-, winddichter Mantel)

Klep|to|ma|ne, der; -n, -n (↑R 197) ‹griech.› (an Kleptomanie Leidender); **Klep|to|ma|nie,** die; - (krankhafter Trieb zum Stehlen); **Klep|to|ma|nin; klep|to|ma|nisch**

kle|ri|kal ‹griech.› (die Geistlichkeit betreffend; [streng] kirchlich [gesinnt]); **Kle|ri|ka|lis|mus,** der; - (überstarker Einfluß des Klerus auf Staat u. Gesellschaft); **Kle|ri|ker** (kath. Geistlicher); **Kle|ri|sei,** die; - (*veraltet für* Klerus); **Kle|rus,** der; - (kath. Geistlichkeit, Priesterschaft)

Klet|te, die; -, -n; **Klet|ten[|haft]|ver|schluß** ‹zum (Wz) „Kletten"› (*svw.* Klettverschluß); **Klet|ten|wur|zel|öl,** das; -[e]s

Klet|te|rei; Klet|te|rer; Klet|ter‿farn, ...ge|rüst, ...max (der; -es, -e) *od.* **...ma|xe** (der; -n, -n; *ugs. für* Einsteigdieb, Fassadenkletterer); **klet|tern;** ich ...ere (↑R 22); **Klet|ter‿par|tie, ...pflan|ze, ...ro|se, ...schuh, ...seil, ...stan|ge, ...tour**

Klett|ver|schluß ‹*zu* Klette› (Haftverschluß, z. B. an Schuhen)

Klet|ze, die; -, -n (*österr. für* getrocknete Birne); **Klet|zen|brot**

Kle|ve [...v...] (Stadt im westl. Niederrheinischen Tiefland); **Kle|ver** (↑R 147); **kle|visch**

Kle|wi|an (*Kurzw. für* kleine Windanlage [zur Stromerzeugung])

klick!; Klick, der; -s, -s *meist Plur.* ‹engl.› (*Sprachw.* Schnalzlaut); **klicken**[1] (einen dünnen, kurzen Ton von sich geben)

Klicker[1], der; -s, - (*landsch. für* Ton-, Steinkügelchen zum Spielen); **klickern**[1]; ich ...ere (↑R 22)

klie|ben (*veraltet, aber noch landsch. für* [sich] spalten); du klobst *u.* kliebtest; du klöbest *u.* kliebtest; gekloben *u.* gekliebt; klieb[e]!

Kli|ent, der; -en, -en (↑R 197) ‹lat.› (Auftraggeber [eines Rechtsanwaltes]); **Kli|en|tel** [kliɛn...], die; -, -en (Auftraggeberkreis [eines Rechtsanwaltes]); **Kli|en|tel|le,** die; -, -n (*schweiz. svw.* Klientel); **Kli|en|tin**

klie|ren (*landsch. für* unsauber, schlecht schreiben)

Klie|sche, die; -, -n (*Zool.* eine Schollenart)

Kliff, das; -[e]s, -e (*bes. nordd. für* steiler Abfall einer [felsigen] Küste)

Kli|ma, das; -s, *Plur.* -s *u. fachspr.* ...ma|te ‹griech.› (Gesamtheit der meteorol. Erscheinungen in einem best. Gebiet); **Kli|ma‿än|de|rung, ...an|la|ge** (↑R 36), **...fak|tor** (*meist Plur.*), **...kam|mer** (Raum, in dem zu Versuchs- u. Heilzwecken ein Klima künstlich erzeugt wird); **kli|mak|te|risch** (das Klimakterium betreffend); -e Jahre (Wechseljahre); **Kli|mak|te|ri|um,** das; -s (*Med.* Wechseljahre der Frau); **Kli|ma|schwan|kung; kli|ma|tisch;** -e Bedingungen; **kli|ma|ti|sie|ren** (eine Klimaanlage einbauen; die Frischluftzufuhr, Temperatur u. Luftfeuchtigkeit in geschlossenen Räumen automatisch regeln); **Kli|ma|ti|sie|rung; Kli|ma|to|lo|gie,** die; - (Lehre vom Klima); **Kli|ma|wech|sel; Kli|max,** die; -, -e *Plur. selten* (Steigerung; Höhepunkt; *auch für* Klimakterium)

Klim|bim, der; -s (*ugs. für* überflüssige Aufregung; lautes Treiben; unnützes, unwichtiges Beiwerk)

Klim|me, die; -, -n (eine Kletterpflanze); **klim|men** (klettern); du klommst (*auch* klimmtest); du klömmest (*auch* klimmtest); geklommen (*auch* geklimmt); klimm[e]!; **Klimm|zug** (eine Turnübung)

Klim|pe|rei (*ugs.*); **Klim|per|ka|sten** (*ugs. scherzh. für* Klavier)

klim|per|klein (*landsch. für* sehr klein)

klim|pern (klingen lassen, z. B. mit Geld -; *ugs. für* [schlecht] auf dem Klavier, der Gitarre o. ä. spielen); ich ...ere (↑R 22)

Klimt (österr. Maler)

kling!; kling, klang!

Klin|ge, die; -, -n

Klin|gel, die; -, -n; **Klin|gel‿beu|tel, ...draht; Klin|ge|lei** (*ugs*); **Klin|gel|gang|ster** [...gɛŋstər] (*ugs. für* Verbrecher, der an der Wohnungstür klingelt, den Öffnenden überfällt und in die Wohnung eindringt); **Klin|gel|knopf; klin|geln;** ich ...[e]le (↑R 22); **Klin|gel‿zei|chen, ...zug**

klin|gen; du klangst; es klang; es klänge; geklungen; kling[e]!; **kling, klang!; Kling|klang,** der; -[e]s; **kling|ling!**

Kling|sor, *bei Novalis* **Kling|sohr** (Name eines sagenhaften Zauberers)

Kli|nik, die; -, -en ‹griech.› ([Spezial]krankenhaus; *nur Sing.:* prakt. medizin. Unterricht am Krankenbett); **Kli|ni|ker** (in einer Klinik tätiger Arzt od. Medizinstudent); **Kli|ni|kum,** das; -s, *Plur.* ...ka *u.* ...ken (Komplex von Kliniken; *nur Sing.:* Hauptteil der ärztlichen Ausbildung); **kli|nisch**

Klin|ke, die; -, -n; **klin|ken; Klin|ken|put|zer** (*ugs. für* Vertreter; Bettler)

Klin|ker, der; -s, - (bes. hart gebrannter Ziegel); **Klin|ker‿bau** (*Plur.* ...bauten), **...boot** (mit ziegelartig übereinandergreifenden Planken), **...stein**

Kli|no|chlor, das; -s, *Plur. (Sorten:)* -e ‹griech.› (ein Mineral); **Kli|no|me|ter,** das; -s, - (Neigungsmesser); **Kli|no|mo|bil,** das; -s, -e ‹griech.; lat.› (Notarztwagen mit klinischer Ausrüstung); **Kli|no|stat** [...st...], der;

[1] *Trenn.* ...k|k...

Gen. -[e]s *u.* -en, *Plur.* -e[n]; ↑R 197 (Apparatur für Pflanzenversuche)

Klin|se, Klin|ze, Klun|se, die; -, -n (*landsch. für* Ritze, Spalte)

Klio (Muse der Geschichte)

klipp!; klipp, klapp!; klipp u. klar (*ugs. für* ganz deutlich, unmißverständlich)

Klipp, der; -s, -s ‹engl.› (Klemme; Schmuckstück [am Ohr])

Klip|pe, die; -, -n

klip|pen (*landsch. für* hell tönen)

Klip|pen|rand; klip|pen|reich

Klip|per, der; -s, - ‹engl.› (*früher* schnelles Segelschiff); *vgl.* aber: Clipper

Klipp|fisch (luftgetrockneter Kabeljau od. Schellfisch)

klipp, klapp!

Klipp|kram (*veraltet für* Trödel-, Kleinkram)

Klipp|schlie|fer (mit den Huftieren verwandtes, einem Murmeltier ähnliches afrikan. Säugetier)

Klipp|schu|le (*landsch. u. abwertend für* Elementarschule)

Klips, der; -es, -e ‹engl.› (*svw.* Klipp [Schmuckstück])

klirr!; klir|ren; Klirr|fak|tor

Kli|schee, das; -s, -s ‹franz.› (Druckstock; Abklatsch; eingefahrene Vorstellung); **kli|schee|haft; Kli|schee_vor|stel|lung, ...wort** (*Plur.* ...wörter); **kli|schie|ren** (ein Klischee anfertigen); **Kli|scho|graph,** der; -en, -en (↑R 197) ‹franz.; griech.› (eine elektr. Graviermaschine)

Kli|stier, das; -s, -e ‹griech.› (Einlauf); **kli|stie|ren** (einen Einlauf geben); **Kli|stier|sprit|ze**

Kli|to|ris, die; -, *Plur.* - *u.* ...orides [...de:s] ‹griech.› (*Med.* Teil der weibl. Geschlechtsorgane)

klitsch!; klitsch, klatsch!; **Klitsch,** der; -[e]s, -e (*mitteld. für* Schlag; breiige Masse); **Klit|sche,** die; -, -n (*ugs. für* [ärmliches] Landgut); **klit|schen** *(landsch.)*; **klit|sche|naß** *vgl.* klitschnaß; **klit|schig** (*landsch. für* feucht und klebrig; unausgebacken); **klitsch, klatsch!; klitsch|naß,** klit|sche|naß *(ugs.)*

klit|tern (*abwertend für* zerstükkeln; *landsch. für* zerkleinern, schmieren); ich ...ere (↑R 22); **Klit|te|rung**

klit|ze|klein (*ugs. für* sehr klein)

Klit|zing-Ef|fekt, der; -[e]s ‹nach dem dt. Physiker Klaus von Klitzing› (ein physikal. Effekt)

Kli|vie [...viə], die; -, -n (*eindeutschend für* Clivia)

KLM = Koninklijke Luchtvaart Maatschappij ['ko:nəŋklәkə 'lyxtfa:rt 'ma:tsxape:] (Kgl. Niederländische Luftfahrtgesellschaft)

Klo, das; -s, -s (*ugs. für* Klosett)

Kloa|ke, die; -, -n ‹lat.› ([unterirdischer] Abwasserkanal; Senkgrube; *Zool.* gemeinsamer Ausgang für Darm-, Harn- u. Geschlechtswege); **Kloa|ken|tier**

Klo|bas|se, Klo|bas|si, die; -, ...sen ‹slaw.› (*österr.* eine Wurstsorte)

Klo|ben, der; -s, - (Eisenhaken; gespaltenes Holzstück; *auch für* unhöflicher, ungehobelter Mensch); **Klö|ben,** der; -s, - (*nordd.* ein Hefegebäck); **klo|big**

Klo|frau ‹*zu* Klo› *(ugs.)*

Klon, der; -s, -e ‹engl.› (durch Klonen entstandenes Lebewesen)

Klon|dike [...daik], der; -[s] (Fluß in Kanada)

klo|nen ‹engl.› (durch künstl. herbeigeführte ungeschlechtl. Vermehrung genet. identische Kopien von Lebewesen herstellen)

klö|nen (*nordd. für* gemütlich plaudern; schwatzen)

klo|nie|ren *vgl.* klonen

klo|nisch ‹griech.› (*Med.* krampfartig); **Klo|nus,** der; -, ...ni (*Med.* krampfartige Zuckungen)

Kloot, der; -[e]s, -en (*nordd. für* Kloß, Kugel); **Kloot|schie|ßen,** das; -s (fries. Eis- od. Rasenspiel [Boßeln])

Klo|pein (Ort in Kärnten); **Klo|pei|ner See,** der; - -s

Klöp|fel, der; -s, - (*veraltet für* Klöppel); **klop|fen; Klop|fer; klopf|fest;** -es Benzin; **Klopf_fe|stig|keit** (die; -), **...peit|sche, ...zei|chen**

Klop|pe, die; - (*nordd., mitteld. für* [2]Prügel); - kriegen; **Klöp|pel,** der; -s, -; **Klöp|pe|lei; Klöp|pel_kis|sen, ...ma|schi|ne; klöp|peln;** ich ...[e]le (↑R 22); **Klöp|pel|spit|ze; klop|pen** (*nordd., mitteld. für* klopfen, schlagen); sich -; **Klop|pe|rei** (*nordd., mitteld. für* längeres Klopfen; Schlägerei); **Klöpp|le|rin; Klops,** der; -es, -e (Fleischkloß)

Klop|stock (dt. Dichter); **klop|stockisch** [*Trenn.* ...stok|kisch], **klop|stocksch,** aber (↑R 134): eine Klopstockische *od.* Klopstocksche Ode

Klo|sett, das; -s, *Plur.* -s, *auch* -e ‹engl.›; **Klo|sett_bür|ste, ...pa|pier, ...schüs|sel**

Kloß, der; -es, Klöße; **Kloß|brü|he; Klöß|chen, Klöß|lein**

Klo|ster, das; -s, Klöster; **Klo|ster_bi|blio|thek, ...bru|der, ...frau, ...gar|ten, ...gut, ...kir|che; klö|ster|lich; Klo|ster_pfor|te, ...re|gel**

Klo|sters (Kurort in Graubünden)

Klo|ster|schu|le

Klö|ten *Plur.* (*nordd. für* Hoden)

Kloth, der; -[e]s, -e (*österr. svw.* Cloth)

Klot|hil|de (w. Vorn.); *vgl.* Chlothilde

Klo|tho ‹griech.› (eine der drei Parzen)

Klotz, der; -es, *Plur.* Klötze, *ugs.* Klötzer; **Klotz|beu|te** (eine Art Bienenstock); **Klötz|chen**

[1]klot|zen (*Textiltechnik* färben [auf der Klotzmaschine])

[2]klot|zen; -, nicht kleckern (*ugs. für* ordentlich zupacken, statt sich mit Kleinigkeiten abzugeben); **klot|zig** (*ugs. auch für* sehr viel)

Klötz|lein

Klub, der; -s, -s ‹engl.› ([geschlossene] Vereinigung, auch deren Räume); **Klub_gar|ni|tur** (Gruppe von [gepolsterten] Sitzmöbeln), **...haus, ...jacke** [*Trenn.* ...jak|ke], **...ka|me|rad, ...mit|glied, ...raum, ...ses|sel, ...zwang** (*österr. für* Fraktionszwang)

[1]Kluft, die; -, -en ‹hebr.-jidd.› (*ugs. für* [alte] Kleidung; Uniform)

[2]Kluft, die; -, Klüfte (Spalte); **kluf|tig** *(selten)*; **klüf|tig** (*Bergbau, sonst veraltet für* zerklüftet)

klug; klüger, klügste; (↑R 65:) der Klügere, Klügste gibt nach, aber: es ist das klügste (am klügsten) nachzugeben; *Schreibung in Verbindung mit Verben* (↑R 205 f.): klug sein, werden; klug (verständig) reden; *vgl.* aber: klugreden; **Klü|ge|lei; klü|geln;** ich ...[e]le (↑R 22); **klu|ger|wei|se,** aber: in kluger Weise; **Klug|heit; Klüg|ler; klüg|lich** *(veraltet)*; **klug|re|den;** ↑R 205 (alles besser wissen wollen); er redet klug; kluggeredet, klugzureden; *vgl.* aber: klug; **Klug|red|ner; klug|schei|ßen** (*derb für* klugreden); **Klug_schei|ßer** *(derb)*, **...schnacker** ([*Trenn.* ...schnak|ker]; *nordd. für* Besserwisser), **...schwät|zer**

Klump, der; -s, *Plur.* -e *u.* Klümpe (*nordd. für* Klumpen); **Klum|patsch,** der; -es (*ugs. für* [ungeordneter, wertloser] Haufen); **Klümp|chen; klum|pen;** der Pudding klumpt; **Klum|pen,** der; -s, -; **klüm|pe|rig,** klümp|rig *(landsch.)*; -er Pudding

Klum|pert *vgl.* Glumpert

Klump|fuß; klump|fü|ßig; klum|pig; Klümp|lein; klümp|rig *vgl.* klümperig

Klün|gel, der; -s, - (*abwertend für* Gruppe, die Vettern-, Parteiwirtschaft betreibt; Sippschaft, Clique); **Klün|ge|lei** (Vettern-, Parteiwirtschaft); **klün|geln;** ich ...[e]le (↑R 22)

Klu|nia|zen|ser, der; -s, - (↑R 180)

‹nach dem ostfranz. Kloster Cluny› (Anhänger einer mittelalterl. kirchl. Reformbewegung); **klunia|zen|sisch** (↑R 180)

Klun|ker, die; -, -n *od.* der; -s, - (*landsch. für* Quaste, Troddel; Klümpchen; *ugs. für* Schmuckstein, Juwel); **klun|ke|rig, klunkrig** (*landsch. für* mit Klunkern)

Klun|se *vgl.* Klinse

Klunt|je, das; -s, -s (*nordd. für* weißes Kandiszuckerstück)

Klup|pe, die; -, -n (zangenartiges Meßgerät; *österr. ugs. für* Wäscheklammer); **klup|pen** (*veraltet für* einzwängen); **Klup|perl**, das; -s, - (*bayr. für* Wäscheklammer; *scherzh. für* Finger)

Klus, die; -, -en ‹lat.› (*schweiz. für* schluchtartiges Quertal, Gebirgseinschnitt); **Klü|se**, die; -, -n ‹niederl.› (*Seemannsspr.* Öffnung im Schiffsbug für die Ankerkette); **Klu|sil**, der; -s, -e ‹lat.› (*Sprachw.* Verschlußlaut, z. B. p, t, k, b, d, g)

Klü|ten *Plur.* (*nordd. für* Klumpen)

Klü|ver [...v...], der; -s, - ‹niederl.› (*Seemannsspr.* dreieckiges Vorsegel); **Klü|ver|baum**

Klys|ma, das; -s, ...men ‹griech.› (*Med.* Klistier)

Kly|stron, das; -s, *Plur.* ...one, *auch* -s ‹griech.› (Elektronenröhre zur Erzeugung und Verstärkung von Mikrowellen)

Kly|tä|mne|stra (Gemahlin Agamemnons)

km = Kilometer

k. M. = künftigen Monats

km² = Quadratkilometer

km³ = Kubikkilometer

km/h = Kilometer je Stunde

km-Zahl (↑R 38 *u.* R 83)

kn = Knoten *(Seew.)*

kN = Kilonewton

knab|bern; ich ...ere (↑R 22); *vgl. auch* knappern, knuppern

Kna|be, der; -n, -n (↑R 197); **Knaben|al|ter**, das; -s; **kna|ben|haft**; -este; **Kna|ben|haf|tig|keit**, die; -; **Kna|ben|kraut** (eine zu den Orchideen gehörende Pflanze); **Knäb|lein**

knack!; **Knack**, der; -[e]s, -e (kurzer, harter, heller Ton); **Knäckebrot**[1]; **knacken**[1]; **Knacker**[1] (*ugs. abwertend für* Mann; *landsch. für* Knackwurst); alter -; **knackfrisch**; **Knacki**[1], der; -s, -s (*ugs. für* Vorbestrafter; Gefängnisinsasse); **knackig**[1]; etwas ist -frisch; **Knack_laut, ...man|del, ...punkt** (*ugs. für* entscheidender, problematischer Punkt); **knacks!**; knicks, knacks!; **Knacks**, der; -es, -e (*svw.* Knack; *ugs. auch für* Riß, Schaden); **knack|sen** (knacken); du knackst; **Knack|wurst**

Kna|ge, die; -, -n *u.* **Kna|gen**, der; -s, - (*nordd. für* dreieckige Stütze, Leiste; Winkelstück)

Knäk|en|te (eine Wildente)

Knall, der; -[e]s, -e; - und Fall (*ugs. für* unerwartet, sofort); **Knallbon|bon**; **knall|bunt**; **Knall|effekt** (*ugs. für* große Überraschung); **knal|len**; **Knall|erb|se**; **Knal|le|rei**; **Knall_frosch, ...gas**; **knall|hart** (*ugs. für* sehr hart); **knal|lig** (*ugs. für* grell; sehr, überaus; eng anliegend); **Knallkopp**, der; -s, ...köppe (*ugs. Schimpfwort* verrückter Kerl); **Knall|kör|per**; **knall|rot**

knapp; (↑R 205 f.:) - sein, werden, schneiden usw.; ein knapp sitzender Anzug; *vgl.* aber: knapphalten

Knap|pe, der; -n, -n; ↑R 197 (Bergmann; *früher* noch nicht zum Ritter geschlagener jüngerer Adliger)

knap|pern (*landsch. für* knabbern); ich ...ere (↑R 22)

knapp|hal|ten; ↑R 205 (jmdm. wenig geben); ich habe ihn knappgehalten; **Knapp|heit**, die; -

Knapp|sack (*veraltet für* Reisetasche, Brotsack)

Knapp|schaft (Gesamtheit der Bergarbeiter eines Bergwerks od. Bergreviers); **knapp|schaft|lich**; **Knapp|schafts_kas|se, ...ren|te, ...ver|ein, ...ver|si|che|rung**

knaps!; knips, knaps!; **knap|sen** (*ugs. für* geizen; eingeschränkt leben); du knapst

Knar|re, die; -, -n (Kinderspielzeug; *ugs. für* Gewehr); **knar|ren**

[1]**Knast**, der; -[e]s, Knäste (*landsch. für* Knorren; Brotkanten)

[2]**Knast**, der; -[e]s, *Plur.* Knäste, *auch* -e ‹jidd.› (*ugs. für* Gefängnis; *nur Sing.:* Freiheitsstrafe)

[1]**Kna|ster**, der; -s, - ‹niederl.› (*ugs. für* [schlechter] Tabak)

[2]**Kna|ster**, Kna|ste|rer, Knast|rer (*landsch. für* verdrießlicher, mürrischer [alter] Mann); **Kna|sterbart** (*svw.* [2]Knaster); **Kna|ste|rer** *vgl.* [2]Knaster; **kna|stern** (*landsch. für* verdrießlich brummen); ich ...ere (↑R 22); **Knastrer** *vgl.* [2]Knaster

Knatsch, der; -[e]s (*landsch. für* Ärger, Streit); **knat|schen** (*landsch. für* nörgeln, mit weinerl. Stimme reden); **knat|schig**

knat|tern; ich ...ere (↑R 22)

Knäu|el, der *od.* das; -s, -; **Knäuel|gras**, Knaul|gras; **knäu|eln** *(selten); vgl.* knäulen

Knauf, der; -[e]s, Knäufe; **Knäufchen, Knäuf|lein**

Knaul, der *od.* das; -s, *Plur.* -e *u.* Knäule (*landsch. für* Knäuel); **Knäul|chen**; **knäu|len** (*ugs. für* zusammendrücken); **Knaul|gras** *vgl.* Knäuelgras

Knau|pe|lei *(landsch.)*; **knau|pelig**, knaup|lig (*landsch. für* knifflig, viel Geschicklichkeit erfordernd); **Knau|pel|kno|chen** *(landsch.)*; **knau|peln** (*landsch. für* benagen; abknabbern; sich abmühen; schwer an etwas tragen); ich ...[e]le (↑R 22); **knauplig** *vgl.* knaupelig

Knau|ser *(ugs.)*; **Knau|se|rei** *(ugs.)*; **knau|se|rig**, knaus|rig *(ugs.)*; **Knau|se|rig|keit**, Knausrig|keit; **knau|sern** (*ugs. für* übertrieben sparsam sein); ich ...ere (↑R 22)

Knaus-Ogi|no-Me|tho|de, die; - ‹nach den Gynäkologen H. Knaus (Österreich) u. K. Ogino (Japan)› (Methode zur Bestimmung der fruchtbaren u. unfruchtbaren Tage der Frau)

knaus|rig usw. *vgl.* knauserig usw.

Knau|tie [...i̯ə], die; -, -n ‹nach dem dt. Botaniker Chr. Knaut› (eine Feld- u. Wiesenblume)

knaut|schen (knittern; *landsch. für* schmatzend essen; verhalten weinen); du knautschst; **knautschig**; **Knautsch_lack, ...zo|ne** *(Kfz-Technik)*

Kne|bel, der; -s, -; **Kne|bel|bart**; **kne|beln**; ich ...[e]le (↑R 22); **Kne|be|lung, Kneb|lung**

Knecht, der; -[e]s, -e; **knech|ten**; **knech|tisch**; -ste; **Knecht Ruprecht**, der; - -[e]s, - -e; **Knechtschaft**, die; -; **Knechts|ge|stalt** *(veraltet)*; **Knech|tung**

Kneif, der; -[e]s, -e ([Schuster]messer); *vgl.* Kneip; **knei|fen**; du kniffst; du kniffest; gekniffen; kneif[e]!; er kneift ihn (*auch* ihm) in den Arm; *vgl. auch* [1]kneipen; **Knei|fer** (*nordd. für* Klemmer, Zwicker); **Kneif|zan|ge**; **Kneip**, der; -[e]s, -e (*Nebenform von* Kneif)

Knei|pe, die; -, -n (*ugs. für* [einfaches] Lokal mit Alkoholausschank; *veraltend für* student. Trinkabend)

[1]**knei|pen** (*landsch. für* kneifen, zwicken); ich kneipte (*auch* knipp); gekneipt (*auch* geknippen)

[2]**knei|pen** (*ugs. für* sich in Kneipen aufhalten; trinken); ich kneipte; gekneipt; **Knei|penwirt**; **Knei|pe|rei** *(ugs.)*; **Knei|pier** [...'pi̯e:], der; -s, -s (Kneipenwirt)

Kneipp (dt. kath. Geistlicher u. Heilkundiger, der ein bestimmtes Wasserheilverfahren entwickelte); Ⓦⓩ; **kneip|pen** (eine Wasserkur nach Kneipp machen); **Kneipp|kur** (↑R 135)

---

[1] *Trenn.* ...k|k...

Kneip|zan|ge (*landsch. für* Kneifzange)

Knes|set[h], die; - ⟨hebr., „Versammlung"⟩ (israel. Parlament)

knet|bar; Kne|te, die; - (*ugs. für* Knetmasse; *auch für* Geld); **kne|ten; Knet₋ma|schi|ne, ...mas|sa|ge, ...mas|se, ...mes|ser** (das)

knib|beln (*mitteld. für* sich mit den Fingern an etwas zu schaffen machen); ich ...[e]le (↑R 22)

Knick, der; -[e]s, *Plur.* (*für* Hecke:) -e *u.* -s (scharfer Falz, scharfe Krümmung, Bruch; *nordd. auch für* Hecke als Einfriedung); **Knicke|bein**[1], der; -s (Eierlikör [als Füllung in Pralinen u. ä.]); **Knick|ei** (angeschlagenes Ei); **knicken**[1]; [1]**Knicker**[1] (Jagdmesser; *ugs. für* Geizhals)

[2]**Knicker**[1], der; -s, - (*nordd. für* Spielkugel, Murmel)

Knicker|bocker[1], *engl.* **Knickerbockers** ['ni...] *Plur.* (halblange Pumphose)

Knicke|rei[1] *(ugs.)*; **knicke|rig**[1], knick|rig *(ugs.)*; **Knicke|rig|keit**[1], Knick|rig|keit, die; - *(ugs.)*; **knickern**[1] (*ugs. für* geizig sein); ich ...ere (↑R 22); **knick|rig** usw. *vgl.* knickerig usw.

knicks!; knicks, knacks!; **Knicks,** der; -es, -e; **knick|sen;** du knickst

Knickung[1]

Knie, das; -s, - ['kni:ə, *auch* kni:]; auf den Knien liegen; auf die Knie!; **Knie|beu|ge**

Knie|bis, der; - (Erhebung im nördl. Schwarzwald)

Knie|bre|che, die; - (mitteld. Name steiler Höhenwege); **Knie|bund[|ho|se]; Knie|fall,** der; **knie₋fäl|lig, ...frei; Knie₋gei|ge** (*für* Gambe), **...ge|lenk; Knie|ge|lenk|ent|zün|dung; knie|hoch;** der Schnee liegt -; **Knie₋holz** (das; -es; niedrige Bergkiefern), **...ho|se, ...keh|le; knie|lang; knie|lings** (*selten für* kniend); **knien** [kni:n, *auch* 'kni:ən] ↑R 180; ich knie ['kni:ə, *auch* kni:]; du knietest; kniend ['kni:ənt]; gekniet; knie!

Kniep|au|gen (*landsch. für* kleine, lebhafte Augen)

Knie|riem (*veraltet für* Knieriemen); *nur noch in* Meister Knieriem (*scherzh. für* Schuster); **Knie|rie|men**

Knies, der; -es (*landsch. für* Dreck; Streit)

Knie₋schei|be, ...scho|ner, ...schüt|zer, ...strumpf; knie|tief

kniet|schen, knit|schen (*landsch. für* zerdrücken, ausquetschen; weinerlich sein); du kni[e]tschst

Kniff, der; -[e]s, -e; **Knif|fe|lei** (knifflige Arbeit); **knif|fe|lig,** kniff|lig; **Knif|fe|lig|keit,** Kniff|lig|keit; **knif|fen;** geknifft; **kniff|lig** usw. *vgl.* kniffelig usw.

Knig|ge, der; -[s], - ⟨nach Adolph Freiherr von Knigge⟩ (Buch über Umgangsformen)

Knilch, Knülch, der; -s, -e (*ugs. für* unangenehmer Mensch)

knil|le *vgl.* knülle; **Knil|ler** *vgl.* Knüller

knips!; knips, knaps!; **Knips,** der; -es, -e; **knip|sen** *(ugs.)*; du knipst; **Knip|ser** *(ugs.)*; **knips, knaps!**

Knirps, der; -es, -e (kleiner Junge od. Mann; (Wz) ein zusammenschiebbarer Regenschirm); **knirp|sig**

knir|schen; du knirschst

kni|stern; ich ...ere (↑R 22)

knit|schen *vgl.* knietschen

Knit|tel, der; -s, -; *vgl.* Knüttel; **Knit|tel|vers** (vierhebiger, unregelmäßiger Reimvers)

Knit|ter, der; -s, -; **knit|ter|arm; Knit|ter|fal|te; knit|ter₋fest, ...frei; knit|te|rig,** knitt|rig; **knit|tern;** ich ...ere (↑R 22); **knitt|rig** *vgl.* knitterig

Kno|bel, der; -s, - (*landsch. für* [Finger]knöchel; Würfel); **Kno|bel|be|cher** (*scherzh. auch für* Militärstiefel); **kno|beln** ([aus]losen; würfeln; lange nachdenken); ich ...[e]le (↑R 22)

Knob|lauch ['kno:p..., *auch* 'knɔp...], der; -[e]s; **Knob|lauch₋but|ter, ...pil|le, ...salz, ...wurst, ...ze|he, ...zwie|bel**

Knö|chel, der; -s, -; **Knö|chel|chen; knö|chel₋lang, ...tief; Kno|chen,** der; -s, -; **Kno|chen₋bau** (der; -[e]s), **...bruch** (der), **...ent|zün|dung, ...er|wei|chung, ...fraß** (der; -es), **...ge|rüst** (*ugs. auch für* magerer Mensch); **kno|chen|hart** (sehr hart); **Kno|chen₋hau|er** (*nordd. veraltet für* Fleischer), **...haut; Kno|chen|haut|ent|zün|dung; Kno|chen₋mann** (der; -[e]s; *volkstüml. für* Tod als Gerippe), **...mark** (das), **...mehl, ...müh|le** (altes, ungefedertes Fahrzeug; Unternehmen, in dem strapaziöse Arbeit geleistet werden muß), **...na|gel|lung** *(Med.)*, **...schwund, ...split|ter; kno|chen|tro|cken** [*Trenn.* ...trok|ken] (*ugs. für* sehr trocken); **knö|che|rig,** knöch|rig (aus Knochen; knochenartig); **knö|chern** (aus Knochen); **kno|chig** (mit starken Knochen); **Kno|chig|keit,** die; -; **Knöch|lein; knöch|rig** *vgl.* knöcherig

knock|out [nɔk'aut] ⟨engl.⟩ (beim Boxkampf niedergeschlagen, kampfunfähig; *Abk.* k. o. [ka:'o:]; jmdn. k. o. schlagen; **Knock|out,** der; -[s], -s (Niederschlag; völlige Vernichtung; *Abk.* K. o.); **Knock|out|schlag** (*Abk.* K.-o.-Schlag; ↑R 41)

Knö|del, der; -s, - (*südd., österr. für* Kloß)

Knöll|chen; Knol|le, die; -, -n, *landsch.* **Knol|len,** der; -s, -; **Knol|len|blät|ter|pilz** (ein Giftpilz); **Knol|len|fäu|le** (Krankheit der Kartoffel); **knol|len|för|mig; Knol|len₋frucht, ...na|se; knol|lig**

Knopf, der; -[e]s, Knöpfe (*österr. ugs. auch für* Knoten); **Knopf|au|ge** *meist Plur.*; **Knöpf|chen; Knopf|druck;** ein - genügt; **knöp|fen; Knöpf|lein; Knöpf|li** *Plur.* (*schweiz.* [eine Art] Spätzle); **Knopf|loch; Knopf|loch|sei|de**

Knop|per, die; -, -n (Gallapfel, z. B. an grünen Eichelkelchen)

knö|ren (*Jägerspr.* leise röhren [vom Hirsch])

knor|ke (*berlin. veraltet für* fein, tadellos)

Knor|pel, der; -s, -; **knor|pe|lig, knorp|lig**

Knorr-Brem|se (Wz) ⟨nach dem dt. Ingenieur G. Knorr⟩ (↑R 135)

Knor|ren, der; -s, - (*landsch. für* Knoten, harter Auswuchs); **knor|rig; Knorz,** der; -es, -e (*südd., landsch. für* Knorren); **knor|zen** (*schweiz. mdal. für* sich abmühen, knausern); du knorzt; **Knor|zer** ⟨*zu* knorzen⟩ (*landsch. auch für* kleiner Kerl); **knor|zig**

Knösp|chen; Knos|pe, die; -, -n; **knos|pen;** geknospt; **knos|pig; Knösp|lein; Knos|pung**

Knos|sos (altkret. Stadt)

Knöt|chen

Kno|te, der; -n, -n; ↑R 197 (*veraltet für* plumper, ungebildeter Mensch)

knö|teln (kleine Knoten sticken); ich ...[e]le (↑R 22); **kno|ten;** geknotet; **Kno|ten,** der; -s, - (*auch* Marke an der Logleine, Seemeile je Stunde [*Zeichen* kn]); **Kno|ten|amt** *(Postw.)*; **kno|ten|för|mig; Kno|ten₋punkt, ...stock; Knö|te|rich,** der; -s, -e (eine Pflanze); **kno|tig**

Knot|ten|erz (Buntsandstein mit eingesprengtem Bleiglanz)

Know-how [no:'hau, *auch* 'no:hau], das; -[s] ⟨engl.⟩ (Wissen um die praktische Verwirklichung od. Anwendung einer Sache); **Know-how-Trans|fer** (↑R 41)

Knub|be, die; -, -n *u.* **Knub|ben,** der; -s, - (*nordd. für* Knorren; Knospe; Geschwulst); **knub|beln,** sich (*landsch. für* sich drängen); ich ...[e]le mich (↑R 22)

knud|deln (*landsch. für* umarmen [u. küssen]; zerknüllen); ich ...[e]le (↑R 22)

---

[1] *Trenn.* ...k|k...

Knuff, der; -[e]s, Knüffe (*ugs. für* Puff, Stoß); **knuf|fen** *(ugs.)*
Knülch *vgl.* Knilch
knüll, knül|le (*Studentenspr. u. ugs. für* betrunken; *landsch. für* erschöpft); **knül|len** (zerknittern)
Knül|ler (*ugs. für* Sensation; tolle Sache)
Knüpf|ar|beit; knüp|fen; Knüpf-tep|pich; Knüp|fung; Knüpf-werk
Knüp|pel, der; -s, -; **Knüp|pel-aus|dem|sack** [*auch* ...'sak], der; -; - spielen (*scherzh. für* prügeln); **Knüp|pel|damm; knüp-pel|dick** (*ugs. für* sehr schlimm); **knüp|peln** (mit einem Knüppel schlagen; *ugs. auch für* gehäuft auftreten); ich ...[e]le (↑R 22); **Knüp|pel|schal|tung**
knup|pern (*landsch. für* knabbern); ich ...ere (↑R 22)
knur|ren; Knurr|hahn (ein Fisch; *ugs. für* mürrischer Mensch); **knur|rig**; ein -er Mensch; **Knur-rig|keit,** die; -; **Knurr|laut**
knü|se|lig (*landsch. für* unsauber)
Knus|per|chen (Gebäck); **Knus-per‿flocken** ([*Trenn.* ...flok|ken]; *Plur.*), **...häus|chen; knus|pe|rig** *vgl.* knusp|rig; **knus|pern**; ich ...ere (↑R 22); **knusp|rig,** knus-pe|rig
Knust, der; -[e]s, *Plur.* -e *u.* Knüste (*nordd. für* Endstück des Brotes)
Knut (m. Vorn.)
Knu|te, die; -, -n ‹germ.-russ.› (Lederpeitsche); unter jmds. - (von jmdm. unterdrückt); **knu|ten** (knechten, unterdrücken)
knut|schen (*ugs. für* heftig liebkosen); du knutschst; **Knut|sche-rei** *(ugs.)*; **Knutsch|fleck** *(ugs.)*
Knüt|tel, der; -s, -; **Knüt|tel|vers** *vgl.* Knittelvers
k. o. = knockout; k. o. schlagen;
K. o. = Knockout; K.-o.-Schlag, K.-o.-Niederlage
kΩ = Kiloohm
Ko|ad|ju|tor, der; -s, ...oren ‹lat.› (Amtsgehilfe eines kath. Geistlichen, bes. eines Bischofs)
Ko|agu|lat, das; -[e]s, -e ‹lat.› (*Chemie* aus kolloidaler Lösung ausgeflockter Stoff); **Ko|agu|la-ti|on,** die; -, -en (Ausflockung); **ko|agu|lie|ren; Ko|agu|lum,** das; -s, ...la (*Med.* Blutgerinnsel)
Koa|la, der; -s, -s ‹austr.› (kleiner austral. Beutelbär); **Koa|la|bär**
ko|alie|ren, ko|ali|sie|ren ‹franz.› (verbinden; sich verbünden); **Ko|ali|ti|on,** die; -, -en (Vereinigung, Bündnis; Zusammenschluß [von Staaten]); kleine, große Koalition; **Ko|ali|tio|när,** der; -s, -e *meist Plur.;* ↑R 180 (Koalitionspartner); **Ko|ali|ti-ons‿frei|heit, ...krieg, ...par|tei, ...part|ner, ...recht, ...re|gie|rung**
Ko|au|tor, *auch* Kon|au|tor ‹lat.› (Mitverfasser [eines Buches u. ä.])
ko|axi|al ‹lat.› (mit gleicher Achse); **Ko|axi|al|ka|bel** *(Technik)*
Kob, der; -s, -s (*kurz für* Kontaktbereichsbeamte)
Ko|balt, *chem. fachspr.* Co|balt, das; -s (*nach* Kobold *gebildet*) (chem. Element, Metall; *Zeichen* Co); **ko|balt|blau; Ko|balt‿bom-be, ...ka|no|ne** (*Med.* ein Bestrahlungsgerät), **...le|gie|rung, ...ver|bin|dung**
Ko|bel, der; -s, - (Nest des Eichhörnchens; *südd., österr. für* Verschlag, Koben); **Ko|ben,** der; -s, - (Verschlag; Käfig; Stall)
Kø|ben|havn [købən'haun] (*dän. Form von* Kopenhagen)
Ko|ber, der; -s, - (*landsch. für* Korb [für Eßwaren])
Ko|blenz (Stadt an der Mündung der Mosel); **Ko|blen|zer** (↑R 147); **ko|blen|zisch**
Ko|bold, der; -[e]s, -e (neckischer Geist); **ko|bold|haft; Ko|bold-ma|ki** *vgl.* Maki
Ko|bolz, der; *nur noch in* - schießen (Purzelbaum schlagen); **ko-bol|zen;** kobolzt
Ko|bra, die; -, -s ‹port.› (Brillenschlange)
[1]**Koch,** der; -[e]s, Köche; [2]**Koch,** das; -s (*bayr., österr. für* Brei); **Koch‿beu|tel, ...buch; koch-echt; kö|cheln** (leicht kochen); die Soße köchelt
Kö|chel|ver|zeich|nis, das; -ses ‹nach dem Musikgelehrten Ludwig von Köchel› (Verzeichnis der Werke Mozarts; *Abk.* KV); ↑R 135
Ko|chem *vgl.* Cochem
ko|chen; kochendheißes Wasser (↑*jedoch* R 209), aber: das Wasser ist kochend heiß; [1]**Ko|cher** (Kochgerät)
[2]**Ko|cher,** der; -s (r. Nebenfluß des Neckars)
Kö|cher, der; -s, - (Behälter für Pfeile)
Ko|che|rei, die; -; **koch‿fer|tig, ...fest; Koch‿ge|le|gen|heit, ...ge|schirr; Kö|chin; Koch‿kä-se, ...kunst, ...löf|fel, ...müt|ze, ...ni|sche, ...plat|te, ...salz** (das; -es), **...topf, ...wä|sche** (die; -), **...zeit**
Ko|da, *auch* Co|da, die; -, -s ‹ital.› (*Musik* Schlußteil eines Satzes)
Ko|dak Ⓦ (fotograf. Erzeugnisse)
Ko|dály, Zoltán ['kɔda:j] (ung. Komponist)
kod|de|rig, kodd|rig (*landsch. für* schlecht; unverschämt, frech; übel); **Kod|der|schnau|ze; kodd|rig** *vgl.* kodderig
Kode, *fachspr. meist* Code [*beide* ko:t], der; -s, -s ‹franz.-engl.› (System verabredeter Zeichen; Schlüssel zum Dechiffrieren)
Ko|de|in, das; -s ‹griech.› (ein Beruhigungsmittel)
Kö|der, der; -s, - (Lockmittel); **Kö|der|fisch; kö|dern;** ich ...ere (↑R 22)
Ko|dex, der; *Gen.* -es *u.* -, *Plur.* -e *u.* ...dizes ['ko:ditse:s] ‹lat.› (Handschriftensammlung; Gesetzbuch); **ko|die|ren,** *in der Technik meist* co|die|ren (durch einen Kode verschlüsseln); **Ko-die|rung,** Co|die|rung; **Ko|di|fi-ka|ti|on,** die; -, -en (zusammenfassende Regelung eines größeren Rechtsgebietes; Gesetzessammlung); **ko|di|fi|zie|ren; Ko-di|fi|zie|rung** (Kodifikation); **Ko-di|zill,** das; -s, -e (*Rechtsw.* letztwillige Verfügung; Zusatz zum Testament)
Ko|edu|ka|ti|on [*auch* ...'tsio:n], die; - ‹engl.› (Gemeinschaftserziehung beider Geschlechter)
Ko|ef|fi|zi|ent, der; -en, -en (↑R 197) ‹lat.› (*Math.* Vorzahl der veränderl. Größen einer Funktion; *Physik* kennzeichnende Größe, z. B. für die Ausdehnung eines Stoffes)
Ko|er|zi|tiv|feld|stär|ke, die; - ‹lat.; dt.› *(Physik)*
ko|exi|stent [*auch* ...'tɛnt]; **Ko|exi-stenz** [*auch* ...'tɛnts], die; - ‹lat.› (gleichzeitiges Vorhandensein unterschiedlicher Dinge; friedl. Nebeneinanderbestehen von Staaten mit unterschiedlichen Gesellschaftsordnungen); **ko-exi|stie|ren** [*auch* ...'ti:...]
Ko|fel, der; -s, - (*bayr. u. westösterr. für* Bergkuppe)
Ko|fen, der; -s, - (*nordd. für* Koben)
Kof|fe|in, das; -s ‹arab.› (Wirkstoff von Kaffee u. Tee); **kof|fe|in‿frei, ...hal|tig**
Kof|fer, der; -s, - ‹franz.›; **Kof|fer-an|hän|ger; Köf|fer|chen; Kof-fer‿deckel** [*Trenn.* ...dek|kel], **...ge|rät, ...kleid, ...ku|li** (Transportwagen auf Bahnhöfen, Flughäfen usw.); **Köf|fer|lein; Kof-fer‿ra|dio, ...raum, ...schloß, ...schlüs|sel, ...schreib|ma|schi-ne**
Kog, der; -[e]s, Köge (*svw.* Koog)
[1]**Ko|gel,** der; -s, - (*südd., österr. für* Bergkuppe; kegelförmiger Berg); [2]**Ko|gel,** die; -, -n (*veraltet für* Kapuze)
Kog|ge, die; -, -n (dickbauchiges Hanseschiff)
Ko|gnak ['kɔnjak], der; -s, -s (*ugs. für* Weinbrand); drei - (↑R 129); *vgl.* aber: [2]Cognac; **Ko|gnak-‿boh|ne, ...glas, ...kir|sche, ...schwen|ker**
Ko|gnat, der; -en, -en (↑R 197)

〈lat.〉 (Blutsverwandter, der nicht Agnat ist)

Ko|gni|ti|on, die; -, -en 〈lat.〉 (das Erkennen, Wahrnehmen); **ko|gni|tiv** (die Erkenntnis betreffend)

Ko|gno|men, das; -s, *Plur.* - *u.* ...mina 〈lat.〉 (Beiname der Römer)

Ko|ha|bi|ta|ti|on, die; -, -en 〈lat.〉 (*Med.* Geschlechtsverkehr; *Politik* [in Frankreich] Zusammenarbeit des Staatspräsidenten mit einer Regierung einer anderen polit. Richtung); **ko|ha|bi|tie|ren**

ko|hä|rent; -este 〈lat.〉 (zusammenhängend); -es Licht *(Physik);* **Ko|hä|renz,** die; -; **ko|hä|rie|ren** (zusammenhängen; Kohäsion zeigen); **Ko|hä|si|on,** die; - (*Physik* Zusammenhalt der Moleküle eines Körpers); **ko|hä|siv**

Ko|hi|noor [...'nu:r], *auch* **Ko|hi|nur,** der; -s 〈pers.-engl.〉 (Name eines großen Diamanten)

[1]Kohl, der; -[e]s, *Plur. (Sorten:)* -e (ein Gemüse)

[2]Kohl, der; -[e]s 〈hebr.〉 (*ugs. für* Unsinn; Geschwätz); - reden

Kohl|dampf, der; -[e]s (*ugs. für* Hunger); - schieben

Koh|le, die; -, -n; **Koh|le||ben|zin** (aus Kohle gewonnenes Benzin); **Koh|le|fa|den** usw. *vgl.* Kohlenfaden usw.; **koh|le|füh|rend; koh|le|hal|tig; Koh|le|herd,** Koh|len|herd; **Koh|le|hy|drat** *vgl.* Kohlenhydrat; **Koh|le|hy|drie|rung,** die; - *(Chemie);* **Koh|le|im|port,** Koh|len|im|port; **Koh|le|kraft|werk; [1]koh|len** (nicht mit voller Flamme brennen, schwelen; *Seemannsspr.* Kohlen übernehmen)

[2]koh|len 〈*zu* [2]Kohl〉 (*ugs. für* aufschneiden, schwindeln)

Koh|len‿becken [*Trenn.* ...bek|ken], **...berg|bau, ...berg|werk, ...bun|ker; Koh|len‿di|oxyd** (*vgl.* Oxid); **Koh|len|di|oxyd|ver|gif|tung; Koh|len|ei|mer; Koh|le[n]|fa|den; Koh|le[n]|fa|den|lam|pe; Koh|len‿feu|er, ...flöz, ...grus, ...hal|de, ...hand|lung, ...hei|zung; Koh|le[n]‿herd, ...hy|drat** (zucker- od. stärkeartige chem. Verbindung), **...im|port; Koh|len|mei|ler; Koh|len‿mon|oxyd** (*vgl.* Oxid); **Koh|len|mon|oxyd|ver|gif|tung; Koh|len|pott** (der; -s; *ugs. für* Ruhrgebiet); **koh|len|sau|er;** koh|len|sau|res Natron; **Koh|len‿säu|re, ...schau|fel, ...staub, ...stift** (der; *Technik*), **...stoff** (der; -[e]s; chem. Element; *Zeichen* C), **...trim|mer; Koh|len|was|ser|stoff; Koh|le‿pa|pier, ...pfen|nig** (der; -s; *ugs. für* dem Strompreis zugeschlagene Abgabe zugunsten des Kohlebergbaus); **Köh|ler; Köh|le|rei; Köh|ler|glau|be,** der; -ns (blinder Glaube); **Koh|le|stift,** der (ein Zeichenstift); **Koh|le‿ver|flüs|si|gung, ...ver|ga|sung, ...zeich|nung**

Kohl‿her|nie (eine Pflanzenkrankheit), **...kopf**

Kohl|mei|se (ein Vogel)

Kohl|ra|be (*für* Kolkrabe); **kohl|ra|ben|schwarz**

Kohl|ra|bi, der; -[s], -[s] 〈ital.〉 (ein Gemüse); **Kohl‿rau|pe, ...rou|la|de, ...rü|be**

kohl|schwarz

Kohl‿spros|se (*österr. für* Röschen des Rosenkohls), **...strunk, ...sup|pe, ...weiß|ling** (ein Schmetterling)

Ko|hor|te, die; -, -n 〈lat.〉 (der 10. Teil einer röm. Legion)

Koi|ne [kɔy'ne:], die; -, Koinai 〈griech.〉 (griech. Gemeinsprache der hellenist. Welt; *Sprachw.* übermundartl. Gemeinsprache)

ko|in|zi|dent 〈lat.〉 (*fachspr. für* zusammenfallend); **Ko|in|zi|denz,** die; -, -en (Zusammentreffen von Ereignissen); **ko|in|zi|die|ren**

ko|itie|ren 〈lat.〉 (*Med.* den Koitus vollziehen); **Ko|itus,** der; -, *Plur.* - [...tu:s] *u.* -se (*Med.* Geschlechtsakt)

Ko|je, die; -, -n 〈niederl.〉 (Schlafstelle [auf Schiffen]; Ausstellungsstand)

Ko|jo|te, der; -n, -n (↑R 197) 〈mexik.〉 (nordamerik. Präriewolf; Schimpfwort)

Ko|ka, die; -, - 〈indian.〉 (*kurz für* Kokastrauch); **Ko|ka|in,** das; -s (ein Betäubungsmittel; Rauschgift); **Ko|kai|nis|mus** [...ka|i...], der; -; ↑R 180 (Kokainsucht)

Ko|kar|de, die; -, -n 〈franz.〉 (Abzeichen, Hoheitszeichen an Uniformmützen)

Ko|ka|strauch (ein Strauch mit Kokain enthaltenden Blättern)

ko|keln (*landsch. für* mit Feuer spielen); ich ...[e]le (↑R 22); *vgl.* gokeln

ko|ken 〈engl.〉 ([1]Koks herstellen)

[1]Ko|ker, der; -s, - (*Seemannsspr.* Öffnung im Schiffsheck für den Ruderschaft)

[2]Ko|ker (Koksarbeiter); **Ko|ke|rei** (Kokswerk; *nur Sing.:* Koksgewinnung)

ko|kett; -este 〈franz.〉 (eitel, gefallsüchtig); **Ko|ket|te|rie,** die; -, ...ien; **ko|ket|tie|ren**

Ko|kil|le, die; -, -n 〈franz.〉 (mehrfach verwendbare Gußform); **Ko|kil|len|guß**

Kok|ke, die; -, -n *u.* Kok|kus, der; -, Kokken *meist Plur.* 〈griech.〉 (kugelförmige Bakterie)

Kok|kels|kör|ner *Plur.* 〈griech.; dt.〉 (Giftsamen zum Fischfang)

Kök|ken|möd|din|ger *Plur.* 〈dän., „Küchenabfälle"〉 (steinzeitl. Abfallhaufen)

Kok|ko|lith [*auch* ...'lit], der; *Gen.* -s *u.* -en, *Plur.* -e[n] (↑R 197) 〈griech.〉 (*Geol.* aus Kalkalgen entstandenes Gestein der Tiefsee); **Kok|kus** *vgl.* Kokke

Ko|ko|lo|res, der; - (*ugs. für* Umstände; Unsinn)

Ko|kon [ko'kõ:, *österr.* ko'ko:n], der; -s, -s 〈franz.〉 (Hülle der Insektenpuppen); **Ko|kon|fa|ser**

Ko|kos|bus|serl (*österr.* ein Gebäck)

Ko|kosch|ka [*auch* 'kɔ...] (österr. Maler u. Dichter)

Ko|ko|sette [...'zɛt], das; -s 〈span.〉 (*österr. für* Kokosflocken); **Ko|kos‿fa|ser, ...fett, ...flocken** ([*Trenn.* ...flok|ken]; *Plur.*), **...läu|fer, ...mat|te, ...milch, ...nuß, ...öl** (das; -[e]s), **...pal|me, ...ras|pel** *(Plur.),* **...tep|pich**

Ko|kot|te, die; -, -n 〈franz.〉 (*veraltet für* Dirne, Halbweltdame)

[1]Koks, der; -es, -e 〈engl.〉 (ein Brennstoff aus Kohle; *nur Sing.: ugs. scherzh. für* Geld)

[2]Koks, der; -es 〈indian.〉 (*ugs. für* Kokain)

[3]Koks, der; -[es], -e 〈jidd.〉 (*ugs. für* steifer Hut)

kok|sen (*ugs. für* Kokain nehmen; schlafen, schnarchen); du kokst; **Kok|ser** (*ugs. für* Kokainsüchtiger)

Koks‿ofen, ...staub

Ko|ky|tos [*auch* ...'tɔs], der; - (ein Fluß der Unterwelt in der griech. Sage)

Kok|zi|die [...i̯ə], die; -, -n *meist Plur.* 〈griech.〉 (parasit., krankheitserregende Sporentierchen); **Kok|zi|dio|se,** die; -, -n; ↑R 180 (durch Kokzidien verursachte Tierkrankheit)

[1]Ko|la (*Plur. von* Kolon)

[2]Ko|la (Halbinsel im NW Rußlands)

Ko|la|ni, Co|la|ni, der; -s, -s (warmes, hüftlanges [Marine]jackett)

Ko|la‿nuß, ...strauch

Ko|lat|sche, Go|lat|sche, die; -, -n 〈tschech.〉 (*österr. für* kleiner, gefüllter Hefekuchen)

Kol|ben, der; -s, -; **Kol|ben‿dampf|ma|schi|ne, ...fres|ser** (*ugs. für* Motorschaden durch festsitzenden Kolben), **...hieb, ...hirsch** *(Jägerspr.),* **...hir|se, ...hub, ...ring, ...stan|ge; kol|big**

Kol|chis [...çis], die; - (antike Landschaft am Schwarzen Meer)

Kol|chos ['kɔlçɔs], der; -, ...ose [...'ço:zə] *u. (österr. nur)* **Kol|cho|se** [...ç...], die; -, -n 〈russ.〉 (landwirtschaftl. Produktionsgenossenschaft in der ehem. Sowjetunion); **Kol|chos|bau|er**

kol|dern (*südd., schweiz. mdal. für* schelten, poltern, zanken); ich ...ere (↑R 22)

Ko|leo|pte|ren *Plur.* ‹griech.› (*Zool.* Käfer)

Ko|li|bak|te|ri|en [...i̯ən] *Plur.* ‹griech.› ([Dick]darmbakterien)

Ko|li|bri, der; -s, -s ‹karib.› (kleiner Vogel)

ko|lie|ren ‹lat.› (*Pharm.* [durch ein Tuch] seihen); **Ko|lier|tuch** *Plur.* ...tücher

Ko|lik [*auch* ko'li:k], die; -, -en ‹griech.› (Anfall von krampfartigen Leibschmerzen); **Ko|li|tis,** die; -, ...iti̱den (*Med.* Dickdarmentzündung)

Kolk, der; -[e]s, -e (*nordd. für* Wasserloch)

Kol|ko|thar, der; -s, -e ‹arab.› (rotes Eisenoxyd)

Kolk|ra|be

Koll. = Kollege

Kol|la, die; - ‹griech.› (*Chemie, Med.* Leim)

kol|la|bie|ren ‹lat.› (*Med.* einen Kollaps erleiden)

Kol|la|bo|ra|teur [...'tø:r], der; -s, -e ‹franz.› (jmd., der mit dem Feind zusammenarbeitet); **Kol|la|bo|ra|ti|on,** die; -, -en; **kol|la|bo|rie|ren** („mitarbeiten") (mit dem Feind zusammenarbeiten)

kol|la|gen ‹griech.› (*Med., Biol.* aus Kollagenen bestehend); **Kol|la|gen,** das; -s, -e (leimartiges Eiweiß des Bindegewebes)

Kol|laps [*auch* kɔ'laps], der; -es, -e ‹lat.› (plötzlicher Schwächeanfall durch Kreislaufversagen)

Kol|lar, das; -s, -e ‹lat.› (steifer Halskragen, bes. des kath. Geistlichen)

kol|la|te|ral ‹lat.› (seitlich gelagert; *fachspr. für* nebenständig)

Kol|la|ti|on, die; -, -en ‹lat.› ([Text]vergleich; Übertragung eines kirchl. Amtes); **kol|la|tio|nie|ren** ([Abschrift mit der Urschrift] vergleichen); **Kol|la|tur,** die; -, -en (Recht zur Verleihung eines Kirchenamtes)

Kol|lau|da|ti|on, die; -, -en ‹lat.› (*schweiz. neben* Kollaudierung); **kol|lau|die|ren; Kol|lau|die|rung** (*österr. u. schweiz. für* amtl. Prüfung eines Bauwerkes, Schlußgenehmigung)

[1]**Kol|leg,** das; -s, *Plur.* -s *u.* -ien [...i̯ən] ‹lat.› (akadem. Vorlesung; Bildungseinrichtung); [2]**Kol|leg,** das; -s, -s (*österr. für* Lehrgang, Kurzstudium nach dem Abitur); **Kol|le|ge,** der; -n, -n; ↑R 197 (*Abk.* Koll.); **Kol|le|gen|kreis; Kol|le|gen|schaft,** die; -; **Kol|leg|heft** (Vorlesungsheft); **kol|le|gi|al** (einem [guten] Verhältnis zwischen Kollegen entsprechend); **Kol|le|gia|li|tät,** die; -; **Kol|le|gi|at,** der; -en, -en; ↑R 197 (Stiftsgenosse; Teilnehmer an einem [Funk]kolleg); **Kol|le|gin** (*Abk.* Kolln.); **Kol|le|gi|um,** das; -s, ...ien [...i̯ən] (Gruppe von Personen mit gleichem Amt od. Beruf; Lehrkörper [einer Schule]); **Kol|le|gi|ums|mit|glied; Kol|leg|map|pe**

Kol|lek|ta|ne|en [*auch* ...'ta:neən] *Plur.* ‹lat.› (*veraltet für* gesammelte literar. u. wissenschaftl. Auszüge); **Kol|lek|te,** die; -, -n (Sammlung von Geldspenden in der Kirche; liturg. Gebet); **Kol|lek|ti|on,** die; -, -en ([Muster]sammlung [von Waren], Auswahl); **kol|lek|tiv** (gemeinschaftlich, gruppenweise, umfassend); **Kol|lek|tiv,** das; -s, *Plur.* -e [...və], *auch* -s (Team, Gruppe; Arbeits- u. Produktionsgemeinschaft, bes. in der sozialist. Wirtschaft); **Kol|lek|tiv‿ar|beit, ...be|wußt|sein, ...ei|gen|tum; kol|lek|ti|vie|ren** [...v...] (Kollektivwirtschaften bilden, Privateigentum in Gemeineigentum überführen); **Kol|lek|ti|vie|rung; Kol|lek|ti|vis|mus,** der; - (starke Betonung des gesellschaftl. Ganzen im Gegensatz zum Individualismus); **Kol|lek|ti|vist,** der; -en, -en; ↑R 197 (Anhänger des Kollektivismus); **kol|lek|ti|vi|stisch; Kol|lek|ti|vi|tät,** die; - (Gemeinschaft[lichkeit]); **Kol|lek|tiv‿no|te** *(Politik),* **...schuld, ...suf|fix** *(Sprachw.),* **...stra|fe; Kol|lek|ti|vum** [...vum], das; -s, ...va (*Sprachw.* Sammelbezeichnung, z. B. „Wald", „Gebirge"); **Kol|lek|tiv‿ver|trag, ...wirt|schaft; Kol|lek|tor,** der; -s, ...oren (Stromabnehmer, -wender; Sammler für [Sonnen]strahlungsenergie); **Kol|lek|tur,** die; -, -en (*österr. für* Lottogeschäftsstelle)

Kol|len|chym [...ç...], das; -s, -e ‹griech.› (*Bot.* pflanzl. Festigungsgewebe)

[1]**Kol|ler,** das; -s, - (Schulterpasse; *veraltet, aber noch landsch. für* [breiter] Kragen; Wams)

[2]**Kol|ler,** der; -s, - (eine Pferdekrankheit; *ugs. für* Wutausbruch)

Kol|ler|gang, der (Mahlwerk)

kol|le|rig, koll|rig (*ugs. für* leicht aufbrausend, erregbar); [1]**kol|lern** (*veraltet für* den [2]Koller haben; knurrig sein); ich ...ere (↑R 22)

[2]**kol|lern** (*landsch. für* kullern); ich ...ere (↑R 22)

Kol|lett, das; -s, -e ‹franz.› (*veraltet für* Reitjacke)

[1]**Kol|li** (*Plur. von* Kollo); [2]**Kol|li,** das; -s, -[s] (*österr. für* Kollo)

kol|li|die|ren ‹lat.› (zusammenstoßen; sich überschneiden)

Kol|lier [kɔ'li̯e:], das; -s, -s ‹franz.› (ein Halsschmuck)

Kol|li|ma|ti|on, die; -, -en ‹nlat.› (*fachspr.* Zusammenfallen zweier Linien, z. B. bei Einstellung des Fernrohrs); **Kol|li|ma|ti|ons|feh|ler; Kol|li|ma|tor,** der; -s, ...oren (astron. Hilfsfernrohr; Spaltrohr beim Spektralapparat)

Kol|li|si|on, die; -, -en ‹lat.› (Zusammenstoß); **Kol|li|si|ons|kurs,** der; -es; auf - gehen

Kolln. = Kollegin, Kollegen *(Plur.)*

Kol|lo, das; -s, *Plur.* -s *u.* Kolli ‹ital.› (Frachtstück, Warenballen); *vgl.* Kolli

Kol|lo|di|um, das; -s ‹griech.› (eine klebrige, zähflüssige Zelluloselösung); **kol|lo|id, kol|loi|dal** [...lo|i...]; ↑R 180 (*Chemie* feinzerteilt); **Kol|lo|id,** das; -[e]s, -e (*Chemie* feinzerteilter Stoff [in Wasser od. Gas]); **Kol|lo|id‿che|mie, ...re|ak|ti|on**

Kol|lo|qui|um [*auch* ...'lo:...], das; -s, ...ien [...i̯ən] ‹lat.› (wissenschaftl. Gespräch; Zusammenkunft von Wissenschaftlern; kleine Einzelprüfung an Universitäten)

koll|rig *vgl.* kollerig

kol|lu|die|ren ‹lat.› (*Rechtsspr.* im geheimen Einverständnis stehen); **Kol|lu|si|on,** die; -, -en (Verschleierung einer Straftat; unerlaubte Verabredung)

Koll|witz (dt. Malerin u. Graphikerin)

Kolm, der; -[e]s, -e (*Nebenform von* [1]Kulm)

kol|ma|tie|ren ‹franz.› (*fachspr. für* [Sumpfboden u. ä.] aufhöhen); **Kol|ma|ti|on,** die; -, -en

Köln (Stadt am Rhein); **Köl|ner** (↑R 147); Kölner Messe; **Köl|ner Braun,** das; - -s (Umbra); **köl|nisch;** -es Wesen, aber (↑R 157): Kölnisches Wasser; **Köl|nisch|braun** (Umbra); **Köl|nisch|was|ser** [*auch* ...'vasər], das; -s, **Köl|nisch Was|ser,** das; - -s

Ko|lo|man [*auch* 'kɔ...] (m. Vorn.)

Ko|lom|bi|ne, Ko|lum|bi|ne, die; -, -n ‹ital., „Täubchen"› (w. Hauptrolle des ital. Stegreiftheaters)

Ko|lom|bo|wur|zel ‹Bantuspr.; dt.› (ein Heilmittel)

Ko|lon, das; -s, *Plur.* -s *u.* Kola ‹griech.› (*veraltet für* Doppelpunkt; *Med.* Grimmdarm)

Ko|lo|nat, das, *auch* der; -[e]s, -e ‹lat.› (Rechtsverhältnis der Kolonen im alten Rom; Erbzinsgut); **Ko|lo|ne,** der; -n, -n; ↑R 197 (persönl. freier, aber an seinen Landbesitz gebundener Pächter in der röm. Kaiserzeit; Erbzinsbauer)

Ko|lo|nel, die; - ‹franz.› (*Druckw.* ein Schriftgrad)
Ko|lo|nia|kü|bel *vgl.* Coloniakübel
ko|lo|ni|al ‹lat.› (die Kolonie[n] betreffend; zu Kolonien gehörend; aus Kolonien stammend); **Ko|lo|ni|al‿ge|biet, ...herr|schaft** (die; -); **Ko|lo|nia|lis|mus**, der; - (auf Erwerb u. Ausbau von Kolonien ausgerichtete Politik eines Staates); **Ko|lo|nia|list**, der; -en, -en; ↑R 197 (Anhänger des Kolonialismus); **Ko|lo|ni|al‿krieg, ...po|li|tik, ...stil** (der; -s), **...waren** *(Plur.; veraltend);* **Ko|lo|nie**, die; -, ...ien (auswärtige, bes. überseeische Besitzung eines Staates; Siedlung); **Ko|lo|ni|sa|ti|on**, die; -, -en; **Ko|lo|ni|sa|tor**, der; -s, ...oren; **ko|lo|ni|sa|to|risch; ko|lo|ni|sie|ren; Ko|lo|ni|sie|rung; Ko|lo|nist**, der; -en, -en; ↑R 197 (Ansiedler in einer Kolonie); **Ko|lo|ni|sten|dorf**
Ko|lon|na|de, die; -, -n ‹franz.› (Säulengang, -halle); **Ko|lon|ne**, die; -, -n; die fünfte - (Sabotage- u. Spionagetrupp); **Ko|lon|nen‿ap|pa|rat** (Destillierapparat), **...fah|ren** (das; -s), **...schrift** (z. B. das Chinesische), **...sprin|ger** (*ugs. für* in einer Kolonne ständig überholender Autofahrer)
[1]**Ko|lo|phon**, der; -s, -e ‹griech.› (Schlußformel mittelalterlicher Handschriften u. Frühdrucke mit Angabe über Verfasser, Druckort u. Druckjahr); [2]**Ko|lo|phon** (altgriech. Stadt in Lydien); **Ko|lo|pho|ni|um**, das; -s ‹nach der altgriech. Stadt Kolophon› (ein Harzprodukt)
Ko|lo|quin|te, die; -, -n ‹lat.› (Frucht einer subtrop. Kürbispflanze)
Ko|lo|ra|do|kä|fer ‹nach dem Staat Colorado in den USA› (Kartoffelkäfer); ↑R 149
Ko|lo|ra|tur, die; -, -en ‹ital.› (virtuose gesangl. Verzierung); **ko|lo|ra|tu|ren|si|cher** *(Musik);* **Ko|lo|ra|tur‿sän|ge|rin, ...so|pran; ko|lo|rie|ren** (färben; aus-, bemalen); **Ko|lo|rie|rung; Ko|lo|ri|me|ter**, das; -s, - ‹lat.; griech.› (Gerät zur Bestimmung von Farbtönen); **Ko|lo|ri|me|trie**, die; -; **ko|lo|ri|me|trisch; Ko|lo|rist**, der; -en, -en (↑R 197) ‹lat.› (jmd., der koloriert; Maler, der den Schwerpunkt auf das Kolorit legt); **ko|lo|ri|stisch; Ko|lo|rit** [*auch* ...'rit], das; -[e]s, *Plur.* -e, *auch* -s ‹ital.› (Farbgebung, -wirkung; Klangfarbe)
Ko|lo|skop, das; -s, -e ‹griech.› (*Med.* Gerät zur direkten Untersuchung des Grimmdarms)
Ko|loß [*auch* 'kɔ...], der; ...losses, ...losse ‹griech.› (Riesenstandbild; Riese, Ungetüm)
Ko|los|sä (im Altertum Stadt in Phrygien)
ko|los|sal ‹franz.› (riesig, gewaltig, Riesen...; übergroß); **Ko|los|sal‿bau** (*Plur.* ...bauten), **...fi|gur, ...film, ...ge|mäl|de; ko|los|sa|lisch** (*geh. für* kolossal); **Ko|los|sal|sta|tue**
Ko|los|ser (Einwohner von Kolossä); **Ko|los|ser|brief**, der; -[e]s *(N. T.)*
Ko|los|se|um, das; -s (Amphitheater in Rom)
Ko|lo|stral|milch, die; - ‹lat.; dt.› *u.* **Ko|lo|strum**, das; -s ‹lat.› (*Med.* Sekret der Brustdrüsen)
Ko|lo|to|mie, die; -, ...ien ‹griech.› (*Med.* operative Öffnung des Dickdarms)
Kol|pak *vgl.* Kalpak
Kol|ping (kath. Priester); **Kol|ping‿haus, ...ju|gend; Kol|pings|fa|mi|lie; Kol|ping|werk** (das; -[e]s; internationaler kath. Sozialverband)
Kol|pi|tis, die; -, ...itiden ‹griech.› (*Med.* Scheidenentzündung)
Kol|por|ta|ge [...'ta:ʒə, *österr.* ...'ta:ʒ], die; -, -n [...'ta:ʒ(ə)n] ‹franz.› (Verbreitung von Gerüchten); **kol|por|ta|ge|haft; Kol|por|ta|ge‿li|te|ra|tur, ...roman; Kol|por|teur** [...'tø:r], der; -s, -e (Verbreiter von Gerüchten); **kol|por|tie|ren**
Kol|po|skop, das; -s, -e ‹griech.› (*Med.* Spiegelgerät zur gynäkolog. Untersuchung); **Kol|po|sko|pie**, die; -, ...ien
[1]**Kölsch**, das; -[s] („aus Köln, kölnisch") (ein obergäriges Bier; Kölner Mundart); [2]**Kölsch**, der; -[e]s (*schweiz. für* gewürfelter Baumwollstoff)
[1]**Kol|ter**, der; -s, - *u.* die; -, -n ‹franz.› (*südwestd. für* Wolldekke, Steppdecke)
[2]**Kol|ter**, das; -s, - ‹franz.› (*bes. nordwestd. für* Messer vor der Pflugschar)
Ko|lum|ba|ri|um, das; -s, ...ien [...iən] ‹lat.› (altröm. Grabkammer; *heute für* Urnenhalle eines Friedhofs)
Ko|lum|bia|ner, *auch* Ko|lum|bi|er [...iər]; **Ko|lum|bia|ne|rin**, *auch* Ko|lum|bie|rin [...iərin]; **ko|lum|bia|nisch**, *auch* ko|lum|bisch; **Ko|lum|bi|en** [...iən] (Staat in Südamerika); **Ko|lum|bi|er** usw. *vgl.* Kolumbianer usw.
Ko|lum|bi|ne *vgl.* Kolombine
ko|lum|bisch *vgl.* kolumbianisch
Ko|lum|bus (Entdecker Amerikas)
Ko|lum|ne, die; -, -n ‹lat., „Säule"› (senkrechte Reihe; [Druck]spalte); **Ko|lum|nen‿maß** (das), **...titel; ko|lum|nen|wei|se** ([druck]spaltenweise); **Ko|lum|nist**, der; -en, -en; ↑R 197 (Journalist, dem ständig eine bestimmte Spalte einer Zeitung zur Verfügung steht); **Ko|lum|ni|stin**
Köm, der; -s, -s (*nordd. für* Kümmelschnaps); 3 Köm (↑R 129)
Ko|ma, das; -s, *Plur.* -s *u.* -ta ‹griech.› (*Med.* tiefe Bewußtlosigkeit)
Ko|man|tsche, der; -n, -n; ↑R 197 (Angehöriger eines nordamerik. Indianerstammes)
ko|ma|tös (in tiefer Bewußtlosigkeit befindlich); -er Zustand
Kom|bat|tant, der; -en, -en (↑R 197) ‹franz.› (*Rechtsspr. u. veraltet für* [Mit]kämpfer; Kriegsteilnehmer)
Kom|bi, der; -[s], -s (*kurz für* kombinierter Liefer- u. Personenwagen); **Kom|bi...** (kombiniert); **Kom|bi|nat**, das; -[e]s, -e ‹russ.› (Zusammenschluß produktionsmäßig eng zusammengehörender Betriebe in [den ehem.] sozialist. Staaten); [1]**Kom|bi|na|ti|on**, die; -, -en ‹lat.› (berechnende Verbindung; gedankliche Folgerung; Zusammenstellung von sportl. Disziplinen, Farben u. a.; *Sport* planmäßiges, flüssiges Zusammenspiel); [2]**Kom|bi|na|ti|on** [*auch* ...'ne:ʃ(ə)n], die; -, *Plur.* -en, *bei engl. Ausspr.* -s ‹engl.› (Hemdhose; einteiliger [Schutz]anzug, bes. der Flieger); **Kom|bi|na|ti|ons‿ga|be** (die; -), **...schloß, ...spiel, ...ver|mö|gen** (das; -s); **kom|bi|na|to|risch** ‹lat.›; -er Lautwandel *(Sprachw.);* **Kom|bi|ne** [...'bain], die; -, -s, *auch* [...'bi:nə], die; -, -n *u.* Combine [kɔm'bain], die; -, -s ‹engl.› (landwirtschaftl. Maschine, die verschiedene Arbeitsgänge gleichzeitig ausführt; Mähdrescher); **kom|bi|nier|bar; kom|bi|nie|ren** ‹lat.› (vereinigen, zusammenstellen; berechnen; vermuten; *Sport* planmäßig zusammenspielen); **Kom|bi|nier|te**, der; -n, -n; ↑R 7 ff. (*Skisport* Teilnehmer an der nordischen Kombination); **Kom|bi|nie|rung; Kom|bi‿schrank, ...wa|gen, ...zan|ge**
Kom|bü|se, die; -, -n (*Seemannsspr.* Schiffsküche)
Ko|me|do [*auch* 'kɔm...], der; -s, ...onen ‹lat.› (*veraltet für* Fresser, Schlemmer; *Med., meist Plur.* Mitesser)
Ko|met, der; -en, -en (↑R 197) ‹griech.› (Schweif-, Haarstern); **Ko|me|ten|bahn; ko|me|ten|haft; Ko|me|ten|schweif**
Kö|me|te|ri|on *vgl.* Zömeterium
Kom|fort [...'fo:r], der; -s ‹engl.›

(Bequemlichkeiten, Annehmlichkeiten; Ausstattung mit einem gewissen Luxus); **kom|for|ta|bel;** ...a|ble Wohnung

Ko|mik, die; - (griech.) (erheiternde, Lachen erregende Wirkung); **Ko|mi|ker; Ko|mi|ke|rin**

Kom|in|form, das; -s (= Kommunistisches Informationsbüro, 1947–56)

Kom|in|tern, die; - (= Kommunistische Internationale, 1919–43)

ko|misch; -ste (griech.) (belustigend, zum Lachen reizend; sonderbar, wunderlich, seltsam); **ko|mi|scher|wei|se**

Ko|mi|ta|dschi, der; -s, -s (türk.) (Angehöriger der bulgar. Freiheitsbewegungen im 19. u. 20. Jh.)

Ko|mi|tat, das, *auch* der; -[e]s, -e (lat.) (*früher* feierliches Geleit, Ehrengeleit; Grafschaft; ehem. Verwaltungsbezirk in Ungarn)

Ko|mi|tee, das; -s, -s (franz.) (leitender Ausschuß)

Ko|mi|ti|en [...i̯ən] *Plur.* (lat.) (altröm. Bürgerversammlungen)

Kom|ma, das; -s, *Plur.* -s, *auch* -ta (griech.) (Beistrich); **Kom|ma|ba|zil|lus** *(Med.)*

Kom|man|dant, der; -en, -en (↑R 197) (franz.) (Befehlshaber einer Festung, eines Schiffes usw.; *schweiz. auch svw.* Kommandeur); **Kom|man|dan|tur,** die; -, -en (lat.) (Dienstgebäude eines Kommandanten; Amt des Befehlshabers); **Kom|man|deur** [...'dø:r], der; -s, -e (franz.) (Befehlshaber eines größeren Truppenteils); **kom|man|die|ren;** (↑R 157:) der Kommandierende General (eines Armeekorps); **Kom|man|die|rung**

Kom|man|di|tär, der; -s, -e (franz.) (*schweiz. für* Kommanditist); **Kom|man|di|te,** die; -, -n (Zweiggeschäft, Nebenstelle; *veraltet für* Kommanditgesellschaft); **Kom|man|dit|ge|sell|schaft** (bestimmte Form der Handelsgesellschaft; *Abk.* KG); - auf Aktien (*Abk.* KGaA); **Kom|man|di|tist,** der; -en, -en; ↑R 197 (Gesellschafter einer Kommanditgesellschaft, dessen Haftung auf seine Einlage beschränkt ist)

Kom|man|do, das; -s, *Plur.* -s, *österr. auch* ...den (ital.) (Befehl; *Milit.* Einheit, Dienststelle; *nur Sing.:* Befehlsgewalt); **Kom|man|do‿brücke** [*Trenn.* ...brük|ke], **...ge|walt** (die; -), **...kap|sel** *(Raumfahrt);* **Kom|man|do|sa|che;** geheime -; **Kom|man|do‿stand, ...stim|me, ...strich** (*svw.* Spiegelstrich), **...zen|tra|le**

Kom|mas|sa|ti|on, die; -, -en (lat.) (*fachspr. für* Zusammenlegung [von Grundstücken]); **kom|mas|sie|ren; Kom|mas|sie|rung** (*bes. österr. für* Kommassation)

Kom|ma|ta (*Plur. von* Komma)

Kom|me|mo|ra|ti|on, die; -, -en (lat.) (Fürbitte in der kath. Messe; kirchl. Gedächtnisfeier)

kom|men; du kamst; du kämest; gekommen; komm[e]!; - lassen; **Kom|men,** das; -s; wir warten auf sein -; das - und Gehen; im - sein

Kom|men|de, die; -, -n (lat.) (*früher* kirchl. Pfründe ohne Amtsverpflichtung; Komturei)

Kom|men|sa|lis|mus, der; - (lat.) (*Biol.* Ernährungsgemeinschaft von Tieren od. Pflanzen)

kom|men|su|ra|bel (lat.) (mit gleichem Maß meßbar; vergleichbar); ...a|ble Größen; **Kom|men|su|ra|bi|li|tät,** die; -

Kom|ment [...'mã:], der; -s, -s (franz., „wie") (*Studentenspr.* Brauch, Sitte, Regel)

Kom|men|tar, der; -s, -e (lat.) (Erläuterung, Auslegung; kritische Stellungnahme; *ugs. für* Bemerkung); **kom|men|tar|los; Kom|men|ta|tor,** der; -s, ...oren (Verfasser eines Kommentars; Journalist o. ä., der regelmäßig kommentiert); **Kom|men|ta|to|rin; kom|men|tie|ren; Kom|men|tie|rung**

Kom|mers, der; -es, -e (franz.) (*Studentenspr.* feierl. Trinkabend); **Kom|mers|buch** (student. Liederbuch)

Kom|merz, der; -es (lat.) (Wirtschaft, Handel u. Verkehr); **Kom|merz|fern|se|hen** (*meist abwertend für* Privatfernsehen); **kom|mer|zia|li|sie|ren** (kommerziellen Interessen unterordnen; *Finanzw.* öffentliche Schulden in privatwirtschaftliche umwandeln); **Kom|mer|zia|li|sie|rung; Kom|mer|zi|al|rat** *Plur.* ...räte (*österr. für* Kommerzienrat); **kom|mer|zi|ell** (auf den Kommerz bezüglich); **Kom|mer|zi|en|rat** [...i̯ən...] *Plur.* ...räte (*früher* Titel für Großkaufleute u. Industrielle)

Kom|mi|li|to|ne, der; -n, -n (↑R 197) (lat.) (*Studentenspr.* Studienkollege); **Kom|mi|li|to|nin**

Kom|mis [kɔ'mi:], der; - [kɔ'mi:(s)], - [kɔ'mi:s] (franz.) (*veraltet für* Handlungsgehilfe); **Kom|miß,** der; ...misses (lat.) (*ugs. für* Militär[dienst]); beim -; **Kom|mis|sar,** der; -s, -e ([vom Staat] Beauftragter; Dienstbez., z. B. Polizeikommissar); **Kom|mis|sär,** der; -s, -e (franz.) (*südd., schweiz., österr. für* Kommissar); **Kom|mis|sa|ri|at,** das; -[e]s, -e (lat.) (Amt[szimmer] eines Kommissars; *österr. für* Polizeidienststelle); **kom|mis|sa|risch** (beauftragt; auftragsweise, vorübergehend); -er Leiter; -e Vernehmung *(Rechtsspr.);* **Kom|miß|brot; Kom|mis|si|on,** die; -, -en (Ausschuß [von Beauftragten]; *Wirtsch.* Handel für fremde Rechnung); **Kom|mis|sio|när,** der; -s, -e (franz.) (Händler auf fremde Rechnung; Kommissionsbuchhändler); **kom|mis|sio|nie|ren** (lat.) (*österr. für* [einen Neubau] prüfen und zur Benutzung freigeben); **Kom|mis|si|ons‿buch|han|del** (Zwischenbuchhandel [zwischen Verlag u. Sortiment]), **...ge|schäft** (Geschäft im eigenen Namen für fremde Rechnung), **...gut** (Ware, für die der Besteller ein Rückgaberecht hat), **...sen|dung** (Sendung von Kommissionsgut); **Kom|miß‿stie|fel** *(veraltend),* **...zeit** *(veraltend);* **Kom|mit|tent,** der; -en, -en; ↑R 197 (Auftraggeber des Kommissionärs); **kom|mit|tie|ren** (beauftragen, [einen Kommissionär] bevollmächtigen)

kom|mod; -este (franz.) (*bes. österr. für* bequem); **Kom|mo|de,** die; -, -n; **Kom|mo|den|schub|la|de; Kom|mo|di|tät,** die; -, -en (*veraltet, noch landsch. für* Bequemlichkeit)

Kom|mo|do|re, der; -s, *Plur.* -n *u.* -s (engl.) (Geschwaderführer; erprobter, älterer Kapitän bei großen Schiffahrtslinien)

kom|mun (lat.) (*veraltend für* gemeinschaftlich; gemein); **kom|mu|nal** (die Gemeinde[n] betreffend, Gemeinde..., gemeindeeigen); -e Angelegenheiten; **Kom|mu|nal‿be|am|te, ...be|hör|de; kom|mu|na|li|sie|ren** (in Gemeindebesitz od. -verwaltung überführen); **Kom|mu|na|li|sie|rung; Kom|mu|nal‿po|li|tik, ...ver|wal|tung, ...wahl; Kom|mu|nar|de,** der; -n, -n (↑R 197) (franz.) (Anhänger der Pariser Kommune; Mitglied einer der frühen [Berliner] Wohngemeinschaften); **Kom|mu|ne,** die; -, -n (politische Gemeinde; Wohn- und Wirtschaftsgemeinschaft; *veraltend, abwertend für* Kommunisten; [*auch* kɔ'my:n(ə)] *nur Sing.:* Herrschaft des Pariser Gemeinderates 1789–1795 und 1871); **Kom|mu|ni|kant,** der; -en, -en (↑R 197) (lat.) (Teilnehmer am Abendmahl); **Kom|mu|ni|kan|tin; Kom|mu|ni|ka|ti|on,** die; -, -en (Verständigung untereinander; Verbindung, Zusammenhang); **Kom|mu|ni|ka|ti|ons‿mit|tel** (das), **...stö|rung, ...sy|stem,**

...**tech|nik; kom|mu|ni|ka|ti|ons|tech|nisch; Kom|mu|ni|ka|ti|ons‿tech|no|lo|gie, ...zen|trum; kom|mu|ni|ka|tiv** (mitteilsam; die Kommunikation betreffend); **Kom|mu|ni|on,** die; -, -en (*kath. Kirche* [Teilnahme am] Abendmahl); **Kom|mu|ni|on‿bank** (*Plur.* ...bänke), ...**kind** (Erstkommunikant[in]); **Kom|mu|ni|qué** [...myni'ke:, *auch* ...mu...], das; -s, -s ‹franz.› (Denkschrift; [regierungs]amtliche Mitteilung); **Kom|mu|nis|mus,** der; - (nach Karl Marx die auf den Sozialismus folgende, von Klassengegensätzen freie Entwicklungsstufe der Gesellschaft; politische Richtung, die sich gegen den Kapitalismus wendet und für eine zentral gelenkte Wirtschafts- und Sozialordnung eintritt); **Kom|mu|nist,** der; -en, -en (↑R 197); **Kom|mu|ni|stin; kom|mu|ni|stisch;** (↑R 157:) das Kommunistische Manifest; **Kom|mu|ni|tät,** die; -, -en ‹lat.› (ev. Bruderschaft; *veraltet für* Gemeinschaft; Gemeingut); **kom|mu|ni|zie|ren** (zusammenhängen, in Verbindung stehen; miteinander sprechen, sich verständigen; *kath. Kirche* die Kommunion empfangen); **kom|mu|ni|zie|rend;** -e (verbundene) Röhren

kom|mu|ta|bel ‹lat.› (veränderlich, vertauschbar); ...a|ble Objekte; **Kom|mu|ta|ti|on,** die; -, -en (*bes. Math.* Umstellbarkeit, Vertauschbarkeit; bestimmter astron. Winkel); **kom|mu|ta|tiv** (vertauschbar); -e Gruppe; **Kom|mu|ta|tor,** der; -s, ...oren (*Technik* Stromwender, Kollektor); **kom|mu|tie|ren** (vertauschen; die Richtung des Stroms ändern); **Kom|mu|tie|rung**

Ko|mö|di|ant, der; -en, -en (↑R 197) ‹ital.(-engl.)› (Schauspieler; *auch für* jmd., der sich verstellt); **ko|mö|di|an|ten|haft; Ko|mö|di|an|ten|tum,** das; -s; **Ko|mö|di|an|tin; ko|mö|di|an|tisch; Ko|mö|die** [...iə], die; -, -n (Lustspiel; *auch für* Vortäuschung, Verstellung); **Ko|mö|di|en‿dich|ter, ...schrei|ber**

Ko|mo|ren *Plur.* (Inselgruppe u. Staat im Indischen Ozean); **Ko|mo|rer; ko|mo|risch**

Komp., Co., Co = Kompanie

Kom|pa|gnon ['kɔmpanjõ, *auch* ...'njõ:], der; -s, -s ‹franz.› (*Kaufmannsspr.* [Geschäfts]teilhaber; Mitinhaber)

kom|pakt; -este ‹franz.› (gedrungen; dicht, konzentriert; fest); **Kom|pakt|bau|wei|se; Kom|pakt|heit,** die; -; **Kom|pakt|schall|plat|te** (Schallplatte, die mit Hilfe eines Laserstrahls abgespielt wird); **Kom|pakt|se|mi|nar** (auf wenige Tage od. Stunden konzentrierte Lehr- od. Informationsveranstaltung)

Kom|pa|nie, die; -, ...ien ‹ital. *u.* franz.› (militärische Einheit [*Abk.* Komp.]; *Kaufmannsspr. veraltet für* [Handels]gesellschaft; *Abk. in Firmen* Co. *od.* Co, *seltener* Cie.); **Kom|pa|nie‿chef, ...füh|rer, ...ge|schäft**

kom|pa|ra|bel ‹lat.› (vergleichbar; *Sprachw.* steigerungsfähig); ...a|ble Größen; **Kom|pa|ra|ti|on,** die; -, -en (*Sprachw.* Steigerung); **Kom|pa|ra|ti|stik,** die; - (vergleichende Literatur- od. Sprachwissenschaft); **Kom|pa|ra|tiv,** der; -s, -e [...və] (*Sprachw.* erste Steigerungsstufe, z. B. „schöner"); **Kom|pa|ra|tiv|satz** (*Sprachw.* Vergleichssatz); **Kom|pa|ra|tor,** der; -s, ...oren (Gerät zum Vergleichen von Längenmaßen); **kom|pa|rie|ren** (vergleichen; *Sprachw.* steigern)

Kom|par|se, der; -n, -n (↑R 197) ‹franz.› (Statist, stumme Person [bei Bühne und Film]); **Kom|par|se|rie,** die; -, ...ien (Gesamtheit der Komparsen); **Kom|par|sin**

Kom|paß, der; ...passes, ...passe ‹ital.› (Gerät zur Bestimmung der Himmelsrichtung); **Kom|paß‿na|del, ...ro|se**

kom|pa|ti|bel ‹franz.(-engl.)› (vereinbar, zusammenpassend, kombinierbar); ...i|ble Ämter; **Kom|pa|ti|bi|li|tät,** die; -, -en (Vereinbarkeit [zweier Ämter in einer Person]; Kombinierbarkeit [verschiedener Computersysteme])

Kom|pa|tri|ot, der; -en, -en (↑R 197) ‹franz.› (*veraltet für* Landsmann)

kom|pen|dia|risch, kom|pen|di|ös ‹lat.› (*veraltet für* zusammengefaßt; gedrängt); ...diöseste; **Kom|pen|di|um,** das; -s, ...ien [...iən] (Abriß, kurzes Lehrbuch)

Kom|pen|sa|ti|on, die; -, -en ‹lat.› (Ausgleich, Entschädigung; *BGB* Aufrechnung); **Kom|pen|sa|ti|ons|ge|schäft; Kom|pen|sa|tor,** der; -s, ...oren (Ausgleicher; Gerät zur Messung einer Spannung); **kom|pen|sa|to|risch** (ausgleichend); **kom|pen|sie|ren** (gegeneinander ausgleichen; *BGB* aufrechnen)

kom|pe|tent; -este ‹lat.› (sachverständig; befähigt; zuständig, maßgebend, befugt); **Kom|pe|tenz,** die; -, -en (Sachverstand, Fähigkeiten; Zuständigkeit; *Sprachw., nur Sing.* Beherrschung eines Sprachsystems); **Kom|pe|tenz‿be|reich** (der), ...**fra|ge,** ...**kom|pe|tenz** (*Rechtsspr.* Befugnis zur Bestimmung der Zuständigkeit), ...**kon|flikt,** ...**strei|tig|keit** *(meist Plur.)*

Kom|pi|la|ti|on, die; -, -en ‹lat.› (Zusammentragen mehrerer [wissenschaftl.] Quellen; durch Zusammentragen entstandene Schrift [ohne wissenschaftl. Wert]); **Kom|pi|la|tor,** der; -s, ...oren (Zusammenträger); **kom|pi|la|to|risch; kom|pi|lie|ren**

Kom|ple|ment, das; -[e]s, -e ‹lat.› (Ergänzung); **kom|ple|men|tär** ‹franz.› (ergänzend); **Kom|ple|men|tär,** der; -s, -e (persönlich haftender Gesellschafter einer Kommanditgesellschaft; *ehem. in der DDR* Eigentümer einer privaten Firma, an der der Staat beteiligt ist); **Kom|ple|men|tär|far|be** (Ergänzungsfarbe); **kom|ple|men|tie|ren** (ergänzen, vervollständigen); **Kom|ple|men|tie|rung; Kom|ple|ment|win|kel** (*Math.* Ergänzungswinkel);

[1]**Kom|plet** [kɔm'ple:, *auch* kõ'ple:], das; -[s], -s (Mantel [od. Jacke] u. Kleid aus gleichem Stoff); [2]**Kom|plet,** die; -, -e ‹lat.› (Abendgebet als Schluß der kath. kirchl. Tageszeiten); **kom|plett;** -este ‹franz.› (vollständig, abgeschlossen; *österr. auch für* voll besetzt); **kom|plet|tie|ren** (vervollständigen; auffüllen); **Kom|plet|tie|rung; Kom|plett|preis** *(bes. Werbespr.)*

kom|plex ‹lat.› (zusammengefaßt, umfassend; vielfältig verflochten; *Math.* aus reellen u. imaginären Zahlen zusammengesetzt); **Kom|plex,** der; -es, -e (zusammengefaßter Bereich; [Sach-, Gebäude]gruppe; *Psych.* seelisch bedrückende, negative Vorstellung [in bezug auf sich selbst]); **Kom|plex|bri|ga|de** (*ehem. in der DDR* Arbeitsgruppe aus verschiedenen Berufen); **Kom|ple|xi|on,** die; -, -en (*veraltet für* Zusammenfassung); **Kom|ple|xi|tät,** die; -; **Kom|plex|ver|bin|dung** *(Chemie)*

Kom|pli|ce usw. *vgl.* Komplize usw.

Kom|pli|ka|ti|on, die; -, -en ‹lat.› (Verwicklung; Erschwerung); **kom|pli|ka|ti|ons|los**

Kom|pli|ment, das; -[e]s, -e ‹franz.› (lobende, schmeichelnde Äußerung; *veraltet für* Gruß); **kom|pli|men|tie|ren** (*geh. für* mit höflichen Gesten und Worten [ins Zimmer o. ä.] geleiten)

Kom|pli|ze, *auch* **Kom|pli|ce** [...'pli:(t)sə], der; -n, -n (↑R 197) ‹franz.› (*abwertend für* Mitschuldiger; Mittäter); **Kom|pli|zen|schaft,** die; -

kom|pli|zie|ren ‹lat.› (verwickeln; erschweren); **kom|pli|ziert** (verwickelt, schwierig, umständlich); **Kom|pli|ziert|heit,** die; -; **Kom|pli|zie|rung**
Kom|pli|zin *(abwertend)*
Kom|plott, das, *ugs. auch* der; -[e]s, -e ‹franz.› (heimlicher Anschlag, Verschwörung); **komplot|tie|ren** *(veraltet)*
Kom|po|nen|te, die; -, -n ‹lat.› (Teilkraft; Bestandteil eines Ganzen); **kom|po|nie|ren** (*Musik* [eine Komposition] schaffen; *geh. für* [kunstvoll] gestalten); **Kom|po|nist,** der; -en, -en; ↑R 197 (jmd., der komponiert); **Kom|po|ni|stin; Kom|po|si|te,** die; -, -n *meist Plur.* (*Bot.* Korbblütler); **Kom|po|si|ti|on,** die; -, -en (Zusammensetzung; Aufbau u. Gestaltung eines Kunstwerkes; *Musik* das Komponieren; Tonschöpfung); **kom|po|si|to|risch; Kom|po|si|tum,** das; -s, *Plur.* ...ta, *selten* ...siten (*Sprachw.* [Wort]zusammensetzung, z. B. „Haustür"); **Kom|post,** der; -[e]s, -e ‹franz.› (natürl. Mischdünger); **Kom|post_er|de, ...hau|fen; kom|po|stier|bar; kom|po|stie|ren** (zu Kompost verarbeiten); **Kom|po|stie|rung; Kom|pott,** das; -[e]s, -e (gekochtes Obst); **Kom|pot|tel|ler** [*Trenn.* ...pott|tel..., ↑R 204]
kom|preß; ...presseste ‹lat.› (*veraltet für* eng zusammengedrängt; *Druckw.* ohne Durchschuß); **Kom|pres|se,** die; -, -n ‹franz.› (*Med.* feuchter Umschlag; Mullstück); **kom|pres|si|bel** ‹lat.› (*Physik* zusammenpreßbar; verdichtbar); ...i|ble Flüssigkeiten; **Kom|pres|si|bi|li|tät,** die; - (*Physik* Zusammendrückbarkeit); **Kom|pres|si|on,** die; -, -en (*Technik* Zusammendrückung; Verdichtung); **Kom|pres|si|ons_dia|gramm** *(Kfz-Technik),* **...strumpf** *(Med.),* **...ver|band** *(Med.);* **Kom|pres|sor,** der; -s, ...oren (*Technik* Verdichter); **Kom|pri|mat,** das; -[e]s, -e (*fachspr. für* Zusammengefaßtes, -gepreßtes); **kom|pri|mier|bar; kom|pri|mie|ren** (zusammenpressen; verdichten); **kom|pri|miert;** -este; **Kom|pri|mie|rung**
Kom|pro|miß, der, *selten* das; ...misses, ...misse ‹lat.› (Übereinkunft; Ausgleich, Zugeständnis); **kom|pro|miß|be|reit; Kom|pro|miß_be|reit|schaft, ...kan|di|dat** *(Politik);* **Kom|pro|miß|ler** (*abwertend für* jmd., der dazu neigt, Kompromisse zu schließen); **kom|pro|miß|le|risch** *(abwertend);* -ste; **kom|pro|miß|los; Kom|pro|miß_lö|sung, ...ver|such, ...vor|schlag; kom|pro|mit|tie|ren** (bloßstellen)
Komp|ta|bi|li|tät, die; - ‹franz.› (Verantwortlichkeit, Rechenschaftspflicht [von der Verwaltung öffentl. Stellen])
Kom|so|mol, der; - ‹russ.› (kommunist. Jugendorganisation in der ehem. UdSSR); **Kom|so|mol|ze,** der; -n, -n; (Mitglied des Komsomol); **Kom|so|mol|zin**
Kom|teß *u.* **Kom|tes|se** [*auch* kõ'tɛs], die; -, ...tessen ‹franz.› (unverheiratete Gräfin)
Kom|tur, der; -s, -e ‹franz.› (Ordensritter; Leiter einer Komturei); **Kom|tu|rei** (Verwaltungsbezirk eines Ritterordens); **Kom|tur|kreuz** (Halskreuz eines Verdienstordens)
Ko|nak, der; -s, -e ‹türk.› (Palast, Amtsgebäude in der Türkei)
Kon|au|tor *vgl.* Koautor
Kon|cha [...ça], die; -, *Plur.* -s *u.* ...chen ‹griech.› (*svw.* Konche; *Med.* muschelähnliches Organ); **Kon|che,** die; -, -n (*Archit.* Nischenwölbung); **Kon|chi|fe|re,** die; -, -n *meist Plur.* ‹griech.; lat.› (*Zool.* Weichtier mit einheitlicher Schale); **kon|chi|form** (muschelförmig); **Kon|choi|de,** die; -, -n; ↑R 180 ‹griech.› (*Math.* einer Muschel ähnliche Kurve vierten Grades); **Kon|chy|lie** [...iə], die; -, -n *meist Plur.* (*Zool.* Schale der Weichtiere); **Kon|chy|lio|lo|ge,** der; -n, -n (↑R 197); **Kon|chy|lio|lo|gie,** die; - (Lehre von den Gehäusen der Konchylien)
Kon|dem|na|ti|on, die; -, -en ‹lat.› (*veraltet für* Verurteilung, Verdammung; *Seew.* Erklärung eines Experten, daß die Reparatur eines beschädigten Schiffes nicht mehr lohnt)
Kon|den|sat, das; -[e]s, -e ‹lat.› (Niederschlag[swasser]); **Kon|den|sa|ti|on,** die; -, -en (Verdichtung; Verflüssigung); **Kon|den|sa|ti|ons|punkt** *(Physik);* **Kon|den|sa|tor,** der; -s, ...oren (Gerät zum Speichern von Elektrizität od. zum Verflüssigen von Dämpfen); **kon|den|sie|ren** (verdichten, eindicken; verflüssigen); **Kon|den|sie|rung; Kon|dens|milch; Kon|den|sor,** der; -s, ...oren (*Optik* Lichtsammler, -verstärker); **Kon|dens_strei|fen, ...was|ser** (*Plur.* ...wasser *u.* ...wässer)
Kon|dik|ti|on, die; -, -en ‹lat.› (*Rechtsw.* Klage auf Rückgabe)
kon|di|tern (Konditorwaren herstellen; *ugs. für* eine Konditorei besuchen); ich ...ere (↑R 22); -gehen
Kon|di|ti|on, die; -, -en ‹lat.› (Bedingung; *nur Sing.:* körperl. Zustand); *vgl.* à condition; **kon|di|tio|nal** (*Sprachw.* bedingend); **Kon|di|tio|nal,** der; -s, -e (*Sprachw.* Bedingungsform); **Kon|di|tio|na|lis|mus,** der; - (eine philos. Lehre); **Kon|di|tio|nal|satz** (*Sprachw.* Bedingungssatz); **kon|di|tio|nie|ren** (Werkstoffe vor der Bearbeitung an die erforderlichen Bedingungen anpassen); **kon|di|tio|niert** (beschaffen [von Waren]); **Kon|di|tio|nie|rung; Kon|di|ti|ons_schwä|che, ...trai|ner, ...trai|ning**
Kon|di|tor, der; -s, ...oren ‹lat.›; **Kon|di|to|rei; Kon|di|to|rin** [*auch* ...'dito...]; **Kon|di|tor|mei|ster**
Kon|do|lenz, die; -, -en ‹lat.› (Beileid[sbezeigung]); **Kon|do|lenz_be|such, ...buch, ...kar|te, ...schrei|ben; kon|do|lie|ren;** jmdm. -
Kon|dom, das *od.* der; -s, *Plur.* -e, *selten* -s ‹engl.› (Präservativ)
Kon|do|mi|nat, das *od.* der; -[e]s, -e ‹lat.› *u.* **Kon|do|mi|ni|um,** das; -s, ...ien [...iən] (Herrschaft mehrerer Staaten über dasselbe Gebiet; auch dieses Gebiet selbst)
Kon|dor, der; -s, -e ‹indian.› (sehr großer, südamerik. Geier)
Kon|dot|tie|re, der; -s, ...ri ‹ital.› (italien. Söldnerführer im 14. u. 15. Jh.)
Kon|dui|te [*auch* kõ'dyi:t], die; - ‹franz.› (*veraltet für* Führung)
Kon|dukt, der; -[e]s, -e ‹lat.› (*veraltend für* [feierl.] Geleit, Leichenzug); **Kon|duk|teur** [...'tø:r, *schweiz.* 'kɔn...], der; -s, -e ‹franz.› (*schweiz., sonst veraltet für* Schaffner); **Kon|duk|tor,** der; -s, ...oren ‹lat.› ([elektr.] Leiter; *Med.* Überträger einer Erbkrankheit)
Kon|du|ran|go, die; -, -s ‹indian.› (südamerik. Kletterstrauch, dessen Rinde ein Magenmittel liefert); **Kon|du|ran|go|rin|de**
Kon|dy|lom, das; -s, -e ‹griech.› (*Med.* Feigwarze)
Ko|nen (*Plur. von* Konus)
Kon|fekt, das; -[e]s, -e ‹lat.› (Pralinen; *südd., schweiz., österr. auch für* Teegebäck); **Kon|fek|ti|on,** die; -, -en *Plur. selten* ‹franz.› (industrielle Anfertigung von Kleidung; [Handel mit] Fertigkleidung; Bekleidungsindustrie); **Kon|fek|tio|när,** der; -s, -e (Hersteller von Fertigkleidung; Unternehmer, Angestellter in der Konfektion); **Kon|fek|tio|neu|se** [...'nø:zə], die; -, -n ([leitende] Angestellte in der Konfektion); **kon|fek|tio|nie|ren** (fabrikmäßig herstellen); **Kon|fek|tio|nie|rung; Kon|fek|ti|ons_an|zug, ...ge|schäft, ...grö|ße**

Kon|fe|renz, die; -, -en ‹lat.› (Besprechung; Zusammenkunft von Experten); **Kon|fe|renz_be|schluß, ...pau|se, ...saal, ...schal|tung** *(Fernmeldetechnik)*, **...sen|dung** *(Rundf.)*, **...teil|neh|mer, ...tisch, ...zim|mer; kon|fe|rie|ren** ‹franz.› (eine Konferenz abhalten; als Conférencier sprechen); *vgl.* conferieren

Kon|fes|si|on, die; -, -en ‹lat.› ([Glaubens]bekenntnis; [christl.] Bekenntnisgruppe); **Kon|fes|sio|na|lis|mus**, der; - ([übermäßige] Betonung der eigenen Konfession); **kon|fes|sio|nell** (zu einer Konfession gehörend); **kon|fes|si|ons|los; Kon|fes|si|ons|lo|sig|keit**, die; -; **Kon|fes|si|ons|schu|le**

Kon|fet|ti *Plur., heute meist* das; -[s] ‹ital.› (bunte Papierblättchen); **Kon|fet|ti_pa|ra|de, ...re|gen**

Kon|fi|dent, der; -en, -en (↑R 197) ‹franz.› (*veraltet für* Vertrauter, Busenfreund; *österr. für* [Polizei]spitzel); **kon|fi|den|ti|ell** (*veraltet für* vertraulich)

Kon|fi|gu|ra|ti|on, die; -, -en ‹lat.› (*Astron., Astrol.* bestimmte Stellung der Planeten; *Med.* Verformung [z. B. des Schädels]; *Chemie* räumliche Anordnung der Atome eines Moleküls; *Kunst* Gestalt[ung])

Kon|fir|mand, der; -en, -en (↑R 197) ‹lat.›; **Kon|fir|man|den_stun|de, ...un|ter|richt; Kon|fir|man|din; Kon|fir|ma|ti|on**, die; -, -en (Aufnahme jugendl. evangel. Christen in die Gemeinde der Erwachsenen); goldene -; **Kon|fir|ma|ti|ons_an|zug, ...ge|schenk, ...spruch; kon|fir|mie|ren**

Kon|fi|se|rie [*auch* kõ...], die; -, -ien ‹franz.› (*schweiz.* [Geschäft für] Süßwaren, Pralinen u. ä. aus eigener Herstellung); **Kon|fi|seur** [...'zø:r], der; -s, -e (Berufsbez.)

Kon|fis|ka|ti|on, die; -, -en ‹lat.› ([entschädigungslose] Enteignung; Beschlagnahmung); **kon|fis|zie|ren**

Kon|fi|tent, der; -en, -en (↑R 197) ‹lat.› (*veraltet für* Beichtender)

Kon|fi|tü|re, die; -, -n ‹franz.› (Marmelade mit Früchten od. Fruchtstücken)

kon|fli|gie|ren ‹lat.› (in Konflikt geraten); **Kon|flikt**, der; -[e]s, -e ‹lat., „Zusammenstoß"› (Zwiespalt, [Wider]streit); **Kon|flikt_feld** (Spannungsfeld), **...for|schung, ...herd, ...kom|mis|si|on** (*ehem. in der DDR* außergerichtl. Schiedskommission); **kon|flikt_los, ...scheu; Kon|flikt_si|tua|ti|on, ...stoff**

Kon|flu|enz, die; -, -en ‹lat.› (*Geol.* Zusammenfluß zweier Gletscher)

kon|fö|de|ra|li|stisch; Kon|fö|de|ra|ti|on, die; -, -en ‹lat., „Bündnis"› ([Staaten]bund); **kon|fö|de|rie|ren**, sich (sich verbünden); **Kon|fö|de|rier|te**, der *u.* die; -n, -n (↑R 7 ff.)

kon|fo|kal ‹lat.› (*Optik* mit gleichen Brennpunkten); -e Kegelschnitte

kon|form ‹lat.› (einig, übereinstimmend); - gehen (übereinstimmen); **Kon|for|mis|mus**, der; - ([Geistes]haltung, die [stets] um Anpassung bemüht ist); **Kon|for|mist**, der; -en, -en; ↑R 197 (Anhänger der anglikan. Kirche; Vertreter des Konformismus); **kon|for|mi|stisch; Kon|for|mi|tät**, die; - (Übereinstimmung)

Kon|fra|ter ‹lat., „Mitbruder"› ([kath.] Amtsbruder); **Kon|fra|ter|ni|tät**, die; -, -en (*veraltet für* Bruderschaft kath. Geistlicher)

Kon|fron|ta|ti|on, die; -, -en ‹lat.› (Gegenüberstellung [von Angeklagten u. Zeugen]; Auseinandersetzung); **Kon|fron|ta|ti|ons|kurs; kon|fron|tie|ren**; mit jmdm., mit etwas konfrontiert werden; **Kon|fron|tie|rung**

kon|fus; -este; ‹lat.› (verwirrt, verworren, durcheinander); **Kon|fu|si|on**, die; -, -en (Verwirrung, Durcheinander; *BGB* Vereinigung von Forderung u. Schuld in einer Person); **Kon|fu|si|ons|rat** *Plur.* ...räte (*veraltend scherzh. für* Wirrkopf)

Kon|fu|tse, Kon|fu|zi|us (chin. Philosoph); **kon|fu|zia|nisch**; -e Philosophie (nach Art des Konfuzius), aber (↑R 134): Konfuzianische Aussprüche (von Konfuzius); **Kon|fu|zia|nis|mus**, der; - (sich auf die Lehre von Konfuzius berufende Geisteshaltung); **kon|fu|zia|ni|stisch** (den Konfuzianismus betreffend); **Kon|fu|zi|us** *vgl.* Konfutse

kon|ge|ni|al [*auch* 'kɔn...] ‹lat.› (geistesverwandt; geistig ebenbürtig); **Kon|ge|nia|li|tät**, die; -

kon|ge|ni|tal ‹lat.› (*Med.* angeboren)

Kon|ge|sti|on, die; -, -en ‹lat.› (*Med.* Blutandrang); **kon|ge|stiv** (Blutandrang erzeugend)

Kon|glo|me|rat, das; -[e]s, -e ‹lat.› (Zusammenballung, Gemisch; *Geol.* Sedimentgestein)

[1]**Kon|go**, der; -[s] (Strom in Mittelafrika); [2]**Kon|go** *meist mit Artikel* der; -[s] (Staat in Mittelafrika); *vgl.* Irak, Zaire; **Kon|go|becken** [*Trenn.* ...bek|ken], das; -s; **Kon|go|le|se**, der; -n, -n (↑R 197); **Kon|go|le|sin; kon|go|le|sisch; kon|go|rot; Kon|go|rot**; ↑R 149 (ein Farbstoff)

Kon|gre|ga|ti|on, die; -, -en ‹lat.› ([kath.] Vereinigung); **Kon|gre|ga|tio|na|list**, der; -en, -en (↑R 197) ‹engl.› (Angehöriger einer engl.-nordamerik. Freikirche); **Kon|gre|ga|tio|nist**, der; -en, -en (↑R 197) ‹lat.› (Angehöriger einer Kongregation)

Kon|greß, der; ...gresses, ...gresse ‹lat.› ([größere] fachl. od. polit. Versammlung; *nur Sing.:* Parlament in den USA); **Kon|greß_hal|le, ...saal, ...stadt, ...teil|neh|mer**

kon|gru|ent ‹lat.› (übereinstimmend; *Math.* deckungsgleich); **Kon|gru|enz**, die; -, -en *Plur. selten* (Übereinstimmung; *Math.* Deckungsgleichheit); **Kon|gru|enz|satz** *(Geom.)*; **kon|gru|ie|ren**

Ko|ni|die [...diə], die; -, -n *meist Plur.* ‹griech.› (*Bot.* Pilzspore)

K.-o.-Nie|der|la|ge; ↑R 41 (*Boxen* Niederlage durch K. o.)

Ko|ni|fe|re, die; -, -n *meist Plur.* ‹lat.› (*Bot.* zapfentragendes Nadelholzgewächs)

Kö|nig, der; -s, -e; (↑R 133:) die Heiligen Drei -e; **Kö|ni|gin; Kö|ni|gin_mut|ter** (*Plur.* ...mütter), **...pa|ste|te, ...wit|we** (↑R 33); **kö|nig|lich** (*Abk.* kgl.); das königliche Spiel (Schach); *im Titel* (↑R 157): Königlich (*Abk.* Kgl.); Königliche Hoheit (Anrede eines Fürsten od. Prinzen); *vgl.* kaiserlich; **Kö|nig|reich; Kö|nigs|ad|ler** (*svw.* Steinadler)

Kö|nigs|berg (*russ.* Kaliningrad); Königsberger Klopse (ein Fleischgericht); *vgl.* Kaliningrad

kö|nigs|blau; Kö|nigs_blau, ...burg, ...farn, ...haus, ...hof, ...ker|ze (eine Heil- u. Zierpflanze), **...kro|ne, ...ku|chen, ...pal|me, ...schloß**

Kö|nigs|see, der; -s (in Bayern)

Kö|nigs|sohn; Kö|nigs|stuhl, der; -s (Kreidefelsen auf Rügen); **Kö|nig|stein**, der; -s (Tafelberg im Elbsandsteingebirge); die Festung -; **Kö|nigs_thron, ...ti|ger, ...toch|ter; kö|nigs|treu; Kö|nigs_was|ser** (das; -s; *Chemie*), **...weg** (bester, idealer Weg zu einem hohen Ziel)

Kö|nigs Wu|ster|hau|sen (Stadt südöstl. Berlins); **Kö|nigs|wu|ster|hau|se|ner** (↑R 147)

Kö|nig|tum

Ko|ni|in, das; -s ‹griech.› (*Biol., Chemie* ein giftiges Alkaloid)

ko|nisch ‹griech.› (kegelförmig); -e Spirale

Konj. = Konjunktiv

Kon|jek|tur, die; -, -en ‹lat.› (*Literaturw.* verbessernder Eingriff in einen nicht einwandfrei überlieferten Text); **kon|jek|tu|ral; Kon|jek|tu|ral|kri|tik; kon|ji|zie|ren** (Konjekturen machen)

Kon|ju|ga|ti|on, die; -, -en (*Sprachw.* Beugung des Verbs); **Kon|ju|ga|ti|ons|en|dung; kon|ju|gier|bar** (beugungsfähig); **kon|ju|gie|ren** ([Verb] beugen); **kon|jun|gie|ren** (*veraltet für* verbinden); **Kon|junk|ti|on,** die; -, -en (*Sprachw.* Bindewort, z. B. „und", „weil"; *Astron.* Stellung zweier Gestirne im gleichen Längengrad); **Kon|junk|tio|nal_ad|verb, ...satz** (*Sprachw.* von einer Konjunktion eingeleiteter Nebensatz); **Kon|junk|tiv,** der; -s, -e [...və] (*Sprachw.* Möglichkeitsform; *Abk.* Konj.); **Kon|junk|ti|va** [...v...], die; -, ...vä (*Med.* Bindehaut [des Auges]); **kon|junk|ti|visch** [...viʃ] (*Sprachw.* den Konjunktiv betreffend, auf ihn bezüglich); **Kon|junk|ti|vi|tis** [...v...], die; -, ...itiden (*Med.* Bindehautentzündung [des Auges]); **Kon|junk|tiv|satz; Kon|junk|tur,** die; -, -en (wirtschaftl. Gesamtlage von bestimmter Entwicklungstendenz; wirtschaftl. Aufschwung); **kon|junk|tur|be|dingt; Kon|junk|tur|be|richt; kon|junk|tu|rell** (der Konjunktur gemäß); **Kon|junk|tur_la|ge, ...po|li|tik; kon|junk|tur|po|li|tisch; Kon|junk|tur_pro|gramm, ...rit|ter** *(abwertend)*, **...schwan|kung, ...sprit|ze** (*ugs. für* Maßnahme zur Konjunkturbelebung), **...zu|schlag**

kon|kav ⟨lat.⟩ (*Optik* hohl, vertieft, nach innen gewölbt); **Kon|kav|glas** *Plur.* ...gläser; **Kon|ka|vi|tät** [...v...], die; - (konkaver Zustand); **Kon|kav|spie|gel**

Kon|kla|ve [...və], das; -s, -n ⟨lat.⟩ (Versammlung[sort] der Kardinäle zur Papstwahl)

kon|klu|dent ⟨lat.⟩ (schlüssig); -es Verhalten *(Rechtsw.)*; **kon|klu|die|ren** (*Philos.* folgern); **Kon|klu|si|on,** die; -, -en (Schluß[folgerung]); **kon|klu|siv** (schließend, folgernd)

kon|kor|dant ⟨lat.⟩ (übereinstimmend); **Kon|kor|danz,** die; -, -en (*Biol.* Übereinstimmung; *Buchw.* alphabet. Verzeichnis von Wörtern od. Sachen zum Vergleich ihres Vorkommens u. Sinngehaltes an verschiedenen Stellen eines Buches, z. B. Bibelkonkordanz; *Geol.* gleichlaufende Lagerung mehrerer Gesteinsschichten; *Druckw.* ein Schriftgrad); 5 Konkordanz (*Druckw.;* ↑R 129); **Kon|kor|dat,** das; -[e]s, -e (Vertrag zwischen Staat u. kath. Kirche; *schweiz. für* Vertrag zwischen Kantonen); **Kon|kor|dats|po|li|tik,** die; -; **Kon|kor|dia,** die; - (Name von Vereinen usw.); **Kon|kor|di|en|for|mel** [...iən...], die; - (letzte lutherische Bekenntnisschrift von 1577)

Kon|kre|ment, das; -[e]s, -e ⟨lat.⟩ (*Med.* krankhaftes festes Gebilde, das in Körperflüssigkeiten u. -hohlräumen entsteht [z. B. Nierenstein]); **kon|kret;** -este ⟨lat.⟩ (körperlich, gegenständlich, sinnfällig, anschaubar, greifbar); *vgl.* in concreto; -e Malerei; -e Musik; **Kon|kre|ti|on,** die; -, -en (*Med.* Verwachsung; *Geol.* mineralischer Körper in Gesteinen); **kon|kre|ti|sie|ren** (verdeutlichen; [im einzelnen] ausführen); **Kon|kre|ti|sie|rung; Kon|kre|tum,** das; -s, ...ta (*Sprachw.* Substantiv, das etwas Gegenständliches benennt, z. B. „Tisch")

Kon|ku|bi|nat, das; -[e]s, -e ⟨lat.⟩ (*Rechtsspr.* eheähnliche Gemeinschaft ohne Eheschließung); **Kon|ku|bi|ne,** die; -, -n (*veraltet für* im Konkubinat lebende Frau; *abwertend für* Geliebte)

Kon|ku|pis|zenz, die; - ⟨lat.⟩ (*Philos., Theol.* Begehrlichkeit; sinnl. Begierde)

Kon|kur|rent, der; -en, -en (↑R 197) ⟨lat.⟩ (Mitbewerber, [geschäftl.] Rivale); **Kon|kur|ren|tin; Kon|kur|renz,** die; -, -en (Wettbewerb; Zusammentreffen zweier Tatbestände od. Möglichkeiten; *nur Sing.:* Konkurrent, Gesamtheit der Konkurrenten); **Kon|kur|renz|be|trieb; kon|kur|renz|fä|hig; kon|kur|ren|zie|ren** (*österr., schweiz. für* jmdm. Konkurrenz machen); jmdn. -; **Kon|kur|ren|zie|rung** *(österr., schweiz.)*; **Kon|kur|renz|kampf; kon|kur|renz|los; Kon|kur|renz_neid, ...un|ter|neh|men; kon|kur|rie|ren** (wetteifern; miteinander in Wettbewerb stehen; zusammentreffen [von mehreren strafrechtl. Tatbeständen]); **Kon|kurs,** der; -es, -e (Zahlungseinstellung, -unfähigkeit); **Kon|kurs_er|öff|nung, ...mas|se, ...ver|fah|ren, ...ver|wal|ter**

kön|nen; du kannst; du konntest; du könntest; gekonnt, a b e r : ich habe das nicht glauben können; **Kön|nen,** das; -s; **Kön|ner; Kön|ne|rin; Kön|ner|schaft,** die; -

Kon|ne|ta|bel, der; -s, -s ⟨franz.⟩ (franz. Kronfeldherr [bis ins 17. Jh.])

Kon|nex, der; -es, -e ⟨lat.⟩ (Zusammenhang, Verbindung; persönlicher Kontakt); **Kon|ne|xi|on,** die; -, -en *meist Plur.* (*selten für* [vorteilhafte] Beziehung)

kon|ni|vent [...v...]; -este ⟨lat.⟩ (*Rechtsw.* nachsichtig); **Kon|ni|venz,** die; -, -en (Nachsicht); **kon|ni|vie|ren** (*veraltet für* Nachsicht üben)

Kon|nos|se|ment, das; -[e]s, -e ⟨ital.⟩ (*Seew.* Frachtbrief)

Kon|no|ta|ti|on, die; -, -en ⟨lat.⟩ (*Sprachw.* semant.-stilist. Färbung; mit einem Wort verbundene zusätzliche Vorstellung, z. B. „Nacht", „kühl" bei „Mond"); **kon|no|ta|tiv; kon|no|tie|ren** (eine Konnotation hervorrufen)

Kon|nu|bi|um, das; -s, ...ien [...iən] ⟨lat.⟩ (*Rechtsspr. veraltet für* Ehe[gemeinschaft])

Ko|no|id, das; -[e]s, -e ⟨griech.⟩ (*Geom.* kegelähnlicher Körper)

Kon|qui|sta|dor [...k(v)i...], der; -en, -en (↑R 197) ⟨span.⟩ (span. Eroberer von Mittel- u. Südamerika im 16. Jh.)

Kon|rad (m. Vorn.); **Kon|ra|din** [...di:n] (m. Vorn.); **Kon|ra|di|ne** (w. Vorn.)

Kon|rek|tor, der; -s, ...oren ⟨lat.⟩ (Vertreter des Rektors einer Schule)

Kon|se|kra|ti|on, die; -, -en ⟨lat.⟩ (liturg. Weihe einer Person od. Sache; Verwandlung von Brot u. Wein beim Abendmahl); **kon|se|krie|ren**

kon|se|ku|tiv ⟨lat.⟩ (die Folge bezeichnend); **Kon|se|ku|tiv|satz** (*Sprachw.* Umstandssatz der Folge)

Kon|sens, der; -es, -e ⟨lat.⟩ (Meinungsübereinstimmung; *veraltend für* Genehmigung); **kon|sens|fä|hig; Kon|sen|sus,** der; -, - [...zu:s] (*svw.* Konsens); **kon|sen|tie|ren** (*veraltet für* einwilligen, genehmigen)

kon|se|quent; -este ⟨lat.⟩ (folgerichtig; bestimmt; beharrlich, zielbewußt); **Kon|se|quenz,** die; -, -en (Folgerichtigkeit; Beharrlichkeit; Zielstrebigkeit; Folge[rung]); die -en tragen, ziehen

Kon|ser|va|tis|mus [...v...] ⟨lat.⟩ *vgl.* Konservativismus; **kon|ser|va|tiv** [*auch* 'kɔn...] (am Hergebrachten festhaltend; polit. dem Konservativismus zugehörend); eine -e Partei; a b e r (↑R 157): die Konservative Partei (in Großbritannien); **Kon|ser|va|ti|ve,** der *u.* die; -n, -n (↑R 7 ff.); **Kon|ser|va|ti|vis|mus,** der; - (am Überlieferten orientierte Einstellung; auf Erhalt der bestehenden Ordnung gerichtete Haltung); **Kon|ser|va|ti|vi|tät,** die; -; **Kon|ser|va|tor,** der; -s, ...oren (für die Instandhaltung von Kunstdenkmälern verantwortl. Fachmann bzw. Beamter); **kon|ser|va|to|risch** (pfleglich; das Konservatorium betreffend); - gebildet (auf einem Konservatorium ausgebildet); **Kon|ser|va|to|rist,** der; -en, -en; ↑R 197 (Schüler eines Konservatoriums); **Kon|ser|va|to|ri|stin;** **Kon|ser|va|to|ri|um,** das; -s, ...ien [...iən] ⟨ital.⟩ (Musik[hoch]schule); **Kon|ser|ve,** die; -, -n ⟨mlat.⟩ (haltbar gemachtes Nahrungs- od. Genußmittel; Konservenbüchse, -glas mit Inhalt; *ugs. für* auf Tonband, Schallplatte Festgehaltenes; *kurz für* Blutkonserve); **Kon|ser|ven-büch|se, ...do|se, ...fa|brik, ...glas, ...öff|ner, ...ver|gif|tung** *(Med.)*; **kon|ser|vie|ren** ⟨lat.⟩ (einmachen; haltbar machen; beibehalten); **Kon|ser|vie|rung; Kon|ser|vie|rungs|mit|tel,** das

Kon|si|gnant, der; -en, -en (↑R 197) ⟨lat.⟩ (*Wirtsch.* Versender von Konsignationsgut); **Kon|si|gna|tar, Kon|si|gna|tär,** der; -s, -e (Empfänger von Konsignationsgut); **Kon|si|gna|ti|on,** die; -, -en (Kommissionsgeschäft [bes. im Überseehandel]); **Kon|si|gna|ti|ons|gut; kon|si|gnie|ren** (Waren zum Verkauf übersenden)

Kon|si|lia|ri|us, der; -, ...rii ⟨lat.⟩ (zur Beratung hinzugezogener Arzt); **Kon|si|li|um,** das; -s, ...ien [...iən] (Beratung [von Ärzten]; beratende Versammlung); *vgl.* Consilium abeundi

kon|si|stent ⟨lat.⟩ (fest, zäh zusammenhaltend; dickflüssig); **Kon|si|stenz,** die; -

Kon|si|sto|ri|al|rat *Plur.* ...räte (ev. Titel); **Kon|si|sto|ri|um,** das; -s, ...ien [...iən] ⟨lat.⟩ (außerordentl. Versammlung der Kardinäle unter Vorsitz des Papstes; oberste Verwaltungsbehörde mancher ev. Landeskirchen)

kon|skri|bie|ren ⟨lat.⟩ (*früher für* zum Heeres-, Kriegsdienst ausheben); **Kon|skri|bier|te,** der; -n, -n (↑R 7 ff.); **Kon|skrip|ti|on,** die; -, -en

Kon|sol, der; -s, -s *meist Plur.* ⟨engl.⟩ (Staatsschuldschein); **Kon|so|le,** die; -, -n ⟨franz.⟩ (Wandbrett; *Bauw.* herausragender Mauerteil); **Kon|so|li|da|ti|on,** die; -, -en ⟨lat.(-franz.)⟩ (Vereinigung mehrerer Staatsanleihen zu einer einheitlichen Anleihe; Umwandlung kurzfristiger Staatsschulden in Anleihen); **kon|so|li|die|ren** (sichern, festigen); **Kon|so|li|die|rung** (Sicherung, Festigung [eines Unternehmens]); **Kon|so|li|die|rungs|pha|se; Kon|sol|tisch; Kon|sol|tisch|chen**

Kon|som|mee [kõsɔ'me:] *vgl.* Consommé

kon|so|nant ⟨lat.⟩ (*Musik* harmonisch, zusammenklingend; *veraltet für* einstimmig, übereinstimmend); **Kon|so|nant,** der; -en, -en; ↑R 197 (*Sprachw.* Mitlaut, z. B. p, t, k); **Kon|so|nan|ten-häu|fung, ...schwund; kon|so|nan|tisch** (Konsonanten betreffend); **Kon|so|nanz,** die; -, -en (*Musik* harmonischer Gleichklang; *Sprachw.* Anhäufung von Mitlauten, Mitlautfolge)

Kon|sor|te, der; -n, -n ⟨lat., „Genosse"⟩ (*Wirtsch.* Mitglied eines Konsortiums; *nur Plur.: abwertend für* Mitbeteiligte, Mittäter); **Kon|sor|ti|um,** das; -s, ...ien [...iən] (Genossenschaft; vorübergehende Vereinigung von Unternehmen, bes. von Banken, für größere Finanzierungsaufgaben)

Kon|spekt, der; -[e]s, -e ⟨lat.⟩ (Zusammenfassung, Inhaltsübersicht); **kon|spek|tie|ren** (einen Konspekt anfertigen)

Kon|spi|ra|ti|on, die; -, -en ⟨lat.⟩ (Verschwörung); **kon|spi|ra|tiv** (verschwörerisch); **kon|spi|rie|ren** (sich verschwören; eine Verschwörung anzetteln)

[1]**Kon|sta|bler,** der; -s, - ⟨lat.⟩ (*früher für* Geschützmeister usw. [auf Kriegsschiffen]); [2]**Kon|sta|bler,** der; -s, - ⟨engl.⟩ (*veraltet für* Polizist in England u. in den USA)

kon|stant; -este ⟨lat.⟩ (beharrlich, fest[stehend], ständig, unveränderlich, stet[ig]); **Kon|stan|te,** die; -[n], *Plur.* -n, *ohne Artikel fachspr. auch* - (eine mathemat. Größe, deren Wert sich nicht ändert; *Ggs.* Veränderliche, Variable); zwei -[n]; **Kon|stan|tin** [*österr. nur so, auch* ...'ti:n] (m. Vorn.); - der Große (röm. Kaiser); **kon|stan|ti|nisch,** aber (↑R 134): die Konstantinische Schenkung; **Kon|stan|ti|no|pel** (*früherer Name für* Istanbul); **Kon|stan|ti|no|pe|ler, Kon|stan|ti|nop|ler, Kon|stan|ti|no|po|li|ta|ner** (↑R 147); [1]**Kon|stanz,** die; - ⟨lat.⟩ (Beharrlichkeit, Unveränderlichkeit; Stetigkeit); [2]**Kon|stanz** (Stadt am Bodensee); **Kon|stan|ze** (w. Vorn.); **kon|sta|tie|ren** ⟨franz.⟩ (feststellen); **Kon|sta|tie|rung**

Kon|stel|la|ti|on, die; -, -en ⟨lat.⟩ (Zusammentreffen von Umständen; Lage [der Dinge]; *Astron.* Stellung der Gestirne zueinander)

Kon|ster|na|ti|on, die; -, -en ⟨lat.⟩ (*veraltet für* Bestürzung); **kon|ster|nie|ren** (verblüffen, verwirren); jmdn. -; **kon|ster|niert** (bestürzt, betroffen)

Kon|sti|pa|ti|on, die; -, -en ⟨lat.⟩ (*Med.* Verstopfung)

Kon|sti|tu|an|te *vgl.* Constituante; **Kon|sti|tu|en|te,** die; -, -n ⟨lat.⟩ (*Sprachw.* sprachl. Bestandteil eines größeren Ganzen); **kon|sti|tu|ie|ren** ⟨lat.(-franz.)⟩ (einsetzen, festsetzen, gründen); sich - (zusammentreten [zur Beschlußfassung]); -de Versammlung; **Kon|sti|tu|ie|rung; Kon|sti|tu|ti|on,** die; -, -en (allgemeine, bes. körperl. Verfassung; *Med.* Körperbau; *Politik* Verfassung, Satzung); **Kon|sti|tu|tio|na|lis|mus,** der; -; ↑R 180 (Staatsform auf dem Boden einer Verfassung); **kon|sti|tu|tio|nell** (↑R 180) ⟨franz.⟩ (verfassungsmäßig; *Med.* auf die Körperbeschaffenheit bezüglich; anlagebedingt); -e Monarchie; **Kon|sti|tu|ti|ons|typ; kon|sti|tu|tiv** ⟨lat.⟩ (das Wesen einer Sache bestimmend)

Kon|strik|ti|on, die; -, -en ⟨lat.⟩ (*Med.* Zusammenziehung [eines Muskels]; *Biol.* Einschnürung, Verengung); **Kon|strik|tor,** der; -s, ...oren (*Med.* Schließmuskel); **kon|strin|gie|ren** [...st...] (*Med.* zusammenziehen [von Muskeln])

kon|stru|ie|ren ⟨lat.⟩ (gestalten; zeichnen; bilden; [künstlich] herstellen); **Kon|strukt,** das; -[e]s, *Plur.* -e *u.* -s (Arbeitshypothese); **Kon|struk|teur** [...'tø:r], der; -s, -e ⟨franz.⟩ (Erbauer, Erfinder, Gestalter); **Kon|struk|teu|rin** [...'tø:...]; **Kon|struk|ti|on,** die; -, -en ⟨lat.⟩; **kon|struk|ti|ons|be|dingt; Kon|struk|ti|ons-bü|ro, ...feh|ler, ...zeich|nung; kon|struk|tiv** [*auch* 'kɔn...] (die Konstruktion betreffend; folgerichtig; aufbauend); -es Mißtrauensvotum; **Kon|struk|ti|vis|mus** [...v...], der; - (Richtung der bildenden Kunst u. der Architektur um 1920); **Kon|struk|ti|vist,** der; -en, -en (↑R 197); **kon|struk|ti|vi|stisch**

Kon|sub|stan|tia|ti|on, die; -, -en ⟨lat.⟩ (*ev. Rel.* [nach Luther] Verbindung der realen Gegenwart Christi mit Brot u. Wein beim Abendmahl)

Kon|sul, der; -s, -n ⟨lat.⟩ (höchster Beamter der röm. Republik; *Diplomatie* Vertreter eines Staates zur Wahrnehmung seiner [wirtschaftl.] Interessen in einem anderen Staat); **Kon|su|lar|agent** (*Diplomatie* Bevollmächtigter eines Konsuls); **kon|su|la|risch;** aber: das Konsularische Korps (*Abk.* CC); **Kon|su|lar-recht** (das; -[e]s), **...ver|trag; Kon|su|lat,** das; -[e]s, -e (Amt[sgebäude] eines Konsuls); **Kon|su|lats|ge|bäu|de; Kon|su|lent,** der; -en, -en; ↑R 197 (*veraltet für* [Rechts]berater); **Kon|su|lin;**

Kon|sul|tant, der; -en, -en (fachmänn. Berater); **Kon|sul|ta|ti|on,** die; -, -en (Befragung, bes. eines Arztes; Beratung von Regierungen); **Kon|sul|ta|ti|ons|mög|lich|keit; kon|sul|ta|tiv** (beratend); **kon|sul|tie|ren** ([einen Arzt] befragen; zu Rate ziehen)

[1]**Kon|sum,** der; -s ‹ital.› (Verbrauch, Verzehr); [2]**Kon|sum** ['kɔnzum, *auch* ...zu:m, *österr.* ...'zu:m], der; -s, -s (*kurz für* [Verkaufsstelle einer] Konsumgenossenschaft); **Kon|sum|ar|ti|kel; Kon|su|ma|ti|on,** die; -, -en ‹franz.› (*österr. u. schweiz. für* Verzehr, Zeche); **Kon|sum|den|ken** (auf [1]Konsum ausgerichtete Lebenshaltung); **Kon|su|ment,** der; -en, -en (↑R 197) ‹lat.› (Verbraucher; Käufer); **kon|su|men|ten|freund|lich; Kon|su|men|tin; Kon|sum‿ge|nos|sen|schaft** (Verbrauchergenossenschaft; *Kurzw.* [2]Konsum), **...ge|sell|schaft, ...gut** *(meist Plur.)*; **Kon|sum|gü|ter|in|du|strie; kon|su|mie|ren** (verbrauchen; verzehren); **Kon|su|mie|rung; Kon|sump|ti|on,** die; - (*Med.* starke Abmagerung); **Kon|sum|ti|on,** die; -, -en (Verbrauch); **kon|sum|tiv** (zum Verbrauch bestimmt); **Kon|sum|ver|ein** (Verbrauchergenossenschaft); *vgl.* [2]Konsum

Kon|ta|gi|on, die; -, -en ‹lat.› (*Med.* Ansteckung); **kon|ta|gi|ös;** -este (*Med.* ansteckend, übertragbar); -e Krankheiten; **Kon|ta|gio|si|tät,** die; -; ↑R 180 (*Med.* Ansteckungsfähigkeit); **Kon|ta|gi|um,** das; -s, ...ien [...i̯ən] (*Med. veraltet* bei Ansteckung wirksamer Stoff; Ansteckung); **Kon|takt,** der; -[e]s, -e ‹lat.› (Berührung, Verbindung); **Kon|takt‿adres|se, ...an|zei|ge; kon|takt|arm; Kon|takt‿ar|mut, ...auf|nah|me, ...be|reichs|be|am|te** (Revierpolizist; *Kurzw.* Kob); **kon|tak|ten** (*bes. Wirtsch.* kontaktieren); **Kon|tak|ter** *(Wirtsch.)*; **kon|takt|freu|dig; Kon|takt‿gift** (das), **...glas** (*Plur.* ...gläser); **kon|tak|tie|ren** (Kontakt[e] aufnehmen); jmdn. *od.* mit jmdm. -; **Kon|takt‿in|fek|ti|on, ...lin|se; kon|takt|los; Kon|takt|lo|sig|keit,** die; -; **Kon|takt‿man|gel** (der; -s), **...mann** (*Plur.* ...männer *u.* ...leute); **Kon|takt|nah|me,** die; -, -n; **Kon|takt‿per|son, ...schal|le, ...schwä|che, ...schwel|le, ...sper|re, ...stoff, ...stö|rung, ...stu|di|um, ...zaun**

Kon|ta|mi|na|ti|on, die; -, -en ‹lat.› (*Sprachw.* Verschmelzung, Wortkreuzung, z. B. „Gebäulichkeiten" aus „Gebäude" u. „Baulichkeiten"; *fachspr. für* [radioaktive] Verunreinigung, Verseuchung); **kon|ta|mi|nie|ren**

kon|tant ‹ital.› (bar); **Kon|tan|ten** *Plur.* (ausländ. Münzen, die nicht als Zahlungsmittel, sondern als Ware gehandelt werden)

Kon|tem|pla|ti|on, die; -, -en ‹lat.› (schauende Versunkenheit [in Gott]; Beschaulichkeit, Betrachtung); **kon|tem|pla|tiv**

Kon|ten (*Plur. von* Konto); **Kon|ten‿plan, ...rah|men**

Kon|ten|ten *Plur.* ‹lat.› (*Seew.* Ladeverzeichnisse der Seeschiffe); **Kon|ten|tiv|ver|band** (med. Stützverband)

Kon|ter, der; -s, - ‹franz. u. engl.› (*Sport* schneller Gegenangriff); **kon|ter...** (gegen...); **Kon|ter...** (Gegen...); **Kon|ter|ad|mi|ral** (Offiziersdienstgrad bei der Marine); **Kon|ter|an|griff** *(Sport)*; **Kon|ter|ban|de,** die; - (*veraltet für* Schmuggelware); **Kon|ter|fei** [*auch* ...'fai̯], das; -s, -s (*veraltet, aber noch scherzh. für* [Ab]bild, Bildnis); **kon|ter|fei|en** [*auch* ...'fai̯ən] (*veraltet, aber noch scherzh. für* abbilden); konterfeit; **Kon|ter|fuß|ball** (defensive, auf Konterangriffe ausgerichtete Spielweise); **kon|ter|ka|rie|ren** (hintertreiben); **Kon|ter|mi|ne** (*Festungswesen* Gegenmine; *Börse* Gegen-, Baissespekulation); **kon|tern** (schlagfertig erwidern; sich zur Wehr setzen; *Druckw.* ein Druckbild umkehren; *Sport* den Gegner im Angriff durch gezielte Gegenschläge abfangen; durch eine Gegenaktion abwehren); ich ...ere (↑R 22); **Kon|ter|re|vo|lu|ti|on** (Gegenrevolution); **kon|ter|re|vo|lu|tio|när; Kon|ter|schlag** *(bes. Boxen)*

Kon|text [*auch* ...'tɛkst], der; -[e]s, -e ‹lat.› (umgebender Text; Zusammenhang; Inhalt [eines Schriftstücks]); **Kon|text|glos|se** (*Literaturw.* Glosse, die in den Text [einer Handschrift] eingefügt ist); **kon|tex|tu|ell** (den Kontext betreffend)

Kon|ti (*Plur. von* Konto); **kon|tie|ren** ‹ital.› (ein Konto benennen; auf ein Konto verbuchen)

Kon|ti|gui|tät, die; - ‹lat.› (*Psych.* zeitl. Zusammenfließen verschiedener Erlebnisinhalte)

Kon|ti|nent [*auch* 'kɔn...], der; -[e]s, -e ‹lat.› (Festland; Erdteil); **kon|ti|nen|tal; Kon|ti|nen|tal|eu|ro|pa; kon|ti|nen|tal|eu|ro|pä|isch; Kon|ti|nen|tal‿kli|ma** (das; -s), **...macht, ...plat|te** *(Geol.)*, **...sper|re** (die; -; *früher*), **...ver|schie|bung** *(Geol.)*

Kon|ti|nenz, die; - ‹lat.› (*Med.* Fähigkeit, Stuhl u. Urin zurückzuhalten)

Kon|tin|gent, das; -[e]s, -e ‹lat.› (anteilig zu erbringende Menge, Leistung, Anzahl; Zahl der [von Einzelstaaten] zu stellenden Truppen); **kon|tin|gen|tie|ren** (das Kontingent festsetzen; [vorsorglich] ein-, zuteilen); **Kon|tin|gen|tie|rung; Kon|tin|gent[s]|zu|wei|sung**

Kon|ti|nua|ti|on, die; -, -en (↑R 180) ‹lat.› (*Buchw., sonst veraltet für* Fortsetzung); **kon|ti|nu|ier|lich** (stetig, fortdauernd, unaufhörlich, durchlaufend); -er Bruch (*Math.* Kettenbruch); **Kon|ti|nui|tät,** die; - (lückenloser Zusammenhang, Stetigkeit, Fortdauer); **Kon|ti|nu|um** [...nu̯um], das; -s, ...nua (lückenlos Zusammenhängendes, Stetiges)

Kon|to, das; -s, *Plur.* ...ten, *auch* -s *u.* ...ti ‹ital.› (Rechnung, Aufstellung über Forderungen u. Schulden); *vgl.* a conto; **Kon|to‿aus|zug, ...buch, ...in|ha|ber; Kon|to|kor|rent,** das; -s, -e (*Wirtsch.* laufende Rechnung); **Kon|to|num|mer; Kon|tor,** das; -s, -e ‹niederl.› (Handelsniederlassung im Ausland; *ehem. in der DDR* Handelszentrale als Mittler zwischen Industrie u. Einzelhandel); **Kon|to|rist,** der; -en, -en (↑R 197); **Kon|to|ri|stin**

Kon|tor|si|on, die; -, -en ‹lat.› (*Med.* Verdrehung, Verrenkung eines Gliedes); **Kon|tor|sio|nist,** der; -en, -en; ↑R 197 (*Artistik* Schlangenmensch)

Kon|to|stand

kon|tra ‹lat.› (gegen, entgegengesetzt); *vgl. auch* contra; **Kon|tra,** das; -s, -s (*Kartenspiel* Gegenansage); jmdm. - geben; **Kon|tra‿alt** (tiefer Alt), **...baß** (Baßgeige), **...bas|sist; Kon|tra|dik|ti|on,** die; -, -en (*Philos.* Widerspruch); **kon|tra|dik|to|risch** (*Philos.* widersprechend); **Kon|tra|fa|gott** (tiefes Fagott); **Kon|tra|fak|tur,** die; -, -en (*Literaturw.* geistl. Nachdichtung eines weltl. Liedes [u. umgekehrt] unter Beibehaltung der Melodie)

Kon|tra|ha|ge [...'ha:ʒə], die; -, -n ‹franz.› (*Studentenspr. früher* Verabredung eines Duells); **Kon|tra|hent,** der; -en, -en (↑R 197) ‹lat.› (*Rechtsspr.* Vertragspartner; Gegner [im Streit]); **Kon|tra|hen|tin; kon|tra|hie|ren** (*Biol., Med.* sich zusammenziehen [von Muskeln, Fasern usw.]; einen Kontrakt abschließen, vereinbaren; *Studentenspr. früher* ein Duell verabreden, jmdn. fordern); sich - (sich zusammenziehen)

Kon|tra|in|di|ka|ti|on, die; -, -en

‹lat., „Gegenanzeige"› (*Med.* Umstand, der die Anwendung eines Medikaments o.ä. verbietet)

kon|trakt ‹lat.› (*veraltet für* zusammengezogen; verkrümmt; gelähmt); **Kon|trakt,** der; -[e]s, -e (Vertrag, Abmachung); **Kon|trakt_ab|schluß, ...bruch** (der); **kon|trakt|brü|chig; kon|trak|til** (*Med.* zusammenziehbar); **Kon|trak|ti|li|tät,** die; - (*Med.* Fähigkeit, sich zusammenzuziehen); **Kon|trak|ti|on,** die; -, -en (*Med.* Zusammenziehung [von Muskeln]; *Physik* Verringerung des Volumens); **Kon|trak|ti|ons|vor|gang; kon|trakt|lich** (vertragsgemäß); **Kon|trak|tur,** die; -, -en (*Med.* Verkürzung [von Muskeln, Sehnen]; Versteifung)

Kon|tra|post, der; -[e]s, -e ‹ital.› (*bild. Kunst* Ausgleich [bes. von Stand- u. Spielbein]); **kon|tra|pro|duk|tiv** (negativ, entgegenwirkend; ein gewünschtes Ergebnis verhindernd); **Kon|tra|punkt,** der; -[e]s ‹lat.› (*Musik* Führung mehrerer selbständiger Stimmen im Tonsatz); **Kon|tra|punk|tik,** die; - (Lehre des Kontrapunktes; Kunst der kontrapunktischen Stimmführung); **kon|tra|punk|tisch; kon|trär** ‹franz.› (gegensätzlich; widrig); **Kon|tra|si|gna|tur,** die; -, -en ‹lat.› (*selten für* Gegenzeichnung); **kon|tra|si|gnie|ren** (*selten für* gegenzeichnen); **Kon|trast,** der; -[e]s, -e ‹franz.› ([starker] Gegensatz; auffallender [Farb]unterschied); **Kon|trast_brei** (*Med.*), **...far|be; kon|tra|stie|ren** ‹franz.› (sich unterscheiden, einen [starken] Gegensatz bilden); **kon|tra|stiv** ‹engl.› (*Sprachw.* gegenüberstellend, vergleichend); -e Grammatik; **Kon|trast_mit|tel** (das; *Med.*), **...pro|gramm; kon|trast|reich**

Kon|tra|zep|ti|on, die; - ‹lat.› (*Med.* Empfängnisverhütung); **kon|tra|zep|tiv** (empfängnisverhütend); **Kon|tra|zep|tiv,** das; -s, -e [...və] *u.* **Kon|tra|zep|ti|vum** [...v...], das; -s, ...va (empfängnisverhütendes Mittel)

Kon|trek|ta|ti|ons|trieb ‹lat.; dt.› (*Med.* Trieb zur körperl. Berührung)

Kon|tre|tanz (alter Gesellschaftstanz)

Kon|tri|bu|ti|on, die; -, -en ‹lat.› (Kriegssteuer, -entschädigung)

Kon|tri|ti|on, die; -, -en ‹lat.› (*kath. Kirche* tiefe Reue)

Kon|troll|ab|schnitt; Kon|trol|lam|pe [*Trenn.* ...troll|lam..., ↑R 204]; **Kon|troll_ap|pa|rat, ...be|fug|nis, ...be|hör|de, ...da|tum; Kon|trol|le,** die; -, -n ‹franz.› (Überwachung; Überprüfung; Beherrschung); **Kon|trol|ler,** der; -s, - ‹engl.› (*Technik* Steuerschalter an Elektromotoren); **Kon|trol|leur** [...'lø:r], der; -s, -e ‹franz.› (Aufsichtsbeamter, Prüfer); **Kon|trol|leu|rin** [...'lø:rin]; **Kon|troll|grup|pe** (*bes. Med., Psych.*); **kon|trol|lier|bar; Kon|trol|lier|bar|keit,** die; -; **kon|trol|lie|ren; Kon|trol|li|ste** [*Trenn.* ...troll|li..., ↑R 204]; **Kon|troll_kas|se, ...kom|mis|si|on, ...me|cha|nis|mus; Kon|trol|lor,** der; -s, -e ‹ital.› (*österr. für* Kontrolleur); **Kon|troll_or|gan, ...pflicht, ...punkt; Kon|troll|rat,** der; -[e]s (oberstes Besatzungsorgan in Deutschland nach dem 2. Weltkrieg); **Kon|troll_sta|ti|on, ...stel|le, ...stem|pel, ...sy|stem, ...turm, ...uhr, ...zen|trum**

kon|tro|vers [...v...]; -este ‹lat.› (entgegengesetzt; strittig; umstritten); **Kon|tro|ver|se,** die; -, -n (Meinungsverschiedenheit; [wissenschaftl.] Streit[frage]); **Kon|tro|vers|theo|lo|gie**

Kon|tu|maz, die; - ‹lat.› (*veraltet für* Nichterscheinen vor Gericht; *österr. veraltet für* Quarantäne); *vgl.* in contumaciam; **Kon|tu|ma|zi|al|ver|fah|ren** (*Rechtsspr.* Gerichtsverfahren in Abwesenheit einer Partei od. des Beschuldigten)

Kon|tur, die; -, -en *meist Plur.* ‹franz.› (Umriß[linie]; andeutende Linie[nführung]); **Kon|tur|buch|sta|be** (nur im Umriß gezeichneter [Druck]buchstabe); **kon|tu|ren|reich; Kon|tu|ren_schär|fe** (*Fotogr.*), **...stift** (zum Nachziehen der Lippenkonturen); **kon|tu|rie|ren** (die äußeren Umrisse ziehen; andeuten); **Kon|tur|schrift** (*Druckw.* Zierschrift mit Konturbuchstaben)

Kon|tu|si|on, die; -, -en ‹lat.› (*Med.* Quetschung)

Ko|nus, der; -, *Plur.* Konusse, *Technik auch* Konen ‹griech.› (Kegel, Kegelstumpf; bei Drucktypen die Seitenflächen des schriftbildtragenden Oberteils)

Kon|va|les|zent [...v...], der; -en, -en (↑R 197) ‹lat.› (*svw.* Rekonvaleszent); **Kon|va|les|zenz,** die; -, -en *Plur. selten* (*Rechtsw.* nachträgliches Gültigwerden von ungültigen Rechtsgeschäften; *Med. svw.* Rekonvaleszenz)

Kon|vek|ti|on [...v...], die; -, -en ‹lat., „Mitführung"› (*Physik* Transport von Energie od. elektr. Ladung durch die kleinsten Teilchen einer Strömung); **kon|vek|tiv; Kon|vek|tor,** der; -s, ...oren (ein Heizkörper)

kon|ve|na|bel [...v...] ‹franz.› (*veraltet für* schicklich; passend, bequem; annehmbar); ...a|ble Preise; **Kon|ve|ni|at,** das; -s, -s ‹lat.› (Zusammenkunft der kath. Geistlichen eines Dekanats); **Kon|ve|ni|enz,** die; -, -en (*veraltet für* Herkommen; Schicklichkeit; Zuträglichkeit; Bequemlichkeit); **kon|ve|nie|ren** (*veraltet für* passen, annehmbar sein); **Kon|vent,** der; -[e]s, -e (*kath. Kirche* Versammlung der Mönche; Gesamtheit der Konventualen; *ev. Kirche* Zusammenkunft der Geistlichen zur Beratung; Versammlung einer Studentenverbindung; *nur Sing.:* Nationalversammlung in Frankreich 1792–95); **Kon|ven|ti|kel,** das; -s, - ([heimliche] Zusammenkunft; private religiöse Versammlung); **Kon|ven|ti|on,** die; -, -en ‹franz.› (Abkommen, [völkerrechtl.] Vertrag; *meist Plur.:* Herkommen, Brauch, Förmlichkeit); **kon|ven|tio|nal** ‹lat.› (die Konvention betreffend); **Kon|ven|tio|nal|stra|fe** (*Rechtsspr.* Vertragsstrafe); **kon|ven|tio|nell** ‹franz.› (herkömmlich, üblich; förmlich); **Kon|ven|tua|le,** der; -n, -n (↑R 180 *u.* 197) ‹lat.› (stimmberechtigtes Klostermitglied; Angehöriger eines kath. Ordens)

kon|ver|gent [...v...] ‹lat.› (sich zuneigend, zusammenlaufend; übereinstimmend); **Kon|ver|genz,** die; -, -en (Annäherung, Übereinstimmung); **Kon|ver|genz|theo|rie,** die; - (*Politik*); **kon|ver|gie|ren**

Kon|ver|sa|ti|on [...v...], die; -, -en ‹franz.› (gesellige Unterhaltung, Plauderei); **Kon|ver|sa|ti|ons_le|xi|kon, ...stück; kon|ver|sie|ren** (*veraltet für* sich unterhalten)

Kon|ver|si|on [...v...], die; -, -en ‹lat.› (*Rel.* Glaubenswechsel; *Sprachw.* Übergang in eine andere Wortart ohne eine formale Änderung, z.B. „Dank" – „dank"); **Kon|ver|ter,** der; -s, - ‹engl.› (*Hüttenw.* Gerät zur Stahlherstellung; *Physik* Gerät zum Umformen von Frequenzen); **kon|ver|ti|bel** ‹franz.› (*svw.* konvertierbar); **Kon|ver|ti|bi|li|tät,** die; - (Konvertierbarkeit); **kon|ver|tier|bar** (austauschbar zum jeweiligen Wechselkurs [von Währungen]); frei -e Währung; **Kon|ver|tier|bar|keit,** die; - (*Wirtsch.*); **kon|ver|tie|ren** ‹lat.(-franz.)› (*Rel.* den Glauben wechseln; *Wirtsch.* Währung zum Wechselkurs tauschen); **Kon|ver|tie|rung; Kon|ver|tit,** der; -en, -en (↑R 197) ‹engl.› (*Rel.* zu einem anderen Glauben

Übergetretener); **Kon|ver|ti|ten|tum,** das; -s *(Rel.)*
kon|vex [...v...] ‹lat.› (*Optik* erhaben, nach außen gewölbt); **Kon|ve|xi|tät,** die; - (konvexer Zustand); **Kon|vex_lin|se, ...spie|gel**
Kon|vikt [...v...], das; -[e]s, -e ‹lat.› (kirchl. Internat; *österr. für* Internat einer Klosterschule); **Kon|vik|tu|a|le,** der; -n, -n; ↑R 197 (*veraltet für* Angehöriger eines Konvikts); **Kon|vi|vi|um** [...'vi:vi̯um], das; -s, ...ien [...i̯ən] (*veraltet für* Gelage)
Kon|voi [...'vɔy, *auch* 'kɔn...], der; -s, -s ‹engl.› (*bes. Milit.* Geleitzug [für Schiffe]; Fahrzeugkolonne)
Kon|vo|ka|ti|on [...v...], die; -, -en ‹lat., „Zusammenrufen"› (*veraltet für* Einberufung)
Kon|vo|lut [...v...], das; -[e]s, -e ‹lat.› (*Buchw.* Bündel [von Schriftstücken od. Drucksachen]; Sammelband)
Kon|vul|si|on [...v...], die; -, -en ‹lat.› (*Med.* Schüttelkrampf); **kon|vul|siv, kon|vul|si|visch** (krampfhaft [zuckend])
kon|ze|die|ren ‹lat.› (zugestehen, einräumen)
Kon|ze|le|bra|ti|on, die; -, -en ‹lat.› (*kath. Kirche* gemeinsame Eucharistiefeier durch mehrere Geistliche); **kon|ze|le|brie|ren**
Kon|zen|trat, das; -[e]s, -e ‹lat.; griech.› (angereicherter Stoff, hochprozentige Lösung; hochprozentiger [Frucht- od. Pflanzen]auszug; Zusammenfassung); **Kon|zen|tra|ti|on,** die; -, -en (Zusammenziehung [von Truppen]; [geistige] Sammlung; *Chemie* Gehalt einer Lösung); **Kon|zen|tra|ti|ons_fä|hig|keit** (die; -), **...la|ger** (*Abk.* KZ), **...man|gel** (der), **...schwä|che; kon|zen|trie|ren** ([Truppen] zusammenziehen, vereinigen; *Chemie* anreichern, gehaltreich machen); sich - (sich [geistig] sammeln); **kon|zen|triert;** -este (*Chemie* angereichert, gehaltreich; *übertr. für* gesammelt, aufmerksam); **Kon|zen|triert|heit,** die; -; **Kon|zen|trie|rung; kon|zen|trisch** (mit gemeinsamem Mittelpunkt); -e Kreise; **Kon|zen|tri|zi|tät,** die; - (Gemeinsamkeit des Mittelpunktes)
Kon|zept, das; -[e]s, -e ‹lat.› (Entwurf; erste Fassung; grober Plan); **Kon|zep|ti|on,** die; -, -en ([künstlerischer] Einfall; Entwurf eines Werkes; *Med.* Empfängnis); **kon|zep|tio|nell** (↑R 180); **kon|zep|ti|ons|los; Kon|zep|ti|ons|lo|sig|keit,** die; -; **Kon|zept|pa|pier; kon|zep|tua|li|sie|ren;** ↑R 180 (als Konzept gestalten; ein Konzept entwerfen); **kon|zep|tu|ell** (auf ein Konzept bezogen)
Kon|zern, der; -[e]s, -e ‹engl.› (Zusammenschluß wirtschaftl. Unternehmen); **kon|zer|nie|ren** (zu einem Konzern zusammenschließen); **Kon|zer|nie|rung; Kon|zern|mut|ter** (*Wirtsch.* Muttergesellschaft eines Konzerns); **Kon|zern|toch|ter** (Tochtergesellschaft eines Konzerns)
Kon|zert, das; -[e]s, -e ‹ital.›; **Kon|zert_abend, ...agen|tur; kon|zer|tant** (konzertmäßig, in Konzertform); **Kon|zert|flü|gel; kon|zer|tie|ren** (ein Konzert geben); **kon|zer|tiert;** eine konzertierte Aktion (*Wirtsch.* gemeinsam zwischen Partnern abgestimmtes Handeln); **Kon|zer|ti|na,** die; -, -s (eine Handharmonika); **Kon|zert_mei|ster, ...pro|gramm; kon|zert|reif; Kon|zert_rei|fe, ...rei|se, ...saal, ...stück, ...tour|nee, ...ver|an|stal|tung**
Kon|zes|si|on, die; -, -en ‹lat.› (behördl. Genehmigung; *meist Plur.:* Zugeständnis); **Kon|zes|sio|när,** der; -s, -e; ↑R 180 (Inhaber einer Konzession); **Kon|zes|sio|nä|rin;** ↑R 180; **kon|zes|sio|nie|ren;** ↑R 180 (behördl. genehmigen); **Kon|zes|si|ons_be|reit|schaft, ...in|ha|ber; kon|zes|siv** (*Sprachw.* einräumend); -e Konjunktion; **Kon|zes|siv|satz** (Umstandssatz der Einräumung)
Kon|zil, das; -s, *Plur.* -e *u.* -ien [...i̯ən] ‹lat.› (Versammlung kath. Würdenträger; Gremium an Universitäten); **kon|zi|li|ant;** -este (versöhnlich, umgänglich, verbindlich); **Kon|zi|li|anz,** die; - (Umgänglichkeit, Entgegenkommen); **Kon|zi|lia|ris|mus,** der; -; ↑R 180 (kirchenrechtl. Theorie, die das Konzil über den Papst stellt); **Kon|zils|va|ter** *meist Plur.* (stimmberechtigter Teilnehmer an einem Konzil)
kon|zinn ‹lat.› (*Rhet.* ebenmäßig gebaut; *veraltet für* gefällig)
Kon|zi|pi|ent, der; -en, -en (↑R 197) ‹lat.› (*veraltet für* Verfasser eines Schriftstückes; *österr. für* Jurist [zur Ausbildung] in einem Anwaltsbüro); **Kon|zi|pi|en|tin** *(österr.);* **kon|zi|pie|ren** (verfassen, entwerfen; *Med.* empfangen, schwanger werden)
kon|zis; -este ‹lat.› (*Rhet.* kurz, gedrängt)
Koof|mich, der; -s, *Plur.* -e *u.* -s (*berlin. abwertend für* Kaufmann)
Koog, der; -[e]s, Köge (*nordd. für* dem Meer abgewonnenes eingedeichtes Land; Polder); *vgl.* Kog
Ko|ope|ra|ti|on, die; -, -en ‹lat.› (Zusammenarbeit); **Ko|ope|ra|ti|ons|ab|kom|men; ko|ope|ra|ti|ons|be|reit; Ko|ope|ra|ti|ons_be|reit|schaft, ...mög|lich|keit; ko|ope|ra|tiv; Ko|ope|ra|tiv,** das; -s, *Plur.* -e [...və], *auch* -s *u.* **Ko|ope|ra|ti|ve** [...və], die; -, -n (Arbeitsgemeinschaft, Genossenschaft); **Ko|ope|ra|tor,** der; -s, ...oren (*veraltet für* Mitarbeiter; *landsch. u. österr. für* kath. Hilfsgeistlicher, Vikar); **ko|ope|rie|ren** (zusammenarbeiten)
Ko|op|ta|ti|on, die; -, -en ‹lat.› (*selten für* Ergänzungs-, Zuwahl); **ko|op|tie|ren** (*selten für* hinzuwählen)
Ko|or|di|na|te, die; -, -n *meist Plur.* ‹lat.› (*Math.* Abszisse u. Ordinate; Zahl, die die Lage eines Punktes in der Ebene od. im Raum bestimmt); **Ko|or|di|na|ten_ach|se** *(Math.),* **...sy|stem** *(Math.);* **Ko|or|di|na|ti|on,** die; -, -en; **Ko|or|di|na|tor,** der; -s, ...natoren (jmd., der koordiniert); **ko|or|di|nie|ren** (in ein Gefüge einbauen; aufeinander abstimmen; nebeneinanderstellen; *Sprachw.* beiordnen); koordinierende (nebenordnende) Konjunktion (z. B. „und"); **Ko|or|di|nie|rung**
Kop. = Kopeke
Ko|pai|va|bal|sam [...v...], der; -s, ‹indian; hebr.› (ein Harz)
Ko|pal, der; -s, -e ‹indian.-span.› (ein Harz); **Ko|pal_fich|te, ...harz, ...lack**
Ko|pe|ke, die; -, -n (↑R 129) ‹russ.› (russ. Münze; *Abk.* Kop.; 100 Kopeken = 1 Rubel)
Ko|pen|ha|gen (Hptst. Dänemarks); *vgl.* København; **Ko|pen|ha|ge|ner** (↑R 147)
Kö|pe|nick (Stadtteil von Berlin); **Kö|pe|nicker** [*Trenn.* ...nik|ker] (↑R 147); **Kö|pe|nickia|de** [*Trenn.* ...nik|kia...], die; -, -n ‹nach dem Hauptmann von Köpenick› (toller Streich)
Ko|pe|po|de, der; -n, -n *meist Plur.;* ↑R 197 ‹griech.› (*Zool.* Ruderfußkrebs)
Kö|per, der; -s, - ‹niederl.› (ein Gewebe); **Kö|per|bin|dung**
ko|per|ni|ka|nisch; -es Weltsystem; eine -e (tiefgreifende) Wende; aber (↑R 134): die Kopernikanischen „Sechs Bücher über die Umläufe der Himmelskörper" (Hauptwerk des Kopernikus); **Ko|per|ni|kus** (dt. Astronom)
Kopf, der; -[e]s, Köpfe; von Kopf bis Fuß; auf dem - stehen, das Bild, der Turner steht auf dem -; *vgl.* aber: kopfstehen; **Kopf-an-Kopf-Ren|nen** (↑R 41); **Kopf_ar|beit, ...ar|bei|ter, ...bahn|hof, ...ball; Kopf|ball|tor,** das; **Kopf-**

˽be|deckung [*Trenn.* ...dek|kung], **...be|we|gung; Köpf|chen; Kopf˽dün|ger** (zur Düngung während der Wachstumszeit), **...dün|gung; köp|feln** (*österr., schweiz. für* einen Kopfsprung machen; den Ball mit dem Kopf stoßen); ich ...[e]le (↑R 22); **köp|fen; Kopf˽en|de, ...form, ...fü|ßer** *(Zool.)*, **...geld, ...grip|pe, ...haar, ...hal|tung; kopf|hän|ge|risch;** -ste; **Kopf˽haut, ...hö|rer; ...köp|fig** (z. B. vielköpfig); **...köp|fisch** (z. B. rappelköpfisch); **Kopf˽jä|ger, ...keil, ...kis|sen; kopf|la|stig; Kopf|la|stig|keit,** die; -; **Köpf|lein; Köpf|ler** (*österr. für* Kopfsprung; Kopfstoß); **kopf|los;** -este; **Kopf|lo|sig|keit; Kopf˽nicken** ([*Trenn.* ...nik|ken]; das; -s), **...nuß, ...putz, ...quo|te; kopf|rech|nen** *nur im Infinitiv gebr.;* **Kopf˽rech|nen** (das; -s), **...sa|lat; kopf|scheu; Kopf˽schmerz** *(meist Plur.)*, **...schmuck, ...schup|pe** *(meist Plur.)*, **...schuß, ...schüt|teln** (das; -s); **kopf|schüt|telnd; Kopf˽schutz, ...schüt|zer, ...sprung, ...stand; kopf|ste|hen** (völlig verwirrt, bestürzt sein; *auch für* auf dem Kopf stehen; *vgl.* Kopf); ↑R 207; ich stehe kopf; ich habe kopfgestanden; kopfzustehen; **Kopf|ste|hen,** das; -s; **Kopf|stein|pfla|ster; Kopf˽steu|er** (die), **...stim|me, ...stoß** *(Fußball, Boxen)*, **...stüt|ze, ...teil** (das *od.* der), **...tuch** (*Plur.* ...tücher); **kopf|über; kopf|un|ter; Kopf˽ver|let|zung, ...wä|sche, ...weh** (das; -s), **...wei|de** (*vgl.* [1]Weide), **...wun|de, ...zahl; Kopf|zer|bre|chen,** das; -s; viel -

Koph|ta, der; -s, -s (geheimnisvoller ägypt. Magier); **koph|tisch**

Ko|pi|al|buch ‹lat.; dt.› (Buch für Abschriften von Urkunden, Rechtsfällen usw.); **Ko|pia|li|en** [...i̯ən] *Plur.;* ↑R 180 (*veraltet für* Abschreibegebühren); **Ko|pia|tur,** die; -, -en (*veraltet für* Abschreiben); **Ko|pie** [*österr. auch* 'ko:pi̯ə], die; -, ...ien [ko'pi:ən, *österr. auch* 'ko:pi̯ən] (Abschrift; Abdruck; Nachbildung; *Film* Abzug); **Ko|pier|an|stalt; ko|pie|ren** (eine Kopie machen); **Ko|pie|rer** (*ugs. für* Kopiergerät); **Ko|pier˽ge|rät, ...pa|pier, ...schutz** *(EDV)*, **...stift** (der)

Ko|pi|lot (zweiter Flugzeugführer; zweiter Fahrer); **Ko|pi|lo|tin**

ko|pi|ös; -este ‹franz.› (*Med.* reichlich, in Fülle)

Ko|pist, der; -en, -en; ↑R 197 ‹lat.› (jmd., der eine Kopie anfertigt)

Kop|pe, die; -, -n (ein Fisch; *landsch. für* Kuppe, z. B. Schneekoppe)

[1]**Kop|pel,** die; -, -n (eingezäunte Weide; Riemen; durch Riemen verbundene Tiere); [2]**Kop|pel,** das; -s, -, *österr.* die; -, -n (Gürtel); **kop|pel|gän|gig** *(Jägerspr.)*; -er Hund; **kop|peln** (verbinden); ich ...[e]le (↑R 22); *vgl.* kuppeln; **Kop|pel|schloß; Kop|pe|lung,** Kopp|lung; **Kop|pe|lungs|ma|nö|ver** *od.* Kopp|lungs|ma|növer; **Kop|pel˽wei|de** (*vgl.* [2]Weide), **...wirt|schaft, ...wort** (*Plur.* ...wörter; *Sprachw.*)

kop|pen (Luft schlucken [eine Pferdekrankheit])

kopp|hei|ster (*nordd. für* kopfüber); - schießen (einen Purzelbaum schlagen)

Kopp|lung *vgl.* Koppelung; **Kopp|lungs|ma|nö|ver** *vgl.* Koppelungsmanöver

Ko|pra, die; - ‹tamil.-port.› (zerkleinertes u. getrocknetes Mark der Kokosnuß)

Ko|pro|duk|ti|on, die; -, -en (Gemeinschaftsherstellung, bes. beim Film); **Ko|pro|du|zent,** der; -en, -en (↑R 197); **Ko|pro|du|zen|tin; ko|pro|du|zie|ren**

Ko|pro|lith [*auch* ...'lit], der; *Gen.* -s *od.* -en, *Plur.* -e[n] (↑R 197) ‹griech.› (versteinerter Kot [urweltl. Tiere]); **Ko|prom,** das; -s, -e (*Med.* Kotgeschwulst); **ko|pro|phag** (*Biol.* kotessend); **Ko|pro|pha|ge,** der *u.* die; -n, -n; ↑R 7 ff. (*Biol., Psych.* Kotesser[in]); **Ko|pro|pha|gie,** die; - (Kotessen)

Kops, der; -es, -e ‹engl.› (Spule, Spindel mit Garn)

Kop|te, der; -n, -n (↑R 197) ‹griech.› (Angehöriger der christl. Kirche in Ägypten); **koptisch;** -e Kirche; -e Schrift

Ko|pu|la, die; -, *Plur.* -s *u.* ...lae [...lɛ:] ‹lat., „Band"› (*Sprachw.* Satzband); **Ko|pu|la|ti|on,** die; -, -en (*Biol.* Begattung; *Gartenbau* bestimmte Veredelung von Pflanzen); **ko|pu|la|tiv** (*Sprachw.* verbindend, anreihend); -e Konjunktion (anreihendes Bindewort, z. B. „und"); **Ko|pu|la|ti|vum** [...vum], das; -s, ...va [...va] (*Sprachw.* Zusammensetzung aus zwei gleichgeordneten Bestandteilen, z. B. „taubstumm", „Hemdhose"); **ko|pu|lie|ren** (*Verb zu* Kopulation)

Ko|rah, *ökum.* Ko|rach (bibl. m. Eigenn.); eine Rotte Korah (*veraltet für* randalierender Haufen)

Ko|ral|le, die; -, -n ‹griech.› (ein Nesseltier; aus seinem Skelett gewonnener Schmuckstein); **ko|ral|len** (aus Korallen, korallenrot); **Ko|ral|len˽bank** (*Plur.* ...bänke), **...baum, ...in|sel, ...ket|te, ...riff; ko|ral|len|rot**

ko|ram ‹lat., „vor aller Augen"›; jmdn. - nehmen (*veraltet für* scharf tadeln); *vgl.* coram publico

Ko|ran [*auch* 'ko:ra:n], der; -s, -e ‹arab.› (das heilige Buch des Islams); **Ko|ran|su|re**

Korb, der; -[e]s, Körbe; drei - Kabeljau (↑R 128 *u.* 129); **Korb|ball; Korb|ball|spiel; Korb|blüt|ler; Körb|chen; Kor|ber** (*schweiz. für* Korbmacher); **Korb˽fla|sche, ...flech|ter**

Kor|bi|ni|an [*auch* ...'bi...] (ein Heiliger; *auch* m. Vorn.)

Körb|lein; Korb˽ma|cher, ...ses|sel, ...stuhl, ...wa|gen, ...wei|de (*vgl.* [1]Weide), **...wurf**

[1]**Kord** (m. Vorn.)

[2]**Kord** usw. *vgl.* Cord usw.

Kord|an|zug *vgl.* Cordanzug

Kor|de, die; -, -n ‹franz.› (*veraltet für* schnurartiger Besatz); **Kor|del,** die; -, -n (gedrehte oder geflochtene Schnur; *landsch. für* Bindfaden; *österr. svw.* Korde); **Kör|del|chen**

Kor|de|lia, Kor|de|lie *vgl.* Cordelia, Cordelie

Kord|ho|se *vgl.* Cordhose

kor|di|al ‹lat.› (*veraltet für* herzlich; vertraulich); **Kor|dia|li|tät,** die; - (↑R 180)

kor|die|ren ‹franz.› (vertiefte Muster in zu glatte Griffe von Werkzeugen einarbeiten); **Kor|dier|ma|schi|ne**

Kor|dil|le|ren [...di'lje:...] *Plur.* ‹span.› (amerik. Gebirgszug)

Kor|dit [*auch* ...'dit], der; -s ‹franz.› (ein Schießpulver)

Kor|don [...'dõ:, *österr.* ...'do:n], der; -s, *Plur.* -s, *österr.* -e ‹franz.› (Postenkette, Absperrung; Ordensband); **Kor|do|nett˽sei|de** (Zwirn-, Schnurseide), **...stich** (ein Zierstich)

Kord|samt *vgl.* Cordsamt

Kor|du|la *vgl.* Cordula

Ko|re, die; -, -n ‹griech.› ([gebälktragende] Frauengestalt)

Ko|rea (eine Halbinsel Ostasiens); **Ko|rea|krieg** (1950 bis 1953); **Ko|rea|ner; Ko|rea|ne|rin; ko|rea|nisch**

Ko|re|fe|rat, Ko|re|fe|rent, ko|re|fe|rie|ren *vgl.* Korreferat usw.

Ko|re|gis|seur

kö|ren (*fachspr. für* [männl. Haustiere] zur Zucht auswählen)

Kor|fi|ot, der; -en, -en; ↑R 197 (Bewohner der Insel Korfu); **kor|fio|tisch; Kor|fu** (ionische Insel u. Stadt); *vgl.* Kerkyra

Kör˽ge|setz *(fachspr.)*, **...hengst**

Ko|ri|an|der, der; -s, - *Plur. selten* ‹griech.› (Gewürzpflanze u. deren Samen); **Ko|ri|an|der˽öl,**

...**schnaps; Ko|ri|an|do|li,** das; -[s], - ‹ital.› (*österr. für* Konfetti)
Ko|rin|na (altgriech. Dichterin); *vgl.* Corinna
Ko|rinth (griech. Stadt); **Ko|rin|the,** die; -, -n *meist Plur.* (kleine Rosinenart); **Ko|rin|then|brot; Ko|rin|then|kacker** [*Trenn.* ...kak|ker] (*derb für* kleinlicher Mensch); **Ko|rin|ther** (↑R 147); **Ko|rin|ther|brief** (↑R 151); **ko|rin|thisch;** -e Säulenordnung, aber (↑R 146): der Korinthische Krieg
Kork, der; -[e]s, -e (Rinde der Korkeiche; Korken); **Kork‿brand, ...ei|che; kor|ken** (aus Kork); **Kor|ken,** der; -s, - (Stöpsel aus Kork); **Kor|ken|geld** (*veraltend für* Entschädigung für den Wirt, wenn der Gast im Wirtshaus seinen eigenen Wein o. ä. trinkt); **Kor|ken|zie|her; Kork‿geld** (*svw.* Korkengeld), **...gür|tel; kor|kig;** der Wein schmeckt -; **Kork‿soh|le, ...we|ste, ...zie|her** (*svw.* Korkenzieher)
Kor|mo|phyt, der; -en, -en *meist Plur.;* ↑R 197 ‹griech.› (*Bot.* Sammelbezeichnung für Farn- u. Samenpflanzen)
Kor|mo|ran [*österr.* 'kɔr...], der; -s, -e ‹lat.› (ein Schwimmvogel)
Kor|mus, der; - ‹griech.› (*Bot.* aus Wurzel u. Sproßachse bestehender Pflanzenkörper)
[1]**Korn,** das; -[e]s, *Plur.* Körner *u.* (*für* Getreidearten:) -e; [2]**Korn,** das; -[e]s, -e *Plur. selten* (Teil der Visiereinrichtung); [3]**Korn,** der; -[e]s (*ugs. für* Kornbranntwein); 3 -; **Korn|äh|re**
Kor|nak, der; -s, -s ‹singhal.› ([ind.] Elefantenführer)
Korn|blu|me; korn|blu|men|blau; Korn|brannt|wein; Körn|chen; Körndl|bau|er (*österr. für* Bauer, der hauptsächlich Getreide anbaut)
Kor|nea *vgl.* Cornea
Kor|ne|lia, Kor|ne|lie, Kor|ne|li|us *vgl.* Cornelia, Cornelie, Cornelius
Kor|nel|kir|sche, die; -, -n ‹lat.; dt.› (ein Zierstrauch)
kör|nen
Kor|ner *vgl.* Corner
[1]**Kör|ner,** Theodor (dt. Dichter)
[2]**Kör|ner** (Markierstift zum Ankörnen)
Kör|ner‿fres|ser, ...fut|ter (*vgl.* [1]Futter)
[1]**Kor|nett,** der; -[e]s, *Plur.* -e *u.* -s ‹franz.› (*früher* Fähnrich [bei der Reiterei]); [2]**Kor|nett,** das; -[e]s, *Plur.* -e *u.* -s (ein Blechblasinstrument); **Kor|net|tist,** der; -en, -en; ↑R 197 (Kornettspieler)
Korn|feld; kör|nig
kor|nisch; Kor|nisch, das; -[s] (früher in Cornwall gesprochene kelt. Sprache); *vgl.* Deutsch; **Kor|ni|sche,** das; -n; *vgl.* Deutsche, das
Korn|kam|mer; Körn|lein; Korn|ra|de (ein Ackerwildkraut); **Korn|spei|cher; Kör|nung** (bestimmte Größe kleiner Materialteilchen; das Körnen; *Jägerspr.* Futter zur Wildfütterung; *auch für* Futterplatz)
Ko|rol|la, Ko|rol|le, die; -, ...llen ‹griech.› (Blumenkrone); **Ko|rol|lar,** das; -s, -e *u.* **Ko|rol|la|ri|um,** das; -s, ...ien [...iən] (*Logik* Satz, der selbstverständlich aus einem bewiesenen Satz folgt); **Ko|rol|le** *vgl.* Korolla
Ko|ro|man|del (vorderind. Küstengebiet); **Ko|ro|man|del‿holz, ...kü|ste** (die; -)
[1]**Ko|ro|na,** die; -, ...nen ‹griech.-lat., „Kranz, Krone"› (*Kunstw.* Heiligenschein; *Astron.* Strahlenkranz [um die Sonne]; *ugs. für* [fröhliche] Runde, [Zuhörer]kreis; *auch für* Horde); [2]**Ko|ro|na** *vgl.* Corona; **ko|ro|nar** (*Med.* die Herzkranzgefäße betreffend); **Ko|ro|nar‿in|suf|fi|zi|enz, ...skle|ro|se**
Kör|per, der; -s, -; **Kör|per‿bau** (der; -[e]s), **...be|herr|schung; kör|per|be|hin|dert; Kör|per|be|hin|der|te,** der *u.* die; -n, -n (↑R 7 ff.); **kör|per|ei|gen;** -e Abwehrstoffe; **Kör|per‿ein|satz** *(Sport),* **...er|zie|hung, ...fül|le, ...ge|ruch, ...ge|wicht, ...grö|ße; kör|per|haft;** -este; **Kör|per‿hal|tung, ...kraft, ...kul|tur** (die; -), **...län|ge; kör|per|lich; Kör|per|lich|keit,** die; -; **kör|per|los; Kör|per|pfle|ge,** die; -; **Kör|per|schaft; kör|per|schaft|lich; Kör|per|schafts|steu|er, Kör|per|schaft|steu|er,** die (↑R 54); **Kör|per‿teil** (der), **...tem|pe|ra|tur, ...ver|let|zung, ...wär|me**
Kor|po|ra (*Plur. von* [2]Korpus)
Kor|po|ral, der; -s, *Plur.* -e, *auch* ...äle ‹franz.› (*früher* Führer einer Korporalschaft; Unteroffizier; *schweiz.* niederster Unteroffiziersgrad); **Kor|po|ral|schaft** (*früher* Untergruppe der Kompanie für den inneren Dienst)
Kor|po|ra|ti|on, die; -, -en ‹lat.› (Körperschaft; Studentenverbindung); **kor|po|ra|tiv** (körperschaftlich; einheitlich; eine Studentenverbindung betreffend); **kor|po|riert** (einer stud. Korporation angehörend); **Korps** [ko:r], das; - [ko:r(s)], - [ko:rs] ‹franz.› (Heeresabteilung; [schlagende] stud. Verbindung); **Korps‿bru|der, ...geist** (der; -[e]s), **...stu|dent; kor|pu|lent** ‹lat.› (beleibt); **Kor|pu|lenz,** die; - (Beleibtheit); [1]**Kor|pus,** der; -, ...pusse (Christusfigur am Kreuz; *fachspr. für* massiver Teil von Möbeln; *ugs. scherzh. für* Körper); [2]**Kor|pus,** das; -, ...pora (einer wissenschaftl. Untersuchung zugrunde liegender Text; *Musik [heute meist* der; *nur Sing.]* Klangkörper eines Instruments); [3]**Kor|pus,** die; - (ein alter Schriftgrad); **Kor|pus|kel,** das; -s, -n, *fachspr. häufig* die; -, -n ‹lat., „Körperchen"› (kleines Teilchen der Materie); **Kor|pus|ku|lar|strah|len** *Plur.* (*Physik* Strahlen aus elektr. geladenen Teilchen); **Kor|pus|ku|lar|theo|rie,** die; - (Theorie, nach der das Licht aus Korpuskeln besteht)
Kor|ral, der; -s, -e ‹span.› ([Fang]gehege für Wildtiere)
Kor|ra|si|on, die; -, -en ‹lat.› (*Geol.* Abschabung, Abschleifung)
Kor|re|fe|rat [*auch* ...'ra:t], *landsch. u. österr.* Ko|re|fe|rat, das; -[e]s, -e ‹lat.› (zweiter Bericht; Nebenbericht); **Kor|re|fe|rent** [*auch* ...'rɛnt], *landsch. u. österr.* Ko|re|fe|rent, der; -en, -en; ↑R 197 (zweiter Referent; Mitgutachter); **kor|re|fe|rie|ren** [*auch* ...'ri:...], *landsch. u. österr.* ko|re|fe|rie|ren
kor|rekt; -este ‹lat.›; **kor|rek|ter|wei|se; Kor|rekt|heit,** die; -; **Kor|rek|ti|on,** die; -, -en (*veraltet für* [Ver]besserung; Regelung); **kor|rek|tiv** (*veraltet für* bessernd; zurechtweisend); **Kor|rek|tiv,** das; -s, -e [...və] (Besserungs-, Ausgleichsmittel); **Kor|rek|tor,** der; -s, ...oren (Berichtiger von Manuskripten od. Druckabzügen); **Kor|rek|to|rat,** das; -[e]s, -e (Abteilung der Korrektoren); **Kor|rek|to|rin; Kor|rek|tur,** die; -, -en (Berichtigung [des Schriftsatzes], Verbesserung); **Kor|rek|tur‿ab|zug, ...bo|gen, ...fah|ne, ...le|sen** (das; -s), **...vor|schrif|ten** *(Plur.),* **...zei|chen**
kor|re|lat, kor|re|la|tiv ‹lat.› (einander wechselseitig erfordernd und bedingend); **Kor|re|lat,** das; -[e]s, -e (Ergänzung, Entsprechung; *Sprachw.* Wort, das auf ein anderes bezogen ist); **Kor|re|la|ti|on,** die; -, -en (Wechselbeziehung); **Kor|re|la|ti|ons|rech|nung** *(Math.);* **kor|re|la|tiv** *vgl.* korrelat; **kor|re|lie|ren**
kor|re|pe|tie|ren ‹lat.› (*Musik* mit jmdm. eine Gesangspartie vom Klavier aus einüben); **Kor|re|pe|ti|tor**
kor|re|spek|tiv ‹lat.› (*Rechtsspr.* gemeinschaftlich); -es Testament
Kor|re|spon|dent, der; -en, -en (↑R 197) ‹lat.› (auswärtiger, fest engagierter Berichterstatter; Bearbeiter des [kaufmänn.] Schrift-

wechsels); **Kor|re|spon|den|tin; Kor|re|spon|denz,** die; -, -en (Briefverkehr, -wechsel; *regional für* Berichterstattung; *veraltend für* Übereinstimmung); **Kor|re|spon|denz|bü|ro; Kor|re|spon|denz|kar|te** (*österr. für* Postkarte); **kor|re|spon|die|ren** (im Briefverkehr stehen; übereinstimmen); korrespondierendes Mitglied (auswärtiges Mitglied [einer Akademie])

Kor|ri|dor, der; -s, -e ‹ital.› ([Wohnungs]flur, Gang; schmaler Gebietsstreifen); **Kor|ri|dor|tür**

Kor|ri|gend, der; -en, -en (↑R 197) ‹lat., „der zu Bessernde"› (*veraltet für* Sträfling); **Kor|ri|gen|da** *Plur.* ([Druck]fehler, Fehlerverzeichnis); **Kor|ri|gens,** das; -, *Plur.* ...gentia *u.* ...genzien [...i̯ən] *meist Plur.* (*Pharm.* geschmackverbessernder Zusatz zu Arzneien); **kor|ri|gie|ren** (berichtigen; verbessern)

kor|ro|die|ren ‹lat.› (*fachspr. für* zersetzen, zerstören; der Korrosion unterliegen); **Kor|ro|si|on,** die; -, -en (Zersetzung, Zerstörung); **kor|ro|si|ons‿be|stän|dig, ...fest; Kor|ro|si|ons|schutz; kor|ro|si|on|ver|hü|tend; kor|ro|siv** (zerfressend, zerstörend; durch Korrosion hervorgerufen)

kor|rum|pie|ren ‹lat.› ([charakterlich] verderben; bestechen); **kor|rum|piert;** -este (verderbt [von Stellen in alten Texten]); **Kor|rum|pie|rung; kor|rupt;** -este ([moralisch] verdorben; bestechlich); **Kor|rup|ti|on,** die; -, -en (Bestechlichkeit; das Verderben, Bestechung; [Sitten]verfall, -verderbnis); **Kor|rup|ti|ons|skan|dal**

Kor|sa|ge [...'za:ʒə], die; -, -n ‹franz.› (trägerloses, versteiftes Oberteil eines Kleides)

Kor|sar, der; -en, -en (↑R 197) ‹ital.› (*früher für* Seeräuber[schiff]; kleine Zweimannjolle)

Kor|se, der; -n, -n; ↑R 197 (Bewohner Korsikas)

Kor|se|lett, das; -s, *Plur.* -s, *auch* -e ‹franz.› (bequemes, leichtes Korsett); **Kor|sett,** das; -s, *Plur.* -s, *auch* -e (Mieder; *Med.* Stützvorrichtung für die Wirbelsäule); **Kor|sett|stan|ge**

Kor|si|ka (Insel im Mittelmeer); *vgl.* Corsica; **Kor|sin; kor|sisch;** der -e Eroberer (Napoleon)

Kor|so, der; -s, -s ‹ital.› (Schaufahrt; Umzug; Straße [für das Schaufahren])

Kor|ste, die; -, -n (*landsch. für* Endstück des Brotes)

Kor|tex, der; -[es], *Plur.* -e, *auch* ...tizes [...tse:s] ‹lat.› (*Med.* äußere Zellschicht eines Organs, bes. Hirnrinde); **kor|ti|kal** (den Kortex betreffend); **Kor|ti|son,** *fachspr.* Cor|ti|son, das; -s ‹Kunstw.› (*Pharm.* ein Hormonpräparat)

Ko|rund, der; -[e]s, -e ‹tamil.› (ein Mineral)

Kö|rung ‹*zu* kören›

Kor|vet|te [...v...], die; -, -n ‹franz.› (leichtes [Segel]kriegsschiff); **Kor|vet|ten|ka|pi|tän**

Kor|vey *vgl.* Corvey

Ko|ry|bant, der; -en, -en (↑R 197) ‹griech.› (Priester der Kybele); **ko|ry|ban|tisch** (wild begeistert, ausgelassen)

Ko|ry|phäe, die; -, -n ‹griech.› (bedeutende Persönlichkeit, hervorragender Gelehrter usw.)

Kos (Insel des Dodekanes)

Ko|sak, der; -en, -en (↑R 197) ‹russ.› (Angehöriger der militär. organisierten Grenzbevölkerung im zarist. Rußland; leichter Reiter); **Ko|sa|ken‿müt|ze, ...pferd**

Ko|sche|nil|le [...'niljə], die; -, -n ‹span.› (rote Schildlaus; *nur Sing.:* ein roter Farbstoff); **Ko|sche|nil|le|laus**

ko|scher ‹hebr.-jidd.› (den jüd. Speisegesetzen gemäß [erlaubt]; *ugs. für* einwandfrei)

K.-o.-Schlag; ↑R 41 (*Boxen* Niederschlag)

Koś|ciusz|ko [kɔʃ'tʃi̯uʃkɔ] (poln. Nationalheld)

Ko|se|form

Ko|se|kans, der; -, *Plur.* -, *auch* ...anten ‹lat.› (*Math.* Kehrwert des Sinus im rechtwinkligen Dreieck; *Zeichen* cosec)

ko|sen; du kost; **Ko|se‿na|me, ...wort** (*Plur.* ...wörter, *auch* ...worte)

K.-o.-Sie|ger; ↑R 41

Ko|si|ma *vgl.* Cosima

Ko|si|nus, der; -, *Plur.* - [...nu:s] *u.* -se *Plur. selten* ‹lat.› (*Math.* eine Winkelfunktion im rechtwinkligen Dreieck; *Zeichen* cos)

Kos|me|tik, die; - ‹griech.› (Körper- u. Schönheitspflege); **Kos|me|ti|ke|rin; Kos|me|tik‿in|du|strie, ...sa|lon, ...ta|sche; Kos|me|ti|kum,** das; -s, ...ka ‹griech.-lat.› (Schönheitsmittel); **kos|me|tisch;** -e Chirurgie; -es Mittel

kos|misch ‹griech.› (im Kosmos; das Weltall betreffend; All...); -e Strahlung; **Kos|mo|bio|lo|gie** [*auch* 'kɔs...] (Lehre von den außerird. Einflüssen auf die Gesamtheit der Lebenserscheinungen); **Kos|mo|drom,** das; -s, -e ‹griech.-russ.› (Startplatz für Raumschiffe); **Kos|mo|go|nie,** die; -, ...i̯en ‹griech.› (Weltentstehungslehre); **kos|mo|go|nisch; Kos|mo|gra|phie,** die; -, ...i̯en (*veraltet für* Weltbeschreibung); **Kos|mo|lo|gie,** die; -, ...i̯en (Lehre von der Entstehung u. Entwicklung des Weltalls); **kos|mo|lo|gisch; Kos|mo|naut,** der; -en, -en (↑R 197) ‹griech.-russ.› (Weltraumfahrer); **Kos|mo|nau|tik,** die; -; **Kos|mo|nau|tin; Kos|mo|po|lit,** der; -en, -en (↑R 197) ‹griech.› (Weltbürger); **kos|mo|po|li|tisch; Kos|mo|po|li|tis|mus,** der; - (Weltbürgertum); **Kos|mos,** der; - (Weltall, Weltraum); **Kos|mo|the|is|mus,** der; - (philos. Anschauung, die Gott und die Welt als Einheit begreift); **Kos|mo|tron** [*auch* ...'tro:n], das; -s, *Plur.* ...trone, *auch* -s (*Kernphysik* Teilchenbeschleuniger)

Kos|suth ['kɔʃut] (ung. Nationalheld)

Kost, die; -

ko|stal ‹lat.› (*Med.* zu den Rippen gehörend)

Ko|sta|ri|ka usw. (*eindeutschend für* Costa Rica usw.)

kost|bar; Kost|bar|keit

[1]ko|sten (schmecken)

[2]ko|sten (wert sein); es kostet mich viel [Geld], nichts, hundert Mark, große Mühe; das kostet ihn *od.* ihm die Stellung; **Ko|sten** *Plur.;* auf - des ... *od.* von ...; **Ko|sten‿an|schlag, ...be|rech|nung, ...dämp|fung; ko|sten|deckend** [*Trenn.* ...dek|kend]; **Ko|sten‿ent|wick|lung, ...er|stat|tung, ...ex|plo|si|on, ...fak|tor, ...fest|set|zung, ...fra|ge; ko|sten|frei; Ko|sten|grün|de** *Plur.;* aus -n; **ko|sten‿gün|stig, ...in|ten|siv, ...los; Ko|sten|mie|te; ko|sten|neu|tral; Ko|sten-Nut|zen-Ana|ly|se; ko|sten|pflich|tig; Ko|sten‿punkt, ...rah|men, ...sen|kung; ko|sten|spa|rend; Ko|sten‿stei|ge|rung, ...vor|an|schlag**

Kost‿gän|ger, ...ge|ber, ...geld

köst|lich; Köst|lich|keit

Kost|pro|be

kost|spie|lig; Kost|spie|lig|keit, die; -

Ko|stüm, das; -s, -e ‹franz.› (aus Rock und Jacke bestehende Damenkleidung; Verkleidung); **Ko|stüm‿bild|ner, ...bild|ne|rin, ...fest, ...film, ...fun|dus, ...ge|schich|te; ko|stü|mie|ren;** sich - ([ver]kleiden); **Ko|stü|mie|rung; Ko|stüm|ver|leih**

Kost|ver|äch|ter (*scherzh.*)

K.-o.-Sy|stem (Austragungsmodus sportl. Wettkämpfe, bei dem der jeweils Unterliegende aus dem Wettbewerb ausscheidet)

Kot, der; -[e]s, -e *Plur. selten*

Ko|tan|gens, der; -, - *Plur. selten*

⟨lat.⟩ (*Math.* eine Winkelfunktion im Dreieck; *Zeichen* cot)

Ko|tau, der; -s, -s ⟨chin.⟩ (demütige Ehrerweisung); - machen

[1]**Ko|te,** die; -, -n ⟨franz.⟩ (*Geogr.* Geländepunkt [einer Karte], dessen Höhenlage genau vermessen ist)

[2]**Ko|te,** die; -, -n *od.* Kot|ten, der; -s, - (*nordd. für* kleines Haus)

[3]**Ko|te,** die; -, -n ⟨finn.⟩ (Lappenzelt)

Kö|te, die; -, -n (*fachspr. für* hintere Seite der Zehe bei Rindern u. Pferden)

Kö|tel, der; -s, - (*nordd. für* Kotklümpchen)

Ko|te|lett [*auch* kɔt'lɛt], das; -s, -s ⟨franz., „Rippchen"⟩ (Rippenstück); **Ko|te|let|ten** *Plur.* (Bakkenbart)

Kö|ten|ge|lenk (*Zool.* Fesselgelenk)

Ko|ten|ta|fel (*Geogr.* Höhentafel)

Kö|ter, der; -s, - (*abwertend für* Hund)

Ko|te|rie, die; -, ...ien ⟨franz.⟩ (*veraltet für* Kaste; Klüngel)

Kot|flü|gel

Kö|then (Stadt südwestl. von Dessau); **Kö|the|ner** (↑R 147)

Ko|thurn, der; -s, -e ⟨griech.⟩ (dicksohliger Bühnenschuh der Schauspieler im antiken Theater); auf hohem - einhergehen (*geh. für* hochtrabend reden)

ko|tie|ren ⟨franz.⟩ (*Kaufmannsspr.* ein Wertpapier an der Börse zulassen); **Ko|tie|rung**

ko|tig

Ko|til|lon ['kɔtiljɔ̃, *auch* kɔtil'jɔ̃:], der; -s, -s ⟨franz.⟩ (ein alter Gesellschaftstanz)

Kö|t|ner (*nordd.; svw.* Kätner)

Ko|to, das; -s, -s, *auch* die; -, -s ⟨jap.⟩ (ein zitherähnliches jap. Musikinstrument)

Ko|ton [...'tɔ̃:], der; -s, -s ⟨arab.-franz.⟩ (*selten für* Baumwolle); *vgl. auch* Cotton; **ko|to|ni|sie|ren** [...toni...] (*Textilw.* baumwollähnlich machen); **Ko|to|ni|sie|rung**

Ko|tor, *auch* Cat|ta|ro (jugoslaw. Stadt)

Ko|to|rin|de ⟨indian.; dt.⟩ (ein altes Heilmittel)

Ko|trai|ner (*svw.* Assistenztrainer)

Kot‿saß *od.* **...sas|se** (*nordd.; svw.* Kötner)

Ko|tschin|chi|na („Kleinchina") (alte Bez. des Südteils von Vietnam); **Ko|tschin|chi|na|huhn**

Kot|ten *vgl.* [2]Kote; **Kot|ter,** der; -s, - (*nordd. veraltend für* [2]Kote; *österr. für* Arrest); **Köt|ter** (*nordd. für* Inhaber einer [2]Kote)

Ko|ty|le|do|ne, die; -, -n *meist Plur.* ⟨griech.⟩ (*Zool.* Zotte der tierischen Embryohülle; *Bot.* pflanzl. Keimblatt); **Ko|ty|lo|sau|ri|er** (ein ausgestorbenes eidechsenähnliches Kriechtier)

Kotz|brocken [*Trenn.* ...brok|ken] (*derb für* widerwärtiger Mensch)

[1]**Kot|ze,** die; -, -n (*landsch. für* wollene Decke, Wollzeug; wollener Umhang); *vgl.* Kotzen

[2]**Kot|ze,** die; - (*derb für* Erbrochenes)

Köt|ze, die; -, -n (*mitteld. für* Rükkentragkorb)

Kot|ze|bue [...bu] (dt. Dichter)

kot|zen (*derb für* sich übergeben); du kotzt

Kot|zen, der; -s, - (*Nebenform von* [1]Kotze); **kot|zen|grob** (*landsch. für* sehr grob)

Köt|zer, der; -s, - (*svw.* Kops)

kot|ze|rig (*derb für* zum Erbrechen übel); **kotz‿jäm|mer|lich, ...lang|wei|lig, ...übel** (*derb*)

Ko|va|ri|an|ten|phä|no|men [kova..., *auch* 'ko:va...] ⟨lat.; griech.⟩ (*Psych.* Täuschung der Raum-, Tiefenwahrnehmung); **Ko|va|ri|anz,** die; -, -en ⟨lat.⟩ (*Physik, Math.*)

Kox|al|gie, die; -, ...ien ⟨lat.; griech.⟩ (*Med.* Hüftgelenkschmerz); **Ko|xi|tis,** die; -, ...itiden ⟨lat.⟩ (Hüftgelenkentzündung)

Ko|zy|tus *vgl.* Kokytos

kp = Kilopond

kPa = Kilopascal

KPD = Kommunistische Partei Deutschlands

kpm = Kilopondmeter

kr = Krone (Währungseinheit)

Kr = *chem. Zeichen für* Krypton

Kr., Krs. = Kreis

Kraal *vgl.* Kral

Krab|be, die; -, -n (ein Krebs, eine Garnele; *Archit.* Steinblume an Giebeln usw.; *ugs. für* Kind, junges Mädchen); **Krab|bel|al|ter; Krab|be|lei** (*ugs.*); **krab|be|lig** *vgl.* krabblig; **Krab|bel|kind; krab|beln** (*ugs. für* sich kriechend fortbewegen; kitzeln; jukken); ich ...[e]le (↑R 22); es kribbelt u. krabbelt; *vgl.* aber: grabbeln

krab|ben (*fachspr. für* [Geweben] Glätte u. Glanz verleihen)

Krab|ben‿fi|scher, ...kut|ter

krabb|lig, krab|be|lig (*ugs.*)

krach!; Krach, der; -[e]s, Kräche (*nur Sing.:* Lärm; *ugs. für* Streit; Zusammenbruch); mit Ach und - (mit Müh und Not); - schlagen; **kra|chen;** sich mit jmdm. - (*ugs. für* streiten); **Kra|chen,** der; -s, Krächen (*schweiz. mdal. für* Schlucht, kleines Tal); **Kra|cher** (*ugs. für* Knallkörper); **Kra|cherl,** das; -s, -n (*österr., bayr. für* Brauselimonade); **kra|chig; Krach|le|der|ne,** die; -n, -n (*bayr. für* kurze Lederhose); **Krach|man|del** (*landsch.*); **krä|ch|zen;** du krächzt; **Krächzer** (*ugs. für* gekrächzter Laut; *scherzh. für* Mensch, der heiser, rauh spricht)

Kracke[1], die; -, -n (*landsch. für* altes Pferd)

kracken[1] [*auch* 'krɛ...] ⟨engl.⟩ (*Chemie* Schweröle in Leichtöle umwandeln); **Kräcker**[1], der; -s, - *vgl.* Cracker; **Krackung**[1] [*auch* 'krɛ...] (*Chemie*); **Krack|ver|fah|ren**

Krad, das; -[e]s, Kräder (*Kurzform für* Kraftrad [bes. bei Militär u. Polizei]); **Krad‿fah|rer, ...mel|der** (*Milit.*), **...schüt|ze**

kraft (↑R 62); *Präp. mit Gen.:* - meines Amtes; [1]**Kraft,** die; -, Kräfte; in - treten, das in - getretene Gesetz, aber (↑R 68): das Inkrafttreten; außer - setzen; [2]**Kraft** (m. Vorn.); **Kraft‿akt, ...an|stren|gung, ...auf|wand, ...aus|druck, ...brü|he, ...drosch|ke** (*veraltend*); **Kräf|te‿paar** (*Physik*), **...par|al|le|lo|gramm** (*Physik*); **kraft|er|füllt; Kräf|te|ver|hält|nis; kräf|te|zeh|rend; Kraft‿fah|rer, ...fah|re|rin; Kraft|fahr|zeug** (*Abk.* Kfz); **Kraft|fahr|zeug|brief; Kraft|fahr|zeug-Haft|pflicht|ver|si|che|rung** (↑R 34); **Kraft|fahr|zeug‿hal|ter, ...in|stand|set|zung, ...re|pa|ra|tur|werk|statt, ...schein, ...steu|er** (die), **...ver|si|che|rung; Kraft‿feld** (*Physik*), **...fut|ter; kräf|tig; kräf|ti|gen; Kräf|ti|gung; Kräf|ti|gungs|mit|tel,** das; **kraft|los;** -este; kraft- und saftlos (↑R 32); **Kraft|los|er|klä|rung** (*Rechtsw.*); **Kraft|lo|sig|keit,** die; -; **Kraft‿mei|er** (*ugs.* jmd., der mit seiner Kraft protzt), **...meie|rei, ...post** (*früher*), **...pro|be, ...protz, ...rad** (*Kurzform* Krad), **...sport, ...stoff; Kraft|stoff‿pum|pe, ...ver|brauch; Kraft|strom; kraft|strot|zend; Kraft‿ver|geu|dung, ...ver|kehr; kraft|voll; Kraft‿wa|gen, ...werk; Kraft|werk[s]|be|trei|ber; Kraft|wort** *Plur.* ...worte *u.* ...wörter

Kra|ge, die; -, -n (*Archit.* Konsole); **Krä|gel|chen, Krä|ge|lein; Kra|gen,** der; -s, *Plur.* -, *südd., österr. u. schweiz. auch* Krägen; **Kra|gen‿bär, ...knopf, ...num|mer, ...wei|te; Kräg|lein; Krag‿stein** (*Archit.* vorspringender, als Träger verwendeter Stein), **...trä|ger** (*Archit.* Konsole)

Krä|he, die; -, -n; **krä|hen; Krä|hen|fü|ße** *Plur.* (*ugs. für* Fältchen in den Augenwinkeln; unleserlich gekritzelte Schrift; kleine, spitze Eisenstücke, die die Reifen verfolgender Autos beschä-

[1] *Trenn.* ...k|k...

digen sollen); **Krä|hen|nest** (*auch für* Ausguck am Schiffsmast)
Krähl, der; -[e]s, -e (*Bergmannsspr.* besonderer Rechen); **kräh|len**
Kräh|win|kel, das; -s, *meist ohne Artikel* ‹nach dem Ortsnamen in Kotzebues „Kleinstädtern"› (spießbürgerliche Kleinstadt); **Kräh|win|ke|lei** (spießiges Verhalten); **Kräh|wink|ler** (↑R 147)
Kraich|gau, der; -[e]s (Hügelland zwischen Odenwald u. Schwarzwald); **Kraich|gau|er** (↑R 147)
Krain (Westteil von Slowenien)
Kra|ka|tau [*auch* ...'tau] (vulkanische Insel zwischen Sumatra u. Java)
Kra|kau (Stadt in Polen); **Kra|kau|er,** die; -, - (eine Art Knackwurst)
Kra|ke, der; -n, -n (↑R 197) ‹norw.› (Riesentintenfisch)
Kra|keel, der; -s (*ugs. für* Lärm u. Streit; Unruhe); **kra|kee|len** *(ugs.)*; er hat krakeelt; **Kra|kee|ler** *(ugs.)*; **Kra|kee|le|rei** *(ugs.)*
Kra|kel, der; -s, - (*ugs. für* schwer leserliches Schriftzeichen)
Kra|ke|lee (*eindeutschend für* Craquelé)
Kra|ke|lei *(ugs.)*; **Kra|kel|fuß** *meist Plur.* (*ugs. für* krakeliges Schriftzeichen); **kra|ke|lig** *(ugs.)*; **kra|keln** *(ugs.)*; ich ...[e]le (↑R 22); **krak|lig** *(ugs.)*
Kra|ko|wi|ak, der; -s, -s ‹poln.› (poln. Nationaltanz)
Kral, der; -s, *Plur.* -e, *auch* -s ‹port.-afrikaans› (Runddorf afrik. Stämme)
Kräll|chen; Kral|le, die; -, -n; **kral|len** (mit den Krallen zufassen; *ugs. für* unerlaubt wegnehmen); sich an etwas *od.* jmdn. -; **Kral|len‿af|fe, ...frosch; kral|lig**
Kram, der; -[e]s
Kram|bam|bu|li, der; -[s], -[s] (*Studentenspr.* ein alkoholisches Mixgetränk)
kra|men (*ugs. für* durchsuchen; aufräumen); **Krä|mer** (*veraltet, aber noch landsch. für* Kleinhändler); **Kra|me|rei; Krä|me|rei** (*veraltet, aber noch landsch. für* kleiner Laden); **Krä|mer|geist,** der; -[e]s *(abwertend)*; **krä|mer|haft; Krä|me|rin** *(veraltet)*; **Krä|mer‿la|tein** (*veraltet, aber noch landsch. für* Kauderwelsch, Händlersprache), **...see|le** (kleinlicher Mensch); **Kram|la|den** *(abwertend)*; **Kram|markt**
Kram|mets|vo|gel (*landsch. für* Wacholderdrossel)
Kram|pe, die; -, -n (U-förmig gebogener Metallhaken); **kram|pen** (anklammern); **Kram|pen,** der; -s, - (*Nebenform von* Krampe; *bayr., österr. für* Spitzhacke)
Krampf, der; -[e]s, Krämpfe; **Krampf|ader; Krampf|ader|bil|dung; krampf|ar|tig; kramp|fen;** sich -; **krampf|haft; Krampf|hu|sten** (Keuchhusten); **kramp|fig; krampf|stil|lend**
[1]**Kram|pus,** der; -, ...pi (*Med.* Muskelkrampf)
[2]**Kram|pus,** der; *Gen.* - *u.* -ses, *Plur.* -se (*österr. für* Begleiter des Sankt Nikolaus; Knecht Ruprecht)
Kra|mu|ri, die; - (*österr. ugs. für* Kram, Gerümpel)
Kran, der; -[e]s, *Plur.* Kräne *u. (fachspr.)* Krane (Hebevorrichtung; *landsch. für* Zapfen, Zapfröhre, Wasserhahn); **kran|bar** (*Technik* was gekrant werden kann); **Krän|chen** (*landsch. für* Zapfen; *auch* das Gezapfte); Emser - (ein Brunnenwasser); **kra|nen** (*Technik* mit dem Kran transportieren)
Kra|ne|wit|ter, der; -s, - (*bayr., österr. für* Wacholderschnaps)
Kran|füh|rer
Kran|gel, der; -, -n (*Bergsteigen* verdrehte Stelle im Seil); **kran|geln;** das Seil krangelt; **krän|gen** (*Seemannsspr.* sich seitwärts neigen [vom Schiff]); **Krän|gung**
kra|ni|al ‹griech.› (*Med.* den Schädel betreffend, Schädel...)
Kra|nich, der; -s, -e (ein Stelzvogel)
Kra|nio|lo|gie, die; - ‹griech.› (*Med.* Schädellehre); **Kra|nio|me|trie,** die; -, ...ien (Schädelmessung); **Kra|nio|te,** der; -n, -n *meist Plur.* (*Zool.* Wirbeltier mit Schädel); **Kra|nio|to|mie,** die; -, ...ien (*Med.* Schädelöffnung)
krank; kränker, kränkste. *Schreibung in Verbindung mit Verben* (↑R 205 f.): **I.** *Getrenntschreibung:* - sein, werden, liegen; sich - fühlen, stellen; jmdn. - schreiben; sich - melden. **II.** *Zusammenschreibung: vgl.* krankfeiern, krankmachen, krankschießen; **Kran|ke,** der *u.* die; -n, -n (↑R 7 ff.); **krän|keln;** ich ...[e]le (↑R 22); **kran|ken;** an etwas - (durch etwas beeinträchtigt sein; *veraltet für* an etwas erkrankt sein); **krän|ken** (beleidigen, verletzen); **Kran|ken‿an|stalt, ...be|richt, ...be|such, ...bett, ...blatt; krän|kend;** -ste; **Kran|ken‿geld, ...ge|schich|te, ...gut** (das; -[e]s; bestimmte Anzahl untersuchter Patienten), **...gym|na|stik, ...gym|na|stin, ...haus, ...kas|se, ...la|ger, ...pfle|ge, ...pfle|ger, ...pfle|ge|rin, ...sal|bung** (kath. Sakrament), **...schein, ...schwe|ster, ...trans|port; kran|ken|ver|si|chert; Kran|ken|ver|si|che|rung; kran|ken|ver|si|che|rungs|pflich|tig; Kran|ken‿wa|gen, ...zim|mer; krank|fei|ern;** ↑R 205 (*ugs. für* der Arbeit fernbleiben, ohne ernstlich krank zu sein; *landsch. für* arbeitsunfähig sein); er hat gestern krankgefeiert; **krank|haft; Krank|haf|tig|keit,** die; -; **Krank|heit; Krank|heits|bild; krank|heits|er|re|gend; Krank|heits|er|re|ger; krank|heits|hal|ber; krank|la|chen,** sich; ↑R 205 (*ugs. für* heftig lachen); er hat sich krankgelacht; **kränk|lich; Kränk|lich|keit,** die; -; **krank|ma|chen;** ↑R 205 (*svw.* krankfeiern); er hat krankgemacht; aber: die Angst hat ihn krank gemacht; **Krank|mel|dung; krank|schie|ßen;** ↑R 205 (*Jägerspr.* anschießen); er hat das Reh krankgeschossen; **Krän|kung**
Kran‿wa|gen, ...win|de
Kranz, der; -es, Kränze; **Kränz|chen; krän|zen** (*dafür häufiger* bekränzen); du kränzt; **Kranz‿ge|fäß** *(meist Plur.; Med.)*, **...geld** *(Rechtsspr.)*, **...ge|sims** *(Archit.)*, **...jung|fer** (*landsch. für* Brautjungfer), **...ku|chen; Kränz|lein; Kranzl|jung|fer** (*bayr., österr. für* Brautjungfer); **Kranz‿nie|der|le|gung, ...schlei|fe, ...spen|de**
Kräpf|chen; Kräp|fel, der; -s, - (*südd. für* Krapfen); *vgl.* Kräppel; **Krap|fen,** der; -s, - (ein Gebäck); **Kräpf|lein**
Krapp, der; -[e]s ‹niederl.› (eine Färberpflanze)
Kräp|pel, der; -s, - (*mitteld. für* Krapfen)
krap|pen *vgl.* krabben
kraß; krasser, krasseste (extrem; außerordentlich scharf; grell); krasser (unerhörter) Fall; **Kraß|heit**
[1]**Kra|ter,** der; -s, -e ‹griech.› (altgriech. Krug); [2]**Kra|ter,** der; -s, - (Vulkanöffnung; Abgrund); **Kra|ter‿land|schaft, ...see** (der)
kra|ti|ku|lie|ren ‹lat.› (*Math.* durch ein Gitternetz ausmessen od. übertragen)
Kratt, das; -s, -e (*nordd. für* Eichengestrüpp)
Krat|ten, der; -s, - (*südd. u. schweiz. für* [kleinerer, enger u. tiefer] Korb)
Kratz, der; -es, -e (*landsch. für* Schramme); **Kratz‿band** (das; *Bergmannsspr.* ein Fördergerät), **...bee|re** (*landsch. meist für* Brombeere), **...bür|ste; kratz|bür|stig** (widerspenstig); **Kratz|bür|stig|keit; Krätz|chen** (*Soldatenspr.* Feldmütze); **Krat|ze,** die; -, -n (ein Werkzeug)
[1]**Krät|ze,** die; -, -n (*südd. für* Korb)
[2]**Krät|ze,** die; - (Hautkrankheit;

metallhaltiger Abfall); **Kratz|ei|sen; krat|zen;** du kratzt; sich -; **Krät|zen|kraut,** das; -[e]s; **Krat|zer** (*ugs. für* Schramme; *Biol.* ein Eingeweidewurm); **Krät|zer** (saurer Wein, gärender Weinmost); **Kratz|fuß** (*früher für* tiefe Verbeugung); **krat|zig; krät|zig; Krätz|mil|be; Kratz_putz** (*für* Sgraffito), **...spur**

krau|chen (*landsch. für* kriechen)

Kräu|el, der; -s, - (*landsch. für* Haken, Kratze; Kralle [Werkzeug]); **kräu|eln** (*selten*); ich ...[e]le (↑R 22); *vgl.* [2]kraulen; **krau|en** (mit den Fingerkuppen sanft kratzen)

Kraul, das; -[s] ‹engl.› (ein Schwimmstil); [1]**krau|len** (im Kraulstil schwimmen)

[2]**krau|len** (zart krauen)

Krau|ler; Kraul_schwim|men (das; -s), **...schwim|mer, ...sprint, ...staf|fel**

kraus; -este

Kraus, Karl (österr. Schriftsteller)

Krau|se, die; -, -n; **Kräu|sel_band, ...garn, ...krank|heit** (eine Pflanzenkrankheit), **...krepp; kräu|seln;** ich ...[e]le (↑R 22); das Haar kräuselt sich; **Kräu|se|lung; Krau|se|min|ze** (eine Heil- u. Gewürzpflanze); **krau|sen;** du kraust; er kraus|ste; sich -; **Kraus|haar; kraus|haa|rig; Kraus|kopf; kraus|köp|fig**

Krauss, Clemens (österr. Dirigent)

[1]**Kraut,** der; -s (*nordd. für* Garnelen, Krabben)

[2]**Kraut,** das; -[e]s, Kräuter (*südd., österr. Sing. auch für* Kohl); **kraut|ar|tig; Kräut|chen; krau|ten** (*landsch. für* Unkraut jäten); **Krau|ter** (*scherzh. für* Sonderling); **Kräu|ter** *Plur.* (Gewürz- und Heilpflanzen); **Kräu|ter_buch, ...but|ter, ...kä|se, ...li|kör, ...tee; Kraut_fäu|le** (eine Kartoffelkrankheit), **...gar|ten** (*landsch. für* Gemüsegarten), **...gärt|ner** (*landsch. für* Gemüsegärtner), **...häup|tel** (*österr. für* Kraut-, Kohlkopf); **Kräu|ticht,** das; -s, -e (*veraltet für* Bohnen-, Kartoffelkraut usw. nach der Ernte); **krau|tig** (krautartig); **Kraut|kopf** (*südd., österr. für* Kohlkopf); **Kräut|lein; Kräut|lein Rühr|mich|nicht|an,** das; -s -, - -; **Kräut|ler** (*österr. veraltend für* Gemüsehändler); **Kraut|stie|le** *Plur.* (*schweiz. für* Mangoldrippen [als Gemüse]); **Kraut|wickel** [*Trenn.* ...wik|kel] (*südd., österr. für* Kohlroulade)

Kra|wall, der; -s, -e (Aufruhr; *nur Sing.: ugs. für* Lärm); **Kra|wall|ma|cher**

Kra|wat|te, die; -, -n ‹nach dem franz. Namen der Kroaten› ([Hals]binde, Schlips; *Ringkampf* verbotener drosselnder Halsgriff); **Kra|wat|ten_na|del, ...zwang** (der; -[e]s)

Kra|weel|be|plan|kung, Kar|weel|be|plan|kung ‹*von* Karavelle› (*Schiffbau*); **kra|weel|ge|baut,** kar|weel|ge|baut; -es Boot (mit aneinanderstoßenden Planken)

Kra|xe, die; -, -n (*bayr., österr. für* Rückentrage); **Kra|xe|lei** (*ugs.*); **kra|xeln** (*ugs. für* mühsam steigen; klettern); ich ...[e]le (↑R 22); **Krax|ler**

Kray|on [krɛ'jõ:], der; -s, -s ‹franz.› (*veraltet für* Blei-, Kreidestift); **Kray|on|ma|nier,** die; - (*bild. Kunst* ein Radierverfahren)

Krä|ze, die; -, -n (*schweiz. mdal. für* Rückentragkorb); *vgl.* [1]Krätze

Kre|as, das; - ‹span.› (ungebleichte Leinwand)

Krea|tin[1], das; -s ‹griech.› (*Biol., Med.* organ. Verbindung in der Muskulatur)

Krea|ti|on[1], die; -, -en ‹lat.(-franz.)› (Modeschöpfung; *veraltend für* Erschaffung); **krea|tiv**[1] (schöpferisch); **Krea|ti|vi|tät**[1] [...v...], die; - (schöpferische Kraft); **Krea|ti|vi|täts**[1]**_test, ...trai|ning; Krea|tiv|ur|laub**[1] [...f...] (Urlaub, in dem man eine künstlerische Tätigkeit erlernt od. ausübt); **Krea|tur**[1], die; -, -en ‹lat.› (Lebewesen, Geschöpf; willenloses, gehorsames Werkzeug); **krea|tür|lich**[1]; **Krea|tür|lich|keit**[1], die; -

Krebs, der; -es, -e (Krebstier; bösartige Geschwulst; *nur Sing.:* Sternbild); **krebs|ar|tig; kreb|sen** (Krebse fangen; *ugs. für* sich mühsam bewegen; erfolglos bleiben); du krebst; **krebs_er|re|gend, ...er|zeu|gend** (*für* karzinogen); **Krebs_for|schung, ...früh|er|ken|nung, ...gang** (der; -[e]s), **...ge|schwulst, ...ge|schwür; kreb|sig; krebs_krank, ...rot; Krebs_scha|den, ...sup|pe, ...übel, ...vor|sor|ge, ...zel|le**

Kre|denz, die; -, -en ‹ital.› (*veraltend für* Anrichte); **kre|den|zen** (*geh. für* [ein Getränk] feierlich anbieten, darreichen, einschenken); du kredenzt; [1]**Kre|dit** [*auch* ...'dit], der; -[e]s, -e ‹franz.› (befristet zur Verfügung gestellter Geldbetrag; *nur Sing.:* Zahlungsaufschub; Vertrauenswürdigkeit in bezug auf Zahlungsfähigkeit u. Zahlungsbereitschaft; *übertr. für* Glaubwürdigkeit); auf - (auf Borg); [2]**Kre|dit,** das; -s, -s ‹lat.› (die rechte Seite, Habenseite eines Kontos); **Kre|dit_an|stalt** [*auch* ...'dit...], **...auf|nah|me, ...bank** (*Plur.* ...banken), **...brief, ...bü|ro; kre|dit|fä|hig; Kre|dit_ge|ber, ...ge|be|rin, ...ge|nos|sen|schaft, ...ge|schäft; Kre|dit|hai** (*ugs. für* skrupelloser, überhöhte Zinsen fordernder Geldverleiher); **Kre|dit|hil|fe; kre|di|tie|ren** ‹franz.› (Kredit gewähren, vorschießen); einem Schuldner einen Betrag - *od.* einem Schuldner für einen Betrag -; **Kre|di|tie|rung; Kre|dit_in|sti|tut** [*auch* ...'dit...], **...kar|te, ...kauf, ...markt, ...neh|mer, ...neh|me|rin; Kre|di|tor** [*österr.* ...'di:...], der; -s, ...oren ‹lat.› (Kreditgeber, Gläubiger); **Kre|di|to|ren|kon|to; Kre|dit_po|li|tik** [*auch* ...'dit...], **...we|sen** (das; -s); **kre|dit|wür|dig; Kre|dit|wür|dig|keit,** die; -; **Kre|do,** das; -s, -s ‹„ich glaube"› (Glaubensbekenntnis)

Kre|feld (Stadt in Nordrhein-Westfalen); **Kre|fel|der** (↑R 147)

kre|gel (*bes. nordd. für* gesund, munter)

Krehl, der; -s, -e (Gerät zum Jäten); *vgl.* a b e r : Krähl

Krei|de, die; -, -n; **krei|de|bleich; Krei|de_fel|sen, ...for|ma|ti|on** (die; -; *Geol.*), **...kü|ste; krei|den** (*selten für* mit Kreide bestreichen); **Krei|de|strich; krei|de|weiß; Krei|de_zeich|nung, ...zeit** (die; -; *Geol.*); **krei|dig**

kre|ie|ren ‹lat.(-franz.)› ([er]schaffen; erstmals herausbringen od. darstellen); **Kre|ie|rung**

Kreis, der; -es, -e (*auch für* Verwaltungsgebiet; *Abk.* Kr., *auch* Krs.); **Kreis_ab|schnitt, ...amt, ...arzt, ...bahn, ...be|we|gung, ...bo|gen**

krei|schen; du kreischst; er kreischte; gekreischt

Kreis|durch|mes|ser; Krei|sel, der; -s, -; **Krei|sel_kom|paß, ...lüf|ter** (*für* Turboventilator); **krei|seln;** ich ...[e]le (↑R 22); **Krei|sel_pum|pe, ...ver|dich|ter** (*für* Turbokompressor); **krei|sen;** du kreist; *vgl.* a b e r : kreißen; **Krei|ser** (*Jägerspr.* jmd., der bei Neuschnee Wild ausmacht); **Kreis|flä|che; kreis|för|mig; kreis|frei;** -e Stadt; **Kreis|in|halt**

Krei|sky (österr. Politiker)

Kreis|lauf; Kreis|läu|fer (*Handball*); **Kreis|lauf_kol|laps, ...mit|tel** (das), **...schwä|che, ...stö|rung, ...ver|sa|gen** (das; -s); **kreis|rund; Kreis|sä|ge**

krei|ßen (*veraltet für* in Geburtswehen liegen); du kreißt; *vgl.* a b e r : kreisen; **Krei|ßen|de,** die; -n, -n (↑R 7 ff.); **Kreiß|saal** (Entbindungsraum im Krankenhaus)

[1] Vgl. R 180.

Kreis.stadt, ...tag, ...um|fang, ...ver|kehr; Kreis|wehr|er|satz-amt

Krem, die; -, -s, *ugs. auch* der; -s, *Plur.* -e *od.* -s (feine [schaumige] Süßspeise; *seltener auch für* Hautsalbe); *vgl. auch* Creme

Kre|ma|ti|on, die; -, -en ‹lat.› (Einäscherung [von Leichen]); **Kre-ma|to|ri|um,** das; -s, ...ien [...iən] (Anlage für Feuerbestattungen); **kre|mie|ren** (*schweiz., sonst veraltet für* einäschern)

kre|mig ‹*zu* Krem›

Kreml [*auch* kre:ml], der; -[s], - ‹russ.› (burgartiger Stadtteil in russ. Städten, bes. Moskau; *nur Sing.: übertr. für* Regierung der UdSSR); **Kreml|füh|rung**

Krem|pe, die; -, -n ‹*zu* Krampe› ([Hut]rand)

[1]**Krem|pel,** der; -s (*ugs. für* [Trödel]kram)

[2]**Krem|pel,** die; -, -n (*Textilw.* Maschine zum Auflockern der Faserbüschel); [1]**krem|peln** (Faserbüschel auflockern); ich ...[e]le (↑R 22)

[2]**krem|peln** ([nach oben] umschlagen); ich ...[e]le (↑R 22); **krem-pen** (*veraltet für* [2]krempeln); **Kremp|ling** (ein Pilz)

Krems an der Do|nau (österr. Stadt)

Krem|ser, der; -s, - ‹nach dem Berliner Fuhrunternehmer› (offener Wagen mit Verdeck)

Krem|ser Weiß, das; - -[es] (Bleiweiß)

Kren, der; -[e]s ‹slaw.› (*südd., österr. für* Meerrettich)

Kře|nek ['krʃɛnɛk] (österr. Komponist)

Kren|fleisch (*österr. für* gekochtes Schweinefleisch mit Meerrettich)

Kren|gel, der; -s, - (*Nebenform von* Kringel; *landsch. für* Brezel); **kren|geln,** sich (*landsch. für* sich winden, sich herumdrükken; umherschlendern); ich ...[e]le mich (↑R 22)

kren|gen usw. (*Nebenform von* krängen usw.)

Kre|ol, das; -s (*Sprachw.* auf [ehemals] französischen Karibikinseln gesprochene Mischsprache auf der Grundlage des Französischen); **Kreo|le,** der; -n, -n (↑R 197) ‹franz.› (in Mittel- u. Südamerika urspr. Abkömmling roman. Einwanderer; *auch für* Abkömmling von Negersklaven in Brasilien); **Kreo|lin; kreo-lisch; Kreo|lisch,** das; -[s] (Sprache); *vgl.* Deutsch; **Kreo|li|sche,** das; -n; *vgl.* Deutsche, das; **Kreo|li|stik,** die; - (Wissenschaft von den kreol. Sprachen u. Literaturen)

Kreo|pha|ge, der; -n, -n (↑R 197) ‹griech.› (*svw.* Karnivore); **Kreo-sot,** das; -[e]s (*Med., Pharm.* ein Desinfektions- u. Arzneimittel)

kre|pie|ren ‹ital.› (bersten, platzen, zerspringen [von Sprenggeschossen]; *derb für* verenden); **Kre|pi|ta|ti|on,** die; -, -en ‹lat.› (*Med.* Reiben u. Knirschen [bei Knochenbrüchen usw.])

Krepp, der; -s, *Plur.* -s *u.* -e ‹franz.› (krauses Gewebe); **Kreppa|pier** [*Trenn.* Krepp|pa..., ↑R 204]; **krepp|ar|tig; krep|pen** (zu Krepp, Kreppapier verarbeiten); **Krepp.flor, ...gum|mi, ...soh|le**

Kre|scen|do [krɛ'ʃɛndo] *vgl.* Crescendo

Kre|sol, das; -s (*Chemie* ein Desinfektionsmittel)

[1]**Kres|se,** die; -, -n (Name verschiedener Pflanzen)

[2]**Kres|se,** die; -, -n (*landsch. svw.* Kreßling); **Kreß|ling** (Gründling)

Kres|zen|tia (w. Vorn.); [1]**Kres-zenz,** die; -, -en ‹lat., „Wachstum"› (Herkunft [edler Weine]); [2]**Kres|zenz** (w. Vorn.)

Kre|ta (eine griech. Insel)

kre|ta|ze|isch, kre|ta|zisch ‹lat.› (*Geol.* zur Kreideformation gehörend); -e Formation (Kreideschicht)

Kre|te, die; -, -n ‹franz.› (*schweiz. für* Geländekamm, -grat)

Kre|ter (Bewohner Kretas); **Kre-te|rin**

Kre|thi und Ple|thi *Plur., auch Sing., ohne Artikel* ‹nach den „Kretern und Philistern" in Davids Leibwache› (*abwertend für* alle möglichen Leute; jedermann); - - - war[en] da; mit - - - verkehren

Kre|ti|kus, der; -, ...izi ‹griech.› (*Verslehre* ein antiker Versfuß)

Kre|tin [kre'tɛ̃:], der; -s, -s ‹franz.› (Schwachsinniger); **Kre|ti|nis-mus** [...ti...], der; - *(Med.)*; **kre|ti-no|id** (*Med.* kretinartig)

kre|tisch (von Kreta); **Kre|ti|zi** (*Plur. von* Kretikus)

Kre|ton, der; -s, -e (*österr. für* Cretonne); **Kre|tonne** [kre'tɔn] (*eindeutschend für* Cretonne)

Kret|scham, Kret|schem, der; -s, -e ‹slaw.› (*ostmitteld. für* Schenke); **Kretsch|mer,** der; -s, - (*ostmitteld. für* Wirt)

kreuchst (*veraltet für* kriechst); **kreucht** (*veraltet für* kriecht); was da kreucht u. fleucht

Kreut|zer|so|na|te, die; - (von Beethoven dem franz. Geiger R. Kreutzer gewidmet); ↑R 135

Kreuz, das; -es, -e ‹lat.›; (↑R 157:) das Blaue, Rote, Weiße, Eiserne Kreuz; über Kreuz; in die Kreuz u. [in die] Quere [laufen], aber (↑R 61): kreuz u. quer; **Kreuz-.ab|nah|me, ...as** [*auch* ...'as], **...auf|fin|dung** (die; -; kath. Fest), **...band** (das; *Plur.* ...bänder; *Med.*), **...bein** *(Med.)*, **...blu|me** *(Archit.)*, **...blüt|ler** (eine Pflanzenfamilie); **kreuz.brav** *(ugs.)*, **...ehr|lich** *(ugs.)*; **kreu|zen** (über Kreuz legen; *Biol.* paaren; *Seemannsspr.* im Zickzackkurs fahren); du kreuzt; sich - (sich überschneiden); **Kreu|zer** (ehem. Münze; Kriegsschiff; größere Segeljacht); großer, kleiner -; **Kreuz|er|hö|hung,** die; - (kath. Fest); **Kreu|zes.tod, ...weg** (Christi Weg zum Kreuze; *vgl.* Kreuzweg); **Kreu|zes|zei|chen** *vgl.* Kreuzzeichen; **Kreuz.fah-rer, ...fahrt, ...feu|er; kreuz|fi|del** *(ugs.)*; **kreuz|för|mig; Kreuz-.gang** (der), **...ge|lenk, ...ge|wöl-be; kreu|zi|gen; Kreu|zi|gung; kreuz|lahm; Kreuz.ot|ter** (die), **...rit|ter; kreuz|sai|tig** (beim Klavier); **Kreuz|schlitz|schrau|be; Kreuz.schlüs|sel** (für die Radmuttern beim Auto), **...schmerz** *(meist Plur.)*, **...schna|bel** (ein Vogel), **...spin|ne, ...stich** (ein Zierstich); **kreuz und quer;** *vgl.* Kreuz; **Kreuz|und|quer|fahrt; Kreu|zung; kreuz|un|glück|lich** *(ugs.)*; **kreu|zungs|frei; Kreu-zungs|punkt; Kreuz.ver|band, ...ver|hör, ...weg** (*auch für* Darstellung des Leidens Christi; *vgl.* Kreuzesweg); **kreuz|wei|se; Kreuz|wort|rät|sel; Kreuz|zei-chen,** Kreu|zes|zei|chen; **Kreuz-zug**

Kre|vet|te [...v...], die; -, -n ‹franz.› (eine Garnelenart)

Krib|be, die; -, -n (*nordd. für* Buhne)

krib|be|lig, kribb|lig (*ugs. für* ungeduldig, gereizt); **Krib|bel-krank|heit,** die; - (*Med.* Mutterkornvergiftung); **krib|beln** (*ugs. für* prickeln, jucken; wimmeln); es kribbelt mich; es kribbelt u. krabbelt; **kribb|lig** *vgl.* kribbelig

Krickel[1], das; -s, -[n] *meist Plur.* (*Jägerspr.* Horn der Gemse); *vgl.* Krucke

krickel|lig[1], krick|lig (*ostmitteld. für* unzufrieden; tadelsüchtig, nörgelnd); **Krickel|kra|kel**[1], das; -s, - (*ugs. für* unleserliche Schrift); **krickeln**[1] (*landsch. für* streiten, nörgeln; *ugs. auch für* kritzeln); ich ...[e]le (↑R 22)

Krickel|wild[1] (Gamswild)

Krick|en|te, *auch* Kriek|en|te (eine Wildente)

Kricket[1], das; -s ‹engl.› (ein Ballspiel); **Kricket**[1]**.ball, ...spie|ler**

---

[1] *Trenn.* ...k|k...

krick|lig *vgl.* krickelig
Kri|da, die; - ‹mlat.› (*österr. für* Konkursvergehen); **Kri|dar, Kri|da|tar,** der; -s, -e (*österr. für* Gemeinschuldner)
Krie|bel|mücke [*Trenn.* ...mük|ke]
Krie|che, die; -, -n (*landsch.* eine Pflaumensorte)
krie|chen; du krochst; du kröchest; gekrochen; kriech[e]!; *vgl.* kreuchst usw.; **Krie|cher** *(abwertend);* **Krie|che|rei; Krie|che|rin; krie|che|risch;** -ste
Krie|cherl, das; -s, -n (*österr. für* Krieche); **Krie|cherl|baum**
Kriech₋spur *(Verkehrsw.),* **...strom** *(Elektrotechnik),* **...tier**
Krieg, der; -[e]s, -e; **[1]krie|gen** (*veraltet für* Krieg führen); **[2]krie|gen** (*ugs. für* erhalten, bekommen); **Krie|ger; Krie|ger₋denk|mal** (*Plur.* ...mäler), **...grab; Krie|ge|rin; krie|ge|risch;** -ste; **Krie|ger|tum,** das; -s; **Krie|ger|wit|we; krieg|füh|rend; Krieg|füh|rung,** Kriegs|füh|rung; **Kriegs₋an|lei|he, ...aus|bruch** (der; -[e]s); **kriegs|be|dingt; Kriegs₋be|ginn, ...beil, ...be|mal|lung, ...be|richt, ...be|richt|er|stat|ter; kriegs|be|schä|digt; Kriegs|be|schä|dig|te,** der *u.* die; -n, -n (↑R 7 ff.); **Kriegs|be|schä|dig|ten|für|sor|ge; Kriegs₋blin|de, ...dienst; Kriegs|dienst₋ver|wei|ge|rer, ...ver|wei|ge|rung; Kriegs₋ein|wir|kung, ...en|de, ...er|klä|rung, ...flot|te, ...frei|wil|li|ge; Kriegs|füh|rung** *vgl.* Kriegführung; **Kriegs|fuß;** *nur in* auf [dem] - mit jmdm. *od.* etwas stehen; **kriegs|ge|fan|gen; Kriegs₋ge|fan|ge|ne, ...ge|fan|gen|schaft, ...geg|ner, ...ge|richt, ...ge|schrei, ...ge|winn|ler** *(abwertend);* **Kriegs|grä|ber|für|sor|ge; Kriegs₋ha|fen** (*vgl.* [2]Hafen), **...het|ze** (die; -), **...hin|ter|blie|be|ne; Kriegs|hin|ter|blie|be|nen|für|sor|ge; Kriegs₋in|va|li|de, ...ka|me|rad, ...kunst, ...list, ...ma|ri|ne, ...op|fer, ...pfad, ...rat** (der; -[e]s), **...recht** (das; -[e]s), **...ro|man, ...scha|den, ...schau|platz, ...schiff, ...schuld, ...teil|neh|mer, ...trau|ung, ...trei|ber, ...ver|bre|cher, ...ver|let|zung, ...ver|sehr|te; kriegs|ver|wen|dungs|fä|hig** (*Abk.* kv.); **Kriegs₋wai|se, ...wir|ren** *(Plur.),* **...zu|stand** *(Plur. selten)*
Kriek|en|te *vgl.* Krickente
Kriem|hild, Kriem|hil|de (w. Vorn.)
Kri|ko|to|mie, die; -, ...ien ‹griech.› (*Med.* operative Spaltung des Ringknorpels der Luftröhre)
Krill, der; -[e]s ‹norw.› (tierisches Plankton)
Krim, die; - (südruss. Halbinsel)
Kri|mi [*auch* 'kri:mi], der; -s, -s, *selten* -, - (*ugs. für* Kriminalroman, -film); **kri|mi|nal** ‹lat.› (Verbrechen, schwere Vergehen, das Strafrecht, das Strafverfahren betreffend); **Kri|mi|nal,** das; -s, -e (*österr. veraltend für* Strafanstalt, Zuchthaus); **Kri|mi|nal|be|am|te; Kri|mi|na|le,** der; -n, -n (↑R 7 ff.) *u.* **Kri|mi|na|ler,** der; -s, - (*ugs. für* Kriminalbeamte); **Kri|mi|nal₋film, ...ge|schich|te; kri|mi|na|li|sie|ren** (etwas als kriminell hinstellen); **Kri|mi|na|list,** der; -en, -en; ↑R 197 (Kriminalpolizist; Strafrechtslehrer); **Kri|mi|na|li|stik,** die; - (Lehre vom Verbrechen, von seiner Aufklärung usw.); **Kri|mi|na|li|stin; kri|mi|na|li|stisch; Kri|mi|na|li|tät,** die; -; **Kri|mi|nal₋kom|mis|sar, ...mu|se|um, ...po|li|zei** (*Kurzw.* Kripo), **...pro|zeß** (*veraltet für* Strafprozeß), **...psy|cho|lo|gie, ...recht** (das; -[e]s; *veraltet für* Strafrecht), **...ro|man; kri|mi|nell** ‹franz.›; **Kri|mi|nel|le,** der *u.* die; -n, -n; ↑R 7 ff. (straffällig Gewordene[r]); ein Krimineller; **Kri|mi|no|lo|gie,** die; - ‹lat.; griech.› (Wissenschaft vom Verbrechen); **kri|mi|no|lo|gisch**
Krim|krieg, der; -[e]s; ↑R 149
krim|meln *(nordd.); nur in* es krimmelt u. wimmelt
Krim|mer, der; -s, - ‹nach der Halbinsel Krim› (*urspr.* ein Lammfell, *heute* ein Wollgewebe)
krim|pen (*nordd. für* einschrumpfen [lassen]; sich von West nach Ost drehen [vom Wind]); gekrimpt u. gekrumpen
Krim|sekt
Krims|krams, der; -[es] (*ugs. für* Plunder, durcheinanderliegendes, wertloses Zeug)
Krin|gel, der; -s, - ([kleiner, gezeichneter] Kreis; *auch für* [Zukker]gebäck); **krin|ge|lig** (sich ringelnd); sich - lachen *(ugs.);* **krin|geln** ([sich] zu Kringeln formen); ich ...[e]le (↑R 22); sich - (*ugs. für* sich [vor Vergnügen] wälzen)
Kri|noi|de, der; -n, -n *meist Plur.* ‹griech.› (*Zool.* Haarstern od. Seelilie, ein Stachelhäuter)
Kri|no|li|ne, die; -, -n ‹franz.› (*früher* Reifrock)
Kri|po = Kriminalpolizei; **Kri|po|chef** *(ugs.)*
Krip|pe, die; -, -n; **krip|pen** (*veraltet für* [einen Deich] mit Flechtwerk sichern); **Krip|pen₋bei|ßer** (Pferd, das die Unart hat, die Zähne aufzusetzen u. Luft hinunterzuschlucken), **...platz, ...set|zer** (*svw.* Krippenbeißer), **...spiel** (Weihnachtsspiel)
Kris, der; -es, -e ‹malai.› (Dolch der Malaien)
Kri|se, Kri|sis, die; -, Krisen ‹griech.›; **kri|seln;** es kriselt; **kri|sen₋an|fäl|lig, ...fest; Kri|sen|ge|biet; kri|sen|haft; Kri|sen₋herd, ...ma|nage|ment, ...si|tua|ti|on, ...stab, ...zei|chen, ...zeit; Kri|sis** *vgl.* Krise
kris|peln (*Gerberei* narben, die Narben herausarbeiten); ich ...[e]le (↑R 22)
[1]Kri|stall, der; -s, -e ‹griech.› (fester, regelmäßig geformter, von ebenen Flächen begrenzter Körper); **[2]Kri|stall,** das; -s (geschliffenes Glas); **kri|stall|ar|tig; Kri|stall|che|mie; Kri|ställ|chen; kri|stal|len** (aus, von Kristall[glas]; kristallklar, wie Kristall); **Kri|stalleuch|ter** [*Trenn.* ...stall|leuch..., ↑R 204]; **Kri|stall₋git|ter** *(Chemie),* **...glas** (*Plur.* ...gläser); **kri|stal|lin, kri|stal|li|nisch** (aus vielen kleinen Kristallen bestehend); kristalline Schiefer, Flüssigkeiten; **Kri|stallin|se** [*Trenn.* ...stall|lin..., ↑R 204]; **Kri|stal|li|sa|ti|on,** die; -, -en (Kristallbildung); **Kri|stal|li|sa|ti|ons₋punkt, ...vor|gang; kri|stal|lisch** (*seltener für* kristallen); **kri|stal|li|sier|bar; kri|stal|li|sie|ren** (Kristalle bilden); **Kri|stal|li|sie|rung; Kri|stal|lit** [*auch* ...'lit], der; -s, -e (kristallähnliches Gebilde); **kri|stall|klar; Kri|stall|nacht,** die; - (*nationalsoz.* Nacht vom 9. zum 10. November 1938, in der von den Nationalsozialisten ein Pogrom gegen die deutschen Juden veranstaltet wurde); **Kri|stal|lo|gra|phie,** die; - (Lehre von den Kristallen); **kri|stal|lo|gra|phisch; Kri|stal|lo|id,** das; -[e]s, -e (kristallähnlicher Körper); **Kri|stall|phy|sik; Kri|stallü|ster,** *österr.* **Kri|stallu|ster** [*Trenn.* ...stall|lü...; ↑R 204]; **Kri|stall₋va|se, ...zucker** [*Trenn.* ...zuk|ker]
[1]Kri|stia|nia (Name Oslos bis 1924); *vgl.* Christiania; **[2]Kri|stia|nia,** der; -s, -s ‹*nach* Kristiania = Oslo› (früher üblicher Querschwung beim Skilauf); **Kri|stin** (w. Vorn.)
Kri|te|ri|um, das; -s, ...ien [...i̯ən] ‹griech.› (Prüfstein, unterscheidendes Merkmal; *bes. im Radsport* Zusammenfassung mehrerer Wertungsrennen zu einem Wettkampf); **Kri|tik** [*auch* ...'tik], die; -, -en (kritische Beurteilung; *nur Sing.:* Gesamtheit der Kritiker); **Kri|ti|ka|ster,** der; -s, - (kleinlicher Kritiker, Nörgler); **Kri|ti|ker** [*auch* 'kri...]; **Kri|ti|ke|rin; kri|tik|fä|hig** [*auch* ...'tik...]; **Kri|tik|fä|hig|keit,** die; -; **kri|tik|los;** -este; **Kri|tik|lo|sig|keit,** die;

-; **Kri|tik|punkt; kri|tisch** [*auch* 'kri...]; -ste (streng beurteilend, prüfend, wissenschaftl. verfahrend; *oft für* anspruchsvoll; die Wendung [zum Guten od. Schlimmen] bringend; gefährlich, bedenklich); -e Ausgabe; -e Geschwindigkeit; -e Temperatur; **kri|ti|sie|ren; Kri|ti|sie|rung; Kri|ti|zis|mus,** der; - (philos. Verfahren)

Krit|te|lei; Krit|te|ler, Krittler; **krit|te|lig,** krittlig; **krit|teln** (mäkelnd urteilen); ich ...[e]le (↑R 22); **Krit|tel|sucht,** die; -

Krit|ze|lei *(ugs.)*; **krit|ze|lig,** kritzlig *(ugs.)*; **krit|zeln** *(ugs.)*; ich ...[e]le (↑R 22); **kritz|lig** *vgl.* kritzelig

Kroa|te, der; -n, -n; ↑R 197 *u.* R 180 (Angehöriger eines südslaw. Volkes); **Kroa|ti|en** [...i̯ən]; ↑R 180 (Staat im Südosten Europas); **Kroa|tin; kroa|tisch** (↑R 180); **Kroa|tisch,** das; -[s]; ↑R 180 (Sprache); *vgl.* Deutsch; **Kroa|ti|sche,** das; -n; ↑R 180; *vgl.* Deutsche, das

Kroatz|bee|re *vgl.* Kratzbeere

Krocket [*auch* ...'kɛt], das; -s [*Trenn.* Krok|ket] ⟨engl.⟩ (ein Rasenspiel); **krockie|ren** [*Trenn.* krok|kie...] (beim Krocketspiel [die Kugel] wegschlagen)

Kro|kant, der; -s ⟨franz.⟩ (knusprige Masse aus zerkleinerten Mandeln od. Nüssen)

Kro|ket|te, die; -, -n *meist Plur.* ⟨franz.⟩ (gebackenes längliches Klößchen [aus Kartoffelbrei, Fisch, Fleisch o. ä.])

Kro|ki, das; -s, -s ⟨franz.⟩ (*fachspr. für* Riß, Plan, einfache Geländezeichnung); **kro|kie|ren; Kro|ki|zeich|nung**

Kro|ko, das; -[s], -s (*kurz für* Krokodilleder); **Kro|ko|dil,** das; -s, -e ⟨griech.⟩; **Kro|ko|dil|le|der; Kro|ko|dils|trä|ne** *meist Plur.* (heuchlerische Träne); -n weinen; **Kro|ko|dil|wäch|ter** (ein Vogel)

Kro|kus, der; -, *Plur.* - *u.* -se ⟨griech.⟩ (eine frühblühende Gartenpflanze)

Krol|le, die; -, -n (*rhein. u. nordd. für* Locke)

Krom|lech ['krɔmlɛk, *auch* ...lɛç *od.* 'kro:m...], der; -s, *Plur.* -e *u.* -s ⟨kelt.⟩ (jungsteinzeitliche Kultstätte)

Kron|ach (Stadt in Oberfranken)

Krön|chen; [1]**Kro|ne,** die; -, -n ⟨griech.⟩ (Kopfschmuck usw.); (↑R 157:) die Nördliche -, die Südliche - (Sternbilder); [2]**Kro|ne,** die; -, -n (dän., isländ., norw., schwed., tschechoslowak. Währungseinheit; *Abk.* [mit Ausnahme der tschechoslowak.]: kr); dän. - (*Abk.* dkr); isländ. - (*Abk.* ikr); norw. - (*Abk.* nkr); schwed. - (*Abk.* skr); tschechoslowak. - (*Abk.* Kčs); **krö|nen; Kro|nen|klee; Kro|nen|kor|ken,** Kronkor|ken; **Kro|nen‿mut|ter** (*Plur.* ...muttern), **...or|den** (ehem. Verdienstorden); **Kro|nen|ta|ler,** Kron|ta|ler (ehem. Münze); **Kron‿er|be** (der), **...glas** (das; -es; ein optisches Glas)

Kro|ni|de, der; -n, *Plur.* (*für* Nachkommen des Kronos:) -n (↑R 197) ⟨griech.⟩ (Beiname des Zeus); **Kro|ni|on** (Zeus)

Kron‿ju|wel *(meist Plur.)*, **...ko|lo|nie, ...kor|ken** (*vgl.* Kronenkorken); **Kron|land** *Plur.* ...länder; **Krön|lein; Kron|leuch|ter**

Kro|nos (Vater des Zeus)

Kron‿prä|ten|dent (Thronbewerber), **...prinz, ...prin|zes|sin; kron|prin|zeß|lich; kron|prinz|lich; Kron|rat,** der; -[e]s

Krons|bee|re (*nordd. für* Preiselbeere)

Kron|schatz; Kron|ta|ler *vgl.* Kronentaler; **Krö|nung; Krö|nungs‿man|tel, ...or|nat; Kron|zeu|ge** (Hauptzeuge)

Krö|pel, der; -s, - (*nordd. für* Krüppel)

Kropf, der; -[e]s, Kröpfe; **Kröpf|chen; kröp|fen** (*Technik u. Bauw.* krumm biegen, in gebrochenen Linien führen; fressen [von Greifvögeln]); **Kröp|fer** (männl. Kropftaube); **krop|fig; Kröpf|lein; Kropf‿stein** *(Bauw.)*, **...tau|be; Kröp|fung** *(fachspr.)*

Kropp|zeug, das; -[e]s (*ugs., oft scherzh. für* kleine Kinder; *ugs. abwertend für* Pack, Gesindel, nutzloses Zeug)

Krö|se, die; -, -n (steife Halskrause; *Böttcherei* Einschnitt in den Faßdauben); **Krö|se|ei|sen** (ein Böttcherwerkzeug); **krö|seln** ([Glas] wegbrechen); ich ...[e]le (↑R 22); **Krö|sel|zan|ge** (ein Glaserwerkzeug)

kroß; krosser, krosseste (*nordd. für* knusprig)

[1]**Krö|sus** ⟨griech.⟩ (König von Lydien); [2]**Krö|sus,** der; *Gen.* -, *auch* -ses, *Plur.* -se (sehr reicher Mann)

Krot, die; -, -en (*österr. mdal. für* Kröte); **Krö|te,** die; -, -n; **Krö|ten** *Plur.* (*ugs. für* Geld); **Krö|ten‿stein** (*volkstüml. für* tierische Versteinerung), **...wan|de|rung**

Kro|ton, der; -s, -e ⟨griech.⟩ (ein ostasiat. Wolfsmilchgewächs); **Kro|ton|öl,** das; -[e]s (ein Abführmittel)

Kröv (Ort an der Mosel); **Krö|ver** [...vər]; - Nacktarsch (ein Wein)

Kro|wot, der; -en, -en; ↑R 197 (*österr. mdal. für* Kroate)

Krs., Kr. = Kreis

Krucke[1], die; -, -n *meist Plur.* (*Jägerspr.* Horn der Gemse); *vgl.* Krickel; **Krücke**[1], die; -, -n; **Krucken|kreuz**[1] *od.* **Krücken|kreuz**[1]; **Krück|stock** *Plur.* ...stökke

krud, kru|de ⟨lat.⟩ (*veraltet für* grob, roh); **Kru|di|tät,** die; -, -en

[1]**Krug,** der; -[e]s, Krüge (ein Gefäß)

[2]**Krug,** der; -[e]s, Krüge (*landsch., bes. nordd. für* Schenke)

Krü|gel, das; -s, - (*österr. für* Bierglas mit Henkel); zwei - Bier; **Krü|gel|chen**

Krü|ger (*nordd. für* Wirt; Pächter)

Krüg|lein

Kru|ke, die; -, -n (*nordd. für* großer Krug; Tonflasche; ulkiger, eigenartiger Mensch)

Krul|le, die; -, -n (*früher für* Halskrause); **Krüll‿schnitt** (ein Tabakschnitt), **...ta|bak**

Krüm|chen; Kru|me, die; -, -n; **Krü|mel,** der; -s, -, *landsch. auch* das; -s,- (kleine Krume); **Krü|mel|chen; krü|me|lig,** krümlig; **krü|meln;** ich ...[e]le (↑R 22); **Krü|mel|zucker**[1]; **Krüm|lein; krüm|lig** *vgl.* krümelig

krumm; krummer, *landsch.* krümmer, krummste, *landsch.* krümmste; krumm (gekrümmt) gehen, etwas krumm biegen, *vgl.* aber: krummgehen, krummlachen, krummlegen, krummnehmen; **krumm|bei|nig; Krum|me,** der; -n, -n; ↑R 7 ff. (*Jägerspr. scherzh. für* Feldhase); **krüm|men;** sich -; **Krüm|mer** (gebogenes [Rohr]stück; Gerät zur Bodenbearbeitung); **krumm|ge|hen** (*ugs. für* mißlingen); der Versuch ist krummgegangen; **Krumm|holz** (von Natur gebogenes Holz); **Krumm|holz|kie|fer,** die; *vgl.* Latsche; **Krumm|horn** *Plur.* ...hörner (altes Holzblasinstrument); **krumm|la|chen,** sich; ↑R 205 (*ugs. für* heftig lachen); er hat sich krummgelacht; **krumm|le|gen,** sich; ↑R 205 (*ugs. für* sich sehr einschränken, sparsam sein); **Krümm|ling** (*fachspr. für* gebogener Teil von Treppenwangen u. -geländern); **krumm‿li|nig, ...na|sig; krumm|neh|men;** ↑R 205 (*ugs. für* übelnehmen); ich habe ihm diesen Vorwurf sehr krummgenommen; **Krumm‿schwert, ...stab; Krüm|mung; Krüm|mungs‿kreis, ...ra|di|us**

krum|pe|lig, krump|lig (*landsch. für* zerknittert); **krum|peln** (*landsch. für* knittern); ich ...[e]le (↑R 22)

Krüm|per (vor 1813 kurzfristig

---

[1] *Trenn.* ...k|k...

ausgebildeter preuß. Wehrpflichtiger); **Krụm|per|sy|stem,** das; -s
krụmpf|echt (nicht einlaufend [von Geweben]); **krụmp|fen** (einlaufen lassen); **krụmpf|frei**
krụmp|lig *vgl.* krumpelig
Krụpp, der; -s ‹engl.› (*Med.* akute [diphtherische] Entzündung der Schleimhaut des Kehlkopfes)
Krup|pa̱|de, die; -, -n ‹franz.› (*Reitsport* Sprung der Hohen Schule); **Krụp|pe,** die; -, -n (Kreuz [des Pferdes])
Krụ̈p|pel, der; -s, -; **krụ̈p|pel|haft; Krụ̈p|pel|holz; krụ̈p|pe|lig,** krüpp|lig; **Krụ̈p|pel|walm|dach** (eine Dachform); **krụ̈pp|lig** *vgl.* krüppelig
krup|pö̱s ‹engl.› (*Med.* kruppartig); -er Husten
kru|ra̱l ‹lat.› (*Med.* zum Schenkel gehörend; Schenkel...)
krü̱sch (*nordd. für* wählerisch im Essen); -este
Krü̱|sel|wind (*nordd. für* kreiselnder, sich drehender Wind)
Kru|sta|ze̱e, die; -, ...e̱en *meist Plur.* ‹lat.› (*Zool.* Krebstier); **Krụ̈st|chen; Krụ|ste,** die; -,-n; **Krụ|sten|tier; krụ|stig; Krü̱st|lein**
Krụx *vgl.* Crux; **Kru|zi|fe̱|re,** die; -, -n *meist Plur.* ‹lat.› (*Bot.* Kreuzblütler); **Kru̱|zi|fix** [*auch* ...'fiks, *österr. nur so*], das; -es, -e (plastische Darstellung des gekreuzigten Christus); **Kru|zi|fi̱|xus,** der; - (*Kunstw.* Christus am Kreuz); **Kru|zi|tü̱r|ken!** (ein Fluch)
Kryo|bio|lo|gi̱e ‹griech.› (Teilgebiet der Biologie, das sich mit der Einwirkung sehr tiefer Temperaturen auf Organismen befaßt); **Kryo|chir|ur|gi̱e** (*Med.* Kältechirurgie); **Kryo|li̱th** [*auch* ...'lit], der; *Gen.* -s *od.* -en, *Plur.* -e[n]; ↑R 197 (ein Mineral); **Kryo|the|ra|pi̱e,** die; - (Anwendung von Kälte zur Zerstörung von krankem Gewebe); **Kryo|tron,** das; -s, *Plur.* ...o̱ne, *auch* -s (*EDV* ein Schaltelement)
Krỵp|ta, die; -, ...ten ‹griech.› (Gruft, unterirdischer Kirchenraum); **Krỵp|ten** *Plur.* (*Med.* verborgene Einbuchtungen in den Rachenmandeln; Drüsen im Darmkanal); **krỵp|tisch** (unklar, schwer zu deuten); **kryp|to...** (geheim, verborgen); **Kryp|to...** (Geheim...); **Kryp|to|ga̱|me,** die; -, -n *meist Plur.* (*Bot.* Sporenpflanze); **kryp|to|ge̱n, kryp|to|ge|ne̱|tisch** (*Biol.* von unbekannter Entstehung); **Kryp|to|grạmm,** das; -s, -e (Verstext mit verborgener Nebenbedeutung; *veraltet für* Geheimtext); **Kryp|to|gra̱ph,** der; -en, -en; ↑R 197 (*veraltet für* Geheimschriftmaschine); **Kryp|to|gra|phi̱e,** die; -, ...i̱en (*Psychol.* absichtslos entstandene Kritzelzeichnung bei Erwachsenen; *veraltet für* Geheimschrift); **kryp|to|kri|stal|li̱n, kryp|to|kri|stal|li̱|nisch** (*Geol.* erst bei mikroskop. Untersuchung als kristallinisch erkennbar); **Krỵp|ton** [*auch* ...'to:n], das; -s (chem. Element, Edelgas; *Zeichen* Kr); **Krypt|or|chi̱s|mus** [...ç...], der; -, ...men (*Med.* Zurückbleiben des Hodens in Bauchhöhle od. Leistenkanal)
KSZE = Konferenz über Sicherheit und Zusammenarbeit in Europa; **KSZE-Schluß|ak|te,** die; - (↑R 38)
Kt. = [2]Kanton
Kte|no|i̱d|schup|pe ‹griech.; dt.› (*Zool.* Kammschuppe vieler Fische)
Kto. = Konto
Ku = Kurtschatovium
k. u. = königlich ungarisch (im ehem. Reichsteil Ungarn von Österreich-Ungarn für alle Behörden); *vgl.* k. k.; *vgl.* k. u. k.
Kua̱|la Lụm|pur (Hptst. von Malaysia)
Ku̱|ba (mittelamerik. Staat; Insel der Großen Antillen); **Ku|ba̱|ner; Ku|ba̱|ne|rin; ku|ba̱|nisch**
Ku|ba|tu̱r, die; -, -en ‹griech.› (*Math.* Erhebung zur dritten Potenz; Berechnung des Rauminhalts von [Rotations]körpern)
Kü̱b|bung, die; -, -en (*Archit.* Seitenschiff des niedersächs. Bauernhauses)
Ku|be̱|be, die; -, -n ‹arab.› (Frucht eines indones. Pfefferstrauchs)
Kü̱|bel, der; -s, -; **kü̱|beln** (*ugs. auch für* viel [Alkohol] trinken); ich ...[e]le (↑R 22); **Kü̱|bel‿pflan|ze, ...wa|gen**
Ku̱|ben (*Plur. von* Kubus); **ku|bie̱|ren** ‹griech.› (*Forstw.* den Rauminhalt eines Baumstammes ermitteln; *Math.* zur dritten Potenz erheben); **Ku|bie̱|rung; Ku|bi̱k|de|zi|me|ter** [*auch* ku'bik...] (*Zeichen* dm^3); **Ku|bik|fuß,** der; -es; 3 - (↑R 129); **Ku|bik|ki|lo|me|ter** (*Zeichen* km^3); **Ku|bik|maß,** das; **Ku|bik|me|ter** (*Zeichen* m^3); **Ku|bik|mil|li|me|ter** (*Zeichen* mm^3); **Ku|bik‿wur|zel** (*Math.* dritte Wurzel), **...zahl; Ku|bik|zen|ti|me|ter** (*Zeichen* cm^3)
Ku̱|bin [*auch* ku'bi:n] (österr. Zeichner u. Schriftsteller)
ku̱|bisch (würfelförmig; *Math.* in der dritten Potenz vorliegend); -e Form; -e Gleichung; **Ku|bi̦s|mus,** der; - (Kunststil, der in kubischen Formen gestaltet); **Ku|bi̦st,** der; -en, -en (↑R 197); **ku|bi̦|stisch**
ku|bi|ta̱l ‹lat.› (*Med.* zum Ellbogen gehörend)
Ku̱|bus, der; -, Kuben ‹griech.› (Würfel; *Math.* dritte Potenz)
Kü̦|che, die; -, -n; **[1]Kü̦|chel|chen** (kleine Küche)
[2]Kü̱|chel|chen *vgl.* [3]Küchlein; **kü̱|cheln** (*schweiz. für* Fettgebackenes bereiten); ich küchle; **Ku̱|chen,** der; -s, -
Kü̦|chen|ab|fall *meist Plur.*
Ku̱|chen‿bäcker[1], ...blech, ...brett
Kü̦|chen‿bü|fett, ...buf|fet, ...bul|le (*ugs., Soldatenspr.* Koch einer Großküche, Kantine u. ä.), **...chef, ...fee** (*scherzh. für* Köchin), **...fen|ster**
Ku̱|chen‿form, ...ga|bel
Kü̦|chen‿hand|tuch, ...herd, ...hil|fe, ...ka|bi|nett (*geh. scherzh. für* [inoffizieller] Beraterstab, bes. eines Politikers), **...kraut** *(meist Plur.),* **...la|tein** (*scherzh. für* schlechtes Latein), **...mes|ser** (das), **...per|so|nal, ...scha|be** (ein Insekt)
Kü̦|chen|schel|le, die; -, -n (eine Pflanze)
Kü̦|chen‿schrank, ...schür|ze
Ku̱|chen‿teig, ...tel|ler
Kü̦|chen‿tisch, ...tuch, ...uhr, ...waa|ge, ...wa|gen (Gerätewagen der Feldküche), **...zei|le, ...zet|tel**
[1]Kü̱ch|lein ([1]Küken)
[2]Kü̦ch|lein (kleine Küche)
[3]Kü̱ch|lein (kleiner Kuchen)
kụcken[1] (*nordd. für* gucken)
Kụ̈cken[1] *vgl.* [1]Küken
kụckuck![1]; Kụckuck[1], der; -s, -e; **Kụckucks[1]‿blu|me** (Pflanzenname), **...ei, ...uhr**
Ku̱'|damm, der; -[e]s; ↑R 21 (*ugs. kurz für* Kurfürstendamm)
Kụd|del|mud|del, der *od.* das; -s (*ugs. für* Durcheinander, Wirrwarr)
Ku̱|del|kraut *vgl.* Kuttelkraut
Ku̱|der, der; -s, - (*Jägerspr.* männl. Wildkatze)
Ku̱|du, der; -s, -s ‹afrikaans› (afrik. Antilope)
Kues [ku:s], Nikolaus von (dt. Philosoph u. Theologe)
[1]Ku̱|fe, die; -, -n (Gleitschiene [eines Schlittens])
[2]Ku̱|fe, die; -, -n (*landsch. für* Bottich, Kübel); **Kü̱|fer** (*südwestd. u. schweiz. für* Böttcher; *auch svw.* Kellermeister); **Kü|fe|re̱i; Kụff,** die; -, -e (breit gebautes Küstenfahrzeug)
ku̱|fi|sche Schrịft, die; -n - ‹nach Kufa, einer ehem. Stadt bei Bagdad› (eine alte arab. Schrift)
Kuf|stein [*auch* 'ku:f...] (Stadt im Unterinntal, Österreich)
Ku̱|gel, die; -, -n; **Ku̱|gel|blitz; Kü̱-**

[1] *Trenn.* ...k|k...

gel|chen, Kü|gel|lein; Ku|gel-fang; ku|gel|fest; Ku|gel_fisch, ...form (die; -); ku|gel|för|mig; Ku|gel|ge|lenk
Kü|gel|gen (dt. Maler)
Ku|gel|ha|gel; ku|ge|lig, kug|lig; Ku|gel|kopf; Ku|gel|kopf|ma-schi|ne (eine Schreibmaschine); Ku|gel|la|ger; ku|geln; ich ...[e]le (↑R 22); sich -; Ku|gel|re|gen; ku|gel|rund; ku|gel|schei|ben (*österr. für* Murmeln spielen) *vgl.* kegelschieben; Ku|gel|schrei-ber; ku|gel|si|cher; ku|gel|sto-ßen *nur im Infinitiv gebräuchlich;* Ku|gel|sto|ßen, das; -s; Küg-lein; kug|lig *vgl.* kugelig
Ku|gu|ar, der; -s, -e ‹indian.› (Puma)
Kuh, die; -, Kühe; Kuh_dorf *(abwertend),* ...dung, ...eu|ter, ...fla-den, ...fuß (*fachspr. für* Brechstange), ...glocke [*Trenn.* ...glok-ke], ...han|del (*vgl.* [1]Handel; *ugs. für* kleinliches Aushandeln von Vorteilen); kuh|han|deln *(ugs.);* ich ...[e]le (↑R 22); gekuhhandelt; Kuh|haut; das geht auf keine - (*ugs. für* das ist unerhört); kuh-hes|sig (wie bei den [2]Hessen der Kuh eng zusammenstehend [Fehler der Hinterbeine von Haustieren]); Kuh|hirt
kühl; (↑R 65:) im Kühlen; ins Kühle setzen; Kühl_ag|gre|gat, ...an|la|ge
Kuh|le, die; -, -n (*ugs. für* Grube, Loch)
Küh|le, die; -; küh|len; Küh|ler (Kühlvorrichtung); Küh|ler_fi-gur, ...grill, ...hau|be; Kühl_flüs-sig|keit, ...haus, ...ket|te (die; -; Gefrierkette), ...mit|tel, ...raum, ...rip|pe, ...schiff, ...schlan|ge (*Technik* Röhrenkühlanlage), ...schrank, ...ta|sche; Kühl|te, die; -, -n (*Seemannsspr.* mäßiger Wind); Kühl_tru|he, ...turm; Küh|lung, die; -
Küh|lungs|born, Ost|see|bad (westl. von Rostock)
Kühl_wa|gen, ...was|ser (das; -s)
Kuh_milch, ...mist
kühn; Kühn|heit; kühn|lich *(veraltet)*
Kuh_pocken ([*Trenn.* ...pok|ken]; *Plur.*), ...rei|gen *od.* ...rei|hen, ...schel|le (*svw.* Küchenschelle), ...stall; kuh|warm; -e Milch
Ku|jon, der; -s, -e ‹franz.› (*veraltend für* Schuft); ku|jo|nie|ren (*ugs. abwertend für* verächtlich behandeln; schikanieren)
k. u. k. = kaiserlich u. königlich (im ehem. Österreich-Ungarn beide Reichsteile betreffend); *vgl.* k. k.
[1]Kü|ken, *österr.* Kücken [*Trenn.* ...k|k...], das; -s, - (das Junge des Huhnes; *ugs. für* kleines, unerfahrenes Mädchen); [2]Kü|ken, das; -s, - (*Technik* drehbarer Teil, Kegel des [Faß]hahns)
Ku-Klux-Klan [*selten engl.* 'kju:klaks'klɛn], der; -[s] ‹engl.-amerik.› (terroristischer Geheimbund in den USA)
Ku|ku|mer, die; -, -n ‹lat.› (*süd-westd. für* Gurke)
Ku|ku|ruz [*auch* 'ku:...], der; -[es] ‹slaw.› (*bes. österr. für* Mais)
Ku|lak, der; -en, -en (↑R 197) ‹russ.› (Großbauer im zaristischen Rußland)
Ku|lan, der; -s, -e ‹kirgis.› (asiat. Wildesel)
ku|lant; -este ‹franz.› (entgegenkommend, großzügig [im Geschäftsverkehr]); Ku|lanz, die; -
[1]Ku|li, der; -s, -s ‹Hindi› (Tagelöhner in Südostasien; *abwertend für* rücksichtslos Ausgenutzter)
[2]Ku|li, der; -s, -s (*ugs. kurz für* Kugelschreiber)
Ku|lier|wa|re ‹franz.; dt.› (Wirkware)
ku|li|na|risch ‹lat.› (auf die [feine] Küche, die Kochkunst bezüglich; ausschließlich dem Genuß dienend); -e Genüsse
Ku|lis|se, die; -, -n ‹franz.› (*Theater* Teil der Bühnendekoration; *Technik* Hebel mit verschiebbarem Drehpunkt; *Börse* Personen, die sich auf eigene Rechnung am Börsenverkehr beteiligen; *übertr. für* Rahmen, Hintergrund); Ku-lis|sen_schie|ber, ...wech|sel
Kul|ler, die; -, -n (*landsch. für* kleine Kugel); Kul|ler|au|gen *Plur.* (*ugs. für* erstaunte, große, runde Augen); kul|lern (*ugs. für* rollen)
[1]Kulm, der *od.* das; -[e]s, -e ‹slaw. u. roman.› (abgerundete [Berg]-kuppe)
[2]Kulm, das; -s ‹engl.› (*Geol.* schiefrige Ausbildung der Steinkohlenformation)
Kulm|bach (Stadt in Oberfranken); Kulm|ba|cher (↑R 147); Kulm|ba|cher, das; -s (ein Bier)
Kul|mi|na|ti|on, die; -, -en ‹lat.› (Erreichung des Höhe-, Scheitel-, Gipfelpunktes; *Astron.* höchster und tiefster Stand eines Gestirns); Kul|mi|na|ti|ons-punkt (Höhepunkt); kul|mi|nie-ren (Höhepunkt erreichen, gipfeln)
Kult, der; -[e]s, -e *u.* Kul|tus, der; -, Kulte ‹lat.› (Verehrung; Form der Religionsausübung; *auch für* übertriebene Verehrung); Kult|fi-gur; Kult|film ([von einem bestimmten Publikum] als besonders eindrucksvoll beurteilter und immer wieder angesehener Film); Kult|hand|lung; kul|tisch; Kul|ti|va|tor [...v...], der; -s, ...oren (*Landw.* Bodenbearbeitungsgerät); kul|ti|vie|ren ‹franz.› ([Land] bearbeiten, urbar machen; [aus]bilden; pflegen); kul-ti|viert; -este (gesittet; hochgebildet); Kul|ti|vie|rung *Plur. selten;* Kult|stät|te; Kul|tur, die; -, -en; Kul|tur_ab|kom|men, ...at|ta-ché, ...aus|tausch, ...ba|nau|se, ...be|trieb (der; -s), ...beu|tel (Behälter für Toilettensachen), ...denk|mal; kul|tu|rell; Kul|tur-_film, ...flüch|ter (*Biol.* Pflanzen-od. Tierart, die von der Kulturlandschaft verdrängt wird), ...fol-ger (*Biol.* Pflanzen- od. Tierart, die den menschlichen Kulturbereich als Lebensraum bevorzugt), ...form, ...ge|schich|te (die; -); kul|tur|ge|schicht|lich; Kul|tur|gut; kul|tur|hi|sto|risch; Kul|tur|kampf, der; -[e]s (zwischen dem protestant. preuß. Staat u. der kath. Kirche 1871–87); Kul|tur_kri|tik (die; -), ...land|schaft, ...le|ben (das; -s); kul|tur|los; Kul|tur|lo|sig|keit, die; -; Kul|tur_mi|ni|ste|ri|um, ...pflan|ze, ...po|li|tik (die; -), ...re|vo|lu|ti|on (radikale kulturelle Umgestaltung, bes. 1965–69 in China), ...schaf|fen|de (der *u.* die; -n, -n; ↑R 7 ff.; *regional*), ...spon|so|ring, ...tou|ris|mus; Kul|tus *vgl.* Kult; Kul|tus_frei-heit (die; -; *Rechtsspr.*), ...ge-mein|de, ...mi|ni|ster, ...mi|ni-ste|rin, ...mi|ni|ste|ri|um
Ku|ma|ne, der; -n, -n; ↑R 197 (Angehöriger eines in südosteurop. Völkern aufgegangenen Turkvolkes)
Ku|ma|rin, das; -s ‹indian.› (pflanzl. Duft- u. Wirkstoff); Ku-ma|ron, das; -s (*Chemie* Bestandteil des Steinkohlenteers); Ku|ma|ron|harz
Kumm, der; -[e]s, -e (*nordd. für* Kasten; tiefe, runde Schüssel, Futtertrog); Kum|me, die; -, -n (*Seemannsspr. u. nordd. für* Schüssel)
Küm|mel, der; -s, - (Gewürzpflanze, ein Branntwein); Küm|mel-_brannt|wein (der; -[e]s), ...brot; küm|meln (mit Kümmel zubereiten; *ugs. für* [Alkohol] trinken); ich ...[e]le (↑R 22); Küm|mel|tür-ke (*veraltet* Schimpfwort; *abwertend für* Türke, türkischer Gastarbeiter)
Kum|mer, der; -s
Kum|mer|bund, der; -[e]s, -e ‹Hindi-engl.› (breite Leibbinde aus Seide)
Küm|me|rer (verkümmernde Pflanze; in der Entwicklung zurückgebliebenes Tier); Küm-mer|form *(Biol.);* küm|mer|lich; Küm|mer|ling (schwaches, zurückgebliebenes Geschöpf;

Kümmerer); [1]küm|mern (in der Entwicklung zurückbleiben [von Pflanzen u. Tieren]); ich ...ere (↑R 22); sich [um jmdn., etwas] - ([für jmdn., etwas] sorgen); ich ...ere mich um ... (↑R 22); es kümmert mich nicht; [1]**Küm|mer|nis,** die; -, -se *(geh.)*

[2]**Küm|mer|nis, Kum|mer|nus** (eine legendäre Heilige)

Kum|mer|speck (*ugs. für* aus Kummer angegessenes Übergewicht); **kum|mer|voll**

Kum|met, das, *schweiz.* der; -s, -e (gepolsterter Bügel um den Hals von Zugtieren)

Kü|mo, das; -s, -s (*kurz für* Küstenmotorschiff)

Kump, das; -s, -e (*landsch. für* kleines, rundes Gefäß, [Milch]schale; *Technik* Form zum Wölben von Platten); *vgl.* Kumpf

Kum|pan, der; -s, -e (*ugs. für* Kamerad, Gefährte; *abwertend für* Helfershelfer; Mittäter); **Kum|pa|nei** *(ugs., meist abwertend);* **Kum|pa|nin; Kum|pel,** der; -s, *Plur.* -, *ugs.* -s (Bergmann; *ugs. auch für* Arbeitskollege u. Freund)

küm|peln (*Technik* [Platten] wölben u. formen); ich ...[e]le (↑R 22); **Kum|pen,** der; -s, - (*nordd. für* Gefäß, Schüssel); **Kumpf,** der; -[e]s, *Plur.* -e *u.* Kümpfe (*südd., österr. für* Gefäß, Behälter [für den Wetzstein])

Kum|ran, *auch* Qum|ran (Ruinenstätte am Nordwestufer des Toten Meeres)

Kumst, der; -[e]s (*landsch. für* [Sauer]kohl)

Kumt, das; -[e]s, -e (*svw.* Kummet)

Ku|mu|la|ti|on, die; -, -en ‹lat.› (*fachspr. für* Anhäufung, Speicherung); **ku|mu|la|tiv** (anhäufend); **ku|mu|lie|ren** (anhäufen); kumulierende (sich ständig vergrößernde) Bibliographie; sich -; **Ku|mu|lie|rung; Ku|mu|lo|nim|bus** (*Meteor.* Gewitterwolke); **Ku|mu|lus,** der; -, ...li (*Meteor.* Haufen[wolke])

Ku|mys, Ku|myß [*auch* ...'mys], der; - ‹russ.› (gegorene Stutenmilch)

kund; - und zu wissen tun; kundgeben usw. *(vgl. d.);* **künd|bar** (die Möglichkeit einer Kündigung enthaltend); ein -er Vertrag; [1]**Kun|de,** der; -n, -n; ↑R 197 (Käufer; *Gaunerspr.* Landstreicher; *abwertend für* Kerl); [2]**Kunde,** die; -, -n *Plur. selten* (Kenntnis, Lehre, Botschaft); [3]**Kun|de,** die; -, -n (*österr. für* Kundschaft); **kün|den** (*geh. für* kundtun; *schweiz. veraltend für* kündigen); **Kun|den‿be|ra|tung, ...dienst, ...fang** (der; -[e]s); **kunden|freund|lich; Kun|den‿gespräch, ...kreis, ...spra|che** (Gaunersprache), **...wer|bung; Kün|der** *(geh.);* **Kund‿fahrt** (*österr. für* [wissenschaftliche] Exkursion), **...ga|be** (die; -); **kund|ge|ben** *(geh.);* ich gebe kund; kundgegeben; kundzugeben; ich gebe etwas kund, aber: ich gebe Kunde von etwas; **Kund|ge|bung; kun|dig; Kun|di|ge,** der *u.* die; -n, -n (↑R 7 ff.); **kün|di|gen;** er kündigt ihm; er kündigt ihm das Darlehen, die Wohnung; es wurde ihm *od.* ihm wurde gekündigt; **Kün|di|gung;** *vgl.* vierteljährig *u.* vierteljährlich; **Kün|di|gungs‿frist, ...grund, ...schrei|ben, ...schutz, ...ter|min; Kun|din** (Käuferin); **kund|ma|chen** (*österr. Amtsspr., sonst geh. für* bekanntgeben); ich mache kund; kundgemacht; kundzumachen; **Kund|ma|chung** (*südd., österr. für* Bekanntmachung); **Kund|schaft; kund|schaf|ten;** gekundschaftet; **Kund|schaf|ter; Kund|schaf|te|rin; kund|tun;** ich tue kund; kundgetan; kundzutun; **kund|wer|den** *(geh.);* es wird kund; es ist kundgeworden; kundzuwerden

ku|nei|form [...ne|i...] ‹lat.› (*Med.* keilförmig)

Kü|net|te, die; -, -n ‹franz.› (Abflußgraben)

künf|tig; -en Jahres (*Abk.* k. J.); -en Monats (*Abk.* k. M.); **künftig|hin**

Kun|ge|lei; kun|geln (*ugs. abwertend für* heimliche, unlautere Geschäfte abschließen); ich ...[e]le (↑R 22)

Kung-Fu, das; -[s] ‹chin.-engl.› (eine sportliche Methode der Selbstverteidigung)

Ku|ni|bert (m. Vorn.); **Ku|ni|gund, Ku|ni|gun|de** (w. Vorn.)

Kun|kel, die; -, -n (*südd. u. westd. für* Spindel, Spinnrocken)

Kün|ne|ke (dt. Operettenkomponist)

Ku|no (m. Vorn.)

Kunst, die; -, Künste; **Kunst‿aka|de|mie, ...aus|stel|lung, ...bau** (*Plur.* ...bauten; *Technik*), **...be|trach|tung, ...darm, ...denk|mal, ...druck** (*Plur.* ...drucke); **Kunstdruck|pa|pier; Kunst|dün|ger; Kunst|eis|bahn; Kün|ste|lei; kün|steln;** ich ...[e]le (↑R 22); **Kunst‿er|zie|her, ...er|zie|he|rin, ...er|zie|hung, ...fäl|schung, ...faser, ...feh|ler; kunst|fer|tig; Kunst‿fer|tig|keit** (die; -), **...flug, ...ge|gen|stand, ...ge|lehr|te** (der *u.* die); **kunst‿ge|mäß, ...gerecht; Kunst‿ge|schich|te** (die; -), **...ge|wer|be** (das; -s); **Kunstge|wer|be|mu|se|um; Kunst‿gewerb|ler, ...ge|werb|le|rin; kunst|ge|werb|lich; Kunst‿griff, ...han|del** (*vgl.* [1]Handel), **...händler, ...händ|le|rin, ...hand|lung, ...hand|werk, ...harz, ...hi|sto|riker, ...hi|sto|ri|ke|rin, ...ho|nig, ...horn** (*Plur.* ...horne; chem. gehärtetes Kasein), **...kopf** *(Rundfunk),* **...kri|tik, ...kri|ti|ker, ...kriti|ke|rin; Künst|ler; Künst|le|rin; künst|le|risch;** -ste; **Künst|ler‿knei|pe, ...ko|lo|nie, ...mäh|ne** *(ugs.),* **...na|me, ...pech** *(ugs.);* **Künst|ler|tum,** das; -s; **künstlich;** -e Atmung; -e Befruchtung; -e Niere; -e Intelligenz; **Künstlich|keit; Kunst|licht,** das; -[e]s; **kunst|los;** -este; **Kunst‿ma|ler, ...markt; kunst|mä|ßig; Kunst‿pau|se, ...pro|sa; kunst|reich; Kunst‿samm|ler, ...samm|le|rin, ...samm|lung, ...schatz, ...schule, ...sei|de; kunst|sin|nig; Kunst‿spra|che, ...stein, ...stoff; Kunst|stoff|fla|sche** (↑R 204); **Kunst|stoffolie** [*Trenn.* ...stoff|folie, ↑R 204]; **Kunst|stoff|ra|sen; kunst|stop|fen** *nur im Infinitiv u. Partizip II gebräuchlich;* kunstgestopft; **Kunst‿stück, ...stu|dent, ...stu|den|tin, ...tisch|ler, ...tischle|rin, ...tur|nen, ...ver|ein, ...verlag, ...ver|stand; kunst‿ver|ständig, ...voll; Kunst‿werk, ...wissen|schaft, ...wis|sen|schaft|ler, ...wis|sen|schaft|le|rin, ...wort** (*Plur.* ...wörter), **...zeit|schrift**

kun|ter|bunt (durcheinander, gemischt); **Kun|ter|bunt,** das; -s

Kunz (m. Vorn.); *vgl.* Hinz

Kü|pe, die; -, -n ‹lat.› (Färbekessel; Färbebad, Lösung eines Küpenfarbstoffes)

Ku|pee, das; -s, -s (*eindeutschend für* Coupé)

Ku|pel|le *vgl.* [2]Kapelle; **ku|pel|lieren** ‹franz.› (unedle Metalle aus Edelmetallen herausschmelzen)

Kü|pen|farb|stoff (ein wasch- u. lichtechter Farbstoff für Textilien); **Kü|per** (*nordd. für* Küfer, Böttcher; *auch für* Warenkontrolleur in Häfen)

Kup|fer, das; -s, - (*kurz für* Kupferstich; *nur Sing.:* chem. Element, Metall; *Zeichen* Cu); **Kupfer‿draht, ...druck** (*Plur.* ...drucke), **...erz; kup|fer|far|ben; Kupfer|geld,** das; -[e]s; **kup|fe|rig,** kupf|rig; **Kup|fer‿kan|ne, ...kessel, ...mün|ze; kup|fern** (aus Kupfer); kupferne Hochzeit, aber (↑R 157): Kupferner Sonntag; **kup|fer|rot; Kup|fer‿schmied, ...ste|cher, ...stich; Kup|fer|stich|ka|bi|nett; Kupfer|tief|druck; Kup|fer|vi|tri|ol,** das; -s; **kupf|rig** *vgl.* kupferig

ku|pie|ren ‹franz.› ([Ohren, Schwanz bei Hunden oder Pferden] stutzen; *Med.* [Krankheit] im Entstehen unterdrücken); **kupiert**; -es ([von Gräben usw.] durchschnittenes) Gelände

Ku|pol|ofen, Kup|pel|ofen ‹ital.; dt.› (Schmelz-, Schachtofen)

Ku|pon [ku'pɔŋ, *auch* ku'pɔ̃:, *österr.* ku'po:n], der; -s, -s (*eindeutschend für* Coupon)

Kup|pe, die; -, -n

Kup|pel, die; -, -n ‹lat.›; **Kup|pel|bau** *Plur.* ...bauten

Kup|pe|lei (*veraltend abwertend für* Vermittlung einer Heirat durch unlautere Mittel; *Rechtsspr.* Duldung od. [eigennützige] Vermittlung außerehelichen Sexualverkehrs)

Kup|pel|grab

Kup|pel‿lohn *(abwertend),* **...mutter** (*Plur.* ...mütter); **kup|peln** ‹*svw.* koppeln; *veraltend auch für* Kuppelei betreiben); ich ...[e]le (↑R 22)

Kup|pel|ofen *vgl.* Kupolofen

Kup|pel|pelz; *meist in der Wendung* sich einen (den) - verdienen (*abwertend für* eine Heirat vermitteln); **Kup|pe|lung** *vgl.* Kupplung

kup|pen (stutzen, die Kuppe abhauen); Bäume -

Kupp|ler *(abwertend);* **Kupp|le|rin; kupp|le|risch;** -ste; **Kupp|lung,** *seltener* Kup|pe|lung; **Kupp|lungs‿au|to|mat, ...be|lag, ...hebel, ...pe|dal, ...scha|den, ...schei|be**

Ku|pris|mus, der; - (*Med.* Kupfervergiftung)

[1]Kur, die; -, -en ‹lat.› (Heilverfahren; [Heil]behandlung, Pflege)

[2]Kur, die; -, -en (*veraltet für* Wahl); *noch in* kurbrandenburgisch, Kurfürst usw.; **Kür,** die; -, -en (Wahl; Wahlübung im Sport)

ku|ra|bel ‹lat.› (*Med.* heilbar); ...a|ble Krankheit; **Kur|an|stalt** *(veraltet)*

ku|rant ‹lat.› (*veraltet für* in Umlauf befindlich; *Abk.* crt.); **Kurant,** das; -[e]s, -e (*veraltet für* Währungsmünze, deren Metallwert dem aufgeprägten Wert entspricht); zwei Mark -

Ku|ra|re, das; -[s] ‹indian.-span.› (ein [Pfeil]gift, als Narkosehilfsmittel verwendet)

Kü|raß, der; ...rasses, ...rasse ‹franz.› (Brustharnisch); **Kü|rassier,** der; -s, -e (*früher für* Panzerreiter; schwerer Reiter)

Ku|rat, der; -en, -en (↑R 197) ‹lat.› (wie ein Pfarrer eingesetzter kath. Seelsorgegeistlicher mit eigenem Seelsorgebezirk); **Ku|ratel,** die; -, -en (*veraltet für* Vormundschaft; Pflegschaft); **Ku|ratie,** die; -, ...ien (Seelsorgebezirk eines Kuraten); **Ku|ra|tor,** der; -s, ...oren (Verwalter einer Stiftung; Vertreter des Staates in der Universitätsverwaltung; *österr. auch für* Treuhänder; *früher für* Vormund; Pfleger); **Ku|ra|to|rium,** das; -s, ...ien [...iən] (Aufsichtsbehörde)

Kur|auf|ent|halt

Kur|bel, die; -, -n; **Kur|be|lei,** die; -; **kur|beln;** ich ...[e]le (↑R 22); **Kur|bel‿stan|ge, ...wel|le**

Kur|bet|te, die; -, -n ‹franz.› (Bogensprung [eines Pferdes]); **kurbet|tie|ren**

Kür|bis, der; -ses, -se (eine Kletter- od. Kriechpflanze); **Kür|bis‿fla|sche, ...kern**

Kur|de, der; -n, -n; ↑R 197 (Angehöriger eines iran. Volkes in Vorderasien); **Kur|din; kur|disch; Kur|di|stan** (Gebirgs- u. Hochland in Vorderasien)

ku|ren (eine Kur machen)

kü|ren (*geh. für* wählen); du kürtest, *seltener* korst, korest; du kürtest, *seltener* körest; gekürt, *seltener* gekoren; kür[e]!; *vgl.* kiesen

Kü|ret|ta|ge [...'ta:ʒə], die; -, -en ‹franz.› (*Med.* Ausschabung der Gebärmutter mit der Kürette); **Kü|ret|te,** die; -, -n (ein med. Instrument); **kü|ret|tie|ren**

Kur|fürst; der Große - (↑R 133); **Kur|für|sten|damm,** der; -[e]s (eine Straße in Berlin; *ugs. Kurzform* Ku'damm [↑R 21]); **Kur|fürsten|tum; kur|fürst|lich;** kurfürstlich sächsische Staatskanzlei; *im Titel* (↑R 157): Kurfürstlich

Kur‿gast (*Plur.* ...gäste), **...haus**

Kur‿hes|se[1], **...hes|sen**[1] (früheres Kurfürstentum Hessen-Kassel); **kur|hes|sisch**[1]

ku|ri|al ‹lat.› (zur päpstl. Kurie gehörend); **Ku|ri|at|stim|me** (*früher für* Gesamtstimme eines Wahlkörpers); **Ku|rie** [...iə], die; - ([Sitz der] päpstl. Zentralbehörde); **Ku|ri|en|kar|di|nal**

Ku|rier, der; -s, -e ‹franz.› (Bote [im Militär- od. Staatsdienst])

ku|rie|ren ‹lat.› (ärztlich behandeln; heilen)

Ku|rier‿flug|zeug, ...ge|päck

Ku|ri|len *Plur.* (Inseln im Pazifischen Ozean)

ku|ri|os ‹lat.(-franz.)› (seltsam, sonderbar); -este; **Ku|rio|si|tät,** die; -, -en (↑R 180); **Ku|rio|si|täten‿händ|ler, ...ka|bi|nett; Ku|rio|sum,** das; -s, ...sa (↑R 180)

ku|risch, a b e r (↑R 146): das Kurische Haff, die Kurische Nehrung

[1] [*auch* kur'hɛs...]

Kur‿ka|pel|le, (Orchester eines Kurortes), **...kar|te, ...kli|nik**

Kur|köln[1] (Erzbistum Köln vor 1803); **kur|köl|nisch**[1]

Kur|kon|zert

Kur|ku|ma, die; -, Kur|ku|men ‹arab.› (Gelbwurzel; ein Gewürz); **Kur|ku|ma‿gelb, ...papier**

Kur|laub, der; -[e]s, -e (mit einer Kur verbundener Urlaub)

Kür|lauf *(Sport);* **kür|lau|fen** (↑R 207); ich laufe Kür; ich bin kürgelaufen; kürzulaufen; **Kür|laufen,** das; -s

Kur|mainz[1] (Erzbistum Mainz vor 1803)

Kur|mark, die; - (Hauptteil der ehem. Mark Brandenburg); **Kurmär|ker; kur|mär|kisch**

Kur|mit|tel, das; **Kur|mit|tel|haus; Kur‿or|che|ster, ...ort** (der; -[e]s, -e), **...park**

Kur|pfalz[1], die; - (ehem. Kurfürstentum Pfalz); **Kur|pfäl|zer**[1] (↑R 147); **kur|pfäl|zisch**[1]

kur|pfu|schen *(abwertend);* ich kurpfusche; gekurpfuscht; zu kurpfuschen; **Kur|pfu|scher; Kur|pfu|sche|rei; Kur|pfu|scherin; Kur|pfu|scher|tum,** das; -s

Kur|prinz (Erbprinz eines Kurfürstentums); **kur|prinz|lich**

Kur|pro|me|na|de

Kur|re, die; -, -n (*Seemannsspr.* Grundschleppnetz)

Kur|ren|da|ner ‹lat.› (Mitglied einer Kurrende); **Kur|ren|de,** die; -, -n (*früher* Knabenchor, der vor Häusern, bei Begräbnissen o. ä. gegen Geld geistl. Lieder singt; *heute* ev. Kinderchor)

kur|rent ‹lat.› (*österr. für* in deutscher Schrift); **Kur|rent|schrift** (*veraltet für* „laufende", d. h. Schreibschrift; *österr. für* deutsche Schreibschrift)

kur|rig (*landsch. für* mürrisch, launisch)

Kur|ri|ku|lum, das; -s, ...la ‹lat.› (*veraltet für* Laufbahn); *vgl.* Curriculum *u.* Curriculum vitae

Kurs, der; -es, -e ‹lat.›; **Kurs‿abschlag** (*für* Deport), **...ab|weichung, ...än|de|rung, ...an|stieg; Kur|sant,** der; -en, -en; ↑R 197 (*regional für* Kursteilnehmer); **Kurs‿auf|schlag** (*für* Report *[Börse]*), **...buch**

Kürsch, das; -[e]s (*Heraldik* Pelzwerk)

Kur|schat|ten (*ugs. scherzh. für* Person, die sich während eines Kuraufenthaltes einem Kurgast des anderen Geschlechts anschließt)

Kürsch|ner (Pelzverarbeiter); **Kürsch|ne|rei; Kürsch|ne|rin**

[1] [*auch* 'ku:r...]

Kur|se (*Plur. von* Kurs *u.* Kursus); **Kurs‿ein|bu|ße, ...ge|winn; kur|sie|ren** ‹lat.› (umlaufen, im Umlauf sein); kursierende Gerüchte; **Kur|sist,** der; -en, -en; ↑R 197 (*veraltet für* Teilnehmer an einem Kursus); **kur|siv** (laufend, schräg); **Kur|siv|druck,** der; -[e]s; **Kur|si|ve** [...və], die; -, -n (schrägliegende Druckschrift); **Kur|siv|schrift; Kurs|kor|rek|tur; kur|so|risch** (fortlaufend, rasch durchlaufend); **Kurs‿rück|gang, ...stei|ge|rung, ...sturz, ...sy|stem** *(Schulw.)*

Kür|ste, die; -, -n (*landsch. für* [harte] Brotrinde)

Kur|sus, der; -, Kurse ‹lat.› (Lehrgang, zusammenhängende Vorträge; *auch für* Gesamtheit der Lehrgangsteilnehmer); **Kurs‿ver|lust, ...wa|gen, ...wech|sel, ...wert, ...zet|tel**

Kurt (m. Vorn.)

Kur|ta|ge [...'ta:ʒə] *vgl.* Courtage

Kur|ta|xe

Kur|ti|sa|ne, die; -, -n ‹franz.› (*früher für* Geliebte am Fürstenhof)

Kur|trier[1] (Erzbistum Trier vor 1803); **kur|trie|risch**[1]

Kur|tscha|to|vi|um [...v...], das; -s ‹nach dem sowjet. Atomphysiker Kurtschatow› (chem. Element, Transuran; *Zeichen* Ku)

Kür|tur|nen (Turnen mit freier Wahl der Übungen); **Kür|übung**

ku|ru|lisch ‹lat.›; -er Stuhl (Amtssessel der höchsten Beamten im alten Rom)

Ku|ruş [ku'ruʃ], der; -, - ‹türk.› (Untereinheit des türk. Pfundes)

Kur|va|tur [...v...], die; -, -en ‹lat.› (*Med.* Krümmung eines Organs, bes. des Magens); **Kur|ve** [...v..., *auch* ...f...], die; -, -n (krumme Linie, Krümmung; Bogen[linie]; [gekrümmte] Bahn; Flugbahn); ballistische - (Flug-, Geschoßbahn); **kur|ven;** gekurvt; **Kur|ven|dis|kus|si|on** *(Math.);* **kur|ven|för|mig; Kur|ven‿li|ne|al, ...mes|ser** (der); **kur|ven|reich; Kur|ven‿schar** (*Math.; vgl.* ²Schar), **...tech|nik, ...vor|ga|be** *(Leichtathletik)*

Kur|ver|wal|tung

kur|vig [...v...] (bogenförmig, mit vielen Kurven); **Kur|vi|me|ter,** das; -s, - (Kurvenmesser)

Kur|wür|de, die; - (Würde eines Kurfürsten)

kurz; kürzer, kürzeste; kurz und gut; kurz und bündig; kurz und klein schlagen; zu kurz kommen; kurz angebunden; kurz entschlossen; kurz gesagt. **I.** *Kleinschreibung* (↑R 65): **a)** am kürzesten; auf das, aufs kürzeste; des kürzer[e]n (z. B. darlegen); binnen, in, seit, vor kurzem; **b)** über kurz oder lang; den kürzer[e]n ziehen; *vgl.* aber: Kürze. **II.** *Großschreibung:* **a)** (↑R 65:) etwas Kurzes spielen, vortragen; **b)** (↑R 157:) Pippin der Kurze. **III.** *Schreibung in Verbindung mit Verben* (↑R 205 f.): **a)** *Getrenntschreibung in ursprünglicher Bedeutung,* z. B. kurz schneiden; sie hat das Kleid zu kurz geschnitten; sich kurz fassen; er ist zu kurz (zu knapp) getreten; **b)** *Zusammenschreibung, wenn durch die Verbindung ein neuer Begriff entsteht; vgl.* kurzarbeiten, kurzhalten, kurzschließen, kurztreten, kürzertreten; **Kurz|ar|beit,** die; -; **kurz|ar|bei|ten;** ↑R 205 (aus Betriebsgründen eine kürzere Arbeitszeit einhalten); ich arbeite kurz; kurzgearbeitet; kurzzuarbeiten; **Kurz|ar|bei|ter; kurz‿är|me|lig** *od.* **...ärm|lig, ...at|mig; Kurz|at|mig|keit,** die; -; **Kurz‿be|richt, ...bio|gra|phie; Kur|ze,** der; -n, -n; ↑R 7 ff. (*ugs. für* kleines Glas Branntwein; Kurzschluß); **Kür|ze,** die; -; in -; **Kür|zel,** das; -s, - (festgelegtes [stenograph.] Abkürzungszeichen; *vgl.* Sigel); **kür|zen;** du kürzt; **kur|zer|hand; kür|zer|tre|ten** (sich [mehr] einschränken); wir müssen künftig -; *vgl.* kurztreten; **Kurz‿er|zäh|lung, ...fas|sung, ...film, ...flüg|ler** *(Zool.);* **kurz|fri|stig; kurz|ge|bra|ten;** -es Fleisch (↑*jedoch* R 209); **kurz|ge|faßt;** -e Erklärung; *vgl.* kurz, III; **Kurz|ge|schich|te; kurz|ge|schnit|ten;** die kurzgeschnittenen Haare (↑*jedoch* R 209), aber: die Haare waren kurz geschnitten; **kurz|haa|rig; kurz|hal|sig; kurz|hal|ten;** ↑R 205 (*ugs. für* wenig Geld od. Essen geben); ich halte ihn kurz; habe ihn kurzgehalten; er ist kurzzuhalten; *vgl.* kurz, III; **kurz|hin** (*veraltet für* kurz, beiläufig); **kurz|le|big; Kurz|le|big|keit,** die; -; **kürz|lich; Kurz‿mel|dung, ...nach|richt, ...par|ker, ...paß** *(Ballspiele),* **...pro|gramm** *(Eiskunstlauf);* **kurz|schlie|ßen;** ↑R 205; ich schließe kurz; kurzgeschlossen; kurzzuschließen; **Kurz|schluß; Kurz|schluß‿hand|lung, ...re|ak|ti|on; Kurz|schrift** (*für* Stenographie); **Kurz|schrift|ler** (*für* Stenograph); **kurz|schrift|lich** (*für* stenographisch); **kurz|sich|tig; Kurz|sich|tig|keit,** die; -; **kurz‿sil|big** (*übertr. auch für* wortkarg), **...stäm|mig; Kurz|strecke** [*Trenn.* ...strek|ke]; **Kurz|strecken‿lauf** [*Trenn.* ...strekken...], **...läu|fer, ...läu|fe|rin, ...ra|ke|te; Kurz‿streck|ler** (*Sportspr.* Kurzstreckenläufer), **...stun|de** *(Schulw.);* **Kurz|tag|pflan|ze** *(Bot.);* **kurz|tre|ten;** ↑R 205 (*meist ugs. für* sich einschränken, sich zurückhalten); sein Gesundheitszustand zwang ihn, bei der Arbeit kurzzutreten; *vgl.* kurz, III *u.* kürzertreten; **kurz|um** [*auch* 'kurts'um]; **Kür|zung; Kurz|wa|ren|hand|lung; kurz|weg** [*auch* 'kurts'vɛk]; **Kurz|weil,** die; -; **kurz|wei|lig; Kurz|wel|le** *(Physik, Rundf.);* **Kurz|wel|len‿sen|der, ...the|ra|pie** *(Med.);* **kurz|wel|lig; Kurz|wort** *Plur.* ...wörter; **Kurz|zeit|ge|dächt|nis,** das; -ses *(Psych.);* **kurz|zei|tig;** ein -er Engpaß

kusch! (*Befehl an den Hund* leg dich still nieder!); *vgl.* kuschen

Ku|schel, Kus|sel, die; -, -n (*nordd. für* niedrige [verkrüppelte] Kiefer; Gebüsch)

ku|sche|lig, kusch|lig (gut zum Kuscheln); **ku|scheln;** sich - (sich anschmiegen); ich ...[e]le mich (↑R 22); **Ku|schel|tier** (weiches Stofftier); **ku|schen** (sich lautlos hinlegen [vom Hund]; *ugs. auch für* stillschweigen, den Mund halten); du kuschst; kusch dich! (leg dich still nieder!); **kusch|lig** *vgl.* kuschelig

Ku|sel (Stadt im Saar-Nahe-Bergland); -er Schichten

Ku|sin|chen; Ku|si|ne (*eindeutschende Schreibung für* Cousine)

¹Kus|kus, der; -, - (ein Beuteltier)

²Kus|kus, der *u.* das; -, - ‹arab.› (ein nordafrik. Gericht)

Küs|nacht (ZH) (Ort am Zürichsee); *vgl.* aber: Küßnacht

Kuß, der; Kusses, Küsse; **Küß|chen; kuß|echt**

Kus|sel *vgl.* Kuschel

küs|sen; du küßt, er küßt; du küßtest; geküßt; küsse! *u.* küß!; küss' die Hand! *(österr. veraltend);* sie küßt ihn auf die Stirn; **Kuß‿hand, ...händ|chen; Küß|lein**

Küß|nacht am Ri|gi (Ort am Vierwaldstätter See); *vgl.* aber: Küsnacht

Kü|ste, die; -, -n; **Kü|sten‿be|feue|rung** (Kennzeichnung durch Leuchtfeuer u. a.), **...fah|rer** (Schiff), **...fi|sche|rei, ...ge|bir|ge, ...mo|tor|schiff, ...nä|he, ...schiffahrt** [*Trenn.* ...schiff|fahrt, ↑R 204], **...strich**

Kü|ster (Kirchendiener); **Kü|ste|rei; ¹Ku|sto|de,** die; -, -n ‹lat.› (*früher* Kennzeichen der einzelnen Lagen einer Handschrift; *Druckw. Nebenform von* Kustos); **²Ku|sto|de,** der; -n, -n; ↑R 197 (*Nebenform von* Kustos [wissenschaftl. Sachbearbeiter]); **Ku-**

[1] [*auch* 'ku:r...]

stos, der; -, Kustoden ‹lat., „Wächter"› (wissenschaftlicher Sachbearbeiter an Museen u. ä.; *Druckw. früher für* Silbe od. Wort am Fuß einer Seite zur Verbindung mit der folgenden Seite; *veraltet für* Küster, Kirchendiener)

Kulte, die; -, -n (*nordd., bes. berlin. für* Vertiefung; Grube)

Kultikulla, die; -, *Plur.* -s *u.* ...lä ‹lat.› (*Biol.* Häutchen der äußeren Zellschicht bei Pflanzen u. Tieren); **Kultis**, die; - (*Biol.* Lederhaut der Wirbeltiere; nachträglich verkorktes Pflanzengewebe [z. B. an Wurzeln])

Kutschlbock; Kutlsche, die; -, -n ‹nach dem ung. Ort Kocs [kɔtʃ], d. h. Wagen aus Kocs›; **kutschen** (*veraltet für* kutschieren); du kutschst; **Kutlschenlschlag; Kutlscher; Kutlscher‿kneilpe, ...sitz; kutlschielren; Kutschlkasten**

Kutlte, die; -, -n

Kutltel, die; -, -n *meist Plur.* (*südd., österr., schweiz. für* Kaldaune); **Kutltellfleck**, der; -[e]s, -e *meist Plur.* (*südd., österr. für* Kaldaune); **Kutltel‿hof** (*veraltet für* Schlachthof), **...kraut** (das; -[e]s; *österr. mdal. für* Thymian)

Kutlter, der; -s, - ‹engl.› (ein kleines Fischereifahrzeug)

Külvellalge [kyvəˈlaːʒə], die; -, -n ‹franz.› (*Bergbau* Ausbau eines wasserdichten Schachtes mit gußeisernen Ringen); **külvellielren** [...v...]; **Külvellielrung** (*svw.* Küvelage)

Kulvert [kuˈveːr, kuˈvɛːr, *auch* kuˈvɛrt], das; -s, -s, *bei dt. Ausspr.* -[e]s, -e ‹franz.› ([Brief]umschlag; [Tafel]gedeck für eine Person); **kulverltielren** [...v...] (mit einem Umschlag versehen); **Kulverltülre**, die; -, -n (Überzugsmasse [aus Schokolade] für Kuchen, Gebäck u. a.)

Külvetlte [...v...], die; -, -n ‹franz.› (*veraltet für* Innendeckel [der Taschenuhr]; kleines Gefäß, Trog)

Kulwait, Kulweit [*auch* ˈkuː... *od.* ...ˈveːt] (Scheichtum am Persischen Golf); **Kulwailter**, Kulweiter; **kulwailtisch**, kulweiltisch

Kux, der; -es, -e ‹tschech.-mlat.› (börsenmäßig gehandelter Bergwerksanteil)

kv. = kriegsverwendungsfähig

kV = Kilovolt

KV = Köchelverzeichnis

kVA = Kilovoltampere

kW = Kilowatt

Kwaß, der; *Gen.* - *u.* Kwasses ‹russ.› (gegorenes Getränk)

kWh = Kilowattstunde

Ky. = Kentucky

Kyalnilsaltilon, die; - ‹nach dem engl. Erfinder J. H. Kyan› (ein Imprägnierungsverfahren für Holz); **kyalnilsielren**

Kyalthos, der; -, - (antiker einhenkliger Becher)

Kylbelle [...leː, *auch* ...ˈbe(ː)...] (phryg. Göttin)

Kylberlneltik, die; - ‹griech.› (wissenschaftliche Forschungsrichtung, die vergleichende Betrachtungen über Steuerungs- u. Regelungsvorgänge anstellt; *ev. Theol.* Lehre von der Kirchen- u. Gemeindeleitung); **Kylberlneltilker; Kylberlneltilkelrin; kylberlneltisch**

Kyfflhäulser [ˈkif...], der; -[s] (Bergrücken südl. des Harzes)

Kylklalden *Plur.* (Inselgruppe in der Ägäis)

Kylklilker *vgl.* Zykliker

Kylklop *vgl.* Zyklop

Kylma, das; -s, -s *u.* **Kylmaltilon**, das; -s, *Plur.* -s *u.* ...ien [...i̯ən] ‹griech.› (*Archit.* Zierleiste aus stilisierten Blattformen [bes. am Gesims griech. Tempel])

Kylmolgramm, das; -s, -e ‹griech.› (*Med.* Röntgenbild von sich bewegenden Organen); **Kylmolgraph**, der; -en, -en; ↑R 197 (Gerät zur mechanischen Aufzeichnung von rhythm. Bewegungen, z. B. des Pulsschlages); **Kylmolgralphie**, die; - (Röntgenverfahren zur Darstellung von Organbewegungen); **kylmolgralphielren** (eine Kymographie durchführen)

Kymlre, der; -n, -n; ↑R 197 (keltischer Bewohner von Wales); **kymlrisch; Kymlrisch**, das; -[s] (Sprache); *vgl.* Deutsch; **Kymlrische**, das; -n; *vgl.* Deutsche, das

Kylnilker ‹griech.› (Angehöriger der von Antisthenes gegründeten Philosophenschule); *vgl.* aber: Zyniker; **Kylnollolge**, der; -n, -n (↑R 197); **Kylnollolgie**, die; - (Lehre von Zucht, Dressur u. Krankheiten der Hunde)

Kylpholse, die; -, -n ‹griech.› (*Med.* Wirbelsäulenverkrümmung nach hinten)

Kylrelnailka *vgl.* Cyrenaika

Kylrie [ˈkyːri̯ə], das; -, -s ‹griech.› (*kurz für* Kyrieeleison); **Kylrie eleilson!** [*auch* - eˈleːi̯zɔn] („Herr, erbarme dich!"), **Kylrileleis!** (Bittformel im gottesdienstlichen Gesang); *vgl.* Leis; **Kylrieleleilson**, das; -s, -s (Bittruf)

kylrillisch ‹nach dem Slawenapostel Kyrill›; -e Schrift (↑R 134); **Kylrillisch**, das, -s (die kyrillische Schrift); in -

Kylros (pers. König)

Kylthelra (alter Name der griech. Insel Kithira)

KZ = Konzentrationslager

L

L (Buchstabe); das L; des L, die L, aber: das l in Schale (↑R 82); der Buchstabe L, l

l = lävogyr; Leu; Liter

L (röm. Zahlzeichen) = 50

Λ, λ = Lambda

£ = Pfund (Livre) Sterling

l. = lies!; links

L. = Linné; [1]Lira *Sing. u.* Lire *Plur.;* Lucius *od.* Luzius

La = *chem. Zeichen für* Lanthan

LA = Lastenausgleich

La. = Louisiana

l. a. = lege artis

Laa an der Thalya [- - - ˈtaːja] (österr. Stadt)

Laalcher See, der; - -s (See in der Eifel)

Laalser Marlmor, der; - -s

Lab, das; -[e]s, -e (*Biol.* Enzym im [Kälber]magen)

La Bamlba, die; - -, - -s, *ugs. auch* der; - -[s], - -s ‹bras.› (ein Modetanz)

Lalban (bibl. m. Eigenn.); langer - (*ugs. für* hochgewachsene, hagere männliche Person)

lablbelrig, labblrig (*nordd. für* schwach; fade [vom Geschmack]; weichlich; breiig); **lablbern** (*nordd. für* schlürfend essen od. trinken; *Seemannsspr.* schlaff werden); ich ...ere (↑R 22); **labblrig** *vgl.* labberig

Labldalnum *vgl.* Ladanum

Lalbe, die; - *(geh.);* **Lalbelflalsche** *(Radsport)*

Lalbel [ˈleːb(ə)l], das; -s, -s ‹engl.› (Klebemarke; Schallplattenetikett; *auch für* Schallplattenfirma)

lalben; sich -

Lalberldan, der; -s, -e ‹niederl.› (eingesalzener Kabeljau)

lalbern (*ugs. für* schwatzen, unaufhörlich u. einfältig reden); ich ...ere (↑R 22)

Lalbeltrunk

lalbilal ‹lat.› (die Lippen betreffend); **Lalbilal**, der; -s, -e *u.* **Lalbilallaut** (*Sprachw.* Lippenlaut, mit den Lippen gebildeter Laut, z. B. p, m); **Lalbilallpfeilfe** (eine

Orgelpfeife); **La|bia|te,** die; -, -n *meist Plur.* (*Bot.* Lippenblütler)
la|bil ‹lat.› (schwankend; veränderlich, unsicher); -es Gleichgewicht; **La|bi|li|tät,** die; -, -en *Plur. selten*
La|bio|den|tal ‹lat.› *u.* **La|bio|den|tal|laut** (*Sprachw.* Lippenzahnlaut, mit Unterlippe u. oberen Schneidezähnen gebildeter Laut, z. B. f, w); **La|bio|ve|lar** *u.* **La|bio|ve|lar|laut** (*Sprachw.* Lippengaumenlaut)
Lab‿kraut (das; -[e]s; eine Pflanzengattung), **...ma|gen** (Teil des Magens der Wiederkäuer)
La|boe [la'bø:] (Ostseebad); **La|boer** [la'bø:ər]
La|bor [*österr. auch, schweiz. meist* 'la:...], das; -s, *Plur.* -s, *auch* -e ‹lat.› (*Kurzform von* Laboratorium); **La|bo|rant,** der; -en, -en; ↑R 197 (Laborgehilfe); **La|bo|ran|tin; La|bo|ra|to|ri|um,** das; -s, ...ien [...iən] (Arbeitsstätte; [bes. chem.] Versuchsraum; Forschungsstätte); **la|bo|rie|ren;** an einer Krankheit - (*ugs. für* an einer Krankheit leiden u. sie zu überwinden suchen); an einer Arbeit - (*ugs. für* sich abmühen); **La|bor‿be|fund, ...tier, ...ver|such**
La Bo|stel|la, die; - -, - -s, *ugs. auch* der; - -[s], - -s ‹Herkunft unsicher› (ein Modetanz)
La|bour Par|ty ['le:bə(r) 'pa:(r)ti], die; - - ‹engl.› (engl. Arbeiterpartei)
[1]La|bra|dor (eine nordamerik. Halbinsel); **[2]La|bra|dor,** der; -s, -e *u.* **La|bra|do|rit** [*auch* ...'rit], der; -s, -e (ein Mineral, ein Schmuckstein); **La|bra|dor|hund**
Lab|sal, das; -[e]s, -e, *österr. u. südd. auch* die; -, -e
lab|sal|ben ‹niederl.› (*Seemannsspr.* [zum Schutz] teeren); ich labsalbe; gelabsalbt; zu -
Labs|kaus, das; - ‹engl.› (ein seemänn. Eintopfgericht)
La|bung
La|by|rinth, das; -[e]s, -e ‹griech.› (Irrgang, -garten; Durcheinander; *Med.* inneres Ohr); **La|by|rinth|fisch; la|by|rin|thisch** (unentwirrbar)
La Chaux-de-Fonds [la ʃod'fɔ̃:] (Stadt im Schweizer Jura)
[1]La|che, die; -, -n (Gelächter)
[2]La|che [*auch* 'la:xə], die; -, -n (Pfütze)
[3]La|che, *fachspr. meist* Lach|te, die; -, -n (*Forstw.* Einschnitt [in Baumrinde])
lä|cheln; ich ...[e]le (↑R 22); **la|chen;** Tränen -; er hat gut -; **La|chen,** das; -s; das ist zum -; **La|cher; La|cher|folg; lä|cher|lich;** ins Lächerliche ziehen; **lä|cher|li|cher|wei|se; Lä|cher|lich|keit; lä|chern** (*landsch. für* zum Lachen reizen); es lächert mich
La|che|sis (eine der drei Parzen)
Lach|fält|chen *meist Plur.*; **Lach|gas; lach|haft; Lach|haf|tig|keit,** die; -; **Lach‿krampf, ...lust** (die; -), **...mö|we, ...sal|ve**
Lachs, der; -es, -e (ein Fisch); **Lachs‿bröt|chen, ...fang; lachs‿far|ben** *od.* **...far|big; lachs‿ro|sa, ...rot; Lachs‿schin|ken, ...schnit|zel** (*Plur.*)
Lach|tau|be
Lach|te *vgl.* [3]Lache
Lach|ter, die; -, -n *od.* das; -s, - (altes bergmänn. Längenmaß)
la|cie|ren [la'si:...] ‹franz.› (einschnüren; mit Band durchflechten)
Lack, der; -[e]s, -e ‹sanskr.›; **Lack|af|fe** (*ugs.*); **Lack|ar|beit**
Lacke[1], die; -, -n (*österr. ugs. für* [2]Lache)
Lackel[1], der; -s, - (*südd., österr. ugs. für* grober, auch unbeholfener, tölpelhafter Mensch)
lacken[1] (*seltener für* lackieren); gelackt; **lack|glän|zend; Lack|gür|tel; lackie|ren**[1] (Lack auftragen; *ugs. für* anführen; übervorteilen); **Lackie|rer**[1]; **Lackie|re|rei**[1]; **Lackie|rung**[1]; **Lackier**[1]**‿werk|statt** *od.* **...werk|stät|te; Lack‿le|der, ...man|tel; lack|mei|ern;** *vgl.* gelackmeiert
Lack|mus, der *od.* das; - ‹niederl.› (chem. Reagens); **Lack|mus|pa|pier**
Lack‿scha|den, ...schuh, ...stie|fel
La|cri|mae Chri|sti [...mɛ: k...], der; - -, - - ‹lat., „Christustränen"› (Wein von den Hängen des Vesuvs); **la|cri|mo|so** ‹ital.› (*Musik* klagend)
La|crosse [la'krɔs], das; - ‹franz.› (ein amerik. Ballspiel)
Lac|tam, das; -s, -e ‹lat.; griech.› (eine chem. Verbindung)
La|dakh (Hochplateau in Nordindien)
La|da|num, das; -s ‹griech.› (ein Harz)
Läd|chen (kleine Lade; kleiner Laden); **La|de,** die; -, -n (*landsch. für* Truhe, Schublade); **La|de‿baum, ...flä|che, ...ge|rät, ...ge|wicht, ...gut, ...hem|mung, ...kon|trol|le, ...lu|ke, ...mast** (der); **[1]la|den** (aufladen); du lädst, er lädt; du ludst; du lüdest; geladen; lad[e]!
[2]la|den (zum Kommen auffordern); du lädst, er lädt (*veraltet, aber noch landsch.* du ladest, er ladet); du ludst; du lüdest; geladen; lad[e]!

[1] *Trenn.* ...k|k...

La|den, der; -s, *Plur.* Läden, *selten auch* -; **La|den‿dieb, ...dieb|stahl, ...hü|ter** (schlecht absetzbare Ware), **...kas|se, ...ket|te, ...pas|sa|ge, ...preis** (*vgl.* [2]Preis), **...schluß** (*der;* ...schlusses); **La|den|schluß‿ge|setz, ...zeit; La|den‿schwen|gel** (*abwertend für* junger Verkäufer), **...stra|ße, ...tisch, ...zen|trum**
La|de|platz; La|der (Auflader); **La|de‿ram|pe, ...raum, ...stock** (*Plur.* ...stöcke; Teil der früheren Gewehre; *Bergbau* runder Holzstock zum Einführen der Sprengstoffpatronen in die Bohrlöcher)
lä|die|ren ‹lat.› (verletzen; beschädigen); lädiert sein; **Lä|die|rung**
La|din, das; -s (ladinische Sprache); **La|di|ner** (Angehöriger eines rätoroman. Volksteils in Südtirol); **la|di|nisch; La|di|nisch,** das; -[s] (Sprache); *vgl.* Deutsch; **La|di|ni|sche,** das; -n; *vgl.* Deutsche, das
La|dis|laus (m. Vorn.)
Läd|lein *vgl.* Lädchen
Lad|ne|rin, die; -, -nen (*südd. u. österr. veraltend neben* Verkäuferin)
La|do|ga|see, der; -s (nordöstl. von Sankt Petersburg)
La|dung
La|dy ['le:di], die; -, *Plur.* -s, *auch* ...dies ['le:dis] (Titel der engl. adligen Frau; *selten für* Dame); **la|dy|like** ['le:dilaik] (nach Art einer Lady; vornehm)
La|er|tes (Vater des Odysseus)
La Fa|yette, La|fa|yette [lafa'jɛt] (franz. Staatsmann)
La|fet|te, die; -, -n ‹franz.› (Untergestell der Geschütze)
[1]Laf|fe, der; -n, -n; ↑R 197 (*ugs. für* Geck); **[2]Laf|fe,** die; -, -n (*südwestd. für* Schöpfteil des Löffels; Ausguß; *schweiz. für* Bug, Schulterstück vom Rind, Schwein usw.)
La Fon|taine [la fɔ̃'tɛ:n] (franz. Dichter); die La-Fontaineschen Fabeln (↑R 137)
LAG = Lastenausgleichsgesetz
La|ge, die; -, -n; in der - sein; **La|ge‿be|richt, ...be|spre|chung**
Lä|gel, das; -s, - (*landsch. für* Fäßchen [für Fische]; Traggefäß; ein altes Maß, Gewicht)
La|gen‿schwim|men (das; -s), **...staf|fel; la|gen|wei|se; La|ge|plan;** *vgl.* [2]Plan; **La|ger,** das; -s, *Plur.* - *u.* (*Kaufmannsspr. für* Warenvorräte:) Läger; etwas auf - halten; **La|ger|bier; la|ger‿fä|hig, ...fest; La|ger‿feu|er, ...ge|bühr, ...haft, ...hal|le, ...hal|tung, ...haus, ...in|sas|se; La|ge|rist,** der; -en, -en; ↑R 197 (Lagerverwalter); **La|ge|ri|stin; La|ger|kol|ler**

La|ger|löf, Selma (schwed. Schriftstellerin)
la|gern; ich ...ere (↑R 22); sich -;
La|ger‿obst, ...platz, ...raum, ...schild (der; -es, -e; *Technik*), **...statt** (*Plur.* ...stätten; *geh. für* Bett, Lager), **...stät|te** (*Plur.* ...stätten; *Geol.* Fundort; *seltener für* Lagerstatt); **La|ge|rung; La|ger|ver|wal|ter; La|ge|skiz|ze**
La|go Mag|gio|re [- ma'dʒo:rə], der; - - ‹ital.› (ital.-schweiz. See); *vgl.* Langensee
La|gos (Hptst. von Nigeria)
la|gri|mo|so *vgl.* lacrimoso
Lag|ting, das; -s ‹norw.› (das norw. Oberhaus)
La|gu|ne, die; -, -n ‹ital.› (durch einen Landstreifen vom offenen Meer getrennter flacher Meeresteil); **La|gu|nen|stadt**
lahm; lahm|ar|schig (*derb für* träge); **Läh|me,** die; - (eine Jungtierkrankheit); **lah|men** (lahm gehen); **läh|men** (lahm machen); **Lahm|heit,** die; -; **lahm|le|gen** (↑R 205); ich lege lahm; lahmgelegt; lahmzulegen; **Lahm|le|gung; Läh|mung; Läh|mungs|er|schei|nung** *meist Plur.*
[1]Lahn, die; - (r. Nebenfluß des Rheins)
[2]Lahn, der; -[e]s, -e ‹franz.› (*fachspr.* ein Metalldraht)
[3]Lahn, die; -, -en (*bayr. u. österr. mdal. für* Lawine); **lah|nen** (*bayr. u. österr. mdal. für* tauen)
Lahn|spu|le (*zu* [2]Lahn)
Lah|nung (*Wasserbau* ins Meer hineingebauter Damm)
Lahn|wind (*bayr. u. österr. mdal. für* Tauwind)
Lahr (Stadt am Westrand des Schwarzwaldes); -er Hinkender Bote (Name eines Kalenders)
Laib, der; -[e]s, -e; ein - Brot, Käse
Lai|bach (*slowen.* Ljubljana)
Laib|chen (*österr.* ein kleines, rundes Gebäck)
Lai|bung, *auch* Lei|bung (innere Mauerfläche bei Wandöffnungen; innere Wölbfläche bei Wölbungen)
Laich, der; -[e]s, -e (Eier von Wassertieren); **lai|chen** (Laich absetzen); **Laich‿kraut, ...platz, ...zeit**
Lai|e, der; -n, -n (↑R 197) ‹griech.› (Nichtfachmann; Nichtpriester); **Lai|en‿apo|sto|lat, ...bre|vier, ...bru|der, ...büh|ne, ...chor; lai|en|haft; Lai|en‿kunst, ...prie|ster, ...rich|ter, ...spiel, ...stand** (der; -[e]s); **lai|sie|ren** [la|i...] (einen Kleriker regulär od. strafweise in den Laienstand versetzen); **Lai|sie|rung**
Lais|ser-al|ler [lɛsea'le:], das; - ‹franz.› (das [Sich]gehenlassen); **Lais|ser-faire** [...'fɛ:r], das; - (das Gewähren-, Treibenlassen; *veraltet für* Ungezwungenheit, Ungebundenheit); **Lais|sez-pas|ser** [...pa'se:], der; -, - (*veraltet für* Passierschein)
Lai|zis|mus [la|i...], der; - ‹griech.› (weltanschauliche Richtung, die die radikale Trennung von Kirche u. Staat fordert); **lai|zi|stisch;** -ste
La|kai, der; -en, -en (↑R 197) ‹franz.› (*abwertend für* Kriecher; *früher für* herrschaftl. Diener [in Livree]); **la|kai|en|haft**
La|ke, die; -, -n (Salzlösung zum Einlegen von Fisch, Fleisch)
La|ke|dä|mon (anderer Name für den altgriech. Stadtstaat Sparta); **La|ke|dä|mo|ni|er** [...i̯ər] (Bewohner von Lakedämon); **la|ke|dä|mo|nisch**
La|ken, das; -s, - (*nordd., mitteld. für* [1]Bettuch; Tuch)
Lak|ko|lith [*auch* ...'lit], der; *Gen.* -s *u.* -en, *Plur.* -e[n] (↑R 197) ‹griech.› (*Geol.* ein Tiefengesteinskörper)
La|ko|da, der; -[s], -s ‹nach einer Insellandschaft im Beringmeer› (ein Robbenpelz)
La|ko|ni|en [...i̯ən] (Verwaltungsbezirk im Peloponnes); **La|ko|nik,** die; - ‹griech.› (*geh. für* lakonische Art des Ausdrucks); **la|ko|nisch;** -ste (*auch für* kurz u. treffend); **La|ko|nis|mus,** der; -, ...men (Kürze des Ausdrucks)
La|krit|ze, die; -, -n, *landsch.* Lakritz, der, *auch* das; -es, -e ‹griech.› (eingedickter Süßholzsaft); **La|krit|zen|saft,** der; -[e]s; **La|krit|zen|stan|ge** *od.* **La|kritz|stan|ge**
lakt... ‹lat.› (milch...); **Lakt...** (Milch...); **Lak|tam** *vgl.* Lactam; **Lak|ta|se,** die; -, -n (ein Enzym); **Lak|ta|ti|on,** die; -, -en (Milchabsonderung; Zeit des Stillens); **lak|tie|ren** (Milch absondern; säugen); **Lak|to|me|ter,** das; -s, - (Vorrichtung zur Milchprüfung); **Lak|to|se,** die; - (Milchzucker); **Lak|to|skop,** das; -s, -e ‹lat.; griech.› (Vorrichtung zur Milchprüfung); **Lak|tos|urie,** die; -, ...i̯en (*Med.* Ausscheidung von Milchzucker mit dem Harn)
la|ku|när ‹lat.› (*Med., Biol.* Gewebelücken bildend, höhlenartig, buchtig); **La|ku|ne,** die; -, -n (*Sprachw.* Lücke in einem Text; *Med., Biol.* Hohlraum in Geweben); **la|ku|strisch** (*Geol., Biol.* in Seen sich bildend od. vorkommend [von Gesteinen u. Lebewesen])
la|la *(ugs.);* es ging ihm so - (einigermaßen)
lal|len; Lall‿pe|ri|ode (*Päd.* [frühkindl.] Lebensphase), **...wort** *(Sprachw.)*
L. A. M. = Liberalium Artium Magister
[1]La|ma, das; -s, -s ‹peruan.› (eine südamerik. Kamelart; ein flanellartiges Gewebe)
[2]La|ma, der; -[s], -s ‹tibet.› (buddhist. Priester od. Mönch in Tibet u. der Mongolei); **La|ma|is|mus,** der; - (Form des Buddhismus); **la|ma|i|stisch** (↑R 180)
La|mäng ‹nach franz. la main „die Hand"›; *in* aus der [kalten] - (*scherzh. für* aus dem Stegreif, sofort)
La|man|tin, der; -s, -e ‹indian.› (amerik. Seekuh)
La|marck (franz. Naturforscher); **La|mar|ckis|mus,** der; - [*zur Trenn.* ↑R 179] (von Lamarck begründete Abstammungslehre)
Lam|ba|da, die; -, -s, *auch* der; -[s], -s ‹port.› (ein Modetanz)
Lam|ba|re|ne (Ort in Gabun; Wirkungsstätte Albert Schweitzers)
Lamb|da, das; -[s], -s (griech. Buchstabe: Λ, λ); **Lamb|da‿naht** *(Med.),* **...son|de** (beim Abgaskatalysator); **Lamb|da|zis|mus,** der; - ‹griech.› (fehlerhafte Aussprache des R als L)
Lam|bert, Lam|brecht, Lamprecht (m. Vorn.); **Lam|ber|ta** (w. Vorn.)
Lam|berts|nuß ‹*zu* lombardisch› (Nuß einer Haselnußart)
Lam|brecht *vgl.* Lambert
Lam|bre|quin [lãbrə'kɛ̃:], der; -s, -s ‹franz.› (*veraltet für* [gezackter] Querbehang [über Fenstern])
Lam|brie, Lam|pe|rie, die; -, ...i̯en ‹franz.› (*landsch. für* Lambris);
Lam|bris [lã'bri:], der; - [...'bri:(s)], - [...'bri:s], *österr.* die; -, *Plur.* - *u.* ...i̯en (untere Wandverkleidung aus Holz, Marmor od. Stuck)
Lam|brus|co, der; - ‹ital.› (ein ital. Rotwein)
Lamb|skin ['lɛmskin], das; -[s], -s ‹engl.› (Lammfellimitation);
Lambs|wool ['lɛmzwul], die; - (zarte Lamm-, Schafwolle)
la|mé [la'me:] ‹franz.› (mit Lamé durchwirkt); **La|mé,** der; -s, -s (Gewebe aus Metallfäden, die mit [Kunst]seide übersponnen sind); **la|mel|lar** ‹lat.› (streifig, schichtig, geblättert); **La|mel|le,** die; -, -n ‹franz.› (Streifen, dünnes Blättchen; Blatt unter dem Hut von Blätterpilzen); **la|mel|len|för|mig; La|mel|len|ver|schluß** *(Fotogr.)*
la|men|ta|bel ‹lat.› (*veraltet für* jämmerlich, kläglich; beweinenswert); ...a|ble Lage; **La|men|ta|ti|on,** die; -, -en (*veraltet für* Jammern, Wehklagen); **la|men|tie|ren** (*ugs. für* laut klagen, jam-

mern); **La|men|to,** das; -s, *Plur.* -s *od.* (*für* Klagelieder:) ...ti ‹ital.› (*ugs. für* [lautes] Gejammer; *Musik* Klagelied)
La|met|ta, das; -s ‹ital.› (Metallfäden [als Christbaumschmuck]); **La|met|ta|syn|drom** (eine durch Umweltvergiftung hervorgerufene Baumkrankheit bei Fichten u. Tannen)
la|mi|nar ‹lat.› (*Physik* ohne Wirbel nebeneinander herlaufend); -e Strömung; **La|mi|na|ria,** die; -, ...ien [...i̯ən] (*Bot.* eine Gattung der Braunalgen); **la|mi|nie|ren** ‹franz.› (*Weberei* [Material] strekken, um die Fasern längs zu richten; *fachspr. für* [Werkstoffe] mit einer [Deck]schicht überziehen; *Buchw.* [ein Buch] mit Glanzfolie überziehen)
Lamm, das; -[e]s, Lämmer; **Lamm|bra|ten; Lämm|chen; lam|men** (ein Lamm werfen); **Läm|mer|gei|er** (ein Greifvogel); **Läm|mer|ne,** das; -n; ↑R 7 ff. (*bes. österr. für* Lammfleisch); **Läm|mer|wol|ke** *meist Plur.;* **Lam|mes|ge|duld** (*svw.* Lammsgeduld); **Lamm͜fell, ...fleisch; lamm|fromm** *(ugs.);* **Lamm|ko|te|lett; Lämm|lein; Lamms|ge|duld** (*ugs. für* große Geduld); **Lam|mung,** die; -
Lam|pas, der; -, - ‹franz.› (ein Damastgewebe); **Lam|pas|sen** [*österr.* 'lam...] *Plur.* (breite Streifen an [Uniform]hosen)
Lämp|chen (kleine [2]Lampe)
[1]Lam|pe (*Kurzform von* Lampert; der Hase der Tierfabel); Meister -
[2]Lam|pe, die; -, -n; **Lam|pen͜docht, ...fie|ber, ...licht** (das; -[e]s), **...schein** (der; -[e]s), **...schirm, ...stu|be** *(Bergmannsspr.);* **Lam|pe|rie** *vgl.* Lambrie; **Lam|pi|on** [...'pi̯ɔŋ, *auch* ...'pi̯õ:, *österr.* ...'pi̯o:n], der, *seltener* das; -s, -s ‹franz.› ([Papier]laterne); **Lam|pi|on|blu|me; Lämp|lein** *vgl.* Lämpchen
Lam|precht *vgl.* Lambert
Lam|pre|te, die; -, -n ‹mlat.› (ein Fisch)
Lan|ça|de [lã'sa:də], die; -, -n ‹franz.› (ein Sprung eines Pferdes in der Hohen Schule)
Lan|ca|ster ['lɛŋkəstə(r)] (engl. Herzogsfamilie; engl. Stadt)
Lan|cier [lã'si̯e:], der; -s, -s ‹franz., „Lanzenreiter"› (ein Tanz; *früher für* Ulan); **lan|cie|ren** [lã'si:...] (fördern; zu Anerkennung, Verbreitung verhelfen; gezielt in die Öffentlichkeit dringen lassen); **lan|ciert;** -e (in bestimmter Art gemusterte) Gewebe; **Lan|cie|rung**
Land, das; -[e]s, *Plur.* Länder *u.* *(geh.)* Lande; aus aller Herren Länder[n]; außer Landes; hierzulande; die Halligen melden „Land unter" (Überflutung); zu Lande u. zu Wasser, aber: bei uns zulande (daheim); **land|ab** *vgl.* landauf; **Land͜adel, ...ambu|la|to|ri|um** *(ehem. in der DDR),* **...am|mann** (*schweiz.* Titel des Präsidenten einiger Kantonsregierungen), **...ar|beit, ...ar|bei|ter, ...arzt**
Land|au|er (viersitziger Wagen)
land|auf; -, landab (überall); **Land|auf|ent|halt**
Land|au in der Pfalz (Stadt im Vorland der Haardt)
land|aus; -, landein (überall); **Land͜bau** (der; -[e]s), **...be|sitz, ...be|völ|ke|rung, ...be|woh|ner, ...brot; Länd|chen; Län|de,** die; -, -n (*landsch. für* Landungsplatz); **Lan|de͜bahn, ...er|laub|nis, ...fäh|re; Land͜ei|gen|tü|mer, ...ei|gen|tü|me|rin; land|ein** *vgl.* landaus; **land|ein|wärts; Lan|de͜kap|sel** *(Raumfahrt),* **...klap|pe** (am Flugzeug), **...ma|nö|ver; lan|den; län|den** (*landsch. u. schweiz. für* landen, ans Ufer bringen); **Land|en|ge; Lan|de͜pi|ste, ...platz; Län|de|rei|en** *Plur.;* **Län|der͜kampf** *(Sport),* **...kun|de** (die; -; Wissenschaftsfach); **län|der|kun|dig** (die Länder kennend); **län|der|kund|lich** (die Länderkunde betreffend); **Län|der͜na|me, ...spiel** *(Sport)*
Landes [lã:d] *Plur.* (eine franz. Landschaft)
Lan|des͜amt, ...art (die; -), **...auf|nah|me** (*svw.* Landvermessung), **...bank** (*Plur.* ...banken), **...be|hör|de, ...bi|schof, ...brauch; Lan|de|schlei|fe** *(Flugw.);* **Lan|des͜ebe|ne** (auf - verhandeln), **...far|ben** *(Plur.),* **...feind; lan|des|flüch|tig,** land|flüch|tig; **Lan|des͜fürst, ...für|stin, ...ge|richt** (*österr. svw.* Landgericht), **...ge|richts|rat** (*österr. svw.* Landgerichtsrat), **...ge|schich|te, ...gren|ze, ...haupt|mann** (*Plur.* ...leute *od.* ...männer; *österr. für* Regierungschef eines Bundeslandes), **...haupt|stadt, ...herr, ...her|rin; lan|des|herr|lich; Lan|des͜ho|heit, ...hym|ne** (*österr. für* offz. Hymne eines Bundeslandes), **...in|ne|re, ...kind, ...kir|che**
Lan|des|kro|ne (Berg bei Görlitz)
Lan|des|kun|de, die; - (Wissenschaftsfach); **lan|des|kun|dig** (das Land kennend); **lan|des|kund|lich** (die Landeskunde betreffend); **Lan|des͜li|ste, ...mei|ster|schaft, ...mut|ter** (*Plur.* ...mütter), **...par|la|ment, ...pla|nung, ...pro|dukt, ...rat** (*österr. für* Mitglied einer Landesregierung), **...recht** (das; -[e]s; Recht der Länder im Gegensatz zum Bundesrecht), **...re|gie|rung, ...schul|rat** (*österr. für* oberste Schulbehörde eines Bundeslandes), **...sit|te, ...so|zi|al|ge|richt** (*Abk.* LSG), **...spra|che, ...tracht, ...trau|er; lan|des|üb|lich; Lan|des͜va|ter, ...ver|rat, ...ver|rä|ter, ...ver|si|che|rungs|an|stalt** (*Abk.* LVA), **...ver|tei|di|gung, ...ver|wei|sung; lan|des|ver|wie|sen; Lan|des͜wäh|rung, ...wap|pen; lan|des|weit; Lan|des|zen|tral|bank** (*Abk.* LZB); **Lan|de|ver|bot; Land͜fah|rer, ...fah|re|rin; land|fein** *(Seemannsspr.);* sich - machen; **Land|flucht,** die; - (Abwanderung der ländl. Bevölkerung in die [Groß]städte); **land|flüch|tig** *vgl.* landesflüchtig; **Land|frau; Land|frau|en|schu|le; land|fremd; Land|frie|de[n]; Land|frie|dens|bruch,** der; **Land͜gang** *(Seemannsspr.),* **...ge|mein|de, ...ge|richt** (*Abk.* LG), **...ge|richts|rat** (*Plur.* ...rä|te); **land|ge|stützt** (von Raketen); **Land͜ge|win|nung, ...graf** *(früher),* **...gut, ...haus, ...heim, ...jä|ger** (eine Dauerwurst; *früher für* Landpolizist, Gendarm), **...kaf|fee** (dem Kaffee ähnliches Getränk), **...kar|te; Land Keh|din|gen,** das; -es - (Teil der Elbmarschen); **Land͜kind, ...kli|ma, ...kom|mu|ne, ...kreis; land|läu|fig; Land|le|ben,** das; -s; **Länd|lein; Länd|ler** (ein Volkstanz); **länd|lich; Länd|lich|keit,** die; -; **land|lie|bend** *(Zool.);* **Land͜luft, ...macht, ...mann** (*Plur.* ...leute; *veraltet für* Bauer), **...ma|schi|ne, ...mes|ser** (der; *veraltend*), **...nah|me** (die; -; *früher für* Inbesitznahme von Land durch ein Volk), **...par|tie, ...pfar|rer, ...pfle|ger** *(bibl.),* **...pla|ge, ...po|me|ran|ze** (*ugs. für* Mädchen vom Lande, Provinzlerin), **...pra|xis, ...rat** (*Plur.* ...räte), **...rä|tin, ...rat|te** (*Seemannsspr.* Nichtseemann), **...recht** (im MA.), **...re|gen, ...rich|ter** *(veraltet)*
Land|ro|ver Ⓦ ['lɛndro:wə(r)], der; -[s], - ‹engl.› (ein geländegängiges Kraftfahrzeug)
Land|rücken [*Trenn.* ...rük|ken]; **land|säs|sig** *(veraltet)*
Lands|berg a. Lech (Stadt in Oberbayern)
Land|schaft; Land|schaf|ter (Landschaftsmaler); **land|schaft|lich; Land|schafts͜gärt|ner, ...gärt|ne|rin, ...ma|ler, ...ma|le|rin, ...pfle|ge, ...schutz|ge|biet** (*Abk.* LSG); **Land|schrei|ber** (*schweiz. für* Kanzlei-

vorsteher eines Landkantons, Bezirks); **Land|schu|le; Landschul|heim; Land|see,** der; **Land|ser** (*ugs. für* Soldat); **Lands|ge|mein|de** (*schweiz. für* Versammlung der stimmfähigen Bürger eines Kantons, Bezirks)
Lands|hut (Stadt a. d. Isar)
Land|sitz; Lands|knecht
Lands|mål ['lantsmo:l], das; -[s] ‹norw., „Landessprache"› (*ältere Bez. für* Nynorsk *[vgl. d.]*)
Lands‿mann (*Plur.* ...leute; Landes-, Heimatgenosse), **...männin; lands|män|nisch; Landsmann|schaft; lands|mannschaft|lich; Land|stadt; Landstän|de** *Plur. (früher)*
Lands|ting ['lanstɛŋ], das; -s ‹dän.› (bis 1953 der Senat des dän. Reichstages)
Land|stör|zer (*veraltet für* Fahrender); **Land|stör|ze|rin; Land‿stra|ße, ...strei|cher; Landstrei|che|rei,** die; -; **Land‿streiche|rin, ...streit|kräf|te** *(Plur.),* **...strich, ...sturm** (*vgl.* [1]Sturm); **Land|sturm|mann** *Plur.* ...männer; **Land|tag;** der Hessische - (↑R 157); der - von Baden-Württemberg; **Land|tags‿ab|ge|ordne|te, ...wahl; Lan|dung; Landungs‿boot, ...brücke** [*Trenn.* ...brük|ke], **...steg; Land‿ur|laub, ...ver|mes|ser, ...ver|mes|se|rin, ...ver|mes|sung, ...vogt** *(früher),* **...volk** (das; -[e]s); **land|wärts; Land-Was|ser-Tier** (↑R 41); **Land|wehr,** die *(früher);* **Landwehr|mann** *Plur.* ...männer; **Land‿wein, ...wind, ...wirt, ...wirtin, ...wirt|schaft; land|wirtschaft|lich;** -e Nutzfläche; landwirtschaftliche Produktionsgenossenschaft (*ehem. in der DDR; Abk.* LPG), aber (↑R 157): „Landwirtschaftliche Produktionsgenossenschaft Einheit"; **Land|wirt|schafts‿aus|stel|lung, ...ge|setz, ...kam|mer, ...mi|nister, ...mi|ni|ste|rin; Land|zunge**
lang; länger, längste. **I.** *Kleinschreibung* (↑R 65): **a)** ein langes u. breites (viel) reden; **b)** sich des langen u. breiten, des länger[e]n u. breiter[e]n über etwas äußern; am, zum längsten; seit lange[m]; **c)** über kurz od. lang. **II.** *Großschreibung:* **a)** (↑R 65:) in Lang (*ugs. für* im langen Abendkleid) gehen; **b)** (↑R 157:) der Lange Marsch (der Marsch der chin. Kommunisten quer durch China 1934 bis 1935). **III.** *Zusammenschreibung* (↑*auch* R 209): langhin; allzulang; meterlang, jahrelang, tagelang usw., aber: einen Fuß lang, zehn Meter lang, zwei Jahre lang usw.; langgehen *(vgl. d.);* langlegen, sich *(vgl. d.);* langziehen *(vgl. d.); vgl.* lange; **lang‿är|me|lig** *od.* ...ärm|lig, **...ar|mig, ...at|mig, ...bär|tig; Lang‿baum** (*svw.* Langwied[e]), **...bein** *(scherzh.);* **lang|bei|nig; lan|ge,** lang; länger, am längsten (↑R 65); lang ersehnte Hilfe, lang anhaltender Beifall usw.; es ist lange her; lang, lang ist's her; **Län|ge,** die; -, -n; **län|ge|lang** (*ugs. für* der Länge nach); - hinfallen
lan|gen (*ugs. für* ausreichen; [nach etwas] greifen)
län|gen (länger machen; *veraltet für* länger werden); **Län|gen‿grad, ...kreis, ...maß** (das)
Lan|gen|see, der; -s (*dt. Name für* Lago Maggiore)
Lan|ge|oog [...'o:k] (eine ostfries. Insel)
län|ger|fri|stig
Lan|get|te, die; -, -n ‹franz.› (Randstickerei als Abschluß; Trennungswand zwischen zwei Schornsteinen); **lan|get|tie|ren** (mit Randstickereien versehen); **Lan|get|tie|rung**
Lan|ge|wei|le [*auch* 'laŋə...], Lang|wei|le, die; *Gen.* der Lang[e]weile *u.* Langenweile; aus - *u.* Langerweile; **Lan|gezeit,** die; *zur Beugung vgl.* Langeweile (*schweiz. für* Sehnsucht, Heimweh); **lang|fä|dig** (*schweiz. für* weitschweifig, langatmig); **Lang|fin|ger** (*ugs. für* Dieb); **lang‿fin|ge|rig** *od.* **...fing|rig; lang|fri|stig**
Lang|gäs|ser (dt. Dichterin)
lang|ge|hegt; lang|ge|hen (*ugs. für* entlanggehen); wissen, wo es langgeht; **lang‿ge|stielt, ...gestreckt, ...ge|zo|gen, ...glie|derig** *od.* **...glied|rig; Lang|haardackel** [*Trenn.* ...dak|kel]; **lang‿haa|rig, ...hal|sig; Lang|haus** *(Archit.);* **lang|hin;** ein langhin rollendes Echo; **Lang|holz; lang‿jäh|rig, ...köp|fig; Lang|lauf** *(Sport);* **Lang|lauf|ski; lang|lebig; Lang|le|big|keit,** die; -; **lang|le|gen,** sich (*ugs. für* sich zum Ausruhen hinlegen); **länglich; läng|lich|rund** (↑R 39); **lang|mäh|nig; Lang|mut,** die; - *(geh.);* **lang|mü|tig; Lang|mü|tigkeit,** die; -; **lang|na|sig**
Lan|go|bar|de, der; -n, -n; ↑R 197 (Angehöriger eines westgerm. Volkes); **lan|go|bar|disch**
Lang|ohr, das; -[e]s, -en (*scherzh. für* Hase; Esel); **Lang‿pferd** *(Turnen),* **...ril|le** (*scherzh. für* Langspielplatte); **lang|rip|pig; längs** (der Länge nach); etwas - trennen; *als Präp. mit Gen.:* - des Weges, *gelegentl. mit Dat.:* - dem Wege; **Längs|ach|se**
lang|sam; -er Walzer; **Lang|samkeit,** die; -
lang‿schä|de|lig *od.* **...schäd|lig; Lang‿schäf|ter** (Stiefel mit langem Schaft), **...schlä|fer, schläfe|rin; lang|schnä|be|lig** *od.* **...schnäb|lig; längs|deck[s]** (*Seemannsspr.* auf dem Deck entlang); **Lang|sei|te; Längs‿faden, ...fal|te; längs|ge|streift;** ein -er Stoff (↑*jedoch* R 209), aber: der Stoff ist längs gestreift; **Längs|li|nie; Lang|spielplat|te** (*Abk.* LP); **Längs|richtung; längs|schiffs** (*Seemannsspr.* in Kielrichtung); **Längs|schnitt; längs|seit** (*Seemannsspr.* an der langen Seite, an die lange Seite des Schiffes); **Längs|sei|te; längs|seits** (parallel zur Längsrichtung); *als Präp. mit Gen.:* - des Schiffes; **Längsstrei|fen; längst** (seit langem); **lang‿sten|ge|lig** *od.* **...steng|lig; läng|stens** (*landsch. für* längst; spätestens); **lang|stie|lig** (*ugs. auch für* langweilig, einförmig); **Lang|strecke** [*Trenn.* ...strek|ke]; **Lang|strecken‿bom|ber** [*Trenn.* ...strek|ken...], **...flug, ...lauf, ...läu|fer, ...läu|fe|rin; Langstreck|ler** (*Sportspr.* Langstreckenläufer); **Längs|wand**
Langue|doc [lãg'dɔk], das *od.* die; - (eine südfranz. Landschaft); **Langue|doc|wein** (↑R 149)
Lan|gu|ste, die; -, -n ‹franz.› (ein Krebs)
Lang|wei|le *vgl.* Langeweile; **lang|wei|len;** du langweilst; gelangweilt; zu -; sich -; **Lang|weiler** (*ugs. für* langweiliger Mensch); **lang|wei|lig; Langwei|lig|keit,** die; -; **Lang|wel|le** *(Physik, Rundf.);* **lang|wel|lig; Lang|wied, Lang|wie|de,** die; -, ...den (*landsch. für* langes Rundholz, das Vorder- u. Hintergestell eines großen Leiterwagens verbindet); **lang|wie|rig; Lang|wierig|keit; Lang|zei|le; Lang|zeit‿ar|beits|lo|se, ...ge|dächt|nis** *(Psych.),* **...kran|ke, ...programm, ...scha|den** *(meist Plur.),* **...stu|die, ...wir|kung; lang|ziehen;** jmdm. die Hammelbeine - (*ugs. für* jmdn. heftig tadeln), jmdm. die Ohren - (jmdn. [an den Ohren ziehend] strafen)
La|no|lin, das; -s ‹lat.› (Wollfett, Salbengrundstoff)
Lan|ta|na, die; - ‹nlat.› (Wandelröschen, ein Zierstrauch)
Lan|than, das; -s ‹griech.› (chem. Element, Metall; *Zeichen* La); **Lan|tha|nit** [*auch* ...'nit], der; -s, -e (ein Mineral)
La|nu|go, die; -, ...gines [...ne:s] ‹lat.› (Wollhaarflaum des Embryos)

Lan|ze, die; -, -n; **Lan|zen_farn, ...rei|ter, ...spit|ze, ...stich, ...stoß; Lan|zet|te,** die; -, -n ‹franz.› (ein chirurg. Instrument); **Lan|zett_fen|ster** *(Archit.),* **...fisch; lan|zett|för|mig**

lan|zi|nie|ren ‹lat.› (*Med.* blitzartig und heftig schmerzen [bes. bei Rückenmarksschwindsucht]); -de Schmerzen

Lao|ko|on [...koɔn]; ↑R 180 (griech. Sagengestalt)

La ola, die; - -, - -s *meist ohne Artikel* ‹span., „die Welle"› (besondere Art der Begeisterungsbezeigung in Sportstadien); **La-ola-Wel|le** (↑R 41)

Laon [lã:] (franz. Stadt)

La|os (Staat in Hinterindien); **Lao|te,** der; -n, -n (↑R 180, R 197); **lao|tisch** (↑R 180)

Lao|tse [*auch* 'lau...]; ↑R 180 (chin. Weiser)

La|pa|ro|skop, das; -s, -e ‹griech.› (*Med.* ein Instrument zur Untersuchung der Bauchhöhle); **La|pa|ro|to|mie,** die; -, ...ien (*Med.* Bauchschnitt)

La Paz [- 'pa(:)s] (größte Stadt u. Regierungssitz von Bolivien)

la|pi|dar ‹lat.› (einfach, elementar; kurz u. bündig); **La|pi|där,** der; -s, -e (ein Schleif- u. Poliergerät der Uhrmacher); **La|pi|da|ri|um,** das; -s, ...ien [...iən] (*fachspr. für* Sammlung von Steindenkmälern); **La|pi|dar_schrift** (Versalschrift, meist auf Stein), **...stil** (der; -[e]s); **La|pil|li** *Plur.* ‹ital.› (kleine Steinchen, die bei einem Vulkanausbruch ausgeworfen werden); **La|pis|la|zu|li,** der; -, - (*svw.* Lasurit)

La|pi|the, der; -n, -n; ↑R 197 (Angehöriger eines myth. Volkes in Thessalien)

La|place [la'pla:s] (franz. Astronom und Mathematiker); die Laplacesche Theorie (↑R 134)

[1]**La Pla|ta** (Stadt in Argentinien); [2]**La Pla|ta,** der; - - (*svw.* Rio de la Plata; *vgl. d.);* **La-Pla|ta-Staaten** *Plur.;* ↑R 41 (Argentinien, Paraguay, Uruguay)

Lapp, der; -en, -en; ↑R 197 (*bayr., österr. mdal. für* einfältiger, tölpelhafter Mensch)

Lap|pa|lie [...iə], die; -, -n (Kleinigkeit; Nichtigkeit); **Läpp|chen** (kleiner Lappen)

Lap|pe, der; -n, -n; ↑R 197 (Angehöriger eines Volksstammes im nördl. Nordeuropa)

Lap|pen, der; -s, -

läp|pen (*fachspr. für* metallische Werkstoffe fein bearbeiten)

Lap|pen|zelt ‹*zu* Lappe›

Lap|pe|rei (*seltener für* Läpperei); **Läp|pe|rei** (*landsch. für* Kleinigkeit; Wertloses); **läp|pern** (*landsch. für* schlürfen; in kleinen Teilen sammeln; zusammenkommen); ich ...ere (↑R 22); es läppert sich

lap|pig

lap|pisch ‹*zu* Lappe›

läp|pisch; -ste

Lapp|land (Landschaft in Nordeuropa); **Lapp|län|der** (Bewohner Lapplands); **lapp|län|disch**

Läpp|lein *vgl.* Läppchen

Läpp|ma|schi|ne (Maschine zum Läppen)

Lap|sus, der; -, - [...su:s] ‹lat.› ([geringfügiger] Fehler, Versehen); **Lap|sus ca|la|mi,** der; - -, - - [...su:s] - (Schreibfehler); **Lapsus lin|guae** [- 'linguɛ:], der; - -, - - [...su:s] - (das Sichversprechen); **Lap|sus me|mo|riae** [- ...riɛ:], der; - -, - - [...su:s] - (Gedächtnisfehler)

Lap|top ['lɛptɔp], der; -s, -s ‹engl.› (kleiner, tragbarer Personalcomputer)

Lar, der; -s, -en ‹malai.› (ein Langarmaffe, Weißhandgibbon)

La|ra (w. Vorn.)

Lär|che, die; -, -n (ein Nadelbaum); *vgl.* aber: Lerche

La|ren *Plur.* ‹lat.› (altröm. Schutzgeister)

large [la:rʒ] ‹franz.› (*bes. schweiz. für* großzügig, weitherzig); **Large|heit**

lar|ghet|to [...'gɛto] ‹ital.› (*Musik* etwas breit, etwas langsam); **Larghet|to,** das; -s, *Plur.* -s *u.* ...tti; **lar|go** (*Musik* breit, langsam); **Lar|go,** das; -s, *Plur.* -s, *auch* ...ghi [...gi]

la|ri|fa|ri! (*ugs. für* Geschwätz!, Unsinn!); **La|ri|fa|ri,** das; -s

Lärm, der; *Gen.* -s, *seltener* -es; **lärm|arm; Lärm_be|kämp|fung, ...be|lä|sti|gung; lärm|emp|findlich; lär|men; lär|mig** (*schweiz., sonst veraltet für* lärmend laut); **Lärm_ma|cher, ...min|de|rung**

lar|moy|ant [...moa'jant] ‹franz.› (*geh. für* weinerlich, rührselig); **Lar|moy|anz,** die; - *(geh.)*

Lärm_pe|gel, ...quel|le, ...schutz, ...schutz|wall, ...schutz|zaun

Lars (m. Vorn.)

L'art pour l'art [la:r pur 'la:r], das; - ‹franz., „die Kunst für die Kunst"› (die Kunst als Selbstzweck)

lar|val [...'va:l] ‹lat.› (*Biol.* die Tierlarve betreffend); **Lärv|chen; Lar|ve** [...fə], die; -, -n (Gespenst, Maske; *oft abwertend für* Gesicht; *Zool.* Jugendstadium bestimmter Tiere); **lar|ven|ähnlich; Lärv|lein**

La|ryn|gal, der; -s, -e ‹griech.› *u.* **La|ryn|gal|laut** (*Sprachw.* Laut, der in der Stimmritze [im Kehlkopf] gebildet wird, Stimmritzen-, Kehlkopflaut); **La|ryn|gen** (*Plur. von* Larynx); **La|ryn|gi|tis,** die; -, ...itiden (*Med.* Kehlkopfentzündung); **La|ryn|go|skop,** das; -s, -e (*Med.* Kehlkopfspiegel); **la|ryn|go|sko|pisch; Larynx,** der; -, Laryngen (*Med.* Kehlkopf)

La|sa|gne [la'sanjə] *Plur.* ‹ital.› (ein ital. Nudelgericht)

Las|caux [las'ko:] (Steinzeithöhle in Südfrankreich)

lasch; -este (*ugs. für* schlaff, lässig; *landsch. für* fade, nicht gewürzt)

La|sche, die; -, -n (ein Verbindungsstück); **la|schen** (durch Lasche[n] verbinden); du laschst; **La|schen|kupp|lung** *(Bergbau)*

Lasch|heit ‹*zu* lasch›

La|schung (Verbindung durch Lasche[n])

La|se, die; -, -n (*mitteld. für* [Bier]gefäß)

La|ser ['le:zə(r), *auch* 'la:...], der; -s, - ‹engl.› (*Physik* Gerät zur Verstärkung von Licht od. zur Erzeugung eines scharf gebündelten Lichtstrahles); **La|ser_chir|ur|gie, ...drucker** [*Trenn.* ...druk|ker], **...im|puls, ...strahl, ...tech|nik, ...waf|fe**

la|sie|ren ‹pers.› (mit Lasur versehen); **La|sie|rung**

Lä|si|on, die; -, -en ‹lat.› (*Med.* Verletzung)

Las|kar, der; -s, ...karen ‹angloind.› (*früher* ostind. Matrose, Soldat)

Las|ker-Schü|ler (dt. Dichterin)

Las Pal|mas (Hptst. der span. Insel Gran Canaria)

laß; lasser, lasseste (*geh. für* matt, müde, schlaff)

Las|sa|fie|ber, das; -s (↑R 149) ‹nach dem Ort Lassa in Nigeria› (eine Infektionskrankheit)

Las|salle [la'sal] (Mitbegründer der dt. Arbeiterbewegung); **Lassal|lea|ner;** ↑R 180 (Anhänger Lassalles)

las|sen; du läßt, *veraltet* lässest, er läßt; du ließest, er ließ; gelassen; lasse! *u.* laß!; ich lass' ihn nicht (↑R 186); ich habe es gelassen (unterlassen), aber: ich habe dich rufen lassen; ich habe ihn dies wissen lassen; *vgl. jedoch* bleibenlassen, fahrenlassen, fallenlassen usw.

Laß|heit, die; - ‹*zu* laß›; **läs|sig; Läs|sig|keit,** die; -; **läß|lich** (*bes. Rel.* verzeihlich); -e (kleinere) Sünde; **Läß|lich|keit**

Las|so, das, *österr. nur so, seltener* der; -s, -s ‹span.› (Wurfschlinge; Figur im Eis- u. Rollkunstlauf)

Last, die; -, -en (*Seemannsspr. auch* Vorratsraum unter Deck);

zu -en des ... *od.* von ...; zu meinen -en; **Last|au|to; la|sten; Lasten‿auf|zug, ...aus|gleich** (*Abk.* LA); **La|sten|aus|gleichs|gesetz** (*Abk.* LAG); **la|sten|frei; La|sten|seg|ler;** [1]**La|ster,** der; -s, - (*ugs. für* Lastkraftwagen)

[2]**La|ster,** das; -s, -; **Lä|ste|rei; Lä|ste|rer; la|ster|haft; La|ster|haf|tig|keit,** die; -; **La|ster|höh|le; Lä|ste|rin; La|ster|le|ben,** das; -s; **lä|ster|lich; Lä|ster|lich|keit; Lä|ster|maul** (*ugs. für* jmd., der viel lästert); **lä|stern;** ich ...ere (↑R 22); **Lä|ste|rung; Lä|ster|zun|ge**

Last|esel

La|stex, das; - ‹Kunstwort› ([Gewebe aus] Gummifäden, die mit Kunstseiden- od. Chemiefasern umsponnen sind); **La|stex|ho|se**

Last|fuh|re; ...la|stig (z. B. zweilastig; *Flugw.* schwanzlastig); **lä|stig; La|stig|keit,** die; - (Fluglage eines Flugzeugs; Schwimmlage eines Schiffs); **Lä|stig|keit**

La|sting, der; -s, -s ‹engl.› (ein Gewebe)

Last‿kahn, ...kraft|wa|gen (*Abk.* Lkw, *auch* LKW)

last, not least ['la:st nɔt 'li:st] ‹engl., „als letzter [letztes], nicht Geringster [Geringstes]"› (zuletzt der Stelle, aber nicht dem Werte nach; nicht zu vergessen)

Last‿pferd, ...schiff, ...schrift *(Buchhaltung);* **Last|schrift|zet|tel; Last‿spit|ze** (größte Belastung eines Kraftwerks in einer bestimmten Zeit), **...tier, ...trä|ger, ...wa|gen** (Lastkraftwagen), **...zug**

La|sur, die; -, -en ‹pers.› (durchsichtige Farbschicht); **La|sur|far|be; La|su|rit** [*auch* ...'rit] *od.* La|sur|stein (ein blauer Schmuckstein); **La|sur|lack** (durchsichtige Farbe); **La|sur|stein** *vgl.* Lasurit

Las Ve|gas [- v...] (Stadt in Nevada)

las|ziv ‹lat.› (schlüpfrig, anstößig; übertrieben sinnlich); **Las|zi|vi|tät** [...v...], die; -

Lä|ta|re ‹lat., „freue dich!"› (dritter Sonntag vor Ostern)

La|tein, das; -s; **La|tein|ame|ri|ka** (Gesamtheit der spanisch- od. portugiesischsprachigen Staaten Amerikas); **la|tein|ame|ri|ka|nisch; La|tei|ner** (jmd., der Latein kennt, spricht); **la|tei|nisch;** -e Schrift; *vgl.* deutsch; **La|tei|nisch,** das; -[s] (Sprache); *vgl.* Deutsch; **La|tei|ni|sche,** das; -n; *vgl.* Deutsche, das; **La|tein‿schrift, ...schu|le, ...se|gel** (dreieckiges Segel), **...un|ter|richt**

La-Tène-Zeit [...'tɛ:n...], die; - ‹nach der Untiefe im Neuenburger See› (Abschnitt der Eisenzeit); ↑R 150; **la|tène|zeit|lich**

la|tent ‹lat.› (vorhanden, aber [noch] nicht in Erscheinung tretend); ein -er Gegensatz; -es Bild *(Fotogr.);* eine -e Krankheit; -e (gebundene) Wärme; **La|tenz,** die; -; **La|tenz‿pe|ri|ode, ...zeit**

la|te|ral ‹lat.› (*fachspr. für* seitlich)

La|te|ran, der; -s (ehem. Palast des Papstes in Rom); **La|te|ran‿kon|zil, ...pa|last, ...ver|trä|ge** *(Plur.)*

La|te|rit [*auch* ...'rit], der; -s, -e ‹lat.› (ein roter Verwitterungsboden); **La|te|rit|bo|den**

La|ter|na ma|gi|ca, die; - -, ...nae ...cae [...nɛ: ...tsɛ:] ‹lat.› (einfachster Projektionsapparat); **La|ter|ne,** die; -, -n ‹griech.› (*Archit. auch* turmartiger Aufsatz); **La|ter|nen‿ga|ra|ge** *(ugs.),* **...licht** (das; -[e]s), **...pfahl**

La|tex, der; -, Latizes [...tse:s] ‹griech.› ([Anstrichstoff aus] Kautschukmilch); **la|te|xie|ren**

La|tier|baum (Stange im Pferdestall zur Abgrenzung der Plätze)

La|ti|fun|di|en|wirt|schaft, die; -; **La|ti|fun|di|um,** das; -s, ...ien [...iən] ‹lat.› (Landgut im Röm. Reich; Großgrundbesitz)

La|ti|ner, der; -s, - (Angehöriger eines altitalischen Volkes in Latium); **la|ti|nisch; la|ti|ni|sie|ren** ‹lat.› (in lat. Sprachform bringen); **La|ti|ni|sie|rung; La|ti|nis|mus,** der; -, ...men (dem Lateinischen eigentümlicher Ausdruck in einer nichtlat. Sprache); **La|ti|nist,** der; -en, -en; ↑R 197 (Kenner u. Erforscher des Lateinischen); **La|ti|ni|stin; La|ti|ni|tät,** die; - ([klassische, mustergültige] lat. Schreibweise, desgl. Schrifttum); **La|tin Lo|ver** ['lɛtin lavə(r)], der; - -[s], - - ‹engl.› (feuriger, südländischer Liebhaber); **La|ti|num,** das; -s ([Ergänzungs]prüfung im Lateinischen); das kleine, große -

Lä|ti|tia (w. Vorn.)

La|ti|um (hist. Landschaft in Mittelitalien)

La|tri|ne, die; -, -n ‹lat.› (Abort, Senkgrube); **La|tri|nen‿ge|rücht** *(ugs.),* **...pa|ro|le** *(ugs.)*

Latsch, der; -[e]s, -e (*ugs. für* nachlässig gehender Mensch; Hausschuh); [1]**Lat|sche,** die; -, -n *u.* Lat|schen, der; -s, - (*ugs. für* Hausschuh, abgetretener Schuh)

[2]**Lat|sche,** die; -, -n (Krummholzkiefer, Legföhre)

lat|schen (*ugs. für* nachlässig, schleppend gehen); du latschst

Lat|schen *vgl.* [1]Latsche

Lat|schen‿ge|büsch, ...kie|fer (die); **Lat|schen[|kie|fern]|öl,** das; -[e]s

lat|schig (*ugs. für* nachlässig in Gang u. Wesen)

Lat|te, die; -, -n; **Lat|ten‿holz, ...ki|ste, ...kreuz** (*Sport* von Pfosten u. Querlatte gebildete Ecke des Tores), **...rost** (*vgl.* [1]Rost), **...schuß** (*Sport* Schuß an die Querlatte des Tores), **...zaun**

Lat|tich, der; -s, -e ‹lat.› (ein Korbblütler)

La|tüch|te, die; -, -n (*ugs. für* Laterne, Licht)

Lat|wer|ge, die; -, -n ‹griech.› (eine breiförmige Arznei; *veraltet, aber noch landsch. für* Fruchtmus)

Latz, der; -es, *Plur.* Lätze, *österr. auch* Latze (Kleidungsteil [z. B. Brustlatz]); **Lätz|chen; Latz|ho|se; Lätz|lein; Latz|schür|ze**

lau; -er, -[e]ste

Laub, das; -[e]s; **Laub|baum**

[1]**Lau|be,** die; -, -n

[2]**Lau|be,** der; -n, -n; ↑R 197 (ein Fisch, Ukelei)

Lau|ben‿gang (der), **...haus, ...ko|lo|nie, ...pie|per** (*landsch. für* Kleingärtner)

Laub‿fall (der; -[e]s), **...fär|bung, ...frosch, ...ge|höl|ze** *(Plur.; Bot.),* **...holz; Laub|hüt|ten|fest** (jüd. Fest); **lau|big** (*veraltet für* [viel] Laub tragend); **Laub|sä|ge; laub|tra|gend** (↑*jedoch* R 209); **Laub‿wald, ...werk**

Lauch, der; -[e]s, -e (eine Zwiebelpflanze); **lauch|grün**

Lau|da|num, das; -s ‹lat.› (in Alkohol gelöstes Opium)

Lau|da|tio, die; -, ...iones [...ne:s] ‹lat., „Lob[rede]"› (feierl. Würdigung); **Lau|des** [...de:s] *Plur.* ‹„Lobgesänge"› (Morgengebet des kath. Breviers)

[1]**Lau|er,** die; -; auf der - sein, liegen *(ugs.)*

[2]**Lau|er,** der; -s, - ‹lat.› (Tresterwein)

lau|ern; ich ...ere (↑R 22)

Lauf, der; -[e]s, Läufe; im Lauf[e] der Zeit; 100-m-Lauf (↑R 43); **Lauf‿ar|beit** (die; -; *Sport*), **...bahn, ...brett, ...bur|sche** *(abwertend);* **Läuf|chen**

Läu|fel, die; -, - (*südwestd. für* äußere [grüne] Schale, bes. der Walnuß)

lau|fen; du läufst, er läuft; du liefst (liefest); du liefest; gelaufen; lauf[e]!; den Hund [viel] laufen lassen; er hat den Karren laufen lassen (*ugs. für* sich um nichts gekümmert); *vgl.* aber: laufenlassen; **lau|fend** (*Abk.* lfd.); -es Jahr *u.* -en Jahres (*Abk.* lfd. J.); -er Meter *u.* -en Meters (*Abk.* lfd. M.); -er Monat *u.* -en Monats (*Abk.* lfd. M.); -e Nummer *u.* -er Nummer (*Abk.* lfd. Nr.); -es Band; am -en Band arbeiten; (↑R 65:) auf dem -en sein, bleiben, halten; **lau|fen|las|sen;** ↑R 205 (*ugs. für* lossagen, freigeben); ich lasse sie laufen; ich habe sie laufenlassen, *seltener* laufengelassen; er beabsichtigt, sie laufenzulassen; *vgl.* laufen; **Läu|fer** (*auch für* längerer, schmaler Teppich); **Lau|fe|rei** *(ugs.);* **Läu|fe|rin; läu|fe|risch; Lauf‿feu|er, ...flä|che; lauf|freu|dig** *(Sportspr.);* **Lauf‿gang, ...ge|wicht, ...git|ter, ...gra|ben; läu|fig** (brünstig [von der Hündin]); **Läu|fig|keit,** die; - (Brunst der Hündin); **Lauf‿kä|fer, ...kat|ze** *(Technik),* **...kund|schaft** (die; -), **...ma|sche, ...paß** (*nur in ugs.* jmdm. den - geben), **...pen|sum** *(Sportspr.),* **...plan|ke, ...rad, ...schie|ne, ...schrift** (sich bewegende Leuchtschrift), **...schritt, ...ställ|chen, ...steg, ...stil** *(Sport),* **...stuhl, ...vo|gel, ...wett|be|werb, ...zeit, ...zet|tel**

Lau|ge, die; -, -n (alkal. [wäßrige] Lösung; Auszug); **lau|gen** *(veraltend);* **lau|gen|ar|tig; Lau|gen‿bad, ...bre|zel** *(landsch.),* **...bröt|chen, ...was|ser** (das; -s)

Lau|heit, die; -

Lau|mann (*ugs. für* Mensch ohne eigene Meinung)

Lau|ne, die; -, -n ‹lat.›; **lau|nen|haft; Lau|nen|haf|tig|keit,** die; -; **lau|nig** (witzig); **lau|nisch** (launenhaft); -ste

Lau|ra (w. Vorn.)

Lau|re|at, der; -en, -en; ↑R 197 ‹lat.› ([öffentl.] ausgezeichneter Wissenschaftler; *früher für* lorbeergekrönter Dichter); *vgl.* Poeta laureatus

Lau|ren|tia (w. Vorn.)

lau|ren|tisch ‹nach dem latinisierten Namen des Sankt-Lorenz-Stromes›; -e Gebirgsbildung (am Ende des Archaikums)

Lau|ren|ti|us (m. Vorn.)

lau|re|ta|nisch (aus Loreto), aber (↑R 157): Lauretanische Litanei (in Loreto entstandene Marienlitanei)

Lau|rin (Zwergenkönig, mittelalterl. Sagengestalt)

Lau|rus, der; *Gen.* - *u.* -ses, *Plur.* - [...ru:s] *u.* -se ‹lat.› (*Bot.* Lorbeerbaum)

Laus, die; -, Läuse

Lau|sanne [lo'zan] (Stadt am Genfer See); **Lau|san|ner** (↑R 147)

Laus|bub, *auch* **Laus|bu|be** *(ugs.);* **Laus|bu|ben|streich; Laus|bü|be|rei; laus|bü|bisch**

Lau|scha|er Glas|wa|ren *Plur.* ‹nach dem Ort Lauscha im Thüringer Wald›

Lausch‿ak|ti|on, ...an|griff (heimliches Anbringen von Abhörgeräten [in einer Privatwohnung])

Lau|sche, die; - (höchster Berg im Zittauer Gebirge)

Läus|chen

lau|schen; du lauschst; **Lau|scher** (Lauschender; *Jägerspr.* Ohr des Haarwildes); **Lau|sche|rin; lau|schig** (traulich, gemütlich)

Läu|se|be|fall; Lau|se‿ben|gel *od.* **...jun|ge** *od.* **...kerl** *(ugs.);* **Läu|se|kraut,** das; -[e]s (eine Pflanzengattung); **lau|sen;** du laust; **Lau|se|pack** *(abwertend);* **Lau|ser** (*landsch. scherzh. für* Lausbub); **Lau|se|rei** *(ugs.);* **lau|sig** (*ugs. auch für* äußerst; schäbig, erbärmlich, schlecht); - kalt; -e Zeiten

Lau|sitz, die; -, -en (Landschaft um Bautzen u. Görlitz [Oberlausitz] u. um Cottbus [Niederlausitz]); **Lau|sit|zer** (↑R 147); das Lausitzer Bergland; **lau|sit|zisch**

Läus|lein

[1]**laut;** -er, -este; etwas - werden lassen; [2]**laut** (↑R 62; *Abk.* lt.); *Präp. mit Gen., auch mit Dativ:* laut [des] ärztlichen Gutachtens, *auch* laut ärztlichem Gutachten; laut amtlicher Nachweise, *auch* laut amtlichen Nachweisen; *ein alleinstehendes, stark gebeugtes Substantiv steht im Sing. gewöhnlich ungebeugt:* laut Befehl, laut Übereinkommen, *im Plur. aber mit Dativ:* laut Berichten; **Laut,** der; -[e]s, -e; - geben *(Jägerspr. u. ugs.);* **Laut|ar|chiv** (Tonbandsammlung zur gesprochenen Sprache); **laut|bar** *(veraltet);* - werden; **Laut|bil|dung** (*für* Artikulation)

Lau|te, die; -, -n (ein Saiteninstrument)

lau|ten; die Antwort lautet ...; das Urteil lautet auf drei Jahre Freiheitsstrafe; **läu|ten;** die Glocken läuten; er läutet die Glocken

Lau|te|nist, der; -en, -en; ↑R 197 (Lautenspieler); **Lau|te|ni|stin; Lau|ten|spiel,** das; -[e]s

[1]**lau|ter** (*geh. für* rein, ungemischt; ungetrübt); -er Wein; -e Gesinnung; [2]**lau|ter** (nur, nichts als); - (nur) Jungen; - (nichts als) Wasser; **Lau|ter|keit,** die; -; **läu|tern** (*geh. für* reinigen; von Fehlern befreien); ich ...ere (↑R 22); **Läu|te|rung** *(geh.)*

Läu|te|werk, Läut|werk; **Laut|ge|setz; laut|ge|treu,** laut|treu; **laut|hals** (aus voller Kehle); **lau|tie|ren** (Worte, Text nach Lauten zergliedern); **Lau|tier|me|tho|de; Laut|leh|re** (*für* Phonetik *u.* Phonologie); **laut|lich; laut|los;** -este; **Laut|lo|sig|keit,** die; -; **laut|ma|lend; Laut|ma|le|rei; laut|nach|ah|mend; Laut‿schrift, ...spre|cher; Laut|spre|cher‿box, ...wa|gen; laut|stark; Laut|stär|ke; Laut|stär|ke|reg|ler; laut|treu** *vgl.* lautgetreu; **Lau|tung; Laut‿ver|än|de|rung, ...ver|schie|bung** *(Sprachw.),* **...wan|del, ...wech|sel; Läut|werk** *vgl.* Läutewerk; **Laut|zei|chen**

lau|warm

La|va [...va], die; -, Laven ‹ital.› (feurigflüssiger Schmelzfluß aus Vulkanen u. das daraus entstandene Gestein)

La|va|bel [...v...], der; -s ‹franz.› (feinfädiges, waschbares Kreppgewebe in Leinwandbindung);

La|va|bo [la'va:..., *schweiz.* 'la:...], das; -[s], -s ‹lat.› (Handwaschung des Priesters in der Messe u. das dazu verwendete Waschbecken mit Kanne; *schweiz. für* Waschbecken)

La|va|bom|be *(Geol.)*

La|vant [...f...], die; - (l. Nebenfluß der Drau); **La|vant|tal**

La|va|strom

La|va|ter ['la:va:..., *schweiz.* 'la:fa...] (schweiz. Schriftsteller)

La|ven (*Plur. von* Lava)

la|ven|del [...v...] ‹ital.› (blau-violett); ein - Kleid; *vgl. auch* beige;

La|ven|del, der; -s, - (Heil- u. Gewürzpflanze); **La|ven|del‿öl** (das; -[e]s), **...was|ser** (das; -s)

[1]**la|vie|ren** [...v...] ‹niederl.› (sich mit Geschick durch Schwierigkeiten hindurchwinden; *veraltet für* gegen den Wind kreuzen)

[2]**la|vie|ren** [...v...] ‹ital.› (aufgetragene Farben auf einem Bild verwischen; *auch für* mit verlaufenden Farbflächen arbeiten); lavierte Zeichnung

La|vi|nia [...v...] (röm. w. Eigenn.)

lä|vo|gyr [...v...] ‹griech.› (*Chemie* linksdrehend; *Zeichen* l)

La|voir [la'voa:r], das; -s, -s ‹franz.› (*veraltet für* Waschschüssel)

Lä|vu|lo|se [...v...], die; - ‹griech.› (Fruchtzucker)

La|wi|ne, die; -, -n ‹lat.›; **la|wi|nen|ar|tig; La|wi|nen‿ge|fahr** (die; -), **...hund** (*svw.* Lawinensuchhund), **...ka|ta|stro|phe, ...schutz; la|wi|nen|si|cher; La|wi|nen|such|hund**

Lawn-Ten|nis ['lɔ:n...] ‹engl.› (Rasentennis)

Law|ren|ci|um [lɔ'rɛntsium], das; -s ‹nach dem amerik. Physiker Lawrence› (künstliches radioaktives chem. Element, ein Transuran; *Zeichen* Lr)

lax; -er, -este ‹lat.› (schlaff, lässig; locker, lau [von Sitten]); **La|xans,** das; -, *Plur.* ...antia *u.* ...anzien [...iən] *u.* **La|xa|tiv,** das; -s, -e [...və] *u.* **La|xa|ti|vum** [...v...], das; -s, ...va (*Med.* Abführmittel);

Lax|heit (Schlaffheit; Lässigkeit); **la|xie|ren** (*Med.* abführen)
Lax|ness, Halldór (isländ. Schriftsteller)
Lay|out [le:'aut, *auch* 'le:aut], das; -s, -s ‹engl.› (*Druckw.* [großzügig angelegte Skizze von] Text- u. Bildgestaltung); **Lay|ou|ter** (Gestalter eines Layouts); **Lay|ou|te|rin**
La|za|rett, das; -[e]s, -e ‹franz.› (Militärkrankenhaus); **La|za|rett‿schiff, ...zug; La|za|rist,** der; -en, -en; ↑R 197 (Angehöriger einer kath. Kongregation); **[1]La|za|rus** (bibl. m. Eigenn.); der arme -; **[2]La|za|rus,** der; -[ses], -se (schwer leidender, bedauernswerter Mensch)
La|ze|dä|mo|ni|er usw. *vgl.* Lakedämonier usw.
La|ze|ra|ti|on, die; -, -en ‹lat.› (*Med.* Einriß); **la|ze|rie|ren**
La|zer|te, die; -, -n ‹lat.› (*Zool.* Eidechse)
La|zu|lith [*auch* ...'lit], der; *Gen.* -s *od.* -en, *Plur.* -e[n] (↑R 197) ‹lat.; griech.› (ein Mineral)
Laz|za|ro|ne, der; *Gen.* -[n] *u.* -s, *Plur.* -n *u.* ...ni ‹ital.› (Gelegenheitsarbeiter, Bettler in Neapel)
l. c. = loco citato
LCD-An|zei|ge ‹aus engl. liquid crystal display› (Flüssigkristallanzeige)
Ld. = limited
LDPD = Liberal-Demokratische Partei Deutschlands *(ehem. in der DDR)*
Lea (bibl. w. Eigenn.; w. Vorn.)
Lead [li:d], das; -[s] ‹engl.› (die Führungsstimme im Jazz [oft Trompete od. Kornett]); **Lea|der,** der; -s, - (*kurz für* Bandleader; *österr. u. schweiz. Sportspr.* Tabellenführer); **Lead|gi|tar|rist**
Le|an|der (griech. m. Eigenn.; m. Vorn.)
Lear [li:r] (sagenhafter kelt. König, Titelheld bei Shakespeare)
lea|sen ['li:...] ‹engl.› (mieten, pachten); leaste, geleast; ein Auto -; **Lea|sing,** das; -s, -s (Vermietung von [Investitions]gütern [mit Anrechnung der Mietzahlungen bei späterem Kauf]); **Lea|sing|fir|ma**
Le|be|da|me; Le|be|hoch, das; -s, -s; er rief ein herzliches Lebehoch, aber: er rief: „Er lebe hoch!“; **Le|be|mann** *Plur.* ...männer; **le|be|män|nisch;** -ste; **le|ben;** leben und leben lassen; *vgl.* Lebehoch *u.* Lebewohl; **Le|ben,** das; -s, -; mein Leben lang; am - bleiben; das süße -; **le|ben|be|ja|hend** *vgl.* lebensbejahend (↑R 209); **le|bend|ge|bä|rend,** le|ben|dig|ge|bä|rend; **Le|bend|ge|wicht,** das; -[e]s; **le|ben|dig; le|ben|dig|ge|bä|rend** *vgl.* lebendgebärend; **Le|ben|dig|keit,** die; -; **Le|bend|mas|se; Le|bend|vieh; le|ben|ge|bend** (↑R 209); **Le|bens‿abend, ...ab|schnitt, ...ader, ...al|ter, ...angst, ...ar|beit, ...ar|beits|zeit** (die; -), **...art, ...auf|fas|sung, ...auf|ga|be, ...bahn, ...baum** (ein symbolisches Ornament; *auch für* Thuja), **...be|din|gung** *(meist Plur.);* **le|bens‿be|dro|hend, ...be|droh|lich, ...be|ja|hend; Le|bens‿be|ja|hung, ...be|reich, ...be|schrei|bung, ...bild, ...bund** (der; *geh.*), **...dau|er, ...ele|ment, ...eli|xier, ...en|de** (das; -s), **...er|fah|rung, ...er|in|ne|run|gen** *(Plur.),* **...er|war|tung; le|bens|fä|hig; Le|bens|fä|hig|keit,** die; -; **le|bens‿feind|lich, ...fern; Le|bens‿form, ...fra|ge; le|bens|fremd; Le|bens|freu|de; le|bens|froh; Le|bens|ge|fahr,** die; -; **le|bens‿ge|fähr|lich; Le|bens‿ge|fähr|te, ...ge|fähr|tin, ...ge|fühl, ...gei|ster** *(Plur.),* **...ge|mein|schaft, ...ge|nuß, ...ge|wohn|heit** *(meist Plur.);* **le|bens|groß; Le|bens|grö|ße; Le|bens|hal|tung; Le|bens|hal|tungs‿in|dex, ...ko|sten** *(Plur.);* **Le|bens‿hil|fe, ...hun|ger, ...in|halt, ...in|ter|es|se** *(meist Plur.),* **...jahr, ...kampf, ...kraft** (die), **...kreis, ...künst|ler, ...la|ge; le|bens‿lang** (auf -), **...läng|lich** (zu „lebenslänglich“ verurteilt werden; „lebenslänglich“ erhalten); **Le|bens‿lauf, ...licht** (das; -[e]s), **...lust** (die; -); **le|bens|lu|stig; Le|bens|mit|tel,** das *meist Plur.;* **Le|bens|mit|tel‿che|mie, ...ver|gif|tung; le|bens|mü|de; Le|bens|mut; le|bens|nah; Le|bens‿nerv, ...ni|veau; le|bens|not|wen|dig; Le|bens‿part|ner, ...part|ne|rin; le|ben|spen|dend** (↑R 209); **Le|bens‿pfad** *(geh.),* **...phi|lo|so|phie; le|ben|sprü|hend** (↑R 209); -ste; **Le|bens‿qua|li|tät** (die; -); **...raum, ...ret|ter, ...ret|te|rin; Le|bens|ret|tungs|me|dail|le; Le|bens‿schick|sal, ...stan|dard** (der; -s), **...stel|lung, ...stil; le|bens‿tüch|tig, ...über|drüs|sig; Le|bens‿un|ter|halt, ...ver|si|che|rung; Le|bens|ver|si|che|rungs|ge|sell|schaft; le|bens|wahr; Le|bens‿wan|del, ...weg, ...wei|se** (die), **...weis|heit, ...werk; le|bens‿wert, ...wich|tig; Le|bens‿wil|le, ...zei|chen, ...zeit** (auf -), **...ziel, ...zu|ver|sicht, ...zweck; le|ben|zer|stö|rend** (↑R 209)
Le|ber, die; -, -n; **Le|ber‿ab|szeß, ...bal|sam** (Name verschiedener Pflanzen), **...blüm|chen** (eine Anemonenart), **...di|ät** (die; -)
Le|be|recht, Leb|recht (m. Vorn.)
Le|ber‿egel, ...fleck, ...ha|ken *(Boxen),* **...kä|se** (*bes. südd. u. österr.* ein Fleischgericht), **...knö|del, ...krebs, ...lei|den, ...pa|ste|te, ...tran, ...wert** *(meist Plur.; Med.),* **...wurst, ...zir|rho|se**
Le|be|we|sen; Le|be|wohl, das; -[e]s, *Plur.* -e *u.* -s; jmdm. Lebewohl sagen; er rief ein herzliches Lebewohl, aber: er rief: „Leb[e] wohl!“; **leb|haft;** lebhaftrot usw.; **Leb|haf|tig|keit,** die; -; **...le|big** (z. B. kurzlebig)
Leb|ku|chen; Leb‿küch|ler *od.* ...küch|ner (*fränk. für* Lebkuchenbäcker); **Leb‿küch|le|rei** *od.* ...küch|ne|rei; **Leb|küch|ner** *vgl.* Lebküchler; **Leb|küch|ne|rei** *vgl.* Lebküchlerei
leb|los; Leb|lo|sig|keit, die; -
Leb|recht *vgl.* Leberecht
Leb|tag, der *(ugs.);* ich denke mein (*nicht:* meinen) - daran; meine -[e], *landsch.* meiner -e; daran wirst du dein - denken
Le|bus [*auch* 'le:...] (Stadt an der Oder); **Le|bu|ser** (↑R 147)
Leb|zei|ten *Plur.;* bei - seines Vaters; zu seinen -
Leb|zel|ten, der; -s, - (*österr. veraltend für* Lebkuchen); **Leb|zel|ter** (*österr. veraltend für* Lebkuchenbäcker)
Lech, der; -s (r. Nebenfluß der Donau); **Lech|feld,** das; -[e]s (Ebene bei Augsburg)
lech|zen; du lechzt
Le|ci|thin *vgl.* Lezithin
leck (*Seemannsspr.* undicht); *vgl.* leckschlagen; **Leck,** das; -[e]s, -s (*Seemannsspr.* undichte Stelle [bei Schiffen, an Gefäßen, Kraftmaschinen u. a.]); **Lecka|ge[1]** [lɛ'ka:ʒə, *österr.* lɛ'ka:ʒ], die; -, -n [lɛ'ka:ʒ(ə)n] (Gewichtsverlust bei flüssigen Waren durch Verdunsten od. Aussickern; Leckstelle)
Lecke[1], die; -, -n (Stelle od. Trog, wo das Wild od. das Vieh Salz leckt, Salzstein)
[1]lecken[1] (*Seemannsspr.* leck sein); das Boot leckt
[2]lecken[1] (mit der Zunge); **lecker[1]** (wohlschmeckend); **Lecker[1]** (*Jägerspr.* Zunge beim Schalenwild); **Lecker|bis|sen[1]; Lecke|rei[1]** (Leckerbissen); **Lecker|li[1],** das; -s, - *(schweiz.);* Basler - (in kleine Rechtecke geschnittenes, honigkuchenähnliches Gebäck); **Lecker|maul[1]** (*ugs. für* jmd., der gern Süßigkeiten ißt)
leck|schla|gen (leck werden [vom Schiff]); leckgeschlagen
Le Cor|bu|sier [lə kɔrby'zie:] (franz.-schweiz. Architekt)
led. = ledig

[1] *Trenn.* ...k|k...

Le|da (sagenhafte Königin von Sparta)
Le|der, das; -s, -; **le|der|ar|tig; Le|der‿ball, ...band** (der); **le|der|braun; Le|der|ein|band; Le|de|rer** (*landsch. veraltend für* Gerber); **le|der‿far|ben** *od.* **...far|big; Le|der‿fett, ...gür|tel, ...hand|schuh, ...haut** (Schicht der menschl. u. tierischen Haut); **Le|der|her|stel|lung;** (↑R 32:) Lederherstellung u. -vertrieb; **Le|der|ho|se; le|de|rig,** led|rig (lederartig); **Le|der‿jacke** [*Trenn.* ...jak|ke], **...man|tel, ...map|pe;** [1]**le|dern** (mit einem Lederlappen putzen, abreiben; *landsch. für* prügeln); ich ...ere (↑R 22); [2]**le|dern** (aus Leder; zäh, langweilig); **Le|der‿pol|ster, ...rie|men, ...schuh, ...schurz, ...ses|sel, ...soh|le, ...ta|sche; le|der|ver|ar|bei|tend;** *vgl.* eisenverarbeitend
le|dig (*Abk.* led.); - sein, bleiben; jmdn. seiner Sünden - sprechen; **Le|di|ge,** der *u.* die; -n, -n (↑R 7 ff.); **Le|di|gen|heim; le|dig|ge|hend** (aus beruflichen Gründen vorübergehend getrennt lebend); **le|dig|lich**
Le|di|schiff (*schweiz. für* Lastschiff)
led|rig *vgl.* lederig
Lee, die; -, *auch (Geogr. nur:)* das; -s (*Seemannsspr.* die dem Wind abgekehrte Seite; *Ggs.* Luv); *meist ohne Artikel* in, nach -
leer; den Teller leer essen, die Maschine ist leer (ohne Leistung) gelaufen (*vgl.* aber: leerlaufen), leer machen, leer stehen (*vgl.* aber: leerstehend), leer trinken usw.; ins Leere gehen; **Lee|re,** die; - (Leerheit); **lee|ren** (leer machen); sich -; **Leer‿for|mel** *(Soziol.),* **...ge|wicht, ...gut** (das; -[e]s); **Leer|heit,** die; -; **Leer|lauf; leer|lau|fen;** ↑R 205 (auslaufen); das Faß ist leergelaufen; *vgl.* leer; **leer|ste|hend** (unbesetzt); -e Wohnung; *vgl.* leer; **Leer|stel|le** (*Sprachw.* nicht besetzte Stelle); **Leer|ta|ste** (bei der Schreibmaschine); **Lee|rung; Leer‿woh|nung, ...zim|mer**
Lee|sei|te (*Seemannsspr.* die dem Wind abgekehrte Seite); **lee|wärts**
Le Fort [lə 'fɔ:r], Gertrud von (dt. Schriftstellerin)
Lef|ze, die; -, -n (Lippe bei Tieren)
leg. = legato
le|gal ‹lat.› (gesetzlich, gesetzmäßig); **Le|ga|li|sa|ti|on,** die; -, -en (Beglaubigung von Urkunden); **le|ga|li|sie|ren** (gesetzlich machen); **Le|ga|li|sie|rung; Le|ga|lis|mus** (*geh. für* striktes Befolgen der Gesetze); **le|ga|li|stisch** (übertrieben, in kleinlicher Weise legal); **Le|ga|li|tät,** die; - (Gesetzlichkeit, Rechtsgültigkeit); **Le|ga|li|täts|prin|zip,** das; -s *(Rechtsw.)*
leg|asthen ‹lat.; griech.› (*Med.* legasthenisch); **Leg|asthe|nie,** die; -, ...ien (Lese- u. Rechtschreibschwäche); **Leg|asthe|ni|ker** (an Legasthenie Leidender); **Leg|asthe|ni|ke|rin; leg|asthe|nisch**
[1]**Le|gat,** der; -en, -en (↑R 197) ‹lat.› (*im alten Rom* Gesandter, Unterfeldherr; *heute* päpstl. Gesandter); [2]**Le|gat,** das; -[e]s, -e (*Rechtsspr.* Vermächtnis); **Le|ga|tar,** der; -s, -e (Vermächtnisnehmer); **Le|ga|ti|on,** die; -, -en ([päpstl.] Gesandtschaft); **Le|ga|ti|ons|rat** *Plur.* ...räte
le|ga|to ‹ital.› (*Musik* gebunden; *Ggs.* staccato; *Abk.* leg.); **Le|ga|to,** das; -s, *Plur.* -s *u.* ...ti
le|ge ar|tis ‹lat.› (nach den Regeln der [ärztlichen] Kunst; vorschriftsmäßig; *Abk.* l. a.)
Le|ge|bat|te|rie (in mehreren Etagen angeordnete Drahtkäfige zur Haltung von Legehennen); **Le|ge|hen|ne,** Leg|hen|ne
Le|gel, der *od.* das; -s, - (*Seemannsspr.* Ring zum Befestigen eines Segels)
le|gen; gelegt; *vgl.* aber: gelegen; sich -
Le|gen|dar, das; -s, -e (Legendenbuch: Sammlung von Heiligenleben); **le|gen|där** ‹lat.› (legendenhaft; unwahrscheinlich); **Le|gen|da|ri|um,** das; -s, ...ien [...iən] (*älter für* Legendar); **Le|gen|de,** die; -, -n ([Heiligen]erzählung; [fromme] Sage; Umschrift [von Münzen, Siegeln]; Zeichenerklärung [auf Karten usw.]); **Le|gen|den|er|zäh|ler; le|gen|den|haft**
le|ger [le'ʒɛ:r] ‹franz.› (ungezwungen, [nach]lässig)
Le|ger ‹*zu* legen›
Le|ges [...ge:s] (*Plur. von* Lex)
Le|ge|zeit
Leg|föh|re (*svw.* Latsche)
Leg|hen|ne *vgl.* Legehenne
Leg|horn, das; -s, *Plur.* -[s], *landsch. auch* Leghörner ‹nach dem engl. Namen der ital. Stadt Livorno› (Huhn der Rasse Leghorn)
le|gie|ren ‹ital.› ([Metalle] verschmelzen; [Suppen, Soßen] mit Eigelb anrühren, binden); **Le|gie|rung** ([Metall]mischung, Verschmelzung)
Le|gi|on, die; -, -en ‹lat.› (röm. Heereseinheit; *in der Neuzeit für* Freiwilligentruppe, Söldnerschar; große Menge); **Le|gio|nar,** der; -s, -e (Soldat einer röm. Legion); **Le|gio|när,** der; -s, -e ‹franz.› (Soldat einer Legion [z. B. der Fremdenlegion]); **Le|gio|närs|krank|heit,** die; - (*Med.* eine Infektionskrankheit); **Le|gio|nel|le,** die; -, -n *meist Plur.* (Erreger der Legionärskrankheit); **Le|gi|ons|sol|dat**
le|gis|la|tiv ‹lat.› (gesetzgebend); **Le|gis|la|ti|ve** [...və], die; -, -n (gesetzgebende Versammlung, gesetzgebende Gewalt); **le|gis|la|to|risch** (gesetzgeberisch); **Le|gis|la|tur,** die; -, -en (*selten für* Gesetzgebung; *früher auch für* gesetzgebende Körperschaft); **Le|gis|la|tur|pe|ri|ode** (Amtsdauer einer Volksvertretung); **le|gi|tim** (gesetzlich; rechtmäßig; als ehelich anerkannt; begründet); **Le|gi|ti|ma|ti|on,** die; -, -en (Echtheitserklärung, Beglaubigung; [Rechts]ausweis; *im BGB für* Nachweis der Empfangsberechtigung, Befugnis; Ehelichkeitserklärung); **Le|gi|ti|ma|ti|ons|kar|te; le|gi|ti|mie|ren** (beglaubigen; [Kinder] als ehelich erklären); sich - (sich ausweisen); **Le|gi|ti|mie|rung; Le|gi|ti|mis|mus,** der; - (Lehre von der Unabsetzbarkeit des angestammten Herrscherhauses); **Le|gi|ti|mist,** der; -en, -en (↑R 197); **le|gi|ti|mi|stisch; Le|gi|ti|mi|tät,** die; - (Rechtmäßigkeit einer Staatsgewalt; Gesetzmäßigkeit [eines Besitzes, Anspruchs])
Le|gu|an [*auch* 'le:...], der; -s, -e ‹karib.› (trop. Baumeidechse)
Le|gu|min, das; -s ‹lat.› (Eiweiß der Hülsenfrüchte); **Le|gu|mi|no|se,** die; -, -n *meist Plur.* (*Bot.* Hülsenfrüchtler)
Leg|war|mer ['lɛgwɔ:(r)mə(r)], der; -s, -[s] *meist Plur.* ‹engl.› (langer Wollstrumpf ohne Füßling)
Le|hár [le'ha:r, *ung. u. österr.* 'lɛha:r] (ung. Operettenkomponist)
Le Ha|vre [lə '(h)a:vr(ə)] (franz. Hafenstadt)
Leh|de, die; -, -n ‹niederl.› (*nordd. für* Brache, Heide)
Le|hen, das; -s, -; **Le|hens|we|sen** *vgl.* Lehnswesen
Lehm, der; -[e]s, -e; **Lehm‿bat|zen, ...bo|den; lehm|gelb; leh|mig**
Leh|ne, die; -, -n; **leh|nen;** sich -
Lehn|gut *vgl.* Lehnsgut; **Lehns|eid** *(früher)*
Lehn|ses|sel
Lehns|gut *od.* Lehngut; **Lehns‿herr, ...mann** (*Plur.* ...männer *u.* ...leute), **...trä|ger, ...treue**
Lehn|stuhl
Lehns|we|sen, Le|hens|we|sen, das; -s *(früher);* **Lehn‿über|set-**

zung (*Sprachw.*), **...über|tra|gung, ...wort** (*Plur.* ...wörter)
Lehr, das; -[e]s, -e (*Bauw., Technik svw.* ²Lehre); **Lehr|amt; Lehr|amts|an|wär|ter; Lehr‿an|ge|bot, ...an|stalt, ...auf|trag, ...aus|bil|der; lehr|bar; Lehr|bar|keit,** die; -; **Lehr‿be|fä|hi|gung, ...be|helf** (*österr. für* Lehrmittel), **...be|ruf, ...bo|gen** (*Bauw.* Gerüst für Bogen-, Gewölbebau; *zu* ²Lehre), **...brief, ...bub** (*regional für* Lehrjunge), **...buch, ...dorn** (Prüfgerät für Bohrungen; *zu* ²Lehre); **¹Leh|re,** die; -, -n (Unterricht, Unterweisung; Lehrmeinung); **²Leh|re,** die; -, -n (Meßwerkzeug); **leh|ren** (unterweisen); jmdn., *auch* jmdm. etwas -; er lehrt ihn, *auch* ihm das Lesen; *jedoch nur:* er lehrt ihn lesen; er hat gelehrt; er hat ihn reiten gelehrt, *selten* lehren; er lehrt ihn ein, *seltener* einen Helfer der Armen sein; er lehrt ihn, ein Helfer der Armen zu sein; **Leh|rer; Leh|rer|aus|bil|dung; leh|rer|haft; Leh|re|rin; Leh|re|rin|nen|schaft,** die; -; **Leh|rer‿kol|le|gi|um, ...kon|fe|renz; Leh|rer|schaft,** die; -; **Leh|rers|frau; Leh|rer|zim|mer; Lehr‿fach, ...film, ...frei|heit** (die; -), **...gang** (der); **Lehr|gangs|teil|neh|mer; Lehr‿ge|dicht, ...geld, ...ge|rüst** (beim Stahlbetonbau; *zu* ²Lehre); **lehr|haft; Lehr|haf|tig|keit,** die; -; **Lehr‿hau|er** (angehender Bergmann), **...herr** (Ausbildender), **...jahr, ...jun|ge** (der), **...kan|zel** (*österr. für* Lehrstuhl), **...kör|per, ...kraft; Lehr|ling** (Auszubildende[r]); **Lehr|lings[|wohn]|heim; Lehr‿mäd|chen, ...mei|nung, ...mei|ster, ...mei|ste|rin, ...me|tho|de, ...mit|tel** (das; Hilfsmittel für den Lehrenden); **Lehr|mit|tel|frei|heit; Lehr‿pfad, ...plan** (*vgl.* ²Plan), **...pro|be; lehr|reich; Lehr‿satz, ...stel|le, ...stoff, ...stück, ...stuhl, ...tä|tig|keit, ...toch|ter** (*schweiz. für* Lehrmädchen), **...ver|an|stal|tung, ...ver|trag** (Ausbildungsvertrag), **...werk|statt, ...zeit**
¹Lei [lej] (*Plur. von* ²Leu)
²Lei, die; -, -en (*rhein. für* Fels; Schiefer); Lorelei (*vgl.* Loreley)
Leib, der; -[e]s, -er (Körper; *veraltet auch für* Leben); (↑R 208:) gut bei Leibe (wohlgenährt) sein, aber: beileibe nicht; jmdm. zu Leibe rücken; Leib und Leben wagen; **Leib‿arzt, ...bin|de; Leib|chen** (*auch* ein Kleidungsstück, *österr. u. schweiz. für* Unterhemd, Trikot); **leib|ei|gen** (*früher*); **Leib|ei|ge|ne,** der *u.* die; -n, -n (↑R 7 ff.); **Leib|ei|gen|schaft,** die; -; **lei|ben;** *nur in* wie er leibt u. lebt; **Lei|berl,** das; -s, -n (*österr. für* Leibchen); **Lei|bes‿er|be** (der), **...er|zie|hung, ...frucht, ...fül|le, ...kräf|te** (*Plur.; nur in* aus *od.* nach Leibeskräften), **...stra|fe** (*veraltet;* bei -), **...übun|gen** (*Plur.*), **...um|fang, ...vi|si|ta|ti|on; Leib‿gar|de, ...gar|dist, ...ge|richt; leib|haft** (*selten für* leibhaftig); **leib|haf|tig**[1]; **Leib|haf|ti|ge**[1], der; -n (*verhüllend für* Teufel); **Leib|haf|tig|keit**[1], die; -; **...lei|big** (z. B. dickleibig); **Leib|koch; Leib|lein; leib|lich; Leib|lich|keit,** die; -
Leib|nitz (österr. Stadt)
Leib|niz (dt. Philosoph); **leib|ni|zisch;** -es Denken (nach Art von Leibniz), aber (↑R 134): die Leibnizsche Philosophie (von Leibniz)
Leib‿pferd, ...ren|te (lebenslängliche Rente), **...rie|men** (*veraltet für* Gürtel), **...rock** (*veraltet*), **...schmerz** (*meist Plur.*), **...schnei|den** (das; -s; *landsch. für* Leibschmerzen); **Leib-See|le-Pro|blem,** das; -s; ↑R 41 (*Psych.*); **leib|see|lisch; Leib|spei|se** (*svw.* Leibgericht)
leibt *vgl.* leiben
Lei|bung *vgl.* Laibung
Leib‿wa|che, ...wäch|ter, ...wä|sche (die; -), **...weh, ...wickel** [*Trenn.* ...wik|kel]
Lei|ca Ⓦz, die; -, -s (*Kurzw. für* Leitz-Camera [der Firma Ernst Leitz])
Leich, der; -[e]s, -e (eine mittelhochd. Liedform)
Leich|dorn, der; -[e]s, *Plur.* -e *u.* ...dörner (*mitteld. für* Hühnerauge); **Lei|che,** die; -, -n; **Lei|chen‿acker** ([*Trenn.* ...ak|ker]; *landsch.*), **...be|gäng|nis, ...be|schau|er, ...bit|ter** (*veraltend für* Person, die zur Beerdigung einlädt); **Lei|chen|bit|ter|mie|ne** (*ugs. für* düsterer, trauriger Gesichtsausdruck); **lei|chen‿blaß, ...fahl; Lei|chen|fled|de|rei** ⟨Gaunerspr.⟩ (*Rechtsw.* Ausplünderung toter od. schlafender Menschen), **Lei|chen‿fled|de|rer, ...frau, ...gift, ...hal|le, ...hemd, ...öff|nung** (*für* Obduktion), **...paß, ...re|de, ...schän|dung, ...schau|haus, ...schmaus** (*ugs.*), **...trä|ger, ...tuch, ...ver|bren|nung, ...wa|gen, ...wär|ter, ...zug; Leich|nam,** der; -[e]s, -e
leicht; -e Artillerie; -es Heizöl; -e Musik. **I.** *Kleinschreibung* (↑R 65): es ist mir ein leichtes (sehr leicht). **II.** *Großschreibung* (↑R 65): es ist nichts Leichtes; er ißt gern etwas Leichtes. **III.** *Schreibung in Verbindung mit* dem Partizip II oder einem Adjektiv (↑R 209): *vgl.* leichtbeschwingt, leichtbewaffnet, leichtentzündlich, leichtgeschürzt, leichtverdaulich, leichtverständlich, leichtverwundet. **IV.** *Schreibung in Verbindung mit Verben* (↑R 205 f.): **a)** *Getrenntschreibung in ursprünglicher Bedeutung,* z. B. leicht atmen; er hat leicht geatmet; leicht fallen, er ist nur leicht gefallen; **b)** *Zusammenschreibung, wenn durch die Verbindung ein neuer Begriff entsteht,* z. B. leichtmachen; er hat es sich leichtgemacht (sich wenig Mühe gemacht); aber: *Getrenntschreibung in Verbindung mit einem Gradadverb u. bei Steigerung:* er hat es sich zu leicht gemacht; es ist ihr leichter gefallen; *vgl.* leichtfallen, leichtmachen, leichtnehmen; **Leicht|ath|let; Leicht|ath|le|tik; Leicht|ath|le|tin; leicht|ath|le|tisch; Leicht|bau,** der; -s (*svw.* Leichtbauweise); **Leicht|bau|plat|te** (*Bauw.* Platte aus leichtem Material); **Leicht|ben|zin; leicht|be|schwingt;** -e Musik, er ging - davon; **leicht|be|waffnet;** ein leichtbewaffneter Soldat (↑ *jedoch* R 209), aber: der Soldat ist leicht bewaffnet; **Leicht|be|waff|ne|te,** der; -n, -n (↑R 7 ff.); **leicht|blü|tig; ¹Leich|te,** die; - (*geh. für* Leichtheit); **²Leich|te,** die; -, -n (*nordd. für* Tragriemen beim Schubkarrenfahren); **leicht|ent|zünd|lich;** ein leichtentzündlicher Stoff (↑ *jedoch* R 209), aber: der Stoff ist leicht entzündlich; **Leich|ter,** Lich|ter (*Seemannsspr.* [kleineres] Wasserfahrzeug zum Leichtern); **leich|tern,** lich|tern (größere Schiffe entfrachten); ich ...ere (↑R 22); **leicht|fal|len;** ↑R 205 (keine Anstrengung erfordern); die Schularbeiten sind ihm immer leichtgefallen; *vgl.* aber: leicht, IV, a; **leicht|fer|tig; Leicht‿fer|tig|keit, ...flug|zeug; leicht|flüs|sig; Leicht|fuß** (*ugs. scherzh.*); **leicht|fü|ßig; Leicht|fü|ßig|keit,** die; -; **leicht|gän|gig;** eine -e Lenkung; **leicht|ge|schürzt;** ein -es Mädchen; sie ging -; **Leicht|ge|wicht** (Körpergewichtsklasse in der Schwerathletik); **Leicht|ge|wicht|ler; leicht|gläu|big; Leicht|gläu|big|keit,** die; -; **Leicht|heit,** die; -; **leicht|her|zig; Leicht|her|zig|keit,** die; -; **leicht|hin; Leich|tig|keit,** die; -; **Leicht|in|du|strie; leicht|le|big; Leicht|le|big|keit,** die; -; **leicht|lich** (*veraltend für* mühelos); **Leicht|lohn|grup|pe** (unterste Tarifgruppe, bes.

[1] [*auch* 'laip...]

für Frauen); **leicht|ma|chen;** ↑R 205 (wenig Mühe machen); du hast es dir leichtgemacht; *vgl.* leicht, IV; **Leicht_ma|tro|se, ...me|tall; leicht|neh|men;** ↑R 205 (keine Mühe darauf verwenden); er hat seine Pflichten immer leichtgenommen; *vgl.* leicht, IV; **Leicht_öl, ...schwer|ge|wicht** (Körpergewichtsklasse beim Gewichtheben), **...sinn** (der; -[e]s); **leicht|sin|nig; Leicht|sin|nig|keit,** die; -; **Leicht|sinns|feh|ler; leicht|tun,** sich (↑R 205); ich habe mir *od.* mich leichtgetan dabei (es ohne Schwierigkeiten, Hemmungen bewältigt); *vgl.* leicht, IV; **leicht|ver|dau|lich;** eine leichtverdauliche Speise (↑*jedoch* R 209), aber: die Speise ist leicht verdaulich; **leicht|ver|derb|lich;** eine leichtverderbliche Ware (↑*jedoch* R 209), aber: die Ware ist leicht verderblich; **leicht|ver|letzt;** *vgl.* leichtverwundet; **Leicht|ver|letz|te;** *vgl.* Leichtverwundete; **leicht|ver|ständ|lich;** eine leichtverständliche Sprache (↑*jedoch* R 209), aber: die Sprache ist leicht verständlich; **leicht|ver|wun|det;** ein leichtverwundeter Soldat (↑*jedoch* R 209), aber: der Soldat ist leicht verwundet; **Leicht|ver|wun|de|te,** der *u.* die; -n, -n (↑R 7 ff.)

leid (*als Adjektiv schweiz. mdal. für* häßlich, ungut, unlieb); (↑R 64:) leid sein, tun, werden; es sich nicht leid sein lassen; **Leid,** das; -[e]s; (↑R 208:) jmdm. etwas zuleide tun; (↑R 64:) [sich] ein Leid, *veraltet* Leids [an]tun; (↑R 18:) [in] Freud und Leid

Lei|de|form (*für* Passiv); **lei|den;** du littst; du littest; gelitten; leid[e]!; Not -; **[1]Lei|den,** das; -s, - (Krankheit); Freuden u. Leiden

[2]Lei|den [*niederl.* ˈlɛidə] (niederl. Stadt)

lei|dend; Lei|den|de, der *u.* die; -n, -n (↑R 7 ff.)

Lei|de|ner ‹*zu* [2]Leiden› (↑R 147); - Flasche *(Physik)*

Lei|den|schaft; lei|den|schaft|lich; Lei|den|schaft|lich|keit, die; -; **lei|den|schafts|los;** -este; **lei|dens|fä|hig; Lei|dens|fä|hig|keit,** die; -; **Lei|dens_ge|fähr|te, ...ge|fähr|tin, ...ge|nos|se, ...ge|nos|sin, ...ge|schich|te, ...ge|sicht, ...mie|ne, ...weg, ...zeit; lei|der;** - Gottes ‹*entstanden aus* (bei dem) Leiden Gottes›; **leid|ge|prüft; lei|dig** (unangenehm); **Leid|kar|te** (*schweiz. für* Trauerkarte); **leid|lich** (gerade noch ausreichend); **leid|sam** (*veraltet, aber noch landsch. für* umgänglich, gut zu leiden); **leid|tra|gend;** ↑R 142; **Leid|tra|gen|de,** der *u.* die; -n, -n (↑R 7 ff.); **leid|voll** *(geh.);* **Leid|we|sen,** das; *nur in* zu meinem, seinem usw. - (Bedauern)

Lei|er, die; -, -n ‹griech.› (ein Saiteninstrument; *auch* ein Sternbild); **Leie|rei** *(ugs.);* **Leie|rer; Lei|er|ka|sten; Lei|er|ka|sten|mann** *Plur.* ...männer; **lei|ern;** ich ...ere (↑R 22); **Lei|er|schwanz** (ein austral. Vogel)

Leif (m. Vorn.)

Leih_amt, ...ar|bei|ter, ...bi|blio|thek, ...bü|che|rei; Lei|he, die; -, -n (*BGB* unentgeltliches Verleihen; *ugs. für* Leihhaus); **lei|hen;** du leihst; du liehst; du liehest; geliehen; leih[e]!; ich leihe mir einen Frack; **Leih_ga|be, ...ge|ber, ...ge|bühr, ...haus, ...mut|ter** (Frau, die [nach künstlicher Befruchtung] das Kind einer anderen Frau austrägt); **Leih_schein, ...stim|me** *(Politik),* **...ver|kehr, ...ver|trag, ...wa|gen; leih|wei|se**

Leik (*selten für* Liek)

Lei|kauf, Leit|kauf, der; -[e]s, ...käufe ‹zu dem veralteten Wort „Leit" = Obstwein› (*landsch. für* Trunk zur Bestätigung eines Vertragsabschlusses)

Lei|lach, Lei|lak, das; -[e]s, -e[n] ‹*aus* Leinlachen = Leinenlaken› (*nordd. veraltet für* [1]Bettuch; Leintuch)

Leim, der; -[e]s, -e; **lei|men; Leim|far|be; lei|mig; Leim_ring, ...ru|te, ...sie|der** (*landsch. für* langweiliger Mensch), **...topf**

...lein (z. B. Brüderlein, das; -s, -)

Lein, der; -[e]s, *Plur. (Sorten:)* -e (Flachs); **Lein|acker** [*Trenn.* ...ak|ker]

[1]Lei|ne, die; - (l. Nebenfluß der Aller)

[2]Lei|ne, die; -, -n (Strick); **[1]lei|nen** (aus Leinen); **[2]lei|nen** (an die Leine nehmen); **Lei|nen,** das; -s, -; **Lei|nen_band,** der (*Abk.* Ln., Lnbd.), **...bin|dung** (*svw.* Leinwandbindung), **...ein|band, ...garn, ...kleid, ...tuch** (*Plur.* ...tücher; Tuch aus Leinen; *vgl.* aber: Leintuch), **...we|ber** (*svw.* Leinweber), **...we|be|rei, ...zeug; Lei|ne|we|ber** (*svw.* Leinweber); **Lein_ku|chen, ...öl; Lein|öl|brot; Lein_pfad** (Treidelweg), **...saat, ...sa|men, ...tuch** (*Plur.* ...tücher; *landsch. für* [1]Bettuch; *vgl.* aber: Leinentuch); **Lein|wand** (*für* Maler-, Kinoleinwand u. ä. *Plur.* ...wände); **lein|wand|bin|dig; Lein|wand_bin|dung** (die; -; einfachste u. festeste Webart), **...grö|ße** (*scherzh. für* bekannter Filmstar); **Lein|we|ber** (Weber, der Leinwand herstellt)

Leip|zig (Stadt in Sachsen); **Leip|zi|ger** (↑R 147); - Allerlei (Gericht aus verschiedenen Gemüsen); - Messe

leis *vgl.* lei|se

Leis, der; *Gen.* - *u.* -es, *Plur.* -e[n] ‹*aus* Kyrieleis *(vgl. d.)*› (mittelalterl. geistl. Volkslied)

lei|se (↑R 65:) nicht im leisesten (durchaus nicht) zweifeln; **Lei|se|tre|ter; Lei|se|tre|te|rei,** die; -; **lei|se|tre|te|risch**

Leist, der; -[e]s (eine Pferdekrankheit)

Lei|ste, die; -, -n

lei|sten; ich leiste mir ein neues Auto; **Lei|sten,** der; -s, -

Lei|sten_beu|ge, ...bruch (der), **...ge|gend** (die; -), **...zer|rung**

Lei|stung; Lei|stungs_ab|fall, ...an|stieg, ...bi|lanz *(Wirtsch.),* **...druck** (der; -[e]s); **lei|stungs|fä|hig; Lei|stungs|fä|hig|keit,** die; -; **lei|stungs|ge|recht; Lei|stungs_ge|sell|schaft, ...gren|ze** (die; -), **...knick, ...kon|trol|le, ...kraft** (die), **...kurs** *(Schulw.),* **...kur|ve** (Arbeitskurve), **...lohn; lei|stungs|ori|en|tiert; Lei|stungs_prä|mie, ...prin|zip, ...prü|fung, ...schau, ...sport** (der; -[e]s); **lei|stungs|stark; Lei|stungs_stei|ge|rung, ...test, ...trä|ger, ...ver|gleich, ...ver|mö|gen** (das; -s), **...wett|be|werb, ...zen|trum** *(Sport),* **...zu|la|ge, ...zu|schlag**

Leit|an|trag (*bes. Politik;* von einem leitenden Gremium eingebrachter Antrag, dessen Inhalt für alle weiteren gestellten Anträge als Leitlinie gilt); **Leit|ar|ti|kel** (Stellungnahme der Zeitung zu aktuellen Fragen); **Leit|ar|tik|ler** (*ugs. für* Verfasser von Leitartikeln); **leit|bar; Leit|bar|keit,** die; -; **Leit_bild, ...bün|del** *(Bot.)*

Lei|te, die; -, -n (*südd., österr. für* Berghang)

Leit|ein|rich|tung *(Verkehrsw.);* **lei|ten;** leitender Angestellter; **Lei|ten|de,** der *u.* die; -n, -n (↑R 7 ff.); **[1]Lei|ter,** der

[2]Lei|ter, die; -, -n (ein Steiggerät); **lei|ter|ar|tig; Lei|ter|baum**

Lei|te|rin

Lei|ter|plat|te *(Elektronik)*

Lei|ter_spros|se, ...wa|gen

Leit|fa|den *Plur.* ...fäden; **leit|fä|hig; Leit_fä|hig|keit** (die; -), **...fi|gur, ...form, ...fos|sil** (*Geol.* für bestimmte Gesteinsschichten charakteristisches Fossil)

Leit|geb, der; -en, -en (↑R 197) *u.* **Leit|ge|ber** ‹zu dem veralteten Wort „Leit" = Obstwein› (*landsch. veraltet für* Wirt)

Leit_ge|dan|ke, ...ge|we|be *(Biol.)*

Lei|tha, die; - (r. Nebenfluß der Donau); **Lei|tha|ge|bir|ge,** das; -s

Leit_ham|mel, ...idee
Leit|kauf *vgl.* Leikauf
Leit_ke|gel (an Straßenbaustellen), **...li|nie, ...mo|tiv; leit|mo|tivisch; Leit_plan|ke, ...satz, ...schnur** (die; -), **...spruch, ...stel|le, ...stern** (*vgl.* [2]Stern), **...strahl** *(Funkw., Math., Physik),* **...tier** (führendes Tier einer Herde), **...ton** (*Plur.* ...töne)
Lei|tung; Lei|tungs_draht, ...mast (der), **...netz, ...rohr, ...strom, ...was|ser** (das; -s); **Leit_ver|mögen, ...wäh|rung** *(Wirtsch.),* **...werk, ...wert** *(Physik),* **...wort** (*Plur.* ...wörter), **...zins** *(Wirtsch.)*
[1]**Lek,** der; - (Mündungsarm des Rheins)
[2]**Lek,** der; -, - ‹alban.› (alban. Währungseinheit)
Lek|ti|on, die; -, -en ‹lat.› (Unterricht[sstunde]; Lernabschnitt, Aufgabe; Zurechtweisung); **Lektor,** der; -s, ...oren (Lehrer für praktische Übungen [in neueren Sprachen usw.] an einer Hochschule; wissenschaftl. Mitarbeiter zur Begutachtung der bei einem Verlag eingehenden Manuskripte; *kath. Kirche* jemand, der liturg. Lesungen hält; *ev. Kirche* jemand, der Lesegottesdienste hält); **Lek|to|rat,** das; -[e]s, -e (Lehrauftrag eines Lektors; Verlagsabteilung, in der eingehende Manuskripte geprüft u. bearbeitet werden); **lek|to|rie|ren** (ein Manuskript prüfen u. bearbeiten); **Lek|to|rin; Lek|tü|re,** die; -, -n ‹franz.› (Lesestoff; *nur Sing.:* Lesen); **Lek|tü|re|stun|de**
Le|ky|thos, die; -, Lekythen ‹griech.› (altgriech. Salbengefäß)
Le Mans [lə 'mã:] (franz. Stadt)
Lem|ma, das; -s, -ta ‹griech.› (*Sprachw.* Stichwort; *Logik* Vordersatz eines Schlusses; *veraltet für* Überschrift); **lem|ma|ti|sie|ren** (mit einem Stichwort versehen)
Lem|ming, der; -s, -e ‹dän. *u.* norw.› (skand. Wühlmaus)
Lem|nis|ka|te, die; -, -n ‹griech.› (eine math. Kurve)
Le|mur, der; -en, -en, **Le|mu|re,** der; -n, -n *meist Plur.;* ↑R 197 ‹lat.› (Geist eines Verstorbenen, Gespenst; Halbaffe); **le|mu|renhaft; Le|mu|ria,** die; - (für die Triaszeit vermutete Landmasse zwischen Vorderindien u. Madagaskar); **le|mu|risch**
[1]**Le|na,** die; - (Strom in Sibirien)
[2]**Le|na,** Le|ne, Le|ni (w. Vorn.)
Le|nau (österr. Lyriker)
Len|de, die; -, -n; **Len|den|braten; len|den|lahm; Len|den_schmerz, ...schurz** *(Völkerk.),* **...stück, ...wir|bel**
Le|ne *vgl.* [2]Lena
Leng, der; -[e]s, -e (ein Fisch)
Le|ni *vgl.* [2]Lena
Le|nin (sowjet. Politiker); **Le|ningrad** *vgl.* Sankt Petersburg; **Le|nin|gra|der** (↑R 147); Leningrader Sinfonie (von Schostakowitsch); **Le|ni|nis|mus,** der; - (Lehre Lenins; Bolschewismus); **Le|ni|nist,** der; -en, -en (↑R 197); **le|ni|ni|stisch**
Le|nis, die; -, Lenes ['le:ne:s] ‹lat.› (*Sprachw.* mit geringer Intensität gesprochener Verschluß- od. Reibelaut, z. B. b, w; *Ggs.* Fortis *[vgl. d.]*)
Lenk|ach|se; lenk|bar; Lenk|barkeit, die; -; **len|ken; Len|ker; Len|ke|rin; Lenk|rad; Lenk|rad_schal|tung, ...schloß; lenksam; Lenk|sam|keit,** die; -; **Lenk|stan|ge; Len|kung; Lenkwaf|fe**
Len|ne, die; - (l. Nebenfluß der Ruhr)
Le|no|re (w. Vorn.)
len|tan|do ‹ital.› (*Musik* nach u. nach langsamer [werdend]); **Lentan|do,** das; -s, *Plur.* -s *u.* ...di; **len|to** (langsam, gedehnt); **Lento,** das; -s, *Plur.* -s *u.* ...ti
lenz (*Seemannsspr.* leer [von Wasser])
Lenz, der; -es, -e (*geh. für* Frühjahr, Frühling; *Plur. auch für* Jahre); [1]**len|zen** (*geh. für* Frühling werden); es lenzt
[2]**len|zen** (*Seemannsspr.* vor schwerem Sturm mit stark gerefften Segeln laufen; leer pumpen); du lenzt
Len|zing, der; -s, -e; **Lenz_mo|nat** *od.* **...mond** (*alte Bez. für* März)
Lenz|pum|pe *(Seemannsspr.)*
Lenz|tag *(geh.)*
Leo (m. Vorn.)
Leo|ben (österr. Stadt)
Le|on (m. Vorn.)
Leo|nar|do da Vin|ci *vgl.* Vinci
Le|on|ber|ger ‹nach der badenwürttembergischen Stadt Leonberg› (eine Hunderasse)
Le|on|hard, Lie|n|hard (m. Vorn.)
Leo|ni|das (spartan. König)
Leo|ni|den *Plur.* ‹lat.› (Sternschnuppenschwarm im November)
[1]**leo|ni|nisch** ‹lat.; nach einem mittelalterl. Dichter namens Leo *od.* nach einem Papst Leo›; *in der Fügung* -er Vers (ein Vers, dessen Mitte u. Ende sich reimen); [2]**leo|ni|nisch** ‹nach einer Fabel Äsops›; *in der Fügung* -er Vertrag (Vertrag, bei dem der eine Teil allen Nutzen, den „Löwenanteil", hat)
leo|nisch ‹nach der span. Stadt León›; -e Artikel, Gespinste, Fäden (Metallfäden)
Leo|no|re (w. Vorn.)
Leo|pard, der; -en, -en (↑R 197) ‹lat.› (asiat. u. afrik. Großkatze)
Leo|pold (m. Vorn.)
Leo|pol|di|na, die; - ‹nach dem dt. Kaiser Leopold I.› (*kurz für* Deutsche Akademie der Naturforscher „Leopoldina")
Leo|pol|di|ne (w. Vorn.)
Léo|pold|ville [...'vil] (*früherer Name von* Kinshasa)
[1]**Le|po|rel|lo** (Diener in Mozarts „Don Giovanni"); [2]**Le|po|rel|lo,** das; -s, -s (*kurz für* Leporelloalbum); **Le|po|rel|lo|al|bum;** ↑R 135 (harmonikaartig zusammenzufaltende Bilderreihe)
Le|pra, die; - ‹griech.› (*Med.* Aussatz); **Le|prom,** das; -s, -e (Lepraknoten); **le|pros, le|prös** (aussätzig); -e Kranke; **Le|proso|ri|um,** das; -s, ...ien [...iən] (Krankenhaus für Leprakranke)
Lep|ta (*Plur. von* [1]Lepton); **lepto...** ‹griech.› (schmal...); **Lepto...** (Schmal...); **Lep|to|kar|di|er** [...iər] *Plur.* (*Zool.* Lanzettfischchen); [1]**Lep|ton,** das; -s, Lepta (altgriech. Gewicht; alt- u. neugriech. Münze [100 Lepta = 1 Drachme]); [2]**Lep|ton,** das; -s, ...onen („leichtes" Elementarteilchen); **lep|to|som** (*Anthrop., Med.* schmal-, schlankwüchsig); -er Typ; **Lep|to|so|me,** der *u.* die; -n, -n; ↑R 7 ff. (Schmalgebaute[r]); **lep|to|ze|phal** (*Biol., Med.* schmalköpfig); **Lep|to|zepha|le,** der *u.* die; -n, -n; ↑R 7 ff. (Schmalköpfige[r]); **Lep|to|zepha|lie,** die; -
Ler|che, die; -, -n (ein Vogel); *vgl.* aber: Lärche; **Ler|chen|sporn** *Plur.* ...sporne (eine Zierstaude)
Ler|nä|i|sche Schlan|ge, die; -n - ‹nach dem Sumpfsee Lerna› (ein Ungeheuer der griech. Sage)
lern|bar; Lern|be|gier[|de], die; -; **lern_be|gie|rig, ...be|hin|dert** *(Päd.);* **Lern|be|hin|der|te,** der *u.* die, -n, -n *meist Plur.* (↑R 7 ff.); **Lern|ei|fer; lern|eif|rig; ler|nen;** ein gelernter Tischler; Deutsch lernen; lesen lernen, schwimmen lernen, Klavier spielen lernen, Schlittschuh laufen lernen; ich habe gelernt, ich habe reiten gelernt (*nicht:* reiten lernen); *vgl.* aber: kennenlernen, liebenlernen, schätzenlernen; **Ler|ner** *(Sprachw.);* **lern|fä|hig; Lern|mittel,** das (Hilfsmittel für den Lernenden); **Lern|mit|tel|frei|heit,** die; -; **Lern_pro|zeß, ...schritt, ...schwe|ster, ...stoff, ...zeit, ...ziel**
Les|art; les|bar; Les|bar|keit, die; -
Les|be, die; -, -n (*ugs. für* Lesbierin); **Les|bi|er** [...iər] (Bewohner von Lesbos); **Les|bie|rin** (Be-

wohnerin von Lesbos; homosexuell veranlagte Frau); **les|bisch;** -e Liebe (Homosexualität bei Frauen); **Les|bos** (eine Insel im Ägäischen Meer)

Le|se, die; -, -n (Weinernte); **Le|se‿abend, ...au|to|mat, ...bril|le, ...buch, ...dra|ma, ...ecke** [*Trenn.* ...ek|ke], **...frucht, ...ge|rät, ...hun|ger, ...lam|pe, ...lu|pe; le|sen;** du liest, er liest; du lasest; du läsest; gelesen; lies! (*Abk.* l.); **le|sens|wert; Le|se‿pro|be, ...pult; Le|ser; Le|se|rat|te** (*ugs. für* leidenschaftlicher Leser); **Le|ser|brief; Le|se-Recht|schreib-Schwä|che;** ↑R 41 (*Med., Psych.* Lernstörung beim Lesen od. Rechtschreiben von Wörtern; *Abk.* LRS); *vgl. auch* Legasthenie; **Le|se|rei,** die; -; **Le|se|rin; Le|ser|kreis; le|ser|lich; Le|ser|lich|keit,** die; -; **Le|ser|schaft; Le|ser‿wunsch, ...zu|schrift; Le|se‿saal** (*Plur.* ...säle), **...stoff, ...wut** (*ugs.*), **...zei|chen, ...zim|mer, ...zir|kel**

Le|so|ther; le|so|thisch; Le|so|tho (Staat in Afrika)

Les|sing (dt. Dichter); **les|singsch** (nach Art von Lessing); -es Denken, aber (↑R 134): Lessingsche Dramen (von Lessing)

Le|sung

le|tal ‹lat.› (*Med.* zum Tode führend, tödlich)

Le|thar|gie, die; - ‹griech.› (Schlafsucht; Trägheit, Teilnahms-, Interesselosigkeit); **le|thar|gisch;** -ste; **Le|the,** die; - ‹nach dem Unterweltsfluß der griech. Sage› (*geh. für* Vergessenheitstrank, Vergessenheit)

Let|kiss, der; - ‹finn.-engl.› (ein Modetanz)

let|schert (*österr. ugs. für* kraftlos; schlapp)

Let|scho, das, *auch* der; -[s] ‹ungar.› (ungar. Gemüsegericht)

Let|te, der; -n, -n; ↑R 197 (Angehöriger eines balt. Volkes)

Let|ten, der; -s, - (Ton, Lehm)

Let|ter, die; -, -n ‹lat.› (Druckbuchstabe); **Let|tern‿gieß|ma|schi|ne, ...gut** (das; -[e]s), **...me|tall**

Let|te-Ver|ein, der; -s ‹nach dem Gründer›; ↑R 135

let|tig ‹*zu* Letten› (ton-, lehmhaltig)

Let|tin; let|tisch; -e Sprache; *vgl.* deutsch; **Let|tisch,** das; -[s] (Sprache); *vgl.* Deutsch; **Let|ti|sche,** das; -n; *vgl.* Deutsche, das; **Lett|land**

Lett|ner, der; -s, - ‹lat.› (Schranke zwischen Chor u. Langhaus in mittelalterl. Kirchen)

letz; letzer, letzeste (*südd. u. schweiz. mdal. für* verkehrt, falsch; *österr. mdal. für* schlecht, mühsam)

let|zen (*veraltet für* laben, erquikken); du letzt; sich -

Letzt, die; - (*veraltet für* Abschiedsmahl); *noch in* zu guter Letzt; auf die Letzt (*österr. mdal. für* schließlich)

letz|te; der letzte Schrei; das letzte Stündlein; die letzte Ruhestätte; letzte Ehre; letzten Endes; zum letztenmal usw. (*vgl.* Mal, I *u.* II); die zwei letzten Tage des Urlaubs waren besonders ereignisreich; die letzten zwei Tage habe ich fast nichts gegessen. **I.** *Kleinschreibung:* **a)** (↑R 66:) der letzte (der Reihe nach); als letztes; er ist der letzte, den ich wählen würde; dies ist das letzte, was ich tun würde (*vgl.* aber: II, a); den letzten beißen die Hunde; als letzter fertig werden; der erste – der letzte (*für* jener – dieser); **b)** (↑R 65:) am, zum letzten (zuletzt); im letzten (zutiefst); bis ins letzte (genau); bis zum letzten (sehr); fürs letzte (zuletzt). **II.** *Großschreibung:* **a)** (↑R 65:) der Letzte seines Stammes; der Letzte des Monats; das Erste und das Letzte (Anfang und Ende); das ist das Letzte (das Schlimmste; *vgl.* aber: I a); es geht ums Letzte; sein Letztes [her]geben; bis zum Letzten (Äußersten) gehen; ein Letztes habe ich zu sagen; er ist Letzter, der Letzte (dem Range nach); die Letzten werden die Ersten sein; **b)** (↑R 157:) der Letzte Wille (Testament); die Letzten Dinge (nach kath. Lehre); die Letzte Ölung (*vgl.* Ölung); das Letzte Gericht; **letz|te|mal;** das - *od.* das letzte Mal, aber: beim, zum letztenmal; *vgl.* Mal, I *u.* II; **letzt|end|lich; letz|tens; letz|te|re** (der, die, das letzte von zweien); *immer Kleinschreibung:* der, die, das letztere; *ohne Artikel:* letzterer, letztere, letzteres; **letzt|ge|nannt; Letzt|ge|nann|te,** der *u.* die; -n, -n (↑R 7 ff.); **letzt|hän|dig** (noch zu Lebzeiten eigenhändig vorgenommen); **letzt|hin; letzt|jäh|rig; letzt|lich; letzt|ma|lig; letzt|mals; letzt|mög|lich; letzt|wil|lig;** -e Verfügung

¹Leu, der; -en, -en; ↑R 197 (*geh. für* Löwe)

²Leu [leu̯], der; -, Lei [lej] ‹rumän., „Löwe"› (rumän. Währungseinheit; *Abk.* l)

Leucht‿bal|ke, ...bo|je, ...bom|be; Leuch|te, die; -, -n; **leuch|ten; leuch|tend;** leuchtendblaue Augen (↑R 209), aber: seine Augen waren leuchtend blau; **Leuch|ter; Leucht‿far|be, ...feu|er, ...gas** (das; -es), **...käl|fer, ...kraft** (die; -), **...ku|gel, ...pi|sto|le, ...ra|ke|te, ...re|kla|me, ...röh|re, ...schirm, ...schrift, ...si|gnal, ...spur, ...stoff|lam|pe, ...turm, ...zif|fer, ...zif|fer|blatt**

leug|nen; Leug|ner; Leug|nung

leuk... ‹griech.› (weiß...); **Leuk...** (Weiß...); **Leuk|ämie,** die; -, ...ien (*Med.* „Weißblütigkeit", Blutkrebs); **leuk|ämisch** (an Leukämie leidend); **leu|ko|derm** (*Med.* hellhäutig); **Leu|ko|der|ma,** das; -s, ...men (Auftreten weißer Flecken auf der Haut); **Leu|kom,** das; -s, -e (weißer Hornhautfleck); **Leu|ko|pa|thie,** die; -, -ien (*svw.* Leukoderma); **¹Leu|ko|plast,** der; -en, -en; ↑R 197 (*Biol.* Bestandteil der Pflanzenzelle); **²Leu|ko|plast** ®, das; -[e]s, -e (Heftpflaster); **Leu|kor|rhö**[1], **Leu|kor|rhöe** [...'rø:], die; -, ...rrhöen (*Med.* weißer [Aus]fluß bei Gebärmutterkatarrh); **leu|kor|rhö|isch; Leu|ko|to|mie,** Lo|bo|to|mie, die; -, ...ien (*Med.* chirurg. Eingriff in die weiße Gehirnsubstanz); **Leu|ko|zyt,** der; -en, -en *meist Plur.;* ↑R 197 (*Med.* weißes Blutkörperchen); **Leu|ko|zy|to|se,** die; - (krankhafte Vermehrung der weißen Blutkörperchen)

Leu|mund, der; -[e]s (Ruf); **Leu|munds|zeug|nis**

Leu|na (Stadt an der Saale; ®)

Leut|chen *Plur.* (*ugs.*); **Leu|te** *Plur.*; **leu|te|scheu; Leu|te|schin|der** (*abwertend*)

Leut|nant, der; -s, *Plur.* -s, *seltener* -e ‹franz.› (unterster Offiziersgrad; *Abk.* Lt., Ltn.); **Leut|nants‿rang** (der; -[e]s), **...uni|form**

Leut|prie|ster (*veraltet für* Weltgeistlicher, Laienpriester)

leut|se|lig; Leut|se|lig|keit, die; -

Leu|wa|gen, der; -s, - (*nordd. für* Schrubber)

Leu|zit [*auch* ...'tsit], der; -s, -e ‹griech.› (ein Mineral)

Le|va|de [...v...], die; -, -n ‹franz.› (*Reitsport* Aufrichten des Pferdes auf der Hinterhand)

Le|van|te [...v...], die; - ‹ital.› (Mittelmeerländer östl. von Italien); **Le|van|ti|ne,** die; - (ein Gewebe); **Le|van|ti|ner;** ↑R 147 (Bewohner der Levante); **le|van|ti|nisch**

Le|vee [lə've:], die; -, -s ‹franz.› (*früher für* Aushebung von Rekruten)

Le|vel [...v...], der; -s, -s ‹engl.› (Niveau, Qualitätsstufe, Rang)

Le|ver [lə've:], das; -s, -s ‹franz.› (*früher* Morgenempfang bei Fürsten)

---

[1] *Vgl. die Anmerkung zu* „Diarrhö, Diarrhöe".

Le|ver|ku|sen [...v..., *auch* ...'ku:...] (Stadt am Niederrhein); **Le|ver|ku|se|ner** (↑R 147)
Le|vi ['le:vi] (bibl. m. Eigenn.)
Le|via|than, *ökum.* Le|via|tan [le-'via:tan, *auch* levia'ta:n], der; -s ‹hebr.› (Ungeheuer der altoriental. Mythol.)
Le|vin [...v...], Le|win (m. Vorn.)
Le|vi|rats|ehe [...v...] ‹lat.; dt.› (Ehe eines Mannes mit der Frau seines kinderlos verstorbenen Bruders [im A. T. u. bei Naturvölkern])
Le|vit [le'vi(:)t], der; -en, -en; ↑R 197 (Angehöriger des jüd. Stammes Levi; Tempeldiener im A. T.; *Plur.: kath. Kirche früher* Helfer des Priesters beim feierlichen Hochamt)
Le|vi|ta|ti|on [...v...], die; -, -en ‹lat.› (*Parapsychologie* vermeintliche Aufhebung der Schwerkraft)
Le|vi|ten [....'vi(:)...] ‹*zu* Levit›; *nur in* jmdm. die - lesen ‹nach den Verhaltensvorschriften des Levitikus› (*ugs. für* [ernste] Vorhaltungen machen); **Le|vi|ti|kus,** der; - (3. Buch Mosis); **le|vi|tisch** (auf die Leviten bezüglich)
Lev|koie [lɛf'kɔyə] (*älter für* Levkoje); **Lev|ko|je,** die; -, -n ‹griech.› (eine Zierpflanze)
Lew [lɛf], der; -[s], Lewa ['lɛva] ‹bulgar., „Löwe"› (bulgar. Währungseinheit; *Abk.* Lw)
Le|win *vgl.* Levin
Lex, die; -, Leges [...ge:s] ‹lat.› (Gesetz; Gesetzesantrag); - Heinze
Lex.-8° = Lexikonoktav, Lexikonformat
Le|xem, das; -s, -e ‹russ.› (*Sprachw.* lexikal. Einheit, Wortschatzeinheit im Wörterbuch); **le|xi|gra|phisch** ‹griech.› (*svw.* lexikographisch); **Le|xik,** die; - (Wortschatz einer [Fach]sprache); **le|xi|kal** (*seltener für* lexikalisch); **le|xi|ka|lisch** (das Lexikon betreffend, in der Art eines Lexikons); **le|xi|ka|li|siert** (*Sprachw.* als Worteinheit festgelegt [z. B. Zaunkönig, hochnäsig]); **Le|xi|ko|graph,** der; -en, -en; ↑R 197 (Verfasser eines Wörterbuches od. Lexikons); **Le|xi|ko|gra|phie,** die; - ([Lehre von der] Abfassung eines Wörterbuches [auch eines Lexikons]); **le|xi|ko|gra|phisch; Le|xi|ko|lo|ge,** der; -n, -n (Wissenschaftler auf dem Gebiet der Lexikologie); **Le|xi|ko|lo|gie** (Lehre von der Wörterbuch- od. Lexikonherstellung; *seltener für* Wortlehre); **le|xi|ko|lo|gisch; Le|xi|kon,** das; -s, *Plur.* ...ka, *auch* ...ken (alphabetisch geordnetes allgemeines Nachschlagewerk; *auch für* Wörterbuch); **Le|xi|kon‿for|mat** (das; -[e]s) *od.* **...ok|tav** (das; -s; *Abk.* Lex.-8°); **le|xisch** (die Lexik betreffend)
Le|zi|thin, *fachspr.* Le|ci|thin, das; -s ‹griech.› (*Chemie, Biol.* phosphorhaltiger Nährstoff)
lfd. = laufend *(vgl. d.)*
lfr *vgl.* Franc
LG = Landgericht
Lha|sa (Hptst. Tibets)
Li = *chem. Zeichen für* Lithium
Li|ai|son [liɛ'zõ:], die; -, -s ‹franz.› (*veraltend für* Verbindung; Liebesverhältnis)
[1]**Lia|ne,** die; -, -n *meist Plur.* ‹franz.› (eine Schlingpflanze)
[2]**Lia|ne** (w. Vorn.)
Li|as, der *od.* die; - ‹franz.› (*Geol.* untere Abteilung der Juraformation, Schwarzer Jura); **Li|as|for|ma|ti|on; li|as|sisch** (zum Lias gehörend)
Li|ba|ne|se, der; -n, -n (↑R 197); **Li|ba|ne|sin; li|ba|ne|sisch;** [1]**Li|ba|non,** *meist mit Artikel* der; -[s] (Staat im Vorderen Orient); [2]**Li|ba|non,** der; -[s] (Gebirge im Vorderen Orient)
Li|ba|ti|on, die; -, -en ‹lat.› (altröm. Trankopfer für Götter und Verstorbene)
Li|bell, das; -s, -e ‹lat., „Büchlein"› (Klageschrift im alten Rom; Schmähschrift)
Li|bel|le, die; -, -n ‹lat.› (ein Insekt; Teil der Wasserwaage); **Li|bel|len|waa|ge**
Li|bel|list, der; -en, -en (↑R 197) ‹lat.› (*veraltet für* Verfasser einer Schmähschrift)
li|be|ral ‹lat.› (vorurteilslos; freiheitlich; den Liberalismus vertretend); eine liberale Partei; a b e r (↑R 157:) Liberal-Demokratische Partei Deutschlands *(ehem. in der DDR; Abk.* LDPD); **Li|be|ra|le,** der *u.* die; -n, -n; ↑R 7 ff. (Anhänger[in] des Liberalismus); **li|be|ra|li|sie|ren** (von Einschränkungen befreien, freiheitlich gestalten); **Li|be|ra|li|sie|rung** (das Liberalisieren; *Wirtsch.* Aufhebung der staatl. Außenhandelsbeschränkungen); **Li|be|ra|lis|mus,** der; - (Denkrichtung, die die freie Entfaltung des Individuums fordert und staatliche Eingriffe auf ein Minimum beschränkt sehen will); **Li|be|ra|list,** der; -en, -en (↑R 197); **li|be|ra|li|stisch** (freiheitlich im Sinne des Liberalismus; *auch für* extrem liberal); **Li|be|ra|li|tät,** die; - (Freiheitlichkeit; Vorurteilslosigkeit)
Li|be|ra|li|um Ar|ti|um Ma|gi|ster ‹lat.› (Magister der freien Künste; *Abk.* L. A. M.)
Li|be|ria (Staat in Westafrika); **Li|be|ria|ner** (↑R 180), *auch* Li|be|ri|er [...iər]; **Li|be|ria|ne|rin** (↑R 180), *auch* Li|be|rie|rin [...iə...]; **li|be|ria|nisch** (↑R 180), *auch* li|be|risch; **Li|be|ri|er** usw. *vgl.* Liberianer usw.
Li|be|ro, der; -s, -s ‹ital.› (*Fußball* nicht mit Spezialaufgaben betrauter freier Verteidiger, der sich in den Angriff einschalten kann)
Li|ber|tas (röm. Göttin der Freiheit); **Li|ber|tät,** die; -, -en ‹franz.› (*früher für* ständische Freiheit); **Li|ber|té, Éga|li|té, Fra|ter|ni|té** [...'te:, egali'te:, ...'te:] („Freiheit, Gleichheit, Brüderlichkeit", die drei Losungsworte der Franz. Revolution)
Li|ber|tin [...'tɛ̃:], der; -s, -s ‹franz.› (*veraltet für* Freigeist; Wüstling); **Li|ber|ti|na|ge** [...'na:ʒə], die; -, -n (*geh. für* Liederlichkeit, Zügellosigkeit)
Li|bi|di|nist, der; -en, -en (↑R 197) ‹lat.› (*Psych.* sexuell triebhafter Mensch); **li|bi|di|nös;** -este; **Li|bi|do** [*auch* li'bi:do], die; - (Begierde, Trieb; Geschlechtstrieb)
Li|bra|ti|on, die; -, -en ‹lat.› (*Astron.* scheinbare Mondschwankung)
Li|bret|tist, der; -en, -en (↑R 197) ‹ital.› (Verfasser von Librettos); **Li|bret|to,** das; -s, *Plur.* -s *u.* ...tti (Text[buch] von Opern, Operetten usw.)
Li|bre|ville [...'vil] (Hauptstadt von Gabun)
Li|bu|sa (sagenhafte tschech. Königin)
Li|by|en (Staat in Nordafrika); **Li|by|er; Li|bye|rin; li|bysch,** a b e r (↑R 146): die Libysche Wüste
lic. (*schweiz. für* Lic.); **Lic.** = Licentiatus; *vgl.* [2]Lizentiat
li|cet ['li:tsɛt] ‹lat.› („es ist erlaubt")
...lich (z. B. weiblich)
Li|che|no|lo|ge [...ç...], der; -n, -n (↑R 197) ‹lat.› (*Bot.* Flechtenkundler); **Li|che|no|lo|gie,** die; - (Flechtenkunde)
licht; es wird licht; ein lichter Wald; im Lichten (↑R 65; im Hellen; im Inneren gemessen); -e Weite (Abstand von Wand zu Wand bei einer Röhre u. a.); -e Höhe (lotrechter Abstand von Kante zu Kante bei einem Tor u. a.); **Licht,** das; -[e]s, *Plur.* -er, *veraltet u. geh.* Lichte; **Licht|an|la|ge; licht|arm; Licht‿bad** *(Med.),* **...be|hand|lung** *(Med.);* **licht|be|stän|dig; Licht|bild** (*für* Paßbild; Fotografie; Diapositiv); **Licht|bil|der|vor|trag; licht|blau; Licht|blick; licht|blond; Licht|bo|gen** *(Technik);* **licht-**

bre|chend (*für* dioptrisch); **Licht|bre|chung** *(Physik);* **Licht|chen; Licht|druck** *Plur.* ...drukke; **licht_durch|flu|tet, ...durch|läs|sig; Lich|te,** die; - (lichte Weite); **licht|echt; Licht_echt|heit** (die; -), **...ef|fekt, ...ein|fall; licht|elek|trisch** *(Physik);* **lich|teln** (*landsch. für* [bes. zur Weihnachtszeit] Kerzen brennen lassen); **licht|emp|find|lich; [1]lich|ten** (licht machen); der Wald wird gelichtet; das Dunkel lichtet sich

[2]lich|ten (*Seemannsspr.* leicht machen, anheben); den Anker -

Lich|ten|berg (dt. Physiker u. Schriftsteller)

Lich|ten|stein (Schloß südlich von Reutlingen); *vgl.* aber: Liechtenstein

Lich|ter *vgl.* Leichter

Lich|ter|baum (Weihnachtsbaum); **Lich|ter|chen** *Plur.;* **Lich|ter_fest** (jüd. Fest der Tempeleinweihung), **...glanz; Lich|ter|lein** *Plur.;* **lich|ter|loh; Lich|ter|meer**

lich|tern *vgl.* leichtern

Licht_fil|ter, ...ge|schwin|dig|keit (die; -), **...ge|stalt; licht_grau, ...grün; Licht_hof, ...hu|pe, ...jahr** (astron. Längeneinheit; *Zeichen* ly), **...ke|gel, ...kreis, ...leh|re** (die; -; *für* Optik); **Licht|lein; Licht|lei|tung; licht|los; Licht_man|gel** (der), **...ma|schi|ne; Licht|meß** (kath. Fest); **Licht_mes|sung** (*für* Photometrie), **...nel|ke, ...or|gel, ...pau|se; Licht[|putz]|sche|re; Licht_quel|le, ...re|flex, ...re|kla|me, ...satz** (*Druckw.* fotograf. Setzverfahren), **...schacht, ...schal|ter, ...schein; licht|scheu; Licht_schim|mer, ...schran|ke** *(Elektrotechnik),* **...schutz|fak|tor** (beim Sonnenöl), **...si|gnal; Licht|spiel_haus, ...thea|ter** (*veraltend für* Kino); **Licht_stär|ke, ...strahl, ...tech|nik; licht|tech|nisch; Licht|the|ra|pie; licht|trun|ken** *(geh.);* **Lich|tung; Licht|ver|hält|nis|se** *Plur.;* **licht|voll** *(geh.);* **licht|wen|dig** (*für* phototropisch); **Licht|wen|dig|keit,** die; - (*für* Phototropismus); **Licht|zei|chen** (*svw.* Lichtsignal)

Lic. theol. = Licentiatus theologiae; *vgl.* [2]Lizentiat

Lid, das; -[e]s, -er (Augendeckel); *vgl.* aber: Lied

Li|di|ce ['lidjitsɛ] (tschech. Ort)

Lid|krampf (*Med.* krampfhaftes Schließen der Augenlider)

Li|do, der; -s, *Plur.* -s, *auch* Lidi ‹ital.› (Nehrung, bes. die bei Venedig)

Lid_rand, ...sack, ...schat|ten, ...spal|te, ...strich

lieb; sich bei jmdm. lieb Kind machen; der liebe Gott. **I.** *Kleinschreibung* (↑R 65): es ist mir das liebste (sehr lieb), am liebsten (sehr lieb; *vgl. auch* gern). **II.** *Großschreibung:* **a)** (↑R 65:) viel, nichts Liebes; mein Lieber, meine Liebe, mein Liebes; **b)** (↑R 157:) [Kirche] Zu Unsrer Lieben Frau[en]. **III.** *Schreibung in Verbindung mit dem Partizip II* (↑R 209): *vgl.* liebgeworden. **IV.** *Schreibung in Verbindung mit Verben* (↑R 205 f.): lieb sein, werden; *vgl.* aber: liebäugeln, liebbehalten, liebgewinnen, liebhaben, liebkosen; **Lieb,** das; -s (Geliebte[r]); mein -; **lieb|äu|geln** (↑R 205); er hat mit diesem Plan geliebäugelt; zu -; **lieb|be|hal|ten** (↑R 205); er hat sie immer liebbehalten; **Lieb|chen; Lieb|den,** die; - (*veraltet* ehrende Anrede an Adlige); Euer -; **Lie|be,** die; -, *Plur.* (*ugs. für* Liebschaften:) -n; Lieb und Lust (↑R 18); (↑R 208:) mir zuliebe; jmdm. etwas zuliebe tun; **lie|be|be|dürf|tig; Lie|be|die|ner** (*abwertend für* Schmeichler, unterwürfiger Mensch); **Lie|be|die|ne|rei; lie|be|die|ne|risch;** -ste; **lie|be|die|nern** (unterwürfig schmeicheln); er hat geliebedienert; zu liebedienern; **lie|be|leer; Lie|be|lei; lie|beln** (*veraltet für* flirten); ich ...[e]le (↑R 22); **lie|ben; Lie|ben|de,** der *u.* die; -n, -n (↑R 7 ff.); **lie|ben|ler|nen;** *vgl.* lernen u. kennenlernen; **lie|bens_wert, ...wür|dig; lie|bens|wür|di|ger|wei|se; Lie|bens|wür|dig|keit; lie|ber** *vgl.* gern

Lie|ber|mann (dt. Maler)

Lie|bes_aben|teu|er, ...af|fä|re, ...akt *(geh.),* **...ap|fel, ...ban|de** *(Plur.; geh.),* **...be|zei|gung** *(veraltet),* **...be|zie|hung, ...bo|te, ...brief, ...die|ne|rin** (*ugs. für* Prostituierte), **...dienst, ...ent|zug** *(Psych.),* **...er|klä|rung, ...film, ...ga|be, ...ge|dicht, ...ge|schich|te, ...gott, ...göt|tin, ...hei|rat, ...kno|chen** (*landsch. für* Eclair), **...kum|mer, ...lau|be, ...le|ben** (das; -s), **...lied, ...müh** *od.* **...mü|he, ...nacht, ...nest, ...paar, ...per|len** (*Plur.;* zur Verzierung von Gebäck), **...ro|man, ...spiel; lie|bes|toll; Lie|bes|tö|ter** *Plur.* (*ugs. scherzh. für* lange, warme Unterhose); **lie|bes|trun|ken; Lie|bes_ver|hält|nis, ...zau|ber; lie|be|voll; Lieb|frau|en|kir|che** (Kirche Zu Unsrer Lieben Frau[en]); **Lieb|frau|en|milch** (ein Wein); *als* ⓌⓏ: Liebfraumilch; **lieb|ge|win|nen** (↑R 205); er hat sie liebgewonnen; **lieb|ge|wor|den;** eine liebgewordene Gewohnheit (↑R 209), aber: die Gewohnheit ist ihm lieb geworden; *vgl.* lieb, IV; **lieb|ha|ben** (↑R 205); er hat sie [sehr] liebgehabt; **Lieb|ha|ber; Lieb|ha|ber|büh|ne; Lieb|ha|be|rei; Lieb|ha|be|rin; Lieb|ha|ber_preis, ...wert**

Lieb|hard (m. Vorn.)

Lie|big (dt. Chemiker; ⓌⓏ)

Lieb|knecht, Wilhelm (Mitbegründer der Sozialist. Arbeiterpartei Deutschlands)

lieb|ko|sen [*auch* 'li:p...] (↑R 205); er hat liebkost (*auch* geliebkost); **Lieb|ko|sung; lieb|lich; Lieb|lich|keit,** die; -; **Lieb|ling; Lieb|lings_buch, ...dich|ter, ...dich|te|rin, ...far|be, ...ge|richt, ...kind, ...lied, ...platz, ...schü|ler, ...schü|le|rin, ...wort** (*Plur.* ...wörter); **lieb|los;** -este; **Lieb|lo|sig|keit; lieb|reich; Lieb|reiz,** der; -es; **lieb|rei|zend;** -ste; **Lieb|schaft; Lieb|ste,** der *u.* die; -n, -n (↑R 7 ff.)

Lieb|stöckel, das *od.* der; -s, - [*Trenn.* ...stök|kel] (eine Heil- u. Gewürzpflanze)

lieb|wert *(veraltet)*

Liech|ten|stein ['liç...] (Fürstentum); *vgl.* aber: Lichtenstein; **Liech|ten|stei|ner; liech|ten|stei|nisch**

Lied, das; -[e]s, -er (Gedicht; Gesang); *vgl.* aber: Lid; **Lied|chen; Lie|der_abend, ...buch, ...hand|schrift**

Lie|der|jan, Lied|ri|an, der; -[e]s, -e (*ugs. für* liederlicher Mensch); **lie|der|lich; Lie|der|lich|keit**

Lie|der_ma|cher, ...ma|che|rin; lie|der|reich; lied|haft; Lied|lein

Lied|ri|an *vgl.* Liederjan

Lie|fe|rant, der; -en, -en (↑R 197) ‹*zu* liefern, mit lat. Endung› (Lieferer); **Lie|fe|ran|tin; lie|fer|bar; Lie|fer_be|din|gun|gen** *(Plur.),* **...be|trieb; Lie|fe|rer; Lie|fer_fir|ma, ...frist; Lie|fe|rin; lie|fern;** ich ...ere (↑R 22); **Lie|fer_schein, ...stopp, ...ter|min; Lie|fe|rung; Lie|fe|rungs_ort** (der; -[e]s, -e), **...sper|re; lie|fe|rungs|wei|se; Lie|fer_ver|trag, ...wa|gen, ...zeit**

Lie|ge, die; -, -n (ein Möbelstück); **Lie|ge_geld** *(Seew.),* **...hal|le, ...kur; lie|gen;** du lagst; du lägest; gelegen; lieg[e]!; ich habe (*südd., österr., schweiz.* bin) gelegen; ich habe zwanzig Flaschen Wein im Keller liegen; er hat den Stein liegen gelassen (nicht aufgehoben); ein Dorf links/rechts liegen lassen (vorbeifahren); *vgl.* aber: liegenbleiben, liegenlassen; **lie|gen|blei|ben;** er blieb liegen; er ist liegengeblieben; du mußt im Bett liegenbleiben; die Brille ist liegengeblieben; **lie|gend;** -es

Gut, -e Güter; **Lie|gen|de,** das; -n; ↑R 7 ff. (*Bergmannsspr.; Ggs.* Hangende); **lie|gen|las|sen;** ↑R 205 (vergessen, nicht beachten); er hat seinen Hut liegenlassen; er hat ihn links liegenlassen, *seltener* liegengelassen; alles liegen- und stehenlassen; *vgl.* liegen; **Lie|gen|schaft** (Grundbesitz); **Lie|ge‿platz** *(Seew.)*, **...pol|ster; Lie|ger** (*Seemannsspr.* Wächter auf einem außer Dienst befindlichen Schiff; großes Trinkwasserfaß [als Notvorrat]); **Lie|ge‿sitz, ...so|fa, ...statt** (die; -, ...stätten), **...stuhl, ...stütz** (der; -es, -e; *Sport*), **...wa|gen, ...wie|se, ...zeit**

Liek, das; -[e]s, -en (*Seemannsspr.* Tauwerk als Einfassung eines Segels); *vgl.* Leik

Li|en ['li:en, *auch* 'lie:n], der; -s, Lienes ‹lat.› (*Med.* Milz); **lie|nal;** ↑R 180 (die Milz betreffend)

Lien|hard *vgl.* Leonhard

Lie|ni|tis, die; -, ...itiden ‹griech.›; ↑R 180 (*Med.* Milzentzündung)

Li|enz (Stadt in Österreich)

lies! (*Abk.* l.)

Liesch, das; -[e]s (eine Grasgattung); **[1]Lie|schen** *Plur.* (Vorblätter am Maiskolben)

[2]Lies|chen (w. Vorn.); *vgl.* fleißig

[1]Lie|se, die; -, -n (*Bergmannsspr.* enge [2]Kluft)

[2]Lie|se, Lie|sel, Liesl, Lise (w. Vorn.); **Lie|se|lot|te** [*auch* ...'lɔtə]; ↑R 132 (w. Vorn.); *vgl.* Liselotte

Lie|sen *Plur.* (*nordd. für* Schweinefett)

Liesl *vgl.* Liesel

Lies|tal (Hptst. des Halbkantons Basel-Landschaft)

Life|style ['laifstail], der; -s ‹engl.› (Lebensstil); **Life|time|sport** ['laiftaim...], der; -s (Sportart, die lebenslang betrieben werden kann)

Lift, der; -[e]s, *Plur.* -e *u.* -s ‹engl.› (Fahrstuhl, Aufzug); **Lift|boy** [...bɔy]; **lif|ten** (heben, stemmen)

Li|ga, die; -, ...gen ‹span.› (Bund, Bündnis; *Sport* Bez. einer Wettkampfklasse); **Li|ga|de,** die; -, -n (*Fechten* Zurseitedrücken der gegnerischen Klinge); **Li|ga|ment,** das; -[e]s, -e ‹lat.› *u.* **Li|ga|men|tum,** das; -s, ...ta (*Med.* Band); **Li|ga|tur,** die; -, -en (*Druckw.* [Buchstaben]verbindung; *Med.* Unterbindung [einer Ader usw.]; *Musik* Verbindung zweier gleicher Töne zu einem)

Li|ge|ti (ungar. Komponist)

Light-Show ['laitʃo:], die; -, -s ‹engl.› (Show mit besonderen Lichteffekten)

li|gie|ren ‹lat.› (*Fechten* die gegnerische Klinge zur Seite drücken); **Li|gist,** der; -en, -en; ↑R 197 (Angehöriger einer Liga; Verbündeter); **li|gi|stisch**

Li|gnin, das; -s, -e ‹lat.› (Holzstoff); **Li|gnit** [*auch* ...'nit], der; -s, -e (Braunkohle mit Holzstruktur)

Li|gro|in, das; -s ‹Kunstwort› (ein Leichtöl)

Li|gu|rer, der; -s, - (Angehöriger eines voridg. Volkes in Südfrankreich u. Oberitalien); **Li|gu|ri|en** [...iən] (ital. Region); **li|gu|risch,** aber (↑R 146): das Ligurische Meer

Li|gu|ster, der; -s, - ‹lat.› (ein Ölbaumgewächs mit weißen Blütenrispen); **Li|gu|ster‿hecke** [*Trenn.* ...hek|ke], **...schwär|mer** (ein Schmetterling)

li|ie|ren ‹franz.› (eng verbinden); sich -; **Li|ier|te,** der *u.* die; -n, -n; ↑R 7 ff. (*veraltet für* Vertraute[r]); **Li|ie|rung** (enge Verbindung)

Li|kör, der; -s, -e ‹franz.› (süßer Branntwein); **Li|kör‿es|senz, ...fla|sche, ...glas** (*Plur.* ...gläser)

Lik|tor, der; -s, ...oren (Diener der Obrigkeit im alten Rom); **Lik|to|ren|bün|del**

li|la ‹franz.› (fliederblau; *ugs. für* mittelmäßig); ein lila Kleid; *vgl.* blau; *vgl. auch* beige; **Li|la,** das; -s, *Plur. -, ugs.* -s (ein fliederblauer Farbton); **li|la|far|ben, li|la|far|big; Li|lak,** der; -s, -s (span. Flieder)

Li|li *vgl.* Lilli

Li|lie [...iə], die; -, -n ‹lat.› (eine [Garten]blume)

Li|li|en|cron (dt. Dichter)

Li|li|en|ge|wächs

Li|li|en|thal (dt. Luftfahrtpionier)

li|li|en|weiß

Li|li|put ‹nach engl. Lilliput› (Land der Däumlinge in J. Swifts Buch „Gullivers Reisen"); **Li|li|pu|ta|ner** (Bewohner von Liliput; kleiner Mensch; Zwerg); **Li|li|put‿bahn, ...for|mat**

Lille [lil] (franz. Stadt)

Lil|li, Li|li, **Lil|ly,** Li|ly (w. Vorn.)

Li|long|we [...ve] (Hptst. von Malawi)

Li|ly *vgl.* Lilly

lim = [2]Limes

lim., Lim. = limited

Li|ma (Hptst. von Peru)

Lim|ba, das; -s (ein Furnierholz)

Lim|bi (*Plur. von* [2]Limbus)

Lim|bo, der; -s, -s ‹karib.› (akrobatischer Tanz unter einer niedrigen Querstange hindurch)

Lim|burg (belg. u. niederl. Landschaft; Stadt in Belgien)

Lim|burg a. d. Lahn (Stadt in Hessen)

[1]Lim|bur|ger (↑R 147); - Käse (urspr. aus der belg. Landschaft Limburg); **[2]Lim|bur|ger,** der; -s, - (ein Käse)

[1]Lim|bus, der; - ‹lat.› (Teil der Unterwelt; *christl. Rel.* Vorhölle); **[2]Lim|bus,** der; -, ...bi (*Technik* Gradkreis, Teilkreis an Winkelmeßinstrumenten)

Li|me|rick, der; -[s], -s ‹*engl.;* nach der irischen Stadt Limerick› (fünfzeiliges Gedicht groteskkomischen Inhalts)

[1]Li|mes, der; - ‹lat.› (von den Römern angelegter Grenzwall [vom Rhein bis zur Donau]); **[2]Li|mes,** der; -, - (*Math.* Grenzwert; *Zeichen* lim); **Li|mes|ka|stell**

Li|met|te, *auch* Li|met|ta, die; -, ...tten ‹pers.-ital.› (westind. Zitrone); **Li|met|ten|saft**

Li|mit, das; -s, *Plur.* -s *u.* -e ‹engl.› (Grenze, Begrenzung; *Kaufmannsspr.* Preisgrenze, äußerster Preis); **Li|mi|ta|ti|on,** die; -, -en ‹lat.› (Begrenzung, Beschränkung); **Li|mi|te,** die; -, -n ‹franz.› (*schweiz. svw.* Limit); **li|mi|ted** [...tid] ‹engl.› (*in engl. u. amerik. Firmennamen* „mit beschränkter Haftung"; *Abk.* Ltd., lim., Lim., Ld.); **li|mi|tie|ren** ‹lat.› ([den Preis] begrenzen; beschränken); limitierte Auflage (z. B. Graphik); **Li|mi|tie|rung**

Lim|mat, die; - (r. Nebenfluß der Aare)

Lim|ni|me|ter, das; -s, - ‹griech.› (Pegel zum Messen des Wasserstandes eines Sees); **lim|nisch** (*Biol., Geol.* im Süßwasser lebend, abgelagert); **Lim|no|graph,** der; -en, -en; ↑R 197 (*svw.* Limnimeter); **Lim|no|lo|ge,** der; -n, -n; ↑R 197 (Kenner u. Erforscher der stehenden Gewässer); **Lim|no|lo|gie,** die; - (Süßwasser-, Seenkunde); **lim|no|lo|gisch** (auf Binnengewässer bezüglich); **Lim|no|plank|ton** *(Biol.)*

Li|mo, die; -, -s (*ugs. Kurzform für* Limonade); **Li|mo|na|de,** die; -, -n ‹pers.›; **Li|mo|ne,** die; -, -n (*svw.* Limette; *auch für* Zitrone)

Li|mo|nit [*auch* ...'nit], der; -s, -e ‹griech.› (ein Mineral)

li|mos, li|mös; -este ‹lat.› (*Biol.* schlammig, sumpfig)

Li|mou|si|ne [limu...], die; -, -n ‹franz.› (geschlossener Pkw, auch mit Schiebedach)

Li|na, Li|ne (w. Vorn.); **Lin|chen** (w. Vorn.)

Lin|cke [*zur Trenn.* ↑R 179] (dt. Komponist)

Lin|coln ['liŋkən] (Präsident der USA)

lind; ein -er Regen

Lin|da (w. Vorn.)

Lind|au (Bo|den|see) (Stadt in Bayern)

Lin|de, die; -, -n; **lin|den** (aus Lindenholz); **Lin|den‿al|lee, ...baum, ...blatt, ...blü|te; Lin-**

den|blü|ten|tee; Lin|den_holz, ...ho|nig
lin|dern; ich ...ere (↑R 22); **Lin|de|rung; Lin|de|rungs|mit|tel,** das
lind|grün ‹*zu* Linde›
Lind|heit, die; -
Lind|wurm (Drache in der Sage)
Li|ne *vgl.* Lina
Li|ne|al, das; -s, -e ‹lat.›; **li|ne|ar** (geradlinig; auf gerader Linie verlaufend; linienförmig); -e Gleichung *(Math.)*; -e Programmierung *(Math.)*; **Li|ne|ar_be|schleu|ni|ger** *(Kernphysik)*, **...mo|tor** *(Elektrotechnik)*, **...zeich|nung** (Umrißzeichnung, Riß); **Li|nea|tur,** die; -, -en; ↑R 180 (Linierung [eines Heftes]; Linienführung)
...ling (z. B. Jüngling, der; -s, -e)
Lin|ga[m], das; -s ‹sanskr.› (Phallus als Sinnbild des ind. Gottes der Zeugungskraft)
Lin|ge|rie [lɛ̃ʒ(ə)ri:], die; -, ...ien (*schweiz. für* Wäscheraum, betriebsinterne Wäscherei; Wäschegeschäft)
...lings (z. B. jählings)
lin|gu|al [liŋ'gua:l] ‹lat.› (auf die Zunge bezüglich, Zungen...); **Lin|gu|al,** der; -s, -e *u.* **Lin|gu|al|laut** (*Sprachw.* Zungenlaut); **Lin|gu|ist** [...'guist], der; -en, -en; ↑R 197 (Sprachwissenschaftler); **Lin|gui|stik,** die; -; ↑R 180 (Sprachwissenschaft); **Lin|gui|stin; lin|gui|stisch**
Li|nie [...iə], die; -, -n ‹lat.›; - halten *(Druckw.)*; absteigende, aufsteigende Linie *(Genealogie)*; **Li|ni|en_ball** *(Tennis)*, **...blatt, ...bus, ...dienst, ...flug, ...flug|zeug, ...füh|rung, ...netz, ...pa|pier, ...rich|ter, ...rich|te|rin,** *(Sport)*, **...schiff, ...spie|gel** (*österr. für* Linienblatt), **...ste|cher** (*für* Guillocheur), **...tau|fe** (Äquatortaufe); **li|ni|en|treu** (einer politischen Ideologie genau u. engstirnig folgend); **Li|ni|en|ver|kehr; li|nie|ren** *(österr. nur so)*, li|ni|ie|ren (mit Linien versehen; Linien ziehen); **Li|nier_ma|schi|ne, ...plat|te; Li|nie|rung** *(österr. nur so)*, **Li|ni|ie|rung; ...li|nig** (z. B. geradlinig)
Li|ni|ment, das; -[e]s, -e ‹lat.› (*Med.* Mittel zum Einreiben)
link; linker Hand; **[1]Lin|ke,** der *u.* die; -n, -n; ↑R 7 ff. (Angehörige[r] einer linksstehenden Partei od. Gruppe); **[2]Lin|ke,** die; -n, -n; ↑R 7 ff. (linke Hand; linke Seite; *Politik* Bez. für linksstehende Parteien, auch für die linksstehende Gruppe einer Partei); zur -n; in meiner -n; ein kräftiger Druck meiner -n; er traf ihn mit einer blitzschnellen -n *(Boxen)*; die radikale - (im Parlament); er gehört der -n an; die neue Linke (*vgl.* neu, I, c); **Lin|ke|hand|re|gel,** die; - *(Physik)*; **lin|ken** (*ugs. für* täuschen); **lin|ker Hand; lin|ker|seits; lin|kisch**
Lin|kru|sta, die; - ‹Kunstwort› (abwaschbare Relieftapete)
links (*Abk.* l.); - von mir, - vom Eingang; von -, nach -; von - nach rechts; von - her, nach - hin; an der Kreuzung gilt rechts vor -; er weiß nicht, was rechts und was - ist; links um! (milit. Kommando; *vgl.* a b e r: linksum); *als Präp. mit Gen.*: - des Waldes; - sein (*ugs.* Linkshänder sein); etwas mit - (*ugs.* mit Leichtigkeit) machen; **Links|ab|bie|ger** *(Verkehrsw.)*; **Links|aus|la|ge,** die; - *(Boxen)*; **Links|aus|le|ger; links|au|ßen** *(Sport)*; - stürmen, spielen; **Links|au|ßen,** der; -, - *(Sport)*; er spielt -; **links|bün|dig; Links|drall; links|dre|hend,** a b e r: nach links drehend; **Links|dre|hung; Lin|ker** (*ugs. für* Linkshänder); **links|ex|trem; Links_ex|tre|mis|mus** (der; -), **...ex|tre|mist, ...ga|lopp; links|ge|rich|tet; Links_ge|win|de, ...hän|der, ...hän|de|rin; links|hän|dig; Links|hän|dig|keit,** die; -; **links|her** (*veraltet für* von links her); **links|her|um;** linksherum drehen, a b e r: nach links herumdrehen; **links|hin** (*veraltet für* nach links hin); **Links|hörn|chen** (eine Schnecke); **Links_in|tel|lek|tu|el|le, ...kurs, ...kur|ve; links_la|stig, ...läu|fig, ...li|be|ral** (-e Koalition); **Links|par|tei; links|ra|di|kal; Links_ra|di|ka|le, ...ra|di|ka|lis|mus; Links-rechts-Kom|bi|na|ti|on** *(Boxen)*; **links|rhei|nisch** (auf der linken Rheinseite); **Links|ruck** *(Politik)*; **links_rum** *(ugs.)*, **...sei|tig, ...ste|hend** *(auch Politik)*; **links|uf|rig; links|um** [*auch* 'liŋks...]; - machen; - kehrt! *vgl.* a b e r: links; **Links_un|ter|zeich|ne|te** (*vgl.* Unterzeichnete), **...ver|kehr, ...wen|dung**
Lin|né [li'ne:] (schwed. Naturforscher; *Abk. hinter biol. Namen* L.); Linnésches System; ↑R 134
lin|nen (*geh. für* leinen); **Lin|nen,** das; -s, - (*geh. für* Leinen)
Lin|ole|um [...leum, *österr. meist* ...'le:um], das; -s ‹lat.› (ein Fußbodenbelag); **Lin|ole|um|be|lag; Lin|ol|schnitt** (ein graph. Verfahren u. dessen Ergebnis)
Li|non [li'nõ:, *auch* 'linɔn], der; -[s], -s ‹franz.› (Baumwollgewebe [mit Leinencharakter])
Li|no|type Ⓦᶻ ['lainotaip], die; -, -s ‹engl.› (Setz- u. Zeilengießmaschine); **Li|no|type-Setz|ma|schi|ne,** die; -, -n (↑R 34)
Lin|se, die; -, -n; **lin|sen** (*ugs. für* schauen, scharf äugen); **Lin|sen|feh|ler** *(Optik)*; **lin|sen|för|mig; Lin|sen_ge|richt, ...sup|pe, ...trü|bung** *(Med.)*; **...lin|sig** (z. B. vierlinsig, *mit Ziffer* 4linsig)
Linth, die; - (Oberlauf der Limmat)
Li|nus (m. Vorn.)
Linz (Hptst. von Oberösterreich)
Linz am Rhein (Stadt am Mittelrhein)
Lin|zer (↑R 147); - Torte
Lio|ba (w. Vorn.)
Li|on ['laiən], der; -s, -s (Mitglied des Lions Clubs); **Li|ons Club** [*engl.* 'laiənz 'klab], der; - -s *u.* **Li|ons In|ter|na|tio|nal** [*engl.* - intə(r)'nɛʃ(ə)nəl], der; - - (karitativ tätige, um internationale Verständigung bemühte Vereinigung führender Persönlichkeiten des öffentlichen Lebens)
Lip|ämie, die; -, ...ien ‹griech.› (*Med.* Vermehrung des Fettgehaltes im Blut); **lip|ämisch** (fettblütig)
Li|pa|ri|sche In|seln, *auch* Äo|li|sche In|seln *Plur.* (im Mittelmeer)
Lip gloss, das; - -, - - ‹engl.› (Kosmetikmittel, das den Lippen Glanz verleiht)
Li|piz|za|ner, der; -s, - (Vollblutpferd einer bestimmten Rasse)
li|po|id ‹griech.› (fettähnlich); **Li|po|id,** das; -s, -e *meist Plur.* (*Biol.* fettähnlicher, lebenswichtiger Stoff im Körper); **Li|pom,** das; -s, -e *u.* **Li|po|ma,** das; -s, -ta (*Med.* Fettgeschwulst); **Li|po|ma|to|se,** die; -, -n (*Med.* Fettsucht)
[1]Lip|pe, die; -, -n (Rand der Mundöffnung)
[2]Lip|pe (Land des ehem. Deutschen Reiches); **[3]Lip|pe,** die; - (r. Nebenfluß des Niederrheins)
Lip|pen_be|kennt|nis, ...blüt|ler (der; -s, -), **...laut** (*für* Labial), **...stift** (der), **...syn|chro|ni|sa|ti|on** *(Film)*
Lip|pe-Sei|ten|ka|nal (↑R 149)
Lipp|fisch; ...lip|pig (z. B. mehrlippig)
lip|pisch ‹*zu* [2]Lippe›, a b e r (↑R 146): Lippischer Wald
Lip|tau (deutscher Name einer slowak. Landschaft); **Lip|tau|er** (↑R 147); - Käse; **Lip|tau|er,** der; -s, - (ein Käse)
Lip|urie, die; -, ...ien ‹griech.› (*Med.* Ausscheidung von Fett durch den Harn)
liq., Liq. = Liquor; **Li|que|fak|ti|on,** die; -, -en ‹lat.› (Verflüssigung); **li|quid,** li|qui|de (flüssig; fällig; verfügbar); -e Gelder, -e Forderung; **Li|qui|da,** die; -, *Plur.* ...dä *u.* ...quiden *u.* Li|quid-

laut (*Sprachw.* Fließlaut, z. B. l, r); **Li|qui|da|ti|on,** die; -, -en ([Kosten]abrechnung freier Berufe; Tötung [aus polit. Gründen]; Auflösung [eines Geschäftes]); **Li|qui|da|ti|ons|ver|hand|lung; Li|qui|da|tor,** der; -s, ...oren (jmd., der eine Liquidation durchführt); **li|qui|de** *vgl.* liquid; **li|qui|die|ren** ([eine Forderung] in Rechnung stellen; [einen Verein o. ä.] auflösen; Sachwerte in Geld umwandeln; beseitigen, tilgen; [aus polit. Gründen] töten); **Li|qui|die|rung** (*bes. für* Beseitigung [einer Person]; Beilegung eines Konflikts); **Li|qui|di|tät,** die; - (Verhältnis der Verbindlichkeiten eines Unternehmens zu den liquiden Vermögensbestandteilen); **Li|quid|laut** *vgl.* Liquida; **Li|quor,** der; -s, ...ores (*Med.* Körperflüssigkeit; *Pharm.* flüssiges Arzneimittel; *Abk.* liq., Liq. [auf Rezepten])

[1]Li|ra, die; -, Lire (ital. Währungseinheit; *Abk.* L., Lit *[für Sing. u. Plur.]*); **[2]Li|ra,** die; -, - (türk. Währungseinheit [türk. Pfund]; *Abk.* TL)

Lis|beth [*auch* 'lis...] (w. Vorn.)

Lis|boa [*port.* liʒ'boa] (*port. Name für* Lissabon)

Li|se *vgl.* [2]Liese; **Li|se|lot|te** [*auch* ...'lɔtə]; Liselotte von der Pfalz; *vgl.* Lieselotte

Li|se|ne, die; -, -n ‹franz.› (*Archit.* pfeilerartiger Mauerstreifen)

Li|set|te (w. Vorn.)

Lis|mer, der; -s, - (*schweiz. mdal. für* Strickweste)

lis|peln; ich ...[e]le (↑R 22); **Lis|pel|ton** *Plur.* ...töne; **Lisp|ler**

Lis|sa|bon [*auch* ...'bɔn] (Hptst. Portugals); *vgl. auch* Lisboa; **Lis|sa|bon|ner** (↑R 147); **lis|sa|bon|nisch**

Lis|se, die; -, -n (*landsch. für* Stützleiste an Leiterwagen)

[1]List, die; -, -en

[2]List (dt. Volkswirt); *vgl.* Liszt

Li|ste, die; -, -n; die schwarze -; **li|sten** (in Listenform bringen); gelistet; **Li|sten‿platz, ...preis**

li|sten|reich

Li|sten‿ver|bin|dung *(Politik),* **...wahl**

li|stig; li|sti|ger|wei|se; Li|stig|keit, die; -

Liszt [list] (ung. Komponist)

Lit = [1]Lira *Sing. u.* Lire *Plur.*

Lit. = Litera; Literatur

Li|ta|nei, die; -, -en ‹griech.› (Wechsel-, Bittgebet; eintöniges Gerede; endlose Aufzählung)

Li|tau|en[1]; **Li|tau|er**[1]; **li|tau|isch**[1]; -e Sprache; *vgl.* deutsch; **Li|tau|isch**[1], das; -[s] (Sprache); *vgl.* Deutsch; **Li|tau|ische**[1], das; -n (↑R 180); *vgl.* Deutsche, das

Li|ter[1], der, *schweiz. nur so, auch* das; -s, - ‹griech.› (1 Kubikdezimeter; *Zeichen* l); ein halber, *auch* halbes Liter, ein viertel Liter

Li|te|ra, die; -, *Plur.* -s *u.* ...rä ‹lat.› (Buchstabe; *Abk.* Lit.); **Li|te|rar|hi|sto|ri|ker; li|te|rar|hi|sto|risch; li|te|ra|risch** (schriftstellerisch, die Literatur betreffend); **Li|te|rar|kri|tik** (Verfahren zur Rekonstruktion bes. von bibl. Texten; *auch svw.* Literaturkritik); **Li|te|rat,** der; -en, -en; ↑R 197 (*oft abwertend für* Schriftsteller); **Li|te|ra|ten|tum,** das; -s; **Li|te|ra|tur,** die; -, -en; **Li|te|ra|tur‿an|ga|be** *(meist Plur.),* **...bei|la|ge, ...denk|mal** (*Plur.* ...mäler, *geh.* ...male), **...gat|tung, ...ge|schich|te; li|te|ra|tur|ge|schicht|lich; Li|te|ra|tur‿hin|weis, ...kri|tik, ...kri|ti|ker, ...kri|ti|ke|rin, ...preis, ...spra|che, ...ver|zeich|nis, ...wis|sen|schaft; li|te|ra|tur|wis|sen|schaft|lich; Li|te|ra|tur|zeit|schrift**

Li|ter[1]**‿fla|sche, ...lei|stung** (Leistung, die aus jeweils 1000 cm^3 Hubraum eines Kfz-Motors erzielt werden kann); **li|ter|wei|se**[1]

Li|tew|ka [li'tɛfka], die; -, ...ken ‹poln.› (*früher* bequemer Uniformrock)

Lit|faß|säu|le (↑R 135) ‹nach dem Berliner Buchdrucker E. Litfaß› (Anschlagsäule)

lith... ‹griech.› (stein...); **Lith...** (Stein...); **Li|thia|sis,** die; -, ...iasen (*Med.* Steinbildung [in Galle, Niere usw.]); **Li|thi|um,** das; -s (chem. Element, Metall; *Zeichen* Li); **Li|tho,** das; -s, -s (*Kurzform für* Lithographie [als Kunstblatt]); **Li|tho|graph**[2], der; -en, -en; ↑R 197 (Steinzeichner); **Li|tho|gra|phie**[2], die; -, -ien (Steinzeichnung; *nur Sing.:* Herstellung von Platten für den Steindruck; Kunstblatt in Steindruck); **li|tho|gra|phie|ren**[2]; **li|tho|gra|phisch**[2]; **Li|tho|klast,** der; -en, -en; ↑R 197 (*Med.* Instrument zum Zertrümmern von Blasensteinen); **Li|tho|lo|ge,** der; -n, -n; ↑R 197 (Kenner u. Erforscher der Gesteine); **Li|tho|lo|gie,** die; - (Gesteinskunde); **Li|tho|ly|se,** die; -, -n (*Med.* Auflösung von Nieren- und Harnsteinen durch Arzneien); **li|tho|phag** (*Zool.* sich in Gestein einbohrend); **Li|tho|po|ne,** die; - (lichtechte Weißfarbe); **Li|tho|sphä|re,** die; - (*Geol.* Gesteinsmantel der Erde); **Li|tho|tom,** der *od.* das; -s, -e (*Med.* chirurg. Messer zur Durchführung der Lithotomie); **Li|tho|to|mie,** die; -, ...ien ([Blasen]steinoperation); **Li|tho|trip|sie,** die; -, ...ien ([Blasen]steinzertrümmerung); **Li|tho|trip|ter,** der; -s, - (Lithoklast); **Lith|ur|gik,** die; - (Lehre von der Verwendung u. Verarbeitung von Gesteinen u. Mineralien); *vgl.* aber: Liturgik

li|to|ral ‹lat.› (*Geogr.* der Küste angehörend); **Li|to|ral,** das; -s, -e (Uferzone [Lebensraum im Wasser]); **Li|to|ra|le,** das; -s, -s ‹ital.› (Küstenland); **Li|to|ral|fau|na** ‹lat.›; **Li|to|ral|flo|ra; Li|to|ri|na,** die; -, ...nen (*Zool.* Uferschnecke); **Li|to|ri|na|meer,** das; -[e]s (Entwicklungsstufe der Ostsee mit Litorinaschnecken als Leitfossil)

Li|to|tes [...tɛs], die; -, - ‹griech.› (*Rhet.* Bejahung durch doppelte Verneinung, z. B. nicht unklug)

Lit|schi, die; -, -s ‹chin.› (pflaumengroße, erdbeerähnlich schmeckende Frucht)

Li|turg, der; -en, -en ‹griech.›; ↑R 197 (den Gottesdienst haltender Geistlicher); **Li|tur|gie,** die; -, ...ien (die amtliche od. gewohnheitsrechtliche Form des kirchl. Gottesdienstes, bes. der am Altar gehaltene Teil); **Li|tur|gi|en|samm|lung; Li|tur|gik,** die; - (*Theol.* Theorie u. Geschichte der Liturgie); *vgl.* aber: Lithurgik; **Li|tur|gin; li|tur|gisch;** -e Gefäße, Gewänder

Lit|ze, die; -, -n ‹lat.›

Liu|dol|fin|ger (*svw.* Ludolfinger)

live [laif] ‹engl.› (*Rundf. u. Fernsehen* direkt, original); ein Konzert - senden

Li|ve [...və], der; -n, -n; ↑R 197 (Angehöriger eines finn. Volksstammes)

Live-Auf|zeich|nung ['laif...] *(Rundf., Fernsehen);* **Live-Mit|schnitt; Live-Mu|sik**

Li|ver|pool ['livə(r)pu:l] (engl. Stadt)

Live-Sen|dung ['laif...] ‹engl.; dt.› (*Rundf., Fernsehen* Direktsendung, Originalübertragung); **Live-Show**

Li|via [...via] (Gemahlin des Kaisers Augustus)

li|visch [...v...] ‹*zu* Live›

Li|vi|us [...vius] (röm. Geschichtsschreiber)

Liv|land [...f...]; **Liv|län|der** (↑R 147); **liv|län|disch**

Li|vre ['li:vr(ə)], der *od.* das; -[s], -[s] ‹franz.› (alte franz. Münze); 6 - (↑R 129)

---

[1] [*auch* 'li...]

[1] [*auch* 'li...]

[2] *Auch eindeutschend* Lithograf usw.

Li|vree [...v...], die; -, ...een ‹franz.› (uniformartige Dienerkleidung); **li|vriert** (in Livree [gekleidet])

[1]**Li|zen|ti|at,** das; -[e]s, -e ‹lat.› (akadem. Grad in der Schweiz und bei einigen kath.-theol. Fakultäten); - der Theologie; [2]**Li|zen|ti|at,** der; -en, -en; ↑R 197 (Inhaber des [1]Lizentiats; *Abk.* Lic. [theol.], *schweiz.* lic. phil. usw.); **Li|zenz,** die; -, -en ([behördl.] Erlaubnis, Genehmigung, bes. zur Nutzung eines Patents od. zur Herausgabe einer Zeitung, Zeitschrift od. eines Buches); **Li|zenz‿aus|ga|be, ...ge|ber, ...ge|bühr; li|zen|zie|ren** (Lizenz erteilen); **Li|zenz‿in|ha|ber, ...neh|mer, ...spie|ler** *(Fußball),* **...trä|ger, ...ver|trag**

Lju|blja|na (Hptst. Sloweniens; *vgl.* Laibach)

Lkw, *auch* **LKW,** der; -[s], *Plur.* -s, *selten* - = Lastkraftwagen

Lla|ne|ro [lja...], der; -s, -s ‹span.› (Bewohner der Llanos); **Lla|no** ['lja:...], der; -s, -s *meist Plur.* (baumarme Hochgrassteppe in [Süd]amerika)

Lloyd [lɔyt], der; -[s] ‹nach dem Londoner Kaffeehausbesitzer E. Lloyd› (Name von Seeversicherungs-, auch von Schiffahrtsgesellschaften; Name von Zeitungen [mit Schiffsnachrichten]); Norddeutscher -, *jetzt* Hapag-Lloyd AG

lm = Lumen

Ln., Lnbd. = Leinen[ein]band

[1]**Lob,** das; -[e]s, -e *Plur. selten;* - spenden

[2]**Lob,** der; -[s], -s ‹engl.› (*Tennis* einen hohen Bogen beschreibender Ball); **lob|ben** (einen [2]Lob schlagen)

Lob|by ['lɔbi], die; -, *Plur.* -s *od.* Lobbies ‹engl.› (Wandelhalle im [engl. od. amerik.] Parlament; *auch für* Gesamtheit der Lobbyisten); **Lob|by|is|mus,** der; - (Versuch, Gepflogenheit, Zustand der Beeinflussung von Abgeordneten durch Interessengruppen); **Lob|by|ist,** der; -en, -en; ↑R 197 (jmd., der Abgeordnete für seine Interessen zu gewinnen sucht)

Lo|be|lie [...i̯ə], die; -, -n ‹nach dem flandrischen Botaniker M. de l'Obel› (eine Zierpflanze)

lo|ben; lo|bens‿wert, ...wür|dig; lo|be|sam *(veraltet);* **Lo|bes‿er|he|bung** *(meist Plur.; geh.),* **...hym|ne; Lob‿ge|sang, ...gier; lob|gie|rig; Lob|hu|de|lei** *(abwertend);* **Lob‿hu|de|ler** *od.* ...hud|ler *(abwertend);* **lob|hu|deln** (*abwertend für* übertrieben loben); ich ...[e]le (↑R 22); gelobhudelt; zu -; **löb|lich; Lob|lied**

Lo|bo|to|mie *vgl.* Leukotomie

Lob|preis; lob|prei|sen *(geh.);* du lobpreist; du lobpreistest *u.* lobpriesest; gelobpreist *u.* lobgepriesen; zu lobpreisen; lobpreise!; **Lob|prei|sung** *(geh.);* **Lob‿re|de, ...red|ner; lob|red|ne|risch; lob|sin|gen;** du lobsingst; du lobsangst (lobsangest); lobgesungen; zu lobsingen; lobsinge!; **Lob|spruch** *meist Plur.*

Lo|car|ner (↑R 147) *u.* **Lo|car|ne|se,** der; -n, -n (Bewohner von Locarno); **Lo|car|no** (Stadt am Lago Maggiore)

Loc|cum (Ort südl. von Nienburg [Weser])

Loch, das; -[e]s, Löcher; **Löch|elchen; lo|chen; Lo|cher** (Gerät zum Lochen; Person, die Lochkarten locht); **lö|che|rig** (*svw.* löchrig); **Lo|che|rin; lö|chern;** ich ...ere (↑R 22)

Lo|chi|en [...xi̯ən] *Plur.* ‹griech.› (*Med.* Wochenfluß nach der Geburt)

Loch‿ka|me|ra, ...kar|te; Loch|kar|ten|ma|schi|ne; Loch|leh|re (Gerät zur Prüfung der Durchmesser von Bolzen); **Löch|lein**

Loch Ness, der; -[s] - (ein See in Schottland)

löch|rig; Loch‿sticke|rei[1], **...strei|fen; Lo|chung; Loch|zan|ge**

Löck|chen; Locke[1], die; -, -n;

[1]**locken**[1] (lockig machen)

[2]**locken**[1] (anlocken)

löcken[1] (mit den Füßen ausschlagen); *noch in* wider den Stachel - *(geh.)*

Locken[1]**‿haar, ...kopf; locken|köp|fig**[1]; **Locken**[1]**‿pracht, ...stab, ...wickel**[1] *od.* **...wick|ler**

locker[1] (*ugs. auch für* entspannt, zwanglos); (einen Knoten) - lassen, machen; - sein, sitzen, werden; *vgl.* aber: lockerlassen, lockermachen; **Locker|heit**[1], die; -; **locker|las|sen**[1]; ↑R 205 (*ugs. für* nachgeben); er hat nicht lockergelassen; *vgl.* locker; **locker|ma|chen**[1]; ↑R 205 (*ugs. für* hergeben; von jmdm. erlangen); er hat viel Geld lockergemacht; *vgl.* locker; **lockern**[1]; ich ...ere (↑R 22); **Locke|rung**[1]; **Locke|rungs**[1]**‿mit|tel,** (das; zum Auflockern des Teiges), **...übung**

lockig[1]; **Löck|lein** (*svw.* Löckchen)

Lock‿mit|tel (das), **...ruf, ...spei|se** (*geh. für* Köder), **...spit|zel** *(abwertend);* **Lockung**[1]; **Lock|vo|gel; Lock|vo|gel|wer|bung**

Lock|wel|le (Lockenfrisur mit kleineren Wellen)

lo|co ['lo:ko, *auch* 'lɔko] ‹lat.› (*Kaufmannsspr.* am Ort; hier; greifbar; vorrätig); - Berlin (ab Berlin); *vgl.* aber: Lokoverkehr; **lo|co ci|ta|to** (am angeführten Orte; *Abk.* l. c.)

Lod|de, die; -, -n; *vgl.* Kapelan

Lod|del, der; -s, - (*ugs. für* Zuhälter)

lod|de|rig (*landsch. für* lotterig)

Lo|de, die; -, -n (Schößling)

Lo|den, der; -s, - (ein Wollgewebe); **Lo|den‿man|tel, ...stoff**

lo|dern; ich ...ere (↑R 22)

Lodz [lɔtʃ], *auch* Lodsch (*dt. Schreibung von* Łódź); **Łódź** [u̯utʃç] (Stadt in Polen)

Löf|fel, der; -s, -; **Löf|fel‿bag|ger, ...bis|kuit, ...en|te, ...kraut; löf|feln;** ich ...[e]le (↑R 22); **Löf|fel‿rei|her** (*vgl.* Löffler), **...stiel; löf|fel|wei|se; Löff|ler** (ein Stelzvogel)

Lo|fo|ten [*auch* lo'fo:...] *Plur.* (norw. Name der Lofotinseln); **Lo|fot|in|seln** *Plur.* (Gebiet u. Inselgruppe vor der Küste Nordnorwegens)

log = Logarithmus

Log, das; -s, -e ‹engl.› (Fahrgeschwindigkeitsmesser eines Schiffes)

Log|arith|men|ta|fel *(Math.);* **log|arith|mie|ren** ‹griech.› (mit Logarithmen rechnen; den Logarithmus berechnen); **log|arith|misch; Log|arith|mus,** der; -, ...men (math. Größe; *Zeichen* log)

Log|buch ‹engl.; dt.› (Schiffstagebuch)

Lo|ge ['lo:ʒə, *österr.* lo:ʒ], die; -, -n ['lo:ʒ(ə)n] ‹franz.› (Pförtnerraum; Theaterraum; [geheime] Gesellschaft); **Lo|ge|ment** [loʒə'mã:], das; -s, -s (*veraltet für* Wohnung, Bleibe); **Lo|gen‿bru|der** (Freimaurer), **...platz, ...schlie|ßer** (Beschließer [im Theater])

Log|gast, der; -[e]s, -en (Matrose zur Bedienung des Logs); **Log|ge,** die; -, -n (*seltener für* Log); **log|gen** (*Seemannsspr.* mit dem Log messen)

Log|ger, der; -s, - ‹niederl.› (*Seemannsspr.* ein Fischereifahrzeug)

Log|gia ['lɔdʒ(i̯)a], die; -, ...ien ['lɔdʒ(ə)n, *auch* 'lɔdʒi̯ən] ‹ital., „Laube"› (*Archit.* halboffene Bogenhalle; nach einer Seite offener, überdeckter Raum am Haus)

Log|glas *Plur.* ...gläser (*Seemannsspr.* Sanduhr zum Loggen)

Lo|gi|cal ['lɔdʒik(ə)l], das; -s, -s ‹anglisierend› (nach den Gesetzen der Logik aufgebautes Rätsel)

Lo|gier|be|such [lo'ʒi:r...]; **lo|gie|ren** ‹franz.› ([vorübergehend] wohnen; *veraltend für* beherbergen); **Lo|gier|gast** *Plur.* ...gäste

---

[1] *Trenn.* ...k|k...

Lo|gik, die; - ‹griech.› (Lehre von den Gesetzen, der Struktur, den Formen des Denkens; folgerichtiges Denken); **Lo|gi|ker** (Lehrer der Logik; scharfer, klarer Denker)
Lo|gis [lo'ʒi:], das; - [lo'ʒi:(s)], - [lo'ʒi:s] ‹franz.› (Wohnung, Bleibe; *Seemannsspr. veraltend* Mannschaftsraum auf Schiffen)
lo|gisch ‹griech.› (folgerichtig; denknotwendig; *ugs. für* natürlich, selbstverständlich, klar); **lo|gi|scher|wei|se; Lo|gis|mus,** der; -, ...men (*Philos.* Vernunftschluß); [1]**Lo|gi|stik,** die; - (Behandlung der logischen Gesetze mit Hilfe von math. Symbolen; math. Logik)
[2]**Lo|gi|stik,** die; - ‹nlat.› (militär. Nachschubwesen; *Wirtsch.* Gesamtheit aller Aktivitäten eines Unternehmens, die die Beschaffung, die Lagerung und den Transport von Materialien und Zwischenprodukten und die Auslieferung von Fertigprodukten betreffen)
Lo|gi|sti|ker ‹griech.› (Vertreter der [1]Logistik); [1]**lo|gi|stisch** (die [1]Logistik betreffend)
[2]**lo|gi|stisch** ‹nlat.› (die [2]Logistik betreffend); -e Kette
Log|lei|ne *(Seemannsspr.)*
lo|go (*Schülerspr.* logisch); das ist doch -; **Lo|go|griph,** der; *Gen.* -s *u.* -en, *Plur.* -e[n] (↑R 197) ‹griech.› (Buchstabenrätsel); **Lo|go|pä|de,** der; -n, -n; ↑R 197 (Sprachheilkundiger); **Lo|go|pä|die,** die; - (Sprachheilkunde); **Lo|go|pä|din; lo|go|pä|disch; Lo|gor|rhö**[1], **Lo|gor|rhöe** [...'rø:], die; -, ...rrhöen (*Med.* krankhafte Geschwätzigkeit); **Lo|gos,** der; -, ...goi [...gɔy] *Plur. selten* (sinnvolle Rede; Vernunft; Wort)
...loh (*in Ortsnamen* Gelände mit strauchartigem Baumbewuchs, z. B. Gütersloh)
Loh‿bei|ze *(Gerberei),* **...blü|te** (Schleimpilz); [1]**Lo|he,** die; -, -n (Gerbrinde)
[2]**Lo|he,** die; -, -n (*geh. für* Glut, Flamme); **lo|hen** *(geh.)*
Lo|hen|grin (altd. Sagen- u. Epengestalt)
loh|gar (mit [1]Lohe gegerbt); **Loh|ger|ber**
Lohn, der; -[e]s, Löhne; **lohn|ab|hän|gig; Lohn|ab|hän|gi|ge,** der *u.* die; -n, -n (↑R 7 ff.); **Lohn‿ab|zug, ...an|pas|sung, ...aus|fall, ...aus|gleich, ...aus|zah|lung, ...buch|hal|ter, ...buch|hal|tung, ...bü|ro, ...emp|fän|ger; loh|nen;** es lohnt den Einsatz; es lohnt die, der Mühe nicht; der Einsatz lohnt [sich]; **löh|nen** (Lohn auszahlen); **loh|nens|wert; Lohn‿er|hö|hung, ...for|de|rung, ...fort|zah|lung** (bei Krankheit), **...grup|pe; lohn|in|ten|siv; Lohn‿kür|zung, ...ni|veau, ...pfän|dung; Lohn-Preis-Spi|ra|le** (↑R 41); **Lohn‿skala, ...steu|er** (die); **Lohn|steu|er‿jah|res|aus|gleich, ...kar|te; Lohn|stopp,** der; -s; **Lohn|sum|men|steu|er,** die; **Lohn|tü|te; Löh|nung; Lohn‿ver|hand|lung, ...ver|zicht, ...zet|tel**
Loh|rin|de (*zu* [1]Lohe)
Loi|pe ['lɔypə], die; -, -n ‹norw.› (*Skisport* Langlaufbahn, -spur); **Loi|pen|be|trei|ber**
Loire [loa:r], die; - (franz. Fluß)
Lok, die; -, -s (*Kurzform von* Lokomotive)
lo|kal ‹lat.› (örtlich; örtlich beschränkt); **Lo|kal,** das; -[e]s, -e (Örtlichkeit; [Gast]wirtschaft); **Lo|kal‿an|äs|the|sie** (*Med.* örtl. Betäubung), **...au|gen|schein** (*österr. für* Lokaltermin), **...bahn, ...be|richt, ...der|by** *(Sport);* **Lo|ka|le,** das; -n (*in Zeitungen* Nachrichten aus dem Ort); **Lo|ka|li|sa|ti|on,** die; -, -en (örtl. Beschränkung, Ortsbestimmung, -zuordnung); **lo|ka|li|sie|ren; Lo|ka|li|sie|rung** (*svw.* Lokalisation); **Lo|ka|li|tät,** die; -, -en (Örtlichkeit; Raum; *scherzh. für* Lokal); **Lo|kal‿ko|lo|rit, ...ma|ta|dor** (örtliche Berühmtheit), **...pa|trio|tis|mus, ...pres|se, ...re|dak|ti|on, ...re|por|ter, ...re|por|te|rin, ...satz** (*Sprachw.* Umstandssatz des Ortes), **...sei|te, ...ter|min** *(Rechtsspr.),* **...zei|tung; Lo|ka|ti|on,** die; -, -en (Bohrstelle [bei der Erdölförderung]; moderne Wohnsiedlung); **Lo|ka|tiv** [*auch* ...'ti:f], der; -s, -e [...və] (*Sprachw.* Ortsfall); **Lo|ka|tor,** der; -s, ...oren (*im MA.* [Kolonial]land verteilender Ritter)
Lok|füh|rer (*Kurzform von* Lokomotivführer)
Lo|ki (germ. Gott)
lo|ko *vgl.* loco; **Lo|ko|ge|schäft** (*Kaufmannsspr.* zur sofortigen Erfüllung abgeschlossenes Geschäft); **Lo|ko|mo|ti|on,** die; -, -en (*Med.* Gang[art], Fortbewegung); **Lo|ko|mo|ti|ve** [...və, *auch* ...fə], die; -, -n ‹engl.› (*Kurzform* Lok); **Lo|ko|mo|tiv‿füh|rer** (*Kurzform* Lokführer), **...schup|pen; lo|ko|mo|to|risch** ‹lat.› (*Med.* die Fortbewegung, den Gang betreffend); **Lo|ko‿ver|kehr, ...wa|re** (*Kaufmannsspr.* sofort lieferbare Ware); **Lo|kus,** der; *Gen.* - *u.* -ses, *Plur.* - *u.* -se (*ugs. für* [1]Abort)
Lo|la (w. Vorn.)
Lolch, der; -[e]s, -e ‹lat.› (*Bot.* eine Grasart)
Lo|li|ta, die; -, -s ‹nach einer Romanfigur› (Kindfrau)
Lol|li, der; -s, -s (*bes. nordd. ugs. für* Lutscher)
Lom|bard [*auch* ...'bart], der *od.* das; -[e]s, -e (*Bankw.* Kredit gegen Verpfändung beweglicher Sachen); **Lom|bar|de,** der; -n, -n; ↑R 197 (Bewohner der Lombardei); **Lom|bar|dei,** die; - (ital. Region); **Lom|bard|ge|schäft** [*auch* ...'bart...] *(Bankw.);* **lom|bar|die|ren** (bewegliche Sachen beleihen); **lom|bar|disch** (aus der Lombardei), aber (↑R 146): die Lombardische Tiefebene; **Lom|bard‿li|ste** [*auch* ...'bart...] *(Bankw.),* **...satz, ...zins|fuß**
Lom|ber, das; -s ‹franz.› (ein Kartenspiel); **Lom|ber|spiel,** das; -[e]s
Lo|mé ['lo:me] (Hptst. von Togo)
Lom|matzsch [...matʃ] (Stadt in Sachsen); **Lom|matz|scher Pfle|ge,** die; - - (Ebene nordwestl. von Meißen)
Lo|mo|nos|sow [...ɔf] (russ. Gelehrter); **Lo|mo|nos|sow-Uni|ver|si|tät,** die; -; ↑R 135 (in Moskau)
Lon|don (Hptst. von Großbritannien); **Lon|do|ner** (↑R 147)
Long|drink ‹engl.› (mit Soda, Eiswasser o. a. verlängerter Drink); **Long|drink|glas** *Plur.* ...gläser
Lon|ge ['lõ:ʒə], die; -, -n ‹franz.› (*Reiten* Laufleine für Pferde; *Akrobatik* Sicherheitsleine); **lon|gie|ren** [lõ'ʒi:...] (*Reiten* ein Pferd an der Longe laufen lassen)
Lon|gi|me|trie, die; - ‹lat.; griech.› (*Physik* Längenmessung)
lon|gi|tu|di|nal ‹lat.› (in der Längsrichtung); **Lon|gi|tu|di|nal‿schwin|gung** (*Physik* Längsschwingung), **...wel|le**
long|line [...lain] ‹engl.› (*Tennis* an der Seitenlinie entlang); den Ball - spielen; **Long|line,** der; -[s], -s (entlang der Seitenlinie gespielter Ball)
Long|sel|ler, der; -s, - ‹anglisierend› (lange zu den Bestsellern gehörendes Buch)
Lo|ni (w. Vorn.)
Löns [*auch* lœns] (dt. Schriftsteller)
Look [luk], der; -s, -s ‹engl.› (bestimmtes Aussehen; Moderichtung)
Loo|ping ['lu:...], der, *auch* das; -s, -s ‹engl.› (*Flugw.* senkrechter Schleifenflug, Überschlagrolle)
Loos (österr. Architekt)
Lo|pe de Ve|ga [- - 've:ga] (span. Dichter)
Lor|baß, der; ...basses, ...basse

[1] *Vgl. die Anmerkung zu* „Diarrhö, Diarrhöe".

‹lit.› (*nordostd. für* Lümmel, Taugenichts)

Lor|beer, der; -s, -en ‹lat.› (ein Baum; ein Gewürz); **Lor|beer-baum, ...blatt; lor|beer|grün; Lor|beer-kranz, ...zweig**

Lor|chel, die; -, -n (ein Pilz)

Lor|chen (w. Vorn.)

Lord, der; -s, -s ‹engl.› (hoher engl. Adelstitel); **Lord|kanz|ler** (höchster engl. Staatsbeamter); **Lord-May|or** [...'me:ə(r)], der; -s, -s (Titel der Oberbürgermeister mehrerer engl. Großstädte)

Lor|do|se, die; -, -n ‹griech.› (*Med.* Rückgratverkrümmung nach vorn)

Lord|ship [...ʃip], die; - ‹engl.› (Lordschaft; Würde od. Herrschaft eines Lords)

[1]**Lo|re,** die; -, -n ‹engl.› (offener Eisenbahngüterwagen, Feldbahnwagen)

[2]**Lo|re** (w. Vorn.)

Lo|re|ley [...'lai, *auch* 'lo:...], *auch* Lo|re|lei [*auch* 'lo:...], die; - (Rheinnixe der dt. Sage; Felsen am r. Rheinufer bei St. Goarshausen)

Lo|renz (m. Vorn.); **Lo|renz-strom** (↑R 149); *vgl.* Sankt-Lorenz-Strom

Lo|re|to (Wallfahrtsort in Italien)

Lo|ret|to|hö|he, die; - ‹franz.› (Anhöhe bei Arras)

Lor|gnet|te [lɔr'njɛtə], die; -, -n ‹franz.› (Stielbrille); **lor|gnet|tie-ren** [lɔrnjɛ'ti:...] (*früher für* durch die Lorgnette betrachten; scharf mustern); **Lor|gnon** [lɔr'njõ:], das; -s, -s (Stieleinglas, -brille)

[1]**Lo|ri,** der; -s, -s ‹karib.-span.› (ein Papagei)

[2]**Lo|ri,** der; -s, -s ‹niederl.› (ein schwanzloser Halbaffe)

Lork, der; -[e]s, Lörke (*nordd. für* Kröte)

Lor|ke, die; - (*landsch. für* dünner, schlechter Kaffee)

Lo|ro|kon|to ‹ital.› (das bei einer Bank geführte Kontokorrentkonto einer anderen Bank)

Lort|zing (dt. Komponist)

los; I. *Adj., nur prädikativ* (*vgl.* aber: lose): der Knopf ist los (abgetrennt); der Hund ist [von der Kette] los; los und ledig sein; *ugs.* er wird die Sorgen bald los sein (*selten* haben); auf dem Fest ist nichts los gewesen. **II.** *Adverb:* los! (schnell!, ab!); los (weg) von Rom; er wird das Brett gleich los haben (*vgl.* aber: loshaben); *sonst mit Verben immer zusammengeschrieben,* z. B. losbinden (er bindet los, losgebunden, loszubinden), losfahren usw.

...los (z. B. arbeitslos)

Los, das; -es, -e; das Große - (↑R 157)

Los An|ge|les [lɔs 'ɛndʒələs] (größte Stadt Kaliforniens, USA)

lös|bar; Lös|bar|keit, die; -

los|be|kom|men; ich habe den Deckel nicht -

los|bin|den; losgebunden

los|brau|sen *(ugs.)*

los|bre|chen; ein Unwetter brach los

Lösch-ap|pa|rat, ...ar|beit; lösch-bar; Lösch-blatt, ...boot; [1]**lö-schen** (einen Brand ersticken); du löschst, er löscht; du löschtest; gelöscht; lösch[e]!; [2]**lö-schen** (*nur noch geh. für* erlöschen); du lischst; er lischt; du loschst; du löschest; geloschen; lisch!

[3]**lö|schen** ‹*zu* los› (*Seemannsspr.* ausladen); du löschst; du löschtest; gelöscht; lösch[e]!

Lö|scher; Lösch-fahr|zeug, ...ge-rät, ...kalk, ...pa|pier, ...ta|ste; Lö|schung; Lösch-was|ser (das; -s), **...zug**

lo|se; das - Blatt; - Ware (nicht in Originalpackung, sondern einzeln); ein -s (leichtfertiges) Mädchen; eine - Zunge haben (leichtfertig reden); die Zügel - (locker) halten; der Knopf ist - (locker); *vgl.* aber: los

Lo|se, die; -n, -n (*Seemannsspr.* schlaffes Tau[stück])

Lo|se|blatt|aus|ga|be (↑R 41); der Lose[n]blattausgabe; die Lose[n]blattausgaben

Lö|se|geld

los|ei|sen (*ugs. für* mit Mühe freimachen, abspenstig machen); er ei|ste los; sich -; ich habe mich endlich von ihnen losgeeist

Lö|se|mit|tel, das

lo|sen (das Los ziehen); du lost; er lo|ste; gelost; los[e]!

lö|sen (*auch für* befreien; *Bergmannsspr.* entwässern, mit Frischluft beschicken); du löst; er lö|ste; gelöst; lös[e]!

Los|ent|scheid

los|fah|ren; er ist losgefahren

los|ge|hen (*ugs. auch für* anfangen); der Streit ist losgegangen

los|ha|ben (*ugs. für* etwas verstehen; mit Leichtigkeit können); sie hat in ihrem Beruf viel losgehabt; *vgl.* aber: los, II

los|heu|len (*ugs. auch für* zu weinen beginnen); die Sirene heulte los

...lo|sig|keit (z. B. Regellosigkeit, die; -, -en)

Los|kauf; los|kau|fen; die Gefangenen wurden losgekauft

los|kom|men; er ist von diesem Gedanken nicht losgekommen

los|krie|gen *(ugs.);* den Deckel nicht -

los|las|sen; sie hat den Hund [von der Kette] losgelassen

los|lau|fen; er ist losgelaufen

los|le|gen (*ugs. für* sich ins Zeug legen; beginnen); sie hat ordentlich losgelegt (z. B. energisch geredet)

lös|lich; Lös|lich|keit, die; -

los|lö|sen; sich -; er hat die Briefmarke losgelöst; du hast dich von diesen Anschauungen losgelöst; **Los|lö|sung**

los|ma|chen; er hat das Brett losgemacht; mach los! (*ugs. für* beeile dich!)

los|mar|schie|ren; er ist sofort losmarschiert

Los|num|mer

los|rei|ßen; du hast dich losgerissen

Löß [*auch* lø:s], der; Lösses, Lösse; *bei langer Aussprache des Vokals:* Lößes, Löße (*Geol.* kalkhaltige Ablagerung des Pleistozäns)

los|sa|gen; sich von etwas -; du hast dich von ihm losgesagt; **Los|sa|gung**

Löß|bo|den[1]

los|schicken [*Trenn.* ...schik|ken]; er hat den Trupp losgeschickt

los|schie|ßen *(ugs.);* sie ist auf mich losgeschossen

los|schla|gen; er hat das Brett losgeschlagen; die Feinde haben losgeschlagen (mit dem Kampf begonnen)

los|schrau|ben; sie hat den Griff losgeschraubt

los sein; *vgl.* los, I

lö|ßig *(Geol.);* **Löß|kin|del**[1], das; -s, - (Konkretion im Löß); **Löß-land|schaft**[1]

Löß|nitz, die; - (Landschaft nordwestl. von Dresden)

los|spre|chen (von Schuld); er hat ihn losgesprochen; **Los-spre|chung** (*für* Absolution)

Löß|schicht[1] *(Geol.)*

los|steu|ern; auf ein Ziel -

los|stür|zen *(ugs.);* er ist losgestürzt, als ...

Lost, der; -[e]s (Deckname für einen chem. Kampfstoff)

Los|tag (nach dem Volksglauben für die Wetterprophezeiung bedeutsamer Tag); **Los|trom|mel;**

[1]**Lo|sung** (Wahl-, Leitspruch; Erkennungswort)

[2]**Lo|sung** (*Jägerspr.* Kot des Wildes u. des Hundes; *Kaufmannsspr.* Tageseinnahme [in Kaufhäusern]); **Lö|sung; Lö-sungs-mit|tel** (das), **...ver|such**

Lo|sungs|wort *Plur.* ...worte

Los-von-Rom-Be|we|gung, die; - (↑R 41)

los|wer|den; etwas - (von etwas befreit werden; *ugs. für* etwas verkaufen); sie ist ihn glücklich losgeworden; sie ist das alte Au-

---

[1] *Zur Ausspr. vgl.* Löß.

to gut losgeworden; aber: sie muß sehen, wie sie die Ware los wird

los|zie|hen (*ugs. für* sich zu einer [vergnüglichen] Unternehmung aufmachen); er ist losgezogen; gegen jmdn. - (*ugs. für* gehässig von ihm reden)

[1]**Lot,** das; -[e]s, -e (metall. Bindemittel; Vorrichtung zum Messen der Wassertiefe u. zur Bestimmung der Senkrechten; *früher* [Münz]gewicht, Hohlmaß); 3 - Kaffee (↑R 128 f.)

[2]**Lot,** das; -[s], -s ‹engl.› (ein Posten Ware, bes. bei Briefmarken)

[3]**Lot** (bibl. m. Eigenn.)

lo|ten (senkrechte Richtung bestimmen; Wassertiefe messen)

lö|ten (durch Lötmetall verbinden); **Löt‿fu|ge, ...ge|rät**

Lo|thar; ↑R 131 (m. Vorn.)

Loth|rin|gen; Loth|rin|ger (↑R 147); **loth|rin|gisch**

...lö|tig (z. B. sechzehnlötig)

Lo|ti|on [*auch engl.* 'lo:ʃən], die; -, *Plur.* -en, *bei engl. Aussprache* -s ‹engl.› (flüssiges Reinigungs-, Pflegemittel für die Haut)

Löt‿kol|ben, ...lam|pe, ...me|tall

Lo|to|pha|ge, der; -n, -n (↑R 197) ‹griech., „Lotosesser"› (Angehöriger eines sagenhaften Volkes in Homers Odyssee); **Lo|tos,** der; -, - (eine Seerose); **Lo|tos‿blu|me, ...blü|te, ...sitz**

lot|recht; Lot|rech|te, die; -n, -n; vier -[n]

Löt|rohr; Löt|rohr|ana|ly|se (ein chemisches Prüfverfahren)

Lötsch|berg‿bahn (die; -), **...tun|nel** (der; -s); ↑R 149; **Löt|schen|paß,** der; ...passes

Lot|se, der; -n, -n (↑R 197) ‹engl.›; **lot|sen;** du lotst; gelotst; **Lot|sen‿boot, ...dienst, ...fisch, ...sta|ti|on**

Löt|stel|le

Lott|chen, Lot|te, Lot|ti (w. Vorn.)

Lot|ter, der; -s, - (*veraltet, aber noch landsch. für* Herumtreiber, Faulenzer); **Lot|ter‿bett** (*veraltet, noch scherzh. für* Sofa), **...bube** *(abwertend);* **Lot|te|rei** *(abwertend)*

Lot|te|rie, die; -, ...ien ‹niederl.› (Glücksspiel, Verlosung); **Lot|te|rie‿ein|neh|mer, ...los, ...spiel**

lot|te|rig, lott|rig (*ugs. für* unordentlich); **Lot|te|rig|keit,** die; - *(ugs.);* **Lot|ter|le|ben,** das; -s *(abwertend);* **lot|tern** (*landsch. für* ein Lotterleben führen; *schweiz. für* lose sein, aus den Fugen gehen); ich ...ere (↑R 22); **Lot|ter|wirt|schaft,** die; - *(abwertend)*

Lot|ti *vgl.* Lotte

Lot|to, das; -s, -s ‹ital.› (Zahlenlotterie; Gesellschaftsspiel); **Lot|to‿an|nah|me|stel|le, ...fee** (*scherzh. für* Fernsehansagerin bei der Ziehung der Lottozahlen), **...ge|winn, ...kol|lek|tur** (*österr. für* Geschäftsstelle für das Lottospiel), **...schein, ...spiel, ...zah|len** *(Plur.),* **...zet|tel**

lott|rig *vgl.* lotterig

Lo|tung

Lö|tung

Lo|tus, der; -, - ‹griech.› (Hornklee; *auch svw.* Lotos)

lot|wei|se

Löt|zinn

[1]**Lou|is** ['lu:i] (m. Vorn.); [2]**Lou|is,** der; - ['lu:i(s)], - ['lu:is] (*ugs. für* Zuhälter); **Lou|is|dor** [lui'do:r], der; -s, -e (eine alte franz. Münze); 6 - (↑R 129)

Loui|sia|na [lui'zia:na, *auch* ...'ziɛnə] (Staat der USA; *Abk.* La.)

Lou|is-qua|torze [luika'tɔrs], das; - ‹franz.› (Stil zur Zeit Ludwigs XIV.); **Lou|is-quinze** [lui'kɛ̃(:)z], das; - (Stil zur Zeit Ludwigs XV.); **Lou|is-seize** [lui'sɛ:s], das; - (Stil zur Zeit Ludwigs XVI.)

Lounge [laundʒ], die; -, -s [...dʒiz] ‹engl.› ([Hotel]halle)

Lourdes [lurd] (franz. Wallfahrtsort); **Lourdes|grot|te**

Lou|vre ['lu:vr(ə)], der; -[s] (ein Museum [zuvor Palast] in Paris)

Love-Sto|ry ['lav,stɔ:ri] ‹engl.› (Liebesgeschichte)

Lö|we, der; -n, -n (↑R 197) ‹griech.›; **Lö|wen‿an|teil** (*ugs. für* Hauptanteil), **...bän|di|ger, ...bräu; Lö|wen|herz** (m. Eigenn.); **Lö|wen‿jagd, ...kä|fig, ...mäh|ne, ...maul** (das; -[e]s; eine Gartenblume), **...mäul|chen** (*svw.* Löwenmaul), **...mut; lö|wen|stark; Lö|wen|zahn,** der; -[e]s (eine Wiesenblume); **Lö|win**

loy|al [loa'ja:l] ‹franz.› (redlich, [regierungs]treu; Vereinbarungen einhaltend); **Loya|li|tät** [loajali...], die; -, -en; ↑R 180; **Loya|li|täts|er|klä|rung**

Lo|yo|la [lo'jo:la]; Ignatius von -

LP = Läuten u. Pfeifen (Eisenbahnzeichen); Langspielplatte

LPG = landwirtschaftliche Produktionsgenossenschaft *(ehem. in der DDR)*

Lr = Lawrencium

LRS = Lese-Rechtschreib-Schwäche

LSD = Lysergsäurediäthylamid (ein Rauschgift)

LSG = Landessozialgericht; Landschaftsschutzgebiet

lt. = [2]laut

Lt. = Leutnant

Ltd. = limited

Ltn. = Leutnant

Lu = *chem. Zeichen für* Lutetium

Lu|an|da (Hptst. von Angola)

Lu|ba, *auch* Ba|lu|ba, der; -[s], -[s] (Angehöriger eines Bantustammes in Zaire)

Lü|beck (Hafenstadt an der Ostsee); **Lü|becker**[1] (↑R 147); die - Bucht; **lü|beckisch**[1], **lü|bisch** (von Lübeck); -e Währung

Luch, die; -, Lüche ['ly:çə] *od.* das; -[e]s, -e (*landsch. für* Sumpf)

Luchs, der; -es, -e (ein Raubtier); **Luchs|au|ge** *(auch ugs. übertr.);* **luchs|äu|gig; Lüchs|chen; luchsen** (*ugs. für* sehr genau aufpassen); du luchst; **Lüchs|lein**

Lucht, die; -, -en ‹niederl.› (*nordd. für* Dachboden)

Lu|cia usw. *vgl.* Luzia usw.; *vgl. auch* Santa Lucia; **Lu|ci|an** *vgl.* Lukian; **Lu|cia|ner;** ↑R 180 (Einwohner von St. Lucia); **lu|cia|nisch; Lu|ci|us** [...tsius] (röm. m. Vorn.; *Abk.* L.)

Lücke[1], die; -, -n; **Lücken|bü|ßer**[1] (*ugs. für* Ersatzmann); **lücken|haft**[1]; **Lücken|haf|tig|keit**[1], die; -; **lücken|los**[1]; -este; **Lücken|lo|sig|keit**[1], die; -; **Lücken|test**[1] *(Psych.);* **luckig**[1] (*Bergmannsspr.* großporig); -es Gestein

Lu|cre|tia *vgl.* Lukretia

Lu|cre|ti|us, *eindeutschend auch* Lu|krez (altröm. Dichter)

Lu|cre|zia *vgl.* Lukretia

Lu|cul|lus (röm. Feldherr); *vgl.* Lukullus

Lu|de, der; -n, -n; ↑R 197 (*Gaunerspr.* Zuhälter)

Lu|der, das; -s, - (*Jägerspr.* Köder, Aas; *auch* Schimpfwort); **Lu|derer** (*veraltet für* liederlicher Mensch); **lu|der|haft** *(veraltet);* **Lu|der|jan** (*svw.* Liederjan); **Lu|der|le|ben,** das; -s; **lu|der|mä|ßig** (*landsch. für* sehr, überaus); **ludern** (*veraltet für* liederlich leben); ich ...ere (↑R 22)

Lud|ger (m. Vorn.)

Lud|mil|la (w. Vorn.)

Lu|dolf (m. Vorn.)

Lu|dol|fin|ger (Angehöriger eines mittelalterl. dt. Herrschergeschlechtes)

Lu|dolf|sche Zahl, die; -n -, *auch* **Lu|dolf-Zahl,** die; - ‹nach dem Mathematiker Ludolf van Ceulen ['kø:lən]› (*selten für* die Zahl π [Pi])

Lu|do|wi|ka (w. Vorn.)

Lu|do|win|ger (Angehöriger eines thüring. Landgrafengeschlechtes)

Lud|wig (m. Vorn.); **Lud|wi|ga** (w. Vorn.); **Lud|wigs|burg** (Stadt nördl. von Stuttgart); **Lud|wigs|ha|fen am Rhein** (Stadt in Rheinland-Pfalz)

Lu|es, die; - ‹lat.› (*Med.* Syphilis);

---

[1] *Trenn.* ...k|k...

lue|tisch (↑R 180), lu|isch (syphilitisch)
Luf|fa, die; -, -s ‹arab.› (eine kürbisartige Pflanze); **Luf|faschwamm** (schwammartige Frucht der Luffa)
Luft, die; -, Lüfte; **Luft‿ab|wehr, ...alarm, ...an|griff, ...auf|klärung, ...auf|nah|me, ...auf|sicht, ...bad, ...bal|lon, ...be|we|gung** *(Meteor.),* **...bild, ...bla|se; Luft-Bo|den-Ra|ke|te; Luftbrücke** [*Trenn.* ...brük|ke]; **Lüftchen; luft|dicht;** - verschließen; **Luft‿dich|te, ...druck** (der; -[e]s); **luft|durch|läs|sig; Luft‿elek|trizi|tät, ...em|bo|lie; lüf|ten; Lüfter; Luft|fahrt,** die; -, *Plur.* (*für* Fahrten durch die Luft:) -en; **Luft|fahrt‿for|schung, ...in|dustrie, ...me|di|zin; Luft‿fahrzeug, ...feuch|te** (die; -), **...feuch|tig|keit** (die; -), **...fil|ter, ...flot|te, ...fracht; luft|ge|kühlt;** -er Motor; **luft|ge|schützt;** ein -er Ort; **luft|ge|trock|net;** -e Wurst; **Luft‿ge|wehr, ...ha|fen** (*vgl.* [2]Hafen), **...han|sa** (*für* Deutsche Lufthansa AG), **...hei|zung, ...ho|heit** (die; -), **...hül|le; luf|tig; Luf|tig|keit,** die; -; **Luf|ti|kus,** der; -[ses], -se (*scherzh. für* oberflächlicher Mensch); **Luft‿kampf, ...kis|sen; Luft|kis|senfahr|zeug; Luft‿klap|pe** (*für* Ventil), **...kor|ri|dor, ...krankheit, ...krieg, ...küh|lung** (die; -), **...kur|ort** (der; -[e]s, ...orte); **Luftlan|de|trup|pe** (für die Landung aus der Luft bes. ausgebildete u. ausgerüstete militär. Einheit); **luft|leer; Lüft|lein; Luft|li|nie; Lüftl|ma|le|rei** (Fassadenmalerei in Bayern); **Luft‿loch, ...man|gel** (der; -s), **...ma|sche, ...ma|tratze, ...mi|ne, ...pi|rat, ...po|li|zist, ...pol|ster, ...post** (die; -), **...pumpe, ...qua|li|tät** (die; -), **...raum, ...röh|re, ...sack** *(Zool.),* **...schacht, ...schau|kel** (*landsch. für* Schiffschaukel), **...schicht, ...schiff; Luft|schiffahrt,** die; -, *Plur.* (*für* Fahrten mit dem Luftschiff:) -en [*Trenn.* ...schifffahrt, ↑R 204]; **Luft‿schif|fer, ...schlacht, ...schlan|ge** *(meist Plur.),* **...schloß, ...schrau|be** (*für* Propeller), **...schutz; Luft|schutz‿bun|ker, ...kel|ler, ...raum; Luft|sper|re; Luft|sperrge|biet; Luft‿spie|ge|lung** *od.* **...spieg|lung, ...sprung, ...streitkräf|te** *(Plur.),* **...ta|xi, ...tem|pera|tur; luft|tüch|tig;** ein -es Flugzeug; **Lüf|tung; Lüf|tungs|klappe; Luft‿ver|än|de|rung, ...verkehr; Luft|ver|kehrs|ge|sellschaft; Luft‿ver|schmut|zung, ...waf|fe, ...wech|sel, ...weg** (auf dem -[e]), **...wi|der|stand, ...wirbel, ...wur|zel, ...zu|fuhr** (die; -), **...zug**
[1]**Lug,** der; -[e]s (Lüge); [mit] - und Trug
[2]**Lug,** der; -s, -e (*landsch. für* Ausguck)
Lu|ga|ner (↑R 147); **Lu|ga|ner See,** der; - -s; **Lu|ga|ne|se,** der; -n, -n; ↑R 197 (Luganer); **lu|gane|sisch; Lu|ga|no** (Stadt in der Schweiz)
Lug|aus, der; -, - (*landsch., auch geh. für* Aussichtsturm)
Lü|ge, die; -, -n; jmdn. Lügen strafen (der Unwahrheit überführen)
lu|gen (*landsch. für* ausschauen, spähen)
lü|gen; du logst; du lögest; gelogen; lüg[e]!; **Lü|gen|bold,** der; -[e]s, -e *(abwertend);* **Lü|gen|detek|tor** (Gerät, mit dem unwillkürliche körperliche Reaktionen eines Befragten gemessen werden können); **Lü|gen‿dich|tung, ...ge|bäu|de, ...ge|schich|te, ...ge|spinst, ...ge|we|be; lü|genhaft; Lü|gen|haf|tig|keit,** die; -; **Lü|gen|maul** (*ugs. für* Lügner); **Lü|ge|rei** *(ugs.)*
Lug|ins|land, der; -[e]s, -e (*veraltend für* Wacht-, Aussichtsturm)
Lüg|ner; Lüg|ne|rin; lüg|ne|risch; -ste
lu|isch *vgl.* luetisch
Lu|is|chen, Lui|se; ↑R 180 (w. Vorn.)
Lu|it|gard (w. Vorn.); **Lu|it|ger** (m. Vorn.); **Lu|it|pold** (m. Vorn.)
Luk, das; -[e]s, -e; *vgl.* Luke
Lu|kar|ne, die; -, -n ‹franz.› (*landsch. für* Dachfenster, -luke)
Lu|kas (Evangelist); Evangelium Lucä [...tsɛ:] (des Lukas)
Lu|ke, die; -, -n (kleines Dach- od. Kellerfenster; Öffnung im Deck od. in der Wand des Schiffes)
Lu|ki|an (griech. Satiriker)
Luk|ma|ni|er [...i̯ər], der; -s, *auch* **Luk|ma|ni|er|paß,** der; ...passes (ein schweiz. Alpenpaß)
lu|kra|tiv ‹lat.› (gewinnbringend)
Lu|kre|tia, Lu|cre|tia, Lu|cre|zia (w. Vorn.); **Lu|krez** *vgl.* Lucretius; **Lu|kre|zia** (w. Vorn.)
lu|kul|lisch; -ste (üppig, schwelgerisch); -es Mahl; **Lu|kul|lus,** der; -, -se (Schlemmer [nach Art des Lucullus])
Lu|latsch, der; -[e]s, -e (*ugs. für* langer, schlaksiger Mann)
Lul|le, die; -, -n (*ugs. für* Zigarette)
lul|len (*volkstüml. für* leise singen); das Kind in den Schlaf -
Lul|ler (*südd., österr. für* Schnuller)
Lu|lu [*auch* lu'lu:] (w. Vorn.)
Lum|ba|go, die; - ‹lat.› (*Med.* Schmerzen in der Lendengegend; Hexenschuß); **lum|bal** (die Lenden[gegend] betreffend); **Lum|bal‿an|äs|the|sie, ...punkti|on**
lum|becken [*Trenn.* ...bek|ken] ‹nach dem dt. Erfinder E. Lumbeck› (Bücher durch das Aneinanderkleben der einzelnen Blätter binden); gelumbeckt
Lum|ber|jack ['lambə(r)d͡ʒɛk], der; -s, -s ‹engl.› (eine Art Jacke)
Lu|men, das; -s, *Plur.* - *u.* ...mina ‹lat., „Licht"› (*Physik* Einheit des Lichtstromes [*Zeichen* lm]; *Biol., Med.* innerer Durchmesser [lichte Weite] od. Hohlraum von Zellen od. Organen); **Lu|mi|neszenz,** die; -, -en (*Physik* jede Lichterscheinung, die nicht durch erhöhte Temperatur bewirkt ist); **lu|mi|nes|zie|ren**
Lum|me, die; -, -n ‹nord.› (ein arktischer Seevogel)
Lum|mel, der; -s, - (*südd. für* Lendenfleisch, -braten)
Lüm|mel, der; -s, -; **Lüm|me|lei; lüm|mel|haft; lüm|meln,** sich *(ugs.);* ich ...[e]le mich (↑R 22)
Lump, der; -en, -en; ↑R 197 (schlechter Mensch); **Lum|pa|zius,** der; -, -se (*scherzh. veraltend für* Lump); **Lum|pa|zi|va|gabun|dus** [...v...], der; -, *Plur.* -se *u.* ...di (Landstreicher); **lum|pen** (*ugs. für* liederlich leben); sich nicht - lassen (*ugs. für* freigebig sein; Geld ausgeben); **Lum|pen,** der; -s, - (Lappen); **Lum|pen‿gesin|del, ...händ|ler** (*ugs. für* Altwarenhändler), **...kerl, ...pack** (das), **...pro|le|ta|ri|at** *(marxist. Theorie),* **...sack, ...samm|ler** (*auch übertr. scherzh. für* letzte [Straßen]bahn, letzter Omnibus in der Nacht); **Lum|pe|rei; lumpig**
Lu|na ‹lat.› (röm. Mondgöttin; *geh. für* Mond; Name sowjetischer unbemannter Mondsonden); **lu|nar** (den Mond betreffend, Mond...); **lu|na|risch** (*älter für* lunar); **Lu|na|ri|um,** das; -s, ...ien [...i̯ən] (Gerät zur Veranschaulichung der Mondbewegung); **Lu|na|tis|mus,** der; - (*Med.* Mondsüchtigkeit)
Lunch [lant∫], der; *Gen.* -[e]s *od.* -, *Plur.* -[e]s *od.* -e ‹engl.› (leichte Mittagsmahlzeit [in angelsächsischen Ländern]); **lun|chen** ['lant∫...]; du lunchst; **Lunch‿paket, ...zeit**
[1]**Lund** (Stadt in Schweden)
[2]**Lund,** der; -[e]s, -e (Papageitaucher, ein Vogel)
Lü|ne|burg (Stadt am Nordrand der Lüneburger Heide); **Lü|nebur|ger Hei|de,** die; - -; ↑R 147 (Teil des Norddeutschen Tieflandes)

Lü|net|te, die; -, -n ‹franz.› (*Technik* Stütze für lange Werkstücke auf der Drehbank; *Archit.* Bogenfeld, Stichkappe; *früher* eine Grundrißform im Festungsbau)
Lun|ge, die; -, -n; die eiserne -; **Lun|gen_bläs|chen, ...bra|ten** (*österr. für* Lendenbraten), **...ent|zün|dung, ...fisch** *(Zool.),* **...flü|gel, ...ha|schee, ...heil|stät|te; lun|gen|krank; Lun|gen|krebs; lun|gen|lei|dend; Lun|gen_ödem, ...schwind|sucht, ...spit|zen|ka|tarrh; Lun|gen-Tbc** (↑R 38); **Lun|gen_tu|ber|ku|lo|se, ...tu|mor, ...zug**
lun|gern *(ugs.);* ich ...ere (↑R 22)
Lü|ning, der; -s, -e (*nordd. für* Sperling)
Lun|ker, der; -s, - (fehlerhafter Hohlraum in Gußstücken)
Lün|se, die; -, -n (Achsnagel)
Lünt, die; - (*landsch. für* Schweinenierenfett)
Lun|te, die; -, -n (ein Zündmittel; *Jägerspr.* Schwanz des Fuchses); - riechen (*ugs. für* Gefahr wittern); **Lun|ten|schnur** *Plur.* ...schnüre
Lu|pe, die; -, -n ‹franz.› (Vergrößerungsglas); **lu|pen|rein** (sehr rein, ganz ohne Mängel [von Edelsteinen]; *übertr. für* einwandfrei, hundertprozentig)
Lu|per|ka|li|en [...iən] *Plur.* (ein altröm. Fest)
Lupf, der; -[e]s, -e (*südd. u. schweiz. für* das Hochheben; Last, die man eben noch heben kann; *auch für* Hosenlupf); **lup|fen** (*südd., schweiz., österr. für* lüpfen); **lüp|fen** (leicht anheben, kurz hochheben, lüften)
Lu|pi|ne, die; -, -n ‹lat.› (eine Futter- od. Zierpflanze); **Lu|pi|nen_feld, ...krank|heit** (die; -); **Lu|pi|no|se,** die; - (Leberentzündung bei Wiederkäuern)
Lup|pe, die; -, -n (*Technik* Eisenklumpen); **lup|pen** (gerinnen lassen)
Lu|pu|lin, das; -s ‹lat.› (Bitterstoff der Hopfenpflanze)
Lu|pus, der; -, *Plur.* - *u.* -se ‹lat.› (*Med.* tuberkulöse Hautflechte); **Lu|pus in fa|bu|la,** der; - - - („der Wolf in der Fabel") (jemand, der kommt, wenn man gerade von ihm spricht)
[1]**Lurch,** der; -[e]s, -e (Amphibie)
[2]**Lurch,** der; -[e]s (*österr. ugs. für* zusammengeballter, mit Fasern durchsetzter Staub); den - wegkehren
Lu|re, die; -, -n ‹nord.› (ein altes nord. Blasinstrument)
Lu|rex Ⓦ, das; - ‹Kunstwort› (Garn mit metallisierten Fasern)
Lu|sa|ka (Hptst. von Sambia)
Lu|sche, die; -, -n (*ugs. für* Spielkarte [von geringem Wert]); **lu|schig** (*landsch. für* liederlich, flüchtig)
Lu|si|ta|ner, Lu|si|ta|ni|er [...iər], der; -s, - (Angehöriger eines iber. Volksstammes); **Lu|si|ta|ni|en** [...iən] (röm. Provinz, das heutige Portugal); **Lu|si|ta|ni|er** *vgl.* Lusitaner; **lu|si|ta|nisch**
Lust, die; -, Lüste; - haben; **Lust|bar|keit** *(veraltend);* **lust|be|tont; Lüst|chen**
Lu|ster, der; -s, - ‹franz.› (*österr. für* Kronleuchter); **Lü|ster,** der; -s, - (Kronleuchter; Glanzüberzug auf Glas-, Ton-, Porzellanwaren; glänzendes Gewebe); **Lü|ster_far|be, ...glas** *(Plur.* ...gläser), **...klem|me**
lü|stern; er hat -e Augen; der Mann ist -; **Lü|stern|heit,** die; -
lust|feind|lich; Lust_feind|lich|keit (die; -), **...gar|ten** (*früher für* parkartiger Garten), **...ge|fühl, ...ge|winn** (der; -[e]s), **...greis** *(ugs. abwertend);* **lu|stig;** *vgl.* Bruder Lustig; **Lu|stig|keit,** die; -; **Lüst|lein; Lüst|ling** *(abwertend);* **lust|los; Lust|lo|sig|keit,** die; -; **Lust_molch** *(ugs., oft scherzh.),* **...mord, ...mör|der, ...ob|jekt, ...prin|zip** (das; -s; *Psych.*)
Lu|stra (*Plur. von* Lustrum); **Lu|stra|ti|on,** die; -, -en ‹lat.› (*Rel.* feierliche Reinigung [durch Sühneopfer]); **Lu|stren** (*Plur. von* Lustrum); **lu|strie|ren** (*Rel.* feierlich reinigen); **lü|strie|ren** ‹franz.› (*Textilind.* [Baumwoll- u. Leinengarne] fest u. glänzend machen); **Lu|strum,** das; -s, *Plur.* ...ren *u.* ...ra ‹lat.› (altröm. Sühneopfer; Zeitraum von fünf Jahren)
Lust_schloß, ...spiel; Lust|spiel|dich|ter; lust|voll; lust|wan|deln *(veraltend);* ich ...[e]le (↑R 22); er ist gelustwandelt; zu -
Lu|te|in, das; -s ‹lat.› (gelber Farbstoff in Pflanzenblättern u. im Eidotter)
Lu|te|tia (w. Eigenn.; *lat. Name von* Paris); **Lu|te|ti|um,** das; -s (chem. Element; *Zeichen* Lu)
Lu|ther (dt. Reformator); **Lu|the|ra|ner; lu|ther|feind|lich** (↑R 136); **lu|the|risch** [*auch noch* ...'te:...]; -e Kirche, a b e r (↑R 134): die Lutherische *od.* Luthersche Bibelübersetzung; **Lu|ther|ro|se** (ein ev. Sinnbild); **Lu|ther|stadt Wit|ten|berg** *vgl.* Wittenberg; **Lu|ther|tum,** das; -s
Lutsch|beu|tel; lut|schen *(ugs.);* du lutschst; **Lut|scher**
lütt (*nordd. ugs. für* klein)
Lut|te, die; -, -n (*Bergmannsspr.* Röhre zur Lenkung des Wetterstromes)
Lut|ter, der; -s, - (noch unreines Spiritusdestillat)
Lut|ter am Ba|ren|ber|ge (Ort nordwestl. von Goslar)
Lüt|tich (Stadt in Belgien)
[1]**Lutz** (m. Vorn.)
[2]**Lutz,** der; -, - ‹nach dem österr. Eiskunstläufer A. Lutz› (Drehsprung beim Eiskunstlauf)
Lüt|zel|burg (*ehem. dt. Name von* Luxemburg)
Lüt|zow [...tso:] (Familienn.); die -schen Jäger (ein Freikorps)
Luv [lu:f], die; -, *auch (Geogr. nur:)* das; -s (*Seemannsspr.* die dem Wind zugekehrte Seite; *Ggs.* Lee); *meist ohne Artikel* in, von -; **lu|ven** [...f...] (*Seemannsspr.* das Schiff mehr an den Wind bringen); **Luv|sei|te; luv|wärts** (dem Winde zugekehrt)
Lux, das; -, - ‹lat.› (Einheit der Beleuchtungsstärke; *Zeichen* lx)
Lu|xa|ti|on, die; -, -en ‹lat.› (*Med.* Verrenkung)
[1]**Lu|xem|burg** (belg. Provinz); [2]**Lu|xem|burg** (Großherzogtum); [3]**Lu|xem|burg** (Hptst. von [2]Luxemburg); **Lu|xem|bur|ger** (↑R 147); **lu|xem|bur|gisch**
lu|xie|ren ‹lat.› (*Med.* verrenken, ausrenken)
Lux|me|ter, das; -s, - ‹lat.; griech.› (Gerät zum Messen der Beleuchtungsstärke)
Lu|xor (ägypt. Stadt)
lu|xu|rie|ren ‹lat.› (*Bot.* üppig wachsen [bes. von Pflanzenbastarden]; *veraltet für* schwelgen); **lu|xu|ri|ös;** -este; **Lu|xus,** der; - (Verschwendung, Prunksucht); **Lu|xus_ar|ti|kel, ...aus|ga|be, ...damp|fer, ...ge|gen|stand, ...gü|ter** *(Plur.),* **...ho|tel, ...jacht, ...li|mou|si|ne, ...steu|er** (die), **...vil|la, ...wa|gen, ...woh|nung**
Lu|zern (Kanton u. Stadt in der Schweiz); **Lu|zern|biet,** das; -s (*schweiz. mdal. für* Kanton Luzern)
Lu|zer|ne, die; -, -n ‹franz.› (eine Futterpflanze); **Lu|zer|nen|heu**
Lu|zer|ner (↑R 147); **lu|zer|nisch**
Lu|zia, Lu|zie [...tsi, *auch* ...tsiə] (w. Vorn.)
Lu|zi|an *vgl.* Lukian
lu|zid ‹lat.› (klar, einleuchtend); **Lu|zi|di|tät,** die; - (luzide Beschaffenheit)
Lu|zie *vgl.* Luzia
[1]**Lu|zi|fer,** der; -s ‹lat., „Lichtbringer"› (*röm. Mythol.* Morgenstern); [2]**Lu|zi|fer** (Satan); **Lu|zi|fe|rin,** das; -s (*Biol., Chemie* Leuchtstoff vieler Tiere u. Pflanzen); **lu|zi|fe|risch** (teuflisch)
Lu|zi|us *vgl.* Lucius
LVA = Landesversicherungsanstalt
Lw = Lew

lx = Lux
ly = Lichtjahr
Ly|der, Ly|di|er [...iər] (Einwohner Lydiens); **Ly|dia** (w. Vorn.); **Ly|di|en** [...iən] (*früher* Landschaft in Kleinasien); **Ly|di|er** *vgl.* Lyder; **ly|disch**
Ly|ki|en [...iən] (*früher* Landschaft in Kleinasien); **Ly|ki|er** [...iər]; **ly|kisch**
Ly|ko|po|di|um, das; -s, ...ien [...iən] ‹griech.› (*Bot.* Bärlapp)
Ly|kurg (Gesetzgeber Spartas; ein athen. Redner); **ly|kur|gisch,** aber (↑R 134): die Lykurgischen Reden
lym|pha|tisch ‹griech.› (*Med.* auf Lymphe, Lymphknötchen, -drüsen bezüglich, sie betreffend); **Lymph‿bahn, ...drai|na|ge, ...drü|se** (*veraltet für* Lymphknoten); **Lym|phe,** die; -, -n (weißliche Körperflüssigkeit, ein Impfstoff); **Lymph‿ge|fäß, ...kno|ten; lym|pho|gen** (lymphatischen Ursprungs); **lym|pho|id** (lymphartig); **Lym|pho|zyt,** der; -en, -en *meist Plur.;* ↑R 197 (bes. Form der weißen Blutkörperchen); **Lym|pho|zy|to|se,** die; -, -n (krankhafte Vermehrung der Lymphozyten)
lyn|chen ['lynç(ə)n, *auch* 'lin...] ‹wahrscheinlich nach dem amerik. Friedensrichter Charles Lynch› (ungesetzliche Volksjustiz ausüben); du lynchst; er wurde gelyncht; **Lynch‿ju|stiz, ...mord**
Lyn|keus [*auch* lyŋ'kɔys] ‹griech., „Luchs"› (scharfsichtiger Steuermann der Argonauten in der griech. Sage)
Ly|on [li'ɔ̃:] (Stadt in Frankreich); [1]**Lyo|ner** [li'o:nər]; ↑R 147 (Bewohner von Lyon); [2]**Lyo|ner,** die; - (*Kurzform von* Lyoner Wurst); **Lyo|ner Wurst; Lyo|ne|ser** *vgl.* Lyoner; **lyo|ne|sisch**
Ly|ra, die; -, ...ren ‹griech.› (ein altgriech. Saiteninstrument; Leier; *nur Sing.:* ein Sternbild); **Ly|rik,** die; - ([liedmäßige] Dichtung); **Ly|ri|ker** (lyrischer Dichter); **Ly|ri|ke|rin; ly|risch;** -ste (der persönlichen Stimmung u. dem Erleben unmittelbaren Ausdruck gebend; gefühl-, stimmungsvoll; liedartig); -es Drama; -e Dichtung
Ly|san|der (spartan. Feldherr u. Staatsmann)
Ly|sin, das; -s, -e *meist Plur.* ‹griech.› (*Med.* ein bakterienauflösender Antikörper); **Ly|sis,** die; -, Lysen (*Med.* langsamer Fieberabfall; *Psych.* Persönlichkeitszerfall)
Ly|si|stra|ta (Titelheldin einer Komödie von Aristophanes)
Ly|sol ®, das; -s (ein Desinfektionsmittel)
Lys|sa, die; - ‹griech.› (*Med., Tiermed.* Tollwut, Raserei)
Ly|ze|um, das; -s, ...een ‹griech.› (*veraltet für* höhere Schule für Mädchen; *schweiz. auch für* Oberstufe des Gymnasiums)
Ly|zi|en usw. *vgl.* Lykien usw.
LZB = Landeszentralbank

M

M (Buchstabe); das M; des M, die M, aber: das m in Wimpel (↑R 82); der Buchstabe M, m
m = Meter; Milli...
μ = Mikro...; Mikron
M (römisches Zahlzeichen) = 1000
M = Mark; Modell (bei Schußwaffen); Mega...; Mille
M, μ = [1]My
M. = Markus; Monsieur
M', Mc = Mac
m² (*früher auch* qm) = Quadratmeter
m³ (*früher auch* cbm) = Kubikmeter
ma. = mittelalterlich
Ma = Mach-Zahl
mA = Milliampere
MA. = Mittelalter
M. A. = Magister Artium; Master of Arts
[1]**Mä|an|der,** der; -[s] (alter Name eines Flusses in Kleinasien); [2]**Mä|an|der,** der; -s, - (geschlängelter Flußlauf; ein bandförmiges Ornament); **Mä|an|der|li|nie; mä|an|dern, mä|an|drie|ren** (*Geogr.* in [2]Mäandern verlaufen; *Kunstw.* mit mäanderförmigen Ornamenten verzieren); **mä|an|drisch**
Maar, das; -[e]s, -e (*Geogr.* [wassergefüllte] kraterförmige Senke)
Maas, die; - (ein Fluß); **Maas|tricht** [*auch* 'ma:s...] (niederl. Stadt an der Maas)
Maat, der; -[e]s, *Plur.* -e *u.* -en (*Seemannsspr.* Schiffsmann; Unteroffizier auf Schiffen)
Mac [mɛk, *vor dem Namen* mək] ‹kelt., „Sohn"› (Bestandteil von schottischen [auch irischen] Namen [z. B. MacAdam]; *Abk.* M', Mc)
Ma|cau, *älter* Ma|cao [*beide* ma'kau̯] (port. verwaltetes Territorium an der südchines. Küste)
Mac|beth [mək'bɛθ] (König von Schottland; Titelheld eines Dramas von Shakespeare)
Mac|chie ['makiə], *auch* Mac|chia ['makia], die; -, Macchien [...iən] ‹ital.› (immergrüner Buschwald des Mittelmeergebietes)
Mach, das; -[s], - (*Kurzform für* Mach-Zahl)
Ma|chan|del, der; -s, - (*nordd. für* Wacholder); **Ma|chan|del|baum**
Mach|art; mach|bar; Mach|bar|keit, die; -; **Ma|che,** die; - (*ugs. für* Schein, Vortäuschung)
Ma|che-Ein|heit; ↑R 135 ‹nach dem österr. Physiker H. Mache› (*früher* Maßeinheit für radioaktive Strahlung; *Zeichen* ME)
ma|chen; er hat es gemacht; du hast mich lachen gemacht, *selten* machen; **Ma|chen|schaft,** die; -, -en *meist Plur.;* **Ma|cher** (Person, die etwas [bedenkenlos] zustande bringt; tatkräftiger, durchsetzungsfähiger Mensch [in einer Führungsposition]); **...ma|cher** (z. B. Schuhmacher); **Ma|cher|lohn**
Ma|che|te [ma'xe:tə, *auch* ma'tʃe:tə], die; -, -n ‹span.› (Buschmesser)
Ma|chia|vel|li [makia'vɛli] (ital. Politiker, Schriftsteller u. Geschichtsschreiber); **Ma|chia|vel|lis|mus,** der; - (polit. Lehre Machiavellis; *auch für* durch keine Bedenken gehemmte Machtpolitik); **ma|chia|vel|li|stisch**
Ma|chi|na|ti|on [...x...], die; -, -en ‹lat.› (*nur Plur.:* Machenschaften, Winkelzüge; *veraltet für* Kniff, Trick)
Ma|chis|mo [ma'tʃismo], der; -[s] ‹span.› (übersteigertes Männlichkeitsgefühl); **Ma|cho** ['matʃo], der; -s, -s (sich betont männlich gebender Mann)
Ma|chor|ka [...x...], der; -s, -s ‹russ.› (ein russ. Tabak)
Macht, die; -, Mächte; alles in unserer Macht Stehende; **Macht‿an|spruch, ...be|fug|nis, ...be|reich** (der), **...block** (*Plur.* ...blöcke, *selten* ...blocks); **Mäch|te‿grup|pe, ...grup|pie|rung; Macht‿ent|fal|tung, ...er|grei|fung, ...fra|ge, ...fül|le; Macht|ha|ber; Macht|hun|ger; mäch|tig; Mäch|tig|keit,** die; -; **Mäch|tig|keits|sprin|gen** *(Pferdesport);* **Macht|kampf; macht|los;** -este; **Macht|lo|sig|keit,** die; -; **Macht‿mit|tel** (das), **...po|si|ti|on, ...pro|be, ...spruch, ...stel|lung, ...stre|ben, ...über|nah|me;**

macht|voll; Macht_voll|kom|men|heit, ...wech|sel, ...wil|le, ...wort (*Plur.* ...worte)

ma|chul|le [...x...] ‹hebr.-jidd.› (*ugs. für* bankrott; *landsch. für* ermüdet; verrückt)

Ma|chu Pic|chu ['matʃu 'piktʃu] (Ruinenstadt der Inka in Peru)

Mach|werk (*abwertend für* minderwertiges [geistiges] Produkt)

Mach-Zahl; ↑R 135 ‹nach dem österr. Physiker u. Philosophen E. Mach› (Verhältnis der Geschwindigkeit einer Strömung od. eines [Flug]körpers zur Schallgeschwindigkeit; *Kurzform* Mach; *Abk.* Ma; 1 Mach = Schallgeschwindigkeit, 2 Mach = doppelte Schallgeschwindigkeit)

[1]**Macke,** die; -, -n ‹hebr.-jidd.› [*Trenn.* Mak|ke] (*ugs. für* Tick; Fehler)

[2]**Macke** (dt. Maler); ↑R 179

Macker [*Trenn.* Mak|ker] (*ugs. für* Freund [bes. eines Mädchens]; Kerl); **mack|lich** (*nordd. für* ruhig, behaglich; *Seemannsspr.* ruhig im Wasser liegend)

MAD = Militärischer Abschirmdienst

Ma|da|gas|kar (Insel u. Staat östl. von Afrika); **Ma|da|gas|se,** der; -n, -n; ↑R 197 (Bewohner von Madagaskar); **ma|da|gas|sisch**

Ma|dam, die; -, *Plur.* -s *u.* -en ‹franz.› (*veraltet, aber noch ugs. für* Hausherrin; gnädige Frau; *scherzh. für* [dickliche, behäbige] Frau); **Ma|dam|chen** (*ugs. scherzh.*); **Ma|dame** [...'dam] (franz. Anrede für eine Frau, *svw.* „gnädige Frau"; *als Anrede ohne Artikel; Abk. [nur in Verbindung mit dem Namen]* Mme. *[schweiz. ohne Punkt]*); *Plur.* Mesdames [me'dam] (*Abk.* Mmes. *[schweiz. ohne Punkt]*)

Mäd|chen; - für alles; **Mäd|chen|au|ge** (*auch* eine Blume); **mäd|chen|haft; Mäd|chen|haf|tig|keit,** die; -; **Mäd|chen_han|del** (*vgl.* [1]Handel), **...händ|ler, ...herz, ...klas|se, ...na|me, ...pen|sio|nat, ...schu|le, ...zim|mer**

Ma|de, die; -, -n (Insektenlarve)

made in Ger|ma|ny ['me:d in 'dʒœ:(r)məni] ‹engl., „hergestellt in Deutschland"› (ein Warenstempel)

[1]**Ma|dei|ra** [...'de:ra], Ma|de|ra (Insel im Atlantischen Ozean); [2]**Ma|dei|ra** [...'de:ra], Ma|de|ra, der; -s, -s (Süßwein aus Madeira); **Ma|dei|ra|wein**

Mä|del, das; -s, *Plur.* - *od. (bes. nordd.)* -s *u. bayr., österr.* -n

Made|leine [ma'dlɛ(:)n] (w. Vorn.)

Ma|de|moi|selle [mad(ə)mo̤a'zɛl] ‹franz.› (*franz. Bez. für* Fräulein; *als Anrede ohne Artikel; Abk. [nur in Verbindung mit dem Namen]* Mlle. *[schweiz. ohne Punkt]*); *Plur.* Mesdemoiselles [mɛd(ə)-mo̤a'zɛl] (*Abk.* Mlles. *[schweiz. ohne Punkt]*)

Ma|den|wurm

Ma|de|ra usw. *vgl.* Madeira usw.

Mä|de|süß, das; -, - (ein Rosengewächs)

ma|dig; jmdn. - machen (*ugs. für* in schlechten Ruf bringen); jmdm. etwas - machen (*ugs. für* verleiden)

Ma|djar [*ung. Schreibung* Magyar usw.], der; -en, -en; ↑R 197 (Ungar); **Ma|dja|ren|reich,** das; -[e]s; **ma|dja|risch; ma|dja|ri|sie|ren** (ungarisch machen); **Ma|dja|ri|sie|rung,** die; -

Ma|don|na, die; -, ...nnen ‹ital., „meine Herrin"› (*nur Sing.:* Maria, Mutter Gottes; *bild. Kunst* Mariendarstellung [mit Jesuskind]); **Ma|don|nen_bild, ...ge|sicht; ma|don|nen|haft; Ma|don|nen|li|lie**

Ma|dras (Stadt in Vorderindien); **Ma|dras|ge|we|be**

Ma|dre|po|re, die; -, -n *meist Plur.* ‹franz.› (*Zool.* Steinkoralle); **Ma|dre|po|ren|kalk** (*Geol.* Korallenkalk der Juraformation)

Ma|drid (Hptst. Spaniens); **Ma|dri|der** (↑R 147)

Ma|dri|gal, das; -s, -e ‹ital.› ([Hirten]lied; mehrstimmiges Gesangstück); **Ma|dri|gal|chor; Ma|dri|gal|stil**

mae|sto|so [maɛ...] (↑R 180) ‹ital.› (*Musik* feierlich, würdevoll); **Mae|sto|so,** das; -s, *Plur.* -s *u.* ...si (↑R 180)

Mae|stro [ma'ɛs...], der; -s, *Plur.* -s, *auch* ...stri (↑R 180) ‹ital., „Meister"› (großer Musiker, Komponist *[bes. als Anrede]*)

Mäe|eu|tik, die; - ‹griech.› (Ausfragekunst des Sokrates); **mä|eu|tisch**

Ma|fia, *auch* Maf|fia, die; -, -s ‹ital.› (erpresserische Geheimorganisation [in Sizilien]); **Ma|fia|me|tho|den,** *auch* Maf|fia|me|tho|den *Plur.;* **ma|fi|os;** -este (nach Art der Mafia); **Ma|fio|so,** der; -[s], ...si; ↑R 180 (Mitglied der Mafia)

Mag. = Magister

Ma|gal|hães [...'ljœiʃ] (port. Seefahrer); **Ma|gal|hães|stra|ße,** die; -; ↑R 149 (Meeresstraße zwischen dem südamerik. Festland u. Feuerland); *vgl. auch* Magellanstraße

Ma|ga|zin, das; -s, -e ‹arab.-ital.›; **Ma|ga|zi|ner** (*schweiz. für* Magazinarbeiter); **Ma|ga|zi|neur** [...'nø:r], der; -s, -e ‹franz.› (*österr. für* Magazinverwalter); **ma|ga|zi|nie|ren** (einspeichern; lagern)

Magd, die; -, Mägde

Mag|da (w. Vorn.); **Mag|da|la** (Dorf am See Genezareth); **Mag|da|le|na, Mag|da|le|ne** (w. Vorn.); **Mag|da|le|nen_stift** (das), **...strom** (der; -[e]s; in Kolumbien); **Mag|da|lé|ni|en** [...le'njɛ̃:], das; -[s] ‹franz.› (Kultur der älteren Steinzeit)

Mag|de|burg (Stadt an der mittleren Elbe); **Mag|de|bur|ger** (↑R 147); **Mag|de|bur|ger Bör|de** (Gebiet westl. der Elbe); **mag|de|bur|gisch**

Mäg|de|lein (*veraltet*); **Mäg|de|stu|be** (*früher*); **Mägd|lein** *vgl.* Mägdelein; **Magd|tum,** das; -s (*veraltet für* Jungfräulichkeit)

Ma|gel|lan|stra|ße [*auch* magɛl'ja:n... *u.* 'magɛljan...], die; -; ↑R 149 (*eindeutschende Schreibung für* Magalhãesstraße)

Ma|ge|lo|ne (neapolitan. Königstochter; Gestalt des franz. u. dt. Volksbuches)

Ma|gen, der; -s, *Plur.* Mägen, *auch* -; **Ma|gen_aus|gang, ...aus|he|be|rung** (*vgl.* ausheben), **...be|schwer|den** (*Plur.*), **...bit|ter** (der; -s, -; bitterer Kräuterlikör); **Ma|gen-Darm-Ka|tarrh;** ↑R 41 (*Med.*); **Ma|gen_drücken** (das; -s [*Trenn.* ...drük|ken]), **...ein|gang, ...er|wei|te|rung** (*Med.*), **...fahr|plan** (*ugs.* feststehender Küchenzettel für eine bestimmte Zeit), **...fi|stel** (*Med.*), **...ge|gend** (die; -), **...ge|schwür, ...gru|be, ...ka|tarrh, ...knur|ren** (das; -s), **...krampf; ma|gen|krank; Ma|gen_krebs, ...lei|den; ma|gen|lei|dend; Ma|gen_ope|ra|ti|on, ...saft, ...säu|re, ...schleim|haut|ent|zün|dung, ...schmerz** (*meist Plur.*), **...spie|ge|lung, ...spü|lung**

Ma|gen|ta [ma'dʒɛnta], das; -s ‹nach einem ital. Ort› (Anilinrot)

Ma|gen_ver|stim|mung, ...wand

ma|ger; -er, -ste; **Ma|ger|keit,** die; -; **Ma|ger_koh|le, ...milch, ...quark, ...sucht** (die; -)

Mag|gi [*schweiz.* 'madʒi] (Familienn.; Ⓦ)

Mag|gie ['mɛgi] (w. Vorn.)

Ma|ghreb, der; - ‹arab., „Westen"› (der Westteil der arab.-moslem. Welt: Tunesien, Nordalgerien, Marokko); **ma|ghre|bi|nisch**

Ma|gie, die; - ‹pers.› (Zauber-, Geheimkunst); **Ma|gi|er** [...i̯ər] (Zauberer); **ma|gisch;** -ste; -es Auge; -es Quadrat

Ma|gi|ster, der; -s, - ‹lat., „Meister"› (akadem. Grad; *veraltet für* Lehrer; *Abk. [bei Titeln]*

Mag.); Magister Artium (akadem. Grad; *Abk.* M. A., z. B.: Ernst Meier M. A.; *österr.* Mag. art.); - der Philosophie (*österr., Abk.* Mag. phil.); - der Naturwissenschaften (*österr., Abk.* Mag. rer. nat.); - der Theologie (*österr., Abk.* Mag. theol.); - der Philosophie der theolog. Fakultät (*österr., Abk.* Mag. phil. fac. theol.); - der Rechte (*österr., Abk.* Mag. jur.); - der Sozial- und Wirtschaftswissenschaften (*österr., Abk.* Mag. rer. soc. oec.); - der Tierheilkunde (*österr., Abk.* Mag. med. vet.); - der Pharmazie (*österr., Abk.* Mag. pharm.); - der Architektur (*österr., Abk.* Mag. arch.)

Ma|gi|stra|le, die; -, -n (*regional u. fachspr. für* Hauptverkehrsstraße, -linie); [1]**Ma|gi|strat,** der; -[e]s, -e (Stadtverwaltung, -behörde); [2]**Ma|gi|strat,** der; -en, -en; ↑R 197 (*schweiz. für* Inhaber eines hohen öffentlichen Amtes); **Ma|gi|strats|be|schluß**

Mag|ma, das; -s, ...men ‹griech.› (*Geol.* Gesteinsschmelzfluß des Erdinnern); **mag|ma|tisch**

Ma|gna Char|ta [- k...], die; - - ‹lat.› (englisches [Grund]gesetz von 1215; *geh. für* Grundgesetz, Verfassung); **ma|gna cum lau|de** ‹lat., „mit großem Lob"› (zweitbeste Note der Doktorprüfung)

Ma|gnat, der; -en, -en (↑R 197) ‹lat.› (Grundbesitzer, Großindustrieller)

[1]**Ma|gne|sia** [*auch* maŋ'ne:...] (Landschaft Thessaliens; *heute* Magnisia); [2]**Ma|gne|sia,** die; - (Magnesiumoxyd); **Ma|gne|sit** [*auch* ...'zit], der; -s, -e (ein Mineral); **Ma|gne|si|um,** das; -s (chem. Element, Metall; *Zeichen* Mg); **Ma|gne|si|um|le|gie|rung**

Ma|gnet, der; *Gen.* -en *u.* -[e]s, *Plur.* -e, *seltener* -en; ↑R 197 ‹griech.›; **Ma|gnet‿band** (das; *Plur.* ...bänder), **...berg, ...ei|sen|stein, ...feld** *(Physik);* **ma|gne|tisch;** -e Feldstärke; -er Pol; -er Sturm; **Ma|gne|ti|seur** [...'zø:r] *vgl.* Magnetopath; **ma|gne|ti|sie|ren** (*Physik* magnetisch machen; *Med.* mit magnetischer Kraft behandeln); **Ma|gne|ti|sie|rung; Ma|gne|tis|mus,** der; - (Gesamtheit der magnetischen Erscheinungen; ein Heilverfahren); **Ma|gne|tit** [*auch* ...'tit], der; -s, -e (Magneteisenstein); **Ma|gnet‿kar|te, ...na|del; Ma|gne|to|me|ter,** das; -s, - *(Physik);* **Ma|gne|ton** [*auch* ...'to:n], das; -s, -[s] (*Physik* Einheit des magnetischen Moments); 2 - (↑R 129); **Ma|gne|to|path,** der; -en, -en (↑R 197) *u.* Ma|gne|ti|seur [...'zø:r], der; -s, -e (mit magnetischen Kräften behandelnder Heilkundiger); **Ma|gne|to|phon** Ⓦⓩ, das; -s, -e (ein Tonbandgerät); **Ma|gne|to|sphä|re,** die; - (*Meteor.* höchster Teil der Atmosphäre); **Ma|gne|tron** [*auch* ...'tro:n], das; -s, *Plur.* ...one, *auch* -s (*Physik* Elektronenröhre, die magnetische Energie verwendet [für hohe Impulsleistungen]); **Ma|gnet|ton‿ge|rät, ...ver|fah|ren**

ma|gni|fik [manji...] ‹franz.› (*veraltet für* herrlich, prächtig, großartig); **Ma|gni|fi|kat** [mag...], das; -[s], -s ‹lat.› (Lobgesang Marias); **Ma|gni|fi|kus,** der; -, ...fizi (*veraltet für* Rektor einer Hochschule); *vgl.* Rector magnificus; **Ma|gni|fi|zenz,** die; -, -en (Titel für Hochschulrektoren u. a.); *als Anrede* Euer, Eure (*Abk.* Ew.) -

Ma|gni|sia *vgl.* [1]Magnesia

Ma|gno|lie [...iə], die; -, -n ‹nach dem franz. Mediziner u. Botaniker Magnol› (ein Zierbaum)

Ma|gnum, die; -, ...gna ‹lat.› (Wein- oder Sektflasche mit 1,5 l Fassungsvermögen; *Waffentechnik* Beiwort zur Bezeichnung des Kalibers besonders starker Patronen)

Ma|gnus (m. Vorn.)

Ma|gog (Reich des Gog); *vgl.* Gog

Mag. pharm. = Magister pharmaciae (österr. akadem. Titel)

Mag. phil. = Magister philosophiae (österr. akadem. Titel)

Mag. rer. nat. = Magister rerum naturalium (österr. akadem. Titel)

Ma|gritte [ma'grit] (belg. Maler)

Mag. theol. = Magister theologiae (österr. akadem. Titel)

Ma|gyar [ma'dja:r] usw. *vgl.* Madjar usw.

mäh!; mäh, mäh!; mäh schreien

Ma|ha|go|ni, das; -s ‹indian.› (ein Edelholz); **Ma|ha|go|ni‿holz, ...mö|bel**

Ma|ha|ra|dscha, der; -s, -s ‹sanskr.› (ind. Großfürst); **Ma|ha|ra|ni,** die; -, -s (Frau eines Maharadschas, ind. Fürstin); **Ma|ha|ri|schi,** der; -[s], -s ‹Hindi› (ein ind. religiöser Ehrentitel)

Ma|hat|ma, der; -s, -s ‹sanskr.› (ind. Ehrentitel für geistig hochstehende Männer); - Gandhi

Mäh|bin|der; [1]**Mahd,** die; -, -en (*landsch. für* das Mähen; das Abgemähte [meist Gras]); [2]**Mahd,** das; -[e]s, Mähder (*schweiz. u. österr. für* Bergwiese); [1]**Mäh|der** (*Plur. von* [2]Mahd); [2]**Mäh|der** (*landsch. für* Mäher)

Mah|di ['maxdi, *auch* 'ma:di], der; -[s], -s (von den Moslems erwarteter Welt-, Glaubenserneuerer)

Mäh|dre|scher; Mäh|drusch; [1]**mä|hen** ([Gras] schneiden)

[2]**mä|hen** (*ugs. für* mäh schreien)

Mä|her

Mahl, das; -[e]s, *Plur.* Mähler *u.* -e (Gastmahl)

mah|len (Korn u. a.); gemahlen

Mah|ler (österr. Komponist u. Dirigent)

Mahl‿gang (der; *Technik*), **...geld, ...gut**

mäh|lich (*geh. für* allmählich)

Mahl‿knecht *(veraltet),* **...sand** *(Seemannsspr.)*

Mahl|schatz (*Rechtsspr. veraltet für* Brautgabe); **Mahl‿statt** *od.* **...stät|te** (Gerichts- u. Versammlungsstätte der alten Germanen)

Mahl‿stein, ...steu|er (die; eine frühere Steuer), **...strom** (Strudel), **...werk** *(Technik),* **...zahn** (*für* Molar)

Mahl|zeit; gesegnete Mahlzeit!

Mäh|ma|schi|ne

Mahn‿be|scheid (*Rechtsw.* Zahlungsbefehl), **...brief**

Mäh|ne, die; -, -n

mah|nen

mäh|nen|ar|tig

Mah|ner; Mah|ne|rin; Mahn|ge|bühr

mäh|nig ‹*zu* Mähne›

Mahn‿mal (*Plur.* ...male, *selten* ...mäler), **...ruf** *(geh.),* **...schrei|ben; Mah|nung; Mahn‿ver|fah|ren** *(Rechtsspr.),* **...wa|che, ...wort** (*Plur.* ...worte, *meist Plur.; geh.*), **...zei|chen**

Ma|ho|nie [...iə], die; -, -n ‹nach dem amerik. Gärtner B. MacMahon› (ein Zierstrauch)

Mahr, der; -[e]s, -e (quälendes Nachtgespenst, Alp)

[1]**Mäh|re,** die; -, -n ([altes, abgemagertes] Pferd)

[2]**Mäh|re,** der; -n, -n (↑R 197); **Mähren** (dt. Name für den mittleren Teil der Tschechoslowakei); **Mäh|rer** (*svw.* [2]Mähre); **Mäh|re|rin, Mäh|rin; mäh|risch,** aber (↑R 146): die Mährische Pforte

Mai, der; *Gen.* -[e]s *u.* - (*geh. gelegentl. noch* -en), *Plur.* -e ‹lat.› (der fünfte Monat des Jahres, Wonnemond, Weidemonat); (↑R 157:) der Erste Mai (Feiertag); **Ma|ia** *vgl.* [2]Maja; **Mai|an|dacht** *(kath. Kirche);* **Mai|baum**[1]; **Mai|blu|me**[1]; **Mai|blu|men|strauß; Mai|bow|le**

Maid, die; -, -en (*veraltet, noch scherzh. für* Mädchen)

Mai|de|mon|stra|ti|on; Maie, die; -, -n (*veraltend für* Maibaum); **mai|en** *(geh.);* es grünt und mait; **Mai|en,** der; -s, - (*schweiz. mdal. für* Blumenstrauß); **mai|en|haft; Mai|en|nacht** *(geh.);* **Mai|en|säß,**

[1] *Geh. auch* Maien...

das; -es, -e (*schweiz. für* Frühlingsbergweide); **Mai-fei|er, ...glöck|chen, ...kä|fer, ...kätzchen**

Mai|ke, Mei|ke (w. Vorn.)

Mai-kö|ni|gin[1], **...kund|ge|bung**

Mai|land (ital. Stadt); *vgl.* Milano; **Mai|län|der** (↑R 147); Mailänder Scala; **mai|län|disch**

Mai|ling ['me:liŋ], das; -[s] ‹amerik.› (Versenden von Werbematerial durch die Post)

Mail|lol [ma'jɔl] (franz. Bildhauer u. Graphiker)

Mai|luft[1]

Main, der; -[e]s (r. Nebenfluß des Rheins)

Mai|nacht[1]

Main|au, die; - (Insel im Bodensee)

Main-Do|nau-Ka|nal, der; -s (↑R 150)

Maine [me:n] (Staat in den USA; *Abk.* Me.)

Main|fran|ken; Main|li|nie, die; -

Mainz (Stadt am Rhein); **Main|zer** (↑R 147); **main|zisch**

Maire [mɛ:r], der; -s, -s ‹franz.› (Bürgermeister in Frankreich); **Mai|rie** [mɛ:'ri:], die; -, ...ien (*franz. Bez. für* Rathaus)

Mais, der; -es, *Plur.* *(Sorten:)* -e ‹indian.› (eine Getreidepflanze); **Mais-bir|ne** (Trainingsgerät für Boxer), **...brei, ...brot**

Maisch, der; -[e]s, -e (*selten für* Maische); **Maisch|bot|tich; Maische,** die; -, -n (Gemisch zur Wein-, Bier- od. Spiritusherstellung); **mai|schen;** du maischst

mais|gelb; Mais-kol|ben, ...korn, ...mehl

Mai|so|nette, *auch* **Mai|son|nette** [mɛzɔ'nɛt], die; -, -s ‹franz.› (zweistöckige Wohnung [in einem Hochhaus])

Maiß, der; -es, -e *od.* die; -, -en (*bayr., österr. für* Holzschlag; Jungwald)

Mais-stär|ke, ...stroh

Maî|tre de plai|sir ['mɛ:trə də plɛ'zi:r], der; - - -, -s ['mɛ:trə] - - ‹franz.› (*veraltet, noch scherzh. für* jmd., der [bei einem Fest] für die Unterhaltung der Gäste sorgt, ein Unterhaltungsprogramm leitet)

[1]**Ma|ja,** die; - ‹sanskr.› (*ind. Philos.* [als verschleierte Schönheit dargestellte] Erscheinungswelt, Blendwerk)

[2]**Ma|ja** (röm. Göttin des Erdwachstums; *griech. Mythol.* Mutter des Hermes)

Ma|ja|kow|ski (russ. Dichter)

Maj|da|nek [maj'da(:)...] (im 2. Weltkrieg Konzentrationslager der Nationalsozialisten in Polen)

Ma|je|stät, die; -, *Plur.* (als Titel u. Anrede von Kaisern u. Königen:) -en ‹lat.› (Herrlichkeit, Erhabenheit); Seine - (*Abk.* S[e]. M.), Ihre - (*Abk.* I. M.), Euer - *od.* Eure - (*Abk.* Ew. M.); **ma|je|stätisch** (herrlich, erhaben); -ste; **Ma|je|stäts|be|lei|di|gung**

Ma|jo|li|ka, die; -, *Plur.* ...ken *u.* -s ‹nach der Insel Mallorca› (Töpferware mit Zinnglasur)

Ma|jo|nä|se, die; -, -n (*eindeutschend für* Mayonnaise)

Ma|jor, der; -s, -e ‹lat.-span.› (unterster Stabsoffizier)

Ma|jo|ran [*auch* ...'ra:n], *seltener* **Mei|ran,** der; -s, -e *Plur. selten* ‹mlat.› (eine Gewürzpflanze; deren getrocknete Blätter)

Ma|jo|rat, das; -[e]s, -e ‹lat.› (*Rechtsspr.* Vorrecht des Ältesten auf das Erbgut; nach dem Ältestenrecht zu vererbendes Gut; *Ggs.* Minorat); **Ma|jo|rats-gut, ...herr**

Ma|jor|do|mus, der; -, - ‹lat.› (Hausmeier; Stellvertreter der fränk. Könige); **ma|jo|renn** (*Rechtsspr. veraltet für* volljährig, mündig); **Ma|jo|ren|ni|tät,** die; - (*veraltet für* Volljährigkeit, Mündigkeit); **Ma|jo|rette** [...'rɛt], die; -, *Plur.* -s *u.* -n [...'rɛt(ə)n] ‹franz.› (junges Mädchen in Uniform, das bei festlichen Umzügen paradiert); **Ma|jo|ret|ten|grup|pe; ma|jo|ri|sie|ren** ‹lat.› (überstimmen, durch Stimmenmehrheit zwingen); **Ma|jo|ri|tät,** die; -, -en ([Stimmen]mehrheit); **Ma|jo|ri|täts-be|schluß, ...prin|zip** (das; -s), **...wahl** (Mehrheitswahl)

Ma|jors|rang, der; -[e]s

Ma|jorz, der; -es ‹lat.› (*schweiz. für* Mehrheitswahlsystem)

Ma|jus|kel, die; -, -n ‹lat.› (Großbuchstabe)

ma|ka|ber; makab[e]rer, makaberste ‹franz.› (totenähnlich; unheimlich; schaudererregend; frivol); maka|bres Aussehen

Ma|ka|dam, der *od.* das; -s, -e ‹nach dem schott. Ingenieur McAdam› (Straßenbelag); **ma|ka|da|mi|sie|ren** (mit Makadam versehen, belegen)

Ma|kak, der; *Gen.* -s *u.* ...kaken, *Plur.* ...kaken; ↑R 197 ‹afrik.-port.› (meerkatzenartiger Affe)

Ma|ka|me, die; -, -n ‹arab.› (*Literaturw.* kunstvolle alte arab. Stegreifdichtung)

[1]**Ma|kao** [*auch* ma'kau], der; -s, -s ‹Hindi-port.› (ein Papagei)

[2]**Ma|kao** [*auch* ma'kau], das; -s ‹*nach* Macau *(vgl. d.)*› (ein Glücksspiel)

Ma|kart (österr. Maler); **Ma|kart-bu|kett;** ↑R 135 (Strauß aus getrockneten Blumen)

Ma|ke|do|ni|en, *auch* Ma|ze|do|ni|en [*beide* ...iən] (Balkanlandschaft; Republik im Süden des ehem. Jugoslawien); **Ma|ke|do|ni|er,** *auch* Ma|ze|do|ni|er [*beide* ...iər]; **ma|ke|do|nisch,** *auch* ma|ze|do|nisch

Ma|kel, der; -s, - (*geh. für* Schande; Fleck; Fehler)

Mä|ke|lei (*svw.* Nörgelei); **mä|kelig,** mäk|lig (gern mäkelnd)

ma|kel|los; -este; **Ma|kel|lo|sigkeit,** die; -

ma|keln (Vermittlergeschäfte machen); ich ...[e]le (↑R 22); **mäkeln** (*svw.* nörgeln); ich ...[e]le (↑R 22); **Mä|kel|sucht,** die; -; **mä|kel|süch|tig**

Ma|ket|te, die; -, -n (*eindeutschend für* Maquette)

Make-up [me:k'ap], das; -s, -s ‹engl.› (kosmet. Verschönerung; kosmet. Präparat zur Verschönerung)

Ma|ki, der; -s, -s ‹madagass.-franz.› (ein Halbaffe)

Ma|ki|mo|no, das; -s, -s ‹jap.› (ostasiat. Rollbild im Querformat auf Seide od. Papier)

Mak|ka|bä|er, der; -s, - (Angehöriger eines jüd. Geschlechtes); **Mak|ka|bä|er|mün|ze; mak|kabä|isch; Mak|ka|bi,** der; -[s], -s ‹hebr.› (Name jüd. Sportvereinigungen); **Mak|ka|bia|de,** die; -, -n; ↑R 180 (jüd. Sporttreffen nach Art der Olympiade)

Mak|ka|ro|ni *Plur.* ‹ital.› (röhrenförmige Nudeln); **mak|ka|ronisch** (aus lateinischen [u. lateinisch deklinierten] Wörtern lebender Sprachen gemischt); -e Dichtung

Mak|ler (Geschäftsvermittler); [1]**Mäk|ler** (*selten für* Makler); [2]**Mäk|ler** (*svw.* Nörgler); **Mak|lerge|bühr; Mak|le|rin; Mak|lerpro|vi|si|on; mäk|lig** *vgl.* mäkelig

Ma|ko, die; -, -s *od.* der *od.* das; -[s], -s ‹nach dem Ägypter Mako Bey› (ägypt. Baumwolle); **Mako|baum|wol|le**

Ma|ko|ré [...'re:], das; -[s] ‹franz.› (afrik. Hartholz)

Ma|kra|mee, das; -[s], -s ‹arab.-ital.› (Knüpfarbeit [mit Fransen])

Ma|kre|le, die; -, -n ‹niederl.› (ein Fisch)

ma|kro... ‹griech.› (lang..., groß...); **Ma|kro...** (Lang..., Groß...); **Ma|kro|bio|tik,** die; -; ↑R 180 (*Med.* Kunst, das Leben zu verlängern); **ma|kro|biotisch; ma|kro|ke|phal** usw. *vgl.* makrozephal usw.; **Makro|kli|ma** ['ma(:)kro...] (Großklima); **ma|kro|kos|misch** [*auch* 'ma(:)kro...]; **Ma|kro|kos|mos, Ma|kro|kos|mus,** der; - (die große Welt, Weltall; *Ggs.* Mikrokos-

[1] *Geh. auch* Maien...

mos); **Ma|kro|mo|le|kül** [*auch* 'ma(:)kro...] (*Chemie* aus 1 000 u. mehr Atomen aufgebautes Molekül); **ma|kro|mo|le|ku|lar** [*auch* 'ma(:)kro...]

Ma|kro|ne, die; -, -n ‹ital.› (ein Gebäck)

ma|kro|seis|misch [*auch* 'ma(:)-kro...] ‹griech.› (*Geol.* ohne Instrumente wahrnehmbar [von starken Erdbeben]); **ma|kro|sko|pisch** (mit freiem Auge sichtbar); **Ma|kro|spo|re** [*auch* 'ma(:)kro...] *meist Plur.* (*Bot.* große weibliche Spore einiger Farnpflanzen); **Ma|kro|struk|tur** ['ma(:)kro...] (*fachspr. für* ohne optische Hilfsmittel erkennbare Struktur); **ma|kro|ze|phal** (*Med.* großköpfig); **Ma|kro|ze|pha|le,** der *u.* die; -n, -n (↑R 7 ff.); **Ma|kro|ze|pha|lie,** die; -, ...ien; **Ma|kru|lie,** die; -, ...ien (*Med.* Wucherung des Zahnfleisches)

Ma|ku|la|tur, die; -, -en ‹lat.› (*Druckw.* beim Druck schadhaft gewordene u. fehlerhafte Bogen, Fehldruck; Altpapier; Abfall); **ma|ku|lie|ren** (zu Makulatur machen)

mal; acht mal zwei (*mit Ziffern [u. Zeichen]:* 8 mal 2, 8 × 2 *od.* 8 · 2); acht mal zwei ist, macht, gibt (*nicht:* sind, machen, geben) sechzehn; eine Fläche von drei mal fünf Metern (*mit Ziffern [u. Zeichen]:* 3 m × 5 m); *vgl.* aber: achtmal und [1]Mal, II; mal (*ugs. für* einmal [*vgl.* [1]Mal, II], z. B. komm mal her!; wenn das mal gutgeht!; das ist nun mal so; öfter mal was Neues; sag das noch mal!); **[1]Mal,** das; -[e]s, -e. **I.** *Groß- und Getrenntschreibung als Substantiv:* das erste, zweite usw. Mal; das and[e]re, einzige, letzte, nächste, vorige usw. Mal; das eine Mal; ein Mal (*beide Wörter sind betont, sonst:* einmal); ein erstes usw. Mal; ein and[e]res, einziges, letztes Mal; ein Mal über das and[e]re, ein ums and[e]re Mal; von Mal zu Mal; Mal für Mal; dieses, manches, nächstes, voriges Mal; manches liebe, manch liebes Mal; mit einem Mal[e]; beim, zum ersten, zweiten, letzten, ander[e]n, soundsovielten, x-ten Mal[e]; die letzten, nächsten Male; alle, einige, etliche, mehrere, unendliche, unzählige, viele, viele tausend, wie viele Male; ein paar, ein paar Dutzend, eine Million Male, drei Millionen Male; ein oder mehrere Male; ein für alle Male; zu fünf Dutzend Malen; zu verschiedenen, wiederholten Malen. **II.** *Zusammenschreibung als Adverb:* einmal (*vgl.* mal); zweimal (*mit Ziffer* 2mal); drei- bis viermal (*mit Ziffern* 3- bis 4mal *od.* 3-4mal); fünfundsiebzigmal; [ein]hundertmal; [drei]millionenmal; noch einmal, noch einmal soviel; dutzendmal; keinmal; manchmal; vielmal, sovielmal, wievielmal, vieltausendmal, x-mal; allemal, beidemal, jedesmal, dutzendemal, hundertemal, einigemal, etlichemal, mehreremal, unendlich[e]mal, unzähligemal, verschiedenemal, diesmal; das erstemal, das letztemal, das x-temal; ein andermal, ein dutzendmal, ein paarmal; ein halbes hundertmal, ein paar dutzendmal; auf einmal, mit ein[em]mal; ein für allemal; beim, zum erstenmal, zweitenmal, letztenmal, x-tenmal; zum andernmal, nächstenmal; **[2]Mal,** das; -[e]s, *Plur.* -e *u.* Mäler (Fleck; Merkmal; *geh. für* Denkmal; *Sport* Ablaufstelle)

Ma|la|bar|kü|ste, die; - (südl. Teil der Westküste Vorderindiens)

Ma|la|bo (Hptst. von Äquatorialguinea)

Ma|la|chi|as [...x...], *ökum.* Malea|chi (bibl. Prophet)

Ma|la|chit [...'xi:t, *auch* ...'xit], der; -s, -e ‹griech.› (ein Mineral); **ma|la|chit|grün; Ma|la|chit|va|se**

ma|lad (*selten für* malade); **ma|la|de** ‹franz.› (*ugs. für* krank, sich unwohl fühlend)

ma|la fi|de ‹lat.› (in böser Absicht; wider besseres Wissen)

Ma|la|ga, der; -s, -s (ein Süßwein); **Má|la|ga** (span. Provinz u. Hafenstadt); **Ma|la|ga|wein**

Ma|lai|e, der; -n, -n; ↑R 197 (Angehöriger mongol. Völker Südostasiens); **Ma|lai|in; ma|lai|isch,** aber (↑R 146): der Malaiische Archipel; Malaiischer Bund

Ma|lai|se [ma'lɛ:zə, *schweiz.* ma-lɛ:z], die; -, -n, *schweiz.* das; -s, -s ‹franz.› (Misere; Mißstimmung)

Ma|la|ja|lam, das; -[s] (eine drawid. Sprache in Südindien)

Ma|lak|ka (südostasiat. Halbinsel)

Ma|la|ko|lo|gie, die; - ‹griech.› (Lehre von den Weichtieren)

Ma|la|ria, die; - ‹ital.› (eine trop. Infektionskrankheit); **Ma|la|ria|er|re|ger; ma|la|ria|krank; Ma|la|ria|lo|gie,** die; - (Erforschung der Malaria)

Ma|la|wi (Staat in Afrika); **Ma|la|wi|er** [...iər]; **ma|la|wisch**

Mal|axt (Axt zum Bezeichnen der zu fällenden Bäume)

Ma|lay|sia [...'lai...] (Föderation in Südostasien); **Ma|lay|si|er** [...iər]; **ma|lay|sisch**

Mal|buch

Mal|chen *vgl.* Melibocus

Mal|chus (bibl. m. Eigenn.)

Ma|le ['ma:le(:)] (Hptst. der Malediven)

Ma|lea|chi [...xi] (↑R 180) *vgl.* Malachias

Ma|le|di|ven [...v...] *Plur.* (Inselstaat im Ind. Ozean); **Ma|le|di|ver; ma|le|di|visch**

Ma|le|fiz|kerl ‹lat.; dt.› (*landsch. für* Draufgänger)

ma|len (Bilder usw.); gemalt

Ma|le|par|tus, der; - (Wohnung des Fuchses in der Tierfabel)

Ma|ler; Ma|ler|ar|beit; Ma|le|rei; Ma|ler‿email (Schmelzmalerei), **...far|be; Ma|le|rin; ma|le|risch;** -ste; **Ma|ler|mei|ster; ma|lern** (*ugs. für* Malerarbeiten ausführen); ich ...lere (↑R 22)

Ma|le|sche, die; -, -n ‹franz., „Malaise"› (*nordd. für* Ungelegenheit, Unannehmlichkeit)

Mal|feld *(Rugby)*

Mal|grund *(Kunstw.)*

Mal|heur [ma'lø:r], das; -s, *Plur.* -e *u.* -s ‹franz.› (*ugs. für* [kleines] Mißgeschick; Unglück)

mal|ho|nett ‹franz.› (*veraltet für* unfein, unredlich)

Ma|li (Staat in Afrika)

Ma|li|ce [ma'li:sə], die; -, -n ‹franz.› (*veraltet für* Bosheit; boshafte Äußerung)

Ma|li|er [...iər] (Bewohner von Mali)

...ma|lig (z. B. dreimalig [*mit Ziffer* 3malig])

ma|li|gne ‹lat.› (*Med.* bösartig); **Ma|li|gni|tät,** die; - (Bösartigkeit [einer Krankheit, bes. einer Geschwulst])

ma|lisch ‹*zu* Mali›

ma|li|zi|ös; -este (boshaft, hämisch)

Mal|ka|sten

mal|kon|tent ‹franz.› (*veraltet, noch landsch. für* [mit polit. Zuständen] unzufrieden)

mall ‹niederl.› (*Seew.* umspringend, verkehrt, verdreht [vom Wind]; *nordd. übertr. für* von Sinnen, verrückt); **Mall,** das; -[e]s, -e (*Seemannsspr.* Modell für Schiffsteile, Spantenschablone)

Mal|lar|mé [...'me:] (franz. Dichter)

mal|len (*Seemannsspr.* nach dem Mall bearbeiten; umspringen [vom Wind])

Mal|lor|ca [ma'jɔrka, *auch* ma'lɔrka] (Hauptinsel der Balearen); **Mal|lor|qui|ner** [majɔr'ki:..., *auch* malɔr'ki:...]; **mal|lor|qui|nisch**

Mal|lung (*Seemannsspr.* Hinundherspringen des Windes)

Malm, der; -[e]s ‹engl.› (*Geol.* obere Abteilung der Juraformation; Weißer Jura); **mal|men** (*selten für* zermalmen, knirschen)

Mal|mö (schwed. Hafenstadt)

mal|neh|men (vervielfachen); ich

nehme mal; malgenommen; malzunehmen

Mal|oc|chio [ma'lɔki̯o], der; -s, *Plur.* -s *u.* ...occhi [ma'lɔki] ‹ital.› (*ital. Bez. für* böser Blick)

Ma|lo|che [*auch* ...'lɔ...], die; - ‹hebr.-jidd.› (*ugs. für* schwere Arbeit); **ma|lo|chen** (*ugs. für* schwer arbeiten, schuften); **Ma|lo|cher** (*ugs. für* Arbeiter)

[1]**Ma|lo|ja** (Ort in Graubünden); [2]**Ma|lo|ja,** der; -[s] (schweiz. Paß) *u.* **Ma|lo|ja|paß,** der; ...passes (↑R 149)

Ma|los|sol, der; -s ‹russ.› (schwach gesalzener Kaviar)

mal|pro|per ‹franz.› (*veraltet, noch landsch. für* unsauber); malpropre Schürze

...mals (z. B. mehrmals)

Mal|säu|le (*veraltet für* Grenzstein; Gedenksäule)

Mal|ta (Insel u. Staat im Mittelmeer); **Mal|ta|fie|ber** (↑R 149)

Mal|te (m. Vorn.)

Mal|tech|nik

Mal|ter, der *od.* das; -s, - (altes Getreide-, Kartoffelmaß; *österr. ugs. auch für* Mörtel)

Mal|te|ser (Bewohner von Malta; Angehöriger des Malteserordens); ↑R 147: Malteser Hündchen; **Mal|te|ser-Hilfs|dienst; Mal|te|ser‿kreuz, ...or|den** (der; -s), **...rit|ter; mal|te|sisch,** aber (↑R 146): Maltesische Inseln

Mal|thus [*engl.* 'mɛlθəs] (engl. Sozialphilosoph); **Mal|thu|sia|ner;** ↑R 180 (Vertreter des Malthusianismus); **Mal|thu|sia|nis|mus,** der; -; **mal|thu|sisch,** aber (↑R 134:) Malthusisches Bevölkerungsgesetz

Mal|to|se, die; - (*Chemie* Malzzucker)

mal|trä|tie|ren ‹franz.› (mißhandeln, quälen); **Mal|trä|tie|rung**

Ma|lus, der; *Gen.* - *u.* -ses, *Plur.* - *u.* -se ‹lat.› (*Kfz-Versicherung* Prämienzuschlag bei Häufung von Schadensfällen)

Ma|luten|si|li|en *Plur.*

Mal|va|sier [...v...], der; -s (ein Süßwein); **Mal|va|sier|wein**

Mal|ve [...v...], die; -, -n ‹ital.› (eine Zier-, Heilpflanze); **mal|ven‿farben** *od.* **...far|big**

Mal|vi|nen [...v...] *Plur.* (*svw.* Falklandinseln)

Mal|wi|ne (w. Vorn.)

Malz, das; -es; **Malz‿bier, ...bonbon**

Mal|zei|chen (Multiplikationszeichen; *Zeichen* · *od.* ×)

Mäl|zel (dt. Instrumentenmacher); -s Metronom, *auch* Metronom - (*Abk.* M. M.)

mäl|zen (Malz bereiten); du mälzt; **Mäl|zer; Mäl|ze|rei; Mälze|rin; Malz‿ex|trakt, ...kaf|fee**

Ma|ma [*veraltend u. geh.* ma'ma:], die; -, -s; **Ma|ma|chen**

Mam|ba, die; -, -s ‹Zulu› (eine afrik. Giftschlange)

Mam|bo, der; -[s], -s, *auch* die; -, -s ‹kreol.› (ein südamerik. Tanz)

Ma|me|luck, der; -en, -en (↑R 197) ‹arab.-ital.› (Sklave, Leibwächter morgenländ. Herrscher)

Ma|mer|tus (ein Heiliger)

Ma|mi (*Kinderspr.*)

Mam|ma|lia *Plur.* ‹lat.› (*Zool.* Sammelbez. für alle Säugetiere);

Mam|mo|gra|phie, die; -, ...ien (*Med.* Röntgenuntersuchung der weibl. Brust)

Mam|mon, der; -s ‹aram.› (*abwertend für* Reichtum; Geld); **Mammo|nis|mus,** der; - (Geldgier, -herrschaft)

Mam|mut, das; -s, *Plur.* -e *u.* -s ‹russ.-franz.› (Elefant einer ausgestorbenen Art); **Mam|mut...** (*auch für* Riesen...); **Mam|mut‿baum, ...kno|chen, ...programm, ...pro|zeß, ...schau, ...ske|lett, ...un|ter|neh|men, ...ver|an|stal|tung, ...zahn**

mam|pfen (*ugs. für* [mit vollen Backen] essen)

Mam|sell, die; -, *Plur.* -en *u.* -s ‹franz.› (Angestellte im Gaststättengewerbe; *veraltet, noch scherzh. für* Fräulein, Hausgehilfin); ↑R 157: kalte -, *auch* Kaltmamsell (Angestellte für die Zubereitung der kalten Speisen)

[1]**man** (↑R 66); *Dat.* einem, *Akk.* einen; man kann nicht wissen, was einem zustoßen wird; du siehst einen an, als ob man ...

[2]**man** (*nordd. ugs. für* nur, mal); das laß - bleiben

[1]**Man** [mɛn] (Insel in der Irischen See)

[2]**Man,** der *od.* das; -s, -s ‹pers.› (früheres pers. Gewicht); 3 - (↑R 129)

m. A. n. = meiner Ansicht nach

Mä|na|de, die; -, -n ‹griech.› (rasendes Weib [im Kult des griech. Weingottes Dionysos])

Ma|nage|ment ['mɛnɛdʒmənt], das; -s, -s ‹engl.-amerik.› (Leitung eines Unternehmens); **Manage|ment-Buy|out** [...bai̯'aut], das; - -[s] (Übernahme einer Firma durch die eigene Geschäftsleitung); **ma|na|gen** ['mɛnɛdʒ(ə)n] (*ugs. für* leiten, unternehmen; zustande bringen); gemanagt; **Ma|na|ger,** der; -s, - (Leiter [eines großen Unternehmens]; Betreuer [eines Berufssportlers]); **Ma|na|ge|rin; Ma|nager|krank|heit**

Ma|na|gua [ma'na(:)...] (Hptst. von Nicaragua)

Ma|na|ma (Hptst. von Bahrain)

Ma|nas|se (bibl. m. Eigenn.)

manch; -er, -e, -es; in manchem; manche sagen (↑R 66); so mancher, so manches; manch einer; mancher Tag; mancher Art; manche Stunde; manches *u.* manch Buch; mancher, der; manches, was. *Beugung:* manch guter Vorsatz; mancher gute Vorsatz; mit manch gutem Vorsatz, mit manchem guten Vorsatz; manch böses Wort, manches böse Wort; manchmal; manches Mal; manch liebes Mal, manches liebe Mal; manch Schönes *u.* manches Schöne; mit manch Schönem *u.* mit manchem Schönen; mancher stimmfähiger (*auch noch* stimmfähigen) Mitglieder, für manche ältere (*auch noch* älteren) Leute; manche Stimmberechtigte (*auch* Stimmberechtigten)

Man|cha [...tʃa], die; - (span. Landschaft)

man|chen|orts; man|cher *vgl.* manch; **man|cher|lei;** mancherlei, was; **man|cher|or|ten,** *häufiger* **man|cher|orts; man|ches** *vgl.* manch

[1]**Man|che|ster** ['mɛntʃɛstə(r), *engl.* 'mɛntʃistə] (engl. Stadt); [2]**Manche|ster** [man'ʃɛstər], der; -s (ein Gewebe); **Man|che|ster|ho|se; Man|che|ster|tum** ['mɛntʃɛstə(r)...], das; -s (liberalistische volkswirtschaftliche Anschauung)

manch|mal *vgl.* manch

Man|da|la, das; -[s], -s ‹sanskr.› (Bild als Meditationshilfe)

Man|dant, der; -en, -en (↑R 197) ‹lat.› (*Rechtsspr.* Auftraggeber; Vollmachtgeber); **Man|dan|tin**

Man|da|rin, der; -s, -e ‹sanskr.-port.› (*früher* europ. Bezeichnung hoher chin. Beamter); **Man|da|ri|ne,** die; -, -n (kleine apfelsinenähnliche Frucht); **Man|da|ri|nen|öl,** das; -[e]s; **Manda|rin|en|te** (eine asiat. Ente)

Man|dat, das; -[e]s, -e ‹lat.› (Auftrag, Vollmacht; Sitz im Parlament; in Treuhand von einem Staat verwaltetes Gebiet); **Manda|tar,** der; -s, -e (jmd., der im Auftrag eines anderen handelt; Rechtsanwalt; *österr. für* Abgeordneter); **Man|da|tar|staat;** *vgl.* [1]Staat; **man|da|tie|ren** (*veraltet für* zum Mandatar machen); **Man|dats‿ge|biet, ...trä|ger, ...ver|lust**

[1]**Man|del,** die; -, -n ‹griech.› (Kern einer Steinfrucht; *meist Plur.:* Gaumenmandeln)

[2]**Man|del,** die; -, -[n] ‹mlat.› (altes Zählmaß; Gruppe von etwa 15 Garben; kleine Mandel = 15 Stück, große Mandel = 16 Stück); 3 -[n] Eier (↑R 129)

Man|de̱|la, Nelson (südafrik. schwarzer Bürgerrechtler u. Politiker)

Man|del|au|ge; man|del|äu|gig; Man|del‿baum, ...blü|te, ...ent|zün|dung; man|del|för|mig; -e Augen; **Man|del‿ge|bäck, ...kern, ...kleie, ...öl** (das; -[e]s), **...ope|ra|ti|on**

Man|derl *vgl.* Mandl

Man|di̱|beln *Plur.* ‹lat.› (*Biol.* Oberkiefer der Gliederfüßer); **man|di|bu|la̱r, man|di|bu|lä̱r** (zum Unterkiefer gehörend)

Mandl, Man|derl, das; -s, -n (*bayr. u. österr. ugs. für* Männlein; Wild-, Vogelscheuche; Wegzeichen aus Steinen)

Man|do̱|la, die; -, ...len ‹ital.› (eine Oktave tiefer als die Mandoline klingendes Zupfinstrument); **Man|do|li̱|ne,** die; -, -n ‹franz.› (ein Saiteninstrument)

Man|dor|la, die; -, ...dorlen ‹ital.› (mandelförmiger Heiligenschein)

Man|dra̱|go|ra, Man|dra|go̱|re, die; -, ...o̱ren ‹griech.› (ein Nachtschattengewächs)

Man|dri̱ll, der; -s, -e ‹engl.› (ein in Westafrika heimischer Affe)

[1]Man|dschu, der; -[s], - (Angehöriger eines mongol. Volkes); **[2]Man|dschu,** das; -[s] (Sprache); **Man|dschu̱|kuo** (Name der Mandschurei als Kaiserreich 1934–45); **Man|dschu|re̱i,** die; - (nordostchin. Tiefland); **man|dschu̱|risch;** -es Fleckfieber

Ma|ne|ge [ma'ne:ʒə], die; -, -n ‹franz.› (runde Vorführfläche od. Reitbahn im Zirkus)

Ma̱|nen *Plur.* ‹lat.› (die guten Geister der Toten im altröm. Glauben)

Ma|nẹs|sisch; -e Handschrift (eine Minnesängerhandschrift)

Ma|net [ma'ne:, *franz.* ma'nɛ], Edouard [e'dua:r] (franz. Maler)

Man|fred (m. Vorn.)

mang (*nordd. ugs. für* unter, dazwischen); mittenmang *(vgl. d.)*

Man|ga̱|be, die; -, -n ‹afrik.› (ein afrik. Affe)

Man|ga̱n, das; -s ‹griech.› (chem. Element, Metall; *Zeichen* Mn); **Man|ga|na̱t,** das; -s, -e (Salz der Mangansäure); **Man|ga̱n|ei|sen; Man|ga|ni̱t** [*auch* ...'nit], der; -s, -e (ein Mineral)

Man|ge, die; -, -n (*südd., schweiz. für* [1]Mangel); **[1]Man|gel,** die; -, -n ([Wäsche]rolle)

[2]Man|gel, der; -s, Mängel (Fehler, Unvollkommenheit; *nur Sing.:* das Fehlen); **Man|gel‿be|ruf, ...er|schei|nung; man|gel|frei; man|gel|haft;** *vgl.* ausreichend; **Man|gel|haf|tig|keit,** die; -; **Män|gel|haf|tung** *(Rechtsw.)*

Man|gel|holz

Man|gel|krank|heit

[1]man|geln ([Wäsche] rollen); ich ...[e]le (↑R 22)

[2]man|geln (nicht [ausreichend] vorhanden sein); es hat an allem gemangelt

Män|gel|rü|ge (Klage über mangelhafte Ware od. Arbeit); **mangels** (↑R 62); *Präp. mit Gen.:* - des nötigen Geldes, - eindeutiger Beweise; *im Plur. mit Dat., wenn der Gen. nicht erkennbar ist:* - Beweisen; **Man|gel|wa|re**

Man|gel|wä|sche, die; -; **man|gen** (*landsch. für* [1]mangeln)

Mang‿fut|ter (*landsch. für* Mischfutter; *vgl.* [1]Futter), **...ge|trei|de**

Mang|le|rin ‹*zu* [1]mangeln›

Man|go, die; -, *Plur.* ...o̱nen *od.* -s ‹tamil.-port.› (eine tropische Frucht); **Man|go|baum**

Man|gold, der; -[e]s, -e *Plur. selten* (ein Blatt- u. Stengelgemüse)

Man|gro̱|ve [...v...], die; -, -n ‹engl.› (immergrüner Laubwald in Meeresbuchten u. Flußmündungen tropischer Gebiete); **Man|gro̱|ve[n]‿baum, ...küs|te**

Man|gu̱s|te, die; -, -n ‹Marathi› (in Südeurasien u. Afrika heimische Schleichkatze)

Man|hat|tan [mɛn'hɛt(ə)n] (Stadtteil von New York)

Ma̱|ni (babylonischer Religionsstifter); **Ma|ni|chä̱|er** [...ç...] (Anhänger des Manichäismus); **Ma|ni|chä|i̱s|mus,** der; - (von Mani gestiftete Religionsform)

Ma|ni̱e, die; -, ...i̱en ‹griech.› (Sucht; Besessenheit)

Ma|ni̱er, die; - ‹franz.› (Art u. Weise, Eigenart; Unnatur, Künstelei); **Ma|ni̱e|ren** *Plur.* (Umgangsformen, [gutes] Benehmen); **ma|nie|ri̱ert** (gekünstelt; unnatürlich); **Ma|nie|ri̱ert|heit; Ma|nie|ri̱s|mus,** der; - ‹lat.› (Stilbegriff für die Kunst der Zeit zwischen Renaissance u. Barock; gekünstelte Nachahmung eines Stils); **Ma|nie|ri̱st,** der; -en, -en; ↑R 197 (Vertreter des Manierismus); **ma|nie|ri̱|stisch; ma|ni̱er|lich** (gesittet; fein; wohlerzogen)

ma|ni|fẹst ‹lat.› (handgreiflich, offenbar, deutlich); **Ma|ni|fẹst,** das; -es, -e (öffentl. Erklärung, Kundgebung; *Seew.* Verzeichnis der Güter auf einem Schiff); das Kommunistische -; **Ma|ni|fe|stạnt,** der; -en, -en; ↑R 197 (*veraltet für* den Offenbarungseid Leistender; *schweiz., sonst veraltet für* Teilnehmer an einer politischen Kundgebung); **Ma|ni|fe|sta|ti|o̱n,** die; -, -en (Offenbarwerden; *Rechtsw.* Offenlegung; Bekundung; *Med.* Erkennbarwerden [von Krankheiten]; *regional u. schweiz. für* politische Kundgebung); **ma|ni|fe|sti̱e|ren** (offenbaren; bekunden; *veraltet für* den Offenbarungseid leisten; *regional u. schweiz. für* demonstrieren); sich - (deutlich werden, sich zu erkennen geben)

Ma|ni|kü̱|re, die; -, -n ‹franz.› (Handpflege, bes. Nagelpflege; Etui mit Geräten für die Nagelpflege; Hand-, Nagelpflegerin); **ma|ni|kü̱|ren;** manikürt

Ma|ni̱|la (Hptst. der Philippinen); **Ma|ni̱|la|hanf;** ↑R 149 (Spinnfaser der philippinischen Faserbanane)

Ma|nil|le [ma'niljə], die; -, -n ‹franz.› (Trumpfkarte im Lomberspiel)

Ma|ni|ọk, der; -s, -s ‹indian.-franz.› (eine tropische Nutzpflanze); **Ma|ni|ọk‿mehl** (das; -[e]s), **...wur|zel**

[1]Ma|ni̱|pel, der; -s, - ‹lat.› (Teil der röm. Kohorte); **[2]Ma|ni̱|pel,** der; -s, -, *auch* die; -, -n (Teil der kath. Priestergewandung); **Ma|ni|pu|lạnt,** der; -en, -en (↑R 197); **Ma|ni|pu|la|ti|o̱n,** die; -, -en (Hand-, Kunstgriff; Verfahren; *meist Plur.:* Machenschaft); **ma|ni|pu|la|ti̱v; Ma|ni|pu|la̱|tor,** der; -s, ...o̱ren (*Technik* Vorrichtung zur Handhabung gefährlicher Substanzen hinter Schutzwänden; *veraltet für* fingerfertiger Zauberkünstler); **ma|ni|pu|li̱er|bar; Ma|ni|pu|li̱er|bar|keit,** die; -; **ma|ni|pu|li̱e|ren;** manipulierte (gesteuerte) Währung; der manipulierte Mensch; **Ma|ni|pu|li̱e|rung**

ma̱|nisch ‹griech.› (*Psych., Med.* an einer Manie erkrankt; abnorm heiter erregt); **ma̱|nisch-de|pres|si̱v;** ↑R 39 (*Psych.* abwechselnd manisch und depressiv)

Ma|nịs|mus, der; - ‹lat.› (*Völkerk.* Ahnenkult, Totenverehrung)

Ma|ni|to̱|ba [*auch engl.* mɛni'to:bə] (kanad. Provinz)

Ma̱|ni|tu, der; -s ‹indian.› (zauberhafte Macht des indian. Glaubens, oft ohne Artikel personifiziert als „Großer Geist")

Man|ko, das; -s, -s ‹ital.› (Fehlbetrag; Ausfall; Mangel); **Man|ko|geld** (pauschaler Ausgleich für Fehlbeträge)

[1]Mann, Heinrich u. Thomas (dt. Schriftsteller)

[2]Mann, der; -[e]s, *Plur.* Männer *u.* (*früher für* Lehnsleute, ritterl. Dienstmannen *od. scherzh.:*) -en; (↑R 129:) vier - hoch *(ugs.),* alle - an Bord, an Deck!, tausend -; er ist -s genug; seinen - stehen, stellen

Man|na, das; -[s], *österr. nur so, od.* die; - ‹hebr.› (legendäres [vom

Himmel gefallenes] Brot der Israeliten; Pflanzensaft)

mannlbar; Mannlbarlkeit, die; -; **Männ‿chen; Mannldeckung** [*Trenn.* ...deklkung] *(Sport);* **Männe** (*Koseform zu* Mann); **mannen** (*Seemannsspr.* von Mann zu Mann reichen)

Manlnelquin ['manəkɛ̃(:), *auch* ...'kɛ̃:], das, *selten* der; -s, -s ‹franz.› (Frau, die Modellkleider u. ä. vorführt; *veraltet für* Gliederpuppe)

Mänlner‿belkanntlschaft, ...beruf; Mänlnerlchen *Plur. (ugs.);* **Mänlner‿chor** (der), **...fang** (*meist nur in* auf - ausgehen); **mänlnerlfeindllich; Mänlner‿freundlschaft, ...haus** *(Völkerk.),* **...heillkunlde** (die; -); **mänlnerlmorldend** *(ugs. scherzh.);* **Mänlner‿salche, ...stimlme; Mänlnerltreu,** die; -, -, *schweiz.* das; -s, - (Name verschiedener Pflanzen); **Manlnes‿allter** (das; -s), **...kraft, ...stamm** (männl. Linie einer Familie), **...stärlke, ...treue, ...wort** (*Plur.* ...worte), **...zucht; mannlhaft; Mannlhafltiglkeit,** die; -

Mannlheim (Stadt am Rhein); **Mannlheilmer** (↑R 147); - Schule *(Musik)*

Mannlheit, die; - *(veraltet)*

manlniglfach; manlniglfalltig; Manlniglfalltiglkeit, die; -

mänlniglich (*veraltet für* jeder); **Mänlnin,** die; - *(nur bibl.);* **...männisch** (z. B. bergmännisch)

Manlnit, der; -s, -e ‹hebr.› (sechswertiger Alkohol im Manna)

Männllein; Männlein und Weiblein *(Plur.);* **männllich;** -es Geschlecht; **Männllichlkeit,** die; -; **Männllichlkeitslwahn,** der; -[e]s (*svw.* Machismo); **Mannlloch** (Öffnung zum Einsteigen in große Behälter wie Kessel, Tanks o. ä.); **Mannslbild** *(ugs.);* **Mannschaft; mannlschaftllich; Mannschafts‿auflstellllung, ...geist** (der; -[e]s), **...kalpiltän, ...raum, ...sielger, ...stärlke, ...stulbe, ...walgen, ...werltung; mannsdick; mannslhoch; Mannslhölhe;** in -; **Manns‿leulte** *(Plur.; ugs.),* **...perlson; mannsltoll; Mannslvolk**

Manlnus (Gestalt der germ. Mythol.)

Mannlweib (*abwertend für* männlich wirkende Frau)

Malnolmelter, das; -s, - ‹griech.› (*Physik* ein Druckmeßgerät); **malnolmeltrisch**

Malnölver [...v...], das; -s, - ‹franz.› (größere Truppen-, Flottenübung; Bewegung, die mit einem Schiff, Flugzeug usw. ausgeführt wird; Winkelzug); **Malnölver‿krilitik** (*auch* Besprechung mit kritischem Rückblick), **...schaden; malnölvrielren** (Manöver vornehmen; geschickt zu Werke gehen); **malnölvrierlfälhig; Manölvrier‿fälhiglkeit** (die; -), **...maslse**

Manlsardldach ‹nach dem franz. Baumeister Mansart› (Dach mit gebrochenen Flächen); **Manlsarde,** die; -, -n (Dachgeschoß, -zimmer); **Manlsarlden‿wohnung, ...zimlmer**

Mansch, der; -[e]s (*ugs. für* Schneewasser; breiige Masse); **manlschen** (*ugs. für* mischen; im Wasser planschen); du manschst; **Manlschelrei** *(ugs.)*

Manlschetlte, die; -, -n ‹franz.› (Ärmelaufschlag; Papierkrause für Blumentöpfe; unerlaubter Würgegriff beim Ringkampf); -n haben (*ugs. für* Angst haben); **Manlschetltenlknopf**

Mans, Le [lə 'mã:] (franz. Stadt); Le Mans' [lə 'mã:s] Umgebung (↑R 156)

Manltel, der; -s, Mäntel; **Mänltelchen, Mänltellein; Manltel‿futter** (*vgl.* [2]Futter), **...gelsetz** (Rahmengesetz), **...kralgen, ...rohr** *(Technik),* **...sack** (*veraltet für* Reisetasche); **Manltelltalrif** *(Wirtsch.);* **Manltelltalriflvertrag; Manltelltalsche; Mantel-und-Delgen-Film;** ↑R 41 (Abenteuerfilm, der in der Zeit der degentragenden Kavaliere spielt)

Manltik, die; - ‹griech.› (Seher-, Wahrsagekunst)

Manltillle [...'til(j)ə], die; -, -n ‹span.› (Schleiertuch)

Manltislse, die; -, -n ‹lat.› (*Math.* hinter dem Komma stehende Ziffern der Logarithmen)

Manltua (ital. Stadt); **Manltualner** (↑R 180); **manltualnisch** (↑R 180)

Malnual, das; -s, -e ‹lat.› (Handklaviatur der Orgel; *veraltet für* Handbuch, Tagebuch)

Malnuel [...ɛl] (m. Vorn.); **Malnuella;** ↑R 180 (w. Vorn.)

malnuell ‹lat.› (mit der Hand; Hand...); -e Fertigkeit (Handfertigkeit); **Malnulfakt,** das; -[e]s, -e (*veraltet für* Erzeugnis menschlicher Handarbeit); **Malnulfakltur,** die; -, -en ([vorindustrieller] gewerblicher Großbetrieb mit Handarbeit; *veraltet für* in Handarbeit hergestelltes Erzeugnis); **Malnulfakturlbeltrieb; manulfakltulrielren** (*veraltet für* anfertigen; verarbeiten); **Malnufakltulrist,** der; -en, -en; ↑R 197 (*früher für* Leiter einer Manufaktur; Händler in Manufakturwaren); **Malnulfakltulrlwalren** *Plur.* (Textilwaren)

Malnulldruck *Plur.* ...drucke (besonderes Druckverfahren; danach hergestelltes Druckwerk)

malnu prolpria [*auch* - 'prɔ...] ‹lat.› (mit eigener Hand; eigenhändig; *Abk.* m. p.); **Malnus,** das; -, - (*österr. u. schweiz. Kurzform von* Manuskript); **Malnulskript,** das; -[e]s, -e ‹lat.› (hand- od. maschinenschriftl. Ausarbeitung; Urschrift; Satzvorlage; *Abk.* Ms. [*Plur.* Mss.] *od.* Mskr.); **Malnuskript‿blatt, ...seilte**

Malnultilus (ital. Buchdrucker); *vgl.* Aldine usw.

Manx [maŋks, *engl.* mɛŋks], das; - (kelt. Sprache auf der Insel Man)

Manlzalnilla [man(t)sa'nilja], der; -s ‹span.› (ein span. Weißwein)

Maolislmus, der; - (kommunist. Ideologie in der chin. Ausprägung von Mao Tse-tung); **Maoist,** der; -en, -en; ↑R 197 (Anhänger des Maoismus); **Maoilstin** (↑R 180); **maoilstisch** (↑R 180)

[1]**Maolri** [*auch* 'mauri], der; -[s], -[s] (Polynesier auf Neuseeland); [2]**Maolri,** das; - (Sprache der Maoris); **maolrisch**

Mao Tse-tung [*auch* mao dzə-'duŋ], *in neuerer Umschrift* **Mao Zeldong** (chin. Staatsmann u. Schriftsteller)

Malpai, die; - ‹hebr.› (gemäßigte sozialist. Partei Israels); **Mapam,** die; - (Arbeiterpartei Israels)

Mäpplchen; Maplpe, die; -, -n

Malpulto (Hptst. von Mosambik)

Malquetlte [ma'kɛt(ə)], die; -, -n ‹franz.› (Entwurf für ein Kunstwerk)

Malquis [ma'ki:], der; - [ma'ki:(s)] ‹franz., „Gestrüpp, Unterholz"› (franz. Widerstandsorganisation im 2. Weltkrieg); **Malquilsard** [maki'za:r], der; -, *Plur.* -s *u.* -en [...'za:rdən] (Angehöriger des Maquis)

Mär, Mälre, die; -, Mären (*veraltet, heute noch scherzh. für* Kunde, Nachricht; Sage)

Malralbu, der; -s, -s ‹arab.› (ein Storchvogel); **Malralbut,** der; *Gen.* - *od.* -[e]s, *Plur.* - *od.* -s (moslem. Einsiedler, Heiliger)

Malralculja, die; -, -s ‹indian.› (eßbare Frucht der Passionsblume)

malralnalthal!, *ökum.* malralnaltal! ‹aram., „unser Herr, komm!"› (Gebetsruf der altchristlichen Abendmahlsfeier); **Malralnaltha,** *ökum.* Malralnalta, das; -s, -s

Malrälne, die; -, -n ‹slaw.› (ein Fisch)

Malranlte, *auch* Malranlta, die; -, ...ten ‹nach dem venezian. Arzt Maranta› (Pfeilwurz, eine Zimmerpflanze)

malranltisch (*svw.* marastisch)

Ma|ras|chi|no [maras'ki:no], der; -s, -s ‹ital.› (ein Kirschlikör)
Ma|ras|mus, der; - ‹griech.› (*Med.* Entkräftung, [Alters]schwäche); **ma|ra|stisch;** -ste (an Marasmus leidend, entkräftet, erschöpft)
Ma|rat [ma'ra] (franz. Revolutionär)
Ma|ra|thi, das; -[s] (Eingeborenensprache des mittleren Indien)
[1]**Ma|ra|thon** ['ma(:)...] (Ort nördl. von Athen); [2]**Ma|ra|thon,** der; -s, -s (*kurz für* Marathonlauf); [3]**Ma|ra|thon,** das; -s, -s (etwas durch übermäßig lange Dauer Anstrengendes); **Ma|ra|thon₋lauf** (↑R 149; leichtathletischer Wettlauf über 42,195 km), **...läu|fer, ...läu|fe|rin, ...re|de, ...sit|zung, ...ver|an|stal|tung**
Mar|bel, Mär|bel, Mar|mel, Mur|mel, die; -, -n (*landsch. für* kleine [marmorne] Kugel zum Spielen)
Mar|bod (markomann. König)
Mar|burg ['ma(:)r...] (Stadt in Hessen); **Mar|bur|ger** (↑R 147)
[1]**Marc** (dt. Maler u. Graphiker)
[2]**Marc** (m. Vorn.)
mar|ca|to ‹ital.› (*Musik* markiert, betont)
Mar|cel [mar'sɛl] (m. Vorn.)
[1]**March,** die; - (l. Nebenfluß der Donau)
[2]**March,** die; - (Gebiet am Ostende des Zürichsees)
[3]**March,** die; -, -en (*schweiz. für* Flurgrenze, Grenzzeichen)
Mär|chen; Mär|chen₋buch, ...dich|tung (die; -), **...er|zäh|ler, ...er|zäh|le|rin, ...film, ...for|schung; mär|chen|haft; Mär|chen₋land** (das; -[e]s), **...on|kel** (*ugs. auch für* jmd., der [häufig] Märchen erzählt), **...pracht, ...prinz, ...prin|zes|sin, ...stun|de, ...tan|te**
Mar|che|sa [...'ke:za], die; -, *Plur.* -s *u.* ...sen ‹ital.› (*w. Form von* Marchese); **Mar|che|se** [...'ke:zə], der; -, -n (hoher ital. Adelstitel)
March|feld, das; -[e]s (Ebene in Niederösterreich)
March|zins *Plur.* ...zinsen (*schweiz. Bankw.* Stückzins [beim Verkauf eines festverzinslichen Wertpapiers] seit dem letzten Zinstag)
Mar|co|ni (ital. Physiker)
Mar|co Po|lo (ital. Reisender u. Schriftsteller)
Mar|der, der; -s, -; **Mar|der|fell**
Mä|re *vgl.* Mär
Ma|rées [ma're:] (dt. Maler)
Ma|rel|le (*Nebenform von* Morelle *u.* Marille)
Ma|rem|men *Plur.* ‹ital.› (sumpfige Küstengegend in Mittelitalien); **Ma|rem|men|land|schaft**
mä|ren (*landsch. für* in etwas herumwühlen; langsam sein; umständlich reden)
Ma|ren (w. Vorn.)
Ma|ren|de, die; -, -n ‹ital.› (*tirol. für* Zwischenmahlzeit, Vesper)
Ma|ren|go, der; -s ‹nach dem oberital. Ort› (graumelierter Kammgarnstoff)
Mä|re|rei ‹*zu* mären›
Mar|ga|re|ta, Mar|ga|re|te (w. Vorn.); **Mar|ga|re|ten|blu|me**
Mar|ga|ri|ne, die; - ‹franz.›; **Mar|ga|ri|ne₋fa|brik, ...wür|fel**
Mar|ge ['marʒə], die; -, -n ‹franz.› (Abstand, Spielraum; *Wirtsch.* Spanne zwischen zwei Preisen, Handelsspanne)
Mar|ge|ri|te [*auch* ...'ritə], die; -, -n ‹franz.› (eine Wiesenblume, Wucherblume); **Mar|ge|ri|ten₋strauß, ...wie|se**
Mar|ghe|ri|ta [...ge...] (w. Vorn.)
mar|gi|nal ‹lat.› (auf dem Rand stehend; am Rand liegend; *Bot.* randständig); **Mar|gi|nal₋be|mer|kung, ...glos|se** (an den Rand der Seite geschriebene od. gedruckte Glosse *[vgl. d.]*); **Mar|gi|na|lie** [...iə], die; -, -n *meist Plur.* (Randbemerkung auf der Seite einer Handschrift od. eines Buches); **mar|gi|na|li|sie|ren** (*auch für* [politisch] ins Abseits schieben)
Mar|git, Mar|git|ta, Mar|got, Mar|grit, Mar|gue|rite [margə'rit] (w. Vorn.)
Ma|ria (w. Vorn.; gelegentl. zusätzlicher m. Vorn.); Mariä (der Maria) Himmelfahrt (kath. Fest); die Himmelfahrt Mariens; *vgl.* Marie
Ma|ria|ge [...'aʒə], die; -, -n (König-Dame-Paar in Kartenspielen)
Ma|riä-Him|mel|fahrts-Fest, das; -[e]s (↑R 135)
Ma|ria Laach (Benediktinerabtei in der Eifel)
Ma|ria|nen *Plur.* (Inselgruppe im Pazifischen Ozean)
ma|ria|nisch ‹*zu* Maria›; -e Frömmigkeit, a b e r (↑R 157): Marianische Kongregation; **Ma|ri|an|ne** (w. Vorn.; symbol. Verkörperung der Französischen Republik)
ma|ria-the|re|sia|nisch; Ma|ria-the|re|si|en|ta|ler (frühere Münze)
Ma|ria|zell (Wallfahrtsort in der Steiermark)
Ma|rie, Ma|rie|chen, Ma|rie-Lui|se, *auch* Ma|rie|lui|se (w. Vorn.); **Ma|ri|en₋bild, ...dich|tung, ...fest, ...kä|fer; Ma|ri|en|kir|che** (↑R 135), a b e r: St.-Marien-Kirche; **Ma|ri|en₋kult, ...le|ben** *(Kunstw.),* **...le|gen|de, ...tag, ...ver|eh|rung**
Ma|ri|en|wer|der (Stadt am Ostrand des Weichseltales); **Ma|ri|en|wer|der|stra|ße** (↑R 190)
Ma|ri|et|ta (w. Vorn.)
Ma|ri|gna|no [mari'nja:no] (berühmter Schlachtort in Italien)
Ma|ri|hua|na [*mexik.* ...xu'a:na], das; -s (↑R 180) ‹mexik.; aus den Vornamen Maria u. Juana [xu'a:na = Johanna]› (ein Rauschgift)
Ma|ri|ka (w. Vorn.)
Ma|ril|le, die; -, -n ‹ital.› (*bes. österr. für* Aprikose); **Ma|ril|len₋knö|del, ...mar|me|la|de, ...schnaps**
Ma|rim|ba, die; -, -s ‹afrik.-span.› (dem Xylophon ähnliches Musikinstrument); **Ma|rim|ba|phon,** das; -s, -e (Marimba mit Resonanzkörpern aus Metall)
ma|rin ‹lat.› (zum Meer gehörend, Meer[es]...)
[1]**Ma|ri|na** (w. Vorn.)
[2]**Ma|ri|na,** die; -, -s ‹lat.-engl.› (Jacht-, Motorboothafen)
Ma|ri|na|de, die; -, -n ‹franz.› (Flüssigkeit mit Essig, Kräutern, Gewürzen zum Einlegen von Fleisch, Gurken usw.; Salatsoße; eingelegter Fisch)
Ma|ri|ne, die; -, -n ‹franz.› (Seewesen eines Staates; Flottenwesen; Kriegsflotte, Flotte); **Ma|ri|ne₋ar|til|le|rie, ...at|ta|ché; ma|ri|ne|blau** (dunkelblau); **Ma|ri|ne₋flie|ger, ...in|fan|te|rie, ...ma|ler, ...of|fi|zier;** [1]**Ma|ri|ner,** der; -s, - (*ugs. scherzh. für* Matrose, Marinesoldat); [2]**Ma|ri|ner** ['mɛrinə(r)], der; -s, - ‹amerik.› (unbemannte amerik. Raumsonde zur Planetenerkundung); **Ma|ri|ne₋sol|dat, ...stück** (*svw.* Seestück), **...stütz|punkt, ...uni|form**
ma|ri|nie|ren ‹franz.› (in Marinade einlegen)
Ma|rio (m. Vorn.)
Ma|rio|la|trie, die; - ‹griech.› (relig. Marienverehrung); **Ma|rio|lo|ge,** der; -n, -n; ↑R 197 (Vertreter der Mariologie); **Ma|rio|lo|gie,** die; - (kath.-theol. Lehre von der Gottesmutter); **ma|rio|lo|gisch**
Ma|ri|on (w. Vorn.); **Ma|rio|net|te,** die; -, -n ‹franz.› (Gliederpuppe; willenloser Mensch als Werkzeug anderer); **Ma|rio|net|ten|büh|ne; ma|rio|net|ten|haft; Ma|rio|net|ten₋re|gie|rung, ...spiel, ...thea|ter**
Ma|ri|otte [ma'riɔt] (franz. Physiker); Mariottesches Gesetz (↑R 134)
Ma|rist, der; -en, -en; ↑R 197 ‹*zu* Maria› (Angehöriger einer kath. Missionskongregation)
Ma|ri|ta (w. Vorn.)
ma|ri|tim ‹lat.› (das Meer, das See-

wesen betreffend; Meer[es]..., See...); -es Klima
Ma|ri|us (röm. Feldherr u. Staatsmann)
Mar|jell, die; -, -en, **Mar|jell|chen** ‹lit.› (*ostpreuß. für* Mädchen)
[1]**Mark,** die; -, *Plur.* -, *ugs. scherzh.* Märker (Währungseinheit; *Abk. [ehem. in der DDR]* M); Deutsche Mark (*Abk.* DM). *Zur Schreibung der Dezimalstellen* ↑R 202
[2]**Mark,** die; -, -en (*früher für* Grenzland); die - Brandenburg
[3]**Mark,** das; -[e]s (*Med., Bot.; auch übertr. für* das Innerste, Beste)
[4]**Mark** (m. Vorn.)
mar|kant; -este ‹franz.› (stark ausgeprägt)
Mar|ka|sit [*auch* ...'zit], der; -s, -e ‹arab.› (ein Mineral)
Mark Au|rel (röm. Kaiser)
mark|durch|drin|gend; -er Schrei
Mar|ke, die; -, -n (Zeichen; Handels-, Waren-, Wertzeichen); **Mär|ke,** die; -, -n (*österr. für* [Namens]zeichen); **mär|ken** (*österr. für* mit einer Märke versehen); **Mar|ken‿ar|ti|kel, ...but|ter, ...erzeug|nis, ...fa|bri|kat, ...samm|ler, ...schutz, ...wa|re, ...zei|chen**
Mar|ker, der; -s, -[s] ‹engl.› (Stift zum Markieren; *fachspr. für* Merkmal)
Mär|ker (Bewohner der [2]Mark)
mark|er|schüt|ternd; -e Schreie
Mar|ke|ten|der, der; -s, - ‹ital.› (*früher* Händler bei der Feldtruppe); **Mar|ke|ten|de|rei; Mar|ke|ten|de|rin; Mar|ke|ten|der‿wa|gen, ...wa|re**
Mar|ke|te|rie, die; -, ...ien ‹franz.› (*Kunstw.* Einlegearbeit [von farbigem Holz usw.])
Mar|ke|ting, das; -[s] ‹engl.› (*Wirtsch.* Ausrichtung eines Unternehmens auf die Förderung des Absatzes)
Mark‿graf (*früher für* Verwalter einer [2]Mark), **...gräf|fin; Mark|gräf|ler,** der; -s, - (ein südbad. Wein); **Mark|gräf|ler Land,** das; - -[e]s (Landschaft am Oberrhein); **mark|gräf|lich; Mark|graf|schaft** *(früher)*
mar|kie|ren ‹franz.› (be-, kennzeichnen; eine Rolle o. ä. [bei der Probe] nur andeuten; *österr. für* [eine Fahrkarte] entwerten, stempeln; *ugs. für* vortäuschen; *Sport* [einen Treffer] erzielen, [einen Gegenspieler] decken); **Mar|kier|ham|mer** *(Forstw.);* **Mar|kie|rung; Mar|kie|rungs‿fähn|chen, ...li|nie, ...punkt**
mar|kig; Mar|kig|keit, die; -
mär|kisch (aus der [2]Mark stammend, sie betreffend); -e Heimat, a b e r (↑R 157): das Märkische Museum

Mar|ki|se, die; -, -n ‹franz.› ([leinenes] Sonnendach, Schutzdach, -vorhang); *vgl.* a b e r: Marquise; **Mar|ki|sen|stoff; Mar|ki|set|te** (*eindeutschend für* Marquisette)
Mark|ka ['marka], die; -, -; a b e r: 10 Markkaa [...ka] ‹germ.-finn.› (*svw.* Finnmark; *Abk.* mk)
Mark‿klöß|chen (eine Suppeneinlage), **...kno|chen; mark|los**
Mar|ko (m. Vorn.)
Mar|ko|brun|ner (ein Rheinwein)
[1]**Mar|kolf** (m. Vorn.)
[2]**Mar|kolf,** der; -[e]s, -e (*landsch. für* Häher)
Mar|ko|man|ne, der; -n, -n; ↑R 197 (Angehöriger eines germ. Volksstammes)
Mar|kör, der; -s, -e ‹franz.› (Aufseher, Punktezähler beim Billardspiel; *Landw.* Gerät zum Anzeichnen von Pflanzreihen)
Mark|ran|städt (Stadt südwestl. von Leipzig)
Mark|schei|de (Grenze [eines Grubenfeldes]); **Mark|schei|de‿kun|de** (die; -), **...kunst** (die; -; *Bergmannsspr.* Vermessung, Darstellung der Lagerungs- u. Abbauverhältnisse); **Mark|schei|der** (Vermesser im Bergbau); **mark|schei|de|risch**
Mark|stamm|kohl (als Grün- od. Gärfutter verwendete Form des Kohls)
Mark|stein
Mark|stück; mark|stück|groß; *vgl.* fünfmarkstückgroß
Markt, der; -[e]s, Märkte; zu -e tragen; **Markt‿ab|spra|che, ...ana|ly|se, ...an|teil; markt|be|herr|schend; Markt‿be|richt, ...brun|nen, ...bu|de, ...chan|ce; mark|ten** (abhandeln, feilschen); **Markt‿fah|rer** (*österr. u. schweiz. für* Wanderhändler), **...flecken** [*Trenn.* ...flek|ken], **...for|schung, ...frau; markt|füh|rend; Markt|füh|rer; markt|gän|gig; Markt‿hal|le, ...la|ge, ...lücke** [*Trenn.* ...lük|ke]
Markt|ober|dorf (Stadt im Allgäu)
Markt|ord|nung; markt|ori|en|tiert; Markt‿ort (der; -[e]s, -e), **...platz, ...preis** (*vgl.* [2]Preis), **...recht, ...schrei|er; markt|schreie|risch;** -ste; **Markt‿seg|ment, ...tag; markt|üb|lich**
Mark Twain [- 'twe:n] (amerik. Schriftsteller)
Markt‿weib, ...wert, ...wirt|schaft (Wirtschaftssystem mit freiem Wettbewerb); freie -; soziale -; **markt|wirt|schaft|lich**
Mar|kung (*veraltet für* Grenze)
Mar|kus (Evangelist; röm. m. Vorn. [*Abk.* M.]); Evangelium Marci [...tsi] (des Markus); **Mar|kus|kir|che** (↑R 135)
Mark|ward (m. Vorn.)

Marl|bo|rough ['mɔ:lbəro, *engl.* 'mɔ:lbərə] (engl. Feldherr u. Staatsmann)
Mär|lein (*veraltet für* Märchen)
Mar|le|ne (w. Vorn.)
Mar|lies, Mar|lis (w. Vorn.)
Mar|lowe ['ma(:)rlo:] (engl. Dramatiker)
Mar|ma|ra|meer, das; -[e]s (zwischen Bosporus und Dardanellen)
[1]**Mar|mel** *vgl.* Marbel; [2]**Mar|mel,** der; -s, - ‹lat.› (*veraltet für* Marmor)
Mar|me|la|de, die; -, -n; **Mar|me|la|de[n]‿brot, ...ei|mer, ...glas** (*Plur.* ...gläser), **...re|zept**
mar|meln ‹lat.› (*landsch. für* mit [1]Marmeln spielen); ich ...[e]le (↑R 22); **Mar|mel|stein** (*veraltet für* Marmor); **Mar|mor,** der; -s, -e (Gesteinsart); **mar|mor|ar|tig; Mar|mor‿block** (*Plur.* ...blöcke), **...bü|ste; mar|mo|rie|ren** (marmorartig bemalen, ädern); **Mar|mor|ku|chen; mar|morn** (aus Marmor); **Mar|mor‿plat|te, ...säu|le, ...sta|tue, ...trep|pe**
Mar|ne [*franz.* marn], die; - (franz. Fluß)
Ma|ro|cain [...'kɛ̃:], der *od.* das; -s, -s ‹franz.› (feingerippter Kleiderstoff)
ma|rod; -este (*österr. ugs. für* leicht krank); **ma|ro|de** ‹franz.› (*Soldatenspr. für* marschunfähig; *veraltend für* ermattet, erschöpft, verkommen); **Ma|ro|deur** [...'dø:r], der; -s, -e (*Soldatenspr.* plündernder Nachzügler); **ma|ro|die|ren**
Ma|rok|ka|ner; ma|rok|ka|nisch; Ma|rok|ko (Staat in Nordwestafrika)
[1]**Ma|ro|ne,** die; -, *Plur.* -n, *landsch. auch* ...ni ‹franz.› ([geröstete] eßbare Kastanie); [2]**Ma|ro|ne,** die; -, -n (ein Pilz); **Ma|ro|nen|pilz; Ma|ro|ni,** die; -, - (*südd., österr. svw.* [1]Marone); **Ma|ro|ni|bra|ter**
Ma|ro|nit, der; -en, -en (↑R 197) ‹nach dem hl. Maro› (Angehöriger der mit Rom unierten syrischen Kirche im Libanon); **ma|ro|ni|tisch;** -e Liturgie
Ma|ro|quin [...'kɛ̃:], der, *auch* das; -s ‹franz., „aus Marokko"› (Ziegenleder)
Ma|rot|te, die; -, -n ‹franz.› (Schrulle, wunderliche Neigung, Grille)
Mar|quis [...'ki:], der; - [...'ki:(s)], - [...'ki:s] ‹franz., „Markgraf"› (franz. Titel); **Mar|qui|sat** [...ki...], das; -[e]s, -e (Würde, Gebiet eines Marquis); **Mar|qui|se,** die; -, -n ‹„Markgräfin"› (franz. Titel); *vgl.* a b e r: Markise; **Mar|qui|set|te,** die; -, *auch* der; -s (ein Gardinengewebe)

Mar|ra|kesch (Stadt u. Provinz in Marokko)
Mar|ro|ni *Plur.* (*schweiz. für* Maroni)
[1]**Mars** (röm. Kriegsgott); [2]**Mars,** der; - (ein Planet)
[3]**Mars,** der; -, -e, *auch* die; -, -en ‹niederd.› (*Seemannsspr.* Plattform zur Führung u. Befestigung der Marsstenge)
[1]**Mar|sa|la** (ital. Stadt); [2]**Mar|sa|la,** der; -s, -s (ein Süßwein); **Mar|sa|la|wein** (↑R 149)
marsch!; marsch, marsch!; vorwärts marsch!; [1]**Marsch,** der; -[e]s, Märsche
[2]**Marsch,** die; -, -en (vor Küsten angeschwemmter fruchtbarer Boden)
Mar|schall, der; -s, ...schälle ‹„Pferdeknecht"› (hoher milit. Dienstgrad; Haushofmeister); **Mar|schall[s]⌣stab, ...wür|de**
Marsch|be|fehl; marsch|be|reit; Marsch⌣be|reit|schaft (die; -), **...block** (*Plur.* ...blocks)
Marsch|bo|den; Mar|schen|dorf
marsch|fer|tig; Marsch|flug|kör|per *(Milit.)*; **Marsch|ge|päck; mar|schie|ren; Mar|schie|rer; Marsch⌣ko|lon|ne, ...kom|paß**
Marsch|land *Plur.* ...länder (*svw.* [2]Marsch)
Marsch|lied; marsch|mä|ßig; Marsch⌣mu|sik, ...ord|nung, ...rich|tung, ...rou|te, ...tem|po, ...tritt, ...ver|pfle|gung, ...ziel
Mar|seil|lai|se [marsɛ'jɛ:z(ə)], die; - (franz. Revolutionslied, dann Nationalhymne); **Mar|seille** [...'sɛ:j] (franz. Stadt); **Mar|seil|ler** [...'sɛ:jər] (↑R 147)
Mars|feld, das; -[e]s (Versammlungs- u. Übungsplatz im alten Rom; großer Platz in Paris)
Mar|shall|in|seln ['marʃal..., *engl.* 'ma:(r)ʃ(ə)l...] *Plur.*; ↑R 149 (Inseln im Pazifischen Ozean)
Mar|shall|plan ['marʃal..., *engl.* 'ma:(r)ʃ(ə)l...], der; -[e]s (↑R 135) ‹nach dem amerik. Außenminister G. C. Marshall› (amerik. Hilfsprogramm für Westeuropa nach dem 2. Weltkrieg)
Mars⌣mensch, ...son|de
Mars|sten|ge (*Seemannsspr.* erste Verlängerung des Mastes)
Mar|stall, der; -[e]s, ...ställe ‹„Pferdestall"› (Pferdehaltung eines Fürsten u. a.)
Mar|sy|as (altgriech. Meister des Flötenspiels)
Mar|ta *vgl.* [2]Martha
Mär|te, die; -, -n (*mitteld. für* Mischmasch; Kaltschale)
Mar|ten|sit [*auch* ...'zit], der; -s, -e ‹nach dem dt. Ingenieur Martens› (beim Härten von Stahl entstehendes Gefüge von Eisen und Kohlenstoff)
Mar|ter, die; -, -n; **Mar|ter|in|stru|ment; Mar|terl,** das; -s, -n (*bayr. u. österr. für* Tafel mit Bild und Inschrift zur Erinnerung an Verunglückte; Pfeiler mit Nische für Kruzifix od. Heiligenbild); **mar|tern;** ich ...ere (↑R 22); **Mar|ter⌣pfahl, ...qual, ...tod; Mar|te|rung; mar|ter|voll; Mar|ter|werk|zeug**
[1]**Mar|tha;** ↑R 131 (w. Vorn.); [2]**Martha,** *ökum.* Mar|ta (bibl. w. Eigenn.)
mar|tia|lisch; -ste (↑R 180) ‹lat.› (kriegerisch; grimmig; verwegen); [1]**Mar|tin** (m. Vorn.)
[2]**Mar|tin** [mar'tɛ̃:] (schweiz. Komponist)
Mar|ti|na (w. Vorn.)
Mar|tin|gal, das; -s, *Plur.* -e *u.* -s ‹franz.› (*Reiten* zwischen den Vorderbeinen des Pferdes durchlaufender Sprungzügel)
Mar|tin-Horn Ⓦⓩ *vgl.* Martinshorn
Mar|ti|ni, das; - (Martinstag)
Mar|ti|nique [...'nik] (Insel der Kleinen Antillen)
Mar|tins⌣gans, ...horn (als Ⓦⓩ: Martin-Horn; *Plur.* ...hörner), **...tag** (11. Nov.)
Mär|ty|rer[1], der; -s, - ‹griech.› (jmd., der wegen seines Glaubens od. seiner Überzeugung Verfolgung od. den Tod erleidet); **Mär|ty|[re]|rin**[1]; **Mär|ty|rer⌣kro|ne, ...tod; Mär|ty|rer|tum,** das; -s; **Mar|ty|ri|um,** das; -s, ...ien [...i̯ən] (schweres Leiden [um des Glaubens od. der Überzeugung willen]); **Mar|ty|ro|lo|gi|um,** das; -s, ...ien [...i̯ən] (Verzeichnis der Märtyrer u. Heiligen u. ihrer Feste)
Ma|run|ke, die; -, -n (*ostmitteld.* eine Pflaume)
Marx, Karl (Begründer der nach ihm benannten Lehre vom Kommunismus); die Marxsche Philosophie (↑R 134); **Mar|xis|mus,** der; - (die von Marx u. Engels begründete Theorie des Kommunismus); **Mar|xis|mus-Le|ni|nis|mus,** der; - (in den [ehem.] sozialistischen Ländern gebräuchl. Bez. für die kommunist. Ideologie nach Marx, Engels u. Lenin); **Mar|xist,** der; -en, -en (↑R 197); **Mar|xi|stin; mar|xi|stisch; Mar|xist-Le|ni|nist,** der; Marxisten-Leninisten, *Plur.* Marxisten-Leninisten (↑R 197)
Ma|ry ['mɛri] (w. Vorn.); **Ma|ry Jane** [- 'dʒe:n], die; - - ‹engl.› (Marihuana *[vgl. d.]*); **Ma|ry|land** ['mɛrilɛnd] (Staat der USA; *Abk.* Md.)
März, der; *Gen.* -[es], *geh. auch noch* -en, *Plur.* -e ‹lat.; nach dem röm. Kriegsgott Mars› (dritter Monat im Jahr, Lenzing, Lenzmond, Frühlingsmonat); **März|be|cher,** Mär|zen|be|cher (eine Frühlingsblume); **März|bier, Mär|zen|bier; März⌣feld** (das; -[e]s; merowing. Wehrmännerversammlung), **...ge|fal|le|ne** (der; -n, -n; ↑R 7 ff.; der Revolution von 1848), **...glöck|chen** (eine Frühlingsblume)
Mar|zi|pan [*auch, österr. nur,* 'mar...], das, *österr., sonst selten,* der; -s, -e ‹arab.› (süße Masse aus Mandeln u. Zucker); **Mar|zi|pan⌣kar|tof|fel, ...schwein|chen**
märz|lich; März⌣nacht, ...re|vo|lu|ti|on (1848), **...son|ne** (die; -), **...veil|chen**
Ma|sa|ryk [...rik] (tschechoslowak. Soziologe u. Staatsmann)
Mas|ca|gni [...'kanji] (ital. Komponist)
[1]**Mas|ca|ra,** die; -, -s ‹span.-engl.› (Wimperntusche); [2]**Mas|ca|ra,** der; -, -s (Stift od. Bürste zum Auftragen von Wimperntusche)
Mas|car|po|ne, der; -s ‹ital.› (ein ital. Weichkäse)
Ma|schans|ker, der; -s, - ‹tschech.› (*österr.* eine Apfelsorte)
Ma|sche, die; -, -n (Schlinge; *österr. u. schweiz. auch für* Schleife; *ugs. für* großartige Sache; Lösung; Trick); das ist die neu[e]ste -
Ma|schek|sei|te *vgl.* Maschikseite
Ma|schen⌣draht (Drahtgeflecht), **...mo|de, ...netz, ...pan|zer, ...wa|re, ...werk; Ma|scherl,** das; -s, -n (*österr. für* Schleife); **ma|schig**
Ma|schik|sei|te, Ma|schek|sei|te ‹ung.› (*ostösterr. für* entgegengesetzte Seite, Rückseite)
Ma|schi|ne, die; -, -n ‹franz.›; **ma|schi|ne|ge|schrie|ben** *vgl.* maschinengeschrieben; **ma|schi|nell** (maschinenmäßig [hergestellt]); **Ma|schi|nen⌣bau** (der; -[e]s), **...fa|brik; ma|schi|nen⌣ge|schrie|ben** (*od.* maschine..., *österr.* maschingeschrieben), **...ge|stickt, ...ge|strickt; Ma|schi|nen⌣ge|wehr** (*Abk.* MG), **...haus; ma|schi|nen|les|bar** *(EDV)*; **ma|schi|nen|mä|ßig; Ma|schi|nen⌣mei|ster, ...nä|he|rin, ...öl, ...pi|sto|le** (*Abk.* MP, MPi), **...re|vi|si|on** (*Druckw.* Überprüfung der Druckbogen vor Druckbeginn); **Ma|schi|nen|satz** (zwei miteinander starr gekoppelte Maschinen; *Druckw., nur Sing.:* mit der Setzmaschine hergestellter Schriftsatz); **Ma|schi|nen⌣scha|den, ...set|zer** *(Druckw.)*, **...schlos|ser, ...schlos|se|rin; Ma|schi|ne[n]⌣schrei|ben** (das; -s; *Abk.* Masch.-Schr.), **...schrei-**

[1] *Kath. Kirche auch* Martyrer usw.

ber, ...schrei|be|rin; Ma|schi|nen|schrift; ma|schi|nen|schrift|lich; Ma|schi|nen_spra|che *(EDV),* **...te|le|graf, ...wär|ter, ...zeit|al|ter; Ma|schi|ne|rie,** die; -, ...ien (maschinelle Einrichtung; Getriebe); **ma|schi|ne|schrei|ben** (↑R 207); ich schreibe Maschine; weil er maschineschreibt; ich habe maschinegeschrieben; maschinezuschreiben; **Ma|schi|nist,** der; -en, -en; ↑R 197 (Maschinenmeister); **ma|schin|schrei|ben** (*österr. für* maschineschreiben); **Ma|schin|schrei|ben,** das; -s *(österr.);* **Ma|schin|schrei|ber** *(österr.);* **ma|schin|schrift|lich** *(österr.);* **Masch.-Schr.** = Maschine[n]schreiben (↑R 38)

[1]**Ma|ser** ['me:zə(r), *auch* 'ma:...], der; -s, - ‹engl.› (*Physik* Gerät zur Verstärkung oder Erzeugung von Mikrowellen)

[2]**Ma|ser,** die; -, -n (Zeichnung [im Holz]; Narbe)

Ma|se|reel ['masəre:l], Frans (belg. Graphiker u. Maler)

Ma|ser|holz; ma|se|rig; ma|sern; ich ...ere (↑R 22); gemasertes Holz; **Ma|sern** *Plur.* (eine Kinderkrankheit)

Ma|se|ru (Hptst. von Lesotho)

Ma|se|rung (Zeichnung des Holzes)

Ma|set|te, die; -, -n ‹ital.› (*österr. für* Eintrittskartenblock)

Mas|ka|rill, der; -[s], -e ‹span.› (span. Lustspielgestalt)

Mas|ka|ron, der; -s, -e ‹franz.› (*Archit.* Menschen- od. Fratzengesicht)

Mas|kat (Hptst. von Oman); **Maskat und Oman** (*frühere Bez. für* Oman)

Mas|ke, die; -, -n ‹franz.› (künstl. Hohlgesichtsform; Verkleidung; kostümierte Person); **Mas|ken_ball, ...bild|ner, ...bild|ne|rin; mas|ken|haft; Mas|ken_ko|stüm, ...spiel, ...ver|leih; Mas|ke|ra|de,** die; -, -n ‹span.› (Verkleidung; Maskenfest; Mummenschanz); **mas|kie|ren** ‹franz.› ([mit einer Maske] unkenntlich machen; verkleiden; verbergen, verdecken); sich -; **Mas|kie|rung**

Mas|kott|chen ‹franz.› (glückbringender Talisman, Anhänger; Puppe u. a. [als Amulett]); **Mas|kot|te,** die; -, -n (*svw.* Maskottchen)

mas|ku|lin [*auch* ...'li:n] ‹lat.› (männlich); **mas|ku|li|nisch** (*älter für* maskulin); **Mas|ku|li|num,** das; -s, ...na (*Sprachw.* männl. Substantiv, z. B. „der Wagen"; *nur Sing.:* männl. Geschlecht)

Ma|so|chis|mus [...x...], der; - ‹nach dem österr. Schriftsteller L. v. Sacher-Masoch› (geschlechtl. Erregung durch Erdulden von Mißhandlungen); **Ma|so|chist,** der; -en, -en (↑R 197); **Ma|so|chi|stin; ma|so|chi|stisch**

Ma|so|wi|en [...iən] (hist. Gebiet beiderseits der Weichsel um Warschau)

[1]**Maß,** das; -es, -e ‹*zu* messen›; - nehmen, aber (↑R 68): das Maßnehmen; *vgl.* maßhalten;

[2]**Maß,** die; -, -[e] (*bayr. u. österr.* ein Flüssigkeitsmaß); 2 Maß Bier (↑R 128 f.)

Mass. = Massachusetts

Mas|sa|chu|setts [mɛsə'tʃu:sɛts] (Staat in den USA; *Abk.* Mass.)

Mas|sa|ge [ma'sa:ʒə, *österr.* ma'sa:ʒ], die; -, -n [ma'sa:ʒ(ə)n] ‹franz.› (Heilbehandlung durch Streichen, Kneten usw. des Körpergewebes); **Mas|sa|ge_in|sti|tut, ...sa|lon, ...stab**

Mas|sai [*auch* 'mas...], der; -, - (Angehöriger eines Nomadenvolkes in Ostafrika)

Mas|sa|ker, das; -s, - ‹franz.› (Gemetzel); **mas|sa|krie|ren** (niedermetzeln); **Mas|sa|krie|rung**

Maß|ana|ly|se *(Chemie);* **maß|ana|ly|tisch; Maß_an|ga|be, ...an|zug, ...ar|beit, ...band** (*Plur.* ...bänder), **...be|zeich|nung; Mäß|chen** (altes Hohlmaß); **Ma|ße,** die; -, -n (*veraltet für* Mäßigkeit; Art u. Weise); *noch in* in, mit, ohne -n; über die -n; über alle -n

Mas|se, die; -, -n; **Mas|se|gläu|bi|ger** *Plur. (Wirtsch.)*

Maß_ein|heit, ...ein|tei|lung

[1]**Mas|sel,** der; -s ‹hebr.-jidd.› (*Gaunerspr.* Glück)

[2]**Mas|sel,** die; -, -n (Form für Roheisen; Roheisenbarren)

mas|se|los; -e Elementarteilchen

ma|ßen (*veraltet für* weil); **Ma|ßen** (*Plur. von* Maße); **...ma|ßen** (z. B. einigermaßen)

Mas|sen_ab|fer|ti|gung, ...ab|satz, ...an|drang, ...ar|beits|lo|sig|keit, ...ar|ti|kel, ...auf|ge|bot, ...be|darf, ...be|darfs|ar|ti|kel, ...ent|las|sung, ...fa|bri|ka|ti|on, ...ge|sell|schaft *(Soziol.),* **...grab; mas|sen|haft; Mas|sen_hin|rich|tung, ...ka|ram|bo|la|ge, ...kund|ge|bung, ...me|di|um** *(meist Plur.),* **...mord, ...mör|der, ...or|ga|ni|sa|ti|on, ...pro|duk|ti|on** (die; -), **...psy|cho|se, ...quar|tier, ...sport, ...ster|ben, ...tou|ris|mus, ...ver|an|stal|tung, ...ver|kehrs|mit|tel; mas|sen|wei|se; Mas|se|schul|den** *Plur. (Wirtsch.)*

Mas|seur [ma'sø:r], der; -s, -e ‹franz.› (die Massage Ausübender); **Mas|seu|rin** [ma'sø:rin], die; -, -nen, **Mas|seu|se** [ma'sø:zə], die; -, -n

Maß|ga|be, die; - (*Amtsspr. für* Bestimmung); mit der -; nach - (entsprechend); **maß|ge|bend;** -ste; **maß|geb|lich; maß|ge|recht; maß|ge|schnei|dert; maß|hal|ten** (↑R 207); er hält maß; ... daß er maßhält; maßgehalten; maßzuhalten; aber: das rechte Maß halten; (↑R 32:) maß- u. Disziplin halten, aber: Disziplin u. maßhalten; **maß|hal|tend,** aber (↑R 209): rechtes Maß haltend; **maß|hal|tig** (*Technik* das erforderliche Maß einhaltend); **Maß|hal|tig|keit,** die; -

Maß|hol|der, der; -s, - (Feldahorn)

[1]**mas|sie|ren** ‹franz.› (durch Massage behandeln, kneten)

[2]**mas|sie|ren** ‹franz.› (Truppen zusammenziehen); massierter (verstärkter) Einsatz; **Mas|sie|rung**

mä|ßig; ...mä|ßig (z. B. behelfsmäßig)

mas|sig

mä|ßi|gen; sich -; **Mä|ßig|keit,** die; -

Mas|sig|keit, die; -

Mä|ßi|gung, die; -

mas|siv ‹franz.› (schwer; voll [nicht hohl]; fest, dauerhaft; roh, grob); **Mas|siv,** das; -s, -e [...və] (Gebirgsstock); **Mas|siv|bau** *Plur.* ...bauten; **Mas|siv|bau|wei|se; Mas|si|vi|tät** [...v...], die; -

Maß_kon|fek|ti|on, ...krug; maß|lei|dig (*südd. für* verdrossen); **Mäß|lein** *vgl.* Mäßchen

Maß|lieb, das; -[e]s, -e ‹niederl.› (eine Blume); **Maß|lieb|chen**

maß|los; -este; **Maß|lo|sig|keit; Maß|nah|me,** die; -, -n; **Maß|nah|men|ka|ta|log; Maß|neh|men,** das; -s; *vgl.* Maß

Mas|sör usw. (*eindeutschend für* Masseur usw.)

Mas|so|ra, die; - ‹hebr.› ([jüd.] Textkritik des A. T.); **Mas|so|ret,** der; -en, -en; ↑R 197 (mit der Massora beschäftigter jüd. Schriftgelehrter u. Textkritiker); **mas|so|re|tisch**

Mas|sö|se (*eindeutschend für* Masseuse)

Maß|re|gel; maß|re|geln; ich ...[e]le (↑R 22); gemaßregelt; zu -; **Maß|re|ge|lung, Maß|reg|lung; Maß_sa|chen** *(Plur.; ugs.),* **...schnei|der, ...stab; maß|stäb|lich; ...maß|stäb|lich,** *gelegentlich auch* ...maß|stä|big (z. B. großmaßstäblich, *gelegentl. auch* großmaßstäbig); **maß|stab[s]_ge|recht, ...ge|treu; maß|voll; Maß|werk,** das; -[e]s (Ornament an gotischen Bauwerken)

[1]**Mast,** der; -[e]s, *Plur.* -en, *auch* -e (Mastbaum)

[2]**Mast,** die; -, -en (Mästung)

Ma|sta|ba, die; -, *Plur.* -s *u.* ...staben ‹arab.› (altägypt. Grabkammer)
Mast|baum
Mast|darm; Mast|darm|fi|stel; mä|sten; Mast|en|te
Ma|sten|wald
Ma|ster, der; -s, - ‹engl., „Meister"› (engl. Anrede an junge Leute; akadem. Grad in England u. in den USA; Leiter bei Parforcejagden); - of Arts (akadem. Grad; *Abk.* M. A.; *vgl.* Magister)
...ma|ster (z. B. Dreimaster)
Mä|ster; Mä|ste|rei; Mast‿fut|ter (*vgl.* [1]Futter), **...gans, ...huhn**
Ma|stiff, der; -s, -s ‹engl.› (Hund einer doggenartigen Rasse)
ma|stig (*landsch. für* fett, feist; *auch für* feucht [von Wiesen])
Ma|sti|ka|tor, der; -s, ...oren ‹lat.› (Knetmaschine); **Ma|stix,** der; -[es] (ein Harz)
Mast|korb
Mast‿kur, ...och|se
Mast|odon, das; -s, ...donten ‹griech.› (ausgestorbene Elefantenart)
Mast|schwein
Mast|spit|ze
Mä|stung
Ma|stur|ba|ti|on, die; -, -en ‹lat.› (geschlechtliche Selbstbefriedigung); **ma|stur|ba|to|risch; mastur|bie|ren**
Mast|vieh
Ma|su|re, der; -n, -n; ↑R 197 (Bewohner Masurens); **Ma|su|ren** (Landschaft im ehem. Ostpreußen); **ma|su|risch,** aber (↑R 146): die Masurischen Seen; **Ma|sur|ka** *vgl.* Mazurka
Ma|sut, das; -[e]s ‹russ.› (Erdölrückstand, der zum Heizen von Kesseln verwendet wird)
Ma|ta|dor, der; *Gen.* -s, *auch* -en, *Plur.* -e, *auch* -en ‹span.› (Hauptkämpfer im Stierkampf; Hauptperson)
Match [mɛtʃ, *schweiz. auch* matʃ], das, *schweiz.* der; -[e]s, *Plur.* -s, *auch* -e, *österr. u. schweiz. auch* -es [...is] ‹engl.› (Wettkampf, -spiel); **Match‿ball** ['mɛtʃ...] (spielentscheidender Ball [Aufschlag] beim Tennis), **...beu|tel, ...sack, ...stra|fe** (Feldverweis für die gesamte Spieldauer beim Eishockey); **Match|win|ner,** der; -s, - (Gewinner eines Matchs)
[1]**Ma|te,** der; - ‹indian.› (ein Tee); [2]**Ma|te,** die; -, -n (südamerik. Stechpalmengewächs, Teepflanze); **Ma|te‿baum, ...blatt**
Ma|ter, die; -, -n ‹lat.› (*Druckw.* Papptafel mit negativer Prägung eines Schriftsatzes; Matrize; *Med.* die das Hirn einhüllende Haut); **Ma|ter do|lo|ro|sa,** die; - - („schmerzensreiche Mutter") (*christl. Rel.* Beiname Marias, der Mutter Jesu)
ma|te|ri|al ‹lat.› (stofflich, inhaltlich, sachlich); -e Ethik; **Ma|teri|al,** das; -s, ...ien [...iən]; **Ma|teri|al‿aus|ga|be, ...be|darf, ...beschaf|fung, ...ein|spa|rung, ...ermü|dung** *(Technik),* **...feh|ler; Ma|te|ria|li|sa|ti|on**[1], die; -, -en (Verkörperung, Verstofflichung; *Physik* Umwandlung von Energie in materielle Teilchen; *Parapsychologie* Entwicklung körperhafter Gebilde in Abhängigkeit von einem Medium); **ma|te|riali|sie|ren**[1]; **Ma|te|ria|lis|mus**[1], der; - (philos. Anschauung, die alles Wirkliche auf Kräfte od. Bedingungen der Materie zurückführt; auf Besitz und Gewinn ausgerichtete Haltung); **Ma|te|ria|list**[1], der; -en, -en (↑R 197); **Ma|te|ria|li|stin**[1]; **mate|ria|li|stisch**[1]; -ste; **Ma|te|ri|al‿ko|sten** *(Plur.),* **...man|gel, ...prü|fung, ...samm|lung, ...schlacht; Ma|te|rie** [...iə], die; -, -n (Stoff; Inhalt; Gegenstand [einer Untersuchung]; *Philos., nur Sing.:* Urstoff; die außerhalb unseres Bewußtseins vorhandene Wirklichkeit); **ma|te|ri|ell** ‹franz.› (stofflich; wirtschaftlich, finanziell; auf den eigenen Nutzen bedacht)
[1]**ma|tern** ‹lat.› (*Druckw.* von einem Satz Matern herstellen); ich ...ere (↑R 22); [2]**ma|tern** (*Med.* mütterlich); **Ma|ter|ni|tät,** die; - (*Med.* Mutterschaft)
Ma|te|tee
Math. = Mathematik
Ma|the, die; - (*Schülerspr.* Mathematik); **Ma|the|ma|tik** [...'ti(:)k, *österr.* ...'matik], die; - ‹griech.› (Wissenschaft von den Raum- u. Zahlengrößen; *Abk.* Math.); **Mathe|ma|ti|ker; Ma|the|ma|ti|kerin; ma|the|ma|tisch** [*österr.* ...'matiʃ]; -e Logik (*vgl.* [1]Logistik); -er Zweig; **ma|the|ma|tisie|ren**
Mat|hil|de; ↑R 131 (w. Vorn.)
Ma|ti|nee [*auch* 'ma...], die; -, ...een ‹franz.› (am Vormittag stattfindende künstlerische Veranstaltung)
Ma|tisse [ma'tis] (franz. Maler)
Mat|jes|he|ring ‹niederl.; dt.› (junger Hering)
Ma|trat|ze, die; -, -n (Bettpolster); **Ma|trat|zen|la|ger**
Mä|tres|se, die; -, -n ‹franz.› (*früher* Geliebte [eines Fürsten]); **Mä|tres|sen|wirt|schaft,** die; -
ma|tri|ar|cha|lisch ‹lat.; griech.› (das Matriarchat betreffend); **Ma|tri|ar|chat,** das; -[e]s, -e *Plur.* selten (Mutterherrschaft, Mutterrecht); **Ma|tri|kel** [*auch, österr. nur,* ma'trikəl], die; -, -n ‹lat.› (Verzeichnis; *österr. für* Personenstandsregister); **Ma|trix,** die; -, *Plur.* Matrizes [...tse:s] *u.* Matrizen (*Math.* geordnetes Schema von Werten, für das bestimmte Rechenregeln gelten; *Med.* Keimschicht); **Ma|tri|ze,** die; -, -n ‹franz.› (*Druckw.* bei der Setzmaschine Hohlform [zur Aufnahme der Patrize]; die von einem Druckstock zur Anfertigung eines Galvanos hergestellte [Wachs]form); **Ma|tri|zen|rand**
Ma|trjosch|ka *vgl.* Matroschka
Ma|tro|ne, die; -, -n ‹lat.› (ältere, ehrwürdige Frau, Greisin; *abwertend für* [ältere] korpulente Frau); **ma|tro|nen|haft**
Ma|trosch|ka, *seltener auch* Matrjosch|ka, die; -, -s ‹russ.› (Holzpuppe mit ineinandergesetzten kleineren Puppen)
Ma|tro|se, der; -n, -n; ↑R 197 ‹niederl.›; **Ma|tro|sen‿an|zug, ...bluse, ...kra|gen, ...müt|ze, ...uniform**
matsch ‹ital.› (*ugs. für* völlig verloren; schlapp, erschöpft); - sein; [1]**Matsch,** der; -[e]s, -e (gänzlicher Verlust beim Kartenspiel)
[2]**Matsch,** der; -[e]s (*ugs. für* weiche Masse; nasser Straßenschmutz); **mat|schen** *(ugs.);* du matschst; **mat|schig** *(ugs.)*
matsch|kern (*ostösterr. ugs. für* schimpfen, maulen)
Matsch-und-Schnee-Rei|fen; ↑R 41 (*Abk.* M-und-S-Reifen); **Matsch|wet|ter**
matt; -er, -este ‹arab.› (schwach; kraftlos; glanzlos); jmdn. - setzen (kampf-, handlungsunfähig machen); Schach und -!; mattblau u. a.; **Matt,** das; -s, -s
Mat|tä|us *vgl.* Matthäus
[1]**Mat|te,** die; -, -n (Decke, Unterlage; Bodenbelag)
[2]**Mat|te,** die; -, -n (*geh. für* Weide [in den Hochalpen]; *schweiz. für* Wiese)
[3]**Mat|te,** die; - (*mitteld. für* Quark)
Mat|ter|horn, das; -[e]s (Berg in den Walliser Alpen)
Matt‿glas, ...gold; matt|gol|den
Mat|thä|us, *ökum.* Mat|tä|us (Apostel u. Evangelist); Evangelium Matthäi (des Matthäus); bei jmdm. ist Matthäi am letzten ‹mit Bezug auf das letzte Kapitel des Matthäusevangeliums› (*ugs. für* jmd. ist finanziell am Ende); **Mat|thä|us|pas|si|on** (Vertonung der Leidensgeschichte Christi nach Matthäus)
Matt|heit, die; -; **matt|her|zig; Matt|her|zig|keit,** die; -

[1] *Trenn.* ↑R 180

[1]**Mat|thi|as** (m. Vorn.); [2]**Mat|thi|as,** *ökum.* **Mat|ti|as** (bibl. m. Eigenn.)
mat|tie|ren ‹franz.› (matt, glanzlos machen); **Mat|tie|rung; Mat|tig|keit,** die; -; **Matt|schei|be;** [eine] - haben (*übertr. ugs. für* begriffsstutzig, benommen sein)
Ma|tur, das; -s, *schweiz.* die; - *u.* Ma|tu|rum, das; -s ‹lat.› (Reife-, Schlußprüfung); **Ma|tu|ra,** die; - (*österr. u. schweiz. für* Reifeprüfung); **Ma|tu|rand,** der; -en, -en; ↑R 197 (*schweiz., sonst veraltet für* Abiturient); **Ma|tu|rant,** der; -en, -en; ↑R 197 (*österr. für* Abiturient); **ma|tu|rie|ren** (*österr., sonst veraltet für* die Reifeprüfung ablegen); **Ma|tu|ri|tas praecox** [- 'prɛ:kɔks], die; - - (*Med., Psych.* [sexuelle] Frühreife); **Ma|tu|ri|tät,** die; - (*veraltet für* Reife; *schweiz. für* Hochschulreife); **Ma|tu|ri|täts₋prü|fung, ...zeug|nis; Ma|tu|rum** *vgl.* Matur
Ma|tu|tin, die; -, -e[n] ‹lat.› (nächtliches Stundengebet)
Matz, der; -es, *Plur.* -e *u.* Mätze *(scherzh.); meist in Zusammensetzungen,* z. B. Hosenmatz; **Mätz|chen;** - machen (*ugs. für* Ausflüchte machen, sich sträuben)
Mat|ze, die; -, -n *u.* **Mat|zen,** der; -s, - ‹hebr.› (ungesäuertes Passahbrot der Juden)
mau (*ugs. für* schlecht; dürftig); *nur in* das ist -; mir ist -
Maud [mɔ:d] (w. Vorn.)
Mau|er, die; -, -n; **Mau|er|ar|beit,** Mau|rer|ar|beit; **Mau|er₋as|sel, ...blüm|chen** (Mädchen, das selten zum Tanzen aufgefordert u. auch sonst wenig beachtet wird); **Mäu|er|chen; Maue|rei,** Mau|rerei, die; - (das Mauern); **Mau|er|ha|ken; Mau|er|kel|le,** Mau|rer|kel|le; **Mau|er|kro|ne; Mäu|er|lein; Mau|er|loch; Mau|er|mei|ster,** Mau|rer|mei|ster; **mau|ern;** ich ...ere (↑R 22); **Mau|er|po|lier,** Mau|rer|po|lier (Vorarbeiter); **Mau|er₋rit|ze, ...seg|ler** (ein Vogel); **Mau|er|specht** (*ugs. für* jmd., der Stücke aus der ehem. Berliner Mauer [als Souvenirs] herausbrach); **Maue|rung; Mau|er₋vor|sprung, ...werk**
Maugham [mɔ:m] (engl. Schriftsteller)
Mau|ke, die; - (eine Hauterkrankung bei Tieren)
Maul, das; -[e]s, Mäuler; **Maul|af|fen** *Plur.; meist in* - feilhalten (*ugs. für* mit offenem Mund dastehen u. nichts tun)
Maul|beer|baum; Maul|bee|re; Maul|beer|sei|den|spin|ner
Maul|bronn (Stadt in Baden-Württemberg)
Mäul|chen (kleiner Mund); **mau|len** (*ugs. für* murren, widersprechen)
Maul|esel (Kreuzung aus Pferdehengst u. Eselstute)
maul|faul *(ugs.);* **Maul|held** *(ugs.);* **Maul|korb; Maul|korb|er|laß** *(ugs.);* **Maul₋schel|le** *(ugs.),* **...sper|re** *(ugs.),* **...ta|sche** (*meist Plur.;* schwäb. Pastetchen aus Nudelteig)
Maul|tier (Kreuzung aus Eselhengst u. Pferdestute)
Maul|trom|mel (ein Musikinstrument); **Maul- und Klau|en|seu|che,** die; -; ↑R 32 (*Abk.* MKS); **Maul|werk** *(ugs.)*
Maul|wurf, der; -[e]s, ...würfe (*auch für* Spion); **Maul|wurfs₋gril|le, ...hau|fen**
[1]**Mau-Mau** *Plur.* ‹afrik.› (Geheimbund in Kenia)
[2]**Mau-Mau,** das; -[s] (ein Kartenspiel)
maun|zen (*landsch. für* winseln, weinerlich sein, klagen [von Kindern und Wehleidigen, auch von Katzen]); du maunzt
Mau|pas|sant [mopa'sã:] (franz. Schriftsteller)
Mau|re, der; -n, -n; ↑R 197 (Angehöriger eines nordafrik. Mischvolkes)
Mau|rer; Mau|[r]er|ar|beit; Mau|re|rei, Maue|rei, die; -; **Mau|rer₋ge|sel|le, ...hand|werk** (das; -[e]s); **mau|re|risch** (freimaurerisch), a b e r (↑R 157): Maurerische Trauermusik (Orchesterstück von W. A. Mozart); **Mau|[r]er|kel|le; Mau|[r]er|mei|ster; Mau|[r]er|po|lier; Mau|rer|zunft**
Mau|res|ke *vgl.* Moreske
Mau|re|ta|ni|en [...i̯ən] (im Altertum Name Marokkos; *heute* selbständiger Staat in Afrika); **Mau|re|ta|ni|er** [...i̯ər]; **mau|re|ta|nisch**
Mau|rice [mo'ri:s] (m. Vorn.)
Mau|rin ‹*zu* Maure›
Mau|ri|ner, der; -s, - ‹nach dem hl. Patron Maurus› (Angehöriger einer Kongregation der Benediktiner)
mau|risch (die Mauren betreffend); -er Bau, -er Stil
Mau|ri|ti|er [...tsi̯ər] (Bewohner von [1]Mauritius); **mau|ri|tisch;** [1]**Mau|ri|ti|us** (Insel u. Staat im Ind. Ozean); die blaue - (bestimmte Briefmarke der Insel Mauritius aus dem Jahre 1847)
[2]**Mau|ri|ti|us** ‹lat.› (ein Heiliger)
Maus, die; -, Mäuse
Mau|schel, der; -s, - ‹hebr.-jidd., „Moses"› (armer Jude); **Mau|schel|be|te,** die; -, -n ‹jidd.; franz.› (*Kartenspiel* doppelter Strafsatz beim Mauscheln); **Mau|sche|lei** ‹hebr.-jidd.› ([heimliches] Aushandeln von Vorteilen, Geschäften); **mau|scheln** (jiddisch sprechen; [heimlich] Vorteile aushandeln, Geschäfte machen; *übertr. für* unverständlich sprechen; Mauscheln spielen); ich ...[e]le (↑R 22); **Mau|scheln,** das; -s (ein Kartenglücksspiel)
Mäus|chen; mäus|chen|still; Mäu|se|bus|sard; Mau|se|fal|le, *seltener* **Mäu|se|fal|le; Mäu|se₋fraß, ...gift; mäu|seln** (*Jägerspr.* das Pfeifen der Mäuse nachahmen); ich ...[e]le (↑R 22); **Mau|se|loch,** *seltener* **Mäu|se|loch; mau|sen** (*ugs. scherzh. für* stehlen; *landsch. für* Mäuse fangen); du maust; er maus|ste; **Mäu|se₋nest, ...pla|ge**
[1]**Mau|ser,** die; - ‹lat.› (jährlicher Ausfall und Ersatz der Federn bei Vögeln)
[2]**Mau|ser** (Familienn.; ®); *vgl.* Mauserpistole
Mau|se|rei (*ugs. scherzh. für* Stehlerei); **Mäu|se|rich,** der; -s, -e (männliche Maus)
mau|sern, sich
Mau|ser|pi|sto|le; ↑R 135 (*vgl.* [2]Mauser)
Mau|se|rung
mau|se|tot, *österr. auch* maus|tot *(ugs.);* - schlagen; **Mäu|se|turm,** der; -[e]s (Turm auf einer Rheininsel bei Bingen); **maus₋far|ben** *od.* **...far|big, ...grau**
mau|sig; sich - machen (*ugs. für* frech, vorlaut sein)
Mäus|lein
Mau|so|le|um, das; -s, ...een ‹griech.; nach dem König Mausolos› (monumentales Grabmal)
maus|tot (*österr. neben* mausetot)
Maut, die; -, -en (*veraltet für* Zoll; *bayr., österr. für* Gebühr für Straßen- u. Brückenbenutzung); **maut|bar** (*veraltet für* zollpflichtig); **Maut|ge|bühr** *(österr.)*
Maut|hau|sen (Ort in Oberösterreich; im 2. Weltkrieg Konzentrationslager der Nationalsozialisten)
Maut|ner (*veraltet für* Zöllner; *österr. für* jmd., der Mautgebühren kassiert); **Maut₋stel|le** *(österr.),* **...stra|ße** (*österr. für* Straße, die nur gegen Gebühr befahren werden darf)
mauve [mo:v] ‹franz.› (malvenfarbig); ein mauve Kleid; *vgl. auch* beige; in Mauve (↑R 65); **mauve|far|ben; Mau|ve|in** [move'i:n], das; -s (ein Anilinfarbstoff)
mau|zen (*svw.* maunzen); du mauzt
m. a. W. = mit ander[e]n Worten
Max, Mäx|chen (m. Vorn.)
ma|xi ‹lat.› (knöchellang [von Röcken, Kleidern od. Mänteln]);

- tragen; *Ggs.* mini; [1]**Ma|xi,** das; -s, -s (*ugs. für* Maxikleid; *meist ohne Artikel, nur Sing.:* knöchellange Kleidung); [2]**Ma|xi,** der; -s, -s (*ugs. für* Maxirock, -mantel usw.); **Ma|xi...** (bis zu den Knöcheln reichend, z. B. Maxirock)

Ma|xil|la, die; -, ...llae [...lɛ:] ‹lat.› (*Med.* Oberkiefer); **ma|xil|lar**

Ma|xi|ma (*Plur. von* Maximum); **ma|xi|mal** ‹lat.› (sehr groß, größt..., höchst...); **Ma|xi|mal-for|de|rung, ...hö|he, ...lei-stung, ...pro|fit, ...stra|fe, ...wert;** **Ma|xi|me,** die; -, -n (allgemeiner Grundsatz, Hauptgrundsatz); **ma|xi|mie|ren** (maximal machen); **Ma|xi|mie|rung; Ma|xi|mi|li|an** (m. Vorn.); **Ma|xi|mum,** das; -s, ...ma (Höchstwert, -maß); barometrisches - (*Meteor.* Hoch); **Ma|xi|sin|gle,** die ([2]Single von der Größe einer LP für längere Stücke der Popmusik)

Max-Planck-Ge|sell|schaft, die; -; ↑R 135 (*kurz für* Max-Planck-Gesellschaft zur Förderung der Wissenschaften; *früher* Kaiser-Wilhelm-Gesellschaft); **Max-Planck-Insti|tut,** das; -[e]s, -e; **Max-Planck-Me|dail|le,** die; -, -n (seit 1929 für besondere Verdienste um die theoretische Physik verliehen)

Max|well ['mɛkswəl] (engl. Physiker)

May (dt. Schriftsteller)

Ma|ya ['ma:ja], der; -[s], -[s] (Angehöriger eines ehem. indian. Kulturvolkes in Mittelamerika); **Ma-ya|kul|tur,** die; -

May|day ['me:de:] ‹engl.› (internationaler Notruf im Funksprechverkehr)

Ma|yon|nai|se [majɔ'nɛ:zə, *österr.* ...'nɛ:z], die; -, -n ‹franz.; nach der Stadt Mahón [ma'ɔn] auf Menorca› (kalte, dicke Soße aus Eigelb u. Öl); *vgl. auch* Majonäse

May|or ['mɛ(:)ə(r)], der; -s, -s ‹engl.› (Bürgermeister in England u. in den USA); *vgl.* Lord-Mayor

MAZ, die; - (*Fernsehen, Kurzwort für* magnetische Bildaufzeichnung)

Maz|daz|nan [masdas...], das, *auch* der; -s (von O. Hanish begründete, auf der Lehre Zarathustras fußende religiöse Heilsbewegung)

Ma|ze|do|ni|en usw. *vgl.* Makedonien usw.

Mä|zen, der; -s, -e ‹lat., nach dem Römer Maecenas› (Kunstfreund; freigebiger Gönner); **Mä|ze|na|ten|tum,** das; -s; **mä-ze|na|tisch**

Ma|ze|ra|ti|on, die; -, -en ‹lat.› (*Med.* Aufweichung von Gewebe durch Flüssigkeit; Auslaugung); **ma|ze|rie|ren**

Ma|zis, der; - ‹franz.› *u.* **Ma|zis-blü|te,** die; -, -n (getrocknete Samenhülle des Muskatnußbaumes, Gewürz und Heilmittel)

Ma|zur|ka [ma'zurka], die; -, *Plur.* ...ken *u.* -s ‹poln.› (poln. Nationaltanz)

Maz|zi|ni (ital. Politiker u. Freiheitskämpfer)

mb = Millibar

MB = Megabyte

Mba|ba|ne (Hptst. von Swasiland)

mbH = mit beschränkter Haftung

Mbyte, MByte = Megabyte

Mc, M' = Mac

m. c. = mensis currentis, *dafür besser:* laufenden Monats (lfd. M.)

Mc|Car|thy|is|mus [məka:(r)θi'ismus], der; - ‹nach dem amerik. Politiker McCarthy› (zu Beginn der 50er Jahre in den USA betriebene Verfolgung von Kommunisten u. Linksintellektuellen)

Mc|Kin|ley *vgl.* Mount McKinley

Md = *chem. Zeichen für* Mendelevium

MD = Musikdirektor

Md. = Maryland

Md., Mia., Mrd. = Milliarde[n]

MdB, M. d. B. = Mitglied des Bundestages

MdL, M. d. L. = Mitglied des Landtages

MDR = Mitteldeutscher Rundfunk

Me. = Maine

ME = Mache-Einheit

m. E. = meines Erachtens

Me|cha|nik, die; -, -en ‹griech.› (*nur Sing.:* Lehre von den Kräften u. Bewegungen; *auch für* Getriebe, Trieb-, Räderwerk); **Me-cha|ni|ker; Me|cha|ni|ke|rin; me|cha|nisch;** -ste (den Gesetzen der Mechanik entsprechend; maschinenmäßig; unwillkürlich, gewohnheitsmäßig, gedankenlos); -es Lernen; **me|cha|ni|sie-ren** ‹franz.› (auf mechanischen Ablauf umstellen); **Me|cha|ni-sie|rung; Me|cha|ni|sie|rungs-pro|zeß; Me|cha|nis|mus,** der; -, ...men (sich bewegende techn. Einrichtung; [selbsttätiger] Ablauf, Zusammenhang; *früher* eine Richtung der Naturphilosophie); **me|cha|ni|stisch** (nur mechan. Ursachen anerkennend)

Mecht|hild, Mecht|hil|de (w. Vorn.)

meck!; meck, meck!

Mecke|rei[1]; **Mecke|rer**[1] (*ugs. abwertend);* **Mecker|frit|ze**[1] (*ugs. abwertend);* **meckern**[1]; ich ...ere (↑R 22; *ugs. abwertend*); **Mecker‿stim|me** [*Trenn.* Mek-ker...], **...zie|ge**

Meck|len|burg ['me:k..., *auch* 'mɛk...]; **Meck|len|bur|ger** (↑R 147); **meck|len|bur|gisch,** aber (↑R 146): die Mecklenburgische Seenplatte; die Mecklenburgische Schweiz; **Meck|len|burg-Schwe|rin; Meck|len|burg-Stre-litz; Meck|len|burg-Vor|pom|mer** (↑R 147); **Meck|len|burg-Vor-pom|mern** (↑R 154); **meck|len-burg-vor|pom|me|risch** *vgl.* pommerisch

Me|dail|le [me'daljə, *österr.* me-'dailjə], die; -, -n (Gedenk-, Schaumünze; Auszeichnung); **Me|dail|len‿ge|win|ner, ...spie-gel** ([inoffz.] Tabelle über die Verteilung der Medaillen auf die teilnehmenden Länder bei Sportveranstaltungen); **Me|dail-leur** [medal'jø:r], der; -s, -e (Stempelschneider); **Me|dail|lon** [medal'jõ:], das; -s, -s (Bildkapsel; Rundbild[chen]; *Kunstw.* rundes od. ovales Relief; kleine, runde Fleischschnitte)

Me|dard, Me|dar|dus (Heiliger)

Me|dea (griech. Sagengestalt, kolchische Königstochter)

Me|den|spie|le *Plur.* ‹nach dem ersten Präsidenten des Deutschen Tennis-Bundes, C. A. von der Meden› (Mannschaftswettkampf im Tennis); ↑R 135

Me|der, der; -s, - (Bewohner von [3]Medien)

Me|dia, die; -, *Plur.* ...diä *u.* ...dien [...iən] ‹lat.› (*Sprachw.* stimmhafter Laut, der durch die Aufhebung eines Verschlusses entsteht, z. B. b; *Med.* mittlere Schicht der Gefäßwand); **me|di|al** (*Sprachw.* von passiv. Form in aktiv. Bedeutung; *Med.* nach der Körpermitte hin gelegen; *Parapsychologie* das spiritistische Medium betreffend); **me|di|an** (*Med.* in der Mittellinie des Körpers gelegen); **Me|di|an|ebe|ne** (*Med.* Symmetrieebene des menschl. Körpers); **Me|di|an|te,** die; -, -n ‹ital.› (*Musik* Mittelton der Tonleiter; *auch für* Dreiklang über der 3. Stufe)

Me|dia|ti|on, die; -, -en (↑R 180) ‹lat.› (Vermittlung eines Staates in einem Streit); **me|dia|ti|sie-ren** ‹franz.› (*früher* [reichsunmittelbare Besitzungen] der Landeshoheit unterwerfen); **Me|dia|ti-sie|rung**

me|di|ä|val [...v...] ‹lat.› (mittelalterlich); **Me|di|ä|val** [*Druckw. meist* me'diɛvəl], die; - (eine Schriftgattung); **Me|di|ä|vist,** der; -en, -en; ↑R 197 (Erforscher u. Kenner des MA.); **Me|di|ävi-**

[1] *Trenn.* ...k|k...

stik, die; - (Erforschung des MA.); **Me|di|ävi|stin**

Me|di|ce|er [...'tse:ər, *auch, österr. nur* ...'tʃe:ər], der; -s, - *u.* **Me|di|ci** ['me:ditʃi], der; -, - (Angehöriger eines florentin. Geschlechts); **me|di|ce|isch** [...'tse:iʃ, *auch, österr. nur* ...'tʃe:iʃ], aber (↑R 134): die Mediceische Venus

¹Me|di|en [...i̯ən] *Plur.* (*zusammenfassende Bez. für* Film, Funk, Fernsehen, Presse)

²Me|di|en [...i̯ən] (*Plur. von* ¹Media *u.* Medium)

³Me|di|en [...i̯ən] (*früher* Land im Iran)

me|di|en|ge|recht [...i̯ən...]; **Me|di|en‿land|schaft** (die; -), **...spek|ta|kel** (das; *ugs.*), **...ver|bund** (Kombination, Verbindung verschiedener ¹Medien)

Me|di|ka|ment, das; -[e]s, -e ‹lat.› (Arzneimittel); **me|di|ka|men|tös;** -e Behandlung; **Me|di|ka|ti|on,** die; -, -en (Arzneimittelverabreichung, -verordnung); **Me|di|kus,** der; -, *Plur.* Medizi, *ugs.* -se (*scherzh. für* Arzt)

¹Me|di|na (saudiarab. Stadt)

²Me|di|na, die; -, -s ‹arab.› (islam. Stadt od. alte islam. Stadtteile im Ggs. zu den Europäervierteln)

me|dio, Me|dio ‹ital., „in der Mitte"› *(Kaufmannsspr.);* - (Mitte) Mai

me|dio|ker ‹franz.› (*selten für* mittelmäßig); ...o|kre Leistung; **Me|dio|kri|tät,** die; -, -en

Me|dio|wech|sel (*Kaufmannsspr.* in der Mitte eines Monats fälliger Wechsel)

Me|di|ta|ti|on, die; -, -en ‹lat.› (Nachdenken; sinnende Betrachtung; religiöse Versenkung); **me|di|ta|tiv**

me|di|ter|ran ‹lat., „mittelländisch"› (mit dem Mittelmeer zusammenhängend); **Me|di|ter|ran|flo|ra,** die; - (Pflanzenwelt der Mittelmeerländer)

me|di|tie|ren ‹lat.› (nachdenken; Meditation üben)

me|di|um ['mi:djəm] ‹engl.› (*Gastron.* halb durchgebraten); **Me|di|um,** das; -s, ...ien [...i̯ən] ‹lat.› (Mittel[glied]; Mittler[in], Mittelsperson [bes. beim Spiritismus]; Kommunikationsmittel; *Sprachw.* Mittelform zwischen Aktiv u. Passiv)

Me|di|zi (*Plur. von* Medikus); **Me|di|zin,** die; -, -en ‹lat.› (Arznei; *nur Sing.:* Heilkunde); **Me|di|zi|nal‿rat** (*Plur.* ...räte), **...sta|ti|stik, ...we|sen** (das; -s); **Me|di|zin|ball** (großer, schwerer, nicht elastischer Lederball); **Me|di|zi|ner** (Arzt; *auch für* Medizinstudent); **Me|di|zi|ne|rin; me|di|zi|nisch; me|di|zi|nisch-tech|nisch;** -e Assistentin (*Abk.* MTA); **Me|di|zin‿mann** (*Plur.* ...männer), **...schränk|chen, ...stu|dent, ...stu|den|tin, ...stu|di|um, ...tech|nik** (die; -)

Med|ley ['mɛdli], das; -s, -s ‹engl.› (Melodienstrauß, Potpourri)

Me|doc [me'dɔk], der; -s, -s ‹nach der franz. Landschaft Médoc› (franz. Rotwein)

Me|dre|se, Me|dres|se, die; -, -n ‹arab.› (islam. jurist. u. theolog. Hochschule; Koranschule einer Moschee)

Me|du|sa, ¹Me|du|se, die; - (eine der Gorgonen); **²Me|du|se,** die; -, -n (*Zool.* Qualle); **Me|du|sen‿blick, ...haupt** (das; -[e]s); **me|du|sisch** (*geh. für* medusenähnlich, schrecklich)

Meer, das; -[e]s, -e

Mee|ra|ne (Stadt bei Zwickau)

Meer‿bu|sen, ...en|ge; Mee|res‿al|ge, ...arm, ...bio|lo|gie, ...bo|den, ...bucht, ...for|schung, ...frei|heit (die; -; *Völkerrecht*), **...früch|te** *(Plur.),* **...grund** (der; -[e]s), **...kun|de** (die; -; *für* Ozeanographie), **...leuch|ten** (das; -s), **...ober|flä|che** (die; -), **...spie|gel** (der; -s; über dem - [*Abk.* ü. d. M.]; unter dem - [*Abk.* u. d. M.]), **...strand, ...stra|ße, ...strö|mung, ...tie|fe; Meer‿frau, ...gott; meer|grün; Meer‿jung|frau, ...kat|ze** (ein Affe)

Meer|ret|tich (Heil- u. Gewürzpflanze); **Meer|ret|tich|so|ße**

Meer|salz, das; -es

Meers|burg (Stadt am Bodensee); **¹Meers|bur|ger** (↑R 147); **²Meers|bur|ger,** der; -s (ein [Rot]wein)

Meer|schaum, der; -[e]s; **Meer|schaum‿pfei|fe, ...spit|ze; Meer|schwein|chen; meer|um|schlun|gen** *(geh.);* **meer|wärts; Meer|was|ser,** das; -s; **Meer|was|ser|wel|len|bad; Meer‿weib** (Meerjungfrau), **...zwie|bel** (ein Liliengewächs)

Mee|ting ['mi:...], das; -s, -s ‹engl., „[Zusammen]treffen"› (Versammlung; Sportveranstaltung; *regional für* Kundgebung)

me|ga... ‹griech.› (groß...); **Me|ga...** (Groß...; das Millionenfache einer Einheit; z. B. Megawatt = 10^6 Watt; *Zeichen* M); **Me|ga|byte** [*auch* 'mɛ... *u.* ...'bait], das; -[s], -[s] (2^{20} Byte; *Zeichen* MB, MByte, Mbyte); **Me|ga|elek|tro|nen|volt** [*auch* 'mɛ... *u.* ...'tro:...] (1 Million Elektron[en]volt; *Zeichen* MeV); **Me|ga|hertz** [*auch* 'mɛ... *u.* ...'hɛrts] (1 Million Hertz; *Zeichen* MHz); **Me|ga|joule** [*auch* 'mɛ... *u.* ...'dʒu:l] (1 Million Joule; *Zeichen* MJ)

Me|ga|lith [...'li:t, *auch* ...'lit], der; *Gen.* -s *u.* -en, *Plur.* -e[n] (↑R 197) ‹griech.› (großer Steinblock bei vorgeschichtlichen Grabanlagen); **Me|ga|lith|grab** (vorgeschichtl., aus großen Steinen angelegtes Grab); **Me|ga|li|thi|ker,** der; -s, - (Träger der Megalithkultur [Großsteingräberleute]); **me|ga|li|thisch; Me|ga|lith|kul|tur,** die; -

Me|ga|lo|ma|nie, die; -, ...ien ‹griech.› (*Psych.* Größenwahn)

Me|ga|lo|po|lis, die; -, ...po|len ‹griech.› (Zusammenballung von benachbarten Millionenstädten, Riesenstadt)

Me|ga|ohm [*auch* 'mɛ...], *auch* **Meg|ohm** [*auch* 'mɛk..., *beide auch* ...'o:m] (1 Million Ohm; *Zeichen* MΩ); **Me|ga|pas|cal** [*auch* 'mɛ... *u.* ...'kal] (1 Million Pascal; *Zeichen* MPa)

Me|ga|phon, das; -s, -e ‹griech.› (Sprachrohr)

¹Me|gä|re (*griech. Mythol.* eine der drei Erinnyen); **²Me|gä|re,** die; -, -n (*geh. für* böses Weib)

Me|ga|the|ri|um, das; -s, ...ien [...i̯ən] ‹griech.› (ein ausgestorbenes Riesenfaultier)

Me|ga|ton|ne [*auch* 'mɛ... *u.* ...'tɔnə] (das Millionenfache einer Tonne; *Abk.* Mt; 1 Mt = 1 000 000 t); **Me|ga|ton|nen|bom|be; Me|ga|volt** [*auch* 'mɛ... *u.* ...'vɔlt] (1 Million Volt; *Zeichen* MV); **Me|ga|watt** [*auch* 'mɛ... *u.* ...'vat] (1 Million Watt; *Zeichen* MW); **Meg|ohm** *vgl.* Megaohm

Mehl, das; -[e]s, *Plur. (Sorten:)* -e; **mehl|ar|tig; Mehl‿bee|re, ...brei; meh|lig; Mehl‿klei|ster, ...papp** *(landsch.),* **...sack, ...schwit|ze** (Einbrenne, in Fett gebräuntes Mehl), **...sor|te, ...spei|se** (mit Mehl zubereitetes Gericht; *österr. für* Süßspeise, Kuchen); **Mehl|tau,** der (durch bestimmte Pilze hervorgerufene Pflanzenkrankheit); *vgl.* aber: Meltau; **Mehl|wurm**

mehr; - Freunde als Feinde; - Geld; mit - Hoffnung; - oder weniger (minder); um so -; - denn je; wir können nicht - als arbeiten; **Mehr,** das; -[s] (*auch für* Mehrheit); ein - an Kosten; das - oder Weniger; **Mehr‿ar|beit, ...auf|wand, ...aus|ga|be, ...be|darf, ...be|la|stung; mehr|deu|tig; Mehr|deu|tig|keit; mehr|di|men|sio|nal; Mehr|di|men|sio|na|li|tät,** die; -; **Mehr|ein|nah|me; meh|ren** *(geh.);* **Meh|rer** *(geh.);* **meh|re|re;** ↑R 66 (einige, eine Anzahl); - sagten, daß ...; - Bücher, Mark; - tüchtige Menschen; -r tüchtiger, *seltener* tüchtigen Menschen; - Abgeordnete, -r Abgeordneter, *selte-*

ner Abgeordneten; **meh|re|res** (↑R 66); ich habe noch - zu tun; ein - (*veraltet für* mehr); **Meh|re|rin** *(geh.)*; **meh|rer|lei** *(ugs.)*; **Mehr_er|lös, ...er|trag; mehr|fach;** um ein mehrfaches (bedeutend) vergrößern (↑R 65); *vgl.* aber: Mehrfache; **mehr|fach|be|hin|dert** *(Amtsspr.)*; **Mehr|fach|be|hin|der|te,** der *u.* die; -n, -n; ↑R 7 ff. *(Amtsspr.)*; **Mehr|fa|che,** das; -n; ein -s; um das - (z. B. Dreifache) vergrößern; *vgl.* aber: mehrfach; *vgl.* Achtfache; **Mehr|fach_impf|stoff, ...nut|zung, ...spreng|kopf; Mehr|fa|mi|li|en|haus; Mehr|far|ben|druck** *Plur.* ...drucke; **mehr|far|big,** *österr.* **mehr|fär|big; mehr_glied|rig** *od.* ...glie|de|rig; **Mehr|heit;** einfache, qualifizierte, absolute -; die schweigende -; **mehr|heit|lich; Mehr|heits_be|schaf|fer** (Gruppe, Partei o. ä., mit deren Hilfe eine Mehrheit zustande kommt), **...be|schluß; mehr|heits|fä|hig;** eine -e Partei, Gesetzesvorlage; **Mehr|heits|wahl|recht; mehr|jäh|rig; Mehr_kampf** *(Sport)*, **...kämp|fer** *(Sport)*, **...kämp|fe|rin** *(Sport)*, **...ko|sten** *(Plur.)*, **...la|der** (eine Feuerwaffe), **...lei|stung; Mehr|ling** (Zwilling, Drilling usw.); **Mehr|lings|ge|burt; mehr|ma|lig; mehr|mals; Mehr|par|tei|en|sy|stem; Mehr|pha|sen|strom** (mehrfach verketteter Wechselstrom); **mehr_sil|big, ...spra|chig; Mehr|spra|chig|keit,** die; -; **mehr_stim|mig, ...stöckig** [*Trenn.* ...stök|kig]; **Mehr|stu|fe** (*für* Komparativ); **Mehr|stu|fen|ra|ke|te; mehr_stu|fig, ...stün|dig, ...tä|gig; Mehr|tei|ler** (mehrteiliges Fernsehspiel u. ä.); **mehr|tei|lig; Meh|rung,** die; - *(geh.)*; **Mehr|völ|ker|staat** (*für* Nationalitätenstaat; *Plur.* ...staaten); **Mehr|weg|fla|sche** (*svw.* Pfandflasche); **Mehr|wert,** der; -[e]s *(Wirtsch.)*; **Mehr|wert|steu|er,** die (*Abk.* MwSt. *od.* MWSt.); **mehr|wö|chig; Mehr|zahl,** die; - (*auch für* Plural); **mehr_zei|lig, ...zel|lig; Mehr|zweck_ge|rät, ...hal|le, ...ma|schi|ne, ...mö|bel, ...raum, ...tisch**

mei|den; du miedst; du miedest; gemieden; meid[e]!

Mei|er (*veraltet für* Gutspächter, -verwalter); **Meie|rei** (*veraltet für* Pachtgut; *landsch. für* Molkerei); **Mei|er|hof; Meie|rin**

Mei|ke (w. Vorn.)

Mei|le, die; -, -n (ein Längenmaß); **mei|len|lang** [*auch* 'mailən'laŋ], aber: drei Meilen lang; **Mei|len_stein, ...stie|fel** (*seltener für* Siebenmeilenstiefel); **mei|len|weit** [*auch* 'mailən'vait], aber: zwei Meilen weit

Mei|ler, der; -s, - (zum Verkohlen bestimmter Holzstoß); **Mei|ler|ofen**

mein, meine, mein; mein ein u. [mein] alles; *vgl.* dein *u.* deine; **mei|ne, mei|ni|ge;** *vgl.* deine, deinige

Mein|eid (Falscheid); **mein|ei|dig; Mein|ei|dig|keit,** die; -

mei|nen; ich meine es gut mit ihm

mei|ner (*Gen. von* „ich"); gedenke -; **mei|ner An|sicht nach** (*Abk.* m. A. n.); **mei|ner|seits; mei|nes Er|ach|tens** (*Abk.* m. E.); falsch: meines Erachtens nach; **mei|nes|glei|chen; mei|nes|teils; mei|nes Wis|sens** (*Abk.* m. W.); **mei|net|hal|ben** *(veraltend)*; **mei|net|we|gen; mei|net|wil|len;** um -

Mein|hard (m. Vorn.); **Mein|hild, Mein|hil|de** (w. Vorn.)

mei|ni|ge *vgl.* meine

Mei|nin|gen (Stadt an der oberen Werra); **Mei|nin|ger** (↑R 147); **mei|nin|gisch**

Mei|nolf, Mei|nulf (m. Vorn.); **Mein|rad** (m. Vorn.)

Mein|tat (*veraltet für* Verbrechen)

Mei|nulf (m. Vorn.)

Mei|nung; Mei|nungs_äu|ße|rung, ...aus|tausch; mei|nungs|bil|dend; Mei|nungs_bil|dung, ...for|scher, ...for|sche|rin, ...for|schung, ...for|schungs|in|sti|tut, ...frei|heit (die; -), **...streit, ...test, ...um|fra|ge, ...ver|schie|den|heit, ...viel|falt**

Meio|se, die; -, -n (↑R 180) ‹griech.› (*Biol.* Reifeteilung der Keimzellen)

Mei|ran *vgl.* Majoran

Mei|se, die; -, -n (ein Singvogel); **Mei|sen|nest**

Meis|je, das; -s, -s ‹niederl.› (holländ. Mädchen)

Mei|ßel, der; -s, -; **mei|ßeln;** ich ...[e]le (↑R 22); **Mei|ße|lung**

Mei|ßen (Stadt an der Elbe); **Mei|ße|ner,** Meiß|ner (↑R 147); - Porzellan; **mei|ße|nisch,** meiß|nisch

[1]**Meiß|ner,** der; -s (Teil des Hessischen Berglandes); der Hohe -

[2]**Meiß|ner** *vgl.* Meißener; **meiß|nisch** *vgl.* meißenisch

meist; - kommt er viel zu spät; *vgl.* meiste; **meist|be|gün|stigt; Meist|be|gün|sti|gung** (eine Bestimmung in internationalen Handelsverträgen); **Meist|be|gün|sti|gungs|klau|sel; meist|be|tei|ligt; meist|bie|tend;** meistbietend verkaufen, versteigern, aber: Meistbietender bleiben; **Meist|bie|ten|de,** der *u.* die; -n, -n (↑R 7 ff.); **mei|ste;** der - Kummer, die - Zeit, das - Geld; die -n Menschen; in den -n Fällen; (↑R 65:) am -en; (↑R 66:) die meisten glauben, ...; das meiste ist bekannt; **mei|sten|orts; mei|stens; mei|sten|teils**

Mei|ster; Mei|ster_be|trieb, ...brief, ...de|tek|tiv, ...dieb, ...ge|sang (der; -[e]s; *vgl.* Meistersang); **mei|ster|haft; Mei|ster|haf|tig|keit,** die; -; **Mei|ster|hand;** von - [gefertigt]; **Mei|ste|rin; Mei|ster_klas|se, ...lei|stung; mei|ster|lich** *(veraltend)*; **Mei|ster|ma|cher** (*ugs. für* sehr erfolgreicher Trainer); **mei|stern;** ich ...ere (↑R 22); **Mei|ster|prü|fung; Mei|ster_sang** (der; -[e]s; Kunstdichtung des 15. u. 16. Jh.s), **...sän|ger** (*vgl.* Meistersinger); **Mei|ster|schaft; Mei|ster|schafts_kampf, ...spiel, ...ti|tel; Mei|ster_schü|ler, ...schü|le|rin, ...schuß, ...sin|ger** (Dichter des Meistersangs), **...stück, ...ti|tel** *(Handw.; Sport)*; **Mei|ste|rung,** die; -; **Mei|ster_werk, ...wür|de** (die; -), **...wurz** (ein Doldengewächs)

Meist|ge|bot; meist_ge|bräuch|lich, ...ge|fragt, ...ge|kauft, ...ge|le|sen, ...ge|nannt; Meist|stu|fe (*für* Superlativ)

[1]**Mek|ka** (saudiarab. Stadt); [2]**Mek|ka,** das; -s, -s (Zentrum, das viele Besucher anlockt); ein - der Touristen

Me|kong [*auch* me'kɔŋ], der; -[s] (Fluß in Südostasien); **Me|kong|del|ta,** das; -s (↑R 149)

Me|la|min|harz ‹Kunstwort› (ein Kunstharz)

Me|lan|cho|lie [melaŋko...], die; -, ...ien ‹griech.› (Trübsinn, Schwermut) **Me|lan|cho|li|ker; me|lan|cho|lisch;** -ste

Me|lanch|thon ‹griech.› (eigtl. Name Schwarzert; dt. Humanist u. Reformator)

Me|la|ne|si|en [...i̯ən] ‹griech.› (westpazif. Inseln nordöstlich von Australien); **Me|la|ne|si|er** [...i̯ər]; **me|la|ne|sisch**

Me|lan|ge [me'lã:ʒə, *österr.* me'lã:ʒ], die; -, -n [...ʒ(ə)n] (Mischung, Gemisch; *österr. für* Milchkaffee)

Me|la|nie ['me:lani:, *auch* mela'ni: *od.* me'la:ni̯ə] (w. Vorn.)

Me|la|nin, das; -s, -e ‹griech.› (*Biol.* brauner od. schwarzer Farbstoff); **Me|la|nis|mus,** der; -, ...men *u.* Me|la|no|se, die; -, -n (*Med.* krankhafte Dunkelfärbung der Haut); **Me|la|nit** [*auch* ...'nit], der; -s, -e (ein Mineral); **Me|la|nom,** das; -s, -e (*Med.* bösartige Geschwulst an der Haut od. den Schleimhäuten); **Me|la|no|se** *vgl.* Melanismus; **Me|la|phyr,** der; -s, -e (ein Gestein); **Me|las|ma,** das; -s, *Plur.* ...men *u.*

...lasmata (*Med.* schwärzliche Hautflecken)

Me|las|se, die; -, -n ‹franz.› (Rückstand bei der Zuckergewinnung)

Mel|ber, der; -s, - (*bayr. für* Mehlhändler)

Mel|bourne ['mɛlbərn] (austr. Stadt)

Mel|chi|or (m. Vorn.)

Mel|chi|se|dek [*auch, österr. nur,* ...'çi:...] (bibl. m. Eigenn.)

Melch|ter, die; -, -n (*schweiz. für* Melkeimer)

Mel|de, die; -, -n (eine Pflanzengattung)

Mel|de‿amt, ...bü|ro, ...fah|rer, ...frist, ...hund; mel|den; Mel|de|pflicht; polizeiliche -; **mel|de|pflich|tig;** -e Krankheit; **Mel|der; Mel|de‿rei|ter, ...schluß, ...stel|le, ...ter|min, ...zet|tel** (*österr. für* Formular, Bestätigung für polizeiliche Anmeldung); **Mel|dung**

Me|li|bo|cus *auch* **Me|li|bo|kus,** der; - *od.* Mal|chen, der; -s (Berg im Odenwald)

me|lie|ren ‹franz.› (mischen; sprenkeln); **me|liert** (aus verschiedenen Farben gemischt; leicht ergraut [vom Haar]); *vgl.* graumeliert

Me|li|nit [*auch* ...'nit], der; -s ‹griech.› (Gelberde)

Me|lio|ra|ti|on, die; -, -en (↑R 180) ‹lat.› (*Landw.* [Boden]verbesserung); **me|lio|rie|ren;** ↑R 180 ([Ackerboden] verbessern)

Me|lis, der; - ‹griech.› (Verbrauchszucker aus verschiedenen Zuckersorten)

me|lisch ‹zu Melos; griech.› (*Musik, Literaturw.* liedhaft); **Me|lis|ma,** das; -s, ...men (*Musik* melod. Verzierung, Koloratur); **Me|lis|ma|tik,** die; - (Kunst der melod. Verzierung); **me|lis|ma|tisch**

Me|lis|sa (w. Vorn.); **Me|lis|se,** die; -, -n ‹griech.› (eine Heil- u. Gewürzpflanze); **Me|lis|sen|geist** ⓦ, der; -[e]s (ein Heilkräuterdestillat); **Me|lit|ta** (w. Vorn.)

melk (*veraltet für* milchgebend, melkbar); eine -e Kuh

Melk (österr. Stadt)

Melk|ei|mer; mel|ken; du melkst, *veraltet* milkst; du melktest, *veraltend* molkst; du melktest, *veraltet* mölkest; gemolken, *auch* gemelkt; melk[e]!, *veraltet* milk!; frisch gemolkene Milch; eine melkende Kuh (*ugs. für* gute Einnahmequelle); **Mel|ker; Mel|ke|rei** (das Melken; Milchwirtschaft); **Mel|ke|rin; Melk‿kü|bel, ...ma|schi|ne, ...sche|mel**

Me|lo|die, die; -, ...ien ‹griech.› (sangbare, in sich geschlossene Folge von Tönen); **Me|lo|di|en‿fol|ge, ...rei|gen; Me|lo|dik,** die; - (Lehre von der Melodie); **me|lo|di|ös;** -este; **me|lo|disch;** -ste (wohlklingend); **Me|lo|dram, Me|lo|dra|ma,** das; -s, ...men (Schauspiel mit Musikbegleitung; pathetisch inszeniertes Schauspiel); **Me|lo|dra|ma|tik; me|lo|dra|ma|tisch**

Me|lo|ne, die; -, -n ‹griech.› (großes Kürbisgewächs; *ugs. scherzh. für* runder, steifer Hut); **me|lo|nen|ar|tig**

Me|los [*auch* 'mɛ...], das; - ‹griech.› (*Musik* Melodie, melodische Eigenschaft)

Mel|po|me|ne [...ne:] (Muse des Trauerspiels)

Mel|tau, der; -[e]s (Blattlaushonig, Honigtau); *vgl.* aber: Mehltau

Me|lu|si|ne (altfranz. Sagengestalt, Meerfee)

Mel|ville [...vil], Herman (amerik. Schriftsteller)

Mem|bran, die; -, -en ‹lat.›, *seltener* **Mem|bra|ne,** die; -, -n (gespanntes Häutchen; Schwingblatt)

[1]**Me|mel,** die; - (ein Fluß); [2]**Me|mel** (*lit.* Klaipeda); **Me|me|ler** (↑R 147)

Me|men|to, das; -s, -s ‹lat.› (Erinnerung, Mahnruf); **me|men|to mo|ri** ‹lat., „gedenke des Todes!"› (häufige Grabsteininschrift); **Me|men|to mo|ri,** das; - -, - - (etwas, was an den Tod gemahnt)

Mem|me, die; -, -n (*ugs. abwertend für* Feigling)

mem|meln (*bayr. für* mummeln); ich ...[e]le (↑R 22)

mem|men|haft (*ugs. abwertend);* **Mem|men|haf|tig|keit,** die; -

Mem|non (sagenhafter äthiop. König); **Mem|nons|säu|len** *Plur.* (bei Luxor in Ägypten); ↑R 135

Me|mo, das; -s, -s (*kurz für* Memorandum); **Me|moire** [me'moa:r], das; -s, -s ‹franz.› (Memorandum); **Me|moi|ren** [me'moa:rən] *Plur.* (Lebenserinnerungen); **Me|mo|ra|bi|li|en** [...iən] *Plur.* ‹lat.› (Denkwürdigkeiten); **Me|mo|ran|dum,** das; -s, *Plur.* ...den *u.* ...da (Denkschrift); [1]**Me|mo|ri|al,** das; -s, *Plur.* -e *u.* -ien [...iən] ‹lat.› (*veraltet für* Tagebuch; [Vor]merkbuch); [2]**Me|mo|ri|al** [mi'mɔ:riəl], das; -s, -s ‹engl.› (sportl. Veranstaltung zum Gedenken an einen Verstorbenen; Denkmal); **me|mo|rie|ren** (*veraltend für* auswendig lernen); **Me|mo|rier|stoff** (*veraltend für* Lernstoff)

Mem|phis (altägypt. Stadt westl. des Nils)

Me|na|ge [me'na:ʒə, *österr.* me'na:ʒ], die; -, -n [me'na:ʒ(ə)n] ‹franz.› (Gewürzständer; *veraltet für* Haushalt; *österr. für* [Truppen]verpflegung); **Me|na|ge|rie** [menaʒə...], die; -, ...ien (Tierschau, Tiergehege); **me|na|gie|ren** [mena'ʒi:...] (*veraltet, aber noch landsch. für* sich selbst verköstigen; *österr. für* Essen fassen [beim Militär]); sich - (*veraltet für* sich mäßigen)

Men|ar|che, die; -, -n ‹griech.› (*Med.* erster Eintritt der Regelblutung)

Men|del (österr. Biologe)

Men|de|le|vi|um [...v...], das; -s ‹nach dem russ. Chemiker Mendelejew› (chem. Element, ein Transuran; *Zeichen* Md)

Men|de|lis|mus, der; - (Mendelsche Vererbungslehre); **men|deln** (*Biol.* nach den Vererbungsregeln Mendels in Erscheinung treten); **men|delsch,** aber (↑R 134): Mendelsche Regeln

Men|dels|sohn Bar|thol|dy[1] (dt. Komponist)

Men|di|kant, der; -en, -en (↑R 197) ‹lat.› (Bettelmönch); **Men|di|kan|ten|or|den**

Me|ne|la|os (griech. Sagengestalt, König von Sparta); **Me|ne|la|us** *vgl.* Menelaos

Me|ne|te|kel, das; -s, - ‹aram.› (unheildrohendes Zeichen)

Men|ge, die; -, -n

men|gen (mischen)

Men|gen‿an|ga|be, ...be|zeich|nung, ...kon|junk|tur *(Wirtsch.),* **...leh|re** (die; -; *Math., Logik);* **men|gen|mä|ßig** (*für* quantitativ); **Men|gen‿preis** (*vgl.* [2]Preis), **...ra|batt**

Meng|sel, das; -s, - (*landsch. für* Gemisch)

Men|hir, der; -s, -e ‹bret.-franz.› (unbehauene vorgeschichtliche Steinsäule)

Me|nin|gi|tis, die; -, ...itiden ‹griech.› (*Med.* Hirnhautentzündung)

me|nip|pisch; -e Satire, aber (↑R 134): die Menippische Philosophie; **Me|nip|pos** (altgriech. Philosoph)

Me|nis|kus, der; -, ...ken ‹griech.› (*Med.* Zwischenknorpel im Kniegelenk; *Physik* gewölbte Flüssigkeitsoberfläche); **Me|nis|kus‿ope|ra|ti|on** *(Med.),* **...riß** (eine Sportverletzung)

Men|jou|bärt|chen ['mɛnʒu...] ‹nach dem amerik. Filmschauspieler A. Menjou› (schmaler, gestutzter Schnurrbart); ↑R 135

Men|ken|ke, die; - (*landsch. ugs. für* Durcheinander; Umstände)

Men|ni|ge, die; - ‹iber.› (Bleiver-

[1] *Eigene Schreibung des Komponisten; sonst als Familienname mit Bindestrich.*

bindung; rote Malerfarbe); **Mẹnig|rot**

Men|no|ni̲t, der; -en, -en (↑R 197) ‹nach dem Gründer Mẹnno Si̲mons› (Angehöriger einer evangelischen Freikirche)

Me|no|pau̲|se, die; -, -n ‹griech.› (*Med.* Aufhören der Regelblutungen im Klimakterium)

Me|no|ra̲, die; -, - ‹hebr.› (siebenarmiger Leuchter der jüd. Liturgie)

Me|nọr|ca (eine Baleareninsel)

Me|nor|rhö̲[1], **Me|nor|rhöe** [...'rø:], die; -, ...rrhö̲en ‹griech.› (*Med.* Menstruation); **me|nor|rhö̲|isch; Me|no|sta̲|se,** die; -, -n (Ausbleiben der Monatsblutung)

Me|nọt|ti (amerik. Komponist ital. Herkunft)

Mẹn|sa, die; -, *Plur.* -s *u.* ...sen ‹lat.› (restaurantähnliche Einrichtung an Universitäten [für die Studenten]; *Kunstw.* Altarplatte); **Mẹn|sa|es|sen**

[1]**Mẹnsch,** der; -en, -en (↑R 197); [2]**Mẹnsch,** das; -[e]s, -er (*abwertend für* weibliche Person); **mẹn|scheln** (*ugs. für* menschl. Schwächen deutlich werden lassen); es menschelt; **Mẹn|schen|af|fe; mẹn|schen|ähn|lich; Mẹn|schen|al|ter; mẹn|schen|arm; Mẹn|schen‿auf|lauf, ...feind, ...fleisch, ...fres|ser, ...freund; mẹn|schen|freund|lich; Mẹn|schen‿füh|rung** (die; -), **...ge|den|ken** (seit -), **...geist** (der; -[e]s), **...ge|schlecht** (das; -[e]s), **...ge|stalt** (in -), **...ge|wühl, ...hand** (von -), **...han|del** (*vgl.* [1]Handel), **...händ|ler, ...herz** *(geh.),* **...ken|ner, ...kennt|nis** (die; -), **...ket|te, ...kind, ...kun|de** (die; -; *für* Anthropologie), **...le|ben; mẹn|schen|leer; Mẹn|schen‿lie|be, ...mas|se** *(meist Plur.),* **...men|ge; mẹn|schen|mög|lich;** (↑R 66:) er hat das -e (alles) getan; **Mẹn|schen‿op|fer, ...pflicht, ...ras|se, ...raub; Mẹn|schen|recht** *meist Plur.;* **Mẹn|schen|rechts‿er|klä|rung, ...ver|let|zung; mẹn|schen|scheu; Mẹn|schen‿scheu, ...schlag** (der; -[e]s), **...see|le** (keine -); **Mẹn|schens|kịnd!** (ugs. Ausruf); **Mẹn|schen|sohn,** der; -[e]s (Selbstbezeichnung Jesu Christi); **Mẹn|schen|tum,** das; -s; **mẹn|schen|un|wür|dig; Mẹn|schen‿ver|ach|tung, ...werk** *(geh.),* **...wür|de** (die; -); **mẹn|schen|wür|dig**

Men|sche|wi̲k, der; -en (↑R 197), *Plur.* -en *u.* -i ‹russ.› (Anhänger des Menschewismus); **Men|sche|wịs|mus,** der; - (ehem. gemäßigter russ. Sozialismus); **Men|sche|wịst,** der; -en, -en; ↑R 197 (*svw.* Menschewik); **men|sche|wị|stisch**

Mẹnsch|heit, die; -; **mẹnsch|heit|lich; Mẹnsch|heits‿ent|wick|lung** (die; -), **...ge|schich|te** (die; -), **...traum; mẹnsch|lich;** Menschliches, Allzumenschliches (↑R 65); **Mẹnsch|lich|keit,** die; -; **Mẹnsch|wer|dung,** die; -

mẹn|sen|diecken [*Trenn.* ...diek|ken] (nach der Methode von B. Mensendieck Gymnastik treiben); ich ...diecke

mẹn|sis cur|rẹn|tis ‹lat.› (*veraltet für* laufenden Monats; *Abk.* m. c.); *dafür besser der dt. Ausdruck;* **men|stru|a̲l** (*Med.* zur Menstruation gehörend); **Men|stru|a̲l|blu|tung; Men|strua|ti|o̲n,** die; -, -en; ↑R 180 (Monatsblutung, Regel); **men|stru|ie̲|ren**

Men|su̲r, die; -, -en ‹lat.› (Abstand der beiden Fechter; stud. Zweikampf; Zeitmaß der Noten; Maßverhältnis bei Musikinstrumenten; *Chemie* Meßglas); **men|su|ra̲|bel** (*geh. für* meßbar); ...a|ble Größe; **Men|su|ra|bi|li|tä̲t,** die; - *(geh.);* **Men|su|ra̲l|mu|sik,** die; - (die in Mensuralnotenschrift aufgezeichnete Musik des 13. bis 16. Jh.s); **Men|su|ra̲l|no|ta|ti|on,** die; - (im 13. Jh. ausgebildete, die Tondauer angebende Notenschrift)

men|ta̲l ‹lat.› (geistig; gedanklich); **Men|ta|li|tä̲t,** die; -, -en (Denk-, Anschauungsweise; Sinnes-, Geistesart); **Men|ta̲l|re|ser|va|ti|on** (*Rechtsspr.* stiller Vorbehalt)

Men|tho̲l, das; -s ‹lat.› (Bestandteil des Pfefferminzöls)

[1]**Mẹn|tor** ‹griech.› (Erzieher des Telemach); [2]**Mẹn|tor,** der; -s, ...o̲ren (Erzieher; Ratgeber)

Me|nü̲, das; -s, -s ‹franz.› (Speisenfolge; *EDV* auf dem Bildschirm angebotene Programmauswahl); **Me|nu|ẹtt,** das; -[e]s, *Plur.* -e, *auch* -s (ein Tanz)

Mẹ|nu|hin [*auch* ...'hi:n], Yehudi (amerik. Geigenvirtuose)

Mẹn|zel (dt. Maler u. Graphiker)

Me|phi̲|sto, Me|phi|sto̲|phe|les (Teufel in Goethes „Faust"); **me|phi|sto|phe̲|lisch** (↑R 134)

Me|ra̲n (Stadt in Südtirol)

Mer|ca̲|tor (flandrischer Geograph); **Mer|ca̲|tor|pro|jek|ti|o̲n;** ↑R 135 (*Geogr.* Netzentwurf von Landkarten)

Mer|ce̲|des-Bẹnz Ⓦz (Kraftfahrzeuge)

Mer|ce|rie̲ [mɛrsə...], die; -, ...i̲en ‹franz.› (*schweiz. für* Kurzwaren[handlung])

Mer|ce|ri|sa|ti|o̲n usw. *vgl.* Merzerisation usw.

Mer|chan|di|sing ['mœ(r)tʃəndai̲ziŋ], das; -s ‹engl.› (*Wirtsch.* verkaufsfördernde Maßnahmen)

mer|ci! [mɛr'si:] ‹franz.› (danke!)

Mer|cu|ry-Kap|sel ['mœ:(r)kjuri...] ‹amerik.; dt.› (erste bemannte amerik. Raumkapsel); ↑R 135

Me|re|dith ['mɛrədiθ] (engl. Schriftsteller); ↑R 139

Mẹr|gel, der; -s, - (aus Ton u. Kalk bestehendes Sedimentgestein); **Mẹr|gel|bo|den; mẹr|ge|lig, mẹrg|lig**

Me̲|ri|an, Maria Sibylla (dt. Malerin, Kupferstecherin u. Naturforscherin)

Me̲|ri|an d. Ä., Matthäus (schweiz. Kupferstecher u. Buchhändler)

Me|ri|di|a̲n, der; -s, -e ‹lat.› (*Geogr., Astron.* Mittags-, Längenkreis); **Me|ri|di|a̲n|kreis** (astron. Meßinstrument); **me|ri|dio|na̲l;** ↑R 180 (*Geogr.* den Längenkreis betreffend)

Mé|ri|mée [meri'me:], Prosper [prɔs'pɛ:r] (franz. Schriftsteller)

Me|rịn|ge, die; -, -n ‹franz.›, **Me|rịn|gel,** das; -s, -, *schweiz.* **Meringue** ['mɛrɛŋ, *franz.* mə'rɛ̃:g], die; -, -s (ein Schaumgebäck)

Me|ri̲|no, der; -s, -s ‹span.› (Schaf einer span. Rasse); **Me|ri̲|no‿schaf, ...wol|le**

Me|ri|stẹm, das; -s, -e ‹griech.› (*Bot.* pflanzl. Bildungsgewebe); **me|ri|ste|ma̲|tisch** (*Bot.* teilungsfähig [von pflanzl. Geweben])

Me|ri̲|ten (*Plur. von* Meritum); **me|ri|to̲|risch** ‹lat.› (*veraltet für* verdienstvoll); **Me̲|ri|tum,** das; -s, ...i̲ten *meist Plur.* (das Verdienst)

[1]**Mẹrk,** der; -s, -e (ein Doldengewächs)

[2]**Mẹrk,** das; -s, -e (*veraltet für* Merkzeichen, Marke)

mer|kan|ti̲l, *veraltet* **mer|kan|ti̲|lisch** ‹lat.› (kaufmännisch; Handels...); **Mer|kan|ti|li̲s|mus,** der; - (Wirtschaftspolitik in der Zeit des Absolutismus); **Mer|kan|ti|lịst,** der; -en, -en (↑R 197); **mer|kan|ti|li̲|stisch; Mer|kan|ti̲l|sy|stem,** das; -s

mẹrk|bar; Mẹrk‿blatt, ...buch; mẹr|ken; ich merke mir etwas; **Mẹr|ker** (*ugs. iron. für* jmd., der alles bemerkt); **Mẹrk‿heft, ...hil|fe; mẹrk|lich;** -e Besserung; (↑R 65:) um ein merkliches; **Mẹrk‿mal** (*Plur.* ...male), **...satz, ...spruch**

[1]**Mer|ku̲r** (röm. Gott des Handels; Götterbote); [2]**Mer|ku̲r,** der; -s (ein Planet); [3]**Mer|ku̲r,** der *od.* das; -s (*[alchimist.]* *Bez. für* Quecksilber); **Mer|ku|ria|lịs-**

[1] *Vgl. die Anmerkung zu* „Diarrhö, Diarrhöe".

mus, der; - (Quecksilbervergiftung); **Mer|kur|stab**

Merk_vers, ...wort (*Plur.* ...wörter); **merk|wür|dig; merk|wür|di|ger|wei|se; Merk_wür|dig|keit** (die; -, -en), **...zei|chen, ...zet|tel**

Mer|lan, der; -s, -e ‹franz.› (*svw.* Wittling)

Mer|le, die; -, -n ‹lat.› (*landsch. für* Amsel)

[1]Mer|lin [*auch* 'mɛr...] (kelt. Sagengestalt, Zauberer)

[2]Mer|lin [*auch* 'mɛr...], der; -s, -e ‹engl.› (ein Greifvogel)

Me|ro|win|ger, der; -s, - (Angehöriger eines fränk. Königsgeschlechtes); **Me|ro|win|ger|reich,** das; -[e]s; **me|ro|win|gisch**

Mer|se|burg (Stadt an der Saale); **Mer|se|bur|ger** (↑R 147); Merseburger Zaubersprüche; **mer|se|bur|gisch**

Mer|ten (m. Vorn.)

Mer|ze|ri|sa|ti|on, die; -, -en ‹nach dem engl. Erfinder Mercer› (Veredlungsverfahren [bes. bei Baumwolle]); **mer|ze|ri|sie|ren; Mer|ze|ri|sie|rung**

Merz|vieh (zur Zucht nicht geeignetes Vieh)

Mes|al|li|ance [meza'li̯ã:s], die; -, -n ‹franz.› (*bes. früher* nicht standesgemäße Ehe; *übertr. für* unglückliche Verbindung)

me|schant ‹franz.› (*landsch. für* boshaft, ungezogen)

me|schug|ge ‹hebr.-jidd.› (*ugs. für* verrückt)

Mes|dames [mɛ'dam] (*Plur. von* Madame); **Mesde|moi|selles** [mɛd(ə)moa'zɛl, *österr. nur* mɛdmoa...] (*Plur. von* Mademoiselle)

Mes|en|chym [...'çy:m], das; -s, -e ‹griech.› (*Biol., Med.* embryonales Bindegewebe)

Me|se|ta, die; -, *Plur.* ...ten, *auch* ...tas (*span. Bez. für* Hochebene)

Mes|ka|lin, das; -s ‹indian.-span.› (Alkaloid einer mexikan. Kaktee, ein Rauschmittel)

Mes|mer, der; -s, - (*schweiz. für* Mesner)

Mes|me|ris|mus, der; - ‹nach dem dt. Arzt Mesmer› (Lehre von der heilenden Wirkung magnetischer Kräfte)

Mes|ner ‹mlat.› (*landsch. für* Kirchendiener); **Mes|ne|rei** (*landsch. für* Amt und Wohnung des Mesners)

me|so... ‹griech.› (mittel..., mitten...); **Me|so...** (Mittel..., Mitten...); **Me|so|derm,** das; -s, -e (*Biol., Med.* mittleres Keimblatt in der menschl. u. tier. Embryonalentwicklung); **Me|so|karp,** das; -s, -e (*Bot.* Mittelschicht von Pflanzenfrüchten); **Me|so|ke|pha|lie** *vgl.* Mesozephalie; **Me|so|li|thi|kum** [*auch* ...'lit...], das; -s (*Geol.* Mittelsteinzeit); **me|so|li|thisch**

Me|son, *älter* Me|so|tron, das; -s, ...onen *meist Plur.* ‹griech.› (*Physik* instabiles Elementarteilchen mittlerer Masse)

Me|so|phyt, der; -en, -en (↑R 197) ‹griech.› (*Bot.* Pflanze, die Böden mittleren Feuchtigkeitsgrades bevorzugt)

Me|so|po|ta|mi|en [...i̯ən] (hist. Landschaft im Irak [zw. Euphrat u. Tigris]); **Me|so|po|ta|mi|er** [...i̯ər]; **me|so|po|ta|misch**

Me|so|sphä|re, die; - ‹griech.› (*Meteor.* in etwa 50 bis 80 km Höhe liegende Schicht der Erdatmosphäre)

Me|so|tron *vgl.* Meson; **Me|so|ze|pha|lie,** die; - ‹griech.› (*Med.* mittelhohe Kopfform); **Me|so|zoi|kum,** das; -s (*Geol.* Mittelalter der Erde); **me|so|zo|isch**

Mes|sage ['mɛsidʒ], die; -, -s [...dʒiz] ‹engl.› (Nachricht; Information; *auch für* Gehalt, Aussage eines Kunstwerks u. ä.)

[1]Mes|sa|li|na (Gemahlin des Kaisers Claudius); **[2]Mes|sa|li|na,** die; -, ...nen (*veraltet für* ausschweifend lebende, sittenlose Frau)

Meß|band, das; *Plur.* ...bänder; **meß|bar; Meß|bar|keit,** die; -; **Meß_be|cher, ...brief** (*Seew.* amtl. Bescheinigung über die Vermessung eines Schiffes)

Meß|buch (*für* Missale)

Meß|da|ten *Plur.*

Meß|die|ner; Meß|die|ne|rin;

[1]Mes|se, die; -, -n ‹lat.› (kath. Gottesdienst mit Eucharistiefeier; Chorwerk); die, eine - lesen, a b e r (↑R 68): das Messelesen; **[2]Mes|se,** die; -, -n (Großmarkt, Ausstellung)

[3]Mes|se, die; -, -n ‹engl.› (Speise- u. Aufenthaltsraum der Schiffsbesatzung; Tischgesellschaft der Schiffsbesatzung)

Mes|se_aus|weis, ...be|su|cher, ...ge|län|de, ...hal|le, ...ka|ta|log

Mes|se|le|sen, das; -s

mes|sen; du mißt, er mißt; ich maß, du maßest; du mäßest; gemessen; miß!; sich [mit jmdm.] -

Mes|se|ni|en [...i̯ən] (altgriech. Landschaft des Peloponnes); **mes|se|nisch,** a b e r (↑R 157): die Messenischen Kriege

[1]Mes|ser, der ‹*zu* messen› (Messender, Meßgerät; *fast nur als 2. Bestandteil in Zusammensetzungen,* z. B. Zeitmesser)

[2]Mes|ser, das; -s, - (ein Schneidwerkzeug); **Mes|ser_bänk|chen, ...[form|]schnitt** (ein [kurzer] Haarschnitt), **...held** (*abwertend);* **mes|ser|scharf; Mes|ser_schmied, ...spit|ze, ...ste|cher, ...ste|che|rei, ...stich, ...wer|fer**

Mes|se_schla|ger, ...stadt, ...stand

Meß_feh|ler, ...füh|ler (*Technik*), **...ge|rät**

Meß|ge|wand

Meß|glas

Mes|sia|de, die; -, -n; ↑R 180 (Dichtung vom Messias)

Mes|siaen [mɛ'sjã:] (franz. Komponist)

mes|sia|nisch; ↑R 180 (auf den Messias bezüglich); **Mes|sia|nis|mus,** der; - (geistige Bewegung, die die [rel. od. polit.] Erlösung von einem Messias erwartet); **Mes|si|as,** der; -, -se ‹hebr., „Gesalbter"› (*nur Sing.:* Beiname Jesu Christi; *A. T.* der verheißene Erlöser; *auch für* Befreier)

Mes|si|dor, der; -[s], -s ‹„Erntemonat"› (10. Monat des Kalenders der Franz. Revolution: 19. Juni bis 18. Juli)

Mes|sieurs [mɛ'si̯ø:] (*Plur. von* Monsieur; *Abk.* MM)

Mes|si|na (Stadt auf Sizilien); **Mes|si|na|ap|fel|si|ne;** ↑R 149

Mes|sing, das; -s, *Plur. (Sorten:)* -e (Kupfer-Zink-Legierung); **Mes|sing_bett, ...draht; mes|sin|gen;** eine messing[e]ne Platte; **Mes|sing_griff, ...leuch|ter, ...schild** (das), **...stan|ge**

Meß_in|stru|ment, ...lat|te

Meß|op|fer (kath. Feier der Eucharistie)

Meß_satz (mehrere zusammengefaßte Meßgeräte), **...schie|ber** (Schieblehre), **...schnur** (*Plur.* ...schnüre), **...schrau|be** (ein Feinmeßgerät), **...stab, ...technik, ...tisch; Meß|tisch|blatt; Mes|sung; Meß_ver|fah|ren, ...wert, ...zy|lin|der**

Me|ste, die; -, -n (altes mitteld. Maß; ein [Holz]gefäß)

Me|sti|ze, der; -n, -n (↑R 197) ‹lat.-span.› (Nachkomme eines weißen u. eines indianischen Elternteils); **Me|sti|zin**

MESZ = mitteleuropäische Sommerzeit

Met, der; -[e]s (gegorener Honigsaft)

Me|ta (w. Vorn.)

me|ta... ‹griech.› (zwischen..., mit..., um..., nach...); **Me|ta...** (Zwischen..., Mit..., Um..., Nach...); **me|ta|bol, me|ta|bo|lisch** (*Biol.* veränderlich; *Biol., Med.* den Stoffwechsel betreffend); **Me|ta|bo|lis|mus,** der; - (*Biol., Med.* Stoffwechsel)

Me|ta|ge|ne|se, die; -, -n ‹griech.› (*Biol.* eine besondere Form des Generationswechsels bei vielzelligen Tieren); **me|ta|ge|ne|tisch**

Me|ta|ge|schäft ‹ital.; dt.› (*Kauf-*

mannsspr. gemeinschaftlich durchgeführtes Waren- od. Bankgeschäft zweier Firmen mit gleichmäßiger Verteilung von Gewinn u. Verlust)

Me|ta|kri|tik [*auch* ...'tik, *auch* 'mεta...], die; - ‹griech.› (auf die Kritik folgende Kritik; Kritik der Kritik); **Me|ta|lep|se, Me|ta|lep|sis,** die; -, ...epsen (*Rhet.* Verwechslung)

Me|tall, das; -s, -e ‹griech.›; **Me|tall‿ar|bei|ter, ...ar|bei|te|rin, ...be|ar|bei|tung** (die; -), **...block** (*Plur.* ...blöcke); **Me|tall|e|gie|rung** [*Trenn.* ...tall|le..., ↑R 204]; **me|tal|len** (aus Metall); **Me|tal|ler** (*ugs. für* Metallarbeiter; Angehöriger der IG Metall); **Me|tal|le|rin; Me|tall|guß; me|tall|hal|tig; Me|tall|hal|tig|keit,** die; -; **me|tal|lic** [...lik] (metallisch schimmernd [lackiert]); ein Auto in Blau metallic *od.* in Blaumetallic, in metallic Blau *od.* in Metallicblau; **Me|tal|lic|lackie|rung** [*Trenn.* ...lak|kie...]; **Me|tall|in|du|strie; Me|tal|li|sa|ti|on,** die; -, -en (*Technik* Vererzung beim Versteinerungsvorgang); **me|tal|lisch** (metallartig); **mé|tal|li|sé** [metali'ze:] (metallic); **me|tal|li|sie|ren** (*Technik* mit Metall überziehen); **Me|tal|li|sie|rung; Me|tall|kun|de,** die; -; **Me|tall|kund|ler; Me|tal|lo|chro|mie,** die; - (*Technik* galvanische Metallfärbung); **Me|tal|lo|gie,** die; - (Metallkunde); **Me|tal|lo|gra|phie,** die; - (Zweig der Metallkunde); **Me|tal|lo|id,** das; -[e]s, -e (*veraltete Bez. für* nichtmetall. Grundstoff); **Me|tall‿ski, ...über|zug; Me|tall|urg, Me|tall|ur|ge,** der; ...gen, ...gen; ↑R 197; **Me|tall|ur|gie,** die; - (Hüttenkunde); **me|tall|ur|gisch** (hüttenkundlich, Hütten...); **me|tall|ver|ar|bei|tend;** die -e Industrie (↑R 209)

me|ta|morph, me|ta|mor|phisch ‹griech.› (die Gestalt, den Zustand wandelnd); **Me|ta|mor|phis|mus,** der; -, ...men (*svw.* Metamorphose); **Me|ta|mor|pho|se,** die; -, -n (Umgestaltung, Verwandlung); **me|ta|mor|pho|sie|ren; Me|ta|pha|se,** die; -, -n (*Biol.* zweite Phase der indirekten Zellkernteilung); **Me|ta|pher,** die; -, -n (*Sprachw.* Wort mit übertragener Bedeutung, bildliche Wendung, z. B. „Haupt der Familie"); **Me|ta|pho|rik,** die; - (Verbildlichung, Übertragung in eine Metapher); **me|ta|pho|risch** (bildlich, im übertragenen Sinne [gebraucht]); **Me|ta|phra|se,** die; -, -n (Umschreibung); **me|ta|phra|stisch** (umschreibend); **Me|ta|phy|sik,** die; -, -en *Plur. selten* (philos. Lehre von den letzten, nicht erfahr- u. erkennbaren Gründen u. Zusammenhängen des Seins); **Me|ta|phy|si|ker; me|ta|phy|sisch; Me|ta|plas|mus,** der; -, ...men (*Sprachw.* Umbildung von Wortformen); **Me|ta|psy|chik,** die; - (*svw.* Parapsychologie); **me|ta|psy|chisch; Me|ta|psy|cho|lo|gie,** die; - (*svw.* Parapsychologie); **Me|ta|se|quo|ia** [...ia], die; -, ...oien [...iən] (Vertreter einer Gattung der Sumpfzypressengewächse); **Me|ta|spra|che** (*EDV, Sprachw., Math.* Sprache, die zur Beschreibung einer anderen Sprache benutzt wird); **me|ta|sprach|lich; Me|ta|sta|se,** die; -, -n (*Med.* Tochtergeschwulst); **me|ta|sta|sie|ren** (Tochtergeschwülste bilden); **me|ta|sta|tisch; Me|ta|the|se, Me|ta|the|sis,** die; -, ...esen (*Sprachw.* Lautumstellung, z. B. „Born" – „Bronn"); **Me|ta|tro|pis|mus,** der; - (*Psych.* Umkehrung des geschlechtl. Empfindens; Vertauschung der Rollen von Frau u. Mann); **me|ta|zen|trisch** (das Metazentrum betreffend); **Me|ta|zen|trum** (*Schiffbau* Schwankpunkt); **Me|ta|zo|on,** das; -s ...zoen *meist Plur.* (mehrzelliges [höheres] Tier)

Met|em|psy|cho|se, die; -, -n ‹griech.› (Seelenwanderung)

Me|te|or, der, *selten* das; -s, -e ‹griech.› (Leuchterscheinung beim Eintritt eines Meteoriten in die Erdatmosphäre); **Me|te|o|rei|sen; me|teo|risch**[1] (auf Lufterscheinungen, -verhältnisse bezüglich); **Me|teo|rit**[1] [*auch* ...'rit], der; *Gen.* -en *u.* -s, *Plur.* -en *u.* -e (in die Erdatmosphäre eindringender kosmischer Körper); **meteo|ri|tisch**[1] (von einem Meteor stammend, meteorartig); **Me|teo|ro|lo|ge**[1], der; -n, -n (↑R 197); **Me|teo|ro|lo|gie**[1], die; - (Lehre von Wetter u. Klima); **Me|teo|ro|lo|gin**[1]; **me|teo|ro|lo|gisch**[1]; -e Station (Wetterwarte); **me|teo|ro|trop**[1] (wetter-, klimabedingt); **Me|teo|ro|tro|pis|mus**[1], der; -, ...men (*Med.* wetterbedingter Krankheitszustand); **Me|te|or|stein**

Me|ter, der, *schweiz. nur so, auch* das; -s, - ‹griech.› (Längenmaß; *Zeichen* m); eine Länge von zehn Metern, *auch* Meter (↑R 129); eine Mauer von drei Meter Höhe; von 10 Meter, *auch* Metern an (↑R 129); ein[en] Meter lang, acht Meter lang; laufender Meter (*Abk.* lfd. M.); **...me|ter** (z. B. Zentimeter); **me|ter|dick;** -e Mauern; a b e r : die Mauern sind zwei Meter dick; **me|ter|hoch;** der Schnee liegt -; a b e r : drei Meter hoch; **me|ter|lang,** a b e r : ein[en] Meter lang; **Me|ter‿lat|te** (Geh- und Meßstock des Grubensteigers), **...maß** (das), **...ware** (die; -); **me|ter|wei|se; me|ter|weit,** a b e r : drei Meter weit; **Me|ter|zent|ner** (*österr. veraltet für* Doppelzentner [100 kg]; *Zeichen* q [*vgl.* Quintal]); *vgl.* Zentner

Me|than, das; -s ‹griech.› (Gruben-, Sumpfgas); **Me|than|gas; Me|tha|nol,** das; -s (Methylalkohol)

Me|tho|de, die; -, -n ‹griech.› (wissenschaftlich planmäßiges u. folgerichtiges Verfahren; Art des Vorgehens); **Me|tho|den|leh|re; Me|tho|dik,** die; -, -en (Verfahrenslehre, -weise; Vortrags-, Unterrichtslehre; *nur Sing.:* methodisches Vorgehen); **Me|tho|di|ker** (planmäßig Verfahrender; Begründer einer Methode); **me|tho|disch;** -ste (planmäßig; überlegt, durchdacht); **me|tho|di|sie|ren; Me|tho|dist,** der; -en, -en; ↑R 197 (Angehöriger der Methodistenkirche); **Me|tho|di|sten|kir|che** (eine ev. Freikirche); **me|tho|di|stisch; Me|tho|do|lo|gie,** die; -, ...ien (Lehre von den wissenschaftl. Methoden); **me|tho|do|lo|gisch**

Me|tho|ma|nie, die; - ‹griech.› (*Med.* Säuferwahnsinn)

[1]Me|thu|sa|lem, *ökum.* Me|tu|sche|lach (bibl. Eigenname); **[2]Me|thu|sa|lem,** der; -[s], -s (*übertr. für* sehr alter Mann)

Me|thyl, das; -s ‹griech.› (einwertiger Methanrest in zahlreichen organ.-chem. Verbindungen); **Me|thyl|al|ko|hol,** der; -s (Holzgeist, Methanol); **Me|thyl|amin,** das; -s, -e (einfachste organ. Base); **Me|thy|len|blau** (ein synthet. Farbstoff)

Me|tier [me'tie:], das; -s, -s ‹franz.› (Handwerk; Beruf; Geschäft)

Me|tist, der; -en, -en; ↑R 197 ‹ital.› (Teilnehmer an einem Metageschäft)

Met|öke, der; -n, -n (↑R 197) ‹griech.› (eingesessener Fremdling ohne polit. Rechte [in altgriech. Städten])

Me|ton (altgriech. Mathematiker); **Me|to|ni|scher Zy|klus,** der; -n -; ↑R 134 (alter Kalenderzyklus [Zeitraum von 19 Jahren], der der Berechnung des christl. Osterdatums zugrunde liegt)

Met|ono|ma|sie, die; -, ...ien ‹griech.› (Namensveränderung durch Übersetzung in eine frem-

---

[1] *Trenn.* ↑R 180.

de Sprache); **Met|ony|mie,** die; -, ...ien (*Stilk.* Ersetzung des eigentlichen Wortes durch einen verwandten Begriff, z. B. „Dolch" durch „Stahl"); **met|ony|misch**

Met|ope, die; -, -n ‹griech.› (*Archit.* Zwischenfeld in einem antiken Tempelfries)

Me|tra, Me|tren (*Plur. von* Metrum); **Me|trik,** die; -, -en ‹griech.› (Verslehre, -kunst; *Musik* Lehre vom Takt); **Me|tri|ker; me|trisch** (die Verslehre, das Versmaß, den Takt betreffend; in Versen abgefaßt; nach dem Meter meßbar); -er Raum; -es System

Me|tro [*auch* 'mɛ...], die; -, -s ‹griech.-franz.› (Untergrundbahn, bes. in Paris u. Moskau)

Me|tro|lo|gie, die; - ‹griech.› (Maß- u. Gewichtskunde); **me|tro|lo|gisch**

Me|tro|nom, das; -s, -e ‹griech.› (*Musik* Taktmesser); *vgl.* Mälzel

Me|tro|po|le, die; -, -n ‹griech.› (Hauptstadt, Weltstadt); **Me|tro|po|lis,** die; -, ...polen (*veraltet für* Metropole); **Me|tro|po|lit,** der; -en, -en; ↑R 197 (Erzbischof); **Me|tro|po|li|tan|kir|che**

Me|trum, das; -s, *Plur.* ...tren, *älter* ...tra ‹griech.› (Versmaß; *Musik* Takt)

Mett, das; -[e]s (*nordd. für* gehacktes Schweinefleisch)

Met|ta|ge [mɛ'ta:ʒə], die; -, -n [...'ta:ʒ(ə)n] ‹franz.› (*Druckw.* Umbruch [in einer Zeitungsdruckerei])

Met|te, die; -, -n ‹lat.› (nächtl. Gottesdienst; nächtl. Gebet)

Met|ter|nich (österr. Staatskanzler)

Met|teur [mɛ'tø:r], der; -s, -e ‹franz.› (*Druckw.* Umbrecher, Hersteller der Seiten)

Mett|wurst

Me|tu|sche|lach *vgl.* [1]Methusalem

Metz [*franz.* mɛs] (franz. Stadt)

[1]**Met|ze,** die; -, -n, *südd. u. österr.* Met|zen, der; -s, - (altes Getreidemaß)

[2]**Met|ze,** die; -, -n (*veraltet für* Prostituierte)

Met|ze|lei *(ugs.);* **met|zeln** (*landsch. für* schlachten; *selten für* niedermachen, morden); ich ...[e]le (↑R 22); **Met|zel|sup|pe** (*südd. für* Wurstsuppe)

Met|zen *vgl.* [1]Metze

Metzg, die; -, -en (*schweiz. für* Metzge); **Metz|ge,** die; -, -n (*südd. für* Metzgerei, Schlachtbank); **metz|gen** (*landsch. u. schweiz. für* schlachten); **Metz|ger** (*westmitteld., südd., schweiz. für* Fleischer); **Metz|ge|rei** *(westmitteld., südd., schweiz.);* **Metz|ger|mei|ster; Metz|ger[s]|gang,** der (*landsch. für* erfolglose Bemühung); **Metz|ge|te,** die; -, -n (*schweiz. für* Schlachtfest; Schlachtplatte); **Met|zig,** die; -, -en (*svw.* Metzge); **Metz|ler** (*rhein. für* Fleischer)

Meu|ble|ment [møblə'mã:], das; -s, -s ‹franz.› (*veraltet für* Zimmer-, Wohnungseinrichtung)

Meu|chel‿mord, ...mör|der; meu|cheln (*veraltend für* heimtükkisch ermorden); ich ...[e]le (↑R 22); **Meuch|ler; meuch|le|risch; meuch|lings** (*veraltend für* heimtückisch)

Meu|nier [mø'nie:] (belg. Bildhauer u. Maler)

Meu|te, die; -, -n (*Jägerspr.* Gruppe von Hunden; *übertr. abwertend für* größere Zahl von Menschen); **Meu|te|rei; Meu|te|rer; meu|tern;** ich ...ere (↑R 22)

MeV = Megaelektronenvolt

Me|xi|ka|ner; Me|xi|ka|ne|rin; me|xi|ka|nisch; Me|xi|ko (Staat in Nord- u. Mittelamerika u. dessen Hptst.)

Mey|er, Conrad Ferdinand (schweiz. Schriftsteller)

Mey|er|beer (dt. Komponist)

MEZ = mitteleuropäische Zeit

Mez|za|nin, das; -s, -e ‹ital.› (Halb-, Zwischengeschoß, bes. in der Baukunst der Renaissance u. des Barocks, in Österr. auch noch in älteren Wohnhäusern); **Mez|za|nin|woh|nung**

mez|za vo|ce [- vo:tʃə] ‹ital.› (*Musik* mit halber Stimme; *Abk.* m. v.); **mez|zo|for|te** (*Musik* halbstark; *Abk.* mf); **Mez|zo|gior|no** [...'dʒɔrno], der; - (der Teil Italiens südl. von Rom, einschließlich Siziliens); **mez|zo|pia|no** (*Musik* halbleise; *Abk.* mp); **Mez|zo|so|pran** [*auch* ...'pra:n] (mittlere Frauenstimme zwischen Sopran u. Alt; Sängerin der mittleren Stimmlage); **Mez|zo|tin|to,** das; -[s], *Plur.* -s *od.* ...ti (*nur Sing.:* Schabkunst, bes. Technik des Kupferstichs; *auch für* Erzeugnis dieser Technik)

mf = mezzoforte

µF = Mikrofarad

mg = Milligramm

µg = Mikrogramm

Mg = *chem. Zeichen für* Magnesium

MG = Maschinengewehr; MG-Schütze (↑R 38)

M. Glad|bach = Mönchengladbach

[1]**Mgr.** = Monseigneur

[2]**Mgr.,** Msgr. = Monsignore

mhd. = mittelhochdeutsch

MHz = Megahertz

Mi. = Mittwoch

Mia (w. Vorn.)

Mia., Md., Mrd. = Milliarde[n]

Mi|ami [mai'ɛmi] (Badeort u. Hafenstadt an der Küste Floridas)

Mi|as|ma, das; -s, ...men ‹griech.› (früher angenommene giftige Ausdünstung des Bodens); **mi|as|ma|tisch** (giftig)

mi|au!; mi|au|en; die Katze hat miaut

mich (*Akk. von* „ich")

Mich. = Michigan

Mi|cha (bibl. Prophet)

Mi|cha|el [...ça|e:l, *auch* ...ça|ɛl] (einer der Erzengel; m. Vorn.); **Mi|chae|la;** ↑R 180 (w. Vorn.); **Mi|chae|li[s],** das; -; ↑R 180 (Michaelstag); **Mi|cha|els|tag** (29. Sept.); [1]**Mi|chel** (m. Vorn.); [2]**Mi|chel,** der; -s, - (*Spottname für* den Deutschen); deutscher -

Mi|chel|an|ge|lo Buo|nar|ro|ti [mike'landʒelo -] (ital. Künstler)

Mi|chelle [mi'ʃɛl] (w. Vorn.)

Mi|chels|tag (*landsch. für* Michaelstag)

Mi|chi|gan ['miʃigən] (Staat in den USA; *Abk.* Mich.); **Mi|chi|gan|see,** der

micke|rig [*Trenn.* mik|ke...], **mick|rig** (*ugs. für* schwach, zurückgeblieben); **Micke|rig|keit** [*Trenn.* mik|ke...], Mick|rig|keit, die; -; **mickern** [*Trenn.* mik|kern] (*landsch. für* sich schlecht entwickeln); ich ...ere (↑R 22); die Pflanze mickert

Mic|kie|wicz [mits'kiɛvitʃ] (poln. Dichter)

mick|rig *vgl.* mickerig; **Mick|rig|keit** *vgl.* Mickerigkeit

Micky|maus, die; -, ...mäuse [*Trenn.* Mik|ky...] (eine Trickfilm- u. Comicfigur)

Mi|das (phryg. König); **Mi|das|oh|ren** *Plur.;* ↑R 135 (Eselsohren)

Mid|der, das; -s (*landsch. für* Kalbsmilch)

Mid|gard, der; - (*nord. Mythol.* die Welt der Menschen, die Erde); **Mid|gard|schlan|ge,** die; - (Sinnbild des die Erde umschlingenden Meeres)

mi|di ['mi(:)di] (wadenlang, halblang [von Mänteln, Kleidern, Röcken]); - tragen; **Mi|di...** (*Mode* bis zu den Waden reichend, halblang, z. B. Midikleid)

Mi|dia|ni|ter, der; -s, -; ↑R 180 (Angehöriger eines nordarab. Volkes im A. T.)

Mi|di|nette [...'nɛt], die; -, -n [...'nɛt(ə)n] ‹franz.› (Pariser Modistin; *veraltet für* leichtlebiges Mädchen)

Mid|life-cri|sis ['midlaif'kraisis], die; - ‹engl.-amerik.› (Krise in der Mitte des Lebens)

Mid|ship|man [...ʃipmən], der; -s,

...men (unterster brit. Marineoffiziersrang; nordamerik. Seeoffiziersanwärter)
Mie|der, das; -s, -; **Mie|der_ho|se, ...wa|ren** *(Plur.)*
Mief, der; -[e]s (*ugs. für* schlechte Luft); **mie|fen** *(ugs.)*; es mieft; **mie|fig**
Mie|ke (w. Vorn.)
Mie|ne, die; -, -n (Gesichtsausdruck); **Mie|nen|spiel**
Mie|re, die; -, -n (Name einiger Pflanzen)
mies; -er, -este ‹hebr.-jidd.› (*ugs. für* häßlich, übel, schlecht, unangenehm); -e Laune; jmdn. *od.* etwas - finden
[1]**Mies,** die; -, -en (*Nebenform von* Miez, Mieze)
[2]**Mies,** das; -es, -e (*südd. für* Sumpf, Moor)
Mies|chen *vgl.* Miezchen
Mie|se *Plur.;* ↑R 7 (*ugs. für* Minuspunkte, Minusbetrag); in den -n sein
Mie|se|kat|ze *vgl.* Miezekatze
Mie|se|pe|ter, der; -s, - (*ugs. für* stets unzufriedener Mensch); **mie|se_pe|te|rig** *od.* **...pet|rig** *(ugs.)*; **Mie|sig|keit,** die; - *(ugs.)*; **mies|ma|chen;** ↑R 205 (*ugs. für* schlechtmachen, herumnörgeln); du machst mies; miesgemacht; mieszumachen; er hat das Buch miesgemacht; **Mies|ma|cher** (*ugs. abwertend für* Schwarzseher); **Mies|ma|che|rei** *(ugs. abwertend)*
Mies|mu|schel (Pfahlmuschel)
Mies van der Ro|he (dt.-amerik. Architekt)
Miet_aus|fall, ...au|to, ...be|trag; [1]**Mie|te,** die; -, -n (Preis, der für das Benutzen von Wohnungen u. a. zu zahlen ist)
[2]**Mie|te,** die; -, -n ‹lat.› (gegen Frost gesicherte Grube u. a. zur Aufbewahrung von Feldfrüchten)
[1]**mie|ten;** eine Wohnung -
[2]**mie|ten** ‹lat.› (*landsch. für* einmieten, Feldfrüchte in Mieten setzen)
Mie|ten|re|ge|lung, Miet|re|gelung; **Mie|ter; Miet|er|hö|hung; Mie|te|rin; Mie|ter|schutz; Mie|ter|schutz|ge|setz; Miet_er|trag, ...fi|nan|zie|rung** (besondere Form des Leasings); **miet|frei; Miet_ge|setz, ...kauf; Miet|ling** (*veraltet für* gedungener Knecht); **Miet_par|tei, ...preis; Miet|preis|po|li|tik; Miet|recht; Miet|re|ge|lung,** Mie|ten|re|gelung; **Miets_haus, ...ka|ser|ne** (*abwertend für* großes Mietshaus); **Miet|spie|gel** (Tabelle ortsüblicher Mieten); **Miet[s]_stei|ge|rung, ...strei|tig|kei|ten** *(Plur.)*; **Mie|tung; Miet_ver|lust, ...ver|trag, ...wa|gen, ...woh|nung, ...wu|cher, ...zah|lung, ...zins** (*Plur.* ...zinse; *südd., österr., schweiz. für* Miete)
Miez *vgl.* Mieze; **Miez|chen** (Kätzchen); **Mie|ze,** die; -, -n (*fam. für* Katze; *ugs. für* Freundin, Mädchen); **Mie|ze|kat|ze; Mie|ze|kätz|chen** *(Kindersprache)*
MiG, die; -, -[s] ‹nach den Konstrukteuren Mikojan und Gurewitsch› (*Bez. für* Flugzeugtypen der ehem. Sowjetunion)
Mi|gnon ['minjõ, *auch* min'jõ:] (w. Vorn.; Gestalt aus Goethes „Wilhelm Meister"); **Mi|gnonette** [minjɔ'nɛt], die; -, -s (schmale Zwirnspitze); **Mi|gnon|fas|sung** (für kleine Glühlampen)
Mi|grä|ne, die; -, -n ‹griech.› ([halb-, einseitiger] heftiger Kopfschmerz)
Mi|gra|ti|on, die; -, -en ‹lat.› (*Biol., Soziol.* Wanderung)
Mi|gros ['migro], die; - ‹franz.› (eine schweiz. Verkaufsgenossenschaft)
Mi|guel [mi'gɛl] (m. Vorn.)
Mijn|heer [mə'ne:r], der; -s, -s ‹niederl., „mein Herr"› (*ohne Artikel:* niederl. Anrede; *auch scherzh. Bez. für* den Holländer)
[1]**Mi|ka|do,** der; -s, -s ‹jap.› (*frühere Bez. für* den jap. Kaiser); *vgl.* Tenno; [2]**Mi|ka|do,** das; -s, -s (ein Geschicklichkeitsspiel mit Holzstäbchen); [3]**Mi|ka|do,** der; -s, -s (Hauptstäbchen im [2]Mikado)
Mike [maik] (m. Vorn.)
Mi|ko, der; -, -s (*ugs. Kurzw. für* Minderwertigkeitskomplex)
mi|kro... ‹griech.› (klein...); **Mikro...** (Klein...; ein Millionstel einer Einheit, z. B. Mikrometer = 10^{-6} Meter; *Zeichen* µ); **Mi|kro|be,** die; -, -n (*svw.* Mikroorganismus); **mi|kro|bi|ell** (*Biol.* die Mikroben betreffend, durch Mikroben); **Mi|kro_bio|lo|gie**[1] (Wissenschaft von den Mikroorganismen), **...che|mie**[1] (Zweig der Chemie, der die Analyse kleinster Mengen von Substanzen zum Gegenstand hat); **Mi|kro_chip, ...com|pu|ter; Mi|kro|elek|tro|nik**[1]; **mi|kro|elek|tronisch**[1]; **Mi|kro_fa|rad**[1] (ein millionstel Farad; *Zeichen* µF), **...fau|na**[1] (*Biol.* Kleintierwelt); **Mi|kro|fiche** (*svw.* [2]Fiche); **Mi|kro|film; Mi|kro|fon** usw. *vgl.* Mikrophon usw.; **Mi|kro|gramm**[1] (ein millionstel Gramm; *Zeichen* µg); **mi|kro|ke|phal** usw. *vgl.* mikrozephal usw.; **Mi|kro|kli|ma** (*Meteor.* Kleinklima, Klima der bodennahen Luftschicht); **Mi|kro_kok|kus**[1] (der; -, ...kokken; *Biol.* Kugelbakterie), **...ko|pie**[1] (fotogr. Kleinaufnahme, meist von Buchseiten); **mi|kro|kos|misch**[1]; **Mi|kro|kos|mos**[1], **Mi|kro|kos|mus**[1], der; - (Welt des Menschen als verkleinertes Abbild des Universums; *Ggs.* Makrokosmos; *Biol.* Welt der Kleinlebewesen); [1]**Mi|kro|me|ter,** das; -s, - (ein Feinmeßgerät); [2]**Mi|kro|me|ter**[1], das; -s, - (ein millionstel Meter; *Zeichen* µm); **Mi|kro|me|ter|schrau|be** (ein Feinmeßgerät); **Mi|kron,** das; -s, - (*veraltet für* [2]Mikrometer; *Kurzform* My; *Zeichen* µ)
Mi|kro|ne|si|en [...iən] ‹„Kleininselland"› (Inselgruppe im Pazifischen Ozean); **Mi|kro|ne|si|er** [...iər]; **mi|kro|ne|sisch**
Mi|kro|or|ga|nis|mus[1] *meist Plur.* ‹griech.› (*Biol.* kleinstes, meist einzelliges Lebewesen); **Mi|kro|phon**[1], *eindeutschend* Mi|krofon, das; -s, -e; ↑R 53 (Gerät, durch das Töne, Geräusche u. ä. auf Tonband, über Lautsprecher u. ä. übertragen werden können); **mi|kro|pho|nisch,** *eindeutschend* mi|kro|fo|nisch (↑R 53); **Mi|kro|phy|sik**[1] (Physik der Moleküle u. Atome); **Mi|kro|phyt,** der; -en, -en (*Biol.* pflanzl. Mikroorganismus); **Mi|kro|pro|zes|sor**[1], der; -s, ...oren *(EDV)*; **Mi|kro|ra|dio|me|ter**[1], das; -s, - (Meßgerät für kleinste Strahlungsmengen); **mi|kro|seis|misch**[1] (nur mit Instrumenten wahrnehmbar [von Erdbeben]); **Mi|kro|skop,** das; -s, -e (optisches Vergrößerungsgerät); **mi|kro|sko|pie|ren** (mit dem Mikroskop arbeiten, untersuchen); **mi|kro|sko|pisch** (nur durch das Mikroskop erkennbar; verschwindend klein; mit Hilfe des Mikroskops durchgeführt); **Mi|kro|spo|re**[1] (kleine männl. Spore einiger Farnpflanzen); **Mi|kro|tom,** der *od.* das; -s,-e (Gerät zur Herstellung feinster Schnitte für mikroskop. Untersuchungen); **Mi|kro|wel|le** (elektromagnet. Welle mit einer Wellenlänge zwischen 10 cm und 1 m); **Mi|kro|wel|len_ge|rät, ...herd; Mi|kro|zen|sus** ‹griech.; lat.› (vierteljährlich durchgeführte statistische Repräsentativerhebung der Bevölkerung u. des Erwerbslebens); **mi|kro|ze|phal** (*Med.* kleinköpfig); **Mi|kro|ze|pha|le,** der *u.* die; -n, -n (↑R 7 ff.); **Mi|kro|ze|pha|lie,** die; - (*Med.* Kleinköpfigkeit)
[1]**Mi|lan** [*auch* mi'la:n], der; -s, -e ‹franz.› (ein Greifvogel)

[1][*auch* 'mi:kro...]

[1][*auch* 'mi:kro...]

[2]**Mi|lan** (m. Vorn.)
Mi|la|no (*ital. Form von* Mailand)
Mil|be, die; -, -n (ein Spinnentier); **mil|big**
Milch, die; -, *Plur. (fachspr.)* -e[n]; **Milch-bar** (die), **...bart** (*svw.* Milchgesicht), **...brei, ...bröt|chen, ...drü|se, ...eis, ...ei|weiß;** [1]**mil|chen** (aus Milch); [2]**mil|chen** (*landsch. für* Milch geben); [1]**Mil|cher** *vgl.* Milchner; [2]**Mil|cher** (*landsch. für* Melker); **Mil|che|rin** *(landsch.);* **Milch-er|trag, ...fla|sche, ...frau** *(ugs.),* **...ge|biß, ...ge|sicht** (unreifer, junger Bursche), **...glas** (*Plur.* ...gläser); **mil|chig; Milch-kaf|fee, ...känn|chen, ...kan|ne, ...kuh, ...kur; Milch|ling** (ein Pilz); **Milch|mäd|chen; Milch|mäd|chen|rech|nung** (*ugs. für* auf Trugschlüssen beruhende Rechnung); **Milch|mann** *Plur.* ...männer; **Milch|mix|ge|tränk; Milch|napf; Milch|ner,** Mil|cher (männl. Fisch); **Milch-pro|dukt, ...pul|ver, ...pum|pe, ...reis, ...saft** *(Bot.),* **...säu|re; Milch|säu|re|bak|te|ri|en** *Plur.;* **Milch-scho|ko|la|de, ...stra|ße** (die; -; *Astron.*), **...tü|te; milch|weiß; Milch-wirt|schaft, ...zahn, ...zucker** [*Trenn.* ...zuk|ker]
mild, mil|de; Mil|de, die; -; **mil|dern;** ich ...ere (↑R 22); mildernde Umstände *(Rechtsspr.);* **Mil|de|rung; Mil|de|rungs|grund; mild|her|zig; Mild|her|zig|keit,** die; -; **mild|tä|tig; Mild|tä|tig|keit,** die; -
Mi|le|na [*auch* 'mi:...] (w. Vorn.)
Mi|le|si|er [...i̯ər] (Bewohner von Milet); **Mi|let** (altgriech. Stadt)
Mil|haud [mi'jo], Darius [da'ri̯ys] (franz. Komponist)
Mi|li|ar|tu|ber|ku|lo|se ⟨lat.⟩ (*Med.* meist rasch tödlich verlaufende Allgemeininfektion des Körpers mit Tuberkelbazillen)
Mi|lieu [mi'li̯ø:], das; -s, -s ⟨franz.⟩ (Umwelt; *bes. schweiz. auch für* Dirnenwelt); **Mi|lieu|for|schung; mi|lieu|ge|schä|digt; Mi|lieu|ge|schä|dig|te,** der *u.* die; -n, -n (↑R 7 ff.); **Mi|lieu-scha|den** *(Psych.),* **...theo|rie, ...wech|sel**
mi|li|tant; -este ⟨lat.⟩ (kämpferisch); **Mi|li|tanz,** die; -; [1]**Mi|li|tär,** der; -s, -s ⟨franz.⟩ (höherer Offizier); [2]**Mi|li|tär,** das; -s (Soldatenstand; Streitkräfte); **Mi|li|tär-ad|mi|ni|stra|ti|on, ...aka|de|mie, ...arzt, ...at|ta|ché, ...block** (*Plur.* ...blöcke, *selten* ...blocks), **...bud|get, ...bünd|nis, ...dienst, ...dik|ta|tur, ...etat, ...flug|ha|fen** (*vgl.* [2]Hafen), **...ge|richts|bar|keit; Mi|li|ta|ria** *Plur.* ⟨lat.⟩ (Bücher über das Militärwesen; milit. Sammlerstücke; *veraltet für* Heeresangelegenheiten); **mi|li|tä|risch** ⟨franz.⟩; **mi|li|ta|ri|sie|ren** (milit. Anlagen errichten, Truppen aufstellen); **Mi|li|ta|ri|sie|rung; Mi|li|ta|ris|mus,** der; - ⟨lat.⟩ (Vorherrschen milit. Gesinnung); **Mi|li|ta|rist,** der; -en, -en (↑R 197); **mi|li|ta|ri|stisch; Mi|li|tär-jun|ta** (von Offizieren [nach einem Putsch] gebildete Regierung), **...marsch, ...mis|si|on, ...mu|sik, ...pflicht** (die; -); **mi|li|tär|pflich|tig; Mi|li|tär|pflich|ti|ge,** der; -n, -n (↑R 7 ff.); **Mi|li|tär-po|li|zei, ...re|gie|rung, ...schu|le, ...seel|sor|ge; Mi|li|ta|ry** ['militəri], die; -, -s ⟨engl.⟩ (Vielseitigkeitsprüfung [im sportl. Reiten]); **Mi|li|tär|zeit,** die; -; **Mi|liz,** die; -, -en ⟨lat.⟩ (kurz ausgebildete Truppen, Bürgerwehr; *in einigen sozialistischen Staaten auch für* Polizei); **Mi|liz|heer; Mi|li|zio|när,** der; -s, -e; ↑R 180 (Angehöriger der Miliz); **Mi|liz|sol|dat**
Mil|ke, die; -, *auch* **Mil|ken,** der; -s (*schweiz. für* Kalbsmilch)
Mill., Mio. = Million[en]
Mil|le, das; -, - ⟨lat.⟩ (Tausend; *Zeichen* M; *ugs. für* tausend Mark); 5 -; *vgl.* per, pro mille
Mil|le|fio|ri|glas *Plur.* ...gläser ⟨ital.; dt.⟩ (vielfarbiges Mosaikglas)
[1]**Mille|fleurs** [mil'flœ:r], das; - ⟨franz.⟩ (Streublumenmuster); [2]**Mille|fleurs,** der; - (Stoff mit Streublumenmuster)
Mil|le Mi|glia [- 'milja] *Plur.* ⟨ital.⟩ (Langstreckenrennen für Sportwagen in Italien)
Mill|en|ni|um, das; -s, ...ien [...i̯ən] ⟨lat.⟩ *(selten für* Jahrtausend); **Mill|en|ni|um[s]|fei|er** (Tausendjahrfeier)
Mil|li (w. Vorn.)
Mil|li... ⟨lat.⟩ (ein Tausendstel einer Einheit, z. B. Millimeter = 10^{-3} Meter; *Zeichen* m); **Mil|li|am|pere** [...am'pɛ:r, *auch* 'mili...] (Maßeinheit kleiner elektr. Stromstärken; *Zeichen* mA); **Mil|li|am|pere|me|ter** [...pɛ:r'me:tər, *auch* 'mili...], das; -s, - (Gerät zur Messung geringer Stromstärken)
Mil|li|ar|där, der; -s, -e ⟨franz.⟩ (Besitzer eines Vermögens von mindestens einer Milliarde); **Mil|li|ar|dä|rin; Mil|li|ar|de,** die; -, -n (1 000 Millionen; *Abk.* Md., Mrd. *u.* Mia.); **Mil|li|ar|den-an|lei|he, ...be|trag, ...hö|he** (in -); **mil|li|ard|ste;** *vgl.* achte; **mil|li|ard|stel;** *vgl.* achtel; **Mil|li|ard|stel;** *vgl.* Achtel
Mil|li|bar, das (1/1000 Bar; alte Maßeinheit für den Luftdruck; *Abk.* mbar, *in der Meteor. nur* mb); **Mil|li|gramm** [*auch* 'mili...] (1/1000 g; *Zeichen* mg); 10 -; **Mil|li|li|ter** [*auch* 'mili...] (1/1000 l; *Zeichen* ml); **Mil|li|me|ter** (1/1000 m; *Zeichen* mm); **Mil|li|me|ter-ar|beit** (die; -; *ugs.*), **...pa|pier; Mil|li|mol** [*auch* 'mili...] (1/1000 mol; *Zeichen* mmol)
Mil|li|on, die; -, -en ⟨ital.⟩ (1 000 mal 1 000; *Abk.* Mill. *u.* Mio.); eine -; ein[und]dreiviertel -en, eine und drei viertel -en; zwei -en fünfhunderttausend; mit 0,8 -en; **Mil|lio|när,** der; -s, -e ⟨franz.⟩ (Besitzer eines Vermögens von mindestens einer Million; sehr reicher Mann); **Mil|lio|nä|rin; Mil|li|ön|chen; Mil|lio|nen-auf|la|ge, ...auf|trag, ...be|trag; mil|lio|nen|fach; Mil|lio|nen-ge|schäft, ...ge|winn, ...heer, ...hö|he** (in -); **mil|lio|nen|mal** (*vgl.* [1]Mal, I *u.* II); **Mil|lio|nen|scha|den; mil|lio|nen|schwer; Mil|lio|nen|stadt; mil|li|on|ste;** *vgl.* achte; **mil|li|on|[s]tel;** *vgl.* achtel; **Mil|li|on|[s]tel,** das, *schweiz. meist* der; -s, -; *vgl.* Achtel
Mil|löcker [*Trenn.* ...lök|ker] (österr. Komponist)
Mill|statt (österr. Ort); **Mill|stät|ter** (↑R 147); - See
Mil|ly (w. Vorn.)
Mil|reis, das; -, - ⟨port.⟩ (1 000 Reis; ehem. Währungseinheit in Portugal u. Brasilien)
Mil|tia|des (athen. Feldherr)
Mil|ton ['milt(ə)n] (engl. Dichter)
Milz, die; -, -en (Organ); **Milz-brand** (der; -[e]s; eine gefährliche Infektionskrankheit), **...quet|schung, ...riß**
[1]**Mi|me** (*eingedeutschte Form von* Mimir)
[2]**Mi|me,** der; -n, -n (↑R 197) ⟨griech.⟩ (*veraltend für* Schauspieler); **mi|men** (*veraltend für* als Mime wirken; *ugs. für* so tun, als ob); **Mi|men** (*Plur. von* [2]Mime *u.* Mimus); **Mi|me|se,** die; -, -n (*Zool.* Nachahmung des Aussehens von Gegenständen od. Lebewesen bei Tieren [zum Schutz]); **Mi|me|sis,** die; -, ...esen (Nachahmung); **mi|me|tisch** (die Mimese betreffend; nachahmend); **Mi|mik,** die; - (Gebärden- u. Mienenspiel [des Schauspielers]); **Mi|mi|ker;** *vgl.* Mimus; **Mi|mi|kry** [...kri], die; - ⟨engl.⟩ (*Zool.* Nachahmung wehrhafter Tiere durch nichtwehrhafte in Körpergestalt u. Färbung; *übertr. für* Anpassung)
Mi|mir (Gestalt der nord. Mythol.; Gestalt der germ. Heldensage)
mi|misch; -ste ⟨griech.⟩ (schauspielerisch; mit Gebärden)
Mi|mo|se, die; -, -n ⟨griech.⟩ (Pflanzengattung; Blüte der Silberakazie; *übertr. für* überempfindlicher Mensch); **mi|mo|sen-**

haft (zart, fein; [über]empfindlich)
Mi|mus, der; -, ...men ‹griech.› (Possenreißer der Antike; *auch* die Posse selbst)
min, Min. = Minute
Mi|na, Mi|ne (w. Vorn.)
Mi|na|rett, das; -s, *Plur.* -e *u.* -s ‹arab.-franz.› (Moscheeturm)
Min|chen (w. Vorn.)
Min|da|nao (eine Philippineninsel)
Min|den (Stadt a. d. Weser); **Min|de|ner** (↑R 147)
min|der; - gut, - wichtig; **min|der‿be|deu|tend, ...be|gabt; Min|der|be|gab|te,** der *u.* die; -n, -n (↑R 7 ff.); **min|der|be|mit|telt; Min|der|be|mit|tel|te,** der *u.* die; -n, -n (↑R 7 ff.); **Min|der‿bru|der** (Angehöriger des I. Ordens des hl. Franz von Assisi), **...ein|nah|me; Min|der|heit; Min|der|hei|ten‿fra|ge, ...schutz; Min|der|heits|re|gie|rung; min|der|jäh|rig; Min|der|jäh|ri|ge,** der *u.* die; -n, -n (↑R 7 ff.); **Min|der|jäh|rig|keit,** die; -; **Min|der|lei|stung; min|dern;** ich ...ere (↑R 22); **Min|de|rung; Min|der|wert; min|der|wer|tig;** -es Fleisch; **Min|der|wer|tig|keit; Min|der|wer|tig|keits‿ge|fühl, ...kom|plex** (*ugs. Kurzw.* Miko); **Min|der|zahl,** die; -; **Min|dest‿ab|stand, ...al|ter, ...an|for|de|rung, ...bei|trag, ...be|steue|rung, ...be|trag; Min|dest|bie|ten|de,** der *u.* die; -n, -n (↑R 7 ff.); **min|de|ste;** mindestens. *Kleinschreibung* (↑R 65): nicht das mindeste (gar nichts), als mindestes, zum mindesten (wenigstens), nicht im mindesten (gar nicht); (↑R 66:) das -, was er tun sollte, ist ...; **min|de|stens; Min|dest|for|dern|de,** der *u.* die; -n, -n (↑R 7 ff.); **Min|dest‿for|de|rung, ...ge|bot, ...ge|schwin|dig|keit, ...grö|ße, ...lohn, ...maß** (das), **...preis** (*vgl.* ²Preis), **...re|ser|ve** *(meist Plur.; Bankw.),* **...satz, ...stra|fe, ...zahl, ...zeit**
min|disch (aus Minden)
¹Mi|ne, die; -, -n ‹franz.› (unterird. Gang [mit Sprengladung]; Bergwerk; Sprengkörper; Kugelschreiber-, Bleistifteinlage)
²Mi|ne, die; -, -n ‹griech.› (altgriech. Münze, Gewicht)
³Mi|ne *vgl.* Mina
Mi|nen‿ar|bei|ter, ...feld, ...le|ger, ...räum|boot, ...stol|len, ...such|boot, ...such|ge|rät, ...wer|fer
Mi|ne|ral, das; -s, *Plur.* -e *u.* -ien [...i̯ən] ‹franz.› (anorganischer, chem. einheitlicher u. natürlich gebildeter Bestandteil der Erdkruste); **Mi|ne|ral‿bad, ...dün|ger; Mi|ne|ra|li|en|samm|lung** [...i̯ən...]; **mi|ne|ra|lisch; Mi|ne|ra|lo|ge,** der; -n, -n (↑R 197) ‹franz.; griech.›; **Mi|ne|ra|lo|gie,** die; - (Wissenschaft von den Mineralen); **Mi|ne|ra|lo|gin; mi|ne|ra|lo|gisch; Mi|ne|ral|öl; Mi|ne|ral|öl‿ge|sell|schaft, ...in|du|strie, ...steu|er** (die); **Mi|ne|ral‿quel|le, ...stoff, ...was|ser** (*Plur.* ...wässer)
Mi|ner|va [...va] (röm. Göttin des Handwerks, der Weisheit u. der Künste)
Mi|ne|stra, die; -, ...stren ‹ital.› (*svw.* Minestrone; *österr. auch für* Kohlsuppe); **Mi|ne|stro|ne,** die; -, -n (ital. Gemüsesuppe)
Mi|net|te, die; -, -n ‹franz.› (Eisenerz); **Mi|neur** [mi'nø:r], der; -s, -e (*früher für* im Minenbau ausgebildeter Pionier)
mi|ni (äußerst kurz [von Röcken, Kleidern]); - tragen, - gehen; *Ggs.* maxi; **¹Mi|ni,** das; -s, -s (*ugs. für* Minikleid; *meist ohne Artikel, nur Sing.:* sehr kurze Kleidung); **²Mi|ni,** der; -s, -s (*ugs. für* Minirock); **Mi|ni...** (sehr klein; *Mode* äußerst kurz, z. B. Minirock); **Mi|nia|tur,** die; -, -en (kleines Bild; [kleine] Illustration); **Mi|nia|tur‿aus|ga|be** (kleine[re] Ausgabe), **...bild; mi|nia|tu|ri|sie|ren** (*Elektrotechnik* verkleinern); **Mi|nia|tu|ri|sie|rung; Mi|nia|tur|ma|le|rei**
Mi|ni|bi|ki|ni, der; -s, -s (sehr knapper Bikini); **Mi|ni|car,** der; -s, -s ‹engl.› (Kleintaxi); **Mi|ni|com|pu|ter**
mi|nie|ren ‹franz.› (unterirdische Gänge, Stollen anlegen); *vgl.* ¹Mine
Mi|ni|golf (Miniaturgolfanlage; Kleingolfspiel)
Mi|ni|ki|ni, der; -s, -s (Damenbadebekleidung ohne Oberteil); **Mi|ni|kleid**
mi|nim ‹lat.› (*schweiz., sonst veraltet für* geringfügig, minimal); **Mi|ni|ma** [*auch* 'mini...] (*Plur. von* Minimum); **mi|ni|mal** (sehr klein, niedrigst, winzig); **Mi|ni|mal art** ['miniməl a:(r)t], die; - - (Kunstrichtung, die mit einfachsten Grundformen arbeitet); **Mi|ni|mal‿be|trag** (Mindestbetrag), **...for|de|rung, ...kon|sens; Mi|ni|mal mu|sic** ['miniməl 'mju:zik], die; - - (Musikrichtung, die mit einfachsten Grundformen arbeitet); **Mi|ni|mal‿pro|gramm, ...wert; mi|ni|mie|ren** (minimal machen); **Mi|ni|mie|rung; Mi|ni|mum** [*auch* 'mini...], das; -s, ...ma ‹„das Geringste, Kleinste“› (Mindestpreis, -maß, -wert); **Mi|ni|mum|ther|mo|me|ter; Mi|ni‿rock, ...slip, ...spi|on** (Kleinstabhörgerät)
Mi|ni|ster, der; -s, - ‹lat.› (einen bestimmten Geschäftsbereich leitendes Regierungsmitglied); **Mi|ni|ster‿amt, ...ebe|ne** (auf -); **Mi|ni|ste|ri|al‿be|am|te, ...di|rek|tor, ...di|ri|gent; Mi|ni|ste|ria|le,** der; -n, -n; ↑R 197 (Angehöriger des mittelalterl. Dienstadels); **Mi|ni|ste|ri|al|rat** *Plur.* ...räte; **mi|ni|ste|ri|ell** ‹franz.› (von einem Minister od. Ministerium ausgehend usw.); **Mi|ni|ste|rin; Mi|ni|ste|ri|um,** das; -s, ...ien [...i̯ən] ‹lat.› (höchste [Verwaltungs]behörde des Staates mit bestimmtem Aufgabenbereich); **Mi|ni|ster‿prä|si|dent, ...prä|si|den|tin, ...rat** (*Plur.* ...räte); **mi|ni|stra|bel** (fähig, Minister zu werden); **Mi|ni|strant,** der; -en, -en; ↑R 197 (kath. Meßdiener); **Mi|ni|stran|tin; mi|ni|strie|ren** (als Meßdiener tätig sein)
Mi|ni|um, das; -s ‹lat.› (Mennige)
Mink, der; -s, -e ‹engl.› (amerik. Nerz)
Min|ka (w. Vorn.)
Mink|fell
Minn. = Minnesota
Min|na (w. Vorn.); *vgl.* grün, I, b
Min|ne, die; - (*mhd. Bez. für* Liebe; *heute noch scherzh.*); **Min|ne‿dienst, ...lied; min|nen** *(noch scherzh.);* **Min|ne|sang,** der; -[e]s; **Min|ne|sän|ger, Min|ne|sin|ger**
Min|ne|so|ta (Staat in den USA; *Abk.* Minn.)
min|nig|lich (*veraltet für* wonnig, liebevoll)
mi|no|isch ‹nach dem sagenhaften altgriech. König Minos auf Kreta›; -e Kultur
Mi|no|rat, das; -[e]s, -e ‹lat.› (Vorrecht des Jüngsten auf das Erbgut; nach dem Jüngstenrecht zu vererbendes Gut; *Ggs.* Majorat); **mi|no|renn** (*veraltet für* minderjährig); **Mi|no|ren|ni|tät,** die; - *(veraltet);* **Mi|no|rist,** der; -en, -en; ↑R 197 (kath. Kleriker, der eine niedere Weihe erhalten hat); **Mi|no|rit,** der; -en, -en; ↑R 197 (Minderbruder); **Mi|no|ri|tät,** die; -, -en (Minderzahl, Minderheit)
Mi|no|taur, der; -s *u.* **Mi|no|tau|rus,** der; - ‹griech.› (Ungeheuer der griech. Sage, halb Mensch, halb Stier)
Minsk (Hptst. von Weißrußland)
Min|strel, der; -s, -s ‹engl.› (Spielmann, Minnesänger in England)
Mi|nu|end, der; -en, -en (↑R 197) ‹lat.› (Zahl, von der etwas abgezogen werden soll); **mi|nus** (weniger; *Zeichen* – [negativ]; *Ggs.* plus); fünf minus drei ist, macht, gibt (*nicht:* sind, machen, geben) zwei; minus 15 Grad *od.* 15 Grad minus; **Mi|nus,** das; -, -

(Minder-, Fehlbetrag, Verlust); **Mi|nus|be|trag; Mi|nus|kel,** die; -, -n (Kleinbuchstabe); **Mi|nus-_pol, ...punkt, ...re|kord, ...zei-chen** (Subtraktionszeichen); **Mi-nu|te,** die; -, -n (1/60 Stunde; *Zeichen* min, *Abk.* Min.; *Geom.* 1/60 Grad; *Zeichen* '); **mi|nu|ten-lang;** -er Beifall; aber: mehrere Minuten lang; **Mi|nu|ten|zei|ger; ...mi|nü|tig,** *auch* **...mi|nu|tig** (z. B. fünfminütig, *mit Ziffer* 5minütig [fünf Minuten dauernd]); **mi|nu|ti|ös** *vgl.* minuziös; **mi|nüt|lich** (jede Minute); **...mi-nüt|lich,** *auch* **...mi|nut|lich** (z. B. fünfminütlich, *mit Ziffer* 5minütlich [alle fünf Minuten wiederkehrend]); **Mi|nu|zi|en** [...i̯ən] *Plur.* ‹lat.› (*veraltet für* Kleinigkeiten); **Mi|nu|zi|en|stift** [...i̯ən...], der (Aufstecknadel für Insektensammlungen); **mi|nu|zi|ös;** -este ‹franz.› (peinlich genau)

Min|ze, die; -, -n (Name verschiedener Pflanzenarten)

Mio., Mill. = Million[en]

mio|zän ‹griech.› (*Geol.* zum Miozän gehörend); **Mio|zän,** das; -s (*Geol.* zweitjüngste Abteilung des Tertiärs)

mir (*Dat. des Pronomens* „ich"); - nichts, dir nichts; (↑R 7:) mir alten, *selten* alter Frau; mir jungem, *auch* jungen Menschen; mir Geliebten (weibl.; *selten* Geliebter); mir Geliebtem (männl.; *auch* Geliebten)

Mir, der; -s ‹russ.› (Dorfgemeinschaft mit Gemeinschaftsbesitz im zarist. Rußland)

Mi|ra, die; - ‹lat.› (ein Stern)

Mi|ra|beau [...'bo:] (franz. Publizist u. Politiker)

Mi|ra|bel|le, die; -, -n ‹franz.› (eine kleine, gelbe Pflaume); **Mi|ra-bel|len_kom|pott, ...schnaps**

Mi|rage [mi'ra:ʒ], die; -, -s ‹franz.› (ein franz. Jagdbomber)

Mi|ra|kel, das; -s, - ‹lat.› (*veraltend für* Wunder[werk]); **Mi|ra|kel-spiel** (mittelalterl. Drama); **mi-ra|ku|lös;** -este (*veraltet für* wunderbar)

Mi|ra|ma|re ‹ital.› (Schloß unweit von Triest)

Mi|ró [mi'ro], Joan ['xoan] (span. Maler)

Mir|za, der; -s, -s ‹pers., „Fürstensohn"› (*vor dem Namen* Herr; *hinter dem Namen* Prinz)

Mis|an|drie, die; - ‹griech.› (*Med.* Männerhaß, -scheu); **Mis|an-throp,** der; -en, -en; ↑R 197 (Menschenhasser, -feind); **Mis-an|thro|pie,** die; -, ...ien; **mis|an-thro|pisch;** -ste

Misch_bat|te|rie, ...be|cher, ...blut, ...brot, ...ehe (Ehe zwischen Angehörigen verschiedener Religionen, verschiedener christl. Bekenntnisse, verschiedener Rassen); **mi|schen;** du mischst; sich -; **Mi|scher; Mi-sche|rei; Misch|far|be; misch-far|ben, misch|far|big; Misch-_form, ...fut|ter** (*vgl.* [1]Futter), **...gas** (Leuchtgas), **...ge|mü|se, ...ge|tränk, ...ge|we|be, ...kal|ku-la|ti|on, ...krug, ...kul|tur; Misch-ling** (Bastard); **Misch|masch,** der; -[e]s, -e (*ugs. für* Durcheinander verschiedener Dinge)

Misch|na, die; - ‹hebr.› (grundlegender Teil des Talmuds)

Misch|po|che [...x...], **Misch|po-ke,** die; - ‹hebr.-jidd.› (*ugs. für* Verwandtschaft; üble Gesellschaft)

Misch_pult *(Rundfunk, Film),* **...ras|se, ...spra|che, ...trom|mel** (zum Mischen des Baustoffs); **Mi|schung; Mi|schungs|ver-hält|nis; Misch|wald**

Mi|se ['mi:zə], die; -, -n ‹franz.› (Einmalprämie bei der Lebensversicherung; Spieleinsatz)

Mi|sel, das; -s, -s ‹elsäss., „Mäuschen"› ([bei Goethe:] junges Mädchen, Liebchen)

mi|se|ra|bel ‹franz.› (*ugs. für* erbärmlich [schlecht]; nichtswürdig); ...a|bler Kerl; **Mi|se|re,** die; -, -n (Jammer, Not[lage], Elend, Armseligkeit); **Mi|se|re|or,** das; -[s] ‹lat., „ich erbarme mich"› (kath. Fastenopferspende für die Entwicklungsländer); **Mi|se|re-re,** das; -[s] ‹„erbarme dich!"› (Anfang u. Bez. des 51. Psalms [Bußpsalm] in der Vulgata; *Med.* Kotbrechen); **Mi|se|ri|cor|di|as Do|mi|ni** [...'kɔrdi̯as -] ‹„die Barmherzigkeit des Herrn" [Psalm 89,2]› (zweiter Sonntag nach Ostern); **Mi|se|ri|kor|die** [...i̯ə], die; -, -n (Vorsprung an den Klappsitzen des Chorgestühls als Stütze während des Stehens)

Mi|so|gam, der; *Gen.* -s *u.* -en, *Plur.* -e[n]; ↑R 197 ‹griech.› (*Psych.* jmd., der eine krankhafte Abscheu vor der Ehe hat); **Mi-so|ga|mie,** die; - (*Med., Psych.* Ehescheu); **mi|so|gyn** (*Psych.* frauenfeindlich); **Mi|so|gyn,** der; *Gen.* -s *u.* -en, *Plur.* -e[n]; ↑R 197 (*Psych.* Frauenfeind); **Mi|so|gy-nie,** die; - (*Med., Psych.* Frauenhaß, -scheu)

Mi|sox, das; - (Tal im Südwesten von Graubünden; *ital.* Val Mesolcina)

Mis|pel, die; -, -n ‹griech.› (Obstgehölz, Frucht)

Mis|ra|chi [...xi], die; - ‹hebr.› (eine Weltorganisation orthodoxer Zionisten)

Miß, *in engl. Schreibung* **Miss,** die; -, Misses ['misis] ‹engl.› ([engl. od. nordamerik.] Fräulein; *ohne Artikel als Anrede vor dem Eigenn.* Fräulein; *in Verbindung mit einem Länder- od. Ortsnamen für* Schönheitskönigin, z. B. Miß Australien)

miß... (*Vorsilbe von Verben; zum Verhältnis von Betonung und Partizip II vgl.* mißachten)

Miss. = [2]Mississippi

Mis|sa, die; -, Missae ['misɛ] ‹lat.› (*kirchenlat. Bez. der* Messe); - solem|nis (feierliches Hochamt; *auch* Titel eines Werkes von Beethoven)

miß|ach|ten; ich mißachte; ich habe mißachtet; zu mißachten; *seltener* mißachten, gemißachtet, zu mißachten; **Miß|ach|tung,** die; -

[1]**Mis|sal,** das; -s, -e *u.* **Mis|sa|le,** das; -s, *Plur.* -n *u.* ...alien [...i̯ən] ‹lat.› (kath. Meßbuch); [2]**Mis|sal,** die; - (*Druckw.* ein Schriftgrad);

Mis|sa|le *vgl.* [1]Missal

miß|be|ha|gen; es mißbehagt mir; es hat mir mißbehagt; mißzubehagen; **Miß|be|ha|gen; miß|be-hag|lich**

miß|be|schaf|fen; Miß|be|schaf-fen|heit, die; -

Miß|bil|dung

miß|bil|li|gen; ich mißbillige; ich habe mißbilligt; zu mißbilligen; **Miß|bil|li|gung; Miß|bil|li|gungs-an|trag** *(Politik)*

Miß|brauch; miß|brau|chen; ich mißbrauche; ich habe mißbraucht; zu mißbrauchen; **miß-bräuch|lich; miß|bräuch|li|cher-wei|se**

miß|deu|ten; ich mißdeute; ich habe mißdeutet; zu mißdeuten; **Miß|deu|tung**

mis|sen; du mißt; gemißt; misse! *od.* miß!

Miß|er|folg

Miß|ern|te

Mis|ses (*Plur. von* Miß)

Mis|se_tat *(veraltend),* **...tä|ter, ...tä|te|rin**

miß|fal|len; ich mißfalle, mißfiel; ich habe mißfallen; zu mißfallen; es mißfällt mir; **Miß|fal|len,** das; -s; **Miß|fal|lens_äu|ße|rung, ...kund|ge|bung; miß|fäl|lig** (mit Mißfallen)

Miß|far|be; miß_far|ben, ...far|big

miß|ge|bil|det

Miß|ge|burt

miß|ge|launt; Miß|ge|launt|heit, die; -

Miß|ge|schick

miß|ge|stalt (*selten für* mißgestaltet); **Miß|ge|stalt; miß|ge|stal-ten;** er mißgestaltet; er hat mißgestaltet; mißzugestalten; **miß-ge|stal|tet** (häßlich)

miß|ge|stimmt

miß|ge|wach|sen, miß|wach|sen; ein -er Mensch
miß|glücken [*Trenn.* ...glük|ken]; es mißglückt; es ist mißglückt; zu mißglücken
miß|gön|nen; ich mißgönne; ich habe mißgönnt; zu -
Miß|griff
Miß|gunst; miß|gün|stig
miß|han|deln; ich mißhand[e]le (↑R 22); ich habe mißhandelt; zu mißhandeln; **Miß|hand|lung**
Miß|hei|rat
Miß|hel|lig|keit, die; -, -en *meist Plur.*
Mis|sile ['misail], das; -s, -s (*kurz für* Cruise-Missile)
Mis|sing link, das; - - ⟨engl.⟩ (*Biol.* fehlende Übergangsform zwischen Mensch u. Affe; fehlende Übergangsform in tier. u. pflanzl. Stammbäumen)
mis|singsch; Mis|singsch, das; -[s] (der Schriftsprache angenäherte [niederdeutsche] Sprachform)
Mis|sio ca|no|ni|ca, die; - - ⟨lat.⟩ (Ermächtigung zur Ausübung der kirchl. Lehrgewalt); **Mis|si|on,** die; -, -en (Sendung; Auftrag, Botschaft; diplomatische Vertretung im Ausland; *nur Sing.:* Glaubensverkündung [unter Andersgläubigen]); die Innere - (Organisation der ev. Kirche; *Abk.* I. M.); **Mis|sio|nar,** *auch, bes. österr.* **Mis|sio|när,** der; -s, -e (Sendbote; in der Mission tätiger Geistlicher); **Mis|sio|na|rin; mis|sio|na|risch; mis|sio|nie|ren** (eine Glaubenslehre verbreiten); **Mis|sio|nie|rung; Mis|si|ons‿chef, ...ge|sell|schaft, ...sta|ti|on, ...wis|sen|schaft** (die; -), **...zelt**
[1]**Mis|sis|sip|pi,** der; -[s] (nordamerik. Strom); [2]**Mis|sis|sip|pi** (Staat in den USA; *Abk.* Miss.)
Miß|klang
Miß|kre|dit, der; -[e]s (schlechter Ruf; mangelndes Vertrauen); jmdn. in - bringen
miß|lau|nig
Miß|laut (*svw.* Mißton)
miß|lei|ten; ich mißleite; ich habe mißleitet, *auch* mißgeleitet (*vgl.* miß...); zu mißleiten; **Miß|lei|tung**
miß|lich (unangenehm); die Verhältnisse sind -; **Miß|lich|keit**
miß|lie|big (unbeliebt); ein -er Vorgesetzter; **Miß|lie|big|keit**
miß|lin|gen; es mißlingt; es mißlang; es mißlänge; es ist mißlungen; zu mißlingen; **Miß|lin|gen,** das; -s
Miß|ma|nage|ment (schlechtes Management)
Miß|mut; miß|mu|tig
[1]**Mis|sou|ri** [mi'su:ri], der; -[s] (r. Nebenstrom des Mississippi); [2]**Mis|sou|ri** (Staat in den USA; *Abk.* Mo.)
Miß|pickel, der; -s [*Trenn.* ...pik|kel] (Arsenkies, ein Mineral)
miß|ra|ten (schlecht geraten); es mißrät; der Kuchen ist mißraten; zu mißraten
Miß|stand
Miß|stim|mung
Miß|ton *Plur.* ...töne; **miß|tö|nend;** -ste; **miß|tö|nig**
miß|trau|en; ich mißtraue; ich habe mißtraut; zu mißtrauen; **Miß|trau|en,** das; -s; - gegen jmdn. hegen; **Miß|trau|ens‿an|trag, ...vo|tum; miß|trau|isch;** -ste
Miß|ver|gnü|gen, das; -s; **miß|ver|gnügt;** -este
Miß|ver|hält|nis
miß|ver|ständ|lich; Miß|ver|ständ|nis; miß|ver|ste|hen; ich mißverstehe; ich habe mißverstanden; mißzuverstehen; sich -
Miß|wachs, der; -es (*Landw.* dürftiges Wachstum); **miß|wach|sen** *vgl.* mißgewachsen
Miß|wahl ⟨*zu* Miß⟩
Miß|wei|sung (*für* Deklination [Abweichung der Magnetnadel])
Miß|wirt|schaft
Miß|wuchs, der; -es (fehlerhafter Wuchs)
miß|zu|frie|den *(veraltet)*
Mist, der; -[e]s (*österr. auch für* Kehricht, Müll); **Mist|beet**
Mi|stel, die; -, -n (eine immergrüne Schmarotzerpflanze); **Mi|stel‿ge|wächs, ...zweig**
mi|sten
Mi|ster *vgl.* Mr.
Mist‿fink (der; *Gen.* -en, *auch* -s, *Plur.* -en; *svw.* Mistkerl), **...for|ke** *(nordd.),* **...ga|bel, ...hau|fen, ...hund** (Schimpfwort); **mi|stig** (*landsch. für* schmutzig); **Mi|stig|keit,** die; - *(landsch.);* **Mist‿jau|che, ...kä|fer, ...kerl** (gemeiner Kerl [Schimpfwort]), **...kü|bel** (*österr. für* Abfalleimer)
Mi|stral, der; -s, -e ⟨franz.⟩ (kalter, stürmischer Nord[west]wind im Rhonetal)
Mi|streß *vgl.* Mrs.
Mist‿schau|fel (*österr. für* Kehrichtschaufel), **...stock** (*Plur.* ...stöcke; *schweiz. für* Misthaufen), **...stück** (gemeiner Mensch, Luder [Schimpfwort]), **...vieh** (Schimpfwort), **...wet|ter** (*ugs. für* sehr schlechtes Wetter)
Mis|zel|la|ne|en [*auch* ...'la:neən], **Mis|zel|len** *Plur.* ⟨lat.⟩ (Vermischtes; kleine Aufsätze verschiedenen Inhalts)
mit; I. *Präp. mit Dat.:* mit anderen Worten (*Abk.* m. a. W.). **II.** *In Verbindung mit Verben* (↑R 205 f.): **1.** *Getrenntschreibung, wenn* „mit" *die vorübergehende Beteiligung od. den Gedanken des Anschlusses* (*svw.* „auch") *ausdrückt,* z. B. du kannst ausnahmsweise einmal mit arbeiten; das ist mit zu berücksichtigen; die Kosten sind mit berechnet; das kann ich nicht mit ansehen; das muß mit eingeschlossen werden; **2.** *Zusammenschreibung:* **a)** *wenn* „mit" *eine dauernde Vereinigung od. Teilnahme ausdrückt; vgl.* mitarbeiten, mitfahren usw.; **b)** *wenn durch die Verbindung ein neuer Begriff entsteht; vgl.* mitbringen, mitreißen, mitteilen usw.
Mit‿an|ge|klag|te, ...ar|beit (die; -); **mit|ar|bei|ten** (dauernd Mitarbeiter sein); er hat an diesem Werk mitgearbeitet; *vgl.* aber: mit, II, 1; **Mit‿ar|bei|ter, ...ar|bei|te|rin; Mit|ar|bei|ter|stab; Mit‿au|tor, ...au|to|rin, ...be|grün|der, ...be|grün|de|rin; mit|be|kom|men** (*auch für* wahrnehmen, erfassen); **mit|be|nut|zen,** *bes. südd.* **mit|be|nüt|zen; Mit‿be|nut|zung, ...be|sit|zer, ...be|sit|ze|rin; mit|be|stim|men; Mit|be|stim|mung,** die; -; **Mit|be|stim|mungs‿ge|setz, ...recht; Mit‿be|wer|ber, ...be|wer|be|rin, ...be|woh|ner, ...be|woh|ne|rin**
mit|brin|gen; er hat mir die Vase von der Reise mitgebracht; **Mit|bring|sel,** das; -s, -
Mit|bür|ger; Mit|bür|ge|rin; Mit|bür|ger|schaft, die; -
mit|den|ken
mit|dür|fen; die Kinder haben nicht mitgedurft
Mit‿ei|gen|tum, ...ei|gen|tü|mer, ...ei|gen|tü|me|rin
mit|ein|an|der; *in Verbindung mit Verben meist getrennt geschrieben:* miteinander (mit sich gegenseitig) auskommen, leben, usw.; *vgl.* aneinander; **Mit|ein|an|der** [*auch* 'mit...], das; -[s]
Mit‿emp|fin|den, ...er|be (der)
mit|er|le|ben
mit|es|sen; Mit|es|ser
mit|fah|ren; Mit‿fah|rer, ...fah|re|rin, ...fahr|ge|le|gen|heit, ...fahrt
mit|füh|len; mit|füh|lend; -ste
mit|füh|ren
mit|ge|ben
mit|ge|fan|gen; -, mitgehangen; **Mit|ge|fan|ge|ne**
Mit|ge|fühl, das; -[e]s
mit|ge|hen
mit|ge|nom|men; er sah sehr - (ermattet) aus
Mit|gift, die; -, -en (*veraltend für* Mitgabe; Aussteuer); **Mit|gift|jä|ger** *(abwertend)*
Mit|glied; - des Bundestages (*Abk.* M. d. B. *od.* MdB); - des Landtages (*Abk.* M. d. L. *od.* MdL); **Mit|glie|der‿kar|tei, ...li|ste,**

...schwund, ...ver|samm|lung, ...ver|zeich|nis, ...zahl; Mitglieds-aus|weis, ...bei|trag; Mitglied|schaft, die; -, -en; **Mitglieds-kar|te, ...land** (*Plur.* ...länder); **Mit|glieds|staat, Mit|gliedstaat** *Plur.* ...staaten
mit|ha|ben; alle Sachen -
mit|hal|ten; mit jmdm. -
mit|hel|fen; Mit-hel|fer, ...hel|ferin
Mit-her|aus|ge|ber, ...her|aus|gebe|rin
mit Hilfe *vgl.* Hilfe
Mit|hil|fe, die; -
mit|hin (somit)
mit|hö|ren; am Telefon -
Mi|thra[s] (altiran. Lichtgott)
Mi|thri|da|tes (König von Pontus)
Mi|ti|li|ni *vgl.* Mytilene
Mit-in|ha|ber, ...in|ha|be|rin
Mit-kämp|fer, ...kämp|fe|rin
Mit-klä|ger, ...klä|ge|rin
mit|klin|gen
mit|kom|men
mit|kön|nen; mit jmdm. nicht - (*ugs. für* nicht konkurrieren können)
mit|krie|gen (*ugs. für* mitbekommen)
mit|lau|fen; Mit-läu|fer, ...läu|ferin
Mit|laut (*für* Konsonant)
Mit|leid, das; -[e]s; **Mit|lei|den,** das; -s *(geh.)*; **Mit|lei|den|schaft;** *nur in* etwas *od.* jmdn. in - ziehen; **mit|leid|er|re|gend; mit|leidig; mit|leid[s]-los, ...voll**
mit|le|sen
mit|lie|fern
mit|ma|chen *(ugs.)*
Mit|mensch, der; **mit|menschlich; Mit|mensch|lich|keit,** die; -
mit|mi|schen (*ugs. für* sich aktiv an etwas beteiligen)
mit|mö|gen (*ugs. für* mitgehen, mitkommen mögen)
mit|müs|sen; auf die Wache -
Mit|nah|me, die; - (das Mitnehmen); **Mit|nah|me|preis; mitneh|men;** *vgl.* mitgenommen; **Mit|neh|me|preis** (Mitnahmepreis); **Mit|neh|mer** *(Technik)*
mit|nich|ten *(veraltend); vgl.* nicht
Mi|to|se, die; -, -n ‹griech.› (*Biol.* eine Art der Zellkernteilung)
Mit-pas|sa|gier, ...pas|sa|gie|rin
Mit-pa|ti|ent, ...pa|ti|en|tin
Mi|tra, die; -, ...tren ‹griech.› (Bischofsmütze; *Med.* haubenartiger Kopfverband)
Mi|trail|leur [mitra'jø:r], der; -s, -e ‹franz.› (*schweiz. für* Maschinengewehrschütze); **Mi|trail|leu|se** [mitra(l)'jø:zə], die; -, -n (ein Vorläufer des Maschinengewehrs)
mit|rau|chen; passives Mitrauchen
mit|rech|nen
mit|re|den; bei etwas - können
mit|rei|sen; sie ist mit ihnen mitgereist; **Mit|rei|sen|de**
mit|rei|ßen; von der Menge mitgerissen werden; der Redner riß alle Zuhörer mit (begeisterte sie); **mit|rei|ßend;** eine -e Musik
Mit|ro|pa, die; - (Mitteleuropäische Schlaf- u. Speisewagen-Aktiengesellschaft; in der Bundesrepublik Deutschland nach dem 2. Weltkrieg ersetzt durch DSG = Deutsche Schlafwagen- u. Speisewagen-Gesellschaft mbH)
mit|sam|men (*landsch. für* zusammen, gemeinsam); **mit|samt;** *Präp. mit Dat.* (gemeinsam mit): - seinem Eigentum
mit|schlei|fen
mit|schlep|pen
mit|schnei|den (vom Rundf. od. Fernsehen Gesendetes auf Tonband aufnehmen); **Mit|schnitt**
mit|schrei|ben
Mit|schuld, die; -; **mit|schul|dig; Mit|schul|di|ge**
Mit-schü|ler, ...schü|le|rin
mit|schwin|gen
mit|sin|gen
mit|sol|len; weil der Hund mitsoll
mit|spie|len; Mit-spie|ler, ...spiele|rin
Mit|spra|che, die; -; **Mit|sprache|recht; mit|spre|chen**
mit|ste|no|gra|phie|ren
Mit-strei|ter, ...strei|te|rin
Mitt|acht|zi|ger *vgl.* Mittdreißiger
[1]Mit|tag[1], der; -s, -e. **I.** *Großschreibung:* über - wegbleiben; [zu] - essen; Mittag (*ugs. für* Mittagspause) machen; des Mittags, eines Mittags. **II.** *Kleinschreibung* (↑R 61): mittag; [bis, von] gestern, heute, morgen mittag; Dienstag mittag; *vgl.* mittags; **[2]Mit|tag[1],** das; -s (*ugs. für* Mittagessen); ein karges -; **Mit|tag[1]-brot** *(landsch.)*, **...es|sen; mit|tägig[1];** *vgl.* ...tägig; **mit|täg|lich[1];** *vgl.* ...täglich; **mit|tags[1]** (↑R 61); 12 Uhr -; aber: des Mittags; *vgl.* Abend *u.* Dienstag; **Mit|tagsbrot[1]** *(landsch.)*; **Mit|tags[1]-hit|ze, ...kreis** (*für* Meridian), **...li|nie** (*für* Meridianlinie); **Mit|tag[s]mahl[1]** *(geh.)*; **Mit|tags|pau|se[1]; Mit|tag[s][1]-schicht, ...schlaf** (*vgl.* [2]Schlaf), **...son|ne, ...stunde; Mit|tags[1]-tisch, ...zeit**
Mit-tä|ter, ...tä|te|rin, ...tä|terschaft
Mitt|drei|ßi|ger (Mann in der Mitte der Dreißigerjahre); **Mitt|dreißi|ge|rin**
Mit|te, die; -, -n; in der -; - Januar; - Dreißig, - der Dreißiger; Seite 3 [in der] -, Obergeschoß -
mit|tei|len (melden); er hat ihm das Geheimnis mitgeteilt; *vgl.* aber: mit, II, 1; **mit|tei|lenswert;** -este; **mit|teil|sam; Mitteil|sam|keit,** die; -; **Mit|tei|lung; Mit|tei|lungs-be|dürf|nis** (das; -ses), **...drang**
mit|tel (*nur adverbial; ugs. für* mittelmäßig); mir geht es -; **[1]Mit|tel,** das; -s, -; sich ins - legen; **[2]Mittel,** die; - (*Druckw.* ein Schriftgrad)
mit|tel|alt; -er Gouda; **Mit|tel|alter,** das; -s (*Abk.* MA.); **mit|telal|te|rig,** mit|tel|alt|rig (in mittlerem Alter stehend); **mit|tel|alter|lich** (dem Mittelalter angehörend; *Abk.* ma.); **mit|tel|alt|rig** *vgl.* mittelalterig
Mit|tel|ame|ri|ka
mit|tel|bar
Mit|tel|bau, der; -[e]s, -ten (*Bauw.* mittlerer Flügel eines Gebäudes; *nur Sing.: Hochschulw.* Gruppe der Assistenten u. akademischen Räte)
Mit|tel|be|trieb
Mit|tel|chen
mit|tel|deutsch; *vgl.* deutsch; **Mittel|deutsch,** das; -[s] (Sprache); *vgl.* Deutsch; **Mit|tel|deut|sche,** das; -n; *vgl.* Deutsche, das; **Mittel|deutsch|land**
Mit|tel|ding
Mit|tel|eu|ro|pa; Mit|tel|eu|ro|päer; mit|tel|eu|ro|pä|isch; -e Zeit (*Abk.* MEZ)
mit|tel|fein *(Kaufmannsspr.)*
Mit|tel|feld *(bes. Sport)*; **Mit|telfeld-spie|ler, ...spie|le|rin**
Mit|tel|fin|ger
Mit|tel|fran|ken
mit|tel|fri|stig (auf eine mittlere Zeitspanne begrenzt); -e Finanzplanung
Mit|tel|fuß; Mit|tel|fuß|kno|chen
Mit|tel|ge|bir|ge; Mit|tel-ge|wicht (Körpergewichtsklasse in der Schwerathletik), **...ge|wicht|ler, ...glied; mit|tel-groß, ...gut**
Mit|tel|hand, die; -; in der - sitzen *(Kartenspiel)*
mit|tel|hoch|deutsch (*Abk.* mhd.); *vgl.* deutsch; **Mit|telhoch|deutsch,** das; -[s] (Sprache); *vgl.* Deutsch; **Mit|tel|hochdeut|sche,** das; -n; *vgl.* Deutsche, das
Mit|te-links-Bünd|nis ([Regierungs]bündnis von Parteien der polit. Mitte u. der polit. Linken)
Mit|tel|in|stanz
Mit|tel|klas|se; Mit|tel|klas|sewa|gen
Mit|tel|kreis *(bes. Fußball, Eishokkey)*
mit|tel|län|disch; -es Klima, aber (↑R 146): das Mittelländische Meer
Mit|tel|land|ka|nal, der; -s
Mit|tel|la|tein; mit|tel|la|tei|nisch (*Abk.* mlat.)

[1] *Trenn.* ↑R 204.

Mịt|tel|läu|fer *(Sport)*
Mịt|tel|li|nie
mịt|tel|los; -este; **Mịt|tel|lo|sig|keit,** die; -
Mịt|tel|maß, das; -es; **mịt|tel|mä|ßig; Mịt|tel|mä|ßig|keit**
Mịt|tel|meer, das; -[e]s; **mịt|tel|mee|risch; Mịt|tel|meer‿kli|ma, ...raum**
mịt|tel|nie|der|deutsch (*Abk.* mnd.)
Mịt|tel|ohr, das; -[e]s; **Mịt|tel|ohr‿ent|zün|dung, ...ver|ei|te|rung**
mịt|tel|präch|tig *(ugs.)*
mịt|tel|prei|sig; -e Produkte
Mịt|tel|punkt; Mịt|tel|punkt|schu|le; Mịt|tel|punkts|glei|chung *(Astron.)*
mịt|tels ‹*erstarrter Gen. zu* Mittel›, *auch noch* mịt|telst (↑R 62); *Präp. mit Gen.:* - eines Löffels; *besser:* mit einem Löffel; - Wasserkraft; - Drahtes; *ein alleinstehendes, stark gebeugtes Substantiv steht im Sing. meist ungebeugt:* - Draht, *im Plur. mit Dat., da der Gen. nicht erkennbar ist:* - Drähten
Mịt|tel‿schei|tel, ...schicht *(Soziol.)*, **...schiff, ...schu|le** (Realschule; *schweiz. für* höhere Schule); **Mịt|tel|schul‿leh|rer, ...leh|re|rin**
mịt|tel|schwer; -e Verletzungen
Mịt|tels‿mann (*Plur.* ...leute *od.* ...männer; Vermittler), **...per|son**
Mịt|tel|stand, der; -[e]s; **mịt|tel|stän|dig** (*Bot., Genetik für* intermediär); -e Blüte; **mịt|tel|stän|disch** (den Mittelstand betreffend); **Mịt|tel|stän|d|ler**
mịt|telst *vgl.* mittels; **mịt|tel|ste;** die mittelste Säule; *vgl.* mittlere
Mịt|tel‿stein|zeit (*svw.* Mesolithikum), **...stel|lung, ...strecke** [*Trenn.* ...strek|ke]; **Mịt|tel|strecken‿flug|zeug** [*Trenn.* ...strek|ken...], **...lauf, ...läu|fer, ...läu|fe|rin, ...ra|ke|te; Mịt|tel‿streck|ler** (*Sportspr.* Mittelstreckenläufer), **...strei|fen, ...stück, ...stu|fe, ...stür|mer, ...stür|me|rin** *(Fußball)*, **...teil** (der); **Mịt|te|lung** (Bestimmung des Mittelwertes); **Mịt|tel|was|ser** *Plur.* ...wasser (Wasserstand zwischen Hoch- u. Niedrigwasser; durchschnittlicher Wasserstand); **Mịt|tel‿weg, ...wel|le** *(Rundf.)*, **...wert, ...wort** (*Plur.* ...wörter; *für* Partizip)
mịt|ten; ↑R 61; inmitten *(vgl. d.)*. *Getrennt- od. Zusammenschreibung* (↑R 205 f.): mịtten darein, mịtten darịn, mịtten darụnter; *vgl.* a b e r: mittendrein, mittendrịn, mittendrụnter; mịtten entzweibrechen; mịtten hindurchgehen; er will mịtten durch den dunklen Wald gehen; *vgl.* a b e r: mittendụrch; mịtten ịn dem Bekken liegen; *vgl.* a b e r: mitteninne; **mit|ten|drein** (mitten hinein); er hat den Stein mittendrein geworfen; *vgl.* a b e r: mitten; **mit|ten|drịn** (mitten darin); sie befand sich mittendrịn; *vgl.* a b e r: mitten; **mit|ten|drụn|ter** (mitten darunter); er geriet mittendrụnter; *vgl.* a b e r: mitten; **mit|ten|dụrch** (mitten hindurch); sie lief mittendụrch; der Stab brach mittendụrch; *vgl.* a b e r: mitten; **mit|ten|ịn|ne** *(veraltend);* mitteninne sitzen; *vgl.* a b e r: mitten; **mit|ten|mạng** (*nordd. für* mitten dazwischen); er befand sich mittenmạng
Mịt|ten|wald (Ort an der Isar)
Mịt|ter|nacht, die; -; um -; *vgl.* Abend; **mịt|ter|näch|tig** (*seltener für* mitternächtlich); **mịt|ter|nächt|lich; mịt|ter|nachts** (↑R 61), a b e r: des Mitternachts; **mịt|ter|nachts|blau; Mịt|ter|nachts‿got|tes|dienst, ...mes|se, ...son|ne** (die; -), **...stun|de**
Mit|ter|rand [...'rã:] (franz. Staatspräsident)
Mịt|te|strich (Binde-, Gedankenstrich der Schreibmaschine)
Mịtt|fa|sten *Plur.* (Mittwoch vor Lätare od. Lätare selbst)
Mịtt|fünf|zi|ger *vgl.* Mittdreißiger
mịt|tig (*Technik für* zentrisch)
Mịtt|ler (*geh. für* Vermittler; *Sing. auch für* Christus); **mịtt|le|re;** - Reife (Abschluß der Realschule od. der Mittelstufe der höheren Schule), a b e r (↑R 157): der Mittlere Osten; *vgl.* mittelste; **Mịtt|le|rin; Mịtt|ler|rol|le; Mịtt|ler|tum,** das; -s
mịtt|ler|wei|le
mịtt|schiffs (*Seemannsspr.* in der Mitte des Schiffes)
Mịtt|sech|zi|ger, Mịtt|sieb|zi|ger *vgl.* Mittdreißiger
Mịtt|som|mer; Mịtt|som|mer|nacht; Mịtt|som|mer|nachts|traum *vgl.* Sommernachtstraum; **mịtt|som|mers** (↑R 61)
mịt|tun *(ugs.);* er hat mịtgetan
Mịtt|vier|zi|ger *vgl.* Mittdreißiger
Mịtt|win|ter; Mịtt|win|ter|käl|te; mịtt|win|ters (↑R 61)
Mịtt|woch, der; -[e]s, -e; *Abk.* Mi.; *vgl.* Dienstag; **mịtt|wochs** (↑R 61); *vgl.* Dienstag; **Mịtt|wochs|lot|to,** das; -s (Lotto, bei dem mittwochs die Gewinnzahlen gezogen werden)
Mịtt|zwan|zi|ger *vgl.* Mittdreißiger
mit|ụn|ter (zuweilen)
mịt|ver|ant|wort|lich; Mịt|ver|ant|wort|lich|keit; Mịt|ver|ant|wor|tung
mịt|ver|die|nen; - müssen
Mịt‿ver|fas|ser, ...ver|fas|se|rin
Mịt|ver|gan|gen|heit (*österr. für* Imperfekt)
Mịt|ver|schul|den
Mịt‿ver|schwo|re|ne *od.* ...verschwor|ne; **Mịt|ver|schwö|rer**
mịt|ver|si|chert; Mịt|ver|si|che|rung
Mịt|welt, die; -
mịt|wir|ken; sie hat bei diesem Theaterstück mitgewirkt; **Mịt|wir|ken|de,** der *u.* die; -n, -n (↑R 7 ff.); **Mịt|wir|kung,** die; -;
Mịt|wir|kungs|recht
Mịt|wis|ser; Mịt|wis|se|rin; Mịt|wis|ser|schaft, die; -
mịt|wol|len; er hat mịtgewollt
mịt|zäh|len
Mịt|zi (w. Vorn.)
mịt|zie|hen
Mịx|be|cher; Mixed [mikst], das; -[s], -[s] ‹engl.› (*Sport* gemischtes Doppel); **Mixed grịll** ['mikst -], der; - -[s], - -s (*Gastron.* Gericht aus verschiedenen gegrillten Fleischstücken [u. Würstchen]); **Mixed Pickles** ['mikst 'pik(ə)ls], Mix|pickles ['mikspik(ə)ls] *Plur.* (in Essig eingemachtes Mischgemüse); **mị|xen** ([Getränke] mischen; *Film, Funk, Fernsehen* verschiedene Tonaufnahmen zu einem Klangbild vereinigen); du mixt; **Mị|xer,** der; -s, - (Barmixer; Gerät zum Mixen; *Film, Funk, Fernsehen* Tonmischer); **Mịx|ge|tränk; Mịx|pickles** *vgl.* Mixed Pickles; **Mịx|tum com|po|si|tum,** das; - -, ...ta ...ta ‹lat.› (Durcheinander, buntes Gemisch); **Mix|tur,** die; -, -en (flüssige Arzneimischung; gemischte Stimme der Orgel)
MJ = Megajoule
Mjöll|nir, der; -s ‹„Zermalmer"› (Thors Hammer [Waffe])
mk = Markka
MKS = Maul- und Klauenseuche
MKS-Sy|stem, das; -s (älteres physikal. Maßsystem, das auf den Grundeinheiten Meter [M], Kilogramm [K] u. Sekunde [S] aufgebaut ist; *vgl.* CGS-System)
ml = Milliliter
mlat. = mittellateinisch
Mlle.[1] = Mademoiselle
Mlles.[1] = Mesdemoiselles
mm = Millimeter
µm = [2]Mikrometer
mm² = Quadratmillimeter
mm³ = Kubikmillimeter
MM. = Messieurs (*vgl.* Monsieur)
m. m. = mutatis mutandis
M. M. = Mälzels Metronom, Metronom Mälzel
Mme.[1] = Madame
Mmes.[1] = Mesdames
MMM = Messe der Meister von

[1] *Schweiz. meist (nach franz. Regel) ohne Punkt.*

morgen (techn. Leistungsschau der Jugend in der ehem. DDR)
mmol = Millimol
Mn = *chem. Zeichen für* Mangan
mnd. = mittelniederdeutsch
Mne|me, die; - ‹griech.› (Erinnerung, Gedächtnis); **Mne|mis|mus,** der; - (Lehre von der Mneme); **Mne|mo|nik,** Mne|mo|tech|nik, die; - (die Kunst, das Gedächtnis durch Hilfsmittel zu unterstützen); **Mne|mo|ni|ker,** Mne|mo|tech|ni|ker; **mne|mo|nisch,** mne|mo|tech|nisch; **Mne|mo|sy|ne** (griech. Göttin des Gedächtnisses, Mutter der Musen); **Mne|mo|tech|nik** usw. *vgl.* Mnemonik usw.
Mo = *chem. Zeichen für* Molybdän
Mo. = [2]Missouri; Montag
MΩ = Megaohm
Moa, der; -[s], -s ‹Maori› (ausgestorbener straußenähnlicher Vogel)
Mo|ab (Landschaft östl. des Jordans); **Moa|bit** (Stadtteil von Berlin); **Moa|bi|ter** (Bewohner von Moab; Bewohner von Berlin-Moabit); ↑R 147; ↑R 180
Mo|ar, der; -s, -e ‹bayr., „Meier"› (Kapitän einer Moarschaft); **Mo|ar|schaft,** die; -, -en (Vierermannschaft beim Eisschießen)
Mob, der; -s ‹engl.› (Pöbel, randalierender Haufen)
Mö|bel, das; -s, - *meist Plur.* ‹franz.›; **Mö|bel‿fa|brik, ...fir|ma, ...ge|schäft, ...händ|ler, ...la|ger, ...packer** [*Trenn.* ...pak|ker], **...po|li|tur, ...spe|di|teur, ...stoff, ...stück, ...tisch|ler, ...wa|gen; mo|bil** ‹lat.› (beweglich, munter; *ugs. für* wohlauf; *Milit.* auf Kriegsstand gebracht); mobil machen (auf Kriegsstand bringen); **Mo|bi|le,** das; -s, -s ‹engl.› (durch Luftzug in Schwingung geratendes, von der Decke hängendes Gebilde aus Fäden, Stäben u. Figuren); **Mo|bi|li|ar,** das; -s, -e ‹lat.› (bewegliche Habe; Hausrat, Möbel); **Mo|bi|li|ar‿kre|dit, ...ver|si|che|rung; Mo|bi|li|en** [...i̯ən] *Plur.* (*veraltet für* Hausrat, Möbel); **Mo|bi|li|sa|ti|on,** die; -, -en; **mo|bi|li|sie|ren** (*Milit.* auf Kriegsstand bringen; [Kapital] flüssigmachen; aktivieren, in Gang bringen; wieder beweglich machen); **Mo|bi|li|sie|rung; Mo|bi|li|tät,** die; - ([geistige] Beweglichkeit; Häufigkeit des Wohnsitzwechsels); **Mo|bil|ma|chung** *(Milit.)*; **Mo|bil|te|le|fon** (drahtloses Telefon für unterwegs); **mö|blie|ren** ‹franz.› ([mit Hausrat] einrichten, ausstatten); **mö|bliert;** -es Zimmer; **Mö|blie|rung**
Mob|ster, der; -s, - ‹amerik.› (Gangster)
Mo|çam|bique [mosam'bik] *vgl.* Mosambik
Moc|ca (*österr. auch für* [2]Mokka)
Mo|cha [*auch* 'mɔka], der; -s ‹nach der jemenit. Hafenstadt, heute Mokka› (ein Mineral)
Möch|te|gern, der; -[s], *Plur.* -e *od.* -s *(ugs.)*; **Möch|te|gern‿ca|sa|no|va, ...künst|ler, ...renn|fah|rer**
Mocke, die; -, -n [*Trenn.* Mok|ke] (*fränk. für* Zuchtschwein)
Mocken, der; -s, - [*Trenn.* Mok|ken] (*südd. u. schweiz. mdal. für* Brocken, dickes Stück)
Mock|tur|tle|sup|pe ['mɔktœrt(ə)l...] ‹engl.› (unechte Schildkrötensuppe)
mod. = moderato
mo|dal ‹lat.› (die Art u. Weise bezeichnend); **Mo|dal|be|stim|mung** *(Sprachw.)*; **Mo|da|li|tät** *meist Plur.* (Art u. Weise, Ausführungsart); **Mo|da|li|tä|ten|lo|gik** (Zweig der math. Logik); **Mo|dal|satz** (*Sprachw.* Umstandssatz der Art u. Weise); **Mo|dal|verb** (Verb, das vorwiegend ein anderes Sein od. Geschehen modifiziert, z. B. „wollen" in: „wir wollen weitermachen")
Mod|der, der; -s (*nordd. für* Morast, Schlamm); **mod|de|rig, modd|rig**
Mo|de, die; -, -n ‹franz.› (als zeitgemäß geltende Art, sich zu kleiden; etwas, was dem gerade herrschenden Geschmack entspricht); in - sein, kommen; **Mo|de‿ar|ti|kel, ...aus|druck; mo|de|be|wußt; Mo|de‿cen|ter, ...de|si|gner, ...de|si|gne|rin, ...far|be, ...fim|mel** *(ugs.)*, **...ge|schäft, ...haus, ...heft, ...jour|nal, ...krank|heit**
[1]**Mo|del,** der; -s, - ‹lat.› (Backform; Hohlform für Gußerzeugnisse; erhabene Druckform für Zeugdruck; *auch svw.* [1]Modul); [2]**Mo|del,** das; -s, -s ‹engl.› (Fotomodell); **Mo|dell,** das; -s, -e ‹ital.› (Muster, Vorbild, Typ; Entwurf, Nachbildung; Gießform; nur einmal in dieser Art hergestelltes Kleidungsstück; Person od. Sache als Vorbild für ein Kunstwerk; Mannequin); - stehen; **Mo|dell‿bau** (der; -s), **...bau|er** (*vgl.* [1]Bauer), **...ei|sen|bahn; Mo|del|leur** [...'lø:r], der; -s, -e ‹franz.› (*svw.* Modellierer); **Mo|dell‿fall** (der), **...flug|zeug; mo|dell|haft; Mo|del|lier|bo|gen; mo|del|lie|ren** (künstlerisch formen, bilden; ein Modell herstellen); **Mo|del|lie|rer** ([Muster]former); **Mo|del|lier‿holz, ...mas|se; Mo|del|lie|rung; mo|dell|ig** (in der Art eines Modells [von Kleidungsstücken]); **Mo|dell‿kleid, ...pup|pe, ...schutz, ...thea|ter, ...tisch|ler, ...tisch|le|rin, ...ver|such, ...zeich|nung; mo|deln** ‹lat.› (*selten für* gestalten, in eine Form bringen); ich ...[e]le (↑R 22); **Mo|del|tuch** (*Plur.* ...tücher; *älter für* Stickmustertuch); **Mo|de|lung**
Mo|dem, der, *auch* das; -s, -s ‹engl.› (Gerät zur Datenübertragung über Fernsprechleitungen)
Mo|de|ma|cher
Mo|de|na (ital. Stadt); **Mo|de|na|er** (↑R 147); **mo|de|na|isch**
Mo|den‿haus (*svw.* Modehaus), **...heft** (*svw.* Modeheft), **...schau, ...zeit|schrift** (*svw.* Modezeitschrift); **Mo|de‿püpp|chen, ...pup|pe**
Mo|der, der; -s (Faulendes, Fäulnisstoff)
Mo|de|ra|men, das; -s, *Plur.* - *u.* ...mina ‹lat.› (Vorstandskollegium einer ev. reformierten Synode); **mo|de|rat** (gemäßigt); **Mo|de|ra|ti|on,** die; -, -en (*Rundf., Fernsehen* Tätigkeit des Moderators; *veraltet für* Mäßigung); **mo|de|ra|to** ‹ital.› (*Musik* mäßig [bewegt]; *Abk.* mod.); **Mo|de|ra|to,** das; -s, *Plur.* -s *u.* ...ti; **Mo|de|ra|tor,** der; -s, ...oren ‹lat.› (*Rundf., Fernsehen* jmd., der eine Sendung moderiert; *Kernphysik* bremsende Substanz in Kernreaktoren); **Mo|de|ra|to|rin**
Mo|der|ge|ruch
mo|de|rie|ren ‹lat.› (*Rundf., Fernsehen* durch eine Sendung führen, [eine Sendung] mit einleitenden u. verbindenden Worten versehen; *veraltet, aber noch landsch. für* mäßigen)
mo|de|rig, mod|rig; [1]**mo|dern** (faulen); es modert
[2]**mo|dern** ‹franz.› (modisch, der Mode entsprechend; neu[zeitlich]; zeitgemäß); -er Fünfkampf *(Sport)*; **Mo|der|ne,** die; - (moderne Richtung [in der Kunst]; moderner Zeitgeist); **mo|der|ni|sie|ren** (modisch machen; auf einen neueren [technischen] Stand bringen); **Mo|der|ni|sie|rung; Mo|der|nis|mus,** der; - ‹lat.› (moderner Geschmack, Bejahung des Modernen; Bewegung innerhalb der kath. Kirche); **Mo|der|nist,** der; -en, -en (↑R 197); **Mo|der|ni|tät** (neuzeitl. Gepräge; Neues; Neuheit); **Mo|dern Jazz** [- 'dʒɛs], der; - - ‹engl.› (nach 1945 entstandener Jazzstil)
Mo|der|sohn (dt. Maler u. Graphiker)
Mo|der|sohn-Becker; ↑R 179 (dt. Malerin)
Mo|de‿sa|che, ...sa|lon, ...schaf|fen, ...schau (*vgl.* Moden-

schau), **...schmuck, ...schöp|fer, ...schöp|fe|rin**

mo|dest; -este ‹lat.› (*veraltet für* bescheiden, sittsam)

Mo|de_tanz, ...tor|heit, ...trend, ...wa|re, ...welt (die; -; Welt, die nach der Mode lebt), **...wort** (*Plur.* ...wörter), **...zeich|ner, ...zeich|ne|rin, ...zeit|schrift**

Mo|di (*Plur. von* Modus); **Mo|di|fi|ka|ti|on,** die; -, -en, **Mo|di|fi|zie|rung** ‹lat.›; **mo|di|fi|zie|ren** (abwandeln, auf das richtige Maß bringen; [ab]ändern)

Mo|di|glia|ni [modi'lja:ni] (ital. Maler)

mo|disch; -ste ‹*zu* Mode› (in od. nach der Mode); **Mo|dist,** der; -en, -en (↑R 197); **Mo|di|stin** (Putzmacherin, Angestellte eines Hutgeschäftes)

mod|rig *vgl.* moderig

[1]Mo|dul, der; -s, -n ‹lat.› (Model; Verhältniszahl math. od. techn. Größen; Materialkonstante); **[2]Mo|dul,** das; -s, -e ‹lat.-engl.› (*bes. Elektrotechnik* Bau- od. Schaltungseinheit); **mo|du|lar** (in der Art eines [2]Moduls); **Mo|du|la|ti|on,** die; -, -en (*Musik* das Steigen u. Fallen der Stimme, des Tones; Übergang in eine andere Tonart; *Technik* Änderung einer Schwingung); **Mo|du|la|ti|ons|fä|hig|keit,** die; - (Anpassungsvermögen, Biegsamkeit [der Stimme]); **mo|du|lie|ren** (abwandeln; in eine andere Tonart übergehen)

Mo|dus [*auch* 'mɔ...], der; -, Modi ‹lat.› (Art u. Weise; *Sprachw.* Aussageweise; *mittelalterl. Musik* Melodie, Kirchentonart); **Mo|dus pro|ce|den|di** [- ...tse...], der; - -, Modi - (Art und Weise des Verfahrens); **Mo|dus vi|ven|di** [- vi'vɛndi], der; - -, Modi - (erträgliche Übereinkunft; Verständigung)

Moers [mø:rs] (Stadt westl. von Duisburg)

Mo|fa, das; -s, -s (*Kurzw. für* Motorfahrrad); **mo|feln** (*ugs. für* mit dem Mofa fahren); ich ...[e]le (↑R 22)

Mo|fet|te, die; -, -n ‹franz.› (*Geol.* Kohlensäureausströmung in vulkan. Gebiet)

Mo|ga|di|schu (Hptst. von Somalia)

Mo|ge|lei; mo|geln (*ugs. für* betrügen [beim Spiel], nicht ehrlich sein, nicht korrekt handeln); ich ...[e]le (↑R 22); **Mo|gel|packung** [*Trenn.* ...pak|kung] *(ugs.)*

mö|gen; ich mag, du magst, er mag; du mochtest; du möchtest; du hast es nicht gemocht, aber: das hätte ich hören -

Mog|ler ‹*zu* mogeln› *(ugs.)*

mög|lich; soviel wie, *älter* als möglich; so gut wie, *älter* als möglich; wo möglich (*Auslassungssatz* wenn es möglich ist), *vgl.* aber: womöglich. **I.** *Kleinschreibung* (↑R 66): das mögliche (alles) tun; alles mögliche (viel, allerlei) tun, versuchen; sein möglichstes tun. **II.** *Großschreibung:* **a)** (↑R 65:) im Rahmen des Möglichen; Mögliches und Unmögliches verlangen; Mögliches und Unmögliches zu unterscheiden wissen; **b)** (↑R 65:) alles Mögliche (alle Möglichkeiten) bedenken; das Mögliche (im Gegensatz zum Unmöglichen) tun; etwas, nichts Mögliches; **mög|li|chen|falls;** *vgl.* Fall (der); **mög|li|cher|wei|se; Mög|lich|keit;** nach -; **Mög|lich|keits|form** (*für* Konjunktiv); **mög|lichst;** - schnell; - viel Geld verdienen

Mo|gul [*auch, bes. österr.* ...'gu:l], der; -s, -n ‹pers.› (*früher* Beherrscher eines oriental. Reiches)

Mo|hair [mo'hɛ:r], der; -s, -e ‹arab.-ital.-engl.› (Wolle der Angoraziege); *vgl.* Mohär

Mo|ham|med (Stifter des Islams); **Mo|ham|me|da|ner** (Anhänger [der Lehre] Mohammeds); **mo|ham|me|da|nisch;** -er Glaube; -e Zeitrechnung; **Mo|ham|me|da|nis|mus,** der; - (*svw.* Islam)

Mo|här (*eindeutschende Schreibung für* Mohair)

Mo|hi|ka|ner, der; -s, - (Angehöriger eines ausgestorbenen nordamerik. Indianerstammes); der Letzte der - *od.* der letzte - (*auch scherzh. für* das letzte Stück [Geld])

Mohn, der; -[e]s, *Plur. (Sorten:)* -e; **Mohn_beu|gel** *(österr.),* **...blu|me, ...bröt|chen, ...kip|ferl** *(österr.),* **...ku|chen, ...öl, ...saft, ...sa|men, ...stru|del** *(österr.),* **...zopf**

Mohr, der; -en, -en (*veraltet für* dunkelhäutiger Afrikaner)

Möh|re, die; -, -n (eine Gemüsepflanze)

Moh|ren_hir|se, ...kopf (ein Gebäck); **moh|ren|schwarz** *(veraltet);* **Moh|ren|wä|sche** (Versuch, einen Schuldigen als unschuldig hinzustellen); **Moh|rin** *(veraltet)*

Mohr|rü|be (*svw.* Möhre)

Mohs|här|te, die; - ‹nach dem dt. Mineralogen F. Mohs› (Skala zur Bestimmung der Härtegrade von Mineralien)

Moi|ra ['mɔyra], die; -, ...ren *meist Plur.* ‹griech.› (griech. Schicksalsgöttin [Atropos, Klotho, Lachesis])

Moi|ré [moa're:], der *od.* das; -s, -s ‹franz.› (Gewebe mit geflammtem Muster; *Druckw.* fehlerhaftes Fleckenmuster in der Bildreproduktion); **moi|rie|ren** [moa...] (flammen); **moi|riert** (geflammt)

mo|kant; -este ‹franz.› (spöttisch)

Mo|kas|sin [*auch* 'mɔ...], der; -s, *Plur.* -s *u.* -e ‹indian.› (lederner Halbschuh der nordamerikan. Indianer)

Mo|kett, der; -s ‹franz.› (Möbel-, Deckenplüsch)

Mo|kick, das; -s, -s ‹*Kurzw. aus* Motor *u.* Kickstarter› (kleines Motorrad)

mo|kie|ren, sich ‹franz.› (sich abfällig od. spöttisch äußern); ich mokiere mich über sein Verhalten

[1]Mok|ka (Stadt im Jemen); **[2]Mok|ka,** der; -s, -s (eine Kaffeesorte; sehr starker Kaffee); *vgl.* Mocca; **Mok|ka|tas|se**

Mol, das; -s, -e (*früher svw.* Grammolekül; Einheit der Stoffmenge; *Zeichen* mol); ↑R 129; **mo|lar** ‹lat.› (auf das Mol bezüglich; je 1 Mol)

Mo|lar, der; -s, -en ‹lat.› (*Med.* [hinterer] Backenzahn, Mahlzahn); **Mo|lar|zahn**

Mo|las|se, die; - ‹franz.› (*Geol.* Tertiärschicht)

Molch, der; -[e]s, -e (im Wasser lebender Lurch)

[1]Mol|dau, die; - (l. Nebenfluß der Elbe); **[2]Mol|dau,** die; - (Landschaft in Rumänien); **mol|dau|isch,** aber (↑R 146): die Moldauische SSR (Unionsrepublik der ehem. Sowjetunion); **Mol|da|wi|en** [...iən] (Staat in Osteuropa)

[1]Mo|le, die; -, -n ‹ital.› (Hafendamm); *vgl.* Molo

[2]Mo|le, die; -, -n ‹griech.› (*Med.* abgestorbene, fehlentwickelte Leibesfrucht)

Mo|le|kel, die; -, -n, *österr. auch* das; -s, - ‹lat.› (*älter für* Molekül); **Mo|le|kül,** das; -s, -e ‹franz.› (kleinste Einheit einer chem. Verbindung); **mo|le|ku|lar; Mo|le|ku|lar_bio|lo|ge, ...bio|lo|gie, ...bio|lo|gin, ...ge|ne|tik, ...ge|wicht**

Mo|len|kopf (Ende der [1]Mole)

Mole|skin ['mo:lskin], der *od.* das; -s, -s ‹engl.› (Englischleder, aufgerauhtes Baumwollgewebe)

Mo|le|sten *Plur.* ‹lat.› (*veraltet für* Beschwerden; Belästigungen); **mo|le|stie|ren** (*veraltet für* belästigen)

Mo|let|te, die; -, -n ‹franz.› (Prägwalze; Mörserstößel)

Mo|lière [mɔ'ljɛ:r] (franz. Lustspieldichter); **mo|lie|risch,** aber (↑R 134): die Molierischen Komödien

Mol|ke, die; - (bei der Käseherstellung übrigbleibende Milchflüssigkeit); **Mol|ken,** der; -s (*landsch. für* Molke); **Mol|ken|kur; Mol|ke|rei; Mol|ke|rei_but|ter, ...ge|nos|sen|schaft, ...pro|dukt** *(meist Plur.)*; **mol|kig**

¹Moll, das; - ‹lat.› (*Musik* Tongeschlecht mit kleiner Terz); a-Moll; a-Moll-Tonleiter (↑R 41); *vgl.* Dur

²Moll, der; -[e]s, *Plur.* -e *u.* -s (*svw.* Molton)

Moll_ak|kord *(Musik)*, **...drei|klang**

Mol|le, die; -, -n (*nordd. für* Mulde, Backtrog; *berlin. für* Bierglas, ein Glas Bier); **Mol|len|fried|hof** (*berlin. scherzh. für* Bierbauch)

Möl|ler, der; -s, - (*Hüttenw.* Gemenge von Erz u. Zuschlag); **möl|lern** (mengen); ich ...ere (↑R 22)

mol|lert (*bayr., österr. für* mollig)

Möl|le|rung *(Hüttenw.)*

mol|lig (*ugs. für* behaglich; angenehm warm; rundlich, vollschlank)

Moll_ton|art, ...ton|lei|ter

Mol|lus|ke, die; -, -n *meist Plur.* ‹lat.› (*Biol.* Weichtier); **mol|lus|ken|ar|tig**

Mol|ly (w. Vorn.)

Mo|lo, der; -s, Moli (*österr. für* ¹Mole)

¹Mo|loch [*auch* 'mɔ...] (ein semit. Gott); **²Mo|loch,** der; -s, -e (Macht, die alles verschlingt)

Mo|lo|tow|cock|tail [...tɔf...] ‹nach dem ehemaligen sowjet. Außenminister W. M. Molotow› (mit Benzin [u. Phosphor] gefüllte Flasche, die wie eine Handgranate verwendet wird)

Molt|ke (Familienn.); **molt|kesch,** aber (↑R 134): die Moltkeschen Briefe

mol|to ‹ital.› (*Musik* sehr); - allegro (sehr schnell); - vivace [- vi'va:tʃə] (sehr lebhaft)

Mol|ton, der; -s, -s ‹franz.› (ein Gewebe)

Mol|to|pren ⓦ, das; -s, -e (ein sehr leichter, druckfester, schaumartiger Kunststoff)

Mo|luk|ken *Plur.* (eine indones. Inselgruppe)

Mo|lyb|dän, das; -s ‹griech.› (chem. Element, Metall; *Zeichen* Mo)

Mom|ba|sa (Hafenstadt in Kenia)

¹Mo|ment, der; -[e]s, -e ‹lat.› (Augenblick; Zeit[punkt]; kurze Zeitspanne); **²Mo|ment,** das; -[e]s, -e ([ausschlaggebender] Umstand; Merkmal; Gesichtspunkt; Produkt aus zwei physikal. Größen); **mo|men|tan** (augenblicklich; vorübergehend); **Mo|ment_auf|nah|me, ...bild**

Momm|sen (dt. Historiker)

Mo|na (w. Vorn.)

¹Mo|na|co [*auch* 'mo:...] (Staat in Südeuropa); **²Mo|na|co** (Stadtbezirk von ¹Monaco); *vgl.* Monegasse

Mo|na|de, die; -, -n ‹griech.› (*Philos.* das Einfache, Unteilbare; [bei Leibniz:] die letzte, in sich geschlossene, vollendete Ureinheit); **Mo|na|den|leh|re,** die; -; **Mo|na|do|lo|gie,** die; - (Lehre von den Monaden)

Mo|na|ko *vgl.* Monaco

Mo|na Li|sa, die; - - (Gemälde von Leonardo da Vinci)

Mon|arch, der; -en, -en (↑R 197) ‹griech.› (gekröntes Staatsoberhaupt); **Mon|ar|chie,** die; -, ...ien; **Mon|ar|chin; mon|ar|chisch; Mon|ar|chis|mus,** der; -; **Mon|ar|chist,** der; -en, -en; ↑R 197 (Anhänger der monarchischen Regierungsform); **mon|ar|chi|stisch**

Mo|na|ste|ri|um, das; -s, ...ien [...iən] ‹griech.› (Kloster[kirche], Münster)

Mo|nat, der; -[e]s, -e; alle zwei -e; dieses -s (*Abk.* d. M.); laufenden -s (*Abk.* lfd. M.); künftigen -s (*Abk.* k. M.); nächsten -s (*Abk.* n. M.); vorigen -s (*Abk.* v. M.); **mo|na|te|lang,** aber: viele Monate lang; **...mo|na|tig** (z. B. dreimonatig, *mit Ziffer* 3monatig [drei Monate dauernd]); **mo|nat|lich; ...mo|nat|lich** (z. B. dreimonatlich, *mit Ziffer* 3monatlich [alle drei Monate wiederkehrend]); **Mo|nats_an|fang, ..bei|trag, ...bin|de, ...blu|tung, ...ein|kom|men, ...en|de, ...er|ste, ...frist** (innerhalb -), **...ge|halt** (das), **...hälf|te, ...heft, ...kar|te, ...letz|te, ...lohn, ...na|me, ...ra|te, ...schrift, ...wech|sel; mo|nat[s]|wei|se**

mon|au|ral ‹griech.; lat.› (ein Ohr betreffend; *Tontechnik* einkanalig)

Mon|azit [*auch* ...'tsit], der; -s, -e ‹griech.› (ein Mineral)

Mönch, der; -[e]s, -e ‹griech.› (Angehöriger eines geistl. Ordens)

Mön|chen|glad|bach (Stadt in Nordrhein-Westfalen)

mön|chisch; Mönchs_klo|ster, ...kut|te, ...la|tein (mittelalterl. [schlechtes] Latein), **...or|den, ...rob|be; Mönch[s]|tum,** das; -s; **Mönchs_we|sen, ...zel|le**

¹Mond, der; -[e]s, -e (ein Himmelskörper); **²Mond,** der; -[e]s, -e (*veraltet für* Monat)

mon|dän ‹franz.› (betont [u. übertrieben] elegant); **Mon|dä|ni|tät,** die; -

Mond_auf|gang, ...bahn; mond|be|schie|nen (↑R 209); **Mond|blind|heit** (Augenentzündung, bes. bei Pferden); **Mönd|chen; Mon|den|schein,** der; -[e]s *(geh.)*; **Mon|des|glanz** *(geh.)*; **Mon|des|fin|ster|nis** (*österr. meist für* Mondfinsternis); **Mond_fäh|re, ...fin|ster|nis, ...flug; mond_för|mig, ...hell; Mond_jahr, ...kalb** (tierische Mißgeburt; *ugs. für* Dummkopf), **...kra|ter, ...lan|de|fäh|re, ...land|schaft, ...lan|dung, ...licht** (das; -[e]s); **mond|los; Mond_mo|bil** (das; -[e]s, -e), **...nacht, ...ober|flä|che, ...or|bit, ...pha|se, ...preis** (*ugs. für* willkürlich festgesetzter [überhöhter] ²Preis), **...ra|ke|te**

Mon|dri|an (niederl. Maler)

Mond|schein, der; -[e]s; **Mond|schein|ta|rif** (verbilligter Telefontarif in den Abend- u. Nachtstunden)

Mond|see (österr. Ort und See); **Mond|seer** [...ze:ər] (↑R 147, R 151 *u.* R 180); - Rauchhaus; *vgl.* Monseer

Mond_si|chel, ...son|de (zur Erkundung des Mondes gestarteter, unbemannter Raumflugkörper); **Mond_stein** (*svw.* Adular), **...sucht** (die; -); **mond|süch|tig; Mond_süch|tig|keit, ...um|lauf|bahn, ...un|ter|gang, ...wech|sel**

Mo|ne|gas|se, der; -n, -n; ↑R 197 (Bewohner Monacos); **Mo|ne|gas|sin; mo|ne|gas|sisch**

Mo|net [mɔ'ne:, *franz.* mɔ'nɛ], Claude [klo:d] (franz. Maler)

mo|ne|tär ‹lat.› (das Geld betreffend, geldlich); **Mo|ne|ten** *Plur.* (*ugs. für* [Bar]geld)

Mon|go|le, der; -n, -n; ↑R 197 (Angehöriger einer Völkergruppe in Asien); **Mon|go|lei,** die; - (Hochland u. Staat in Zentralasien); ↑R 146: die Innere, Äußere -; **Mon|go|len_fal|te, ...fleck; mon|go|lid** (*Anthropol.* zu dem vorwiegend in Asien, Grönland u. im arkt. Nordamerika verbreiteten Rassenkreis gehörend); -er Rassenkreis; **Mon|go|li|de,** der *u.* die; -n, -n (↑R 7 ff.); **mon|go|lisch,** aber (↑R 146): die Mongolische Volksrepublik; **Mon|go|lis|mus,** der; - (*Med.* angeborene Form des Schwachsinns); **mon|go|lo|id** (den Mongolen ähnlich; die Merkmale des Mongolismus aufweisend, an Mongolismus leidend); **Mon|go|lo|i|de,** der *u.* die; -n, -n (↑R 7 ff. *u.* R 180)

Mo|nier|bau|wei|se [*auch* mɔ'nje:...], die; - (↑R 135) ‹nach dem franz. Gärtner J. Monier› (Stahlbetonbauweise); **Mo|nier|ei|sen** (*veraltet für* in [Stahl]beton eingebettetes [Rund]eisen)

mo|nie|ren ‹lat.› (mahnen; rügen; beanstanden)

Mo|nier|zan|ge [*auch* mɔ'nje:...] (↑R 135) ‹nach dem franz. Gärtner J. Monier› (Zange für Eisendrahtarbeiten mit kleinem Zangenkopf u. langen Griffen)

Mo̲|ni|ka (w. Vorn.)

Mo|ni̲|lia, die; - ‹lat.› (Pilz, der eine Erkrankung an Obstbäumen hervorruft)

Mo|ni̩s|mus, der; - ‹griech.› (philos. Lehre, die jede Erscheinung auf ein einheitliches Prinzip zurückführt); **Mo|ni̩st,** der; -en, -en; ↑R 197 (Anhänger des Monismus); **mo|ni̩|stisch**

Mo̲|ni|ta (*Plur. von* Monitum)

Mo|ni|teur [...'tø:r], der; -s, -e ‹franz.› (Anzeiger [Name franz. Zeitungen]); **Mo̲|ni|tor,** der; -s, *Plur.* ...o̲ren, *auch* -e ‹engl.› (Kontrollgerät, bes. beim Fernsehen; Strahlennachweis- u. -meßgerät; *Bergbau* Wasserwerfer zum Losspülen von Gestein); **Mo|ni|to̲|ri|um,** das; -s, ...ien [...i̯ən] ‹lat.› (*veraltet für* Erinnerungs-, Mahnschreiben); **Mo̲|ni|tum,** das; -s, ...ta (Rüge, Beanstandung)

mo̩|no [*auch* 'mo:no] ‹griech.› (*kurz für* monophon); die Schallplatte wurde - aufgenommen; **Mo|no,** das; -s (*kurz für* Monophonie); eine Aufnahme in -; **mo|no...** (allein...); **Mo|no...** (Allein...)

Mo|no|chord [...'kɔrt], das; -[e]s, -e ‹griech.› (ein Instrument zur Ton- und Intervallmessung)

mo|no|chrom [...'kro:m] ‹griech.› (einfarbig)

mo|no|co|llo̲r ‹griech.; lat.› *(österr. ugs.);* eine -e Regierung (Einparteienregierung)

Mon|odi̲e, die; - ‹griech.› (*Musik* einstimmiger Gesang; einstimmige Melodieführung); **mon|o̲disch**

mo|no|fi̲l ‹griech.; lat.› (aus einer einzigen Faser bestehend)

mo|no|ga̲m; Mo|no|ga|mi̲e, die; - ‹griech.› (Zusammenleben mit nur einem Geschlechtspartner; Einehe; *Ggs.* Polygamie); **mo|no|ga̲|misch**

mo|no|ge̲n ‹griech.› (*Genetik* durch nur ein Gen bedingt); **Mo|no|ge|ne̲|se, Mo|no|go|ni̲e,** die; - (*Biol.* ungeschlechtl. Fortpflanzung)

Mo|no|gra̩mm, das; -s, -e ‹griech.› (Namenszug; [ineinander verschlungene] Anfangsbuchstaben eines Namens); **Mo|no|gra|phi̲e,** die; -, ...i̲en (wissenschaftl. Untersuchung über einen einzelnen Gegenstand; Einzeldarstellung); **mo|no|gra̲|phisch**

Mon|o̩|kel, das; -s, - ‹franz.› (Augenglas für nur ein Auge)

mo|no|kli̲n ‹griech.› (*Geol.* mit einer geneigten Achse; *Bot.* gemischtgeschlechtig [Staub- u. Fruchtblätter in einer Blüte tragend])

mo|no|klo|na̲l ‹griech.› (*Med.* aus einem Zellklon gebildet); -er Antikörper

Mo|no|ko|ty|le|do̲|ne, die; -, -n ‹griech.› (*Bot.* einkeimblättrige Pflanze)

mon|oku|la̲r [*auch* 'mɔn...] ‹griech.; lat.› (mit einem Auge, für ein Auge)

Mo̩|no|kul|tur [*auch* 'mo:...] ‹griech.; lat.› (einseitiger Anbau einer bestimmten Wirtschafts- od. Kulturpflanze)

Mo|no|la|tri̲e, die; - ‹griech.› (Verehrung nur eines Gottes)

Mo|no|lith [...'li:t, *auch* ...'lit], der; *Gen.* -s *od.* -en, *Plur.* -e[n] (↑R 197) ‹griech.› (Säule, Denkmal aus einem einzigen Steinblock); **mo|no|li|thisch**

Mo|no|lo̲g, der; -s, -e ‹griech.› (Selbstgespräch [bes. im Drama]); **mo|no|lo̲|gisch; mo|no|lo|gi|sie̲|ren**

Mo|no̲m, Mo|no|no̲m, das; -s, -e ‹griech.› (*Math.* eingliedrige Zahlengröße)

mo|no|ma̲n, mo|no|ma̲|nisch ‹griech.› (*Psych.* an Monomanie leidend); **Mo|no|ma̲|ne,** der; -n, -n; ↑R 197; **Mo|no|ma|ni̲e,** die; - (krankhaftes Besessensein von einer Wahnvorstellung, fixe Idee); **Mo|no|ma̲|nin; mo|no|ma̲|nisch** *vgl.* monoman

mo|no|me̲r ‹griech.› (*Chemie* aus einzelnen, voneinander getrennten, selbständigen Molekülen bestehend); **Mo|no|me̲r,** das; -s, -e *u.* **Mo|no|me̲|re,** das; -n, -n *meist Plur.* (Stoff, dessen Moleküle monomer sind)

mo|no|no̲|misch, mo|no|no̲|misch ‹griech.› (*Math.* eingliedrig); **Mo|no|no̲m** *vgl.* Monom; **mo|no|no̲|misch** *vgl.* monomisch

mo|no|pho̲n ‹griech.› (*Tontechnik* einkanalig); **Mo|no|pho|ni̲e,** die; -

Mo|no|phtho̩ng, der; -s, -e ‹griech.› (*Sprachw.* einfacher Vokal, z. B. a, i; *Ggs.* Diphthong); **mo|no|phthon|gie̲|ren** ([einen Diphthong] zum Monophthong umbilden); **Mo|no|phthon|gie̲|rung**

mo|no|phy|le̲|tisch ‹griech.› (*Biol.* auf eine Urform zurückgehend)

Mo|no|ple|gi̲e, die; -, ...i̲en ‹griech.› (*Med.* Lähmung eines einzelnen Gliedes)

Mo|no|po̲l, das; -s, -e ‹griech.› (das Recht auf Alleinhandel u. -verkauf; Vorrecht, alleiniger Anspruch); **Mo|no|po̲l‿bren|ne|rei, ...in|ha|ber; mo|no|po|li|sie̲|ren** (ein Monopol aufbauen, die Entwicklung von Monopolen vorantreiben); **Mo|no|po|li|sie̲|rung; Mo|no|po|li̩st,** der; -en, -en; ↑R 197 (Besitzer eines Monopols); **mo|no|po|li̩|stisch; Mo|no|po̲l‿ka|pi|tal, ...ka|pi|ta|lis|mus, ...ka|pi|ta|list; mo|no|po̲l|ka|pi|ta|li|stisch; Mo|no|po̲l|stel|lung; Mo|no̲|po|ly** Ⓦ, das; - ‹engl.› (ein Gesellschaftsspiel)

Mo|no|po̩|sto, der; -s, -s ‹ital.› (*Automobilrennsport* Einsitzer mit freilaufenden Rädern)

Mo|no̩|pte|ros, der; -, ...e̲ren ‹griech.› (von einer Säulenreihe umgebener antiker Tempel)

mo|no|se̲m ‹griech.› (*Sprachw.* nur eine Bedeutung habend); **Mo|no|se|mi̲e,** die; - (Eindeutigkeit sprachl. Einheiten)

mo|no|sti̩|chisch [...st...] ‹griech.› (*Verslehre* in Einzelversen [abgefaßt usw.]); **Mo|no̩|sti|chon,** das; -s, ...cha (Einzelvers)

mo|no|syl|la̲|bisch ‹griech.› (*Sprachw.* einsilbig)

mo|no|syn|de̲|tisch ‹griech.› (*Sprachw.* eine Reihe von Satzteilen betreffend, bei der nur das letzte Glied durch eine Konjunktion verbunden ist, z. B. „Ehre, Macht und Ansehen")

Mo|no|the|i̩s|mus, der; - ‹griech.› (Glaube an einen einzigen Gott); **Mo|no|the|i̩st,** der; -en, -en (↑R 197); **mo|no|the|i̩|stisch**

mo|no|to̲n ‹griech.› (eintönig; gleichförmig; ermüdend); **Mo|no|to|ni̲e,** die; -, ...i̲en

Mo|no|tre̲|men *Plur.* ‹griech.› (*Zool.* Kloakentiere)

mo|no|tro̲p ‹griech.› (*Biol.* beschränkt anpassungsfähig)

Mo̩|no|type Ⓦ [...taip], die; -, -s ‹griech.-engl.› (*Druckw.* Gieß- u. Setzmaschine für Einzelbuchstaben); **Mo|no|ty|pi̲e** [...ty...], die; -, ...i̲en (ein graph. Verfahren)

mo|no|va|le̩nt [...v..., *auch* 'mo:no...] (*fachspr. für* einwertig)

Mo̩n|oxyd [*auch* ...'ksy:t] ‹griech.› (Oxyd, das ein Sauerstoffatom enthält); *vgl.* Oxid

Mo̩|no|zel|le [*auch* 'mo:...] ‹griech.; dt.› (kleines elektrochemisches Element als Stromquelle)

Mon|özi̲e, die; - ‹griech.› (*Bot.* Einhäusigkeit, Vorkommen männl. u. weibl. Blüten auf einer Pflanze); **mon|ö̲zisch** (einhäusig)

Mo|no|zy̲t, der; -en, -en *meist Plur.* ‹griech.› (*Med.* größtes [weißes] Blutkörperchen); **Mo|no|zy|to̲|se,** die; -, -n (krankhafte Vermehrung der Monozyten)

Mon|roe|dok|trin ['mɔnro:...], die; -; ↑R 135 (von dem nordamerik. Präsidenten Monroe 1823 ver-

kündeter Grundsatz der gegenseitigen Nichteinmischung)
Mon|ro|via [...vi̯a] (Hptst. von Liberia)
Mon|seer [...ze:ər] (↑R 180); **Mon|see-Wie|ner Frag|men|te** (altd. Schriftdenkmal); *vgl.* Mondsee
Mon|sei|gneur [mɔ̃sɛ'njø:r], der; -s, *Plur.* -e *u.* -s ‹franz.› (Titel u. Anrede hoher franz. Geistlicher, Adliger u. hochgestellter Personen; *Abk.* Mgr.)
Mon|ser|rat *vgl.* Montserrat
Mon|sieur [mə'si̯ø:], der; -[s], Messieurs [mɛ'si̯ø:] ‹franz., „mein Herr"› (*franz. Bez. für* Herr; *als Anrede ohne Artikel; Abk.* M., *Plur.* MM.); **Mon|si|gno|re** [mɔnsi'njo:rə], der; -[s], ...ri ‹ital.› (Titel hoher Würdenträger der kath. Kirche; *Abk.* Mgr., Msgr.)
Mon|ster, das; -s, - ‹engl.› (Ungeheuer); **Mon|ster...** (riesig, Riesen...)
Mon|ste|ra, die; -, ...rae [...rɛ] ‹nlat.› (eine Zimmerpflanze)
Mon|ster‿bau (*Plur.* ...bauten), **...film, ...kon|zert, ...pro|gramm, ...pro|zeß, ...schau; Mon|stra** (*Plur. von* Monstrum)
Mon|stranz, die; -, -en ‹lat.› (Gefäß zum Tragen u. Zeigen der geweihten Hostie)
mon|strös; -este ‹lat.(-franz.)› (furchterregend scheußlich; ungeheuer aufwendig; *Med.* mißgebildet); **Mon|stro|si|tät,** die; -, -en (monströse Beschaffenheit; *Med.* Mißbildung); **Mon|strum,** das; -s, *Plur.* ...ren *u.* ...ra (Ungeheuer; *Med.* Mißbildung, Mißgeburt)
Mon|sun, der; -s, -e ‹arab.› (jahreszeitlich wechselnder Wind, bes. im Indischen Ozean); **mon|su|nisch; Mon|sun|re|gen**
Mont. = Montana
Mon|ta|baur [*auch* ...'bau̯ər] (Stadt im Westerwald)
Mon|ta|fon, das; -s (Alpental in Vorarlberg); **mon|ta|fo|ne|risch**
Mon|tag, der; -[e]s, -e; *Abk.* Mo.; *vgl.* Dienstag
Mon|ta|ge [mɔn'ta:ʒə, *auch* mɔ̃..., *österr.* mɔn'ta:ʒ], die; -, -n [...'ta:ʒ(ə)n] ‹franz.› (Aufstellung [einer Maschine], Auf-, Zusammenbau); **Mon|ta|ge‿band** (das), **...bau|wei|se, ...hal|le, ...zeit**
mon|tä|gig; *vgl.* ...tägig; **mon|täg|lich;** *vgl.* ...täglich
Mon|ta|gnard [mɔ̃ta'nja:r], der; -s, -s (Mitglied der „Bergpartei" der Franz. Revolution)
mon|tags (↑R 61); *vgl.* Dienstag; **Mon|tags‿aus|ga|be, ...au|to** (*scherzh. für* Auto mit Produktionsfehlern), **...de|mon|stra|ti|on** (bes. in Leipzig), **...wa|gen** (*svw.* Montagsauto)
Mon|tai|gne [mɔ̃'tɛnj(ə)] (franz. Schriftsteller u. Philosoph)
mon|tan, mon|ta|ni|stisch ‹lat.› (Bergbau u. Hüttenwesen betreffend)
Mon|ta|na (Staat in den USA; *Abk.* Mont.)
Mon|tan‿ge|sell|schaft (Bergbaugesellschaft), **...in|du|strie** (Gesamtheit der bergbaulichen Industrieunternehmen); **Mon|ta|nis|mus,** der; - ‹nach dem Begründer Montanus› (schwärmer. altkirchl. Bewegung in Kleinasien); **Mon|ta|nist,** der; -en, -en; ↑R 197 (Sachverständiger im Bergbau- u. Hüttenwesen; Anhänger des Montanus); **mon|ta|ni|stisch** *vgl.* montan; **Mon|tan‿mit|be|stim|mung, ...uni|on,** die; - (Europäische Gemeinschaft für Kohle u. Stahl)
Mon|ta|nus (Gründer einer altchristl. Sekte)
Mont|blanc [mɔ̃'blã:], der; -[s] ‹franz.› (höchster Gipfel der Alpen u. Europas)
Mont|bre|tie [mɔ̃'bre:tsi̯ə], die; -, -n ‹nach dem franz. Naturforscher de Montbret› (ein Irisgewächs)
Mont Ce|nis [mɔ̃ sə'ni:], der; - - (ein Alpenpaß); **Mont-Ce|nis-Stra|ße,** die; - (↑R 150)
Mon|te Car|lo (Stadtbezirk von [1]Monaco)
Mon|te Cas|si|no, *ital. Schreibung* **Mon|te|cas|si|no,** der; - [-] (Berg u. Kloster bei Cassino)
Mon|te|cri|sto, *franz.* **Mon|te-Cri|sto** [mɔ̃təkris'to:], *bei Dumas in dt. Übersetzung* Mon|te Chri|sto (Insel im Ligurischen Meer)
Mon|te|ne|gri|ner; mon|te|ne|gri|nisch; Mon|te|ne|gro (Gliedstaat Jugoslawiens)
Mon|te Ro|sa, der; - - (Gebirgsmassiv in den Westalpen)
Mon|tes|quieu [mɔ̃tɛs'ki̯ø:] (franz. Staatsphilosoph und Schriftsteller)
Mon|teur [mɔn'tø:r, *auch* mɔ̃...], der; -s, -e (Montagefacharbeiter); **Mon|teur|an|zug**
Mon|te|ver|di [...v...] (ital. Komponist)
Mon|te|vi|deo [...v...] (Hptst. von Uruguay)
Mon|te|zu|ma (aztek. Herrscher); -s Rache (*ugs. scherzh. für* Erkrankung an Durchfall [beim Aufenthalt in Lateinamerika])
Mont|gol|fie|re [mɔ̃gɔl...], die; -, -n ‹nach den Brüdern Montgolfier› (ein Heißluftballon)
mon|tie|ren [mɔn..., *auch* mɔ̃...] ‹franz.› ([eine Maschine, ein Gerüst u.a.] [auf]bauen, aufstellen, zusammenbauen); **Mon|tie|rer; Mon|tie|rung**
Mont|mar|tre [mɔ̃'martr(ə)] (Stadtteil von Paris)
Mont|re|al [*engl.* mɔntrɪ'ɔ:l] (Stadt in Kanada)
Mon|treux [mɔ̃'trø:] (Stadt am Genfer See)
Mont-Saint-Mi|chel [mɔ̃sɛ̃mi'ʃɛl] (Felsen u. Ort an der franz. Kanalküste)
Mont|sal|watsch, der; -[es] ‹altfranz.› (Name der Gralsburg in der Gralsdichtung)
Mont|ser|rat [mɔntsɛ'rat], *auch* Mon|ser|rat [mɔnsɛ'rat] (Berg u. Kloster bei Barcelona)
Mon|tur, die; -, -en ‹franz.› (*ugs. für* [Arbeits]kleidung; *österr., sonst veraltet für* Dienstkleidung, Uniform)
Mo|nu|ment, das; -[e]s, -e ‹lat.› (Denkmal); **mo|nu|men|tal** (gewaltig; großartig); **Mo|nu|men|tal‿aus|ga|be, ...bau** (*Plur.* ...bauten), **...film, ...ge|mäl|de; Mo|nu|men|ta|li|tät,** die; - (Großartigkeit)
Moon|boot ['mu:nbu:t], der; -s, -s *meist Plur.* ‹engl.› (dick gefütterter Winterstiefel [aus Kunststoff])
Moor, das; -[e]s, -e; **Moor|bad; moor|ba|den** *(nur im Infinitiv gebräuchlich);* **Moor|bo|den**
Moore [mu:(r)], Henry (engl. Bildhauer)
moo|rig; Moor‿ko|lo|nie, ...kul|tur, ...lei|che, ...packung [*Trenn.* ...pak|kung], **...sied|lung**
[1]**Moos,** das; -es, *Plur.* -e *u.* (*für* Sumpf usw.:) Möser (eine Pflanze; *bayr., österr., schweiz. auch für* Sumpf, [2]Bruch)
[2]**Moos,** das; -es ‹hebr.-jidd.› (*ugs. für* Geld)
Moos|art; moos|ar|tig; moos|be|deckt (↑R 209); **Moos‿bee|re, ...farn, ...flech|te; moos|grün; moo|sig; Moos‿krepp, ...pol|ster, ...ro|se**
Mop, der; -s, -s ‹engl.› (Staubbesen mit langen Fransen)
Mo|ped [*auch* ...pe:t], das; -s, -s (leichtes Motorrad); **Mo|ped|fah|rer**
Mop|pel, der; -s, - (*ugs. für* kleiner dicklicher, rundlicher Mensch)
mop|pen (mit dem Mop reinigen)
Mops, der; -es, Möpse (ein Hund); **Möps|chen; möp|seln** (*landsch. für* muffig riechen); ich ...[e]le (↑R 22); **mop|sen** (*ugs. für* stehlen); du mopst; sich - (*ugs. für* sich langweilen; sich ärgern); **mops|fi|del** (*ugs. für* sehr fidel); **Mops|ge|sicht; mop|sig** (*ugs. für* langweilig; dick [von Personen]); **Möps|lein**
Mo|quette [mo'kɛt] *vgl.* Mokett
[1]**Mo|ra,** die; - ‹ital.› (ein Fingerspiel)

²Mo|ra, die; -, ...ren ‹lat.› (kleinste Zeiteinheit im Verstakt)
Mo|ral, die; -, -en *Plur. selten* ‹lat.› (Sittlichkeit; Sittenlehre; sittl. Nutzanwendung); **Mo|ral|be|griff; Mo|ra|lin,** das; -s (spießige Entrüstung in moral. Dingen); **mo|ra|lin|sau|er;** ...sau|res Gehabe; **mo|ra|lisch;** -ste ‹lat.› (der Moral gemäß; sittlich); -e Maßstäbe; **mo|ra|li|sie|ren** ‹franz.› (moral. Betrachtungen anstellen; den Sittenprediger spielen); **Mo|ra|lis|mus,** der; - ‹lat.› (Anerkennung der Sittlichkeit als Zweck u. Sinn des menschl. Lebens; [übertrieben strenge] Beurteilung aller Dinge unter moral. Gesichtspunkten); **Mo|ra|list,** der; -en, -en; ↑R 197 (jmd., der den Moralismus vertritt; Sittenprediger); **mo|ra|li|stisch; Mo|ra|li|tät,** die; -, -en ‹franz.› (*nur Sing.:* Sittenlehre, Sittlichkeit; *meist Plur.:* mittelalterl. geistl. Schauspiel); **Mo|ral‿ko|dex,** **...pau|ke** *(ugs.),* **...phi|lo|so|phie, ...pre|di|ger, ...pre|digt, ...theo|lo|gie**
Mo|rä|ne, die; -, -n ‹franz.› (*Geol.* Gletschergeröll); **Mo|rä|nen|land|schaft**
Mo|rast, der; -[e]s, *Plur.* -e *u.* Moräste (sumpfige schwarze Erde, Sumpf[land]); **mo|ra|stig**
Mo|ra|to|ri|um, das; -s, ...ien [...i̯ən] ‹lat.› (befristete Stundung [von Schulden]; Aufschub)
mor|bid; -este ‹lat.› (krank[haft]; kränklich; brüchig, im [moral.] Verfall begriffen); **Mor|bi|dez|za,** die; - ‹ital.› (*bes. Malerei* Zartheit [der Farben]); **Mor|bi|di|tät,** die; - ‹lat.› (*Med.* Krankheitsstand; Erkrankungsziffer); **mor|bi|phor** (ansteckend); **Mor|bo|si|tät,** die; - ‹lat.› (Kränklichkeit, Siechtum); **Mor|bus,** der; -, ...bi (Krankheit)
Mor|chel, die; -, -n (ein Pilz)
Mord, der; -[e]s, -e; **Mord‿an|kla|ge, ...an|schlag; mord|[be|]gie|rig; Mord‿bren|ner** (*veraltet für* jmd., der einen Brand legt und dadurch Menschen tötet), **...bu|be** (*veraltet für* Mörder), **...dro|hung; mor|den**
Mor|dent, der; -s, -e ‹ital.› (*Musik* Wechsel zwischen Hauptnote u. nächsttieferer Note, Triller)
Mör|der; Mör|der|gru|be; aus seinem Herzen keine - machen (*ugs. für* mit seiner Meinung nicht zurückhalten); **Mör|der|hand;** *nur in* durch, von - (durch einen Mörder); **Mör|de|rin; mör|de|risch;** -ste (*veraltend für* mordend; *ugs. für* schrecklich, furchtbar, sehr stark, gewaltig); -e Kälte; er schimpfte -; **mör|der|lich** (*ugs. für* mörderisch); er hat ihn - verprügelt; **Mord‿fall** (der), **...gier; mord|gie|rig** *vgl.* mordbegierig; **Mord|in|stru|ment; mor|dio!** (*veraltet für* Mord!; zu Hilfe!); *vgl.* zetermordio; **Mord‿kom|mis|si|on, ...lust, ...nacht, ...pro|zeß; mords..., Mords...** (*ugs. für* sehr groß, gewaltig); **Mords‿ar|beit, ...ding, ...durst, ...du|sel, ...gau|di, ...ge|schrei, ...hit|ze, ...hun|ger, ...kerl, ...krach; mords|mä|ßig** (*ugs. für* sehr, ganz gewaltig); das war ein -er Lärm; **Mords‿schreck** *od.* **...schrecken** [*Trenn.* ...schrek|ken], **...spaß** (*ugs. für* großer Spaß), **...spek|ta|kel; mords|we|nig** (*ugs. für* sehr wenig); er hatte - zu sagen; **Mords|wut; Mord‿tat, ...ver|dacht, ...ver|such, ...waf|fe**
Mo|rel|le, die; -, -n ‹ital.› (eine Sauerkirschenart)
Mo|ren (*Plur. von* ²Mora)
mo|ren|do ‹ital.› (*Musik* immer leiser werdend); **Mo|ren|do,** das; -s, *Plur.* -s *u.* ...di
Mo|res [...re:s] *Plur.* ‹lat., „[gute] Sitten"›; *nur in* jmdn. - lehren (*ugs. für* jmdn. zurechtweisen)
Mo|res|ke, Mau|res|ke, die; -, -n ‹franz.› (*svw.* Arabeske)
mor|ga|na|tisch ‹mlat.› (zur linken Hand [getraut]); -e Ehe (standesungleiche Ehe)
Mor|gar|ten, der; -s (schweiz. Berg)
mor|gen (am folgenden Tag); - abend, - früh, - nachmittag; bis, für, zu -; die Technik von - (der nächsten Zukunft), Entscheidung für - (die Zukunft); *vgl.* Abend *u.* Dienstag; **¹Mor|gen,** der; -s, - (Tageszeit); guten -! (Gruß); (↑R 61:) morgens; frühmorgens; *vgl.* Abend; **²Mor|gen,** der; -s, - ‹*urspr.* Land, das ein Gespann an einem Morgen pflügen kann› (ein altes Feldmaß); fünf - Land; **³Mor|gen,** das; - (die Zukunft); das Heute und das -; **Mor|gen‿an|dacht, ...aus|ga|be; mor|gend** (*veraltet für* morgig); der -e Tag; **Mor|gen|däm|me|rung; mor|gend|lich** (am Morgen geschehend); **Mor|gen‿duft** (der; -[e]s; eine Apfelsorte), **...es|sen** (*schweiz. für* Frühstück); **mor|gen|frisch; Mor|gen‿frü|he, ...ga|be** *(früher),* **...grau|en, ...gym|na|stik, ...land** (das; -[e]s; *veraltet für* Orient; Land, in dem die Sonne aufgeht); **Mor|gen|län|der** *(veraltet);* **mor|gen|län|disch** *(veraltet);* **Mor|gen‿licht** (das; -[e]s), **...luft, ...man|tel, ...muf|fel** (*ugs. für* jmd., der morgens nach dem Aufstehen mürrisch ist), **...ne|bel, ...rock** (*vgl.* ¹Rock), **...rot** *od.* **...rö|te; mor|gens** (*vgl.* ¹Morgen *u.* ↑R 61), aber: des Morgens; *vgl.* Abend *u.* Dienstag; **Mor|gen‿son|ne, ...spa|zier|gang, ...stern** (ein Stern; mittelalterl. Schlagwaffe; *vgl.* ²Stern), **...stun|de**
Mor|gen|thau|plan, der; -[e]s (↑R 135) ‹nach dem US-Finanzminister Henry Morgenthau› (Vorschlag, Deutschland nach dem 2. Weltkrieg in einen Agrarstaat umzuwandeln)
Mor|gen|zei|tung
mor|gig; der -e Tag
Mo|ria, die; - ‹griech.› (*Med.* krankhafte Geschwätzigkeit und Albernheit)
mo|ri|bund ‹lat.› (*Med.* im Sterben liegend)
Mö|ri|ke (dt. Dichter)
Mo|rio-Mus|kat, der; -s ‹nach dem dt. Züchter P. Morio› (eine Reb- u. Weinsorte)
Mo|ris|ke, der; -n, -n (↑R 197) ‹span.› (in Spanien seßhaft gewordener Maure)
Mo|ri|tat, die; -, -en [*auch* ...'ta:t(ə)n] ([zu einer Bildertafel] vorgetragenes Lied über ein schreckliches od. rührendes Ereignis); **Mo|ri|ta|ten|sän|ger** [*auch* ...'ta:...]
Mo|ritz, *österr. auch* **Mo|riz** (m. Vorn.); der kleine - (*ugs. für* einfältiges, schlichtes Gemüt)
Mor|mo|ne, der; -n, -n; ↑R 197 (Angehöriger einer nordamerik. Sekte); **Mor|mo|nen|tum,** das; -s
Mo|ro|ni (Hptst. der Komoren)
mo|ros; -este ‹lat.› (*veraltet für* verdrießlich); **Mo|ro|si|tät,** die; -
Mor|phe, die; - ‹griech.› (Gestalt, Form); **Mor|phem,** das; -s, -e (*Sprachw.* kleinste bedeutungstragende Einheit in der Sprache)
Mor|pheus [...fɔ̯ys] (griech. Gott des Traumes); in Morpheus' Armen; **Mor|phin,** das; -s ‹*nach* Morpheus› (Hauptalkaloid des Opiums; Schmerzlinderungsmittel); **Mor|phi|nis|mus,** der; - ‹griech.› (Morphiumsucht); **Mor|phi|nist,** der; -en, -en (↑R 197); **Mor|phi|ni|stin; Mor|phi|um,** das; -s (*allgemeinsprachlich für* Morphin); **Mor|phi|um‿sprit|ze, ...sucht** (die; -); **mor|phi|um|süch|tig; Mor|pho|ge|ne|se, Mor|pho|ge|ne|sis** [*auch* ...'ge:...], die; -, ...nesen (*Biol.* Ursprung und Entwicklung von Organen od. Geweben eines pflanzl. od. tierischen Organismus); **mor|pho|ge|ne|tisch** (gestaltbildend); **Mor|pho|ge|nie,** die; -, ...ien (*svw.* Morphogenese); **Mor|pho|lo|ge,** der; -n, -n (↑R 197); **Mor|pho|lo|gie,** die; - (*Biol.* Gestaltlehre; *Sprachw.*

Formenlehre); **mor|pho|lo|gisch** (die äußere Gestalt betreffend)
morsch; -este; **Morsch|heit,** die; -
Mor|se|al|pha|bet (↑R 135) ‹nach dem nordamerik. Erfinder Morse› (Alphabet für die Telegrafie); **Mor|se|ap|pa|rat** (Telegrafengerät); **mor|sen** (den Morseapparat bedienen); du morst
Mör|ser, der; -s, - (schweres Geschütz; schalenförmiges Gefäß zum Zerkleinern); **mör|sern;** ich ...ere (↑R 22); **Mör|ser|stö|ßel**
Mor|se|zei|chen
Mor|ta|del|la, die; -, -s ‹ital.› (eine Wurstsorte)
Mor|ta|li|tät, die; - ‹lat.› (*Med.* Sterblichkeit[sziffer])
Mör|tel, der; -s, *Plur. (Sorten:)* -; **Mör|tel‿ka|sten, ...kel|le; mör|teln;** ich ...[e]le (↑R 22); **Mör|tel|pfan|ne**
Mo|ru|la, die; - ‹lat.› (*Biol.* Entwicklungsstufe des Embryos)
Mo|sa|ik, das; -s, *Plur.* -en, *auch* -e ‹griech.-franz.› (Bildwerk aus bunten Steinchen; Einlegearbeit); **Mo|sa|ik|ar|beit; mo|sa|ik|ar|tig; Mo|sa|ik‿bild, ...fuß|bo|den, ...stein**
mo|sa|isch (nach Moses benannt; jüdisch); -es Bekenntnis, aber (↑R 134): die Mosaischen Bücher; **Mo|sa|is|mus,** der; - (*veraltet für* Judentum)
Mo|sam|bik (Staat in Ostafrika); **Mo|sam|bi|ka|ner,** Mo|sam|bi|ker; **Mo|sam|bi|ka|ne|rin,** Mo|sam|bi|ke|rin; **mo|sam|bi|ka|nisch,** mo|sam|bi|kisch; **Mo|sam|bi|ker** usw. *vgl.* Mosambikaner usw.
Mosch, der; -[e]s (*landsch. für* allerhand Abfälle, Überbleibsel)
Mo|schaw, der; -s, ...wim ‹hebr.› (Genossenschaftssiedlung von Kleinbauern mit Privatbesitz in Israel)
Mo|schee, die; -, ...scheen ‹arab.-franz.› (islam. Bethaus)
Mo|schus, der; - ‹sanskr.› (ein Riechstoff); **mo|schus|ar|tig; Mo|schus‿ge|ruch, ...och|se**
Mo|se *vgl.* Moses
Mö|se, die; -, -n (*derb für* weibl. Scham)
[1]**Mo|sel,** die; - (l. Nebenfluß des Rheins); [2]**Mo|sel,** der; -s, - (*kurz für* Moselwein); **Mo|sel|la|ner,** *auch* **Mo|sel|la|ner** (Bewohner des Mosellandes); **Mo|sel|wein**
Mö|ser (*Plur. von* [1]Moos)
mo|sern ‹hebr.-jidd.› (*ugs. für* nörgeln); ich ...ere (↑R 22)
[1]**Mo|ses,** *ökum.* Mo|se (jüd. Gesetzgeber im A. T.); fünf Bücher Mosis (des Moses) *od.* Mose; [2]**Mo|ses,** der; -, - (*Seemannsspr.* Beiboot [kleinstes Boot] einer Jacht; *auch für* jüngstes Besatzungsmitglied an Bord, Schiffsjunge)
Mos|kau (Hptst. Rußlands); **Mos|kau|er** (↑R 147); Moskauer Zeit; **mos|kau|isch**
Mos|ki|to, der; -s, -s *meist Plur.* ‹span.› (eine trop. Stechmücke); **Mos|ki|to|netz**
Mos|ko|wi|ter (*veraltend für* Bewohner von Moskau); **Mos|ko|wi|ter|tum,** das; -s; **mos|ko|wi|tisch;** [1]**Mos|kwa,** die; - (russ. Fluß); [2]**Mos|kwa** (*russ. Form von* Moskau)
Mos|lem, der; -s, -s ‹arab.› (Anhänger des Islams); *vgl. auch* Muslim; **Mos|lem|bru|der|schaft,** die; -, -en (ägypt. polit. Vereinigung); **mos|le|mi|nisch** (*veraltet*), **mos|le|misch;** *vgl. auch* muslimisch; **Mos|li|me,** die; -, -n (Anhängerin des Islams); *vgl. auch* Muslime
mos|so ‹ital.› (*Musik* bewegt, lebhaft)
Mos|sul *vgl.* Mosul
Most, der; -[e]s, -e (unvergorener Frucht-, bes. Traubensaft; *südd., österr. u. schweiz. für* Obstwein, -saft); **Most|bir|ne; mo|sten; Mo|stert,** der; -s (*nordwestd. für* Senf); **Most|rich,** der; -[e]s (*nordostd. für* Senf)
Mo|sul, Mos|sul (Stadt im Irak)
Mo|tel [*auch* mo'tɛl], das; -s, -s ‹amerik.; *aus* motorists' hotel› (an Autobahnen o. ä. gelegenes Hotel [für Autoreisende])
Mo|tet|te, die; -, -n ‹ital.› (geistl. Chorwerk); **Mo|tet|ten|stil**
Mo|ti|li|tät, die; - ‹lat.› (*Med.* unwillkürlich gesteuerte Muskelbewegungen); **Mo|ti|on,** die; -, -en ‹franz.› (*Sprachw.* Abwandlung des Adjektivs nach dem jeweiligen Geschlecht; *schweiz. für* gewichtigste Form des Antrags in einem Parlament); **Mo|tio|när,** der; -s, -e (*schweiz. für* jmd., der eine Motion einreicht)
Mo|tiv, das; -s, -e [...və] ‹lat.-(franz.)› ([Beweg]grund, Antrieb, Ursache; Leitgedanke; Gegenstand, Thema einer [künstler.] Darstellung; kleinstes musikal. Gebilde); **Mo|ti|va|ti|on** [...v...], die; -, -en ‹lat.› (die Beweggründe, die das Handeln eines Menschen bestimmen); **Mo|tiv|for|schung,** die; - (Zweig der Marktforschung); **mo|ti|vie|ren** [...v...] ‹franz.› (begründen; anregen, anspornen); **Mo|ti|vie|rung; Mo|ti|vik,** die; - ‹lat.› (Kunst der Motivverarbeitung [in einem Tonwerk]); **mo|ti|visch; Mo|tiv|samm|ler** (*Philatelie*)
Mo|to, das; -s, -s ‹franz.› (*schweiz. Kurzform von* Motorrad); **Mo|to-Cross,** das; -, -e ‹engl.› (Geschwindigkeitsprüfung im Gelände für Motorradsportler); **Mo|to|drom,** das; -s, -e ‹franz.› (Rennstrecke [Rundkurs]); **Mo|tor,** der; -s, ...toren, *auch* [mo'to:r], der; -s, -e ‹lat.› (Antriebskraft erzeugende Maschine; *übertr. für* vorwärtstreibende Kraft); **Mo|tor[1]‿block** (*Plur.* ...blöcke), **...boot; Mo|to|ren‿bau** (der; -[e]s), **...ge|räusch, ...lärm, ...öl; Mo|tor[1]‿fahr|zeug, ...hau|be; ...mo|to|rig** (z. B. zweimotorig, *mit Ziffer* 2motorig); **Mo|to|rik,** die; - (Gesamtheit der Bewegungsabläufe des menschl. Körpers; Bewegungslehre); **Mo|to|ri|ker** (*Psych.* jmd., dessen Erinnerungen, Assoziationen o. ä. vorwiegend von Bewegungsvorstellungen geleitet werden); **mo|to|risch;** -es Gehirnzentrum (Sitz der Bewegungsantriebe); **mo|to|ri|sie|ren** (mit Kraftmaschinen, -fahrzeugen ausstatten); **Mo|to|ri|sie|rung; Mo|tor[1]‿jacht, ...lei|stung, ...öl** (*vgl.* Motorenöl), **...rad; Mo|tor|rad[1]‿bril|le, ...fah|rer, ...fah|re|rin, ...ren|nen; Mo|tor[1]‿rol|ler, ...sä|ge, ...scha|den, ...schiff, ...schlep|per, ...schlit|ten, ...seg|ler, ...sport, ...sprit|ze**
Mot|sche|kieb|chen, das; -s, - (*landsch. für* Marienkäfer)
Mot|te, die; -, -n
mot|ten (*südd. u. schweiz. für* schwelen, glimmen)
mot|ten‿echt, ...fest; Mot|ten‿fif|fi (der; -s, -s; *ugs. scherzh. für* Pelzmantel), **...fraß, ...ki|ste, ...ku|gel, ...pul|ver**
Mot|to, das; -s, -s ‹ital.› (Denk-, Wahl-, Leitspruch; Kennwort; Devise)
Mo|tu|pro|prio, das; -s, -s ‹lat.› (ein nicht auf Eingaben beruhender päpstl. Erlaß)
mot|zen (*ugs. für* nörgelnd schimpfen; *landsch. auch für* schmollen); du motzt; **mot|zig** (*ugs.*)
Mouche [muʃ], die; -, -s [muʃ] ‹franz.› (Schönheitspflästerchen)
mouil|lie|ren [mu'ji:...] ‹franz.› (*Sprachw.* erweichen; ein „j" nachklingen lassen, z. B. nach l in „brillant" = [bri'ljant]); **Mouil|lie|rung** [mu'ji:...]
Mou|la|ge [mu'la:ʒə], der; -, -s, *auch* die; -, -n ‹franz.› (*Med.* Abdruck, Abguß, bes. farbiges anatom. Wachsmodell)
Mou|li|né [muli'ne:], der; -s, -s (Garn, Gewebe); **mou|li|nie|ren** [muli...] (Seide zwirnen)
Moun|tain|bike ['mauntinbaik], das; -s, -s ‹engl.› (Fahrrad für Gelände- bzw. Gebirgsfahrten)

[1][*auch* ...'to:r...]

Mount Eve|rest [maunt 'ɛvərist], der; - -[s] ‹engl.› (höchster Berg der Erde); **Mount Mc|Kin|ley** [- mə'kinli], der; - -[s] (höchster Berg Nordamerikas)
Mousse [mus], die; -, -s [mus] ‹franz.› (schaumige [Schokoladen]süßspeise; Vorspeise aus püriertem Fleisch)
Mous|se|line [mus(ə)lin], die; - ‹franz.› (*schweiz. für* Musselin)
mous|sie|ren ‹franz.› (schäumen)
Mou|sté|ri|en [muste'riɛ̃:], das; -[s] ‹franz.› (Kulturstufe der älteren Altsteinzeit)
mo|vie|ren [...v...] (*Sprachw.* die weibliche Form zu einer männlichen Personenbezeichnung bilden; z. B. Lehrerin); **Mo|vie|rung**
Mö|we, die; -, -n (ein Vogel); **Mö|wen‿ei, ...ko|lo|nie, ...schrei**
Moz|ara|ber [*auch* mots'ara...] *meist Plur.* (Angehöriger der „arabisierten" span. Christen der Maurenzeit); **moz|ara|bisch**
Mo|zart (österr. Komponist); **Mo|zar|te|um**, das; -s (Musikinstitut in Salzburg); **mo|zar|tisch**, aber (↑R 134): Mozartische Kompositionen; **Mo|zart-Kon|zert|abend** (↑R 135); **Mo|zart‿ku|gel, ...zopf** (am Hinterkopf mit einer Schleife zusammengebundener Zopf; ↑R 135)
mp = mezzopiano
m. p. = manu propria
MP, MPi = Maschinenpistole
Mr. = Mister ‹engl.› (engl. Anrede *[nur mit Eigenn.]*)
Mrd., Md., Mia. = Milliarde[n]
Mrs. = Mistreß, *in engl. Schreibung* Mistress ['misis] ‹engl.› (engl. Anrede für verheiratete Frauen *[nur mit Eigenn.]*)
m. S. = multiple Sklerose; *vgl.* MS
Ms., Mskr. = Manuskript
MS = Motorschiff; multiple Sklerose; *vgl.* m. S.
m/s = Meter je Sekunde
Msgr., Mgr. = Monsignore
Mskr., Ms. = Manuskript
Mss. = Manuskripte
Mt = Megatonne
MTA = medizinisch-technische[r] Assistent[in]
Mu|ba = Schweizerische Mustermesse Basel
Much|tar, der; -s, -s ‹arab.› (Dorfschulze)
Mu|ci|us ['mu:tsius] (altröm. m. Eigenn.); - Scävola [- 'stsɛ:vola] (röm. Sagengestalt)
Muck *vgl.* Mucks
Mucke, die; -, -n [*Trenn.* Muk|ke] (*ugs. für* Grille, Laune; Kleinigkeit, Nebengeschäft [*vgl. auch* Mugge]; *südd. für* Mücke); **Mücke**, die; -, -n [*Trenn.* Mük|ke]
Mucke|fuck[1], der; -s (*ugs. für* Ersatzkaffee; sehr dünner Kaffee)
mucken[1] (*ugs. für* leise murren)
Mücken[1]**‿dreck** (*ugs. für* Kleinigkeit, lächerliche Angelegenheit), **...pla|ge, ...schiß** (*derb für* Mückendreck), **...stich**
Mucker[1] (heuchlerischer Frömmler; Duckmäuser); **mucke|risch**[1]; -ste; **Mucker|tum**[1], das; -s; **muckisch**[1]; -ste (*veraltet, aber noch landsch. für* launisch, unfreundlich); **Mucks**, der; -es, -e, *auch* Muck, der; -s, -e *u.* Mucker, der; -s, - (*ugs. für* leiser, halb unterdrückter Laut); keinen - tun; **mucksch**; -este (*svw.* muckisch); **muck|schen** (*landsch. für* muckisch sein); **muck|sen** (*ugs. für* einen Laut geben; eine Bewegung machen); er hat sich nicht gemuckst (*ugs. für* er hat sich kleinlaut verhalten, sich nicht gerührt); **Muck|ser** *vgl.* Mucks; **mucks|mäus|chen|still** (*ugs. für* ganz still)
Mud, der; -s (*nordd. für* Schlamm [an Flußmündungen]; Morast); **mud|dig** (*nordd. für* schlammig)
mü|de; sich - arbeiten; einer Sache - (überdrüssig) sein; ich bin es (*vgl.* „es" *[alter Gen.]*) -; **Mü|dig|keit**, die; -
Mu|dir, der; -s, -e ‹arab.(-türk.)› (Leiter eines Verwaltungsbezirkes [in Ägypten])
M. U. Dr. *(österr.)* = medicinae universae doctor (Doktor der gesamten Medizin); *vgl.* Dr. med. univ.
Mu|dscha|hed, der; -, ...din ‹arab., „Kämpfer"› (Freischärler [im islam. Raum])
Mües|li (*schweiz. Form von* Müsli)
Mu|ez|zin [*auch, österr. nur,* 'mu...], der; -s, -s ‹arab.› (Gebetsrufer im Islam)
[1]**Muff**, der; -[e]s (*nordd. für* [1]Schimmel, Kellerfeuchtigkeit)
[2]**Muff**, der; -[e]s, -e ‹niederl.› (Handwärmer); **Müff|chen; Muf|fe**, die; -, -n (Rohr-, Ansatzstück); - haben (*ugs. für* Angst haben)
[1]**Muf|fel**, der; -s, - (*Jägerspr.* kurze Schnauze; *Zool.* unbehaarter Teil der Nase bei manchen Säugetieren; *ugs. für* mürrischer Mensch; jmd., der für etwas nicht zu haben ist)
[2]**Muf|fel**, die; -, -n (Schmelztiegel)
[3]**Muf|fel**, das; -s, - (*dt. Form für* Mufflon)
muf|fe|lig, muff|lig (*nordd. für* den Mund verziehend; mürrisch);
[1]**muf|feln** (*ugs. für* ständig [mit sehr vollem Mund] kauen; mürrisch sein); ich ...[e]le (↑R 22)
[2]**muf|feln** (*österr. für* müffeln); **müf|feln** (*landsch. für* dumpf, nach Muff [[1]Schimmel] riechen); ich ...[e]le (↑R 22)
Muf|fel|ofen ‹*zu* [2]Muffel›
Muf|fel|wild (Mufflon)
muf|fen (*landsch. für* dumpf riechen)
Muf|fen|sau|sen, das; -s *(derb)*; - haben (Angst haben)
[1]**muf|fig** (*landsch. für* mürrisch)
[2]**muf|fig** (dumpf, nach Muff [[1]Schimmel] riechend)
Muf|fig|keit, die; - ‹*zu* [1,2]muffig›
muff|lig *vgl.* muffelig
Muff|lon, der; -s, -s ‹franz.› (ein Wildschaf)
Muf|ti, der; -s, -s ‹arab.› (islam. Gesetzeskundiger)
Mu|gel, der; -s, -[n] (*österr. ugs. für* Hügel); **mu|ge|lig**, mug|lig (*österr. ugs. für* hügelig, voller Hügel; *fachspr. für* mit gewölbter Fläche)
Mug|ge, die; -, -n (*landsch. für* Gelegenheit, Nebengeschäft [bes. für Musiker])
Müg|gel|see, der; -s (südöstl. von Berlin)
mug|lig *vgl.* mugelig
muh!; muh machen, muh schreien
Mü|he, die; -, -n; mit Müh und Not (↑R 18); es kostet mich keine -; ich gebe mir redlich -; **mü|he|los**; -este; **Mü|he|lo|sig|keit**, die; -
mu|hen (muh schreien)
mü|hen, sich; ich mühe mich; **mü|he|voll; Mü|he|wal|tung**
Muh|kuh (*Kinderspr. für* Kuh)
Mühl|bach; Müh|le, die; -, -n; **Müh|len|rad** usw. *vgl.* Mühlrad usw.; **Müh|le|spiel; Mühl|graben**
Mühl|hau|sen, Tho|mas-Münt|zer-Stadt (Stadt in Thüringen); **Mühl|häu|ser**
Mühl|heim a. Main (Stadt bei Offenbach)
Mühl|heim an der Do|nau (Stadt in Baden-Württemberg)
Mühl‿rad, ...stein, ...wehr (das), **...werk**
Mühm|chen; Muh|me, die; -, -n (*veraltet für* Tante)
Müh|sal, die; -, -e; **müh|sam; Müh|sam|keit**, die; -; **müh|se|lig; Müh|se|lig|keit**
Muk|den (*früher für* Schenjang)
mu|kös; -este ‹lat.› (*Med.* schleimig); **Mu|ko|sa**, die; -, ...sen (Schleimhaut)
Mu|lat|te, der; -n, -n (↑R 197) ‹span.› (Nachkomme eines weißen u. eines schwarzen Elternteils); **Mu|lat|tin**
Mulch, der; -[e]s, -e (Schicht aus zerkleinerten Pflanzen, Torf o. ä. auf dem Acker- od. Gartenboden); **Mulch|blech** (Laubzerklei-

---
[1] *Trenn.* ...k|k...

nerer an Rasenmähern); **mul|chen** (mit Mulch bedecken)

Mul|de, die; -, -n; **mul|den|för|mig**

Mu|le|ta, die; -, -s ‹span.› (rotes Tuch der Stierkämpfer)

Mül|hau|sen (Stadt im Elsaß)

Mül|heim (Ort bei Koblenz)

Mül|heim a. d. Ruhr (Stadt im Ruhrgebiet)

[1]**Mu|li,** das; -s, -[s] ‹lat.› (*südd., österr. für* Mulus [Maulesel]); [2]**Mu|li** (*Plur. von* Mulus)

[1]**Mull,** der; -[e]s, -e ‹Hindi-engl.› (ein Baumwollgewebe)

[2]**Mull,** der; -[e]s, -e (*nordd. für* weicher, lockerer Humusboden)

[3]**Mull,** *auch* Gold|mull, der; -s, -e (ein maulwurfähnlicher Insektenfresser)

Müll, der; -[e]s (Abfälle [der Haushalte, der Industrie]); **Müll‿ab|fuhr, ...ab|la|de|platz**

Mul|lah, der; -s, -s ‹arab.› (Titel von islam. Geistlichen u. Gelehrten)

Mulläppchen [*Trenn.* Mull|läpp|chen, ↑R 204]

Mul|lat|schag, der; -s, -s ‹ung.› (*ostösterr. für* ausgelassenes Fest)

Müll‿au|to, ...berg, ...beu|tel

Mull|bin|de

Müll‿con|tai|ner, ...de|po|nie, ...ei|mer

Mül|ler; Mül|ler‿bursch *od.* **...bur|sche; Mül|le|rei; Mül|le|rin; Mül|le|rin|art;** *in den Wendungen* auf *od.* nach - (in Mehl gewendet, gebraten u. mit Butter übergossen)

Mül|ler-Thur|gau [*auch* ...'tu:r...], der; - ‹nach dem schweiz. Pflanzenphysiologen H. Müller-Thurgau› (eine Reb- u. Weinsorte)

Mull|gar|di|ne

Müll‿gru|be, ...hau|fen

Müll|heim (Stadt in Baden-Württemberg)

Müll‿kip|pe, ...mann (*ugs.; Plur.* ...männer), **...schlucker** [*Trenn.* ...schluk|ker], **...ton|ne, ...ver|bren|nung; Müll|ver|bren|nungs|an|la|ge; Müll‿wa|gen, ...wer|ker** (Berufsbezeichnung)

Mull|win|del

Mulm, der; -[e]s (lockere Erde; faules Holz); **mul|men** (zu Mulm machen; in Mulm zerfallen); **mul|mig** (*ugs. auch für* bedenklich; unwohl); die Sache ist - *(ugs.);* mir ist - *(ugs.)*

Mul|ti, der; -s, -s ‹lat.› (*ugs. Kurzwort für* multinationaler Konzern); **mul|ti|funk|tio|nal** (vielen Funktionen gerecht werdend); **mul|ti|kul|tu|rell** (viele Kulturen, Angehörige mehrerer Kulturen umfassend, aufweisend); -e Gesellschaft; **mul|ti|la|te|ral** (mehrseitig); -e Verträge; **mul|ti|me|di|al** (viele Medien betreffend, berücksichtigend; für viele Medien bestimmt); **Mul|ti|me|dia|sy|stem** (System, das mehrere Medien [z. B. Fernsehen u. Bücher] verwendet); **Mul|ti|mil|lio|när; mul|ti|na|tio|nal** (aus vielen Nationen bestehend; in vielen Staaten vertreten); -e Unternehmen; **mul|ti|pel** (vielfältig); ...i|ple Sklerose (Gehirn- u. Rückenmarkskrankheit; *Abk.* MS, m. S.); **Mul|ti|ple-choice-Ver|fah|ren** ['maltip(ə)l'tʃɔys...] ‹engl.; dt.› ([Prüfungs]verfahren, bei dem von mehreren vorgegebenen Antworten eine od. mehrere als richtig zu kennzeichnen sind); **mul|ti|plex;** -este (*veraltet für* vielfältig); *vgl.* Dr. [h. c.] mult.; **Mul|ti|pli|kand,** der; -en, -en; ↑R 197 (*Math.* Zahl, die mit einer anderen multipliziert werden soll); **Mul|ti|pli|ka|ti|on,** die; -, -en (Vervielfachung); **Mul|ti|pli|ka|ti|vum** [...v...], das; -s, ...va (*Sprachw.* Vervielfältigungszahlwort); **Mul|ti|pli|ka|tor,** der; -s, ...oren (Zahl, mit der eine vorgegebene Zahl multipliziert werden soll; jmd., der Wissen, Informationen weitergibt und verbreitet); **mul|ti|pli|zie|ren** (malnehmen, vervielfachen); zwei multipliziert mit zwei ist, macht, gibt (*nicht:* sind, machen, geben) vier; **mul|ti|va|lent** [...v...] (*Psych.* mehr-, vielwertig [von Tests, die mehrere Lösungen zulassen]); **Mul|ti|va|lenz,** die; -, -en (*bes. Psych.* Mehrwertigkeit [von psychischen Eigenschaften], Schriftmerkmalen, Tests); **Mul|ti|vi|bra|tor,** der; -s, ...oren (ein Bauelement in elektron. Rechenanlagen u. Fernsehgeräten); **Mul|ti|vi|si|ons|wand** (Projektionswand, auf die mehrere Dias gleichzeitig projiziert werden)

mul|tum, non mul|ta ‹lat., „viel [= ein Gesamtes], nicht vielerlei [= viele Einzelheiten]"› (Gründlichkeit, nicht Oberflächlichkeit)

Mu|lus, der; -, Muli ‹lat.› (Maulesel)

Mu|mie [...iə], die; -, -n ‹pers.-ital.› ([durch Einbalsamieren usw.] vor Verwesung geschützter Leichnam); **mu|mi|en|haft** [...iən...]; -este; **Mu|mi|en|sarg; Mu|mi|fi|ka|ti|on,** die; -, -en ‹pers.-ital.; lat.› (*seltener für* Mumifizierung; *Med.* Gewebeeintrocknung); **mu|mi|fi|zie|ren; Mu|mi|fi|zie|rung** (Einbalsamierung)

Mumm, der; -s (*ugs. für* Mut, Schneid); keinen - haben

[1]**Mum|me,** die; - (*landsch. für* Malzbier); Braunschweiger -

[2]**Mum|me,** die; -, -n (*veraltet für* Larve; Vermummter)

Mum|mel, die; -, -n (Teichrose)

Mum|mel|greis (*ugs. für* alter [zahnloser] Mann); **Müm|mel|mann,** der; -[e]s, ...männer (*scherzh. für* Hase); **mum|meln** (*landsch. für* murmeln; behaglich kauen, wie ein Zahnloser kauen; *auch für* mummen); ich ...[e]le (↑R 22); **müm|meln** (fressen [vom Hasen, Kaninchen])

Mum|mel|see, der; -s

mum|men (*veraltet für* einhüllen; vermummen); **Mum|men|schanz,** der; -es (*veraltend für* Maskenfest)

Mum|pitz, der; -es (*ugs. für* Unsinn; Schwindel)

Mumps, der, *landsch. auch* die; - ‹engl.› (eine Infektionskrankheit)

Munch [muŋk], Edvard (norweg. Maler)

Mün|chen (Stadt a. d. Isar); München-Schwabing (↑R 154); **Mün|che|ner,** Münch|ner (↑R 147); - Kindl; Münch[e]ner Straße (↑R 191)

[1]**Münch|hau|sen,** Karl Friedrich Hieronymus von, *genannt* „Lügenbaron" (Verfasser unglaubhafter Abenteuergeschichten); [2]**Münch|hau|sen,** der; -, - (Aufschneider); **Münch|hau|se|nia|de, Münch|hau|sia|de** (Erzählung in Münchhausens Art); **münch|hau|sisch,** aber (↑R 134): die Münchhausischen Schriften

Münch|ner *vgl.* Münchener

[1]**Mund,** der; -[e]s, *Plur.* Münder, *selten auch* Munde *u.* Münde

[2]**Mund,** Munt, die; - (Schutzverhältnis im germ. Recht); *vgl.* Mundium

Mund|art; Mund|art‿dich|ter, ...dich|te|rin, ...dich|tung; Mund|ar|ten|for|schung, Mund|art|for|schung; mund|art|lich (*Abk.* mdal.); **Mund|art‿spre|cher, ...spre|che|rin, ...wör|ter|buch; Münd|chen; Mund|du|sche**

Mün|del, das, BGB *[für beide Geschlechter]* der; -s, -, *für ein Mädchen selten auch* die; -, -n ‹*zu* [2]Mund, Munt› (*Rechtsspr.* unter Vormundschaft stehende Person); **Mün|del|geld; mün|del|si|cher** *(Bankw.);* **Mün|del|si|cher|heit,** die; -

mun|den (*geh. für* schmecken); **mün|den**

Mün|den (Stadt am Zusammenfluß der Fulda u. der Werra zur Weser); **Mün|de|ner** (↑R 147)

mund|faul (*ugs. für* wortkarg); **Mund|fäu|le** (eitrige Entzündung der Mundschleimhaut u. des Zahnfleisches); **mund|fer|tig; Mund‿flo|ra** (*Med.* die Bakterien u. Pilze in der Mundhöhle);

mụnd|ge|recht; -este; **Mụnd‿ge|ruch** *(Plur. selten),* **...har|mo|ni|ka, ...höh|le**

mün|dig; - sein, werden; **Mün|dig|keit,** die; -; **Mün|dig|keits|er|klä|rung; mün|dig|spre|chen** (↑R 205); ich spreche mündig; mündiggesprochen; mündigzusprechen; **Mün|dig|spre|chung**

Mụn|di|um, das; -s, *Plur.* ...ien [...i̯ən] *u.* ...ia ⟨germ.-mlat.⟩ (Schutzverpflichtung, -gewalt im frühen dt. Recht); *vgl.* [2]Mund

Mụnd|kom|mu|ni|on *(kath. Kirche);* **Mụ̈nd|lein; mụ̈nd|lich; Mụ̈nd|lich|keit,** die; -; **Mụnd‿öff|nung** *(Zool.),* **...par|tie, ...pfle|ge, ...pro|pa|gan|da, ...raub** (der; -[e]s), **...rohr** (*veraltet für* Mundstück)

Mụnd|schaft (*früher* Verhältnis zwischen Schützer u. Beschütztem; Schutzverhältnis)

Mụnd‿schenk (*früher* für die Getränke verantwortlicher Hofbeamter), **...schleim|haut, ...schutz** (der; -s, -e *Plur. selten; Med., Boxen*)

M-und-S-Rei|fen = Matsch-und-Schnee-Reifen

Mụnd|stück; mụnd|tot; jmdn. - machen (zum Schweigen bringen); **Mụnd|tuch** (*Plur.* ...tücher; *veraltet für* Serviette)

Mụ̈n|dung; Mụ̈n|dungs‿feu|er, ...scho|ner; Mụnd|voll, der; -, -; einen, zwei, einige, ein paar - [Fleisch u.a.] nehmen; a b e r: den Mund voll nehmen (großsprecherisch sein); **Mụnd‿vor|rat, ...was|ser** (*Plur.* ...wässer); **Mụnd|werk,** das; -s, -e; ein großes, gutes - haben (*ugs. für* tüchtig, viel reden können); **Mụnd‿werk|zeug** *(meist Plur.),* **...win|kel; Mụnd-zu-Mụnd-Be|at|mung** (↑R 41); **Mụnd-zu-Na̲|se-Be|at|mung** (↑R 41)

Mung|gen|ast ['muŋənast] (österr. Barockbaumeisterfamilie)

[1]**Mụn|go,** der; -s, -s ⟨angloind.⟩ (eine Schleichkatze)

[2]**Mụn|go,** der; -[s], -s ⟨engl.⟩ (Garn, Gewebe aus Reißwolle)

Mụ|ni, der; -s, - (*schweiz. für* Zuchtstier)

Mụ|nin ⟨„der Erinnerer"⟩ (*nord. Mythol.* einer der beiden Raben Odins); *vgl.* Hugin

Mu|ni|ti|o̲n, die; -, -en ⟨franz.⟩; **mu|ni|tio|nie̲|ren** (mit Munition versehen); **Mu|ni|tio|nie̲|rung; Mu|ni|ti|o̲ns‿de|pot, ...fa|brik, ...la|ger, ...zug**

mu|ni|zi|pa̲l ⟨lat.⟩ (*veraltet für* städtisch; Verwaltungs...); **Mu|ni|zi|pi|um,** das; -s, ...ien [...i̯ən] (altröm. Landstadt mit Selbstverwaltung)

Mun|ke|le̲i *(ugs.);* **mụn|keln** (*ugs. für* im geheimen reden); ich ...[e]le (↑R 22)

Mụ̈n|ster, das, *selten* der; -s, - (Stiftskirche, Dom)

Mün|ste|ra̲|ner (Einwohner von Münster [Westf.])

Mụ̈n|ster|bau *Plur.* ...bauten

Mụ̈n|ster|kä|se, der; -s, - ⟨nach der franz. Stadt Munster im Elsaß⟩ (ein Weichkäse)

Mün|ster|land, das; -[e]s (Teil der Westfälischen Bucht)

Mụ̈n|ster|turm

Mün|ster (Westf.) (Stadt im Münsterland)

Mụnt *vgl.* [2]Mund

mụn|ter; munt[e]rer, -ste; **Mụn|ter|keit,** die; -; **Mụn|ter|ma|cher** (*ugs. für* Anregungsmittel)

Mụ̈nt|zer, Thomas (dt. ev. Theologe)

Mụ̈nz‿amt, ...an|stalt, ...ap|pa|rat, ...au|to|mat; Mụ̈n|ze, die; -, -n (Zahlungsmittel, Geld; Geldprägestätte); **mụ̈n|zen;** du münzt; das ist auf mich gemünzt (*ugs. für* das zielt auf mich ab); **Mụ̈n|zen|samm|lung; Mụ̈n|zer** (*veraltet für* Münzenpräger); **Mụ̈nz‿fern|spre|cher, ...fuß** (Verhältnis zwischen Gewicht u. Feingehalt bei Münzen), **...ge|wicht, ...ho|heit, ...ka|bi|nett, ...kun|de** (die; -; *für* Numismatik); **mụ̈nz|mä|ßig; Mụ̈nz‿recht, ...samm|lung** (*vgl.* Münzensammlung), **...sor|tier|ma|schi|ne, ...stät|te, ...tank, ...tech|nik, ...ver|bre|chen, ...wechs|ler, ...we|sen** (das; -s)

Mu̲r, die; - (l. Nebenfluß der Drau)

Mu|rä̲|ne, die; -, -n ⟨griech.⟩ (ein Fisch)

mụ̈rb, *häufiger* **mụ̈r|be;** mürbes Gebäck; er hat ihn - gemacht (*ugs. für* seinen Widerstand gebrochen); **Mụ̈r|be,** die; -; **Mụ̈r|be‿bra|ten** (*nordd. für* Lendenbraten), **...teig; Mụ̈rb|heit,** die; -; **Mụ̈r|big|keit,** die; - *(veraltet)*

Mu̲r|bruch, der; -[e]s, ...brüche,

Mu̲|re, die; -, -n (*Geol.* Schutt- od. Schlammstrom im Hochgebirge)

mu̲|ren ⟨engl.⟩ (*Seew.* mit einer Muring verankern)

mu|ria̲|tisch (↑R 180) ⟨lat.⟩ (kochsalzhaltig)

mu̲|rig ⟨*zu* Mure⟩; -es Gelände

Mu|ril|lo [mu'riljo] (span. Maler)

Mu̲|ring, die; -, -e ⟨engl.⟩ (*Seew.* Vorrichtung zum Verankern mit zwei Ankern); **Mu̲|rings‿bo|je, ...schä|kel**

Mü̲|ritz, die; - (See in Mecklenburg)

Mụr|kel, der; -s, - (*landsch. für* kleines Kind; unansehnlicher [kleiner] Mensch); **mụr|ke|lig, mụrk|lig** (*landsch. für* klein u. unansehnlich)

Mụrks, der; -es (*ugs. für* unordentliche Arbeit; fehlerhaftes Produkt); **mụrk|sen** *(ugs.);* du murkst; **Mụrk|ser**

Mur|mansk (russ. Hafenstadt)

Mụr|mel, die; -, -n (*landsch. für* Spielkügelchen)

[1]**mụr|meln;** ich ...[e]le (↑R 22) (leise u. undeutlich sprechen)

[2]**mụr|meln;** ich ...[e]le (↑R 22) (*landsch. für* mit Murmeln spielen)

Mụr|mel|tier (ein Nagetier); schlafen wie ein -

Mụr|ner, der; -s (Kater in der Tierfabel)

Mụrr, die; - (r. Nebenfluß des Neckars)

mụr|ren; mụ̈r|risch; -ste; **Mụ̈r|risch|keit,** die; -; **Mụrr|kopf** (*veraltet für* mürrischer Mensch); **mụrr|köp|fig, mụrr|köp|fisch**

Mụr|ten (Stadt im Kanton Freiburg); **Mụr|ten|see,** der; -s

Mụ̈rz, die; - (l. Nebenfluß der Mur)

Mu̲s, das, *landsch. auch* der; -es, -e

Mu̲|sa, die; - ⟨arab.⟩ (Bananenart); **Mu̲|sa|fa|ser** (Manilahanf)

[1]**Mus|age̲t,** der; -en (↑R 197) ⟨griech., „Musen[an]führer"⟩ (Beiname Apollos); [2]**Mus|age̲t,** der; -en, -en; ↑R 197 (*veraltet für* Freund u. Förderer der Künste u. Wissenschaften)

mu̲s|ar|tig

Mus|ca|det [myska'dɛ], der; -[s], -s (ein trockener franz. Weißwein)

[1]**Mụ|sche,** die; -, -n ⟨franz.⟩ (*vgl.* Mouche)

[2]**Mụ|sche,** die; -, -n (*landsch. für* leichtlebige Frau; Prostituierte)

Mụ|schel, die; -, -n; **Mụ|schel|bank** *Plur.* ...bänke; **Mụ̈|schel|chen; mụ|schel|för|mig; mụ|sche|lig,** musch|lig; **Mụ|schel‿kalk** (der; -[e]s; *Geol.* mittlere Abteilung der Triasformation), **...samm|lung, ...scha|le, ...werk** (das; -[e]s; *Kunstw.*)

Mụ|schi, die; -, -s (*Kinderspr.* Katze; *ugs. für* Vulva)

Mụ|schik [*auch* mu'ʃik], der; -s, -s ⟨russ.⟩ (Bauer im zarist. Rußland)

Mu|schi̲r, der; -s, -e ⟨arab.⟩ (*früher* türk. Feldmarschall)

Musch|ko̲|te, der; -n, -n (↑R 197) ⟨*zu* Musketier⟩ (*veraltend für* Soldat [ohne Rang]; einfacher Mensch)

mụsch|lig *vgl.* muschelig

Mu̲|se, die; -, -n ⟨griech.⟩ (eine der [neun] griech. Göttinnen der Künste); die zehnte - (*scherzh. für* Kleinkunst, Kabarett); **mu|se|a̲l** (zum, ins Museum gehö-

rend; Museums...); **Mu|se|en** (*Plur. von* Museum)
Mu|sel|man ['mu:z(ə)lma:n], der; -en, Muselmanen ‹arab.; *verderbt aus* Moslem› (*veraltet für* Anhänger des Islams); *vgl.* Moslem *u.* Muslim; **Mu|sel|ma|nin;** *vgl.* Moslime *u.* Muslime; **mu|sel|ma|nisch; Mu|sel|mann** *Plur.* ...männer (*veraltet; eindeutschend für* Muselman); **Mu|sel|män|nin; mu|sel|män|nisch**
Mu|sen|al|ma|nach; Mu|sen‿sohn (*scherzh. für* Dichter), **...tem|pel** (*scherzh. für* Theater); **Mu|seo|lo|gie,** die; - (Museumskunde); **mu|seo|lo|gisch**
Mu|sette [my'zɛt], die; -, *Plur.* -s *od.* -n [...t(ə)n] ‹franz.› (franz. Tanz im ¾- od. ⁶⁄₈-Takt)
Mu|se|um, das; -s, ...een ‹griech.› ([der Öffentlichkeit zugängliche] Sammlung von Altertümern, Kunstwerken o. ä.); **Mu|se|ums‿auf|se|her, ...bau** (*Plur.* ...bauten), **...die|ner** (*veraltend*), **...füh|rer, ...ka|ta|log; mu|se|ums|reif; Mu|se|ums|stück**
Mu|si|cal ['mju:zik(ə)l], das; -s, -s ‹amerik.› (populäres Musiktheater[stück], das von operetten- u. revuehaften Elementen bestimmt ist)
mu|siert ‹griech.› (*svw.* musivisch)
Mu|sik, die; -, -en ‹griech.› (*nur Sing.:* Tonkunst; Komposition, Musikstück); **Mu|sik|aka|de|mie; Mu|si|ka|li|en** [...i̯ən] *Plur.* (gedruckte Musikwerke); **Mu|si|ka|li|en|hand|lung; mu|si|ka|lisch;** -ste (tonkünstlerisch; musikbegabt, musikliebend); **Mu|si|ka|li|tät,** die; - (musikal. Wirkung; musikal. Empfinden od. Nacherleben); **Mu|si|kant,** der; -en, -en; ↑R 197 (Musiker, der zum Tanz u. dgl. aufspielt); **Mu|si|kan|ten|kno|chen** (*ugs. für* schmerzempfindlicher Ellenbogenknochen); **Mu|si|kan|tin; mu|si|kan|tisch** (musizierfreudig); **Mu|sik‿au|to|mat, ...bi|blio|thek; Mu|sik|box** (Schallplattenapparat in Gaststätten); **Mu|sik‿di|rek|tor** (*Abk.* MD), **...dra|ma; Mu|si|ker; Mu|si|ke|rin; Mu|sik‿er|zie|hung, ...ge|schich|te** (die; -), **...hoch|schu|le, ...in|stru|ment; Mu|sik|in|stru|men|ten|in|du|strie; Mu|sik‿ka|pel|le, ...kas|set|te, ...kon|ser|ve, ...kri|ti|ker, ...kri|ti|ke|rin, ...leh|rer, ...leh|re|rin, ...le|xi|kon; mu|sik|lie|bend; Mu|sik|lieb|ha|ber; Mu|si|ko|lo|ge,** der; -n, -n; ↑R 197 (Musikwissenschaftler); **Mu|si|ko|lo|gie,** die; - (Musikwissenschaft); **Mu|si|ko|lo|gin; Mu|sik‿preis** (*vgl.* ²Preis), **...stück, ...thea|ter** (das; -s; ↑R 180), **...tru|he, ...über|tra|gung, ...un|ter|richt; Mu|si|kus,** der; -, *Plur.* ...sizi *u.* ...kusse (*scherzh. für* Musiker); **Mu|sik|ver|lag; mu|sik|ver|stän|dig; Mu|sik‿werk, ...wis|sen|schaft** (die; -), **...wis|sen|schaft|ler, ...wis|sen|schaft|le|rin, ...zeit|schrift**
Mu|sil (österr. Schriftsteller)
mu|sisch ‹griech.› (künstlerisch [durchgebildet, hochbegabt usw.]; die schönen Künste betreffend); -es Gymnasium
Mu|siv‿ar|beit (eingelegte Arbeit, Mosaik), **...gold** (unechtes Gold); **mu|si|visch** [...viʃ] ‹griech.› (eingelegt); -e Arbeit; **Mu|siv|sil|ber** (Legierung aus Zinn, Wismut u. Quecksilber zum Bronzieren)
mu|si|zie|ren; Mu|si|zier|stil
Mus|kat [*österr. u. schweiz.* 'mus...], der; -[e]s, -e ‹sanskr.-franz.› (ein Gewürz); **Mus|kat|blü|te** [*österr. u. schweiz.* 'mus...]; **Mus|ka|te,** die; -, -n (*veraltet für* Muskatnuß); **Mus|ka|tel|ler,** der; -s, - ‹ital.› (eine Reb- u. Weinsorte); **Mus|ka|tel|ler|wein; Mus|kat|nuß** [*österr. u. schweiz.* 'mus...]; **Mus|kat|nuß|baum**
Mus|kel, der; -s, -n ‹lat.›; **Mus|kel‿atro|phie** (*Med.* Muskelschwund), **...fa|ser, ...ka|ter** (*ugs. für* Muskelschmerzen), **...kraft, ...krampf, ...mann** (*Plur.* ...männer; *ugs. für* muskulöser [starker] Mensch), **...pa|ket** (*ugs. svw.* Muskelmann), **...protz** (*ugs. für* jmd., der mit seinen Muskeln prahlt), **...riß, ...schwund, ...zer|rung**
Mus|ke|te, die; -, -n ‹franz.› (*früher* schwere Handfeuerwaffe); **Mus|ke|tier,** der; -s, -e (*früher* Fußsoldat)
Mus|ko|vit [...v...], *auch* **Mus|ko|wit** [*beide auch* ...'vit], der; -s, -e (heller Glimmer)
mus|ku|lär ‹lat.› (auf die Muskeln bezüglich, sie betreffend); **Mus|ku|la|tur,** die; -, -en (Muskelgefüge, starke Muskeln); **mus|ku|lös;** -este ‹franz.› (mit starken Muskeln versehen; äußerst kräftig)
Müs|li, das; -s, - ‹schweiz.› (ein Rohkostgericht, bes. aus Getreideflocken); *vgl.* Müesli
Mus|lim, der; -[s], *Plur.* -e *u.* -s (*fachspr. für* Moslem); **Mus|li|me, mus|li|misch** (*fachspr. für* Moslime, moslemisch *[vgl. d.]*)
Mus|pel|heim (*nord. Mythol.* Welt des Feuers, Reich der Feuerriesen); **Mus|pil|li,** das; -s („Weltbrand") (altdt. Gedicht vom Weltuntergang)
Muß, das; - (Zwang); es ist ein - (notwendig); wenn nicht das harte - dahinterstünde; **Muß-Be|stim|mung** (↑R 33)
Mu|ße, die; - (freie Zeit, [innere] Ruhe)
Muß|ehe (*ugs.*)
Mus|se|lin, der; -s, -e ‹nach der Stadt Mosul› (ein Gewebe); **mus|se|li|nen** (aus Musselin)
müs|sen; ich muß, du mußt; du mußtest; du müßtest; gemußt; müsse!; ich habe gemußt, a b e r: was habe ich hören -!
Mus|se|ron [...'rõ:], der; -s, -s ‹franz.› (ein Pilz)
Mu|ße|stun|de
Muß|hei|rat (*ugs.*)
mü|ßig; - sein; - [hin und her] gehen; *vgl. aber* müßiggehen; **mü|ßi|gen;** *nur noch in* sich gemüßigt (veranlaßt, genötigt) sehen; **Mü|ßig‿gang** (der; -[e]s), **...gän|ger, ...gän|ge|rin; mü|ßig|gän|ge|risch;** -ste; **mü|ßig|ge|hen;** ↑R 205 (faulenzen); er ist müßiggegangen; **Mü|ßig|keit,** die; - (*geh.*)
Mus|sorg|ski (russ. Komponist)
Mu|sprit|ze (*ugs. für* Regenschirm)
Muß-Vor|schrift (↑R 33)
Mu|sta|fa (m. Vorn.)
Mu|stang, der; -s, -s ‹engl.› (wildlebendes Präriepferd)
Mu|ster, das; -s, -; nach -; **Mu|ster‿bei|spiel, ...be|trieb, ...bild, ...brief, ...buch, ...ehe, ...ex|em|plar** (*meist iron.*), **...gat|te** (*meist iron.*); **mu|ster|gül|tig; Mu|ster|gül|tig|keit,** die; -; **mu|ster|haft;** -este; **Mu|ster|haf|tig|keit,** die; -; **Mu|ster‿kar|te, ...kna|be** (*iron.*), **...kof|fer, ...land, ...mes|se** (*vgl.* ²Messe); **mu|stern;** ich ...ere (↑R 22); **Mu|ster‿pro|zeß, ...schü|ler, ...schü|le|rin, ...schutz, ...stück; Mu|ste|rung; Mu|ste|rungs|be|scheid; Mu|ster‿zeich|ner, ...zeich|nung**
Mus|topf; aus dem - kommen (*ugs. für* ahnungslos sein)
Mut, der; -[e]s; jmdm. - machen; guten Mut[e]s sein (↑R 7); mir ist traurig zumute
Mu|ta, die; -, ...tä ‹lat.› (*Sprachw.* Explosivlaut); - cum liquida (Verbindung von Verschluß- u. Fließlaut, z. B. pl, pr)
mu|ta|bel ‹lat.› (veränderlich); ...a|ble Merkmale; **Mu|ta|bi|li|tät,** die; - (Veränderlichkeit); **Mu|tant,** der; -en, -en (*svw.* Mutante; *bes. österr. auch für* Jugendlicher im Stimmwechsel); **Mu|tan|te,** die; -, -n (*Biol.* durch Mutation entstandenes Lebewesen); **Mu|ta|ti|on,** die; -, -en (*Biol.* spontan entstandene od. künstlich erzeugte Veränderung im Erbgefüge; *Med.* Stimmwechsel; *schweiz. für* Änderung im Personal- od.

Mitgliederbestand); **mu|ta|tis mu|tan|dis** (mit den nötigen Abänderungen; *Abk.* m. m.)
Müt|chen, das; -s; an jmdm. sein - kühlen (an jmdm. seinen Zorn auslassen)
mu|ten (*Bergmannsspr.* die Genehmigung zum Abbau beantragen; *Handw.* um die Erlaubnis nachsuchen, das Meisterstück zu machen); [wohl] gemutet (*veraltet für* gestimmt, gesinnt) sein, aber: wohlgemut sein; **Mu|ter** (*Bergmannsspr.* jmd., der Mutung einlegt)
mut|er|füllt; -este
Mut|geld (*veraltet für* Abgabe für das Meisterstück); *vgl.* muten
mu|tie|ren ‹lat.› (*Biol.* sich spontan im Erbgefüge ändern; *Med.* die Stimme wechseln)
mu|tig; ...mü|tig (z. B. wehmütig)
Müt|lein *vgl.* Mütchen
mut|los; -este; **Mut|lo|sig|keit,** die; -
mut|ma|ßen (vermuten); du mutmaßt; du mutmaßtest; gemutmaßt; zu -; **mut|maß|lich;** der -e Täter; **Mut|ma|ßung**
Mut|pro|be
Mut|schein (*Bergmannsspr.* Urkunde über die Genehmigung zum Abbau)
Mutt|chen (*landsch. Koseform von* ²Mutter)
¹**Mut|ter,** die; -, -n (Schraubenteil)
²**Mut|ter,** die; -, Mütter; Mutter Erde; **Müt|ter|be|ra|tungs|stel|le; Mut|ter|bo|den,** der; -s (humusreiche oberste Bodenschicht); **Müt|ter|chen; Mut|ter|er|de,** die; - (*svw.* Mutterboden); **Mut|ter|freu|den** *Plur.; in* - entgegensehen (*geh. für* schwanger sein); **Müt|ter|ge|ne|sungs|heim; Müt|ter-Ge|ne|sungs|werk;** Deutsches -; **Mut|ter_ge|sell|schaft** *(Wirtsch.)*, **...ge|stein; Mut|ter Got|tes,** die; - -, *auch* **Mut|ter|got|tes,** die; -; **Mut|ter|got|tes|bild; Mut|ter_herz, ...kir|che, ...korn** (*Plur.* ...korne), **...ku|chen** (*für* Plazenta), **...land** (*Plur.* ...länder), **...leib** (der; -[e]s); **Müt|ter|lein; müt|ter|lich; müt|ter|li|cher|seits; Müt|ter|lich|keit,** die; -; **Mut|ter|lie|be; mut|ter|los; Mut|ter_mal** (*Plur.* ...male), **...milch, ...mund** (der; -[e]s; *Med.*)
Mut|tern_fa|brik, ...schlüs|sel
Mut|ter_paß, ...pflan|ze, ...recht (das; -[e]s), **...schaf; Mut|ter|schaft,** die; -; **Mut|ter|schafts_hil|fe, ...ur|laub; Mut|ter_schiff, ...schutz; Mut|ter|schutz|ge|setz; Mut|ter|schwein; mut|ter|see|len|al|lein** (ganz allein); **Mut|ter_söhn|chen** *(abwertend)*, **...spra|che, ...stel|le** (an jmdm. - vertreten), **...tag, ...tier, ...witz** (der; -es); **Mut|ti,** die; -, -s (*Koseform von* ²Mutter)
mu|tu|al, mu|tu|ell ‹lat.› (wechselseitig); **Mu|tua|lis|mus,** der; -; ↑R 180 (*Biol.* Beziehung zwischen Lebewesen verschiedener Art zu beiderseitigem Nutzen); **mu|tu|ell** *vgl.* mutual
Mu|tung (*Bergmannsspr.* Antrag auf Erteilung des Abbaurechts); - einlegen (Antrag stellen)
Mut|wil|le, der; -ns; **mut|wil|lig; Mut|wil|lig|keit**
Mutz, der; -es, -e (*landsch. für* Tier mit gestutztem Schwanz)
Mütz|chen; Müt|ze, die; -, -n; **Müt|zen|schirm; Mütz|lein**
m. v. = mezza voce
MV = Megavolt
m. W. = meines Wissens
MW = Megawatt
MwSt., MWSt. = Mehrwertsteuer
¹**My,** das; -[s], -s (griech. Buchstabe: *M*, *μ*); ²**My** (*kurz für* Mikron *[vgl. d.]*)
My|al|gie, die; -, ...ien ‹griech.› (*Med.* Muskelschmerz); **My|asthe|nie,** die; -, ...ien (*Med.* krankhafte Muskelschwäche);
My|ato|nie, die; -, ...ien (*Med.* [angeborene] Muskelerschlaffung)
Mye|li|tis, die; -, ...litiden ‹griech.› (*Med.* Entzündung des Rücken- od. Knochenmarks)
My|ke|nä, My|ke|ne (griech. Ort u. antike Ruinenstätte); **my|ke|nisch**
My|ko|lo|ge, der; -n, -n (↑R 197) ‹griech.› (Kenner u. Erforscher der Pilze); **My|ko|lo|gie,** die; - (Pilzkunde); **my|ko|lo|gisch; My|kor|rhi|za,** die; -, ...zen (*Bot.* Lebensgemeinschaft zwischen den Wurzeln von höheren Pflanzen u. Pilzen)
My|la|dy [mi'le:di] ‹engl.› (frühere engl. Anrede an eine Dame = gnädige Frau)
My|lo|nit [*auch* ...'nit], der; -s, -e ‹griech.› (*Geol.* Gestein)
My|lord [mi...] ‹engl.› (frühere engl. Anrede an einen Herrn = gnädiger Herr)
Myn|heer [mə'ne:r] ‹niederl.› *vgl.* Mijnheer
Myo|kard, das; -[e]s, -e *u.* Myo|kar|di|um, das; -s, ...dia ‹griech.› (*Med.* Herzmuskel); **Myo|kar|die,** die; -, ...ien *u.* Myo|kar|do|se, die; -, -n (nichtentzündliche Herzmuskelerkrankung); **Myo|kard|in|farkt** (Herzinfarkt); **Myo|kar|di|tis,** die; -, ...itiden (Herzmuskelentzündung); **Myo|kar|do|se** *vgl.* Myokardie; **Myo|kard|scha|den; Myo|lo|gie,** die; - (*Med.* Muskellehre); **My|om,** das; -s, -e (gutartige Muskelgewebsgeschwulst); **myo|morph** (muskelfaserig)
My|on, das; -s, ...onen *meist Plur.* ‹griech.› (*Kernphysik* instabiles Elementarteilchen)
my|op, my|opisch ‹griech.› (*Med.* kurzsichtig); **My|ope,** der *od.* die; -n, -n; ↑R 7 ff. (Kurzsichtige[r]); **My|opie,** die; - (Kurzsichtigkeit); **my|opisch** *vgl.* myop
Myo|sin, das; -s (Muskeleiweiß);
Myo|si|tis, die; -, ...itiden ‹griech.› (*Med.* Muskelentzündung); **Myo|to|mie,** die; -, ...ien (operative Muskeldurchtrennung); **Myo|to|nie,** die; -, ...ien (Muskelkrampf)
My|ria... ‹griech.› (10 000 Einheiten enthaltend); **My|ria|de,** die; -, -n; ↑R 180 (Anzahl von 10 000; *meist Plur.: übertr. für* unzählig große Menge); **My|ria|po|de, My|rio|po|de,** der; -n, -n *meist Plur.;* ↑R 197 (*Zool.* Tausendfüßler)
Myr|me|ko|lo|gie, die; - ‹griech.› (*Zool.* Ameisenkunde)
Myr|mi|do|ne, der; -n, -n; ↑R 197 (Angehöriger eines antiken Volksstammes)
My|ro|ba|la|ne, die; -, -n ‹griech.› (Gerbstoff enthaltende Frucht vorderind. Holzgewächse)
Myr|rhe, die; -, -n ‹semit.› (ein aromat. Harz); **Myr|rhen_öl** (das; -[e]s), **...tink|tur** (die; -)
Myr|te, die; -, -n (immergrüner Baum od. Strauch des Mittelmeergebietes u. Südamerikas);
Myr|ten_kranz, ...zweig
My|ste|ri|en|spiel [...iən...] ‹griech.; dt.› (mittelalterl. geistl. Drama); **my|ste|ri|ös;** -este ‹franz.› (geheimnisvoll; rätselhaft); **My|ste|ri|um,** das; -s, ...ien [...iən] ‹griech.› (unergründliches Geheimnis [religiöser Art]); **My|sti|fi|ka|ti|on,** die; -, -en ‹griech.; lat.› (Täuschung; Vorspiegelung); **my|sti|fi|zie|ren** (mystisch betrachten; täuschen, vorspiegeln); **My|sti|fi|zie|rung; My|stik,** die; - ‹griech.› (*ursprüngl.* Geheimlehre; relig. Richtung, die den Menschen durch Hingabe u. Versenkung zu persönl. Vereinigung mit Gott zu bringen sucht);
My|sti|ker (Anhänger der Mystik); **My|sti|ke|rin; my|stisch;** -ste (geheimnisvoll; dunkel);
My|sti|zis|mus, der; - (Wunderglaube, [Glaubens]schwärmerei); **my|sti|zi|stisch**
My|the, die; -, -n (*älter für* Mythos)
My|then ['mi:...], der; -s, - (Gebirgsstock bei Schwyz); der Große, der Kleine -
My|then_bil|dung, ...for|schung (die; -); **my|then|haft;** -este; **my-**

thisch ‹griech.› (sagenhaft, erdichtet); **My|tho|lo|gie,** die; -, ...ien (wissenschaftl. Behandlung der Götter-, Helden-, Dämonensage; Sagenkunde, Götterlehre); **my|tho|lo|gisch** (sagen-, götterkundlich); **my|tho|lo|gi|sie|ren** (in mythischer Form darstellen, mythologisch erklären); **My|thos,** *auch* **My|thus,** der; -, ...then (Sage u. Dichtung von Göttern, Helden u. Geistern; Legende)
My|ti|le|ne, *neugriech.* Mi|ti|li|ni (Hptst. von Lesbos)
Myx|ödem ‹griech.› (*Med.* körperl. u. geistige Erkrankung mit heftigen Hautanschwellungen);
My|xo|ma|to|se, die; -, -n (tödlich verlaufende Viruskrankheit bei Hasen- u. [Wild]kaninchen);
My|xo|my|zet, der; -en, -en; ↑R 197 (*Bot.* ein Schleimpilz)
My|zel, das; -s, -ien [...iən] ‹griech.› *u.* **My|ze|li|um,** das; -s, ...lien [...iən] (*Bot.* [unter der Erde wachsendes] Fadengeflecht der Pilze); **My|zet,** der; -en, -en; ↑R 197 (*selten für* Pilz); **My|ze|tis|mus,** der; -, ...men (*Med.* Pilzvergiftung)

N

N (Buchstabe); das N; des N, die N, aber: das n in Wand (↑R 82); der Buchstabe N, n
N = Nahschnellverkehrszug; Nationalstraße; Newton; Nitrogenium (*chem. Zeichen für* Stickstoff); Nord[en]
n = Nano...; Neutron
N, ν = Ny
'n; ↑R 16 (*ugs. für* ein, einen)
Na = *chem. Zeichen für* Natrium
na!; na, na!; na ja!; na und?; na gut!; na, so was!
na! (*bayr., österr. ugs. für* nein!); *vgl.* ne!
Naab, die; - (l. Nebenfluß der Donau); **Naab|eck** (Ortsn.); aber: **Na|burg** (Stadt an der Naab)
Na|be, die; -, -n (Mittelhülse des Rades); **Na|bel,** der; -s, -; **Na|bel‿bin|de, ...bruch** (der), **...schau** (*ugs. für* [narzißtische] Beschäftigung mit der eigenen Person); **Na|bel|schnur** *Plur.* ...schnüre; **Na|ben|boh|rer**
Na|bob, der; -s, -s ‹Hindi-engl.› (Provinzgouverneur in Indien; reicher Mann)
Na|bo|kov (amerik. Schriftsteller)
Na|buc|co (*ital. Kurzform von* Nabucodonosor = Nebukadnezar; Oper von Verdi)
nach; - und -; - wie vor; *Präp. mit Dat.:* - ihm; - Hause *od.* Haus; - langem, schwerem Leiden (↑R 9); nacheinander; nachher; nachmals
nach... (*in Zus. mit Verben,* z. B. nachmachen, du machst nach, nachgemacht, nachzumachen)
nach|äf|fen (*ugs. für* nachahmen); **Nach|äf|fe|rei; Nach|äf|fung**
nach|ah|men; er hat ihn nachgeahmt; **nach|ah|mens|wert;** -este; **Nach|ah|mer; Nach|ah|me|rin; Nach|ah|mung; Nach|ah|mungs|trieb; nach|ah|mungs|wür|dig**
nach|ar|bei|ten
Nach|bar, der; *Gen.* -n (↑R 197), *seltener* -s, *Plur.* -n; **Nach|bar‿dorf, ...gar|ten, ...haus; Nach|ba|rin; Nach|bar|land** *Plur.* ...länder; **nach|bar|lich; Nach|bar‿ort** (*vgl.* [1]Ort), **...recht** (das; -[e]s); **Nach|bar|schaft,** die; -; **nach|bar|schaft|lich; Nach|bar|schafts‿heim, ...hil|fe; Nach|bars‿fa|mi|lie, ...frau, ...kind, ...leu|te** (*Plur.*); **Nach|bar‿staat** (*Plur.* ...staaten), **...stadt, ...wis|sen|schaft**
Nach|be|ben (nach einem Erdbeben)
nach|be|han|deln; Nach|be|hand|lung
nach|be|kom|men *(ugs.)*
nach|be|rei|ten (*Päd.* [den bereits behandelten Unterrichtsstoff] vertiefen, ergänzen o. ä.); **Nach|be|rei|tung**
nach|bes|sern; ich bessere *u.* beßre nach; **Nach|bes|se|rung, Nach|beß|rung**
nach|be|stel|len; Nach|be|stel|lung
nach|be|ten; Nach|be|ter
nach|be|zeich|net *(Kaufmannsspr.);* -e Waren
nach|bil|den; Nach|bil|dung
nach|blei|ben (*landsch. für* zurückbleiben; nachsitzen)
nach|blicken [*Trenn.* ...blik|ken]
nach|blu|ten; Nach|blu|tung
nach|boh|ren (*auch für* hartnäkkig nachfragen)
nach|börs|lich (nach der Börsenzeit)
nach Chri|sti Ge|burt (*Abk.* n. Chr. G.); **nach|christ|lich; nach Chri|sto, nach Chri|stus** (*Abk.* n. Chr.)
nach|da|tie|ren (mit einem früheren, *auch* späteren Datum versehen); sie hat das Schreiben nachdatiert; *vgl.* zurückdatieren *u.* vorausdatieren; **Nach|da|tie|rung**
nach|dem; je -; je - [,] ob ... *od.* wie ... (↑R 126)
nach|den|ken; nach|denk|lich; Nach|denk|lich|keit, die; -
nach|dich|ten; Nach|dich|tung
nach|die|seln; *vgl.* dieseln
nach|dop|peln (*schweiz. für* nachbessern; zum zweitenmal in Angriff nehmen); ich dopp[e]le nach
nach|drän|gen
nach|dre|hen; eine Szene -
Nach|druck, der; -[e]s, *Plur.* *(Druckw.:)* ...drucke; **nach|drucken** [*Trenn.* ...druk|ken]; **Nach|druck|er|laub|nis; nach|drück|lich; Nach|drück|lich|keit,** die; -; **nach|drucks|voll; Nach|druck|ver|fah|ren**
nach|dun|keln; der Anstrich ist *od.* hat nachgedunkelt
Nach|durst (nach Alkoholgenuß)
nach|ei|fern; nach|ei|ferns|wert; -este; **Nach|ei|fe|rung**
nach|ei|len
nach|ein|an|der; *Schreibung in Verbindung mit Verben* (↑R 206): sie wollen nacheinander (gegenseitig nach sich) schauen, die Wagen werden nacheinander (in Abständen) starten usw.
nach|eis|zeit|lich
nach|emp|fin|den; Nach|emp|fin|dung
Na|chen, der; -s, - (*landsch. u. geh. für* Kahn)
nach|ent|rich|ten; Versicherungsbeiträge -; **Nach|ent|rich|tung**
Nach|er|be, der; **Nach|erb|schaft**
nach|er|le|ben
Nach|ern|te
nach|er|zäh|len; Nach|er|zäh|lung
N[a]chf. = Nachfolger, Nachfolgerin
Nach|fahr, der; *Gen.* -en, *selten* -s, *Plur.* -en *u.* **Nach|fah|re,** der; -n, -n; ↑R 197 (*selten für* Nachkomme); **nach|fah|ren; Nach|fah|ren|ta|fel**
Nach|fall, der (*Bergmannsspr.* Gestein, das bei der Kohlegewinnung nachfällt und die Kohle verunreinigt)
nach|fär|ben
nach|fas|sen (*auch für* hartnäckig weitere Fragen stellen)
Nach|fei|er; nach|fei|ern
nach|fi|nan|zie|ren; Nach|fi|nan|zie|rung
Nach|fol|ge, die; -; **nach|fol|gen; nach|fol|gend;** (↑R 66:) -es; (↑R 65:) im -en (weiter unten), aber: das Nachfolgende; *vgl.* folgend; **Nach|fol|gen|de,** der *u.*

die; -n, -n (↑R 7 ff.); **Nach|fol|ge-or|ga|ni|sa|ti|on; Nach|fol|ger** (*Abk.* N[a]chf.); **Nach|fol|ge|rin** (*Abk.* N[a]chf.); **Nach|fol|ger-schaft; Nach|fol|ge|staat** *Plur.* ...staaten

nach|for|dern; Nach|for|de|rung

nach|for|men; eine Plastik -

nach|for|schen; Nach|for|schung

Nach|fra|ge; nach|fra|gen

nach|füh|len; nach|füh|lend

nach|fül|len; Nach|fül|lung

Nach|gang; im - (*Amtsspr.* als Nachtrag)

nach|gä|ren; Nach|gä|rung

nach|ge|ben

nach|ge|bo|ren; nachgebor[e]ner Sohn; **Nach|ge|bo|re|ne,** der *u.* die; -n, -n (↑R 7 ff.)

Nach|ge|bühr (z. B. Strafporto)

Nach|ge|burt

Nach|ge|fühl

nach|ge|hen; einer Sache -

nach|ge|las|sen (*veraltend für* hinterlassen); ein -es Werk

nach|ge|ord|net (*Amtsspr.* dem Rang nach folgend); die -en Behörden

nach|ge|ra|de

nach|ge|ra|ten; jmdm. -

Nach|ge|schmack, der; -[e]s

nach|ge|wie|se|ner|ma|ßen

nach|gie|big; Nach|gie|big|keit, die; -

nach|gie|ßen

nach|grü|beln

nach|gucken [*Trenn.* ...guk|ken] *(ugs.)*

nach|ha|ken (*ugs. auch für* eine [weitere] Frage stellen)

Nach|hall; nach|hal|len

nach|hal|tig; Nach|hal|tig|keit, die; -

nach|hän|gen; ich hing nach, du hingst nach; nachgehangen; einer Sache -; *vgl.* [1]hängen

nach Haus *od.* **Hau|se; Nach|hau-se|weg**

nach|hel|fen

nach|her [*auch, österr. nur,* 'na:xhe:r]; **nach|he|rig**

Nach|hil|fe; Nach|hil|fe-schü|ler, ...schü|le|rin, ...stun|de, ...un|ter-richt

nach|hin|ein; im - (hinterher, nachträglich)

nach|hin|ken

Nach|hol|be|darf; nach|ho|len; Nach|hol|spiel *(Sport)*

Nach|hut, die; -, -en *(Milit.)*

nach|ja|gen; dem Glück -

nach|kar|ten (*ugs. für* eine nachträgliche Bemerkung machen)

Nach|kauf; nach|kau|fen; man kann alle Teile des Geschirrs -

Nach|klang

Nach|klapp, der; -s, -s (*ugs. für* Nachtrag)

nach|klin|gen

Nach|kom|me, der; -n, -n (↑R 197); **nach|kom|men; Nach-kom|men|schaft; Nach|kömm-ling**

Nach|kon|trol|le; nach|kon|trol-lie|ren

Nach|kriegs-er|schei|nung, ...ge-ne|ra|ti|on, ...zeit

Nach|kur

nach|la|den

Nach|laß, der; ...lasses, *Plur.* ...lasse *u.* ...lässe; **nach|las|sen; Nach|las|ser** (*selten für* Erblasser); **Nach|laß|ge|richt; nach-läs|sig; nach|läs|si|ger|wei|se; Nach|läs|sig|keit; Nach|laß--pfle|ger, ...pfle|ge|rin; Nach-las|sung; Nach|laß-ver|wal|ter, ...ver|wal|te|rin**

nach|lau|fen; Nach|läu|fer

nach|le|ben; einem Vorbild -; **Nach|le|ben,** das; -s (Leben eines Verstorbenen in der Erinnerung der Hinterbliebenen)

nach|le|gen

Nach|le|se; nach|le|sen

nach|lie|fern; Nach|lie|fe|rung

nach|lö|sen

nachm., *bei Raummangel* nm. = nachmittags

nach|ma|chen (*ugs. für* nachahmen); jmdm. etwas -; er hat Vogelstimmen nachgemacht

Nach|mahd (*landsch. für* Grummet)

nach|ma|len

nach|ma|lig (*veraltend für* später); **nach|mals** (*veraltet für* später)

nach|mes|sen; Nach|mes|sung

Nach-mie|ter, ...mie|te|rin

Nach|mit|tag; nachmittags; ↑R 61 (*Abk.* nachm., *bei Raummangel* nm.), aber: des Nachmittags; *vgl.* [1]Mittag; **nach|mit|tä|gig,** *vgl.* ...tägig; **nach|mit|täg|lich,** *vgl.* ...täglich; **nach|mit|tags;** *vgl.* Nachmittag; **Nach|mit|tags-kaf-fee, ...schlaf, ...stun|de, ...vor-stel|lung**

Nach|nah|me, die; -, -n; **Nach-nah|me-ge|bühr, ...sen|dung**

Nach|na|me (Familienname)

nach|plap|pern *(ugs.)*

nach|po|lie|ren

Nach|por|to

nach|prä|gen; Nach|prä|gung

nach|prüf|bar; Nach|prüf|bar-keit, die; -; **nach|prü|fen; Nach-prü|fung**

Nach|raum, der; -[e]s (*Forstw.* Ausschuß)

nach|rech|nen; Nach|rech|nung

Nach|re|de; üble -; **nach|re|den**

nach|rei|chen; Unterlagen -

Nach|rei|fe; nach|rei|fen

nach|rei|sen

nach|ren|nen

Nach|richt, die; -, -en; **Nach|rich-ten-agen|tur, ...bü|ro; Nach-rich|ten|dienst;** Allgemeiner Deutscher - (*ehem. in der DDR; Abk.* ADN); **nach|rich|ten-dienst|lich; Nach|rich|ten-ma-ga|zin, ...sa|tel|lit, ...sen|dung, ...sper|re, ...spre|cher, ...spre-che|rin, ...tech|nik, ...über|mitt-lung, ...we|sen** (das; -s); **nach-richt|lich**

nach|rücken [*Trenn.* ...rük|ken]; **Nach|rücker** [*Trenn.* ...rük|ker]; **Nach|rücke|rin** [*Trenn.* ...rük-ke...]

Nach|ruf, der; -[e]s, -e; **nach|ru-fen**

Nach|ruhm; nach|rüh|men

nach|rü|sten (nachträglich mit einem Zusatzgerät versehen; die militärische Bewaffnung ergänzen, ausbauen); **Nach|rü|stung**

nach|sa|gen; jmdm. etwas -

Nach|sai|son

nach|sal|zen

Nach|satz

[1]nach|schaf|fen (ein Vorbild nachgestalten); *vgl.* [2]schaffen; **[2]nach|schaf|fen** (nacharbeiten); *vgl.* [1]schaffen

nach|schau|en

nach|schen|ken; Wein -

nach|schicken [*Trenn.* ...schik-ken]

nach|schie|ben

Nach|schlag, der; -[e]s, Nachschläge (*Musik; ugs. für* zusätzliche Essensportion); **nach|schla-gen;** er ist seinem Vater nachgeschlagen (nachgeartet); er hat in einem Buch nachgeschlagen;

Nach|schla|ge|werk

nach|schlei|chen

Nach|schlüs|sel; Nach|schlüs-sel|dieb|stahl (Diebstahl mit Hilfe von Nachschlüsseln)

nach|schmei|ßen *(ugs.)*

Nach|schöp|fung

nach|schrei|ben; Nach|schrift (*Abk.* NS)

Nach|schub, der; -[e]s, Nachschübe *Plur. selten;* **Nach|schub-ko-lon|ne, ...trup|pe, ...weg**

Nach|schuß (*Wirtsch.* zusätzliche Einzahlung über die Stammeinlage hinaus; *Sportspr.* erneuter Schuß auf das Tor); **Nach-schuß|pflicht** *(Wirtsch.)*

nach|schwat|zen

nach|schwin|gen

nach|se|hen; jmdm. etwas -; **Nach|se|hen,** das; -s

Nach|sen|de|auf|trag; nach|sen-den; Nach|sen|dung

nach|set|zen; jmdm. - (jmdn. verfolgen)

Nach|sicht, die; -; **nach|sich|tig; Nach|sich|tig|keit,** die; -; **nach-sichts|voll**

Nach|sicht|wech|sel *(Bankw.)*

Nach|sil|be

nach|sin|gen

nach|sin|nen (*geh. für* nachdenken)

nach|sit|zen (zur Strafe nach dem Unterricht noch dableiben müssen); er hat nachgesessen

Nach|som|mer

Nach|sor|ge, die; - *(Med.)*

Nach|spann (*Film, Fernsehen* einem Film o. ä. folgende Angaben über die Mitwirkenden, den Autor o. ä.); *vgl.* Vorspann

Nach|spei|se

Nach|spiel; nach|spie|len

nach|spio|nie|ren; ↑R 180 *(ugs.)*

nach|spre|chen; Nach|spre|cher

nach|spü|len

nach|spü|ren

[1]**nächst;** nächsten Jahres (*Abk.* n. J.), nächsten Monats (*Abk.* n. M.); nächstes Mal (*vgl.* Mal, I); nächstdem; die nächsthöhere Nummer. **I.** *Kleinschreibung:* **a)** (↑R 66:) der nächste, bitte!; der nächste (erste) beste; **b)** (↑R 65:) am nächsten, fürs nächste, mit nächstem; **c)** (↑R 65:) das nächste [zu tun] wäre ..., das nächstbeste [zu tun] wäre ...; als nächstes (darauf); **d)** wir fragten den nächstbesten Polizisten. **II.** *Großschreibung* (↑R 65): der Nächste *(vgl. d.);* das Nächstbeste *od.* das Nächste u. Beste, was sich ihm bietet; als Nächstes (als nächste Nummer, Sendung usw.); [2]**nächst** (hinter, gleich nach); *Präp. mit Dat.:* - dem Hause, - ihm; **nächst|bes|ser;** die -e Plazierung; **nächst|be|ste;** *vgl.* nächst, I, c *u.* d; **Nächst|be|ste,** der *u.* die *u.* das; -n, -n (↑R 7 ff.); **nächst|dem; Näch|ste,** der; -n, -n; ↑R 7 ff. (Mitmensch)

nach|ste|hen; nach|ste|hend; (↑R 66:) ich möchte Ihnen nachstehendes (folgendes) zur Kenntnis bringen; (↑R 65:) Einzelheiten werden im nachstehenden (weiter unten) behandelt, a b e r: das Nachstehende muß nachgeprüft werden; *vgl.* folgend

nach|stei|gen (*ugs. für* folgen)

nach|stel|len; er hat ihm nachgestellt; **Nach|stel|lung**

Näch|sten|lie|be; näch|stens; näch|stes Mal, das nächste Mal; *vgl.* Mal, I; **nächst|fol|gend; Nächst|fol|gen|de,** der *u.* die *u.* das; -n, -n (↑R 7 ff.); **nächstˍge|le|gen, ...hö|her; Nächst|hö|he|re,** der *u.* die *u.* das; -n, -n (↑R 7 ff.); **nächst|jäh|rig; nächst|lie|gend;** *vgl.* naheliegend; **Nächst|lie|gen|de,** das; -n (↑R 7 ff.); **nächst|mög|lich;** zum -en Termin; *falsch:* nächstmöglichst

nach|sto|ßen

nach|stür|zen

nach|su|chen; Nach|su|chung

Nacht, die; -, Nächte. **I.** *Großschreibung:* bei, über Nacht; die Nacht über; Tag und Nacht; es wird Nacht; des Nachts, eines Nachts. **II.** *Kleinschreibung* (↑R 61): nacht; [bis, von] gestern, heute, morgen nacht; Dienstag nacht; *österr. bei Zeitangaben* 12 Uhr nacht (*für* nachts); *vgl.* nachts *u.* Dienstagnacht; **Nacht|ab|sen|kung** (bei der Zentralheizung); **nacht|ak|tiv;** -e Säugetiere; **Nachtˍan|griff, ...ar|beit** (die; -), **...asyl, ...aus|ga|be, ...bar** (die); **nachtˍblau, ...blind; Nachtˍblind|heit, ...dienst; nacht|dun|kel**

Nach|teil, der; **nach|tei|lig**

näch|te|lang; a b e r: drei Nächte lang; **nach|ten** (*schweiz. u. geh. für* Nacht werden); **näch|tens** (*geh. für* nachts); **Nacht|es|sen** (*bes. südd., schweiz. für* Abendessen); **Nacht|eu|le** (*ugs. auch für* jmd., der bis spät in die Nacht hinein aufbleibt); **Nachtˍfahrt, ...fal|ter; nacht|far|ben;** -er Stoff; **Nachtˍfrost, ...ge|bet, ...ge|schirr, ...ge|spenst, ...ge|wand** *(geh.);* **Nacht|glei|che,** die; -, -n (*svw.* Tagundnachtgleiche); **Nachtˍhemd, ...him|mel**

Nach|ti|gall, die; -, -en (ein Singvogel); **Nach|ti|gal|len|schlag,** der; -[e]s

näch|ti|gen (übernachten); er hat bei uns genächtigt

Nach|tisch, der; -[e]s

Nachtˍka|ba|rett, ...käst|chen (*bes. österr. für* Nachttisch), **...ker|ze** (eine Zierpflanze), **...kli|nik** (Klinik, in der berufstätige Patienten übernachten und behandelt werden); **Nachtˍklub, ...küh|le, ...la|ger** (*Plur.* ...lager), **...le|ben** (das; -s); **nächt|lich; nächt|li|cher|wei|le; Nachtˍlicht** (*Plur.* ...lichter), **...lo|kal, ...luft, ...mahl** *(bes. österr.);* **nacht|mah|len** (*österr. für* zu Abend essen); ich nachtmahle; genachtmahlt; zu -; **Nachtˍmahr** (Spukgestalt im Traum), **...marsch, ...mensch, ...mu|sik, ...müt|ze, ...por|tier, ...quar|tier**

Nach|trag, der; -[e]s, ...träge; **nach|tra|gen; nach|trä|ge|risch;** -ste (*geh. für* nachtragend, nicht vergebend); **nach|träg|lich** (hinterdrein, später, danach); **Nach|trags|haus|halt**

nach|trau|ern

Nacht|ru|he

Nach|trupp

nachts (↑R 61), a b e r: des Nachts, eines Nachts; nachtsüber (↑R 61), a b e r: die Nacht über; *vgl.* Abend; **Nacht|schat|ten** (Pflanzengattung); **Nacht|schat|ten|ge|wächs; Nachtˍschicht, ...schlaf; nacht|schla|fend;** zu, bei -er Zeit; **Nachtˍschränk|chen, ...schwär|mer** (*scherzh. für* jmd., der sich die Nacht über vergnügt); **Nachtˍschwe|ster, ...spei|cher|ofen, ...strom** (der; -[e]s); **nachts|über;** *vgl.* nachts; **Nachtˍta|rif, ...tier, ...tisch, ...topf, ...tre|sor**

nach|tun; es jmdm. -

Nacht-und-Ne|bel-Ak|ti|on

Nachtˍvio|le (↑R 180; eine Zierpflanze), **...vo|gel, ...vor|stel|lung, ...wa|che, ...wäch|ter; Nacht|wäch|ter|lied; nacht|wan|deln;** ich ...[e]le (↑R 22); ich bin, *auch* habe genachtwandelt; zu -; **Nachtˍwan|de|rung, ...wand|ler, ...wand|le|rin; nacht|wand|le|risch;** mit -er Sicherheit; **Nachtˍwä|sche, ...zeit** (zur -), **...zug, ...zu|schlag**

nach|un|ter|su|chen; Nach|un|ter|su|chung

Nach|ver|an|la|gung *(Finanzw.)*

nach|ver|si|chern; Nach|ver|si|che|rung

nach|voll|zieh|bar; nach|voll|zie|hen

nach|wach|sen

Nach|wahl

Nach|we|hen *Plur.*

nach|wei|nen

Nach|weis, der; -es, -e; **nach|weis|bar; nach|wei|sen** (beweisen); er hat den Tatbestand nachgewiesen; **nach|weis|lich**

nach|wei|ßen (nochmals weißen)

Nach|welt, die; -

nach|wer|fen

nach|wie|gen

nach|win|ken

Nach|win|ter; nach|win|ter|lich

nach|wir|ken; Nach|wir|kung

nach|wol|len (*ugs. für* folgen wollen); er hat ihm nachgewollt

Nach|wort *Plur.* ...worte

Nach|wuchs, der; -es; **Nach|wuchsˍau|tor, ...fah|rer, ...ka|der** *(ehem. in der DDR),* **...kraft** (die), **...man|gel** (der; -s), **...spie|ler, ...spie|le|rin**

nach|wür|zen

nach|zah|len; Nach|zah|lung; nach|zäh|len; Nach|zäh|lung

nach|zeich|nen; Nach|zeich|nung

Nach|zei|tig|keit, die; - *(Sprachw.)*

nach|zie|hen

Nach|zoll

nach|zot|teln *(ugs.)*

Nach|zucht, die; -

Nach|zug; Nach|züg|ler; nach|züg|le|risch; Nach|zugs|ver|bot

Nacke|dei[1], der; -s, -s (*scherzh. für* nacktes Kind; Nackte[r])

Nacken[1], der; -s, -

nackend[1] (*landsch. für* nackt)

Nacken[1]**ˍhaar** (*meist Plur.*), **...schlag, ...schutz, ...stüt|ze, ...wir|bel**

nackert[1] (*landsch. für* nackt);

[1] *Trenn.* ...k|k...

Nack|frosch *vgl.* Nacktfrosch; **nackig**[1] (*ugs. für* nackt)
...nackig[1] (z. B. kurznackig)
nackt; nackt|ar|mig; Nackt|ba|den, das; -s, aber: nackt baden; **Nackt|ba|de|strand; Nackt|frosch,** *seltener* Nack|frosch (*scherzh. für* nacktes Kind); **Nackt|heit,** die; -; **Nackt_kul|tur** (die; -), **...mo|dell; Nackt|sa|mer,** der; -s, - *meist Plur.* (*Bot.* Pflanze, deren Samenanlage offen an den Fruchtblättern sitzt); **nackt|sa|mig** *(Bot.)*; **Nackt_schnecke**[1], **...tän|ze|rin**
Na|del, die; -, -n; **Na|del_ar|beit, ...baum, ...büch|se; Nä|del|chen, Nä|de|lein; na|del_fein, ...fer|tig** (zum Nähen vorbereitet [von Stoffen]), **...för|mig; Na|del_ge|hölze** *(Plur.; Bot.)*, **...geld** (*früher* eine Art Taschengeld für Frau od. Tochter), **...holz** (*Plur.* ...höl|zer); **na|de|lig,** nad|lig *(fachspr.)*; -e Baumarten; **Na|del_kis|sen, ...ma|le|rei** (gesticktes buntes Bild); **na|deln** (Nadeln verlieren [von Tannen u. a.]); **Na|del_öhr, ...spit|ze, ...stich, ...strei|fen** (sehr feiner Streifen in Stoffen), **...wald**
Na|de|rer (*österr. ugs. für* Spitzel, Verräter)
Na|di|ne (w. Vorn.)
Na|dir, der; -s ‹arab.› (*Astron.* Fußpunkt, Gegenpunkt des Zenits an der Himmelskugel)
Nad|ja (w. Vorn.)
Nad|ler (*früher für* Nadelmacher); **nad|lig** *vgl.* nadelig
Naf|ta|li *vgl.* Naphthali
Na|gai|ka, die; -, -s ‹russ.› (Lederpeitsche [der Kosaken u. Tataren])
Na|ga|na, die; - ‹Zuluspr.› (eine afrik. Viehseuche)
Na|ga|sa|ki (jap. Stadt; am 9. 8. 1945 durch eine Atombombe fast völlig zerstört)
Na|gel, der; -s, Nägel; **Na|gel_bett** (*Plur.* ...betten, *seltener* ...bette), **...bohr|rer, ...bür|ste; Nä|gel|chen, Nä|ge|lein,** Näg|lein (kleiner Nagel); **Na|gel_falz, ...fei|le; na|gel|fest;** *nur in* niet- u. nagelfest (↑R 32); **Na|gel|fluh** (*Geol.* ein Gestein); **Na|gel|haut; Na|gel|haut|ent|fer|ner; Nä|gel|kau|en,** das; -s; **Na|gel_kopf, ...lack; Na|gel|lack|ent|fer|ner; na|geln;** ich ...[e]le (↑R 22); **na|gel|neu** *(ugs.)*; **Na|gel_pfle|ge, ...pro|be** (Prüfstein für etwas), **...rei|ni|ger, ...ring** (der; -[e]s; Schwert der german. Heldensage), **...sche|re, ...schuh, ...stie|fel, ...wur|zel**
na|gen; Na|ger; Na|ge|tier

[1] *Trenn.* ...k|k...

Näg|lein (*veraltet für* Nelke; *vgl. auch* Nägelchen)
NAGRA, der; -s (*Kurzwort für* Fachnormenausschuß für das graphische Gewerbe)
nah *vgl.* nahe
Näh|ar|beit
Nah_auf|nah|me, ...be|reich (der), **...bril|le** (z. B. für Weitsichtige); **[1]na|he,** *seltener* nah; näher *(vgl. d.)*; nächst *(vgl. d.)*; nächstens; nahebei, nahehin, nahezu; nah[e] daran sein; jmdm. zu nahe treten; von nah u. fern; von nahem; nahe bekannt, verwandt usw., aber (↑R 157): der Nahe Osten. *In Verbindung mit Verben* (↑R 205 f.): **I.** *Getrenntschreibung, wenn* „nahe" *in eigentlicher örtlicher Bedeutung (in der Nähe, in die Nähe) od. in zeitlicher Bedeutung gebraucht wird,* z. B. nahe gehen (in die Nähe gehen); jmdm. bedrohlich näher rücken; weil der Termin jetzt nahe rückt. **II.** *Zusammenschreibung in übertragenem Sinne,* z. B. nahegehen *[vgl. d.]* (seelisch ergreifen), es geht nahe, nahegegangen, nahezugehen; obgleich es ihm sehr naheging; **[2]na|he,** *selten* nah; *Präp. mit Dat.:* - dem Ufer
Na|he, die; - (l. Nebenfluß des Rheins)
Nä|he, die; -; in der -; **na|he|bei;** er wohnt -, aber: er wohnt nahe bei der Post; **na|he|brin|gen;** ↑R 205 (erläutern, vertraut machen; Verständnis erwecken); der Dichter wurde uns in der Schule nahegebracht; *vgl.* aber: [1]nahe, I; **na|he|ge|hen;** ↑R 205 (seelisch ergreifen); der Tod seines Freundes ist ihm nahegegangen; *vgl.* aber: [1]nahe, I; **Nah|ein|stel|lung** *(Fotogr.)*; **na|he|kom|men;** ↑R 205 (fast übereinstimmen); sie sind sich menschlich nahegekommen; *vgl.* aber: [1]nahe, I; **na|he|le|gen;** ↑R 205 (empfehlen); sie hat ihm die Erfüllung eurer Bitte nahegelegt; *vgl.* aber: [1]nahe, I; **na|he|lie|gen;** ↑R 205 (leicht zu finden sein; leicht verständlich sein); die Lösung des Rätsels hat nahegelegen; *vgl.* aber: [1]nahe, I; **na|he|lie|gend** (leicht zu finden; leichtverständlich); näherliegend, nächstliegend; ein naheliegender Gedanke; aber: ein nahe liegendes (in der Nähe liegendes) Gehöft; **na|hen** *(geh.)*; sich [jmdm.] -
nä|hen
nä|her; I. *Kleinschreibung* (↑R 65): des näher[e]n (genauer) auseinandersetzen. **II.** *Großschreibung:* **a)** (↑R 65:) Näheres folgt; das Nähere findet sich bei ...; ich kann mich des Näher[e]n (der besonderen Umstände) nicht entsinnen; **b)** (↑R 65:) alles Nähere können Sie der Gebrauchsanweisung entnehmen. **III.** *Schreibung in Verbindung mit Verben* (↑R 205 f.): **a)** *Getrenntschreibung, wenn* „näher" *in eigentlicher örtlicher od. zeitlicher Bedeutung gebraucht wird,* z. B. näher kommen (in größere Nähe kommen); dem Abgrund immer näher kommen; weil der Termin schon wieder näher gekommen ist; **b)** *Zusammenschreibung in übertragenem Sinne,* z. B. näherkommen (verstehen lernen); **nä|her|brin|gen;** ↑R 205 (erklären, leichter verständlich machen); er hat uns die klassischen Kunstwerke nähergebracht; *vgl.* aber: näher, III, a
Nä|he|rei
Nah|er|ho|lungs|ge|biet
Nä|he|rin
nä|her|kom|men; ↑R 205 (Fühlung bekommen, verstehen lernen); sie sind sich in letzter Zeit nähergekommen; *vgl.* aber: näher, III, a; **nä|her|lie|gen;** ↑R 205 (besser, sinnvoller, vorteilhafter sein); ich denke, daß es näherliegt zu gehen als zu bleiben; *vgl.* aber: näher, III, a; **nä|her|lie|gend** *vgl.* naheliegend; **nä|hern;** sich -; ich ...ere mich (↑R 22); **nä|her|ste|hen;** ↑R 205 (vertrauter sein); sie hat mir nähergestanden; dem linken Parteiflügel näherstehen (mit ihm sympathisieren); *vgl.* aber: näher, III, a; **nä|her|tre|ten;** ↑R 205; er ist seinem Vorschlag nähergetreten (hat sich damit befaßt, ist darauf eingegangen); *vgl.* aber: näher, III, a; **Nä|he|rung** (*Math.* Annäherung); **Nä|he|rungs|wert** *(Math.)*; **na|he|ste|hen;** ↑R 205 (befreundet, vertraut, verbunden sein); sie hat dem Verstorbenen sehr nahegestanden; *vgl.* aber: [1]nahe, I; **na|he|ste|hend** (befreundet, vertraut); näherstehend, nächststehend; ein mir nahestehender Mensch; aber: ein sehr nahe stehendes (in der Nähe stehendes) Haus; **na|he|tre|ten;** ↑R 205 (befreundet, vertraut werden); er ist mir in letzter Zeit sehr nahegetreten; aber: jmdm. zu nahe treten (jmdn. verletzen, beleidigen); *vgl. auch* [1]nahe, I;
na|he|zu
Näh_fa|den, ...garn
Nah|kampf; Nah|kampf|mit|tel
Näh|käst|chen; aus dem - plaudern (*ugs. für* Geheimnisse ausplaudern); **Näh_ka|sten, ...kis|sen, ...korb, ...ma|schi|ne; Näh|ma|schi|nen|öl; Näh|na|del**

Nah|ost (der Nahe Osten); für, in, nach, über -; **nah|öst|lich**
Nähr_bo|den, ...creme; näh|ren; sich -; **nahr|haft;** -este; **Nähr_he|fe, ...lö|sung, ...mit|tel** (das; *meist Plur.*), **...prä|pa|rat, ...salz, ...stoff** *(meist Plur.)*; **nähr|stoff_arm, ...reich; Nah|rung,** die; -, *Plur. (fachspr.:)* -en; **Nah|rungs_auf|nah|me** (die; -), **...ket|te** *(Biol.)*, **...man|gel** (der), **...mit|tel** (das; *meist Plur.*); **Nah|rungs|mit|tel_che|mie, ...in|du|strie, ...ver|gif|tung; Nah|rungs_quel|le, ...su|che; Nähr|wert**
Nah|schnell|ver|kehrs|zug (*Eisenb. früher; Zeichen* N)
Näh|sei|de; Naht, die; -, Nähte; **Näh|te|rin** (*veraltet für* Näherin); **Näh|tisch; naht|los; Naht|stel|le**
Na|hum (bibl. Prophet)
Nah|ver|kehr, der; -[e]s; **nah|ver|wandt;** (↑R 209:) nahverwandte Personen, aber: die Personen sind nah verwandt
Näh|zeug
Nah_ziel, ...zo|ne
Na|im, *ökum.* **Na|in** (bibl. Ort in Galiläa)
Nai|ro|bi (Hptst. von Kenia)
na|iv ‹lat.-franz.› (natürlich; unbefangen; kindlich; einfältig); -e Malerei; -e u. sentimentalische Dichtung (bei Schiller); **Nai|ve** [...və], die; -n, -n; ↑R 7 ff.; ↑R 180 (Darstellerin, die das Rollenfach der jugendlichen Liebhaberin vertritt); **Nai|vi|tät** [naivi...], die; - (↑R 180); **Na|iv|ling** (gutgläubiger, törichter Mensch)
na ja!
Na|ja|de, die; -, -n *meist Plur.* ‹griech.› (*griech. Mythol.* Quellnymphe; *Zool.* Flußmuschel)
Na|ma, der; -[s], -[s] (Angehöriger eines Hottentottenstammes); **Na|ma|land,** das; -[e]s
Na|me, der; -ns, -n; im Namen; mit Namen; **Na|men,** der; -s, - (*seltener für* Name); **Na|men_buch, ...for|schung** (*auch* Na|mens|for|schung), **...ge|bung** (*auch* Na|mens|ge|bung), **...ge|dächt|nis; Na|men-Je|su-Fest** (↑R 135); **Na|men|kun|de,** die; -; **na|men|kund|lich; Na|men|li|ste; na|men|los; Na|men|lo|se,** der *u.* die; -n, -n (↑R 7 ff.); **Na|men|lo|sig|keit,** die; -; **Na|men_nen|nung** (*seltener für* Namensnennung), **...re|gi|ster; na|mens;** ↑R 61 *u.* 62 (im Namen, im Auftrag [von]; mit Namen); *Präp. mit Gen. (Amtsspr.):* - der Regierung; **Na|mens_ak|tie** (Aktie, die auf den Namen des Aktionärs ausgestellt ist), **...än|de|rung, ...fest** (*svw.* Namenstag), **...form, ...for|schung** (*vgl.* Namenforschung), **...ge|bung** (*vgl.* Namengebung), **...nen|nung** (die; -), **...pa|pier** (*für* Rektapapier), **...pa|tron, ...schild** (*Plur.* ...schilder), **...tag, ...vet|ter, ...zei|chen, ...zug; na|ment|lich** (↑R 98); namentlich wenn (↑R 126); **Na|men_ver|wechs|lung, ...ver|zeich|nis, ...wort** (*svw.* Nomen); **nam|haft;** -este; - machen; **Nam|haft|ma|chung** *(Amtsspr.)*
Na|mi|bia (Republik in Südwestafrika); **Na|mi|bi|er; na|mi|bisch**
...na|mig (z. B. vielnamig); **näm|lich** (↑R 98); nämlich daß/wenn (↑R 126); **näm|li|che** (*veraltend;* ↑R 66:) der, die, das -; er ist noch der - (derselbe); er sagt immer das - (dasselbe); **Näm|lich|keit,** die; - (*Amtsspr. selten für* Identität); **Näm|lich|keits|be|schei|ni|gung** (*Zollw. svw.* Identitätsnachweis)
Na|mur [na'my:r] (belg. Stadt)
na, na!
[1]**Nan|cy** ['nã:si, *auch* nã'si] (Stadt in Frankreich)
[2]**Nan|cy** ['nɛnsi] (w. Vorn.)
Nan|du, der; -s, -s ‹indian.-span.› (ein südamerik. straußenähnl. Laufvogel)
Nan|ga Par|bat, der; - - (Berg im Himalaja)
Nä|nie [...iə], die; -, -n ‹lat.› ([altröm.] Totenklage, Klagegesang)
Na|nis|mus, der; - ‹griech.› (*Med., Biol.* Zwergwuchs)
[1]**Nan|king** (chines. Stadt); [2]**Nan|king,** der; -s, *Plur.* -e *u.* -s (ein Baumwollgewebe)
Nan|net|te (w. Vorn.); **Nan|ni, Nan|ny** (w. Vorn.)
Na|no... ‹griech.› (ein Milliardstel einer Einheit, z. B. Nanometer = 10^{-9} Meter; *Zeichen* n); **Na|no_fa|rad** (*Zeichen* nF), **...me|ter** (*Zeichen* nm), **...se|kun|de** (*Zeichen* ns)
Nan|sen (norw. Polarforscher); **Nan|sen-Paß** (Ausweis für Staatenlose); ↑R 135
Nantes [nã:t] (franz. Stadt); das Edikt von -
na|nu!
Na|palm ⓦ, das; -s ‹*Kurzwort aus* Naphthensäure u. Palmitinsäure› (hochwirksamer Füllstoff für Benzinbrandbomben); **Na|palm|bom|be**
Napf, der; -[e]s, Näpfe; **Näpf|chen; Napf|ku|chen; Näpf|lein**
Naph|tha, das; -s *od.* die; - ‹pers.› (Roherdöl)
Naph|tha|li, *ökum.* **Naf|ta|li** (bibl. m. Eigenn.)
Naph|tha|lin, das; -s ‹pers.› (*Chemie* aus Steinkohlenteer gewonnener Kohlenwasserstoff); **Naph|the|ne** *Plur.* (gesättigte Kohlenwasserstoffe); **Naph|tho|le** *Plur.* (aromat. Alkohole zur Herstellung künstlicher Farbstoffe)
Na|po|le|on (Kaiser der Franzosen); **Na|po|le|on|dor,** der; -s, -e ‹franz.› (unter Napoleon I. u. III. geprägte Goldmünze); fünf - (↑R 129); **Na|po|leo|ni|de,** der; -n, -n; ↑R 197; ↑R 180 (Abkömmling der Familie Napoleons); **na|po|leo|nisch** (↑R 180); -er Eroberungsdrang, aber (↑R 134): die Napoleonischen Feldzüge; **Na|po|le|on|kra|gen** (↑R 135)
Na|po|li (*ital. Form von* Neapel);
Na|po|li|tain [...'tɛ̃:], das; -s, -s ‹franz.› (Schokoladentäfelchen); **Na|po|li|taine** [...'tɛ:n], die; - (ein Gewebe)
Nap|pa, das; -[s], -s ‹nach der kaliforn. Stadt Napa› (*kurz für* Nappaleder); **Nap|pa|le|der**
Nar|be, die; -, -n; **nar|ben** (*Gerberei* [Leder] mit Narben versehen); **Nar|ben,** der; -s, - (*Gerberei für* Narbe); **Nar|ben_bil|dung, ...ge|we|be, ...le|der; nar|big**
Nar|bonne [...'bɔn] (franz. Stadt)
Nar|cis|sus (*lat. Form von* Narziß)
Nar|de, die; -, -n ‹semit.› (*Bez. für* verschiedene wohlriechende Pflanzen, die schon im Altertum für Salböle verwendet wurden); **Nar|den|öl**
Nar|gi|leh [*auch* ...'gi:le], die; -, -[s] *od.* das; -s, -s ‹pers.› (oriental. Wasserpfeife)
Nar|ko|ma|nie, die; - ‹griech.› (*Med.* Sucht nach Narkotika); **Nar|ko|se,** die; -, -n (*Med.* Betäubung); **Nar|ko|se_ap|pa|rat, ...arzt** (*für* Anästhesist), **...ärz|tin, ...ge|wehr** *(Tiermed.)*, **...mas|ke, ...mit|tel** (das), **...schwe|ster; Nar|ko|ti|kum,** das; -s, ...ka (Rausch-, Betäubungsmittel); **nar|ko|tisch;** -ste (berauschend, betäubend); **nar|ko|ti|sie|ren** (betäuben)
Narr, der; -en, -en (↑R 197)
nar|ra|tiv ‹lat.› (erzählend)
Närr|chen; nar|ren (*geh. für* anführen, täuschen); **Nar|ren|frei|heit; nar|ren|haft;** -este; **Nar|ren_haus, ...kap|pe; nar|ren|si|cher** *(ugs.)*; **Nar|ren[s]|pos|se;** -n treiben; **Nar|ren|streich; Nar|ren|tum,** das; -s; **Nar|ren|zep|ter; Nar|re|tei** (*veraltend für* Scherz; Unsinn); **Narr|hal|la|marsch,** der; -[e]s (auf Karnevalssitzungen gespielter Marsch); **Narr|heit; När|rin; när|risch;** -ste; **Närr|lein**
Nar|vik ['narvik] (norw. Hafenstadt)
Nar|wal ‹nord.› (Wal einer bestimmten Art)
[1]**Nar|ziß** ‹griech.› (in sein Bild verliebter schöner Jüngling der

griech. Sage); ²**Nar|ziß,** der; *Gen.* - *u.* ...zisses, *Plur.* ...zisse (jmd., der sich selbst bewundert u. liebt); **Nar|zis|se,** die; -, -n (eine Frühjahrsblume); **Nar|zis|senblü|te; Nar|ziß|mus,** der; - (krankhafte Verliebtheit in die eigene Person); **Nar|zißt,** der; -en, -en; ↑R 197; **nar|ziß|tisch**

NASA, die; - (= National Aeronautics and Space Administration [ˌnɛʃ(ə)nəl ɛ:rəˈnɔ:tiks ənd ˈspe:s ədminisˈtre:ʃ(ə)n]; Nationale Luft- und Raumfahrtbehörde der USA)

na|sal ‹lat.› (durch die Nase gesprochen, genäselt; zur Nase gehörend); **Na|sal,** der; -s, -e *u.* Na|sal|laut (*Sprachw.* mit Beteiligung des Nasenraumes od. durch die Nase gesprochener Laut, z. B. m, ng); **na|sa|lie|ren** ([einen Laut] durch die Nase aussprechen, näseln); **Na|sa|lierung; Na|sal‿laut** (*vgl.* Nasal), **...vo|kal** (Vokal mit nasaler Färbung, z. B. o in Bon [*franz.* bõ:])

na|schen; du naschst

Näs|chen

Na|scher, *älter* **Nä|scher; Na|sche|rei** (wiederholtes Naschen *[nur Sing.]; auch für* Näscherei); **Nä|sche|rei** *meist Plur.* (*veraltend für* Süßigkeit); **Na|sche|rin,** *älter* **Nä|sche|rin; nasch|haft;** -este; **Nasch|haf|tig|keit,** die; -; **Nasch‿kat|ze** (jmd., der gerne nascht), **...maul** (*derb svw.* Naschkatze), **...sucht** (die; -); **nasch|süch|tig; Nasch|werk,** das; -[e]s (*veraltet für* Süßigkeiten)

Na|se, die; -, -n; **na|se|lang** *vgl.* nasenlang; **nä|seln;** ich ...[e]le (↑R 22); **Na|sen‿bär, ...bein, ...blu|ten** (das; -s), **...du|sche, ...flü|gel, ...höh|le; na|sen|lang,** nas[e]lang *(ugs.); nur in* alle - (sich in kurzen Abständen wiederholend); *vgl.* all; **Na|sen‿länge, ...laut** (*für* Nasal), **...loch; Na|sen-Ra|chen-Raum** (↑R 41); **Na|sen‿ring, ...rücken** [*Trenn.* ...rük|ken], **...schei|de|wand, ...schleim|haut, ...schmuck** *(Völkerk.),* **...spie|gel** *(Med.),* **...spitze, ...stü|ber, ...trop|fen, ...wurzel; Na|se|rümp|fen,** das; -s; **nase|rümp|fend,** aber (↑R 209): die Nase rümpfend; **na|se|weis;** -este; **Na|se|weis,** der; -es, -e (*ugs. für* neugieriger Mensch); Herr -, Jungfer - *(scherzh.);* **nasfüh|ren;** ich nasführe; genasführt; zu -; **Nas|horn** *Plur.* ...hörner; **Nas|horn‿kä|fer, ...vo|gel; ...na|sig** (z. B. langnasig); **...näsig** (z. B. hochnäsig)

Na|si-go|reng, das; -[s], -s ‹malai.› (indonesisches Reisgericht)

Na|si|rä|er, der; -s, - ‹hebr.› (*im alten Israel* Träger eines besonderen Gelübdes der Enthaltsamkeit)

nas|lang *vgl.* nasenlang; **Näs|lein**

naß; nasser, *auch* nässer, nasseste, *auch* nässeste; sich - machen; **Naß,** das; Nasses (Wasser); gut -! (Gruß der Schwimmer)

¹**Nas|sau** (Stadt a. d. Lahn; ehem. Herzogtum); ²**Nas|sau** [*engl.* ˈnɛsɔ:] (Hptst. der Bahamas); ¹**Nas|sau|er** (↑R 147); ²**Nas|sauer** (*ugs. für* jmd., der nassauert; *scherzh. für* Regenschauer); **nassau|ern** (*ugs. für* auf Kosten anderer leben); ich ...ere (↑R 22); **nas|sau|isch**

Näs|se, die; -; **näs|seln** (*veraltet, noch landsch. für* ein wenig naß sein, werden); es nässelt; **nässen;** du näßt (nässest), er näßt; du näßtest; genäßt; nässe! *u.* näß!; **naß|fest;** -es Papier; **naßforsch** (*ugs. für* übertrieben forsch); **naß|ge|schwitzt; Naß-in-Naß-Druck** *Plur.* ...drucke *(Druckw.);* ↑R 41; **naß|kalt; näßlich** (ein wenig feucht); **Naß‿rasie|rer, ...ra|sur, ...schnee, ...spinn|ver|fah|ren** *(Textiltechnik),* **...wä|sche, ...zel|le** (*Bauw.* Raum, in dem Wasserleitungen liegen)

Na|stie, die; - ‹griech.› (*Bot.* durch Reiz ausgelöste Bewegung von Teilen einer Pflanze)

Nas|tuch *Plur.* ...tücher (*südd. neben, schweiz. für* Taschentuch)

nas|zie|rend ‹lat.› (entstehend, im Werden begriffen)

Na|tal (Provinz der Republik Südafrika)

Na|ta|lie [ˈnatali:, *auch* naˈta:li̯ə *u.* ...ˈli:] (w. Vorn.)

Na|ta|li|tät, die; - ‹lat.› (*Statistik* Geburtenhäufigkeit)

Na|tan *vgl.* Nathan

Na|ta|na|el *vgl.* Nathanael

Na|ta|scha (w. Vorn.)

Na|than, *ökum.* Na|tan (bibl. Prophet)

¹**Na|tha|na|el** [...e:l, *auch* ...ɛl], *ökum.* Na|ta|na|el (Jünger Jesu); ²**Na|tha|na|el** (m. Vorn.)

Na|ti|on, die; -, -en ‹lat.› (Staatsvolk); **na|tio|nal**[1]; -es Interesse, -e Befreiungsfront, aber (↑R 157): Nationale Front (Zusammenschluß aller polit. Parteien u. Organisationen in der ehem. DDR); Nationales Olympisches Komitee (*Abk.* NOK); **na|tio|nal|be|wußt**[1]; -este; **Natio|nal**[1]**‿be|wußt|sein, ...cha|rakter; na|tio|nal|de|mo|kra|tisch**[1], aber (↑R 157): die Nationaldemokratische Partei Deutschlands (*Abk.* NPD); **Na|tio|nal**[1]**‿denk|mal, ...dreß** (*svw.* Nationaltrikot); **Na|tio|na|le**[1], das; -s, - (*österr. für* Personalangaben, Personenbeschreibung); **Na|tional**[1]**‿ein|kom|men, ...elf** (*vgl.* ³Elf), **...epos, ...far|ben** *(Plur.),* **...fei|er|tag, ...flag|ge, ...gar|de, ...ge|fühl** (das; -[e]s), **...ge|richt, ...ge|tränk, ...hei|lig|tum, ...held, ...hym|ne; na|tio|na|li|sie|ren**[1] (einbürgern; verstaatlichen); **Natio|na|li|sie|rung**[1]**; Na|tio|na|lismus**[1], der; - (übertriebenes Nationalbewußtsein); **Na|tio|nalist**[1], der; -en, -en (↑R 197); **natio|na|li|stisch**[1]; -ste; **Na|tio|nali|tät**[1], die; -, -en (Staatsangehörigkeit; nationale Minderheit); **Na|tio|na|li|tä|ten**[1]**‿fra|ge, ...poli|tik, ...staat** (*Plur.* ...staaten; Mehr-, Vielvölkerstaat); **Na|tiona|li|täts|prin|zip**[1], das; -s; **Natio|nal**[1]**‿kir|che, ...kon|vent; natio|nal|li|be|ral**[1]; **Na|tio|nal**[1]**‿li|ga** (in Österreich u. in der Schweiz die höchste Spielklasse im Fußball), **...li|te|ra|tur, ...mannschaft, ...öko|nom** (Volkswirtschaftler), **...öko|no|mie** (Volkswirtschaftslehre), **...park, ...preis** (höchste Auszeichnung der ehem. DDR); **Na|tio|nal|preisträ|ger**[1] (*Abk.* NPT); **Na|tio|nalrat**[1] (Bez. von Volksvertretungen in der Schweiz u. in Österreich; *auch* für deren Mitglied); **Na|tional‿so|zia|lis|mus**[1] (*Abk.* NS), **...so|zia|list**[1]; **na|tio|nal|so|zia|listisch**[1]; **Na|tio|nal**[1]**‿spie|ler** *(Sport),* **...spie|le|rin, ...sport, ...spra|che, ...staat** (*Plur.* ...staaten); **na|tio|nal|staat|lich**[1]; **Natio|nal**[1]**‿stolz, ...stra|ße** (*schweiz. für* Autobahn, Autostraße; *Zeichen* N 1, N 2 usw.), **...tanz, ...thea|ter**[1], **...tracht, ...tri|kot, ...ver|samm|lung**

Na|ti|vis|mus [...v...], der; - ‹lat.› (*Psych.* Lehre, nach der es angeborene Vorstellungen, Begriffe, Grundeinsichten usw. gibt); **Nati|vist,** der; -en, -en (↑R 197); **nati|vi|stisch; Na|ti|vi|tät,** die; -, -en (*Astrologie* Stand der Gestirne bei der Geburt eines Menschen)

NATO, *auch* **Na|to,** die; - ‹engl.; *Kurzwort für* North Atlantic Treaty Organization [nɔ:(r)θ ətˈlɛntik ˈtri:ti ɔ:(r)gənaiˈze:ʃ(ə)n]› (Organisation der Signatarmächte des Nordatlantikpakts, Verteidigungsbündnis); **na|to|grün** (graugrün)

Na|tri|um, das; -s ‹ägypt.› (chem. Element, Metall; *Zeichen* Na); **Na|tri|um|chlo|rid,** das; -[e]s, -e (Kochsalz); **Na|tron,** das; -s (*ugs.*

[1] *Trenn.* ↑R 180.

[1] *Trenn.* ↑R 180.

für doppeltkohlensaures Natrium); **Na|tron|lau|ge**
Na|tschal|nik, der; -s, -s ‹russ.› (*russ. Bez. für* Chef, Vorgesetzter)
Nat|té [na'te:], der; -[s], -s ‹franz.› (feines, glänzendes Gewebe [mit Würfelmusterung])
Nat|ter, die; -, -n; **Nat|tern‿brut**, **...ge|zücht** *(abwertend)*
Na|tur, die; -, -en ‹lat.›; *vgl.* in natura; **Na|tu|ral‿ab|ga|ben** *(Plur.)*, **...be|zü|ge** (*Plur.;* Sachbezüge), **...ein|kom|men**; **Na|tu|ra|li|en** [...iən] *Plur.* (Natur-, Landwirtschaftserzeugnisse); **Na|tu|ra|li|en‿ka|bi|nett** (naturwissenschaftliche Sammlung), **...samm|lung**; **Na|tu|ra|li|sa|ti|on**, die; -, -en (*svw.* Naturalisierung); **na|tu|ra|li|sie|ren**; **Na|tu|ra|li|sie|rung** (Einbürgerung, Aufnahme in den Staatsverband; allmähl. Anpassung von Pflanzen u. Tieren); **Na|tu|ra|lis|mus**, der; -, ...men (Naturglaube; *nur Sing.:* Wirklichkeitstreue; nach naturgetreuer Darstellung strebende Kunstrichtung); **Na|tu|ra|list**, der; -en, -en (↑R 197); **Na|tu|ra|li|stin**; **na|tu|ra|li|stisch**; -ste; **Na|tu|ral‿lohn**, **...wirt|schaft**; **Na|tur‿apo|stel**, **...arzt**; **Na|tur|be|ga|bung**; **na|tur|be|las|sen**; **Na|tur‿be|ob|ach|tung**, **...be|schrei|bung**; **na|tur|blond**; **Na|tur‿bur|sche**, **...darm**, **...denk|mal**, **...dün|ger**; **na|ture** [na'ty:r] ‹franz.›; Schnitzel - (ohne Panade); **Na|tu|rell** [natu...], das; -s, -e (Veranlagung; Wesensart); **Na|tur‿er|eig|nis**, **...er|schei|nung**; **na|tur|far|ben**; -es Holz; **Na|tur‿far|ben|druck** (Farbendruck nach fotografischen Farbaufnahmen), **...fa|ser**, **...film**, **...for|scher**, **...for|sche|rin**, **...freund**, **...freun|din**, **...gas** (*svw.* Erdgas), **...ge|fühl** (das; -[e]s); **na|tur‿ge|ge|ben**, **...ge|mäß** (-este); **Na|tur|ge|schich|te**, die; -; **na|tur|ge|schicht|lich**; **Na|tur|ge|setz**; **na|tur|ge|treu**; -[e]ste; **na|tur|haft**; **Na|tur‿haus|halt**, **...heil|kun|de** (die; -), **...heil|ver|fah|ren**; **na|tur|iden|tisch**; -e Aromastoffe; **Na|tu|ris|mus**, der; - (Freikörperkultur); **Na|tu|rist**, der; -en, -en (↑R 197); **Na|tur‿ka|ta|stro|phe**, **...kind**, **...kraft** (die), **...kun|de** (die; -); **na|tur|kund|lich**; **Na|tur|leh|re** (*veraltet für* physikalisch-chemischer Teil des naturwissenschaftlichen Unterrichts an Schulen); **Na|tur|lehr|pfad**; **na|tür|lich**; -e Geometrie, Gleichung *(Math.);* -e Person (*Ggs.* juristische Person); **na|tür|li|cher|wei|se**; **Na|tür|lich|keit**, die; -; **Na|tur|mensch**, der; **na|tur|nah**; **Na|tur‿nä|he**, **...not|wen|dig|keit**, **...park**, **...phi|lo|so|phie**, **...pro|dukt**, **...recht** (das; -[e]s); **na|tur|rein**; **Na|tur‿re|li|gi|on**, **...schau|spiel**, **...schön|heit**, **...schutz**, **...schüt|zer**; **Na|tur|schutz‿ge|biet** (*Abk.* NSG), **...ge|setz**, **...park**; **Na|tur‿sei|de**, **...ta|lent**, **...thea|ter** (↑R 180; Freilichtbühne), **...treue**, **...trieb**; **na|tur‿trüb**, **...ver|bun|den**, **...voll**, **...wid|rig**; **Na|tur‿wis|sen|schaft** *(meist Plur.)*, **...wis|sen|schaft|ler**, **...wis|sen|schaft|le|rin**; **na|tur|wis|sen|schaft|lich**; der -e Zweig; **na|tur|wüch|sig**; **Na|tur|wüch|sig|keit**, die; -; **Na|tur‿wun|der**, **...zer|stö|rung** (die; -), **...zu|stand** (der; -[e]s)
Nau|arch, der; -en, -en (↑R 197) ‹griech.› (Schiffsbefehlshaber im alten Griechenland)
Naue, die; -, -n *u., schweiz. nur,* **Nau|en**, der; -s, - (*südd. neben* Nachen, Kahn; *schweiz. für* großer [Last]kahn auf Seen)
'nauf; ↑R 16 (*landsch. für* hinauf)
Naum|burg (Stadt an der Saale); **Naum|bur|ger** (↑R 147); - Dom
Nau|pli|us, der; -, ...ien [...iən] ‹griech.› (*Zool.* Krebstierlarve)
Nau|ru [na'u:ru] (Inselrepublik im Stillen Ozean); **Nau|ru|er**; **nau|ru|isch**
'naus; ↑R 16 (*landsch. für* hinaus)
Nau|sea, die; - ‹griech.› (*Med.* Übelkeit; Seekrankheit)
Nau|si|kaa [...kaa] (phäakische Königstochter in der griech. Sage)
Nau|tik, die; - ‹griech.› (Schifffahrtskunde); **Nau|ti|ker**; **Nau|ti|lus**, der; -, *Plur.* - *u.* -se (Tintenfisch); **nau|tisch**; -es Dreieck (*svw.* sphärisches Dreieck)
Na|va|ho, **Na|va|jo** [*beide* 'nɛvəho:, *auch* na'vaxo], der; -[s], -[s] (Angehöriger eines nordamerik. Indianerstammes)
Na|var|ra [...v...] (nordspan. Provinz; *auch für* hist. Provinz in den Westpyrenäen); **Na|var|re|se**, der; -n, -n (↑R 197); **Na|var|re|sin**; **na|var|re|sisch**
Na|vel ['na:vəl, *engl.* 'ne:vəl], die; -, -s ‹engl.› (*Kurzform von* Navelorange); **Na|vel|oran|ge** (kernlose Orange, die eine zweite kleine Frucht einschließt)
Na|vi|ga|ti|on [...v...], die; - ‹lat.› (Orts- u. Kursbestimmung von Schiffen u. Flugzeugen); **Na|vi|ga|ti|ons‿feh|ler**, **...in|stru|men|te** *(Plur.)*, **...of|fi|zier** (für die Navigation verantwortlicher Offizier), **...schu|le** (Seefahrtsschule); **Na|vi|ga|tor**, der; -s, ...oren (*Flugw., Seew.* für die Navigation verantwortliches Besatzungsmitglied); **na|vi|ga|to|risch**; **na|vi|gie|ren** (ein Schiff od. Flugzeug führen)
na|xisch (von Naxos); **Na|xos** (griech. Insel)
[1]**Na|za|rä|er**, *ökum.* Na|zo|rä|er, der; -s ‹hebr.› (Beiname Jesu); [2]**Na|za|rä|er**, *ökum.* Na|zo|rä|er, der; -s, - (Mitglied der frühen Christengemeinden); [1]**Na|za|re|ner**, der; -s (Beiname Jesu); [2]**Na|za|re|ner**, der; -s, - (Angehöriger einer Künstlergruppe der Romantik); **Na|za|reth**, *ökum.* **Na|za|ret** (Stadt in Israel)
Na|zi, der; -s, -s (*kurz für* Nationalsozialist); **Na|zi‿bar|ba|rei**, **...dik|ta|tur**, **...herr|schaft** (die; -), **...par|tei**, **...re|gi|me**; **Na|zis|mus**, der; - (*abwertend für* Nationalsozialismus); **na|zi|stisch** (*abwertend für* nationalsozialistisch); **Na|zi‿ver|bre|cher**, **...zeit**
Na|zo|rä|er *vgl.* [1]Nazaräer *u.* [2]Nazaräer
Nb = *chem. Zeichen für* Niob
NB = notabene!
n. Br., nördl. Br. = nördlicher Breite; 50° n. Br.
N. C. = North Carolina; *vgl.* Nordkarolina
Nchf., Nachf. = Nachfolger
n. Chr. = nach Christus, nach Christo; *vgl.* Christus; **n. Chr. G.** = nach Christi Geburt; *vgl.* Christus
Nd = *chem. Zeichen für* Neodym
nd. = niederdeutsch
N. D. = Norddakota
NDB = Neue Deutsche Biographie
N'Dja|me|na [ndʒa'me:na, *auch* ...'na] (Hptst. von Tschad)
NDR = Norddeutscher Rundfunk
Ne = *chem. Zeichen für* Neon
ne!, nee! (*ugs. für* nein!)
'ne; ↑R 16 (*ugs. für* eine)
Ne|an|der|ta|ler ‹nach dem Fundort Neandertal bei Düsseldorf› (vorgeschichtlicher Mensch)
Nea|pel; ↑R 180 (ital. Stadt); *vgl.* Napoli; **Nea|pe|ler**, **Ne|ap|ler**, [1]**Nea|po|li|ta|ner** (↑R 180, R 147); [2]**Nea|po|li|ta|ner**, **Nea|po|li|ta|ner|schnit|te**; ↑R 180 (*österr. für* gefüllte Waffel); **nea|po|li|ta|nisch** (↑R 180)
Ne|ark|tis, die; - ‹griech.› (tiergeographisches Gebiet, das Nordamerika u. Mexiko umfaßt); **ne|ark|tisch**; -e Region
neb|bich ‹jidd.› (*ugs. für* nun, wenn schon!; was macht das!); **Neb|bich**, der; -s, -s (*ugs. für* Nichtsnutz; unbedeutender Mensch)
Ne|bel, der; -s, -; **Ne|bel‿bank** (*Plur.* ...bänke), **...bil|dung**, **...bo|je** *(Seew.)*, **...decke** [*Trenn.*

...dek|ke...], **...feld, ...fet|zen; ne|bel|grau; ne|bel|haft**; -este; **Ne|bel|horn** *Plur.* ...hörner *(Seew.)*; **ne|be|lig** *vgl.* neblig; **Ne|bel‿kam|mer** *(Atomphysik)*, **...kap|pe** (Tarnkappe), **...ker|ze** *(Milit.)*, **...krä|he, ...lam|pe, ...mo|nat** *od.* **...mond** (*alte Bez. für* November); **ne|beln**; es nebelt; **Ne|bel|näs|sen**, das; -s (nieselndes Regnen bei dichtem Nebel); **Ne|bel‿schein|wer|fer, ...schlei|er, ...schluß|leuch|te, ...schwa|den, ...strei|fen; Ne|be|lung**, Neblung, der; -s, -e (*alte Bez. für* November; *vgl.* Nebelmond); **ne|bel|ver|han|gen; Ne|bel|wand**

Ne|bel|wer|fer ‹nach dem Erfinder R. Nebel› (*Milit.* ein Raketenwerfer)

ne|ben; *Präp. mit Dat. u. Akk.*: - dem Hause stehen, aber: - das Haus stellen; *als Adverb in Zusammensetzungen wie* nebenan, nebenbei u. a.; **Ne|ben‿ab|re|de** *(Rechtsspr.)*, **...ab|sicht, ...amt; ne|ben|amt|lich; ne|ben|an; Ne|ben‿an|schluß, ...ar|beit, ...aus|ga|be, ...aus|gang, ...bahn, ...be|deu|tung; ne|ben|bei**; - bemerkt; **Ne|ben|be|ruf; ne|ben|be|ruf|lich; Ne|ben‿be|schäf|ti|gung, ...buh|ler, ...buh|le|rin, ...buh|ler|schaft, ...ef|fekt; ne|ben|ein|an|der**; *Schreibung in Verbindung mit Verben* (↑R 205 f.): nebeneinander herunterrutschen, aber: die Sachen nebeneinanderlegen; *vgl.* aneinander; **Ne|ben|ein|an|der** [*auch* 'ne:...], das; -s; **ne|ben|ein|an|der|her; ne|ben|ein|an|der|schal|ten; Ne|ben|ein|an|der|schal|tung; ne|ben|ein|an|der‿sit|zen** (aber: nebeneinander sitzen [nicht stehen]), **...stel|len; Ne|ben‿ein|künf|te** *(Plur.)*, **...er|schei|nung, ...er|werb; Ne|ben|er|werbs|land|wirt|schaft; Ne|ben‿er|zeug|nis, ...fach, ...fi|gur, ...fluß, ...form, ...frau, ...ge|dan|ke, ...ge|laß, ...ge|räusch, ...ge|stein** (*Bergmannsspr.* Gestein unmittelbar über u. unter dem Flöz), **...gleis, ...hand|lung, ...haus; ne|ben|her; ne|ben|her‿fah|ren, ...ge|hen, ...lau|fen; ne|ben|hin**; etwas - sagen; **Ne|ben‿höh|le** (an die Nasenhöhle angrenzender Hohlraum), **...job, ...kla|ge, ...klä|ger, ...klä|ge|rin, ...ko|sten** *(Plur.)*, **...kra|ter, ...kriegs|schau|platz, ...li|nie, ...mann** (*Plur.* ...männer *u.* ...leute), **...mensch** (der), **...me|tall, ...nie|re, ...nut|zung; ne|ben|ord|nen** *(Sprachw.)*; nebenordnende Konjunktionen; **Ne|ben‿ord|nung** *(Sprachw.)*, **...pro|dukt, ...raum, ...rol|le, ...sa|che; ne|ben|säch|lich; Ne|ben|säch|lich|keit; Ne|ben‿sai|son, ...satz** *(Sprachw.)*; **ne|ben|schal|ten** (*für* parallelschalten); **Ne|ben|schal|tung** (*für* Parallelschaltung); **Ne|ben|spie|ler, ...spie|le|rin; ne|ben|ste|hend**; (↑R 66:) -es; (↑R 65:) im -en (*Amtsspr.* hierneben), aber: das Nebenstehende; *vgl.* folgend; **Ne|ben‿stel|le, ...stra|ße, ...strecke**[1], **...tä|tig|keit, ...tisch, ...ton** (*Plur.* ...töne); **ne|ben|to|nig; Ne|ben‿ver|dienst** (der), **...weg, ...wir|kung, ...woh|nung, ...zim|mer, ...zweck**

neb|lig; Neb|lung *vgl.* Nebelung

Nebr. = Nebraska

Ne|bras|ka (Staat in den USA; *Abk.* Nebr.)

nebst; *Präp. mit Dat.*: - seinem Hunde; **nebst|bei** (*österr.* *neben* nebenbei)

Ne|bu|kad|ne|zar, *ökum.* **Ne|bu|kad|nez|zar** [...'nɛtsar] (Name babylon. Könige); *vgl.* Nabucco

ne|bu|los, ne|bu|lös; -este ‹lat.› (unklar, verschwommen)

Ne|ces|saire [nesɛ'sɛ:r], das; -s, -s ‹franz.› ([Reise]behältnis für Toiletten-, Nähutensilien u. a.)

Ne|cho ['ne:ço, *auch* 'nɛço] (ägypt. Pharao)

n-Eck (↑R 37; *Math.*)

Neck, der; -en, -en (↑R 197) (ein Wassergeist)

Neckar[1], der; -s (rechter Nebenfluß des Rheins); **Neckar|sulm**[1] (Stadt an der Mündung der Sulm in den Neckar)

necken[1]; **Necke|rei**[1]

Necking[1], das; -[s], -s ‹amerik.› (Austausch von Zärtlichkeiten)

neckisch[1]; -ste

Ned|bal (tschech. Komponist)

nee! *vgl.* ne!

Neer, die; -, -en (*nordd. für* Wasserstrudel mit starker Gegenströmung); **Neer|strom**

Nef|fe, der; -n, -n (↑R 197)

Ne|ga|ti|on, die; -, -en ‹lat.› (Verneinung, Verwerfung einer Aussage; Verneinungswort, z. B. „nicht"); **ne|ga|tiv** [*auch* 'nɛ... *od.* ...'ti:f] (verneinend; ergebnislos; *Math.* kleiner als Null; *Elektrotechnik: Ggs. zu* positiv); **Ne|ga|tiv**, das; -s, -e [...və] (*Fotogr.* Gegen-, Kehrbild); **Ne|ga|tiv|bild; Ne|ga|ti|ve** [...və], die; -, -n (*veraltet für* Verneinung); **Ne|ga|tiv|image** [*auch* 'nɛ...]; **Ne|ga|ti|vi|tät** [...v...], die; -

Ne|geb [*auch* 'nɛgɛp], der; -, *auch* die; - (Wüstenlandschaft im Süden Israels)

ne|ger (*ostösterr. ugs. für* ohne Geld); er ist -

Ne|ger, der; -s, - ‹lat.›; **Ne|ger|haar; Ne|ge|rin; ne|ge|risch; Ne|ger‿kuß** (schokoladeüberzogenes Schaumgebäck), **...sän|ger, ...skla|ve**

Ne|gev [*auch* 'nɛgɛf] *vgl.* Negeb

ne|gie|ren ‹lat.› (verneinen; bestreiten); **Ne|gie|rung**

Ne|gli|gé, *schweiz.* **Né|gli|gé** [*beide* negli'ʒe:], das; -s, -s ‹franz.› (Hauskleid; Morgenrock); **ne|gli|geant** [negli'ʒant]; -este (*veraltend für* nachlässig); **ne|gli|gen|te** [...'dʒɛntə] ‹ital.› (*Musik* flüchtig, darüber hinhuschend); **ne|gli|gie|ren** [...'ʒi:...] (*veraltend für* vernachlässigen)

ne|grid ‹lat.›; -er Rassenkreis *(Anthropol.)*; **Ne|gri|de**, der *u.* die; -n, -n (↑R 7 ff.); **Ne|gri|to**, der; -[s], -[s] (Angehöriger einer zwergwüchsigen u. dunkelhäutigen Rasse [auf den Philippinen]); **Né|gri|tude** [negri'ty:d], die; - ‹franz.› (aus der Rückbesinnung auf afrikanische Traditionen entstandene Forderung nach kultureller Eigenständigkeit der Französisch sprechenden Länder Afrikas); **ne|gro|id** (den Negern ähnlich); **Ne|groi|de**, der *u.* die; -n, -n (↑R 7 ff., R 180); **Ne|gro Spi|ri|tu|al** ['ni:gro: 'spiritjuəl], das, *auch* der; - -s, - -s ‹lat.-engl.-amerik.› (geistl. Lied der Schwarzen im Süden der USA)

Ne|gus, der; -, *Plur.* - *u.* -se (*früher* Kaiser von Äthiopien)

Ne|he|mia, *auch* **Ne|he|mi|as** (Gestalt des A. T.)

neh|men; du nimmst, er nimmt; ich nahm, du nahmst; du nähmest; genommen; nimm!; ich nehme es an mich; (↑R 68:) Geben (*auch* geben) ist seliger denn Nehmen (*auch* nehmen); **Neh|mer** (*auch für* Käufer); **Neh|mer|qua|li|tä|ten** *Plur. (Boxen)*

Neh|ru (indischer Staatsmann)

Neh|rung, die; -, -en (Landzunge)

Neid, der; -[e]s; **nei|den; Nei|der; neid|er|füllt** (↑R 209); **Neid|ham|mel** (*ugs. für* neidischer Mensch); **Neid|hard**, [1]**Neid|hart** (m. Vorn.); [2]**Neid|hart**, der; -[e]s, -e (*veraltet für* Neider); **nei|dig** (*veraltet für* beneidend); jmdm. - sein; **nei|disch**; -ste; **neid|los**; -este; **Neid|lo|sig|keit**, die; -

Neid|na|gel (*Nebenform von* Niednagel)

neid|voll

Nei|ge, die; -, -n; auf die -, zur - gehen; **nei|gen**; sich -; **Nei|gung; Nei|gungs‿ehe, ...win|kel**

nein; nein sagen; (↑R 67:) das Ja und das Nein; mit [einem] Nein antworten; das ist die Folge seines Neins

'nein; ↑R 16 (*landsch. für* hinein)

---

[1] *Trenn.* ...k|k...

Nein|sa|gen, das; -s; **Nein|sa|ger; Nein|stim|me**

Nei|ße, die; - (ein Flußname); die Oder-Neiße-Grenze (↑R 150)

Ne|kro|bio|se, die; - (↑R 180) ‹griech.› (*Biol.* langsames Absterben einzelner Zellen); **Ne|kro|log,** der; -[e]s, -e (Nachruf); **Ne|kro|lo|gi|um,** das; -s, ...ien [...iən] (Totenverzeichnis in Klöstern und Stiften); **Ne|kro|mant,** der; -en, -en; ↑R 197 (Toten-, Geisterbeschwörer, bes. des Altertums); **Ne|kro|man|tie,** die; - (Toten-, Geisterbeschwörung); **Ne|kro|phi|lie,** die; - (*Psych.* auf Leichen gerichteter Sexualtrieb); **Ne|kro|po|le,** die; -, ...polen (Totenstadt, Gräberfeld alter Zeit); **Ne|krop|sie,** die; -, ...ien (Leichenbesichtigung, -öffnung); **Ne|kro|se,** die; -, -n (*Med.* das Absterben von Geweben, Organen od. Organteilen); **Ne|kro|sper|mie,** die; - (*Med.* das Abgestorbensein od. die Funktionsunfähigkeit der männl. Samenzellen; Zeugungsunfähigkeit); **ne|kro|tisch** (*Med.* abgestorben)

Nek|tar, der; -s, -e ‹griech.› (zukkerhaltige Blütenabsonderung; *nur Sing.: griech. Mythol.* ewige Jugend spendender Göttertrank); **Nek|ta|ri|ne,** die; -, -n (eine Pfirsichart mit glatthäutigen Früchten); **Nek|ta|ri|um,** das; -s, ...ien [...iən] (Nektardrüse bei Blütenpflanzen)

Nek|ton, das; -s ‹griech.› (*Biol.* die Gesamtheit der im Wasser sich aktiv bewegenden Tiere); **nek|to|nisch**

Nel|ke, die; -, -n (eine Blume; ein Gewürz); **Nel|ken‿öl, ...strauß** (*Plur.* ...sträuße), **...wurz** (eine Pflanze)

Nell, das; -s, - (*schweiz. für* Trumpfneun beim Jaß)

Nel|li, Nel|ly (w. Vorn.)

[1]**Nel|son** ['nɛlzən, *engl.* 'nɛls(ə)n] (engl. Admiral)

[2]**Nel|son,** der; -[s], -[s] ‹engl.› (Ringergriff)

Ne|ma|to|de, der; -n, -n *meist Plur.* ‹griech.› (*Zool.* Fadenwurm)

ne|me|isch (aus Nemea [Tal in Argolis]); a b e r (↑R 157): der Nemeische Löwe, die Nemeischen Spiele

[1]**Ne|me|sis** (griech. Rachegöttin); [2]**Ne|me|sis,** die; - ‹griech.› (ausgleichende Gerechtigkeit)

NE-Me|tall [ɛn'e:...] (↑R 38; *kurz für* Nichteisenmetall)

'nen; ↑R 16 (*ugs. für* einen)

Ne|na (w. Vorn.)

Nenn|be|trag; nen|nen; du nanntest; *selten* du nenntest; genannt; nenn[e]!; er nannte ihn einen Dummkopf; sich -; **nen|nens|wert;** -este; **Nen|ner** (*Math.*); **Nenn|form** (*für* Infinitiv); **Nenn|form|satz** (*für* Infinitivsatz); **Nenn‿lei|stung** (*Technik*), **...on|kel, ...tan|te; Nen|nung; Nenn‿wert, ...wort** (*Plur.* ...wörter; *für* Nomen)

Nen|ze, der; -n, -n; ↑R 197 (Angehöriger eines Volkes im Nordwesten Sibiriens); *vgl.* Samojede

neo... ‹griech.› (neu...); **Neo...** (Neu...); **Neo|dym,** das; -s (chem. Element, Metall; *Zeichen* Nd); **Neo‿fa|schis|mus** (*Bez. für* die faschist. Bestrebungen nach dem 2. Weltkrieg), **...fa|schist** (↑R 197); **neo|fa|schi|stisch; Neo|gen,** das; -s (*Geol.* Jungtertiär); **Neo‿klas|si|zis|mus, ...ko|lo|nia|lis|mus, ...li|be|ra|lis|mus** (*Wirtsch.*); **Neo|li|thi|kum,** das; -s (*Urgesch.* Jungsteinzeit); **neo|li|thisch** (jungsteinzeitlich); **Neo|lo|gis|mus,** der; -, ...men (sprachl. Neubildung); **Neo|mar|xis|mus,** der; -; **Ne|on,** das; -s (chem. Element, Edelgas; *Zeichen* Ne); **Neo‿na|zi, ...na|zis|mus, ...na|zist; neo|na|zi|stisch; Ne|on‿fisch, ...lam|pe, ...licht** (*Plur.* ...lichter), **...re|kla|me, ...röh|re; Neo|phyt,** der; -en, -en; ↑R 197 (erwachsener Neugetaufter im Urchristentum); **Neo|plas|ma** (*Med.* [bösartige] Geschwulst); **Neo|po|si|ti|vis|mus; Neo|te|nie,** die; - (*Med.* unvollkommener Entwicklungszustand eines Organs; *Biol.* Eintritt der Geschlechtsreife im Larvenstadium); **neo|tro|pisch** (den Tropen der Neuen Welt angehörend); -e Region (tiergeographisches Gebiet, das Mittel- u. Südamerika umfaßt); **Neo|vi|ta|lis|mus** (Lehre von den Eigengesetzlichkeiten des Lebendigen); **Neo|zoi|kum,** das; -s; ↑R 180 (*svw.* Känozoikum); **neo|zo|isch** (*svw.* känozoisch)

Ne|pal [*auch* ne'pa:l] (Himalajastaat); **Ne|pa|ler** *vgl.* Nepalese; **Ne|pa|le|se,** der; -n, -n (↑R 197), *auch* Nepaler; **ne|pa|le|sisch,** *auch* **ne|pa|lisch**

Ne|per, das; -s, - ‹nach dem schott. Mathematiker J. Napier› (eine physikalische Maßeinheit; *Abk.* Np)

Ne|phe|lin, der; -s, -e ‹griech.› (ein Mineral); **Ne|phe|lo|me|trie,** die; - (*Chemie* Messung der Trübung von Flüssigkeiten od. Gasen); **Ne|pho|graph,** der; -en, -en; ↑R 197 (*Meteor.* Gerät, das die verschiedenen Arten u. die Dichte der Bewölkung fotogr. aufzeichnet); **Ne|pho|skop,** das; -s, -e (Gerät zur Bestimmung der Zugrichtung u. -geschwindigkeit von Wolken)

Ne|phral|gie, die; -, ...ien ‹griech.› (*Med.* Nierenschmerzen); **Ne|phrit,** der; -s, -e (ein Mineral); **Ne|phri|tis,** die; -, ...itiden (*Med.* Nierenentzündung); **Ne|phro|se,** die; -, -n (Nierenerkrankung mit Gewebeschädigung)

Ne|po|muk (m. Vorn.)

Ne|po|tis|mus, der; - ‹lat.› (Vetternwirtschaft)

Nepp, der; -s; **nep|pen** (durch überhöhte Preisforderungen übervorteilen); **Nep|per; Nep|pe|rei; Nepp|lo|kal**

[1]**Nep|tun** (röm. Gott des Meeres); [2]**Nep|tun,** der; -s (ein Planet); **nep|tu|nisch** (durch Einwirkung des Wassers entstanden); -e Gesteine (*veraltet für* Sedimentgesteine); **Nep|tu|ni|um,** das; -s (chem. Element, ein Transuran; *Zeichen* Np)

Ne|rei|de, die; -, -n *meist Plur.*; ↑R 180 (meerbewohnende Tochter des Nereus); **Ne|reus** [*auch* ne'rɔy̯s] (griech. Meergott)

Nerf|ling (ein Fisch)

Nernst|lam|pe; ↑R 135 ‹nach dem dt. Physiker u. Chemiker›

Ne|ro (röm. Kaiser)

Ne|ro|li|öl, das; -[e]s ‹ital.; dt.› (Pomeranzenblütenöl)

ne|ro|nisch ‹*zu* Nero›, a b e r (↑R 134): Neronische Christenverfolgung

Ner|thus (germ. Göttin)

Ne|ru|da, Pablo (chilen. Lyriker)

Nerv [nɛrf], der; -s, -en ‹lat.›

Ner|va [...va] (röm. Kaiser)

Ner|va|tur [...v...], die; -, -en ‹lat.› (Aderung des Blattes, der Insektenflügel); **ner|ven** [...f...] (*ugs. für* nervlich strapazieren; belästigen); **Ner|ven‿an|span|nung, ...arzt, ...ärz|tin; ner|ven‿auf|pei|tschend, ...auf|rei|bend; Ner|ven‿bahn, ...be|la|stung; ner|ven|be|ru|hi|gend** (↑R 209); **Ner|ven‿be|ru|hi|gungs|mit|tel, ...bün|del, ...chir|ur|gie** (die; -), **...ent|zün|dung, ...gas, ...gift** (das), **...heil|an|stalt, ...kit|zel, ...kli|nik, ...ko|stüm** (das; -s; *ugs. scherzh.*), **...kraft** (die); **ner|ven|krank; Ner|ven‿krank|heit, ...krieg, ...kri|se, ...lei|den; ner|ven|lei|dend; Ner|ven‿nah|rung, ...pro|be, ...sa|che** (*ugs.; meist in* das ist -), **...sä|ge** (*ugs.*), **...schmerz** (*meist Plur.*), **...schock** (der); **ner|ven|schwach; Ner|ven|schwä|che,** die; -; **ner|ven|stark; Ner|ven‿stär|ke** (die; -), **...sy|stem** (vegetatives -), **...zu|sam|men|bruch; ner|vig** [...f..., *auch* ...v...] (sehnig, kräftig); **nerv|lich** [...f...] (das Nervensystem betreffend); **ner-**

vö̱s [...v...]; -este (nervenschwach; unruhig, gereizt; *Med.* svw. nervlich); **Ner|vo|si|tät**, die; -; **nẹrv|tö|tend; Nẹr|vus re̱|rum** [...v... -], der; - - (Hauptsache; *scherzh. für* Geld)

Nẹrz, der; -es, -e ‹slaw.› (Pelz[tier]); **Nẹrz‿farm, ...fell, ...kra|gen, ...man|tel, ...sto|la**

Nẹs|ca|fé ⓦ, der; -s, -s ‹nach der schweiz. Firma Nestlé› (löslicher Kaffee-Extrakt)

Nes|chi ['nɛski, *auch* 'nɛsçi], das *od.* die; - ‹arab.› (arab. Schreibschrift)

[1]**Nẹs|sel**, die; -, -n; [2]**Nẹs|sel**, der; -s, - (ein Gewebe); **Nẹs|sel‿aus|schlag, ...fa|den** *(Zool.)*, **...fie|ber, ...pflan|ze, ...qual|le, ...stoff, ...sucht** (die; -), **...tier**

Nẹs|sus|ge|wand; ↑R 135 ‹nach dem vergifteten Gewand des Herakles in der griech. Sage› (verderbenbringende Gabe)

Nẹst, das; -[e]s, -er; **Nẹst|bau** *Plur.* ...bauten; **Nẹst|be|schmut|zer** (*abwertend für* jmd., der schlecht über die eigene Familie, das eigene Land u.ä. spricht); **Nẹst|chen**

Nẹ|stel, die; -, -n (*landsch. für* Schnur); **nẹ|steln**; ich ...[e]le (↑R 22)

Nẹ|ster|chen *Plur.*; **Nẹst‿flüch|ter, ...häk|chen** (das jüngste Kind in der Familie), **...hocker** [*Trenn.* ...hok|ker], **...jun|ge** (*vgl.* [2]Junge); **Nẹst|lein; Nẹst|ling** (noch nicht flügger Vogel)

[1]**Nẹ|stor** (greiser König der griech. Sage); [2]**Nẹ|stor**, der; -s, ...o̱ren (ältester [besonders anerkannter] Gelehrter einer bestimmten Wissenschaft)

Ne|sto|ria̱|ner, der; -s, -; ↑R 180 (Anhänger des Nestorius); **Ne|sto|ria|nịs|mus**, der; -; ↑R 180 (Lehre des Nestorius); **Ne|sto̱|ri|us** (Patriarch von Konstantinopel)

Ne|stroy ['nɛstrɔy] (österr. Bühnendichter)

Nẹst|treue; nẹst|warm; -e Eier; **Nẹst|wär|me**, die; -

nẹtt; -este (freundlich, liebenswürdig; hübsch, ansprechend)

Nẹtt|chen, Nẹt|te (w. Vorn.)

nẹt|ter|wei̱|se *(ugs.)*; **Nẹt|tig|keit** ‹*zu* nett›; **nẹt|to** ‹ital.› (rein, nach Abzug der Verpackung, der Unkosten, der Steuern u.ä.); **Nẹt|to‿ein|kom|men, ...er|trag, ...ge|wicht, ...ge|winn, ...lohn, ...mas|se** (die; -), **...preis** (*vgl.* [2]Preis), **...raum|zahl** (*Abk.* NRZ), **...re|gi|ster|ton|ne** (*früher für* Nettoraumzahl; *Abk.* NRT), **...ver|dienst** (der)

Nẹtz, das; -es, -e; **Nẹtz|an|schluß; Nẹtz|an|schluß|ge|rät** *(Rundfunk)*; **nẹtz|ar|tig; Nẹtz|ball** *(Sport)*

nẹt|zen (*geh. für* naß machen, befeuchten); du netzt

Nẹtz|flüg|ler, der; -s, - (*für* Neuropteren); **nẹtz|för|mig; Nẹtz‿ge|rät** (*kurz für* Netzanschlußgerät), **...gleich|rich|ter** *(Rundfunk)*, **...haut; Nẹtz|haut‿ab|lö|sung, ...ent|zün|dung; Nẹtz‿hemd, ...kar|te** *(Verkehrsw.)*

Nẹtz|mit|tel, das (Stoff, der die Oberflächenspannung von Flüssigkeiten verringert)

Nẹtz|plan *(Wirtsch.)*; **Nẹtz|plan|tech|nik**, die; - *(Wirtsch.)*; **Nẹtz‿rol|ler** *(bes. Tennis)*, **...span|nung, ...spie|ler** *(Sport)*, **...spie|le|rin, ...stecker** [*Trenn.* ...stek|ker], **...werk**

neu̱; neuer, neu[e]ste; neu[e]stens; seit neuestem; neue Sprachen. **I.** *Kleinschreibung:* **a)** (↑R 65:) aufs neue; auf ein neues; von neuem; **b)** (↑R 65:) auf neu herrichten; neu für alt *(Kaufmannsspr.)*; **c)** (↑R 157:) das neue Jahr fängt gut an; ein gutes neues Jahr! (Glückwunsch); die neue Armut; die neue Linke (neomarxistische, im Ggs. zu den traditionellen sozialistischen u. kommunistischen Parteien stehende philosophische u. politische Richtung); die neue Mathematik (auf der formalen Logik u. der Mengenlehre basierende Mathematik); die neuen Medien (z.B. Kabelfernsehen, Bildschirmtext); die neuen Bundesländer. **II.** *Großschreibung:* **a)** (↑R 65:) das Alte und das Neue; er ist aufs Neue (auf Neuerungen) erpicht; **b)** (↑R 65:) etwas, nichts, allerlei Neues; **c)** (↑R 157:) der Neue Bund *(christl. Rel.)*; das Neue Forum (1989 in der ehem. DDR gegründete Bürgerbewegung; *Abk.* NF); die Neue Welt (Amerika); das Neue Testament (*Abk.* N.T.). **III.** *In Verbindung mit Verben* (↑R 205 f.): *Meist ist die Getrenntschreibung üblich,* z.B. neu bauen, neu bearbeiten, neu hinzukommen, neu entstehende Siedlungen. *Für das Partizip II gilt folgendes:* **1.** *Getrenntschreibung* (↑R 209), *wenn* „neu" *als selbständige Umstandsangabe beim Partizip II steht (die Vorstellung der Tätigkeit herrscht vor, und beide Wörter tragen Starkton),* z.B. das Geschäft ist neu̱ erö̱ffnet; das [völlig] neu̱ bea̱rbeitete Werk; viele Kunden waren neu̱ hinzu̱gekommen. **2.** *Zusammenschreibung* (↑R 209), *wenn die Verbindung in eigenschaftswörtlicher Bedeutung gebraucht wird (nur das erste Glied trägt Starkton),* z.B. die neu̱geborenen Kinder, die neu̱bearbeiteten Bände der Sammlung, die neu̱hinzugekommenen Kunden, die neu̱geschaffenen Anlagen, das neu̱eröffnete Zweiggeschäft

Neu̱‿an|fang, ...an|fer|ti|gung, ...an|kömm|ling, ...an|schaf|fung; neu̱|apo|sto|lisch; aber (↑R 75:) die Neuapostolische Gemeinde (eine christl. Religionsgemeinschaft); **neu̱|ar|tig; Neu̱|ar|tig|keit**, die; -; **Neu̱‿auf|la|ge, ...auf|nah|me, ...aus|ga|be; Neu̱|bau** *Plur.* ...bauten; **Neu̱|bau‿vier|tel, ...woh|nung; neu̱|be|ar|bei|tet**; die -e Auflage (↑*jedoch* R 209), aber: die Auflage ist neu̱ bea̱rbeitet; *vgl.* neu, III; **Neu̱‿be|ar|bei|tung, ...be|ginn; neu̱|be|kehrt**; die -en Christen (↑*jedoch* R 209), aber: diese Christen sind neu̱ beke̱hrt; **Neu̱|be|kehr|te**, der *u.* die; -n, -n (↑R 7ff.); **Neu̱‿be|set|zung, ...bil|dung**

Neu|brạn|den|burg (Stadt in Mecklenburg)

Neu|brau̱n|schweig (kanad. Provinz)

Neu|bür|ger

Neu|chậ|tel [nøʃa'tɛl] (*franz. Name von* Neuenburg)

Neu-De̱|lhi (südl. Stadtteil von Delhi, Regierungssitz der Republik Indien)

neu̱|deutsch; Neu̱|druck *Plur.* ...drucke

Neu̱e, die; - (*Jägerspr.* frisch gefallener Schnee)

Neu̱‿ein|stel|lung, ...ein|stu|die|rung

Neu̱e Kẹr|ze (bis 1948 dt. Lichtstärkeeinheit; *Zeichen* NK [*heute* Candela])

Neu̱|en|ahr, Bad (Stadt an der Ahr)

Neu̱|en|burg (Kanton u. Stadt in der Schweiz; *franz.* Neuchâtel); **Neu̱|en|bur|ger** (↑R 147); **Neu̱|en|bur|ger See**, der; - -s

Neu|ẹng|land (die nordöstl. Staaten der USA)

neu|ẹng|lisch; *vgl.* deutsch

Neu̱‿ent|deckung [*Trenn.* ...dek|kung], **...ent|wick|lung**

neu̱|er|dịngs (kürzlich; *südd., österr., schweiz. für* von neuem); **Neu̱e|rer; Neu̱e|rer|be|we|gung**, die; - *(ehem. in der DDR)*; **neu̱|er|lich** (von neuem); **neu̱|ern** (*veraltend für* erneuern); ich ...ere (↑R 22); **neu̱|er|öff|net**; das -e Zweiggeschäft (↑*jedoch* R 209), aber: das Zweiggeschäft ist neu̱ erö̱ffnet worden; **Neu̱‿er|öff|nung, ...er|schei|nung; Neu̱e|rung** (↑R 180); **Neu̱e|rungs|sucht**, die; -; **Neu̱‿er|werb, ...er|wer|bung; neu̱[e]|stens** *(selten)*

Neu-fas|sung, ...fest|set|zung; neu|fran|zö|sisch; *vgl.* deutsch
Neu|fund|land (kanad. Provinz); **Neu|fund|län|der** (Bewohner von Neufundland; *auch* eine Hunderasse); **neu|fund|län|disch**
neu|ge|backen [*Trenn.* ...bak|ken] *(ugs.);* ein -er Ehemann; **neu|ge|bo|ren;** die -en Kinder (↑*jedoch* R 209), aber: diese Kinder sind neu geboren; *auch klassenbildend:* die Kinder sind neugeboren; **Neu|ge|bo|re|ne,** das; -n, -n; ↑R 7 ff. (Säugling); **Neu|ge|burt; neu|ge|schaf|fen;** die -en Anlagen (↑*jedoch* R 209), aber: diese Anlagen sind neu geschaffen; **Neu-ge|stal|tung, ...ge|würz** (das; -es; *österr. für* Piment); **Neu|gier, Neu|gier|de,** die; -; **neu|gie|rig; Neu-glie|de|rung, ...go|tik; Neu|grad** *vgl.* Gon
neu|grie|chisch; *vgl.* deutsch; **Neu|grie|chisch,** das; -[s] (Sprache); *vgl.* Deutsch; **Neu|grie|chi|sche,** das; -n; *vgl.* Deutsche, das
Neu|grün|dung
Neu|gui|nea [...gi...]; ↑R 152 (Insel nördl. von Australien)
neu|he|brä|isch; *vgl.* deutsch; **Neu|he|brä|isch,** das; -[s] (Sprache); *vgl.* Deutsch; **Neu|he|brä|sche,** das; -n (↑R 180); *vgl.* Deutsche, das; *vgl.* Iwrith
Neu|he|ge|lia|ner; neu|he|ge|lia|nisch; Neu|he|ge|lia|nis|mus, der; - (↑R 180)
Neu|heit; neu|hoch|deutsch (*Abk.* nhd.); *vgl.* deutsch; **Neu|hoch|deutsch,** das; -[s] (Sprache); *vgl.* Deutsch; **Neu|hoch|deut|sche,** das; -n; *vgl.* Deutsche, das; **Neu|hu|ma|nis|mus; Neu|ig|keit; Neu|in|sze|nie|rung; Neu|jahr** [*auch* ...'ja:r]; **Neu|jahrs-an|spra|che, ...bot|schaft, ...fest, ...glück|wunsch, ...gruß, ...kar|te, ...tag, ...wunsch**
Neu|ka|le|do|ni|en [...iən] (Inselgruppe östlich von Australien)
Neu-kan|tia|ner (↑R 180), **...kan|tia|nis|mus** (der; -; philos. Schule), **...kauf** *(Kaufmannsspr.),* **...klas|si|zis|mus, ...kon|struk|ti|on**
Neu|kölln (Stadtteil von Berlin)
Neu|land, das; -[e]s
Neu|la|tein; neu|la|tei|nisch (*Abk.* nlat.); *vgl.* deutsch
neu|lich; Neu|ling
Neu|mark, die; - (Landschaft in der Mark Brandenburg)
Neu|me, die; -, -n *meist Plur.* ‹griech.› (mittelalterl. Notenzeichen)
neu|mo|disch; -ste
Neu|mond, der; -[e]s
neun, *ugs.* neu|ne; alle neun[e]!; wir sind zu neunen *od.* zu neunt; *vgl.* acht; **Neun,** die; -, -en (Ziffer, Zahl); *vgl.* [1]Acht; **Neun|au|ge** (ein Fisch); **neun-bän|dig, ...eckig** [*Trenn.* ...ek|kig]; **neun|ein|halb,** neun|und|ein|halb; **Neu|ner** *(ugs.);* einen - schieben (beim Kegeln); *vgl.* Achter; **neu|ner|lei; neun|fach; Neun|fa|che,** das; -n; *vgl.* Achtfache; **neun|hun|dert;** *vgl.* hundert; **neun|mal;** *vgl.* achtmal; **neun|ma|lig; neun|mal|klug** (*ugs. für* überklug); **neun|schwän|zig;** *in* die -e Katze (*Seemannsspr.* Peitsche mit neun Riemen); **neun-stel|lig, ...stöckig** [*Trenn.* ...stök|kig], **...stün|dig; neunt;** *vgl.* neun; **neun|tä|gig; neun|tau|send;** *vgl.* tausend; **neun|te;** *vgl.* achte; **neun|tel;** *vgl.* achtel; **Neun|tel,** das, *schweiz. meist* der; -s, -; *vgl.* Achtel; **neun|tens; Neun|tö|ter** (ein Vogel); **neun|[und|]ein|halb; neun|und|zwan|zig;** *vgl.* acht; **neun|zehn;** *vgl.* acht; **neun|zig** usw. *vgl.* achtzig usw.
Neu-ord|nung, ...or|ga|ni|sa|ti|on, ...ori|en|tie|rung
Neu-phi|lo|lo|ge, ...phi|lo|lo|gie; neu|phi|lo|lo|gisch; Neu-pla|to|ni|ker, ...pla|to|nis|mus (der; -), **...prä|gung, ...preis**
neur... *vgl.* neuro...; **Neur...** *vgl.* Neuro...; **Neur|al|gie,** die; -, ...ien ‹griech.› (*Med.* in Anfällen auftretender Nervenschmerz); **Neur|al|gi|ker** (an Neuralgie Leidender); **neur|al|gisch; Neur|asthe|nie,** die; -, ...ien (*Med.* krankhafte Übererregbarkeit, Nervenschwäche); **Neur|asthe|ni|ker** (an Nervenschwäche Leidender); **neur|asthe|nisch**
Neu|re|ge|lung, Neu|reg|lung; neu|reich; Neu|rei|che, der *u.* die; -n, -n (↑R 7 ff.)
Neu|ries (Papiermaß; 1000 Bogen)
Neu|rin, das; -s ‹griech.› (starkes Fäulnisgift); **Neu|ri|tis,** die; -, ...iti|den (*Med.* Nervenentzündung); **neu|ro...,** *vor Vokalen* neur... (nerven...); **Neu|ro...,** *vor Vokalen* Neur... (Nerven...); **Neu|ro|bio|lo|gie,** die; -; **Neu|ro|chir|ur|gie,** die; - (Chirurgie des Nervensystems); **neu|ro|gen** (*Med.* von den Nerven ausgehend); **Neu|ro|lo|ge,** der; -n, -n; ↑R 197 (Nervenarzt); **Neu|ro|lo|gie,** die; - (Lehre von den Nerven und ihren Erkrankungen); **Neu|ro|lo|gin; neu|ro|lo|gisch; Neu|rom,** das; -s, -e (*Med.* Nervenfasergeschwulst)
Neu-ro|man|tik, ...ro|man|ti|ker; neu|ro|man|tisch
Neu|ron, das; -s, *Plur.* ...one, *auch* ...onen ‹griech.› (*Med.* Nervenzelle); **neu|ro|nal; Neu|ro|pa|thie,** die; -, ...ien (*Med.* Nervenleiden, nervöse Veranlagung); **neu|ro|pa|thisch; Neu|ro|pa|tho|lo|gie,** die; - (Lehre von den Nervenkrankheiten); **Neu|ro|pte|ren** *Plur.* (*Zool.* Netzflügler); **Neu|ro|se,** die; -, -n (*Med., Psych.* psychische Störung); **Neu|ro|ti|ker** (an Neurose Leidender); **Neu|ro|ti|ke|rin; neu|ro|tisch; Neu|ro|to|mie,** die; -, ...ien (*Med.* Nervendurchtrennung)
Neu|rup|pin (Stadt in Brandenburg); **Neu|rup|pi|ner** (↑R 147); - Bilderbogen; **neu|rup|pi|nisch**
Neu-satz *(Druckw.),* **...schnee**
Neu|scho|la|stik (Erneuerung der Scholastik; *vgl. d.*)
Neu|schöp|fung
Neu|schott|land (kanad. Prov.)
Neu|schwan|stein (Schloß König Ludwigs II. von Bayern)
Neu|see|land; ↑R 152 (Inselgruppe u. Staat im Pazifischen Ozean); **Neu|see|län|der** (↑R 147); **Neu|see|län|de|rin; neu|see|län|disch**
Neu|siedl am See (österr. Stadt); **Neu|sied|ler See,** der; - -s (in Österreich u. Ungarn)
Neu|sil|ber (eine Legierung); **neu|sil|bern;** -e Uhr; **Neu|sprach|ler** (Lehrer, Kenner der neueren Sprachen); **neu|sprach|lich;** -er Unterricht, Zweig
Neuss (Stadt am Niederrhein); **Neu|sser** (↑R 179)
neu|stens *vgl.* neuestens
Neu|stre|litz (Stadt in Mecklenburg)
Neu|stri|en [...iən] (alter Name für das westliche Frankenreich)
Neu|struk|tu|rie|rung
Neu|süd|wales [...we:ls]; ↑R 152 (Gliedstaat des Australischen Bundes)
Neu|te|sta|ment|ler; neu|te|sta|ment|lich; Neu|tö|ner (Vertreter neuer Musik); **neu|tö|ne|risch** (*auch für* ganz modern)
Neu|tra [*österr.* 'neu...] (*Plur. von* Neutrum); **neu|tral** ‹lat.› (keiner der kriegführenden Parteien angehörend; unparteiisch; keine besonderen Merkmale aufweisend); ein -es Land; die -e Ecke *(Boxen);* **Neu|tra|li|sa|ti|on,** die; -, -en; **neu|tra|li|sie|ren; Neu|tra|li|sie|rung; Neu|tra|lis|mus,** der; - (Grundsatz der Nichteinmischung in fremde Angelegenheiten [vor allem in der Politik]); **Neu|tra|list,** der; -en, -en; ↑R 197 (Verfechter u. Vertreter des Neutralismus); **neu|tra|li|stisch; Neu|tra|li|tät,** die; -; **Neu|tra|li|täts-ab|kom|men, ...bruch** (der), **...er|klä|rung, ...po|li|tik, ...ver|let|zung; Neu|tren** (*Plur. von* Neutrum); **Neu|tri|no,** das; -s, -s

‹ital.› (*Kernphysik* masseloses Elementarteilchen ohne elektrische Ladung); **Neu|tron,** das; -s, ...onen ‹lat.› (*Kernphysik* Elementarteilchen ohne elektrische Ladung als Baustein des Atomkerns; *Zeichen* n); **Neu|tro|nen|bom|be; Neu|tro|nen|strah|len** *Plur.* (Neutronen hoher Geschwindigkeit); **Neu|tro|nen|waf|fe; Neu|trum** [*österr.* 'neu...], das; -s, *Plur.* ...tra, *auch* ...tren (*Sprachw.* sächliches Substantiv, z. B. „das Buch"; *nur Sing.:* sächl. Geschlecht)

neu|ver|mählt; die -en Paare (↑*jedoch* R 209), aber: diese Paare sind neu vermählt; *auch klassenbildend gebraucht:* die neuvermählten Ehepaare; die Ehepaare sind neuvermählt; **Neu|ver|mähl|te,** der *u.* die; -n, -n (↑R 7 ff.); **Neu‿ver|schul|dung, ...wa|gen, ...wahl; neu|wa|schen** (*landsch. für* frisch gewaschen); -e Hemden; **Neu|wert; neu|wer|tig; Neu|wert|ver|si|che|rung**

Neu-Wien (↑R 152); **Neu|wie|ner; neu|wie|ne|risch**

Neu|wort *Plur.* ...wörter

Neu|zeit, die; -; **neu|zeit|feind|lich; neu|zeit|lich; Neu‿zücht|ung, ...zu|gang, ...zu|las|sung, ...zu|stand** (der; -[e]s)

Nev. = Nevada

Ne|va|da [...v...] (Staat in den USA; *Abk.* Nev.)

Ne|wa [*auch* nɪɛ'va], die; - (Abfluß des Ladogasees)

New Age ['nju: 'e:dʒ], das; - - ‹engl.› (neues Zeitalter als Inbegriff eines neuen integralen Weltbildes); **New|co|mer** ['nju:kamə(r)], der; -s, - (Neuling); **New Deal** [nju: 'di:l], der; - - ‹amerik.› (Reformprogramm des amerik. Präsidenten F. D. Roosevelt); **New Hamp|shire** [nju: 'hɛmpʃə(r)] (Staat in den USA; *Abk.* N. H.); **New Jer|sey** [nju: 'dʒœ:(r)zi] (Staat in den USA; *Abk.* N. J.); **New Look** [nju: 'luk], der *od.* das; - -[s] ‹amerik.› (neue Moderichtung nach dem 2. Weltkrieg); **New Me|xi|co** [nju: -] (Staat in den USA; *Abk.* N. Mex.); **New Or|leans** [nju: ɔ:(r)'li:ns, *auch* ...'li:nz bzw. 'ɔ:(r)...] (Stadt in Louisiana); **New-Or|leans-Jazz** [...dʒɛs], der; - (frühester, improvisierender Jazzstil der nordamerik. Neger); **News** [nju:z] *Plur.* ‹engl.› (Nachrichten)

[1]**New|ton** ['nju:t(ə)n] (engl. Physiker); [2]**New|ton,** das; -s, - (Einheit der Kraft; *Zeichen* N); **New|ton|me|ter** (Einheit der Energie; *Zeichen* Nm)

New York [nju: 'jɔ:(r)k] (Staat [*Abk.* N. Y.] u. Stadt in den USA); **New Yor|ker**

Ne|xus, der; -, - ['nɛksu:s] ‹lat.› (Zusammenhang, Verbindung)

nF = Nanofarad

NF = Neues Forum (*vgl.* neu II, c)

N. F. = Neue Folge

n-fach (↑R 37)

Ngo|ro|ngo|ro|kra|ter (Kraterhochland in Tansania, Zentrum eines Wildreservats)

N. H. = New Hampshire; Normalhöhenpunkt

nhd. = neuhochdeutsch

Ni = *chem. Zeichen für* Nickel

Nia|ga|ra|fäl|le [*österr. auch* ni-'aga...] *Plur.* ↑R 149, R 180

Nia|mey [nja'mɛ:] (Hptst. von Niger)

Niam-Niam *Plur.* (Volksstamm im Sudan)

nib|beln ‹engl.› ([Bleche o. ä.] schneiden od. abtrennen); ich ...[e]le (↑R 22); **Nibb|ler** (Gerät zum Schneiden von Blechen)

ni|beln (*südd. für* nebeln, fein regnen); es nibelt

Ni|be|lun|gen (germ. Sagengeschlecht; die Burgunden); **Ni|be|lun|gen‿hort** (der; -[e]s), **...lied** (das; -[e]s), **...sa|ge** (die; -), **...treue**

Ni|blick, der; -s, -s ‹engl.› (Golfschläger mit Eisenkopf)

Ni|cäa [ni'tsɛ:a] usw. *vgl.* Nizäa usw.

Ni|ca|ra|gua (Staat in Mittelamerika); **Ni|ca|ra|gua|ner** (↑R 147, R 180); **Ni|ca|ra|gua|ne|rin** (↑R 180); **ni|ca|ra|gua|nisch** (↑R 180)

nicht; nicht wahr?; gar nicht; mitnichten, zunichte machen, werden. **I.** *Zusammenschreibung, wenn die Verbindung von „nicht" mit einem Adjektiv od. Partizip eine andauernde Eigenschaft bezeichnet, d. h. klassenbildend gebraucht wird (nur das erste Glied trägt Starkton),* z. B. die nichtrostenden Stähle, die nichtzielenden Verben. **II.** *Getrenntschreibung bei einfacher Verneinung (beide Wörter besitzen selbständigen Satzgliedwert und tragen Starkton):* die nicht zuständige Stelle; diese Frauen sind nicht berufstätig; dieser Aufsatz ist nicht veröffentlicht

Nicht|ach|tung

nicht|amt|lich; *vgl.* nicht; die -e Darstellung, aber: die Darstellung war nicht amtlich

Nicht|an|er|ken|nung, die; -

Nicht|an|griffs|pakt [*auch* ...'an...]

Nicht|be|ach|tung, die; -; **Nicht|be|fol|gung,** die; -; **nicht|be|rufs|tä|tig;** *vgl.* nicht; die -en Frauen, aber: die Frauen, die nicht berufstätig sind; **Nicht|be|rufs|tä|ti|ge,** der *u.* die; -n, -n (↑R 7 ff.)

Nicht|christ, der; **nicht|christ|lich**

Nich|te, die; -, -n

nicht|ehe|lich (*Rechtsspr. für* unehelich)

Nicht|ein|brin|gungs|fall (*österr. Amtsspr.* Zahlungsunfähigkeit); im -

Nicht|ein|hal|tung

Nicht|ein|mi|schung

Nicht|ei|sen|me|tall; Nicht|ei|sen|me|tall|wirt|schaft, die; -

Nicht|er|fül|lung

Nicht|er|schei|nen, das; -s

nicht|eu|kli|disch; -e Geometrie; *vgl.* Euklid

Nicht|fach|mann

nicht|flek|tier|bar (*Sprachw.* unbeugbar); *vgl.* nicht; das -e Wort, aber: das Wort ist nicht flektierbar

Nicht|ge|fal|len, das; -s *(Kaufmannsspr.);* bei -

Nicht|ge|schäfts|fä|hi|ge, der *u.* die; -n, -n (↑R 7 ff.)

Nicht|ge|wünsch|te, das; -n (↑R 7 ff.)

Nicht-Ich, das; -[s], -[s] (↑R 33; *Philos.*)

nich|tig; null u. -; **Nich|tig|keit; Nich|tig|keits|kla|ge**

Nicht|in|an|spruch|nah|me *(Amtsspr.)*

Nicht|ka|tho|lik

nicht|kom|mu|ni|stisch; *vgl.* nicht

nicht|krieg|füh|rend (neutral); *vgl.* nicht

nicht|lei|tend; -e Stoffe; **Nicht|lei|ter,** der (*für* Isolator)

Nicht|me|tall; Nicht|mit|glied

nicht|öf|fent|lich; *vgl.* nicht; die -e Konferenz, aber: die Konferenz war nicht öffentlich

nicht|or|ga|ni|siert; -e Arbeiter

Nicht|rau|cher; Nicht|rau|cher‿ab|teil, ...gast|stät|te; Nicht|rau|che|rin; Nicht|rau|cher|zo|ne

nicht|ro|stend; *vgl.* nicht; ein -es Messer

nichts; für -; zu -; gar -; um - und [um] wieder -; sich in - auflösen, unterscheiden; - tun; mir -, dir - (ohne weiteres); viel Lärm um -; nach - aussehen; (↑R 65): - Genaues, - Näheres, - Neues u. a., aber (↑R 66): - and[e]res; - weniger als (durchaus nicht, *auch für* nichts Geringeres als); nichts ahnend *(bei Betonung beider Wörter);* aber (↑R 209): nichtsahnend; nichtssagend; ein nichtssagendes Gesicht; ein nichtsahnender Besucher; **Nichts,** das; -, -e; **nichts|ah|nend;** *vgl.* nichts

Nicht|schwim|mer; Nicht|schwim|mer|becken [*Trenn.* ...bek|ken]; **Nicht|schwim|me|rin**

nichts|de|sto|min|der *(selten);*

nichts|de|sto|trotz (*ugs.*); **nichts|de|sto|we|ni|ger**
nicht|selb|stän|dig
Nicht|seß|haf|te, der *u.* die; -n, -n (↑R 7 ff.)
Nichts|kön|ner; Nichts|nutz, der; -es, -e; **nichts|nut|zig** (*veraltend*); **Nichts|nut|zig|keit; nichts|sa|gend** (inhaltslos, wenig od. nichts aussagend); *vgl.* nichts; **Nichts|tu|er** (*ugs.*); **nichts|tue|risch** (↑R 180); **Nichts|tun,** das; -s; **nichts|wür|dig; Nichts|wür|dig|keit**
Nicht|tän|zer
Nicht|wei|ter|ga|be, die; -
nicht|zie|lend (*für* intransitiv); *vgl.* nicht; -es Verb (Intransitiv)
Nicht|zu|las|sung
Nicht|zu|stan|de|kom|men
Nicht|zu|tref|fen|de, das; -n (↑R 7 ff.); Nichtzutreffendes streichen
[1]**Nickel**[1], der; -s, - (*landsch. für* boshaftes Kind); [2]**Nickel**[1], das; -s (chem. Element, Metall; *Zeichen* Ni); [3]**Nickel**[1], der; -s, - (früheres Zehnpfennigstück); **Nickel**[1]**‿bril|le, ...hoch|zeit** (nach zwölfeinhalbjähriger Ehe), **...mün|ze**
nicken[1]; **Nicker**[1] (*ugs. für* Kopfnicken); **Nicker|chen**[1] (*ugs. für* kurzer Schlaf); **Nick|fän|ger** (*Jägerspr.* Genickfänger); **Nick|haut** (drittes Augenlid vieler Wirbeltiere)
Nicki[1], der; -s, -s (Pullover aus samtartigem Baumwollstoff)
Ni|col ['ni:kɔl], das; -s, -s ‹nach dem engl. Erfinder› (*Optik* Prisma zur Polarisation des Lichts)
Ni|cole [ni'kɔl] (w. Vorn.)
Ni|co|sia *vgl.* Nikosia
Ni|co|tin *vgl.* Nikotin
nid (*südd. u. schweiz. veraltet für* unter[halb]); - dem Berg
Ni|da|ti|on, die; -, -en ‹lat.› (*Med.* Einnistung der befruchteten Eizelle in die Gebärmutterschleimhaut)
[1]**Nid|da,** die; - (r. Nebenfluß des Mains); [2]**Nid|da** (Stadt an der [1]Nidda)
Ni|del, der; -s *od.* die; -, *auch* **Nid|le,** die; - (*schweiz. mdal. für* Sahne)
Nid|wal|den *vgl.* Unterwalden nid dem Wald; **Nid|wald|ner** (↑R 147); **nid|wald|ne|risch**
nie; nie mehr, nie wieder; nie u. nimmer
nie|der; - mit ihm!; auf und -
nie|der... (*in Zus. mit Verben,* z. B. niederlegen, du legst nieder, niedergelegt, niederzulegen)
Nie|der|bay|ern (↑R 152)
nie|der|beu|gen; sich -
nie|der|bren|nen

nie|der|brin|gen; einen Schacht - (*Bergmannsspr.* herstellen)
nie|der|deutsch (*Abk.* nd.); *vgl.* deutsch; **Nie|der|deutsch,** das; -[s] (Sprache); *vgl.* Deutsch; **Nie|der|deut|sche,** das; -n; *vgl.* Deutsche, das; **Nie|der|deutsch|land** (↑R 152)
Nie|der|druck, der; -[e]s; **nie|der|drücken** [*Trenn.* ...drük|ken]; **nie|der|drückend** [*Trenn.* ...drük|kend]; -ste; **Nie|der|druck|hei|zung**
nie|de|re; niederer, niederste; **I.** *Kleinschreibung:* **a)** (↑R 157:) die niedere Jagd; aus niederem Stande; der niedere Adel; **b)** (↑R 65:) hoch und nieder (jedermann). **II.** *Großschreibung:* **a)** (↑R 65:) Hohe und Niedere trafen sich zum Fest; **b)** (↑R 146:) die Niedere Tatra (Teil der Westkarpaten); die Niederen Tauern *Plur.* (Teil der Zentralalpen)
nie|der|fal|len
Nie|der|flur|wa|gen (*Technik*)
Nie|der|fran|ken
nie|der|fre|quent (*Physik*); **Nie|der|fre|quenz**
Nie|der|gang, der
nie|der|ge|drückt; -este
nie|der|ge|hen; das Flugzeug ist niedergegangen; eine Lawine ging nieder
Nie|der|ge|las|se|ne, der *u.* die; -n, -n; ↑R 7 ff. (*schweiz. für* Einwohner mit dauerndem Wohnsitz)
nie|der|ge|schla|gen (bedrückt, traurig); sie ist sehr -; **Nie|der|ge|schla|gen|heit,** die; -
nie|der|hal|ten; die Empörung wurde niedergehalten; **Nie|der|hal|tung,** die; -
nie|der|hau|en; er hieb den Flüchtenden nieder
nie|der|ho|len; die Flagge wurde niedergeholt
Nie|der‿holz (das; -es; Unterholz), **...jagd** (die; -; *Jägerspr.* Jagd auf Reh- u. Kleinwild)
nie|der|kämp|fen
nie|der|kau|ern, sich
nie|der|knal|len
nie|der|kni|en; er ist niedergekniet
nie|der|knüp|peln
nie|der|kom|men; sie ist [mit Zwillingen] niedergekommen (*veraltend*); **Nie|der|kunft,** die; -, ...künfte (*veraltend für* Geburt)
Nie|der|la|ge
Nie|der|lan|de *Plur.*; **Nie|der|län|der** (↑R 147); **Nie|der|län|de|rin; nie|der|län|disch,** a b e r (↑R 157): Niederländisches Dankgebet (ein Lied aus dem niederländischen Freiheitskampf gegen Spanien); **Nie|der|län|disch,** das; -[s] (Sprache); *vgl.* Deutsch; **Nie|der|län|di|sche,** das; -n; *vgl.* Deutsche, das
nie|der|las|sen; sich auf dem *od.* auf den Stuhl -; der Vorhang wurde niedergelassen; **Nie|der|las|sung; Nie|der|las|sungs|frei|heit,** die; -
nie|der|läu|fig; eine -e Hunderasse
Nie|der|lau|sitz [*auch* ...'lau...]; ↑R 152 (Landschaft um Cottbus; *Abk.* N. L.)
nie|der|le|gen; etwas auf der *od.* auf die Platte -; er hat den Kranz niedergelegt; sich -; **Nie|der|le|gung**
nie|der|ma|chen (*ugs.*)
nie|der|mä|hen
nie|der|met|zeln
Nie|der|öster|reich (österr. Bundesland); ↑R 152
nie|der|pras|seln
nie|der|reg|nen
nie|der|rei|ßen; das Haus wurde niedergerissen
Nie|der|rhein; nie|der|rhei|nisch; a b e r (↑R 146): die Niederrheinische Bucht (Tiefland in Nordrhein-Westfalen)
nie|der|rin|gen; der Feind wurde niedergerungen
Nie|der|sach|se; Nie|der|sach|sen; ↑R 152; **Nie|der|säch|sin; nie|der|säch|sisch**
nie|der|schie|ßen; der Adler ist auf die Beute niedergeschossen; er hat ihn niedergeschossen
Nie|der|schlag, der; -[e]s, ...schläge; **nie|der|schla|gen**; sich -; der Prozeß wurde dann niedergeschlagen; **nie|der|schlags‿arm, ...frei; Nie|der|schlags|men|ge; nie|der|schlags|reich; Nie|der|schla|gung**
Nie|der|schle|si|en (↑R 152)
nie|der|schmet|tern; jmdn., etwas -; diese Nachricht hat ihn niedergeschmettert
nie|der|schrei|ben
nie|der|schrei|en; die Menge hat ihn niedergeschrien
Nie|der|schrift
nie|der|set|zen; ich habe mich niedergesetzt
nie|der|sin|ken
nie|der|sit|zen (*landsch. für* sich [nieder]setzen)
Nie|der|span|nung (*Elektrotechnik*)
nie|der|ste; *vgl.* niedere
nie|der|stei|gen; sie ist niedergestiegen
nie|der|stim|men; einen Antrag -
nie|der|sto|ßen; er hat ihn niedergestoßen
nie|der|strecken [*Trenn.* ...strek|ken]; er hat ihn niedergestreckt
Nie|der|sturz; nie|der|stür|zen; die Lawine ist niedergestürzt
nie|der|tou|rig (*Technik*)

---
[1] *Trenn.* ...k|k...

Nie|der|tracht, die; -; **nie|der|träch|tig; Nie|der|träch|tig|keit**
nie|der|tram|peln
nie|der|tre|ten
Nie|de|rung; Nie|de|rungs|moor
Nie|der|wald, der; -[e]s (Teil des Rheingaugebirges); **Nie|der|wald|denk|mal**, das; -[e]s
nie|der|wal|zen
nie|der|wärts
nie|der|wer|fen; der Aufstand wurde niedergeworfen; **Nie|der|wer|fung**
Nie|der|wild
nie|der|zie|hen
nie|der|zwin|gen
nied|lich; Nied|lich|keit, die; -
Nied|na|gel (am Fingernagel losgelöstes Hautstückchen)
nied|rig; das Brett niedrig[er] halten; **I.** *Kleinschreibung:* **a)** (↑R 157:) niedrige Absätze; niedrige Beweggründe; von niedrigem Niveau; niedriger Wasserstand; **b)** (↑R 65:) hoch und niedrig (jedermann). **II.** *Großschreibung* (↑R 65): Hohe und Niedrige. **III.** *In Verbindung mit dem Partizip II Getrennt- oder Zusammenschreibung:* niedrig gesinnt sein, aber (↑R 209): die niedriggesinnten Gegner; **Nied|rig|hal|tung**, die; -; **Nied|rig|keit; Nied|rig|lohn|land** *Plur.* ...länder; **nied|rig|prei|sig**; -e Produkte; **nied|rig|pro|zen|tig; nied|rig|ste|hend** (↑R 209); **Nied|rig|was|ser** *Plur.* ...wasser
Ni|el|lo, das; -[s], *Plur.* -s *u.* ...llen, *auch* ...lli ‹ital.› (eine Verzierungstechnik der Goldschmiedekunst *[nur Sing.];* mit dieser Technik verziertes Kunstwerk); **Ni|el|lo|ar|beit**
Niels (m. Vorn.)
nie|mals
nie|mand (↑R 66); *Gen.* -[e]s; *Dat.* -em, *auch* -; *Akk.* -en, *auch* -; (↑R 65:) - Fremdes usw., aber (↑R 66): - anders; - kann es besser wissen als er; **Nie|mand**, der; -[e]s; der böse - (*auch für* Teufel); **Nie|mands|land**, das; -[e]s (Kampfgebiet zwischen feindlichen Linien; unerforschtes, herrenloses Land)
Nie|re, die; -, -n; eine künstliche - (med. Gerät); **Nie|ren|becken** [*Trenn.* ...bek|ken]; **Nie|ren‿becken|ent|zün|dung** [*Trenn.* ...bek|ken...], **...bra|ten, ...ent|zün|dung, ...fett; nie|ren|för|mig; Nie|ren|ko|lik; nie|ren|krank; Nie|ren‿sen|kung, ...stein, ...tisch, ...trans|plan|ta|ti|on, ...tu|ber|ku|lo|se; nie|rig** (nierenförmig [von Mineralien]); **Nierndl**, das; -s, -n (*österr. für* Niere [als Gericht])
Nier|stei|ner (ein Rheinwein)
nie|seln (*ugs. für* leise regnen); es nieselt; **Nie|sel|re|gen**
nie|sen; du niest; er nieste; geniest; **Nies‿pul|ver, ...reiz**
Nieß|brauch, der; -[e]s ‹*zu* nießen = genießen› (*Rechtsspr.* Nutzungsrecht); **Nieß|nutz**, der; -es; **Nieß|nut|zer**
Nies|wurz, die; -, -en ‹*zu* niesen› (eine der Christrose verwandte Pflanze)
Niet, der, *auch* das; -[e]s, -e (*fachspr. für* [1]Niete); [1]**Nie|te**, die; -, -n (Metallbolzen zum Verbinden von Werkstücken)
[2]**Nie|te**, die; -, -n ‹niederl.› (Los, das nichts gewonnen hat; Reinfall, Versager)
nie|ten; Nie|ten|ho|se, Niet|hose; **Nie|ter** (Berufsbez.); **Niet|ho|se**, Nie|ten|ho|se; **Niet‿ham|mer, ...na|gel, ...pres|se; niet- und na|gel|fest** (↑R 32); **Nie|tung**
Nietz|sche (dt. Philosoph); **Nietz|sche-Ar|chiv** (↑R 135)
Ni|fe ['ni:fe(:)], das; - ‹*Kurzw. aus* Ni[ckel] u. Fe [Eisen]› (*Bez. für* den nach älterer Theorie aus Nickel u. Eisen bestehenden Erdkern); **Ni|fe|kern**
Nifl|heim [*auch* 'ni...], das; -[e]s ‹„Nebelheim"› (*nord. Mythol.* Reich der Kälte; *auch für* Totenreich)
ni|gel|na|gel|neu (*schweiz. für* funkelnagelneu)
[1]**Ni|ger**, der; -[s] (afrik. Strom); [2]**Ni|ger** (Staat in Westafrika); *vgl.* Nigrer; **Ni|ge|ria** (Staat in Westafrika); **Ni|ge|ria|ner** (↑R 180); **Ni|ge|ria|ne|rin** (↑R 180); **ni|ge|ria|nisch** (↑R 180)
Nig|ger, der; -s, - ‹amerik.› (*abwertend für* Neger)
Night|club ['naitklab], der; -s, -s ‹engl.› (Nachtlokal)
Ni|grer ‹*zu* [2]Niger›; **ni|grisch**
Ni|gro|sin, das; -s, -e ‹lat.› (ein Farbstoff)
Ni|hi|lis|mus, der; - ‹lat.› (Philosophie, die alles Bestehende für nichtig, sinnlos hält; völlige Verneinung aller Normen u. Werte); **Ni|hi|list**, der; -en, -en (↑R 197); **ni|hi|li|stisch**; -ste
Nij|me|gen ['nɛime:xə] (niederl. Stadt); *vgl.* Nimwegen
Ni|käa usw. *vgl.* Nizäa usw.
Ni|ka|ra|gua usw. *vgl.* Nicaragua usw.
Ni|ke (griech. Siegesgöttin)
Ni|ki|ta (m. Vorn.)
Ni|klas (m. Vorn.); **Ni|klaus** (*schweiz. für* hl. Nikolaus; *auch* m. Vorn.)
Ni|ko|ba|ren *Plur.* (Inselgruppe im Ind. Ozean)
Ni|ko|de|mus (Jesus anhängender jüd. Schriftgelehrter)
Ni|kol *vgl.* Nicol
[1]**Ni|ko|laus**, der; -, *Plur.* -e, *ugs. scherzh. auch* ...läuse ‹griech.› (als hl. Nikolaus verkleidete Person; den hl. Nikolaus darstellende Figur aus Schokolade, Marzipan u. a.); [2]**Ni|ko|laus** (m. Vorn.); **Ni|ko|laus|tag** (6. Dez.); **Ni|ko|lo** [*auch* ...'lo:], der; -s, -s ‹ital.› (*österr. für* hl. Nikolaus); **Ni|ko|lo‿abend, ...tag**
Ni|ko|sia [*auch* ...'ko:zia] (Hptst. von Zypern)
Ni|ko|tin, *chem. fachspr.* Ni|co|tin, das; -s ‹nach dem franz. Gelehrten Nicot› (Alkaloid im Tabak); **ni|ko|tin‿arm, ...frei; Ni|ko|tin|ge|halt**, der; **ni|ko|tin|hal|tig; Ni|ko|tin|hal|tig|keit**, die; -; **Ni|ko|tin|ver|gif|tung**
Nil, der; -[s] (afrik. Fluß); **Nil‿del|ta** (das; -s; ↑R 149), **...gans**
Nil|gau, der; -[e]s, -e ‹Hindi› (antilopenartiger ind. Waldbock)
nil|grün; Ni|lo|te, der; -n, -n; ↑R 197 (Angehöriger negrider Völker am oberen Nil); **ni|lo|tisch; Nil|pferd**
Nils (m. Vorn.)
Nim|bus, der; -, -se ‹lat.› (besonderes Ansehen, Ruf; *bild. Kunst* Heiligenschein, Strahlenkranz)
nim|mer (*landsch. für* niemals; nicht mehr); nie und -; **Nim|mer|leins|tag** *(ugs. scherzh.);* am -; bis zum -; **nim|mer|mehr** (*landsch. für* niemals); nie und -, nun und -; **Nim|mer|mehrs|tag** *vgl.* Nimmerleinstag; **nim|mer|mü|de; Nim|mer|satt**, der; *Gen.* - *u.* -[e]s, *Plur.* -e (jmd., der nicht genug bekommen kann); **Nim|mer|wie|der|se|hen**, das; -s; auf - *(ugs.)*
[1]**Nim|rod** ‹hebr.› (*A. T.* Herrscher von Babylon, Gründer Ninives); [2]**Nim|rod**, der; -s, -e ([leidenschaftlicher] Jäger)
Nim|we|gen (*dt. Form von* Nijmegen)
Ni|na (w. Vorn.)
nin|geln (*mitteld. für* wimmern); ich ...[e]le (↑R 22)
Ni|ni|ve [...ve:] (Hptst. des antiken Assyrerreiches); **Ni|ni|vit** [...v...], der; -en, -en; ↑R 197 (Bewohner von Ninive); **ni|ni|vi|tisch**
Ni|ob, *chem. fachspr.* Ni|o|bi|um, das; -s ‹*nach* Niobe› (chem. Element, Metall; *Zeichen* Nb)
Nio|be [...be:, *auch* ni'o(:)be:]; ↑R 180 (griech. w. Sagengestalt); **Nio|bi|de**, der *u.* die; -n, -n; ↑R 197, R 180 (Kind der Niobe)
Ni|obi|um *vgl.* Niob
Nipf (*österr. ugs. für* Mut); jmdm. den - nehmen
Nip|pel, der; -s, - (kurzes Rohrstück mit Gewinde; ab- od. vorstehendes [Anschluß]stück)
nip|pen

Nip|pes ['nip(ə)s] *Plur.* ‹franz.› (kleine Ziergegenstände [aus Porzellan])
Nipp|flut (*nordd. für* geringe Flut)
Nip|pon (*jap. Name von* Japan)
Nipp|sa|chen *Plur.* (*svw.* Nippes)
Nipp|ti|de (*svw.* Nippflut)
nir|gend (*veraltend für* nirgends); **nir|gends; nir|gend[s]|her; nir|gend[s]|hin; nir|gend[s]|wo; nir|gend[s]|wo|her; nir|gend[s]|wo|hin**
Ni|ro|sta ⓦ, der; -s (*Kurzw. aus* nichtrostender Stahl)
Nir|wa|na, das; -[s] ‹sanskr.› (völlige, selige Ruhe als Endzustand des gläubigen Buddhisten)
Ni|sche, die; -, -n ‹franz.›
Ni|schel, der; -s, - (*bes. mitteld. für* Kopf)
Ni|schen|al|tar
Nisch|ni Now|go|rod (Stadt a. d. Wolga)
Nis|se, die; -, -n, *älter* Niß, die; -, Nisse (Ei der Laus)
Nis|sen|hüt|te (↑R 135) ‹nach dem engl. Offizier P. N. Nissen› (halbrunde Wellblechbaracke [als Notunterkunft])
nis|sig (voller Nisse[n], filzig)
ni|sten; Nist‿höh|le, ...ka|sten, ...platz, ...stät|te, ...zeit
Nit|hard (fränk. Geschichtsschreiber)
Ni|trat, das; -[e]s, -e ‹ägypt.› (*Chemie* Salz der Salpetersäure); **Ni|trid,** das; -[e]s, -e (Metall-Stickstoff-Verbindung); **ni|trie|ren** (mit Salpetersäure behandeln); **Ni|tri|fi|ka|ti|on,** die; -, -en (Salpeterbildung durch Bodenbakterien); **ni|tri|fi|zie|ren** ([durch Bodenbakterien] Salpeter bilden); nitrifizierende Bakterien; **Ni|tri|fi|zie|rung; Ni|tril,** das; -s, -e (Zyanverbindung); **Ni|trit** [*auch* ni'trit], das; -s, -e (Salz der salpetrigen Säure); **Ni|tro|ge|la|ti|ne** ['ni:troʒə..., *auch* ...'ti:nə] (ein Sprengstoff); **Ni|tro|ge|ni|um** [...'ge:...], das; -s (Stickstoff; *Zeichen* N); **Ni|tro|gly|ze|rin** [*auch* ...'ri:n] (ein Heilmittel; ein Sprengstoff); **Ni|tro|lack** (gelöste Nitrozellulose enthaltender Lack); **Ni|tro|phos|phat** [*auch* 'ni:...] (Düngemittel); **Ni|tros|ami|ne** *Plur.* (eine Gruppe chem. Verbindungen); **Ni|tro|zel|lu|lo|se** (ein sehr schnell verbrennender Stoff, Schießbaumwolle); **Ni|trum,** das; -s (*veraltet für* Salpeter)
nit|scheln *(Textiltechnik);* ich ...[e]le (↑R 22); **Nit|schel|werk** (Maschine, mit der man Fasern zum Spinnen vorbereitet)
ni|tsche|wo! ‹russ.› (*scherzh. für* macht nichts!, hat nichts zu bedeuten!)

Ni|veau [ni'vo:], das; -s, -s ‹franz.› (waagerechte Fläche auf einer gewissen Höhenstufe; Höhenlage; [Bildungs]stand, Rang, Stufe); **Ni|veau|dif|fe|renz; ni|veau|frei** (*Verkehrsw.* sich nicht in gleicher Höhe kreuzend); **Ni|veau|ge|fäl|le; ni|veau|gleich; Ni|veau|li|nie** (Höhenlinie); **ni|veau|los;** -este; **Ni|veau|un|ter|schied; ni|veau|voll; Ni|vel|le|ment** [nivɛl(ə)'mã:], das; -s, -s (Ebnung, Gleichmachung; Höhenmessung); **ni|vel|lie|ren** (gleichmachen; ebnen; Höhenunterschiede [im Gelände] bestimmen); **Ni|vel|lier|in|stru|ment; Ni|vel|lie|rung**
Ni|vose [ni'vo:z], der; -, -s [ni'vo:z] ‹franz., „Schneemonat"› (4. Monat des Kalenders der Franz. Revolution: 21. Dez. bis 19. Jan.)
nix (*ugs. für* nichts)
Nix, der; -es, -e (germ. Wassergeist); **Nix|chen; Ni|xe,** die; -, -n (Meerjungfrau; [badendes] Mädchen); **ni|xen|haft;** -este; **Nix|lein**
Ni|zäa (Stadt [*jetziger Name* Isnik] im alten Bithynien); **ni|zä|isch,** aber (↑R 157): das Nizäische Glaubensbekenntnis; **ni|zä|nisch** *vgl.* nizäisch; **Ni|zä|num, Ni|zä|um,** das; -s (Nizäisches Glaubensbekenntnis)
Niz|za (franz. Stadt); **Niz|za|er** (↑R 147); **niz|za|isch**
n. J. = nächsten Jahres
N. J. = New Jersey
Njas|sa, der; -[s] (afrik. See); **Njas|sa|land,** das; -[e]s (*früherer Name von* Malawi)
Nje|men, der; -[s] (russ. Name der Memel)
NK = Neue Kerze
nkr = norwegische Krone
NKWD, der; - ‹*Abk. aus* russ. Narodny Komissariat Wnutrennich [...x] Del [diɛl] = Volkskommissariat des Innern› (sowjet. polit. Geheimpolizei [1934–46])
N. L. = Niederlausitz
nlat. = neulateinisch
nm = Nanometer
nm., nachm. = nachmittags
n. M. = nächsten Monats
Nm = Newtonmeter
N. Mex. = New Mexico
N. N. = nomen nescio [- 'nɛstsio] ‹lat., „den Namen weiß ich nicht"› (Name unbekannt) *od.* nomen nominandum ‹„der zu nennende Name"› (z. B. Herr N. N.)
N. N., NN = Normalnull
NNO = Nordnordost[en]
NNW = Nordnordwest[en]
No = Nobelium
No., N° = Numero
NO = Nordost[en]
NÖ = Niederösterreich

No|ah, *ökum.* No|ach (bibl. m. Eigenn.); *Gen.:* des -, aber *(ohne Artikel):* Noah[s] *u.* Noä; Arche -
no|bel ‹franz.› (edel, vornehm; *ugs. für* freigebig); no|bler Mensch
[1]No|bel, der; -s (Löwe in der Tierfabel)
[2]No|bel (schwed. Chemiker)
No|bel‿her|ber|ge (*ugs. für* luxuriöses Hotel), **...ho|tel**
No|be|li|um, das; -s ‹*zu* [2]Nobel› (chem. Element, Transuran; *Zeichen* No); **No|bel|preis;** *vgl.* [2]Preis; **No|bel|preis|trä|ger; No|bel|stif|tung,** die; -
No|bi|li|tät, die; -, -en ‹lat.› (Adel); **no|bi|li|tie|ren** (*früher für* adeln)
No|bles|se, die; -, -n ‹franz.› (*veraltet für* Adel; adelige, vornehme Welt; *nur Sing.: veraltend für* vornehmes Benehmen); **noblesse ob|lige** [nɔblɛsɔ'bli:ʒ] (Adel verpflichtet)
noch; - nicht; - immer; - mehr; - und -; - einmal; - einmal soviel; -mal (*ugs. für* noch einmal); **Noch|ge|schäft** *(Börse);* **noch|ma|lig; noch|mals**
[1]Nock, das; -[e]s, -e, *auch* die; -, -en ‹niederl.› (*Seemannsspr.* Ende eines Rundholzes)
[2]Nock, der; -s, -e (*bayr. u. österr. für* Felskopf, Hügel)
Nöck *vgl.* Neck
Nocke[1], die; -, -n, **[1]Nocken[1],** die; -, - (*österr. ugs. für* dummes, eingebildetes Frauenzimmer); **[2]Nocken[1],** der; -s, - (*Technik* Vorsprung an einer Welle oder Scheibe); **Nocken|wel|le[1]**
Nockerl[1], das; -s, -n (*österr. für* [Suppen]einlage, Klößchen; naives Mädchen); **Nockerl|sup|pe[1]** *(österr.)*
Noc|turne [nɔk'tyrn], das; -s, -s *od.* die; -, -s ‹franz., „Nachtstück"› (*Musik* lyrisches, stimmungsvolles Klavierstück)
Noe|sis, die; - (↑R 180) ‹griech.› (*Philos.* geistiges Wahrnehmen, Denken, Erkennen); **Noe|tik,** die; -; ↑R 180 (Lehre vom Denken, vom Erkennen geistiger Gegenstände); **noe|tisch** (↑R 180)
No|fre|te|te (altägypt. Königin)
no fu|ture ['no: 'fju:tʃə(r)] ‹engl., „keine Zukunft"› (Schlagwort meist arbeitsloser Jugendlicher); **No-fu|ture-Ge|ne|ra|ti|on,** die; -
no iron ['no: 'airən] ‹engl.› (nicht bügeln, bügelfrei [Hinweis an Kleidungsstücken])
Noi|sette [noa'zɛt], die; -, *Plur. (Sorten:)* -s ‹franz.›, **Noi|sette|scho|ko|la|de** (Milchschokolade mit fein gemahlenen Haselnüssen)

[1] *Trenn.* ...k|k...

NOK = Nationales Olympisches Komitee

Nol|de (dt. Maler u. Graphiker)

nöl|len (*nordd. für* [im Reden u. a.] langsam sein)

no|lens vo|lens [- v...] ‹lat., „nicht wollend wollend"› (wohl oder übel); **No|li|me|tan|ge|re** [...'taŋgərə], das; -, - ‹„rühr mich nicht an"› (Springkraut)

Nöl|pe|ter, der; -s, - (*nordd. für* langsamer, schwerfälliger, langweiliger Mensch); **Nöl|su|se**, die; -, -n *(nordd.)*

Nom. = Nominativ

No|ma|de, der; -n, -n (↑R 197) ‹griech.› (Angehöriger eines Hirten-, Wandervolkes); **No|ma|den|da|sein; no|ma|den|haft; No|ma|den‿le|ben** (das; -s), **...volk; No|ma|din; no|ma|disch** (umherziehend, unstet); **no|ma|di|sie|ren** ([wie ein Hirtenvolk] umherziehen)

No|men, das; -s, *Plur.* ...mina *od.* - ‹lat., „Name"› (*Sprachw.* Nennwort, Substantiv, z. B. „Haus"; *häufig auch für* Adjektiv u. andere deklinierbare Wortarten); **No|men ac|ti** [- 'akti], das; - -, ...mina - (*Sprachw.* Substantiv, das den Abschluß od. das Ergebnis eines Geschehens bezeichnet, z. B. „Lähmung, Guß"); **No|men ac|tio|nis** [- ak...], das; - -, ...mina - (*Sprachw.* Substantiv, das ein Geschehen bezeichnet, z. B. „Schlaf"); **No|men agen|tis**, das; - -, ...mina - (*Sprachw.* Substantiv, das den Träger eines Geschehens bezeichnet, z. B. „Schläfer"); **no|men est omen** (der Name deutet schon darauf hin); **No|men in|stru|men|ti**, das; - -, ...mina - (*Sprachw.* Substantiv, das ein Werkzeug od. Gerät bezeichnet, z. B. „Bohrer"); **No|men|kla|tor**, der; -s, ...oren (Verzeichnis für die in einem Wissenschaftszweig vorkommenden gültigen Namen); **no|men|kla|to|risch; No|men|kla|tur**, die; -, -en (Zusammenstellung, System von [wissenschaftl.] Fachausdrücken); **No|men|kla|tu|ra**, die; - ‹russ.› (Verzeichnis der wichtigsten Führungspositionen in der Sowjetunion; *übertr. für* Oberschicht); **No|men|kla|tur|ka|der** *(ehem. in der DDR);* **No|men pro|pri|um** [*auch* - 'prɔ...], das; - -, ...mina ...pria ‹lat.› (Eigenname); **No|mi|na** (*Plur. von* Nomen); **no|mi|nal** (zum Namen gehörend; *Wirtsch.* zum Nennwert); **No|mi|nal|be|trag** (Nennbetrag); **No|mi|na|lis|mus**, der; - (eine philos. Lehre); **No|mi|na|list**, der; -en, -en (↑R 197); **No|mi|nal‿lohn, ...stil** (der; -[e]s; Stil, der das Substantiv, das Nomen, bevorzugt; *Ggs.* Verbalstil), **...wert; No|mi|na|ti|on**, die; -, -en (*früher* [das Recht der] Benennung von Anwärtern auf höhere Kirchenämter durch die Landesregierung; *seltener für* Nominierung); **No|mi|na|tiv**, der; -s, -e [...və] (*Sprachw.* Werfall, 1. Fall; *Abk.* Nom.); **no|mi|nell** ([nur] dem Namen nach [bestehend], vorgeblich; zum Nennwert); *vgl.* nominal; **no|mi|nie|ren** (benennen, bezeichnen; ernennen); **No|mi|nie|rung**

No|mo|gramm, das; -s, -e ‹griech.› (*Math.* Schaubild od. Zeichnung zum graph. Rechnen); **No|mo|gra|phie**, die; - (Lehre vom Nomogramm)

Non, None, die; -, Nonen ‹lat.› (Teil des kath. Stundengebets)

No|na|gon, das; -s, -e ‹lat.; griech.› (Neuneck)

No-name-Pro|dukt ['no:'ne:m...] ‹engl.; lat.› (neutral verpackte Ware ohne Marken- od. Firmenzeichen)

Non-book-Ab|tei|lung ['nɔnbuk...] ‹engl.; dt.› (Abteilung in Buchläden, in der Schallplatten, Poster o. ä. verkauft werden)

Non|cha|lance [nõʃa'lã:s], die; - ‹franz.› (Lässigkeit, formlose Ungezwungenheit); **non|cha|lant** [...'lã:, *attributiv* ...'lant]; nonchalanteste [...'lantəstə] (formlos, ungezwungen, [nach]lässig)

No|ne, die; -, -n ‹lat.› (*Musik* neunter Ton [vom Grundton an]; ein Intervall); *vgl.* Non; **No|nen** *Plur.* (*im altröm. Kalender* neunter Tag vor den Iden); **No|nen|ak|kord** *(Musik);* **No|nett**, das; -[e]s, -e (Musikstück für neun Instrumente; *auch* die neun Ausführenden)

Non-food-Ab|tei|lung ['nɔn'fu:d...] ‹engl.; dt.› (Abteilung in Einkaufszentren, in der keine Lebensmittel, sondern andere Gebrauchsgüter verkauft werden)

No|ni|us, der; -, *Plur.* ...ien [...iən] *u.* -se ‹nach dem Portugiesen Nunes› (verschiebbarer Meßstabzusatz)

Non|kon|for|mis|mus [*auch* 'no:n...] ‹lat.-engl.› (von der herrschenden Meinung unabhängige Einstellung); **Non|kon|for|mist**, der; -en, -en (↑R 197); **non|kon|for|mi|stisch**

Nönn|chen; Non|ne, die; -, -n; **non|nen|haft; Non|nen‿klo|ster, ...zie|gel** (ein Dachziegel); **Nönn|lein**

Non|pa|reille [nõpa'rɛ:j], die; - ‹franz.› (*Druckw.* ein Schriftgrad)

Non|plus|ul|tra, das; - ‹lat.› (Unübertreffbares, Unvergleichliches)

Non|pro|li|fe|ra|tion [nɔnpro:lifə're:ʃ(ə)n], die; - ‹engl.-amerik.› (Nichtweitergabe [von Atomwaffen])

non scho|lae, sed vi|tae dis|ci|mus [- 'sço:lɛ:, *auch* 'sko:lɛ: - 'vi:tɛ: 'distsi...] ‹lat., „nicht für die Schule, sondern für das Leben lernen wir"›

Non|sens, der; *Gen.* - *u.* -es ‹lat.-engl.› (Unsinn; törichtes Gerede)

non|stop ‹engl.› (ohne Halt, ohne Pause); - fliegen, spielen; **Non|stop‿flug** (Flug ohne Zwischenlandung), **...ki|no** (Kino mit fortlaufenden Vorführungen und durchgehendem Einlaß)

non trop|po ‹ital.› (*Musik* nicht zuviel)

Non|va|leur [nõva'lø:r], der; -s, -s ‹franz.› (entwertetes Wertpapier; Investition, die keinen Ertrag abwirft)

non|ver|bal [*auch* 'nɔn...] (nicht mit Hilfe der Sprache)

Noor, das; -[e]s, -e ‹dän.› (*nordd. für* Haff)

Nop|pe, die; -, -n (Knoten in Geweben); **Nopp|ei|sen; nop|pen** (Knoten aus dem Gewebe entfernen); **Nop|pen‿garn, ...ge|we|be, ...glas** (*Plur.* ...gläser), **...stoff; nop|pig; Nopp|zan|ge**

No|ra (w. Vorn.)

Nor|bert (m. Vorn.)

Nör|chen ‹*zu* nören› (*nordwestd. für* Schläfchen)

[1]**Nord** (Himmelsrichtung; *Abk.* N); Nord und Süd; der kalte Wind kommt aus - *(fachspr.);* Autobahnausfahrt Frankfurt-Nord; *vgl.* Norden; [2]**Nord**, der; -[e]s, -e *Plur. selten* (*geh. für* Nordwind); **Nord‿afri|ka, ...ame|ri|ka; nord|ame|ri|ka|nisch**, aber (↑R 157): der Nordamerikanische Bürgerkrieg (Sezessionskrieg); **Nord|at|lan|tik|pakt**, der; -[e]s (*vgl.* NATO); **Nord|au|stra|li|en** [...iən]; **Nord|ba|den**; *vgl.* Baden; **Nord|bra|bant** (niederl. Prov.); **Nord|da|ko|ta** (Staat in den USA; *Abk.* N. D.); **nord|deutsch**, aber (↑R 146): das Norddeutsche Tiefland, *auch* die Norddeutsche Tiefebene; (↑R 157:) der Norddeutsche Bund; *vgl.* deutsch; **Nord|deutsch|land; Nor|den**, der; -s (*Abk.* N); das Gewitter kommt aus -; sie zogen gen -; *vgl.* Nord; **Nor|den|skiöld** ['nu:rdənʃœld] (schwed. Polarforscher); **Nor|der|dith|mar|schen** (Teil von Dithmarschen); **Nor|der|ney** [...'nai]; ↑R 178 (ostfriesische Nordseeinsel); **Nord‿eu|ro|pa, ...frank|reich; nord-**

frie|sisch, aber (↑R 146): die Nordfriesischen Inseln; **Nordfries|land; Nord|ger|ma|ne; nord|ger|ma|nisch; Nord|hang; Nord|häu|ser** ⟨nach der Stadt Nordhausen⟩ ([Korn]branntwein); **Nord|ir|land; nor|disch** (den Norden betreffend); -e Kälte; die -en Sprachen; -e Kombination (*Skisport* Sprunglauf u. 15-km-Langlauf), aber (↑R 157): der Nordische Krieg (1700–1721); **Nor|dist,** der; -en, -en; ↑R 197 (Kenner u. Erforscher der nord. Sprachen und Kulturen sowie der nord. Altertumskunde); **Nor|di|stik,** die; -; **Nor|di|stin; Nord|ita|li|en; Nordkap,** das; -s (auf einer norweg. Insel); **Nord|ka|ro|li|na** (Staat in den USA; *Abk.* N. C.); **Nord-Korea,** *meist* **Nord|ko|rea** (↑R 152); **Nord|ko|rea|ner** (↑R 180); **Nordko|rea|ne|rin** (↑R 180); **nord|korea|nisch** (↑R 180); **Nord|kü|ste; Nord|län|der,** der; **Nord|län|derin; Nord|land|fahrt; nord|ländisch; Nord|land|rei|se; n[örd]l. Br.** = nördlicher Breite; **nördlich;** - des Meeres, - vom Meer; - von München, *selten* - Münchens; -er Breite (*Abk.* n[örd]l. Br.); -er Stern[en]himmel, aber (↑R 146): das Nördliche Eismeer (*älter für* Nordpolarmeer); **Nörd|li|che Dwi|na,** die; -n - (russischer Strom; *vgl.* Dwina); **Nord|licht** *Plur.* ...lichter (*auch scherzh. für* Norddeutscher); **Nörd|lin|gen** (Stadt im Ries in Bayern); **Nörd|lin|ger** (↑R 147); [1]**Nord|nord|ost** (Himmelsrichtung; *Abk.* NNO); *vgl.* Nordnordosten; [2]**Nord|nord|ost,** der; -[e]s, -e *Plur. selten* (Nordnordostwind; *Abk.* NNO); **Nordnord|osten,** der; -s (*Abk.* NNO); *vgl.* Nordnordost; [1]**Nord|nordwest** (Himmelsrichtung; *Abk.* NNW); *vgl.* Nordnordwesten; [2]**Nord|nord|west,** der; -[e]s, -e *Plur. selten* (Nordnordwestwind; *Abk.* NNW); **Nord|nord|westen,** der; -s (*Abk.* NNW); *vgl.* Nordnordwest; [1]**Nord|ost** (Himmelsrichtung; *Abk.* NO); *vgl.* Nordosten; [2]**Nord|ost,** der; -[e]s, -e *Plur. selten* (Nordostwind); **Nord|osten,** der; -s (*Abk.* NO); *vgl.* Nordost; **nord|öst|lich,** aber (↑R 146): die Nordöstliche Durchfahrt; **Nord-Ost|see-Kanal,** der; -s; **Nord|ost|wind; Nord|pol,** der; -s; **Nord|po|lar‿ge|biet** (das; -[e]s), **...meer; Nord|pol‿ex|pe|di|ti|on, ...fahrer; Nord|punkt,** der; -[e]s; **Nordrhein-West|fa|len** (↑R 154); **nord|rhein-west|fä|lisch; Nordrho|de|si|en** [...iən] (*früherer Name von* Sambia); **Nord|see,** die; - (Meer); **Nord|see|ka|nal,** der; -s; **Nord|sei|te; Nord-Süd-Ge|fäl|le** (wirtschaftl. Gefälle zwischen Industrie- u. Entwicklungsländern); **nord|süd|lich;** in -er Richtung; **Nord|ter|ri|to|ri|um** (in Australien); **Nord|wand; nordwärts;** [1]**Nord|west** (Himmelsrichtung; *Abk.* NW); *vgl.* Nordwesten; [2]**Nord|west,** der; -[e]s, -e *Plur. selten* (Nordwestwind); **Nord|we|sten,** der; -s (*Abk.* NW); *vgl.* Nordwest; **nord|westlich,** aber (↑R 146): die Nordwestliche Durchfahrt; **Nordwest|ter|ri|to|ri|en** [...iən] *Plur.* (in Kanada); **Nord|west|wind; Nord|wind**

nö|ren (*nordwestd. für* schlummern); *vgl.* Nörchen

Nör|ge|lei; Nör|gel|frit|ze, der; -n, -n *(ugs.);* **nör|ge|lig,** nörg|lig; **nör|geln;** ich ...[e]le (↑R 22); **Nörg|ler; Nörg|le|rin; nörg|lerisch; Nörg|ler|tum,** das; -s; **nörg|lig** *vgl.* nörgelig

no|risch (ostalpin); die Norischen Alpen (↑R 146)

Norm, die; -, -en ⟨griech.-lat.⟩ (Richtschnur, Regel; sittliches Gebot oder Verbot als Grundlage der Rechtsordnung; Größenanweisung in der Technik; *Druckerspr.* Bogensignatur); **nor|mal** (der Norm entsprechend, vorschriftsmäßig; gewöhnlich, üblich, durchschnittlich; geistig gesund); **Nor|mal,** das; -s, -e (besonders genauer Maßstab; *meist ohne Artikel, nur Sing.: kurz für* Normalbenzin); **Nor|mal‿ausfüh|rung, ...ben|zin, ...bür|ger, ...druck** (*Plur.* ...drücke); **Norma|le,** die; -[n], -n; zwei -[n] (*Math.* Senkrechte); **nor|ma|lerwei|se; Nor|mal‿fall** (der), **...film, ...form** *(Sport),* **...ge|wicht, ...größe, ...hö|he; Nor|mal|hö|henpunkt,** der; -[e]s (*Zeichen* N. H.); **Nor|mal|ho|ri|zont** (Ausgangsfläche für Höhenmessungen); **Norma|lie** [...iə], die; -, -n (*Technik* nach einem bestimmten System vereinheitlichtes Bauelement; *meist Plur.:* Grundform, Vorschrift); **nor|ma|li|sie|ren** (wieder normal gestalten); sich - (wieder normal werden); **Norma|li|sie|rung; Nor|ma|li|tät,** die; - (normaler Zustand); **Normal‿maß** (das), **...null** (das; -s; *Abk.* N. N., NN), **...pro|fil** (Walzeisenquerschnitt), **...spur** (die; -; *Eisenb.* Vollspur); **nor|mal|spurig** (vollspurig); **Nor|mal‿tempe|ra|tur, ...ton** (*Plur.* ...töne), **...uhr, ...ver|brau|cher, ...zeit** (Einheitszeit), **...zu|stand**

Nor|man (m. Vorn.)

Nor|man|die [*auch* ...mã'di:], die; - (Landschaft in Nordwestfrankreich); **Nor|man|ne,** der; -n, -n; ↑R 197 (Angehöriger eines nordgerm. Volkes); **nor|man|nisch;** -er Eroberungszug, aber (↑R 146): die Normannischen Inseln

nor|ma|tiv ⟨griech.⟩ (maßgebend, als Richtschnur dienend); **Norma|tiv,** das; -s, -e (*regional für* Richtschnur, Anweisung); **Norm|blatt; nor|men** (einheitlich festsetzen, gestalten; [Größen] regeln); **Nor|men‿aus|schuß, ...kon|trol|le** *(Rechtsspr.);* **Normen|kon|troll|kla|ge; nor|mieren** (normgerecht gestalten); **Nor|mie|rung; Nor|mung** (das Normen)

Nor|ne, die; -, -n *meist Plur.* ⟨altnord.⟩ (nord. Schicksalsgöttin [Urd, Werdandi, Skuld])

North|um|ber|land [nɔ:(r)'θambə(r)lənd] (engl. Grafschaft)

Nor|we|gen; Nor|we|ger (↑R 147); **Nor|we|ge|rin; Nor|weger|mu|ster** (ein Strickmuster); **Nor|we|ger|tuch,** das; -[e]s; ↑R 151 (Stoff für Skianzüge); **nor|we|gisch; Nor|we|gisch,** das; -[s] (Sprache); *vgl.* Deutsch; **Nor|we|gi|sche,** das; -n; *vgl.* Deutsche, das

No|se|ma|seu|che ⟨griech.; dt.⟩ (eine Bienenkrankheit)

No|so|gra|phie, die; - ⟨griech.⟩ (Krankheitsbeschreibung); **Noso|lo|gie,** die; - (Lehre von den Krankheiten, systematische Beschreibung der Krankheiten)

No-Spiel ⟨jap.-dt.⟩ (eine Form des klassischen jap. Theaters)

Nos|sack (dt. Schriftsteller)

Nö|ßel, der *od.* das; -s, - (altes Flüssigkeitsmaß)

Nost|al|gie, die; -, ...ien ⟨griech.⟩ ([sehnsuchtsvolle] Rückwendung zu früheren Zeiten u. Erscheinungen, z. B. in Kunst, Musik, Mode); **Nost|al|gie|wel|le; Nostal|gi|ker; nost|al|gisch**

No|stra|da|mus (franz. Astrologe des 16. Jh.s)

No|stri|fi|ka|ti|on, die; -, -en ⟨lat.⟩ (Einbürgerung; Anerkennung eines ausländischen Diploms); **nostri|fi|zie|ren; No|stri|fi|zie|rung** (*svw.* Nostrifikation)

No|stro‿gut|ha|ben *od.* **...kon|to** ⟨ital.⟩ (Eigenguthaben im Verkehr zwischen Banken)

Not, die; -, Nöte; in Not, in Nöten sein; zur Not; wenn Not am Mann ist; seine [liebe] Not haben; Not leiden, aber (↑R 64): not sein, tun, werden; das ist vonnöten

No|ta, die; -, -s ⟨lat.⟩ (*Wirtsch.* [kleine] Rechnung, Vormerkung); *vgl.* ad notam; **No|ta|beln**

Plur. ‹franz.› (durch Bildung, Rang u. Vermögen ausgezeichnete Mitglieder des [franz.] Bürgertums); **no|ta|be|ne** ‹lat., „merke wohl!"› (übrigens; *Abk.* NB); **No|ta|be|ne,** das; -[s], -[s] (Merkzeichen, Vermerk, Denkzettel); **No|ta|bi|li|tät,** die; -, -en (*nur Sing.:* Vornehmheit; *meist Plur.:* Berühmtheit, hervorragende Persönlichkeit)
Not|an|ker
No|tar, der; -s, -e ‹lat.› (Amtsperson zur Beurkundung von Rechtsgeschäften); **No|ta|ri|at,** das; -[e]s, -e (Amt eines Notars); **No|ta|ri|ats‿ge|hil|fe, ...ge|hil|fin; no|ta|ri|ell** (von einem Notar [ausgefertigt]); - beglaubigt; **No|ta|rin; no|ta|risch** (*seltener für* notariell)
Not‿arzt, ...ärz|tin; Not|arzt|wa|gen
No|ta|ti|on, die; -, -en (das Notieren, Aufzeichnen; Aufzeichnung in Notenschrift; System von Zeichen od. Symbolen)
Not|auf|nah|me; Not|auf|nah|me|la|ger *Plur.* ...lager; **Not‿aus|gang, ...aus|rü|stung, ...be|helf, ...be|leuch|tung, ...bett, ...brem|se, ...brem|sung, ...brücke** [*Trenn.* ...brük|ke]
Not|burg, Not|bur|ga (w. Vorn.)
Not|dienst; ärztlicher -; **Not|durft,** die; - (*veraltend für* Drang, den Darm, die Blase zu entleeren; Stuhlgang); **not|dürf|tig**
No|te, die; -, -n ‹lat.›; die Note „ausreichend", aber: die Note „Vier"; **No|ten** *Plur.* (*ugs. für* Musikalien); **No|ten‿aus|tausch, ...bank** (*Plur.* ...banken), **...blatt, ...durch|schnitt, ...heft, ...li|nie** *(meist Plur.)*, **...pult, ...satz** (der; -es), **...schlüs|sel, ...schrift, ...stän|der, ...ste|cher** (Berufsbez.), **...sy|stem, ...um|lauf, ...wech|sel**
Not‿er|be (der; Erbe, der nicht übergangen werden darf), **...fall** (der); **Not|fall|me|di|zin,** die; -; **not|falls** (*vgl.* Fall, der *u.* R 61); **Not‿feu|er, ...ge|biet; not|ge|drun|gen; Not‿geld, ...ge|mein|schaft, ...gro|schen, ...ha|fen** (*vgl.* [2]Hafen); **Not|hel|fer;** (↑R 157:) die Vierzehn - (Heilige); **Not‿hel|fe|rin, ...hil|fe** (die; -)
no|tie|ren ‹lat.› (aufzeichnen; vormerken; *Kaufmannsspr.* den Kurs eines Papiers, den Preis einer Ware festsetzen; einen bestimmten Kurswert, Preis haben); **No|tie|rung; No|ti|fi|ka|ti|on,** die; -, -en (*veraltet für* Anzeige; Benachrichtigung); **no|ti|fi|zie|ren** *(veraltet)*
nö|tig (*südd., österr. ugs. für* arm, in Not); **nö|tig;** für - halten; etwas - haben, machen; das Nötigste (↑R 65); **nö|ti|gen; nö|ti|gen|falls;** *vgl.* Fall, der; **Nö|ti|gung**
No|tiz, die; -, -en ‹lat.›; von etwas - nehmen; **No|tiz‿block** (*vgl.* Block), **...buch; No|tiz|samm|lung,** No|ti|zen|samm|lung; **No|tiz|zet|tel**
Not|ker (m. Vorn.)
Not|la|ge; not|lan|den; ich notlande; notgelandet; notzulanden; **Not|lan|dung; not|lei|dend; Not‿lei|den|de, ...lei|ter** (die), **...licht** (*Plur.* ...lichter), **...lö|sung, ...lü|ge, ...maß|nah|me, ...na|gel** (*ugs. für* jmd., mit dem man in einer Notlage vorliebnimmt), **...ope|ra|ti|on, ...op|fer**
no|to|risch ‹lat.› (offenkundig, allbekannt; berüchtigt)
Not‿pfen|nig, ...pro|gramm
No|tre-Dame [nɔtr(ə)'dam], die; - (*franz. Bez.* der Jungfrau Maria; Name franz. Kirchen)
not|reif; Not‿rei|fe, ...ruf; Not|ruf‿an|la|ge, ...num|mer, ...säu|le; not|schlach|ten; ich notschlachte; notgeschlachtet; notzuschlachten; **Not‿schlach|tung, ...schrei, ...si|gnal, ...si|tua|ti|on, ...sitz, ...stand; Not|stands‿ge|biet, ...ge|setz|ge|bung, ...hil|fe** *(österr.)*; **Not|strom|ag|gre|gat; Not|tau|fe; not|tau|fen;** ich nottaufe; notgetauft; notzutaufen; **Not|tür**
Not|tur|no, das; -s, *Plur.* -s *u.* ...ni ‹ital.› (*svw.* Nocturne)
Not‿un|ter|kunft, ...ver|band, ...ver|ord|nung; not|voll; not|was|sern; ich notwassere; notgewassert; notzuwassern; **Not|was|se|rung; Not|wehr,** die; -; **not|wen|dig** [*auch* ...'vɛn...]; (↑R 65:) [sich] auf das, aufs Notwendigste beschränken; es fehlt am Notwendigsten; alles Notwendige tun; **not|wen|di|gen|falls;** *vgl.* Fall, der; **not|wen|di|ger|wei|se; Not|wen|dig|keit** [*auch* ...'vɛn...]; **Not‿woh|nung, ...zei|chen, ...zucht** (die; -); **not|züch|ti|gen;** genotzüchtigt; zu -
Nou|ak|chott [nuak'ʃɔt] (Hptst. von Mauretanien)
Nou|gat ['nu:gat], der *od.* das; -s, -s ‹franz.› (süße Masse aus Zukker und Nüssen oder Mandeln); *vgl.* Nugat; **Nou|gat‿fül|lung, ...scho|ko|la|de**
Nou|veau|té [nuvo'te:], die; -, -s ‹franz.› (Neuheit, Neuigkeit [der Mode u. a.])
Nou|velle cui|sine [nu'vɛl kɥi'zi:n], die; - - ‹franz.› (moderne Richtung der Kochkunst)
Nov. = November
[1]**No|va** ['no:va], die; -, ...vä ‹lat.› (neuer Stern); [2]**No|va** [*auch* 'nɔ...] (*Plur. von* Novum; Neuerscheinungen des Buchhandels)
No|va|lis [...v...] (dt. Dichter)
No|va|ti|on [...v...], die; -, -en ‹lat.› (*Rechtsw.* Schuldumwandlung, Aufhebung eines bestehenden Schuldverhältnisses durch Schaffung eines neuen)
No|ve|cen|to [nove'tʃɛnto], das; -[s] ‹ital.› ([Kunst]zeitalter des 20. Jh.s in Italien)
No|vel|le [...v...], die; -, -n ‹lat.› (Prosaerzählung; Nachtragsgesetz); **no|vel|len|ar|tig; No|vel|len‿band** (der), **...dich|ter, ...form, ...samm|lung, ...schrei|ber; No|vel|let|te,** die; -, -n (kleine Novelle); **no|vel|lie|ren** (durch ein Nachtragsgesetz ändern, ergänzen); **No|vel|lie|rung; No|vel|list,** der; -en, -en; ↑R 197 (Novellenschreiber); **no|vel|li|stisch** (novellenartig; unterhaltend)
No|vem|ber [...v...], der; -[s], - ‹lat.› (elfter Monat im Jahr; Nebelmond, Neb[e]lung, Windmonat, Wintermonat; *Abk.* Nov.); **no|vem|ber|haft; no|vem|ber|lich; No|vem|ber‿ne|bel, ...re|vo|lu|ti|on**
No|ve|ne [...v...], die; -, -n ‹lat.› (neuntägige kath. Andacht)
No|vi|lu|ni|um [...v...], das; -s, ...ien [...iən] ‹lat.› (*Astron.* erstes Sichtbarwerden der Mondsichel nach Neumond)
No|vi|tät [...v...], die; -, -en ‹lat.› (Neuerscheinung; Neuheit [der Mode u. a.]; *veraltet für* Neuigkeit); **No|vi|ze,** der; -n, -n (↑R 197) *u.* die; -, -n (Mönch od. Nonne während der Probezeit; Neuling); **No|vi|zen|mei|ster; No|vi|zi|at,** das; -[e]s, -e (Probezeit [in Klöstern]); **No|vi|zi|at|jahr; No|vi|zin; No|vum** [*auch* 'nɔ...], das; -s, ...va (absolute Neuheit, noch nie Dagewesenes); *vgl.* [2]Nova
No|wa|ja Sem|lja ‹russ.› (russ. Inselgruppe im Nordpolarmeer)
No|wo|si|birsk (Stadt in Sibirien)
No|xe, die; -, -n ‹lat.› (*Med.* krankheitserregende Ursache); **No|xin,** das; -s, -e (*Med.* aus abgestorbenem Körpereiweiß stammender Giftstoff)
Np = *chem. Zeichen für* Neptunium; Neper
NPD = Nationaldemokratische Partei Deutschlands
Nr. = Nummer; **Nrn.** = Nummern
NRT = Nettoregistertonne
NRZ = Nettoraumzahl
ns = Nanosekunde
NS = Nachschrift; *auf Wechseln* nach Sicht; Nationalsozialismus
NSG = Naturschutzgebiet

n. St. = neuen Stils (*Zeitrechnung* nach dem Gregorianischen Kalender)
NS-Ver|bre|cher; ↑R 38 (Naziverbrecher)
N. T. = Neues Testament
n-te (↑R 37); *vgl.* x-te
nu (*ugs. für* nun); **Nu,** der (sehr kurze Zeitspanne); *nur in* im -, in einem -
Nu|an|ce [ny'ã:sə, *österr.* ny'ã:s], die; -, -n [...s(ə)n] ‹franz.› (feiner Unterschied; Feinheit; Kleinigkeit); **nu|an|cen|reich; nu|an|cie|ren; Nu|an|cie|rung**
Nu|ba, der; -[s], -[s] (Angehöriger eines Mischvolkes im Sudan)
'nü|ber; ↑R 16 (*landsch. für* hinüber)
Nu|bi|en [...i̯ən] (Landschaft in Nordafrika); **Nu|bi|er** [...i̯ər]; **Nu|bie|rin** [...i̯ə...]; **nu|bisch,** aber (↑R 146): die Nubische Wüste
Nu|buk, das; -[s] ‹engl.› (wildlederartiges Kalbsleder)
nüch|tern; Nüch|tern|heit, die; -
Nu|cke[1], **Nü|cke**[1], die; -, -n (*landsch. für* Laune, Schrulle)
Nu|ckel[1], der; -s, - (*ugs. für* Schnuller); **nu|ckeln**[1] (*ugs. für* saugen); ich ...[e]le (↑R 22)
Nu|ckel|pin|ne[1], die; -, -n (*ugs. für* altes, klappriges Auto)
nü|ckisch[1] ‹*zu* Nucke›
Nud|del, der; -s, - (*landsch. für* Schnuller); **nud|deln** (*landsch. für* dudeln; nuckeln); ich ...[e]le (↑R 22)
Nu|del, die; -, -n; **Nu|del|brett; nu|del|dick** (*ugs. für* sehr dick); **Nu|del|holz; nu|deln;** ich ...[e]le (↑R 22); **Nu|del_sa|lat, ...sup|pe, ...teig, ...wal|ker** (*österr. für* Nudelholz)
Nu|dis|mus, der; - ‹lat.› (Freikörperkultur); **Nu|dist,** der; -en, -en (↑R 197); **Nu|di|stin; Nu|di|tät** (*selten für* [anzügliche] Nacktheit)
Nu|gat (*eindeutschend für* Nougat)
Nug|get ['nagit], das; -[s], -s ‹engl.› (natürlicher Goldklumpen)
Nug|gi ['nuki], der; -s, - (*schweiz. mdal. für* Schnuller)
nu|kle|ar ‹lat.› (den Atomkern, Kernwaffen betreffend); -e Waffen (Kernwaffen); **Nu|kle|ar_macht, ...me|di|zin** (die; -; Teilgebiet der Strahlenmedizin), **...spreng|kopf, ...waf|fe** (*meist Plur.);* **Nu|klea|se,** die; -, -n; ↑R 180 (*Chemie* Nukleinsäuren spaltendes Enzym); **Nu|kle|in,** das; -s, -e (*svw.* Nukleoproteid); **Nu|kle|in|säu|re; Nu|kle|on,** das; -s, ...onen (Atomkernbaustein); **Nu|kleo|nik,** die; -; ↑R 180 (Atomlehre); **Nu|kleo|pro|te|id,** das; -[e]s, -e (*Biochemie* Eiweißverbindung des Zellkerns); **Nu|kle|us** [...e|us], der; -, ...ei [...e|i] (*Biol.* [Zell]kern)
Nu|kua|lo|fa (Hptst. von Tonga)
null ‹lat.›; - und nichtig; - Fehler haben; - Grad, - Uhr, - Sekunden; der Wert der Gleichung geht gegen -; die erste Ableitung gleich - setzen; - Komma eins (0,1); sie verloren drei zu - (3:0); *in der Jugendsprache auch für* „kein": - Ahnung haben, - Bock (keine Lust) auf etwas haben; **[1]Null,** die; -, -en (Ziffer; Nullpunkt; Wertloses); Nummer -; die Zahl -; die Stunde -; das Thermometer steht auf -; das Ergebnis der Untersuchungen war gleich -; in - Komma nichts (*ugs. für* sehr schnell); er ist eine - (*ugs. für* Versager); es handelt sich um eine Zahl mit fünf Nullen; **[2]Null,** der, *auch* das; -[s], -s (*Skat* Nullspiel); **null|acht|fünf|zehn,** *in Ziffern* 08/15 (*ugs. für* wie üblich, durchschnittlich, Allerwelts...); **Null|acht|fünf|zehn-So|ße** *(ugs.);* **Nul|la|ge,** die; - [*Trenn.* Null|la..., ↑R 204] (Nullstellung bei Meßgeräten)
nul|la poe|na si|ne le|ge [- 'pø:na - -] ‹lat., „keine Strafe ohne Gesetz"›
Null-Bock-Ge|ne|ra|ti|on, die; - (*ugs. für* junge Generation, die durch Unlust u. völliges Desinteresse gekennzeichnet ist); **Null|di|ät,** die; - (*Med.* [fast] völlig kalorienfreie Diät); **Nul|lei|ter,** der [*Trenn.* Null|lei..., ↑R 204] *(Elektrotechnik);* **nul|len** (mit dem Nulleiter verbinden; *ugs. für* ein neues Jahrzehnt beginnen); **Nul|lerl,** das; -s, -n (*österr. ugs. für* Mensch, der nichts zu sagen hat, nichts bedeutet); **Null|feh|ler|ritt** *(Reitsport);* **Nul|li|fi|ka|ti|on,** die; -, -en; **nul|li|fi|zie|ren** (zunichte machen, für nichtig erklären); **Nul|li|nie,** die; -, -n [*Trenn.* Null|li..., ↑R 204]; **Nul|li|tät,** die; -, -en (*selten für* Nichtigkeit; Ungültigkeit; Person od. Sache ohne Bedeutung); **Null|men|ge** *(Mengenlehre);* **Null|me|ri|di|an,** der; -s; **Nul|lö|sung** [*Trenn.* Null|lö..., ↑R 204]; **Null ou|vert** [- u'vɛ:r], der, *auch* das; - -[s], - -s ‹lat.; franz.› (offenes Nullspiel [beim Skat]); **Null|punkt;** die Stimmung sank auf den - *(ugs.);* **Null_se|rie** (erste Versuchsserie einer Fertigung), **...spiel** *(Skat),* **...ta|rif** (kostenlose Gewährung bes. der Benutzung öffentlicher Verkehrsmittel); **null|te** (*Math.* Ordnungszahl zu null); **Null|wachs|tum,** das; -s *(Wirtsch.)*
Nul|pe, die; -, -n (*ugs. für* dummer, langweiliger Mensch)
Nu|me|ra|le, das; -s, *Plur.* ...lien [...i̯ən] *u.* ...lia ‹lat.› (*Sprachw.* Zahlwort, z. B. „eins"); **Nu|me|ri** [*auch* 'nu:...] (*Plur. von* Numerus; Name des 4. Buches Mosis [*Plur.*]); **nu|me|rie|ren** (beziffern, [be]nummern); numerierte Ausgabe *(Druckw.);* **Nu|me|rie|rung; Nu|me|rik,** die; - (*EDV* numerische Steuerung); **nu|me|risch** (zahlenmäßig, der Zahl nach; mit Ziffern [verschlüsselt]); **Nu|me|ro** [*auch* 'nu:...], das; -s, -s ‹ital.› (*veraltet für* Zahl; *Abk.* No., N°); *vgl.* Nummer; **Nu|me|rus** [*auch* 'nu:...], der; -, ...ri ‹lat., „Zahl"› (*Sprachw.* Zahlform des Substantivs [Singular, Plural]; *Math.* die zu logarithmierende Zahl); **Nu|me|rus clau|sus,** der; - - (zahlenmäßig beschränkte Zulassung [bes. zum Studium])
Nu|mi|der [*auch* 'nu(:)...], Nu|midi|er [...i̯ər]; **Nu|mi|di|en** [...i̯ən] (antikes nordafrik. Reich); **numi|disch**
nu|mi|nos ‹lat.› (*Theol.* [auf das Göttliche bezogen] schauervoll und anziehend zugleich)
Nu|mis|ma|tik, die; - ‹griech.› (Münzkunde); **Nu|mis|ma|ti|ker; nu|mis|ma|tisch**
Num|mer, die; -, -n ‹lat.› (Zahl; *Abk.* Nr., *Plur.* Nrn.); - fünf; etwas ist Gesprächsthema - eins *(ugs.);* - Null; auf - Sicher (*ugs. scherzh. für* im Gefängnis) sein, sitzen; auf - Sicher gehen (*ugs. für* nichts tun, ohne sich abzusichern); laufende - (*Abk.* lfd. Nr.); *vgl.* Numero; **num|merisch** (*für* numerisch); **num|mern** (*für* numerieren); ich ...ere (↑R 22); **Num|mern_girl** (im Varieté), **...kon|to, ...schei|be, ...schild** (das), **...stem|pel, ...tafel; Num|me|rung** (*für* Numerierung)
Num|mu|lit [*auch* ...'lit], der; *Gen.* -s *u.* -en, *Plur.* -e[n] ‹lat.› (versteinerter Wurzelfüßer im Eozän)
nun; - [ein]mal; - wohlan!; - und nimmer[mehr]; von - an; - (*veraltend für* da) du gekommen bist
Nun|cha|ku [...'tʃa(:)ku], das; -s, -s ‹jap.›, **Nun|cha|ku|holz** (asiat. Verteidigungswaffe aus zwei mit einer Schnur od. Kette verbundenen Holzstäben)
nun|mehr *(geh.);* **nun|meh|rig** *(geh.)*
'nun|ter; ↑R 16 (*landsch. für* hinunter)
Nun|tia|tur, die; -, -en ‹lat.› (Amt und Sitz eines Nuntius); **Nun|tius,** der; -, ...ien [...i̯ən] (ständiger Botschafter des Papstes bei weltlichen Regierungen)

[1] *Trenn.* ...k|k...

nup|ti|al ‹lat.› (*veraltet für* ehelich, hochzeitlich)

nur; - Gutes empfangen; - mehr (*landsch. für* nur noch)

Nür|burg|ring, der; -[e]s; ↑R 149 (Autorennstrecke in der Eifel)

Nur|haus|frau

Nürn|berg (Stadt in Mittelfranken); **Nürn|ber|ger** (↑R 147); Nürnberger Lebkuchen

Nurse [nœ:(r)s], die; -, *Plur.* -s ['nœ:(r)siz] *u.* -n [...s(ə)n] ‹engl.› (*engl. Bez. für* Kinderpflegerin)

nu|scheln (*ugs. für* undeutlich sprechen); ich ...[e]le (↑R 22)

Nuß, die; -, Nüsse; **Nuß₋baum, ...beu|gel** *(österr.);* **nuß|braun; Nüß|chen; Nuß₋fül|lung, ...gip|fel** *(schweiz.),* **...kip|ferl** *(österr.),* **...knacker** [*Trenn.* ...knak|ker], **...koh|le, ...ku|chen; Nüß|lein; Nüß|li|sa|lat** (*schweiz. für* Feldsalat); **Nuß₋scha|le** (*auch für* kleines Boot), **...schin|ken, ...scho|ko|la|de, ...stru|del** *(österr.),* **...tor|te**

Nü|ster [*auch* 'ny:...], die; -, -n *meist Plur.*

Nut, die; -, -en *(in der Technik nur so) u.* **Nu|te,** die; -, -n (Furche, Fuge)

Nu|ta|ti|on, die; -, -en ‹lat.› (*Astron.* Schwankung der Erdachse gegen den Himmelspol; *Bot.* Wachstumsbewegung der Pflanze)

Nut|ei|sen; nu|ten

Nu|the, die; - (l. Nebenfluß der Havel)

Nut|ho|bel

[1]**Nu|tria,** die; -, -s ‹span.› (Biberratte); [2]**Nu|tria,** der; -s, -s (Pelz aus dem Fell der [1]Nutria)

Nu|tri|ment, das; -[e]s, -e ‹lat.› (*Med.* Nahrungsmittel); **Nu|tri|ti|on,** die; -, -en (Ernährung); **nu|tri|tiv** (nährend, nahrungsmäßig)

Nut|sche, die; -, -n (*Chemie* Filtriereinrichtung, Trichter); **nut|schen** (*ugs. u. landsch. für* lutschen; *Chemie* durch einen Filter absaugen); du nutschst

Nut|te, die; -, -n (*derb für* Prostituierte); **nut|ten|haft, nut|tig** (*derb für* wie eine Nutte)

nutz; zu nichts - sein (*südd., österr. für* zu nichts nütze sein); *vgl.* Nichtsnutz; **Nutz,** der (*veraltet für* Nutzen); zu Nutz und Frommen; (↑R 208:) sich etwas zunutze machen; **Nutz|an|wen|dung; nutz|bar;** - machen; **Nutz|bar|keit,** die; -; **Nutz|bar|ma|chung; Nutz|bau** *Plur.* ...bauten; **nutz|brin|gend;** -er, -ste; **nüt|ze;** [zu] nichts -; **Nutz|ef|fekt** (Nutzleistung, Wirkungsgrad); **nut|zen** (du nutzt), *häufiger* **nüt|zen** (du nützt; es nützt mir nichts); **Nut|zen,** der; -s; es ist von [großem, geringem] -; **Nut|zen-Ko|sten-Ana|ly|se** *(Wirtsch.);* **Nut|zer; Nutz₋fahr|zeug, ...flä|che, ...gar|ten, ...holz, ...last, ...lei|stung; nütz|lich; Nütz|lich|keit,** die; -; **Nütz|lich|keits₋den|ken, ...prin|zip** (das; -s); **Nütz|ling** (*Ggs.* Schädling); **nutz|los;** -este; **Nutz|lo|sig|keit,** die; -; **nutz|nie|ßen** (*geh. für* von etwas Nutzen haben); du nutznießt; genutznießt; **Nutz|nie|ßer; Nutz|nie|ße|rin; nutz|nie|ße|risch; Nutz|nie|ßung** (*auch Rechtsspr.* Nießbrauch); **Nutz₋pflan|ze, ...tier; Nut|zung; Nut|zungs|recht; Nutz|wert**

n. V. = nach Verlängerung *(Sport)*

NVA = Nationale Volksarmee (Streitkräfte der ehem. DDR)

NW = Nordwest[en]

Ny, das; -[s], -s (griech. Buchstabe; *N, ν*)

N. Y. = New York (Staat)

Ny|lon ⓦ ['nailɔn], das; -[s] ‹engl.› (haltbare synthet. Textilfaser); **Ny|lons** *Plur.* (*ugs. für* Nylonstrümpfe); **Ny|lon|strumpf**

Nym|phäa, Nym|phäe, die; -, ...äen ‹griech.› (*Bot.* Seerose); **Nym|phä|um,** das; -s, ...äen (Brunnentempel [in der Antike]); **Nym|phe,** die; -, -n (griech. Naturgottheit; *Zool.* Entwicklungsstufe [der Libelle]); **nym|phen|haft; Nym|phen|sit|tich** (austral. Papagei); **nym|pho|man** (an Nymphomanie leidend); **Nym|pho|ma|nie,** die; - (krankhaft gesteigerter Geschlechtstrieb bei der Frau); **Nym|pho|ma|nin** (nymphomane Frau); **nym|pho|ma|nisch**

Ny|norsk, das; - ‹norw.› (norw. Schriftsprache, die auf den Dialekten beruht; *vgl.* Landsmål)

Ny|stag|mus, der; - ‹griech.› (*Med.* Zittern des Augapfels)

Nyx (griech. Göttin der Nacht)

O

O (Buchstabe); das O; des O, die O, aber: das o in Tor (↑R 82); der Buchstabe O, o

Ö (Buchstabe; Umlaut); das Ö; des Ö, die Ö, aber: das ö in König (↑R 82); der Buchstabe Ö, ö

o, *alleinstehend* oh!; o ja!; o nein!; o weh!; o daß ...!; o wie das klänge!; o König!, aber *mit besonderem Nachdruck* (↑R 96): oh, das ist schade!; oh, oh!; oha!; oho!; oje!

O = Ost[en]

O = Oxygenium (*chem. Zeichen für* Sauerstoff)

O, o = Omikron

Ω, ω = Omega

Ω = Ohm (elektr. Einheit)

O. = Ohio

O' („Nachkomme") (Bestandteil irischer Eigennamen, z. B. O'Neill [o:'ni:l])

o. a. = oben angeführt

o. ä. = oder ähnliche[s]

ÖAMTC = Österr. Automobil-, Motorrad- und Touring-Club

OAPEC = Organization of the Arab Petroleum Exporting Countries [ɔ:(r)gənai'ze:ʃ(ə)n əv ði 'ɛrəb pi'tro:liəm ɛks'pɔ:(r)tiŋ 'kantri:z], die; - (Organisation der arabischen Erdöl exportierenden Länder)

Oa|se, die; -, -n ‹ägypt.› (Wasserstelle in der Wüste); eine - (noch vorhandene Stelle) der Ruhe

OAU = Organization of African Unity [ɔ:(r)gənai'ze:ʃ(ə)n əv 'ɛfrikən 'ju:niti] (Organisation für Afrikanische Einheit); **OAU-Staa|ten** (↑R 38)

[1]**ob;** (↑R 67:) das Ob und Wann

[2]**ob;** *Präp. mit Dat.* (*veraltet, noch landsch. für* oberhalb, über), z. B. - dem Walde, Rothenburg - der Tauber; *Präp. mit Gen., seltener mit Dat.* (*veraltend für* über, wegen), z. B. - des Glückes, - gutem Fang erfreut sein

Ob, der; -[s] (Strom in Sibirien)

OB = Oberbürgermeister

o. B. = ohne Befund

Ob|acht, die; -; - geben; in - nehmen

Oba|dja (bibl. Prophet)

ÖBB = Österr. Bundesbahnen

obd. = oberdeutsch

Ob|dach, das; -[e]s (*veraltend für* Unterkunft, Wohnung); **ob|dach|los; Ob|dach|lo|se,** der *u.* die; -n, -n (↑R 7 ff.); **Ob|dach|lo|sen₋asyl, ...für|sor|ge, ...heim; Ob|dach|lo|sig|keit,** die; -

Ob|duk|ti|on, die; -, -en ‹lat.› (*Med.* Leichenöffnung); **Ob|duk|ti|ons|be|fund; ob|du|zie|ren**

Ob|edi|enz, die; - ‹lat.› (*kath. Kirche* kanonischer Gehorsam der Kleriker gegenüber den geistl. Oberen)

O-Bei|ne *Plur.* (↑R 37); **O-bei|nig**

Obe|lisk, der; -en, -en (↑R 197) ‹griech.› (vierkantige, nach oben spitz zulaufende Säule)

oben; nach, von, bis -; nach - hin; nach - zu; von - her; von - herab; das - Angeführte, Gesagte, Erwähnte (*vgl.* obenerwähnte); die - angeführte, gegebene Erklärung; alles Gute kommt von -; man wußte kaum noch, was - und was unten war; - sein, - bleiben, - liegen, - stehen usw.; - ohne (*ugs. für* busenfrei); **oben|an;** - stehen, - sitzen; **oben|auf;** - liegen; - (*ugs. für* gesund, guter Laune) sein; **oben|auf|schwin|gen, oben|aus|schwin|gen** (*schweiz. für* die Oberhand gewinnen, an der Spitze liegen); **oben|drauf;** - liegen; - stellen; **oben|drein; oben|drü|ber;** - legen; **oben|durch; oben|er|wähnt** (genannt); (↑R 209:) der obenerwähnte Dichter, aber: der [weiter] oben erwähnte Dichter, der Dichter wurde oben erwähnt; der Obenerwähnte, aber: der [weiter] oben Erwähnte, das [weiter] oben Erwähnte; **oben|ge|nannt** (*Abk.* o. g.); *vgl.* obenerwähnt; **oben|her;** du mußt - gehen, aber: von oben her; **oben|her|ein,** aber: von oben herein; **oben|her|um** (*ugs. für* im oberen Teil; oben am Körper); **oben|hin** (flüchtig), aber: nach oben hin; **oben|hin|aus;** - wollen, aber: bis nach oben hinaus; **Oben-oh|ne-Ba|de|an|zug** (↑R 41); **Oben-oh|ne-Be|die|nung** (↑R 41); **Oben-oh|ne-Lo|kal** (↑R 41); **oben|rum** (*svw.* obenherum); **oben|ste|hend;** (↑R 65:) im -en (*Amtsspr.* weiter oben), aber: das Obenstehende; *vgl.* folgend; **oben|zi|tiert;** *vgl.* obenerwähnt

[1]ober (*österr. für* über); *Präp. mit Dat.,* z. B. das Schild hängt - der Tür

[2]ober; *vgl.* obere

Ober, der; -s, - ([Ober]kellner; eine Spielkarte)

Ober|am|mer|gau; ↑R 152 (Ort am Oberlauf der Ammer)

Ober‿arm, ...arzt, ...auf|sicht, ...bau (*Plur.* ...bauten), **...bauch**

Ober|bay|ern (↑R 152)

Ober‿be|fehl (der; -[e]s), **...be|fehls|ha|ber, ...be|griff, ...be|klei|dung; Ober|berg|amt; Ober‿bett, ...bür|ger|mei|ster** [*auch* ...'byr...] (*Abk.* OB, OBM)

Ober|deck

ober|deutsch (*Abk.* obd.); *vgl.* deutsch; **Ober|deutsch,** das; -[s] (Sprache); *vgl.* Deutsch; **Ober|deut|sche,** das; -n; *vgl.* Deutsche, das

Ober|dorf (höher gelegener Teil eines Dorfes)

obe|re; -r Stock; die ober[e]n Klassen; aber (↑R 146): das Obere Eichsfeld; **[1]Obe|re,** das; -n (Höheres); **[2]Obe|re,** der; -n, -n; ↑R 7 ff. (Vorgesetzter)

ober|faul; etwas ist - (*ugs. für* sehr verdächtig)

Ober|flä|che; ober|flä|chen|ak|tiv (*Chemie, Physik*); **Ober|flä|chen‿be|hand|lung, ...span|nung, ...struk|tur, ...ver|bren|nung, ...was|ser** (das; -s; *Ggs.* Grundwasser); **ober|fläch|lich; Ober|fläch|lich|keit**

Ober|för|ster

Ober|fran|ken (↑R 152)

ober|gä|rig; -es Bier; **Ober‿ge|frei|te, ...ge|richt** (*schweiz. svw.* Kantonsgericht), **...ge|schoß, ...ge|wand, ...gren|ze**

ober|halb; *als Präp. mit Gen.:* der Neckar - Heidelbergs

Ober|hand, die; -

Ober‿haupt, ...haus (im Zweikammerparlament), **...hemd, ...herr|schaft** (die; -)

Ober|hes|sen (↑R 152)

Ober|hit|ze; bei - backen

Ober|hof|mei|ster [*auch* ...'ho:f...]; **Ober|ho|heit,** die; -

Obe|rin (Oberschwester; Leiterin eines Nonnenklosters)

Ober‿in|ge|nieur (*Abk.* Ob.-Ing.), **...in|spek|tor** (*Abk.* Ob.-Insp.)

ober|ir|disch

Ober|ita|li|en (↑R 152)

ober|kant (*schweiz.*); *Präp. mit Gen.:* - des Fensters, *auch* - Fenster; **Ober‿kan|te, ...kell|ner, ...kie|fer** (der), **...kir|chen|rat** [*auch* ...'kir...], **...kom|man|die|ren|de** (der; -n, -n; ↑R 7 ff.), **...kom|man|do, ...kör|per, ...kreis|di|rek|tor** [*auch* ...'krais...]

Ober|land, das; -[e]s; **Ober|län|der,** der; -s, - (Bewohner des Oberlandes)

Ober|lan|des|ge|richt [*auch* ...'lan...] (*Abk.* OLG)

Ober|län|ge

ober|la|stig (*Seemannsspr.* zu hoch beladen); -es Schiff

Ober|lauf, der; -[e]s, ...läufe

Ober|lau|sitz [*auch* ...'lau...]; ↑R 152 (Landschaft zwischen Bautzen u. Görlitz; *Abk.* O. L.)

Ober‿le|der, ...leh|rer; ober|leh|rer|haft; Ober|lei|tung; Ober|lei|tungs|om|ni|bus (*Kurzform* Obus); **Ober‿leut|nant** (*Abk.* Oblt.; - z. [zur] See), **...licht, ...li|ga, ...li|gist, ...lip|pe, ...maat, ...ma|te|ri|al**

Obe|ron (König der Elfen)

Ober|öster|reich; ↑R 152 (österr. Bundesland)

Ober|pfalz, die; -; ↑R 152 (Regierungsbezirk des Landes Bayern)

Ober‿post|di|rek|ti|on [*auch* ...'post...], **...prie|ster, ...pri|ma** [*auch* ...'pri:ma], **...rat** (Akademischer -), **...rä|tin** (Wissenschaftliche -), **...re|al|schu|le** [*auch* ...re'a:l...], **...re|gie|rungs|rat** [*auch* ...'gi:...]

Ober|rhein; ober|rhei|nisch, aber (↑R 146): das Oberrheinische Tiefland

Obers, das; - (*bayr. u. österr. für* Sahne)

Ober|schen|kel; Ober|schen|kel|hals; Ober|schen|kel|hals|bruch; Ober|schicht; ober|schläch|tig (durch Wasser von oben angetrieben); -es Mühlrad; **ober|schlau** (*ugs. für* sich für besonders schlau haltend)

Ober|schle|si|en (↑R 152)

Ober‿schul|amt [*auch* ...'ʃu:l...], **...schu|le, ...schü|ler, ...schü|le|rin, ...schwe|ster, ...sei|te; ober|seits** (an der Oberseite); **Ober|se|kun|da** [*auch* ...'kunda]

oberst; *vgl.* oberste; **Oberst,** der; *Gen.* -en (↑R 197) *u.* -s, *Plur.* -en, *seltener* -e

Ober‿staats|an|walt [*auch* ...'ʃta:ts...], **...stabs|arzt** [*auch* ...'ʃta:bs...], **...stadt|di|rek|tor** [*auch* ...'ʃtat...]; **ober|stän|dig** (*Bot.*)

Oberst|dorf (Ort in den Allgäuer Alpen)

ober|ste; oberstes Stockwerk; dort das Buch, das oberste, hätte ich gern; die obersten Gerichtshöfe; aber (↑R 157): der Oberste Gerichtshof; der Oberste Sowjet (oberste Volksvertretung der ehem. Sowjetunion); (↑R 65:) das Oberste zuunterst, das Unterste zuoberst kehren; **Ober|ste,** der *u.* die; -n, -n; ↑R 7 ff. (Vorgesetzter, Vorgesetzte)

Ober‿stei|ger (*Bergbau*), **...stim|me**

Oberst|leut|nant [*auch* ...'lɔyt...]

Ober|stock, der; -[e]s (Stockwerk); **Ober|stüb|chen;** *meist in* im - nicht ganz richtig sein (*ugs. für* nicht ganz normal sein)

Ober|stu|di|en[1]‿di|rek|tor, ...di|rek|to|rin, ...rat, ...rä|tin

Ober‿stu|fe, ...teil (das, *auch* der), **...ter|tia** [*auch* ...'tɛr...], **...ton** (*Plur.* ...töne), **...ver|wal|tungs|ge|richt** [*auch* ...'val...]

Ober|vol|ta [...v...] (*früher für* Burkina Faso); **Ober|vol|ta|er; ober|vol|ta|isch**

ober|wärts (*veraltet für* oberhalb)

Ober|was|ser, das; -s; - haben, bekommen (*ugs. für* im Vorteil sein, in Vorteil kommen); **Ober|wei|te**

Ober|wie|sen|thal, Kur|ort (im Erzgebirge)

Ob|frau (*svw.* Obmännin)

ob|ge|nannt (*österr. Amtsspr., sonst veraltet für* obengenannt)

ob|gleich

[1] [*auch* ...'ʃtu:...]

Ob|hut, die; - *(geh.)*
Obi, der *od.* das; -[s], -s ‹jap.› (Kimonogürtel; *Judo* Gürtel der Kampfbekleidung)
obig; (↑R 66:) -es; (↑R 65:) im -en (*Amtsspr.* weiter oben), aber: der Obige (*Abk.* d. O.), das Obige; *vgl.* folgend
Ob.-Ing. = Oberingenieur
Ob.-Insp. = Oberinspektor
Ob|jekt, das; -[e]s, -e ‹lat.› (Ziel, Gegenstand; *in der ehem. DDR* für die Allgemeinheit geschaffene Einrichtung [z. B. Verkaufsstelle, Ferienheim]; *österr. Amtsspr. auch für* Gebäude; *Sprachw.* Ergänzung); **Ob|jek|te|ma|cher** *(Kunstw.)*; **ob|jek|tiv** [*auch* 'ɔp...] (gegenständlich; tatsächlich; sachlich); **Ob|jek|tiv,** das; -s, -e [...və] (bei opt. Instrumenten die dem Gegenstand zugewandte Linse); **Ob|jek|ti|va|ti|on** [...v...], die; -, -en (Vergegenständlichung); **ob|jek|ti|vie|ren** (vergegenständlichen; von subjektiven Einflüssen befreien); **Ob|jek|ti|vie|rung; Ob|jek|ti|vis|mus,** der; - (philosoph. Denkrichtung, die vom Subjekt unabhängige objektive Wahrheiten u. Werte annimmt); **ob|jek|ti|vi|stisch;** -ste (in der Art des Objektivismus); **Ob|jek|ti|vi|tät,** die; - (strenge Sachlichkeit; Vorurteilslosigkeit); **Ob|jekt|kunst,** die; - (moderne Kunstrichtung, die statt der Darstellung eines Gegenstandes diesen selbst präsentiert); **Ob|jekt|satz** (*Sprachw.* Nebensatz in der Funktion eines Objektes); **Ob|jekt|schutz** ([polizeil.] Schutz für Gebäude, Sachwerte o. ä.); **Ob|jekts|ge|ni|tiv; Ob|jekt‿spra|che** *(Sprachw.)*, **...tisch** (am Mikroskop), **...trä|ger** (Glasplättchen [mit zu mikroskopierendem Objekt])
[1]**Ob|la|te** [*österr.* 'ɔ...], die; -, -n ‹lat.› (ungeweihte Hostie; dünnes, rundes Gebäck; Unterlage für Konfekt, Lebkuchen); [2]**Ob|la|te,** der; -n, -n; ↑R 197 (Laienbruder; Angehöriger einer kath. Genossenschaft); **Ob|la|ti|on,** die; -, -en (Darbringungsgebet, Teil der kath. Messe)
Ob|leu|te (*Plur. von* Obmann)
ob|lie|gen [*auch, österr. nur,* ɔp'li:...]; es liegt, lag mir ob, es hat mir obgelegen; obzuliegen (*od., österr. nur,* es obliegt, oblag mir, es hat mir obliegen; zu obliegen); **Ob|lie|gen|heit**
ob|li|gat ‹lat.› (unerläßlich, unvermeidlich, unentbehrlich); mit -er Flöte *(Musik)*; **Ob|li|ga|ti|on,** die; -, -en (*Rechtsspr.* persönl. Haftung für eine Verbindlichkeit; *Wirtsch.* Wertpapier mit fester Verzinsung); **Ob|li|ga|tio|nen|recht,** das; -[e]s; ↑R 180 (*schweiz. für* Schuldrecht; *Abk.* OR); **ob|li|ga|to|risch** (verbindlich; *auch svw.* obligat); -e Stunden (Pflichtstunden); **Ob|li|ga|to|ri|um,** das; -s, ...ien [...iən] (*schweiz. für* Verpflichtung; Pflichtfach, -leistung); **Ob|li|go** [*auch* 'ɔb...], das; -s, -s ‹ital.› (*Wirtsch.* Verbindlichkeit; Haftung; Verpflichtung); ohne - (unverbindlich; ohne Gewähr; *Abk.* o. O.), *österr.* außer -
ob|lique [o'bli:k] ‹lat.›; -r [o'bli:kvər] Kasus (*Sprachw.* abhängiger Fall); *vgl.* Casus obliquus; **Ob|li|qui|tät** [...kvi...], die; -
Ob|li|te|ra|ti|on, die; -, -en ‹lat.› (*Wirtsch.* Tilgung; *Med.* Verstopfung von Hohlräumen, Kanälen, Gefäßen des Körpers)
ob|long ‹lat.› (*veraltet für* länglich, rechteckig)
Oblt. = Oberleutnant
OBM = Oberbürgermeister
Ob‿mann (*Plur.* ...männer *u.* ...leute), **...män|nin**
Oboe [*österr.* 'o:...], die; -, -n ‹ital.› (ein Holzblasinstrument); **Obo|ist,** der; -en, -en; ↑R 197 (Oboebläser); **Oboi|stin** (↑R 180)
Obo|lus, der; -, *Plur.* - *u.* -se ‹griech.› (kleine Münze im alten Griechenland; *übertr. für* kleine Geldspende)
Obo|trit, der; -en, -en; ↑R 197 (Angehöriger eines westslaw. Volksstammes)
Ob|rig|keit (Träger der Macht, der Regierungsgewalt); **ob|rig|keit|lich; Ob|rig|keits‿den|ken, ...staat**
Obrist, der; -en, -en; ↑R 197 (*veraltet für* Oberst; *auch für* Mitglied einer Militärjunta)
ob|schon
Ob|ser|vant [...v...], der; -en, -en (↑R 197) ‹lat.› (Mönch der strengeren Ordensregel); **Ob|ser|vanz,** die; -, -en (*Rechtsspr.* örtl. begrenztes Gewohnheitsrecht; Befolgung der strengeren Regel eines Mönchsordens); **Ob|ser|va|ti|on,** die; -, -en ([wissenschaftl.] Beobachtung); **Ob|ser|va|tor,** der; -s, ...oren (wissenschaftl. Beobachter an einem Observatorium); **Ob|ser|va|to|ri|um,** das; -s, ...ien [...iən] ([astron., meteorolog., geophysikal.] Beobachtungsstation); **ob|ser|vie|ren** (*auch für* polizeilich überwachen)
Ob|ses|si|on, die; -, -en ‹lat.› (*Psych.* Zwangsvorstellung)
Ob|si|di|an, der; -s, -e ‹lat.› (ein Gestein)
ob|sie|gen [*auch* 'ɔp...] (*veraltend für* siegen, siegreich sein); ich obsieg[t]e, habe obsiegt, zu obsiegen (*österr. nur so*); *auch* ich sieg[t]e ob, habe obgesiegt, obzusiegen
ob|skur ‹lat.› (dunkel; verdächtig; fragwürdig); *vgl.* Clair-obscur; **Ob|sku|ran|tis|mus,** der; - (Aufklärungs- u. Wissenschaftsfeindlichkeit); **Ob|sku|ri|tät,** die; -, -en (Dunkelheit, Unklarheit)
ob|so|let; -este ‹lat.› (nicht mehr üblich; veraltet)
Ob|sor|ge, die; - (*österr. Amtsspr., sonst veraltet für* sorgende Aufsicht)
Obst, das; -[e]s; **Obst‿an|bau, ...bau** (der; -[e]s); **Obst|bau|ge|sell|schaft; obst|bau|lich; Obst‿baum, ...blü|te, ...ern|te, ...es|sig**
Ob|ste|trik, die; - ‹lat.› (*Med.* Lehre von der Geburtshilfe)
Obst‿gar|ten, ...händ|ler
ob|sti|nat; -este ‹lat.› (starrsinnig, widerspenstig)
Ob|sti|pa|ti|on, die; -, -en ‹lat.› (*Med.* Stuhlverstopfung); **ob|sti|piert** (verstopft)
Obst|ku|chen; Obst|ler, Öbst|ler (*landsch. für* Obsthändler; aus Obst gebrannter Schnaps); **Obst|le|rin, Öbst|le|rin** (*landsch. für* Obstverkäuferin); **Obst‿mes|ser** (das), **...plan|ta|ge; obst|reich**
ob|stru|ie|ren ‹lat.› ([Parlamentsbeschlüsse] zu verhindern suchen; hemmen); **Ob|struk|ti|on,** die; -, -en (Verschleppung [der Arbeiten], Verhinderung [der Beschlußfassung]; *Med.* Verstopfung); **Ob|struk|ti|ons‿po|li|tik** (die; -), **...tak|tik; ob|struk|tiv** (hemmend; *Med.* verstopfend)
Obst‿saft, ...sa|lat, ...schaum|wein, ...tag, ...tor|te, ...wein
ob|szön ‹lat.› (unanständig, schamlos, schlüpfrig); **Ob|szö|ni|tät,** die; -, -en
Obus, der; *Gen.* - *od.* Obusses, *Plur.* Obusse (*Kurzform von* Oberleitungsomnibus)
Ob|wal|den *vgl.* Unterwalden ob dem Wald; **Ob|wald|ner** (↑R 147); **ob|wald|ne|risch**
ob|wal|ten [*auch* ...'val...] *(veraltend)*; es waltet[e] ob, *auch* es obwaltet[e]; obgewaltet; obzuwalten; **ob|wal|tend;** unter den -en Umständen
ob|wohl; ob|zwar *(veraltend)*
Oc|ca|si|on, die; -, -en ‹franz.› (*schweiz. für* Okkasion [Gelegenheitskauf, Gebrauchtware])
och!
Och|lo|kra|tie [...x...], die; -, ...ien ‹griech.› (Pöbelherrschaft [im alten Griechenland]); **och|lo|kra|tisch**
ochot|skisch [...x...] (die russ.

Hafenstadt Ochọtsk betreffend); aber (↑R 146): das Ochotskische Meer
Ọchs, der; -en, -en; ↑R 197 (*landsch. u. österr. für* Ochse); **Ọch|se,** der; -n, -n (↑R 197); **Ọ̈chs|chen; ọch|sen** (*ugs. für* angestrengt arbeiten); du ochst; **Ọch|sen|au|ge** (*Archit.* ovales od. rundes Dachfenster; *landsch. für* Spiegelei); **Ọch|sen‿brust, ...fie|sel** (der; -s, -; *landsch. für* Ochsenziemer), **...fleisch, ...frosch, ...kar|ren; Ọch|sen|maul|sa|lat; Ọch|sen|schlepp,** der; -[e]s, -e (*österr. für* Ochsenschwanz); **Ọch|sen|schlepp|sup|pe** *(österr.);* **Ọch|sen|schwanz; Ọch|sen|schwanz|sup|pe; Ọch|sen|tour** (*ugs. für* langsame, mühselige Arbeit, [Beamten]laufbahn); **Ọch|sen|zie|mer; Och|se|rei** *(ugs.);* **ọch|sig** (*ugs. für* dumm; plump)
Ọ̈chs|le, das; -s, - ‹nach dem Mechaniker› (Maßeinheit für das spezif. Gewicht des Mostes); 90° -; **Ọ̈chs|le|grad** (↑R 135)
Ọ̈chs|lein
ocker[1] ‹griech.› (gelbbraun); eine - Wand; *vgl. auch* beige; **Ọcker**[1], der *od. österr. nur,* das; -s, - (zur Farbenherstellung verwendete Tonerde; gelbbraune Malerfarbe); in Ocker (↑R 65); **ọcker|braun**[1]; **Ọcker|far|be**[1]; **ọcker**[1]**‿far|ben** *od.* **...far|big; ọcker|gelb**[1]; **ọcker|hal|tig**[1]
Ock|ham ['ɔkɛm] (engl. mittelalterl. Theologe); **Ock|ha|mịs|mus,** der; - (Lehre des Ockham)
Oc|ta|via usw. *vgl.* Oktavia usw.
Od, das; -[e]s (angebliche Ausstrahlung des menschl. Körpers)
od. = oder
öd *vgl.* öde
Oda (w. Vorn.)
Odal, das; -s, -e (*germ. Recht* Sippeneigentum an Grund und Boden)
Oda|lịs|ke, die; -, -n ‹türk.› (*früher für* weiße türk. Haremssklavin)
Ọdd Fẹl|low [- ...lo:], der; - -s, - -s *u.* **Ọdd|fẹl|low,** der; -s, -s ‹engl.› (Angehöriger einer urspr. engl. humanitären Bruderschaft)
Ọdds *Plur.* ‹engl.› (*Sport* Vorgaben [bes. bei Pferderennen])
Ode, die; -, -n ‹griech.› (feierliches Gedicht)
öde, *auch* öd; **Öde,** die; -, -n
Odel *vgl.* [2]Adel
Odem, der; -s (*geh. für* Atem)
Ödem, das; s, -e ‹griech.› (*Med.* Gewebewassersucht); **öde|ma|tös** (ödemartig)
öden (*ugs. für* langweilen; *landsch. für* roden)

[1] *Trenn.* ...k|k...

Öden|burg (*ung.* Sopron)
Oden|wald, der; -[e]s (Bergland östl. des Oberrheinischen Tieflandes); **Oden|wäl|der,** der
Odeon, das; -s, -s ‹franz.› (*svw.* Odeum; *auch für* Name von Gebäuden für Tanzveranstaltungen u. ä.)
oder (*Abk.* od.); oder ähnliche[s] (*Abk.* o. ä.); *vgl.* entweder
Oder, die; - (ein Strom); **Oder|bruch,** das; -[e]s; **Oder|haff** *vgl.* Stettiner Haff
Oder|men|nig, Ạcker|men|nig [*Trenn.* Ak|ker...], der; -[e]s, -e (eine Heilpflanze)
Oder-Nei|ße-Gren|ze, die; - (↑R 150); **Oder-Spree-Ka|nal,** der; -s (↑R 150)
Odẹs|sa (ukrain. Hafenstadt am Schwarzen Meer)
Ode|um, das; -s, Odeen ‹griech.-lat.› (im Altertum rundes, theaterähnliches Gebäude für Musik- u. Theateraufführungen)
Odeur [o'dø:r], das; -s, *Plur.* -s *u.* -e ‹franz.› (wohlriechender Duft)
OdF = Opfer des Faschismus
Öd|heit, die; -; **Ödig|keit,** die; -
Odi|lia, Odi|lie [...i̯ə] (w. Vorn.); **Odi|lo** (m. Vorn.)
Odin (*nord. Form für* Wodan; *vgl. d.*)
odi|os, odi|ös; -este ‹lat.› (widerwärtig, verhaßt)
ödi|pal *(Psychoanalyse);* die -e Phase (Entwicklungsphase des Kindes); **Ödi|pus** (in der griech. Sage König von Theben); **Ödi|pus|kom|plex** (zu starke Bindung eines Kindes an den gegengeschlechtlichen Elternteil)
Odi|um, das; -s ‹lat.› (übler Beigeschmack, Makel)
Öd|land, das; -[e]s; **Öd|nis,** die; - *(geh.)*
Odo (m. Vorn.)
Odoa|ker; ↑R 180 (germ. Heerführer)
Odo|ạr|do (m. Vorn.)
Odon|to|lo|ge, der; -n, -n; ↑R 197 ‹griech.›; **Odon|to|lo|gie,** die; - (Zahnheilkunde)
Odys|see, die; -, ...sseen (*nur Sing.:* griech. Heldengedicht; *übertr. für* Irrfahrt); **odys|se|isch** (die Odyssee betreffend); **Odys|seus** [...sɔy̯s] (in der griech. Sage König von Ithaka); *vgl.* Ulixes, Ulysses
Oebis|fẹl|de [ø:...] (Stadt in der Altmark)
OECD = Organization for Economic Cooperation and Development [ɔ:(r)gənai'ze:ʃ(ə)n fɔr ikə'nɔmik ko:ɔpə're:ʃ(ə)n ənd di'vɛləpmənt] ‹engl.› (Organisation für wirtschaftliche Zusammenarbeit und Entwicklung)

Oels|nitz ['œls...] (Stadt im Vogtland); **Oels|nitz (Erz|ge|bir|ge)** (Stadt am Rande des Erzgebirges)
Oeso|pha|gus [ø...] *vgl.* Ösophagus
Œu|vre ['œ:vr(ə)], das; -, -s ['œ:vr(ə)] ‹franz.› ([Gesamt]werk eines Künstlers); **Œu|vre‿ka|ta|log, ...ver|zeich|nis**
Oeyn|hau|sen ['ø:n...], **Bad** (Badeort im Ravensberger Land)
OEZ = osteuropäische Zeit
Öf|chen; Ofen, der; -s, Öfen; **Ofen|bank** *Plur.* ...bänke; **ofen|frisch** (frisch aus dem Backofen); **Ofen‿hei|zung, ...ka|chel, ...rohr, ...röh|re, ...set|zer, ...tür**
ọff ‹engl.› (*bes. Film, Fernsehen* nicht sichtbar [von einem Sprecher]; *Ggs.* on); **Ọff,** das; - (das Unsichtbarbleiben des Sprechers; *Ggs.* On); im, aus dem - sprechen; **Off-Beat** ['ɔfbi:t], der; - (rhythm. Eigentümlichkeit der Jazzmusik)
ọf|fen; off[e]ner, -ste; ein offener Brief; Beifall auf offener Bühne, Szene; eine offene Hand haben (freigebig sein); mit offenen Karten spielen (*übertr. für* ohne Hintergedanken handeln); das offene Meer; offene Rücklage *(Wirtsch.);* offene Silbe; auf offener Straße, Strecke; Tag der offenen Tür; ein offener Wagen (ohne Verdeck); ein offener Wein (im Ausschank); offene Handelsgesellschaft (*Abk.* OHG). *Schreibung in Verbindung mit Verben* (↑R 205 f.): - gestanden, gesagt (freiheraus gesagt); - (geöffnet; ehrlich) sein; - (ehrlich) bleiben; - (allen sichtbar) halten; - (allen erkennbar) stehen; *vgl.* aber: offenbleiben, offenhalten, offenlassen, offenlegen, offenstehen
Ọf|fen|bach, Jacques (dt.-franz. Komponist)
Ọf|fen|bach am Main; Ọf|fen|ba|cher (↑R 147)
ọf|fen|bar [*auch* ...'ba:r]; **ọ̈f|fen|bar; of|fen|ba|ren** [*österr. u. schweiz.* 'ɔf...]; du offenbarst; offenbart, *auch noch* geoffenbart; zu -; sich -; **Of|fen|ba|rung; Of|fen|ba|rungs|eid; ọf|fen|blei|ben** (↑R 205 f.); das Fenster ist ọffengeblieben; die Entscheidung ist noch ọffengeblieben; aber: er ist bei der Vernehmung immer ọffen (ehrlich) geblieben; **ọf|fen|hal|ten;** ↑R 205 f. (vorbehalten; offenstehen lassen); er hat sich ọffengehalten (vorbehalten), dorthin zu gehen; er hat das Tor ọffengehalten; aber: ọffen halten (frei, allen sichtbar halten); **Ọf|fen|heit,** die; -; **ọf|fen|her|zig;**

Of|fen|her|zig|keit, die; -; **of|fen|kun|dig** [*auch* ...'kun...]; **Of|fen|kun|dig|keit,** die; -; **of|fen|las|sen** (↑R 205); sie hat das Fenster offengelassen; sie hat die Frage offengelassen; **of|fen|le|gen** (↑R 205); er hat die letzten Geheimnisse offengelegt; **Of|fen|le|gung; Of|fen|markt|po|li|tik** *(Bankw.)*; **of|fen|sicht|lich** [*auch* ...'ziçt...]; **Of|fen|sicht|lich|keit,** die; -

of|fen|siv ‹lat.› (angreifend); **Of|fen|siv|bünd|nis; Of|fen|si|ve** [...və], die; -, -n ([militär.] Angriff); **Of|fen|siv‿krieg** [...f...], **...spiel** *(Sport)*, **...ver|tei|di|ger** *(Fußball)*, **...waf|fe**

Of|fen|stall; of|fen|ste|hen; ↑R 205 f. (geöffnet sein; freistehen, gestattet sein; noch nicht bezahlt sein); offenstehendes Konto; das Schloß, dessen Tore offenstanden, offengestanden haben; aber: offen stehen (frei, allen erkennbar stehen); er sollte zu seiner Meinung offen stehen (sollte sich dazu bekennen); **öf|fent|lich;** -e Meinung; -e Hand; im öffentlichen Dienst; (↑R 32:) öffentliche und Privatmittel, aber: Privat- und öffentliche Mittel; **Öf|fent|lich|keit,** die; -; **Öf|fent|lich|keits|ar|beit,** die; - *(für* Public Relations); **öf|fent|lich-recht|lich;** -er Vertrag, -e Rundfunkanstalten

Of|fe|rent, der; -en, -en *(Kaufmannsspr.* jmd., der eine Offerte macht); **of|fe|rie|ren** ‹lat.› (anbieten, darbieten); **Of|fert,** das; -[e]s, -e *(österr.) u.* **Of|fer|te,** die; -, -n ‹franz.› (Angebot, Anerbieten); **Of|fer|ten|ab|ga|be; Of|fer|to|ri|um,** das; -s, ...ien [...iən] ‹lat.› (Teil der kath. Messe)

[1]**Of|fice** ['ɔfis], das; -, -s [...sis] ‹engl.› *(engl. Bez. für* Büro); [2]**Office** ['ɔfis], das; -, -s ['ɔfis] ‹franz.› *(schweiz. für* Anrichteraum im Gasthaus); **Of|fi|zi|al,** der; -s, -e ‹lat.› (Beamter, bes. Vertreter des Bischofs bei Ausübung der Gerichtsbarkeit; österr. Beamtentitel, z.B. Postoffizial); **Of|fi|zi|al|ver|tei|di|ger** (amtlich bestellter Verteidiger); **Of|fi|zi|ant,** der; -en, -en; ↑R 197 (einen Gottesdienst haltender kath. Priester; *veraltet für* Unterbeamter, Bediensteter); **of|fi|zi|ell** ‹franz.› (amtlich; beglaubigt, verbürgt; feierlich, förmlich)

Of|fi|zier [*österr. auch* ...'si:r], der; -s, -e ‹franz.›; **Of|fi|zie|rin; Of|fi|ziers**[1]**‿an|wär|ter, ...ka|si|no, ...korps, ...lauf|bahn, ...mes|se** *(vgl.* [3]Messe), **...rang**

Of|fi|zin, die; -, -en ‹lat.› *(veraltet für* [größere] Buchdruckerei; Apotheke); **of|fi|zi|nal, of|fi|zi|nell** (arzneilich; als Heilmittel anerkannt)

of|fi|zi|ös; -este ‹lat.› (halbamtlich; nicht verbürgt); **Of|fi|zi|um,** das; -s, ...ien [...iən] *(kath. Kirche* [1]Messe [an hohen Feiertagen]; Stunden-, Chorgebet; *veraltet für* [Dienst]pflicht); *vgl.* ex officio

off li|mits! ‹engl.› (Eintritt verboten!, Sperrzone!); **off line** [- lain] *(EDV* getrennt von der Datenverarbeitungsanlage arbeitend); **Off-line-Be|trieb**

öff|nen; sich -; **Öff|ner; Öff|nung; Öff|nungs‿win|kel, ...zeit**

Off|set|druck ['ɔfsɛt...] *Plur.* ...drucke ‹engl.; dt.› (Flachdruck[verfahren]); **Off|set|druck|ma|schi|ne; Off-shore-Boh|rung** ['ɔfʃɔ:(r)...] (Bohrung [nach Erdöl] von einer Bohrinsel aus); **off|side** ['ɔfsaid] ‹engl.› *(schweiz. Sportspr.* abseits); **Offside,** das; -s, -s *(schweiz. Sportspr.* Abseits); **Off-Spre|cher** ‹engl.; dt.› *(Fernsehen, Film)*; **Off-Stim|me** *(Fernsehen, Film)*

Ofir *vgl.* Ophir

Öf|lein

O. F. M. = Ordinis Fratrum Minorum ‹lat., „vom Orden der Minderbrüder"› (Franziskanerorden)

O. [F.] M. Cap. = Ordinis [Fratrum] Minorum Capucinorum ‹lat., „vom Orden der Minderen Kapuziner[brüder]"› (Kapuzinerorden)

O-för|mig; ↑R 37

oft; öfter *(vgl. d.)*; öftest *(vgl. d.)*; so - *(vgl.* sooft); wie -; **öf|ter;** - als ...; (↑R 65:) des öfter[e]n; öfter mal was Neues; **öf|ters** *(landsch. für* öfter); **öf|test;** am -en *(selten für* am häufigsten); **oft|ma|lig; oft|mals**

o. g. = obengenannt

ÖGB = Österr. Gewerkschaftsbund

Oger, der; -s, - ‹franz.› (Menschenfresser in franz. Märchen)

ogi|val [...'va:l, *auch* ɔʒi'val] ‹franz.› *(Kunstw.* spitzbogig); **Ogi|val|stil** (Baustil der [franz.] Gotik)

oh!; *vgl.* o; **oha!**

Oheim, der; -s, -e *(veraltet für* Onkel); *vgl. auch* [4]Ohm

OHG = offene Handelsgesellschaft

[1]**Ohio** [o'haio], der; -[s] (Nebenfluß des Mississippis); [2]**Ohio** (Staat in den USA; *Abk.* O.)

oh, là, là! [ola'la] ‹franz.› (Ausruf der Verwunderung, Anerkennung)

[1]**Ohm,** das; -[e]s, -e ‹griech.› (früheres Flüssigkeitsmaß); 3 - (↑R 129)

[2]**Ohm** (dt. Physiker); [3]**Ohm,** das; -[s], - (Einheit für den elektr. Widerstand; *Zeichen* Ω); *vgl.* Ohmsch

[4]**Ohm,** der; -[e]s, -e *(veraltet für* Onkel; *vgl.* Oheim); **Öhm,** der; -[e]s, -e *(westd. für* Oheim)

Öhmd, das; -[e]s *(südwestd. für* das zweite Mähen); **öhm|den** *(südwestd. für* nachmähen)

Ohm|me|ter, das; -s, - (Gerät zur Messung des elektr. Widerstandes)

O. H. M. S. = On His (Her) Majesty's Service [- - (hœ:[r]) 'mɛdʒistiz 'sœ:(r)vis] ‹engl., „Im Dienste Seiner [Ihrer] Majestät"› (amtlich)

ohmsch (nach [2]Ohm benannt); der ohmsche Widerstand (Gleichstromwiderstand), aber (↑R 134): das Ohmsche Gesetz

oh|ne; *Präp. mit Akk.*: ohne ihren Willen; ohne daß (↑R 126); ohne weiteres (↑R 65); er kaufte ohne Zögern (↑R 68), aber: er kaufte, ohne zu zögern; oben ohne *(ugs. für* busenfrei); zweifelsohne; **ohne Be|fund** *(Abk.* o. B.); **oh|nedem** *(veraltet für* ohnedies); **ohne|dies; oh|ne|ein|an|der;** - auskommen; **oh|ne|glei|chen; Ohne|halt|flug; oh|ne|hin; oh|ne Jahr** (bei Buchtitelangaben; *Abk.* o.J.); **Oh|ne-mich-Stand|punkt** (↑R 41); **oh|ne Ob|li|go** [*auch* 'ɔb...] (ohne Verbindlichkeit; *Abk.* o.O.); **oh|ne Ort** (bei Buchtitelangaben; *Abk.* o.O.); **oh|ne Ort und Jahr** (bei Buchtitelangaben; *Abk.* o.O. u. J.); **oh|ne wei|te|res; oh|ne|wei|ters** *(österr. für* ohne weiteres)

Ohn|macht, die; -, -en; **ohn|mäch|tig; Ohn|machts|an|fall**

oho!; oh, oh!

Ohr, das; -[e]s, -en; **Öhr,** das; -[e]s, -e (Nadelloch); **Öhr|chen** (kleines Ohr; kleines Öhr)

Ohr|druf (Stadt in Thüringen)

Oh|ren‿arzt, ...beich|te; oh|ren|be|täu|bend; Oh|ren|blä|ser *(veraltend für* heimlicher Aufhetzer, Zuträger); **Oh|ren|ent|zün|dung; oh|ren|fäl|lig; Oh|ren‿heil|kun|de** (die; -), **...klap|pe; Oh|ren|klipp** *vgl.* Ohrklipp; **oh|ren|krank; Oh|ren‿krie|cher** (Ohrwurm), **...sau|sen** (das; -s), **...schmalz** (das; -es), **...schmaus** (der; -es; *ugs. für* Genuß für die Ohren), **...schmerz** *(meist Plur.)*, **...schüt|zer, ...ses|sel, ...zeu|ge; Ohr|fei|ge; ohr|fei|gen;** er hat mich geohrfeigt; **Ohr|fei|gen|gesicht** *Plur.* ...gesichter *(ugs. für* dümmlich-freches Gesicht); **Ohr|ge|hän|ge; ...oh|rig** (z.B.

---

[1] *Beim Militär meist ohne Fugen-s.*

langohrig); **Ohr|klipp,** Oh|ren-klipp (Ohrschmuck); **Ohr|läpp-chen; Öhr|lein** *vgl.* Öhrchen; **Ohr_luft|du|sche, ...mar|ke** (bei Zuchttieren), **...mu|schel, ...ring, ...schmuck, ...spei|chel|drü|se, ...spü|lung, ...stecker** [*Trenn.* ...stek|ker], **...trom|pe|te, ...wa-schel** (das; -s, -n; *österr. ugs. für* Ohrläppchen, Ohrmuschel), **...wurm** (*ugs. auch für* leicht eingängige Melodie)

Oie ['ɔye], die; -, -n (Insel); Greifswalder -

Oi|strach ['ɔy...] (ukrain.-sowjet. Geiger)

o. J. = ohne Jahr

oje!; oje|mi|ne!; *vgl.* jemine; **oje-rum**

o. k., O. K. = okay

Oka [*auch* 'ɔka], die; - (r. Nebenfluß der Wolga)

Oka|pi, das; -s, -s ‹afrik.› (kurzhalsige Giraffenart)

Oka|ri|na, die; -, *Plur.* -s *u.* ...nen ‹ital.› (tönernes Blasinstrument)

okay [o'ke:] ‹amerik.› (richtig, in Ordnung; *Abk.* o. k. *od.* O. K.); **Okay,** das; -[s], -s; sein - geben

Okea|ni|de, *auch* Ozea|ni|de, die; -, -n (↑R 180) ‹griech.› (*griech. Mythol.* Meernymphe); **Okea-nos;** ↑R 180 (Weltstrom; Gott des Weltstromes)

Oker, die; - (l. Nebenfluß der Aller); **Oker|tal|sper|re,** die; -; ↑R 149

Ok|ka|si|on, die; -, -en ‹lat.› (*veraltet für* Gelegenheit, Anlaß; *Kaufmannsspr.* Gelegenheitskauf); **Ok|ka|sio|na|lis|mus,** der; - (eine philos. Lehre); **Ok|ka|sio-na|list,** der; -en, -en (↑R 197); **ok-ka|sio|nell** ‹franz.› (gelegentlich, Gelegenheits...)

Ok|ki|ar|beit ‹ital.; dt.› (Handarbeit, bei der aus Knoten gefertigte Bogen und Ringe eine Spitze bilden)

ok|klu|die|ren ‹lat.› (*veraltet für* einschließen, verschließen); **Ok-klu|si|on,** die; -, -en (*Med.* normale Schlußbißstellung der Zähne; *Meteor.* Zusammentreffen von Kalt- u. Warmfront); **ok|klu-siv; Ok|klu|siv,** der; -s, -e [...və] (*Sprachw.* Verschlußlaut, z. B. p, t, k)

ok|kult; -este ‹lat.› (verborgen; heimlich, geheim); **Ok|kul|tis-mus,** der; - (Lehre vom Übersinnlichen); **Ok|kul|tist,** der; -en, -en (↑R 197); **Ok|kul|ti|stin; ok-kul|ti|stisch**

Ok|ku|pant, der; -en, -en ‹lat.› (*abwertend für* jmd., der fremdes Gebiet okkupiert); **Ok|ku|pa|ti-on,** die; -, -en (Besetzung [fremden Gebietes] mit od. ohne Gewalt; *Rechtsw.* Aneignung herrenlosen Gutes); **Ok|ku|pa|ti-ons_heer, ...macht; ok|ku|pie-ren**

Okla. = Oklahoma

Okla|ho|ma (Staat in den USA; *Abk.* Okla.)

Öko|la|den (Laden, in dem nur umweltfreundliche Waren verkauft werden); **Öko|lo|ge,** der; -n, -n ‹griech.› (Wissenschaftler auf dem Gebiet der Ökologie); **Öko|lo|gie,** die; - (Lehre von den Beziehungen der Lebewesen zur Umwelt); **Öko|lo|gin; öko|lo-gisch**

Öko|nom, der; -en, -en (↑R 197) ‹griech.› (*regional für* Wirtschaftswissenschaftler; *veraltend für* [Land]wirt); **Öko|no|mie,** die; -, ...ien (Wirtschaftlichkeit, sparsame Lebensführung *[nur Sing.];* Lehre von der Wirtschaft; *veraltet für* Landwirtschaft[sbetrieb]); **Öko|no|mie|rat** (österr. Titel); **Öko|no|mik,** die; - (Wirtschaftswissenschaft, -theorie; wirtschaftliche Verhältnisse [eines Landes, Gebietes]; *nach marxist. Lehre* Produktionsweise einer Gesellschaftsordnung); **Öko|no|min; öko|no|misch;** -ste; **Öko|pax|be|we|gung** (Bewegung, die für die Erhaltung der natürlichen Umwelt und die Bewahrung des Friedens eintritt); **Öko|sy|stem** (zwischen Lebewesen und ihrem Lebensraum bestehende Wechselbeziehung)

Okt. = Oktober

Ok|ta|eder, das; -s, - ‹griech.› (Achtflächner); **ok|ta|edrisch; Ok|ta|gon** *vgl.* Oktogon; **Ok|tant,** der; -en, -en (↑R 197) ‹lat.› (achter Teil des Kreises od. der Kugel; nautisches Winkelmeßgerät); **Ok|tan|zahl** (Maßzahl für die Klopffestigkeit von Treibstoffen); [1]**Ok|tav,** das; -s (*Buchw.* Achtelbogengröße [Buchformat]; *Zeichen* 8°, z. B. Lex.-8°); in -; Großoktav *(vgl. d.);* [2]**Ok|tav,** die; -, -en (kath. Feier; *österr. auch svw.* Oktave); **Ok|ta|va** [...va], die; -, ...ven (*österr. für* 8. Klasse des Gymnasiums); **Ok-tav_band** (der; *Buchw.*), **...bo-gen; Ok|ta|ve** [...və], *österr.* Oktav, die; -, -en (*Musik* achter Ton [vom Grundton an]; ein Intervall; *svw.* Ottaverime); **Ok|tav-for|mat** [...f...] (*Buchw.* Achtelgröße)

Ok|ta|via [...v...], **Ok|ta|vie** [...iə] (röm. w. Eigenn.); **Ok|ta|vi|an, Ok|ta|via|nus;** ↑R 180 (röm. Kaiser)

ok|ta|vie|ren [...v...] ‹lat.› (in die Oktave überschlagen [von Blasinstrumenten]); **Ok|tett,** das; -[e]s, -e ‹ital.› (Komposition für acht Soloinstrumente od. -stimmen; Gruppe von acht Instrumentalsolisten; Achtergruppe von Elektronen in der Außenschale der Atomhülle); **Ok|to-ber,** der; -[s], - ‹lat.› (zehnter Monat im Jahr; Gilbhard, Weinmonat, Weinmond; *Abk.* Okt.); **Ok-to|ber_fest** (in München), **...re-vo|lu|ti|on** (1917 in Rußland); **Ok|to|de,** die; -, -n ‹griech.› (Elektronenröhre mit acht Elektroden); **Ok|to|gon,** das; -s, -e (Achteck; Bau mit achteckigem Grundriß); **ok|to|go|nal** (achteckig); **Ok|to|po|de,** der; -n, -n (↑R 197) (*Zool.* Achtfüßer)

ok|troy|ie|ren [...troa'ji:...] ‹franz.› (aufdrängen, aufzwingen)

oku|lar ‹lat.› (mit dem Auge, fürs Auge); **Oku|lar,** das; -s, -e (die dem Auge zugewandte Linse eines optischen Gerätes); **Oku|la-ti|on,** die; -, -en (Pflanzenveredelungsart); **Oku|li** („Augen“) (vierter Sonntag vor Ostern); **oku|lie|ren** (durch Okulation veredeln, äugeln); **Oku|lier|mes-ser,** das; **Oku|lie|rung**

Öku|me|ne, die; - ‹griech.› (die bewohnte Erde; Gesamtheit der Christen; ökumenische Bewegung); **öku|me|nisch** (allgemein; die ganze bewohnte Erde betreffend, Welt...); -e Bewegung (zwischen- u. überkirchl. Bestrebungen christlicher Kirchen u. Konfessionen zur Einigung in Fragen des Glaubens u. der religiösen Arbeit); -es Konzil (allgemeine kath. Kirchenversammlung), aber (↑R 157): der Ökumenische Rat der Kirchen; **Öku|me|nis-mus,** der; - (*kath. Kirche* Gesamtheit der Bemühungen um die Einheit der Christen)

Ok|zi|dent [*auch* ...'dɛnt], der; -s ‹lat.› (Abendland; Westen; *vgl.* Orient); **ok|zi|den|tal, ok|zi|den-ta|lisch**

ö. L. = östlicher Länge

O. L. = Oberlausitz

Öl, das; -[e]s, -e

Olaf (m. Vorn.)

Öl_alarm, ...baum, ...be|häl|ter; Öl|berg, der; -[e]s (bei Jerusalem); **Öl_bild, ...boh|rung**

Ol|den|burg (Landkreis in Niedersachsen); [1]**Ol|den|bur|ger** (↑R 147); [2]**Ol|den|bur|ger,** der; -s, - (eine Pferderasse); **Ol|den-bur|ger Geest,** die; - - (Gebiet in Niedersachsen); **Ol|den|burg (Hol|stein)** (Stadt in Schleswig-Holstein); **ol|den|bur|gisch,** aber (↑R 146): Oldenburgisches Münsterland; **Ol|den|burg (Ol-den|burg)** (Stadt in Niedersachsen)

Ol|des|loe [...lo:], **Bad** (Stadt in

Schleswig-Holstein); **Ol|des|lo|er** [...lo:ər] (↑R 147)
Ol|die ['o:ldi], der; -s, -s ‹engl.-amerik.› (noch immer od. wieder beliebter alter Schlager)
Öl|druck; Öl|druck|brem|se *(Kfz-Technik)*
Old|ti|mer ['o:ldtaimə(r)], der; -s, - ‹engl.› (altes Modell eines Fahrzeugs [bes. Auto]; *auch scherzh. für* langjähriges Mitglied, älterer Mann)
olé! ‹span.› (los!, auf!, hurrah!)
Olea *(Plur. von* Oleum)
Ole|an|der, der; -s, - ‹ital.› (ein immergrüner Strauch od. Baum, Rosenlorbeer); **Ole|an|der|schwär|mer** (ein Schmetterling)
Ole|at, das; -[e]s, -e ‹griech.› *(Chemie* Salz der Ölsäure); **Ole|fin,** das; -s, -e (ein ungesättigter Kohlenwasserstoff); **ole|fin|reich; Ole|in,** das; -s, -e (ungereinigte Ölsäure); **ölen; Ole|um** ['o:leum], das; -s, Olea (Öl; rauchende Schwefelsäure)
ol|fak|to|risch ‹lat.› *(Med.* den Geruchssinn betreffend)
Öl|far|be; Öl|far|ben|druck *Plur.* ...drucke; **Öl‿feue|rung, ...film** (dünne Ölschicht), **...fleck, ...för|de|rung, ...frucht**
OLG = Oberlandesgericht
Ol|ga (w. Vorn.)
Öl|ge|mäl|de; Öl|göt|ze; *nur in* dastehen, dasitzen wie ein - *(ugs. für* stumm, unbeteiligt, verständnislos dastehen, dasitzen); **Öl‿haut, ...hei|zung; öl|höf|fig** (erdölhöffig)
Oli|fant [*auch* ...'fant], der; -[e]s, -e ([Rolands] elfenbeinernes Hifthorn)
ölig
Olig|ämie, die; -, ...ien ‹griech.› *(Med.* Blutarmut); **Olig|arch,** der; -en, -en; ↑R 197 (Anhänger der Oligarchie); **Olig|ar|chie,** die; -, ...ien (Herrschaft einer kleinen Gruppe); **olig|ar|chisch; Oli|go|phre|nie,** die; -, ...ien *(Med.* Schwachsinn); **Oli|go|pol,** das; -s, -e *(Wirtsch.* Beherrschung des Marktes durch wenige Großunternehmen); **oli|go|troph** (nährstoffarm [von Ackerböden]); **oli|go|zän** (das Oligozän betreffend); **Oli|go|zän,** das; -s *(Geol.* mittlerer Teil des Tertiärs)
Olim ‹lat., „ehemals"›; *nur in* seit, zu Olims Zeiten *(scherzh. für* vor langer Zeit)
Öl|in|du|strie
oliv ‹griech.› (olivenfarben); ein - Kleid; *vgl. auch* beige; **Oliv,** das; -s, *Plur.* -, *ugs.* -s; ein Kleid in - (↑R 65)
Oli|ve [...v..., *österr.* ...f...], die; -, -n ‹griech.› (Frucht des Ölbaumes); **Oli|ven‿baum, ...ern|te; oli|ven‿far|ben** *od.* **...far|big; Oli|ven|öl**
Oli|ver [...vər, *auch* 'ɔ...] (m. Vorn.)
oliv‿grau, ...grün
Oli|vin [...'vi:n], der; -s, -e ‹griech.› (ein Mineral)
Öl‿kan|ne, ...kri|se, ...ku|chen, ...lam|pe, ...lei|tung
oll *(landsch. für* alt); olle Kamellen *(vgl.* Kamellen); **Ol|le,** der *u.* die; -n, -n; ↑R 7 ff. *(landsch. für* Alte)
Öl|luft|pum|pe
Olm, der; -[e]s, -e (ein Lurch)
Ol|ma = Ostschweizerische land- und milchwirtschaftliche Ausstellung *(heute* Schweizerische Messe für Land- und Milchwirtschaft, St. Gallen)
Öl‿ma|le|rei, ...meß|stab, ...müh|le, ...multi *(ugs.; vgl.* Multi); **...ofen, ...pal|me, ...pa|pier, ...pest** (die; -; Verschmutzung von Meeresküsten durch [auf dem Wasser treibendes] Rohöl); **Öl|pflan|ze, ...platt|form, ...preis, ...quel|le, ...raf|fi|ne|rie, ...sar|di|ne, ...säu|re** (die; -), **...scheich** *(ugs.)*, **...schicht, ...stand, ...tank, ...tan|ker**
Ol|ten (schweiz. Stadt); **Ol|te|ner,** Olt|ner (↑R 147)
Öl|tep|pich
Olt|ner *vgl.* Oltener
Ölung; die Letzte - *(kath. Kirche früher für* Krankensalbung; ↑R 157); **Öl‿vor|kom|men, ...wan|ne** *(bes. Kfz-Technik)*, **...wech|sel**
Olymp, der; -s (Gebirgsstock in Griechenland; Wohnsitz der Götter; *scherzh. für* Galerieplätze im Theater); [1]**Olym|pia** (altgriech. Nationalheiligtum); [2]**Olym|pia,** das; -[s] *(geh. für* Olympische Spiele); **Olym|pia|de,** die; -, -n; ↑R 180 (Olympische Spiele; *selten für* Zeitraum von vier Jahren zwischen zwei Olympischen Spielen; *regional für* Wettbewerb [für Schüler]); **Olym|pia‿dorf, ...jahr, ...mann|schaft, ...me|dail|le, ...norm; olym|pia|reif; Olym|pia‿sieg, ...sie|ger, ...sie|ge|rin, ...sta|di|on, ...stadt, ...teil|neh|mer, ...teil|neh|me|rin; olym|pia|ver|däch|tig** *(ugs. für* sportlich hervorragend); **Olym|pia|zwei|te,** der *u.* die; -n, -n (↑R 7 ff.); **Olym|pi|er** [...iər] (Beiname der griech. Götter, bes. des Zeus; gelegentlicher Beiname Goethes); **Olym|pio|ni|ke,** der; -n, -n; ↑R 197; ↑R 180 (Sieger in od. Teilnehmer an den Olympischen Spielen); **Olym|pio|ni|kin** (↑R 180); **olym|pisch** (göttlich, himmlisch; die Olympischen Spiele betreffend); -e Ruhe, -e Fahne, -er Eid, -es Dorf, aber (↑R 157): die Olympischen Spiele, Internationales Olympisches Komitee *(Abk.* IOK); Nationales Olympisches Komitee *(Abk.* NOK)
Olynth (altgriech. Stadt); **olyn|thisch,** aber (↑R 157): die Olynthischen Reden des Demosthenes
Öl‿zeug, ...zweig
Oma, die; -, -s *(fam. für* Großmutter)
Omai|ja|de, der; -n, -n; ↑R 197 (Angehöriger eines arab. Herrschergeschlechtes)
Oma|ma, die; -, -s *(svw.* Oma)
Oman (Staat auf der Arabischen Halbinsel); **Oma|ner; oma|nisch**
Omar [*auch* 'ɔ...] (arab. Eigenn.)
Om|bro|graph, der; -en, -en (↑R 197) ‹griech.› *(Meteor.* Gerät zur Aufzeichnung des Niederschlags)
Om|buds|frau (w. Form von Ombudsmann); **Om|buds|mann,** der; -[e]s, *Plur.* ...männer, *selten* ...leute ‹schwed.› (jmd., der die Rechte des Bürgers gegenüber den Behörden wahrnimmt)
O. M. Cap. *vgl.* O. [F.] M. Cap.
Ome|ga, das; -[s], -s (griech. Buchstabe [langes O]; *Ω, ω*); *vgl.* Alpha
Ome|lett [ɔm(ə)...], das; -[e]s, *Plur.* -e *u.* -s *u., österr., schweiz. nur,* **Ome|lette** [ɔm'lɛt], die; -, -n ‹franz.› (Eierkuchen); Omelette aux fines herbes [- ofin'zɛrb] (Eierkuchen mit Kräutern)
Omen, das; -s, *Plur.* - *u.* Omina ‹lat.› (Vorzeichen; Vorbedeutung)
Omi, die; -, -s *(Koseform von* Oma)
Omi|kron [*auch* 'ɔ...], das; -[s], -s (griech. Buchstabe [kurzes O]: *O, o*)
Omi|na *(Plur. von* Omen); **omi|nös;** -este ‹lat.› (von schlimmer Vorbedeutung; unheilvoll; bedenklich; anrüchig)
Omis|siv|de|likt ‹lat.› *(Rechtsw.* Unterlassungsdelikt)
Om ma|ni pad|me hum (mystische Formel des lamaistischen Buddhismus)
om|nia ad maio|rem Dei glo|ri|am *vgl.* ad maiorem ...
Om|ni|bus, der; -ses, -se ‹lat.› *(Kurzw.* Bus); **Om|ni|bus‿bahn|hof, ...fahrt, ...li|nie; om|ni|po|tent** (allmächtig); **Om|ni|po|tenz,** die; - (Allmacht); **om|ni|prä|sent** (allgegenwärtig); **Om|ni|prä|senz,** die; - (Allgegenwart); **Om|ni|um,** das; -s, ...ien [...iən] *(Radsport* aus mehreren Bahnwettbewerben bestehender Wettkampf); **Om|ni|vo|re** [...v...], der; -n, -n *meist Plur.;* ↑R 197 *(Zool.* Allesfresser)

Om|pha|le [...le] (lydische Königin)
Om|pha|li|tis, die; -, ...itiden ‹griech.› (*Med.* Nabelentzündung)
Omsk (Stadt in Sibirien)
on ‹engl.› (*bes. Fernsehen* sichtbar [von einem Sprecher]; *Ggs.* off); **On,** das; - (das Sichtbarsein des Sprechers; *Ggs.* Off); im -
Ona|ger, der; -s, - ‹lat.› (Halbesel in Südwestasien)
Onan (bibl. m. Eigenn.); **Ona|nie,** die; - ‹nach der bibl. Gestalt Onan› (geschlechtl. Selbstbefriedigung); **ona|nie|ren; Ona|nist,** der; -en, -en (↑R 197); **ona|ni|stisch**
ÖNB = Österr. Nationalbank, Österr. Nationalbibliothek
On|dit [ɔ̃'di:], das; -, -s ‹franz.› (Gerücht); einem - zufolge
On|du|la|ti|on, die; -, -en ‹franz.› (das Wellen der Haare mit der Brennschere); **on|du|lie|ren; On|du|lie|rung**
One|ga|see [*russ.* ɔ'njɛga...], der; -s (in der Sowjetunion)
Onei|da|see, der; -s (See im Staate New York)
O'Neill [o:'ni:l] (amerik. Dramatiker)
One|step ['wanstɛp], der; -s, -s ‹engl.› (ein Tanz)
On|kel, der; -s, *Plur.* -, *ugs. auch* -s; **On|kel|ehe** (*volkstüml. für* Zusammenleben einer Witwe mit einem Mann, den sie aus Versorgungsgründen nicht heiraten will); **on|kel|haft**
On|ko|lo|ge, der; -n, -n ‹griech.›; **On|ko|lo|gie,** die; - (*Med.* Lehre von den Geschwülsten); **on|ko|lo|gisch**
on line [- lain] ‹engl.› (*EDV* in direkter Verbindung mit der Datenverarbeitungsanlage arbeitend); **On-line-Be|trieb**
ONO = Ostnordost[en]
Öno|lo|gie, die; - ‹griech.› (Wein[bau]kunde); **öno|lo|gisch; Öno|ma|nie,** die; - (*Med.* Säuferwahnsinn)
Ono|ma|sio|lo|gie, die; - ‹griech.› (*Sprachw.* Bezeichnungslehre); **ono|ma|sio|lo|gisch; Ono|ma|stik,** die; - (Namenkunde); **Ono|ma|sti|kon,** das; -s, *Plur.* ...ken *u.* ...ka (Wörterverzeichnis der Antike u. des Mittelalters); **ono|ma|to|poe|tisch;** ↑R 180 (laut-, klang-, schallnachahmend); **Ono|ma|to|pöie,** die; -, ...ien (Bildung eines Wortes durch Lautnachahmung, Lautmalerei, z. B. „Kuckuck")
Öno|me|ter, das; -s, - ‹griech.› (Weinmesser [zur Bestimmung des Alkoholgehaltes])
Önorm (österr. Norm)
On-Spre|cher (*Fernsehen, Film*)
On|ta|rio [*engl.* ɔn'tɛ:rio:] (kanad. Provinz); **On|ta|rio|see,** der; -s
on the rocks [- ðə -] ‹engl.› (mit Eiswürfeln [bei Getränken])
On|to|ge|ne|se, On|to|ge|nie, die; - ‹griech.› (*Biol.* Entwicklung des Einzelwesens); **on|to|ge|ne|tisch; On|to|lo|gie,** die; - (*Philos.* Wissenschaft vom Seienden); **on|to|lo|gisch**
Onyx, der; -[es], -e ‹griech.› (ein Halbedelstein)
o. O. = ohne Obligo; ohne Ort
o. ö. = ordentlicher öffentlicher (z. B. Professor [*Abk.* o. ö. Prof.])
OÖ = Oberösterreich
Oo|ge|ne|se [oıo...], die; - ‹griech.› (*Med.* Entwicklung der Eizelle); **oo|ge|ne|tisch; Oo|lith** [*auch* ...'lit], der; *Gen.* -s *u.* -en, *Plur.* -e[n]; ↑R 197 (ein Gestein); **Oo|lo|gie,** die; - (Wissenschaft vom Vogelei)
o. ö. Prof. = ordentlicher öffentlicher Professor
o. O. u. J. = ohne Ort und Jahr
op. = opus; *vgl.* Opus
o. P. = ordentlicher Professor; *vgl.* Professor
OP = Operationssaal
O. P., O. Pr. = Ordinis Praedicatorum ‹lat., „vom Orden der Prediger"› (Dominikanerorden)
Opa, der; -s, -s (*fam. für* Großvater)
opak ‹lat.› (*fachspr. für* undurchsichtig, lichtundurchlässig); -es Glas
Opal, der; -s, -e ‹sanskr.› (ein Schmuckstein; ein Gewebe); **opa|len** (aus Opal, durchscheinend wie Opal); **Opa|les|zenz,** die; - (opalartiges Schillern); **opa|les|zie|ren,** opa|li|sie|ren; **Opal|glas** *Plur.* ...gläser
Opan|ke, die; -, -n ‹serb.› (sandalenartiger Schuh [mit am Unterschenkel kreuzweise gebundenen Lederriemen])
Opa|pa, der; -s, -s (*svw.* Opa)
Op-art ['ɔpıa:(r)t], die; - ‹amerik.› (eine moderne Kunstrichtung)
Opa|zi|tät, die; - ‹*zu* opak› (*fachspr. für* Undurchsichtigkeit)
OPD = Oberpostdirektion
OPEC = Organization of the Petroleum Exporting Countries [ɔ:(r)gənai'ze:ʃ(ə)n əv ðə pi'tro:liəm ɛks'pɔ:(r)tiŋ 'kantri:z], die; - ‹engl.› (Organisation der Erdöl exportierenden Länder)
Opel Ⓦz (Kraftfahrzeuge)
Open air ['o:p(ə)n 'ɛ:(r)], das; - -s, - -s (*kurz für* Open-air-Festival od. -Konzert); **Open-air-Fe|sti|val** [...'fɛstiv(ə)l] ‹engl.› (Folklore-, Popmusik- od. Jazzveranstaltung im Freien, bei der mehrere Gruppen auftreten); **Open-air-Kon|zert; open end** ['o:p(ə)n 'ɛnd] (ohne festgelegten Schluß der Veranstaltung); **Open-end-Dis|kus|si|on**
Oper, die; -, -n ‹ital.›; **Ope|ra** (*Plur. von* Opus)
ope|ra|bel ‹lat.› (so, daß man damit arbeiten kann; *Med.* operierbar)
Ope|ra buf|fa, die; - -, ...re ...ffe [...re ....fe] ‹ital.› (komische Oper); **Ope|ra se|ria,** die; - -, ...re ...rie [...re ...rie] (ernste Oper)
Ope|ra|teur [...'tø:r], der; -s, -e ‹franz.› (eine Operation vornehmender Arzt; Kameramann; Filmvorführer; *auch für* Operator); **Ope|ra|ti|on,** die; -, -en ‹lat.› (chirurg. Eingriff; [militärische] Unternehmung; Rechenvorgang; Verfahren); **ope|ra|tio|nal** (sich durch bestimmte Verfahren vollziehend); **ope|ra|tio|na|li|sie|ren** (durch Angabe der Verfahren präzisieren); **Ope|ra|ti|ons‿ba|sis, ...saal** (*Abk.* OP), **...schwe|ster, ...tisch; ope|ra|tiv** (auf chirurgischem Wege, durch Operation; planvoll tätig; strategisch); -er Eingriff; **Ope|ra|tor** [*engl.* 'ɔpəre:tə(r)], der; -s, *Plur.* ...oren, *bei engl. Ausspr.* -s (jmd., der eine EDV-Anlage überwacht u. bedient); **Ope|ra|to|rin**
Ope|ret|te, die; -, -n ‹ital.› (heiteres musikal. Bühnenwerk); **ope|ret|ten|haft; Ope|ret|ten‿kom|po|nist, ...me|lo|die, ...mu|sik, ...staat** (*Plur.* ...staaten; *scherzh.*)
ope|rie|ren ‹lat.› (eine Operation durchführen; in bestimmter Weise vorgehen; mit etwas arbeiten)
Opern‿arie, ...ball, ...füh|rer, ...glas (*Plur.* ...gläser), **...gucker** ([*Trenn.* ...guk|ker]; *ugs. für* Opernglas); **opern|haft; Opern‿haus, ...me|lo|die, ...mu|sik, ...sän|ger, ...sän|ge|rin**
Op|fer, das; -s, -; - des Faschismus (*Abk.* OdF); **op|fer|be|reit; Op|fer‿be|reit|schaft** (die; -), **...freu|dig|keit, ...gang** (der), **...geist** (der; -[e]s), **...geld** (das; -[e]s), **...lamm, ...mut; op|fern;** ich ...ere (↑R 22); sich -; **Op|fer‿pfen|nig, ...scha|le, ...sinn** (der; -[e]s), **...stock** (*Plur.* ...stöcke; in Kirchen aufgestellter Sammelkasten), **...tier, ...tod; Op|fe|rung; Op|fer|wil|le; op|fer|wil|lig; Op|fer|wil|lig|keit,** die; -
Ophe|lia (Frauengestalt bei Shakespeare)
Ophio|la|trie, die; - ‹griech.› (religiöse Schlangenverehrung)
Ophir, *ökum.* Ofir ‹hebr.› (Goldland im A. T.)
Ophit, der; -en, -en (↑R 197) ‹griech.› (Schlangenanbeter, Angehöriger einer Sekte); **Ophi-**

uchus, der; - („Schlangenträger“) (ein Sternbild)
Oph|thal|mia|trie, Oph|thal|mia|trik, die; - (↑R 180) ‹griech.› (*Med.* Augenheilkunde); **Oph|thal|mie,** die; -, ...ien (Augenentzündung); **Oph|thal|mo|lo|ge,** der; -n, -n; ↑R 197 (Augenarzt); **Oph|thal|mo|lo|gie,** die; - (Lehre von den Augenkrankheiten)
Opi|at, das; -[e]s, -e ‹griech.› (opiumhaltiges Arzneimittel); **Opi|um,** das; -s (ein Betäubungsmittel u. Rauschgift); **Opi|um|ge|setz; opi|um|hal|tig; Opi|um‿han|del** (*vgl.* [1]Handel), **...krieg** (der; -[e]s; 1840–42), **...pfei|fe, ...rau|cher, ...schmug|gel, ...sucht** (die; -)
Op|la|den (Stadt in Nordrhein-Westfalen)
Opo|le (poln. Stadt an der Oder; *vgl.* Oppeln)
Opos|sum, das; -s, -s ‹indian.› (Beutelratte mit wertvollem Fell)
Op|peln (*poln.* Opole); **Op|pel|ner** (↑R 147)
Op|po|nent, der; -en, -en (↑R 197) ‹lat.› (Gegner [im Redestreit]); **Op|po|nen|tin; op|po|nie|ren** (entgegnen, widersprechen; sich widersetzen)
op|por|tun ‹lat.› (passend, nützlich, angebracht; zweckmäßig; *Ggs.* importun); **Op|por|tu|nis|mus,** der; - (prinzipienloses Anpassen an die jeweilige Lage, Handeln nach Zweckmäßigkeit); **Op|por|tu|nist,** der; -en, -en (↑R 197); **Op|por|tu|ni|stin; op|por|tu|ni|stisch; Op|por|tu|ni|tät,** die; -, -en (günstige Gelegenheit, Vorteil, Zweckmäßigkeit); **Op|por|tu|ni|täts|prin|zip** (strafrechtlicher Grundsatz, nach dem die Erhebung einer Anklage in das Ermessen der Anklagebehörde gestellt ist)
Op|po|si|ti|on, die; -, -en ‹lat.›; **op|po|si|tio|nell** ‹franz.› (gegensätzlich; gegnerisch; zum Widerspruch neigend); **Op|po|si|ti|ons‿füh|rer, ...füh|re|rin, ...geist** (der; -[e]s), **...par|tei, ...wort** (*Plur.* ...wörter; *für* Antonym)
Op|pres|si|on, die; -, -en ‹lat.› (*veraltet für* Unterdrückung; *Med.* Beklemmung)
O. Pr. *vgl.* O. P.
OP-Schwe|ster *(Med.)*
Op|tant, der; -en, -en (↑R 197) ‹lat.› (jmd., der optiert); **Op|ta|tiv,** der; -s, -e [...və] (*Sprachw.* Wunsch-, auch Möglichkeitsform des Verbs); **op|tie|ren** (sich für etwas [bes. für eine Staatsangehörigkeit] entscheiden; die Voranwartschaft auf etwas geltend machen)
Op|tik, die; -, -en *Plur. selten* ‹griech.› (Lehre vom Licht; Linsensystem eines opt. Gerätes; optischer Eindruck, optische Wirkung); **Op|ti|ker** (Hersteller od. Verkäufer von Brillen u. optischen Geräten); **Op|ti|ke|rin**
Op|ti|ma (*Plur. von* Optimum); **op|ti|ma fi|de** ‹lat., „in bestem Glauben“›; **op|ti|mal** (bestmöglich); **Op|ti|mat,** der; -en, -en; ↑R 197 (Angehöriger der herrschenden Geschlechter im alten Rom); **op|ti|mie|ren** (optimal gestalten); **Op|ti|mie|rung; Op|ti|mis|mus,** der; - (*Ggs.* Pessimismus); **Op|ti|mist,** der; -en, -en (↑R 197); **Op|ti|mi|stin; op|ti|mi|stisch;** -ste; **Op|ti|mum,** das; -s, ...tima (höchster erreichbarer Wert; *Biol.* beste Lebensbedingungen)
Op|ti|on, die; -, -en ‹lat.› (Wahl einer bestimmten Staatsangehörigkeit; *Rechtsw.* Voranwartschaft auf Erwerb od. zukünftige Lieferung einer Sache); **op|tio|nal**
op|tisch ‹griech.› (die Optik, das Sehen betreffend); -e Täuschung; -e Erscheinung; **Op|to|me|ter,** das; -s, - (*Med.* Sehweitenmesser); **Op|to|me|trie,** die; - (Sehkraftbestimmung)
opu|lent; -este ‹lat.› (reich[lich], üppig); **Opu|lenz,** die; -
Opun|tie [...iə], die; -, -n ‹griech.› (Feigenkaktus)
Opus [*auch* 'ɔ...], das; -, Opera ‹lat.› ([musikal.] Werk; *Abk. in der Musik* op.)
Ora|dour-sur-Glane [...dursyr'glan] (franz. Ort)
ora et la|bo|ra! ‹lat., „bete und arbeite!“› (Mönchsregel des Benediktinerordens)
Ora|kel, das; -s, - ‹lat.› (rätselhafte Weissagung; *auch* Ort, an dem Seherinnen od. Priester Weissagungen verkünden); **ora|kel|haft; ora|keln** (in dunklen Andeutungen sprechen); ich ...[e]le (↑R 22); **Ora|kel|spruch**
oral ‹lat.› (*Med.* den Mund betreffend, durch den Mund)
oran|ge [o'rã:ʒ(ə), *österr.* o'rã:ʒ] ‹pers.-franz.› (goldgelb; orangenfarbig); ein - Band; *vgl. auch* beige; **[1]Oran|ge** [o'raŋʒə], die; -, -n (*bes. südd., österr. u. schweiz. für* Apfelsine); **[2]Oran|ge** [o'rã:ʒ(ə), *österr.* o'rã:ʒ], das; -, *Plur. -, ugs.* -s (orange Farbe); in - (↑R 38); **Oran|gea|de** [oraŋ..., *auch* orã'ʒa:də], die; -, -n (unter Verwendung von Orangensaft bereitetes Getränk); **Oran|geat** [oraŋ..., *auch* orã'ʒa:t], das; -s, *Plur. (Sorten:)* -e (eingezuckerte Apfelsinenschalen); **oran|gen** [o'raŋ..., *auch* o'rã:ʒ(ə)n]; der Himmel färbt sich -; **Oran|gen‿baum, ...blü|te; oran|ge[n]‿far|ben** *od.* **...far|big; Oran|gen‿mar|me|la|de, ...saft, ...scha|le; Oran|ge|rie** [oraŋ..., *auch* orãʒə'ri:], die; -, ...ien (Gewächshaus zum Überwintern von Orangenbäumen u. empfindlichen Pflanzen); **oran|ge|rot** [o'raŋʒ..., *auch* o'rã:ʒ...]
Orang-Utan, der; -s, -s ‹malai.› (ein Menschenaffe)
Ora|ni|en [...iən] (niederl. Fürstengeschlecht); **Ora|ni|er** [...iər], der; -s, - (zu Oranien Gehörender); **Oran|je,** der; -[s] (Fluß in Südafrika); **Oran|je|frei|staat,** der; -[e]s; ↑R 149 (Provinz der Republik Südafrika)
ora pro no|bis! ‹lat., „bitte für uns!“›
Ora|tio ob|li|qua [- ...kva], die; - - ‹lat.› (*Sprachw.* indirekte Rede); **Ora|tio rec|ta,** die; - - (*Sprachw.* direkte Rede); **Ora|to|ria|ner,** der; -s, - (Angehöriger einer kath. Weltpriestervereinigung); **ora|to|risch** (rednerisch; *Musik* in der Art eines Oratoriums); **Ora|to|ri|um,** das; -s, ...ien [...iən] (episch-dramat. Komposition für Solostimmen, Chor u. Orchester; *kath. Kirche* Andachtsraum)
ORB = Ostdeutscher Rundfunk Brandenburg
Or|bis pic|tus, der; - - ‹lat., „gemalte Welt“› (Unterrichtsbuch des Comenius); **Or|bit,** der; -s, -s ‹engl.› (*Raumfahrt* Umlaufbahn); **Or|bi|ta,** die; -, ...tae [...tɛ:] ‹lat.› (*Med.* Augenhöhle); **or|bi|tal** (*Raumfahrt* den Orbit betreffend, für ihn bestimmt; *Med.* zur Augenhöhle gehörend); **Or|bi|tal‿bahn, ...bom|be, ...ra|ke|te**
Or|che|ster [ɔr'kɛs..., *österr. auch* ...'çɛs...], das; -s, - ‹griech.› (Vereinigung einer größeren Zahl von Instrumentalmusikern; vertiefter Raum für die Musiker vor der Bühne); **Or|che|ster‿be|glei|tung, ...gra|ben, ...lei|ter** (der); **Or|che|stra** [ɔr'çɛs...], die; -, ...stren (Tanzraum des Chors im altgriech. Theater); **or|che|stral** [ɔrkɛs..., *österr. auch* ...çɛs...] (zum Orchester gehörend); **or|che|strie|ren** (für Orchester bearbeiten, instrumentieren); **Or|che|strie|rung; Or|che|stri|on** [...'çɛs...], das; -s, ...ien [...iən] (ein mechan. Musikinstrument)
Or|chi|dee [*auch* ...'de:], die; -, -n ‹griech.› (eine exotische Zierpflanze); **Or|chi|de|en|art; Or|chis,** die; -, - (Knabenkraut); **Or|chi|tis,** die; -, ...iti|den (*Med.* Hodenentzündung)
Or|dal, das; -s, ...ien [...iən] ‹angels.› (mittelalterl. Gottesurteil)

Or|den, der; -s, - ‹lat.› ([klösterliche] Gemeinschaft mit bestimmten Regeln; Ehrenzeichen); **or|den|ge|schmückt** (↑R 209); **Or|dens‿band** (das; ...bänder), **...bru|der, ...frau, ...mann** (*Plur.* ...männer *od.* ...leute), **...re|gel, ...rit|ter, ...schwe|ster, ...spange, ...stern** (*vgl.* [2]Stern), **...tracht, ...ver|lei|hung**
or|dent|lich; -es (zuständiges) Gericht; -er Professor (*Abk.* o. P.); -er öffentlicher Professor (*Abk.* o. ö. Prof.); -e Versammlung; **or|dent|li|cher|wei|se; Or|dent|lich|keit,** die; -
Or|der, die; -, *Plur.* -n *od. (Kaufmannsspr. nur:)* -s ‹franz.› (Befehl; *Kaufmannsspr.* Bestellung, Auftrag); - parieren (*veraltet für* einen Befehl ausführen); **Or|der‿buch, ...ein|gang; or|dern** (*Kaufmannsspr.* bestellen); ich ...ere (↑R 22); **Or|der|pa|pier** (Wertpapier, das die im Papier bezeichnete Person durch Indossament übertragen kann)
Or|di|na|le, das; -[s], ...lia *meist Plur.* ‹lat.› (*selten für* Ordinalzahl); **Or|di|nal|zahl** (Ordnungszahl, z. B. „zweite"); **or|di|när** ‹franz.› (gewöhnlich, alltäglich; unfein, unanständig); **Or|di|na|ri|at,** das; -[e]s, -e ‹lat.› (Amt eines ordentlichen Hochschulprofessors; eine kirchl. Behörde); **Or|di|na|ri|um,** das; -s, ...ien [...iən] (ordentlicher Staatshaushalt); **Or|di|na|ri|us,** der; -, ...ien [...iən] (ordentlicher Professor an einer Hochschule); **Or|di|när|preis** (vom Verleger festgesetzter Buchverkaufspreis; Marktpreis im Warenhandel); *vgl.* [2]Preis; **Or|di|na|te,** die; -, -n (*Math.* auf der Ordinatenachse abgetragene zweite Koordinate eines Punktes); **Or|di|na|ten|ach|se** (senkrechte Achse des rechtwinkligen Koordinatensystems); **Or|di|na|ti|on,** die; -, -en (Weihe, Einsetzung [eines Geistlichen] ins Amt; ärztliche Verordnung, Sprechstunde; *österr. auch für* ärztl. Behandlungsräume, einschließlich Wartezimmer usw.); **Or|di|na|ti|ons‿hil|fe** *(österr.),* **...zim|mer** *(österr.);* **or|di|nie|ren** (*Verb zu* Ordination)
ord|nen; Ord|ner; Ord|nung; - halten; **Ord|nungs|amt; ord|nungs|ge|mäß; ord|nungs|hal|ber,** a b e r : der Ordnung halber; **Ord|nungs‿hü|ter** (*scherzh. für* Polizist), **...lie|be; ord|nungs|lie|bend; Ord|nungs‿po|li|zei, ...prin|zip, ...ruf, ...sinn** (der; -[e]s), **...stra|fe; ord|nungs|wid|rig; Ord|nungs‿wid|rig|keit, ...zahl** (*für* Ordinalzahl)
Or|don|nanz, die; -, -en ‹franz.› (*Milit.* zu dienstlichen Zwecken, bes. zur Befehlsübermittlung abkommandierter Soldat; *schweiz., sonst veraltet für* Anordnung, Befehl); **Or|don|nanz|of|fi|zier; Or|dre,** die; -, -s; *vgl.* Order
Öre, das; -s, -, *auch* die; -, - (dän., norw., schwed. Münze; 100 Öre = 1 Krone); 5 -
Orea|de, die; -, -n *meist Plur.;* ↑R 180 ‹griech.› (*griech. Mythol.* Bergnymphe)
Oreg. = Oregon
Ore|ga|no, der; - ‹ital.› (eine Gewürzpflanze)
Ore|gon ['ɔrigən] (Staat in den USA; *Abk.* Oreg.)
Orest, Ore|stes (Sohn Agamemnons); **Ore|stie,** die; - (eine Trilogie des Äschylus)
ORF = Österr. Rundfunk
Or|fe, die; -, -n ‹griech.› (ein Fisch)
Orff, Carl (dt. Komponist)
Or|gan, das; -s, -e ‹griech.› (Körperteil; Sinn, Empfänglichkeit; Stimme; Beauftragter; Fachblatt, Vereinsblatt); **Or|gan|bank** *Plur.* ...banken *(Med.)*
Or|gan|din, der; -s (*österr. svw.* Organdy); **Or|gan|dy,** der; -s ‹engl.› (ein leichtes Baumwollgewebe)
Or|ga|nell, das; -s, -en ‹griech.› *u.* **Or|ga|nel|le,** die; -, -n (*Biol.* organartige Bildung des Zellplasmas von Einzellern); **Or|gan‿emp|fän|ger, ...ent|nah|me; Or|ga|ni|gramm,** das; -s, -e (schematische Darstellung des Aufbaus einer wirtschaftlichen Organisation); **Or|ga|nik,** die; - (Wissenschaft von den Organismen); **Or|ga|ni|sa|ti|on,** die; -, -en ‹franz.› (Anlage, Aufbau, planmäßige Gestaltung, Einrichtung, Gliederung *[nur Sing.];* Gruppe, Verband mit bestimmten Zielen); **Or|ga|ni|sa|ti|ons‿bü|ro, ...feh|ler, ...form, ...ga|be** (die; -), **...plan** (*vgl.* [2]Plan), **...ta|lent; Or|ga|ni|sa|tor,** der; -s, ...oren; **Or|ga|ni|sa|to|rin; or|ga|ni|sa|to|risch; or|ga|nisch** ‹griech.› (belebt, lebendig; auf ein Organ od. auf den Organismus bezüglich, zu ihm gehörend); -e Krankheit; -e Verbindung *(Chemie);* **or|ga|ni|sie|ren** ‹franz.› (*auch ugs. für* auf nicht ganz redliche Weise beschaffen); sich -; **or|ga|ni|siert** (einer polit. od. gewerkschaftl. Organisation angehörend); **Or|ga|ni|sie|rung; or|ga|nis|misch** (zu einem Organismus gehörend); **Or|ga|nis|mus,** der; -, ...men (Gefüge; einheitliches, gegliedertes [lebendiges] Ganzes; Lebewesen)
Or|ga|nist, der; -en, -en (↑R 197) ‹griech.› (Orgelspieler); **Or|ga|ni|stin**
Or|gan‿kon|ser|ve *(Med.),* **...kon|ser|vie|rung, ...man|dat** (*österr. Amtsspr.* vom Polizisten direkt verfügtes Strafmandat); **or|ga|no|gen** (Organe bildend; organischen Ursprungs); **Or|ga|no|gra|phie,** die; -, ...ien (*Med.* Beschreibung der Organe und ihrer Entstehung; *auch svw.* Organigramm); **or|ga|no|gra|phisch; Or|ga|no|lo|gie,** die; - (*Med., Biol.* Organlehre; *Musik* Orgel[bau]kunde); **or|ga|no|lo|gisch**
Or|gan|sin, der *od.* das; -s ‹franz.› (Kettenseide)
Or|gan‿spen|der, ...straf|ver|fü|gung (*vgl.* Organmandat)
Or|gan|tin (*österr. svw.* Organdy)
Or|gan‿trans|plan|ta|ti|on, ...ver|pflan|zung
Or|gan|za, der; -s ‹ital.› (ein Seidengewebe)
Or|gas|mus, der; -, ...men ‹griech.› (Höhepunkt der geschlechtl. Erregung); **or|ga|stisch**
Or|gel, die; -, -n ‹griech.›; **Or|gel‿bau|er** (der; -s, -), **...baue|rin, ...kon|zert, ...mu|sik; or|geln** (*veraltet für* auf der Orgel spielen; *Jägerspr.* Brunstlaute ausstoßen [vom Rothirsch]; *derb für* koitieren); ich ...[e]le (↑R 22); **Or|gel|pfei|fe;** wie die -n (*scherzh. für* [in einer Reihe] der Größe nach); **Or|gel‿punkt** *(Musik),* **...re|gi|ster, ...spiel**
Or|gi|as|mus, der; -, ...men ‹griech.› (ausschweifende kult. Feier in antiken Mysterien); **or|gia|stisch;** ↑R 180 (schwärmerisch; wild, zügellos); **Or|gie** [...iə], die; -, -n (ausschweifendes Gelage; Ausschweifung)
Ori|ent ['o:riɛnt, *auch* o'riɛnt], der; -s ‹lat.› (die vorder- u. mittelasiat. Länder; östl. Welt; *veraltet für* Osten; *vgl.* Okzident); (↑R 146:) der Vordere -; **Ori|en|ta|le** [oriɛn...], der; -n, -n; ↑R 197 (Bewohner der Länder des Orients); **Ori|en|ta|lin; ori|en|ta|lisch** (den Orient betreffend, östlich); -e Region (tiergeographisches Gebiet, das Indien, Südchina, die Großen Sundainseln u. die Philippinen umfaßt); -e Sprachen, a b e r (↑R 157): das Orientalische Institut (in Rom); **Ori|en|ta|list,** der; -en, -en; ↑R 197 (Kenner der oriental. Sprachen u. Kulturen); **Ori|en|ta|li|stik,** die; - (Wissenschaft von den orientalischen Sprachen und Kulturen); **Ori|en|ta|li|stin; ori|en|ta|li|stisch; Ori|ent|ex|preß** [*auch* o'riɛnt...] (↑R 149);

ori|en|tie|ren; sich -; auf etw. - *(regional);* **Ori|en|tie|rung; Ori|en|tie|rungs‿hil|fe, ...lauf** *(Sport);* **ori|en|tie|rungs|los;** -este; **Ori|en|tie|rungs|lo|sig|keit,** die; -; **Ori|en|tie|rungs‿marsch, ...sinn** (der; -[e]s), **...stu|fe** *(Schulw.),* **...ver|mö|gen** (das; -s); **Ori|ent|kun|de** [*auch* o'riɛnt...], die; -; **Ori|ent|tep|pich**
Ori|ga|no *vgl.* Oregano
ori|gi|nal ‹lat.› (ursprünglich, echt; urschriftlich); - Lübecker Marzipan; - französischer Sekt, *auch* original-französischer Sekt; **Ori|gi|nal,** das; -s, -e (Urschrift; Urbild, Vorlage; Urtext; eigentümlicher Mensch); **Ori|gi|nal‿auf|nah|me, ...aus|ga|be, ...do|ku|ment, ...druck** (*Plur.* ...drucke), **...fas|sung; ori|gi|nal-fran|zö|sisch** (*vgl.* original); **ori|gi|nal|ge|treu;** -[e]ste; **Ori|gi|na|li|tät,** die; -, -en *Plur. selten* ‹franz.› (Selbständigkeit; Ursprünglichkeit; Besonderheit, wesenhafte Eigentümlichkeit); **Ori|gi|nal‿pro|gramm** *(Eiskunstlauf),* **...spra|che, ...text** (der), **...ton** (der; -[e]s), **...treue, ...zeich|nung; ori|gi|när** ‹lat.› (grundlegend neu; eigenständig); **ori|gi|nell** ‹franz.› (eigenartig, einzigartig; urwüchsig; komisch)
Ori|no|ko, der; -[s] (Strom in Venezuela)
[1]**Ori|on** (Held der griech. Sage); [2]**Ori|on,** der; -[s] (ein Sternbild); **Ori|on|ne|bel,** der; -s
Or|kan, der; -[e]s, -e ‹karib.› (stärkster Sturm); **or|kan|ar|tig; Or|kan|stär|ke**
Ork|ney|in|seln [...ni...] *Plur.* (Inselgruppe nördl. von Schottland)
[1]**Or|kus** (in der röm. Sage Beherrscher der Unterwelt); [2]**Or|kus,** der; - (Unterwelt)
Or|lea|ner; ↑R 147, R 180 (Einwohner von Orleans); **Or|lea|nist,** der; -en, -en; ↑R 197, R 180 (Anhänger des Hauses Orleans); [1]**Or|le|ans** ['ɔrleã, *franz.* ɔrle'ã], *franz.* [1]**Or|lé|ans** (franz. Stadt); [2]**Or|le|ans,** der; - (ein Gewebe); [3]**Or|le|ans,** *franz.* [2]**Or|lé|ans,** der; -, - (Angehöriger eines Zweiges des ehem. franz. Königshauses)
Or|log, der; -s, *Plur.* -e *u.* -s ‹niederl.› (*veraltet für* Krieg); **Or|log|schiff** (*früher für* Kriegsschiff)
Or|muzd (spätpers. Name für den altiran. Gott Ahura Masdah)
Or|na|ment, das; -[e]s, -e ‹lat.› (Verzierung; Verzierungsmotiv); **or|na|men|tal** (schmückend, zierend); **or|na|ment|ar|tig; Or|na|men|ten|stil,** der; -[e]s; **Or|na|ment|form; or|na|men|tie|ren** (mit Verzierungen versehen); **Or|na|men|tik,** die; - (Verzierungskunst); **Or|na|ment|stich**
Or|nat, der, *auch* das; -[e]s, -e ‹lat.› (feierl. [kirchl.] Amtstracht)
Or|nis, die; - ‹griech.› (*Zool.* Vogelwelt [einer Landschaft]); **Or|ni|tho|lo|ge,** der; -n, -n (↑R 197); **Or|ni|tho|lo|gie,** die; - (Vogelkunde); **Or|ni|tho|lo|gin; or|ni|tho|lo|gisch** (vogelkundlich); **Or|ni|tho|phi|lie,** die; - (*Biol.* Blütenbefruchtung durch Vögel)
oro... ‹griech.› (berg..., gebirgs...); **Oro...** (Berg..., Gebirgs...); **Oro|ge|ne|se,** die; -, -n (*Geol.* Gebirgsbildung); **Oro|gra|phie,** die; -, ...ien (*Geogr.* Beschreibung der Reliefformen eines Landes); **oro|gra|phisch; Oro|hy|dro|gra|phie,** die; -, ...ien (*Geogr.* Gebirgs- und Wasserlaufbeschreibung); **oro|hy|dro|gra|phisch**
Or|pheus ['ɔrfɔys] (sagenhafter griech. Sänger); **Or|phi|ker,** der; -s, - (Anhänger einer altgriech. Geheimsekte); **or|phisch** (geheimnisvoll)
Or|ping|ton [...t(ə)n], das; -s, -s ‹engl.› (Huhn einer bestimmten Rasse)
Or|plid [*auch* 'ɔr...] (von Mörike u. seinen Freunden erfundener Name einer Wunsch- u. Märcheninsel)
[1]**Ort,** der; -[e]s, *Plur.* -e, *bes. Seemannsspr. u. Math.* Örter (Ortschaft; Stelle); geometrische Örter; am angeführten, *auch* angegebenen - (*Abk.* a. a. O.); an - und Stelle; höher[e]n -[e]s; allerorten, allerorts
[2]**Ort,** das; -[e]s, Örter (*Bergmannsspr.* Ende einer Strecke, Arbeitsort); vor -
[3]**Ort,** der *od.* das; -[e]s, -e (*schweiz. früher für* Bundesglied, Kanton); die 13 Alten Orte
[4]**Ort,** der *od.* das; -[e]s, -e ([Schuster]ahle, Pfriem; *in erdkundlichen Namen für* Spitze, z. B. Darßer Ort [Nordspitze der Halbinsel Darß])
Ort‿band (das; -[e]s, ...bänder; Beschlag an der Spitze der Säbelscheide), **...brett** (*landsch. für* Eckbrett)
Ört|chen
Or|te|ga y Gas|set [- i -] (span. Philosoph u. Soziologe)
or|ten (die Position, Lage ermitteln, bestimmen); **Or|ter** (mit dem Orten Beauftragter)
Ör|ter|bau, der; -[e]s (*Bergmannsspr.* Abbauverfahren, bei dem ein Teil der Lagerstätte stehenbleibt); **ör|tern** (Strecken anlegen); ich ...ere (↑R 22)
or|tho... ‹griech.› (gerade..., aufrecht...; richtig..., recht...); **Or|tho...** (Gerade..., Aufrecht...; Richtig..., Recht...); **Or|tho|chro|ma|sie** [...k...], die; - (Fähigkeit einer fotogr. Schicht, für alle Farben außer Rot empfindlich zu sein); **or|tho|chro|ma|tisch; or|tho|dox;** -este (recht-, strenggläubig); die orthodoxe Kirche; **Or|tho|do|xie,** die; -; **Or|tho|epie,** die; - (*Sprachw.* Lehre von der richtigen Aussprache der Wörter); **Or|tho|epik,** die; - (*seltener für* Orthoepie); **or|tho|episch; Or|tho|ge|ne|se,** die; -, -n (*Biol.* Hypothese, nach der die stammesgeschichtl. Entwicklung der Lebewesen durch zielgerichtete innere Faktoren bestimmt ist); **Or|tho|gna|thie,** die; - (*Med.* gerade Kieferstellung); **Or|tho|gon,** das; -s, -e (*Geom.* Rechteck); **or|tho|go|nal** (rechtwinklig); **Or|tho|gra|phie,** die; -, ...ien (Rechtschreibung); **or|tho|gra|phisch** (rechtschreiblich); -er Fehler (Rechtschreibfehler); **Or|tho|klas,** der; -es, -e (*Mineral.* ein Feldspat); **Or|tho|pä|de,** der; -n, -n; ↑R 197 (Facharzt für Orthopädie); **Or|tho|pä|die,** die; - (Lehre u. Behandlung von Fehlbildungen u. Erkrankungen der Bewegungsorgane); **Or|tho|pä|die‿me|cha|ni|ker, ...schuh|ma|cher; Or|tho|pä|din; or|tho|pä|disch; Or|tho|pä|dist,** der; -en, -en; ↑R 197 (Hersteller orthopädischer Geräte); **Or|tho|pte|re,** die; -, -n *u.* **Or|tho|pte|ron,** das; -s, ...pteren *beide meist Plur.* (*Zool.* Geradflügler); **Orth|op|tist,** der; -en, -en; ↑R 197 (Mitarbeiter des Arztes bei der Heilbehandlung von Sehstörungen); **Orth|op|ti|stin; Or|tho|sko|pie,** die; - (*Optik* unverzerrte Abbildung durch Linsen); **or|tho|sko|pisch** (verzeichnungsfrei)
Ört|lein
Ort|ler, der; -s (höchster Gipfel der Ortlergruppe); **Ort|ler|grup|pe,** die; - (Gebirgsgruppe der Zentralalpen)
ört|lich; Ört|lich|keit
Ort|lieb (m. Vorn.)
Or|to|lan, der; -s, -e ‹ital.› (ein Vogel)
Ort|trud (w. Vorn.); **Ort|run** (w. Vorn.)
Orts|an|ga|be; orts|an|säs|sig; Orts‿aus|gang, ...bei|rat, ...be|stim|mung; orts|be|weg|lich; Ort|schaft
Ort|scheit *Plur.* ...scheite (Querholz zur Befestigung der Geschirrstränge am Fuhrwerk)
Orts‿durch|fahrt, ...ein|gang, ...et|ter (*vgl.* Etter); **orts‿fest, ...fremd; Orts‿ge|spräch, ...grup|pe, ...kennt|nis, ...kern,**

...klas|se; Orts|kran|ken|kas|se; Allgemeine - (↑R 157; *Abk.* AOK); **Orts|kun|de,** die; -; **orts|kun|dig; Orts|na|me; Orts|na|men|for|schung,** die; -; **Orts|netz** *(Telefonwesen);* **Orts|netz|kenn|zahl** *(Telefonwesen);* **Orts-_po|li|zei, ...sinn** (der; -[e]s), **...teil** (der)

Ort|stein (durch Witterungseinflüsse verfestigte Bodenschicht)

orts|üb|lich; Orts_um|ge|hung, ...ver|ein, ...ver|kehr, ...vor|ste|her, ...wech|sel, ...zeit, ...zu|schlag

Or|tung ‹*zu* orten›; **Or|tungs|kar|te**

Ort|win (m. Vorn.)

Ort|zie|gel (ein Dachziegel)

Or|well ['ɔ:(r)wəl] (engl. Schriftsteller)

Os = *chem. Zeichen für* Osmium

Os, der, *auch* das; -[es], -er *meist Plur.* ‹schwed.› (*Geol.* durch Schmelzwasser der Eiszeit entstandener Höhenrücken)

öS = österr. Schilling

O-Saft *(ugs.)* = Orangensaft

Osa|ka (jap. Stadt)

OSB, *auch* **O.S.B.** = Ordinis Sancti Benedicti ‹lat., „vom Orden des hl. Benedikt"› (Benediktinerorden)

Os|car, der; -[s], -s ‹amerik.› (amerik. Filmpreis)

Öse, die; -, -n

Ösel (estnische Insel)

Oser (*Plur. von* Os)

Osi|ris (ägypt. Gott des Nils und des Totenreiches)

Os|kar (m. Vorn.)

Os|ker, der; -s, - (Angehöriger eines idg. Volksstammes in Mittelitalien); **os|kisch**

Os|ku|la|ti|on, die; -, -en ‹lat.› (*Math.* Berührung zweier Kurven); **os|ku|lie|ren**

Os|lo (Hptst. Norwegens); **Os|lo|er**

OSM, *auch* **O. S. M.** = Ordinis Servorum *od.* Servarum Mariae ‹lat., „vom Orden der Diener[innen] Marias"› *vgl.* Servit, Servitin

Os|man (Gründer des Türk. Reiches); **Os|ma|ne,** der; -n, -n; ↑R 197 (Stammesgenosse Osmans, Türke); **Os|ma|nen|tum,** das; -s; **os|ma|nisch,** aber (↑R 157): das Osmanische Reich

Os|mi|um, das; -s ‹griech.› (chem. Element, Metall; *Zeichen* Os); **Os|mo|lo|gie,** die; - (Lehre von den Riechstoffen u. vom Geruchssinn); **Os|mo|se,** die; - (*Chemie, Biol.* Übergang des Lösungsmittels einer Lösung in eine stärker konzentrierte Lösung durch eine feinporige Scheidewand); **os|mo|tisch**

Os|na|brück (Stadt in Niedersachsen)

Os|ning, der; -s (mittlerer Teil des Teutoburger Waldes)

OSO = Ostsüdost[en]

Öso|pha|gus, *fachspr.* Oesophagus [ø...], der; -, ...gi ‹griech.› (*Med.* Speiseröhre)

Os|sa|ri|um, Os|sua|ri|um, das; -s, ...ien [...iən] ‹lat.› (Beinhaus auf Friedhöfen, antike Gebeinurne)

Os|ser|va|to|re Ro|ma|no [...v... -], der; - - ‹„Röm. Beobachter"› (päpstl. Zeitung)

Os|se|te, der; -n, -n (Angehöriger eines Bergvolkes im Kaukasus); **os|se|tisch**

Os|si, der; -s, -s (*ugs. für* Bewohner der ehem. DDR; Ostdeutscher)

Os|si|an [*auch* ɔ'sia:n] (sagenhafter kelt. Barde)

Os|si|etz|ky, Carl von (dt. Publizist)

Os|si|fi|ka|ti|on, die; -, -en ‹lat.› (*Med.* Knochenbildung, Verknöcherung); **os|si|fi|zie|ren**

Os|sua|ri|um (↑R 180) *vgl.* Ossarium

[1]Ost (Himmelsrichtung; *Abk.* O); Ost und West; *fachspr.:* der Wind kommt aus -; Autobahnausfahrt Saarbrücken-Ost; *vgl.* Osten; **[2]Ost,** der; -[e]s, -e *Plur. selten* (*geh. für* Ostwind); **Ost|afri|ka; ost|asia|tisch** (↑R 180); **Ost|asi|en; ost|bal|tisch;** -e Rasse; **Ost|ber|lin** (↑R 152); **Ost|ber|li|ner; Ost|block,** der; -[e]s; (*früher* Gesamtheit der Staaten des Warschauer Pakts); **Ost|block-_land** (*Plur.* ...länder), **...staat** (*Plur.* ...staaten); **Ost|chi|na; ost|deutsch; Ost|deutsch|land**

Oste|al|gie, die; -, ...ien ‹griech.› (*Med.* Knochenschmerzen)

Ost|el|bi|en; Ost|el|bi|er [...iər] (*früher für* Großgrundbesitzer und Junker); **ost|el|bisch; osten** (*Bauw.* nach Osten [aus]richten); **Osten,** der; -s (Himmelsrichtung; *Abk.* O); ↑R 157: der Ferne Osten; der Nahe Osten; der Mittlere Osten; *vgl.* Ost

Ost|en|de (Seebad in Belgien)

osten|si|bel ‹lat.› (zur Schau gestellt, auffällig); ...i|ble Gegenstände; **osten|siv** (*veraltend für* augenscheinlich, offensichtlich); **Osten|ta|ti|on,** die; -, -en (*veraltend für* Schaustellung; Prahlerei); **osten|ta|tiv** (betont; herausfordernd); **osten|ti|ös;** -este (*veraltend für* prahlerisch)

Osteo|lo|gie, die; - ‹griech.› (*Med.* Knochenlehre); **Osteo|ma|la|zie,** die; -, ...ien (Knochenerweichung); **Osteo|mye|li|tis,** die; -, ...iti|den (Knochenmarkentzündung); **Osteo|pla|stik** (operatives Schließen von Knochenlükken); **osteo|pla|stisch; Osteo|po|ro|se,** die; -, -n (Knochenschwund)

Oster_brauch, ...ei, ...fest, ...feu|er, ...glocke [*Trenn.* ...glok|ke], **...ha|se**

Oste|ria, die; -, *Plur.* -s *u.* ...ien (Gasthaus [in Italien])

Oster_in|sel (die; -; im Pazif. Ozean), **...ker|ze** *(kath. Kirche),* **...lamm; öster|lich; Oster|lu|zei** [*auch* ...'tsai], die; -, -en (ein Schlinggewächs); **Oster_marsch** (der), **...mar|schie|rer, ...mes|se, ...mo|nat** *od.* **...mond** (*alte Bez. für* April), **...mon|tag; Ostern,** das; -, - (Osterfest); - fällt früh; - ist bald vorbei; *landsch., bes. österr. u. schweiz. als Plur.:* die[se] - fallen früh; nach den -; *in Wunschformeln auch allg. als Plur.:* fröhliche -!; zu - *(bes. nordd.),* an - *(bes. südd.)*

Öster|reich; Öster|rei|cher; Öster|rei|che|rin; öster|rei|chisch, aber (↑R 157): die Österreichischen Bundesbahnen (*Abk.* ÖBB); **öster|rei|chisch-un|ga|risch;** -e Monarchie; **Öster|reich-Un|garn** (ehem. Doppelmonarchie)

Oster_sonn|tag, ...spiel, ...ver|kehr, ...was|ser (das; -s), **...wo|che**

Ost|eu|ro|pa; ost|eu|ro|pä|isch; -e Zeit (*Abk.* OEZ); **Ost|fa|le,** der; -n, -n; ↑R 197 (Angehöriger eines altsächsischen Volksstammes); **Ost|fa|len; ost|fä|lisch; Ost|flan|dern** (belg. Prov.); **Ost|fran|ken** (hist. Landschaft); **ost|frän|kisch; Ost|frie|se; Ost|frie|sen|witz; Ost|frie|sin; ost|frie|sisch,** aber (↑R 146): die Ostfriesischen Inseln; **Ost|fries|land; Ost|geld,** das; -[e]s *vgl.* [2]Ostmark; **Ost|ger|ma|ne; ost|ger|ma|nisch**

Ostia (Hafen des alten Roms)

osti|nat, osti|na|to ‹ital.› (*Musik* stetig wiederkehrend, ständig wiederholt [vom Baßthema])

Ost|in|di|en; ost|in|disch; -e Waren, aber (↑R 157): die Ostindische Kompanie *(früher)*

ostisch; -e Rasse

Osti|tis, die; -, ...iti|den ‹griech.› (*Med.* Knochenentzündung)

Ost|ja|ke, der; -n, -n; ↑R 197 (Angehöriger eines finn.-ugr. Volkes in Westsibirien)

Ost_kir|che, ...kü|ste; öst|lich; - des Waldes, - vom Wald; -er Länge (*Abk.* ö. L.); **[1]Ost|mark** (hist. Landschaft); **[2]Ost|mark,** die; -, - (*ugs. für* Währung der ehem. DDR); **[1]Ost|nord|ost** (Himmelsrichtung; *Abk.* ONO); *vgl.* Ostnordosten; **[2]Ost|nord-**

ọst, der; -[e]s, -e *Plur. selten* (Ostnordostwind; *Abk.* ONO); **Ostnord|ọsten,** der; -s (*Abk.* ONO); *vgl.* [1]Ostnordost; **Ọst|po|li|tik; Ọst|preu|ßen; ọst|preu|ßisch**

Ostra|zis|mus, der; - ⟨griech.⟩ (Scherbengericht, altathen. Volksgericht)

Östro|gen, das; -s, -e ⟨griech.⟩ (*Med.* w. Geschlechtshormon)

Ọst|rom; ọst|rö|misch, aber (↑R 157): das Oströmische Reich

Ostrọw|ski (russ. Dramatiker)

Ọst|see, die; -; **Ọst|see|bad;** Ostseebad Prerow [...ro:] (↑R 153); **Ọst|see|in|sel; Ọst|sei|te;** [1]**Ost-süd|ọst** (Himmelsrichtung; *Abk.* OSO); *vgl.* Ostsüdosten; [2]**Ost-süd|ọst,** der; -[e]s, -e *Plur. selten* (Ostsüdostwind; *Abk.* OSO); **Ost|süd|ọsten,** der; -s (*Abk.* OSO); *vgl.* Ostsüdost; **Ọst|ti|rol; Ọstung,** die; - ⟨*zu* osten⟩

Ọst|wald (dt. Chemiker); -sche Farbenlehre

ọst|wärts; Ọst-Wẹst-Ge|spräch, das; -[e]s, -e; ↑R 41; **ọst|wẹst-lich;** in -er Richtung; **Ọst‿wind, ...zo|ne** (*veraltet für* sowjetische Besatzungszone)

Ọs|wald (m. Vorn.); **Ọs|win** (m. Vorn.)

Os|zil|la|ti|on, die; -, -en ⟨lat.⟩ (*Physik* Schwingung); **Os|zil|la-tor,** der; -s, ...toren (Gerät zur Erzeugung elektrischer Schwingungen); **os|zil|lie|ren** (schwingen, pendeln, schwanken); **Os-zil|lo|grạmm,** das; -s, -e ⟨lat.; griech.⟩ (Schwingungsbild); **Os-zil|lo|graph,** der; -en, -en; ↑R 197 (Schwingungsschreiber)

Öta, der; -[s] (mittelgriech. Gebirge)

Ot|al|gie, die; -, ...ien ⟨griech.⟩ (*Med.* Ohrenschmerz)

Ọt|fried (m. Vorn.)

Othẹl|lo (Titelheld bei Shakespeare)

Ọth|mar *vgl.* Otmar

Otho (röm. Kaiser)

Ot|ia|trie, die; - ⟨griech.⟩ (*Med.* Ohrenheilkunde); **Oti|tis,** die; -, ...itiden (Ohrenentzündung)

Ọt|mar, Ọth|mar (↑R 131), Ọt|tomar (m. Vorn.)

Oto|lith [*auch* ...'lit], der; *Gen.* -s *od.* -en, *Plur.* -e[n] (↑R 197) ⟨griech., „Gehörsteinchen"⟩ (Teil des Gleichgewichtsorgans); **Oto-lo|gie,** die; - (*svw.* Otiatrie)

O-Ton = Originalton

Oto|skop, das; -s, -e ⟨griech.⟩ (*Med.* Ohrenspiegel)

Ọt|scher, der; -s (Berg in Niederösterreich)

Ot|ta|ve|ri|me [...v...] *Plur.* ⟨ital.⟩ (*Verslehre* Stanze)

[1]**Ọt|ta|wa,** der; -[s] (Fluß in Kanada); [2]**Ọt|ta|wa** (Hptst. Kanadas); [3]**Ọt|ta|wa,** der; -[s], -[s] (Angehöriger eines nordamerik. Indianerstammes)

[1]**Ọt|ter,** der; -s, - (eine Marderart)

[2]**Ọt|ter,** die; -, -n (eine Schlange); **Ọt|tern‿brut, ...ge|zücht** *(bibl.)*

Ọt|ter|zun|ge (versteinerter Fischzahn)

Ott|hein|rich (m. Vorn.)

Ot|ti|lia, Ot|ti|lie [...i̯ə] (w. Vorn.); **Ọt|to** (m. Vorn.); - Normalverbraucher (*ugs. für* Durchschnittsmensch); **Ọt|to|kar** (m. Vorn.)

Ot|to|man, der; -s, -e ⟨türk.⟩ (ein Ripsgewebe); [1]**Ot|to|ma|ne,** die; -, -n (*veraltet für* niedriges Sofa); [2]**Ot|to|ma|ne,** der; -n, -n; ↑R 197 (*svw.* Osmane); **ot|to|ma|nisch** (*svw.* osmanisch)

Ọt|to|mar *vgl.* Otmar

Ọt|to|mo|tor Ⓦ (↑R 135) ⟨nach dem Erfinder⟩ (Vergasermotor)

Ot|to|ne, der; -n, -n; ↑R 197 (Bez. für einen der sächsischen Kaiser Otto I., II. und III.); **ot|to|nisch**

Ọtz|tal; Ọtz|ta|ler; - Alpen

out [aut] ⟨engl.⟩ (*österr., sonst veraltet für* aus, außerhalb des Spielfeldes [bei Ballspielen]; *ugs. für* unzeitgemäß, unmodern); **Out,** das; -[s], -[s]; **Outcast** ['aut-ka:st], der; -s, -s (von der Gesellschaft Ausgestoßener); **Out|ein-wurf** *(österr. Sportspr.)*; **Out|fit,** das; -[s], -s (Kleidung; Ausrüstung); **Out|law** ['autlɔ:], der; -[s], -s (Geächteter, Verfemter, Verbrecher); **Out|li|nie** *(österr. Sportspr.)*; **Out|put,** der, *auch* das; -s, -s (*Wirtsch.* Produktion[smenge]; *EDV* Arbeitsergebnisse einer Datenverarbeitungsanlage, Ausgabe)

ou|trie|ren [u...] ⟨franz.⟩ (*veraltet für* übertreiben); **Ou|trie|rung**

Out|si|der ['autsaidə(r)], der; -s, - ⟨engl.⟩ (Außenseiter); **Out|wach-ler** (*österr. ugs. für* Linienrichter)

Ou|ver|tü|re [uvɛr...], die; -, -n ⟨franz., „Öffnung"⟩ (instrumentales Eröffnungsstück)

Ou|zo ['u:zo], der; -[s], -s ⟨griech.⟩ (griech. Anisbranntwein)

oval [...v...] ⟨lat.⟩ (eirund, länglichrund); **Oval,** das; -s, -e; **Ovar,** das; -s, -e; *vgl.* Ovarium; **Ova|ri-um,** das; -s, ...ien [...i̯ən] (*Biol., Med.* Eierstock)

Ova|ti|on [...v...], die; -, -en ⟨lat.⟩ (begeisterter Beifall)

Over|all ['o:vərɔ:l, *auch* ...al], der; -s, -s ⟨engl.⟩ (einteiliger [Schutz]anzug); **over|dressed** ['o:və(r)drɛst] (zu gut, fein angezogen); **Over|drive** ['o:və(r)-draiv], der; -[s], -s (*Kfz-Technik* Schnellgang); **Over|head|pro-jek|tor** ['o:və(r)hɛd...] (Projektor, der transparente Vorlagen auf eine hinter dem Vortragenden liegende Fläche projiziert); **Over-kill** ['o:və(r)kil], der; -[s] (*Milit.* das Vorhandensein von mehr Waffen, als nötig sind, um den Gegner zu vernichten)

Ovid [o'vi:t] (röm. Dichter); **ovi-disch,** aber (↑R 134): die Ovidischen Liebeselegien

ovi|par [...v...] ⟨lat.⟩ (*Biol.* eierlegend, sich durch Eier fortpflanzend); **ovo|id, ovoi|disch** ⟨lat.; griech.⟩ (eiförmig); **ovo|vi|vi|par** ⟨lat.⟩ (Eier mit schon weit entwikkelten Embryonen legend)

ÖVP = Österreichische Volkspartei

Ovu|la|ti|on [...v...], die; -, -en ⟨lat.⟩ (*Biol.* Ausstoßung des reifen Eies aus dem Eierstock); **Ovu|la|ti-ons‿hem|mer** *(Med.)*, **...zy|klus**

...ow [...o:, *österr.* ...ɔf] (*in geograph. Namen,* z. B. Teltow; ↑R 180)

Owen ['au̯ən] (Stadt in Baden-Württemberg)

Oxa|lit [*auch* ...'lit], der; -s, -e ⟨griech.⟩ (ein Mineral); **Oxal-säu|re,** die; - ⟨griech.; dt.⟩ (Kleesäure)

Ọxer, der; -s, - ⟨engl.⟩ (Zaun zwischen Viehweiden; *Pferdesport* Hindernis bei Springprüfungen)

Ọx|ford (engl. Stadt)

Ọx|hoft, das; -[e]s, -e (altes Flüssigkeitsmaß); 10 - (↑R 129)

Oxid usw. *vgl.* Oxyd usw.

oxy... ⟨griech.⟩ (scharf...; sauerstoff...), **Oxy...** (Scharf...; Sauerstoff...); **Oxyd,** *chem. fachspr.* Oxid, das; -[e]s, -e (Sauerstoffverbindung); **Oxy|da|ti|on,** *chem. fachspr.* Oxi|da|ti|on, die; -, -en (*svw.* Oxydierung); **oxy|die|ren,** *chem. fachspr.* oxi|die|ren (sich mit Sauerstoff verbinden; Sauerstoff aufnehmen, verbrennen); **Oxy|die|rung,** *chem. fachspr.* Oxi|die|rung (Vorgang, Ergebnis des Oxydierens); **oxy|disch,** *chem. fachspr.* oxi|disch; **Oxy-gen, Oxy|ge|ni|um,** das; -s (*griech.-lat. Bez. für* Sauerstoff; chem. Element; *Zeichen* O); **Oxy|hä|mo|glo|bin** ⟨griech.; lat.⟩ (sauerstoffhaltiger Blutfarbstoff); **Oxy|mo|ron,** das; -s, ...ra ⟨griech.⟩ (*Rhet.* Zusammenstellung zweier sich widersprechender Begriffe als rhet. Figur, z. B. „bittersüß"); **Oxy|to|non,** das; -s, ...na (*Sprachw.* auf der letzten, kurzen Silbe betontes Wort)

Oy|bin [ɔy'bi:n], **Kurort** (am gleichnamigen Berg im Zittauer Gebirge)

Oza|lid Ⓦ (*Markenbez. für* Papiere, Gewebe, Filme mit lichtempfindlichen Emulsionen); **Oza-lid‿pa|pier, ...ver|fah|ren**

Ozelan, der; -s, -e ‹griech.› (Weltmeer); der große (endlos scheinende) -, aber (↑R 146): der Große (Pazifische) -; **Ozealnalrium**[1], das; -s, ...ien [...iən] (Anlage mit großen Meerwasseraquarien); **Ozealnaut**[1], der; -en, -en (*svw.* Aquanaut); **Ozelanldampfer; Ozealnilde**[1] *vgl.* Okeanide; **Ozealnilen**[1] [...iən] (Gesamtheit der Pazifikinseln zwischen Amerika, den Philippinen u. Australien); **ozealnisch**[1] (Meeres...; zu Ozeanen gehörend); **Ozealnolgralphie**[1], die; - (Lehre von den Ozeanen, Meereskunde); **ozealnolgralphisch**[1]

Ozellle, die; -, -n ‹lat.› (*Zool.* Lichtsinnesorgan bei Insekten u. Spinnentieren)

Ozellot [*auch* 'ɔ...], der; -s, -e ‹aztek.› (ein katzenartiges Raubtier Nord- u. Südamerikas; *auch für* Pelz dieses Tieres)

Ozolkelrit [*auch* ...'rit], der; -s ‹griech.› (Erdwachs; natürlich vorkommendes mineral. Wachs)

Ozon, der *od.* (*fachspr. nur:*) das; -s ‹griech.› (besondere Form des Sauerstoffs); **Ozonlgelhalt**, der; -[e]s; **ozonlhalltig**, *österr.* **ozonhälltig; ozolnilsielren** (mit Ozon behandeln); **Ozonlloch** (bes. durch Treibgase verursachte Zerstörung der oberen Schichten der Erdatmosphäre); **ozonreich; Ozonlschicht**, die; - (*Meteor.*)

P

P (Buchstabe); das P; des P, die P, aber: das p in hupen (↑R 82); der Buchstabe P, p

p = [1]Para; Penni; Penny (*nur für den neuen Penny im engl. Dezimalsystem);* piano; Pico..., Piko...; Pond; typographischer Punkt

P (*auf dt. Kurszetteln*) = Papier (*vgl.* B); Peta...; *chem. Zeichen für* Phosphor; Poise

p. = pinxit

p., pag. = Pagina

[1] ↑R 180.

Π, π = [1]Pi; π = [2]Pi

P. = Pastor; Pater; [2]Papa

Pa = *chem. Zeichen für* Protactinium; Pascal

Pa. = Pennsylvanien

p. a. = pro anno

p. A. = per Adresse, *besser:* bei

Pälan, der; -s, -e ‹griech.› (altgriech. Hymne, bes. Bitt-, Dank- od. Sühnelied)

[1]**paar** ‹lat.› (einige; ↑R 63); ein - Leute, mit ein - Worten; ein - Dutzend Male, aber: ein - dutzendmal; ein paar Male, aber: ein paarmal (*vgl.* [1]Mal); die - Groschen; [2]**paar** (*Biol. selten für* paarig); -e Blätter; **Paar**, das; -[e]s, -e (zwei zusammengehörende Personen od. Dinge); ein - Schuhe; ein - neue, *selten* neuer Schuhe; für zwei - neue, *selten* neuer Schuhe; mit einem - Schuhe[n]; mit einem - wollenen Strümpfen *od.* wollener Strümpfe; mit etlichen - Schuhen; mit zwei - neuen Schuhen *od.* neuer Schuhe; zu Paaren treiben (*veraltend für* bändigen, bewältigen); **Paarlbilldung; paalren**; sich -; **Paarlhulfer** (*Zool.*); **paalrig** (paarweise vorhanden); **Paalrigkeit**, die; -; **Paarllauf** (*Sport*); **paarllaulfen** *nur im Infinitiv u. im Partizip II gebr.*; **Paarlläulfer** (*Sport*); **Paarlläulfelrin; paarmal**; ein -; **Paalrung; paalrungsbelreit; paarlweilse; Paarlzeher** (*svw.* Paarhufer)

Pace [pe:s], die; - ‹engl.› (Gangart des Pferdes; Renntempo); **Pacemalcher** (Pferd, das das Renntempo bestimmt); **Pacelmalker** [...me:kə(r)], der; -s, - (Pacemacher; *Med.* Herzschrittmacher)

Pacht, die; -, -en; **pachlten; Pächter; Pächltelrin; Pacht‿geld, ...gut, ...land** (das; -[e]s), **...summe; Pachltung; Pachtlverltrag; pachtlweilse; Pachtlzins** *Plur.* ...zinsen

Palchullke, der; -n, -n (↑R 197) ‹slaw.› (*landsch. für* ungehobelter Bursche, Tölpel)

[1]**Pack**, der; -[e]s, *Plur.* -e *u.* Päcke (Gepacktes; Bündel); [2]**Pack**, das; -[e]s (*abwertend für* Gesindel, Pöbel); **Packageltour**[1] ['pɛkidʒtu:r], die; -, -s ‹engl.› (durch ein Reisebüro vorbereitete Reise im eigenen Auto mit vorher bezahlten Unterkünften u. sonstigen Leistungen); **Päcklchen; Packleis** ([übereinandergeschobenes] Schollenels)

Packellei[1] (*österr. ugs. für* heimliche Übereinkunft); **packeln**[1] ([heimlich] verabreden, übereinkommen); ich ...[e]le (↑R 22)

[1] *Trenn.* ...k|k...

Packeln[1] *Plur.* (*österr. ugs.* Fußballschuhe); **packen**[1]; sich - (*ugs. für* sich fortscheren); **Packen**[1], der; -s, -; **Packer**[1]; **Packelrei**[1]; **Packelrin**[1]; **Packesel** (*ugs. für* jmd., dem alles aufgepackt wird)

Packlfong, das; -s ‹chin.› (im 18. Jh. aus China eingeführte Kupfer-Nickel-Zink-Legierung)

Packlkilste; Päckllein; Pack‿leinwand, ...palpier, ...raum, ...set (das; -s, -s; von der Post angebotener Karton mit Kordel u. Aufkleber für Pakete u. Päckchen); **Packltisch; Packung**[1] (*ugs. auch für* hohe Niederlage im Sport); **Pack‿walgen, ...werk** (*Wasserbau*), **...zetltel** (*Wirtsch.*)

Pädlagolge, der; -n, -n (↑R 197) ‹griech.› (Erzieher; Lehrer; Erziehungswissenschaftler); **Pädagolgik**, die; - (Erziehungslehre, -wissenschaft); **Pädlagolgin; pädlagolgisch** (erzieherisch); -e Fähigkeit; [eine] -e Hochschule, aber (↑R 157): die Pädagogische Hochschule (*Abk.* PH) in Münster; **pädlagolgilsielren; Pädagolgilum**, das; -s, ...ien [...iən] (*früher* Vorbereitungsschule für das Studium an einer pädagogischen Hochschule)

Padldel, das; -s, - ‹engl.›; **Padldelboot; Padldellbootlfahrt; paddeln**; ich ...[e]le (↑R 22); **Paddller**

Padldock ['pɛdɔk], der; -s, -s ‹engl.› (umzäunter Auslauf [für Pferde])

[1]**Padldy** ['pɛdi], der; -s ‹malai.-engl.› (ungeschälter Reis)

[2]**Padldy** ['pɛdi], der; -s, *Plur.* -s *u.* ...dies ['pɛdi:z] (m. Vorn.; Spitzname des Iren)

Pädlerast, der; -en, -en (↑R 197) ‹griech.› (Homosexueller mit bes. auf männl. Jugendliche gerichtetem Sexualempfinden); **Pädleralstie**, die; -

Palderlborn (Stadt in Nordrhein-Westfalen)

Pädlialter, der; -s, - ‹griech.› (Kinderarzt); **Pädlialtrie**, die; - (Kinderheilkunde); **pädlialtrisch**

Paldilschah, der; -s, -s ‹pers.› (*früher* Titel islam. Fürsten)

Pädolgelnelse, *auch* **Pädolgenelsis** [*auch* ...ge:...], die; - ‹griech.› (*Biol.* Fortpflanzung im Larvenstadium)

pädolphil; Pädolphille, der; -n, -n (↑R 7 ff.); **Pädolphillie**, die; - ‹griech.› (*Med., Psych.* auf Kinder gerichteter Sexualtrieb Erwachsener)

Paldouk [pa'dauk], das; -s ‹birman.› (ein Edelholz)

Paldua (ital. Stadt); **Paldualner**

[1] *Trenn.* ...k|k...

(↑R 147, R 180); **pa|dua|nisch** (↑R 180)

Pa|el|la [pa'ɛlja], die; -, -s ‹span.› (span. Reisgericht mit versch. Sorten Fleisch, Fisch u. a.)

Pa|fe|se, Po|fe|se, die; -, -n *meist Plur.* ‹ital.› (*bayr. u. österr. für* gebackene Weißbrotschnitte)

paff *vgl.* baff

paff!; piff, paff!

paf|fen (*ugs. für* [schnell u. stoßweise] rauchen)

pag., p. = Pagina

Pa|ga|ni|ni (ital. Geigenvirtuose u. Komponist)

Pa|ga|nis|mus, der; -, ...men ‹lat.› (*nur Sing.:* Heidentum; *auch für* heidnische Elemente im christl. Glauben u. Brauchtum)

Pa|gat, der; -[e]s, -e ‹ital.› (Karte im Tarockspiel)

pa|ga|to|risch ‹lat.-ital.› (*Wirtsch.* auf Zahlungsvorgänge bezogen)

Pa|ge ['pa:ʒə], der; -n, -n (↑R 197) ‹franz.› (livrierter junger [Hotel]diener; *früher* Edelknabe); **Pa|gen_dienst, ...fri|sur, ...kopf**

Pa|gi|na, die; -, -s ‹lat.› (*veraltet für* [Buch-, Blatt]seite; *Abk.* p. *od.* pag.); **pa|gi|nie|ren** (mit Seitenzahl[en] versehen); **Pa|gi|nier|ma|schi|ne; Pa|gi|nie|rung**

[1]**Pa|go|de,** die; -, -n ‹drawid.-port.› ([buddhist.] Tempel in Indien, China u. Japan); [2]**Pa|go|de,** die; -, -n, *auch* der; -n, -n; ↑R 197 (*veraltet, aber noch österr. für* ostasiat. Götterbild; kleine sitzende Porzellanfigur mit beweglichem Kopf); **Pa|go|den_dach, ...kra|gen** (aus mehreren in Stufen übereinandergelegten Teilen bestehender Kragen)

pah!, bah!

Pail|let|te [pa'jɛtə], die; -, -n *meist Plur.* ‹franz.› (glitzerndes Metallblättchen zum Aufnähen); **pail|let|ten|be|setzt; Pail|let|ten|kleid**

Pair [pɛ:r], der; -s, -s ‹franz.› (*früher* Mitglied des höchsten franz. Adels); *vgl.* Peer; **Pai|rie,** die; -, ...ien (Würde eines Pairs); **Pairs|wür|de,** die; -

Pak, die; -, -[s] (*Kurzw. für* Panzerabwehrkanone)

Pa|ket, das; -[e]s, -e; **Pa|ket_adres|se, ...an|nah|me, ...boot; pa|ke|tie|ren** (zu einem Paket machen, verpacken); **Pa|ke|tier|ma|schi|ne; Pa|ket_kar|te, ...post, ...zu|stel|lung**

Pa|ki|stan (Staat in Asien); **Pa|ki|sta|ner; Pa|ki|sta|ne|rin; Pa|ki|sta|ni,** der; -[s], -[s] (Pakistaner); **pa|ki|sta|nisch**

Pa|ko, der; -s, -s ‹indian.-span.› (*svw.* [1]Alpaka)

Pakt, der; -[e]s, -e ‹lat.› (Vertrag; Bündnis); **pak|tie|ren** (einen Vertrag schließen; gemeinsame Sache machen); **Pak|tie|rer**

pa|lä|ark|tisch ‹griech.›; -e Region (*Tiergeogr.* Europa, Nordafrika, Asien außer Indien)

Pa|la|din [*auch* 'pa...], der; -s, -e ‹lat.› (Angehöriger des Heldenkreises am Hofe Karls d. Gr.; treuer, ergebener Anhänger); **Pa|lais** [pa'lɛ:], das; - [pa'lɛ:(s)], - [pa'lɛ:s] ‹franz.› (Palast, Schloß)

Pa|lan|kin, der; -s, *Plur.* -e *u.* -s ‹Hindi› (ind. Tragsessel; Sänfte)

pa|läo... ‹griech.› (alt..., ur...); **Pa|läo...** (Alt..., Ur...); **Pa|läo_bio|lo|gie** (Biologie ausgestorbener Lebewesen), **...bo|ta|nik** (Botanik ausgestorbener Pflanzen), **...geo|gra|phie** (Geographie der Erdgeschichte); **Pa|läo|graph,** der; -en, -en; ↑R 197 (Wissenschaftler auf dem Gebiet der Paläographie); **Pa|läo|gra|phie,** die; - (Lehre von den Schriftarten des Altertums u. des MA.); **pa|läo|gra|phisch; Pa|läo_hi|sto|lo|gie** (die; -; Lehre von den Geweben der fossilen Lebewesen), **...kli|ma|to|lo|gie** (die; -; Lehre von den Klimaten der Erdgeschichte); **Pa|läo|lith** [*auch* ...'lit], der; *Gen.* -s *od.* -en, *Plur.* -e[n] (Steinwerkzeug des Paläolithikums); **Pa|läo|li|thi|kum** [*auch* ...'liti...], das; -s (Altsteinzeit); **pa|läo|li|thisch; Pa|lä|on|to|lo|ge,** der; -n, -n (↑R 197); **Pa|lä|on|to|lo|gie,** die; - (Lehre von den Lebewesen vergangener Erdperioden); **Pa|lä|on|to|lo|gin; pa|lä|on|to|lo|gisch; Pa|läo|phy|ti|kum,** das; -s (Frühzeit der Pflanzenentwicklung im Verlauf der Erdgeschichte); **Pa|läo|zän,** Pal|eo|zän, das; -s (*Geol.* älteste Abteilung des Tertiärs); **Pa|läo|zoi|kum,** das; -s (erdgeschichtl. Altertum); **pa|läo|zo|isch; Pa|läo|zoo|lo|gie,** die; - (Zoologie der fossilen Tiere)

Pa|las, der; -, -se ‹lat.› (Hauptgebäude der mittelalterl. Burg); **Pa|last,** der; -[e]s, Paläste (Schloß; Prachtbau)

Pa|lä|sti|na (Gebiet zwischen Mittelmeer u. Jordan); **Pa|lä|sti|na|pil|ger; Pa|lä|sti|nen|ser; Pa|lä|sti|nen|ser|füh|rer; Pa|lä|sti|nen|se|rin; pa|lä|sti|nen|sisch; pa|lä|sti|nisch**

Pa|lä|stra, die; -, ...stren ‹griech.› (altgriech. Ring-, Fechtschule)

Pa|last_re|vol|te, ...re|vo|lu|ti|on, ...wa|che

pa|la|tal ‹lat.› (den Gaumen betreffend, Gaumen...); **Pa|la|tal,** der; -s, -e *u.* **Pa|la|tal|laut,** der; -[e]s, -e (*Sprachw.* am vorderen Gaumen gebildeter Laut, z. B. j)

[1]**Pa|la|tin,** der; -s ‹lat.› (ein Hügel in Rom); [2]**Pa|la|tin,** der; -s, -e (*früher* Pfalzgraf); **Pa|la|ti|na,** die; - (Heidelberger [kurpfälzische] Bücherei); **Pa|la|ti|nat,** das; -[e]s, -e (*früher* Würde eines Pfalzgrafen); **pa|la|ti|nisch** (pfälzisch), aber (↑R 146): der Palatinische Hügel (in Rom)

Pa|la|tschin|ke, die; -, -n *meist Plur.* ‹ung.› (*österr. für* gefüllter Eierkuchen)

Pa|la|ver [...vər], das; -s, - ‹lat.-port.-engl.› (Ratsversammlung afrikan. Stämme; *ugs. für* endloses Gerede u. Verhandeln); **pa|la|vern** (*ugs.*); *sie haben palavert*

Pa|laz|zo, der; -[s], ...zzi ‹ital.› (*ital. Bez. für* Palast)

Pa|le, die; -, -n (*nordd. für* Schote, Hülse)

Pale Ale ['pe:l 'e:l], das; - - ‹engl.› (helles engl. Bier)

pa|len (*nordd. für* [Erbsen] aus den Hülsen [Palen] lösen)

Pal|eo|zän *vgl.* Paläozän

Pa|ler|mer (↑R 147); **pa|ler|misch; Pa|ler|mo** (Stadt auf Sizilien)

Pa|le|stri|na (ital. Komponist)

Pa|le|tot ['palәto:, *auch, österr. nur,* pal(ә)'to:], der; -s, -s (taillierter doppelreihiger Herrenmantel [mit Samtkragen]; dreiviertellanger Damen- od. Herrenmantel)

Pa|let|te, die; -, -n ‹franz.› (Farbenmischbrett; genormtes Lademittel für Stückgüter; *übertr. für* bunte Mischung)

pa|let|ti; *in* alles - (*ugs. für* in Ordnung)

pa|let|tie|ren ‹franz.› (Versandgut auf einer Palette stapeln)

Pa|li, das; -[s] (Schriftsprache der Buddhisten in Sri Lanka u. Hinterindien)

pa|lim..., pa|lin... ‹griech.› (wieder...); **Pa|lim...,** Pa|lin... (Wieder...); **Pa|lim|psest,** der *od.* das; -es, -e (von neuem beschriebenes Pergament); **Pa|lin|drom,** das; -s, -e (Wort[folge] od. Satz, die vorwärts wie rückwärts gelesen [den gleichen] Sinn ergeben, z. B. Reittier; Leben–Nebel); **Pa|lin|ge|ne|se,** die; -, -n (*Rel.* Wiedergeburt; *Biol.* Auftreten von Merkmalen stammesgeschichtl. Vorfahren während der Keimesentwicklung; *Geol.* Aufschmelzung eines Gesteins u. Bildung einer neuen Gesteinsschmelze); **Pa|lin|odie,** die; -, ...ien (*Literaturw.* [dichterischer] Widerruf)

Pa|li|sa|de, die; -, -n ‹franz.› (aus Pfählen bestehendes Hindernis); **Pa|li|sa|den_pfahl, ...wand**

Pa|li|san|der, der; -s, - ‹indian.-franz.› (brasil. Edelholz); **Pa|li|san|der|holz; pa|li|san|dern** (aus Palisander)

[1]**Pal|la|di|um,** das; -s, ...ien [...iən] ‹griech.› (Bild der Pallas; Schutzbild; schützendes Heiligtum); [2]**Pal|la|di|um,** das; -s (chem. Element, Metall; *Zeichen* Pd)
Pal|las ‹griech.› (Beiname der Athene)
Pal|lasch, der; -[e]s, -e ‹ung.› (schwerer Säbel)
Pal|la|watsch, Bal|la|watsch, der; -s (*österr. ugs. für* Durcheinander, Blödsinn)
Pal|lia|tiv, das; -s, -e [...və], **Pal|lia|ti|vum** [...v...], das; -s, ...va (↑R 180) ‹lat.› (*Med.* Linderungsmittel); **Pal|li|um,** das; -s, ...ien [...iən] (Schulterbinde des erzbischöfl. Ornats)
Pal|lot|ti|ner, der; -s, - ‹nach dem ital. Priester Pallotti› (Angehöriger einer kath. Vereinigung); **Pal|lot|ti|ne|rin; Pal|lot|ti|ner|orden,** der; -s
Palm, der; -s, -e ‹lat., „flache Hand"› (altes Maß zum Messen von Rundhölzern); 10 - (↑R 129); **Palm|art** *vgl.* Palmenart; **Pal|marum** (Palmsonntag); **Palm|baum** (*veraltet für* Palme); **Palm|blatt; Pal|me,** die; -, -n; **Pal|men|art; pal|men|ar|tig; Pal|men|blatt** *vgl.* Palmblatt; **Pal|men₋hain, ...her|zen** (*Plur.; svw.* Palmherzen), **...rol|ler** (eine südasiatische Schleichkatze); **Pal|men|we|del** *vgl.* Palmwedel; **Pal|men|zweig** *vgl.* Palmzweig; **Pal|met|te,** die; -, -n ‹franz.› (*Kunstw.* [palmblattartige] Verzierung; *Gartenbau* fächerförmig gezogener Spalierbaum); **Palm|her|zen** *Plur.* (als Gemüse od. Salat zubereitetes Mark bestimmter Palmen); **palmie|ren** ‹lat.› ([bei einem Zaubertrick] in der Handfläche verbergen); **Pal|mi|tin,** das; -s (Hauptbestandteil der meisten Fette); **Palm₋kätz|chen, ...öl** (das; -[e]s); **Palm|son|ntag** [*auch* 'palm...]; **Palm|we|del,** *auch* Pal|men|wedel; **Palm₋wei|de, ...wein**
Pal|my|ra ([Ruinen]stadt in der Syrischen Wüste); **Pal|my|ra|palme; Pal|my|rer; pal|my|risch**
Palm|zweig, *auch* Pal|men|zweig
Pa|lo|lo|wurm ‹polynes.; dt.› (ein trop. Borstenwurm)
pal|pa|bel ‹lat.› (*Med.* tast-, fühl-, greifbar); ...a|ble Organe; **Palpa|ti|on,** die; -, -en (*Med.* Untersuchung durch Tasten, Klopfen); **Pal|pe,** die; -, -n (*Zool.* Taster [bei Gliederfüßern]); **palpie|ren** (*Med.* betasten, betastend untersuchen); **Pal|pi|ta|tion,** die; -, -en (Pulsschlag, Herzklopfen); **pal|pi|tie|ren** (schlagen, pulsieren)
Pa|mel|la, Pa|mel|le [*beide auch* pa'mɛ...] (w. Vorn.)
Pa|mir [*auch* 'pa:...], der, *auch* das; -[s] (Hochland in Innerasien)
Pamp, der; -[e]s (*nordd. für* Pamps)
Pam|pa, die; -, -s *meist Plur.* ‹indian.› (baumlose Grassteppe in Südamerika); **Pam|pa[s]|gras**
Pam|pe, die; - (*nordd., mitteld. für* Schlamm, Sand- u. Schmutzbrei)
Pam|pel|mu|se [*auch* 'pam...], die; -, -n ‹niederl.› (eine Zitrusfrucht)
Pam|per|letsch *vgl.* Bamperletsch
Pampf, der; -[e]s (*südd. für* Pamps)
Pam|phlet, das; -[e]s, -e ‹franz.› (Streit-, Schmähschrift); **Pamphle|tist,** der; -en, -en; ↑R 197 (Verfasser von Pamphleten)
pam|pig (*nordd., mitteld. für* breiig; *ugs. für* frech, patzig)
Pamps, der; -[es] (*landsch. für* dikker Brei [zum Essen])
Pam|pu|sche *vgl.* Babusche
[1]**Pan** (griech. Hirten-, Waldgott)
[2]**Pan,** der; -s, -s ‹poln.› (*früher in Polen* Besitzer eines kleineren Landgutes; *poln. [in Verbindung mit dem Namen]:* Herr); *vgl.* Panje
pan... ‹griech.› (gesamt..., all...); **Pan...** (Gesamt..., All...)
Pa|na|ché [...'ʃe:] usw. *vgl.* Panaschee usw.
Pa|na|de, die; -, -n ‹franz.› (Weißbrotbrei zur Bereitung von Füllungen; Mischung aus Ei u. Semmelmehl zum Panieren); **Pa|nadel|sup|pe** (*südd. u. österr. für* Suppe mit Weißbroteinlage)
pan|afri|ka|nisch; (↑R 157:) Panafrikanische Spiele; **Pan|afri|ka|nis|mus,** der; -; *vgl.* Panamerikanismus
Pan Am ['pɛn 'ɛm] = Pan American World Airways ['pɛn ə'mɛrikən 'wœ(r)ld 'ɛ:(r)we:z] (eine amerik. Luftverkehrsgesellschaft)
Pa|na|ma (Staat u. dessen Hptst. in Mittelamerika); **Pa|na|ma|er** (↑R 147); **Pa|na|ma|hut,** der (↑R 149); **pa|na|ma|isch; Pa|nama|ka|nal,** der; -s (↑R 149)
pan|ame|ri|ka|nisch; -e Bewegung; **Pan|ame|ri|ka|nis|mus,** der; - (Bestreben, die wirtschaftl. u. polit. Zusammenarbeit aller amerik. Staaten zu verstärken)
pan|ara|bisch; -e Bewegung; **Pan|ara|bis|mus,** der; -; *vgl.* Panislamismus
Pa|na|ri|ti|um, das; -s, ...ien [...iən] ‹griech.› (*Med.* eitrige Entzündung am Finger)
Pa|nasch, der; -[e]s, -e ‹franz.› (Feder-, Helmbusch); **Pa|naschee,** das; -s, -s (*veraltet für* gemischtes, mehrfarbiges Eis; Kompott, Gelee aus verschiedenen Obstsorten); **pa|na|schieren** (bei einer Wahl seine Stimme für Kandidaten verschiedener Parteien abgeben); **Pa|naschier|sy|stem,** das; -s (ein Wahlsystem); **Pa|na|schie|rung,** die; -, -en, **Pa|na|schü|re,** die; -, -n (*Bot.* weiße Musterung auf Pflanzenblättern durch Mangel an Blattgrün)
Pan|athe|nä|en *Plur.* ‹griech.› (Fest zu Ehren der Athene im alten Athen)
Pan|azee [*auch* ...'tse:], die; -, -n [...'tse:ən] ‹griech.› (Allheil-, Wundermittel)
pan|chro|ma|tisch [...k...] ‹griech.› (*Fotogr.* empfindlich für alle Farben u. Spektralbereiche)
Pan|cra|ti|us *vgl.* Pankratius
Pan|da, der; -s, -s (asiat. Bärenart)
Pan|dai|mo|ni|on, Pan|dä|mo|nium, das; -s, ...ien [...iən] ‹griech.› (Aufenthalt od. Gesamtheit der [bösen] Geister)
Pan|da|ne, die; -, -n ‹malai.› (eine Zierpflanze)
Pan|dek|ten *Plur.* ‹griech.› (Sammlung altröm. Rechtssprüche)
Pan|de|mie, die; -, ...ien ‹griech.› (*Med.* Epidemie größeren Ausmaßes); **pan|de|misch** (sehr weit verbreitet); eine -e Seuche
Pan|dit, der; -s, -e ‹sanskr.-Hindi› ([Titel] brahman. Gelehrter)
Pan|do|ra (*griech. Mythol.* die Frau, die alles Unheil auf die Erde brachte); die Büchse der -
Pandsch|ab [pan'dʒa:p, *auch* 'pan...], das; -s ‹sanskr., „Fünfstromland"› (Landschaft in Vorderindien); **Pandsch|abi,** das; -[s] (eine neuind. Sprache)
Pan|dur, der; -en, -en (↑R 197) ‹ung.› (*früher* ung. Leibdiener; leichter ung. Fußsoldat)
Pa|neel, das; -s, -e ‹niederl.› (Täfelung der Innenwände); **paneel|lie|ren**
Pan|egy|ri|ker ‹griech.› (Verfasser eines Panegyrikus); **Pan|egy|rikon,** das; -[s], ...ka (liturg. Buch der orthodoxen Kirche mit predigtartigen Lobreden auf die Heiligen); **Pan|egy|ri|kos;** *vgl.* Panegyrikus; **Pan|egy|ri|kus,** der; -, *Plur.* ...ken *u.* ...zi (Fest-, Lobrede; Fest-, Lobgedicht); **pan|egy|risch**
Pa|nel ['pɛn(ə)l], das; -s, -s ‹engl.› (repräsentative Personengruppe für die Meinungsforschung); **Panel|tech|nik,** die; - (Methode der Meinungsforscher, die gleiche Gruppe von Personen innerhalb eines bestimmten Zeitraums mehrfach zu befragen)
pa|nem et cir|cen|ses [- - ...ze:s] ‹lat., „Brot u. Zirkusspiele"›

(Lebensunterhalt u. Vergnügungen als Mittel zur Zufriedenstellung des Volkes)

Pan|en|the|is|mus, der; - ‹griech.› (Lehre, nach der das All in Gott eingeschlossen ist); **pan|en|the|istisch**

Pa|net|to|ne, der; -[s], ...ni ‹ital.› (ein ital. Kuchen)

Pan|eu|ro|pa (erstrebte Gemeinschaft der europäischen Staaten)

Pan|flö|te ([antike] Hirtenflöte aus aneinandergereihten Pfeifen)

Pan|has, der; - (niederrhein.-westfäl. Gericht aus Wurstbrühe u. Buchweizenmehl)

Pan|hel|le|nis|mus, der; - (Bewegung zur polit. Einigung der griech. Staaten [in der Antike]); **pan|hel|le|ni|stisch**

[1]**Pa|nier,** das; -s, -e ‹germ.-franz.› (*veraltet für* Banner; *geh. für* Wahlspruch)

[2]**Pa|nier,** die; - ‹franz.› (*österr. für* Hülle aus Ei u. Semmelbröseln); **pa|nie|ren** (in Ei u. Semmelbröseln wenden); **Pa|nier|mehl; Pa|nie|rung**

Pa|nik, die; -, -en ‹*nach* [1]Pan› (durch plötzl. Schrecken entstandene, unkontrollierte [Massen]angst); **pa|nik|ar|tig; Pa|nik_ma|che, ...re|ak|ti|on, ...stimmung; pa|nisch** (lähmend); -er Schrecken

Pan|is|la|mis|mus, der; - (Streben, alle islam. Völker zu vereinigen)

Pan|je, der; -s, -s ‹slaw.› (*veraltet für* poln. od. russ. Bauer; *poln. Anrede [ohne Namen]:* Herr); *vgl.* [2]Pan; **Pan|je|pferd** (poln. od. russ. Landpferd); **Pan|je|wa|gen**

Pan|kar|di|tis, die; -, ...itiden ‹griech.› (*Med.* Entzündung aller Schichten der Herzwand)

Pan|kow [...ko:] (Stadtteil von Berlin)

Pan|kra|ti|on, das; -s, -s ‹griech.› (altgriech. Ring- u. Faustkampf)

Pan|kra|ti|us, Pan|kraz [*österr.* 'pan...] (m. Vorn.)

Pan|kre|as, das; - ‹griech.› (*Med.* Bauchspeicheldrüse); **Pan|krea|ti|tis,** die; -, ...itiden; ↑R 180 (Entzündung der Bauchspeicheldrüse)

Pan|lo|gis|mus, der; - ‹griech.› (philos. Lehre, nach der das ganze Weltall als Verwirklichung der Vernunft aufzufassen ist)

Pan|mi|xie, die; -, ...ien ‹griech.› (*Biol.* Kreuzung mit jedem beliebigen Partner der gleichen Tierart)

Pan|ne, die; -, -n ‹franz.› (Unfall, Schaden, Störung [bes. bei Fahrzeugen]; Mißgeschick); **Pannen|dienst; pan|nen|frei; Pannen_kof|fer, ...kurs** (Lehrgang über das Beheben von Autopannen)

Pan|no|ni|en [...iən] (*früher* röm. Donauprovinz); **pan|no|nisch**

Pan|op|ti|kum, das; -s, ...ken ‹griech.› (Sammlung von Sehenswürdigkeiten; Wachsfigurenschau); **Pan|ora|ma,** das; -s, ...men (Rundblick; Rundgemälde; [fotogr.] Rundbild); **Pan|ora|ma_bus, ...fen|ster, ...spie|gel**

Pan|ple|gie, die; - ‹griech.› (*Med.* allgemeine, vollständige Muskellähmung)

Pan|psy|chis|mus, der; - ‹griech.› (*Philos.* Lehre, nach der auch die unbelebte Natur beseelt ist)

pan|schen (*ugs. für* mischend verfälschen, verdünnen; mit den Händen od. Füßen im Wasser patschen, planschen); du panschst; **Pan|scher** *(ugs.)*; **Pan|sche|rei** *(ugs.)*

Pan|sen, der; -s, - (Magenteil der Wiederkäuer); *vgl.* Panzen

Pan|se|xua|lis|mus, der; - (↑R 180) ‹griech.; lat.› (psychoanalyt. Richtung, die in der Sexualität den Auslöser für alle psychischen Vorgänge sieht)

Pans|flö|te *vgl.* Panflöte

Pan|sla|wis|mus, der; - (Streben im 19. Jh., alle slaw. Völker zu vereinigen); **Pan|sla|wist,** der; -en, -en (↑R 197); **pan|sla|wistisch**

Pan|so|phie, die; - ‹griech., „Gesamtwissenschaft"› (vom 16. bis zum 18. Jh. Bewegung mit dem Ziel einer Gesamtdarstellung aller Wissenschaften)

Pan|sper|mie, die; - ‹griech.› (Theorie von der Entstehung des Lebens auf der Erde durch Keime von anderen Planeten)

Pan|ta|le|on (ein Heiliger)

Pan|ta|lo|ne, der; -[s], *Plur.* -s *u.* ...ni ‹ital.› (lustige Maske des ital. Volkslustspieles); **Pan|ta|lons** [pãta'lõ:s, *auch* 'pantalõ:s] *Plur.* ‹franz.› (in der Franz. Revolution aufgekommene lange Männerhose)

pan|ta rhei ‹griech., „alles fließt"› (Heraklit [fälschlich?] zugeschriebener Grundsatz, nach dem das Sein als ewiges Werden, ewige Bewegung gedacht wird)

Pan|the|is|mus, der; - ‹griech.› (Weltanschauung, nach der Gott u. Welt eins sind); **Pan|the|ist,** der; -en, -en (↑R 197); **pan|theistisch; Pan|the|on,** das; -s, -s (*früher* Tempel für alle Götter; Ehrentempel)

Pan|ther, der; -s, - ‹griech.› (*svw.* Leopard); **Pan|ther|fell**

Pan|ti|ne, die; -, -n *meist Plur.* ‹niederl.› (*nordd. für* Holzschuh, -pantoffel)

pan|to... ‹griech.› (all...); **Pan|to...** (All...)

Pan|tof|fel, der; -s, *Plur.* -n, *ugs.* - ‹franz.› (Hausschuh); **Pan|tof|fel|blu|me; Pan|töf|fel|chen, Pan|töf|fe|lein; Pan|tof|fel_held** (*ugs. für* Mann, der von der Ehefrau beherrscht wird), **...ki|no** (*ugs. scherzh. für* Fernsehen), **...tier|chen** *(Biol.)*

Pan|to|graph, der; -en, -en (↑R 197) ‹griech.› (Storchschnabel, Instrument zum Übertragen von Zeichnungen im gleichen, größeren od. kleineren Maßstab); **Pan|to|gra|phie,** die; -, ...ien (mit dem Pantographen hergestelltes Bild)

Pan|to|let|te, die; -, -n *meist Plur.* ‹Kunstwort› (leichter Sommerschuh ohne Fersenteil)

[1]**Pan|to|mi|me,** die; -, -n ‹griech. (-franz.)› (Darstellung einer Szene nur mit Gebärden u. Mienenspiel); [2]**Pan|to|mi|me,** der; -n, -n; ↑R 197 (Darsteller einer Pantomime); **Pan|to|mi|mik,** die; - (Gebärdenspiel; Kunst der Pantomime); **pan|to|mi|misch**

Pan|try ['pɛntri], die; -, -s ‹engl.› (Speise-, Anrichtekammer [auf Schiffen])

pant|schen usw. (*Nebenform von* panschen usw.)

Pant|schen-La|ma, der; -[s], -s ‹tibet.› (zweites, kirchl. Oberhaupt des tibet. Priesterstaates)

Pan|ty ['pɛnti], die; -, ...ties ['pɛnti:s] ‹engl.› (Miederhose)

Pän|ul|ti|ma, die; -, *Plur.* ...mä *u.* ...men ‹lat.› (*Sprachw.* vorletzte Silbe eines Wortes)

Pan|zen, der; -s, - (*landsch. für* Wanst, Schmerbauch); **Pan|zer** (Kampffahrzeug; feste Hülle, Schutzumkleidung; *früher* Rüstung, Harnisch); **Pan|zer|ab|wehr; Pan|zer|ab|wehr_ka|no|ne** (*Kurzw.* Pak), **...ra|ke|te; panzer|bre|chend;** -e Munition; **Pan|zer_di|vi|si|on, ...echse, ...faust** *(Milit.)*, **...glas** (das; -es), **...gra|ben, ...gra|na|te, ...gre|nadier, ...hemd** *(früher)*, **...jä|ger, ...kampf|wa|gen, ...kreu|zer; pan|zern;** ich ...ere (↑R 22); **Panzer_plat|te, ...schiff, ...schrank, ...späh|wa|gen, ...sper|re, ...turm; Pan|ze|rung; Pan|zerwa|gen**

PAO = Preisanordnung *(ehem. in der DDR)*

Päo|nie [...iə], die; -, -n (↑R 180) ‹griech.› (Pfingstrose)

[1]**Pa|pa** [*veraltend u. geh.* pa'pa:], der; -s, -s ‹franz.› (Vater); [2]**Pa|pa,** der; -s ‹griech., „Vater"› (kirchl. Bez. des Papstes; *Abk.* P.); **Pa|pa|bi|li** *Plur.* ‹lat.› (ital. Bez. der als Papstkandidaten in Frage

kommenden Kardinäle); **Pa|pa-chen**

Pa|pa|gal|lo, der; -[s], *Plur.* -s *u.* ...lli ‹ital.› (ital. [junger] Mann, der erotische Abenteuer mit Touristinnen sucht); **Pa|pa|gei** [*österr. u. schweiz. auch* 'pa...], der; *Gen.* -en *u.* -s, *Plur.* -en, *seltener* -e ‹franz.›; **Pa|pa|gei|en-grün**, das; -s; **pa|pa|gei|en|haft; Pa|pa|gei|en_krank|heit** (die; -; von Papageien übertragene Viruskrankheit), **...tau|cher** (ein Vogel); **Pa|pa|gei|fisch**

Pa|pa|ge|no (Vogelhändler in Mozarts „Zauberflöte")

pa|pal ‹lat.› (päpstlich); **Pa|pal-sy|stem**, das; -s; **Pa|pat**, der, *auch* das; -[e]s (Amt u. Würde des Papstes)

Pa|pa|ve|ra|ze|en [...v...] *Plur.* ‹lat.› (*Bot.* Familie der Mohngewächse); **Pa|pa|ve|rin**, das; -s (Opiumalkaloid)

Pa|pa|ya, die; -, -s ‹span.› (der Melone ähnliche Frucht)

Pap|chen (*Koseform für* [1]Papa)

Pa|per ['pe:pə(r)], das; -s, -s ‹engl.› (Schriftstück; schriftl. Unterlage); **Pa|per|back** ['pe:pə(r)bɛk], das; -s, -s (kartoniertes Buch, insbes. Taschenbuch)

Pa|pe|te|rie, die; -, ...ien ‹franz.› (*schweiz. für* Papier-, Schreibwaren[geschäft])

pa|phisch (aus Paphos)

Pa|phla|go|ni|en [...iən] (antike Landschaft in Kleinasien)

Pa|phos (im Altertum Stadt auf Zypern)

Pa|pi, der; -s, -s (*Koseform von* [1]Papa)

Pa|pier, das; -s, -e (*Abk. auf dt. Kurszetteln* P); **Pa|pier_bahn, ...block** (*vgl.* Block), **...blu|me, ...bo|gen, ...deutsch** (umständliches, geschraubtes, unanschauliches Deutsch); **pa|pie|ren** (aus Papier); papier[e]ner Stil; papier[e]nes Gesetz; **Pa|pier_fa-brik, ...fet|zen, ...for|mat, ...geld** (das; -[e]s), **...in|du|strie, ...korb, ...krieg** (*ugs. für* lange dauernder Schriftverkehr); **Pa|pier|ma|ché** [papie:ma'ʃe:, *auch* pa'pi:r...], das; -s, -s ‹franz.› (verformbare Papiermasse); **Pa|pier_mes|ser** (das), **...müh|le, ...sack, ...sche-re, ...schlan|ge, ...schnip|sel** (*ugs.*), **...schnit|zel** (*vgl.* [2]Schnitzel), **...ser|vi|et|te, ...ta|schen-tuch, ...ti|ger** (*übertr. für* nur dem Schein nach starke Person, Macht); **pa|pier|ver|ar|bei|tend;** -e Industrie (↑R 209); **Pa|pier-ver|ar|bei|tung; Pa|pier|wa|ren** *Plur.*; **Pa|pier|wa|ren|hand|lung; Pa|pier|win|del**

pa|pil|lar ‹lat.› (*Med.* warzenartig, -förmig); **Pa|pil|lar_ge|schwulst, ...kör|per, ...li|ni|en** (*Plur.*; feine Hautlinien auf Hand- u. Fußflächen); **Pa|pil|le**, die; -, -n (Warze); **Pa|pil|lom**, das; -s, -e (warzenartige Geschwulst)

Pa|pil|lon [papi'jɔ̃:], der; -s, -s ‹franz., „Schmetterling"› (weicher Kleiderstoff; Zwergspaniel); **Pa|pil|lo|te** [papi'jo:tə], die; -, -n (Haarwickel; *Gastron.* Hülle aus Pergamentpapier für das Braten od. Grillen)

Pa|pin-Topf [pa'pɛ̃:...] ‹nach dem franz. Physiker Papin› (fest schließendes Gefäß zum Erhitzen von Flüssigkeiten über deren Siedepunkt hinaus)

Pa|pi|ros|sa, die; -, ...ossy [...si] ‹russ. Zigarette mit langem Pappmundstück›

Pa|pis|mus, der; - ‹griech.› (*abwertend für* Papsttum); **Pa|pist**, der; -en, -en; ↑R 197 (Anhänger des Papsttums); **pa|pi|stisch**

papp; nicht mehr - sagen können (*ugs. für* sehr satt sein)

Papp, der; -[e]s, -e *Plur. selten* (*landsch. für* Brei; Kleister); **Papp|band**, der (in Pappe gebundenes Buch; *Abk.* Pp[bd].); **Papp|be|cher; Papp|deckel**, Pap|pen|deckel [*Trenn.* ...dek|kel]; **Pap|pe**, die; -, -n (steifes, papierähnliches Material)

Pap|pel, die; -, -n ‹lat.› (ein Laubbaum); **Pap|pel_al|lee, ...holz; pap|peln** (aus Pappelholz)

päp|peln (*landsch. für* [ein Kind] füttern); ich ...[e]le (↑R 22); **pap-pen** (*ugs. für* kleistern, kleben); der Schnee pappt; **Pap|pen-deckel** [*Trenn.* ...dek|kel] *vgl.* Pappdeckel

Pap|pen|hei|mer, der; -s, - (Angehöriger des Reiterregiments des dt. Reitergenerals Graf zu Pappenheim); ich kenne meine - (*ugs. für* ich kenne diese Leute; ich weiß Bescheid)

Pap|pen|stiel (*ugs. für* Wertloses); kein - sein; etwas für einen - bekommen, verkaufen

pap|per|la|papp!

pap|pig (*ugs.*); **Papp_ka|me|rad** (*ugs. für* Figur aus Pappe für Schießübungen), **...kar|ton; Papp|ma|ché** [...maʃe:] *vgl.* Papiermaché; **Papp|na|se; Papp-pla|kat** (↑R 204); **Papp_schach-tel, ...schnee** (der; -s), **...tel|ler**

Pap|pus, der; -, *Plur.* - *u.* -se ‹griech.› (*Bot.* Haarkrone der Frucht von Korbblütlern)

Pa|pri|ka, der; -s, -[s] ‹serb.-ung.› (ein Gewürz; ein Gemüse); **Pa-pri|ka_schnit|zel, ...scho|te** (*vgl.* [3]Schote); **pa|pri|zie|ren** (*bes. österr. für* mit Paprika würzen)

Paps, der; -, -e (*Kinderspr. für* [1]Papa; *meist als Anrede*)

Papst, der; -[e]s, Päpste ‹griech.› (Oberhaupt der kath. Kirche); **Papst|fa|mi|lie** (Umgebung des Papstes); **Päp|stin; Papst|ka|ta-log** (Verzeichnis der Päpste); **päpst|lich**, a b e r (↑R 157): das Päpstliche Bibelinstitut; **Papst-na|me; Papst|tum**, das; -s; **Papst_ur|kun|de, ...wahl**

Pa|pua [*auch* pa'pu:a], der; -[s], -[s] (Eingeborener Neuguineas); **Pa|pua-Neu|gui|nea** [...gi...] (Staat auf Neuguinea); **pa|pua-nisch** (↑R 180); **Pa|pua|spra|che**

Pa|py|rin, das; -s ‹griech.› (Pergamentpapier); **Pa|py|ro|lo|gie**, die; - (Wissenschaft vom Papyrus); **Pa|py|rus**, der; -, ...ri (Papierstaude; Schreibmaterial; Papyrusrolle); **Pa|py|rus_rol|le, ...stau|de**

Par, das; -[s], -s ‹engl.› (*Golf* festgesetzte Anzahl von Schlägen für ein Loch)

par..., pa|ra... ‹griech.› (bei..., neben..., falsch...); **Par..., Pa|ra...** (Bei..., Neben..., Falsch...)

[1]**Pa|ra**, der; -, - ‹türk.› (Währungseinheit in Jugoslawien [100 Para = 1 Dinar]; *Abk.* p)

[2]**Pa|ra**, der; -s, -s ‹franz.› (*Kurzform für* parachutiste [paraʃy'tist] = franz. Fallschirmjäger)

Pa|ra|ba|se, die; -, -n ‹griech.› (Teil der attischen Komödie)

Pa|ra|bel, die; -, -n ‹griech.› (Gleichnis[rede]; *Math.* Kegelschnittkurve)

Pa|ra|bel|lum ⓦ, die; -, -s ‹lat.› (Pistole mit Selbstladevorrichtung); **Pa|ra|bel|lum|pi|sto|le**

Pa|ra|bol|an|ten|ne, die; -, -n (Antenne in der Form eines Parabolspiegels); **pa|ra|bo|lisch** ‹griech.› (gleichnisweise; *Math.* parabelförmig gekrümmt); **Pa-ra|bo|lo|id**, das; -[e]s, -e (*Math.* gekrümmte Fläche); **Pa|ra|bol-spie|gel** (Hohlspiegel)

pa|ra|cel|sisch [...'tsɛl...], a b e r (↑R 134): Paracelsische Schriften; **Pa|ra|cel|sus** (dt. Naturforscher, Arzt u. Philosoph); **Pa|ra-cel|sus-Aus|ga|be** (↑R 135); **Pa-ra|cel|sus-Me|dail|le** (↑R 135)

Pa|ra|de, die; -, -n ‹franz.› (Truppenschau, prunkvoller Aufmarsch; *Reitsport* kürzere Gangart des Pferdes, Anhalten; *Sport* Abwehrbewegung); **Pa|ra|de-_bei|spiel, ...dis|zi|plin** (*Sport*)

Pa|ra|dei|ser, der; -s, - (*österr. für* Tomate); **Pa|ra|deis_sa|lat, ...sup|pe** (*österr.*)

Pa|ra|de_kis|sen, ...marsch (der)

Pa|ra|den|to|se *vgl.* Parodontose

Pa|ra|de_pferd (*ugs. für* Person, Sache, mit der man renommieren kann), **...stück, ...uni|form**

pa|ra|die|ren ‹franz.› (*Milit.* in einer Parade vorüberziehen; *geh. für* zur Schau gestellt sein; sich brüsten)

Pa|ra|dies, das; -es, -e ‹pers.› (*nur Sing.:* der Garten Eden, Himmel; *übertr. für* Ort der Seligkeit; *Archit.* Portalvorbau an mittelalterl. Kirchen); **Pa|ra|dies|ap|fel** (*landsch. für* Tomate; *auch* Zierapfel); **pa|ra|die|sisch** (wonnig, himmlisch); **Pa|ra|dies|vo|gel** (*ugs. auch für* Person, die durch ihr Äußeres od. Gebaren auffällt, fremdartig wirkt)

Pa|ra|dig|ma, das; -s, *Plur.* ...men, *auch* -ta ‹griech.› (Beispiel, Muster; *Sprachw.* Beugungsmuster); **pa|ra|dig|ma|tisch** (beispielhaft)

pa|ra|dox; -este ‹griech.› ([scheinbar] widersinnig; *ugs. für* sonderbar); **Pa|ra|dox,** das; -es, -e *u.* Pa|ra|do|xon, das; -s, ...xa (etwas, was einen Widerspruch in sich enthält; *vgl.* Paradoxon); **pa|ra|do|xer|wei|se; Pa|ra|do|xie,** die; -, ...ien (Widersinnigkeit); **Pa|ra|do|xon** (scheinbar falsche Aussage, die aber auf eine höhere Wahrheit hinweist; *vgl.* Paradox)

Par|af|fin, das; -s, -e ‹lat.› (wachsähnlicher Stoff; *meist Plur.: Chemie* gesättigter, aliphatischer Kohlenwasserstoff, z. B. Methan, Propan, Butan); **par|af|fi|nie|ren** (mit Paraffin behandeln); **par|af|fi|nisch; Par|af|fin‿ker|ze, ...öl** (das; -[e]s)

Pa|ra|gli|ding [...glaidiŋ], das; -s ‹engl.› (Fliegen vom Berg mit fallschirmähnlichen Gleitsegeln)

Pa|ra|gramm, das; -s, -e ‹griech.› (Buchstabenänderung in einem Wort od. Namen, wodurch ein scherzhaft-komischer Sinn entstehen kann); **Pa|ra|graph,** der; -en, -en; ↑R 197 ([in Gesetzestexten u. wissenschaftl. Werken] fortlaufend numerierter Absatz, Abschnitt; *Zeichen* §, *Plur.* §§); **Pa|ra|gra|phen‿dickicht** [*Trenn.* ...dik|kicht], **...dschun|gel, ...rei|ter** (*abwertend für* sich übergenau an Vorschriften haltender Mensch); **pa|ra|gra|phen|wei|se; Pa|ra|gra|phen|zei|chen** *vgl.* Paragraphzeichen; **Pa|ra|gra|phie,** die; - (*Med.* Störung des Schreibvermögens); **pa|ra|gra|phie|ren** (in Paragraphen einteilen); **Pa|ra|gra|phie|rung; Pa|ra|graph|zei|chen;** Pa|ra|gra|phen|zei|chen

[1]**Pa|ra|guay** [...'guai, *auch* 'pa(:)...], der; -[s] (r. Nebenfluß des Paraná); [2]**Pa|ra|guay** (südamerik. Staat); **Pa|ra|guay|er** (↑R 147); **Pa|ra|guay|erin; pa|ra|guay|isch**

Pa|ra|ki|ne|se, die; -, -n ‹griech.› (*Med.* Koordinationsstörungen im Bewegungsablauf)

Pa|ra|kla|se, die; -, -n ‹griech.› (*Geol.* Verwerfung)

Pa|ra|klet, der; *Gen.* -[e]s *u.* -en, *Plur.* -e[n] (↑R 197) ‹griech.› (*nur Sing.:* Heiliger Geist; Helfer, Fürsprecher vor Gott)

Pa|ra|la|lie, die; - ‹griech.› (*Med., Psych.* Wort- u. Lautverwechslung)

Pa|ra|le|xie, die; - ‹griech.› (*Med., Psych.* Lesestörung mit Verwechslung der gelesenen Wörter)

Pa|ra|li|po|me|non, das; -s, ...mena *meist Plur.* ‹griech.› (*Literaturw.* Ergänzung, Nachtrag; Randbemerkung)

par|al|lak|tisch ‹griech.› (die Parallaxe betreffend); **Par|al|la|xe,** die; -, -n (*Physik* Winkel, den zwei Gerade bilden, die von verschiedenen Standorten zu einem Punkt gerichtet sind; *Astron.* Entfernungsbestimmung u. -angabe von Sternen; *Fotogr.* Unterschied zwischen dem Bildausschnitt im Sucher u. auf dem Film)

par|al|lel ‹griech.› (gleichlaufend, gleichgerichtet; genau entsprechend); [mit etwas] - laufen; **Par|al|le|le,** die; -, -n (Gerade, die zu einer anderen Geraden in gleichem Abstand u. ohne Schnittpunkt verläuft; Vergleich, vergleichbarer Fall); vier -[n]; **Par|al|lel|epi|ped** [...pe:t], das; -[e]s, -e *u.* **Par|al|lel|epi|pe|don,** das; -s, *Plur.* ...da *u.* ...peden (*Math.* Parallelflach); **Par|al|lel‿er|schei|nung, ...fall** (der), **...flach** (das; -[e]s, -e; *Math.* von drei Paaren paralleler Ebenen begrenzter Raumteil); **par|al|le|li|sie|ren** ([vergleichend] nebeneinander-, zusammenstellen); **Par|al|le|li|sie|rung; Par|al|le|lis|mus,** der; -, ...men ([formale] Übereinstimmung verschiedener Dinge od. Vorgänge; *Sprachw.* inhaltlich u. grammatisch gleichmäßiger Bau von Satzgliedern od. Sätzen); **Par|al|le|li|tät,** die; - (Eigenschaft zweier paralleler Geraden; Gleichlauf); **Par|al|lel‿klas|se, ...kreis** (*Geogr.* Breitenkreis); **par|al|lel|lau|fend** (gleichlaufend); **Par|al|lel|li|nie; Par|al|le|lo,** der; -[s], -s ‹ital.› (*veraltet für* längsgestrickter Pullover); **Par|al|le|lo|gramm,** das; -s, -e ‹griech.› (*Math.* Viereck mit paarweise parallelen Seiten); **Par|al|lel|pro|jek|ti|on** *(Math.);* **par|al|lel|schal|ten; Par|al|lel‿schal|tung** (*Elektrotechnik* Nebenschaltung), **...schwung** *(Skisport),* **...sla|lom** *(Skisport),* **...stel|le, ...stra|ße, ...ton|art** *(Musik)*

Pa|ra|lo|gie, die; -, ...ien ‹griech.› (Vernunftwidrigkeit); **Pa|ra|lo|gis|mus,** der; -, ...men (*Logik* auf Denkfehlern beruhender Fehlschluß); **Pa|ra|ly|se,** die; -, -n (*Med.* Lähmung; Endstadium der Syphilis, Gehirnerweichung); **pa|ra|ly|sie|ren; Pa|ra|ly|ti|ker** (an Paralyse Erkrankter); **pa|ra|ly|tisch**

pa|ra|ma|gne|tisch ‹griech.› *(Physik);* **Pa|ra|ma|gne|tis|mus,** der; - (Verstärkung des Magnetismus)

Pa|ra|ma|ri|bo (Hptst. von [2]Surinam)

Pa|ra|ment, das; -[e]s, -e *meist Plur.* ‹lat.› (Altar- u. Kanzeldekke; liturg. Kleidung); **Pa|ra|men|ten|ma|cher**

Pa|ra|me|ter, der; -s, - ‹griech.› (*Math.* konstante od. unbestimmt gelassene Hilfsvariable; *Technik* die Leistungsfähigkeit einer Maschine charakterisierende Kennziffer)

pa|ra|mi|li|tä|risch (halbmilitärisch, militärähnlich)

Pa|ra|ná [...'na], der; -[s] (südamerik. Strom)

Pa|ra|noia [...'nɔya], die; - ‹griech.› (*Med.* Geistesgestörtheit); **pa|ra|no|id** (der Paranoia ähnlich); **Pa|ra|noi|ker** (↑R 180); **pa|ra|no|isch** (geistesgestört)

pa|ra|nor|mal ‹griech.› (*Parapsychologie* übersinnlich)

Pa|ra|nuß ‹nach dem bras. Ausfuhrhafen Pará›; ↑R 149 (dreikantige Nuß des Paranußbaumes); **Pa|ra|nuß|baum**

Pa|ra|phe, die; -, -n ‹griech.› (Namenszeichen; [Stempel mit] Namenszug); **pa|ra|phie|ren** (mit der Paraphe versehen, zeichnen); **Pa|ra|phie|rung**

Pa|ra|phra|se, die; -, -n ‹griech.› (*Sprachw.* verdeutlichende Umschreibung; *Musik* ausschmükkende Bearbeitung); **pa|ra|phra|sie|ren**

Pa|ra|ple|gie, die; -, ...ien ‹griech.› (*Med.* doppelseitige Lähmung)

Pa|ra|pluie [...'ply:], der *od.* das; -s, -s ‹franz.› (*veraltet für* Regenschirm)

Pa|ra|psy|cho|lo|gie [*auch* 'pa:ra...], die; - ‹griech.› (Psychologie der okkulten seelischen Erscheinungen); **pa|ra|psy|cho|lo|gisch** [*auch* 'pa:ra...]

Pa|ra|sit, der; -en, -en (↑R 197) ‹griech.› (Schmarotzer[pflanze, -tier]); **pa|ra|si|tär** ‹franz.› (schmarotzerhaft; durch Schmarotzer hervorgebracht); **Pa|ra|si|ten|tum,** das; -s ‹griech.›; **pa|ra|si|tisch** (schmarotzerartig); **Pa|ra|si|tis|mus,** der; - (Schmarotzertum); **Pa|ra|si|to|lo|gie,** die; - (Lehre von den [krankheitserregenden] Schmarotzern)

Pa|ra|ski, der; - (*Sport* Kombination aus Fallschirmspringen und Riesenslalom)

[1]**Pa|ra|sol,** der *od.* das; -s, -s ⟨franz.⟩ (*veraltet für* Sonnenschirm); [2]**Pa|ra|sol,** der; -s, *Plur.* -e *u.* -s (Schirmpilz); **Pa|ra|sol-pilz**

Par|äs|the|sie, die; -, ...ien ⟨griech.⟩ (*Med.* anormale Körperempfindung, z. B. Einschlafen der Glieder)

Pa|ra|sym|pa|thi|kus, der; - ⟨griech.⟩ (*Med.* Teil des Nervensystems)

pa|rat ⟨lat.⟩ (bereit; [gebrauchs]fertig); etwas - haben

pa|ra|tak|tisch ⟨griech.⟩ (*Sprachw.* nebenordnend, -geordnet); **Pa|ra|ta|xe,** *älter* **Pa|ra|ta|xis,** die; -, ...taxen (Nebenordnung)

Pa|ra|ty|phus, der; - ⟨griech.⟩ (*Med.* dem Typhus ähnliche Erkrankung)

Pa|ra|vent [...'vã:], der *od.* das; -s, -s ⟨franz.⟩ (*veraltet für* Wind-, Ofenschirm, spanische Wand)

par avion [- a'vjõ:] ⟨franz., „durch Luftpost"⟩

pa|ra|zen|trisch ⟨griech.⟩ (*Math.* um den Mittelpunkt liegend od. beweglich)

par|bleu! [...'blø:] ⟨franz.⟩ (*veraltend für* Donnerwetter!)

par|boiled ['pa:(r)bɔyld] ⟨engl.⟩ (vitaminschonend vorbehandelt [vom Reis])

Pär|chen ⟨*zu* Paar⟩

Par|cours [...'ku:r], der; - [...'ku:r(s)], - [...'ku:rs] ⟨franz.⟩ (*Reitsport* Hindernisbahn für Springturniere; *schweiz. Sportspr.* Renn-, Laufstrecke)

par|dauz!

Par|del, Par|der, der; -s, - (*veraltend für* Leopard)

par di|stance [- dis'tã:s] ⟨franz.⟩ (aus der Ferne)

Par|don [...'dõ:, *auch* ...'dɔŋ, *österr. auch* ...'do:n], der, *auch* das; -s ⟨franz.⟩ (*veraltend für* Verzeihung; Gnade; Nachsicht); - geben; um - bitten; Pardon! (*landsch. für* Verzeihung!); **par|do|nie|ren** [...'ni:...] (*veraltet für* verzeihen, begnadigen)

Par|dun, das; -[e]s, -s ⟨niederl.⟩ *u.* **Par|du|ne,** die; -, -n (*Seemannsspr.* Tau, das die Masten od. Stengen nach hinten hält)

Par|en|chym [...ç...], das; -s, -e ⟨griech.⟩ (*Biol.* pflanzl. u. tier. Grundgewebe; *Bot.* Schwammschicht des Blattes)

Pa|ren|tel, die; -, -en ⟨lat.⟩ (*Rechtsw.* Gesamtheit der Abkömmlinge eines Stammvaters); **Pa|ren|tel|sy|stem,** das; -s (*Rechtsw.* für die 1. bis 3. Ordnung gültige Erbfolge)

Par|en|the|se, die; -, -n ⟨griech.⟩ (*Sprachw.* Redeteil, der außerhalb des eigtl. Satzverbandes steht; Einschaltung; Klammer[zeichen]); in - setzen; **par|en|the|tisch** (eingeschaltet; nebenbei [gesagt])

Pa|reo, der; -s, -s ⟨polynes.-span.⟩ (Wickeltuch)

Pa|re|re, das; -[s], -[s] ⟨ital.⟩ (*österr. für* medizin. Gutachten)

Par|er|ga *Plur.* ⟨griech.⟩ (*veraltet für* Beiwerk, Anhang; gesammelte kleine Schriften)

par ex|cel|lence [- ɛksɛ'lã:s] ⟨franz.⟩ (vorzugsweise, vor allem andern, schlechthin)

Par|fait [par'fɛ], das; -s, -s ⟨franz.⟩ (gefrorene Speiseeismasse; gebundene u. erstarrte Masse aus feingehacktem Fleisch od. Fisch)

par force [- 'fɔrs] ⟨franz.⟩ (*geh. für* mit Gewalt; unbedingt); **Par|force‿horn, ...jagd** (Hetzjagd), **...rei|ter, ...ritt**

Par|fum [...'fœ̃:], das; -s, -s, **Par|füm,** das; -s, *Plur.* -e *u.* -s ⟨franz.⟩ (wohlriechender Duft[stoff]); **Par|fü|me|rie,** die; -, ...ien (Geschäft für Parfüms u. Kosmetikartikel; Betrieb zur Herstellung von Parfümen; *nur Plur.: fachspr. für* das Parfümieren, Parfümerieprodukte); **Par|fü|meur** [...'mø:r], der; -s, -e (Fachkraft der Parfümherstellung); **Par|fum|fla|sche** [...'fœ̃:...], **Par|füm|fla|sche; par|fü|mie|ren;** sich -; **Par|füm|zer|stäu|ber**

pa|ri ⟨ital.⟩ (*Bankw.* zum Nennwert; gleich); über, unter -; die Chancen stehen -; *vgl.* al pari

Pa|ria, der; -s, -s ⟨tamil.-angloind.⟩ (kastenloser Inder; *übertr. für* von der menschlichen Gesellschaft Ausgestoßener); **Pa|ria|tum,** das; -s

[1]**pa|rie|ren** ⟨franz.⟩ ([einen Hieb] abwehren; *Reiten* [ein Pferd] zum Stehen bringen)

[2]**pa|rie|ren** ⟨lat.⟩ (unbedingt gehorchen)

Pa|rie|tal|au|ge [...iɛ...] (*Biol.* lichtempfindl. Sinnesorgan niederer Wirbeltiere)

Pa|ri|kurs (*Wirtsch.* Nennwert eines Wertpapiers)

[1]**Pa|ris** (griech. Sagengestalt)

[2]**Pa|ris** (Hptst. Frankreichs)

pa|risch (von der Insel Paros); -er Marmor

[1]**Pa|ri|ser** (↑R 147); - Verträge (von 1954); [2]**Pa|ri|ser,** der; -s, - (*ugs. für* Präservativ); **Pa|ri|ser Blau,** das; - -s; **pa|ri|se|risch** (nach Art des Parisers); **Pa|ri|si|enne** [...'ziɛn], die; - (Seidengewebe; franz. Freiheitslied); **pa|ri|sisch** (von [der Stadt] Paris)

pa|ri|syl|la|bisch ⟨lat.; griech.⟩ (*Sprachw.* gleichsilbig in allen Beugungsfällen); **Pa|ri|syl|la|bum,** das; -s, ...ba (in Sing. u. Plur. parisyllabisches Wort)

Pa|ri|tät, die; -, -en ⟨lat.⟩ (Gleichstellung, -berechtigung; *Wirtsch.* Austauschverhältnis zwischen zwei od. mehreren Währungen); **pa|ri|tä|tisch** (gleichgestellt, -berechtigt); - getragene Kosten; aber (↑R 157): Deutscher Paritätischer Wohlfahrtsverband

Pa|ri|wert (*Bankw.*)

Park, der; -s, *Plur.* -s, *seltener* -e, *schweiz.* Pärke ⟨franz.(-engl.)⟩ (großer Landschaftsgarten; Depot [*meist in Zusammensetzungen,* z. B. Wagenpark])

Par|ka, der; -s, -s *od.* die; -, -s ⟨eskim.⟩ (knielanger, warmer Anorak mit Kapuze)

Park-and-ride-Sy|stem ['pa:(r)kənd'raid...] ⟨engl.-amerik.⟩ (Verkehrssystem, bei dem die Autofahrer ihre Autos am Stadtrand parken u. mit öffentl. Verkehrsmitteln in die Innenstadt weiterfahren); **Park|an|la|ge; park|ar|tig; Park‿bahn** (*Raumfahrt* Umlaufbahn, von der aus eine Raumsonde gestartet wird), **...bank** (*Plur.* ...bänke), **...bucht, ...deck; par|ken** (ein Kraftfahrzeug abstellen); **Par|ker**

Par|kett, das; -[e]s, *Plur.* -e *u.* -s ⟨franz.⟩ (im Theater meist vorderer Raum zu ebener Erde; getäfelter Fußboden); **Par|kett|bo|den; Par|ket|te,** die; -, -n (*österr. für* Einzelbrett des Parkettfußbodens); **par|ket|tie|ren** (mit Parkettfußboden versehen); **Par|kett‿le|ger, ...le|ge|rin; Par|kett|sitz**

Park|haus; par|kie|ren (*schweiz. für* parken); **Par|king|me|ter,** der; -s, - ⟨engl.⟩ (*schweiz. für* Parkuhr)

Par|kin|son ['pa:(r)kins(ə)n] (engl. Chirurg); **Par|kin|son-Krank|heit,** die; - *od.* **Par|kin|son|sche Krank|heit,** die; -n - (↑R 134)

Park‿kral|le (Vorrichtung zum Blockieren der Räder eines [falsch parkenden] Autos), **...leit|sy|stem, ...leuch|te, ...licht** (*Plur.* ...lichter), **...lücke** [*Trenn.* ...lük|ke]; **Park|ko|me|ter,** das, *auch* der; -s, - (Parkuhr); **Park‿platz, ...raum, ...schei|be, ...stu|di|um** (*ugs. für* Studium in einem nicht gewünschten Fach, bis man einen Platz im eigentlich erstrebten Studienfach bekommt); **Park‿sün|der, ...uhr, ...ver|bot, ...wäch|ter, ...weg, ...zeit**

Par|la|ment, das; -[e]s, -e ⟨engl.⟩

(gewählte Volksvertretung); **Par|la|men|tär,** der; -s, -e ‹franz.› (Unterhändler); **Par|la|men|tär-flag|ge; Par|la|men|ta|ri|er** [...iər], der; -s, - ‹engl.› (Abgeordneter, Mitglied des Parlamentes); **Par|la|men|ta|rie|rin; par|la|men|ta|risch** (das Parlament betreffend); -e Anfrage; -er Staatssekretär, aber (↑R 157): der Parlamentarische Rat (Versammlung von Ländervertretern, die das Grundgesetz ausarbeiteten); **par|la|men|ta|risch-de|mo-kra|tisch** (↑R 39); **Par|la|men|ta-ris|mus,** der; - (Regierungsform, in der die Regierung dem Parlament verantwortlich ist); **par|la-men|tie|ren** ‹franz.› (*veraltet für* unter-, verhandeln; *landsch. für* hin u. her reden); **Par|la|ments-_aus|schuß, ...be|schluß, ...de-bat|te, ...fe|ri|en** *(Plur.),* **...mit-glied, ...sit|zung, ...wahl** *(meist Plur.)*

par|lan|do ‹ital.› (*Musik* mehr gesprochen als gesungen); **Par|lan-do,** das; -s, *Plur.* -s *u.* ...di

Pär|lein ‹*zu* Paar›

par|lie|ren ‹franz.› (*veraltend für* Konversation machen; in einer fremden Sprache reden)

Par|ma (ital. Stadt); **Par|ma|er** (↑R 147); **par|ma|isch**

Par|mä|ne, die; -, -n (eine Apfelsorte)

Par|me|san, der; -[s] (*kurz für* Parmesankäse); **Par|me|sa|ner** *vgl.* Parmaer; **par|me|sa|nisch** *vgl.* parmaisch; **Par|me|san|kä|se** (ein Reibkäse)

Par|naß, der; *Gen.* - *u.* ...nasses (mittelgriech. Gebirgszug; Musenberg, Dichtersitz); **par|nas-sisch; Par|nas|sos, Par|nas|sus,** der; -; *vgl.* Parnaß

par|ochi|al [...x...] ‹griech.› (zur Pfarrei gehörend); **Par|ochi|al-kir|che** (Pfarrkirche); **Par|ochie,** die; -, ...ien (Pfarrei; Amtsbezirk eines Geistlichen)

Par|odie, die; -, ...ien ‹griech.› (komische Umbildung ernster Dichtung; scherzh. Nachahmung; *Musik* Vertauschung geistl. u. weltl. Texte u. Kompositionen [zur Zeit Bachs]); **Par-odie|mes|se** (Messenkomposition unter Verwendung eines schon vorhandenen Musikstücks); *vgl.* [1]Messe; **par|odie-ren** (auf scherzhafte Weise nachahmen); **Par|odist,** der; -en, -en; ↑R 197 (jmd., der parodiert); **Par|odi|stik,** die; -; **par|odi-stisch**

Par|odon|ti|tis, die; -, ...itiden ‹griech.› (*Med.* Zahnbettentzündung); **Par|odon|to|se,** *älter* Pa-ra|den|to|se, die; -, -n (Zahnbetterkrankung mit Lockerung der Zähne)

Pa|ro|le, die; -, -n ‹franz.› (milit. Kennwort; Losung; *auch für* Leit-, Wahlspruch); **Pa|ro|le-aus|ga|be; Pa|role d'hon|neur** [pa'rɔldɔ'nø:r], das; - - ‹franz.› (*veraltend für* Ehrenwort)

Pa|ro|li, das; -s, -s ‹franz.›; *nur in* Paroli bieten (Widerstand entgegensetzen)

Par|ömie, die; -, ...ien ‹griech.› ([altgriech.] Sprichwort, Denkspruch); **Par|ömio|lo|gie,** die; - (Sprichwortkunde); **Par|ono-ma|sie,** die; -, ...ien (*Rhet.* Zusammenstellung lautlich gleicher od. ähnlich klingender Wörter von gleicher Herkunft); **Par|ony-ma, Par|ony|me** (*Plur. von* Paronymon); **Par|ony|mik,** die; - (Lehre von der Ableitung der Wörter); **par|ony|misch** (stammverwandt); **Par|ony|mon,** das; -s, *Plur.* ...ma *u.* ...onyme (*veraltet für* mit anderen Wörtern vom gleichen Stamm abgeleitetes Wort)

Pa|ros (griech. Insel)

Par|otis, die; -, ...iden ‹griech.› (*Med.* Ohrspeicheldrüse); **Par-oti|tis,** die; -, ...itiden (*Med.* Entzündung der Ohrspeicheldrüse; Mumps); **Par|oxys|mus,** der; -, ...men (*Med.* anfallartige Steigerung von Krankheitserscheinungen; *Geol.* aufs höchste gesteigerte Tätigkeit eines Vulkans); **Par|oxy|to|non,** das; -s, ...tona (*Sprachw.* auf der vorletzten Silbe betontes Wort)

Par|se, der; -n, -n (↑R 197) ‹pers.› (Anhänger des Zarathustra)

Par|sec, das; -, - ‹*Kurzw. aus* Parallaxe *u.* Sekunde› (astron. Längenmaß; *Abk.* pc)

Par|si|fal (*von Richard Wagner gebrauchte Schreibung für* Parzival)

par|sisch (die Parsen betreffend); **Par|sis|mus,** der; - (Religion der Parsen)

Pars pro to|to, das; - - - ‹lat.› (*Sprachw.* Redefigur, die einen Teil für das Ganze setzt)

Part, der; -s, *Plur.* -s, *auch* -e ‹franz.› (Anteil; Stimme eines Instrumental- od. Gesangstücks)

part. = parterre

Part. = Parterre

[1]**Par|te,** die; -, -n ‹ital.› (*österr. für* Todesanzeige); [2]**Par|te,** die; -, -n (*landsch. für* Mietpartei)

Par|tei, die; -, -en ‹franz.›; **Par|tei-_ab|zei|chen, ...ak|tiv** (der ehem. SED; *vgl.* [2]Aktiv), **...amt; par|tei-amt|lich; Par|tei_an|hän|ger, ...ap|pa|rat, ...aus|weis, ...buch, ...bü|ro, ...chef, ...che|fin, ...chi-ne|sisch** (das; -[s]; *iron. für* dem Außenstehenden unverständliche Parteisprache); **Par|tei|dis-zi|plin,** die; -; **Par|tei|en_fi|nan-zie|rung, ...kampf, ...staat** (*Plur.* ...staaten), **...ver|kehr** (der; -s; *österr. für* Amtsstunden); **Par-tei_freund, ...freun|din, ...füh|rer, ...füh|re|rin, ...füh|rung** (die; -), **...funk|tio|när, ...funk|tio|nä|rin, ...gän|ger, ...gän|ge|rin, ...ge-nos|se, ...ge|nos|sin, ...ideo|lo-ge, ...in|stanz; par|tei|in|tern; par|tei|isch;** -ste (nicht neutral, nicht objektiv; voreingenommen; der einen od. der anderen Seite zugeneigt); **Par|tei_ka|der, ...kon|greß, ...lehr|jahr** (obligator. Schulung der SED-Mitglieder in der ehem. DDR), **...lei-tung; par|tei|lich** (im Sinne einer polit. Partei, eine Partei betreffend); **Par|tei|lich|keit,** die; -; **Par|tei|li|nie; par|tei|los; Par|tei-lo|se,** der *u.* die; -n, -n (↑R 7ff.); **Par|tei|lo|sig|keit,** die; -; **par|tei-mä|ßig; Par|tei|mit|glied; Par-tei|nah|me,** die; -, -n; **Par|tei_or-gan, ...or|ga|ni|sa|ti|on** (die; -), **...po|li|tik; par|tei|po|li|tisch;** - neutral sein; **Par|tei_prä|si|di-um, ...pro|gramm, ...pro|pa|gan-da, ...se|kre|tär, ...se|kre|tä|rin, ...spit|ze, ...tag; Par|tei|tags|be-schluß; Par|tei|ung** (*selten für* Zerfall in Parteien; [politische] Gruppierung); **Par|tei_ver-samm|lung, ...vor|sit|zen|de, ...vor|stand, ...zen|tra|le**

par|terre [...'tɛr] ‹franz.› (zu ebener Erde; *Abk.* part.); - wohnen; **Par|ter|re** [...'tɛr(ə)], das; -s, -s (Erdgeschoß [*Abk.* Part.]; Saalplatz im Theater; Plätze hinter dem Parkett); **Par|terre|akro|ba-tik** [...'tɛr...] (artistisches Bodenturnen); **Par|ter|re|woh|nung** [...'tɛr(ə)...]

Par|te|zet|tel (*österr. svw.* [1]Parte)

Par|the|no|ge|ne|se, *auch noch* **Par|the|no|ge|ne|sis** [*auch* ...'ge:...], die; - ‹griech.› (*Biol.* Jungfernzeugung, Entwicklung aus unbefruchteten Eizellen); **par|the|no|ge|ne|tisch; Par|the-non,** der; -s (Tempel der Athene); **Par|the|no|pe** [...pe] (*veraltet für* Neapel); **par|the-no|pe|isch,** aber (↑R 157): die Parthenopeische Republik (1799)

Par|ther, der; -s, - (Angehöriger eines nordiran. Volksstammes im Altertum); **Par|thi|en** [...tiən] (Land der Parther); **par|thisch**

par|ti|al ‹lat.› (*veraltet für* partiell); **Par|ti|al...** (Teil...); **Par|ti-al_bruch** (der; -[e]s, ...brüche; *Math.* Teilbruch eines Bruches mit zusammengesetztem Nenner), **...ob|li|ga|ti|on** (*Bankw.* Teilschuldverschreibung), **...tö-**

ne (*Plur.; Musik* Obertöne, Teiltöne eines Klanges); **Par|tie,** die; -, ...ien ‹franz.› (Teil, Abschnitt; bestimmte Bühnenrolle; *Kaufmannsspr.* Posten, größere Menge einer Ware; *österr. auch für* für eine bestimmte Aufgabe zusammengestellte Gruppe von Arbeitern; *Sport* Durchgang, Spiel; *veraltend für* Ausflug); eine gute - machen (einen reichen Partner heiraten); **Par|tie‿bezug** (der; -[e]s; *Kaufmannsspr.*), **...füh|rer** (*österr. auch für* Vorarbeiter); **par|ti|ell** (teilweise [vorhanden]); -e Sonnenfinsternis; **par|ti|en|wei|se; Par|tie|preis;** *vgl.* [2]Preis; **Par|tie|wa|re** (*Kaufmannsspr.* fehlerhafte Ware); **par|tie|wei|se;** [1]**Par|ti|kel** [*auch* ...'tikəl], die; -, -n ‹lat.› (*kath. Kirche* Teilchen der Hostie, Kreuzreliquie; *Sprachw.* unbeugbares Wort, z. B. „dort, in, und"); [2]**Par|ti|kel,** das; -s, -, *auch* die; -, -n (*Physik* Elementarteilchen); **par|ti|ku|lar, par|ti|ku|lär** (einen Teil betreffend, einzeln); **Par|ti|ku|la|ris|mus,** der; - (Sonderbestrebungen staatl. Teilgebiete, Kleinstaaterei); **Par|ti|ku|la|rist,** der; -en, -en (↑R 197); **par|ti|ku|la|ri|stisch;** -ste; **Par|ti|ku|lar|recht** (*veraltet für* Einzel-, Sonderrecht); **Par|ti|ku|lier,** der; -s, -e ‹franz.› (selbständiger Schiffseigentümer; Selbstfahrer in der Binnenschiffahrt); **Par|ti|men|to,** das *u.* der; -[s], ...ti ‹ital.› (*Musik* Generalbaßstimme); **Par|ti|san,** der; *Gen.* -s *u.* -en, *Plur.* -en (↑R 197) ‹franz.› (bewaffneter Widerstandskämpfer im feindlich besetzten Hinterland); **Par|ti|sa|ne,** die; -, -n (spießartige Stoßwaffe des 15. bis 18. Jh.s); **Par|ti|sa|nen‿ge|biet, ...kampf, ...krieg; Par|ti|sa|nin; Par|ti|ta,** die; -, ...iten ‹ital.› (*Musik svw.* Suite); **Par|ti|te,** die; -, -n (*Kaufmannsspr.* einzelner Posten einer Rechnung); **Par|ti|ti|on,** die; -, -en ‹lat.› (*geh. für* Teilung, Einteilung; *Logik* Zerlegung des Begriffsinhaltes in seine Teile od. Merkmale); **par|ti|tiv** (*Sprachw.* die Teilung bezeichnend); **Par|ti|tur,** die; -, -en ‹ital.› (Zusammenstellung aller zu einem Musikstück gehörenden Stimmen); **Par|ti|zip,** das; -s, -ien [...iən] ‹lat.› (*Sprachw.* Mittelwort); - I (Partizip Präsens, Mittelwort der Gegenwart, z. B. „sehend"); - II (Partizip Perfekt, Mittelwort der Vergangenheit, z. B. „gesehen"); **Par|ti|zi|pa|ti|on,** die; -, -en (das Teilhaben; Teilnahme); **Par|ti|zi|pa|ti|ons‿ge|schäft** *(Wirtsch.)*, **...kon|to; par|ti|zi|pi|al** (*Sprachw.* mittelwörtlich, Mittelwort...); **Par|ti|zi|pi|al‿bil|dung, ...gruppe** (*vgl.* [1]Gruppe), **...kon|struk|ti|on, ...satz; par|ti|zi|pie|ren** (Anteil haben, teilnehmen); **Par|ti|zi|pi|um,** das; -s, ...pia (*älter für* Partizip); **Part|ner,** der; -s, - ‹engl.› (Gefährte; Teilhaber; Teilnehmer; Mitspieler); **Part|ne|rin; Part|ner‿land, ...look** (der; -s; *Mode*); **Part|ner|schaft; part|ner|schaft|lich; Part|ner‿staat** (*Plur.* ...staaten), **...stadt, ...tausch, ...wahl, ...wech|sel**

par|tout [...'tu:] ‹franz.› (*ugs. für* durchaus; um jeden Preis)

Par|ty ['pa:(r)ti], die; -, *Plur.* -s *u.* Parties [...tiz] ‹engl.-amerik.› (zwangloses [privates] Fest); **Par|ty‿girl, ...lö|we** (jmd., der auf Partys umschwärmt wird)

Par|usie, die; - ‹griech.› (*christl. Rel.* Wiederkunft Christi beim Jüngsten Gericht)

Par|ve|nü [...v...] *u., österr. nur,* **Par|ve|nu** [...'ny:], der; -s, -s ‹franz.› (Emporkömmling; Neureicher)

Par|ze, die; -, -n *meist Plur.* ‹lat.› (röm. Schicksalsgöttin [Atropos, Klotho, Lachesis]); *vgl.* Moira

Par|zel|lar|ver|mes|sung; Par|zel|le, die; -, -n ‹lat.› (vermessenes Grundstück, Baustelle); **Par|zel|len|wirt|schaft; par|zel|lie|ren** (in Parzellen zerlegen)

Par|zi|val [...fal] (Held der Artussage); *vgl.* Parsifal

Pas [pa], der; - [pa(s)], - [pas] ‹franz.› ([Tanz]schritt)

[1]**Pas|cal** [...'kal] (franz. Mathematiker u. Philosoph); [2]**Pas|cal,** das; -s, - (Einheit des Drucks; *Zeichen* Pa)

PASCAL, das; -s ‹Kunstw., an [1]Pascal angelehnt› (eine Programmiersprache)

Pasch, der; -[e]s, *Plur.* -e *u.* Päsche ‹franz.› (Wurf mit gleicher Augenzahl auf mehreren Würfeln; *Domino* Stein mit Doppelzahl)

[1]**Pas|cha** usw. *vgl.* Passah usw.

[2]**Pa|scha,** der; -s, -s ‹türk.› (früherer oriental. Titel; *ugs. für* rücksichtsloser, herrischer Mann, der sich [von Frauen] bedienen läßt); **Pa|scha|al|lü|ren** *Plur.*

Pa|scha|lis [*auch* pas'ça:...] ‹hebr.› (Papstname)

[1]**pa|schen** ‹franz.› (würfeln; *bayr. u. österr. mdal. für* klatschen); du paschst

[2]**pa|schen** ‹hebr.› (*ugs. für* schmuggeln); du paschst; **Pa|scher; Pa|sche|rei**

pa|scholl! ‹russ.› (*ugs. veraltend für* pack dich!; vorwärts!)

Pasch|tu, das; -s (Amtssprache in Afghanistan)

Pas de Ca|lais [pa də ka'lɛ:], der; - - ‹franz.› (franz. Name der Straße von Dover)

Pas de deux [pa də 'dø:], der; - - -, - - - ‹franz.› (Tanz od. Ballett für zwei)

Pas|lack, der; -s, -s ‹slaw.› (*nordostd. für* jmd., der für andere schwer arbeiten muß)

Pa|so do|ble, der; - -, - - ‹span.› (ein Tanz)

Pas|pel, die; -, -n, *selten* der; -s, - ‹franz.› *u., bes. österr.,* Passepoil [pas'poal], der; -s, -s (schmaler Nahtbesatz bei Kleidungsstükken); **pas|pe|lie|ren,** *bes. österr. u. schweiz.* passe|poi|lie|ren (mit Paspeln versehen); **Pas|pe|lie|rung,** Passe|poi|lie|rung; **pas|peln;** ich pasp[e]le (↑R 22)

Pas|quill, das; -s, -e ‹ital.› (*veraltend für* Schmäh-, Spottschrift); **Pas|quil|lant,** der; -en, -en; ↑R 197 (Verfasser od. Verbreiter eines Pasquills)

Paß, der; Passes, Pässe ‹lat.› (Bergübergang; Ausweis [für Reisende]; gezielte Ballabgabe beim Fußball); aber (↑R 208): zupaß, zupasse kommen

Pas|sa usw. *vgl.* Passah usw.

pas|sa|bel ‹lat.› (annehmbar; leidlich); ...a|ble Gesundheit

Pas|sa|ca|glia [...'kalja], die; -, ...ien [...jən] ‹ital.› (*Musik* Instrumentalstück aus Variationen über einem ostinaten Baß)

Pas|sa|ge [pa'sa:ʒə], die; -, -n ‹franz.› (Durchfahrt, -gang; Überfahrt mit Schiff od. Flugzeug; schnelle Tonfolge in einem Musikstück; fortlaufender Teil einer Rede od. eines Textes; *Reitsport* Gangart in der Hohen Schule); **pas|sa|ger** [pasa'ʒe:r] (*Med.* nur vorübergehend auftretend); **Pas|sa|gier** [...'ʒi:r], der; -s, -e ‹ital.(-franz.)› (Schiffsreisender, Fahrgast, Fluggast); **Pas|sa|gier‿damp|fer, ...flugzeug, ...gut; Pas|sa|gie|rin; Passa|gier|li|ste**

Pas|sah, *ökum.* [1]Pas|cha ['pasça], das; -s ‹hebr.› (jüd. Fest zum Gedenken an den Auszug aus Ägypten; das beim Passahmahl gegessene Lamm); **Pas|sah‿fest** (*od.* Pas|cha|fest), **...lamm** (*od.* Pas|cha|lamm), **...mahl** (*od.* Pas|cha|mahl; *Plur.* ...mahle)

Paß|amt

Pas|sant, der; -en, -en (↑R 197) ‹franz.› (Fußgänger; Vorübergehender); **Pas|san|tin**

Pas|sat, der; -[e]s, -e ‹niederl.› (gleichmäßig wehender Tropenwind); **Pas|sat|wind**

Pas|sau (Stadt am Zusammenfluß von Donau, Inn u. Ilz); **Pas|sau|er** (↑R 147)

Paß|bild

pas|sé [pa'se:] ‹franz.› (*ugs. für* vorbei, abgetan); das ist -

Pas|se, die; -, -n ‹franz.› (glattes Hals- u. Schulterteil an Kleidungsstücken)

Pas|sei|er, das; -s *u.* **Pas|sei|er|tal,** das; -[e]s (Alpental in Südtirol)

pas|sen ‹franz.› (*auch Kartenspiel* auf ein Spiel verzichten; *bes. Fußball* den Ball genau zuspielen); du paßt; gepaßt; passe! *u.* paßt!; das paßt sich nicht *(ugs.)*; **pas|send;** etwas Passendes; **Passe|par|tout** [paspar'tu:], das, *schweiz.* der; -s, -s (Umrahmung aus leichter Pappe für Graphiken, Zeichnungen u. a.; *schweiz. auch für* Dauerkarte; Hauptschlüssel)

Passe|poil usw. *vgl.* Paspel usw.

Pas|ser, der; -s, - (*Druckw.* das genaue Übereinanderliegen der einzelnen Formteile u. Druckelemente, bes. beim Mehrfarbendruck); **Paß‿form, ...fo|to; Paß|gang,** der (Gangart, bei der beide Beine einer Seite gleichzeitig vorgesetzt werden [bes. bei Reittieren]); **Paß|gän|ger; paß|gerecht; Paß|hö|he; Pas|sier|ball** *(Tennis);* **pas|sier|bar** (überschreitbar); **pas|sie|ren** ‹franz.› (vorübergehen, -fahren; durchqueren, überqueren; geschehen; *Gastron.* durch ein Sieb drücken; *Tennis* den Ball am Gegner vorbeischlagen); **Pas|sier‿ge|wicht** (*Münzwesen* Mindestgewicht), **...ma|schi|ne, ...schein; Pas|sier|schein‿ab|kom|men, ...stel|le; Pas|sier‿schlag** *(Tennis),* **...sieb**

pas|sim ‹lat.› ([im angegebenen Werk] da u. dort zerstreut)

Pas|si|on, die; -, -en ‹lat.› (*nur Sing.:* Leidensgeschichte Christi; Leidenschaft, leidenschaftliche Hingabe); **pas|sio|na|to** ‹ital.› (*Musik* mit Leidenschaft); **Pas|sio|na|to,** das; -s, *Plur.* -s *u.* ...ti; **pas|sio|niert;** -este ‹franz.› (leidenschaftlich, begeistert); **Pas|si|ons‿blu|me, ...frucht, ...sonn|tag** (*auch für* zweiter Sonntag vor Ostern, *vgl.* Judika), **...spiel** (Darstellung der Leidensgeschichte Christi), **...weg, ...wo|che, ...zeit**

pas|siv [*auch* ...'si:f] ‹lat.› (untätig; teilnahmslos; duldend; *seltener für* passivisch); -e [...və] Bestechung; -e [Handels]bilanz; -es Wahlrecht (Recht, gewählt zu werden); **Pas|siv,** das; -s, -e [...və] *Plur. selten* (*Sprachw.* Leideform); **Pas|si|va** [...va], Pas|si|ven [...vən] *Plur.* (*Kaufmannsspr.* Schulden, Verbindlichkeiten); **Pas|siv‿bil|dung** *(Sprachw.),* **...ge|schäft** *(Bankw.),* **...han|del** (*Kaufmannsspr.; vgl.* [1]Handel); **pas|si|vie|ren** [...v...] ([Verbindlichkeiten] in der Bilanz erfassen u. ausweisen; *Chemie* Metalle auf [elektro]chem. Wege korrosionsbeständig machen); **pas|si|visch** [*auch* ...'si:viʃ] (*Sprachw.* das Passiv betreffend); **Pas|si|vi|tät,** die; - (passives Verhalten); **Pas|siv‿le|gi|ti|ma|ti|on** *(Rechtsw.),* **...mas|se, ...po|sten** *(Kaufmannsspr.),* **...rau|chen** (das; -s), **...sal|do** (Verlustvortrag), **...zin|sen** *(Plur.)*

Paß|kon|trol|le; paß|lich (*veraltet für* angemessen; bequem); **Paß‿stel|le, ...stra|ße; Pas|sung** (*Technik* Beziehung zwischen zusammengefügten Maschinenteilen); **Pas|sus,** der; -, - ['pasu:s] ‹lat.› (Schriftstelle, Absatz); **paß|wärts; Paß‿wort** (*Plur.* ...wörter; *EDV, Bildschirmtext* Kennwort), **...zwang** (der; -[e]s)

Pa|sta *vgl.* Paste; **Pa|sta asciut|ta** [- a'ʃuta], die; - -, ...te ...tte [...tə a'ʃutə] ‹ital.› (ital. Spaghettigericht); **Pa|ste,** *selten* Pa|sta, die; -, ...sten (streichbare Masse; Teigmasse als Grundlage für Arzneien und kosmetische Mittel); **Pa|stell,** das; -[e]s, -e ‹ital.(-franz.)› (mit Pastellfarben gemaltes Bild); **pa|stel|len; Pa|stell|far|be; pa|stell|far|ben; pa|stel|lig; Pa|stell‿ma|le|rei, ...stift** (*vgl.* [1]Stift), **...ton** (*Plur.* ...töne)

Pa|ster|nak (russischer Schriftsteller)

Pa|ster|ze, die; - (größter österr. Gletscher am Großglockner)

Pa|stet|chen; Pa|ste|te, die; -, -n ‹roman.› (Fleisch-, Fischspeise u. a. [in Teighülle])

Pa|steur [...'tø:r] (franz. Bakteriologe); **Pa|steu|ri|sa|ti|on,** die; -, -en; **pa|steu|ri|sie|ren;** pasteurisierte Milch; **Pa|steu|ri|sie|rung** (Entkeimung)

Pa|stil|le, die; -, -n ‹lat.› (Kügelchen, Plätzchen, Pille)

Pa|sti|nak, der; -s, -e ‹lat.›, *häufiger* **Pa|sti|na|ke,** die; -, -n (krautige Pflanze, deren Wurzeln als Gemüse u. Viehfutter dienen)

Past|milch (*schweiz. Kurzform von* pasteurisierte Milch)

Pa|stor [*auch* ...'to:r], der; -s, *Plur.* ...oren, *auch* ...ore, *landsch. auch* ...öre ‹lat.› (ev. od. kath. Geistlicher; *Abk.* P.); **pa|sto|ral** (seelsorgerisch; [übertrieben] feierlich); **Pa|sto|ral|brief** *(christl. Rel.);* [1]**Pa|sto|ra|le,** das; -s, -s *od.* die; -, -n ‹ital.› (ländlich-friedvolles Tonstück; Schäferspiel); [2]**Pa|sto|ra|le,** das; -s, -s (Hirtenstab des kath. Bischofs); **Pa|sto|ral|theo|lo|gie,** die; - (praktische Theologie); **Pa|sto|rat,** das; -[e]s, -e (*bes. nordd. für* Pfarramt, -wohnung); **Pa|sto|rel|le,** die; -, -n ‹ital.› (mittelalterl. Hirtenliedchen); **Pa|sto|rin; Pa|stor pri|ma|ri|us,** der; - -, ...ores ...rii [...re:s ...ri|i] (Hauptpastor; Oberpfarrer; *Abk.* P. prim.)

pa|stos; -este ‹ital.› (*bild. Kunst* dick aufgetragen); **pa|stös;** -este ‹franz.› (breiig, dickflüssig; *Med.* gedunsen)

Pa|ta|go|ni|en [...i̯ən] (südlichster Teil Amerikas); **Pa|ta|go|ni|er** [...i̯ər]; **pa|ta|go|nisch**

Pat|chen (Patenkind)

Patch|work ['pɛtʃwœ:(r)k], das; -s, -s ‹amerik.› (aus bunten Flicken zusammengesetzter Stoff, auch Leder in entsprechender Verarbeitung)

[1]**Pa|te,** der; -n, -n; ↑R 197 (Taufzeuge, *auch für* Patenkind); [2]**Pa|te,** die; -, -n (*svw.* Patin)

Pa|tel|la, die; -, ...llen ‹lat.› (*Med.* Kniescheibe); **Pa|tel|lar|re|flex**

Pa|ten‿be|trieb *(ehem. in der DDR),* **...bri|ga|de** *(ehem. in der DDR)*

Pa|te|ne, die; -, -n ‹griech.› (*christl. Kirche* Hostienteller)

Pa|ten‿ge|schenk, ...kind, ...on|kel; Pa|ten|schaft; Pa|ten|schafts|ver|trag (*ehem. in der DDR* Vertrag zwischen einem Betrieb u. einer Bildungseinrichtung zum Zwecke gegenseitiger Hilfe sowie kultureller u. polit. Zusammenarbeit); **Pa|ten|sohn**

pa|tent; -este ‹lat.› (*ugs. für* praktisch, tüchtig, brauchbar; *landsch. für* fein, elegant); **Pa|tent,** das; -[e]s, -e (Urkunde über die Berechtigung, eine Erfindung allein zu verwerten; Bestallungsurkunde eines [Schiffs]offiziers); **Pa|tent|amt**

Pa|ten|tan|te

Pa|tent|an|walt; pa|tent|fä|hig; pa|ten|tie|ren (durch ein Patent schützen); **Pa|tent‿in|ha|ber, ...in|ha|be|rin, ...knopf, ...lö|sung** *(ugs.)*

Pa|ten|toch|ter

Pa|tent‿recht, ...re|zept *(ugs.),* **...rol|le, ...schrift, ...schutz** (der; -es), **...ver|schluß**

Pa|ter, der; -s, *Plur.* - *u.* Patres ['pa:tre:s] ‹lat.› (kath. Ordensgeistlicher; *Abk.* P., *Plur.* PP.); **Pa|ter|fa|mi|li|as,** der; -, - (*veraltet scherzh. für* Familienoberhaupt, Hausherr); **Pa|ter|ni|tät,** die; - (*veraltet für* Vaterschaft); [1]**Pa|ter|no|ster,** das; -s, - (Vaterunser); [2]**Pa|ter|no|ster,** der; -s, - (ständig umlaufender Aufzug); **Pa|ter|no|ster|auf|zug; pa|ter, pec|ca|vi** [- pɛ'ka:vi] ‹„Vater, ich habe gesündigt“›; - - sagen (flehentlich um Verzeihung bitten);

Pa|ter|pec|ca|vi, das; -, - (reuiges Geständnis)

Pa|the|tik, die; - ‹griech.› (übertriebene, gespreizte Feierlichkeit); **Pa|thé|tique** [pate'ti:k], die; - ‹franz.› (Titel einer Klaviersonate Beethovens u. einer Sinfonie Tschaikowskis); **pa|the|tisch;** -ste ‹griech.› (voller Pathos; [übertrieben] feierlich); **pa|tho|gen** (*Med.* krankheitserregend); -e Bakterien; **Pa|tho|ge|ne|se,** die; -, -n (Entstehung u. Entwicklung einer Krankheit); **Pa|tho|ge|ni|tät,** die; - (Fähigkeit, Krankheiten hervorzurufen); **pa|tho|gno|mo|nisch, pa|tho|gno|stisch** (für eine Krankheit kennzeichnend); **Pa|tho|lo|ge,** der; -n, -n (↑R 197); **Pa|tho|lo|gie,** die; -, ...ien (*nur Sing.:* allgemeine Lehre von den Krankheiten; pathologisches Institut); **Pa|tho|lo|gin; pa|tho|lo|gisch** (die Pathologie betreffend; krankhaft); -e Anatomie; **Pa|tho|pho|bie,** die; -, ...ien (*Psych.* Furcht vor Krankheiten); **Pa|tho|phy|sio|lo|gie** (Lehre von den Krankheitsvorgängen u. Funktionsstörungen [in einem Organ]); **Pa|tho|psy|cho|lo|gie** (*svw.* Psychopathologie); **Pa|thos,** das; - ([übertriebene] Gefühlserregung; feierliche Ergriffenheit)

Pa|ti|ence [pa'siã:s], die; -, -n [...s(ə)n] ‹franz.› (Geduldsspiel mit Karten); **Pa|ti|ence|spiel; Pa|ti|ent** [pa'tsiɛnt], der; -en, -en (↑R 197) ‹lat.› (vom Arzt behandelte od. betreute Person); **Pa|ti|en|tin**

Pa|tin

Pa|ti|na, die; - ‹ital.› (grünlicher Überzug auf Kupfer, Edelrost); **pa|ti|nie|ren** (mit einer künstlichen Patina versehen)

Pa|tio, der; -s, -s ‹span.› (Innenhof eines [span.] Hauses)

Pa|tis|se|rie, die; -, ...ien ‹franz.› ([in Hotels] Raum zur Herstellung von Backwaren; *schweiz. für* feines Gebäck; Konditorei); **Pa|tis|sier** [...'sie:], der; -s, -s ([Hotel]konditor)

Pat|mos (griech. Insel)

Pat|na|reis ‹nach der ind. Stadt› ([langkörniger] Reis); ↑R 149

Pa|tois [pa'toa], das; -, - ‹franz.› (*franz. Bez. für* Sprechweise der Landbevölkerung)

Pa|tras (griech. Stadt)

Pa|tres (*Plur. von* Pater); **Pa|tri|arch,** der; -en, -en (↑R 197) ‹griech.› (Stammvater im A. T.; Ehren-, Amtstitel einiger Bischöfe; Titel hoher orthodoxer Geistlicher); **pa|tri|ar|cha|lisch;** -ste (altväterlich; ehrwürdig; väterlich-bestimmend; männlich-autoritativ); **Pa|tri|ar|chal|kir|che** (Hauptkirche); **Pa|tri|ar|chat,** das, *in der Theol. auch* der; -[e]s, -e (Würde, Sitz u. Amtsbereich eines Patriarchen; Vaterherrschaft, -recht); **pa|tri|ar|chisch** (einem Patriarchen entsprechend)

Pa|tri|cia ‹lat.› (w. Vorn.); **Pa|trick** (m. Vorn.)

pa|tri|mo|ni|al ‹lat.› (erbherrlich); **Pa|tri|mo|ni|al|ge|richts|bar|keit** (*früher* Rechtsprechung durch den Grundherrn); **Pa|tri|mo|ni|um,** das; -s, ...ien [...iən] (*röm. Recht* väterl. Erbgut); [1]**Pa|tri|ot,** der; -en, -en (↑R 197) ‹griech.› (jmd., der für sein Vaterland eintritt); [2]**Pa|tri|ot** ['pɛtriət], die; -, -s ‹engl.› (eine amerik. Flugabwehrrakete); **pa|trio|tisch** [pa...]; -ste (↑R 180) ‹griech.›; **Pa|trio|tis|mus,** der; - (↑R 180); **Pa|tri|stik,** die; - (Wissenschaft von den Schriften u. Lehren der Kirchenväter); **Pa|tri|sti|ker** (Kenner, Erforscher der Patristik); **pa|tri|stisch; Pa|tri|ze,** die; -, -n ‹lat.› (*Druckw.* Stempel, Prägestock; Gegenform zur Matrize)

Pa|tri|zia ‹lat.› (w. Vorn.)

Pa|tri|zi|at, das; -[e]s, -e ‹lat.› (Gesamtheit der altröm. Adelsgeschlechter; ratsfähige Bürgerfamilien der dt. Städte im MA.); **Pa|tri|zi|er** [...iər] (Angehöriger des Patriziats); **Pa|tri|zi|er‿ge|schlecht, ...haus; Pa|tri|zie|rin** [...iə...]; **pa|tri|zisch**

Pa|tro|klos [*auch* 'pa...] (Freund Achills); **Pa|tro|klus** [*auch* 'pa...] *vgl.* Patroklos

Pa|tro|lo|gie, die; - ‹griech.› (*svw.* Patristik); [1]**Pa|tron,** der; -s, -e ‹lat.› (Schutzherr, -heiliger; Stifter einer Kirche; *veraltet für* Gönner; *ugs. für* übler Kerl, Bursche); [2]**Pa|tron** [patrõ], der; -s, -s ‹franz.› (*schweiz. für* Betriebsinhaber, Dienstherr); **Pa|tro|na,** die; -, ...nä ‹lat.› ([heilige] Beschützerin); **Pa|tro|na|ge** [...'na:ʒə], die; -, -n ‹franz.› (Günstlingswirtschaft, Protektion); **Pa|tro|nanz,** die; - ‹lat.› (*österr. meist für* Schirmherrschaft); **Pa|tro|nat,** das; -[e]s, -e (Würde, Amt, Recht eines Schutzherrn [im alten Rom]; Rechtsstellung des Stifters einer christlichen Kirche od. seines Nachfolgers; Schirmherrschaft); **Pa|tro|nats‿fest, ...herr; Pa|tro|ne,** die; -, -n ‹franz.› (Geschoß u. Treibladung enthaltende [Metall]hülse; Musterzeichnung auf kariertem Papier bei der Jacquardweberei; Behälter [z. B. für Tinte, Kleinbildfilm]); **Pa|tro|nen‿gurt, ...hül|se, ...kam|mer, ...ta|sche, ...trom|mel; pa|tro|nie|ren** (*österr. für* [Wände] mit Hilfe von Schablonen bemalen); **Pa|tro|nin** ‹lat.› (Schutzherrin, Schutzheilige); **pa|tro|ni|sie|ren** (*veraltet für* beschützen; begünstigen); **Pa|tro|ny|mi|kon, Pa|tro|ny|mi|kum,** das; -s, ...ka ‹griech.› (nach dem Namen des Vaters gebildeter Name, z. B. Petersen = Peters Sohn); **pa|tro|ny|misch**

Pa|trouil|le [pa'truljə, *österr.* pa'tru:jə], die; -, -n ‹franz.› (Spähtrupp; Kontrollgang); **Pa|trouil|len‿boot, ...fahrt, ...flug, ...füh|rer, ...gang** (der), **pa|trouil|lie|ren** [patru'l(j)i:..., *österr.* patru'ji:...] (auf Patrouille gehen; [als Posten] auf u. ab gehen)

Pa|tro|zi|ni|um, das; -s, ...ien [...iən] ‹lat.› (im alten Rom die Vertretung durch einen Patron vor Gericht; Schutzherrschaft eines Heiligen über eine kath. Kirche; Patronatsfest); **Pa|tro|zi|ni|ums|fest**

patsch!; pitsch, patsch!; [1]**Patsch,** der; -[e]s, -e (klatschendes Geräusch); [2]**Patsch,** der; -en, -en (*österr. ugs. für* Tolpatsch); **Pat|sche,** die; -, -n (*ugs. für* Hand; Gegenstand zum Schlagen [z. B. Feuerpatsche]; *nur Sing.:* Schlamm, Matsch); in der - sitzen (*ugs. für* in einer unangenehmen Lage sein); **pät|scheln** (*landsch. für* [spielerisch] rudern); ich ...[e]le (↑R 22); **pat|schen** *(ugs.);* du patschst; **Pat|schen,** der; -s, - (*österr. für* Hausschuh; Reifendefekt); **pat|sche|naß** *vgl.* patschnaß; **Pat|scherl,** das; -s, -n (*österr. ugs. für* ungeschicktes Kind); **pat|schert** (*österr. ugs. für* unbeholfen); **Patsch|hand, Patsch|händ|chen** *(Kinderspr.);* **patsch|naß,** pat|sche|naß (*ugs. für* klatschnaß)

Pat|schu|li, das; -s, -s ‹tamil.› (Duftstoff aus der Patschulipflanze); **Pat|schu|li‿öl, ...pflan|ze** (eine asiat. Pflanze)

patt ‹franz.› (*Schach* nicht mehr in der Lage, einen Zug zu machen, ohne seinen König ins Schach zu bringen); - sein; **Patt,** das; -s, -s (*auch für* Situation, in der keine Partei einen Vorteil erringen kann)

Pat|te, die; -, -n ‹franz.› (Taschenklappe, Taschenbesatz)

Pat|tern ['pɛtərn], das; -s, -s ‹engl.› (*Psych.* [Verhaltens]muster, [Denk]schema; *Sprachw.* Sprachmuster)

Patt|si|tua|ti|on *vgl.* Patt

pat|zen (*ugs. für* kleinere Fehler machen); du patzt; **Pat|zen,** der;

-s, - (*bayr. u. österr. für* Klecks, Klumpen); **Pat|zer** (*ugs. für* jmd., der patzt; Fehler); **Pat|ze|rei** *(ugs.);* **pat|zig** (*ugs. für* frech, grob; *südd. auch für* klebrig, breiig); **Pat|zig|keit** *(ugs.)*

Pau|kant, der; -en, -en; ↑R 197 (*Studentenspr.* Fechter bei einer Mensur); **Pauk‿arzt** *(Studentenspr.),* **...bo|den, ...bril|le; Pau|ke,** die; -, -n; auf die - hauen (*ugs. für* ausgelassen sein); **pau|ken** (die Pauke schlagen; *Studentenspr.* eine Mensur fechten; *ugs. für* angestrengt lernen); **Pau|ken‿fell, ...höh|le** (*Med.* Teil des Mittelohrs), **...schall, ...schlag, ...schlä|ger, ...schle|gel, ...wir|bel; Pau|ker** (*Schülerspr. auch für* Lehrer); **Pau|ke|rei; Pau|kist,** der; -en, -en; ↑R 197 (Paukenspieler); **Pauk|tag** *(Studentenspr.)*

Paul (m. Vorn.); **Pau|la, Pau|li|ne** (w. Vorn.); **pau|li|nisch** ‹*zu* Paulus›; -er Lehrbegriff, aber (↑R 134): Paulinische Briefe, Schriften; **Pau|li|nis|mus,** der; - (*christl. Theol.* Lehre des Apostels Paulus)

Pau|low|nia, die; -, ...ien [...i̯ən] ‹nach der russ. Großfürstin Anna Pawlowna› (ein Zierbaum)

Pauls|kir|che, die; -; **Pau|lus** (Apostel); Pauli (des Paulus) Bekehrung (kath. Fest)

Pau|pe|ris|mus, der; - ‹lat.› (*veraltend für* Massenarmut)

Pau|sa|ni|as (spartan. Feldherr u. Staatsmann; griech. Reiseschriftsteller)

Paus|back, der; -[e]s, -e (*landsch. für* pausbäckiger Mensch); **Paus|backen**[1] *Plur.* (*landsch. für* dicke Wangen); **paus|backig**[1], *häufiger* **paus|bäckig**[1]

pau|schal (alles zusammen; rund); **Pau|schal‿ab|schrei|bung, ...be|steue|rung** (↑R 180), **...be|wer|tung; Pau|scha|le,** die; -, -n ‹*latinisierende Bildung zu dt.* Pauschsumme› (geschätzte Summe; Gesamtbetrag); **pau|scha|lie|ren** (abrunden); **pau|scha|li|sie|ren** (stark verallgemeinern); **Pau|scha|li|tät,** die; - (Undifferenziertheit); **Pau|schal‿preis, ...rei|se, ...sum|me, ...tou|ris|mus, ...ur|teil, ...ver|si|che|rung; Pausch|be|trag; Pau|sche,** die; -, -n (Wulst am Sattel; Handgriff am Seitpferd); **Päu|schel** *vgl.* Bäuschel; **Pau|schen|pferd** (*bes. schweiz. für* Seitpferd); **Pausch‿quan|tum, ...sum|me**

[1]**Pau|se,** die; -, -n ‹griech.› (Ruhezeit; Unterbrechung); die große - (in der Schule, im Theater)

[2]**Pau|se,** die; -, -n ‹franz.› (Kopie mittels Durchzeichnung); **pau|sen** (durchzeichnen); du paust; er pauste

Pau|sen‿brot (bes. für Schüler), **...fül|ler** *(ugs.),* **...gym|na|stik, ...hal|le; pau|sen|los; Pau|sen‿pfiff** *(Sport),* **...raum, ...stand** *(Sport),* **...tee** *(Sport),* **...zei|chen; pau|sie|ren** ‹griech.› (innehalten, ruhen, zeitweilig aufhören)

Paus‿pa|pier, ...zeich|nung

Pa|va|ne, die; -, -n ‹franz.› (langsamer Schreittanz; *später* Einleitungssatz der Suite)

Pa|via [pa'vi:a] (ital. Stadt)

Pa|vi|an [...v...], der; -s, -e ‹niederl.› (ein Affe)

Pa|vil|lon ['paviljɔ̃:, *österr.* 'pavijɔ̃:], der; -s, -s ‹franz.› (kleiner, frei stehender, meist runder Bau; Ausstellungsgebäude; Festzelt; *Archit.* vorspringender Gebäudeteil); **Pa|vil|lon|sy|stem** *(Archit.)*

Paw|lat|sche, die; -, -n ‹tschech.› (*österr. für* Bretterbühne; baufälliges Haus); **Paw|lat|schen|thea|ter** *(österr.)*

Paw|low (russ.-sowjet. Physiologe); **paw|lowsch,** aber (↑R 134): die Pawlowschen Hunde

Pax, die; - ‹lat., „Frieden"› (*kath. Kirche* Friedensgruß, -kuß); **Pax vo|bis|cum!** [- v...] ‹„Friede [sei] mit euch!"›

Pay|ing guest ['pe:iŋ 'gɛst], der; - -, - -s ‹engl.› (jmd., der im Ausland bei einer Familie als Gast wohnt, aber für Unterkunft u. Verpflegung bezahlt)

Pa|zi|fik [*auch* 'pa:...], der; -s ‹lat.-engl.› (Großer od. Pazifischer Ozean); **Pa|zi|fik|bahn,** die; -; **pa|zi|fisch;** -e Inseln, aber (↑R 146): der Pazifische Ozean; **Pa|zi|fis|mus,** der; - ‹lat.› (Ablehnung des Krieges aus religiösen od. ethischen Gründen); **Pa|zi|fist,** der; -en, -en (↑R 197); **Pa|zi|fi|stin; pa|zi|fi|stisch; pa|zi|fi|zie|ren** (*veraltend für* beruhigen; befrieden); **Pa|zi|fi|zie|rung**

Pb = Plumbum (*chem. Zeichen für* Blei)

P. b. b. = Postgebühr bar bezahlt (Österreich)

pc = Parsec

PC [pe:'tse:], der; -[s], -[s] (Personalcomputer)

p. c., %, v. H. = pro centum; *vgl.* Prozent

PCB = polychlorierte Biphenyle (bestimmte giftige, krebsauslösende chemische Verbindungen)

p. Chr. [n.] = post Christum [natum]

Pd = *chem. Zeichen für* [2]Palladium

PdA = Partei der Arbeit (kommunistische Partei in der Schweiz)

PDS = Partei des Demokratischen Sozialismus

Pearl Har|bor ['pœ:(r)l 'ha:(r)bə(r)] (amerik. Flottenstützpunkt im Pazifik)

Pech, das; *Gen.* -s, *seltener* -es, *Plur. (Arten:)* -e; **Pech‿blen|de** (ein Mineral), **...draht, ...fackel** [*Trenn.* ...fak|kel]; **pech|fin|ster** *(ugs.);* **pe|chig; Pech‿koh|le, ...nel|ke; pech|ra|ben|schwarz** *(ugs.);* **pech|schwarz** *(ugs.);* **Pech‿sträh|ne** (*ugs. für* Folge von Fällen, in denen man Unglück hat), **...vo|gel** (*ugs. für* Mensch, der [häufig] Unglück hat)

Pe|dal, das; -s, -e ‹lat.› (Fußhebel; Teil an der Fahrradtretkurbel); **Pe|dal|weg** *(Kfz-Technik)*

pe|dant; -este (*österr. für* pedantisch); **Pe|dant,** der; -en, -en (↑R 197) ‹griech.› (ein in übertriebener Weise genauer, kleinlicher Mensch); **Pe|dan|te|rie,** die; -, ...i̯en; **Pe|dan|tin; pe|dan|tisch;** -ste

Ped|dig|rohr, das; -[e]s (Markrohr der Rotangpalme zum Flechten von Korbwaren)

Pe|dell, der; -s, -e, *österr. meist* der; -en, -en (*veraltend für* Hausmeister einer [Hoch]schule)

Pe|di|gree ['pɛdigri], der; -s, -s ‹engl.› (Stammbaum bei Tieren u. Pflanzen)

Pe|di|kü|re, die; -, -n ‹franz.› (*nur Sing.:* Fußpflege; Fußpflegerin); **pe|di|kü|ren;** er hat pedikürt; **Pe|di|ment,** das; -s, -e ‹lat.› (*Geogr.* terrassenartige Fläche am Fuß eines Gebirges); **Pe|do|graph,** der; -en, -en (↑R 197) ‹lat.› (Wegmesser); **Pe|do|me|ter,** das; -s, - (Schrittzähler)

Pe|dro (m. Vorn.)

Pee|ling ['pi:...], das; -s, -s ‹engl.› (kosmetische Schälung der [Gesichts]haut)

Pee|ne, die; - (Fluß in Mecklenburg-Vorpommern)

Peep-Show ['pi:pʃo:], die; -, -s ‹engl.› (Veranstaltung, bei der man gegen Entgelt durch ein Guckloch eine unbekleidete Frau betrachten kann)

[1]**Peer,** Per (m. Vorn.); *vgl.* Peer Gynt

[2]**Peer** [pi:(r)], der; -s, -s ‹engl.› (Mitglied des höchsten engl. Adels; Mitglied des engl. Oberhauses); *vgl.* Pair; **Pee|rage** ['pi:ridʒ], die; - (Würde eines Peers; Gesamtheit der Peers); **Pee|reß** ['pi:rɛs], die; -, ...resses [...rɛsis] (Gattin eines Peers)

Peer Gynt (norweg. Sagengestalt)

Peers|wür|de ['pi:(r)s...], die; -

Pe|ga|sos ‹griech.›; *vgl.* Pegasus; [1]**Pe|ga|sus,** der; - (geflügeltes

---

[1] *Trenn.* ...k|k...

Roß der griech. Sage; Dichterroß); [2]**Pe|ga|sus,** der; - (ein Sternbild)
Pe|gel, der; -s, - (Wasserstandsmesser); **Pe|gel‿hö|he, ...stand**
Peg|ma|tit [*auch* ...'tit], der; -s, -e ‹griech.› (ein grobkörniges Gestein)
[1]**Peg|nitz,** die; - (r. Nebenfluß der Rednitz [Regnitz]); [2]**Peg|nitz** (Stadt an der Pegnitz); **Peg|nitz|or|den,** der; -s (↑R 149)
Peh|le|wi ['pɛç...], das; -s (Mittelpersisch)
Pei|es *Plur.* ‹hebr.› (Schläfenlokken [der orthodoxen Ostjuden])
pei|len (Richtung, Entfernung, Wassertiefe bestimmen); **Pei|ler** (Einrichtung zum Peilen; jmd., der peilt); **Peil‿fre|quenz, ...li|nie, ...rah|men** *(Funkwesen)*; **Pei|lung**
Pein, die; - (Schmerz, Qual); **pei|ni|gen; Pei|ni|ger; Pei|ni|ge|rin; Pei|ni|gung; pein|lich;** *Rechtsspr. veraltet:* -es Recht (Strafrecht), -e Gerichtsordnung (Strafprozeßordnung); **Pein|lich|keit; pein|sam; pein|voll**
Pei|si|stra|tos (athen. Tyrann)
Peit|sche, die; -, -n; **peit|schen;** du peitschst; **Peit|schen‿hieb, ...knall, ...leuch|te** (moderne Straßenlaterne mit gebogenem Mast), **...schlag, ...stiel, ...wurm** (ein Fadenwurm)
pe|jo|ra|tiv (*Sprachw.* verschlechternd, abwertend); **Pe|jo|ra|ti|vum** [...vum], das; -s, ...va (Wort mit abwertendem Sinn)
Pe|ka|ri, das; -s, -s ‹karib.-franz.› (amerik. Wildschwein)
Pe|ke|sche, die; -, -n ‹poln.› (Schnürrock; student. Festjacke)
Pe|ki|ne|se, der; -n, -n; ↑R 197 ‹nach der chin. Hptst. Peking› (eine Hunderasse); **Pe|king** (Hptst. Chinas); **Pe|king‿mensch** *(Anthropol.)*, **...oper**
Pek|ten|mu|schel ‹lat.; dt.› (*Zool.* Kammuschel)
Pek|tin, das; -s, -e *meist Plur.* ‹griech.› (gelierender Pflanzenstoff in Früchten, Wurzeln u. a.)
pek|to|ral ‹lat.› (*Med.* die Brust betreffend; Brust...); **Pek|to|ra|le,** das; -[s], *Plur.* -s *u.* ...lien [...i̯ən] (Brustkreuz kath. geistl. Würdenträger; ein mittelalterl. Brustschmuck)
pe|ku|ni|är ‹lat.-franz.› (geldlich; in Geld bestehend; Geld...)
pek|zie|ren ‹lat.› (*landsch. für* etwas anstellen); *vgl.* pexieren
Pe|la|gi|al, das; -s ‹griech.› (*Ökologie* das freie Wasser der Meere u. Binnengewässer)
Pe|la|gia|ner; ↑R 180 (Anhänger der Lehre des Pelagius); **Pe|la|gia|nis|mus,** der; - (↑R 180)
pe|la|gisch ‹griech.› (*Biol.* im freien Wasser lebend), a b e r (↑R 146): Pelagische Inseln (Inselgruppe südl. von Sizilien)
Pe|la|gi|us (engl. Mönch)
Pe|lar|go|nie [...i̯ə], die; -, -n ‹griech.› (eine Zierpflanze)
Pe|las|ger *meist Plur.* (Angehöriger einer Urbevölkerung Griechenlands); **pe|las|gisch**
pêle-mêle [pɛ(:)l'mɛ(:)l] ‹franz.› (*selten für* durcheinander); **Pele|mele** [pɛl'mɛl], das; - (Mischmasch; eine Süßspeise)
Pe|le|ri|ne, die; -, -n ‹franz.› ([ärmelloser] Umhang; *veraltend für* Regenmantel)
Pe|leus ['pe:lɔ̯ys] (Vater des Achill); **Pe|li|de,** der; -n; ↑R 197 (Beiname des Achill)
Pe|li|kan [*auch* ...'ka:n], der; -s, -e ‹griech.› (ein Vogel)
Pe|li|on, der; -s (Gebirge in Thessalien)
Pel|la|gra, das; -[s] ‹griech.› (*Med.* Krankheit durch Mangel an Vitamin B_2); **Pel|le,** die; -, -n ‹lat.› (*landsch. für* Haut, Schale); jmdm. auf die - rücken (*ugs. für* energisch zusetzen); jmdm. auf der - sitzen (*ugs. für* lästig sein); **pel|len** (*landsch. für* schälen)
Pel|let, das; -s, -s *meist Plur.* ‹engl.› (Kügelchen, kleiner Zylinder o. ä., bes. aus gepreßtem Tierfutter); **pel|le|tie|ren**
Pell|kar|tof|fel
Pe|lo|pon|nes, der; -[es], *fachspr. auch* die; - (südgriech. Halbinsel); **pe|lo|pon|ne|sisch,** a b e r (↑R 157): der Peloponnesische Krieg; **Pe|lops** (Sohn des Tantalus)
Pe|lo|ta, die; - ‹span.› (ein baskisches Ballspiel)
Pe|lo|ton [...'tõ:], das; -s, -s ‹franz.› (*früher für* kleine milit. Einheit; *Radsport* geschlossenes Fahrerfeld bei Straßenrennen); **Pe|lot|te,** die; -, -n (*Med.* ballenförmiges Druckpolster)
Pel|sei|de, die; - ‹ital.; dt.› (geringwertiges Rohseidengarn)
Pel|tast, der; -en, -en (↑R 197) ‹griech.› (altgriech. Leichtbewaffneter)
Pe|lusch|ke, die; -, -n ‹slaw.› (*landsch. für* Ackererbse)
Pelz, der; -es, -e; jmdm. auf den - rücken (*ugs. für* jmdn. drängen); **Pelz|be|satz; pelz|be|setzt;** [1]**pel|zen** (*fachspr. für* den Pelz abziehen; *ugs. für* faulenzen); du pelzt
[2]**pel|zen** (*landsch. für* pfropfen); du pelzt
pelz|ge|füt|tert; pel|zig; Pelz‿kap|pe, ...kra|gen, ...man|tel; Pelz|mär|te, der; -s, -n *u.* **Pelz|mär|tel,** der; -s, - ‹nach dem hl. Martin› (*südd. für* Knecht Ruprecht); **Pelz‿müt|ze, ...nickel** ([*Trenn.* ...nik|kel]; *vgl.* Belznikkel), **...sto|la, ...tier; Pelz|tier|farm; pelz|ver|brämt; Pelz‿ver|brä|mung, ...wa|re, ...werk** (das; -[e]s)
Pem|mi|kan, der; -s ‹indian.› (haltbarer Dauerproviant nordamerik. Indianer aus getrocknetem Fleisch u. Fett)
Pem|phi|gus, der; - ‹griech.› (*Med.* eine Hautkrankheit)
Pe|nal|ty ['pɛnəlti, *schweiz. meist* pɛ'nalti], der; -[s], -s ‹engl.› (*Sport, bes. Eishockey* Strafstoß)
Pe|na|ten *Plur.* ‹lat.› (röm. Hausgötter; *übertr. für* häuslicher Herd, Wohnung, Heim)
PEN, P.E.N. [pɛn], der; -[s] ‹engl.› ‹*Kurzw. aus* poets, essayists, novelists› (internationale Schriftstellervereinigung)
Pence [pɛns] (*Plur. von* Penny)
PEN-Club
Pen|dant [pã'dã:], das; -s, -s ‹franz.› ([ergänzendes] Gegenstück; *veraltet für* Ohrgehänge)
Pen|del, das; -s, - ‹lat.› (um eine Achse od. einen Punkt frei schwingender Körper); **Pen|del‿ach|se** *(Kfz-Technik)*, **...lam|pe; pen|deln** (schwingen; zwischen Wohnort und Arbeitsplatz hin- und herfahren); ich ...[e]le (↑R 22); **Pen|del‿sä|ge, ...schwin|gung, ...tür, ...uhr, ...ver|kehr** (der; -s); **pen|dent** ‹ital.› (*schweiz. für* schwebend, unerledigt); **Pen|den|tif** [pãdã'ti:f], das; -s, -s (*Archit.* Zwickel); **Pen|denz** [pɛn...], die; -, -en ‹ital.› (*schweiz. für* schwebendes Geschäft, unerledigte Aufgabe)
Pen|de|rec|ki [...'rɛtski], Krzysztof ['kʃiʃtɔf] (poln. Komponist)
Pend|ler; Pend|le|rin; Pend|ler|ver|kehr (der; -s); **Pen|du|le** [pã'dylə], **Pen|dü|le** [pɛn...], die; -, -n ‹franz.› (Pendel-, Stutzuhr)
Pe|ne|lo|pe [...pe:] (Frau des Odysseus)
Pe|ne|plain ['piniple:n], die; -, -s ‹engl.› (*svw.* Fastebene)
Pe|nes (*Plur. von* Penis)
pe|ne|trant; -este ‹franz.› (durchdringend; aufdringlich); **Pe|ne|tranz,** die; -, -en (Aufdringlichkeit; *Genetik* Häufigkeit, mit der ein Erbfaktor wirksam wird); **Pe|ne|tra|ti|on,** die; -, -en ‹lat.› (Durchdringung, Durchsetzung; das Eindringen); **pe|ne|trie|ren**
peng!; peng, peng!
Pen|hol|der|griff [...ho:l...] ‹engl.; dt.› (*Tischtennis* Schlägerhaltung, bei der der Griff zwischen Daumen u. Zeigefinger nach oben zeigt)
pe|ni|bel ‹franz.› (sehr genau, fast

kleinlich; *landsch. für* peinlich); ...i|ble Lage; **Pe|ni|bi|li|tät,** die; - (Genauigkeit)
Pe|ni|cil|lin *vgl.* Penizillin
Pen|in|su|la, die; -, ...suln ‹lat.› (*veraltet für* Halbinsel)
Pe|nis, der; -, *Plur.* -se *u.* Penes ['pe:ne:s] ‹lat.› (männl. Glied); **Pe|nis|neid** *(Psych.)*
Pe|ni|zil|lin, *fachspr. u. österr.* Pe|ni|cil|lin, das; -s, -e ‹lat.› (ein Antibiotikum); **Pe|ni|zil|lin‿am|pul|le, ...sprit|ze**
Pen|nal, das; -s, -e ‹lat.› (*österr., sonst veraltet für* Federbüchse; *Schülerspr. früher für* höhere Lehranstalt); **Pen|nä|ler,** der; -s, - (*ugs. für* Schüler einer höheren Lehranstalt); **pen|nä|ler|haft**
Penn|bru|der (*svw.* Penner); [1]**Pen|ne,** die; -, -n ‹jidd.› (*ugs. für* behelfsmäßiges Nachtquartier)
[2]**Pen|ne,** die; -, -n ‹lat.› (*Schülerspr.* Schule)
pen|nen (*ugs. für* schlafen); **Pen|ner** (*ugs. für* Stadt-, Landstreicher; *auch* Schimpfwort)
Pen|ni, der; -[s], -[s] (finn. Münze; *Abk.* p; 100 Penni = 1 Markka)
Penn|syl|va|nia [...sil've:niə], *eingedeutscht* **Penn|syl|va|ni|en** [...zil'va:niən] (Staat in den USA; *Abk.* Pa.); **penn|syl|va|nisch**
Pen|ny ['pɛni], der; -s, *Plur.* (*für einige Stücke:*) Pennies [...ni:s] *u.* (*bei Wertangabe:*) Pence [pɛns] ‹engl.› (engl. Münze; *Abk.* p, *früher* d [= denarius])
Pen|sa (*Plur. von* Pensum)
pen|see [pã'se:] ‹franz.› (dunkellila); ein pensee Kleid; *vgl.* blau *u.* beige; **Pen|see,** das; -s, -s (*franz. Bez. für* Gartenstiefmütterchen); **pen|see|far|big; Pen|see|kleid**
Pen|sen (*Plur. von* Pensum); **Pen|si|on** [paŋ'zio:n, *auch* pã...][1], die; -, -en ‹franz.› (Ruhestand *[nur Sing.];* Ruhe-, Witwengehalt; kleineres Hotel, Fremdenheim); **Pen|sio|när**[1], der; -s, -e (Ruheständler; *bes. schweiz. für* Kostgänger, [Dauer]gast einer Pension); **Pen|sio|nä|rin**[1]; **Pen|sio|nat**[1], das; -[e]s, -e (Internat, bes. für Mädchen); **pen|sio|nie|ren**[1] (in den Ruhestand versetzen); **Pen|sio|nie|rung**[1]; **Pen|sio|nist** [pɛn...], der; -en, -en; ↑R 197 (*österr., schweiz. für* Ruheständler); **Pen|si|ons‿al|ter** [paŋ'zio:ns..., *auch* pã...][1], **...an|spruch; pen|si|ons|be|rech|tigt**[1]; **Pen|si|ons|gast**[1]; **Pen|si|ons|ge|schäft**[1] (*Bankw.* Aufnahme eines Darlehens gegen Verpfändung von Wechseln od. Effekten); **Pen|si|ons|kas|se**[1] (betrieblicher Fonds für die Altersversorgung der Beschäftigten); **Pen|si|ons|preis**[1]; **pen|si|ons|reif**[1] *(ugs.);* **Pen|si|ons|rück|stel|lun|gen**[1] *Plur. (Wirtsch.);*
Pen|sum, das; -s, *Plur.* ...sen *u.* ...sa ‹lat.› (zugeteilte Arbeit; Lehrstoff)
pent..., pen|ta... ‹griech.› (fünf...); **Pent..., Pen|ta...** (Fünf...); **Pen|ta|de,** die; -, -n (Zeitraum von fünf Tagen); **Pen|ta|eder,** das; -s, - (Fünfflach); [1]**Pen|ta|gon,** das; -s, -e (Fünfeck); [2]**Pen|ta|gon,** das; -s (das auf einem fünfeckigen Grundriß errichtete amerik. Verteidigungsministerium); **Pen|ta|gon|do|de|ka|eder** [...go:n...] (von zwölf Fünfecken begrenzter Körper); **Pen|ta|gramm,** das; -s, -e, **Pent|al|pha,** das; -, -s (fünfeckiger Stern; Drudenfuß); **Pent|ame|ron,** das; -s (neapolitan. Volksmärchensammlung); **Pen|ta|me|ter,** der; -s, - (ein fünffüßiger Vers); **Pen|tan,** das; -s, -e (ein Kohlenwasserstoff); **Pent|ar|chie,** die; -, ...ien (Herrschaft von fünf Mächten); **Pen|ta|teuch,** der; -s (die fünf Bücher Mose im A.T.); **Pent|ath|lon** [*auch* ...'a:tlɔn], das; -s (antiker Fünfkampf); **Pen|ta|to|nik,** die; - (Fünftonmusik); **Pen|te|ko|ste,** die; - ‹griech.› (50. Tag nach Ostern; Pfingsten)
Pen|te|li|kon, der; -s (Gebirge in Attika); **pen|te|lisch;** -er Marmor
Pen|te|re, die; -, -n ‹griech., „Fünfruderer"› (antikes Kriegsschiff)
Pent|haus, das; -es, ...häuser (*eingedeutscht für* Penthouse)
Pen|the|si|lea, Pen|the|si|leia ‹griech.› (eine Amazonenkönigin in der griech. Sage)
Pent|house ['pɛnthaus], das; -, -s [...ziz] ‹amerik.› (exklusive Dachterrassenwohnung über einem Etagenhaus)
Pent|ode, die; -, -n ‹griech.› (Elektronenröhre mit 5 Elektroden)
Pe|nun|ze, die; -, -n *meist Plur.* ‹poln.› (*ugs. für* Geld)
pen|zen (*österr. ugs. für* betteln, bitten; ständig ermahnen)
Pep, der; -[s] ‹amerik.; *von* pepper = Pfeffer› (Schwung, Elan); **Pe|pe|ro|ne,** der; -, ...oni, *häufiger* **Pe|pe|ro|ni,** die; -, - *meist Plur.* ‹ital.› (scharfe, kleine [in Essig eingemachte] Paprikaschote)
Pe|pi|ta, der *od.* das; -s, -s ‹span.› (kariertes Gewebe); **Pe|pi|ta‿kleid, ...ko|stüm**
Pe|plon, das; -s, *Plur.* ...plen *u.* -s ‹griech.› *u.* **Pe|plos,** der; -, *Plur.* ...plen *u.* - (altgriech. Umschlagtuch der Frauen)
Pep‿mit|tel (*ugs. für* Aufputschmittel), **...pil|le** *(ugs.)*
Pep|ping (dt. Komponist u. Musikschriftsteller)
Pep|po (m. Vorn.)
Pep|sin, das; -s, -e ‹griech.› (Enzym des Magensaftes; ein Arzneimittel); **Pep|sin|wein; Pep|ti|sa|ti|on,** die; - *(Chemie);* **pep|tisch** (verdauungsfördernd); **pep|ti|sie|ren** (in kolloide Lösung überführen); **Pep|ton,** das; -s, -e (Abbaustoff des Eiweißes); **Pep|ton|urie,** die; - (*Med.* Ausscheidung von Peptonen im Harn)
per ‹lat.› *Präp. mit Akk.* (durch, mit, gegen, für); *häufig in der Amts- u. Kaufmannsspr.,* z. B. - Adresse ([*Abk.* p. A.], *besser:* bei); - Bahn (*besser:* mit der Bahn); - Eilboten (*besser:* durch Eilboten); - Monat (*besser:* jeden Monat, im Monat, monatlich); - sofort (*besser:* [für] sofort); - Stück (*besser:* das, je *od.* pro Stück); - ersten Januar (*besser:* für ersten Januar, zum ersten Januar); - eingeschriebenen (*besser:* als eingeschriebenen) Brief
[1]**Per,** Peer (m. Vorn.)
[2]**Per,** das; -s (*kurz für* bes. bei der chem. Reinigung verwendetes Perchloräthylen)
per as|pe|ra ad astra ‹lat., „auf rauhen Wegen zu den Sternen"›
Per|bo|rat, das; -[e]s, -e *meist Plur.* ‹lat.; pers.› (chem. Verbindung aus Wasserstoffperoxyd u. Boraten); **Per|bor|säu|re,** die; -
per cas|sa ‹ital.› ([gegen] bar, bei Barzahlung); *vgl.* Kassa
Perche-Akt ['pɛrʃ...], der; -[e]s, -e ‹franz.› (artistische Darbietung an einer langen, elastischen [Bambus]stange)
Per|chlor|äthy|len (*Chemie* ein Lösungsmittel bes. für Fette u. Öle); *vgl.* Äthylen *u.* [2]Per
Perch|ten *Plur.* (Dämonengruppe); **Perch|ten‿ge|stal|ten** *(Plur.),* **...mas|ken** *(Plur.)*
per con|to ‹ital.› (*Kaufmannsspr.* auf Rechnung)
Per|cus|sion [pœ:(r)'kaʃ(ə)n], die; -, -s *meist Plur.* ‹engl.› (*Musik* Gruppe von Schlaginstrumenten); *vgl. auch* Perkussion
per de|fi|ni|tio|nem ‹lat.› (erklärtermaßen)
per|du [pɛr'dy:] ‹franz.› (*ugs. für* verloren, weg, auf und davon)
Per|em[p]|ti|on, die; -, -en ‹lat.› (*veraltet für* Verjährung); **per|em[p]|to|risch** (aufhebend; endgültig)
per|en|nie|rend ‹lat.› (*Bot.* aus-

[1] *[südd., österr. nur, schweiz. auch* pɛn...]

[1] *[südd., österr. nur, schweiz. auch* pɛn...]

dauernd; mehrjährig [von Stauden- u. Holzgewächsen])

Pe|re|stroi|ka [...'strɔyka], die; - ‹russ., „Umbau"› (Umbildung, Neugestaltung [des sowjetischen politischen Systems, bes. im innen- und wirtschaftspolitischen Bereich])

per|fekt; -este ‹lat.› (vollendet, vollkommen [ausgebildet]; abgemacht; gültig); **Per|fekt** [*auch* ...'fɛkt], das; -[e]s, -e *Plur. selten* (*Sprachw.* Vollendung in der Gegenwart, Vorgegenwart); **per|fek|ti|bel** (vervollkommnungsfähig); ...ti|ble Dinge; **Per|fek|ti|bi|lis|mus,** der; - (*Philos.* Lehre von der Vervollkommnung [des Menschengeschlechtes]); **Per|fek|ti|bi|list,** der; -en, -en (↑R 197); **Per|fek|ti|bi|li|tät,** die; - (Vervollkommnungsfähigkeit); **Per|fek|ti|on,** die; - (Vollendung, Vollkommenheit); **per|fek|tio|nie|ren; Per|fek|tio|nis|mus,** der; - (übertriebenes Streben nach Vervollkommnung); **Per|fek|tio|nist,** der; -en, -en (↑R 197); **Per|fek|tio|ni|stin; per|fek|tio|ni|stisch** (in übertriebener Weise Perfektion anstrebend; bis in alle Einzelheiten vollständig, umfassend); **per|fek|tisch** (das Perfekt betreffend); **per|fek|tiv;** *in der Fügung* -e Aktionsart (*Sprachw.* Aktionsart eines Verbs, die eine zeitl. Begrenzung des Geschehens ausdrückt, z. B. „verblühen"); **per|fek|ti|visch** [...viʃ] (perfektisch; *veraltet für* perfektiv)

per|fid, *österr. nur so, od.* **per|fi|de;** ...deste ‹lat.-franz.› (niederträchtig, gemein); **Per|fi|die,** die; -, ...ien (Niedertracht, Gemeinheit); **Per|fi|di|tät,** die; -, -en (*selten für* Perfidie)

Per|fo|ra|ti|on, die; -, -en ‹lat.› (Durchbohrung; Lochung; Reiß-, Trennlinie; Zähnung [bei Briefmarken]); **Per|fo|ra|tor,** der; -s, ...oren (Gerät zum Perforieren); **per|fo|rie|ren; Per|fo|rier|ma|schi|ne**

Per|for|mance [pœ(r)'fɔ:(r)məns], die; -, -s [...siz] ‹engl., „Vorführung"› (einem Happening ähnliche künstlerische Aktion); **Per|for|manz,** die; - ‹lat.› (*Sprachw.* Sprachverwendung in einer bestimmten Situation); **per|for|ma|tiv, per|for|ma|to|risch** (eine mit einer Äußerung beschriebene Handlung zugleich vollziehend, z. B. „ich gratuliere dir")

per|ga|me|nisch (aus Pergamon), aber (↑R 157): die Pergamenischen Altertümer (in Berlin); **Per|ga|ment,** das; -[e]s, -e ‹griech.› (bearbeitete Tierhaut; alte Handschrift [auf Tierhaut]); **Per|ga|ment|band** *Plur.* ...bände; **per|ga|men|ten** (aus Pergament); **Per|ga|ment|pa|pier; Per|ga|min,** das; -s (durchscheinendes, pergamentartiges Papier); **Per|ga|mon** (antike Stadt in Nordwestkleinasien); **Per|ga|mon‿al|tar, ...mu|se|um,** das; -s (↑R 149)

Per|gel, das; -s, - ‹ital.› (*südd. für* Weinlaube); **Per|go|la,** die; -, ...len (Weinlaube; berankter Laubengang)

per|hor|res|zie|ren ‹lat.› (verabscheuen, zurückschrecken)

Pe|ri, der; -s, -s *od.* die; -, -s *meist Plur.* ‹pers.› (feenhaftes Wesen der altpers. Sage)

pe|ri... ‹griech.› (um..., herum...); **Pe|ri...** (Um..., Herum...)

Pe|ri|ar|thri|tis, die; -, ...itiden ‹griech.› (*Med.* Entzündung in der Umgebung von Gelenken)

Pe|ri|car|di|um *vgl.* Perikard

Pe|ri|chon|dri|tis [...çɔn...], die; -, ...itiden ‹griech.› (*Med.* Knorpelhautentzündung); **Pe|ri|chon|dri|um,** das; -s, ...ien [...iən] (*Med.* Knorpelhaut)

pe|ri|cu|lum in mo|ra ‹lat.› (Gefahr besteht, wenn man zögert)

Pe|ri|derm, das; -s, -e ‹griech.› (*Bot.* ein Pflanzengewebe)

Pe|ri|dot, der; -s ‹franz.› (ein Mineral); **Pe|ri|do|tit** [*auch* ...'tit], der; -s, -e (ein Tiefengestein)

Pe|ri|ga|stri|tis, die; -, ...itiden ‹griech.› (*Med.* Entzündung des Bauchfellüberzuges des Magens)

Pe|ri|gä|um, das; -s, ...äen ‹griech.› (*Astron.* der Punkt der größten Erdnähe des Mondes od. eines Satelliten; *Ggs.* Apogäum); **Pe|ri|gon,** das; -s, -e *u.* **Pe|ri|go|ni|um,** das; -s, ...ien [...iən] (*Bot.* Blütenhülle aus gleichartigen Blättern); **Pe|ri|hel,** das; -s, -e (*Astron.* der Punkt einer Planeten- od. Kometenbahn, der der Sonne am nächsten liegt; *Ggs.* Aphel); **Pe|ri|he|pa|ti|tis,** die; -, ...itiden (*Med.* Entzündung des Bauchfellüberzuges der Leber); **Pe|ri|kard,** das; -s, -e *u.* Pe|ri|kar|di|um, *med. fachspr.* Pe|ri|car|di|um, das; -s, ...ien [...iən] (*Med.* Herzbeutel); **Pe|ri|kar|di|tis,** die; -, ...itiden (*Med.* Herzbeutelentzündung); **Pe|ri|kar|di|um** *vgl.* Perikard; **Pe|ri|karp,** das; -s, -e (*Bot.* [äußere] Hülle der Früchte von Samenpflanzen); **Pe|ri|klas,** der; *Gen.* - *u.* -es, *Plur.* -e (ein Mineral)

pe|ri|kle|isch; -er Geist, aber (↑R 134): Perikleische Verwaltung; **Pe|ri|kles** (athen. Staatsmann)

Pe|ri|ko|pe, die; -, -n ‹griech.› (zu gottesdienstl. Verlesung vorgeschriebener Bibelabschnitt; *Verslehre* Strophengruppe)

Pe|ri|me|ter [*schweiz.* 'pɛri...], das, *schweiz.* der; -s, - (*Med.* Vorrichtung zur Messung des Gesichtsfeldes; *schweiz. für* Umfang eines [Planungs]gebietes); **pe|ri|me|trie|ren; pe|ri|me|trisch**

pe|ri|na|tal (*Med.* die Zeit während, kurz vor u. nach der Geburt betreffend); -e Medizin

Pe|ri|ode, die; -, -n ‹griech.› (Umlauf[szeit] eines Gestirns, Kreislauf; Zeit[abschnitt, -raum]; Menstruation; [kunstvolles] Satzgefüge; Schwingungsdauer; unendlicher Dezimalbruch); **Pe|ri|oden‿er|folg** *(Wirtsch.),* **...rech|nung** *(Wirtsch.),* **...sy|stem** *(Chemie),* **...zahl** *(Elektrotechnik);* **...pe|ri|odig** (z. B. zweiperiodig); **Pe|ri|odik,** die; - (*svw.* Periodizität); **Pe|ri|odi|kum,** das; -s, ...ka *meist Plur.* (periodisch erscheinende [Zeit]schrift); **pe|ri|odisch** (regelmäßig auftretend, wiederkehrend); -er Dezimalbruch; -es System *(Chemie);* **pe|ri|odi|sie|ren** (in Zeitabschnitte einteilen); **Pe|ri|odi|sie|rung; Pe|ri|odi|zi|tät,** die; - (regelmäßige Wiederkehr)

Pe|ri|odon|ti|tis, die; -, ...itiden ‹griech.› (*Med.* Entzündung der Zahnwurzelhaut); **Pe|ri|öke,** der; -n, -n; ↑R 197 ‹„Umwohner"› (freier, aber polit. rechtloser Bewohner im alten Sparta); **pe|ri|oral** (*Med.* um den Mund herum); **Pe|ri|ost,** das; -[e]s, -e (*Med.* Knochenhaut); **Pe|ri|osti|tis,** die; -, ...itiden (*Med.* Knochenhautentzündung)

Pe|ri|pa|te|ti|ker ‹griech.› (Philosoph aus der Schule des Aristoteles); **pe|ri|pa|te|tisch; Pe|ri|pa|tos,** der; - (Wandelgang; Teil der Schule in Athen, wo Aristoteles lehrte); **Pe|ri|pe|tie,** die; -, ...ien (entscheidender Wendepunkt, Umschwung [in einem Drama]); **pe|ri|pher** (am Rande befindlich, Rand...); **Pe|ri|phe|rie,** die; -, ...ien ([Kreis]umfang; Umkreis; Randgebiet [der Großstädte], Stadtrand); **pe|ri|phe|risch** (*veraltet für* peripher); **Pe|ri|phra|se,** die; -, -n (*Rhet.* Umschreibung); **pe|ri|phra|sie|ren; pe|ri|phra|stisch** (umschreibend); **Pe|ri|pte|ros,** der; -, *Plur.* - *od.* ...pteren (griechischer Tempel mit einem umlaufenden Säulengang)

Pe|ri|skop, das; -s, -e ‹griech.› (Fernrohr [für Unterseeboote] mit geknicktem Strahlengang); **pe|ri|sko|pisch; Pe|ri|spo|me|non,** das; -s, ...na (*Sprachw.* auf der letzten, langen Silbe betontes Wort); **Pe|ri|stal|tik,** die; - (*Med.* wellenförmig fortschreitendes Zusammenziehen, z. B. der Speiseröhre, des Darms); **pe|ri|stal|tisch; Pe|ri|sta|se,** die; -, -n (*Biol., Med.* die auf die Entwicklung des Organismus einwirkende Umwelt); **pe|ri|sta|tisch** (umweltbedingt); **Pe|ri|ste|ri|um,** das; -s, ...ien [...iən] (mittelalterl. Hostiengefäß in Gestalt einer Taube); **Pe|ri|styl,** das; -s, -e, **Pe|ri|sty|li|um,** das; -s, ...ien [...iən] (von Säulen umgebener Innenhof des antiken Hauses); **Pe|ri|to|ne|um,** das; -s, ...neen (*Med.* Bauchfell); **Pe|ri|to|ni|tis,** die; -, ...itiden (*Med.* Bauchfellentzündung)

Per|kal, der; -s, -e ‹pers.› (ein Baumwollgewebe); **Per|ka|lin,** das; -s, -e (stark appretiertes Gewebe [für Bucheinbände])

Per|ko|lat, das; -[e]s, -e ‹lat.› (*Pharm.* durch Perkolation gewonnener Pflanzenextrakt); **Per|ko|la|ti|on,** die; -, -en (Herstellung konzentrierter Pflanzenextrakte); **Per|ko|la|tor,** der; -s, ...oren (Gerät zur Perkolation); **per|ko|lie|ren**

Per|kus|si|on, die; -, -en ‹lat.› (Zündung durch Stoß od. Schlag [beim Perkussionsgewehr des 19. Jh.s]; ärztl. Organuntersuchung durch Beklopfen der Körperoberfläche; Anschlagvorrichtung beim Harmonium); *vgl. auch* Percussion; **Per|kus|si|ons_ge|wehr, ...ham|mer** (*Med.*), **...in|stru|ment** (Schlaginstrument), **...schloß, ...zün|dung; per|kus|so|risch** (*Med.* durch Perkussion nachweisbar)

per|ku|tan ‹lat.› (*Med.* durch die Haut hindurch)

per|ku|tie|ren ‹lat.› (*Med.* abklopfen); **per|ku|to|risch** (*svw.* perkussorisch)

Perl, die; - (*Druckw.* ein Schriftgrad); **Per|le,** die; -, -n; [1]**per|len** (tropfen; Bläschen bilden); [2]**per|len** (aus Perlen [hergestellt]); **per|len_be|setzt, ...be|stickt; Per|len_fi|scher, ...fi|sche|rin, ...ket|te, ...kol|lier, ...schnur** (*Plur.* ...schnüre); **Per|len_sticke|rei** [*Trenn.* ...stik|ke...], **...tau|cher, ...tau|che|rin; Perl|garn; perl|grau; Perl|huhn; per|lig; Per|lit** [*auch* ...'lit], der; -s, -e ‹lat.› (ein Gestein; Gefügebestandteil des Eisens); **Per|lit|guß** (Spezialgußeisen für hohe Beanspruchungen); **Perl|mu|schel; Perl|mutt** [*auch* ...'mut], das; -s ‹*verkürzt aus* „Perlmutter"›; **Perl|mut|ter** [*auch* ...'mutər], die; - *od.* das; -s (glänzende Innenschicht von Perlmuschel- u. Seeschneckenschalen); **Perl|mut|ter|fal|ter** (ein Schmetterling); **perl|mut|ter|far|ben; Perl|mut|ter|knopf** (*svw.* Perlmuttknopf); **perl|mut|tern** (aus Perlmutter); **Perl|mutt|knopf**

Per|lon ®, das; -s (eine synthet. Textilfaser); **Per|lon|strumpf; per|lon|ver|stärkt**

Perl_schrift (die; -), **...stich**

Per|lu|stra|ti|on, die; -, -en ‹lat.›, **Per|lu|strie|rung** (*österr., sonst veraltet für* Durchmusterung, genaue Untersuchung [eines Verdächtigen]); **per|lu|strie|ren**

Perl|wein; perl|weiß; Perl|zwie|bel

[1]**Perm** (Stadt in Rußland); [2]**Perm,** das; -s (*Geol.* jüngster Teil des Paläozoikums)

per|ma|nent; -este ‹lat.› (dauernd, ununterbrochen, ständig); **Per|ma|nent_gelb** (das; -s; lichtechtes Gelb), **...weiß** (das; -[es]); **Per|ma|nenz,** die; - (Dauer[haftigkeit]); in - (dauernd, ständig); **Per|ma|nenz|theo|rie,** die; - (*Geol.*)

Per|man|ga|nat, das; -s, -e ‹lat.; griech.› (chem. Verbindung, die als Oxydations- u. Desinfektionsmittel verwendet wird)

per|mea|bel (↑R 180) ‹lat.› (durchdringbar, durchlässig); ...a|ble Körper; **Per|mea|bi|li|tät,** die; -

per mil|le (*svw.* pro mille)

per|misch ‹*zu* [2]Perm›

Per|mis|si|on, die; -, -en ‹lat.› (*veraltend für* Erlaubnis); **per|mis|siv** (*Soziol., Psych.* nachgiebig, frei gewähren lassend); **Per|mis|si|vi|tät,** die; -; **per|mit|tie|ren** (*veraltend für* erlauben, zulassen)

per|mu|ta|bel ‹lat.› (umstellbar, aus-, vertauschbar); ...ta|ble Größen; **Per|mu|ta|ti|on,** die; -, -en (Umstellung, Vertauschung; *Math.* Umstellung von Elementen einer geordneten Menge); **per|mu|tie|ren**

Per|nam|bu|co (*früherer Name von* Recife); **Per|nam|buk|holz,** Fer|nam|buk|holz

Per|nio, der; -, *Plur.* ...iones *u.* ...ionen (↑R 180) ‹lat.› (*Med.* Frostbeule); **Per|nio|sis,** die; -, ...sen; ↑R 180 (Frostschaden der Haut)

per|ni|zi|ös; -este ‹franz.› (bösartig, schlimm); -e Anämie (*Med.*)

Per|nod ® [...'no:], der; -[s], -[s] ‹franz.› (ein alkohol. Getränk)

Pe|ro|nis|mus, der; - ‹nach dem ehem. argentinischen Staatspräsidenten Perón› (eine polit.-soziale Bewegung in Argentinien); **Pe|ro|nist,** der; -en, -en; ↑R 197 (Anhänger des Peronismus); **pe|ro|ni|stisch**

Pe|ro|no|spo|ra, die; - ‹griech.› (Gattung pflanzenschädigender Algenpilze)

per|oral ‹lat.› (*Med.* durch den Mund)

Per|oxyd, *chem. fachspr.* Per|oxid, das; -[e]s, -e ‹lat.; griech.› (sauerstoffreiche chem. Verbindung)

per pe|des [apo|sto|lo|rum] ‹lat., „zu Fuß [wie die Apostel]"›

Per|pen|di|kel, der *od.* das; -s, - ‹lat.› (Uhrpendel; Senk-, Lotrechte); **per|pen|di|ku|lar, per|pen|di|ku|lär** (senk-, lotrecht)

Per|pe|tua (eine Heilige)

per|pe|tu|ie|ren ‹lat.› (ständig weitermachen; fortdauern); **Per|pe|tu|um mo|bi|le** [...tuum ...le:], das; - -[s], *Plur.* - -[s] *u.* ...tua ...bilia (utopische Maschine, die ohne Energieverbrauch dauernd Arbeit leistet; *Musik* in kurzwertigen Noten verlaufendes virtuoses Instrumentalstück)

per|plex; -este ‹lat.› (*ugs. für* verwirrt, verblüfft; bestürzt); **Per|ple|xi|tät,** die; - (Bestürzung, Verwirrung)

per pro|cu|ra ‹lat.› (*Kaufmannsspr.* in Vollmacht; *Abk.* pp., ppa.); *vgl.* Prokura

Per|ron [pɛ'rɔ̃:, *österr.* pɛ'ro:n, *schweiz.* 'pɛrɔ̃], der; -s, -s ‹franz.› (*veraltet, noch schweiz. für* Bahnsteig; *veraltet für* Plattform der Straßenbahn)

per sal|do ‹ital.› (*Kaufmannsspr.* als Rest zum Ausgleich [auf einem Konto])

per se ‹lat.› (von selbst); das versteht sich - -

Per|sen|ning, die; -, *Plur.* -e[n] *od.* -s ‹niederl.› (*nur Sing.:* Gewebe für Segel, Zelte u. a.; *Seemannsspr.* Schutzbezug aus Persenning)

Per|se|pho|ne [...ne] (griech. Göttin der Unterwelt)

Per|se|po|lis (Hptst. Altpersiens); **Per|ser** (Bewohner von Persien; Perserteppich); **Per|se|rin; Per|ser_kat|ze, ...krieg, ...tep|pich**

[1]**Per|seus** [...zɔys] (Held der griech. Sage); [2]**Per|seus,** der; - (Sternbild)

Per|se|ve|ranz [...v...], die; - ‹lat.› (*veraltend für* Beharrlichkeit, Ausdauer); **Per|se|ve|ra|ti|on,** die; -, -en (*Psych.* [krankhaftes] Verweilen bei einem bestimmten Gedanken); **per|se|ve|rie|ren**

Per|shing ['pœ:(r)ʃiŋ], die; -, -s ‹nach dem amerik. General› (eine militär. Mittelstreckenrakete)

Per|sia|ner; ↑R 180 (Karakulschafpelz [früher über Persien gehandelt]); **Per|sia|ner|man|tel** (↑R 180); **Per|si|en** [...iən] (*ältere Bez. für* Iran)

Per|si|fla|ge [...'fla:ʒə], die; -, -n

⟨franz.⟩ (Verspottung); **per|si|flie|ren**

Per|si|ko, der; -s, -s ⟨franz.⟩ (aus Pfirsich- od. Bittermandelkernen bereiteter Likör)

Per|sil|schein ⟨nach dem Waschmittel Persil ⓦ⟩ (*ugs. für* entlastende Bescheinigung)

Per|si|mo|ne, die; -, -n ⟨indian.⟩ (eßbare Frucht einer nordamerik. Dattelpflaumenart)

Per|si|pan [*auch* 'pɛr...], das; -s, -e ⟨nach lat. persicus (Pfirsich) *u.* Marzipan gebildet⟩ (Ersatz für Marzipan aus Pfirsich- od. Aprikosenkernen)

per|sisch; -er Teppich, aber (↑R 146): der Persische Golf; **Per|sisch,** das; -[s] (Sprache); *vgl.* Deutsch; **Per|si|sche,** das; -n; *vgl.* Deutsche, das

per|si|stent; -este ⟨lat.⟩ (anhaltend, dauernd, beharrlich); **Per|si|stenz,** die; -, -en

Per|son, die; -, -en ⟨etrusk.-lat.⟩ (Mensch; Wesen); *vgl.* in persona; **Per|so|na gra|ta,** die; - - (gerngesehener Mensch; Diplomat, gegen den von seiten des Gastlandes kein Einwand erhoben wird); **Per|so|na in|gra|ta,** Per|so|na non gra|ta, die; - - (unerwünschte Person; Diplomat, dessen Aufenthalt vom Gastland nicht mehr gewünscht wird); **per|so|nal** (persönlich; Persönlichkeits...); im -en Bereich; **Per|so|nal,** das; -s (Belegschaft, alle Angestellten [eines Betriebes]); **Per|so|nal_ab|bau** (der; -[e]s), **...ab|tei|lung, ...ak|te** *(meist Plur.),* **...aus|weis, ...bü|ro, ...com|pu|ter** (*Abk.* PC), **...decke** [*Trenn.* ...dek|ke] (Gesamtheit der zur Verfügung stehenden Personen in einem Betrieb o. ä.), **...di|rek|tor, ...ein|spa|rung, ...form** (*vgl.* finite Form); **Per|so|na|li|en** [...iən] *Plur.* (Angaben über Lebenslauf u. Verhältnisse eines Menschen); **per|so|nal|in|ten|siv;** -e Betriebe; **per|so|na|li|sie|ren** (auf eine Person beziehen od. ausrichten); **Per|so|na|li|tät,** die; -, -en (Persönlichkeit); **Per|so|na|li|täts|prin|zip** (das; -s; *Rechtsw.*); **per|so|na|li|ter** (*veraltet für* persönlich); **Per|so|na|li|ty-Show** [pœ:(r)sə'nɛlitiʃo:], die; -, -s ⟨amerik.⟩ (Show, die von der Persönlichkeit eines Künstlers getragen wird [und bes. dessen Vielseitigkeit zeigen soll]); **Per|so|nal_ko|sten** *(Plur.),* **...lei|ter** (der), **...pla|nung, ...po|li|tik, ...pro|no|men** (*Sprachw.* persönliches Fürwort, z. B. „er, wir"), **...rat** (*Plur.* ...räte), **...re|fe|rent, ...uni|on** (Vereinigung mehrerer Ämter in einer Person; *früher* [durch Erbfolge bedingte] Vereinigung selbständiger Staaten unter einem Monarchen); **Per|so|nal|ver|wal|tung; Per|so|na non gra|ta** *vgl.* Persona ingrata; **Per|sön|chen; per|so|nell** ⟨franz.⟩ (das Personal betreffend); **Per|so|nen_auf|zug, ...be|för|de|rung; Per|so|nen|be|för|de|rungs|ge|setz; Per|so|nen_be|schrei|bung, ...fir|ma** (Firma, deren Name aus einem od. mehreren Personennamen besteht; *Ggs.* Sachfirma); **per|so|nen|ge|bun|den; Per|so|nen_kraft|wa|gen** (*Abk.* Pkw, *auch* PKW), **...kreis, ...kult, ...na|me, ...scha|den** (*Ggs.* Sachschaden), **...schiffahrt** [*Trenn.* ...schiff|fahrt], **...schutz, ...stand** (der; -[e]s; Familienstand); **Per|so|nen|stands|re|gi|ster; Per|so|nen_ver|kehr, ...ver|si|che|rung** *(Versicherungsw.),* **...waa|ge, ...wa|gen, ...zahl, ...zug; Per|so|ni|fi|ka|ti|on,** die; -, -en; **per|so|ni|fi|zie|ren; Per|so|ni|fi|zie|rung** (Verkörperung, Vermenschlichung); **Per|sön|lein; per|sön|lich** (in [eigener] Person; eigen[artig]; selbst); -es Fürwort (*für* Personalpronomen); **Per|sön|lich|keit; per|sön|lich|keits|be|wußt; Per|sön|lich|keits|ent|fal|tung; per|sön|lich|keits|fremd** (einer Person wesensfremd); **Per|sön|lich|keits_kult** (*selten für* Personenkult), **...recht, ...wahl, ...wert; Per|sons|be|schrei|bung** (*österr. für* Personenbeschreibung)

Per|spek|tiv, das; -s, -e [...və] ⟨lat.⟩ (kleines Fernrohr); **Per|spek|ti|ve** [...və], die; -, -n (Darstellung von Raumverhältnissen in der ebenen Fläche; Sicht, Blickwinkel; Aussicht [für die Zukunft]); **per|spek|ti|visch** (die Perspektive betreffend); -e Verkürzung; **Per|spek|tiv|lo|sig|keit; Per|spek|tiv|pla|nung** (*Wirtsch.* langfristige Globalplanung)

Per|spi|ra|ti|on, die; - ⟨lat.⟩ (*Med.* Hautatmung); **per|spi|ra|to|risch**

Per|sua|si|on, die; -, -en ⟨lat.⟩ (Überredung[skunst]); **per|sua|siv** (der Überredung dienend)

[1]**Perth** [pœ:(r)θ] (schott. Grafschaft u. deren Hptst.)

[2]**Perth** [pœ:(r)θ] (Hptst. Westaustraliens)

Pe|ru (südamerik. Staat); **Pe|rua|ner; Pe|rua|ne|rin** (↑R 180); **pe|rua|nisch** (↑R 180); **Pe|ru|bal|sam,** der; -s (↑R 149)

Pe|rücke, die; -, -n [*Trenn.* ...rük|ke] ⟨franz.⟩ (Haarersatz, künstl. Haartracht); **Pe|rücken|ma|cher** [*Trenn.* ...rük|ken...]

Pe|ru|gia [...dʒa] (ital. Stadt)

Pe|ru|rin|de, die; - (↑R 149; *svw.* Chinarinde)

per|vers [...v...]; -este ⟨lat. (-franz.)⟩ ([geschlechtlich] abartig, widernatürlich; verderbt); **Per|ver|si|on,** die; -, -en; **Per|ver|si|tät,** die; -, -en; **per|ver|tie|ren** (vom Normalen abweichen); **Per|ver|tiert|heit; Per|ver|tie|rung**

Per|zent, das; -[e]s, -e ⟨lat.⟩ usw. (*österr. neben* Prozent usw.)

per|zep|ti|bel ⟨lat.⟩ (wahrnehmbar; faßbar); ...i|ble Geräusche; **Per|zep|ti|bi|li|tät,** die; - (Wahrnehmbarkeit; Faßlichkeit); **Per|zep|ti|on,** die; -, -en (sinnliche Wahrnehmung); **per|zep|tiv, per|zep|to|risch** (wahrnehmend); **Per|zi|pi|ent,** der; -en, -en; ↑R 197 (*veraltet für* Empfänger); **per|zi|pie|ren** (wahrnehmen; erfassen)

Pe|sa|de, die; -, -n ⟨franz.⟩ (*Reiten* Figur der Hohen Schule)

pe|san|te ⟨ital.⟩ (*Musik* schleppend, wuchtig); **Pe|san|te,** das; -s, -s

Pe|sel, der; -s, - (*nordd. für* bäuerl. Wohnraum)

pe|sen (*ugs. für* eilen, rennen); du pest; er pe|ste

Pe|se|ta, *auch* **Pe|se|te,** die; -, ...ten ⟨span.⟩ (span. Währungseinheit; *Abk.* Pta); **Pe|so,** der; -[s], -[s] (südamerik. Währungseinheit)

Pes|sar, das; -s, -e ⟨griech.⟩ (*Med.* [Kunststoff]ring o. ä., der den Gebärmuttermund zur Empfängnisverhütung verschließt)

Pes|si|mis|mus, der; - ⟨lat.⟩ (seelische Gedrücktheit; Schwarzseherei; *Ggs.* Optimismus); **Pes|si|mist,** der; -en, -en (↑R 197); **Pes|si|mi|stin; pes|si|mi|stisch;** -ste; **Pes|si|mum,** das; -s, ...ma (*Biol.* schlechteste Umweltbedingungen)

[1]**Pest,** die; - ⟨lat.⟩ (eine Seuche)

[2]**Pest** (Stadtteil von Budapest)

Pe|sta|loz|zi (schweiz. Pädagoge u. Sozialreformer)

pest|ar|tig; Pest_beu|le, ...hauch; Pe|sti|lenz, die; -, -en ⟨lat.⟩ (*veraltet für* [1]Pest); **pe|sti|len|zia|lisch;** -ste (↑R 180); **Pe|sti|zid,** das; -s, -e (ein Schädlingsbekämpfungsmittel); **pest|krank; Pest|kran|ke**

Pe|ta... ⟨griech.⟩ (das Billiardenfache einer Einheit, z. B. Petajoule = 10^{15} Joule)

Pe|tar|de, die; -, -n ⟨franz.⟩ (*früher* Sprengmörser, -ladung)

Pe|tent, der; -en, -en (↑R 197) ⟨lat.⟩ (*Amtsspr.* Antrag-, Bittsteller)

Pe|ter (m. Vorn.)

Pe|ter|le, das; -[s] (*landsch. für* Petersilie)
Pe|ter|männ|chen (ein Fisch)
Pe|ter-Paul-Kir|che (↑R 135)
Pe|ters|burg (*kurz für* Sankt Petersburg)
Pe|ters|fisch (ein Speisefisch)
Pe|ter|sil, der; -s ‹griech.› (*österr. neben* Petersilie); **Pe|ter|si|lie** [...iə], die; -, -n (ein Küchenkraut); **Pe|ter|si|li|en₋kar|tof|feln** *(Plur.)*, **...wur|zel**
Pe|ters₋kir|che, ...pfen|nig; Pe|ter-und-Paul-Kir|che (↑R 135); **Pe|ter-und-Pauls-Tag;** ↑R 135 (kath. Fest)
Pe|ter|wa|gen (*ugs. für* Funkstreifenwagen)
Pe|tit [pəˈti:], die; - ‹franz.› (*Druckw.* ein Schriftgrad); **Pe|ti|tes|se,** die; -, -n (Geringfügigkeit)
Pe|ti|ti|on, die; -, -en ‹lat.› (Gesuch; Eingabe); **pe|ti|tio|nie|ren** (↑R 180); **Pe|ti|ti|ons₋aus|schuß, ...recht** (Bittrecht, Beschwerderecht)
Pe|tit|satz [pəˈti:...], der; -es; **Pe|tit|schrift** *(Druckw.)*
Pe|tits fours [pəˌti ˈfu:r] *Plur.* ‹franz.› (feines Kleingebäck)
Pe|tő|fi [ˈpɛtø:fi] (ungar. Lyriker)
Pe|tra (w. Vorn.)
Pe|trar|ca (ital. Dichter u. Gelehrter)
Pe|tras|si (ital. Komponist)
Pe|tre|fakt, das; -[e]s, -e[n] ‹griech.; lat.› (*veraltet für* Versteinerung von Pflanzen od. Tieren)
Pe|tri *vgl.* Petrus
Pe|tri|fi|ka|ti|on, die; -, -en ‹griech.; lat.› (Versteinerungsprozeß); **pe|tri|fi|zie|ren** (versteinern)
Pe|tri Heil! *vgl.* Petrus; **Pe|tri|jün|ger** (*scherzh. für* Angler); **Pe|tri|kir|che; pe|tri|nisch;** -er Lehrbegriff, a b e r (↑R 134): Petrinische Briefe
Pe|tro|che|mie ‹griech.› (Wissenschaft von der chem. Zusammensetzung der Gesteine; *auch für* Petrolchemie); **pe|tro|che|misch; Pe|tro|dol|lar** [*auch* ˈpɛ...] (von erdölfördernden Staaten eingenommenes Geld in amerik. Währung); **Pe|tro|ge|ne|se,** die; -, -n (Gesteinsbildung); **pe|tro|ge|ne|tisch; Pe|tro|graph,** der; -en, -en; ↑R 197 (Kenner u. Forscher auf dem Gebiet der Petrographie); **Pe|tro|gra|phie,** die; - (Gesteinskunde, -beschreibung); **pe|tro|gra|phisch; Pe|trol,** das; -s (*schweiz. neben* Petroleum); **Pe|trol|che|mie** (auf Erdöl u. Erdgas beruhende techn. Rohstoffgewinnung in der chem. Industrie); **pe|trol|che|misch; Pe|tro|le|um** [...leum], das; -s (*auch veraltet für* Erdöl); **Pe|tro|le|um₋ko|cher, ...lam|pe, ...ofen; Pe|tro|lo|ge,** der; -n, -n (↑R 197); **Pe|tro|lo|gie,** die; - (Wissenschaft von der Bildung u. Umwandlung der Gesteine)
Pe|trus (Apostel); Petri Heil! (Anglergruß); Petri (des Petrus) Stuhlfeier (kath. Fest), Petri Kettenfeier (kath. Fest), a b e r : Petrikirche usw.
Pet|schaft, das; -s, -e ‹tschech.› (Stempel zum Siegeln, Siegel); **pet|schie|ren** (mit einem Petschaft schließen); **pet|schiert** (*österr. ugs. für* in einer peinlichen Situation, ruiniert); - sein
Pet|ti|coat [ˈpɛtiko:t], der; -s, -s ‹engl.› (steifer Taillenunterrock)
Pet|ting, das; -[s], -s ‹amerik.› (sexuelles Liebesspiel ohne eigentlichen Geschlechtsverkehr)
pet|to *vgl.* in petto
Pe|tu|nie [...iə], die; -, -n ‹indian.› (eine Zierpflanze)
Petz, der; -es, -e (*scherzh. für* Bär); Meister -; [1]**Pet|ze,** die; -, -n (*landsch. für* Hündin)
[2]**Pet|ze,** die; -, -n *(Schülerspr.)*; [1]**pet|zen** (*Schülerspr.* mitteilen, daß jmd. etwas Unerlaubtes getan hat); du petzt
[2]**pet|zen** (*landsch. für* zwicken, kneifen); du petzt
Pet|zer ‹*zu* [1]petzen›
peu à peu [pø: a ˈpø:] ‹franz.› (*ugs. für* nach und nach, allmählich)
pe|xie|ren (*Nebenform von* pekzieren)
pF = Pikofarad
Pf = Pfennig
Pfad, der; -[e]s, -e; **Pfäd|chen; pfa|den** (*schweiz. für* [einen Weg] begeh-, befahrbar machen); **Pfa|der** (*schweiz. Kurzform für* Pfadfinder); **Pfad|fin|der; Pfad|fin|de|rin; Pfäd|lein; pfad|los**
Pfaf|fe, der; -n, -n; ↑R 197 (*abwertend für* Geistlicher); **Pfaf|fen₋hüt|chen** (ein giftiger Zierstrauch), **...knecht** *(abwertend)*; **Pfaf|fen|tum,** das; -s *(abwertend)*; **pfäf|fisch** *(abwertend)*
Pfahl, der; -[e]s, Pfähle; **Pfahl₋bau** (*Plur.* ...bauten), **...bau|er** (der; -s, -), **...bür|ger** (*veraltend für* Kleinbürger); **Pfähl|chen; pfäh|len; Pfahl₋gra|ben, ...grün|dung** *(Bauw.)*, **...mu|schel; Pfäh|lung; Pfahl₋werk, ...wur|zel**
[1]**Pfalz,** die; -, -en ‹lat.› ([kaiserl.] Palast; Hofburg für kaiserl. Hofgericht; Gebiet, auch Burg des Pfalzgrafen); [2]**Pfalz,** die; - (südl. Teil des Bundeslandes Rheinland-Pfalz); **Pfäl|zer** (↑R 147); - Wald; - Wein; **Pfalz|graf** (im MA.); **pfalz|gräf|lich; pfäl|zisch**
Pfand, das; -[e]s, Pfänder; **pfänd|bar; Pfänd|bar|keit,** die; -; **Pfand₋brief** *(Bankw.)*, **...bruch** (der; -[e]s, ...brüche; Beseitigung gepfändeter Sachen), **...ef|fek|ten** *(Plur.; Bankw.)*; **pfän|den;** [1]**Pfän|der** (*südd. für* Gerichtsvollzieher)
[2]**Pfän|der,** der; -s (Berg bei Bregenz)
Pfän|der|spiel; Pfand₋fla|sche, ...geld, ...haus; Pfand|kehr, die; - *(Rechtsspr.)*; **Pfand₋leih|an|stalt** *(österr.)*, **...lei|he, ...lei|her, ...recht, ...schein; Pfän|dung; Pfän|dungs₋auf|trag, ...schutz** (Schutz vor zu weit gehenden Pfändungen), **...ver|fü|gung; pfand|wei|se; Pfand|zet|tel**
Pfänn|chen; Pfan|ne, die; -, -n; jmdn. in die - hauen (*ugs. für* jmdn. zurechtweisen, erledigen, ausschalten); **Pfan|nen₋ge|richt, ...stiel; Pfän|ner** (*früher* Besitzer einer Saline); **Pfän|ner|schaft** (*früher* Genossenschaft zur Nutzung der Solquellen); **Pfann|ku|chen; Pfänn|lein**
Pfarr₋ad|mi|ni|stra|tor, ...amt; Pfar|re, die; -, -n *(landsch.)*; **Pfar|rei; pfar|rei|lich; Pfar|rer; Pfar|re|rin; Pfar|rers₋frau** (*svw.* Pfarrfrau), **...kö|chin, ...toch|ter; Pfarr₋frau, ...haus, ...hel|fer, ...hel|fe|rin, ...herr** *(veraltet)*, **...hof, ...kir|che; pfarr|lich; Pfarr|vi|kar**
Pfau, der; -[e]s, -en, *österr.* der; *Gen.* -[e]s *od.* -en, *Plur.* -e *od.* -en (ein Vogel)
pfau|chen (*österr. für* fauchen)
Pfau|en₋au|ge, ...fe|der, ...rad, ...thron (der; -[e]s; Thron früherer Herrscher des Iran); **Pfau|hahn, ...hen|ne**
Pfd., ℔ = Pfund
£, £ Stg = Pfund Sterling
Pfef|fer, der; -s, *Plur. (Sorten:)* - (eine Pflanze; Gewürz); Pfeffer u. Salz; schwarzer, weißer - (↑R 157); **Pfef|fer|fres|ser** (*für* Tukan); **pfef|fe|rig** *vgl.* pfeffrig; **Pfef|fer|ku|chen; Pfef|fer|ku|chen|häus|chen; Pfef|fer|ling** (*selten für* Pfifferling [Pilz]); [1]**Pfef|fer|minz**[1], der; -es, -e (ein Likör); 3 - (↑R 129); [2]**Pfef|fer|minz**[1], das; -es, -e (Bonbon, Plätzchen mit Pfefferminzgeschmack); **Pfef|fer|minz|bon|bon**[1]; **Pfef|fer|min|ze**[1], die; - (eine Heil- u. Gewürzpflanze); **Pfef|fer|minz**[1]**₋li|kör, ...pa|stil|le, ...tee; Pfef|fer₋müh|le, ...mu|schel; pfef|fern;** ich ...ere (↑R 22); **Pfef|fer|nuß; Pfef|fe|ro|ne,** der; -, *Plur.* ...oni, *selten* -n (*svw.* Pfefferoni); **Pfef|fe|ro|ni,** der; -, - ‹sanskr.; ital.› (*österr. für* Peperoni); **Pfef|fer₋sack** (*veral-*

---
[1] [*auch* ...ˈmin...]

tend für Großkaufmann), **...steak, ...strauch; Pfeffer-und-Salz-Mu|ster** (↑R 41); **pfef|frig,** pfef|fe|rig

Pfei|fe, die; -, -n (*ugs. auch für* ängstlicher Mensch; Versager); **pfei|fen;** du pfiffst; du pfiffest; gepfiffen; pfeif[e]!; auf etwas - (*ugs. für* an etwas nicht interessiert sein); **Pfei|fen‿be|steck, ...deckel** [*Trenn.* ...dek|kel], **...kopf, ...kraut, ...mann** (*Plur.* ...männer; *ugs. für* Schiedsrichter), **...raucher, ...rei|ni|ger, ...stän|der, ...stop|fer, ...ta|bak; Pfei|fer; Pfei|fe|rei; Pfeif‿kessel, ...kon|zert, ...ton** (*Plur.* ...töne)

Pfeil, der; -[e]s, -e

Pfei|ler, der; -s, -; **Pfei|ler‿ba|si|lika, ...bau** (der; -[e]s; *Bergmannsspr.* ein Abbauverfahren)

pfeil‿ge|ra|de, ...ge|schwind; Pfeil‿gift (das), **...hecht, ...kraut, ...rich|tung; pfeil|schnell; Pfeil‿schuß, ...wurz** (eine trop. Staude)

pfel|zen (*österr. landsch. für* pfropfen)

Pfen|nig, der; -s, -e (Münze; *Abk.* Pf; 100 Pf = 1 [Deutsche] Mark); 6 - (↑R 129); **Pfen|nig‿absatz** (*ugs. für* hoher, dünner Absatz bei Damenschuhen), **...betrag, ...fuch|ser** (*ugs. für* Geizhals); **Pfen|nig|fuch|se|rei; pfennig|groß; Pfen|nig|stück; pfennig|stück|groß; Pfen|nig|wa|re** (Kleinigkeit); **pfen|nig|wei|se**

Pferch, der; -[e]s, -e (Einhegung, eingezäunte Fläche); **pfer|chen** (hineinzwängen)

Pferd, das; -[e]s, -e; zu -e; **Pfer|de‿ap|fel, ...bahn** (*früher* von Pferden gezogene Straßenbahn), **...drosch|ke, ...fleisch, ...fuß, ...ge|biß** (*ugs.*), **...ge|sicht** (*ugs.*), **...kop|pel, ...kur** (*svw.* Roßkur; *vgl.* [1]Kur), **...län|ge** (*Reitsport*), **...natur** (*ugs.*), **...ren|nen, ...schwanz** (*auch für* eine Frisur), **...sport, ...stall, ...stär|ke** (frühere techn. Maßeinheit; *Abk.* PS; *vgl.* HP), **...strie|gel, ...wirt, ...zucht; ...pfer|dig** (z. B. sechspferdig); **Pferd|sprung** (*Turnen*)

Pfet|te, die; -, -n (waagerechter, tragender Balken im Dachstuhl); **Pfet|ten|dach**

pfet|zen (*landsch. für* kneifen)

Pfiff, der; -[e]s, -e

Pfif|fer|ling (ein Pilz); keinen - wert sein (*ugs. für* wertlos sein)

pfif|fig; Pfif|fig|keit, die; -; **Pfif|fikus,** der; -[ses], -se (*ugs. für* schlauer Mensch)

Pfing|sten, das; -, - ‹griech.› (christl. Feiertag am 50. Tag nach Ostern); - fällt früh; - ist bald vorüber; *landsch., bes. österr. u. schweiz. als Plur.:* die[se] - fallen früh; nach den -; *in Wunschformeln auch allg. als Plur.:* fröhliche -!; zu - (*bes. nordd.*), an - (*bes. südd.*); **Pfingstfest; Pfingst|ler** (Anhänger einer religiösen Bewegung); **pfingstlich; Pfingst|mon|tag; Pfingst‿och|se, ...ro|se** (Päonie); **Pfingst|sonn|tag; Pfingst‿verkehr, ...wo|che**

Pfir|sich, der; -s, -e; - Melba (Pfirsich mit Vanilleeis und Himbeermark); **Pfir|sich‿baum, ...blü|te, ...bow|le; pfir|sich|far|ben; Pfirsich|haut** (*übertr. auch für* samtige, rosige Gesichtshaut)

Pfit|scher Joch, das; - -s (Alpenpaß in Südtirol)

Pfitz|ner (dt. Komponist)

Pflanz, der; - (*österr. ugs. für* Hohn, Schwindel)

Pflänz|chen; Pflan|ze, die; -, -n; **pflan|zen** (*österr. ugs. auch für* zum Narren halten); du pflanzt; **pflan|zen|ar|tig; Pflan|zen‿bau** (der; -[e]s), **...decke** [*Trenn.* ...dek|ke], **...ex|trakt, ...fa|ser, ...fett, ...fres|ser, ...gift** (das), **...grün; pflan|zen|haft; Pflanzen‿kost, ...krank|heit, ...kun|de** (die; -; *für* Botanik), **...milch, ...öl, ...reich** (das; -[e]s), **...schutz; Pflan|zen|schutz|mittel,** das; **Pflan|zer; Pflan|ze|rin; Pflanz‿gar|ten, ...kar|tof|feln** (*Plur.*); **Pflänz|lein; pflanz|lich;** -e Kost; **Pflänz|ling; Pflanz‿stadt** (*veraltet für* [antike] Kolonie), **...stock** (*Plur.* ...stöcke); **Pflan|zung** (*auch für* Plantage)

Pfla|ster, das; -s, - (Heil- od. Schutzverband; Straßenbelag); ein teures - (*ugs. für* Stadt mit teuren Lebensverhältnissen); **Pflä|ster|chen; Pfla|ste|rer,** *landsch. u. schweiz.* **Pflä|ste|rer; Pflä|ster|lein; Pfla|ster|ma|ler** (jmd., der auf Bürgersteige o. ä. [Kreide]bilder malt); **pfla|stermü|de; pfla|stern,** *landsch. u. schweiz.* **pflä|stern;** ich ...ere (↑R 22); **Pfla|ster‿stein, ...tre|ter** (*veraltend für* müßig Herumschlendernder); **Pfla|ste|rung,** *landsch. und schweiz.* **Pflä|sterung**

Pflatsch, der; -[e]s, -e *u.* **Pflatschen,** der; -s, - (*landsch. für* Fleck durch verschüttete Flüssigkeit; jäher Regenguß); **pflatschen** (*landsch. für* klatschend aufschlagen); du pflatschst

Pfläum|chen; Pflau|me, die; -, -n; **pflau|men** (*ugs. für* scherzhafte Bemerkungen machen); **Pflaumen|au|gust** (*abwertend für* nichtssagender, charakterloser Mann); *vgl.* [2]August; **Pflau|men‿baum, ...brannt|wein** (Slibowitz), **...ku|chen, ...mus, ...schnaps; pflau|men|weich; Pfläum|lein**

Pfle|ge, die; -; **Pfle|ge|amt; pflege‿arm, ...be|dürf|tig; Pfle|gebe|foh|le|ne,** der *u.* die; -n, -n (↑R 7 ff.); **Pfle|ge‿el|tern** (*Plur.*), **...fall** (der), **...geld, ...heim, ...kind; pfle|ge|leicht;** -este; **Pflege|mut|ter; pfle|gen;** du pflegtest; gepflegt; pfleg[e]!; *in der Wendung* „der Ruhe pflegen" *auch* du pflogst; du pflögest; gepflogen; **Pfle|ge|per|so|nal; Pfle|ger** (*auch* Vormund); **Pflege|rin; pfle|ge|risch; Pfle|ge‿satz, ...sohn, ...sta|ti|on, ...stätte, ...toch|ter, ...va|ter, ...ver|siche|rung; pfleg|lich; Pfleg|ling; pfleg|sam** (*selten für* sorgsam); **Pfleg|schaft** (*Rechtsspr.*)

Pflicht, die; -, -en ‹*zu* pflegen›; **Pflicht‿ar|beit, ...be|such; pflicht|be|wußt;** -este; **Pflicht‿be|wußt|sein, ...ei|fer; pflichteif|rig; Pflicht|ein|stel|lung; Pflich|ten‿heft, ...kreis; Pflicht‿er|fül|lung** (die; -), **...ex|em|plar, ...fach, ...ge|fühl** (das; -[e]s); **pflicht|ge|mäß; ...pflich|tig** (z. B. schulpflichtig); **Pflicht‿jahr** (das; -[e]s), **...kür** (*Sport*), **...lauf** (*Sport*), **...lau|fen** (das; -s; *Sport*), **...lei|stung, ...lek|tü|re, ...platz** (Arbeitsplatz, der mit einem Schwerbeschädigten besetzt werden muß); **Pflicht|re|ser|ve** *meist Plur.* (*Wirtsch.*); **pflicht|schuldig, pflicht|schul|digst; Pflichtteil,** der, *österr. nur so, od.* das; **pflicht|treu; Pflicht‿treue, ...übung, ...um|tausch** (vorgeschriebener Geldumtausch bei Reisen in bestimmte Länder); **pflicht|ver|ges|sen;** der -e Mensch; **Pflicht‿ver|ges|senheit, ...ver|let|zung; pflicht|versi|chert; Pflicht‿ver|si|che|rung, ...ver|tei|di|ger; pflicht|wid|rig;** -es Verhalten

Pflock, der; -[e]s, Pflöcke; **Pflöckchen; pflocken**[1], **pflöcken**[1], **Pflöck|lein**

Pflotsch, der; -[e]s (*schweiz. mdal. für* Schneematsch)

Pflücke[1], die; -, -n (Pflücken [des Hopfens]); **pflücken**[1]; **Pflücker**[1]; **Pflücke|rin**[1]; **Pflück‿rei|fe, ...salat**

Pflug, der; -[e]s, Pflüge; **pflü|gen; Pflü|ger; Pflug‿mes|ser** (das), **...schar** (die; -, -en, *landw. auch* das; -[e]s, -e), **...sterz** (der; -es, -e; *vgl.* [2]Sterz)

Pfort|ader (*Med.*); **Pfört|chen; Pfor|te,** die; -, -n; (↑R 157:) die Burgundische -; **Pfor|ten|ring** (*früher* Klopfring an einer Pfor-

[1] *Trenn.* ...k|k...

te); **Pfört|lein; Pfört|ner; Pfört|ne|rin; Pfört|ner|lo|ge**

Pforz|heim (Stadt am Nordrand des Schwarzwaldes)

Pföst|chen; Pfo|sten, der; -s, -; **Pfo|sten|schuß** *(Sport);* **Pföst|lein**

Pföt|chen; Pfo|te, die; -, -n; **Pföt|lein**

Pfriem, der; -[e]s, -e (ein [Schuster]werkzeug); *vgl.* Ahle; **pfrie|meln** (*landsch. für* mit den Fingerspitzen hin und her drehen; zwirbeln); **Pfrie|men|gras**

Pfril|le, die; -, -n (*svw.* Elritze)

Pfropf, der; -[e]s, -e (zusammengepreßte Masse, die etwas verstopft, verschließt); **Pfröpf|chen**

[1]**pfrop|fen** (durch Einsetzen eines wertvolleren Sprosses veredeln)

[2]**pfrop|fen** ([eine Flasche] verschließen); **Pfrop|fen,** der; -s, - (Kork, Stöpsel); **Pfröpf|lein**

Pfröpf|ling; Pfropf‿mes|ser (das), **...reis** (das)

Pfrün|de, die; -, -n (Einkommen durch ein Kirchenamt; *scherzh. für* [fast] müheloses Einkommen); **Pfrün|der** (*schweiz. für* Pfründner); **Pfründ|haus** (*landsch. für* Altersheim, Armenhaus); **Pfründ|ner** (*landsch. für* Insasse eines Pfründhauses); **Pfründ|ne|rin**

Pfuhl, der; -[e]s, -e (große Pfütze; Sumpf; *landsch. für* Jauche)

Pfühl, der, *auch* das; -[e]s, -e (*veraltet für* Kissen)

pfui!; pfui, pfui!; - Teufel!; pfui rufen; pfui, schäm dich!; **Pfui,** das; -s, -s; ein verächtliches - ertönte; **Pfui|ruf**

Pful|men, der; -s, - (*schweiz. für* breites Kopfkissen)

Pfund[1], das; -[e]s, -e ⟨lat.⟩ (Gewichtseinheit; *Abk.* Pfd.; *Zeichen:* ℔; Münzeinheit [*vgl.* - Sterling]); 4 - Butter (↑R 128 *u.* 129); **Pfünd|chen; ...pfün|der** (z. B. Zehnpfünder, *mit Ziffern* 10pfünder; ↑R 212); **pfun|dig** (*ugs. für* großartig, toll); **...pfün|dig** (z. B. zehnpfündig, *mit Ziffern* 10pfündig; ↑R 212); **Pfünd|lein; Pfund|no|te; Pfunds‿kerl** *(ugs.),* **...spaß** *(ugs.);* **Pfund Ster|ling** [- ˈstɛr... *bzw.* ˈʃtɛr..., *engl.* - ˈstœ:(r)...], das; - -, - - (brit. Währungseinheit; *Zeichen u. Abk.* £); **pfund|wei|se**

Pfusch, der; -[e]s (Pfuscherei); **pfu|schen** (*ugs. für* liederlich arbeiten; *österr. u. landsch. für* schwarzarbeiten); du pfuschst; **Pfu|scher; Pfu|sche|rei; pfu|scher|haft; Pfu|sche|rin**

[1] *In Deutschland und in der Schweiz als amtliche Gewichtsbezeichnung abgeschafft.*

pfutsch (*österr. für* futsch)

Pfütz|chen; Pfüt|ze, die; -, -n; **Pfütz|ei|mer** (*Bergmannsspr.* Schöpfeimer); **Pfüt|zen|was|ser,** das; -s; **pfüt|zig** *(veraltet);* **Pfütz|lein**

PGH = Produktionsgenossenschaft des Handwerks *(regional)*

PGiroA = Postgiroamt

ph = Phot

PH = pädagogische Hochschule; *vgl.* pädagogisch

Phä|ake, der; -n, -n; ↑R 197 (Angehöriger eines [glücklichen, genußliebenden] Seefahrervolkes der griech. Sage; *übertr. für* sorgloser Genießer); **Phä|aken|le|ben,** das; -s

Phä|don (altgriech. Philosoph)

Phä|dra (Gattin des Theseus)

Phä|drus (röm. Fabeldichter)

Phae|thon (griech. Sagengestalt; Sohn des Helios)

Pha|ge, der; -n, -n (*svw.* Bakteriophage)

Pha|go|zyt, der; -en, -en *meist Plur.* ⟨griech.⟩ ↑R 197 (*Med.* weißes Blutkörperchen, das Fremdstoffe, bes. Bakterien, unschädlich macht)

Pha|lanx, die; -, ...langen ⟨griech.⟩ (geschlossene Schlachtreihe *[bes. übertr.]; Med.* Finger-, Zehenglied)

Pha|le|ron (Vorstadt vom antiken Athen)

phal|lisch ⟨griech.⟩ (den Phallus betreffend); **Phal|lo|kra|tie,** die; - (*abwertend für* gesellschaftliche Vorherrschaft des Mannes); **Phal|los,** der; -, *Plur.* ...lloi [ˈfalɔy] *u.* ...llen; *vgl.* Phallus; **Phal|lus,** der; -, *Plur.* ...lli *u.* ...llen, *auch* -se ([erigiertes] männl. Glied); **Phal|lus‿kult** (*Völkerk.* relig. Verehrung des Phallus als Sinnbild der Naturkraft), **...sym|bol** *(bes. Psych.)*

Pha|ne|ro|ga|me, die; -, -n *meist Plur.* ⟨griech.⟩ (*Bot.* Samenpflanze)

Phä|no|lo|gie, die; - ⟨griech.⟩ (Lehre von den Erscheinungen des jahreszeitl. Ablaufs in der Pflanzen- u. Tierwelt, z. B. der Laubverfärbung der Bäume); **Phä|no|men,** das; -s, -e ([Natur]erscheinung; seltenes Ereignis; Wunder[ding]; *übertr. für* Genie); **phä|no|me|nal** (außerordentlich, außergewöhnlich, erstaunlich); **Phä|no|me|na|lis|mus,** der; - (philos. Lehre, nach der nur die Erscheinungen der Dinge, nicht diese selbst erkannt werden können); **Phä|no|me|no|lo|gie,** die; - (Lehre von den Wesenserscheinungen der Dinge); **phä|no|me|no|lo|gisch; Phä|no|me|non,** das; -s, ...na (*svw.* Phänomen); **Phä|no|typ** *vgl.* Phänotypus; **phä|no|ty|pisch; Phä|no|ty|pus,** der; -, ...pen (*Biol.* Erscheinungsbild, -form eines Organismus)

Phan|ta|sie, die; -, ...ien ⟨griech.⟩ (Vorstellung[skraft], Einbildung[skraft]; Trugbild); *vgl. auch* Fantasie; **phan|ta|sie|arm;** *vgl.* arm; **phan|ta|sie|be|gabt;** -este; **Phan|ta|sie‿bild, ...blu|me, ...ge|bil|de, ...ko|stüm; phan|ta|sie|los;** -este; **Phan|ta|sie|lo|sig|keit,** die; -; **phan|ta|sie|reich; phan|ta|sie|ren** (sich [dem Spiel] der Einbildungskraft hingeben; irrereden; *Musik* frei über eine Melodie od. über ein Thema musizieren); **phan|ta|sie|voll; Phan|ta|sie|vor|stel|lung; Phan|tas|ma,** das; -s, ...men (Trugbild); **Phan|tas|ma|go|rie,** die; -, ...ien (Zauber, Truggebilde; künstl. Darstellung von Trugbildern, Gespenstern u. a.); **phan|tas|ma|go|risch; Phan|ta|sos** *vgl.* Phantasus; **Phan|tast,** der; -en, -en; ↑R 197 (Träumer, Schwärmer); **Phan|ta|ste|rei; Phan|ta|stik,** die; -; **phan|ta|stisch;** -ste (schwärmerisch; überspannt; unwirklich; *ugs. für* großartig); **Phan|ta|sus** (griech. Traumgott); **Phan|tom,** das; -s, -e (Trugbild; *Med.* Nachbildung eines Körperteils od. Organs für Versuche od. für den Unterricht); **Phan|tom‿bild** (*Kriminalistik* nach Zeugenaussagen gezeichnetes Porträt eines gesuchten Täters), **...schmerz** (*Med.* Schmerzgefühl an einem amputierten Glied)

[1]**Pha|rao,** der; -s, ...onen ⟨ägypt.⟩ (altägypt. König); [2]**Pha|rao,** das; -s ⟨franz.⟩ (altes franz. Kartenglücksspiel); **Pha|rao|amei|se; Pha|rao|nen‿grab** (↑R 180), **...rat|te** (*für* Ichneumon), **...reich; pha|rao|nisch** (↑R 180)

Pha|ri|sä|er ⟨hebr.⟩ (Angehöriger einer altjüd., streng gesetzesfrommen Partei; *übertr. für* hochmütiger, selbstgerechter Heuchler; heißer Kaffee mit Rum u. Schlagsahne); **pha|ri|sä|er|haft;** -este; **Pha|ri|sä|er|tum,** das; -s *(geh.);* **pha|ri|sä|isch; Pha|ri|sä|is|mus,** der; - (Lehre der Pharisäer; *übertr. für* Selbstgerechtigkeit, Heuchelei)

Phar|ma|in|du|strie ⟨griech.; lat.⟩ (Arzneimittelindustrie); **Phar|ma|kant,** der; -en, -en (↑R 197) ⟨griech.⟩ (Facharbeiter in der Pharmaindustrie); **Phar|ma|kan|tin; Phar|ma|ko|lo|ge,** der; -n, -n; ↑R 197 (Wissenschaftler auf dem Gebiet der Pharmakologie); **Phar|ma|ko|lo|gie,** die; - (Arzneimittelkunde); **Phar|ma|ko|lo|gin; phar|ma|ko|lo|gisch; Phar|ma|kon,** das; -s, ...ka (Arzneimittel; Gift); **Phar|ma|ko|pöe** [...'pø:, *selten* ...'pø:ə], die; -, -n [...'pø:ən] (amtl. Arzneibuch); **Phar|ma|re|fe|rent** (Arzneimittelvertreter); **Phar|ma|re|fe|ren|tin; Phar|ma|zeut,** der; -en, -en; ↑R 197 (Arzneikundiger); **Phar|ma|zeu|tik,** die; - (Arzneimittelkunde); **Phar|ma|zeu|ti|kum,** das; -s, ...ka (Arzneimittel); **Phar|ma|zeu|tin; phar|ma|zeu|tisch; phar|ma|zeu|tisch-tech|nisch;** -er Assistent (*Abk.* PTA); **Phar|ma|zie,** die; - (Lehre von der Arzneimittelzubereitung, Arzneimittelkunde)

Pha|ro, das; -s (*verkürzte Bildung zu* ²Pharao)

Pha|rus, der; -, *Plur. - u.* -se ‹nach der Insel Pharus› (*veraltet für* Leuchtturm)

Pha|ryn|gis|mus [...ŋg...], der; -, ...men ‹griech.› (*Med.* Schlundkrampf); **Pha|ryn|gi|tis,** die; -, ...itiden (Rachenentzündung); **Pha|ryn|go|skop,** das; -s, -e (Endoskop zur Untersuchung des Rachens); **Pha|ryn|go|sko|pie,** die; -, ...ien (Ausspiegelung des Rachens); **Pha|rynx,** der; -, ...ryngen [fa'ryŋən] (Schlund, Rachen)

Pha|se, die; -, -n ‹griech.› (Abschnitt einer [stetigen] Entwicklung, [Zu]stand; *Physik* Schwingungszustand beim Wechselstrom); **Pha|sen‿bild** *(Film),* **...mes|ser** (der; elektr. Meßgerät), **...ver|schie|bung; ...pha|sig** (z. B. einphasig)

Pha|ze|lie [...iə], die; -, -n ‹griech.› (eine Zierpflanze)

Phei|di|as *vgl.* Phidias

Phen|ace|tin [...ts...], das; -s ‹griech.-nlat.› (schmerzstillender Wirkstoff); **Phe|nol,** das; -s ‹griech.› (Karbolsäure); **Phe|nol|phtha|le|in,** das; -s (chem. Indikator); **Phe|no|plast,** der; -[e]s, -e *meist Plur.* (ein Kunstharz); **Phe|nyl|grup|pe** (*Chemie* einwertige Atomgruppe in vielen aromat. Kohlenwasserstoffen)

Phe|ro|mon, das; -s, -e ‹griech.-nlat.› (*Biol.* Wirkstoff, der auf andere Individuen der gleichen Art Einfluß hat, sie z. B. anlockt)

Phi [fi:], das; -[s], -s (griech. Buchstabe: *Φ, φ*)

Phia|le, die; -, -n (↑R 180) ‹griech.› (altgriech. flache [Opfer]schale)

Phi|di|as (altgriech. Bildhauer); **phi|di|as|sisch,** aber (↑R 134): die Phidiassische Athenastatue

phil..., phi|lo... ‹griech.› (...liebend); **Phil...,** Phi|lo... (...freund)

Phil|adel|phia (Stadt in Pennsylvanien); **Phil|adel|phi|er** [...iər]; **phil|adel|phisch**

Phil|an|throp, der; -en, -en (↑R 197) ‹griech.› (Menschenfreund); **Phil|an|thro|pie,** die; - (Menschenliebe); **Phil|an|thro|pi|nis|mus** (*svw.* Philanthropismus); **phil|an|thro|pisch** (menschenfreundlich); **Phil|an|thro|pis|mus,** der; - ([von Basedow u. a. geforderte] Erziehung zu Natürlichkeit, Vernunft u. Menschenfreundlichkeit)

Phil|ate|lie, die; - ‹griech.› (Briefmarkenkunde); **Phil|ate|list,** der; -en, -en; ↑R 197 (Briefmarkensammler); **phil|ate|li|stisch**

Phi|le|mon (phryg. Sagengestalt; Gatte der Baucis); **Phi|le|mon und Bau|cis** (antikes Vorbild ehelicher Liebe u. Treue sowie selbstloser Gastfreundschaft)

Phil|har|mo|nie, die; -, ...ien ‹griech.› (Name von musikalischen Gesellschaften, von Orchestern u. ihren Konzertsälen); **Phil|har|mo|ni|ker** [*österr. auch* 'fil...] (Künstler, der in einem philharmonischen Orchester spielt); **phil|har|mo|nisch**

Phil|hel|le|ne, der; -n, -n (↑R 197) ‹griech.› (Freund der Griechen [der den Befreiungskampf gegen die Türken unterstützte]); **Phil|hel|le|nis|mus,** der; -

Phi|lipp [*auch* 'fi...] (m. Vorn.); **Phi|lip|per|brief,** der; -[e]s; ↑R 151 (Brief des Paulus an die Gemeinde von Philippi); **Phi|lip|pi** (im Altertum Stadt in Makedonien); **Phi|lip|pi|ka,** die; -, ...ken (Kampfrede [des Demosthenes gegen König Philipp von Makedonien]; Strafrede); **Phil|ip|pi|ne** (w. Vorn.); **Phil|ip|pi|nen** *Plur.* (Inselgruppe u. Staat in Südostasien); **Phil|ip|pi|ner;** *vgl.* Filipino; **phil|ip|pi|nisch; phi|lip|pisch,** aber (↑R 134): Philippische Reden (Philippiken des Demosthenes); **Phi|lip|pus** (Apostel)

Phi|li|ster, der; -s, - (Angehöriger des Nachbarvolkes der Israeliten im A. T.; *übertr. für* Spießbürger; *Studentenspr.* im [engen] Berufsleben stehender Alter Herr); **Phi|li|ste|rei; phi|li|ster|haft;** -este; **Phi|li|ste|ri|um,** das; -s (*Studentenspr.* das spätere [enge] Berufsleben eines Studenten); **Phi|li|ster|tum,** das; -s; **phi|li|strös;** -este (beschränkt; spießig)

Phil|lu|me|nie, die; - ‹griech.; lat.› (das Sammeln von Streichholzschachteln od. deren Etiketten); **Phil|lu|me|nist,** der; -en, -en (↑R 197)

phi|lo... usw. *vgl.* phil... usw.

Phi|lo|den|dron, der, *auch* das; -s, ...dren ‹griech.› (eine Blattpflanze)

Phi|lo|lo|ge, der; -n, -n (↑R 197) ‹griech.› (Sprach- u. Literaturforscher); **Phi|lo|lo|gie,** die; -, ...ien (Sprach- und Literaturwissenschaft); **Phi|lo|lo|gin; phi|lo|lo|gisch**

¹Phi|lo|me|la, ¹Phi|lo|me|le, die; -, ...len ‹griech.› (*veraltet für* Nachtigall); **²Phi|lo|me|la, ²Phi|lo|me|le** (w. Vorn.)

Phi|lo|me|na (w. Vorn.)

Phi|lo|se|mit, der; -en, -en (↑R 197) ‹griech.›; **phi|lo|se|mi|tisch; Phi|lo|se|mi|tis|mus,** der; - (judenfreundl. Bewegung im 18. Jh.; unkrit. Haltung gegenüber der Politik Israels)

Phi|lo|soph, der; -en, -en (↑R 197) ‹griech.› (jmd., der nach Erkenntnis strebt, nach dem letzten Sinn fragt, forscht); **Phi|lo|so|pha|ster,** der; -s, - (Scheinphilosoph); **Phi|lo|so|phem,** das; -s, -e (Ergebnis philos. Lehre, Ausspruch des Philosophen); **Phi|lo|so|phie,** die; -, ...ien (Streben nach Erkenntnis des Zusammenhanges der Dinge in der Welt; Denk-, Grundwissenschaft); **phi|lo|so|phie|ren; Phi|lo|so|phi|kum,** das; -s, ...ka (philosophisch-pädagogische Zwischenprüfung); **Phi|lo|so|phin; phi|lo|so|phisch**

Phi|mo|se, die; -, -n ‹griech.› (*Med.* Verengung der Vorhaut)

Phio|le, die; -, -n (↑R 180) ‹griech.› (bauchiges Glasgefäß mit langem Hals)

Phle|bi|tis, die; -, ...itiden ‹griech.› (*Med.* Venenentzündung)

Phleg|ma, das; -s ‹griech.› (Ruhe, [Geistes]trägheit, Gleichgültigkeit, Schwerfälligkeit); **Phleg|ma|ti|ker** (körperlich träger, geistig wenig regsamer Mensch); **Phleg|ma|ti|kus,** der; -, -se (*ugs. scherzh. für* träger, schwerfälliger Mensch); **phleg|ma|tisch;** -ste; **Phleg|mo|ne,** die; -, -n (*Med.* eitrige Zellgewebsentzündung)

Phlox, der; -es, -e, *auch* die; -, -e ‹griech.› (eine Zierpflanze); **Phlo|xin,** das; -s (ein roter Säurefarbstoff)

Phnom Penh [pnɔm 'pɛn] (Hauptstadt von Kambodscha)

Phö|be (griech. Mondgöttin; Beiname der Artemis)

Pho|bie, die; -, ...ien ‹griech.› (*Med.* krankhafte Angst)

Phö|bos *vgl.* Phöbus; **Phö|bus** (Beiname Apollos)

Pho|kis (Landschaft in Mittelgriechenland)

phon..., pho|no... ‹griech.› (laut...); **Phon...,** Pho|no...

(Laut...); **Phon,** das; -s, -s (Maßeinheit für die Lautstärke); 50 - (↑R 129); **Pho|nem,** das; -s, -e (*Sprachw.* Laut, kleinste bedeutungsdifferenzierende sprachl. Einheit); **Pho|ne|ma|tik,** die; - (*svw.* Phonologie); **pho|ne|ma|tisch** (das Phonem betreffend); **pho|ne|misch; Pho|ne|tik,** die; - (*Sprachw.* Lehre von der Lautbildung); **Pho|ne|ti|ker; pho|ne|tisch**

Pho|nia|ter ‹griech.›; **Pho|nia|trie,** die; - (*Med.* Lehre von den Erkrankungen des Stimmapparates)

Phö|ni|ker usw. *vgl.* Phönizier usw.

pho|nisch ‹griech.› (die Stimme, den Laut betreffend)

Phö|nix, der; -[es], -e ‹griech.› (Vogel der altägypt. Sage, der sich im Feuer verjüngt)

Phö|ni|zi|en [...i̯ən] (im Altertum Küstenland an der Ostküste des Mittelmeeres); **Phö|ni|zi|er** [...i̯ər]; **phö|ni|zisch**

pho|no... usw. *vgl.* phon... usw.; **Pho|no|dik|tat** ‹griech.; lat.› (auf Tonband o. ä. gesprochenes Diktat); **Pho|no|gramm,** das; -s, -e ‹griech.› (Aufzeichnung von Schallwellen auf Schallplatte, Tonband usw.); **Pho|no|graph,** der; -en, -en; ↑R 197 (von Edison 1877 erfundenes Tonaufnahmegerät); **Pho|no|gra|phie,** die; -, ...i̯en (*veraltet für* Lautschrift, lautgetreue Schreibung); **pho|no|gra|phisch** (lautgetreu; die Phonographie betreffend); **Pho|no|kof|fer** (tragbarer Plattenspieler); **Pho|no|lith** [*auch* ...'lit], der; *Gen.* -s *u.* -en, *Plur.* -e[n]; ↑R 197 (ein Ergußgestein); **Pho|no|lo|gie,** die; - (Wissenschaft, die das System u. die bedeutungsmäßige Funktion der Laute untersucht); **pho|no|lo|gisch; Pho|no|me|ter,** das; -s, - (Lautstärkemesser); **Pho|no|me|trie,** die; - (Messung akust. Reize u. Empfindungen); **Pho|no|tech|nik; Pho|no|thek,** die; -, -en (*svw.* Diskothek); **Pho|no|ty|pi|stin** (weibl. Schreibkraft, die vorwiegend nach einem Diktiergerät schreibt); **phon|stark; Phon|zahl**

Phos|gen, das; -s ‹griech.› (ein giftiges Gas); **Phos|phat,** das; -[e]s, -e (Salz der Phosphorsäure); **phos|phat|hal|tig; Phos|phin,** das; -s (Phosphorwasserstoff); **Phos|phit** [*auch* ...'fit], das; -s, -e (Salz der phosphorigen Säure); **Phos|phor,** der; -s (chem. Grundstoff; *Zeichen* P); **Phos|pho|res|zenz,** die; - (Nachleuchten vorher bestrahlter Stoffe); **phos|pho|res|zie|ren; phos|phor|hal|tig; phos|pho|rig; Phos|pho|ris|mus,** der; -, ...men (Phosphorvergiftung); **Phos|pho|rit** [*auch* ...'rit], der; -s, -e (ein Sedimentgestein); **Phos|phor‿säu|re** (die; -), **...ver|gif|tung**

Phot, das; -s, - ‹griech.› (alte Leuchtstärkeeinheit; *Zeichen* ph); **pho|to...** (licht...); **Pho|to...** (Licht...); **Pho|to** *vgl.* Foto; **Pho|to|al|bum** usw. *vgl.* Fotoalbum usw.; **Pho|to|che|mie** [*auch* 'fo:...]; ↑R 53 (Lehre von der chem. Wirkung des Lichtes); **Pho|to|che|mi|gra|phie** [*auch* 'fo:...] (Herstellung von Ätzungen aller Art auf fotograf. Wege); **pho|to|che|mi|gra|phisch** [*auch* 'fo:...]; **pho|to|che|misch** [*auch* 'fo:...]; ↑R 53 (durch Licht bewirkte chem. Reaktionen betreffend); **Pho|to|ef|fekt** (Austritt von Elektronen aus bestimmten Stoffen durch Lichteinwirkung); **Pho|to|elek|tri|zi|tät** [*auch* 'fo:...]; **Pho|to‿elek|tron** (bei Lichteinwirkung freiwerdendes Elektron), **...ele|ment** (elektr. Element [Halbleiter], das Lichtenergie in elektr. Energie umwandelt); **pho|to|gen** (durch Licht entstanden); ↑R 53; *vgl. auch* fotogen usw.; **Pho|to|gramm,** das; -s, -e (Lichtbild für Meßzwecke); **Pho|to|gramme|trie,** die; - [*Trenn.* ...gramm|me..., ↑R 204] (Herstellung von Grund- u. Aufrissen, Karten aus Lichtbildern); **pho|to|gramme|trisch** [*Trenn.* ...gramm|me..., ↑R 204]; **Pho|to|graph** usw. *vgl.* Fotograf usw.; **Pho|to|gra|vü|re** (*svw.* Heliogravüre); **Pho|to|in|du|strie** *vgl.* Fotoindustrie; **Pho|to|ko|pie** usw. *vgl.* Fotokopie usw.; **Pho|to|li|tho|gra|phie;** ↑R 53 (Verfahren zur Herstellung von Druckformen für den Flachdruck); **pho|to|me|cha|nisch** [*auch* 'fo:...]; -es Verfahren (Anwendung der Fotografie zur Herstellung von Druckformen); **Pho|to|me|ter,** das; -s, - (Gerät zur Lichtmessung); **Pho|to|me|trie,** die; -; **pho|to|me|trisch; Pho|to|mo|dell** *vgl.* Fotomodell; **Pho|to|mon|ta|ge** *vgl.* Fotomontage; **Pho|ton** [*auch* fɔ'to:n], das; -s, ...o̲nen (kleinstes Energieteilchen einer elektromagnet. Strahlung); **Pho|to|phy|sio|lo|gie** [*auch* 'fo:...] (modernes Teilgebiet der Physiologie); **Pho|to|re|por|ter** *vgl.* Fotoreporter; **Pho|to|satz,** der; -es (*Druckw.* Lichtsatz); **Pho|to|sphä|re** [*auch* 'fo:...], die; - (strahlende Gashülle der Sonne); **Pho|to|syn|the|se** [*auch* 'fo:...] (Aufbau chem. Verbindungen durch Lichteinwirkung); **pho|to|tak|tisch;** -e Bewegungen (Bewegungen von Pflanzenteilen zum Licht hin); **Pho|to|thek** *vgl.* Fotothek; **Pho|to|the|ra|pie** [*auch* 'fo:...], die; - (*Med.* Lichtheilverfahren); **pho|to|trop, pho|to|tro|pisch** (Phototropismus zeigend, lichtwendig); **Pho|to|tro|pis|mus,** der; -, ...men (*Biol.* Krümmungsreaktion von Pflanzenteilen bei einseitigem Lichteinfall); **Pho|to|vol|ta|ik,** die; - (Teilgebiet der Elektronik); **Pho|to|zeit|schrift** *vgl.* Fotozeitschrift; **Pho|to|zel|le**

Phra|se, die; -, -n ‹griech.› (leere Redensart, nichtssagende Äußerung; Redewendung; *Musik* selbständige Tonfolge); **Phra|sen|dre|sche|rei** (nichtssagendes Gerede); **phra|sen|haft; Phra|sen|held** *(abwertend);* **phra|sen|reich; Phra|seo|lo|gie,** die; -, ...i̯en (Lehre od. Sammlung von den eigentümlichen Redewendungen einer Sprache); **phra|seo|lo|gisch; phra|sie|ren** (*Musik* der Gliederung der Motive [u. a.] entsprechend interpretieren); **Phra|sie|rung** (melodisch-rhythmische Einteilung eines Tonstücks)

Phre|ne|sie, die; - ‹griech.› (*Med.* Wahnsinn); **phre|ne|tisch** (wahnsinnig); *vgl.* a b e r : frenetisch; **Phre|ni|tis,** die; -, ...iti̯den (Zwerchfellentzündung)

Phry|gi|en [...i̯ən] (antikes Reich in Nordwestkleinasien); **Phry|gi|er** [...i̯ər]; **phry|gisch;** -e Mütze (Sinnbild der Freiheit bei den Jakobinern)

Phry|ne (griech. Hetäre)

Phthi|sis, die; -, ...sen ‹griech.› (*Med.* Schwindsucht)

pH-Wert [pe:'ha:...]; ↑R 37 (Maßzahl für die Konzentration der Wasserstoffionen in einer Lösung)

Phy|ko|lo|gie, die; - ‹griech.› (Algenkunde)

Phy|le, die; -, -n ‹griech.› (altgriech. Geschlechterverband); **phy|le|tisch** (*Biol.* die Abstammung betreffend)

Phyl|lis (w. Eigenn.)

Phyl|lit [*auch* ...'lit], der; -s, -e ‹griech.› (ein Gestein); **Phyl|lo|kak|tus** (ein Blattkaktus); **Phyl|lo|kla|di|um,** das; -s, ...ien [...i̯ən] (*Bot.* blattähnlicher Pflanzensproß); **Phyl|lo|pha|ge,** der; -n, -n; ↑R 197 (*Zool.* Pflanzen-, Blattfresser); **Phyl|lo|po|de,** der; -n, -n *meist Plur.;* ↑R 197 (*Zool.* Blattfüßer [Krebs]); **Phyl|lo|ta|xis,** die; -, ...xen (*Bot.* Blattstellung); **Phyl|lo|xe|ra,** die; -, ...ren (*Zool.* Reblaus)

Phy|lo|ge|ne|se, die; -, -n ‹griech.› (*svw.* Phylogenie); **phy|lo|ge|ne|tisch; Phy|lo|ge|nie,** die; -, ...ien (Stammesgeschichte der Lebewesen); **Phy|lum,** das; -s, ...la (*Biol.* Tier- oder Pflanzenstamm)
Phy|sa|lis, die; -, ...alen ‹griech.› (*Bot.* Blasen-, Judenkirsche)
Phys|ia|ter, der; -s, - ‹griech.› (Naturarzt); **Phys|ia|trie,** die; - (Naturheilkunde); **Phy|sik,** die; - (Wissenschaft von der Struktur u. der Bewegung der unbelebten Materie); **phy|si|ka|lisch;** -e Chemie, -e Maßeinheit, -e Karte (Bodenkarte), aber (↑R 157): das Physikalische Institut der Universität Frankfurt; **Phy|si|ker; Phy|si|ke|rin; Phy|si|ko|che|mie** (physikalische Chemie); **phy|si|ko|che|misch; Phy|si|kum,** das; -s, ...ka (Vorprüfung der Medizinstudenten); **Phy|si|kus,** der; -, -se (*veraltet für* Kreis-, Bezirksarzt)
Phy|sio|gnom, der; -en, -en (↑R 197) ‹griech.› (Deuter der äußeren Erscheinung eines Menschen); **Phy|sio|gno|mie,** die; -, ...ien (äußere Erscheinung eines Lebewesens, bes. Gesichtsausdruck); **Phy|sio|gno|mik,** die; - (Ausdrucksdeutung [Kunst, von der Physiognomie her auf seelische Eigenschaften zu schließen]); **Phy|sio|gno|mi|ker** (*svw.* Physiognom); **phy|sio|gno|misch**
Phy|sio|krat, der; -en, -en (↑R 197) ‹griech.› (Vertreter des Physiokratismus); **phy|sio|kra|tisch; Phy|sio|kra|tis|mus,** der; - (volkswirtschaftl. Theorie des 18. Jh.s, die die Landwirtschaft als die Quelle des Nationalreichtums ansah)
Phy|sio|lo|ge, der; -n, -n (↑R 197) ‹griech.› (Erforscher der Lebensvorgänge); **Phy|sio|lo|gie,** die; - (Lehre von den Lebensvorgängen); **Phy|sio|lo|gin; phy|sio|lo|gisch** (die Physiologie betreffend); **Phy|sio|the|ra|peut** (Pfleger, der die Physiotherapie anwendet); **Phy|sio|the|ra|peu|tin; phy|sio|the|ra|peu|tisch; Phy|sio|the|ra|pie** (Heilbehandlung mit Licht, Luft, Wasser, Bestrahlungen, Massage usw.); **Phy|sis,** die; - (Körper; körperliche Beschaffenheit, Natur); **phy|sisch** (in der Natur begründet; natürlich; körperlich)
phy|to|gen ‹griech.› (aus Pflanzen entstanden); **Phy|to‿geo|gra|phie** (Pflanzengeographie), **...me|di|zin, ...pa|tho|lo|gie** (Wissenschaft von den Pflanzenkrankheiten); **phy|to|pa|tho|lo|gisch; phy|to|phag** (*Zool.* pflanzenfressend); **Phy|to|pha|ge,** der; -n, -n *meist Plur.;* ↑R 197 (*Zool.* Pflanzenfresser); **Phy|to‿phar|ma|zie, ...plank|ton** (Gesamtheit der im Wasser lebenden pflanzl. Organismen), **...the|ra|pie** (die; -; Pflanzenheilkunde)
[1]**Pi,** das; -[s], -s (griech. Buchstabe: Π, π); [2]**Pi,** das; -[s] (*Math.* Zahl, die das Verhältnis von Kreisumfang zu Kreisdurchmesser angibt; $\pi = 3{,}1415...$)
Pia (w. Vorn.)
Pi|af|fe, die; -, -n ‹franz.› (*Reiten* Trab auf der Stelle); **pi|af|fie|ren** (die Piaffe ausführen)
Pia|ni|no, das; -s, -s (↑R 180) ‹ital.› (kleines [2]Piano); **pia|nis|si|mo** (*Musik* sehr leise; *Abk.* pp); **Pia|nis|si|mo,** das; -s, *Plur.* -s *u.* ...mi; **Pia|nist,** der; -en, -en; ↑R 197 (Klavierspieler, -künstler); **Pia|ni|stin; pia|ni|stisch** (die Technik, Kunst des Klavierspielens betreffend); **pia|no** (*Musik* leise; *Abk.* p); [1]**Pia|no,** das; -s, *Plur.* -s *u.* ...ni (leises Spielen, Singen); [2]**Pia|no,** das; -s, -s (*Kurzform von* Pianoforte); **Pia|no|for|te,** das; -s, -s (*veraltet für* Klavier); *vgl.* Fortepiano; **Pia|no|la,** das; -s, -s (selbsttätig spielendes Klavier)
Pia|rist, der; -en, -en (↑R 197, R 180) ‹lat.› (Angehöriger eines kath. Lehrordens)
Pi|as|sa|va [...va], die; -, ...ven ‹indian.-port.› (Palmenblattfaser); **Pi|as|sa|va|be|sen**
Pi|ast, der; -en, -en; ↑R 197 (Angehöriger eines poln. Geschlechtes)
Pia|ster, der; -s, - (↑R 180) ‹griech.› (Währungseinheit im Libanon, Sudan, in Syrien u. Ägypten)
Pia|ve [...və], die, *auch* der; -; ↑R 180 (ital. Fluß)
Pi|az|za, die; -, ...zze ‹ital.› ([Markt]platz); **Pi|az|zet|ta,** die; -, ...tte[n] (kleine Piazza)
Pi|ca ['pi:ka], die; - ‹lat.› (eine genormte Schriftgröße bei der Schreibmaschine)
Pi|car|de, der; -n, -n (↑R 197); **Pi|car|die,** die; - (hist. Provinz in Nordfrankreich); **pi|car|disch**
Pi|cas|so, Pablo (span. Maler u. Graphiker)
Pic|ca|dil|ly [pikə'dili] (eine Hauptstraße in London)
Pic|card [pi'ka:r] (schweiz. Physiker)
Pic|co|lo (*österr. meist für* [1]Pikkolo)
Pic|co|lo|mi|ni, der; -[s], - (Angehöriger eines ital. Geschlechtes)
Pi|che|lei (*ugs.);* **Pi|che|ler** *vgl.* Pichler; **pi|cheln** (*ugs. für* trinken); ich ...[e]le (↑R 22)
Pi|chel|stei|ner Fleisch, das; -[e]s, **Pi|chel|stei|ner Topf,** der; -[e]s (ein Eintopfgericht)
pi|chen (*landsch. u. fachspr. für* mit Pech verschmieren)
Pich|ler, Pi|che|ler (*ugs. für* Trinker)
[1]**Pick** *vgl.* [2]Pik
[2]**Pick,** der; -s (*österr. ugs. für* Klebstoff)
Picke[1], die; -, -n (Spitzhacke); [1]**Pickel**[1], der; -s, - (Spitzhacke)
[2]**Pickel**[1], der; -s, - (Hautpustel, Mitesser)
Pickel|hau|be[1] (früherer [preuß.] Infanteriehelm)
Pickel|he|ring[1] (gepökelter Hering; *übertr. für* Spaßmacher im älteren Lustspiel)
picke|lig[1], pick|lig ‹*zu* [2]Pickel›
pickeln[1] (*landsch. für* mit der Spitzhacke arbeiten); ich ...[e]le (↑R 22)
picken[1] (*österr. ugs. auch für* kleben, haften); **Pickerl**[1], das; -s, -n (*österr. für* Klebeetikett)
pickern[1] (*landsch. für* essen); ich ...ere (↑R 22)
Pick|ham|mer (*Bergmannsspr.* Abbauhammer)
Pick|les *vgl.* Mixed Pickles
pick|lig *vgl.* pickelig
Pick|nick, das; -s, *Plur.* -e *u.* -s ‹franz.› (Essen im Freien); **picknicken**[1]; gepicknickt; **Pick|nick|korb**
Pick-up [pik'ap], der; -s, -s ‹engl.› (elektr. Tonabnehmer für Schallplatten)
Pi|co... *vgl.* Piko...
pi|co|bel|lo ‹niederd.; ital.› (*ugs. für* tadellos)
Pi|cot [pi'ko:], der; -s, -s ‹franz.› (Spitzenmasche)
Pic|pus-Mis|sio|nar ['pikpys...] ‹nach dem ersten Haus in der Picpusstraße in Paris› (Angehöriger der kath. Genossenschaft der hl. Herzen Jesu u. Mariä)
Pid|gin-Eng|lisch ['pidʒin...], das; -[s] (vereinfachte Mischsprache aus Englisch u. einer anderen Sprache)
Pie|ce ['piɛ:s(ə)], die; -, -n ‹franz.› ([musikal.] Zwischenspiel; Theaterstück)
Pie|de|stal [piɪ...], das; -s, -e ‹franz.› (Sockel; Untersatz)
Pief|ke, der; -s, -s (*landsch. für* Dummkopf, Angeber; *österr. abwertend für* [Nord]deutscher)
Piek, die; -, -en (*Seemannsspr.* unterster Teil des Schiffsraumes)
Pie|ke, die; -, -n (*svw.* [2]Pik)
piek‿fein (*ugs. für* besonders fein), **...sau|ber** (*ugs. für* besonders sauber)
Pie|mont [piɪ...] (Landschaft in Nordwestitalien); **Pie|mon|te...**

---
[1] *Trenn.* ...k|k...

se, der; -n, -n (↑R 197); **pie|mon|te|sisch,** *auch* **pie|mon|tisch**

piep!; piep, piep!; **Piep,** der; *nur in ugs. Wendungen wie* einen - haben (*ugs. für* nicht recht bei Verstand sein); er tut, sagt, macht keinen - mehr (*ugs. für* er ist tot); **pie|pe, piep|egal** (*ugs. für* gleichgültig); das ist mir -

Pie|pel, der; -s, -[s] (*landsch. für* kleiner Junge; Penis)

pie|pen; es ist zum Piepen (*ugs. für* es ist zum Lachen); **Pie|pen** *Plur.* (*ugs. für* Geld); **Piep‿hahn** (*landsch. für* Penis), **...matz** (*ugs. für* Vogel); **pieps** *(ugs.);* er kann nicht mehr - sagen; **Pieps,** der; -es, -e *(ugs.);* keinen - von sich geben; **piep|sen;** du piepst; **Piep|ser; piep|sig** (*ugs. für* hoch u. dünn [von der Stimme]; winzig); **Piep|sig|keit,** die; - *(ugs.);* **Piep|vo|gel** *(Kinderspr.)*

[1]**Pier,** der; -s, *Plur.* -e *od.* -s, *in der Seemannsspr.* die; -, -s ⟨engl.⟩ (Hafendamm; Landungsbrücke)

[2]**Pier,** der; -[e]s, -e (*nordd. für* Sandwurm als Fischköder)

Pierre [piɛːr] (m. Vorn.)

Pi|er|ret|te [piɛ...], die; -, -n ⟨franz.⟩ (weibl. Lustspielfigur); **Pi|er|rot** [piɛ'roː], der; -s, -s (männl. Lustspielfigur)

pie|sacken [*Trenn.* ...sak|ken] (*ugs. für* quälen); gepiesackt; **Pie|sacke|rei** [*Trenn.* ...sak|ke...]

pie|seln (*ugs. für* regnen; urinieren); ich ...[e]le (↑R 22)

Pie|se|pam|pel, der; -s, - (*landsch. für* dummer, engstirniger Mensch)

Pies|por|ter (ein Moselwein)

Pie|ta, *ital.* **Pie|tà** [*beide* pie'ta], die; -, -s ⟨ital.⟩ (Darstellung der Maria mit dem Leichnam Christi auf dem Schoß; Vesperbild); **Pie|tät** [pie...], die; - ⟨lat.⟩ (Respekt, taktvolle Rücksichtnahme); **pie|tät|los;** -este; **Pie|tät|lo|sig|keit,** die; -; **pie|tät|voll; Pie|tis|mus,** der; - (ev. Erweckungsbewegung; *auch für* schwärmerische Frömmigkeit); **Pie|tist,** der; -en, -en (↑R 197); **pie|ti|stisch**

Pietsch, der; -[e]s, -e (*landsch. für* Trinker); **piet|schen** (*landsch. für* ausgiebig Alkohol trinken); du pietschst

pie|zo|elek|trisch [pie...] ⟨griech.⟩; **Pie|zo‿elek|tri|zi|tät** (die; -; *Physik* durch Druck auf Kristalle entstehende Elektrizität), **...me|ter** (das; -s, -; Druckmesser), **...quarz**

piff, paff!

Pig|ment, das; -[e]s, -e ⟨lat.⟩ (Farbstoff, -körper); **Pig|men|ta|ti|on,** die; -, -en (Färbung); **Pig|ment‿druck** (*Plur.* ...drucke; Kohledruck, fotogr. Kopierverfahren u. dessen Erzeugnis), **...far|be, ...fleck; pig|men|tie|ren** (Pigment bilden; sich durch Pigmente einfärben); **Pig|men|tie|rung; pig|ment|los; Pig|ment|mal** *Plur.* ...male (Muttermal)

Pi|gno|le [pi'njoːlə], die; -, -n ⟨ital.⟩ (Piniennuß); **Pi|gno|lie** [pi'njoːliə], die; -, -n (*österr. für* Pignole)

Pijacke, die; -, -n ⟨engl.⟩ [*Trenn.* Pi|jak|ke] (*nordd. für* blaue Seemannsüberjacke)

[1]**Pik,** der; -s, *Plur.* -e *u.* -s ⟨franz.⟩ (Bergspitze); *vgl.* Piz; [2]**Pik,** der; -s, -e (*ugs. für* heimlicher Groll); einen - auf jmdn. haben; [3]**Pik,** das; -[s], *österr. auch* die; - (Spielkartenfarbe); **pi|kant;** -este (scharf [gewürzt]; prickelnd; reizvoll; anzüglich; schlüpfrig); -es Abenteuer; **Pi|kan|te|rie,** die; -, ...ien; **pi|kan|ter|wei|se**

Pi|kar|de usw. (*eindeutschend für* Picarde usw.)

pi|ka|resk, pi|ka|risch ⟨span.⟩; -er Roman (*Literaturw.* Schelmenroman)

Pik|as [*auch* 'piːk'as], das; Pikasses, Pikasse (↑R 35); [1]**Pi|ke,** die; -, -n ⟨franz.⟩ (Spieß [des Landsknechts]); von der - auf dienen (*ugs. für* im Beruf bei der untersten Stellung anfangen); [2]**Pi|ke,** die; -, -n (*Nebenform von* [2]Pik); [1]**Pi|kee,** der, *österr. auch* das; -s, -s ([Baumwoll]gewebe); [2]**Pi|kee** *vgl.* Piqué; **pi|kee|ar|tig; Pi|kee‿kra|gen, ...we|ste; pi|ken,** piksen (*ugs. für* stechen); du pikst; **Pi|ke|nier,** der; -s, -e (mit der [1]Pike bewaffneter Landsknecht); **Pi|kett,** das; -[e]s, -e (ein Kartenspiel; *schweiz. für* einsatzbereite Mannschaft [beim Militär u. bei der Feuerwehr]); **Pi|kett|stel|lung** (*schweiz. für* Bereitschaftsstellung); **pi|kie|ren** ([zu dicht stehende junge Pflanzen] in größeren Abständen neu einpflanzen); **pi|kiert** (ein wenig beleidigt, gekränkt, verstimmt)

[1]**Pik|ko|lo,** der; -s, -s ⟨ital.⟩ (Kellnerlehrling); [2]**Pik|ko|lo,** das; -s, -s (*kurz für* Pikkoloflöte); **Pik|ko|lo‿fla|sche** (kleine Sektflasche für eine Person), **...flö|te** (kleine Querflöte)

Pik|ko|lo|mi|ni (*dt. Schreibung für* Piccolomini)

Pi|ko..., Pi|co... ⟨ital.⟩ (ein Billionstel einer Einheit; *Zeichen* p; *vgl.* Pikofarad); **Pi|ko|fa|rad,** Pi|co|fa|rad (ein Billionstel Farad; *Abk.* pF)

Pi|kör, der; -s, -e ⟨franz.⟩ (Vorreiter bei der Parforcejagd)

Pi|krat, das; -[e]s, -e ⟨griech.⟩ (*Chemie* Pikrinsäuresalz); **Pi|krin|säu|re,** die; - (organ. Verbindung, die früher als Färbemittel u. Sprengstoff verwendet wurde)

pik|sen *vgl.* piken

Pik|sie|ben; dastehen wie - (*ugs. für* verwirrt, hilflos sein)

Pik|te, der; -n, -n; ↑R 197 (Angehöriger der ältesten Bevölkerung Schottlands)

Pik|to|gramm, das; -s, -e ⟨lat.; griech.⟩ (graph. Symbol [mit international festgelegter Bed.], z. B. Totenkopf für „Gift")

Pi|kul, der *od.* das; -s, - ⟨malai.⟩ (Gewicht in Ostasien)

Pi|lar, der; -en, -en (↑R 197) ⟨span.⟩ (*Reiten* Pflock zum Anbinden der Halteleine bei der Abrichtung der Pferde); **Pi|la|ster,** der; -s, - ⟨lat.⟩ ([flacher] Wandpfeiler)

[1]**Pi|la|tus** (röm. Landpfleger in Palästina); *vgl. auch* Pontius Pilatus

[2]**Pi|la|tus,** der; - (Berg bei Luzern)

Pi|lau, Pi|law, der; -s ⟨pers. *u.* türk.⟩ (oriental. Reiseintopf)

Pil|ger (Wallfahrer; *auch* Wanderer); **Pil|ger|fahrt; Pil|ge|rin; pil|gern;** ich ...ere (↑R 22); **Pil|ger|schaft,** die; -; **Pil|gers|mann** *Plur.* ...männer *u.* ...leute (*älter für* Pilger); **Pil|ger|stab; Pil|grim,** der; -s, -e (*veraltet für* Pilger)

pi|lie|ren ⟨franz.⟩ (zerstoßen, schnitzeln [bes. Rohseife])

Pil|ke, die; -, -n (fischförmiger, mit vier Haken versehener Köder beim Hochseeangeln); **pil|ken** (mit der Pilke angeln)

Pil|le, die; -, -n ⟨lat.⟩ ([kugelförmiges] Arzneimittel; *nur Sing., meist mit bestimmtem Artikel: kurz für* Antibabypille); **Pil|len‿dre|her** (ein Käfer; *ugs. scherzh. für* Apotheker), **...knick** (*ugs. für* Geburtenrückgang durch Verbreitung der Antibabypille), **...schach|tel; pil|lie|ren** (*Landw.* Saatgut zu Kügelchen rollen); **Pil|lie|rung; Pil|ling,** das; -s ⟨engl.⟩ (Knötchenbildung in Textilien); **pil|ling|frei**

Pi|lot, der; -en, -en (↑R 197) ⟨franz.⟩ (Flugzeugführer; Rennfahrer; Lotsenfisch; *veraltet für* Lotse, Steuermann); **Pi|lot‿an|la|ge** (*Technik* Versuchsanlage), **...bal|lon** (unbemannter Ballon zur Feststellung des Höhenwindes)

Pi|lo|te, die; -, -n ⟨franz.⟩ (*Bauw.* Rammpfahl)

Pi|lo|ten|schein; Pi|lot|film (Testfilm für eine geplante Fernsehserie); [1]**pi|lo|tie|ren** ([ein Auto, Flugzeug] steuern)

[2]**pi|lo|tie|ren** ⟨*zu* Pilote⟩ ([Piloten] einrammen); **Pi|lo|tie|rung**

Pi|lo|tin; Pi|lot‿sen|dung, ...stu-

die (vorläufige, wegweisende Untersuchung), **...ton** (zur synchronen Steuerung von Bild u. Ton bei Film u. Fernsehen; *vgl.* [1]Ton), **...ver|such**

Pils, das; -, - (*Kurzform von* Pils[e]ner Bier); 3 -; **Pil|sen** (*tschech.* Plzeň); [1]**Pil|se|ner,** Pilsner (↑R 147); [2]**Pil|se|ner, Pils|ner,** das; -s, - (Bier)

Pilz, der; -es, -e; **Pilz_fa|den, ...ge|richt; pil|zig; Pilz_kopf** (*ugs. veraltend für* Beatle), **...krank|heit, ...kun|de** (die; -), **...samm|ler, ...ver|gif|tung**

Pi|ment, der *od.* das; -[e]s, -e ‹lat.› (Nelkenpfeffer, Küchengewürz)

Pim|mel, der; -s, - (*ugs. für* Penis)

pim|pe (*nordd. für* gleichgültig)

Pim|pe|lei *(ugs.);* **pim|pe|lig,** pimp|lig *(ugs.);* **pim|peln** (*ugs. für* zimperlich, wehleidig sein); ich ...[e]le (↑R 22)

Pim|per|lin|ge *Plur.* (*ugs. für* Geld)

[1]**pim|pern** (*bayr. für* klimpern; klingeln); ich ...ere (↑R 22)

[2]**pimpern** (*derb für* koitieren)

Pim|per|nell, der; -s, -e *u.* Pim|pi|nel|le, die; -, -n ‹sanskr.› (eine Küchen- u. Heilpflanze)

Pim|per|nuß ‹*zu* [1]pimpern› (ein Zierstrauch)

Pimpf, der; -[e]s, -e (kleiner Junge; jüngster Angehöriger einer Jugendbewegung)

Pim|pi|nel|le *vgl.* Pimpernell

pimp|lig *vgl.* pimpelig

Pin, der; -s, -s ‹engl.› (*fachspr. für* [Verbindungs]stift; [getroffener] Kegel beim Bowling)

PIN = personal identification number (persönliche Geheimzahl für Geldautomaten o. ä.)

Pi|na|ko|id, das; -[e]s, -e ‹griech.› (eine Kristallform); **Pi|na|ko|thek,** die; -, -en (Bilder-, Gemäldesammlung)

Pi|nas|se, die; -, -n ‹niederl.› (Beiboot [von Kriegsschiffen])

Pin|ce|nez [pɛ̃s(ə)'ne:], das; - [...'ne:(s)], - [...'ne:s] ‹franz.› (*veraltet für* Klemmer, Kneifer)

Pin|dar (altgriech. Lyriker); **pin|da|risch,** aber (↑R 134): Pindarische Verse; **Pin|da|ros** *vgl.* Pindar

Pin|ge *vgl.* Binge

pin|ge|lig (*ugs. für* kleinlich, pedantisch; empfindlich); **Pin|ge|lig|keit,** die; -

Ping|pong [*österr.* ...'pɔŋ], das; -s ‹engl.› (*veraltet für* Tischtennis); **Ping|pong_plat|te, ...schlä|ger**

Pin|gu|in, der; -s, -e (ein Vogel der Antarktis)

Pi|nie [...i̯ə], die; -, -n ‹lat.› (Kiefer einer bestimmten Art); **Pi|ni|en_wald, ...zap|fen**

pink ‹engl.› (rosa); ein pink Kleid; *vgl. auch* beige; [1]**Pink,** das; -s, -s (kräftiges Rosa); in Pink (↑R 65)

[2]**Pink,** die; -, -en *u.* [1]**Pin|ke,** die; -, -n (*nordd. für* Segelschiff; Fischerboot)

[2]**Pin|ke,** Pin|ke|pin|ke, die; - (*ugs. für* Geld)

[1]**Pin|kel,** der; -s, - *(ugs.); meist in* feiner - (vornehm tuender Mensch)

[2]**Pin|kel,** die; -, -n (*nordd.* eine fette, gewürzte Wurst)

pin|keln (*ugs. für* urinieren); ich ...[e]le (↑R 22); **Pin|kel|pau|se** *(ugs.)*

pin|ken (*landsch. für* hämmern)

Pin|ke|pin|ke *vgl.* [2]Pinke

Pin|ne, die; -, -n ([Kompaß]stift; Teil des Hammers; *bes. nordd. für* Reißzwecke; *Seemannsspr.* Hebelarm am Steuerruder); **pin|nen** (*bes. nordd. für* mit Pinnen versehen, befestigen); **Pinn|wand** (Tafel [aus Kork], an der man Merkzettel u. a. anheftet)

Pi|noc|chio [pi'nɔki̯o], der, -[s] ‹ital.› (eine Märchengestalt)

Pi|no|le, die; -, -n ‹ital.› (*Technik* Teil der Spitzendrehmaschine)

Pin|scher, der; -s, - (eine Hunderasse)

[1]**Pin|sel,** der; -s, - (*ugs. für* törichter Mensch, Dummkopf)

[2]**Pin|sel,** der; -s, - ‹lat.›; **pin|sel|ar|tig;** [1]**Pin|se|lei** (*abwertend für* das Pinseln, Malerei)

[2]**Pin|se|lei** (*veraltet für* große Dummheit)

Pin|se|ler, Pins|ler; **pin|seln;** ich ...[e]le (↑R 22); **Pin|sel_stiel, ...strich; Pins|ler** *vgl.* Pinseler

[1]**Pint,** der; -s, -e (*ugs. für* Penis)

[2]**Pint** [paint], das; -s, -s ‹engl.› (engl. u. amerik. Hohlmaß; *Abk.* pt); **Pin|te** ['pintə], die; -, -n (*landsch. für* Wirtshaus, Schenke)

Pin-up-Girl [pin'apgœ:(r)l], das; -s, -s ‹engl.-amerik.› (leichtbekleidetes Mädchen auf [Illustrierten]bildern, die man an die Wand heften kann)

pinx. = pinxit; **pin|xit** ‹lat., „hat es gemalt"› (neben dem Namen des Künstlers auf Gemälden; *Abk.* p. *od.* pinx.)

Pin|zet|te, die; -, -n ‹franz.› (kleine Greif-, Federzange)

Pinz|gau, der; -[e]s (österr. Landschaft)

Pi|om|bi *Plur.* ‹ital.› (*hist. Bez. für* die Staatsgefängnisse im Dogenpalast von Venedig)

Pio|nier, der; -s, -e (↑R 180) ‹franz.› (Soldat der techn. Truppe; *übertr. für* Wegbereiter, Vorkämpfer, Bahnbrecher; Angehöriger einer Kinderorganisation in der ehem. DDR); **Pio|nier_ab|tei|lung, ...ar|beit, ...geist** (der; -[e]s), **...la|ger** (*Plur.* ...lager; *ehem. in der DDR*), **...lei|ter** (der; *ehem. in der DDR*), **...pflan|ze** *(Bot.)*, **...trup|pe** *(Milit.)*, **...zeit**

Pi|pa|po, das; -s (*ugs. für* was dazugehört); mit allem -

[1]**Pi|pe,** die; -, -n (*österr. für* Faß-, Wasserhahn)

[2]**Pipe** [paip], das *od.* die; -, -s ‹engl.› (engl. u. amerik. Hohlmaß für Wein u. Branntwein); **Pipeline** ['paiplain], die; -, -s (Rohrleitung [für Gas, Erdöl]); **Pi|pet|te** [pi...], die; -, -n ‹franz.› (Saugröhrchen, Stechheber)

Pi|pi, das; -s *(Kinderspr.);* - machen

Pi|pi|fax, der; - (*ugs. für* überflüssiges Zeug; Unsinn)

Pip|pau, der; -[e]s (eine Pflanzengattung)

Pip|pin [*auch, österr. nur,* 'pi...] (Name fränk. Fürsten)

Pips, der; -es (eine Geflügelkrankheit); **pip|sig**

Pi|qué [pi'ke:], das; -s, -s (Reinheitsgrad für Diamanten)

Pi|ran|del|lo (ital. Schriftsteller)

Pi|ran|ha [pi'ranja] ‹indian.-port.›, Pi|ra|ya [...ja], der; -[s], -s ‹indian.› (ein Raubfisch)

Pi|rat, der; -en, -en (↑R 197) ‹griech.› (Seeräuber); **Pi|ra|ten_schiff, ...sen|der; Pi|ra|ten|tum,** das; -s; **Pi|ra|te|rie,** die; -, ...i̲en ‹franz.›

Pi|rä|us, der; - (Hafen von Athen)

Pi|ra|ya *vgl.* Piranha

Pir|ma|sens (Stadt in Rheinland-Pfalz)

Pi|ro|ge, die; -, -n ‹karib.-franz.› (indian. Einbaum)

Pi|ro|ge, die; -, -n ‹russ.› (eine Pastetenart; ein russ. Gericht)

Pi|rol, der; -s, -e (ein Singvogel)

Pi|rou|et|te [piru...], die; -, -n ‹franz.› (*Tanz, Eiskunstlauf* schnelle Drehung um die eigene Achse; *Reiten* Drehung in der Hohen Schule); **pi|rou|et|tie|ren**

Pirsch, die; - (Schleichjagd); **pir|schen;** du pirschst; **Pirsch|gang,** der

Pi|sa (ital. Stadt); der Schiefe Turm von - (↑R 157); **Pi|sa|ner** (↑R 147)

Pi|sang, der; -s, -e ‹malai.-niederl.› (eine Bananenart)

pi|sa|nisch ‹*zu* Pisa›

Pi|see|bau, der; -[e]s ‹franz.; dt.› (Bauweise, bei der die Mauern aus festgestampftem Lehm o. ä. bestehen)

pis|pern (*landsch. für* wispern); ich ...ere (↑R 22)

Piß, der; Pisses (*svw.* Pisse)

Pis|sar|ro (franz. Maler)

Pis|se, die; - (*derb für* Harn); **pis|sen** *(derb);* du pißt; **Pis|soir** [pi'soa:r], das; -s, *Plur.* -e *u.* -s

(franz.) (öffentl. Toilette für Männer)
Pi|sta|zie [...i̯ə], die; -, -n (pers.) (ein Baum mit eßbaren Samen; der Samenkern dieses Baumes); **Pi|sta|zi|en|nuß**
Pi|ste, die; -, -n (franz.) (Ski-, Rad- od. Autorennstrecke; Rollbahn auf Flugplätzen; unbefestigter Verkehrsweg [z. B. durch die Wüste]; Rand der Manege); **Pi|sten‿sau** (*Plur.* ...säue), **...schwein** (*derb für* rücksichtsloser Skifahrer)
Pi|still, das; -s, -e (lat.) (*Pharm.* Stampfer, Keule; *Bot.* Blütenstempel)
Pi|sto|ia (ital. Stadt); **Pi|sto|ia|er** [...jaər] (↑R 147); **pi|sto|ia|isch** [...jaiʃ]
[1]**Pi|sto|le,** die; -, -n (tschech.-roman.) (alte Goldmünze); [2]**Pi|sto|le,** die; -, -n (tschech.) (kurze Handfeuerwaffe); jmdm. die - auf die Brust setzen (*ugs. für* jmdn. zu einer Entscheidung zwingen); wie aus der - geschossen (*ugs. für* spontan, sehr schnell, sofort); **Pi|sto|len‿griff, ...knauf, ...lauf, ...schuß, ...tasche**
Pi|ston [...'tõ:], das; -s, -s (franz.) (Pumpenkolben; Zündstift bei Perkussionsgewehren; Pumpenventil der Blechinstrumente; *franz. Bez. für* [2]Kornett); **Piston|blä|ser**
Pi|ta|val [...'val], der; -[s], -s (nach dem franz. Rechtsgelehrten) (Sammlung berühmter Rechtsfälle); Neuer -
Pitch|pine ['pitʃpain], die; -, -s (engl.) (nordamerik. Pechkiefer); **Pitch|pine|holz**
Pi|thek|an|thro|pus, der; -, ...pi (griech.) (javan. u. chin. Frühmensch des Diluviums); **pi|the|ko|id** (affenähnlich)
pit|sche|naß, pit|sche|pat|sche|naß, pitsch|naß (*ugs.*); **pitsch, patsch** (*Kinderspr.*); **pitsch|patsch|naß** (*ugs.*)
pit|to|resk (franz.) (malerisch)
Pi|lus (m. Vorn.)
Pi|vot [pi'vo:], der *od.* das; -s, -s (franz.) (*Technik* Schwenkzapfen an Drehkränen u. a.)
Piz, der; -es, -e (ladin.) (Bergspitze); **Piz Bu|in** (Gipfel in der Silvrettagruppe); **Piz Pa|lü** (Gipfel in der Berninagruppe); *vgl.* [1]Pik
Piz|za, die; -, *Plur.* -s, *auch* Pizzen (ital.) (gebackener Hefeteig mit Tomaten, Käse, Sardellen o. ä.); **Piz|za|bäcker** [*Trenn.* ...bäk|ker]; **Piz|ze|ria,** die; -, *Plur.* -s, *auch* ...rien (Lokal, in dem Pizzas angeboten werden)
piz|zi|ca|to (ital.) (*Musik* mit den Fingern gezupft); **Piz|zi|ka|to,** das; -s, *Plur.* -s *u.* ...ti
Pjöng|jang (Hptst. von Nordkorea)
Pkt. = Punkt
Pkw, *auch* **PKW,** der; -[s], *Plur.* -s, *selten* - = Personenkraftwagen
pl., Pl., Plur. = Plural
Pla|ce|bo, das; -s, -s (lat.) (*Med.* unwirksames Scheinmedikament)
Pla|ce|ment [plas(ə)'mã:], das; -s, -s (franz.) (*Wirtsch.* Anlage von Kapitalien; Absatz von Waren)
Pla|cet *vgl.* Plazet
pla|chan|dern (*ostd. für* plaudern; [einfältig] reden)
Pla|che *vgl.* Blahe
Pla|ci|dia [...ts...] (altröm. w. Eigenn.); **Pla|ci|dus** (altröm. m. Vorn.)
pla|cie|ren [pla'tsi:..., *selten* ...'si:...] usw. *vgl.* plazieren usw.
placken [*Trenn.* plak|ken], sich (*ugs. für* sich sehr abmühen)
Placken, der; -s, - [*Trenn.* Plak|ken] (*landsch. für* großer [schmutziger od. bunter] Fleck)
Plackerei [*Trenn.* Plak|ke|rei] (*ugs.*)
pla|dauz! (*nordwestd. für* pardauz!)
plad|dern (*nordd. für* heftig, in großen Tropfen regnen); es pladdert)
plä|die|ren; auf „schuldig" -; **Plä|doy|er** [...doa'je:], das; -s, -s (zusammenfassende Rede des Strafverteidigers od. Staatsanwaltes vor Gericht)
Pla|fond [...'fõ:, *österr. meist* ...'fo:n], der; -s, -s (franz.) (oberer Grenzbetrag bei der Kreditgewährung; *landsch. für* [Zimmer]decke); **pla|fo|nie|ren** [...fo'ni:...] (nach oben hin begrenzen); **Pla|fo|nie|rung**
Pla|ge, die; -, -n; **Pla|ge|geist** *Plur.* ...geister; **pla|gen;** sich -; **Pla|ge|rei**
Plag|ge, die; -, -n (*nordd. für* ausgestochenes Rasenstück)
Pla|gi|at, das; -[e]s, -e (lat.) (Diebstahl geistigen Eigentums); **Pla|gia|tor,** der; -s, ...oren (↑R 180); **pla|gia|to|risch** (↑R 180); **pla|gi|ie|ren** (ein Plagiat begehen)
Pla|gio|klas, der; -es, -e (griech.) (ein Mineral)
Plaid [ple:t], das, *älter* der; -s, -s (engl.) ([Reise]decke; *auch* großes Umhangtuch aus Wolle)
Pla|kat, das; -[e]s, -e (niederl.) (großformatiger öffentlicher Aushang od. Anschlag zu Informations-, Werbe-, Propagandazwecken o. ä.); **pla|ka|tie|ren** (Plakate ankleben; durch Plakat bekanntmachen; öffentl. anschlagen); **Pla|ka|tie|rung; pla|ka|tiv** (bewußt herausgestellt, sehr auffällig); **Pla|kat‿kunst** (die; -), **...ma|le|rei, ...säu|le, ...schrift, ...wand, ...wer|bung;**
Pla|ket|te, die; -, -n (franz.) (kleine [meist geprägte] Platte mit einer Reliefdarstellung; Abzeichen; *auch für* Aufkleber [als Prüfzeichen])
Pla|ko|der|men *Plur.* (griech.) (ausgestorbene Panzerfische);
Plak|odont, der; -en, -en; ↑R 197 („Breitzahner") (ausgestorbene Echsenart); **Pla|ko|id|schup|pe** (Schuppe der Haie)
plan (lat.) (flach, eben); - geschliffene Fläche; [1]**Plan,** der; -[e]s, Pläne (*veraltet für* Ebene; Kampfplatz); *noch in Wendungen wie* auf den - rufen (zum Erscheinen veranlassen)
[2]**Plan,** der; -[e]s, Pläne (Grundriß, Entwurf, Karte; Absicht, Vorhaben)
Pla|na|rie [...i̯ə], die; -, -n (ein Strudelwurm)
Plan|auf|ga|be (*ehem. in der DDR*)
Planche [plã:ʃ], die; -, -n [...ʃ(ə)n] (franz.) (Fechtbahn)
Plan|chet|te [plã'ʃɛtə], die; -, -n (franz.) (Miederstäbchen)
Planck (dt. Physiker); (↑R 134:) Plancksches Strahlungsgesetz
Pla|ne, die; -, -n ([Wagen]decke)
Plä|ne, die; -, -n (franz.) (*veraltet für* Ebene)
pla|nen; Pla|ner
Plä|ner, der; -s (heller Mergel)
Plan|er|fül|lung (*ehem. in der DDR*); **pla|ne|risch; Plä|ne‿schmied, ...schmie|den** (das; -s)
Pla|net, der; -en, -en (↑R 197) (griech.) (sich um eine Sonne bewegender Himmelskörper; Wandelstern); **pla|ne|tar** *vgl.* planetarisch; **pla|ne|ta|risch;** -er Nebel; **Pla|ne|ta|ri|um,** das; -s, ...ien [...i̯ən] (Instrument zur Darstellung der Bewegung der Gestirne; Gebäude dafür); **Pla|ne|ten‿bahn, ...ge|trie|be** (*Technik*), **...jahr, ...kon|stel|la|ti|on, ...sy|stem; Pla|ne|to|id,** der; -en, -en; ↑R 197 (kleiner Planet)
Plan|fest|stel|lung; Plan|fest|stel|lungs|ver|fah|ren
Plan|film (flach gelagerter Film im Gegensatz zum Rollfilm); **plan|ge|mäß;** -este; **Plan|heit,** die; - (Flächigkeit); **Pla|nier|bank** *Plur.* ...bänke (*Technik*); **pla|nie|ren** (lat.) ([ein]ebnen); **Pla|nier‿rau|pe, ...schild** (der); **Pla|nie|rung; Pla|ni|fi|ka|teur** [...'tø:r], der; -s, -e (franz.) (Fachmann für volkswirtschaftliche Gesamtplanung); **Pla|ni|fi|ka|ti|on,** die; -, -en (lat.) (wirtschaftl. Rahmenplanung des Staates als Orientie-

rungshilfe für die privaten Unternehmen)

Pla|ni|glob, das; -s, -en ‹lat.› *u.* **Pla|ni|glo|bi|um,** das; -s, ...ien [...i̯ən] (kreisförmige Karte einer Erdhalbkugel)

Pla|ni|me|ter, das; -s, - ‹lat.; griech.› (Gerät zum Messen des Flächeninhaltes, Flächenmesser); **Pla|ni|me|trie,** die; - (Geometrie der Ebene); **pla|ni|metrisch**

Plan|kal|ku|la|ti|on (Kalkulation mit Hilfe der Plankostenrechnung)

Plan|ke, die; -, -n (starkes Brett, Bohle; Bretterzaun)

Plän|ke|lei; plän|keln (sich streiten; ein Gefecht austragen); ich ...[e]le (↑R 22)

Plan|ken|zaun

Plänk|ler *(veraltet)*

Plan|ko|sten *Plur.;* **Plan|ko|sten|rech|nung**

Plank|ton, das; -s ‹griech.› (*Biol.* Gesamtheit der im Wasser schwebenden niederen Lebewesen); **plank|to|nisch; Plank|ton|netz; Plank|tont,** der; -en, -en; ↑R 197 (im Wasser schwebendes Lebewesen)

plan|los; -este; **Plan|lo|sig|keit; plan|mä|ßig; Plan|mä|ßig|keit; Plan|num|mer**

pla|no ‹lat.› (*fachspr. für* glatt, ungefalzt [bes. von Druckbogen u. Karten])

Plan‿qua|drat, ...rück|stand *(ehem. in der DDR)*

Plansch|becken [*Trenn.* ...bek|ken]; **plan|schen;** du planschst

Plan‿schul|den *(Plur.; ehem. in der DDR),* **...soll** (*ehem. in der DDR; vgl.* ²Soll), **...spiel, ...sprache** (*svw.* Kunstsprache), **...stel|le**

Plan|ta|ge [...'ta:ʒə, *österr.* ...'ta:ʒ], die; -, -n [...'ta:ʒ(ə)n] ‹franz.› ([An]pflanzung, landwirtschaftl. Großbetrieb [in trop. Gegenden]); **Plan|ta|gen‿be|sit|zer, ...wirt|schaft**

plan|tar ‹lat.› (*Med.* die Fußsohle betreffend)

Pla|num, das; -s ‹lat.› (eingeebnete Untergrundfläche beim Straßen- u. Gleisbau)

Pla|nung; Pla|nungs‿ab|tei|lung, ...bü|ro, ...kom|mis|si|on, ...rech|nung *(Math.),* **...sta|di|um; plan|voll**

Plan|wa|gen

Plan|wirt|schaft (zentral geleitete Wirtschaft, z. B. in der ehem. DDR); **plan|zeich|nen** (Grundrisse, Karten o. ä. zeichnen *[nur im Infinitiv gebräuchlich]*); **Plan‿zeich|nen, ...zeich|ner, ...zeich|nung, ...ziel**

Plap|pe|rei *(ugs.);* **Plap|pe|rer,** Plapp|rer *(ugs.);* **plap|per|haft;** -este *(ugs.);* **Plap|per|haf|tig|keit,** die; - *(ugs.);* **Plap|pe|rin** *(ugs.);* **Plap|per‿maul** (*ugs. für* jmd., der plappert), **...mäul|chen** *(ugs.);* **plap|pern** (*ugs. für* viel u. gerne reden); ich ...ere (↑R 22); **Plap|per|ta|sche** (*ugs. svw.* Plappermaul); **Plapp|rer** *vgl.* Plapperer

Plaque [plak], die; -, -s [plak] ‹franz.› (*Med.* Zahnbelag; Hautfleck)

plär|ren *(ugs.);* **Plär|rer**

Plä|san|te|rie, die; -, ...ien ‹franz.› (*veraltet für* Scherz); **Plä|sier,** das; -s, *Plur.* -e, *österr.* -s (*veraltend, noch scherzh. für* Vergnügen; Spaß; Unterhaltung); **plä|sier|lich** (*veraltet für* vergnüglich, heiter)

Plas|ma, das; -s, ...men ‹griech.› (Protoplasma; flüssiger Bestandteil des Blutes; leuchtendes, elektrisch leitendes Gasgemisch); **Plas|ma‿che|mie, ...phy|sik; Plas|mo|di|um,** das; -s, ...ien [...i̯ən] (vielkernige Protoplasmamasse)

Plast, der; -[e]s, -e *meist Plur.* ‹griech.› (*regional für* Kunststoff); **Pla|ste,** die; -, -n (*regional für* ²Plastik); **Pla|ste|tü|te** *(regional);* **Pla|stics** ['plɛstiks] *Plur.* ‹engl.› (*engl. Bez. für* Kunststoffe); **Pla|sti|de** [pla...], die; -, -n *meist Plur.* ‹griech.› (*Bot.* Bestandteil der Pflanzenzelle); **¹Pla|stik,** die; -, -en (*nur Sing.:* Bildhauerkunst; Bildwerk; *übertr. für* Körperlichkeit; *Med.* operativer Ersatz von zerstörten Gewebs- u. Organteilen); **²Pla|stik,** das; -s (Kunststoff); **Pla|stik‿beu|tel, ...bom|be, ...ein|band; Pla|sti|ker** (Bildhauer); **Pla|stik‿fo|lie, ...geld** (das; -[e]s), **...helm, ...sack, ...tra|ge|ta|sche, ...tü|te; Pla|sti|lin,** das; -s, *österr. nur so, u.* **Pla|sti|li|na,** die; - (Knetmasse zum Modellieren); **pla|stisch;** -ste (knetbar; körperlich, deutlich hervortretend; anschaulich; einprägsam); -e Masse; -e Sprache; **Pla|sti|zi|tät,** die; - (Formbarkeit, Körperlichkeit; Bildhaftigkeit, Anschaulichkeit)

Pla|stron [...'strɔ̃:, *österr.* ...'stro:n], der *od.* das; -s, -s ‹franz.› (breite [weiße] Krawatte; gestickter Brustlatz an Frauentrachten; eiserner Brust- od. Armschutz im MA.; Stoßkissen zu Übungszwecken beim Fechten)

Pla|täa (im Altertum Stadt in Böotien); **Pla|tä|er**

Pla|ta|ne, die; -, -n ‹griech.› (ein Laubbaum); **Pla|ta|nen|blatt**

Pla|teau [...'to:], das; -s, -s ‹franz.› (Hochebene, Hochfläche; Tafelland); **pla|teau|för|mig**

Pla|te|resk, das; -[e]s ‹span.› (Baustil der span. Spätgotik u. der ital. Frührenaissance)

Pla|tin [*österr.* ...'ti:n], das; -s ‹span.› (chem. Element, Edelmetall; *Zeichen* Pt); **pla|tin|blond** (weißblond); **Pla|tin|draht**

Pla|ti|ne, die; -, -n ‹griech.› (Montageplatte für elektrische Bauteile; Teil der Web- od. Wirkmaschine; *Hüttenw.* Formteil)

pla|ti|nie|ren (mit Platin überziehen); **Pla|ti|no|id,** das; -[e]s, -e ‹span.; griech.› (eine Legierung)

Pla|ti|tü|de, die; -, -n ‹franz.› (*geh. für* Plattheit, Seichtheit)

Pla|to *vgl.* Platon; **Pla|ton** (altgriech. Philosoph); **Pla|to|ni|ker** (Anhänger der Lehre Platos); **pla|to|nisch** (nach Art Platos; geistig, unsinnlich); -e Liebe; -es Jahr, a b e r (↑R 134): Platonische Schriften; **Pla|to|nis|mus,** der; - (Weiterentwicklung u. Abwandlung der Philosophie Platos)

platsch!; plat|schen *(ugs.);* du platschst; **plät|schern;** ich ...ere (↑R 22); **platsch|naß** *(ugs.)*

platt; -er, -este (flach); die Nase - drücken; da bist du -! (*ugs. für* da bist du sprachlos, sehr erstaunt!); er hat einen Platten (*ugs. für* eine Reifenpanne); das -e (flache) Land; **Platt,** das; -[s] (das Niederdeutsche); **Plätt|brett; Plätt|chen; platt|deutsch;** *vgl.* deutsch; **Platt|deutsch,** das; -[s] (Sprache); *vgl.* Deutsch; **Platt|deut|sche,** das; -n; *vgl.* Deutsche, das; **Plat|te,** die; -, -n (*österr. ugs. auch für* [Gangster]bande); **Plät|te,** die; -, -n (*landsch. für* Bügeleisen; *bayr. u. österr. für* flaches Schiff); **Plat|tei** ([Adrema]plattensammlung); **Plätt|ei|sen** *(landsch.);* **plät|teln** (mit Platten, Fliesen auslegen od. verkleiden); ich ...[e]le (↑R 22); **plat|ten** (*landsch. für* platt machen; Platten legen); **plät|ten** (*landsch. für* bügeln); **Plat|ten‿al|bum, ...ar|chiv, ...bau|wei|se** (die; -), **...be|lag, ...hül|le, ...le|ger, ...samm|lung, ...schrank**

Plat|ten|see, der; -s (ung. See); *vgl.* Balaton; **¹Plat|ten|seer** [...ze:ər] (↑R 147, 151 *u.* 180); **²Plat|ten|seer,** der; -s (ein Wein)

Plat|ten‿spie|ler, ...ste|cher (ein Lehrberuf), **...tel|ler, ...wechs|ler, ...weg**

Platt|erb|se; plat|ter|dings (*veraltet für* glatterdings); **Plät|te|rei** *(landsch.);* **Plät|te|rin** *(landsch.);* **Platt‿fisch, ...form, ...frost** (Frost ohne Schnee), **...fuß; platt|fü|ßig; Platt|fuß|in|dia|ner** *(ugs.);* **Platt|heit; Platt|hirsch** (*Jägerspr.* geweihloser Rothirsch); **plat|tie-**

ren ‹franz.› ([mit Metall] überziehen; umspinnen); **Plat|ti̲e|rung; Plat|ti̲er|ver|fah|ren; plat|tig** (glatt [von Felsen]); **Plätt|lein; Platt|ler** (Älplertanz); **Plätt|ma|schi|ne** *(landsch.);* **platt|na|sig; Platt|stich;** Platt- und Stielstich; **Platt|[stich|]sticke|rei** [*Trenn.* ...stik|kerei]; **Platt‿wan|ze, ...wurm**

Plątz, der; -es, Plätze (*landsch. auch für* Kuchen, [Zucker]plätzchen); *Schreibung in Straßennamen:* ↑R 190 ff.; - finden, greifen, haben; - machen, nehmen; am -[e] sein; **Plątz‿angst** (die; -), **...an|wei|ser, ...an|wei|se|rin, ...be|darf; Plątz|chen; Plątz|deck|chen**

Plat|ze; *in Wendungen wie* die - kriegen (*landsch. für* wütend werden); **plat|zen;** du platzt; **plät|zen** (*landsch. für* mit lautem Knall schießen; Bäume durch Abschlagen eines Rindenstückes zeichnen; den Boden mit den Vorderläufen aufscharren [vom Schalenwild]); du plätzt

...plät|zer (*schweiz. für* ...sitzer); **Plątz‿hal|ter** *(bes. Sprachw.),* **...hirsch** (stärkster Hirsch eines Brunftplatzes); **...plät|zig** (*schweiz. für* ...sitzig); **Plątz‿kar|te, ...kon|zert, ...ko|sten|rech|nung** (*Wirtsch.* Berechnung der Kosten für einzelne Abteilungen eines Betriebes); **Plätz|lein; Plätz|li,** das; -s, - (*schweiz. mdal. für* flaches Stück, *bes. für* Plätzchen, Schnitzel); **Plątz‿man|gel** (der; -s), **...mie|te** (*vgl.* [1]Miete), **...ord|ner**

Plątz‿pa|tro|ne, ...re|gen

Plątz|runde *(bes. Sport);* **plątz|spa|rend; Plątz‿ver|hält|nis|se** *(Plur.),* **...ver|tre|tung** *(Kaufmannsspr.),* **...ver|weis** *(Sport),* **...vor|schrift** (*svw.* Plazierungsvorschrift), **...wart** (der; -[e]s, -e), **...wech|sel, ...wet|te**

Plątz|wun|de

Plątz|zif|fer *(Sport)*

Plau|de|re̲i; Pla̲u|de|rer, Pla̲udrer; **Pla̲u|de|rin,** Pla̲ud|re|rin; **pla̲u|dern;** ich ...ere (↑R 22); **Pla̲u|der‿stünd|chen, ...ta|sche** (*ugs. scherzh. für* jmd., der gerne plaudert, geschwätzig ist), **...ton** (der; -[e]s); **Pla̲ud|rer** *vgl.* Plauderer; **Pla̲ud|re|rin** *vgl.* Plauderin

Pla̲u|en (Stadt im Vogtland); **Pla̲ue|ner** (↑R 147, 180); - Spitzen; **pla̲u|ensch,** *auch* pla̲u|isch; -e Ware

Pla̲u|en|sche Grụnd, der; -n -[e]s (bei Dresden)

Pla̲u|er Ka|na̲l, der; - -s ‹*nach* Plaue (Ortsteil von Brandenburg)›

Pla̲u|er Se̲e, der; - -s ‹*nach* Plau (Stadt in Mecklenburg)›

Pla̲ue|sche Grụnd, der; -n -[e]s; ↑R 180 (bei Erfurt)

pla̲u|isch *vgl.* plauensch

Pla̲usch, der; -[e]s, -e *Plur. selten* (*bes. südd., österr. für* gemütl. Plauderei; *schweiz. mdal. für* Vergnügen, Spaß); **pla̲u|schen** (*bes. südd., österr. für* gemütl. plaudern); du plauschst

plau|si̲|bel ‹lat.› (annehmbar, einleuchtend, triftig); ...i|ble Gründe; **Plau|si|bi|li|tä̲t,** die; -

pla̲u|stern (*landsch. für* plustern); sich - (die Federn spreizen)

Pla̲u|tus (röm. Komödiendichter)

pla̲uz!; Pla̲uz, der; -es, -e (*ugs. für* Fall; Schall); einen - tun

Pla̲u|ze, die; -, -n ‹slaw.› (*landsch. für* Lunge; Bauch); *bes. in Wendungen wie* es auf der - haben (stark erkältet sein)

pla̲u|zen ‹*zu* Plauz›; du plauzt

Play|back ['ple:bɛk], das; -, -s ‹engl.› (*nur Sing.: Film u. Fernsehen* Verfahren der synchronen Bild- u. Tonaufnahme zu einer bereits vorliegenden Tonaufzeichnung; Bandaufzeichnung); **Play|back|ver|fah|ren; Play|boy** ['ple:bɔy], der; -s, -s ‹engl.-amerik.› ([reicher jüngerer] Mann, der nicht arbeitet u. nur dem Vergnügen nachgeht); **Play|girl** ['ple:gœ:(r)l], das; -s, -s (leichtlebiges, attraktives Mädchen [das sich meist in Begleitung reicher Männer befindet]); **Play-off** [ple:ˈɔf], das; -, - (System von Ausscheidungsspielen in bestimmten Sportarten); **Play-ọff-Run|de**

Pla|zẹn|ta, die; -, *Plur.* -s *u.* ...ten ‹griech.› (*Med., Biol.* Mutterkuchen, Nachgeburt); **pla|zen|ta̲l, pla|zen|ta̲r**

Pla̲|zet, das; -s, -s ‹lat.› (Bestätigung, Erlaubnis)

pla|zi̲e|ren, *auch noch* pla|ci̲e|ren [...ts..., *auch* ...s...] ‹franz.› (aufstellen, an einen bestimmten Platz stellen, bringen; *Kaufmannsspr.* [Kapitalien] unterbringen, anlegen); sich - (*Sport* einen vorderen Platz erreichen); **pla|zi̲ert,** *auch noch* pla|ci̲ert; -este (*Sport* genau gezielt); ein -er Schuß, Schlag; **Pla|zi̲e|rung,** *auch noch* Pla|ci̲e|rung; **Pla|zi̲e|rungs|vor|schrift** (für Werbeanzeigen o. ä.)

Ple|be̲|jer, der; -s, - ‹lat.› (Angehöriger der niederen Schichten [im alten Rom]; ungehobelter Mensch); **ple|be̲|jisch;** -ste (ungebildet, ungehobelt, pöbelhaft); **Ple|bis|zi̲t,** das; -[e]s, -e (Entscheidung durch Volksabstimmung); **ple|bis|zi|tä̲r** (das Plebiszit betreffend); [1]**Plẹbs** [*auch* ple:ps], der; -es, *österr.* die; - (Volk; Pöbel); [2]**Plebs,** die; - (das [arme] Volk im alten Rom)

Plein|air [plɛˈnɛ:r], das; -s, -s ‹franz.› (Freilichtmalerei); **Plein|air|ma|le|rei**

Ple̲i|ße, die; - (r. Nebenfluß der Weißen Elster)

plei|sto|zä̲n ‹griech.›; **Plei|sto|zä̲n,** das; -s (*Geol.* Eiszeitalter)

ple̲i|te ‹hebr.-jidd.› (*ugs. für* zahlungsunfähig); - gehen, sein, werden; er ist, geht -; er wird - werden; **Ple̲i|te,** die; -, -n *(ugs.);* - machen; er macht -; das ist ja eine - (ein Reinfall); **Ple̲i|te|gei|er** *(ugs.)*

Ple|ja̲|de, die; - (griech. Regengöttin); **Ple|ja̲|den** *Plur.* (Siebengestirn [eine Sterngruppe])

Plẹk|tron, das; -s, *Plur.* ...tren *u.* ...tra ‹griech.› (Stäbchen od. Plättchen, mit dem die Saiten mancher Zupfinstrumente angerissen werden); **Plẹk|trum** *vgl.* Plektron

Plẹm|pe, die; -, -n (*ugs. für* dünnes, fades Getränk); **plẹm|pern** (*landsch. für* spritzen, [ver]schütten; seine Zeit mit nichtigen Dingen vertun; herumlungern); ich ...ere (↑R 22)

plem|plẹm (*ugs. für* verrückt)

Ple|na̲r‿saal ‹lat.; dt.›, **...sit|zung** (Vollsitzung), **...ver|samm|lung** (Vollversammlung); **ple|ni|po|tẹnt** (*veraltet für* ohne Einschränkung bevollmächtigt, allmächtig); **Ple|ni|po|tẹnz,** die; -

ple̲|no ọr|ga|no ‹lat.› (mit vollen Registern [bei der Orgel])

ple̲no ti̲|tu|lo ‹lat.› (*österr., sonst veraltet für* mit vollem Titel; *Abk.* P. T.)

Plẹn|te, die; -, -n ‹ital.› (*südd. für* Brei aus Mais- od. Buchweizenmehl)

Plẹn|ter|be|trieb (*svw.* Femelbetrieb); **plẹn|tern** (*Forstw.* abgestorbene Bäume schlagen); ich ...ere (↑R 22)

Ple̲|num, das; -s, ...nen ‹lat.› (Gesamtheit [des Parlaments, Gerichts u. a.], Vollversammlung); *vgl.* in pleno

Pleo|chro|i̲s|mus [...k...], der; - ‹griech.› (Eigenschaft gewisser Kristalle, Licht nach mehreren Richtungen in verschiedene Farben zu zerlegen); **pleo|mọrph** usw. *vgl.* polymorph usw.; **Pleo|nạs|mus,** der; -, ...men (*Rhet.* überflüssige Häufung sinngleicher od. sinnähnlicher Ausdrükke; z. B. weißer Schimmel, Einzelindividuum); **pleo|na̲|stisch** (überflüssig gesetzt; überladen); **Pleo|on|exi̲e,** die; - (Habsucht; Geltungssucht)

Ple|sio|sau|ri|er, Ple|sio|sau|rus, der; -, ...rier [...iər] ⟨griech.⟩ (ein ausgestorbenes Reptil)
Pleß (ehem. Fürstentum)
Ple|thi *vgl.* Krethi
Ple|tho|ra, die; -, *Plur.* ...ren, *fachspr.* ...rae [...rɛ:] ⟨griech.⟩ (*Med.* vermehrter Blutandrang)
Ple|thys|mo|graph, der; -en, -en; ↑R 197 ⟨griech.⟩ (*Med.* Apparat zur Messung von Umfangsveränderungen eines Gliedes od. Organs)
Pleu|el, der; -s, - (*Technik* Schubstange); **Pleu|el|stan|ge**
Pleu|ra, die; -, ...ren ⟨griech.⟩ (*Med.* Brust-, Rippenfell)
Pleu|reu|se [plø'rø:zə], die; -, -n ⟨franz.⟩ (*früher* Trauerbesatz an Kleidern; lange [herabhängende] Straußenfeder auf Frauenhüten)
Pleu|ri|tis, die; -, ...itiden ⟨griech.⟩ (*Med.* Brust-, Rippenfellentzündung); **Pleur|ody|nie,** die; -, ...ien (Seitenschmerz, Seitenstechen); **Pleu|ro|pneu|mo|nie,** die; -, ...ien (Rippenfell- u. Lungenentzündung)
ple|xi|form ⟨lat.⟩ (*Med.* geflechtartig)
Ple|xi|glas Ⓦ ⟨lat.; dt.⟩ (ein glasartiger Kunststoff)
Ple|xus, der; -, - ['plɛksu:s] ⟨lat.⟩ (*Med.* Gefäß- od. Nervengeflecht)
Pli, der; -s ⟨franz.⟩ (*landsch. für* Gewandtheit [im Benehmen])
Plicht, die; -, -en (offener Sitzraum hinten in Motor- u. Segelbooten)
plie|ren (*nordd. für* mit den Augen kneifen, blinzeln; weinen); **plie|rig** (*nordd. für* blinzelnd; verweint, triefäugig); -e Augen
plietsch (*nordd. für* pfiffig); -er, -este
Plie|vier [...'vie:] (dt. Schriftsteller)
Pli|ni|us (röm. Schriftsteller)
plin|kern (*nordd. für* blinzeln)
Plin|se, die; -, -n ⟨slaw.⟩ (*landsch. für* Eier- od. Kartoffelspeise)
plin|sen (*nordd. für* weinen); du plinst
Plin|sen|teig *(landsch.)*
Plin|the, die; -, -n ⟨griech.⟩ ([Säulen]platte; Sockel[mauer])
Plin|ze, die; -, -n (*Nebenform von* Plinse)
plio|zän ⟨griech.⟩; **Plio|zän,** das; -s (*Geol.* jüngste Stufe des Tertiärs)
Plis|see, das; -s, -s ⟨franz.⟩ (in Fältchen gelegtes Gewebe); **Plis|see|rock; plis|sie|ren**
PLO = Palestine Liberation Organization ['pɛləstain libə're:ʃ(ə)n ɔ:(r)gənai'ze:ʃ(ə)n] (palästinensische Befreiungsbewegung)
Plock|wurst (eine Dauerwurst)
Plom|be, die; -, -n ⟨franz.⟩ (Bleisiegel, -verschluß; *veraltend für* [Zahn]füllung); **plom|bie|ren; Plom|bie|rung**
Plo|ni (w. Vorn.)
Plör|re, die; -, -n (*nordd. für* wäßriges, fades Getränk)
Plot, der, *auch* das; -s, -s ⟨engl.⟩ (*Literaturw.* Handlung[sablauf]; *EDV* graph. Darstellung); **Plot|ter** *(EDV)*
Plöt|ze, die; -, -n ⟨slaw.⟩ (ein Fisch)
plötz|lich; Plötz|lich|keit, die; -
Plu|der|ho|se; plu|de|rig, pludrig; **plu|dern** (sich bauschen); **plud|rig** *vgl.* pluderig
Plum|bum, das; -s ⟨lat.⟩ (*lat. Bez. für* Blei; *Zeichen* Pb)
Plu|meau [ply'mo:], das; -s, -s ⟨franz.⟩ (Federdeckbett)
plump; eine -e Falle
Plum|pe, die; -, -n (*ostmitteld. für* Pumpe); **plum|pen** (*ostmitteld. für* pumpen)
Plump|heit; plumps!; Plumps, der; -es, -e *(ugs.)*; **Plump|sack** (im Kinderspiel); **plump|sen** (*ugs. für* dumpf fallen); du plumpst; **Plumps|klo** (*ugs. für* Toilette ohne Spülung)
Plum|pud|ding ['plam...] ⟨engl.⟩ (engl. Süßspeise)
plump-ver|trau|lich (↑R 39)
Plun|der, der; -s, -n (*nur Sing.: ugs. für* altes Zeug; Backwerk aus Blätterteig mit Hefe); **Plun|der|bre|zel; Plün|de|rei; Plün|de|rer,** Plünd|rer; **Plun|der|ge|bäck; Plün|de|rin,** Plünd|re|rin; **Plun|der‿kam|mer** *(veraltet)*, **...markt** *(veraltet)*; **plün|dern;** ich ...ere (↑R 22); **Plun|der|teig; Plün|de|rung; Plünd|rer** *vgl.* Plünderer; **Plünd|re|rin** *vgl.* Plünderin
Plün|nen *Plur.* (*nordd. für* [alte] Kleider)
Plun|ze, die; -, -n (*ostmitteld. für* Blutwurst); **Plun|zen,** die; -, - (*bayr. für* Blutwurst; *scherzh. für* dicke, schwerfällige Person)
Plur. = Plural; **plu|ral** *vgl.* pluralistisch; **Plu|ral,** der; -s, -e ⟨lat.⟩ (*Sprachw.* Mehrzahl; *Abk.* pl., Pl., Plur.); **Plu|ral|en|dung; Plu|ra|le|tan|tum,** das; -s, *Plur.* -s *u.* Pluraliatantum (*Sprachw.* nur in der Mehrzahl vorkommendes Wort, z. B. „die Leute"); **plu|ra|lisch** (in der Mehrzahl [gebraucht, vorkommend]); **Plu|ra|li|sie|rung; Plu|ra|lis ma|je|sta|tis,** der; - -, ...les - [...le:s -] (auf die eigene Person angewandte Mehrzahlform); **Plu|ra|lis|mus,** der; - (philos. Meinung, daß die Wirklichkeit aus vielen selbständigen Weltprinzipien besteht; Vielgestaltigkeit gesellschaftlicher, politischer u. anderer Phänomene); **plu|ra|li|stisch;** -e Gesellschaft; **Plu|ra|li|tät,** die; -, -en (Mehrheit; Vielfältigkeit); **Plu|ral|wahl|recht** (Wahlrecht, bei dem bestimmte Wählergruppen zusätzliche Stimmen haben); **plu|ri|form** (vielgestaltig); **Plu|ri|pa|ra,** die; -, ...paren ⟨lat.⟩ (*Med.* Frau, die mehrmals geboren hat); **plus** (und; *Zeichen* + [positiv]; *Ggs.* minus); drei plus drei ist, macht, gibt (*nicht:* sind, machen, geben) sechs; plus 15 Grad *od.* 15 Grad plus; **Plus,** das; -, - (Mehr, Überschuß, Gewinn; Vorteil); **Plus|be|trag**
Plüsch [ply(:)ʃ], der; -[e]s, -e ⟨franz.⟩ (Florgewebe); **Plüsch|au|gen** *Plur.* (*ugs. für* sanft blikkende [große] Augen); **plü|schen** (aus Plüsch); **plü|schig** (wie Plüsch); **Plüsch‿ses|sel, ...so|fa, ...tep|pich, ...tier**
Plus‿pol, ...punkt
Plus|quam|per|fekt, das; -s, -e ⟨lat.⟩ (*Sprachw.* Vollendung in der Vergangenheit, Vorvergangenheit)
plu|stern; die Federn - (sträuben, aufrichten); sich -; *vgl.* plaustern
Plus|zei|chen (Zusammenzähl-, Additionszeichen; *Zeichen* +)
Plut|arch (griech. philosophischer Schriftsteller); **Plut|ar|chos** *vgl.* Plutarch
[1]**Plu|to** (Beiname des Gottes Hades; griech. Gott des Reichtums und des Überflusses); [2]**Plu|to,** der; - (ein Planet); **Plu|to|krat,** der; -en, -en (↑R 197) ⟨griech.⟩ (jmd., der durch seinen Reichtum politische Macht ausübt); **Plu|to|kra|tie,** die; -, ...ien (Geldherrschaft; Geldmacht); **Plu|ton** *vgl.* [1]Pluto; **plu|to|nisch** (der Unterwelt zugehörig); -e Gesteine (Tiefengesteine); **Plu|to|nis|mus,** der; - (Tiefenvulkanismus; veraltete geol. Lehre, nach der die Gesteine ursprünglich in glutflüssigem Zustande waren); **Plu|to|ni|um,** das; -s (chem. Element, Transuran; *Zeichen* Pu)
Plut|zer (*österr. mdal. für* Kürbis; Steingutflasche; grober Fehler)
plu|vi|al [...v...] ⟨lat.⟩ (*Geol.* als Regen fallend); **Plu|via|le,** das; -s, -[s]; ↑R 180 (Vespermantel des kath. Priesters; Krönungsmantel); **Plu|vi|al|zeit** (*Geol.* in den subtrop. Gebieten eine den Eiszeiten der höheren Breiten entsprechende Periode mit kühlerem Klima u. stärkeren Niederschlägen); **Plu|vio|graph,** der; -en, -en (↑R 197) ⟨lat.; griech.⟩ (*Meteor.* Regenmesser); **Plu|vio|me|ter,** das; -s, - (*Meteor.* Regenmesser); **Plu|vio|ni|vo|me|ter** [...nivo...], das; -s, - (*Meteor.* Ge-

rät zur Aufzeichnung des als Regen od. Schnee fallenden Niederschlags); **Plu|vi|ose** [ply'vi̯o:s, *auch* ...'vi̯o:z], der; -, -s [...'vi̯o:zəs, *auch* ...'vi̯o:z] ‹franz., „Regenmonat"› (5. Monat des Kalenders der Franz. Revolution: 20. Jan. bis. 18. Febr.); **Plu|vi|us** ‹lat.› (Beiname Jupiters)
Ply|mouth ['plimәθ] (engl. Stadt); **Ply|mouth Rocks** *Plur.* (eine Hühnerrasse)
PLZ = Postleitzahl
Plzeň ['p(ә)lzɛn] (Hptst. des Westböhm. Gebietes; *vgl.* Pilsen)
p. m. = post meridiem; post mortem; pro memoria
p. m., v. T., ‰ = per *od.* pro mille
Pm = *chem. Zeichen für* Promethium
Pneu, der; -s, -s ‹griech.› (*kurz für* ²Pneumatik *od.* Pneumothorax); **Pneu|ma**, das; -s ‹Hauch› (*Theol.* Heiliger Geist); ¹**Pneu|ma|tik**, die; - (Lehre von den Luftbewegungen u. vom Verhalten der Gase; deren Anwendung in der Technik, z. B. als Luftdruckmechanik bei der Orgel); ²**Pneu|ma|tik** [*österr.* ...'ma...], der; -s, -s, *österr.* die; -, -en (Luftreifen; *Kurzform* Pneu); **pneu|ma|tisch** (die Luft, das Atmen betreffend; durch Luft[druck] bewegt, bewirkt; Luft...); -e Bremse (Luftdruckbremse); -e Kammer (luftdicht abschließbare Kammer mit reguliertbarem Luftdruck); **Pneu|mo|graph**, der; -en, -en; ↑R 197 (*Med.* Vorrichtung zur Aufzeichnung der Atembewegungen); **Pneu|mo|kok|kus**, der; -, ...kken (Erreger der Lungenentzündung); **Pneu|mo|ko|nio|se**, die; - (Staublunge); **Pneu|mo|nie**, die; -, ...i̯en (Lungenentzündung); **Pneu|mo|pe|ri|kard**, das; -[e]s (Luftansammlung im Herzbeutel); **Pneu|mo|pleu|ri|tis**, die; -, ...iti̯den (Rippenfellentzündung bei leichter Lungenentzündung); **Pneu|mo|tho|rax**, der; -[es], -e (krankhafte od. künstl. Luft-, Gasansammlung im Brustfellraum; *Kurzform* Pneu)
¹**Po**, der; -[s] (ital. Fluß)
²**Po**, der; -s, -s (*kurz für* Popo)
Po = *chem. Zeichen für* Polonium
P. O. = Professor ordinarius (ordentlicher Professor; *vgl. d.*)
Pö|bel, der; -s ‹franz.› (Pack, Gesindel); **Pö|bel|lei**; **pö|bel|haft**; **Pö|bel|haf|tig|keit**, die; -; **Pö|bel|herr|schaft**, die; -; **pö|beln** (*ugs. für* durch beleidigende Äußerungen provozieren); ich ...[e]le (↑R 22)
Poch, das, *auch* der; -[e]s (ein Kartenglücksspiel); **Poch|brett**; **Po|che**, die; -, -n (*landsch. für* Schläge); **po|chen**
po|chie|ren [pɔ'ʃi:...] ‹franz.› (*Gastron.* Speisen, bes. aufgeschlagene Eier, in kochendem Wasser gar werden lassen)
Poch‿stem|pel (Balken zum Zerkleinern von Erzen), **...werk** (*Bergbau*)
Pocke[1], die; -, -n (Eiterbläschen; Impfpustel); **Pocken**[1] *Plur.* (eine Infektionskrankheit); **Pocken**[1]-‿**impf|fung**, **...nar|be**; **pocken|nar|big**[1]; **Pocken**[1]‿**schutz|imp|fung**, **...vi|rus**
Pocket|ka|me|ra[1] ‹engl.; lat.› (Taschenkamera)
Pock|holz (Guajakholz, ein trop. Holz); **pockig**[1]
po|co ‹ital.› (*Musik* [ein] wenig); - a - (nach und nach); - largo (ein wenig langsam)
Pod|agra, das; -s ‹griech.› (*Med.* Fußgicht); **pod|agrisch**; **Pod|al|gie**, die; -, ...i̯en (Fußschmerzen)
Po|dest, das, *österr. nur so, auch* der; -[e]s, -e ‹griech.› ([Treppen]absatz; größere Stufe)
Po|de|sta, *ital.* **Po|de|stà** [...'ta], der; -[s], -s ‹ital.› (*ital. Bez. für* Bürgermeister)
Po|dex, der; -[es], -e ‹lat.› (*scherzh. für* Gesäß)
Po|di|um, das; -s, ...ien [...i̯ən] ‹griech.› (trittartige Erhöhung [für Musiker, Redner usw.]); **Po|di|ums‿dis|kus|si|on**, **...ge|spräch**; **Po|do|me|ter**, das; -s, - ‹griech.› (Schrittzähler)
Pod|sol, der; -s ‹russ.› (graue bis weiße Bleicherde)
Poe [po:], Edgar Allan ['ɛdgər 'ɛlən] (amerik. Schriftsteller)
Po|ebe|ne, die; -; ↑R 149 (Ebene des Flusses Po)
Po|em, das; -s, -e ‹griech.› (*veraltend, noch scherzh. für* größere lyrisch-epische Dichtung); **Poe|sie** [poe...], die; -, ...i̯en; ↑R 180 (Dichtung; Dichtkunst; dicht. Stimmungsgehalt, Zauber); **Poe|sie|al|bum** (↑R 180); **poe|sie|los**; -este (↑R 180); **Poe|sie|lo|sig|keit**, die; - (↑R 180); **Po|et**, der; -en, -en; ↑R 197 (*oft scherzh. für* [lyrischer] Dichter); **Poe|ta lau|rea|tus**, der; - -, ...tae [...tɛ] ...ti (↑R 180) ‹lat.› ([lorbeer]gekrönter, mit einem Ehrentitel ausgezeichneter Dichter); **Poe|ta|ster**, der; -s, - (↑R 180) ‹griech.› (*abwertend für* schlechter Dichter); **Poe|tik**, die; -, -en; ↑R 180 ([Lehre von der] Dichtkunst); **Poe|tin** (↑R 180); *vgl.* Poet; **poe|tisch**; -ste; ↑R 180 (dichterisch); eine -e Sprache; er hat eine -e Ader (*ugs. für* dichterische Veranlagung); **poe|ti|sie|ren**; ↑R 180 (dichterisch ausschmücken; dichtend erfassen u. durchdringen)
Po|fel, der; -s (*südd. u. österr. svw.* Bafel; Wertloses)
po|fen (*ugs. für* schlafen)
Po|fe|se *vgl.* Pafese
Po|gat|sche, die; -, -n ‹ung.› (*österr. für* eine Süßspeise)
Po|grom, der *od.* das; -s, -e ‹russ.› (Ausschreitungen gegen nationale, religiöse, rassische Gruppen); **Po|grom‿het|ze**, **...nacht**, **...op|fer**
poi|ki|lo|therm [pɔy...] ‹griech.› (wechselwarm [von Tieren])
Poi|lu [poa'ly:], der; -[s], -s ‹franz.› (Spitzname des franz. Soldaten)
Point [poɛ̃:], der; -s, -s ‹franz.› (*Würfelspiel* Auge; *Kartenspiel* Stich; *Kaufmannsspr.* Notierungseinheit von Warenpreisen an Produktenbörsen); **Point d'hon|neur** [poɛ̃ dɔ'nø:r], der; - - (*veraltet für* Punkt, an dem sich jmd. in seiner Ehre getroffen fühlt); **Poin|te** ['poɛ̃:tә], die; -, -n (springender Punkt; überraschendes Ende eines Witzes, einer Erzählung); **Poin|ter** ['pɔyntә(r)], der; -s, - ‹engl.› (Vorstehhund); **poin|tie|ren** [poɛ̃'ti:...] ‹franz.› (unterstreichen, betonen); **poin|tiert**; -este (betont; zugespitzt); **Poin|til|lis|mus** [poɛ̃ti'jis..., *auch* ...'lis...], der; - (Richtung der impressionist. Malerei); **Poin|til|list**, der; -en, -en; ↑R 197 (Vertreter des Pointillismus); **poin|til|li|stisch**
Poise ['poa:z(ә)], das; -, - ‹nach dem franz. Arzt Poiseuille› (alte Maßeinheit der Viskosität; *Zeichen* P)
Po|jatz, der; -, -e (*landsch. für* Bajazzo, Hanswurst)
Po|kal, der; -s, -e ‹ital.› (Trinkgefäß mit Fuß; Sportpreis); **Po|kal‿end|spiel**, **...sie|ger**, **...spiel**, **...sy|stem**, **...ver|tei|di|ger**, **...wett|be|werb**
Pö|kel, der; -s, - ([Salz]lake); **Pö|kel‿fleisch**, **...he|ring**, **...la|ke**; **pö|keln** (einsalzen); ich ...[e]le (↑R 22)
Po|ker, das; -s ‹amerik.› (ein Kartenglücksspiel)
Pö|ker, der; -s, - (*nordd. Kinderspr. für* Podex, Gesäß)
Po|ker‿face [...fe:s], **...ge|sicht**, **...mie|ne**; **po|kern** ‹amerik.›; ich ...ere (↑R 22); **Po|ker|spiel**
po|ku|lie|ren ‹lat.› (*veraltet für* bechern, zechen)
¹**Pol**, der; -s, -e ‹griech.› (Drehpunkt; Endpunkt der Erdachse; *Math.* Bezugspunkt; *Elektrotechnik* Aus- u. Eintrittspunkt des Stromes)

---
[1] *Trenn.* ...k|k...

²Pol, der; -s, -e ‹franz.› (Oberseite von Samt u. Plüsch, die den Flor trägt)

Pollack, der; -en, -en ‹poln.› (*abwertende Bez. für* Pole)

pollar ‹griech.› (am Pol befindlich, die Pole betreffend; entgegengesetzt wirkend); -e Strömungen; -e Luftmassen; -e Kälte; **Pollare,** die; -, -n (*Math.* Verbindungslinie der Berührungspunkte zweier Tangenten an einem Kegelschnitt); zwei -[n]; **Pollar‿eis, ...ex|pe|di|ti|on, ...fau|na, ...for|scher, ...for|sche|rin, ...front** (*Meteor.* Front zwischen polarer Kaltluft u. trop. Warmluft), **...fuchs, ...ge|biet, ...ge|gend, ...hund; Po|la|ri|sa|ti|on,** die; -, -en (deutliches Hervortreten von Gegensätzen; *Physik* das Herstellen einer festen Schwingungsrichtung aus sonst unregelmäßigen Schwingungen des natürlichen Lichtes); **Po|la|ri|sa|ti|ons‿ebe|ne, ...fil|ter, ...mi|kro|skop, ...strom; Po|la|ri|sa|tor,** der; -s, ...oren (Vorrichtung, die polarisierte Strahlung aus natürlicher erzeugt); **po|la|ri|sie|ren** (der Polarisation unterwerfen); sich - (in seiner Gegensätzlichkeit immer stärker hervortreten); **Po|la|ri|sie|rung; Po|la|ri|tät,** die; -, -en (Vorhandensein zweier ¹Pole, Gegensätzlichkeit); **Po|lar‿kreis, ...land** (*Plur.* ...länder), **...licht** (*Plur.* ...lichter), **...luft** (die; -), **...meer, ...nacht**

Po|la|ro|id|ka|me|ra ⓦ [*auch* ...'rɔyt...] (Fotoapparat, der kurz nach der Aufnahme das fertige Bild liefert)

Po|lar‿stern (der; -[e]s; *vgl.* ²Stern), **...zo|ne**

Pol|del (m. Vorn.)

Pol|der, der; -s, - ‹niederl.› (eingedeichtes Land); **Pol|der|deich**

Po|le, der; -n, -n (↑R 197)

Po|lei, der; -[e]s, -e ‹lat.› (Bez. verschiedener Heil- u. Gewürzpflanzen); **Po|lei|min|ze**

Po|le|mik, die; -, -en ‹griech.› (wissenschaftl., literar. Fehde, Auseinandersetzung; [unsachlicher] Angriff); **Po|le|mi|ker; Po|le|mi|ke|rin; po|le|misch;** -ste; **po|le|mi|sie|ren**

po|len ‹griech.› (an einen elektr. Pol anschließen)

Po|len

Po|len|ta, die; -, *Plur.* -s *u.* ...ten ‹ital.› (ein Maisgericht)

Po|len|te, die; - ‹jidd.› (*ugs. für* Polizei)

Po|len|tum, das; -s (*vgl.* Deutschtum)

Pole-po|si|tion ['po:lpə'ziʃ(ə)n], die; - ‹engl.› (beste Startposition beim Autorennen)

Po|les|je, Po|leß|je, die; - (osteurop. Wald- u. Sumpflandschaft)

Pol|gar (österr. Schriftsteller)

Pol|hö|he (*Geogr.*)

Po|li|ce [...sə], die; -, -n ‹franz.› (Versicherungsschein)

Po|li|ci|nel|lo [...tʃi...], der; -s, ...lli ‹ital.› (*veraltete Nebenform von* Pulcinella)

Po|lier, der; -s, -e ‹franz.› (Vorarbeiter der Maurer u. Zimmerleute; Bauführer)

Po|lier|bür|ste; po|lie|ren ‹franz.› (reiben, putzen; glänzend, blank machen); **Po|lie|rer; Po|lie|re|rin; Po|lier‿mit|tel** (das), **...stahl** (*Druckw.*), **...tuch** (*Plur.* ...tücher), **...wachs**

Po|li|kli|nik [*auch* 'pɔ...] (medizin. Einrichtung zur ambulanten Behandlung [meist in Verbindung mit einem Krankenhaus]); **po|li|kli|nisch**

Po|lin

Po|lio, die; - (*Kurzform von* Poliomyelitis); **Po|lio|in|fek|ti|on; Po|lio|mye|li|tis,** die; -, ...itiden ‹griech.› (*Med.* Kinderlähmung)

Po|lis, die; -, Poleis ‹griech.› (altgriech. Stadtstaat)

Po|lit|bü|ro ‹*Kurzw. für* Politisches Büro› (Führungsorgan von kommunist. Parteien)

¹Po|li|tes|se, die; - ‹franz.› (*veraltet für* Höflichkeit, Artigkeit)

²Po|li|tes|se, die; -, -n ‹aus Polizei u. Hosteß› ([von einer Gemeinde angestellte] Hilfspolizistin für bestimmte Aufgaben)

po|li|tie|ren ‹lat.-franz.› (*ostösterr. für* mit Politur einreiben u. glänzend machen)

Po|li|tik [*auch* ...'tik], die; -, -en *Plur. selten* ‹griech.› ([Lehre von der] Staatsführung; zielgerichtetes Verhalten); **Po|li|ti|ka|ster,** der; -s, - (*abwertend für* jmd., der viel von Politik spricht, ohne etwas davon zu verstehen); **Po|li|ti|ker** [*auch* pɔ'li...]; **Po|li|ti|ke|rin; po|li|tik|fä|hig; Po|li|tik|fä|hig|keit,** die; -; **Po|li|ti|kum,** das; -s, ...ka (Tatsache, Vorgang von polit. Bedeutung); **Po|li|ti|kus,** der; -, -se (*ugs. scherzh. für* jmd., der sich gern mit Politik beschäftigt); **Po|li|tik|ver|ständ|nis,** das; -ses; **po|li|tisch;** -ste (die Politik betreffend; staatsmännisch; staatsklug); -e Karte (Staatenkarte); -e Wissenschaft; -e Geographie; -e Geschichte; -e Ökonomie; politisch-gesellschaftlich (↑R 39); **po|li|ti|sie|ren** (von Politik reden; politisch behandeln); **Po|li|ti|sie|rung,** die; -; **Po|lit|of|fi|zier** (*ehem. in der DDR*); **Po|li|to|lo|ge,** der; -n, -n; ↑R 197 (Wissenschaftler auf dem Gebiet der Politologie); **Po|li|to|lo|gie,** die; - (Wissenschaft von der Politik); **Po|li|to|lo|gin; Po|lit‿por|no|gra|phie, ...re|vue; Po|lit|ruk,** der; -s, -s ‹russ.› (*früher* polit. Führer in einer sowjet. Truppe)

Po|li|tur, die; -, -en ‹lat.› (Glätte, Glanz; Poliermittel; *nur Sing.*: äußerer Anstrich, Lebensart)

Po|li|zei, die; -, -en *Plur. selten* ‹griech.›; **Po|li|zei‿ak|ti|on, ...ap|pa|rat, ...auf|ge|bot, ...au|to, ...be|am|te, ...be|am|tin, ...be|hör|de, ...chef, ...di|rek|ti|on, ...ein|satz, ...es|kor|te, ...funk, ...ge|wahr|sam, ...griff, ...hund, ...kom|mis|sar, ...kom|mis|sa|rin, ...kon|tin|gent, ...kon|trol|le, ...kräf|te** (*Plur.*); **po|li|zei|lich;** -es Führungszeugnis; -e Meldepflicht; **Po|li|zei‿mei|ster, ...ober|mei|ster, ...or|gan, ...prä|si|dent, ...prä|si|di|um, ...re|vier, ...schutz** (der; -es), **...si|re|ne, ...spit|zel, ...staat** (*Plur.* ...staaten), **...strei|fe, ...stun|de** (die; -), **...ver|ord|nung, ...wa|che, ...we|sen** (das; -s); **po|li|zei|wid|rig; Po|li|zist,** der; -en, -en; ↑R 197 (Angehöriger der Polizei); **Po|li|zi|stin**

Po|liz|ze, die; -, -n (*österr. für* Police)

Pölk, das *od.* der; -[e]s, -e (*nordd. für* halberwachsenes, männliches kastriertes Schwein)

Pol|ka, die; -, -s ‹poln.-tschech.› (ein Tanz)

pol|ken (*nordd. für* bohren, mit den Fingern entfernen); in der Nase -

Pol|lack, der; -s, -s (eine Schellfischart)

Pol|len, der; -s, - ‹lat.› (Blütenstaub); **Pol|len‿ana|ly|se, ...blu|me, ...korn** (das; *Plur.* ...körner), **...schlauch**

Pol|ler, der; -s, - (*Seemannsspr.* Holz- od. Metallpfosten zum Befestigen der Taue; Markierungsklotz für den Straßenverkehr)

Pol|lu|ti|on, die; -, -en ‹lat.› (*Med.* unwillkürlicher [nächtl.] Samenerguß)

¹Pol|lux (Held der griech. Sage); Kastor und - (Zwillingsbrüder; *übertr. für* engbefreundete Männer); **²Pol|lux,** der; - (Zwillingsstern im Sternbild Gemini)

pol|nisch; -e Wurst, a b e r (↑R 157): der Polnische Erbfolgekrieg; **Pol|nisch,** das; -[s] (Sprache); *vgl.* Deutsch; **Pol|ni|sche,** das; -n; *vgl.* Deutsche, das

Po|lo, das; -s ‹engl.› (Ballspiel vom Pferd aus); **Po|lo|hemd** (kurzärmeliges Trikothemd)

Po|lo|nai|se [...'nɛ:zə], *eindeutschend* **Po|lo|nä|se,** die; -, -n ‹franz.› (ein Reihentanz); **Po|lo|nia** (lat. Name von Polen); **po|lo-**

ni|sie|ren (polnisch machen); **Po|lo|nist,** der; -en, -en; ↑R 197 (Wissenschaftler auf dem Gebiet der Polonistik); **Po|lo|ni|stik,** die; - (Wissenschaft von der poln. Sprache u. Kultur); **Po|lo|ni|stin; po|lo|ni|stisch; Po|lo|ni|um,** das (chem. Element, Halbmetall; *Zeichen* Po)
Po|lo|spiel, das; -[e]s (*svw.* Polo)
Pol|ster, das, *österr.* der; -s, *Plur.* -, *österr. auch* Pölster (*österr. auch für* Kissen); **Pol|ste|rer; Pol|ster|gar|ni|tur; Pol|ste|rin; Pol|ster|mö|bel; pol|stern;** ich ...ere (↑R 22); **Pol|ster‿ses|sel, ...stoff, ...stuhl; Pol|ste|rung**
Pol|ter, der *od.* das; -s, - (*südwestd. für* Holzstoß)
Pol|ter|abend; Pol|te|rer; Pol|ter|geist *Plur.* ...geister; **pol|te|rig,** polt|rig; **pol|tern;** ich ...ere (↑R 22); **polt|rig** *vgl.* polterig
Pol‿wechs|ler *od.* **...wen|der** *(Elektrotechnik)*
po|ly... ‹griech.› (viel...); **Po|ly...** (Viel...)
Po|ly|acryl, das; -s ‹griech.› (ein Kunststoff)
Po|ly|amid Ⓦ, das; -[e]s, -e ‹griech.› (ein elastischer, fadenbildender Kunststoff)
Po|ly|an|drie, die; - ‹griech.› (*Völkerk.* Vielmännerei)
Po|ly|ar|thri|tis, die; -, ...itiden ‹griech.› (*Med.* Entzündung mehrerer Gelenke)
Po|ly|äs|the|sie, die; -, ...ien ‹griech.› (*Med.* das Mehrfachempfinden eines Berührungsreizes)
Po|ly|äthy|len, *chem. fachspr.* Po|ly|ethy|len, das; -s, -e ‹griech.› (thermoplastischer, säure- und laugenbeständiger Kunststoff)
Po|ly|bi|os, Po|ly|bi|us (griech. Geschichtsschreiber)
po|ly|chrom [...k...] ‹griech.› (vielfarbig, bunt); **Po|ly|chro|mie,** die; -, ...ien (Vielfarbigkeit; bunte Bemalung von Bau- u. Bildwerken); **po|ly|chro|mie|ren** (vielfarbig, bunt ausstatten)
Po|ly|dak|ty|lie, die; - ‹griech.› (*Med.* Bildung von überzähligen Fingern od. Zehen)
Po|ly|deu|kes (griech. Name von [1]Pollux)
Po|ly|eder, das; -s, - ‹griech.› (*Math.* Vielflächner); **Po|ly|eder|krank|heit,** die; - (*Biol.* eine Raupenkrankheit); **po|ly|edrisch** (*Math.* vielflächig)
Po|ly|ester, der; -s, - ‹griech.› (aus Säuren u. Alkoholen gebildete Verbindung mit hohem Molekulargewicht, ein Kunststoff)
Po|ly|ethy|len *vgl.* Polyäthylen
po|ly|gam ‹griech.› (mehr-, vielehig); **Po|ly|ga|mie,** die; - (Mehr-, Vielehe); **Po|ly|ga|mist,** der; -en, -en (↑R 197)
po|ly|gen ‹griech.› (vielfachen Ursprungs; *Biol.* durch mehrere Erbfaktoren bedingt)
po|ly|glott ‹griech.› (vielsprachig; viele Sprachen sprechend); [1]**Po|ly|glot|te,** der *u.* die; -n, -n; ↑R 197 (jmd., der viele Sprachen spricht); [2]**Po|ly|glot|te,** die; -, -n (*Buchw.* mehrsprachige Ausgabe von Texten); **Po|ly|glot|ten|bi|bel**
Po|ly|gon, das; -s, -e ‹griech.› (*Math.* Vieleck); **po|ly|go|nal** (vieleckig); **Po|ly|gon‿aus|bau** (der; -[e]s; *Bergmannsspr.*), **...boden** *(Geol.)*
Po|ly|graph, der; -en, -en (↑R 197) ‹griech.› (Gerät zur gleichzeitigen Registrierung mehrerer [medizin. od. psych.] Vorgänge); **Po|ly|gra|phie,** die; -, ...ien (*Med.* Röntgenuntersuchung mit mehrmaliger Belichtung zur Darstellung von Organbewegungen; *nur Sing.: regional für* Gesamtheit des graph. Gewerbes)
Po|ly|gy|nie, die; - ‹griech.› (*Völkerk.* Vielweiberei)
Po|ly|hi|stor, der; -s, ...oren ‹griech.› (*veraltet für* in vielen Fächern bewanderter Gelehrter)
Po|ly|hym|nia, Po|lym|nia (Muse des ernsten Gesanges)
po|ly|karp, po|ly|kar|pisch ‹griech.› (*Bot.* in einem bestimmten Zeitraum mehrmals Blüten und Früchte ausbildend); -e Pflanzen
Po|ly|karp (ein Heiliger)
Po|ly|kla|die, die; - ‹griech.› (*Bot.* Bildung von Seitensprossen nach Verletzung einer Pflanze)
Po|ly|kon|den|sa|ti|on, die; -, -en ‹griech.; lat.› (*Chemie* Zusammenfügen einfachster Moleküle zu größeren zur Gewinnung von Kunststoffen)
Po|ly|kra|tes (ein Tyrann von Samos)
po|ly|mer ‹griech.› (*Chemie* aus größeren Molekülen bestehend); **Po|ly|mer,** das; -s, -e *u.* **Po|ly|me|re,** das; -n, -n *meist Plur.;* ↑R 7 ff. (*Chemie* eine Verbindung aus Riesenmolekülen); **Po|ly|me|rie,** die; -, ...ien (*Biol.* das Zusammenwirken mehrerer gleichartiger Erbfaktoren bei der Ausbildung eines Merkmals; *Chemie* Bez. für die besonderen Eigenschaften polymerer Verbindungen); **Po|ly|me|ri|sat,** das; -[e]s, -e (*Chemie* durch Polymerisation entstandener neuer Stoff); **Po|ly|me|ri|sa|ti|on,** die; -, -en (auf Polymerie beruhendes chem. Verfahren zur Herstellung von Kunststoffen); **po|ly|me|ri|sier|bar; po|ly|me|ri|sie|ren; Po|ly|me|ri|sie|rung**
Po|ly|me|ter, das; -s, - ‹griech.› (meteor. Meßgerät); **Po|ly|me|trie,** die; -, ...ien (*Verslehre, Musik* Vielfalt in Metrik u. Takt)
Po|lym|nia *vgl.* Polyhymnia
po|ly|morph ‹griech.› (viel-, verschiedengestaltig); **Po|ly|mor|phie,** die; - *u.* **Po|ly|mor|phis|mus,** der; - (Vielgestaltigkeit, Verschiedengestaltigkeit)
Po|ly|ne|si|en [...iən] ‹griech.› (Inselwelt im mittleren Pazifik); **Po|ly|ne|si|er** [...iər]; **Po|ly|ne|sie|rin** [...iə...]; **po|ly|ne|sisch**
Po|ly|nom, das; -s, -e ‹griech.› (*Math.* vielgliedrige Größe); **po|ly|no|misch**
po|ly|nu|kle|är ‹griech.; lat.› (*Med.* vielkernig [z. B. von Zellen])
Po|lyp, der; -en, -en (↑R 197) ‹griech.› (ein Nesseltier mit Fangarmen; *veraltet für* Tintenfisch; *Med.* gestielte Geschwulst, [Nasen]wucherung; *ugs. für* Polizeibeamter); **po|ly|pen|ar|tig**
Po|ly|pha|ge, der; -n, -n *meist Plur.* (↑R 197) ‹griech.› (*Zool.* sich von verschiedenartigen Pflanzen od. Beutetieren ernährendes Tier); **Po|ly|pha|gie,** die; -
Po|ly|phem, Po|ly|phe|mos (griechische Sagengestalt; Zyklop)
po|ly|phon ‹griech.› (*Musik* mehrstimmig, vielstimmig); -er Satz; **Po|ly|pho|nie,** die; - (Mehrstimmigkeit, Vielstimmigkeit; ein Kompositionsstil); **po|ly|pho|nisch** (*veraltend für* polyphon)
Po|ly|pio|nie, die; - (↑R 180) ‹griech.› (*Med.* Fettsucht)
po|ly|plo|id ‹griech.› (*Biol.* mit mehrfachem Chromosomensatz [von Zellen])
Po|ly|re|ak|ti|on ‹griech.; lat.› (*Chemie* Bildung hochmolekularer Verbindungen)
Po|ly|rhyth|mik ‹griech.› (*Musik* verschiedenartige, aber gleichzeitig ablaufende Rhythmen in einer Komposition); **po|ly|rhyth|misch**
Po|ly|sac|cha|rid, Po|ly|sa|cha|rid [*beide* ...zaxa...], das; -[e]s, -e ‹griech.› (Vielfachzucker, z. B. Stärke, Zellulose)
po|ly|sem, po|ly|se|man|tisch ‹griech.› (*Sprachw.* Polysemie besitzend; mehr-, vieldeutig); **Po|ly|se|mie,** die; - (Mehrdeutigkeit [von Wörtern])
Po|ly|sty|rol, das; -s, -e ‹griech.; lat.› (*Chemie* ein Kunststoff)
po|ly|syn|de|tisch ‹griech.› (*Sprachw.* durch Konjunktionen verbunden); **Po|ly|syn|de|ton,** das; -s, ...ta (durch Konjunktionen verbundene Wort- od. Satzreihe)

po|ly|syn|the|tisch ‹griech.› (*Sprachw.* vielfach zusammengesetzt); -e Sprachen; **Po|ly|syn|the|tis|mus,** der; - (Verschmelzung von Bestandteilen des Satzes in ein großes Satzwort)
Po|ly|tech|ni|ker ‹griech.› (Besucher des Polytechnikums); **Po|ly|tech|ni|kum** (techn. Fachhochschule); **po|ly|tech|nisch** (viele Zweige der Technik umfassend); -e Oberschule (zehnklassige Schule in der ehem. DDR; *Abk.* POS); -er Lehrgang (9. Jahr der allgemeinen Schulpflicht in Österr.)
Po|ly|the|is|mus ‹griech.› (Glaube an viele Götter); **Po|ly|the|ist; po|ly|thei|stisch** (↑R 180)
Po|ly|to|na|li|tät, die; - ‹griech.› (*Musik* gleichzeitiges Auftreten mehrerer Tonarten in den verschiedenen Stimmen eines Tonstücks)
po|ly|trop ‹griech.› (*Biol.* vielfach anpassungsfähig)
Po|ly|vi|nyl|chlo|rid [...v...], das; -[e]s ‹griech.› (*Chemie* ein säurefester Kunststoff; *Abk.* PVC)
pöl|zen (*österr. für* [durch Stützen, Verschalung] abstützen); du pölzt; einen Stollen -
Po|ma|de, die; -, -n ‹franz.› ([Haar]fett); **Po|ma|den|hengst** (*ugs. für* geschniegelter Mann); **po|ma|dig** (mit Pomade eingerieben; *ugs. für* träge; blasiert); **po|ma|di|sie|ren** (mit Pomade einreiben)
Po|me|ran|ze, die; -, -n ‹ital.› (apfelsinenähnl. Zitrusfrucht); **Po|me|ran|zen|öl**
Pom|mer, der; -n, -n (↑R 197); **Pom|me|rin; pom|me|risch,** pom|mersch, aber (↑R 146): die Pommersche Bucht; **Pom|mer|land,** das; -[e]s; **Pom|mern; pom|mersch** *vgl.* pommerisch
Pom|mes *Plur.* (*ugs. für* Pommes frites); **Pommes cro|quettes** [pɔm krɔ'kɛt] *Plur.* ‹franz.› (Kroketten aus Kartoffelbrei); **Pommes Dau|phine** [pɔm do'fi(:)n] *Plur.* (eine Art Kartoffelkroketten); **Pommes frites** [pɔm 'frit] *Plur.* (in Fett gebackene Kartoffelstäbchen)
Po|mo|lo|gie, die; - ‹lat.; griech.› (Obst[bau]kunde); **Po|mo|na** (röm. Göttin der Baumfrüchte)
Pomp, der; -[e]s ‹franz.› (prachtvolle Ausstattung; [übertriebener] Prunk)
[1]**Pom|pa|dour** [põpa'du:r] (Mätresse Ludwigs XV.); [2]**Pom|pa|dour** ['pɔmpadu:r], der; -s, *Plur.* -e *u.* -s (*früher* beutelartige Handtasche)
Pom|pei *vgl.* Pompeji; **Pom|pe|ja|ner** (*seltener für* Pompejer); **pom|pe|ja|nisch** (*seltener für* pompejisch); **Pom|pe|jer** (↑R 147); **Pom|pe|ji,** Pom|pei (Stadt u. Ruinenstätte am Vesuv); **pom|pe|jisch**
Pom|pe|jus (röm. Feldherr u. Staatsmann)
pomp|haft; -este; **Pomp|haf|tig|keit,** die; -
Pom|pon [põ'põ:, *auch* pɔm'põ:], der; -s, -s ‹franz.› (knäuelartige Quaste aus Wolle od. Seide)
pom|pös; -este ‹franz.› ([übertrieben] prächtig; prunkhaft)
Po|mu|chel, der; -s, - ‹slaw.› (*nordostd. für* Dorsch); **Po|mu|chels|kopp,** der; -s, ...köppe (*nordostd. für* dummer, plumper Mensch)
pö|nal ‹griech.› (*veraltet für* die Strafe, das Strafrecht betreffend); **Pö|na|le,** das; -s, *Plur.* ...lien [...iən], *österr.* - (*österr., sonst veraltet für* Strafe, Buße); **Pö|nal|ge|setz** (*kath. Moraltheol.*)
Po|na|pe (eine Karolineninsel)
pon|ceau [põ'so:] ‹franz.› (leuchtend orangerot); ein ponceau Kleid; *vgl. auch* beige; **Ponceau,** das; -s, -s (leuchtendes Orangerot); in Ponceau (↑R 65)
Pon|cho ['pɔntʃo], der; -s, -s ‹indian.› (capeartiger [Indianer]mantel)
pon|cie|ren [põ'si:...] ‹franz.› (mit Bimsstein abreiben; mit Kohlenstaubbeutel durchpausen)
Pond, das; -s, - ‹lat.› (alte physikal. Krafteinheit; *Zeichen* p); **pon|de|ra|bel** (*veraltet für* wägbar); ...a|ble Angelegenheiten; **Pon|de|ra|bi|li|en** [...iən] *Plur.* (*veraltet* kalkulierbare, wägbare Dinge)
Pon|gau, der; -[e]s (salzburgische Alpenlandschaft)
Pö|ni|tent, der; -en, -en (↑R 197) ‹lat.› (*kath. Kirche veraltend für* Büßender, Beichtender); **Pö|ni|ten|ti|ar,** der; -s, -e (*veraltend für* Beichtvater); **Pö|ni|tenz,** die; -, -en (*veraltend für* Buße, Bußübung)
Pon|te, die; -, -n ‹lat.› (*landsch. für* breite Fähre); **Pon|ti|cel|lo** [...'tʃɛlo], der; -s, *Plur.* -s *u.* ...lli ‹ital.› (*Musik* Steg der Streichinstrumente); **Pon|ti|fex,** der; -, ...tifizes (Oberpriester im alten Rom); **Pon|ti|fex ma|xi|mus,** der; - -, ...tifices [...tse:s] ...mi (oberster Priester im alten Rom; *nur Sing.:* Titel des röm. Kaisers u. danach des Papstes); **pon|ti|fi|kal** (*kath. Kirche* bischöflich); *vgl.* in pontificalibus; **Pon|ti|fi|kal|amt,** das; -[e]s (eine von einem Bischof od. Prälaten gehaltene feierl. Messe); **Pon|ti|fi|ka|le,** das; -[s], ...lien [...iən] (liturg. Buch für die bischöflichen Amtshandlungen); **Pon|ti|fi|ka|li|en** [...iən] *Plur.* (die den kath. Bischof auszeichnenden liturg. Gewänder u. Abzeichen); **Pon|ti|fi|kat,** das *od.* der; -[e]s, -e (Amtsdauer u. Würde des Papstes od. eines Bischofs); **Pon|ti|fi|zes** (*Plur. von* Pontifex)
Pon|ti|ni|sche Sümp|fe *Plur.* (ehem. Sumpfgebiet bei Rom)
pon|tisch ‹griech.› (steppenhaft, aus der Steppe stammend)
Pon|ti|us Pi|la|tus (röm. Landpfleger in Palästina); von Pontius zu Pilatus laufen (*ugs. für* mit einem Anliegen [vergeblich] von einer Stelle zur anderen gehen)
Pon|ton [pɔn'tɔŋ, *auch* põ'tõ:, *österr.* pɔn'to:n], der; -s, -s ‹franz.› (Brückenschiff); **Ponton‿brücke** [*Trenn.* ...brük|ke], **...form; Pon|to|nier,** der; -s, -e (*schweiz. Milit.* Soldat einer Spezialtruppe für das Übersetzen über Flüsse und Seen und den Bau von Kriegsbrücken)
Pon|tre|si|na (schweiz. Kurort)
Pon|tus (im Altertum Reich in Kleinasien); **Pon|tus Eu|xi|nus,** der; - - ‹lat.› (im Altertum das Schwarze Meer)
[1]**Po|ny** [*selten* 'po:ni], das; -s, -s ‹engl.› (kleinwüchsiges Pferd); [2]**Po|ny,** der; -s, -s (fransenartig in die Stirn gekämmtes Haar); **Pony‿fran|sen** (*Plur.*), **...fri|sur**
[1]**Pool** [pu:l], der; -s, -s ‹engl.› (*kurz für* Swimmingpool); [2]**Pool,** der; -s, -s (*Wirtsch.* Gewinnverteilungskartell); **Pool|bil|lard** (Billard, bei dem die Kugeln in Löcher am Rand des Spieltisches gespielt werden müssen)
Pop, der; -[s] ‹engl.› (*kurz für* Popmusik, Pop-art u. a.)
Po|panz, der; -es, -e ‹slaw.› ([vermummte] Schreckgestalt; *ugs. für* willenloser Mensch)
Pop-art ['pɔpa:(r)t], die; - ‹amerik.› (eine moderne Kunstrichtung)
Pop|corn, das; -s ‹engl.› (Puffmais)
Po|pe, der; -n, -n (↑R 197) ‹griech.-russ.› (niederer Geistlicher der russisch-orthodoxen Kirche; *auch abwertend für* Geistlicher)
Po|pel, der; -s, - (*ugs. für* verhärteter Nasenschleim; *landsch. für* schmutziger kleiner Junge); **po|pe|lig,** pop|lig (*ugs. für* armselig, schäbig; gewöhnlich; knauserig); ein -es Geschenk
Po|pe|lin, der; -s, -e ‹franz.› *u.* **Po|pe|li|ne** [...'li:n(ə), *österr. beide* po'pli:n], der; -s, - [...nə] *u.* die; -, - [...nə] (*Sammelbez. für* feinere

ripsartige Stoffe in Leinenbindung)
po|peln (*ugs. für* in der Nase bohren); ich ...[e]le (↑R 22)
Pop|far|be; pop|far|ben; Pop‿festi|val, ...grup|pe, ...gym|na|stik, ...kon|zert, ...kunst (die; -)
pop|lig *vgl.* popelig
Pop‿mo|de, ...mu|sik (die; -)
Po|po, der; -s, -s (*fam. für* Gesäß)
Po|po|ca|te|petl, der; -[s] (Vulkan in Mexiko)
Pop|per, der; -s, - ‹*zu* Pop› (Jugendlicher, der sich durch modische Kleidung und gepflegtes Äußeres bewußt von den Punkern abheben will); **pop|pig** (mit Stilelementen der Pop-art; auffallend); ein -es Plakat; -e Farben; **Pop‿sän|ger, ...sän|ge|rin, ...star** (*vgl.* ²Star), **...sze|ne**
po|pu|lär ‹lat.› (volkstümlich; beliebt; gemeinverständlich); -e (volkstümliche) Darstellung; -er (beim Volk beliebter) Politiker; **po|pu|la|ri|sie|ren** (gemeinverständlich darstellen; in die Öffentlichkeit bringen); **Po|pu|la|ri|sie|rung; Po|pu|la|ri|tät,** die; - (Volkstümlichkeit, Beliebtheit); **po|pu|lär|wis|sen|schaft|lich;** eine -e Buchreihe; **Po|pu|la|ti|on,** die; -, -en (*Biol.* Gesamtheit der Individuen einer Art in einem engbegrenzten Bereich; *veraltet für* Bevölkerung); **Po|pu|la|ti|ons|dich|te** *(Biol.);* **Po|pu|lis|mus,** der; - (opportunistische Politik, die die Gunst der Massen zu gewinnen sucht); **Po|pu|list,** der; -en, -en; ↑R 197; **po|pu|li|stisch**
Por|cia [...tsia] (altröm. w. Eigenn.)
Po|re, die; -, -n ‹griech.› (feine [Haut]öffnung); **po|ren|tief** *(Werbesprache);* - sauber; **po|rig** (Poren aufweisend, löchrig); **...po|rig** (z. B. großporig)
Pör|kel[t], Pör|költ, das; -s ‹ung.› (dem Gulasch ähnliches Fleischgericht mit Paprika)
Por|ling (ein Baumpilz)
Por|no, der; -s, -s (*Kurzform für* pornographischer Film, Roman u. ä.); **Por|no...** (*kurz für* Pornographie..., z. B. Pornofilm, Pornoheft, Pornostück); **Por|no|graph,** der; -en, -en ‹griech.› (Verfasser pornographischer Werke); **Por|no|gra|phie,** die; - (einseitig das Sexuelle darstellende Schriften od. Bilder); **por|no|gra|phisch;** -e Bilder, Literatur; **por|no|phil** (die Pornographie liebend)
po|rös; -este ‹griech.› (durchlässig, löchrig); **Po|ro|si|tät,** die; -
Por|phyr [*auch, österr. nur,* ...'fy:r], der; -s, -e ‹griech.› (ein Ergußgestein); **Por|phy|rit** [*auch* ...'rit], der; -s, -e (ein Ergußgestein)
Por|ree, der; -s, -s ‹franz.› (eine Gemüsepflanze)
Por|ridge ['pɔritʃ, *engl.* 'pɔridʒ], der, *auch* das; -s ‹engl.› (Haferbrei)
Por|sche (dt. Autokonstrukteur)
Porst, der; -[e]s, -e (ein Heidekrautgewächs)
Port, der; -[e]s, -e ‹lat.› (*veraltet für* Hafen, Zufluchtsort); **Por|ta,** die; - (*Kurzform von* Porta Westfalica)
Por|ta|ble ['pɔ(r)təb(ə)l], der, *auch* das; -s, -s ‹engl.› (tragbares Rundfunk- od. Fernsehgerät)
Por|ta Hun|ga|ri|ca, die; - - ‹lat., „Ungarische Pforte"› (Durchbruchstal der Donau zwischen Wiener Becken u. Oberungarischem Tiefland); **Por|tal,** das; -s, -e ([Haupt]eingang, [prunkvolles] Tor)
Por|ta|men|to, das; -s, *Plur.* -s *od.* ...ti ‹ital.› (*Musik* Hinüberschleifen von einem Ton zum anderen)
Por|ta Ni|gra, die; - - ‹lat., „schwarzes Tor"› (monumentales röm. Stadttor in Trier)
Por|ta|tiv, das; -s, -e [...və] ‹lat.› (kleine tragbare Zimmerorgel); **por|ta|to** ‹ital.› (*Musik* getragen, abgehoben, ohne Bindung)
Port-au-Prince [pɔrto'prɛ̃:s] (Hptst. von Haiti)
¹Por|ta West|fa|li|ca, die; - - ‹lat.›, *auch* West|fä|li|sche Pfor|te, die; -n - (Weserdurchbruch zwischen Weser- u. Wiehengebirge); **²Por|ta West|fa|li|ca** (Stadt an der ¹Porta Westfalica)
Porte|chai|se [pɔrt'ʃɛ:zə], die; -, -n ‹franz.› (*veraltet für* Tragsessel, Sänfte); **Porte|feuille** [pɔrt'fø:j], das; -s, -s (*veraltet für* Brieftasche; Mappe; *auch für* Geschäftsbereich eines Ministers); **Porte|mon|naie** [pɔrtmɔ'ne:, *auch* 'pɔrt...], das; -s, -s (Geldtäschchen, Börse); **Port|epee,** das; -s, -s (*früher* Degen-, Säbelquaste); **Port|epee|trä|ger** (*früher* Offizier od. höherer Unteroffizier)
Por|ter, der, *auch* das; -s, - ‹engl.› (starkes [engl.] Bier); **Por|ter|house|steak** ['pɔ:tə(r)hausste:k] ([auf dem Rost gebratene] dicke Scheibe aus dem Rippenstück des Rinds mit [Knochen u.] Filet)
Por|ti (*Plur. von* Porto)
Por|ti|ci ['pɔrtitʃi] (ital. Stadt); Die Stumme von - (Oper von Auber)
Por|tier [...'tie:, *österr.* ...'ti:r], der; -s, *Plur.* -s, *österr.* -e ‹franz.› (Pförtner; Hauswart); **Por|tie|re,** die; -, -n (Türvorhang)
por|tie|ren ‹franz.› (*schweiz. für* zur Wahl vorschlagen)
Por|tiers|frau [...'tie:s..., *österr.* ...'ti:rs...]
Por|ti|kus, der, *fachspr. auch* die; -, *Plur.* - [...ku:s] *od.* ...ken ‹lat.› (Säulenhalle)
Por|ti|on, die; -, -en ‹lat.› ([An]teil, abgemessene Menge); er ist nur eine halbe - (*ugs. für* er ist sehr klein, er zählt nicht); **Por|ti|ön|chen; por|tio|nen|wei|se** (↑R 180) *vgl.* portionsweise; **por|tio|nie|ren;** ↑R 180 (in Portionen einteilen); **por|ti|ons|wei|se**
Por|ti|un|ku|la [...tsi...], die; - (Marienkapelle bei Assisi); **Por|ti|un|ku|la|ab|laß,** der; ...lasses (vollkommener Ablaß)
Port|juch|he, das; -s, -s (*ugs. scherzh. für* Portemonnaie)
Port|land|ze|ment, der; -[e]s
Port Louis [- 'lu:is] (Hptst. von Mauritius)
Port Mores|by [- 'mɔ:(r)zbi] (Hptst. von Papua-Neuguinea)
Por|to, das; -s, *Plur.* -s *u.* ...ti ‹ital.› (Beförderungsgebühr für Postsendungen, Postgebühr, -geld); **Por|to|buch; por|to|frei**
Port of Spain [- əv 'spe:n] (Hptst. von Trinidad u. Tobago)
Por|to|kas|se
Por|to No|vo [- 'no:vo] (Hptst. von Benin)
por|to|pflich|tig (gebührenpflichtig)
Por|to Ri|co [- 'ri:ko] (*alter Name für* Puerto Rico)
Por|trät [...'trɛ:], das; -s, -s ‹franz.› (Bildnis eines Menschen); **Por|trät|auf|nah|me; por|trä|tie|ren** [...'ti:...]; **Por|trä|tist,** der; -en, -en; ↑R 197 (Porträtmaler); **Por|trät‿ma|ler, ...sta|tue, ...stu|die, ...zeich|nung**
Port Said (ägypt. Stadt)
Ports|mouth ['pɔ:(r)tsməθ] (engl. u. amerikan. Ortsn.)
Port Su|dan (Stadt am Roten Meer)
Por|tu|gal; Por|tu|ga|le|ser, der; -s, - (alte Goldmünze); **Por|tu|gie|se,** der; -n, -n; ↑R 197 (Bewohner von Portugal); **Por|tu|gie|ser** (eine Reb- und Weinsorte); **Por|tu|gie|sin; por|tu|gie|sisch; Por|tu|gie|sisch,** das; -[s] (Sprache); *vgl.* Deutsch; **Por|tu|gie|si|sche,** das; -n; *vgl.* Deutsche, das; **Por|tu|gie|sisch-Gui|nea** [...gi...]; ↑R 152 (*früherer Name von* Guinea-Bissau)
Por|tu|lak, der; -s, *Plur.* -e *u.* -s ‹lat.› (eine Gemüse- u. Zierpflanze)
Port|wein ‹nach der portugies. Stadt Porto›
Por|zel|lan, das; -s, -e ‹ital.›; echt Meißner -; chinesisches -; **por|zel|la|nen** (aus Porzellan); **Por|zel|lan‿er|de, ...fi|gur, ...la|den,**

...ma|le|rei, ...ma|nu|fak|tur, ...schnecke [*Trenn.* ...schnek|ke], **...tel|ler**
Por|zia (w. Vorn.)
POS = polytechnische Oberschule; *vgl.* polytechnisch
Pos. = Position
Po|sa|da, die; -, ...den ‹span.› (Wirtshaus)
Po|sa|ment, das; -[e]s, -en *meist Plur.* ‹lat.› (Besatz zum Verzieren von Kleidung, Polstermöbeln u. ä., z. B. Borte, Schnur); **Po|sa|men|ter,** der; -s, - *u.* Po|sa|men|tier, der; -s, -e, *österr. nur* Po|sa|men|tie|rer (Posamentenhersteller und -händler); **Po|sa|men|te|rie,** die; -, ...ien ([Geschäft für] Posamenten); **Po|sa|men|tier** *vgl.* Posamenter; **Po|sa|men|tier|ar|beit; po|sa|men|tie|ren; Po|sa|men|tie|rer** *vgl.* Posamenter
Po|sau|ne, die; -, -n ‹lat.› (ein Blechblasinstrument); die Posaunen des [Jüngsten] Gerichtes; **po|sau|nen;** ich habe posaunt; **Po|sau|nen_blä|ser, ...chor** (der), **...en|gel** (*meist übertr. scherzh. für* pausbäckiges Kind), **...schall; Po|sau|nist,** der; -en, -en (↑R 197); **Po|sau|ni|stin**
[1]**Po|se,** die; -, -n (*nordd. für* Feder[kiel], Bett; *Angeln* an der Schnur befestigter Schwimmer)
[2]**Po|se,** die; -, -n ‹franz.› ([gekünstelte] Stellung, Körperhaltung)
Po|sei|don (griech. Gott des Meeres)
Po|se|muckel [*auch* 'po:...; *Trenn.* ...muk|kel], **Po|se|mu|kel** [*auch* 'po:...] (*ugs. für* kleiner, unbedeutender Ort)
po|sen (*svw.* posieren); er po|ste;
Po|seur [po'zø:r], der; -s, -e ‹franz.› (*veraltend für* Wichtigtuer); **po|sie|ren** (eine [2]Pose einnehmen, schauspielern)
Po|si|lip (*eindeutschend für* Posillipo); **Po|sil|li|po,** *auch* Po|si|li|po, der; -[s] (Bergrücken am Golf von Neapel)
Po|si|ti|on, die; -, -en ‹franz.› ([An]stellung, Stelle, Lage; Einzelposten [*Abk.* Pos.]; Stück, Teil; Standort eines Schiffes od. Flugzeuges; [philosoph.] Standpunkt, grundsätzl. Auffassung); eine führende -; er hat eine starke -; **po|si|tio|nell**[1] (die Position betreffend); **po|si|tio|nie|ren**[1] (in eine bestimmte Position bringen; ein Produkt auf dem Markt einordnen); **Po|si|tio|nie|rung**[1]; **Po|si|ti|ons_be|stim|mung, ...lam|pe, ...la|ter|ne, ...licht** (*Plur.* ...lichter), **...win|kel** *(Astron.);* **po|si|tiv** [*auch* ...'ti:f] ‹lat.› (zustimmend; günstig; bestimmt, gewiß); -es Ergebnis; -e Theologie; *(Math.:)* -e Zahlen; *(Physik:)* -e Elektrizität; -er Pol; im Positiven wie im Negativen; [1]**Po|si|tiv**[1], das; -s, -e [...və] (kleine Standorgel ohne Pedal im Gegensatz zum Portativ; *Fotogr.* vom Negativ gewonnenes, seitenrichtiges Bild); [2]**Po|si|tiv**[1], der; -s, -e [...və] (*Sprachw.* Grundstufe, nicht gesteigerte Form, z. B. „schön"); **Po|si|ti|vis|mus** [...v...], der; - (philosoph. Position, die allein das Tatsächliche als Gegenstand der Erkenntnis zuläßt); **Po|si|ti|vist,** der; -en, -en (↑R 197); **po|si|ti|vi|stisch; Po|si|ti|vum,** das; -s, ...va [...va] ‹lat.› (das Positive); **Po|si|tron,** das; -s, ...onen ‹lat.; griech.› (*Kernphysik* positiv geladenes Elementarteilchen); **Po|si|tur,** die; -, -en ‹lat.› ([herausfordernde] Haltung; *landsch. für* Gestalt, Figur, Statur; *vgl.* Postur); sich in - setzen, stellen
Pos|se, die; -, -n (derbkomisches Bühnenstück)
Pos|se|kel, der; -s, - (*nordostd. für* großer Schmiedehammer)
Pos|sen, der; -s, - (derber, lustiger Streich); jmdm. einen - spielen; - reißen; **pos|sen|haft; Pos|sen|haf|tig|keit; Pos|sen|rei|ßer**
Pos|ses|si|on, die; -, -en ‹lat.› (*Rechtsspr.* Besitz); **pos|ses|siv** [*auch* ...'si:f] (*Sprachw.* besitzanzeigend); **Pos|ses|siv,** das; -s, -e [...və] (*svw.* Possessivpronomen); **Pos|ses|siv|pro|no|men** (*Sprachw.* besitzanzeigendes Fürwort, z. B. „mein"); **Pos|ses|si|vum** [...v...], das; -s, ...va [...va] (*älter für* Possessivpronomen); **pos|ses|so|risch** (*Rechtsspr.* den Besitz betreffend)
pos|sier|lich (spaßhaft, drollig); **Pos|sier|lich|keit,** die; -
Pöß|neck (Stadt in Thüringen)
Post, die; - ‹ital.›; (↑R 157:) er wohnt im Gasthaus „Zur Alten Post"; **Post|ab|ho|ler; po|sta|lisch** (die Post betreffend, von der Post ausgehend, Post...)
Po|sta|ment, das; -[e]s, -e ‹ital.› (Unterbau)
Post|amt; post|amt|lich; Post_an|stalt, ...an|wei|sung, ...ar|beit (*österr. für* dringende Arbeit), **...auf|trag, ...au|to, ...bar|scheck, ...be|am|te, ...be|am|tin, ...be|zirk, ...be|zug, ...bo|te, ...bo|tin, ...brief|ka|sten, ...bus**
Pöst|chen (kleiner Posten)
post Chri|stum [na|tum] ‹lat.› (*veraltet für* nach Christi Geburt; *Abk.* p. Chr. [n.]); **post|da|tie|ren** (*veraltet für* nachdatieren)
Post_dienst, ...di|rek|ti|on
post|em|bryo|nal (↑R 180) ‹lat.; griech.› (*Med.* nach dem embryonalen Stadium)
po|sten ‹ital.› (*schweiz. mdal. für* einkaufen); **Po|sten,** der; -s, - (bestimmte Menge einer Ware; Rechnungsbetrag; Amt, Stellung; Wache; Schrotsorte); ein - Kleider; [auf] - stehen (↑R 207); **Po|sten_dienst, ...ket|te**
Po|ster [*engl.* 'po:stə(r)], das *od.* der; -s, *Plur.* -, *bei engl. Ausspr.* -s ‹engl.› (plakatartiges, großformatig gedrucktes Bild)
poste re|stante [ˌpɔst rɛs'tã:t] ‹franz.› (*franz. Bez. für* postlagernd)
Po|ste|rio|ra *Plur.* (↑R 180) ‹lat.› (*veraltet, noch scherzh. für* Gesäß); **Po|ste|rio|ri|tät,** die; -; ↑R 180 (*veraltet für* niedrigerer Rang); **Po|ste|ri|tät,** die; -, -en (*veraltet für* Nachkommenschaft, Nachwelt)
Post|fach
post fe|stum ‹lat., „nach dem Fest"› (hinterher, zu spät)
Post_flag|ge, ...flug|zeug, ...form|blatt; post|frisch *(Philatelie);* **Post_ge|bühr, ...ge|heim|nis** (das; -ses); **Post|gi|ro_amt** (*Abk.* PGiroA), **...kon|to, ...ver|kehr**
post|gla|zi|al ‹lat.› (*Geol.* nacheiszeitlich)
Post_gut, ...hal|ter *(früher);* **Post|hal|te|rei** *(früher);* **Post|horn** *Plur.* ...hörner
post|hum *vgl.* postum
po|stie|ren ‹franz.› (aufstellen); sich -; **Po|stie|rung**
Po|stil|le, die; -, -n ‹lat.› (Erbauungs-, Predigtbuch)
Po|stil|li|on [*österr. nur so, auch* ...'jo:n], der; -s, -e ‹ital. (-franz.)› (*früher für* Postkutscher); **Po|stil|lon d'amour** [pɔstiˌjõ: da'mu:r], der; - -, -s [...jõ:] - ‹franz.› (Liebesbote, Überbringer eines Liebesbriefes)
post|kar|bo|nisch ‹lat.› (*Geol.* nach dem Karbon [liegend])
Post|kar|te; Post|kar|ten_grö|ße (die; -), **...gruß; Post|ka|sten** *(landsch.)*
Post|kom|mu|ni|on ‹lat.› (Schlußgebet der kath. Messe)
Post|kon|fe|renz (in größeren Betrieben)
post|kul|misch ‹lat.; engl.› (*Geol.* nach dem Kulm [liegend])
Post_kun|de (der), **...kut|sche; post|la|gernd;** -e Sendungen
Pöst|lein *vgl.* Pöstchen
Post|leit|zahl (*Abk.* PLZ); **Post|ler** (*bes. südd. u. österr. ugs. für* bei der Post Beschäftigter); **Pöst|ler** (*schweiz. svw.* Postler); **Post|mei|len|säu|le; Post|mei|ster** *(früher)*

---
[1] ↑R 180.

[1] [*auch* ...'ti:f]

post me|ri|di|em [- ...di̯ɛm] ‹lat.› (nachmittags; *Abk.* p. m.)
Post|mi|ni|ster; Post|mi|ni|ste|ri|um
post|mo|dern ‹engl.›; -e Architektur; **Post|mo|der|ne,** die; - ([umstrittene] Bez. für verschiedene Strömungen der gegenwärtigen Architektur [u. Kunst])
post|mor|tal ‹lat.› (*Med.* nach dem Tode eintretend); **post mor|tem** (nach dem Tode; *Abk.* p. m.); **post|na|tal** (*Med.* nach der Geburt auftretend)
Post|ne|ben|stel|le
post|nu|me|ran|do ‹lat.› (*Wirtsch.* nachträglich [zahlbar]); **Post|nu|me|ra|ti|on,** die; -, -en (Nachzahlung)
Po|sto ‹ital.›; *in der Wendung* - fassen (*veraltet für* sich aufstellen)
post|ope|ra|tiv ‹lat.› (*Med.* nach der Operation)
Post‿pa|ket, ...rat (*Plur.* ...räte), **...re|gal** (das; -s; Recht des Staates, das gesamte Postwesen in eigener Regie zu führen); **Post‿sack, ...schaff|ner** *(Postw.)*, **...scheck; Post|scheck‿amt** (*früher für* Postgiroamt; *Abk.* PSchA), **...kon|to** (*früher für* Postgirokonto), **...ver|kehr** (*früher für* Postgiroverkehr); **Post‿schiff, ...schließ|fach** (*Abk.* PSF)
Post|skript, das; -[e]s, -e *u., österr. nur,* **Post|skrip|tum,** das; -s, *Plur.* ...ta, *österr. auch* ...te ‹lat.› (Nachschrift; *Abk.* PS)
Post‿spar|buch, ...spa|ren (das; -s), **...spar|kas|se; Post|spar|kas|sen‿amt, ...dienst; Post|stem|pel**
Post|sze|ni|um, das; -s, ...ien [...i̯ən] ‹lat.; griech.› (Raum hinter der Bühne; *Ggs.* Proszenium)
post|ter|ti|är ‹lat.› (*Geol.* nach dem Tertiär [liegend]); **post|trau|ma|tisch** ‹lat.; griech.› (*Med.* nach einer Verletzung auftretend)
Po|stu|lant, der; -en, -en (↑R 197) ‹lat.› (*veraltet für* Bewerber); **Po|stu|lat,** das; -[e]s, -e (Forderung); **po|stu|lie|ren; Po|stu|lie|rung**
po|stum ‹lat.› (nach jmds. Tod erfolgend; nachgelassen)
Po|stur, die; -, -en (*schweiz. mdal. für* Statur; *vgl.* Positur)
post ur|bem con|di|tam ‹lat.› (nach Gründung der Stadt [Rom]; *Abk.* p. u. c.)
Post‿ver|bin|dung, ...ver|ein, ...ver|kehr; Post|ver|wal|tungs‿ge|setz (das; -es), **...rat** (der; -[e]s); **Post|voll|macht; post|wen|dend; Post‿wert|zei|chen, ...we|sen** (das; -s), **...wurf|sen|dung, ...zug, ...zu|stel|lung**

[1]**Pot,** das; -s ‹engl.› (*ugs. für* Marihuana)
[2]**Pot,** der; -s ‹engl.› (*ugs. für* Summe aller Gewinneinsätze)
Po|tem|kin|sche Dör|fer [*auch* pa'tjɔm... -] *Plur.* ‹nach dem russ. Fürsten› (Trugbilder, Vorspiegelungen)
po|tent; -este ‹lat.› (mächtig, einflußreich; zahlungskräftig, vermögend; *Med.* zum Geschlechtsverkehr fähig, zeugungsfähig); **Po|ten|tat,** der; -en, -en; ↑R 197 (Machthaber; Herrscher); **po|ten|ti|al** (möglich; die [bloße] Möglichkeit bezeichnend); **Po|ten|ti|al,** das; -s, -e (Leistungsfähigkeit; *Physik* Maß für die Stärke eines Kraftfeldes); **Po|ten|ti|al|dif|fe|renz** (*Physik* Unterschied elektrischer Kräfte bei aufgeladenen Körpern); **Po|ten|tia|lis,** der; -, ...les [...le:s]; ↑R 180 (*Sprachw.* Modus der Möglichkeit; Möglichkeitsform); **Po|ten|tia|li|tät,** die; -, -en; ↑R 180 (*bes. Philos.* Möglichkeit); **po|ten|ti|ell** ‹franz.› (möglich [im Gegensatz zu wirklich]; der Anlage, der Möglichkeit nach); -e Energie (*Physik* Energie, die ein Körper wegen seiner Lage in einem Kraftfeld besitzt)
Po|ten|til|la, die; -, ...llen ‹lat.› (Fingerkraut)
Po|ten|tio|me|ter, das; -s, - ‹lat.; griech.› (*Elektrotechnik* regelbarer Widerstand als Spannungsteiler); **po|ten|tio|me|trisch; Po|tenz,** die; -, -en ‹lat., „Macht"› (*nur Sing.:* Fähigkeit des Mannes, den Geschlechtsverkehr auszuüben, Zeugungsfähigkeit; innewohnende Kraft, Leistungsfähigkeit; *Med.* Bez. des Verdünnungsgrades eines homöopath. Mittels; *Math.* Produkt aus gleichen Faktoren); **Po|tenz|ex|po|nent** (*Math.* Hochzahl einer Potenz); **po|ten|zie|ren** (verstärken, erhöhen, steigern; *Math.* zur Potenz erheben, mit sich selbst vervielfältigen); **Po|ten|zie|rung; Po|tenz‿schwä|che, ...schwie|rig|kei|ten** *(Plur.)*; **po|tenz|stei|gernd**
Po|te|rie, die; -, -s ‹franz.› (*veraltet für* Töpferware, -werkstatt)
Po|ti|phar, *ökum.* Po|ti|far (bibl. m. Eigenn.)
Pot|pour|ri ['pɔtpuri, *österr.* ...'ri:], das; -s, -s ‹franz.› (Allerlei; aus populären Melodien zusammengesetztes Musikstück)
Pots|dam (Stadt an der Havel); **Pots|da|mer** (↑R 147); das - Abkommen
Pott, der; -[e]s, Pötte (*bes. nordd. ugs. für* Topf; [altes] Schiff); **Pott|asche,** die; - (Kaliumkarbonat); **Pott|bäcker** [*Trenn.* ...bäk|ker] (*landsch. für* Töpfer); **Pott|harst** *vgl.* Potthast; **pott|häß|lich** (*ugs. für* sehr häßlich); **Pott|hast,** Pott|harst, der; -[e]s, -e (westfäl. Schmorgericht aus Gemüse und Rindfleisch); **Pott|sau** *Plur.* ...säue (derbes Schimpfwort); **Pott|wal** (ein Zahnwal)
potz Blitz!; potz|tau|send!
Po|ufer; ↑R 149 (*zu* [1]Po)
Poul|lard [pu'la:r], das; -s, -s ‹franz.›, *häufiger* **Poul|lar|de** [pu'lardə], die; -, -n (junges, verschnittenes Masthuhn); **Poule** [pu:l], die; -, -n ([Spiel]einsatz [beim Billard o. ä.]); **Poul|let** [pu'le:], das; -s, -s (junges Masthuhn)
Pour le mé|rite [pu:r lə me'rit], der; - - - (preuß. Verdienstorden)
Pous|sa|de [pu'sa:də], die; -, -n, **Pous|sa|ge** [pu'sa:ʒə], die; -, -n ‹franz.› (*veraltet für* Geliebte; Liebelei); **pous|sie|ren** [pu'si:...] (*ugs. veraltend für* flirten; *veraltend für* schmeicheln, umwerben); **Pous|sier|sten|gel** (*ugs. veraltend für* jmd., der eifrig poussiert)
Pou|voir [pu'vo̯a:r], das; -s, -s ‹franz.› (*österr. für* Handlungsvollmacht)
pow|er ‹franz.› (*landsch. für* armselig); pow[e]re Leute
Pow|er ['pau̯ə(r)], die; - ‹engl.› (*ugs. für* Stärke, Leistung, Wucht); **pow|ern** ['pau̯ə(r)n] (große Leistung entfalten; mit großem Einsatz unterstützen); **Pow|er|play** ['pau̯ə(r)ple:], das; -[s] (*bes. Eishockey* anhaltender gemeinsamer Ansturm auf das gegnerische Tor); **Pow|er|slide** ['pau̯ə(r)slai̯d], das; -[s] (eine Kurvenfahrtechnik bei Autorennen)
Po|widl, der; -s, - ‹tschech.› (*ostösterr. für* Pflaumenmus); **Po|widl|knö|del**
Poz|z[u]o|la|ner|de (↑R 180) *vgl.* Puzzolanerde
pp = pianissimo
pp. = perge, perge ‹lat., „fahre fort"› (und so weiter)
pp., ppa. = per procura
Pp., Ppbd. = Pappband
PP. = Patres
P. P. = praemissis praemittendis
ppa., pp. = per procura
Ppbd., Pp. = Pappband
P. prim. = Pastor primarius
Pr = *chem. Zeichen für* Praseodym
PR = Public Relations
Prä, das; -s ‹lat., „vor"›; *meist in* das - haben (*ugs. für* den Vorrang haben); **prä...** (vor...); **Prä...** (Vor...); **Prä|am|bel,** die; -, -n (feierl. Einleitung; Vorrede)

PR-Ab|tei|lung ‹*zu* PR = Public Relations›
Pra|cher, der; -s, - ‹slaw.› (*bes. nordd. für* zudringlicher Bettler); **pra|chern** (*bes. nordd. für* betteln); ich ...ere (↑R 22)
Pracht, die; -; eine kalte -; eine wahre - *(ugs.)*; **Pracht_aus|ga|be, ...band** (der), **...bau** (*Plur.* ...bauten), **...ex|em|plar; präch|tig; Präch|tig|keit,** die; -; **Pracht_jun|ge** (der), **...kerl** *(ugs.)*; **Pracht|lie|be,** die; -; **pracht|lie|bend; Pracht_mensch** *(ugs.)*, **...stra|ße, ...stück; pracht|voll; Pracht_weib** *(ugs.)*, **...werk**
Pracker [*Trenn.* Prak|ker] (*österr. ugs. für* Teppichklopfer)
Prä|de|sti|na|ti|on, die; - ‹lat.› (Vorherbestimmung); **Prä|de|sti|na|ti|ons|leh|re,** die; - *(Theol.)*; **prä|de|sti|nie|ren; prä|de|sti|niert** (vorherbestimmt; wie geschaffen [für etwas]); **Prä|de|sti|nie|rung,** die; - (*svw.* Prädestination)
Prä|di|kant, der; -en, -en (↑R 197) ‹lat.› ([Hilfs]prediger); **Prä|di|kan|ten|or|den,** der; -s (*selten für* Dominikanerorden); **Prä|di|kat,** das; -[e]s, -e ([gute] Zensur, Beurteilung; *kurz für* Adelsprädikat; *Sprachw.* Satzaussage); **prä|di|ka|ti|sie|ren** ([einen Film o. ä.] mit einem Prädikat versehen); **prä|di|ka|tiv** (aussagend; das Prädikat betreffend); **Prä|di|ka|tiv,** das; -s, -e [...və] (*Sprachw.* auf das Subjekt od. Objekt bezogener Teil des Prädikats); **Prä|di|ka|tiv|satz** *(Sprachw.)*; **Prä|di|ka|ti|vum** [...vum], das; -s, ...va [...va] (*älter für* Prädikativ); **Prä|di|kats_ex|amen** (mit einer sehr guten Note bestandenes Examen), **...no|men** (*älter für* Prädikativ), **...wein**
prä|dis|po|nie|ren ‹lat.› (im vorhinein festlegen; empfänglich machen, bes. für Krankheiten); **Prä|dis|po|si|ti|on,** die; -, -en (*Med.* Anlage, Empfänglichkeit [für eine Krankheit])
Pra|do, der; -[s] (span. Nationalmuseum in Madrid)
prä|do|mi|nie|ren ‹lat.› (vorherrschen, überwiegen)
prae|mis|sis prae|mit|ten|dis [prɛ... prɛ...] ‹lat.› (*veraltet für* der gebührende Titel sei vorausgeschickt; *Abk.* P. P.)
Prä|exi|stenz, die; - ‹lat., „Vorherdasein"› (*Philos., Theol.* das Existieren in einem früheren Leben)
prä|fa|bri|zie|ren (im voraus festlegen)
Prä|fa|ti|on, die; -, -en ‹lat.› (Dankgebet als Teil der kath. Eucharistiefeier u. des ev. Abendmahlsgottesdienstes)
Prä|fekt, der; -en, -en (↑R 197) ‹lat.› (hoher Beamter im alten Rom; oberster Verwaltungsbeamter eines Departements in Frankreich, einer Provinz in Italien; Leiter des Chors als Vertreter des Kantors); **Prä|fek|tur,** die; -, -en (Amt, Bezirk, Amtsräume eines Präfekten)
prä|fe|ren|ti|ell ‹lat.› (vorrangig); **Prä|fe|renz,** die; -, -en (Vorzug, Vorrang; *Wirtsch.* Bevorzugung im Handelsverkehr); **Prä|fe|renz_li|ste, ...span|ne** *(Wirtsch.)*, **...stel|lung, ...zoll** (Zoll, der einen Handelspartner bes. begünstigt); **prä|fe|rie|ren** (den Vorzug geben)
Prä|fix [*auch* ...'fiks], das; -es, -e ‹lat.› (*Sprachw.* Vorsilbe, z. B. „be-" in „beladen")
Prä|for|ma|ti|on, die; -, -en ‹lat.› (*Biol.* angenommene Vorherbildung des fertigen Organismus im Keim); **prä|for|mie|ren** (im Keim vorbilden); **Prä|for|mie|rung**
Prag (Hptst. der Tschechoslowakei); *vgl.* Praha
präg|bar; Präg|bar|keit, die; -; **Prä|ge_bild** *(Münzw.)*, **...druck** *(Druckw.)*, **...ei|sen** (Prägestempel), **...form** *(Münzw.)*, **...ma|schi|ne** (Prägestock); **prä|gen; Prä|ge|pres|se** *(Druckw.)*
Pra|ger ‹*zu* Prag› (↑R 147); der Prager Fenstersturz
Prä|ger; Prä|ge_stät|te, ...stem|pel, ...stock (der; -[e]s, ...stöcke)
prä|gla|zi|al ‹lat.› (*Geol.* voreiszeitlich)
Prag|ma|tik, die; -, -en ‹griech.› (*nur Sing.:* Orientierung auf das Nützliche, Sachbezogenheit; *Sprachw.* Lehre vom sprachlichen Handeln; *österr. auch für* Dienstpragmatik); **Prag|ma|ti|ker; Prag|ma|ti|ke|rin; prag|ma|tisch** (auf praktisches Handeln gerichtet; sachbezogen); -e (den ursächlichen Zusammenhang darlegende) Geschichtsschreibung; a b e r (↑R 157): Pragmatische Sanktion (Grundgesetz des Hauses Habsburg von 1713); **prag|ma|ti|sie|ren** (*österr. für* [auf Lebenszeit] fest anstellen); **Prag|ma|ti|sie|rung** *(österr.)*; **Prag|ma|tis|mus,** der; - (philos. Richtung, die alles Denken u. Handeln vom Standpunkt des prakt. Nutzens aus beurteilt); **Prag|ma|tist,** der; -en, -en (↑R 197)
prä|gnant; -este ‹lat.› (knapp und treffend); **Prä|gnanz,** die; -
Prä|gung
Pra|ha (*tschech. Form von* Prag)
Prä|hi|sto|rie [...iə, *auch, österr. nur,* 'prɛ:...], die; - ‹lat.› (Vorgeschichte); **Prä|hi|sto|ri|ker; Prä|hi|sto|ri|ke|rin; prä|hi|sto|risch** (vorgeschichtlich)
prah|len; Prah|ler; Prah|le|rei; Prah|le|rin; prah|le|risch; -ste; **Prahl_hans** (der; -es, ...hänse; *ugs. für* jmd., der gern prahlt), **...sucht** (die; -); **prahl|süch|tig**
Prahm, der; -[e]s, *Plur.* -e *od.* Prähme ‹tschech.› (flaches Wasserfahrzeug für Arbeitszwecke)
Pra|ia ['praiə] (Hptst. von Kap Verde)
Prai|ri|al [prɛ'rial], der; -[s], -s ‹franz., „Wiesenmonat"› (9. Monat des Kalenders der Franz. Revolution: 20. Mai bis 18. Juni)
Prä|ju|diz, das; -es, *Plur.* -e *od.* -ien [...iən] ‹lat.› (Vorentscheidung; hochrichterl. Entscheidung, die bei Beurteilung künftiger ähnl. Rechtsfälle herangezogen wird); **prä|ju|di|zi|ell** ‹franz.› (bedeutsam für die Beurteilung eines späteren Sachverhalts); **prä|ju|di|zie|ren** ‹lat.› (der [richterl.] Entscheidung vorgreifen); präjudizierter Wechsel (*Bankw.* nicht eingelöster Wechsel, dessen Protest versäumt wurde)
prä|kam|brisch (*Geol.* vor dem Kambrium [liegend]); **Prä|kam|bri|um,** das; -s (vor dem Kambrium liegender erdgeschichtlicher Zeitraum)
prä|kar|bo|nisch ‹lat.› (*Geol.* vor dem Karbon [liegend])
prä|kar|di|al, prä|kor|di|al (*Med.* vor dem Herzen [liegend]); **Prä|kar|di|al|gie,** die; -, ...ien ‹lat.; griech.› (Schmerzen in der Herzgegend)
prä|klu|die|ren ‹lat.› (*Rechtsspr.* jmdm. die Geltendmachung eines Rechtes gerichtlich verweigern); **Prä|klu|si|on,** die; -, -en (Ausschließung; Rechtsverwirkung); **prä|klu|siv,** prä|klu|si|visch [...viʃ]; **Prä|klu|siv|frist**
prä|ko|lum|bisch (die Zeit vor der Entdeckung Amerikas durch Kolumbus betreffend)
prä|kor|di|al *vgl.* präkardial; **Prä|kor|di|al|angst** *(Med.)*
Pra|krit, das; -s (*Sammelbez. für* die mittelind. Volkssprachen)
prakt. Arzt *vgl.* praktisch; **prak|ti|fi|zie|ren** ‹griech.; lat.› (in die Praxis umsetzen, verwirklichen); **Prak|ti|fi|zie|rung; Prak|tik,** die; -, -en ‹griech.› (Art der Ausübung von etwas; Handhabung; Verfahrensweise; *meist Plur.:* nicht einwandfreies [unerlaubtes] Vorgehen); **Prak|ti|ka** (*Plur. von* Praktikum); **prak|ti|ka|bel** (brauchbar; benutzbar; zweckmäßig); ...a|ble Einrichtung; **Prak|ti|ka|bel,** das; -s, - (*Theater* fest gebauter, begehbarer Teil der Bühnendekoration); **Prak|ti-**

ka|bi|li|tät, die; -; **Prak|ti|kant**, der; -en, -en; ↑R 197 (jmd., der ein Praktikum absolviert); **Prak|ti|kan|tin; Prak|ti|ker** (Mann der praktischen Arbeitsweise und Erfahrung; *Ggs.* Theoretiker); **Prak|ti|kum**, das; -s, ...ka (praktische Übung an der Hochschule; im Rahmen einer Ausbildung außerhalb der [Hoch]schule abzuleistende praktische Tätigkeit); **Prak|ti|kus**, der; -, -se (*scherzh. für* jmd., der immer u. überall Rat weiß); **prak|tisch**; -ste (auf die Praxis bezüglich; zweckmäßig, gut zu handhaben; geschickt; tatsächlich, in Wirklichkeit); -er Arzt (nicht spezialisierter Arzt, Arzt für Allgemeinmedizin; *Abk.* prakt. Arzt); -es Jahr (einjähriges Praktikum); -es (tätiges) Christentum; (↑R 65:) etwas Praktisches schenken; sie hat praktisch (*ugs. für* so gut wie) kein Geld; **prak|ti|zie|ren** (in der Praxis anwenden, in die Praxis umsetzen; als Arzt usw. tätig sein; ein Praktikum durchmachen); ein praktizierender Arzt

prä|kul|misch ‹lat.; engl.› (*Geol.* vor dem [2]Kulm [liegend])

Prä|lat, der; -en, -en (↑R 197) ‹lat.› (geistl. Würdenträger); **Prä|la|tur**, die; -, -en (Prälatenamt, -sitz)

Prä|li|mi|nar|frie|den ‹lat.; dt.› (vorläufiger Frieden); **Prä|li|mi|na|ri|en** [...i̯ən] *Plur.* ‹lat.› ([diplomatische] Vorverhandlungen; Einleitung)

Pra|li|ne, die; -, -n ‹nach dem franz. Marschall du Plessis-Praslin› (mit Schokolade überzogene Süßigkeit); **Pra|li|né, Pra|li|nee** [*beide* 'praline:], das; -s, -s (*österr. u. schweiz., sonst veraltend für* Praline)

prall (voll; stramm); **Prall**, der; -[e]s, -e (heftiges Auftreffen); **pral|len; Pral|ler, Prall|tril|ler** (*Musik* Wechsel zwischen Hauptnote u. nächsthöherer Note); **prall|voll** (*ugs.*)

prä|lu|die|ren ‹lat.› (*Musik* einleitend spielen); **Prä|lu|di|um**, das; -s, ...ien [...i̯ən] (Vorspiel)

Prä|ma|tu|ri|tät, die; - ‹lat.› (*Med.* Frühreife)

Prä|mie [...i̯ə], die; -, -n ‹lat.› (Belohnung, Preis; [Zusatz]gewinn; zusätzliche Vergütung; Versicherungsbeitrag); **Prä|mi|en‿an|lei|he** (*Wirtsch.*), **...aus|lo|sung; prä|mi|en|be|gün|stigt**; -es Sparen; **Prä|mi|en|de|pot** (*Versicherungsw.*); **prä|mi|en|frei**; -e Versicherung; **Prä|mi|en‿ge|schäft** (*Kaufmannsspr.*), **...kurs** (*Börse*), **...lohn** (*Wirtsch.*); **Prä|mi|en|lohn|sy|stem; Prä|mi|en‿los, ...rück|ge|währ** (Gewähr für Beitragsrückzahlung), **...schein; prä|mi|en|spa|ren** *meist nur im Infinitiv gebr.*; **Prä|mi|en‿spa|ren** (das; -s), **...spa|rer, ...spar|ver|trag, ...zah|lung, ...zu|schlag; prä|mie|ren**, prä|mi|ie|ren; **Prä|mie|rung**, Prä|mi|ie|rung; **prä|mi|ie|ren** *vgl.* prämieren; **Prä|mi|ie|rung** *vgl.* Prämierung

Prä|mis|se, die; -, -n ‹lat.› (Voraussetzung; Vordersatz eines logischen Schlusses)

Prä|mon|stra|ten|ser, der; -s, - ‹nach dem franz. Kloster Prémontré› (Angehöriger eines kath. Ordens)

prä|na|tal ‹lat.› (*Med.* der Geburt vorausgehend)

Prand|tau|er (österr. Barockbaumeister)

Prandtl-Rohr (↑R 135) ‹nach dem dt. Physiker› (*Physik* Gerät zum Messen des Drucks in einer Strömung)

pran|gen

Pran|ger, der; -s, - (*MA.* Schandpfahl); *noch in Wendungen wie* an den - stellen

Pran|ke, die; -, -n (Klaue, Tatze; *ugs. für* große, derbe Hand); **Pran|ken|hieb**

Prä|no|men, das; -s, ...mina ‹lat.› (Vorname [der alten Römer])

prä|nu|me|ran|do ‹lat.› (*Wirtsch.* im voraus [zu zahlen]); **Prä|nu|me|ra|ti|on**, die; -, -en (Vorauszahlung); **prä|nu|me|rie|ren**

Pranz, der; -es (*landsch. für* Prahlerei); **pran|zen; Pran|zer**

Prä|pa|rand, der; -en, -en (↑R 197) ‹lat.› (*früher* jmd., der sich auf das Lehrerseminar vorbereitet); **Prä|pa|rat**, das; -[e]s, -e (zubereitete Substanz, z. B. Arzneimittel; *Biol.* zu Lehrzwecken konservierter Pflanzen- od. Tierkörper; *Med.* zum Mikroskopieren vorbereiteter Gewebeteil); **Prä|pa|ra|ten|samm|lung; Prä|pa|ra|ti|on**, die; -, -en (*bes. Biol., Med.* Herstellung eines Präparates); **Prä|pa|ra|tor**, der; -s, ...oren (Hersteller von Präparaten); **Prä|pa|ra|to|rin; prä|pa|rie|ren**; einen Stoff, ein Kapitel - (vorbereiten); sich - (vorbereiten); Körper- od. Pflanzenteile - (dauerhaft, haltbar machen); ein präparierter Vogel

prä|peln (*landsch. für* [etwas Gutes] essen)

Prä|pon|de|ranz, die; - ‹lat.› (*veraltet für* Übergewicht)

Prä|po|si|ti|on, die; -, -en ‹lat.› (*Sprachw.* Verhältniswort, z. B. „in, auf“); **prä|po|si|tio|nal** (↑R 180); **Prä|po|si|tio|nal‿at|tri|but** (↑R 180), **...fall** (der), **...ge|fü|ge, ...ka|sus, ...ob|jekt; Prä|po|si|tur**, die; -, -en (Stelle eines Präpositus); **Prä|po|si|tus**, der; -, ...ti (Vorgesetzter; Propst)

prä|po|tent; -este ‹lat.› (*veraltet für* übermächtig, *österr. für* überheblich, aufdringlich); **Prä|po|tenz**, die; -

Prä|pu|ti|um, das; -s, ...ien [...i̯ən] ‹lat.› (*Med.* Vorhaut)

Prä|raf|fae|lit [...fa|e...], der; -en, -en (↑R 197; ↑R 180) ‹lat.; ital.› (*Kunstw.* Nachahmer des vorraffaelischen Malstils)

PR-Arbeit ‹*zu* PR = Public Relations›

Prä|rie, die; -, ...ien ‹franz.› (Grasebene in Nordamerika); **Prä|rie‿au|ster** (ein Mixgetränk), **...gras, ...hund** (ein Nagetier), **...in|dia|ner** (↑R 180), **...wolf** (der)

Prä|ro|ga|tiv, das; -s, -e [...və] ‹lat.› *u.* **Prä|ro|ga|ti|ve** [...və], die; -, -n (Vorrecht; *früher* nur dem Herrscher vorbehaltenes Recht)

Prä|sens, das; -, *Plur.* ...sentia *od.* ...senzien [...i̯ən] ‹lat.› (*Sprachw.* Gegenwart); **Prä|sens|par|ti|zip** *vgl.* Partizip Präsens; **prä|sent** (anwesend; gegenwärtig); - sein; etwas - haben; **Prä|sent**, das; -[e]s, -e ‹franz.› (Geschenk; kleine Aufmerksamkeit); **prä|sen|ta|bel** (*veraltend für* ansehnlich; vorzeigbar); ...a|ble Ergebnisse; **Prä|sen|tant**, der; -en, -en (↑R 197) ‹lat.› (*Wirtsch.* jmd., der einen fälligen Wechsel vorlegt); **Prä|sen|ta|ti|on**, die; -, -en (das Vorstellen, das Präsentieren; *Wirtsch.* Vorlegung eines fälligen Wechsels); **Prä|sen|ta|ti|ons|recht**, das; -[e]s (*kath. Kirche* Vorschlagsrecht); **Prä|sen|tia** (*Plur. von* Präsens); **prä|sen|tie|ren** ‹franz.› (vorstellen; überreichen, anbieten; vorlegen [bes. einen Wechsel]; milit. Ehrenbezeigung [mit dem Gewehr] machen); sich - (sich zeigen); **Prä|sen|tier|tel|ler**; *nur noch in der Wendung* auf dem - sitzen (*ugs. für* allen Blicken ausgesetzt sein); **Prä|sen|tie|rung; prä|sen|tisch** ‹lat.› (*Sprachw.* das Präsens betreffend); **Prä|sent|korb; Prä|senz**, die; - (Gegenwart, Anwesenheit); **Prä|senz|bi|blio|thek** (Bibliothek, deren Bücher nicht nach Hause mitgenommen werden dürfen); **Prä|senz‿die|ner** (*österr. für* Soldat im Grundwehrdienst des österr. Bundesheeres), **...dienst** (*österr. für* Grundwehrdienst); **Prä|sen|zi|en** (*Plur. von* Präsens); **Prä|senz‿li|ste** (Anwesenheitsliste), **...pflicht** (die; -), **...stär|ke** (augenblickliche Personalstärke [bei der Truppe])

Pra|seo|dym, das; -s ‹griech.›

(chem. Element, seltene Erde; *Zeichen* Pr)
Prä|ser (*ugs. kurz für* Präservativ); **prä|ser|va|tiv** [...v...] ‹lat.› (vorbeugend, verhütend); **Prä|ser|va|tiv**, das; -s, -e [...və] (Gummischutz für das männl. Glied zur Empfängnisverhütung); **Prä|ser|ve**, die; -, -n *meist Plur.* (Halbkonserve); **prä|ser|vie|ren** (*veraltet für* haltbar machen, erhalten; schützen)
Prä|ses, der; -, *Plur.* ...sides [...de:s] *u.* ...siden ‹lat.› (*kath. u. ev. Kirche* Vorsitzender, Vorstand); **Prä|si|de**, der; -n, -n; ↑R 197 (*Studentenspr.* Leiter einer Kneipe, eines Kommerses); **Prä|si|dent**, der; -en, -en; ↑R 197 (Vorsitzender; Staatsoberhaupt in einer Republik); **Prä|si|den|ten|wahl; Prä|si|den|tin; Prä|si|dent|schaft; Prä|si|dent|schafts|kan|di|dat; Prä|si|des** (*Plur. von* Präses); **prä|si|di|al** (den Präsidenten, das Präsidium betreffend); **Prä|si|di|al‿de|mo|kra|tie, ...ge|walt, ...re|gie|rung, ...sy|stem** (Regierungsform, bei der das Staatsoberhaupt gleichzeitig Regierungschef ist); **prä|si|die|ren** (den Vorsitz führen, leiten); einem (*schweiz.* einen) Ausschuß -; **Prä|si|di|um**, das; -s, ...ien [...iən] (leitendes Gremium; Vorsitz; Amtsgebäude eines [Polizei]präsidenten)
prä|si|lu|risch ‹nlat.› (*Geol.* vor dem Silur [liegend])
prä|skri|bie|ren ‹lat.› (vorschreiben; verordnen); **Prä|skrip|ti|on**, die; -, -en; **prä|skrip|tiv** (vorschreibend; regelnd)
Praß, der; Prasses (*veraltet für* wertloses Zeug, Plunder)
pras|seln; es prasselt
pras|sen (schlemmen); du praßt, er praßt; du praßtest; gepraßt; prasse! *u.* praß!; **Pras|ser; Pras|se|rei**
prä|sta|bi|lie|ren ‹lat.› (*veraltet für* vorher festsetzen); prästabilierte Harmonie (Leibniz); **Prä|stant**, der; -en, -en; ↑R 197 (große, zinnerne Orgelpfeife)
prä|su|mie|ren ‹lat.› (*Philos., Rechtsw.* annehmen; voraussetzen); **Prä|sum|ti|on**, die; -, -en (Annahme; Vermutung; Voraussetzung); **prä|sum|tiv** (mutmaßlich)
Prä|ten|dent, der; -en, -en (↑R 197) ‹lat.› (jmd., der Anspruch auf eine Stellung, ein Amt, bes. auf einen Thron, erhebt); **prä|ten|die|ren; Prä|ten|ti|on**, die; -, -en (Anspruch; Anmaßung); **prä|ten|ti|ös**; -este (anspruchsvoll, anmaßend, selbstgefällig)
Pra|ter, der; -s (Park mit Vergnügungsplatz in Wien)
Prä|ter|itio, die; -, ...onen ‹lat.›, **Prä|ter|iti|on**, die; -, ...onen (*Rhet.* scheinbare Übergehung); **Prä|ter|ito|prä|sens**, das; -, *Plur.* ...sentia *od.* ...senzien [...iən] (*Sprachw.* Verb, dessen Präsens [Gegenwart] ein früheres starkes Präteritum [Vergangenheit] ist u. dessen neue Vergangenheitsformen schwach gebeugt werden, z. B. „können, wissen"); **Prä|te|ri|tum**, das; -s, ...ta (*Sprachw.* Vergangenheit)
prä|ter|prop|ter ‹lat.› (etwa, ungefähr)
Prä|tor, der; -s, ...oren ‹lat.› (höchster [Justiz]beamter im alten Rom); **Prä|to|ria|ner**; ↑R 180 (Angehöriger der Leibwache der röm. Feldherren od. Kaiser)
Prät|ti|gau, das; -s (Talschaft in Graubünden)
Prä|tur, die; -, -en ‹lat.› (Amt eines Prätors)
Prat|ze, die; -, -n (*svw.* Pranke)
Prau, die; -, -e ‹malai.› (Boot der Malaien)
Prä|ven|ti|on [...v...], die; -, -en ‹lat.› (Vorbeugung, Verhütung); **prä|ven|tiv; Prä|ven|tiv‿an|griff, ...be|hand|lung** (*Med.*), **...krieg, ...maß|nah|me, ...me|di|zin** (die; -), **...mit|tel** (das), **...schlag** (*svw.* Präventivangriff), **...ver|kehr** (der; -s; Geschlechtsverkehr mit Anwendung eines Verhütungsmittels); **prä|ver|bal**; -e Periode (erste Lebenszeit eines Kindes, bevor es sprechen lernt)
Pra|wda, die; - ‹russ., „Wahrheit"› (Moskauer Tageszeitung)
Pra|xe|dis [*auch* 'pra...] (eine Heilige)
Pra|xis, die; -, ...xen ‹griech.› (*nur Sing.:* Tätigkeit, Ausübung, Erfahrung, *Ggs.* Theorie; Tätigkeitsbereich des Arztes od. Anwalts; Räumlichkeiten für die Berufsausübung dieser Personen); *vgl.* in praxi; **pra|xis|be|zo|gen; Pra|xis|be|zug; pra|xis‿fern, ...fremd, ...ge|recht, ...nah, ...ver|bun|den**
Pra|xi|te|les (altgriech. Bildhauer)
Prä|ze|dens, das; -, ...denzien [...iən] ‹lat.› (früherer Fall, früheres Beispiel; Beispielsfall); **Prä|ze|denz‿fall** (der; Präzedens), **...strei|tig|keit** (Rangstreitigkeit); **Prä|zep|tor**, der; -s, ...oren (*veraltet für* Lehrer; Erzieher); **Prä|zes|si|on**, die; -, -en (*Astron.* das Fortschreiten des Frühlingspunktes); **Prä|zi|pi|tat**, das; -[e]s, -e (*Chemie* Bodensatz, Niederschlag); **Prä|zi|pi|ta|ti|on**, die; - (Ausfällung); **prä|zi|pi|tie|ren** (ausfällen, ausflocken); **Prä|zi|pi|tin**, das; -s, -e (*Med.* immunisierender Stoff im Blut)
prä|zis, *österr. nur so, auch* **prä|zi|se**; ...seste ‹lat.› (genau; pünktlich; eindeutig); **prä|zi|sie|ren** (genau[er] angeben; knapp zusammenfassen); **Prä|zi|sie|rung; Prä|zi|si|on**, die; - (Genauigkeit); **Prä|zi|si|ons‿ar|beit, ...in|stru|ment, ...ka|me|ra, ...mes|sung, ...mo|tor, ...uhr, ...waa|ge**
Pré|cis [pre'si:], der; - [...'si:(s)], - [...'si:(s)] ‹franz.› (kurze Inhaltsangabe)
Pre|del|la, die; -, *Plur.* -s *u.* ...llen ‹ital.› (Sockel eines Altaraufsatzes)
pre|di|gen; Pre|di|ger; Pre|di|ge|rin; Pre|di|ger‿or|den (der; -s), **...se|mi|nar; Pre|digt**, die; -, -en; **Pre|digt‿amt, ...stuhl** (*veraltet für* Kanzel), **...text**
Pre|fe|rence [...'rã:s], die; -, -n [...s(ə)n] ‹franz.› (ein franz. Kartenspiel)
Pre|gel, der; -s (ein Fluß)
prei|en ‹niederl.› (*Seemannsspr.*); ein Schiff - (anrufen)
Preis, der; -es, -e (Geldbetrag; Belohnung; *geh. für* Lob); um jeden, keinen Preis; Preis freibleibend (*Kaufmannsspr.*); er gewann den ersten Preis; **Preis‿ab|bau** (der; -[e]s), **...ab|schlag, ...ab|spra|che, ...an|ga|be, ...an|ord|nung** (*ehem. in der DDR; Abk.* PAO), **...an|stieg, ...auf|ga|be, ...auf|trieb** (*Wirtsch.*); **Preis|aus|schrei|ben**, das; -s, -; **preis|be|gün|stigt; Preis‿be|hör|de, ...be|we|gung; preis|be|wußt**; -este; **Preis‿bil|dung** (*Wirtsch.*), **...bin|dung, ...bo|xer** (*früher*), **...bre|cher**
Prei|sel|bee|re
Preis|emp|feh|lung; unverbindliche -
prei|sen; du preist, er preist; du priesest, er pries; gepriesen; preis[e]!
Preis‿ent|wick|lung, ...er|hö|hung, ...er|mä|ßi|gung, ...ex|plo|si|on, ...fah|ren (das; -s, -; eine sportl. Veranstaltung), **...fra|ge**
Preis|ga|be, die; -; **preis|ge|ben**; du gibst preis; preisgegeben; preiszugeben
preis|ge|bun|den; Preis‿ge|fäl|le, ...ge|fü|ge; preis|ge|krönt; Preis‿geld, ...ge|richt, ...ge|stal|tung, ...gren|ze; preis|gün|stig; ...prei|sig (*in* hochpreisig, mittelpreisig, niedrigpreisig); **Preis‿in|dex** (*Plur.* ...indices; *Wirtsch*), **...kal|ku|la|ti|on, ...kar|tell** (*Wirtsch.*); **preis|ke|geln** *nur im Infinitiv und Partizip II gebräuchlich;* wir wollen -; **Preis|ke|geln**, das; -s; **Preis‿klas|se, ...kon|junk|tur** (*Wirtsch.*), **...kon|trol|le,**

...kon|ven|ti|on *(Wirtsch.)*, **...kor|rek|tur; preis|kri|tisch; Preis|la|ge;** Waren in jeder -; **Preis-Lei|stungs-Ver|hält|nis; preis|lich** (den Preis betreffend, im Preis); -e Unterschiede; **Preis‿lied, ...li|ste; Preis-Lohn-Spi|ra|le,** die; -; ↑R 41 *(Wirtsch.)*; **Preis‿nach|laß** *(für* Rabatt), **...ni|veau, ...po|li|tik, ...rät|sel, ...rich|ter, ...rich|te|rin, ...rück|gang, ...schie|ßen, ...schild** (das), **...schla|ger** *(ugs. für* besonders preiswertes Angebot), **...schrift, ...sen|kung, ...skat; preis|sta|bil; Preis‿sta|bi|li|tät, ...stei|ge|rung, ...stei|ge|rungs|ra|te** *(Wirtsch.)*, **...stopp** (Verbot der Preiserhöhung); **Preis|stopp|ver|ord|nung; Preis‿sturz, ...ta|fel, ...trä|ger, ...trä|ge|rin; preis|trei|bend; Preis|trei|ber; Preis|trei|be|rei; Preis‿über|wa|chung, ...un|ter|gren|ze, ...ver|gleich, ...ver|lei|hung, ...ver|tei|lung, ...ver|zeich|nis, ...vor|schrift; preis|wert;** -este; **Preis|wu|cher; preis|wür|dig; Preis|wür|dig|keit,** die; -

pre|kär ‹franz.› (mißlich, schwierig, bedenklich)

Prell‿ball (der; -[e]s; dem Faustball ähnliches Mannschaftsspiel), **...bock** *(Eisenb.)*; **prel|len; Prel|ler; Prel|le|rei; Prell‿schuß, ...stein; Prel|lung**

Pré|lude [pre'lyd], das; -s, -s ‹franz.› (der Fantasie ähnliches Klavier- od. Instrumentalstück; *auch svw.* Präludium)

Pre|mier [prə'mie:, pre...], der; -s, -s ‹franz.› (Premierminister); **Pre|mie|re** [*österr.* ...'miɛ:r], die; -, -n (Erst-, Uraufführung); **Pre|mie|ren‿abend, ...be|su|cher, ...pu|bli|kum; Pre|mier|mi|ni|ster** [prə'mie:..., pre...]; **Pre|mier|mi|ni|ste|rin; pre|mi|um** ‹lat.-engl.› (von besonderer, bester Qualität)

Pres|by|ter, der; -s, - ‹griech.› ([urchristl.] Gemeindeältester; Priester; Mitglied des Presbyteriums); **Pres|by|te|ri|al|ver|fas|sung** *(ev.-reformierte Kirche)*; **Pres|by|te|ria|ner,** der; -s, -; ↑R 180 (Angehöriger protestant. Kirchen mit Presbyterialverfassung in England u. Amerika); **Pres|by|te|ria|ne|rin** (↑R 180); **pres|by|te|ria|nisch** (↑R 180); **Pres|by|te|rin; Pres|by|te|ri|um,** das; -s, ...ien [...iən] (Versammlung[sraum] der Presbyter; Kirchenvorstand; Chorraum)

pre|schen *(ugs. für* rennen, eilen); du preschst

Pre-shave ['pri:ʃe:v], das; -[s], -s ‹engl.› *(kurz für* Pre-shave-Lotion); **Pre-shave-Lo|tion** [...lo:ʃən], die; -, -s; ↑R 41 (Gesichtswasser zum Gebrauch vor der Rasur)

preß *(Sportspr.* eng, nah); jmdn. - decken

pres|sant; -este ‹franz.› *(veraltet, aber noch landsch. für* dringlich, eilig)

Preß|ball *(Fußball* von zwei Spielern gleichzeitig getretener Ball)

Preß|burg *(slowak.* Bratislava)

Pres|se, die; -, -n *(kurz für* Druck-, Obst-, Ölpresse usw.; *ugs. für* Privatschule, die [schwächere Schüler] auf Prüfungen vorbereitet; *nur Sing.:* Gesamtheit der period. Druckschriften; *nur Sing.:* Zeitungs-, Zeitschriftenwesen); die freie Presse; **Pres|se‿agen|tur, ...amt, ...aus|weis, ...be|richt, ...be|richt|er|stat|ter, ...bü|ro** (Agentur), **...chef, ...dienst, ...emp|fang, ...er|klä|rung, ...fo|to|graf, ...fo|to|gra|fin, ...frei|heit** (die; -), **...ge|setz, ...in|for|ma|ti|on, ...kam|pa|gne, ...kom|men|tar, ...kon|fe|renz, ...land|schaft, ...mel|dung; pres|sen;** du preßt, er preßt; du preßtest; gepreßt; presse! *u.* preß!; **Pres|se‿no|tiz, ...or|gan, ...recht** (das; -[e]s), **...re|fe|rent, ...re|fe|ren|tin, ...schau, ...spre|cher, ...spre|che|rin, ...stel|le** (Abteilung für Presseinformation), **...stim|me, ...tri|bü|ne, ...ver|tre|ter, ...we|sen** (das; -s), **...zen|sur** (die; -), **...zen|trum; Preß‿form, ...glas** *(Plur.* ...gläser), **...he|fe, ...holz; pres|sie|ren** *(bes. südd., österr. u. schweiz. für* drängen, treiben, eilig sein); es pressiert; **Pres|si|on,** die; -, -en ‹lat.› (Druck; Nötigung, Zwang); **Preß‿koh|le, ...kopf** (der; -[e]s; eine Wurstart); **Preß|ling** *(für* Brikett); **Preß|luft,** die; -; **Preß|luft‿boh|rer, ...fla|sche, ...ham|mer; Preß‿sack** (der; -[e]s; *svw.* Preßkopf), **...saft, ...schlag** *(Fußball)*, **...span, ...span|plat|te, ...stoff, ...stroh; Pres|sung; Pres|sure-group** ['prɛʃə(r)gru:p], die; -, -s ‹engl.-amerik.› (Interessenverband, der [oft mit Druckmitteln] auf Parteien, Parlament, Regierung u. a. Einfluß zu gewinnen sucht); **Preß‿we|he** *(meist Plur.; Med.)*, **...wurst** *(svw.* Preßkopf)

Pre|sti *(Plur. von* Presto)

Pre|sti|ge [prɛs'ti:ʒ(ə)], das; -s ‹franz.› (Ansehen, Geltung); **Pre|sti|ge‿den|ken, ...ge|winn, ...grund** *(meist Plur.)*, **...sa|che, ...ver|lust** (der; -[e]s)

pre|stis|si|mo ‹ital.› *(Musik* sehr schnell); **Pre|stis|si|mo,** das; -s, *Plur.* -s *u.* ...mi; **pre|sto** *(Musik* schnell); **Pre|sto,** das; -s, *Plur.* -s *u.* ...ti

Prêt-à-por|ter [prɛtapɔr'te:], das; -s, -s ‹franz.› (von einem Modeschöpfer entworfenes Konfektionskleid)

Pre|tio|sen *Plur.* (↑R 180) ‹lat.› (Kostbarkeiten; Geschmeide); *vgl.* Preziosen

Pre|to|ria (Hptst. von Transvaal u. Regierungssitz der Republik Südafrika)

Preu|ße, der; -n, -n (↑R 197); **Preu|ßen; Preu|ßin; preu|ßisch;** -e Reformen, a b e r (↑R 146): der Preußische Höhenrücken; **Preu|ßisch|blau**

pre|zi|ös; -este ‹franz.› (kostbar; geziert, gekünstelt); **Pre|zio|sen;** ↑R 180 *(eingedeutscht für* Pretiosen; *vgl. d.)*

Pria|mel, die; -, -n, *auch* das; -s, -; ↑R 180 ‹lat.› (Spruchgedicht, bes. des dt. Spätmittelalters)

Pria|mos, Pria|mus; ↑R 180 (griech. Sagengestalt)

pria|pe|isch (↑R 180) ‹griech.› (den Priapus betreffend; *veraltet für* unzüchtig); -e Gedichte; **Pria|pos** (↑R 180), **Pria|pus** (griech.-röm. Gott der Fruchtbarkeit)

Pricke[1], die; -, -n (ein Seezeichen)

Prickel[1], der; -s, - (Reiz, Erregung); **prickelig**[1], prick|lig (prickelnd); **prickeln**[1]; (↑R 68:) ein Prickeln auf der Haut empfinden; **prickelnd**[1]; -ste; der -e Reiz der Neuheit; (↑R 65:) etwas Prickelndes für den Gaumen; [1]**pricken**[1] *(landsch., bes. nordd. für* [aus]stechen; abstecken)

[2]**pricken**[1] (ein Fahrwasser mit Pricken versehen)

prick|lig *vgl.* prickelig[1]

[1]**Priel,** der; -s (Bergname); (↑R 146:) der Große -, der Kleine -

[2]**Priel,** der; -[e]s, -e (schmaler Wasserlauf im Wattenmeer)

Priem, der; -[e]s, -e ‹niederl.› (Stück Kautabak); **prie|men** (Tabak kauen); **Priem|ta|bak**

Prieß|nitz (Begründer einer Naturheilmethode); **Prieß|nitz‿kur** (↑R 135; eine Kaltwasserkur), **...um|schlag**

Prie|ster, der; -s, -; ein geweihter -; **Prie|ster|amt,** das; -[e]s; **prie|ster|haft; Prie|ste|rin; Prie|ster‿kon|gre|ga|ti|on, ...kö|nig; prie|ster|lich; Prie|ster|schaft,** die; -; **Prie|ster|se|mi|nar; Prie|ster|tum,** das; -s; **Prie|ster|wei|he**

Priest|ley ['pri:stli] (engl. Schriftsteller)

Prig|nitz, die; - (Landschaft in Nordostdeutschland)

Prim, die; -, -en ‹lat.› (Fechthieb; Morgengebet im kath. Brevier; *svw.* Prime *[Musik]*)

---

[1] *Trenn.* ...k|k...

Prim. = Primar, Primararzt, Primarius; Primaria

pri|ma ‹ital.› (*Kaufmannsspr. veraltend für* vom Besten, erstklassig; *Abk.* Ia; *ugs. für* ausgezeichnet, großartig); ein prima Kerl; prima Essen; **Pri|ma,** die; -, ...men ‹lat.› (*veraltende Bez. für* die beiden oberen Klassen [*in Österr. für* die erste Klasse] eines Gymnasiums); **Pri|ma|bal|le|ri|na,** die; -, ...nen ‹ital.› (erste Tänzerin); **Pri|ma|don|na,** die; -, ...nnen (erste Sängerin)

Pri|ma|ge [...'ma:ʒə], die; -, -n ‹franz.› (Primgeld)

Pri|ma|ner ‹lat.› (Schüler der Prima); **pri|ma|ner|haft** (unerfahren, unreif); -este; **Pri|ma|ne|rin;** **Pri|mar,** der; -s, -e (*österr. für* Chefarzt einer Abteilung eines Krankenhauses; *Abk.* Prim.); **pri|mär** ‹franz.› (die Grundlage bildend, wesentlich; ursprünglich, erst...); **Pri|mar|arzt** *(österr.); vgl.* Primar; **Pri|mar|ärz|tin** *(österr.); vgl.* Primaria; **Pri|mär|ener|gie** (Energiegehalt der natürlichen Energieträger, z. B. Wasserkraft); **Pri|ma|ria,** die; -, ...iae [...riɛ:] ‹lat.› (*österr. für* weibl. Primar; *Abk.* Prim.); **Pri|ma|ri|us,** der; -, ...ien [...iən] ‹lat.› (erster Geiger im Streichquartett; *österr. svw.* Primar); **Pri|mar|leh|rer** *(schweiz.);* **Pri|mär|li|te|ra|tur** (der eigtl. dichterische Text; *Ggs.* Sekundärliteratur); **Pri|mar|schu|le** (*schweiz. für* allgemeine Volksschule); **Pri|mär|strom** *(Elektrotechnik);* **Pri|mar|stu|fe** (1. bis 4. Schuljahr); **Pri|mär|wick|lung** *(Elektrotechnik);* [1]**Pri|mas,** der; -, *Plur.* -se, *auch* ...aten ‹der Erste, Vornehmste› (Ehrentitel bestimmter Erzbischöfe); [2]**Pri|mas,** der; -, -se (Solist u. Vorgeiger einer Zigeunerkapelle); [1]**Pri|mat,** der *od.* das; -[e]s, -e (Vorrang, bevorzugte Stellung; [Vor]herrschaft; oberste Kirchengewalt des Papstes); [2]**Pri|mat,** der; -en, -en *meist Plur.;* ↑R 197 (*Biol.* Herrentier, höchstentwickeltes Säugetier); **Pri|ma_wa|re** *(Kaufmannsspr.),* **...wech|sel** *(Bankw.);* **Pri|me,** die; -, -n (*Musik* erster Ton der diaton. Tonleiter; Intervall im Einklang; *Druckerspr.* am Fuß der ersten Seite eines Bogens stehende Kurzfassung des Buchtitels; *vgl. auch* Norm); **Pri|mel,** die; -, -n (eine Frühjahrsblume); **Pri|men** (*Plur. von* Prim, Prima *u.* Prime); **Prim|gei|ger** (erster Geiger im Streichquartett)

Prim|geld ‹lat.› (Sondervergütung für den Schiffskapitän)

Pri|mi (*Plur. von* Primus); **pri|mis|si|ma** ‹ital.› (*ugs. für* ganz prima, ausgezeichnet); **pri|mi|tiv** ‹lat.› (einfach, dürftig; *abwertend für* von geringem geistig-kulturellem Niveau); ein -er Mensch; ein -es Bedürfnis; ein -es Volk; **Pri|mi|ti|ve** [...və], der *u.* die; -n, -n *meist Plur.;* ↑R 7 ff. (Angehörige[r] eines naturverbundenen, auf einer niedrigen Zivilisationsstufe stehenden Volkes); **pri|mi|ti|vi|sie|ren** [...v...]; **Pri|mi|ti|vi|sie|rung;** **Pri|mi|ti|vis|mus,** der; - (moderne Kunstrichtung, die sich von der Kunst der Primitiven anregen läßt); **Pri|mi|ti|vi|tät,** die; -; **Pri|mi|tiv|kul|tur;** **Pri|mi|tiv|ling** *(ugs.);* **Pri|mi|ti|vum** [...vum], das; -s, ...va (*Sprachw.* Stamm-, Wurzelwort); **Pri|miz,** die; -, -en (*kath. Kirche* erste [feierl.] Messe des Primizianten); **Pri|miz|fei|er;** **Pri|mi|zi|ant,** der; -en, -en; ↑R 197 (neugeweihter kath. Priester); **Pri|mi|zi|en** [...iən] *Plur.* (den röm. Göttern dargebrachte „Erstlinge" von Früchten u. ä.); **Pri|mo|ge|ni|tur,** die; -, -en (*früher* Erbfolgerecht des Erstgeborenen u. seiner Nachkommen); **Pri|mus,** der; -, *Plur.* ...mi *u.* -se (Klassenbester); **Pri|mus in|ter pa|res,** der; - - -, ...mi - - (der Erste unter Gleichen, ohne Vorrang); **Prim|zahl** (nur durch 1 u. durch sich selbst teilbare Zahl)

Prince of Wales ['prins əv 'wɛ:lz], der; - - - (Titel des engl. Thronfolgers)

Prin|te, die; -, -n *meist Plur.* ‹niederl.› (ein Gebäck); Aachener -n; **Prin|ted in Ger|ma|ny** ['printid in 'dʒœ:(r)məni] ‹engl.› (in Deutschland gedruckt [Vermerk in Büchern]); **Prin|ter,** der; -s, - (automat. Kopiergerät; Drukker); **Print|me|di|en** *Plur.* (Zeitungen, Zeitschriften und Bücher)

Prinz, der; -en, -en (↑R 197) ‹lat.›; **Prin|zen|gar|de** (Garde eines Karnevalsprinzen); **Prin|zen|in|seln** *Plur.* (im Marmarameer); **Prin|zen|paar,** das; -[e]s, -e (Prinz u. Prinzessin [im Karneval]); **Prin|zeß,** die; -, ...zessen (*veraltet für* Prinzessin); **Prin|zeß|boh|ne** *meist Plur.;* **Prin|zes|sin;** **Prin|zeß|kleid;** **Prinz|ge|mahl** (Ehemann einer regierenden Herrscherin); **Prinz-Hein|rich-Müt|ze** ‹nach dem preuß. Prinzen› (Schiffermütze); **Prin|zip,** das; -s, *Plur.* -ien [...iən], *seltener* -e (Grundlage; Grundsatz); [1]**Prin|zi|pal,** der; -s, -e (*veraltet für* Lehrherr; Geschäftsinhaber, -leiter); [2]**Prin|zi|pal,** das; -s, -e (Hauptregister der Orgel); **Prin|zi|pal|gläu|bi|ger** (Hauptgläubiger); **Prin|zi|pa|lin** (*veraltet für* Geschäftsführerin; Theaterleiterin); **prin|zi|pa|li|ter** (*veraltet für* vor allem, in erster Linie); **Prin|zi|pat,** das, *auch* der; -[e]s, -e (*veraltet für* Vorrang; röm. Verfassungsform der ersten Kaiserzeit); **prin|zi|pi|ell** (grundsätzlich); **prin|zi|pi|en|fest** [...iən...]; -este; **Prin|zi|pi|en|fra|ge;** **prin|zi|pi|en|los;** -este; **Prin|zi|pi|en|lo|sig|keit,** die; -; **Prin|zi|pi|en_rei|ter** (jmd., der kleinlich auf seinen Prinzipien beharrt), **...rei|te|rei,** **...streit;** **prin|zi|pi|en|treu;** -[e]ste; **Prin|zi|pi|en|treue;** **prinz|lich;** **Prinz|re|gent**

Pri|or, der; -s, Prio|ren ‹lat.› ([Kloster]oberer, -vorsteher; *auch für* Stellvertreter eines Abtes); **Prio|rat,** das; -[e]s, -e; ↑R 180 (Amt, Würde eines Priors; meist von einer Abtei abhängiges [kleineres] Kloster); **Prio|rin** [*auch* 'pri:...] (↑R 180); **Prio|ri|tät,** die; -, -en (↑R 180) ‹franz.› (Vor[zugs]recht, Erstrecht, Vorrang; *nur Sing.:* zeitl. Vorhergehen); Prioritäten setzen (festlegen, was vorrangig ist); **Prio|ri|tä|ten** *Plur.;* ↑R 180 (Wertpapiere mit Vorzugsrechten); **Prio|ri|tä|ten|li|ste;** **Prio|ri|täts_ak|ti|en** (*Plur.;* ↑R 180), **...ob|li|ga|tio|nen** *(Plur.),* **...recht**

Pris|chen (kleine Prise [Tabak u. a.]); **Pri|se,** die; -, -n ‹franz.› (*Seew.* [im Krieg] erbeutetes [Handels]schiff od. -gut; soviel [Tabak, Salz u. a.], wie zwischen Daumen u. Zeigefinger zu greifen ist); **Pri|sen_ge|richt** *(Seew.),* **...kom|man|do,** **...recht** (das; -[e]s); **Pris|lein** (*svw.* Prischen)

Pris|ma, das; -s, ...men ‹griech.› (*Math.* Polyeder; *Optik* lichtbrechender Körper); **pris|ma|tisch** (prismenförmig); **Pris|ma|to|id,** das; -[e]s, -e (prismenähnlicher Körper); **Pris|men_fern|rohr,** **...form,** **...glas** (*Plur.* ...gläser), **...su|cher** (bei Spiegelreflexkameras)

Prit|sche, die; -, -n (flaches Schlagholz [beim Karneval]; hölzerne Liegestatt; Ladefläche eines Lkw); **prit|schen** (*landsch. für* mit der Pritsche schlagen; *Sport* den Volleyball mit den Fingern weiterspielen); du pritschst; **Prit|schen|wa|gen;** **Pritsch|mei|ster** (*landsch. für* Hanswurst)

pri|vat [...v...]; -este ‹lat.› (persönlich; nicht öffentlich, außeramtlich; vertraulich; vertraut); -e Meinung, Angelegenheit; -e Ausgaben; -e Wirtschaft; (↑R 65:) Verkauf an, Kauf von Privat; **Pri|vat_adres|se,** **...an|ge|le|gen|heit,** **...au|di|enz,** **...bahn,**

...bank (*Plur.* ...banken), **...besitz, ...brief, ...de|tek|tiv, ...dozent** (Hochschullehrer ohne Beamtenstelle), **...do|zen|tin, ...druck** (*Plur.* ...drucke); **Pri|va̲te,** der *u.* die; -n, -n; ↑R 7 ff. (Privatperson); **Pri|va̲t‿ei|gen|tum, ...fern|se|hen, ...flug|zeug, ...gebrauch** (der; -[e]s), **...ge|lehr|te, ...ge|spräch, ...gläu|bi|ger, ...hand** (*nur in* aus, von, in -), **...haus; Pri|va|tier** [...'tie:], der; -s, -s (*veraltet für* Privatmann, Rentner); **pri|va̲|tim** (*veraltend für* [ganz] persönlich, unter vier Augen, vertraulich); **Pri|va̲t‿in|itia|ti|ve, ...in|ter|es|se; Pri|va|ti|o̲n,** die; -, -en (*veraltet für* Beraubung; Entziehung); **pri|va|ti|sie̲|ren** (staatl. Vermögen in Privatvermögen umwandeln; als Rentner[in] od. als Privatperson vom eigenen Vermögen leben); **Pri|va|ti|sie̲|rung; pri|va|tis|si|me** [...me] (im engsten Kreise; streng vertraulich; ganz allein); **Pri|va|tis|si|mum,** das; -s, ...ma (Vorlesung für einen ausgewählten Kreis; *übertr. für* Ermahnung); **Pri|va|tist,** der; -en, -en; ↑R 197 (*österr. für* Schüler, der sich ohne Schulbesuch auf die Prüfung an einer Schule vorbereitet); **Pri|va̲t‿kla|ge, ...kli|nik, ...kon|tor, ...kund|schaft, ...le|ben** (das; -s), **...leh|rer, ...leh|re|rin, ...leu|te** *(Plur.)*, **...mann** (*Plur.* ...leute, *selten* ...männer); **Pri|va̲t|mit|tel** *Plur.;* (↑R 32:) Privat- u. öffentliche Mittel, aber: öffentliche und Privatmittel; **Pri|va̲t‿pa|ti|ent, ...pa|tien|tin, ...per|son, ...quar|tier, ...recht** (das; -[e]s); **pri|va̲t|recht|lich; Pri|va̲t‿sa|che, ...schu|le, ...se|kre|tär, ...se|kre|tä|rin, ...sphä|re** (die; -), **...sta|ti|on, ...stun|de, ...un|ter|richt, ...ver|gnü|gen, ...ver|mö|gen; pri|va̲t|ver|si|chert; Pri|va̲t‿ver|si|che|rung, ...weg, ...wirt|schaft; pri|va̲t|wirt|schaft|lich; Pri|va̲t‿woh|nung, ...zim|mer**

Pri|vi|le̲g [...v...], das; -[e]s, *Plur.* -ien [...iən], *auch* -e ⟨lat.⟩ (Vor-, Sonderrecht); **pri|vi|le|gie̲|ren; pri|vi|le|gi̲ert;** -este; **Pri|vi|le̲|gi|um,** das; -s, ...ien [...iən] (*älter für* Privileg)

Prix [pri:], der; -, - ⟨franz.⟩ (*franz. Bez. für* Preis); - Goncourt [- gõ'ku:r] (franz. Literaturpreis)

PR-Mann ⟨*zu* PR = Public Relations⟩ (*ugs. für* für die Öffentlichkeitsarbeit zuständiger Mitarbeiter)

pro̲ *Präp. mit Akk.* ⟨lat.⟩ (für, je); - Stück; - männlichen Angestellten; **Pro̲,** das; - (Für); das - und Kontra (das Für und Wider); **pro...** (z. B. proamerikanisch, prosowjetisch); **pro a̲n|no** (*veraltet für* jährlich; *Abk.* p. a.)

pro|ba̲|bel ⟨lat.⟩ (*veraltet für* wahrscheinlich); ...a|ble Gründe; **Pro|ba|bi|lis|mus,** der; - (*Philos.* Wahrscheinlichkeitslehre; *kath. Moraltheologie* Lehre, daß in Zweifelsfällen eine Handlung erlaubt ist, wenn gute Gründe dafür sprechen); **Pro|ba|bi|li|tä̲t,** die; -, -en (Wahrscheinlichkeit); **Pro|ba̲nd,** der; -en, -en; ↑R 197 (Testperson, an der etwas ausprobiert od. gezeigt wird; *Genealogie* jmd., für den eine Ahnentafel aufgestellt werden soll); **Pro|ba̲n|din; pro|ba̲t;** -este (erprobt; bewährt); **Prö̲b|chen; Pro̲|be,** die; -, -n; zur, auf -; **Pro̲|be‿ab|zug, ...alarm, ...ar|beit, ...auf|nah|me, ...boh|rung, ...druck** (*Plur.* ...drucke), **...ex|em|plar; pro̲|be|fah|ren** *meist nur im Infinitiv u. im Partizip II gebr.;* probegefahren; *auch schon* ich fahre Probe (↑R 207); wenn er probefährt; **Pro̲|be|fahrt; pro̲|be|hal|ber; pro̲|be|hal|tig** (*veraltet für* die Probe bestehend, aushaltend); **Pro̲|be‿jahr, ...lauf; pro̲|be|lau|fen** *meist nur im Infinitiv u. im Partizip II gebr.; vgl.* probefahren; die Maschine ist probegelaufen; **Pro̲|be|leh|rer** (*österr. für* Lehrer an einer höheren Schule im Probejahr); **Pro̲|be|lek|ti|on; prö̲|beln** (*schweiz. für* allerlei Versuche anstellen); ich ...[e]le (↑R 22); **pro̲|ben; Pro̲|ben‿ar|beit, ...ent|nah|me; Pro̲|be|num|mer; pro̲|be|schrei|ben** *meist nur im Infinitiv u. im Partizip II gebr.; vgl.* probefahren; probegeschrieben; **Pro̲|be‿sei|te** *(Druckw.)*, **...sen|dung; pro̲|be|sin|gen** *meist nur im Infinitiv u. im Partizip II gebr.; vgl.* probefahren; probegesungen; **Pro̲|be|stück; pro̲|be|tur|nen** *meist nur im Infinitiv u. im Partizip II gebr.; vgl.* probefahren; probegeturnt; **pro̲|be|wei|se; Pro̲|be|zeit; pro|bie̲|ren** (versuchen, kosten, prüfen); (↑R 68:) Probieren *(auch* probieren) geht über Studieren *(auch* studieren); **Pro|bie̲|rer** (Prüfer); **Pro|bier‿glas** (*Plur.* ...gläser), **...stu|be; Prö̲b|lein**

Pro|ble̲m, das; -s, -e ⟨griech.⟩ (zu lösende Aufgabe; Frage[stellung]; unentschiedene Frage; Schwierigkeit); **Pro|ble|ma̲|tik,** die; -, -en (Gesamtheit von Problemen; Schwierigkeit [etwas zu klären]); **pro|ble|ma̲|tisch;** -ste; **pro|ble|ma|ti|sie̲|ren** (die Problematik von etwas aufzeigen); **Pro|ble̲m‿be|wußt|sein, ...den|ken, ...film, ...haar, ...haut** (die; -), **...kind, ...kreis; pro|ble̲m|los;** -este; **Pro|ble̲m|müll; pro|ble̲m|ori|en|tiert; Pro|ble̲m‿schach, ...stel|lung, ...stück**

Probst|ze̲l|la (Ort im nordwestl. Frankenwald)

Pro|ce|de|re [...'tse:...], *eindeutschend* Pro|ze̲|de|re, das; -, - ⟨lat.⟩ (Verfahrensordnung, -weise)

pro ce̲n|tum [- tsɛ...] ⟨lat.⟩ (für hundert, für das Hundert; *Abk.* p. c., v. H.; *Zeichen* %); *vgl.* Prozent

Pro̲|de|kan, der; -s, -e ⟨lat.⟩ (Vertreter des Dekans an einer Hochschule)

pro do̲|mo ⟨lat.⟩ (in eigener Sache; zum eigenen Nutzen, für sich selbst); - - reden

Pro|dro̲m, das; -s, -e ⟨griech.⟩, **Pro|dro|ma̲l|sym|ptom** (*Med.* Vorbote, Vorläufer einer Krankheit)

Pro|du|cer [pro'dju:sə(r)], der; -s, - ⟨engl.⟩ (*engl. Bez. für* Hersteller, [Film]produzent, Fabrikant); **Pro|duct place|ment** ['prɔdakt 'ple:smənt], das; - -s, - -s ⟨engl.⟩ (Werbemaßnahme im Film u. Fernsehen, bei der ein Produkt als Requisit in die Spielhandlung einbezogen und so beiläufig vorgeführt wird); **Pro|du̲kt,** das; -[e]s, -e ⟨lat.⟩ (Erzeugnis; Ertrag; Folge, Ergebnis [*Math.* der Multiplikation]); **Pro|du̲k|ten‿bör|se** (*Wirtsch.* Warenbörse), **...han|del** (*vgl.* [1]Handel), **...markt; Pro|duk|ti|o̲n,** die; -, -en (Herstellung, Erzeugung); **Pro|duk|ti|o̲ns‿an|la|gen** *(Plur.)*, **...ap|pa|rat, ...aus|fall, ...ba|sis, ...bri|ga|de** *(ehem. in der DDR)*, **...er|fah|rung, ...fak|tor, ...form, ...gang, ...ge|nos|sen|schaft, ...gü|ter** *(Plur.)*, **...ka|pa|zi|tät, ...kol|lek|tiv** *(ehem. in der DDR)*, **...ko|sten** *(Plur.)*, **...lei|stung, ...men|ge, ...me|tho|de, ...mit|tel** (das), **...plan** (*vgl.* [2]Plan), **...pro|zeß, ...stät|te, ...stei|ge|rung, ...ver|fah|ren, ...ver|hält|nis|se** *(Plur.)*, **...vo|lu|men, ...wei|se, ...wert, ...zif|fer, ...zweig; pro|duk|ti̲v** (ergiebig; fruchtbar, schöpferisch); **Pro|duk|ti|vi|tä̲t** [...v...], die; -; **Pro|duk|ti|vi|tä̲ts‿ef|fekt, ...ren|te** (Rente, die der wirtschaftl. Produktivität angepaßt wird), **...stei|ge|rung, ...stu|fe; Pro|duk|ti̲v‿kraft** (die; -), **...kre|dit** (Kredit, der Unternehmen der gewerbl. Wirtschaft zur Errichtung von Anlagen od. zur Bestreitung der laufenden Betriebsausgaben gewährt wird); **Pro|du|ze̲nt,** der; -en, -en; ↑R 197 (Hersteller, Erzeuger); **Pro|du|ze̲n|tin; pro|du|zie̲|ren** ([Güter] hervorbringen, [er]zeugen, schaffen); sich - (die Aufmerksamkeit auf sich lenken)

Pro|en|zym, das; -s, -e ‹lat.; griech.› (Vorstufe eines Enzyms)
Prof. = Professor
pro|fan ‹lat.› (unheilig, weltlich; nicht außergewöhnlich, alltäglich); **Pro|fa|na|ti|on**, die; -, -en, Pro|fa|nie|rung (Entweihung); **Pro|fan|bau** *Plur.* ...bauten (*Kunstw.* nichtkirchl. Bauwerk; *Ggs.* Sakralbau); **Pro|fa|ne**, der *u.* die; -n, -n; ↑R 7 ff. (Unheilige[r], Ungeweihte[r]); **pro|fa|nie|ren** (entweihen; säkularisieren); **Pro|fa|nie|rung** *vgl.* Profanation; **Pro|fa|ni|tät**, die; - (Unheiligkeit, Weltlichkeit; Alltäglichkeit)
pro|fa|schi|stisch (sich für den Faschismus einsetzend)
Pro|fer|ment, das; -s, -e ‹lat.› (*veraltend für* Proenzym)
[1]**Pro|feß**, der; ...fessen, ...fessen (↑R 197) ‹lat.› (Mitglied eines geistl. Ordens nach Ablegung der Gelübde); [2]**Pro|feß**, die; -, ...fesse (Ablegung der [Ordens]gelübde); **Pro|fes|si|on**, die; -, -en ‹franz.› (*veraltet für* Beruf; Gewerbe); **Pro|fes|sio|nal** [*engl.* prəˈfɛʃ(ə)nəl], der; -s, *Plur.* -e, *bei engl. Ausspr.* -s ‹engl.› (Berufssportler; *Kurzw.* Profi); **pro|fes|sio|na|li|sie|ren** (zum Beruf machen, als Erwerbsquelle ansehen); **Pro|fes|sio|na|li|sie|rung**; **Pro|fes|sio|na|lis|mus**, der; - ‹lat.› (Berufssportlertum); **Pro|fes|sio|na|li|tät**, die; - (das Professionellsein); **pro|fes|sio|nell** ‹franz.› (berufsmäßig; fachmännisch); **pro|fes|sio|niert** (*selten für* gewerbsmäßig); **Pro|fes|sio|nist**, der; -en, -en; ↑R 197 (*österr., sonst nur landsch. für* Handwerker, Facharbeiter); **pro|fes|si|ons|mä|ßig**; **Pro|fes|sor**, der; -s, ...oren ‹lat.› (Hochschullehrer; Titel für verdiente Lehrkräfte, Forscher u. Künstler; *österr. auch für* definitiv angestellter Lehrer an höheren Schulen; *Abk.* Prof.); ordentlicher öffentlicher Professor (*Abk.* o. ö. Prof.); ordentlicher Professor (*Abk.* o. P.); außerordentlicher Professor (*Abk.* ao., a. o. Prof.); ein emeritierter Professor; **pro|fes|so|ral** (professorenhaft, würdevoll); **Pro|fes|so|ren|kol|le|gi|um**; **pro|fes|so|ren|mä|ßig**; **Pro|fes|so|ren|schaft** (Gesamtheit der Professoren einer Hochschule); **Pro|fes|so|ren|ti|tel**, Pro|fes|sor|ti|tel; **Pro|fes|so|rin** [*auch* ...ˈfɛ...] (*im Titel u. in der Anrede meist* Frau Professor); **Pro|fes|sors|frau**; **Pro|fes|sor|ti|tel** *vgl.* Professorentitel; **Pro|fes|sur**, die; -, -en (Lehrstuhl, -amt); **Pro|fi**, der; -s, -s ‹*Kurzw. für* Professional› (Berufssportler; jmd., der etwas fachmännisch betreibt); **Pro|fi‿bo|xer**, **...fuß|ball**, **...ge|schäft**; **pro|fi|haft**; -este
Pro|fil, das; -s, -e ‹ital.(-franz.)› (Seitenansicht; Längs- od. Querschnitt; Riffelung bei Gummireifen; charakteristisches Erscheinungsbild); geologisches - (senkrechter Geländeschnitt)
Pro|fi|la|ger, das; -s (*Sport*); ins - wechseln
Pro|fil‿bild, **...ei|sen**; **pro|fi|lie|ren** ‹franz.› (im Querschnitt darstellen); sich - (sich ausprägen, hervortreten); **pro|fi|liert**; -este (*auch für* gerillt, geformt; scharf umrissen; von ausgeprägter Art); **Pro|fi|lie|rung**; **pro|fil|los**; -este; **Pro|fil|neu|ro|se** (*Psych.* übertriebene Sorge um die Profilierung der eigenen Persönlichkeit); **Pro|fil‿soh|le**, **...stahl** (*Technik*), **...tie|fe** (*Kfz-Technik*)
Pro|fi|sport, der; -[e]s
Pro|fit [*auch* ...ˈfit], der; -[e]s, -e ‹franz.› (Nutzen; Gewinn; Vorteil); **pro|fi|ta|bel** (*veraltet für* gewinnbringend); ...a|bles Geschäft; **pro|fit|brin|gend** [*auch* ...ˈfit...]; ein -es Geschäft (↑R 209); **Pro|fit|chen** (*meist für* nicht ganz ehrlicher Gewinn); **Pro|fi|teur** [...ˈtøːr], der; -s, -e ‹franz.›; **Pro|fit|gier**; **pro|fi|tie|ren** (Nutzen ziehen); **Pro|fit|jä|ger** (jmd., der profitgierig ist); **Pro|fit|lein** *vgl.* Profitchen; **pro|fit|lich** (*landsch. für* sparsam; nur auf den eigenen Vorteil bedacht); **Pro|fit‿ma|cher** (*ugs.*), **...ra|te**, **...stre|ben** (das; -s)
pro for|ma ‹lat.› (der Form wegen, zum Schein); **Pro-for|ma-An|kla|ge** (↑R 41)
Pro|fos, der; *Gen.* -es *u.* -en, *Plur.* -e[n] (↑R 197) ‹niederl.› (*früher* Verwalter der Militärgerichtsbarkeit)
pro|fund; -este ‹lat.› (tief, gründlich; *Med.* tiefliegend); **pro|fus**; -este (*Med.* reichlich, übermäßig; stark)
Pro|ge|ni|tur, die; -, -en ‹lat.› (*Med.* Nachkommen[schaft])
Pro|ge|ste|ron, das; -s (Gelbkörperhormon, das die Schwangerschaftsvorgänge reguliert)
Pro|gno|se, die; -, -n ‹griech.› ([wissenschaftl.] Vorhersage); die ärztliche -; **Pro|gno|stik**, die; - (Lehre von der Prognose); **Pro|gno|sti|kon**, **Pro|gno|sti|kum**, das; -s, *Plur.* ...ken *u.* ...ka (Vorzeichen); **pro|gno|stisch**; **pro|gno|sti|zie|ren**; **Pro|gno|sti|zie|rung**
Pro|gramm, das; -s, -e ‹griech.› (Plan; Darlegung von Grundsätzen; Ankündigung; Spiel-, Sende-, Fest-, Arbeits-, Vortragsfolge; Tagesordnung; *EDV* Folge von Anweisungen für einen Computer); **Pro|gramm‿ab|lauf**, **...än|de|rung**, **...an|zei|ger**; **pro|gramm|mä|ßig** [*Trenn.* ...gramm|mä..., ↑R 204]; **Pro|gram|ma|tik**, die; -, -en (Zielsetzung, -vorstellung); **Pro|gram|ma|ti|ker**; **pro|gram|ma|tisch** (dem Programm gemäß; einführend; richtungweisend); **Pro|gramm‿di|rek|tor** (*bes. Fernsehen*), **...fol|ge**; **pro|gramm|fül|lend**; **Pro|gramm|fül|ler** (*Fernsehen* Kurzfilm, der eingesetzt werden kann, um Lücken im Programm zu füllen); **pro|gramm|ge|mäß**; **Pro|gramm|ge|stal|tung**; **pro|gramm|ge|steu|ert** (*EDV*); **Pro|gramm‿heft**, **...hin|weis**; **pro|gram|mier|bar**; **Pro|gram|mier|be|reich** (*EDV*); **pro|gram|mie|ren** ([im Ablauf] festlegen; [einen Computer] mit Informationen, mit einem Programm versorgen); **Pro|gram|mie|rer** (Fachmann, der Schaltungen u. Ablaufpläne für Computer erarbeitet); **Pro|gram|mie|re|rin**; **Pro|gram|mier|spra|che**; **Pro|gram|mie|rung**; **Pro|gramm‿punkt**, **...steue|rung** (automatische Steuerung); **Pro|gramm|mu|sik**, die; - [*Trenn.* ...gramm|mu..., ↑R 204]; **Pro|gramm‿vor|schau**, **...zeit|schrift**, **...zet|tel**
Pro|greß, der; ...gresses, ...gresse ‹lat.› (Fortschritt; Fortgang); **Pro|gres|si|on**, die; -, -en (das Fortschreiten; [Stufen]folge, Steigerung; *Math. veraltet* Aufeinanderfolge von Zahlen usw.); arithmetische -; geometrische -; **Pro|gres|sis|mus**, der; - ([übertriebene] Fortschrittlichkeit); **Pro|gres|sist**, der; -en, -en; ↑R 197; **pro|gres|si|stisch**; **pro|gres|siv** ‹franz.› (stufenweise fortschreitend, sich entwickelnd; fortschrittlich); **Pro|gres|si|vist** [...ˈvist], der; -en, -en (↑R 197); **Pro|gres|siv|steu|er** [...f...], die (*Wirtsch.*)
Pro|gym|na|si|um, das; -s, ...ien [...iən] (Gymnasium ohne Oberstufe)
pro|hi|bie|ren ‹lat.› (*veraltet für* verhindern; verbieten); **Pro|hi|bi|ti|on**, die; -, -en (Verbot, bes. von Alkoholherstellung u. -abgabe); **Pro|hi|bi|tio|nist**, der; -en, -en (↑R 197, R 180); **pro|hi|bi|tiv** (verhindernd, abhaltend, vorbeugend); **Pro|hi|bi|tiv‿maß|re|gel**, **...zoll** (Sperr-, Schutzzoll)
Pro|jekt, das; -[e]s, -e ‹lat.› (Plan[ung], Entwurf, Vorhaben); **Pro|jek|tant**, der; -en, -en; ↑R 197 (Planer); **Pro|jek|te[n]|ma|cher**; **Pro|jekt|grup|pe** (Arbeitsgruppe, die sich für ein be-

stimmtes Projekt einsetzt); **pro|jek|tie|ren; Pro|jek|tie|rung; Pro|jek|til,** das; -s, -e ‹franz.› (Geschoß); **Pro|jek|ti|on,** die; -, -en ‹lat.› (Darstellung auf einer Fläche; Vorführung mit dem Bildwerfer); **Pro|jek|ti|ons_ap|pa|rat** (Bildwerfer), **...ebe|ne** *(Math.),* **...lam|pe, ...schirm, ...ver|fah|ren, ...wand; Pro|jek|tor,** der; -s, ...oren (Bildwerfer); **pro|ji|zie|ren** (auf einer Fläche darstellen; mit dem Projektor vorführen); **Pro|ji|zie|rung**

Pro|kla|ma|ti|on, die; -, -en ‹lat.› (amtl. Bekanntmachung, Verkündigung; Aufruf); **pro|kla|mie|ren; Pro|kla|mie|rung**

Pro|kli|se, Pro|kli|sis, die; -, ...kli-sen ‹griech.› (*Sprachw.* Anlehnung eines unbetonten Wortes an das folgende betonte; *Ggs.* Enklise); **Pro|kli|ti|kon,** das; -s, ...ka (unbetontes Wort, das sich an das folgende betonte anlehnt, z. B. „und 's Mädchen [= und das Mädchen] sprach"); **pro|kli|tisch**

Pro|ko|fjew [...jɛf], Sergei [sjɛr'gjei] (russ. Komponist)

pro|kom|mu|ni|stisch (dem Kommunismus zuneigend)

Pro|kon|sul, der; -s, -n ‹lat.› (gewesener Konsul; Statthalter einer röm. Provinz); **Pro|kon|su|lat,** das; -[e]s, -e (Amt des Prokonsuls; Statthalterschaft)

Pro|kop, Pro|ko|pi|us (byzant. Geschichtsschreiber)

pro Kopf; Pro-Kopf-Ver|brauch (↑R 41)

Pro|kru|stes (Gestalt der griech. Sage); **Pro|kru|stes|bett,** das; -[e]s; ↑R 135 (Schema, in das jmd. od. etwas hineingezwängt wird)

Prokt|al|gie, die; -, ...ien ‹griech.› (*Med.* neuralg. Schmerzen in After u. Mastdarm); **Prok|ti|tis,** die; -, ...itiden (Mastdarmentzündung); **Prok|to|lo|ge,** der; -n, -n; ↑R 197 (Facharzt für Erkrankungen im Bereich des Mastdarms); **Prok|to|lo|gie,** die; -; **prok|to|lo|gisch; Prok|to|spas|mus,** der; -, ...men (Krampf des Afterschließmuskels); **Prok|to|sta|se,** die; - (Kotzurückhaltung im Mastdarm)

Pro|ku|ra, die; -, ...ren ‹lat.-ital.› (Handlungsvollmacht; Recht, den Geschäftsinhaber zu vertreten); in Prokura; *vgl.* per procura; **Pro|ku|ra|ti|on,** die; -, -en (Stellvertretung durch einen Bevollmächtigten; Vollmacht); **Pro|ku|ra|tor,** der; -s, ...oren (Statthalter einer röm. Provinz; hoher Staatsbeamter der Republik Venedig; bevollmächtigter Vertreter einer Person im kath. kirchl. Prozeß; Wirtschafter eines Klosters); **Pro|ku|rist,** der; -en, -en; ↑R 197 (Inhaber einer Prokura); **Pro|ku|ri|sten|stel|le; Pro|ku|ri|stin**

Pro|ky|on, der; -[s] ‹griech.› (ein Stern)

Pro|laps, der; -es, -e ‹lat.› *u.* **Pro|lap|sus,** der; -, - [...su:s] (*Med.* Vorfall, Heraustreten von inneren Organen)

Pro|le|go|me|na [*auch* ...'gɔ...] *Plur.* ‹griech.› (einleitende Vorbemerkungen usw.)

Pro|lep|se, Pro|lep|sis [*auch* 'pro:...], die; -, ...lepsen ‹griech.› (*Rhet.* Vorwegnahme eines Satzgliedes); **pro|lep|tisch** (vorgreifend; vorwegnehmend)

Pro|let, der; -en, -en (↑R 197) ‹lat.› (*veraltet für* Proletarier; *abwertend für* ungebildeter, ungehobelter Mensch); **Pro|le|ta|ri|at,** das; -[e]s, -e (Gesamtheit der Proletarier); **Pro|le|ta|ri|er** [...iər], der; -s, - (Angehöriger der wirtschaftlich unselbständigen, besitzlosen Klasse); **Pro|le|ta|ri|er_kind, ...vier|tel; pro|le|ta|risch; pro|le|ta|ri|sie|ren** (zu Proletariern machen); **Pro|le|ta|ri|sie|rung,** die; -; **Pro|let|kult,** der; -[e]s (von der russ. Oktoberrevolution ausgehende kulturrevolutionäre Bewegung der 20er Jahre)

[1]Pro|li|fe|ra|ti|on, die; -, -en ‹lat.› (*Med.* Sprossung, Wucherung); **[2]Pro|li|fe|ra|tion** [pro:lifə're:ʃ(ə)n], die; - ‹engl.-amerik.› (Weitergabe von Atomwaffen od. Mitteln zu ihrer Herstellung); **pro|li|fe|rie|ren** ‹lat.› (*Med.* sprossen, wuchern)

Pro|log, der; -[e]s, -e ‹griech.› (Einleitung; Vorwort, -spiel, -rede; *Radsport* Rennen zum Auftakt einer Etappenfahrt)

Pro|lon|ga|ti|on, die; -, -en ‹lat.› (*Wirtsch.* Verlängerung [einer Frist, bes. einer Kreditfrist], Aufschub, Stundung); **Pro|lon|ga|ti|ons_ge|schäft, ...wech|sel; pro|lon|gie|ren** (verlängern; stunden); **Pro|lon|gie|rung**

pro me|mo|ria ‹lat.› (zum Gedächtnis; *Abk.* p. m.); **Pro|me|mo|ria,** das; -s, *Plur.* ...ien [...iən] *u.* -s (*veraltet für* Denkschrift; Merkzettel)

Pro|me|na|de, die; -, -n ‹franz.› (Spazierweg; Spaziergang); *Schreibung in Straßennamen:* ↑R 190 ff.; **Pro|me|na|den_deck** (auf Schiffen), **...kon|zert, ...mi|schung** (*ugs. scherzh. für* nicht reinrassiger Hund), **...weg; pro|me|nie|ren** (spazierengehen)

Pro|mes|se, die; -, -n ‹franz.› (*Rechtsspr.* Schuldverschreibung; Urkunde, in der eine Leistung versprochen wird); **Pro|mes|sen|ge|schäft**

pro|me|the|isch ‹griech.›; ↑R 134 (*auch für* himmelstürmend); -es Ringen; **Pro|me|theus** [...tɔys] (griech. Sagengestalt); **Pro|me|thi|um,** das; -s (chem. Element, Metall; *Zeichen* Pm)

pro mil|le ‹lat.› (für tausend, für das Tausend, vom Tausend; *Abk.* p. m., v. T.; *Zeichen* ‰); **Pro|mil|le,** das; -[s], - (Tausendstel); 2 - (↑R 129); **Pro|mil|le_gren|ze, ...satz** (Vomtausendsatz)

pro|mi|nent; -este ‹lat.› (hervorragend, bedeutend, maßgebend); **Pro|mi|nen|te,** der *u.* die; -n, -n; ↑R 7 ff. (hervorragende, bedeutende, bekannte Persönlichkeit); **Pro|mi|nenz,** die; - (Gesamtheit der Prominenten; *veraltet für* [hervorragende] Bedeutung); **Pro|mi|nen|zen** *Plur.* (hervorragende Persönlichkeiten)

Pro|mis|kui|tät, die; - ‹lat., „Vermischung"› (Geschlechtsverkehr mit häufig wechselnden Partnern); **pro|mis|kui|tiv**

pro|mis|so|risch ‹lat.› (*Rechtsspr. veraltet für* versprechend); -er Eid (vor der Aussage geleisteter Eid)

Pro|mo|ter [prə'mo:tə(r)], der; -s, - ‹engl.› (Veranstalter von Berufssportwettkämpfen); **[1]Pro|mo|ti|on** [pro...], die; -, -en ‹lat.› (Erlangung, Verleihung der Doktorwürde); - sub auspiciis [praesidentis] (*österr. für* Ehrenpromotion in Anwesenheit des Bundespräsidenten); **[2]Pro|mo|tion** [prə'mo:ʃən], die; - ‹amerik.› (*Wirtsch.* Absatzförderung durch gezielte Werbemaßnahmen); **Pro|mo|tor** [pro...], der; -s, ...oren ‹lat.› (Förderer, Manager); **Pro|mo|vend** [...v...], der; -en, -en (jmd., der die Doktorwürde anstrebt); **pro|mo|vie|ren** (die Doktorwürde erlangen, verleihen); ich habe promoviert; ich bin [von der ... Fakultät zum Doktor ...] promoviert worden

prompt; -este ‹lat.› (unverzüglich; schlagfertig; pünktlich; sofort; rasch); -e (schnelle) Bedienung; **Prompt|heit,** die; -

Pro|mul|ga|ti|on, die; -, -en ‹lat.› (*veraltend für* Verbreitung, Veröffentlichung [eines Gesetzes]); **pro|mul|gie|ren**

Pro|no|men, das; -s, *Plur.* -, *älter* ...mina ‹lat.› (*Sprachw.* Fürwort, z. B. „ich, mein"); **pro|no|mi|nal** (fürwörtlich); **Pro|no|mi|nal|ad|jek|tiv** (unbestimmtes Für- od. Zahlwort, nach dem das folgende [substantivisch gebrauchte] Adjektiv wie nach einem Pronomen oder wie nach einem Adjektiv gebeugt wird, z. B. „manche": „manche geeignete, *auch noch* geeigneten Einrichtungen"); **Pro|no|mi|nal|ad|verb** (Adverb, das für eine Fügung aus Präposition u. Pronomen steht, z. B. „darüber" = „über das" od. „über es")

pro|non|cie|ren [...nɔ̃'si:...] ‹franz.› (*veraltet für* deutlich aussprechen; scharf betonen); **pro|non|ciert**; -este

Pro|ö|mi|um, das; -s, ...ien [...iən] ‹griech.› (Vorrede; Einleitung)

Pro|pä|deu|tik, die; -, -en ‹griech.› (Einführung in die Vorkenntnisse, die zu einem Studium gehören); **Pro|pä|deu|ti|kum**, das; -s, ...ka (*schweiz. für* medizin. Vorprüfung); **pro|pä|deu|tisch**

Pro|pa|gan|da, die; - ‹lat.› (Werbung für polit. Grundsätze, kulturelle Belange od. wirtschaftl. Zwecke); **Pro|pa|gan|da‿ap|pa|rat, ...chef, ...feld|zug, ...film, ...lü|ge, ...ma|te|ri|al, ...schrift, ...sen|dung; pro|pa|gan|da|wirk|sam; Pro|pa|gan|dist**, der; -en, -en; ↑R 197 (jmd., der Propaganda treibt, Werber); **Pro|pa|gan|di|stin; pro|pa|gan|di|stisch; Pro|pa|ga|tor**, der; -s, ...oren (jmd., der etwas propagiert); **pro|pa|gie|ren** (verbreiten, werben für etwas); **Pro|pa|gie|rung**

Pro|pan, das; -s ‹griech.› (ein Brenn-, Treibgas); **Pro|pan|gas**, das; -es

Pro|par|oxy|to|non, das; -s, ...tona ‹griech.› (*Sprachw.* auf der drittletzten, kurzen Silbe betontes Wort)

Pro|pel|ler, der; -s, - ‹engl.› (Antriebsschraube bei [Luft]fahrzeugen; Schiffsschraube); **Pro|pel|ler‿an|trieb, ...flug|zeug, ...tur|bi|ne**

Pro|pen *vgl.* Propylen

pro|per, pro|pre ‹franz.› (sauber, ordentlich); **Pro|per|ge|schäft** (*Wirtsch.* Geschäft für eigene Rechnung)

Pro|pe|ri|spo|me|non, das; -s, ...mena ‹griech.› (*Sprachw.* auf der vorletzten, langen Silbe betontes Wort)

Pro|pha|se, die; -, -n ‹griech.› (*Biol.* erste Phase der indirekten Zellkernteilung)

Pro|phet, der; -en, -en (↑R 197) ‹griech.› (Weissager, Seher; Mahner); ein falscher -; ein guter -, aber (↑R 157): die Großen Propheten (z. B. Jesaja), die Kleinen Propheten (z. B. Hosea); **Pro|phe|ten|ga|be**, die; -; **Pro|phe|tie**, die; -, ...ien (Weissagung); **Pro|phe|tin; pro|phe|tisch**; -ste (seherisch, weissagend, vorausschauend); **pro|phe|zei|en** (weis-, voraussagen); er hat prophezeit; **Pro|phe|zei|ung**

Pro|phy|lak|ti|kum, das; -s, ...ka ‹griech.› (*Med.* vorbeugendes Mittel); **pro|phy|lak|tisch** (vorbeugend, verhütend); **Pro|phy|la|xe**, die; -, -n (Maßnahme[n] zur Vorbeugung, [Krankheits]verhütung)

Pro|po|nent, der; -en, -en (↑R 197) ‹lat.› (*veraltet für* Antragsteller); **pro|po|nie|ren**

Pro|pon|tis, die; - ‹griech.› (Marmarameer)

Pro|por|ti|on, die; -, -en ‹lat.› ([Größen]verhältnis; *Math.* Verhältnisgleichung); **pro|por|tio|nal**; ↑R 180 (verhältnismäßig; in gleichem Verhältnis stehend; entsprechend); **Pro|por|tio|na|le**, die; -, -n; ↑R 180 (*Math.* Glied einer Verhältnisgleichung); drei -[n]; mittlere -; **Pro|por|tio|na|li|tät**, die; -, -en; ↑R 180 (Verhältnismäßigkeit, proportionales Verhältnis); **Pro|por|tio|nal|wahl**; ↑R 180 (Verhältniswahl); **pro|por|tio|nell**; ↑R 180 (*österr. für* dem Proporz entsprechend); **pro|por|tio|niert**; ↑R 180 (bestimmte Proportionen aufweisend); gut, schlecht -; **Pro|por|tio|niert|heit**, die; - (↑R 180); **Pro|por|ti|ons|glei|chung** (*Math.*); **Pro|porz**, der; -es, -e (Verteilung von Sitzen u. Ämtern nach dem Stimmenverhältnis bzw. dem Verhältnis der Partei- oder Konfessionszugehörigkeit; *bes. österr. u. schweiz. für* Verhältniswahlsystem); **Pro|porz‿den|ken, ...wahl** (Verhältniswahl)

Pro|po|si|ti|on, die; -, -en ‹lat.› (Ausschreibung bei Pferderennen; *veraltet für* Vorschlag, Antrag; *Sprachw.* Satzinhalt); **Pro|po|si|tum**, das; -s, ...ta (*veraltet für* Äußerung, Rede)

Prop|pen, der; -s, - (*nordd. für* Pfropfen); **prop|pen|voll** (*ugs. für* ganz voll; übervoll)

Pro|prä|tor, der; -s, ...oren (röm. Provinzstatthalter, der vorher Prätor war)

pro|pre *vgl.* proper; **Pro|pre|ge|schäft** *vgl.* Propergeschäft; **Pro|pre|tät**, die; - ‹franz.› (*veraltet, aber noch landsch. für* Reinlichkeit, Sauberkeit); **Pro|prie|tär** [...priɪe...], der; -s, -e; ↑R 180 (*veraltet für* Eigentümer); **Pro|prie|tät**, die; -, -en; ↑R 180 (*veraltet für* Eigentum[srecht]); **Pro|prie|täts|recht** (↑R 180); **Pro|pri|um** [*auch* 'prɔ...], das; -s ‹lat.› (*Psych.* Identität, Selbstgefühl; *kath. Kirche* die wechselnden Texte u. Gesänge der Messe)

Propst, der; -[e]s, Pröpste ‹lat.› (Kloster-, Stiftsvorsteher; Superintendent); **Prop|stei**, die; -, -en (Amt[ssitz], Sprengel, Wohnung eines Propstes); **Pröp|stin**

Pro|pusk [*auch* ...'pusk], der; -s, -e ‹russ.› (*russ. Bez. für* Passierschein, Ausweis)

Pro|py|lä|en *Plur.* ‹griech.› (Vorhalle griech. Tempel)

Pro|py|len, Pro|pen, das; -s ‹griech.› (ein gasförmiger ungesättigter Kohlenwasserstoff)

Pro|rek|tor, der; -s, ...oren ‹lat.› (Stellvertreter des Rektors); **Pro|rek|to|rat**, das; -[e]s, -e (Amt u. Würde eines Prorektors)

Pro|ro|ga|ti|on, die; -, -en ‹lat.› (*veraltet für* Aufschub, Verlängerung); **pro|ro|ga|tiv** (aufschiebend); **pro|ro|gie|ren**

Pro|sa, die; - ‹lat.› (Rede [Schrift] in ungebundener Form; *übertr. für* Nüchternheit); gereimte -; **Pro|sa|dich|tung; Pro|sai|ker**; ↑R 180 (nüchterner Mensch; *älter für* Prosaist); **pro|sa|isch**; -ste (in Prosa [abgefaßt]; *übertr. für* nüchtern); **Pro|sa|ist**, der; -en, -en; ↑R 197 (Prosa schreibender Schriftsteller); **Pro|sai|stin** (↑R 180); **Pro|sa‿schrift|stel|ler, ...werk**

Pro|sek|tor [*auch* ...'zɛk...], der; -s, ...oren ‹lat.› (Arzt, der Sektionen durchführt; Leiter der Prosektur); **Pro|sek|tur**, die; -, -en (Abteilung eines Krankenhauses, in der Sektionen durchgeführt werden)

Pro|se|ku|ti|on, die; -, -en ‹lat.› (*Rechtsw. selten für* Strafverfolgung); **Pro|se|ku|tor**, der; -s, ...oren (*Rechtsw. selten für* Staatsanwalt [als Ankläger])

Pro|se|lyt, der; -en, -en (↑R 197) ‹griech.› (*im Altertum* ein zum Judentum übergetretener Heide; Neubekehrter); **Pro|se|ly|ten‿ma|cher, ...ma|che|rei** (*abwertend*)

Pro|se|mi|nar, das; -s, -e ‹lat.› (Seminar, Übung für Studienanfänger)

Pro|ser|pi|na (*lat. Form von* Persephone)

pro|sit!, prost! ‹lat.› (wohl bekomm's!); pros[i]t Neujahr!; pros[i]t allerseits!; prost Mahlzeit! (*ugs.*); **Pro|sit**, das; -s, -s *u.* Prost, das; -[e]s, -e (Zutrunk); ein - der Gemütlichkeit!

pro|skri|bie|ren ‹lat.› (ächten); **Pro|skrip|ti|on**, die; -, -en (Ächtung)

Pros|odie, die; -, ...ien ‹griech.› (Silbenmessung[slehre]; Lehre von der metrisch-rhythmischen Behandlung der Sprache); **Pros|odik,** die; -, -en (*seltener für* Prosodie); **pros|odisch**

pro|so|wje|tisch [*auch* 'pro:...] (sich für die Sowjetunion einsetzend)

Pro|spekt, der, *österr. auch* das; -[e]s, -e ‹lat.› (Werbeschrift; Ansicht [von Gebäuden, Straßen u. a.]; *russ. Bez. für* lange, breite [Haupt]straße; Bühnenhintergrund; Pfeifengehäuse der Orgel; *Wirtsch.* allgemeine Darlegung der Lage eines Unternehmens); **pro|spek|tie|ren; Pro|spek|tie|rung, Pro|spek|ti|on,** die; -, -en (Erkundung nutzbarer Bodenschätze; *Wirtsch.* Drucksachenwerbung); **pro|spek|tiv** (der Aussicht, Möglichkeit nach); **Pro|spek|tor,** der; -s, ...oren (jmd., der Bodenschätze erkundet)

pro|spe|rie|ren ‹lat.› (gedeihen, vorankommen); **Pro|spe|ri|tät,** die; - (Wohlstand, wirtschaftl. Aufschwung, [Wirtschafts]blüte)

Pro|sper|mie, die; -, ...ien ‹griech.› (*Med.* vorzeitiger Samenerguß)

prost! *vgl.* prosit!; **Prost** *vgl.* Prosit

Pro|sta|ta, die; -, ...tae [...tɛ:] ‹griech.-lat.› (Vorsteherdrüse); **Pro|sta|ti|ker** (*Med.* jmd., der an einer übermäßigen Vergrößerung der Prostata leidet); **Pro|sta|ti|tis,** die; -, ...itiden (Entzündung der Prostata)

pro|sten; prö|ster|chen! *(ugs.);* **Prö|ster|chen**

pro|sti|tu|ie|ren ‹lat.› (herabwürdigen); sich - (sich preisgeben); **Pro|sti|tu|ier|te,** die; -n, -n; ↑R 7 ff. (Frau, die Prostitution betreibt); **Pro|sti|tu|ti|on,** die; - ‹franz.› (gewerbsmäßige Ausübung sexueller Handlungen; Herabwürdigung)

Pro|stra|ti|on, die; -, -en ‹lat.› (*kath. Kirche* Niederwerfung, Fußfall; *Med.* hochgradige Erschöpfung)

Pro|sze|ni|um, das; -s, ...ien [...i̯ən] ‹griech.› (vorderster Teil der Bühne, Vorbühne); **Pro|sze|ni|ums|lo|ge** (Bühnenloge)

prot. = protestantisch

Prot|ac|ti|ni|um, das; -s ‹griech.› (radioaktives chem. Element, Metall; *Zeichen* Pa)

Prot|ago|nist, der; -en, -en (↑R 197) ‹griech.› (*altgriech. Theater* erster Schauspieler; zentrale Gestalt; Vorkämpfer); **Prot|ago|ni|stin** (zentrale Gestalt; Vorkämpferin)

Prot|ak|ti|ni|um *vgl.* Protactinium

Pro|te|gé [...'ʒe:], der; -s, -s ‹franz.› (Günstling; Schützling); **pro|te|gie|ren** [...'ʒi:...]

Pro|te|id, das; -[e]s, -e ‹griech.› (mit anderen chem. Verbindungen zusammengesetzter Eiweißkörper); **Pro|te|in,** das; -s, -e (vorwiegend aus Aminosäuren aufgebauter Eiweißkörper)

pro|te|isch (in der Art des [1]Proteus, wandelbar, unzuverlässig)

Pro|tek|ti|on, die; -, -en ‹lat.› (Gönnerschaft; Förderung; Schutz); **Pro|tek|tio|nis|mus,** der; -; ↑R 180 (Politik, die z. B. durch Schutzzölle die inländische Wirtschaft begünstigt); **Pro|tek|tio|nist,** der; -en, -en (↑R 197; R 180); **pro|tek|tio|ni|stisch; Pro|tek|tor,** der; -s, ...oren (Beschützer; Förderer; Schutz-, Schirmherr; Ehrenvorsitzender); **Pro|tek|to|rat,** das; -[e]s, -e (Schirmherrschaft; Schutzherrschaft; das unter Schutzherrschaft stehende Gebiet)

Pro|te|ro|zoi|kum, das; -s ‹griech.› (*Geol.* Abschnitt der erdgeschichtl. Frühzeit)

Pro|test, der; -[e]s, -e ‹lat.-ital.› (Einspruch; Mißfallensbekundung; *Wirtsch.* [beurkundete] Verweigerung der Annahme od. der Zahlung eines Wechsels od. Schecks); zu - gehen (von Wechseln); **Pro|test|ak|ti|on; Pro|te|stant,** der; -en, -en (↑R 197) ‹lat.› (Angehöriger des Protestantismus); **Pro|te|stan|tin; pro|te|stan|tisch** (*Abk.* prot.); **Pro|te|stan|tis|mus,** der; - (Gesamtheit der auf die Reformation zurückgehenden ev. Kirchengemeinschaften); **Pro|te|sta|ti|on,** die; -, -en (*veraltet für* Protest); **Pro|test_be|we|gung, ...de|mon|stra|ti|on, ...hal|tung; pro|te|stie|ren** (Einspruch erheben, Verwahrung einlegen); einen Wechsel - (*Wirtsch.* Nichtzahlung od. Nichtannahme eines rechtzeitig vorgelegten Wechsels beurkunden [lassen]); **Pro|test|kund|ge|bung; Pro|test|ler** *(ugs.);* **Pro|test_marsch** (der), **...no|te, ...re|so|lu|ti|on, ...ruf, ...sän|ger, ...sän|ge|rin, ...schrei|ben, ...song, ...streik, ...sturm, ...ver|samm|lung, ...wäh|ler, ...wel|le**

[1]Pro|teus [...tɔʏs] (verwandlungsfähiger griech. Meergott); **[2]Pro|teus,** der; -, - (Mensch, der leicht seine Gesinnung ändert); **pro|teus|haft**

Prot|evan|ge|li|um *vgl.* Protoevangelium

Pro|the|se, die; -, -n ‹griech.› (künstlicher Ersatz eines fehlenden Körperteils; Zahnersatz; *Sprachw.* Bildung eines neuen Lautes am Wortanfang); **Pro|the|sen|trä|ger; Pro|the|tik,** die; - (Wissenschaftsbereich, der sich mit der Entwicklung u. Herstellung von Prothesen befaßt); **pro|the|tisch**

Pro|tist, der; -en, -en (↑R 197) ‹griech.› (*Biol.* Einzeller)

Pro|to|evan|ge|li|um, das; -s ‹griech.› (*kath. Kirche* erste Verkündigung des Erlösers [1. Mose, 3, 15])

pro|to|gen ‹griech.› (*Geol.* am Fundort entstanden [von Erzlagern])

Pro|to|koll, das; -s, -e ‹griech.› (förml. Niederschrift, Tagungsbericht; Beurkundung einer Aussage, Verhandlung u. a.; *nur Sing.:* Gesamtheit der im diplomat. Verkehr gebräuchl. Formen); zu - geben; **Pro|to|koll|ab|tei|lung; Pro|to|kol|lant,** der; -en, -en; ↑R 197 ([Sitzungs]-schriftführer); **Pro|to|kol|lan|tin; pro|to|kol|la|risch** (durch Protokoll festgestellt, festgelegt); **Pro|to|koll_be|am|te, ...chef, ...füh|rer** (Schriftführer); **pro|to|kol|lie|ren** (ein Protokoll aufnehmen; beurkunden); **Pro|to|kol|lie|rung**

Pro|ton, das; -s, ...onen ‹griech.› (*Kernphysik* stabiles, positiv geladenes Elementarteilchen als Baustein des Atomkerns); **Pro|to|nen|be|schleu|ni|ger; Pro|to|no|tar,** der; -s, -e ‹griech.; lat.› (Notar der päpstl. Kanzlei; *auch* Ehrentitel); **Pro|to|phy|te,** die; -, -n ‹griech.› *u.* **Pro|to|phy|ton,** das; -s, ...yten *meist Plur.* (*Bot.* einzellige Pflanze); **Pro|to|plas|ma,** das; -s (*Biol.* Lebenssubstanz aller pflanzl., tier. u. menschl. Zellen); **Pro|to|typ** [*selten* ...'ty:p], der; -s, -en (Muster; Urbild; Inbegriff); **pro|to|ty|pisch; Pro|to|zo|on,** das; -s, ...zoen *meist Plur.* (*Biol.* Urtierchen)

pro|tra|hie|ren ‹lat.› (*Med.* verzögern)

Pro|tu|be|ranz, die; -, -en *meist Plur.* ‹lat.› (aus dem Sonneninnern ausströmende glühende Gasmasse; *Med.* stumpfer Vorsprung an Organen, bes. an Knochen)

Protz, der; *Gen.* -es, *älter* -en, *Plur.* -e, *älter* -en; ↑R 197 (*ugs. für* Angeber; *landsch. für* Kröte)

Prot|ze, die; -, -n ‹ital.› (*früher* Vorderwagen von Geschützen u. a.)

prot|zen *(ugs.);* du protzt; **prot|zen|haft;** -este; **Prot|zen|haf|tig|keit,** die; -; **Prot|zen|tum,** das; -s; **Prot|ze|rei; Prot|zer|tum**

(*svw.* Protzentum); **protzig; Protzigkeit**
Protz_kasten, ...wagen *(Milit. früher)*
Proust [pru:st] (franz. Schriftsteller)
Prov. = Provinz
Provence [...'vã:s], die; - (franz. Landschaft)
Provenienz [...v...], die; -, -en ‹lat.› (Herkunft, Ursprung)
Provenzale [...v...], der; -n, -n; ↑R 197 (Bewohner der Provence); **Provenzalin; provenzalisch**
Proverb [...v...], das; -s, -en ‹lat.› *u.* Proverbium, das; -s, ...ien [...iən] (*veraltet für* Sprichwort); **proverbial, proverbialisch** (↑R 180), **proverbiell** (*veraltet für* sprichwörtlich)
Proviant [...v...], der; -s, -e *Plur. selten* ‹ital. *u.* franz.› ([Mund]vorrat; Wegzehrung; Verpflegung); **proviantieren** (*veraltet für* verproviantieren); **Proviantwagen**
Provinz [...v...], die; -, -en ‹lat.› (Land[esteil]; größeres staatliches od. kirchliches Verwaltungsgebiet; das Land im Gegensatz zur Hauptstadt; *abwertend für* [kulturell] rückständige Gegend; *Abk.* Prov.); **Provinz_bewohner, ...bühne; Provinzial**, der; -s, -e (*kath. Kirche* Vorsteher einer Ordensprovinz); **Provinziale**, der; -n, -n; ↑R 197; ↑R 180 (*veraltet für* Provinzbewohner); **provinzialisieren** (↑R 180); **Provinzialismus**, der; -, ...men; ↑R 180 (*Sprachw.* [auf eine Landschaft beschränkter] vom hochsprachl. Wortschatz abweichender Ausdruck; *nur Sing.: abwertend für* provinzielles Denken, Verhalten); **provinziell** ‹franz.› (die Provinz betreffend; landschaftlich; mundartlich; *abwertend für* hinterwäldlerisch); **Provinzler** (*abwertend für* Provinzbewohner; [kulturell] rückständiger Mensch); **provinzlerisch; Provinz_nest** *(abwertend)*, **...stadt, ...theater**
Provision [...v...], die; -, -en ‹ital.› (Vergütung [für Geschäftsbesorgung], [Vermittlungs]gebühr); **Provisionsbasis;** *meist in* auf - [arbeiten]; **provisionsfrei; Provisionsreisende; Provisor**, der; -s, ...oren ‹lat.› (*früher* erster Gehilfe des Apothekers; *österr. für* als Vertreter amtierender Geistlicher); **provisorisch** (vorläufig); **Provisorium**, das; -s, ...ien [...iən] (vorläufige Einrichtung; Übergangslösung)
Provitamin [...v...], das; -s, -e (Vorstufe eines Vitamins)
Provo [...v...], der; -s, -s ‹lat.-niederl.› (Vertreter einer [1965 in Amsterdam entstandenen] antibürgerlichen Protestbewegung); **provokant**; -este ‹lat.› (provozierend); **Provokateur** [...'tø:r], der; -s, -e ‹franz.› (jmd., der provoziert); **Provokation**, die; -, -en (Herausforderung; Aufreizung); **provokativ, provokatorisch** (herausfordernd); **provozieren** (herausfordern, reizen; auslösen); **Provozierung**
proximal ‹lat.› (*Med.* der [Körper]mitte zu gelegen)
Prozedere *vgl.* Procedere; **prozedieren** ‹lat.› (*veraltet für* zu Werke gehen, verfahren); **Prozedur**, die; -, -en (Verfahren, [schwierige, unangenehme] Behandlungsweise)
Prozent, das; -[e]s, -e ‹ital.› ([Zinsen, Gewinn] vom Hundert, Hundertstel; *Abk.* p.c., v.H.; *Zeichen* %); 5 - (↑R 129) *od.* 5%; *vgl.* Fünfprozentklausel; **...prozentig** (z.B. fünfprozentig [*mit Ziffer* 5prozentig]; 5%ige *od.* 5%-Anleihe usw.); **prozentisch** *vgl.* prozentual; **Prozent_kurs** *(Börse)*, **...punkt** (Prozent [als Differenz zweier Prozentzahlen]), **...rechnung** (die; -), **...satz** (Hundertsatz, Vomhundertsatz), **...spanne** *(Wirtsch.)*; **prozentual**, *österr.* prozentuell (im Verhältnis zum Hundert, in Prozenten ausgedrückt); an einem Unternehmen - beteiligt sein (einen in Prozenten festgelegten Anteil vom Reinertrag erhalten); **prozentualiter**; ↑R 180 (*veraltet für* prozentual); **prozentuell** *vgl.* prozentual; **prozentuieren** (in Prozenten ausdrücken); **Prozentwert**
Prozeß, der; ...zesses, ...zesse ‹lat.› (Vorgang, [Arbeits]verlauf, Ablauf; Verfahren; Entwicklung; gerichtl. Durchführung von Rechtsstreitigkeiten); **Prozeß_akte, ...bericht; Prozeßbeteiligte**, der *u.* die; -n, -n (↑R 7ff.); **prozeßbevollmächtigt; Prozeßbevollmächtigte**, der *u.* die; -n, -n (↑R 7ff.); **prozeßfähig; Prozeßfähigkeit**, die; -; **prozeßführend**; die -en Parteien; **Prozeßführungsklausel** *(Versicherungswesen)*; **Prozeß_gegner, ...hansel** (der; -s, -[n]; *ugs. für* jmd., der bei jeder Gelegenheit prozessiert); **prozessieren** (einen Prozeß führen); **Prozession**, die; -, -en ([feierl. kirchl.] Umzug, Bitt- od. Dankgang); **Prozessions_kreuz** *(kath. Kirche)*, **...spinner** (ein Schmetterling); **Prozeßkosten** *Plur.*; **Prozessor**, der; -s, ...oren (zentraler Teil einer Datenverarbeitungsanlage); **Prozeß_ordnung, ...partei, ...rechner** (besonderer Computer für industrielle Fertigungsabläufe), **...recht** (das; -[e]s); **prozessual** (auf einen Rechtsstreit bezüglich); **Prozeß_verfahren, ...vergleich, ...verschleppung, ...vollmacht**
prozyklisch [*auch* ...'tsyk...] (*Wirtsch.* einem bestehenden Konjunkturzustand gemäß)
prüde ‹franz.› (zimperlich, spröde [in sittl.-erot. Beziehung])
Prudelei (*landsch. für* Pfuscherei); **prudelig**, prudlig (*landsch. für* unordentlich); **prudeln** (*für* pfuschen); ich ...[e]le (↑R 22)
Prudentia (w. Vorn.); **Prudentius** (christl.-lat. Dichter)
Prüderie, die; - ‹franz.› (Zimperlichkeit, Ziererei)
prudlig *vgl.* prudelig
Prüfautomat; prüfbar; Prüfbericht; prüfen; Prüfer; Prüferbilanz, Prüfungsbilanz; **Prüferin; Prüf_feld, ...gerät; Prüfling; Prüf_methode, ...norm, ...stand, ...stein; Prüfung**; mündliche, schriftliche -; **Prüfungs_angst, ...arbeit, ...aufgabe, ...bedingungen** *(Plur.)*, **...bilanz** (*vgl.* Prüferbilanz), **...fach, ...fahrt, ...frage, ...gebühr, ...kommission, ...ordnung, ...termin, ...unterlagen** *(Plur.)*, **...verfahren, ...vermerk, ...zeugnis; Prüf_verfahren, ...vorschrift**
[1]**Prügel**, der; -s, - (Stock); [2]**Prügel** *Plur.* (*ugs. für* Schläge); **Prügelei; Prügelknabe** (jmd., der an Stelle des Schuldigen bestraft wird); **prügeln**; ich ...[e]le (↑R 22); sich -; **Prügel_strafe, ...szene**
Prünelle, die; -, -n ‹franz.› (entsteinte, getrocknete Pflaume)
Prunk, der; -[e]s; **Prunk_bau** (*Plur.* ...bauten), **...bett; prunken; Prunk_gemach, ...gewand; prunkhaft**; -este; **prunkliebend**; -ste (↑R 209); **prunklos**; -este; **Prunklosigkeit**, die; -; **Prunk_saal, ...sessel, ...sitzung** (eine Karnevalsveranstaltung), **...stück, ...sucht** (die; -; *abwertend*); **prunk_süchtig, ...voll; Prunkwagen**
Pruntrut (Stadt im Kanton Jura; *franz.* Porrentruy)
Prurigo, die; -, Prurigines [...ne:s] *od.* der; -s -s ‹lat.› (*Med.* Juckflechte); **Pruritus**, der; - (Hautjucken)
prusten (stark schnauben)

Pruth, der; -[s] (l. Nebenfluß der Donau)

Pru|ze, der; -n, -n *meist Plur.* (*alte Bez. für* Preuße [Angehöriger eines zu den baltischen Völkern gehörenden Stammes])

Pry|ta|ne, der; -n, -n (↑R 197) ‹griech.› (Mitglied der in altgriech. Staaten regierenden Behörde); **Pry|ta|nei|on**, das; -s, ...eien *u.* **Pry|ta|ne|um**, das; -s, ...een (Versammlungshaus der Prytanen)

PS = Pferdestärke; Postskript[um]

Psa|li|gra|phie, die; - ‹griech.› (Kunst des Scherenschnittes); **psa|li|gra|phisch**

Psalm, der; -s, -en ‹griech.› (geistl. Lied); **Psal|men‿dich|ter, ...sän|ger**; **Psal|mist**, der; -en, -en; ↑R 197 (Psalmendichter, -sänger); **Psalm|odie**, die; -, ...ien (Psalmengesang); **psalm|odie|ren** (Psalmen vortragen; eintönig singen); **psalm|odisch** (psalmartig); **Psal|ter**, der; -s, - (Buch der Psalmen im A. T.; ein Saiteninstrument; *Zool.* Blättermagen der Wiederkäuer)

PSchA = Postscheckamt

pscht!, pst!

pseud..., pseu|do... ‹griech.› (falsch...); **Pseud...**, Pseu|do... (Falsch...); **Pseud|epi|gra|phen** *Plur.* (Schriften aus der Antike, die einem Autor fälschlich zugeschrieben wurden); **pseu|do...** usw. *vgl.* pseud... usw.; **Pseu|do|krupp** (*Med.* Anfall von Atemnot u. Husten bei Kehlkopfentzündung); **Pseu|do|lo|gie**, die; -, ...ien (*Med.* krankhaftes Lügen); **pseu|do|morph** (*Mineralogie* Pseudomorphose zeigend); **Pseu|do|mor|pho|se**, die; -, -n (*Mineralogie* [Auftreten eines] Mineral[s] in der Kristallform eines anderen Minerals); **pseud|onym** (unter einem Decknamen [verfaßt]); **Pseud|onym**, das; -s, -e (Deckname, Künstlername); **Pseu|do|po|di|um**, das; -s, ...ien [...i̯ən] (*Biol.* Scheinfüßchen mancher Einzeller); **pseu|do|wis|sen|schaft|lich**

PSF = Postschließfach

[1]**Psi**, das; -[s], -s (griech. Buchstabe: Ψ, ψ); [2]**Psi**, das; -[s] *meist ohne Artikel* (bestimmendes Element parapsychologischer Vorgänge)

Psi|lo|me|lan, der; -s, -e ‹griech.› (ein Manganerz)

Psi|phä|no|men ‹griech.› (parapsychol. Erscheinung)

Psit|ta|ko|se, die; -, -n ‹griech.› (*Med.* Papageienkrankheit)

Pso|ria|sis, die; -, ...iasen (↑R 180) ‹griech.› (*Med.* Schuppenflechte); **Pso|ria|ti|ker; Pso|ria|ti|ke|rin**

PS-stark (↑R 83 *u.* R 38)

pst!, pscht!

Psych|ago|ge, der; -n, -n ‹griech.› (↑R 197); **Psych|ago|gik**, die; - (pädagogisch-therapeutische Betreuung zum Abbau von Verhaltensstörungen o. ä.); **Psych|ago|gin**; [1]**Psy|che** ['psy:çe:] (*griech. Mythol.* Gattin des Eros); [2]**Psy|che**, die; -, -n (Seele; *österr. für* mit Spiegel versehene Frisiertoilette); **psy|che|de|lisch** (in einem [durch Rauschmittel hervorgerufenen] euphorischen, tranceartigen Gemützustand befindlich; Glücksgefühle hervorrufend); -e Mittel; **Psych|ia|ter**, der; -s, -; ↑R 180 (Facharzt für Psychiatrie); **Psych|ia|te|rin**; **Psych|ia|trie**, die; -, ...ien; ↑R 180 (*nur Sing.*: Lehre von den seelischen Störungen, von den Geisteskrankheiten; *ugs. für* psychiatrische Klinik); **psych|ia|trie|ren** (↑R 180); jmdn. - (*österr.* von einem Psychiater in bezug auf den Geisteszustand untersuchen lassen); **psych|ia|trisch** (↑R 180); **psy|chisch** (seelisch); eine -e Krankheit, Störung; die -e Gesundheit; **Psy|cho|ana|ly|se**, die; - (Verfahren zur Untersuchung u. Behandlung seelischer Störungen); **psy|cho|ana|ly|sie|ren**; **Psy|cho|ana|ly|ti|ker** (die Psychoanalyse vertretender od. anwendender Psychologe, Arzt); **Psy|cho|ana|ly|ti|ke|rin**; **psy|cho|ana|ly|tisch**; **Psy|cho|dia|gno|stik**, die; -; ↑R 180 (Lehre von den Methoden zur Erkenntnis u. Erforschung psychischer Besonderheiten); **Psy|cho|dra|ma**, das; -s, ...men; **psy|cho|gen** (seelisch bedingt); **Psy|cho|ge|ne|se**, **Psy|cho|ge|ne|sis** [*auch* ...'ge:...], die; -, ...nesen (Entstehung u. Entwicklung der Seele, des Seelenlebens [Forschungsgebiet der Entwicklungspsychologie]); **Psy|cho|gramm**, das; -s, -e (graph. Darstellung von Fähigkeiten u. Eigenschaften einer Persönlichkeit [z. B. in einem Koordinatensystem]; psychologische Persönlichkeitsstudie [im Fernsehen od. Film]); **Psy|cho|graph**, der; -en, -en; ↑R 197 (Gerät zum automat. Buchstabieren u. Niederschreiben angeblich aus dem Unbewußten stammender Aussagen); **psy|cho|id** (seelenartig, seelenähnlich); **Psy|cho|ki|ne|se**, die; - (parapsycholog. seel. Einflußnahme auf Bewegungsvorgänge ohne physikal. Ursache); **Psy|cho|kri|mi** (*ugs. kurz für* psychologischer Kriminalfilm, -roman); **Psy|cho|lin|gui|stik**, die; - (Wissenschaft von den psychischen Vorgängen bei Gebrauch und Erlernen der Sprache); **Psy|cho|lo|ge**, der; -n, -n (↑R 197); **Psy|cho|lo|gie**, die; - (Wissenschaft von den psych. Vorgängen); **Psy|cho|lo|gin**; **psy|cho|lo|gisch**; ein -er Roman; **psy|cho|lo|gi|sie|ren** (nach psychologischen Gesichtspunkten untersuchen od. darstellen); **Psy|cho|lo|gi|sie|rung**; **Psy|cho|lo|gis|mus**, der; - (Überbewertung der Psychologie als Grundwissenschaft einer Wissenschaft); **Psy|cho|man|tie**, die; - (*svw.* Nekromantie); **Psy|cho|me|trie**, die; - (Messung seel. Vorgänge; Hellsehen durch Betasten von Gegenständen); **Psy|cho|neu|ro|se**, die; -, -n (seel. bedingte Neurose); **Psy|cho|path**, der; -en, -en (↑R 197); **Psy|cho|pa|thie**, die; - (Abweichen des geistig-seel. Verhaltens von der Norm); **Psy|cho|pa|thin**; **psy|cho|pa|thisch**; **Psy|cho|pa|tho|lo|gie**, die; - (Lehre von krankhaften Erscheinungen u. deren Ursachen im Seelenleben; Lehre von den durch körperliche Krankheiten bedingten seelischen Störungen); **Psy|cho|phar|ma|kon**, das; -s, ...ka (auf die Psyche einwirkendes Arzneimittel); **Psy|cho|phy|sik**, die; - (Lehre von den Wechselbeziehungen des Physischen u. des Psychischen); **psy|cho|phy|sisch**; **Psy|cho|se**, die; -, -n (Seelenstörung; Geistes- od. Nervenkrankheit); **Psy|cho|so|ma|tik**, die; - (Wissenschaft von der Bedeutung seel. Vorgänge für Entstehung u. Verlauf körperl. Krankheiten); **psy|cho|so|ma|tisch**; **Psy|cho|ter|ror**, der; -s (Einschüchterung mit psychischen Mitteln); **Psy|cho|the|ra|peut**, der; -en, -en; ↑R 197 (Facharzt für Psychotherapie); **Psy|cho|the|ra|peu|tik**, die; - (Seelenheilkunde); **Psy|cho|the|ra|peu|tin**; **psy|cho|the|ra|peu|tisch**; **Psy|cho|the|ra|pie**, die; -, ...ien (seel. Heilbehandlung); **Psy|cho|thril|ler** (mit psychologischen Effekten spannend gemachter Kriminalfilm od. -roman); **psy|cho|tisch** (zur Psychose gehörend; geistes-, gemütskrank)

Psy|chro|me|ter [...çro...], das; -s, - ‹griech.› (*Meteor.* Luftfeuchtigkeitsmesser)

pt = Pint

Pt = *chem. Zeichen für* Platin

P. T. = pleno titulo

Pta = Peseta

PTA = pharmazeutisch-technische[r] Assistent[in]
Ptah (ägypt. Gott)
Pter|an|odon, das; -s, ...donten ‹griech.› (Flugsaurier der Kreidezeit); **Pte|ro|dak|ty|lus,** der; -, ...ylen (Flugsaurier des Juras); **Pte|ro|po|de,** die; -, -n *meist Plur.* (*Zool.* Ruderschnecke); **Pte|ro|sau|ri|er** [...iər] *meist Plur.* (urzeitliche Flugechse); **Pte|ry|gi|um,** das; -s, ...ia (*Zool.* Flug-, Schwimmhaut)
Pto|le|mä|er, der; -s, - (Angehöriger eines makedon. Herrschergeschlechtes im alten Ägypten); **pto|le|mä|isch** (↑R 134); das ptolemäische Weltsystem; **Pto|le|mä|us** (altägypt. Geograph, Astronom u. Mathematiker in Alexandria)
Pto|ma|in, das; -s, -e ‹griech.› (*Med.* Leichengift)
PTT (*schweiz. Abk. für* Post, Telefon, Telegraf)
Ptya|lin, das; -s ‹griech.› (Speichelenzym)
Pu = *chem. Zeichen für* Plutonium
Pub [pab], das, *auch* der; -s, -s ‹engl.› (Wirtshaus im engl. Stil, Bar)
pu|ber|tär ‹lat.› (mit der Geschlechtsreife zusammenhängend); **Pu|ber|tät,** die; - ([Zeit der eintretenden] Geschlechtsreife; Reifezeit); **Pu|ber|täts|zeit; pu|ber|tie|ren** (in die Pubertät eintreten, sich in ihr befinden); **Pu|bes|zenz,** die; - (*Med.* Geschlechtsreifung)
pu|bli|ce [...tse] ‹lat.› (öffentlich [von bestimmten Universitätsvorlesungen]); **Pu|bli|ci|ty** [pa'blisiti], die; - ‹engl.› (Öffentlichkeit; Reklame, [Bemühung um] öffentl. Aufsehen; öffentl. Verbreitung); **pu|bli|ci|ty|scheu; Public Re|la|tions** ['pablik ri'le:ʃ(ə)ns] *Plur.* ‹amerik.› (Öffentlichkeitsarbeit; Kontaktpflege; *Abk.* PR); **pu|blik** [pu...] ‹franz.› (öffentlich; offenkundig; allgemein bekannt); - machen, werden; **Pu|bli|ka|ti|on,** die; -, -en (Veröffentlichung; Schrift); **Pu|bli|ka|ti|ons₋mit|tel, ...or|gan; pu|bli|ka|ti|ons|reif; Pu|bli|ka|ti|ons|ver|bot; Pu|bli|kum,** das; -s ‹lat.› (teilnehmende Menschenmenge; Zuhörer-, Leser-, Besucher[schaft], Zuschauer[menge]; *auch für* die Umstehenden); das breite -; **Pu|bli|kums₋er|folg, ...ge|schmack, ...in|ter|es|se, ...lieb|ling, ...ver|kehr** (der; -s); **pu|bli|kums|wirk|sam; pu|bli|zie|ren** (veröffentlichen, herausgeben; *seltener für* publik machen, bekanntmachen); **pu|bli|zier|freu|dig; Pu|bli|zist,** der; -en, -en; ↑R 197 (polit. Schriftsteller; Tagesschriftsteller; Journalist); **Pu|bli|zi|stik,** die; -; **Pu|bli|zi|stin; pu|bli|zi|stisch; Pu|bli|zi|tät,** die; - (Öffentlichkeit, Bekanntheit)
p. u. c. = post urbem conditam
Puc|ci|ni [pu'tʃi:ni], Giacomo ['dʒa:komo] (ital. Komponist)
Puck, der; -s, -s ‹engl.› (Kobold; Hartgummischeibe beim Eishokkey)
puckern [*Trenn.* puk|kern] (*ugs. für* klopfen, stoßweise schlagen); eine -de Wunde
Pud, das; -, - ‹russ.› (altes russ. Gewicht); 5 - (↑R 129)
Pud|del|ei|sen ‹engl.; dt.› (*Hüttenw.*)
[1]**pud|deln** (*bes. westmitteld. für* jauchen; im Wasser planschen)
[2]**pud|deln** ‹engl.› (*Hüttenw.* aus Roheisen Schweißstahl gewinnen); ich ...[e]le (↑R 22); **Pud|del|ofen**
Pud|ding, der; -s, *Plur.* -e *u.* -s ‹engl.› (eine Süß-, Mehlspeise); **Pud|ding₋form, ...pul|ver**
Pu|del, der; -s, - (eine Hunderasse; *ugs. für* Fehlwurf [beim Kegeln]); **Pu|del|müt|ze; pu|deln** (*ugs. für* vorbeiwerfen [beim Kegeln]); ich ...[e]le (↑R 22); **pu|del₋nackt** (*ugs.*), **...naß** (*ugs.*), **...wohl** (*ugs.*); sich - fühlen
Pu|der, der, *ugs. auch* das; -s, - ‹franz.› (feines Pulver); **Pu|der|do|se; pu|de|rig,** pud|rig; **pu|dern;** ich ...ere (↑R 22); sich -; **Pu|der|qua|ste; Pu|de|rung; Pu|der|zucker,** der; -s [*Trenn.* ...zuk|ker]; **pud|rig** *vgl.* puderig
Pue|blo [pu'e:blo], der; -s, -s (↑R 180) ‹span.› (Dorf der Puebloindianer); **Pue|blo|in|dia|ner;** ↑R 180 (Angehöriger eines Indianerstammes im Südwesten Nordamerikas)
pue|ril [puˌe...] (↑R 180) ‹lat.› (knabenhaft; kindlich); **Pue|ri|li|tät,** die; -; ↑R 180 (kindliches, kindisches Wesen); **Pu|er|pe|ral|fie|ber,** das; -s (*Med.* Kindbettfieber); **Pu|er|pe|ri|um,** das; -s, ...ien [...iən] (*Med.* Wochenbett)
Pu|er|to|ri|ca|ner (Bewohner von Puerto Rico); **Pu|er|to|ri|ca|ne|rin; pu|er|to|ri|ca|nisch; Pu|er|to Ri|co** (Insel der Großen Antillen)
puff!; [1]**Puff,** der; -[e]s, -e (*veraltet, aber noch landsch. für* Bausch; *landsch. für* gepolsterter Wäschebehälter); [2]**Puff,** das; -[e]s (ein Brett- u. Würfelspiel); [3]**Puff,** der, *auch* das; -s, -s (*ugs. für* Bordell); [4]**Puff,** der; -[e]s, *Plur.* Püffe, *seltener* Puffe (*ugs. für* Stoß); **Puff₋är|mel, ...boh|ne; Püff|chen** (kleiner [1,4]Puff); **Puf|fe,** die; -, -n (Bausch); **puf|fen** (bauschen; *ugs. für* stoßen); er pufft (stößt) ihn, *auch* ihm in die Seite; **Puf|fer** (federnde, Druck u. Aufprall abfangende Vorrichtung [an Eisenbahnwagen u. a.]; *kurz für* Kartoffelpuffer); **Püf|fer|chen; Puf|fer₋staat** (*Plur.* ...staaten), **...zo|ne; puf|fig** (bauschig); **Püff|lein** *vgl.* Püffchen; **Puff₋mais, ...mut|ter** (*Plur.* ...mütter; *ugs.; zu* [3]Puff), **...ot|ter** (die; eine Schlange), **...reis** (der; -es), **...spiel** (*zu* [2]Puff)
puh!
Pul, der; -, -s ‹pers.› (afghan. Münze; 1 Pul = 0,01 Afghani); 5 - (↑R 129)
Pül|cher, der; -s, - (*österr. ugs. für* Strolch)
Pul|ci|nell [pultʃi...], der; -s, -e (*eindeutschend für* Pulcinella); **Pul|ci|nel|la,** der; -[s], ...lle ‹ital.› (komischer Diener, Hanswurst in der ital. Komödie); *vgl.* Policinello
pu|len (*nordd. für* bohren, herausklauben)
Pu|lit|zer (amerik. Journalist u. Verleger); **Pu|lit|zer|preis**
Pulk, der; -[e]s, *Plur.* -s, *selten auch* -e ‹slaw.› (Verband von Kampfflugzeugen od. milit. Kraftfahrzeugen; Anhäufung; Schar)
Pul|le, die; -, -n ‹lat.› (*ugs. für* Flasche)
[1]**pul|len** (*nordd. für* rudern; *Reiten* ungestüm, in unregelmäßiger Gangart vorwärts drängen [vom Pferd])
[2]**pul|len, pul|lern** (*landsch. für* urinieren)
Pul|li, der; -s, -s (*ugs. für* leichter Pullover)
Pull|man|kap|pe (*österr. für* Baskenmütze); **Pull|man|wa|gen** ‹nach dem amerik. Konstrukteur›; ↑R 135 (sehr komfortabler [Schnellzug]wagen)
Pull|over [...v...], der; -s, - ‹engl.›; **Pull|over|hemd** (leichter modischer Pullover mit hemdartigem Einsatz); **Pull|un|der,** der; -s, - (meist kurzer, ärmelloser Pullover)
pul|mo|nal ‹lat.› (*Med.* die Lunge betreffend, Lungen...)
Pulp, der; -s, -en ‹engl.› *u.* Pul|pe ‹lat.›, Pül|pe, die; -, -n ‹franz.› (breiige Masse mit Fruchtstükken zur Herstellung von Obstsaft od. Konfitüre); **Pul|pa,** die; -, ...pae [...pɛ] ‹lat.› (*Med.* weiche, gefäßreiche Gewebemasse im Zahn u. in der Milz); **Pul|pe, Pül|pe** *vgl.* Pulp; **Pul|pi|tis,** die; -, ...itiden (*Med.* Zahnmarkentzündung); **pul|pös;** -este (*Med.* flei-

schig; markig; aus weicher Masse bestehend)
Pul|que [...kə], der; -[s] ‹indian.-span.› (gegorener Agavensaft)
Puls, der; -es, -e ‹lat., „Stoß, Schlag"› (Aderschlag; Pulsader am Handgelenk); **Puls|ader** (Schlagader); **Pul|sar,** der; -s, -e (*Astron.* kosmische Radioquelle mit periodischen Strahlungspulsen); **Pul|sa|ti|on,** die; -, -en (*Med.* Pulsschlag; *Astron.* Veränderung eines Sterndurchmessers); **Pul|sa|tor,** der; -s, ...oren (Gerät zur Erzeugung pulsierender Bewegungen, z. B. bei der Melkmaschine); **pul|sen, pul|sie|ren** (rhythmisch schlagen, klopfen; an- und abschwellen); du pulst; **Pul|si|on,** die; -, -en (*fachspr. für* Stoß, Schlag); **Pul|so|me|ter,** das; -s, - ‹lat.; griech.› (eine kolbenlose Dampfpumpe); **Puls‿schlag, ...wär|mer, ...zahl**
Pult, das; -[e]s, -e ‹lat.›; **Pult|dach**
Pul|ver [...f..., *auch* ...v...], das; -s, - ‹lat.›; **Pül|ver|chen; Pul|ver‿dampf** (der; -[e]s), **...faß; pul|ver|fein;** -er Kaffee; **pul|ve|rig,** pulv|rig; **Pul|ve|ri|sa|tor** [...v...], der; -s, ...oren (Maschine zur Herstellung von Pulver durch Stampfen od. Mahlen); **pul|ve|ri|sie|ren** (zu Pulver zerreiben, [zer]pulvern); **Pul|ve|ri|sie|rung; Pul|ver|kaf|fee** [...f..., *auch* ...v...]; **Pül|ver|lein; Pul|ver‿ma|ga|zin, ...müh|le** (*früher* Fabrik für die Herstellung von Schießpulver); **pul|vern;** ich ...ere (↑R 22); **Pul|ver|schnee; pul|ver|tro|cken** [*Trenn.* ...trok|ken]; **Pul|ver|turm** (*früher*); **pulv|rig** *vgl.* pulverig
Pu|ma, der; -s, -s ‹peruan.› (ein Raubtier)
Pum|mel, der; -s, - (*ugs. für* rundliches Kind); **Pum|mel|chen; pum|me|lig, pumm|lig** (*ugs. für* dicklich)
Pump, der; -s, -e; auf - leben (*ugs. für* von Geborgtem leben); **Pum|pe,** die; -, -n; **pum|pen** (*ugs. auch für* borgen); **Pum|pen‿haus, ...schwen|gel**
pum|perl|ge|sund (*bayr. u. österr. ugs. für* kerngesund)
pum|pern (*landsch., bes. südd., österr. ugs. für* laut u. heftig klopfen, rumoren); ich ...ere (↑R 22); **Pum|per|nickel,** der; -s, - [*Trenn.* ...nik|kel] (ein Schwarzbrot)
Pump|ho|se (weite Hose [mit Kniebund])
Pumps [pœmps], der; -, - ‹engl.› (ausgeschnittener Damenschuh mit höherem Absatz)
Pump‿spei|cher|werk, ...werk
Pu|muckl (Kobold aus einem bekannten Kinderbuch)
Pu|na, die; - ‹indian.› (Hochfläche der südamerik. Anden mit Steppennatur)
Punch [pantʃ], der; -s, -s ‹engl.› (Boxhieb; große Schlagkraft); **Pun|cher,** der; -s, - (Boxer, der besonders kraftvoll schlagen kann); **Pun|ching|ball** (Übungsgerät für Boxer)
Punc|tum sa|li|ens [- ...iɛns], das; - - ‹lat., „springender Punkt"› (Kernpunkt; Entscheidendes)
Pu|ni|er [...iər] (Karthager); **pu|nisch;** -e Treue (*iron. für* Untreue, Wortbrüchigkeit), aber (↑R 157): die Punischen Kriege; der Erste, Zweite, Dritte Punische Krieg
Punk [paŋk], der; -[s], -s ‹engl.› (*nur Sing.:* bewußt primitiv-exaltierte Rockmusik; Punker); **Pun|ker** (Jugendlicher, der durch exaltiertes, oft rüdes Verhalten und auffallende Aufmachung [z. B. grell gefärbte Haare] seine antibürgerliche Einstellung ausdrückt); **Pun|ke|rin; pun|kig; Punk|rock,** der; -[s]; *vgl.* [2]Rock
Punkt, der; -[e]s, -e ‹lat.› (*Abk.* Pkt.); Punkt, *österr. u. schweiz.* punkt 8 Uhr; typographischer Punkt (*Druckw.* frühere Maßeinheit für Schriftgröße u. Zeilenabstand; *Abk.* p); (↑R 129:) 2 Punkt Durchschuß; (↑R 82:) der Punkt auf dem i; **Punk|tal|glas** ® *Plur.* ...gläser *(Optik);* **Punk|ta|ti|on,** die; -, -en (*Rechtsw.* Vorvertrag, Vertragsentwurf); **Punkt|ball** (Übungsgerät für Boxer); **Pünkt|chen; Punk|te|kampf** *(Sport);* **punk|ten; Punk|te|spiel** *(Sport);* **punkt|gleich** *(Sport);* **Punkt|gleich|heit,** die; -; **punk|tie|ren** (mit Punkten versehen, tüpfeln; *Med.* eine Punktion ausführen); punktierte Note *(Musik);* **Punk|tier|na|del** *(Med.);* **Punk|tie|rung; Punk|ti|on,** Punk|tur, die; -, -en (*Med.* Einstich in eine Körperhöhle zur Entnahme von Flüssigkeiten); **Punkt|lan|dung** (*bes. Raumfahrt* Landung genau am vorausberechneten Punkt); **Pünkt|lein; pünkt|lich; Pünkt|lich|keit,** die; -; **Punkt|nie|der|la|ge** *(Sport);* **punk|to** (*schweiz., sonst veraltet; svw.* betreffs); *Präp. mit Gen.:* - gottloser Reden; *ungebeugt bei alleinstehenden, stark gebeugten Substantiven im Singular:* - Geld; *vgl.* in puncto; **Punkt‿rich|ter** *(Sport),* **...rol|ler** (ein Massagegerät), **...schrift** (Blindenschrift); **punkt|schwei|ßen** *nur im Infinitiv u. im Partizip II gebr.;* punktgeschweißt; **Punkt‿schwei|ßung, ...sieg** *(Sport),* **...spiel** *(Sport),* **...sy|stem; Punk|tua|li|tät,** die; -; ↑R 180 (*veraltet für* Genauigkeit, Strenge); **punk|tu|ell** (punktweise; einzelne Punkte betreffend); **Punk|tum;** *nur in* [und damit] Punktum! (und damit Schluß!); **Punk|tur** *vgl.* Punktion; **Punkt‿ver|lust, ...wer|tung, ...zahl**
Punsch, der; -[e]s, *Plur.* -e, *auch* Pünsche ‹engl.› (ein alkohol. Getränk); **Punsch‿es|senz, ...glas, ...schüs|sel**
Punz|ar|beit; Pun|ze, die; -, -n (Stahlstäbchen für Treibarbeit; eingestanztes Zeichen zur Angabe des Edelmetallgehalts); **pun|zen,** pun|zie|ren (Metall treiben; ziselieren; den Feingehalt von Gold- u. Silberwaren kennzeichnen); du punzt; **Punz|ham|mer; pun|zie|ren** *vgl.* punzen
Pup, der; -[e]s, -e *u.* Pups, der; -es, *Plur.* -e *u.* Pup|ser (*ugs. für* abgehende Blähung)
Pu|pe, der *od.* die; -n, -n (*derb für* Homosexueller; *berlin. auch für* verdorbenes Weißbier)
pu|pen, pup|sen (*ugs. für* eine Blähung abgehen lassen); du pupst
pu|pil|lar ‹lat.› (zur Pupille gehörend); **Pu|pil|le,** die; -, -n (Sehöffnung im Auge); **Pu|pil|len‿er|wei|te|rung, ...ver|en|gung**
pu|pi|ni|sie|ren ‹nach dem amerik. Elektrotechniker Pupin› (Pupinspulen einbauen); **Pu|pin|spu|le;** ↑R 135 (eine Induktionsspule)
pu|pi|par ‹lat.› *(Zool.);* -e Insekten (Insekten, deren Larven sich gleich nach der Geburt verpuppen); **Püpp|chen; Pup|pe,** die; -, -n; **pup|pen** (*landsch. für* mit Puppen spielen); du puppst; **Pup|pen‿dok|tor, ...film, ...ge|sicht; pup|pen|haft; Pup|pen‿haus, ...kli|nik, ...kü|che, ...mut|ter** (*Plur.* ...mütter), **...spiel, ...spie|ler, ...spie|le|rin, ...stu|be, ...thea|ter, ...wa|gen, ...woh|nung**
pup|pern (*ugs. für* zittern, sich zitternd bewegen); ich ...ere (↑R 22)
pup|pig (*ugs. für* klein u. niedlich); **Püpp|lein**
Pups *vgl.* Pup; **pup|sen** *vgl.* pupen; **Pup|ser** *vgl.* Pup
pur ‹lat.› (rein, unverfälscht, lauter); die -e (reine) Wahrheit; -es Gold; Whisky -; **Pü|ree,** das; -s, -s ‹franz.› (Brei, breiförmige Speise); **Pur|gans,** das; -, *Plur.* ...anzien [...iən] *u.* ...antia *u.* **Pur|ga|tiv,** das; -s, -e [...və] ‹lat.› (*Med.* Abführmittel); **Pur|ga|to|ri|um,** das; -s (Fegefeuer); **pur|gie|ren** (*Med.* abführen; *veraltet für* reinigen); **Pur|gier|mit|tel,** das; **pü|rie|ren** (zu Püree machen); **Pu|ri|fi|ka|ti|on,** die; -, -en

(liturg. Reinigung); **pu|ri|fi|zie|ren** (*veraltet für* reinigen, läutern)
Pu|rim [*auch* 'pu:...], das; -s ‹hebr.› (ein jüd. Fest)
Pu|rin, das; -s, -e *meist Plur.* ‹lat.› (*Chemie* eine organ. Verbindung)
Pu|ris|mus, der; - ‹lat.› (Reinigungseifer; [übertriebenes] Streben nach Sprachreinheit); **Pu|rist**, der; -en, -en (↑R 197); **Pu|ri|stin; pu|ri|stisch; Pu|ri|ta|ner** (Anhänger des Puritanismus); **Pu|ri|ta|ne|rin; pu|ri|ta|nisch** (sittenstreng); **Pu|ri|ta|nis|mus**, der; - (streng kalvinistische Richtung im England des 16./17. Jh.s); **Pu|ri|tät**, die; - (*veraltet für* Reinheit; Sittenreinheit)
Pur|pur, der; -s ‹griech.› (hochroter Farbstoff; prächtiges, purpurfarbiges Gewand); **pur|pur|far|ben, pur|pur|far|big; Pur|pur|man|tel; pur|purn** (mit Purpur gefärbt; purpurfarben); **pur|pur|rot; Pur|pur‿rö|te, ...schnecke** [*Trenn.* ...schnek|ke]
pur|ren (*landsch. für* stochern; necken, stören; *Seemannsspr.* [zur Wache] wecken)
Pur|ser ['pœ:(r)sə(r)], der; -s, - ‹engl.› (Zahlmeister auf einem Schiff; Chefsteward im Flugzeug)
pu|ru|lent; -este ‹lat.› (*Med.* eitrig)
Pur|zel, der; -s, - (*fam. für* kleiner Kerl)
Pür|zel, der; -s, - (*Jägerspr.* Schwanz des Wildschweins)
Pur|zel|baum; pur|zeln; ich ...[e]le (↑R 22)
Pu|schel, Pü|schel, der; -s, - *u.* die; -, -n (*landsch. für* Quaste; fixe Idee, Steckenpferd)
pu|schen ‹engl.-amerik.› (*Jargon* propagieren; in Schwung bringen); du puschst
Pusch|kin (russ. Dichter)
Pusch|lav, das; -s (Tal im Süden von Graubünden; *ital.* Val [di] Poschiavo)
pu|shen [...ʃ...] ‹engl.-amerik.› (mit Rauschgift handeln); du pushst; **Pu|sher**, der; -s, - (Rauschgifthändler)
Pus|sel|ar|beit (*ugs. für* mühsame Arbeit); **Pus|sel|chen** (*fam. für* kleines Kind od. Tier); **pus|se|lig**, pußlig (*ugs. für* Geschicklichkeit erfordernd, umständlich); **Pus|sel|kram** *(ugs.)*; **pus|seln** (*ugs. für* sich mit Kleinigkeiten beschäftigen; herumbasteln); ich pussele *u.* pußle (↑R 22); **puß|lig** *vgl.* pusselig
Puß|ta, die; -, ...ten ‹ung.› (Grassteppe, Weideland in Ungarn)
Pu|ste, die; - (*ugs. für* Atem; *übertr. für* Kraft, Vermögen, Geld); aus der - (außer Atem) sein; [ja,] Puste, Pustekuchen! (*ugs. für* aber nein, gerade das Gegenteil); **Pu|ste|blu|me** (*Kindersspr.* Löwenzahn); **Pu|ste|ku|chen** *(ugs.)*; *nur in* [ja,] Pustekuchen! (*vgl.* Puste)
Pu|stel, die; -, -n ‹lat.› (Hitze-, Eiterbläschen, [2]Pickel)
pu|sten (*landsch. für* blasen; schnaufen, heftig atmen)
Pu|ster|tal, das; -[e]s (ein Alpental)
pu|stu|lös; -este ‹lat.› (voll Hitze-, Eiterbläschen); -e Haut
pu|ta|tiv ‹lat.› (*Rechtsspr.* vermeintlich, irrigerweise für gültig gehalten); **Pu|ta|tiv‿ehe, ...not|wehr**
Put|bus (Ort auf Rügen); **Put|bus|ser**, *auch* Put|bu|ser (↑R 147)
Pu|te, die; -, -n (Truthenne); **Pu|ter** (Truthahn); **pu|ter|rot**; - werden
put, put! (Lockruf für Hühner); **Put|put**, das; -s, -[s] (Lockruf; *Kindersspr.* Huhn)
Pu|tre|fak|ti|on, die; -, -en ‹lat.›, **Pu|tres|zenz**, die; -, -en (*Med.* Verwesung, Fäulnis); **pu|tres|zie|ren**
Putsch, der; -[e]s, -e (polit. Handstreich); **put|schen**; du putschst
püt|sche|rig (*nordd. für* kleinlich, umständlich, pedantisch); **püt|schern** (*nordd. für* umständlich arbeiten, ohne etwas zustande zu bringen)
Put|schist, der; -en, -en (↑R 197); **Putsch|ver|such**
Putt, der; -[s], -s ‹engl.› (*Golf* Schlag mit dem Putter)
Pütt, der; -s, *Plur.* -e, *auch* -s (*rhein. u. westfäl. für* Bergwerk)
Put|te, die; -, -n ‹ital.› *u.* Put|to, der; -s, *Plur.* ...tti *u.* ...tten (*bild. Kunst* nackte Kinder-, kleine Engelsfigur)
put|ten ‹engl.› (*Golf* den Ball mit dem Putter schlagen); **Put|ter**, der; -s, - (Spezialgolfschläger [für das Einlochen])
Put|to *vgl.* Putte
Putz, der; -es
Pütz, Püt|ze, die; -, ...tzen (*Seemannsspr.* Eimer)
put|zen; du putzt; sich -; **Put|zer; Put|ze|rei** (*österr. auch für* chem. Reinigung); **Putz‿fim|mel** *(ugs.)*, **...frau**
put|zig (*ugs. für* drollig; sonderbar); ein -es Mädchen
Putz‿ka|sten, ...lap|pen, ...ma|cher (*veraltet für* Modist), **...ma|che|rin** (*veraltet für* Modistin), **...mit|tel** (das); **putz|mun|ter** (*ugs. für* sehr munter); **Putz|sucht**, die; -; **putz|süch|tig; Putz‿tag, ...teu|fel** (*ugs. für* jmd., der übertrieben oft u. gründlich saubermacht), **...tuch** (*Plur.* ...tücher), **...wol|le, ...zeug**
puz|zeln ['pas(ə)ln, *auch* 'pu...] ‹engl.› (ein Puzzle zusammensetzen); **Puz|zle** ['pas(ə)l, *auch* 'pu...], das; -s, -s (ein Geduldsspiel); **Puzz|ler; Puz|zle|spiel**
Puz|zo|lan|er|de, die; - ‹nach Pozzuoli bei Neapel› (ein Sedimentgestein, Aschentuff)
PVC = Polyvinylchlorid
Py|ämie, die; -, ...ien ‹griech.› (*Med.* herdbildende Form einer Allgemeininfektion durch Eitererreger in der Blutbahn)
Pye|li|tis, die; -, ...itiden ‹griech.› (*Med.* Nierenbeckenentzündung); **Pye|lo|gramm**, das; -s, -e (Röntgenbild von Nierenbecken und Harnwegen); **Pye|lo|gra|phie**, die; - (Röntgenaufnahme des Nierenbeckens); **Pye|lo|ne|phri|tis**, die; -, ...itiden (Entzündung von Nierenbecken u. Nieren); **Pye|lo|zy|sti|tis**, die; -, ...itiden (Entzündung von Nierenbecken u. Blase)
Pyg|mäe, der; -n, -n (↑R 197) ‹griech.› (Angehöriger einer kleinwüchsigen Bevölkerungsgruppe in Afrika); **pyg|mä|en|haft; pyg|mä|isch** (zwerghaft, zwergwüchsig)
Pyg|ma|li|on (griech. Sagengestalt)
Pyhrn|paß, der; ...passes (österr. Alpenpaß)
Py|ja|ma [py(d)ʒ..., *auch* py'ja:ma], der, *österr. u. schweiz. auch* das; -s, -s ‹Hindi-engl.› (Schlafanzug); **Py|ja|ma‿ho|se, ...jacke** [*Trenn.* ...jak|ke]
Py|kni|ker ‹griech.› (*Anthropol.* kräftiger, gedrungen gebauter Mensch); **py|knisch; Py|kno|me|ter**, das; -s, - (*Physik* Dichtemesser); **py|kno|tisch** (*Med.* dicht zusammengedrängt)
Py|la|des (Freund des Orest in der griech. Sage)
Py|lon, der; -en, -en (↑R 197) ‹griech.› *u.* **Py|lo|ne**, die; -, -n (großes, von Ecktürmen flankiertes Eingangstor altägypt. Tempel u. Paläste; torähnlicher, tragender Pfeiler einer Hängebrücke; kegelförmige Absperrmarkierung auf Straßen)
Py|lo|rus, der; -, ...ren ‹griech.› (*Med.* Pförtner; Schließmuskel am Magenausgang)
pyo|gen (↑R 180) ‹griech.› (*Med.* Eiterungen verursachend); **Pyor|rhö**[1], **Pyor|rhöe** [...'rø:], die; -, ...rrhöen; ↑R 180 (eitriger Ausfluß); **pyor|rho|isch** (↑R 180)

[1] *Vgl. die Anmerkung zu* „Diarrhö, Diarrhöe".

py|ra|mi|dal ‹ägypt.› (pyramidenförmig; *ugs. für* gewaltig, riesenhaft); **Py|ra|mi|de,** die; -, -n (ägypt. Grabbau; geometr. Körper); **py|ra|mi|den|för|mig; Py|ra|mi|den|stumpf** *(Math.)*
Pyr|ano|me|ter, das; -s, - ‹griech.› (*Meteor.* Gerät zur Messung der Sonnen- u. Himmelsstrahlung)
Py|re|nä|en *Plur.* (Gebirge zwischen Spanien u. Frankreich); **Py|re|nä|en|halb|in|sel,** die; -; **py|re|nä|isch**
Py|re|thrum, das; -s, ...ra ‹griech.› (aus einer Chrysantheme gewonnenes Insektizid)
Py|re|ti|kum, das; -s, ...ka ‹griech.› (*Med.* fiebererzeugendes Arzneimittel); **py|re|tisch** (fiebererzeugend); **Pyr|exie,** die; -, ...ien (Fieber[anfall])
Py|rit [*auch* ...'rit], der; -s, -e ‹griech.› (Eisen-, Schwefelkies)
Pyr|mont, Bad (Stadt im Weserbergland)
py|ro|gen ‹griech.› (*Geol.* magmatisch entstanden; *Med. auch svw.* pyretisch); **Py|ro|ly|se,** die; -, -n (*Chemie* Zersetzung von Stoffen durch Hitze); **Py|ro|ma|ne,** der; -n, -n; ↑R 197 (an Pyromanie Leidender); **Py|ro‿ma|nie** (die; -; krankhafter Brandstiftungstrieb), **...me|ter** (das; -s, -; Meßgerät für hohe Temperaturen); **py|ro|phor** (selbstentzündlich, in feinster Verteilung an der Luft aufglühend); **Py|ro|phor,** der; -s, -e (Stoff mit pyrophoren Eigenschaften); **Py|ro|tech|nik** [*auch* 'py:...], die; -; (Herstellung u. Gebrauch von Feuerwerkskörpern); **Py|ro|tech|ni|ker; py|ro|tech|nisch; Py|ro|xen,** der; -s, -e *meist Plur.* (gesteinsbildendes Mineral)
Pyr|rhus (König von Epirus); **Pyr|rhus|sieg;** ↑R 135 (Scheinsieg, zu teuer erkaufter Sieg)
Pyr|rol, das; -s ‹griech.› (eine chem. Verbindung)
Py|tha|go|rä|er *vgl.* Pythagoreer
[1]**Py|tha|go|ras** (altgriech. Philosoph); [2]**Py|tha|go|ras,** der; - (*kurz für* pythagoreischer Lehrsatz); **Py|tha|go|re|er,** *österr.* Py|tha|go|rä|er (Anhänger der Lehre des Pythagoras); **py|tha|go|re|isch,** *österr.* py|tha|go|rä|isch; -er Lehrsatz (grundlegender Satz der Geometrie, der aber nicht von Pythagoras selbst aufgestellt wurde), aber (↑R 134): die Pythagoreische Philosophie
[1]**Py|thia** (Priesterin in Delphi); [2]**Py|thia,** die; -, ...ien [...iən] (Frau, die orakelhafte Anspielungen macht); **py|thisch** (dunkel, orakelhaft); -e Worte, aber (↑R 157): Pythische (zu Pytho [Delphi] gefeierte) Spiele; **Py|thon,** der; -s, -s (eine Riesenschlange)
Py|xis, die; -, *Plur.* ...iden, *auch* ...ides [...de:s] ‹griech.› (Hostienbehälter)

Q

Q [ku:, *österr. [außer Math.]* kve:] (Buchstabe); das Q; des Q, die Q, aber: das q in verquer (↑R 82); der Buchstabe Q, q
Q, Q̸ = [2]Quetzal
q = Quintal
q *(österr.)* = Meterzentner
Q. = Quintus
qcm *vgl.* cm^2; **qdm** *vgl.* dm^2
q. e. d. = quod erat demonstrandum
Qin|dar ['kin...], der; -s, -ka [...'darka] (Münzeinheit in Albanien; 100 Qindarka = 1 Lek)
qkm *vgl.* km^2; **qm** *vgl.* m^2; **qmm** *vgl.* mm^2
qua ‹lat.› ([in der Eigenschaft] als; mittels; gemäß); - Beamter; - amtliche, *auch* amtlicher Befugnis
Quab|be, die; -, -n (*nordd. für* Fettwulst); **quab|be|lig,** quabblig (*für* schwabbelig, fett); **quab|beln;** ich ...[e]le (↑R 22); **quab|big; quabb|lig** *vgl.* quabbelig
Quacke|lei [*Trenn.* Quak|ke...] (*landsch. für* ständiges, törichtes Reden); **Quacke|ler** [*Trenn.* Quak|ke...], Quack|ler (*landsch. für* Schwätzer); **quackeln** [*Trenn.* quak|keln] (*landsch. für* viel u. töricht reden); ich ...[e]le (↑R 22); **Quack|sal|ber** (*svw.* Kurpfuscher); **Quack|sal|be|rei; Quack|sal|be|rin; quack|sal|be|risch; quack|sal|bern;** ich ...ere (↑R 22); gequacksalbert; zu quacksalbern
Quad|del, die; -, -n (juckende Anschwellung der Haut)
Qua|de, der; -n, -n; ↑R 197 (Angehöriger eines westgermanischen Volkes)
Qua|der, der; -s, *Plur.* -, *österr.* -n *od.* die; -, -n ‹lat.› (*Math.* ein von sechs Rechtecken begrenzter Körper; behauener [viereckiger] Bruchsteinblock); **Qua|der|bau** *Plur.* ...bauten; **Qua|der|stein**
Qua|dra|ge|si|ma, die; - ‹lat.› (vierzigtägige christl. Fastenzeit vor Ostern)
Qua|dran|gel, das; -s, - ‹lat.› (*svw.* Viereck)
Qua|drant, der; -en, -en (↑R 197) ‹lat.› (*Math.* Viertelkreis); **Qua|dran|ten|elek|tro|me|ter,** das; -s, - (elektr. Meßgerät); **Qua|drant|sy|stem,** das; -s (Maßsystem)
[1]**Qua|drat,** das; -[e]s, -e ‹lat.› (Viereck mit vier rechten Winkeln u. vier gleichen Seiten; zweite Potenz einer Zahl); [2]**Qua|drat,** das; -[e]s, -e[n] (*Druckw.* Geviert, Bleistück zum Ausfüllen nichtdrukkender Stellen); **Qua|drat|de|zi|me|ter** (*Zeichen* dm^2); **qua|drä|teln** (mit Geviertstücken würfeln [Würfelspiel der Buchdrucker u. Setzer]); ich ...[e]le (↑R 22); **Qua|dra|ten|ka|sten** *(Druckw.)*; **Qua|drat|fuß,** der; -es; 10 - (↑R 129); *vgl.* Fuß; **qua|dra|tisch;** -e Gleichung (Gleichung zweiten Grades); **Qua|drat‿ki|lo|me|ter** (*Zeichen* km^2), **...lat|schen** (*Plur.; ugs. scherzh. für* große, unförmige Schuhe), **...mei|le, ...me|ter** (*Zeichen* m^2), **...mil|li|me|ter** (*Zeichen* mm^2), **...schä|del** (*ugs. für* breiter, eckiger Kopf; *übertr. für* starrsinniger, begriffsstutziger Mensch); **Qua|dra|tur,** die; -, -en (Verfahren zur Flächenberechnung); **Qua|dra|tur|ma|le|rei; Qua|drat‿wur|zel, ...zahl, ...zen|ti|me|ter** (*Zeichen* cm^2)
Qua|dri|en|na|le, die; -, -n ‹ital.› (alle vier Jahre stattfindende Veranstaltung od. Ausstellung); **Qua|dri|en|ni|um,** das; -s, ...ien [...iən] ‹lat.› (*veraltet für* Zeit von vier Jahren)
qua|drie|ren ‹lat.› (*Math.* [eine Zahl] in die zweite Potenz erheben)
Qua|dri|ga, die; -, ...gen ‹lat.› (von einem Streit-, Renn- od. Triumphwagen [der Antike] aus gelenktes Viergespann)
Qua|dril|le [k(v)a'driljə, *österr.* ka'dril], die; -, -n ‹span.-franz.› (ein Tanz)
Qua|dril|li|on, die; -, -en ‹franz.› (vierte Potenz einer Million); **Qua|dri|nom,** das; -s, -e ‹lat.; griech.› (*Math.* die Summe aus vier Gliedern); **Qua|dri|re|me,** die; -, -n ‹lat.› (antikes Kriegsschiff mit vier übereinanderliegenden Ruderbänken); **Qua|dri|vi|um** [...vium], das; -s (im mittelalterl. Universitätsunterricht die vier höheren Fächer Arithmetik, Geometrie, Astronomie, Musik)
Qua|dro ['kva(:)...], das; -s ‹lat.› (*Kurzw. für* Quadrophonie);

qua|dro|phon ‹lat.; griech.› (*svw.* quadrophonisch); **Qua|dro|pho|nie,** die; - (Vierkanalstereophonie); **qua|dro|pho|nisch; Qua|dro|sound** ['kva(:)drosaunt], der; -s ‹engl.-amerik.› (quadrophonische Klangwirkung)

Qua|dru|pe|de, der; -n, -n *meist Plur.;* ↑R 197 ‹lat.› (*Zool. veraltet für* Vierfüß[l]er); **[1]Qua|dru|pel,** das; -s, - ‹franz.› (vier zusammengehörende math. Größen); **[2]Qua|dru|pel,** der; -s, - (frühere span. Goldmünze); **Qua|dru|pel|al|li|anz** (Allianz zwischen vier Staaten)

Quag|ga, das; -s, -s ‹hottentott.› (ein ausgerottetes südafrikan. Zebra)

Quai [kɛ], der *od.* das; -s, -s ‹franz.› (*schweiz. für* Uferstraße); *vgl.* Kai; **Quai d'Or|say** [ke dɔr'sɛ:], der; - - ‹franz.› (Straße in Paris; *übertr. für* das franz. Außenministerium)

quak!; Quä|ke, die; -, -n (Instrument zum Nachahmen des Angstschreis der Hasen); **Qua|kel|chen** (*fam. für* kleines Kind); **qua|keln** (*landsch. für* undeutlich reden); ich ...[e]le (↑R 22); **qua|ken;** der Frosch quakt; **quä|ken;** quäkende Stimme

Quä|ker, der; -s, - ‹engl.› (Angehöriger einer christl. Sekte); **quä|ke|risch**

Quak|frosch *(Kinderspr.)*

Qual, die; -, -en; **quä|len;** sich -; **Quä|ler; Quä|le|rei; Quä|le|rin; quä|le|risch;** -ste; **Quäl|geist** *Plur.* ...geister *(ugs.)*

Qua|li|fi|ka|ti|on, die; -, -en ‹lat.› (Befähigung[snachweis]; Teilnahmeberechtigung für sportl. Wettbewerbe); **Qua|li|fi|ka|ti|ons‿ren|nen, ...run|de, ...spiel; qua|li|fi|zie|ren** (als etw. bezeichnen, klassifizieren; befähigen); sich - (sich eignen; sich als geeignet erweisen; eine Qualifikation erwerben); **qua|li|fi|ziert;** -este; zu etwas - (geeignet); ein -er Arbeiter; eine -e Mehrheit; -es Vergehen (*Rechtsspr.* Vergehen unter erschwerenden Umständen); **Qua|li|fi|zie|rung** (*auch für* fachl. Aus- u. Weiterbildung); **Qua|li|tät,** die; -, -en (Beschaffenheit, Güte, Wert); erste, zweite, mittlere -; **qua|li|ta|tiv** [*auch* 'kva...] (dem Wert, der Beschaffenheit nach); **Qua|li|täts|ar|beit** (Wertarbeit); **qua|li|täts|be|wußt; Qua|li|täts‿be|wußt|sein, ...be|zeich|nung, ...ein|bu|ße, ...er|zeug|nis, ...kon|trol|le, ...min|de|rung, ...norm, ...stei|ge|rung, ...stu|fe, ...wa|re, ...wein** (- mit Prädikat)

Quall, der; -[e]s, -e (*veraltet, noch landsch. für* emporquellendes Wasser); **Qual|le,** die; -, -n (ein Nesseltier); **qual|lig**

Qualm, der; -[e]s; **qual|men; qual|mig**

Qual|ster, der; -s, - (*nordd. für* Schleim, Auswurf); **qual|ste|rig,** qualstrig; **qual|stern;** ich ...ere (↑R 22)

qual|voll

Quant, das; -s, -en ‹lat.› (*Physik* kleinste Energiemenge); **quan|teln** (eine Energiemenge in Quanten aufteilen); **Quan|ten** (*Plur. von* Quant *u.* Quantum); **Quan|ten‿bio|lo|gie, ...me|cha|nik** (die; -), **...theo|rie** (die; -; Theorie der mikrophysikal. Erscheinungen u. Objekte); **quan|ti|fi|zie|ren** ([Eigenschaften] in Zahlen u. meßbare Größen umformen, umsetzen); **Quan|ti|fi|zie|rung; Quan|ti|tät,** die; -, -en (*nur Sing.:* Menge, Größe; *Sprachw.* Dauer, Länge eines Lautes od. einer Silbe); **quan|ti|ta|tiv** [*auch* 'kvan...] (der Quantität nach, mengenmäßig); **Quan|ti|täts‿glei|chung** *(Wirtsch.),* **...theo|rie** (die; -; *Wirtsch.* Theorie, nach der ein Kausalzusammenhang zwischen Geldmenge u. Preisniveau besteht); **Quan|ti|té né|gli|geable** [kãti'te: negli'ʒa:b(ə)l], die; - - ‹franz.› (wegen ihrer Kleinheit außer acht zu lassende Größe, Belanglosigkeit); **quan|ti|tie|ren** [kvanti...] ‹lat.› (*Sprachw.* die Silben [nach der Länge od. Kürze] messen); **Quan|tum,** das; -s, ...ten (Menge, Anzahl, Maß, Summe, Betrag)

Quap|pe, die; -, -n (ein Fisch; eine Lurchlarve, Kaulquappe)

Qua|ran|tä|ne [ka...], die; -, -n (vorübergehende Isolierung von Personen od. Tieren, die eine ansteckende Krankheit haben [könnten]); **Qua|ran|tä|ne|sta|ti|on**

Quar|gel, der; -s, - (*österr. für* kleiner, runder Käse)

[1]Quark [kwɔ:(r)k], das; -s, -s ‹engl.› (*Physik* hypothetisches Elementarteilchen)

[2]Quark, der; -s (aus saurer Milch hergestelltes Nahrungsmittel; *ugs. auch für* Wertloses); red nicht solchen - (Unsinn); **Quark|brot; quar|kig; Quark‿kä|se, ...käul|chen** (*landsch. für* gebakkenes [3]Küchlein aus Kartoffeln u. Quark), **...ku|chen** *(landsch.),* **...schnit|te, ...spei|se**

Quar|re, die; -, -n (*nordd. für* weinerliches Kind; zänkische Frau); **quar|ren; quar|rig;** das Kind ist -

[1]Quart, die; -, -en ‹lat.› (Fechthieb); *vgl. auch* Quarte; **[2]Quart,** das; -s, -e (altes Flüssigkeitsmaß; *nur Sing.:* Viertelbogengröße [Buchformat]; *Abk.* 4°); 3 - (↑R 129); in -; Großquart (*Abk.* Gr.-4°); **Quar|ta,** die; -, ...ten (*veraltende Bez. für* die dritte [*in Österr.* vierte] Klasse eines Gymnasiums); **Quar|tal,** das; -s, -e (Vierteljahr); **Quar|tal[s]‿ab|schluß, ...säu|fer** *(ugs.);* **quar|tal[s]|wei|se** (vierteljahrsweise); **Quar|ta|na,** die; - (*Med.* Viertagefieber, Art der Malaria); **Quar|ta|ner** (Schüler der Quarta); **Quar|ta|ne|rin; Quar|tan|fie|ber,** das; -s (*svw.* Quartana); **quar|tär** (zum Quartär gehörend); **Quar|tär,** das; -s (*Geol.* obere Formation des Neozoikums); **Quar|tär|for|ma|ti|on,** die; -; **Quart‿band** (der; *Buchw.*), **...blatt; Quar|te,** die; -, -n *u.* Quart, die; -, -en (*Musik* vierter Ton der diaton. Tonleiter; Intervall im Abstand von 4 Stufen); **Quar|tel,** das; -s, - (*bayr. für* kleines Biermaß); **Quar|ten** (*Plur. von* Quart, Quarte *u.* Quarta); **Quar|ter** ['kwɔ:(r)tə(r)], der; -s, - (altes engl. u. amerik. Hohlmaß u. Gewicht); **Quar|ter|deck** ['kvar...] (Hinterdeck); **Quar|tett,** das; -[e]s, -e ‹ital.› (Musikstück für vier Stimmen od. vier Instrumente; *auch für* die vier Ausführenden; ein Kartenspiel); **Quart|for|mat** *(Buchw.);* **Quar|tier,** das; -s, -e ‹franz.› (Unterkunft, bes. von Truppen; *schweiz., österr. auch für* Stadtviertel); **quar|tie|ren** (*selten für* einquartieren); **Quar|tier|ma|cher; Quar|tiers‿frau, ...wirt; Quart|sext|ak|kord** *(Musik)*

Quarz, der; -es, -e (ein Mineral); **Quarz‿fels** (der; -), **...fil|ter, ...gang** (der); **quarz|ge|steu|ert; Quarz|glas** *Plur.* ...gläser; **quarz|hal|tig; quarz|häl|tig** *(österr.);* **quar|zig; Quar|zit** [*auch* ...'tsit], der; -s, -e (ein Gestein); **Quarz‿kri|stall, ...lam|pe, ...steue|rung** *(Elektrotechnik),* **...uhr**[1]

Quas, der; -es, -e ‹slaw.› (*landsch. für* Gelage, Schmaus; bes. Pfingstbier mit festl. Tanz); *vgl. aber:* Kwaß

Qua|sar, der; -s, -e ‹lat.› (sternenähnliches Objekt im Kosmos mit extrem starker Radiofrequenzstrahlung)

qua|sen (*landsch. für* prassen; vergeuden); du quast

qua|si ‹lat.› (gewissermaßen, gleichsam, sozusagen); **Qua|si|mo|do|ge|ni|ti** ‹„wie die neugeborenen [Kinder]"› (erster Sonntag nach Ostern); **qua|si|of|fi|zi-**

[1] *In Werbetexten oft mit der englischen tz-Schreibung.*

ell (gewissermaßen offiziell); **qua|si|op|tisch** (*Physik* ähnlich den Lichtwellen sich ausbreitend); **Qua|si|sou|ve|rä|ni|tät,** die; -, -en (scheinbare Souveränität)

Quas|se|lei (*ugs. für* [dauerndes] Quasseln); **quas|seln** (*ugs. für* unaufhörlich u. schnell reden, schwatzen); ich quassele *u.* quaßle (↑R 22); **Quas|sel|strip|pe,** die; -, -n (*ugs. für* Telefon; *auch für* jmd., der viel redet)

Quas|sie [...i̯ə], die; -, -n ‹nach dem angebl. Entdecker› (südamerik. Baum, dessen Holz Bitterstoff enthält)

Quast, der; -[e]s, -e (*nordd. für* [Borsten]büschel, breiter Pinsel); **Quäst|chen; Qua|ste,** die; -, -n (Troddel, Schleife); **Qua|sten-be|hang, ...flos|ser** *(Zool.)*; **qua|sten|för|mig**

Quä|sti|on, die; -, -en ‹lat.› (wissenschaftl. Streitfrage)

Quäst|lein

Quä|stor, der; -s, ...oren ‹lat.› (altröm. Beamter; Schatzmeister an Hochschulen; *schweiz. geh. für* Kassenwart eines Vereins); **Quä|stur,** die; -, -en (Amt eines Quästors; Kasse an einer Hochschule)

Qua|tem|ber, der; -s, - ‹lat.› (vierteljährlicher kath. Fasttag); **Qua|tem|ber|fa|sten,** das; -s

qua|ter|när ‹lat.› (*Chemie* aus vier Teilen bestehend); **Qua|ter|ne,** die; -, -n (Reihe von vier gesetzten od. gewonnenen Nummern in der alten Zahlenlotterie); **Qua|ter|nio,** der; -s, ...onen (Zahl, Ganzes aus vier Einheiten)

quatsch! (Schallwort)

[1]**Quatsch,** der; -[e]s (*landsch. für* Matsch); [2]**Quatsch,** der; -[e]s (*ugs. für* dummes Gerede, Unsinn; *auch für* Alberei); - reden; das ist ja -!; ach -!; etwas aus - (zum Spaß) sagen; [1]**quat|schen** *(landsch.)*; es quatscht in den Schuhen; [2]**quat|schen** *(ugs.)*; du quatschst; **Quat|sche|rei** *(ugs.)*; **Quatsch|kopf** *(ugs.)*; **quatsch|naß** (*ugs. für* sehr naß)

Quat|tro|cen|tist [...tʃɛn...], der; -en, -en; ↑R 197 (Dichter, Künstler des Quattrocentos); **Quat|tro|cen|to** [...'tʃɛnto], das; -[s] (*Kunstw.* das 15. Jh. in Italien [als Stilbegriff], Frührenaissance)

Que|bec [kvi'bɛk] (Provinz u. Stadt in Kanada); **Que|be|cer**

Que|bra|cho [ke'bratʃo], das; -s ‹span.› (gerbstoffreiches Holz eines südamerik. Baumes); **Que|bra|cho|rin|de** (ein Arzneimittel)

[1]**Que|chua** ['kɛtʃu̯a], der; -[s], -[s] (Angehöriger eines indian. Volkes in Peru); [2]**Que|chua,** das; -[s] (eine indian. Sprache)

queck (*für* quick); **Queck|born** *vgl.* Quickborn; **Quecke,** die; -, -n [*Trenn.* Quek|ke] (eine Graspflanze); **queckig** [*Trenn.* quek|kig] (voller Quecken); **Queck|sil|ber** (ein chem. Element, Metall; *Zeichen* Hg); **Queck|sil|ber|dampf; Queck|sil|ber|dampf|lam|pe; queck|sil|ber|hal|tig; queck|sil|be|rig** *vgl.* quecksilbrig; **queck|sil|bern** (aus Quecksilber); **Queck|sil|ber-prä|pa|rat, ...sal|be, ...säu|le, ...ver|gif|tung; queck|silb|rig** ([unruhig] wie Quecksilber)

Qued|lin|burg (Stadt im nördl. Harzvorland)

Queen [kwi:n], die; -, -s (engl. Königin)

Quee|ne, die; -, -n (*nordd. für* Färse)

Queens|land ['kwi:nslənt] (Staat des Australischen Bundes)

Queich, die; - (l. Nebenfluß des Oberrheins)

Queis, der; - (l. Nebenfluß des [2]Bobers)

Quell, der; -[e]s, -e *Plur. selten* (*geh. für* Quelle); **Quell|be|wöl|kung; Quell|chen; Quel|le,** die; -, -n; Nachrichten aus amtlicher, erster -; [1]**quel|len** (schwellen, größer werden; hervordringen, sprudeln); du quillst, du quollst; du quöllest; gequollen; quill!; Wasser quillt; [2]**quel|len** (im Wasser weichen lassen); du quellst; du quelltest; gequellt; quell[e]!; ich quelle Bohnen; **Quel|len-an|ga|be, ...for|schung, ...kri|tik** (die; -), **...kun|de** (die; -); **quel|len|mä|ßig; Quel|len|ma|te|ri|al; quel|len|reich; Quel|len-samm|lung, ...steu|er** (die; Steuer, die in dem Staat erhoben wird, wo der Gewinn, die Einnahme erwirtschaftet wurde); **Quel|len|stu|di|um; Quel|ler** (eine Strandpflanze); **Quell-fas|sung, ...fluß; quell|frisch; Quell|ge|biet; Quell|nym|phe; Quel|lung; Quell-was|ser** (*Plur.* ...wasser), **...wol|ke**

Quem|pas, der; - ‹lat.› (ein weihnachtl. Wechselgesang); **Quem|pas|lied**

Quen|del, der; -s, - (Name verschiedener Pflanzen)

Quen|ge|lei; quen|ge|lig, quenglig; **quen|geln** (*ugs. für* weinerlich-nörgelnd immer wieder um etwas bitten, keine Ruhe geben [meist von Kindern]); ich ...[e]le (↑R 22); **Queng|ler; queng|lig** *vgl.* quengelig

Quent, das; -[e]s, -e ‹lat.› (altes dt. Gewicht); 5 - (↑R 129); **Quent|chen,** Quent|lein (eine kleine Menge); ein - Salz; **quent|chen|wei|se**

quer; kreuz und -. *In Verbindung mit Verben* (↑R 205 f.): **a)** *Getrenntschreibung in ursprünglicher Bedeutung,* z. B. quer legen, liegen, sich quer stellen; **b)** *Zusammenschreibung, wenn durch die Verbindung ein neuer Begriff entsteht; vgl.* quergehen, querschießen, querschreiben; *vgl. auch* quergestreift; **Quer-bahn|steig, ...bal|ken, ...bau** (*Plur.* ...bauten), **...baum** (älteres Turngerät); **quer|beet** (*ugs. für* ohne festgelegte Richtung; nicht vorgegeben); **Quer|den|ker** (jmd., der eigenständig u. originell denkt); **Quer|den|ke|rin; quer|durch;** er ist - gelaufen, **aber:** er läuft quer durch die Felder; **Que|re,** die; - *(ugs.); meist in* in die - kommen; in die Kreuz und [in die] Quer[e]

Que|re|le, die; -, -n *meist Plur.* ‹lat.› (Klage; Streit; *nur Plur.:* Streitigkeiten)

que|ren (*veraltend für* überschreiten, überschneiden); **quer|feld|ein; Quer|feld|ein-lauf, ...ren|nen, ...ritt; Quer-flö|te, ...for|mat, ...gang** (der; *auch für* Klettertour auf einer waagrecht verlaufenden Route); **quer|ge|hen;** ↑R 205 f. (*ugs. für* mißglücken); mir geht alles quer, ist alles quergegangen; **quer|ge|streift;** ein -er Stoff (↑*jedoch* R 209), **aber:** der Stoff ist quer gestreift; **Quer-haus, ...holz, ...kopf** (*ugs. für* jmd., der ärgerlicherweise immer anders handelt, der sich nicht einordnet); **quer|köp|fig; Quer|köp|fig|keit,** die; - *(ugs.)*; **Quer-la|ge** *(Med.)*, **...lat|te; quer|le|gen;** sich - (sich widersetzen); **Quer-li|nie, ...paß** *(Sportspr.)*, **...pfei|fe, ...rin|ne; quer|schie|ßen;** ↑R 205 f. (*ugs. für* hintertreiben); ich schieße quer; habe quergeschossen; **Quer|schiff** (Teil einer Kirche); **quer|schiffs** *(Seemannsspr.)*; **Quer-schlag** (*Bergmannsspr.* Gesteinsstrecke, die [annähernd] senkrecht zu den Schichten verläuft), **...schlä|ger** (abprallendes od. quer aufschlagendes Geschoß), **...schnitt; quer|schnitt[s]|ge|lähmt; Quer|schnitt[s]-ge|läh|m|te, ...läh|mung; quer|schrei|ben;** ↑R 205 f. (*bes. Bankw.* einen Wechsel akzeptieren); ich schreibe den Wechsel quer, habe ihn quergeschrieben; **Quer-schuß, ...stra|ße, ...strich, ...sum|me, ...trei|ber** (jmd., der gegen etwas handelt, etwas zu durchkreuzen trachtet); **Quer|trei|be|rei; quer|über** *(veral-*

tend); - liegt ein Haus, aber: er geht quer über den Hof
Que|ru|lant, der; -en, -en (↑R 197) ‹lat.› (Nörgler, Quengler); **Que|ru|lan|tin; Que|ru|la|ti|on,** die; -, -en (*veraltet für* Beschwerde, Klage); **que|ru|lie|ren** (nörgeln)
Quer‿ver|bin|dung, ...ver|weis, ...wand
Que|se, die; -, -n (*nordd. für* durch Quetschung entstandene Blase; Schwiele; Finne des Quesenbandwurms, die bei Schafen die Drehkrankheit verursacht); **que|sen** (*nordd. für* quengeln); du quest; **Que|sen|band|wurm; que|sig** (*nordd. auch für* quengelig)
Quetsch, der; -[e]s, -e (*westmitteld., südd. für* Zwetschenschnaps); [1]**Quet|sche,** die; -, -n (*landsch. für* Zwetsche)
[2]**Quet|sche,** die; -, -n (*landsch. für* Presse; *ugs. für* kleines Geschäft, kleiner Betrieb); **quet|schen;** du quetschst; **Quetsch‿fal|te, ...kar|tof|feln** (*Plur.; landsch. für* Kartoffelpüree), **...kom|mo|de** (*ugs. scherzh. für* Ziehharmonika); **Quet|schung; Quetsch|wun|de**
[1]**Quet|zal** [kɛ...], der; -s, -s ‹indian.-span.› (bunter Urwaldvogel; Wappenvogel von Guatemala); [2]**Quet|zal** [kɛ...], der; -[s], -[s] (Münzeinheit in Guatemala; *Abk.* Q, Ø); 5 - (↑R 129)
[1]**Queue** [kø:], das, *auch* der; -s, -s ‹franz.› (Billardstock); [2]**Queue,** die; -, -s (*veraltend für* Menschenschlange, Ende einer [Marsch]kolonne)
Quiche [kiʃ], die; -, -s [kiʃ] ‹franz.› (Speckkuchen aus Mürbe- od. Blätterteig)
Qui|chotte *vgl.* Don Quichotte
quick (*landsch. für* lebendig, rege, schnell); **Quick|born,** der; -[e]s, -e (*veraltet für* Jungbrunnen); **quick|le|ben|dig; Quick|step** [...stɛp], der; -s, -s ‹engl.› (ein Tanz)
Quick|test ‹nach dem amerik. Arzt A. J. Quick› (*Med.* Verfahren zur Bestimmung der Gerinnungszeit des Blutes); **Quick|wert**
Qui|dam, der; - ‹lat.›; ein gewisser - (*veraltet für* ein gewisser Jemand)
Quid|pro|quo, das; -s, -s ‹lat.› (Verwechslung, Ersatz)
Quie, die; -, Quien (*svw.* Queene)
quiek!; quiek, quiek!; **quie|ken, quiek|sen;** du quiekst; **Quiek|ser** *(ugs.)*
Quie|tis|mus [kvie...], der; - (↑R 180) ‹lat.› (inaktive Haltung; religiöse Bewegung); **Quie|tist,** der; -en, -en; ↑R 197, R 180 (Anhänger des Quietismus); **quie|ti|stisch** (↑R 180); **Quie|tiv,** das; -s, -e [...və]; ↑R 180 (*Med.* Beruhigungsmittel)
quiet|schen; du quietschst; **Quiet|scher** *(ugs.);* **quietsch‿fi|del, ...ver|gnügt** (*ugs. für* sehr vergnügt)
Qui|jo|te *vgl.* Don Quijote
Quil|la|ja, die; -, -s ‹indian.› (ein chilen. Seifenbaum); **Quil|la|ja|rin|de**
quil|len (*veraltet, noch landsch. für* [1]quellen)
Quilt, der; -s, -s ‹engl.› (eine Art Steppdecke); **Quilt|decke** [*Trenn.* ...dek|ke]; **quil|ten**
Qui|nar, der; -s, -e ‹lat.› (eine altröm. Münze)
quin|ke|lie|ren, quin|quil|lie|ren ‹lat.› (*bes. nordd. für* leise singen)
Quin|qua|ge|si|ma, die; *Gen.* -, *bei Gebrauch ohne Artikel auch* ...mä ‹lat., „fünfzigster“ [Tag]› (siebter Sonntag vor Ostern); **Quin|quen|ni|um,** das; -s, ...ien [...i̯ən] (*veraltet für* Jahrfünft)
quin|quil|lie|ren *vgl.* quinkelieren
Quin|quil|li|on, die; -, -en ‹lat.› (5. Potenz der Million); **Quint,** die; -, -en (Fechthieb); *vgl. auch* Quinte; **Quin|ta,** die; -, ...ten (*veraltend für* zweite [*in Österr.* fünfte] Klasse eines Gymnasiums); **Quin|tal** [*franz.* kɛ̃..., *span. u. port.* kin'tal], der; -s, -[e] ‹roman.› (Gewichtsmaß [Zentner] in Frankreich, Spanien u. in mittel- u. südamerik. Staaten; *Zeichen* q); 2 - (↑R 129); **Quin|ta|na,** die; - ‹lat.› (*Med.* Fünftage[wechsel]fieber); **Quin|ta|ner** (Schüler der Quinta); **Quin|ta|ne|rin; Quin|tan|fie|ber,** das; -s (*svw.* Quintana); **Quin|te,** die; -, -n *u.* Quint, die; -, -en (*Musik* fünfter Ton der diaton. Tonleiter; Intervall im Abstand von 5 Stufen); **Quin|ten** (*Plur. von* Quinta *u.* Quint); **Quin|ten|zir|kel,** der; -s *(Musik);* **Quin|ter|ne,** die; -, -n (Reihe von fünf gesetzten od. gewonnenen Nummern in der alten Zahlenlotterie); **Quint|es|senz,** die; -, -en ‹lat.› ([als Ergebnis] das Wesentliche einer Sache); **Quin|tett,** das; -[e]s, -e ‹ital.› (Musikstück für fünf Stimmen od. fünf Instrumente; *auch für* die fünf Ausführenden)
Quin|ti|li|an, Quin|ti|lia|nus (röm. Redner, Verfasser eines lat. Lehrbuches der Rhetorik); **Quin|ti|li|us** (altröm. m. Eigenn.)
Quin|til|li|on, die; -, -en (*svw.* Quinquillion); **Quin|to|le,** die; -, -n ‹lat.› (Gruppe von fünf Tönen, die einen Zeitraum von drei, vier od. sechs Tönen gleichen Taktwertes in Anspruch nehmen); **Quint|sext|ak|kord** *(Musik)*
Quin|tus (altröm. m. Vorn.; *Abk.* Q.)
Qui|pro|quo, das; -s, -s ‹lat.› (Verwechslung einer Person mit einer anderen)
Qui|pu ['kipu], das; -[s], -[s] ‹indian.› (Knotenschrift der Inkas)
Qui|rin, Qui|ri|nus (röm. Gott; röm. Tribun; ein Heiliger); **Qui|ri|nal,** der; -s (Hügel in Rom; Sitz des ital. Staatspräsidenten)
Qui|ri|te, der; -n, -n; ↑R 197 (altröm. Vollbürger)
Quirl, der; -[e]s, -e; **quir|len; quir|lig** (*ugs. für* lebhaft, unruhig)
Qui|si|sa|na, das; - ‹ital.› (Name von Kur- und Gasthäusern)
Quis|ling, der; -s, -e ‹nach dem norw. Faschistenführer› (*abwertend für* Kollaborateur)
Quis|qui|li|en [...i̯ən] *Plur.* ‹lat.› (Kleinigkeiten)
Qui|to ['ki:to] (Hptst. Ecuadors)
quitt ‹franz.› (ausgeglichen, fertig, befreit); wir sind - *(ugs.);* mit jmdm. - sein
Quit|te [*österr. auch* 'kitə], die; -, -n (ein Obstbaum; dessen Frucht); **quit|te|gelb** *od.* quit|ten|gelb; **Quit|ten‿brot** (das; -[e]s; in Stücke geschnittene, feste Quittenmarmelade), **...gel|lee, ...kä|se** (der; -es; *österr. für* Quittenbrot), **...mar|me|la|de, ...mus**
quit|tie|ren ‹franz.› ([den Empfang] bescheinigen, bestätigen; *veraltend für* [ein Amt] niederlegen); etwas mit einem Achselzucken - (hinnehmen); **Quit|tung** (Empfangsbescheinigung); **Quit|tungs‿block** (*vgl.* Block), **...for|mu|lar**
Qui|vive [ki'vi:f] ‹franz.› (Werdaruf); *nur in* auf dem - sein (*ugs. für* auf der Hut sein)
Quiz [kvis], das; -, - ‹engl.› (Frage-und-Antwort-Spiel); **Quiz|fra|ge; Quiz|ma|ster** ['kvisma:stə(r)], der; -s, - (Fragesteller u. Conférencier] bei einer Quizveranstaltung); **quiz|zen** ['kvis(ə)n]
Qum|ran *vgl.* Kumran
quod erat de|mon|stran|dum ‹lat., „was zu beweisen war“› (*Abk.* q. e. d.)
Quod|li|bet, das; -s, -s ‹lat.› (Durcheinander, Mischmasch; ein Kartenspiel; *Musik* scherzh. Zusammenstellung verschiedener Melodien u. Texte)
quor|ren (*Jägerspr.* balzen [von der Schnepfe])
Quo|rum, das; -s ‹lat.› (*bes. schweiz. für* die zur Beschlußfassung in einer Körperschaft erforderl. Zahl anwesender Mitglieder)
Quo|ta|ti|on, die; -, -en ‹lat.› (Kursnotierung an der Börse);

Quo|te, die; -, -n (Anteil [von Personen], der bei Aufteilung eines Ganzen auf den einzelnen od. eine Einheit entfällt); **Quoten‿kar|tell** *(Wirtsch.)*, **...re|gelung** (Festlegung eines angemessenen Anteils von Frauen in [polit.] Gremien); **Quo|ti|ent,** der; -en, -en; ↑R 197 (Zahlenausdruck, bestehend aus Zähler u. Nenner); **quo|tie|ren** (den Preis angeben od. mitteilen); **Quo|tierung** (*svw.* Quotation); **quo|tisie|ren** (in Quoten aufteilen); **Quo|ti|sie|rung**

quo va|dis? [- v...] ‹lat., „wohin gehst du?"› (wohin wird das führen, was wird daraus?)

R

R (Buchstabe); das R; des R, die R, aber: das r in fahren (↑R 82); der Buchstabe R, r

R = ²Rand; Reaumur

® = registered [trademark] ‹engl., „eingetragenes Warenzeichen"›

P, ρ = Rho

r, R = Radius

r. = rechts

R., Reg[t]., Rgt. = Regiment

¹Ra *vgl.* ¹Re

²Ra = *chem. Zeichen für* Radium

¹Raab (Stadt in Ungarn); **²Raab,** die; - (r. Nebenfluß der Donau)

Raa|be (dt. Schriftsteller)

Rab (eine jugoslaw. Insel)

Ra|ba|nus Mau|rus *vgl.* Hrabanus Maurus

Ra|bat [ra'ba(:)t] (Hptst. von Marokko)

Ra|batt, der; -[e]s, -e ‹ital.› (Abzug [vom Preis], Preisnachlaß); **Rabat|te,** die; -, -n ‹niederl.› ([Rand]beet); **ra|bat|tie|ren** ‹ital.› (Rabatt gewähren); **Ra|bat|tierung; Ra|batt|mar|ke**

Ra|batz, der; -es (*ugs. für* lärmendes Treiben, Unruhe, Krach); - machen; **Ra|bau,** der; *Gen.* -s *u.* -en, *Plur.* -e[n]; ↑R 197 (*niederrhein. für* kleine graue Renette; Rabauke); **Ra|bau|ke,** der; -n, -n; ↑R 197 (*ugs. für* Rüpel, gewalttätiger Mensch)

Rab|bi, der; -[s], *Plur.* -s *u.* ...inen ‹hebr.› (*nur Sing.:* Ehrentitel jüd. Gesetzeslehrer u. a.; Träger dieses Titels); **Rab|bi|nat,** das; -[e]s, -e (Amt, Würde eines Rabbi[ners]); **Rab|bi|ner,** der; -s, - (jüd. Gesetzes-, Religionslehrer, Geistlicher, Prediger); **rab|binisch**

Räb|chen (*landsch. auch für* frecher Bengel); **Ra|be,** der; -n, -n (↑R 197)

Rä|be, die; -, -n (*schweiz. für* weiße Rübe)

Ra|bea (w. Vorn.)

Ra|be|lais [rab(ə)'lɛ] (franz. Satiriker)

Ra|ben‿aas (Schimpfwort), **...eltern** (*Plur.;* lieblose Eltern), **...krä|he, ...mut|ter** (*Plur.* ...mütter; lieblose Mutter)

Ra|ben|schlacht, die; - (Schlacht bei Raben [Ravenna])

ra|ben|schwarz *(ugs.)*; **Ra|ben‿stein** ([Richtstätte unter dem] Galgen), **...va|ter** (liebloser Vater), **...vo|gel**

ra|bi|at; -este ‹lat.› (wütend; grob, gewalttätig)

Ra|bitz|wand; ↑R 135 ‹nach dem Erfinder› (Gipswand mit Drahtnetzeinlage)

Ra|bu|list, der; -en, -en (↑R 197) ‹lat.› (Wortverdreher, Haarspalter); **Ra|bu|li|ste|rei; Ra|bu|listik,** die; -; **ra|bu|li|stisch** (spitzfindig, wortklauberisch)

Ra|che, die; -; [an jmdm.] - nehmen; **Ra|che‿akt, ...durst; rache|dür|stend** (↑R 209); **ra|chedur|stig; Ra|che‿en|gel, ...gedan|ke, ...ge|lü|ste** *(Plur.)*, **...göttin**

Ra|chel (w. Vorn.)

Ra|chen, der; -s, -

rä|chen; gerächt (*veraltet, aber noch scherzh.* gerochen); sich -

Ra|chen‿blüt|ler *(Bot.)*, **...katarrh, ...man|del** (*vgl.* ¹Mandel), **...put|zer** (*ugs. scherzh. für* scharfes alkohol. Getränk)

Ra|che|plan; *vgl.* ²Plan; **Rä|cher; Rä|che|rin; Ra|che|schwur; Rach|gier; rach|gie|rig**

Ra|chi|tis [...x...], die; -, ...itiden ‹griech.› (*Med.* durch Mangel an Vitamin D hervorgerufene Krankheit); **ra|chi|tisch**

Rach|ma|ni|now [...nɔf] (russ.-amerik. Komponist)

Rach|sucht, die; -; **rach|süch|tig**

Ra|cine [ra'si:n] (franz. Dramendichter)

Rack [rɛk], das; -s, -s ‹engl.› (Regal für eine Stereoanlage)

Racke[1], die; -, -n (ein Vogel)

Rackel[1]**‿huhn, ...wild**

Racker[1], der; -s, - (*fam. od.* scherzh. für Schlingel); **Rackerei**[1], die; - (*ugs. für* schwere, mühevolle Arbeit, Schinderei); **rackern**[1] (*ugs. für* sich abarbeiten); ich ...ere (↑R 22)

Racket[1] ['rɛkət], das; -s, -s ‹engl.› ([Tennis]schläger)

Ra|clette ['raklɛt, *auch* ...'klɛt], die; -, -s, *auch* das; -s, -s ‹franz.› (ein Walliser Käsegericht); **Raclette|kä|se**

rad = Radiant

Rad, das; -[e]s, Räder; zu Rad; unter die Räder kommen (*ugs. für* moralisch verkommen); radfahren *(vgl. d.)*; radschlagen *(vgl. d.)*

Ra|dar [*auch, österr. nur,* 'ra:...], der *od.* das; -s, -e ‹*aus engl.* radio detection and ranging›; **Ra|dar‿astro|no|mie, ...fal|le** *(ugs.)*, **...ge|rät, ...kon|trol|le, ...me|teoro|lo|gie, ...pei|lung, ...schirm, ...sta|ti|on, ...tech|ni|ker, ...wagen**

Ra|dau, der; -s (*ugs. für* Lärm; Krach); - machen; **Ra|dau‿bruder** (jmd., der Krach macht, randaliert), **...ma|cher**

Rad‿ball, ...bal|ler, ...ball|spiel; Rad‿brem|se, ...bruch (der); **Räd|chen; Rad|damp|fer**

Ra|de, die; -, -n (*kurz für* Kornrade)

ra|de|bre|chen; du radebrechst; du radebrechtest; geradebrecht; zu -

Ra|de|gund, Ra|de|gun|de (w. Vorn.)

Ra|de|hacke[1] (*ostmitteld. für* Rodehacke)

ra|deln (radfahren); ich ...[e]le (↑R 22); **rä|deln** (ausradeln); ich ...[e]le (↑R 22)

Rä|dels|füh|rer

Ra|den|thein (österr. Ort)

Rä|der|chen *Plur.;* **Rä|der|ge|triebe; ...rä|de|rig,** ...räd|rig (z. B. dreiräderig); **rä|dern** (*früher* durch das Rad hinrichten); ich ...ere (↑R 22); **Rä|der‿tier** (*meist Plur.;* Rundwurm), **...werk**

Ra|detz|ky (österr. Feldherr); **Ra|detz|ky|marsch,** der; -es (↑R 135)

rad|fah|ren (↑R 207); ich fahre Rad; ich weiß, daß er radfährt; ich bin radgefahren; radzufahren; (↑R 32:) rad- und Auto fahren, aber: Auto und radfahren; **Rad|fah|ren** das; -s; **Rad|fah|rer; Rad|fah|rer|ho|se; Rad|fah|rerin; Rad|fahr|weg; Rad|fel|ge**

Ra|di, der; -s, - (*bayr. u. österr. für* Rettich); einen - kriegen (*bayr. u. österr. ugs. für* gerügt werden)

ra|di|al ‹lat.› (auf den Radius bezogen, strahlenförmig; von ei-

[1] *Trenn.* ...k|k...

[1] *Trenn.* ...k|k...

nem Mittelpunkt ausgehend); **Ra|di|al‿ge|schwin|dig|keit, ...li|nie** (*österr. für* Straße, Straßenbahnlinie u. dgl., die von der Stadtmitte zum Stadtrand führt); **Ra|di|al‿rei|fen, ...sym|me|trie** (die; -); **Ra|di|ant,** der; -en, -en; ↑R 197 (*Astron.* scheinbarer Ausgangspunkt der Sternschnuppen; *Math.* Einheit des ebenen Winkels; *Zeichen* rad); **ra|di|är** ‹franz.› (strahlig); **Ra|dia|ti|on,** die; -, -en; ↑R 180 (Strahlung); **Ra|dia|tor,** der; -s, ...oren; ↑R 180 (ein Heizkörper)

Ra|dic|chio [ra'dikio], der; -s ‹ital.› (eine ital. Zichorienart)

Ra|di|en (*Plur. von* Radius)

ra|die|ren ‹lat.›; **Ra|die|rer** (Künstler, der Radierungen anfertigt); **Ra|dier‿gum|mi** (der), **...kunst** (die; -; Ätzkunst), **...mes|ser** (das), **...na|del; Ra|die|rung** (mit einer geätzten Platte gedruckte Graphik)

Ra|dies|chen ‹lat.› (eine Pflanze); **ra|di|kal** (politisch, weltanschaulich extrem; gründlich; rücksichtslos); **Ra|di|kal,** das; -s, -e (Atomgruppe chemischer Verbindungen); **Ra|di|ka|le,** der *u.* die; -n, -n (↑R 7 ff.); **Ra|di|ka|len|er|laß,** der; ...erlasses (Erlaß, nach dem Mitglieder extremistischer Organisationen nicht im öffentlichen Dienst beschäftigt werden dürfen); **Ra|di|ka|lin|ski,** der; -s, -s (*ugs. für* Radikaler); **ra|di|ka|li|sie|ren** (radikal machen); **Ra|di|ka|li|sie|rung** (Entwicklung zum Radikalen); **Ra|di|ka|lis|mus,** der; -, ...men (rücksichtslos bis zum Äußersten gehende [politische, religiöse usw.] Richtung); **Ra|di|ka|list,** der; -en, -en (↑R 197); **Ra|di|ka|li|tät,** die; -; **Ra|di|kal‿kur, ...ope|ra|ti|on; Ra|di|kand,** der; -en, -en; ↑R 197 (*Math.* Zahl, deren Wurzel gezogen werden soll)

ra|dio... ‹lat.›, **Ra|dio...** (Strahlen..., [Rund]funk...); **Ra|dio,** das (*südd., österr. ugs., schweiz. für das Gerät auch* der); -s, -s (Rundfunk[gerät]); **ra|dio|ak|tiv;** -er Niederschlag; -e Stoffe; **Ra|dio|ak|ti|vi|tät,** die; - (Eigenschaft der Atomkerne instabiler Isotope, sich ohne äußere Einflüsse umzuwandeln und dabei bestimmte Strahlen auszusenden); **Ra|dio‿ama|teur, ...ap|pa|rat, ...astro|no|mie, ...che|mie, ...ele|ment** (radioaktives chem. Element), **...ge|rät; Ra|dio|gramm,** das; -s, -e ‹lat.; griech.› (Röntgenbild); **Ra|dio|gra|phie,** die; - (Untersuchung mit Röntgenstrahlen); **ra|dio|gra|phisch; Ra|dio|la|rie** [...iə], die; -, -n *meist Plur.* ‹lat.› (*Zool.* Strahlentierchen); **Ra|dio|lo|ge,** der; -n, -n (↑R 197) ‹lat.; griech.› (*Med.* Facharzt für Röntgenologie u. Strahlenheilkunde); **Ra|dio|lo|gie,** die; - (Strahlenkunde); **Ra|dio|lo|gin; ra|dio|lo|gisch; Ra|dio|me|teo|ro|lo|gie; Ra|dio|me|ter,** das; -s, - (*Physik* Strahlungsmeßgerät); **Ra|dio|me|trie,** die; -; **Ra|dio|pho|nie,** die; -; ↑R 53 (*veraltet für* drahtlose Telefonie); **Ra|dio‿pro|gramm, ...re|cor|der, ...röh|re, ...sen|der, ...son|de** *(Meteor., Physik),* **...sta|ti|on, ...stern, ...tech|nik; Ra|dio‿te|le|fo|nie** (*svw.* Radiophonie), **...te|le|gra|fie, ...te|le|skop** *(Astron.),* **...the|ra|pie** (die; -, ...ien; Heilbehandlung durch Bestrahlung); **Ra|di|um,** das; -s ‹lat.› (radioaktives chem. Element, Metall; *Zeichen* Ra); **Ra|di|um‿be|strah|lung, ...ema|na|ti|on** (die; -; *ältere Bez. für* Radon); **ra|di|um|hal|tig; Ra|di|um|the|ra|pie,** die; -; **Ra|di|us,** der; -, ...ien [...iən] (Halbmesser des Kreises; *Abk. r, R*)

Ra|dix, die; -, ...izes [...tse:s] ‹lat.› (*fachspr. für* Wurzel); **ra|di|zie|ren** (*Math.* die Wurzel aus einer Zahl ziehen)

Rad‿kap|pe, ...ka|sten, ...kranz; Räd|lein; [1]**Rad|ler** (Radfahrer); [2]**Rad|ler** (*landsch., bes. südd. für* Erfrischungsgetränk aus Bier u. Limonade); **Rad|ler|ho|se; Rad|le|rin; Rad|ler|maß,** die (*svw.* [2]Radler); **Rad‿ma|cher** (*landsch. für* Stellmacher), **...man|tel**

Ra|dolf, Ra|dulf (m. Vorn.)

Ra|dom, das; -s, -s ‹engl.› (Radarschutzkuppel, Traglufthalle)

Ra|don [*auch* ...'do:n], das; -s ‹lat.› (radioaktives chem. Element, Edelgas; *Zeichen* Rn)

Rad|renn|bahn; Rad|ren|nen; ...räd|rig *vgl.* ...räderig

Ra|dscha [*auch* 'ra:...], der; -s, -s ‹sanskr.› (ind. Fürstentitel)

rad|schla|gen; *vgl.* radfahren; er kann -, hat radgeschlagen, aber: er kann ein Rad schlagen; **Rad|schla|gen,** das; -s; **Rad‿schuh** (Bremsklotz aus Holz od. Eisen), **...sport** (der; -[e]s), **...sport|ler**

Rad|stadt (Stadt im österr. Bundesland Salzburg); **Rad|städ|ter Tau|ern** *Plur.*

Rad‿stand, ...sturz, ...tour

Ra|dulf, Ra|dolf (m. Vorn.)

Rad‿wan|de|rung, ...wech|sel, ...weg

Raes|feld ['ra:s...] (Ort in Nordrhein-Westfalen)

RAF = Rote-Armee-Fraktion

R. A. F. = Royal Air Force

Räf, das; -s, -e (*schweiz. für* [1]Reff *u.* [2]Reff)

Ra|fa|el *vgl.* Raphael; *vgl.* aber: Raffael

Raf|fa|el [...e:l, *auch* ...ɛl] (ital. Maler); *vgl.* aber: Raphael; **raf|fa|el|isch** (↑R 180); -e Farbgebung, aber (↑R 134): die Raffaelische Madonna

Raf|fel, die; -, -n (*landsch. für* großer, häßlicher Mund; loses Mundwerk; geschwätzige [alte] Frau; Gerät zum Abstreifen von Heidelbeeren; Reibeisen; Klapper); **raf|feln** (*landsch. für* raspeln; rasseln; schwatzen); ich ...[e]le (↑R 22)

raf|fen; Raff|gier; raff|gie|rig; raf|fig (*landsch. für* raff-, habgierig)

Raf|fi|na|de, die; -, -n ‹franz.› (gereinigter Zucker); **Raf|fi|nat,** das; -[e]s, -e (Produkt der Raffination); **Raf|fi|na|ti|on,** die; -, -en (Verfeinerung, Veredelung); **Raf|fi|ne|ment** [...'mã:], das; -s, -s (Überfeinerung; durchtriebene Schlauheit); **Raf|fi|ne|rie,** die; -, ...ien (Anlage zum Reinigen von Zucker od. zur Verarbeitung von Rohöl); **Raf|fi|nes|se,** die; -, -n (Durchtriebenheit, Schlauheit); **Raf|fi|neur** [...'nø:r], der; -s, -e (Maschine zum Feinmahlen von Holzsplittern [zur Papierherstellung]); **raf|fi|nie|ren** (Zucker reinigen; Rohöl zu Brenn- od. Treibstoff verarbeiten); **Raf|fi|nier‿ofen, ...stahl** (der; -[e]s); **raf|fi|niert;** -este (gereinigt; durchtrieben, schlau); -er Zukker; ein -er Betrüger; **Raf|fi|niert|heit; Raf|fi|no|se,** die; - (zuckerartige chem. Verbindung)

Raff|ke, der; -s, -s (*ugs. für* raffgieriger Mensch); **Raff|sucht,** die; -; **Raf|fung; Raff|zahn** (*landsch. für* stark überstehender Zahn; *ugs. für* raffgieriger Mensch)

Raft, das; -s, -s ‹engl.› (schwimmende Insel aus Treibholz); **Raf|ting,** das; -s (das Wildwasserfahren einer Gruppe im Schlauchboot)

Rag [rɛg], der; -s (*Kurzform von* Ragtime)

Ra|gaz, Bad (schweiz. Badeort)

Ra|ge ['ra:ʒə, *österr.* ra:ʒ], die; - ‹franz.› (*ugs. für* Wut, Raserei); in der -; in - bringen

ra|gen

Ra|gio|ne [ra'dʒo:nə], die; -, -n ‹ital.› (*schweiz. für* Firma, die im Handelsregister eingetragen ist); **Ra|gio|nen|buch** (*schweiz. für* Verzeichnis der Ragionen)

Ra|glan [*engl.* 'rɛglən], der; -s, -s ‹engl.› ([Sport]mantel mit angeschnittenem Ärmel); **Ra|glan‿är|mel, ...schnitt**

Rag|na|rök, die; - ‹altnord.› (*nord. Mythol.* Weltuntergang)

Ra|gout [ra'gu:], das; -s, -s ‹franz.› (Gericht aus Fleisch-, Wild-, Geflügel- od. Fischstückchen in pikanter Soße); **Ra|goût fin** [ra,gu 'fɛ̃:], das; - -, -s -s [- 'fɛ̃:] (feines Ragout [aus Kalbfleisch])
Rag|time ['rɛgtaim], der; - ‹amerik.› (afroamerikanischer Stil populärer Klaviermusik)
Ra|gu|sa (*ital. Name von* Dubrovnik)
Rag|wurz (eine Orchideengattung)
Rah, Ra|he, die; -, Rahen (*Seemannsspr.* Querstange am Mast für das Rahsegel)
Ra|hel (w. Vorn.)
Rahm, der; -[e]s (*landsch. für* Sahne)
Rähm, der; -[e]s, -e (*Bauw.* waagerechter Teil des Dachstuhls); **Rähm|chen; rah|men; Rah|men,** der; -s, -; **Rah|men‿ab|kom|men, ...an|ten|ne, ...be|din|gung** *(meist Plur.)*, **...bruch** (der; -[e]s, ...brüche), **...er|zäh|lung; rah|men|ge|näht;** -e Schuhe; **Rah|men‿ge|setz, ...kol|lek|tiv|ver|trag** (*ehem. in der DDR; svw.* Manteltarifvertrag), **...naht, ...plan** (*vgl.* ²Plan), **...pro|gramm, ...richt|li|nie** *(meist Plur.)*, **...ta|rif, ...ver|ein|ba|rung**
rah|mig (*landsch. für* sahnig); **Rahm|kä|se**
Rähm|lein
Rahm‿so|ße, ...spei|se *(landsch.)*
Rah|mung
Rah|ne, die; -, -n (*südd., österr. für* rote Rübe); *vgl.* Rande
Rah|se|gel *(Seemannsspr.)*
Raid [re:d], der; -s, -s ‹engl.› (Überraschungsangriff)
Raiff|ei|sen (Familienn.); Raiffeisensche Kassen; ↑R 134 (Darlehenskassenvereine); **Raiff|ei|sen|bank** *Plur.* ...banken
Rai|gras, das; -es ‹engl.; dt.› (Name verschiedener Grasarten)
¹**Rai|mund, Rei|mund** (m. Vorn.)
²**Rai|mund** (österr. Dramatiker)
Rain, der; -[e]s, -e (Ackergrenze; *schweiz. u. südd. für* Abhang)
Rai|nald, Rei|nald (m. Vorn.); Rainald von Dassel (Kanzler Friedrichs I. Barbarossa)
rai|nen (*veraltet für* ab-, umgrenzen)
Rai|ner, Rei|ner (m. Vorn.)
Rain|farn (eine Pflanze)
Rai|nung (*veraltet für* Festsetzung der Ackergrenze); - und Steinung *(veraltet)*; **Rain|wei|de** (Liguster)
Rai|son [rɛ'zɔ̃:] usw. *vgl.* Räson usw.
ra|jo|len (*svw.* rigolen)
Ra|ke *vgl.* Racke
Ra|kel, die; -, -n (*Druckw.* Vorrichtung zum Abstreichen überschüssiger Farbe von der eingefärbten Druckform)
rä|keln *vgl.* rekeln
Ra|ke|te, die; -, -n ‹ital.› (ein Feuerwerkskörper; ein Flugkörper); **Ra|ke|ten‿ab|schuß|ram|pe, ...ab|wehr, ...an|griff, ...an|trieb, ...ap|pa|rat** *(Rettungswesen)*, **...au|to, ...ba|sis; ra|ke|ten|be|stückt** (↑R 209); **Ra|ke|ten‿flug|zeug, ...schlit|ten, ...start, ...stu|fe, ...stütz|punkt, ...treib|stoff, ...trieb|werk, ...waf|fe, ...wer|fer, ...zeit|al|ter** (das; -s)
Ra|kett, das; -[e]s, *Plur.* -e *u.* -s (*eindeutschend für* Racket)
Ra|ki, der; -[s], -s ‹türk.› (ein Branntwein aus Rosinen u. Anis)
Ralf (m. Vorn.)
Ral|le, die; -, -n (ein Vogel)
ral|li|ie|ren ‹franz.› (*veraltet für* zerstreute Truppen sammeln); **Ral|lye** ['rali, *auch* 'rɛli], die; -, -s, *schweiz.* das; -s, -s ‹engl.-franz.› (Autosternfahrt); **Ral|lye-Cross,** das; -, -e (dem Moto-Cross ähnliches, mit Autos gefahrenes Geländerennen); **Ral|lye‿fah|rer, ...fah|re|rin**
Ralph (m. Vorn.)
RAM, das; -[s], -[s] ‹*aus engl.* random access memory› (*EDV* Informationsspeicher mit wahlfreiem Zugriff)
Ra|ma|dan, der; -[s] ‹arab.› (Fastenmonat der Mohammedaner)
Ra|ma|ja|na, das; - ‹sanskr.› (ind. religiöses Nationalepos)
Ra|ma|su|ri, die; - ‹ital.› (*bayr. u. österr. ugs. für* großes Durcheinander; Trubel)
Ram|bo, der; -s, -s ‹nach dem amerik. Filmhelden› (*ugs. für* jmd., der sich rücksichtslos [u. mit Gewalt] durchsetzt)
Ram|bouil|let [rãbu'je:] (franz. Stadt); **Ram|bouil|let|schaf** (ein feinwolliges Schaf); ↑R 149
Ram|bur, der; -s, -e ‹franz.› (Apfel einer bestimmten säuerlichen Sorte)
Ra|mes|si|de, der; -n, -n; ↑R 197 (Herrscher aus dem Geschlecht des Ramses)
Ra|mie, die; -, ...ien ‹malai.-engl.› (Bastfaser, Chinagras)
Ramm, der; -[e]s, -e (Rammsporn [früher an Kriegsschiffen]); **Ramma|schi|ne,** die; -, -n [*Trenn.* Ramm|ma..., ↑R 204]; **Ramm‿bär** (der; -s, *Plur.* -en, *fachspr. auch* -e), **...bock, ...bug; ramm|dö|sig** (*ugs. für* benommen; überreizt); **Ram|me,** die; -, -n (Fallklotz); ¹**Ram|mel,** die; -, -n (*veraltet für* Ramme); ²**Ram|mel,** der; -s, - (*landsch. für* ungehobelter Kerl, Tölpel); **Ram|me|lei** *(ugs.)*; **ram|meln** (*auch Jägerspr.* belegen, decken [bes. von Hasen und Kaninchen]; *derb für* koitieren); **ram|men** (mit der Ramme eintreiben; [mit Wucht] gegen ein Hindernis stoßen); **Ramm‿ham|mer, ...klotz; Ramm|ler** (Männchen von Hasen u. Kaninchen); **Ramms|kopf** (Pferdekopf mit stark gekrümmtem Nasenrücken); **Ramm|sporn**
Ram|pe, die; -, -n ‹franz.› (schiefe Ebene zur Überwindung von Höhenunterschieden; Auffahrt; Verladebühne; *Theater* Vorbühne); **Ram|pen|licht,** das; -[e]s
ram|po|nie|ren ‹ital.› (*ugs. für* stark beschädigen)
Rams|au [*auch* 'ramsau] (Name verschiedener Orte in Südbayern u. Österreich)
¹**Ramsch,** der; -[e]s, -e *Plur. selten* (*ugs. für* wertloses Zeug; minderwertige Ware)
²**Ramsch,** der; -[e]s, -e ‹franz.› (Spielart beim Skat, mit dem Ziel, möglichst wenig Punkte zu bekommen)
¹**ram|schen** ‹*zu* ¹Ramsch› (*ugs. für* Ramschware billig aufkaufen); du ramschst
²**ram|schen** (einen ²Ramsch spielen); du ramschst
Ram|scher ‹*zu* ¹Ramsch› (*ugs. für* Aufkäufer zu Schleuderpreisen); **Ramsch|la|den; Ramsch|wa|re; ramsch|wei|se**
Ram|ses (Name ägypt. Könige)
ran; ↑R 16 (*ugs. für* heran)
Ran (*nord. Mythol.* Gattin des Meerriesen Ägir)
Ranch [rɛntʃ], die; -, -[e]s ‹amerik.› (nordamerik. Viehwirtschaft, Farm); **Ran|cher,** der; -s, -[s] (nordamerik. Viehzüchter, Farmer)
¹**Rand,** der; -[e]s, Ränder; außer Rand und Band sein *(ugs.)*; zu Rande kommen
²**Rand** [rɛnd], der; -s, -[s] ‹engl.› (Währungseinheit der Republik Südafrika; *Abk.* R); 5 - (↑R 129)
Ran|dal, der; -s, -e (*veraltet für* Lärm, Gejohle); **Ran|da|le,** die; -; *meist in der Wendung* - machen (*ugs. für* randalieren); **ran|da|lie|ren; Ran|da|lie|rer**
Rand‿al|ko|ho|li|ker, ...aus|gleich, ...be|din|gung *(meist Plur.)*, **...beet, ...be|mer|kung, ...be|zirk; Ränd|chen**
Ran|de, die; -, -n (*schweiz. für* rote Rübe); *vgl.* Rahne
Rän|del|mut|ter *Plur.* ...muttern; **rän|deln** (mit einer Randverzierung versehen; riffeln); ich ...[e]le (↑R 22); **Rän|del‿rad, ...schrau|be; Rän|de|lung**
Rän|der (*Plur. von* ¹Rand); **Rän|der|chen** *Plur.*; **...rän|de|rig** *vgl.* ...randig; **rän|dern;** ich ...ere (↑R 22); **Rand‿er|schei|nung,**

...fi|gur, ...ge|biet, ...ge|bir|ge, ...glos|se, ...grup|pe *(bes. Soziologie);* **...ran|dig,** *auch* ...rän|de|rig, ...ränd|rig (z. B. breitrandig, *auch* -ränd[e]rig); **Rand|la|ge; Ränd|lein; Rand|lei|ste; rand|los;** -e Brille; **Rand‿lö|ser** (an der Schreibmaschine), **...no|tiz**

Ran|dolf, Ran|dulf (m. Vorn.)

...ränd|rig *vgl.* ...randig

Rand‿sied|lung, ...staat (*Plur.* ...staaten), **...stein, ...stel|ler** (an der Schreibmaschine), **...strei|fen**

Ran|dulf, Ran|dolf (m. Vorn.)

Rand|ver|zie|rung; rand|voll; ein -es Glas; **Rand‿wäh|ler, ...zeich|nung, ...zo|ne**

Ranft, der; -[e]s, Ränfte (*landsch. für* Brotkanten, -kruste); **Ränft|chen, Ränft|lein**

Rang, der; -[e]s, Ränge ‹franz.›; jmdm. den - ablaufen (zuvorkommen); der erste, zweite -; ein Sänger von -; **Rang‿ab|zei|chen, ...äl|te|ste**

Ran|ge, die; -, -n, *selten* der; -n, -n; ↑R 197 (*landsch. für* unartiges Kind)

ran|ge|hen; ↑R 16 (*ugs. für* herangehen; etwas energisch anpakken)

Ran|ge|lei; ran|geln (*für* sich balgen, raufen); ich ...[e]le (↑R 22)

Ran|ger ['re:ndʒə(r)], der; -s, -s ‹amerik.› (Soldat mit Spezialausbildung; *früher* Angehöriger einer Polizeitruppe in Nordamerika [z. B. Texas Ranger])

Rang‿er|hö|hung, ...fol|ge; rang|gleich; Rang|höch|ste, der *u.* die; -n, -n (↑R 7 ff.); **rang|hö|her**

Ran|gier|bahn|hof [raŋ'ʒi:..., *österr.* ran'ʒi:..., *selten* rã'ʒi:...]; **ran|gie|ren** ‹franz.› (einen Rang innehaben [vor, hinter jmdm.]; *Eisenb.* verschieben; *landsch. für* ordnen); **Ran|gie|rer; Ran|gier‿gleis, ...lok, ...lo|ko|mo|ti|ve, ...mei|ster; Ran|gie|rung**

...ran|gig (z. B. zweitrangig); **Rang‿li|ste, ...lo|ge; rang|mä|ßig; Rang‿ord|nung, ...streit, ...stu|fe**

Ran|gun [raŋ'gu:n] (Hptst. von Birma); **Ran|gu|n|reis,** der

Rang|un|ter|schied

ran|hal|ten, sich; ↑R 16 (*ugs. für* sich beeilen)

rank (*geh. für* schlank; geschmeidig); - und schlank

Rank, der; -[e]s, Ränke (*schweiz. für* Wegkrümmung; Kniff, Trick); den Rank (eine geschickte Lösung) finden; *vgl.* Ränke

Ran|ke, die; -, -n (Pflanzenteil)

Rän|ke *Plur.* (*veraltend für* Intrigen, Machenschaften); - schmieden; *vgl.* Rank

ran|ken; sich -

Ran|ken, der; -s, - (*landsch. für* dickes Stück Brot)

ran|ken|ar|tig; Ran|ken‿ge|wächs, ...werk (das; -[e]s; ein Ornament)

Rän|ke‿schmied *(veraltend),* **...spiel, ...sucht** (die; -); **rän|ke|süch|tig, ...voll**

ran|kig

ran|klot|zen; ↑R 16 (*ugs. für* viel arbeiten); **ran|krie|gen;** ↑R 16 (*ugs. für* zur Verantwortung ziehen; hart arbeiten lassen)

Ran|kü|ne, die; -, -n ‹franz.› (*veraltend für* Groll, heimliche Feindschaft; Rachsucht)

ran|las|sen; ↑R 16 (*ugs. für* jmdm. die Gelegenheit geben, seine Fähigkeiten zu beweisen; sich zum Geschlechtsverkehr bereit finden); **ran|müs|sen;** ↑R 16 (*ugs. für* [mit]arbeiten müssen); **ran|schmei|ßen,** sich; ↑R 16 (*ugs. für* sich anbiedern)

Ra|nun|kel, die; -, -n ‹lat.› (ein Hahnenfußgewächs)

Ränz|chen; Rän|zel, das, *nordd. auch* der; -s, - (kleiner Ranzen)

ran|zen (*Jägerspr.* begatten [von Fuchs, Marder u. anderen Raubtieren])

Ran|zen, der; -s, - (Schultasche; *ugs. für* dicker Bauch)

Ran|zer (*landsch. für* grober Tadel)

ran|zig ‹niederl.›; -es Öl, -e Butter

Ran|zi|on, die; -, -en ‹franz.› (*früher für* Lösegeld); **ran|zio|nie|ren;** ↑R 180 (*früher für* freikaufen)

Ränz|lein

Ranz|zeit ‹*zu* ranzen›

Ra|oul [ra'u:l] (m. Vorn.)

Rap [rɛp], der; -[s], -s ‹engl.-amerik.› (rhythmischer Sprechgesang in der Popmusik)

Ra|pal|lo (Seebad bei Genua); **Ra|pal|lo|ver|trag,** der; -[e]s

Rap|fen, der; -s, - (ein Karpfenfisch)

Ra|pha|el, *ökum. u. österr.* Ra|fa|el [...e:l, *auch* ...ɛl] (einer der Erzengel); *vgl.* a b e r: Raffael

Ra|phia, die; -, ...ien [...i̯ən] ‹madagass.› (afrik. Bastpalme, Nadelpalme); **Ra|phia|bast**

Ra|phi|den *Plur.* ‹griech.› (*Bot.* nadelförmige Kristalle in Pflanzenzellen)

ra|pid, *österr. nur so, od.* **ra|pi|de;** ...deste ‹lat.› (überaus schnell); **Ra|pi|di|tät,** die; -

Ra|pier, das; -s, -e ‹franz.› (Fechtwaffe, Degen)

Rapp, der; -s, -e (*landsch. für* Traubenkamm, entbeerte Traube)

Rap|pe, der; -n, -n; ↑R 197 (schwarzes Pferd)

Rap|pel, der; -s, - (*ugs. für* plötzlicher Zorn; Verrücktheit); **rap|pe|lig,** rapp|lig *(ugs.);* **Rap|pel|kopf** (*ugs. für* aufbrausender Mensch); **rap|pel|köp|fisch;** -ste *(ugs.);* **rap|peln** (klappern; *österr. für* verrückt sein); ich ...[e]le (↑R 22); **rap|pel|trocken** [*Trenn.* ...trok|ken] (völlig trokken); -es Holz

Rap|pen, der; -s, - (schweiz. Münze; *Abk.* Rp.; 100 Rappen = 1 Schweizer Franken); **Rap|pen|spal|ter** (*schweiz. für* Pfennigfuchser)

Rap|ping ['rɛpiŋ], das; -s (*svw.* Rap)

rapp|lig *vgl.* rappelig

Rap|port, der; -[e]s, -e ‹franz.› (Bericht, dienstl. Meldung; *Textiltechnik* Musterwiederholung bei Geweben); **rap|por|tie|ren**

Rapp|schim|mel (Pferd)

raps!; rips, raps!

Raps, der; -es, *Plur. (Sorten:)* -e (eine Ölpflanze); **Raps‿acker** [*Trenn.* ...ak|ker], **...blü|te**

rap|schen (*landsch. für* hastig wegnehmen; du rapschst) *u.* **rap|sen** (du rapst)

Raps‿erd|floh, ...feld, ...glanz|kä|fer, ...ku|chen *(Landw.),* **...öl** (das; -[e]s)

Rap|tus, der; -, *Plur.* - [...tu:s] *u.* (*für* Rappel:) -se ‹lat.› (*Med.* Anfall von Raserei; *scherzh. für* Rappel)

Ra|pünz|chen (Feldsalat); **Ra|pünz|chen|sa|lat; Ra|pun|ze,** die; -, -n; *vgl.* Rapunzel; **Ra|pun|zel,** die; -, -n (*landsch. für* Rapünzchen)

Ra|pu|se, die; - ‹tschech.›; *in den Wendungen* in die - kommen *od.* gehen (*landsch. für* verlorengehen); in die - geben (*landsch. für* preisgeben)

rar ‹lat.› (selten); sich - machen (*ugs. für* selten kommen); **Ra|ri|tät,** die; -, -en (seltenes Stück, seltene Erscheinung); **Ra|ri|tä|ten‿ka|bi|nett, ...samm|lung**

Ras, der; -, - ‹arab.› (Vorgebirge; Berggipfel; *früher* äthiop. Fürstentitel)

ra|sant; -este ‹lat.› (*ugs. für* sehr schnell; schnittig; schwungvoll, begeisternd; sehr flach, gestreckt verlaufend [von Geschoßbahnen]); **Ra|sanz,** die; -

ra|sau|nen (*landsch. für* lärmen, poltern); er hat rasaunt

rasch; -[e]ste

ra|scheln; ich ...[e]le (↑R 22)

ra|sche|stens; Rasch|heit, die; -; **rasch‿le|big, ...wüch|sig**

ra|sen (wüten; toben; sehr schnell fahren, rennen); du rast; er ra|ste

Ra|sen, der; -s, -; **Ra|sen|bank** *Plur.* ...bänke; **ra|sen‿be|deckt, ...be|wach|sen; Ra|sen|blei|che**

ra|send (wütend; schnell); - werden, aber (↑R 68): es ist zum Rasendwerden
Ra|sen‿decke [*Trenn.* ...dek|ke], **...flä|che, ...mä|her, ...spiel, ...sport** (der; -[e]s), **...spren|ger, ...strei|fen, ...ten|nis, ...tep|pich**
Ra|ser (*ugs. für* unverantwortlich schnell Fahrender); **Ra|se|rei**
Ra|sier‿ap|pa|rat, ...creme; ra|sie|ren ‹franz.›; sich -; **Ra|sie|rer** (*kurz für* Rasierapparat); **Ra|sier‿klin|ge, ...mes|ser** (das), **...pin|sel, ...schaum** (der; -[e]s), **...sei|fe, ...sitz** (*ugs. scherzh. für* Sitz in der ersten Reihe im Kino), **...spie|gel, ...was|ser** (*Plur.* ...wasser *od.* ...wässer), **...zeug**
ra|sig (mit Rasen bewachsen)
Rä|son [rɛ'zɔŋ, *auch* rɛ'zõ:], die; - ‹franz.› (*veraltend für* Vernunft, Einsicht); jmdn. zur - bringen; **Rä|so|neur** [...'nø:r], der; -s, -e (*veraltet für* jmd., der ständig räsoniert); **rä|so|nie|ren** (sich wortreich äußern; *ugs. für* ständig schimpfen); **Rä|son|ne|ment** [...'mã:], das; -s, -s (*veraltend für* vernünftige Überlegung, Erwägung)
Ras|pa, die; -, -s, *ugs. auch* der; -s, -s ‹span.› (ein lateinamerik. Gesellschaftstanz)
[1]**Ras|pel**, die; -, -n (ein Werkzeug); [2]**Ras|pel**, der; -s, - *meist Plur.* (geraspeltes Stückchen [von Schokolade, Kokosnuß u. a.]); **ras|peln**; ich ...[e]le (↑R 22)
Ras|pu|tin [*russ.* ...'pu...] (russ. Eigenn.)
raß *(südd.)*, **räß** (*südd., schweiz. mdal. für* scharf gewürzt, beißend [von Speisen])
Ras|se, die; -, -n ‹franz.›; die weiße, gelbe, schwarze, rote -; **Ras|se|hund**
Ras|sel, die; -, -n (Knarre, Klapper); **Ras|sel|ban|de**, die; -, -n (*scherzh. für* übermütige, zu Lärm u. Streichen aufgelegte Kinderschar); **Ras|se|lei; Ras|se|ler**, Raß|ler; **ras|seln**; ich rassele *u.* raßle (↑R 22)
Ras|sen‿dis|kri|mi|nie|rung (die; -), **...for|scher, ...for|schung, ...fra|ge, ...ge|setz, ...haß, ...het|ze, ...kra|wall, ...kreu|zung, ...kun|de** (die; -), **...merk|mal, ...mi|schung, ...pro|blem, ...tren|nung, ...un|ru|hen** *(Plur.)*; **Ras|se|pferd; ras|se|rein; Ras|se|rein|heit**, die; -; **ras|se|ver|edelnd; ras|sig** (von ausgeprägter Art); -e Erscheinung; *vgl.* reinrassig; **ras|sisch** (der Rasse entsprechend, auf die Rasse bezogen); -e Eigentümlichkeiten; **Ras|sis|mus**, der; - (übersteigertes Rassenbewußtsein, Rassenhetze); **Ras|sist**, der; -en, -en; ↑R 197 (Vertreter des Rassismus); **Ras|si|stin; ras|si|stisch**
Raß|ler *vgl.* Rasseler
Rast, die; -, -en; ohne - und Ruh (↑R 18)
Ra|statt (Stadt im Oberrhein. Tiefland); **Ra|stat|ter** (↑R 147)
Ra|ste, die; -, -n (Stützkerbe)
Ra|stel, das; -s, - ‹ital.› (*österr. für* Schutzgitter, Drahtgeflecht); **Ra|stel|bin|der** (*österr. veraltet für* Siebmacher, Kesselflicker)
ra|sten
[1]**Ra|ster**, der; -s, - ‹lat.› (Glasplatte od. Folie mit engem Liniennetz zur Zerlegung eines Bildes in Rasterpunkte); [2]**Ra|ster**, das; -s, - (Fläche des Fernsehbildschirmes, die sich aus Lichtpunkten zusammensetzt); **Ra|ster‿ät|zung** (Autotypie), **...fahn|dung** (mit Hilfe von Computern durchgeführte Überprüfung eines großen Personenkreises); **Ra|ster|mi|kro|skop; ra|stern** (ein Bild durch Raster in Rasterpunkte zerlegen); ich ...ere (↑R 22); **Ra|ster‿plat|te, ...punkt; Ra|ste|rung**
Rast‿haus, ...hof; rast|los; -este; **Rast|lo|sig|keit**, die; -; **Rast|platz**
Ra|stral, das; -s, -e ‹lat.› (Gerät zum Ziehen von Notenlinien); **ra|strie|ren**
Rast‿stät|te, ...tag
Ra|sur, die; -, -en ‹lat.› (Tilgung durch Schaben od. Radieren mit einer Klinge; das Rasieren)
Rat, der; -[e]s, *Plur.* (*für* Personen u. Institutionen:) Räte; sich - holen (↑R 207); zu Rate gehen, ziehen; jmdn. um - fragen; (↑R 157:) der Große - (*schweiz. Bez. für* Kantonsparlament); der Hohe - (in Jerusalem zur Zeit Jesu)
Rät, Rhät, das; -s ‹nach den Rätischen Alpen› (jüngste Stufe des Keupers)
Ra|tan|hia|wur|zel [ra'tania...] ‹indian.; dt.› ([als Heilmittel verwendete] Wurzel einer südamerik. Pflanze)
Ra|ta|touille [rata'tuj], die; -, -s *u.* das; -s, -s ‹franz.› (*Gastron.* Gemüse aus Tomaten, Auberginen, Paprika usw.)
Ra|te, die; -, -n ‹ital.› (Teilzahlung; Teilbetrag)
Rä|te|de|mo|kra|tie
ra|ten; du rätst, er rät; du rietst; du rietest, er riet; geraten; rat[e]!
Ra|ten‿be|trag, ...ge|schäft, ...kauf, ...wech|sel; ra|ten|wei|se; Ra|ten|zah|lung; Ra|ten|zah|lungs|kre|dit
Ra|ter
Rä|ter (Bewohner des alten Rätien)
Rä|te‿re|gie|rung, ...re|pu|blik; Ra|te|rin; Rä|te|ruß|land; Ra|te|spiel; Rä|te‿staat (*Plur.* ...staaten), **...sy|stem; Ra|te|team; Rat‿ge|ber, ...ge|be|rin; Rat|haus; Rat|haus|saal**
Ra|the|nau (dt. Staatsmann)
Ra|the|now [...no:] (Stadt an der Havel)
Rä|ti|en [...iən] (altröm. Prov., *auch für* Graubünden); *vgl.* Räter *u.* rätisch
Ra|ti|fi|ka|ti|on, die; -, -en ‹lat.› (Genehmigung; Bestätigung, Anerkennung, bes. von völkerrechtl. Verträgen); **Ra|ti|fi|ka|ti|ons|ur|kun|de; ra|ti|fi|zie|ren; Ra|ti|fi|zie|rung**
Rä|ti|kon, das; -s, *auch* der; -[s] (Teil der Ostalpen an der österr.-schweiz. Grenze)
Rä|tin (Titel)
Ra|ti|né [...'ne:], der; -s, -s ‹franz.› (ratiniertes Gewebe); **ra|ti|nie|ren** (*Textiltechnik* Knötchen od. Wellen [auf Gewebe] erzeugen)
Ra|tio, die; - ‹lat.› (Vernunft; logischer Verstand); *vgl.* Ultima ratio; **Ra|ti|on**, die; -, -en ‹franz.› (zugeteiltes Maß, [An]teil, Menge; täglicher Verpflegungssatz); die eiserne -; **ra|tio|nal**[1] ‹lat.› (vernünftig, aus der Vernunft stammend; begrifflich faßbar); -e Zahlen *(Math.)*; **Ra|tio|na|li|sa|tor**[1], der; -s, ...oren (jmd., der rationalisiert); **ra|tio|na|li|sie|ren**[1] ‹franz.› (zweckmäßiger u. wirtschaftlicher gestalten); **Ra|tio|na|li|sie|rung**[1]; **Ra|tio|na|li|sie|rungs|maß|nah|me**[1]; **Ra|tio|na|lis|mus**[1], der; - ‹lat.› (Geisteshaltung, die das rationale Denken als einzige Erkenntnisquelle ansieht); **Ra|tio|na|list**[1], der; -en, -en (↑R 197); **Ra|tio|na|li|stin**[1]; **ra|tio|na|li|stisch**[1]; -ste; **Ra|tio|na|li|tät**[1], die; - (rationales, vernünftiges Wesen; Vernünftigkeit); **ra|tio|nell**[1] ‹franz.› (zweckmäßig, wirtschaftlich); **ra|tio|nen|wei|se**[1] *od.* ra|ti|ons|wei|se[1]; **ra|tio|nie|ren**[1] (einteilen; in relativ kleinen Mengen zuteilen); **Ra|tio|nie|rung**[1]
rä|tisch ‹*zu* Räter, Rätien›, aber (↑R 146): die Rätischen Alpen
rät|lich (*veraltend für* ratsam); **rat|los**; -este; **Rat|lo|sig|keit**, die; -
Rä|to|ro|ma|ne[2], der; -n, -n; ↑R 155; ↑R 197 (Angehöriger eines Alpenvolkes mit eigener roman. Sprache); **rä|to|ro|ma|nisch**[2]; **Rä|to|ro|ma|nisch**[2], das; -[s] (Sprache); *vgl.* Deutsch; **Rä|to|ro|ma|ni|sche**[2], das; -n; *vgl.* Deutsche, das

---
[1] *Trenn.* ↑R 180.
[2] [*auch* 'rɛ:...]

rat|sam; Rats|be|schluß

ratsch!; ritsch, ratsch!; **Rat|sche** *(südd., österr.),* **Rät|sche** [*schweiz.* ˈrɛtʃə], die; -, -n (*südd., schweiz. für* Rassel, Klapper; *ugs. auch für* schwatzhafte Person); **rat|schen** *(südd., österr.),* **rät|schen** [*schweiz.* ˈrɛtʃən] (*südd., schweiz. ugs. auch für* schwatzen, über jmdn. reden); du ratschst

Rat|schlag, der; -[e]s, ...schläge; **rat|schla|gen** *(veraltend);* du ratschlagst, er ratschlagt; du ratschlagtest; geratschlagt; zu -; **Rat|schluß; Rats|die|ner**

Rät|sel, das; -s, -; - raten, a b e r (↑R 68): das Rätselraten; **Rät|sel‿ecke** [*Trenn.* ...ek|ke], **...fra|ge, ...freund; rät|sel|haft;** -este; **Rät|sel|haf|tig|keit; Rät|sel|lö|ser; Rät|sel|lö|sung; rät|seln;** ich ...[e]le (↑R 22); **Rät|sel|ra|ten,** das; -s; **rät|sel|voll; Rät|sel‿zeit|schrift, ...zei|tung**

Rats‿herr *(veraltend),* **...kel|ler, ...schrei|ber** *(veraltet, noch landsch.),* **...sit|zung; rat|su|chend; Rat|su|chen|de,** der *u.* die; -n, -n (↑R 7ff.); **Rats|ver|samm|lung**

Rat|tan, das; -s, -e ‹malai.› (*svw.* Peddigrohr)

Rat|te, die; -, -n; **Rat|ten‿be|kämp|fung, ...fal|le, ...fän|ger, ...gift** (das), **...kö|nig** (*auch ugs. übertr. für* unentwirrbare Schwierigkeit), **...schwanz** (*ugs. übertr. für* endlose Folge), **...schwänz|chen** (*scherzh. für* kurzer, dünner Haarzopf)

Rät|ter, der; -s, -, *auch* die; -, -n (*Technik* Sieb)

rat|tern; ich ...ere (↑R 22)

rät|tern (mit dem Rätter sieben); ich ...ere (↑R 22); **Rät|ter|wä|sche** (ein Siebverfahren)

Ratt|ler, der; -s, - (*veraltet* für den Rattenfang geeigneter Hund)

Ratz, der; -es, -e (*landsch. für* Ratte, Hamster; *Jägerspr.* Iltis); **Rat|ze,** die; -, -n (*ugs. für* Ratte)

Rat|ze|fum|mel, der; -s, - (*Schülerspr.* Radiergummi)

rat|ze|kahl ‹*umgebildet aus* radikal› (*ugs. für* gänzlich leer, kahl); **Rät|zel,** das; -s, - (*landsch. für* zusammengewachsene Augenbrauen; Mensch mit solchen Brauen); **[1]rat|zen** (*ugs. für* schlafen); du ratzt

[2]rat|zen (*landsch. für* ritzen); du ratzt

Raub, der; -[e]s, -e; **Raub|bau,** der; -[e]s; - treiben; **Raub|druck,** der; -[e]s, -e; **rau|ben; Räu|ber; Räu|ber|ban|de; Räu|be|rei; Räu|ber‿ge|schich|te, ...haupt|mann, ...höh|le; Räu|be|rin; räu|be|risch;** -ste; **räu|bern;** ich ...ere (↑R 22); **Räu|ber‿pi|sto|le** (Räubergeschichte), **...zi|vil** (*ugs. scherzh. für* sehr legere Kleidung); **Raub‿fisch, ...gier; raub|gie|rig; Raub‿kat|ze, ...ko|pie, ...mord, ...mör|der, ...pres|sung** (von Schallplatten), **...rit|ter; Raub|rit|ter|tum,** das; -s; **raub|süch|tig; Raub‿tier, ...über|fall, ...vo|gel** (*ältere Bez. für* Greifvogel), **...wild** (*Jägerspr.* alle jagdbaren Raubtiere), **...zeug** (das; -[e]s; *Jägerspr.* alle nicht jagdbaren Raubtiere), **...zug**

Rauch, der; -[e]s; **Rauch‿ab|zug, ...bier, ...bom|be; rau|chen;** rauchende Schwefelsäure; **Rau|cher; Räu|cher|aal; Rau|cher‿ab|teil, ...bein; Rau|che|rei; Räu|che|rei; Räu|cher|fisch; Rau|cher|hu|sten,** der; -s; **räu|che|rig; Rau|che|rin; Räu|cher‿kam|mer, ...ker|ze, ...lachs, ...männ|chen** (Holzfigur, in der eine Räucherkerze abgebrannt wird); **räu|chern;** ich ...ere (↑R 22); **Räu|cher‿pfan|ne, ...schal|le, ...schin|ken, ...speck** (der; -[e]s), **...stäb|chen; Räu|che|rung; Räu|cher|wa|re; Rauch‿fah|ne, ...fang** (*österr. für* Schornstein); **Rauch|fang|keh|rer** (*österr. für* Schornsteinfeger); **rauch|far|ben, rauch|far|big; Rauch‿faß** (ein kult. Gerät), **...fleisch; rauch|frei; Rauch|gas** *(meist Plur.);* **rauch|ge|schwärzt; Rauch|glas; rauch|grau; rau|chig; rauch|los; Rauch‿mas|ke, ...mel|der**

Rauch|näch|te *vgl.* Rauhnächte

Rauch‿op|fer, ...sa|lon, ...säu|le, ...schwa|den, ...schwal|be, ...si|gnal, ...ta|bak, ...tisch, ...to|pas, ...ver|bot, ...ver|gif|tung, ...ver|zeh|rer

Rauch|wa|re *meist Plur.* (Pelzware)

Rauch|wa|ren *Plur.* (*ugs. für* Tabakwaren)

Rauch|wa|ren‿han|del (*vgl.* [1]Handel), **...mes|se; Rauch|werk,** das; -[e]s (Pelzwerk)

Rauch‿wol|ke, ...zei|chen, ...zim|mer

Räu|de, die; -, -n (Krätze, Grind); **räu|dig; Räu|dig|keit,** die; -

Raue, die; -, -n (*landsch. für* Leichenschmaus)

rauf; ↑R 16 (*ugs. für* herauf, hinauf)

Rauf|bold, der; -[e]s, -e (jmd., der gern mit anderen rauft); **Rau|fe,** die; -, -n (Futterkrippe); **räu|feln** *vgl.* aufräufeln; **rau|fen** (*auch für* mit jmdm. [prügelnd u. ringend] kämpfen); **Rau|fer; Rau|fe|rei; Rauf‿han|del** (*veraltet für* Rauferei; *vgl.* [2]Handel), **...lust** (die; -); **rauf|lu|stig**

Rau|graf (früherer oberrhein. Grafentitel)

rauh; -er, -[e]ste; ein -es Wesen; ein -er Ton; eine -e Luft, a b e r (↑R 157): Rauhes Haus (Name des von J. H. Wichern gegründeten Erziehungsheimes); **Rauh|bank** *Plur.* ...bänke (langer Hobel); **Rauh|bauz,** der; -es, -e (*ugs. für* grober Mensch); **rauh|bau|zig** (*ugs. für* grob, derb); **Rauh|bein,** das; -[e]s, -e (äußerlich grober, aber im Grunde gutmütiger Mensch); **rauh|bei|nig; rauh|bor|stig; Rau|heit** (↑R 178); **rau|hen** (rauh machen); **Rau|he|rei; Rauh|fa|ser; Rauh|fa|ser|ta|pe|te; Rauh‿frost, ...fut|ter** (das; -s); **Rauh|haar|dackel** [*Trenn.* ...dak|kel]; **rauh|haa|rig; Rau|hig|keit; Rauh|näch|te,** Rauch|näch|te *Plur.* (im Volksglauben die „Zwölf Nächte" zwischen dem 24. Dez. und dem 6. Jan.); **Rauh‿putz, ...reif** (der; -[e]s), **...wacke** [*Trenn.* ...wak|ke] (eine Kalksteinart), **...wa|re** (*landsch. für* Rauchware)

Rau|ke, die; -, -n (eine Pflanze)

raum; -er Wind (*Seemannsspr.* Wind, der schräg von hinten weht); -er Wald (*Forstw.* offener, lichter Wald); **Raum,** der; -[e]s, Räume; **Raum‿aku|stik, ...an|ga|be** (*Sprachw.* adverbiale Bestimmung des Raumes, des Ortes), **...an|zug, ...auf|tei|lung, ...aus|stat|ter** (Berufsbez.), **...aus|stat|te|rin, ...bild; Raum|bild|ver|fah|ren** (Herstellung von Bildern, die einen räumlichen Eindruck hervorrufen); **Räum|boot** (zum Beseitigen von Minen); **Räum|chen; Raum|deckung** [*Trenn.* ...dek|kung] *(Sport);* **räu|men; Räu|mer; raum|er|spa|rend** (↑R 209); **Raum‿er|spar|nis, ...fäh|re, ...fah|rer, ...fahrt; Raum|fahrt‿be|hör|de, ...me|di|zin** (die; -), **...pro|gramm, ...tech|ni|ker; Raum|fahr|zeug; Räum|fahr|zeug** (zum Schneeräumen u. a.); **Raum‿flug, ...for|schung** (die; -), **...ge|fühl** (das; -[e]s), **...ge|stal|tung, ...glei|ter; raum|grei|fend;** -e Schritte; **Raum‿in|halt, ...kap|sel; Räum|kom|man|do; Raum‿kunst** (die; -), **...leh|re** (die; -; *für* Geometrie); **Räum|lein; räum|lich; Räum|lich|keit; Raum|man|gel** (*vgl.* [2]Mangel); **Räum|ma|schi|ne; Raum‿maß** (das), **...me|ter** (*alte Maßeinheit für* 1 m^3 geschichtetes Holz mit Zwischenräumen, im Gegensatz zu Festmeter; *Zeichen* Rm, *früher* rm); **Raum‿ord|nung, ...ord|nungs|plan** (*vgl.* [2]Plan), **...pend|ler, ...pfle|ge|rin, ...pla|nung,**

...pro|gramm, ...schiff; Raum-schiffahrt ([*Trenn.* ...schiff|fahrt, ↑R 204]; die; -), **...sinn** (der; -[e]s), **...son|de** (unbemanntes Raumfahrzeug); **raum|spa|rend** (↑R 209); **Raum|sta|ti|on; Räum-te,** die; -, -n (*Seemannsspr.* verfügbarer [Schiffs]laderaum); **Raum-tei|ler** (frei stehendes Regal), **...tem|pe|ra|tur, ...trans-por|ter; Räu|mung; Räu|mungs-ar|bei|ten** *(Plur.)*, **...frist, ...kla-ge, ...ver|kauf; Raum-wahr|neh-mung, ...wirt|schafts|theo|rie** (die; -), **...zahl** (Maßzahl für den Rauminhalt von Schiffen)

rau|nen (dumpf, leise sprechen; flüstern); **Rau|nen,** das; -s

raun|zen (*landsch. für* widersprechen, nörgeln; weinerlich klagen; *ugs. für* sich grob u. laut äußern); du raunzt; **Raun|zer; Raun|ze|rei; raun|zig**

Räup|chen; Rau|pe, die; -, -n; **rau|pen** (*landsch. für* von Raupen befreien); **rau|pen|ar|tig; Rau|pen-bag|ger, ...fahr|zeug, ...fraß** (der; -es), **...ket|te, ...schlep|per**

Rau|ra|ker, Rau|ri|ker, der; -s, - (Angehöriger eines kelt. Volksstammes)

raus; ↑R 16 (*ugs. für* heraus, hinaus)

Rausch, der; -[e]s, Räusche (Betrunkensein; Zustand der Erregung, Begeisterung)

rausch|arm *(Technik)*; -er Verstärker

Rausch-bee|re (Moorbeere), **...brand** (der; -[e]s; eine Tierkrankheit)

Räusch|chen

Rau|sche|bart (*veraltend scherzh. für* [Mann mit] Vollbart)

rau|schen (*auch Jägerspr.* brünstig sein [vom Schwarzwild]); du rauschst; **rau|schend;** ein -es Fest *(ugs.)*; **Rau|scher,** der; -s (*rhein. für* schäumender Most)

Rausch|gelb, das; -s (ein Mineral [Auripigment])

Rausch|gift, das; **Rausch|gift-be-kämp|fung** (die; -), **...händ|ler; rausch|gift|süch|tig; Rausch-gift|süch|ti|ge,** der *u.* die; -n, -n (↑R 7 ff.); **Rausch|gold** (dünnes Messingblech); **Rausch|gold-en|gel; rausch|haft;** -este; **Räusch|lein; Rausch-nar|ko|se** (*Med.* kurze Narkose für kleine chirurg. Eingriffe), **...sil|ber** (dünnes Neusilberblech), **...tat** *(Rechtsspr.)*, **...zeit** (Brunstzeit des Schwarzwildes), **...zu|stand**

raus-ekeln (↑R 16; *ugs.*), **...feu-ern** *(ugs.)*, **...flie|gen** *(ugs.)*, **...grau|len** *(ugs.)*, **...hal|ten** *(ugs.)*, **...kom|men** *(ugs.)*, **...krie|gen** *(ugs.)*

Räus|pe|rer; räus|pern, sich; ich ...ere mich (↑R 22)

raus-rücken [*Trenn.* ...rük|ken] (↑R 16; *ugs.*), **...schmei|ßen** *(ugs.)*; **Raus|schmei|ßer** (*ugs. für* jmd., der randalierende Gäste aus dem Lokal entfernt; letzter Tanz); **Raus|schmiß** (*ugs. für* [fristlose] Entlassung); **raus|wer-fen;** ↑R 16 (*ugs. für* hinauswerfen)

[1]**Rau|te,** die; -, -n ‹lat.› (eine Pflanze)

[2]**Rau|te,** die; -, -n (schiefwinkliges gleichseitiges Viereck, Rhombus)

Rau|ten|de|lein (elfisches Wesen; Gestalt bei Gerhart Hauptmann)

rau|ten|för|mig

Rau|ten-kranz, ...kro|ne *(Wappenk.)*

Ra|vel [ra'vɛl] (franz. Komponist)

Ra|ven|na [ra'vɛ...] (ital. Stadt)

Ra|vens|berg [...v...] (ehem. westfäl. Grafschaft); **Ra|vens|ber-ger** (↑R 147); - Land; **ra|vens-ber|gisch; Ra|vens|brück** (Frauenkonzentrationslager der Nationalsozialisten); **Ra|vens|burg** (Stadt in Oberschwaben)

Ra|vio|li [...v...] *Plur.* (↑R 180) ‹ital.› (gefüllte kleine Nudelteigtaschen)

rav|vi|van|do [ravi'vando] ‹ital.› (*Musik* wieder belebend, schneller werdend)

Ra|wal|pin|di (Stadt in Pakistan)

Rax, die; - (österr. Berg)

Ra|yé [rɛ'je:], der; -[s], -s ‹franz.› (ein gestreiftes Gewebe)

Ray|gras *vgl.* Raigras

Ray|on [rɛ'jõ:, *österr. meist* ra'jo:n], der; -s, -s ‹franz.› (*österr. u. schweiz., sonst veraltet für* Bezirk, [Dienst]bereich; *selten für* Warenhausabteilung); **Ray|on|chef** (*selten für* Abteilungsleiter [im Warenhaus]); **rayo|nie|ren** [rɛjɔ'ni:...]; ↑R 180 (*österr., sonst veraltet für* [nach Bezirken] einteilen; zuweisen)

Ray|onne [rɛjɔn], die; - ‹franz.› (*schweiz. für* Reyon)

Ray|ons|in|spek|tor [ra'jo:ns..., *auch* rɛ'jõ:...] *(österr.)*

ra|ze|mös ‹lat.› (*Bot.* traubenförmig); -e Blüte

Raž|nji|ći ['raʒnitʃi], das; -[s], -[s] ‹serbokroat.› (ein jugoslaw. Fleischgericht)

Raz|zia, die; -, *Plur.* ...ien [...iən], *seltener* -s ‹arab.-franz.› (überraschende Fahndung der Polizei in einem Gebäude od. Gebiet)

Rb = *chem. Zeichen für* Rubidium

RB = Radio Bremen

Rbl = Rubel

rd. = rund

[1]**Re** (ägyptischer Sonnengott)

[2]**Re,** das; -s, -s ‹lat.› (*Kartenspiel* Erwiderung auf ein Kontra)

Re = *chem. Zeichen für* Rhenium

Rea|der ['ri:də(r)], der; -s, - ‹engl.› (Buch mit Auszügen aus der [wissenschaftlichen] Literatur u. verbindendem Text); **Rea|der's Di|gest** ['ri:də(r)s 'daidʒɛst], der *od.* das; - - (amerik. Monatsschrift mit Aufsätzen u. mit Auszügen aus neuerschienenen Büchern)

Rea|gens, das; -, ...genzien [...iən] *u.* **Rea|genz,** das; -es, -ien [...iən] (↑R 180) ‹lat.› (*Chemie* Stoff, der mit einem anderen eine bestimmte chem. Reaktion herbeiführt u. diesen so identifiziert); **Rea|genz|glas** *Plur.* ...gläser; ↑R 180 (Prüfglas, Probierglas für [chem.] Versuche); **Rea|genz|pa-pier; rea|gie|ren;** ↑R 180 (aufeinander einwirken); auf etwas - (für etwas empfindlich sein, auf etwas ansprechen; auf etwas eingehen); **Re|ak|tanz,** die; -, -en (*Elektrotechnik* Blindwiderstand); **Re|ak|ti|on,** die; -, -en (Rück-, Gegenwirkung, Gegenströmung, -druck, Rückschlag; chem. Umsetzung; Rückschritt; *nur Sing.:* Gesamtheit aller nicht fortschrittl. polit. Kräfte); eine chemische -; eine nervöse -; **re-ak|tio|när** (↑R 180) ‹franz.› (Gegenwirkung erstrebend od. ausführend; *abwertend für* nicht fortschrittlich); **Re|ak|tio|när,** der; -s, -e; ↑R 180 (jmd., der sich jeder fortschrittl. Entwicklung entgegenstellt); **re|ak|ti|ons|fä-hig; Re|ak|ti|ons-ge|schwin-dig|keit, ...psy|cho|se; re|ak|ti-ons-schnell, ...trä|ge; Re|ak|ti-ons-ver|mö|gen** (das; -), **...zeit; re|ak|tiv** ‹lat.› (rückwirkend; auf Reize reagierend); **re|ak|ti|vie-ren** [...v...] (wieder in Tätigkeit setzen; wieder anstellen; chem. wieder umsetzungsfähig machen); **Re|ak|ti|vie|rung; Re|ak-ti|vi|tät,** die; -, -en ‹*zu* reaktiv›; **Re|ak|tor,** der; -s, ...oren (Vorrichtung, in der eine chemische od. eine Kernreaktion abläuft); **Re|ak|tor-block** (*Plur.* ...blöcke), **...geg|ner, ...phy|sik, ...tech|nik** (die; -), **...un|fall**

re|al ‹lat.› (wirklich, tatsächlich; dinglich, sachlich)

[1]**Re|al,** der; -s, -es ‹span.› (alte span. Münze); [2]**Re|al,** der; -s, Reis ‹port.› (alte port. Münze)

[3]**Re|al,** das; -[e]s, -e (*landsch. für* Regal [Gestell mit Fächern])

Re|al-akt *(Rechtsspr.)*, **...ein|kom-men, ...en|zy|klo|pä|die** (Sachwörterbuch)

Re|al|gar, der; -s, -e ‹arab.› (ein Mineral)

Re|al|ge|mein|de (land- od. forstwirtschaftliche Genossenschaft)
Re|al|gym|na|si|um (Form der höheren Schule); **Rea|li|en**[1] [...i̯ən] *Plur.* ‹lat.› (wirkliche Dinge; naturwissenschaftliche Unterrichtsfächer; Sachkenntnisse); **Rea|li|en|buch**[1]; **Re|al_in|dex** (*veraltet für* Sachverzeichnis), **...in|ju|rie** (*Rechtsspr.* tätliche Beleidigung); **Rea|li|sa|ti|on**[1], die; -, -en (Verwirklichung; *Wirtsch.* Umwandlung in Geld); **Rea|li|sa|tor**[1], der; -s, ...oren (jmd., der etwas, bes. einen Film, eine Fernsehsendung verwirklicht); **rea|li|sier|bar**[1]; **Rea|li|sier|bar|keit**[1], die; -; **rea|li|sie|ren**[1] (verwirklichen; erkennen, begreifen; *Wirtsch.* in Geld umwandeln); **Rea|li|sie|rung**[1] *Plur. selten;* **Rea|lis|mus**[1], der; - ([nackte] Wirklichkeit; Kunstdarstellung des Wirklichen; Wirklichkeitssinn; Bedachtsein auf die Wirklichkeit, den Nutzen); **Rea|list**[1], der; -en, -en (↑R 197); **Rea|li|stik**[1], die; - ([ungeschminkte] Wirklichkeitsdarstellung); **Rea|li|stin**[1]; **rea|li|stisch**[1]; -ste; **Rea|li|tät**[1], die; -, -en (Wirklichkeit, Gegebenheit); **Rea|li|tä|ten**[1] *Plur.* (Gegebenheiten; *bes. österr. auch für* Grundstücke, Häuser); **Rea|li|tä|ten|händ|ler**[1] (*österr. für* Grundstücksmakler); **rea|li|täts**[1]**_be|zo|gen, ...fern, ...fremd; Rea|li|täts**[1]**_sinn** (der; -[e]s), **...ver|lust; rea|li|ter**[1] (in Wirklichkeit); **Re|al_ka|pi|tal, ...ka|ta|log** *(Bibliothekswesen),* **...kon|kor|danz** *(Theol.),* **...kon|kur|renz** (die; -; *Rechtsspr.*), **...kon|trakt** *(Rechtsspr.),* **...kre|dit, ...last** *(meist Plur.),* **...le|xi|kon** (Sachwörterbuch), **...lohn; Rea|lo**[1], der; -s, -s (*ugs. für* Realpolitiker, pragmatischer Politiker [bes. bei den Grünen]); **Re|al_po|li|tik** (die; -; Politik auf realen Grundlagen), **...pro|dukt** *(Wirtsch.),* **...schu|le** (Schule, die mit der 10. Klasse u. der mittleren Reife abschließt), **...schü|ler, ...schü|le|rin; Re|al|schul_leh|rer, ...leh|re|rin; Re|al_steu|er** (die; *meist Plur.*), **...wert, ...wör|ter|buch** (Sachwörterbuch)
re|ama|teu|ri|sie|ren [...tø...] *(Sport);* der Berufsboxer hatte sich - lassen
Re|ani|ma|ti|on, die; -, -en ‹lat.› (*Med.* Wiederbelebung); **Re|ani|ma|ti|ons|zen|trum; re|ani|mie|ren** (wiederbeleben); **Re|ani|mie|rung** (*svw.* Reanimation)
Re|au|mur ['re:omy:r] ‹nach dem franz. Physiker› (Einheit der Grade beim heute veralteten 80teiligen Thermometer; *Zeichen* R; *fachspr.* °R); 3° R, *fachspr.* 3 °R
Reb|bach *vgl.* Reibach
Reb|bau, der; -[e]s; **Reb|berg; Re|be**, die; -, -n
Re|bek|ka (w. Vorn.)
Re|bell, der; -en, -en (↑R 197) ‹franz.› (Aufrührer, Aufständischer); **re|bel|lie|ren; Re|bel|lin; Re|bel|li|on**, die; -, -en; **re|bel|lisch**; -ste
re|beln ([Trauben u. a.] abbeeren); ich ...[e]le (↑R 22); *vgl.* Gerebelte; **Re|ben_blü|te, ...hü|gel, ...saft** (der; -[e]s), **...ver|ede|lung** *od.* **...ver|ed|lung**
Reb|hendl, das; -s, -n (*österr. neben* Rebhuhn); **Reb|huhn** [*österr. nur so, sonst auch* 'rɛp...]
Reb|laus (ein Insekt); **Reb|ling** (Rebenschößling)
Re|bound [ri'bau̯nt], der; -s, -s ‹engl.› (*Basketball* vom Brett od. Korbring abprallender Ball)
Reb_pfahl, ...schnitt
Reb|schnur, die; -, ...schnüre (*österr. für* starke Schnur)
Reb_schu|le, ...sor|te, ...stock (*Plur.* ...stöcke)
Re|bus, der *od.* das; -, -se ‹lat.› (Bilderrätsel)
Rec., Rp. = recipe
Re|cei|ver [ri'si:və(r)], der; -s, - ‹engl.› (Hochfrequenzteil für den Satellitenempfang; Empfänger u. Verstärker für HiFi-Wiedergabe)
Re|chaud [re'ʃo:], der *od.* das; -s, -s ‹franz.› (Wärmeplatte; *südd., österr. u. schweiz für* [Gas]kocher)
re|chen (*landsch. für* harken); gerecht; **Re|chen**, der; -s, - (*landsch. für* Harke)
Re|chen_an|la|ge, ...auf|ga|be, ...au|to|mat, ...brett, ...buch, ...ex|em|pel, ...feh|ler, ...heft, ...künst|ler, ...ma|schi|ne, ...ope|ra|ti|on; Re|chen|schaft, die; -; **Re|chen|schafts_be|richt, ...le|gung, ...pflicht; re|chen|schafts|pflich|tig; Re|chen_schei|be, ...schie|ber, ...stab**
Re|chen|stiel (Stiel des Rechens)
Re|chen_stun|de, ...ta|fel, ...un|ter|richt, ...zei|chen, ...zen|trum
Re|cher|che [re'ʃɛrʃə], die; -, -n *meist Plur.* ‹franz.› (Nachforschung); **Re|cher|cheur** [...'ʃø:r], der; -s, -e; **re|cher|chie|ren**
rech|nen; gerechnet; **Rech|nen**, das; -s; **Rech|ner; Rech|ne|rei; rech|ner_ge|steu|ert, ...ge|stützt; rech|ne|risch; Rech|nung;** einer Sache - tragen; **Rech|nungs|ab|gren|zung** (in der Buchführung); **Rech|nungs|ab|gren|zungs|po|sten; Rech|nungs_ab|la|ge, ...amt, ...art, ...be|trag, ...block** (*vgl.* Block), **...buch, ...ein|heit** *(Geldw.),* **...füh|rer** (Buchhalter), **...füh|rung, ...hof, ...jahr, ...le|gung, ...num|mer, ...po|sten, ...prü|fer, ...prü|fung, ...we|sen** (das; -s)
[1]**recht;** erst recht; das ist [mir] durchaus, ganz, völlig recht; das geschieht ihm recht; es ist recht und billig; ich kann ihm nichts recht machen; gehe ich recht in der Annahme, daß ...; rechter Hand; jmds. rechte Hand sein *(übertr.);* rechter Winkel. [2]**recht;** recht behalten, recht bekommen, erhalten, geben, haben, sein, tun; *vgl. auch* rechtens; **Recht**, das; -[e]s, -e; mit, ohne Recht; nach Recht und Gewissen; zu Recht bestehen, erkennen; Recht finden, sprechen, suchen; im Recht sein; ein Recht haben, verleihen, geben; von Rechts wegen; *vgl. auch* Rechtens; **recht|dre|hend** *(Meteor.);* -er Wind (sich in Uhrzeigerrichtung drehender Wind, z. B. von Nord auf Nordost; *Ggs.* rückdrehend); [1]**Rech|te**, der, die, das; -en; du bist mir der Rechte; an den Rechten kommen; das Rechte treffen, tun; etwas, nichts Rechtes können, wissen; [2]**Rech|te**, die; -n, -n; ↑R 7 ff. (rechte Hand; rechte Seite; *Politik* die rechtsstehenden Parteien, eine rechtsstehende Gruppe in einer Partei); zur -n; in meiner -n; ein kräftiger Druck seiner -n; er traf ihn mit einer blitzschnellen -n *(Boxen);* die gemäßigte, äußerste -; er gehört der -n an *(Politik);* **Recht|eck; recht|eckig** [*Trenn.* ...ek|kig]; **Rech|te|hand|re|gel**, die; - *(Physik);* **rech|ten; rech|tens** (zu Recht); er wurde - verurteilt; **Rech|tens;** es ist -; etwas für - halten; **rech|ter Hand; rech|ter|seits**
recht|fer|ti|gen; er hat sich vor ihm gerechtfertigt; durch seine Worte bist du gerechtfertigt; **Recht|fer|ti|gung; Recht|fer|ti|gungs_schrift, ...ver|such**
recht|gläu|big; Recht|gläu|big|keit, die; -
Recht|ha|ber; Recht|ha|be|rei, die; -; **recht|ha|be|risch**; -ste
Recht|kant, das *od.* der; -[e]s, -e
recht|läu|fig (*Astron.* entgegen dem Uhrzeigersinn laufend)
recht|lich; -es Gehör (*Rechtsspr.* verfassungsrechtl. garantierter Anspruch des Staatsbürgers, seinen Standpunkt vor Gericht vorzubringen); **Recht|lich|keit**, die; -; **recht|los; Recht|lo|sig|keit**, die; -; **recht|mä|ßig; Recht|mä|ßig|keit**, die; -
rechts (*Abk.* r.); - von mir, - vom

---

[1] *Trenn.* ↑R 180.

Eingang; von -, nach -; von - nach links; an der Kreuzung gilt - vor links; er weiß nicht, was - und was links ist; rechts um! (milit. Kommando; *vgl.* aber: rechtsum); *auch mit Gen.:* - des Waldes; - der Isar, des Mains; **Rechts|ab|bie|ger** *(Verkehrsw.)*

Rechts-ab|tei|lung, ...akt, ...an|ge|le|gen|heit, ...an|glei|chung, ...an|schau|ung, ...an|spruch, ...an|walt, ...an|wäl|tin; Rechts|an|walt[s]-bü|ro, ...kam|mer, ...kanz|lei, ...pra|xis; Rechts-an|wen|dung, ...auf|fas|sung, ...aus|kunft

Rechts-aus|la|ge *(Boxen),* **...aus|le|ger** *(Boxen);* **rechts|au|ßen** *(Sport);* - stürmen, spielen; **Rechts|au|ßen,** der; -, - *(Sport);* er spielt -

rechts|be|flis|sen *(veraltet, noch scherzh.);* **Rechts-bei|stand, ...be|leh|rung, ...be|ra|ter, ...be|ra|te|rin, ...be|ra|tung, ...be|schwer|de, ...beu|gung, ...be|wußt|sein, ...bre|cher, ...bre|che|rin, ...bruch** (der)

rechts|bün|dig

recht|schaf|fen *(veraltend);* ein -er Beruf, aber (↑R 65): etwas Rechtschaffenes lernen; **Recht|schaf|fen|heit,** die; -

Recht|schreib|buch, Recht|schrei|be|buch; recht|schrei|ben *nur im Infinitiv gebr.;* er kann nicht rechtschreiben, aber: er kann nicht recht schreiben (er schreibt unbeholfen); **Recht|schrei|ben,** das; -s; **Recht|schreib-feh|ler, ...fra|ge; recht|schreib|lich; Recht|schreib|re|form; Recht|schrei|bung**

Rechts|drall, der; -[e]s, -e; **rechts|dre|hend,** aber: nach rechts drehend; *vgl.* rechtdrehend; **Rechts|dre|hung; rechts|el|big** (auf der rechten Elbseite)

Rechts|emp|fin|den

Recht|ser *(ugs. für* Rechtshänder)

rechts|er|fah|ren

rechts|ex|trem; Rechts-ex|tre|mis|mus (der; -), **...ex|tre|mist; rechts|ex|tre|mi|stisch**

rechts|fä|hig; Rechts|fä|hig|keit, die; -; **Rechts|fall** (der)

Rechts|ga|lopp

Rechts-gang (der; *für* gerichtl. Verfahren), **...ge|lehr|sam|keit** *(veraltet);* **rechts|ge|lehrt; Rechts-ge|lehr|te, ...ge|schäft; rechts|ge|schäft|lich; Rechts|ge|schich|te,** die; -

Rechts|ge|win|de

Rechts-grund, ...grund|satz; rechts|gül|tig; Rechts|gül|tig|keit, die; -; **Rechts-gut, ...han|del** (*vgl.* [2]Handel)

Rechts-hän|der, ...hän|de|rin; rechts|hän|dig; Rechts|hän|dig|keit, die; -

rechts|hän|gig (gerichtlich noch nicht abgeschlossen)

rechts|her *(veraltet für* von rechts her); **rechts|her|um;** rechtsherum drehen, aber: nach rechts herumdrehen

Rechts|hil|fe; Rechts|hil|fe-ab|kom|men, ...ord|nung

rechts|hin *(veraltet für* nach rechts hin)

Rechts-hi|sto|ri|ker, ...kon|su|lent (der; -en, -en; ↑R 197; *svw.* Rechtsbeistand); **Rechts|kraft,** die; -; formelle (äußere) -; materielle (sachliche) -; **rechts|kräf|tig; rechts|kun|dig**

Rechts-kurs, ...kur|ve

Rechts|la|ge *(Rechtsw.)*

rechts-la|stig, ...läu|fig

Rechts-leh|re (die; -), **...me|di|zin** (die; -), **...mit|tel** (das); **Rechts|mit|tel|be|leh|rung; Rechts-nach|fol|ge, ...nach|fol|ger, ...nach|fol|ge|rin, ...norm, ...ord|nung**

Rechts|par|tei

Rechts-pfle|ge (die; -), **...pfle|ger, ...pfle|ge|rin, ...phi|lo|so|phie** (die; -); **Recht|spre|chung**

rechts|ra|di|kal; Rechts-ra|di|ka|le, ...ra|di|ka|lis|mus; rechts|rhei|nisch (auf der rechten Rheinseite); **Rechts|ruck** *(Politik);* **rechts|rum** *(ugs.)*

Rechts-sa|che, ...satz, ...schrift, ...schutz (der; -es); **Rechts|schutz|ver|si|che|rung**

rechts|sei|tig; - gelähmt

Rechts-set|zung[1], **...si|cher|heit** (die; -), **...spra|che** (die; -), **...spruch, ...staat** *(Plur.* ...staaten); **rechts|staat|lich; Rechts|staat|lich|keit,** die; -; **Rechts|stand|punkt**

rechts|ste|hend *(auch Politik)*

Rechts-stel|lung, ...streit, ...ti|tel, ...trä|ger *(Rechtsw.);* **recht|su|chend;** der -e Bürger (↑R 209)

rechts|uf|rig; rechts|um [*auch* 'rεçts...]; - machen; rechtsum! (*vgl.* aber: rechts); **rechts|um|kehrt** *(schweiz.);* - machen (sich um 180° drehen)

Rechts|un|si|cher|heit, die; -

Rechts|un|ter|zeich|ne|te; *vgl.* Unterzeichnete

rechts|ver|bind|lich; Rechts-ver|bind|lich|keit (die; -), **...ver|dre|her** *(abwertend),* **...ver|fah|ren**

Rechts|ver|kehr

Rechts-ver|let|zung, ...ver|ord|nung, ...ver|wei|ge|rung, ...vor|schlag *(schweiz. für* Einspruch gegen Zwangsvollstreckung); **Rechts-vor|schrift, ...vor|stel|lung, ...weg**

Rechts|wen|dung

Rechts|we|sen, das; -s; **rechts|wid|rig; rechts|wirk|sam; Rechts|wis|sen|schaft,** die; -

recht|wink|lig

recht|zei|tig; Recht|zei|tig|keit, die; -

Re|ci|fe [re'sifi] (Hptst. von Pernambuco)

re|ci|pe! ['re:tsipe:] ‹lat., „nimm!"› (auf ärztl. Rezepten; *Abk.* Rec. *u.* Rp.)

Re|ci|tal [ri'sait(ə)l], das; -s, -s, *eindeutschend* Re|zi|tal, das; -s, *Plur.* -e *od.* -s ‹engl.› (Solistenkonzert)

re|ci|tan|do [retʃi...] ‹ital.› (*Musik* vortragend, sprechend, rezitierend)

Reck, das; -[e]s, *Plur.* -e, *auch* -s (ein Turngerät)

Recke[1], der; -n, -n; ↑R 197 (Held [bes. in der Sage])

recken[1]; Wäsche - (*landsch. für* geradelegen); sich -

recken|haft[1] ‹*zu* Recke›

Reck|ling|hau|sen (Stadt im Ruhrgebiet); **Reck|ling|häu|ser** (↑R 147)

Reck-stan|ge, ...tur|nen, ...übung

Re|cor|der, der; -s, - ‹engl.› (Gerät zur elektromagnet. Speicherung u. Wiedergabe von Bild- u. Tonsignalen)

rec|te ‹lat.› (*veraltet für* richtig); **Rec|to** *vgl.* Rekto

Rec|tor ma|gni|fi|cus, der; - -, ...ores ...fici [...re:s ...tsi] ‹lat.› (Titel des Hochschulrektors)

re|cy|celn [ri'saik...] ‹engl.› (einem Recycling zuführen); **Re|cy|cling,** das; -s (Wiederverwendung bereits benutzter Rohstoffe); **Re|cy|cling-pa|pier, ...ver|fah|ren**

Re|dak|teur [...'tø:r], der; -s, -e ‹franz.› (jmd., der in Presse, Buchverlagen, im Rundfunk od. Fernsehen Manuskripte be- u. ausarbeitet); **Re|dak|teu|rin** [...'tø:rin]; **Re|dak|ti|on,** die; -, -en (Tätigkeit des Redakteurs; Gesamtheit der Redakteure u. deren Arbeitsraum); **re|dak|tio|nell;** ↑R 180; **Re|dak|ti|ons-ge|heim|nis, ...schluß** (der; ...usses); **Re|dak|tor,** der; -s, ...oren ‹lat.› (Herausgeber; *schweiz. auch svw.* Redakteur)

Red|der, der; -s, - (*nordd., nur noch in Straßennamen* enger Weg [zwischen Hecken])

Red|di|ti|on, die; -, -en ‹lat.› (*veraltet für* Rückgabe)

Re|de, die; -, -n; - und Antwort stehen; zur - stellen; **Re|de-blü-**

---

[1] *Schreibung im Grundgesetz der Bundesrepublik Deutschland* Rechtsetzung.

[1] *Trenn.* ...k|k...

te, ...du|ell, ...fi|gur, ...fluß (der; ...flusses), ...frei|heit (die; -), ...ga|be (die; -); re|de|ge|wandt; -este; Re|de‿ge|wandt|heit, ...kunst

Red|emp|to|rist, der; -en, -en (↑R 197) ‹lat.› (Angehöriger einer kath. Kongregation)

re|den; gut - haben; von sich - machen; (↑R 68:) jmdn. zum Reden bringen; nicht viel Redens von einer Sache machen; **Re|dens|art; re|dens|art|lich; Re|de|rei; Re|de‿schwall** (der; -[e]s), **...strom** (der; -[e]s), **...ver|bot, ...wei|se** (die), **...wen|dung, ...zeit**

re|di|gie|ren ‹franz.› (druckfertig machen; abfassen; bearbeiten; als Redakteur tätig sein)

Re|din|gote [redɛ̃'gɔt, *auch* rə...], die; -, -n [...tən], *auch* der; -[s], -s ‹franz.› (taillierter Damenmantel mit Reverskragen)

Re|dis|fe|der (*österr.* eine Schreibfeder für Tusche u. ä.)

re|dis|kon|tie|ren ‹ital.› ([einen diskontierten Wechsel] an- od. weiterverkaufen); **Re|dis|kon|tie|rung**

re|di|vi|vus [...'vi:vus] ‹lat.› (wiedererstanden)

red|lich; Red|lich|keit, die; -

Red|ner; Red|ner‿büh|ne, ...ga|be (die; -); **Red|ne|rin; red|ne|risch; Red|ner‿li|ste, ...pult, ...tri|bü|ne**

Re|dou|te [re'du:tə], die; -, -n ‹franz.› (*früher für* geschlossene Schanze; *veraltet für* Saal für Feste u. Tanzveranstaltungen; *österr., sonst veraltet für* Maskenball)

re|dres|sie|ren ‹franz.› (*Med.* wieder einrenken)

red|se|lig; Red|se|lig|keit, die; -

Re|duit [re'dyi:], das; -s, -s ‹franz.› (*früher* Verteidigungsanlage im Kern einer Festung)

Re|duk|ti|on, die; -, -en ‹lat.› (*zu* reduzieren); **Re|duk|tio|nis|mus; re|duk|tio|ni|stisch; Re|duk|ti|ons‿di|ät, ...mit|tel** (das; *Chemie*), **...ofen** *(Technik)*, **...tei|lung** *(Biol.)*

red|un|dant; -este ‹lat.› (überreichlich, üppig; weitschweifig); **Red|un|danz,** die; -, -en (Überladung, Überfluß; *EDV* nicht notwendiger Teil einer Information); **red|un|danz|frei**

Re|du|pli|ka|ti|on, die; -, -en ‹lat.› (*Sprachw.* Verdoppelung eines Wortes oder einer Anlautsilbe, z. B. „Bonbon“); **re|du|pli|zie|ren**

re|du|zi|bel ‹lat.› *(Math.)*; **re|du|zie|ren** (zurückführen; herabsetzen, einschränken; vermindern; *Chemie* Sauerstoff entziehen); **Re|du|zie|rung; Re|du|zier|ven|til** *(Technik)*

ree!, rhe! (Segelkommando)

Ree|de, die; -, -n (Ankerplatz vor dem Hafen); **Ree|der** (Schiffseigner); **Ree|de|rei** (Schiffahrtsunternehmen); **Ree|de|rei|flag|ge**

re|ell ‹franz.› (anständig, ehrlich; ordentlich; wirklich [vorhanden], echt); -e Zahlen *(Math.)*; **Re|el|li|tät** [reɛ...], die; -

Reep, das; -[e]s, -e (*nordd. für* Seil, Tau); **Ree|per|bahn** (*nordd. für* Seilerbahn; Straße in Hamburg); **Reep|schlä|ger** (*nordd. für* Seiler); *vgl.* Rebschnur

Reet, das; -s (*nordd. für* Ried); **Reet|dach** *(nordd.)*

ref., reform. = reformiert

REFA, die [*Abk. für* Reichsausschuß für Arbeitszeitermittlung, *später* Reichsausschuß für Arbeitsstudien] (Verband für Arbeitsstudien u. Betriebsorganisation e. V.); **REFA-Fach|mann** (↑R 38)

Re|fak|tie [...i̯ə], die; -, -n ‹niederl.› (*Kaufmannsspr.* Gewichts- od. Preisabzug wegen beschädigter oder fehlerhafter Waren; Frachtnachlaß, Rückvergütung); **re|fak|tie|ren** (einen Frachtnachlaß gewähren)

REFA-Leh|re; *vgl.* REFA

Re|fek|to|ri|um, das; -s, ...ien [...i̯ən] ‹lat.› (Speisesaal [in Klöstern])

Re|fe|rat, das; -[e]s, -e ‹lat.› (Bericht, Vortrag, [Buch]besprechung; Sachgebiet eines Referenten); **Re|fe|ree** [refə'ri:, *auch* 'rɛfəri], der; -s, -s ‹engl.› (*Sport* Schieds-, Ringrichter); **Re|fe|ren|dar,** der; -s, -e ‹lat.› (Anwärter auf die höhere Beamtenlaufbahn nach der ersten Staatsprüfung); **Re|fe|ren|da|ri|at,** das; -[e]s, -e (Vorbereitungsdienst für Referendare); **Re|fe|ren|da|rin; Re|fe|ren|dum,** das; -s, *Plur.* ...den *u.* ...da (Volksabstimmung, Volksentscheid [insbes. in der Schweiz]); **Re|fe|rent,** der; -en, -en; ↑R 197 (Berichterstatter; Sachbearbeiter); *vgl.* a b e r: Reverend; **Re|fe|ren|tin; Re|fe|renz,** die; -, -en (Beziehung, Empfehlung; *auch für* jmd., der eine - erteilt); *vgl.* a b e r: Reverenz; **Re|fe|ren|zen|li|ste; re|fe|rie|ren** ‹franz.› (berichten; vortragen; [ein Buch] besprechen)

[1]**Reff,** das; -[e]s, -e (*ugs. für* hagere [alte] Frau)

[2]**Reff,** das; -[e]s, -e (*landsch. für* Rückentrage)

[3]**Reff,** das; -[e]s, -s (*Seemannsspr.* Vorrichtung zum Verkürzen eines Segels); **ref|fen**

re|fi|nan|zie|ren (*Geldw.* fremde Mittel aufnehmen, um damit selbst Kredit zu geben); **Re|fi|nan|zie|rung**

Re|fla|ti|on, die; -, -en ‹lat.› (*Finanzw.* Erhöhung der im Umlauf befindlichen Geldmenge); **re|fla|tio|när**

Re|flek|tant, der; -en, -en (↑R 197) ‹lat.› (*veraltend für* Bewerber, Kauflustiger); **re|flek|tie|ren** ([zu]rückstrahlen, wiedergeben, spiegeln; nachdenken, erwägen; in Betracht ziehen; Absichten haben auf etwas); **Re|flek|tor,** der; -s, ...oren ([Hohl]spiegel; Teil einer Richtantenne; Fernrohr mit Parabolspiegel); **re|flek|to|risch** (durch einen Reflex bedingt, Reflex...); **Re|flex,** der; -es, -e ‹franz.› (Widerschein, Rückstrahlung zerstreuten Lichts; unwillkürliches Ansprechen auf einen Reiz); **re|flex|ar|tig; Re|flex‿be|we|gung, ...hand|lung; Re|fle|xi|on,** die; -, -en ‹lat.› (Rückstrahlung von Licht, Schall, Wärme u. a.; Vertiefung in einen Gedankengang, Betrachtung); **Re|fle|xi|ons|win|kel** *(Physik)*; **re|fle|xiv** (*Psych.* durch Reflexion gewonnen, durch [Nach]denken u. Erwägen; *Sprachw.* rückbezüglich); -es Verb (rückbezügliches Verb, z. B. „sich schämen“); **Re|fle|xiv,** das; -s, -e [...və] (*svw.* Reflexivpronomen); **Re|fle|xiv|pro|no|men** (*Sprachw.* rückbezügliches Fürwort, z. B. „sich“ *in* „er wäscht sich“); **Re|fle|xi|vum** [...v...], das; -s, ...va [...va] (*älter für* Reflexivpronomen); **Re|flex|schal|tung** (*Elektrotechnik* Wendeschaltung)

Re|form, die; -, -en ‹lat.› (Umgestaltung; Verbesserung des Bestehenden; Neuordnung); **re|form.**, ref. = reformiert; **Re|for|ma|ti|on,** die; -, -en (Umgestaltung; *nur Sing.:* christl. Glaubensbewegung des 16. Jh.s, die zur Bildung der ev. Kirchen führt); **Re|for|ma|ti|ons‿fest, ...tag** (31. Okt.), **...zeit** (die; -), **...zeit|al|ter** (das; -s); **Re|for|ma|tor,** der; -s, ...oren; **re|for|ma|to|risch; re|form|be|dürf|tig; Re|form‿be|dürf|tig|keit, ...be|stre|bung** *(meist Plur.)*, **...be|we|gung; Re|for|mer** ‹engl.› (Verbesserer, Erneuerer); **Re|for|me|rin; re|for|me|risch; re|form|freu|dig; Re|form|haus; re|for|mie|ren** ‹lat.›; **re|for|miert** (*Abk.* ref., reform.); -e Kirche (↑R 157); **Re|for|mier|te,** der *u.* die; -n, -n; ↑R 7 ff. (Anhänger[in] der reformierten Kirche); **Re|for|mie|rung; Re|for|mis|mus,** der; -

Bewegung zur Verbesserung eines Zustandes od. Programms, bes. die Bestrebungen innerhalb der Arbeiterbewegung, soziale Verbesserungen durch Reformen, nicht durch Revolutionen zu erreichen); **Re|for|mist,** der; -en, -en (↑R 197); **re|for|mi|stisch; Re|form_klei|dung, ...kom|mu|nis|mus, ...kon|zil, ...kost, ...päd|ago|gik, ...po|li|tik** (die; -), **...wa|re** *(meist Plur.)*

Re|frain [re'frɛ̃:], der; -s, -s ‹franz.› (Kehrreim)

re|frak|tär ‹lat.› (*Med.* unempfindlich; unempfänglich für neue Reize); **Re|frak|ti|on,** die; -, -en (*Physik* [Strahlen]brechung an Grenzflächen zweier Medien); **Re|frak|to|me|ter,** das; -s, - (*Optik* Gerät zur Messung des Brechungsvermögens); **Re|frak|tor,** der; -s, ...oren (aus Linsen bestehendes Fernrohr); **Re|frak|tu|rie|rung** (*Med.* erneutes Brechen eines schlecht geheilten Knochens)

Re|fri|ge|ra|tor, der; -s, ...oren ‹lat.› (Kühler; Gefrieranlage)

Re|fu|gié [refy'ʒie:], der; -s, -s ‹franz.› (Flüchtling, bes. aus Frankreich geflüchteter Protestant [17. Jh.]); **Re|fu|gi|um** [re'fu:gium], das; -s, ...ien [...iən] ‹lat.› (Zufluchtsort)

re|fun|die|ren ‹lat.› (*österr. für* [Spesen, Auslagen] ersetzen, zurückerstatten)

Re|fus, Re|füs [rə'fy:, re...], der; - [...'fy:(s)], - [...'fy:s] ‹franz.› (*veraltet für* abschlägige Antwort, Ablehnung; Weigerung); **re|fü|sie|ren** *(veraltet)*

reg. = registered

Reg., Regt., Rgt. = Regiment

Reg, die; -, - ‹hamit.› (Geröllwüste)

[1]**Re|gal,** das; -s, -e ([Bücher-, Waren]gestell mit Fächern)

[2]**Re|gal,** das; -s, -e ‹franz.› (kleine, nur aus Zungenstimmen bestehende Orgel; Zungenregister der Orgel)

[3]**Re|gal,** das; -s, ...lien [...iən] *meist Plur.* ‹lat.› (*früher* [wirtschaftlich nutzbares] Hoheitsrecht, z. B. Zoll-, Münz-, Postrecht)

Re|gal|brett

re|ga|lie|ren ‹franz.› (*landsch. für* reichlich bewirten); sich - (sich an etwas satt essen, gütlich tun)

Re|ga|li|tät, die; -, -en ‹lat.› (*veraltet für* Anspruch auf Hoheitsrechte)

Re|gal_teil (das), **...wand**

Re|gat|ta, die; -, ...tten ‹ital.› (Bootswettfahrt); **Re|gat|ta|strecke** [*Trenn.* ...strek|ke]

Reg.-Bez. = Regierungsbezirk (↑R 38)

re|ge; reger, regste; - sein, werden; er ist körperl. und geistig -

Re|gel, die; -, -n ‹lat.›; **Re|gel|an|fra|ge** *(Amtsspr.);* **re|gel|bar; Re|gel|bar|keit,** die; -; **Re|gel|blu|tung; Re|gel|fall,** der; -[e]s; **re|gel|los;** -este; **Re|gel|lo|sig|keit; re|gel|mä|ßig;** -e Verben *(Sprachw.);* **Re|gel|mä|ßig|keit; re|geln;** ich ...[e]le (↑R 22); sich -; **re|gel|recht;** -este; **Re|gel_satz** (Richtsatz für die Bemessung von Sozialhilfeleistungen), **...schu|le, ...stu|di|en|zeit** (die; -), **...tech|nik** (die; -), **...tech|ni|ker, ...über|wa|chung; Re|ge|lung,** Reg|lung; **Re|ge|lungs|tech|nik,** die; - (*svw.* Regeltechnik); **re|gel|wid|rig; Re|gel|wid|rig|keit**

re|gen; sich -; sich - bringt Segen

Re|gen, der; -s, -; saurer - (Niederschlag, der schweflige Säure enthält); **re|gen|arm;** ...ärmer, ...ärmste; **Re|gen|bo|gen; Re|gen|bo|gen|far|ben** *Plur.;* in allen - schillern; **re|gen|bo|gen_far|ben** *od.* **...far|big; Re|gen|bo|gen|haut** (*für* [2]Iris); **Re|gen|bo|gen|haut|ent|zün|dung; Re|gen|bo|gen|pres|se,** die; - (vorwiegend triviale Unterhaltung, Gesellschaftsklatsch, Sensationsmeldungen u. a. druckende Wochenzeitschriften); **Re|gen|bo|gen|tri|kot,** das (Trikot des Radweltmeisters); **Re|gen_ca|pe, ...dach; re|gen|dicht**

Re|ge|ne|rat, das; -[e]s, -e ‹lat.› (durch chem. Aufbereitung gewonnenes Material); **Re|ge|ne|ra|ti|on,** die; -, -en (Neubildung [tier. od. pflanzl. Körperteile und zerstörter menschl. Körpergewebe]; Neubelebung; Wiederherstellung); **re|ge|ne|ra|ti|ons|fä|hig; Re|ge|ne|ra|ti|ons_fä|hig|keit** (die; -), **...zeit; Re|ge|ne|ra|tiv|ver|fah|ren** (*Technik* Verfahren zur Rückgewinnung von Wärme); **Re|ge|ne|ra|tor,** der; -s, ...oren (Wärmespeicher; Luftvorwärmer); **re|ge|ne|rie|ren** (erneuern, neu beleben); sich -

Re|gen_fall (der; *meist Plur.*), **...faß, ...front, ...guß, ...haut** (Ⓦ: wasserdichter Regenmantel), **...kar|te, ...man|tel, ...men|ge; re|gen|naß; Re|gen|pfei|fer** (ein Vogel); **re|gen|reich; Re|gen|rin|ne**

Re|gens, der; -, *Plur.* Regentes [...te:s] *u.* ...enten ‹lat.› (Vorsteher, Leiter [bes. kath. Priesterseminare])

Re|gens|burg (Stadt an der Donau); [1]**Re|gens|bur|ger** (↑R 147); - Domspatzen; [2]**Re|gens|bur|ger,** die; -, - (eine Wurstsorte)

Re|gen_schat|ten (die regenarme Seite eines Gebirges), **...schau|er** (der), **...schirm**

Re|gens cho|ri [- 'ko:ri], der; - -, Regentes - ‹lat.› (Chorleiter in der kath. Kirche); **Re|gens|cho|ri,** der; -, - (*österr. für* Regens chori)

Re|gen|schutz, der; -es; **re|gen|schwer;** -e Wolken

Re|gent, der; -en, -en (↑R 197) ‹lat.› (Staatsoberhaupt; Herrscher)

Re|gen|tag

Re|gen|tes (*Plur. von* Regens); **Re|gen|tin**

Re|gen_ton|ne, ...trop|fen

Re|gent|schaft; Re|gent|schafts|rat *Plur.* ...räte

Re|gen_wald, ...was|ser (das; -s), **...wet|ter** (das; -s), **...wol|ke, ...wurm, ...zeit**

Re|ger (dt. Komponist)

Re|gest, das; -[e]s, -en *meist Plur.* ‹lat.› (zusammenfassende Inhaltsangabe einer Urkunde)

Reg|gae ['rɛge:], der; -[s] ‹engl.› (auf Jamaika entstandene Stilrichtung der Popmusik)

Re|gie [re'ʒi:], die; - ‹franz.› (Spielleitung [bei Theater, Film, Fernsehen usw.]; verantwortliche Führung, Verwaltung); **Re|gie_an|wei|sung, ...as|si|stent, ...as|si|sten|tin, ...be|trieb** (Betrieb der öffentlichen Hand), **...ein|fall, ...feh|ler, ...ko|sten** (*Plur.;* Verwaltungskosten); **re|gie|lich; Re|gi|en** [re'ʒi:ən] *Plur.* (*österr. für* Regie-, Verwaltungskosten)

re|gier|bar; re|gie|ren ‹lat.› (lenken; [be]herrschen; *Sprachw.* einen bestimmten Fall fordern); (↑R 75:) Regierender Bürgermeister (*im Titel, sonst:* regierender Bürgermeister); **Re|gie|rung; Re|gie|rungs_an|tritt, ...bank** (*Plur.* ...bänke), **...be|am|te, ...be|zirk** (*Abk.* Reg.-Bez.), **...bil|dung, ...bünd|nis, ...chef, ...che|fin, ...de|le|ga|ti|on, ...di|rek|tor, ...er|klä|rung; re|gie|rungs|fä|hig; Re|gie|rungs|form; re|gie|rungs|freund|lich; Re|gie|rungs_ge|bäu|de, ...ge|walt, ...ko|ali|ti|on, ...kri|se, ...par|tei, ...prä|si|dent, ...prä|si|di|um, ...pro|gramm, ...rat** (*Plur.* ...räte; [höherer] Verwaltungsbeamter [*Abk.* Reg.-Rat]; *schweiz. für* Kantonsregierung und deren Mitglied); **re|gie|rungs|sei|tig** (*Amtsspr.* von [seiten] der Regierung); **Re|gie|rungs_sitz, ...spit|ze, ...spre|cher, ...spre|che|rin, ...sy|stem; re|gie|rungs|treu;** -[e]ste; **Re|gie|rungs_um|bil|dung, ...vier|tel, ...vor|la|ge, ...wech|sel, ...zeit; Re|gier|werk** (Gesamtheit von Pfeifen, Manualen u. Pedalen, Traktur u. Registratur einer Orgel)

Re|gime [re'ʒi:m], das; -s, *Plur.* - [re'ʒi:mə], *selten noch* -s ⟨franz.⟩ (*abwertend für* [diktatorische] Regierungsform; Herrschaft); **Re|gime‿kri|ti|ker, ...kri|ti|ke|rin**

Re|gi|ment, das; -[e]s, *Plur.* -e *u.* (*für* Truppeneinheiten:) -er ⟨lat.⟩ (Regierung; Herrschaft; größere Truppeneinheit; *Abk.* R., Reg[t]., Rgt.); **re|gi|men|ter|wei|se; Re|gi|ments‿arzt** *(Milit.)*, **...kom|man|deur, ...stab**

Re|gi|na (w. Vorn.)

Re|gi|nald (m. Vorn.)

Re|gi|ne (w. Vorn.)

Re|gio|lekt, der; -[e]s, -e ⟨lat.; griech.⟩ (Dialekt in rein geographischer Hinsicht); **Re|gi|on**, die; -, -en ⟨lat.⟩ (Gegend; Bereich); **re|gio|nal**; ↑R 180 (gebietsmäßig, -weise); **Re|gio|na|lis|mus**, der; -; ↑R 180 (Ausprägung landschaftlicher Sonderbestrebungen; Heimatkunst der Zeit nach 1900); **Re|gio|na|list**, der; -en, -en (↑R 197, R 180); **Re|gio|na|lis|mus; Re|gio|nal‿li|ga** (↑R 180; *Sport*), **...pla|nung** (Planung der räumlichen Ordnung und Entwicklung einer Region), **...pro|gramm** *(Rundf., Fernsehen)*

Re|gis|seur [reʒi'sø:r], der; -s, -e ⟨franz.⟩ (Spielleiter [bei Theater, Film, Fernsehen usw.]); **Re|gis|seu|rin**

Re|gi|ster, das; -s, - ⟨lat.⟩ ([alphabet. Inhalts]verzeichnis, Sach- od. Wortweiser, Liste; Stimmenzug bei Orgel und Harmonium); **re|gi|stered** ['rɛdʒistəd] ⟨engl.⟩ (in ein Register eingetragen; patentiert; gesetzlich geschützt; *Abk.* reg.); **Re|gi|ster|hal|ten**, das; -s (*Druckw.* genaues Aufeinanderpassen von Farben beim Mehrfarbendruck od. von Vorder- und Rückseite); **Re|gi|ster|ton|ne** (*Seew.* Einheit des Volumens für die Schiffsvermessung); **Re|gi|stra|tor**, der; -s, ...oren (*früher* Register führender Beamter; *auch für* Ordner[mappe]); **Re|gi|stra|tur**, die; -, -en (Aufbewahrungsstelle für Akten; Aktengestell, -schrank; die die Register und Koppeln auslösende Schaltvorrichtung bei Orgel und Harmonium); **Re|gi|strier|bal|lon** (*Meteor.* [unbemannter] mit Meßinstrumenten bestückter Treibballon zur Erforschung der höheren Luftschichten); **re|gi|strie|ren** ([in ein Register] eintragen; selbsttätig aufzeichnen; einordnen; *übertr. für* bewußt wahrnehmen; *bei Orgel u. Harmonium* Stimmkombinationen einschalten, Register ziehen); **Re|gi|strier|kas|se; Re|gi|strie|rung**

Re|gle|ment [reglə'mã:, *schweiz.* ...'mɛnt], das; -s, *Plur.* -s, *schweiz.* -e ⟨franz.⟩ ([Dienst]vorschrift; Geschäftsordnung); **re|gle|men|ta|risch** (den Vorschriften, Bestimmungen genau entsprechend); **re|gle|men|tie|ren** (durch Vorschriften regeln); **Re|gle|men|tie|rung; re|gle|ment‿mä|ßig** [reglə'mã:...], **...wid|rig**

Reg|ler

Re|glet|te, die; -, -n ⟨franz.⟩ (*Druckw.* Bleistreifen für den Zeilendurchschuß)

reg|los

Reg|lung *vgl.* Regelung

reg|nen; Reg|ner (ein Bewässerungsgerät); **reg|ne|risch**; -ste

Reg.-Rat = Regierungsrat (↑R 38)

Re|greß, der; ...gresses, ...gresse ⟨lat.⟩ (Ersatzanspruch, Rückgriff); **Re|greß|an|spruch** (Ersatzanspruch); **Re|gres|si|on**, die; -, -en (Rückbildung, -bewegung); **re|gres|siv** (zurückgehend, rückläufig; rückwirkend; rückschrittlich); **Re|greß|pflicht; re|greß|pflich|tig**

reg|sam; Reg|sam|keit, die; -

Regt., Rgt., R. = Regiment

Re|gu|la (w. Vorn.)

Re|gu|lar, der; -s, -e ⟨lat.⟩ (Mitglied eines katholischen Ordens); **re|gu|lär** (der Regel gemäß; vorschriftsmäßig, üblich); -es System (*Mineral.* Kristallsystem mit drei gleichen, aufeinander senkrecht stehenden Achsen); -e Truppen (gemäß dem Wehrgesetz eines Staates aufgestellte Truppen); **Re|gu|lar|geist|li|che; Re|gu|la|ri|en** [...i̯ən] *Plur.* (auf der Tagesordnung stehende, regelmäßig abzuwickelnde Vereinsangelegenheiten); **Re|gu|la|ri|tät**, die; -, -en (Regelmäßigkeit; Richtigkeit); **Re|gu|la|ti|on**, die; -, -en (*Biol., Med.* die Regelung der Organsysteme eines lebendigen Körpers durch verschiedene Steuerungseinrichtungen; Anpassung eines Lebewesens an Störungen); **Re|gu|la|ti|ons‿stö|rung, ...sy|stem; re|gu|la|tiv** (ein Regulativ darstellend, regulierend); **Re|gu|la|tiv**, das; -s, -e [...və] (regelnde Vorschrift; steuerndes Element); **Re|gu|la|tor**, der; -s, ...oren (regulierende Kraft, Vorrichtung; eine besondere Art Pendeluhr); **re|gu|lier|bar; re|gu|lie|ren** (regeln, ordnen; [ein]stellen); **Re|gu|lie|rung**

[1]**Re|gu|lus** (altröm. Feldherr); [2]**Re|gu|lus**, der; -, -se (*nur Sing.:* ein Stern; *veraltet für* gediegenes Metall)

Re|gung; re|gungs|los; Re|gungs|lo|sig|keit, die; -

Reh, das; -[e]s, -e

Re|ha|bi|li|tand, der; -en, -en (↑R 197) ⟨lat.⟩ (jmd., dem die Wiedereingliederung in das berufl. u. gesellschaftl. Leben ermöglicht werden soll); **Re|ha|bi|li|tan|din; Re|ha|bi|li|ta|ti|on**, die; -, -en (Gesamtheit der Maßnahmen, die mit der Wiedereingliederung in die Gesellschaft zusammenhängen; *auch für* Rehabilitierung); **Re|ha|bi|li|ta|ti|ons‿kli|nik, ...zen|trum; re|ha|bi|li|tie|ren**; sich - (sein Ansehen wiederherstellen); **Re|ha|bi|li|tie|rung** (Wiedereinsetzung [in die ehemaligen Rechte, in den früheren Stand]; Ehrenrettung)

Reh‿bein (*Tiermed.* Überbein beim Pferd), **...blatt** *(Jägerspr.)*, **...bock, ...bra|ten; reh|braun; Reh|brunft**

Re|he, die; - (*Tiermed.* eine Hufkrankheit)

reh|far|ben, reh|far|big; Reh‿geiß, ...jun|ge (das; -n; *österr. für* Rehklein), **...kalb, ...keu|le, ...kitz, ...klein** (das; -s; ein Gericht); **reh|le|dern; Reh|ling** (*landsch. für* Pfifferling); **Reh‿pol|sten** (grober Schrot), **...rücken** [*Trenn.* ...rük|ken], **...zie|mer** (Rehrücken)

Rei|bach, der; -s ⟨hebr.-jidd.⟩ (*ugs. für* Verdienst, Gewinn)

Reib|ah|le; Rei|be, die; -, -n; **Rei|be|brett** (zum Glätten des Putzes); **Reib|ei|sen; Rei|be‿ku|chen** (*landsch., bes. rhein. für* Kartoffelpuffer), **...laut** (*für* Frikativ); **rei|ben**; du riebst; du riebest; gerieben; reib[e]!; (↑R 68:) durch kräftiges Reiben säubern; **Rei|ber** (*auch landsch. für* Reibe); **Rei|be|rei** *meist Plur.* (kleine Streitigkeit); **Reib‿flä|che, ...ger|stel** (das; -s; *österr.* eine Suppeneinlage), **...kä|se; Rei|bung; Rei|bungs‿elek|tri|zi|tät, ...flä|che; rei|bungs|los**; -este; **Rei|bungs|lo|sig|keit**, die; -; **Rei|bungs‿ver|lust, ...wär|me, ...wi|der|stand; Reib|zun|ge** (*Zool.* Zunge von Weichtieren)

reich; (↑R 65:) arm u. reich (jedermann), a b e r : Arme und Reiche; der reichgeschmückte, reichverzierte Altar (↑*jedoch* R 209), a b e r : der Altar war reich geschmückt, reich verziert

Reich, das; -[e]s, -e; von -s wegen; (↑R 157:) das Deutsche -; das Römische -; das Heilige Römische - Deutscher Nation

reich|be|gü|tert; Rei|che, der *u.* die; -n, -n (↑R 7 ff.)

rei|chen (geben; sich erstrecken; auskommen; genügen)

Rei|chen|au, die; - (eine Insel im Bodensee)

reich|ge|schmückt; *vgl.* reich; **reich|hal|tig; Reich|hal|tig|keit,** die; -; **reich|lich;** (↑R 65:) auf das, aufs -ste; **Reich|lich|keit,** die; -

Reichs‿abt *(früher),* **...äb|tis|sin** *(früher),* **...acht** *(früher; vgl.* [3]Acht), **...ad|ler, ...ap|fel** (der; -s; Teil der Reichsinsignien), **...ar|chiv** (das; -[e]s; Sammelstelle der Reichsakten von 1871 bis 1945), **...bahn, ...bann** *(früher),* **...frei|herr** *(früher),* **...ge|richt** (das; -[e]s; höchstes dt. Gericht [1879 bis 1945]), **...gren|ze, ...grün|dung, ...in|si|gni|en** *(Plur.; früher);* **Reichs|kam|mer|ge|richt,** das; -[e]s (höchstes dt. Gericht [1495 bis 1806]); **Reichs‿kanz|ler** (leitender dt. Reichsminister [1871 bis 1945]), **...klein|odi|en** *(Plur.; früher);* **Reichs|kri|stall|nacht** *(vgl.* Kristallnacht); **Reichs|mark** (dt. Währungseinheit [1924 bis 1948]; *Abk.* RM); **reichs|mit|tel|bar** *(früher);* **Reichs‿pfen|nig** (dt. Münzeinheit [1924 bis 1948]), **...prä|si|dent** (dt. Staatsoberhaupt [1919 bis 1934]), **...rat** (der; -[e]s; Vertretung der dt. Länder beim Reich [1919 bis 1934]), **...stadt** (*Bez. für* die früheren reichsunmittelbaren Städte), **...stän|de** (*Plur.; früher* die reichsunmittelbaren Fürsten, Städte u.a. des Deutschen Reiches), **...tag** (*früher* Versammlung der Reichsstände [bis 1806]; *nur Sing.:* dt. Volksvertretung [1871 bis 1945]; Parlament bestimmter Staaten); **Reichs|tags|brand,** der; -[e]s (Brand des Berliner Reichstagsgebäudes am 27.2.1933); **reichs|un|mit|tel|bar** (*früher* Kaiser und Reich unmittelbar unterstehend); **Reichs|ver|si|che|rungs|ord|nung,** die; - (Gesetz zur Regelung der öffentl.-rechtl. Invaliden-, Kranken- und Unfallversicherung; *Abk.* RVO); **Reichs|wehr,** die; - (Bez. des dt. 100000-Mann-Heeres von 1921 bis 1935)

Reich|tum, der; -s, ...tümer; **reich|ver|ziert;** *vgl.* reich

Reich|wei|te

Rei|der|land, *auch* Rhei|der|land, das; -[e]s (Teil Ostfrieslands)

reif (vollentwickelt; geeignet)

[1]**Reif,** der; -[e]s (gefrorener Tau)

[2]**Reif,** der; -[e]s, -e (*geh. für* Reifen, Diadem, Fingerring)

Rei|fe, die; - (z.B. von Früchten); mittlere - (Abschluß der Realschule od. der 10. Klasse der höheren Schule); **Rei|fe|grad;** [1]**rei|fen** (reif werden); die Frucht ist gereift; ein gereifter Mann

[2]**rei|fen** ([1]Reif ansetzen); es hat gereift

Rei|fen, der; -s, -; **Rei|fen‿druck, ...pan|ne, ...pro|fil, ...scha|den, ...spiel, ...wech|sel**

Rei|fe|prü|fung; Rei|fe|rei (Raum, in dem bereits geerntete Früchte [bes. Bananen] nachreifen); **Rei|fe‿zeit, ...zeug|nis**

Reif|glät|te

reif|lich

Reif|rock *(veraltet)*

Rei|fung, die; - (das Reifwerden); **Rei|fungs|pro|zeß**

Rei|gen, *veraltet* Rei|hen, der; -s, - (ein Tanz); **Rei|gen‿füh|rer, ...tanz**

Rei|he, die; -, -n; in, außer der -; der - nach; an der - sein; an die - kommen; in Reih und Glied (↑R 18); arithmetische -, geometrische -, unendliche - *(Math.);* [1]**rei|hen** (in Reihen ordnen; lose, vorläufig nähen); er reihte, *landsch. u. fachspr. auch* rieh; gereiht, *landsch. u. fachspr. auch* geriehen

[2]**rei|hen** (*Jägerspr.* während der Paarungszeit zu mehreren einer Ente folgen [von Erpeln])

[1]**Rei|hen,** der; -s, - (*südd. für* Fußrücken)

[2]**Rei|hen** *vgl.* Reigen

Rei|hen‿bil|dung, ...dorf, ...fol|ge, ...grab, ...haus, ...mo|tor, ...schal|tung (*für* Serienschaltung), **...sied|lung, ...un|ter|su|chung; rei|hen|wei|se**

Rei|her, der; -s, - (ein Vogel); **Rei|her‿bei|ze** (*Jägerspr.* Reiherjagd), **...fe|der, ...horst** *(vgl.* [2]Horst); **rei|hern** (*ugs. für* erbrechen); **Rei|her|schna|bel** (eine Pflanze)

Reih‿fa|den, ...garn

...rei|hig (z.B. einreihig); **reih|um;** es geht -; **Rei|hung**

Reih|zeit (*Jägerspr.* Paarungszeit der Enten)

Reim, der; -[e]s, -e; *Verslehre:* ein stumpfer (männlicher) -, ein klingender (weiblicher) -; **Reim‿art, ...chro|nik** (im MA.); **rei|men;** sich -; **Rei|mer** (*veraltet für* jmd., der Verse schreibt); **Rei|me|rei; Reim|le|xi|kon; reim|los**

Re|im|plan|ta|ti|on [re(:)im...], die; -, -en ⟨lat.⟩ (*Med.* Wiedereinpflanzung [z.B. von Zähnen]); **re|im|plan|tie|ren**

Re|im|port [re(:)im...], der; -[e]s, -e ⟨lat.⟩ (Wiedereinfuhr bereits ausgeführter Güter); ↑R 36; **re|im|por|tie|ren**

Reims [*franz.* rɛ̃:s] (franz. Stadt)

Reim|schmied (*scherzh. für* Versemacher)

Reim|ser ⟨*zu* Reims⟩ (↑R 147)

Rei|mund *vgl.* [1]Raimund

Reim|wort *Plur.* ...wörter

[1]**rein;** ↑R 16 (*ugs. für* herein, hinein)

[2]**rein;** ein reingoldener, reinsilberner Ring (↑*jedoch* R 209), aber: der Ring ist rein golden, rein silbern; *nur zusammen* (↑R 209): reinleinen, reinseiden, reinwollen u.a., aber: rein Leder *od.* aus rein Leder *(Kaufmannsspr.);* - halten, machen, aber (↑R 68): das große Rein[e]machen; *vgl.* reinwaschen, sich; (↑R 65:) ins reine bringen, kommen, schreiben; mit etwas, mit jmdm. im reinen sein; (↑R 7:) reinen Sinnes; rein Schiff! (seemänn. Kommando); [3]**rein** (*ugs. für* durchaus, ganz, gänzlich); er ist - toll; er war - weg (ganz hingerissen); *vgl.* rein[e]weg

Rein, die; -, -en (*südd. u. österr. ugs. für* flacher Kochtopf)

Rei|nald, Rai|nald (m. Vorn.)

rein|but|tern; ↑R 16 (*ugs. für* Geld hineinstecken)

Rein|del, Reindl, das; -s, -n (*südd. u. österr. Verkleinerungsform von* Rein); **Reind|ling** (*südostösterr.* ein Hefekuchen)

Rei|ne, die; - (*geh. für* Reinheit)

Rei|ne|clau|de [rɛnə'klo:də] *vgl.* Reneklode

Rein|ein|nah|me *(Wirtsch.)*

Rei|ne|ke Fuchs (Name des Fuchses in der Tierfabel)

Rei|ne|ma|che|frau, Rein|ma|che|frau; **Rei|ne|ma|chen,** Rein|ma|chen, das; -s *(landsch.); vgl.* rein

Rei|ner, Rai|ner (m. Vorn.)

rein|er|big (*für* homozygot); **Rein‿er|hal|tung** (die; -), **...er|lös, ...er|trag**

Rei|net|te [rɛ'nɛtə] *vgl.* Renette

rei|ne|weg, rein|weg (*ugs. für* ganz und gar); das ist - zum Tollwerden, aber: er war rein weg (ganz hingerissen)

Rein|fall, der; ↑R 16 *(ugs.);* **rein|fal|len;** ↑R 16 *(ugs.)*

Re|in|farkt [re(:)in...], der; -[e]s, -e ⟨lat.⟩ (*Med.* wiederholter Infarkt)

Re|in|fek|ti|on [re(:)in...], die; -, -en ⟨lat.⟩ (*Med.* erneute Infektion); **re|in|fi|zie|ren;** sich -

Rein|ge|schmeck|te *vgl.* Hereingeschmeckte

Rein‿ge|wicht, ...ge|winn; rein|gol|den; *vgl.* rein; **Rein|hal|tung,** die; -

rein|hän|gen, sich (*ugs. für* sich einer Sache annehmen, sich engagieren)

Rein|hard (m. Vorn.)

Rein|hardt (österr. Schauspieler u. Theaterleiter)

Rein|heit, die; -; **Rein|heits|ge|bot,** das; -[e]s (Gesetz für das

Brauen von Bier in Deutschland)
Rein|hild, Rein|hil|de (w. Vorn.); **Rein|hold** (m. Vorn.)
rei|ni|gen; Rei|ni|ger; Rei|ni|gung; die rituelle - *(Rel.);* **Rei|ni|gungs‿creme, ...in|sti|tut, ...milch, ...mit|tel** (das)
Re|in|kar|na|ti|on [re(:)in...], die; -, -en ‹lat.› (Wiederverkörperung von Gestorbenen)
rein|kom|men; ↑R 16 *(ugs.);* **rein|krie|gen;** ↑R 16 *(ugs.)*
Rein|kul|tur
rein|las|sen; ↑R 16 *(ugs.)*
rein|le|gen; ↑R 16 *(ugs.)*
rein|lei|nen; *vgl.* rein; **rein|lich; Rein|lich|keit,** die; -; **rein|lich|keits|lie|bend; Rein|ma|che|frau** *vgl.* Reinemachefrau; **Rein|ma|chen** *vgl.* Reinemachen
Rein|mar (m. Eigenn.)
Rein|nickel [*Trenn.* ...nik|kel], das
Rei|nold (m. Vorn.)
rein|ras|sig; Rein|ras|sig|keit, die; -
rein|rei|ßen; ↑R 16 *(ugs.);* **rein|rei|ten;** ↑R 16 *(ugs. für* in eine unangenehme Lage bringen)
Rein|schiff, das (gründliche Schiffsreinigung); **Rein|schrift; rein|schrift|lich; rein|sei|den;** *vgl.* rein; **rein|sil|bern;** *vgl.* rein; **Rein|ver|mö|gen** *(Wirtsch.);* **rein|wa|schen,** sich; ↑R 205 (seine Unschuld beweisen); **reinweg** *vgl.* reineweg; **rein|wol|len;** *vgl.* rein; **Rein|zucht**
[1]**Reis** (*Plur. von* [2]Real)
[2]**Reis,** Johann Philipp (Erfinder des Telefons)
[3]**Reis,** das; -es, -er (kleiner, dünner Zweig; Pfropfreis)
[4]**Reis,** der; -es, *Plur.* (*für* Reisarten:) -e ‹griech.› (ein Getreide); **Reis|bau,** der; -[e]s
Reis|be|sen (*svw.* Reisigbesen)
Reis‿brannt|wein, ...brei
Reis|chen, Reis|lein ‹*zu* [3]Reis›
Rei|se, die; -, -n; **Rei|se‿an|denken, ...apo|the|ke, ...be|glei|ter, ...be|glei|te|rin, ...be|kannt|schaft, ...be|richt, ...be|schrei|bung, ...be|steck, ...buch, ...buch|han|del, ...bü|ro, ...bus, ...decke** [*Trenn.* ...dek|ke], **...di|plo|ma|tie, ...er|leb|nis; rei|se|fer|tig; Rei|se‿fie|ber, ...füh|rer, ...füh|re|rin, ...geld, ...ge|päck; Rei|se|ge|päck|ver|si|che|rung; Rei|se‿ge|schwin|dig|keit, ...ge|sell|schaft, ...ka|der** (*ehem. in der DDR* jmd., der zu Reisen ins [westl.] Ausland zugelassen war), **...ko|sten** *(Plur.),* **...krank|heit** (die; -), **...kre|dit|brief, ...land** (*Plur.* ...länder), **...lei|ter** (der), **...lei|te|rin, ...lek|tü|re, ...lust** (die; -); **rei|se|lu|stig; rei|sen;** du reist; du rei|stest; gereist; reis[e]!; **Rei|sen|de,** der *u.* die; -n, -n (↑R 7 ff.); **Rei|se‿ne|ces|saire, ...on|kel** (*scherzh. für* Mann, der oft und gern reist), **...paß, ...plan** (*vgl.* [2]Plan), **...pro|spekt, ...pro|vi|ant**
Rei|ser|be|sen (*svw.* Reisigbesen)
Rei|ser|chen *Plur.*
Rei|se|rei (dauerndes Reisen)
rei|sern (*Jägerspr.* Witterung [von Zweigen u. Ästen] nehmen)
Rei|se‿rou|te, ...ruf, ...sai|son, ...scheck, ...schil|de|rung, ...schreib|ma|schi|ne, ...spe|sen *(Plur.),* **...ta|sche, ...tip, ...ver|an|stal|ter, ...ver|kehr** (der; -s); **Rei|se|ver|kehrs‿kauf|frau, ...kauf|mann; Rei|se‿vor|be|rei|tun|gen** *(Plur.),* **...wecker** [*Trenn.* ...wek|ker], **...wet|ter** (das; -s), **...wet|ter|be|richt, ...wet|ter|ver|si|che|rung, ...zeit, ...ziel**
Reis|feld
Reis|holz, das; -es (*veraltet für* Reisig)
rei|sig (*veraltet für* beritten)
Rei|sig, das; -s; **Rei|sig‿be|sen, ...bün|del**
Rei|si|ge, der; -n, -n; ↑R 7 ff. (*im Mittelalter* berittener Söldner)
Rei|sig|holz, das; -es
Reis|korn *Plur.* ...körner
Reis|lauf, der; -[e]s (*früher bes. in der Schweiz* Eintritt in fremden Dienst als Söldner); **Reis|läu|fer**
Reis|lein *vgl.* Reischen
Reis‿mehl, ...pa|pier, ...rand *(Gastron.)*
Reiß|ah|le; Reiß|aus; *nur in* - nehmen (*ugs. für* davonlaufen); **Reiß‿bahn** (*Flugw.* abreißbarer Teil der Ballonhülle), **...blei** (das; Graphit), **...brett** (Zeichenbrett)
Reis‿schleim, ...schnaps
rei|ßen; du reißt, er reißt; du rissest, er riß; gerissen; reiß[e]!; reißende (wilde) Tiere; *vgl. auch* hinreißen; **Rei|ßen,** das; -s (*ugs. auch für* Rheumatismus); **rei|ßend;** -er Strom; -e Schmerzen; -er Absatz; **Rei|ßer** (*ugs. für* besonders spannender, effektvoller Film, Roman u. a.); **rei|ße|risch;** -ste; -e Schlagzeilen; **Reiß|fe|der; reiß|fest; Reiß|fe|stig|keit,** die; -; **Reiß‿lei|ne** (am Fallschirm u. an der Reißbahn), **...li|nie** (*für* Perforation), **...na|gel** (*svw.* Reißzwecke), **...schie|ne, ...teu|fel** (*ugs. für* jmd., der seine Kleidung rasch verschleißt)
Reis‿stroh|tep|pich, ...sup|pe
Reiß|ver|schluß; Reiß|ver|schluß|sy|stem, das; -s *(Straßenverkehr);* sich nach dem - einfädeln; **Reiß‿wolf** (der), **...wol|le, ...zahn, ...zeug, ...zir|kel, ...zwecke** [*Trenn.* ...zwek|ke]
Rei|ste, die; -, -n (*schweiz. für* Holzrutsche, [3]Riese); **rei|sten** (*schweiz. für* Holz von den Bergen niederrutschen lassen)
Reis|wein
Reit|bahn
Rei|tel, der; -s, - (*mitteld. für* Drehstange, Knebel); **Rei|tel|holz** *(mitteld.)*
rei|ten; du reitest; du rittst (rittest), er ritt; du rittest; geritten; reit[e]!; **rei|tend;** -e Artillerie, -e Post; [1]**Rei|ter**
[2]**Rei|ter,** die; -, -n (*landsch., bes. österr. für* [Getreide]sieb)
Rei|ter|an|griff; Rei|te|rei; Rei|te|rin; rei|ter|lich; rei|ter|los; Rei|ter|re|gi|ment; Rei|ters|mann *Plur.* ...männer *u.* ...leute; **Rei|ter|stand|bild; Reit‿ger|te, ...ho|se**
Reit im Winkl (Ort in Bayern)
Reit‿leh|rer, ...leh|re|rin, ...peit|sche, ...pferd, ...schu|le (*südwestd. u. schweiz. auch für* Karussell), **...sport** (der; -[e]s), **...stie|fel, ...stun|de, ...tier, ...tur|nier; Reit- und Fahr|tur|nier** (↑R 32); **Reit- und Spring|tur|nier** (↑R 32); **Reit‿un|ter|richt, ...weg**
Reiz, der; -es, -e; (↑R 65:) der Reiz des Neuen; **reiz|bar; Reiz|bar|keit,** die; -; **rei|zen;** du reizt; **rei|zend;** -ste; **Reiz‿gas, ...hu|sten**
Reiz|ker, der; -s, - ‹slaw.› (ein Pilz)
Reiz|kli|ma; reiz|los; -este; **Reiz|lo|sig|keit,** die; -; **Reiz|mit|tel,** das; **Reiz‿schwel|le** *(Psych., Physiol.),* **...stoff, ...the|ra|pie, ...über|flu|tung; Rei|zung; reiz|voll; Reiz‿wä|sche, ...wort** (Emotionen auslösendes Wort)
Re|ka|pi|tu|la|ti|on, die; -, -en ‹lat.› (Wiederholung, Zusammenfassung); **re|ka|pi|tu|lie|ren**
Re|kel, der; -s, - (*nordd. für* grober, ungeschliffener Mensch); **Re|ke|lei; re|keln,** sich (sich behaglich recken und dehnen); ich ...[e]le mich (↑R 22)
Re|kla|mant, der; -en, -en (↑R 197) ‹lat.› (*Rechtsw.* Beschwerdeführer); **Re|kla|ma|ti|on,** die; -, -en (Beanstandung); **Re|kla|me,** die; -, -n (Werbung; Anpreisung von Waren); **Re|kla|me‿feld|zug, ...flä|che; re|kla|me|haft; Re|kla|me|ma|che|rei** *(ugs.);* **Re|kla|me‿pla|kat, ...rum|mel** *(ugs.),* **...trick; Re|kla|me|trom|mel;** die - rühren (Reklame machen); **re|kla|mie|ren** ([zurück]fordern; Einspruch erheben, beanstanden)
re|ko|gnos|zie|ren ‹lat.› (*veraltet für* [die Echtheit] anerkennen; *scherzh. für* auskundschaften; *früher, heute noch schweiz. für* erkunden, aufklären [beim Militär]); **Re|ko|gnos|zie|rung**

Re|kom|man|da|ti|on, die; -, -en ‹franz.› (*veraltet für* Empfehlung); **Re|kom|man|da|ti|onsschrei|ben** *(veraltet);* **re|komman|die|ren** (*veraltet, aber noch landsch. für* empfehlen; *österr. für* [einen Brief] einschreiben lassen)
Re|kom|pens, die; -, -en ‹lat.› (*Wirtsch.* Entschädigung); **Rekom|pen|sa|ti|on; re|kom|pensie|ren**
re|kon|stru|ier|bar; re|kon|struie|ren ‹lat.› ([den ursprüngl. Zustand] wiederherstellen oder nachbilden; den Ablauf eines früheren Vorganges oder Erlebnisses wiedergeben; *regional auch für* renovieren, sanieren); **Re|kon|stru|ie|rung; Re|konstruk|ti|on,** die; -, -en
re|kon|va|les|zent [...v...] ‹lat.› (*Med.* genesend); **Re|kon|va|leszent,** der; -en, -en (↑R 197); **Rekon|va|les|zen|tin; Re|kon|vales|zenz,** die; -; **re|kon|va|leszie|ren**
Re|kord, der; -[e]s, -e ‹engl.›; **Rekord|be|such; Re|kor|der** *vgl.* Recorder; **Re|kord‿er|geb|nis, ...ern|te, ...flug, ...hal|ter, ...halte|rin, ...hö|he, ...in|ter|na|tio|nale** (der *u.* die; -n, -n; ↑R 180; *Sport*), **...lei|stung, ...mar|ke, ...ver|such, ...wei|te, ...zahl, ...zeit**
Re|krea|ti|on, die; -, -en (↑R 180) ‹lat.› (*veraltet für* Erholung; Erfrischung); **re|kre|ie|ren** *(veraltet)*
Re|krut, der; -en, -en (↑R 197) ‹franz.› (Soldat in der ersten Zeit der Ausbildung); **Re|kru|ten‿aus|bil|der, ...aus|bil|dung, ...zeit; re|kru|tie|ren** (*Milit. veraltet für* Rekruten ausheben, mustern); sich - (sich zusammensetzen, sich bilden); **Re|kru|tie|rung**
Rek|ta (*Plur. von* Rektum); **rek|tal** ‹lat.› (*Med.* auf den Mastdarm bezüglich); **Rek|tal‿er|näh|rung, ...nar|ko|se, ...tem|pe|ra|tur; rekt|an|gu|lär** (*veraltet für* rechtwinklig); **Rek|ta|pa|pier** (*Bankw.* Wertpapier, auf dem der Besitzer namentlich genannt ist); **Rektaszen|si|on,** die; -, -en (*Astron.* gerades Aufsteigen eines Sternes); **Rek|ta|wech|sel** (*Bankw.* auf den Namen des Inhabers ausgestellter Wechsel); **Rek|ti|fika|ti|on,** die; -, -en (*veraltet für* Berichtigung; *Chemie* Reinigung durch wiederholte Destillation; *Math.* Bestimmung der Länge einer Kurve); **Rek|ti|fi|zier|an|lage** (Reinigungsanlage); **rek|ti|fizie|ren** (*zu* Rektifikation); **Rekti|on,** die; -, -en ‹lat.› (*Sprachw.* Fähigkeit eines Wortes [z. B. eines Verbs, einer Präposition], den Kasus des von ihm abhängenden Wortes zu bestimmen); **Rek|to,** das; -s, -s (*fachspr. für* [Blatt]vorderseite); **Rek|tor,** der; -s, ...oren (Leiter einer [Hoch]schule; kath. Geistlicher an einer Nebenkirche u. ä.); **Rek|to|rat,** das; -[e]s, -e (Amt[szimmer], Amtszeit eines Rektors); **Rek|to|rats|re|de** (Rede eines Hochschulrektors bei der Übernahme seines Amtes); **Rek|to|ren|kon|fe|renz; Rek|to|rin; Rek|tor|re|de; Rekto|skop,** das; -s, -e ‹lat.; griech.› (*Med.* Spiegel zur Mastdarmuntersuchung); **Rek|to|sko|pie,** die; -, ...ien; **Rek|tum,** das; -s, ...ta ‹lat.› (Mastdarm)
re|kul|ti|vie|ren [...v...] ‹franz.› (unfruchtbar gewordenen Boden wieder nutzbar machen); **Re|kulti|vie|rung**
Re|ku|pe|ra|tor, der; -s, ...oren ‹lat.› (Wärmeaustauscher zur Rückgewinnung der Wärme heißer Abgase)
re|kur|rie|ren ‹lat.› (auf etwas zurückkommen; zu etwas seine Zuflucht nehmen); **Re|kurs,** der; -es, -e (das Zurückgehen, Zuflucht; *Rechtsw.* Beschwerde, Einspruch); **Re|kurs|an|trag; rekur|siv** (*Math.* zurückgehend bis zu bekannten Werten)
Re|lais [rə'lɛ:], das; - [rə'lɛ:(s)], - [rə'lɛ:s] ‹franz.› (*Elektrotechnik* Schalteinrichtung; *Postw. früher* Auswechslung[sstelle] der Pferde); **Re|lais|sta|ti|on**
Re|la|ti|on, die; -, -en ‹lat.› (Beziehung, Verhältnis); **Re|la|ti|onsbe|griff** (*Philos.* Begriff der Vergleichung und Entgegensetzung); **re|la|tiv** [*auch* 're:...] (bezüglich; verhältnismäßig; vergleichsweise; bedingt); -e (einfache) Mehrheit; **Re|la|tiv,** das; -s, -e [...və] (*Sprachw.* Relativpronomen; Relativadverb); **Re|la|tivad|verb** (*Sprachw.* bezügliches Umstandswort, z. B. „wo" in „dort, wo der Fluß tief ist"); **rela|ti|vie|ren** [...v...] (in eine Beziehung bringen; einschränken); **Re|la|ti|vis|mus,** der; - (philosophische Lehre, für die alle Erkenntnis nur relativ, nicht allgemeingültig ist); **re|la|ti|vi|stisch; Re|la|ti|vi|tät,** die; -, -en (Bezüglichkeit, Bedingtheit; *nur Sing.:* das Relativsein); **Re|la|ti|vi|tätstheo|rie,** die; - (von Einstein begründete physikalische Theorie); **Re|la|tiv|pro|no|men** (*Sprachw.* bezügliches Fürwort, z. B. „das" in: „Ein Buch, das ich kenne."); **Re|la|tiv|satz**
re|laxed [ri'lɛkst] ‹engl.› (*ugs. für* entspannt); **re|la|xen** [ri'lɛksən] (sich entspannen); **Re|la|xing,** das; -s (das Relaxen)
Re|lease [ri'li:s], das; -, -s [...sis] ‹engl.› (Einrichtung zur Heilung Rauschgiftsüchtiger); **Release-Cen|ter; Re|lea|ser** (Psychotherapeut od. Sozialarbeiter, der bei der Behandlung Rauschgiftsüchtiger mitwirkt); **Release-Zen|trum** (*svw.* Release-Center)
Re|le|ga|ti|on, die; -, -en ‹lat.› (Verweisung von der [Hoch]schule; *Sport* Relegationsspiele); **Re|le|ga|ti|ons|spiel** (*Sport* über Ab- od. Aufstieg entscheidendes Qualifikationsspiel); **rele|gie|ren** (von der [Hoch]schule verweisen)
re|le|vant [...v...]; -este ‹lat.› (erheblich, wichtig); **Re|le|vanz,** die; -
Re|li|ef, das; -s, *Plur.* -s *u.* -e ‹franz.› (über eine Fläche erhaben hervortretendes Bildwerk; *Geogr.* Form der Erdoberfläche, plastische Nachbildung der Oberfläche eines Geländes); **reli|ef|ar|tig; Re|li|ef‿druck** (*Plur.* ...drucke; Hoch-, Prägedruck), **...glo|bus, ...kar|te** *(Kartographie),* **...kli|schee** *(Druckw.),* **...pfei|ler, ...sticke|rei** [*Trenn.* ...stik|ke...]
Re|li|gi|on, die; -, -en ‹lat.›; natürliche, [ge]offenbarte, positive, monotheistische -; **Re|li|gi|ons‿be|kennt|nis, ...buch, ...frei|heit** (die; -), **...frie|de, ...ge|meinschaft, ...ge|schich|te** (die; -), **...krieg, ...leh|re, ...leh|rer, ...lehre|rin; re|li|gi|ons|los; Re|li|gions|lo|sig|keit,** die; -; **Re|li|gions‿phi|lo|so|phie, ...psy|cholo|gie, ...so|zio|lo|gie, ...stif|ter, ...strei|tig|kei|ten** *(Plur.),* **...stunde, ...un|ter|richt, ...wis|senschaft** (die; -); **re|li|gi|ons|wissen|schaft|lich; Re|li|gi|ons|zuge|hö|rig|keit; re|li|gi|ös;** -este ‹franz.›; eine -e Bewegung; **Re|ligio|se,** der *u.* die; -n, -n *meist Plur.;* ↑R 180 ‹lat.› (Mitglied einer Ordensgemeinschaft); **Re|ligio|si|tät,** die; - (↑R 180)
re|likt ‹lat.› (*Biol.* in Resten vorkommend [von Tieren, Pflanzen]); **Re|likt,** das; -[e]s, -e (Rest; Überbleibsel); **Re|lik|ten** *Plur.* (*veraltet für* Hinterbliebene; Hinterlassenschaft); **Re|lik|ten‿fau|na** (die; -; *Zool.* Überbleibsel einer früheren Tierwelt), **...flo|ra** (die; -; *Bot.*); **Re|liktform** *(Sprachw.)*
Re|ling, die; -, *Plur.* -s, *seltener* -e ([Schiffs]geländer, Brüstung)
Re|li|qui|ar, das; -s, -e ‹lat.› (Reliquienbehälter); **Re|li|quie** [...iə],

die; -, -n (Überrest, Gegenstand eines Heiligen); **Re|li|qui|en₋be|häl|ter, ...schrein**
Re|lish ['rɛlɪʃ], das; -s, -es [...ʃɪs] ‹engl.› (würzige Soße aus Gemüsestückchen)
Re|ma|gen (Stadt am Mittelrhein)
Re|make [ri'me:k], das; -s, -s ‹engl.› (Neuverfilmung, Neufassung einer künstlerischen Produktion)
Re|ma|nenz, die; - ‹lat.› (*Physik* Restmagnetismus)
Re|marque [rə'mark] (dt. Schriftsteller)
Re|ma|su|ri *vgl.* Ramasuri
Rem|bours [rã'bu:r], der; - [rã'bu:r(s)], - [rã'bu:rs] (*Überseehandel* Finanzierung und Geschäftsabwicklung über eine Bank); **Rem|bours₋ge|schäft, ...kre|dit**
Rem|brandt (niederl. Maler); - van Rijn [fan *od.* van 'rɛin]
Re|me|di|um, das; -s, *Plur.* ...ien [...iən] *u.* ...ia ‹lat.› (*Med.* Arzneimittel; *Münzw.* zulässiger Mindergehalt [der Münzen an edlem Metall]); **Re|me|dur,** die; -, -en (*veraltend für* Abhilfe); - schaffen
Re|mi|gi|us (ein Heiliger)
Re|mi|grant, der; -en, -en (↑R 197) ‹lat.› (Rückwanderer, zurückgekehrter Emigrant); **Re|mi|gran|tin**
re|mi|li|ta|ri|sie|ren ‹franz.› (wiederbewaffnen; das aufgelöste Heerwesen eines Landes von neuem organisieren); **Re|mi|li|ta|ri|sie|rung,** die; -
Re|mi|nis|zenz, die; -, -en ‹lat.› (Erinnerung; Anklang); **Re|mi|nis|ze|re** ‹„gedenke!“› (fünfter Sonntag vor Ostern)
re|mis [rə'mi:] ‹franz.› (unentschieden); **Re|mis,** das; - [rə'mi:(s)], *Plur.* - [rə'mi:s] *u.* -en [...zən] (unentschiedenes Spiel); **Re|mi|se,** die; -, -n (*veraltend für* Geräte-, Wagenschuppen; *Jägerspr.* Schutzgehölz für Wild); **Re|mis|si|on,** die; -, -en ‹lat.› (*Buchw.* Rücksendung von Remittenden; *Med.* vorübergehendes Nachlassen von Krankheitserscheinungen; *Physik* das Zurückwerfen von Licht an undurchsichtigen Flächen); **Re|mit|ten|de,** die; -, -n (*Buchw.* beschädigtes od. fehlerhaftes Druckerzeugnis, das an den Verlag zurückgeschickt wird); **Re|mit|tent,** der; -en, -en; ↑R 197 (*Wirtsch.* Wechselnehmer); **re|mit|tie|ren** (*Buchw.* zurücksenden; *Med.* nachlassen [vom Fieber])
Rem|mi|dem|mi, das; -s (*ugs. für* lärmendes Treiben, Trubel)
re|mon|tant [*auch* remɔ̃'tant] ‹franz.› (*Bot.* zum zweitenmal blühend); **Re|mon|tant|ro|se; Re|mon|te** [*auch* re'mɔ̃:tə], die; -, -n (*früher* junges Militärpferd); **re|mon|tie|ren** [*auch* remɔ̃...] (*Bot.* zum zweitenmal blühen od. fruchten; *früher* den militär. Pferdebestand durch Jungpferde ergänzen); **Re|mon|tie|rung; Re|mon|toir|uhr** [remɔ̃'toa:r...] (*veraltet für* ohne Schlüssel aufzieh- und stellbare Taschenuhr)
Re|mor|queur [...'kø:r], der; -s, -e ‹franz.› (*österr. für* kleiner Schleppdampfer)
Re|mou|la|de [...mu...], die; -, -n ‹franz.› (eine Kräutermayonnaise); **Re|mou|la|den|so|ße**
Rem|pe|lei (*ugs.*); **rem|peln** (*ugs. für* absichtlich stoßen); ich ...[e]le (↑R 22); **Remp|ler** (*ugs. für* Stoß)
Remp|ter *vgl.* Remter
Rems, die; - (r. Nebenfluß des Neckars)
Rem|scheid (Stadt in Nordrhein-Westfalen)
Rem|ter, der; -s, - ‹lat.› (Speise-, Versammlungssaal [in Burgen und Klöstern])
Re|mu|ne|ra|ti|on, die; -, -en ‹lat.› (*veraltet, noch österr. für* Entschädigung, Vergütung); *vgl.* aber: Renumeration; **re|mu|ne|rie|ren** (*veraltet, noch österr.*)
Re|mus (Zwillingsbruder des Romulus)
[1]**Ren** [re:n, rɛn], das; -s, *Plur.* Re̲ne *u.* -s [rɛns] ‹nord.› (ein nordländ. Hirsch)
[2]**Ren,** der; -s, -es [...ne:s] ‹lat.› (*Med.* Niere)
Re|nais|sance [rənɛ'sã:s], die; -, -n [...sən] ‹franz.› (*nur Sing.*: auf der Antike aufbauende kulturelle Bewegung vom 14. bis 16. Jh.; erneutes Aufleben); **Re|nais|sance₋dich|ter, ...ma|ler, ...stil** (der; -[e]s), **...zeit** (die; -)
Re|na|ta, Re|na|te (w. Vorn.)
re|na|tu|rie|ren ‹lat.› (in einen naturnahen Zustand zurückführen); **Re|na|tu|rie|rung**
Re|na|tus (m. Vorn.)
Re|nault Ⓦ [rə'no:] (Kraftfahrzeugmarke)
Ren|con|tre *vgl.* Renkontre
Ren|dant, der; -en, -en (↑R 197) ‹franz.› (Rechnungsführer); **Ren|dan|tur,** die; -, -en ‹lat.› (*veraltet für* Gelder einnehmende und auszahlende Behörde); **Ren|de|ment** [rãdə'mã:], das; -s, -s ‹franz.› (Gehalt an reinen Bestandteilen, bes. Gehalt an reiner Wolle); **Ren|dez|vous** [rãde'vu:], das; - [...'vu:(s)], - [...'vu:s] (Verabredung [von Verliebten]; Begegnung von Raumfahrzeugen im Weltall); **Ren|dez|vous₋ma|nö|ver, ...tech|nik; Ren|di|te** [rɛn...], die; -, -n ‹ital.› (*Wirtsch.* Verzinsung, Ertrag); **Ren|di|ten|haus** (*schweiz. für* Mietshaus); **Ren|di|te|ob|jekt**
Re|né [rə'ne:] (m. Vorn.)
Re|ne|gat, der; -en, -en (↑R 197) ‹lat.› (jmd., der seine bisherige politische od. religiöse Überzeugung wechselt; Abtrünniger); **Re|ne|ga|ten|tum,** das; -s
Re|ne|klo|de, die; -, -n ‹franz.› (eine Edelpflaume); *vgl.* Reineclaude *u.* Ringlotte
Re|net|te, die; -, -n ‹franz.› (ein Apfel); *vgl.* Reinette
Ren|for|cé [rãfɔr'se:], der *od.* das; -s, -s ‹franz.› (ein Baumwollgewebe)
re|ni|tent; -este ‹lat.› (widerspenstig, widersetzlich); **Re|ni|ten|te,** der *u.* die; -n, -n (↑R 7 ff.); **Re|ni|tenz,** die; - (renitentes Verhalten)
Ren|ke, die; -, -n *u.* Ren|ken, der; -s, - (ein Fisch in den Voralpenseen)
ren|ken (*veraltet für* drehend hin und her bewegen)
Ren|kon|tre [rã'kɔ̃:tər, *auch* ...trə], das; -s, -s ‹franz.› (*veraltend für* feindliche Begegnung; Zusammenstoß)
Renk|ver|schluß (*für* Bajonettverschluß)
Renn₋au|to, ...bahn, ...boot; ren|nen; du ranntest; *selten:* du renntest; gerannt; renn[e]!; **Ren|nen,** das; -s, -; **Ren|ner** (*ugs. auch für* etwas, was erfolgreich, beliebt ist; Verkaufsschlager); **Ren|ne|rei; Renn₋fah|rer, ...fah|re|rin, ...fie|ber** (das; -s), **...jacht, ...lei|ter** (der), **...ma|schi|ne** (Motorrad für Rennen), **...pferd, ...pi|ste, ...platz, ...rad, ...rei|ter, ...ro|deln** (das; -s), **...sport** (der; -[e]s), **...stall**
Renn|steig, *auch* **Renn|stieg** *od.* Renn|weg, der; -[e]s (Kammweg auf der Höhe des Thüringer Waldes u. Frankenwaldes)
Renn₋strecke [*Trenn.* ...strek|ke], **...wa|gen**
Renn|weg *vgl.* Rennsteig
Re|noir [rə'noa:r] (franz. Maler und Graphiker)
Re|nom|ma|ge [...'ma:ʒə], die; -, -n ‹franz.› (*veraltet für* Prahlerei); **Re|nom|mee,** das; -s, -s ([guter] Ruf, Leumund); **re|nom|mie|ren** (prahlen); **Re|nom|mier|stück; re|nom|miert;** -este (berühmt, angesehen, namhaft); **Re|nom|mist,** der; -en, -en; ↑R 197 (Prahlhans); **Re|nom|mi|ste|rei**
Re|non|ce [re'nɔ̃:s(ə)], die; -, -n ‹franz.› (*Kartenspiel* Fehlfarbe)
Re|no|va|ti|on [...v...], die; -, -en

⟨lat.⟩ (*schweiz., sonst veraltet für* Renovierung); **re|no|vie|ren** (erneuern, instand setzen); **Re|no|vie|rung**
Ren|sei|gne|ment [rãsɛnjə'mã:], das; -s, -s ⟨franz.⟩ (*veraltet für* Auskunft, Nachweis)
ren|ta|bel (zinstragend; einträglich); ...a|bles Geschäft; **Ren|ta|bi|li|tät,** die; - (Einträglichkeit, Verzinsung[shöhe]); **Ren|ta|bi|li|täts-ge|sichts|punkt, ...prü|fung, ...rech|nung; Rent|amt** (*früher* Rechnungsamt); **Ren|te,** die; -, -n ⟨franz.⟩ (regelmäßiges Einkommen [aus Vermögen od. rechtl. Ansprüchen]); eine lebenslängliche -; **Ren|tei** (*svw.* Rentamt); **Ren|ten-al|ter** (im - sein), **...an|lei|he** (Anleihe des Staates, für die kein Tilgungszwang besteht), **...an|pas|sung, ...an|spruch, ...bank** (*Plur.* ...banken), **...ba|sis, ...be|mes|sungs|grund|la|ge, ...be|ra|ter, ...be|ra|tung, ...emp|fän|ger, ...em|pfän|ge|rin, ...mark** (die; -, -; dt. Währungseinheit [1923]), **...markt** (Handel mit festverzinsl. Wertpapieren), **...pa|pier** (*svw.* Rentenwert); **ren|ten|pflich|tig; Ren|ten-rech|nung** *(Math.),* **...re|form, ...schein, ...ver|schrei|bung** (ein Wertpapier, das die Zahlung einer Rente verbrieft), **...ver|si|che|rung, ...wert** (ein Wertpapier mit fester Verzinsung), **...zah|lung**
[1]**Ren|tier** [*auch* 'rɛn...] (*svw.* [1]Ren)
[2]**Ren|tier** [...'tie:], der; -s, -s ⟨franz.⟩ (*veraltend für* Rentner; jmd., der von den Erträgen seines Vermögens lebt); **ren|tie|ren** [...'ti:...] (Gewinn bringen); sich - (sich lohnen)
Ren|tier|flech|te [*auch* 'rɛn...] ([Futter für das [1]Ren liefernde] Flechte nördlicher Länder)
ren|tier|lich (*svw.* rentabel); **Rent|ner; Rent|ner|fun|zel** (*ugs. für* Zusatzbremsbeleuchtung an der Heckscheibe); **Rent|ne|rin**
Re|nu|me|ra|ti|on, die; -, -en ⟨lat.⟩ (*Wirtsch.* Rückzahlung); *vgl.* aber: Remuneration; **re|nu|me|rie|ren**
Re|nun|tia|ti|on, Re|nun|zia|ti|on, die; -, -en ⟨lat.⟩ (Abdankung [eines Monarchen]); **re|nun|zie|ren**
Re|ok|ku|pa|ti|on, die; -, -en ⟨lat.⟩ (Wiederbesetzung); **re|ok|ku|pie|ren**
Re|or|ga|ni|sa|ti|on, die; -, -en *Plur. selten* ⟨lat.; franz.⟩ (Neugestaltung, Neuordnung); **Re|or|ga|ni|sa|tor,** der; -s, ...oren; **re|or|ga|ni|sie|ren**
re|pa|ra|bel ⟨lat.⟩ (wiederherstellbar, ersetzbar); ...a|ble Schäden; **Re|pa|ra|teur** [...'tø:r], der; -s, -e (jmd., der etwas berufsmäßig repariert); **Re|pa|ra|ti|on,** die; -, -en (Wiederherstellung; *nur Plur.:* Kriegsentschädigung); **Re|pa|ra|ti|ons-lei|stung, ...zah|lung; Re|pa|ra|tur,** die; -, -en; **re|pa|ra|tur|an|fäl|lig; Re|pa|ra|tur|an|nah|me; re|pa|ra|tur|be|dürf|tig; Re|pa|ra|tur-ko|sten** *(Plur.),* **...werk|statt; re|pa|rie|ren**
re|par|tie|ren ⟨franz.⟩ (*Börse* Wertpapiere aufteilen, zuteilen); **Re|par|ti|ti|on,** die; -, -en
re|pas|sie|ren ⟨franz.⟩ (Laufmaschen aufnehmen); **Re|pas|sie|re|rin** (Arbeiterin, die Laufmaschen aufnimmt)
re|pa|tri|ie|ren ⟨lat.⟩ (die frühere Staatsangehörigkeit wiederverleihen; Kriegs-, Zivilgefangene in die Heimat entlassen); **Re|pa|tri|ie|rung**
Re|per|kus|si|on, die; -, -en ⟨lat.⟩ (*Musik* Sprechton beim Psalmenvortrag; Durchführung des Themas durch alle Stimmen der Fuge)
Re|per|toire [...'toa:r], das; -s, -s ⟨franz.⟩ (Vorrat einstudierter Stücke usw., Spielplan); **Re|per|toire|stück** (populäres, immer wieder gespieltes Stück); **Re|per|to|ri|um,** das; -s, ...ien [...iən] ⟨lat.⟩ (wissenschaftl. Nachschlagewerk)
Re|pe|tent, der; -en, -en (↑R 197) ⟨lat.⟩ (Schüler, der eine Klasse wiederholt; *veraltet für* Repetitor); **re|pe|tie|ren** (wiederholen); **Re|pe|tier-ge|wehr, ...uhr** (Taschenuhr mit Schlagwerk); **Re|pe|ti|ti|on,** die; -, -en (Wiederholung); **Re|pe|ti|tor,** der; -s, ...oren (jmd., der mit Studenten den Lehrstoff [zur Vorbereitung auf das Examen] wiederholt; *auch für* Korrepetitor); **Re|pe|ti|to|ri|um,** das; -s, ...ien [...iən] (*veraltend für* Wiederholungsunterricht, -buch)
Re|plik, die; -, -en ⟨franz.⟩ (Gegenrede, Erwiderung; vom Künstler selbst angefertigte Nachbildung eines Originals); **re|pli|zie|ren** ⟨lat.⟩
re|po|ni|bel ⟨lat.⟩ (*Med.* sich reponieren lassend); ...i|bler Bruch; **re|po|nie|ren** ([Knochen, Organe] wieder in die normale Lage zurückbringen)
Re|port, der; -[e]s, -e ⟨franz.⟩ (Bericht, Mitteilung; *Börse* Kursaufschlag bei der Verlängerung von Termingeschäften); **Re|por|ta|ge** [...'ta:ʒə, *österr.* ...'ta:ʒ], die; -, -n [...'ta:ʒ(ə)n] (Bericht[erstattung] über ein aktuelles Ereignis); **Re|por|ter,** der; -s, - ⟨engl.⟩ (Zeitungs-, Fernseh-, Rundfunkberichterstatter); **Re|por|te|rin**
Re|po|si|ti|on, die; -, -en ⟨lat.⟩ (*Med.* das Reponieren)
re|prä|sen|ta|bel ⟨franz.⟩ (würdig; stattlich; wirkungsvoll); ...a|ble Erscheinung; **Re|prä|sen|tant,** der; -en, -en; ↑R 197 (Vertreter, Abgeordneter); **Re|prä|sen|tan|ten|haus; Re|prä|sen|tan|tin; Re|prä|sen|tanz,** die; -, -en ([geschäftl.] Vertretung); **Re|prä|sen|ta|ti|on,** die; -, -en ([Stell]vertretung; *nur Sing.:* standesgemäßes Auftreten, gesellschaftl. Aufwand); **Re|prä|sen|ta|ti|ons-auf|wen|dung, ...gel|der** *(Plur.),* **...schluß** (*Statistik* bei Stichproben u. Schätzungen angewandtes Schlußverfahren); **re|prä|sen|ta|tiv** (vertretend; typisch; wirkungsvoll); -e Demokratie; **Re|prä|sen|ta|tiv-bau** (*Plur.* ...bauten), **...be|fra|gung** *(Statistik),* **...er|he|bung, ...ge|walt** (die; -; *Politik*); **Re|prä|sen|ta|ti|vi|tät** [...v...], die; -; **Re|prä|sen|ta|tiv-sy|stem** *(Politik),* **...um|fra|ge; re|prä|sen|tie|ren** (vertreten; etwas darstellen; standesgemäß auftreten)
Re|pres|sa|lie [...iə], die; -, -n *meist Plur.* ⟨lat.⟩ (Vergeltungsmaßnahme, Druckmittel); **Re|pres|si|on,** die; -, -en (Unterdrückung [von Kritik, polit. Bewegungen u. ä.]); **re|pres|si|ons|frei; Re|pres|si|ons|in|stru|ment; re|pres|siv** (unterdrükkend, Druck ausübend); -e Maßnahmen; **Re|pres|siv|zoll** (Schutzzoll)
Re|print, der; -s, -s ⟨engl.⟩ (*Buchw.* unveränderter Nachdruck, Neudruck)
Re|pri|se, die; -, -n ⟨franz.⟩ (*Börse* Kurserholung; *Musik* Wiederholung; *Theater, Film* Wiederaufnahme [eines Stückes] in den Spielplan; Neuauflage einer Schallplatte)
re|pri|va|ti|sie|ren [...v...] ⟨franz.⟩ (staatliches od. gesellschaftliches Eigentum in Privatbesitz zurückführen); **Re|pri|va|ti|sie|rung**
Re|pro, die; -, -s *u.* das; -s, -s ⟨*Kurzform von* Reproduktion⟩ (*Druckw.* fotografische Reproduktion einer Bildvorlage)
Re|pro|ba|ti|on, die; -, -en ⟨lat.⟩ (*Rechtsspr. veraltet für* Mißbilligung); **re|pro|bie|ren**
Re|pro|duk|ti|on, die; -, -en ⟨lat.⟩ (Nachbildung; Wiedergabe [durch Druck]; Vervielfältigung); **Re|pro|duk|ti|ons-fak|tor** *(Kernphysik),* **...for|schung, ...me|di|zin, ...tech|nik, ...ver|fah|ren; re|pro|duk|tiv; re|pro|du|zie|ren** (*zu* Reproduktion); **Re|pro|gra|phie,** die; -, ...ien (Sam-

melbezeichnung für verschiedene Kopierverfahren)

[1]**Reps,** der; -es, *Plur. (Sorten:)* -e (*südd. für* Raps)

[2]**Reps, Reps|se** *Plur.* (*kurz für* Republikaner [Mitglieder einer rechtsgerichteten Partei])

Rep|til, das; -s, *Plur.* -ien [...i̯ən], *selten* -e ‹franz.› (Kriechtier); **Rep|ti|li|en|fonds** (*iron. für* Geldfonds, über dessen Verwendung hohe Regierungsstellen keine Rechenschaft abzulegen brauchen)

Re|pu|blik, die; -, -en ‹franz.›; **Re|pu|bli|ka|ner; Re|pu|bli|ka|ne|rin; re|pu|bli|ka|nisch;** -ste; **Re|pu|bli|ka|nis|mus,** der; - (*veraltend für* Streben nach einer republikan. Verfassung); **Re|pu|blik|flucht** (Flucht aus der ehem. DDR); *vgl.* [2]Flucht; **re|pu|blik|flüch|tig; Re|pu|blik|flücht|ling**

Re|pu|dia|ti|on, die; -, -en (↑R 180) ‹lat.› (*Wirtsch.* Verweigerung der Annahme von Geld wegen geringer Kaufkraft)

Re|pul|si|on, die; -, -en ‹franz.› (*Technik* Ab-, Zurückstoßung); **Re|pul|si|ons|mo|tor; re|pul|siv** (zurück-, abstoßend)

Re|pun|ze, die; -, -n ‹lat.; ital.› (Stempel [für Feingehalt bei Waren aus Edelmetall]); **re|pun|zie|ren** (mit einem Feingehaltsstempel versehen)

Re|pu|ta|ti|on, die; - ‹lat.-franz.› ([guter] Ruf, Ansehen); **re|pu|tier|lich** (*veraltet für* ansehnlich; achtbar; ordentlich)

Re|qui|em [...i̯ɛm], das; -s, *Plur.* -s, *österr.* ...quien [...i̯ən] ‹lat.› (*kath. Kirche* Totenmesse; *Musik* [1]Messe); **re|qui|es|cat in pa|ce** [...kat - 'pa:tsə] („er [sie] ruhe in Frieden!") (*Abk.* R. I. P.)

re|qui|rie|ren ‹lat.› (beschlagnahmen [für milit. Zwecke]; *veraltet für* um Rechtshilfe ersuchen); **Re|qui|sit,** das; -[e]s, -en (Zubehör; Gegenstand, der für eine Theateraufführung od. eine Filmszene verwendet wird); **Re|qui|si|te,** die; -, -n (Requisitenkammer; für die Requisiten zuständige Stelle beim Theater); **Re|qui|si|ten|kam|mer; Re|qui|si|teur** [...'tø:r], der; -s, -e ‹franz.› (*Theater, Film* Verwalter der Requisiten); **Re|qui|si|ti|on,** die; -, -en (*zu* requirieren)

resch; -este (*bayr. u. österr. für* knusperig, lebhaft, munter)

Re|schen|paß, der; ...passes *u.* **Re|schen|schei|deck,** das; -s (österr.-ital. Alpenpaß)

Re|se|da, die; -, *Plur.* ...den, *selten* -s ‹lat.› (eine Pflanze); **re|se|da|far|ben; Re|se|de,** die; -, -n (Reseda)

Re|sek|ti|on, die; -, -en ‹lat.› (*Med.* operative Entfernung kranker Organteile)

Re|ser|va|ge [...va:ʒə], die; - ‹franz.› (*Textilwirtsch.* Schutzbeize, die das Aufnehmen von Farbe verhindert); **Re|ser|vat** [...v...], das; -[e]s, -e ‹lat.› (Vorbehalt; Sonderrecht; großes Freigehege für gefährdete Tierarten; *auch für* Reservation); **Re|ser|va|tio men|ta|lis,** die; - -, ...tiones [...ne:s] ...tales [...le:s] (*svw.* Mentalreservation); **Re|ser|va|ti|on,** die; -, -en (Vorbehalt; den Indianern vorbehaltenes Gebiet in Nordamerika); **Re|ser|vat|recht** (Sonderrecht); **Re|ser|ve,** die; -, -n ‹franz.› (Ersatz; Vorrat; *Milit.* nicht aktive Wehrpflichtige; *Wirtsch.* Rücklage; *nur Sing.:* Zurückhaltung, Verschlossenheit); in - (vorrätig); [Leutnant usw.] der - (*Abk.* d. R.); **Re|ser|ve‿bank** (*Sport*), **...fonds** (*Wirtsch.* Rücklage), **...ka|ni|ster, ...of|fi|zier, ...rad, ...rei|fen, ...spie|ler, ...spie|le|rin, ...tank, ...übung; re|ser|vie|ren** ‹lat.› (aufbewahren; vormerken, vorbestellen, [Platz] freihalten); **re|ser|viert;** -este (*auch für* zurückhaltend, kühl); **Re|ser|viert|heit,** die; -; **Re|ser|vie|rung; Re|ser|vist,** der; -en, -en; ↑R 197 (Soldat der Reserve); **Re|ser|voir** [...'vo̯a:r], das; -s, -e ‹franz.› (Sammelbecken, Behälter)

re|se|zie|ren ‹lat.› (*Verb zu* Resektion)

Re|si (w. Vorn.)

Re|si|dent, der; -en, -en (↑R 197) ‹franz.› (*veraltet für* Geschäftsträger; *veraltend für* Regierungsvertreter, Statthalter); **Re|si|denz,** die; -, -en ‹lat.› (Wohnsitz des Staatsoberhauptes, eines Fürsten, eines hohen Geistlichen; Hauptstadt); **Re|si|denz‿pflicht** (die; -), **...stadt, ...thea|ter; re|si|die|ren** (seinen Wohnsitz haben [bes. von regierenden Fürsten]); **re|si|du|al** (*Med.* zurückbleibend, restlich); **Re|si|du|um** [...du̯um], das; -s, ...duen [...du̯ən] (Rest [als Folge einer Krankheit])

Re|si|gna|ti|on, die; -, -en *Plur. selten* ‹lat.› (Ergebung in das Schicksal; Verzicht); **re|si|gna|tiv** (durch Resignation gekennzeichnet); **re|si|gnie|ren; re|si|gniert;** -este (mutlos, niedergeschlagen)

Re|si|nat, das; -[e]s, -e ‹lat.› (*Chemie* Salz der Harzsäure)

Ré|si|stance [rezis'tã:s], die; - ‹franz.› (franz. Widerstandsbewegung gegen die deutsche Besatzung im 2. Weltkrieg); **re|si|stent;** -este ‹lat.› (widerstandsfähig); **Re|si|stenz,** die; -, -en (Widerstand[sfähigkeit]); passive -; **re|si|stie|ren** (widerstehen; ausdauern); **re|si|stiv** (widerstehend, hartnäckig)

Re|skript, das; -[e]s, -e ‹lat.› (feierl. Rechtsentscheidung des Papstes od. eines Bischofs)

re|so|lut; -este ‹lat.› (entschlossen, beherzt, tatkräftig); **Re|so|lut|heit,** die; -; **Re|so|lu|ti|on,** die; -, -en (Beschluß, Entschließung); **re|sol|vie|ren** [...v...] (*veraltet für* beschließen)

Re|so|nanz, die; -, -en ‹lat.› (*Musik, Physik* Mittönen, -schwingen; Widerhall, Zustimmung); **Re|so|nanz‿bo|den** (*Musik* Schallboden), **...fre|quenz** (*Physik*), **...ka|sten** (*Musik*), **...kör|per, ...raum; Re|so|na|tor,** der; -s, ...oren (mitschwingender Körper)

Re|so|pal ®, das; -s (ein Kunststoff)

re|sor|bie|ren ‹lat.› (ein-, aufsaugen); **Re|sorp|ti|on,** die; -, -en (Aufnahme [gelöster Stoffe in die Blut- bzw. Lymphbahn]); **Re|sorp|ti|ons|fä|hig|keit**

re|so|zia|li|sier|bar; re|so|zia|li|sie|ren (↑R 180); **Re|so|zia|li|sie|rung** (↑R 180) ‹lat.› (schrittweise Wiedereingliederung von Straffälligen in die Gesellschaft)

resp. = respektive

Re|spekt, der; -[e]s ‹franz.› (Achtung; Ehrerbietung; *Buchw., Kunstw.* leerer Rand [bei Drucksachen, Kupferstichen]); **re|spek|ta|bel** (ansehnlich; angesehen); ...a|ble Größe; **Re|spek|ta|bi|li|tät,** die; - (Ansehen); **Re|spekt|blatt** (*Buchw.* leeres Blatt am Anfang eines Buches); **re|spekt|ein|flö|ßend** (↑R 209); **re|spek|tie|ren** (achten, in Ehren halten; *Wirtsch.* einen Wechsel bezahlen); **re|spek|tier|lich** (*veraltend für* ansehnlich, achtbar); **Re|spek|tie|rung,** die; -; **re|spek|tiv** ‹lat.› (*veraltet für* jeweilig); **re|spek|ti|ve** [...və] (beziehungsweise; oder; und; *Abk.* resp.); **re|spekt|los;** -este; **Re|spekt|lo|sig|keit; Re|spekts|per|son; re|spekt|voll**

Res|pi|ghi [...gi] (ital. Komponist)

Re|spi|ra|ti|on, die; - ‹lat.› (*Med.* Atmung); **Re|spi|ra|ti|ons|ap|pa|rat; Re|spi|ra|tor,** der; -s, ...oren (Beatmungsgerät); **re|spi|ra|to|risch** (die Atmung betreffend, auf ihr beruhend); **re|spi|rie|ren** (atmen)

re|spon|die|ren ‹lat.› (*veraltet für* antworten); **Re|spons,** der; -es, -e (auf eine Initiative o. ä. hin erfolgende Reaktion); **re|spon|sa-**

bel (*veraltet für* verantwortlich); ...a|ble Stellung; **Re|spon|so|ri|um,** das; -s, ...ien [...i̯ən] (liturg. Wechselgesang)

Res|sen|ti|ment [rɛsãti'mã:], das; -s, -s ‹franz.› (gefühlsmäßige Abneigung)

Res|sort [rɛ'so:r], das; -s, -s ‹franz.› (Geschäfts-, Amtsbereich); **res|sor|tie|ren** [rɛsɔr'ti:...] (*veraltend für* zugehören, unterstehen); **Res|sort|lei|ter** [rɛ'so:r...], der; **res|sort|mä|ßig** ([amts]zuständig); **Res|sort|mi|ni|ster**

Res|sour|ce [rɛ'sursə], die; -, -n *meist Plur.* ‹franz.› (Rohstoff-, Erwerbsquelle; Geldmittel)

Rest, der; -[e]s, *Plur.* -e *u. (Kaufmannsspr., bes. von Schnittwaren:)* -er, *schweiz.* -en ‹lat.›; **Rest‿ab|schnitt, ...al|ko|hol** (der; -s); **Re|stant,** der; -en, -en; ↑R 197 (*Bankw.* rückständiger Schuldner; nicht abgeholtes Wertpapier; *Wirtsch.* Ladenhüter); **Re|stan|ten|li|ste**

Re|stau|rant [rɛsto'rã:], das; -s, -s ‹franz.› (Gaststätte); **Re|stau|ra|teur** [...tora'tø:r], der; -s, -e (*schweiz., sonst veraltet für* Gastwirt); **Re|stau|ra|ti|on** [...tau...], die; -, -en ‹lat.› (Wiederherstellung eines Kunstwerkes; Wiederherstellung der alten Ordnung nach einem Umsturz; *österr., sonst veraltend für* Gastwirtschaft); **Re|stau|ra|ti|ons|ar|beit** *meist Plur.;* **Re|stau|ra|ti|ons|be|trieb; Re|stau|ra|ti|ons‿po|li|tik** (die; -), **...zeit; Re|stau|ra|tor,** der; -s, ...oren (Wiederhersteller [von Kunstwerken]); **Re|stau|ra|to|rin; re|stau|rie|ren** (wiederherstellen, ausbessern [bes. von Kunstwerken]); sich - (sich erholen, sich erfrischen); **Re|stau|rie|rung**

Rest‿be|stand, ...be|trag; Re|sten, Re|ster (*Plur. von* Rest); **Re|ste‿ver|kauf, ...ver|wer|tung; Rest‿grup|pe, ...harn**

re|sti|tu|ie|ren ‹lat.› (wiederherstellen; zurückerstatten, ersetzen); **Re|sti|tu|ti|on,** die; -, -en; **Re|sti|tu|ti|ons‿edikt** (das; -[e]s; von 1629), **...kla|ge** (*Rechtsw.* Klage auf Wiederaufnahme eines Verfahrens)

Rest|ko|sten|rech|nung (*Wirtsch.* ein Kalkulationsverfahren); **rest|lich; Rest|loch** *(Bergbau);* **rest|los; Rest|nut|zungs|dau|er** *(Wirtsch.);* **Rest|po|sten**

Re|strik|ti|on, die; -, -en ‹lat.› (Einschränkung, Vorbehalt); **Re|strik|ti|ons|maß|nah|me** *(Politik);* **re|strik|tiv** (ein-, beschränkend, einengend); -e Konjunktion (*Sprachw.* einschränkende Konjunktion, z. B. „insofern"); **re|strin|gie|ren** (*selten für* einschränken)

Rest‿ri|si|ko, ...stra|fe

re|struk|tu|rie|ren ‹lat.› (durch bestimmte Maßnahmen neu gestalten, neu ordnen, neu strukturieren); **Re|struk|tu|rie|rung** (Umgestaltung, Neuordnung)

Rest‿sum|me, ...sü|ße (die; -; *Weinbau*), **...ur|laub, ...wär|me**

Re|sul|tan|te, die; -, -n ‹franz.› (*Physik* Ergebnisvektor von verschieden gerichteten Bewegungs- od. Kraftvektoren); **Re|sul|tat,** das; -[e]s, -e (Ergebnis); **re|sul|ta|tiv** (ein Resultat bewirkend); -e Verben (*Sprachw.* Verben, die das Ergebnis eines Vorgangs mit einschließen, z. B. „aufessen"); **re|sul|tat|los; re|sul|tie|ren** (sich [als Schlußfolgerung] ergeben; folgen); **Re|sul|tie|ren|de,** die; -n, -n; ↑R 7 ff. (*svw.* Resultante)

Re|sü|mee, das; -s, -s ‹franz.› (Zusammenfassung); **re|sü|mie|ren**

Ret *vgl.* Reet

Re|ta|bel, das; -s, - ‹franz.› (*Kunstw.* Altaraufsatz)

Re|tard [rə'ta:r], der; -s ‹franz.› (Verzögerung [bei Uhren]); den Hebel auf - stellen; **Re|tar|da|ti|on,** die; -, -en ([Entwicklungs]verzögerung, Verlangsamung); **re|tar|die|ren** (verzögern, zurückbleiben); retardierendes Moment (bes. im Drama)

Re|ten|ti|on, die; -, -en ‹lat.› (*Med.* Zurückhaltung von auszuscheidenden Stoffen im Körper)

Re|thel (dt. Maler)

Re|ti|kül, der *od.* das; -s, *Plur.* -e *u.* -s ‹franz.› (*svw.* Ridikül); **re|ti|ku|lar, re|ti|ku|lär** ‹lat.› (*Med.* netzartig, netzförmig); **re|ti|ku|liert** (mit netzartigem Muster); -e Gläser; **Re|ti|na,** die; -, ...nae [...nɛ] (*Med.* Netzhaut des Auges); **Re|ti|ni|tis,** die; -, ...itiden (Netzhautentzündung)

Re|ti|ra|de, die; -, -n ‹franz.› (*veraltet für* Toilette); **re|ti|rie|ren** (*veraltet, noch scherzh. für* sich zurückziehen)

Re|tor|si|on, die; -, -en ‹lat.› (*Rechtsspr.* Gegenmaßnahme; Vergeltung); **Re|tor|te,** die; -, -n ‹franz.› (Destillationsgefäß); **Re|tor|ten‿ba|by** (durch künstl. Befruchtung außerhalb des Mutterleibes entstandenes Kind), **...gra|phit** (der; -s; *Chemie* graphitähnlich aussehender Stoff aus fast reinem Kohlenstoff), **...koh|le** (die; -; *svw.* Retortengraphit)

re|tour [re'tu:r] ‹franz.› (*landsch., österr., schweiz., sonst veraltet für* zurück); **Re|tour|bil|lett** (*schweiz., sonst veraltet für* Rückfahrkarte); **Re|tou|re** [re'tu:rə], die; -, -n *meist Plur.* (*Wirtsch.* Rücksendung an den Verkäufer); **Re|tour‿[fahr|]kar|te** (*österr., sonst veraltet für* Rückfahrkarte), **...gang** (*österr. für* Rückwärtsgang), **...kut|sche** (*ugs. für* Zurückgeben eines Vorwurfs, einer Beleidigung); **re|tour|nie|ren** [retur...] (*Wirtsch.* zurücksenden [an den Verkäufer]; *Tennis* den vom Gegner geschlagenen Ball zurückschlagen); **Re|tour‿sen|dung** [re'tu:r...], **...spiel** (*österr. u. schweiz. für* Rückspiel)

Re|trai|te [rə'trɛ:tə], die; -, -n ‹franz.› (*Milit. veraltet für* Rückzug; Zapfenstreich der Kavallerie)

Re|trak|ti|on, die; -, -en ‹lat.› (*Med.* Schrumpfung)

Re|tri|bu|ti|on, die; -, -en ‹lat.› (*veraltet für* Rückgabe, Wiedererstattung)

Re|trie|val [ri'tri:v(ə)l], das; -s ‹engl.› (*EDV* das Suchen u. Auffinden gespeicherter Daten in einer Datenbank)

re|tro|da|tie|ren ‹lat.› (*veraltet für* zurückdatieren); **Re|tro|fle|xi|on,** die; -, -en (*Med.* Rückwärtsknickung von Organen); **re|tro|grad** (rückläufig; rückgebildet); **Re|tro|spek|ti|on,** die; -, -en (Rückschau, Rückblick); **re|tro|spek|tiv** (rückschauend, rückblickend); **Re|tro|spek|ti|ve** [...və], die; -, -n (*svw.* Retrospektion; *auch für* Präsentation des [Früh]werks eines Künstlers o. ä.); **Re|tro|ver|si|on** [...v...], die; -, -en (*Med.* Rückwärtsneigung, bes. der Gebärmutter); **re|tro|ver|tie|ren** (zurückwenden, zurückneigen); **re|tro|ze|die|ren** (*veraltet für* zurückweichen; [etwas] wieder abtreten; *Wirtsch.* rückversichern); **Re|tro|zes|si|on** (*veraltet für* Wiederabtretung; *Wirtsch.* bes. Form der Rückversicherung)

Ret|si|na, der; -[s], *Plur. (Sorten:)* -s ‹neugriech.› (geharzter griech. Weißwein)

ret|ten; Ret|ter; Ret|te|rin

Ret|tich, der; -s, -e ‹lat.›

rett|los (*Seemannsspr.* unrettbar); -es Schiff; **Ret|tung** (*nur Sing.: österr. auch kurz für* Rettungsdienst); **Ret|tungs‿ak|ti|on, ...an|ker, ...arzt, ...ba|ke, ...bom|be** *(Bergbau),* **...boot, ...dienst, ...flug|zeug, ...gür|tel, ...hub|schrau|ber, ...in|sel; ret|tungs|los; Ret|tungs‿mann|schaft, ...ring, ...sa|ni|tä|ter, ...schlauch** (der Feuerwehr), **...schlit|ten** (der Bergwacht); **Ret|tungs|schuß;** *in der Fügung* finaler -

(*Amtsspr.* Todesschuß, der in einer Notsituation zur Rettung einer Person auf den Täter abgegeben werden kann); **Ret|tungs‿schwim|men** (das; -s), **...schwim|mer, ...sta|ti|on, ...wache**

Re|turn [ri'tœ:(r)n], der; -s, -s ‹engl.› (*[Tisch]tennis* nach dem Aufschlag des Gegners zurückgeschlagener Ball)

Re|tu|sche, die; -, -n ‹franz.› (Nachbesserung [bes. von Fotografien]); **Re|tu|scheur** [...'ʃø:r], der; -s, -e; **re|tu|schie|ren** (nachbessern [bes. Fotografien])

Reuch|lin (dt. Humanist)

Reue, die; -; **reu|en;** es reut mich; **reue|voll; Reu|geld** (*Rechtsw.* Abstandssumme); **reu|ig; Reu|kauf** (*Wirtsch.* Kauf mit Rücktrittsrecht gegen Zahlung eines Reugeldes); **reu|mü|tig**

re|unie|ren [reỵ'ni:...] ‹franz.› (*veraltet für* [wieder]vereinigen, versöhnen; sich versammeln); [1]**Re|uni|on** [reu'nio:n], die; -, -en (*veraltet für* [Wieder]vereinigung); [2]**Re|uni|on** [reỵ'niõ:], die; -, -s (*veraltet für* gesellige Veranstaltung [für Kurgäste])

Ré|uni|on [reỵ'niõ] (Insel im Ind. Ozean)

Re|uni|ons|kam|mern *Plur.* (durch Ludwig XIV. eingesetzte franz. Gerichte zur Durchsetzung von Annexionen)

Reu|se, die; -, -n (Korb zum Fischfang)

[1]**Reuß,** die; - (r. Nebenfluß der Aare)

[2]**Reuß** (Name zweier früherer Thüringer Fürstentümer)

Reu|ße, der; -n, -n (*früher für* Russe)

re|üs|sie|ren ‹franz.› (gelingen; Erfolg, Glück haben)

reu|ßisch ‹*zu* [2]Reuß›

reu|ten (*südd., österr., schweiz. für* roden)

Reu|ter (niederd. Mundartdichter)

Reu|ter|bü|ro; ↑R 135 (engl. Nachrichtenbüro)

Reut|lin|gen (Stadt in Baden-Württemberg)

Reut|te (Ort in Tirol)

Reut|ter (dt. Komponist)

Rev. = Reverend

Re|vak|zi|na|ti|on [...v...], die; -, -en ‹lat.› (*Med.* Wiederimpfung); **re|vak|zi|nie|ren**

Re|val ['re:val] (*dt. Name von* Tallin[n])

re|va|lie|ren [...v...] ‹lat.› (*veraltend für* sich für eine Auslage schadlos halten; *Kaufmannsspr.* [eine Schuld] decken); **Re|va|lie|rung** (*Kaufmannsspr.* Deckung [einer Schuld]); **Re|val|va|ti|on,** die; -, -en (*Wirtsch.* Aufwertung); **re|val|vie|ren**

Re|van|che [re'vã:ʃ(ə)], die; -, -n ‹franz.› (Vergeltung; Rache); **Re|van|che‿foul** *(Sport),* **...krieg; re|van|che|lu|stig; Re|van|che‿po|li|tik** (die; -), **...spiel; re|van|chie|ren,** sich (sich rächen; einen Gegendienst erweisen); **Re|van|chis|mus,** der; - (nationalist. Vergeltungspolitik); **Re|van|chist,** der; -en, -en (↑R 197); **re|van|chi|stisch**

Re|ve|nue [rəvə'ny:], die; -, -n [...'ny:ən] ‹franz.› (Einkommen, Einkünfte)

Re|ve|rend [...v...], der; -s, -s ‹lat.› (*nur Sing.:* Titel der Geistlichen in England und Amerika; *Abk.* Rev.; Träger dieses Titels); **Re|ve|renz,** die; -, -en (Ehrerbietung; Verbeugung); *vgl.* aber: Referenz

Re|ve|rie [...v...], die; -, ...ien ‹franz., „Träumerei"› (*Musik* Phantasiestück)

[1]**Re|vers** [rə'vɛ:r], das, *österr.* der; - [rə'vɛ:r(s)], - [rə'vɛ:rs] ‹franz.› (Umschlag od. Aufschlag an Kleidungsstücken); [2]**Re|vers** [re'vɛrs, *franz.* rə'vɛ:r], der; *Gen.* -es, *bei franz. Ausspr.* - [rə'vɛ:r(s)], *Plur.* -e, *bei franz. Ausspr.* - [rə'vɛ:rs] (Rückseite [einer Münze]); [3]**Re|vers** [re'vɛrs], der; -es, -e (schriftl. Erklärung rechtlichen Inhalts); **re|ver|si|bel** ‹lat.› (umkehrbar; *Med.* heilbar); ...ible Prozesse; **Re|ver|si|bi|li|tät,** die; -; [1]**Re|ver|si|ble** [...'zi:b(ə)l], der; -s, -s (beidseitig verwendbares Gewebe mit einer glänzenden u. einer matten Seite); [2]**Re|ver|si|ble,** das; -s, -s (Kleidungsstück, das beidseitig getragen werden kann); **Re|ver|si|on,** die; -, -en (*fachspr. für* Umkehrung); **Re|vers|sy|stem** *(Wirtsch.)*

Re|vi|dent [...v...], der; -en, -en (↑R 197) ‹lat.› (*Rechtsw.* jmd., der Revision beantragt; *österr.* ein Beamtentitel); **re|vi|die|ren** (durchsehen, überprüfen); sein Urteil - (korrigieren)

Re|vier [re'vi:r], das; -s, -e ‹niederl.› (Bezirk, Gebiet, Bereich; *kurz für* Forst-, Jagd-, Polizeirevier; *Bergbau* großes Gebiet, in dem Bergbau betrieben wird; *Milit.* Krankenstube); **re|vie|ren** (in einem Revier nach Beute suchen [von Jagdhunden]); **Re|vier|för|ster; re|vier|krank** *(Soldatenspr.);* **Re|vier|kran|ke,** der

Re|view [ri'vju:], die; -, -s ‹engl.› (Titel[bestandteil] engl. u. amerik. Zeitschriften)

Re|vi|re|ment [revirə'mã:, *österr.* revir'mã:], das; -s, -s (Umbesetzung von [staatlichen] Ämtern)

Re|vi|si|on [...v...], die; -, -en ‹lat.› ([nochmalige] Durchsicht; Prüfung; Änderung [einer Ansicht]; *Rechtsw.* Überprüfung eines Urteils); **Re|vi|sio|nis|mus,** der; -; ↑R 180 (Streben nach Änderung eines bestehenden Zustandes oder eines Programms; eine Strömung in der Arbeiterbewegung); **Re|vi|sio|nist,** der; -en, -en; ↑R 197, R 180 (Verfechter des Revisionismus); **re|vi|sio|ni|stisch; Re|vi|si|ons‿frist** *(Rechtsw.),* **...ge|richt, ...ver|fah|ren, ...ver|hand|lung; Re|vi|sor,** der; -s, ...oren (Wirtschaftsprüfer; *Druckw.* Korrektor der Umbruchfahnen)

re|vi|ta|li|sie|ren [...v...] ‹lat.› (*Med.* wieder kräftigen, funktionsfähig machen); **Re|vi|ta|li|sie|rung,** die; -

Re|vi|val [ri'vaivəl], das; -s, -s ‹engl.› (Erneuerung, Wiederbelebung)

Re|vo|ka|ti|on [...v...], die; -, -en ‹lat.› (Widerruf)

Re|vol|te [...v...], die; -, -n ‹franz.› (Empörung, Auflehnung, Aufruhr); **re|vol|tie|ren; Re|vo|lu|ti|on,** die; -, -en ‹lat.›; **re|vo|lu|tio|när** ‹franz.› ([staats]umwälzend); **Re|vo|lu|tio|när,** der; -s, -e; **Re|vo|lu|tio|nä|rin; re|vo|lu|tio|nie|ren; Re|vo|lu|tio|nie|rung; Re|vo|lu|ti|ons‿füh|rer, ...ge|richt, ...rat, ...re|gie|rung, ...tri|bu|nal, ...wir|ren** *(Plur.);* **Re|vo|luz|zer,** der; -s, - ‹ital.› (*abwertend für* jmd., der sich als Revolutionär gebärdet)

Re|vol|ver [re'vɔlvər], der; -s, - ‹engl.› (kurze Handfeuerwaffe; drehbarer Ansatz an Werkzeugmaschinen); **Re|vol|ver‿blatt** (*abwertend für* reißerisch aufgemachte Zeitung), **...dreh|bank, ...held, ...knauf, ...lauf, ...pres|se** (*vgl.* Revolverblatt), **...schal|tung, ...schnau|ze** (*derb für* freches, vorlautes Mundwerk; unverschämter, vorlauter Mensch); **re|vol|vie|ren** (*Technik* zurückdrehen); **Re|vol|ving|ge|schäft** [ri'vɔlviŋ...] (*Wirtsch.* mit Hilfe von Revolvingkrediten finanziertes Geschäft); **Re|vol|ving|kre|dit** (Kredit in Form von immer wieder prolongierten kurzfristigen Krediten)

re|vo|zie|ren [revo...] ‹lat.› (zurücknehmen, widerrufen)

Re|vue [rə'vy:], die; -, -n [rə'vy:ən] ‹franz.› (Zeitschrift mit allgemeinen Überblicken; musikal. Ausstattungsstück); - passieren lassen (vor seinem geistigen Auge vorbeiziehen lassen); **Re|vue‿büh|ne, ...film, ...girl, ...thea|ter**

Rex|ap|pa|rat Ⓦ (*österr. für* Ein-

kochapparat); **Rex|glas** Ⓦ (*österr. für* Einkochglas)
Reyk|ja|vík ['raikjavi:k, *auch* 'rεik-javi:k] (Hptst. Islands)
Rey|on [rε'jõ:], der *od.* das; - ‹franz.› (Kunstseide aus Viskose)
Re|zen|sent, der; -en, -en (↑R 197) ‹lat.› (Verfasser einer Rezension); **Re|zen|sen|tin; re-zen|sie|ren; Re|zen|si|on,** die; -, -en (kritische Besprechung von Büchern, Theateraufführungen u. a.; Durchsicht eines alten Textes); **Re|zen|si|ons_ex|em|plar, ...stück** (Besprechungsstück)
re|zent; -este ‹lat.› (*Biol.* gegenwärtig lebend, auftretend; *landsch. für* säuerlich, pikant); -e Kulturen (*Völkerk.* noch bestehende altertüml. Kulturen)
Re|zept, das; -[e]s, -e ‹lat.› ([Arznei-, Koch]vorschrift, Verordnung); **Re|zept_block** (*vgl.* Block), **...buch; re|zept|frei; re-zep|tie|ren** (Rezepte ausschreiben); **Re|zep|ti|on,** die; -, -en (Auf-, An-, Übernahme; verstehende Aufnahme eines Textes, eines Kunstwerks; Empfangsbüro im Hotel); **re|zep|tiv** (aufnehmend, empfangend; empfänglich); **Re|zep|ti|vi|tät** [...vi...], die; - (Aufnahmefähigkeit, Empfänglichkeit); **Re|zep|tor,** der; -s, ...oren (*Biol., Physiol.* reizaufnehmende Zelle als Bestandteil eines Gewebes, z. B. der Haut od. eines Sinnesorgans); **Re|zept-pflicht,** die; -; **re|zept|pflich|tig; Re|zep|tur,** die; -, -en (Anfertigung von Rezepten; Arbeitsraum in der Apotheke)
Re|zeß, der; ...zesses, ...zesse ‹lat.› (*Rechtsw.* Auseinandersetzung, Vergleich, Vertrag); **Re|zes|si-on,** die; -, -en (*Wirtsch.* Rückgang der Konjunktur); **Re|zes-si|ons|pha|se; re|zes|siv** (*Biol.* zurücktretend; nicht in Erscheinung tretend [von Erbfaktoren])
re|zi|div ‹lat.› (*Med.* wiederkehrend [von Krankheiten]); **Re|zi-div,** das; -s, -e [...və] (Rückfall); **re|zi|di|vie|ren** [...v...] (in Abständen wiederkehren)
Re|zi|pi|ent, der; -en, -en (↑R 197) ‹lat.› (jmd., der einen Text, ein Musikstück o. ä. rezipiert; *Physik* Glasglocke, die zu Versuchszwecken luftleer gepumpt werden kann); **re|zi|pie|ren** (etwas als Hörer, Leser, Betrachter aufnehmen, übernehmen)
re|zi|prok ‹lat.› (wechselseitig, gegenseitig, aufeinander bezüglich); -er Wert (*Math.* Kehrwert [durch Vertauschung von Zähler u. Nenner]); -es Pronomen (*Sprachw.* wechselbezügl. Fürwort, z. B. „einander"); **Re|zi-pro|zi|tät,** die; - (Wechselseitigkeit)
Re|zi|tal *vgl.* Recital; **re|zi|tan|do** *vgl.* recitando; **Re|zi|ta|ti|on,** die; -, -en ‹lat.› (künstler. Vortrag einer Dichtung); **Re|zi|ta|tiv,** das; -s, -e [...və] ‹ital.› ([dramat.] Sprechgesang); **re|zi|ta|ti|visch** [...v...] (in der Art des Rezitativs); **Re|zi|ta|tor,** der; -s, ...oren ‹lat.› (jmd., der rezitiert); **re|zi|tie|ren**
re|zyk|lie|ren *vgl.* recyceln
rf., rfz. = rinforzando
R-Ge|spräch; ↑R 149 (Ferngespräch, das der Angerufene bezahlt)
Rgt., Reg[t]., R. = Regiment
RGW = Rat für gegenseitige Wirtschaftshilfe (bis 1991)
rh, Rh *vgl.* Rhesusfaktor
Rh = *chem. Zeichen für* Rhodium
Rha|ba|nus Mau|rus *vgl.* Hrabanus Maurus
Rha|bar|ber, der; -s ‹griech.›; **Rha|bar|ber_kom|pott, ...ku-chen**
Rhab|dom, das; -s, -e ‹griech.› (*Med.* Sehstäbchen in der Netzhaut des Auges)
Rha|da|man|thys (Totenrichter in der griech. Sage)
Rha|ga|de, die; -, -n ‹griech.› (*Med.* Einriß in der Haut)
Rhap|so|de, der; -n, -n (↑R 197) ‹griech.› (fahrender Sänger im alten Griechenland); **Rhap|so-die,** die; -, ...ien (erzählendes Gedicht, Heldenlied; [aus Volksweisen zusammengesetztes] Musikstück); (↑R 157:) die Ungarische Rhapsodie (Musikstück von Liszt); **rhap|so|disch** (zum Rhapsoden, zur Rhapsodie gehörend; in Rhapsodieform; unzusammenhängend, bruchstückartig); -e Dichtung
Rhät usw. *vgl.* Rät, Räter, Rätien, Rätikon *u.* rätisch
rhe! *vgl.* ree!
Rhe|da-Wie|den|brück (Stadt im Münsterland)
Rhe|de (Ort östl. von Bocholt)
Rhei|der|land *vgl.* Reiderland
Rheidt (Ort nördl. von Bonn)
Rhein, der; -[e]s (ein Strom); **rhein|ab[|wärts]; Rhein|an|ke,** die; -, -n (ein Fisch); **rhein|auf-[wärts]; Rhein_bund** (der; -[e]s; ↑R 149; dt. Fürstenbund unter franz. Führung), **...fall** (der), **...gau** (der, *landsch.* das; -[e]s; Landschaft in Hessen); **Rhein-Her|ne-Ka|nal,** der; -s (↑R 150); **Rhein|hes|sen; rhei-nisch,** aber (↑R 146): das Rheinische Schiefergebirge; (↑R 157:) Rheinischer Merkur; Rheinische Stahlwerke; **Rhei-nisch-Ber|gi|sche Kreis,** der; -n -es (Landkreis im Reg.-Bez. Köln); **rhei|nisch-west|fä|lisch** (↑R 155), aber (↑R 133): das Rheinisch-Westfälische Elektrizitätswerk (*Abk.* RWE); Rheinisch-Westfälisches Industriegebiet; **Rhein|land,** das; -[e]s (*Abk.* Rhld.); **Rhein|lan|de** *Plur.* (Siedlungsgebiete der Franken beiderseits des Rheins); **Rhein|län|der** (*auch* ein Tanz); **Rhein|län|de-rin; rhein|län|disch; Rhein-land-Pfalz; rhein|land-pfäl|zisch** (↑R 154); **Rhein-Main-Do-nau-Groß|schiffahrts|weg,** der; -[e]s [*Trenn.* ...schiff|fahrts..., ↑R 204] (↑R 150); **Rhein-Main-Flug|ha|fen,** der; -s (↑R 150); **Rhein-Mar|ne-Ka|nal,** der; -s (↑R 150); **Rhein_pfalz, ...pro-vinz** (die; -; ehem. preußische Provinz beiderseits des Mittel- und Niederrheins); **Rhein-Rho-ne-Ka|nal,** der; -s (↑R 150); **Rhein-Schie-Ka|nal** [...'sxi:...], der; -s (↑R 150); **Rhein|sei|ten-ka|nal,** der; -s (↑R 149); **Rhein-wald,** das; -s (oberste Talstufe des Hinterrheins); **Rhein|wein; Rhein-Wup|per-Kreis,** der; -es; ↑R 150 (Landkreis im Reg.-Bez. Düsseldorf)
rhe|na|nisch ‹lat.› (*veraltet für* rheinisch); **Rhe|ni|um,** das; -s (chem. Element, Metall; *Zeichen* Re)
Rheo|lo|gie, die; - ‹griech.› (Teilgebiet der Physik, das Fließerscheinungen von Stoffen unter Einwirkung äußerer Kräfte untersucht); **Rheo|stat,** der; *Gen.* -[e]s *u.* -en, *Plur.* -e[n] ([elektr. Regulier]widerstand)
Rhe|sus, der; -, - ‹nlat.› (*svw.* Rhesusaffe); **Rhe|sus|af|fe** (in Süd- u. Ostasien vorkommender, meerkatzenartiger Affe); **Rhe-sus|fak|tor,** der; -s (*Med.* erbliches Merkmal der roten Blutkörperchen; *kurz* Rh-Faktor; *Zeichen* Rh = Rhesusfaktor positiv, rh = Rhesusfaktor negativ)
Rhe|tor, der; -s, ...oren ‹griech.› (Redner der Antike); **Rhe|to|rik,** die; - (Redekunst; Lehre von der wirkungsvollen Gestaltung der Rede); **Rhe|to|ri|ker; rhe|to-risch;** -e Frage (Frage, auf die keine Antwort erwartet wird)
Rheu|ma, das; -s ‹griech.› (*Kurzw. für* Rheumatismus); **Rheu|ma|ti-ker** (an Rheumatismus Leidender); **rheu|ma|tisch; Rheu|ma-tis|mus,** der; -, ...men; ↑R 197 (schmerzhafte Erkrankung der Gelenke, Muskeln, Nerven, Sehnen); **Rheu|ma|to|lo|ge,** der; -n, -n; ↑R 197 (Arzt mit speziellen Kenntnissen auf dem Gebiet der Rheumatologie); **Rheu|ma|to|lo-gie,** die; - (Lehre vom Rheuma-

tismus); **rheu|ma|to|lo|gisch; Rheu|ma|wä|sche,** die; -
Rheydt [rait] (Stadt bei Mönchengladbach)
Rh-Fak|tor (*Med. svw.* Rhesusfaktor; ↑R 38)
Rhi|ni|tis, die; -, ...itiden ‹griech.› (*Med.* Nasenschleimhautentzündung, Schnupfen); **Rhi|no|lo|gie,** die; - (Nasenheilkunde); **Rhi|no|pla|stik,** die; -, -en (chirurgische Korrektur od. Neubildung der Nase); **Rhi|no|skop,** das; -s, -e (Nasenspiegel); **Rhi|no|sko|pie,** die; -, ...ien (Untersuchung mit dem Rhinoskop); **Rhi|no|ze|ros,** das; *Gen.* - *u.* -ses, *Plur.* -se (Nashorn)
Rhi|zom, das; -s, -e ‹griech.› (*Bot.* bewurzelter unterird. Sproß); **Rhi|zo|po|de,** der; -n, -n *meist Plur.;* ↑R 197 (*Zool.* Wurzelfüßer [Einzeller])
Rhld. = Rheinland
Rh-ne|ga|tiv (den Rhesusfaktor nicht aufweisend)
Rho, das; -[s], -s (griech. Buchstabe; *P, ρ*)
Rhod|ami|ne *Plur.* ‹griech.; lat.› (*Chemie* Gruppe lichtechter Farbstoffe); **Rho|dan,** das; -s ‹griech.› (eine einwertige Gruppe in chem. Verbindungen)
Rhode Is|land [ro:d 'ailənd] (Staat in den USA; *Abk.* R. I.); **Rho|de|län|der** ['ro:də...], das; -s, - (rotbraunes, schweres Haushuhn)
Rho|de|si|en [...iən] ‹nach Cecil Rhodes› (früherer Name von Simbabwe); **rho|de|sisch**
rho|di|nie|ren ‹griech.› (mit Rhodium überziehen)
rho|disch ‹*zu* Rhodos›
Rho|di|um, das; -s ‹griech.› (chem. Element, Metall; *Zeichen* Rh)
Rho|do|den|dron, der, *auch* das; -s, ...dren ‹griech.› (eine Zierpflanze)
Rho|do|pen *Plur.* (Gebirge in Bulgarien u. Griechenland)
Rho|dos (eine Mittelmeerinsel)
rhom|bisch ‹griech.› (rautenförmig); **Rhom|bo|eder,** das; -s, - (von sechs Rhomben begrenzte Kristallform); **Rhom|bo|id,** das; -[e]s, -e (*Math.* schiefwinkliges Parallelogramm mit paarweise ungleichen Seiten); **Rhom|bus,** der; -, ...ben ([2]Raute; *Math.* gleichseitiges Parallelogramm)
Rhön, die; - (Teil des Hessischen Berglandes)
Rho|ne, *franz.* Rhône [ro:n], die; - (schweiz.-franz. Fluß); *vgl.* Rotten
Rhön|rad (ein Turngerät)
Rho|ta|zis|mus, der; -, ...men ‹griech.› (*Sprachw.* Übergang eines zwischen Vokalen stehenden stimmhaften s zu r, z. B. griech. „genĕseos" gegenüber lat. „generis")
Rh-po|si|tiv (den Rhesusfaktor aufweisend)
Rhus, der; - ‹griech.› (Essigbaum; ein immergrüner [Zier]strauch)
Rhyth|men (*Plur. von* Rhythmus); **Rhyth|mik,** die; - ‹griech.› (Art des Rhythmus; Lehre vom Rhythmus); **Rhyth|mi|ker; rhyth|misch;** -ste (den Rhythmus betreffend, gleich-, taktmäßig); -e Gymnastik; -e Prosa; **rhyth|mi|sie|ren** (in einen bestimmten Rhythmus bringen); **Rhyth|mus,** der; -, ...men (regelmäßige Wiederkehr; geregelter Wechsel; Zeit-, Gleich-, Ebenmaß; taktmäßige Gliederung); **Rhyth|mus‿gi|tar|re, ...grup|pe, ...in|stru|ment**
R. I. = Rhode Island
Ria (w. Vorn.)
Ri|ad (Hptst. von Saudi-Arabien)
Ri|al, der; -[s], -s ‹pers. *u.* arab.› (iran. Münzeinheit; 1 Rial = 100 Dinar; *Abk.* Rl); 100 - (↑R 129); *vgl.* Riyal
RIAS, der; - ‹Rundfunksender im amerik. Sektor› (in Berlin)
Ri|bat|tu|ta, die; -, ...ten ‹ital.› (*Musik* langsam beginnender, allmählich schneller werdender Triller)
rib|bel|fest; -este; **rib|beln** (*landsch. für* zwischen Daumen und Zeigefinger rasch [zer]reiben); ich ...[e]le (↑R 22)
Ri|bi|sel, die; -, -n ‹arab.-ital.› (*österr. für* Johannisbeere); **Ri|bi|sel|saft** *(österr.)*
Ri|bo|fla|vin [...v...], das; -s ‹Kunstwort› (Vitamin B_2); **Ri|bo|nu|kle|in|säu|re,** die; -, -n (wichtiger Bestandteil des Kerneiweißes der Zelle; *Abk.* RNS)
Ri|car|da (w. Vorn.); **Ri|chard** (m. Vorn.)
Ri|chard-Wag|ner-Fest|spie|le *Plur.* (↑R 135)
Ri|che|lieu [riʃə'liø:] (franz. Staatsmann); **Ri|che|lieu|sticke|rei** ['riʃəliø...; *Trenn.* ...stik|ke...]; ↑R 135 (Weißstickerei mit ausgeschnittenen Mustern)
Richt‿an|ten|ne, ...bal|ke, ...baum, ...beil (ein Stellmacherwerkzeug; Henkerbeil), **...blei** (das; *Bauw.*), **...block** (*Plur.* ...blöcke); **Rich|te,** die; - (*landsch. für* gerade Richtung); in die - bringen usw.; **rich|ten;** sich -; richt[1] euch! (milit. Kommando); **Rich|ter; Rich|ter|amt,** das; -[e]s; **Rich|te|rin; rich|ter|lich; Rich|ter|schaft,** die; -
Rich|ter-Ska|la ‹nach dem amerik. Seismologen›; ↑R 135 (Skala zur Messung der Erdbebenstärke)
Rich|ter‿spruch, ...stuhl (der; -[e]s); **Richt‿fest, ...feu|er, ...funk, ...ge|schwin|dig|keit; rich|tig;** (↑R 65:) es ist das richtige (richtig), zu gehen; das ist genau das richtige für mich; wir halten es für das richtigste (am richtigsten), daß ..., aber (↑R 65): tue das Richtige, er hat das Richtige getroffen, du bist mir der Richtige; (↑R 205 f.:) etwas richtig machen (auf richtige Weise), aber: etwas richtigmachen (*ugs. für* begleichen, z. B. eine Rechnung); richtiggemacht; *vgl.* richtigliegen, richtigstellen; **rich|tig|ge|hend;** eine -e Uhr; er ist - (ausgesprochen) aktiv geworden; **Rich|tig|keit,** die; -; **rich|tig|lie|gen;** ↑R 205 f. (*ugs. für* das Richtige tun, sich richtig verhalten); er hat immer richtiggelegen; aber: das Besteck hat richtig gelegen (am richtigen Platz); **rich|tig|ma|chen** *(ugs.); vgl.* richtig; **rich|tig|stel|len;** ↑R 205 f. (berichtigen); er hat den Irrtum richtiggestellt; aber: er hat den Schrank richtig gestellt (an den richtigen Platz); **Rich|tig|stel|lung** (Berichtigung); **Richt‿ka|no|nier, ...kranz, ...lat|te, ...li|nie** *(meist Plur.);* **Richt|li|ni|en|kom|pe|tenz; Richt‿mi|kro|phon, ...platz, ...preis** (*vgl.* [2]Preis), **...satz, ...scheit** (*svw.* Richtlatte), **...schmaus, ...schnur** (*Plur.* ...schnuren), **...schüt|ze** (*svw.* Richtkanonier), **...schwert, ...stät|te, ...strah|ler** (eine Antenne für Kurzwellensender), **...strecke** ([*Trenn.* ...strek|ke]; *Bergmannsspr.* waagerechte Strecke, die möglichst geradlinig angelegt wird); **Rich|tung; rich|tung|ge|bend** (↑R 209); **Rich|tungs‿än|de|rung, ...an|zei|ger** (Blinkleuchte), **...fahr|bahn** *(Verkehrsw.);* **rich|tungs|los;** -este; **Rich|tungs|lo|sig|keit,** die; -; **Rich|tungs|pfeil; rich|tungs|sta|bil** *(Kfz-Technik);* **Rich|tungs‿sta|bi|li|tät, ...ver|kehr** (der; -s), **...wahl** (Wahl, von der eine Wende in der polit. Richtung erwartet wird), **...wech|sel; rich|tung|wei|send** (↑R 209); **Richt‿waa|ge, ...wert, ...zahl**
Rick, das; -[e]s, *Plur.* -e, *auch* -s (*landsch. für* Stange; Gestell)
Ricke, die; -, -n [*Trenn.* Rik|ke] (weibl. Reh)
ri|di|kül ‹franz.› (*veraltet für* lächerlich); **Ri|di|kül,** der *od.* das; -s, *Plur.* -e *u.* -s (*früher für* Arbeitsbeutel; Strickbeutel)
riech|bar; rie|chen; du rochst; du

[1] *So die Schreibung der Bundeswehr.*

röchest; gerochen; riech[e]!; **Riecher** (*ugs. für* Nase *[bes. im übertr. Sinne]*); einen guten - für etwas haben (etwas gleich merken); **Riech‿fläsch|chen, ...kolben** (*ugs. scherzh. für* Nase), **...or|gan, ...salz, ...stoff, ...was|ser** (*Plur.* ...wasser)
[1]**Ried,** das; -[e]s, -e (Schilf, Röhricht); [2]**Ried,** die; -, -en *u.* **Riede,** die; -, -n (*österr. für* Nutzfläche in den Weinbergen); **Ried|gras**
Rie|fe, die; -, -n (Längsrinne; Streifen, Rippe); **rie|feln;** ich ...[e]le (↑R 22) *u.* rie|fen (mit Rillen versehen); **Rie|fe|lung; rie|fen** *vgl.* riefeln; **Rie|fen|samt** (*landsch. für* Kordsamt); **rie|fig**
Rie|ge, die; -, -n (Turnerabteilung)
Rie|gel, der; -s, -; **Rie|gel|chen, Rie|ge|lein**
Rie|gel|hau|be (*früher* bayr. Frauenhaube)
Rie|gel|haus (*schweiz. für* Fachwerkhaus); **rie|geln** (*veraltet, noch landsch., bes. schweiz. für* verriegeln); ich ...[e]le (↑R 22); **Rie|gel‿stel|lung** *(Milit.)*, **...werk** (*landsch. für* Fachwerk)
Rie|gen|füh|rer; rie|gen|wei|se
Riem|chen (*Bauw. auch* schmales Bauelement, z.B. Fliese); [1]**Riemen,** der; -s, - (Lederstreifen)
[2]**Rie|men,** der; -s, - ‹lat.› (längeres, mit beiden Händen bewegtes Ruder); sich in die Riemen legen
Rie|men‿an|trieb, ...schei|be (Radscheibe am Riemenwerk)
Rie|men|schnei|der, Tilman (dt. Bildhauer u. Holzschnitzer)
Rie|mer (*landsch. für* Riemenmacher); **Riem|lein**
rien ne va plus [riɛ̃nəva'ply(:)] ‹franz., „nichts geht mehr"› (beim Roulettspiel die Ansage des Croupiers, daß nicht mehr gesetzt werden kann)
Ri|en|zi (röm. Volkstribun)
[1]**Ries,** das; -es (Becken zwischen Schwäb. u. Fränk. Alb); Nördlinger -
[2]**Ries,** das; -es, -e ‹arab.› (Papiermaß); 4 - Papier (↑R 128 *u.* 129)
[1]**Rie|se** ‹*eigtl.* Ries›, Adam (dt. Rechenmeister); 2 mal 2 ist nach Adam Riese (richtig gerechnet) 4
[2]**Rie|se,** der; -n, -n; ↑R 197 (außergewöhnl. großer Mensch; *auch für* sagenhaftes, myth. Wesen, Märchengestalt)
[3]**Rie|se,** die; -, -n (*südd., österr. für* [Holz]rutsche im Gebirge)
Rie|sel|feld; rie|seln; das Wasser rieselt
rie|sen (*südd. für* mit Holzrutschen herablassen)
Rie|sen‿an|stren|gung *(ugs.)*, **...ar|beit** (die; -; *ugs.*), **...dumm|heit** *(ugs.)*, **...fel|ge** *(Turnen)*, **...ge|bir|ge** (das; -s); **rie|sen|groß; rie|sen|haft;** -este; **Rie|sen|hun|ger** *(ugs.)*; **Rie|sen‿rad, ...roß** (Schimpfwort), **...schild|krö|te, ...schlan|ge, ...schritt, ...sla|lom** *(Skisport)*, **...spaß** *(ugs.)*; **rie|sen|stark; rie|sig** (gewaltig groß; hervorragend, toll); **Rie|sin; rie|sisch** (*selten für* zu den Riesen gehörend)
Ries|ling, der; -s, -e (eine Reb- u. Weinsorte)
Rie|ster, der; -s, - (*veraltend für* Lederflicken auf dem Schuh)
ries|wei|se ‹*zu* [2]Ries›
Riet, das; -[e]s, -e (Weberkamm); **Riet|blatt**
Rif, das; -s ‹arab.› *u.* **Rif|at|las,** der; - (Gebirge in Marokko)
[1]**Riff,** das; -[e]s, -e (Felsenklippe; Sandbank)
[2]**Riff,** der; -[e]s, -s ‹engl.› (*bes. Jazz, Popmusik* ständig wiederholte, rhythmische Tonfolge)
Rif|fel, die; -, -n (Flachs-, Reffkamm; rippenähnlicher Streifen; *bayr. u. österr. für* gezackter Berggrat [bes. in Bergnamen, z.B. die Hohe -]); **Rif|fel‿glas** (*Plur.* ...gläser), **...kamm, ...ma|schi|ne; rif|feln** ([Flachs] kämmen; aufrauhen; mit Riefen versehen); ich ...[e]le (↑R 22); **Rif|fe|lung**
Ri|fi|fi, das; -s ‹franz.› (raffiniertes Verbrechen)
Rif|ka|by|le (Bewohner des Rifatlas)
Ri|ga (Hptst. von Lettland); **Ri|ga|er** (↑R 147); - Bucht; **ri|ga|isch,** aber (↑R 146): der Rigaische Meerbusen (*svw.* Rigaer Bucht)
Ri|gel, der; - ‹arab.› (ein Stern)
Rigg, das; -s, -s, Rig|gung ‹engl.› (*Seemannsspr.* Takelung; Segel[werk]); **rig|gen** ([auf]takeln)
Ri|gi, der; -[s], *auch* die; - (Gebirgsmassiv in der Schweiz)
ri|gid (-este), **ri|gi|de** ‹lat.› (streng; steif, starr); **Ri|gi|di|tät,** die; - (starres Festhalten, Strenge; *Med.* Versteifung, [Muskel]starre)
Ri|go|le, die; -, -n ‹franz.› (*Landw.* tiefe Rinne, Abzugsgraben); **ri|go|len** (tief pflügen oder umgraben); ich habe rigolt
Ri|go|let|to (Titelheld in der gleichnamigen Oper von Verdi)
Ri|gol|pflug
Ri|go|ris|mus, der; - ‹lat.› (übertriebene Strenge; strenges Festhalten an Grundsätzen); **Ri|go|rist,** der; -en, -en (↑R 197); **ri|go|ri|stisch;** -ste (überaus streng); **ri|go|ros;** -este ([sehr] streng; unerbittlich; hart); **Ri|go|ro|si|tät,** die; -; **Ri|go|ro|sum,** das; -s, *Plur.* ...sa, *österr.* ...sen (mündl. Examen bei der Promotion)
Rig|we|da, der; -[s] ‹sanskr.› (Sammlung der ältesten ind. Opferhymnen)
Ri|je|ka (Hafenstadt in Kroatien); *vgl.* Fiume
Rijs|wijk ['raisvaik, *niederl.* 'rɛisʋɛik] (niederl. Stadt)
Ri|kam|bio, der; -s, ...ien [...iən] ‹ital.› (Rückwechsel)
Ri|ke (w. Vorn.)
Rik|scha, die; -, -s ‹jap.› (zweirädriger Wagen, der von einem Menschen gezogen wird u. zur Beförderung von Personen dient)
Riks|mål ['ri:ksmo:l], das; -[s] ‹norw.› (*ältere Bez. für* Bokmål)
Ril|ke, Rainer Maria (österr. Dichter)
Ril|le, die; -, -n; **ril|len; ril|len|förmig; Ril|len|pro|fil; ril|lig** (*selten für* gerillt)
Rim|baud [rɛ̃'bo:] (franz. Dichter)
Ri|mes|se, die; -, -n ‹ital.› (*Wirtsch.* in Zahlung gegebener Wechsel); **Ri|mes|sen|wech|sel**
Ri|mi|ni (ital. Hafenstadt)
Rim|ski-Kor|sa|kow [...kɔf] (russ. Komponist)
Ri|nal|do Ri|nal|di|ni (Held eines Räuberromans von Chr. A. Vulpius)
Rind, das; -[e]s, -er
Rin|de, die; -, -n; **Rin|den‿boot, ...hüt|te; rin|den|los**
Rin|der|bra|ten, *südd., österr. u. schweiz.* Rinds|bra|ten; **Rin|der‿brust, ...gu|lasch, ...hack|fleisch, ...her|de; rin|de|rig** (brünstig [von der Kuh]); **Rin|der|le|ber; rin|dern** (brünstig sein [von der Kuh]); **Rin|der‿pest** (die), **...ras|se, ...talg, ...wahn|sinn** (eine Rinderkrankheit), **...zun|ge; Rind|fleisch**
rin|dig (mit Rinde versehen)
Rind|le|der *vgl.* Rindsleder; **rind|le|dern** *vgl.* rindsledern; **Rinds|bra|ten** usw. (*südd., österr. u. schweiz. für* Rinderbraten usw.); **Rinds|le|der; rinds|le|dern** (aus Rindsleder); **Rind|stück** (Beefsteak); **Rind|sup|pe** (*österr. für* Fleischbrühe); **Rind|viech** (Schimpfwort); **Rind|vieh** (*auch* Schimpfwort)
rin|for|zan|do ‹ital.› (*Musik* stärker werdend; *Abk.* rf., rfz.); **Rin|for|zan|do,** das; -s, *Plur.* -s *u.* ...di
ring (*südd., schweiz. mdal. für* leicht, mühelos)
Ring, der; -[e]s, -e; **ring|ar|tig; Ring‿arzt** *(Boxen)*, **...bahn, ...buch; Rin|gel,** der; -s, - (kleineres ringförmiges od. spiraliges Gebilde); **Rin|gel|blu|me; Rin|gel|chen** *vgl.* Ringlein; **rin|ge|lig,** ring|lig; **Rin|gel|locke**

[*Trenn.* ...lok|ke]; **rịn|geln;** ich ...[e]le (↑R 22); sich -; **Rịn|gel|nat|ter**

Rịn|gel|natz (dt. Dichter); Ringelnatz' Gedichte (↑R 139)

Rịn|gel|piez, der; -[es], -e (*ugs. scherzh. für* anspruchsloses Tanzvergnügen); - mit Anfassen; **Rịn|gel‿pul|li, ...rei|gen** *od.* **...rei|hen** *(österr. nur so),* **...schwanz, ...söck|chen** *(meist Plur.),* **...spiel** (*österr. für* Karussell), **...ste|chen** (das; -s, -; früheres ritterliches Spiel), **...tau|be, ...wurm**

rịn|gen; du rangst; du rängest; gerungen; ring[e]!; **Rịn|gen,** das; -s; **Rịn|ger; Rịn|ger|griff; rịn|ge|risch;** seine -en Qualitäten

Rịng|fahn|dung (Großfahndung der Polizei in einem größeren Gebiet); **Rịng|fin|ger; Rịng|flü|gel|flug|zeug** (*für* Coleopter); **rịng|för|mig; Rịng‿ge|schäft, ...gra|ben**

rịng|hö|rig (*schweiz. mdal. für* schalldurchlässig, hellhörig)

Rịng‿kampf, ...kämp|fer

Rịng|knor|pel (Kehlkopfknorpel); **Rịng|lein** (kleiner Ring); **rịng|lig** *vgl.* ringelig

Rin|glot|te [rɪŋ'glɔtə], die; -, -n (*landsch. u. österr. für* Reneklode)

Rịng‿mau|er, ...rich|ter (*Boxen;* ↑R 61); **rịngs;** *vgl.* ringsum; **Rịng|sen|dung** *(Rundf., Fernsehen);* **rịngs|her|ụm; Rịng|stra|ße; rịngs|ụm;** - (rundherum) läuft ein Geländer; - (überall) stehen blühende Sträucher, *aber:* die Kinder standen rings um ihren Lehrer; rings um den See standen Bäume; **rịngs|um|her**

Rịng‿tausch, ...ten|nis, ...vor|le|sung, ...wall

Rịnk, der; -en, -en (↑R 197) *u.* **Rịn|ke,** die; -, -n (*landsch. für* Schnalle, Spange); **rịn|keln** (*veraltet für* schnallen); ich ...[e]le (↑R 22); **Rịn|ken,** der; -s, - (*svw.* Rink)

Rịn|ne, die; -, -n; **rịn|nen;** es rann; es ränne, *selten* rönne; geronnen; rinn[e]!; **Rịnn|sal,** das; -[e]s, -e (*geh. für* kleines fließendes Gewässer); **Rịnn|stein**

Rio de Ja|nei|ro [- - ʒa'ne:ro] (Stadt in Brasilien); **Rio de la Pla|ta,** der; - - - - (gemeinsame Mündung der Flüsse Paraná u. Uruguay); **Rio-de-la-Pla|ta-Bucht,** die; - (↑R 150); **Rio Grạn|de do Sụl** (Bundesstaat in Brasilien)

R. I. P. = requiescat in pace!

Ri|pọ|ste, die; -, -n ‹ital.› (*Fechten* unmittelbarer Gegenangriff); **ri|po|stie|ren**

Rịpp|chen; Rịp|pe, die; -, -n

rịp|peln, sich (*landsch. für* sich regen, sich beeilen); ich ...[e]le mich (↑R 22)

rịp|pen (mit Rippen versehen); gerippt; **Rịp|pen‿bo|gen, ...bruch** (der), **...fell; Rịp|pen|fell|ent|zün|dung; Rịp|pen|heiz|kör|per; Rịp|pen|speer,** der *od.* das; -[e]s (gepökeltes Schweinebruststück mit Rippen); *vgl.* Kasseler Rippe[n]speer; **Rịp|pen‿stoß, ...stück; Rịpp|li,** das; -s, - (*schweiz. für* Schweinerippchen)

rịps!; rịps, rạps!

Rịps, der; -es, -e ‹engl.› (geripptes Gewebe)

ri|pua|risch (↑R 180) ‹lat.› (am [Rhein]ufer wohnend); -e Franken (um Köln)

ri|ra|rutsch!

Ri|sa|lit, der; -s, -e ‹ital.› (*Bauw.* Vorbau, Vorsprung)

rị|scheln (*landsch. für* rascheln, knistern); es rischelt

Ri|si|ko, das; -s, *Plur.* -s *od.* ...ken, *österr.* Risken, *auch* -s ‹ital.›; **Ri|si|ko‿ana|ly|se, ...be|reit|schaft** (die; -), **...fak|tor; ri|si|ko|frei; Ri|si|ko‿ge|burt, ...grup|pe** *(Med., Soziol.),* **...leh|re** (Lehre von den Ursachen u. der Eindämmung der möglichen Folgen eines Risikos); **ri|si|ko|los; Ri|si|ko‿pa|ti|ent** (besonders gefährdeter Patient), **...prä|mie** *(Wirtsch.)*

Ri|si-Pi|si *od., bes. österr.,* **Ri|si|pi|si,** das; -[s], -s ‹ital.› (ein Gericht aus Reis u. Erbsen)

ris|kạnt; -este ‹franz.› (gefährlich, gewagt); **ris|kie|ren** (wagen, aufs Spiel setzen)

Ri|skọn|tro *vgl.* Skontro

Ri|sor|gi|mẹn|to [risɔrdʒi...], das; -[s] ‹ital.› (italienische Einigungsbewegung im 19. Jh.)

Ri|sọt|to, der; -[s], -s, *österr. auch* das; -s, -[s] ‹ital.› (Reisspeise)

Rịsp|chen; Rịs|pe, die; -, -n (Blütenstand); **rịs|pen|för|mig; Rịs|pen|gras; rịs|pig; Rịsp|lein**

Rịß, der; Risses, Risse; **rịß|fest; rịs|sig**

Ris|so|le, die; -, -n (*Gastron.* kleine, halbmondförmige Pastete)

Rịst, der; -es, -e (*bes. Sport* Fuß-, Handrücken; *kurz für* Widerrist)

Rị|ste, die; -, -n (*landsch. für* Flachsbündel)

Rịst|griff *(Turnen)*

ri|stor|nie|ren ‹ital.› (*Wirtsch.* einen irrig eingetragenen Posten zurückschreiben); **Ri|stọr|no,** der *od.* das; -s, -s (*Wirtsch.* Gegen-, Rückbuchung, Rücknahme)

ri|sve|glian|do [risvɛl'jando] ‹ital.› (*Musik* aufgeweckt, munter, lebhaft werdend); **ri|sve|glia|to** [...'ja:to] (*Musik* [wieder] munter, lebhaft)

rit. = ritardando, ritenuto

Ri|ta (w. Vorn.)

ri|tar|dạn|do ‹ital.› (*Musik* langsamer werdend; *Abk.* rit.); **Ri|tar|dạn|do,** das; -s, *Plur.* -s *u.* ...di

ri|te ‹lat.› (in üblicher, ordnungsgemäßer Weise; genügend [geringstes Prädikat beim Rigorosum]); **Ri|ten** (*Plur. von* Ritus)

ri|ten., rit. = ritenuto

Ri|ten|kon|gre|ga|ti|on, die; - (eine päpstl. Behörde)

ri|te|nu|to ‹ital.› (*Musik* zurückgehalten, plötzlich langsamer; *Abk.* rit., riten.); **Ri|te|nu|to,** das; -s, *Plur.* -s *u.* ...ti

Ri|tor|nẹll, das; -s, -e ‹ital.› (*Verslehre* dreizeilige Strophe; *Musik* sich [mehrfach] wiederholender Teil eines Musikstücks)

Ri|trạt|te, die; -, -n ‹ital.› (*svw.* Rikambio)

rịtsch!; rịtsch, rạtsch!

Rịt|scher, der; -s *u.* **Rịt|schert,** das; -s (*österr. für* Speise aus Graupen und Hülsenfrüchten)

Rịtt, der; -[e]s, -e

Rịtt|ber|ger, der; -s, - ‹nach dem dt. Eiskunstläufer› (Drehsprung im Eiskunstlauf)

Rịt|ter; die Ritter des Pour le mérite; der Ritter von der traurigen Gestalt (Don Quichotte); arme Ritter (eine Süßspeise); **Rịt|ter‿burg, ...dich|tung, ...gut; Rịt|ter|guts|be|sit|zer; rịt|ter|lich; Rịt|ter|lich|keit; Rịt|ter|ling** (ein Pilz); **Rịt|ter‿or|den, ...ro|man, ...rü|stung; Rịt|ter|schaft,** die; -; **rịt|ter|schaft|lich; Rịt|ter|schlag; Rịt|ters|mann** *Plur.* ...leute; **Rịt|ter|sporn** *Plur.* ...sporne (eine Blume); **Rịt|ter|tum,** das; -s; **Rịt|ter-und-Räu|ber-Ro|man** (↑R 41); **Rịt|ter‿we|sen** (das; -s), **...zeit** (die; -); **rịt|tig** (zum Reiten geschult, reitgerecht [von Pferden]); **Rịt|tig|keit,** die; -; **Rịt|tig|keits|ar|beit,** die; - *(Pferdesport);* **rịtt|lings; Rịtt|mei|ster** *(Milit. früher)*

Ri|tu|al, das; -s, *Plur.* -e *u.* -ien [...iən] ‹lat.› (religiöser Brauch; Zeremoniell); **Ri|tu|al‿buch, ...hand|lung; Ri|tua|lis|mus,** der; -; ↑R 180 (Richtung der anglikan. Kirche); **Ri|tua|list,** der; -en, -en (↑R 197, R 180); **Ri|tu|al|mord; ri|tu|ẹll** ‹franz.› (zum Ritus gehörend; durch den Ritus geboten); **Ri|tus,** der; -, ...ten ‹lat.› (gottesdienstlicher [Fest]brauch; Zeremoniell)

Rịtz, der; -es, -e (Kerbe, Schramme, Kratzer; *auch für* Ritze); **Rịt|ze,** die; -, -n (sehr schmale Spalte od. Vertiefung); **Rịt|zel,** das; -s, - (*Technik* kleines Zahnrad); **rịt|zen;** du ritzt; **Rịt|zer** (*ugs. für* kleine Schramme, Kratzer); **Rịt|zung**

Riu|kiu|in|seln *Plur.;* ↑R 180 (Inselkette im Pazifik)
Ri|va|le [...v...], der; -n, -n (↑R 197) ‹franz.› (Nebenbuhler, Mitbewerber); **Ri|va|lin; ri|va|li|sie|ren** (um den Vorrang kämpfen); **Ri|va|li|tät,** die; -, -en
Ri|ver|boat|shuf|fle ['rivə(r)bo:t-ʃaf(ə)l], die; -, -s ‹amerik.› (Vergnügungsfahrt auf einem [Fluß]schiff, bei der eine Jazzband spielt)
ri|ver|so [...v...] ‹ital.› (*Musik* umgekehrt, vor- und rückwärts zu spielen)
Ri|vie|ra [...v...], die; -, ...ren *Plur. selten* (ein Küstengebiet am Mittelmeer)
Ri|yal, der; -[s], -s ‹arab.› (Münzeinheit in Saudi-Arabien; *Abk.* SRl, Rl); 100 - (↑R 129); *vgl.* Rial
Ri|zi|nus [*österr.* ri'tsi:...], der; -, *Plur.* - *u.* -se ‹lat.› (ein Wolfsmilchgewächs, Heilpflanze); **Ri|zi|nus|öl,** das; -[e]s
r.-k., röm.-kath. = römisch-katholisch
RKW = Rationalisierungs-Kuratorium der Deutschen Wirtschaft
Rl = Rial; Riyal
Rm, *früher* rm = Raummeter
RM = Reichsmark
Rn = *chem. Zeichen für* Radon
RNS = Ribonukleinsäure
Roa|die ['ro:di], der; -s, -s ‹amerik.› (*kurz für* Roadmanager); **Road|ma|na|ger** ['ro:d...] (für die Bühnentechnik u. deren Transport verantwortlicher Begleiter einer Rockgruppe); **Road|ster** ['ro:dstə(r)], der; -s, - ‹engl.› (offener, zweisitziger Sportwagen)
Roa|ring Twen|ties ['rɔ:riŋ 'twɛnti:z] *Plur.* ‹engl., „die stürmischen zwanziger (Jahre)"› (die 20er Jahre des 20. Jh. in den USA u. in Westeuropa)
Roast|beef ['ro:stbi:f, 'rɔst...], das; -s, -s ‹engl.› (Rostbraten)
Rob|be, die; -, -n (Seesäugetier)
Robbe-Gril|let [rɔbgri'jɛ] (franz. Schriftsteller)
rob|ben (robbenartig kriechen); er robbt; **Rob|ben‿fang, ...fän|ger, ...fell, ...jagd, ...jä|ger, ...schlag** (Erlegung der Robbe mit einem Knüppel), **...ster|ben**
Rob|ber, der; -s, - ‹engl.› (*svw.* [1]Rubber)
Ro|be, die; -, -n ‹franz.› (kostbares, langes [Abend]kleid; Amtstracht, bes. für Richter, Anwälte, Geistliche)
Ro|bert (m. Vorn.); **Ro|ber|ta, Ro|ber|ti|ne** (w. Vorn.)
Ro|bes|pierre [rɔbɛs'pjɛ:r] (Führer in der Franz. Revolution)
Ro|bi|nie [...iə], die; -, -n ‹nach dem franz. Botaniker Robin› (ein Zierbaum od. -strauch)
Ro|bin|so|na|de, die; -, -n ‹neulat.› (Robinsongeschichte); **Ro|bin|son Cru|soe** [- 'kru:zo] (Held in einem Roman von Daniel Defoe); **Ro|bin|son|li|ste** (Liste von Personen, die keine Werbesendungen erhalten möchten)
Ro|bot, die; -, -en ‹tschech.› (*veraltet für* Frondienst); **ro|bo|ten** (*ugs. für* schwer arbeiten); er hat gerobotet, *auch* robotet; **Ro|bo|ter** (elektron. gesteuerter Automat); **ro|bo|ter|haft;** -este
Ro|bu|rit [*auch* ...'rit], der; -s ‹lat.› (ein Sprengstoff); **ro|bust;** -este (stark, widerstandsfähig); **Ro|bust|heit**
Ro|caille [rɔ'ka:j], das *od.* die; -, -s ‹franz.› (*Kunst* Muschelwerk; Rokokoornament)
Ro|cha|de [...x..., *auch* ...ʃ...], die; -, -n ‹arab.-span.-franz.› (*Schach* Doppelzug von König und Turm)
Roche|fort [rɔʃ'fɔ:r] (franz. Stadt)
rö|cheln; ich ...[e]le (↑R 22)
Ro|chen, der; -s, - (ein Seefisch)
Ro|chett [...ʃ...], das; -s, -s ‹franz.› (Chorhemd des kath. Geistlichen)
ro|chie|ren [...x..., *auch* ...ʃ...] ‹arab.-span.-franz.› (die Rochade ausführen; die Positionen wechseln [z. B. beim Fußball])
Ro|chus (Heiliger); einen - auf jmdn. haben (*ugs. für* zornig auf jmdn. sein)
[1]**Rock,** der; -[e]s, Röcke
[2]**Rock,** der; -[s] ‹amerik.› (Stilrichtung der Popmusik); **Rock and Roll,** Rock 'n' Roll ['rɔk (ɛ)n(d) 'ro:l], der; - - -[s], - - -[s] (stark synkopierter amerik. Tanz)
Röck|chen
rocken[1] ([2]Rock spielen)
Rocken[1], der; -s, - (Spinngerät)
Rocken|bol|le[1], die; -, -n (*nordd. für* Perlzwiebel)
Rocken|stu|be[1] (Spinnstube)
Rocker[1], der; -s, - ‹amerik.› (Angehöriger einer Bande von Jugendlichen [mit Lederkleidung u. Motorrad als Statussymbolen]; Rockmusiker); **Rocker**[1]**‿ban|de** (*vgl.* [2]Bande), **...braut** (*ugs. für* Freundin eines Rokkers); **Rock‿grup|pe, ...kon|zert**
Röck|lein
Rock|mu|sik; Rock|mu|si|ker; Rock 'n' Roll *vgl.* Rock and Roll; **Rock-'n'-Roll-Mei|ster|schaft; Rock|oper**
Rocks *Plur.* ‹engl.› (Fruchtbonbons)
Rock‿sän|ger, ...sän|ge|rin
Rock‿saum, ...schoß, ...ta|sche
Rocky Moun|tains [,rɔki 'mauntins] *Plur.* (nordamerik. Gebirge)

[1] *Trenn.* ...k|k...

Rock|zip|fel
Ro|de|hacke [*Trenn.* ...hak|ke]
[1]**Ro|del,** der; -s, Rödel (*südwestd. u. schweiz. für* Liste, Verzeichnis)
[2]**Ro|del,** der; -s, - (*bayr. für* Schlitten); [3]**Ro|del,** die; -, -n (*österr. für* kleiner Schlitten; *landsch. für* Kinderrassel); **Ro|del|bahn; ro|deln;** ich ...[e]le (↑R 22); **Ro|del|schlit|ten**
ro|den
Ro|deo, der *od.* das; -s, -s ‹engl.› (Reiterschau der Cowboys in den USA)
Ro|der (Gerät zum Roden [von Kartoffeln, Rüben])
Ro|de|rich (m. Vorn.)
Ro|din [rɔ'dɛ̃:] (franz. Bildhauer)
Rod|ler; Rod|le|rin
Ro|do|mon|ta|de, die; -, -n ‹franz.› (*veraltet für* Aufschneiderei, Großsprecherei); **ro|do|mon|tie|ren** (*veraltet für* aufschneiden)
Ro|don|ku|chen [ro'dɔŋ...] ‹franz.; dt.› (*landsch.* ein Napfkuchen)
Ro|dri|go (m. Vorn.)
Ro|dung
Ro|ga|te ‹lat., „bittet!"› (fünfter Sonntag nach Ostern); **Ro|ga|ti|on,** die; -, -en (*veraltet für* Fürbitte; kath. Bittumgang)
Ro|gen, der; -s, - (Fischeier); **Ro|ge|ner,** Rog|ner (weibl. Fisch); **Ro|gen|stein** (rogenartige Versteinerung)
Ro|ger [*franz.* rɔ'ʒe:, *engl.* 'rɔdʒə(r)] (m. Vorn.)
Rög|gel|chen (*rhein. für* Roggenbrötchen); **Rog|gen,** der; -s, *Plur. (Sorten:)* - (ein Getreide); **Rog|gen‿brot, ...bröt|chen, ...ern|te, ...feld, ...mehl**
Rog|ner *vgl.* Rogener
roh; -[e]ste; - behauenener, bearbeiteter Stein; (↑R 65:) aus dem rohen arbeiten, im rohen fertig; **Roh‿ar|beit, ...bau** (*Plur.* ...bauten), **...bi|lanz** *(Wirtsch.),* **...dia|mant, ...ei|sen** (das; -s); **Roh|ei|sen|ge|win|nung; Ro|heit** (↑R 178); **Roh‿ent|wurf, ...er|trag; ro|her|wei|se; Roh‿ge|wicht, ...kost; Roh|köst|ler; Roh|köst|le|rin; Roh|ling; Roh‿ma|te|ri|al, ...öl, ...pro|dukt; Roh|pro|duk|ten|händ|ler**
Rohr, das; -[e]s, -e (Schilf; Pflanzenschaft; langer Hohlzylinder; *landsch., bes. österr. für* Backröhre); **Rohr‿am|mer** (ein Vogel), **...bruch** (der); **Röhr|chen** (kleines Rohr; kleine Röhre); **Rohr|dom|mel,** die; -, -n (ein Vogel); **Röh|re,** die; -, -n; [1]**röh|ren** (*veraltet für* mit Röhren versehen)
[2]**röh|ren** (brüllen [vom Hirsch zur Brunftzeit])
Röh|ren|be|wäs|se|rung; Röh-

ren|blüt|ler, der; -s, - *(Bot.)*; **Röhren⸗brun|nen** (Brunnen, aus dem das Wasser ständig rinnt), **...hose, ...kno|chen, ...pilz; rohr|farben** (*für* beige); **Rohr⸗flech|ter, ...flö|te, ...ge|flecht; Röh|richt,** das; -s, -e (Rohrdickicht); **...röhrig** (z. B. vielröhrig); **Rohr⸗kolben, ...kre|pie|rer** (*Soldatenspr.* Geschoß, das im Geschützrohr u. ä. explodiert), **...le|ger; Röhrlein** *vgl.* Röhrchen; **Rohr|leitung; Röhr|li,** das; -s, -[s] (knöchelhoher mod. Damenstiefel); **Röhr|ling** (ein Pilz); **Rohr⸗post** (die; -), **...rück|lauf** (der; -[e]s; beim Geschütz), **...sän|ger** (ein Singvogel); **Rohr|spatz;** *in* schimpfen wie ein - (*ugs. für* aufgebracht, laut schimpfen); **Rohr⸗stock** (*Plur.* ...stöcke), **...stuhl, ...wei|he** (ein Greifvogel), **...zange, ...zucker** [*Trenn.* ...zuk|ker]

Roh⸗schrift (*für* Konzept), **...seide; roh|sei|den;** ein -es Kleid; **Roh⸗stahl** (*vgl.* [1]Stahl), **...stoff; roh|stoff|arm;** ...ärmer, ...ärmste; **Roh|stoff⸗fra|ge** (↑R 204), **...man|gel** (der), **...markt; rohstoff|reich; Roh|stoff|ver|ar|beitung; Roh⸗ta|bak, ...zucker** [*Trenn.* ...zuk|ker], **...zu|stand** (der; -[e]s)

ro|jen (*Seemannsspr.* rudern)

Ro|kam|bo|le, die; -, -n ‹franz.› (Perlzwiebel)

Ro|kit|no|sümp|fe *Plur.* (in der Polesje)

Ro|ko|ko [*auch* ro'kɔko, *österr.* ...'ko:], das; *Gen.* -s, *fachspr. auch* - ‹franz.› ([Kunst]stil des 18. Jh.s); **Ro|ko|ko⸗kom|mo|de, ...stil, ...zeit** (die; -)

Ro|land (m. Vorn.); **Ro|landslied,** das; -[e]s; **Ro|land[s]|säu|le**

Rolf (m. Vorn.)

Rolladen, der; -s, *Plur.* Rolläden, *seltener* - [*Trenn.* Roll|la|den, ↑R 204]; **Rolla|den⸗ka|sten** [*Trenn.* Roll|la..., ↑R 204], **...schrank**

Roll|back ['ro:lbɛk], das; -[s], -s ‹engl.› (Rückzug, erzwungenes Zurückweichen; Rückgang)

Roll⸗bahn, ...bal|ken (*österr. für* Rolladen), **...ball** (der; -s; Mannschaftsballspiel), **...bra|ten; Rollbrett** (*svw.* Rollerbrett); **Röllchen; Rol|le,** die; -, -n; **rol|len;** (↑R 68:) der Wagen kommt ins Rollen; **Rol|len⸗be|set|zung** *(Theater)*, **...fach** *(Theater)*; **rollen⸗för|mig, ...spe|zi|fisch; Rollen⸗spiel** *(Soziol.)*, **...tausch, ...ver|tei|lung; Rol|ler** (Motorroller; Kinderfahrzeug; männl. [Kanarien]vogel mit rollendem Schlag; *österr. für* Rollo; *österr. auch svw.* Rollfähre); [mit dem] Roller fahren, aber (↑R 68): das Rollerfahren; **Rol|ler|brett** (*für* Skateboard); **rol|lern;** ich ...ere (↑R 22); **Rol|ler|skate** [ro:lə(r)ske:t], das; -s, -s ‹engl.› (*svw.* Diskoroller); **Roll⸗fäh|re** (*österr. für* Seilfähre), **...feld, ...film; Rollfuhr⸗dienst** *(veraltend)*, **...mann** (*Plur.* ...männer *u.* ...leute; *veraltend*); **Roll⸗geld, ...gut**

rol|lie|ren ‹lat.› (umlaufen; *Schneiderei* den Rand einrollen)

Roll⸗kom|man|do, ...kra|gen; Roll|kra|gen|pul|lover; Roll⸗kunst|lauf (der; -[e]s), **...kur** *(Med.)*, **...mops** (gerollter eingelegter Hering)

Rol|lo [*auch, österr. nur,* rɔ'lo:], das; -s, -s (aufrollbarer Vorhang [z. B. an Fenstern])

Rolloch [*Trenn.* Roll|loch, ↑R 204] (*Bergmannsspr.* steil abfallender Grubenbau); **Roll⸗schie|ne, ...schin|ken, ...schnellauf** [*Trenn.* ...schnell|lauf, ↑R 204], **...schrank; Roll|schuh;** - laufen, aber (↑R 68): das Rollschuhlaufen; **Roll|schuh⸗bahn, ...sport** (der; -[e]s); **Roll⸗sitz, ...ski, ...splitt** (der; -[e]s), **...sport** (der; -[e]s; *svw.* Rollschuhsport)

Rolls-Royce ® [rɔls'rɔys, *engl.* 'ro:ls...], der; -, - (engl. Kraftfahrzeugmarke)

Roll⸗stuhl, ...trep|pe

[1]Rom (Hptst. Italiens)

[2]Rom, der; -, -a ‹Zigeunerspr.› (Zigeuner [mit nichtdeutscher Staatsangehörigkeit])

ROM, das; -[s], -[s] ‹aus engl. readonly memory› (*EDV* Informationsspeicher, dessen Inhalt nur abgelesen, aber nicht verändert werden kann)

Ro|ma|dur [*österr.* ...'du:r], der; -[s], -s ‹franz.› (ein Weichkäse)

Ro|ma|gna [ro'manja], die; - (eine ital. Landschaft)

Ro|man, der; -s, -e ‹franz.›; ein historischer -; **ro|man|ar|tig; Roman⸗au|tor, ...au|to|rin; Romän|chen; Ro|man|cier** [romā'sie:], der; -s, -s (Romanschriftsteller); **Ro|ma|ne,** der; -n, -n (↑R 197) ‹lat.› (Angehöriger eines Volkes mit roman. Sprache); **Roma|nen|tum,** das; -s; **Ro|man⸗figur, ...ge|stalt; ro|man|haft; Roman⸗held, ...hel|din**

Ro|ma|ni [*auch* 'rɔ...], das; -[s] ‹Zigeunerspr.› (Zigeunersprache)

Ro|ma|nik, die; - ‹lat.› (Kunststil vom 11. bis 13. Jh.; Zeit des roman. Stils); **Ro|ma|nin; ro|manisch** (zu den Romanen gehörend; im Stil der Romanik, die Romanik betreffend; *schweiz. auch für* rätoromanisch [*vgl.* romantsch]); -e Sprachen; **ro|mani|sie|ren** (römisch, romanisch machen); **Ro|ma|nist,** der; -en, -en; ↑R 197 (Kenner und Erforscher der roman. Sprachen u. Literaturen; Kenner und Erforscher des römischen Rechts); **Ro|ma|ni|stik,** die; - (Wissenschaft von den romanischen Sprachen u. Literaturen; Wissenschaft vom röm. Recht); **Roma|ni|stin; ro|ma|ni|stisch; Roman⸗le|ser, ...li|te|ra|tur** (die; -)

Ro|ma|now [...nɔf, *auch, österr. nur,* 'rɔ...] (ehem. russ. Herrschergeschlecht)

Ro|man⸗schrei|ber, ...schrei|berin, ...schrift|stel|ler, ...schriftstel|le|rin; Ro|man|tik, die; - ‹lat.› (Kunst- und Literaturrichtung von etwa 1800 bis 1830; gefühlsbetonte Stimmung); keinen Sinn für - haben; **Ro|man|ti|ker** (Anhänger, Dichter usw. der Romantik; *abwertend für* Phantast, Gefühlsschwärmer); **Ro|man|tike|rin; ro|man|tisch;** -ste (zur Romantik gehörend; gefühlsbetont, schwärmerisch; abenteuerlich); **ro|man|ti|sie|ren** (romantisch darstellen, gestalten); **romantsch** (rätoromanisch); **Romantsch,** das; -[s] (rätoroman. Sprache [in Graubünden]); **Roma|nus** (m. Vorn.); **Ro|man|ze,** die; -, -n ‹franz.› (erzählendes volkstüml. Gedicht; liedartiges Musikstück mit besonderem Stimmungsgehalt; romantisches Liebeserlebnis); **Ro|man|zen⸗dich|ter, ...samm|lung; Roman|ze|ro,** der; -s, -s ‹span.› (span. Romanzensammlung)

Ro|meo (Gestalt bei Shakespeare)

[1]Rö|mer ‹niederl.› (bauchiges Kelchglas für Wein)

[2]Rö|mer (Einwohner Roms; Angehöriger des Römischen Reiches; *auch für* eine Dachziegelart); **[3]Rö|mer,** der; -s (das alte Rathaus in Frankfurt am Main); **Rö|mer|brief,** der; -[e]s (↑R 151; *N. T.*); **Rö|me|rin; Rö|mer|straße** (↑R 190); **Rö|mer|topf** ® (↑R 151); **Rö|mer|tum,** das; -s; **Rom⸗fah|rer, ...fahrt** (↑R 149); **rö|misch** (auf Rom, auf die alten Römer bezogen); -e Zeitrechnung, -e Zahlen, -es Bad, -es Recht, die -en Kaiser, aber (↑R 157): das Römische Reich, das Heilige Römische Reich Deutscher Nation; **römisch-irisch** (↑R 39); römischirisches Bad; **rö|misch-ka|tholisch** (↑R 39; *Abk.* r.-k., röm.kath.); die römisch-katholische Kirche; **röm.-kath.** = römischkatholisch

Rom|mé ['rɔme:, *auch* rɔ'me:], das; -s, -s ‹franz.› (ein Kartenspiel)

Ro|mu|ald, Ru|mold (m. Vorn.)

Ro|mu|lus (in der röm. Sage Gründer Roms); - und Remus; - Augustulus (letzter weströmischer Kaiser)
Ro|nald (m. Vorn.)
Ron|ces|valles ['rɔ̃:səval, *span.* rɔnθez'valjɛs] (span. Ort)
Ron|de ['rɔndə, *auch* 'rɔ̃:də], die; -, -n ‹franz.› (*früher für* Runde, Rundgang; Wachen u. Posten kontrollierender Offizier); **Rondeau** [rɔn'do:], das; -s, -s (*österr. für* rundes Beet, runder Platz); **Ron|dell,** Run|dell, das; -s, -e (Rundteil [an der Bastei]; Rundbeet); **Ron|den|gang,** der (*svw.* Ronde); **Ron|do,** das; -s, -s ‹ital.› (mittelalterl. Tanzlied; Instrumentalsatz mit mehrfach wiederkehrendem Thema)
Ron|ka|li|sche Fel|der *Plur.* (Ebene in Oberitalien)
rönt|gen (mit Röntgenstrahlen durchleuchten); du röntgst; **Rönt|gen** (dt. Physiker); **Röntgen‿ap|pa|rat** (↑R 135), **...arzt, ...ärz|tin, ...auf|nah|me, ...be|hand|lung, ...be|strah|lung, ...bild, ...dia|gno|stik; rönt|ge|ni|sie|ren** (*österr. für* röntgen); **Rönt|gen|ki|ne|ma|to|gra|phie,** die; - (Filmen des durch Röntgenstrahlen entstehenden Bildes); **Rönt|ge|no|gramm,** das; -s, -e (Röntgenbild); **Rönt|ge|no|gra|phie,** die; - (fotogr. Aufnahme mit Röntgenstrahlen); **rönt|ge|no|gra|phisch; Rönt|ge|no|lo|ge,** der; -n, -n (↑R 197); **Rönt|ge|no|lo|gie,** die; - (Lehre von den Röntgenstrahlen); **Rönt|ge|no|lo|gin; rönt|ge|no|lo|gisch; Rönt|ge|no|sko|pie,** die; -, ...ien (Durchleuchtung mit Röntgenstrahlen); **Rönt|gen‿paß** (*Plur.* ...pässe), **...rei|hen|un|ter|su|chung, ...röh|re** (↑R 135), **...schirm, ...schwe|ster, ...spek|trum, ...strah|len** *(Plur.)*, **...struk|tur|ana|ly|se** (röntgenolog. Untersuchung der Struktur von Kristallen), **...tie|fen|the|ra|pie** (die; -), **...un|ter|su|chung**
Roo|ming-in [ˌru(:)miŋ'in], das; -[s], -s ‹engl.› (gemeinsame Unterbringung von Mutter und Kind im Krankenhaus [vor allem auf Wochenstationen])
Roo|se|velt ['ro:z(ə)vɛlt] (Name zweier Präsidenten der USA)
Roque|fort ['rɔkfo:r, *auch* rɔk'fo:r], der; -s, -s ‹nach dem franz. Ort› (ein Käse); **Roque|fort|kä|se** (↑R 149)
Ror|schach (schweiz. Stadt)
Ror|schach|test ‹nach dem Schweizer Psychiater› (ein psycholog. Testverfahren)
ro|sa ‹lat.› (rosenfarbig, blaßrot); ein rosa Kleid; die rosa Kleider; *vgl. auch* beige; in Rosa (↑R 65); [1]**Ro|sa,** das; -s, *Plur.* -, *ugs.* -s (rosa Farbe); *vgl.* Blau; [2]**Ro|sa** (w. Vorn.); **ro|sa|far|ben, ro|sa|far|big; Ro|sa|lia, Ro|sa|lie** [...iə] (w. Vorn.); **Ro|sa|li|en|ge|bir|ge** [...iən], das; -s (nördl. Ausläufer der Zentralalpen); **Ro|sa|lin|de** (w. Vorn.); **Ro|sa|mund, Ro|sa|mun|de** (w. Vorn.); **Ros|ani|lin,** das; -s (ein Farbstoff); **Ro|sa|ri|um,** das; -s, ...ien [...iən] (Rosenpflanzung; kath. Rosenkranzgebet); **ro|sa|rot** (↑R 40); **Ro|sa|zee,** die; -, -n (*Bot.* Rosengewächs)
rösch [*auch* rø:ʃ]; -este (*Bergmannsspr.* grob [zerkleinert]; *bes. südd., auch schweiz. mdal. für* knusprig); *vgl.* resch
Rö|sche, die; -, -n (*Bergmannsspr.* Graben)
Rös|chen (kleine Rose; *kurz für* Blumenkohlröschen); [1]**Ro|se,** die; -, -n; [2]**Ro|se** (w. Vorn.); **rosé** [ro'ze:] ‹franz.› (rosig, zartrosa); - Spitze; *vgl. auch* beige; in Rosé (↑R 65); [1]**Ro|sé,** das; -[s], -[s] (rosé Farbe); [2]**Ro|sé,** der; -s, -s (Roséwein)
Ro|seau [ro:'zo:] (Hptst. von Dominica)
Ro|seg|ger [*auch* ro'zɛ..., 'rɔ...] (österr. Schriftsteller)
Ro|sel (w. Vorn.); **Ro|se|ma|rie** (w. Vorn.); **Ro|sen‿blatt, ...busch, ...duft; ro|sen|far|ben, ro|sen|far|big; Ro|sen‿gar|ten, ...hoch|zeit** (*ugs. für* 10. Jahrestag der Eheschließung), **...holz, ...kohl** (der; -[e]s), **...kranz**
Ro|sen|mon|tag ‹*zu* rasen = tollen› (Fastnachtsmontag); **Ro|sen|mon|tags|zug**
Ro|se|no|bel [*auch* ...'no:...], der; -s, - ‹engl.› (alte engl. Goldmünze)
Ro|sen‿öl, ...pa|pri|ka (der; -s), **...quarz** (ein Schmuckstein); **ro|sen|rot; Ro|sen‿schau, ...stock** (*Plur.* ...stöcke), **...strauch, ...strauß** (*Plur.* ...sträuße), **...was|ser** (*Plur.* ...wässer), **...züch|ter**
Ro|seo|le, die; -, -n (↑R 180) ‹lat.› (*Med.* ein Hautausschlag)
[1]**Ro|sette** [ro'zɛt] (Stadt in Unterägypten)
[2]**Ro|set|te,** die; -, -n ‹franz.› (Verzierung in Rosenform; Bandschleife; Edelsteinschliff); **Ro|sé|wein** [ro'ze:...] (blaßroter Wein); **Ro|si** (w. Vorn.); **ro|sig; ro|sig|weiß** (↑R 40)
Ro|si|nan|te, die; -, -n ‹span.› (Don Quichottes Pferd; *selten für* Klepper)
Ro|si|ne, die; -, -n ‹franz.› (getrocknete Weinbeere); **Ro|si|nen‿brot, ...bröt|chen, ...ku|chen; ro|si|n|far|ben**
Rös|lein *vgl.* Röschen
Ros|ma|rin [*auch* ...'ri:n], der; -s ‹lat.› (eine Gewürzpflanze); **Ros|ma|rin|öl**
Ro|so|lio, der; -s, -s ‹ital.› (ein Likör)
[1]**Roß,** das; Rosses, *Plur.* Rosse, *landsch.* Rösser (*südd., österr. u. schweiz., sonst geh. für* Pferd)
[2]**Roß,** das; -es, -e *u.* Ro|ße, die; -, -n (*mitteld. für* Wabe)
Roß‿ap|fel (*landsch. scherzh. für* Pferdekot), **...arzt** (*veraltet für* Tierarzt im Heer), **...brei|ten** (*Plur.;* windschwache Zone im subtrop. Hochdruckgürtel); **Röß|chen,** Röß|lein, Rös|sel, Rößl (kleines Roß)
Ro|ße *vgl.* [2]Roß
Rös|sel *vgl.* Rößchen; **Rös|se|len|ker** *(geh.);* **Rös|sel|sprung** (Rätselart); **ros|sen** (brünstig sein [von der Stute]); die Stute roßt; **Roß|haar; Roß|haar|ma|trat|ze; ros|sig** ‹*zu* rossen›
Ros|si|ni (ital. Komponist)
Roß‿kamm (Pferdestriegel; *spött. für* Pferdehändler), **...ka|sta|nie, ...kur** (*ugs. für* mit drastischen Mitteln durchgeführte Kur; *vgl.* [1]Kur); **Rößl, Röß|lein** *vgl.* Rößchen; **Roß‿schlach|ter** *od.* **...schläch|ter** (*landsch. für* Pferdeschlächter), **...täu|scher** (*veraltet für* Pferdehändler); **Roß|täu|sche|rei; Roß|täu|scher|trick; Roß|trap|pe,** die; - (ein Felsen im Harz)
[1]**Rost** [*schweiz.* ro:st], der; -[e]s, -e ([Heiz]gitter; *landsch. für* Stahlmatratze)
[2]**Rost,** der; -[e]s (Zersetzungsschicht auf Eisen; Pflanzenkrankheit); **Rost|an|satz; rost|be|stän|dig; Rost|bil|dung**
Rost‿bra|ten, ...brat|wurst
rost|braun
Röst|brot [*auch* 'rœst...]; **Rö|ste** [*auch* 'rœ...], die; -, -n (Röstvorrichtung; Erhitzung von Erzen und Hüttenprodukten; Rotten [von Flachs])
ro|sten (Rost ansetzen)
rö|sten [*auch* 'rœ...] (braten; bräunen [Kaffee, Brot u.a.]; [Erze u. Hüttenprodukte] erhitzen; [Flachs] rotten); **Rö|ster,** der; -s, - (*österr. für* Kompott od. Mus aus Holunderbeeren od. Zwetschen); **Rö|ste|rei**
rost|far|ben, rost|far|big; Rost‿fleck, ...fraß; rost|frei; -er Stahl
Rö|sti, die; - (*schweiz. für* [grob geraspelte] Bratkartoffeln)
ro|stig
Röst|kar|tof|fel [*auch* 'rœst...] *meist Plur.* (*landsch. für* Bratkartoffel)
Rost|lau|be (*ugs. für* Auto mit vielen Roststellen)

Ro|stock (Hafenstadt an der Ostsee)
Ro|stow [*auch* ...'tɔf] (Name zweier Städte in Rußland); - am Don
Rost|pilz (Erreger von Pflanzenkrankheiten)
Ro|stra, die; -, ...ren ‹lat.› (Rednerbühne im alten Rom)
Ro|stro|po|witsch, Mstislaw (russ. Cellist u. Dirigent)
rost|rot; - färben
Röst|schnit|te [*auch* 'rœst...]
Rost_schutz (der; -es), **...schutz|mit|tel** (das), **...stel|le**
Rö|stung [*auch* 'rœ...]
Ro|swith, Ro|swi|tha (w. Vorn.)
rot; röter, röteste, *seltener* roter, roteste. **I.** *Kleinschreibung* (↑R 157): rote Bete; rote Blutkörperchen; die rote Fahne (der Arbeiterbewegung; *vgl.* aber: II, a); rote Farbe; rote Grütze; die rote Karte *(bes. Fußball);* der rote Planet (Mars); rote Rübe; der rote Faden; der rote Hahn (Feuer); das rote As *(Kartenspiel);* er wirkt auf sie wie ein rotes Tuch; er hat keinen roten Heller (Pfennig) mehr. **II.** *Großschreibung:* **a)** (↑R 157:) das Rote Kreuz; die Rote Armee (Sowjetarmee); Die Rote Fahne (Name kommunistischer Zeitungen; *vgl.* aber: I); **b)** (↑R 146:) das Rote Meer; die Rote Erde (Bezeichnung für Westfalen); der Rote Fluß (in Vietnam); die Rote Wand (in Österreich); **c)** (↑R 65:) die Roten (*ugs. für* die Sozialisten, Kommunisten u. a.); *vgl.* blau; *vgl.* rotsehen; **Rot,** das; -s, *Plur.* -, *ugs.* -s (rote Farbe); - auflegen; bei - ist das Überqueren der Straße verboten; die Ampel steht auf, zeigt -; er spielte - aus *(Kartenspiel); vgl.* Blau; **Röt,** das; -[e]s (*Geol.* Stufe der unteren Triasformation)
Ro|ta, die; - ‹ital.› *u.* Ro|ta Ro|mana, die; - - ‹lat.› (höchster Gerichtshof der kath. Kirche)
Rot|al|ge (rötlich bis rot gefärbte Alge)
Ro|tang, der; -s, -e ‹malai.› (eine Palmenart); **Ro|tang|pal|me**
Ro|ta|print Ⓦᴢ ‹lat.; engl.› (Offsetdruck- und Vervielfältigungsmaschinen)
Ro|ta|ri|er [...iər] (Mitglied des Rotary Clubs); **ro|ta|risch**
Rot|ar|mist, der; -en, -en; ↑R 197 *(früher)*
Ro|ta Ro|ma|na *vgl.* Rota
Ro|ta|ry Club [*engl.* 'ro:təri 'klab], der; - -[s], - -s ‹engl.› (Vereinigung führender Persönlichkeiten unter dem Gedanken des Dienstes am Nächsten); **Ro|ta|ry In|ter|na|tio|nal** ['ro:təry intə(r)'nɛʃ(ə)nəl] (internationale Dachorganisation der Rotary Clubs)
Ro|ta|ti|on, die; -, -en ‹lat.› (Drehung, Umlauf); **Ro|ta|ti|ons_ach|se, ...be|we|gung, ...druck** (*Plur.* ...drucke), **...el|lip|so|id** *(Math.);* **Ro|ta|ti|ons|kol|ben|mo|tor** *(Technik);* **Ro|ta|ti|ons_kör|per, ...ma|schi|ne, ...pa|ra|bo|lo|id** *(Math.),* **...pres|se, ...prin|zip** *(Politik);* **Ro|ta|to|ri|en** [...iən] *Plur.* (*Zool.* Rädertierchen)
Rot|au|ge (ein Fisch); **rot_backig** [*Trenn.* ...bak|kig] *od.* **...bäckig** [*Trenn.* ...bäk|kig]; **Rot_barsch, ...bart; rot_bär|tig, ...blond, ...braun** (↑R 40); **Rot|bu|che**
Rot|chi|na [...'çi:...], das; -s (*für* Volksrepublik China)
Rot|dorn (*Plur.* ...dorne); **Rö|te,** die; -
Ro|te-Ar|mee-Frak|ti|on[1], die; - (eine terrorist. Vereinigung); er gehört zur Rote[n]-Armee-Fraktion
Ro|te-Be|te-Sa|lat[1], der; Rote[n]-Bete-Salat[e]s, Rote[n]-Bete-Salate
Ro|te-Kreuz-Los[1], das; Rote[n]-Kreuz-Loses, Rote[n]-Kreuz-Lose; **Ro|te-Kreuz-Lot|te|rie**[1], die; Rote[n]-Kreuz-Lotterie, Rote[n]-Kreuz-Lotterien; **Ro|te-Kreuz-Schwe|ster**[1], die; Rote[n]-Kreuz-Schwester, Rote[n]-Kreuz-Schwestern; *vgl.* Rotkreuzschwester
Rö|tel, der; -s, - (roter Mineralfarbstoff, Zeichenstift); **Rö|teln** *Plur.* (eine Infektionskrankheit); **Rö|tel_stift** (*vgl.* [1]Stift), **...zeich|nung; rö|ten;** sich -
Ro|ten|burg a. d. Ful|da (Stadt in Hessen); **Ro|ten|burg (Wüm|me)** (Stadt in Niedersachsen); *vgl.* aber: Rothenburg
Ro|te|turm|paß, der; Rote[n]turmpasses (in den Karpaten)
Rot_fe|der (ein Fisch), **...fil|ter** *(Fotogr.),* **...fo|rel|le, ...fuchs** (*ugs. auch für* rothaariger Mensch), **...gar|dist** *(früher);* **rot|ge|sich|tig; rot|ge|weint;** -e Augen; **rot|glü|hend; Rot|glut,** die; -
rot|grün (↑R 40); eine -e Fahne; ein -es Bündnis (zwischen Sozialdemokraten u. Grünen); **Rot|grün|blind|heit,** die; -; ↑R 40 (Farbenfehlsichtigkeit, bei der Rot u. Grün verwechselt werden)
Rot|gül|dig|erz, *fachspr. auch* **Rot|gül|tig|erz** (ein Silbererz); **Rot|guß** (Gußbronze)
[1]**Roth,** Eugen (dt. Schriftsteller)
[2]**Roth,** Joseph (österr. Schriftsteller)

[1] ↑R 41.

Rot|haar|ge|bir|ge, das; -s (Teil des Rhein. Schiefergebirges)
rot|haa|rig; Rot|haut (*scherzh. für* Indianer)
Ro|then|burg ob der Tau|ber (Stadt in Bayern); **Ro|then|burg (Ober|lau|sitz)** [*auch* ...'lau...] (Stadt an der Lausitzer Neiße); *vgl.* aber: Rotenburg
Rot|hirsch
Roth|schild (Bankiersfamilie)
ro|tie|ren ‹lat.› (umlaufen, sich um die eigene Achse drehen)
Ro|tis|se|rie, die; -, ...ien ‹franz.› (Grillrestaurant)
Rot_ka|bis (*schweiz. für* Rotkohl), **...käpp|chen** (eine Märchengestalt), **...kehl|chen** (ein Singvogel), **...kohl** (der; -[e]s), **...kopf** (Mensch mit roten Haaren), **...kraut** (das; -[e]s); **Rot|kreuz|schwe|ster,** Ro|te-Kreuz-Schwester *(vgl. d.);* **Rot|lauf,** der; -[e]s ([Tier]krankheit); **röt|lich;** rötlichbraun usw. (↑R 40); **Rot|licht,** das; -[e]s; **Rot|lie|gen|de,** das; -n; ↑R 7 ff. (*Geol.* untere Abteilung der Permformation); **Röt|ling** (ein Pilz); **rot|na|sig**
Ro|tor, der; -s, ...oren ‹lat.› (sich drehender Teil von [elektr.] Maschinen); **Ro|tor_an|ten|ne, ...blatt, ...schiff**
Ro|traud (w. Vorn.)
Rot_rü|be (*landsch. für* rote Rübe), **...schwanz** *od.* **...schwänz|chen** (ein Singvogel); **rot|se|hen;** ↑R 205 (*ugs. für* wütend werden); er sieht rot; rotgesehen; rotzusehen; **Rot|spon,** der; -[e]s, -e (*ugs. für* Rotwein); **Rot_stift** (*vgl.* [1]Stift), **...sün|der** (*bes. für* Fußballspieler, der die rote Karte bekommen hat), **...tan|ne**
Rot|te, die; -, -n (ungeordnete Schar, Gruppe von Menschen); [1]**rot|ten** (*veraltet für* eine Rotte bilden)
[2]**rot|ten, röt|ten** (*Landw.* [Flachs] der Zersetzung aussetzen, um die Fasern herauszulösen)
Rot|ten, der; -s (dt. Name des Oberlaufes der Rhone)
Rot|ten|burg a. d. Laa|ber (Ort in Niederbayern); **Rot|ten|burg am Neckar** [*Trenn.* - - Nek|kar] (Stadt in Baden-Württemberg)
Rot|ten|füh|rer *(Eisenb.);* **rot|ten|wei|se**
Rot|ter|dam [*auch* 'rɔ...] (niederl. Stadt); **Rot|ter|da|mer** (↑R 147); der - Hafen
Rot|tier (*Jägerspr.* Hirschkuh)
Rott|wei|ler, der; -s, - (eine Hunderasse)
Ro|tun|de, die; -, -n ‹lat.› (*Archit.* Rundbau; runder Saal)
Rö|tung; rot|wan|gig; Rot|wein
rot|welsch; Rot|welsch, das; -[es] (Gaunersprache); *vgl.* Deutsch;

Rot|wel|sche, das; -n; *vgl.* Deutsche, das
Rot‿wild, ...wurst (*landsch. für* Blutwurst)
Rotz, der; -es ([Tier]krankheit; *derb für* Nasenschleim); **Rotzben|gel** (*derb für* ungepflegter, unerzogener Junge); **rot|zen** (*derb für* sich die Nase putzen; [Schleim] ausspucken); du rotzt; **Rotz|fah|ne** (*derb für* Taschentuch); **rotz|frech** (*derb für* sehr frech); **rot|zig** *(derb);* **Rotz‿junge** (der; *svw.* Rotzbengel), **...krank|heit** *(Tiermed.),* **...löf|fel** (*svw.* Rotzbengel), **...na|se** (*derb; auch übertr. für* naseweises, freches Kind); **rotz|nä|sig** *(derb)*
Rot|zun|ge (ein Fisch)
Roué [rue:], der; -s, -s ‹franz.› (*veraltet für* Lebemann)
Rouen [ru'ã:] (franz. Stadt an der unteren Seine); **Rouen-En|te,** die; -, -n (↑R 149)
Rouge [ru:ʒ], das; -s, -s ‹franz.› (rote Schminke)
Rouge et noir [ru:ʒ e 'noa:r], das; - - - ‹franz., „Rot und Schwarz"› (ein Glücksspiel)
Rou|la|de [ru...], die; -, -n ‹franz.› (gerollte u. gebratene Fleischscheibe; *Musik* virtuose Gesangspassage); **Rou|leau** [ru'lo:], das; -s, -s (*ältere Bez. für* Rollo); **Rou|lett,** das; -[e]s, *Plur.* -e *u.* -s *od.* **Rou|lette** [ru'lɛ:t], das; -s, -s (ein Glücksspiel); **rou|lie|ren** (*svw.* rollieren)
Round-ta|ble-Ge|spräch [raund-'te:b(ə)l...] ‹engl.› (Gespräch am runden Tisch zwischen Gleichberechtigten); ↑R 41; **Round-table-Kon|fe|renz** (↑R 41)
[1]**Rous|seau** [ru'so:], Jean-Jacques (schweiz.-franz. Schriftsteller)
[2]**Rous|seau** [ru'so:], Henri (franz. Maler)
Rou|te ['ru:tə], die; -, -n ‹franz.› (festgelegte Wegstrecke, Richtung); **Rou|ten|ver|zeich|nis; Rou|ti|ne,** die; - (durch längere Erfahrung erworbene Gewandtheit, Fertigkeit; gewohnheitsmäßige Ausführung einer Tätigkeit); **Rou|ti|ne‿an|ge|le|genheit, ...kon|trol|le; rou|ti|ne|mäßig; Rou|ti|ne‿sa|che, ...überprü|fung, ...un|ter|su|chung; Rou|ti|nier** [...'nie:], der; -s, -s (jmd., der Routine hat); **rou|tiniert;** -este (gerissen, gewandt)
Row|dy ['raudi], der; -s, *Plur.* -s, *auch* ...dies [...di:s]) ‹engl.› ([jüngerer] gewalttätiger Mensch); **row|dy|haft; Row|dy|tum,** das; -s
roy|al [roa'ja:l] ‹franz.› (königlich; königstreu); **Roy|al Air Force** [ˌroy(ə)l 'ɛ:(r) fɔ:(r)s], die; - - - ‹engl., „Königl. Luftwaffe"› (Bez. der brit. Luftwaffe; *Abk.* R. A. F.); **Roya|lis|mus** [roaja...], der; - ‹franz.› (Königstreue); **Roya|list,** der; -en, -en (↑R 197); **roya|li|stisch;** -ste (königstreu)
Rp = Rupiah
Rp. = Rappen
Rp., Rec. = recipe!
RP *(bei Telegrammen)* = Réponse payée [re'pɔ̃:s pɛ'je:] ‹franz., „Antwort bezahlt"›
RSFSR = Russische Sozialistische Föderative Sowjetrepublik
RT = Registertonne
Ru = *chem. Zeichen für* Ruthenium
Ru|an|da (Staat in Zentralafrika); **Ru|an|der; ru|an|disch**
ru|ba|to ‹ital.› (*Musik* nicht im strengen Zeitmaß); **Ru|ba|to,** das; -s, *Plur.* -s *u.* ...ti
rub|be|lig (*landsch. für* rauh; uneben); **rub|beln** (*landsch. für* kräftig reiben); ich ...[e]le (↑R 22)
[1]**Rub|ber** ['rabə(r)], der; -s, - ‹engl.› (Doppelpartie im Whist od. Bridge); [2]**Rub|ber,** der; -s (*engl. Bez. für* Gummi)
Rüb|chen; Rü|be, die; -, -n
Ru|bel, der; -s, - ‹russ.› (russ. Währungseinheit; *Abk.* Rbl; 1 Rubel = 100 Kopeken)
Ru|ben (bibl. m. Eigenn.)
Rü|ben|acker [*Trenn.* ...ak|ker]; **rü|ben|ar|tig; Rü|ben‿feld, ...kraut** (das; -[e]s; *landsch. für* Sirup)
Ru|bens (fläm. Maler)
Rü|ben|si|rup
ru|benssch; -e Farbgebung, a b e r (↑R 134): Rubenssche Gemälde
Rü|ben|zucker ([*Trenn.* ...zuk-ker]; der; -s)
rü|ber; ↑R 16 (*ugs. für* herüber, hinüber); **rü|ber‿brin|gen, ...kom|men** *(ugs.)*
Rü|be|zahl (Berggeist des Riesengebirges)
Ru|bi|di|um, das; -s ‹lat.› (chem. Element, Metall; *Zeichen* Rb)
Ru|bi|kon, der; -[s] (ital. Fluß); den - überschreiten (*übertr. für* eine wichtige Entscheidung treffen)
Ru|bin, der; -s, -e ‹lat.› (ein Edelstein); **Ru|bin|glas** *Plur.* ...gläser; **ru|bin|rot**
Rüb|kohl, der; -[e]s (*schweiz. für* Kohlrabi)
Ru|bra, Ru|bren (*Plur. von* Rubrum); **Ru|brik,** die; -, -en ‹lat.› (Spalte, Kategorie [in die etwas eingeordnet wird]); **ru|bri|zie|ren** (einordnen, einstufen; *früher für* Überschriften u. Initialen malen); **Ru|bri|zie|rung; Ru|brum,** das; -s, *Plur.* ...bra *u.* ...bren (*veraltet für* [Akten]aufschrift; kurze Inhaltsangabe)
Rüb|sa|me[n], der; ...mens *od.* **Rüb|sen,** der; -s (eine Ölpflanze)
Ruch [*auch* rux], der; -[e]s, Rüche (*selten für* Geruch; zweifelhafter Ruf)
ruch|bar [*auch* 'rux...] (bekannt, offenkundig); das Verbrechen wurde -
Ruch|gras (eine Grasgattung)
ruch|los [*auch* 'rux...]; -este (*geh. für* niedrig, gemein, böse, verrucht); **Ruch|lo|sig|keit**
ruck!; hau ruck!, ho ruck!; **Ruck,** der; -[e]s, -e; mit einem -
Rück (*svw.* Rick)
Rück‿an|sicht, ...ant|wort
ruck|ar|tig
Rück‿äu|ße|rung, ...be|för|derung, ...be|sin|nung; rück|bezüg|lich; -es Fürwort (*für* Reflexivpronomen); **Rück|bil|dung; Rück|bleib|sel,** das; -s, - (*veraltet für* Rückstand); **Rück|blen|de** *(Film);* **rück|blen|den; Rückblick; rück|blickend**[1]; **rück|buchen; Rück|bu|chung; rück|datie|ren;** er hat den Brief rückdatiert; **Rück|deckungs|ver|siche|rung**[1] (*Wirtsch.* eine Risikoversicherung); **rück|dre|hend** *(Meteor.);* -er Wind (sich gegen den Uhrzeigersinn drehender Wind, z. B. von Nord auf Nordwest; *Ggs.* rechtdrehend)
ruckeln[1] (*landsch. für* ein wenig [2]rucken)
[1]**rucken**[1], ruck|sen (gurren [von Tauben])
[2]**rucken**[1] ([sich] ruckartig bewegen)
rücken[1]; jmdm. zu Leibe -
Rücken[1], der; -s, -; **Rücken**[1]**‿ausschnitt, ...deckung**[1], **...flos|se; rücken|frei**[1]; ein -es Kleid; **Rücken**[1]**‿la|ge, ...leh|ne, ...mark,** (das); **Rücken|mark|ent|zündung**[1], Rücken|marks|ent|zündung[1]; **Rücken|mark|schwindsucht**[1], Rücken|marks|schwindsucht[1]; **Rücken|mark|substanz**[1]; **Rücken**[1]**‿mus|kel, ...mus|ku|la|tur, ...schmerz** *(meist Plur.),* **...schwim|men** (das; -s); **rücken|schwim|men**[1]; *im allg. nur im Infinitiv gebr.;* er kann nicht -; **Rücken|stär|kung**[1]
Rück|ent|wick|lung
Rücken|wind[1], der; -[e]s; **Rückenwir|bel**[1]
Rück|er|bit|tung *(Amtsspr.);* unter - (*Abk.* u. R.); **Rück‿er|in|nerung, ...er|obe|rung, ...er|stattung, ...fahr|kar|te; Rück|fahrschein|wer|fer; Rück‿fahrt, ...fall,** (der); **rück|fäl|lig; Rückfäl|lig|keit; Rück|fall‿kri|mi|na|lität, ...tä|ter; Rück‿flug, ...fluß, ...fra|ge; rück|fra|gen;** er hat noch einmal rückgefragt
Rück|front

---
[1] *Trenn.* ...k|k...

Rück‿füh|rung, ...ga|be; Rück|ga|be|recht, das; -[e]s; **Rück|gang,** der; **rück|gän|gig;** -e Geschäfte; - machen; **Rück|gän|gig|ma|chung; rück|ge|bil|det; Rück|ge|win|nung**

Rück|grat, das; -[e]s, -e; **rück|grat|los;** -este; **Rück|grat|ver|krüm|mung**

Rück‿griff (*auch für* Regreß), **...halt; Rück|hal|te|becken** ([*Trenn.* ...bek|ken]; *Wasserwirtsch.*); **rück|halt|los;** -este; **Rück‿hand** (die; -; *bes. [Tisch]tennis*), **...kampf, ...kauf** (↑R 204); **Rück|kaufs‿recht, ...wert; Rück|kehr,** die; - (↑R 204); **rück|keh|ren** (*seltener für* zurückkehren); **Rück|keh|rer; Rück|keh|re|rin; Rück|kehr|hil|fe** (finanzielle Zuwendung für ausländ. Arbeitnehmer, die freiwillig in ihre Heimat zurückkehren); **Rück|kehr|prä|mie** (*svw.* Rückkehrhilfe); **rück|kop|peln;** ich ...[e]le (↑R 22); **Rück‿kop|pe|lung** *od.* **...kopp|lung** *(fachspr.);* **rück|kreu|zen; Rück|kreu|zung; Rück|kunft** (die; -; *geh. für* Rückkehr); **Rück‿la|ge** (zurückgelegter Betrag), **...lauf; rück|läu|fig;** -e Bewegung; -e Entwicklung; **Rück|läu|fig|keit; Rück‿leuch|te, ...licht** (*Plur.* ...lichter)

rück|lings

Rück‿marsch, ...mel|dung; Rück|nah|me, die; -, -n; **Rück‿paß** *(Sport),* **...por|to, ...rei|se, ...ruf, ...run|de** (*Sport; Ggs.* Hinrunde)

Ruck|sack; Ruck|sack‿tou|rist, ...ur|lau|ber

Rück‿schau, ...schein (*Postw.* Empfangsbestätigung für den Absender), **...schlag; Rück|schlag|ven|til** (Ventil, das ein Gas od. eine Flüssigkeit nur in einer Richtung durchströmen läßt); **Rück‿schluß, ...schritt; rück|schritt|lich; Rück|schritt|lich|keit,** die; -

Rück|sei|te; rück|sei|tig

ruck|sen *vgl.* [1]rucken

Rück|sen|dung

Rück|sicht, die; -, -en; ohne, in, mit - auf; - nehmen; **rück|sicht|lich** (*Amtsspr.* mit Rücksicht auf); *Präp. mit Gen.:* - seiner Fähigkeiten; **Rück|sicht|nah|me,** die; -; **rück|sichts|los;** -este; **Rück|sichts|lo|sig|keit; rück|sichts|voll;** er ist ihr gegenüber *od.* gegen sie immer -

Rück|sied|lung

Rück‿sitz, ...spie|gel

Rück‿spiel (*Sport; Ggs.* Hinspiel), **...spra|che** (mit jmdm. - nehmen)

Rück|stand; im - bleiben, in - kommen; die Rückstände aufarbeiten; **rück|stand|frei; rück|stän|dig; rück|stands|frei** (*svw.* rückstandfrei)

Rück|stau; Rück|stell|ta|ste; Rück|stel|lung (*Wirtsch.* Passivposten in der Bilanz zur Berücksichtigung ungewisser Verbindlichkeiten); **Rück|stoß; Rück|stoß|an|trieb** (*für* Raketenantrieb); **Rück‿strah|ler** (Schlußlicht), **...ta|ste, ...trans|port, ...tritt; Rück|tritt|brem|se; Rück|tritts‿dro|hung, ...ge|such, ...recht** (das; -[e]s); **rück|über|set|zen;** ich werde den Text -; der Text ist rückübersetzt; **Rück|über|set|zung; rück|ver|gü|ten** *(Wirtsch.);* ich werde ihm den Betrag -; der Betrag wurde ihm rückvergütet; **Rück|ver|gü|tung; rück|ver|si|chern,** sich; ich rückversichere mich (↑R 22); rückversichert; rückzuversichern; **Rück|ver|si|che|rung; Rück|ver|si|che|rungs|ver|trag**

Rück|wand

Rück‿wan|de|rung, ...wa|re (*Wirtsch.* in das Zollgebiet zurückkehrende Ware)

rück|wär|tig; -e Verbindungen; **rück|wärts;** - fahren, - gehen usw.; sie ist rückwärts gegangen; aber (↑R 205): rückwärtsgehen (sich verschlechtern); es ist mit dem Umsatz immer mehr rückwärtsgegangen; **Rück|wärts|gang,** der; **rück|wärts|ge|hen;** *vgl.* rückwärts; **rück|wärts|ge|wandt; Rück|wärts|ver|si|che|rung** *(Versicherungsw.)*

Rück‿wech|sel (*für* Rikambio), **...weg**

ruck|wei|se

Rück|wen|dung; rück|wir|kend; Rück|wir|kung; rück|zahl|bar; Rück|zah|lung; Rück|zie|her; einen - machen (*ugs. für* zurückweichen; *Fußball* den Ball über den Kopf nach hinten spielen)

ruck, zuck!

Rück|zug; Rück|zugs‿ge|biet *(Völkerk., Biol.),* **...ge|fecht**

rü|de, *österr. auch* rüd ‹franz.› (roh, grob, ungesittet)

Rü|de, der; -n, -n; ↑R 197 (männl. Hund, Hetzhund)

Ru|del, das; -s, -; **ru|del|wei|se**

Ru|der, das; -s, -; ans - (*ugs. für* in eine leitende Stellung) kommen

Ru|de|ral|pflan|ze ‹lat.; dt.› (Pflanze, die auf stickstoffreichen Schuttplätzen gedeiht)

Ru|der‿bank (*Plur.* ...bänke), **...blatt, ...boot; Ru|de|rer,** Rud|rer; **Ru|der‿fü|ßer** *(Zool.),* **...gän|ger** (*Segeln* jmd., der das Ruder bedient), **...haus; ...ru|de|rig,** ...rud|rig (z. B. achtrud[e]rig); **Ru|de|rin,** Rud|re|rin; **Ru|der‿klub, ...ma|schi|ne; ru|dern;** ich ...ere (↑R 22); **Ru|der‿re|gat|ta, ...sport** (der; -[e]s), **...ver|band** (Deutscher -), **...ver|ein**

Rü|des|heim am Rhein (Stadt in Hessen); [1]**Rü|des|hei|mer** (↑R 147); [2]**Rü|des|hei|mer** (Wein)

Rüd|heit

Ru|di (m. Vorn.)

Rü|di|ger (m. Vorn.)

Ru|di|ment, das; -[e]s, -e ‹lat.› (Überbleibsel, Rest; verkümmertes Organ); **ru|di|men|tär** (nicht ausgebildet, zurückgeblieben, verkümmert); -es Organ

Ru|dolf (m. Vorn.); **Ru|dol|fi|ni|sche Ta|feln** *Plur.* (von Kepler für Kaiser Rudolf II. zusammengestellte Tafeln über Sternenbahnen)

Ru|dol|stadt (Stadt a. d. Saale); **Ru|dol|städ|ter** (↑R 147)

Rud|rer *vgl.* Ruderer; **Rud|re|rin** *vgl.* Ruderin; **...rud|rig** *vgl.* ...ruderig

Ruf, der; -[e]s, -e; **Ruf|be|reit|schaft**

Rü|fe, die; -, -n (*schweiz. für* Mure)

ru|fen; du rufst; du riefst; du riefest; gerufen; ruf[e]!; er ruft mich, den Arzt -; **Ru|fer; Ru|fe|rin**

Rüf|fel, der; -s, - (*ugs. für* Verweis, Tadel); **rüf|feln;** ich ...[e]le (↑R 22); **Rüff|ler**

Ruf‿mord (schwere Verleumdung), **...nä|he, ...na|me, ...num|mer, ...säu|le; ruf|schä|di|gend; Ruf‿schä|di|gung, ...wei|te** (die; -), **...zei|chen**

Rug|by ['rakbi, *auch* 'ragbi], das; -[s] ‹engl.› (ein Ballspiel)

Rü|ge, die; -, -n; **rü|gen**

Rü|gen (Insel vor der vorpommerschen Ostseeküste); **Rü|ge|ner** (↑R 147); **rü|gensch,** *auch* rü|gisch

rü|gens|wert; -este; **Rü|ger**

Ru|gi|er [...i̯ər] (Angehöriger eines ostgerm. Volksstammes)

rü|gisch *vgl.* rügensch

Ru|he, die; -; jmdn. zur [letzten] Ruhe betten (*geh. für* beerdigen); sich zur Ruhe setzen; **Ru|he‿bank** (*Plur.* ...bänke), **...be|dürf|nis** (das; -ses); **ru|he|be|dürf|tig; Ru|he‿bett** (*veraltet für* Liegesofa), **...ge|halt** (das; *svw.* Pension); **ru|he|ge|halts|fä|hig** *(Amtsspr.);* **Ru|he‿geld** (Altersrente), **...ge|nuß** (*österr. Amtsspr.* Pension), **...kis|sen, ...la|ge; ru|he|lie|bend** (↑R 209); **ru|he|los;** -este; **Ru|he|lo|sig|keit,** die; -; **Ru|he|mas|se** *(Physik);* **ru|hen;** *vgl.* ruhenlassen; ruht! (*österr. für* rührt euch!); **ru|hend;** er ist der -e Pol; der -e Verkehr; **ru|hen|las|sen;** ↑R 205 f. ([vorläufig] nicht bearbeiten); er hat diesen Fall -, *seltener* ruhengelassen; aber: ru|hen las|sen (ausruhen lassen); er wird uns nicht länger ruhen lassen; **Ru|he‿pau|se, ...platz, ...raum; ru|he|sam,** ruh|sam (*veraltet für* geruhsam); **ru|he|se|lig,** ruh|se|lig *(veraltet);* **Ru|he|sitz; Ru|he|stand,** der; -[e]s; des -[e]s (*Abk.* d. R.); im - (*Abk.* i. R.); **Ru|he|ständ|ler; Ru|he|statt** *od.* **Ru|he|stät|te** *(geh.);* **Ru|he|stel|lung** *(Milit.);* **ru|he|stö|rend;** -er Lärm (↑R 209); **Ru|he|stö|rer; Ru|he‿stö|rung, ...tag, ...zeit; ru|hig;** - sein, werden, bleiben usw.; aber: **ru|hig|stel|len;** ↑R 205 *(Med.);* der Arm wurde ruhiggestellt; **Ru|hig|stel|lung,** die; - *(Med.)*

Ruh|la (Stadt in Thüringen)

Ruhm, der; -[e]s

Ruh|mas|se (*svw.* Ruhemasse)

ruhm|be|deckt; -este (↑R 209); **Ruhm|be|gier[|de],** die; -; **ruhm|be|gie|rig** (↑R 209); **rüh|men;** sich seines Wissens -; (↑R 68:) nicht viel Rühmens von einer Sache machen; **rüh|mens|wert;** -este; **Ruh|mes‿blatt** (*meist in* kein - sein), **...hal|le, ...tat; rühm|lich; ruhm|los;** -este; **Ruhm|lo|sig|keit,** die; -; **ruhm|re|dig** (*geh. für* prahlerisch); **Ruhm|re|dig|keit,** die; - *(geh.);* **ruhm|reich; Ruhm|sucht,** die; -; **ruhm|süch|tig; ruhm|voll**

[1]**Ruhr,** die; -, -en *Plur. selten* (Infektionskrankheit des Darmes)

[2]**Ruhr,** die; - (r. Nebenfluß des Rheins); *vgl.* aber: Rur

Rühr|ei; rüh|ren; sich -; etwas schaumig -; *vgl. auch* glattrühren; **rüh|rend;** -ste

Ruhr|ge|biet, das; -[e]s

rüh|rig; Rüh|rig|keit, die; -

Ruhr|koh|le

ruhr|krank

Rühr‿löf|fel, ...ma|schi|ne

Rühr|mich|nicht|an, das; -, - (Springkraut); das Kräutlein -

Ruhr|ort (Stadtteil von Duisburg)

rühr|sam (*veraltet für* rührselig); **rühr|se|lig; Rühr‿se|lig|keit** (die; -), **...stück, ...teig; Rüh|rung,** die; -; **Rühr|werk**

ruh|sam *vgl.* ruhesam; **ruh|se|lig** *vgl.* ruheselig

Ru|in, der; -s ‹lat.-franz.› (Zusammenbruch, Verfall; Verderb, Verlust [des Vermögens]); **Rui|ne,** die; -, -n; ↑R 180 (zerfallen[d]es Bauwerk, Trümmer); **rui|nen|ar|tig; Rui|nen|grund|stück; rui|nen|haft; rui|nie|ren** ‹lat.› (zerstören, verwüsten); sich -; **rui|nös;** -este (zum Ruin führend; *veraltend für* baufällig)

Ruis|dael ['rœizda:l] (niederl. Maler)

Ru|län|der, der; -s (eine Reb- u. Weinsorte)

Rülps, der; -es, -e (*derb für* hörbares Aufstoßen; *landsch. derb für* Flegel); **rülp|sen** *(derb);* du rülpst; **Rülp|ser** *(derb)*

rum; ↑R 16 (*ugs. für* herum)

Rum [*südd. u. österr. auch, schweiz. nur,* ru:m], der; -s, *Plur.* -s, *österr.* -e ‹engl.› (Branntwein [aus Zuckerrohr])

Ru|mä|ne, der; -n, -n (↑R 197); **Ru|mä|ni|en** [...iən]; **Ru|mä|nin; ru|mä|nisch; Ru|mä|nisch,** das; -[s] (Sprache); *vgl.* Deutsch; **Ru|mä|ni|sche,** das; -n; *vgl.* Deutsche, das

Rum|ba, die; -, -s, *ugs. auch, österr. nur,* der; -s, -s ‹kuban.› (ein Tanz)

Rum|fla|sche

rum|hän|gen; ↑R 16 (*ugs. für* sich irgendwo ohne ersichtlichen Grund, zum Zeitvertreib aufhalten)

rum|krie|gen; ↑R 16 (*ugs. für* zu etwas bewegen; hinter sich bringen)

Rum|ku|gel (eine Süßigkeit mit Rum[aroma])

rum|ma|chen; ↑R 16 (*ugs. für* sich auf diese od. jene Weise beschäftigen; herumbasteln)

Rum|mel, der; -s (*ugs. für* lärmender Betrieb; Durcheinander); **rum|meln** (*landsch. für* lärmen); ich ...[e]le (↑R 22); **Rum|mel|platz** *(ugs.)*

Rum|my ['rœmi, *auch* 'rami], das; -s, -s ‹engl.› (*österr. für* Rommé)

Ru|mold *vgl.* Romuald

Ru|mor, der; -s ‹lat.› (*veraltet, aber noch landsch. für* Lärm, Unruhe); **ru|mo|ren;** er hat rumort

[1]**Rum|pel,** der; -s (*südd. u. mitteld. für* Gerumpel; Gerümpel); [2]**Rum|pel,** die; -, -n (*mitteld. für* Waschbrett); **rum|pe|lig,** rumplig (*landsch. für* holprig); **Rum|pel|kam|mer** *(ugs.);* **rum|peln** *(ugs.);* ich ...[e]le (↑R 22); **Rum|pel|stilz|chen,** das; -s (eine Märchengestalt)

Rumpf, der; -[e]s, Rümpfe

rümp|fen; die Nase -

Rumpf|krei|sen, das; -s (eine gymnast. Übung)

rump|lig *vgl.* rumpelig

Rump|steak [...ste:k], das; -s, -s ‹engl.› ([gebratene] Rindfleischscheibe)

rums!; rum|sen (*landsch. für* krachen); es rumst

Rum‿topf, ...ver|schnitt

Run [ran], der; -s, -s ‹engl.› (Ansturm [auf etwas Begehrtes])

rund; -er, -este ([*im Sinne von* etwa] *Abk.* rd.); Gespräch am -en Tisch; - um die Welt, aber: rundum; *vgl.* rundgehen; **Rund,** das; -[e]s, -e; **Run|da,** das; -s, -s (Rundgesang; Volkslied im Vogtland); **Rund‿bank** (*Plur.* ...bänke), **...bau** (*Plur.* ...bauten), **...beet** (*für* Rondell), **...blick, ...bo|gen; Rund|bo|gen|fen|ster; Run|de,** die; -, -n; die - machen; die erste -; **Rün|de,** die; - (*veraltet für* Rundsein); **Run|dell** *vgl.* Rondell; **run|den** (rund machen); sich -; **Run|den‿re|kord** *(Sport),* **...zeit** *(Sport);* **Rund|er|laß; rund|er|neu|ert;** -e Reifen; **Rund‿er|neue|rung, ...fahrt, ...flug, ...fra|ge, ...funk** (der; -s); **Rund|funk‿an|stalt, ...ap|pa|rat, ...emp|fän|ger, ...ge|bühr, ...ge|rät, ...hö|rer, ...hö|re|rin, ...kom|men|ta|tor, ...kom|men|ta|to|rin, ...or|che|ster, ...pro|gramm, ...sen|der, ...spre|cher, ...spre|che|rin, ...sta|ti|on, ...tech|nik** (die; -), **...teil|neh|mer, ...teil|neh|me|rin, ...über|tra|gung, ...wer|bung, ...zeit|schrift; Rund|gang,** der; **rund|ge|hen;** es geht rund (*ugs. für* es ist viel Betrieb); es ist rundgegangen; **Rund|ge|sang; Rund|heit,** die; -; **rund|her|aus;** etwas - sagen; **rund|her|um; Rund‿holz, ...ho|ri|zont** *(Theater),* **...kurs, ...lauf** (ein Turngerät); **rund|lich; Rund|lich|keit,** die; -; **Rund|ling** (Dorfanlage); **Rund‿rei|se, ...rücken** ([*Trenn.* ...rük|ken]; *Med.*), **...ruf, ...schä|del, ...schau, ...schlag, ...schrei|ben, ...schrift, ...sicht, ...spruch** (der; -[e]s; *schweiz. für* Rundfunk), **...strecke** [*Trenn.* ...strek|ke]; **rund|stricken** [*Trenn.* ...strik|ken]; **Rund‿strick|na|del, ...stück** (*nordd. für* Brötchen), **...tanz; rund|um; rund|um|her; Rund|um|schlag; Run|dung; Rund|wan|der|weg; rund|weg; Rund|weg**

Ru|ne, die; -, -n ‹altnord.› (germ. Schriftzeichen); **Ru|nen‿al|pha|bet, ...for|schung, ...schrift, ...stein**

Run|ge, die; -, -n ([senkrechte] Stütze an der Wagenseite); **Run|gen|wa|gen**

ru|nisch ‹*zu* Rune›

Run|kel, die; -, -n (*österr. u. schweiz. für* Runkelrübe); **Run|kel|rü|be**

Run|ken, der; -s, - (*mitteld. für* unförmiges Stück Brot); **Runks,** der; -es, -e (*ugs. für* ungeschliffener Mensch); **runk|sen** (*ugs. für* sich wie ein Runks benehmen); du runkst

Run|ning Gag ['raniŋ gɛk], der; -s, - -s (Gag, der sich immer wiederholt)

Ru|no|lo|ge, der; -n, -n (↑R 197) ‹altnord.; griech.› (Runenforscher); **Ru|no|lo|gie,** die; - (Runenforschung)

Runs, der; -es, -e, *häufiger* **Run-**

se, die; -, -n (*südd., österr., schweiz. für* Rinne an Berghängen mit Wildbach)

run|ter; ↑R 16 (*ugs. für* herunter, hinunter); **run|ter|fal|len** *(ugs.);* **run|ter|flie|gen** *(ugs.);* **run|ter|hau|en** *(ugs.);* jmdm. eine -; **run|ter|ho|len** *(ugs.);* **run|ter|kom|men** *(ugs.);* **run|ter|las|sen** *(ugs.);* **run|ter|put|zen** *(ugs.);* **run|ter|rut|schen** *(ugs.);* **run|ter|schlucken** [*Trenn.* ...schluk|ken] *(ugs.)*

Run|zel, die; -, -n; **run|ze|lig; run|zeln;** ich ...[e]le (↑R 22); **runz|lig** (*svw.* runzelig)

Ru|odlieb (Gestalt des ältesten [lateinisch geschriebenen] Romans der dt. Literatur)

Rü|pel, der; -s, -; **Rü|pe|lei; rü|pel|haft;** -este; **Rü|pel|haf|tig|keit,** die; -

Ru|pert, Ru|precht (m. Vorn.); Knecht Ruprecht

[1]**rup|fen;** Gras -; [2]**rup|fen** (aus Rupfen); **Rup|fen,** der; -s, - (Jutegewebe); **Rup|fen|lein|wand**

Ru|pi|ah, die; -, - ‹Hindi› (indones. Währungseinheit; 1 Rupiah = 100 Sen; *Abk.* Rp); **Ru|pie** [...iə], die; -, -n (Währungseinheit in Indien, Sri Lanka u. a.)

rup|pig; Rup|pig|keit; Rupp|sack (*ugs. für* ruppiger Mensch)

Ru|precht *vgl.* Rupert *u.* Knecht Ruprecht

Rup|tur, die; -, -en ‹lat.› (*Med.* Zerreißung)

Rur, die; - (r. Nebenfluß der Maas); *vgl.* a b e r: [2]Ruhr

ru|ral ‹lat.› (*veraltet für* ländlich)

Rus, die; - ‹russ.› (alte Bez. der ostslaw. Stämme im 9./10. Jh.); Kiewer -

Rusch, der; -[e]s, -e ‹lat.› (*nordd. für* Binse); in - und Busch

Rü|sche, die; -, -n (gefältelter [Stoff]besatz)

Ru|schel, die; -, -n, *auch* der; -s, - (*landsch. für* ruschelige Person); **ru|sche|lig,** rusch|lig (*landsch. für* unordentlich, schlampig); **ru|scheln** *(landsch.);* ich ...[e]le (↑R 22)

Rü|schen‿blu|se, ...hemd

rusch|lig *vgl.* ruschelig

Rush-hour ['raʃlauə(r)], die; -, -s ‹engl.› (Hauptverkehrszeit)

Ruß, der; -es, *Plur. (fachspr.)* -e; **ruß|be|schmutzt** (↑R 209); **ruß|braun**

[1]**Rus|se,** der; -n, -n; ↑R 197 (Angehöriger eines ostslaw. Volkes); [2]**Rus|se,** der; -n, -n; ↑R 197 (*landsch. für* [1]Schabe)

Rüs|sel, der; -s, -; **rüs|sel|för|mig; rüs|se|lig,** rüß|lig; **Rüs|sel|kä|fer**

ru|ßen (*schweiz. auch für* entrußen); du rußt; es rußt

Rus|sen‿blu|se, ...kit|tel

ruß|far|ben, ruß|far|big; Ruß|fil|ter; ruß|ge|schwärzt; ru|ßig; Ru|ßig|keit, die; -

Rus|sin; rus|sisch; -e Eier; -er Salat; -es Roulett, a b e r (↑R 157): der Russisch-Türkische Krieg (1877/78); *vgl.* deutsch; **Rus|sisch,** das; -[s] (Sprache); *vgl.* Deutsch; **Russisch Brot,** das; - -[e]s; **Rus|si|sche,** das; -n; *vgl.* Deutsche, das; **Rus|sisch|grün; rus|sisch-or|tho|dox;** -e Kirche; **rus|sisch-rö|misch** (↑R 39); *in* -es Bad; **Ruß|ki** (*ugs. für* Russe, russischer Soldat); **Ruß|land**

rüß|lig *vgl.* rüsselig

ruß|schwarz

Rüst|an|ker (*Seemannsspr.* Ersatzanker)

[1]**Rü|ste,** die; - (*landsch. für* Rast, Ruhe); *noch in* zur - gehen (*veraltet für* untergehen [von der Sonne], zu Ende gehen)

[2]**Rü|ste,** die; -, -n (*Seemannsspr.* starke Planke an der Schiffsaußenseite zum Befestigen von Ketten od. Stangen)

rü|sten; sich - *(geh.);* Gemüse - (*schweiz. für* putzen, vorbereiten)

Rü|ster [*auch* 'ry:...], die; -, -n (Ulme); **rü|stern** (aus Rüsterholz); **Rü|ster[n]|holz**

rü|stig; Rü|stig|keit, die; -

Ru|sti|ka, die; - ‹lat.› (*Archit.* Mauerwerk aus Quadern mit roh bearbeiteten Außenflächen, Bossenwerk); **ru|sti|kal** (ländlich, bäuerlich)

Rüst‿kam|mer, ...tag *(jüd. Rel.);* **Rü|stung; Rü|stungs‿ab|bau, ...auf|trag, ...be|gren|zung, ...fa|brik, ...geg|ner, ...in|du|strie, ...kon|trol|le, ...spi|ra|le, ...wett|lauf; Rüst‿zeit, ...zeug**

Rut *vgl.* [2]Ruth

Ru|te, die; -, -n (Gerte; altes Längenmaß; männl. Glied bei Tieren; *Jägerspr.* Schwanz); **Ru|ten‿bün|del, ...gän|ger** ([Quellen-, Gestein-, Erz]sucher mit der Wünschelrute)

[1]**Ruth** (w. Vorn.); [2]**Ruth,** *ökum.* Rut (biblischer w. Eigenn.); das Buch -

Rut|hard (m. Vorn.)

Ru|the|ne, der; -n, -n; ↑R 197 (*früher Bez. für* im ehem. Österreich-Ungarn lebender Ukrainer); **ru|the|nisch; Ru|the|ni|um,** das; -s (chem. Element, Metall; *Zeichen* Ru)

Ru|ther|ford ['raðə(r)fə(r)d] (engl. Physiker); **Ru|ther|for|di|um,** das; -s ‹nach dem engl. Physiker› (*svw.* Kurtschatovium)

Ru|til, der; -s, -e ‹lat.› (ein Mineral); **Ru|ti|lis|mus,** der; - (*Med.* Rothaarigkeit)

Rüt|li, das; -s (Bergmatte am Vierwaldstätter See); **Rüt|li|schwur,** der; -[e]s; ↑R 149 (sagenumwobener Treueschwur bei der Gründung der Schweiz. Eidgenossenschaft)

rutsch!; Rutsch, der; -[e]s, -e; **Rutsch|bahn; Rut|sche,** die; -, -n (Gleitbahn); **rut|schen;** du rutschst; **Rut|scher** (*früher* ein alter Tanz; *österr. ugs. für* kurze Fahrt, Abstecher); **Rut|sche|rei; rutsch|fest;** -este; **Rutsch|ge|fahr,** die; -; **rut|schig; Rutsch|par|tie** *(ugs.);* **rutsch|si|cher**

Rut|te, die; -, -n (ein Fisch)

Rüt|tel|be|ton; Rüt|te|lei; Rüt|tel|fal|ke; rüt|teln; ich ...[e]le (↑R 22); **Rüt|tel|sieb; Rütt|ler** (ein Baugerät)

[1]**Ru|wer,** die; - (r. Nebenfluß der Mosel); [2]**Ru|wer,** der; -s, - (eine Weinsorte)

Ruys|dael *vgl.* Ruisdael

RVO = Reichsversicherungsordnung

RWE = Rheinisch-Westfälisches Elektrizitätswerk

S

S (Buchstabe); das S; des S, die S, a b e r: das s in Hase (↑R 82); der Buchstabe S, s

s = Sekunde

s, sh = Shilling

S = Schilling; Sen; [2]Siemens; Süd[en]; Sulfur (*chem. Zeichen für* Schwefel)

$ = Dollar

Σ, σ, ς = Sigma

s. = sieh[e]!

S. = San, Sant', Santa, Santo, São; Seite

S., Se. = Seine (Exzellenz usw.)

Sa. = Summa; Sachsen; Samstag, Sonnabend

s. a. = sine anno

Saal, der; -[e]s, Säle; a b e r: Sälchen *(vgl. d.);* **Saal|bau** *Plur.* ...bauten

Saal|burg, die; - (röm. Grenzbefestigung im Taunus)

Saa|le, die; - (l. Nebenfluß der Elbe); **Saal|feld (Saa|le)** (Stadt in Thüringen)

Saal‿ord|ner, ...schlacht, ...toch-

ter (*schweiz. für* Kellnerin im Speisesaal), **...tür**

Saa|ne, die; - (l. Nebenfluß der Aare); **Saa|nen** (schweiz. Ort); **Saa|nen|kä|se**

Saar, die; - (r. Nebenfluß der Mosel); **Saar|brü|cken** [*Trenn.* ...brük|ken] (Hptst. des Bundeslandes Saarland); **Saar|brü|cker** [*Trenn.* ...brük|ker] (↑R 147); **Saar|ge|biet,** das; -[e]s; **Saar|land,** das; -[e]s; **Saar|län|der; Saar|län|de|rin; saar|län|disch,** aber (↑R 157): Saarländischer Rundfunk; **Saar|louis** [...'lui] (Stadt im Saarland); **Saar|loui|ser** [...'luiər]; **Saar-Na|he-Berg|land** (↑R 150)

Saat, die; -, -en; **Saa|ten_pfle|ge** (die; -), **...stand** (der; -[e]s); **Saat_ge|trei|de, ...gut** (das; -[e]s), **...kar|tof|fel, ...korn** (*Plur.* ...körner), **...krä|he**

Sa|ba (hist. Land in Südarabien); **Sa|bä|er,** der; -s, - (Angehöriger eines alten Volkes in Südarabien)

Sab|bat, der; -s, -e ⟨hebr., „Ruhetag"⟩ (Samstag, jüd. Feiertag); **Sab|ba|ta|ri|er** [...iər] *u.* **Sab|ba|tist,** der; -en, -en; ↑R 197 (Angehöriger einer christl. Sekte); **Sab|bat_jahr** *(jüd. Rel.),* **...stil|le**

Sab|bel, der; -s, - (*nordd. für* Mund; *nur Sing.*: *svw.* Sabber); **Sab|bel|lätz|chen** (*nordd. für* Sabberlätzchen); **sab|beln** (*nordd. für* [unaufhörlich] schwatzen; Speichel ausfließen lassen); ich ...[e]le (↑R 22); **Sab|ber,** der; -s (*ugs. für* ausfließender Speichel); **Sab|ber|lätz|chen** *(fam.);* **sab|bern** (*ugs. für* Speichel ausfließen lassen; [unaufhörlich] schwatzen); ich ...[e]re (↑R 22)

Sä|bel, der; -s, - ⟨ung.-poln.⟩; **Sä|bel|bei|ne** *Plur.* (O-Beine); **sä|bel|bei|nig; Sä|bel|fech|ten,** das; -s; **sä|bel|för|mig; Sä|bel_ge|ras|sel** *(abwertend),* **...hieb; sä|beln** (*ugs. für* unsachgemäß, ungeschickt schneiden); ich ...[e]le (↑R 22); **Sä|bel|ras|seln** (das; -s; *abwertend*); **sä|bel|ras|selnd; Sä|bel|raß|ler**

Sa|be|na, die; - = Société Anonyme Belge d'Exploitation de la Navigation Aérienne [sɔsje'te: anɔ'nim 'bɛlʒ dɛksplɔata'sjɔ̃: də la naviga'sjɔ̃: aɛr'jɛn] (belg. Luftfahrtgesellschaft)

Sa|bi|na, Sa|bi|ne (w. Vorn.); **Sa|bi|ner** (Angehöriger eines ehem. Volksstammes in Mittelitalien); **Sa|bi|ner Ber|ge** *Plur.;* **Sa|bi|ne|rin; sa|bi|nisch**

Sa|bot [...'bo:], der; -[s], -s ⟨franz.⟩ (hinten offener, hochhackiger Damenschuh)

Sa|bo|ta|ge [...'ta:ʒə, *österr.* ...'ta:ʒ], die; -, -n [...ʒ(ə)n] ⟨franz.⟩ (vorsätzl. Schädigung od. Zerstörung von wirtschaftl. u. militär. Einrichtungen); **Sa|bo|ta|ge|akt; Sa|bo|teur** [...'tø:r], der; -s, -e; **sa|bo|tie|ren**

Sa|bre, der; -s, -s ⟨hebr.⟩ (in Israel geborener Nachkomme jüd. Einwanderer)

Sa|bri|na (w. Vorn.)

SAC = Schweizer Alpen-Club

Sac|cha|ra|se, Sa|cha|ra|se [*beide* zaxa...], die; - ⟨sanskr.⟩ (ein Enzym); **Sac|cha|ri|me|ter,** Sa|cha|ri|me|ter, das; -s, - ⟨sanskr.; griech.⟩ (Gerät zur Bestimmung des Zuckergehaltes); **Sac|cha|ri|me|trie,** Sa|cha|ri|me|trie, die; - (Bestimmung des Zuckergehaltes einer Lösung); **Sac|cha|rin,** Sa|cha|rin, das; -s (ein Süßstoff)

Sa|cha|lin [...x..., *auch* 'sa...] (ostasiat. Insel)

Sach|an|la|ge *meist Plur.,* **Sach|an|la|ge|ver|mö|gen** *(Wirtsch.)*

Sa|cha|ra|se usw. *vgl.* Saccharase usw.

Sa|char|ja (jüd. Prophet)

Sach_be|ar|bei|ter, ...be|ar|bei|te|rin, ...be|reich (der), **...be|schä|di|gung; sach|be|zo|gen; Sach_be|zü|ge** *(Plur.),* **...buch; sach|dien|lich; Sach|dis|kus|si|on; Sa|che,** die; -, -n; in Sachen Meyer [gegen Müller]; zur - kommen; **Sach|ein|la|ge** (*Wirtsch.* Sachwerte, die bei der Gründung einer AG eingebracht werden); **Sä|chel|chen; Sa|chen|recht,** das; -[e]s *(Rechtsw.);* **Sach|er|klä|rung**

Sa|cher|tor|te ⟨nach dem Wiener Hotelier Sacher⟩ (eine Schokoladentorte); ↑R 135

Sach|fir|ma (Firma, deren Name den Gegenstand des Unternehmens angibt; *Ggs.* Personenfirma); **Sach|fra|ge; sach|fremd;** -este; **Sach|ge|biet; sach_ge|mäß** (-este), **...ge|recht** (-este); **Sach_grün|dung** (*Wirtsch.* Gründungsform einer AG), **...ka|ta|log, ...kennt|nis, ...kun|de** (die; -); **Sach|kun|de|un|ter|richt; sach|kun|dig; Sach_la|ge** (die; -), **...le|gi|ti|ma|ti|on** *(Rechtsw.);* **Säch|lein; Sach|lei|stung; sach|lich** (zur Sache gehörend; *auch für* objektiv); -e Kritik; -er Ton; -er Unterschied; -e Angaben; **säch|lich;** -es Geschlecht *(Sprachw.);* **Sach|lich|keit,** die; -; die Neue - (Kunststil); **Sach|män|gel|haf|tung,** die; -; **Sach_mit|tel** *(Plur.),* **...re|gi|ster**

¹Sachs (dt. Meistersinger); Hans Sachs' Gedichte (↑R 139)

²Sachs, der; -es, -e (german. Eisenmesser, kurzes Schwert)

Sach|scha|den (*Ggs.* Personenschaden)

Sach|se, der; -n, -n (↑R 197); **säch|seln** (sächsisch sprechen); ich ...[e]le (↑R 22); **Sach|sen** (*Abk.* Sa.); **Sach|sen-An|halt;** ↑R 154; **Sach|sen-An|hal|ter** *od.* Sach|sen-An|hal|ti|ner; **Sach|sen-An|hal|te|rin** *od.* Sach|sen-An|hal|ti|ne|rin; **sach|sen-an|hal|tisch** *od.* sach|sen-an|hal|ti|nisch; **Sach|sen|hau|sen** (Konzentrationslager der Nationalsozialisten); **Sach|sen|spie|gel,** der; -s (eine Rechtssammlung des dt. MA.); **Sach|sen|wald,** der; -[e]s (Waldgebiet östl. von Hamburg); **Säch|sin; säch|sisch,** aber (↑R 146): die Sächsische Schweiz (Teil des Elbsandsteingebirges)

Sach|spen|de

sacht; -este (leise, unmerklich); **sacht|chen** (*obersächs. für* ganz sachte); **sach|te** *(ugs.);* sachte!; sachte voran!

Sach_ver|halt (der; -[e]s, -e), **...ver|si|che|rung, ...ver|stand; sach|ver|stän|dig; Sach|ver|stän|di|ge,** der *u.* die; -n, -n (↑R 7 ff.); **Sach|ver|stän|di|gen|gut|ach|ten; Sach_ver|zeich|nis, ...wal|ter, ...wal|te|rin; sach|wal|te|risch; Sach_wei|ser** (*selten für* Sachregister), **...wert, ...wör|ter|buch, ...zu|sam|men|hang, ...zwang** *(meist Plur.; Soziol.)*

Sack, der; -[e]s, Säcke; 5 - Mehl (↑R 128 *u.* 129); mit - und Pack; **Sack|bahn|hof; Säck|chen; Säckel**[1], der; -s, - (*landsch. für* Hosentasche; Geldbeutel; *auch* derbes Schimpfwort); **Säckel|mei|ster**[1] (*südd., österr. u. schweiz. für* Kassenwart, Schatzmeister); **säckeln**[1] (*landsch. für* in Säcke füllen); ich ...[e]le (↑R 22); **Säckel|wart**[1], der; -[e]s, -e (*landsch. für* Kassenwart); **¹sacken**[1] (*landsch. für* in Säcke füllen)

²sacken[1] (sich senken; sinken)

säcken[1] (*veraltet für* in einem Sack ertränken)

sacker|lot![1] *vgl.* sapperlot!; **sacker|ment!**[1] *vgl.* sapperment!

säcke|wei|se[1] (in Säcken); **sack|för|mig; Sack|gas|se; sack|grob** (*ugs. für* sehr grob); **sack|hüp|fen** *nur im Infinitiv u. Part. I gebr.;* **Sack|hüp|fen,** das; -s

Säckin|gen[1] (bad. Stadt am Hochrhein); **Säckin|ger**[1]

Sack_kar|re, ...kar|ren, ...kleid, ...lau|fen (das; -s); **Säck|lein; sack|lei|nen; Sack|lei|nen; Sack|lein|wand; Säck|ler** (*landsch. für* Lederarbeiter);

[1] *Trenn.* ...k|k...

Sack‿pfei|fe (*für* Dudelsack), **...tuch** (*Plur.* ...tücher; grobes Tuch; *südd., österr. ugs. neben* Taschentuch); **sack|wei|se**

Sad|du|zä|er, der; -s, - ‹hebr.› (Angehöriger einer altjüd. Partei)

Sa|de|baum ‹lat.; dt.› (ein wacholderartiger Nadelbaum)

Sad|hu, der; -[s], -s ‹sanskr.› (als Eremit u. bettelnder Asket lebender Hindu)

Sa|dis|mus, der; -, *Plur.* (*für* Handlungen:) ...men ‹nach dem franz. Schriftsteller de Sade› (Lust am Quälen, an Grausamkeiten [als abnorme sexuelle Befriedigung]); **Sa|dist,** der; -en, -en (↑R 197); **Sa|di|stin; sa|di|stisch;** -ste; **Sa|do|ma|so|chis|mus** [...x...], der; -, ...men (Verbindung von Sadismus u. Masochismus); **sa|do|ma|so|chi|stisch**

Sa|do|wa (Dorf bei Königgrätz)

sä|en; du säst, er sät; du sätest; gesät; säe!; **Sä|er; Sä|e|rin** (↑R 180)

Sa|fa|ri, die; -, -s ‹arab.› (Gesellschaftsreise zum Jagen, Fotografieren [in Afrika]); **Sa|fa|ri|park** (Tierpark, den der Besucher mit dem Auto durchquert)

Safe [se:f], der, *auch* das; -s, -s ‹engl.› (Geldschrank, Stahlkammer, Sicherheitsfach); **Sa|fer Sex** ['se:fə(r) 'sɛks], der; - -[e]s (die Gefahr einer Aidsinfektion minderndes Sexualverhalten)

Saf|fi|an, der; -s ‹pers.› (feines Ziegenleder); **Saf|fi|an|le|der**

Sa|flor, der; -s, -e ‹arab.-ital.› (Färberdistel); **sa|flor|gelb**

Sa|fran, der; -s, -e ‹pers.› (Krokus; Farbstoff; *nur Sing.*: ein Gewürz); **sa|fran|gelb**

Saft, der; -[e]s, Säfte (*österr. auch für* Bratensoße); **Saft|bra|ten; Säft|chen; saf|ten; Saft|fut|ter;** *vgl.* [1]Futter; **saft|grün; saf|tig** (*ugs. auch für* derb); **Saf|tig|keit; Saft‿kur** (mit Obst- oder Gemüsesäften durchgeführte [2]Kur), **...la|den** (*ugs. abwertend für* schlecht funktionierender Betrieb); **Säft|lein; saft|los;** -este; saft- u. kraftlos (↑R 32); **Saft‿pres|se, ...tag**

Sa|ga ['za(:)ga], die; -, -s ‹altnord.› (altisländ. Prosaerzählung)

sag|bar; Sa|ge, die; -, -n

Sä|ge, die; -, -n; **Sä|ge‿band** (*Plur.* ...bänder), **...blatt, ...bock, ...fisch, ...mehl** (das; -[e]s), **...müh|le**

sa|gen; es kostet sage und schreibe (tatsächlich *[Ausdruck der Entrüstung]*) zwanzig Mark

sä|gen

Sa|gen‿buch, ...dich|tung (die; -), **...for|scher, ...ge|stalt; sa|gen|haft;** -este (*auch ugs. für* unvorstellbar); ein -er Reichtum; **Sa|gen|kreis; sa|gen|um|wo|ben** (↑R 209)

Sä|ger; Sä|ge|rei; Sä|ge‿spä|ne (*Plur.*), **...werk, ...wer|ker, ...zahn**

sa|git|tal ‹lat.› (*Biol., Med.* parallel zur Mittelachse liegend); **Sa|git|tal|ebe|ne** (der Mittelebene des Körpers parallele Ebene)

Sa|go, der, *österr. meist* das; -s ‹indones.› (gekörntes Stärkemehl aus Palmenmark od. aus Kartoffelstärke); **Sa|go‿pal|me, ...sup|pe**

Sa|ha|ra [*auch* 'za:...], die; - ‹arab.› (Wüste in Nordafrika)

Sa|hel [*auch* 'za:hɛl], der; -[s] ‹arab.› (Gebiet südl. der Sahara); **Sa|hel|zo|ne,** die; -

Sa|hib, der; -[s], -s ‹arab.-Hindi› (*in Indien u. Pakistan titelähnliche Bez. für* Europäer; *ohne Artikel auch* Anrede)

Sah|ne, die; -; **Sah|ne‿bon|bon, ...eis, ...häub|chen, ...känn|chen, ...kä|se, ...meer|ret|tich** (der; -s); **sah|nen; Sah|ne‿so|ße, ...tor|te; sah|nig**

Saib|ling (ein Fisch); *vgl.* Salbling

Sai|gon [*od.* 'zai...] (*früherer Name von* Ho-Chi-Minh-Stadt)

[1]**Saint** [s(ə)nt] ‹engl., „heilig"› (*männl. u. weibl. Form; in engl. u. amerik. Heiligennamen u. auf solche zurückgehenden Ortsnamen,* z. B. Saint Louis[1] [s(ə)nt 'lu:is] = Stadt in Missouri, Saint Anne[1] [-'ɛn]; *Abk.* St.); *vgl.* San, Sankt, São; [2]**Saint** [sɛ̃:] ‹franz., „heilig"› (*männl. Form*) *u.* **Sainte** [sɛ̃:t] (*weibl. Form; in franz. Heiligennamen u. auf solche zurückgehenden Ortsnamen,* z. B. Saint-Cyr[1] [sɛ̃:'si:r] = Kriegsschule in Frankreich, Sainte-Marie[1]; *Abk.* St *bzw.* Ste); *vgl.* San, Sankt, São

Saint-Exu|pé|ry [sɛ̃:tɛgzype'ri] (franz. Schriftsteller)

Saint George's [s(ə)nt 'dʒɔ:(r)dʒiz] (Hptst. von Grenada)

Saint John's [s(ə)nt 'dʒɔnz] (Hptst. von Antigua und Barbuda)

Saint Louis [s(ə)nt 'lu:is] (Stadt in Missouri)

Saint-Saëns [sɛ̃'sã:s] (franz. Komponist)

Saint-Si|mo|nis|mus [sɛ̃si...], der; - ‹nach dem franz. Sozialreformer Saint-Simon› (sozialist. Lehre); **Saint-Si|mo|nist,** der; -en, -en (↑R 197)

Sa|is (altägypt. Stadt im Nildelta)

[1] *Hinter „Saint" steht in franz. Namen ein Bindestrich, in engl. u. amerik. nicht. Hinter „Sainte" steht immer ein Bindestrich.*

Sai|son [zɛ'zɔŋ, *auch* sɛ'zɔ̃:, *österr. auch* zɛ'zo:n], die; -, *Plur.* -s, *österr. auch* ...onen ‹franz.› (Hauptbetriebs-, Hauptreise-, Hauptgeschäftszeit, Theaterspielzeit); **sai|son|ab|hän|gig; sai|so|nal** [...zo'na:l]; **Sai|son‿ar|beit, ...ar|bei|ter, ...auf|takt, ...aus|ver|kauf** (Winter-, Sommerschlußverkauf); **sai|son|be|dingt; Sai|son|be|ginn,** der; -s; **sai|son|be|rei|nigt** (*Amtsspr.*); **Sai|son‿be|trieb, ...en|de** (das; -s), **...er|öff|nung, ...in|dex** (*Wirtsch.*), **...kre|dit** (*Bankw.*), **...schluß, ...wan|de|rung** (saisonbedingte Wanderung von Arbeitskräften); **sai|son|wei|se**

Sai|te, die; -, -n (gedrehter Tierdarm, Metall od. Kunststoff [zur Bespannung von Musikinstrumenten]); *vgl.* aber: Seite; **Sai|ten‿hal|ter** (Teil eines Saiteninstrumentes), **...in|stru|ment, ...spiel** (das; -[e]s); **...sai|tig** (z. B. fünfsaitig); **Sait|ling** (Schafdarm)

Sa|ke, der; - ‹jap.› (aus Reis hergestellter japanischer Wein)

Sak|ko [*österr.* za'ko:], der, *auch, österr. nur,* das; -s, -s (Herrenjakkett); **Sak|ko|an|zug**

sa|kra! ‹lat.› (*südd. ugs. für* verdammt!); **sa|kral** (den Gottesdienst betreffend; *Med.* zum Kreuzbein gehörend); **Sa|kral|bau** *Plur.* ...bauten (*Kunstw.* kirchl. Bauwerk; *Ggs.* Profanbau); **Sa|kra|ment,** das; -[e]s, -e (eine gottesdienstl. Handlung); **sa|kra|men|tal; Sa|kra|men|ta|li|en** [...iən] *Plur.* (*kath. Kirche* sakramentähnliche Zeichen u. Handlungen, z. B. Wasserweihe; *auch Bez. für* geweihte Dinge, z. B. Weihwasser); **Sa|kra|men|ter,** der; -s, - (*landsch. für* jmd., über den man sich ärgert; Schimpfwort); **sa|kra|ment|lich; Sa|kra|ments|häus|chen; sa|krie|ren** (*veraltet für* weihen, heiligen); **Sa|kri|fi|zi|um,** das; -s, ...ien [...iən] (*svw.* [Meß]opfer); **Sa|kri|leg,** das; -s, -e *u.* Sa|kri|le|gi|um, das; -s, ...ien [...iən] (Vergehen gegen Heiliges; Kirchenraub; Gotteslästerung); **sa|kri|le|gisch; sa|krisch** (*südd. für* verdammt); **Sa|kri|stan,** der; -s, -e (kath. Küster, Mesner); **Sa|kri|stei** (Kirchenraum für den Geistlichen u. die gottesdienstl. Geräte); **sa|kro|sankt** (unverletzlich)

sä|ku|lar ‹lat.› (alle hundert Jahre wiederkehrend; weltlich); **Sä|ku|lar|fei|er** (Hundertjahrfeier); **Sä|ku|la|ri|sa|ti|on,** die; -, -en (Einziehung geistl. Besitzungen; Verweltlichung); **sä|ku|la|ri|sie|ren** (kirchl. Besitz in weltl. umwandeln); **Sä|ku|la|ri|sie|rung** (Verweltlichung; Loslösung aus den Bindungen an die Kirche; Erlaubnis für Angehörige eines Ordens, das Kloster zu verlassen u. ohne Bindung an die Gelübde zu leben); **Sä|ku|la|ri|sie|rungspro|zeß; Sä|ku|lum,** das; -s, ...la (Jahrhundert)

Sa|la|din ‹arab.› (ein Sultan)

Sa|lam ‹arab.› (arab. Grußwort); - alaikum! (Heil, Friede mit euch!)

Sa|la|man|ca (span. Stadt u. Provinz)

Sa|la|man|der, der; -s, - ‹griech.› (ein Schwanzlurch)

Sa|la|mi, die; -, -[s], *schweiz. auch* der; -s, - ‹ital.› (eine Dauerwurst)

Sa|la|mi|ni|er [...i̯ər]; **Sa|la|mis** (griech. Insel; Stadt auf der Insel Salamis)

Sa|la|mi|tak|tik, die; - (*ugs. für* Taktik, bei der man durch mehrere kleinere Übergriffe od. Forderungen ein größeres [polit.] Ziel zu verwirklichen sucht); **Sa|la|mi|wurst**

Sa|lär, das; -s, -e ‹franz.› (*schweiz. für* Gehalt, Lohn); **sa|la|rie|ren** (*schweiz. für* besolden)

Sa|lat, der; -[e]s, -e; gemischter -; **Sa|lat‿be|steck, ...blatt, ...gurke; Sa|la|tie|re,** die; -, -n (*veraltet für* Salatschüssel); **Sa|lat‿kartof|fel** *(meist Plur.),* **...kopf, ...öl, ...pflan|ze, ...plat|te, ...schüs|sel, ...so|ße, ...tel|ler**

Sal|ba|der (*abwertend für* langweiliger [frömmelnder] Schwätzer); **Sal|ba|de|rei; sal|ba|dern;** ich ...ere (↑R 22); er hat salbadert

Sal|band, das; *Plur.* ...bänder (Gewebekante, -leiste; *Geol.* Berührungsfläche eines Ganges mit dem Nebengestein)

Sal|be, die; -, -n

Sal|bei [*österr. nur so, sonst auch* ...'bai], der; -s, *österr. nur so, sonst auch* die; - ‹lat.› (eine Heil- u. Gewürzpflanze); **Sal|bei|tee**

sal|ben; Sal|ben|do|se

Salb|ling (*Nebenform von* Saibling)

Salb|öl *(kath. Kirche);* **Sal|bung; sal|bungs|voll** (übertrieben würdevoll)

Säl|chen (kleiner Saal)

Sal|chow [...ço], der; -[s], -s ‹nach dem schwed. Eiskunstläufer U. Salchow› (ein Drehsprung beim Eiskunstlauf); einfacher, doppelter, dreifacher -

Sal|den‿bi|lanz *(Wirtsch.),* **...li|ste** *(Wirtsch.);* **sal|die|ren** ‹ital.› ([eine Rechnung] ausgleichen, abschließen; *österr. für* die Bezahlung einer Rechnung bestätigen); **Sal|die|rung; Sal|do,** der; -s, *Plur.* ...den, -s *u.* ...di (Unterschied der beiden Seiten eines Kontos); **Sal|do‿an|er|kennt|nis** (das; *Wirtsch.* Schuldanerkenntnis dem Gläubiger gegenüber), **...kon|to** (Kontokorrentbuch), **...über|trag, ...vor|trag**

Sä|le (*Plur. von* Saal)

Sa|lem *vgl.* Salam

Sa|lep, der; -s, -s ‹arab.› (getrocknete Knolle einiger Orchideen, die für Heilzwecke verwendet wird)

Sa|le|sia|ner; ↑R 180 (Mitglied der Gesellschaft des hl. Franz von Sales; Angehöriger einer kath. Priestergenossenschaft)

Sales-ma|na|ger ['se:lz...], der; -s, - ‹engl.› (*Wirtsch.* Verkaufsleiter, [Groß]verkäufer); **Sales|manship** ['se:lzmənʃip], das; -s (eine in den USA entwickelte Verkaufslehre); **Sales-pro|mo|ter** ['se:lzprə,mo:tə(r)], der; -s, - (Vertriebskaufmann mit bes. Kenntnissen auf dem Gebiet der Marktbeeinflussung; Verkaufsförderer); **Sales-pro|mo|tion** [...prə,mo:ʃ(ə)n], die; - (Verkaufsförderung)

Sa|let|tel, Sa|lettl, das; -s, -n ‹ital.› (*bayr. u. österr. für* Pavillon, Laube, Gartenhäuschen)

Sa|li|cyl|säu|re *vgl.* Salizylsäure

[1]**Sa|li|er** [...i̯ər] *Plur.* ‹lat.› (altröm. Priester)

[2]**Sa|li|er** [...i̯ər], der; -s, - (Angehöriger der salischen Franken; Angehöriger eines dt. Kaisergeschlechtes)

Sa|li|ne, die; -, -n ‹lat.› (Anlage zur Salzgewinnung); **Sa|li|nensalz,** das; -[e]s

Sa|ling, die; -, -s (*Seemannsspr.* Stange am Mast zur Abstützung der Wanten)

sa|li|nisch (*selten für* salzartig, -haltig)

sa|lisch; -e Franken; -e Gesetze, aber (↑R 157): das Salische Gesetz (über die Thronfolge)

Sa|li|zyl|säu|re, *chem. fachspr.* Sa|li|cyl|säu|re [...'tsy:l...], die; - ‹lat.; griech.; dt.› (eine organ. Säure)

Sal|kan|te (Gewebeleiste)

Salk-Vak|zi|ne [*engl.* 'sɔ:(l)k...]; ↑R 135 (Impfstoff des amerik. Bakteriologen J. Salk gegen Kinderlähmung)

Sal|lei|ste (Gewebeleiste)

Sal|lust (röm. Geschichtsschreiber); **Sal|lu|sti|us** *vgl.* Sallust

Sal|ly (m. *od.* w. Vorn.)

[1]**Salm,** der; -[e]s, -e ‹lat.› (ein Fisch)

[2]**Salm,** der; -s, -e *Plur. selten* ‹zu Psalm› (*ugs. für* umständliches Gerede)

Sal|ma|nas|sar (Name assyr. Könige)

Sal|mi|ak [*auch, österr. nur,* 'zal...], der, *auch* das; -s ‹lat.› (eine Ammoniakverbindung); **Sal|mi|ak‿geist** (der; -[e]s; Ammoniaklösung), **...lö|sung, ...pa|stil|le**

Salm|ler (ein Fisch)

Sal|mo|nel|len *Plur.* ‹nach dem amerik. Pathologen u. Bakteriologen Salmon› (Darmkrankheiten hervorrufende Bakterien); **Sal|mo|nel|lo|se,** die; -, -n (*Med.* durch Salmonellen verursachte Erkrankung)

Sal|mo|ni|den *Plur.* ‹lat.; griech.› (*Zool.* Familie der Lachsfische)

Sa|lo|me [...me] (Stieftochter des Herodes); **Sa|lo|mon,** *ökum.* Sa|lo|mo (bibl. König, Sohn Davids); *Gen.* Salomo[n]s *u.* Salomonis; **Sa|lo|mo|nen** *Plur.* (Inselstaat östl. von Neuguinea); **Sa|lo|mon|in|seln** *Plur.;* **sa|lomo|nisch;** -es (weises) Urteil; -e Weisheit, aber (↑R 134): Salomonische Schriften; **Sa|lomon[s]|sie|gel** (Weißwurz, ein Liliengewächs)

Sa|lon [za'lɔŋ, *auch* sa'lɔ̃:, *südd., österr.* za'lo:n], der; -s, -s ‹franz.› (Gesellschafts-, Empfangszimmer; Friseur-, Mode-, Kosmetikgeschäft; [Kunst]ausstellung); **Sa|lon|da|me** *(Theater);* **sa|lonfä|hig**

Sa|lo|ni|ki (griech. Stadt); *vgl.* Thessaloniki; **Sa|lo|ni|ker, Sa|loni|ki|er** [...i̯ər] (↑R 147)

Sa|lon‿kom|mu|nist *(iron.),* **...löwe** *(abwertend),* **...mu|sik** (die; -), **...or|che|ster, ...wa|gen** *(Eisenb.)*

Sa|loon [sə'lu:n], der; -s, -s ‹amerik.› (im Wildweststil eingerichtetes Lokal)

sa|lopp ‹franz.› (ungezwungen; nachlässig; bequem); -es Benehmen; -e Kleidung; **Sa|lopp|heit**

Sal|pe, die; -, -n ‹griech.› (ein walzenförmiges Meerestier)

Sal|pe|ter, der; -s ‹lat.› (*Bez. für* einige Salze der Salpetersäure); **Sal|pe|ter‿dün|ger, ...er|de; salpe|ter|hal|tig; sal|pe|te|rig** *vgl.* salpetrig; **Sal|pe|ter|säu|re,** die; -; **sal|pet|rig;** -e Säure

Sal|pinx, die; -, ...ingen ‹griech.› (*Med.* [Ohr]trompete; Eileiter)

Sal|sa, der; - ‹span. › (eine bestimmte Art der lateinamerik. Rockmusik; ein Tanz)

Sal|se, die; -, -n ‹ital.› (*Geol.* Schlammsprudel, -vulkan)

Salt, SALT [*engl.* sɔ:lt] = Strategic Arms Limitation Talks [strə'ti:dʒik 'a:(r)mz limi'te:ʃ(ə)n 'tɔ:ks] (Gespräche über die Begrenzung der strateg. Rüstung)

Sal|ta, das; -s ‹lat., „spring!"› (ein Brettspiel); **Sal|ta|rel|lo,** der; -s, ...lli ‹ital.› (ital. u. span. Springtanz); **Sal|ta|to,** das; -s, *Plur.* -s *u.* ...ti (*Musik* Spiel mit hüpfendem Bogen)

Salt-Kon|fe|renz [*engl.* 'sɔ:lt...], **SALT-Kon|fe|renz**

Sal|to, der; -s, *Plur.* -s *u.* ...ti ‹ital.› (freier Überschlag; Luftrolle); **Sal|to mor|ta|le**, der; - -, *Plur.* - - *u.* ...ti ...li (meist dreifacher Salto in großer Höhe)

sa|lü! ['saly, *auch* sa'ly] (*bes. schweiz.* Grußformel)

Sa|lut, der; -[e]s, -e ‹franz.› ([milit.] Ehrengruß); **Sa|lu|ta|ti|on**, die; -, -en ‹lat.› (*veraltet für* feierl. Begrüßung); **sa|lu|tie|ren** (militärisch grüßen); **Sa|lut|schuß**

Sal|va|dor, El usw. *vgl.* El Salvador usw.; **Sal|va|do|ria|ner** (↑R 180); **sal|va|do|ria|nisch** (↑R 180)

Sal|va|ti|on [...v...], die; -, -en ‹lat.› (*veraltet für* Rettung; Verteidigung); [1]**Sal|va|tor**, der; -s (Jesus als Retter, Erlöser); [2]**Sal|va|tor** Ⓦ, das *od.* der; -s (ein bayr. Starkbier); **Sal|va|tor‿bier** (*als* Ⓦ: Salvator-Bier), **...bräu** (*als* Ⓦ: Salvator-Bräu); **Sal|va|to|ria|ner**; ↑R 180 (Angehöriger einer kath. Priesterkongregation für Seelsorge u. Mission; *Abk.* SDS *[vgl. d.]*); **sal|va|to|risch** (*Rechtsspr.* nur ergänzend geltend); -e Klausel

sal|va ve|nia [...va 've:...] ‹lat.› (*veraltet für* mit Erlaubnis, mit Verlaub [zu sagen]; *Abk.* s. v.)

sal|ve! [...ve] ‹lat., „sei gegrüßt!"› (lat. Gruß); **Sal|ve** [...və], die; -, -n ‹franz.› (gleichzeitiges Schießen von mehreren Feuerwaffen [auch als Ehrengruß]); **sal|vie|ren** ‹lat.› (*veraltet für* retten); *noch in* sich - (sich von einem Verdacht reinigen), salviert sein; **sal|vo ti|tu|lo** (*veraltet für* mit Vorbehalt des richtigen Titels; *Abk.* S. T.)

Sal|wei|de (eine Weidenart)

Salz, das; -es, -e

Salz|ach, die; - (r. Nebenfluß des Inns)

Salz|ader; salz‿arm, ...ar|tig; Salz‿bad, ...berg|bau, ...berg|werk, ...bo|den, ...bre|zel

Salz|burg (österr. Bundesland u. dessen Hptst.); **Salz|bur|ger** (↑R 147); - Festspiele

Salz|det|furth, Bad (Stadt südl. von Hildesheim)

sal|zen; du salzt; gesalzen (*in übertr. Bedeutung nur so,* z. B. die Preise sind gesalzen, ein gesalzener Witz), *auch* gesalzt; **Säl|zer** (*veraltet für* Salzsieder, -händler; jmd., der [Fleisch, Fische] einsalzt); **Salz‿faß, ...fleisch, ...garten** (Anlage zur Salzgewinnung), **...ge|halt** (der), **...ge|win|nung, ...gru|be** (Salzbergwerk), **...gurke; salz|hal|tig; Salz|he|ring; sal|zig**

Salz|kam|mer|gut, das; -s (österr. Alpenlandschaft)

Salz‿kar|tof|fel (*meist Plur.*), **...korn** (*Plur.* ...körner), **...ko|te** (*früher* Salzsiedehaus; *vgl.* [2]Kote), **...la|ke, ...lecke** ([*Trenn.* ...lek|ke]; *vgl.* Lecke); **salz|los; Salz‿lö|sung, ...man|del, ...pfanne, ...pflan|ze; salz|sau|er** (Salzsäure enthaltend); **Salz‿säu|le, ...säu|re** (die; -), **...see, ...sie|der, ...so|le, ...stan|ge, ...steu|er** (die), **...streu|er, ...teig**

Salz|uf|len, Bad (Stadt am Teutoburger Wald)

Salz‿was|ser (*Plur.* ...wässer), **...wü|ste, ...zoll**

...sam (z. B. langsam)

Sam [sɛm] (m. Vorn.); Onkel - (*scherzh. Bez. für* USA; *vgl.* Uncle Sam)

Sa|ma|el [...e:l, *auch* ...ɛl] *vgl.* Samiel

Sä|mann *Plur.* ...männer

Sa|ma|ria [*auch* ...'ri:a] (antike Stadt u. hist. Landschaft in Palästina); **Sa|ma|ri|ta|ner** (Angehöriger eines Volkes in Palästina); *vgl.* Samariter; **sa|ma|ri|ta|nisch**; der -e Pentateuch *(Rel.)*; **Sa|ma|ri|ter** (Bewohner von Samaria; [freiwilliger] Krankenpfleger, -wärter); barmherziger -, a b e r (↑R 157): der Barmherzige - (der Bibel); **Sa|ma|ri|ter|dienst; Sa|ma|ri|ter|tum**, das; -s

Sa|ma|ri|um, das; -s (chem. Element, Metall; *Zeichen* Sm)

[1]**Sa|mar|kand** (Stadt in Usbekistan); [2]**Sa|mar|kand**, der; -[s], -s (ein Teppich)

Sä|ma|schi|ne

Sam|ba, die; -, -s, *auch u. österr. nur* der; -s, -s ‹afrik.-port.› (ein Tanz)

Sam|be|si, der; -[s] (Strom in Afrika)

Sam|bia (Staat in Afrika); **Sam|bi|er** [...iər]; **sam|bisch**

[1]**Sa|me**, der; -n, -n (Lappe)

[2]**Sa|me**, der; -ns, -n (*geh. für* Samen); **Sa|men**, der; -s, -; **Samen‿an|la|ge, ...bank** (*Plur.* ...banken; *Med.*), **...er|guß, ...faden, ...flüs|sig|keit, ...hand|lung, ...kap|sel** *(Bot.)*, **...kern, ...korn** (*Plur.* ...körner), **...lei|ter** (der; *Med.*), **...pflan|ze, ...strang** *(Med.)*, **...zel|le, ...zucht** (die; -)

Sä|me|rei, die; -, -en

Sa|mi|el, Sa|ma|el [*beide* ...e:l, *auch* ...ɛl], der; -s ‹hebr.› (böser Geist, Teufel)

...sa|mig (z. B. vielsamig)

sä|mig (seimig; dickflüssig); **Sä|mig|keit**, die; -

sa|misch (von Samos)

sä|misch ‹slaw.› (fettgegerbt); **Sä|misch‿ger|ber, ...le|der**

Sa|mis|dat, der; - ‹russ.› (im Selbstverlag erschienene [verbotene] Literatur in der Sowjetunion)

Sam|land, das; -[e]s (Halbinsel zwischen dem Frischen u. dem Kurischen Haff); **Sam|län|der**, der; **sam|län|disch**

Säm|ling (aus Samen gezogene Pflanze)

Sam|mel‿al|bum, ...an|schluß *(Postw.)*, **...auf|trag** *(Postw.)*, **...band** (der), **...becken** [*Trenn.* ...bek|ken], **...be|griff, ...be|stel|lung, ...be|zeich|nung, ...büch|se, ...de|pot** (*Bankw.* eine Form der Wertpapierverwahrung); **Sam|me|lei; Sam|mel‿ei|fer, ...frucht** *(Bot.)*, **...grab, ...gut; Sam|mel|gut|ver|kehr**, der; -s; **Sam|mel‿kon|to, ...la|ger, ...lei|den|schaft** (die; -), **...lin|se** *(Optik)*, **...map|pe; sam|meln**; ich ...[e]le (↑R 22); **Sam|mel‿na|me** *(Sprachw.)*, **...num|mer** *(Postw.)*, **...platz, ...schie|ne** *(Elektrotechnik)*, **...stel|le; Sam|mel|su|ri|um**, das; -s, ...ien [...iən] (*ugs. für* Unordnung, Durcheinander); **Sam|mel‿tas|se, ...trans|port, ...trieb** (der; -[e]s), **...über|wei|sung** *(Postw.)*, **...werk, ...wert|be|rich|ti|gung** *(Bankw.)*, **...wut**

Sam|met, der; -s, -e (*veraltet für* Samt)

Samm|ler; Samm|ler‿fleiß, ...freu|de; Samm|le|rin; Samm|lung

Sam|my ['sɛmi] (m. Vorn.)

Sam|ni|te, der; -n, -n (↑R 197) *od.* **Sam|ni|ter**, der; -s, - (Angehöriger eines italischen Volkes)

Sa|moa (Inselgruppe im Pazifischen Ozean); **Sa|moa|in|seln** *Plur.* (↑R 149, R 180); **Sa|moa|ner** (↑R 180); **sa|moa|nisch** (↑R 180)

Sa|mo|je|de, der; -n, -n; ↑R 197 (*früher für* Nenze)

[1]**Sa|mos** (griech. Insel); [2]**Sa|mos**, der; -, - (Wein von [1]Samos); **Sa|mo|thra|ke** (griech. Insel)

Sa|mo|war [*auch* 'sa...], der; -s, -e ‹russ.› (russ. Teemaschine)

Sam|pan, der; -s, -s ‹chin.› (chin. Wohnboot)

Sam|ple ['zamp(ə)l, *engl.* 'sa:m...], das; -[s], -s ‹engl.› (Stichprobe; repräsentative Gruppe; Warenprobe, Muster)

Sam|son *vgl.* Simson

Sams|tag, der; -[e]s, -e ‹hebr., „Sabbattag"› (*Abk.* Sa.); langer, kurzer -; *vgl.* Dienstag; **samstags** (↑R 61); *vgl.* Dienstag

samt; - und sonders; *Präp. mit Dat.:* - dem Geld

Samt, der; -[e]s, -e (ein Gewebe); **samt|ar|tig; Samt|band; samten** (aus Samt); ein -es Band

Samt|ge|mein|de (Gemeindeverband [in Niedersachsen])

Samt|hand|schuh; jmdn. mit -en anfassen (jmdn. vorsichtig behandeln); **samt|tig** (samtartig); eine -e Haut; **Samt₋ho|se, ...jacke** [*Trenn.* ...jak|ke], **...kleid**
sämt|lich; -er aufgehäufte Sand, der Verlust -er vorhandenen Energie, mit -em gesammelten Material, -es vorhandene Eigentum; -e vortrefflichen, *seltener* vortreffliche Einrichtungen, -er vortrefflicher, *auch* vortrefflichen Einrichtungen; -e Stimmberechtigten, *auch* Stimmberechtigte; sie waren - erschienen
Samt₋pföt|chen, ...tep|pich; samt|weich
Sa|mu|el [...e:l, *auch* ...ɛl] (bibl. Eigenn.)
Sa|mum [*auch* za'mu:m], der; -s, *Plur.* -s *u.* -e ‹arab.› (*Geogr.* ein heißer Wüstenwind)
Sa|mu|rai, der; -[s], -[s] ‹jap.› (Angehöriger des jap. Adels)
San ‹lat., „heilig"›; *in Heiligennamen u. auf solche zurückgehenden Ortsnamen:* **I.** *Im Italienischen:* **a)** San (*vor Konsonanten* [*außer* Sp... *u.* St...] *in männl. Namen; Abk.* S.), z. B. San Giuseppe [- dʒu...], S. Giuseppe; **b)** Sant' (*vor Vokalen in männl. u. weibl. Namen; Abk.* S.), z. B. Sant' Angelo [- 'andʒelo], S. Angelo; Sant' Agata, S. Agata; **c)** Santa (*vor Konsonanten in weibl. Namen; Abk.* S.), z. B. Santa Lucia [- lu'tʃi:a], S. Lucia; **d)** Sante *Plur.* (*vor weibl. Namen; Abk.* SS.), z. B. Sante Maria e Maddalena, SS. Maria e Maddalena; **e)** Santi *Plur.* (*vor männl. Namen; Abk.* SS.), z. B. Santi Pietro e Paolo, SS. Pietro e Paolo; **f)** Santo (*vor* Sp... *u.* St... *in männl. Namen; Abk.* S.), z. B. Santo Spirito, S. Spirito; Santo Stefano, S. Stefano. **II.** *Im Spanischen:* **a)** San (*vor männl. Namen* [*außer vor* Do... *u.* To...]; *Abk.* S.), z. B. San Bernardo, S. Bernardo; **b)** Santa (*vor weibl. Namen; Abk.* Sta.), z. B. Santa Maria, Sta. Maria; **c)** Santo (*vor* Do... *u.* To... *in männl. Namen; Abk.* Sto.), z. B. Santo Domingo, Sto. Domingo; Santo Tomás, Sto. Tomás. **III.** *Im Portugiesischen:* **a)** Santa (*vor weibl. Namen; Abk.* Sta.), z. B. Santa Clara, Sta. Clara; **b)** Santo [...tu] (*vor männl. Namen, bes. vor Vokal; Abk.* S.), z. B. Santo André, S. André; *vgl.* Saint, Sankt *u.* São
Sa|na (Hptst. von Jemen)
Sa|na|to|ri|um, das; -s, ...ien [...iən] ‹lat.› (Heilanstalt; Genesungsheim)
San Ber|nar|di|no, der; - - (ital. Name des Sankt-Bernhardin-Passes)
San|cho Pan|sa ['santʃo -] (Knappe Don Quichottes)
Sanc|ta Se|des, die; - - ‹lat.› (*lat. Bez. für* Heiliger [Apostolischer] Stuhl); **sanc|ta sim|pli|ci|tas!** ‹„heilige Einfalt!"›; **Sanc|ti|tas**, die; - ‹„Heiligkeit"› (Titel des Papstes); **Sanc|tus**, das; -, - (Lobgesang der kath. Messe)
Sand, der; -[e]s, -e; **Sand|aal** (ein Fisch)
San|da|le, die; -, -n *meist Plur.* ‹griech.› (leichte Fußbekleidung [mit Lederriemen]); **San|da|let|te**, die; -, -n *meist Plur.* (sandalenartiger Sommerschuh)
San|da|rak, der; -s ‹griech.› (ein trop. Harz)
Sand₋bad, ...bahn; Sand|bahn|ren|nen *(Sport);* **Sand₋bank** (*Plur.* ...bänke), **...blatt** (beim Tabak), **...bo|den, ...burg, ...dorn** (der; -[e]s, ...dorne; eine Pflanzengattung)
San|del|holz, das; -es ‹sanskr.; dt.› (duftendes Holz verschiedener Sandelbaumgewächse); **San|del|holz|öl**, das; -[e]s
[1]**san|deln** (*österr. ugs. für* langsam arbeiten, faulenzen)
[2]**san|deln** *(südd.),* **sän|deln** (*schweiz. für* im Sand spielen); ich ...[e]le (↑R 22)
San|del|öl (*svw.* Sandelholzöl)
san|den (*mdal. u. schweiz. für* mit Sand bestreuen; *auch für* Sand streuen); **sand₋far|ben** *od.* **...far|big** (*für* beige); **Sand₋förm|chen** (ein Kinderspielzeug), **...gru|be, ...ha|se** (Fehlwurf beim Kegeln; *Soldatenspr. veraltend für* Infanterist), **...hau|fen, ...ho|se** (Sand führender Wirbelsturm); **san|dig**
San|di|nist, der; -en, -en ‹nach C. A. Sandino, der 1927 einen Kleinkrieg gegen die amerik. Truppen in Nicaragua führte› (Anhänger einer polit. Bewegung in Nicaragua)
Sand|ka|sten; Sand|ka|sten|spiel; Sand₋korn (*Plur.* ...körner), **...ku|chen**
Sand|ler (*österr. für* Obdachloser)
Sand₋mann (der; -[e]s), **...männ|chen** (das; -s; eine Märchengestalt), **...pa|pier, ...platz**
San|dra (w. Vorn.)
Sand₋sack, ...schie|fer, ...stein; Sand|stein₋fels *od.* **...fel|sen, ...ge|bir|ge; sand|strah|len**; *nur im Infinitiv u. im Partizip II gebr.;* gesandstrahlt, *fachspr. auch* sandgestrahlt; **Sand|strahl|ge|blä|se; Sand₋strand, ...tor|te, ...uhr**
Sand|wich ['zɛntvitʃ], das *od.* der; *Gen.* -[e]s *od.* -, *Plur.* -[e]s, *auch* -e ‹engl.› (belegte Weißbrotschnitte); **Sand|wich₋bau|wei|se** (die; -; *Technik*), **...wecken** ([*Trenn.* ...wek|ken]; *österr. für* langes, dünnes Weißbrot)
Sand|wül|ste
san|fo|ri|sie|ren ‹nach dem amerik. Erfinder Sanford Cluett› ([Gewebe] krumpfecht machen)
San Fran|cis|co (Stadt in den USA; *Kurzform* Frisco); **San Fran|zis|ko** (*eindeutschend für* San Francisco; *Kurzform* Frisko)
sanft; -este; **Sänf|te**, die; -, -n (Tragstuhl); **Sänf|ten|trä|ger; Sanft|heit**, die; -; **sänf|ti|gen** *(veraltet);* **Sanft|mut**, die; -; **sanft|mü|tig; Sanft|mü|tig|keit**, die; -
Sang, der; -[e]s, Sänge *(veraltet);* mit - und Klang; **sang|bar; Sän|ger**; fahrender -; **Sän|ger₋bund** (der), **...chor** (der), **...fest; Sän|ge|rin; Sän|ger|schaft; San|ges₋bru|der, ...freund; san|ges₋freu|dig, ...froh, ...kun|dig; San|ges|lust**, die; -; **san|ges|lu|stig; sang|los**; *nur in* sang- u. klanglos (↑R 32; *ugs. für* plötzlich, unbemerkt) abtreten
San|gria, die; -, -s ‹span.› (Rotweinbowle); **San|gri|ta** ®, die; -, -s (gewürzter [Tomaten]saft mit Fruchtfleisch)
San|gui|ni|ker [zaŋ'gui:...] (↑R 180) ‹lat.› (heiterer, lebhafter Mensch); **san|gui|nisch**; -ste (↑R 180)
San|he|drin, der; -s (*hebr. Form von* Synedrion)
San|he|rib (ein assyr. König)
Sa|ni, der; -s, -s (*bes. Soldatenspr. kurz für* Sanitäter); **sa|nie|ren** ‹lat.› (gesund machen; gesunde Lebensverhältnisse schaffen; durch Renovierung u. Modernisierung den neuen Lebensverhältnissen anpassen; wieder leistungsfähig, rentabel machen); sich - (*ugs. für* großen Gewinn machen; wirtschaftlich gesunden); **Sa|nie|rung; sa|nie|rungs|be|dürf|tig; Sa|nie|rungs₋bi|lanz, ...ge|biet, ...maß|nah|me, ...ob|jekt, ...plan; sa|nie|rungs|reif; sa|ni|tär** ‹franz.› (gesundheitlich); -e Anlagen; **Sa|ni|tär|ein|rich|tun|gen** *Plur.;* **sa|ni|ta|risch** ‹lat.› (*schweiz. für* den amtl. Gesundheitsdienst betreffend); **Sa|ni|tät**, die; - (*schweiz. u. österr. für* [milit.] Sanitätswesen); **Sa|ni|tä|ter** (in der Ersten Hilfe Ausgebildeter, Krankenpfleger); **Sa|ni|täts₋au|to, ...be|hör|de** (Gesundheitsbehörde), **...dienst, ...ein|heit, ...ko|lon|ne, ...kom|pa|nie, ...korps, ...kraft|wa|gen** (*Kurzw.* Sank[r]a), **...of|fi|zier, ...rat** (*Plur.* ...räte; *Abk.* San.-Rat), **...sol|dat, ...trup|pe, ...wa|che, ...wa|gen, ...zelt**
San Jo|sé [- xo'se:] (Hptst. von

Costa Rica); **San-Jo|sé-Schild|laus,** die; -, ...läuse (↑R 150)

San|ka, San|kra, der; -s, -s (*Soldatenspr.; Kurzw. für* Sanitätskraftwagen)

Sankt ‹lat., „heilig"›; *in Heiligennamen u. auf solche zurückgehenden Ortsnamen; ohne Bindestrich* Sankt Peter, Sankt Elisabeth, Sankt Gallen; die Sankt Gallener *od.* Sankt Galler Handschrift; (↑R 150:) die Sankt-Gotthard-Gruppe; *Abk.* St., z. B. St. Paulus, St. Elisabeth, St. Pölten, aber (↑R 135): das St.-Elms-Feuer, die St.-Marien-Kirche; (↑R 153:) die St. Andreasberger Bergwerke; *vgl.* Saint, San *u.* São

Sankt An|dre|as|berg (Stadt im Harz)

Sankt Bern|hard, der; - -[s]; (Name zweier Pässe in der Schweiz); der Große - -; der Kleine - -; **Sankt-Bern|har|din-Paß,** der; ...passes

Sankt Bla|si|en [- ...i̯ən] (Stadt im südl. Schwarzwald); **Sankt-Bla|si|en-Stra|ße** (↑R 192)

Sankt Flo|ri|an (österr. Stift); **Sankt-Flo|ri|ans-Prin|zip,** das; -s; ↑R 192 (der Grundsatz, Unangenehmes von sich wegzuschieben, auch wenn andere dadurch geschädigt werden)

Sankt Gal|len (Kanton u. Stadt in der Schweiz); **Sankt Gal|le|ner,** *in der Schweiz nur* Sankt Gal|ler (↑R 147); Sankt Gallener *od.* Galler Handschrift (↑R 135); **sankt|gal|lisch**

Sankt Gott|hard, der; - -[s] (schweiz. Alpenpaß)

Sankt He|le|na (Insel im südl. Atlant. Ozean)

Sank|ti|on, die; -, -en (Bestätigung; Erteilung der Gesetzeskraft; *meist Plur.:* Zwangsmaßnahme); **sank|tio|nie|ren** (bestätigen, gutheißen, Gesetzeskraft erteilen; Sanktionen verhängen); **Sank|tio|nie|rung; Sank|tis|si|mum,** das; -s (*kath. Rel.* Allerheiligstes, geweihte Hostie)

Sankt-Lo|renz-Strom, der; -[e]s; ↑R 150 (in Nordamerika)

Sankt Mär|gen (Ort im südl. Schwarzwald)

Sankt-Mi|chae|lis-Tag, der; -[e]s, -e; ↑R 135 (29. Sept.)

Sankt Mo|ritz [*schweiz.* - mo'rits] (Ort im Oberengadin); *vgl.* Sankt

Sankt-Nim|mer|leins-Tag, der; -[e]s; ↑R 135 *(ugs. scherzh.);* am -; bis zum -

Sankt Pau|li (Stadtteil Hamburgs)

Sankt Pe|ters|burg (russ. Stadt an der Newa)

Sankt Pöl|ten (österr. Stadt)

Sank|tua|ri|um, das; -s, ...ien [...i̯ən] (↑R 180) ‹lat.› (Altarraum in der kath. Kirche; [Aufbewahrungsort eines] Reliquienschrein[s])

Sankt-Wolf|gang-See, *auch* Wolf|gang|see *od.* Aber|see, der; -s; ↑R 150 (im Salzkammergut)

San|ma|ri|ne|se, der; -n, -n; ↑R 197 (Einwohner von San Marino); **san|ma|ri|ne|sisch; San Ma|ri|no** (Staat u. seine Hptst. auf der Apenninenhalbinsel)

San.-Rat = Sanitätsrat

San Sal|va|dor [- ...v...] (Hptst. von El Salvador)

Sans|cu|lot|te [sãsky...], der; -n, -n (↑R 197) ‹franz., „Ohne[knie]hose"› (*Bez. für* einen Revolutionär der Franz. Revolution)

San|se|vie|ria [...'vi̯e:...], **San|se|vie|rie** [...i̯ə], die; -, ...rien [...i̯ən] (↑R 180) ‹nach dem ital. Gelehrten Raimondo di Sangro, Fürst von San Severo› (ein trop. Liliengewächs, Zimmerpflanze)

sans gêne [sã 'ʒɛn] ‹franz.› (*veraltet für* zwanglos; nach Belieben)

San|si|bar (Insel an der Ostküste Afrikas); **San|si|ba|rer** (↑R 147); **san|si|ba|risch**

Sans|krit [*österr.* ...'krit], das; -s (Literatur- u. Gelehrtensprache des Altindischen); **Sans|krit|for|scher; sans|kri|tisch; Sans|kri|tist,** der; -en, -en; ↑R 197 (Kenner u. Erforscher des Sanskrits); **Sans|kri|ti|stik,** die; - (Wissenschaft vom Sanskrit); **Sans|kri|ti|stin**

Sans|sou|ci ['sã:susi] ‹franz., „sorgenfrei"› (Schloß in Potsdam)

Sant' *vgl.* San, I, b; **San|ta** *vgl.* San, I, c; II, b; III, a

San|ta Claus [ˌsɛntə 'klɔ:z], der; - -, - - ‹amerik.› (*amerik. Bez. für* Weihnachtsmann)

San|ta Lu|cia [- lu'tʃi:a], die; - - (neapolitan. Schifferlied)

Sant|an|der (span. Stadt u. Provinz)

San|te *vgl.* San, I, d; **San|ti** *vgl.* San, I, e

Sant|ia|go, *auch* **Sant|ia|go de Chi|le** [- - 'tʃi:le(:)] (Hptst. von Chile)

Sant|ia|go de Com|po|stel|la (span. Stadt)

Sän|tis, der; - (schweiz. Alpengipfel)

San|to *vgl.* San, I, f; II, c

San|to Do|min|go (Hptst. der Dominikanischen Republik)

San|to|rin (griech. Insel)

San|tos (brasil. Stadt)

São ['sa:u, *port.* sɐ̃u̯] ‹port., „heilig"› (*vor Konsonanten in port. männl. Heiligennamen u. auf solche zurückgehenden Ortsnamen; Abk.* S.), São Paulo, S. Paulo

Saône [so:n], die; - (franz. Fluß)

São To|mé [ˌsa:u to'me:] (Hptst. von São Tomé und Príncipe); **São To|mé und Prín|ci|pe** [- - - 'prinsipə] (westafrik. Inselstaat)

Sa|phir [*auch, österr. nur,* za'fi:r], der; -s, -e ‹semit.-griech.› (ein Edelstein); **Sa|phir|na|del**

sa|pi|en|ti sat! ‹lat., „genug für den Verständigen!"› (es bedarf keiner weiteren Erklärung für den Eingeweihten)

Sa|pin, der; -s, -e, **Sa|pi|ne,** die; -, -n *od.* Sap|pel, der; -s, - ‹ital.› (*österr. für* Werkzeug zum Wegziehen gefällter Bäume)

Sa|po|nin, das; -s, -e ‹lat.› (ein pflanzl. Wirkstoff)

Sap|pe, die; -, -n ‹franz.› (*Milit. früher* Lauf-, Annäherungsgraben)

Sap|pel *vgl.* Sapin

sap|per|lot!, sacker|lot! [*Trenn.* sak|ker...] ‹franz.› (*veraltet, aber noch landsch.* ein Ausruf des Unwillens od. des Erstaunens); **sap|per|ment!,** sacker|ment! [*Trenn.* sak|ker...] (*svw.* sapperlot)

Sap|peur [za'pø:r], der; -s, -e ‹franz.› (*früher* Soldat für den Sappenbau; *schweiz.* Soldat der techn. Truppe, Pionier)

sap|phisch ['zafiʃ, *auch* 'zapfiʃ] (↑R 134); -e Strophe, -es Versmaß; **Sap|pho** [...f..., *auch* ...pf...] (griech. Dichterin)

Sap|po|ro (jap. Stadt)

sa|pri|sti! ‹franz.› (*veraltet* Ausruf des Erstaunens, Unwillens)

Sa|pro|bie [...i̯ə], die; -, -n *meist Plur.* ‹griech.› (*Biol.* von faulenden Stoffen lebender tier. od. pflanzl. Organismus); **Sa|pro|bi|ont,** der; -en, -en; ↑R 197 (*svw.* Saprobie); **sa|pro|gen** (fäulniserregend); **Sa|pro|pel,** das; -s, -e (Faulschlamm, der unter Sauerstoffabschluß in Seen u. Meeren entsteht); **Sa|pro|pha|gen** *Plur.* (Pflanzen od. Tiere, die sich von faulenden Stoffen ernähren); **sa|pro|phil** (auf, in od. von faulenden Stoffen lebend); **Sa|pro|phyt,** der; -en, -en; ↑R 197 (pflanzl. Organismus, der von faulenden Stoffen lebt)

Sa|ra (w. Vorn.)

Sa|ra|ban|de, die; -, -n ‹pers.-arab.-span.-franz.› (ein alter Tanz)

Sa|ra|gos|sa (*eindeutschend für* Zaragoza)

Sa|ra|je|vo [...vo] (Hptst. von Bosnien und Herzegowina)

Sa|ra|sa|te (span. Geiger u. Komponist)

Sa|ra|ze|ne, der; -n, -n (↑R 197) ‹arab.› (*veraltet für* Araber, Mohammedaner); **sa|ra|ze|nisch**

Sar|da|na|pal (assyr. König)

Sar|de, der; -n, -n (↑R 197) *u.* Sar|di|ni|er [...i̯ər] (Bewohner Sardiniens)

Sar|del|le, die; -, -n ‹ital.› (ein Fisch); **Sar|del|len‿but|ter, ...fi|let, ...pa|ste**

Sar|des (Hptst. des alten Lydiens)

Sar|din *u.* Sar|di|nie|rin [...i̯ə...]

Sar|di|ne, die; -, -n ‹ital.› (ein Fisch); **Sar|di|nen|büch|se**

Sar|di|ni|en [...i̯ən] (ital. Insel im Mittelmeer); **Sar|di|ni|er** *vgl.* Sarde; **Sar|di|nie|rin** *vgl.* Sardin; **sar|di|nisch, sar|disch**

sar|do|nisch ‹lat.› (boshaft, hämisch); -es (*Med.* krampfhaftes) Lachen

Sard|onyx, der; -[es], -e ‹griech.› (ein Schmuckstein)

Sarg, der; -[e]s, Särge; **Sarg|deckel** [*Trenn.* ...dek|kel]; **Särg|lein; Sarg‿na|gel** (*ugs. scherzh. auch für* Zigarette), **...trä|ger, ...tuch**

Sa|ri, der; -[s], -s ‹sanskr.-Hindi› (gewickeltes, auch den Kopf umhüllendes Gewand der Inderin)

Sar|kas|mus, der; -, ...men ‹griech.› (*nur Sing.:* [beißender] Spott; sarkastische Äußerung); **sar|ka|stisch;** -ste (spöttisch)

Sar|kom, das; -s, -e *u.* **Sar|ko|ma,** das; -s, -ta ‹griech.› (*Med.* bösartige Geschwulst); **sar|ko|ma|tös; Sar|ko|ma|to|se,** die; - (*Med.* ausgebreitete Sarkombildung); **Sar|ko|phag,** der; -s, -e (Steinsarg, [Prunk]sarg)

Sar|ma|te, der; -n, -n; ↑R 197 (Angehöriger eines ehem. asiat. Nomadenvolkes); **Sar|ma|ti|en** [...i̯ən] (alter Name des Landes zwischen Weichsel u. Wolga); **sar|ma|tisch**

Sar|nen (Hauptort des Halbkantons Obwalden)

Sa|rong, der; -[s], -s ‹malai.› (um die Hüfte geschlungenes, buntes, oft gebatiktes Tuch der Malaien)

Sar|raß, der; ...rasses, ...rasse ‹poln.› (Säbel mit schwerer Klinge)

Sar|raute [sa'ro:t], Nathalie [...'li:] (franz. Schriftstellerin)

Sar|tre ['sartr(ə)], Jean-Paul ['ʒã'pɔl] (franz. Philosoph u. Schriftsteller)

SAS = Scandinavian Airlines System [skɛndi'ne:vi̯ən 'ɛ:(r)la̲inz 'sistəm] (Skandinavische Luftlinien)

Sa|scha (m. Vorn.)

Sas|kat|che|wan [səs'kɛtʃiwən] ‹engl.› (kanad. Provinz)

Sa-Sprin|gen [ɛs|'a:...] ‹*Kurzw. für* schweres Springen der Kategorie a› (*Reiten* schwere Springprüfung)

Saß, Sas|se, der; Sassen, Sassen; ↑R 197 (*früher* Besitzer von Grund und Boden, Grundbesitzer; Ansässiger)

Sas|sa|fras, der; -, - ‹franz.› (nordamerik. Laubbaum); **Sas|sa|fras|öl,** das; -[e]s (ätherisches Öl aus dem Holz des Sassafras)

Sas|sa|ni|de, der; -n, -n; ↑R 197 (Angehöriger eines alten pers. Herrschergeschlechtes); **sas|sa|ni|disch**

[1]**Sas|se** *vgl.* Saß; [2]**Sas|se,** die; -, -n (*Jägerspr.* Hasenlager)

Saß|nitz (Hafen a. d. Ostküste von Rügen)

Sa|tan, der; -s, -e ‹hebr.› *u.* **Sa|ta|nas,** der; -, -se (*nur Sing.:* Teufel; boshafter Mensch)

Sa|tang, der; -[s], -[s] ‹siam.› (Münze in Thailand; *Abk.* St. *od.* Stg.; 100 Satangs = 1 Baht); 100 - (↑R 129)

sa|ta|nisch; -ste (teuflisch); **Sa|tans‿bra|ten** (*ugs. scherzh. für* pfiffiger, durchtriebener Kerl; Schlingel), **...kerl, ...pilz, ...weib**

Sa|tel|lit [*auch* ...'lit], der; -en, -en (↑R 197) ‹lat.› (*Astron.* [1]Mond der Planeten; *Raumfahrt* künstlicher Mond, Raumsonde; *kurz für* Satellitenstaat); **Sa|tel|li|ten‿bahn, ...bild, ...fern|se|hen, ...flug, ...foto, ...funk, ...pro|gramm, ...staat** (*Plur.* ...staaten; von einer Großmacht abhängiger, formal selbständiger Staat), **...stadt** (Trabantenstadt), **...über|tra|gung** (Übertragung über einen Fernsehsatelliten)

Sa|tem|spra|che (Sprache aus einer bestimmten Gruppe der idg. Sprachen)

Sa|ter|land, das; -[e]s (oldenburg. Landschaft)

Sa|ter|tag, der; -[e]s, -e ‹lat.› (*westf., ostfries. für* Sonnabend)

Sa|tin [sa'tɛ̃:, *auch* za'tɛŋ], der; -s, -s ‹arab.-franz.› (*Sammelbez. für* Gewebe in Atlasbindung mit glänzender Oberfläche); **Sa|ti|na|ge** [za..., *auch* sati'na:ʒə], die; -, -n (Glättung [von Papier u. a.]); **Sa|tin‿blu|se** [sa'tɛ̃:..., *auch* za'tɛŋ...], **...holz** (eine glänzende Holzart); **sa|ti|nie|ren** [...ti...] ([Papier] glätten); **Sa|ti|nier|ma|schi|ne**

Sa|ti|re, die; -, -n ‹lat.› (iron.-witzige literar. od. künstler. Darstellung menschlicher Schwächen und Laster; *nur Sing.:* literar. Kritik an Personen u. Zuständen durch Übertreibung, Ironie u. Spott); **Sa|ti|ri|ker** (Verfasser von Satiren); **sa|ti|risch**

Sa|tis|fak|ti|on, die; -, -en ‹lat.› (Genugtuung); **sa|tis|fak|ti|ons|fä|hig**

Sa|trap, der; -en, -en (↑R 197) ‹pers.› (altpers. Statthalter); **Sa|tra|pen|wirt|schaft,** die; - (*abwertend für* Behördenwillkür); **Sa|tra|pie,** die; -, ...i̯en (altpers. Statthalterschaft)

Sat|su|ma, die; -, -s ‹nach der früheren japanischen Provinz Satsuma› (Mandarine[nart])

satt; -er, -este; ein -es Blau; eine -e (*ugs. für* beeindruckende, tolle) Leistung; sich satt essen; -sein (*ugs. auch für* völlig betrunken sein); ich bin *od.* habe es satt (*ugs. für* habe keine Lust mehr); sich an einer Sache - sehen *(ugs.);* etwas - bekommen, haben *(ugs.);* sattblau usw.

Sat|te, die; -, -n (*nordd. für* größere, flache Schüssel)

Sat|tel, der; -s, Sättel; **Sät|tel|chen; Sat|tel‿dach, ...decke** [*Trenn.* ...dek|ke]; **sat|tel|fest;** -este (*auch für* kenntnissicher, -reich); **Sat|tel‿gurt, ...kis|sen, ...knopf; sat|teln;** ich ...[e]le (↑R 22); **Sat|tel‿pferd** (das im Gespann links gehende Pferd), **...schlep|per, ...ta|sche; Sat|te|lung,** Satt|lung; **Sat|tel|zeug**

satt|grün; Satt|heit, die; -; **sät|ti|gen;** eine gesättigte Lösung *(Chemie);* **Sät|ti|gung; Sät|ti|gungs‿ef|fekt, ...ge|fühl** (das; -[e]s), **...grad**

Satt|ler; Satt|ler|ar|beit; Satt|le|rei; Satt|ler|hand|werk, das; -[e]s; **Satt|le|rin; Satt|ler|mei|ster; Satt|lung** *vgl.* Sattelung

satt|rot; satt|sam (hinlänglich)

Sa|tu|ra|ti|on, die; -, -en ‹lat., „Sättigung"› (ein bes. Verfahren bei der Zuckergewinnung); **sa|tu|rie|ren** (sättigen; [Ansprüche] befriedigen); **sa|tu|riert;** -este (zufriedengestellt)

[1]**Sa|turn,** der; -s ‹lat.› (ein Planet); [2]**Sa|turn** *vgl.* Saturnus; [3]**Sa|turn,** die; -, -s (*kurz für* Saturnrakete); **Sa|tur|na|li|en** [...i̯ən] *Plur.* (altröm. Fest zu Ehren des Gottes Saturn); **sa|tur|nisch;** -er Vers; aber (↑R 134): Saturnisches Zeitalter (das Goldene Zeitalter in der antiken Sage); **Sa|turn|ra|ke|te** (amerik. Trägerrakete); **Sa|tur|nus** (röm. Gott der Aussaat)

Sa|tyr, der; *Gen.* -s *u.* -n, *Plur.* -n (↑R 197) ‹griech.› (derb-lüsterner, bocksgestaltiger Waldgeist u. Begleiter des Dionysos in der griech. Sage); **sa|tyr|ar|tig; Sa|ty|ria|sis,** die; -; ↑R 180 (*Med.* krankhafte Steigerung des männl. Geschlechtstriebes); **Sa|tyr|spiel**

Satz, der; -es, Sätze; ein verkürzter, elliptischer -; **Satz‿aus|sa|ge** (*svw.* Prädikat), **...ball** *(Sport),* **...band** (das; *Plur.* ...bänder; *für* Kopula), **...bau** (der; -[e]s), **...bau|plan, ...bruch** (der; *für* Anakoluth); **Sätz|chen; Satz|er-**

gän|zung; satz|fer|tig; ein -es Manuskript; **Satz₋ge|fü|ge, ...ge|gen|stand, ...glied; ...sät|zig** (*Musik,* z. B. viersätzig); **Satz₋kon|struk|ti|on, ...leh|re** (die; -; *für* Syntax); **Sätz|lein; Satz₋rei|he, ...spie|gel** (*Druckw.*), **...tech|nik, ...teil** (der); **Sat|zung; sat|zungs|ge|mäß; Satz|ver|bin|dung; satz|wei|se; satz|wer|tig;** -er Infinitiv; -es Partizip; **Satz₋zei|chen, ...zu|sam|men|hang**

[1]**Sau,** die; -, *Plur.* Säue *u.* (*bes. von* Wildschweinen:) -en

[2]**Sau** (*frühere dt. Bez. für* [2]Save)

sau|ber; saub[e]rer, sauberste; saubere (strahlungsverminderte, -freie) Bombe; **sau|ber|hal|ten** (↑R 205); ich halte sauber; saubergehalten; sauberzuhalten; **Sau|ber|keit,** die; -; **säu|ber|lich; sau|ber|ma|chen** *vgl.* sauberhalten; **Sau|ber|mann** *Plur.* ...männer (*scherzh.; auch für* jmd., der auf die Wahrung der Moral achtet); **säu|bern;** ich ...ere (↑R 22); **Säu|be|rung; Säu|be|rungs₋ak|ti|on, ...wel|le**

sau|blöd, sau|blö|de (*derb für* sehr blöd[e]); **Sau|boh|ne**

Sau|ce ['zo:sə, *österr.* zo:s], die; -, -n ['zo:s(ə)n] (*franz. Schreibung von* Soße); **Sauce bé|ar|naise** [zo:s bear'nɛ:z], die; - - ‹franz.› (eine weiße Kräutersoße); **Sauce hol|lan|daise** [- ɔlã'dɛ:z], die; - - (eine weiße Soße)

Säu|chen

Sau|cie|re [zo'siɛ:rə, *österr.* zo'siɛ:r], die; -, -n [...r(ə)n] ‹franz.› (Soßenschüssel, -napf); **sau|cie|ren** [zo'si:...] ([Tabak] mit einer Soße behandeln); **Sau|cis|chen** [zo..., *auch* so'si:s...] (kleine Bratwurst, Würstchen)

Sau|di, der; -s, -s *u.* **Sau|di|ara|ber** [*auch* ...'ara...] (Bewohner von Saudi-Arabien); **Sau|di-Ara|bi|en** [...iən]; ↑R 149 (arab. Staat); **sau|di|ara|bisch**

sau|dumm (*derb für* sehr dumm); **sau|en** (*vom Schwein* Junge bekommen)

sau|er; saurer, -ste; saure Gurken, Heringe; saurer Regen; (↑R 65:) gib ihm Saures! (*ugs. für* prügle ihn!); **Sau|er,** das; -s (*Druckerspr.* bezahlte, aber noch nicht geleistete Arbeit; *fachspr. kurz für* Sauerteig); **Sau|er₋amp|fer, ...bra|ten, ...brun|nen, ...dorn** (*Plur.* ...dorne)

Saue|rei (*derb*)

Sau|er₋kir|sche, ...klee (der; -s), **...kohl** (der; -[e]s; *landsch.*), **...kraut** (das; -[e]s)

Sau|er|land, das; -[e]s (westfäl. Landschaft); **Sau|er|län|der,** der; **sau|er|län|disch**

säu|er|lich; Säu|er|lich|keit, die; -; **Säu|er|ling** (kohlensaures Mineralwasser; Sauerampfer); **Sau|er|milch,** die; -; **säu|ern** (sauer machen; *auch für* sauer werden); ich ...ere (↑R 22); das Brot wird gesäuert; **Säu|er|nis,** die; -; **Sau|er|rahm; Sau|er|stoff,** der; -[e]s (chem. Element, Gas; *Zeichen* O); **Sau|er|stoff₋ap|pa|rat, ...bad, ...du|sche; Sau|er|stoff|fla|sche** (↑R 204); **Sau|er|stoff₋ge|halt** (der), **...ge|rät; sau|er|stoff|hal|tig; Sau|er|stoff₋man|gel** (der; -s), **...mas|ke, ...tank, ...ver|sor|gung, ...zelt, ...zu|fuhr; sau|er|süß** [*auch* 'zauər'zy:s]; **Sau|er|teig; sau|er|töp|fisch;** (griesgrämig); **Säue|rung; Sau|er|was|ser** *Plur.* ...wässer

Sauf|aus, der; -, - (*veraltend für* Trinker); **Sauf|bold,** der; -[e]s, -e (*svw.* Saufaus)

Sau|fe|der (*Jägerspr.* Spieß zum Abfangen des Wildschweines)

sau|fen (*derb in bezug auf Menschen, bes. für* Alkohol trinken); du säufst; du soffst; du söffest; gesoffen; sauf[e]!; **Säu|fer** (*derb*); **Säu|fer|bal|ken** (*ugs.* im Führerschein); **Sau|fe|rei** (*derb*); **Säu|fe|rin** (*derb*); **Säu|fer₋le|ber** (*ugs.*), **...wahn; Säu|fer|wahn|sinn; Sauf₋ge|la|ge** (*derb*), **...kum|pan** (*derb*)

Sau|fraß (*derb für* schlechtes Essen)

Säug|am|me; Saug|bag|ger; sau|gen; du saugst; du sogst, *auch* saugtest; du sögest; gesogen, *auch* gesaugt (*Technik nur* saugte, gesaugt); saug[e]!; **säu|gen; Sau|ger** (saugendes Junges; Schnuller); **Säu|ger** (Säugetier); **Säu|ge|tier; saug|fä|hig; Saug|fä|hig|keit** (die; -), **...fla|sche, ...glocke** ([*Trenn.* ...glok|ke]; *Med.*), **...he|ber** (*Chemie*), **...kap|pe, ...kraft, ...lei|tung; Säug|ling** (Kind im 1. Lebensjahr); **Säug|lings₋gym|na|stik, ...heim, ...pfle|ge, ...schwe|ster, ...sterb|lich|keit, ...waa|ge; Saug₋mas|sa|ge, ...napf** (Haftorgan bei bestimmten Tieren), **...pum|pe**

sau|grob (*derb für* sehr grob)

Saug₋rohr, ...wir|kung

Sau|hatz (*Jägerspr.*); **Sau₋hau|fen** (*derb*), **...hund** (*derb*); **säu|isch;** -ste (*derb für* sehr unanständig); **Sau|jagd** (*Jägerspr.*); **sau|kalt** (*ugs. für* sehr kalt); **Sau|kerl** (*derb*)

Saul (König von Israel)

Säul|chen; Säu|le, die; -, -n (Stütze; stützendes Mauerwerk u. ä.)

Säu|lein

Säu|len|ab|schluß (*für* Kapitell); **säu|len|för|mig; Säu|len₋fuß, ...gang** (der), **...hal|le, ...hei|li|ge** (*svw.* Stylit), **...kak|tus, ...schaft** (der; *zu* [1]Schaft), **...tem|pel; ...säu|lig** (z. B. mehrsäulig)

Sau|lus (bibl. m. Eigenn.)

[1]**Saum,** der; -[e]s, Säume (Rand; Besatz)

[2]**Saum,** der; -[e]s, Säume (*veraltet für* Last)

Sau|ma|gen (*Gastron.* gefüllter Schweinemagen); **sau|mä|ßig** (*derb*)

Säum|chen (kleiner [2]Saum)

[1]**säu|men** (mit einem Rand, Besatz versehen)

[2]**säu|men** (*veraltet für* mit Saumtieren Lasten befördern)

[3]**säu|men** (*geh. für* zögern)

[1]**Säu|mer** (Zusatzteil der Nähmaschine)

[2]**Säu|mer** (*veraltet für* Saumtier, Lasttier; Saumtiertreiber)

[3]**Säu|mer** (*geh. für* Säumender, Zögernder); **säu|mig; Säu|mig|keit,** die; -

Säum|lein *vgl.* Säumchen; **Saum|naht**

Säum|nis, die; -, -se *od.* das; -ses, -se (*Rechtsw., sonst veraltend*); **Säum|nis|zu|schlag**

Saum|pfad ‹*zu* [2]Saum› (Gebirgsweg für Saumtiere)

Saum|sal, die; -, -e *od.* das; -[e]s, -e (*veraltet für* Säumigkeit, Nachlässigkeit); **saum|se|lig; Saum|se|lig|keit**

Saum|tier ‹*zu* [2]Saum› (Tragtier)

Sau|na, die; -, *Plur.* -s *od.* ...nen ‹finn.› (Heißluftbad); **Sau|na|bad; sau|nen, sau|nie|ren** (in die Sauna gehen, sich in der Sauna aufhalten); **Sau|nist; Sau|ni|stin**

Sau|rach, der; -[e]s, -e (ein Strauch)

Säu|re, die; -, -n; **säu|re₋arm, ...be|stän|dig, ...fest, ...frei; Säu|re|ge|halt,** der; **Sau|re|gur|ken|zeit,** die; -, -en (*scherzh. für* polit. od. geschäftl. ruhige Zeit); **säu|re|hal|tig; Säu|re₋man|gel** (der), **...man|tel** (*Med.*), **...mes|ser** (der), **...schutz|an|zug, ...über|schuß, ...ver|gif|tung**

Sau|ri|er [...iər], der; -s, - (urweltl. [Riesen]echse)

Saus; *nur in der Wendung* in - und Braus (sorglos prassend) leben

Sau|se, die; -, -n (*ugs. für* ausgelassene Feier); eine - machen

säu|seln; ich ...[e]le (↑R 22); **sau|sen;** du saust; er saus|te; **sau|sen|las|sen** (*ugs. für* aufgeben); **Sau|ser** (*landsch. für* neuer Wein u. dadurch hervorgerufener Rausch); **Sau|se|schritt;** *nur in* im - (sehr schnell); **Sau|se|wind** (*auch für* unsteter, lebhafter junger Mensch)

Saus|sure [so'sy:r], Ferdinand de (schweiz. Sprachwissenschaftler)

Sau|stall (*meist übertr. derb für*

schmutzige Verhältnisse, Unordnung)
Sau|ternes [so'tɛrn], der; -, - ‹nach der gleichnamigen Ortschaft› (ein franz. Wein)
Sau|wet|ter, das; -s (*derb für* sehr schlechtes Wetter); **sau|wohl** (*ugs. für* sehr wohl); **Sau|wut** (*derb für* heftige Wut)
Sa|van|ne [...v...], die; -, -n ‹indian.› (Steppe mit einzeln od. gruppenweise stehenden Bäumen)
[1]**Save** [sa:v] (l. Nebenfluß der Garonne)
[2]**Sa|ve** ['za:və] (r. Nebenfluß der Donau)
Sa|vi|gny ['zavinji], Friedrich Carl von (dt. Jurist)
Sa|voir-vi|vre [savoar'vi:vr(ə)], das; - ‹franz.› (feine Lebensart, Lebensklugheit)
Sa|vo|na|ro|la [...v...] (ital. Bußprediger u. Reformator)
Sa|vo|yar|de [zavo'jardə], der; -n, -n (↑R 197) ‹franz.› (Savoyer); **Sa|voy|en** [za'vɔyən] (hist. Provinz in Ostfrankreich); **Sa|voy|er** (↑R 147); **Sa|voy|er|kohl,** der; -[e]s (Wirsingkohl); **sa|voy|isch**
Sa|xi|fra|ga, die; -, ...fragen ‹lat.› (*Bot.* Steinbrech [Alpenpflanze])
Sa|xo|ne, der; -n, -n; ↑R 197 (Angehöriger einer altgerm. Stammesgruppe; [Alt]sachse)
Sa|xo|phon, das; -s; -e ‹nach dem belg. Erfinder A. Sax› (ein Blasinstrument); **Sa|xo|pho|nist,** der; -en, -en; ↑R 197 (Saxophonbläser); **Sa|xo|pho|ni|stin**
Sa|zer|do|ti|um, das; -s ‹lat.› (Priestertum, -amt; im MA. die geistl. Gewalt des Papstes)
sb = Stilb
Sb = Stibium (*chem. Zeichen für* Antimon)
SB = Selbstbedienung (z. B. SB-Markt, SB-Tankstelle [↑R 38])
S-Bahn, die; -, -en; ↑R 37 (Schnellbahn); **S-Bahn|hof; S-Bahn-Wa|gen,** der; -s, - (↑R 41)
SBB = Schweizerische Bundesbahnen
Sbir|re, der; -n, -n (↑R 197) ‹ital.› (*früher für* ital. Polizeidiener)
s. Br., südl. Br. = südlicher Breite; 50° s. Br.
Sbrinz, der; -[es] (ein [Schweizer] Hartkäse)
Sc = *chem. Zeichen für* Scandium
sc., scil. = scilicet
sc., sculps. = sculpsit
S. C. = South Carolina; *vgl.* Südkarolina
Sca|la, die; - ‹ital., „Treppe"›; Mailänder Scala (Mailänder Opernhaus); *vgl. auch* Skala
Scam|pi *Plur.* ‹ital.› (*ital. Bez. für* eine Art kleiner Krebse)
Scan|di|um, das; -s (chem. Element, Metall; *Zeichen* Sc)
scan|nen ['skɛn...] ‹engl.› (mit einem Scanner abtasten); **Scanner** ['skɛnər], der; -s, - (ein elektron. Gerät); **Scan|ning,** das; -[s], -s (das Scannen)
Sca|pa Flow ['ska:pa 'flo:] (englische Bucht)
Scar|lat|ti (ital. Komponist)
Scene [si:n], die; -, -s *Plur. selten* ‹engl.› (*ugs. für* durch bestimmte Moden, Lebensformen u. a. geprägtes Milieu)
[1]**Scha|be,** Schwa|be, die; -, -n (ein Insekt); [2]**Scha|be,** die; -, -n (ein Werkzeug)
Schä|be, die; -, -n (Holzteilchen vom Flachs)
Scha|be|fleisch; Scha|bei|sen; Scha|be|mes|ser (*svw.* Schabmesser); **scha|ben; Scha|ber; Scha|be|rei**
Scha|ber|nack, der; -[e]s, -e (übermütiger Streich, Possen)
schä|big *(abwertend);* **Schä|big|keit**
Schab|kunst, die; - (eine graph. Technik); **Schab|kunst|blatt**
Scha|blo|ne, die; -, -n (ausgeschnittene Vorlage; Muster; Schema, Klischee); **Scha|blo|nen‿ar|beit, ...druck** (*Plur.* ...drucke); **scha|blo|nen|haft;** -este; **scha|blo|nen|mä|ßig; scha|blo|nie|ren, scha|blo|ni|sie|ren** (nach der Schablone [be]arbeiten, behandeln)
Schab|mes|ser, das
Scha|bot|te, die; -, -n ‹franz.› (schweres Fundament für Maschinenhämmer)
Scha|bracke, die; -, -n [*Trenn.* ...brak|ke] ‹türk.› (verzierte Satteldecke; Prunkdecke; *ugs. für* abgenutzte, alte Sache, alte Frau); **Scha|bracken|ta|pir** [*Trenn.* ...brak|ken]
Schab|sel, das; -s, -; **Schab|zie|ger,** *schweiz.* **Schab|zi|ger** (harter [Schweizer] Kräuterkäse)
Schach, das; -s, -s ‹pers.› (Brettspiel; Bedrohung des Königs im Schachspiel); - spielen, bieten; im *od.* in - halten (nicht gefährlich werden lassen); - und matt!; **Schach‿auf|ga|be, ...brett; schach|brett|ar|tig; Schach|brett|mu|ster; Schach|com|pu|ter**
Scha|chen, der; -s, - (*südd., österr. mdal. u. schweiz. für* Waldstück, -rest; *schweiz. auch für* Niederung, Uferland)
Scha|cher, der; -s ‹hebr.› (übles, feilschendes Geschäftemachen)
Schä|cher (*bibl. für* Räuber, Mörder)
Scha|che|rei ‹hebr.›; **Scha|cherer; scha|chern** (*abwertend für* feilschend handeln); ich ...ere (↑R 22)
Schach|fi|gur; schach|matt (*ugs. auch für* sehr matt); **Schach‿mei|ster, ...mei|ste|rin, ...mei|ster|schaft, ...par|tie, ...pro|blem, ...spiel, ...spie|ler, ...spie|le|rin**
Schacht, der; -[e]s, Schächte; - kriegen (*nordd. für* Prügel bekommen)
Schach|tel, die; -, -n; alte - (*ugs. abwertend für* alte, ältere Frau); **Schäch|tel|chen; Schach|tel|di|vi|den|de** *(Wirtsch.);* **Schäch|te|lein; Schach|tel|ge|sell|schaft** *(Wirtsch.)*
Schach|tel|halm
schach|teln; ich ...[e]le (↑R 22); **Schach|tel|satz** *(Sprachw.)*
schach|ten (eine Grube, einen Schacht graben)
schäch|ten ‹hebr.› (nach jüd. Vorschrift schlachten); **Schäch|ter**
Schach|tisch
Schacht‿mei|ster, ...ofen
Schäch|tung ‹*zu* schächten›
Schach‿tur|nier, ...uhr, ...welt|mei|ster, ...welt|mei|ster|schaft, ...zug
Schad|bild; -er an Nadelbäumen
scha|de (↑R 64); es ist schade um jmdn. *od.* um etwas; schade, daß ...; ich bin mir dafür zu schade; o wie schade!; es ist jammerschade!; **Scha|de,** der (*veraltet für* Schaden); *nur noch in* es soll, wird dein - nicht sein
Schä|del, der; -s, -; **Schä|del|ba|sis** *(Med.);* **Schä|del|ba|sis|bruch,** der; *vgl.* [1]Bruch; **Schä|del‿bruch** (der; *vgl.* [1]Bruch), **...dach, ...decke** [*Trenn.* ...dek|ke], **...form; ...schä|de|lig,** ...schäd|lig (z. B. langschäd[e]lig); **Schä|del|stät|te** (*eindeutschend für* Golgatha)
scha|den; jmdm. -; **Scha|den,** der; -s, Schäden; zu - kommen *(Amtsspr.);* **Scha|den|be|gren|zung,** Scha|dens|be|gren|zung; **Scha|den|be|rech|nung,** Scha|dens|be|rech|nung; **Scha|den|be|richt,** Scha|dens|be|richt; **Scha|den|er|satz** (*BGB* Schadensersatz); **Scha|den|er|satz‿an|spruch, ...lei|stung, ...pflicht** (die; -); **scha|den|er|satz|pflich|tig; Scha|den|fest|stel|lung,** Scha|dens|fest|stel|lung; **Scha|den|feu|er; Scha|den|frei|heits|ra|batt; Scha|den|freu|de,** die; -; **scha|den|froh;** -[e]ste; **Scha|den|nach|weis,** Scha|dens|nachweis; **Scha|dens|be|gren|zung,** Scha|den|be|gren|zung; **Scha|dens|be|rech|nung,** Schadenberechnung; **Scha|dens|be|richt,** Scha|den|be|richt; **Scha|dens|er|satz** (*BGB für* Schadener-

satz); **Scha|dens|fall; Scha|dens|fest|stel|lung,** Schadenfeststellung; **Scha|dens|nach|weis,** Scha|den|nach|weis; **Scha|den_ver|hü|tung, ...ver|si|che|rung; Schad|fraß** (der; -es); **schad|haft;** -este; **Schad|haf|tig|keit,** die; -; **schä|di|gen; Schä|di|ger; Schä|di|gung; Schad|in|sekt; schäd|lich; Schäd|lich|keit,** die; -

...schäd|lig *vgl.* ...schädelig

Schäd|ling; Schäd|lings|be|kämp|fung, die; -; **Schäd|lings|be|kämp|fungs|mit|tel,** das; **schad|los;** sich - halten; **Schad|los_bür|ge** (*Wirtsch.* Bürge bei der Ausfallbürgschaft), **...hal|tung** (die; -)

Scha|dor *vgl.* Tschador

Scha|dow [...do] (dt. Bildhauer)

Schad|stoff; schad|stoff|arm; Schad|stoff_aus|stoß (der; -[e]s), **...be|la|stung, ...emis|si|on; schad|stoff|frei** (↑R 204); **Schad|stoff|ge|halt,** der; -[e]s; **schad|stoff_hal|tig, ...re|du|ziert; Schad|stoff|re|du|zie|rung**

Schaf, das; -[e]s, -e; **Schaf|bock; Schäf|chen;** sein - ins trockene bringen, im trockenen haben; **Schäf|chen|wol|ke** *meist Plur.*; **Schä|fer; Schä|fer|dich|tung; Schä|fe|rei; Schä|fer|hund; Schä|fe|rin; Schä|fer_kar|ren, ...ro|man, ...spiel, ...stünd|chen** (heimliches Beisammensein von Verliebten)

Schaff, das; -[e]s, -e (*südd., österr. für* [offenes] Gefäß; *landsch. für* Schrank); *vgl.* ²Schaft *u.* Schapp; **Schäff|chen** ⟨*zu* Schaff⟩; **Schaf|fel,** das; -s, -n (*österr. mdal. für* [kleines] Schaff)

Schaf|fell

¹**schaf|fen** (vollbringen; *landsch. für* arbeiten; in [reger] Tätigkeit sein; *Seemannsspr.* essen); du schafftest; geschafft; schaff[e]!; er hat den ganzen Tag geschafft *(landsch.)*; sie haben es geschafft; er hat die Kiste auf den Boden geschafft; diese Sorgen sind aus der Welt geschafft (sind beseitigt); ich möchte mit dieser Sache nichts mehr zu schaffen haben; ich habe mir daran zu schaffen gemacht; ²**schaf|fen** (schöpferisch, gestaltend hervorbringen); du schufst; du schüfest; geschaffen; schaff[e]!; Schiller hat „Wilhelm Tell" geschaffen; er ist zum Lehrer wie geschaffen; er stand da, wie ihn Gott geschaffen hat; sie schuf, *auch* schaffte [endlich] Abhilfe, Ordnung, Platz, Raum; es muß [endlich] Abhilfe, Ordnung, Platz, Raum geschaffen, *selten* geschafft werden; **Schaf|fen,** das; -s; **Schaf|fens_drang** (der; -[e]s), **...freu|de** (die; -); **schaf|fens|freu|dig; Schaf|fens|kraft,** die; -; **schaf|fens|kräf|tig; Schaf|fens|lust,** die; -; **schaf|fens|lu|stig; Schaf|fer** (*landsch. für* tüchtiger Arbeiter; *Seemannsspr.* Mann, der die Schiffsmahlzeit besorgt und anrichtet; *österr. veraltet für* Aufseher auf einem Gutshof); **Schaf|fe|rei** (*Seemannsspr.* Schiffsvorratskammer; *landsch. für* [mühseliges] Arbeiten); **Schaf|fe|rin** *(landsch.)*

Schaff|hau|sen (Kanton u. Stadt in der Schweiz); **Schaff|hau|ser; schaff|hau|se|risch**

schaf|fig (*landsch. u. schweiz. mdal. für* arbeitsam)

Schäff|lein *vgl.* Schäffchen; **Schäff|ler** (*bayr. für* Böttcher); **Schäff|ler|tanz** (Zunfttanz der Münchener Schäffler)

Schaff|ner (Kassier- u. Kontrollbeamter bei öffentl. Verkehrsbetrieben; *veraltet für* Verwalter; Aufseher); **Schaff|ne|rei** (*veraltet für* Schaffneramt, -wohnung); **Schaff|ne|rin; schaff|ner|los;** ein -er Zug; **Schaf|fung,** die; -

Schaf|gar|be, die; -, -n (eine Heilpflanze); **Schaf_her|de, ...hirt**

Scha|fi|it, der; -en, -en; ↑R 197 (Angehöriger einer islam. Rechtsschule)

Schaf|käl|te, Schafs|käl|te (häufig Mitte Juni auftretender Kaltlufteinbruch); **Schaf|kä|se** *vgl.* Schafskäse; **Schaf|kopf,** Schafskopf, der; -[e]s (ein Kartenspiel); **Schaf|le|der; Schäf|lein; Schaf|milch,** Schafs|milch, die; -

Scha|fott, das; -[e]s, -e ⟨niederl.⟩ (Gerüst für Hinrichtungen)

Schaf_pelz, ...que|se (Drehwurm), **...schur; Schafs|käl|te** *vgl.* Schafkälte; **Schafs|kä|se,** Schaf|kä|se; **Schafs_kleid** (*nur in* der Wolf im -), **...kopf** (Schimpfwort; *vgl.* Schafkopf); **Schafs|milch** *vgl.* Schafmilch; **Schafs_na|se** (*auch* eine Apfel-, Birnensorte; *auch für* dummer Mensch), **...pelz; Schaf|stall**

¹**Schaft,** der; -[e]s, Schäfte (z. B. Lanzenschaft)

²**Schaft,** der; -[e]s, Schäfte (*südd. u. schweiz. für* Gestell[brett], Schrank); *vgl. auch* Schaff *u.* Schapp

...schaft (z. B. Landschaft)

Schäft|chen; schäf|ten (mit einem Schaft versehen; [Pflanzen] veredeln; *landsch. für* prügeln); **Schaft_le|der; Schäft|lein; Schaft|stie|fel**

Schaf_wei|de, ...wol|le (die; -), **...zucht**

Schah, der; -s, -s ⟨pers., „König"⟩ (pers. Herrschertitel; *meist kurz für* Schah-in-schah); **Schah-in-schah,** der; -s, -s ⟨„König der Könige"⟩ (*früher* Titel des Herrschers des Iran)

Scha|kal, der; -s, -e ⟨sanskr.⟩ (ein hundeartiges Raubtier)

Scha|ke, die; -, -n (*Technik* Ring, Kettenglied); **Schä|kel,** der; -s, - (*Seemannsspr.* U-förmiges Verbindungsglied aus Metall); **schä|keln** (mit einem Schäkel verbinden); ich ...[e]le (↑R 22)

Schä|ker ⟨hebr.-jidd.⟩; **Schä|ke|rei; Schä|ke|rin; schä|kern** (sich [mit Worten] necken); ich ...ere (↑R 22)

schal; ein -es (abgestandenes) Bier; ein -er (fader) Witz

Schal, der; -s, *Plur.* -s, *auch* -e ⟨pers.-engl.⟩ (langes, schmales Halstuch)

Schal|lan|der, der; -s, - (*landsch. für* Pausenraum in Brauereien)

Schal|brett (für Verschalungen verwendetes rohes Brett)

¹**Schäl|chen** (kleiner Schal)

²**Schäl|chen** (kleine Schale)

¹**Scha|le,** die; -, -n (flaches Gefäß; *südd. u. österr. auch für* Tasse)

²**Scha|le,** die; -, -n (Hülle; *Jägerspr.* Huf beim Schalenwild); **Schäl|ei|sen** (ein Werkzeug); **schä|len; Scha|len_bau|wei|se** (die; -), **...guß** (ein Hartguß)

Scha|len|kreuz (Teil des Windgeschwindigkeitsmessers)

scha|len|los (ohne ²Schale); **Scha|len|obst** (Obst mit harter, holziger ²Schale, z. B. Nüsse)

Scha|len_ses|sel ⟨*zu* ¹Schale⟩, **...sitz**

Scha|len|wild (*Jägerspr.* Rot-, Schwarz-, Steinwild)

Schal|heit, die; - ⟨*zu* schal⟩

Schäl|hengst (Zuchthengst)

Schal|holz; ...scha|lig (z. B. dünnschalig)

Schalk, der; -[e]s, *Plur.* -e *u.* Schälke (Spaßvogel, Schelm)

Schal|ke, die; -, -n (*Seemannsspr.* wasserdichter Abschluß einer Luke); **schal|ken** (wasserdicht schließen)

schalk|haft; -este; **Schalk|haf|tig|keit,** die; -; **Schalk|heit,** die; -

Schal_kra|gen, ...kra|wat|te

Schalks|narr *(veraltet)*

Schäl|kur *(Kosmetik)*

Schall, der; -[e]s, *Plur.* -e *od.* Schälle; **Schall_be|cher** (bei Blasinstrumenten), **...bo|den; schall|däm|mend** (↑R 209); **Schall_däm|mung, ...dämp|fer, ...deckel** [*Trenn.* ...dek|kel]; **schall|dicht;** -este; **Schall|do|se; Schallehre,** die; - [*Trenn.* Schall|leh|re, ↑R 204]; **Schalleiter,** der [*Trenn.* Schall|lei|ter, ↑R 204]; **schal|len;** es schallt; es schallte, *seltener* scholl; es schallte, *seltener* schölle; geschallt; schall[e]!; schallendes Gelächter; **schallern** (*ugs. für* laut knallen); jmdm. eine - (jmdm. eine Ohrfeige geben); **schall|ge|dämpft**; -er Motor; **Schall|ge|schwin|dig|keit; Schall|mau|er,** die; - (extrem hoher Luftwiderstand bei einem die Schallgeschwindigkeit erreichenden Flugobjekt); die - durchbrechen; **Schalloch,** das; -[e]s, Schallöcher [*Trenn.* Schall|loch, ↑R 204]

schal|los *vgl.* schalenlos

Schall|plat|te; Schall|plat|ten‿al|bum, ...ar|chiv, ...auf|nah|me, ...in|du|strie, ...mu|sik; schall|schluckend [*Trenn.* ...schluk|kend] (↑R 209); **schall|si|cher; schall|tot**; -er Raum; **Schall‿trich|ter** (trichterförmiges Gerät zur Schallverstärkung), **...wel|le** *(meist Plur.)*, **...wort** (*Plur.* ...wörter; durch Lautnachahmung entstandenes Wort), **...zei|chen** (*Amtsspr. svw.* Hupzeichen)

Schalm, der; -[e]s, -e (*Forstw.* in die Rinde eines Baumes geschlagenes Zeichen)

Schal|mei (ein Holzblasinstrument; *auch für* Register der Klarinette u. der Orgel); **Schal|mei|blä|ser; Schal|mei|en|klang**

schal|men (*Forstw.* einen Baum mit einem Schalm versehen)

Schal|obst *vgl.* Schalenobst

scha|lom! ‹hebr., „Friede"› (hebr. Begrüßungsformel)

Scha|lot|te, die; -, -n ‹franz.› (eine kleine Zwiebel)

Schalt‿an|la|ge, ...bild, ...brett, ...ele|ment; schal|ten; er hat geschaltet (beim Autofahren den Gang gewechselt; *ugs. für* begriffen, verstanden, reagiert); sie hat damit nach Belieben geschaltet [u. gewaltet]; **Schal|ter; Schal|ter‿be|am|te, ...dienst, ...hal|le, ...raum, ...schluß** (der; ...schlusses), **...stun|den** *(Plur.)*; **Schalt‿ge|trie|be, ...he|bel**

Schal|tier (Muschel; Schnecke)

Schalt‿jahr, ...knüp|pel, ...kreis, ...plan (*vgl.* [2]Plan), **...pult, ...satz** *(Sprachw.)*, **...sche|ma** (Schaltplan), **...skiz|ze, ...stel|le, ...ta|fel, ...tag, ...tisch, ...uhr; Schal|tung; Schal|tungs|über|sicht; Schalt‿werk, ...zei|chen** *(Elektrotechnik)*, **...zen|tra|le**

Scha|lung (Bretterverkleidung); **Schä|lung** (Entfernung der Schale, der Haut u. a.)

Scha|lup|pe, die; -, -n ‹franz.› (Küstenfahrzeug; *auch für* größeres [Bei]boot)

Schal|wild *vgl.* Schalenwild

Scham, die; -

Scha|ma|de, die; -, -n ‹franz.› (*früher für* [mit der Trommel oder Trompete gegebenes] Zeichen der Kapitulation); - schlagen, blasen (*übertr. für* klein beigeben, aufgeben)

Scha|ma|ne, der; -n, -n (↑R 197) ‹sanskr.-tungus.› (Zauberpriester bei [asiat.] Naturvölkern); **Scha|ma|nis|mus,** der; - (eine Religionsform)

Scham‿bein *(Med.)*, **...berg, ...drei|eck; schä|men,** sich; er schämte sich seines Verhaltens, *heute meist* wegen seines Verhaltens

scham|fi|len (*Seemannsspr.* reiben, [ab]scheuern); er hat schamfilt

Scham‿ge|fühl (das; -s), **...gegend** (die; -), **...haar** *(meist Plur.)*; **scham|haft**; -este; **Scham|haf|tig|keit,** die; -; **schä|mig** (*landsch. für* verschämt); **Schä|mig|keit,** die; -; **Scham|lip|pe** *meist Plur.* (äußeres weibl. Geschlechtsorgan); **scham|los**; -este; **Scham|lo|sig|keit**

Scham|mes, der; -, - ‹hebr.-jidd.› (Diener in einer Synagoge u. Assistent des jüd. Gemeindevorstehers)

Scha|mott, der; -s ‹jidd.› (*ugs. für* Kram, Zeug, wertlose Sachen)

Scha|mot|te, die; - ‹ital.› (feuerfester Ton); **Scha|mot|te‿stein, ...zie|gel; scha|mot|tie|ren** (*österr. für* mit Schamottesteinen auskleiden)

Scham|pon, das; -s, -s (*eindeutschend für* Shampoo); **scham|po|nie|ren** ‹hindi-engl.› (mit Shampoo einschäumen, waschen); **Scham|pun** (*eindeutschend für* Shampoo); **scham|pu|nie|ren** *vgl.* schamponieren

Scham|pus, der; - (*ugs. für* Champagner)

scham|rot; Scham‿rö|te, ...tei|le *(Plur.)*; **scham‿ver|let|zend, ...voll**

schand|bar; Schand|bu|be *(veraltet)*; **Schan|de,** die; -; (↑R 64:) zuschanden gehen, machen, werden

Schan|deck, Schan|deckel [*Trenn.* ...dek|kel] (*Seemannsspr.* die oberste Schiffsplanke)

schän|den; Schän|der; Schand|fleck; schänd|lich; Schänd|lich|keit; Schand‿mal (*Plur.* ...male *u.* ...mäler), **...maul** *(ugs. abwertend)*, **...pfahl** *(früher)*, **...tat; Schän|dung; Schand|ur|teil**

Schan|figg, das; -s (Tal zwischen Arosa und Chur)

Schang|hai, *postamtlich* Shanghai [ʃaŋ'hai] (Stadt in China); **schang|hai|en** (*Seemannsspr.* Matrosen gewaltsam heuern); sie wurden schanghait

Scha|ni, der; -s, - (*ostösterr. ugs. für* Diener; Kellner); **Scha|ni|gar|ten** (*ostösterr. für* kleiner Garten vor dem Lokal für die Bewirtung im Freien)

[1]**Schank,** der; -[e]s, Schänke (*veraltet für* Ausschank); *vgl.* Schenke; [2]**Schank,** die; -, -en (*österr. für* Raum für den Ausschank, Theke); **Schank|be|trieb**

Schan|ker, der; -s, - ‹lat.-franz.› (*Med.* Geschwür bei Geschlechtskrankheiten); harter, weicher -

Schank‿er|laub|nis|steu|er (die); **...ge|rech|tig|keit** (*veraltet für* Schankkonzession), **...kon|zes|si|on** (behördl. Genehmigung, alkoholische Getränke auszuschenken); **Schank|stu|be,** Schenk|stube; **Schank|tisch,** Schenk|tisch; **Schank|wirt,** Schenk|wirt; **Schank|wirt|schaft,** Schenk|wirt|schaft

Schan|si (chin. Provinz)

Schan|tung, Shan|tung [ʃ...], der; -s, -s ‹nach der chin. Provinz› (ein Seidengewebe); **Schan|tung|sei|de**; *vgl.* Shantung

Schanz|ar|beit *meist Plur. (Milit.)*; **Schanz|bau** *Plur.* ...bauten *(früher)*

[1]**Schan|ze,** die ‹altfranz.› (*veraltet für* Glückswurf, -umstand); *nur noch in* in die - schlagen (aufs Spiel setzen)

[2]**Schan|ze,** die; -, -n (*Milit. früher* geschlossene Verteidigungsanlage; *Seemannsspr.* Oberdeck des Achterschiffes; *kurz für* Sprungschanze); **schan|zen** (*früher* an einer [2]Schanze arbeiten); du schanzt; **Schan|zen‿bau** (*vgl.* Schanzbau), **...re|kord** *(Sport)*, **...tisch** (Absprungfläche einer Sprungschanze); **Schan|zer** *(Milit. früher)*; **Schanz‿kleid** (*Seemannsspr.* Schiffsschutzwand), **...werk** (*früher für* Festungsanlage), **...zeug** *(Milit. früher)*

Schapf, der; -[e]s, -e *u.* **Schap|fe,** die; -, -n (*landsch. für* Schöpfgefäß mit langem Stiel)

Schap|ka, die; -, -s ‹slaw.› (Kappe, Mütze [aus Pelz]); *vgl.* aber: Tschapka

Schapp, der *od.* das; -s, -s (*Seemannsspr.* Schrank, Fach); *vgl. auch* Schaff *u.* [2]Schaft

[1]**Schap|pe,** die; -, -n ‹franz.› (ein Gewebe aus Seidenabfall)

[2]**Schap|pe,** die; -, -n (*Bergmannsspr.* Tiefenbohrer)

Schap|pel, das; -s, - ‹franz.› (*landsch. für* Kopfschmuck, Brautkrone)

Schap|pe‿sei|de (*svw.* [1]Schappe), **...spin|ne|rei**

[1]**Schar,** die; -, -en (größere An-

zahl, Menge, Gruppe); ²**Schar,** die; -, -en, *fachspr.* das; -[e]s, -e (Pflugschar)
Scha|ra|de, die; -, -n ‹franz.› (Worträtsel, bei dem das zu erratende Wort in Silben od. Teile zerlegt wird)
Schär|baum (*Weberei* Garn- od. Kettbaum)
Schar|be, die; -, -n (Kormoran)
Schar|bock, der; -[e]s ‹niederl.› (*veraltet für* Skorbut); **Scharbocks|kraut,** das; -[e]s
Schä|re, die; -, -n *meist Plur.* ‹schwed.› (kleine Felsinsel, Küstenklippe der skand. u. der finn. Küsten)
scha|ren, sich
schä|ren (*Weberei* Kettfäden aufziehen)
Schä|ren‿kreu|zer (ein Segelboot), **...küs|te**
scha|ren|wei|se
scharf; schärfer, schärfste; ein scharfes Getränk; scharfes S (*für* Eszett); ↑R 65: er ist ein Scharfer (*ugs. für* ein strenger Polizist, Beamter u. ä.); scharf durchgreifen, sehen, schießen usw.; *vgl.* aber: scharfmachen; aufs schärfste; **scharf|äu|gig** *(selten);* **Scharf|blick,** der; -[e]s; **Schär|fe,** die; -, -n; **Scharf|ein|stel|lung,** die; -; **schär|fen; Schär|fen|tie|fe,** die; - *(Fotogr.);* **scharf|kan|tig**
scharf|ma|chen; ↑R 205 f. (*ugs. für* aufhetzen, scharfe Maßregeln befürworten); ich mache scharf; scharfgemacht; scharfzumachen; aber: das Messer scharf machen (schärfen); **Scharf|ma|cher; Scharf|ma|che|rei; Scharf‿rich|ter** (*für Henker*), **...schie|ßen** (das; -s), **...schüt|ze; scharf|sich|tig; Scharf|sich|tig|keit,** die; -; **Scharf|sinn,** der; -[e]s; **scharf|sin|nig; Schär|fung; scharf‿zackig** [*Trenn.* ...zak|kig], **...zah|nig, ...zün|gig; Scharf|zün|gig|keit,** die; -
Schär|has|pel ‹*zu* schären›
Scha|ria, Sche|ria, die; - ‹arab.› (religiöses Gesetz des Islam)
¹**Schar|lach,** der, *österr.* das; -s ‹mlat.› (lebhaftes Rot); ²**Scharlach,** der; -s (eine Infektionskrankheit); **Schar|lach|aus|schlag; schar|la|chen** (hochrot); **Schar|lach|far|be,** die; -; **scharlach‿far|ben** *od.* **...far|big; Schar|lach|fie|ber,** das; -s; **schar|lach|rot**
Schar|la|tan, der; -s, -e ‹franz.› (Schwindler, der bestimmte Fähigkeiten vortäuscht); **Schar|la|ta|ne|rie,** die; -, ...ien
Scharm, der; -s (*eindeutschend für* Charme; *vgl. d.*); **schar|mant;** -este (*eindeutschend für* charmant; *vgl. d.*)
Schär|ma|schi|ne *(Weberei); vgl.* schären
schar|mie|ren (*veraltet für* bezaubern; entzücken)
Schar|müt|zel, das; -s, - (kurzes, kleines Gefecht, Plänkelei); **schar|müt|zeln** *(veraltet);* ich ...[e]le (↑R 22); **schar|mut|zie|ren** (*veraltet, aber noch landsch. für* flirten)
Scharn, der; -[e]s, -e *u.* Schar|ren, der; -s, - (*landsch. für* Verkaufsstand für Fleisch od. Brot)
Scharn|horst (preuß. General)
Schar|nier, das; -s, -e ‹franz.› (Drehgelenk [für Türen]); **Scharnier‿band** (das; *Plur.* ...bänder), **...ge|lenk**
Schärp|chen; Schär|pe, die; -, -n (um Schulter od. Hüften getragenes breites Band)
Schar|pie, die; - ‹franz.› (*früher für* zerzupfte Leinwand als Verbandmaterial)
Schärp|lein
Schär|rah|men ‹*zu* schären›
Schar|re, die; -, -n (ein Werkzeug zum Scharren); **Scharr|ei|sen; schar|ren**
Schar|ren *vgl.* Scharn
Schar|rer; Scharr|fuß (*veraltet für* Kratzfuß); **scharr|fü|ßeln** *(veraltet);* ich ...[e]le (↑R 22); gescharrfüßelt
Schar|rier|ei|sen (ein Steinmetzwerkzeug); **schar|rie|ren** ‹franz.› (mit dem Scharriereisen bearbeiten)
Schar|schmied (Schmied, der Pflugscharen herstellt)
Schar|te, die; -, -n (Einschnitt; [Mauer]lücke; schadhafte Stelle [an einer Schneide]); eine - auswetzen (*ugs. für* einen Fehler wiedergutmachen; eine Niederlage o. ä. wettmachen)
Schar|te|ke, die; -, -n (wertloses Buch, Schmöker; *abwertend für* ältliche, unsympathische Frau)
schar|tig
Schär|trom|mel ‹*zu* schären›
Scha|rung (*Geogr.* spitzwinkliges Zusammenlaufen zweier Gebirgszüge)
Schar|wen|zel, Scher|wen|zel, der; -s, - ‹tschech.› (*landsch. für* Unter, Bube [in Kartenspielen]; *veraltend für* übertrieben dienstbeflissener Mensch); **schar|wen|zeln,** scher|wen|zeln (*ugs. für* sich dienernd hin u. her bewegen; herumscharwenzeln); ich ...[e]le (↑R 22); er hat scharwenzelt, scherwenzelt
Schar|werk (*veraltet für* Fronarbeit; harte Arbeit); **schar|wer|ken** (*landsch. für* Gelegenheitsarbeiten ausführen); gescharwerkt; **Schar|wer|ker** *(landsch.)*
Schasch|lik, der *od.* das; -s, -s ‹russ.› (am Spieß gebratene Fleischstückchen mit Zwiebelringen u. Speckscheiben)
schas|sen ‹franz.› (*ugs. für* [von der Schule, der Lehrstätte, aus dem Amt] jagen); du schaßt, er schaßt; du schaßtest; geschaßt; schasse! *u.* schaß!; **schas|sie|ren** (mit kurzen, gleitenden Schritten geradlinig tanzen)
schat|ten (*geh. für* Schatten geben); geschattet; **Schat|ten,** der; -s, -; **Schat|ten‿bild, ...bo|xen** (das; -s), **...da|sein; schat|tenhaft;** -este; **schat|ten|halb** (*schweiz. für* auf der Schattenseite eines Bergtals); **Schat|ten‿kabi|nett, ...kö|nig; schat|ten|los; Schat|ten‿mo|rel|le** (eine Sauerkirschsorte), **...pflan|ze** *(Bot.);* **Schat|ten|re|gie|rung; schatten|reich; Schat|ten|reich** *(Mythol.);* **Schat|ten‿riß, ...sei|te; schat|ten|sei|tig; schat|tenspen|dend** (↑R 209); **Schat|ten‿spiel, ...thea|ter, ...wirt|schaft** (die; -; Gesamtheit der wirtschaftlichen Betätigungen, die nicht amtl. erfaßt werden können [z. B. Schwarzarbeit]); **schattie|ren** ([ab]schatten); **Schat|tierung; schat|tig; Schatt|sei|te** (*österr. u. schweiz. neben* Schattenseite); **schatt|sei|tig** (*österr. u. schweiz. neben* schattenseitig)
Scha|tul|le, die; -, -n ‹mlat.› (Geld-, Schmuckkästchen; *früher für* Privatkasse eines Fürsten)
Schatz, der; -es, Schätze; **Schatz‿amt, ...an|wei|sung; schätzbar; Schätz|bar|keit,** die; -; **Schätz|chen; schat|zen** (*veraltet für* mit Abgaben belegen); du schatzt; **schät|zen;** du schätzt; **schät|zen|ler|nen;** *vgl.* lernen; **schät|zens|wert;** -este; **Schätzer; Schatz‿grä|ber, ...in|sel, ...kam|mer, ...kanz|ler, ...kästchen** *od.* **...käst|lein; Schätzlein; Schatz‿mei|ster, ...mei|sterin; Schätz|preis;** *vgl.* ²Preis; **Schatz‿su|che, ...su|cher; Schat|zung** (*veraltet für* Belegung mit Abgaben; *schweiz. für* [amtliche] Schätzung des Geldwerts); **Schät|zung; schätzungs|wei|se; Schatz|wech|sel** (*Bankw.* Schatzanweisung in Wechselform mit kurzer Laufzeit); **Schätz|wert**
schau; -[e]ste (*ugs. veraltend für* ausgezeichnet, wunderbar); **Schau,** die; -, -en (Ausstellung, Überblick; Vorführung); zur - stehen, stellen, tragen; jmdm. die - stehlen (*ugs. für* ihn um die Beachtung u. Anerkennung der anderen bringen); *vgl.* schaustehen, schaustellen

Schaub, der; -[e]s, Schäube (*südd., österr., schweiz. mdal. für* Garbe, Strohbund); 3 - (↑R 129)
schau|bar (*veraltet für* sichtbar)
Schau|be, die; -, -n ‹arab.› (weiter, vorn offener Mantelrock des MA.)
Schau|be|gier; schau|be|gie|rig (*geh. für* schaulustig)
Schau|ben|dach (*veraltet für* Strohdach)
Schau‿bild, ...brot *(meist Plur.; jüd. Rel.)*, **...bu|de, ...büh|ne**
Schau|der, der; -s, -; **schau|der|bar** (*ugs. scherzh. für* schauderhaft); **schau|der|er|re|gend** (↑R 209); -ste; **Schau|der|ge|schich|te; schau|der|haft**; -este; **schau|dern**; ich ...ere (↑R 22); mir *od.* mich schaudert; **schau|der|voll** *(geh.)*
schau|en
[1]**Schau|er**, der; -s, - (*Seemannsspr.* Hafen-, Schiffsarbeiter)
[2]**Schau|er** (*selten für* Schauender)
[3]**Schau|er**, der; -s, - (Schreck; Regenschauer)
[4]**Schau|er**, der *od.* das; -s, - (*landsch. für* Schutzdach; *auch für* offener Schuppen)
schau|er|ar|tig; -e Regenfälle; **Schau|er‿bild, ...ge|schich|te; schau|er|lich; Schau|er|lich|keit**
Schau|er|mann, der; -[e]s, ...leute (*Seemannsspr.* Hafen-, Schiffsarbeiter)
Schau|er|mär|chen; schau|ern; ich ...ere (↑R 22); mir *od.* mich schauert; **Schau|er|ro|man; schau|er|voll**
Schau|fel, die; -, -n; **Schau|fel‿bag|ger, ...blatt; Schäu|fe|le**, das; -s, - (*Gastron.* geräuchertes od. gepökeltes Schulterstück vom Schwein); **schau|fel|för|mig; schau|fe|lig**, schauf|lig; **Schau|fel|la|der; schau|feln**; ich ...[e]le (↑R 22); **Schau|fel|rad; Schau|fel|rad|damp|fer**
Schau|fen|ster; Schau|fen|ster‿aus|la|ge, ...bum|mel, ...de|ko|ra|ti|on, ...pup|pe, ...wett|be|werb
Schauf|ler (Damhirsch)
schauf|lig *vgl.* schaufelig
Schau|ge|schäft, das; -[e]s
Schau|ins|land (Berg im südl. Schwarzwald)
Schau‿kampf, ...ka|sten
Schau|kel, die; -, -n; **Schau|kel|be|we|gung; Schau|ke|lei; schau|ke|lig**, schauk|lig; **schau|keln**; ich ...[e]le (↑R 22); **Schau|kel‿pferd, ...po|li|tik** (die; -), **...reck, ...stuhl; Schauk|ler; schauk|lig** *vgl.* schaukelig
schau|lau|fen *nur im Infinitiv u. Partizip gebr.*; **Schau‿lau|fen** (das; -s; *Eiskunstlauf*), **...lust** (die; -); **schau|lu|stig**; eine -e Menge; **Schau|lu|sti|ge**, der *u.* die; -n, -n (↑R 7 ff.)
Schaum, der; -[e]s, Schäume; **Schaum|bad; schäum|bar**; -e Stoffe; **schaum|be|deckt** (↑R 209); **Schaum‿bla|se, ...blu|me** (beim Bier)
Schaum|burg-Lip|pe (Landkreis in Niedersachsen); **schaum|burg-lip|pisch**
schäu|men; Schaum‿ge|bäck, ...ge|bo|re|ne (die; -n; Beiname der aus dem Meer aufgetauchten Aphrodite [*vgl.* Anadyomene]); **schaum|ge|bremst**; -e Waschmittel; **Schaum‿gold, ...gum|mi** (der; -s, -[s]); **schau|mig; Schaum‿kel|le, ...kraut, ...kro|ne, ...löf|fel, ...lösch|ge|rät, ...rol|le** (*österr. für* mit Schlagsahne gefülltes Gebäck), **...schlä|ger** (ein Küchengerät; *auch für* Angeber, Blender); **Schaum|schlä|ge|rei** *(abwertend)*; **Schaum‿spei|se, ...stoff, ...stoff|kis|sen, ...tep|pich** *(Flugw.)*
Schau|mün|ze
Schaum|wein; Schaum|wein|steu|er, die
Schau‿ob|jekt, ...or|che|ster, ...packung[1], **...platz, ...pro|gramm, ...pro|zeß**
schau|rig; schaurig-schön (↑R 39); **Schau|rig|keit**, die; -
Schau‿sei|te, ...spiel; Schau|spie|ler; Schau|spie|le|rei, die; -; **Schau|spie|le|rin; schau|spie|le|risch; schau|spie|lern**; ich ...ere (↑R 22); geschauspielert; zu -; **Schau|spiel‿haus, ...kunst, ...schu|le, ...schü|ler, ...schü|le|rin, ...un|ter|richt**
schau|ste|hen *nur im Infinitiv gebr. (selten)*; **schau|stel|len** *nur im Infinitiv gebr. (selten)*; **Schau‿stel|ler, ...stel|le|rin, ...stel|lung, ...stück, ...ta|fel, ...tanz**
Schau|te *vgl.* [1]Schote
Schau‿tur|nen (das; -s), **...tur|nier**
[1]**Scheck**, *schweiz. auch* Check [ʃɛk], der; -s, -s ‹engl.› (Zahlungsanweisung [an eine Bank, an die Post]); ein ungedeckter -
[2]**Scheck**, der; -en, -en *vgl.* [1]Schecke
Scheck‿ab|tei|lung, ...be|trug, ...be|trü|ger, ...be|trü|ge|rin, ...buch, ...dis|kon|tie|rung
[1]**Schecke**[1], der; -n, -n ‹franz.› (scheckiges Pferd od. Rind); [2]**Schecke**[1], die; -, -n (scheckige Stute od. Kuh)
Scheck‿fä|hig|keit (die; -), **...fäl|schung, ...heft; scheck|heft|ge|pflegt**; ein -es Auto
scheckig[1]; **scheckig|braun**[1]
Scheck‿in|kas|so, ...kar|te, ...recht (das; -[e]s), **...ver|kehr**

[1] *Trenn.* ...k|k...

Scheck|vieh (scheckiges Vieh)
Shed|bau, Shed|bau [ʃ...] *Plur.* ...bauten ‹engl.; dt.› (eingeschossiger Bau mit Scheddach); **Sched|dach**, Shed|dach (sägezahnförmiges Dach)
scheel (*ugs. für* mißgünstig, geringschätzig)
Scheel (vierter dt. Bundespräsident)
scheel|äu|gig (*svw.* scheelblickend); **scheel|blickend** [*Trenn.* ...blik|kend]; **Scheel|sucht**, die; - (*veraltend für* Neid, Mißgunst); **scheel|süch|tig** *(veraltend)*
Sche|fe, die; -, -n (*südd. für* [3]Schote)
Schef|fel, der; -s, - (ein altes Hohlmaß); **schef|feln** (*ugs. für* [geizig] zusammenraffen); ich ...[e]le (↑R 22); es scheffelt (es kommt viel ein); **schef|fel|wei|se**
Sche|he|ra|za|de, Sche|he|re|za|de [*beide* ...'za:də] ‹pers.› (Märchenerzählerin aus Tausendundeiner Nacht)
Scheib|band, das; -[e]s, ...bänder (*österr. für* Brustriemen zum Karrenziehen); **Scheib|chen; scheib|chen|wei|se; Schei|be**, die; -, -n; **schei|ben** (*bayr., österr. für* rollen, [kegel]schieben); **Schei|ben‿brem|se, ...brot** (Schnittbrot); **schei|ben|för|mig; Schei|ben‿gar|di|ne, ...ho|nig, ...klei|ster** (der; -s; *verhüllend für* Scheiße), **...kupp|lung, ...schie|ßen** (das; -s); **Schei|ben|wasch|an|la|ge; Schei|ben‿wa|scher, ...wi|scher; schei|big; Scheib|lein; Scheib|tru|he** (*österr. für* Schubkarren)
Scheich, der; -s, *Plur.* -e *u.* -s ‹arab.› ([Stammes]oberhaupt in arab. Ländern; *ugs. für* Freund, Liebhaber); **Scheich|tum**
Schei|de, die; -, -n; **Schei|de|brief** (*veraltet für* Scheidungsurkunde)
Schei|degg, die; - (Name zweier Pässe in der Schweiz); die Große -, die Kleine -
Schei|de‿kunst (die; -; alter Name der Chemie), **...mün|ze** *(veraltet)*; **schei|den**; du schiedst; du schiedest; geschieden *(vgl. d.)*; scheid[e]!; **Schei|den|ent|zün|dung** *(Med.)*; **Schei|de‿wand, ...was|ser** (*Plur.* ...wässer; *Chemie*), **...weg; Schei|ding**, der; -s, -e (*alte Bez. für* September); **Schei|dung; Schei|dungs‿grund, ...kla|ge, ...pro|zeß, ...ur|teil**
Scheik *vgl.* Scheich
Schein, der; -[e]s, -e; **Schein‿an|griff, ...ar|chi|tek|tur** (die nur gemalten Architekturteile auf Wand od. Decke), **...ar|gu|ment, ...asy|lant; schein|bar** (nur dem

[der Wirklichkeit nicht entsprechenden] Scheine nach); er hörte scheinbar aufmerksam zu (in Wirklichkeit gar nicht), aber: er hörte anscheinend (= augenscheinlich, offenbar) aufmerksam zu; **Schein‿be|schäf|ti|gung, ...blü|te, ...da|sein; schei|nen;** du schienst; du schienest; geschienen; schein[e]!; die Sonne schien, hat geschienen; sie kommt scheint's (*ugs. für* anscheinend) erst morgen; **Schein‿fir|ma, ...frucht** *(Biol.),* **...füß|chen** (bei Amöben), **...ge|fecht, ...ge|schäft, ...ge|sell|schaft, ...ge|sell|schaf|ter, ...ge|winn, ...grund, ...grün|dung; schein|hei|lig; Schein|hei|li|ge,** der *u.* die; -n, -n (↑R 7 ff.); **Schein|hei|lig|keit,** die; -; **Schein‿kauf, ...kauf|mann** *(Rechtsspr.),* **...pro|blem, ...tod** (der; -[e]s); **schein|tot; Schein|to|te,** der *u.* die; -en, -en (↑R 7 ff.); **Schein‿ver|trag, ...welt, ...wer|fer; Schein|wer|fer‿ke|gel, ...licht** (das; -[e]s); **Schein|wi|der|stand** *(Elektrotechnik)*

Scheiß, der; - (*derb für* unangenehme Sache; Unsinn); **Scheiß|dreck** *(derb);* **Schei|ße,** die; - *(derb);* **scheiß|egal** *(derb);* **schei|ßen** *(derb);* ich schiß; du schissest; geschissen; scheiß[e]!; **Schei|ßer** *(derb);* **Schei|ße|rei,** die; - *(derb);* **scheiß|freund|lich** (*derb für* übertrieben freundlich); **Scheiß‿haus** *(derb),* **...kerl** *(derb),* **...la|den** *(derb);* **scheiß‿li|be|ral** *(derb),* **...vor|nehm; Scheiß|wet|ter** *(derb)*

Scheit, das; -[e]s, *Plur.* -e, *bes. österr. u. schweiz.* -er (Holzscheit; *landsch. für* Spaten)

Schei|tel, der; -s, -; **Schei|tel‿bein** (ein Schädelknochen), **...li|nie; schei|teln;** ich ...[e]le (↑R 22); **Schei|tel|punkt; schei|tel|recht** (*veraltet für* senkrecht); **Schei|tel‿wert, ...win|kel**

schei|ten (*schweiz. für* Holz spalten); **Schei|ter|hau|fen; schei|tern;** ich ...ere (↑R 22); **Scheit|holz; scheit|recht** (*veraltet für* waagerecht u. geradlinig); **Scheit|stock,** der; -[e]s, ...stöcke (*schweiz. für* Holzklotz zum Holzspalten)

Sche|kel, der; -s, - ‹hebr.› (israel. Währungseinheit); *vgl.* Sekel

Schelch, der *od.* das; -[e]s, -e (*rhein., ostfränk. für* größerer Kahn)

Schel|de, die; - (Zufluß der Nordsee)

Schelf, der *od.* das; -s, -e ‹engl.› (*Geogr.* Festlandsockel; Flachmeer entlang der Küste)

Schel|fe, Schil|fe, die; -, -n (*landsch. für* [Frucht]hülse, [2]Schale); **schel|fen,** schil|fen (*seltener für* schelfern, schilfern); **schel|fe|rig,** schelf|rig, schil|fe|rig, schilf|rig *(landsch.);* **schel|fern,** schil|fern (in kleinen Teilen od. Schuppen abschälen); ich ...ere (↑R 22); **schelf|rig** *vgl.* schelferig

Schel|lack, der; -[e]s, -e ‹niederl.› (ein Harz)

[1]**Schel|le,** die; -, -n (ringförmige Klammer [an Rohren u. a.])

[2]**Schel|le,** die; -, -n (Glöckchen; *landsch. für* Ohrfeige); **Schel|len** *Plur., als Sing. gebraucht* (eine Spielkartenfarbe); - sticht; **schel|len; Schel|len‿as, ...baum** (Instrument der Militärkapelle), **...ge|läut** *od.* **...ge|läu|te, ...kap|pe, ...kö|nig**

Schell|fisch

Schell|ham|mer (ein Werkzeug)

Schell|hengst *vgl.* Schälhengst

Schel|ling (dt. Philosoph)

Schell|kraut, das; -[e]s (*älter für* Schöllkraut); **Schell|wurz**

Schelm, der; -[e]s, -e (Spaßvogel, Schalk); **Schel|men‿ro|man, ...streich, ...stück; Schel|me|rei; schel|misch;** -ste

Schel|sky (dt. Soziologe)

Schel|te, die; -, -n (scharfer Tadel; ernster Vorwurf); **schel|ten** (schimpfen, tadeln); du schiltst, er schilt; du schaltst, er schalt; du schöltest; gescholten; schilt!

Schel|to|pu|sik, der; -s, -e ‹russ.› (eine Schleiche)

Schelt‿re|de *(geh.),* **...wort** (*Plur.* ...wörter *u.* ...worte; *geh.*)

Sche|ma, das; -s, *Plur.* -s *u.* -ta, *auch* Schemen ‹griech.› (Muster, Aufriß; Konzept); nach - F (gedankenlos u. routinemäßig); **Sche|ma|brief; sche|ma|tisch;** -ste; eine -e Zeichnung; **sche|ma|ti|sie|ren** (nach einem Schema behandeln; [zu sehr] vereinfachen); **Sche|ma|ti|sie|rung; Sche|ma|tis|mus,** der; -, ...men (gedankenlose Nachahmung eines Schemas; statist. Handbuch einer kath. Diözese od. eines geistl. Ordens, *österr. auch* der öffentlichen Bediensteten)

Schem|bart (Maske mit Bart, bärtige Maske); **Schem|bart‿lau|fen** (das; -s), **...spiel**

Sche|mel, der; -s, -

[1]**Sche|men,** der; -s, - (Schatten[bild]; *landsch. für* Maske)

[2]**Sche|men** (*Plur. von* Schema)

sche|men|haft; -este ‹*zu* [1]Schemen›

Schen|jang (Stadt in Nordostchina)

Schenk, der; -en, -en; ↑R 197 (*veraltet für* Diener [zum Einschenken]; Wirt); **Schen|ke,** die; -, -n

Schen|kel, der; -s, -; **Schen|kel‿bruch** (der), **...druck** (der; -[e]s; beim Reiten), **...hals; Schen|kel|hals|bruch,** der; **Schen|kel‿kno|chen, ...stück**

schen|ken (als Geschenk geben; *älter für* einschenken)

Schen|ken|dorf (dt. Dichter)

Schen|ker (*veraltet für* Bierwirt, Biereinschenker; *Rechtsspr.* jmd., der eine Schenkung macht); **Schen|kin** *(veraltet);* **Schenk|stu|be** usw. *vgl.* Schank|stu|be usw.; **Schen|kung; Schen|kungs‿brief, ...steu|er** (*Amtsspr.* Schenkungsteuer; die), **...ur|kun|de**

schepp (*landsch. für* schief)

schep|pern (*ugs. für* klappern, klirren); ich ...ere (↑R 22)

Scher, der; -[e]s, -e (*südd., österr. für* Maulwurf); *vgl.* Schermaus

Scher|baum (Stange der Gabeldeichsel)

Scher|be, die; -, -n (Bruchstück aus Glas, Ton o. ä.); **Scher|bel,** der; -s, - (*landsch. für* Scherbe); **scher|beln** (*landsch. für* tanzen; *schweiz. für* spröde klingen; klirren, rascheln); ich ...[e]le (↑R 22); **Scher|ben,** der; -s, - (*südd., österr. für* Scherbe; *Keramik* gebrannter, noch nicht glasierter Ton); **Scher|ben|ge|richt,** das; -[e]s (*für* Ostrazismus); ein - veranstalten (streng mit jmdm. ins Gericht gehen); **Scher|ben|hau|fen**

Scher|bett *vgl.* Sorbett

Sche|re, die; -, -n; [1]**sche|ren** (abschneiden); du scherst, er schert; du schorst, *selten* schertest; du schörest, *selten* schertest; geschoren, *selten* geschert; scher[e]!

[2]**sche|ren,** sich (*ugs. für* sich fortmachen; sich um etwas kümmern); scher dich zum Teufel!; er hat sich nicht im geringsten darum geschert

Sche|ren‿arm *(Technik),* **...fern|rohr, ...git|ter, ...schlag** *(Fußball),* **...schlei|fer, ...schnitt, ...zaun; Sche|rer**

Sche|re|rei *meist Plur.* (*ugs. für* Unannehmlichkeit, unnötiger Ärger)

Scher|fe|stig|keit *(Technik)*

Scherf|lein (*veraltend für* kleiner Geldbetrag, Spende); sein - beitragen

Scher|ge, der; -n, -n; ↑R 197 (Handlanger, Vollstrecker der Befehle eines Machthabers); **Scher|gen|dienst** *(abwertend)*

Sche|ria *vgl.* Scharia

Sche|rif, der; *Gen.* -s *u.* -en, *Plur.* -s *u.* -e[n] (↑R 197) ‹arab.› (ein arab. Titel)

Scher‿kopf (am elektr. Rasierap-

parat), **...kraft** (die), **...ma|schi|ne, ...maus** (Wühlmaus, Wasserratte; *vgl.* Scher), **...mes|ser** (das)
Sche|rung *(Math., Physik)*
Scher|wen|zel usw. *vgl.* Scharwenzel usw.
Scher|wol|le
[1]**Scherz,** der; -es, -e (*bayr., österr. ugs. für* Brotanschnitt, Kanten)
[2]**Scherz,** der; -es, -e; aus, im -; **scher|zan|do** [skɛr...] ‹ital.› (*Musik* heiter [vorzutragen]); **Scherz|ar|ti|kel; Scherz|bold,** der; -[e]s, -e *(ugs.)*
Scher|zel, das; -s, - (*bayr., österr. für* Brotanschnitt, Kanten; *österr. auch für* Schwanzstück vom Rind)
scher|zen; du scherzt, du scherztest; **Scherz‿fra|ge, ...ge|dicht; scherz|haft;** -este; **scherz|haf|ter|wei|se; Scherz|haf|tig|keit,** die; -; **Scher|zo** ['skɛrtso], das; -s, *Plur.* -s *u.* ...zi ‹ital.› (heiteres Tonstück); **Scherz‿rät|sel, ...re|de; scherz|wei|se; Scherz|wort** *Plur.* ...worte
sche|sen (*landsch. für* eilen); du schest
scheu; -[e]ste; - sein, werden; - machen; **Scheu,** die; - (Angst, banges Gefühl); ohne -; **Scheu|che,** die; -, -n (Schreckbild, -gestalt [auf Feldern usw.]); **scheu|chen; scheu|en;** sich -; das Pferd hat gescheut; ich habe mich vor dieser Arbeit gescheut
Scheu|er, die; -, -n (*landsch. für* Scheune)
Scheu|er‿be|sen, ...frau, ...lap|pen, ...lei|ste
Scheu|er|mann-Krank|heit, die; - *u.* **Scheu|er|mann|sche Krank|heit,** die; -n - ‹nach dem dän. Orthopäden› (die Wirbelsäule betreffende Entwicklungsstörung bei Jugendlichen)
scheu|ern; ich ...ere (↑R 22); **Scheu|er‿sand, ...tuch** (*Plur.* ...tücher)
Scheu‿klap|pe *(meist Plur.),* **...le|der** (*svw.* Scheuklappe)
Scheu|ne, die; -, -n; **Scheu|nen|dre|scher;** *nur in* [fr]essen wie ein - (*ugs. für* sehr viel essen); **Scheu|nen|tor,** das
Scheu|re|be (eine Reb- u. Weinsorte)
Scheu|sal, das; -s, *Plur.* -e, *ugs.* ...säler; **scheuß|lich;** -ste; **Scheuß|lich|keit**
Schi, Ski [ʃi:], der; -s, *Plur.* -er, *selten* - ‹norw.› (ein Wintersportgerät) ↑R 207: - fahren, - laufen; (↑R 32:) Schi u. eislaufen, a b e r : eis- u. Schi laufen; Schi Heil!
Schib|bo|leth, das; -s, *Plur.* -e *u.* -s ‹hebr.› (*selten für* Erkennungszeichen, Losungswort)
Schi|bob *vgl.* Skibob
Schicht, die; -, -en (Gesteinsschicht; Überzug; Arbeitszeit, bes. des Bergmanns; Belegschaft); die führende Schicht; Schicht arbeiten; zur Schicht gehen; **Schicht‿ar|beit** (die; -), **...ar|bei|ter, ...ar|bei|te|rin, ...be|trieb, ...dienst; Schich|te,** die; -, -n (*österr. für* [Gesteins]schicht); **schich|ten; Schich|ten‿fol|ge** *(Geol.),* **...kopf** *(Bergmannsspr.);* **schich|ten|spe|zi|fisch** *(Soziol., Sprachw.);* **schich|ten|wei|se** *vgl.* schichtweise; **Schicht‿ge|stein** *(Geol.),* **...holz** *(Forstw.);* **schich|tig** (*für* lamellar); **...schich|tig** (z. B. zweischichtig); **Schicht‿kä|se, ...lohn; Schich|tung; Schicht‿un|ter|richt, ...wech|sel; schicht|wei|se,** schich|ten|wei|se; **Schicht‿wol|ke** (*für* Stratuswolke), **...zeit**
schick; -ste (fein; modisch, elegant); ein -er Mantel; **Schick,** der; -[e]s ([modische] Feinheit); diese Dame hat -; **schicken** [*Trenn.* schik|ken]; sich -; es schickt sich nicht; er hat sich schnell in diese Verhältnisse geschickt; **schicker** [*Trenn.* schik|ker] (*ugs. für* leicht betrunken); **Schicke|ria,** die; - ‹ital.› [*Trenn.* Schik|ke...] (bes. modebewußte obere Gesellschaftsschicht); **Schickimicki,** der; -s, -s [*Trenn.* Schik|ki|mik|ki] (*ugs. für* jmd., der viel Wert auf modische, schicke Dinge legt; modischer Kleinkram); **schick|lich** *(geh.);* ein -es Betragen; **Schick|lich|keit,** die; - *(geh.);* **Schick|sal,** das; -s, -e; **schick|sal|haft;** -este; **schick|sal[s]|er|ge|ben; Schick|sals‿fra|ge, ...fü|gung, ...ge|fähr|te, ...ge|fähr|tin, ...ge|mein|schaft, ...glau|be, ...göt|tin, ...schlag; schick|sals|schwan|ger** *(geh.);* **Schick|sals|tra|gö|die; schick|sals|ver|bun|den; Schick|sals|ver|bun|den|heit,** die; -; **schick|sals|voll; Schick|sals|wahl** (*Politik* Wahl, von der man eine Entscheidung über das polit. Schicksal einer Regierung o. ä. erwartet); **Schick|sals|wen|de; Schick|schuld,** die; - (*Rechtsspr.* Bringschuld, bei der das Geld an den Gläubiger zu senden ist)
Schick|se, die; -, -n ‹jidd.› (*ugs. abwertend für* leichtlebige Frau)
Schickung [*Trenn.* Schik|kung] (*geh. für* Fügung, Schicksal)
Schie|be‿bock (*landsch. für* Schubkarre), **...büh|ne, ...dach, ...deckel** [*Trenn.* ...dek|kel], **...fen|ster; schie|ben;** du schobst; du schöbest; geschoben; schieb[e]!; **Schie|ber** (Riegel, Maschinenteil; ein Tanz; *ugs. auch für* gewinnsüchtiger Geschäftemacher, Betrüger); **Schie|be|rei; Schie|ber|müt|ze** *(ugs.);* **Schie|be‿tür, ...wi|der|stand** *(Physik);* **Schieb|leh|re** (ein Meßgerät; Meßschieber); **Schie|bung** (*ugs. für* betrügerischer Handel, Betrug)
schiech (*bayr. u. österr. für* häßlich, zornig, furchterregend)
Schie|dam ['sxi:...] (niederl. Stadt); [1]**Schie|da|mer** (↑R 147); [2]**Schie|da|mer** (ein Branntwein)
schied|lich (*veraltet für* friedfertig); - und friedlich; **schied|lich-fried|lich; Schieds‿ge|richt, ...klau|sel, ...mann** (*Plur.* ...leute *u.* ...männer), **...rich|ter; Schieds|rich|ter‿ball, ...be|lei|di|gung, ...ent|schei|dung; Schieds|rich|te|rin; schieds|rich|ter|lich; schieds|rich|tern;** ich ...ere (↑R 22); er hat gestern das Spiel geschiedsrichtert; **Schieds|rich|ter‿stuhl, ...ur|teil; Schieds‿spruch, ...stel|le, ...ur|teil, ...ver|fah|ren**
schief; die schiefe Ebene; ein schiefer Winkel; er macht ein schiefes (mißvergnügtes) Gesicht; ein schiefer (scheeler) Blick; schiefe (nicht zutreffende) Vergleiche; in ein schiefes Licht geraten (falsch beurteilt werden), a b e r (↑R 157): der Schiefe Turm von Pisa. *Schreibung in Verbindung mit Verben* (↑R 205 f.): - sein, werden, stehen, halten, ansehen, urteilen, denken; *vgl.* a b e r : schiefgehen, schieflachen, schiefliegen, schieftreten; schief geladen haben (*ugs. für* betrunken sein); *vgl.* schiefgewickelt; **Schie|fe,** die; -
Schie|fer, der; -s, - (ein Gestein; *landsch. auch für* Holzsplitter); **Schie|fer‿bruch** (der), **...dach, ...ge|bir|ge; schie|fer|grau; schie|fe|rig,** schief|rig; **schie|fern** (schieferig sein; *Weinbau* Erde mit [zerkleinertem] Schiefer bestreuen); ich ...ere (↑R 22); **Schie|fer|ta|fel; Schie|fe|rung**
schief|ge|hen; ↑R 205 f. (*ugs. für* mißlingen); die Sache ist schiefgegangen; a b e r : du sollst nicht so schief (mit schiefer Haltung) gehen!; **schief|ge|wickelt** [*Trenn.* ...wik|kelt]; ↑R 205 f.; *nur in* - sein (*ugs. für* sich gründlich irren); a b e r : er hat den Draht schief gewickelt; **Schief|hals** *(Med.);* **Schief|heit; schief|la|chen,** sich; ↑R 205 f. (*ugs. für* heftig lachen); sie hat sich während dieser Aufführung schiefgelacht; **schief|lau|fen;** die Absätze -; das Unternehmen ist schiefgelaufen (*ugs. für* miß-

glückt); **schief|lie|gen;** ↑R 205 f. (*ugs. für* einen falschen Standpunkt vertreten); in diesem Falle hat er schiefgelegen; aber: die Decke hat schief gelegen; **schief|lie|gend; schief|mäu|lig** (*veraltend für* mißgünstig, neidisch)
schief|rig *vgl.* schieferig
schief|tre|ten (↑R 205 f.); er hat die Absätze immer schiefgetreten; **schief|wink|lig**
schie|gen (*landsch. für* mit einwärts gekehrten Beinen gehen, [Schuhe] schieftreten)
schiel|äu|gig
Schie|le (österr. Maler)
schie|len; sie schielt
Schie|mann, der; -[e]s, ...männer (*nordd. veraltend für* Bootsmannsmaat); **schie|man|nen** (*nordd. veraltend für* Bootsmannsmaat sein); geschiemannt
Schie|n|bein; Schien|bein‿bruch (der), **...scho|ner, ...schüt|zer;** **Schie|ne,** die; -, -n; **schie|nen;** **Schie|nen‿bahn, ...brem|se, ...bus, ...er|satz|ver|kehr, ...fahr|zeug; schie|nen|ge|bun|den;** -e Fahrzeuge; **Schie|nen‿netz, ...räu|mer, ...stoß** (Stelle, an der zwei Schienen aneinandergefügt sind), **...strang, ...weg**
[1]**schier** (bald, beinahe, gar); das ist - unmöglich; [2]**schier** (*landsch. für* lauter, rein); -es Rindfleisch
Schi|er (*Plur. von* Schi)
schie|ren (*südd. für* klären, auslesen, durchleuchten)
Schier|ling (eine Giftpflanze); **Schier|lings‿be|cher, ...tan|ne** (*vgl.* Tsuga)
Schier|mon|nik|oog [sxi:rmɔnik-'o:x] (eine westfries. Insel)
Schieß‿aus|bil|dung, ...baum|wol|le (die; -), **...be|fehl, ...bu|de;** **Schieß|bu|den‿be|sit|zer, ...fi|gur** (*ugs. für* komische Figur); **Schieß|ei|sen** (*ugs. für* Schußwaffe); **schie|ßen** (*auch Bergmannsspr.* sprengen; *südd., österr. auch für* verbleichen); du schießt, er schießt; du schossest, er schoß; du schössest; geschossen; schieß[e]!; **Schie|ßen,** das; -s, -; (↑R 68:) es ist zum - (*ugs. für* es ist zum Lachen); **schie|ßen|las|sen;** ↑R 205 f. (*ugs. für* aufgeben); sie hat ihren Plan schießenlassen; **Schie|ßer;** **Schie|ße|rei; Schieß‿ge|wehr, ...hund** (*veraltet für* Hund, der angeschossenes Wild aufspürt); *noch in* aufpassen wie ein - (*ugs.*); **Schieß‿mei|ster** (*Bergmannsspr.* Sprengmeister), **...platz, ...prü|gel** (der; *scherzh. für* Gewehr), **...pul|ver, ...schar|te, ...schei|be, ...sport** (der; -[e]s), **...stand, ...übung**

Schiet, der; -s (‚„Scheiße"›) (*nordd. für* Kot, Dreck; Unangenehmes); **Schiet|kram**
Schi|fah|rer, Ski|fah|rer ['ʃi:...]; **Schi|fah|re|rin;** Ski|fah|re|rin; **Schi|fahrt,** Ski|fahrt
Schiff, das; -[e]s, -e; **Schiffahrt** [*Trenn.* Schiff|fahrt, ↑R 204] (Verkehr zu Schiff); **Schiffahrts‿ge|richt, ...ge|sell|schaft, ...kun|de** (die; -; *für* Navigation), **...li|nie, ...recht** (das; -[e]s), **...stra|ße, ...weg, ...zei|chen; schiff|bar;** - machen; **Schiff|bar|keit,** die; -; **Schiff|bar|ma|chung,** die; -; **Schiff|bau** (*bes. fachspr.*), Schiffs|bau, der; -[e]s; **Schiff‿bau|er, ...baue|rin; Schiff|bau‿in|ge|nieur, ...we|sen** (das; -s); **Schiff|bruch,** der; **schiff|brü|chig; Schiff|brü|chi|ge,** der *u.* die; -n, -n (↑R 7 ff.); **Schiff|brücke** [*Trenn.* ...brük|ke]; **Schiff|chen** (*auch für* eine milit. Kopfbedeckung); **Schiff|chen|ar|beit** (*svw.* Okkiarbeit); **schif|feln** (*landsch. für* Kahn fahren); ich ...[e]le (↑R 22); **schif|fen** (*veraltet für* zu Wasser fahren; *derb für* urinieren); **Schif|fer; Schif|fe|rin; Schif|fer‿kla|vier** (*ugs. für* Ziehharmonika), **...kno|ten, ...müt|ze, ...schei|ße** (*derb; nur in der Wendung* dumm wie - [sehr dumm] sein); **Schiff|lein;** **Schiffs‿agent** (Vertreter einer Reederei), **...arzt, ...aus|rü|ster, ...bau** (*Plur.* ...bauten; *vgl.* Schiffbau), **...be|sat|zung, ...brief; Schiff|schau|kel,** Schiffs|schau|kel (eine große Jahrmarktsschaukel); **Schiffs‿eig|ner, ...fahrt** (Fahrt mit einem Schiff), **...fracht, ...glocke** [*Trenn.* ...glok|ke], **...hal|ter, ...he|be|werk, ...jour|nal** (Logbuch), **...jun|ge** (der), **...ka|pi|tän, ...ka|ta|stro|phe, ...koch** (der), **...la|dung, ...last, ...li|ste, ...mak|ler, ...ma|ni|fest** (für die Verzollung im Seeverkehr benötigte Aufstellung der geladenen Waren), **...mann|schaft, ...ma|schi|ne, ...mo|dell, ...na|me, ...pa|pie|re** (*Plur.*), **...plan|ke, ...raum, ...re|gi|ster, ...rei|se, ...rumpf, ...schau|kel** (*vgl.* Schiffschaukel), **...schrau|be, ...ta|ge|buch, ...tau** (das), **...tau|fe, ...ver|kehr, ...werft, ...zer|ti|fi|kat, ...zim|mer|mann, ...zwie|back**
Schi|flie|gen *vgl.* Skifliegen
schif|ten (*Bauw.* [Balken] nur durch Nägel verbinden; [zu]spitzen, dünner machen; *Seemannsspr.* die Stellung des Segels verändern; verrutschen [von der Ladung]); **Schif|ter** (*Bauw.* Dachsparren); **Schif|tung**
Schi|ha|serl *vgl.* Skihaserl

Schi|is|mus, der; - ‹arab.› (eine Glaubensrichtung des Islams) **Schi|it,** der; -en, -en; ↑R 197 (Anhänger des Schiismus); **Schi|i|tin;** **schi|i|tisch**
Schi|ka|ne, die; -, -n ‹franz.› (Bosheit, böswillig bereitete Schwierigkeit; *Sportspr.* [eingebaute] Schwierigkeit in einer Autorennstrecke); **Schi|ka|neur** [...'nø:r], der; -s, -e (jmd., der andere schikaniert); **schi|ka|nie|ren; schi|ka|nös;** -este
Schi|kjö|ring *vgl.* Skikjöring; **Schi|kurs** *vgl.* Skikurs; **Schi|lauf** *vgl.* Skilauf; **Schi|lau|fen** *vgl.* Skilaufen, das; -s; **Schi|läu|fer** *vgl.* Skiläufer; **Schi|läu|fe|rin** *vgl.* Skiläuferin
Schil|cher (*österr. für* [2]Schiller [hellroter Wein])
[1]**Schild,** das; -[e]s, -er (Erkennungszeichen, Aushängeschild u. a.); [2]**Schild,** der; -[e]s, -e (Schutzwaffe)
Schild|bür|ger (‚„mit Schild bewaffneter Städter"; *später* auf die Stadt Schilda[u] bezogen›) (engstirniger Mensch, Spießer); **Schild|bür|ger|streich**
Schild|drü|se; Schild|drü|sen‿hor|mon, ...über|funk|ti|on; **Schil|der|brücke** [*Trenn.* ...brük|ke] (die Fahrbahn überspannende Beschilderung); **Schil|de|rei** (*veraltet für* bildl. Darstellung); **Schil|de|rer; Schil|der‿haus** *od.* **...häus|chen** (*für* Holzhäuschen für die Schildwache), **...ma|ler;** **schil|dern;** ich ...ere (↑R 22); **Schil|de|rung; Schil|der|wald** (*ugs. für* Häufung von Verkehrszeichen); **Schild‿farn, ...knap|pe** (*früher*); **Schild|krot,** das; -[e]s (*landsch. für* Schildpatt); **Schild|krö|te; Schild|krö|ten|sup|pe;** **Schild‿laus, ...patt** (das; -[e]s; Hornplatte einer Seeschildkröte), **...wa|che** *od.* **...wacht** (*veraltet für* milit. Wachposten [bes. vor einem Eingang])
Schi|leh|rer *vgl.* Skilehrer
Schilf, das; -[e]s, -e *Plur. selten* ‹lat.› (eine Grasart); **schilf|be|deckt** (↑R 209); **Schilf|dach**
Schil|fe *vgl.* Schelfe
[1]**schil|fen** *vgl.* schelfen
[2]**schil|fen** (aus Schilf)
schil|fe|rig, schilf|rig *vgl.* schelferig usw.; **schil|fern,** schelfern (*landsch. für* in kleinen Teilen od. Schuppen abschälen; abschilfern); ich ...ere (↑R 22)
Schilf‿gras, ...halm; schil|fig
schilf|rig *vgl.* schelferig usw.
Schilf|rohr; Schilf|rohr|sän|ger (ein Vogel)
Schi|lift *vgl.* Skilift
Schill, der; -[e]s, -e (ein Flußfisch, Zander)

Schil|le|bold, der; -[e]s, -e (*nordd. für* Libelle)
[1]**Schil|ler** (dt. Dichter)
[2]**Schil|ler,** der; -s, - (Farbenglanz; *landsch. für* zwischen Rot u. Weiß spielender Wein); **schil|le|rig,** schill|rig (*selten für* schillernd)
schil|le|risch, schil|lersch (nach Art Schillers; nach Schiller benannt); ihm gelangen Verse von schiller[i]schem Pathos (nach Schillers Art), aber (↑R 134): Schiller[i]sche Balladen (Balladen von Schiller); **Schil|ler‿kra|gen, ...locke** [*Trenn.* ...lok|ke] (Gebäck; geräuchertes Fischstück); **Schil|ler-Mu|se|um** (↑R 135)
schil|lern; das Kleid schillert in vielen Farben
schil|lersch *vgl.* schillerisch
Schil|ler|wein
Schil|ling, der; -s, -e (österr. Währungseinheit; *Abk.* S, öS); 6 - (↑R 129); *vgl.* aber: Shilling
schill|rig *vgl.* schillerig
Schil|lum, das; -s, -s ‹pers.› (Rohr zum Rauchen von Haschisch)
schil|pen (*svw.* tschilpen)
Schil|ten *Plur., als Sing. gebraucht* (*schweiz. für* eine Farbe der dt. Spielkarten; Schellen)
Schi|mä|re, die; -, -n ‹griech.› (Trugbild, Hirngespinst); *vgl.* Chimära usw.; **schi|mä|risch;** -ste (trügerisch)
[1]**Schim|mel,** der; -s (weißl. Pilzüberzug auf organ. Stoffen);
[2]**Schim|mel,** der; -s, - (weißes Pferd); **Schim|mel‿be|lag, ...bo|gen** (*Druckw.* nicht od. nur einseitig bedruckter Bogen), **...ge|spann; schim|me|lig,** schimm|lig; **schim|meln;** das Brot schimmelt; **Schim|mel‿pilz, ...rei|ter** (der; -s; geisterhaftes Wesen der dt. Sage; Beiname Wodans)
Schim|mer; schim|mern; ein Licht schimmert
schimm|lig *vgl.* schimmelig
Schim|pan|se, der; -n, -n (↑R 197) ‹afrik.› (ein Menschenaffe)
Schimpf, der; -[e]s; *meist in* mit - und Schande; **schimp|fen; Schimp|fer; Schimp|fe|rei; schimp|fie|ren** (*veraltet für* verunglimpfen); **Schimpf|ka|no|na|de; schimpf|lich** (schändlich, entehrend); **Schimpf‿na|me, ...wort** (*Plur.* ...worte *u.* ...wörter)
Schi|na|kel, das; -s, -[n] ‹ung.› (*österr. ugs. für* kleines Boot)
Schind|an|ger (*veraltet für* Platz, wo Tiere abgehäutet werden)
Schin|del, die; -, -n; **Schin|del|dach; schin|deln;** ich ...[e]le (↑R 22)
schin|den; du schindetest, *seltener* schund[e]st; geschunden; schind[e]!; **Schin|der** (jmd., der andere quält; *veraltet für* Abdekker); **Schin|de|rei**
Schin|der|han|nes; ↑R 138 (Führer einer Räuberbande am Rhein um 1800)
Schin|der|kar|re[n] *(früher)*
schin|dern (*obersächs. für* auf dem Eise gleiten); ich ...ere (↑R 22)
Schind|lu|der; *nur in Wendungen wie* mit jmdm. - treiben (*ugs. für* jmdn. schmählich behandeln);
Schind|mäh|re (altes, verbrauchtes Pferd)
Schin|kel (dt. Baumeister u. Maler)
Schin|ken, der; -s, -; **Schin|ken‿brot, ...bröt|chen, ...klop|fen** (das; -s; ein Spiel), **...kno|chen, ...röll|chen, ...speck** (der; -[e]s), **...wurst**
Schinn, der; -s (*bes. nordd. für* Kopfschuppen); **Schin|ne,** die; -, -n *meist Plur.* (*bes. nordd. für* Kopfschuppe)
Schin|to|is|mus, der; - ‹jap.› (jap. Nationalreligion); **Schin|to|ist;** -en, -en (↑R 197); **schin|to|is|tisch** (↑R 180)
Schi|pi|ste *vgl.* Skipiste
Schip|chen; ein - machen *od.* ziehen (das Gesicht mit aufgeworfener Unterlippe zum Weinen verziehen [von Kindern]);
Schip|pe, die; -, -n (Schaufel; *ugs. scherzh. für* unmutig aufgeworfene Unterlippe); **schip|pen; Schip|pen** *Plur., als Sing. gebraucht* (eine Spielkartenfarbe; [3]Pik); - sticht; **Schip|pen|as** [*auch* 'ʃipən'as]
schip|pern (*ugs. für* mit dem Schiff fahren); ich ...ere (↑R 22)
Schipp|lein
Schi|ras, der; -, - ‹nach der Stadt in Iran› (ein handgeknüpfter Teppich; Fettschwanzschaf, dessen Fell als Halbpersianer gehandelt wird)
Schi|ri, der; -s, -s (*ugs. Kurzw. für* Schiedsrichter)
schir|ken (*landsch. für* einen flachen Stein über das Wasser hüpfen lassen)
Schirm, der; -[e]s, -e; **Schirm|bild; Schirm|bild‿fo|to|gra|fie, ...ge|rät** (Röntgengerät), **...rei|hen|un|ter|su|chung; Schirm|dach; schir|men** (*veraltend für* schützen); **Schir|mer; Schir|me|rin; Schirm‿fa|brik, ...fut|te|ral; Schirm|git|ter|röh|re** *(Elektrotechnik);* **Schirm‿herr, ...her|rin, ...herr|schaft, ...hül|le; Schirm|ling** (Schirmpilz); **Schirm‿ma|cher, ...ma|che|rin, ...müt|ze, ...pilz, ...stän|der; Schir|mung**
Schi|rok|ko, der; -s, -s ‹arab.-ital.› (ein warmer Mittelmeerwind)
schir|ren (*selten für* anschirren, [an]spannen); **Schirr|mei|ster** *(früher);* **Schir|rung**
Schir|ting, der; -s, *Plur.* -e *u.* -s ‹engl.› (ein Baumwollgewebe)
Schir|wan, der; -[s], -s ‹nach der aserbaidschanischen Steppe› (ein Teppich)
Schis|ma[1], das; -s, *Plur.* ...men *u.* ...ta ‹griech.› ([Kirchen]spaltung); **Schis|ma|ti|ker**[1] (Abtrünniger); **schis|ma|tisch**[1]
Schi|sport *vgl.* Skisport; **Schi|sprin|ger** *vgl.* Skispringer; **Schi|sprung** *vgl.* Skisprung; **Schi|spur** *vgl.* Skispur
Schiß, der; Schisses, Schisse *Plur. selten* (*derb für* Kot; *nur Sing.: ugs. für* Angst); **Schis|ser,** der; -s, - (*derb für* Angsthase)
Schiß|la|weng *vgl.* Zislaweng
Schi|stock *vgl.* Skistock
Schi|wa ‹sanskr.› (eine der Hauptgottheiten des Hinduismus)
Schi|wachs *vgl.* Skiwachs
schi|zo|gen[1] ‹griech.› (*Biol.* durch Spaltung entstanden); **Schi|zo|go|nie**[1], die; - (eine Form der ungeschlechtl. Fortpflanzung); **schi|zo|id**[1]; -ste (nicht einheitlich, seelisch zerrissen); **Schi|zo|pha|sie**[1], die; - (*Med.* Sprachverwirrtheit); **schi|zo|phren**[1] (an Schizophrenie erkrankt); **Schi|zo|phre|nie**[1], die; -, ...ien (*Med.* Bewußtseinsspaltung)
Schlab|ber, die; -, -n (*landsch. für* Mundwerk); **Schlab|be|rei; schlab|be|rig,** schlabb|rig; **schlab|bern** (*ugs. für* schlürfend trinken u. essen; *landsch. für* [fortwährend] reden, schwatzen); ich ...ere (↑R 22); **schlabb|rig** *vgl.* schlabberig
Schlacht, die; -, -en
Schlach|ta, die; - ‹poln.› (der ehem. niedere Adel in Polen)
Schlacht|bank *Plur.* ...bänke; **schlacht|bar; schlach|ten; Schlach|ten‿bumm|ler** *(ugs.),* **...ma|ler; Schlach|ter, Schläch|ter** (*nordd. für* Fleischer); **Schlach|te|rei, Schläch|te|rei** (*nordd. für* Fleischerei; Gemetzel, Metzelei); **Schlacht‿feld, ...fest, ...ge|sang, ...ge|schrei, ...ge|wicht, ...haus, ...hof, ...kreu|zer, ...mes|ser** (das), **...op|fer, ...plan** (*vgl.* [2]Plan), **...plat|te; schlacht|reif; Schlacht‿roß** (das; ...rosses, ...rosse), **...ruf, ...schiff**
Schlach|tschitz, der; -en, -en; ↑R 197 ‹poln.› (Angehöriger der Schlachta)
Schlacht‿tag, ...tier; Schlach|tung; Schlacht|vieh; Schlacht|vieh|be|schau

---
[1] [*auch* sçi...]

schlạck (*bayr. u. schwäb. für* träge; schlaff); **Schlạck,** der; -[e]s (*nordd. für* breiige Masse; Gemisch aus Regen u. Schnee); **Schlạck|darm** (*nordd. für* Mastdarm)
Schlạcke[1], die; -, -n (Rückstand beim Verbrennen, bes. von Koks); **schlạcken**[1]; geschlackt; **Schlạcken**[1]**‿bahn** (*Sport*), **...erz; schlạcken|frei**[1]; **Schlạcken**[1]**‿gru|be, ...hal|de; schlạcken|reich**[1]; **Schlạcken|rost**[1]
[1]**schlạckern**[1] (*landsch. für* schlenkern); ich ...ere (↑R 22); mit den Ohren -
[2]**schlạckern**[1] (*nordd. für* naß schneien); es schlackert; **Schlạcker**[1]**‿schnee, ...wet|ter** (das)
schlạckig[1]; **Schlạck|wurst**
Schlad|ming (Stadt im Ennstal); **Schlad|min|ger** (↑R 147); - Tauern
Schlaf, der; -[e]s; **Schlaf|an|zug; Schlaf|an|zug‿ho|se, ...jacke**[1]; **Schlaf|au|ge** *meist Plur.* (bei Puppen; *ugs. auch für* versenkbarer Autoscheinwerfer); **Schlaf|baum** (Baum, auf dem bestimmte Vögel regelmäßig schlafen); **Schläf|chen; Schlaf|couch**
Schlä|fe, die; -, -n (Schädelteil)
schla|fen; du schläfst; du schliefst; du schliefest; geschlafen; schlaf[e]!; schlafen gehen; [sich] schlafen legen
Schlä|fen‿bein, ...ge|gend (die; -)
Schla|fen|ge|hen, das; -s; vor dem -; **Schla|fens|zeit; Schlä|fer; Schlä|fe|rin; schlä|fern** (*selten*); mich schläfert
schlạff; -[e]ste; **Schlạff|heit,** die; -
Schlaf‿gän|ger (*veraltet für* Mieter einer Schlafstelle), **...gast** (*Plur.* ...gäste), **...ge|le|gen|heit, ...ge|mach** (*geh.*)
Schla|fịtt|chen ‹*aus* „Schlagfittich" = Schwungfedern›; *in Wendungen wie* jmdn. am *od.* beim - nehmen, kriegen, packen (*ugs. für* jmdn. packen, festhalten)
Schlaf|krank|heit, die; -; **Schläf|lein; Schlaf|lied; schlaf|los; Schlaf|lo|sig|keit,** die; -; **Schlaf‿mit|tel** (das), **...müt|ze** (*auch scherzh. für* Viel-, Langschläfer; träger, schwerfälliger Mensch); **schlaf|müt|zig; Schlaf|müt|zig|keit,** die; -; **Schlaf‿pup|pe, ...rat|te** (*ugs. für* Langschläfer), **...ratz** (*svw.* Schlafratte); **schläf|rig; Schläf|rig|keit,** die; -; **Schlaf‿rock** (*vgl.* [1]Rock), **...saal, ...sack, ...stadt** (Trabantenstadt mit geringen Möglichkeiten zur Freizeitgestaltung); **Schlaf‿stel|le, ...stel|lung, ...stö|rung** (*meist Plur.*), **...sucht** (die; -); **schlaf|süch|tig; Schlaf‿ta|blet|te, ...tier, ...trunk; schlaf|trun|ken; Schlaf|trun|ken|heit,** die; -; **Schlaf-wạch-Rhyth|mus** (*Physiol.*); **Schlaf|wa|gen; schlaf|wan|deln;** ich ...[e]le (↑R 22); er schlafwandelte; er hat (*auch* ist) geschlafwandelt; zu -; **Schlaf|wand|ler; Schlaf|wand|le|rin; schlaf|wand|le|risch; Schlaf‿zen|trum** (bestimmte Gehirnzone), **...zim|mer; Schlaf|zim|mer|blick,** der; -[e]s (*ugs. für* betont sinnlicher Blick mit nicht ganz geöffneten Lidern); **Schlaf|zim|mer|ein|rich|tung**
[1]**Schlag,** der; -[e]s, Schläge; Schlag (*österr., schweiz.* schlag) 2 Uhr; Schlag auf Schlag; [2]**Schlag,** der; -[e]s (*österr.; kurz für* Schlagobers); Kaffee mit -; **Schlag‿ab|tausch** (*Sportspr., auch übertr.*), **...ader, ...an|fall; schlag|ar|tig; Schlag|ball; schlag|bar; Schlag‿baum, ...boh|rer, ...bohr|ma|schi|ne, ...bol|zen; Schla|ge,** die; -, -n (*landsch. für* Hammer); **Schlag|ei|sen** (*Jägerspr.*); **Schlä|gel,** der; -s, - (Bergmannshammer); *vgl.* Schlegel; **Schlä|gel|chen** (kleiner Schlag); **schla|gen;** du schlägst; du schlugst; du schlügest; er hat geschlagen; schlag[e]!; er schlägt ihn (*auch* ihm) ins Gesicht; schlagende Wetter (*Bergmannsspr.* explosionsgefährliches Gemisch aus Grubengas und Luft); **Schla|ger** ([Tanz]lied, das in Mode ist; etwas, das sich gut verkauft, großen Erfolg hat); **Schlä|ger** (Raufbold; Fechtwaffe; Sportgerät); **Schlä|ge|rei; Schla|ger‿fe|sti|val, ...mu|sik** (die; -); **schlä|gern** (*österr. für* Bäume fällen, schlagen); ich ...ere (↑R 22); **Schla|ger‿sän|ger, ...sän|ge|rin, ...spiel** (*Sport*), **...star** (*vgl.* [2]Star), **...text, ...tex|ter** (Verfasser von Schlagertexten); **Schlä|ger‿trupp, ...trup|pe, ...typ; Schlä|ge|rung** (*österr.*); **Schla|ge|tot,** der; -s, -s (*veraltet für* brutaler Schläger, Raufbold); **schlag|fer|tig; Schlag|fer|tig|keit,** die; -; **schlag|fest;** -este; **Schlag‿fluß** (*veraltet für* Schlaganfall), **...ham|mer, ...hand** (*Boxen*), **...holz, ...in|stru|ment, ...kraft** (die; -); **schlag|kräf|tig; Schläg|lein** *vgl.* Schlägelchen; **Schlag|licht** *Plur.* ...lichter; **schlag|licht|ar|tig; Schlag‿loch, ...mann** (*Plur.* ...männer; *Rudersport*); **Schlag|obers** (*österr. für* Schlagsahne); **Schlag‿rahm, ...ring, ...sah|ne, ...schat|ten, ...sei|te, ...stock, ...werk** (Uhr), **...wet|ter** (*Plur.;* schlagende Wetter); **Schlag|wort** *Plur.* ...worte *u.* (*für* Stichwörter eines Schlagwortkatalogs:) ...wörter; **Schlag|wort|ka|ta|log; Schlag‿zei|le, ...zeug** (Gruppe von Schlaginstrumenten), **...zeu|ger, ...zeu|ge|rin**
Schlaks, der; -es, -e (*ugs. für* lang aufgeschossener, ungeschickter Mensch); **schlak|sig**
Schla|mạs|sel, der, *auch, österr. nur,* das; -s ‹jidd.› (*ugs. für* Unglück, verfahrene Situation); **Schla|mạ|stik,** die; -, -en (*landsch. für* Schlamassel)
Schlạmm, der; -[e]s, *Plur.* -e *u.* Schlämme; **Schlạmmasse** [*Trenn.* Schlamm|mas|se, ↑R 204]; **Schlạmm‿bad, ...bei|ßer** (ein Fisch); **schlạm|men** (mit Wasser aufbereiten; Schlamm absetzen); **schläm|men** (von Schlamm reinigen); **schlạm|mig; Schlämm|krei|de,** die; -; **Schlạmm|packung** [*Trenn.* ...pak|kung]; **Schlämm|putz** (dünner, aufgestrichener Putzüberzug); **Schlạmm|schlacht** ([Fußball]spiel auf aufgeweichtem Spielfeld; mit herabsetzenden und unsachlichen Äußerungen geführter Streit); **Schlämm|ver|fu|gung** (*Bauw.*)
Schlạmp, der; -[e]s, -e (*landsch. für* unordentlicher Mensch); **schlam|pạm|pen** (*landsch. für* schlemmen); er hat schlampampt; **Schlạm|pe,** die; -, -n (*ugs. für* unordentliche Frau); **schlạm|pen** (*ugs. für* unordentlich sein); **Schlạm|per** (*landsch. für* unordentlich Arbeitender; Mensch mit unordentlicher Kleidung); **Schlam|pe|rei** (*ugs. für* Nachlässigkeit; Unordentlichkeit); **schlạm|pert** (*österr. ugs. für* schlampig); **schlạm|pig** (*ugs. für* unordentlich; schluderig); **Schlạm|pig|keit** (*ugs.*)
Schlạn|ge, die; -, -n; Schlange stehen (↑R 207); **Schlän|gel|chen; schlän|ge|lig,** schläng|lig; **schlän|geln,** sich; ich ...[e]le mich (↑R 22); **schlạn|gen|ar|tig; Schlạn|gen‿be|schwö|rer, ...biß, ...brut, ...farm, ...fraß** (der; -es; *ugs. für* schlechtes Essen), **...gift, ...gru|be** (Ort, wo Gefahren drohen; gefährliche Situation), **...gur|ke** (*svw.* Salatgurke); **schlạn|gen|haft; Schlạn|gen‿le|der, ...li|nie, ...mensch, ...tanz; Schläng|lein; schläng|lig** *vgl.* schlängelig
schlạnk; -er, -ste; auf die schlanke Linie achten; - machen; **Schlạn|kel,** der; -s, -[n] (*österr. ugs. für* Schelm, Schlingel); **schlạn|ker|hạnd** (*veraltend für*

[1] *Trenn.* ...k|k...

ohne weiteres); **Schlank|heit,** die; -; **Schlank|heits|kur; Schlank|ma|cher** (*ugs. für* Mittel, das das Abnehmen erleichtern soll); **schlank|weg** (*ugs. für* ohne weiteres)

Schlap|fen, der; -s, - (*bayr., österr. ugs. für* Schlappen)

schlapp (*ugs. für* schlaff, müde, abgespannt); **Schläpp|chen** (*landsch. für* kleiner Schlappen); **Schlap|pe,** die; -, -n ([geringfügige] Niederlage); **schlap|pen** (*ugs. für* lose sitzen [vom Schuh]; *landsch. für* schlurfend gehen); **Schlap|pen,** der; -s, - (*ugs. für* bequemer Hausschuh); **Schlap|per|milch,** die; - (*landsch. für* saure Milch); **schlap|pern** (*landsch. für* schlürfend trinken u. essen; lecken; *ugs. für* schwätzen); ich ...ere (↑R 22); **Schlapp|heit; Schlapp|hut,** der; **schlap|pig** (*landsch. für* nachlässig); **Schläpp|lein** *vgl.* Schläppchen; **schlapp|ma|chen;** ↑R 205 (*ugs. für* am Ende seiner Kräfte sein u. nicht durchhalten); er hat schlappgemacht; **Schlapp₋ohr** (*scherzh. für* Hase), **...schuh** (Schlappen), **...schwanz** (*ugs. für* willensschwacher, energieloser Mensch)

Schla|raf|fe, der; -n, -n; ↑R 197 (*veraltet für* [auf Genuß bedachter] Müßiggänger; Mitglied der Schlaraffia); **Schla|raf|fen₋land** (das; -[e]s), **...le|ben** (das; -s); **Schla|raf|fia,** die; - (Schlaraffenland; Vereinigung zur Pflege der Geselligkeit unter Künstlern u. Kunstfreunden)

Schlar|fe, Schlar|pe, die; -, -n (*landsch. für* Pantoffel)

schlau; -er, -[e]ste

Schlau|be, die; -, -n (*landsch. für* Fruchthülle, [2]Schale); **schlau|ben** (*landsch. für* enthülsen)

Schlau|ber|ger (*ugs. für* schlauer, pfiffiger Mensch); **Schlau|ber|ge|rei,** die; - (*ugs.*)

Schlauch, der; -[e]s, Schläuche; ein - sein (*ugs. für* sehr anstrengend sein); **schlauch|ar|tig; Schlauch|boot; Schläu|chel|chen; schlau|chen** (*ugs. für* sehr anstrengend sein; *landsch. für* auf jmds. Kosten leben); **Schläuch|lein; Schlauch|lei|tung; schlauch|los;** -e Reifen; **Schlauch₋pilz, ...rol|le** (Aufrollgerät für den Wasserschlauch), **...wa|gen, ...wurm**

Schlau|der, die; -, -n (*Bauw.* eiserne Verbindung an Bauwerken); **schlau|dern** (durch Schlaudern befestigen); ich ...ere (↑R 22)

Schläue, die; - (Schlauheit); **schlau|er|wei|se**

Schlau|fe, die; -, -n (Schleife)

Schlau|fuchs (*svw.* Schlauberger); **Schlau|heit; Schlau|ig|keit** (*veraltet);* **Schlau₋kopf** (*svw.* Schlauberger), **...mei|er** (*svw.* Schlauberger)

Schla|wi|ner (*ugs. für* Nichtsnutz, pfiffiger, durchtriebener Mensch)

schlecht; -este; eine schlechte Ware; der schlechte Ruf; schlechte Zeiten; schlecht (schlicht) und recht. **I.** *Großschreibung* (↑R 65): im Schlechten und im Guten; etwas, nichts, viel, wenig Schlechtes. **II.** *Schreibung in Verbindung mit Verben* (↑R 205 f.): **a)** *Getrenntschreibung, wenn* „schlecht" *in ursprünglichem Sinne gebraucht wird,* z. B. er wird schlecht sein, werden, singen usw.; er wird mit ihm schlecht auskommen; **b)** *Zusammenschreibung in übertragenem Sinne; vgl.* schlechtgehen, schlechtmachen. **III.** *Schreibung in Verbindung mit dem Partizip II:* der schlechtgelaunte Besucher (↑*jedoch* R 209), a b e r: der ausgesprochen schlecht gelaunte Vater, der Besucher war schlecht gelaunt; **schlecht|be|ra|ten;** schlechter beraten, am schlechtesten beraten; *vgl.* schlecht, III; **schlecht|be|zahlt;** schlechter bezahlt, am schlechtesten bezahlt; *vgl.* schlecht, III; **schlech|ter|dings** (durchaus); **schlecht|ge|hen;** ↑R 205 f. (sich in einer üblen Lage befinden); es ist ihr nach dem Krieg wirklich schlechtgegangen; a b e r: in diesen Schuhen ist sie schlecht gegangen; das wird schlecht (kaum) gehen; **schlecht|ge|launt;** schlechter gelaunt, am schlechtesten gelaunt; *vgl.* schlecht, III; **Schlecht|heit,** die; -; **schlecht|hin** (in typischer Ausprägung; an sich; geradezu); **schlecht|hin|nig** (*Amtsspr.* absolut, völlig); **Schlech|tig|keit; schlecht|ma|chen;** ↑R 205 f. (herabsetzen); er hat ihn überall schlechtgemacht; a b e r: er hat seine Aufgaben schlecht gemacht (schlecht ausgeführt); **schlecht|weg** (geradezu, einfach); **Schlecht|wet|ter,** das; -s; bei -; **Schlecht|wet|ter₋front, ...geld** (*Bauw.*), **...pe|ri|ode**

Schleck, der; -s, -e (*südd. u. schweiz. für* Leckerbissen); **schlecken**[1]; **Schlecker**[1] (*ugs. für* Schleckermaul); **Schlecke|rei**[1]; **schlecker|haft**[1]; -este (*landsch. für* naschhaft); **Schlecker|maul**[1] (*ugs. für* jmd., der gern nascht); **schleckern**[1]; ich ...ere (↑R 22); **schleckig**[1] (*landsch. für* naschhaft); **Schleck|werk,** das; -[e]s (*landsch.*)

Schle|gel, der; -s, - (ein Werkzeug zum Schlagen; *landsch. u. österr., schweiz. für* [Kalbs-, Reh]keule); *vgl.* Schlägel; **schlegeln** (*landsch. für* mit dem Schlegel schlagen; stampfen); ich ...[e]le (↑R 22)

Schleh|dorn *Plur.* ...dorne (ein Strauch); **Schle|he,** die; -, -n (Schlehdorn, dessen Frucht); **Schle|hen₋blü|te, ...li|kör**

[1]Schlei, die; - (Förde an der Ostküste Schleswigs)

[2]Schlei *vgl.* Schleie

Schlei|che, die; -, -n (schlangenähnliche Echse); **schlei|chen;** du schlichst; du schlichest; geschlichen; schleich[e]!; eine schleichende Krankheit; **Schleicher** (*svw.* Leisetreter); **Schleiche|rei** (*ugs.);* **Schleich₋han|del** (der; -s), **...kat|ze, ...pfad, ...tempo, ...weg** (auf -en), **...wer|bung** (die; -)

Schleie, die; -, -n, *auch* Schlei, der; -[e]s, -e (ein Fisch)

Schlei|er, der; -s, -; **Schlei|er|eu|le; schlei|er|haft;** -este (*ugs. für* rätselhaft, unbegreiflich); **Schlei|er|kraut** (eine Pflanze)

Schlei|er|ma|cher (dt. Theologe, Philosoph u. Pädagoge)

Schlei|er₋schwanz (ein Fisch), **...stoff, ...tanz**

Schleif₋ap|pa|rat, ...au|to|mat, ...band (das; *Plur.* ...bänder), **...bank** (*Plur.* ...bänke)

[1]Schlei|fe, die; -, -n (Schlinge)

[2]Schlei|fe, die; -, -n (*landsch. für* Schlitterbahn); **[1]schlei|fen** (schärfen; *Soldatenspr.* scharf drillen; *landsch. für* schlittern); du schliffst; du schliffest; geschliffen; schleif[e]!; **[2]schlei|fen** (über den Boden ziehen; sich am Boden [hin] bewegen; [eine Festung] dem Boden gleichmachen); du schleiftest; geschleift; schleif[e]!

Schlei|fen₋fahrt, ...flug

Schlei|fer (jmd., der etw. schleift; alter Bauerntanz; *Musik* kleine Verzierung; *Soldatenspr.* rücksichtsloser Ausbilder); **Schlei|fe|rei; Schleif₋kon|takt** (*Elektrotechnik),* **...lack; Schleif|lack|mö|bel; Schleif₋ma|schi|ne, ...mit|tel** (das), **...pa|pier, ...ring, ...spur, ...stein; Schlei|fung**

Schleim, der; -[e]s, -e; **Schleim|beu|tel; Schleim|beu|tel|ent|zün|dung; Schleim|drü|se; schlei|men; Schlei|mer** (*ugs. für* Schmeichler); **Schlei|me|rin; Schleim₋fisch, ...haut; schlei|mig; schleim|lö|send;** -e Mittel; **Schleim₋pilz, ...schei|ßer** (*derb für* Schmeichler), **...sup|pe**

[1] *Trenn.* ...k|k...

Schlei|ße, die; -, -n (dünner Span; *früher* Schaft der Feder nach Abziehen der Fahne); **schlei|ßen** (*veraltet für* abnutzen, zerreißen; *landsch. für* auseinanderreißen; spalten); du schleißt; er schleißt; du schlissest *u.* schleißtest, er schliß *u.* schleißte; geschlissen *u.* geschleißt; schleiß[e]!; Federn -; **Schlei|ße|rin** *(veraltet);* **Schleiß-fe|der; schlei|ßig** (*landsch. für* verschlissen, abgenutzt)
Schleiz (Stadt im Vogtland); **Schlei|zer** (↑R 147)
Schle|mihl [*auch* 'ʃle:...], der; -s, -e ‹hebr.-jidd.› (Pechvogel; *landsch. für* gerissener Kerl)
schlemm ‹engl.›; *nur in* - machen, werden; **Schlemm,** der; -s, -e *(Bridge, Whist);* großer - (alle Stiche); kleiner - (alle Stiche bis auf einen)
schlem|men (gut u. reichlich essen); **Schlem|mer; Schlem|me|rei; schlem|mer|haft; Schlem|me|rin; schlem|me|risch;** -ste; **Schlem|mer‿lo|kal, ...mahl[|zeit]**
Schlem|pe, die; -, -n (Rückstand bei der Spirituserzeugung; Viehfutter)
schlen|dern; ich ...ere (↑R 22); **Schlen|der|schritt; Schlend|ri|an,** der; -[e]s (*ugs. für* Schlamperei)
Schlen|ge, die; -, -n (*nordd. für* Reisigbündel; Buhne)
Schlen|ke, die; -, -n (*Geol.* Wasserrinne im Moor)
Schlen|ker (schlenkernde Bewegung; kurzer Umweg); **Schlen|ke|rich,** Schlenk|rich, der; -s, -e (*obersächs. für* Stoß, Schwung); **schlen|kern;** ich ...ere (↑R 22); **Schlenk|rich** *vgl.* Schlenkerich
schlen|zen (*Eishockey u. Fußball* den Ball od. Puck [ohne auszuholen] mit einer schiebenden od. schlenkernden Bewegung spielen); du schlenzt; **Schlen|zer,** der; -s, -
Schlepp *der; nur in den Wendungen* in - nehmen, im - haben, im - fahren; **Schlepp‿an|ten|ne** *(Flugw.),* **...damp|fer; Schlep|pe,** die; -, -n; **schlep|pen; Schlep|pen|kleid; Schlep|per** (*auch für* jmd., der einem unseriösen Unternehmen Kunden od. Besucher zuführt); **Schlep|pe|rei** *(ugs.);* **Schleppinsel,** der; -s, - [*Trenn.* Schlepp|pin|sel, ↑R 204] (Pinsel für den Steindruck); **Schlepp‿kahn, ...kleid** (*svw.* Schleppenkleid), **...lift** *(Skisport),* **...netz, ...schiff, ...schiffahrt** ([*Trenn.* ...schiff|fahrt, ↑R 204]; die; -), **...seil, ...start** (Segelflugstart durch Hochschleppen mit einem Motorflugzeug), **...tau** (das; -[e]s, -e), **...zug**
Schle|si|en [...i̯ən]; **Schle|si|er** [...i̯ər]; **Schle|sie|rin** [...i̯ə...]; **schle|sisch;** (↑R 148:) schlesisches Himmelreich (ein Gericht), aber (↑R 157): der Erste Schlesische Krieg
Schles|wig; Schles|wi|ger (↑R 147); **Schles|wig-Hol|stein; Schles|wig-Hol|stei|ner** (↑R 147); **Schles|wig-Hol|stei|ne|rin; schles|wig-hol|stei|nisch** (↑R 154), aber (↑R 157): der Schleswig-Holsteinische Landtag; **schles|wi|gisch, schles|wigsch**
schlet|zen (*schweiz. mdal. für* [die Tür] zuschlagen); du schletzt
Schleu|der, die; -, -n; **Schleu|der‿ball, ...be|ton, ...brett** *(Sport);* **Schleu|de|rei; Schleu|de|rer,** Schleud|rer; **Schleu|der‿gang** (der; bei der Waschmaschine), **...ge|fahr, ...ho|nig, ...kurs** (für Autofahrer), **...ma|schi|ne** (*für* Zentrifuge); **schleu|dern;** ich ...ere (↑R 22); **Schleu|der‿preis** (*vgl.* ²Preis), **...pum|pe** (*für* Zentrifugalpumpe), **...sitz, ...start** *(Flugw.),* **...wa|re** *(ugs.);* **Schleud|rer** *vgl.* Schleuderer
schleu|nig (schnell); **schleu|nigst** (auf dem schnellsten Wege)
Schleu|se, die; -, -n; **schleu|sen;** du schleust; **Schleu|sen‿kam|mer, ...tor** (das), **...wär|ter**
schleuß! (*veraltet für* schließ[e]!); **schleußt** (*veraltet für* schließt)
Schlich, der; -[e]s, -e (feinkörniges Erz; *nur Plur.: ugs. für* List, Trick)
schlicht; -este; ein -es Kleid; -e Leute; -e Eleganz; **Schlich|te,** die; -, -n (Klebflüssigkeit zum Glätten u. Verfestigen der Gewebe); **schlich|ten** (vermittelnd beilegen; *auch für* mit Schlichte behandeln); **Schlich|ter; Schlich|te|rin; Schlicht|heit,** die; -; **Schlicht|ho|bel; Schlich|tung; Schlich|tungs‿aus|schuß, ...ver|fah|ren, ...ver|such; schlicht|weg**
Schlick, der; -[e]s, -e (an organ. Stoffen reicher Schlamm am Boden von Gewässern; Schwemmland); **schlicken**[1] ([sich] mit Schlick füllen); **schlicke|rig**[1], schlick|rig *(nordd.);* **Schlicker|milch**[1], die; - (*landsch. für* Sauermilch); **schlickern**[1] (*landsch. für* schwanken; schlittern); ich ...ere (↑R 22); **schlickig**[1] (*nordd. für* voller Schlick); **schlick|rig** *vgl.* schlickerig; **Schlick|watt**
Schlief, der; -[e]s, -e (*landsch. für* klitschige Stelle [im Brot]); *vgl.* Schliff; **schlie|fen** (*Jägerspr. u. südd., österr. ugs. für* in den Bau schlüpfen, kriechen); du schloffst; du schlöffest; geschloffen; schlief[e]!; **Schlie|fen,** das; -s (*Jägerspr.* Einfahren des Hundes in den [Dachs]bau); **Schlie|fer** (*Jägerspr.* Hund, der in den [Dachs]bau schlieft)
Schlief|fen (ehem. Chef des dt. Generalstabes)
schlie|fig (*landsch. für* klitschig [vom Brot])
Schlie|mann (dt. Altertumsforscher)
Schlier, der; -s (*bayr. u. österr. für* Mergel); **Schlie|re,** die; -, -n (*nur Sing.: landsch. für* schleimige Masse; streifige Stelle [im Glas]); **schlie|ren** (*Seemannsspr.* gleiten, rutschen); **schlie|rig** (*landsch. für* schleimig, schlüpfrig); **Schlier|sand,** der; -[e]s (*österr. für* feiner [Schwemm]sand)
[1]**Schlier|see** (Ort am ²Schliersee); [2]**Schlier|see,** der; -s; **Schlier|seer** [...ze:ər] (↑R 147, R 151 *u.* R 180)
Schließ|an|la|ge; schließ|bar; Schlie|ße, die; -, -n; **schlie|ßen;** du schließt, er schließt (*veraltet* er schleußt); du schlossest, er schloß; du schlössest; geschlossen; schließ[e]! (*veraltet* schleuß!); **Schlie|ßer; Schlie|ße|rin; Schließ‿fach, ...frucht** (*Bot.* Frucht, die sich bei der Reife nicht öffnet), **...ket|te, ...korb; schließ|lich; Schließ‿mus|kel, ...rah|men** *(Druckw.);* **Schlie|ßung; Schließ‿zeit, ...zy|lin|der** (im Sicherheitsschloß)
Schliff, der; -[e]s, -e (geschliffene Fläche [im Glas]; Schleifen; *nur Sing.:* Geschliffensein; *landsch. für* klitschige Stelle [im Brot], Schlief; *nur Sing.: ugs. für* gute Umgangsformen); **Schliff|flä|che** (↑R 204); **schlif|fig** (*svw.* schliefig)
schlimm; -er, -ste; - sein, stehen; im schlimmsten Fall[e]; schlimme Zeiten; eine schlimme Lage. **I.** *Kleinschreibung* (↑R 65): er ist am schlimmsten d[a]ran; es ist das schlimmste (sehr schlimm), daß ... **II.** *Großschreibung:* **a)** (↑R 65:) das ist noch lange nicht das Schlimmste; ich bin auf das, aufs Schlimmste gefaßt; sich zum Schlimmen wenden; das Schlimmste fürchten; zum Schlimmsten kommen; **b)** (↑R 65:) etwas, wenig, nichts Schlimmes; **schlimm|sten|falls;** *vgl.* Fall, der
Schling|be|schwer|den *Plur.*
Schlin|ge, die; -, -n; [1]**Schlin|gel,** das; -s, - (*landsch. für* Öse)
[2]**Schlin|gel,** der; -s, - (*scherzh. für* übermütiger Junge; freches Kerlchen); **Schlin|gel|chen, Schlin|gel|lein**

[1] *Trenn.* ...k|k...

schlin|gen; du schlangst; du schlängest; geschlungen; schling[e]!
Schlin|gen|stel|ler
Schlin|ger₋be|we|gung, ...kiel (Seitenkiel zur Verminderung des Schlingerns); **schlin|gern** (um die Längsachse schwanken [von Schiffen]); das Schiff schlingert; **Schlin|ger|tank** (Tank zur Verminderung des Schlingerns)
Schling|pflan|ze
Schlipf, der; -[e]s, -e (*schweiz. für* [Berg-, Fels-, Erd]rutsch)
Schlipp, der; -[e]s, -e ‹engl.› (*Seemannsspr.* schiefe Ebene für den Stapellauf eines Schiffes)
Schlip|pe, die; -, -n (*nordd. für* Rockzipfel; *landsch. für* enger Durchgang)
schlip|pen (*Seemannsspr.* lösen, loslassen)
Schlip|per, der; -s (*landsch. für* abgerahmte, dicke Milch); **schlip|pe|rig,** schlipp|rig (*landsch. für* gerinnend); **Schlip|per|milch,** die; - *(landsch.)*; **schlipp|rig** *vgl.* schlipperig
Schlips, der; -es, -e (Krawatte); **Schlips|na|del**
Schlit|tel, das; -s, - (*landsch. für* kleiner Schlitten); **schlit|teln** (*schweiz. für* rodeln); ich ...[e]le (↑R 22); - lassen (laufen lassen, sich um etwas nicht kümmern); **schlit|ten** *(landsch.)*; **Schlit|ten,** der; -s, - (↑R 207:) - fahren; ich bin Schlitten gefahren; **Schlit|ten₋bahn, ...fah|ren** (das; -s), **...fahrt, ...hund; Schlit|ter|bahn; schlit|tern** ([auf dem Eis] gleiten); ich ...ere (↑R 22); **Schlitt|schuh;** - laufen (↑R 207); ich bin Schlittschuh gelaufen; **Schlitt|schuh₋lau|fen** (das; -s), **...läu|fer, ...läu|fe|rin**
Schlitz, der; -es, -e; **Schlitz|au|ge; schlitz|äu|gig; schlit|zen;** du schlitzt; **Schlitz|ohr** (*ugs. für* gerissener Kerl); **schlitz|oh|rig** *(ugs.)*; ein schlitzohriger Geschäftsmann; **Schlitz|oh|rig|keit,** die; - *(ugs.)*; **Schlitz|ver|schluß** *(Fotogr.)*
schloh|weiß (ganz weiß)
Schlor|re, die; -, -n (*landsch. für* Hausschuh); **schlor|ren** (*landsch. für* schlurfen)
Schloß, das; Schlosses, Schlösser; **Schlöß|chen**
Schlo|ße, die; -, -n *meist Plur.* (*landsch. für* Hagelkorn); **schlo|ßen** *(landsch.)*; es schloßt; es hat geschloßt
Schlos|ser; Schlos|se|rei; Schlos|ser|hand|werk, das; -[e]s; **Schlos|se|rin; schlos|sern;** ich schlossere *u.* schloßre (↑R 22); **Schlos|ser|werk|statt; Schloß₋gar|ten, ...herr, ...her|rin, ...hof, ...hund, ...ka|pel|le, ...kir|che; Schlöß|lein; Schloß₋park, ...rui|ne**
Schlot, der; -[e]s, *Plur.* -e, *seltener* Schlöte (*ugs. auch für* Nichtsnutz; unangenehmer Mensch); **Schlot|ba|ron** (*abwertend veraltend für* Großindustrieller [im Ruhrgebiet]); **Schlot|fe|ger** (*landsch. für* Schornsteinfeger)
Schlot|te, die; -, -n (Zwiebelblatt; *Bergmannsspr.* Hohlraum im Gestein); **Schlot|ten|zwie|bel**
schlot|te|rig, schlott|rig; **schlot|tern;** ich ...ere (↑R 22)
schlot|zen (*bes. schwäb. für* genüßlich trinken); du schlotzt
Schlucht, die; -, -en
schluch|zen; du schluchzt; **Schluch|zer; Schluck,** der; -[e]s, *Plur.* -e, *selten* Schlücke[1]; **Schluck|auf,** der; -s; **Schluck|be|schwer|den** *Plur.*; **Schlück|chen; schlucken**[1]; **Schlucken**[1], der; -s (Schluckauf); **Schlucker**[1] *(ugs.)*; *meist in* armer - (mittelloser, bedauernswerter Mensch); **Schluck|imp|fung; Schlück|lein; schluck|sen** (*ugs. für* Schluckauf haben); du schluckst; **Schluck|ser,** der; -s (*ugs. für* Schluckauf); **Schluck|specht** (*ugs. scherzh. für* Trinker); **schluck|wei|se**
Schlu|der|ar|beit; Schlu|de|rei; schlu|de|rig, schlud|rig (*ugs. für* nachlässig); **schlu|dern** (*ugs. für* nachlässig arbeiten); ich ...ere (↑R 22)
Schluff, der; -[e]s, *Plur.* -e *u.* Schlüffe (Ton; [Schwimm]sand; *landsch. für* enger Durchlaß; *südd. veraltend für* Muff)
Schluft, die; -, Schlüfte (*veraltet für* Schlucht, Höhle)
Schlum|mer, der; -s; **Schlum|mer₋kis|sen, ...lied; schlum|mern;** ich ...ere (↑R 22); **Schlum|mer₋rol|le, ...trunk**
Schlumpf, der; -[e]s, Schlümpfe (zwergenhafte Comicfigur)
Schlumps (*landsch. für* unordentlicher, wenig sympathischer Mensch)
Schlund, der; -[e]s, Schlünde
Schlun|ze, die; -, -n (*landsch. für* unordentliche Frau); **schlun|zig** (*landsch. für* unordentlich)
Schlup *vgl.* Slup
Schlupf, der; -[e]s, *Plur.* Schlüpfe *u.* -e *Plur. selten* (*veraltend für* Unterschlupf); **schlup|fen** *(südd., österr.)*, *häufiger* **schlüp|fen; Schlüp|fer** ([Damen]unterhose); **Schlupf₋jacke**[1], **...loch; schlüpf|rig** (*auch für* zweideutig, anstößig); **Schlüpf|rig|keit; Schlupf₋stie|fel, ...wes|pe, ...win|kel, ...zeit**
Schlu|pe, die; -, -n (*landsch. für* [Band]schleife)
schlur|fen (schleppend gehen); er hat geschlurft; er ist dorthin geschlurft; **schlür|fen** ([Flüssigkeit] geräuschvoll in den Mund einsaugen; *landsch. für* schlurfen); **Schlur|fer** (Schlurfender); **Schlür|fer** (Schlürfender; *landsch. für* Schlurfer); **schlur|ren** (*landsch., bes. nordd. für* schlurfen); **Schlur|ren,** der; -s, - (*nordd. für* Pantoffel)
Schlu|se, die; -, -n (*landsch. für* Schale, Hülle; *auch für* Falschgeld)
Schluß, der; Schlusses, Schlüsse; **Schluß₋ab|stim|mung, ...akkord, ...akt, ...ball, ...be|ar|bei|tung, ...be|mer|kung, ...be|spre|chung, ...bi|lanz** *(Kaufmannsspr.)*, **...bild, ...brief** *(Kaufmannsspr.)*, **...drit|tel** *(Eishokkey)*; **Schlüs|sel,** der; -s, -; **Schlüs|sel₋bart, ...bein; Schlüs|sel|bein|bruch; Schlüs|sel₋blu|me, ...brett, ...bund** (der, *österr. nur so, od.* das; -[e]s, -e); **Schlüs|sel|chen; Schlüs|sel|dienst; Schlüs|se|lein; Schlüs|sel|er|leb|nis** *(Psych.)*; **schlüs|sel|fer|tig** (bezugsfertig [von Neubauten]); **Schlüs|sel₋fi|gur, ...fra|ge, ...ge|walt** (die; -), **...in|du|strie, ...kind** (Kind mit eigenem Wohnungsschlüssel, das nach der Schule unbeaufsichtigt ist, weil beide Eltern berufstätig sind); **Schlüs|sel|loch; schlüs|seln** (*fachspr. für* nach einem bestimmten Verhältnis [Schlüssel] aufteilen); ich schlüssele *u.* schlüßle (↑R 22); **Schlüs|sel₋po|si|ti|on, ...reiz** (*Psych.* Reiz, der eine bestimmte Reaktion bewirkt), **...ring, ...ro|man, ...stel|lung, ...tech|no|lo|gie; Schlüs|sel|lung; Schlüs|sel|wort** (*vgl.* Wort); **schluß|end|lich** (*landsch. für* schließlich); **Schluß₋fei|er, ...fol|ge** (*svw.* Schlußfolgerung); **schluß|fol|gern;** ich schlußfolgere (↑R 22); du schlußfolgerst; geschlußfolgert; um zu schlußfolgern; **Schluß₋fol|ge|rung, ...formel; schlüs|sig;** - sein; [sich] - werden; ich wurde mir darüber -; ein -er Beweis; **Schluß₋ka|pi|tel, ...kurs** *(Börse)*, **...läu|fer** *(Sport)*, **...läu|fe|rin** *(Sport)*, **...leuch|te, ...licht** (*Plur.* ...lichter), **...mann** (*Plur.* ...männer), **...no|te** *(Rechtsw.)*, **...no|tie|rung** *(Börse)*, **...pfiff** *(Sport)*, **...pha|se, ...punkt, ...rech|nung; Schluß-s,** das; -, - (↑R 37); **Schluß₋satz, ...si|gnal** *(fachspr., bes. Funkw.)*, **...si|re|ne, ...spurt** *(Sport)*,

[1] *Trenn.* ...k|k...

...stein *(Archit.)*, **...strich, ...sze|ne, ...ver|kauf, ...ver|tei|lung** *(Rechtsw.)*, **...wort** (*Plur.* ...worte), **...zei|chen**

Schlütt|li, das; -s, - (*schweiz. für* Säuglingsjäckchen)

Schmach, die; -; **schmach|be|deckt;** ↑R 209 *(geh.)*; **schmach|be|la|den;** ↑R 209 *(geh.)*

schmach|ten *(geh.)*; **Schmacht|fet|zen** (*ugs. für* rührseliges Lied); **schmäch|tig; Schmacht‿korn** (*Plur.* ...körner; *Landw.* verkümmertes Korn), **...lap|pen** (*ugs. für* Hungerleider; verliebter Jüngling), **...locke** ([*Trenn.* ...lok|ke]; *ugs. für* in die Stirn gekämmte Locke), **...rie|men** (*ugs. für* Gürtel, Koppel])

schmach|voll *(geh.)*

[1]**Schmack,** der; -[e]s, -e (Mittel zum Schwarzfärben); *vgl.* Sumach

[2]**Schmack, Schmacke,** die; -, ...cken [*Trenn.* Schmak|ke] (*früher* kleines Küsten- od. Fischerfahrzeug); **Schmackes** *Plur.* [*Trenn.* Schmak|kes] (*landsch. für* Schwung, Wucht; *auch für* Hiebe, Prügel)

schmack|haft; -este; **Schmack|haf|tig|keit,** die; -

Schmad|der, der; -s (*bes. nordd. für* [nasser] Schmutz); **schmad|dern** (*bes. nordd. für* kleckern, sudeln); ich ...ere (↑R 22)

Schmäh, der; -s, -[s] (*österr. ugs. für* Trick); einen - führen (Witze machen); **schmä|hen; schmäh|lich; Schmäh|lich|keit; Schmäh‿re|de, ...schrift, ...sucht** (die; -); **schmäh|süch|tig; Schmäh|tand|ler** (*österr. ugs. für* jmd., der billige Tricks oder Witze macht); **Schmä|hung; Schmäh|wort** *Plur.* ...worte

schmal; schmaler *u.* schmäler, schmalste, *auch* schmälste; **schmal|brü|stig; schmä|len** (*veraltend für* zanken; herabsetzen; *Jägerspr.* schrecken [vom Rehwild]); **schmä|lern** (verringern, verkleinern); ich ...ere (↑R 22); **Schmä|le|rung; Schmal|film; Schmal|fil|mer; Schmal|film|ka|me|ra; Schmal|hans;** *nur in* da ist - Küchenmeister (*ugs. für* jmd. muß sparsam leben); **Schmal|heit,** die; -

Schmal|kal|den (Stadt am Südwestfuß des Thüringer Waldes); **Schmal|kal|de|ner, Schmal|kal|der** (↑R 147); **schmal|kal|disch,** aber: (↑R 157): die Schmalkaldischen Artikel (von Luther); der Schmalkaldische Bund (1531)

schmal|lip|pig; schmal|ran|dig; Schmal‿reh (*Jägerspr.* weibl. Reh vor dem ersten Setzen), **...sei|te, ...spur** (die; -; *Eisenb.*); **Schmal|spur‿aka|de|mi|ker** *(abwertend)*, **...bahn; schmal|spu|rig**

Schmal|te, die; -, -n ⟨ital.⟩ (Kobaltschmelze, ein Blaufärbemittel [für Porzellan u. Keramik]); **schmal|ten** (*veraltend für* emaillieren)

Schmal‿tier (*Jägerspr.* weibl. Rot-, Dam- od. Elchwild vor dem ersten Setzen), **...vieh** (*veraltend für* Kleinvieh)

Schmalz, das; -es, -e; **Schmalz|brot; Schmäl|ze,** die; -, -n (zum Schmälzen der Wolle benutzte Flüssigkeit); *vgl.* aber: Schmelze; **schmal|zen** (Speisen mit Schmalz zubereiten); du schmalzt; geschmalzt *u.* geschmalzen (*in übertr. Bedeutung nur so,* z. B. es ist mir zu geschmalzen [*ugs. für* zu teuer]); gesalzen und geschmalzen; **schmäl|zen** (*auch für* Wolle vor dem Spinnen einfetten); du schmälzt; geschmälzt; **Schmalz|fleisch; Schmalz|ge|backe|ne,** das; -n (↑R 7ff.) [*Trenn.* ...bak|ke...]; **schmal|zig** (*abwertend für* übertrieben gefühlvoll, sentimental); **Schmalz|ler,** der; -s (*bes. bayr. für* fettdurchsetzter Schnupftabak)

Schman|kerl, das; -s, -n (*bayr. u. österr. für* eine süße Mehlspeise; Leckerbissen)

Schmant, der; -[e]s (*landsch. für* Sahne; *ostmitteld. für* Matsch, Schlamm); **Schmant|kar|tof|feln** *Plur.*

schma|rot|zen (auf Kosten anderer leben); du schmarotzt; du schmarotztest; er hat schmarotzt; **Schma|rot|zer; schma|rot|zer|haft; Schma|rot|ze|rin; schma|rot|ze|risch; Schma|rot|zer‿pflan|ze, ...tier; Schma|rot|zer|tum,** das; -s; **Schma|rot|zer|wes|pe**

Schmar|re, die; -, -n (*landsch. für* lange Hiebwunde, Narbe); **Schmar|ren,** der; -s, - (*bayr. u. österr. für* eine Mehlspeise; *ugs. für* wertloses Zeug; Unsinn)

Schma|sche, die; -, -n ⟨poln.⟩ (*fachspr. für* Fell eines totgeborenen Lammes)

Schmatz, der; -es, *Plur.* -e, *auch* Schmätze (*ugs. für* [lauter] Kuß); **Schmätz|chen; schmat|zen;** du schmatzt; **Schmät|zer** (ein Vogel); **Schmätz|lein**

Schmauch, der; -[e]s (*landsch. für* qualmender Rauch); **schmau|chen; Schmauch|spu|ren** *Plur.* (*Kriminalistik* Reste unverbrannten Pulvers nach einem Schuß)

Schmaus, der; -es, Schmäuse (*veraltend, noch scherzh. für* reichhaltiges u. gutes Mahl); **schmau|sen** (*veraltend, noch scherzh. für* vergnügt u. mit Genuß essen); du schmaust; **Schmau|se|rei** *(veraltend)*

schmecken [*Trenn.* schmek|ken]

Schmei|che|lei; schmei|chel|haft; -este; **Schmei|chel‿kätz|chen** *od.* **...kat|ze** *(fam.)*; **schmei|cheln;** ich ...[e]le (↑R 22); **Schmei|chel|wort** *Plur.* ...worte; **Schmeich|ler; Schmeich|le|rin; schmeich|le|risch;** -ste

schmei|dig (*veraltet für* geschmeidig); **schmei|di|gen** (*veraltend für* geschmeidig machen); **Schmei|di|gung**

[1]**schmei|ßen** (*ugs. für* werfen; *auch für* aufgeben; mißlingen lassen); du schmeißt; du schmissest, er schmiß; geschmissen; schmeiß[e]!; [2]**schmei|ßen** (*Jägerspr.* Kot auswerfen); der Habicht schmeißt, schmeißte, hat geschmeißt; **Schmeiß|flie|ge**

Schmelz, der; -es, -e; **Schmelz|bad** *(Technik)*; **schmelz|bar; Schmelz|bar|keit,** die; -; **Schmelz|but|ter; Schmel|ze,** die; -, -n; *vgl.* aber: Schmälze; [1]**schmel|zen** (flüssig werden); du schmilzt, er schmilzt; du schmolzest; du schmölzest; geschmolzen; schmilz!; [2]**schmel|zen** (flüssig machen); du schmilzt, *auch* schmelzt; er schmilzt, *auch* schmelzt; du schmolzest, *auch* schmelztest; du schmölzest, *auch* schmelzest; geschmolzen, *auch* geschmelzt; schmilz!, *auch* schmelze!; **Schmel|zer; Schmel|ze|rei; Schmelz‿far|be, ...glas** (*Plur.* ...gläser), **...hüt|te, ...kä|se, ...ofen, ...punkt, ...schwei|ßung, ...tie|gel; Schmel|zung; Schmelz‿wär|me, ...was|ser** (*Plur.* ...wasser), **...zo|ne**

Schmer, der *od.* das; -s (*landsch. für* Bauchfett des Schweines); **Schmer‿bauch** (*ugs. svw.* Fettbauch), **...fluß** (der; ...flusses; *für* Seborrhö)

Schmer|le, die; -, -n (ein Fisch)

Schmer|ling (ein Speisepilz)

Schmerz, der; -es, -en; **schmerz‿arm** (-e Geburt), **...emp|find|lich; Schmerz|emp|find|lich|keit,** die; -; **Schmerz|emp|fin|dung; schmer|zen;** du schmerzt; die Füße schmerzten ihm *od.* ihn vom langen Stehen; die Wunde schmerzte ihn; **schmer|zen|reich** *vgl.* schmerzensreich; **Schmer|zens‿geld** (das; -[e]s), **...kind** *(veraltend)*, **...laut, ...mann** (der; -[e]s; *Kunst* Darstellung des leidenden Christus), **...mut|ter** (die; -; *Kunst* Darstellung der trauernden Maria); **schmer-**

zens|reich *(geh.);* **Schmerz|zensschrei; schmerz‿er|füllt, ...frei** (der Patient ist heute -); **Schmerz‿ge|fühl, ...gren|ze; schmerz|haft;** -este; -e Operation; **Schmerz|haf|tig|keit,** die; -; **Schmerz|kli|nik** (Klinik für Patienten mit bestimmten sehr schmerzhaften Krankheiten); **schmerz|lich;** -er Verlust; **Schmerz|lich|keit,** die; -; **schmerz|lin|dernd** (↑R 209); **schmerz|los;** -este; **Schmerz|losig|keit,** die; -; **Schmerz‿mit|tel** (das); **...schwel|le; schmerz|stillend;** -e Tabletten (↑R 209); **Schmerz|ta|blet|te; schmerz‿un|emp|find|lich, ...ver|zerrt** (↑R 209), **...voll**

Schmet|ten, der; -s ‹tschech.› (*ostmitteld. für* Sahne); **Schmet|tenkä|se** *(ostmitteld.)*

Schmet|ter|ball *(Sport)*

Schmet|ter|ling; Schmet|terlings‿blü|te, ...blüt|ler *(Bot.),* **...ka|sten, ...netz, ...samm|lung, ...stil** (der; -[e]s; Schwimmstil)

schmet|tern; ich ...ere (↑R 22)

Schmicke, die; -, -n [*Trenn.* Schmik|ke] (*nordd. für* Peitsche; Ende der Peitschenschnur)

Schmidt-Rott|luff (dt. Maler u. Graphiker)

Schmied, der; -[e]s, -e; **schmiedbar; Schmied|bar|keit,** die; -; **Schmie|de,** die; -, -n; **Schmiede‿ar|beit, ...ei|sen** (das; -s); **schmie|de|ei|sern; Schmie|de‿feu|er, ...ham|mer, ...hand|werk** (das; -[e]s), **...kunst** (die; -); **schmie|den; Schmie|de|ofen**

Schmie|ge, die; -, -n (*Technik* Winkelmaß mit beweglichen Schenkeln; *landsch. für* zusammenklappbarer Maßstab); **schmie|gen;** sich -; **schmiegsam; Schmieg|sam|keit,** die; -

Schmie|le, die; -, -n (Name verschiedener Grasarten); **Schmielgras**

Schmie|ra|lie [...iə], die; -, -n ‹*Scherzbildung zu* schmieren› (*ugs. scherzh. für* Schmiererei); **Schmier|dienst** (beim Auto);

[1]**Schmie|re,** die; -, -n (*abwertend auch für* schlechtes Theater)

[2]**Schmie|re,** die; - ‹hebr.-jidd.› (*Gaunerspr.* Wache); - stehen (↑R 207)

schmie|ren (*ugs. auch für* bestechen); **Schmie|ren‿ko|mö|di|ant** *(abwertend),* **...schau|spie|ler** *(abwertend),* **...stück** *(abwertend);* **Schmie|rer; Schmie|rerei; Schmier‿fett, ...film, ...fink** (der; *Gen.* -en, *auch* -s, *Plur.* -en; *ugs.*), **...geld** *(meist Plur.; ugs.),* **...heft; schmie|rig; Schmie|rigkeit,** die; -; **Schmier‿kä|se, ...mit|tel** (das), **...nip|pel, ...öl, ...pres|se, ...sei|fe; Schmierung; Schmier|zet|tel**

Schmin|ke, die; -, -n; **schminken; Schmink‿stift** (der), **...tisch**

[1]**Schmir|gel,** der; -s, - (*ostmitteld. für* Tabakspfeifensaft)

[2]**Schmir|gel,** der; -s ‹ital.› (ein Schleifmittel); **schmir|geln;** ich ...[e]le (↑R 22); **Schmir|gel|papier**

Schmiß, der; Schmisses, Schmisse (*nur Sing.: ugs. auch für* mitreißender Schwung); **schmis|sig** *(ugs.);* eine -e Zeichnung, Musik

[1]**Schmitz,** der; -es, -e (*veraltet, noch landsch. für* Fleck, Klecks; *Druckw.* verschwommene Wiedergabe)

[2]**Schmitz,** der; -es, -e (*landsch. für* [leichter] Hieb, Schlag); **Schmitze,** die; -, -n (*landsch. für* Peitsche, Ende der Peitschenschnur); **schmit|zen** (*landsch. für* [mit der Peitsche, Rute] schlagen)

Schmock, der; -[e]s, *Plur.* Schmöcke, *auch* -e *u.* -s ‹slowen.; nach Freytags „Journalisten"› (gesinnungsloser Zeitungsschreiber)

Schmok, der; -s (*nordd. für* Rauch); **Schmö|ker,** der; -s, - (*nordd. für* Raucher; *ugs. für* anspruchsloses, aber fesselndes Buch); **schmö|kern** (*ugs. für* [viel] lesen); ich ...ere (↑R 22)

Schmol|le, die; -, -n (*bayr., österr. für* Brotkrume)

Schmol|lecke [*Trenn.* ...ek|ke] *(ugs.);* **schmol|len**

schmol|lis! (student. Zuruf beim [Brüderschaft]trinken); **Schmollis,** das; -, - *(Studentenspr.);* mit jmdm. - trinken

Schmoll|mund

Schmölln (Stadt in Ostthüringen)

Schmoll|win|kel *(ugs.)*

Schmon|zes, der; - ‹jidd.› (*ugs. für* leeres, albernes Gerede; überflüssiger Kram); **Schmonzet|te,** die; -, -n (*ugs. für* [kitschiges] Machwerk)

Schmor|bra|ten; schmo|ren; jmdn. - lassen *(ugs.);* **Schmorfleisch**

schmor|gen (*westmitteld. für* knausern; geizig sein)

Schmor‿obst, ...pfan|ne, ...topf

Schmu, der; -s (*ugs. für* leichter Betrug); - machen (auf harmlose Weise betrügen)

schmuck; -er, -[e]ste; **Schmuck,** der; -[e]s, -e *Plur. selten;* echter -; **Schmuck|blatte|le|gramm** [*Trenn.* ...blatt|te..., ↑R 204]; **schmücken** [*Trenn.* schmükken]; **Schmuck|käst|chen;** diese Wohnung ist ein - (rein u. nett gehalten); **Schmuck‿ka|sten, ...kof|fer; schmuck|los;** -este; **Schmuck|lo|sig|keit,** die; -; **Schmuck‿na|del, ...ring, ...sachen** *(Plur.),* **...stein, ...stück, ...te|le|gramm; schmuck|voll** *(veraltet);* **Schmuck|wa|ren** *Plur.;* **Schmuck|wa|ren|in|dustrie**

Schmud|del, der; -s (*ugs. für* Unsauberkeit); **Schmud|de|lei** (*ugs. für* Sudelei); **schmud|de|lig,** schmuddlig (*ugs. für* unsauber); **schmud|deln** (*ugs. für* sudeln, schmutzen); ich ...[e]le (↑R 22); **Schmud|del|wet|ter** (*ugs. für* naßkaltes, regnerisches Wetter); **schmudd|lig** *vgl.* schmuddelig

Schmug|gel, der; -s; **Schmug|gelei; schmug|geln;** ich ...[e]le (↑R 22); **Schmug|gel|wa|re; Schmugg|ler; Schmugg|ler‿ban|de, ...ring, ...schiff**

schmu|len (*landsch. für* verstohlen blicken, schielen)

schmun|zeln; ich ...[e]le (↑R 22)

schmur|geln (*landsch. für* in Fett braten); ich ...[e]le (↑R 22)

Schmus, der; -es ‹hebr.-jidd.› (*ugs. für* leeres Gerede; Schöntun); **Schmu|se‿ka|ter, ...kat|ze** *(fam.);* **schmu|sen** *(ugs.);* du schmust; er schmuste; **Schmuser** *(ugs.);* **Schmu|se|rei** *(ugs.)*

Schmutt, der; -es (*nordd. für* feiner Regen)

Schmutz, der; -es (*südwestd. auch für* Fett, Schmalz); **schmutz|abwei|send** (↑R 209); **Schmutz‿blatt** *(Druckw.),* **...bür|ste; schmut|zen;** du schmutzt; **Schmutz‿fän|ger, ...fink** (der; *Gen.* -en, *auch* -s, *Plur.* -en; *ugs. für* jmd., der schmutzig ist), **...fleck; Schmut|zi|an,** der; -[e]s, -e (*veraltend für* Schmutzfink; *österr. ugs. für* Geizhals); **schmut|zig;** schmutziggelb, schmutziggrau usw.; **Schmutzig|keit; Schmutz‿li|te|ra|tur** (die; -), **...schicht, ...ti|tel** *(Druckw.),* **...wä|sche, ...was|ser** (*Plur.* ...wässer), **...zu|la|ge**

Schna|bel, der; -s, Schnäbel; **Schnä|bel|chen; Schnä|be|lei** (*ugs. auch für* das Küssen); **Schnä|bel|lein,** Schnäb|lein; **Schna|bel|flö|te; schna|bel|förmig; Schna|bel|hieb; ...schnäbe|lig,** ...schnäb|lig (z. B. langschnäb[e]lig); **Schna|bel|kerf** *(Zool.);* **schnä|beln** (*ugs. auch für* küssen); ich ...[e]le (↑R 22); sich -; **Schna|bel‿schuh, ...tasse, ...tier; Schnäb|lein** *vgl.* Schnäbelein; **...schnäb|lig** *vgl.* ...schnäbelig; **schna|bu|lie|ren** (*ugs. für* mit Behagen essen)

Schnack, der; -[e]s, *Plur.* -s *u.* Schnäcke (*nordd. ugs. für* Plauderei; scherzhafte Bemerkung; Gerede)

schnackeln [*Trenn.* schnak|keln] (*bayr. für* schnalzen; mit Fingern schnellen); ich ...[e]le (↑R 22); **schnacken** [*Trenn.* schnak|ken] (*nordd. für* plaudern); Platt -; **Schnackerl,** der, *auch* das; -s [*Trenn.* Schnak|kerl] (*österr. für* Schluckauf)
Schna|der|hüp|fe[r]l, das; -s, -[n] (*bayr. u. österr. für* volkstümlicher satir. Vierzeiler, oft improvisiert zum Tanz gesungen)
schna|dern (*landsch. für* schnattern, viel reden); ich ...ere (↑R 22)
schnaf|te (*berlin. veraltend für* hervorragend, vortrefflich)
[1]**Schna|ke,** die; -, -n (*nordd. veraltet für* Schnurre; Scherz)
[2]**Schna|ke,** die; -, -n (eine langbeinige Mücke; *landsch. für* Stechmücke)
schnä|ken (*landsch. für* naschen)
Schna|ken‿pla|ge, ...stich
schna|kig (*nordd. veraltet für* schnurrig)
schnä|kig (*landsch. für* wählerisch [im Essen])
Schnäll|chen; Schnal|le, die; -, -n (*österr. auch svw.* Klinke); **schnal|len** (*südd. auch für* schnalzen); etwas - (*ugs. für* verstehen); **Schnal|len|schuh**
schnal|zen; du schnalzt; **Schnalzer; Schnalz|laut**
Schnä|pel, der; -s, - (ein Fisch)
schnapp!; schnipp, schnapp!; **Schnäpp|chen** (*ugs. für* vorteilhafter Kauf); **schnap|pen; Schnap|per; Schnäp|per** (ein Vogel; Nadel zur Blutentnahme; *früher für* Armbrust; *landsch. für* Schnappschloß); **Schnapp‿hahn** (*früher für* Wegelagerer), **...messer** (das), **...schloß, ...schuß** (nicht gestellte Momentaufnahme); **schnaps!; Schnaps,** der; -es, Schnäpse; **Schnaps‿brenner, ...bren|ne|rei, ...bu|de** (*ugs. abwertend*); **Schnäps|chen; schnäp|seln** (*ugs. svw.* [1]schnapsen); ich ...[e]le (↑R 22); [1]**schnapsen** (*ugs. für* Schnaps trinken); du schnapst
[2]**schnap|sen** (*bayr., österr. für* Schnapsen spielen); **Schnapsen,** das; -s (*bayr. österr.* ein Kartenspiel)
Schnaps‿fah|ne (*ugs.*), **...fla|sche, ...glas** (*Plur.* ...gläser), **...idee** (*ugs. für* seltsame, verrückte Idee), **...lei|che** (*ugs. scherzh. für* Betrunkener); **Schnäps|lein; Schnaps‿na|se** (*ugs.*), **...stamperl** (*bayr., österr. für* Schnapsglas), **...zahl** (*ugs. scherzh. für* aus gleichen Ziffern bestehende Zahl)
schnar|chen; Schnar|cher
Schnar|re, die; -, -n; **schnar|ren; Schnarr|werk** (bei der Orgel)

Schnat, Schna|te, die; -, ...ten (*landsch. für* junges abgeschnittenes [3]Reis; Grenze einer Flur); **Schnä|tel,** das; -s, - (*landsch. für* Pfeifchen aus Weidenrinde)
Schnat|te|rer; Schnat|ter|gans (*ugs. für* schwatzhaftes Mädchen); **schnat|te|rig,** schnatt|rig; **Schnat|te|rin; Schnat|ter|lie|se** (*ugs. svw.* Schnattergans); **schnat|tern;** ich ...ere (↑R 22); **schnatt|rig** *vgl.* schnatterig
Schnatz, der; -es, Schnätze (*hess. für* Kopfputz [der Braut, der Taufpatin] mit Haarkrönchen); **schnät|zeln** (*hess.; svw.* schnatzen); ich ...[e]le (↑R 22); sich -; **schnat|zen** (*hess. für* sich putzen, das Haar aufstecken); du schnatzt; sich -
Schnau, die; -, -en (*nordd. für* geschnäbeltes Schiff)
schnau|ben; du schnaubst; du schnaubtest (*veraltend* schnobst); du schnaubtest (*veraltend* schnöbest); geschnaubt (*veraltend* geschnoben); schnaub[e]!; **schnäu|big** (*hess. für* wählerisch [im Essen]); **Schnauf,** der; -[e]s, -e (*landsch. für* [hörbarer] Atemzug); **schnau|fen; Schnau|fer** (*ugs.*); **Schnau|ferl,** das; -s, -[n] (*ugs. scherzh. für* altes Auto)
Schnau|pe, die; -, -n (*südd. für* Ausguß an Kannen u.a.)
Schnauz, der; -es, Schnäuze (*bes. schweiz. für* Schnurrbart); **Schnauz|bart; schnauz|bär|tig; Schnäuz|chen; Schnau|ze,** die; -, -n (*auch derb für* Mund); **schnau|zen** (*ugs.*); du schnauzt; **Schnau|zer,** der; -s, - (Hund einer bestimmten Rasse; *ugs. kurz für* Schnauzbart); **schnau|zig** (grob [schimpfend]); **...schnauzig, ...schnäu|zig** (*ugs.;* z.B. großschnauzig, großschnäuzig); **Schnäuz|lein**
Schneck, der; -s, -en (*bes. südd., österr. für* Schnecke); **Schnecke**[1], die; -, -n (*landsch. auch* ein Kosewort für Mädchen); **Schnecken|boh|rer**[1] (ein Werkzeug); **schnecken|för|mig**[1]; **Schnecken**[1]**‿fri|sur, ...gang** (der; -[e]s), **...ge|häu|se, ...haus, ...linie** (*selten für* Spirale), **...nu|del** (*landsch.* ein Hefegebäck), **...post** (die; -; *scherzh.*), **...tempo** (das; -s; *ugs.*), **...win|dung; Schneckerl**[1], das; -s, -n (*österr. ugs. für* Locke)
schned|de|reng|teng!, schned|de|reng|teng|teng! (Nachahmung des Trompetenschalles)
Schnee, der; -s; im Jahre, anno - (*österr. für* vor langer Zeit);

[1] *Trenn.* ...k|k...

Schnee|ball (*auch für* ein Strauch); **schnee|bal|len;** *fast nur im Infinitiv u. Partizip II gebräuchlich;* geschneeballt; **Schnee|ball|schlacht; Schneeball|sy|stem,** das; -s (eine bestimmte, in Deutschland verbotene Form des Warenabsatzes); **schnee|be|deckt** (↑R 209); **Schnee|bee|re** (ein Strauch)
[1]**Schnee|berg** (Stadt im westl. Erzgebirge)
[2]**Schnee|berg,** der; -[e]s (höchster Gipfel des Fichtelgebirges)
Schnee|be|sen (ein Küchengerät); **schnee|blind; Schnee‿blind|heit** (die; -), **...brett** (flach überhängende Schneemassen), **...bril|le, ...bruch** (Baumschaden durch zu große Schneelast; *vgl.* [1]Bruch), **...decke** [*Trenn.* ...dek|ke]; **Schnee-Ei|fel** (↑R 36); *vgl.* Schneifel; **schnee|er|hellt** (↑R 36); **Schnee-Eu|le** (↑R 36); **Schnee‿fall** (der), **...flä|che, ...flocke** [*Trenn.* ...flok|ke], **...fräse; schnee|frei; Schnee‿gans, ...ge|stö|ber; schnee|glatt;** auf -er Fahrbahn; **Schnee‿glät|te** (die; -), **...glöck|chen, ...gren|ze, ...ha|se, ...hemd, ...hö|he, ...huhn; schnee|ig; Schnee‿kano|ne** (Gerät zur Erzeugung von künstlichem Schnee), **...ket|te** (*meist Plur.*), **...kö|nig** (*ostmitteld. für* Zaunkönig; er freut sich wie ein - [*ugs. für* er freut sich sehr])
Schnee|kop|pe, die; - (höchster Berg des Riesengebirges)
Schnee‿land|schaft, ...leo|pard, ...mann (*Plur.* ...männer), **...matsch** (*vgl.* [2]Matsch), **...mensch** (Fabelwesen; *vgl. auch* Yeti), **...mo|nat** *od.* **...mond** (*alte Bez. für* Januar), **...pflug, ...räu|mer, ...re|gen, ...ru|te** (*österr. für* Schneebesen), **...schleu|der, ...schmel|ze** (die; -); **Schnee|schuh** (*veraltet auch für* Ski); **schnee|si|cher;** ein -es Skigebiet; **Schnee‿sturm** (*vgl.* [1]Sturm), **...trei|ben, ...ver|hält|nis|se** (*Plur.*), **...ver|we|hung, ...wäch|te, ...was|ser** (das; -s), **...we|be** (die; -, -n; *veraltet für* Schneewehe), **...we|he** (die); **schnee|weiß; Schnee|witt|chen,** das; -s ‹„Schneeweißchen"› (dt. Märchengestalt); **Schnee|zaun**
Schne|gel, der; -s, - (*landsch. für* [hauslose] Schnecke)
Schneid, der; -[e]s, *südd., österr.* die; - (*ugs. für* Mut; Tatkraft); **Schneid‿backen** (*Plur.* [*Trenn.* ...bak|ken]), **...boh|rer, ...brenner; Schnei|de,** die; -, -n; **Schneid|ei|sen; Schnei|del|holz,** das; -es (*Forstw.* abgehauene Nadelholzzweige); **Schnei|de|müh|le** (*selten für* Sägemüh-

le); **schnei|den;** du schnittst; du schnittest; ich habe mir, *auch* mich in den Finger geschnitten; schneid[e]!; **Schnei|der; Schnei|de|rei; Schnei|der‿ge|sel|le, ...hand|werk** (das; -[e]s); **Schnei|de|rin; Schnei|der‿ko|stüm, ...krei|de, ...mei|ster, ...mei|ste|rin; schnei|dern;** ich ...ere (↑R 22); **Schnei|der‿pup|pe, ...sitz** (der; -es), **...werk|statt; Schnei|de‿tisch** *(Filmwesen),* **...zahn; schnei|dig** (mutig, forsch); **Schnei|dig|keit,** die; -; **Schneid|klup|pe** (Werkzeug zum Gewindeschneiden)

schnei|en

Schnei|fel, *auch* Schnee-Eifel (ein Teil der Eifel)

Schnei|se, die; -, -n ([gerader] Durchhieb [Weg] im Wald); **schnei|teln** (*Forstw.* von überflüssigen Ästen, Trieben befreien); ich ...[e]le (↑R 22)

schnell; schnellstens; so - wie (*älter* als) möglich; schneller Brüter (ein Kernreaktor); auf die schnelle Tour *(ugs.);* auf die Schnelle (*ugs. für* rasch, schnell); (↑R 157:) Schnelle Medizinische Hilfe; *Abk.* SMH *(vgl. d.);* **Schnellaster** [*Trenn.* Schnell|la|ster, ↑R 204] (schnell fahrender Lastkraftwagen); **Schnelläufer** [*Trenn.* Schnell|läu|fer, ↑R 204]; **Schnell‿bahn** (*Abk.* S-Bahn), **...boot, ...dampfer, ...dienst, ...drucker** [*Trenn.* ...druk|ker]; [1]**Schnel|le,** die; - (Schnelligkeit); *vgl.* aber: schnell; [2]**Schnel|le,** die; -, -n (Stromschnelle); **schnellebig** [*Trenn.* schnell|le|big, ↑R 204]; **Schnelle|big|keit,** die; - [*Trenn.* Schnell|le|big..., ↑R 204]; **schnellen; Schnel|ler** (*landsch. für* knipsendes Geräusch, das durch Schnippen mit zwei Fingern entsteht); **Schnell|feu|er; Schnell|feu|er|ge|wehr; schnell|fü|ßig; Schnell‿gang** (der), **...gast|stät|te, ...ge|richt, ...hef|ter; Schnell|heit,** die; - (*selten für* Schnelligkeit); **Schnel|lig|keit** *Plur. selten;* **Schnell‿im|biß, ...koch|plat|te, ...koch|topf, ...kraft** (die; -), **...kurs, ...pa|ket, ...rei|ni|gung, ...schuß** (*ugs. für* schnelle Maßnahme, sofortige Reaktion); **schnell|stens; schnellst|mög|lich,** *dafür besser:* möglichst schnell; **Schnell‿stra|ße, ...trieb|wa|gen, ...ver|fah|ren, ...ver|kehr** (der; -s), **...waa|ge; Schnell|wä|sche|rei** (*svw.* Schnellreinigung); **Schnell|zug** (*svw.* D-Zug); **Schnell|zug|zu|schlag**

Schnep|fe, die; -, -n (ein Vogel; *derb auch für* Prostituierte); **Schnep|fen‿jagd, ...zug**

Schnep|pe, die; -, -n (*mitteld. für* Schnabel [einer Kanne]; schnabelförmige Spitze [eines Kleidungsstückes]; *landsch. auch für* Dirne)

Schnep|per (*Nebenform von* Schnäpper; sportl. [Sprung]bewegung); **schnep|pern** (*Sport* in Hohlkreuzhaltung springen); ich ...ere (↑R 22); *vgl.* schnäppern; **Schnep|per|sprung**

schnet|zeln (*bes. schweiz. für* [Fleisch] fein zerschneiden); ich ...[e]le (↑R 22); geschnetzeltes Fleisch

Schneuß, der; -es, -e (*Archit.* Fischblase[nornament])

Schneu|ze, die; -, -n (*früher für* Lichtputzschere); **schneu|zen;** du schneuzt; sich -

schnicken [*Trenn.* schnik|ken] (*landsch. für* schnippen); **Schnick|schnack,** der; -[e]s (*ugs. für* [törichtes] Gerede; nutzloser Kleinkram)

schnie|ben (*mitteld. für* schnauben); *auch mit starker Beugung:* du schnobst; du schnöbest; geschnoben

Schnie|del|wutz, der; -es, -e (*ugs. scherzh. für* Penis)

schnie|fen (*bes. mitteld. für* hörbar durch die Nase einatmen)

schnie|geln (*ugs. für* übertrieben herausputzen); sich -; ich ...[e]le [mich] (↑R 22); geschniegelt und gebügelt (fein hergerichtet)

schnie|ke (*berlin. für* fein, schick)

Schnie|pel, der; -s, - (*veraltet für* Angeber, Geck; *Kinderspr.* Penis)

Schnip|fel, der; -s, - (*landsch. für* Schnipsel); **schnip|feln** *(landsch.);* ich ...[e]le (↑R 22); **schnipp!;** schnipp, schnapp!; **Schnipp|chen;** *nur noch in* jmdm. ein - schlagen (*ugs. für* einen Streich spielen); **Schnip|pel,** der *od.* das; -s, - (*ugs. für* Schnipsel); **Schnip|pel|chen; Schnip|pe|lei** *(ugs. abwertend);* **schnip|peln** *(ugs.);* ich ...[e]le (↑R 22); **schnip|pen;** mit den Fingern -

schnip|pisch; -ste

schnipp, schnapp!; Schnipp|schnapp[|schnurr], das; -[s] (ein [Karten]spiel); **schnips!; Schnip|sel,** der *od.* das; -s, - (*ugs. für* kleines [abgeschnittenes] Stück); **Schnip|se|lei** *(ugs.);* **schnip|seln;** ich ...[e]le (↑R 22); **schnip|sen** (*svw.* schnippen); du schnipst

Schnitt, der; -[e]s, -e; **Schnitt‿blu|me, ...boh|ne, ...brot** (das; -[e]s); **Schnit|te,** die; -, -n (*österr. auch für* Waffel); **Schnit|ter** (*veraltend für* Mäher); **Schnit|te|rin; schnitt|fest;** -este; -e Wurst; **Schnitt‿flä|che, ...holz; schnit|tig** (*auch für* rassig); ein -es Auto; **Schnitt‿kä|se, ...lauch** (der; -[e]s), **...li|nie, ...mei|ster** (*svw.* Cutter), **...men|ge** *(Math.),* **...muster; Schnitt|mu|ster|bo|gen; Schnitt‿punkt, ...stel|le** (*EDV* Verbindungsstelle zweier Geräte- od. Anlagenteile), **...wa|re; schnitt|wei|se; Schnitt|wun|de;**

Schnitz, der; -es, -e (*landsch. für* kleines [gedörrtes] Obststück); **Schnitz‿ar|beit** (Schnitzerei), **...bank** (*Plur.* ...bänke), **...bild;** [1]**Schnit|zel,** das; -s, - (zarte Fleischscheibe zum Braten); Wiener Schnitzel; [2]**Schnit|zel,** das, *österr. nur so, od.* der; -s, - (*ugs. für* abgeschnittenes Stück); **Schnit|zel|bank** *Plur.* ...bänke (*veraltet für* Bank zum Schnitzen; Bänkelsängerverse mit Bildern); **Schnit|ze|lei** *(landsch.);* **Schnit|zel|jagd; schnit|zeln** (*landsch. auch für* schnitzen); ich ...[e]le (↑R 22); **schnit|zen;** du schnitzt; **Schnit|zer** (*ugs. auch für* Fehler); **Schnit|ze|rei; Schnitz|ler** (*schweiz. für* Schnitzer); **Schnitz‿mes|ser** (das), **...werk**

schno|bern (*landsch. für* schnuppern); ich ...ere (↑R 22)

schnöd; -este (*bes. südd., österr. für* schnöde)

Schnod|der, der; -s (*derb für* Nasenschleim); **schnod|de|rig,** schnodd|rig (*ugs. für* in respektloser Weise provozierend, unverschämt); -e Bemerkungen; **Schnod|de|rig|keit,** Schnodd|rig|keit *(ugs.);* **schnodd|rig** usw. *vgl.* schnodderig usw.

schnö|de; schnöder Gewinn, Mammon; **schnö|den** (*schweiz. für* schnöde reden); **Schnöd|heit,** *häufiger* **Schnö|dig|keit** *(geh. abwertend)*

schno|feln (*österr. ugs. für* schnüffeln; durch die Nase sprechen); ich ...[e]le (↑R 22); **Schno|ferl,** das; -s, -n (*österr. ugs. für* Schnüffler; beleidigte Miene)

Schnor|chel, der; -s, - (Luftrohr für das tauchende U-Boot; Teil eines Sporttauchgerätes); **schnor|cheln** (mit dem Schnorchel tauchen); ich ...[e]le (↑R 22)

Schnör|kel, der; -s, -; **Schnör|ke|lei; schnör|kel|haft; schnör|ke|lig; Schnör|kel|kram** *(ugs.);* **schnör|keln;** ich ...[e]le (↑R 22); **Schnör|kel|schrift; schnörk|lig** *vgl.* schnörkelig

schnor|ren, *landsch.* schnur|ren (*ugs. für* [er]betteln); **Schnor|rer,** *landsch.* Schnur|rer; **Schnor|re|rei,** *landsch.* Schnur|re|rei

Schnö|sel, der; -s, - (*ugs. für* dummfrecher junger Mensch); **schnö|se|lig** *(ugs.)*

Schnucke[1], die; -, -n (*kurz für* Heidschnucke); **Schnuckelchen**[1] (Schäfchen; *auch* Kosewort); **schnuckellig**[1], schnucklig (*ugs. für* nett, süß; lecker, appetitlich); **Schnucki**[1], das; -s, -s (*ugs.; svw.* Schnuckelchen); **Schnuckilputz**[1], der; -es, -e (*ugs.; svw.* Schnuckelchen)

schnudldellig, schnuddllig (*ugs. für* unsauber; *berlin. für* lecker)

Schnüflfellei; schnuflfeln (*landsch. für* schnüffeln); **schnüflfeln** (*auch für* spionieren); ich ...[e]le (↑R 22); **Schnüffellstoff** (*ugs. für* Mittel, das berauschende Dämpfe abgibt); **Schnüffller**

schnullen (*landsch. für* saugen); **Schnuller** (Gummisauger für Kleinkinder)

Schnullze, die; -, -n (*ugs. für* sentimentales Kino-, Theaterstück, Lied); **Schnullzen‿sänlger, ...sänlgelrin; schnullzig** *(ugs.)*

schnuplfen; Schnuplfen, der; -s, -; **Schnuplfen‿mitltel** (das), **...spray; Schnuplfer; Schnuplferin; Schnupfltalbak; Schnupfltabak[s]ldolse; Schnupfltuch** *Plur.* ...tücher

schnuplpe (*ugs. für* gleichgültig); es ist mir -; **Schnuplpe**, die; -, -n (*landsch. für* verkohlter Docht)

schnuplpern (stoßweise durch die Nase einatmen); ich ...ere (↑R 22)

[1]**Schnur**, die; -, *Plur.* Schnüre, *seltener* Schnuren (Bindfaden, Kordel)

[2]**Schnur**, die; -, -en (*veraltet für* Schwiegertochter)

Schnürlbolden *(Theater)*; **Schnürchen**; das geht wie am Schnürchen (*ugs. für* das geht reibungslos); **schnülren** (auch von der Gangart des Fuchses); **schnurgelralde**[2]; **Schnurlkelralmik**, die; - (Kulturkreis der jüngeren Steinzeit); **Schnür‿leib** *od.* **...leiblchen** *(veraltet)*; **Schnürlein; Schnürl‿relgen** *(Plur. selten; österr.)*, **...samt** (*österr. für* Kord); **Schnürlmielder**

Schnurlrant, der; -en, -en; ↑R 197 (*veraltet für* [Bettel]musikant); **Schnurrlbart; Schnurrlbartlbinde; schnurrlbärltig; Schnurlre**, die; -, -n (scherzh. Erzählung); [1]**schnurlren** (ein brummendes, summendes Geräusch von sich geben); [2]**schnurlren** *vgl.* schnorren; **Schnurlrer** *vgl.* Schnorrer; **Schnurlrelrei** *vgl.* Schnorrerei; **Schnurrlhaar** (bei Raubtieren, bes. bei Katzen)

Schnürlrielmen (Schnürsenkel)

[1] *Trenn.* ...k|k...
[2] *Vgl. die Anmerkung zu* „gerade".

schnurlrig (*veraltend für* komisch); ein -er Kauz; **Schnurriglkeit**

Schnurlrock, Schnürlrock (*früher* Männerrock mit Schnüren)

Schnurrlpfeilfelrei *meist Plur.* (*veraltet für* närrische Idee, Handlung)

Schnür‿schuh, ...senlkel, ...stiefel; schnurlstracks *(ugs.)*; **Schnülrung** *(selten)*

schnurz (*ugs. für* gleich[gültig], egal); das ist mir -; **schnurzlpiepe, schnurzlpieplegal** *(ugs.)*

Schnütlchen; Schnulte, die; -, -n (*bes. nordd. für* Mund; *ugs. für* [Schmoll]mund, unwilliger Gesichtsausdruck); **Schnütllein**

Scholber, der; -s, - (kleine [Feld]scheune; *südd., österr. für* geschichteter Getreidehaufen); **Schölberl**, das; -s, -n (*österr. für* eine Suppeneinlage); **scholbern, schölbern** (*bes. österr. für* in Schober setzen); ich ...ere (↑R 22)

Scholchen, der; -s, Schöchen (*südd., schweiz. für* kleinerer Heuhaufen)

[1]**Schock**, das; -[e]s, -e (ein altes Zählmaß = 60 Stück); 3 - Eier (↑R 129)

[2]**Schock**, der; -[e]s, *Plur.* -s, *selten* -e ⟨engl.⟩ (plötzliche nervl. od. seel. Erschütterung; akutes Kreislaufversagen); **schockant**[1]; -este ⟨franz.⟩ (*veraltend für* anstößig); **Schocklbelhandllung; schocken**[1] ⟨engl.⟩ (Nervenkranke mit künstlichem Schock behandeln; *ugs. für* schockieren); **Schocker**[1], der; -s, - (*ugs. für* Schauerroman, -film); **Schockfarlbe** (besonders grelle Farbe); **schocklfarlben; schock‿gelfroren, ...gelfrolstet; schockielren**[1] ⟨franz.⟩ (einen Schock versetzen, in große Entrüstung versetzen); **schocking**[1] *vgl.* shocking

Schocklschwelrelnot! *(veraltet)*

Schocklthelralpie, die; -

schocklweilse; dreischockweise

Schock‿wirlkung, ...zulstand

Schof, der; -[e]s, -e (*nordd. für* Strohbündel [zum Dachdecken]; *Jägerspr.* Kette [von Gänsen od. Enten])

scholfel, scholfellig, schoflig ⟨hebr.-jidd.⟩ (*ugs. für* gemein; geizig); eine schof[e]le *od.* schof[e]lige Person; er hat ihn schofel behandelt; **Scholfel**, der; -s, - (*ugs. für* schlechte Ware); **scholfellig** *vgl.* schofel

Schöflfe, der; -n, -n (↑R 197); **Schöflfenlbank** *Plur.* ...bänke; **Schöflfen‿gelricht, ...stuhl; Schöfflin**

[1] *Trenn.* ...k|k...

Schoflför, der; -s, -e (*eindeutschend für* Chauffeur)

schofllig *vgl.* schofel

Schollgun, Sholgun, der; -s, -e ⟨jap.⟩ (*früher* Titel jap. Feldherren)

Schollko, die; -, -s (*ugs. kurz für* Schokolade); **Scholkollalde**, die; -, -n ⟨mexik.⟩; **scholkolladen** (aus Schokolade); **scholkollalde[n]lbraun; Scholkollade[n]‿eis, ...falbrik; scholkollade[n]‿farlben** *od.* **...farlbig; Scholkollalde[n]‿guß, ...osterhalse, ...pudlding, ...seillte** (*ugs. für* die Seite, die am vorteilhaftesten aussieht; jmds. angenehme Wesenszüge), **...streulsel, ...tafel, ...torlte; Scholkorielgel**

Schollar, der; -en, -en (↑R 197) ⟨griech.⟩ ([fahrender] Schüler, Student [im MA.]); **Schollarch**, der; -en, -en; ↑R 197 (mittelalterl. Schulvorsteher); **Schollastik**, die; - (mittelalterl. Philosophie; engstirnige Schulweisheit); **Schollalstilker** (Anhänger, Lehrer der Scholastik; *auch für* spitzfindiger Mensch); **schollastisch**; -ste; **Schollalstilzislmus**, der; - (einseitige Überbewertung der Scholastik; *auch für* Spitzfindigkeit)

Schollilast, der; -en, -en (↑R 197) ⟨griech.⟩ (Verfasser von Scholien); **Schollie** [...iə], die; -, -n *u.* **Schollilon**, das; -s, ...lien [...iən] (Anmerkung [zu griech. u. röm. Schriftstellern], Erklärung)

Schollle, die; -, -n (flacher [Erd-, Eis]klumpen; [Heimat]boden; ein Fisch); **Schollen‿brelcher, ...gelbirlge** *(Geol.)*; **schollern** (dumpf rollen, tönen)

Scholli; *nur in* mein lieber -! (*ugs.* Ausruf des Erstaunens od. der Ermahnung)

schollig ⟨*zu* Scholle⟩

Schölllkraut

Schollolchow [...xɔf] (russ. Schriftsteller)

Schollti|sei, die; -, -en (*nordd. veraltet für* Amt des Gemeindevorstehers)

schon; obschon, wennschon; wennschon – dennschon

schön; **I.** *Kleinschreibung:* **a)** (↑R 157:) die schöne Literatur; die schönen Künste; das schöne (weibliche) Geschlecht; gib die schöne (*ugs. für* rechte) Hand!; **b)** (↑R 65:) am schönsten; auf das *od.* aufs schönste (schönstens). **II.** *Großschreibung:* **a)** (↑R 65:) die Schönste unter ihnen; die Schönste, *auch* schönste der Schönen; die Welt des Schönen; das Gefühl für das Schöne und Gute; **b)** (↑R 65:) etwas Schönes; nichts Schöneres; **c)**

(↑R 133:) Schön Rotraud; Philipp der Schöne. **III.** *In Verbindung mit Verben* (↑R 205 f.): **a)** *Getrenntschreibung, wenn* „schön" *in selbständiger Bedeutung gebraucht wird,* z. B. schön sein, werden, anziehen, singen usw.; **b)** *Zusammenschreibung, wenn ein neuer Begriff entsteht; vgl.* schönfärben, schönmachen, schönreden, schönschreiben, schöntun

Schön|berg (österr. Komponist)

Schön|druck *Plur.* ...drucke (Bedrucken der Vorderseite des Druckbogens); [1]**Schö|ne,** die; -n, -n; ↑R 7 ff. (schöne Frau); [2]**Schö|ne,** die; - (*veraltend für* Schönheit)

scho|nen; sich -

schö|nen ([Färbungen] verschönern [*vgl.* avivieren]; [Flüssigkeiten] künstlich klar machen)

Scho|nen (Landsch. im Süden Schwedens)

[1]**Scho|ner** (Schutzdeckchen)

[2]**Scho|ner,** der; -s, - ‹engl.› (ein zweimastiges Segelschiff)

schön|fär|ben; ↑R 205 f. ([zu] günstig darstellen); ich färbe schön; schöngefärbt; schönzufärben; aber: das Kleid wurde [besonders] schön gefärbt; **Schön|fär|ber; Schön|fär|be|rei** ([zu] günstige Darstellung)

Schon⌣frist, ...gang *(Technik)*

Schon|gau|er (dt. Maler u. Kupferstecher)

Schon⌣ge|biet, ...ge|he|ge

Schön|geist *Plur.* ...geister; **Schön|gei|ste|rei,** die; - (einseitige Betonung schöngeistiger Interessen); **schön|gei|stig;** -e Literatur; **Schön|heit; Schön|heits⌣chir|urg, ...farm, ...feh|ler, ...fleck, ...ide|al, ...kö|ni|gin, ...kur, ...mit|tel** (das), **...ope|ra|ti|on, ...pflä|ster|chen, ...pfle|ge** (die; -), **...sinn** (der; -[e]s); **schön|heits|trun|ken** *(geh.);* **Schön|heits|wett|be|werb**

Schon|kost (*für* Diät)

Schön|ling (*abwertend für* [überaus gepflegter] gutaussehender Mann); **schön|ma|chen;** ↑R 205 f. (verschönern, herausputzen); sie hat sich schöngemacht; der Hund hat schöngemacht (hat Männchen gemacht); aber: das hat er [besonders] schön gemacht; **Schon|platz** (*regional für* Arbeitsplatz für Wiedergenesende, Schwangere); **schön|re|den;** ↑R 205 f. (schmeicheln); er hat schöngeredet; aber: der Vortragende hat schön geredet; **Schön⌣re|de|rei** (die; -; schmeichelnde Darstellung), **...red|ner** (Schmeichler), **...red|ne|rei** (die; -; Schönrederei); **schön|red|ne|risch;** -ste; **schön|schrei|ben;** ↑R 205 f. (Schönschrift schreiben); sie haben in der Schule schöngeschrieben; aber: er hat diesen Aufsatz [besonders] schön geschrieben; **Schön|schreib⌣heft, ...übung; Schön|schrift,** die; -; **schön|stens; Schön|tu|er; Schön|tue|rei** (↑R 180); **schön|tue|risch;** -ste (↑R 180); **schön|tun;** ↑R 205 (*ugs. für* schmeicheln); er hat bei ihr immer schöngetan

Scho|nung (*nur Sing.:* Nachsicht, das Schonen; junger geschützter Baumbestand)

Schö|nung ‹*zu* schönen›

scho|nungs|be|dürf|tig; scho|nungs|los; -este; **Scho|nungs|lo|sig|keit,** die; -; **scho|nungs|voll; Schon|wasch|gang**

Schön|wet|ter⌣la|ge, ...wol|ke

Schon|zeit *(Jägerspr.)*

Scho|pen|hau|er (dt. Philosoph); **Scho|pen|haue|ria|ner;** ↑R 180 (Anhänger Schopenhauers); **scho|pen|haue|risch** (↑R 180), **scho|pen|hau|ersch;** -es Denken (nach Art von Schopenhauer), aber (↑R 134): ein Schopenhauer[i]sches Werk (ein Werk von Schopenhauer)

Schopf, der; -[e]s, Schöpfe (Haarbüschel; *kurz für* Haarschopf; *landsch. u. schweiz. auch für* Wetterdach; Nebengebäude, [Wagen]schuppen)

Schopf|bra|ten (*österr. für* gebratener Schweinekamm)

Schöpf|brun|nen

Schöpf|chen (kleiner Schopf)

Schöp|fe, die; -, -n (*veraltend für* Gefäß, Platz zum Schöpfen); **Schöpf|ei|mer;** [1]**schöp|fen** (Flüssigkeit entnehmen)

[2]**schöp|fen** (*veraltet für* erschaffen)

[1]**Schöp|fer** (Schöpfgefäß)

[2]**Schöp|fer** (Erschaffer, Urheber; *nur Sing.:* Gott); **Schöp|fer⌣geist** (der; -[e]s; *geh.*), **...hand** (die; -; *geh.*); **Schöp|fe|rin; schöp|fe|risch;** -ste; **Schöp|fer|kraft** *(geh.);* **Schöp|fer|tum,** das; -s

Schöpf⌣ge|fäß, ...kel|le

Schöpf|lein *vgl.* Schöpfchen

Schöpf|löf|fel

Schöp|fung; Schöp|fungs⌣akt, ...be|richt, ...ge|schich|te, ...tag

Schöpp|chen (kleiner Schoppen)

Schöp|pe, der; -n, -n; ↑R 197 (*nordd. für* Schöffe)

schöp|peln (*landsch. für* gern oder auch gewohnheitsmäßig [einen Schoppen] trinken); ich ...[e]le (↑R 22)

schop|pen (*südd., österr. u. schweiz. mdal. für* hineinstopfen, nudeln, zustecken)

Schop|pen, der; -s, - (altes Flüssigkeitsmaß [für Bier, Wein]; *südd. u. schweiz. auch für* Babyflasche; *landsch. für* Schuppen)

Schöp|pen|stedt (Stadt in Niedersachsen); **Schöp|pen|sted|ter** (↑R 147); **schöp|pen|sted|tisch**

Schop|pen|wein; schop|pen|wei|se; Schöpp|lein *vgl.* Schöppchen

Schöps, der; -es, -e (*ostmitteld. u. österr. für* Hammel); **Schöps|chen; Schöp|sen⌣bra|ten, ...fleisch; Schöp|ser|ne,** das; -n (*österr. für* Hammelfleisch); **Schöps|lein**

scho|ren (*landsch. für* umgraben)

Schorf, der; -[e]s, -e; **schorf|ar|tig; schor|fig**

Schörl, der; -[e]s, -e (schwarzer Turmalin)

Schor|le, Schor|le|mor|le, die; -, -n, *selten* das; -s, -s (Getränk aus Wein od. Apfelsaft u. Mineralwasser)

Schorn|stein; Schorn|stein⌣fe|ger, ...fe|ge|rin

Scho|se, die; -, -n ‹franz.› (*eindeutschende Schreibung für* Chose)

[1]**Schoß,** der; -es, Schöße (beim Sitzen durch Oberschenkel und Unterleib gebildeter Winkel; *geh. für* Mutterleib; Teil der Kleidung); [2]**Schoß,** die; -, *Plur.* Schoßen *u.* Schöße (*österr. für* Frauenrock)

[3]**Schoß,** der; Schosses, *Plur.* Schosse[n] *u.* Schösse[r] (*veraltet für* Zoll, Steuer, Abgabe); [4]**Schoß,** der; Schosses, Schosse (junger Trieb)

Schoß|brett (*bayr. veraltet für* [3]Schütz)

Schöß|chen (an der Taille eines Frauenkleides angesetzter [gekräuselter] Stoffstreifen); **Schö|ßel,** der, *auch* das; -s, - (*österr. für* Schößchen; Frackschoß)

schos|sen (austreiben); die Pflanze schoßt, schoßte, hat geschoßt; **Schos|ser,** der; -s, - (verfrüht blühende Pflanze)

Schoß⌣hund, ...hünd|chen, ...kind

Schöß|ling (Ausläufer, Trieb einer Pflanze)

Scho|sta|ko|witsch (russischer Komponist)

Schot, die; -, -e[n]; *vgl.* [2]Schote

Schöt|chen (kleine [3]Schote)

[1]**Scho|te,** der; -n, -n (↑R 197) ‹hebr.-jidd.› (*ugs. für* Narr, Einfaltspinsel; witzige Geschichte)

[2]**Scho|te,** die; -, -n (*Seemannsspr.* Segelleine)

[3]**Scho|te,** die; -, -n (Fruchtform); **scho|ten|för|mig; Scho|ten|frucht; Schöt|lein** *vgl.* Schötchen

[1]**Schott,** der; -s, -s ‹arab.› (mit

Salzschlamm gefülltes Becken [im Atlasgebirge])

[2]**Schott**, das; -[e]s, *Plur.* -en, *auch* -e (*Seemannsspr.* wasserdichte [Quer]wand im Schiff)

[1]**Schot|te,** der; -n, -n; ↑R 197 (Bewohner von Schottland)

[2]**Schot|te,** der; -n, -n; ↑R 197 (*nordd. für* junger Hering)

[3]**Schot|te,** die; - (*südd., schweiz. für* Molke); [1]**Schot|ten,** der; -s (*südd., westösterr. für* Quark)

[2]**Schot|ten,** der; -s, - (ein Gewebe); **Schot|ten‿rock, ...witz**

Schot|ter, der; -s, - (zerkleinerte Steine; *auch für* von Flüssen abgelagerte kleine Steine); **Schot|ter|decke** [*Trenn.* ...dek|ke]; **schot|tern** (mit Schotter belegen); ich ...ere (↑R 22); **Schot|ter|stra|ße; Schot|te|rung**

Schot|tin; schot|tisch; Schot|tisch, der; -, - *u.* **Schot|ti|sche,** der; -n, -n; ↑R 7 ff. (ein Tanz); einen Schottischen tanzen; **Schott|land; Schott|län|der; schott|län|disch**

Schraf|fe, die; -, -n *meist Plur.* (Strich einer Schraffur); **schraf|fen, schraf|fie|ren** (mit Schraffen versehen; stricheln); **Schraf|fie|rung, Schraf|fung,** *meist* **Schraf|fur,** die; -, -en (feine parallele Striche, die eine Fläche hervorheben)

schräg; - halten, stehen, stellen, liegen; - gegenüber; schräge Musik (*ugs. bes. für* Jazzmusik); **Schräg|bau** (der; -[e]s; *Bergmannsspr.* ein Abbauverfahren in steil gelagerten Flözen); **Schrä|ge,** die; -, -n; **schra|gen** (*veraltet für* zu Schragen verbinden); **schrä|gen** (schräg abkanten); **Schra|gen,** der; -s, - (*veraltet für* schräg od. kreuzweise zueinander stehende Holzfüße od. Pfähle; *auch für* Sägebock; Totenbahre); **Schräg|heit,** die; -; **schräg|hin; Schräg|la|ge; schräg|lau|fend; Schräg‿schnitt, ...schrift, ...strei|fen, ...strich; schräg|über** (*selten für* schräg gegenüber); **Schrä|gung** (*selten für* Schräge)

schral (*Seemannsspr.* ungünstig); -er Wind; **schra|len;** der Wind schralt

Schram, der; -[e]s, Schräme (*Bergmannsspr.* horizontaler od. geneigter Einschnitt im Flöz); **Schram|boh|rer, Schräm|boh|rer; schrä|men** (Schräme machen); **Schräm|ma|schi|ne** (Maschine zur Herstellung eines Schrams); **Schram|me,** die; -, -n

Schram|mel|mu|sik (↑R 135), die; - ‹nach den österr. Musikern Johann u. Josef Schrammel›

schram|men; schram|mig

Schrank, der; -[e]s, Schränke; **Schrank|bett; Schränk|chen; Schran|ke,** die; -, -n; **Schränk|ei|sen** (Gerät zum Schränken der Säge); **schrän|ken** (die Zähne eines Sägeblattes wechselweise abbiegen; *Jägerspr.* die Tritte etwas versetzt hintereinandersetzen [vom Rothirsch]); **Schran|ken,** der; -s, - (*österr. für* Bahnschranke); **schran|ken|los; Schran|ken|lo|sig|keit,** die; -; **Schran|ken|wär|ter; Schrank|fach; schrank|fer|tig;** -e Wäsche; **Schrank|kof|fer; Schränk|lein; Schrank‿spie|gel, ...tür, ...wand**

Schran|ne, die; -, -n (*südd. veraltend für* Fleischer-, Bäckerladen; Getreidemarkt[halle])

Schranz, der; -es, Schränze (*südd., schweiz. mdal. für* Riß); **Schran|ze,** die; -, -n, *seltener* der; -n, -n *meist Plur.* (*abwertend für* Höfling)

Schra|pe, die; -, -n (*nordd. für* Gerät zum Schaben); **schra|pen** (*nordd. für* schrappen)

Schrap|nell, das; -s, *Plur.* -e *u.* -s ‹nach dem engl. Artillerieoffizier H. Shrapnel› (*früher* Sprenggeschoß mit Kugelfüllung; *abwertend für* ältere, häßliche Frau)

Schrapp|ei|sen; schrap|pen (*landsch. für* [ab]kratzen); **Schrap|per** (ein Fördergefäß); **Schrap|sel,** das; -s, - (*nordd. für* das Abgekratzte)

Schrat, Schratt, der; -[e]s, -e, *landsch.* **Schrä|tel,** der; -s, - (zottiger Waldgeist)

Schrat|te, die; -, -n (*Geol.* Rinne, Schlucht in Kalkgestein); *vgl.* [2]Karre; **Schrat|ten|kalk,** der; -[e]s (zerklüftetes Kalkgestein)

Schräub|chen; Schrau|be, die; -, -n; **Schrau|bel,** die; -, -n (*Bot.* schraubenförmiger Blütenstand); **schrau|ben; Schrau|ben‿dampf|fer, ...dre|her** (*fachspr. für* Schraubenzieher), **...fe|der, ...flü|gel; schrau|ben|för|mig; Schrau|ben‿ge|win|de, ...kopf, ...li|nie, ...mut|ter** (*Plur.* ...muttern), **...pres|se, ...rad** *(Technik)*, **...sal|to, ...schlüs|sel, ...zie|her; Schräub|lein; Schraub‿stock** (*Plur.* ...stöcke), **...ver|schluß, ...zwin|ge**

Schrau|fen, der; -s, - (*österr. ugs. für* Schraube; hohe Niederlage im Sport)

Schre|ber|gar|ten (↑R 135) ‹nach dem Leipziger Arzt Schreber› (Kleingarten in Gartenkolonien); **Schre|ber|gärt|ner**

Schreck, der; -[e]s, -e *u.* Schrecken [*Trenn.* Schrek|ken], der; -s, -; **Schreck|bild**

Schrecke [*Trenn.* Schrek|ke], die; -, -n (*kurz für* Heuschrecke)

[1]**schrecken**[1] (in Schrecken geraten; *nur noch in* erschrecken [du erschrickst, erschrakst, bist erschrocken] *u. in Zusammensetzungen wie* auf-, hoch-, zurück-, zusammenschrecken; *vgl. d.*); du schrickst, *auch* schreckst; du schrakst, *auch* schrecktest, er schrak, *auch* schreckte; du schräkest, *auch* schrecktest; geschreckt; schrick!, *auch* schreck[e]!; [2]**schrecken**[1] (in Schrecken [ver]setzen; abschrekken; *Jägerspr.* schreien); du schreckst, er schreckt; du schrecktest; geschreckt; schreck[e]!; **Schrecken**[1] *vgl.* Schreck; **schrecken|er|re|gend**[1] (↑R 209); **Schreckens|bi|lanz**[1]; **schreckens**[1]**‿blaß, ...bleich; Schreckens**[1]**‿bot|schaft, ...herr|schaft, ...nach|richt, ...nacht, ...tat, ...zeit; schreck|er|füllt; Schreck|ge|spenst; schreck|haft;** -este; **Schreck|haf|tig|keit,** die; -; **schreck|lich; Schreck|lich|keit; Schreck|nis,** das; -ses, -se *(geh.)*; **Schreck‿schrau|be** (*ugs. für* unangenehme Frau), **...schuß; Schreck|schuß|pi|sto|le; Schreck|se|kun|de**

Schred|der *vgl.* Shredder

Schrei, der; -[e]s, -e; **Schrei|ad|ler**

Schreib‿au|to|mat, ...be|darf, ...block (*vgl.* Block), **...bü|ro; Schrei|be,** die; - (*ugs. für* Geschriebenes; Schreibgerät; Schreibstil); **schrei|ben;** du schriebst; du schriebest; geschrieben; schreib[e]!; er hat mir sage und schreibe (tatsächlich) zwanzig Mark abgenommen; **Schrei|ben,** das; -s, - (Schriftstück); **Schrei|ber; Schrei|be|rei; Schrei|be|rin; Schrei|ber|ling** ([viel u.] schlecht schreibender Autor); **Schrei|ber|see|le** (bürokratischer, kleinlicher Mensch); **schreib|faul; Schreib‿faul|heit** (die; -), **...fe|der, ...feh|ler; schreib|ge|wandt; Schreib‿heft, ...kraft, ...krampf, ...map|pe, ...ma|schi|ne; Schreib|ma|schi|nen‿pa|pier, ...schrift, ...tisch; Schreib‿pa|pier, ...pult, ...schrank, ...schrift, ...stu|be, ...tisch; Schreib|tisch|tä|ter** (jmd., der den Auftrag zu einem Verbrechen [vom Schreibtisch aus] gibt, in führender Position dafür verantwortlich ist); **Schreib|übung; Schrei|bung; Schreib‿un|ter|la|ge, ...un|ter|richt, ...wa|ren** *(Plur.)*; **Schreib|wa|ren|ge|schäft; Schreib‿wei|se** (die), **...zeug** (das; -[e]s)

schrei|en; du schriest; geschrie[e]n; schrei[e]!; die schrei-

[1] *Trenn.* ...k|k...

endsten Farben; **Schrei|er; Schreie|rei** *(ugs.);* **Schrei₋hals** *(abwertend),* **...krampf**

Schrein, der; -[e]s, -e ‹lat.› (*veraltend für* Schrank; [Reliquien]behältnis); **Schrei|ner** (*bes. südd., westd. für* Tischler); **Schrei|ne|rei; schrei|nern;** ich ...ere (↑R 22)

Schreit|bag|ger; schrei|ten; du schrittst; du schrittest; geschritten; schreit[e]!; **Schreit₋tanz, ...vo|gel**

Schrenz, der; -es, -e (*veraltend für* minderwertiges Papier, Löschpapier)

Schrieb, der; -s, -e *u.* **Schriebs,** der; -es, -e (*ugs., oft abwertend für* Schreiben, Brief); **Schrift,** die; -, -en; die deutsche, gotische, lateinische, griechische, kyrillische -; **Schrift₋art, ...bild; schrift|deutsch; Schrift|deutsch,** das; -[s]; **Schrift|deut|sche,** das; -n; **Schrif|ten** *Plur.* (*schweiz. für* Ausweispapiere); **Schrif|ten₋rei|he, ...ver|zeich|nis; Schrift₋fäl|scher, ...form, ...füh|rer, ...ge|lehr|te** (im N. T.); **schrift|ge|mäß; Schrift|gie|ßer; Schrift|gie|ße|rei; Schrift₋grad, ...hö|he, ...lei|ter** (der), **...lei|tung; schrift|lich;** -e Arbeit; -e Prüfung; -e Überlieferung; (↑R 65:) etwas Schriftliches geben; **Schrift|lich|keit,** die; - (schriftliche Niederlegung); **Schrift₋pro|be, ...rol|le, ...sach|ver|stän|di|ge, ...satz, ...set|zer, ...set|ze|rin, ...spie|gel, ...spra|che; schrift|sprach|lich; Schrift|stel|ler; Schrift|stel|le|rei,** die; -; **Schrift|stel|le|rin; schrift|stel|le|risch; schrift|stel|lern;** ich ...ere (↑R 22); geschriftstellert; **Schrift|stück; Schrift|tum,** das; -s; **Schrift₋typ, ...ver|kehr** (der; -s); **schrift|ver|stän|dig; Schrift₋wech|sel, ...zei|chen, ...zug**

schrill; schril|len; Schrill|heit, die; -

schrin|nen (*nordd. für* schmerzen); die Wunde schrinnt

Schrip|pe, die; -, -n (*bes. berlin. für* Brötchen)

Schritt, der; -[e]s, -e; 5 - weit (↑R 129); - für -; auf - und Tritt; - fahren, - halten; **Schrittanz** [*Trenn.* Schritt|tanz, ↑R 204]; **Schrittem|po,** das; -s [*Trenn.* Schritt|tem..., ↑R 204]; **Schritt₋fol|ge** (beim Tanzen), **...ge|schwin|dig|keit** (die; -), **...kom|bi|na|ti|on** *(Sport),* **...län|ge, ...ma|cher; Schritt|ma|cher|ma|schi|ne** *(Radrennen);* **Schritt|mes|ser,** der; **schritt|wei|se; Schritt₋wei|te** (bei der Hose), **...zäh|ler**

Schro|fen, der; -s, - (*landsch., bes. österr. für* Felsklippe); **schroff;** -[e]ste; **Schroff,** der; *Gen.* -[e]s *u.* -en, *Plur.* -en (↑R 197) *u.* **Schrof|fen,** der; -s, - *vgl.* Schrofen; **Schroff|heit**

schroh; -[e]ste (*fränk. u. hess. für* häßlich)

schröp|fen; Schröp|fer (*selten für* Schröpfkopf); **Schröpf|kopf** *(Med.)*

Schropp|ho|bel *vgl.* Schrupp|hobel

Schrot, der *od.* das; -[e]s, -e (grobgemahlene Getreidekörner; kleine Bleikügelchen); mit - schießen; **Schrot₋blatt** (mittelalterl. Kunstblatt in Metallschnitt), **...brot; schro|ten** (grob zerkleinern); geschrotet, *älter* geschroten; **Schrö|ter** (*selten für* Hirschkäfer); **Schrot|flin|te**

Schroth|kur ‹nach dem österr. Naturheilkundler› ([Abmagerungs]kur mit wasserarmer Diät)

Schrot₋ku|gel, ...la|dung; Schröt|ling (Metallstück zum Prägen von Münzen); **Schrot₋mehl, ...müh|le, ...sä|ge, ...schuß; Schrot|schuß|krank|heit,** die; - (eine Pflanzenkrankheit); **Schrott,** der; -[e]s, -e *Plur. selten* (Alteisen); **schrot|ten** (zu Schrott machen); **Schrott₋han|del** (*vgl.* [1]Handel), **...händ|ler, ...hau|fen, ...platz, ...pres|se; schrott|reif; Schrott₋trans|port** (↑R 204), **...wert** (der; -[e]s); **Schrot|waa|ge** (Vorrichtung zur Prüfung waagerechter Flächen)

schrub|ben (mit einer Bürste o. ä. reinigen); *vgl.* schruppen; **Schrub|ber** ([Stiel]scheuerbürste); **Schrubbe|sen** [*Trenn.* Schrubb|be..., ↑R 204] *(landsch.)*

Schrul|le, die; -, -n (seltsame Laune, unberechenbarer Einfall; *ugs. für* eigensinnige alte Frau); **schrul|len|haft;** -este; **schrul|lig; Schrul|lig|keit,** die; -

schrumm!; schrumm|fi|de|bumm!

Schrum|pel, die; -, -n (*landsch. für* Falte, Runzel; alte Frau); **schrum|pe|lig** *vgl.* schrumplig; **schrum|peln** (*landsch. für* schrumpfen); ich ...[e]le (↑R 22); **schrumpf|be|stän|dig;** -e Stoffe; **schrump|fen; Schrumpf|ger|ma|ne** (*ugs. abwertend für* kleinwüchsiger Mensch); **schrump|fig; Schrumpf₋kopf** (eingeschrumpfter Kopf eines getöteten Feindes [als Trophäe]), **...le|ber, ...nie|re; Schrump|fung; schrump|lig,** schrum|pe|lig (*landsch. für* faltig u. eingetrocknet)

Schrund, der; -[e]s, Schründe (*südd., österr., schweiz. für* Fels-, Gletscherspalte); **Schrun|de,** die; -, -n ([Haut]riß, Spalte); **schrun|dig** (*landsch. für* rissig)

schrup|pen (grob hobeln); *vgl.* schrubben; **Schrupp|fei|le; Schrupp|ho|bel,** Schropp|ho|bel

Schruz, der; -es (*obersächs. für* Minderwertiges, Wertloses)

Schub, der; -[e]s, Schübe; **Schub|ab|schal|tung** *(Kfz-Technik)*

Schub|be|jack, der; -s, -s (*nordd. für* Schubiack); **schub|ben** (*nordd. für* kratzen)

Schu|ber, der; -s, - (Schutzkarton für Bücher; *österr. auch für* Absperrvorrichtung, Schieber)

Schu|bert (österr. Komponist)

Schub|fach

Schu|bi|ack, der; -s, *Plur.* -s *u.* -e ‹niederl.› (*ugs. für* Lump, niederträchtiger Mensch)

Schub₋kar|re[n], ...ka|sten, ...kraft, ...la|de; schub|la|di|sie|ren (*schweiz. für* unbearbeitet weglegen); **Schub₋leh|re** (*svw.* Schieblehre), **...leich|ter** (Schiff), **...lei|stung; Schüb|lig** *(schweiz. mdal.) u.* **Schüb|ling** (*südd., schweiz. für* [leicht geräucherte] lange Wurst); **Schub|mo|dul,** der; -s, -n *(Physik);* **Schubs,** der; -es, -e (*ugs. für* Stoß); **Schub|schiff; schub|sen** (*ugs. für* [an]stoßen); du schubst; **Schub|se|rei** *(ugs.);* **Schub|stan|ge; schub|wei|se; Schub|wir|kung**

schüch|tern; Schüch|tern|heit, die; -

schuckeln [*Trenn.* schuk|keln] (*landsch. für* schaukeln); ich ...[e]le (↑R 22)

schud|dern (*landsch. für* schauern, frösteln); es schuddert mich

Schuf|fel, die; -, -n (ein Gartengerät)

Schuft, der; -[e]s, -e *(abwertend)*

schuf|ten (*ugs. für* hart arbeiten); **Schuf|te|rei** *(ugs.)*

schuf|tig; Schuf|tig|keit

Schuh, der; -[e]s, -e; 3 - lang (↑R 129); **Schuh₋an|zie|her, ...band** (das; *Plur.* ...bänder; *landsch. für* Schnürsenkel), **...bür|ste; Schuh|chen, Schüh|chen; Schuh₋creme, ...fa|brik, ...ge|schäft, ...grö|ße, ...haus, ...kar|ton, ...la|den** (*Plur.* ...läden); **Schüh|lein; Schuh₋lei|sten, ...löf|fel, ...ma|cher; Schuh|ma|che|rei; Schuh|ma|che|rin; Schuh|ma|cher|lehr|ling; Schuh₋num|mer, ...platt|ler** (ein Volkstanz), **...put|zer, ...rie|men, ...soh|le, ...span|ner, ...werk, ...wich|se** *(ugs.),* **...zeug** (das; -[e]s; *ugs.*)

Schu|ko ® (*Kurzw. für* Schutzkontakt), *in Verbindungen wie* **Schu|ko|stecker** [*Trenn.* ...stek|ker] (*Kurzw. für* Stecker mit besonderem Schutzkontakt)

Schul_ab|gän|ger, ...ab|schluß
Schu|lam|mit *vgl.* [2]Sulamith
Schul_amt, ...an|fän|ger, ...ar|beit (*österr. auch svw.* Klassenarbeit), **...arzt, ...ärz|tin; schul|ärzt|lich; Schul_at|las, ...auf|ga|be, ...auf|satz, ...auf|sicht; Schul|auf|sichts|be|hör|de; Schul_bank** (*Plur.* ...bänke), **...be|ginn, ...be|hör|de, ...bei|spiel, ...be|such, ...bil|dung, ...bub** (*südd., österr. für* Schuljunge), **...buch, ...bus, ...chor**
Schuld, die; -, -en; [die] Schuld tragen; es ist meine Schuld; [bei jmdm.] Schulden haben, machen; jmdm. die Schuld geben, aber (↑R 64): schuld geben, haben, sein; du hast dir etwas zuschulden (↑R 208) kommen lassen; **Schuld_ab|än|de|rung** (*Rechtsw.*), **...an|er|kennt|nis** (das; *Rechtsw.*), **...bei|tritt** (*Rechtsw.*), **...be|kennt|nis; schuld|be|la|den;** ↑R 209 (*geh.*); **Schuld|be|weis; schuld|be|wußt** (↑R 209); **Schuld|be|wußt|sein; Schuld|buch|for|de|rung** (*Wirtsch.*); **schul|den; Schul|den_berg** (*ugs.*), **...er|laß; schul|den|frei;** ↑R 209 (ohne Schulden); **Schul|den|haf|tung** (*Rechtsspr.*); **schul|den|hal|ber; Schul|den_kri|se, ...last; schuld|fä|hig** (*Rechtsspr.*); **Schuld|fra|ge,** die; -; **schuld|frei;** ↑R 209 (ohne Schuld); **Schuld|ge|fühl; schuld|haft;** -este; **Schuld|haft,** die; - (*früher*)
Schul|dienst, der; -[e]s; im - [tätig] sein (als Lehrer unterrichten)
schul|dig; der -e Teil; auf - plädieren (Schuldigsprechung beantragen); eines Verbrechens - sein; jmdn. - sprechen; **Schul|di|ge,** der *u.* die; -n, -n (↑R 7ff.); **Schul|di|ger** (*bibl. für* jmd., der sich schuldig gemacht hat); **schul|di|ger|ma|ßen; Schul|dig|keit;** seine [Pflicht u.] - tun; **Schul|dig|spre|chung; Schuld|kom|plex** (*Psych.*); **schuld|los;** -este; **Schuld|lo|sig|keit,** die; -; **Schuld|ner; Schuld|ne|rin; Schuld|ner_mehr|heit** (*Rechtsw.*), **...ver|zug** (*Rechtsspr.*); **Schuld_recht** (das; -[e]s; *Rechtsspr.*), **...schein; Schuld_spruch, ...über|nah|me, ...um|wand|lung, ...ver|hält|nis, ...ver|schrei|bung; schuld|voll; Schuld_wech|sel, ...zins** (*Plur.* ...zinsen), **...zu|wei|sung**
Schu|le, die; -, -n; (↑R 157:) die Hohe Schule (*vgl. d.*); aber: die höhere Schule (*vgl.* höher); Schule machen (Nachahmer finden); **schul|ei|gen; schu|len; Schul|eng|lisch** (Englischkenntnisse, die jmd. auf der Schule erworben hat); **schul|ent|las|sen; Schul|ent|las|sung; schul|ent|wach|sen; Schü|ler; Schü|ler_aus|tausch, ...aus|weis; schü|ler|haft; Schü|le|rin; Schü|ler|lot|se** (Schüler, der als Verkehrshelfer eingesetzt ist); **Schü|ler_mit|ver|ant|wor|tung, ...mit|ver|wal|tung** (*Abk.* SMV), **...par|la|ment; Schü|ler|schaft; Schü|ler_spra|che** (die; -), **...wett|be|werb, ...zei|tung; Schul_fach, ...fe|ri|en** (*Plur.*); **schul|frei;** *vgl.* hitzefrei; **Schul_freund, ...freun|din, ...funk, ...gang** (der), **...gar|ten, ...ge|bäu|de, ...geld** (das; -[e]s); **Schul|geld|frei|heit,** die; -; **Schul_ge|lehr|sam|keit, ...ge|mein|de, ...ge|setz, ...haus, ...heft, ...hof, ...hort** (in der ehem. DDR), **...hy|gie|ne; schu|lisch; Schul_jahr, ...ju|gend, ...jun|ge** (der), **...ka|me|rad, ...kennt|nis|se** (*Plur.*), **...kind, ...klas|se, ...land|heim, ...leh|rer, ...leh|re|rin, ...lei|ter** (der), **...lei|te|rin, ...lei|tung, ...mäd|chen, ...mann** (*svw.* Lehrer); **schul|mä|ßig; Schul_me|di|zin** (die; -), **...mei|ster; schul|mei|ster|lich; schul|mei|stern;** ich ...ere (↑R 22); geschulmeistert; zu -; **Schul_mu|sik** (die; -), **...or|che|ster, ...ord|nung**
Schulp, der; -[e]s, -e (Schale der Tintenfische)
Schul|pflicht, die; -; **schul|pflich|tig;** -es Alter; -es Kind; **Schul|pfor|ta** ([*früher* Fürstenschule] bei Naumburg); **Schul_po|li|tik, ...psy|cho|lo|ge, ...psy|cho|lo|gin, ...ran|zen, ...rat** (*Plur.* ...räte), **...recht** (das; -[e]s), **...re|form, ...rei|fe, ...sack** (*schweiz. für* Schulranzen; Schulbildung), **...schiff, ...schluß** (der; ...schlusses), **...spei|sung** (die; -), **...sport, ...spre|cher, ...spre|che|rin, ...streß, ...stun|de, ...sy|stem, ...tag, ...ta|sche**
Schul|ter, die; -, -n; **Schul|ter|blatt; schul|ter|frei; Schul|ter|ge|lenk; ...schul|te|rig,** ...schultrig (z. B. breitschult[e]rig); **Schul|ter|klap|pe** *meist Plur.*; **schul|ter|lang;** -es Haar; **schul|tern;** ich ...ere (↑R 22); **Schul|ter_pol|ster, ...rie|men, ...schluß** (der; ...schlusses; das Zusammenhalten [von Interessengruppen u. a.]), **...sieg** (beim Ringen)
Schult|heiß, der; -en, -en; ↑R 197 (*früher für* Gemeindevorsteher; *im Kanton Luzern* Präsident des Regierungsrates); **Schult|hei|ßen|amt**
...schult|rig *vgl.* ...schulterig
Schul|tü|te (am ersten Schultag); **Schu|lung; Schu|lungs|kurs; Schul_un|ter|richt, ...ver|sa|gen, ...ver|wal|tung, ...wart** (der; -[e], -e; *österr. für* Hausmeister einer Schule), **...weg, ...weis|heit** (*veraltet für* angelerntes Wissen), **...we|sen** (das; -s), **...wis|sen**
Schul|ze, der; -n, -n; ↑R 197 (*veraltet für* Gemeindevorsteher)
Schul|zeit
Schul|zen|amt (*veraltet*)
Schul_zen|trum, ...zeug|nis
Schu|man (franz. Politiker)
Schu|mann (dt. Komponist)
Schum|mel, der; -s (*ugs. für* Schummelei, Betrug); **Schum|me|lei** (*ugs.*); **schum|meln** (*ugs. für* [leicht] betrügen); ich ...[e]le (↑R 22)
Schum|mer, der; -s, - (*landsch. für* Dämmerung); **schum|me|rig,** schummrig (*ugs. für* dämmerig, halbdunkel); **schum|mern** (*landsch. für* dämmern; *fachspr. für* [Landkarte] schattieren); ich ...ere (↑R 22); (↑R 68:) im Schummern (*landsch. für* in der Dämmerung); **Schum|mer|stun|de** (*landsch.*); **Schum|me|rung,** die; - (*fachspr. für* Schattierung)
Schumm|ler, der; -s, - (*ugs. für* jmd., der schummelt); **Schumm|le|rin**
schumm|rig *vgl.* schummerig
Schum|per|lied (*obersächs. für* Liebeslied, derbes Volkslied); **schum|pern** (*ostmitteld. für* auf dem Schoße schaukeln); ich ...ere (↑R 22)
Schund, der; -[e]s (Wertloses, Minderwertiges); **Schund_blatt** (*abwertend für* Zeitschrift, die nur Schund enthält), **...heft** (*svw.* Schundblatt), **...li|te|ra|tur** (die; -), **...ro|man**
schun|keln ([sich] hin u. her wiegen; *landsch. für* schaukeln); ich ...[e]le (↑R 22); **Schun|kel|wal|zer**
Schupf, der; -[e]s, -e (*südd., schweiz. mdal. für* Schubs, Stoß, Schwung); **schup|fen**
Schup|fen, der; -s, - (*südd., österr. für* Schuppen, Wetterdach)
Schup|fer (*österr. ugs. für* Stoß, Schubs)
[1]**Schu|po,** die; - (*Kurzw. für* Schutzpolizei); [2]**Schu|po,** der; -s, -s (*veraltet; Kurzw. für* Schutzpolizist)
Schupp, der; -[e]s, -e (*nordd. für* Schubs, Stoß, Schwung)
Schüpp|chen (kleine Schuppe); **Schup|pe,** die; -, -n (Haut-, Hornplättchen)
Schüp|pe, die; -, -n (*landsch. für* Schippe)
Schüp|pel, der; -s, - (*bayr. u. österr. mdal. für* Büschel)
schüp|peln (*veraltet für* schiebend bewegen); ich ...[e]le (↑R 22); [1]**schup|pen** (*landsch. für* stoßen, stoßend schieben)

²schup|pen ([Fisch]schuppen entfernen)
schüp|pen (*landsch. für* schippen)
Schup|pen, der; -s, - (Raum für Holz u. a.); *vgl.* Schupfen
Schüp|pen *Plur.* (*landsch. für* Schippen)
schup|pen|ar|tig; Schup|pen‿bil|dung, ...flech|te *(Med.)*, **...pan|zer, ...tier; schup|pig; Schüpp|lein** *vgl.* Schüppchen
Schups, der; -es, -e (*südd. für* Schubs); **schup|sen** (*südd. für* schubsen); du schupst
Schur, die; -, -en (Scheren [der Schafe])
Schür|ei|sen; schü|ren; Schü|rer (*landsch. für* Schürhaken)
Schurf, der; -[e]s, Schürfe (*Bergmannsspr.* Suche nach nutzbaren Lagerstätten); **schür|fen; Schür|fer** *(Bergmannsspr.)*; **Schürf|kü|bel** (ein Fördergerät); **Schürf‿loch, ...recht; Schür|fung; Schürf|wun|de**
schür|gen (*landsch. für* schieben, stoßen, treiben)
Schür|ha|ken
...schü|rig (z. B. dreischürig, *mit Ziffer* 3schürig; ↑R 212)
Schu|ri|ge|lei *(ugs.)*; **schu|ri|geln** (*ugs. für* schikanieren, quälen); ich ...[e]le (↑R 22)
Schur|ke, der; -n, -n; ↑R 197 *(abwertend)*; **Schur|ken‿streich** *(veraltend)*, **...tat** *(veraltend)*; **Schur|ke|rei** *(abwertend)*; **Schur|kin; schur|kisch**; -ste
Schur|re, die; -, -n (*landsch. für* [Holz]gleitbahn, Rutsche); **schur|ren** (*landsch. für* mit knirschendem Geräusch über den Boden gleiten, scharren); **Schurr|murr**, der; -s (*landsch. für* Durcheinander; Gerümpel)
Schur|wol|le; schur|wol|len (aus Schurwolle)
Schurz, der; -es, -e; **Schür|ze**, die; -, -n; **schür|zen**; du schürzt; **Schür|zen‿band** (das; *Plur.* ...bänder), **...jä|ger** (*ugs. für* Mann, der ständig Frauen umwirbt), **...kleid, ...zip|fel**
Schusch|nigg (österr. Politiker)
Schuß, der; Schusses, Schüsse; 2 - Rum (↑R 128 *u.* 129); 2 - (*auch* Schüsse) abgeben; in Schuß (*ugs. für* in Ordnung) halten, haben; **Schuß‿ab|ga|be** (die; -; *Amtsspr.*), **...bein** *(Fußball)*, **...be|reich** (der); **schuß|be|reit**
¹Schus|sel, der; -s, - *od.* die; -, -n (*ugs. für* unkonzentrierter, vergeßlicher Mensch); **²Schus|sel**, die; -, -n (*landsch. für* Schlitterbahn)
Schüs|sel, die; -, -n; **Schüs|sel|chen, Schüs|sel|lein; schüs|sel|för|mig**
schus|se|lig, schuß|lig (*ugs. für* unkonzentriert, vergeßlich, fahrig); **schus|seln** (*ugs. für* fahrig, unruhig sein; *landsch. für* schlittern); ich schussele *u.* schußle (↑R 22)
Schus|ser (*landsch. für* Spielkügelchen); **schus|sern** *(landsch.)*; ich schussere *u.* schußre (↑R 22)
Schuß‿fa|den *(Weberei)*, **...fahrt** *(Skisport)*, **...feld; schuß|fer|tig; schuß|fest**; -este (kugelsicher; *Jägerspr.* an Schüsse gewöhnt); **Schuß‿garn** *(Weberei)*, **...ge|le|gen|heit** *(Sport)*; **schuß|ge|recht** *(Jägerspr.)*; **Schuß|ge|rin|ne** *(Wasserbau)*
schus|sig (*landsch. für* [über]eilig, hastig); **Schuß|ler** (*landsch. für* mit Schussern Spielender; *ugs. svw.* ¹Schussel)
schuß|lig *vgl.* schusselig
Schuß‿li|nie, ...rich|tung; schuß|schwach *(Sport)*; **Schuß|schwä|che** *(bes. Fuß-, Handball)*; **schuß|stark** *(Sport)*; **Schuß‿stär|ke** *(bes. Fuß-, Handball)*, **...ver|let|zung, ...waf|fe, ...wech|sel, ...wei|te, ...wun|de, ...zahl**
Schu|ster; Schu|ster‿ah|le, ...draht; Schu|ste|rei *(veraltet)*; **Schu|ster|jun|ge**, der (*veraltet für* Schusterlehrling; *berlin. für* Roggenbrötchen); **schu|stern** (*landsch., sonst veraltet für* das Schuhmacherhandwerk ausüben; *abwertend für* Pfuscharbeit machen); ich ...ere (↑R 22); **Schu|ster‿pal|me** (eine Pflanze), **...pech, ...pfriem, ...werk|statt**
Schu|te, die; -, -n (flaches, offenes Wasserfahrzeug; haubenartiger Frauenhut)
Schutt, der; -[e]s; **Schutt|ab|la|de|platz; Schütt‿be|ton, ...bo|den** *(landsch.)*; **Schüt|te**, die; -, -n (kleiner Behälter [z. B. für Mehl]; *landsch. für* Bund [Stroh]); eine - Stroh; **Schüt|tel‿frost, ...läh|mung** *(Med.)*; **schüt|teln**; ich ...[e]le (↑R 22); **Schüt|tel‿reim, ...rut|sche** *(Bergmannsspr.)*; **schüt|ten**
schüt|ter (spärlich; schwach)
schüt|tern (schütteln); der Wagen schüttert
Schütt|gut *(Wirtsch.)*; **Schutt‿hal|de, ...hau|fen, ...ke|gel** *(Geol.)*; **Schütt|ofen** *(Hüttenw.)*; **Schutt|platz; Schütt‿stein** (*schweiz. für* Ausguß, Spülbecken), **...stroh; Schüt|tung**
Schutz, der; -es, *Plur. (Technik:)* -e; zu - und Trutz
¹Schütz, der; -en, -en; ↑R 197 (*veraltet für* ¹Schütze)
²Schütz, das; -es, -e (*Elektrotechnik* ferngesteuerter Schalter); **³Schütz**, das; -es, -e *u.* Schüt|ze, die; -, -n (bewegliches Wehr)
Schutz‿an|strich, ...an|zug, ...be|dürf|nis (das; ...nisses); **schutz|be|dürf|tig; Schutz|be|foh|le|ne**, der *u.* die; -n, -n (↑R 7 ff.); **Schutz‿be|haup|tung, ...blech, ...brett, ...brief, ...bril|le, ...bünd|nis, ...dach**
¹Schüt|ze, der; -n, -n; ↑R 197 (Schießender)
²Schüt|ze, die; -, -n (*svw.* ³Schütz)
schüt|zen; du schützt
Schüt|zen, der; -s, - (*Weberei* Gerät zur Aufnahme der Schußspulen, Schiffchen)
Schüt|zen‿bru|der, ...fest
Schutz|en|gel
Schüt|zen‿ge|sell|schaft, ...gil|de, ...gra|ben, ...haus, ...hil|fe *(ugs.)*, **...kö|nig, ...lie|sel** (die; -, -; ↑R 138), **...li|nie, ...pan|zer, ...platz**
Schüt|zen|steue|rung, Schützsteue|rung ‹*zu* ²Schütz› *(Elektrotechnik)*
Schüt|zen‿ver|ein, ...wie|se
Schüt|zer (*kurz für* Knie-, Ohrenschützer); **Schutz‿far|be, ...fär|bung** *(Zool.)*, **...film, ...frist, ...ge|biet, ...ge|bühr, ...geist** (*Plur.* ...geister), **...geld; Schutz|geld|er|pres|sung; Schutz‿ge|mein|schaft, ...git|ter, ...glas** (*Plur.* ...gläser), **...ha|fen** (*vgl.* ²Hafen), **...haft** (die), **...hau|be, ...hei|li|ge** *(kath. Kirche)*, **...helm, ...herr, ...herr|schaft, ...hül|le, ...hüt|te; schutz|imp|fen**; ich schutzimpfe; schutzgeimpft; schutzzuimpfen; **Schutz‿imp|fung, ...klau|sel, ...klei|dung; Schütz|ling; schutz|los**; -este; **Schutz|lo|sig|keit**, die; -; **Schutz‿macht, ...mann** (*Plur.* ...männer *u.* ...leute; *ugs. für* [Schutz]polizei), **...mar|ke, ...mas|ke, ...mit|tel** (das), **...pa|tron** (*svw.* Schutzheilige), **...po|li|zei** (die; -; *Kurzw.* ¹Schupo), **...po|li|zist** (*Kurzw.* ²Schupo), **...raum, ...schicht, ...schild** (der)
Schütz|steue|rung *vgl.* Schützensteuerung
Schutz‿trup|pe, ...um|schlag; Schutz-und-Trutz-Bünd|nis (↑R 41; *veraltend*); **Schutz‿ver|band, ...ver|trag, ...vor|keh|rung, ...vor|rich|tung, ...wall, ...weg** (*österr. für* Fußgängerüberweg), **...wehr** (die; *veraltet, noch fachspr.*), **...zoll** (↑R 204); **Schutz|zoll|po|li|tik**, die; -
Schw. = Schwester
Schwa|bach (Stadt in Mittelfranken); **¹Schwa|ba|cher** (↑R 147); **²Schwa|ba|cher**, die; - (*Druckw.* eine Schriftgattung); **Schwa|ba|cher Schrift**, die; - -
Schwab|be|lei (*ugs. für* Wackelei; *landsch. für* Geschwätz); **schwab|be|lig**, schwabb|lig (*ugs. für* schwammig, fett; wackelnd);

schwab|beln (*ugs. für* wackeln; *landsch. für* schwätzen); ich ...[e]le (↑R 22); **Schwab|ber,** der; -s, - (mopähnlicher Besen auf Schiffen); **schwab|bern;** ich ...ere (↑R 22; *svw.* schwabbeln); **schwabb|lig** *vgl.* schwabbelig

[1]**Schwa|be,** der; -n, -n; ↑R 197 (Einwohner von Schwaben)

[2]**Schwa|be** *vgl.* [1]Schabe

schwä|beln (schwäbisch sprechen); ich ...[e]le (↑R 22); **Schwaben; Schwa|ben‿al|ter** (das; -s; *scherzh. für* 40. Lebensjahr), **...spie|gel** (der; -s; Rechtssammlung des dt. MA.), **...streich** *(scherzh.);* **Schwä|bin; schwäbisch,** a b e r (↑R 146): die Schwäbische Alb; **Schwä|bisch Gmünd** (Stadt in Baden-Württemberg); **Schwä|bisch Hall** (Stadt in Baden-Württemberg); **schwä|bisch-häl|lisch**

schwach; schwächer, schwächste; das -e (weibliche) Geschlecht; eine -e Stunde; *Sprachw.:* -e Deklination; ein -es Verb; (↑R 65:) das Recht des Schwachen; **schwach|at|mig; schwach|be|gabt;** ein schwachbegabter Schüler (↑*jedoch* R 209), a b e r: der Schüler ist nur schwach begabt; **Schwach|begab|ten|för|de|rung; schwachbe|tont;** eine schwachbetonte Silbe (↑*jedoch* R 209), a b e r: die Silbe ist [nur] schwach betont; **schwach|be|völ|kert;** die schwachbevölkerte Gegend (↑*jedoch* R 209), a b e r: die Gegend ist schwach bevölkert; **schwachbe|wegt;** die schwachbewegte See (↑*jedoch* R 209), a b e r: die See war schwach bewegt; **schwach|brü|stig; Schwä|che,** die; -, -n; **Schwä|che‿an|fall, ...ge|fühl; schwä|chen; Schwäche‿punkt** (*svw.* Schwachpunkt), **...zu|stand; Schwach|heit; schwach|her|zig; Schwach|kopf** (*abwertend für* dummer Mensch); **schwach|köp|fig; schwäch|lich; Schwäch|lich|keit** *Plur. selten;* **Schwäch|ling; Schwach|ma|ti|kus,** der; -, -se (*scherzh. für* Schwächling); **Schwach|punkt; schwach|sichtig; Schwach|sich|tig|keit,** die; -; **Schwach|sinn,** der; -[e]s; **schwach|sin|nig; Schwach‿stel|le, ...strom** (der; -[e]s); **Schwach|strom‿lei|tung, ...technik** (die; -); **Schwä|chung**

Schwa|de, die; -, -n *u.* [1]**Schwaden,** der; -s, - (Reihe abgemähten Grases od. Getreides)

[2]**Schwa|den,** der; -s, - (Dampf, Dunst; *Bergmannsspr.* schlechte [gefährliche] Grubenluft)

schwa|den|wei|se ‹*zu* Schwade›

schwa|dern (*südd. für* plätschern; schwatzen); ich ...ere (↑R 22)

Schwa|dron, die; -, -en ‹ital.› (*früher* kleinste Einheit der Kavallerie); **schwa|dro|nen|wei|se,** schwa|drons|wei|se

Schwa|dro|neur [...'nø:r], der; -s, -e ‹franz.› (*veraltend für* jmd., der schwadroniert); **schwa|dro|nieren** (wortreich u. prahlerisch schwatzen)

Schwa|drons|chef *(früher);* **schwa|drons|wei|se** *vgl.* schwadronenweise

Schwa|fe|lei (*ugs. für* törichtes Gerede); **schwa|feln;** ich ...[e]le (↑R 22; *ugs.*)

Schwa|ger, der; -s, Schwäger (*veraltet auch für* Postkutscher); **Schwä|ge|rin; schwä|ger|lich; Schwä|ger|schaft; Schwä|her,** der; -s, - (*veraltet für* Schwiegervater od. Schwager); **Schwä|herschaft** *(veraltet)*

schwai|en *vgl.* schwoien

Schwai|ge, die; -, -n (*bayr. u. österr. für* Sennhütte); **schwaigen** (*bayr. u. österr. für* eine Schwaige betreiben, Käse bereiten); **Schwai|ger** (*bayr. u. österr. für* Almhirt); **Schwaig|hof**

Schwälb|chen; Schwal|be, die; -, -n (*ugs. auch für* absichtliches Hinfallen im Fußballspiel, um ein gegnerisches Foul vorzutäuschen [bes. im Strafraum]); **Schwal|ben‿nest, ...schwanz; Schwälb|lein**

schwal|chen (*veraltet für* qualmen); **Schwalk,** der; -[e]s, -e (*nordd. für* Dampf, Qualm; Bö); **schwal|ken** (*nordd. für* herumbummeln)

Schwall, der; -[e]s, -e (Gewoge, Welle, Guß [Wasser])

Schwalm, die; - (Fluß u. Landschaft in Hessen); **Schwäl|mer** (↑R 147); **Schwäl|me|rin**

Schwamm, der; -[e]s, Schwämme (*landsch. u. österr. auch für* Pilz); Schwamm drüber! (*ugs. für* vergessen wir das!); **schwamm|artig; Schwämm|chen; Schwammerl,** das; -s, -[n] (*bayr. u. österr. ugs. für* Pilz); **schwam|mig; Schwam|mig|keit,** die; -; **Schwämm|lein; Schwamm‿spin|ner** (ein Schmetterling), **...tuch** (*Plur.* ...tücher)

Schwan, der; -[e]s, Schwäne; **Schwän|chen**

schwa|nen *(ugs.);* mir schwant (ich ahne) etwas

Schwa|nen‿ge|sang (*geh. für* letztes Werk eines Künstlers; letztes Aufleben einer zu Ende gehenden Epoche o.ä.), **...hals; Schwa|nen|jung|frau,** Schwanjung|frau *(Mythol.);* **Schwa|nenteich; schwa|nen|weiß**

Schwang, der; *nur noch in* im -[e] (sehr gebräuchlich) sein

schwan|ger; Schwan|ge|re, die; -n, -n; **Schwan|ge|ren‿be|ratung, ...für|sor|ge, ...geld, ...gym|na|stik; schwän|gern;** ich ...ere (↑R 22); **Schwan|gerschaft; Schwan|ger|schafts‿abbruch, ...gym|na|stik, ...test** (Test zum Nachweis einer bestehenden Schwangerschaft), **...unter|bre|chung** (*svw.* Schwangerschaftsabbruch), **...ur|laub, ...ver|hü|tung; Schwän|ge|rung**

Schwan|jung|frau *vgl.* Schwanenjungfrau

schwank (*geh. für* biegsam, schwankend, unsicher); **Schwank,** der; -[e]s, Schwänke; **schwan|ken; Schwank|fi|gur; Schwan|kung; Schwan|kungsrück|stel|lung** *(Wirtsch.)*

Schwän|lein

Schwanz, der; -es, Schwänze; **Schwänz|chen; Schwän|ze|lei** *(ugs);* **schwän|zeln** (*ugs. iron. für* geziert gehen); ich ...[e]le (↑R 22); **schwän|zen** (*ugs. für* [am Schulunterricht o.ä.] nicht teilnehmen); du schwänzt; **Schwanz|en|de; Schwän|zer** *(ugs.);* **Schwanz‿fe|der, ...flosse; ...schwän|zig** (z.B. langschwänzig); **schwanz|la|stig** (vom Flugzeug); **Schwänz|lein; Schwanz‿lurch, ...spit|ze, ...stück, ...wir|bel**

schwapp!, schwaps!; **Schwapp,** der; -[e]s, -e *u.* Schwaps, der; -es, -e (*ugs. für* klatschendes Geräusch; Wasserguß); **schwappen,** schwap|sen (*ugs. für* in schwankender Bewegung sein, klatschend überfließen [von Flüssigkeiten]); **schwaps!,** schwapp!; **Schwaps** *vgl.* Schwapp; **schwap|sen;** du schwapst; *vgl.* schwappen

Schwä|re, die; -, -n (*geh. für* Geschwür); **schwä|ren** (*geh. für* eitern); **schwä|rig** *(geh.)*

Schwarm, der; -[e]s, Schwärme; **schwär|men; Schwär|mer** (*auch* ein Feuerwerkskörper); **Schwärme|rei; Schwär|me|rin; schwärme|risch;** -ste; **Schwarm|geist** *Plur.* ...geister; **Schwärm|zeit** (bei Bienen)

Schwar|te, die; -, -n (dicke Haut [z.B. des Schweins]; *ugs. für* dikkes [altes] Buch; zur Verschalung dienendes rohes Brett); **schwarten** (*ugs. für* verprügeln; *selten für* viel lesen); **Schwar|ten|magen** (eine Wurstart); **schwar|tig**

schwarz; schwärzer, schwärzeste; *vgl.* blau. **I.** *Kleinschreibung:* **a)** (↑R 65:) schwarz auf weiß; aus schwarz weiß machen wollen; **b)** (↑R 157:) schwarze Pocken; ein schwarzes (verbotenes) Geschäft; eine schwarze Messe; der schwarze Mann (Schornsteinfeger; Schreckgestalt); das schwarze Schaf; die schwarze Liste; die schwarze Rasse; ein schwarzer Tag; ein schwarzer Freitag, *vgl.* aber: der Schwarze Freitag (II, c); schwarzer Markt; schwarzer Humor; schwarzer Tee. **II.** *Großschreibung:* **a)** (↑R 65:) ein Schwarzer (dunkelhäutiger, -haariger Mensch); das Schwarze; die Farbe Schwarz; **b)** (↑R 146:) das Schwarze Meer; **c)** (↑R 157:) das Schwarze Brett (Anschlagbrett); der Schwarze Erdteil (Afrika); die Schwarze Kunst (Zauberei; *veraltet für* Buchdruck); Schwarze Magie (böse Zauberei); die Schwarze Hand (ehemaliger serb. Geheimbund); Schwarzer September (palästinens. Untergrundorganisation); Schwarzer Peter (Kartenspiel); der Schwarze Tod (Beulenpest im MA.); Schwarze Witwe (eine Spinne); der Schwarze Freitag (Name eines Freitags mit großen Börsenstürzen in den USA); **d)** (↑R 65:) ins Schwarze treffen. **III.** *In Verbindung mit Verben* (↑R 205 f.): **a)** *Getrenntschreibung in ursprünglicher Bedeutung,* z. B. schwarz färben, werden; **b)** *Zusammenschreibung, wenn durch die Verbindung ein neuer Begriff entsteht; vgl.* schwarzarbeiten, schwarzfahren, schwarzgehen, schwarzhören, schwarzschlachten, schwarzsehen. **IV.** *In Verbindung mit dem Partizip II Getrennt- oder Zusammenschreibung:* ein schwarzgestreifter Stoff (↑*jedoch* R 209), aber: der Stoff ist schwarz gestreift, ist schwarz und weiß gestreift; schwarzgefärbtes Haar (↑*jedoch* R 209), aber: auffallend schwarz gefärbtes Haar, das Haar ist schwarz gefärbt. **V.** *Farbenbezeichnungen:* ↑R 40; **Schwarz,** das; -[es], - (Farbe); in -; er spielte - aus *(Kartenspiel);* in - (Trauerkleidung) gehen; Frankfurter -; *vgl.* Blau; **Schwarz|ach** (↑R 178); **Schwarz|afri|ka** (die Staaten Afrikas, die von Schwarzen bewohnt und regiert werden); **Schwarz|afri|ka|ner; Schwarz|ar|beit,** die; -; **schwarz|ar|bei|ten;** ↑R 205 (unversteuerte Lohnarbeit verrichten); ich arbeite schwarz; schwarzgearbeitet; schwarzzuarbeiten; **Schwarz|ar|bei|ter; schwarz|äu|gig; Schwarz|bee|re** (*südd. und österr. neben* Heidelbeere); **schwarz|braun; Schwarz‿bren|ner, ...bren|ne|rei, ...brot, ...bu|che; schwarz|bunt;** eine -e Kuh; **Schwarz‿dorn** (*Plur.* ...dorne), **...dros|sel** (Amsel); [1]**Schwar|ze,** der *u.* die; -n, -n; ↑R 7 ff. (dunkelhäutiger, -haariger Mensch; Neger); [2]**Schwar|ze,** der; -n (Teufel); [3]**Schwar|ze,** das; -n; ↑R 7 ff. (schwarze Stelle); ins - treffen (↑R 65); [4]**Schwar|ze,** der; -n, -n; ↑R 7 ff. (*österr. für* Mokka ohne Milch); **Schwär|ze,** die; -, -n (*nur Sing.:* das Schwarzsein; Farbe zum Schwarzmachen); **schwär|zen** (schwarz färben; *südd., österr. veraltend für* schmuggeln); du schwärzt; **Schwär|zer** (*südd., österr. veraltend für* Schmuggler); **Schwarz|er|de** (dunkler Humusboden); **schwarz|fah|ren;** ↑R 205 (ohne Berechtigung ein [öffentl.] Verkehrsmittel benutzen); sie ist schwarzgefahren; **Schwarz‿fah|rer, ...fahrt, ...fäu|le** (eine Pflanzenkrankheit), **...fil|ter** *(Fotogr.),* **...fleisch** (*landsch. für* durchwachsener geräucherter Speck); **schwarz|ge|hen;** ↑R 205 (*ugs. für* wildern; unerlaubt über die Grenze gehen); er ist schwarzgegangen; **schwarz‿ge|rän|dert, ...ge|streift** (*vgl.* schwarz IV); **schwarz|haa|rig; Schwarz|han|del** (*vgl.* [1]Handel); **Schwarz|han|dels|ge|schäft; Schwarz|händ|ler; schwarz|hö|ren;** ↑R 205 (*Rundfunk* ohne Genehmigung mithören); er hat schwarzgehört; **Schwarz‿hö|rer, ...kit|tel** (Wildschwein; *abwertend für* kath. Geistlicher), **...kunst** (die; -; *svw.* Schabkunst), **...künst|ler; schwärz|lich;** schwärzlichbraun u. a. (↑R 40); **schwarz|ma|len;** ↑R 209 (*ugs. für* pessimistisch sein); er hat immer nur schwarzgemalt; **Schwarz|ma|ler** (*ugs. für* Pessimist); **Schwarz|ma|le|rei** (*ugs. für* Pessimismus); **Schwarz|markt; Schwarz|markt|preis; Schwarz|meer‿flot|te** (die; -), **...ge|biet** (das; -[e]s; ↑R 149); **Schwarz‿plätt|chen** (Mönchsgrasmücke), **...pul|ver** (das; -s), **...rock** (*abwertend für* kath. Geistlicher); **schwarz|rot|gol|den** (↑R 40); eine schwarzrotgold[e]ne Fahne, aber: die Fahne Schwarz-Rot-Gold; **Schwarz|sau|er,** das; -s (ein nordd. Gericht aus Fleischragout od. Gänseklein); **schwarz|schlach|ten;** ↑R 205 (ohne amtliche Genehmigung heimlich schlachten); er hat oft schwarzgeschlachtet; **Schwarz|schlach|tung; schwarz|se|hen;** ↑R 205 (*ugs. für* pessimistisch beurteilen; ohne behördliche Anmeldung fernsehen); sie hat schwarzgesehen; **Schwarz|se|her** (*ugs. für* Pessimist; jmd., der ohne behördliche Anmeldung fernsieht); **Schwarz|se|he|rei** (*ugs. für* Pessimismus; Fernsehen ohne behördliche Anmeldung); **schwarz|se|he|risch** (*ugs. für* pessimistisch); **Schwarz‿sen|der, ...specht, ...storch; Schwär|zung; Schwarz|wald,** der; -[e]s (dt. Gebirge); **Schwarz|wald|bahn,** die; - (↑R 149); **Schwarz|wäl|der** (↑R 147); Schwarzwälder Kirsch; **Schwarz|wäl|de|rin; schwarz|wäl|de|risch; Schwarz|wald|haus; Schwarz|wald|hoch|stra|ße,** die; - (↑R 149); **Schwarz|was|ser|fie|ber,** das; -s (schwere Malaria); **schwarz|weiß** (↑R 40); ein - verzierter Rand; - geringelte Socken; **Schwarz|weiß‿auf|nah|me, ...fern|se|hen, ...fern|se|her, ...film, ...fo|to|gra|fie, ...kunst** (die; -); **schwarz|weiß|ma|len** (undifferenziert, einseitig positiv od. negativ darstellen); schwarzweißgemalt; **Schwarz|weiß‿ma|le|rei, ...zeich|nung; Schwarz|wild** (*Jägerspr.* Wildschweine); **Schwarz|wurz** (eine Heilpflanze); **Schwarz|wur|zel** (eine Gemüsepflanze)

Schwatz, der; -es, -e (*ugs. für* Geplauder, Geschwätz); **Schwatz|ba|se** (*ugs. für* geschwätzige Person); **Schwätz|chen; schwat|zen,** *südd.* **schwät|zen;** du schwatzt, *südd.* du schwätzt; **Schwät|zer; Schwät|ze|rei; Schwät|ze|rin; schwät|ze|risch;** -ste; **schwatz|haft;** -este; **Schwatz|haf|tig|keit,** die; -; **Schwatz|maul** *(derb)*

Schwaz (österr. Stadt im Inntal)

Schwe|be, die; -; *nur in* in der - (*auch für* unentschieden, noch offen); **Schwe|be‿bahn, ...bal|ken** (ein Turngerät), **...baum** (im Pferdestall); **schwe|ben; Schwe|be‿stoff** (*svw.* Schwebstoff), **...stütz** *(Turnen),* **...teil|chen, ...zu|stand; Schweb|stoff** *meist Plur. (Chemie);* **Schwe|bung** *(Physik)*

Schwe|de, der; -n, -n (↑R 197); **Schwe|den; Schwe|den‿kü|che, ...plat|te, ...punsch, ...schan|ze; Schwe|din; schwe|disch;** (↑R 148:) hinter -en Gardinen (*ugs. für* im Gefängnis); *vgl.* deutsch; **Schwe|disch,** das; -[s] (Sprache); *vgl.* Deutsch; **Schwe|di|sche,** das; -n; *vgl.* Deutsche, das

Schwe|fel, der; -s (chem. Element, Nichtmetall; *Zeichen* S); **schwe|fel|ar|tig; Schwe|fel‿ban|de** (*ugs. für* [2]Bande), **...blu|me**

od. ...**blü|te** (die; -; *Chemie*), ...**di|oxyd** (*vgl.* Oxyd), ...**far|be; schwe|fel_far|ben** *od.* ...**far|big,** ...**gelb; schwe|fel|hal|tig; Schwe|fel_holz** *od.* ...**hölz|chen** (*veraltet für* Streich-, Zündholz); **schwe|fe|lig** *vgl.* schweflig; **Schwe|fel|kies** (ein Mineral); **Schwe|fel|koh|len|stoff; Schwe|fel_kopf** (ein Pilz), ...**kur,** ...**le|ber** (die; -; für medizin. Bäder verwendete Schwefelverbindung); **schwe|feln;** ich ...[e]le (↑R 22); **Schwe|fel_pu|der,** ...**quel|le,** ...**sal|be; schwe|fel|sau|er; Schwe|fel|säu|re,** die; -; **Schwe|fe|lung; Schwe|fel|was|ser|stoff** (ein giftiges Gas); **schwef|lig;** -e Säure

Schwe|gel, Schwie|gel, die; -, -n (mittelalterl. Querpfeife; Flötenwerk an älteren Orgeln); **Schweg|ler** (Schwegelbläser)

Schweif, der; -[e]s, -e; **schwei|fen** (*geh. für* ziellos [durch die Gegend] ziehen; ein Brett - (ihm eine gebogene Gestalt geben); **Schweif_sä|ge,** ...**stern** (*veraltet für* Komet; *vgl.* [2]Stern); **Schwei|fung; schweif|we|deln** (*veraltet auch für* kriecherisch schmeicheln); ich ...[e]le (↑R 22); geschweifwedelt; zu -; **Schweif|wed|ler** (*veraltet für* Kriecher)

Schwei|ge_geld, ...**marsch,** ...**mi|nu|te; schwei|gen** (still sein); du schwiegst; du schwiegest; geschwiegen; schweig[e]!; die schweigende Mehrheit; **Schwei|gen,** das; -s; **Schwei|ge|pflicht,** die; -; **Schwei|ger;** (↑R 133:) der Große Schweiger (*Bez. für* Moltke); **schweig|sam; Schweig|sam|keit,** die; -

Schwein, das; -[e]s, -e (*nur Sing.: ugs. auch für* Glück); kein - (*ugs. für* niemand); **Schwei|ne_backe** [*Trenn.* ...bak|ke], ...**bauch,** ...**bra|ten,** ...**fett,** ...**fi|let,** ...**fleisch,** ...**fraß** (*derb für* minderwertiges Essen); **Schwei|ne|hund** (*ugs. abwertend);* der innere - (*ugs. für* Feigheit, Bequemlichkeit); **Schwei|ne_ko|ben,** *nordd.* ...**ko|fen,** ...**ko|te|lett,** ...**le|ber,** ...**len|de,** ...**mast** (die), ...**mä|ste|rei,** ...**pest; Schwei|ne|rei** (*derb für* Unordnung, Schmutz; ärgerliche Sache, Anstößiges); **Schwei|ne|ripp|chen; schwei|nern** (vom Schwein stammend); **Schwei|ner|ne,** das; -n; ↑R 7 ff. (*südd., österr. für* Schweinefleisch); **Schwei|ne_schmalz,** ...**schnit|zel** (*vgl.* [1]Schnitzel); ...**stall,** ...**zucht**

Schwein|furt (Stadt am Main); **Schwein|fur|ter** (↑R 147); **Schwein|fur|ter Grün,** das; - -s (ein Farbstoff)

Schwein|igel (*ugs. für* schmutziger od. unflätiger Mensch); **Schwein|ige|lei** *(ugs.);* **schwein|igeln** (*ugs. für* unanständige Witze erzählen); ich ...[e]le (↑R 22); geschweinigelt; zu -; **schwei|nisch;** -ste; **Schweins_bor|ste,** ...**bra|ten** (*südd., österr. u. schweiz. für* Schweinebraten); **Schweins|ga|lopp;** im - (*ugs. scherzh. für* [aus Zeitmangel] schnell u. nicht besonders sorgfältig); **Schweins_keu|le,** ...**kopf,** ...**le|der; schweins|le|dern; Schweins_ohr** (*auch* ein Gebäck), ...**rücken** [*Trenn.* ...rük|ken], ...**schnit|zel** (*österr. für* Schweineschnitzel), ...**stel|ze** (*österr. für* Eisbein)

Schweiß, der; -es, -e (*Jägerspr. auch für* Blut des Wildes); **Schweiß_ab|son|de|rung,** ...**ap|pa|rat,** ...**aus|bruch,** ...**band; schweiß|be|deckt** (↑R 209); **Schweiß_bil|dung** (die; -), ...**blatt** (*meist Plur.; svw.* Armblatt), ...**bren|ner,** ...**draht,** ...**drü|se; schwei|ßen** (Metalle durch Hämmern od. Aneinanderschmelzen bei Weißglut verbinden; *Jägerspr.* bluten [vom Wild]); du schweißt; du schweißtest; geschweißt; **Schwei|ßer** (Facharbeiter für Schweißarbeiten); **Schwei|ße|rin; Schweiß|fähr|te** *(Jägerspr.);* **schweiß|feucht; Schweiß_fleck,** ...**fuß** *(meist Plur.);* **schweiß|ge|ba|det** (↑R 209); **Schweiß|hund** *(Jägerspr.);* **schwei|ßig; Schweiß_le|der** (ein ledernes Schweißband), ...**naht,** ...**per|le,** ...**po|re,** ...**stahl; schweiß_trei|bend,** ...**trie|fend** (↑R 209); **Schweiß_trop|fen,** ...**tuch** (*Plur.* ...tücher); **schweiß|über|strömt; Schwei|ßung; schweiß|ver|klebt**

Schweit|zer (elsäss. Missionsarzt)

Schweiz, die; -; (↑R 146:) die französische, welsche - (franz. Teil der -), aber: die Holsteinische, die Sächsische -; [1]**Schwei|zer** (Bewohner der Schweiz; *auch für* Melker; *landsch. für* Küster in kath. Kirchen); [2]**Schwei|zer** (↑R 151); - Bürger; - Jura (Gebirge), - Käse, - Kühe, - Land (schweizerisches Gebiet; *vgl.* aber: Schweizerland), - Reise; **Schwei|zer|de|gen** (jmd., der sowohl als Schriftsetzer als auch als Drucker ausgebildet ist); **schwei|zer|deutsch;** ↑R 155 (schweizerisch mundartlich); *vgl.* deutschschweizerisch; **Schwei|zer|deutsch,** das; -[s]; ↑R 155 (deutsche Mundart[en] der Schweiz); **Schwei|zer_gar|de** (päpstl. Garde; ↑R 151), ...**häus|chen; Schwei|ze|rin; schwei|ze|risch;** die -en Eisenbahnen; -e Post; aber (↑R 157): die Schweizerische Eidgenossenschaft; Schweizerische Bundesbahnen (*Abk.* SBB); Schweizerische Depeschenagentur (*Abk.* SDA); **Schwei|zer|land,** das; -[e]s, ↑R 155 (Land der Schweizer); *vgl.* aber: Schweizer Land; **Schweiz|rei|se**

Schwejk [ʃvɛi̯k] (Held eines Romans des tschech. Schriftstellers J. Hašek ['haʃɛk])

Schwelch|malz (an der Luft getrocknetes Malz)

Schwel|brand; schwe|len (langsam flammenlos [ver]brennen; glimmen); schwelender Haß; **Schwe|le|rei** *(Technik)*

schwel|gen; in Erinnerungen -; **Schwel|ger; Schwel|ge|rei; schwel|ge|risch;** -ste

Schwel_koh|le, ...**koks** (*vgl.* [1]Koks)

Schwel|le, die; -, -n

[1]**schwel|len** (größer, stärker werden, sich ausdehnen); du schwillst, er schwillt; du schwollst; du schwöllest; geschwollen, schwill!; ihr Hals ist geschwollen; die Brust schwoll ihm vor Freude; [2]**schwel|len** (größer, stärker machen, ausdehnen); du schwellst; du schwelltest; geschwellt; schwell[e]!; der Wind schwellte die Segel; der Stolz hat seine Brust geschwellt; mit geschwellter Brust

Schwel|len|angst, die; - (*Psych.* Angst vor dem Betreten fremder Räume, vor ungewohnter Umgebung [bes. eines potentiellen Käufers gegenüber bestimmten Geschäften]); **Schwel|len_land** (*Plur.* ...länder; relativ weit industrialisiertes Entwicklungsland), ...**wert** *(Psych.)*

Schwel|ler (Teil der Orgel u. des Harmoniums); **Schwell|kopf,** der; -s, ...köpfe (*landsch. für* überlebensgroßer Maskenkopf); **Schwell|kör|per** *(Med.);* **Schwel|lung; Schwell|werk** (Schweller)

Schwel|teer; Schwe|lung

Schwemm|bo|den; Schwem|me, die; -, -n (flache Stelle eines Gewässers als Badeplatz für das Vieh; zeitl. begrenztes überreichliches Warenangebot; *landsch. für* einfaches [Bier]lokal; *österr. für* Warenhausabteilung mit niedrigen Preisen); **schwem|men** (*österr. auch für* Wäsche spülen); **Schwemm_land** (das; -[e]s), ...**sand; Schwemm|sel,** das; -s (*fachspr. für* Angeschwemmtes); **Schwemm|stein**

Schwen|de, die; -, -n (durch Abbrennen urbar gemachter Wald, Rodung); **schwen|den**

Schwen|gel, der; -s, -; **Schwenk,** der; -[e]s, *Plur.* -s, *selten* -e (*Filmw.* durch Schwenken der Kamera erzielte Einstellung); **schwenk|bar; Schwenk˽be|reich** (der), **...büh|ne** *(Bergmannsspr.);* **schwen|ken; Schwen|ker** (Kognakglas); **Schwenk˽glas** (*Plur.* ...gläser), **...kran, ...seil; Schwen|kung**

schwer; (↑R 157:) -e (ernste, getragene) Musik; -es Wasser (Sauerstoff-Deuterium-Verbindung); ein -es (großkalibriges) Geschütz; ein -er Junge (*ugs. für* Gewaltverbrecher); ihr Tod war ein -er Schlag (großer Verlust) für die Familie; mit -er Zunge sprechen. **I.** *Schreibung in Verbindung mit dem Partizip II oder einem Adjektiv* (↑R 209); *vgl.* schwerbeschädigt, schwerbewaffnet, schwerkrank. **II.** *Schreibung in Verbindung mit Verben* (↑R 205 f.): **a)** *Getrenntschreibung in ursprünglicher Bedeutung,* z. B. schwer fallen; er ist sehr schwer gefallen; **b)** *Zusammenschreibung, wenn durch die Verbindung ein neuer Begriff entsteht,* z. B. schwerfallen; diese Aufgabe ist ihr schwergefallen; aber: *Getrenntschreibung in Verbindung mit einem Gradadverb u. bei Steigerung:* diese Aufgabe ist ihr nicht so schwer gefallen; da es ihr von Tag zu Tag schwerer fällt; *vgl.* schwerfallen, schwerhalten, schwermachen, schwernehmen; **Schwer˽ar|bei|ter, ...ath|let, ...ath|le|tik; schwer|be|hin|dert**[1] (durch gesundheitl. Schädigung nur beschränkt erwerbsfähig); **Schwer|be|hin|der|te,** der *u.* die; -n, -n (↑R 7 ff.); **Schwer|be|hin|der|ten˽aus|weis, ...ge|setz; schwer|be|la|den;** schwerer, am schwersten beladen; ein schwerbeladener Wagen (↑*jedoch* R 209), aber: ein überaus schwer beladener Wagen; der Wagen ist schwer beladen; **schwer|be|schä|digt**[1] (*auch für* schwerbehindert); aber: der Wagen wurde schwer beschädigt; **schwer|be|waff|net**[1]; ein schwerbewaffneter Soldat (↑*jedoch* R 209), aber: er war schwer bewaffnet; **Schwer|be|waff|ne|te,** der; -n, -n (↑R 7 ff.); **schwer|blü|tig; Schwer|blü|tig|keit,** die; -; **Schwe|re,** die; - (Gewicht); die - der Schuld; **Schwe|re|feld** *(Physik, Astron.);* **schwe|re|los;** -er Zustand; **Schwe|re|lo|sig|keit,** die; -; **Schwe|re|not,** die; *nur in veralteten Fügungen wie* - [noch einmal]!; daß dich die -!; **Schwe|re|nö|ter** (charmanter, durchtriebener Geselle); **schwer|er|zieh|bar**[1]; ein schwererziehbares Kind (↑*jedoch* R 209), aber: ein sehr schwer erziehbares Kind; das Kind ist schwer erziehbar; **Schwer|er|zieh|ba|re,** der *u.* die; -n, -n (↑R 7 ff.); **schwer|fal|len;** ↑R 205 f. (Mühe verursachen); es fällt schwer; es ist schwergefallen; schwerzufallen; *vgl.* schwer, II; **schwer|fäl|lig; Schwer˽fäl|lig|keit** (die; -), **...ge|wicht** (eine Körpergewichtsklasse); **schwer|ge|wich|tig; Schwer|ge|wicht|ler; Schwer|ge|wichts˽mei|ster, ...mei|ster|schaft; schwer|hal|ten;** ↑R 205 f. (schwierig sein); es hat schwergehalten, ihn davon zu überzeugen; *vgl.* schwer, II; **schwer|hö|rig; Schwer|hö|rig|keit,** die; -

Schwe|rin (Stadt in Mecklenburg)

Schwer˽in|du|strie, ...kraft (die; -); **schwer|krank;** sie hat ein schwerkrankes Kind (↑*jedoch* R 209), aber: das Kind ist schwer krank; **Schwer|kran|ke; schwer|kriegs|be|schä|digt; Schwer|kriegs|be|schä|dig|te; Schwer|last|ver|kehr; schwer|lich** (kaum); **schwer|lös|lich**[1]; eine schwerlösliche Substanz (↑*jedoch* R 209), aber: die Substanz ist schwer löslich; **schwer|ma|chen;** ↑R 205 f. (Schwierigkeiten machen); er hat ihm das Leben schwergemacht; *vgl.* schwer, II; **Schwer|me|tall; Schwer|mut,** die; -; **schwer|mü|tig; Schwer|mü|tig|keit,** die; -; **schwer|neh|men;** ↑R 205 f. (ernst nehmen); er hat diese Beschuldigungen schwergenommen; *vgl.* schwer, II; **Schwer|öl; Schwer|punkt; schwer|punkt|mä|ßig; Schwer|punkt˽streik, ...the|ma; schwer|reich** (*ugs. für* sehr reich); ein schwerreicher Mann (↑*jedoch* R 209), aber: der Mann ist schwer reich; **Schwer|spat** (ein Mineral); **Schwerst|ar|bei|ter; Schwerst|be|schä|dig|te,** der *u.* die; -n, -n (↑R 7 ff.)

Schwert, das; -[e]s, -er; **Schwer|tel,** der, *österr.* das; -s, - (Zierpflanze); **Schwer|ter|ge|klirr** *od.* Schwert|ge|klirr; **Schwert|fisch; schwert|för|mig; Schwert˽fort|satz** (*Med.* Teil des Brustbeins), **...ge|klirr** (*vgl.* Schwertergeklirr), **...knauf, ...lei|te** (*früher* Ritterschlag), **...li|lie** ([3]Iris), **...schlucker** [*Trenn.* ...schluk|ker], **...tanz, ...trä|ger** (ein Fisch)

schwer|tun, sich (↑R 205 f.; *ugs.*); ich habe mich, *selten* mir schwergetan, aber: ich habe mich, *selten* mir allzu schwer getan; *vgl.* schwer, II; **Schwer|ver|bre|cher; schwer|ver|dau|lich**[1]; eine schwerverdauliche Speise (↑*jedoch* R 209), aber: eine sehr schwer verdauliche Speise; die Speise ist schwer verdaulich; **schwer|ver|letzt**[1] usw. *vgl.* schwerverwundet usw.; **schwer|ver|ständ|lich**[1]; eine schwerverständliche Sprache (↑*jedoch* R 209), aber: eine überaus schwer verständliche Sprache; die Sprache ist schwer verständlich; **schwer|ver|träg|lich**[1]; ein schwerverträglicher Wein (↑*jedoch* R 209), aber: ein überaus schwer verträglicher Wein; der Wein ist schwer verträglich; **schwer|ver|wun|det**[1]; ein schwerverwundeter Soldat (↑*jedoch* R 209), aber: ein sehr schwer verwundeter Soldat; der Soldat war schwer verwundet; **Schwer|ver|wun|de|te,** der *u.* die; -n, -n (↑R 7 ff.); **schwer|wie|gend;** -ste; schwerwiegendere *od.* schwerer wiegende Bedenken, aber *mit besonderem Nachdruck nur:* viel schwerer wiegende Bedenken

Schwe|ser, der; -s (*nordd. für* Bries, Kalbsmilch)

Schwe|ster, die; -, -n (*Abk.* Schw.); **Schwe|ster˽an|stalt** (gleichartige Anstalt), **...fir|ma, ...kind** *(veraltet);* **schwe|ster|lich; Schwe|ster|lie|be** (Liebe der Schwester [zum Bruder, zur Schwester]); **Schwe|stern˽hau|be, ...haus, ...hel|fe|rin, ...lie|be** (Liebe zwischen Schwestern), **...or|den, ...paar; Schwe|stern|schaft** (alle Schwestern); **Schwe|stern˽schu|le, ...schü|le|rin, ...tracht, ...wohn|heim; Schwe|ster˽par|tei, ...schiff**

Schwet|zin|gen (Stadt südl. von Mannheim); **Schwet|zin|ger** (↑R 147)

Schwib|bo|gen (Lichterbogen; *Archit.* zwischen zwei Mauerteilen frei stehender Bogen)

Schwie|gel *vgl.* Schwegel

Schwie|ger, die; -, -n (*veraltet für* Schwiegermutter); **Schwie|ger˽el|tern** *(Plur.),* **...mut|ter** (*Plur.* ...mütter), **...sohn, ...toch|ter, ...va|ter**

Schwie|le, die; -, -n; **schwie|lig**

Schwie|mel, der; -s, - (*landsch. für* Rausch; leichtsinniger Mensch, Zechbruder); **Schwie|me|ler,** Schwiem|ler (*landsch. für* Zechbruder); **schwie|me|lig,**

---

[1] *Zur Steigerung vgl.* schwerbeladen.

[1] *Vgl. Sp. 1, Anm. 1.*

[1] *Vgl. Sp. 1, Anm. 1.*

schwiemllig (*landsch. für* schwindlig, taumelig); **Schwiemellkopf** (*landsch. für* Zechbruder, Herumtreiber); **schwiemeln** (*landsch. für* taumeln; bummeln, leichtsinnig leben); ich ...[e]le (↑R 22); **Schwiemller** usw. *vgl.* Schwiemeler usw.

schwielrig; Schwielriglkeit; Schwielriglkeitslgrad

Schwimm‿anlzug, ...bad, ...bagger, ...baslsin, ...becken [*Trenn.* ...beklken], **...belwelgung** *(meist Plur.)*, **...blalse, ...blatt** (*Bot.* an bestimmten Wasserpflanzen), **...dock; Schwimmeilster** [*Trenn.* Schwimmlmei..., ↑R 204]; **schwimlmen;** du schwammst; du schwömmest, *auch* schwämmest; geschwommen; schwimm[e]!; **Schwimlmer; Schwimlmelrei,** die; -; **Schwimmelrin; Schwimm‿floslse, ...fuß** *(meist Plur.)*, **...gürltel, ...hallle, ...haut, ...kälfer, ...komlpaß, ...kran, ...lehlrer, ...sand, ...sport** (der; -[e]s), **...staldilon, ...stil, ...volgel, ...welste**

Schwinldel, der; -s (*ugs. auch für* Lüge; Täuschung); **Schwinldelanlfall; Schwinldellei; schwindel‿erlrelgend, ...frei; Schwindellgelfühl; schwinldellhaft;** -este; **schwinldellig** *vgl.* schwindlig; **schwinldeln;** ich ...[e]le (↑R 22); es schwindelt mir, *seltener* mich; **schwinlden;** du schwandst; du schwändest; geschwunden; schwind[e]!; **Schwindller; Schwindllelrin; schwindllelrisch;** -ste; **schwindlig;** mir wurde ganz -; **Schwind‿maß** (das; *Technik*), **...spannung** *(Bauw.)*, **...sucht** (die; -; *veraltet für* Lungentuberkulose); **schwindlsüchltig** *(veraltet)*; **Schwinldung,** die; - *(fachspr.)*

Schwing‿achlse *([Kfz-]Technik)*, **...blatt** (*für* Membran), **...bühlne** *(Technik)*; **Schwinlge,** die; -, -n

Schwinlgel, der; -s, - (ein Rispengras)

schwinlgen (*schweiz. auch für* in besonderer Weise ringen); du schwangst; du schwängest; geschwungen; schwing[e]!; **Schwinlgen,** das; -s (*schweiz. für* eine Art des Ringens); **Schwinger** (Boxschlag mit gestrecktem Arm; *schweiz. für* jmd., der das Schwingen betreibt); **Schwinget,** der; -s (*schweiz. für* Schwingveranstaltung, -wettkampf); **Schwing‿fest** *(schweiz.)*, **...kreis** *(Elektrotechnik)*, **...quarz** *(Technik)*, **...tür; Schwinlgung; Schwinlgungs‿dämplfer, ...dauer, ...kreis** (*svw.* Schwingkreis), **...zahl**

schwipp!; schwipp, schwapp!; **Schwiplpe,** die; -, -n (*landsch. für* biegsames Ende [einer Gerte, Peitsche]; Peitsche); **schwiplpen** *(landsch.)*; **Schwipp‿schwalger** (*ugs. für* Schwager des Ehepartners od. des Bruders bzw. der Schwester), **...schwälgelrin; schwipp, schwapp!; Schwips,** der; -es, -e (*ugs. für* leichter Rausch)

schwirlbellig, schwirbllig (*landsch. für* schwindlig); **schwirlbeln** (*landsch. für* schwindeln; sich im Kreise drehen); ich ...[e]le (↑R 22); **schwirbllig** *vgl.* schwirbelig

Schwirl, der; -[e]s, -e (ein Singvogel)

schwirlren; Schwirrlvolgel (*veraltet für* Kolibri)

Schwitzlbad; Schwitlze, die; -, -n (*kurz für* Mehlschwitze); **schwitzen;** du schwitzt; du schwitztest; geschwitzt; **schwitlzig; Schwitz‿kalsten, ...kur**

Schwof, der; -[e]s, -e (*ugs. für* öffentl. Tanzvergnügen); **schwofen** (*ugs. für* tanzen)

schwoilen, schwoljen ‹niederl.› (*Seemannsspr.* sich [vor Anker] drehen [von Schiffen]); das Schiff schwoit, schwojet, hat geschwoit, geschwojet

schwölren; du schworst, *veraltet* schwurst; du schwürest; geschworen; schwör[e]!; auf jmdn., auf eine Sache -

Schwuchltel, die; -, -n (*ugs. abwertend für* [femininer] Homosexueller)

schwul (*ugs. für* homosexuell); **schwül; Schwulle,** der; -n, -n; ↑R 7ff. (*ugs. für* Homosexueller); **Schwülle,** die; -; **Schwullibus;** *nur in* in - sein (*ugs. scherzh. für* bedrängt sein); **Schwullitiät,** die; -, -en (*ugs. für* Verlegenheit, Klemme); in großen -en sein

Schwulst, der; -[e]s, Schwülste; **schwullstig** (aufgeschwollen, aufgeworfen; *österr. für* schwülstig); **schwülllstig** ([in Gedanken u. Ausdruck] überladen, weitläufig); ein -er Stil; ein -er Ausdruck; **Schwülllstiglkeit**

schwumlmelrig, schwummlrig (*ugs. für* schwindelig; bange)

Schwumlse, die; - (*landsch. für* Prügel, Hiebe)

Schwund, der; -[e]s; **Schwund‿auslgleich** *(Technik)*, **...stulfe** *(Sprachw.)*

Schwung, der; -[e]s, Schwünge; in - kommen; **Schwung‿brett, ...feder; schwunglhaft;** -este; **Schwunglkraft,** die; -; **schwunglos;** -este; **Schwung‿rad, ...riemen, ...stemlme** *(Turnen)*; **schwunglvoll;** eine -e Rede

schwupp!; Schwupp, der; -[e]s, -e *u.* Schwups, der; -es, Schwüpse (*ugs. für* Stoß); **schwuppldiwupp!; Schwups** *vgl.* Schwupp; **schwups!**

Schwur, der; -[e]s, Schwüre; **Schwurlgelricht; Schwurlgerichtslverlhandllung; Schwurhand**

Schwyz [ʃviːts] (Kanton der Schweiz u. dessen Hauptort); **Schwylzer** (↑R 147); **Schwylzerdütsch,** Schwylzerltütsch, das; -[s] (*schweiz. mdal. für* Schweizerdeutsch); **schwylzelrisch**

Scilence-ficltion ['saiəns'fikʃ(ə)n], die; - ‹amerik.› (wissenschaftlich-utopische Literatur); **Science-ficltion-Rolman** (↑R 41)

scil., sc. = scilicet

scillilcet ['stsiːlitsɛt] ‹lat.› (nämlich; *Abk.* sc., scil.)

Scilla ['stsila], die; -, - ‹griech.› (eine [Heil]pflanze, Blaustern)

Scilpio ['stsiː...] (Name berühmter Römer)

Scoop [skuːp], der; -s, -s ‹engl.› (sensationeller [Presse]bericht)

Scorldaltulra, die; - *u.* Skorldatur, die; - ‹ital.› (*Musik* Umstimmen von Saiten der Streich- u. Zupfinstrumente)

Score [skɔː(r)], der; -s, -s ‹engl.› (*Sport* Spielstand, Spielergebnis); **scolren** (*Sport* einen Punkt, ein Tor o. ä. erzielen)

Scotch [skɔtʃ], der; -s, -s ‹engl.› (schottischer Whisky); **Scotchterlriler** (schottischer Jagdhund)

Scoltislmus [sko...], der; - (philos. Lehre nach dem Scholastiker Duns Scotus); **Scoltist,** der; -en, -en; ↑R 197

Scotlland Yard ['skɔtlənd 'jaː(r)d], der; - - ‹engl.› (Londoner Polizei[gebäude])

Scott (schottischer Dichter)

Scrablble ['skrɛb(ə)l], das; -s, -s ‹engl.› (ein Gesellschaftsspiel)

Scratlching ['skrɛtʃiŋ], das; -s ‹engl.› (das Hervorbringen bestimmter akustischer Effekte durch Manipulation der laufenden Schallplatte)

Scrip, der; -s, -s ‹engl.› (*Wirtsch.* Gutschein über nicht gezahlte Zinsen)

Sculdo, der; -, ...di ‹ital.› (alte ital. Münze)

Scudlralkelte [*auch* 'skad...] (eine sowjet. Kurz- u. Mittelstreckenrakete)

sculps., sc. = sculpsit

sculplsit ‹lat., „hat [es] gestochen"› (Zusatz zum Namen des Stechers auf Kupfer- u. Stahlstichen; *Abk.* sc., sculps.)

Scyllla ['stsyla] (*lat. Form von* Szylla, griech. Skylla)

s. d. = sieh[e] dort!

S. D., S. Dak. = Süddakota

SDA = Schweizerische Depeschenagentur

SDI [ɛsdi'ai] = strategic defense initiative [strɛ'ti:dʒik di'fɛns i'niʃətiv] (US-amerik. Forschungsprojekt zur Stationierung von [Laser]waffen im Weltraum)

SDR = Süddeutscher Rundfunk

SDS = Societatis Divini Salvatoris [zotsiɪe... di'vi:ni zalva...] („von der Gesellschaft vom Göttlichen Heiland"; Salvatorianer)

Se = *chem. Zeichen für* Selen

Se., S. = Seine (Exzellenz usw.)

Seal [si:l], der *od.* das; -s, -s ‹engl.› (Fell der Pelzrobbe; ein Pelz); **Seal|man|tel**

Seals|field ['si:lsfi:ld] (österr. Schriftsteller)

Seal|skin ['si:l...], der *od.* das; -s, -s ‹engl.› (*svw.* Seal; Plüschgewebe als Nachahmung des Seals)

Sean [ʃɔ:n] (m. Vorn.)

Sé|an|ce [se'ã:s(ə)], die; -, -n ‹franz.› ([spiritistische] Sitzung)

Se|attle [si'ɛt(ə)l] (Stadt in den USA)

Se|bald, Se|bal|dus (m. Vorn.)

Se|ba|sti|an (m. Vorn.)

Se|bor|rhö[1], **Se|bor|rhöe** [...'rø:], die; -, ...rrhöen ‹lat.; griech.› (*Med.* krankhaft gesteigerte Absonderung der Talgdrüsen)

[1]**sec** = Sekans; Sekunde *(vgl. d.)*

[2]**sec** [sɛk] ‹franz.› (trocken [von franz. Schaumweinen])

Sec|co|re|zi|ta|tiv ‹ital.› (*Musik* nur von einem Tasteninstrument begleitetes Rezitativ)

Se|cen|tis|mus [setʃɛn...], der; - ‹ital.› (Stilrichtung schwülstiger Barockpoesie im Italien des 17. Jh.s); **Se|cen|tist**, der; -en, -en; ↑R 197 (Dichter, Künstler des Secentos); **Se|cen|to**, das; -[s] (*toskan. Form von* Seicento)

Sech, das; -[e]s, -e (messerartiges Teil am Pflug)

sechs; wir sind zu sechsen *od.* zu sechst, wir sind sechs; *vgl.* acht; **Sechs**, die; -, -en (Zahl); er hat eine Sechs gewürfelt; er hat in Latein eine Sechs geschrieben; *vgl.* Eins *u.* [1]Acht; **Sechs|ach|ser** (Wagen mit sechs Achsen; *mit Ziffer* 6achser; ↑R 212); **sechs|ach|sig** (*mit Ziffer* 6achsig; ↑R 212); **Sechs|ach|tel|takt**, der; -[e]s (*mit Ziffern* 6/8-Takt; ↑R 43); im -; **Sechs|eck; sechs|eckig** [*Trenn.* ...ek|kig]; **sechs|ein|halb**, sechs|und|ein|halb; **Sechs|en|der** *(Jägerspr.)*; **Sech|ser** (*landsch. ugs. für* Fünfpfennigstück); ich gebe keinen Sechser (nichts) mehr für sein Leben; *vgl.* Achter; **sech|ser|lei**; auf - Art; **Sech|ser‿pack** (*Plur.* -s *u.* -e), **...packung** [*Trenn.* ...pak|kung], **...rei|he** (in -n); **sechs|fach; Sechs|fa|che**, das; -n; *vgl.* Achtfache; **Sechs|flach**, das; -[e]s, -e *u.* **Sechs|fläch|ner** (*für* Hexaeder); **sechs|hun|dert**; *vgl.* hundert; **Sechs|kant**, das *od.* der; -[e]s, -e (↑R 212); **Sechs|kant|ei|sen** (↑R 212); **sechs|kan|tig; Sechs|ling; sechs|mal**; *vgl.* achtmal; **sechs|ma|lig; Sechs|paß**, der; ...passes, ...passe (Maßwerkfigur in der Hochgotik); **Sechs|spän|ner; sechs|spän|nig; sechs|stel|lig; Sechs|stern** (sechsstrahliger Stern der Volkskunst); *vgl.* [2]Stern; **sechst**; *vgl.* sechs; **Sechs|ta|ge|ren|nen** (↑R 68 *u.* R 41); **sechs|tau|send**; *vgl.* tausend; **sech|ste**; er hat den sechsten Sinn (ein Gespür) dafür; *vgl.* achte; **sech|stel**; *vgl.* achtel; **Sech|stel**, das, *schweiz. meist* der; -s, -; *vgl.* Achtel; **sech|stens; Sechs|und|drei|ßig|flach**, das; -[e]s, -e *u.* **Sechs|und|drei|ßig|fläch|ner** (*für* Triakisdodekaeder); **sechs|und|ein|halb**, sechseinhalb; **Sechs|und|sech|zig**, das; - (ein Kartenspiel); **sechs|und|zwan|zig**; *vgl.* acht; **Sechs|zy|lin|der** (*ugs. für* Sechszylindermotor od. damit ausgerüstetes Kraftfahrzeug); **Sechs|zy|lin|der|mo|tor; sechs|zy|lin|drig** (*mit Ziffer* 6zylindrig; ↑R 212)

Sech|ter, der; -s, - ‹lat.› (ein altes [Getreide]maß; *österr. für* Eimer, Milchgefäß)

sech|zehn; *vgl.* acht; **sech|zehn|hun|dert; Sech|zehn|me|ter|raum** *(Fußball)*; **sech|zig** usw. *vgl.* achtzig usw; **sech|zig|jäh|rig**; *vgl.* achtjährig

Se|cond|hand|shop ['sɛkənd'hɛndʃɔp], der; -s, -s ‹engl.› (Laden, in dem gebrauchte Kleidung u. a. verkauft wird)

Se|cret Ser|vice ['si:krit 'sœ:(r)vis], der; - - ‹engl.› (brit. [polit.] Geheimdienst)

SED = Sozialistische Einheitspartei Deutschlands (Staatspartei der DDR [1946–1989])

Se|da (*Plur. von* Sedum)

se|da|tiv (*Med.* beruhigend, schmerzstillend); **Se|da|tiv**, das; -s, -e [...və] *u.* **Se|da|ti|vum** [...vum], das; -s, ...va [...va] (*Med.* Beruhigungsmittel)

Se|dez, das; -es ‹lat.› (Sechzehntelbogengröße [Buchformat]; *Abk.* 16°); **Se|dez|for|mat**

Se|dia ge|sta|to|ria [- dʒɛsta...], die; - - ‹ital.› (Tragsessel des Papstes bei feierl. Aufzügen)

Se|di|ment, das; -[e]s, -e ‹lat.› (Ablagerung, Schicht); **se|di|men|tär** (durch Ablagerung entstanden); **Se|di|men|tär|ge|stein; Se|di|men|ta|ti|on**, die; -, -en (Ablagerung); **Se|di|ment|ge|stein; se|di|men|tie|ren**

Se|dis|va|kanz [...va...], die; -, -en ‹lat.› (Zeitraum, während dessen das Amt des Papstes od. eines Bischofs unbesetzt ist)

Se|dum, das; -s, Seda ‹lat.› (*Bot.* Fetthenne)

[1]**See**, der; -s, -n ['ze:ən]; ↑R 180 (stehendes Binnengewässer); [2]**See**, die; -, -n ['ze:ən]; ↑R 180 (*nur Sing.*: Meer; Seegang; *Seemannsspr.* [Sturz]welle); **See‿aal, ...ad|ler, ...amt; see|ar|tig**, seen|ar|tig; **See‿bad, ...bär, ...be|ben; see|be|schä|digt** (*für* havariert); **See‿blick** (ein Zimmer mit -), **...blockade** [*Trenn.* ...blok|kade], **...büh|ne; See-Ele|fant** (↑R 36), der; -en, -en; ↑R 197 (große Robbe); **see|er|fah|ren** (↑R 36); **See-Er|fah|rung** (die; -; ↑R 36); **See-Er|ze** *Plur.* (↑R 36); **see|fah|rend; See‿fah|rer, ...fahrt; See|fahrt|buch**[1]; **See|fahrt|schu|le**[1]; **see|fest**; -este; **See|fisch; See|fracht; See|fracht|ge|schäft; See‿funk, ...gang** (der; -[e]s); **See Ge|ne|za|reth**, *ökum.* Gen|ne|sa|ret, der; -s - (bibl. Name für den See von Tiberias); **See|gfrör|ni**, die; -, ...nen (*schweiz. für* Zugefrieren, Zugefrorensein eines Sees); **See|gras; See|gras|ma|trat|ze; See‿gur|ke** (ein [meerbewohnender] Stachelhäuter), **...ha|fen** (*vgl.* [2]Hafen), **...han|del** (*vgl.* [1]Handel), **...heil|bad, ...herr|schaft** (die; -), **...hund; See|hunds‿fän|ger, ...fell; See|igel** (↑R 36); **See|igel|kak|tus; See‿jung|fer** (eine Libelle), **...jung|frau** (eine Märchengestalt), **...ka|dett, ...kar|te, ...kas|se** (Versicherung für alle in der Seefahrt beschäftigten Personen); **see|klar**; ein Schiff - machen; **See|kli|ma**, das; -s; **see|krank; See‿krank|heit** (die; -), **...krieg, ...kuh, ...lachs**

See|land (dän. Insel; niederl. Provinz)

Seel|chen; See|le, die; -, -n; meiner Seel! (↑R 18); die unsterbliche Seele; **See|len‿ach|se** (in Feuerwaffen), **...adel** *(geh.)*, **...amt** (*kath. Rel.* Totenmesse), **...arzt** *(ugs.)*, **...blind|heit** (*Med.; für* Agnosie), **...bräu|ti|gam** (*bes. Mystik* Christus), **...frie|de[n], ...grö|ße** (die; -), **...gü|te** *(geh.)*, **...heil, ...hirt** (*veraltend für* Geist-

[1] *Vgl. die Anm. zu* „Diarrhö, Diarrhöe".

[1] *So die amtl. Schreibung ohne Fugen-s.*

licher), **...kun|de** (die; -; *veraltend für* Psychologie); **seelenkun|dig; See|len_le|ben** (das; -; *geh.*), **...leh|re** (die; -; *veraltet*); **see|len|los**; -este *(geh.)*; **Seelen_mas|sa|ge** (*ugs. für* Trost, Zuspruch), **...mes|se, ...qual** *(geh.)*, **...ru|he; see|len|ru|hig; see|len[s]|gut; see|len|stark; see|len|ver|gnügt** (*ugs. für* heiter); **See|len|ver|käu|fer** (*ugs. für* skrupelloser Mensch; *Seemannsspr.* zum Abwracken reifes Schiff); **see|len|ver|wandt; Seelen|ver|wandt|schaft; see|lenvoll** *(geh.)*; **See|len_wan|derung, ...zu|stand; see|lisch**; das -e Gleichgewicht; die -en Kräfte; **Seel|sor|ge**, die; -; **Seel|sor|ger; Seel|sor|ge|rin; seel|sor|gerisch; seel|sor|ger|lich, seelsorg|lich**

See_luft (die; -), **...macht, ...mann** (*Plur.* ...leute); **see|män|nisch**; -ste; **See|manns_amt, ...brauch; See|mann|schaft** (die; -; seemännische Kenntnisse); **Seemanns_garn** (das; -[e]s; erfundene Geschichte), **...heim, ...le|ben** (das; -s), **...lied, ...los** (das; -es), **...spra|che** (die; -), **...tod; See_mei|le** (*Zeichen* sm), **...mi|ne** (*vgl.* [1]Mine); **seen|ar|tig** *vgl.* seeartig; **Seen|kun|de**, die; - (*für* Limnologie); **See|not**, die; -; **See|not_ret|tungs|dienst, ...rettungs|kreu|zer, ...zei|chen; Seen|plat|te**

s. e. e. o., s. e. et o. = salvo errore et omissione ‹lat.› (Irrtum und Auslassung vorbehalten)

See_pferd|chen, ...pocke ([*Trenn.* ...pok|ke]; ein Krebstier), **...räuber, ...räu|be|rei** (die; -); **seeräu|be|risch; See_recht** (das; -[e]s), **...rei|se, ...ro|se, ...sack, ...sand, ...schei|de** (ein Manteltier), **...schlacht, ...schlan|ge, ...sper|re, ...stern** (*vgl.* [2]Stern), **...stra|ße; See|stra|ßen|ordnung**, die; -; **See_streit|kräf|te** *(Plur.)*, **...stück** (Gemälde mit Seemotiv), **...tang**

s. e. et o. *vgl.* s. e. e. o.

see|tüch|tig; See|ufer (↑R 36); **See_ver|bren|nung** ([Müll]verbrennung auf [2]See), **...ver|si|cherung, ...wal|ze** (*vgl.* Seegurke), **...war|te** (die Deutsche - in Hamburg); **see|wärts; See|was|seraqua|ri|um; See_weg, ...we|sen** (das; -s), **...wet|ter|dienst, ...wind, ...zei|chen, ...zoll|ha|fen, ...zun|ge** (ein Fisch)

Se|gel, das; -s, -; **Se|gel|boot; segel|fer|tig; se|gel|flie|gen** *nur im Infinitiv gebräuchlich;* **Se|gel_flie|ger, ...flug, ...flug|zeug, ...jacht, ...kurs; se|gel|los; Segel|ma|cher; se|geln**; ich ...[e]le (↑R 22); **Se|gel_oh|ren** (*Plur.; ugs. für* abstehende Ohren), **...regat|ta, ...schiff, ...sport** (der; -[e]s), **...sur|fen** (das; -s), **...tuch** (*Plur.* ...tuche), **...törn** ([...tœ(r)n]; Fahrt mit einem Segelboot)

Se|gen, der; -s, -; **se|gen|bringend** (↑R 209); **se|gen|spendend** (↑R 209); **se|gens|reich; Se|gens|spruch; se|gens|voll; Se|gens|wunsch**

Se|ger (dt. Technologe); **Se|ger_ke|gel** ⓦ (↑R 135; *Zeichen* SK), **...por|zel|lan**, das; -s

Se|ge|stes (Cheruskerfürst; Vater der Thusnelda)

Seg|ge, die; -, -n (*nordd. für* Riedgras, Sauergras)

Se|ghers (dt. Schriftstellerin)

Seg|ler

Seg|ment, das; -[e]s, -e ‹lat.› (Abschnitt, Teilstück); **seg|men|tal** (in Form eines Segmentes); **segmen|tär** (aus Abschnitten gebildet); **seg|men|tie|ren; Seg|mentie|rung** (Gliederung in Abschnitte)

seg|nen; gesegnete Mahlzeit!; **Seg|nung**

Se|gre|gat, das; -[e]s, -e ‹lat.› (*veraltet für* Ausgeschiedenes); [1]**Segre|ga|ti|on**, die; -, -en (*Biol.* Aufspaltung der Erbfaktoren während der Reifeteilung der Geschlechtszellen; *veraltet für* Ausscheidung, Trennung); [2]**Segre|ga|ti|on** [sεgri'ge:ʃ(ə)n], die; -, -s ‹engl.› (*Soziol.* Absonderung einer Bevölkerungsgruppe [nach Rasse, Sprache, Religion]); **segre|gie|ren**

Seh|ach|se; seh|be|hin|dert; Seh|be|hin|der|te, der *u.* die; -n, -n (↑R 7 ff.); **Seh|be|hin|de|rung; se|hen**; du siehst, er sieht; ich sah, du sahst; du sähest; gesehen; sieh!, *bei Verweisen u. als Ausrufewort* sieh[e]!; sieh[e] da!; ich habe es gesehen, a b e r: ich habe es kommen sehen, *selten* gesehen; (↑R 68:) ich kenne ihn nur vom Sehen; ihm wird Hören u. Sehen, *auch* hören u. sehen vergehen *(ugs.)*; **se|hens_wert** (-este), **...wür|dig; Se|hens|würdig|keit**, die; -, -en; **Se|her** (*Jägerspr. auch* Auge des Raubwildes); **Se|her_blick, ...ga|be** (die; -); **Se|he|rin; se|he|risch; Sehfeh|ler; seh|ge|schä|digt; Sehge|schä|dig|te**, der *u.* die; -n, -n (↑R 7 ff.); **Seh_hil|fe, ...kraft** (die; -), **...kreis, ...loch** (*für* Pupille)

Seh|ne, die; -, -n

seh|nen, sich; (↑R 68:) stilles Sehnen

Seh|nen_ent|zün|dung, ...re|flex *(Med.)*, **...riß, ...satz** *(Math.)*, **...schei|de; Seh|nen|schei|denent|zün|dung; Seh|nen|zer|rung**

Seh|nerv

seh|nig

sehn|lich; -st; **Sehn|sucht**, die; -, ...süchte; **sehn|süch|tig; sehnsuchts|voll**

Seh_öff|nung, ...or|gan (Auge), **...pro|be, ...prü|fung**

sehr; so -; zu -; gar -; - fein (*Abk.* ff); - viel, - vieles; - bedauerlich; er hat die Note „sehr gut" erhalten; *vgl.* ausreichend

seh|ren (*veraltet, aber noch mdal. für* verletzen)

Seh_rohr (*für* Periskop), **...schärfe; seh|schwach; Seh|schwäche; Seh|schwa|chen|schu|le; Seh_stäb|chen** *(Med.)*, **...störung, ...test, ...ver|mö|gen** (das; -s), **...zen|trum** *(Med.)*

Sei|ber, Sei|fer, der; -s (*landsch. für* ausfließender Speichel [bes. bei kleinen Kindern]); **sei|bern**, sei|fern; ich ...ere (↑R 22)

Sei|cen|to [sei'tʃεnto], das; -[s] ‹ital.› (*Kunst* das 17. Jh. in Italien [als Stilbegriff]); *vgl.* Secento

Seich, der; -[e]s *u.* **Sei|che**, die; - (*landsch. derb für* Urin; seichtes Geschwätz; schales Getränk); **sei|chen** (*derb für* urinieren)

Sei|cherl, das; -s, -n (*österr. ugs. für* weichlicher Mensch, Feigling); *vgl.* a b e r: Seiherl

Seiches [sεʃ] *Plur.* ‹franz.› (periodische Niveauschwankungen von Seen usw.)

seicht; -este; -es Gewässer; **Seicht|heit**, *seltener* **Seich|tigkeit**

seid (*2. Pers. Plur. Indikativ Präs. von* [2]sein); ihr seid; seid vorsichtig!; *vgl.* a b e r: seit

Sei|de, die; -, -n

Sei|del, das; -s, - ‹lat.› (ein Gefäß; ein Flüssigkeitsmaß); 3 - Bier (↑R 129)

Sei|del|bast, der; -[e]s, -e (ein Strauch)

sei|den (aus Seide); **sei|den|artig; Sei|den_at|las** (*Plur.* -se), **...bau** (der; -[e]s), **...blu|se, ...faden, ...glanz, ...kleid, ...ma|le|rei; sei|den|matt; Sei|den_pa|pier, ...rau|pe; Sei|den|rau|penzucht; Sei|den_schal, ...spin|ner** (ein Schmetterling); **sei|denweich; sei|dig**

Sei|en|de, das; -n (*Philos.* das, was ist)

Sei|fe, die; -, -n (Waschmittel; *Geol.* Ablagerung); grüne -; **seifen; sei|fen|ar|tig; Sei|fen_blase, ...flocke** [*Trenn.* ...flok|ke], **...ge|bir|ge** (*Geol.* erz- od. edelsteinhaltiges Gebirge); **Sei|fenki|sten|ren|nen; Sei|fen_lappen, ...lau|ge, ...napf, ...oper** (*ugs. für* triviale, rührselige Rundfunk- od. Fernsehserie), **...pul|ver, ...scha|le, ...schaum**

(der; -[e]s), **...sie|der** (*in der Wendung* jmdm. geht ein Seifensieder auf [*ugs. für* jmd. begreift etwas]), **...was|ser** (das; -s)
Sei|fer usw. *vgl.* Seiber usw.
Seif|fen, Kur|ort (im Erzgebirge)
sei|fig; Seif|ner (*veraltet für* Erzwäscher)
Sei|ge, die; -, -n (*Bergmannsspr.* vertiefte Rinne, in der das Grubenwasser abläuft); **sei|ger** (*Bergmannsspr.* senkrecht); **Sei|ger,** der; -s, - (*landsch. für* Uhr); **sei|gern** (*veraltet für* seihen, sickern; *Hüttenw.* [sich] ausscheiden; ausschmelzen); ich ...ere (↑R 22); **Sei|ger‿riß** (bildl. Durchschnitt eines Bergwerks), **...schacht** (*Bergbau* senkrechter Schacht); **Sei|ge|rung** *(Hüttenw.)*
Sei|gneur [sɛn'jøːr], der; -s, -s ‹franz.› (*veraltet für* vornehmer Weltmann)
Sei|he, die; -, -n *(landsch.)*; **sei|hen** (durch ein Sieb gießen, filtern); **Sei|her** (*landsch. für* Sieb für Flüssigkeiten); **Sei|herl,** das; -s, -n (*österr. für* [Tee]sieb); *vgl.* aber: Seicherl; **Seih|tuch** *Plur.* ...tücher *(landsch.)*
Seil, das; -[e]s, -e; auf dem Seil tanzen (*vgl.* aber: seiltanzen); über das Seil springen (*vgl.* aber: seilspringen); über das Seil hüpfen (*vgl.* aber: seilhüpfen); **Seil|bahn;** [1]**sei|len** (Seile herstellen; *selten für* mit einem Seil binden)
[2]**sei|len** (*nordd. für* segeln)
Sei|ler; Sei|le|rei; Sei|le|rin; Sei|ler|mei|ster; seil|hüp|fen; *vorwiegend im Infinitiv u. Partizip II gebr.;* seilgehüpft; *vgl.* Seil; **Seil|hüp|fen,** das; -s; **Seil|schaft** (die durch ein Seil verbundenen Bergsteiger; *übertr. für* Gruppe von Personen, die [in der Politik] eng zusammenarbeiten); **Seil|schwe|be|bahn; seil|sprin|gen;** *vorwiegend im Infinitiv u. Partizip II gebr.;* seilgesprungen; *vgl.* Seil; **Seil‿sprin|gen** (das; -s), **...steue|rung** *(Bobsport)*; **seil|tan|zen;** *vorwiegend im Infinitiv u. Partizip II gebr.;* seilgetanzt; *vgl.* Seil; **Seil‿tän|zer, ...tän|ze|rin, ...trom|mel, ...win|de, ...zie|hen** (das; -s), **...zug**
Seim, der; -[e]s, -e (*veraltend für* dicker [Honig]saft); **sei|mig** (*veraltend für* dickflüssig)
[1]**sein,** sei|ne, sein; aber (↑R 72): Seine (*Abk.* S[e].), Seiner (*Abk.* Sr.) Exzellenz; (↑R 66:) jedem das Seine; er muß das Seine dazu beitragen, tun; sie ist die Seine; er sorgte für die Seinen; *vgl.* dein
[2]**sein;** ich bin, du bist, er ist, wir sind, ihr seid, sie sind; ich sei, du seist, er sei, wir seien, ihr seiet, sie seien; ich war, du warst, er war, wir waren, ihr wart, sie waren; ich wäre, du wärst, er wäre, wir wären, ihr wärt, sie wären; seiend; gewesen; sei!; seid!; **Sein,** das; -s; das - und das Nichtsein; das wahre, vollkommene -
sei|ne, sei|ni|ge; *vgl.* deine, deinige
Sei|ne ['sɛːn(ə)], die; - (franz. Fluß)
sei|ner|seits; sei|ner|zeit; ↑R 205 (damals, dann; *Abk.* s. Z.); **sei|ner|zei|tig; sei|nes|glei|chen;** Leute -; er hat nicht -; **sei|net|hal|ben** *(veraltend)*; **sei|net|we|gen; sei|net|wil|len;** *nur in* um -; **sei|ni|ge** *vgl.* seine
sein|las|sen; ich möchte das lieber seinlassen (*ugs. für* nicht tun); er hat es seinlassen; aber: er wollte ihn Sieger sein lassen
Sei|sing *vgl.* Zeising
Seis|mik, die; - ‹griech.› (Erdbebenkunde); **seis|misch** (die Seismik bzw. Erdbeben betreffend); **Seis|mo|gramm,** das; -s, -e (Aufzeichnung der Erdbebenwellen); **Seis|mo|graph,** der; -en, -en; ↑R 197 (Gerät zur Aufzeichnung von Erdbeben); **Seis|mo|lo|ge,** der; -n, -n (↑R 197); **Seis|mo|lo|gie,** die; - (*svw.* Seismik); **Seis|mo|lo|gin; seis|mo|lo|gisch; Seis|mo|me|ter,** das; -s, - (Gerät zur Messung der Erdbebenstärke); **seis|mo|me|trisch**
seit; *Präp. mit Dat.:* - dem Zusammenbruch; - alters (↑R 61), - damals, - gestern, - heute; (↑R 65:) - kurzem, langem; *Konjunktion:* - ich hier bin; *vgl.* aber: seid
seit|ab (abseits)
seit|dem; *Adverb:* seitdem ist er gesund; *Konjunktion:* seitdem ich hier bin
Sei|te, die; -, -n (*Abk.* S.); die linke, rechte Seite; von allen Seiten; von zuständiger Seite; zur Seite treten, stehen; abseits; allerseits; meinerseits; deutscherseits; mütterlicherseits; (↑R 208:) beiseite; seitens *(vgl. d.)*; auf seiten, von seiten, zu seiten; *vgl.* aber: Saite; **Sei|ten‿al|tar, ...an|sicht, ...arm, ...aus** *(Sport)*, **...aus|gang, ...aus|li|nie** *(Sport)*, **...bau** (*Plur.* ...bauten), **...blick, ...ein|gang, ...ein|stei|ger, ...ein|stei|ge|rin, ...flü|gel, ...front, ...füh|rung** (der Reifen), **...gang** (der), **...ge|wehr, ...hal|bie|ren|de** (die; -n, -n; *Math.;* zwei -), **...hieb; sei|ten|lang,** aber: vier Seiten lang; **Sei|ten‿leit|werk** *(Flugw.)*, **...li|nie, ...por|tal, ...ram|pe, ...ru|der** *(Flugw.)*; **sei|tens** (↑R 62); *Präp. mit Gen.* *(Amtsspr.)*: - des Angeklagten (*dafür besser:* von dem Angeklagten) wurde folgendes eingewendet; **Sei|ten‿schiff** *(Archit.)*, **...schnei|der** (ein Werkzeug), **...schritt, ...sprung** (sexuelles Abenteuer außerhalb einer festen Bindung); **sei|ten|stän|dig** (*Bot.* von Blättern); **Sei|ten‿ste|chen** (das; -s), **...stra|ße, ...strei|fen, ...stück, ...ta|sche, ...teil** (das, *auch* der), **...trakt, ...trieb** *(Bot.)*, **...tür; sei|ten|ver|kehrt; Sei|ten‿wa|gen, ...wahl** *(Sport)*, **...wech|sel, ...wind, ...zahl**
seit|her (*selten für* seitdem); **seit|he|rig** *(selten)*
...sei|tig (z. B. allseitig); **seit|lich; Seit|ling,** der; -s, -e (ein Pilz); **seit|lings** *(veraltet)*; **Seit|pferd** *(Turnen)*; **seit|wärts;** - gehen
Sei|wal ‹norw.› (eine Walart)
Sejm [sɛjm], der; -s ‹poln.› (oberste poln. Volksvertretung)
sek, Sek. = Sekunde *(vgl. d.)*
Se|kans, der; -, *Plur.* -, *auch* Sekanten ‹lat.› (*Math.* eine Winkelfunktion im Dreieck; *Zeichen* sec); **Se|kan|te,** die; -, -n (Gerade, die eine Kurve schneidet)
Se|kel, *auch* Sche|kel, der; -s, - ‹hebr.› (altbabylon. u. hebr. Gewichts- u. Münzeinheit)
sek|kant; -este ‹ital.› (*veraltet, noch österr. für* lästig, zudringlich); **Sek|ka|tur,** die; -, -en (*veraltet, noch österr. für* Quälerei, Belästigung); **sek|kie|ren** (*veraltet, noch österr. für* quälen, belästigen)
Se|kond|hieb ‹ital.; dt.› (ein Fechthieb)
se|kret; -este ‹lat.› (*veraltet für* geheim; abgesondert); [1]**Se|kret,** das; -[e]s, -e (*Med.* Absonderung; *veraltet für* vertrauliche Mitteilung); [2]**Se|kret,** die; - (stilles Gebet des Priesters während der Messe); **Se|kre|tar,** der; -s, -e (*veraltet für* Geschäftsführer, Abteilungsleiter; *selten für* Sekretär); **Se|kre|tär,** der; -s, -e (Beamter des mittleren Dienstes; Funktionär in einer Partei, Gewerkschaft o. ä.; kaufmännischer Angestellter; Schreibschrank; ein Greifvogel); *vgl.* Sekretar; **Se|kre|ta|ri|at,** das; -[e]s, -e (Kanzlei, Geschäftsstelle); **Se|kre|tä|rin; se|kre|tie|ren** (*Med.* absondern; *veraltet für* unter Verschluß halten); **Se|kre|ti|on,** die; -, -en (*Med.* Absonderung); **se|kre|to|risch** (die Sekretion betreffend)
Sekt, der; -[e]s, -e ‹ital.› (Schaumwein)
Sek|te, die; -, -n ‹lat.› ([kleinere] Glaubensgemeinschaft); **Sek|ten|we|sen,** das; -s

Sekt_fa|bri|kant, ...fla|sche, ...früh|stück, ...glas (*Plur.* ...gläser)
Sek|tie|rer ‹lat.› (jmd., der von einer politischen, religiösen o.ä. Richtung abweicht); **sek|tie|re|risch;** -ste; **Sek|tie|rer|tum,** das; -s
Sek|ti|on, die; -, -en ‹lat.› (Abteilung, Gruppe, Zweig[verein]; *Med.* Leichenöffnung; *ehem. in der DDR* Lehr- u. Forschungsbereich einer Hochschule); **Sek|ti|ons_be|fund** *(Med.),* **...chef** (Abteilungsvorstand; *in Österr.* höchster Beamtentitel); **sek|ti|ons|wei|se**
Sekt_kelch, ...kel|le|rei, ...kor|ken, ...kü|bel, ...lau|ne
Sek|tor, der; -s, ...oren ([Sach]gebiet, Bezirk; *Math.* Ausschnitt); **Sek|to|ren|gren|ze**
Sekt_scha|le, ...steu|er (die)
Se|kund, die; -, -en ‹lat.› (*österr. svw.* Sekunde [in der Musik]); **se|kun|da** (*Kaufmannsspr. veraltet für* zweiter Güte); die Ware ist -; **Se|kun|da,** die; -, ...den (*veraltend für* die 6. u. 7. [*in Österr.* 2.] Klasse eines Gymnasiums); **Se|kund|ak|kord** *(Musik);* **Se|kun|da|ner** (Schüler einer Sekunda); **Se|kun|da|ne|rin; Se|kun|dant,** der; -en, -en; ↑R 197 (Beistand, Zeuge [im Zweikampf]; Berater, Betreuer eines Sportlers); **se|kun|där** ‹franz.› (zweitrangig; untergeordnet; nachträglich hinzukommend; Neben...); **Se|kun|dar|arzt** (*österr. für* Assistenzarzt); **Se|kun|där|elek|tron** (*Physik* durch Beschuß mit einer primären Strahlung aus einem festen Stoff ausgelöstes Elektron); **Se|kun|där_emis|si|on** (*Physik* Emission von Sekundärelektronen), **...ener|gie** (*Technik* aus einer Primärenergie gewonnene Energie); **Se|kun|dar|leh|rer** *(schweiz.);* **Se|kun|där|li|te|ra|tur** (wiss. u. krit. Literatur über Dichter, Dichtungen, Dichtungsepochen; *Ggs.* Primärliteratur); **Se|kun|där|roh|stoff** *meist Plur.* (*regional für* Altmaterial); **Se|kun|dar|schu|le** (*schweiz. für* höhere Volksschule); **Se|kun|där_sta|ti|stik, ...strom** *(Elektrotechnik);* **Se|kun|dar|stu|fe** (ab dem 5. Schuljahr); **Se|kun|där_tu|gend** (z.B. Fleiß), **...wick|lung** *(Elektrotechnik);* **Se|kun|da|wech|sel** *(Bankw.);* **Se|künd|chen; Se|kun|de** (1/60 Minute, *Abk.* Sek. [*Zeichen* s; *veraltet* sec, sek]; *Geom.* 1/60 Minute [*Zeichen* ″]; *Musik* zweiter Ton der diaton. Tonleiter; Intervall im Abstand von 2 Stufen; *Druckerspr.* die am Fuß der dritten Seite eines Bogens stehende Zahl mit Sternchen); **se|kun|den|lang,** aber: vier Sekunden lang; **Se|kun|den_schnel|le** (die; -; in -), **...zei|ger; se|kun|die|ren** (beistehen [im Zweikampf]; helfen, schützen); jmdm. -; **Se|künd|lein; se|künd|lich,** *auch* se|kund|lich (in jeder Sekunde); **Se|kun|do|ge|ni|tur,** die; -, -en (*früher* Besitz[recht] des zweitgeborenen Sohnes u. seiner Linie)
Se|ku|rit Ⓦ [*auch* ...'rit], das; -s ‹nlat.› (nicht splitterndes Glas); **Se|ku|ri|tät,** die; -, -en ‹lat.› (Sicherheit, Sorglosigkeit)
sel. = selig
se|la! ‹hebr.› (*ugs. für* abgemacht!, Schluß!); **Se|la,** das; -s, -s (Musikzeichen in den Psalmen)
Se|la|chi|er [...xi̯ər], der; -s, - *meist Plur.* ‹griech.› (*Zool.* Haifisch)
Se|la|don [*franz.* sela'dõ:], das; -s, -s ‹wohl nach dem graugrünen Gewand des franz. Romanhelden Céladon› (chin. Porzellan mit grüner Glasur); **Se|la|don|por|zel|lan**
Se|la|gi|nel|le, die; -, -n ‹ital.› (*Bot.* Moosfarn)
Se|lam *vgl.* Salam; **Se|lam|lik,** der; -s, -s ‹arab.-türk.› (Empfangsraum im oriental. Haus)
selb...; zur -en Stunde, zur -en Zeit; **selb|an|der** (*veraltet für* zu zweit); **selb|dritt** (*veraltet für* zu dritt); **sel|ber** (*meist alltagssprachl. für* selbst); **Sel|ber|ma|chen,** das; -s; ↑R 68 *(ugs.);* **sel|big** *(veraltet);* zu -er Stunde, zur -en Stunde; **selbst** (*vgl. auch* selber); von -; - wenn (↑R 126); selbst (sogar) bei Glatteis fährt er schnell; **Selbst,** das; -; ein Stück meines -; **Selbst_ab|ho|ler, ...ach|tung** (die; -), **...ana|ly|se** *(Psych.);* **selb|stän|dig;** sich - machen; **Selb|stän|di|ge,** der *u.* die; -n, -n (↑R 7ff.); **Selb|stän|dig|keit,** die; -; **Selbst_an|fer|ti|gung, ...an|kla|ge, ...an|schluß** *(veraltet),* **...an|steckung** [*Trenn.* ...stek|kung], **...an|zei|ge, ...auf|op|fe|rung, ...aus|lö|ser** *(Fotogr.),* **...be|die|nung** (*Plur. selten; Abk.* SB); **Selbst|be|die|nungs|la|den; Selbst_be|frie|di|gung** (*für* Masturbation), **...be|fruch|tung** *(Bot.),* **...be|halt** (der; -[e]s, -e; *Versicherungsw.* Selbstbeteiligung), **...be|haup|tung** (die; -), **...be|herr|schung** (die; -), **...be|kennt|nis** *(veraltend),* **...be|kö|sti|gung, ...be|schei|dung** *(geh.),* **...be|schrän|kung, ...be|schul|di|gung, ...be|sin|nung, ...be|stä|ti|gung, ...be|stäu|bung** *(Bot.),* **...be|stim|mung** (die; -); **Selbst|be|stim|mungs|recht,** das; -[e]s; **Selbst_be|tei|li|gung** *(Versicherungsw.),* **...be|trug, ...be|weih|räu|che|rung** *(ugs.);* **selbst|be|wußt; Selbst_be|wußt|sein, ...be|zeich|nung; Selbst|be|zich|ti|gungs|schrei|ben; Selbst_bild|nis, ...bin|der, ...bio|gra|phie, ...dar|stel|lung, ...dis|zi|plin** (die; -); **selbst|ei|gen** *(veraltet);* **Selbst_ein|schät|zung, ...ein|tritt** *(Wirtsch.),* **...ent|fal|tung; selbst|ent|zünd|lich; Selbst_ent|zün|dung, ...er|fah|rung** (die; -), **...er|hal|tung** (die; -); **Selbst|er|hal|tungs|trieb; Selbst|er|kennt|nis; selbst|er|nannt; Selbst_er|nied|ri|gung, ...er|zeu|ger, ...er|zie|hung, ...fah|rer, ...fi|nan|zie|rung, ...fin|dung** *(geh.);* **selbst_ge|backen** ([*Trenn.* ...bak|ken]; *vgl.* selbstgemacht), **...ge|braut** (*vgl.* selbstgemacht), **...ge|dreht** (*vgl.* selbstgemacht), **...ge|fäl|lig; Selbst_ge|fäl|lig|keit** (die; -), **...ge|fühl** (das; -[e]s); **selbst_ge|macht** (-e Marmelade; aber: sie hat die Marmelade selbst gemacht), **...ge|nüg|sam, ...ge|recht** (-este), **...ge|schnei|dert** (*vgl.* selbstgemacht), **...ge|schrie|ben** (*vgl.* selbstgemacht); **Selbst|ge|spräch; selbst_ge|strickt** (*vgl.* selbstgemacht), **...haf|tend, ...herr|lich; Selbst_herr|lich|keit** (die; -), **...hil|fe** (die; -); **Selbst|hil|fe|grup|pe; Selbst_in|duk|ti|on** *(Elektrotechnik),* **...iro|nie** (die; -); **selb|stisch;** -ste (*geh. für* egoistisch); **Selbst|ju|stiz; selbst|kle|bend; Selbst_kon|trol|le, ...ko|sten** *(Plur.);* **Selbst|ko|sten_preis, ...rech|nung; Selbst|kri|tik** *Plur. selten;* **selbst|kri|tisch; Selbst|la|de_ge|wehr, ...pi|sto|le; Selbst|la|der; Selbst_laut** (*für* Vokal); **...lob; selbst|los;** -este; -er Verzicht; **Selbst|lo|sig|keit,** die; -; **Selbst_me|di|ka|ti|on** *(Med.),* **...mit|leid, ...mord, ...mör|der, ...mör|de|rin; selbst|mör|de|risch; selbst|mord|ge|fähr|det; Selbst|mord_kom|man|do, ...ra|te, ...ver|such; Selbst|por|trät; selbst|quä|le|risch;** -ste; **selbst|re|dend** (selbstverständlich); **Selbst_rei|ni|gung** (biologische -), **...schuß, ...schutz** (der; -es); **selbst|si|cher; Selbst_si|cher|heit** (die; -), **...stel|ler** *(Polizeiw.),* **...stu|di|um** (das; -s), **...sucht** (die; -); **selbst_süch|tig, ...tä|tig; Selbst_täu|schung, ...tö|tung** (*Amtsspr.* Selbstmord), **...über|he|bung, ...über|schät|zung, ...über|win|dung, ...un|ter|richt, ...ver|ach|tung** (die; -), **...ver-**

brau|cher, ...ver|bren|nung; selbst|ver|dient; -es Geld; aber: er hat das Geld selbst verdient; **selbst|ver|ges|sen; Selbst_ver|lag** (der; -[e]s), **...ver|leug|nung; selbst|ver|liebt; Selbst_ver|liebt|heit, ...ver|pfle|gung** (die; -), **...ver|schul|den** *(Amtsspr.),* **...ver|sor|ger; selbst|ver|ständ|lich; Selbst_ver|ständ|lich|keit, ...ver|ständ|nis** (das; -ses), **...ver|stüm|me|lung, ...ver|such** (*Med.* Experiment am eigenen Körper), **...ver|tei|di|gung, ...ver|trau|en, ...ver|wal|tung, ...ver|wirk|li|chung, ...vor|wurf; Selbst|wähl|fern|dienst,** der; -[e]s *(Fernspr.);* **Selbst|wert|ge|fühl** *Plur. selten (Psych.);* **Selbst|zer|flei|schung; selbst|zer|stö|re|risch; Selbst|zer|stö|rung; Selbst|zucht,** die; - *(geh.);* **selbst|zu|frie|den; Selbst_zu|frie|den|heit, ...zün|der, ...zweck** (der; -[e]s), **...zwei|fel**

sel|chen (*bayr. u. österr. für* räuchern); **Sel|cher** (*bayr. u. österr. für* jmd., der mit Geselchtem handelt); **Sel|che|rei** (*bayr. u. österr. für* Fleisch- u. Wursträucherei); **Selch_fleisch** *(bayr. u. österr.),* **...kam|mer, ...kar|ree** (das; -s, -s; *österr. für* Kasseler Rippenspeer)

Sel|dschu|ke, der; -n, -n; ↑R 197 (Angehöriger eines türk. Volksstammes)

se|le|gie|ren ‹lat.› (auswählen); **Se|lek|ta,** die; -, ...ten (*früher* Oberklasse, Begabtenklasse); **Se|lek|ta|ner** (*früher* Schüler einer Selekta); **Se|lek|ta|ne|rin** *(früher);* **se|lek|tie|ren** (auswählen [für züchterische Zwecke]); **Se|lek|ti|on,** die; -, -en (Auswahl; *Biol.* Auslese; Zuchtwahl); **se|lek|tio|nie|ren** (*svw.* selektieren); **Se|lek|ti|ons_leh|re, ...theo|rie; se|lek|tiv** (auswählend; mit Auswahl; *Funkw.* trennscharf); *vgl.* elektiv; **Se|lek|ti|vi|tät** [...v...], die; - (Trennschärfe bei Rundfunkempfängern)

Se|len, das; -s ‹griech.› (chem. Element, Nichtmetall; *Zeichen* Se); **Se|le|nat,** das; -[e]s, -e (Salz der Selensäure); **Se|le|ne** (griech. Mondgöttin); **se|le|nig** (*Chemie* Selen enthaltend); -e Säure; **Se|le|nit** [*auch* ...'nit], das; -s, -e (Salz der selenigen Säure); **Se|le|no|gra|phie,** die; - (Beschreibung u. kartograph. Darstellung der Mondoberfläche); **Se|le|no|lo|gie,** die; - (Mondkunde, bes. Mondgeologie); **se|le|no|lo|gisch; Se|len|säu|re** *(Chemie),* **...zel|le** (ein elektrotechn. Bauelement)

Se|leu|ki|de, Se|leu|zi|de, der; -n, -n; ↑R 197 (Angehöriger einer makedonischen Dynastie in Syrien)

Self... ‹engl.› (Selbst...); **Self|ak|tor,** der; -s, -s (Spinnmaschine); **Self|made|man** ['sɛlfme:dmən], der; -s, ...men [...mən] (jmd., der sich aus eigener Kraft hochgearbeitet hat)

se|lig (*Abk.* sel.); ein -es Ende haben; -e Weihnachtszeit. *Schreibung in Verbindung mit Verben:* selig sein, machen, werden; *vgl.* aber: seligpreisen, seligsprechen

...se|lig (z. B. armselig)

Se|li|ge, der *u.* die; -n, -n (↑R 7 ff.); **Se|lig|keit; se|lig|prei|sen** (↑R 205); ich preise selig; seliggepriesen; seligzupreisen; **Se|lig|prei|sung; se|lig|spre|chen** (↑R 205); *zur Beugung vgl.* seligpreisen; **Se|lig|spre|chung; Se|lig|zu|spre|chen|de,** der *u.* die; -n, -n (↑R 7 ff.)

Sel|le|rie [*österr.* ...'ri:], der; -s, -[s] *od., österr. nur,* die; -, *Plur.* -, *österr.* ...ien ‹griech.› (eine Gemüsepflanze); **Sel|le|rie|sa|lat**

Sel|ma (w. Vorn.)

Sel|mar (m. Vorn.)

sel|ten; seltener, -ste; -e Erden (*Chemie* Oxide der Seltenerdmetalle; *unrichtige Bez. für* die Seltenerdmetalle selbst); - gut (*ugs. für* besonders gut); ein -er Vogel (*ugs. auch für* sonderbarer Mensch); **Sel|ten|erd|me|tall** *(Chemie);* **Sel|ten|heit; Sel|ten|heits|wert,** der; -[e]s

Sel|ters (Name versch. Orte); Selterser Wasser; **Sel|ter[s]|was|ser** *Plur.* ...wässer (ein Mineralwasser)

selt|sam; selt|sa|mer|wei|se; Selt|sam|keit

[1]**Sem** (bibl. m. Eigenn.)

[2]**Sem,** das; -s, -e ‹griech.› (*Sprachw.* kleinster Bestandteil der Wortbedeutung); **Se|man|tik,** die; - (Lehre von der Bedeutung sprachlicher Zeichen); **se|man|tisch; Se|ma|phor,** das *od., österr. nur,* der; -s, -e (Signalmast; opt. Telegraf); **se|ma|pho|risch; Se|ma|sio|lo|gie,** die; - (Wortbedeutungslehre); **se|ma|sio|lo|gisch; Se|meio|gra|phie,** die; - (*veraltend für* Lehre von den [musikal.] Zeichen; Notenschrift); **Se|meio|tik,** die; -; ↑R 180 (*seltener für* Semiotik)

Se|me|ster, das; -s, - ‹lat.› ([Studien]halbjahr); **Se|me|ster_an|fang, ...be|ginn, ...en|de, ...fe|ri|en** *(Plur.),* **...zeug|nis; se|me|stral** (*veraltet für* halbjährig; halbjährlich); **...se|me|strig** (z. B. sechssemestrig)

se|mi... ‹lat.› (halb...); **Se|mi...** ‹lat.› (Halb...); **Se|mi|fi|na|le** *(Sport)*

Se|mi|ko|lon, das; -s, *Plur.* -s *u.* ...la ‹lat.; griech.› (Strichpunkt); **se|mi|lu|nar** ‹lat.› (halbmondförmig); **Se|mi|lu|nar|klap|pe** (*Med.* eine Herzklappe)

Se|mi|nar, das; -s, *Plur.* -e, *österr. u. schweiz. auch* -ien [...iən] ‹lat.› (Übungskurs an Hochschulen; kirchl. Institut zur Ausbildung von Geistlichen [z. B. Priestern]; *früher, aber noch schweiz. für* Lehrerbildungsanstalt); **Se|mi|nar|ar|beit; Se|mi|na|rist,** der; -en, -en; ↑R 197 (Seminarschüler); **se|mi|na|ri|stisch; Se|mi|nar|übung**

Se|mio|lo|gie, die; - *u.* **Se|mio|tik,** die; - (↑R 180) ‹griech.› (Lehre von den Zeichen, Zeichentheorie; *auch svw.* Symptomatologie)

se|mi|per|mea|bel ‹lat.›; ↑R 180 (*Chemie, Biol.* halbdurchlässig); ...a|ble Membran

Se|mi|ra|mis (assyrische Königin)

Se|mit, der; -en, -en (↑R 197) ‹*zu* [1]Sem› (Angehöriger einer eine semitische Sprache sprechenden Völkergruppe); **Se|mi|tin; se|mi|tisch; Se|mi|tist,** der; -en, -en; ↑R 197 (Erforscher der alt- u. der neusemit. Sprachen u. Literaturen); **Se|mi|ti|stik,** die; -; **se|mi|ti|stisch**

Se|mi|vo|kal (*Sprachw.* Halbvokal)

Sem|mel, die; -, -n; **sem|mel|blond; Sem|mel_brö|sel, ...kloß, ...knö|del** *(bayr., österr.),* **...mehl**

Sem|mel|weis (ung. Arzt)

Sem|me|ring, der; -[s] (Alpenpaß)

Sem|pach (schweiz. Ortsn.); **Sem|pa|cher See,** der; - -s (See im Schweizer Mittelland)

Sem|per (dt. Baumeister)

sem|pern (*österr. ugs. für* nörgeln, jammern); ich ...ere (↑R 22)

Sem|stwo, das; -s, -s ‹russ.› (ehem. russ. Selbstverwaltungsorgan)

Sen, der; -[s], -[s] (jap. Münze; 100 Sen = 1 Yen; indones. Münze; *Abk.* S; 100 Sen = 1 Rupiah); 6 - (↑R 129)

sen. = senior

Se|nat, der; -[e]s, -e ‹lat.› (Rat [der Alten] im alten Rom; Teil der Volksvertretung, z. B. in den USA; Regierungsbehörde in Hamburg, Bremen u. Berlin; akadem. Verwaltungsbehörde; Richterkollegium bei Obergerichten); **Se|na|tor,** der; -s, ...oren (Mitglied des Senats; Ratsherr); **Se|na|to|rin; se|na|to|risch; Se|nats_be|schluß, ...prä|si|dent, ...sit|zung, ...spre|cher, ...ver|wal|tung, ...vor|la|ge;**

Se|na|tus Po|pu|lus|que Ro|ma|nus („Senat und Volk von Rom") (*Abk.* S. P. Q. R.)
Sen|cken|berg [*zur Trenn.* ↑R 179] (dt. Arzt u. Naturforscher); **sen|cken|ber|gisch** [*zur Trenn.* ↑R 179]; aber (↑R 134): Senckenbergische Stiftung; Senckenbergische Naturforschende Gesellschaft (↑R 157)
Send, der; -[e]s, -e (*früher für* [Kirchen]versammlung; geistl. Gericht)
Send|bo|te (*veraltend*); **Sen|de‿an|la|ge, ...an|stalt, ...be|ginn, ...be|reich** (der), **...ein|rich|tung, ...fol|ge, ...ge|biet, ...haus, ...lei|ter** (der); **sen|den;** du sandtest *u.* sendetest; *selten:* du sendetest; gesandt *u.* gesendet; send[e]!; *in der Bedeutung* „[vom Rundfunk] übertragen" *nur* er sendete, hat gesendet; **Sen|de‿pau|se, ...plan** (*vgl.* ²Plan); **Sen|der;** (↑R 157:) Sender Freies Berlin (*Abk.* SFB); **Sen|der|an|la|ge; Sen|de‿raum, ...rei|he; Sen|der|such|lauf** (*Rundf.*); **Sen|de‿schluß** (der; ...schlusses), **...sta|ti|on; Sen|de- und Emp|fangs|ge|rät** (↑R 32); **Sen|de‿zei|chen, ...zeit, ...zen|tra|le, ...zen|trum**
Send|ge|richt (*früher*) (*zu* Send)
Send|schrei|ben; Sen|dung; Sen|dungs|be|wußt|sein
Se|ne|ca (röm. Dichter und Philosoph)
Se|ne|fel|der (österr. Erfinder des Steindruckes)
¹Se|ne|gal, der; -[s] (afrik. Fluß); **²Se|ne|gal** (Staat in Afrika); **Se|ne|ga|le|se,** der; -n, -n (↑R 197), *auch* Se|ne|ga|ler, der; -s, -; **se|ne|ga|le|sisch,** *auch* **se|ne|ga|lisch**
Se|ne|ga|wur|zel, die; - (indian.; dt.) (ein Arzneimittel)
Se|ne|schall, der; -s, -e (franz.) (Oberhofbeamter im merowing. Reich)
Se|nes|zenz, die; - (lat.) (*Med.* das Altern; [damit verbundene] Altersschwäche)
Senf, der; -[e]s, -e (griech.); **senf|far|ben, senf|far|big; Senf‿gur|ke, ...korn** (*Plur.* ...körner), **...pfla|ster, ...so|ße**
Senf|ten|berg (Stadt südwestl. von Cottbus)
Senf|tun|ke
Sen|ge *Plur.* (*landsch. für* ²Prügel); - beziehen; **sen|gen; sen|ge|rig, seng|rig** (*landsch. für* brenzlig; angebrannt)
Se|nhor [sɛn'jo:r], der; -s, -es (port.) (*port. Bez. für* Herr; Besitzer); **Se|nho|ra,** die; -, -s (*port. Bez. für* Dame, Frau; Besitzerin); **Se|nho|ri|ta,** die; -, -s (*port. Bez. für* Fräulein)
se|nil (lat.) ([geistig] greisenhaft); **Se|ni|li|tät,** die; - (Greisenhaftigkeit); **se|ni|or** („älter") (*hinter Namen* der Ältere; *Abk.* sen.); Karl Meyer senior; **Se|ni|or,** der; -s, ...oren (Ältester; Vorsitzender; Altmeister; Sprecher; Sportler etwa zwischen 20 u. 30 Jahren; *meist Plur.:* ältere Menschen); **Se|nio|rat,** das; -[e]s, -e (*veraltet für* Ältestenwürde, Amt des Vorsitzenden; *auch für* Majorat, Ältestenrecht); **Se|ni|or|chef; Se|nio|ren‿heim, ...klas|se** (*Sport*), **...kon|vent** (*Studentenspr.*), **...sport, ...treff; Se|nio|rin**
Senk|blei, das (*Bauw.*); **Sen|ke,** die; -, -n; **Sen|kel,** der; -s, - (*kurz für* Schnürsenkel; *schweiz. auch für* Senkblei); etwas, jmdn. in den - stellen (*schweiz. für* etwas zurechtrücken, jmdn. zurechtweisen); **sen|ken; Sen|ker** (ein Werkzeug; *auch für* Steckling); **Senk‿fuß, ...gru|be, ...ka|sten, ...lot; senk|recht;** eine -e Wand; - [herunter]fallen, stehen; (↑R 65:) das ist das einzig Senkrechte (*ugs. für* Richtige); **Senk|rech|te,** die; -n, -n; zwei -[n]; **Senk|recht‿start, ...star|ter** (ein Flugzeugtyp; *ugs. auch für* jmd., der schnell Karriere macht); **Senk|rücken** [*Trenn.* ...rük|ken]; **Sen|kung; Sen|kungs|ab|szeß** (*Med.*); **Senk|waa|ge** (*Physik* Gerät zur Bestimmung der Dichte von Flüssigkeiten)
Senn, der; -[e]s, -e, *schweiz.* der; -en, -en, *bayr., österr. auch* Sen|ne, der; -n, -n; ↑R 197 (*bayr., österr. u. schweiz. für* Bewirtschafter einer Sennhütte, Almhirt)
Sen|na, die; - (arab.) (Blätter verschiedener Arten der Kassie); *vgl.* Kassie
¹Sen|ne *vgl.* Senn; **²Sen|ne,** die; -, -n (*bayr., österr. für* ²Weide)
³Sen|ne, die; - (südwestl. Vorland des Teutoburger Waldes)
sen|nen (*bayr., österr. für* Käse bereiten); **¹Sen|ner** (*bayr., österr. svw.* Senn)
²Sen|ner (Pferd aus der ³Senne)
Sen|ne|rei (*bayr., österr. für* Sennhütte, Käserei in den Alpen); **Sen|ne|rin** (Bewirtschafterin einer Almhütte)
Sen|nes|blät|ter (arab.; dt.) *Plur.* (*svw.* Senna); **Sen|nes|blät|ter|tee** (ein Abführmittel); **Sen|nes‿pflan|ze** (Kassie), **...scho|te**
Senn|hüt|te; Sen|nin (*svw.* Sennerin); **Senn|wirt|schaft**
Se|non, das; -s (nach dem kelt. Stamm der Senonen) (*Geol.* zweitjüngste Stufe der oberen Kreideformation)
Se|ñor [sɛn'jo:r], der; -s, -es [...ɛs] (span.) (*span. Bez. für* Herr); **Se|ño|ra,** die; -, -s (*span. Bez. für* Frau); **Se|ño|ri|ta,** die; -, -s (*span. Bez. für* Fräulein)
Sen|sal, der; -s, -e (ital.) (*österr. für* freiberufl. Handelsmakler); **Sen|sa|lie, Sen|sa|rie,** die; -, ...ien (*österr. für* Maklergebühr)
Sen|sa|ti|on, die; -, -en (franz., „Empfindung") (aufsehenerregendes Ereignis); **sen|sa|tio|nell** (aufsehenerregend); **Sen|sa|ti|ons‿be|dürf|nis** (das; -ses), **...gier; sen|sa|ti|ons|lü|stern; Sen|sa|ti|ons‿ma|che** (*abwertend*), **...mel|dung, ...nach|richt, ...pres|se** (die; -), **...pro|zeß, ...sucht** (die; -)
Sen|se, die; -, -n; [jetzt ist aber] Sense! (*ugs. für* Schluß!, jetzt ist es genug!); **sen|sen** (mit der Sense mähen); **Sen|sen‿mann** (der; -[e]s; *veraltet für* Schnitter; *verhüllend für* Tod), **...schmied, ...wurf** (Sensenstiel)
sen|si|bel (franz.) (reizempfindlich, empfindsam; feinfühlig); ...i|ble Nerven; **Sen|si|bi|li|sa|tor,** der; -s, ...oren (lat.) (die Lichtempfindlichkeit der fotografischen Schicht verstärkender Farbstoff); **sen|si|bi|li|sie|ren** ([licht]empfindlich[er] machen); **Sen|si|bi|li|sie|rung; Sen|si|bi|li|tät,** die; - (franz.) (Empfindlichkeit, Empfindsamkeit; Feinfühligkeit); **sen|si|tiv** (lat.(-franz.)) (sehr empfindlich; leicht reizbar; feinnervig); **Sen|si|ti|vi|tät** [...v...], die; - ([Über]empfindlichkeit); **Sen|si|to|me|ter,** das; -s, - (lat.; griech.) (*Fotogr.* Lichtempfindlichkeitsmesser); **Sen|si|to|me|trie,** die; - (Lichtempfindlichkeitsmessung); **Sen|sor,** der; -s, Sensoren (lat.) (*Technik* Meßfühler; Berührungsschalter); **Sen|so|ri|en** [...iən] *Plur.* (*Med.* Gebiete der Großhirnrinde, in denen Sinnesreize bewußt werden); **sen|so|risch** (die Sinne betreffend); **Sen|so|ri|um,** das; -s (Gespür; *Med. veraltet für* Bewußtsein; *vgl.* Sensorien); **Sen|sor|ta|ste** (*Elektronik*); **Sen|sua|lis|mus,** der; -; ↑R 180 (*Philos.* Lehre, nach der alle Erkenntnis allein auf Sinneswahrnehmung zurückführbar ist); **Sen|sua|list,** der; -en, -en; ↑R 180 *u.* 197 (Vertreter des Sensualismus); **sen|sua|li|stisch** (↑R 180); **Sen|sua|li|tät,** die; -; ↑R 180 (*Med.* Empfindungsvermögen); **sen|su|ell** (franz.) (die Sinne betreffend, sinnlich wahrnehmbar)
Sen|ta (w. Vorn.)
Sen|te, die; -, -n (*nordd. für* [dünne, biegsame] Latte)

Sen|tenz, die; -, -en ‹lat.› (einprägsamer Ausspruch, Denkspruch; Sinnspruch); **sen|tenz|ar|tig** (einprägsam, in der Art einer Sentenz); **sen|tenz|haft** (*svw.* sentenziös); **sen|ten|zi|ös;** -este ‹franz.› (sentenzartig; sentenzenreich)
Sen|ti|ment [sãti'mã:], das; -s, -s ‹franz.› (Empfindung, Gefühl); **sen|ti|men|tal** [zɛntimɛn'ta:l] ‹engl.› (*oft abwertend für* [übertrieben] empfindsam; rührselig); **sen|ti|men|ta|lisch** (*veraltet für* sentimental; *Literaturw.* die verlorengegangene Natürlichkeit durch Reflexion wiederzugewinnen suchend); naive und -e Dichtung; **Sen|ti|men|ta|li|tät,** die; -, -en (*oft abwertend für* Empfindsamkeit, Rührseligkeit)
Se|nus|si, der; -, *Plur.* - *u.* ...ssen (Anhänger eines islam. Ordens)
Se|oul [se'u:l] (Hptst. von Südkorea)
se|pa|rat ‹lat.› (abgesondert; einzeln); **Se|pa|rat₋druck** (*Plur.* ...drucke; Sonderdruck), **...ein|gang, ...frie|de[n]; Se|pa|ra|ti|on,** die; -, -en (*veraltend für* Absonderung; Trennung; *früher für* Flurbereinigung); **Se|pa|ra|tis|mus,** der; - (Streben nach Loslösung eines Gebietes aus dem Staatsganzen); **Se|pa|ra|tist,** der; -en, -en (↑R 197); **se|pa|ra|ti|stisch; Se|pa|ra|tor,** der; -s, ...oren (*fachspr. für* Trennschleuder, Zentrifuge); **Sé|pa|rée** [sepa're:], das; -s, -s ‹franz.› (Sonderraum, Nische in einem Lokal; Chambre séparée); **se|pa|rie|ren** (absondern)
Se|phar|dim [*auch* ...'di:m] *Plur.* (Bez. für die span.-port. u. die oriental. Juden); **se|phar|disch**
se|pia ‹griech.› (graubraunschwarz); ein - Rock; *vgl.* beige; **Se|pia,** die; -, ...ien [...i̯ən] (*Zool.* Tintenfisch; *nur Sing.:* ein Farbstoff); **Se|pia₋kno|chen, ...scha|le, ...zeich|nung; Se|pie** [...i̯ə], die; -, -n (Sepia [Tintenfisch])
Sepp, Sep|pel (m. Vorn.); **Sep|pel₋ho|se** (kurze Trachtenlederhose), **...hut** (Trachtenhut)
Sep|sis, die; -, Sepsen ‹griech., „Fäulnis"› (*Med.* Blutvergiftung)
Sept. = September
Sep|ta (*Plur. von* Septum)
Sept|ak|kord *vgl.* Septimenakkord
Sep|ta|rie [...i̯ə], die; -, -n ‹lat.› (*Geol.* Knolle mit radialen Rissen in kalkhaltigen Tonen); **Sep|ta|ri|en|ton,** der; -[e]s
Sep|tem|ber, der; -[s], - ‹lat.› (der neunte Monat des Jahres, Herbstmond, Scheiding; *Abk.* Sept.); **Sep|tem|ber-Ok|to|ber-Heft** (↑R 41); **Sep|tett,** das; -[e]s, -e ‹ital.› (Musikstück für sieben Stimmen od. Instrumente; *auch für* die sieben Ausführenden)
Sep|tim, die; -, -en ‹lat.› (*österr. svw.* Septime); **Sep|ti|ma,** die; -, ...en (*österr. veraltend für* siebte Klasse des Gymnasiums); **Sep|ti|me,** die; -, -n (*Musik* siebenter Ton der diaton. Tonleiter; ein Intervall im Abstand von 7 Stufen); **Sep|ti|men|ak|kord**
sep|tisch ‹griech.› (*Med.* die Sepsis betreffend; mit Keimen behaftet)
Sep|tua|ge|si|ma, die; *Gen.* -, *bei Gebrauch ohne Artikel auch* ...mä (↑R 180) ‹lat.› (neunter Sonntag vor Ostern); Sonntag - *od.* Septuagesimä; **Sep|tua|gin|ta,** die; -; ↑R 180 ([angeblich] von siebzig Gelehrten angefertigte Übersetzung des A. T. ins Griechische)
Sep|tum, das; -s, *Plur.* ...ta *u.* ...ten ‹lat.› (*Med.* Scheidewand, Zwischenwand in einem Organ)
seq. = sequens; **seqq.** = sequentes
se|quens ‹lat.› (*veraltet für* folgend; *Abk.* seq.); **se|quen|tes** (*veraltet für* die Folgenden; *Abk.* seqq.); **se|quen|ti|ell** (*EDV* fortlaufend, nacheinander zu verarbeiten); **Se|quenz,** die; -, -en ([Aufeinander]folge, Reihe; liturg. Gesang; Wiederholung einer musikal. Figur auf verschiedenen Tonstufen; kleinere filmische Handlungseinheit; Serie aufeinanderfolgender Spielkarten; *EDV* Folge von Befehlen, Daten)
[1]**Se|que|ster,** das; -s, - ‹lat.› (*svw.* Sequestration; *Med.* abgestorbenes Knochenstück); [2]**Se|que|ster,** der; -s, - (*Rechtsw.* [Zwangs]verwalter); **Se|que|stra|ti|on,** die; -, -en (*Rechtsw.* Beschlagnahme; [Zwangs]verwaltung); **se|que|strie|ren**
Se|quo|ia [...i̯a], **Se|quo|ie** [...i̯ə], die; -, -n ‹indian.› (ein Nadelbaum, Mammutbaum)
Se|ra (*Plur. von* Serum)
Sé|rac [se'rak], der; -s, -s ‹franz.› (*Geogr.* zacken- od. turmartiges Gebilde an Gletschern)
Se|ra|fim *Plur.* (*ökum. für* Seraphim); *vgl.* Seraph
[1]**Se|rail** [ze'rai(l), *auch* se'ra:j], der; -s, -s ‹pers.› (Wolltuch); [2]**Se|rail,** das; -s, -s (Palast [des Sultans])
Se|ra|pei|on, das; -s, ...eia ‹ägypt.-griech.› (*svw.* Serapeum); **Se|ra|pe|um,** das; -s, ...peen (Serapistempel)
Se|raph, der; -s, *Plur.* -e *u.* -im ‹hebr.› ([Licht]engel des A. T.); *vgl.* Serafim; **se|ra|phisch** (zu den Engeln gehörend, engelgleich; verzückt)
Se|ra|pis (altägypt. Gott)
Ser|be, der; -n, -n; ↑R 197 (Angehöriger eines südslaw. Volkes)
ser|beln (*schweiz. für* kränkeln, welken); ich ...[e]le (↑R 22)
Ser|bi|en [...i̯ən] (Gliedstaat Jugoslawiens); **Ser|bin; ser|bisch; Ser|bisch,** das; -[s]; *vgl.* Deutsch; **Ser|bi|sche,** das; -n; *vgl.* Deutsche, das
ser|bo|kroa|tisch (↑R 155 *u.* R 180); **Ser|bo|kroa|tisch,** das; -[s]; ↑R 180 (Sprache); *vgl.* Deutsch; **Ser|bo|kroa|ti|sche,** das; -n (↑R 180); *vgl.* Deutsche, das
Se|ren (*Plur. von* Serum)
Se|re|na|de, die; -, -n ‹franz.› (Abendmusik, -ständchen)
Se|ren|ge|ti-Na|tio|nal|park, der; -s (Wildreservat in Tansania)
Se|re|nis|si|mus, der; -, ...mi ‹lat.› (*veraltet für* Durchlaucht; *meist scherzh. für* Fürst eines Kleinstaates); **Se|re|ni|tät,** die; - (*veraltet für* Heiterkeit)
Serge ['sɛrʒ, *auch* 'zɛrʒ], die, *österr. auch* der; -, -n [...ʒ(ə)n] ‹franz.› (ein Gewebe)
Ser|geant [...'ʒant, *engl.* 'sa(r)dʒənt], der; -en, -en, *bei engl. Ausspr.* der; -s, -s; ↑R 197 ‹franz. (-engl.)› (Unteroffizier[sdienstgrad])
Ser|gi|us (m. Vorn.)
Se|rie [...i̯ə], die; -, -n ‹lat.› (Reihe; Folge; Gruppe); **se|ri|ell** (serienmäßig; in Reihen); -e Musik (eine Sonderform der Zwölftonmusik); **Se|ri|en₋an|fer|ti|gung, ...bau** (*Plur.* ...bauten), **...bild, ...ein|bre|cher, ...fa|bri|ka|ti|on, ...fer|ti|gung; se|ri|en|mä|ßig; Se|ri|en|pro|duk|ti|on; se|ri|en|reif; Se|ri|en₋rei|fe, ...schal|ter, ...schal|tung** (*Elektrotechnik* Reihenschaltung), **...tä|ter** (*Kriminalistik*); **se|ri|en|wei|se**
Se|ri|fe, die; -, -n *meist Plur.* ‹engl.› (kleiner Abschlußstrich bei Schrifttypen); **se|ri|fen|los**
Se|ri|gra|phie, die; - ‹griech.› (*Druckw.* Siebdruck)
se|ri|ös; -este ‹franz.› (ernsthaft, [vertrauens]würdig); **Se|rio|si|tät,** die; -
Ser|mon, der; -s, -e ‹lat.› (*veraltet für* Predigt; *ugs. für* langweiliges Geschwätz)
Se|ro (*regional kurz für* Sekundärrohstoff[e])
Se|ro|dia|gno|stik, die; -, -en ‹lat.; griech.› (*Med.* Erkennen einer Krankheit durch Untersuchung des Serums); **Se|ro|lo|gie,** die; - (Lehre vom Blutserum); **se|ro|lo|gisch; se|rös** ‹lat.› (aus Serum bestehend, Serum absondernd)

Ser|pel, die; -, -n ‹lat.› (röhrenbewohnender Borstenwurm); **Ser|pen|tin**, der; -s, -e (ein Mineral, Schmuckstein); **Ser|pen|ti|ne**, die; -, -n (in Schlangenlinie ansteigender Weg an Berghängen; Windung); **Ser|pen|ti|nen|stra|ße; Ser|pen|tin|ge|stein**

Ser|ra|del|la, Ser|ra|del|le, die; -, ...llen ‹port.› (eine Futterpflanze)

Se|rum, das; -s, *Plur.* ...ren *u.* ...ra ‹lat.› (*Med.* wäßriger Bestandteil des Blutes; Impfstoff); **Se|rum‿be|hand|lung, ...kon|ser|ve, ...krank|heit**

Ser|val [...val], der; -s, *Plur.* -e *u.* -s ‹franz.› (ein Raubtier)

Ser|va|ti|us [...v...], **Ser|vaz** (m. Vorn.)

Ser|ve|la [...v...], die *od.* der; -, *Plur.* -s, *schweiz.* - ‹franz.› (*landsch. für* Zervelatwurst; *schweiz. neben* Cervelat); **Ser|ve|lat|wurst** *vgl.* Zervelatwurst

[1]**Ser|vice** [...'vi:s], das; *Gen.* - [...'vi:s] *u.* -s [...'vi:səs], *Plur.* - [...'vi:s, *auch* ...'vi:sə] ‹franz.› ([Tafel]geschirr); [2]**Ser|vice** ['sœ:(r)vis], der, *auch* das; -, -s [...vis(is)] ‹engl.› ([Kunden]dienst, Bedienung, Kundenbetreuung; *Tennis* Aufschlag[ball]); **Ser|vice|netz** ['sœ:(r)vis...] (Kundendienstnetz); **ser|vie|ren** [zɛr'vi:...] ‹franz.› (bei Tisch bedienen; auftragen; *Tennis* den Ball aufschlagen; einem Mitspieler den Ball [zum Torschuß] genau vorlegen [bes. beim Fußball]); **Ser|vie|re|rin; Ser|vier‿tisch, ...toch|ter** (*schweiz. für* Serviererin, Kellnerin), **...wa|gen; Ser|vi|et|te**, die; -, -n; **Ser|vi|et|ten‿kloß** *(Gastron.)*, **...ring**

ser|vil [...v...] ‹lat.› (unterwürfig, kriechend, knechtisch); **Ser|vi|lis|mus**, der; -, ...men (*selten für* Servilität); **Ser|vi|li|tät**, die; - (Unterwürfigkeit)

Ser|vis [...'vi:s], der; - ‹franz.› (*veraltet für* Quartier-, Verpflegungsgeld; Wohnungs-, Ortszulage)

Ser|vit [...'vi:t], der; -en, -en (↑R 197) ‹lat.› (Angehöriger eines Bettelordens; *Abk.* OSM); **Ser|vi|tin** ‹lat.› (Angehörige des weibl. Zweiges der Serviten); **Ser|vi|ti|um**, das; -s, ...ien [...i̯ən] (*veraltet für* Dienstbarkeit; Sklaverei); **Ser|vi|tut**, das; -[e]s, -e, *schweiz. noch häufig* die; -, -en (*Rechtsw.* Dienstbarkeit, Grundlast); **Ser|vo‿brem|se** (Bremse mit einer die Bremswirkung verstärkenden Vorrichtung), **...len|kung, ...mo|tor** (Hilfsmotor); **ser|vus!** ‹„[Ihr] Diener“› (*bes. südd. u. österr.* freundschaftl. Gruß)

Se|sam, der; -s, -s ‹semit.› (eine Pflanze mit ölhaltigem Samen); Sesam, öffne dich! (Zauberformel [im Märchen]); **Se|sam‿bein** (*Med.* ein Knochen), **...brot, ...bröt|chen, ...öl** (das; -[e]s), **...pflan|ze**

Se|schel|len *vgl.* Seychellen

Se|sel, der; -s, - ‹griech.› (eine Heil- u. Gewürzpflanze)

Ses|sel, der; -s, - ([gepolsterter] Stuhl mit Armlehnen; *österr. für* einfacher Stuhl); **Ses|sel‿bahn, ...leh|ne, ...lift**

seß|haft; -este; **Seß|haf|tig|keit**, die; -

Ses|si|on, die; -, -en ‹lat.› (Sitzung[szeit], Sitzungsperiode)

Se|ster, der; -s, - ‹lat.› (ein altes Hohlmaß)

Se|sterz, der; -es, -e ‹lat.› (altröm. Münze); **Se|ster|zi|um**, das; -s, ...ien [...i̯ən] (1000 Sesterze)

Se|sti|ne, die; -, -n ‹ital.› (eine Lied- u. Strophenform)

[1]**Set** *vgl.* Seth

[2]**Set**, das, *auch* der; -[s], -s ‹engl.› (Satz [= Zusammengehöriges]; Platzdeckchen); [3]**Set**, das; -[s] (*Druckw.* Dickteneinheit bei den Monotypeschriften); 7 - (↑R 129)

Seth, *ökum.* Set (bibl. m. Eigenn.); **Se|thit**, der; -en, -en; ↑R 197 (Abkömmling von Seth)

Set|te|cen|to [sɛtə'tʃɛnto], das; -[s] ‹ital.› (das 18. Jh. in Italien [als Stilbegriff])

Set|ter, der; -s, - ‹engl.› (Hund einer bestimmten Rasse)

Setz‿ar|beit (*Bergmannsspr.* nasse Aufbereitung), **...ei; set|zen** (*Jägerspr. auch* gebären [von Hasen u. einigem Hochwild]); du setzt; sich -; **Set|zer** (Schriftsetzer); **Set|ze|rei; Set|ze|rin; Set|zer‿lehr|ling, ...saal; Setz‿feh|ler** *(Druckw.)*, **...gut** (das; -[e]s; *Landw.*), **...ham|mer** (ein Schmiedehammer), **...ha|se** *(Jägerspr.)*, **...holz** (ein Gartengerät), **...ka|sten, ...kopf** (Nietkopf), **...lat|te** (*Bauw.* Richtscheit); **Setz|ling** (junge Pflanze; Zuchtfisch); **Setz‿li|nie** *(Druckw.)*, **...ma|schi|ne** *(Druckw.)*, **...mei|ßel** (ein Schmiedewerkzeug); **Set|zung; Setz|waa|ge** (*svw.* Wasserwaage)

Seu|che, die; -, -n; **Seu|chen‿be|kämp|fung, ...ge|fahr; seu|chen|haft; Seu|chen|herd**

seuf|zen; du seufzt; **Seuf|zer; Seuf|zer|brücke**, die; - [*Trenn.* ...brük|ke] (in Venedig)

Seu|rat [sœ'ra] (franz. Maler)

Se|ve|rin [...v...], **Se|ve|ri|nus** (m. Vorn.)

Se|ve|rus [...v...] (röm. Kaiser)

Se|ve|so|gift [...v...], das; -[e]s ‹nach der ital. Stadt› (*für* Dioxin)

Se|vil|la [se'vilja] (span. Stadt)

Sèvres ['sɛ:vr] (Vorort von Paris); **Sèvres|por|zel|lan** (↑R 149)

Se|wa|sto|pol [*russ.* ...'tɔ...] (Stadt auf der Krim)

Sex, der; -[es] ‹engl.› (*ugs. für* Geschlecht[lichkeit]; Geschlechtsverkehr; *kurz für* Sex-Appeal)

Se|xa|ge|si|ma, die; *Gen.* -, *bei Gebrauch ohne Artikel auch* ...mä (achter Sonntag vor Ostern); Sonntag - *od.* Sexagesimä; **se|xa|ge|si|mal** (sechzigteilig, auf sechzig als Grundzahl zurückgehend); **Se|xa|ge|si|mal|sy|stem**, das; -s (*Math.* Zahlensystem, das auf der Basis 60 aufgebaut ist)

Sex-Ap|peal [...ə'pi:l], der; -s ‹engl.-amerik.› (sexuelle Anziehungskraft); **Sex‿bom|be** (*ugs. für* Frau mit starkem sexuellem Reiz [meist von Filmschauspielerinnen]), **...bou|tique, ...film; Se|xis|mus**, der; - ([Diskriminierung auf der Grundlage der] Theorie, nach der Frauen und Männer auf Grund ihrer biologischen Unterschiede auch unterschiedliche geistige und seelische Eigenschaften besitzen); **Se|xist**, der; -en, -en (Vertreter des Sexismus); **Se|xi|stin; se|xi|stisch; Sex|ma|ga|zin; Se|xo|lo|ge**, der; -n, -n; ↑R 197 (Sexualforscher); **Se|xo|lo|gie**, die; -; **se|xo|lo|gisch; Sex|shop** (*svw.* Sexboutique)

Sext, die; -, -en ‹lat.› (drittes Tagesgebet des Breviers; *österr. svw.* Sexte); **Sex|ta**, die; -, ...ten (*veraltende Bez. für* erste [*in Österr.* sechste] Klasse eines Gymnasiums); **Sext|ak|kord** (*Musik* erste Umkehrung des Dreiklangs mit der Terz im Baß); **Sex|ta|ner** (Schüler der Sexta); **Sex|ta|ner|bla|se** (*ugs. scherzh. für* schwache Blase); **Sex|ta|ne|rin; Sex|tant**, der; -en, -en; ↑R 197 (Winkelmeßinstrument); **Sex|te**, die; -, -n (*Musik* sechster Ton der diaton. Tonleiter; Intervall im Abstand von 6 Stufen); **Sex|tett**, das; -[e]s, -e ‹ital.› (Musikstück für sechs Stimmen od. sechs Instrumente; *auch für* die sechs Ausführenden); **Sex|til|li|on**, die; -, -en ‹lat.› (sechste Potenz einer Million); **Sex|to|le**, die; -, -n (*Musik* Figur von 6 Noten gleicher Form mit dem Zeitwert von 4 od. 8 Noten)

Sex|tou|ris|mus; se|xu|al ‹lat.› (*meist in Zusammensetzungen, sonst seltener für* sexuell); **Se|xu|al‿auf|klä|rung, ...de|likt, ...er|zie|hung, ...ethik** (die; -), **...for|scher, ...for|sche|rin, ...for|schung, ...hor|mon, ...hy|gie|ne; se|xua|li|sie|ren**; ↑R 180 (die Se-

xualität [in einem bestimmten Bereich] überbetonen); **Se|xua|li|sie|rung** (↑R 180); **Se|xua|li|tät,** die; -; ↑R 180 (Geschlechtlichkeit); **Se|xu|al|kun|de,** die; -; **Se|xu|al|kun|de|un|ter|richt; Se|xu|al_le|ben** (das; -s), **...päd|ago|gik, ...pa|tho|lo|gie** (die; -), **...psy|cho|lo|gie** (die; -), **...tä|ter, ...trieb** (der; -[e]s), **...ver|bre|chen** (Sittlichkeitsverbrechen), **...ver|kehr** (der; -s); **se|xu|ell** ‹franz.› (die Sexualität betreffend, geschlechtlich); **Se|xus,** der; -, - ['zɛksu:s] ‹lat.› (Geschlecht); **se|xy** ‹engl.› (*ugs. für* erotisch-attraktiv)
Sey|chel|len [se'ʃɛ...] *Plur.* (Inselgruppe u. Staat im Indischen Ozean); **Sey|chel|len|nuß;** ↑R 149 (Frucht der Seychellennußpalme)
Seyd|litz (preuß. Reitergeneral)
se|zer|nie|ren ‹lat.› (*Med.* [ein Sekret] absondern); **Se|zer|nie|rung** (*Med.* Absonderung)
Se|zes|si|on, die; -, -en ‹lat.› (Absonderung, Trennung von einer polit. od. Künstlergemeinschaft; Abfall der nordamerik. Südstaaten); **Se|zes|sio|nist,** der; -en, -en; ↑R 197 *u.* R 180 (Angehöriger einer Sezession; *früher für* Anhänger der nordamerikan. Südstaaten im Sezessionskrieg); **se|zes|sio|ni|stisch;** ↑R 180 (der Sezession angehörend); **Se|zes|si|ons_krieg** (1861–65), **...stil** (der; -[e]s; *Kunst*)
se|zie|ren ‹lat.› ([eine Leiche] öffnen, anatomisch zerlegen); **Se|zier|mes|ser,** das
sf = sforzando, sforzato
SFB = Sender Freies Berlin
S-för|mig; ↑R 37 (in der Form eines S)
sfor|zan|do, sfor|za|to ‹ital.› (*Musik* verstärkt, stark [hervorgehoben]; *Abk.* sf); **Sfor|zan|do,** das; -s, *Plur.* -s *u.* ...di *u.* **Sfor|za|to,** das; -s, *Plur.* -s *u.* ...ti
sfr, *schweiz. nur* **sFr.**; *vgl.* [2]Franken
sfu|ma|to ‹ital.› (*Kunst* duftig; mit verschwimmenden Umrissen [gemalt])
SG = Sportgemeinschaft
S. g. = Sehr geehrt... (*österr. veraltet* in Briefanschriften)
Sgraf|fi|to, das; -s, *Plur.* -s *u.* ...ti ‹ital.› (*Kunst* Kratzputz [Wandmalerei])
's-Gra|ven|ha|ge [sxra:vən'ha:xə] (*offz. niederl. Form von* Den Haag)
sh, s = Shilling
Shag [ʃɛk, *engl.* ʃɛg], der; -s, -s ‹engl.› (feingeschnittener Pfeifentabak); **Shag_pfei|fe, ...ta|bak**

[1]**Shake** [ʃe:k], der; -s, -s ‹engl.› (ein Mischgetränk; Modetanz); [2]**Shake,** das; -s, -s (starkes Vibrato im Jazz); **Shake|hands** ['ʃe:khɛndz], das; -, - *meist Plur.* (Händeschütteln); **Sha|ker** ['ʃe:kə(r)], der; -s, - (Mixbecher)
Shake|speare ['ʃe:kspi:(r)] (englischer Dichter); **shake|spearesch** [...pi:rʃ], **shake|spea|risch** (nach Art von Shakespeare); -e Lebensnähe, a b e r (↑R 134): Shakespearesche *od.* Shakespearische Dramen, Sonette (Dramen, Sonette von Shakespeare)
Sham|poo ['ʃampu, *österr.* ʃam'po:] *u.* **Sham|poon** [ʃɛm'pu:n, *auch, österr. nur,* ʃam'po:n], das; -s, -s ‹Hindi-engl.› (flüssiges Haarwaschmittel); **sham|poo|nie|ren** *vgl.* schamponieren
Shang|hai *vgl.* Schanghai
Shan|non ['ʃɛnən], der; -[s] (irländ. Fluß)
Shan|tung ['ʃan...], der; -, -s (*fachspr. für* Schantungseide)
Shan|ty ['ʃɛnti, *auch* 'ʃanti], das; -s, *Plur.* -s *u.* ...ties [...ti:s] ‹engl.› (Seemannslied)
Sha|ping|ma|schi|ne ['ʃe:piŋ...] ‹engl.; griech.› (Metallhobelmaschine, Schnellhobler)
Share ['ʃɛ:(r)], der; -, -s ‹engl.› (*engl. Bez. für* Aktie)
Shaw [ʃɔ:] (ir.-engl. Dichter)
Shed|bau usw. *vgl.* Schedbau usw.
Shef|field ['ʃɛfi:ld] (engl. Stadt)
Shel|ley ['ʃɛli] (engl. Dichter)
She|riff ['ʃɛ...], der; -s, -s ‹engl.› (Verwaltungsbeamter in England; höchster Vollzugsbeamter [einer Stadt] in den USA)
Sher|lock Holmes [ˌʃœ:(r)lɔk 'ho:mz, *auch* ˌʃɛr... 'hɔlms] (engl. Romanfigur [Detektiv])
Sher|pa [ʃ...], der; -s, -s ‹tibet.-engl.› (Angehöriger eines tibet. Volksstammes, der als Lastträger bei Expeditionen im Himalajagebiet arbeitet)
Sher|ry ['ʃɛri], der; -s, -s ‹engl.› (span. Wein, Jerez)
's-Her|to|gen|bosch [shɛrto:xə(n)'bɔs] (*offz. niederl. Form von* Herzogenbusch)
Shet|land ['ʃɛtlant, *engl.* 'ʃɛtlənd], der; -[s], -s ‹nach den schott. Inseln› (ein graumelierter Wollstoff); **Shet|land_in|seln** (*Plur.;* Inselgruppe nordöstl. von Schottland), **...po|ny, ...wol|le** (die; -; ↑R 149)
Shil|ling [ʃ...], der; -s, -s ‹engl.› (frühere Münzeinheit in Großbritannien; 20 Shilling = 1 Pfund Sterling; *Abk.* s *od.* sh); 10 - (↑R 129); *vgl.* a b e r: Schilling
Shim|my, der; -s, -s ‹amerik.› (Gesellschaftstanz der 20er Jahre)
Shirt [ʃœ:(r)t], das; -s, -s ‹engl.› ([kurzärmeliges] Baumwollhemd)
Shit [ʃit], der *u.* das; -s ‹engl.› (*ugs. für* Haschisch)
shocking ['ʃɔkiŋ; *Trenn.* shok|king] ‹engl.› (anstößig; peinlich)
Shod|dy ['ʃɔdi], das, *auch* der; -s, -s ‹engl.› (Reißwolle [aus Trikotagen])
Sho|gun ['ʃo:gun] *vgl.* Schogun
Shoo|ting-Star ['ʃu:tiŋ'sta:(r)], der; -s, -s ‹engl.› (neuer, sehr schnell erfolgreicher Schlager[sänger])
Shop [ʃɔp], der; -s, -s ‹engl.› (Laden, Geschäft); **Shop|ping,** das; -s, -s (Einkaufsbummel); **Shop|ping-Cen|ter** [...sɛntə(r)], das; -s, - (Einkaufszentrum)
Shorts [ʃo:(r)ts, *engl.* 'ʃɔ:(r)ts] *Plur.* ‹engl.› (kurze sportl. Hose); **Short sto|ry** ['ʃɔ:(r)t 'stɔ:ri], die; -, - stories (*angelsächs. Bez. für* Kurzgeschichte *u.* Novelle); **Shor|ty** ['ʃɔ:(r)ti], das, *auch* der; -s, -s (Damenschlafanzug mit kurzer Hose)
Show [ʃo:], die; -, -s ‹engl.› (Schau, Darbietung, Vorführung; buntes, aufwendiges Unterhaltungsprogramm); **Show|block** ['ʃo:...] *Plur.* ...blöcke (Show als Einlage in einer Fernsehsendung); **Show|busi|neß,** das; - ‹„Schaugeschäft"› (Vergnügungsindustrie); **Show|down** [...'daun], der; -s, -s (Entscheidungskampf [im Wildwestfilm]); **Show|ge|schäft,** das; -[e]s; **Show|man** [...mən], der; -s, ...men (im Showgeschäft Tätiger; geschickter Propagandist); **Show|ma|ster,** der; -s, - ‹anglisierend› (Unterhaltungskünstler, der eine Show präsentiert)
Shred|der [ʃ...], Schred|der, der; -s, - ‹engl.› (technische Anlage zum Verschrotten von Autowracks)
Shrimp [ʃr...], der; -s, -s *meist Plur.* ‹engl.› (kleine Krabbe)
Shuf|fle|board ['ʃaf(ə)lbɔ:(r)d], das; -s ‹engl.› (ein Spiel)
Shunt [ʃant], der; -s, -s ‹engl.› (*Elektrotechnik* parallel geschalteter Widerstand)
Shut|tle ['ʃat(ə)l], der; -s, -s ‹engl.› (*kurz für* Spaceshuttle)
Shy|lock ['ʃai...], der; -[s], -s ‹nach der Figur in Shakespeares „Kaufmann von Venedig"› (hartherziger Geldverleiher)
Si = *chem. Zeichen für* Silicium
SI = Système International d'Unités [sis,tɛ:m ɛ̃tɛrnasiɔ,nal dyni'te:] (Internationales Einheitensystem)

SIA = Schweizerischer Ingenieur- und Architektenverein
Si|al, das; -[s] (*Geol.* oberer Teil der Erdkruste)
Si|am (alter Name von Thailand); **Sia|me|se,** der; -n, -n (↑R 197 *u.* 180); **Sia|me|sin** (↑R 180); **sia|me|sisch** (↑R 180); -e Zwillinge; **Si|am|kat|ze; Sia|mo|sen** *Plur.;* ↑R 180 (Schürzenstoffe)
Si|be|li|us (finn. Komponist)
Si|bi|lant, der; -en, -en (↑R 197) ‹lat.› (*Sprachw.* Zischlaut, Reibelaut, z. B. s)
Si|bi|rer (*svw.* Sibirier); **Si|bi|ri|en** [...i̯ən]; **Si|bi|ri|er** [...i̯ər]; **si|bi|risch**
Si|biu (rumän. Stadt; *vgl.* Hermannstadt)
Si|byl|la, ¹Si|byl|le [*beide* ...'bi...] (w. Vorn.); **²Si|byl|le,** die; -, -n ‹griech.› (weissagende Frau, Wahrsagerin); **si|byl|li|nisch** (wahrsagerisch; geheimnisvoll), aber (↑R 134): die Sibyllinischen Bücher (der Sibylle von Cumae ['ku:mɛ])
sic! [zi(:)k] ‹lat.› (so!, wirklich so!)
sich; Sich|aus|wei|nen, das; -s (↑R 68)
Si|chel, die; -, -n; **si|chel|för|mig; si|cheln** (mit der Sichel abschneiden); ich ...[e]le (↑R 22); **Si|chel|wa|gen** (Streitwagen im Altertum)
si|cher; ein sicheres Geleit; sichere Quelle; sicher sein; (↑R 65:) im sichern (geborgen) sein; es ist das sicherste, am sichersten (ganz sicher), wenn ...; es ist das Sicherste, was du tun kannst; wir suchen etwas Sicheres; auf Nummer Sicher sein (*ugs. für* im Gefängnis sein); auf Nummer Sicher gehen (*ugs. für* nichts wagen); **I.** *Schreibung in Verbindung mit Verben* (↑R 205 f.): **a)** *Getrenntschreibung in ursprünglicher Bedeutung,* z. B. sicher sein, werden, gehen; über diese Brükke ist er sicher gegangen; sich sicher fühlen; **b)** *Zusammenschreibung, wenn durch die Verbindung ein neuer Begriff entsteht; vgl.* sichergehen, sicherstellen. **II.** *Schreibung in Verbindung mit einem Partizip* (↑R 209); *vgl.* sicherwirkend; **si|cher|ge|hen;** ↑R 205 f. (Gewißheit haben); ich gehe sicher; sichergegangen; sicherzugehen; aber: er kann noch sicher gehen (ohne Gefahr od. Schwanken gehen); **Si|cher|heit; Si|cher|heits‿ab|stand, ...au|to, ...be|auf|trag|te, ...be|hör|de, ...bin|dung** (*Sport*), **...fach** (*für* Safe), **...glas** (*Plur.* ...gläser), **...grün|de** (*Plur.;* aus -n), **...gurt; si|cher|heits|hal|ber; Si|cher|heits‿ket|te, ...ko|pie, ...lei|stung** (*Wirtsch.*), **...maß|nah|me, ...na|del, ...or|ga|ne** (*Plur.;* mit Staatsschutz u. ä. befaßte Dienststellen), **...po|li|tik, ...rat** (der; -[e]s; UNO-Behörde), **...ri|si|ko** (jmd. od. etwas die Sicherheit Gefährdendes), **...schloß, ...schwel|le, ...ven|til, ...ver|schluß, ...vor|keh|rung, ...vor|schrift; si|cher|lich; si|chern;** ich ...ere (↑R 22); **si|cher|stel|len;** ↑R 205 (sichern; feststellen; in polizeilichen Gewahrsam geben oder nehmen); das Motorrad wurde sofort sichergestellt; **Si|cher|stel|lung; Si|che|rung; Si|che|rungs‿ab|tre|tung** (*Wirtsch.*), **...ge|ber** (*Wirtsch.*), **...grund|schuld** (*Rechtsw.*), **...hy|po|thek** (*Rechtsw.*), **...ka|sten, ...neh|mer** (*Wirtsch.*), **...über|eig|nung** (*Rechtsw.*), **...ver|wah|rung** (*Rechtsw.*); **si|cher|wir|kend;** sicherer, am sichersten wirkend; ein -es Mittel, aber (↑R 209): ein ganz sicher wirkendes Mittel
Sich|ge|hen|las|sen, das; -s (↑R 68)
Sich|ler (ein Schreitvogel)
Sicht, die; -; auf, bei - (*Kaufmannsspr. auch für* a vista); nach - (*Kaufmannsspr.*); auf lange -; außer, in - kommen, sein; **sicht|bar; Sicht|bar|keit,** die; -; **sicht|bar|lich** (*veraltet*); **Sicht‿be|ton, ...blen|de, ...ein|la|ge** (*Bankw.*)
¹sich|ten (auswählen, durchsehen)
²sich|ten (erblicken); **Sicht‿flug, ...gren|ze** (*auch für* Horizont); **sich|tig** (*Seemannsspr.* klar); -es Wetter; **Sicht|kar|te** (Zeitkarte im Personenverkehr); **Sicht|kar|ten|in|ha|ber** (*Amtsspr.*); **sicht|lich** (offenkundig); **Sicht|li|nie**
Sicht|ma|schi|ne (Sortiermaschine); **¹Sich|tung** (Ausscheidung)
²Sich|tung, die; - (das Erblicken); **Sicht‿ver|hält|nis|se** (*Plur.*), **...ver|merk; sicht|ver|merk|frei; Sicht‿wech|sel, ...wei|se, ...wei|te, ...wer|bung**
¹Sicke[1], die; -, -n (*Technik* rinnenförmige Biegung, Kehlung; Randverzierung, -versteifung)
²Sicke[1], Sie|ke, die; -, -n (*Jägerspr.* Vogelweibchen)
sicken[1] (mit ¹Sicken versehen); gesickt; **Sicken|ma|schi|ne**[1] (*Technik*)
Sicker|gru|be[1]; **sickern**[1]; das Wasser sickert; **Sicker|was|ser**[1], das; -s
sic tran|sit glo|ria mun|di! ‹lat.› (so vergeht die Herrlichkeit der Welt!)
Sid|dhar|tha [zi'darta] ‹sanskr.› (weltl. Name Buddhas)

[1] *Trenn.* ...k|k...

Side|board ['sa͜idbɔ:(r)d], das; -s, -s ‹engl.› (Anrichte, Büfett)
¹si|de|risch ‹lat.› (auf die Sterne bezüglich; Stern...); siderisches Jahr (Sternjahr)
²si|de|risch ‹griech.› (aus Eisen bestehend, auf Eisen reagierend); -es Pendel (in der Parapsychologie verwendetes Gerät); **Si|de|rit** [*auch* ...'rit], der; -s, -e (gelbbraunes Eisenerz); **Si|de|ro|lith** [*auch* ...'lit], der; *Gen.* -s *u.* -en, *Plur.* -e[n]; ↑R 197 (Eisensteinmeteorit)
Si|don (phöniz. Stadt); **Si|do|nia, Si|do|nie** [...i̯ə] (w. Vorn.); **Si|do|ni|er** [...i̯ər] (Bewohner von Sidon); **si|do|nisch**
sie; - kommt, - kommen; **¹Sie;** ↑R 72 (*veraltete Anrede an eine Person weibl. Geschlechts:* höre Sie!; *Höflichkeitsanrede an eine Person od. mehrere Personen gleich welchen Geschlechts:*) kommen Sie bitte!; jmdn. mit Sie anreden; (↑R 66:) das steife Sie; **²Sie,** die; -, -s (*ugs. für* Mensch od. Tier weibl. Geschlechts); es ist eine Sie; ein Er u. eine Sie saßen dort
Sieb, das; -[e]s, -e; **sieb|ar|tig; Sieb|bein** (ein Knochen); **Sieb|druck,** der; -[e]s (*Druckw.* Schablonierverfahren); *vgl.* Serigraphie; **¹sie|ben** (durchsieben)
²sie|ben (Zahlwort); **I.** *Kleinschreibung* (↑R 66): wir sind zu sieben *od.* zu siebt (*älter* siebent), wir sind sieben; er kommt mit sieben[en]; die sieben Sakramente; die sieben Todsünden; für jmdn. ein Buch mit sieben Siegeln sein (jmdm. völlig unverständlich sein); die sieben fetten u. die sieben mageren Jahre; sieben auf einen Streich; um sieben Ecken (*ugs. für* weitläufig) mit jmdm. verwandt sein. **II.** *Großschreibung:* **a)** (↑R 66:) der Zug der Sieben gegen Theben (*griech. Sage*); **b)** (↑R 157:) die Sieben Raben (*Märchen*); die Sieben Schwaben (*Schwank*); die Sieben Freien Künste (im MA.); die Sieben Weltwunder; die Sieben Weisen; *vgl.* acht; **Sie|ben,** die; -, *Plur.* -, *auch* -en (Zahl); eine böse -; *vgl.* ¹Acht; **sie|ben|ar|mig;** -er Leuchter; **Sie|ben|bür|gen** (*dt. Name von* Transsilvanien); **Sie|ben|bür|ger** (↑R 147); **sie|ben|bür|gisch; Sie|ben|eck; sie|ben|eckig** [*Trenn.* ...ek|kig]; **sie|ben|ein|halb,** sie|ben|und|ein|halb; **Sie|be|ner;** *vgl.* Achter; **sie|be|ner|lei;** auf - Art; **sie|ben|fach; Sie|ben|fa|che,** das; -n; *vgl.* Achtfache; **Sie|ben|ge|bir|ge,** das; -s; **Sie|ben|ge|stirn,** das; -[e]s (Sterngruppe); **sie|ben|hun-**

dert; *vgl.* hundert; **sie|ben|jäh|rig,** aber (↑R 157): der Siebenjährige Krieg; **Sie|ben|kampf** (Mehrkampf der Frauen in der Leichtathletik); **sie|ben|köp|fig;** ein -es Gremium; **sie|ben|mal;** *vgl.* achtmal; **sie|ben|ma|lig; Sie|ben|mei|len‿schritt** (*meist Plur.; ugs. scherzh. für* riesiger Schritt), **...stie|fel** *(Plur.);* **Sie|ben|me|ter,** der; -s, - *(Hallenhandball);* **Sie|ben|mo|nats|kind; Sie|ben|punkt** (ein Marienkäfer); **Sie|ben|sa|chen** *Plur.* (*ugs. für* Habseligkeiten); seine - packen; **Sie|ben|schlä|fer** (Nagetier; *volkstüml. für* 27. Juni als Lostag für eine Wetterregel); **Sie|ben|schritt,** der; -[e]s (ein Volkstanz); **sie|ben|stel|lig; Sie|ben|stern** (ein Primelgewächs; *vgl.* ²Stern); **sie|bent** (*älter für* siebt); **sie|ben|tau|send;** *vgl.* tausend; **sie|ben|te;** *vgl.* siebte; **sie|ben|tel;** *vgl.* siebtel; **Sie|ben|tel;** *vgl.* Siebtel; **sie|ben|tens;** *vgl.* siebtens; **sie|ben|und|ein|halb,** sie|ben|ein|halb; **sie|ben|und|sieb|zig; sie|ben|und|sieb|zig|mal;** *vgl.* acht

sieb|för|mig; Sieb‿kreis *(Elektrotechnik),* **...ma|cher, ...ma|schi|ne, ...mehl** (gesiebtes Mehl), **...röh|re** *(Bot.),* **...schal|tung** *(Elektrotechnik)*

siebt; *vgl.* ²sieben; **sieb|te** *od.* sie|ben|te; *vgl.* achte; **sieb|tel;** *vgl.* achtel; **Sieb|tel,** das, *schweiz. meist* der; -s, -; **sieb|tens** *od.* sie|ben|tens; **sieb|zehn;** *vgl.* acht; **sieb|zehn|hun|dert; sieb|zehn|te;** (↑R 157:) Siebzehnter (17.) Juni (Tag des Gedenkens an den 17. Juni 1953, den Tag des Aufstandes in der ehem. DDR); *vgl.* achte; **Sieb|zehn|und|vier,** das; - (ein Kartenglücksspiel); **sieb|zig;** *vgl.* achtzig; **sieb|zig|jäh|rig;** *vgl.* achtjährig

siech (*veraltend für* krank, hinfällig); **sie|chen; Sie|chen|haus** *(veraltet);* **Siech|tum,** das; -s

Sie|de, die; - (*landsch. für* gesottenes Viehfutter); **sie|de|heiß** (*selten für* siedendheiß; *vgl.* sieden); **Sie|de|hit|ze**

sie|deln; ich ...[e]le (↑R 22)

sie|den; du sottest *u.* siedetest; du söttest *u.* siedetest; gesotten *u.* gesiedet; sied[e]!; siedendheiß *od.* siedend heiß (↑R 209); **Sie|de|punkt; Sie|der; Sie|de|rei; Sied|fleisch** (*südd., schweiz. für* Suppenfleisch)

Sied|ler; Sied|lung; Sied|lungs‿bau (*meist Plur.* ...bauten), **...dich|te, ...form, ...ge|biet, ...geo|gra|phie, ...haus, ...kun|de** (die; -), **...land** (das; -[e]s), **...po|li|tik** (die; -), **...pro|gramm**

¹Sieg, der; -[e]s, -e

²Sieg, die; - (r. Nebenfluß des Rheins)

Sie|gel, das; -s, - ‹lat.› (Stempelabdruck; [Brief]verschluß); **Sie|gel|be|wah|rer** *(früher);* **Sie|gel|lack; sie|geln;** ich ...[e]le (↑R 22); **Sie|gel|ring; Sie|ge|lung,** Sieg|lung

sie|gen; Sie|ger; Sie|ger|eh|rung; Sie|ge|rin; Sie|ger|kranz, Sie|ges|kranz

Sie|ger|land, das; -[e]s (Landschaft); **Sie|ger|län|der; sie|ger|län|disch**

Sie|ger‿macht, ...mann|schaft, ...mie|ne, ...po|dest, ...po|kal, ...stra|ße (*nur in Wendungen wie* auf der - sein [im Begriff sein zu siegen]); **sie|ges|be|wußt;** -este; **Sie|ges‿bot|schaft, ...fei|er, ...freu|de; sie|ges|froh; Sie|ges|ge|schrei; sie|ges|ge|wiß;** ...gewisser, ...gewisseste; **Sie|ges‿ge|wiß|heit** (die; -), **...göt|tin; Sie|ges|kranz** *vgl.* Siegerkranz; **Sie|ges‿lauf** (der; -[e]s; *selten für* Siegeszug), **...preis, ...säu|le, ...se|rie** *(Sport);* **sie|ges|si|cher; Sie|ges‿tor, ...tref|fer** *(Sport);* **sie|ges|trun|ken** *(geh.);* **Sie|ges‿wil|le, ...zug**

Sieg|fried (germ. Sagengestalt; m. Vorn.); ↑R 133: Jung -

sieg|ge|wohnt; -este; **sieg|haft;** -este (*geh. für* siegessicher; *veraltet für* siegreich)

Sieg|hard (m. Vorn.); **Sieg|lind, Sieg|lin|de** (w. Vorn.)

sieg|los

Sieg|lung *vgl.* Siegelung

Sieg|mund, Si|gis|mund (m. Vorn.)

Sieg|prä|mie; sieg|reich; Sieg|tref|fer (*svw.* Siegestreffer)

Sieg|wurz (Gladiole)

sie|he! (*Abk.* s.); - da!; **sie|he dort!** (*Abk.* s.d.); **sie|he oben!** (*Abk.* s.o.); **sie|he un|ten!** (*Abk.* s.u.)

SI-Ein|heit (internationale Basiseinheit; *vgl.* SI)

Sie|ke *vgl.* ²Sicke

Siel, der *od.* das; -[e]s, -e (*nordd. u. fachspr. für* Abwasserleitung; kleine Deichschleuse)

Sie|le, die; -, -n *meist Plur.* (Riemen[werk der Zugtiere]); in den -n sterben

sie|len, sich (*landsch. für* sich mit Behagen hin und her wälzen)

Sie|len|ge|schirr; Sie|len|zeug, Siel|zeug

¹Sie|mens (Familienn., Ⓦ); **²Sie|mens,** das; -, - (elektr. Leitwert; *Zeichen* S); **Sie|mens-Mar|tin-Ofen;** ↑R 135 (zur Stahlerzeugung; *Abk.* SM-Ofen); **Sie|mens|stadt** (Stadtteil von Berlin)

si|e|na (↑R 180) ‹ital.› (rotbraun); ein - Muster; *vgl.* blau; *vgl. auch* beige; **Si|e|na;** ↑R 180 (ital. Stadt); **Si|e|na|er|de,** die; -; ↑R 149 *u.* R 180 (eine Malerfarbe); **Sie|ne|se** [ziɪe...], der; -n, -n (↑R 197 *u.* R 180); **Sie|ne|ser** (↑R 147 *u.* R 180)

Sien|kie|wicz [ʃçɛŋ'kjɛvitʃ] (poln. Schriftsteller)

Si|er|ra, die; -, *Plur.* ...rren *u.* -s ‹span.› (Gebirgskette); **Si|er|ra Leo|ne;** ↑R 180 (Staat in Afrika); **Si|er|ra|leo|ner** (↑R 180); **si|er|ra|leo|nisch** (↑R 180); **Si|er|ra Ne|va|da** [- ...v...], die; - - („Schneegebirge“) (span. u. amerik. Gebirge)

Si|e|sta, die; -, *Plur.* ...sten *u.* -s (↑R 180) ‹ital.› ([Mittags]ruhe)

Siet|land, das; -[e]s, ...länder (*nordd. für* tiefliegendes Marschland); **Siet|wen|dung** (*nordd. für* Binnendeich)

sie|zen (*ugs. für* mit „Sie“ anreden); du siezt

Sif (*nord. Mythol.* Gemahlin Thors)

Sif|flö|te ‹franz.› (eine hohe Orgelstimme)

Si|gel, das; -s, - ‹lat.› *u.* Si|gle ['si:g(ə)l], die; -, -n ‹franz.› (festgelegtes Abkürzungszeichen, Kürzel)

Sight|see|ing ['saitˌsi:iŋ], das; -, -s ‹engl.› (Besichtigung von Sehenswürdigkeiten); **Sight|see|ing-Tour** (Besichtigungsfahrt)

Si|gil|la|rie [...iə], die; -, -n (fossile Pflanzengattung)

Si|gis|mund *vgl.* Siegmund

Si|gle *vgl.* Sigel

Sig|ma, das; -[s], -s (griech. Buchstabe: Σ, σ, ς)

Sig|ma|rin|gen (Stadt a.d. Donau); **Sig|ma|rin|ger** (↑R 147); **sig|ma|rin|ge|risch**

sign. = signatum

Si|gna (*Plur. von* Signum)

Si|gnal [*auch* ziŋ'na:l], das; -s, -e ‹lat.› (Zeichen mit festgelegter Bedeutung; [Warn]zeichen); - geben; **Si|gnal‿an|la|ge, ...buch; Si|gna|le|ment** [...'mã:, *schweiz.* ...'mɛnt], das; -s, -s, *schweiz.* das; -[e]s, -e ‹franz.› ([Personen]beschreibung; *Landw.* Zusammenstellung der ein bestimmtes Tier kennzeichnenden Angaben); **Si|gnal‿far|be, ...feu|er, ...flag|ge, ...gast** (*Plur.* ...gasten; Matrose), **...glocke** [*Trenn.* ...glok|ke], **...horn** (*Plur.* ...hörner); **si|gna|li|sie|ren** (Signal[e] übermitteln); **Si|gnal‿knopf, ...lam|pe, ...licht** (*Plur.* ...lichter), **...mast** (der), **...pa|tro|ne, ...pfiff, ...reiz** (*svw.* Schlüsselreiz), **...ring** *(Kfz-Technik),* **...sy|stem** *(Psych.),* **...ver|bin|dung; Si|gna|tar,** der; -s, -e ‹lat.› (*selten für* Signatarmacht; *veraltet für* Unterzeichner); **Si|gna|tar|macht** ([einen Vertrag] unterzeichnende Macht); **si|gna|tum** (unterzeichnet; *Abk.* sign.); **Si|gna|tur,** die; -, -en (Namenszeichen, Unterschrift; symbol. Landkartenzeichen; *Druckw.* runde od. eckige Einkerbung an Drucktypen; Nummer eines Druckbogens; [Buch]nummer in einer Bibliothek); **Si|gnet** [si'nje:, *eindeutschend* zi'gne:t], das; -s, *Plur.* -s, *bei dt. Ausspr.* -e ‹franz.› (Buchdrucker-, Verleger-, Firmenzeichen; *veraltet für* Petschaft); **si|gnie|ren** [zi'gni:..., *auch* ziŋ'ni...] ‹lat.› (mit einer Signatur versehen); **si|gni|fi|kant;** -este (bedeutsam, kennzeichnend); **Si|gni|fi|kanz,** die; - (Bedeutsamkeit); **si|gni|fi|zie|ren** (*selten für* bezeichnen; anzeigen)

Si|gnor [sin'jo:r], der; -, -i ‹ital.› (Herr *[mit folgendem Namen]*); **Si|gno|ra,** die; -, *Plur.* -s *u.* ...re (Frau); **Si|gno|re,** der; -, ...ri (Herr *[ohne folgenden Namen]*); **Si|gno|ria** [...'ri:a], **Si|gno|rie,** die; -, ...ien (*früher* die höchste Behörde der ital. Stadtstaaten); **Si|gno|ri|na,** die; -, *Plur.* -s, *auch* ...ne (Fräulein); **Si|gno|ri|no,** der; -, *Plur.* -s, *auch* ...ni (junger Herr)

Si|gnum, das; -s, ...gna ‹lat.› (Zeichen; verkürzte Unterschrift)

Sig|rid (w. Vorn.)

Si|grist, der; -en, -en (↑R 197) ‹lat.› (*schweiz. für* Küster, Mesner)

Sig|run (w. Vorn.)

Si|gurd (m. Vorn.)

Si|ka|hirsch ‹jap.; dt.› (ein ostasiat. Hirsch)

Sikh, der; -[s], -s (Angehöriger einer Religionsgemeinschaft im Pandschab); **Sikh|re|li|gi|on,** die; -

Sik|ka|tiv, das; -s, -e [...və] ‹lat.› (Trockenmittel für Ölfarben)

Sik|kim (ind. Bundesstaat im Himalaja); **Sik|ki|mer; sik|ki|misch**

Si|la|ge *vgl.* Ensilage

Sil|be, die; -, -n; **Sil|ben‿maß** (das), **...rät|sel, ...ste|cher** (*veraltet für* Wortklauber), **...tren|nung; ...sil|ber** *vgl.* ...silbler

Sil|ber, das; -s (chem. Element, Edelmetall; *Zeichen* Ag); *vgl.* Argentum; **Sil|ber‿ar|beit, ...bar|ren, ...berg|werk, ...be|steck, ...blick** (*ugs. scherzh. für* leicht schielender Blick), **...bro|kat, ...di|stel, ...draht, ...fa|den; sil|ber|far|ben, sil|ber|far|big; Sil|ber‿fisch|chen** (ein Insekt), **...fuchs, ...geld** (das; -[e]s), **...glanz; sil|ber‿glän|zend, ...grau, ...haa|rig; sil|ber|hal|tig; sil|ber|hell; Sil|ber|hoch|zeit; sil|be|rig,** silb|rig; **Sil|ber|ling** (eine alte Silbermünze); **Sil|ber‿lö|we** (Puma), **...me|dail|le, ...mö|we, ...mün|ze; sil|bern** (aus Silber); -e Hochzeit, a b e r (↑R 157): Silberner Sonntag; Silbernes Lorbeerblatt (eine Auszeichnung für besondere Sportleistungen); **Sil|ber‿pa|pier, ...pap|pel, ...schmied, ...schmie|din, ...stift** (ein Zeichenstift), **...strei|fen** (*meist in* Silberstreifen am Horizont [Zeichen beginnender Besserung]); **Sil|ber‿ta|blett, ...tan|ne; sil|ber|ver|gol|det;** ein -er Pokal (ein silberner Pokal, der vergoldet ist); **sil|ber|weiß; Sil|ber|zeug** (*ugs. für* Silberbesteck, -gerät)

...sil|big (z. B. dreisilbig); **sil|bisch** (eine Silbe bildend); **...silb|ler,** ...sil|ber (z. B. Zweisilber, -silbler)

silb|rig *vgl.* silberig

Sild, der; -[e]s, -[e] ‹skand.› (pikant eingelegter junger Hering)

Si|len, der; -s, -e ‹griech.› (Fabelwesen der griech. Sage, als älterer Satyr Erzieher des Dionysos)

Si|len|ti|um! ‹lat.› (Ruhe!)

Si|lge, die; -, -n ‹griech.› (ein Doldengewächs)

Sil|hou|et|te [zi'luɛtə], die; -, -n ‹franz.› (Umriß; Schattenriß, Scherenschnitt); **sil|hou|et|tie|ren** (*veraltend für* als Schattenriß darstellen)

Si|li|cat usw. *vgl.* Silikat usw.; **Si|li|ci|um,** Si|li|zi|um, das; -s ‹lat.› (chem. Element, Nichtmetall; *Zeichen* Si)

si|lie|ren ‹span.› ([Futterpflanzen] im Silo einlagern)

Si|li|fi|ka|ti|on, die; -, -en ‹lat.› (*Geol.* Verkieselung); **si|li|fi|zie|ren; Si|li|kat,** *fachspr.* Si|li|cat, das; -[e]s, -e (*Chemie* Salz der Kieselsäure); **Si|li|kon,** *fachspr.* Si|li|con, das; -s, -e (Kunststoff von großer Wärme- u. Wasserbeständigkeit); **Si|li|ko|se,** die; -, -n (*Med.* Steinstaublunge); **Si|li|zi|um** *vgl.* Silicium

Sil|ke (w. Vorn.)

Sil|len *Plur.* ‹griech.› (altgriech. parodistische Spottgedichte auf Dichter u. a.)

Si|lo, der *od.* das; -s, -s ‹span.› (Großspeicher [für Getreide, Erz u. a.]; Gärfutterbehälter); **Si|lo‿fut|ter** (*vgl.* ¹Futter), **...turm**

Si|lu|min ⓦ, das; -[s] (eine Leichtmetallegierung aus Aluminium u. Silicium)

Si|lur, das; -s (*Geol.* eine Formation des Paläozoikums); **Si|lu|rer** (Angehöriger eines vorkelt. Volksstammes in Wales); **si|lu|risch** (*Geol.* das Silur betreffend; im Silur entstanden)

Sil|van, Sil|va|nus [*beide* ...v...] (m. Vorn.)

Sil|va|ner [...v...] (eine Reb- u. Weinsorte)

¹**Sil|ve|ster** [...v...] (m. Vorn.); ²**Sil|ve|ster,** der, *auch* das; -s, - *meist ohne Artikel* ‹nach Papst Silvester I.› (letzter Tag im Jahr); **Sil|ve|ster‿abend, ...ball** (*vgl.* ²Ball), **...fei|er, ...nacht**

Sil|via [...via] (w. Vorn.)

Sil|vret|ta [...vr...], **Sil|vret|ta|grup|pe,** die; - (Gebirgsgruppe der Zentralalpen); **Sil|vret|ta-Hoch|al|pen|stra|ße,** die; - (↑R 149)

¹**Si|ma,** die; -, *Plur.* -s *u.* ...men ‹griech.› (*Archit.* Traufrinne antiker Tempel)

²**Si|ma,** das; -[s] ‹nlat.› (*Geol.* unterer Teil der Erdkruste)

Si|mandl, der *od.* das; -s, - ‹*eigtl.* Mann, der durch eine Frau (eine „Sie") beherrscht wird› (*bayr. und österr. ugs. für* Pantoffelheld)

Sim|bab|we (Staat in Afrika); **Sim|bab|wer; sim|bab|wisch**

Si|me|on (bibl. m. Eigenn. u. Vorn.)

Si|mi|li|stein ‹lat.; dt.› (unechter Schmuckstein)

Sim|men|tal (schweiz. Landschaft); **Sim|men|ta|ler** (↑R 147)

Sim|mer, das; -s, - (ein altes Getreidemaß)

Sim|mer|ring ⓦ (eine Antriebswellendichtung)

Si|mon (Apostel; m. Vorn.); **Si|mo|ne** (w. Vorn.)

Si|mo|ni|des (griech. Lyriker)

Si|mo|nie, die; -, ...ien ‹nach dem Zauberer Simon› (Kauf od. Verkauf von geistl. Ämtern); **si|mo|nisch;** ↑R 134 (nach Art Simons)

sim|pel ‹franz.› (einfach, einfältig); sim|ple Frage; **Sim|pel,** der; -s, - (*landsch. für* Dummkopf, Einfaltspinsel); **sim|pel|haft;** -este (*landsch.*)

Sim|plex, das; -, *Plur.* -e *u.* ...plizia ‹lat.› (*Sprachw.* einfaches, nicht zusammengesetztes Wort); **Sim|pli|cis|si|mus,** *eingedeutscht* Sim|pli|zis|si|mus, der; - ‹nlat.› (Titel[held] eines Romans von Grimmelshausen; frühere polit.-satir. Wochenschrift); **sim|pli|ci|ter** [...tsi...] ‹lat.› (*veraltet für* schlechthin); **Sim|pli|fi|ka|ti|on,** die; -, -en (*seltener für* Simplifizierung); **sim|pli|fi|zie|ren** (in einfacher Weise darstellen; [stark] vereinfachen); **Sim|pli|fi|zie|rung; Sim|pli|zia** (*Plur. von* Simplex); **Sim|pli|zia|de,** die; -, -n; ↑R 180 (Abenteuerroman um einen einfältigen Menschen, in Nachahmung des „Simplicissi-

mus" von Grimmelshausen); **Sim|pli|zis|si|mus** *vgl.* Simplicissimus; **Sim|pli|zi|tät,** die; - (Einfachheit, Schlichtheit)
Sim|plon, der; -[s], *auch* **Sim|plon|paß,** der; ...passes (↑R 149); **Sim|plon‿stra|ße** (die; -; ↑R 149), **...tun|nel** (der; -s; ↑R 149)
Sims, der *od.* das; -es, -e ‹lat.› (waagerechter [Wand]vorsprung; Leiste)
Sim|sa|la|bim (Zauberwort)
Sim|se, die; -, -n (ein Riedgras; *landsch. für* Binse)
Sims|ho|bel
Sim|son (bibl. m. Eigenn.); *vgl.* Samson
Si|mu|lant, der; -en, -en (↑R 197) ‹lat.› (jmd., der eine Krankheit vortäuscht); **Si|mu|lan|tin; Si|mu|la|ti|on,** die; -, -en (Vortäuschung [von Krankheiten]; Nachahmung im Simulator o. ä.); **Si|mu|la|tor,** der; -s, ...oren (Gerät, in dem bestimmte Bedingungen u. [Lebens]verhältnisse wirklichkeitsgetreu herstellbar sind); **si|mu|lie|ren** (vorgeben; sich verstellen; übungshalber im Simulator o. ä. nachahmen; *ugs. auch für* nachsinnen, grübeln)
si|mul|tan ‹lat.› (gleichzeitig; gemeinsam); **Si|mul|tan‿büh|ne** *(Theater),* **...dol|met|schen** (das; -s), **...dol|met|scher ...dol|met|sche|rin; Si|mul|ta|nei|tät** [...nei...] (↑R 180), **Si|mul|ta|ni|tät,** die; -, -en (*fachspr. für* Gemeinsamkeit, Gleichzeitigkeit); **Si|mul|tan‿kir|che** (Kirchengebäude für mehrere Bekenntnisse), **...schu|le** (Gemeinschaftsschule), **...spiel** (Schachspiel gegen mehrere Gegner gleichzeitig)
sin = Sinus
Si|nai ['zi:nai], der; -[s] (Gebirgsmassiv auf der gleichnamigen ägypt. Halbinsel); **Si|nai‿ge|bir|ge** (das; -s; ↑R 149), **...halb|in|sel** (die; -; ↑R 149)
Sin|an|thro|pus, der; -, ...pi ‹griech.› (*Anthropol.* Pekingmensch)
Si|nau, der; -s, -e (Frauenmantel, eine Pflanze)
si|ne an|no ‹lat., „ohne [Angabe des] Jahr[es]"› (veralteter Hinweis bei Buchtitelangaben; *Abk.* s. a.); **si|ne ira et stu|dio** [- - - st...] („ohne Zorn u. Eifer") (sachlich)
Si|ne|ku|re, die; -, -n ‹lat.› (müheloses Amt; Pfründe)
si|ne lo|co ‹lat., „ohne [Angabe des] Ort[es]"› (veralteter Hinweis bei Angaben von Buchtiteln; *Abk.* s. l.); **si|ne lo|co et an|no** („ohne [Angabe des] Ort[es] u. [des] Jahr[es]") (veralteter Hinweis bei Angaben von Buchtiteln; *Abk.* s. l. e. a.); **si|ne tem|po|re** [- ...re:] (ohne akadem. Viertel, d. h. pünktlich; *Abk.* s. t.); *vgl.* cum tempore
Sin|fo|nie, Sym|pho|nie [zym...], die; -, ...ien ‹griech.› (großangelegtes Orchesterwerk in meist vier Sätzen); **Sin|fo|nie|kon|zert,** Sym|pho|nie|kon|zert; **Sin|fo|nie|or|che|ster,** Sym|pho|nie|or|che|ster; **Sin|fo|ni|et|ta,** die; -, ...tten ‹ital.› (kleine Sinfonie); **Sin|fo|ni|ker,** Sym|pho|ni|ker (Verfasser von Sinfonien; *nur Plur.:* Mitglieder eines Sinfonieorchesters); **sin|fo|nisch,** sym|pho|nisch (sinfonieartig); -e Dichtung
Sing. = Singular
Sing|aka|de|mie
Sin|ga|pur ['ziŋga..., *auch* ...'pu:r] (Staat u. Stadt an der Südspitze der Halbinsel Malakka); **Sin|ga|pu|rer** (↑R 147); **Sin|ga|pu|re|rin; sin|ga|pu|risch**
sing|bar; Sing|dros|sel; Sin|ge|grup|pe *(ehem. in der DDR);* **sin|gen;** du sangst; du sängest; gesungen; sing[e]!; die Singende Säge (ein Musikinstrument)
Sin|ge|ner (Einwohner von Singen); ↑R 147; **Sin|gen (Ho|hen|twiel)** (Stadt im Hegau)
Sin|ge|rei, die; - *(ugs.)*
Sin|gha|le|se [ziŋga...], der; -n, -n; ↑R 197 (Angehöriger eines ind. Volkes auf Sri Lanka); **Sin|gha|le|sin; sin|gha|le|sisch**
[1]**Sin|gle** ['siŋ(gə)l], das; -[s], -[s] ‹engl.› (Einzelspiel [im Tennis o. ä.]); [2]**Sin|gle,** die; -, -s (kleine Schallplatte); [3]**Sin|gle,** der; -[s], -s (alleinstehender Mensch)
Sin|grün, das; -s (Immergrün)
Sing|sang, der; -[e]s *(ugs.);* **Sing|schwan**
Sing-Sing (Staatsgefängnis von New York bei der Industriestadt Ossining [*früher* Sing Sing])
Sing‿spiel, ...stim|me, ...stun|de
Sin|gu|lar, der; -s, -e ‹lat.› (*Sprachw.* Einzahl; *Abk.* Sing.); **sin|gu|lär** (vereinzelt [vorkommend]; selten); **Sin|gu|la|re|tan|tum,** das; -s, *Plur.* -s *u.* Singulariatantum (*Sprachw.* nur in der Einzahl vorkommendes Wort, z. B. „das All"); **sin|gu|la|risch** (in der Einzahl [gebraucht, vorkommend]); **Sin|gu|la|ris|mus,** der; - *(Philos.);* **Sin|gu|la|ri|tät,** die; -, -en *meist Plur.* (vereinzelte Erscheinung; Besonderheit)
Sing‿vo|gel, ...wei|se (die)
si|ni|ster ‹lat.› (*selten für* unheilvoll, unglücklich)
sin|ken; er sinkt; ich sank, du sankst; du sänkest; gesunken; sink[e]!; **Sink‿ka|sten** (bei Abwasseranlagen), **...stoff** (Substanz, die sich im Wasser absetzt)
Sinn, der; -[e]s, -e; bei, von -en sein; **sinn|be|tö|rend** *(geh.);* **Sinn|bild; sinn|bild|lich; sin|nen;** du sannst; du sännest, *veraltet* sönnest; gesonnen; sinn[e]!; *vgl.* gesinnt *u.* gesonnen; **sin|nen|froh;** -este; **Sin|nen‿lust** (die; -), **...mensch, ...rausch** (der; -[e]s), **...reiz** (Reiz auf die Sinne, sinnlicher Reiz); **sinn‿ent|leert, ...ent|stell|lend** (↑R 209); **Sin|nen|welt,** die; -; **Sinn|er|gän|zung** *(Sprachw.);* **Sin|nes‿än|de|rung, ...art, ...ein|druck, ...or|gan, ...reiz** (Reiz, der auf ein Sinnesorgan einwirkt), **...stö|rung, ...täu|schung, ...wahr|neh|mung, ...wan|del, ...zel|le** *(meist Plur.; Physiol.);* **sinn|fäl|lig; Sinn‿fäl|lig|keit** (die; -), **...ge|bung, ...ge|dicht, ...ge|halt** (der); **sinn|ge|mäß;** -este; **sin|nie|ren** (*ugs. für* in Nachdenken versunken sein); **Sin|nie|rer; sin|nig** (*meist iron. für* sinnvoll, sinnreich; *veraltet für* nachdenklich); ein -er Brauch; **sin|ni|ger|wei|se; Sin|nig|keit,** die; -; **sinn|lich; Sinn|lich|keit,** die; -; **sinn|los;** -este; **Sinn|lo|sig|keit; Sinn|pflan|ze** (*svw.* Mimose); **sinn|reich;** eine -e Deutung; **Sinn|spruch; sinn‿ver|wandt, ...ver|wir|rend, ...voll, ..wid|rig; Sinn‿wid|rig|keit, ...zu|sam|men|hang**
Si|no|lo|ge, der; -n, -n (↑R 197) ‹griech.› (Chinakundiger, bes. Lehrer u. Erforscher der chin. Sprache); **Si|no|lo|gie,** die; -; **Si|no|lo|gin; si|no|lo|gisch**
sin|te|mal (*veraltet für* da, weil)
Sin|ter, der; -s, - (mineral. Ablagerung aus Quellen); **Sin|ter|glas,** das; -es; **sin|tern** ([durch]sikkern; Sinter bilden; *Technik* [keram. Massen] durch Erhitzen zusammenbacken lassen); **Sin|ter|ter|ras|se**
Sint|flut, die; - („umfassende Flut") *(A. T.); vgl.* Sündflut; **sint|flut|ar|tig,** -e Regenfälle
Sin|ti|za, die; -, -s ‹Zigeunersprache› (w. Sinto); **Sin|to,** der; -, ...ti *meist Plur.* (deutschstämmiger Zigeuner)
Si|nus, der; -, *Plur.* - [...nu:s] *u.* -se *Plur. selten* ‹lat.› (*Med.* Ausbuchtung, Hohlraum; *Math.* eine Winkelfunktion im rechtwinkligen Dreieck, *Zeichen* sin); **Si|nu|si|tis,** die; -, ...itiden (*Med.* Entzündung der Nasennebenhöhle); **Si|nus‿kur|ve** *(Math.),* **...schwin|gung** *(Physik)*
Si|on *vgl.* Zion
Si|oux ['zi:uks], der; -, - (Angehöriger einer Sprachfamilie der nordamerik. Indianer)
Si|pho ['zi:fo], der; -s, ...onen ‹griech.› (*Zool.* Atemröhre der

Schnecken, Muscheln u. Tintenfische); **Si|phon** ['zifɔŋ, *österr.* zi'fo:n], der; -s, -s (Geruchverschluß bei Wasserausgüssen; Getränkegefäß, bei dem die Flüssigkeit durch Kohlensäure herausgedrückt wird; *österr. ugs. für* Sodawasser); **Si|pho|no|pho|re**, die; -, -n *meist Plur.* ‹griech.› (*Zool.* Staats- od. Röhrenqualle); **Si|phon|ver|schluß** ['zifɔŋ..., *österr.* zi'fo:n...] (Geruchsverschluß)

Sip|pe, die; -, -n; **Sip|pen_for|schung**, **...haf|tung** (die; -), **...kun|de** (die; -); **sip|pen|kund|lich**; **Sip|pen|ver|band** (*Völkerk.*); **Sipp|schaft** (*abwertend für* Verwandtschaft; Gesindel)

Sir [sœ:(r)], der; -s, -s ‹engl.› (*engl. Anrede [ohne Namen]* „Herr"; *vor Vorn.* engl. Adelstitel)

Si|rach (bibl. m. Eigenn.); *vgl.* Jesus Sirach

Sire [si:r] ‹franz.› (Majestät [franz. Anrede an einen Monarchen])

Si|re|ne, die; -, -n ‹griech., nach den Fabelwesen der griech. Sage› (Nebelhorn, Warngerät; verführerische Frau; *Zool.* Seekuh); **Si|re|nen_ge|heul**, **...ge|sang**; **si|re|nen|haft**; -este (verführerisch); **Si|re|nen|pro|be**

Si|ri|us, der; - ‹griech.› (ein Stern); **si|ri|us|fern**

Sir|rah, die; - ‹arab.› (ein Stern)

sir|ren (hell klingen[d surren])

Sir|ta|ki, der; -, -s ‹griech.› (ein griech. Volkstanz)

Si|rup, der; -s, -e ‹arab.› (dickflüssiger Zucker[rüben]- od. Obstsaft)

Si|sal, der; -s ‹nach der mexik. Stadt›; **Si|sal_hanf** (↑R 149; Faser aus Agavenblättern), **...läu|fer**

si|stie|ren ‹lat.› ([Verfahren] einstellen; *bes. Rechtsspr.* jmdn. zur Feststellung seiner Personalien auf die Polizeiwache bringen); **Si|stie|rung**

Si|strum, das; -s, Sistren ‹griech.› (altägypt. Rassel)

Si|sy|phos ‹griech.›, **Si|sy|phus** (Gestalt der griech. Sage); **Si|sy|phus|ar|beit**; ↑R 135 (vergebliche Arbeit)

Si|tar, der; -[s], -[s] ‹iran.› (indische Laute)

Sit-in, das; -[s], -s ‹amerik.› (Sitzstreik)

Sit|ta (w. Vorn.)

Sit|te, die; -, -n

Sit|ten (Hptst. des Kantons Wallis)

Sit|ten_de|zer|nat, **...ge|mäl|de**, **...ge|schich|te** (die; -), **...ge|setz**, **...ko|dex**, **...leh|re**; **sit|ten|los**; -este; **Sit|ten|lo|sig|keit**, die; -; **Sit|ten_po|li|zei**, **...rich|ter**, **...ro|man**, **...schil|de|rung**; **sit|ten_streng** (*veraltend*); **Sit|ten_stren|ge**, **...strolch**, **...ver|derb|nis** (*geh. für* Sittenverfall), **...ver|fall**; **sit|ten|wid|rig**; **Sit|ten|wid|rig|keit**, die; -

Sit|tich, der; -s, -e (ein Papagei)

sitt|lich; -er Maßstab; -er Wert; **Sitt|lich|keit**, die; -; **Sitt|lich|keits_de|likt**, **...ver|bre|chen**, **...ver|bre|cher**; **sitt|sam** (*veraltend*); **Sitt|sam|keit**, die; -

Si|tua|ti|on, die; -, -en ‹lat.› ↑R 180 ([Sach]lage, Stellung, Zustand); **si|tua|ti|ons|be|dingt**; **Si|tua|ti|ons_ethik** (die; -), **...ko|mik**, **...ko|mö|die**, **...plan** (*selten für* Lageplan; *vgl.* [2]Plan), **...stück**; **si|tua|tiv**; ↑R 180 (durch die Situation bedingt); **si|tu|ie|ren** ‹franz.› (in einen Zusammenhang stellen; einbetten); **si|tu|iert** (in bestimmten [wirtschaftl.] Verhältnissen lebend); sie ist besser - als er

Si|tu|la, die; -, ...ulen ‹lat.› (bronzezeitl. Eimer)

Si|tus, der; -, - ['zi:tu:s] ‹lat.› (*Med.* Lage [von Organen]); *vgl.* in situ

sit ve|nia ver|bo [- 've:nia 'vɛrbo] ‹lat.› (man verzeihe das Wort!; *Abk.* s. v. v.)

Sitz, der; -es, -e; **Sitz_bad**, **...ba|de|wan|ne**, **...blocka|de** [*Trenn.* ...blok|kade], **...ecke** [*Trenn.* ...ek|ke]; **sit|zen**; du sitzt, er sitzt; du saßest, er saß; du säßest; gesessen; sitz[e]!; ich habe (*südd., österr., schweiz.:* bin) gesessen; einen - haben (*ugs. für* betrunken sein); ich habe den Vorwurf nicht auf mir sitzen lassen (nicht unwidersprochen gelassen); (↑R 68:) ich bin noch nicht zum Sitzen gekommen; **sit|zen|blei|ben**; ↑R 205 f. (*ugs. für* in der Schule nicht versetzt werden; nicht geheiratet werden); auf etwas - (*ugs. für* etwas nicht verkaufen können); ich bleibe sitzen; sitzengeblieben; sitzenzubleiben; aber: er soll auf seinem Platz sitzen bleiben; **Sit|zen|blei|ber**; **sit|zend**; -e Tätigkeit; **sit|zen|las|sen**; ↑R 205 f. (*ugs. für* in der Schule nicht versetzen; im Stich lassen); ich lasse sitzen; ich habe ihn sitzenlassen, *seltener* sitzengelassen; sitzenzulassen; **...sit|zer** (z. B. Zweisitzer); **Sitz_fal|te**, **...flä|che**, **...fleisch** (das; -[e]s; *ugs. scherzh. für* Ausdauer), **...ge|le|gen|heit**, **...grup|pe**; **...sit|zig** (z. B. viersitzig); **Sitz_kis|sen**, **..mö|bel**, **...ord|nung**, **...platz**, **...rie|se** (*ugs. scherzh. für* jmd. mit kurzen Beinen u. langem Oberkörper), **...stan|ge**, **...streik**; **Sit|zung**; **Sit|zungs_be|richt**, **...geld** (*Politik*), **...saal**, **...zim|mer**

Si|wa[h], die; - (eine Oase)

Six|ti|na, die; - ‹nach Papst Sixtus IV.› (Kapelle im Vatikan); **six|ti|nisch**, aber (↑R 134): Sixtinische Kapelle, Sixtinische Madonna; **Six|tus** (m. Vorn.)

Si|zi|lia|ne, die; -, -n ‹ital.› (eine Versform); **Si|zi|lia|ner**, Si|zi|li|er [...iər] (Bewohner von Sizilien); **Si|zi|lia|ne|rin**, Si|zi|lie|rin; **si|zi|lia|nisch**, si|zi|lisch, aber (↑R 157): Sizilianische Vesper (Volksaufstand in Palermo während der Ostermontagsvesper 1282); **Si|zi|li|en** [...iən] (südital. Insel); **Si|zi|li|enne** [...'liɛn], die; - ‹franz.› (*svw.* Eolienne); **Si|zi|li|er** usw. *vgl.* Sizilianer usw.

SJ = Societatis Jesu [zotsie...] ‹lat., „von der Gesellschaft Jesu"› (Jesuit); *vgl.* Societas Jesu

SK = Segerkegel

Ska|bi|es [...biɛs], die; - ‹lat.› (*Med.* Krätze); **ska|bi|ös** (an Skabies erkrankt); **Ska|bio|se**, die; -, -n (eine Wiesenblume)

Ska|ger|rak, das *od.* der; -s (Meeresteil zwischen Norwegen u. Jütland)

Skai ®, das; -[s] ‹Kunstwort› (Kunstleder)

skål! [sko:l] ‹skand.› (*skand. für* prost!, zum Wohl!)

Ska|la, die; -, *Plur.* ...len *u.* -s ‹ital., „Treppe"› (Maßeinteilung [an Meßgeräten]; Stufenfolge, Reihe); *vgl.* Skale *u.* Scala; **Ska|la|hö|he**; **ska|lar** (*Math.* durch reelle Zahlen bestimmt); **Ska|lar**, der; -s, -e (*Math.* durch einen reellen Zahlenwert bestimmte Größe; *Zool.* ein Buntbarsch)

Skal|de, der; -n, -n (↑R 197) ‹altnord.› (altnord. Dichter u. Sänger); **Skal|den|dich|tung**; **skal|disch**

Ska|le, die; -, -n (*in der Bedeutung* „Maßeinteilung" *bes. fachspr. eindeutschend für* Skala); **Ska|len|zei|ger**

Skalp, der; -s, -e ‹engl.› (*früher bei den Indianern* abgezogene behaarte Kopfhaut des Gegners als Siegeszeichen)

Skal|pell, das; -s, -e ‹lat.› ([kleines chirurg.] Messer [mit feststehender Klinge])

skal|pie|ren ‹engl.› (den Skalp nehmen)

Skan|dal, der; -s, -e ‹griech.› (Ärgernis; Aufsehen; Lärm); **Skan|dal|ge|schich|te**; **skan|da|lie|ren** (*veraltet für* lärmen); **skan|da|li|sie|ren** (*veraltend für* Ärgernis geben, Anstoß nehmen); sich über etwas - (an etwas Ärgernis nehmen); **Skan|dal|nu|del** (*ugs. für* Frau, die für Skandale sorgt, Aufsehen erregt); **skan|da|lös**; -este (ärgerlich; anstößig; unerhört); **Skan|da̱l|pres|se; skan|da̱l˷süch|tig, ...um|wit|tert**

skan|die̱|ren ‹lat.› (taktmäßig nach Versfüßen lesen)

Skan|di|na̱|vi|en [...vi̯ən]; **Skan|di|na̱|vi|er** [...vi̯ər]; **Skan|di|na̱|vie|rin; skan|di|na̱|visch,** aber (↑R 146): die Skandinavische Halbinsel; **Skạn|di|um** *vgl.* Scandium

Ska|po|li̱th [*auch* 'lit], der; *Gen.* -s *od.* -en, *Plur.* -e[n] (↑R 197) ‹lat.; griech.› (ein Mineral)

Ska|pu|li̱er, das; -s, -e ‹lat.› (bei der Mönchstracht Überwurf über Brust u. Rücken)

Ska|ra|bä̱|en|gem|me; Ska|ra|bä̱|us, der; -, ...äen ‹griech.› (Pillendreher, Mistkäfer des Mittelmeergebietes; dessen Nachbildung als Siegel [im alten Ägypten] u. später als Amulett)

Ska|ra|mu̱z, der; -es, -e ‹ital.› (Figur des prahlerischen Soldaten aus dem franz. u. ital. Lustspiel)

Skạrn, der; -s, -e ‹schwed.› (*Geol.* vorwiegend aus Kalk-Eisen-Silikaten bestehendes Gestein)

skar|tie̱|ren ‹ital.› (*österr. Amtsspr. für* alte Akten u. a. ausscheiden); **Ska̱t,** der; -[e]s, *Plur.* -e *u.* -s (*nur Sing.*: ein Kartenspiel; zwei verdeckt liegende Karten beim Skatspiel); **Ska̱t˷abend, ...bru|der** *(ugs.)*

Skate|board ['ske:tbɔ:(r)d], das; -s, -s ‹engl.› (Rollerbrett); **Skate|boar|der** (jmd., der Skateboard fährt)

ska̱|ten (*ugs. für* Skat spielen); **Ska̱|ter** (*ugs. für* Skatspieler); **Ska̱t˷ge|richt** (das; -[e]s; in Altenburg), **...kar|te**

Ska|to̱l, das; -s ‹griech.; lat.› (eine chem. Verbindung); **Ska|to|pha̱|ge** usw. *vgl.* Koprophage usw.

Ska̱t˷par|tie, ...run|de, ...spiel, ...spie|ler, ...tur|nier

Skeet|schie|ßen ['ski:t...], das; -s ‹engl.; dt.› (Wurftaubenschießen mit Schrotgewehren)

Ske|lẹt ‹griech.› (*teilweise noch in der Med. gebrauchte Nebenform von* Skelett); **Ske|le|ton** ['skɛlət(ə)n], der; -s, -s ‹engl.› (niedriger Sportrennschlitten); **Ske|lẹtt,** das; -[e]s, -e ‹griech.› (Knochengerüst, Gerippe; tragendes Grundgerüst); **Ske|lẹtt˷bau** (*Plur.* ...bauten; Gerüst-, Gerippebau), **...bau|wei|se** (die; -), **...bo|den** *(Geol.)*, **...form; ske|let|tie̱|ren** (das Skelett bloßlegen); ein Blatt - (*Biol.* bis auf die Rippen abfressen)

Skẹp|sis, die; - ‹griech.› (Zweifel, kritisch prüfende Haltung); **Skẹp|ti|ker** (Zweifler; Vertreter des Skeptizismus); **skẹp|tisch** (zweifelnd; mißtrauisch; kühl u. streng prüfend); -ste; **Skep|ti|zis|mus,** der; - (Zweifel [an der Möglichkeit sicheren Wissens]; skeptische Haltung)

Sketch [skɛtʃ], der; -[es], *Plur.* -e[s] *od.* -s ‹engl., „Skizze"› (kurze, effektvolle Bühnenszene im Kabarett od. Varieté); **Skẹtsch,** der; -[e]s, -e (*eindeutschende Schreibung für* Sketch)

Ski [ʃi:], Schi, der; -s, *Plur.* -er, *auch* - ‹norw.›; (↑R 207:) - fahren, - laufen; (↑R 32:) Ski und eislaufen, aber: eis- und Ski laufen; Ski Heil! (Skiläufergruß)

Skia|gra|phie̱, die; -, -i̱en ‹griech.› (antike Schattenmalerei)

Ski|akro|ba|tik ['ʃi:...], Schi̱|akro|ba|tik

Skia|sko|pie̱, die; -, ...i̱en ‹griech.› (*Med.* Verfahren zur Feststellung von Brechungsfehlern des Auges)

Ski|bob ['ʃi:...], Schi̱|bob (lenkbarer, einkufiger Schlitten); **Ski|fah|rer,** Schi̱|fah|rer

Skịff, das; -[e]s, -e ‹engl.› (*Sport* nord. Einmannruderboot)

Ski|flie|gen ['ʃi:...], Schi̱|flie|gen, das; -s; **Ski|flug,** Schi̱|flug; **Ski|gym|na|stik,** Schi̱|gym|na|stik; **Ski|ha|serl,** Schi̱|ha|serl, das; -s, -[n] (*ugs. für* junge Anfängerin im Skilaufen); **Ski|kjö|ring** ['ʃi:jø:riŋ], Schi̱|kjö|ring, das; -s, -s ‹norw.› (Skilauf mit Pferde- od. Motorradvorspann); **Ski|kurs** ['ʃi:...], Schi̱|kurs; **Ski|lauf,** Schi̱|lauf; **Ski|lau|fen,** Schi̱|lau|fen, das; -s; **Ski|läu|fer,** Schi̱|läu|fer; **Ski|läu|fe|rin,** Schi̱|läu|fe|rin; **Ski|leh|rer,** Schi̱|leh|rer; **Ski|leh|re|rin,** Schi̱|leh|re|rin; **Ski|lift,** Schi̱|lift

Skịn, der; -s, -s (*kurz für* Skinhead); **Skin|head** ['skinhɛd], der; -s, -s ‹engl.› ([zu Gewalttätigkeit neigender] Jugendlicher mit kahlgeschorenem Kopf)

Skịnk, der; -[e]s, -e ‹griech.› (Glatt- od. Wühlechse)

Ski|no|i̱d Ⓦⓩ, das; -[e]s (ein lederähnlicher Kunststoff)

Ski|paß ['ʃi:...], Schi̱|paß; **Ski|pi|ste,** Schi̱|pi|ste

Skip|per ‹engl.› (Kapitän einer [Segel]jacht)

Ski|sport ['ʃi:...], Schi̱|sport, der; -[e]s; **Ski|sprin|ger,** Schi̱|sprin|ger; **Ski|sprung,** Schi̱|sprung; **Ski|spur,** Schi̱|spur; **Ski|stie|fel,** Schi̱|stie|fel; **Ski|stock,** Schi̱|stock *Plur.* ...stöcke; **Ski|wachs,** Schi̱|wachs; **Ski|wan|dern,** Schi̱|wan|dern, das; -s; **Ski|was|ser,** Schi̱|was|ser, das; -s (ein Getränk); **Ski|zir|kus,** Schi̱|zir|kus (*Bez. für* alpine Skirennen mit den dazugehörenden Veranstaltungen)

Ski̱z|ze, die; -, -n ‹ital.› ([erster] Entwurf; flüchtige Zeichnung; kleine Geschichte); **Ski̱z|zen˷block** (*vgl.* Block), **...buch; ski̱z|zen|haft; skiz|zie̱|ren** (entwerfen; andeuten); **Skiz|zie̱|rer; Skiz|zie̱r|pa|pier; Skiz|zie̱|rung**

Skla̱|ve [...v..., *auch* ...f...], der; -n, -n (↑R 197) ‹slaw.› (unfreier, rechtloser Mensch; *abwertend für* jmd., der von etwas od. jmdm. sehr abhängig ist); **Skla̱|ven|ar|beit; skla̱|ven|ar|tig; Skla̱|ven˷hal|ter, ...han|del** (*vgl.* [1]Handel), **...händ|ler, ...markt; Skla̱|ven|tum,** das; -s; **Skla|ve|rei̱,** die; -; **Skla̱|vin; skla̱|visch;** -ste; -er Gehorsam

Skle̱|ra, die; -, ...ren ‹griech.› (*Med.* Lederhaut des Auges); **Skle|ri̱|tis,** die; -, ...iti̱den (Entzündung der Lederhaut des Auges); **Skle|ro|der|mie̱,** die; -, ...i̱en (krankhafte Hautverhärtung); **Skle|ro|me̱|ter,** das; -s, - (Härtemesser [bei Kristallen]); **Skle|ro̱|se,** die; -, -n (*Med.* krankhafte Verhärtung von Geweben u. Organen); **skle|ro̱|tisch** (verhärtet)

Sko̱|lex, der; -, ...lizes [...litse:s] ‹griech.› (*Med.* Bandwurmkopf)

Sko̱|li|on, das; -s, ...ien [...i̯ən] ‹griech.› (altgriech. Tischlied, Einzelgesang beim Gelage)

Sko|lio̱|se, die; -, -n ‹griech.› (*Med.* seitliche Verkrümmung der Wirbelsäule)

Sko|lo|pẹn|der, der; -s, - ‹griech.› (trop. Tausendfüßer)

skon|tie̱|ren ‹ital.› (*Wirtsch.* Skonto gewähren); **Skọn|to,** der *od.* das; -s, *Plur.* -s, *selten* ...ti ([Zahlungs]abzug, Nachlaß [bei Barzahlung]); **Skon|tra|ti|o̱n,** die; -, -en ‹ital.› (*Wirtsch.* Fortschreibung, Bestandsermittlung von Waren durch Eintragung der Zu- und Abgänge); **skon|trie̱|ren; Skọn|tro,** das; -s, -s (Nebenbuch der Buchhaltung zur tägl. Ermittlung von Bestandsmengen); **Skọn|tro|buch**

Skoo|ter ['sku:tə(r)], der; -s, - ‹engl.› ([elektr.] Kleinauto auf Jahrmärkten)

Skọp, der; -s, -s ‹angels.› (*früher* Dichter u. Sänger in der Gefolgschaft angelsächsischer Fürsten)

Skọp|ze, der; -n, -n (↑R 197) ‹russ.› (Angehöriger einer russ. Sekte des 19. Jh.s)

Skor|but, der; -[e]s ‹mlat.› (*Med.* Krankheit durch Mangel an Vitamin C); **skor|bu̱|tisch**

Skor|da|tu̱r *vgl.* Scordatura

Skore [skɔ:(r)], das; -s, -s ‹engl.› (*schweiz. Sportspr. svw.* Score); **sko̱|ren** ‹engl.› (*österr. u. schweiz. Sportspr. svw.* scoren)

Skor|pi|on, der; -s, -e ‹griech.› (ein Spinnentier; *nur Sing.:* ein Sternbild)
Sko|te, der; -n, -n; ↑R 197 (Angehöriger eines alten ir. Volksstammes in Schottland)
Sko|tom, das; -s, -e ‹griech.› (*Med.* Gesichtsfelddefekt)
skr = schwedische Krone
Skri|bent, der; -en, -en (↑R 197) ‹lat.› (*veraltend für* Schreiberling; Vielschreiber); **Skri|bi|fax,** der; -[es], -e (*selten für* Skribent); **Skript,** das; -[e]s, *Plur.* -en *u.* (*bes. für* Drehbücher:) -s ‹engl.› (schriftl. Ausarbeitung; Nachschrift einer Hochschulvorlesung; *auch, österr. nur, für* Drehbuch); **Skript|girl,** das; -s, -s (Mitarbeiterin eines Filmregisseurs, die die Einstellung für jede Aufnahme einträgt); **Skrip|tum,** das; -s, *Plur.* ...ten *u.* ...ta ‹lat.› (*älter, noch bes. österr. für* Skript); **skrip|tu|ral** (die Schrift betreffend)
skro|fu|lös; -este ‹lat.› (*Med.* an Skrofulose leidend); **Skro|fu|lo|se,** die; -, -n ([tuberkulöse] Haut- u. Lymphknotenerkrankung bei Kindern)
skro|tal ‹lat.› (*Med.* zum Skrotum gehörend); **Skro|tal|bruch,** der; **Skro|tum,** das; -s, ...ta (Hodensack)
Skrub|ber ['skrabə(r)], der; -s, - ‹engl.› (*Technik* Anlage zur Gasreinigung)
Skrubs [skraps] *Plur.* ‹engl.› (minderwertige Tabakblätter)
[1]**Skru|pel,** das; -s, - ‹lat.› (altes Apothekergewicht); [2]**Skru|pel,** der; -s, - *meist Plur.* (Zweifel, Bedenken; Gewissensbiß); **skru|pel|los;** -este; **Skru|pel|lo|sig|keit; skru|pu|lös;** -este (*veraltend für* ängstlich; peinlich genau)
Skuld (*nord. Mythol.* Norne der Zukunft)
Skull, das; -s, -s ‹engl.› (Ruder); **Skull|boot; skul|len** (rudern); **Skul|ler** (Sportruderer)
Skulp|teur [...'tø:r], der; -s, -e ‹franz.› (Künstler, der Skulpturen herstellt); **skulp|tie|ren** ‹lat.› (ausmeißeln); **Skulp|tur,** die; -, -en (plastisches Bildwerk; *nur Sing.:* Bildhauerkunst); **skulp|tu|ral** (in der Art, der Form einer Skulptur); **Skulp|tu|ren|samm|lung**
[1]**Skunk,** der; -s, *Plur.* -e *od.* -s ‹indian.-engl.› (Stinktier); [2]**Skunk,** der; -s, -s *meist Plur.* (Pelz des Stinktiers)
Skup|schti|na, die; -, -s ‹serbokroat.› (jugoslaw. Parlament)
skur|ril ‹etrusk.-lat.› (verschroben, eigenwillig; drollig); **Skur|ri|li|tät,** die; -, -en
S-Kur|ve (↑R 37)
Skus, der; -, - ‹franz.› (Trumpfkarte im Tarockspiel)
Sku|ta|ri (albanische Stadt); **Sku|ta|ri|see,** der; -s
Skye|ter|ri|er ['skai...] ‹engl.› (Hund einer bestimmten Rasse)
Sky|lab ['skailɛb] ‹engl.› (Name einer amerik. Raumstation)
Sky|light ['skailait], das; -s, -s ‹engl.› (*Seemannsspr.* Oberlicht [auf Schiffen]); **Sky|line** [...lain], die; -, -s (Horizont[linie], Silhouette einer Stadt)
Sky|lla (*griech. Form von* Szylla)
Sky|the, der; -n, -n; ↑R 197 (Angehöriger eines alten nordiran. Reitervolkes); **Sky|thi|en** [...iən] (Land); **sky|thisch**
s. l. = sine loco
Sla|lom, der; -s, -s ‹norw.› (*Ski- u. Kanusport* Torlauf; *auch übertr. für* Zickzacklauf, -fahrt); - fahren, - laufen; **Sla|lom‿kurs, ...lauf, ...läu|fer, ...läu|fe|rin**
Slang [slɛŋ], der; -s, -s ‹engl.› (saloppe Umgangssprache; Jargon)
Slap|stick ['slɛpstik], der; -s, -s ‹engl.› (grotesk-komischer Gag, vor allem im [Stumm]film)
S-Laut (↑R 37)
Sla|we, der; -n, -n (↑R 197) ‹slaw.›; **Sla|wen|tum,** das; -s; **Sla|win; sla|wisch; sla|wi|sie|ren** (slawisch machen); **Sla|wis|mus,** der; -, ...men (slaw. Spracheigentümlichkeit in einer nichtslaw. Sprache); **Sla|wist,** der; -en, -en; ↑R 197; **Sla|wi|stik,** die; - (Wissenschaft von den slaw. Sprachen u. Literaturen); **Sla|wi|stin; sla|wi|stisch; Sla|wo|ni|en** [...iən] (Gebiet in Kroatien); **Sla|wo|ni|er** [...iər]; **sla|wo|nisch; Sla|wo|phi|le,** der *u.* die; -n, -n (↑R 7 ff.) ‹slaw.; griech.› (Slawenfreund)
s. l. e. a. = sine loco et anno
Sleip|nir ‹altnord.› (*nord. Mythol.* das achtbeinige Pferd Odins)
Sle|vogt (dt. Maler u. Graphiker)
Sli|bo|witz, Sli|wo|witz, der; -[es], -e ‹serbokroat.› (ein Pflaumenbranntwein)
Slice [slais], der; -, -s [...siz] ‹engl.› (bestimmter Schlag beim Golf u. beim Tennis)
Slick, der; -s, -s ‹engl.› (breiter Rennreifen ohne Profil)
Sli|ding-tack|ling ['slaidiŋ'tɛk...] *vgl.* Tackling
Sling|pumps, der; -, - ‹engl.› (Pumps, der über der Ferse mit einem Riemchen gehalten wird)
Slip, der; -s, -s ‹engl.› (Unterhöschen; schiefe Ebene in einer Werft für den Stapellauf eines Schiffes; *Technik* Vortriebsverlust); **Sli|pon,** der; -s, -s (Herrensportmantel mit Raglanärmeln);
Slip|per, der; -s, -[s] (Schlupfschuh mit niedrigem Absatz)
Sli|wo|witz *vgl.* Slibowitz
Slo|gan ['slo:gən], der; -s, -s ‹gälisch-engl.› ([Werbe]schlagwort)
Sloop [slu:p] *vgl.* Slup
Slop, der; -s, -s ‹engl.-amerik.› (Modetanz der sechziger Jahre)
Slo|wa|ke, der; -n, -n; ↑R 197 (Angehöriger eines westslaw. Volkes); **Slo|wa|kei,** die; - (östl. Teil der Tschechoslowakei); **Slo|wa|kin; slo|wa|kisch;** -e Literatur, aber (↑R 146): Slowakisches Erzgebirge; **Slo|wa|kisch,** das; -[s] (Sprache); *vgl.* Deutsch; **Slo|wa|ki|sche,** das; -n; *vgl.* Deutsche, das; **Slo|we|ne,** der; -n, -n; ↑R 197 (Angehöriger eines südslaw. Volkes; Einwohner von Slowenien); **Slo|we|ni|en** [...iən]; **Slo|we|ni|er** [...iər] (Slowene); **Slo|we|nie|rin** [...iə...], **Slo|we|nin; slo|we|nisch; Slo|we|nisch,** das; -[s] (Sprache); *vgl.* Deutsch; **Slo|we|ni|sche,** das; -n; *vgl.* Deutsche, das
Slow|fox ['slo:...], der; -[es], -e ‹engl.› (ein Tanz)
Slum [slam], der; -s, -s *meist Plur.* ‹engl.› (Elendsviertel)
Slup, die; -, -s ‹engl.› (Küstenschiff, Segeljacht)
sm = Seemeile
Sm = *chem. Zeichen für* Samarium
S. M. = Seine Majestät
Small talk ['smɔ:l 'tɔ:k], der, *auch* das; - -s, - -s ‹engl.› (beiläufige Konversation)
Smal|te *vgl.* Schmalte
Sma|ragd, der; -[e]s, -e ‹griech.› (ein Edelstein); **Sma|ragd|ei|dech|se; sma|rag|den** (aus Smaragd; grün wie ein Smaragd); **sma|ragd|grün**
smart [*auch* smart] ‹engl.› (modisch elegant, schneidig; clever)
Smash [smɛʃ], der; -[s], -s ‹engl.› (*Tennis, Badminton* Schmetterschlag)
Sme|ta|na (tschech. Komponist)
SMH = Schnelle Medizinische Hilfe (ärztl. Notdienst in der ehem. DDR)
SM-Ofen = Siemens-Martin-Ofen
Smog, der; -[s], -s ‹engl.› (mit Abgasen, Rauch u. a. gemischter Dunst od. Nebel über Industriestädten); **Smog|alarm**
Smok|ar|beit; smo|ken (Stoff fälteln u. besticken); eine gesmokte Bluse
Smo|king, der; -s, -s ‹engl.› (Gesellschaftsanzug mit seidenen Revers für Herren)
Smo|lensk (russ. Stadt)
Smør|re|brød, das; -s, -s ‹dän.› (reich belegtes Brot)

smor|zan|do ‹ital.› (*Musik* verlöschend); **Smor|zan|do,** das; -s, *Plur.* -s *u.* ...di
Smut|je, der; -s, -s (*Seemannsspr.* Schiffskoch)
SMV = Schülermitverantwortung, Schülermitverwaltung
Smyr|na (türk. Stadt; *heutiger Name* Izmir); **Smyr|na|er;** ↑R 147 (*auch* ein Teppich); **smyr|na|isch; Smyr|na|tep|pich**
Sn = Stannum (*chem. Zeichen für* Zinn)
Snack [snɛk], der; -s, -s ‹engl.› (Imbiß); **Snack|bar,** die (Imbißstube)
Snee|witt|chen (*nordd. für* Schneewittchen)
snif|fen ‹engl.› (*ugs. für* sich durch das Einatmen von Dämpfen [von Klebstoff u. a.] berauschen)
Snob, der; -s, -s ‹engl.› (vornehm tuender, eingebildeter Mensch, Geck); **Sno|bie|ty** [...'baiəti], die; - (vornehm tuende Gesellschaft); **Sno|bis|mus,** der; -, ...men; **sno|bi|stisch;** -ste
Snow|board ['sno:bɔ:(r)d], das; -s, -s ‹engl.› (als Sportgerät dienendes Brett zum Gleiten auf Schnee); **snow|boar|den** (Snowboarding betreiben); **Snow|boar|der,** der; -s, - (jmd., der Snowboarding betreibt); **Snow|boar|ding,** das; -s (das Gleiten auf Schnee mit einem Snowboard)
so; - sein, - werden, - bleiben; so ein Mann; so einer, so eine, so ein[e]s; so etwas, *ugs.* so was; so daß *(vgl. d.);* so schnell wie *od.* als möglich; die Meisterschaft war so gut wie gewonnen; so gegen acht Uhr; so wahr mir Gott helfe. *Zur Getrennt- od. Zusammenschreibung in* sobald, sofern, sogleich, soso usw. *vgl. die einzelnen Stichwörter.*
SO = Südost[en]
So. = Sonntag
s. o. = sieh[e] oben!
Soa|res ['suariʃ] (port. Politiker); ↑R 180; *vgl.* aber: [2]Suárez
soa|ve [...və] ‹ital.› (*Musik* lieblich, sanft, angenehm, süß)
so|bald; *Konj.:* sobald er kam, aber *(Adverb):* er kam so bald nicht, wie wir erwartet hatten; komme so bald (so früh) wie *od.* als möglich
So|cie|tas Je|su [zo'tsie... -], die; - - (*lat. Gen.* Societatis Jesu) ‹lat., „Gesellschaft Jesu"› (der Orden der Jesuiten; *Abk.* SJ); **So|cie|tas Ver|bi Di|vi|ni** [- 'vɛrbi di'vi:ni], die; - - - ‹„Gesellschaft des Göttlichen Wortes"› (kath. Missionsgesellschaft von Steyl in der niederl. Provinz Limburg; *Abk.* SVD)

Söck|chen; Socke[1], die; -, -n; **Sockel**[1], der; -s, - (unterer Mauervorsprung; Unterbau, Fußgestell, z. B. für Statuen); **Sockel**[1]**-‿be|trag** (bei Lohnerhöhungen), **...ge|schoß** (*für* Souterrain); **Socken**[1], der; -s, - (*landsch. für* Socke); **Socken|hal|ter**[1]
Sod, der; -[e]s, -e (*veraltet für* das Sieden; *nur Sing.:* Sodbrennen; *bes. schweiz. für* [Zieh]brunnen)
[1]**So|da,** die; - *u.* das; -s ‹span.› (Natriumkarbonat); [2]**So|da,** das; -s (*kurz für* Sodawasser)
So|da|le, der; -n, -n (↑R 197) ‹lat.› (Mitglied einer Sodalität); **So|da|li|tät,** die; -, -en (kath. Genossenschaft, Bruderschaft)
So|da|lith [*auch* ...'lit], der; *Gen.* -s *od.* -en, *Plur.* -e[n] (↑R 197) ‹span.; griech.› (ein Mineral)
so|dann
so daß, *österr.* sodaß; er arbeitete Tag und Nacht, so daß er krank wurde, aber: er arbeitete so, daß er krank wurde
So|da|was|ser *Plur.* ...wässer (kohlensäurehaltiges Mineralwasser)
Sod|bren|nen, das; -s (brennendes Gefühl im Magen u. in der Speiseröhre); **Sod|brun|nen** (*schweiz. für* Ziehbrunnen)
So|de, die; -, -n (*landsch., bes. nordd. für* Rasenstück; ziegelsteingroßes Stechtorfstück; *veraltet für* Salzsiederei)
So|dom (bibl. Stadt); - u. Gomorrha (Zustand der Lasterhaftigkeit; großes Durcheinander); *vgl.* Gomorrha; **So|do|mie,** die; -, ...ien ‹nlat.› (Geschlechtsverkehr mit Tieren); **So|do|mit,** der; -en, -en; ↑R 197 (Einwohner von Sodom; Sodomie Treibender); **so|do|mi|tisch; So|doms|ap|fel** (Gallapfel, ein Gerbemittel)
so|eben (vor einem Augenblick); er kam soeben; aber: so eben (gerade) noch
Soest [zo:st] (Stadt in Nordrhein-Westfalen); **Soe|ster** (↑R 147); - Börde (Landstrich)
So|fa, das; -s, -s ‹arab.›; **So|fa-‿ecke**[1] (↑R 36), **...kis|sen**
so|fern (falls); sofern er seine Pflicht getan hat, ..., aber: die Sache liegt mir so fern, daß ...
Soff, der; -[e]s (*landsch. für* Suff); **Söf|fel, Söf|fer,** der; -s, - (*landsch. für* Trinker)
Sof|fit|te, die; -, -n *meist Plur.* ‹ital.› (Deckendekorationsstück einer Bühne); **Sof|fit|ten|lam|pe**
So|fia (Hptst. Bulgariens); **So|fia|er** ['zo:fiaər] *vgl.* Sofioter; **So|fie** [*auch* 'zɔfi] *vgl.* Sophia; **So|fio|ter** (↑R 147 *u.* 180)

[1] *Trenn.* ...k|k...

so|fort (in [sehr] kurzer Zeit [erfolgend], auf der Stelle); er soll sofort kommen; aber: immer so fort (immer so weiter); **So|fort|bild|ka|me|ra; So|fort|hil|fe; so|for|tig; So|fort‿maß|nah|me, ...wir|kung**
Soft Drink, der; - -s, - -s ‹engl.› (alkoholfreies Getränk); **Soft-Eis,** das; -es (sahniges, weiches Speiseeis); drei -; **Sof|tie,** der; -s, -s (*ugs. für* Mann von sanftem, zärtlichem Wesen); **Soft Rock,** der; - -[s] (leisere, melodischere Form der Rockmusik); **Soft|ware** [...wɛ:r], die; -, -s ‹„weiche Ware"› (*EDV* die nichtapparativen Bestandteile der Anlage; *Ggs.* Hardware)
Sog, der; -[e]s, -e (unter landwärts gerichteten Wellen seewärts ziehender Meeresstrom; saugende Luftströmung)
sog. = sogenannt
so|gar (noch darüber hinaus); er kam sogar zu mir nach Hause; aber: er hat so gar kein Vertrauen zu mir
so|ge|nannt (*Abk.* sog.); die sogenannten schnellen Brüter, aber (↑R 209): der fälschlich so genannte ...
söh|gen (sich in Kristallform niederschlagen [vom Salz in der verdampfenden Sole])
so|gleich (sofort); er soll sogleich kommen; aber: sie sind sich alle so gleich, daß ...
Sohl|bank *Plur.* ...bänke (*Bauw.* Fensterbank); **Soh|le,** die; -, -n ‹lat.› (Fuß-, Talsohle; *Bergmannsspr.* untere Begrenzungsfläche einer Strecke; *landsch. auch für* Lüge); **soh|len** (*landsch. auch für* lügen); **Soh|len|gän|ger** (*Zool.* eine Gruppe von Säugetieren); **Soh|len|le|der,** Sohl|leder; **...soh|lig** (z. B. doppelsohlig); **söh|lig** (*Bergmannsspr.* waagerecht); **Sohl|le|der** *vgl.* Sohlenleder
Sohn, der; -[e]s, Söhne; **Söhn|chen; Soh|ne|mann** *(fam.);* **Soh|nes‿lie|be, ...pflicht; Söhn|lein**
sohr (*nordd. für* dürr, welk)
Sohr, der; -s (*nordd. für* Sodbrennen)
[1]**Söh|re,** die; - (Teil des Hessischen Berglandes)
[2]**Söh|re,** die; - (*nordd. für* Dürre); **söh|ren** (*nordd. für* verdorren)
soi|gniert [soa'nji:rt]; -este ‹franz.› (*veraltend für* gepflegt)
Soi|ree [soa're:], die; -, ...reen ‹franz.› (Abendgesellschaft)
So|ja, die; -, ...jen ‹jap.-niederl.› (eiweiß- u. fetthaltige Nutzpflanze); **So|ja‿boh|ne, ...mehl, ...öl, ...so|ße**
So|jus [so'jus] ‹russ., „Bund,

Bündnis") (*Bez. für* eine Raumschiffserie der ehem. UdSSR)
So|kra|tes (griech. Philosoph); **So|kra|tik,** die; - ‹griech.› (Lehrart des Sokrates); **So|kra|ti|ker** (Schüler des Sokrates; Verfechter der Lehre des Sokrates); **so|kra|tisch;** -e Lehrart, aber (↑R 134): die Sokratische Lehre
[1]**Sol** (röm. Sonnengott); [2]**Sol,** der; -[s], -[s] ‹span.› (peruan. Münzeinheit); 5 - (↑R 129)
[3]**Sol,** das; -s, -e (*Chemie* kolloide Lösung)
so|lang, so|lan|ge (während, währenddessen); solang[e] ich krank war, bist du bei mir geblieben; lies den Brief, ich warte solang[e]; aber: so lang[e] wie *od.* als möglich; dreimal so lang[e] wie ...; du hast mich so lange warten lassen, daß ...; du mußt so lange warten, bis ...
So|la|nin, das; -s ‹lat.› (giftiges Alkaloid verschiedener Nachtschattengewächse, bes. der Kartoffel); **So|la|num,** das; -s, ...nen (*Bot.* Nachtschattengewächs)
so|lar ‹lat.› (auf die Sonne bezüglich, von der Sonne herrührend); **So|lar‿au|to, ...bat|te|rie** (Sonnenbatterie), **...ener|gie, ...farm; So|la|ri|sa|ti|on,** die; -, -en (*Fotogr.* Erscheinung der Umkehrung der Lichteinwirkung bei starker Überbelichtung des Films); **so|la|risch** *vgl.* solar; **So|la|ri|um,** das; -s, ...ien [...i̯ən] (Anlage für künstliche Sonnenbäder unter UV-Bestrahlung); **So|lar‿jahr** *(Astron.),* **...kol|lek|tor** *(Energietechnik),* **...kon|stan|te** *(Meteor.),* **...kraft|werk, ...öl** (das; -[e]s; ein Mineralöl), **...ple|xus** ([*auch* ...'plɛ...]; der; -; *Med.* Nervengeflecht im Oberbauch, Sonnengeflecht), **...tech|nik** (die; -), **...zel|le** (Sonnenzelle)
So|la|wech|sel ‹ital.; dt.› (*Finanzw.* Wechsel, bei dem sich der Aussteller selbst zur Zahlung verpflichtet)
Sol|bad
solch; -er, -e, -es; - ein Mann; ein -er Mann; - einer, - eine, - ein[e]s; solch feiner Stoff *od.* solcher feine Stoff; mit - schönem Schirm, mit - einem schönen Schirm, mit einem -[en] schönen Schirm, in -er erzieherischen, *seltener* erzieherischer Absicht; - gute *od.* -e guten, *auch* gute Menschen; das Leben - frommer Leute *od.* -er frommen, *auch* frommer Leute; -e Gefangenen, *auch* Gefangene; **sol|cher|art;** - Dinge, aber: Dinge solcher Art; **sol|cher|ge|stalt** *(veraltend);* aber: er war von solcher Gestalt, daß ...; **sol|cher|lei; sol|cher|ma|ßen; sol|cher|wei|se;** aber: in solcher Weise
Sold, der; -[e]s, -e *(Milit.)* ‹lat.›
Sol|da|nel|le, die; -, -n ‹ital.› (Alpenglöckchen)
Sol|dat, der; -en, -en (↑R 197) ‹lat.›; **Sol|da|ten‿fried|hof, ...le|ben** (das; -s), **...rock** (*vgl.* [1]Rock), **...spra|che** (die; -), **...stand** (der; -[e]s); **Sol|da|ten|tum,** das; -s; **Sol|da|tes|ka,** die; -, ...ken (rücksichtslos u. gewalttätig vorgehendes Militär); **Sol|da|tin; sol|da|tisch;** -ste; **Sold|buch; Söld|ling** *(abwertend);* **Söld|ner; Söld|ner‿füh|rer, ...heer; Sol|do,** der; -s, *Plur.* -s *u.* ...di (frühere ital. Münze)
So|le, die; -, -n (kochsalzhaltiges Wasser); **Sol|ei** (in Salzlake eingelegtes hartgekochtes Ei); **So|len|lei|tung**
so|lenn ‹lat.› (*veraltend für* feierlich, festlich); **So|len|ni|tät,** die; -, -en (*veraltend für* Feierlichkeit)
So|le|no|id, das; -[e]s, -e ‹griech.› (*Physik* zylindrische Metallspule, die bei Stromdurchfluß wie ein Stabmagnet wirkt)
Sol|fa|ta|ra, Sol|fa|ta|re, die; -, ...ren ‹ital.› (Ausdünstung schwefelhaltiger heißer Dämpfe in ehem. Vulkangebieten)
sol|feg|gie|ren [...fɛ'dʒi:...] ‹ital.› (*Musik* Solfeggien singen); **Sol|feg|gio** [...'fɛdʒo], das; -s, ...ggien [...'fɛdʒ(ə)n] (auf die Solmisationssilben gesungene Übung)
Sol|fe|ri|no (ital. Dorf)
So|li (*Plur. von* Solo)
so|lid, *österr. nur so, od.* so|li|de; ...deste ‹lat.› (fest; haltbar, zuverlässig; gediegen); **So|li|dar‿bei|trag, ...ge|mein|schaft, ...haf|tung** (die; -; *Rechtsw., Wirtsch.* Haftung von Gesamtschuldnern); **so|li|da|risch** (gemeinsam, übereinstimmend, eng verbunden); **so|li|da|ri|sie|ren,** sich (sich solidarisch erklären); **So|li|da|ri|sie|rung; So|li|da|ris|mus,** der; - (Richtung der [kath.] Sozialphilosophie); **So|li|da|ri|tät,** die; - (Zusammengehörigkeitsgefühl, Gemeinsinn); **So|li|da|ri|täts‿er|klä|rung, ...ge|fühl, ...spen|de, ...streik; So|li|dar|schuld|ner** (*Rechtsw.* Gesamtschuldner); **so|li|de** *vgl.* solid; **so|li|die|ren** (*veraltet für* befestigen, versichern); **So|li|di|tät,** die; - (Festigkeit, Haltbarkeit; Zuverlässigkeit; Mäßigkeit)
So|li|lo|qui|um, das; -s, ...ien [...i̯ən] ‹lat.› (Selbstgespräch in der antiken Bekenntnisliteratur)
So|ling, die; -, *Plur.* -s, *auch* -e; *auch* das *od.* der; -s, -s (ein Rennsegelboot)
So|lin|gen (Stadt in Nordrhein-Westfalen); **So|lin|ger** (↑R 147); - Stahl
Sol|ip|sis|mus, der; - ‹lat.› (philos. Lehre, nach der die Welt für den Menschen nur in seinen Vorstellungen besteht); **Sol|ip|sist,** der; -en, -en; ↑R 197 (Vertreter des Solipsismus); **sol|ip|si|stisch; So|list,** der; -en, -en; ↑R 197 (Einzelsänger, -spieler); **So|li|sten|kon|zert; So|li|stin; so|li|stisch; So|li|tär,** der; -s, -e ‹franz.› (einzeln gefaßter Edelstein; Brettspiel für eine Person); **So|li|tude** [...'ty:d], **So|li|tü|de,** die; -, -n („Einsamkeit") (Name von Schlössern u. a.)
Sol|jan|ka, die; -, -s ‹russ.› (eine Fleischsuppe)
[1]**Soll,** das; -s, Sölle ‹*zu* Suhle› (*Geol.* runder See eiszeitl. Herkunft)
[2]**Soll,** das; -[s], -[s] (*Bergmannsspr. auch für* festgelegte Fördermenge); das - und [das] Haben; das - und das Muß; **Soll-Be|stand** (↑R 33); **Soll-Be|trag** (↑R 33); **Soll-Bruch|stel|le;** ↑R 33 *(Technik);* **Soll-Ein|nah|me** (↑R 33); **sol|len;** ich habe gesollt, aber: ich hätte das nicht tun -
Söl|ler, der; -s, - ‹lat.› (*Archit.* offene Plattform oberer Stockwerke; *landsch. für* Dachboden)
Sol|ling, der; -s (Teil des Weserberglandes)
Soll-Ist-Ver|gleich; ↑R 33 (*Wirtsch.* Gegenüberstellung von Soll- und Ist-Zahlen); **Soll-Kauf|mann** (↑R 33); **Soll-Ko|sten** *Plur.* (↑R 33); **Soll-Ko|sten|rech|nung** (↑R 33); **Soll|sei|te; Soll-Stär|ke,** die; -, -n (↑R 33); **Soll-Zahl;** ↑R 33 *(Wirtsch.);* **Soll-Zeit;** ↑R 33 *(Wirtsch.);* **Soll|zin|sen** *Plur.*
Sol|mi|sa|ti|on, die; - ‹ital.› (*Musik* Tonleitersystem mit den Silben do, re, mi, fa, sol, la, si); **Sol|mi|sa|ti|ons|sil|be; sol|mi|sie|ren**
Soln|ho|fen (Ort in Mittelfranken); **Soln|ho|fe|ner** *od.* **Soln|ho|fer** (↑R 147); Solnhof[en]er Schiefer, Platten
so|lo ‹ital.› (*bes. Musik* als Solist; *ugs. für* allein); ganz -; - tanzen; **So|lo,** das; -s, *Plur.* -s *u.* ...li (Einzelvortrag, -spiel, -tanz); ein - singen, spielen, tanzen; **So|lo‿ge|sang, ...in|stru|ment, ...kan|ta|te, ...ma|schi|ne** *(Motorsport)*
So|lon (griech. Gesetzgeber); **so|lo|nisch** (weise wie Solon); -e Weisheit, aber (↑R 134): die Solonische Gesetzgebung
So|lo‿part, ...sän|ger, ...sän|ge|rin, ...stim|me, ...sze|ne (Einzelauftritt, -spiel), **...tanz, ...tän|zer, ...tän|ze|rin**
So|lo|thurn (Kanton u. Stadt in

der Schweiz); **So|lo|thur|ner** (↑R 147); **so|lo|thur|nisch**

So|lö|zis|mus, der; -, ...men ‹griech.› (*Rhet.* grober Sprachfehler)

Sọl|per, der; -s („Salpeter") (*westmitteld. für* Salzbrühe); **Sọl|per|fleisch** (*westmitteld. für* Pökelfleisch)

Sol‿quel|le, ...salz

Sol|sche|ni|zyn (russ. Schriftsteller)

Sol|sti|ti|um [...st...], das; -s, ...ien [...i̯ən] ‹lat.› (*Astron.* Sonnenwende)

Sol|ti ['ʃɔlti], György [djørtç] (ung. Dirigent)

so|lu|bel ‹lat.› (*Chemie* löslich, auflösbar); ...u|ble Mittel; **So|lu|ti|on,** die; -, -en (Arzneimittellösung); **sol|va|bel** [...v...] (auflösbar; *veraltet für* zahlungsfähig); ...a|ble Geschäftspartner

Sol|veig ['zɔlvaig] ‹skand.› (w. Vorn.)

Sọl|vens [...v...], das; -, *Plur.* ...vẹnzien [...i̯ən] *u.* ...vẹntia ‹lat.› (*Med.* [schleim]lösendes Mittel); **sol|vẹnt;** -este (*bes. Wirtsch.* zahlungsfähig); **Sol|vẹnz,** die; -, -en (Zahlungsfähigkeit); **sol|vie|ren** (eine Schuld abzahlen; *Chemie* auflösen)

Sol|was|ser *Plur.* ...wässer

So|ma, das; -s, -ta ‹griech.› (*Med.* Körper [im Gegensatz zu Geist, Seele, Gemüt])

So|ma|li, der; -[s], -[s] (Angehöriger eines ostafrik. Volkes); **So|ma|lia** (Staat in Afrika); **So|ma|li|er** [...i̯ər]; **So|ma|lie|rin; So|ma|li|land,** das; -[e]s (nordostafrik. Landschaft); **so|ma|lisch**

so|ma|tisch ‹griech.› (*Med.* das Soma betreffend, körperlich); **so|ma|to|gen** (körperlich bedingt, verursacht); **So|ma|to|lo|gie,** die; - (Lehre vom menschl. Körper)

Som|bre|ro, der; -s, -s ‹span.› (breitrandiger, leichter Strohhut)

so|mit [*auch* 'zo:...] (mithin, also); somit bist du der Aufgabe enthoben; a b e r: ich nehme es so (in dieser Form, auf diese Weise) mit

Som|me|lier [...ie:], der; -s, -s ‹franz.› (Weinkellner)

Sọm|mer, der; -s, -; - wie Winter; sommers *(vgl. d.);* sommersüber *(vgl. d.);* **Sọm|mer‿abend, ...an|fang, ...an|zug, ...auf|ent|halt, ...fahr|plan, ...fe|ri|en** *(Plur.),* **...fest, ...fri|sche** (die; -, -n; *veraltend*); **Sọm|mer|frisch|ler** *(veraltend);* **Sọm|mer‿ger|ste, ...ge|trei|de, ...halb|jahr, ...hit|ze; sọ̈m|me|rig** (*landsch. für* einen Sommer alt); -e Karpfen; **Sọm|mer‿kleid, ...klei|dung, ...kol|lek|ti|on** *(Mode),* **...kurs; sọm|mer|lich; Sọm|mer‿loch** (*ugs.; svw.* Sauregurkenzeit), **...mo|nat; sọm|mern** (*veraltet für* sommerlich werden); es sommert; **sọ̈m|mern** (*landsch. für* sonnen; [Vieh] im Sommer auf der Weide halten); ich ...ere (↑R 22); **Sọm|mer|nacht; Sọm|mer|nachts|traum** (Komödie von Shakespeare); **Sọm|mer‿olym|pia|de, ...pau|se, ...preis, ...re|gen, ...rei|se, ...re|si|denz; sọm|mers** (↑R 61), a b e r: des Sommers; **Sọm|mer|saat; Sọm|mers|an|fang** (*svw.* Sommeranfang); **Sọm|mer‿schluß|ver|kauf, ...schuh, ...se|me|ster, ...ski|ge|biet, ...son|nen|wen|de, ...spie|le** *(Plur.),* **...spros|se** *(meist Plur.);* **sọm|mer|spros|sig; sọm|mers|über,** a b e r: den Sommer über; **Sọm|mers|zeit,** die; - (Jahreszeit; *vgl.* Sommerzeit); **Sọm|mer|tag; sọm|mer|tags** (↑R 61); **Sọm|mer|thea|ter,** das; -s (*auch ugs. für* Aktivitäten von Politikern während der Parlamentsferien); **Sọm|me|rung,** die; -, -en (*Landw.* Sommergetreide); **Sọ̈m|me|rung** (*landsch. für* das Sömmern); **Sọm|mer‿vo|gel** (*landsch., bes. schweiz. mdal. für* Schmetterling), **...weg, ...wet|ter** (das; -s), **...zeit** (die; -; Jahreszeit; Vorverlegung der Stundenzählung während des Sommers; *vgl.* Sommerszeit)

som|nam|bul ‹lat.› (schlafwandelnd, mondsüchtig); **Som|nam|bu|le,** der *u.* die; -n, -n; ↑R 7ff. (Schlafwandler[in]); **Som|nam|bu|lis|mus,** der; - (Schlafwandeln; Mondsüchtigkeit)

so|nach [*auch* 'zo:...] (folglich, also), a b e r: sprich es so nach, wie ich es dir vorspreche

So|na|grạmm, das; -s, -e ‹lat.; griech.› *(Phonetik);* **So|nạnt,** der; -en, -en (↑R 197) ‹lat.› (*Sprachw.* silbenbildender Laut); **so|nạn|tisch** (*Sprachw.* silbenbildend); **So|na|te,** die; -, -n ‹ital.› (aus drei od. vier Sätzen bestehendes Musikstück für ein od. mehrere Instrumente); **So|na|ti|ne,** die; -, -n (kleinere, leichtere Sonate)

Sọn|de, die; -, -n ‹franz.› (*Med.* Instrument zum Einführen in Körper- od. Wundkanäle; *Technik* Vorrichtung zur Förderung von Erdöl od. Erdgas; *auch kurz für* Raumsonde)

sọn|der (*veraltet für* ohne); *Präp. mit Akk.:* - allen Zweifel, - Furcht; **Sọn|der‿ab|druck** (*Plur.* ...drucke), **...ab|schrei|bung** *(Wirtsch.),* **...ab|zug, ...an|fer|ti|gung, ...an|ge|bot, ...aus|füh|rung, ...aus|ga|be; sọn|der|bar; sọn|der|ba|rer|wei|se; Sọn|der|bar|keit; Sọn|der‿be|auf|trag|te, ...be|hand|lung, ...bei|trag, ...be|wa|cher** *(Sportspr.),* **...bot|schaf|ter, ...brief|mar|ke, ...bund** (der; z. B. in der Schweiz 1845–47)

Sọn|der|burg (dän. Stadt)

Sọn|der‿bus, ...de|po|nie, ...druck (*Plur.* ...drucke), **...ein|satz, ...fahrt, ...fall** (der), **...form, ...ge|neh|mi|gung, ...ge|richt; sọn|der|glei|chen; Sọn|der|heft; Sọn|der|heit** *(selten),* a b e r: insonderheit; **Sọn|der‿in|ter|es|sen** *(Plur.),* **...klas|se, ...kom|man|do, ...kom|mis|si|on, ...kon|to, ...ko|sten** *(Plur.);* **sọn|der|lich;** (↑R 65:) nichts Sonderliches (Ungewöhnliches); **Sọn|der|ling; Sọn|der‿ma|schi|ne, ...mel|dung, ...müll** (gefährliche [Gift]stoffe enthaltender Müll); [1]**sọn|dern;** *Konj.:* nicht nur der Bruder, sondern auch die Schwester; [2]**sọn|dern;** ich ...ere (↑R 22); **Sọn|der‿num|mer, ...preis, ...ra|batt, ...ra|ti|on, ...recht, ...re|ge|lung** *od.* **...reg|lung; sọn|ders;** samt und -; **Sọn|der‿schicht, ...schu|le, ...sen|dung**

Sọn|ders|hau|sen (Stadt südl. von Nordhausen); **Sọn|ders|häu|ser** (↑R 147)

Sọn|der‿spra|che *(Sprachw.),* **...sta|tus, ...stel|lung, ...stem|pel, ...steu|er** (die); **Sọn|de|rung; Sọn|der‿ur|laub, ...ver|kauf, ...wunsch, ...zie|hungs|recht** (*meist Plur.; Wirtsch.; Abk.* SZR), **...zug**

son|die|ren ‹franz.› ([mit der Sonde] untersuchen; ausforschen, vorfühlen); **Son|die|rung; Son|die|rungs|ge|spräch**

So|nẹtt, das; -[e]s, -e ‹ital.› (eine Gedichtform)

Sọng, der; -s, -s ‹engl.› (Sonderform des Liedes, oft mit sozialkrit. Inhalt)

Sọn|ja (w. Vorn.)

Sọnn|abend, der; -s, -e; *Abk.* Sa.; *vgl.* Dienstag; **sọnn|abend|lich; sọnn|abends** (↑R 61); *vgl.* Dienstag; **Sọn|ne,** die; -, -n; (↑R 157:) Gasthof „Zur Goldenen Sonne"

Sọn|ne|berg (Stadt am Südrand des Thüringer Waldes)

sọn|nen; sich -; **Sọn|nen‿an|be|ter** (*scherzh. für* jmd., der sich gerne sonnt u. bräunt), **...an|be|te|rin, ...auf|gang, ...bad; sọn|nen|ba|den** *meist nur im Infinitiv u. Partizip II gebr.;* sonnengebadet; **Sọn|nen‿bahn, ...ball** (der; -[e]s), **...bank** (*Plur.* ...bänke; Gerät zum Bräunen), **...bat|te|rie** (Vorrichtung, mit der Sonnenenergie in elektr. Energie umgewandelt wird); **Son|nen_blen|de, ...blu|me; Son|nen|blu|men-kern; Son|nen_brand, ...bräu|ne** (die; -), **...bril|le, ...cre|me, ...dach, ...deck; son|nen|durch-flu|tet** *(geh.)*; **Son|nen_ener|gie, ...fin|ster|nis, ...fleck** (der; -[e]s, -e[n]); **son|nen|ge|bräunt; Son-nen_ge|flecht** (*für* Solarplexus), **...glast** *(geh.)*, **...glut** (die; -), **...gott; son|nen|halb** (*schweiz. für* auf der Sonnenseite eines Bergtales); **son|nen_hell, ...hung|rig; Son|nen_hut** (der), **...jahr; son|nen|klar** *(ugs.)*; **Son-nen_kol|lek|tor** (zur Wärmegewinnung aus Sonnenenergie), **...kö|nig** (der; -s; Beiname Ludwigs XIV. von Frankreich), **...kraft|werk** (Anlage zur Nutzung der Sonnenenergie), **...krin-gel, ...kult, ...licht** (das; -[e]s), **...nä|he, ...öl, ...pro|tu|be|ran|zen** *(Plur.)*, **...rad, ...schei|be, ...schein** (der; -[e]s), **...schirm, ...schutz; Son|nen|schutz-_creme, ...mit|tel** (das), **...öl; Son|nen|sei|te; son|nen|se|lig; Son|nen_stäub|chen, ...stich, ...strahl, ...sturm** *(Astron.)*, **...sy-stem, ...tag, ...tau** (der; eine Pflanze), **...tier|chen** (ein Einzeller), **...uhr, ...un|ter|gang; son-nen|ver|brannt; Son|nen_wa-gen** *(Mythol.)*, **...wär|me; Son-nen|wär|me|kraft|werk; Son-nen_war|te** (Observatorium zur Sonnenbeobachtung); **Son|nen-wen|de;** *vgl.* [1]Wende; **Son|nen-wend|fei|er,** Sonn|wend|fei|er; **Son|nen|zel|le** (zur Erzeugung von elektr. Energie aus Sonnenenergie); **son|nig; Sonn|sei|te** (*österr. u. schweiz. neben* Sonnenseite); **sonn|sei|tig** *(österr.)*; **Sonn|tag** (*Abk.* So.); des Sonntags, aber (↑R 61): sonntags; (↑R 32:) sonn- und alltags, sonn- und feiertags, sonn- und festtags, sonn- und werktags; *vgl.* Dienstag; **Sonn|tag|abend;** *vgl.* Dienstagabend; am -; **sonn|tä|gig;** *vgl.* ...tägig; **sonn|täg|lich;** *vgl.* ...täglich; **sonn|tags** (↑R 61); *vgl.* Dienstag *u.* Sonntag; **Sonn|tags-_an|zug** *(veraltend)*, **...ar|beit, ...aus|ga|be, ...bei|la|ge, ...bra-ten, ...dienst, ...fah|rer** *(iron.)*, **...jä|ger** *(iron.)*, **...kind, ...ma|ler, ...re|de** (unbedeutende Rede), **...rei|ter** *(iron.)*, **...rück|fahr|kar-te, ...ru|he, ...schu|le** (*früher für* Kindergottesdienst); **sonn|ver-brannt** (*österr. u. schweiz. für* sonnenverbrannt); **Sonn|wend-fei|er** *vgl.* Sonnenwendfeier

Son|ny|boy ['sani..., *auch* 'zɔni...], der; -s, -s ‹engl.› ([junger] Mann mit unbeschwert-fröhlichem Charme)

So|no|graph, der; -en, -en; ↑R 197 ‹lat.; griech.›; **So|no|gra|phie,** die; -, ...ien (*Med.* Untersuchung mit Ultraschall)

so|nor ‹lat.› (klangvoll, volltönend); **So|no|ri|tät,** die; -

sonst; *Getrenntschreibung, wenn* „sonst" *die Bedeutung von* „außerdem" *hat:* hast du sonst noch eine Frage, sonst noch etwas auf dem Herzen?; ist sonst jemand, sonst wer bereit mitzuhelfen?; *Zusammenschreibung, wenn* „sonst" *die Bedeutung von* „irgend" *hat; vgl.* sonstjemand, sonstwas, sonstwer, sonstwie, sonstwo, sonstwohin; **son|stig;** (↑R 66:) -es (anderes); -e (andere); **sonst|je|mand** (*ugs. für* irgend jemand); da könnte ja - kommen; **sonst|was** (*ugs. für* irgend etwas, wer weiß was); ich hätte fast - gesagt; **sonst|wer** *vgl.* sonstjemand; **sonst|wie; sonst-wo; sonst|wo|hin**

Sont|ho|fen (Ort im Allgäu)

so|oft; sooft du zu mir kommst, immer ..., aber: ich habe es dir so oft gesagt, daß ...

Soon|wald, der; -[e]s (Gebirgszug im südöstl. Hunsrück)

Soor, der; -[e]s, -e (*Med.* Pilzbelag in der Mundhöhle); **Soor|pilz**

So|phia, So|phie [*auch* 'zɔfi], *auch* Sofie (w. Vorn.); **So|phi|en|kir-che** (↑R 135); **So|phis|ma,** das; -s, ...men ‹griech.› *u.* **So|phis-mus,** der; -, ...men (Trugschluß; Spitzfindigkeit); **So|phist,** der; -en, -en; ↑R 197 (jmd., der spitzfindig, haarspalterisch argumentiert, Wortverdreher; *urspr.* griech. Wanderlehrer); **So|phi-ste|rei** (spitzfindige Argumentation, Haarspalterei); **So|phi|stik,** die; - (griech. philos. Lehre; sophistische Denkart, Argumentationsweise); **so|phi|stisch** (spitzfindig, haarspalterisch); -ste

so|pho|kle|isch; -es Denken (nach Art des Sophokles), aber (↑R 134): Sophokleische (von Sophokles stammende) Tragödien; **So|pho|kles** (griech. Tragiker)

So|phro|sy|ne, die; - ‹griech.› (antike Tugend der Selbstbeherrschung, Besonnenheit)

So|por, der; -s ‹lat.› (*Med.* starke Benommenheit); **so|po|rös**

So|pot ['sɔ...] (poln. Stadt an der Ostsee; *vgl.* Zoppot)

So|pran, der; -s, -e ‹ital.› (höchste Frauen- od. Knabenstimme; Sopransänger[in]); **So|pra|nist,** der; -en, -en; ↑R 197 (Knabe mit Sopranstimme); **So|pra|ni|stin**

So|pra|por|te, Su|pra|por|te, die; -, -n ‹ital.› ([reliefartiges] Wandfeld über einer Tür)

So|pron ['ʃɔprɔn] (ung. Stadt); *vgl.* Ödenburg

So|ra|bist, der; -en, -en; ↑R 197; **So|ra|bi|stik,** die; - (Wissenschaft von der sorbischen Sprache u. Kultur); **so|ra|bi|stisch**

So|ra|ya (w. Vorn.)

Sor|be, der; -n, -n; ↑R 197 (Angehöriger einer westslaw. Volksgruppe); **Sor|ben|sied|lung**

Sor|bet [*auch* sɔr'be], der *od.* das; -s, -s; *vgl.* Sorbett; **Sor|bett** *u.* Scher|bett, der *od.* das; -[e]s, -e ‹arab.› (eisgekühltes Getränk, Halbgefrorenes)

Sor|bin|säu|re (*Chemie* ein Konservierungsstoff)

sor|bisch; Sor|bisch, das; -[s] (Sprache); *vgl.* Deutsch; **Sor|bi-sche,** das; -n; *vgl.* Deutsche, das

[1]**Sor|bit** [*auch* ...'bit], der; -s ‹lat.› (*Chemie* ein sechswertiger Alkohol; ein pflanzlicher Wirkstoff)

[2]**Sor|bit,** der; -s ‹nach dem engl. Forscher Sorby› (Bestandteil der Stähle)

Sor|bonne [sɔr'bɔn], die; - (die älteste Pariser Universität)

Sor|di|ne, die; -, -n *u.* **Sor|di|no,** der; -s, *Plur.* -s *u.* ...ni ‹ital.› (*Musik* Dämpfer); *vgl.* con sordino; **Sor|dun,** der *od.* das; -s, -e (Schalmei des 16. u. 17. Jh.s; früheres dunkel klingendes Orgelregister)

So|re, die; -, -n ‹Gaunerspr.› (Diebesgut, Hehlerware)

Sor|ge, die; -, -n; - tragen (↑R 207); **sor|gen;** sich -; **Sor-gen|bre|cher** (*scherzh. für* alkohol. Getränk, bes. Wein); **Sor-gen|fal|te; sor|gen|frei; Sor-gen_kind, ...last; sor|gen_los** (-este; ohne Sorgen), **...schwer, ...voll; Sor|ge_pflicht** (die; -), **...recht** (das; -[e]s; *Rechtsw.*); **Sorg|falt,** die; -; **sorg|fäl|tig; Sorg|fäl|tig|keit,** die; -; **Sorg-falts|pflicht**

Sor|gho [...go], der; -s, -s ‹ital.› *u.* **Sor|ghum** [...gum], das; -s, -s (eine Getreidepflanze)

sorg|lich *(veraltend)*; **sorg|los;** -este (ohne Sorgfalt; unbekümmert); **Sorg|lo|sig|keit,** die; -; **sorg|sam; Sorg|sam|keit,** die; -

Sorp|ti|on, die; -, -en ‹lat.› (*Chemie* Aufnahme eines Gases od. gelösten Stoffes durch einen anderen festen od. flüssigen Stoff)

Sor|rent (ital. Stadt)

Sor|te, die; -, -n ‹lat.› (Art, Gattung; Wert, Güte); **Sor|ten** *Plur.* (*Bankw.* ausländ. Geldsorten, Devisen); **Sor|ten_fer|ti|gung** *(Wirtsch.)*, **...ge|schäft, ...han|del** (*Börse; vgl.* [1]Handel), **...kal|ku|la-ti|on** *(Wirtsch.)*, **...kurs** *(Börse)*, **...markt** *(Börse)*, **...pro|duk|ti|on** *(Wirtsch.)*; **sor|ten|rein; Sor|ten-**

..verzeichnis, ...zettel; **sortieren** (sondern, auslesen, sichten); **Sortierer; Sortiererin; Sortiermaschine; sortiert** (*auch für* hochwertig); **Sortierung; Sortilegium,** das; -s, ...ien [...iən] (Weissagung durch Lose); **Sortiment,** das; -[e]s, -e ‹ital.› (Warenangebot, -auswahl eines Kaufmanns; *auch für* Sortimentsbuchhandel); **Sortimenter** (Angehöriger des Sortimentsbuchhandels, Ladenbuchhändler); **Sortiments..buchhandel, ...buchhändler**

SOS [ɛsǀo:'ɛs] (internationales Seenotzeichen, *gedeutet als* save our ship ['se:v ˌauə(r) 'ʃip] = Rette[t] unser Schiff! *od.* save our souls ['se:v ˌauə(r) 'so:lz] = Rette[t] unsere Seelen!)

sosehr; sosehr ich diesen Plan auch billige, ..., aber: er lief so sehr, daß ...; nicht so sehr ..., als [vielmehr] ...

SOS-Kinderdorf; ↑R 38 (Einrichtung zur Betreuung und Erziehung elternloser od. verlassener Kinder in familienähnlichen Gruppen)

soso (*ugs. für* nicht [gerade] gut; ungünstig); es steht damit -; soso! (nun ja!)

SOS-Ruf (↑R 38); *vgl.* SOS

Soße [*österr.* zo:s], die; -, -n ‹franz.› (Brühe, Tunke; *in der Tabakbereitung* Beize); *vgl.* Sauce; **soßen; Soßen..koch, ...löffel, ...rezept, ...schüssel**

sost. = sostenuto

sostenuto ‹ital.› (*Musik* gehalten, getragen; *Abk.* sost.)

Soter, der; -, -e ‹griech.› (Retter, Heiland; Ehrentitel Jesu Christi); **Soteriologie,** die; - (*Theol.* Lehre vom Erlösungswerk Jesu Christi, Heilslehre); **soteriologisch**

Sott, der *od.* das; -[e]s (*nordd. für* Ruß)

Sottise [...'ti:zə], die; -, -n ‹franz.› (*veraltet, aber noch landsch. für* Dummheit; Grobheit)

sotto voce [- 'vo:tʃə] ‹ital.› (*Musik* halblaut, gedämpft)

Sou [su:], der; -, -s [su:] ‹franz.› (franz. Münze im Wert von 5 Centimes)

Soubrette [zu..., *auch* su...], die; -, -n ‹franz.› (Sängerin heiterer Sopranpartien in Oper u. Operette)

Souchong ['zu:ʃɔŋ, *auch* 'su:...], der; -[s], -e ‹chin.-franz.› (chin. Tee mit größeren, breiten Blättern); **Souchongtee**

Soufflé [zu'fle:, *auch* su...], das; -s, -s ‹franz.› (*Gastron.* Eierauflauf); **Souffleur** [zu'flø:r, *auch* su...], der; -s, -e (*Theater* jmd., der souffliert); **Souffleurkasten; Souffleuse** [...'flø:zə], die; -, -n; **soufflieren**

Soul [so:l], der; -s ‹amerik.› (Jazz od. Popmusik mit starker Betonung des Expressiven)

Sòul [sɔ'ul] *u.* **Söul** *vgl.* Seoul

Sound [saunt], der; -s, -s ‹amerik.› (*Musik* Klang[wirkung, -richtung])

soundso (*ugs. für* unbestimmt wie ...); soundso breit, groß, viel usw.; Paragraph soundso; aber: etwas so und so (so und wieder anders) erzählen; (↑R 67:) [der] Herr Soundso; **soundsovielte;** der - Mai, Abschnitt usw., aber (↑R 68): am Soundsovielten des Monats

Soundtrack ['saundtrɛk], der; -s, -s ‹engl.› (Tonspur eines Films; Filmmusik)

Souper [zu'pe:, *auch* su'pe:], das; -s, -s ‹franz.› (festliches Abendessen); **soupieren**

Sousaphon [zuza...], das; -s, -e ‹nach dem amerik. Komponisten J. Ph. Sousa› (eine Baßtuba, *vgl.* [1]Helikon)

Souschef ['su:ʃɛf], der; -s, -s ‹franz.› (*schweiz. für* Stellvertreter des [Bahnhofs]vorstandes); **Soussol** [susɔl], das; -s, -s (*schweiz. für* Untergeschoß)

Soutache [zu'taʃ(ə), *auch* su...], die; -, -n (schmale, geflochtene Schnur für Besatzzwecke); **soutachieren**

Soutane [zu..., *auch* su...], die; -, -n ‹franz.› (Gewand der kath. Geistlichen); **Soutanelle,** die; -, -n (bis ans Knie reichender Gehrock der kath. Geistlichen)

Souterrain [sutɛ'rɛ̃:, *auch* 'zu... *bzw.* 'su...], das; -s, -s ‹franz.› (Kellergeschoß); **Souterrainwohnung**

Southampton [sau'θɛmptən] (engl. Stadt)

Souvenir [zuvə'ni:r, *auch* su...], das; -s, -s ‹franz.› ([kleines Geschenk als] Andenken, Erinnerungsstück); **Souvenirladen**

souverän [zuvə..., *auch* suvə...] ‹franz.› (unumschränkt; selbständig; überlegen); ein -er Herrscher; ein -er Staat; **Souverän,** der; -s, -e (Herrscher; Landes-, Oberherr; *bes. schweiz. für* Gesamtheit der Wähler); **Souveränität,** die; - (Unabhängigkeit; Landes-, Oberhoheit); **Souveränitätsanspruch**

Sovereign ['sɔvrin], der; -s, -s ‹engl.› (frühere engl. Goldmünze)

soviel; soviel ich weiß; sein Wort bedeutet soviel (dasselbe) wie ein Eid; soviel (dieses) für heute; rede nicht soviel!; du kannst haben, soviel [wie] du willst; du kannst soviel haben, wie du willst; soviel als; soviel wie (*Abk.* svw.); soviel wie, *älter* als möglich; noch einmal soviel; er hat halb, doppelt soviel Geld wie, *seltener* als du; aber: so viel [Geld] wie du hat er auch; du weißt so viel, daß ...; ich habe so viel Zeit, daß ...; so viel ist daran richtig, daß ...; er mußte so viel leiden; *wenn* „viel" *gebeugt ist, immer Getrenntschreibung:* so viele Gelegenheiten; so vieles Schöne; **sovielmal,** aber: so viele Male

so wahr; so wahr mir Gott helfe

so was (*ugs. für* so etwas)

Sowchos [sɔf'xɔs, *auch* ...'çɔs], der; -, ...chose *u.* **Sowchose,** die; -, -n, *österr. nur so* ‹russ.› (Staatsgut in der ehem. Sowjetunion)

soweit; soweit ich es beurteilen kann, wird ...; ich bin [noch nicht] soweit; es, die Sache ist soweit; soweit wie *od.* als möglich will ich nachgeben, aber: wirf den Ball so weit wie möglich; es geht ihm soweit gut, nur ...; es kommt noch soweit *od.* so weit, daß...; aber: so weit, so gut; ich kann den Weg so weit übersehen, daß ...; eine Sache so weit fördern, daß ...

sowenig; sowenig ich einsehen kann, daß ..., sowenig verstehe ich, daß ...; sowenig du auch gelernt hast, das wirst du doch wissen; ich bin sowenig (ebensowenig) dazu bereit wie du; ich kann es sowenig (ebensowenig) wie du; tu das sowenig wie *od.* als möglich; ich habe sowenig Geld wie du (wir beide haben keins); aber: ich habe so wenig (gleich wenig) Geld wie du; du hast so wenig gelernt, daß du die Prüfung nicht bestehen wirst

sowie; sowie (sobald) er kommt, soll er nachsehen; aber: so, wie ich ihn kenne, kommt er nicht; es kam so, wie ich es erwartet hatte; wissenschaftliche und technische sowie (und, und auch) schöne Literatur

sowieso

Sowjet[1], der; -s, -s ‹russ., „Rat"› (Form der Volksvertretung in der ehem. Sowjetunion; *nur Plur.:* Sowjetbürger); **Sowjet**[1]**..armee, ...bürger; sowjetisch; Sowjet**[1]**..republik, ...russe; sowjetrussisch**[1]**; Sowjet**[1]**..rußland, ...stern, ...union** (die; -; *Abk.* SU; bis 1991), **...volk**

sowohl; sowohl die Eltern als [auch] *od.* wie [auch] die Kinder;

[1] [*auch* 'sɔ... *bzw.* 'zɔ...]

aber: du siehst so wohl aus, daß ...; **So|wohl-Als-auch,** das; -

So|zi, der; -s, -s (*abwertende Kurzform von* Sozialdemokrat); **So|zia,** die; -, -s ⟨lat.⟩ (*meist scherzh. für* Beifahrerin auf einem Motorrad od. -roller); **so|zia|bel;** ↑R 180 (gesellschaftlich; gesellig; menschenfreundlich); ...able Menschen; **So|zia|bi|li|tät,** die; -; **so|zi|al** (die Gesellschaft, die Gemeinschaft betreffend, gesellschaftlich; Gemeinschafts..., Gesellschafts...; gemeinnützig, wohltätig); - schwach; der *od.* die - Schwache; (↑R 157:) die soziale Frage; soziale Sicherheit; sozialer Wohnungsbau; soziale Marktwirtschaft; **So|zi|al‿ab|ga|ben** *(Plur.)*, **...amt, ...ar|beit** (die; -), **...ar|bei|ter** (Berufsbez.), **...ar|bei|te|rin** (Berufsbez.), **...bei|trä|ge** *(Plur.)*, **...be|richt, ...be|ruf, ...de|mo|krat** (Mitglied [od. Anhänger] einer sozialdemokratischen Partei), **...de|mo|kra|tie** (die; -; Sozialdemokratische Partei; Gesamtheit der sozialdemokratischen Parteien), **...de|mo|kra|tin; so|zi|al|de|mo|kra|tisch,** aber (↑R 157): die Sozialdemokratische Partei Deutschlands (*Abk.* SPD); **So|zi|al‿ein|kom|men, ...ethik, ...fall** (der), **...für|sor|ge** (Sozialhilfe in der ehem. DDR), **...ge|richt, ...ge|richts|bar|keit** (die; -); **So|zi|al|ge|richts|ge|setz; So|zi|al‿ge|setz|ge|bung, ...hil|fe** (*amtl. für* Fürsorge); **So|zi|al|hil|fe‿emp|fän|ger, ...emp|fän|ge|rin; So|zi|al|hy|gie|ne; So|zia|li|sa|ti|on,** die; -; ↑R 180 (Prozeß der Einordnung des Individuums in die Gesellschaft); **so|zia|li|sie|ren** (vergesellschaften, verstaatlichen; in die Gesellschaft einordnen); **So|zia|li|sie|rung; So|zia|lis|mus,** der; -; ↑R 180 (Gesamtheit der Theorien, polit. Bewegungen u. Staatsformen, die auf gemeinschaftlichen od. staatlichen Besitz der Produktionsmittel u. eine gerechte Verteilung der Güter hinzielen); **So|zia|list,** der; -en, -en (↑R 197); **So|zia|li|stin; so|zia|li|stisch;** -er Realismus (eine auf dem Marxismus gründende künstler. Richtung in den kommunist. Ländern), aber (↑R 157): die Sozialistische Internationale; Sozialistische Einheitspartei Deutschlands (Staatspartei der ehem. DDR; *Abk.* SED); **So|zi|al|kri|tik,** die; -; **so|zi|al|kri|tisch; So|zi|al‿kun|de** (die; -), **...la|sten** *(Plur.)*, **...lei|stun|gen** *(Plur.)*; **so|zi|al|li|be|ral; So|zi|al‿lohn, ...neid, ...öko|no|mie, ...päd|ago|ge, ...päd|ago|gik, ...päd|ago|gin; so|zi|al|päd|ago|gisch; So|zi|al‿part|ner, ...plan, ...po|li|tik** (die; -), **...po|li|ti|ker, ...po|li|ti|ke|rin; so|zi|al|po|li|tisch; So|zi|al‿pre|sti|ge, ...pro|dukt** *(Wirtsch.)*, **...pro|gramm, ...psy|cho|lo|gie, ...raum, ...recht** (das; -[e]s), **...re|form, ...ren|te, ...rent|ner, ...rent|ne|rin, ...staat** (*Plur.* ...staaten), **...sta|ti|on, ...sta|ti|stik, ...struk|tur, ...ta|rif, ...the|ra|pie, ...tou|ris|mus, ...tou|ri|stik, ...ver|mö|gen** *(Wirtsch.)*, **...ver|si|che|rung** (*Abk.* SV); **So|zi|al|ver|si|che|rungs|bei|trag; so|zi|al|ver|träg|lich; So|zi|al‿wis|sen|schaf|ten** *(Plur.)*, **...woh|nung, ...zu|la|ge; So|zie|tät** [...ie...], die; -, -en; ↑R 180 (Gesellschaft; Genossenschaft); **So|zio|gra|phie,** die; - (*Soziol.* Darstellung der Formen menschlichen Zusammenlebens innerhalb bestimmter Räume u. Zeiten); **so|zio|kul|tu|rell** (die soziale Gruppe u. ihr Wertesystem betreffend); **So|zio|lekt,** der; -[e]s, -e (*Sprachw.* Sprachgebrauch von Gruppen, Schichten, Institutionen o. ä.); **So|zio|lin|gui|stik** (*Sprachw.* wissenschaftl. Betrachtungsweise des Sprechverhaltens verschiedener Gruppen, Schichten o. ä.); **so|zio|lin|gui|stisch; So|zio|lo|ge,** der; -n, -n (↑R 197) ⟨lat.; griech.⟩ (Erforscher u. Lehrer der Soziologie); **So|zio|lo|gie,** die; - (Wissenschaft zur Erforschung komplexer Erscheinungen und Zusammenhänge in der menschlichen Gesellschaft); **So|zio|lo|gin; so|zio|lo|gisch; So|zio|me|trie,** die; - (soziolog. Verfahren zur testmäßigen Erfassung der Gruppenstruktur); **so|zio|me|trisch; so|zio|öko|no|misch; So|zi|us,** der; -, *Plur.* -se, *auch* ...zii ⟨lat.⟩ (*Wirtsch.* Teilhaber; Beifahrer[sitz]); **So|zi|us|sitz** (Rücksitz auf dem Motorrad)

so|zu|sa|gen (man könnte es so nennen, gewissermaßen), aber: er versucht, es so zu sagen, daß es verständlich ist

Sp. = Spalte *(Buchw.)*

Spa [spa:] (belg. Stadt)

Space|lab ['spe:slɛb], das; -s, -s ⟨engl.⟩ (von ESA und NASA entwickeltes Raumlabor); **Space|shut|tle** ['spe:sʃat(ə)l], der; -s, -s ([wiederverwendbare] Raumfähre)

Spach|tel, der; -s, - *od., österr. nur,* die; -, -n, (ein Werkzeug); *vgl.* Spatel; **Spach|tel‿ma|le|rei, ...mas|se; spach|teln** (*ugs. auch für* [tüchtig] essen); ich ...[e]le (↑R 22)

spack (*landsch. für* dürr; eng)

Spa|da [ʃp..., *auch* sp...], die; -, -s ⟨ital.⟩ (*veraltend für* Degen); **Spa|dil|le** [...'diljə], die; -, -n (höchste Trumpfkarte im Lomber)

Spa|er [sp...] ⟨*zu* Spa⟩ (↑R 147)

[1]**Spa|gat,** der, *österr. nur so, od.* das; -[e]s, -e ⟨ital.⟩ (*Gymnastik* Körperhaltung, bei der die Beine so weit gespreizt sind, daß sie eine Gerade bilden)

[2]**Spa|gat,** der; -[e]s, -e ⟨ital.⟩ (*südd., österr. für* Bindfaden)

Spa|gat|pro|fes|sor (*ugs. scherzh. für* Professor, dessen Universitäts- u. Wohnort weit auseinander liegen)

Spa|ghet|ti [...'gɛti] *Plur.* (lange, dünne Nudeln)

spä|hen; Spä|her; Spä|he|rei; Spä|he|rin

Spa|hi [sp..., *auch* ʃp...], der; -s, -s ⟨pers., „Krieger"⟩ (*früher* [adliger] Reiter im türk. Heer; Angehöriger einer aus nordafrik. Eingeborenen gebildeten franz. Reitertruppe)

Späh|trupp (*für* Patrouille)

Spa|ke, die; -, -n (*nordd. für* Hebel, Hebebaum); **spa|kig** (*nordd. für* faulig, schimmelig, stockfleckig)

Spa|la|to (*ital. Form von* Split)

Spa|lett, das; -[e]s, -e ⟨ital.⟩ (*österr. für* hölzerner Fensterladen); **Spa|lier,** das; -s, -e (Gitterwand; Doppelreihe von Personen als Ehrengasse); - bilden, stehen; **Spa|lier|baum; spa|lier|bil|dend; Spa|lier|obst**

Spalt, der; -[e]s, -e; **spalt|bar; Spalt|bar|keit,** die; -; **spalt|breit;** eine -e Öffnung; **Spalt|breit,** der; -; *nur in Wendungen wie* die Tür einen - öffnen; **Spält|chen; Spal|te,** die; -, -n (*österr. auch für* Schnitz, Scheibe; *Abk. [Buchw.]* Sp.); **spal|ten;** gespalten *u.* gespaltet; *in adjektivischem Gebrauch fast nur* gespalten; gespaltenes Holz, eine gespaltene Zunge; **Spal|ten|brei|te; spal|ten|lang;** ein -er Artikel, aber: drei Spalten lang; **spal|ten|wei|se; spalt|er|big** *(Biol.)*; **Spalt|fuß; ...spal|tig** (z. B. zweispaltig); **Spalt|le|der; Spält|lein; Spalt‿pilz, ...pro|dukt** (bei der Atomkernspaltung); **Spal|tung; spal|tungs|ir|re** (*für* schizophren); **Spal|tungs|ir|re|sein,** das; -s

Span, der; -[e]s, Späne; **span|ab|he|bend** (↑R 209; *Technik*); **Spän|chen**

Span|dril|le, die; -, -n ⟨ital.⟩ (*Archit.* Bogenzwickel)

spa|nen (Späne abheben); spanende Werkzeuge; [1]**spä|nen** (mit Metallspänen abreiben)

[2]**spä|nen** (*landsch. für* entwöh-

nen); **Span|fer|kel** (ein vom Muttertier noch nicht entwöhntes Ferkel)

Späng|chen; Span|ge, die; -, -n; **Span|gen|schuh; Späng|lein**

Spa|ni|el ['ʃpa:ni̯əl, *engl.* 'spɛni̯əl], der; -s, -s ‹engl.› (ein Jagd- u. Haushund); **Spa|ni|en** [...i̯ən]; **Spa|ni|er** [...i̯ər]; **Spa|nie|rin** [...i̯ə...] (↑R 180); **Spa|ni|ol,** der; -s, -e ‹span.› (span. Schnupftabak); **Spa|nio|le,** der; -n, -n; ↑R 197 *u.* 180 (Nachkomme von einst aus Spanien vertriebenen Juden); **spa|nisch;** das kommt mir - (*ugs. für* seltsam) vor; (↑R 148:) -e Fliege (ein Insekt); -es Rohr *(Bot.);* -er Reiter (*Milit.* ein bestimmtes Hindernis); -er Stiefel (ein Folterwerkzeug); -e Wand (*svw.* Paravent), aber (↑R 157): der Spanische Erbfolgekrieg; die Spanische Reitschule (in Wien); **Spa|nisch,** das; -[s] (Sprache); *vgl.* Deutsch; **Spa|ni|sche,** das; -n; *vgl.* Deutsche, das; **Spa|nisch-Gui|nea** (↑R 152)

Span|korb; Spän|lein

Spann, der; -[e]s, -e (oberer Teil, Rist des menschl. Fußes); **Spann|be|ton; Spann|be|ton-brücke** [*Trenn.* ...brük|ke], **...kon|struk|ti|on; Spann|dienst** (*früher für* Frondienst); Hand- und Spanndienst leisten; **Span|ne,** die; -, -n (ein altes Längenmaß); **span|nen; span|nend;** -ste; **span|nen|lang,** aber: vier Spannen lang; **Span|ner** (*ugs. auch für* Voyeur); **...spän|ner** (z. B. Einspänner); **spann|fä|hig; Spann|gar|di|ne; ...spän|nig** (z. B. zweispännig); **Spann-kraft** (die; -), **...la|ken, ...rah|men** *(Buchbinderei);* **Span|nung; Span|nungs-ab|fall** *(Elektrotechnik),* **...feld; span|nung[s]|füh|rend** *(Elektrotechnik);* **Span|nungs-ge|biet, ...herd, ...ko|ef|fi|zi|ent** *(Physik);* **span|nungs|los;** -este; **Span|nungs-mes|ser** (der), **...mo|ment, ...prü|fer, ...reg|ler, ...ver|hält|nis, ...zeit, ...zu|stand; Spann-vor|rich|tung, ...wei|te**

Span-plat|te *(Bauw.),* **...schach|tel**

Spant, das, *in der Luftfahrt auch* der; -[e]s, -en *meist Plur.* (rippenähnl. Bauteil zum Verstärken der Außenwand von Schiffs- und Flugzeugrümpfen); **Span|ten|riß** (eine best. Schiffskonstruktionszeichnung)

Spar-be|trag, ...bren|ner, ...brief, ...buch, ...büch|se, ...ein|la|ge; spa|ren; Spa|rer; Spa|re|rin; Spar-flam|me, ...för|de|rung

Spar|gel, der; -s, -, *schweiz. auch* die; -, -n (ein[e] Gemüse[pflanze]); **Spar|gel-beet, ...ge|mü|se, ...grün, ...kraut** (das; -s), **...spit|ze, ...sup|pe**

Spar|gi|ro|ver|kehr [...ʒi:ro...]; **Spar-gro|schen, ...gut|ha|ben**

Spark, der; -[e]s (eine Pflanze)

Spar|kas|se; Spar|kas|sen|buch; Spar|kon|to; spär|lich; Spär|lich|keit, die; -; **Spar-maß|nah|me** *(meist Plur.),* **...pfen|nig, ...po|li|tik, ...prä|mie, ...pro|gramm, ...quo|te**

Spar|re, die; -, -n (*für* Sparren)

spar|ren ‹engl.› (*Boxen* mit jmdm. im Training boxen); er hat zwei Runden gesparrt

Spar|ren, der; -s, -; **Spar|ren|dach; spar|rig** (*Bot.* seitwärts abstehend); -e Äste

Spar|ring, das; -s (Boxtraining); **Spar|rings-kampf** (Übungsboxkampf mit dem Sparringspartner), **...part|ner**

spar|sam; Spar|sam|keit, die; -; **Spar-schwein, ...strumpf**

Spart, der *od.* das; -[e]s, -e (*svw.* Esparto)

Spar|ta [ʃp..., *auch* sp...] (altgriech. Stadt)

Spar|ta|kia|de [ʃp..., *auch* sp...], die; -, -n (Sportveranstaltung in osteurop. Ländern [bis 1990]); **Spar|ta|kist,** der; -en, -en (Angehöriger des Spartakusbundes); **Spar|ta|kus** (Führer eines röm. Sklavenaufstandes); **Spar|ta|kus|bund,** der; -[e]s (kommunist. Kampfbund 1917/18)

Spar|ta|ner [ʃp..., *auch* sp...] (Bewohner von Sparta); **spar|ta|nisch;** -e (strenge, harte) Zucht

Spar|te, die; -, -n (Abteilung, Fach, Gebiet; Geschäfts-, Wissenszweig; Zeitungsspalte)

Spar|te|rie, die; - ‹franz.› (Flechtwerk aus Spänen od. Bast)

Spart|gras (*svw.* Espartogras)

Spar|ti|at [ʃp..., *auch* sp...], der; -en, -en; ↑R 197 (dorischer Vollbürger im alten Sparta)

spar|tie|ren [ʃp..., *auch* sp...] ‹ital.› (*Musik* [ein nur in den einzelnen Stimmen vorhandenes Werk] in Partitur setzen)

Spar- und Dar|le|hens|kas|se (↑R 32); **Spar-ver|hal|ten, ...ver|trag, ...ziel, ...zins** (*Plur.* ...zinsen)

spas|misch [ʃp..., *auch* sp...] ‹griech.› (*Med.* krampfhaft, -artig); **spas|mo|disch** (*svw.* spasmisch); **spas|mo|gen** (krampferzeugend); **Spas|mo|ly|ti|kum,** das; -s, ...ka (krampflösendes Mittel); **spas|mo|ly|tisch; Spas|mus,** der; -, ...men (Krampf)

Spaß, der; -es, Späße; - machen; **Späß|chen; spa|ßen;** du spaßt; **Spa|ße|rei; spa|ßes|hal|ber; Spa|ßet|teln** *Plur.* (*österr. ugs. für* Witz, Scherz); - machen; **spaß|haft; Spaß|haf|tig|keit,** die; -; **spa|ßig; Spa|ßig|keit,** die; -; **Späß|lein; Spaß-ma|cher, ...ver|der|ber, ...vo|gel** (*scherzh., svw.* Spaßmacher)

Spa|sti|ker [ʃp..., *auch* sp...] ‹griech.› (jmd., der an einer spasmischen Krankheit leidet); **Spa|sti|ke|rin; spa|stisch** (*svw.* spasmisch)

spat (*veraltet für* spät)

[1]**Spat,** der; -[e]s, *Plur.* -e *u.* Späte (ein Mineral)

[2]**Spat,** der; -[e]s (eine Pferdekrankheit)

spät; -er, -est; -estens; spät sein, werden; zu spät kommen; von [morgens] früh bis [abends] spät; am, zum -esten (↑R 65); (↑R 61:) spätabends, spätnachmittags usw., aber: eines Spätabends, Spätnachmittags; **spät|abends** *vgl.* spät; **Spät|aus|sied|ler; Spät-ba|rock, ...dienst; Spä|te,** die; - *(veraltet); noch in* in der -

Spa|tel, der, *österr. nur so, od.* die (*svw.* Spachtel); **Spa|ten,** der; -s, -; **Spa|ten-for|schung** (die; -; archäologische Forschung durch Ausgrabungen), **...stich**

Spät|ent|wick|ler; spä|ter; spä|ter|hin; spä|te|stens; Spät-fol|ge, ...ge|bä|ren|de (die; -n, -n; ↑R 7 ff.), **...ge|burt, ...go|tik**

Spa|tha [sp..., *auch* ʃp...], die; -, ...then ‹griech.› (*Bot.* Blütenscheide kolbiger Blütenstände)

spat|hal|tig ‹*zu* [1]Spat›

Spät-heim|keh|rer, ...herbst; spät|herbst|lich

Spa|ti|en ['ʃpa:tsi̯ən, *auch* sp...] (*Plur. von* Spatium); **Spa|ti|en-brei|te** *(Druckw.),* **...keil** *(Druckw.)*

spa|tig (spatkrank; *vgl.* [2]Spat)

spa|ti|ie|ren [ʃp..., *auch* sp...] ‹lat.› (*seltener für* spationieren); **spa|tio|nie|ren** (*Druckw.* [mit Zwischenräumen] durchschießen, sperren); **spa|ti|ös** (weit, geräumig [vom Druck]); **Spa|ti|um,** das; -s, ...ien [...i̯ən] (*Druckw.* schmales Ausschlußstück; Zwischenraum)

Spät-jahr (*für* Herbst), **...la|tein; spät|la|tei|nisch; Spät|le|se; Spät|ling; Spät|mit|tel|al|ter; Spät|nach|mit|tag;** eines -s, aber: eines späten Nachmittags; **spät|nach|mit|tags** *vgl.* spät; **Spät-nach|rich|ten** *(Plur.),* **...pha|se, ...pro|gramm, ...ro|man|tik, ...scha|den, ...schicht, ...som|mer; spät|voll|en|det** (↑R 209); **Spät-vor|stel|lung, ...werk**

Spatz, der; *Gen.* -en, *auch* -es, *Plur.* -en; **Spätz|chen; Spat|zen-hirn** (*ugs. abwertend für* geringes Denkvermögen), **...nest; Spät|zin; Spätz|le** *Plur.* (schwäb.

Mehlspeise); **Spätz|lein; Spätz|li** (*schweiz. für* Spätzle)
Spät|zün|der (*ugs. für* jmd., der nur sehr langsam begreift); **Spät|zün|dung**
spa|zie|ren ‹lat.›; (↑R 205:) **spa|zie|ren_fah|ren** (ich fahre spazieren; ich bin spazierengefahren; spazierenzufahren), **...füh|ren** (*vgl.* spazierenfahren), **...ge|hen** (*vgl.* spazierenfahren); **Spa|zie|ren|ge|hen,** das; -s (↑R 68); **spa|zie|ren|rei|ten;** *vgl.* spazierenfahren; **Spa|zier_fahrt, ...gang** (der), **...gän|ger, ...gän|ge|rin, ...ritt, ...stock** (*Plur.* ...stöcke), **...weg**
SPD = Sozialdemokratische Partei Deutschlands
Specht, der; -[e]s, -e (ein Vogel); **Specht|mei|se** (*svw.* Kleiber)
Speck, der; -[e]s, *Plur. (Sorten:)* -e; **speck|bäu|chig; Speck|hals; speckig**[1]; **Speck_ku|chen, ...nacken**[1], **...schwar|te, ...sei|te, ...so|ße, ...stein** (*für* Steatit)
spe|die|ren ‹ital.› ([Güter] versenden, befördern, verfrachten); **Spe|di|teur** [...'tø:r], der; -s, -e (Transportunternehmer); **Spe|di|ti|on,** die; -, -en (gewerbsmäßige Verfrachtung, Versendung [von Gütern]; Transportunternehmen; Versand[abteilung]); **Spe|di|ti|ons_fir|ma, ...ge|schäft, ...kauf|frau, ...kauf|mann; spe|di|tiv** (*schweiz. für* rasch, zügig)
Speech [spi:tʃ], der; -es, *Plur.* -e *u.* -es [...is] ‹engl.› (Rede; Ansprache)
[1]**Speed** [spi:d], der; -s, -s ‹engl.› (*Sportspr.* [Steigerung der] Geschwindigkeit, Spurt); [2]**Speed,** das; -s, -s (*Jargon* Aufputsch-, Rauschmittel); **Speed|way|ren|nen** ['spi:dwe:...] *(Motorsport)*
Speer, der; -[e]s, -e; den - werfen; **Speer_län|ge, ...schaft** (*vgl.* [1]Schaft), **...wer|fen** (das; -s; ↑R 68), **...wer|fer, ...wer|fe|rin, ...wurf**
spei|ben (*bayr. u. österr. mdal. für* erbrechen); er hat gespieben
Spei|che, die; -, -n
Spei|chel, der; -s; **Spei|chel_drü|se, ...fluß** (der; ...flusses), **...lecker**[1] (*abwertend für* untertäniger Mensch), **...lecke|rei**[1] *(abwertend);* **spei|chel|lecke|risch**[1]; **spei|cheln;** ich ...[e]le (↑R 22)
Spei|chen|kranz
Spei|cher, der; -s, - (*landsch. auch für* Dachboden); **spei|cher|bar; Spei|cher_bild** (*svw.* Hologramm), **...ka|pa|zi|tät, ...mög|lich|keit; spei|chern;** ich ...ere (↑R 22); **Spei|cher|ofen** (*für* Regenerativofen); **Spei|che|rung**

[1] *Trenn.* ...k|k...

spei|en; du spiest; du spieest; gespie[e]n; spei[e]!; **Spei|gat[t]** (*Seemannsspr.* rundes Loch in der Schiffswand zum Wasserablauf)
Speik, der; -[e]s, -e ‹lat.› (Name mehrerer Pflanzen)
Speil, der; -s, -e (Holzstäbchen [zum Verschließen des Wurstdarmes]); **spei|len**
[1]**Speis,** der; -es ‹lat.› (*landsch. für* Mörtel); [2]**Speis,** die; -, -en (*bayr. u. österr. ugs. für* Speisekammer); **Spei|se,** die; -, -n (*auch für* Mörtel); [mit] Speis und Trank (↑R 18); **Spei|se_brei, ...eis, ...fett, ...fisch, ...gast|stät|te, ...kam|mer; Spei|se|kar|te,** Speisen|kar|te; **spei|sen;** du speist; er spei|ste; gespeist; (*schweiz. übertr. od. schweiz. mdal., auch scherzh.* gespiesen); **Spei|sen_auf|zug, ...fol|ge; Spei|sen|kar|te** *vgl.* Speisekarte; **Spei|se_öl, ...op|fer, ...plan, ...rest, ...röh|re, ...saal, ...schrank, ...täub|ling** (ein Pilz), **...wa|gen** (bei der Eisenbahn), **...was|ser** (*Plur.* ...wässer; *für* Dampfkessel), **...wür|ze, ...zet|tel, ...zim|mer; Speis|ko|balt** (ein Mineral); **Spei|sung**
Spei_täub|ling, *auch* **...teu|fel** (ein Pilz); **spei|übel**
Spek|ta|bi|li|tät [sp..., *auch* ʃp...], die; -, -en ‹lat.› (*veraltet* an Hochschulen Anrede an den Dekan); Eure (*Abk.* Ew.) -; [1]**Spek|ta|kel** [ʃp...], der; -s, - (*ugs. für* Krach, Lärm); [2]**Spek|ta|kel,** das; -s, - (*veraltet für* Schauspiel); **spek|ta|keln** (*ugs. für* lärmen); ich ...[e]le (↑R 22); **spek|ta|ku|lär** (aufsehenerregend); **Spek|ta|ku|lum,** das; -s, ...la (*scherzh. für* [2]Spektakel)
Spek|tra [ʃp..., *auch* sp...] (*Plur. von* Spektrum); **spek|tral** ‹lat.› (auf das Spektrum bezüglich od. davon ausgehend); **Spek|tral_ana|ly|se, ...ap|pa|rat, ...far|be** *(meist Plur.),* **...klas|se** *(Astron.),* **...li|nie; Spek|tren** (*Plur. von* Spektrum); **Spek|tro|me|ter,** das; -s, - ‹lat.; griech.› (Vorrichtung zum genauen Messen von Spektren); **spek|tro|me|trisch; Spek|tro|skop,** das; -s, -e (Vorrichtung zum Bestimmen der Wellenlängen von Spektrallinien); **Spek|tro|sko|pie,** die; -; **spek|tro|sko|pisch; Spek|trum,** das; -s, *Plur.* ...tren *u.* ...tra ‹lat.› (durch Lichtzerlegung entstehendes farbiges Band)
Spe|ku|la (*Plur. von* Spekulum); **Spe|ku|lant,** der; -en, -en (↑R 197) ‹lat.› (jmd., der spekuliert); **Spe|ku|la|ti|on,** die; -, -en (auf Mutmaßungen beruhende Erwartung; auf Gewinne aus Preisveränderungen abzielende Geschäftstätigkeit; *Philos.* Vernunftstreben nach Erkenntnis jenseits der Sinnenwelt); **Spe|ku|la|ti|ons_ge|schäft, ...ge|winn, ...kauf, ...pa|pier, ...steu|er** (die), **...wert**
Spe|ku|la|ti|us, der; -, - ‹niederl.› (ein Gebäck)
spe|ku|la|tiv ‹lat.› (auf Mutmaßungen beruhend; auf Gewinne aus Preisveränderungen abzielend; *Philos.* in reinen Begriffen denkend); **spe|ku|lie|ren** (Spekulationsgeschäfte machen; mit etwas rechnen); **Spe|ku|lum** [sp..., *auch* ʃp...], das; -s, ...la (*Med.* Spiegel)
Spe|läo|lo|ge [ʃp..., *auch* sp...], der; -n, -n (↑R 197) ‹griech.›; **Spe|läo|lo|gie,** die; - (Höhlenkunde); **Spe|läo|lo|gin; spe|läo|lo|gisch**
Spelt, der; -[e]s, -e *u.* Spelz, der; -es, -e (eine Getreideart)
Spe|lun|ke, die; -, -n ‹griech.› (verrufene Kneipe)
Spelz *vgl.* Spelt; **Spel|ze,** die; -, -n (Getreidekornhülse; Teil des Gräserblütenstandes); **spel|zig**
Spen|cer ['spɛnsə(r)] (engl. Philosoph); *vgl.* a b e r: Spenser
spen|da|bel ‹lat.› (*ugs. für* freigebig); ...a|ble Laune; **Spen|de,** die; -, -n; **spen|den** (für wohltätige o. ä. Zwecke Geld geben); **Spen|den_ak|ti|on, ...auf|ruf, ...be|schei|ni|gung, ...kon|to; Spen|der; Spen|de|rin; spen|die|ren** (freigebig für jmdn. bezahlen); **Spen|dier|ho|sen;** *nur in* die - anhaben (*ugs. für* freigebig sein); **Spen|dung**
Speng|ler (*bes. südd., österr., schweiz. für* Klempner); **Speng|le|rin**
Spen|ser ['spɛnsə(r)] (engl. Dichter); *vgl.* a b e r: Spencer
Spen|zer, der; -s, - ‹engl.› (kurzes, enganliegendes Jäckchen)
Sper|ber, der; -s, - (ein Greifvogel); **sper|bern** (*schweiz. für* scharf blicken); ich ...ere (↑R 22)
Spe|renz|chen, Spe|ren|zi|en [...iən] *Plur.* ‹lat.› (*ugs. für* Umschweife, Schwierigkeiten); [keine] - machen
Sper|gel *vgl.* Spörgel
Sper|ling, der; -s, -e; *vgl.* a b e r: Sperrling; **Sper|lings|vo|gel**
Sper|ma [ʃp..., *auch* sp...], das; -s, *Plur.* ...men *u.* -ta ‹griech.› (*Biol.* männl. Samenzellen enthaltende Flüssigkeit); **Sper|ma|to|ge|ne|se,** die; - (Samenbildung im Hoden); **Sper|ma|tor|rhö**[1], **Sper-**

[1] *Vgl. die Anmerkung zu* „Diarrhö, Diarrhöe".

ma|tor|rhöe [...'rø:], die; -, ...rrhoen (*Med.* Samenfluß ohne geschlechtl. Erregung); **Sperma|to|zo|on,** das; -s, ...oen (*svw.* Spermium); **Sper|men** (*Plur. von* Sperma); **Sper|mi|en** (*Plur. von* Spermium); **Sper|mio|ge|ne|se,** die; - (*svw.* Spermatogenese); **Sper|mi|um,** das; -s, ...ien [...iən] (Samenfaden, reife männl. Keimzelle)

Sperrad, das; -[e]s, ...räder [*Trenn.* Sperr|rad, ↑R 204]; **sperr|an|gelweit** *(ugs.)*; **Sperr_bal|lon,** ...**batte|rie** *(Milit.)*, ...**baum,** ...**be|trag; Sper|re,** die; -, -n; **sper|ren** (*südd., österr. auch für* schließen); sich -; **Sperr_feu|er** *(Milit.)*, ...**frist** *(Rechtsw.)*, ...**ge|biet,** ...**ge|trie|be,** ...**gür|tel,** ...**gut,** ...**gut|ha|ben,** ...**holz** (das; -es); **Sperr|holz|plat|te; Sperrie|gel,** der; -s, - [*Trenn.* Sperr|rie..., ↑R 204]; **sper|rig; Sperr_jahr** (das; -es; *Wirtsch.*), ...**ket|te,** ...**klau|sel,** ...**klin|ke** *(Technik)*, ...**kon|to,** ...**kreis** *(Elektrotechnik)*; **Sperr|ling** (*veraltet für* Knebel); *vgl.* aber: Sperling; **Sperr_mau|er,** ...**mi|no|ri|tät** *(Wirtsch.)*, ...**müll,** ...**sitz,** ...**stun|de; Sperrung; Sperr_ver|merk,** ...**zeit** (Polizeistunde), ...**zoll** (*Plur.* ...zölle), ...**zo|ne**

Spe|sen *Plur.* ‹ital.› ([Un]kosten; Auslagen); **spe|sen|frei; Spesen_platz** *(Bankw.)*, ...**rechnung,** ...**rit|ter** (jmd., der hohe Spesen macht u. sich daran bereichert)

Spes|sart, der; -s (Bergland im Mainviereck)

spet|ten ‹ital.› (*schweiz. für* [im Haushalt, in einem Geschäft] aushelfen); **Spet|te|rin** (*schweiz. für* Stundenhilfe)

Spey|er ['ʃpai...] (Stadt am Rhein); **Spey[e]|rer** (↑R 147); **spey[e]|risch**

Spe|ze|rei *meist Plur.* ‹ital.› (*veraltend für* Gewürze)

[1]**Spe|zi,** der; -s, -[s] ‹lat.› (*südd., österr. kurz für* [Busen]freund); [2]**Spe|zi,** das; -s, -[s] (*ugs. für* Mischgetränk aus Limonade u. Cola); **spe|zi|al** (*veraltet für* speziell); **Spe|zi|al...** (Sonder..., Einzel..., Fach...); **Spe|zi|al_arzt** (Facharzt), ...**aus|bil|dung,** ...**aus|füh|rung,** ...**dis|zi|plin,** ...**fach,** ...**fahr|zeug,** ...**ge|biet,** ...**ge|schäft; Spe|zia|li|en** [...iən] *Plur.*; ↑R 180 (*veraltet für* Besonderheiten, Einzelheiten); **Spezia|li|sa|ti|on,** die; -, -en; ↑R 180 (*seltener für* Spezialisierung); **spe|zia|li|sie|ren;** sich - (sich [beruflich] auf ein Teilgebiet beschränken); **Spe|zia|li|sie|rung; Spe|zia|list,** der; -en, -en; ↑R 197, R 180 (Facharbeiter, Fachmann; bes. Facharzt); **Spezia|li|sten|tum,** das; -s; **Spe|ziali|stin; Spe|zia|li|tät,** die; -, -en; ↑R 180 (Besonderheit; Fachgebiet; Liebhaberei); **Spe|zia|li|täten|re|stau|rant; Spe|zi|al_slalom** (Wettbewerbsart im alpinen Skisport), ...**sprung|lauf** *(Skispringen)*, ...**trai|ning; spe|zi|ell** (besonders, eigentümlich; eigens; hauptsächlich); ↑R 65: im -en (im einzelnen); **Spe|zi|es** ['ʃpe:tsiɛs, *auch* 'spe:...], die; -, - [...e:s] (besondere Art einer Gattung, Tier- od. Pflanzenart); **Spe|zi|es|ta|ler** (*früher* ein harter Taler im Gegensatz zu Papiergeld); **Spe|zi|fi|ka|ti|on** [ʃp..., *auch* sp...], die; -, -en (Einzelaufstellung, -aufzählung); **Spe|zi|fika|ti|ons|kauf** *(Wirtsch.)*; **Spe|zifi|kum,** das; -s, ...ka (Besonderes, Entscheidendes; *Med.* gegen eine bestimmte Krankheit wirksames Mittel); **spe|zi|fisch** ([art]eigen; kennzeichnend, eigentümlich); -es Gewicht *(Physik)*; -e Wärme[kapazität]; -er Widerstand *(Physik)*; **Spe|zi|fität,** die; -, -en (Eigentümlichkeit, Besonderheit); **spe|zi|fi|zie|ren** (einzeln aufführen; zergliedern); **Spe|zi|fi|zie|rung; Spe|zi|men** [*österr.* ...'tsi:...], das; -s, ...imina (*veraltet für* [Probe]arbeit, Muster)

Sphä|re, die; -, -n ‹griech., „Himmel[skugel]"› ([Gesichts-, Wirkungs]kreis; [Macht]bereich); **Sphä|ren_har|mo|nie** (die; -), ...**mu|sik** (die; -); **sphä|risch** (die [Himmels]kugel betreffend); -e Trigonometrie (*Math.* Berechnung von Dreiecken auf der Kugeloberfläche); -es Dreieck *(Math.)*; **Sphä|ro|id,** das; -[e]s, -e (kugelähnl. Figur, Rotationsellipsoid); **sphä|roi|disch** (kugelähnlich); **Sphä|ro|lith** [*auch* ...'lit], der; *Gen.* -s *u.* -en, *Plur.* -e[n]; ↑R 197 (kugeliges Mineralgebilde); **Sphä|ro|lo|gie,** die; - (Lehre von der Kugel); **Sphä|ro_me|ter** (das; -s, -; Kugel-, Dikkenmesser), ...**si|de|rit** [*auch* ...'rit] (der; -s, -e; ein Mineral)

Sphen, der; -s, -e ‹griech.› (ein Mineral); **Sphe|no|id,** das; -[e]s, -e (eine Kristallform); **sphe|noidal;** ↑R 180 (keilförmig)

Sphink|ter, der; -s, ...ere ‹griech.› (*Med.* Schließmuskel)

[1]**Sphinx,** die; - (geflügelter Löwe mit Frauenkopf in der griech. Sage; Sinnbild des Rätselhaften); [2]**Sphinx,** die; -, -e, *in der archäolog. Fachspr. meist* der; -, *Plur.* -e *u.* Sphingen (ägypt. Steinbild in Löwengestalt, meist mit Männerkopf; Symbol des Sonnengottes od. des Königs)

Sphra|gi|stik, die; - ‹griech.› (Siegelkunde)

Sphyg|mo|gramm, das; -s, -e ‹griech.› (*Med.* durch den Sphygmographen aufgezeichnete Pulskurve); **Sphyg|mo|graph,** der; -en, -en; ↑R 197 (Pulsschreiber)

Spick, der; -[e]s, -e (*Schülerspr. landsch. svw.* Spickzettel)

Spick|aal (*nordd. für* Räucheraal)

Spickel[1], der; -s, - (*schweiz. für* Zwickel an Kleidungsstücken)

[1]**spicken**[1] (Fleisch zum Braten mit Speckstreifen durchziehen)

[2]**spicken**[1] (*Schülerspr.* in der Schule abschreiben); **Spicker**[1] (jmd., der abschreibt; *auch svw.* Spickzettel)

Spick|gans (*nordd. für* geräucherte u. gepökelte Gänsebrust)

Spick|na|del

Spick|zet|tel (*Schülerspr.* zum Spicken vorbereiteter Zettel)

Spi|der ['spaidə(r)], der; -s, - ‹engl.› (offener Sportwagen)

Spie|gel, der; -s, - ‹lat.›; **Spie|gelbild; spie|gel|bild|lich; spie|gelblank; Spie|gel_ei,** ...**fech|ter; Spie|gel|fech|te|rei; Spie|gel_flä|che,** ...**ge|wöl|be** *(Bauw.)*, ...**glas** (*Plur.* ...gläser); **spie|gelglatt; spie|ge|lig** (*veraltet für* spiegelartig, glänzend); **Spiegel|karp|fen; spie|geln;** ich ...[e]le (↑R 22); sich -; **Spie|gelre|flex|ka|me|ra; Spie|gel_saal,** ...**schrank,** ...**schrift,** ...**strich** (waagerechter Strich vor Unterabsätzen [in Briefen]), ...**te|leskop; Spie|gel|lung,** Spieg|lung; **spie|gel|ver|kehrt**

Spie|ker, der; -s, - (*nordd. für* großer [Schiffs]nagel); **spie|kern** *(nordd.)*; ich ...ere (↑R 22)

Spie|ker|oog (eine ostfries. Insel)

Spiel, das; -[e]s, -e; **Spiel_abbruch,** ...**al|ter** (das; -s), ...**an|zug** (für Kinder), ...**art,** ...**au|to|mat,** ...**ball,** ...**bank** (*Plur.* ...banken), ...**be|ginn,** ...**bein** (*Sport, bild. Kunst; Ggs.* Standbein), ...**betrieb,** ...**do|se; spie|len;** - gehen; Schach -; sich mit etwas - (*österr. für* etwas nicht ernsthaft betreiben; etwas spielend leicht bewältigen); **Spie|len|de; Spie|ler; Spie|le|rei; Spie|le|rin; spie|lerisch;** -ste (ohne Anstrengung); mit -er Leichtigkeit; **Spie|lertrans|fer; Spiel|feld; Spiel|feldhälf|te; Spiel_fi|gur,** ...**film,** ...**fläche,** ...**fol|ge; spiel|frei; Spielfreu|de; spiel|freu|dig; Spiel_füh|rer** *(Sport)*, ...**füh|re|rin** *(Sport)*, ...**ge|fähr|te,** ...**ge|fährtin,** ...**geld,** ...**hahn** (*Jägerspr.*

---

[1] *Trenn.* ...k|k...

Birkhahn), **...hälf|te, ...hal|le, ...höl|le** *(abwertend),* **...hös|chen; Spie|lio|thek** (↑R 180) *vgl.* Spielothek; **Spiel‿ka|me|rad, ...ka|me|ra|din, ...kar|te, ...ka|si|no, ...klas|se** *(Sport),* **...lei|den|schaft, ...lei|ter** (der), **...lei|te|rin, ...lei|tung, ...ma|cher** *(Sport),* **...ma|che|rin** *(Sport),* **...mann** (*Plur.* ...leute); **Spiel|manns‿dich|tung** (die; -), **...zug; Spiel‿mar|ke, ...mi|nu|te** *(Sport),* **...oper; Spie|lo|thek,** Spiel|iothek, die; -, -en (Einrichtung zum Verleih von Spielen; *auch für* Spielhalle); **Spiel|pha|se, ...plan** (*vgl.* [2]Plan), **...platz, ...rat|te** (*ugs. für* leidenschaftlich spielendes Kind), **...raum, ...re|gel, ...run|de, ...saal, ...sa|chen** *(Plur.),* **...schuld, ...schu|le, ...stand; spiel|stark** *(Sport);* eine besonders -e Mannschaft; **Spiel‿stär|ke** *(Sport),* **...stra|ße, ...teu|fel, ...tisch** (*auch* Teil der Orgel), **...trieb, ...uhr, ...ver|bot** *(Sport),* **...ver|der|ber, ...ver|der|be|rin, ...ver|ei|ni|gung** (*Abk.* Spvg., Spvgg.); **Spiel|wa|ren** *Plur.;* **Spiel|wa|ren‿ge|schäft, ...händ|ler, ...hand|lung, ...in|du|strie; Spiel‿wei|se** (die), **...werk, ...wie|se, ...witz** (der; -es), **...zeit, ...zeug; Spiel|zeug‿ei|sen|bahn, ...pi|sto|le; Spiel|zim|mer**

Spier, der *od.* das; -[e]s, -e (*nordd. für* Spitze; Grasspitze); **Spier|chen** (*nordd. für* Grasspitzchen); ein spierchen (↑R 63; *nordd. für* ein wenig); **Spie|re,** die; -, -n (*Seemannsspr.* Rundholz, Segelstange); **Spier|ling** (ein Fisch); **Spier|strauch**

Spieß, der; -es, -e (Kampf-, Jagdspieß; Bratspieß; Erstlingsform des Geweihs der Hirscharten; *Soldatenspr.* Kompaniefeldwebel; *Druckw.* im Satz zu hoch stehendes, deshalb mitdruckendes Ausschlußstück); **Spieß|bock** (einjähriger Rehbock); **Spieß|bür|ger,** Spie|ßer (*abwertend für* engstirniger Mensch); **spieß|bür|ger|lich; Spieß‿bür|ger|lich|keit, ...bür|ger|tum; Spieß|chen; spie|ßen;** du spießt; sich - (*österr. für* sich nicht bewegen lassen; *übertr. für* stocken); **Spie|ßer** *vgl.* Spießbürger; **spie|ßer|haft; spie|ße|risch;** -ste; **Spie|ßer|tum,** das; -s; **spieß|för|mig; Spieß‿ge|sel|le** (*abwertend für* Mittäter), **...glanz** (der; -es, -e *meist Plur.; Sammelbez. für* verschiedene Minerale); **spie|ßig; Spie|ßig|keit; Spieß|ru|te;** -n laufen (↑R 207); **Spieß|ru|ten|lau|fen,** das; -s (↑R 68)

Spi|ka [ʃp..., *auch* sp...], die; - ‹lat., „Ähre"› (ein Stern)

Spike [spaik], der; -s, -s ‹engl.› (Dorn für Laufschuhe od. Autoreifen; *nur Plur.:* rutschfester Laufschuh, Spike[s]reifen); **Spike[s]|rei|fen**

Spill, das; -[e]s, *Plur.* -e *od.* -s ([Anker]winde); **Spil|la|ge** [...'la:ʒə, *österr.* ...'la:ʒ], die; -, -n [...ʒ(ə)n] (*Wirtsch.* Wertverlust trockener Ware durch Eindringen von Feuchtigkeit); **Spil|le,** die; -, -n (*landsch. für* Spindel); **spil|le|rig** *vgl.* spillrig; **Spill|geld** (*landsch. für* Nadelgeld); **Spil|ling,** der; -s, -e (gelbe Pflaume); **spill|rig** (*landsch. für* dürr)

Spin [spin], der; -s, -s ‹engl.› (*Physik* Drehimpuls der Elementarteilchen im Atom; *Sport* Effet, Drall)

spi|nal [ʃp..., *auch* sp...] ‹lat.› (*Med.* die Wirbelsäule, das Rükkenmark betreffend); -e Kinderlähmung

Spi|nat, der; -[e]s, *Plur. (Sorten:)* -e ‹pers.-arab.› (ein Gemüse); **Spi|nat|wach|tel** (*ugs. abwertend für* schrullige [alte] Frau)

Spind, der *u.* das; -[e]s, -e (einfacher, schmaler Schrank)

Spin|del, die; -, -n; **Spin|del|baum** (ein Zierstrauch); **spin|del|dürr; Spin|del‿la|ger** (*Plur.* ...lager), **...schnecke** [*Trenn.* ...schnek|ke]

Spi|nell, der; -s, -e ‹ital.› (ein Mineral)

Spi|nett, das; -[e]s, -e ‹ital.› (kleines Cembalo)

Spin|na|ker, der; -s, - ‹engl.› (*Seemannsspr.* großes Beisegel)

Spinn|dü|se (bei Textilmaschinen); **Spin|ne,** die; -, -n; **spin|ne|feind** *(ugs.); nur in* jmdm. - sein; **spin|nen;** du spinnst; du spannst; du spönnest, *auch* spännest; gesponnen; spinn[e]!; **Spin|nen‿ar|me** (*Plur.;* lange, dürre Arme), **...bei|ne** *(Plur.),* **...fa|den** (*vgl.* Spinnfaden), **...ge|we|be** (*vgl.* Spinngewebe); **Spin|nen|netz; Spin|ner; Spin|ne|rei; Spin|ne|rin; Spin|ner|lied; spin|nert** (*bes. südd. für* leicht verrückt); **Spinn‿fa|den, ...fa|ser, ...ge|we|be** (*od.* Spin|nen|ge|we|be); **Spinn‿ma|schi|ne, ...rad, ...rocken** [*Trenn.* ...rok|ken], **...stoff, ...stu|be, ...we|be** (die; -, -n; *svw.* Spinngewebe), **...wir|tel**

spi|nös [ʃp..., *auch* sp...]; -este ‹lat.› (*veraltend für* schwierig; heikel, sonderbar)

Spi|no|za [spi'no:za] (niederl. Philosoph); **spi|no|za|isch;** -e Lehre, aber (↑R 134): Spinozaische Schriften; **Spi|no|zis|mus** [...'tsis...], der; - (Lehre des Spinoza); **Spi|no|zist,** der; -en, -en (↑R 197); **spi|no|zi|stisch**

Spint, der *od.* das; -[e]s, -e (*landsch. für* Fett; weiches Holz); **spin|tig** (*landsch. für* fettig; weich)

spin|ti|sie|ren (*ugs. für* grübeln); **Spin|ti|sie|rer** (jmd., der spintisiert); **Spin|ti|sie|re|rei**

Spi|on, der; -s, -e ‹ital., „Späher"› (Horcher, heiml. Kundschafter; Spiegel außen am Fenster; Beobachtungsglas in der Tür); **Spio|na|ge** [...'na:ʒə], die; - ‹franz.› (Auskundschaftung von wirtschaftl., polit. u. milit. Geheimnissen, Späh[er]dienst); **Spio|na|ge‿ab|wehr, ...af|fä|re, ...ap|pa|rat, ...dienst, ...fall** (der), **...film, ...netz, ...ring; spio|nie|ren; Spio|nie|re|rei** *(ugs.);* **Spio|nin**

Spi|räe [ʃp..., *auch* sp...], die; -, -n ‹griech.› (Spierstrauch)

spi|ral ‹griech.› (*fachspr. für* spiralig); **Spi|ral|boh|rer** (schraubenförmiger Bohrer); **Spi|ra|le,** die; -, -n (Schnecken-, Schraubenlinie; Feder einer Uhr); **Spi|ra|len|an|ord|nung; Spi|ral|fe|der; spi|ral|för|mig; spi|ra|lig** (schrauben-, schneckenförmig); **Spi|ral‿li|nie, ...ne|bel, ...win|dung**

Spi|rans, die; -, ...ranten *u.* **Spi|rant** [*beide* sp...], der; -en, -en (↑R 197) ‹lat.› (*Sprachw.* Reibelaut, Frikativlaut, z. B. f); **spi|ran|tisch**

Spi|ril|le, die; -, -n *meist Plur.* ‹griech.› (Bakterie von gedrehter Form, Schraubenbakterie)

Spi|rit [sp...], der; -s, -s ‹lat.-engl.› (Geist [eines Verstorbenen]); **Spi|ri|tis|mus** [ʃp..., *auch* sp...], der; - ‹lat.› (Glaube an vermeintl. Erscheinungen von Seelen Verstorbener; Geisterlehre); **Spi|ri|tist,** der; -en, -en (↑R 197); **Spi|ri|ti|stin; spi|ri|ti|stisch; spi|ri|tu|al** (geistig; übersinnlich); [1]**Spi|ri|tu|al** [sp...], der; *Gen.* -s *u.* -en, *Plur.* -en; ↑R 197 (Seelsorger, Beichtvater in kath. theol. Anstalten u. Klöstern); [2]**Spi|ri|tu|al** ['spiritjuəl], das, *auch* der; -s, -s ‹amerik.› (*kurz für* Negro Spiritual); **Spi|ri|tua|li|en** [sp...] *Plur.* ‹lat.› (*Rel.* geistl. Dinge); **spi|ri|tua|li|sie|ren** [ʃp..., *auch* sp...] (vergeistigen); **Spi|ri|tua|li|sie|rung; Spi|ri|tua|lis|mus,** der; - (Lehre von der Wirklichkeit u. Wirksamkeit des Geistes); **Spi|ri|tua|list,** der; -en, -en (↑R 197); **spi|ri|tua|li|stisch** (den Spiritualismus betreffend); **Spi|ri|tua|li|tät,** die; - (Geistigkeit, geistiges Wesen); **spi|ri|tu|ell** ‹franz.› (geistig; geistlich); **spi|ri|tu|os, spi|ri|tu|ös;** -este (*selten für* Weingeist enthaltend, geistig); -e Getränke; **Spi|ri|tuo|sen** *Plur.* (geistige,

d. h. alkohol. Getränke); [1]**Spi|ri|tus** [sp...], der; -, - [...tu:s] ‹lat.› (Hauch, Atem, [Lebens]geist); [2]**Spi|ri|tus** [ʃp...], der; -, *Plur. (Sorten:)* -se (Weingeist, Alkohol); **Spi|ri|tus as|per** [sp... -], der; -, - -i (*Sprachw.* für den H-Anlaut im Altgriechischen; *Zeichen* '); **Spi|ri|tus fa|mi|lia|ris,** der; - - (guter Geist des Hauses; Vertraute[r] der Familie); **Spi|ri|tus‿ko|cher** [ʃp...], **...lack, ...lam|pe; Spi|ri|tus rec|tor** [sp... -], der; - - (leitende, treibende Kraft)

Spir|kel, der; -s, - (*nordostd. für* Griebe; schmächtiger Mensch)

Spi|ro|chä|te [ʃpiro'çɛ:tə, *auch* sp...], die; -, -n ‹griech.› (*Med.* ein Krankheitserreger)

Spi|ro|er|go|me|ter [sp..., *auch* ʃp...], das; -s, - ‹lat.; griech.› (*Med.* Gerät zur Messung der körperlichen Leistungsfähigkeit an Hand des Sauerstoffverbrauchs); **Spi|ro|er|go|me|trie,** die; - (Messung der körperlichen Leistungsfähigkeit mit dem Spiroergometer); **Spi|ro|me|ter,** das; -s, - (*Med.* Atemmesser); **Spi|ro|me|trie,** die; - (Messung [u. Aufzeichnung] der Atmung)

Spir|re, die; -, -n (*Bot.* ein Blütenstand)

Spis|sen, das; -s (*Jägerspr.* Balz-, Lockruf des Haselhahns)

Spi|tal, das; -s, ...täler ‹lat.› (*landsch., bes. schweiz. für* Krankenhaus; *veraltet für* Altersheim, Armenhaus); **Spi|ta|ler, Spi|tä|ler,** Spitt|ler (*veraltet, noch landsch. für* Insasse eines Spitals); **Spi|tals|arzt** *(österr.)*

Spit|tal an der Drau (Stadt in Kärnten)

Spit|tel, das, *auch* der; -s, - (*landsch. für* Spital)

Spit|te|ler (schweiz. Dichter)

Spitt|ler *vgl.* Spitaler

spitz; -er, -este; eine -e Zunge haben (gehässig reden); ein -er Winkel *(Geom.)*; **Spitz,** der; -es, -e (eine Hunderasse; *landsch. für* leichter Rausch); **Spitz‿ahorn, ...bart; spitz|bär|tig; Spitz‿bauch, ...bein** (*Gastron.* unterstes Teil des Fußes des geschlachteten Schweins); **spitz|be|kom|men;** ↑R 206 (*ugs. für* merken, durchschauen); ich bekomme etwas spitz; ich habe etwas spitzbekommen; spitzzubekommen

Spitz|ber|gen (Insel in der Inselgruppe Svalbard)

Spitz|bo|gen; Spitz|bo|gen|fen|ster; spitz|bo|gig; Spitz‿boh|rer, ...bu|be; Spitz|bü|be|rei; Spitz|bü|bin; spitz|bü|bisch; -ste; **Spitz|dach; Spit|ze,** die; -, -n; **Spit|zel,** der; -s, - (Aushorcher, Spion); **spit|zeln;** ich ...[e]le (↑R 22); **spit|zen;** du spitzt; **Spit|zen‿blu|se, ...deck|chen, ...er|zeug|nis, ...fah|rer, ...film, ...funk|tio|när, ...gar|ni|tur, ...ge|schwin|dig|keit, ...grup|pe, ...hau|be, ...kan|di|dat, ...kan|di|da|tin, ...klas|se, ...klöp|pe|lei, ...klöpp|le|rin, ...kön|ner, ...kraft, ...kra|gen, ...lei|stung, ...lohn, ...mann|schaft, ...or|ga|ni|sa|ti|on, ...po|li|ti|ker, ...po|li|ti|ke|rin, ...po|si|ti|on, ...qua|li|tät, ...rei|ter, ...spiel** *(Sport)*, **...spie|ler, ...spie|le|rin, ...sport, ...sport|ler, ...sport|le|rin, ...tanz, ...tech|no|lo|gie, ...tuch** (*Plur.* ...tücher), **...ver|band, ...ver|kehr** (der; -s), **...wert, ...zeit; Spit|zer** (*kurz für* Bleistiftspitzer); **spitz|fin|dig; Spitz‿fin|dig|keit, ...fuß** *(Med.)*, **...gie|bel, ...hacke** [*Trenn.* ...hak|ke]; **spit|zig** (veraltend); **Spitz|keh|re; spitz|krie|gen;** ↑R 206 (*ugs. für* merken, durchschauen); ich kriege etwas spitz; ich habe etwas spitzgekriegt; spitzzukriegen; **Spitz‿küh|ler** (*ugs. svw.* Spitzbauch), **...mar|ke** *(Druckw.)*, **...maus, ...na|me; spitz‿na|sig, ...oh|rig; Spitz|pfei|ler** (*für* Obelisk)

Spitz|weg (dt. Maler)

Spitz|we|ge|rich (eine Heilpflanze); **spitz‿wink|lig, ...zün|gig; Spitz|zün|gig|keit**

Splanch|no|lo|gie [splanç...], die; - ‹griech.› (*Med.* Lehre von den Eingeweiden)

Spleen [ʃpli:n, *seltener* spli:n], der; -s, *Plur.* -e *u.* -s ‹engl.› (seltsamer Einfall; Schrulle, Marotte); **splee|nig; Splee|nig|keit,** die; -, -en (spleeniger Zug; *nur Sing.:* Verschrobenheit)

Spleiß, der; -es, -e (*Seemannsspr.* Verbindung von zwei Seil- od. Tauenden); **Splei|ße,** die; -, -n (*landsch. für* Span, Splitter); **splei|ßen** (*landsch. für* fein spalten; *Seemannsspr.* Tauenden miteinander verflechten); du spleißt; du splissest *od.* spleißtest; gesplissen *od.* gespleißt; spleiß[e]!

Splen [sple:n, *auch* ʃp...], der; - ‹griech.› (*Med.* Milz)

splen|did [ʃp..., *auch* sp...] ‹lat.› (*veraltend für* freigebig; glanzvoll; *Druckw.* weiträumig, aufgelockert); **Splen|did iso|la|tion** ['splɛndid aisə'le:ʃ(ə)n], die; - - ‹engl.› (Bündnislosigkeit [eines Landes]); **Splen|di|di|tät** [ʃp..., *auch* sp...], die; - ‹lat.› (*veraltet für* Freigebigkeit)

Spließ, der; -es, -e (Holzspan unter den Dachziegelfugen; Schindel); **Spließ|dach**

Splint, der; -[e]s, -e (*bei Maschinen u. a.* Vorsteckstift als Sicherung); **Splint|holz** (weiche Holzschicht unter der Rinde)

Spliß, der; Splisses, Splisse (*landsch. für* Splitter; kleiner Abschnitt); **splis|sen** (*landsch. für* spleißen); du splißt; du splißtest; gesplißt; splisse! *u.* spliß!

Split [split] (Stadt in Kroatien); *vgl.* Spalato

Splitt, der; -[e]s, -e (zerkleinertes Gestein für den Straßenbau; *nordd. für* Span, Schindel); **split|ten** ‹engl.› (das Splitting anwenden); gesplittet; **Split|ter,** der; -s, -; **Split|ter‿bom|be, ...bruch** (der); **split|ter|fa|ser|nackt** (*ugs. für* völlig nackt); **split|ter|frei;** -es Glas; **Split|ter‿gra|ben** *(Milit.)*, **...grup|pe; split|te|rig,** splittrig; **split|tern;** ich ...ere (↑R 22); **split|ter|nackt** (*ugs. für* völlig nackt); **Split|ter|par|tei; split|ter|si|cher; Split|ter|wir|kung; Split|ting** ‹engl.›, **Split|ting|sy|stem** [ʃp..., *auch* sp...], das; -s (Form der Haushaltsbesteuerung, bei der das Einkommen der Ehegatten zusammengezählt und beiden zu gleichen Teilen angerechnet wird; Verteilung der Erst- u. Zweitstimmen auf verschiedene Parteien [bei Wahlen]); **splitt|rig** *vgl.* splitterig

Splü|gen, der; -s, *auch* **Splü|gen|paß,** der; ...passes (ein Alpenpaß an der schweizerisch-italien. Grenze)

SPÖ = Sozialdemokratische Partei Österreichs

Spo|di|um [ʃp..., *auch* sp...], das; -s ‹griech.› (*Chemie* Knochenkohle); **Spo|du|men,** der; -s, -e (ein Mineral)

Spoerl [ʃpœrl] (dt. Schriftsteller)

Spoi|ler ['ʃpɔylə(r), *auch* 'spɔy...], der; -s, - ‹amerik.› (Luftleitblech [an Autos])

Spö|ken|kie|ker [sp...] (*nordd. für* Geisterseher, Hellseher); **Spö|ken|kie|ke|rei** (*nordd. svw.* Spintisiererei); **Spö|ken|kie|ke|rin**

Spo|li|en|recht ['spo:li̯ən..., *auch* 'ʃpo:...] ‹lat.; dt.› (im MA. das Recht, den Nachlaß kath. Geistlicher einzuziehen); **Spo|li|um,** das; -s, ...ien [...i̯ən] (Beutestück, erbeutete Waffe [im alten Rom])

Spom|pa|na|de[l]n *Plur.* (*österr. ugs. für* Dummheiten, Abenteuer)

spon|de|isch [sp..., *auch* ʃp...] ‹griech.› (in, mit Spondeen); **Spon|de|us,** der; -, ...deen (ein Versfuß)

spon|die|ren ‹lat.› (*österr. für* den Magistertitel verleihen; *vgl.* Sponsion)

Spon|dyl|ar|thri|tis [ʃp..., *auch*

sp...] ⟨griech.⟩ (*Med.* Entzündung der Wirbelgelenke); **Spon|dy|li|tis,** die; -, ...itiden (Wirbelentzündung); **Spon|dy|lo|se,** die; -, -n (krankhafte Veränderung an den Wirbelkörpern u. Bandscheiben)
Spon|gia [sp..., *auch* ʃp...], die; -, ...ien [...iən] ⟨griech.⟩ (*Biol.* Schwamm); **Spon|gin,** das; -s (Stoff, aus dem das Skelett der Hornschwämme besteht); **spon|gi|ös;** -este (schwammig; locker)
Spon|sa|li|en [ʃpɔn'za:liən, *auch* sp...] *Plur.* ⟨lat.⟩ (*veraltet für* Verlobungsgeschenke); **spon|sern** [ʃp...] ⟨engl.⟩ (als Sponsor fördern); ich ...ere; **Spon|si|on,** die; -, -en ⟨lat.⟩ (*österr. für* [akad. Feier zur] Verleihung des Magistertitels); **Spon|sor** [*engl.* 'spɔnsə(r)], der; -s, *Plur.* ...oren *u. bei engl. Ausspr.* -s ⟨engl.⟩ (Förderer; Geldgeber [im Sport]; Person, Gruppe, die Rundfunk- od. Fernsehsendungen [zu Reklamezwecken] finanziert); **Spon|so|ring** [*engl.* 'spɔnsəriŋ], das; -s (das Sponsern); **Spon|sor|schaft**
spon|tan ⟨lat.⟩ [ʃp..., *auch* sp...] (von selbst; von innen heraus, freiwillig, aus eigenem plötzlichem Antrieb); **Spon|ta|nei|tät** [...nei...], *seltener* **Spon|ta|ni|tät,** die; -, -en (Selbsttätigkeit ohne äußere Anregung; Unwillkürlichkeit; eigener, innerer Antrieb); **Spon|ti,** der; -s, -s (*ugs. für* Angehöriger einer undogmatischen linksgerichteten Gruppe); **Spon|ti|grup|pe**
Spor, der; -[e]s, -e (*landsch. für* Schimmel[pilz])
Spo|ra|den [ʃp..., *auch* sp...] *Plur.* ⟨griech.⟩ (Inseln im Ägäischen Meer); **spo|ra|disch** (vereinzelt [vorkommend], zerstreut, gelegentlich); **Spor|an|gi|um,** das; -s, ...ien [...iən] (*Bot.* Sporenbildner u. -behälter)
spor|co [ʃp..., *auch* sp...] ⟨ital.⟩ (mit Verpackung); *vgl.* Sporko
Spo|re, die; -, -n ⟨griech.⟩ (ungeschlechtl. Fortpflanzungszelle bestimmter Pflanzen; Dauerform von Bakterien)
Spo|ren (*Plur. von* Sporn *u.* Spore)
Spo|ren|be|häl|ter; spo|ren|bil|dend; Spo|ren|blatt; spo|ren|klir|rend; Spo|ren‿pflan|ze, ...schlauch, ...tier|chen; spo|ren|tra|gend
Spör|gel, Sper|gel, der; -s, - (eine Futterpflanze)
spo|rig (*landsch. für* schimmelig)
Spor|ko [ʃp..., *auch* sp...], das; -s ⟨ital.⟩ (Bruttogewicht); *vgl.* sporco
Sporn, der; -[e]s, *Plur.* Sporen *u., bes. fachspr.,* -e; **spor|nen** *(veraltend);* **Sporn|räd|chen; sporn|streichs;** ↑R 61 (unverzüglich)
Spo|ro|phyt [ʃp..., *auch* sp...], der; -en, -en; ↑R 197 ⟨griech.⟩ (*Bot.* Sporenpflanze); **Spo|ro|zo|on,** das; -s, ...zoen *meist Plur.* (*Zool.* Sporentierchen)
Sport, der; -[e]s, *Plur. (Arten:)* -e ⟨engl.⟩ (Körperübung [im Wettkampf]; Liebhaberei); **Sport‿ab|zei|chen, ...an|geln** (das; -), **...ang|ler, ...an|la|ge, ...an|zug, ...art, ...ar|ti|kel, ...arzt ...aus|rü|stung; sport|be|gei|stert; Sport‿bei|la|ge** (einer Zeitung), **...be|richt, ...be|richt|er|stat|tung, ...boot, ...cou|pé, ...dreß**
Spor|tel, die; -, -n *meist Plur.* ⟨griech.⟩ (im MA. Teil des Beamteneinkommens [eingenommene Gebühren]); **Spor|tel|frei|heit,** die; - (Kostenfreiheit)
spor|teln (nebenbei u. nicht ernsthaft Sport treiben); **Sport‿er|eig|nis, ...feld, ...fest, ...fi|schen** (das; -s), **...flie|ger, ...flie|ge|rei, ...flug|zeug, ...freund, ...funk|tio|när, ...geist** (der; -[e]s), **...ge|mein|schaft** (*Abk.* SG), **...ge|rät; sport|ge|recht; Sport‿ge|schäft, ...ge|wehr, ...hal|le, ...hemd, ...herz, ...hoch|schu|le, ...ho|se, ...ho|tel, ...in|va|li|de; spor|tiv** ⟨engl.⟩ (sportlich); **Sport‿jour|na|list, ...ka|me|rad, ...ka|me|rad|schaft, ...ka|no|ne** *(ugs.),* **...klei|dung, ...klub, ...leh|rer, ...leh|re|rin; Sport|ler; Sport|ler|herz; Sport|le|rin; sport|lich; sport|lich-ele|gant; Sport|lich|keit,** die; -; **Sport|ma|schi|ne** (Sportflugzeug); **sport|mä|ßig** *vgl.* sportsmäßig; **Sport‿me|di|zin** (die; -), **...me|di|zi|ner; sport|me|di|zi|nisch; Sport‿mel|dung, ...mo|tor, ...müt|ze, ...nach|rich|ten** *(Plur.),* **...platz, ...pres|se, ...re|por|ter, ...re|por|te|rin, ...scha|den, ...schuh, ...sen|dung; Sports‿freund** (ugs. Anrede), **...geist** (*svw.* Sportgeist), **...ka|no|ne** (*vgl.* Sportkanone), **...mann** (*Plur.* ...leute, *auch* ...männer); **sports|mä|ßig,** sport|mä|ßig; **Sport‿spra|che, ...stät|te, ...strumpf, ...stu|dent, ...stu|den|tin; Sports|wear** ['spɔ:(r)tswɛ(r)], der *od.* das; -[s] ⟨engl.⟩ (sportliche [Freizeit]kleidung); **Sport‿tau|chen** (das; -s), **...tau|cher; sport|trei|bend; Sport‿un|fall, ...un|ter|richt, ...ver|band, ...ver|ein** (*Abk.* SV; ↑R 32: Turn- und Sportverein; *Abk.* TuS), **...ver|let|zung, ...waf|fe, ...wa|gen, ...wart, ...welt** (die; -), **...wis|sen|schaft** (die; -), **...zei|tung, ...zwei|sit|zer**
Spot [spɔt], der; -s, -s ⟨engl.⟩ (kurzer Werbetext, -film; *kurz für* Spotlight); **Spot|ge|schäft** (Geschäft gegen sofortige Lieferung u. Kasse [im internationalen Verkehr]); **Spot|light** [...lait], das; -s, -s (auf einen Punkt gerichtetes Licht); **Spot|markt** (Markt, auf dem Rohöl frei verkauft wird)
Spott, der; -[e]s; **Spott|bild; spott|bil|lig** *(ugs.);* **Spott|dros|sel; Spöt|te|lei; spöt|teln;** ich ...[e]le (↑R 22); **spot|ten; Spöt|ter; Spöt|te|rei; Spöt|te|rin; Spott‿ge|burt** *(geh. abwertend),* **...ge|dicht, ...geld** (das; -[e]s; *ugs.*); **spöt|tisch;** -ste; **Spott‿lust** (die; -), **...na|me, ...preis** (*ugs. für* sehr niedriger Preis), **...re|de, ...sucht** (die; -), **...vo|gel**
S. P. Q. R. = Senatus Populusque Romanus
Sprach‿at|las (Kartenwerk zur Sprachgeographie; *vgl.* [4]Atlas), **...aus|gleich, ...bar|rie|re** *(Sprachw.),* **...bau** (der; -[e]s); **sprach|be|gabt; Sprach‿be|herr|schung, ...be|ra|tung, ...denk|mal; Spra|che,** die; -, -n; **Sprach|ecke** [*Trenn.* ...ek|ke] (in Zeitungen und Zeitschriften); **Sprach|emp|fin|den; Spra|chen‿fra|ge** (die; -), **...kampf, ...recht** (das; -[e]s), **...schu|le, ...stu|di|um; Sprach‿ent|wick|lung, ...er|werb, ...fä|hig|keit, ...fa|mi|lie, ...feh|ler; sprach|fer|tig; Sprach‿fer|tig|keit** (die; -), **...for|scher, ...for|sche|rin, ...for|schung, ...füh|rer, ...ge|biet, ...ge|brauch** (der; -[e]s), **...ge|fühl** (das; -[e]s), **...ge|mein|schaft, ...ge|nie, ...geo|gra|phie, ...ge|schich|te; sprach|ge|schicht|lich; Sprach‿ge|sell|schaft, ...ge|setz; sprach|ge|stört; Sprach|ge|walt** (die; -); **sprach‿ge|wal|tig, ...ge|wandt; Sprach‿ge|wandt|heit** (die; -), **...gren|ze, ...gut** (das; -[e]s); **...spra|chig** (z. B. fremdsprachig; *vgl. d.*); **Sprach‿in|sel, ...kar|te, ...ken|ner, ...kennt|nis|se** *(Plur.),* **...kom|pe|tenz, ...kri|tik, ...kul|tur** (die; -), **...kun|de; sprach|kun|dig; Sprach|kund|ler; sprach|kund|lich; Sprach‿kunst** (die; -), **...kurs, ...la|bor, ...laut, ...leh|re, ...leh|rer, ...leh|re|rin, ...len|kung; sprach|lich; ...sprach|lich** (z. B. fremdsprachlich; *vgl. d.*); **sprach|los; Sprach|lo|sig|keit,** die; -; **Sprach‿ma|ni|pu|la|ti|on, ...mitt|ler, ...norm, ...nor|mung, ...pfle|ge, ...phi|lo|so|phie, ...psy|cho|lo|gie, ...raum, ...re|ge|lung, ...rein|heit, ...rei|se; sprach|rich|tig; Sprach‿rich|tig|keit, ...rohr, ...schatz** (der; -es), **...schicht, ...schnit|zer, ...schöp|fer; sprach|schöp|fe|risch;**

Sprach‿schwie|rig|keit, ...sil|be, ...so|zio|lo|gie, ...stamm, ...sta|ti|stik, ...stil, ...stö|rung, ...stu|di|um, ...sy|stem, ...ta|lent, ...teil|ha|ber; sprach|üb|lich; Sprach‿übung, ...un|ter|richt, ...ver|ein, ...ver|glei|chung, ...ver|stoß, ...ver|wir|rung, ...wan|del; sprach|wid|rig; Sprach‿wis|sen|schaft, ...wis|sen|schaft|ler, ...wis|sen|schaft|le|rin; sprach|wis|sen|schaft|lich; Sprach‿zen|trum (Teil des Gehirns), **...zeug|nis**

sprat|zen (*Hüttenw.* Gasblasen auswerfen)

Spray [ʃpre:, *auch* spre:], der *od.* das; -s, -s ⟨engl.⟩ (Flüssigkeitszerstäuber; in feinsten Tröpfchen versprühte Flüssigkeit); **Spray|do|se; spray|en;** gesprayt

Sprech‿akt *(Sprachw.),* **...an|la|ge, ...bla|se** (in Comics), **...büh|ne, ...chor** (der); **spre|chen;** du sprichst; du sprachst; du sprächest; gesprochen; sprich!; vor sich hin sprechen; (↑R 68:) das lange Sprechen strengt mich an; **Spre|cher; Spre|che|rin; spre|che|risch; Sprech‿er|laub|nis, ...er|zie|hung, ...funk; Sprech|funk|ge|rät; Sprech‿ge|sang, ...kun|de** (die; -); **sprech|kund|lich; Sprech‿kunst, ...leh|rer, ...mu|schel** (am Telefon), **...pau|se** (*vgl.* [1]Pause), **...plat|te** (Schallplatte mit gesprochenem Text), **...rol|le, ...sil|be, ...stö|rung, ...stun|de; Sprech|stun|den|hil|fe; Sprech‿tag, ...tech|nik, ...übung, ...un|ter|richt, ...ver|bot, ...wei|se** (die; -, -n), **...werk|zeu|ge** *(Plur.),* **...zeit, ...zel|le** *(Telefon),* **...zim|mer**

Spree, die; - (l. Nebenfluß der Havel); **Spree-Athen** (*scherzh. für* Berlin); **Spree|wald,** der; -[e]s (↑R 149); [1]**Spree|wäl|der** (↑R 147); - Tracht; [2]**Spree|wäl|der** (Bewohner des Spreewaldes); **Spree|wäl|de|rin**

Spre|he, die; -, -n (*westmitteld. u. nordwestd. für* [3]Star)

Sprei|ßel, der, *österr.* das; -s, - (*landsch., bes. österr. für* Splitter, Span); **Sprei|ßel|holz,** das; -es (*österr. für* Kleinholz)

Spreit|decke [*Trenn.* ...dek|ke] *od.* **Sprei|te,** die; -, -n (*landsch. für* Lage [Getreide zum Dreschen]; [Bett]decke); **sprei|ten** (*veraltend für* ausbreiten); **Spreit|la|ge** (*landsch. für* Getreidelage)

spreiz|bei|nig; Spreiz|dü|bel; Sprei|ze, die; -, -n (Strebe, Stütze; eine Turnübung); **sprei|zen;** du spreizt; gespreizt; **Spreiz‿fuß, ...sprung** *(Turnen);* **Sprei|zung; Spreiz|win|del**

Spreng|bom|be; Spren|gel, der; -s, - (Amtsgebiet eines Bischofs, Pfarrers; *veraltend, noch österr. für* Amtsbezirk); **spren|gen; Spreng‿ge|schoß, ...gra|na|te, ...kam|mer, ...kap|sel, ...kom|man|do, ...kopf, ...kör|per, ...kraft, ...la|dung, ...laut** (*für* Explosiv), **...mei|ster, ...mit|tel** (das), **...pa|tro|ne, ...pul|ver, ...punkt, ...satz; Spreng|sel,** der *od.* das; -s, - (*ugs. für* Sprenkel); **Spreng|stoff; Spreng|stoff|an|schlag; spreng|stoff|hal|tig; Spreng|stoff|pa|ket; Spreng|trupp; Spren|gung; Spreng‿wa|gen, ...werk** (*Bauw.* Träger mit Streben), **...wir|kung**

Spren|kel, der; -s, - (Fleck, Punkt, Tupfen); **spren|ke|lig,** sprenklig; **spren|keln;** ich ...[e]le (↑R 22); gesprenkelt (getupft); ein gesprenkeltes Fell, Kleid; **sprenk|lig** *vgl.* sprenkelig

spren|zen (*südwestd. für* stark sprengen: regnen); du sprenzt

Spreu, die; -; **spreu|ig**

Sprich|wort *Plur.* ...wörter; **Sprich|wör|ter|samm|lung; sprich|wört|lich;** -e Redensart

Sprie|gel, der; -s, - (Bügel für das Wagenverdeck; *landsch. für* Aufhängeholz der Fleischer)

Sprie|ße, die; -, -n (*Bauw.* Stütze, Quer-, Stützbalken; *landsch. für* Sprosse); **Sprie|ßel,** das; -s, -[n] (*österr. ugs. für* Sprosse); [1]**sprie|ßen** (*Bauw.* stützen); du sprießt; du sprießtest; gesprießt; sprieß[e]!; [2]**sprie|ßen** (hervorwachsen); es sprießt; es sproß; es sprösse; gesprossen; sprieß[e]!; **Sprieß|holz** *Plur.* ...hölzer *(Bauw.)*

Spriet, das; -[e]s, -e (*Seemannsspr.* dünne Spiere)

[1]**Spring,** der; -[e]s, -e (*landsch. für* das Sprudeln; Quelle); [2]**Spring,** die; -, -e (*Seemannsspr.* zum ausgeworfenen Anker führende Trosse); **Spring‿blen|de** *(Fotogr.),* **...brun|nen; sprin|gen;** du springst; du sprangst; du sprängest; gesprungen; spring[e]!; etwas - lassen (*ugs. für* ausgeben); **Sprin|ger; Sprin|ge|rin; Sprin|ger|le,** das; -s, - (*südd.* ein Gebäck), **Sprin|ger|li,** das; -s, - (*schweiz. svw.* Springerle); **Spring‿flut, ...form** (eine Kuchenform); **Spring|ins|feld,** der; -[e]s, -e *(scherzh.);* **Spring‿käl|fer, ...kraut** (das; -[e]s; eine Pflanzengattung); **spring|le|ben|dig; Spring‿maus, ...mes|ser** (das), **...pferd, ...prü|fung, ...rei|ten, ...rei|ter; Spring|seil,** Sprung|seil (ein Spiel- und Gymnastikgerät); **Spring|ti|de** (*svw.* Springflut); **Spring|wurz, Spring|wur|zel**

Sprink|ler, der; -s, - ⟨engl.⟩ (Berieselungsgerät); **Sprink|ler|an|la|ge** (automat. Feuerlöschanlage)

Sprint, der; -s, -s ⟨engl.⟩ (*Sport* Kurzstreckenlauf); **sprin|ten; Sprin|ter,** der; -s, -; **Sprin|te|rin; Sprin|ter|ren|nen** *(Radsport);* **Sprint‿strecke** [*Trenn.* ...strek|ke], **...ver|mö|gen** (das; -s)

Sprit, der; -[e]s, -e *Plur. selten* (*kurz für* Spiritus; *ugs. für* Treibstoff); **spri|tig** (spritähnlich)

Spritz‿ap|pa|rat, ...ar|beit, ...be|ton, ...beu|tel *(Gastron.),* **...dü|se; Sprit|ze,** die; -, -n; **sprit|zen;** du spritzt; **Sprit|zen‿haus** *(veraltend),* **...mei|ster** *(früher);* **Sprit|zer; Sprit|ze|rei; Spritz‿fahrt** *(ugs.),* **...ge|backe|ne** (das; -n; ↑R 7 ff. [*Trenn.* ...bak|ke...]), **...guß** (der; ...gusses; *Technik*); **sprit|zig;** -er Wein; **Sprit|zig|keit,** die; -; **Spritz‿ku|chen, ...lack, ...lackie|rung** [*Trenn.* ...lak|kie...], **...ma|le|rei, ...pi|sto|le, ...tour** *(ugs.)*

spröd, sprö|de; [1]**Sprö|de,** die; - (*älter für* Sprödigkeit); [2]**Sprö|de,** die; -n, -n; ↑R 7 ff. (sprödes Mädchen); **Spröd|heit,** die; -; **Sprö|dig|keit,** die; -

Sproß, der; Sprosses, *Plur.* Sprosse *u.* *(Jägerspr.:)* Sprossen (Nachkomme; Pflanzentrieb; *Jägerspr.* Teil des Geweihs); **Sproß|ach|se** *(Bot.);* **Spröß|chen; Spros|se,** die; -, -n (Querholz der Leiter; Hautfleck; *auch für* Sproß [Geweihteil]); **spros|sen;** du sproßt, er sproßt; du sproßtest; gesproßt; sprosse! *u.* sproß!; **Spros|sen‿kohl** (der; -[e]s; *österr. für* Rosenkohl), **...wand** (ein Turngerät)

Spros|ser, der; -s, - (ein Vogel)

Spröß|lein; Spröß|ling (*scherzh. für* jmds. Kind, bes. Sohn); **Spros|sung** *(veraltend);* **Sprot|te,** die; -, -n (ein Fisch); Kieler Sprotten; ↑R 147

Spruch, der; -[e]s, Sprüche; **Spruch‿band** (das; *Plur.* ...bänder), **...buch, ...dich|tung; Sprü|che|klop|fer** *(ugs. abwertend);* **Sprü|che|klop|fe|rei; Spruch|kam|mer** (frühere Entnazifizierungsbehörde); **Sprüch|lein; spruch|reif; Spruch|weis|heit**

Spru|del, der; -s, -; **Spru|del|kopf** (*veraltet für* aufbrausender Mensch); **spru|deln** (*österr. auch für* quirlen); ich ...[e]le (↑R 22); **Spru|del‿quel|le** *(veraltend),* **...stein** (*für* Aragonit), **...was|ser** (*Plur.* ...wässer); **Spru|dler** (*österr. für* Quirl)

Sprue [spru:], die; - ⟨engl.⟩ (*Med.* fieberhafte Erkrankung [mit Gewebsveränderungen])

Sprüh|do|se; sprü|hen; Sprüh‿fla|sche, ...pfla|ster, ...re|gen

Sprung, der; -[e]s, Sprünge; immer auf dem - sein; jmdn. auf einen - besuchen; **Sprung‿an|la|ge, ...bal|ken** (beim Weitsprung), **...becken** [*Trenn.* ...bek|ken], **...bein; sprung|be|reit; Sprung‿brett, ...deckel** [*Trenn.* ...dek|kel], **...fe|der; Sprung|fe|der|ma|trat|ze; sprung|fer|tig; Sprung‿ge|lenk, ...gru|be; sprung|haft; Sprung|haf|tig|keit,** die; -; **Sprung‿hö|he, ...hü|gel, ...kraft, ...lauf** *(Skisport),* **...pferd** *(Turnen),* **...schan|ze** *(Skisport),* **...seil** (*vgl.* Springseil), **...stab** *(Stabhochsprung),* **...tuch** (*Plur.* ...tücher), **...turm, ...wurf** *(Handball, Basketball)*

SPS = Sozialdemokratische Partei der Schweiz

Spucke, die; - [*Trenn.* Spuk|ke] (*ugs. für* Speichel); **spucken** [*Trenn.* spuk|ken] (speien); **Spuck|napf**

Spuk, der; -[e]s, -e (Gespenst[ererscheinung]); **spu|ken** (gespensterhaftes Unwesen treiben); **Spu|ke|rei** *(ugs.);* **Spuk‿ge|schich|te, ...ge|stalt; spuk|haft**

Spül‿au|to|mat, ...becken [*Trenn.* ...bek|ken]

Spu|le, die; -, -n

Spü|le, die; -, -n

spu|len

spü|len

Spu|ler (an der Nähmaschine)

Spü|ler; Spü|le|rin; Spü|licht, das; -s, -e (*veraltend für* Spülwasser); **Spül|ka|sten**

Spul|ma|schi|ne

Spül‿ma|schi|ne, ...mit|tel (das), **...stein** (*landsch. für* Spülbekken), **...tisch; Spü|lung; Spül|was|ser** *Plur.* ...wässer

Spul|wurm

Spu|man|te [sp...], der; -s, -s ‹ital.› (*ital. Bez. für* Schaumwein)

[1]**Spund,** der; -[e]s, *Plur.* Spünde *u.* -e ‹ital.› (Faßverschluß; *Tischlerei* Feder)

[2]**Spund,** der; -[e]s, -e (*ugs. für* junger Kerl)

Spund‿ap|pa|rat, ...boh|le *(Bauw.),* **...boh|rer; spun|den** (mit Spund versehen; [Bretter] durch Feder und Nut verbinden); eine gespundete Tür; **spun|dig** (*landsch. für* nicht richtig durchgebacken); **Spund|loch; Spun|dung; Spund‿wand** (wasserdichte Bohlen- od. Eisenwand), **...zap|fen**

Spur, die; -, -en; **spür|bar; Spur|brei|te; spu|ren** (*Skisport* die erste Spur legen; *ugs. für* sich einordnen, gefügig sein); **spü|ren; Spu|ren|ele|ment** *meist Plur.* (Element, das für den Organismus unentbehrlich ist, aber nur in sehr geringen Mengen benötigt wird); **Spu|ren‿le|ger** *(Skisport),* **...nach|weis, ...si|che|rung; Spü|rer; Spür|hund; ...spu|rig** (z. B. schmalspurig); **Spur|kranz** (bei Schienenfahrzeugen); **spur|los; Spür|na|se** *(übertr. ugs.);* **Spur|ril|le** *(Verkehrsw.);* **spur|si|cher; Spür|sinn,** der; -[e]s

Spurt, der; -[e]s, *Plur. -s, selten* -e ‹engl.› (schneller Lauf [über einen Teil einer Strecke]); **spur|ten; spurt‿schnell, ...stark**

Spur‿wech|sel, ...wei|te

Spu|ta (*Plur. von* Sputum)

spu|ten, sich (*landsch. für* sich beeilen)

Sput|nik [ʃp..., *auch* sp...], der; -s, -s ‹russ., „Gefährte"› (Bez. für die ersten sowjet. Erdsatelliten)

Spu|tum [ʃp..., *auch* sp...], das; -s, ...ta ‹lat.› (*Med.* Auswurf)

Spvg., Spvgg. = Spielvereinigung

Square [skwɛ:(r)], der *od.* das; -[s], -s ‹engl.› (*engl. Bez. für* Quadrat; Platz); **Square dance** [- ˈda:ns], der; - -, - -s [- ...siz] (amerik. Volkstanz)

Squash [skvɔʃ], das; - ‹engl.› (Fruchtsaft mit Fruchtfleisch; dem Tennis ähnl. Ballspiel)

Squat|ter [ˈskwɔtə(r)], der; -s, - ‹engl.› (*früher* [amerik.] Ansiedler, der ohne Rechtsanspruch auf unbebautem Land siedelt)

Squaw [skwɔ:], die; -, -s ‹indian.-engl.› (nordamerik. Indianerfrau)

Squi|re [skwaiə(r)], der; -[s], -s ‹engl.› (engl. Gutsherr)

sr = Steradiant

Sr = *chem. Zeichen für* Strontium

SR = Saarländischer Rundfunk

Sr. = Seiner (Durchlaucht usw.)

SRG = Schweizerische Radio- und Fernsehgesellschaft

Sri Lan|ka ‹singhal.› (Inselstaat im Indischen Ozean); **Sri|lan|ker; Sri|lan|ke|rin; sri|lan|kisch**

SRl *vgl.* Riyal

SS. = Sante, Santi

SSD = Staatssicherheitsdienst (in der ehem. DDR)

SSO = Südsüdost[en]

SSR = Sozialistische Sowjetrepublik (*vgl.* SSSR)

SSSR ‹*für* russ. CCCP› = Union der Sozialistischen Sowjetrepubliken (ehem. Sowjetunion)

SSW = Südsüdwest[en]

SS 20 (Mittelstreckenrakete der ehem. Sowjetunion); **SS-20-Ra|ke|te**

st! (Ruf, mit dem man [leise] auf sich aufmerksam machen will; Aufforderung, leise zu sein)

St = [2]Saint; Stratus

St. = Sankt; [1]Saint; Satang; Stück; Stunde

s. t. = sine tempore

S. T. = salvo titulo

Sta. = Santa

[1]**Staat,** der; -[e]s, -en ‹lat.›; von -s wegen; [2]**Staat,** der; -[e]s (*ugs. für* Prunk); - machen (mit etwas prunken); **staa|ten|bil|dend;** -e Insekten; **Staa|ten|bund** ‹*zu* [1]Bund›; **staa|ten|los; Staa|ten|lo|se,** der *u.* die; -n, -n (↑R 7 ff.); **Staa|ten|lo|sig|keit,** die; -; **staat|lich; staat|li|cher|seits; Staat|lich|keit,** die; - (Status eines Staates); **Staats‿af|fä|re, ...akt, ...ak|ti|on, ...ama|teur** (Amateursportler, der vom Staat so sehr gefördert wird, daß er den Sport wie ein Profi betreiben kann); **Staats‿amt, ...an|ge|hö|ri|ge** (der *u.* die), **...an|ge|hö|rig|keit** (die; -, -en), **...an|lei|he, ...an|walt; Staats|an|walt|schaft; Staats‿ap|pa|rat, ...ar|chiv, ...auf|sicht, ...bank** (*Plur.* ...banken), **...ban|kett, ...bank|rott, ...be|am|te, ...be|gräb|nis, ...be|such, ...be|trieb, ...bi|blio|thek, ...bür|ger, ...bür|ge|rin; Staats|bür|ger|kun|de,** die; - (Unterrichtsfach, bes. in der ehem. DDR); **staats|bür|ger|lich;** -e Rechte; **Staats|bür|ger|schaft; Staats‿bürg|schaft, ...die|ner, ...dienst; staats|ei|gen; Staats|ei|gen|tum; staats|er|hal|tend; Staats‿ex|amen, ...fei|er|tag; staats|feind|lich; Staats‿feind|lich|keit** (die; -), **...fi|nan|zen** *(Plur.),* **...flag|ge, ...form, ...füh|rung, ...ge|biet; staats|ge|fähr|dend;** -e Schriften; **Staats‿ge|fähr|dung, ...ge|fäng|nis, ...ge|heim|nis, ...gel|der** *(Plur.),* **...ge|richts|hof** (der; -[e]s), **...ge|walt** (die; -), **...gren|ze, ...grün|dung, ...haus|halt, ...ho|heit** (die; -), **...hym|ne** (*svw.* Nationalhymne), **...kanz|lei, ...ka|pi|ta|lis|mus, ...ka|ros|se, ...kas|se, ...kir|che, ...kleid** (*ugs. veraltend für* Festtagskleid), **...ko|sten** (*Plur.;* auf -), **...kunst** (die; -), **...leh|re, ...lot|te|rie, ...mann** (*Plur.* ...männer); **staats|män|nisch; Staats‿mi|ni|ster, ...mo|no|pol; staats|mo|no|po|li|stisch; Staats‿not|stand, ...ober|haupt, ...ord|nung, ...or|gan, ...pa|pier, ...par|tei, ...po|li|tik** (die; -); **staats|po|li|tisch; Staats‿prä|si|dent, ...prä|si|den|tin, ...prü|fung** (die erste, die zweite -), **...qual|le** (ein Nesseltier), **...rä|son, ...rat** (*Plur.* ...räte); **Staats|rats|vor|sit|zen|de; Staats|recht,** das; -[e]s; **Staats|recht|ler; staats|recht|lich; Staats‿re|li|gi|on, ...säckel** [*Trenn.* ...säk|kel], **...schau|spie|ler, ...schau|spie|le|rin, ...schrei-**

ber (*schweiz. für* Vorsteher der Staatskanzlei), ...**schul|den** *(Plur.)*, ...**schutz**, ...**se|kre|tär**, ...**se|kre|tä|rin**, ...**si|cher|heit** (die; -); **Staats|si|cher|heits|dienst**, der; -[e]s (polit. Geheimpolizei in der ehem. DDR; *Abk.* SSD); **Staats_so|zia|lis|mus**, ...**steu|er** (die), ...**stra|ße**, ...**streich**, ...**thea|ter**, ...**trau|er**, ...**ver|bre|chen**, ...**ver|dros|sen|heit**, ...**ver|schul|dung**, ...**ver|trag**, ...**volk**, ...**we|sen**, ...**wirt|schaft**, ...**wis|sen|schaft**, ...**wohl**

Stab, der; -[e]s, Stäbe; 25 - Roheisen (↑R 128 f.); **Stab|an|ten|ne**

Sta|bat ma|ter [st... -], das; - -, - - ‹lat., „die Mutter [Jesu] stand [am Kreuze]"› ([vertonte] mittelalterl. Sequenz)

Stäb|chen; **Stab|ei|sen**

Sta|bel|le, die; -, -n ‹roman.› (*schweiz. für* Stuhl mit od. ohne Lehne, dessen Beine [u. Lehne] einzeln in die Sitzfläche eingelassen sind)

stä|beln (*landsch. für* [Pflanzen] anbinden)

sta|bend (*für* alliterierend)

Sta|berl, der; -s (eine Gestalt der Wiener Posse)

stab|för|mig; **Stab|füh|rung** (musikal. Leitung); unter der - von ...; **Stab|hoch|sprin|ger**; **Stab|hoch|sprung** *(Sport)*

sta|bil ‹lat.› (beständig, fest, haltbar; [körperlich] kräftig, widerstandsfähig); **Sta|bi|le**, das; -s, -s ‹engl.› (Kunstwerk in Form einer [im Gegensatz zum Mobile] auf dem Boden stehenden metallenen Konstruktion); **Sta|bi|li|sa|ti|on**, die; -, -en ‹lat.›; **Sta|bi|li|sa|tor**, der; -s, ...oren (Vorrichtung zur Verringerung der Kurvenneigung bei Kraftwagen; Zusatz, der die Zersetzung chem. Verbindungen verhindern soll; elektr. Spannungsregler); **sta|bi|li|sie|ren** (stabil machen); **Sta|bi|li|sie|rung**; **Sta|bi|li|sie|rungs_flä|che** *(Flugw.)*, ...**flos|se** (bei [Renn]wagen); **Sta|bi|li|tät**, die; - (Beständigkeit, [Stand]festigkeit); **Sta|bi|li|täts|po|li|tik**, die; -

Stab|lam|pe; **Stäb|lein**; **Stab|reim** (Anlautreim, Alliteration); **stab|rei|mend** (*für* alliterierend); **Stabs_arzt**, ...**feld|we|bel**; **stab|sich|tig** (*für* astigmatisch); **Stab|sich|tig|keit**, die; - (*für* Astigmatismus); **Stabs_of|fi|zier**, ...**stel|le**, ...**ve|te|ri|när**, ...**wacht|meis|ter**; **Stab|ta|schen|lam|pe**; **Stab_wech|sel** (beim Staffellauf), ...**werk** *(got. Archit.)*

stacc. = staccato; **stac|ca|to** [sta'ka:to] ‹ital.› (*Musik* abgestoßen; *Abk.* stacc.); **Stac|ca|to** *vgl.* Stakkato

Sta|chel, der; -s, -n; **Sta|chel_bee|re**, ...**draht**; **Sta|chel|draht|ver|hau**; **Sta|chel_hals|band**, ...**häu|ter** *(Zool.)*; **sta|che|lig**, stach|lig; **Sta|che|lig|keit**, Stach|lig|keit, die; -; **sta|cheln**; ich ...[e]le (↑R 22); **Sta|chel_schwein**, ...**zaun** *(veraltet)*; **stach|lig** usw. *vgl.* stachelig usw.

Stack, das; -[e]s, -e (*Seew.* Buhne); **Stack|deich**

stad (*österr. u. bayr. ugs. für* still, ruhig)

Sta|del, der; -s, *Plur.* -, *schweiz.* Städel (*südd., österr., schweiz. für* Scheune, kleines [offenes] Gebäude)

Sta|den, der; -s, - (*südd. für* Ufer[straße])

sta|di|al ‹griech.-lat.› (stufenweise, abschnittsweise); **Sta|di|on**, das; -s, ...ien [...iən] ‹griech.› (altgriech. Wegmaß; Kampfbahn, Sportfeld); **Sta|di|on_an|sa|ge**, ...**spre|cher**; **Sta|di|um**, das; -s, ...ien [...iən] ([Zu]stand, [Entwicklungs]stufe, Abschnitt)

Stadt, die; -, Städte[1]; **Stadt|ar|chiv**; **stadt|aus|wärts**; **Stadt_au|to|bahn**, ...**bahn**, ...**bau** (*Plur.* ...bauten; städt. Bau), ...**bau|amt**, ...**bau|rat**; **stadt|be|kannt**; **Stadt_be|völ|ke|rung**, ...**be|woh|ner**, ...**be|zirk**, ...**bi|blio|thek**, ...**bild**, ...**bü|che|rei**, ...**bum|mel** *(ugs.)*; **Städt|chen**[1]; **Stadt_chro|nik**, ...**di|rek|tor**; **Städ|te|bau**[1], der; -[e]s (Anlage u. Planung von Städten); **städ|te|bau|lich**[1]; **Städ|te**[1]**_bil|der** *(Plur.)*, ...**bund** (der; im MA.); **stadt|ein|wärts**; **Städ|te**[1]**_kampf**, ...**part|ner|schaft**; **Städ|ter**[1]; **Städ|te|rin**[1]; **Städ|te|tag**[1]; **Stadt_fahrt**, ...**flucht** (*vgl.* [2]Flucht), ...**füh|rer**, ...**gar|ten**, ...**gas** (das; -es), ...**ge|biet**, ...**ge|spräch**, ...**gra|ben**, ...**gue|ril|la**, ...**haus**, ...**in|dia|ner** (*ugs. für* jmd., der seine Ablehnung der bestehenden Gesellschaft durch auffällige Kleidung [u. Gesichtsbemalung] zum Ausdruck bringt); **Stadt|in|ne|re**; **städ|tisch**[1]; -es Leben; -e Verwaltung; **Stadt_käm|me|rer**, ...**kas|se**, ...**kern**, ...**klatsch** *(ugs.)*, ...**kreis**; **stadt|kun|dig**; stadt- und landkundig (↑R 32); **Städt|lein**[1]; **Stadt_mau|er**, ...**mensch**, ...**mis|si|on**, ...**mit|te**, ...**mu|si|kant** (*früher* Musikant im Dienst einer Stadt), ...**park**, ...**pfei|fer** (*vgl.* Stadtmusikant), ...**plan** (*vgl.* [2]Plan), ...**pla|nung**, ...**prä|si|dent** (*schweiz. svw.* Oberbürgermeister), ...**rand**; **Stadt|rand_er|ho|lung**, ...**sied|lung**; **Stadt_rat** (*Plur.* ...räte), ...**rä|tin**, ...**recht** (das; -[e]s), ...**rei|ni|gung**, ...**rund|fahrt**, ...**sa|nie|rung**, ...**schrei|ber**, ...**staat** (*Plur.* ...staaten), ...**strei|cher**, ...**strei|che|rin**, ...**teil** (der), ...**thea|ter**, ...**tor** (das), ...**vä|ter** *(Plur.)*, ...**ver|kehr** (der; -s), ...**ver|ord|ne|te** (der *u.* die; -n, -n [↑R 7 ff.]); **Stadt|ver|ord|ne|ten|ver|samm|lung**; **Stadt_ver|wal|tung**, ...**vier|tel**, ...**wald**, ...**wap|pen**, ...**wer|ke** *(Plur.)*, ...**woh|nung**, ...**zen|trum**

[1] [*auch* 'ʃtɛ...]

Staël [sta(:)l], Madame de (franz. Schriftstellerin)

Sta|fel, der; -s, Stäfel ‹roman.› (*schweiz. für* Alpweide mit Hütte[n])

Sta|fet|te, die; -, -n ‹ital.› (*früher für* [reitender] Eilbote, Meldereiter; Gruppe von Personen, die, etappenweise wechselnd, etwas [schnell] übermitteln; *Sport veraltet für* Staffel, Staffellauf in der Leichtathletik); **Sta|fet|ten|lauf** (*veraltet für* Staffellauf)

Staf|fa|ge [...'fa:ʒə, *österr.* ...'fa:ʒ], die; -, -n [...ʒ(ə)n] ‹französierende Bildung› (Beiwerk, Belebung [eines Bildes] durch Figuren; Nebensächliches, Ausstattung)

Staf|fel, die; -, -n; (↑R 43:) 4 × 100-m-Staffel od. 4mal-100-Meter-Staffel; **Staf|fel_an|lei|he** *(Wirtsch.)*, ...**be|tei|li|gung** *(Wirtsch.)*; **Staf|fe|lei**; **staf|fel|för|mig**; **staf|fe|lig**, staff|lig; **Staf|fel|lauf** *(Sport)*; **Staf|fel|mie|te**; **staf|feln**; ich ...[e]le (↑R 22); **Staf|fel_preis** (*vgl.* [2]Preis), ...**rech|nung**, ...**span|ne** *(Wirtsch.)*; **Staf|fe|lung**, Staff|lung; **staf|fel|wei|se**; **Staf|fel|wett|be|werb** *(Sport)*

staf|fie|ren ‹franz.› (*österr. für* schmücken, putzen; einen Stoff auf einen anderen aufnähen; *veraltet für* ausstaffieren); **Staf|fie|rer**; **Staf|fie|rung**

staff|lig *vgl.* staffelig; **Staff|lung** *vgl.* Staffelung

Stag, das; -[e]s, -e[n] (*Seemannsspr.* Halte-, Stütztau)

Stage [sta:ʒ], der; -s, -s *u.* die; -, -s ‹franz.› (*schweiz. für* Aufenthalt bei einer Firma o. ä. zur weiterführenden Ausbildung)

Stag|fla|ti|on [ʃt..., *auch* st...], die; -, -en ‹aus Stagnation *u.* Inflation› (von wirtschaftlichem Stillstand begleitete Inflation)

Sta|giaire [sta'ʒiɛ:r], der; -s, -s ‹franz.› (*schweiz. für* jmd., der einen Stage absolviert)

Sta|gio|ne [sta'dʒo:nə], die; -, -n ‹ital.› (Spielzeit ital. Operntheater)

Sta|gna|ti|on [ʃt..., *auch* st...], die; -, -en ‹lat.› (Stockung, Stillstand); **sta|gnie|ren**; **Sta|gnie|rung**

Stag|se|gel (*Seemannsspr.* an einem Stag gefahrenes Segel)

Stahl, der; -[e]s, *Plur.* Stähle, *selten* Stahle (schmiedbares Eisen); **Stahl_ar|bei|ter, ...bad, ...band** (das; *Plur.* ...bänder), **...bau** (*Plur.* ...bauten), **...be|ton; stahl|blau; Stahl_blech, ...bür|ste, ...draht; stäh|len; stäh|lern** (aus Stahl); -e Waffe; -er Wille; **Stahl_er|zeu|gung, ...fe|der, ...flach|stra|ße** *(Straßenbau),* **...fla|sche; stahl_grau, ...hart; Stahl_helm** (*vgl.* [1]Helm), **...in|du|strie, ...kam|mer, ...ko|cher** (*ugs. für* Stahlarbeiter), **...rohr; Stahl|rohr|mö|bel; Stahl_roß** (*scherzh. für* Fahrrad), **...ske|lett|bau|wei|se** (die; -), **...ste|cher, ...stich, ...stra|ße** (*kurz für* Stahlflachstraße), **...trä|ger, ...tros|se, ...werk, ...wol|le** (die; -)

Sta|ke, die; -, -n *u.* Sta|ken, der; -s, - (*landsch. für* Stange zum Schieben von Flößen, Kähnen); **sta|ken** (*landsch. für* mit Staken fortbewegen; *selten für* staksen); **Sta|kes** [ste:ks] *Plur.* ‹engl.› (Einsätze bei Pferderennen; Pferderennen, die aus Einsätzen bestritten werden); **Sta|ket,** das; -[e]s, -e ‹niederl.› (Lattenzaun, Gestäbe); **Sta|ke|te,** die; -, -n (*bes. österr. für* Latte); **Sta|ke|ten|zaun**

Stak|ka|to [st..., *auch* ʃt...], das; -s, *Plur.* -s *u.* ...ti ‹ital.› (*Musik* kurz abgestoßener Vortrag); *vgl.* staccato

stak|sen (*ugs. für* mit steifen Schritten gehen); du stakst; **stak|sig**

Sta|lag|mit [ʃt..., *auch* st..., *auch* ...'mit], der; *Gen.* -s *u.* -en, *Plur.* -e[n] (↑R 197) ‹griech.› (Tropfstein vom Boden her, Auftropfstein); **sta|lag|mi|tisch; Sta|lak|tit** [ʃt..., *auch* st..., *auch* ...'tit], der; *Gen.* -s *u.* -en, *Plur.* -e[n]; ↑R 197 (Tropfstein an Decken, Abtropfstein); **Sta|lak|ti|ten|ge|wöl|be** (islam. Baukunst); **sta|lak|ti|tisch**

Sta|lin [ʃt..., *auch* st...] (sowjet. Staatsmann); **Sta|lin|grad** *vgl.* Wolgograd; **Sta|li|nis|mus,** der; - (von Stalin geprägte Interpretation des Marxismus u. die von ihm danach geprägte Herrschaftsform); **Sta|li|nist,** der; -en, -en (↑R 197); **sta|li|ni|stisch; Sta|lin|or|gel** (*früher* sowjet. Raketenwerfer; ↑R 135)

Stall, der; -[e]s, Ställe; **Stallalter|ne** [*Trenn.* Stall|la..., ↑R 204]; **Stall|bur|sche; Ställ|chen; Stall|dün|ger** (natürl. Dünger); **stal|len; Stall_füt|te|rung, ...ge|fähr|te** *(Rennsport),* **...ge|ruch** (*auch für* Zugehörigkeit zu einem bestimmten Verein), **...ha|se** (Hauskaninchen), **...knecht** *(veraltend),* **...magd** *(veraltend),* **...mei|ster; Stal|lung; Stall|wa|che** (*auch für* Präsenz am Regierungssitz während der Parlamentsferien)

Stam|bul [ʃt..., *auch* st...] (Stadtteil von Istanbul)

Sta|mi|no|di|um [ʃt..., *auch* st...], das; -s, ...ien [...i̯ən] ‹lat.› (*Bot.* unfruchtbares Staubblatt)

Stamm, der; -[e]s, Stämme; **Stamm|ak|tie; Stammannschaft** [*Trenn.* Stamm|ma..., ↑R 204]; **Stamm_baum, ...be|leg|schaft, ...be|set|zung, ...buch, ...burg; stamm|bür|tig** (*Bot.* unmittelbar am Stamm ansetzend [von Blüten]); **Stämm|chen; Stamm|da|ten** *Plur. (EDV);* **Stamm|ein|la|ge** *(Wirtsch.)*

stam|meln; ich ...[e]le (↑R 22)

stam|men

stam|mern (*nordd. für* stammeln); ich ...ere (↑R 22)

Stam|mes_be|wußt|sein, ...füh|rer, ...fürst, ...ge|schich|te (die; -); **stam|mes|ge|schicht|lich; Stam|mes_häupt|ling, ...kun|de** (die; -), **...na|me, ...sa|ge; Stamm|es|sen; Stam|mes_spra|che, ...ver|band, ...zu|ge|hö|rig|keit; Stamm_form, ...gast** (*Plur.* ...gäste), **...ge|richt; stamm|haft; Stamm_hal|ter** (*scherzh. für* erster m. Nachkomme eines Ehepaares), **...haus; Stammiete** [*Trenn.* Stamm|mie|te, ↑R 204]; **Stammieter** [*Trenn.* Stamm|mie|ter, ↑R 204]; **stäm|mig; Stäm|mig|keit,** die; -; **Stamm_ka|pi|tal, ...knei|pe** *(ugs.),* **...kun|de** (der), **...kund|schaft, ...land** (*Plur.* ...länder); **Stämm|lein**

Stamm|ler

Stamm_lo|kal, ...per|so|nal, ...platz, ...re|gi|ster *(Bankw.),* **...rol|le** *(Milit.),* **...sil|be, ...sitz, ...spie|ler** *(Sport),* **...spie|le|rin** *(Sport),* **...ta|fel, ...tisch; Stamm|tisch|po|li|ti|ker; Stamm|ton** *Plur.* ...töne *(Musik);* **Stammutter** *Plur.* ...mütter [*Trenn.* Stamm|mut|ter, ↑R 204]; **Stamm|va|ter; stamm|ver|wandt; Stamm_ver|wandt|schaft, ...vo|kal, ...wäh|ler, ...wort** (*Plur.* ...wörter), **...wür|ze**

Sta|mo|kap, der; -[s] (*Kurzw. für* staatsmonopolistischer Kapitalismus)

Stam|pe, die; -, -n (*bes. berlin. für* Gaststätte, Kneipe)

Stam|pe|de [ʃt..., *auch* st..., *engl.* stɛm'pi:d], die; -, *Plur.* -n, *bei engl. Aussprache* -s ‹engl.› (wilde Flucht einer in Panik geratenen [Rinder]herde)

Stam|per, der; -s, - (Schnapsglas ohne Fuß); **Stam|perl,** das; -s, -n (*bayr. u. österr. für* Stamper)

Stampf|be|ton; Stamp|fe, die; -, -n; **stamp|fen; Stamp|fer; Stampf|kar|tof|feln** *Plur.* (*landsch. für* Kartoffelbrei)

Stam|pi|glie [...'piljə], die; -, -n ‹ital.› (*österr. für* Gerät zum Stempeln; Stempelaufdruck)

Stan [stɛn] (m. Vorn.)

Stand, der; -[e]s, Stände; einen schweren Stand haben; standhalten *(vgl. d.);* ↑R 208: außerstande, imstande sein, a b e r: er ist gut im Stande (bei guter Gesundheit); instand halten, a b e r: etwas [gut] im Stande (in gutem Zustand) erhalten; instand setzen (ausbessern, wiederherstellen), a b e r: jmdn. in den Stand setzen, etwas zu tun; zustande bringen, kommen

Stan|dard [ʃt..., *auch* st...], der; -s, -s ‹engl.› (Normalmaß, Durchschnittsmuster; Richtschnur, Norm); **Stan|dard_aus|rü|stung, ...brief, ...far|be, ...form; stan|dar|di|sie|ren** (normen; vereinheitlichen); **Stan|dar|di|sie|rung; Stan|dard_kal|ku|la|ti|on** *(Wirtsch.),* **...klas|se** *(Sport),* **...ko|sten** *(Plur.; Wirtsch.);* **Stan|dard|ko|sten|rech|nung; Stan|dard_lö|sung, ...mo|dell, ...preis, ...si|tua|ti|on** (z. B. Freistoß, Eckstoß im Fußball), **...spra|che** (*Sprachw.* gesprochene u. geschriebene Form der Hochsprache), **...tanz, ...werk** (mustergültiges Sach- od. Fachbuch), **...wert** (Festwert)

Stan|dar|te, die; -, -n ‹franz.› (kleine [quadrat.] Fahne [als Hoheitszeichen]; *Jägerspr.* Schwanz des Fuchses u. Wolfes); **Stan|dar|ten|trä|ger**

Stand_bein (*Sport, bild. Kunst; Ggs.* Spielbein), **...bild**

Stand-by ['stɛndbai̯], das; -[s], -s ‹engl.› (Form der Flugreise ohne feste Platzbuchung)

Ständ|chen; Stan|de, die; -, -n *(landsch. u. schweiz.) u.* Standen, der; -, - (*landsch. für* [2]Kufe, Bottich); **Stän|de** *Plur.* (ständische Volksvertretung); **Stän|de|kam|mer; Stan|den** *vgl.* Stande; **Stän|de_ord|nung, ...or|ga|ni|sa|ti|on**

Stan|der, der; -s, - (Dienstflagge am Auto z. B. von hohen Regierungsbeamten; *Seemannsspr.* kurze, dreieckige Flagge)

Stän|der, der; -s, - (*Jägerspr. auch* Fuß des Federwildes); **Stän|de_rat,** (der; -[e]s, ...räte; *in der Schweiz* Vertretung der Kantone in der Bundesversammlung u. deren Mitglied), **...recht; Stän|der_lam|pe** (*schweiz. für* Stehlampe), **...pilz; Stan|des|amt;**

stan|des|amt|lich; -e Trauung; **Stan|des‿be|am|te, ...be|am|tin; stan|des|be|wußt; Stan|des‿be|wußt|sein, ...dün|kel, ...eh|re** *(veraltet);* **stan|des|ge|mäß;** -es Auskommen; -e Heirat; **Stan|des‿herr** *(früher),* **...herr|schaft, ...per|son, ...pflicht, ...recht, ...re|gi|ster; Stän|de|staat** (*Plur.* ...staaten; *früher*); **Stan|des‿un|ter|schied, ...wür|de** (die; -); **stan|des|wür|dig; Stan|des|zu|ge|hö|rig|keit; Stän|de‿tag, ...we|sen** (das; -s; *früher*); **stand|fest; Stand‿fe|stig|keit** (die; -), **...fo|to** *(Filmw.),* **...fuß|ball** (der; -[e]s; *ugs.*), **...gas** (das; -es; *Kfz-Technik*), **...geld** (Marktgeld), **...ge|richt** *(Milit.),* **...glas** (*Plur.* ...gläser; Meßzylinder); **stand|haft; Stand|haf|tig|keit,** die; -; **stand|hal|ten** (↑R 207); er hält stand (↑R 64); hat standgehalten; standzuhalten; **Stand|hei|zung** *(Kfz-Technik);* **stän|dig** (dauernd); -er Aufenthalt; -e Wohnung; -es Mitglied, -e Vertretung, a b e r (↑R 157): Ständiger Internationaler Gerichtshof; Ständige Konferenz der Kultusminister der Länder; **Stan|ding ova|tions** ['stɛndiŋ oːˈveːʃənz] *Plur.* ‹engl.› (Ovationen im Stehen); **stän|disch** (die Stände betreffend; nach Ständen gegliedert); -er Aufbau; **Standl,** das; -s, -n (*bayr., österr. ugs. für* Verkaufsstand); **Stand|licht,** das; -[e]s (bei Kraftfahrzeugen); **Stand|ort,** der; -[e]s, -e (*Milit. auch svw.* Garnison); **Stand|ort‿äl|te|ste** (der; ↑R 7ff.), **...be|stim|mung, ...fak|tor** *(Wirtsch.),* **...leh|re** *(Wirtsch.),* **...ori|en|tie|rung** *(Wirtsch.),* **...wech|sel; Stand‿pau|ke** (*ugs. für* Strafrede), **...punkt, ...quar|tier, ...recht** (das; -[e]s; Kriegsstrafrecht); **stand|recht|lich;** -e Erschießung; **Stand|re|de** (Strafrede); **stand|si|cher; Stand‿si|cher|heit** (die; -), **...spur, ...uhr, ...vo|gel, ...waa|ge** *(Sport)*

Stan|ge, die; -, -n (*Jägerspr. auch* Stamm des Hirschgeweihes, Schwanz des Fuchses); von der - kaufen (Konfektionsware kaufen); **Stän|gel|chen; stän|geln** ([Pflanzen] mit Stangen versehen, an Stangen anbinden); ich ...[e]le (↑R 22); **Stan|gen‿boh|ne, ...holz, ...pferd** (an der Deichsel gehendes Pferd eines Gespanns), **...rei|ter** (*früher für* Reiter auf dem Stangenpferd), **...spar|gel, ...wa|re, ...weiß|brot; Stäng|lein**

Sta|nis|laus, Sta|nis|law [...laf] (m. Vorn.)

Sta|nit|zel *od.* **Sta|nitzl,** das; -s, - (*bayr. u. österr. für* spitze Tüte)

Stank, der; -[e]s (*ugs. für* Zank, Ärger); **Stän|ker** *(ugs. abwertend);* **Stän|ke|rei; Stän|ke|rer** (*svw.* Stänker); **stän|ke|rig,** stänk|rig; **stän|kern** (*ugs. für* Gestank verbreiten; für Ärger, Unruhe sorgen); ich ...ere (↑R 22); **stänk|rig** *vgl.* stänkerig

Stan|ley ['stɛnli] (m. Vorn.)

Stan|ni|ol, das; -s, -e ‹nlat.› (eine silberglänzende Zinnfolie, *ugs. auch für* silberglänzende Aluminiumfolie); **Stan|ni|ol‿blätt|chen, ...pa|pier; Stan|num** [st..., *auch* ʃt...], das; -s (*lat. Bez. für* Zinn; *chem. Zeichen* Sn)

Stans (Hauptort des Halbkantons Nidwalden)

stan|te pe|de [st... -] ‹lat., „stehenden Fußes"› (*ugs. scherzh. für* sofort)

[1]**Stan|ze,** die; -, -n ‹ital.› (*Verslehre* achtzeilige Strophenform)

[2]**Stan|ze,** die; -, -n (Ausschneidewerkzeug, -maschine für Bleche u. a.; Prägestempel); **stan|zen;** du stanzt; **Stanz‿form, ...ma|schi|ne**

Sta|pel, der; -s, - (aufgeschichteter Haufen; Schiffsbaugerüst; Platz od. Gebäude für die Lagerung von Waren; Faserlänge); vom - gehen, lassen, laufen; **Sta|pel‿be|trieb** *(EDV),* **...fa|ser, ...glas** (*Plur.* ...gläser), **...holz**

Sta|pe|lie [...iə], die; -, -n ‹nach dem niederl. Arzt J. B. van Stapel› (Aasblume od. Ordensstern)

...sta|pe|lig (z. B. langstapelig); **Sta|pel|lauf; sta|peln;** ich ...[e]le (↑R 22); **Sta|pel|platz; Sta|pe|lung,** die; -; **Sta|pel|wa|re; sta|pel|wei|se**

Stap|fe, die; -, -n *u.* Stap|fen, der; -s, - (Fußspur); **stap|fen; Stap|fen** *vgl.* Stapfe

Sta|phy|lo|kok|kus [ʃt..., *auch* st...], der; -, ...kken *meist Plur.* ‹griech.› (*Med.* traubenförmige Bakterie)

Stap|ler (*kurz für* Gabelstapler); **Stap|ler|fah|rer**

Staps, der; -es, -e (*obersächs. für* ungelenker Bursche)

[1]**Star,** der; -[e]s, -e ‹*zu* starr› (Augenkrankheit); (↑R 157:) der graue, grüne, schwarze Star

[2]**Star** [st..., *auch* ʃt...], der; -s, -s ‹engl., „Stern"› (berühmte Persönlichkeit [beim Theater, Film]; *kurz für* Starboot)

[3]**Star,** der; -[e]s, -e (ein Vogel)

Stär, der; -[e]s, -e (*landsch. für* Widder)

Star‿al|lü|ren [st..., *auch* ʃt...] (*Plur.;* eitles, launenhaftes Benehmen, Eigenheiten eines [2]Stars), **...an|walt** (berühmter Anwalt), **...auf|ge|bot, ...be|set|zung**

star|blind

Star|boot [st..., *auch* ʃt...] ‹engl.; dt.› (ein Sportsegelboot)

Star|bril|le

stä|ren (*landsch. für* brünstig sein nach dem Stär)

Sta|ren|ka|sten *vgl.* Starkasten

stark; stärker, stärkste; das -e (männliche) Geschlecht; eine -e Natur; er hat -e Nerven; *Sprachw.:* -e Deklination; ein -es Verb; (↑R 65:) das Recht des Starken. *In Verbindung mit Verben immer getrennt,* z. B. stark sein, werden, machen; stark erhitzt; stark gehopftes Bier; *vgl. aber* R 209

Star|ka|sten *vgl.* Starenkasten

Stark|bier; Stär|ke, die; -, -n; **Stär|ke‿fa|brik, ...ge|halt** (der), **...mehl; stär|ken**

Star|ken|burg (Südteil des Regierungsbezirks Darmstadt); **star|ken|bur|gisch**

Stär|ke|zucker [*Trenn.* ...zuk|ker]

Star|king ['staː(r)kiŋ], der; -s, -s ‹Herkunft unbekannt› (eine Apfelsorte)

stark‿kno|chig, ...lei|big; Stark|strom, der; -[e]s; **Stark|strom‿lei|tung, ...tech|nik** (die; -), **...tech|ni|ker**

Star|kult [st..., *auch* ʃt...] ‹*zu* [2]Star›

Stär|kung; Stär|kungs|mit|tel, das

Star|let[t] ['staː(r)lɛt], das; -s, -s ‹engl., „Sternchen"› (Nachwuchsfilmschauspielerin); **Star|man|ne|quin**

Star|matz (*scherzh. für* Star [als Käfigvogel])

Starn|ber|ger See, der; - -s (↑R 147)

Sta|rost [st..., *auch* ʃt...], der; -en, -en (↑R 197) ‹poln.› (*früher* polnischer Kreishauptmann, Landrat); **Sta|ro|stei** (Amt[sbezirk] eines Starosten)

starr; ein -es Gesetz; ein -es Prinzip; **Starr|ach|se** *(Kfz-Technik);* **Star|re,** die; -; **star|ren;** von *od.* vor Schmutz -; **Starr|heit,** die; -; **Starr|kopf** (*abwertend für* eigensinniger Mensch); **starr|köp|fig; Starr|krampf,** der; -[e]s (*kurz für* Wundstarrkrampf); **Starr|sinn,** der; -[e]s; **starr|sin|nig; Starr|sucht,** die; - (*für* Katalepsie)

Stars and Stripes ['staː(r)z ənd 'straips] *Plur.* (Nationalflagge der USA, Sternenbanner)

Start, der; -[e]s, *Plur.* -s, *selten* -e ‹engl.› (Beginn; Ablauf-, Abfahrt-, Abflug[stelle]); fliegender -; stehender -; **Start‿au|to|ma|tik, ...bahn, ...be|rech|ti|gung; start|be|reit; Start|block** *Plur.* ...blöcke *(Sport);* **star|ten** (einen Flug, einen Wettkampf, ein Rennen beginnen, *auch* etwas beginnen lassen); **Star|ter** (*Sport* Person, die das Zeichen zum Start gibt; jmd., der startet; Anlasser eines Motors); **Start‿er|laub|nis, ...flag|ge, ...geld, ...hil|fe; Starthil|fe|ka|bel; Start|ka|pi|tal; start|klar; Start‿kom|man|do, ...läu|fer** *(Sport),* **...läu|fe|rin** *(Sport),* **...li|nie, ...loch, ...maschi|ne** *(Pferdesport),* **...nummer, ...paß, ...pi|sto|le, ...platz, ...ram|pe, ...schuß, ...si|gnal, ...sprung; Start-und-Lande-Bahn; Start‿ver|bot, ...zeichen; Start-Ziel-Sieg**

Sta|se, Sta|sis [*beide* st..., *auch* ʃt...], die; -, Stasen ‹griech.› (*Med.* Stauung)

Sta|si, die, *selten* der; - (*ugs. kurz für* Staatssicherheitsdienst in der ehem. DDR); **Sta|si|ak|te**

Sta|sis *vgl.* Stase

Staß|furt (Stadt südl. von Magdeburg); **Staß|fur|ter** (↑R 147)

sta|ta|risch [ʃt..., *auch* st...] ‹lat.› (stehend, verweilend)

State De|part|ment ['ste:t diˌpa:(r)tmənt], das; - - ‹engl.› (das Außenministerium der USA)

State|ment ['ste:tmənt], das; -s, -s ‹engl.› (Erklärung, Verlautbarung)

sta|tie|ren ‹lat.› (als Statist tätig sein)

Stä|tig|keit, die; - (Störrigkeit [von Pferden]); *vgl.* aber: Stetigkeit

Sta|tik [ʃt..., *auch* st...], die; - ‹griech.› (Lehre von den Kräften im Gleichgewicht); **Sta|ti|ker** (Bauingenieur mit speziellen Kenntnissen in der Statik)

Sta|ti|on, die; -, -en ‹lat.› (Haltestelle; Bahnhof; Aufenthalt; Bereich, Krankenhausabteilung; Ort, an dem sich eine techn. Anlage befindet); **sta|tio|när** (an einen festen Standort gebunden; unverändert; die Behandlung, den Aufenthalt in einem Krankenhaus betreffend); -e Behandlung; **sta|tio|nie|ren** (an bestimmte Plätze stellen; aufstellen); **Sta|tio|nie|rung; Sta|tionie|rungs|ko|sten** *Plur.;* **Sta|tions‿arzt** (Abteilungsarzt), **...kosten** *(Plur.),* **...pfle|ger, ...schwester, ...ta|ste** (zur automat. Einstellung eines Senders beim Radio), **...vor|stand** (*österr. u. schweiz. für* Stationsvorsteher), **...vor|ste|her** (Bahnhofsvorsteher)

sta|ti|ös; -este ‹lat.› (*veraltet für* prunkend; stattlich)

sta|tisch [ʃt..., *auch* st...] ‹griech.› (die Statik betreffend; stillstehend, ruhend); -e Gesetze; -e Organe (Gleichgewichtsorgane)

stä|tisch; -ste (störrisch, widerspenstig [von Pferden])

Sta|tist, der; -en, -en (↑R 197) ‹lat.› (*Theater u. übertr.* stumme Person; Nebenfigur); **Sta|ti|sterie,** die; -, ...ien (Gesamtheit der Statisten); *vgl.* statieren; **Sta|tistik,** die; -, -en ([vergleichende] zahlenmäßige Erfassung, Untersuchung u. Darstellung von Massenerscheinungen); **Sta|tisti|ker** (Bearbeiter u. Auswerter von Statistiken); **Sta|ti|stin** (*vgl.* Statist); **sta|ti|stisch** (zahlenmäßig), aber (↑R 157): das Statistische Bundesamt (in Wiesbaden); **Sta|tiv,** das; -s, -e [...və] ([dreibeiniges] Gestell für Apparate)

Sta|to|blast [ʃt..., *auch* st...], der; -en, -en (↑R 197) ‹griech.› (*Biol.* ungeschlechtlicher Fortpflanzungskörper der Moostierchen); **Sta|to|lith** [*auch* ...'lit], der; *Gen.* -s *u.* -en, *Plur.* -e[n]; ↑R 197 (*Med.* Steinchen im Gleichgewichtsorgan; *Bot.* Stärkekorn in Pflanzenwurzeln)

Sta|tor [ʃt..., *auch* st...], der; -s, ...oren ‹lat.› (feststehender Teil einer elektr. Maschine)

statt, an|statt; ↑R 62; *Präp. mit Gen.:* - dessen, - meiner, - eines Rates; *veraltet od. ugs. mit Dat.:* - einem Stein; - dem Vater; *hochsprachlich mit Dat., wenn der Gen. nicht erkennbar wird:* - Worten will ich Taten sehen; *Konj.:* - mit Drohungen versucht er es mit Ermahnungen; statt daß ... (↑R 126); statt zu ... (↑R 107); die Nachricht kam an mich - an dich; er gab das Geld ihm - mir; **Statt,** die; -; an meiner -; an Eides, an Kindes, an Zahlungs -; **Stät|te,** die; -, -n; **statt|fin|den** (↑R 207); es findet statt (↑R 64), aber: es findet eine gute Statt *(veraltet);* es hat stattgefunden; stattzufinden; **statt|ge|ben** (↑R 207); *zur Beugung vgl.* stattfinden; **statt|ha|ben** (↑R 207; *veraltet*); es hat statt (↑R 64); es hat stattgehabt; stattzuhaben; **statt|haft; Statt|haf|tig|keit,** die; -; **Statt|hal|ter** (*früher für* Stellvertreter); **Statt|hal|ter|schaft,** die; -

statt|lich ‹*zu* ²Staat (Prunk)› (ansehnlich); **Statt|lich|keit,** die; -

sta|tua|risch [ʃt..., *auch* st...] (↑R 180) ‹lat.› (auf die Bildhauerkunst bezüglich, statuenhaft); **Sta|tue** [...tuə], die; -, -n (Standbild, Bildsäule); **sta|tu|en|haft; Sta|tu|et|te,** die; -, -n ‹franz.› (kleine Statue); **sta|tu|ie|ren** ‹lat.› (aufstellen; festsetzen; bestimmen); ein Exempel - (ein warnendes Beispiel geben); **Statur** [ʃt...], die; -, -en (Gestalt; Wuchs); **Sta|tus** [ʃt..., *auch* st...], der; -, - [...tu:s] (Zustand, Stand; Lage, Stellung); **Sta|tus nascen|di** [st... -], der; - - (Zustand chem. Stoffe im Augenblick ihres Entstehens); *vgl.* aber: in statu nascendi; **Sta|tus quo,** der; - - (gegenwärtiger Zustand); **Status quo an|te,** der; - - - (Zustand vor dem bezeichneten Tatbestand, Ereignis); **Sta|tus|symbol** [ʃt..., *auch* st...]; **Sta|tut** [ʃt...], das; -[e]s, -en ([Grund]gesetz; Satzung); **sta|tu|ta|risch** (auf Statut beruhend, satzungs-, ordnungsgemäß); **Sta|tu|ten|än|derung; sta|tu|ten‿ge|mäß, ...widrig**

Stau, der; -[e]s, *Plur.* -s *od.* -e; **Stau|an|la|ge** (↑R 36)

Staub, der; -[e]s, *Plur. (Technik:)* -e *u.* Stäube; - saugen *od.* staubsaugen *(vgl. d.);* **staub|ab|weisend;** ein -es Gewebe; **staub|bedeckt;** ein -er Tisch; **Staub‿besen, ...beu|tel, ...blatt** *(Bot.);* **Stäub|chen; staub|dicht**

Stau|becken [*Trenn.* ...bek|ken]

stau|ben (Staub von sich geben); es staubt; **stäu|ben** (zerstieben)

Stau|be|ra|ter (eines Automobilklubs)

stäu|bern (*landsch. für* Staub entfernen); ich ...ere (↑R 22); **Staub‿ex|plo|si|on, ...fa|den, ...fän|ger** *(ugs.);* **staub|frei; staub|ge|boren; Staub|ge|bo|re|ne,** der *u.* die; -n, -n; ↑R 7 ff. *(bibl.);* **Staubge|fäß; stau|big; Staub‿kamm, ...korn** (*Plur.* ...körner), **...lappen, ...la|wi|ne; Stäub|lein; Stäub|ling** (ein Pilz); **Staub‿lunge, ...man|tel, ...pin|sel; staubsau|gen** (er staubsaugte, hat staubgesaugt) *od.* Staub saugen (er saugte Staub, hat Staub gesaugt); **Staub‿sau|ger, ...schicht; staub|trocken** [*Trenn.* ...trok|ken] (vom Lack); **Staub‿tuch** (*Plur.* ...tücher), **...we|del, ...wol|ke, ...zucker** (der; -s [*Trenn.* ...zuk|ker])

Stau|che, die; -, -n *meist Plur.* (*landsch. für* Pulswärmer); **stauchen; Stau|cher** (*ugs. für* Zurechtweisung); **Stau|chung**

Stau|damm

Stau|de, die; -, -n; **stau|den** (*selten für* krautig wachsen); **stauden|ar|tig; Stau|den‿ge|wächs, ...sa|lat** (*landsch. für* Kopfsalat); **stau|dig**

stau|en ([fließendes Wasser] hemmen; *Seemannsspr.* [Ladung auf Schiffen] unterbringen); sich -; das Eis, das Wasser staut sich; **Stau|er** (jmd., der Schiffe be- u. entlädt)

Stauf, der; -[e]s, -e (*veraltet für* Humpen; ein Flüssigkeitsmaß); 5 - (↑R 129)

Stau|fe, der; -n, -n (↑R 197) *u.*

Stau|fer, der; -s, - (Angehöriger eines schwäb. Fürstengeschlechtes); **Stau|fer|zeit,** die; -
Stauf|fer‿büch|se (↑R 135) ‹nach dem Hersteller› (Schmiervorrichtung), **...fett** (das; -[e]s)
stau|fisch ‹*zu* Staufe›
Stau|mau|er
stau|nen; Stau|nen, das; -s; - erregen; **stau|nen|er|re|gend;** eine -e Fingerfertigkeit; **stau|nens|wert;** mit -em Fleiß
[1]**Stau|pe,** die; -, -n (eine Hundekrankheit)
[2]**Stau|pe,** die; -, -n (*früher* öffentliche Züchtigung); **stäu|pen** (*früher* [öffentlich] auspeitschen)
Stau‿punkt, ...raum, ...see (der); **Stau|strahl|trieb|werk** *(Flugw.);* **Stau|stu|fe; Stau|ung; Stau|ungs|be|hand|lung; Stau‿was|ser** (*Plur.* ...wasser), **...wehr** (*vgl.* [2]Wehr), **...werk**
St. Chri|stoph und Ne|vis [sənt - - 'ni:vis] (*svw.* St. Kitts und Nevis)
Std. = Stunde
Ste = Sainte
Steak [ste:k], das; -s, -s ‹engl.› (kurzgebratene Fleischschnitte); **Steak|haus**
Stea|mer ['sti:mə(r)], der; -s, - ‹engl.› (Dampfschiff)
Stea|rin [ʃt..., *auch* st...], das; -s, -e ‹griech.› (festes Gemisch aus Stearin- u. Palmitinsäure; Rohstoff für Kerzen); **Stea|rin|ker|ze; Stea|tit** [*auch* ...'tit], der; -s, -e (ein Talk; Speckstein); **Stea|to|py|gie** [st..., *auch* ʃt...], die; - (*Med.* starker Fettansatz am Gesäß); **Stea|to|se,** die; - (*Med.* Verfettung)
Stech|ap|fel; Stech|becken[1], Steck|becken[1] (*veraltet für* Bettpfanne); **Stech‿bei|tel, ...ei|sen; ste|chen;** du stichst; du stachst; du stächest; gestochen; stich!; er sticht ihn, *auch* ihm ins Bein; **Ste|chen,** das; -s, - *(Sportspr.);* **Ste|cher; Stech‿flie|ge, ...he|ber, ...kar|te** (Karte für die Stechuhr), **...mücke**[1], **...pad|del, ...pal|me, ...rüs|sel, ...schritt** *(Milit.),* **...uhr** (eine Kontrolluhr), **...vieh** (*österr. für* Kälber u. Schweine)
Steck|becken[1] *vgl.* Stechbecken; **Steck|brief; steck|brief|lich;** jmdn. - suchen; **Steck|do|se;** [1]**stecken**[1] (sich irgendwo, in etwas befinden, dort festsitzen, befestigt sein); du steckst; du stecktest, *älter u. geh.* stakst; du stecktest, *älter u. geh.* stäkest; gesteckt; steck[e]!; [2]**stecken**[1] (etwas in etwas einfügen, hineinbringen, etwas festheften); du steckst; gesteckt; steck[e]!;

[1] *Trenn.* ...k|k...

Stecken[1], der; -s, - ([1]Stock); **stecken|blei|ben**[1] (↑R 205); ich bleibe stecken; steckengeblieben; steckenzubleiben; der Nagel ist steckengeblieben; er ist während des Vortrages steckengeblieben; **Stecken|blei|ben**[1], das; -s; **stecken|las|sen**[1]; ↑R 205 f. (vergessen; im Stich lassen); er hat den Schlüssel steckenlassen, *seltener* steckengelassen; a b e r : du sollst ihn die Bohnen stecken lassen; **Stecken|pferd**[1]; **Stecker**[1]; **Steck‿kis|sen** (↑R 204), **...kon|takt** (↑R 204), **...lei|ter** (die); **Steck|ling** (abgeschnittener Pflanzenteil, der neue Wurzeln bildet); **Steck‿mu|schel, ...na|del; steck|na|del|kopf|groß; Steck‿reis** (das), **...rü|be, ...schach, ...scha|le** *(Blumenbinderei),* **...schloß, ...schlüs|sel, ...schuß, ...schwamm** *(Blumenbinderei),* **...tuch** (*österr. für* Kavalierstaschentuch), **...va|se, ...zwie|bel**
Ste|din|gen, *auch* Ste|din|ger Land (Marsch zwischen der Hunte u. der Weser unterhalb von Bremen); **Ste|din|ger** ‹„Gestadebewohner"›; **Ste|din|ger Land,** das; - -[e]s *vgl.* Stedingen
Steel|band ['sti:lbɛnt], die; -, -s ‹engl.› ([4]Band, deren Instrumente aus leeren Ölfässern bestehen)
Stee|ple|chase ['sti:p(ə)ltʃe:s], die; -, -n [...s(ə)n] ‹engl.› (Wettrennen mit Hindernissen, Jagdrennen); **Steep|ler** ['sti:plə(r)], der; -s, - (Pferd für Hindernisrennen)
Ste|fan *vgl.* Stephan; **Ste|fa|nia, Ste|fa|nie** *vgl.* Stephanie; **Stef|fen** *vgl.* Stephan; **Stef|fi** (w. Vorn.)
Steg, der; -[e]s, -e; *Schreibung in Straßennamen* ↑R 190
Ste|go|don [ʃt..., *auch* st...], der; -s, ...donten ‹griech.› (urweltl. Rüsseltier); **Ste|go|sau|ri|er** [...iər] (urweltl. Kriechtier); **Ste|go|ze|pha|le,** der; -n, -n; ↑R 197 (urweltl. Panzerlurch)
Steg|reif ‹„Steigbügel"›; *vgl.* [2]Reif; aus dem - (unvorbereitet); **Steg|reif‿dich|ter, ...ko|mö|die, ...re|de, ...spiel, ...zwei|zei|ler**
Steh|auf, der; -, - (ein altes Trinkgefäß); **Steh|auf|männ|chen; Steh‿bier|hal|le, ...bünd|chen** (an Blusen od. Kleidern), **...emp|fang; ste|hen;** du stehst; du standst; du stündest, *häufig auch* ständest; gestanden; steh[e]!; ich habe, *südd., österr., schweiz.* bin gestanden; zu Diensten, zu Gebote, zur Verfügung -; das wird

[1] *Trenn.* ...k|k...

dich, *auch* dir teuer zu stehen kommen; auf jmdn., auf etwas stehen (*ugs. für* eine besondere Vorliebe für jmdn., für etwas haben); (↑R 68:) sie schläft im Stehen; ihr fällt das Stehen schwer; ein guter Platz zum Stehen; zum Stehen bringen; *vgl.* stehend; **ste|hen|blei|ben;** ↑R 205 f. (nicht weitergehen; übrigbleiben); ich bleibe stehen; stehengeblieben; stehenzubleiben; die Uhr ist stehengeblieben; der Fehler ist leider stehengeblieben; a b e r : du sollst bei der Begrüßung stehen bleiben; **Ste|hen|blei|ben,** das; -s; **ste|hend;** -en Fußes; das -e Heer (*vgl.* Miliz); (↑R 65:) alles in ihrer Macht Stehende; **ste|hen|las|sen;** ↑R 205 f. (nicht anrühren; vergessen); er hat die Suppe stehenlassen, er hat den Schirm stehenlassen, man hat ihn einfach stehenlassen, *seltener* stehengelassen; a b e r : du sollst ihn bei dieser Arbeit stehen lassen; **Ste|her** (Radrennfahrer hinter einem Schrittmacher; Rennpferd für lange Strecken; *österr. für* [Zaun]pfosten); **Ste|her|ren|nen** *(Rad-, Pferdesport);* **Steh‿gei|ger, ...im|biß, ...kon|vent** (*scherzh. für* Gruppe von Personen, die sich stehend unterhalten), **...kra|gen, ...lam|pe, ...lei|ter** (die)
steh|len; du stiehlst, er stiehlt; du stahlst; du stählest, *selten* stöhlest; gestohlen; stiehl!; **Steh|ler;** *meist in* Hehler und -; **Stehl|trieb,** der; -[e]s
Steh‿platz, ...pult, ...satz (der; -es; *Druckw.*), **...ver|mö|gen** (das; -s)
Stei|e|rin; *vgl.* Steirer, steirisch, Steyr; **Stei|er|mark,** die; - (österr. Bundesland); **Stei|er|mär|ker; stei|er|mär|kisch**
steif; ein -er Hals; ein -er Gang; ein -er Grog; ein -er Wind; - sein, werden, machen, kochen, schlagen usw.; *vgl.* a b e r : steifhalten; **steif|bei|nig; Stei|fe,** die; -, -n (*nur Sing.:* Steifheit; Stütze); **stei|fen; steif|hal|ten;** ↑R 205 *(ugs.);* die Ohren steifhalten (sich nicht entmutigen lassen); er hat den Nacken steifgehalten (er hat sich behauptet); a b e r : du sollst das Bein steif halten; **Steif|heit,** die; -; **Stei|fig|keit,** die; -; **steif|lei|nen** (aus steifem Leinen); **Steif‿lei|nen, ...lein|wand; Stei|fung,** die; -
Steig, der; -[e]s, -e (steiler, schmaler Weg); **Steig|bü|gel; Stei|ge,** die; -, -n (steile Fahrstraße; Lattenkistchen [für Obst]); **Steig|ei|sen; stei|gen;** du stiegst; du stiegest; gestiegen; steig[e]!; (↑R 68:)

das Steigen der Kurse; **Stei|ger** (Aufsichtsbeamter im Bergbau); **Stei|ge|rer** (jmd., der bei einer Versteigerung bietet); **stei|gern;** ich ...ere (↑R 22); du steigerst dich; **Stei|ge|rung** (*auch für* Komparation; *schweiz. auch für* Versteigerung); **stei|ge|rungs|fä|hig; Stei|ge|rungs|ra|te** (*Wirtsch.*); **Stei|ge|rungs|stu|fe;** erste - (*für* Komparativ); zweite - (*für* Superlativ); **Steig_fä|hig|keit** (bei Kraftfahrzeugen), **...fell** (*Skisport*), **...flug, ...hö|he, ...lei|ter** (die), **...lei|tung, ...rie|men** (am Pferdesattel), **...rohr, ...übung; Stei|gung; Stei|gungs_ta|fel, ...win|kel; Steig|wachs** (*Skisport*)

steil; Steil|ab|fahrt (*Skisport*); **Stei|le,** die; -, -n; **stei|len** (*selten für* steil emporsteigen, -ragen); **Steil|feu|er** (das; -); **Steil|feu|er|ge|schütz; Steil|hang; Steil|heit,** die; -; **Steil_kur|ve, ...kü|ste, ...paß** (*Sport*), **...rand, ...schrift, ...spiel** (das; -[e]s; *Sport*), **...ufer, ...vor|la|ge** (*Sport*), **...wand; Steil|wand|zelt**

Stein, der; -[e]s, -e; eine zwei - starke Mauer (↑R 129); **Stein|ad|ler; stein|alt** (sehr alt); **Stein_axt, ...bank** (*Plur.* ...bänke), **...bau** (*Plur.* ...bauten), **...bau|ka|sten, ...bei|ßer** (ein Fisch), **...block** (*vgl.* Block), **...bock, ...bo|den, ...boh|rer, ...brech** (der; -[e]s, -e; eine Pflanze), **...bre|cher** (Maschine, die Gestein zerkleinert), **...bruch** (der), **...butt** (ein Fisch), **...damm, ...druck** (*nur Sing.*: ein Druckverfahren; Erzeugnis dieses Druckverfahrens [*Plur.* ...drukke]), **...ei|che; stei|nen** (*veraltet für* ab-, umgrenzen); **stei|nern** (aus Stein); ein -es Kreuz; ein -es (mitleidsloses) Herz, a b e r (↑R 146): Steinernes Meer; **Stein|er|wei|chen,** das; *nur in* zum - (*ugs.*); **Stein_flie|se, ...frucht, ...fuß|bo|den, ...gar|ten** (Felsengarten), **...grab, ...gut** (das; -[e]s, *Plur.* [*Sorten:*] -e), **...ha|gel; stein|hart; Stein|hau|er; Stein|hau|er|lun|ge** (*Med.*); **Stein_hau|fen, ...holz** (das; -es; ein Fußbodenbelag)

Stein|hu|der Meer, das; - -[e]s (See zwischen Weser u. Leine)

stei|nig; stei|ni|gen; Stei|ni|gung; Stein_kauz, ...klee (der; -s), **...koh|le; Stein|koh|len_berg|werk, ...för|de|rung, ...for|ma|ti|on** (die; -; *Geol.* eine Formation des Paläozoikums), **...in|du|strie, ...la|ger, ...teer, ...ze|che, ...zeit** (die; -; *für* Karbon); **Stein_la|wi|ne, ...lei|den** (*Med.*), **...mar|der, ...metz** (der; -en, -en; ↑R 197), **...nel|ke, ...obst, ...öl** (das; -[e]s; *veraltet für* Petroleum), **...pilz;** [1]**stein|reich;** -er Boden; [2]**stein|reich;** ein -er Mann; **Stein_salz** (das; -es), **...sarg, ...schlag; Stein|schlag|ge|fahr,** die; -; **Stein_schleu|der, ...schmät|zer** (ein Vogel); **Stein|schnei|de|kunst,** die; -; **Stein_schnei|der** (*svw.* Graveur), **...set|zer** (Pflasterer), **...wein** (ein Frankenwein), **...werk** (Steinbruch[groß]betrieb), **...wild, ...wurf, ...wü|ste, ...zeich|nung, ...zeit** (die; -); **stein|zeit|lich; Stein|zeit|mensch; Stein|zeug**

Stei|per, der; -s, - (*landsch. für* [untergestellte] Stütze)

Stei|rer; ↑R 147 (Bewohner der Steiermark); *vgl.* Steierin; **Stei|rer|an|zug** (österr. Trachtenanzug); **stei|risch**

Steiß, der; -es, -e; **Steiß_bein, ...la|ge** (*Med.*)

Stek [st..., *auch* ʃt...], der; -s, -s (*Seemannsspr.* [Schiffer]knoten)

Ste|le [st..., *auch* ʃt...], die; -, -n ‹griech.› (altgriech. Grabsäule od. -tafel)

Stel|la (w. Vorn.)

Stel|la|ge [...'la:ʒə, *österr.* ...'la:ʒ], die; -, -n [...ʒ(ə)n] ‹niederl.› (Gestell, Ständer); **Stel|la|ge|ge|schäft** (Börsentermingeschäft)

stel|lar [ʃt..., *auch* st...] ‹lat.› (die Fixsterne betreffend); **Stel|lar|astro|nom** ‹lat.; griech.› (Fixsternforscher); **Stel|lar|astro|no|mie**

Stell|dich|ein, das; -[s], -[s] (*veraltend für* Verabredung); **Stel|le,** die; -, -n; an Stelle, *jetzt häufig* anstelle (*vgl.* an Stelle *u.* ↑R 208) von Worten; an - (anstelle) des Vaters, a b e r: an die Stelle des Vaters ist der Vormund getreten; zur Stelle sein; an erster, zweiter Stelle; **stel|len; Stel|len_an|ge|bot, ...be|set|zung, ...bil|dung, ...dienst|al|ter, ...ge|such; stel|len|los; Stel|len|lo|sig|keit,** die; -; **Stel|len_markt** (*svw.* Arbeitsmarkt), **...nach|weis, ...plan** (*vgl.* [2]Plan), **...ver|mitt|lung, ...wech|sel; stel|len|wei|se; Stel|len|wert; Stel|ler,** der; -s, - (*Volleyball*); **Stell_flä|che, ...he|bel; ...stel|lig** (z. B. vierstellig, *mit Ziffer* 4stellig; ↑R 212); **Stel|ling,** die; -, *Plur.* -e, *auch* -s (*Seemannsspr.* an Seilen hängendes Brettgerüst zum Arbeiten an der Bordwand eines Schiffes); **Stell|ma|cher** (*landsch. für* Wagenbauer); **Stell|ma|che|rei; Stell_netz, ...platz, ...pro|be** (*Theater*), **...rad, ...schrau|be; Stel|lung;** - nehmen; **Stel|lung|nah|me,** die; -, -n; **Stel|lungs_be|fehl, ...kampf, ...krieg; stel|lungs|los; Stel|lungs|lo|se,** der *u.* die; -n, -n (↑R 7 ff.); **Stel|lungs|lo|sig|keit,** die; -; **Stel|lungs|spiel** (*Sport*); **Stel|lung[s]|su|che;** auf - sein; **stel|lung[s]|su|chend; Stel|lung[s]|su|chen|de,** der *u.* die; -n, -n (↑R 7 ff.); **stell|ver|tre|tend;** der -e Vorsitzende; **Stell_ver|tre|ter, ...ver|tre|te|rin; Stell|ver|tre|ter|krieg; Stell_ver|tre|tung, ...wand, ...werk** (*Eisenb.*); **Stell|werks|mei|ster**

St.-Elms-Feu|er (↑R 135); *vgl.* Elmsfeuer *u.* Sankt

Stelz|bein (*ugs.*); **Stel|ze,** die; -, -n (*österr. auch für* Eisbein); -n laufen (↑R 207); **stel|zen** (*meist iron.*); du stelzt; **Stel|zen|läu|fer; Stelz_fuß, ...gang** (der); **stel|zig; Stelz_vo|gel, ...wur|zel** (*Bot.*)

Stem|ma [ʃt..., *auch* st...], das; -s, -ta (Stammbaum, bes. der verschiedenen Handschriften eines literar. Werks)

Stemm|bo|gen (*Skisport*); **Stem|me,** die; -, -n (*Turnen*); **Stemm|ei|sen; Stemm|mei|ßel,** der; -s, - [*Trenn.* Stemm|mei..., ↑R 204]; **stem|men;** sich gegen etwas -

Stem|pel, der; -s, -; **Stem|pel_far|be, ...geld** (*ugs. für* Arbeitslosenunterstützung), **...hal|ter, ...kar|te, ...kis|sen, ...mar|ke; stem|peln;** ich ...[e]le (↑R 22); - gehen (*ugs. für* Arbeitslosenunterstützung beziehen); **stem|pel|pflich|tig** (*österr. für* gebührenpflichtig); **Stem|pel_schnei|der** (Berufsbez.), **...stän|der, ...steu|er** (die); **Stem|pe|lung,** Stemplung; **Stem|pen,** der; -s, - (*bayr. für* kurzer Pfahl, Pflock)

Sten|dal (Stadt in der Altmark)

Sten|del, der; -s, - *u.* **Sten|del|wurz** (eine Orchideengattung)

Sten|dhal [stɛ̃'dal] (franz. Schriftsteller)

Sten|ge, die; -, -n (*Seemannsspr.* Verlängerung des Mastes); **Sten|gel,** der; -s, - (Teil der Pflanze); **Sten|gel|blatt; Sten|gel|chen, Sten|gel|lein,** Steng|lein; **...sten|ge|lig,** ...steng|lig (z. B. kurzsteng[e]lig); **sten|gel|los**

ste|no... ‹griech.› (eng...); **Ste|no...** (Eng...); [1]**Ste|no,** die; - (*ugs. Kurzw. für* Stenographie); [2]**Ste|no,** das; -s, -s (*ugs. Kurzw. für* Stenogramm); **Ste|no|block** (*vgl.* Block; *ugs. svw.* Stenogrammblock); **Ste|no|graf** usw. (*eindeutschende Schreibung von* Stenograph usw.); **Ste|no|gramm,** das; -s, -e (Text in Kurzschrift); **Ste|no|gramm_block** (*vgl.* Block), **...hal|ter; Ste|no|graph,** der; -en, -en; ↑R 53 *u.* 197 (Kurzschriftler); **Ste|no|gra|phie,** die; -, ...ien; ↑R 53 (Kurzschrift); **ste-**

nolgralphielren; ↑R 53; Stelnolgralphin; ↑R 53; stelnolgralphisch; ↑R 53; Stelnolkarldie [ʃt..., *auch* st...], die; -, ...ien (*Med.* Herzbeklemmung [bei Angina pectoris]); Stelnolkonltolristin [ʃt...]; Stelnolse, Stelnolsis [ʃt..., *auch* st...], die; -, ...osen (*Med.* Verengung [der Blutgefäße]); stelnoltherm (*Biol.* nur geringe Temperaturschwankungen ertragend [von Pflanzen u. Tieren]); stelnoltop (*Biol.* begrenzt verbreitet); stelnoltylpielren [ʃt...] (in Kurzschrift aufnehmen u. danach in Maschinenschrift übertragen); Stelnoltylpist, der; -en, -en; ↑R 197 (Kurzschriftler u. Maschinenschreiber); Stelnotylpilstin

Stenltor [ʃt..., *auch* st...] (stimmgewaltiger Held der griech. Sage); **Stenltorlstimlme** (↑R 135)

Stenz, der; -es, -e (*ugs. für* gekkenhafter junger Mann [der gern Damenbekanntschaften macht])

Step [ʃt..., *auch* st...], der; -s, -s ‹engl.› (eine Tanzart); - tanzen

Stelphan, (↑R 131:) Stelfan, Steffen (m. Vorn.); **Stelphalnia**, Stefalnia, **Stelphalnie**, Stelfalnie [*auch* 'ʃtɛfani, *österr.* ...'ni:] (w. Vorn.); **Stelphalnit** [*auch* ...'nit], der; -s, -e (ein Mineral); **Stephalniltag; Stelphans-dom** (der; -[e]s; in Wien), **...tag**

Stelphenlson ['sti:vəns(ə)n] (Begründer des engl. Eisenbahnwesens)

Stepp-anolrak, ...decke [*Trenn.* ...deklke]

Steplpe, die; -, -n ‹russ.› (baumlose, wasserarme Pflanzenregion)

[1]**steplpen** (Stofflagen zusammennähen)

[2]**steplpen** ‹engl.› (Step tanzen)

Steplpen-belwohlner, ...flolra, ...fuchs, ...gras, ...huhn, ...wolf (*svw.* Präriewolf)

Steplper [ʃt..., *auch* st...] (Steptänzer)

Steplpelrei ‹*zu* [1]steppen›; [1]**Steplpelrin**

[2]**Steplpelrin** [ʃt..., *auch* st...] (Steptänzerin)

Stepp-futlter (*zu* [2]Futter), **...jacke** [*Trenn.* ...jaklke]

Stepplke, der; -[s], -s (*ugs., bes. berlin. für* kleiner Kerl)

Stepp-manltel, ...malschilne, ...naht, ...seilde, ...stich

Step-schritt [ʃt..., *auch* st...], **...tanz, ...tänlzer, ...tänlzelrin**

Ster, der; -s, *Plur.* -e *u.* -s ‹griech.› (ein veraltetes Raummaß für Holz); 3 - (↑R 129)

Stelraldilant, der; -en, -en (↑R 197) ‹griech.; lat.› (*Math.* Einheit des Raumwinkels; *Zeichen* sr)

Sterlbe-ablIaß, ...amt (*kath. Kirche*), **...bett, ...buch, ...daltum, ...fall** (der), **...gelläut, ...geld** (das; -es), **...glocke** [*Trenn.* ...glok|ke], **...hillfe, ...kaslse, ...kerlze, ...kreuz; sterlben**; du stirbst; du starbst, du stürbest; gestorben (*vgl. d.*); stirb!; **Sterben**, das; -s; im - liegen; das große - (die Pest); es ist zum Sterben langweilig (*ugs. für* sehr langweilig); **Sterlbenslangst; sterbens-elend, ...krank, ...langlweilig, ...matt; Sterlbenslseelle**; *nur in* keine, nicht eine - (niemand); **Sterlbenslwort, Sterlbenslwörtchen** (*ugs.*); *nur in* kein -; **Sterbe-ort** (*Plur.* ...orte), **...salkramenlte** (*Plur.*), **...stunlde, ...tag, ...urlkunlde, ...zimlmer; sterblich; Sterbllilche**, der *u.* die; -n, -n (↑R 7 ff.); **Sterbllichlkeit**, die; -; **Sterbllichlkeitslziflfer**

stelreo [ʃt..., *auch* st...] ‹griech.› (*kurz für* stereophon); die Schallplatte wurde - aufgenommen; **Stelreo**, das; -s, -s (*nur Sing.: kurz für* Stereophonie; *auch kurz für* Stereotypplatte); **stelreo...** (starr, massiv, unbeweglich; räumlich, körperlich); **Stelreo...** (Fest..., Raum..., Körper...); **Stelreo-anllalge** (Anlage für den stereophonen Empfang), **...bild** (Raumbild), **...chelmie** (Lehre von der räuml. Anordnung der Atome im Molekül), **...emplfang, ...fernlselhen, ...film** (stereoskop. Film), **...foltolgrafie** (die; -; Herstellung von Stereoskopbildern), **...kalmelra, ...komlpalraltor** (Instrument zur Ausmessung stereoskopischer Fotografien), **...lautlsprelcher; Stelreolmelter**, das; -s, - (opt. Gerät zur Messung des Volumens fester Körper); **Stelreomeltrie**, die; - (Lehre von der Berechnung der geometrischen Körper); **stelreolmeltrisch** (körperlich, Körper...); **stelreophon**, stelreolpholnisch; **Stereolpholnie**, die; - (Technik der räuml. wirkenden Tonübertragung); **stelreolpholnisch** *vgl.* stereophon; **Stelreolpholtogrammeltrie** [*Trenn.* ...grammme..., ↑R 204] (Auswertung u. Ausmessung von räuml. Meßbildern bei der Geländeaufnahme); **Stelreolpholtolgralphie** *vgl.* Stereofotografie; **Stelreolplatlte** (stereophonische Schallplatte); **Stelreolsenldung** (in Rundfunk od. Fernsehen); **Stelreolskop**, das; -s, -e (Vorrichtung, durch die man Bilder plastisch sieht); **Stelreolskolpie**, die; - (Raumbildtechnik); **stelreolskolpisch** (plastisch erscheinend, raumbildlich [von Bildern]); **Stelreoton** *Plur.* ...töne (räuml. wirkender [2]Ton); **stelreoltyp** ([fest]stehend, unveränderlich; *übertr. für* ständig [wiederkehrend], leer, abgedroschen; mit feststehender Schrift gedruckt); **Stelreoltyp**, das; -s, -e (*Psych.* oft vereinfachtes, stereotypes Urteil); **Stelreotyplldruck** (*nur Sing.:* Druck von der Stereotypplatte; Erzeugnis dieses Druckes [*Plur.* ...drucke]); **Stelreoltylpeur** [...'pø:r], der; -s, -e ‹franz.› (*Druckw.* jmd., der Matern herstellt u. ausgießt); **Stelreoltylpie**, die; -, ...ien ‹griech.› (*Druckw.; nur Sing.:* Herstellung u. Ausgießen von Matern; Arbeitsraum der Stereotypeure); **stelreoltylpielren** (*Druckw.*); **Stelreoltyp-meltall, ...platlte** (feste Druckplatte)

stelril [ʃt..., *auch* st...] ‹lat.› (unfruchtbar; keimfrei); **Stelrilllisaltilon**, die; -, -en (Unfruchtbarmachung; Entkeimung); **Stelrillisaltor**, der; -s, ...oren (Entkeimungsapparat); **Stelrillilsierlappalrat; stelrillilsielren** (haltbar machen [von Nahrungsmitteln]; zeugungsunfähig machen); **Sterillilsielrung; Stelrilliltät**, die; - (Unfruchtbarkeit; Keimfreiheit; *übertr. für* geistiges Unvermögen, Unproduktivität)

Stelrin [ʃt..., *auch* st...], das; -s, -e ‹griech.› (eine organische chemische Verbindung)

Sterlke, die; -, -n (*nordd. für* Färse)

Sterllet[t], der; -s, -e ‹russ.› (ein Fisch)

Sterlling ['stɛr..., *auch* 'ʃtɛr..., *engl.* 'stœ:(r)...], der; -s, -e (engl. Münzeinheit); Pfund - (*Zeichen u. Abk.* £, £Stg); 2 Pfund -

[1]**Stern**, der; -s, -e ‹engl.› (*Seemannsspr.* Heck des Schiffes)

[2]**Stern**, der; -[e]s, -e (Himmelskörper); **Stern-bild, ...blulme; Sternlchenlnuldel** *meist Plur.* (eine Suppeneinlage); **Sterndeulter** (*für* Astrologe); **Sterndeultelrei; Sternldeultelrin; Sternldeultung** (die; -); **Sternenlbanlner; sterlnenlhell** (*svw.* sternhell); **Sterlnenlhimlmel** (*svw.* Sternhimmel); **sterlnenklar** (*svw.* sternklar); **Sterlnenlicht**, das; -[e]s; **sterlnen-los, ...wärts; Sterlnenlzelt**, das; -[e]s (*geh.*); **Sternlfahrt** (*für* Rallye); **sternlförlmig; Stern-forlscher, ...gelwöllbe** (*Archit.*), **...gucker** ([*Trenn.* ...guk|ker]; *ugs.*); **sternhalgelvoll** (*ugs. für* sehr betrunken); **Sternlhaulfen** (*Astron.*); **sternlhell; Stern-himlmel** (der; -s); **...jahr** (*svw.* siderisches Jahr), **...karlte; sternlklar; Sternlkun-**

de, die; -; **stęrn|kun|dig; Stern-marsch** (der), **...mo|tor, ...na-me, ...ort** (der; -[e]s, ...örter), **...schnup|pe, ...sin|gen** (das; -s; Volksbrauch zur Dreikönigszeit), **...sin|ger, ...stun|de** (glückliche Schicksalsstunde), **...sy-stem, ...war|te, ...wol|ke** *(Astron.),* **...zei|chen, ...zeit**

Stert, der; -[e]s, -e (*nordd. für* [2]Sterz [Schwanz usw.])

[1]**Stęrz,** der; -es, -e (*südd. u. österr. für* eine [Mehl]speise)

[2]**Stęrz,** der; -es, -e (Schwanz[ende]; Führungs- u. Haltevorrichtung an Geräten); **stęr|zeln** (den Hinterleib aufrichten [von Bienen])

stet *(veraltet);* -e Vorsicht; **Ste|te, Stet|heit,** die; - (*veraltend für* Stetigkeit)

Ste|tho|skop [ʃt..., *auch* st...], das; -s, -e ‹griech.› (*Med.* Hörrohr)

ste|tig (ständig, fortwährend); **Ste|tig|keit,** die; -; *vgl.* aber: Stätigkeit; **stets; stets|fort** (*schweiz. für* fortwährend)

Stet|tin (*poln.* Szczecin); **Stet|ti-ner** (↑R 147); **Stet|ti|ner Haff,** das; - -[e]s, *auch* Oderhaff, das; -[e]s

[1]**Steu|er,** das; -s, - (Lenkvorrichtung); [2]**Steu|er,** die; -, -n (Abgabe); direkte, indirekte, staatliche -; **Steu|er|ab|zug; Steu|er|än-de|rungs|ge|setz; Steu|er|an-ge|le|gen|heit; Steu|er|an|pas-sungs|ge|setz; Steu|er-an-spruch, ...auf|kom|men, ...auf-sicht** (die; -); **Steu|er|aus-gleichs|kon|to; Steu|er|aus-schuß;** [1]**steu|er|bar** (*Amtsspr.* steuerpflichtig); das -e Einkommen; [2]**steu|er|bar** (sich steuern lassend); **Steu|er|bar|keit; steu-er|be|gün|stigt;** -es Sparen; **Steu|er|be|hör|de; Steu|er|be-mes|sungs|grund|la|ge; Steu-er-be|ra|ter, ...be|ra|te|rin, ...be-scheid, ...be|trag, ...be|voll-mäch|tig|te** (der *u.* die), **...bi-lanz; Steu|er|bord,** das; -[e]s, -e (rechte Schiffsseite); **steu|er-bord[s]; Steu|er|ein|nah|me; Steue|rer,** Steu|rer; **Steu|er-er-hö|hung, ...er|klä|rung, ...er|laß, ...er|leich|te|rung, ...er|mä|ßi-gung, ...er|mitt|lungs|ver|fah-ren, ...er|stat|tung, ...fahn|der, ...fahn|dung, ...flucht** (die; -), **...for|mu|lar; steu|er|frei;** -er Betrag; **Steu|er|frei|be|trag; Steu-er-gel|der** *(Plur.),* **...ge|rät** (Teil einer Stereoanlage), **...ge|setz, ...hel|fer, ...hin|ter|zie|hung, ...kar|te, ...klas|se, ...knüp|pel** (im Flugzeug), **...last, ...leh|re; steu|er|lich; steu|er|los;** ein -es Schiff; **Steu|er-mann** (*Plur.* ...leute, *auch* ...männer), **...mar-ke; Steu|er|meß|be|trag; steu-ern;** ich ...ere (↑R 22); ein Boot -; dem Übel - (*geh. für* entgegenwirken); **Steu|er|oa|se** (Land mit bes. günstigen steuerlichen Verhältnissen für Ausländer); **Steu|er-pa|ra|dies** *(ugs.),* **...pflicht; steu|er|pflich|tig; Steu|er-po|li|tik, ...pro|gres|si-on, ...prü|fer, ...pult, ...rad, ...recht; steu|er|recht|lich; Steu-er-re|form, ...ru|der, ...satz, ...säu|le** *(Kfz-Technik),* **...schrau-be** (*nur in Wendungen wie* die - anziehen, an der - drehen), **...schuld, ...sen|kung, ...straf-recht, ...sy|stem, ...ta|bel|le, ...ta|rif, ...trä|ger; Steue|rung; Steu|er-ven|til, ...ver|an|la|gung, ...ver|ge|hen, ...ver|gün|sti|gung, ...ver|gü|tung, ...vor|aus|zah-lung, ...vor|rich|tung, ...werk** *(EDV),* **...we|sen** (das; -s), **...zah-ler, ...zah|le|rin, ...zet|tel, ...zu-schlag; Steu|rer,** Steue|rer

Ste|ven [...v...], der; -s, - (*nordd. für* das Schiff vorn u. hinten begrenzender Balken)

Ste|ward [ˈstju:ə(r)t], der; -s, -s ‹engl.› (Betreuer an Bord von Flugzeugen, Schiffen u. a.); **Ste-war|deß** [ˈstju:ə(r)dɛs, *auch* ...ˈdɛs], die; -, ...dessen (Betreuerin an Bord von Flugzeugen, Schiffen u. a.)

Steyr (oberösterr. Stadt)

Stg., St. = Satang

StGB = Strafgesetzbuch

Sthe|nie [st..., *auch* ʃt...], die; - ‹griech.› (*Med.* Körperkraft); **sthe|nisch** (kraftvoll)

sti|bit|zen (*ugs. für* entwenden, sich listig aneignen); du stibitzt; er hat stibitzt

Sti|bi|um [ʃt..., *auch* st...], das; -s ‹griech.-lat.› (*lat. Bez. für* Antimon; *Zeichen* Sb)

Stich, der; -[e]s, -e; im - lassen; etwas hält - (*veraltend für* erweist sich als einwandfrei); **Stich-bahn** *(Eisenb.),* **...blatt** (Handschutz bei Fechtwaffen), **...bo-gen** (flacher Rundbogen); **Sti-chel,** der; -s, - (ein Werkzeug); **Sti|che|lei** (*auch für* Neckerei; Boshaftigkeiten); **Sti|chel|haar; sti|chel|haa|rig;** ein -er Hund; **sti|cheln** (*auch für* mit Worten necken, boshafte Bemerkungen machen); ich ...[e]le (↑R 22); (↑R 68:) er kann das Sticheln nicht lassen; **stich|fest;** hieb- und stichfest (↑R 32); **Stich-flam|me, ...fra|ge, ...gra|ben; stich|hal|ten** (*österr. für* Stich halten; *vgl.* Stich); **stich|hal|tig,** *österr.* **stich|häl|tig; Stich|hal-tig|keit,** *österr.* **Stich|häl|tig|keit,** die; -; **sti|chig** (einen Stich habend, säuerlich); **...sti|chig** (z. B. wurmstichig); **Stich-jahr, ...kampf** *(Sport),* **...ka|nal** *(Wasserbau),* **...kap|pe** *(Bauw.);* **Stich-ler** ‹*zu* sticheln›; **Stich|ling** (ein Fisch)

Sti|cho|my|thie [ʃt..., *auch* st...], die; -, -n ‹griech.› (versweise wechselnde Rede u. Gegenrede in einem Versdrama)

Stich|pro|be; stich|pro|ben|wei-se; Stich|punkt; stich|punkt|ar-tig; Stich-sä|ge, ...stra|ße (größere Sackgasse [mit Wendeplatz]), **...tag, ...waf|fe, ...wahl; Stich|wort** *Plur.* (*für* Wort, das in einem Wörterbuch, Lexikon o. ä. behandelt wird:) ...wörter *u.* (*für* Einsatzwort für den Schauspieler *od. für* kurze Aufzeichnung aus einzelnen wichtigen Wörtern:) ...worte; **stich|wort|ar|tig; Stich|wort-re|gi|ster, ...ver-zeich|nis; Stich|wun|de**

Stickel[1], der; -s, - (*südd. u. schweiz. für* Stecken; Stützstange für Erbsen, Reben u. a.)

sticken[1]; [1]**Sticker**[1] (jmd., der stickt)

[2]**Sticker**[1] [st...], der; -s, - ‹engl.› (Aufkleber)

Sticke|rei[1]; **Sticke|rin**[1]; **Stick-garn; Stick|hu|sten** (*veraltet für* Keuchhusten); **stickig**[1]; **Stick-luft** (die; -), **...ma|schi|ne, ...mu-ster; Stick|mu|ster|tuch** *Plur.* ...tücher; **Stick-oxyd** (*vgl.* Oxid), **...rah|men, ...stoff** (der; -[e]s; chem. Element, Gas; *Zeichen* N; *vgl.* Nitrogenium); **Stick|stoff-bak|te|ri|en** *(Plur.),* **...dün|ger; stick|stoff|frei** (↑R 204); **stick-stoff|hal|tig**

stie|ben; du stobst, *auch* stiebtest; du stöbest, *auch* stiebtest; gestoben, *auch* gestiebt; stieb[e]!

Stief|bru|der

Stie|fel, der; -s, - (Fußbekleidung; Trinkglas in Stiefelform); **Stie-fel|chen, Stie|fe|lein; Stie|fe|let-te,** die; -, -n (Halbstiefel); **Stie-fel|knecht; stie|feln** (*ugs. für* gehen, stapfen, trotten); ich ...[e]le (↑R 22); **Stie|fel|schaft,** der

Stief-el|tern *(Plur.),* **...ge|schwi-ster** *(Plur.),* **...kind, ...mut|ter** (*Plur.* ...mütter), **...müt|ter|chen** (eine Zierpflanze); **stief|müt|ter-lich**

Stie|fo-gra|fie *od.* **...gra|phie,** die; - ‹nach dem dt. Stenographen H. Stief› (ein Kurzschriftsystem)

Stief-schwe|ster, ...sohn, ...toch-ter, ...va|ter

Stie|ge, die; -, -n (Verschlag, flache [Latten]kiste; Zählmaß [20 Stück]; enge Holztreppe; *bes. südd., österr. für* Treppe[nflur]); **Stie|gen-be|leuch|tung, ...ge-**

---

[1] *Trenn.* ...k|k...

län|der, ...haus (*südd., österr. für* Treppenhaus)
Stieg|litz, der; -es, -e ‹slaw.› (Distelfink)
stie|kum ‹hebr.-jidd.› (*ugs. für* heimlich, leise)
Stiel, der; -[e]s, -e (Handhabe; Griff; Stengel); mit Stumpf und -; **Stiel‿au|ge** (*ugs. scherzh. in* -n machen), **...be|sen, ...bril|le** (*veraltet für* Lorgnette), **...bür|ste; stie|len** (*selten für* mit Stiel versehen); *vgl.* gestielt; **Stiel|glas** (*Plur.* ...gläser); **...stie|lig** (z. B. kurzstielig); **Stiel|kamm; stiel|los;** *vgl.* aber: stillos; **Stiel|mus,** das; -es (*landsch. für* Gemüse aus Rübenstielen u. -blättern); **Stiel|stich** *(Stickerei)*
stie|men (*nordd. für* dicht schneien; qualmen); **Stiem|wet|ter,** das; -s (*nordd. für* Schneesturm)
stier (starr; *österr., schweiz. mdal. auch für* ohne Geld)
Stier, der; -[e]s, -e
[1]**stie|ren** (starr blicken)
[2]**stie|ren** (*svw.* rindern); **stie|rig** (brünstig [von der Kuh]); **Stier|kampf; Stier|kampf|are|na; Stier‿kämp|fer, ...nacken** ([*Trenn.* ...nak|ken]; feister, starrer Nacken); **stier|nackig** [*Trenn.* ...nak|kig]
Stie|sel, Stie|ßel, der; -s, - (*ugs. für* ungeschickter Mensch, Dummkopf, Flegel); **stie|se|lig, sties|lig, stie|ße|lig, stieß|lig**
[1]**Stift,** der; -[e]s, -e (Bleistift; Nagel); [2]**Stift,** der; -[e]s, -e (*ugs. für* halbwüchsiger Junge, Lehrling)
[3]**Stift,** das; -[e]s, -e, *selten* -er (fromme Stiftung; *veraltet für* Altersheim); **stif|ten**
stif|ten|ge|hen (*ugs. für* [heimlich] ausreißen, fliehen)
[1]**Stif|ter** (österr. Schriftsteller)
[2]**Stif|ter; Stif|ter|fi|gur** *(bild. Kunst);* **Stif|te|rin; Stif|ter|ver|band;** - für die Deutsche Wissenschaft; **stif|tisch** (*veraltet für* zu einem [3]Stift gehörend); **Stift|ler** (*veraltet für* Stiftsangehöriger); **Stifts‿da|me, ...fräu|lein, ...herr, ...kir|che, ...schu|le; Stif|tung; Stif|tungs‿brief, ...fest, ...rat** (*Plur.* ...räte; *kath. Kirche* dem Pfarrer unterstehender Gemeindeausschuß zur Verwaltung des Kirchenvermögens), **...ur|kun|de**
Stift|zahn
Stig|ma [st..., *auch* ʃt...], das; -s, *Plur.* ...men *u.* -ta ‹griech., „Stich"› ([Wund-, Brand]mal; *Bot.* Narbe der Blütenpflanzen; *Zool.* äußere Öffnung der Tracheen; Augenfleck der Einzeller); **Stig|ma|ti|sa|ti|on,** die; -, -en (Auftreten der fünf Wundmale Christi bei einem Menschen); **stig|ma|ti|sie|ren** (brandmarken, zeichnen); **Stig|ma|ti|sier|te,** der *u.* die; -n, -n (↑R 7 ff.); **Stig|ma|ti|sie|rung**
Stil [ʃt..., *auch* st...], der; -[e]s, -e ‹lat.› (Einheit der Ausdrucksformen [eines Kunstwerkes, eines Menschen, einer Zeit]; Darstellungsweise, Art [Bau-, Schreibart usw.]); *Zeitrechnung* alten -s (*Abk.* a. St.), neuen -s (*Abk.* n. St.); **Stil|art**
Stilb [ʃt..., *auch* st...], das; -s, - ‹griech.› (*Physik* eine veraltete Einheit der Leuchtdichte; *Zeichen* sb); 4 -
stil|bil|dend; - für eine Epoche; **Stil‿blü|te, ...bruch** (der), **...ebe|ne** *(Sprachw.),* **...ele|ment, ...emp|fin|den, ...ent|wick|lung**
Sti|lett [ʃt..., *auch* st...], das; -s, -e ‹ital.› (kleiner Dolch)
Stil‿feh|ler, ...fi|gur
Stilf|ser Joch, das; - -[e]s (ein Alpenpaß)
Stil|ge|fühl, das; -[e]s; **stil|ge|recht; sti|li|sie|ren** ‹lat.› (nur in den wesentlichen Grundstrukturen darstellen); **Sti|li|sie|rung; Sti|list,** der; -en, -en; ↑R 197 (jmd., der guten Stil beherrscht); **Sti|li|stik,** die; -, -en (Stilkunde); **Sti|li|stin; sti|li|stisch; Stil|kun|de,** die; -, -en; **stil|kund|lich**
still; I. *Kleinschreibung:* **a)** (↑R 65:) im stillen (unbemerkt); **b)** (↑R 157:) *Kaufmannsspr.* stiller Teilhaber, stille Reserven, Rücklagen, stille Beteiligung; *ugs. scherzh.* das stille Örtchen (Toilette); *kath. Kirche* eine stille Messe. **II.** *Großschreibung:* **a)** (↑R 146:) der Stille Ozean; **b)** (↑R 157:) der Stille Freitag (Karfreitag); die Stille Woche (Karwoche). **III.** *Schreibung in Verbindung mit Verben* (↑R 205 f.): still sein, werden, sitzen, stehen, halten; *vgl.* aber: stillbleiben, stillegen, stillhalten, stilliegen, stillschweigen, stillsitzen, stillstehen; **still|blei|ben** (↑R 205); ich bleibe still; stillgeblieben; stillzubleiben; **stil|le** (*ugs. für* still); **Stil|le,** die; -; in aller, in der -; **Stil|le|ben,** das; -s, - [*Trenn.* Still|le..., ↑R 204] (*Malerei* Darstellung lebloser Gegenstände in künstl. Anordnung); **stil|le|gen** (↑R 205) [*Trenn.* still|le..., ↑R 204] (außer Betrieb setzen); ich lege still; stillgelegt; stillzulegen; die Eisenbahnlinie wurde stillgelegt; **Stil|le|gung** [*Trenn.* Still|le..., ↑R 204]
Stil|leh|re
stil|len; Still|geld (Unterstützung für stillende Mütter); **still|ge|stan|den!** *(Milit.);* **Still|hal|te|ab|kom|men; still|hal|ten;** ↑R 205 (sich nicht bewegen; erdulden, geduldig ertragen); sie hat beim Zahnarzt tapfer stillgehalten; aber: du mußt die Lampe still (ruhig) halten; **stil|lie|gen** (↑R 205) [*Trenn.* still|lie..., ↑R 204] (außer Betrieb sein); die Fabrik hat stillgelegen; aber: das Kind hat still (ruhig) gelegen
stil|los; -este; *vgl.* aber: stiellos; **Stil|lo|sig|keit**
still|schwei|gen (↑R 205); er hat stillgeschwiegen; **Still|schwei|gen;** jmdm. - auferlegen; **still|schwei|gend; still|sit|zen;** ↑R 205 (nicht beschäftigt sein), aber: er sollte still (ruhig) sitzen; **Still|stand,** der; -[e]s; **still|ste|hen;** ↑R 205 (in der Bewegung aufhören); sein Herz hat stillgestanden; aber: das Kind hat lange still (ruhig) gestanden; **Stil|lung,** die; -; **still|ver|gnügt; Still|zeit**
Stil‿mit|tel (das), **...mö|bel, ...no|te** *(Sport),* **...rich|tung, ...schicht** (*svw.* Stilebene), **...übung, ...un|ter|su|chung; stil|voll; Stil|wan|del; stil|wid|rig; Stil|wör|ter|buch**
Stimm‿ab|ga|be, ...auf|wand, ...band (das; *Plur.* ...bänder); **stimm|be|rech|tigt; Stimm|be|rech|tig|te,** der *u.* die; -n, -n (↑R 7 ff.); **Stimm‿be|rech|ti|gung, ...be|zirk; stimm|bil|dend; Stimm‿bil|dung, ...bruch** (der; -[e]s), **...bür|ger** *(schweiz.);* **Stimm|chen; Stim|me,** die; -, -n; **stim|men; Stim|men‿an|teil, ...aus|zäh|lung, ...fang** (der; -[e]s), **...ge|winn, ...ge|wirr, ...gleich|heit** (die; -), **...kauf, ...mehr|heit; Stimm|ent|hal|tung; Stim|men‿ver|hält|nis, ...ver|lust; Stim|mer** (eines Musikinstrumentes); **stimm|fä|hig; Stimm‿füh|rung** (die; -; *Musik*), **...ga|bel; stimm|ge|wal|tig; stimm|haft** (*Sprachw.* weich auszusprechen); **Stimm|haf|tig|keit,** die; -; **stim|mig** (passend, richtig, [überein]stimmend); **...stim|mig** (z. B. vierstimmig, *mit Ziffer* 4stimmig); **Stim|mig|keit,** die; -; **Stimmit|tel,** das; -s, - [*Trenn.* Stimm|mit..., ↑R 204]; **Stimm|la|ge; Stimm|lein; stimm|lich; stimm|los** (*Sprachw.* hart auszusprechen); **Stimm|lo|sig|keit,** die; -; **Stimm‿recht, ...rit|ze, ...schlüs|sel** (Gerät zum Klavierstimmen), **...stock** (in Streichinstrumenten); **Stim|mung; Stim|mungs‿ba|ro|me|ter** *(ugs.),* **...bild, ...ka|no|ne** (*ugs. für* jmd., der für Stimmung sorgt, sehr gut unterhält), **...ka|pel|le, ...ma|che, ...mu|sik, ...um|schwung; stim|mungs|voll; Stimm‿vieh** *(abwertend),* **...zet|tel**

Sti|mu|lans [st..., *auch* ʃt...], das; -, *Plur.* ...lantia *u.* ...lanzien [...i̯ən] ‹lat.› (*Med.* anregendes Mittel, Reizmittel); **Sti|mu|lanz,** die; -, -en (Anreiz, Antrieb); **Sti|mu|la|ti|on** [ʃt..., *auch* st...], die; -, -en (*seltener für* Stimulierung); **sti|mu|lie|ren; Sti|mu|lie|rung** (Erregung, Anregung, Reizung); **Sti|mu|lus** [st..., *auch* ʃt...], der; -, ...li (Reiz, Antrieb)

Sti|ne (w. Vorn.)

stink|be|sof|fen (*derb für* völlig betrunken); **Stink|bom|be; stin|ken;** du stankst; du stänkest; gestunken; stink[e]!; **Stin|ker** (*ugs. für* unangenehmer Mensch); **stink|faul** (*ugs. für* sehr faul); **stink|fein** *(ugs.)*; **Stink|fritz,** der; -en, -en; ↑R 197 (*ugs. svw.* Stinker); **stin|kig; Stink|kä|fer** (*landsch. für* Mistkäfer); **stink|lang|wei|lig** *(ugs.)*; **Stink|lau|ne** (*ugs. für* sehr schlechte Laune); **Stink‿mar|der** (*Jägerspr.* Iltis), **...mor|chel; stink|nor|mal** *(ugs.)*; **stink|sau|er** (*ugs. für* sehr verärgert, sehr wütend); **Stink‿stie|fel** (*derb für* übelgelaunter Kerl, unangenehmer Mensch), **...tier; stink|vor|nehm** *(ugs.)*; **Stink|wan|ze; Stink|wut** *(ugs.)*

Stint, der; -[e]s, -e (ein Fisch)

Sti|pen|di|at, der; -en, -en (↑R 197) ‹lat.› (jmd., der ein Stipendium erhält); **Sti|pen|di|en‿ver|ga|be, ...ver|wal|tung; Sti|pen|di|um,** das; -s, ...ien [...i̯ən] (Geldbeihilfe für Schüler, Studierende, Gelehrte)

Stipp, der; -[e]s, -e *u.* Stip|pe, die; -, -n (*landsch. für* Kleinigkeit; Punkt; Pustel; Tunke); auf den Stipp (sofort); **Stipp|be|such** (*ugs. für* kurzer Besuch); **Stipp|chen; stip|pen** (*ugs. für* tupfen, tunken); **stip|pig** (*landsch. für* gefleckt; mit Pusteln besetzt); **Stip|pig|keit,** die; - *(landsch.)*; **Stipp|lein; Stipp|vi|si|te** (*ugs. für* kurzer Besuch)

Sti|pu|la|ti|on [ʃt..., *auch* st...], die; -, -en ‹lat.› (vertragl. Abmachung, Übereinkunft); **sti|pu|lie|ren; Sti|pu|lie|rung**

Stirn, die; -, -en, *geh.* Stir|ne, die; -, -n; **Stirn‿band** (das; *Plur.* ...bänder), **...bein; Stir|ne** *vgl.* Stirn; **Stirn‿fal|te, ...flä|che, ...glat|ze, ...höh|le; Stirn|höh|len‿ent|zün|dung, ...ver|ei|te|rung; ...stir|nig** (z. B. breitstirnig); **Stirn‿locke** [*Trenn.* ...lok|ke], **...reif, ...rie|men, ...run|zeln** (das; -s); **stirn|run|zelnd; Stirn‿sei|te, ...wand, ...zie|gel**

St. Kitts und Nevis [sənt - - 'ni:vis] (Staat im Bereich der Westindischen Inseln)

St. Lu|cia [s(ə)nt -] (Staat im Bereich der Westindischen Inseln); *vgl.* Lucianer

Sto. = Santo

Stoa [st...], die; -, Stoen ‹griech.› (*nur Sing.:* altgriech. Philosophenschule; altgriech. Säulenhalle)

Stö|ber, der; -s, - (*Jägerspr.* Hund, der zum [Auf]stöbern des Wildes gebraucht wird); **Stö|be|rei** (*landsch. auch für* Großreinemachen); **Stö|ber|hund; stö|bern** (*ugs. für* suchen, [wühlend] herumsuchen; *Jägerspr.* aufjagen; flockenartig umherfliegen; *landsch. auch für* saubermachen); ich ...ere (↑R 22); es stöbert (*landsch. für* es schneit)

Sto|cha|stik [sto'xas..., auch ʃt...], die; - ‹griech.› (Betrachtungsweise der analytischen Statistik nach der Wahrscheinlichkeitstheorie); **sto|cha|stisch**

Sto|cher, der; -s, - (Werkzeug zum Stochern); **Sto|cher|kahn; sto|chern;** ich ...ere (↑R 22)

¹Stock, der; -[e]s, Stöcke (Stab u. ä., Baumstumpf); über - und Stein; in den - (Fußblock) legen; **²Stock,** der; -[e]s, - (Stockwerk); das Haus hat zwei -, ist zwei - hoch; ein Haus von drei -

³Stock [stɔk], der; -s, -s ‹engl.› (*Wirtsch.* Vorrat, Warenlager; Grundkapital)

Stock|aus|schlag (*Forstw.* Sproßbildung an Baumstümpfen); **stock‿be|trun|ken** (*ugs. für* völlig betrunken), **...blind** (*ugs. für* völlig blind)

Stock-Car ['stɔkka:(r)], der; -s, -s ‹engl.› (*Motorsport* mit starkem Motor ausgestatteter Serienwagen, mit dem Rennen gefahren werden); **Stock-Car-Ren|nen**

Stöck|chen; Stock|de|gen; stock‿dumm (*ugs. für* sehr dumm), **...dun|kel** (*ugs. für* völlig dunkel); **Stock|ei|sen; ¹Stöckel**[1], der; -s, - (*ugs. für* hoher Absatz); **²Stöckel**[1], das; -s, - (*österr. für* Nebengebäude [von Schlössern od. Bauernhäusern]); **Stöckel|ab|satz**[1]; **stöckeln**[1] (*ugs. für* auf ¹Stöckeln laufen); ich ...[e]le (↑R 22); **Stöckel|schuh**[1]; **stocken**[1] (nicht vorangehen; *bayr. u. österr. auch für* gerinnen); (↑R 68:) ins Stocken geraten, kommen; gestockte Milch (*bayr. u. österr. für* Dickmilch); **Stock|en|te; Stockerl**[1], das; -s, -n (*bayr. u. österr. für* Hocker); **Stock‿fäu|le** *(Forstw.)*, **...feh|ler** *([Eis]hockey)*; **stock|fin|ster** (*ugs. für* völlig finster); **Stock‿fisch** (*ugs. auch für* wenig gesprächiger Mensch), **...fleck** *od.* **...flecken**[1]; **stock|fleckig**[1]; **stock|hei|ser** (*ugs. für* sehr heiser)

Stock|holm [*auch* ...'hɔlm] (Hptst. von Schweden); **Stock|hol|mer** (↑R 147)

stockig[1] (muffig; stockfleckig); **...stöckig**[1] (z. B. vierstöckig, *mit Ziffer* 4stöckig; ↑R 212); **stock|kon|ser|va|tiv** (*ugs. für* sehr konservativ); **Stöck|lein; Stöck|li,** das; -s, - (*schweiz. für* Nebengebäude eines Bauernhofs; Altenteil); **Stock|na|gel; stock|nüch|tern** (*ugs. für* ganz nüchtern); **Stock‿punkt** (*Chemie* Temperatur der Zähigkeitszunahme von Ölen), **...ro|se** (Malve); **stock|sau|er** (*ugs. für* sehr verärgert, sehr wütend); **Stock‿schirm, ...schla|gen** (das; -s; *Eishockey*), **...schnup|fen, ...schwämm|chen** (ein Pilz); **stock‿steif** (*ugs. für* völlig steif), **...taub** (*ugs. für* völlig taub); **Stock|uhr** (*österr. veraltet für* Standuhr); **Stockung**[1]; **Stock|werk; Stock|zahn** (*südd., österr., schweiz. für* Backenzahn)

Stoff, der; -[e]s, -e; **Stoffar|be** [*Trenn.* Stoff|far..., ↑R 204]; **Stoff‿bahn, ...bal|len, ...be|hang**

Stof|fel, der; -s, - (*ugs. für* ungeschickter, unhöflicher Mensch, Tölpel); **stof|fe|lig,** stoff|lig (*ugs. für* tölpisch, unhöflich)

Stoffet|zen, der; -s, - [*Trenn.* Stoff|fet..., ↑R 204]; **stoff|hal|tig; stoff|lich** (materiell); **Stoff|lich|keit,** die; -

stoff|lig *vgl.* stoffelig

Stoff‿rest, ...samm|lung, ...ser|vi|et|te, ...tier; Stoffül|le [*Trenn.* Stoff|fül..., ↑R 204], die; -; **Stoff|wech|sel; Stoff|wech|sel|krank|heit**

stöh|nen; (↑R 68:) leises Stöhnen

stoi! [stɔy] ‹russ.› (halt!)

Stoi|ker [ʃt..., *auch* st...] ‹griech.› (Anhänger der Stoa; Vertreter des Stoizismus); **sto|isch** (zur Stoa gehörend; unerschütterlich, gleichmütig); **Stoi|zis|mus,** der; - (Lehre der Stoiker; Unerschütterlichkeit, Gleichmut)

Sto|la [ʃt..., *auch* st...], die; -, ...len ‹griech.› (altröm. Ärmelgewand; gottesdienstl. Gewandstück des kath. Geistlichen; langer, schmaler Umhang)

Stol|berg (Harz), **Kurort** (Stadt in Sachsen-Anhalt); **Stol|berg** (Rhld.) (Stadt bei Aachen)

Stol|ge|büh|ren [ʃt..., *auch* st...] *Plur.* (Pfarramtsnebenbezüge)

Stoll|berg (Erzgeb.) (Stadt in Sachsen)

Stol|le, die; -, -n *od.* **¹Stol|len,** der; -s, - (ein Weihnachtsgebäck);

[1] *Trenn.* ...k|k...

[2]**Stol|len,** der; -s, - (Zapfen am Hufeisen, an [Fußball]schuhen; *Bergmannsspr.* waagerechter Grubenbau; *Verslehre* eine Strophe des Aufgesangs im Meistersang); **Stol|len_bau** (der; -[e]s), **...gang** (der), **...mund|loch** *(Bergmannsspr.)*
Stol|per|draht; Stol|pe|rer; stol|pe|rig, stolp|rig; **stol|pern** (straucheln); ich ...ere (↑R 22); **Stol|per|stein** (Schwierigkeit, an der etwas, jmd. leicht scheitern kann); **stolp|rig** *vgl.* stolperig
stolz; -este; **Stolz,** der; -es
Stol|ze (Erfinder eines Kurzschriftsystems); **Stol|ze-Schrey;** das Kurzschriftsystem Stolze-Schrey
stolz|ge|schwellt; mit -er Brust; **stol|zie|ren** (stolz einherschreiten)
Sto|ma [st..., *auch* ʃt...], das; -s, -ta ‹griech.› (*Med.* Mund-, Spaltöffnung; künstlicher Darmausgang o. ä.; *Biol.* Spaltöffnung des Pflanzenblattes); **sto|ma|chal** [...x...] (*Med.* durch den Magen gehend, den Magen betreffend); **Sto|ma|ti|tis,** die; -, ...itiden (Entzündung der Mundschleimhaut); **Sto|ma|to|lo|gie,** die; - (Lehre von den Erkrankungen der Mundhöhle); **sto|ma|to|lo|gisch**
Stone|henge [ˈsto:nhɛndʒ] (Kultstätte der Jungsteinzeit u. frühen Bronzezeit in Südengland)
stop! [st..., *auch* ʃt...] ‹engl.› (*auf Verkehrsschildern* halt!; *im Telegrafenverkehr für* Punkt); *vgl.* stopp!; **Stop,** der; -s, -s (*bes. Tennis* Stoppball); **Stop-and-go-Ver|kehr** [ˈstɔpəndˈgo:...] (durch langsames Fahren u. häufiges Anhalten der Fahrzeuge gekennzeichneter Verkehr)
Stopf_buch|se *od.* **...büch|se** (Maschinenteil), **...ei; stop|fen; Stop|fen,** der; -s, - (*landsch. für* Stöpsel, Kork); **Stop|fer; Stopf_garn, ...na|del, ...pilz; Stop|fung**
stopp! (halt!); *vgl.* stop!; **Stopp,** der; -s, -s (Halt, Unterbrechung); **Stopp|ball** *(Sport)*
[1]**Stop|pel,** der; -s, - (*österr. für* Stöpsel)
[2]**Stop|pel,** die; -, -n; **Stop|pel|bart** *(ugs.);* **stop|pel|bär|tig; Stop|pel_feld, ...haar** (das; -[e]s); **stop|pe|lig,** stopp|lig; **Stop|pe|lig|keit,** Stopp|lig|keit, die; -; **stop|peln** (Ähren u. ä. aufsammeln); ich ...[e]le (↑R 22)
Stop|pel|zie|her (*österr. für* Korkenzieher)
stop|pen (anhalten; mit der Stoppuhr messen); **Stop|per** (*Fußball* Mittelläufer); **Stopp|licht** *Plur.* ...lichter
stopp|lig *vgl.* stoppelig; **Stopp|lig|keit** *vgl.* Stoppeligkeit
Stopp_preis (↑R 204), **...schild** (das), **...si|gnal, ...stra|ße, ...uhr**
Stöp|sel, der; -s, -; **stöp|seln;** ich ...[e]le (↑R 22)
[1]**Stör,** der; -[e]s, -e (ein Fisch)
[2]**Stör,** die; -, -en (*südd., österr. u. schweiz. für* Arbeit, die ein Gewerbetreibender im Hause des Kunden verrichtet); auf der - arbeiten; auf die *od.* in die - gehen
[3]**Stör,** die; - (Fluß in Schleswig-Holstein)
Stör|ak|ti|on; stör|an|fäl|lig; ein -es Gerät; **Stör|an|fäl|lig|keit**
Sto|rax *vgl.* Styrax
Storch, der; -[e]s, Störche; **Storch|bein; storch|bei|nig; stor|chen** (*ugs. für* wie ein Storch einherschreiten); **Stor|chen|nest; Stör|chin; Störch|lein; Storch|nest** (*svw.* Storchennest); **Storch|schna|bel** (eine Pflanze; Gerät zum mechan. Verkleinern od. Vergrößern von Zeichnungen)
[1]**Store** [ʃto:r, *auch* st..., *schweiz.* ˈʃto:rə], der; -s, -s, *schweiz. meist* die; -, -n ‹franz.› (Fenstervorhang; *schweiz. für* Markise; Sonnenvorhang aus Segeltuch od. aus Kunststofflamellen)
[2]**Store** [stɔ:(r)], der; -s, -s ‹engl.› (*engl. Bez. für* Vorrat, Lager; Laden)
Sto|ren [ˈʃto:rən], der; -s, - (*schweiz. neben* [1]Store)
[1]**stö|ren** (*südd. u. österr. für* auf der [2]Stör arbeiten, auf die, in die [2]Stör gehen)
[2]**stö|ren** (hindern, belästigen); sich -; ich störte mich an seinem Benehmen; **Stö|ren|fried,** der; -[e]s, -e *(abwertend)*
[1]**Stö|rer** (*südd. u. österr. für* auf der [2]Stör Arbeitender; Landfahrer)
[2]**Stö|rer** (jmd., der [2]stört); **Stö|re|rei; Stö|re|rin; Stör_fall** (der; Störung, bes. in einem Kernkraftwerk), **...feu|er** *(Milit.);* **stör|frei**
stor|gen (*landsch. für* als Landstreicher umherziehen); **Stor|ger** (*landsch. für* Landstreicher)
Stör|ge|räusch
Storm (dt. Schriftsteller)
Stör|ma|nö|ver
Stor|marn (Gebiet u. Landkreis im südl. Holstein); **Stor|mar|ner** (↑R 147); **stor|marnsch**
stor|nie|ren [ʃt..., *auch* st...] ‹ital.› (*Kaufmannsspr.* rückgängig machen; Fehler [in der Buchung] berichtigen); **Stor|nie|rung; Stor|no,** der *u.* das; -s, ...ni (Berichtigung; Rückbuchung, Löschung); **Stor|no|bu|chung**
stör|rig (*seltener für* störrisch); **Stör|rig|keit,** die; - (*seltener für* Störrischkeit); **stör|risch;** -ste; **Stör|risch|keit,** die; -
Stör|schnei|de|rin ‹*zu* [2]Stör›
Stör_schutz (gegen Rundfunkstörungen), **...sen|der, ...stel|le**
Stör|te|be|ker (ein Seeräuber)
Stor|ting [ˈsto:r..., *norw.* ˈstu:r...], das; -s, *Plur.* -e *u.* -s (norw. Volksvertretung)
Stö|rung; Stö|rungs|feu|er (*vgl.* Störfeuer); **stö|rungs|frei** *(bes. Technik);* **Stö|rungs_stel|le** (für Störungen im Fernsprechverkehr zuständige Abteilung bei der Post), **...su|che**
Sto|ry [ˈstɔri], die; -, *Plur.* -s *u.* ...ries ‹engl.› ([Kurz]geschichte)
Stoß, der; -es, Stöße (*Bergmannsspr. auch für* seitl. Begrenzung eines Grubenbaus); **Stoß_band** *(das; Plur.* ...bänder), **...bor|te** (an der Hose); **Stöß|chen; Stoß_dämp|fer, ...de|gen; Stö|ßel,** der; -s, - (Stoßgerät); **stoß|emp|find|lich; sto|ßen;** du stößt, er stößt; du stießest; gestoßen; stoß[e]!; er stößt ihn, *auch* ihm in die Seite; **Stö|ßer** (*auch für* Sperber); **Sto|ße|rei; stoß|fest; Stoß_ge|bet, ...ge|schäft; stö|ßig;** ein -er Ziegenbock; **Stoß|kraft,** die; -; **stoß|kräf|tig; Stöß|lein; Stoß_rich|tung, ...seuf|zer; stoß|si|cher; Stoß_stan|ge, ...the|ra|pie** *(Med.),* **...trupp** *(Milit.);* **Stoß|trupp|ler; Stoß_ver|kehr** (der; -s; Verkehr zur Zeit der stärksten Verkehrsdichte), **...waf|fe; stoß|wei|se; Stoß_zahn, ...zeit** *(Verkehrsw.)*
Sto|tin|ka [st...], die; -, ...ki ‹bulgar.› (bulgar. Münze; 100 Stotinki = 1 Lew)
Stot|te|rei *(ugs.);* **Stot|te|rer; stot|te|rig,** stott|rig; **Stot|te|rin,** Stott|re|rin; **stot|tern;** ich ...ere (↑R 22); ↑R 68: ins Stottern geraten; etwas auf Stottern (*ugs. für* auf Ratenzahlung) kaufen; **Stott|re|rin** *vgl.* Stotterin; **stott|rig** *vgl.* stotterig
Stotz, der; -es, -e *u., schweiz. nur,* [1]**Stot|zen,** der; -s, - (*landsch. u. österr. für* Baumstumpf; Bottich; *schweiz. für* Keule eines Schlachttiers); **stot|zig** (*südwestd. u. schweiz. mdal. für* steil)
Stout [staut], der; -s, -s ‹engl.› (dunkles engl. Bier)
Stov|chen, Stöv|chen (*nordd. für* Kohlenbecken; Wärmevorrichtung für Tee od. Kaffee); **Sto|ve** [...və], die; -, -n (*nordd. für* Trokkenraum); **sto|wen** (*nordd. für* dämpfen, dünsten); gestowtes Obst
StPO = Strafprozeßordnung
Str. = Straße
stra|ban|zen, stra|wan|zen (*bayr.*

u. österr. mdal. für sich herumtreiben); **Stra|ban|zer,** Stra|wan|zer

Stra|bo[n] [st...] (griech. Geograph u. Geschichtsschreiber)

Strac|chi|no [stra'ki:no], der; -[s] ‹ital.› (ein ital. Käse)

strack (*landsch. für* gerade, straff, steif; faul, träge; *auch für* völlig betrunken); **stracks** (geradeaus; sofort)

Strad|dle ['strɛd(ə)l], der; -[s], -s ‹engl.› (*Leichtathletik* ein Sprungstil im Hochsprung)

[1]**Stra|di|va|ri** [stradi'va:ri] (ital. Meister des Geigenbaues); [2]**Stra|di|va|ri,** die; -, -[s] (Stradivarigeige); **Stra|di|va|ri|gei|ge** (↑R 135)

Straf‿ak|ti|on, ...an|dro|hung, ...an|stalt, ...an|trag, ...an|zei|ge, ...ar|beit, ...auf|he|bung; Straf|auf|he|bungs|grund; Straf‿auf|schub, ...aus|set|zung, ...bank (*Plur.* ...bänke; *Sport*); **straf|bar;** -e Handlung; **Straf|bar|keit,** die; -; **Straf‿be|fehl, ...be|fug|nis, ...be|scheid; straf|be|wehrt** (*Rechtsspr.* mit Strafe bedroht); ein -es Delikt; **Stra|fe,** die; -, -n; **Straf|ecke** [*Trenn.* ...ek|ke] *(Sport);* **stra|fen; Straf|ent|las|se|ne,** der *u.* die; -n, -n (↑R 7 ff.); **Straf|er|laß; straf|er|schwe|rend; straf|ex|er|zie|ren** *nur im Infinitiv u. Partizip I u. II gebr.;* **Straf|ex|pe|di|ti|on**

straff; -[e]ste

straf|fäl|lig; Straf|fäl|lig|keit, die; -

straf|fen (straff machen); sich - (sich recken); **Straff|heit,** die; -

straf|frei; Straf‿frei|heit (die; -), **...ge|fan|ge|ne, ...ge|richt, ...ge|richts|bar|keit, ...ge|setz, ...ge|setz|buch** (*Abk.* StGB), **...ge|setz|ge|bung, ...ge|walt** (die; -), **...kam|mer, ...ko|lo|nie, ...kom|pa|nie** *(Milit.),* **...la|ger** (*Plur.* ...lager); **sträf|lich;** -er Leichtsinn; **Sträf|lich|keit,** die; -; **Sträf|ling; Sträf|lings|klei|dung; straf|los; Straf|lo|sig|keit,** die; -; **Straf‿man|dat, ...maß** (das); **straf|mil|dernd; Straf‿mil|de|rung, ...mi|nu|te** *(Sport);* **straf|mün|dig; Straf‿por|to, ...pre|digt, ...pro|zeß; Straf|pro|zeß|ord|nung** (*Abk.* StPO); **Straf‿punkt** *(Sport),* **...raum** *(Sport),* **...recht** (das; -[e]s); **Straf|recht|ler; straf|recht|lich; Straf|rechts|re|form; Straf‿re|gi|ster, ...sa|che, ...se|nat, ...stoß** *(Sport),* **...tat, ...tä|ter, ...til|gung; Straf|til|gungs|grund; Straf‿um|wand|lung, ...ver|bü|ßung, ...ver|fah|ren, ...ver|fol|gung, ...ver|fü|gung** (Strafmandat); **straf|ver|schär|fend; Straf|ver|schär|fung; straf|ver|set|zen** *nur im Infinitiv u. Partizip II gebr.;* strafversetzt; **Straf‿ver|set|zung, ...ver|tei|di|ger, ...ver|tei|di|ge|rin, ...voll|streckung** [*Trenn.* ...strek|kung], **...voll|zug; Straf|voll|zugs|an|stalt; straf|wei|se; straf|wür|dig; Straf‿zeit** *(Sport),* **...zet|tel, ...zu|mes|sung**

Strahl, der; -[e]s, -en; **Strahl|an|trieb; Strah|le|mann** *Plur.* ...männer (*ugs. für* jmd., der ein [übertrieben] fröhliches Gesicht macht); **strah|len**

sträh|len (*landsch. u. schweiz. für* kämmen)

Strah|len‿be|hand|lung, ...be|la|stung, ...bio|lo|gie, ...bre|chung, ...bün|del, ...che|mie; strah|lend; -ste; **Strah|len|do|sis; strah|len|för|mig; Strah|len‿krank|heit, ...kranz, ...kun|de** (die; -; *svw.* Radiologie), **...pilz, ...schä|di|gung, ...schutz** (der; -es), **...the|ra|pie, ...tier|chen, ...tod; Strah|ler** (*schweiz. auch für* [Berg]kristallsucher); **Sträh|ler** *vgl.* Strehler; **Strahl|flug|zeug** (Düsenflugzeug); **strah|lig; ...strah|lig** (z. B. achtstrahlig, *mit Ziffer* 8strahlig; ↑R 212); **Strahl‿kraft** (die), **...rich|tung, ...rohr, ...stär|ke, ...trieb|werk; Strah|lung; Strah|lungs‿ener|gie, ...gür|tel, ...in|ten|si|tät, ...wär|me**

Strähn, der; -[e]s, -e (*österr. für* Büschel von Wolle od. Garn); **Sträh|ne,** die; -, -n; **sträh|nig; ...sträh|nig** (z. B. dreisträhnig, *mit Ziffer* 3strähnig; ↑R 212)

Strak, das; -s, -e (*Schiffbau* der Verlauf der Linien eines Bootskörpers); **stra|ken** (*Schiffbau, Technik* vorschriftsmäßig verlaufen [von einer Kurve]; streichen, strecken)

Stral|sund [*auch* ...'zunt] (Hafenstadt an der Ostsee); **Stral|sun|der** (↑R 147)

Stral|zie|rung [ʃt..., *auch* st...], *österr.* **Stral|zio,** der; -s, -s ‹ital.› (*Kaufmannsspr. veraltet* Liquidation)

Stra|min, der; -s, -e ‹niederl.› (Gittergewebe für Kreuzstickerei); **Stra|min|decke** [*Trenn.* ...dek|ke]

stramm; ein -er Junge; -er Max (Spiegelei u. Schinken auf Brot o. ä.); *Schreibung in Verbindung mit Verben vgl.* strammstehen *u.* strammziehen; **stram|men** (*landsch. für* straff anziehen); **Stramm|heit,** die; -; **stramm|ste|hen** (↑R 205); ich stehe stramm; strammgestanden; strammzustehen; **stramm|zie|hen** (↑R 205); ich ziehe ihm die Hose stramm; strammgezogen; strammzuziehen

Stram|pel‿an|zug, ...hös|chen; stram|peln; ich ...[e]le (↑R 22); **Stram|pel|sack; stramp|fen** (*südd. u. österr. für* stampfen; strampeln); **Strampler**

Strand, der; -[e]s, Strände; **Strand‿an|zug, ...bad, ...burg, ...ca|fé, ...di|stel; stran|den; Strand‿gut** (das; -[e]s), **...ha|fer; Strand|hau|bit|ze;** *nur in Wendungen wie* voll, betrunken, blau wie eine - sein (*ugs. für* völlig betrunken sein); **Strand‿kleid, ...korb, ...krab|be, ...läu|fer** (ein Vogel), **...recht** (das; -[e]s); **Stran|dung; Strand|wa|che**

Strang, der; -[e]s, Stränge; über die Stränge schlagen *(ugs.);* **Strän|ge,** die; -, -n (*schweiz. für* Strang, Strähne); eine - Garn, Wolle; **strän|gen** (*veraltend für* [ein Zugtier] anspannen)

Stran|gu|la|ti|on, die; -, -en, **Stran|gu|lie|rung** ‹griech.› (Erdrosselung; *Med.* Abklemmung); **stran|gu|lie|ren; Strang|urie** [st..., *auch* ʃt...], die; -, ...ien (*Med.* Harnzwang)

Stra|paz... (*österr. für* Strapazier..., z. B. Strapazhose); **Stra|pa|ze,** die; -, -n ‹ital.› ([große] Anstrengung, Beschwerlichkeit); **stra|paz|fä|hig** (*österr. für* strapazierfähig); **Stra|paz|ho|se** (*österr. für* Strapazierhose); **stra|pa|zier|bar; Stra|pa|zier|bar|keit,** die; -; **stra|pa|zie|ren** (übermäßig anstrengen, in Anspruch nehmen; abnutzen); sich - (*ugs. für* sich [ab]mühen); **stra|pa|zier|fä|hig; Stra|pa|zier|fä|hig|keit,** die; -; **Stra|pa|zier‿ho|se** (strapazierfähige Hose für den Alltag), **...schuh, ...wa|re; stra|pa|zi|ös;** -este (anstrengend); **Stra|paz|schuh** (*österr. für* Strapazierschuh)

Straps [ʃt..., *auch* st..., *engl.* strɛps], der; -es, -e ‹engl.› (Strumpfhalter)

Stras|bourg [stras'bu:r] (*franz. Schreibung von* Straßburg)

Stras|burg (Stadt in der nördl. Uckermark)

Straß, der; *Gen.* - *u.* Strasses, *Plur.* Strasse ‹nach dem Erfinder Stras› (Edelsteinimitation aus Glas)

straß|auf, straß|ab (überall in den Straßen)

Straß|burg (Stadt im Elsaß); **Straß|bur|ger** (↑R 147); - Münster; - Eide; **straß|bur|gisch;** *vgl.* Strasbourg

Sträß|chen; Stra|ße, die; -, -n (*Abk.* Str.); *Schreibung in Straßennamen* ↑R 190; **Stra|ßen‿an|zug, ...ar|bei|ten** *(Plur.),* **...ar|bei|ter, ...bahn; Stra|ßen|bah|ner** (*ugs. für* Angestellter der Straßenbahn); **Stra|ßen|bahn‿fah-**

rer, ...fah|re|rin, ...hal|te|stel|le, ...schaff|ner, ...schaff|ne|rin, ...wa|gen; Stra|ßen‿ban|kett (*vgl.* [2]Bankett), **...bau** (der; -[e]s); **Stra|ßen|bau|amt; Stra|ßen|be|gren|zungs|grün; Stra|ßen‿be|kannt|schaft, ...be|lag, ...be|leuch|tung, ...bild, ...bö|schung, ...ca|fé, ...damm, ...decke** [*Trenn.* ...dek|ke], **...dorf, ...ecke** [*Trenn.* ...ek|ke], **...fe|ger** (*landsch.; ugs. auch für* attraktive Fernsehsendung), **...fest, ...füh|rung, ...glät|te, ...gra|ben, ...han|del** (*vgl.* [1]Handel), **...händ|ler, ...händ|le|rin, ...kar|te, ...keh|rer** (*landsch.*), **...kreu|zer** (*ugs. für* großer Pkw), **...kreu|zung, ...la|ge, ...lärm, ...la|ter|ne, ...mäd|chen** (*für* Prostituierte), **...mei|ste|rei, ...mu|si|kant, ...na|me, ...netz, ...pfla|ster, ...rand, ...raub, ...räu|ber, ...rei|ni|gung, ...ren|nen** (*Radsport*), **...rol|ler** (*svw.* Culemeyer), **...samm|lung, ...sän|ger, ...schild** (das), **...schlacht, ...schuh, ...sei|te, ...sper|re, ...sper|rung, ...thea|ter, ...über|füh|rung, ...un|ter|füh|rung, ...ver|kehr** (der; -s); **Stra|ßen|ver|kehrs|ord|nung,** die; - (*Abk.* StVO); **Stra|ßen|ver|kehrs-Zu|las|sungs-Ord|nung,** die; - (*Abk.* StVZO); **Stra|ßen‿ver|zeich|nis, ...wal|ze, ...zoll, ...zug, ...zu|stand; Stra|ßen|zu|stands|be|richt; Stra|ße-Schie|ne-Ver|kehr,** der; -[e]s (↑R 41); **Sträß|lein**

Stra|te|ge [ʃt..., *auch* st...], der; -n, -n (↑R 197) ‹griech.› (jmd., der strategisch vorgeht, Strategie beherrscht); **Stra|te|gie,** die; -, ...ien (Kriegskunst; genau geplantes Vorgehen); **stra|te|gisch;** -e Verteidigung

Stra|ti|fi|ka|ti|on [ʃt..., *auch* st...], die; -, -en ‹lat.› (*Geol.* Schichtung; *Landw.* Schichtung von Saatgut in feuchtem Sand od. Wasser); **stra|ti|fi|zie|ren** (*Geol.* die Reihenfolge der Schichten feststellen; *Landw.* [Saatgut] schichten); **Stra|ti|gra|phie,** die; - ‹lat.; griech.› (*Geol.* Schichtenkunde); **stra|ti|gra|phisch; Stra|to|sphä|re,** die; - (Schicht der Erdatmosphäre in einer Höhe von etwa 12 bis 80 km); **Stra|to|sphä|ren|flug; stra|to|sphä|risch; Stra|tus,** der; -, ...ti ‹lat.› (tiefer hängende, ungegliederte Schichtwolke; *Abk.* St); **Stra|tus|wol|ke**

sträu|ben; sich -; (↑R 68:) da hilft kein Sträuben; **strau|big** (*landsch. für* struppig)

Strau|bin|ger; *nur in* Bruder - (*veraltet scherzh. für* Landstreicher)

Strauch, der; -[e]s, Sträucher; **strauch|ar|tig; Strauch|dieb** (*veraltet für* herumstreifender, sich in Gebüschen versteckender Dieb); **strau|cheln;** ich ...[e]le (↑R 22); **strau|chig; Sträuch|lein; Strauch‿rit|ter** (*veraltet abwertend*), **...werk** (das; -[e]s)

Straus, Oscar (österr. Komponist)

Straus|berg (Stadt östl. von Berlin)

[1]**Strauß** (Name mehrerer österr. Komponisten)

[2]**Strauß,** der; -es, -e (ein Vogel); Vogel -; *vgl.* Vogel-Strauß-Politik

[3]**Strauß,** der; -es, Sträuße (Blumenstrauß; *geh. veraltend für* Kampf)

Strauss, Richard (dt. Komponist)

Sträuß|chen, Sträuß|lein

Strau|ßen‿ei, ...farm, ...fe|der

Strauß|wirt|schaft (*landsch. für* durch Zweige [Strauß] kenntlich gemachter Ausschank für eigenen [neuen] Wein)

stra|wan|zen usw. *vgl.* strabanzen usw.

Stra|win|sky[1] (russ. Komponist)

Straz|za [ʃt..., *auch* st...], die; -, ...zzen ‹ital.› (Abfall bei der Seidenverarbeitung); **Straz|ze,** die; -, -n (*Kaufmannsspr.* Kladde)

Streb, der; -[e]s, -e (*Bergmannsspr.* Kohlenabbaufront zwischen zwei Strecken); **Streb|bau,** der; -[e]s (bergmänn. Gewinnungsverfahren); **Stre|be,** die; -, -n (schräge Stütze); **Stre|be‿bal|ken, ...bo|gen; stre|ben;** (↑R 68:) das Streben nach Geld; **Stre|be|pfei|ler; Stre|ber; Stre|be|rei,** die; -; **stre|ber|haft; stre|be|risch; Stre|ber|tum,** das; -s; **Stre|be|werk** (*Bauw.*); **streb|sam; Streb|sam|keit,** die; -; **Stre|bung;** sie kannte seine geheimen -en

streck|bar; Streck|bar|keit, die; -; **Streck|bett** (*Med.*); **Strecke**[2], die; -, -n (*Bergmannsspr. auch* meist waagerecht vorgetriebener Grubenbau); zur - bringen (*Jägerspr.* erlegen); **strecken**[2]; jmdn. zu Boden -; **Strecken**[2]**‿ab|schnitt, ...ar|bei|ter, ...fern|spre|cher, ...flug, ...füh|rung, ...netz, ...re|kord** (*Sport*), **...strich** (*Druckw.*), **...tau|chen, ...wär|ter; strecken|wei|se**[2]; **Strecker**[2] (*svw.* Streckmuskel); **Streck‿me|tall** (*Technik*), **...mus|kel; Streckung**[2]; **Streck‿ver|band,**

---

[1] *So die eigene Schreibung des Komponisten. Nach dem vom Duden verwendeten russ. Transkriptionssystem müßte Strawinski geschrieben werden.*

[2] *Trenn.* ...k|k...

...win|kel (*für* Supplementwinkel)

Street|work ['stri:twœ:(r)k], die; - ‹engl.› (Hilfe u. Beratung für Drogenabhängige u. a. innerhalb ihres Wohnbereichs); **Street|wor|ker** [...wœ:(r)kə(r)], der; -s, - (jmd., der Streetwork durchführt); **Street|wor|ke|rin**

Streh|ler (ein Werkzeug zum Gewindeschneiden)

Streich, der; -[e]s, -e; **Streich|bür|ste; Strei|che,** die; -, -n (*früher* Flanke einer Festungsanlage); **Strei|chel|ein|heit** (*scherzh. für* freundliche Zuwendung, Lob); **strei|cheln;** ich ...[e]le (↑R 22); **Strei|che|ma|cher; strei|chen;** du strichst; du strichest; gestrichen; streich[e]!; **Strei|chen,** das; -s (ein Gangfehler beim Pferd; *Geol.* Verlauf der Streichlinie); **Strei|cher** (Spieler eines Streichinstrumentes); **Strei|che|rei** (*ugs.*); **Strei|che|rin; streich|fä|hig; Streich|fä|hig|keit,** die; -; **streich|fer|tig;** -e Farbe; **Streich‿flä|che, ...form, ...garn, ...holz** (Zündholz); **Streich|holz|schach|tel; Streich‿in|stru|ment, ...kä|se, ...kon|zert, ...li|nie** (*Geol.* waagerechte Linie auf der Schichtfläche einer Gebirgsschicht), **...mu|sik, ...or|che|ster, ...quar|tett, ...quin|tett, ...trio; Strei|chung; Streich|wurst**

Streif, der; -[e]s, -e (*Nebenform von* Streifen); **Streif|band,** das; *Plur.* ...bänder (*Postw.*); **Streif|band|zei|tung** (*Postw.*); **Strei|fe,** die; -, -n (zur Kontrolle eingesetzte kleine Militär- od. Polizeieinheit, *auch für* Fahrt, Gang einer solchen Einheit); **strei|fen; Strei|fen,** der; -s, -; **Strei|fen‿be|am|te, ...bil|dung, ...dienst; strei|fen|för|mig; Strei|fen‿füh|rer, ...gang** (der), **...wa|gen; strei|fen|wei|se; Strei|fe|rei** (Streifzug); **strei|fig; Streif|licht** *Plur.* ...lichter; **Streif|ling** (Apfel mit rötl. Streifen); **Streif‿schuß, ...zug**

Streik, der; -[e]s, -s ‹engl.› (Arbeitsniederlegung); **Streik‿ak|ti|on, ...auf|ruf, ...be|we|gung, ...bre|cher, ...bruch** (der); **streik|brü|chig; strei|ken; Strei|ken|de,** der *u.* die; -n, -n (↑R 7 ff.); **Streik‿geld, ...kas|se, ...ko|mi|tee, ...lei|tung, ...lo|kal, ...po|sten, ...recht** (das; -[e]s), **...wel|le**

Streit, der; -[e]s, -e; **Streit|axt; streit|bar; Streit|bar|keit,** die; -; **strei|ten;** du strittst; du strittest; gestritten; streit[e]!; **Strei|ter; Strei|te|rei; Strei|te|rin; Streit‿fall** (der), **...fra|ge, ...ge|gen|stand, ...ge|spräch, ...hahn** (*ugs. für* streitsüchtiger Mensch),

...**ham|mel** (*ugs. svw.* Streithahn), ...**han|sel** *od.* ...**hansl** (der; -s, -[n]; *österr. ugs. svw.* Streithahn); **strei|tig** *(Rechtsw. nur so) od.* strit|tig; die Sache ist streitig *od.* strittig; aber *nur:* jmdm. etwas streitig machen; **Strei|tig|kei|ten** *Plur.;* **Streit_kräf|te** *(Plur.),* ...**lust** (die; -); **streit|lu|stig; Streit_macht** (die; -; *veraltend*), ...**ob|jekt,** ...**punkt,** ...**roß** *(veraltet),* ...**sa|che,** ...**schrift,** ...**sucht** (die; -); **streit|süch|tig; Streit_ver|kün|dung** *(Rechtsspr.),* ...**wa|gen,** ...**wert**

Stre|mel, der; -s, - (*nordd. für* [langer] Streifen); seinen - wegarbeiten (*ugs. für* zügig arbeiten)

strem|men (*landsch. ugs. für* zu eng, zu straff sein; beengen); es stremmt; sich - (*landsch. für* sich anstrengen)

streng; (↑ R 65:) auf das *od.* aufs strengste; strengstens. *Schreibung in Verbindung mit Verben* (↑ R 205 f.): streng sein, bestrafen, urteilen usw.; *vgl.* aber: strengnehmen; **Stren|ge,** die; -; eine drakonische -; **stren|gen** (*veraltet für* einengen; straff anziehen); **streng|ge|nom|men; streng|gläu|big; Streng|gläu|big|keit,** die; -; **streng|neh|men;** ↑ R 205 (genau nehmen); ich nehme streng; strenggenommen; strengzunehmen; er hat seine Aufgabe strenggenommen; **streng|stens**

stren|zen (*südd. ugs. für* stehlen); du strenzt

Strep|to|kok|kus [ʃt..., *auch* st...], der; -, ...kken *meist Plur.* ‹griech.› (kettenbildende Bakterie); **Strep|to|my|cin** [...ts...], *eingedeutscht* **Strep|to|my|zin,** das; -s (ein Antibiotikum)

[1]**Stre|se|mann** (dt. Staatsmann); [2]**Stre|se|mann,** der; -s (ein bestimmter Gesellschaftsanzug)

Streß [ʃt..., *auch* st...], der; ...sses, ...sse ‹engl.› (*Med.* starke körperliche u. seelische Belastung, die zu Schädigungen führen kann; Überbeanspruchung, Anspannung); **stres|sen** (*ugs. für* als Streß wirken, überbeanspruchen); der Lärm streßt; gestreßt; **stres|sig** (*ugs. für* aufreibend, anstrengend); **Streß|si|tua|ti|on**

Stretch [strɛtʃ], der; -[e]s, -es [...is] ‹engl.› (ein elastisches Gewebe); **Stret|ching** [ˈstrɛtʃiŋ], das; -s (aus Dehnungsübungen bestehende Form der Gymnastik)

Streu, die; -, -en; **Streu_be|sitz,** ...**büch|se; Streue,** die; -, -n (*schweiz. neben* Streu); **streu|en; Streu|er** (Streubüchse); **Streu_fahr|zeug,** ...**feu|er** *(Milit.),* ...**ge|biet,** ...**gut** (das; -[e]s), ...**ko|lon|ne,** ...**licht** (das; -[e]s; *Optik*), ...**mu|ster**

streu|nen (sich herumtreiben); **Streu|ner** *(ugs.);* **Streu|ne|rin**

Streu|obst; Streu|obst|wie|se; Streu_pflicht (die; -), ...**salz,** ...**sand** (der; -[e]s); **Streu|sel,** der *od.* das; -s, - *meist Plur.;* **Streu|sel|ku|chen; Streu|sied|lung; Streu|ung; Streu|ungs_ko|ef|fi|zi|ent,** ...**maß** (das; *Statistik*); **Streu_wa|gen,** ...**zucker**[1]

Strich, der; -[e]s, -e (*südd. u. schweiz. mdal. auch für* Zitze; *ugs. auch für* Straßenprostitution); **Strich_ät|zung** *(Druckw.),* ...**ein|tei|lung; Stri|chel|chen; stri|cheln** (feine Striche machen; mit feinen Strichen versehen); ich ...[e]le (↑ R 22); **Stri|cher** (*ugs. für* Strichjunge); **Strich|jun|ge; Strich|kode** (Verschlüsselung bestimmter Angaben [auf Waren] in Form paralleler Striche); **Strich|lein; strich|lie|ren** (*österr. für* stricheln); **Strich_mäd|chen** (*für* Prostituierte), ...**männ|chen,** ...**punkt** (*für* Semikolon), ...**re|gen,** ...**vo|gel; strich|wei|se; Strich_zeich|nung,** ...**zeit** (der Strichvögel)

Strick, der; -[e]s, -e (*ugs. scherzh. auch für* durchtriebener Bursche, Spitzbube); **Strick_ap|pa|rat,** ...**ar|beit,** ...**beu|tel,** ...**bünd|chen; stricken**[1]; **Stricker**[1]; **Stricke|rei**[1]; **Stricke|rin**[1]; **Strick_garn,** ...**jacke**[1], ...**kleid,** ...**lei|ter** (die); **Strick|lei|ter|ner|ven|sy|stem** *(Zool.);* **Strick_ma|schi|ne,** ...**mo|de,** ...**mu|ster,** ...**na|del,** ...**stoff,** ...**strumpf,** ...**wa|ren** *(Plur.),* ...**we|ste,** ...**zeug**

Stri|du|la|ti|ons|or|gan [ʃt..., *auch* st...] ‹lat.; griech.› (*Zool.* Werkzeug mancher Insekten zur Erzeugung zirpender Töne)

Strie|gel, der; -s, - ‹lat.› (Gerät mit Zacken, harte Bürste [zur Pflege des Pferdefells]); **strie|geln** (*ugs. auch für* hart behandeln); ich ...[e]le (↑ R 22)

Strie|me, die; -, -n, *häufiger* **Strie|men,** der; -s, -; **strie|mig**

[1]**Strie|zel,** der; -s, - (*landsch. ugs. für* Lausbub)

[2]**Strie|zel,** der; -s, - (*landsch. u. österr. für* eine Gebäckart)

strie|zen (*ugs. für* quälen; *nordd. ugs. auch für* stehlen); du striezt

strikt [ʃt..., *auch* st...]; -este ‹lat.› (streng; genau; *auch für* strikte); **strik|te** (streng, genau); etwas - befolgen; **Strik|ti|on,** die; -, -en (*selten für* Zusammenziehung); **Strik|tur,** die; -, -en (*Med.* [krankhafte] Verengung von Körperkanälen)

[1] *Trenn.* ...k|k...

Strind|berg (schwed. Dichter)

string. = stringendo; **strin|gen|do** [strinˈdʒɛndo] ‹ital.› (*Musik* schneller werdend)

strin|gent [st..., *auch* ʃt...]; -este ‹lat.› (bündig, zwingend); **Strin|genz,** die; -

String|re|gal [ˈʃt..., *auch* ˈst...], das; -s, -e ‹engl.; dt.› ([1]Regal, dessen Bretter in ein an der Wand befestigtes Metallgestell eingelegt sind)

Strip [strip], der; -s, -s ‹engl.-amerik.› (*kurz für* Striptease; [Wundpflaster]streifen)

Strip|pe, die; -, -n (*landsch. für* Bindfaden; Band; Schnürsenkel; *ugs. scherzh. für* Fernsprechleitung)

strip|pen [st...] ‹engl.-amerik.› (*ugs. für* einen Striptease vorführen; *Druckw.* [Zeilen] im Film montieren); **Strip|pe|rin** (*ugs. für* Stripteasetänzerin); **Strip|tease** [ˈstripti:s], der *od.* das; - (Entkleidungsvorführung [in Nachtlokalen]); **Strip|tease_lo|kal,** ...**tän|ze|rin,** ...**vor|füh|rung**

Stritt, der; -[e]s (*bayr. für* Streit); **strit|tig** *vgl.* streitig

Stritt|mat|ter (dt. Schriftsteller)

Striz|zi, der; -s, -s (*bes. südd., österr. u. schweiz. mdal. für* Strolch, leichtsinniger Mensch; Zuhälter)

Stro|bel, der; -s, - (*landsch. für* struppiger Haarschopf); **stro|bel|lig** usw. (*landsch. für* strubbelig usw.); **stro|beln** (*landsch. für* struppig machen; struppig sein); ich ...[e]le (↑ R 22); **strob|lig** *vgl.* strobelig

Stro|bo|skop [st..., *auch* ʃt...], das; -s, -e ‹griech.› (ein opt. Gerät); **stro|bo|sko|pisch**

Stroh, das; -[e]s; **Stroh|bal|len; stroh|blond; Stroh_blu|me,** ...**bund** (das), ...**dach; stroh|dumm** (sehr dumm); **stro|hern** (aus Stroh); **stroh_far|ben** *od.* ...**far|big; Stroh_feim** *od.* ...**fei|me** *od.* ...**fei|men** (*vgl.* Feim), ...**feu|er; stroh|ge|deckt; Stroh_halm,** ...**hau|fen,** ...**hut** (der), ...**hüt|te; stro|hig** (*auch für* wie Stroh, saftlos, trocken); **Stroh_kopf** (*ugs. scherzh. für* Dummkopf), ...**mann** (*Plur.* ...männer; vorgeschobene Person), ...**mat|te,** ...**pres|se,** ...**pup|pe,** ...**sack,** ...**schuh; stroh|trocken** [*Trenn.* ...trok|ken] (sehr trocken); **Stroh_wisch,** ...**wit|we** (*ugs. für* Ehefrau, die vorübergehend ohne ihren Mann lebt), ...**wit|wer** (*ugs.; vgl.* Strohwitwe)

Strolch, der; -[e]s, -e; **strol|chen; Strol|chen|fahrt** (*schweiz. für* Fahrt mit einem gestohlenen Wagen)

Strom, der; -[e]s, Ströme; der elektrische, magnetische -; es regnet in Strömen; **strom|ab; Strom_ab|nah|me, ...ab|neh|mer; strom|ab|wärts; strom|an; strom|auf, strom|auf|wärts; Strom_aus|fall, ...bett** (*svw.* Flußbett)

[1]**Strom|bo|li** [st...] (eine der Liparischen Inseln); [2]**Strom|bo|li**, der; - (Vulkan auf dieser Insel)

strö|men

Stro|mer (*ugs. für* Herumtreiber, Landstreicher, Strolch); **stro|mern**; ich ...ere (↑R 22)

Strom_er|zeu|ger, ...er|zeu|gung; strom|füh|rend; Strom_ka|bel, ...kreis, ...lei|tung; Ström|ling (eine Heringsart); **Strom|li|nie; Strom|li|ni|en|form**, die; -; **strom|li|ni|en|för|mig; Strom|li|ni|en|wa|gen; Strom_men|ge, ...mes|ser** (der), **...netz, ...rech|nung, ...re|gu|lie|rung, ...schie|ne, ...schlag, ...schnel|le, ...sper|re, ...spu|le, ...stär|ke, ...stoß; Strö|mung; Strö|mungs_ge|schwin|dig|keit, ...leh|re; Strom_un|ter|bre|cher, ...ver|brauch, ...ver|sor|gung; strom|wei|se; Strom_wen|der, ...zäh|ler**

Stron|ti|um [st..., *auch* ʃt...], das; -s ‹nach dem schott. Dorf Strontian› (chem. Element, Metall; *Zeichen* Sr)

Stroph|an|thin [ʃt..., *auch* st...], das; -s, -e ‹griech.› (ein Arzneimittel); **Stroph|an|thus**, der; -, - (Heilpflanze, die das Strophanthin liefert)

Stro|phe, die; -, -n ‹griech.› (sich in gleicher Form wiederholender Liedteil, Gedichtabschnitt); **Stro|phen_an|fang, ...bau** (der; -s), **...en|de, ...form, ...ge|dicht, ...lied; ...stro|phig** (z. B. dreistrophig, *mit Ziffer* 3strophig; ↑R 212); **stro|phisch** (in Strophen geteilt)

Stropp, der; -[e]s, -s (*Seemannsspr.* kurzes Tau mit Ring od. Schlinge; *landsch. für* Aufhänger; *scherzh. für* kleines Kind)

Stros|se, die; -, -n (*Bergmannsspr.* Stufe, Absatz)

strot|zen; du strotzt; er strotzt vor *od.* von Energie

strub; strüber, strübste (*schweiz. mdal. für* struppig; schwierig); **strub|be|lig**, strubb|lig *(ugs.); vgl.* strobelig; **Strub|bel|kopf**, *vgl.* Struwwelkopf

Stru|del, der; -s, - ([Wasser]wirbel; *bes. südd., österr. für* ein Gebäck); **Stru|del|kopf** (*veraltet für* Wirrkopf); **stru|deln**; das Wasser strudelt; **Stru|del|topf** (Kolk, Gletschermühle)

Struk|tur [ʃt..., *auch* st...], die; -, -en ‹lat.› ([Sinn]gefüge, Bau; Aufbau, innere Gliederung); **struk|tu|ral** (*seltener für* strukturell); **Struk|tu|ra|lis|mus**, der; - (*Sprachw.* wissenschaftliche Richtung, die Sprache als ein geschlossenes Zeichensystem versteht u. die Struktur dieses Systems erfassen will); **Struk|tu|ra|list**, der; -en, -en; ↑R 197; **struk|tu|ra|li|stisch; Struk|tur|ana|ly|se** (die Analyse der Struktur, der einzelnen Strukturelemente von etwas, z. B. in der Chemie, Wirtschafts-, Literaturwissenschaft); **Struk|tur|än|de|rung; struk|tur|be|stim|mend; struk|tu|rell; Struk|tur_for|mel** *(Chemie),* **...ge|we|be, ...hil|fe; struk|tu|rie|ren** (mit einer Struktur versehen); **Struk|tu|riert|heit**, die; -; **Struk|tu|rie|rung; Struk|tur_kri|se, ...po|li|tik** (die; -), **...re|form; struk|tur|schwach** (industriell nicht entwickelt); **Struk|tur_ta|pe|te, ...wan|del**

strul|len (*bes. nordd. ugs. für* urinieren)

Stru|ma [ʃt..., *auch* st...], die; -, *Plur.* ...men *u.* ...mae [...mɛ] ‹lat.› (*Med.* Kropf); **stru|mös** (kropfartig)

Strumpf, der; -[e]s, Strümpfe; **Strumpf|band**; *vgl.* [3]Band; **Strümpf|chen; Strumpf_fa|brik, ...hal|ter, ...ho|se; Strümpf|lein; Strumpf_mas|ke, ...wa|ren** *(Plur.),* **...wir|ker, ...wir|ke|rei**

Strunk, der; -[e]s, Strünke; **Strünk|chen, Strünk|lein**

Stru|pfe, die; -, -n (*südd., österr. veraltet für* Strippe; Schuhlasche); **stru|pfen** (*südd. u. schweiz. mdal. für* [ab]streifen)

strup|pig; Strup|pig|keit, die; -

Struw|wel|kopf (*landsch. für* Strubbelkopf); **Struw|wel|pe|ter**, der; -s, - (*fam. für* Kind mit strubbeligem Haar; *nur Sing.:* Gestalt aus einem Kinderbuch)

Strych|nin [ʃt..., *auch* st...], das; -s ‹griech.› (ein giftiges Alkaloid; ein Arzneimittel)

Stu|art ['ʃtu:art, *engl.* stju'ə(r)t], der; -s, -s (Angehöriger eines schott. Geschlechts); **Stu|art|kra|gen**

Stu|bai, das; -s (ein Tiroler Alpental); **Stu|bai|er Al|pen** *Plur.;* **Stu|bai|tal**

Stub|ben, der; -s, - (*nordd. für* [Baum]stumpf; *auch für* grobschlächtiger Mensch, Flegel)

Stub|ben|kam|mer, die; - (Kreidefelsen auf Rügen)

[1]**Stüb|chen**, das; -s, - (ein altes Flüssigkeitsmaß)

[2]**Stüb|chen** (kleine Stube); **Stu|be**, die; -, -n; **Stu|ben_äl|te|ste, ...ar|rest, ...dienst, ...flie|ge, ...ge|lehr|te, ...hocker**[1] (*ugs. für* jmd., der kaum ausgeht, sich meist im Hause aufhält); **Stu|ben|hocke|rei**[1] *(ugs.);* **Stu|ben|mäd|chen; stu|ben|rein; Stu|ben|wa|gen** (Kinderwagen für die Stube)

Stü|ber, der; -s, - ‹niederl.› (ehem. niederrhein. Münze; *auch kurz für* Nasenstüber)

Stüb|lein *vgl.* [2]Stübchen

Stuck, der; -[e]s ‹ital.› (aus einer Gipsmischung hergestellte Ornamentik); *vgl.* Stukkateur usw.

Stück, das; -[e]s, -e (*Abk.* St.); ↑R 128 f.: 5 - Zucker; Stücker zehn (*ugs. für* ungefähr zehn)

Stuck|ar|beit usw. *vgl.* Stukkateur usw.

Stück|ar|beit, die; - (Akkordarbeit)

Stuck|decke[1]

stückeln[1]; ich ...[e]le (↑R 22); **Stückellung**[1], Stück|lung

stucken[1] (*landsch. u. österr. ugs. für* büffeln, angestrengt lernen)

stücken[1] (*selten für* zusammen-, aneinanderstücken); **Stücker**[1] *vgl.* Stück

stucke|rig[1] *(nordd.);* **stuckern**[1] (*nordd. für* holpern, rütteln; ruckweise fahren)

Stücke|schrei|ber[1] (Schriftsteller, der Theaterstücke, Fernsehspiele o. ä. verfaßt); **Stück_faß** (ein Weinmaß), **...ge|wicht, ...gut** (stückweise verkaufte od. als Frachtgut aufgegebene Ware)

stuckie|ren[1] ‹ital.› (*selten für* [Wände] mit Stuck versehen); *vgl.* Stukkateur usw.

Stück_kauf, ...koh|le, ...ko|sten *(Plur.),* **...li|ste, ...lohn; Stück|lung**, Stücke|lung; **Stück_no|tie|rung** *(Börse),* **...rech|nung** *(Wirtsch.);* **stück|wei|se; Stück_werk** (*nur in* etwas ist, bleibt -), **...zahl** *(Kaufmannsspr.),* **...zin|sen** (*Plur.; Bankw.* bis zu einem Zwischentermin aufgelaufene Zinsen)

stud. = studiosus [st...], z. B. - medicinae [- ...tsi:nɛ:] ‹lat.› (Student der Medizin; *Abk.* stud. med.); *vgl.* Studiosus; **Stu|dent** [ʃt...], der; -en, -en (↑R 197) ‹lat.› (Hochschüler; *österr. auch für* Schüler einer höheren Schule); *vgl.* Studiosus; **Stu|den|ten_aus|weis, ...be|we|gung, ...blu|me** (Name verschiedener Pflanzen), **...bu|de** *(ugs.),* **...fut|ter** (*vgl.* [1]Futter), **...ge|mein|de, ...heim, ...knei|pe** *(ugs.),* **...lied, ...müt|ze, ...par|la|ment, ...pfar|rer, ...re|vol|te; Stu|den|ten|schaft; Stu|den|ten_spra|che** (die; -), **...un|ru|hen** *(Plur.),* **...ver|bin|dung,**

[1] *Trenn.* ...k|k...

...**werk,** ...**wohn|heim; Stu|den|tin; stu|den|tisch; Stu|die** [...iə], die; -, -n (Entwurf, kurze [skizzenhafte] Darstellung; Vorarbeit [zu einem Werk der Wissenschaft od. Kunst]); **Stu|di|en** (*Plur. von* Studie *u.* Studium); **Stu|di|en‿ab|bre|cher,** ...**as|ses|sor,** ...**as|ses|so|rin,** ...**be|wer|ber,** ...**brief** (*svw.* Lehrbrief), ...**buch,** ...**di|rek|tor,** ...**di|rek|to|rin,** ...**fach,** ...**freund,** ...**freun|din,** ...**gang** (der); **stu|di|en|hal|ber; Stu|di|en‿kol|leg** (Vorbereitungskurs an einer Hochschule, bes. für ausländische Studenten), ...**kol|le|ge,** ...**kol|le|gin,** ...**platz,** ...**pro|fes|sor,** ...**rat** (*Plur.* ...räte), ...**rä|tin,** ...**re|fe|ren|dar,** ...**re|fe|ren|da|rin,** ...**rei|se,** ...**zeit,** ...**zweck** (zu -en); **stu|die|ren** ([er]forschen, lernen; die Hochschule [*österr. auch* höhere Schule] besuchen); eine studierte Kollegin; (↑R 68:) Probieren *od.* probieren geht über Studieren *od.* studieren; **Stu|die|ren|de,** der *u.* die; -n, -n (↑R 7 ff.); **Stu|dier|stu|be; Stu|dier|te,** der *u.* die; -n, -n; ↑R 7 ff. (*ugs. für* jmd., der studiert hat); **Stu|dier|zim|mer; Stu|di|ker** (*ugs. scherzh. für* Student); **Stu|dio,** das; -s, -s ‹ital.› (Studierstube; Atelier; *Film- u. Rundfunk* Aufnahmeraum; Versuchsbühne); **Stu|dio‿büh|ne,** ...**film,** ...**mu|si|ker; Stu|dio|sus,** der; -, ...si (*scherzh. für* Studierender; Student); *vgl.* stud.; **Stu|di|um,** das; -s, ...ien [...iən] (wissenschaftl. [Er]forschung; Hochschulbesuch, -ausbildung; [kritisches] Durchlesen, -arbeiten); **Stu|di|um ge|ne|ra|le** [ʃt..., *auch* st...], das; - - (frühe Form der Universität im MA.; Vorlesungen allgemeinbildender Art an einer Hochschule)

Stu|fe, die; -, -n; **stu|fen; Stu|fen‿ab|itur,** ...**bar|ren** *(Turnen),* ...**dach,** ...**fol|ge; stu|fen|för|mig; Stu|fen‿füh|rer|schein** (für Motorradfahrer), ...**gang** (der), ...**ge|bet** *(kath. Kirche),* ...**heck** (*vgl.* [1]Heck), ...**lei|ter** (die); **stu|fen|los; Stu|fen‿plan,** ...**py|ra|mi|de,** ...**ra|ke|te; stu|fen|wei|se; stu|fig** (mit Stufen versehen); ...**stu|fig** (z. B. fünfstufig, *mit Ziffer* 5stufig; ↑R 212); **Stu|fung**

Stuhl, der; -[e]s, Stühle (*auch kurz für* Stuhlgang); elektrischer -; der Heilige, der Päpstliche - (↑R 157); **Stuhl|bein; Stühl|chen; Stuhl‿drang** (der; -[e]s; *Med.*), ...**ent|lee|rung** *(Med.);* **Stuhl|fei|er,** die; -; Petri - (kath. Fest); **Stuhl‿gang** (der; -[e]s), ...**kan|te,** ...**kis|sen,** ...**leh|ne,** ...**un|ter|su|chung**

Stu|ka [ˈʃtu(:)ka], der; -s, -s (*kurz für* Sturzkampfflugzeug)

Stuk|ka|teur [...ˈtø:r], der; -s, -e ‹franz.› (Stuckarbeiter, -künstler); *vgl.* Stuck, stuckieren; **Stuk|ka|tor,** der; -s, ...oren ‹ital.› (Stuckkünstler); **Stuk|ka|tur,** die; -, -en (Stuckarbeit)

Stul|le, die; -, -n (*bes. berlin. für* Brotschnitte [mit Aufstrich, Belag])

Stulp|är|mel (*svw.* Stulpenärmel); **Stul|pe,** die; -, -n (Aufschlag an Ärmeln u. a.); **stül|pen; Stul|pen‿är|mel,** ...**hand|schuh,** ...**stie|fel; Stülp|na|se**

stumm; - sein, werden, machen; **Stum|me,** der *u.* die; -n, -n (↑R 7 ff.)

Stum|mel, der; -s, -; **Stum|mel|af|fe; Stum|mel|chen, Stüm|mel|chen; stüm|meln** (*selten für* verstümmeln; *landsch. für* Bäume stark zurückschneiden); ich ...[e]le (↑R 22); **Stum|mel‿pfei|fe,** ...**schwanz**

Stumm|film; Stumm|heit, die; -

Stump, der; -s, -e (*landsch. veraltend für* [Baum]stumpf); **Stümp|chen; Stum|pe,** der; -n, -n *u.* [1]**Stum|pen,** der; -s, - (*landsch. für* [Baum]stumpf); [2]**Stum|pen,** der; -s, - (Grundform des Filzhutes; Zigarre); **Stüm|per** (*ugs. für* Nichtskönner); **Stüm|pe|rei; stüm|per|haft; Stüm|pe|rin; stüm|per|mä|ßig; stüm|pern** (schlecht arbeiten); ich ...ere (↑R 22); **stumpf; Stumpf,** der; -[e]s, Stümpfe; mit - und Stiel; **Stümpf|chen; stump|fen** (stumpf machen); **Stumpf|heit; Stümpf|lein; Stumpf‿näs|chen** *od.* ...näs|lein *od.* ...**na|se** *(landschaftl.);* **stumpf|na|sig; Stumpf|sinn,** der; -[e]s; **stumpf|sin|nig; Stumpf|sin|nig|keit; stumpf|wink|lig; Stümp|lein**

Stünd|chen; Stun|de, die; -, -n (*Abk.* Std., *auch* St.; *Zeichen* h [*Astron.* ^{h}]); eine halbe Stunde, eine viertel Stunde (*vgl.* Viertelstunde); von Stund an (*veraltend für* von diesem Augenblick an); *vgl.* stundenlang; **stun|den** (Zeit, Frist zur Zahlung geben); **Stun|den‿buch** ([Laien]gebetbuch des MA.), ...**frau** (*landsch. für* Frau, die einige Stunden im Haushalt hilft), ...**ge|bet,** ...**ge|schwin|dig|keit,** ...**glas** (*Plur.* ...gläser; Sanduhr), ...**halt** (*schweiz. für* [stündl.] Marschpause), ...**ho|tel; Stun|den|ki|lo|me|ter** (*für* Kilometer je Stunde; *vgl.* km/h); **stun|den|lang,** aber: eine Stunde lang, ganze Stunden lang; **Stun|den‿lohn,** ...**plan** (*vgl.* [2]Plan), ...**schlag,** ...**takt** (im -); **stun|den|wei|se; stun|den|weit,** aber: drei Stunden weit; **Stun|den|zei|ger** (bei der Uhr); ...**stün|dig** (z. B. zweistündig, *mit Ziffer* 2stündig [zwei Stunden dauernd]; ↑R 212); **Stünd|lein; stünd|lich** (jede Stunde); ...**stünd|lich** (z. B. zweistündlich, *mit Ziffer* 2stündlich [alle zwei Stunden wiederkehrend]; ↑R 212); **Stun|dung** ‹*zu* stunden›

Stunk, der; -s (*ugs. für* Zank, Unfrieden, Nörgelei)

Stunt [stant], der; -s, -s ‹engl.› (gefährliches, akrobatisches Kunststück [als Filmszene]); **Stunt|girl** [...gœ:(r)l], das; -s, -s *u.* **Stunt|man** [...mɛn], der; -s, ...men (*Film* Double für gefährliche, akrobatische o. ä. Szenen)

stu|pend [st..., *auch* ʃt...]; -este ‹lat.› (erstaunlich); -e Kenntnisse

Stupf, der; -[e]s, -e (*südd., schweiz. mdal. für* Stoß); **stup|feln** *u., schweiz. nur,* **stup|fen** (*südd., österr. ugs., schweiz. mdal. für* stupsen); **Stup|fer** (*südd., österr. ugs., schweiz. mdal. für* Stups)

stu|pid [ʃt..., *auch* st...], *österr. nur so, u.* **stu|pi|de;** stupideste ‹lat.› (dumm, stumpfsinnig); **Stu|pi|di|tät,** die; -, -en; **Stu|por,** der; -s (*Med.* Starrheit, Regungslosigkeit)

Stupp, die; - (*österr. für* Streupulver, Puder); **stup|pen** (*österr. für* einpudern)

Stu|prum [ʃt..., *auch* st...], das; -s, ...pra ‹lat., „Schändung"› (Vergewaltigung)

Stups, der; -es, -e (*ugs. für* Stoß); **stup|sen** (*ugs. für* stoßen); du stupst; **Stups|na|se** *(ugs.)*

stur (*ugs. für* stier, unbeweglich, hartnäckig); stur Heil (*ugs. für* mit großer Sturheit); **Stur|heit,** die; - *(ugs.)*

sturm (*südwestd. u. schweiz. mdal. für* verworren, schwindelig); [1]**Sturm,** der; -[e]s, Stürme; - laufen; - läuten; [2]**Sturm,** der; -[e]s (*österr. für* in Gärung übergegangener Most); **Sturm‿an|griff,** ...**ball** *(Seew.),* ...**band** (das; *Plur.* ...bänder); **sturm|be|reit; Sturm‿bö,** ...**bock** (*früher* ein Belagerungsgerät), ...**böe** (*svw.* Sturmbö), ...**boot** *(Milit.),* ...**deich; stür|men; Stür|mer; Stür|me|rei** *(ugs.);* **Stür|me|rin; sturm|er|probt** (*svw.* kampferprobt); **Stürmer und Drän|ger,** der; -s - -s, - - -; **Stur|mes|brau|sen,** das; -s *(geh.);* **Sturm‿fah|ne** *(früher),* ...**flut; sturm|frei** *(ugs.);* eine -e Bude; **Sturm‿fri|sur** *(scherzh.),* ...**ge|päck** *(Milit.);* **sturm|ge|peitscht;** die -e See; **Sturm|glocke** [*Trenn.* ...glok|ke]; **Sturm|hau|be;** die Große -, Kleine - (Gipfel im Riesengebirge);

Sturm|hut, der (*svw.* Eisenhut); **stür|misch;** -ste; **Sturm_la|terne, ...lauf, ...läu|ten** (das; -s), **...lei|ter** (die), **...mö|we; sturmreif** *(Milit.);* **Sturm_rei|he** *(Sport),* **...rie|men; sturmschwach** *(Sport);* **Sturm_schritt** (*meist in* im -), **...si|gnal, ...spitze** *(Sport),* **...tief** *(Meteor.);* **Sturm und Drang,** der; *Gen.* - - -[e]s *u.* - - -; **Sturm-und-Drang-Zeit,** die; - (↑R 41); **Sturm_vogel, ...war|nung, ...wind, ...zeichen**

Sturz, der; -es, *Plur.* Stürze, *auch* (*für* Träger:) Sturze (jäher Fall; *Bauw.* waagerechter Träger als oberer Abschluß von Tür- od. Fensteröffnungen); **Sturz_acker** [*Trenn.* ...ak|ker], **...bach; sturzbe|trun|ken** (*ugs. für* völlig betrunken); **Stür|ze,** die; -, -n (*landsch. für* Topfdeckel); **Sturzel, Stür|zel,** der; -s, - (*landsch. für* stumpfes Ende, [Baum]stumpf); **stür|zen;** du stürzt; **Sturz_flug, ...flut, ...geburt** *(Med.),* **...gut** (z. B. Kohle, Schotter), **...helm** (*vgl.* [1]Helm), **...kampf|flug|zeug** (im 2. Weltkrieg; *Abk.* Stuka), **...pflug, ...regen, ...see** (die; -, -n)

Stuß, der; Stusses ⟨hebr.-jidd.⟩ (*ugs. für* Unsinn, Dummheit); - reden

Stut|buch (Stammtafeln der zur Zucht verwendeten Pferde); **Stute,** die; -, -n

Stu|ten, der; -s, - (*landsch. für* [längliches] Weißbrot)

Stu|ten|zucht; Stu|te|rei (*veraltet für* Gestüt); **Stut|foh|len** (weibl. Fohlen)

Stutt|gart (Stadt am Neckar); **Stutt|gart-Bad Cann|statt** (↑R 153); **Stutt|gar|ter** (↑R 147)

Stutz, der; -es, *Plur.* -e *od.* Stütze (*landsch. für* Stoß; verkürztes Ding [Federstutz u. a.]; Wandbrett; *schweiz. mdal. für* steiler Hang, bes. steiles Wegstück); auf den - (*landsch. für* plötzlich; sofort)

Stütz, der; -es, -e *(Turnen);* **Stützbal|ken; Stüt|ze,** die; -, -n

stut|zen (erstaunt, argwöhnisch sein; verkürzen); du stutzt; **Stutzen,** der; -s, - (kurzes Gewehr; Wadenstrumpf; Ansatzrohrstück)

stüt|zen; du stützt

Stut|zer (*veraltend für* geckenhaft wirkender, eitler Mann; knielanger Herrenmantel; *schweiz. auch für* Stutzen [Gewehr]); **stut|zerhaft; Stut|zer|haf|tig|keit,** die; -; **stut|zer|mä|ßig; Stut|zer|tum,** das; -s

Stutz|flü|gel (*Musik* kleiner, kurzer Flügel)

Stütz|ge|we|be *(Med.)*

stut|zig; stüt|zig (*südd. für* stutzig; widerspenstig)

Stütz_keh|re *(Turnen),* **...kor|sett, ...kurs, ...last, ...mau|er, ...pfeiler, ...punkt, ...rad, ...sprung** *(Turnen),* **...strumpf**

Stutz|uhr (kleine Standuhr)

Stüt|zung; Stüt|zungs|kauf *(Finanzw.);* **Stütz|ver|band** *(Med.)*

St. Vin|cent und die Gre|na|dinen [s(ə)nt 'vinsənt - - -] (Inselstaat im Bereich der Westindischen Inseln); *vgl.* Vincenter

StVO = Straßenverkehrsordnung

StVZO = Straßenverkehrs-Zulassungs-Ordnung

sty|gisch [st...] (zum Styx gehörend; schauerlich, unheimlich)

sty|len ['stailən] ⟨engl.⟩ (entwerfen, gestalten); gestylt; **Sty|ling** ['stailiŋ], das; -s, -s (Formgebung; äußere Gestaltung); **Stylist** [stai'list], der; -en, -en; ↑R 197 (Formgestalter; jmd., der das Styling [bes. von Autos] entwirft); **Sty|li|stin**

Sty|lit [st..., *auch* ʃt...], der; -en, -en (↑R 197) ⟨griech.⟩ (auf einer Säule lebender frühchristl. Eremit)

Stym|pha|li|de [st..., *auch* ʃt...], der; -n, -n *meist Plur.* ⟨griech.⟩ (Vogelungeheuer in der griech. Sage)

Sty|rax, Sto|rax [*beide* st..., *auch* ʃt...], der; -[es], -e ⟨griech.⟩ (eine Heilpflanze; Balsam)

Sty|rol [ʃt..., *auch* st...], das; -s ⟨griech.; arab.⟩ (eine chem. Verbindung)

Sty|ro|por Ⓦ [ʃt..., *auch* st...], das; -s ⟨griech.; lat.⟩ (ein Kunststoff)

Styx [st...], der; - (Fluß der Unterwelt in der griech. Sage)

SU = Sowjetunion

s. u. = sieh[e] unten!

Sua|da, *österr. nur so, od.* **Sua|de,** die; -, ...den (↑R 180) ⟨lat.⟩ (Beredsamkeit; Redeschwall)

[1]**Sua|he|li, Swa|hi|li,** der; -[s], -[s]; ↑R 180 (Afrikaner, dessen Muttersprache [2]Suaheli ist); [2]**Sua|heli, Swa|hi|li,** das; -[s]; ↑R 180 (Sprache); *vgl.* Kisuaheli

[1]**Suá|rez** [sua(:)rεθ], Francisco [...'θisko]; ↑R 180 (span. Theologe, Jesuit)

[2]**Suá|rez** [sua(:)rεθ], Adolfo [a'ðɔlfo]; ↑R 180 (span. Politiker); *vgl. aber:* Soares

sua|so|risch; -ste (↑R 180) ⟨lat.⟩ (überredend)

sub... ⟨lat.⟩ (unter...); **Sub...** (Unter...)

sub|al|pin, *auch* **sub|al|pi|nisch** ⟨lat.⟩ (*Geogr.* räumlich an die Alpen anschließend; bis zur Nadelwaldgrenze reichend)

sub|al|tern ⟨lat.⟩ (untergeordnet; unselbständig); **Sub|al|tern|beam|te; Sub|al|ter|ne,** der *u.* die; -n, -n (↑R 7 ff.)

sub|ant|ark|tisch ⟨lat.; griech.⟩ (*Geogr.* zwischen Antarktis und gemäßigter Klimazone gelegen); **sub|ark|tisch** (zwischen Arktis u. gemäßigter Klimazone gelegen); subarktische Zone

Sub|bot|nik, der; -s, -s ⟨russ.⟩ (*ehem. in der DDR* [freiwilliger] unentgeltl. Arbeitseinsatz)

Sub|dia|kon ⟨lat.; griech.⟩ (*kath. Kirche früher* Inhaber der untersten der höheren Weihen)

Sub|do|mi|nan|te [*od.* ...'nantə] ⟨lat.⟩ (*Musik* die Quarte vom Grundton aus)

sub|fos|sil ⟨lat.⟩ (*Biol.* in geschichtl. Zeit ausgestorben)

sub|gla|zi|al ⟨lat.⟩ (*Geol.* unter dem Gletschereis befindlich)

su|bi|to ⟨ital.⟩ (*Musik* schnell, sofort anschließend)

Sub|jekt, das; -[e]s, -e ⟨lat.⟩ (*Sprachw.* Satzgegenstand; *Philos.* wahrnehmendes, denkendes Wesen; *abwertend für* gemeiner Mensch); **Sub|jek|ti|on,** die; -, -en (*Rhet.* Aufwerfen einer Frage, die man selbst beantwortet); **sub|jek|tiv** [*auch* 'zup...] (dem Subjekt angehörend, in ihm begründet; persönlich; einseitig, parteiisch, unsachlich); **Sub|jekti|vis|mus** [...v...], der; - (philos. Denkrichtung, nach der das Subjekt für die Geltung der Erkenntnis entscheidend ist; *auch für* Ichbezogenheit); **sub|jek|ti|vistisch; Sub|jek|ti|vi|tät,** die; - (persönl. Auffassung, Eigenart; Einseitigkeit); **Sub|jekt|satz** *(Sprachw.)*

Sub|junk|tiv [*auch* ...'ti:f], der; -s, -e [...və] ⟨lat.⟩ (*selten für* Konjunktiv)

Sub|ka|te|go|rie ⟨lat.; griech.⟩ (*bes. Sprachw.* Unterordnung, Untergruppe einer Kategorie)

Sub|kon|ti|nent ⟨lat.⟩ (geogr. geschlossener Teil eines Kontinents, der auf Grund seiner Größe u. Gestalt eine gewisse Eigenständigkeit hat); der indische -

Sub|kul|tur ⟨lat.⟩ (bes. Kulturgruppierung innerhalb eines übergeordneten Kulturbereichs); **sub|kul|tu|rell**

sub|ku|tan ⟨lat.⟩ (*Med.* unter der Haut [befindlich], unter die Haut [erfolgend])

sub|lim ⟨lat.⟩ (erhaben; fein; nur einem feineren Verständnis od. Empfinden zugänglich); **Sub|limat,** das; -[e]s, -e (Ergebnis einer Sublimation; eine Quecksilberverbindung); **Sub|li|ma|ti|on,** die; -, -en (*Chemie* unmittelbarer Übergang eines festen Stoffes in den Gaszustand u. umgekehrt);

sub|li|mie|ren (erhöhen; läutern, verfeinern; in künstler. Leistung[en] umsetzen; *Chemie* der Sublimation unterwerfen); **Sub|li|mie|rung; Sub|li|mi|tät,** die; - (*selten für* Erhabenheit)
sub|ma|rin ‹lat.› (*Biol.* unterseeisch)
Sub|mer|si|on, die; -, -en ‹lat.› (*Geol.* Untertauchen des Festlandes unter den Meeresspiegel; *veraltet für* Überschwemmung)
Sub|mis|si|on, die; -, -en ‹lat.› (*Wirtsch.* öffentl. Ausschreibung; Vergabe an denjenigen, der das günstigste Angebot macht; *veraltet für* Ehrerbietigkeit, Unterwürfigkeit; Unterwerfung); **Sub|mis|si|ons‿kar|tell** *(Wirtsch.),* **...weg** (im -[e]); **Sub|mit|tent,** der; -en, -en; ↑R 197 (Bewerber [um einen Auftrag]; [An]bieter); **sub|mit|tie|ren** (sich [um einen Auftrag] bewerben)
Sub|or|di|na|ti|on, die; -, -en ‹lat.› (*Sprachw.* Unterordnung; *veraltend für* Unterordnung, Gehorsam); **sub|or|di|nie|ren;** subordinierende Konjunktion (unterordnendes Bindewort, z. B. „weil")
sub|po|lar ‹lat.› (*Geogr.* zwischen Polarzone u. gemäßigter Klimazone gelegen)
sub|se|quent ‹lat.› (*Geogr.* den weicheren Schichten folgend [von Flüssen])
sub|si|di|är, *älter* **sub|si|dia|risch** ‹lat.› (helfend, unterstützend; zur Aushilfe dienend); **Sub|si|dia|ris|mus,** der; - *u.* **Sub|si|dia|ri|tät,** die; - (gegen den Zentralismus gerichtete Anschauung, die dem Staat nur die helfende Ergänzung der Selbstverantwortung kleiner Gemeinschaften, bes. der Familie, zugestehen will); **Sub|si|dia|ri|täts|prin|zip,** das; -s; **Sub|si|di|en** [...iən] *Plur.* (*veraltet für* Hilfsgelder)
Sub|si|stenz, die; -, -en ‹lat.› (*veraltet für* [Lebens]unterhalt); **Sub|si|stenz|wirt|schaft** (bäuerl. Produktion nur für den eigenen Bedarf)
Sub|skri|bent, der; -en, -en (↑R 197) ‹lat.› (Vorausbesteller von Büchern); **sub|skri|bie|ren; Sub|skrip|ti|on,** die; -, -en (Vorausbestellung von später erscheinenden Büchern); **Sub|skrip|ti|ons‿ein|la|dung, ...preis**
sub spe|cie aeter|ni|ta|tis [- 'spe:tsie ε...] ‹lat.› (unter dem Gesichtspunkt der Ewigkeit); **Sub|spe|zi|es** [...iεs] ‹lat.› (*Biol.* Unterart)
Sub|stan|dard, der; -s ‹engl.› (*Sprachw.* Sprachebene unterhalb der Hochsprache; *bes. österr. für* unterdurchschnittliche Qualität); **Sub|stan|dard|woh|nung** *(österr.)*
Sub|stan|tia|li|tät, die; - ‹lat.› (Wesentlichkeit, Substanzsein); **sub|stan|ti|ell** (wesenhaft, wesentlich; stofflich; materiell; nahrhaft); **sub|stan|ti|ie|ren** (*Philos.* etwas als Substanz unterlegen, begründen); **Sub|stan|tiv,** das; -s, -e (*Sprachw.* Hauptwort, Dingwort, Nomen, z. B. „Haus, Wald, Ehre"); **sub|stan|ti|vie|ren** [...v...] (zum Hauptwort machen; als Hauptwort gebrauchen); **sub|stan|ti|viert; Sub|stan|ti|vie|rung** (z. B. „das Schöne, das Laufen"); **sub|stan|ti|visch** (hauptwörtlich); **Sub|stanz,** die; -, -en ([körperl.] Masse, Stoff, Bestand[teil]; *nur Sing.: Philos.* das Dauernde, das Wesentliche; *auch für* Materie); **Sub|stanz|ver|lust**
sub|sti|tu|ier|bar; sub|sti|tu|ie|ren ‹lat.› (*Philos.* [einen Begriff] an die Stelle eines anderen setzen; austauschen, ersetzen); **Sub|sti|tu|ie|rung;** [1]**Sub|sti|tut,** das; -[e]s, -e (*svw.* Surrogat); [2]**Sub|sti|tut,** der; -en, -en; ↑R 197 (Verkaufsleiter; *veraltend für* Stellvertreter, Untervertreter); **Sub|sti|tu|tin; Sub|sti|tu|ti|on,** die; -, -en (*fachspr. für* Stellvertretung, Ersetzung); **Sub|sti|tu|ti|ons|pro|be** *(Sprachw.)*
Sub|strat, das; -[e]s, -e ‹lat.› (*fachspr. für* das einer Sache Zugrundeliegende, [materielle] Grundlage; *Sprachw.* überlagerte sprachliche Grundschicht; *Landw.* Nährboden)
sub|su|mie|ren ‹lat.› (ein-, unterordnen; unter einem Thema zusammenfassen); **Sub|su|mie|rung; Sub|sum|ti|on,** die; -, -en; **sub|sum|tiv** (*Philos.* unterordnend; einbegreifend)
Sub|teen ['sabti:n], der; -s, -s *meist Plur.* ‹amerik.› (*ugs. für* Mädchen od. Junge im Alter von etwa zehn Jahren)
sub|til ‹lat.› (zart, fein, sorgsam; spitzfindig, schwierig); **Sub|ti|li|tät,** die; -, -en
Sub|tra|hend, der; -en, -en (↑R 197) ‹lat.› (abzuziehende Zahl); **sub|tra|hie|ren** (*Math.* abziehen); **Sub|trak|ti|on,** die; -, -en (das Abziehen); **Sub|trak|ti|ons|ver|fah|ren; sub|trak|tiv** (auf Subtraktion beruhend); ein -es Verfahren
Sub|tro|pen *Plur.* ‹lat.; griech.› (*Geogr.* Gebiete des Übergangs von den Tropen zur gemäßigten Klimazone); **sub|tro|pisch** [*auch* ...'tro:...]
Sub|urb ['sabœ:(r)b], die; -, -s ‹engl.› (*angloamerikan. Bez. für* Vorstadt); **sub|ur|bi|ka|risch** [zup|ur...] ‹lat.› (*kath. Kirche* vor Rom gelegen); -es Bistum
Sub|ven|ti|on [...v...], die; -, -en *meist Plur.* ‹lat.› (*Wirtsch.* zweckgebundene Unterstützung aus öffentl. Mitteln); **sub|ven|tio|nie|ren; Sub|ven|ti|ons‿ab|bau, ...be|geh|ren**
Sub|ver|si|on [...v...], die; -, -en ‹lat.› (Umsturz); **sub|ver|siv** (zerstörend, umstürzlerisch)
sub vo|ce [- 'vo:tsə] ‹lat.› (unter dem [Stich]wort; *Abk.* s. v.)
Such‿ak|ti|on, ...an|zei|ge, ...ar|beit, ...au|to|ma|tik, ...bild, ...dienst; Su|che, die; -, *Plur. (Jägerspr.:)* -n; auf der - sein; auf die - gehen; **su|chen; Su|cher; Su|che|rei; Such‿flug|zeug, ...hund, ...lauf, ...li|ste, ...mel|dung, ...schein|wer|fer, ...schiff**
Sucht, die; -, *Plur.* Süchte *od.* Suchten (Krankheit; krankhaftes Verlangen [nach Rauschgift]); **Sucht|ge|fahr; süch|tig; Süch|ti|ge,** der *u.* die; -n, -n (↑R 7 ff.); **Süch|tig|keit,** die; -; **sucht|krank; Sucht|kran|ke**
Such|trupp
suckeln [*Trenn.* suk|keln] (*landsch. für* [in kleinen Zügen] saugen); ich ...[e]le (↑R 22)
[1]**Su|cre** ['sukrə] (Hptst. von Bolivien)
[2]**Su|cre** ['sukrə], der; -, - ‹span.› (ecuadorian. Währungseinheit; 1 Sucre = 100 Centavos)
Sud, der; -[e]s, -e (Flüssigkeit, in der etwas gekocht wurde; durch Auskochen erhaltene Lösung)
[1]**Süd** (Himmelsrichtung; *Abk.* S); Nord und Süd; *fachspr.* der Wind kommt aus -; Autobahnausfahrt Frankfurt-Süd; *vgl.* Süden; [2]**Süd,** der; -[e]s, -e *Plur. selten* (*geh. für* Südwind); der warme Süd blies um das Haus; **Süd|afri|ka;** Republik -; **Süd|afri|ka|ner; Süd|afri|ka|ne|rin; süd|afri|ka|nisch,** aber (↑R 146): die Südafrikanische Union (*ehem. Bez. für* Republik Südafrika); **Süd|ame|ri|ka; Süd|ame|ri|ka|ner; Süd|ame|ri|ka|ne|rin; süd|ame|ri|ka|nisch**
Su|dan *meist mit Artikel* der; -[s] ‹arab.› (Staat in Mittelafrika); *vgl.* Irak; **Su|da|ner** *vgl.* Sudanese; **Su|da|ne|se,** der; -n, -n; ↑R 197 (Bewohner des Sudans); **Su|da|ne|sin; su|da|ne|sisch; su|da|nisch** (*svw.* sudanesisch)
süd|asia|tisch; Süd|asi|en
Su|da|ti|on, die; - ‹lat.› (*Med.* das Schwitzen)
Süd|au|stra|li|en; Süd|ba|den; *vgl.* Baden; **Süd|da|ko|ta** (Staat in den USA; *Abk.* S. Dak., S. D.)

Sud|den death ['sad(ə)n 'dɛθ], der; - -, - - ‹engl.› (*Sport* Spielentscheidung durch das erste gefallene Tor in einem zusätzlichen Spielabschnitt)
süd|deutsch; *vgl.* deutsch; **Süd|deut|sche,** der *u.* die; **Süd|deutsch|land**
Su|del, der; -s, - (*schweiz. für* flüchtiger Entwurf, Kladde; *landsch. für* Schmutz; Pfütze); **Su|de|lei** *(ugs.)*; **Su|de|ler,** Sudler *(ugs.)*; **su|de|lig,** sud|lig *(ugs.)*; **su|deln** (*ugs. für* Schmutz verursachen; schmieren; pfuschen); ich ...[e]le (↑R 22); **Su|del|wet|ter,** das; -s *(landsch.)*
Sü|den, der; -s (Himmelsrichtung; *Abk.* S); der Wind kommt aus -; gen Süden; *vgl.* Süd; **Sü|der|dith|mar|schen** (Teil von Dithmarschen); **Sü|der|oog** (eine Hallig)
Su|de|ten *Plur.* (Gebirge in Mitteleuropa); **su|de|ten|deutsch; Su|de|ten|land,** das; -[e]s; **su|de|tisch** (die Sudeten betreffend)
Süd|eu|ro|pa; süd|eu|ro|pä|isch; Süd|frank|reich; Süd|frucht *meist Plur.*; **Süd|früch|ten‿händ|ler** *(österr.)*, **...hand|lung** *(österr.)*; **Süd|hang**
Sud|haus (für die Bierherstellung)
Süd|hol|land; Süd|ita|li|en; Süd|ka|ro|li|na (Staat in den USA; *Abk.* S. C.); **Süd-Ko|rea,** *meist* **Süd|ko|rea** (↑R 152); **Süd|küste; Süd|län|der,** der; **Süd|län|de|rin; süd|län|disch; s[üdl]. Br.** = südlicher Breite
Sud|ler *vgl.* Sudeler
süd|lich; -er Breite (*Abk.* s[üdl]. Br.); - des Waldes, - vom Wald; - von München, *selten* - Münchens; südlicher Sternenhimmel, aber (↑R 157): das Südliche Kreuz (ein Sternbild)
sud|lig *vgl.* sudelig
Süd|nord|ka|nal, der; -s (Kanal in Nordwestdeutschland); [1]**Süd|ost** (Himmelsrichtung; *Abk.* SO); [2]**Süd|ost,** der; -[e]s, -e *Plur. selten* (Wind); **Süd|ost|asi|en; Süd|osten,** der; -s (*Abk.* SO); gen Südosten; *vgl.* Südost; **süd|öst|lich; Süd|ost|wind**
Sud|pfan|ne
Süd|pol, der; -s; **Süd|po|lar‿ex|pe|di|ti|on, ...meer** (das; -[e]s)
Süd|rho|de|si|en (*früherer Name von* Simbabwe); **Süd|see,** die; - (Pazifischer Ozean, bes. der südl. Teil); **Süd|see|in|su|la|ner** (↑R 36); **Süd|sei|te; süd|sei|tig; Süd|staa|ten** *Plur.* (in den USA); **Süd|süd|ost** (Himmelsrichtung; *Abk.* SSO); **Süd|süd|osten,** der; -s (*Abk.* SSO); **Süd|süd|west** (Himmelsrichtung; *Abk.* SSW); **Süd|süd|we|sten,** der; -s (*Abk.* SSW); **Süd|ti|rol** (Gebiet der Provinz Bozen; *früher* der 1919 an Italien gefallene Teil des altösterr. Kronlandes Tirol); **Süd|ti|ro|ler; süd|ti|ro|lisch; südwärts; Süd|wein;** [1]**Süd|west** (Himmelsrichtung; *Abk.* SW); [2]**Süd|west,** der; -[e]s, -e *Plur. selten* (Wind); **süd|west|deutsch;** *vgl.* deutsch; **Süd|west|deutsch|land; Süd|we|sten,** der; -s (*Abk.* SW); gen Südwesten; **Süd|wester,** der; -s, - (wasserdichter Seemannshut); **süd|west|lich; Süd|west‿staat** (der; -[e]s; anfängl. Bez. des Landes Baden-Württemberg), **...wind; Süd|wind**
Su|es (ägypt. Stadt); *vgl.* Suez; **Su|es|ka|nal,** der; -s; ↑R 149 (Kanal zwischen Mittelmeer u. Rotem Meer)
Sue|ve [...və] usw. *vgl.* Swebe usw.
Su|ez ['zu:ɛs, *auch* 'zu:ɛts] usw. (*franz. Schreibung von* Sues usw.)
Suff, der; -[e]s (*ugs. für* das Betrunkensein; Trunksucht); der stille -; **Süf|fel,** der; -s, - (*landsch. für* Säufer); **süf|feln** (*ugs. für* gern Alkohol trinken); ich ...[e]le (↑R 22); **süf|fig** (*ugs. für* gut trinkbar, angenehm schmekkend); ein -er Wein
Süf|fi|sance [...zã:s], die; - ‹franz.› (*svw.* Süffisanz); **süf|fi|sant;** -este; **Süf|fi|sanz,** die; - (Selbstgefälligkeit; Spott)
Suf|fix [*auch* zu'fiks], das; -es, -e ‹lat.› (*Sprachw.* Nachsilbe, z. B. „-heit" in „Weisheit"); **Suf|fi|xo|id,** das; -[e]s, -e (einem Suffix ähnliches Wortbildungsmittel; z. B. „-papst" in „Literaturpapst")
suf|fi|zi|ent ‹lat.› (*bes. Med.* hinlänglich, genügend, ausreichend); **Suf|fi|zi|enz,** die; - (Hinlänglichkeit; *Med.* ausreichende Leistungsfähigkeit [eines Organs])
Süff|ler, Süff|ling (*landsch. für* jmd., der gern u. viel trinkt)
Suf|fra|gan, der; -s, -e ‹lat.› (einem Erzbischof unterstellter Diözesanbischof); **Suf|fra|get|te,** die; -, -n ‹engl.› (engl. Frauenrechtlerin)
Suf|fu|si|on, die; -, -en ‹lat.› (*Med.* Blutaustritt unter die Haut)
Su|fi, der; -[s], -s ‹arab.› (Anhänger des Sufismus); **Su|fis|mus,** der; - (eine asketisch-mystische Richtung im Islam)
Su|gam|brer, der; -s, - (Angehöriger eines germ. Volkes)
sug|ge|rie|ren ‹lat.› (seelisch beeinflussen; einreden); **sug|ge|sti|bel** (beeinflußbar); ...i|ble Menschen; **Sug|ge|sti|bi|li|tät,** die; - (Empfänglichkeit für Beeinflussung); **Sug|ge|sti|on,** die; -, -en (seelische Beeinflussung); **sug|ge|stiv** (seelisch beeinflussend; verfänglich); **Sug|ge|stiv|fra|ge** (Frage, die eine bestimmte Antwort suggeriert)
Suhl (Stadt am SW-Rand des Thüringer Waldes)
Suh|le, die; -, -n (Lache; feuchte Bodenstelle); **suh|len,** sich (*Jägerspr.* sich in einer Suhle wälzen [vom Rot- u. Schwarzwild])
Süh|ne, die; -, -n; **Süh|ne‿al|tar, ...geld** *(veraltet)*, **...ge|richt, ...maß|nah|me; süh|nen; Süh|ne‿op|fer, ...rich|ter, ...ter|min, ...ver|fah|ren, ...ver|such; Sühn|op|fer; Süh|nung**
sui ge|ne|ris ‹lat.› (nur durch sich selbst eine Klasse bildend, einzig, besonders)
Suit|case ['sju:tke:s], das *od.* der; -, *Plur.* - *u.* -s [...zis] ‹engl.› (*engl. Bez. für* kleiner Handkoffer)
Sui|te ['svi:t(ə)], die; -, -n ‹franz.› (Gefolge [eines Fürsten]; *Musik* Folge von [Tanz]sätzen); *vgl.* à la suite; **Sui|tier** [svi'tie:], der; -s, -s (*veraltet für* lustiger Bursche; Schürzenjäger)
Sui|zid, der, *auch* das; -[e]s, -e ‹lat.› (Selbstmord); **sui|zi|dal** (selbstmörderisch); **Sui|zi|dent,** der; -en, -en; ↑R 197 (Selbstmörder); **Sui|zid‿ra|te, ...ri|si|ko**
Su|jet [zy'ʒe:], das; -s, -s ‹franz.› (Gegenstand künstlerischer Darstellung, Stoff)
Suk|ka|de, die; -, -n ‹roman.› (kandierte Fruchtschale)
Suk|ku|bus, der; -, ...kuben ‹lat.› (weibl. Buhlteufel des mittelalterl. Volksglaubens); *vgl.* Inkubus
suk|ku|lent ‹lat.› (*Bot.* saftvoll, fleischig); **Suk|ku|len|te,** die; -, -n (Pflanze trockener Gebiete); **Suk|ku|lenz,** die; - (*Bot.* Saftfülle)
Suk|kurs, der; -es, -e ‹lat.› (Hilfe, Unterstützung)
Suk|zes|si|on, die; -, -en ‹lat.› ([Rechts]nachfolge; Thronfolge; *Biol.* Entwicklungsreihe); **Suk|zes|si|ons‿krieg** (*svw.* Erbfolgekrieg), **...staat** (*Plur.* ...staaten; Nachfolgestaat); **suk|zes|siv** (allmählich [eintretend]); **suk|zes|si|ve** [...və] *Adverb* (allmählich, nach und nach)
[1]**Su|la|mith** [*auch* ...'mi:t] (w. Vorn.); [2]**Su|la|mith,** *ökum.* Schu|lam|mit (bibl. w. Eigenn.)
Su|lei|ka (w. Vorn.)
Sul|fat, das; -[e]s, -e ‹lat.› (Salz der Schwefelsäure); **Sul|fid,** das; -[e]s, -e (Salz der Schwefelwasserstoffsäure); **sul|fi|disch** (Schwefel enthaltend); **Sul|fit** [*auch* ...'fit], das; -s, -e (Salz der

schwefligen Säure); **Sul|fit|lau|ge**
Sülf|mei|ster (*veraltet für* Besitzer eines Salzwerkes; *nordd. für* Pfuscher)
Sul|fon|amid, das; -[e]s, -e *meist Plur.* (ein chemotherapeutisches Arzneimittel gegen Infektionskrankheiten); **Sul|fur,** das; -s ‹lat.› (*lat. Bez. für* Schwefel; *Zeichen* S)
Sul|ky [*engl.* 'salki], das; -s, -s ‹engl.› (zweirädriger Wagen für Trabrennen)
Süll, der *od.* das; -[e]s, -e (*nordd. für* [hohe] Türschwelle; *Seemannsspr.* Lukeneinfassung)
Sul|la (röm. Feldherr u. Staatsmann)
Sul|tan, der; -s, -e ‹arab., „Herrscher"› (Titel islamischer Herrscher); **Sul|ta|nat,** das; -[e]s, -e (Sultansherrschaft); **Sul|ta|nin; Sul|ta|ni|ne,** die; -, -n (große kernlose Rosine)
Sulz, die; -, -en *u.* **Sul|ze,** die; -, -n (*südd., österr., schweiz. für* Sülze); **Sül|ze,** die; -, -n (Fleisch, Fisch u. a. in Gallert); **sul|zen** (*südd., österr., schweiz. für* sülzen); du sulzt; gesulzt; **sül|zen** (zu Sülze verarbeiten; *ugs. auch für* [dummes Zeug] reden, quatschen); du sülzt; gesülzt; **Sülz|ko|te|lett**
Su|mach, der; -s, -e ‹arab.› (ein Gerbstoffe lieferndes Holzgewächs); *vgl.* [1]Schmack
Su|ma|tra [*auch* 'zu:...] (zweitgrößte der Großen Sundainseln)
Su|mer (das alte Südbabylonien); **Su|me|rer,** der; -s, - (Angehöriger des ältesten Volkes in Südbabylonien); **su|me|risch;** *vgl.* deutsch; **Su|me|risch,** das; -[s] (Sprache); *vgl.* Deutsch; **Su|me|ri|sche,** das; -n; *vgl.* Deutsche, das
summ!; summ, summ!
Sum|ma, die; -, Summen ‹lat.› (in der Scholastik die zusammenfassende Darstellung von Theologie u. Philosophie; *veraltet für* Summe; *Abk.* Sa.); *vgl.* in summa; **sum|ma cum lau|de** ‹„mit höchstem Lob"› (höchstes Prädikat bei Doktorprüfungen); **Sum|mand,** der; -en, -en; ↑R 197 (*Math.* hinzuzuzählende Zahl); **sum|ma|risch;** -ste (kurz zusammengefaßt); **Sum|ma|ri|um,** das; -s, ...ien [...iən] (*veraltet für* kurze Inhaltsangabe, Inbegriff); **summa sum|ma|rum** (alles in allem); **Sum|ma|ti|on,** die; -, -en (*bes. Math.* Bildung einer Summe, Aufrechnung); **Sümm|chen; Sum|me,** die; -, -n; [1]**sum|men,** sich (*veraltet für* sich summieren)
[2]**sum|men;** eine Melodie -
Sum|men_bi|lanz *(Wirtsch.)*, **...ver|si|che|rung**
Sum|mer (Vorrichtung, die Summtöne erzeugt); **Sum|mer|zei|chen**
sum|mie|ren ‹lat.› (zusammenzählen, vereinigen); sich - (anwachsen); **Sum|mie|rung; Sümm|lein**
Summ|ton *Plur.* ...töne
Sum|mum bo|num, das; - - ‹lat.› (*Philos.* höchstes Gut; Gott); **Sum|mus Epi|sco|pus,** der; - - (oberster Bischof, Papst; *früher für* Landesherr als Oberhaupt einer ev. Landeskirche in Deutschland)
Su|mo, das; - ‹jap.› (eine japanische Form des Ringkampfes)
Sum|per, der; -s, - (*österr. ugs. für* Spießer, Banause)
Sumpf, der; -[e]s, Sümpfe; **Sumpf_bi|ber** (Nutria), **...blü|te** (*abwertend für* moralische Verfallserscheinung, Auswuchs), **...bo|den; Sumpf|dot|ter|blu|me; sump|fen** (*ugs. für* liederlich leben, zechen); **sümp|fen** (*Bergmannsspr.* entwässern; *Töpferei* Ton mit Wasser ansetzen); **Sumpf_fie|ber** (*für* Malaria), **...gas, ...ge|biet, ...ge|gend, ...huhn** (*auch ugs. scherzh. für* unsolider Mensch); **sump|fig; Sumpf|land,** das; -[e]s; **Sumpf_ot|ter** (der; Nerz), **...pflan|ze, ...zy|pres|se**
Sums, der; -es (*ugs. svw.* Gesums); [einen] großen - (viel Aufhebens) machen
Sund, der; -[e]s, -e (Meerenge [zwischen Ostsee u. Kattegat])
Sun|da|in|seln *Plur.;* ↑R 149 (südostasiat. Inselgruppe); die Großen, die Kleinen -
Sün|de, die; -, -n; **Sün|den_ba|bel** (das; -s; *meist scherzh.*), **...bekennt|nis, ...bock** *(ugs.)*, **...fall** (der), **...last** (die; -), **...lohn** (der; -[e]s; *geh.*); **sün|den|los,** sündlos; **Sün|den|lo|sig|keit,** Sündlo|sig|keit, die; -; **Sün|den_pfuhl** *(abwertend od. scherzh.)*, **...re|gister** *(ugs.)*, **...ver|ge|bung; Sün|der; Sün|de|rin; Sün|der|mie|ne** *(ugs.);* **Sünd|flut** (*volksmäßige Umdeutung von* Sintflut; *vgl. d.*); **sünd|haft;** - teuer (*ugs. für* überaus teuer); **Sünd|haf|tig|keit,** die; -; **sün|dig; sün|di|gen; sünd|lich** (*landsch. svw.* sündig); **sünd|los** *vgl.* sündenlos; **Sünd|lo|sig|keit** *vgl.* Sündenlosigkeit; **sünd|teu|er** (*österr. für* überaus teuer)
Sun|nit, der; -en, -en; ↑R 197 (Angehöriger der orthodoxen Hauptrichtung des Islams); **Sun|ni|tin; sun|ni|tisch**
Sün|tel, der; -s (Bergzug im Weserbergland)
[1]**Suo|mi** [*finn.* 'suɔmi]; ↑R 180 (*finn. Name für* Finnland); [2]**Suomi,** das; - (finn. Sprache)
su|per ‹lat.› (*ugs. für* hervorragend, großartig); das war -, eine - Schau; er hat - gespielt; [1]**Su|per,** der; -s, - (*Kurzform von* Superheterodynempfänger); [2]**Su|per,** das; -s *meist ohne Artikel* (*kurz für* Superbenzin); **su|per...** (über...); **Su|per...** (Über...); **superb** *(bes. österr.)*, **sü|perb** ‹franz.› (vorzüglich; prächtig); **Su|per_ben|zin, ...cup** *(Fußball);* **su|per|fein** (*ugs. für* sehr fein); **Su|per-G** [...dʒi:], der; -[s], -[s] ‹engl.› (Superriesenslalom); **Super-GAU** (allergrößter GAU; *vgl. d.*); **Su|per|het,** der; -s, -s (*Kurzform von* Superheterodynempfänger); **Su|per|he|te|rodyn|emp|fän|ger** ‹lat.; griech.; dt.› (Rundfunkempfänger mit hoher Verstärkung, guter Regelung u. hoher Trennschärfe); **Super|in|ten|dent** [*auch* 'zu:...], der; -en, -en (↑R 197) ‹lat.› (höherer ev. Geistlicher); **Su|per|in|ten|den|tur,** die; -, -en (Superintendentenamt, -wohnung); **Su|pe|ri|or,** der; -s, ...oren (Oberer, Vorgesetzter, bes. in Klöstern); **Su|pe|rio|rin; Su|pe|rio|ri|tät,** die; - (Überlegenheit; Übergewicht); **Su|per|kar|go,** der; -s, -s ‹lat.; span.› (*Seemannsspr., Kaufmannsspr.* bevollmächtigter Frachtbegleiter); **su|per|klug** *(ugs.);* **Su|per|la|tiv,** der; -s, -e [...və] ‹lat.› (*Sprachw.* 2. Steigerungsstufe, Höchststufe, Meiststufe, z. B. „schönste"; *übertr. für* etwas, was zum Besten gehört); **su|per|la|ti|visch** [*auch* ...'ti:viʃ]; **su|per|leicht** (*ugs. für* sehr leicht); **Su|per|macht; Super|mann** *Plur.* ...männer; **Super|markt** (großes Warenhaus mit Selbstbedienung u. umfangreichem Sortiment); **su|per|modern** (*ugs. für* sehr modern); **Super|na|tu|ra|lis|mus** usw. *vgl.* Supranaturalismus usw.; **Su|per|no|va** [...va] (*Astron.* bes. lichtstarke Nova); *vgl.* [1]Nova; **Super|phos|phat** ‹lat.; griech.› (phosphorhaltiger Kunstdünger); **Su|per|preis** (besonders günstiger Preis); **Su|per|re|vi|si|on** [...v...] (*Wirtsch.* Nach-, Überprüfung); **Su|per|rie|sen|sla|lom; su|per|schlau** (*ugs. für* sehr schlau); **su|per|schnell** (*ugs. für* sehr schnell); **Su|per|star** (*ugs. für* bes. großer, berühmter Star); *vgl.* [2]Star; **Su|per|sti|ti|on,** die; - (*veraltet für* Aberglaube); **Super|strat,** das; -[e]s, -e (*Sprachw.* bodenständig gewordene Sprache eines Erobervolkes); *vgl.*

Substrat; **Su|per|zei|chen** *(Kybernetik)*
Su|pi|num, das; -s, ...na (lat. Verbform)
Süpp|chen; Sup|pe, die; -, -n
Sup|pé [zu'pe:] (österr. Komponist)
Sup|pen-ex|trakt, ...fleisch, ...grün (das; -s), **...huhn, ...kaspar** (der; -s; Gestalt aus dem Struwwelpeter; ↑R 138), **...kasper** (*ugs. für* Kind, das seine Suppe nicht essen will), **...kel|le, ...kno|chen, ...kraut, ...löf|fel, ...nu|del, ...schüs|sel, ...tas|se, ...tel|ler, ...ter|ri|ne, ...wür|fel; sup|pig**
Sup|ple|ant, der; -en, -en (↑R 197) ‹franz.› (*schweiz. für* Ersatzmann [in einer Behörde])
Süpp|lein
Sup|ple|ment, das; -[e]s, -e ‹lat.› (*Buchw.* Ergänzung[sband, -teil]; *kurz für* Supplementwinkel); **Sup|ple|ment-band** (der), **...lie|fe|rung, ...win|kel** (*Math.* Ergänzungswinkel); **Sup|plent,** der; -en, -en; ↑R 197 (*österr. veraltet für* Aushilfslehrer); **sup|ple|to|risch** (*veraltet für* ergänzend, stellvertretend, nachträglich)
Sup|pli|kant, der; -en, -en ‹lat.› (*veraltet für* Bittsteller); **sup|pli|zie|ren** (*veraltet für* ein Bittgesuch einreichen)
sup|po|nie|ren ‹lat.› (voraussetzen; unterstellen)
Sup|port, der; -[e]s, -e ‹lat.› (*Technik* schlittenförmiger Werkzeugträger auf dem Bett einer Drehbank); **Sup|port|dreh|bank**
Sup|po|si|ti|on, die; -, -en ‹lat.› (Voraussetzung; Unterstellung); **Sup|po|si|to|ri|um,** das; -s, ...ien [...iən] (*Med.* Arzneizäpfchen); **Sup|po|si|tum,** das; -s, ...ta (*veraltet für* Vorausgesetztes, Annahme)
Sup|pres|si|on, die; -, -en ‹lat.› (*Med.* Unterdrückung; Zurückdrängung); **sup|pres|siv; sup|pri|mie|ren**
su|pra|lei|tend ‹lat.; dt.›; -er Draht; **Su|pra|lei|ter,** der (elektr. Leiter, der bei einer Temperatur nahe dem absoluten Nullpunkt fast unbegrenzt leitfähig wird)
su|pra|na|tio|nal ‹lat.› (übernational [von Kongressen, Gemeinschaften, Parlamenten u. a.])
Su|pra|na|tu|ra|lis|mus, Su|per|na|tu|ra|lis|mus, der; - ‹lat.› (Glaube an Übernatürliches); **su|pra|na|tu|ra|li|stisch,** su|per|na|tu|ra|li|stisch
Su|pra|por|te *vgl.* Sopraporte
Su|pre|mat, der *od.* das; -[e]s, -e ‹lat.› *u.* **Su|pre|ma|tie,** die; -, ...ien ([päpstl.] Obergewalt; Überordnung); **Su|pre|mat[s]|eid** (*früher* Eid der engl. Beamten u. Geistlichen, mit dem sie den Supremat des engl. Königs anerkannten)
Su|re, die; -, -n ‹arab.› (Kapitel des Korans)
Surf|brett ['sœ:(r)f...] ‹engl.; dt.›; **sur|fen** (auf dem Surfbrett fahren); **Sur|fer; Sur|fe|rin; Sur|fing,** das; -s (Wellenreiten, Brandungsreiten [auf einem Surfbrett]; Windsurfen)
Sur|fleisch (*österr. für* Pökelfleisch)
Surf|ri|ding ['sœ:(r)fraidiŋ] ‹engl.› *vgl.* Surfing
Su|ri|nam, der; -[s] (Fluß im nördl. Südamerika); **Su|ri|na|me** [syri...] (Republik im nördl. Südamerika); **Su|ri|na|mer; Su|ri|na|me|rin; su|ri|na|misch**
Sur|plus ['sœ:(r)pləs], das; -, - ‹engl.› (*Wirtsch.* Überschuß, Gewinn)
Sur|rea|lis|mus [*auch* syre...], der; - ‹franz.› (Kunst- u. Literaturrichtung, die das Traumhaft-Unbewußte künstlerisch darstellen will); **Sur|rea|list,** der; -en, -en (↑R 197); **Sur|rea|li|stin; sur|rea|li|stisch**
sur|ren
Sur|ro|gat, das; -[e]s, -e ‹lat.› (Ersatz[mittel, -stoff], Behelf; *Rechtsw.* Ersatz für einen Gegenstand, Wert); **Sur|ro|ga|ti|on,** die; -, -en (*Rechtsw.* Austausch eines Vermögensgegenstandes gegen einen anderen, der den gleichen Rechtsverhältnissen unterliegt)
Su|sa (altpers. Stadt)
Su|san ['su:zən] (w. Vorn.); **Su|san|na, Su|san|ne** (w. Vorn.); **Su|se, Su|si** (w. Vorn.)
Su|si|ne, die; -, -n ‹ital.› (eine ital. Pflaume)
su|spekt ‹lat.› (verdächtig)
sus|pen|die|ren ‹lat.› (zeitweilig aufheben; [einstweilen] des Dienstes entheben; *Med.* anheben, aufhängen; *Chemie* eine Suspension herbeiführen); **Sus|pen|die|rung; Sus|pen|si|on,** die; -, -en ([einstweilige] Dienstenthebung; zeitweilige Aufhebung; *Med.* Anhebung, Aufhängung; *Chemie* Aufschwemmung feinstverteilter fester Stoffe in einer Flüssigkeit); **sus|pen|siv** (aufhebend, -schiebend); **Sus|pen|so|ri|um,** das; -s, ...ien [...iən] (*Med.* Tragverband, z. B. für den Hodensack; *Sport* Schutz für die männl. Geschlechtsteile)
süß; -este; am -esten; süß-sauer (↑R 39); es ist ein süß-saures Bonbon; **Süß,** das; -es (*Druckw.* geleistete, aber noch nicht bezahlte Arbeit); **Sü|ße,** die; -; **sü|ßen;** du süßt; **Süß|holz** (eine Pflanzengattung; Droge); **Süß|holz|rasp|ler** (*ugs. für* jmd., der einer Frau mit schönen Worten schmeichelt); **Sü|ßig|keit; Süß-kar|tof|fel, ...kir|sche; süß|lich; Süß|lich|keit,** die; -; **Süß|ling** (*veraltet für* fader, süßlich tuender Mensch); **Süß-most, ...mo|ster** (jmd., der Süßmost o. ä. herstellt), **...mo|ste|rei; Süß|rahm|but|ter; süß-sau|er;** *vgl.* süß; **Süß-spei|se, ...stoff, ...wa|ren** *(Plur.);* **Süß|wa|ren|ge|schäft; Süß|was|ser** *Plur.* ...wasser; **Süß|was|ser-fisch, ...tier; Süß|wein**
Sust, die; -, -en (*schweiz. früher für* öffentl. Rast- u. Lagerhaus)
Su|sten, der; -s, *auch* **Su|sten|paß,** der; ...passes
sus|zep|ti|bel ‹lat.› (*veraltet für* empfänglich; reizbar); ...i|ble Natur; **Sus|zep|ti|bi|li|tät,** die; -; **Sus|zep|ti|on,** die; -, -en (*Bot.* Reizaufnahme der Pflanze); **sus|zi|pie|ren** (einen Reiz aufnehmen [von Pflanzen])
Su|ta|ne *vgl.* Soutane
Su|tasch *vgl.* Soutache
Süt|ter|lin|schrift, die; - (↑R 135) ‹nach dem dt. Pädagogen u. Graphiker› (eine Schreibschrift)
Su|tur, die; -, -en ‹lat.› (*Med.* [Knochen-, Schädel]naht)
su|um cui|que [- ku...] ‹lat., „jedem das Seine"› (preuß. Wahlspruch)
[1]**Su|va** (Hptst. v. Fidschi)
SUVA, [2]**Su|va** = Schweizerische Unfallversicherungsanstalt
s. v. = salva venia; sub voce
SV = Sozialversicherung; Sportverein
sva. = soviel als
Sval|bard ['sva:lbar(d)] ‹norw.› (norw. Inselgruppe im Nordpolarmeer)
SVD = Societas Verbi Divini
Sven [svɛn] (m. Vorn.); **Sven|ja** (w. Vorn.)
SVP = Schweizerische Volkspartei
s. v. v. = sit venia verbo
svw. = soviel wie
SW = Südwest[en]
Swa|hi|li *vgl.* [1,2]Suaheli
Swa|mi, der; -s, -s ‹Hindi› (hinduistischer Mönch, Lehrer)
Swap|ge|schäft ['svɔp...] ‹engl.; dt.› (*Börse* Devisenaustauschgeschäft)
SWAPO, die; - = South West African People's Organization ['sauθ 'wɛst 'ɛfrikən 'pi:p(ə)lz ɔ:(r)gənai'ze:ʃ(ə)n] (südwestafrikanische Befreiungsbewegung)
Swa|si, der; -, - (Bewohner von Swasiland); **Swa|si|land** (in Südafrika); **swa|si|län|disch**

Swa|sti|ka, die; -, ...ken, *auch* der; -[s], -s ‹sanskr.› (altind. Bez. des Hakenkreuzes)
Swea|ter ['sve:tə(r)], der; -s, - ‹engl.› (*veraltend für* Pullover); **Sweat|shirt** ['svɛtʃœ:(r)t] (weit geschnittener Pullover)
Swe|be, der; -n, -n; ↑R 197 (Angehöriger eines Verbandes westgerm. Stämme); **swe|bisch**
Swe|den|borg (schwed. Naturphilosoph); **Swe|den|bor|gia|ner;** ↑R 180 (Anhänger Swedenborgs)
SWF = Südwestfunk
Swift (engl.-ir. Schriftsteller)
Swim|ming|pool, *auch noch* **Swim|ming-pool** [*beide* 'swimiŋpu:l], der; -s, -s ‹engl.› (Schwimmbecken)
Swi|ne, die; - (Hauptmündungsarm der Oder)
Swin|egel, der; -s, - (*nordd. für* Igel)
Swi|ne|mün|de (Hafenstadt u. Seebad auf Usedom [Polen])
Swing, der; -[s] ‹engl.› (ein Stil des Jazz; *Wirtsch.* Kreditgrenze bei bilateralen Handelsverträgen); **swin|gen;** swingte; geswingt; **Swing|fox**
Swiss|air [...sɛ:(r)], die; - ‹engl.› (schweiz. Luftfahrtgesellschaft)
Sy|ba|ris (antike griech. Stadt in Unteritalien); **Sy|ba|rit,** der; -en, -en; ↑R 197 (Einwohner von Sybaris; *veraltet für* Schlemmer); **sy|ba|ri|tisch** (Sybaris od. den Sybariten betreffend; *veraltet für* genußsüchtig)
Syd|ney ['sidni] (Hptst. von Neusüdwales in Australien)
Sye|ne (*alter Name von* Assuan); **Sye|nit** [*auch* ...'nit], der; -s, -e ‹griech.› (ein Tiefengestein); **Sye|nit‿gneis, ...por|phyr**
Sy|ko|mo|re, die; -, -n ‹griech.› (ägypt. Maulbeerfeigenbaum); **Sy|ko|mo|ren|holz; Sy|ko|phant,** der; -en, -en; ↑R 197 (im alten Athen gewerbsmäßiger Ankläger; *veraltet für* Verräter, Verleumder); **sy|ko|phan|tisch;** -ste (*veraltet für* anklägerisch, verräterisch, verleumderisch)
Sy|ko|se, die; -, -n ‹griech.› (*Med.* Bartflechte[nbildung])
syll... ‹griech.› (mit..., zusammen...); **Syll...** (Mit..., Zusammen...)
syl|la|bisch ‹griech.› (*veraltet für* silbenweise); **Syl|la|bus,** der; -, *Plur.* - *u.* ...bi (Zusammenfassung; Verzeichnis [der früher durch den Papst verurteilten Lehren]); **Syl|lep|se, Syl|lep|sis,** die; -, ...epsen (*Rhet.* Zusammenfassung, eine Form der Ellipse); **syl|lep|tisch**
Syl|lo|gis|mus, der; -, ...men ‹griech.› (*Philos.* logischer Schluß vom Allgemeinen auf das Besondere); **syl|lo|gi|stisch**
[1]**Syl|phe,** der; -n, -n (↑R 197), *auch* die; -, -n ‹lat.› ([männl.] Luftgeist des mittelalterl. Zauberglaubens); [2]**Syl|phe,** die; -, -n (ätherisch zartes weibliches Wesen); **Syl|phi|de,** die; -, -n (weibl. [1]Sylphe; schlankes, anmutiges Mädchen); **syl|phi|den|haft** (zart, schlank)
Sylt (eine nordfries. Insel)
Syl|ve|ster *vgl.* [1]Silvester
Syl|vin [...'vi:n], das, *auch* der; -s, -e ‹nach dem Arzt Sylvius› (ein Mineral)
sym... ‹griech.› (mit..., zusammen...); **Sym...** (Mit..., Zusammen...)
Sym|bi|ont, der; -en, -en (↑R 197) ‹griech.› (*Biol.* Partner einer Symbiose); **Sym|bio|se,** die; -, -n; ↑R 180 („Zusammenleben" ungleicher Lebewesen zu gegenseitigem Nutzen); **sym|bio|tisch** (in Symbiose lebend)
Sym|bol, das; -s, -e ‹griech.› ([Wahr]zeichen; Sinnbild; Zeichen für eine [physikal.] Größe); **Sym|bol‿cha|rak|ter** (der; -s), **...fi|gur; sym|bol|haft; Sym|bol|haf|tig|keit,** die; -; **Sym|bo|lik,** die; - (sinnbildl. Bedeutung od. Darstellung; Bildersprache; Verwendung von Symbolen); **sym|bo|lisch;** -ste (sinnbildlich); -e Bücher (Bekenntnisschriften); -e Logik (Behandlung log. Gesetze mit Hilfe von mathemat. Symbolen); **sym|bo|li|sie|ren** (sinnbildlich darstellen); **Sym|bo|li|sie|rung; Sym|bo|lis|mus,** der; - (Strömung in Literatur und bildender Kunst als Reaktion auf Realismus und Naturalismus); **Sym|bo|list,** der; -en, -en (↑R 197); **sym|bo|li|stisch; Sym|bol‿kraft** (die; -), **...spra|che** (*EDV*); **sym|bol|träch|tig; Sym|bol|träch|tig|keit,** die; -
Sym|ma|chie [...x...], die; -, ...ien ‹griech.› (Bundesgenossenschaft der altgriech. Stadtstaaten)
Sym|me|trie, die; -, ...ien ‹griech.› (spiegelbildliche Übereinstimmung); **Sym|me|trie‿ach|se** (*Math.* Spiegelachse), **...ebe|ne** (*Math.*); **sym|me|trisch;** -ste (spiegelbildlich übereinstimmend)
sym|pa|the|tisch ‹griech.› (von geheimnisvoller Wirkung); -e Kur (Wunderkur); -es Mittel (Geheimmittel); -e Tinte (unsichtbare Geheimtinte); **Sym|pa|thie,** die; -, ..ien ([Zu]neigung; Wohlgefallen); **Sym|pa|thie‿be|kun|dung, ...er|klä|rung, ...kund|ge|bung, ...streik, ...trä|ger** (jmd., der die Sympathie anderer auf sich zieht); **Sym|pa|thi|kus,** der; - (*Med.* Teil des vegetativen Nervensystems); **Sym|pa|thi|sant,** der; -en, -en; ↑R 197 (jmd., der einer Gruppe od. einer Anschauung wohlwollend gegenübersteht); **Sym|pa|thi|san|tin; sym|pa|thisch;** -ste (anziehend; ansprechend; zusagend); **sym|pa|thi|sie|ren** (gleiche Anschauungen haben); mit jemandem, mit einer Partei -
Sym|pho|nie usw. *vgl.* Sinfonie usw.
Sym|phy|se, die; -, -n ‹griech.› (*Med.* Verwachsung; Knochenfuge); **sym|phy|tisch** (zusammengewachsen)
Sym|ple|ga|den *Plur.* (zwei zusammenschlagende Felsen vor dem Eingang ins Schwarze Meer [in der griech. Sage])
Sym|po|si|on, Sym|po|si|um, das; -s, ...ien [...iən] ‹griech.› (wissenschaftl. Tagung; Trinkgelage im alten Griechenland)
Sym|ptom, das; -s, -e ‹griech.› (Anzeichen; Vorbote; Kennzeichen; Merkmal; Krankheitszeichen); **Sym|pto|ma|tik,** die; - (*Med.* Gesamtheit von Symptomen); **sym|pto|ma|tisch;** -ste (anzeigend, warnend; bezeichnend); **Sym|pto|ma|to|lo|gie,** die; - (*Med.* Lehre von den Krankheitszeichen)
syn... ‹griech.› (mit..., zusammen...); **Syn...** (Mit..., Zusammen...)
syn|ago|gal ‹griech.› (den jüd. Gottesdienst od. die Synagoge betreffend); **Syn|ago|ge,** die; -, -n (gottesdienstl. Versammlungsort der jüd. Gemeinde)
syn|al|lag|ma|tisch ‹griech.› (*Rechtsw.* gegenseitig); ein -er Vertrag
Syn|alö|phe, die; -, -n ‹griech.› (*Verslehre* Verschmelzung zweier Silben)
syn|an|drisch ‹griech.› (*Bot.* mit verwachsenen Staubblättern); -e Blüte
Syn|äre|se, Syn|äre|sis, die; -, ...resen ‹griech.› (*Sprachw.* Zusammenziehung zweier Vokale zu einer Silbe)
Syn|äs|the|sie, die; -, ...ien ‹griech.› (*Med.* Miterregung eines Sinnesorgans bei Reizung eines andern; *Stilk.* sprachliche Verschmelzung mehrerer Sinneseindrücke); **syn|äs|the|tisch**
syn|chron [...k...] ‹griech.› (gleichzeitig, zeitgleich, gleichlaufend; *auch für* synchronisch); **Syn|chron|ge|trie|be; Syn|chro|nie,** die; - (*Sprachw.* Darstellung des Sprachzustandes eines bestimm-

ten Zeitraums); **Syn|chro|ni|sa|ti|on,** die; -, -en *u.* Syn|chro|ni|sie|rung (Herstellen des Synchronismus; Zusammenstimmung von Bild, Sprechton u. Musik im Film; bild- und bewegungsechte Übertragung fremdsprachiger Sprechpartien eines Films); **syn|chro|nisch** (die Synchronie betreffend); **syn|chro|ni|sie|ren** ‹*zu* Synchronisation›; **Syn|chro|ni|sie|rung** *vgl.* Synchronisation; **Syn|chro|nis|mus,** der; -, ...men (Gleichzeitigkeit; Gleichlauf; zeitl. Übereinstimmung); **syn|chro|ni|stisch** (Gleichzeitiges zusammenstellend); -e Tafeln; **Syn|chron_ma|schi|ne, ...mo|tor, ...spre|cher, ...spre|che|rin, ...uhr; Syn|chro|tron,** das; -s, *Plur.* -e, *auch* -s (*Kernphysik* Beschleuniger für geladene Elementarteilchen)

Syn|dak|ty|lie, die; -, ...ien ‹griech.› (*Med.* Verwachsung von Fingern od. Zehen)

syn|de|tisch ‹griech.› (*Sprachw.* durch Bindewort verbunden)

Syn|di|ka|lis|mus, der; - ‹griech.› (*Bez. für* sozialrevolutionäre Bestrebungen mit dem Ziel der Übernahme der Produktionsmittel durch autonome Gewerkschaften); **Syn|di|ka|list,** der; -en, -en (↑R 197); **syn|di|ka|li|stisch; Syn|di|kat,** das; -[e]s, -e (*Wirtsch.* Verkaufskartell; *Bez. für* geschäftlich getarnte Verbrecherorganisation in den USA); **Syn|di|kus,** der; -, *Plur.* -se *u.* ...dizi (*Rechtsspr.* [meist angestellter] Rechtsbeistand einer Körperschaft)

Syn|drom, das; -s, -e ‹griech.› (*Med.* Krankheitsbild)

Syn|echie [...ɛ'çi:], die; -, ...ien ‹griech.› (*Med.* Verwachsung)

Syn|edri|on, das; -s, ...ien [...iən] ‹griech.› (altgriech. Ratsbehörde; *svw.* Synedrium); **Syn|edri|um,** das; -s, ...ien [...iən] (Hoher Rat der Juden in griech. u. röm. Zeit)

Syn|ek|do|che [...dɔxe], die; -, -n [...'dɔxən] ‹griech.› (*Rhet., Stilk.* Setzung des engeren Begriffs für den umfassenderen)

Syn|er|ge|tik, die; - ‹griech.› (die Lehre vom Zusammenwirken; Selbstorganisation); **syn|er|ge|tisch** (zusammen-, mitwirkend); **Syn|er|gie,** die; - (Zusammenwirken); **Syn|er|gie|ef|fekt** (positive Wirkung, die sich aus dem Zusammenschluß od. der Zusammenarbeit zweier Unternehmen o. ä. ergibt); **Syn|er|gis|mus,** der; - (*Theol.* Lehre vom Zusammenwirken des menschl. Willens u. der göttl. Gnade; *Chemie, Med.* Zusammenwirken von Substanzen od. Faktoren); **syn|er|gi|stisch**

Syn|esis, die; -, ...esen ‹griech.› (*Sprachw.* sinngemäß richtige Wortfügung, die strenggenommen nicht den grammatischen Regeln entspricht, z. B. „eine Menge Äpfel fielen vom Baum" statt „...fiel vom Baum")

Syn|kar|pie, die; - ‹griech.› (*Bot.* Zusammenwachsen der Fruchtblätter zu einem einzigen Fruchtknoten)

syn|kli|nal ‹griech.› (*Geol.* muldenförmig [von Lagerstätten]); **Syn|kli|na|le,** *auch* **Syn|kli|ne,** die; -, -n (*Geol.* Mulde)

Syn|ko|pe ['zynkope, *Musik nur* ...'ko:pə], die; -, ...open ‹griech.› (*Sprachw.* Ausfall eines unbetonten Vokals zwischen zwei Konsonanten im Wortinnern, z. B. „ich handle" statt „ich handele"; *Verslehre* Ausfall einer Senkung im Vers; *Med.* kurze Bewußtlosigkeit; *Musik* Betonung eines unbetonten Taktwertes); **syn|ko|pie|ren; syn|ko|pisch**

Syn|kre|tis|mus, der; - ‹griech.› (Verschmelzung, Vermischung [von Lehren od. Religionen]); **Syn|kre|tist,** der; -en, -en (↑R 197); **syn|kre|ti|stisch**

Syn|od, der; -[e]s, -e ‹griech.› (*früher* oberste Behörde der russ. Kirche); Heiliger -; **syn|odal** (die Synode betreffend); **Syn|oda|le,** der *u.* die; -n, -n; ↑R 7 ff. (Mitglied einer Synode); **Syn|odal_ver|fas|sung, ...ver|samm|lung; Syn|ode,** die; -, -n (Kirchenversammlung, bes. die evangelische); **syn|odisch** (*seltener für* synodal)

syn|onym ‹griech.› (*Sprachw.* sinnverwandt); -e Wörter; **Syn|onym,** das; -s, *Plur.* -e, *auch* Synonyma (*Sprachw.* sinnverwandtes Wort, z. B. „Frühjahr, Lenz, Frühling"); **Syn|ony|men|wör|ter|buch** *vgl.* Synonymwörterbuch; **Syn|ony|mie,** die; - (Sinnverwandtschaft [von Wörtern u. Wendungen]); **Syn|ony|mik,** die; - (Lehre von den sinnverwandten Wörtern); **syn|ony|misch** (*älter für* synonym); **Syn|onym|wör|ter|buch** (Wörterbuch, in dem Synonyme in Gruppen dargestellt sind)

Syn|op|se, Syn|op|sis, die; -, ...opsen ‹griech.› (knappe Zusammenfassung; vergleichende Übersicht; Nebeneinanderstellung von Texten, bes. der Evangelien des Matthäus, Markus u. Lukas); **Syn|op|tik,** die; - (*Meteor.* für eine Wettervorhersage notwendige großräumige Wetterbeobachtung); **Syn|op|ti|ker** (einer der drei Evangelisten Matthäus, Markus u. Lukas); **syn|op|tisch** ([übersichtlich] zusammengestellt, nebeneinandergereiht); -e Evangelien

Syn|özie, die; -, ...ien ‹griech.› (*Zool.* Zusammenleben verschiedener Organismen, das den Wirtstieren weder schadet noch nützt; *Bot. auch für* Monözie); **syn|özisch**

Syn|tag|ma, das; -s, *Plur.* ...men *od.* ...ta ‹griech.› (*Sprachw.* syntaktisch gefügte Wortgruppe, in der jedes Glied seinen Wert erst durch die Fügung bekommt); **syn|tag|ma|tisch** (das Syntagma betreffend); **syn|tak|tisch** (die Syntax betreffend); -er Fehler (Fehler gegen die Syntax); -e Fügung; **Syn|tax,** die; -, -en (*Sprachw.* Lehre vom Satzbau, Satzlehre)

Syn|the|se, die; -, -n ‹griech.› (Zusammenfügung [einzelner Teile zu einem Ganzen]; *Philos.* Aufhebung des sich in These u. Antithese Widersprechenden in eine höhere Einheit; *Chemie* Aufbau einer Substanz); **Syn|the|se|pro|dukt** (Kunststoff); **Syn|the|si|zer** ['zyntəsaizə(r), *engl.* 'sinθisaizə(r)], der; -s, - ‹griech.-engl.› (*Musik* Gerät zur elektron. Klangerzeugung); **Syn|the|tics** [zyn'te:tiks] *Plur.* (*Sammelbez. für* synthet. erzeugte Kunstfasern u. Produkte daraus); **Syn|the|tik,** das; -s *meist ohne Artikel* ([Gewebe aus] Kunstfaser); **syn|the|tisch** ‹griech.› (zusammensetzend; *Chemie* künstlich hergestellt); -es Urteil *(Philos.)*; **syn|the|ti|sie|ren** (*Chemie* aus einfacheren Stoffen herstellen)

Syn|zy|ti|um, das; -s, ...ien [...iən] ‹griech.› (*Biol.* mehrkernige, durch Zellenfusion entstandene Plasmamasse)

Sy|phi|lis, die; - ‹nach dem Titel eines lat. Lehrgedichts des 16. Jh.s› (*Med.* eine Geschlechtskrankheit); **sy|phi|lis|krank; Sy|phi|li|ti|ker** (an Syphilis Leidender); **sy|phi|li|tisch** (die Syphilis betreffend)

Sy|ra|kus (Stadt auf Sizilien); **Sy|ra|ku|ser** (↑R 147); **sy|ra|ku|sisch**

Sy|rer, *auch* Sy|ri|er [...iər]; **Sy|re|rin,** *auch* Sy|rie|rin [...riə...]; **Sy|ri|en** [...iən] (Staat im Vorderen Orient); **Sy|ri|er** usw. *vgl.* Syrer usw.

Sy|rin|ge, die; -, -n ‹griech.› (Flieder); **[1]Sy|rinx** (griech. Nymphe); **[2]Sy|rinx,** die; -, ...ingen (Hirtenflöte; Stimmorgan der Vögel)

sy|risch (aus Syrien; Syrien betreffend), aber (↑R 146): die Syrische Wüste

Syr|jä|ne, der; -n, -n; ↑R 197 (Angehöriger eines finnisch-ugrischen Volkes)

Sy|ro|lo|ge, der; -n, -n (↑R 197) ‹griech.› (Erforscher der Sprachen, der Geschichte u. der Altertümer Syriens); **Sy|ro|lo|gie,** die; -; **Sy|ro|lo|gin**

Sy|rte, die; -, -n ‹griech.› (*veraltet für* Untiefe, Sandbank); die Große -, die Kleine - (zwei Meeresbuchten an der Küste Nordafrikas)

Sy|stem, das; -s, -e ‹griech.› (Gliederung, Aufbau; Ordnungsprinzip; einheitlich geordnetes Ganzes; Lehrgebäude; Regierungs-, Staatsform; Einordnung [von Tieren, Pflanzen u.a.] in verwandte od. ähnlich gebaute Gruppen); **Sy|stem_ana|ly|se, ...ana|ly|ti|ker** (Fachmann in der EDV); **Sy|ste|ma|tik,** die; -, -en (planmäßige Darstellung, einheitl. Gestaltung; *nur Sing.: Biol.* Lehre vom System der Lebewesen); **Sy|ste|ma|ti|ker** (jmd., der systematisch vorgeht); **sy|ste|ma|tisch;** -ste (das System betreffend; in ein System gebracht, planmäßig); **sy|ste|ma|ti|sie|ren** (in ein System bringen; in einem System darstellen); **Sy|ste|ma|ti|sie|rung; Sy|stem_bau|wei|se** (die; -), **...cha|rak|ter** (der; -s), **...feh|ler** *(EDV);* **sy|stem_feind|lich, ...fremd, ...im|ma|nent, ...kon|form; Sy|stem_kri|ti|ker, ...leh|re** (die; -; *veraltend für* Systematik); **sy|stem|los;** -este (planlos); **Sy|stem|lo|sig|keit,** die; -; **Sy|stem_ma|na|ge|ment** (systematische Unternehmensführung), **...ma|na|ger** *(EDV);* **sy|ste|mo|id** (einem System ähnlich); **Sy|ste|mo|id,** das; -[e]s, -e (systemoides Gebilde); **Sy|stem_pro|gram|mie|rer** *(EDV),* **...ver|än|de|rer, ...zwang**

Sy|sto|le [...le, *auch* ...'to:lə], die; -, ...olen (*Med.* Zusammenziehung des Herzmuskels); **sy|sto|lisch;** -er Blutdruck

Sy|zy|gie, die; -, ...ien ‹griech.› (*Astron.* Konjunktion u. Opposition von Sonne u. Mond)

s. Z. = seinerzeit

Szcze|cin ['ʃtʃɛtʃin] (poln. Hafenstadt an der Oder); *vgl.* Stettin

Sze|ged, *auch* **Sze|ge|din** [*beide* 'sɛ...] (ung. Stadt); **Sze|ge|di|ner** (↑R 147); - Gulasch

Szek|ler ['sɛ...], der; -s, - (Angehöriger eines ung. Volksstammes)

Sze|nar, das; -s, -e ‹lat.› (*seltener für* Szenario, Szenarium); **Sze|na|rio,** das; -s, -s ‹ital.› ([in Szenen gegliederter] Entwurf eines Films; *auch für* Szenarium); **Sze|na|ri|um,** das; -s, ...ien [...iən] ‹lat.› (Übersicht über Szenenfolge, szenische Ausstattung u.a. eines Theaterstücks); **Sze|ne,** die; -, -n ‹franz.› (Schauplatz; Auftritt als Unterabteilung des Aktes; Vorgang, Anblick; Zank, Vorhaltungen; charakteristischer Bereich für bestimmte Aktivitäten); **Sze|ne|gän|ger; Sze|ne|jar|gon; Sze|nen_ap|plaus, ...fol|ge, ...wech|sel; Sze|ne|rie,** die; -, ...ien (Bühnen-, Landschaftsbild); **sze|nisch** (bühnenmäßig)

Szep|ter (*veraltend, noch österr. für* Zepter)

szi|en|ti|fisch [stsiɛn...] ‹lat.› (*fachspr. für* wissenschaftlich); **Szi|en|tis|mus,** der; - (die auf Wissen u. Wissenschaft gegründete Haltung; Lehre der Szientisten); **Szi|en|tist,** der; -en, -en; ↑R 197 (Angehöriger einer christl. Sekte); **szi|en|ti|stisch**

Szil|la *vgl.* Scilla

Szin|til|la|ti|on, die; -, -en ‹lat.› (*Astron.* Funkeln [von Sternen]; *Physik* Lichtblitze beim Auftreffen radioaktiver Strahlung auf fluoreszierende Stoffe); **szin|til|lie|ren** (funkeln, flimmern)

SZR = Sonderziehungsrecht

Szyl|la, die; - ‹griech.› (*eindeutschend für lat.* Scylla, *griech.* Skylla; bei Homer Seeungeheuer in einem Felsenriff in der Straße von Messina); zwischen - und Charybdis (in einer ausweglosen Lage)

Szy|ma|now|ski [ʃima'nɔfski], Karol (poln. Komponist)

Szy|the usw. *vgl.* Skythe usw.

T

T (Buchstabe); das T; des T, die T, aber: das t in Rate (↑R 82); der Buchstabe T, t

t = Tonne

T*, *τ = [3]Tau

Θ*, *ϑ = Theta

T = Tera...; Tesla; *chem. Zeichen für* Tritium

T. = Titus

Ta = *chem. Zeichen für* Tantal

Tab [*engl.* tɛb], der; -[e]s, -e, *bei engl. Ausspr.* der; -s, -s (vorspringender Teil einer Karteikarte zur Kenntlichmachung bestimmter Merkmale)

Ta|bak [*auch* 'ta:... *u., bes. österr.*, ta'bak], der; -s, *Plur. (Sorten:)* -e ‹span.›; **Ta|bak_bau** (der; -[e]s), **...blatt, ...brü|he, ...in|du|strie, ...mo|no|pol, ...pflan|ze, ...pflan|zer, ...pflan|zung, ...plan|ta|ge, ...rau|cher; Ta|baks_beu|tel, ...do|se, ...pfei|fe; Ta|bak_steu|er** (die), **...strauch; Ta|bak_tra|fik** (*österr. für* Laden für Tabakwaren, Briefmarken, Zeitungen u.ä.), **...tra|fi|kant** (*österr. für* Besitzer einer Tabaktrafik); **Ta|bak|wa|ren** *Plur.*

Ta|bas|co ⓦ [...ko], der; -s ‹span.› (eine scharfe Würzsoße); **Ta|bas|co|so|ße**

Ta|ba|tie|re, die; -, -n ‹franz.› (*früher für* Schnupftabaksdose; *österr. auch noch für* Zigaretten-, Tabaksdose)

ta|bel|la|risch ‹lat.› (in der Anordnung einer Tabelle; übersichtlich); **ta|bel|la|ri|sie|ren** (übersichtlich in Tabellen [an]ordnen); **Ta|bel|la|ri|sie|rung; Ta|bel|le,** die; -, -n (listenförmige Zusammenstellung, Übersicht); **Ta|bel|len_en|de, ...er|ste, ...form; ta|bel|len|för|mig; Ta|bel|len_füh|rer, ...füh|rung, ...letz|te, ...platz, ...spit|ze, ...stand** (der; -[e]s; *Sportspr.*); **ta|bel|lie|ren** (auf maschinellem Wege in Tabellenform darstellen); **Ta|bel|lie|rer; Ta|bel|lier|ma|schi|ne** (*EDV* Lochkartenmaschine, die Tabellen ausdruckt)

Ta|ber|na|kel, das, *auch, bes. in der kath. Kirche,* der; -s, - ‹lat.› (*kath. Kirche* Aufbewahrungsort der Eucharistie [auf dem Altar]; Ziergehäuse in der got. Baukunst); **Ta|ber|ne** (*veraltete Nebenform von* Taverne)

Ta|bes, die; - ‹lat.› (*Med.* Rückenmarksschwindsucht); **Ta|bi|ker** (Tabeskranker); **ta|bisch**

Ta|blar, das; -s, -e ‹franz.› (*schweiz. für* Gestellbrett); **Tableau** [ta'blo:], das; -s, -s (wirkungsvoll gruppiertes Bild, bes. im Schauspiel; *veraltet für* Gemälde; *österr. auch für* Übersicht, Tabelle); **Ta|ble d'hôte** [,ta:blə 'do:t], die; - - (*veraltet für* [gemeinschaftliche] Gasthaustafel); **Ta|blett,** das; -[e]s, *Plur.* -s, *auch* -e (Servierbrett); **Ta|blet|te,** die; -, -n (als kleines, flaches Stück gepreßtes Arzneimittel); **ta|blet|ten|ab|hän|gig; Ta|blet-**

ten_ab|hän|gi|ge, der *u.* die; -n, -n (↑R 7 ff.), **...ab|hän|gig|keit** (die; -), **...form** (die; -; in -), **...miß|brauch** (der; -[e]s), **...röhr|chen, ...sucht** (die; -); **ta|blet|ten|süch|tig; Ta|blet|ten|süch|ti|ge,** der *u.* die; -n, -n (↑R 7 ff.); **ta|blet|tie|ren** (in Tablettenform bringen); **Ta|bli|num,** das; -s, ...na ⟨lat.⟩ (getäfelter Hauptraum des altröm. Hauses)

[1]**Ta|bor,** der; -[s] (Berg in Israel)

[2]**Ta|bor** (tschech. Stadt); **Ta|bo|rit,** der; -en, -en (↑R 197) ⟨nach der Stadt Tabor⟩ (*früher* radikaler Hussit)

Tä|bris, der; -, - ⟨nach der iran. Stadt⟩ (ein Perserteppich)

ta|bu ⟨polynes., „verboten"⟩ (unverletzlich, unantastbar); *nur prädikativ:* das ist -; **Ta|bu,** das; -s, -s (*Völkerk.* Gebot bei [Natur]völkern, bes. geheiligte Personen, Tiere, Pflanzen, Gegenstände zu meiden; *allgem. für* etwas, wovon man nicht sprechen darf); es ist für ihn ein -; **ta|bu|ie|ren** *u.* ta|bui|sie|ren (für tabu erklären, als ein Tabu behandeln); **Ta|bu|ie|rung** *u.* Ta|bui|sie|rung (↑R 180); **ta|bui|sie|ren** usw. *vgl.* tabuieren usw.

Ta|bu|la ra|sa, die; - - ⟨lat., „abgeschabte Tafel"⟩ (*meist übertr. für* unbeschriebenes Blatt); aber: tabula rasa machen (reinen Tisch machen, rücksichtslos Ordnung schaffen); **Ta|bu|la|tor,** der; -s, ...oren (Spaltensteller an der Schreibmaschine)

Ta|bu|rett, das; -[e]s, -e ⟨arab.-franz.⟩ (*schweiz., sonst veraltet für* Hocker, Stuhl ohne Lehne)

Ta|bu_schran|ke, ...schwel|le, ...the|ma, ...wort (*Plur.* ...wörter), **...zo|ne**

Ta|che|les ⟨hebr.-jidd.⟩; *nur in* - reden (*ugs. für* offen miteinander reden, jmdm. seine Meinung sagen)

ta|chi|nie|ren (*österr. ugs. für* faulenzen); **Ta|chi|nie|rer** (*österr. ugs. für* Faulenzer)

Ta|chis|mus [ta'ʃis...], der; - ⟨nlat.⟩ (Richtung der abstrakten Malerei, die Empfindungen durch spontanes Auftragen von Farbflecken auszudrücken sucht)

Ta|cho, der; -s, -s (*ugs. kurz für* Tachometer); **Ta|cho|graph,** Ta|chy|graph, der; -en, -en (↑R 197) ⟨griech.⟩ (selbstschreibender Tachometer); **Ta|cho|me|ter,** der, *auch* das; -s, - ([Fahr]geschwindigkeitsmesser; Drehzahlmesser); **Ta|chy|graph** *vgl.* Tachograph; **Ta|chy|gra|phie,** die; -, ...ien (aus Zeichen für Silben bestehendes Kurzschriftsystem des Altertums); **ta|chy|gra|phisch; Ta|chy|kar|die,** die; -, ...ien (*Med.* beschleunigter Herzschlag); **Ta|chy|me|ter,** das; -s, - (*Geodäsie* Schnellmesser für Geländeaufnahmen); **Ta|chy|on,** das; -s, ...onen *meist Plur.;* ↑R 180 (*Kernphysik* hypothet. Elementarteilchen, das Überlichtgeschwindigkeit besitzen soll)

ta|ci|te|isch [tatsi...], aber (↑R 134): die Taciteischen Schriften; **Ta|ci|tus** (altröm. Geschichtsschreiber)

Tack|ling ['tɛk...] ⟨*eigtl.* Sliding-tack|ling ['slaidiŋ...]⟩, das; -s, -s ⟨engl.⟩ (*Fußball* Verteidigungstechnik, bei der der Verteidigende in die Füße des Gegners hineinrutscht)

Täcks, Täks, der; -es, -e ⟨engl.⟩ (kleiner keilförmiger Stahlnagel zur Verbindung von Oberleder und Brandsohle beim Schuh)

Tad|dä|us *vgl.* Thaddäus

Ta|del, der; -s, -; **Ta|de|lei; ta|del|frei; ta|del|haft; ta|del|los;** -este; **ta|deln;** ich ...[e]le (↑R 22); **ta|delns_wert, ...wür|dig; Ta|del|sucht,** die; -; **ta|del|süch|tig; Tad|ler; Tad|le|rin**

Ta|dschi|ke [...'dʒi:kə], der; -n, -n; ↑R 197 (Angehöriger eines iran. Volkes in Mittelasien); **ta|dschi|kisch,** aber (↑R 146): die Tadschikische SSR (Unionsrepublik der ehem. Sowjetunion); **Ta|dschi|ki|stan** (Staat im Südosten Mittelasiens)

Tadsch Ma|hal, der; - -[s] (Mausoleum bei Agra in Indien)

Tae|kwon|do [tɛ...], das; - ⟨korean.⟩ (korean. Abart des Karate)

Tael [tɛ:l, *auch* te:l], das; -s, -s (früheres chin. Gewicht); 5 - (↑R 129)

Taf. = Tafel; **Ta|fel,** die; -, -n; *Abk.* Taf.; **ta|fel|ar|tig; Ta|fel_auf|satz, ...berg, ...be|steck, ...bild; Tä|fel|chen, Tä|fe|lein; Ta|fel|en|te; ta|fel_fer|tig, ...för|mig; Ta|fel_freu|den** *(Plur.),* **...ge|bir|ge, ...ge|schirr, ...glas** (*Plur.* ...gläser), **...leuch|ter, ...ma|le|rei, ...mu|sik; ta|feln** (*geh. für* speisen); ich ...[e]le (↑R 22); **tä|feln** (mit Steinplatten, Holztafeln verkleiden); ich ...[e]le (↑R 22); **Ta|fel_obst, ...öl, ...run|de, ...sche|re** *(Technik),* **...spitz** (*österr.* ein Rindfleischgericht), **...tuch** (*Plur.* ...tücher); **Tä|fe|lung; Ta|fel_waa|ge, ...was|ser** (*Plur.* ...wässer), **...wein, ...werk; Tä|fer,** das; -s, - (*schweiz. für* Täfelung); **tä|fern** (*schweiz. für* täfeln); ich ...ere (↑R 22); **Tä|fe|rung** (*schweiz. für* Täfelung); **Täf|lein; Täf|lung** (*seltener für* Täfelung)

Taft, der; -[e]s, -e ⟨pers.⟩ ([Kunst]seidengewebe in Leinwandbindung); **taf|ten** (aus Taft); **Taft|kleid**

Tag, der; -[e]s, -e. **I.** *Großschreibung:* am, bei Tage; heute über acht Tage, in acht Tagen, vor vierzehn Tagen; von Tag zu Tag; Tag für Tag; des Tags; eines [schönen] Tag[e]s; nächsten Tag[e]s, nächster Tage; im Laufe des heutigen Tag[e]s; über Tag, unter Tage *(Bergmannsspr.);* unter Tags, *österr.* untertags (den Tag über); vor Tag[e], vor Tags; den ganzen Tag; guten Tag sagen, bieten; Tag und Nacht. **II.** *Kleinschreibung* (↑R 61): tags; tags darauf, tags zuvor; tagsüber; tagaus, tagein; tagtäglich; heutigentags *(vgl. d.);* heutzutage; tagelang *(vgl. d.);* zutage bringen, fördern, kommen, treten; **Tag...** (*südd., österr. u. schweiz. in Zusammensetzungen für* Tage..., z. B. Tagbau, Tagblatt, Tagdieb, Taglohn u. a.); **tag|aus, tag|ein; Tag|dienst** (*Ggs.* Nachtdienst); **Ta|ge_ar|beit** (*früher für* Arbeit des Tagelöhners), **...bau** (*Plur.* ...baue; *vgl.* Tag...), **...blatt** (*vgl.* Tag...), **...buch; Ta|ge|buch_auf|zeich|nung, ...no|tiz, ...num|mer** (*Abk.* Tgb.-Nr.); **Ta|ge_dieb** (Nichtstuer, Müßiggänger; *vgl.* Tag...), **...geld; ta|ge|lang,** aber: ganze, mehrere, zwei Tage lang; **Ta|ge_lied** *(Literaturw.),* **...lohn** (*vgl.* Tag...), **...löh|ner** (*vgl.* Tag...); **ta|ge|löh|nern** (*vgl.* Tag...); ich ...ere (↑R 22); **Ta|ge|marsch** *vgl.* Tagesmarsch; **ta|gen; Ta|ge|rei|se; Ta|ges_ab|lauf, ...an|bruch, ...ar|beit** (Arbeit eines Tages), **...aus|flug, ...be|darf, ...be|fehl** *(Milit.),* **...decke** [*Trenn.* ...dek|ke], **...dienst** (Dienst an einem bestimmten Tag), **...ein|nah|me, ...er|eig|nis, ...form, ...ge|sche|hen, ...ge|spräch; ta|ges|hell** (*seltener für* taghell); **Ta|ges_kar|te, ...kas|se, ...kurs, ...lauf, ...lei|stung, ...licht** (das; -[e]s); **Ta|ges|licht|pro|jek|tor** (*für* Overheadprojektor); **Ta|ges_lo|sung, ...marsch** (der), **...mut|ter** (*Plur.* ...mütter), **...ord|nung, ...po|li|tik** (die; -), **...pres|se** (die; -), **...ra|ti|on, ...raum, ...satz, ...sieg, ...sie|ger, ...stät|te, ...sup|pe, ...wan|de|rung, ...zeit, ...zei|tung, ...zug** (*Ggs.* Nachtzug)

Ta|ge|tes, die; -, - ⟨lat.⟩ (Studenten- od. Samtblume)

ta|ge|wei|se; Ta|ge|werk (altes Feldmaß; *nur Sing.: geh. für* tägliche Arbeit, Aufgabe; Arbeit eines Tages); **Tag_fahrt** (*Berg-*

mannsspr. Ausfahrt aus dem Schacht), **...fal|ter, ...ge|bäu|de** (*Bergmannsspr.* Schachtgebäude); **tag|hell; ...tä|gig** (z. B. sechstägig, *mit Ziffern* 6tägig [sechs Tage alt, dauernd]; ↑R 212)

Ta|glia|tel|le [talja...] *Plur.* ‹ital.› (dünne ital. Bandnudeln)

täg|lich (alle Tage); -es Brot; -e Zinsen; -er Bedarf, aber (↑R 157): die Täglichen Gebete *(kath.)*; **...täg|lich** (z. B. sechstäglich, *mit Ziffer* 6täglich [alle sechs Tage wiederkehrend]; ↑R 212); **Tag|lohn** *vgl.* Tag...

Ta|go|re [ta'go:r(ə)], Ra|bin|dra-nath (ind. Dichter u. Philosoph)

Tag_por|tier (*Ggs.* Nachtportier), **...raum** (*österr. für* Tagesraum); **tags;** - darauf, - zuvor; *vgl.* Tag; **Tag_sat|zung** (*österr. für* behördlich bestimmter Termin; *schweiz. [früher] für* Tagung der Ständevertreter), **...schicht** (*Ggs.* Nachtschicht), **...sei|te; tags|über; tag|täg|lich; Tag_traum, ...träu|mer, ...träu|me|rin; Tag|und|nacht|glei|che,** die; -, -n; Frühjahrs-Tagundnachtgleiche; **Ta|gung; Ta|gungs_bü|ro, ...ge|bäu|de, ...map|pe, ...ort** (*Plur.* ...orte), **...teil|neh|mer, ...teil|neh|me|rin; Tag|wa|che,** *schweiz. auch* **Tag|wacht** (*österr., schweiz. für* Weckruf der Soldaten); **Tag|werk** (*bes. südd., österr. für* Tagewerk)

Ta|hi|ti (die größte der Gesellschaftsinseln)

Tai *vgl.* Thai

Tai|fun, der; -s, -e ‹chin.› (trop. Wirbelsturm in Südostasien)

Tai|ga, die; - ‹russ.› (sibirischer Waldgürtel)

Tail|le ['taljə, *österr.* 'tailjə], die; -, -n ‹franz.› (schmalste Stelle des Rumpfes; Gürtelweite; *veraltet für* Mieder; *Kartenspiel* Aufdecken der Blätter für Gewinn oder Verlust); **tail|len|be|tont;** ein -es Kleid; **Tail|len|wei|te;** [1]**Tail|leur** [ta'jø:r], der; -s, -s (*veraltet für* Schneider); [2]**Tail|leur,** das; -s, -s (*bes. schweiz. für* Schneiderkostüm); **tail|lie|ren** [ta(l)'ji:...]; **tail|liert; ...tail|lig** [...taljiç] (z. B. kurztaillig); **Tai|lor|made** ['te:lə(r)me:d], das; -, -s ‹engl.› (im konventionellen Stil geschneidertes Kostüm)

Taine [tɛ:n] (franz. Geschichtsschreiber)

Tai|peh [*auch* ...'pe:] (Hptst. Taiwans)

Tai|wan [*auch* ...'va(:)n] (Inselstaat in Ostasien); **Tai|wa|ner; Tai|wa|ne|rin; tai|wa|nisch**

Ta|jo [*span.* 'taxo], der; -[s] (span.-port. Fluß); *vgl.* Tejo

Take [te:k], der *od.* das; -s, -s ‹engl.› (*Film, Fernsehen* einzelne Szenenaufnahme, Szenenabschnitt)

Ta|kel, das; -s, - (*Seemannsspr.* schwere Talje; Takelage); **Ta|ke|la|ge** [...'la:ʒə, *österr.* ...'la:ʒ], die; -, -n [...'la:ʒ(ə)n] ‹mit franz. Endung› (Segelausrüstung eines Schiffes); **Ta|ke|ler, Tak|ler** (im Takelwerk Arbeitender); **ta|keln;** ich ...[e]le (↑R 22); **Ta|ke|lung, Tak|lung; Ta|kel|werk,** das; -[e]s

Take-off ['te:kɔf], das *od.* der; -s, -s ‹engl.› (Start eines Flugzeugs o. ä.; Beginn [einer Show])

Tak|ler *vgl.* Takeler; **Tak|lung** *vgl.* Takelung

Täks *vgl.* Täcks

[1]**Takt,** der; -[e]s, -e ‹lat.› (*nur Sing.:* Zeit-, Tonmaß; Zeiteinheit in einem Musikstück; *Technik* einer von mehreren Arbeitsgängen im Motor, Hub; Arbeitsabschnitt in der Fließbandfertigung oder in der Automation); - halten; [2]**Takt,** der; -[e]s ‹franz.› (Feingefühl; Lebensart; Zurückhaltung); **tak|ten** (*Technik* in Arbeitstakten bearbeiten); **Takt|feh|ler; takt|fest; Takt|ge|fühl,** das; -[e]s; [1]**tak|tie|ren** (den Takt angeben)

[2]**tak|tie|ren** ‹*zu* Taktik› (taktisch vorgehen); **Tak|tie|rer** (jmd., der [2]taktiert); **Tak|tik,** die; -, -en ‹griech.› (geschicktes Vorgehen, kluges Verhalten, planmäßige Ausnutzung einer Lage; *Milit.* Truppenführung); **Tak|ti|ker; tak|tisch;** -ste

takt|los; -este; **Takt|lo|sig|keit; Takt|maß,** das; **takt|mä|ßig; Takt_mes|ser** (der), **...stock** (*Plur.* ...stöcke), **...stra|ße** *(Technik)*, **...strich** (*Musik* Trennstrich zwischen den Takten); **takt|voll**

Tal, das; -[e]s, Täler; zu -[e] fahren; **tal|ab|wärts**

Ta|lar, der; -s, -e ‹ital.› (langes Amtskleid); **ta|lar|ar|tig**

tal|auf|wärts; tal|aus; Tal_bo|den, ...brücke [*Trenn.* brük|ke]; **Täl|chen; Tal|en|ge** (Schlucht, Verengung eines Tales)

Ta|lent, das; -[e]s, -e ‹griech.› (Begabung, Fähigkeit; jmd., der [auf einem bestimmten Gebiet] besonders begabt ist; altgriech. Gewichts- und Geldeinheit); **ta|len|tiert** (begabt); **Ta|len|tiert|heit,** die; -; **ta|lent|los;** -este; **Ta|lent|lo|sig|keit,** die; -; **Ta|lent_pro|be, ...schmie|de** *(ugs.)*, **...su|che; ta|lent|voll**

Ta|ler, der; -s, - (ehem. Münze), *vgl.* Joachimstaler; **ta|ler|groß; Ta|ler|stück**

Tal|fahrt (Fahrt abwärts auf Flüssen, Bergbahnen o. ä.)

Talg, der; -[e]s, *Plur. (Arten:)* -e (starres [Rinder-, Hammel]fett); **talg|ar|tig; Talg|drü|se; tal|gen; tal|gig; Talg|licht** *Plur.* ...lichter

Ta|li|on, die; -, -en ‹lat.› (Vergeltung [durch das gleiche Übel]); **Ta|li|ons|leh|re,** die; - (Rechtslehre von der Wiedervergeltung)

Ta|lis|man, der; -s, -e ‹griech.› (zauberkräftiger, glückbringender Gegenstand)

Tal|je, die; -, -n ‹niederl.› (*Seemannsspr.* Flaschenzug); **tal|jen** (aufwinden); er taljet, hat getaljet; **Tal|je|reep** (über die Talje laufendes starkes Tau)

[1]**Talk,** der; -[e]s ‹arab.› (ein Mineral)

[2]**Talk** [tɔ:k], der; -s, -s ‹engl.› (*ugs. für* Unterhaltung, Plauderei, [öffentl.] Gespräch); **tal|ken** ['tɔ:k(ə)n] (*ugs. für* sich unterhalten, eine Talk-Show durchführen)

Talk|er|de, die; -

Talk|ma|ster ['tɔ:k...] ‹*zu* [2]Talk› (Moderator einer Talk-Show); **Talk|ma|ste|rin**

Talk|pu|der

Talk-Show ['tɔ:kʃo:], die; -, -s ‹engl.› (Unterhaltungssendung, in der bekannte Persönlichkeiten interviewt werden)

Tal|kum, das; -s ‹arab.› (feiner weißer [1]Talk als Streupulver); **tal|ku|mie|ren** (Talkum einstreuen)

Tal|ley|rand [talɛ'rã:] (franz. Staatsmann)

Tal|lin (Hptst. von Estland); **Tal|linn** (*estn. Schreibung von* Tallin); *vgl.* Reval

tal|mi ‹franz.› (*österr. für* unecht); *vgl.* talmin; **Tal|mi,** das; -s (vergoldete [Kupfer-Zink-]Legierung; *übertr. für* Unechtes); **Tal|mi_glanz, ...gold; tal|min** (*selten für* aus Talmi; unecht); *vgl.* talmi; **Tal|mi|wa|re**

Tal|mud, der; -[e]s, -e ‹hebr., „Lehre"› (Sammlung der Gesetze und religiösen Überlieferungen des nachbibl. Judentums); **tal|mu|disch; Tal|mu|dis|mus,** der; -; **Tal|mu|dist,** der; -en, -en; ↑R 197 (Talmudkenner)

Tal|mul|de

Ta|lon [ta'lõ:, *österr.* ta'lo:n], der; -s, -s ‹franz.› (Kontrollabschnitt einer Eintrittskarte, Wertmarke o. ä.; Spielkartenrest [beim Geben], Kartenstamm [bei Glücksspielen]; Kaufsteine [beim Dominospiel]; *Börse* Erneuerungsschein bei Wertpapieren; *Musik* Griffende [„Frosch"] des Bogens)

Tal|schaft (*schweiz. u. westösterr. für* Land und Leute eines Tales; *Geogr.* Gesamtheit eines Tales und seiner Nebentäler); **Tal‿schi** (*vgl.* Talski), **...sen|ke; Tal|ski,** Tal|schi (bei der Fahrt am Hang der untere Ski); **Tal‿sohl|le, ...sper|re; Ta|lung** *(Geogr.)*; **tal|wärts**

Ta|ma|ra (w. Vorn.)

Ta|ma|rin|de, die; -, -n ‹arab.› (eine trop. Pflanzengattung)

Ta|ma|ris|ke, die; -, -n ‹vulgärlat.› (ein Strauch mit kleinen Blättern u. rosafarbenen Blüten)

Tam|bour [...bur, *auch* ...'bu:r], der; -s, *Plur.* -e, *schweiz.* -en ['tambu:rən] ‹pers.› (*veraltend für* Trommler; *Archit.* Zwischenstück bei Kuppelgewölben; *Technik* Trommel, zylindrischer Behälter [an Maschinen]); **Tambour|ma|jor** (Leiter eines Spielmannszuges); **Tam|bur,** der; -s, -e (Stickrahmen; Stichfeld); **tam|bu|rie|ren** (mit Tamburierstichen sticken; Haare zwischen Tüll und Gaze einknoten [bei der Perückenherstellung]); **Tam|bu|rier|stich** (flächenfüllender Zierstich); **Tam|bu|rin** [*auch* ...'ri:n], das; -s, -e (kleine Hand-, Schellentrommel; Stickrahmen)

Ta|mil, das; -[s] (Sprache der Tamilen); **Ta|mi|le,** der; -n, -n; ↑R 197 (Angehöriger eines vorderind. Volkes); **Ta|mi|lin; ta|mi|lisch;** -e Sprache

Tamp, der; -s, -e *u.* **Tam|pen,** der; -s, - (*Seemannsspr.* Tau-, Kettenende)

Tam|pon [*auch* ...'pɔ̃:, *österr.* 'po:n], der; -s, -s (*Med.* [Watte-, Mull]bausch; *Druckw.* Ballen, mit denen gestochene Platten für den Druck eingeschwärzt werden); **Tam|po|na|de** [...po'na:də], die; -, -n (*Med.* Aus-, Zustopfung); **Tam|po|na|ge** [...'na:ʒə], die; -, -n (*Technik* Abdichtung eines Bohrlochs); **tam|po|nie|ren** (*Med.* [mit Tampons] ausstopfen)

Tam|tam [*auch* 'tam...], das; -s, -s ‹Hindi› (chinesisches, mit einem Klöppel geschlagenes Becken; Gong; *nur Sing.: ugs. für* laute, Aufmerksamkeit erregende Betriebsamkeit)

Ta|mu|le usw. *vgl.* Tamile usw.

tan, *auch* tang, tg = Tangens

Ta|na|gra (altgriech. Stadt); **Ta|na|gra|fi|gur;** ↑R 149 (Tonfigur aus Tanagra)

Ta|na|na|ri|vo [...vo] (früherer Name von Antananarivo)

Tand, der; -[e]s ‹lat.› (wertloses Zeug); **Tän|de|lei; Tän|de|ler** *vgl.* Tändler; **Tan|del|markt** (*österr. für* Tändelmarkt); **Tän|del|markt** (*landsch. für* Trödelmarkt); **tän|deln;** ich ...[e]le (↑R 22)

Tan|dem, das; -s, -s ‹lat.-engl.› (zweisitziges Fahrrad; Wagen mit zwei hintereinandergespannten Pferden; *Technik* zwei hintereinandergeschaltete Antriebe); **Tan|dem|ach|se** *(Kfz-Technik)*

Tand|ler (*bayr. u. österr. ugs. für* Tänd[e]ler); **Tänd|ler** (Schäker; *landsch. für* Trödler)

tang *vgl.* tan

Tang, der; -[e]s, -e ‹nord.› (Bezeichnung mehrerer größerer Arten der Braunalgen)

[1]**Tan|ga** ['taŋga], der; -s, -s ‹Tupi› (sehr knapper Bikini od. Slip); **Tan|ga|slip**

[2]**Tan|ga** ['taŋga] (Stadt in Tanganjika); **Tan|ga|nji|ka** (Teilstaat von Tansania); **Tan|ga|nji|ka|see,** der; -s (↑R 149)

Tan|gens ['taŋgɛns], der; -, - ‹lat.› (*Math.* eine Winkelfunktion im Dreieck; *Zeichen* tan, *auch* tang, tg); **Tan|gens‿kur|ve, ...satz** (der; -es); **Tan|gen|te,** die; -, -n (Gerade, die eine gekrümmte Linie in einem Punkt berührt); **Tan|gen|ten|flä|che; tan|gen|ti|al** (eine gekrümmte Linie od. Fläche berührend)

Tan|ger (marokkan. Hafenstadt)

tan|gie|ren [...ŋg...] (berühren); die Sache tangiert mich nicht

Tan|go ['taŋgo], der; -s, -s ‹span.› (ein Tanz)

Tan|ja (w. Vorn.)

Tank, der; -s, *Plur.* -s, *seltener* -e ‹engl.›; **tan|ken; Tan|ker** (Tankschiff); **Tan|ker|flot|te; Tank‿fahr|zeug, ...fül|lung, ...in|halt, ...la|ger**

Tank|red (m. Vorn.)

Tank‿säu|le, ...schiff, ...schloß, ...stel|le, ...uhr, ...ver|schluß, ...wa|gen, ...wart

Tann, der; -[e]s, -e (*geh. für* [Tannen]wald); im dunklen -; **Tann|ast** (*schweiz. neben* Tannenast)

Tan|nat, das; -[e]s, -e ‹franz.› (Gerbsäuresalz)

Tänn|chen; Tan|ne, die; -, -n; **tan|nen** (aus Tannenholz); **Tan|nen‿ast, ...baum, ...hä|her, ...harz** (das), **...holz, ...ho|nig, ...mei|se, ...na|del, ...reis** *(geh.)*, **...rei|sig, ...wald, ...zap|fen, ...zweig**

Tann|häu|ser (ein Minnesänger)

Tan|nicht, Tän|nicht, das; -[e]s, -e (*veraltet für* Tannenwäldchen)

tan|nie|ren ‹franz.› (mit Tannin behandeln); **Tan|nin,** das; -s, -e (Gerbsäure); **Tan|nin|bei|ze**

Tänn|lein; Tänn|ling (junge Tanne); **Tann|zap|fen** (*landsch., bes. schweiz.* für Tannenzapfen)

Tan|sa|nia [*auch* ...'za:nia] (Staat in Afrika); **Tan|sa|ni|er** [...iər]; **Tan|sa|nie|rin** [...niə...]; **tan|sa|nisch; Tan|sa|nit** [*auch* ...'nit], der; -s, -e (ein Edelstein)

Tan|se, die; -, -n (*schweiz. für* auf dem Rücken zu tragendes Gefäß für Milch, Wein, Trauben u. ä.)

Tan|tal, das; -s ‹griech.› (chem. Element, Metall; *Zeichen* Ta); **Tan|ta|li|de,** der; -n, -n *meist Plur.;* ↑R 197 (Nachkomme des Tantalus); **Tan|ta|lus** (in der griech. Sage König in Phrygien); **Tan|ta|lus|qua|len** *Plur.* (↑R 135)

Tant|chen; Tan|te, die; -, -n; **Tan|te-Em|ma-La|den; tan|ten|haft** (betulich)

Tan|tes *vgl.* Dantes

Tan|tie|me [tã'tie:mə], die; -, -n (*Kaufmannsspr.* Gewinnanteil, Vergütung nach der Höhe des Geschäftsgewinnes)

Tan|tra, das; -[s] (Lehre einer religiösen Strömung in Indien)

Tanz, der; -es, Tänze; **Tanz‿abend, ...bar** (die), **...bär, ...bein** (*in der Wendung* das - schwingen *[ugs.]*), **...bo|den** (*Plur.* ...böden), **...ca|fé; Tänz|chen; Tanz|die|le; tän|zeln;** ich ...[e]le (↑R 22); **tan|zen;** du tanzt; **Tän|zer; Tan|ze|rei; Tän|ze|rin; tän|ze|risch; Tanz‿flä|che, ...girl, ...grup|pe, ...ka|pel|le, ...kar|te** *(früher)*, **...kunst, ...kurs** *od.* **...kur|sus, ...leh|rer, ...leh|re|rin; Tänz|lein; Tanz‿lied, ...lo|kal; tanz|lu|stig; Tanz‿mu|sik, ...or|che|ster, ...part|ner, ...part|ne|rin, ...platz** *(veraltend)*, **...saal, ...schritt, ...schu|le, ...schü|ler, ...schü|le|rin, ...sport, ...stun|de, ...tee, ...tur|nier, ...un|ter|richt, ...ver|an|stal|tung**

Tao ['ta:o, *auch* tau], das; - ‹chin., „der Weg"› (das All-Eine, das absolute, vollkommene Sein in der chin. Philosophie); **Tao|is|mus,** der; - (chin. Volksreligion)

Tape [te:p], das, *auch* der; -, -s ‹engl.› (Band, Tonband); **Tape|deck,** das; -s, -s (Tonbandgerät ohne Verstärker u. Lautsprecher)

Ta|per|greis *(ugs.)*; **ta|pe|rig,** taprig (*nordd. für* unbeholfen, gebrechlich); **ta|pern** (*nordd. für* sich unbeholfen bewegen); ich ...ere (↑R 22)

Ta|pet, das ‹griech.›; *nur noch in* etwas aufs - (*ugs. für* zur Sprache) bringen; **Ta|pe|te,** die; -, -n; **Ta|pe|ten‿bahn, ...klei|ster, ...leim, ...mu|ster, ...rol|le, ...tür, ...wech|sel** *(ugs.)*; **Ta|pe|zier,** der; -s, -e ‹ital.› (*südd. für* Tapezierer); **Ta|pe|zier|ar|beit,** Ta|pe|zie|rer|ar|beit; **ta|pe|zie|ren; Ta|pe|zie|rer; Ta|pe|zier|tisch; Ta|pe|zier|werk|statt,** Ta|pe|zie|rer|werk|statt

Tap|fe, die; -, -n *u.* **Tap|fen,** der; -s, - *meist Plur.* (Fußspur)

tap|fer; Tap|fer|keit, die; -; **Tap|fer|keits|me|dail|le**

Ta|pio|ka, die; - ‹indian.› (gereinigte Stärke aus Maniokwurzeln); **Ta|pio|ka|stär|ke,** die; -

Ta|pir [*österr.* ta'pi:r], der; -s, -e ‹indian.› (südamerik. u. asiat. Tier mit dichtem Fell u. kurzem Rüssel)

Ta|pis|se|rie, die; -, ...ien ‹franz.› (teppichartige Stickerei; Handarbeitsgeschäft)

tapp!; tapp, tapp!

Tapp, das; -s (ein Kartenspiel)

tap|pen; tap|pig *(landsch.)*; **täp|pisch;** -ste; **tapp|rig** (*Nebenform von* taperig); **tap|rig** *vgl.* taperig; **Taps,** der; -es, -e (*landsch. für* Schlag; *ugs. für* täppischer Bursche); Hans -; **tap|sen** (*ugs. für* plump auftreten); du tapst; **tap|sig** *(ugs.)*

Ta|ra, die; -, ...ren ‹arab.› (*Kaufmannsspr.* die Verpackung; deren Gewicht)

Ta|ran|tel, die; -, -n ‹ital.› (südeurop. Wolfsspinne); **Ta|ran|tel|la,** die; -, *Plur.* -s *u.* ...llen (südital. Volkstanz)

Tar|busch, der; -[e]s, -e ‹pers.› (*arab. Bez. für* Fes)

tar|dan|do ‹ital.› (*Musik* zögernd, langsam); **Tar|dan|do,** das; -s, *Plur.* -s *u.* ...di

Ta|ren (*Plur. von* Tara)

Ta|rent (ital. Stadt); **Ta|ren|ter, Ta|ren|ti|ner** (↑R 147); **ta|ren|ti|nisch**

Tar|gi, der; -[s], Tuareg (Angehöriger berberischer Volksstämme in der Sahara)

Tar|hon|ya [...ja], die; - ‹ung.› (eine ung. Mehlspeise)

ta|rie|ren ‹arab.› (Gewicht eines Gefäßes oder einer Verpackung bestimmen oder ausgleichen); **Ta|rier|waa|ge**

Ta|rif, der; -s, -e ‹arab.-franz.› (planvoll geordnete Zusammenstellung von Güter- oder Leistungspreisen, auch von Steuern und Gebühren; Preis-, Lohnstaffel; Gebührenordnung); **ta|ri|fa|risch** (*seltener für* tariflich); **Ta|rif‿au|to|no|mie, ...be|reich, ...be|zirk, ...er|hö|hung, ...grup|pe, ...ho|heit; ta|ri|fie|ren** (die Höhe einer Leistung durch Tarif bestimmen; in einen Tarif aufnehmen); **Ta|ri|fie|rung; Ta|rif‿kom|mis|si|on, ...kon|flikt; ta|rif|lich; Ta|rif|lohn; ta|rif|los; ta|rif|mä|ßig; Ta|rif‿ord|nung, ...po|li|tik; ta|rif|po|li|tisch; Ta|rif‿part|ner, ...ren|te, ...run|de, ...satz, ...ver|hand|lung, ...ver|trag; ta|rif|ver|trag|lich**

Tar|la|tan, der; -s, -e ‹franz.› (feines Baumwoll- od. Zellwollgewebe)

Tarn‿an|strich, ...an|zug; tar|nen; sich -; **Tarn‿far|be, ...kap|pe;** **Tarn|kap|pen|bom|ber** (ein [mit Radar nicht erkennbares] amerik. Kampfflugzeug); **Tarn‿man|tel, ...na|me, ...netz; Tar|nung**

Ta|ro, der; -s, -s ‹polynes.› (eine trop. Knollenfrucht)

Ta|rock, das, *österr. nur so, od.* der; -s, -s ‹ital.› (ein Kartenspiel); **ta|rocken** [*Trenn.* ...rok|ken], **ta|rockie|ren** [*Trenn.* ...rok|kie|ren] (Tarock spielen); **Ta|rock|spiel**

Tar|pan, der; -s, -e ‹russ.› (ein ausgestorbenes Wildpferd)

Tar|pe|ji|sche Fels, der; -n -en *od.* **Tar|pe|ji|sche Fel|sen,** der; -n -s (Richtstätte im alten Rom)

Tar|quin, Tar|qui|ni|us (in der röm. Sage Name zweier Könige); **Tar|qui|ni|er** [...iər], der; -s, - (Angehöriger eines etrusk.-röm. Geschlechtes)

[1]**Tar|ra|go|na** (span. Stadt); [2]**Tar|ra|go|na,** der; -s, -s (ein span. Wein); **Tar|ra|go|ne|se,** der; -n, -n; ↑R 197

Tar|ser; tar|sisch; [1]**Tar|sus** ‹griech.› (Stadt in Kleinasien)

[2]**Tar|sus,** der; -, ...sen ‹griech.› (*Med.* Fußwurzel; Lidknorpel; *Zool.* aus mehreren Abschnitten bestehender „Fuß" des Insektenbeines)

[1]**Tar|tan** [*engl.* 'tartən], der; -[s], -s ‹engl.› (Plaid in buntem Karomuster; karierter Umhang der Schotten)

[2]**Tar|tan** Ⓦ, der; -s ‹Kunstwort› (ein wetterfester Kunststoffbelag für Laufbahnen); **Tar|tan‿bahn, ...be|lag**

Tar|ta|ne, die; -, -n ‹ital.› (Fischerfahrzeug im Mittelmeer)

tar|ta|re|isch ‹griech.› (zur Unterwelt gehörend, unterweltlich); **Tar|ta|ros** *vgl.* [1]Tartarus; [1]**Tar|ta|rus,** der; - (Unterwelt in der griechischen Mythologie)

[2]**Tar|ta|rus,** der; - ‹mlat.› (Weinstein); **Tar|trat,** das; -[e]s, -e (Salz der Weinsäure)

Tart|sche, die; -, -n ‹franz.› (ein mittelalterlicher Schild)

Tar|tu (Stadt in Estland)

Tar|tüff, der; -s, -e ‹nach einer Gestalt bei Molière› (Heuchler)

Tar|zan (Dschungelheld in Büchern von E. R. Burroughs)

Täsch|chen; Ta|sche, die; -, -n; **Ta|schel|kraut,** das; -[e]s; **Ta|schen‿aus|ga|be, ...buch, ...dieb, ...fahr|plan, ...for|mat, ...geld, ...ka|len|der, ...kamm, ...krebs, ...lam|pe, ...mes|ser** (das), **...rech|ner, ...schirm, ...spie|gel, ...spie|ler, ...spie|le|rei; ta|schen|spie|lern;** ich ...ere (↑R 22); getaschenspielert; zu -; **Ta|schen|spie|ler|trick; Ta|schen‿tuch** (*Plur.* ...tücher), **...uhr, ...wör|ter|buch; Ta|scherl,** das; -s, -n (*bayr. u. österr. ugs. für* kleine Tasche, *auch* eine Süßspeise); **Täsch|lein; Tasch|ner** (*österr. u. südd. für* Täschner); **Täsch|ner** (Taschenmacher)

Tas|ma|ni|en [...iən] (austral. Insel); **Tas|ma|ni|er; tas|ma|nisch**

TASS, die; - (Nachrichtenagentur der ehem. Sowjetunion)

Täß|chen; Tas|se, die; -, -n (*österr. auch für* Tablett); **Tas|sen|rand; Täß|lein**

Tas|so (ital. Dichter)

Ta|sta|tur, die; -, -en ‹ital.›; **tast|bar; Ta|ste,** die; -, -n; **Tast|emp|fin|dung; ta|sten** (*Druckw. auch für* den Taster bedienen); **Ta|sten‿druck** (der; -[e]s), **...in|stru|ment, ...scho|ner, ...te|le|fon; Ta|ster** (ein Abtastgerät; *Zool. svw.* Palpe; *Druckw.* schreibmaschinenähnl. Teil der Setzmaschine; Setzer, der den Taster bedient); **Tast‿or|gan, ...sinn** (der; -[e]s)

Tat, die; -, -en; in der -

[1]**Ta|tar,** der; -en, -en; ↑R 197 (Angehöriger eines Mischvolkes im Wolgagebiet in Südrußland, in der Ukraine u. Westsibirien); [2]**Ta|tar,** das; -s, -[s] ‹nach den Tataren› (rohes, geschabtes Rindfleisch [mit Ei u. Gewürzen]); **Ta|tar|beef|steak; Ta|ta|rei,** die; - (die innerasiatische Heimat der Tataren); (↑R 146:) die Große, die Kleine -; **Ta|ta|ren|nach|richt** (*veraltend für* unwahrscheinliche Schreckensnachricht); **ta|ta|risch,** a b e r (↑R 157): die Tatarische ASSR (autonome Unionsrepublik der ehem. Sowjetunion)

ta|tau|ie|ren ‹tahit.› (*Völkerk.* tätowieren)

Tat‿be|richt, ...be|stand; Tat|ein|heit, die; -; in - mit ... *(Rechtsspr.)*; **Ta|ten‿drang** (der; -[e]s), **...durst** *(geh.)*; **ta|ten‿dur|stig** *(geh.)*, **...froh; ta|ten|los;** -este; **Ta|ten|lo|sig|keit,** die; -; **Tä|ter; Tä|ter|be|schrei|bung; Tä|te|rin; Tä|ter|schaft,** die; -; **Tat|form,** Tä|tig|keits|form (*für* Aktiv); **Tat‿ge|sche|hen, ...her|gang**

Ta|ti|an (frühchristl. Schriftsteller)

tä|tig; tä|ti|gen (*Kaufmannsspr.* ein Geschäft, einen Kauf - (*dafür besser:* abschließen); **Tä|tig|keit; Tä|tig|keits‿be|reich, ...be|richt, ...drang** (der; -[e]s), **...feld, ...form** (*vgl.* Tatform); **Tä|tig|keits|wort** (*Plur.* ...wörter; *für* Verb); **Tä|ti|gung** *(Kaufmannsspr.)*

Tat|ja|na (w. Vorn.)

Tat|kraft, die; -; **tat|kräf|tig; tät|lich;** - werden; -er Angriff; **Tät|lich|keit** *meist Plur.*; **Tat-**

˷mensch, ...mo|tiv, ...ort (der; -[e]s, ...orte)
tä|to|wie|ren ‹tahit.› (Zeichnungen mit Farbstoffen in die Haut einritzen); **Tä|to|wie|rer; Tä|to|wie|rung** (Hautzeichnung)
Ta|tra, die; - (Gebirgskette der Karpaten); (↑R 146:) die Hohe, die Niedere -
Tat|sa|che; Tat|sa|chen˷be|richt, ...ent|schei|dung (*Sport* vom Schiedsrichter während des Spiels gefällte Entscheidung), **...ma|te|ri|al; tat|säch|lich** [*auch* ...ˈzɛç...]; **Tat|säch|lich|keit** [*auch* ...ˈzɛç...], die; -
Tätsch, der; -[e]s, -e (*südd. für* Brei; ein Backwerk)
Tat|sche, die; -, -n (*landsch. für* Hand; leichter Schlag, Berührung); **tät|scheln;** ich ...[e]le (↑R 22); **tat|schen** (*ugs. für* plump anfassen); du tatschst
Tatsch|kerl (*ostösterr. ugs. svw.* Tascherl [Süßspeise])
Tat|tedl *vgl.* Thaddädl
Tat|ter|greis *(ugs.);* **Tat|te|rich,** der; -[e]s (*ugs. für* [krankhaftes] Zittern); **tat|te|rig,** tattlrig *(ugs.);* **tat|tern** (*ugs. für* zittern); ich ...ere (↑R 22)
Tat|ter|sall, der; -s, -s ‹nach dem engl. Stallmeister› (geschäftl. Unternehmen für Reitsport; Reitbahn, -halle)
Tat|too [tɛˈtu:], das; -[s], -s ‹engl.› (Zapfenstreich)
tatt|rig *vgl.* tatterig
ta|tü|ta|ta!
Tat|ver|dacht; tat|ver|däch|tig; Tat˷ver|däch|ti|ge, ...waf|fe
Tätz|chen; Tat|ze, die; -, -n (Pfote, Fuß der Raubtiere; *ugs. für* plumpe Hand)
Tat|zeit
Tat|zel|wurm, der; -[e]s (sagenhaftes Kriechtier im Volksglauben einiger Alpengebiete)
Tat˷zeu|ge, ...zeu|gin
Tätz|lein
[1]**Tau,** der; -[e]s (Niederschlag)
[2]**Tau,** das; -[e]s, -e (starkes [Schiffs]seil)
[3]**Tau,** das; -[s], -s (griech. Buchstabe: *T, τ*)
taub; -e (leere) Nuß; -es Gestein (*Bergmannsspr.* Gestein ohne Erzgehalt); **taub|blind; Taub|blin|de**
Täub|chen; [1]**Tau|be,** die; -, -n
[2]**Tau|be,** der *u.* die; -n, -n (↑R 7 ff.)
tau|ben|blau (blaugrau); **Tau|ben|ei**
tau|be|netzt ‹*zu* [1]Tau›
tau|ben|grau (blaugrau); **Tau|ben˷haus, ...ko|bel** (*südd., österr. für* Taubenschlag), **...nest, ...post, ...schlag, ...stö|ßer** (Wanderfalke), **...zucht, ...züch|ter;** [1]**Tau|ber, Täu|ber,** der; -s, - *u.* Tau|be|rich, Täu|be|rich, der; -s, -e
[2]**Tau|ber,** die; - (linker Nebenfluß des Mains); **Tau|ber|bi|schofs|heim** (Stadt an der [2]Tauber)
Tau|be|rich, Täu|be|rich *vgl.* [1]Tauber
Taub|heit, die; -
Täu|bin; Täub|lein
Täub|ling (ein Pilz)
Taub|nes|sel (eine Pflanze); **taub|stumm; Taub|stum|me; Taub|stum|men˷leh|rer, ...leh|re|rin, ...spra|che, ...un|ter|richt; Taub|stumm|heit;** die; -
Tauch|boot (Unterseeboot); **tau|chen; Tau|chen,** das; -s; **Tauch|en|te; Tau|cher; Tau|cher˷an|zug, ...aus|rü|stung, ...bril|le, ...glocke** [*Trenn.* ...glok|ke], **...helm** (*vgl.* [1]Helm); **Tau|che|rin; Tau|cher˷krank|heit** (*svw.* Caissonkrankheit), **...ku|gel; Tauch|fahrt; tauch|klar** (von U-Booten); **Tauch˷kurs, ...ma|nö|ver, ...sie|der, ...sport, ...sta|ti|on, ...tie|fe**
[1]**tau|en;** es taut
[2]**tau|en** (*nordd. für* mit einem Tau vorwärts ziehen; schleppen); **Tau|en|de**
[1]**Tau|ern,** der; -s, - (*Bez. für* Übergänge in den [2]Tauern); [2]**Tau|ern** *Plur.* (Gruppe der Ostalpen); ↑R 146: die Hohen -, die Niederen -; **Tau|ern˷bahn** (die; -; ↑R 149), **...ex|preß, ...tun|nel**
Tauf˷becken [*Trenn.* ...bek|ken], **...be|kennt|nis, ...brun|nen, ...buch** (*svw.* Taufregister); **Tau|fe,** die; -, -n; **tau|fen;** getauft *(vgl. d.);* **Täu|fer; Tauf˷for|mel, ...ge|lüb|de; Tauf|ge|sinn|te,** der *u.* die; -n, -n; ↑R 7 ff. (*svw.* Mennonit); **Tauf˷ka|pel|le, ...ker|ze, ...kleid; Täuf|ling; Tauf˷na|me, ...pa|te** (der *u.* die), **...pa|tin, ...re|gi|ster**
tau|frisch ‹*zu* [1]Tau›
Tauf˷scha|le, ...schein, ...stein
tau|gen; das taugt nichts; **Tau|ge|nichts,** der; *Gen.* - *u.* -es, *Plur.* -e; **taug|lich; Taug|lich|keit,** die; -
tau|ig (*geh. für* feucht von [1]Tau)
Tau|mel, der; -s; **tau|me|lig,** taum|lig; **Tau|mel|lolch** (eine Grasart); **tau|meln;** ich ...[e]le (↑R 22); **taum|lig** *vgl.* taumelig
tau|naß ‹*zu* [1]Tau›
Tau|nus, der; - (Teil des Rheinischen Schiefergebirges)
Tau|punkt, der; -[e]s
Tau|ri|en [...i̯ən] (früheres russ. Gouvernement); **Tau|ri|er** [...i̯ər]; **Tau|ris** (alter Name für die Krim)
Tau|rus, der; - (Gebirge in Kleinasien)
Tau|salz (*svw.* Streusalz)
Tausch, der; -[e]s, -e; **tau|schen;** du tauschst; **täu|schen;** du täuschst; täuschend ähnlich; **Täu|scher; Tau|sche|rei** *(ugs.);* **Tausch˷ge|schäft, ...han|del** (*vgl.* [1]Handel)
tau|schie|ren ‹arab.-franz.› (Edelmetalle in unedle Metalle einhämmern); **Tau|schie|rung**
Tausch|ob|jekt; Täu|schung; Täu|schungs˷ma|nö|ver, ...ver|such; Tausch˷ver|fah|ren, ...ver|trag; tausch|wei|se; Tausch˷wert, ...wirt|schaft (die; -)
tau|send (*als röm. Zahlzeichen* M); *zur Groß- und Kleinschreibung vgl.* hundert; Land der tausend Seen (Finnland); tausend und aber (abermals) tausend, *österr.* tausend und abertausend; Tausende und aber (abermals) Tausende, *österr.* Tausende und Abertausende; *vgl.* aber; [1]**Tau|send,** der (*veraltet für* Teufel); *nur noch in* ei der Tausend!, potztausend!; [2]**Tau|send,** die; -, -en (Zahl); *vgl.* [1]Acht; [3]**Tau|send,** das; -s, -e (Maßeinheit; *Abk.* Tsd.); das ist ein Tausend Zigarren (eine Kiste mit einem Tausend Zigarren), a b e r: das sind eintausend Zigarren (1000 Stück, unverpackt); einige Tausend (Kisten zu je 1 000) Zigarren, a b e r: einige tausend Zigarren (z. B. drei- oder viertausend; *ugs. auch für* tausend und einige Zigarren); [fünf] von Tausend (*Abk.* v. T., p. m.; *Zeichen* ‰); *vgl.* tausend; **Tau|send|blatt,** das; -[e]s (eine Wasserpflanze); **tau|send|ein,** tau|send|und|ein *(vgl. d.);* **tau|send|eins,** tau|send|und|eins; **Tau|sen|der;** *vgl.* Achter; **tau|sen|der|lei; tau|send|fach; Tau|send|fa|che,** das; -n; *vgl.* Achtfache; **tau|send|fäl|tig; Tau|send˷fuß** *(veraltet),* **...fü|ßer, ...füß|ler; Tau|send|gul|den|kraut, Tau|send|gül|den|kraut,** das; -[e]s (eine Heilpflanze); **Tau|send|jahr|fei|er** (*mit Ziffern* 1 000-Jahr-Feier; ↑R 43); **tau|send|jäh|rig,** a b e r (↑R 157): das Tausendjährige Reich *(bibl.), jedoch klein, weil kein Name:* das tausendjährige Reich (*iron. Bez. für* die Zeit der nationalsoz. Herrschaft); *vgl.* achtjährig; **Tau|send|künst|ler; tau|send|mal;** *vgl.* achtmal *u.* hundertmal; **tau|send|ma|lig; Tau|send|mark|schein;** *vgl.* Hundertmarkschein; **tau|send|sacker|ment!** [*Trenn.* ...sak|ker...] *(veraltet);* **Tau|send|sa|sa, Tau|send|sas|sa,** der; -s, -[s] (vielseitig begabter Mensch; Teufelskerl); **Tau|send|schön,** das; -s, -e *u.* **Tau|send|schön|chen** (eine Pflanze); **tau|send|sei|tig; tau-**

send|ste; *vgl.* achte *u.* hundertste; **tau|send|stel;** *vgl.* achtel; **Tau|send|stel,** das, *schweiz. meist* der; -s, -; *vgl.* Achtel; **Tau|send|stel|se|kun|de; tau|send|stens; tau|send|und|ein,** tau|send|ein; *vgl.* hundert[und]ein; (↑R 158:) ein Märchen aus Tausendundeiner Nacht; **tau|send|und|eins** *vgl.* tausendeins
Tau|to|lo|gie, die; -, ...ien (Fügung, die einen Sachverhalt doppelt wiedergibt, z. B. „immer und ewig", „voll und ganz"; *auch svw.* Pleonasmus); **tau|to|lo|gisch; tau|to|mer** (der Tautomerie unterliegend); **Tau|to|me|rie,** die; -, ...ien (*Chemie* eine Art der chem. Isomerie)
Tau‿trop|fen, ...was|ser (*Plur.* ...wasser; *svw.* Schmelzwasser)
Tau|werk, das; -[e]s
Tau‿wet|ter (das; -s), **...wind**
Tau|zie|hen, das; -s (*übertr. auch für* Hin und Her)
Ta|ver|ne [...v...], die; -, -n ‹ital.› (italienisches Wirtshaus)
Ta|xa|me|ter, das *od.* der ‹lat.; griech.› (Fahrpreisanzeiger in Taxis; *veraltet für* Taxi); **Tax|amt; Ta|xa|ti|on,** die; -, -en ‹lat.› ([Ab]schätzung, Wertermittlung); **Ta|xa|tor,** der; -s, ...oren ([Ab]schätzer, Wertermittler); **¹Ta|xe,** die; -, -n ([Wert]schätzung; [amtlich] festgesetzter Preis; Gebühr); **²Ta|xe,** die; -, -n (*svw.* Taxi); **tax|frei** (gebührenfrei); **Ta|xi,** das, *schweiz. auch* der; -s, -s (Auto zur Personenbeförderung gegen Bezahlung); **Ta|xi|chauf|feur; ta|xie|ren** ([ab]schätzen, den Wert ermitteln); **Ta|xie|rung** *vgl.* Taxation; **Ta|xi‿fah|rer, ...fah|re|rin, ...fahrt, ...stand; Tax|ler** (*österr. ugs. für* Taxifahrer); **Tax|preis** (geschätzter Preis)
Ta|xo|no|mie, die; - ‹griech.› (Einordnung in ein bestimmtes System); **ta|xo|no|misch** (die Taxonomie betreffend)
Ta|xus, der; -, - ‹lat.› (*Bot.* Eibe); **Ta|xus|hecke** [*Trenn.* ...hek|ke]
Tax|wert (Schätzwert)
Tay|lor|sy|stem ['te:lə(r)...], das; -s (↑R 179) ‹nach dem Amerikaner F. W. Taylor› (System der wissenschaftlichen Betriebsführung mit dem Ziel, einen möglichst wirtschaftlichen Betriebsablauf zu erzielen)
Ta|zet|te, die; -, -n ‹ital.› (eine Narzissenart)
Taz|zel|wurm *vgl.* Tatzelwurm
Tb = *chem. Zeichen für* Terbium
Tb, Tbc = Tuberkulose
Tbc-krank, Tb-krank, Tbk-krank; ↑R 38 *u.* 83 (tuberkulosekrank); **Tbc-Kran|ke,** Tb-Kran|ke, Tbk-Kran|ke, der *u.* die; -n, -n (↑R 7 ff. *u.* R 38)
Tbi|lis|si (*georgische Form von* Tiflis)
Tbk = Tuberkulose
Tb-krank, Tbk-krank usw. *vgl.* Tbc-krank usw.
T-bone-Steak ['ti:bo:n...] ‹engl.› (Steak aus dem Rippenstück des Rinds)
Tc = *chem. Zeichen für* Technetium
TCS = Touring-Club der Schweiz
Te = *chem. Zeichen für* Tellur
Teach-in ['ti:tʃ'in], das; -[s], -s ‹amerik.› (Protestdiskussion)
Teak [ti:k], das; -s ‹engl.› (*kurz für* Teakholz); **Teak|baum** (ein südostasiat. Baum mit wertvollem Holz); **tea|ken** ['ti:kən] (aus Teakholz); **Teak|holz**
Team [ti:m], das; -s, -s ‹engl.› (Arbeitsgruppe; *Sport* Mannschaft, *österr. auch für* Nationalmannschaft); **Team‿ar|beit** (die; -), **...chef, ...geist** (der; -[e]s); **Teamwork** ['ti:mwœ:(r)k], das; -s (Gemeinschaftsarbeit)
Tea-Room ['ti:ru:m], der; -s, -s ‹engl.› (Teestube [in Hotels]; *schweiz. für* Café, in dem kein Alkohol ausgeschenkt wird)
Tech|ne|ti|um, das; -s ‹griech.› (chem. Element; Metall; *Zeichen* Tc)
tech|ni|fi|zie|ren ‹griech.; lat.› (technisch gestalten); **Tech|ni|fi|zie|rung; Tech|nik,** die; -, -en ‹griech.› (Herstellungsverfahren, Arbeitsweise; Kunstfertigkeit; *österr. Kurzw. für* techn. Hochschule; *nur Sing.:* Gesamtheit der techn. Verfahren; techn. Ausrüstung); **Tech|ni|ker; Tech|ni|ke|rin; Tech|ni|kum,** das; -s, *Plur.* ...ka, *auch* ...ken (technische Fachschule); **tech|nisch** ‹griech.-franz.› (zur Technik gehörend, sie betreffend, mit ihr vertraut; kunstgerecht, fachgemäß); -e Atmosphäre (*vgl.* Atmosphäre); -er Ausdruck (Fachwort, Kunstausdruck); er ist -er Zeichner; [eine] -e Hochschule, [eine] -e Universität, aber (↑R 157): die Technische Hochschule (*Abk.* TH) Darmstadt, die Technische Universität (*Abk.* TU) Berlin; Technisches Hilfswerk (Name einer Hilfsorganisation; *Abk.* THW); Technischer Überwachungs-Verein[1] (*Abk.* TÜV); **tech|ni|sie|ren** (für technischen Betrieb einrichten); **Tech|ni|sie|rung; Tech|ni|zis|mus,** der; -, ...men (technische Ausdrucksweise); **Tech|no|krat,** der; -en, -en; ↑R 197 (Vertreter der Technokratie); **Tech|no|kra|tie,** die; - (vorherrschende Stellung der Technik in Wirtschaft u. Politik); **tech|no|kra|tisch; Tech|no|lo|ge,** der; -n, -n (↑R 197); **Tech|no|lo|gie,** die; -, ...ien (Gesamtheit der techn. Prozesse in einem Fertigungsbereich; techn. Verfahren; *nur Sing.:* Lehre von der Umwandlung von Rohstoffen in Fertigprodukte); **Tech|no|lo|gie|park** (Gelände, auf dem Firmen angesiedelt sind, die moderne Technologien entwickeln); **Tech|no|lo|gie|trans|fer** (Weitergabe technologischer Forschungsergebnisse); **tech|no|lo|gisch**
Tech|tel|mech|tel [*auch* 'tɛç...], das; -s, - (*ugs. für* Liebelei, Flirt)
Teckel, der; -s, - [*Trenn.* Tek|kel] (*fachspr. für* Dackel)
TED [tɛd], der; -s ‹*Kurzwort aus* Teledialog› (Computer, der telefonische Stimmabgaben [z. B. von Fernsehzuschauern] annimmt u. hochrechnet)
Ted|dy, der; -s, -s ‹engl.› (Stoffbär als Kinderspielzeug); **Ted|dy‿bär** (der; -en, -en), **...fut|ter** (*vgl.* ²Futter), **...man|tel**
Te|de|um, das; -s, -s ‹lat., *aus* „Te Deum laudamus" = „Dich, Gott, loben wir!"› (*nur Sing.: kath. Kirche* Hymnus der lateinischen Liturgie; musikalisches Werk über diesen Hymnus)
TEE = Trans-Europ-Express
Tee, der; -s, -s ‹chin.›; schwarzer, grüner, russischer -; **Tee‿abend** (↑R 36), **...bäcke|rei** ([*Trenn.* ...bäk|ke...]; *österr. für* Teegebäck), **...beu|tel, ...blatt** (*meist Plur.*), **...brett, ...but|ter** (*österr. für* Markenbutter); **Tee-Ei** (↑R 36); **Tee-Ern|te** (↑R 36); **Tee‿ge|bäck, ...ge|sell|schaft, ...glas** (*Plur.* ...gläser), **...haus, ...kan|ne, ...kes|sel** (*auch* ein Ratespiel), **...kü|che, ...licht** (*Plur.* ...lichter *u.* ...lichte), **...löf|fel; tee|löf|fel|wei|se**
Teen [ti:n], der; -s, -s *meist Plur.* ‹amerik.› *u.* **Teen|ager** ['ti:ne:dʒə(r)], der; -s, - (*ugs. für* Junge od. Mädchen im Alter zwischen 13 und 19 Jahren, Halbwüchsige[r]); **Tee|nie, Tee|ny** ['ti:ni], der; -s, -s ([jüngerer, bes. weibl.] Teen)
Teer, der; -[e]s, -e; **Teer‿dach|pap|pe, ...decke** [*Trenn.* ...dek|ke]; **tee|ren;** - und federn (früher als Strafe); **Teer‿far|be, ...farb|stoff, ...faß; teer|hal|tig; tee|rig; Teer|jacke** [*Trenn.* ...jak|ke] (*scherzh. für* Matrose)
Tee|ro|se (eine Rosensorte)
Teer‿pap|pe, ...schwe|le|rei, ...sei|fe, ...stra|ße; Tee|rung

[1] *So die offizielle Schreibung.*

Tee‿ser|vice (*vgl.* [1]Service), **...sieb, ...strauch, ...stu|be, ...tas|se, ...tisch, ...wa|gen, ...was|ser** (das; -s), **...wurst**

Te|fil|la, die; - ‹hebr.› (jüd. Gebet[buch]); **Te|fil|lin** *Plur.* (Gebetsriemen der Juden)

Tef|lon ®, das; -s ‹Kunstwort› (hitzefeste Kunststoffbeschichtung in Pfannen o. ä.); **tef|lon|be|schich|tet; Tef|lon|pfan|ne**

[1]**Te|gel**, der; -s (kalkreicher Ton)

[2]**Te|gel** (Stadtteil von Berlin); -er Schloß, -er See

[1]**Te|gern|see**, der; -s (See in Oberbayern); [2]**Te|gern|see** (Stadt am gleichnamigen See); **Te|gern|seer** [...ze:ər] (↑R 147, 151 *u.* 180)

Te|gu|ci|gal|pa [...si...] (Hptst. von Honduras)

Te|he|ran [*auch* ...'ra:n] (Hptst. von Iran)

Teich, der; -[e]s, -e (Gewässer); **Teich‿huhn, ...molch, ...mu|schel**

Tei|cho|sko|pie, die; - ‹griech., „Mauerschau"› (Schilderung von Ereignissen durch einen Schauspieler, der diese außerhalb der Bühne zu sehen scheint)

Teich‿pflan|ze, ...rohr; Teich|rohr|sän|ger (ein Vogel); **Teich‿ro|se, ...schilf**

teig (*landsch. für* überreif, weich); **Teig**, der; -[e]s, -e; den - gehen lassen; **Teig|far|be; tei|gig; Teig‿mas|se, ...men|ge, ...räd|chen, ...schüs|sel, ...wa|ren** (*Plur.*)

Teil, der *od.* das; -[e]s, -e. **I.** *Großschreibung:* zum Teil (*Abk.* z. T.); ein großer Teil des Tages; jedes Teil (Stück) prüfen; das (*selten* der) bessere Teil; er hat sein Teil getan; ein gut Teil; sein[en] Teil dazu beitragen; ich für mein[en] Teil. **II.** *Kleinschreibung:* **a)** (↑R 61:) teils (*vgl. d.*); eines-, meines-, ander[e]nteils; großen-, größten-, meistenteils; **b)** (↑R 208:) zuteil werden; *vgl. auch* teilhaben, teilnehmen; **Teil‿ab|schnitt** (z. B. einer Autobahn), **...an|sicht, ...aspekt; teil|au|to|ma|ti|siert; Teil|au|to|ma|ti|sie|rung; teil|bar; Teil|bar|keit**, die; -; **Teil‿be|reich** (der), **...be|trag; Teil|chen; Teil|chen‿be|schleu|ni|ger** (*Kernphysik*), **...strah|lung** (*Physik*); **tei|len**; geteilt; zehn geteilt durch fünf ist, macht, gibt (*nicht:* sind, machen, geben) zwei; sich -; **Tei|ler**; größter gemeinsamer - (*Abk.* g. g. T., ggT); **Teil|er|folg; teil|er|fremd**; -e Zahlen (*Math.*); **Tei|le|zu|rich|ter** (Anlernberuf); **Teil‿fa|bri|kat, ...ge|biet; Teil|ha|be**, die; -; **teil|ha|ben** (↑R 207); du hast teil (↑R 64), aber: du hast keinen Teil; teilgehabt; teilzuhaben; **Teil|ha|ber; Teil|ha|be|rin; Teil|ha|ber|schaft**, die; -; **Teil|ha|ber|ver|si|che|rung; teil|haf|tig** [*auch* ...'haf...] (*geh.*); einer Sache - sein, werden; **...tei|lig** (z. B. zehnteilig, *mit Ziffern* 10teilig; ↑R 212); **teil|kas|ko|ver|si|chert; Teil|kas|ko|ver|si|che|rung; Teil‿ko|sten|rech|nung, ...lei|stung, ...men|ge** (*Math.*); **teil|möb|liert; Teil|nah|me**, die; -; **Teil|nah|me|be|din|gung; teil|nah|me|be|rech|tigt; Teil|nah|me|be|rech|tig|te; teil|nahms|los**; -este; **Teil|nahms|lo|sig|keit**, die; -; **teil|nahms|voll; teil|neh|men** (↑R 207); du nimmst teil (↑R 64); teilgenommen; teilzunehmen; **teil|neh|mend**; -ste; **Teil|neh|mer; Teil|neh|mer|feld; Teil|neh|me|rin; Teil|neh|mer‿li|ste, ...zahl; teils** (↑R 61); - gut, - schlecht; **...teils** (z. B. einesteils); *vgl.* Teil, II, a; **Teil|schuld; Teil|schuld|ver|schrei|bung** (*für* Partialobligation); **Teil‿strecke** [*Trenn.* ...strek|ke], **...strich, ...stück; Tei|lung; Tei|lungs|zei|chen** (*für* Trennungsstrich); **Teil|ver|hält|nis** (*Math.*); **teil|wei|se; Teil|zah|lung; Teil|zah|lungs|kre|dit; Teil|zeit‿ar|beit, ...be|schäf|tig|te, ...be|schäf|ti|gung**

Te|in *vgl.* Thein

Teint [tɛ̃:], der; -s, -s ‹franz.› (Gesichtsfarbe; Beschaffenheit der Gesichtshaut)

T-Ei|sen; ↑R 37 (von T-förmigem Querschnitt)

Tei|ste, die; -, -n (ein Seevogel)

Te|ja[s] (letzter Ostgotenkönig)

Te|jo ['tɛʒu] (*port. Form von* Tajo)

Tek|to|nik, die; - ‹griech.› (Lehre von der Zusammenfügung von Bauteilen zu einem Gefüge; *Geol.* Lehre vom Bau der Erdkruste); **tek|to|nisch**

Tek|tur, die; -, -en ‹lat.› (*Buchw.* Deckblatt, Korrekturstreifen)

Tel Aviv-Jaf|fa [tɛl a'vi:f...] (Stadt in Israel)

te|le... ‹griech.› (fern...); **Te|le...** (Fern...)

Te|le|dia|log *vgl.* TED

Te|le|fax, das; -, -[e] ‹Kunstw.› (Fernkopie; Fernkopierer; *nur Sing.:* Fernkopiersystem für Text- u. Bildvorlagen); **te|le|fa|xen** (fernkopieren); du telefaxt; **Te|le|fax|num|mer**

Te|le|fon, das; -s, -e ‹griech.›; **Te|le|fon‿an|ruf, ...an|schluß, ...ap|pa|rat; Te|le|fo|nat**, das; -[e]s, -e (Ferngespräch, Anruf); **Te|le|fon‿buch, ...dienst, ...ge|bühr, ...ge|spräch, ...hö|rer; te|le|fo|nie|ren; te|le|fo|nisch; Te|le|fo|nist**, der; -en, -en; ↑R 197 (Angestellter im Fernsprechverkehr); **Te|le|fo|ni|stin; Te|le|fon‿kabel, ...kar|te, ...lei|tung, ...netz, ...num|mer, ...rech|nung, ...schnur, ...seel|sor|ge, ...sex, ...über|wa|chung, ...ver|bin|dung, ...zel|le, ...zen|tra|le**

Te|le‿fo|to (*kurz für* Telefotografie), **...fo|to|gra|fie** (fotograf. Fernaufnahme)

te|le|gen ‹griech.› (für Fernsehaufnahmen geeignet)

Te|le|graf, der; -en, -en; ↑R 197 ‹griech., „Fernschreiber"› (Apparat zur Übermittlung von Nachrichten durch vereinbarte Zeichen); **Te|le|gra|fen‿amt, ...bü|ro, ...draht, ...lei|tung, ...mast** (der), **...netz, ...stan|ge; Te|le|gra|fie**, die; - (elektrische Fernübertragung von Nachrichten mit vereinbarten Zeichen); **te|le|gra|fie|ren; te|le|gra|fisch**; -e Antwort; **Te|le|gra|fist**, der; -en, -en; ↑R 197 (Telegrafenbeamter); **Te|le|gra|fi|stin**

Te|le|gramm, das; -s, -e ‹griech.› (telegrafisch beförderte Nachricht); **Te|le|gramm‿adres|se, ...bo|te, ...for|mu|lar, ...ge|bühr, ...stil** (der; -[e]s; im -)

Te|le|graph usw. *vgl.* Telegraf usw.

Te|le|ka|me|ra

Te|le|ki|ne|se, die; - ‹griech.› (das Bewegtwerden von Gegenständen in der Parapsychologie)

Te|le|kol|leg (unterrichtende Sendereihe im Fernsehen)

Te|le|kom (ein Unternehmen der Deutschen Bundespost); **Te|le|kom|mu|ni|ka|ti|on** (Kommunikation mit Hilfe elektronischer Medien)

te|le|ko|pie|ren; Te|le|ko|pie|rer (Fernkopierer)

Te|le|krat, der; -en, -en; ↑R 197 ‹griech.› (Vertreter der Telekratie); **Te|le|kra|tie**, die; - (Vorherrschaft der elektronischen Medien); **te|le|kra|tisch**

Te|le|mach (Sohn des Odysseus)

Te|le|mann (dt. Komponist)

[1]**Te|le|mark** (norw. Verwaltungsgebiet); [2]**Te|le|mark**, der; -s, -s (früher üblicher Bremsschwung im Skilauf); **Te|le|mark‿auf|sprung** (beim Skispringen), **...schwung**

Te|le|me|ter, das; -s, - ‹griech.› (Entfernungsmesser); **Te|le|me|trie**, die; - (Entfernungsmessung); **te|le|me|trisch**; -e Daten

Te|le|ob|jek|tiv (Linsenkombination für Fernaufnahmen)

Te|leo|lo|gie, die; - ‹griech.› (Lehre vom Zweck u. von der Zweckmäßigkeit); **te|leo|lo|gisch** (durch den Zweck bestimmt; aus der Zweckmäßigkeit der Welt; zweckhaft); -er Gottesbeweis

Te|le|path, der; -en, -en (↑R 197) ⟨griech.⟩ (für Telepathie Empfänglicher); **Te|le|pa|thie,** die; - (Fernfühlen ohne körperliche Vermittlung); **te|le|pa|thisch**

Te|le|phon usw. *vgl.* Telefon usw.

Te|le|pho|to|gra|phie *vgl.* Telefotografie

Te|le|plas|ma (angeblich von Medien abgesonderter Stoff in der Parapsychologie)

Te|le|skop, das; -s, -e ⟨griech.⟩ (Fernrohr); **Te|le|skop‿an|tenne, ...au|ge, ...fisch; te|le|skopisch** (das Teleskop betreffend; [nur] durch das Teleskop sichtbar); **Te|le|skop|mast,** der (ein ausziehbarer Mast)

Te|le|spiel (elektron. Spiel, das auf dem Fernsehbildschirm abläuft)

Te|le|vi|si|on [*engl.* 'tɛliviʒən], die; - ⟨engl.⟩ (Fernsehen; *Abk.* TV)

Te|lex, das, *schweiz.* der; -, -[e] ⟨*Kurzw. aus engl.* teleprinter exchange⟩ (Fernschreiben, Fernschreiber; *nur Sing.:* Fernschreibnetz); **te|le|xen** (als Fernschreiben übermitteln); du telext

Tell (Schweizer Volksheld)

Tel|ler, der; -s, -; **Tel|ler‿brett, ...ei|sen** (Fanggerät für Raubwild); **tel|ler|fer|tig; Tel|lerfleisch** (eine Speise); **tel|ler|förmig; Tel|ler‿ge|richt** (ein einfaches Gericht), **...mi|ne** *(Milit.),* **...müt|ze; tel|lern** (in Rückenlage mit Handbewegungen schwimmen); ich ...ere (↑R 22); **Tel|ler‿rand, ...tuch** (*Plur.* ...tücher), **...wä|scher**

Tells|ka|pel|le, die; -

Tel|lur, das; -s ⟨lat.⟩ (chem. Element, Halbmetall; *Zeichen* Te); **tel|lu|rig** *(Chemie);* -e Säure; **tel|lu|risch** (*Geol.* auf die Erde bezüglich, von ihr herrührend); -e Kräfte; **Tel|lu|rit** [*auch* ...'rit], das; -s, -e (Salz der tellurigen Säure); **Tel|lu|ri|um,** das; -s, ...ien [...iən] (*Astron.* Gerät zur Veranschaulichung der Bewegung der Erde um die Sonne)

Te|lo|pha|se, die; -, -n ⟨griech.⟩ (*Biol.* Endstadium der Kernteilung)

[1]**Tel|tow** ['tɛlto:] (Stadt bei Berlin); [2]**Tel|tow,** der; -s (Gebiet südl. von Berlin); **Tel|tow|er** [...to:ər] (↑R 147 *u.* R 180); Teltower Rübchen; **Tel|tow|ka|nal,** der; -s (↑R 149)

Tem|pel, der; -s, - ⟨lat.⟩; **Tem|pel‿bau** (*Plur.* ...bauten), **...ge|sellschaft** (die; -; eine Sekte), **...herr** (Templer), **...or|den** (der; -s; Templerorden), **...pro|sti|tu|tion, ...rit|ter**

Tem|pe|ra‿far|be ⟨ital.⟩ (eine Deckfarbe), **...ma|le|rei**

Tem|pe|ra|ment, das; -[e]s, -e ⟨lat.⟩ (Wesens-, Gemütsart; *nur Sing.:* lebhafte Wesensart, Schwung, Feuer); **tem|pe|ra|ment|los;** -este; **Tem|pe|ra|ment|lo|sigkeit,** die; -; **Tem|pe|ra|mentsaus|bruch; tem|pe|ra|ment|voll**

Tem|pe|ra|tur, die; -, -en ⟨lat.⟩ (Wärme[grad, -zustand]; [leichtes] Fieber); **tem|pe|ra|tur|abhän|gig; Tem|pe|ra|tur‿an|stieg, ...er|hö|hung, ...reg|ler, ...rückgang, ...schwan|kung, ...sturz, ...un|ter|schied, ...wech|sel;**

Tem|pe|renz, die; - (*selten für* Mäßigkeit, bes. im Alkoholgenuß); **Tem|pe|renz|ler** (Mitglied des Temperenzvereins); **Tem|perenz|ver|ein** (Verein der Gegner des Alkoholmißbrauchs); **Temper|guß,** der; ...gusses ⟨engl.; dt.⟩ (schmiedbares Gußeisen); **tempe|rier|bar; tem|pe|rie|ren** ⟨lat.⟩ (die Temperatur regeln; *veraltend für* mäßigen); **Tem|pe|rierung; Tem|per|koh|le,** die; - ⟨engl.; dt.⟩; **tem|pern** ⟨engl.⟩ (*Hüttenw.* Eisenguß durch Glühverfahren schmiedbar machen); ich ...ere (↑R 22)

Tem|pest|boot ['tɛmpist...] ⟨engl.; dt.⟩ (ein Sportsegelboot); **tempe|sto|so** ⟨ital.⟩ (*Musik* heftig, stürmisch)

Tem|pi pas|sa|ti *Plur.* ⟨ital.⟩ (vergangene Zeiten)

Tem|plei|se, der; -n, -n *meist Plur.;* (↑R 197) ⟨franz.⟩ (Gralsritter); **Temp|ler** (Angehöriger des Templerordens; Mitglied der Tempelgesellschaft); **Temp|leror|den,** der; -s (ein geistl. Ritterorden des Mittelalters)

Tem|po, das; -s, *Plur.* -s *u.* ...pi ⟨ital.⟩ (Zeit[maß], Takt; *nur Sing.:* Geschwindigkeit, Schnelligkeit); **Tem|po|li|mit** (allgemeine Geschwindigkeitsbegrenzung); **Tem|po|ra** (*Plur. von* Tempus); **tem|po|ral** ⟨lat.⟩ (*Sprachw.* zeitlich; *Med.* zu den Schläfen gehörend); -e Bestimmung *(Sprachw.);* **Tem|po|ra|lien** [...iən] *Plur.* (mit der Verwaltung eines kirchl. Amtes verbundene weltl. Rechte und Einkünfte der Geistlichen im MA.); **Tem|po|ral|satz** (*Sprachw.* Umstandssatz der Zeit); **tem|po|rär** ⟨franz.⟩ (zeitweilig, vorübergehend); **Tem|po‿sün|der, ...verlust** (der; -[e]s); **Tem|pus,** das; -, ...pora ⟨lat.⟩ (*Sprachw.* Zeitform [des Verbs])

ten. = tenuto

Te|na|kel, das; -s, - ⟨lat.⟩ (*Druckw.* Gerät zum Halten des Manuskriptes beim Setzen, Blatthalter); **Te|na|zi|tät,** die; - (*Chemie, Physik* Zähigkeit; Ziehbarkeit)

Ten|denz, die; -, -en ⟨lat.⟩ (Streben nach einem bestimmtem Ziel, Absicht; Neigung, Strömung; Zug, Richtung, Entwicklung[slinie]); **Ten|denz‿be|trieb, ...dichtung; ten|den|zi|ell** (der Tendenz nach, entwicklungsmäßig); **tenden|zi|ös;** -este (etwas bezweckend, beabsichtigend; parteilich zurechtgemacht, gefärbt); **Tendenz‿stück, ...wen|de**

Ten|der, der; -s, - ⟨engl.⟩ (Vorratswagen der Dampflokomotive [für Kohle u. Wasser]; *Seew.* Begleitschiff, Hilfsfahrzeug)

ten|die|ren ⟨lat.⟩ (streben; [zu etwas] hinneigen); *vgl.* aber: tentieren

Te|ne|rif|fa (eine der Kanarischen Inseln)

Te|niers (niederl. Malergeschlecht)

Tenn, das; -s, -e (*schweiz. Nebenform von* Tenne)

Tenn. = [2]Tennessee

Ten|ne, die; -, -n; **Ten|nen|raum**

[1]**Ten|nes|see** [...'si:, *auch* 'tɛ...], der; -[s] (l. Nebenfluß des Ohio); [2]**Ten|nes|see** (Staat in den USA; *Abk.* Tenn.)

Ten|nis, das; - ⟨engl.⟩ (ein Ballspiel); - spielen (↑R 207); **Tennis‿arm** (*svw.* Tennisellbogen), **...ball, ...ell|bo|gen** (*Med.* Entzündung am Ellbogengelenk), **...match, ...part|ner, ...part|nerin, ...platz, ...schlä|ger, ...schuh, ...spiel, ...spie|ler, ...spie|le|rin, ...tur|nier, ...wand, ...zir|kus** (Tenniswettkämpfe mit den dazugehörigen Veranstaltungen)

Ten|no, der; -s, -s ⟨jap.⟩ (jap. Kaisertitel); *vgl.* [1]Mikado

Ten|ny|son ['tɛnisən] (engl. Dichter)

[1]**Te|nor,** der; -s ⟨lat.⟩ (Haltung; Inhalt, Sinn, Wortlaut); [2]**Te|nor,** der; -s, ...nöre ⟨ital.⟩ (hohe Männerstimme; Tenorsänger); **Tenor‿buf|fo, ...horn** (*Plur.* ...hörner); **Te|no|rist,** der; -en, -en; ↑R 197 (Tenorsänger); **Te|norschlüs|sel**

Ten|sid, das; -[e]s, -e *meist Plur.* ⟨lat.⟩ (aktiver Stoff in Waschmitteln u. ä.); **Ten|si|on,** die; -, -en (*Physik* Spannung der Gase und Dämpfe; Druck)

Ten|ta|kel, der *od.* das; -s, - *meist Plur.* ⟨lat.⟩ (Fanghaar fleischfressender Pflanzen; Fangarm); **Ten|ta|ku|lit** [*auch* ...'lit], der; -en, -en; ↑R 197 (eine fossile Flügelschnecke); **Ten|ta|men,** das; -s, ...mina (Vorprüfung [z. B. beim Medizinstudium]; *Med.* Versuch); **ten|tie|ren** (*veraltet, aber noch landsch. für* prüfen; versuchen, unternehmen; *österr. ugs.*

für beabsichtigen); *vgl.* aber: tendieren

Te|nü *u.* **Te|nue** [tə'ny:], das; -s, -s ‹franz.› (*schweiz. für* vorgeschriebene Art, sich zu kleiden; Anzug)

Te|nu|is, die; -, ...ues [...nue:s], ‹lat.› (*Sprachw.* stimmloser Verschlußlaut, z. B. p)

te|nu|to ‹ital.› (*Musik* ausgehalten; *Abk.* ten.); ben - (gut gehalten)

Teo *vgl.* Theo; **Teo|bald** *vgl.* Theobald; **Teo|de|rich** *vgl.* Theoderich

Te|pi|da|ri|um, das; -s, ...ien [...iən] ‹lat.› (temperierter Aufenthaltsraum im römischen Bad)

Tep|li|ce ['tɛplitsɛ] (Kurort in Böhmen); **Tep|litz** (*dt. Form von* Teplice)

Tepp *vgl.* Depp; **tep|pert** *vgl.* deppert

Tep|pich, der; -s, -e; **Tep|pich‿bo|den, ...bür|ste, ...flie|se, ...ge|schäft, ...händ|ler, ...kehr|ma|schi|ne, ...klop|fer, ...mu|ster, ...stan|ge**

Te|qui|la [te'ki:la], der; -[s] ‹span.› (ein mexik. Branntwein)

Ter (span. Fluß)

Te|ra... ‹griech.› (das Billionenfache einer Einheit, z. B. Terameter = 10^{12} Meter; *Zeichen* T)

te|ra|to|gen ‹griech.› (*Med.* Mißbildungen bewirkend [bes. von Medikamenten]); **Te|ra|to|lo|ge,** der; -n, -n (↑R 197); **Te|ra|to|lo|gie,** die; - ‹griech.› (Lehre von den Mißbildungen der Lebewesen); **Te|ra|to|lo|gin; te|ra|to|lo|gisch**

Ter|bi|um, das; -s ‹nach dem schwed. Ort Ytterby› (chem. Element, Metall; *Zeichen* Tb)

Te|re|bin|the, die; -, -n ‹griech.› (Terpentinbaum)

Te|renz (altröm. Lustspieldichter)

Term, der; -s, -e ‹lat.› (*Math.* Glied einer Formel, bes. einer Summe; *Physik* ein Zahlenwert von Frequenzen od. Wellenzahlen eines Atoms, Ions od. Moleküls; *Sprachw. svw.* Terminus); **Ter|me,** der; -n, -n (*veraltet für* Grenzstein); **Ter|min,** der; -s, -e (für eine Lieferung, Zahlung, Gerichtsverhandlung usw. festgesetzter Tag, Zeitpunkt); **ter|mi|nal** (*veraltet für* die Grenze, das Ende betreffend; *Math.* am Ende stehend); **Ter|mi|nal** ['tœ:(r)minəl], der, *auch, EDV nur,* das; -s, -s ‹engl.› (Abfertigungshalle für Fluggäste; Zielbahnhof für Containerzüge; *EDV* Datenendstation, Abfragestation); **Ter|min‿druck** (der; -[e]s), **...ein|la|ge** *(Bankw.)*; **ter|min‿ge|mäß, ...ge|recht; Ter|min|ge|schäft** (*Kaufmannsspr.* Lieferungsgeschäft); **Ter|mi|ni** (*Plur. von* Terminus); **ter|mi|nie|ren** ‹lat.› (befristen; zeitlich festlegen); **Ter|mi|nie|rung; Ter|min|ka|len|der; ter|min|lich; Ter|min|not,** die; -; **Ter|mi|no|lo|ge,** der; -n, -n (↑R 197) ‹lat.; griech.›; **Ter|mi|no|lo|gie,** die; -, ...ien (Gesamtheit, Systematik eines Fachwortschatzes); **ter|mi|no|lo|gisch; Ter|mi|nus,** der; -, ...ni ‹lat.› (Fachwort, -ausdruck); **Ter|mi|nus tech|ni|cus,** der; - -, ...ni ...ci (Fachwort, -ausdruck)

Ter|mi|te, die; -, -n *meist Plur.* ‹lat.› (ein Insekt); **Ter|mi|ten‿hü|gel, ...staat** (*Plur.* ...staaten)

ter|när ‹lat.› (*Chemie* dreifach; Dreistoff...); -e Verbindung; **Ter|ne,** die; -, -n ‹ital.› (Reihe von drei gesetzten od. gewonnenen Nummern in der alten Zahlenlotterie); **Ter|no,** der; -s, -s (*österr. svw.* Terne)

Ter|pen, das; -s, -e ‹griech.› (Bestandteil ätherischer Öle); **ter|pen|frei; Ter|pen|tin,** das, *österr. meist* der; -s, -e (ein Harz); **Ter|pen|tin|öl**

Ter|psi|cho|re [...çore] (Muse des Tanzes und des Chorgesanges)

Ter|ra di Sie|na, die; - - - ‹ital.› (Sienaerde, eine braune Farbe)

Ter|rain [tɛ'rɛ̃:], das; -s, -s ‹franz.› (Gebiet; [Bau]gelände, Grundstück); **Ter|rain|be|schrei|bung**

Ter|ra in|co|gni|ta, die; - - ‹lat., „unbekanntes Land"› (unerforschtes Gebiet); **Ter|ra|kot|ta,** die; -, ...tten, *österr. nur so, u.* **Ter|ra|kot|te,** die; -, -n ‹ital.› (*nur Sing.:* gebrannter Ton; Gefäß od. Bildwerk daraus)

Ter|ra|ria|ner (↑R 180) ‹lat.› (Terrarienliebhaber); **Ter|ra|ri|en|kun|de** [...iən...], die; -; **Ter|ra|ri|stik,** die; - (Terrarienkunde); **Ter|ra|ri|um,** das; -s, ...ien [...iən] (Behälter für die Haltung kleiner Lurche u. ä.)

Ter|ras|se, die; -, -n ‹franz.›; **ter|ras|sen|ar|tig; Ter|ras|sen|dach; ter|ras|sen|för|mig; Ter|ras|sen‿gar|ten, ...haus; ter|ras|sie|ren** (terrassenförmig anlegen, erhöhen); **Ter|ras|sie|rung; Ter|raz|zo,** der; -[s], ...zzi ‹ital.› (mosaikartiger Fußbodenbelag); **Ter|raz|zo|fuß|bo|den**

ter|re|strisch ‹lat.› (die Erde betreffend; Erd...); -es Beben (Erdbeben)

ter|ri|bel ‹lat.› (*veraltet für* schrecklich); ...i|ble Zustände

Ter|ri|er [...iər], der; -s, - ‹engl.› (kleiner bis mittelgroßer engl. Jagdhund)

ter|ri|gen ‹lat.; griech.› (*Biol.* vom Festland stammend)

Ter|ri|ne, die; -, -n ‹franz.› ([Suppen]schüssel)

ter|ri|to|ri|al ‹lat.› (zu einem Gebiet gehörend, ein Gebiet betreffend); **Ter|ri|to|ri|al‿ge|walt** (die; -), **...ge|wäs|ser, ...heer** *(Milit.)*, **...ho|heit** (die; -); **Ter|ri|to|ria|li|tät,** die; -; ↑R 180 (Zugehörigkeit zu einem Staatsgebiet); **Ter|ri|to|ria|li|täts|prin|zip** (das; -s); **Ter|ri|to|ri|al‿kom|man|do** *(Milit.)*, **...staat** (*Plur.* ...staaten), **...ver|tei|di|gung** *(Milit.)*; **Ter|ri|to|ri|um,** das; -s, ...ien [...iən] (Grund; Bezirk; [Staats-, Hoheits]gebiet)

Ter|ror, der; -s ‹lat.› (Gewaltherrschaft; rücksichtsloses Vorgehen); **Ter|ror‿akt, ...an|schlag, ...herr|schaft; ter|ro|ri|sie|ren** ‹franz.› (Terror ausüben; ständig belästigen, unter Druck setzen); **Ter|ro|ri|sie|rung; Ter|ro|ris|mus,** der; - (Ausübung von [polit. motivierten] Gewaltakten); **Ter|ro|rist,** der; -en, -en (↑R 197); **Ter|ro|ri|stin; ter|ro|ri|stisch;** -ste; **Ter|ror‿ju|stiz, ...kom|man|do, ...me|tho|de, ...or|ga|ni|sa|ti|on, ...wel|le**

[1]**Ter|tia,** die; -, ...ien [...iən] ‹lat., „dritte"› (*veraltende Bez.* [Unter- u. Obertertia] *für* die 4. u. 5. [*in Österr.* 3.] Klasse eines Gymnasiums); [2]**Ter|tia,** die; - (*Druckw.* ein Schriftgrad); **Ter|ti|al,** das; -s, -e (*veraltet für* Jahresdrittel); **Ter|tia|na|fie|ber** (*Med.* Dreitagewechselfieber); **Ter|tia|ner** (Schüler der [1]Tertia); **Ter|tia|ne|rin; ter|ti|är** ‹franz.› (die dritte Stelle in einer Reihe einnehmend; das Tertiär betreffend); **Ter|ti|är,** das; -s (*Geol.* der ältere Teil der Erdneuzeit); **Ter|ti|är|for|ma|ti|on,** die; -; **Ter|tia|ri|er** *vgl.* Terziar; **Ter|ti|um com|pa|ra|tio|nis,** das; - -, ...ia - ‹lat.› (Vergleichspunkt)

Ter|tul|li|an (röm. Kirchenschriftsteller)

Terz, die; -, -en ‹lat.› (ein Fechthieb; *Musik* dritter Ton der diaton. Tonleiter; Intervall im Abstand von 3 Stufen); **Ter|zel,** der; -s, - (*Jägerspr.* männl. Falke); **Ter|ze|rol,** das; -s, -e ‹ital.› (kleine Pistole); **Ter|zett,** das; -[e]s, -e (dreistimmiges Gesangstück; *auch für* Gruppe von drei Personen; dreizeilige Strophe des Sonetts); **Ter|zi|ar,** der; -s, -en ‹lat.› *u.* Ter|tia|ri|er [...iər] (Angehöriger eines Dritten Ordens); **Ter|zi|ne,** die; -, -n *meist Plur.* ‹ital.› (Strophe von drei Versen)

Te|sa|film ⓦ (ein Klebeband)

Te|sching, das; -s, *Plur.* -e *u.* -s (eine kleine Handfeuerwaffe)

Tes|la, das; -, - ‹nach dem amerik.

Physiker› (Einheit der magnet. Induktion; *Zeichen* T); **Tes|lastrom,** der; -[e]s; ↑R 135 (*Elektrotechnik* Hochfrequenzstrom sehr hoher Spannung)

Tes|sar ®, das; -s, -e (ein lichtstarkes fotogr. Objektiv)

[1]**Tes|sin,** der; -s (schweiz.-ital. Fluß); [2]**Tes|sin,** das; -s (schweiz. Kanton); **Tes|si|ner** (↑R 147); **tes|si|nisch**

Test, der; -[e]s, *Plur.* -s, *auch* -e ‹engl.› (Probe; Prüfung; psycholog. Experiment; Untersuchung)

Te|sta|ment, das; -[e]s, -e ‹lat.› (letztwillige Verfügung; Bund Gottes mit den Menschen); ↑R 157: Altes - (*Abk.* A. T.), Neues - (*Abk.* N. T.); **te|sta|men|ta|risch** (durch letztwillige Verfügung, letztwillig); -e Verfügung; **Te|sta|ments‿er|öff|nung, ...vollstrecker** [*Trenn.* ...strek|ker]; **Testat,** das; -[e]s, -e (Zeugnis, Bescheinigung); **Te|sta|tor,** der; -s, ...oren (Person, die ein Testament errichtet; Erblasser)

Te|sta|zee, die; -, -n *meist Plur.* ‹lat.› (*Biol.* schalentragende Amöbe, Wurzelfüßer)

Test‿bild *(Fernsehen),* **...bo|gen; te|sten** ‹*zu* Test›; **Te|ster** (jmd., der testet); **Te|ste|rin; Test‿fahrer, ...fahrt, ...fall** (der), **...flug, ...fra|ge, ...ge|län|de; te|stie|ren** ‹lat.› (ein Testat geben, bescheinigen; *Rechtsw.* ein Testament errichten); **Te|stie|rer** (*svw.* Testator); **Te|stie|rung**

Te|sti|kel, der; -s, - ‹lat.› (*Med.* Hoden)

Te|sti|mo|ni|um, das; -s, *Plur.* ...ien [...iən] *u.* ...ia ‹lat.› (*Rechtsw.* Zeugnis); **Te|sti|mo|ni|um pauper|ta|tis,** das; - -, ...ia - (*Rechtsw.* amtliche Bescheinigung der Mittellosigkeit für Prozeßführende; *geh. für* Armutszeugnis)

Test‿kan|di|dat, ...kan|di|da|tin, ...lauf, ...me|tho|de, ...ob|jekt

Te|sto|ste|ron, das; -s ‹lat.› (*Med.* männl. Keimdrüsenhormon)

Test‿per|son, ...pi|lot, ...rei|he, ...sa|tel|lit, ...se|rie, ...spiel, ...stopp (*kurz für* Atomteststopp), **...strecke** [*Trenn.* ...strek|ke]

Te|stu|do, die; -, ...dines [...ne:s] ‹lat., „Schildkröte"› (im Altertum Schutzdach [bei Belagerungen]; *Med.* Schildkrötenverband)

Te|stung; Test|ver|fah|ren

Te|ta|nie, die; -, ...ien ‹griech.› (schmerzhafter Muskelkrampf); **te|ta|nisch; Te|ta|nus** [*auch* 'tɛ...], der; - (*Med.* Wundstarrkrampf); **Te|ta|nus‿imp|fung, ...se|rum**

Te|te ['tɛ:tə], die; -, -n ‹franz., „Kopf"› (*veraltet für* Anfang, Spitze [eines Truppenkörpers]); **tête-à-tête** [tɛ:ta'tɛ:t] (*veraltet für* vertraulich, unter vier Augen); **Tête-à-tête,** das; -, -s (zärtliches Beisammensein)

[1]**Te|thys** (in der altgriech. Mythol. Gattin des Okeanos u. Mutter der Gewässer); *vgl.* aber: Thetis; [2]**Te|thys,** die; - (urzeitliches Meer)

Te|tra, der; -s (*Kurzw. für* Tetrachlorkohlenstoff); **Te|tra|chlorkoh|len|stoff** ‹griech.; dt.› (ein Lösungsmittel); **Te|tra|chord** [...k...], der *od.* das; -[e]s, -e (Folge von vier Tönen einer Tonleiter); **Te|tra|eder,** das; -s, - (Vierflächner, dreiseitige Pyramide); **Tetra|gon,** das; -s, -e (Viereck); **tetra|go|nal**

Te|tra|lin ®, das; -s (ein Lösungsmittel)

Te|tra|lo|gie, die; -, ...ien ‹griech.› (Folge von vier eine Einheit bildenden Dichtwerken, Kompositionen u. a.); **Te|tra|me|ter,** der; -s, - (aus vier Einheiten bestehender Vers); **Te|tra|po|die,** die; - (Vierfüßigkeit [der Verse]); **Tetrarch,** der; -en, -en; ↑R 197 ‹„Vierfürst"› (im Altertum Herrscher über den vierten Teil eines Landes); **Te|trar|chie,** die; -, ...ien (Vierfürstentum); **Te|trode,** die; -, -n (elektron. Bauelement; Vierpolröhre)

Tet|zel (Ablaßprediger zur Zeit Luthers)

Teu|chel, der; -s, - (*südd. u. schweiz. für* hölzerne Wasserleitungsröhre)

teu|er; teurer, -ste; ein teures Kleid; das kommt mir *od.* mich teuer zu stehen; **Teue|rung; Teue|rungs‿aus|gleich, ...ra|te, ...wel|le, ...zu|la|ge, ...zu|schlag**

Teu|fe, die; -, -n (*Bergmannsspr.* Tiefe)

Teu|fel, der; -s, -; zum - jagen *(ugs.);* zum -! *(ugs.);* auf - komm raus (*ugs. für* ohne Vorsicht, bedenkenlos); **Teu|fe|lei; Teu|felin; Teu|fels‿aus|trei|ber** (*für* Exorzist), **...aus|trei|bung** (*für* Exorzismus), **...bra|ten** *(ugs. für* Tunichtgut, boshafter Mensch; tollkühner Bursche), **...brut** (die; -; *ugs.*), **...kerl** *(ugs.),* **...kreis, ...kunst, ...weib** *(ugs.),* **...werk, ...zeug** (das; -s; *ugs.*)

teu|fen (*Bergmannsspr.* einen Schacht herstellen)

teuf|lisch; -ste; -er Plan

Teu|to|bur|ger Wald, der; - -[e]s (Höhenzug des Weserberglandes); **Teu|to|ne,** der; -n, -n; ↑R 197 (Angehöriger eines germ. Volksstammes); **Teu|to|nia** (*lat. Bezeichnung für* Deutschland); **teu|to|nisch** (*auch abwertend für* deutsch)

tex = Tex; **Tex,** das; -, - ‹lat.› (internationales Maß für die längenbezogene Masse textiler Fasern u. Garne; *Zeichen* tex)

Tex. = Texas; **Te|xa|ner; te|xanisch; Te|xas** (Staat in den USA; *Abk.* Tex.); **Te|xas|fie|ber,** das; -s; ↑R 149 (Rindermalaria); **Texas Ran|gers** [- 're:ndʒə(r)z] *vgl.* Ranger

[1]**Text,** der; -[e]s, -e ‹lat.› (Wortlaut, Beschriftung; [Buch]stelle); [2]**Text,** die; - (*Druckw.* ein Schriftgrad); **Text‿ab|druck** (*Plur.* ...drucke), **...au|to|mat, ...buch, ...dich|ter; tex|ten** (einen [Schlager-, Werbe]text gestalten); **Texter** (Verfasser von [Schlager-, Werbe]texten); **Text|er|fas|ser** (jmd., der [berufsmäßig] Texte in eine EDV-Anlage eingibt); **Text‿er|fas|se|rin, ...er|fas|sung; Tex|te|rin; text|ge|mäß; Text‿ge|stal|ter, ...ge|stal|te|rin; Text|ge|stal|tung; tex|tie|ren** (*selten für* mit einer [Bild]unterschrift versehen); **Tex|tie|rung; tex|til** (die Textiltechnik, die Textilindustrie betreffend; Gewebe...); **Tex|til‿ar|bei|ter, ...arbei|te|rin, ...be|trieb, ...fa|brik, ...fa|bri|kant; tex|til|frei** (*scherzh. für* nackt); **Tex|til|ge|wer|be; Tex|til|groß|han|del;** (↑R 32:) Textilgroß- u. -einzelhandel; **Tex|ti|li|en** [...iən] *Plur.* (Gewebe, Faserstofferzeugnisse [außer Papier]); **Tex|til‿in|du|strie, ...techni|ker, ...tech|ni|ke|rin, ...ver|edler, ...ver|ed|le|rin, ...wa|ren** *(Plur.);* **Text|kri|tik; text|lich; Text‿lin|gui|stik, ...sor|te** *(Sprachw.),* **...stel|le; Tex|tur,** die; -, -en (*Chemie, Technik* Gewebe, Verbindung); **tex|tu|rieren** (ein Höchstmaß an textilen Eigenschaften verleihen); **Textver|ar|bei|tung** *(EDV);* **Text|verar|bei|tungs‿ge|rät, ...programm, ...sy|stem; Text‿vergleich, ...wort** (*Plur.* ...worte)

Te|zett [*auch* te'tsɛt], das (Buchstabenverbindung „tz"); *in* bis ins, bis zum - (*ugs. für* vollständig)

T-för|mig; ↑R 37 (in Form eines lat. T)

tg *vgl.* tan

Tgb.-Nr. = Tagebuchnummer

TGL = Technische Normen, Gütevorschriften und Lieferbedingungen (Zeichen für techn. Standards der ehem. DDR, z. B. TGL 11801)

Th = *chem. Zeichen für* Thorium

TH = technische Hochschule; *vgl.* technisch

Thacke|ray ['θɛkəri] (engl. Schriftsteller)
Thad|dädl, der; -s, -[n] (*österr. ugs. für* willensschwacher, einfältiger Mensch); **Thad|dä|us**, *ökum.* Tad|dä|us (Apostel)
[1]**Thai**, der; -[s], -[s] (Bewohner Thailands; Angehöriger einer Völkergruppe in Südostasien); [2]**Thai**, das; - (Sprache der Thai); **Thai|land** (Staat in Hinterindien); **Thai|län|der; Thai|län|derin; thai|län|disch**
Tha|is ['ta:is] (altgriech. Hetäre)
Tha|la|mus, der; -, ...mi ‹griech.› (*Med.* Hauptteil des Zwischenhirns)
tha|las|so|gen ‹griech.› (*Geogr.* durch das Meer entstanden); **Tha|las|so|me|ter**, das; -s, - (Meerestiefenmesser; Meßgerät für Ebbe und Flut); **Tha|lat|ta, Tha|lat|ta!** („das Meer, das Meer!") (Freudenruf der Griechen nach der Schlacht von Kunaxa, als sie das die Nähe der Heimat anzeigende Meer erblickten)
Tha|le (Harz) (Stadt an der Bode); **Tha|len|ser** (↑R 147)
Tha|les (altgriech. Philosoph)
Tha|lia (Muse der heiteren Dichtkunst u. des Lustspieles; eine der drei Chariten)
Thal|li|um, das; -s ‹griech.› (chem. Element, Metall; *Zeichen* Tl); **Thal|lus**, der; -, ...lli (*Bot.* Pflanzenkörper ohne Wurzel, Stengel u. Blätter)
Thäl|mann (dt. kommunist. Politiker)
Tha|na|to|lo|gie, die; - ‹griech.› (*Med., Psych.* Sterbekunde)
Thanks|gi|ving Day ['θɛŋksgiviŋ 'de:], der; - -, - -s (Erntedanktag in den USA [4. Donnerstag im November])
Tha|randt (Stadt südwestl. von Dresden); **Tha|rand|ter** (↑R 147)
That|cher ['θɛtʃə(r)], Margaret ['ma:(r)gərit] (engl. Politikerin); **That|che|ris|mus**, der; - ‹nach der engl. Politikerin› (von ihr geprägte Form der Sozial-, Finanz- u. Wirtschaftspolitik)
Tha|ya, die; - (niederösterr. Fluß)
Thea (w. Vorn.)
Thea|ter, das; -s, - ‹griech.› (Schauspielhaus, Opernhaus; [Schauspiel-, Opern]aufführung; *nur Sing.: ugs. für* Unruhe, Aufregung; Vortäuschung); **Thea|ter‿abon|ne|ment, ...abon|nent, ...auf|füh|rung, ...bau** (*Plur.* ...bauten), **...be|such, ...be|sucher, ...de|ko|ra|ti|on, ...ge|schich|te, ...kar|te, ...kas|se, ...kri|ti|ker, ...pro|be, ...pro|gramm, ...pu|bli|kum, ...raum, ...re|gis|seur, ...ring** (Besucherorganisation), **...saal, ...stück, ...vor|stel|lung, ...wis|sen|schaft**
Thea|ti|ner, der; -s, - (Angehöriger eines ital. Ordens)
Thea|tra|lik, die; - ‹griech.› (übertriebenes schauspielerisches Wesen); **thea|tra|lisch**; -ste (bühnenmäßig; gespreizt)
The|ba|is (altgriech. Bez. für das Gebiet um die ägypt. Stadt Theben); **The|ba|ner** (Bewohner der griech. Stadt Theben); **the|ba|nisch; The|ben** (Stadt im griech. Böotien; *im Altertum auch* Stadt in Oberägypten)
Thé dan|sant [te dã'sã:], der; - -, -s -s [te dã'sã:] ‹franz., „Tanztee"› (kleiner [Haus]ball); **The|in** *u.* Te|in, das; -s ‹chin.-nlat.› (Alkaloid in Teeblättern, Koffein)
The|is|mus, der; - ‹griech.› (Lehre von einem persönlichen, außerweltlichen Gott)
Theiß, die; - (l. Nebenfluß der Donau)
The|ist, der; -en, -en; ↑R 197 ‹griech.› (Anhänger des Theismus); **thei|stisch** (↑R 180)
The|ke, die; -, -n ‹griech.› (Schanktisch; *auch für* Ladentisch)
The|kla (w. Vorn.)
The|ma, das; -s, *Plur.* ...men, *auch* -ta ‹griech.› (Aufgabe, Gegenstand; Gesprächsstoff; Leitgedanke [bes. in der Musik]); **The|ma|tik**, die; -, -en (Themenstellung; Ausführung eines Themas); **the|ma|tisch** (dem Thema entsprechend); **the|ma|ti|sie|ren** (zum Thema machen); **The|ma|ti|sie|rung; The|men‿be|reich** (der), **...ka|ta|log, ...kreis, ...stel|lung, ...wahl, ...wech|sel**
The|mis (griech. Göttin des Rechtes)
The|mi|sto|kles (athenischer Staatsmann)
Them|se, die; - (Fluß in England)
Theo, Teo (m. Vorn.)
Theo|bald; ↑R 131 (m. Vorn.)
Theo|bro|min, das; -s ‹griech.› (Alkaloid der Kakaobohnen)
Theo|de|rich; ↑R 131 (m. Vorn.)
Theo|di|zee, die; -, ...een ‹griech.› (Rechtfertigung Gottes hinsichtlich des von ihm in der Welt zugelassenen Übels)
Theo|do|lit, der; -[e]s, -e (ein Winkelmeßgerät)
Theo|dor (m. Vorn.); **Theo|do|ra, Theo|do|re** (w. Vorn.)
Theo|do|sia (w. Vorn.); **Theo|do|sia|nisch**; ↑R 134; -er (von Kaiser Theodosius herrührender) Kodex; **Theo|do|si|us** (röm. Kaiser)
Theo|gno|sie *u.* **Theo|gno|sis**, die; - ‹griech.› (Gotteserkenntnis); **Theo|go|nie**, die; -, ...ien (myth. Lehre von Entstehung und Abstammung der Götter); **Theo|krat**, der; -en, -en; ↑R 197 (*selten für* Anhänger der Theokratie); **Theo|kra|tie**, die; -, ...ien („Gottesherrschaft") (Herrschaftsform, bei der die Staatsgewalt allein religiös legitimiert ist); **theo|kra|tisch**; -ste
Theo|krit (altgriech. Idyllendichter); **theo|kri|tisch**, a b e r (↑R 134): ein Theokritisches Gedicht
Theo|lo|ge, der; -n, -n (↑R 197) ‹griech., „Gottesgelehrter"› (jmd., der Theologie studiert hat, auf dem Gebiet der Theologie beruflich tätig ist); **Theo|lo|gie**, die; -, ...ien (systemat. Auslegung u. Erforschung einer Religion); **Theo|lo|gin; theo|lo|gisch; theo|lo|gi|sie|ren** (etwas unter theologischem Aspekt erörtern);
Theo|ma|nie, die; -, ...ien (*veraltet für* religiöser Wahnsinn); **Theo|man|tie**, die; -, ...ien (Weissagung durch göttliche Eingebung); **theo|morph, theo|mor|phisch** (in göttlicher Gestalt [auftretend, erscheinend]); **Theo|pha|nie**, die; -, ...ien (Gotteserscheinung); **Theo|phil, Theo|phi|lus** (m. Vorn.)
The|or|be, die; -, -n ‹ital.› (tiefgestimmte Laute des 16. bis 18. Jh.s.)
Theo|rem, das; -s, -e ‹griech.› ([mathemat., philos.] Lehrsatz); **Theo|re|ti|ker** (*Ggs.* Praktiker); **theo|re|tisch**; -ste; **theo|re|ti|sie|ren** (etwas rein theoretisch erwägen); **Theo|rie**, die; -, ...ien; **Theo|ri|en|streit**
Theo|soph, der; -en, -en (↑R 197) ‹griech.› (Anhänger der Theosophie); **Theo|so|phie**, die; -, ...ien („Gottesweisheit") (Erlösungslehre, die durch Meditation über Gott den Sinn des Weltgeschehens erkennen will); **theo|so|phisch**
The|ra|peut, der; -en, -en; ↑R 197 ‹griech.› (behandelnder Arzt, Heilkundiger); **The|ra|peu|tik**, die; - (Lehre von der Behandlung der Krankheiten); **The|ra|peu|ti|kum**, das; -s, ...ka (Heilmittel); **The|ra|peu|tin; the|ra|peu|tisch; The|ra|pie**, die; -, ...ien (Krankenbehandlung, Heilbehandlung); **The|ra|pie‿for|schung, ...platz; the|ra|pie|ren** (einer Therapie unterziehen); **the|ra|pie|re|si|stent**
The|re|se, The|re|sia (w. Vorn.); **The|re|sia|nisch**; ↑R 134; -e (von der Kaiserin Maria Theresia herrührende) Akademie (in Wien); **The|re|si|en|stadt** (Stadt in der Tschechoslowakei; Konzentra-

tionslager der Nationalsozialisten)

The|ri|ak, der; -s; ↑R 180 ‹griech.› (ein Heilmittel des MA.); **The|ri|ak[s]|wur|zel**

therm... ‹griech.› (warm...); **Therm...** (Wärme...); **ther|mal** (auf Wärme, auf warme Quellen bezogen); **Ther|mal‿bad, ...quel|le, ...salz; Ther|me,** die; -, -n (warme Quelle); **Ther|men** *Plur.* (warme Bäder im antiken Rom); **Ther|mi|dor,** der; -[s], -s ‹franz., „Hitzemonat"› (11. Monat des Kalenders der Franz. Revolution: 19. Juli bis 17. Aug.); **Ther|mik,** die; - ‹griech.› (*Meteor.* aufwärtsgerichtete Warmluftbewegung); **Ther|mik|se|gel|flug; ther|misch** (die Wärme betreffend, Wärme...); -e Ausdehnung *(Physik);* -er Äquator *(Meteor.);* **Ther|mit** Ⓦ [*auch* ...'mit], das; -s, -e (große Hitze entwickelndes Gemisch aus pulverisiertem Aluminium u. Metalloxyd); **Ther|mit|schwei|ßen,** das; -s (ein Schweißverfahren); **Ther|mo|che|mie** [*auch* ...'mi:] (Untersuchung der Wärmeumsetzung bei chem. Vorgängen); **ther|mo|che|misch** [*auch* ...'çe:...]; **Ther|mo|chro|mie** [...k...], die; - (*Chemie* Wärmefärbung); **Ther|mo|dy|na|mik** [*auch* ...'na:...] (*Physik* Wärmelehre); **ther|mo|dy|na|misch** [*auch* ...'na:...]; -e Temperaturskala; **ther|mo|elek|trisch** [*auch* ...'lɛk...]; -er Ofen; **Ther|mo|elek|tri|zi|tät** [*auch* ...'tɛ:t] (durch Wärmeunterschied erzeugte Elektrizität); **Ther|mo|ele|ment** (ein Temperaturmeßgerät); **Ther|mo|gramm,** das; -s, -e (bei der Thermographie entstehende Aufnahme); **Ther|mo|graph,** der; -en, -en; ↑R 197 (Temperaturschreiber); **Ther|mo|gra|phie,** die; - (Verfahren zur fotografischen Aufnahme von Objekten mittels ihrer unterschiedlichen Wärmestrahlung); **Ther|mo|ho|se; Ther|mo|kau|ter,** der; -s, - (*Med.* Glüheisen, -stift für Operationen); **Ther|mo|man|tel; Ther|mo|me|ter,** das; -s, - (ein Temperaturmeßgerät); **ther|mo|nu|kle|ar** [*auch* 'tɛr...] (*Physik* die bei der Kernreaktion auftretende Wärme betreffend); -e Reaktion; **Ther|mo|nu|kle|ar|waf|fe; Ther|mo|pane** Ⓦ [...'pe:n], das; - (ein Isolierglas); **Ther|mo|pane|fen|ster; ther|mo|phil** (*Biol.* wärmeliebend); **Ther|mo|phor,** der; -s, -e (*Med.* Wärmflasche, Heizkissen); **Ther|mo|plast,** der; -[e]s, -e *meist Plur.* (bei höheren Temperaturen formbarer Kunststoff); **Ther|mo|py|len** *Plur.* (Engpaß im alten Griechenland); **Ther|mos|fla|sche** Ⓦ (Warmhaltegefäß); **Ther|mo|sphä|re,** die; - (*Meteor.* Schicht der Erdatmosphäre in etwa 80 bis 130 km Höhe); **Ther|mo|stat,** der; *Gen.* -[e]s *u.* -en, *Plur.* -e[n]; ↑R 197 (automat. Temperaturregler)

Ther|si|tes (schmäh- u. streitsüchtiger Grieche vor Troja)

the|sau|rie|ren ‹griech.› ([Geld, Wertsachen, Edelmetalle] horten); **The|sau|rie|rung; The|sau|rus,** der; -, *Plur.* ...ren *u.* ...ri ‹„Wort]schatz"› (Titel wissenschaftlicher Sammelwerke u. besonders umfangreicher Wörterbücher)

The|se, die; -, -n ‹griech.› (aufgestellter [Leit]satz, Behauptung); *vgl.* a b e r : Thesis

The|sei|on, das; -s (Heiligtum des Theseus in Athen)

the|sen|haft (in der Art einer These); **The|sen|pa|pier**

The|seus [...zɔys] (griech. Sagenheld)

The|sis, die; -, Thesen ‹griech.› (*Verslehre* Senkung)

Thes|pis (Begründer der altgriech. Tragödie); **Thes|pis|kar|ren;** ↑R 135 (Wanderbühne)

Thes|sa|li|en [...iən] (Landschaft in Nordgriechenland); **Thes|sa|li|er** [...iər]; **thes|sa|lisch; Thes|sa|lo|ni|cher** (Einwohner von Thessaloniki); **Thes|sa|lo|ni|ki** (*griech. Name für* Saloniki); **thes|sa|lo|nisch**

The|ta, das; -[s], -s (griech. Buchstabe: Θ, ϑ)

The|tis (Meernymphe der griech. Sage, Mutter Achills); *vgl.* a b e r : [1]Tethys

Thi|dreks|sa|ga, die; -; ↑R 135 (norw. Sammlung dt. Heldensagen um Dietrich von Bern)

Thig|mo|ta|xis, die; -, ...xen ‹griech.› (*Biol.* durch Berührungsreiz ausgelöste Orientierungsbewegung bei Tieren u. niederen Pflanzen)

Thi|lo *vgl.* Tilo

Thim|bu (Hptst. von Bhutan)

Thi|mig (österr. Schauspielerfamilie)

Thing, das; -[e]s, -e ‹*nord. Form von* Ding› (germ. Volksversammlung); *vgl.* [2]Ding; **Thing‿platz, ...stät|te**

Thio|phen, das; -s ‹griech.› (schwefelhaltige Verbindung im Steinkohlenteer)

thi|xo|trop ‹griech.› (Thixotropie aufweisend); **Thi|xo|tro|pie,** die; - (*Chemie* Eigenschaft gewisser Gele, sich durch Rühren, Schütteln u. ä. zu verflüssigen)

Tho|los, die, *auch* der; -, *Plur.* ...loi [...ɔy] *u.* ...len ‹griech.› (altgriech. Rundbau mit Säulenumgang)

[1]**Tho|ma,** Hans (dt. Maler)

[2]**Tho|ma,** Ludwig (dt. Schriftsteller)

Tho|ma|ner, der; -s, - (Mitglied des Thomanerchors); **Tho|ma|ner|chor,** der; -s (an der Thomaskirche in Leipzig); [1]**Tho|mas** (m. Vorn.); [2]**Tho|mas,** *ökum.* Tomas (Apostel); ungläubiger Thomas, ungläubige Thomasse; **Tho|mas a Kem|pis** (mittelalterl. Theologe); **Tho|mas|kan|tor** (Leiter des Thomanerchores); **Tho|mas|mehl,** das; -[e]s; ↑R 135 (Düngemittel); **Tho|mas|stahl** ‹nach dem brit. Metallurgen S. G. Thomas› (nach dem Thomasverfahren hergestellter Stahl); **Tho|mas|ver|fah|ren;** ↑R 135 (ein Eisenverhüttungsverfahren); **Tho|mas von Aquin** (mittelalterl. Kirchenlehrer); **Tho|mis|mus,** der; - (Lehre des Thomas von Aquin); **Tho|mist,** der; -en, -en; ↑R 197 (Vertreter des Thomismus); **tho|mi|stisch**

Thon, der; -s, -s ‹franz.› (*schweiz. für* Thunfisch)

Tho|net|stuhl ‹nach dem dt. Industriellen M. Thonet› (aus gebogenem Holz in einer bestimmten Technik hergestellter Stuhl)

Thor (*nord. Mythol.* Sohn Odins); *vgl.* Donar

Tho|ra [*auch, österr. nur,* 'to:ra], die; - ‹hebr., „Lehre"› (die 5 Bücher Mosis, das mosaische Gesetz)

tho|ra|kal ‹griech.› (*Med.* den Brustkorb betreffend); **Tho|ra|ko|pla|stik** (Operation mit Rippenentfernung)

Tho|ra|rol|le (Rolle mit dem Text der Thora)

Tho|rax, der; -[es], -e ‹griech.› (Brustkorb; mittleres Segment bei Gliederfüßern)

Tho|ri|um, das; -s ‹nach dem Gott Thor› (radioaktives chem. Element, Metall; *Zeichen* Th)

Thorn (*poln.* Toruń)

Thor|sten *vgl.* Torsten

Thor|vald|sen [...valsən], *auch eindeutschend* **Thor|wald|sen** (dän. Bildhauer)

Thot[h] (ägypt. Gott)

Thra|ker (Bewohner von Thrakien); **Thra|ki|en** [...iən] (Gebiet auf der Balkanhalbinsel); **thra|kisch; Thra|zi|er** [...iər] usw. *vgl.* Thraker usw.

Thren|odie, die; -, ...ien ‹griech.› (altgriech. Trauergesang)

Thril|ler ['θri...], der; -s, - ‹amerik.› (ganz auf Spannungseffekte abgestellter Film, Roman u. ä.)

Thrips, der; -, -e ‹griech.› (*Zool.* Blasenfüßer)

Throm|bo|se, die; -, -n ‹griech.› (*Med.* Verstopfung von Blutgefäßen durch Blutgerinnsel); **Throm|bo|se₋nei|gung, ...ver|hül|tung; throm|bo|tisch; Throm|bo|zyt,** der; -en, -en *meist Plur.;* ↑R 197 (*Med.* Blutplättchen); **Throm|bus,** der; -, ...ben (*Med.* Blutgerinnsel, Blutpfropf)
Thron, der; -[e]s, -e ‹griech.›; **Thron₋an|wär|ter, ...an|wär|te|rin, ...be|stei|gung; thro|nen; Thron₋er|be** (der), **...er|bin, ...fol|ge** (die; -), **...fol|ger, ...fol|ge|rin, ...him|mel, ...prä|ten|dent, ...räu|ber, ...re|de, ...saal, ...ses|sel**
thu|cy|di|de|isch usw. *vgl.* thukydideisch usw.
Thu|ja, *österr. auch* **Thu|je,** die; -, ...jen ‹griech.› (Lebensbaum)
thu|ky|di|de|isch ‹griech.›, aber (↑R 134): die Thukydideischen Reden; **Thu|ky|di|des** (altgriech. Geschichtsschreiber)
Thu|le (in der Antike sagenhafte Insel im hohen Norden); **Thu|li|um,** das; -s (chem. Element, Metall; *Zeichen* Tm)
Thun (schweiz. Stadt); **Thu|ner See,** der; - -s
Thun|fisch ‹griech.; dt.›
Thur, die; - (l. Nebenfluß des Hochrheins); **Thur|gau,** der; -s (schweiz. Kanton); **Thur|gau|er** (↑R 147); **thur|gau|isch**
Thü|rin|gen; Thü|rin|ger (↑R 147); - Wald; **Thü|rin|ge|rin; Thü|rin|ger|wald|bahn,** die; -; **thü|rin|gisch**
Thurn und Ta|xis (ein Adelsgeschlecht); die Thurn-und-Taxissche Post (↑R 137)
Thus|nel|da (Gattin des Arminius)
THW = Technisches Hilfswerk
Thy|mi|an, der; -s, -e ‹griech.› (eine Gewürz- u. Heilpflanze)
Thy|mus, der; -, ...mi ‹griech.› (hinter dem Brustbein gelegene Drüse, Wachstumsdrüse); **Thy|mus|drü|se** (*svw.* Thymus)
Thy|reo|idi|tis, die; -, ...itiden ‹griech.› (*Med.* Schilddrüsenentzündung)
Thy|ri|stor, der; -s, ...oren ‹griech.-lat.› (*Elektrotechnik* steuerbares Halbleiterelement); **Thy|ri|stor|schal|tung**
Thyr|sos, der; -, ...soi [...zɔy] *u.* Thyr|sus, der; -, ...si ‹griech.› (Bacchantenstab); **Thyr|sos|stab,** Thyr|sus|stab
Ti = *chem. Zeichen für* ²Titan
Tia|ra, die; -, ...ren ‹pers.› (Kopfbedeckung der altpers. Könige; dreifache Krone des Papstes)
Ti|ber, der; -[s] (ital. Fluß)
Ti|be|ri|as (Stadt am See Genezareth)
Ti|be|ri|us (röm. Kaiser)
¹**Ti|bet** [*auch* ti'be:t] (Hochland in Zentralasien); ²**Ti|bet,** der; -[e]s, -e (ein Wollgewebe; eine Reißwollart); **Ti|be|ta|ner** usw. *vgl.* Tibeter usw.; **Ti|be|ter** [*auch* 'ti:...]; **Ti|be|te|rin; ti|be|tisch**
Ti|bor (m. Vorn.)
Tic [tik], der; -s, -s ‹franz.› (*Med.* krampfartiges Zusammenziehen der Muskeln; Zucken); **Tick,** der; -[e]s, -s (wunderliche Eigenart, Schrulle; *auch für* Tic)
ticken [*Trenn.* tik|ken] (*ugs. auch für* intakt sein, denken u. handeln); du tickst wohl nicht ganz richtig; **Ticker** [*Trenn.* Tik|ker] (*ugs. für* Fernschreiber)
Ticket, das; -s, -s ‹engl., „Zettel"› [*Trenn.* Tik|ket] (*engl. Bez. für* Fahr-, Eintrittskarte)
tick|tack!; Tick|tack, das; -s
Ti|de, die; -, -n (*nordd. für* die regelmäßig wechselnde Bewegung der See; Flut); **Ti|de|hub** *vgl.* Tidenhub; **Ti|den** *Plur.* (Gezeiten); **Ti|den|hub** (Wasserstandsunterschied bei den Gezeiten)
Tie-Break ['taibre:k], der *od.* das; -s, -s ‹engl.› (*Tennis* Satzverkürzung [beim Stand 6 : 6])
Tieck (dt. Dichter)
tief; auf das, aufs -ste beklagen (↑R 65); zutiefst; tiefblau usw.; tief sein, werden, graben, stehen, bohren (*vgl.* aber: tiefbohren); ein tief ausgeschnittenes Kleid; **Tief,** das; -s, -s (Fahrrinne; *Meteor.* Tiefstand [des Luftdrucks]); **Tief₋aus|läu|fer** *(Meteor.),* **...bau** (der; -[e]s); **Tief|bau|amt; tief|be|wegt;** der tiefbewegte Mann (↑*jedoch* R 209), aber: er ist tief bewegt; **tief|blau; tief|boh|ren** ([nach Erdöl] bis in große Tiefe bohren); ↑R 205 f.; **Tief₋boh|rung, ...bun|ker, ...decker** [*Trenn.* ...dek|ker] (Flugzeugtyp); **Tief|druck,** der; -[e]s, *Plur. (Druckw.:)* -e; **Tief|druck|ge|biet** *(Meteor.);* **Tie|fe,** die; -, -n; **Tief|ebe|ne; tief|emp|fun|den;** die tiefempfundenen Verse (↑*jedoch* R 209), aber: die Verse sind tief empfunden; **Tie|fen₋be|strah|lung** *(Med.),* **...ge|stein, ...in|ter|view, ...li|nie, ...mes|sung, ...psy|cho|lo|gie, ...rausch** (beim Tieftauchen), **...schär|fe** *(Fotogr.),* **...wir|kung; tief|ernst; tief|er|schüt|tert;** die tieferschütterte Frau (↑*jedoch* R 209), aber: die Frau ist tief erschüttert; **Tief|flie|ger** (Flugzeug); **Tief|flie|ger|an|griff; Tief|flug; Tief|flug|ver|bot; Tief|gang,** der; -[e]s *(Schiffbau);* **Tief|gang|mes|ser,** der; **Tief|ga|ra|ge; tief|ge|frie|ren** (bei tiefer Temperatur schnell einfrieren); ↑R 205 f.; **tief|ge|fühlt;** tiefstgefühlter Dank; **tief|ge|hend;** tiefer gehend, am tiefsten gehend *od.* tiefstgehend; **tief|ge|kühlt;** (↑R 209:) tiefgekühltes Gemüse od. Obst; das Obst ist tiefgekühlt; **tief|grei|fend;** *vgl.* tiefgehend; **tief|grün|dig;** -ste; **tief|küh|len** (*svw.* tiefgefrieren); **Tief|kühl₋fach, ...ket|te, ...kost, ...schrank, ...tru|he; Tief|la|der** (*kurz für* Tiefladewagen, Wagen mit tiefliegender Ladefläche); **Tief|land** *Plur.* ...lande *u.* ...länder; **Tief|land|bucht; tief|lie|gend;** *vgl.* tiefgehend; **Tief₋punkt, ...schlaf, ...schlag** ([Box]hieb unterhalb der Gürtellinie), **...schnee; Tief|schnee|fah|ren,** das; -s *(Ski);* **tief|schür|fend;** *vgl.* tiefgehend; **tief|schwarz; Tief|see,** die; -; **Tief|see₋for|schung** (die; -), **...tau|cher; Tief|sinn,** der; -[e]s; **tief|sin|nig;** -ste; **Tief|sin|nig|keit; Tief|stand,** der; -[e]s; **Tief|sta|pe|lei; tief|sta|peln** (*Ggs.* hochstapeln); ich stap[e]le tief (↑R 22); ich habe tiefgestapelt; um tiefzustapeln; **Tief|stap|ler; Tief|start** *(Sportspr.);* **tief|ste|hend;** *vgl.* tiefgehend; **Tiefst₋kurs, ...preis; Tief|strah|ler; Tiefst₋stand, ...tem|pe|ra|tur, ...wert; tief|tau|chen; tief|trau|rig; tief|ver|schneit;** die tiefverschneite Landschaft (↑*jedoch* R 209), aber: die Landschaft ist tief verschneit
Tie|gel, der; -s, -; **Tie|gel|druck** *Plur.* ...drucke; **Tie|gel|druck|pres|se; Tie|gel₋guß, ...ofen**
Tien|gen/Hoch|rhein ['tiŋən...] (Stadt in Baden-Württemberg)
Ti|en|schan [tiɛn..., *auch* 'tiɛn...], der; -[s]; ↑R 180 (Gebirgssystem Innerasiens)
Ti|en|tsin [tiɛn..., *auch* 'tiɛn...] ↑R 180 (chin. Stadt)
Tier, das; -[e]s, -e; **Tier₋art, ...arzt, ...ärz|tin; tier|ärzt|lich;** [eine] -e Hochschule, aber (↑R 157): die Tierärztliche Hochschule Hannover; **Tier₋asyl, ...bän|di|ger, ...bild, ...buch, ...fa|bel, ...fän|ger, ...freund, ...gar|ten, ...gärt|ner, ...ge|schich|te, ...ge|stalt** (in -); **tier|haft; Tier₋hal|ter, ...hal|te|rin, ...hal|tung** (die; -), **...händ|ler, ...hand|lung, ...heil|kun|de** (die; -), **...heim; tie|risch** (*ugs. auch für* sehr, äußerst); **Tier|kör|per|be|sei|ti|gungs|an|stalt** (*Amtsspr. svw.* Abdeckerei); **Tier|kreis,** der; -es *(Astron.);* **Tier|kreis|zei|chen; Tier|kun|de,** die; - (*für* Zoologie); **tier|lieb; Tier|lie|be; tier|lie|bend; Tier₋me|di|zin** (die; -), **...park, ...pfle|ger, ...pfle|ge|rin, ...pro|duk|ti|on** (die; -; *regional für* Viehzucht), **...quä|ler, ...quä|le|rei, ...reich**

(das; -[e]s), **...schau, ...schutz, ...schüt|zer; Tier|schutz|ver|ein; Tier‿ver|such, ...welt** (die; -), **...zucht** (die; -), **...züch|ter**

Tif|fa|ny|lam|pe ['tifəni...] ⟨nach dem amerik. Kunsthandwerker⟩ (Lampe mit einem aus bunten Glasstücken zusammengesetzten Schirm)

Tif|lis ['ti(:)...] (Hptst. von Georgien); *vgl. auch* Tbilissi

Ti|fo|so, der; -, ...si *meist Plur.* ⟨ital.⟩ (*italien. Bez. für* [Fußball]fan)

Ti|ger, der; -s, - ⟨griech.-lat.⟩; **Ti|ger‿au|ge** (ein Mineral), **...fell, ...hai, ...kat|ze, ...li|lie; ti|gern** (streifig machen; *ugs. für* irgendwohin gehen); ich ...ere (↑R 22)

Ti|gris, der; - (Strom in Vorderasien)

Til|bu|ry [...bəri], der; -s, -s ⟨engl.⟩ (früher üblicher leichter zweirädriger Wagen in Nordamerika)

Til|de, die; -, -n ⟨span.⟩ (span. u. portug. Aussprachezeichen; *Druckw.* Wiederholungszeichen: ~)

til|g|bar; til|gen; Til|gung; Til|gungs‿an|lei|he *(Wirtsch.),* **...ka|pi|tal, ...ra|te, ...sum|me**

Till (m. Vorn.)

Til|la (w. Vorn.)

Till Eu|len|spie|gel (niederd. Schelmengestalt)

Til|ly (Feldherr im Dreißigjährigen Krieg)

Til|mann (m. Vorn.)

Ti|lo, Thi|lo (m. Vorn.)

Til|sit (Stadt an der Memel); **[1]Til|si|ter** (↑R 147); - Friede[n], - Käse; **[2]Til|si|ter,** der; -s, - (ein Käse)

Tim, Timm (m. Vorn.)

Tim|bre ['tɛ̃:br(ə)], das; -s, -s ⟨franz.⟩ (Klangfarbe der Gesangsstimme); **tim|brie|ren** [tɛ̃...] (Klangfarbe geben); timbriert

Tim|buk|tu (Stadt in [2]Mali)

ti|men ['taimən] ⟨engl.⟩ (*Sport* mit der Stoppuhr messen; zeitlich abstimmen); ein gut getimter Ball; **Time-out** ['taim'aut], das; -[s], -s (*Basketball, Volleyball* Auszeit); **Times** [taims, *auch* taimz], die; - (engl. Zeitung); **Time-sha|ring** ['taimʃɛ:riŋ], das; -s, -s ⟨engl.⟩ (*EDV* Zeitzuteilung bei der gleichzeitigen Benutzung eines Großrechners durch viele Benutzer); **Ti|ming** ['taimiŋ], das; -s, -s (zeitliches Abstimmen von Abläufen)

Timm *vgl.* Tim

Ti|mo|kra|tie, die; -, ...ien ⟨griech.⟩ (Herrschaft der Besitzenden); **ti|mo|kra|tisch**

Ti|mon; - von Athen (athen. Philosoph u. Sonderling; Urbild des Menschenhassers); **ti|mo|nisch** (*veraltet für* menschenfeindlich)

Ti|mor (eine Sundainsel)

Ti|mo|the|us [...teus]; ↑R 180 (Gehilfe des Paulus)

Ti|mo|the|us|gras [...teus...], das; -es (ein Futtergras)

Tim|pa|no, der; -s, ...ni ⟨griech.⟩ (*Musik* Pauke)

Ti|mur, Ti|mur-Leng (mittelasiat. Eroberer)

Ti|na, Ti|ne, Ti|ni (w. Vorn.)

tin|geln (*ugs. für* Tingeltangel spielen; [mal hier, mal dort] im Tingeltangel auftreten); ich ...[e]le (↑R 22); **Tin|gel|tan|gel** [*österr.* ...'taŋ(ə)l], der *u., österr. nur,* das; -s, - (*ugs. für* niveaulose Unterhaltungsmusik; Tanzlokal; Varieté)

Ti|ni *vgl.* Tina

Tink|ti|on, die; -, -en ⟨lat.⟩ (*Chemie* Färbung); **Tink|tur,** die; -, -en ([Arznei]auszug)

Tin|nef, der; -s ⟨hebr.-jidd.⟩ (*ugs. für* Schund; dummes Zeug)

Tin|te, die; -, -n; **Tin|ten‿faß, ...fisch, ...fleck** *od.* **...flecken** [*Trenn.* ...flek|ken], **...klecks, ...kleck|ser** (*ugs. svw.* Schreiberling), **...ku|li, ...lö|scher, ...pilz, ...stift** (*vgl.* [1]Stift), **...wi|scher; tin|tig; Tint|ling** (Tintenpilz)

Tin|to|ret|to (ital. Maler)

Tip, der; -s, -s ⟨engl.⟩ (nützlicher Hinweis; Vorhersage bei Lotto u. Toto; *ugs. für* ausgefüllter Wettschein)

Ti|pi, das; -s, -s ⟨Indianerspr.⟩ (kegelförmiges Indianerzelt)

Tip|pel, der; -s, - (*nordd. für* Punkt; *österr. ugs. für* Beule); *vgl.* Dippel; **Tip|pel|bru|der** (*veraltet für* wandernder Handwerksbursche; *ugs. für* Landstreicher); **Tip|pel|chen** (*landsch. für* Tüpfelchen); bis aufs -; **Tip|pe|lei,** die; - *(ugs.);* **tip|pe|lig,** tipp|lig (*landsch. für* kleinlich); **tip|peln** (*ugs. für* zu Fuß gehen, wandern); ich ...[e]le (↑R 22)

[1]tip|pen (*ugs. für* maschineschreiben; *nordd., mitteld. für* leicht berühren; Dreiblatt spielen); er hat ihm, *auch* ihn auf die Schulter getippt

[2]tip|pen ⟨engl.⟩ (wetten); er hat richtig getippt

Tip|pen, das; -s (ein Kartenspiel)

Tip|per ⟨*zu* [2]tippen⟩

Tip|pett ['tipit] (engl. Komponist)

Tipp-Ex ⓦ, das; - (Korrekturflüssigkeit od. -streifen); **Tipp‿feh|ler** (*ugs. für* Fehler beim Maschineschreiben), **...fräu|lein** (*ugs. für* Maschinenschreiberin)

Tipp|ge|mein|schaft ⟨*zu* [2]tippen⟩

tipp|lig *vgl.* tippelig

Tipp|se, die; -, -n (*ugs. abwertend für* Maschinenschreiberin)

tipp|topp ⟨engl.⟩ (*ugs. für* hochfein; tadellos)

Tipp|zet|tel (Wettzettel)

Ti|ra|de, die; -, -n ⟨franz.⟩ (Wortschwall; *Musik* tonleiterartige Verzierung)

Ti|ra|mi|su, das; -s, -s ⟨ital.⟩ (Süßspeise aus einer quarkähnlichen Käsesorte u. getränkten Biskuits)

Ti|ra|na (Hptst. von Albanien)

Ti|raß, der; ...sses, ...sse ⟨franz.⟩ (*Jägerspr.* Deckgarn, -netz); **ti|ras|sie|ren** ([Vögel] mit dem Tiraß fangen)

ti|ri|li!; Ti|ri|li, das; -s; **ti|ri|lie|ren** (pfeifen, singen [von Vögeln])

ti|ro! ⟨franz., „schieße hoch!"⟩ (Zuruf an den Schützen, wenn Federwild vorbeistreicht)

Ti|ro (Freund Ciceros)

Ti|rol (österr. Bundesland); **Ti|ro|ler** (↑R 147); Tiroler Ache (↑R 151); **Ti|ro|le|rin; ti|ro|le|risch** *(österr. nur so);* **Ti|ro|li|enne** [...'liɛn], die; -, -n ⟨franz.⟩ (ein ländlerartiger Rundtanz); **ti|ro|lisch**

Ti|ro|ni|sche No|ten *Plur.* (↑R 134) ⟨*zu* Tiro⟩ (altröm. Kurzschriftsystem)

Ti|ryns (altgriech. Stadt); **Ti|ryn|ther; ti|ryn|thisch**

Tisch, der; -[e]s, -e; bei - (beim Essen) sein; am - sitzen; zu - gehen; Gespräch am runden -; **Tisch‿bein, ...be|sen, ...com|pu|ter, ...da|me, ...decke** [*Trenn.* ...dek|ke]; **ti|schen** (*schweiz. für* den Tisch decken); du tischst; **Tisch|fern|spre|cher; tisch|fer|tig; Tisch‿fuß|ball|spiel, ...ge|bet, ...ge|sell|schaft, ...ge|spräch, ...grill, ...herr, ...kan|te, ...kar|te, ...lam|pe, ...läu|fer; Tisch|lein|deck|dich,** das; -; **Tisch|ler; Tisch|ler|ar|beit; Tisch|le|rei; Tisch|le|rin; tisch|lern;** ich ...ere (↑R 22); **Tisch|ler‿plat|te, ...werk|statt; Tisch‿ma|nie|ren** *(Plur.),* **...nach|bar, ...nach|ba|rin, ...ord|nung, ...plat|te, ...rand** (*Plur.* ...ränder), **...rech|ner, ...re|de, ...re|ser|vie|rung, ...rücken** (das; -s [*Trenn.* ...rük|ken]), **...se|gen, ...te|le|fon, ...ten|nis; Tisch|ten|nis‿ball, ...plat|te, ...schlä|ger, ...spiel, ...spie|ler, ...spie|le|rin; Tisch|tuch** *Plur.* ...tücher; **Tisch|tuch|klam|mer; Tisch‿vor|la|ge, ...wein, ...zeit**

Ti|si|pho|ne [...ne] (eine der drei Erinnyen)

Tit. = Titel

[1]Ti|tan, Ti|ta|ne, der; ...nen, ...nen *meist Plur.;* ↑R 197 (einer der riesenhaften, von Zeus gestürzten Götter der griech. Sage; *übertr. für* jmd., der durch außergewöhnliche Leistung, Machtfülle o. ä. beeindruckt); **[2]Ti|tan,** das; -s ⟨griech.⟩ (chem. Element, Metall; *Zeichen* Ti); **Ti|ta|ne** *vgl.* [1]Titan; **Ti|tan|ei|sen|erz; ti|ta|nen|haft** (riesenhaft); **Ti|ta|nia** (Feenkönigin, Gemahlin Oberons); **Ti|ta|nic,** die; - (engl. Schnelldampfer, der 1912 nach Zusammenstoß mit einem Eisberg unterging); **Ti|ta|ni|de,** der; -n, -n (↑R 197) ‹griech.› (Nachkomme der Titanen); **ti|ta|nisch** (riesenhaft); **Ti|ta|no|ma|chie** [...'xi:], die; - (Kampf der Titanen gegen Zeus in der griech. Sage); **Ti|tan-Ra|ke|te** ‹*zu* [1]Titan›

Ti|tel [*auch* 'ti...], der; -s, - ‹lat.› (Überschrift; Aufschrift; Amts-, Dienstbezeichnung; [Ehren]anrede[form]; *Rechtsw.* Rechtsgrund; Abschnitt; *Abk.* Tit.); **Ti|tel‿am|bi|ti|on** *(meist Plur.),* **...an|wär|ter** *(Sportspr.),* **...an|wär|te|rin** *(Sportspr.),* **...auf|la|ge, ...bild, ...blatt, ...bo|gen; Ti|te|lei** (Gesamtheit der dem Textbeginn vorangehenden Seiten mit den Titelangaben eines Druckwerkes); **Ti|tel‿ge|schich|te** [*auch* 'ti...], **...held, ...hel|din, ...kampf** *(Sportspr.),* **...kir|che** (Kirche eines Kardinalpriesters in Rom); **ti|tel|los; ti|teln** ([einen Film] mit Titel versehen); ich ...[e]le (↑R 22); **Ti|tel‿rol|le, ...schrift, ...schutz** (der; -es), **...sei|te, ...song, ...sucht** (die; -); **ti|tel|süch|tig; Ti|tel‿trä|ger, ...trä|ge|rin, ...ver|tei|di|ger** *(Sportspr.),* **...ver|tei|di|ge|rin** *(Sportspr.),* **...zei|le**

Ti|ter, der; -s, - ‹*eindeutschend für* Titre› (Maß für die Feinheit eines Seiden-, Reyonfadens; *Chemie* Gehalt einer Lösung)

Ti|thon, das; -s ‹griech.› (*Geol.* oberste Stufe des Malms)

Ti|ti|ca|ca|see, der; -s (See in Südamerika)

Ti|ti|see, der; -s (See im südl. Schwarzwald)

Ti|to|is|mus, der; - ‹nach dem jugoslaw. Staatspräsidenten Josip Broz Tito› (kommunist. Staatsform im ehem. Jugoslawien); **Ti|to|ist,** der; -en, -en; ↑R 197

Ti|tra|ti|on, die; -, -en ‹lat.› (Bestimmung des Titers, Ausführung einer chem. Maßanalyse); **Ti|tre** ['ti:t(ə)r], der; -s, -s (*veraltet für* Titer; *im franz. Münzwesen Bez. für* Feingehalt); **ti|trie|ren** *(Chemie)*

tit|schen (*landsch. für* eintunken); du titschst

Tit|te, die; -, -n *meist Plur.* (*derb für* weibl. Brust)

Ti|tu|lar, der; -s, -e ‹lat.› (*veraltet für* Titelträger); **Ti|tu|lar...** (nur dem Titel nach, ohne das Amt); **Ti|tu|lar‿bi|schof, ...pro|fes|sor, ...rat** (*Plur.* ...räte); **Ti|tu|la|tur,** die; -, -en (Betitelung); **ti|tu|lie|ren** (Titel geben, benennen); **Ti|tu|lie|rung; Ti|tu|lus,** der; -, ...li (mittelalterliche Bildunterschrift [meist in Versform])

Ti|tus (röm. Kaiser; altröm. m. Vorn.; *Abk.* T.)

Tiu (altgerm. Gott); *vgl.* Tyr, Ziu

[1]**Ti|vo|li** [...v...] (ital. Stadt); [2]**Ti|vo|li,** das; -[s], -s (Vergnügungsort; Gartentheater; italienisches Kugelspiel)

Ti|zi|an (ital. Maler); **ti|zia|nisch,** aber (↑R 134): Tizianische Malweise; **ti|zi|an|rot**

tja! [tja(:)]

Tjalk, die; -, -en ‹niederl.› (ein einmastiges Küstenfahrzeug)

Tjost, die; -, -en *od.* der; -[e]s, -e ‹franz.› (mittelalterl. Reiterzweikampf mit scharfen Waffen)

tkm = Tonnenkilometer

Tl = *Zeichen für* Thallium

TL = [2]Lira

Tm = *Zeichen für* Thulium

Tme|sis, die; -, ...sen ‹griech.› (*Sprachw.* Trennung eigentlich zusammengehörender Wortteile, z. B. „ich *vertraue* dir ein Geheimnis *an*")

TNT = Trinitrotoluol

Toast [to:st], der; -[e]s, *Plur.* -e *u.* -s ‹engl.› (geröstete Weißbrotschnitte; Trinkspruch); **Toast|brot; toa|sten** ([Weißbrot] rösten; einen Trinkspruch ausbringen); **Toa|ster** (elektr. Gerät zum Rösten von Weißbrotscheiben)

To|ba|go *vgl.* Trinidad

To|bak, der; -[e]s, -e (*veraltet für* Tabak); *vgl.* anno

To|bel, der, *österr. nur so, od.* das; -s, - (*südd., österr., schweiz. für* enge [Wald]schlucht)

to|ben; To|be|rei

To|bi|as (m. Vorn.)

To|bog|gan, der; -s, -s ‹indian.› (ein kufenloser [kanad. Indianer]schlitten)

Tob|sucht, die; -; **tob|süch|tig; Tob|suchts|an|fall**

Toc|ca|ta *vgl.* Tokkata

Toch|ter, die; -, Töchter; **Töch|ter|chen; Toch|ter‿fir|ma, ...ge|schwulst** (*für* Metastase), **...ge|sell|schaft** *(Wirtsch.);* **Toch|ter|kir|che; Töch|ter|lein; töch|ter|lich; Töch|ter|schu|le** *(veraltet);* höhere -; **Toch|ter|zel|le** *(Med.)*

Tod, der; -[e]s, -e *Plur. selten;* zu -e fallen, hetzen, erschrecken; **tod‿bang, ...be|reit; tod|blaß** *vgl.* totenblaß; **tod|bleich** *vgl.* totenbleich; **tod|brin|gend** (↑R 209)

Tod|dy, der; -[s], -s ‹Hindi-engl.› (Palmwein; grogartiges Getränk)

tod‿elend (*ugs. für* sehr elend), **...ernst** (*ugs. für* sehr ernst); **To|des‿ah|nung, ...angst, ...an|zei|ge, ...art, ...be|reit|schaft** (die; -), **...da|tum, ...fall** (der), **...fol|ge** (die; -; *Rechtsspr.*), **...furcht, ...ge|fahr, ...jahr, ...kampf, ...kan|di|dat, ...mut; to|des|mu|tig; To|des‿nach|richt, ...not** *(geh.),* **...op|fer, ...qual, ...ritt, ...schuß, ...schüt|ze, ...spi|ra|le** *(Eiskunstlauf),* **...stoß, ...stra|fe, ...stun|de, ...tag, ...ur|sa|che, ...ur|teil, ...ver|ach|tung; to|des|wür|dig; To|des‿zeit, ...zel|le; tod|feind;** jmdm. - sein; **Tod‿feind, ...fein|din; tod|ge|weiht** *(geh.);* **Tod|ge|weih|te,** der *u.* die; -en, -en (↑R 7 ff.); **tod|krank; Tod|kran|ke; tod|lang|wei|lig** *(ugs.);* **töd|lich; tod‿matt** *(ugs.),* **...mü|de** *(ugs.),* **...schick** (*ugs. für* sehr schick), **...si|cher** (*ugs. für* so sicher wie der Tod), **...ster|bens|krank** *(ugs.),* **...still** (*svw.* totenstill); **Tod|sün|de**

Todt|moos (Ort im Schwarzwald)

tod‿trau|rig, ...un|glück|lich, ...wund *(geh.)*

Toe-loop ['tu:lu:p, *auch* 'to:...], der; -[s], -s ‹engl.› (Drehsprung beim Eiskunstlauf)

töff; töff, töff!; **Töff,** das *u.* der; -s, - (*schweiz. mdal. für* Motorrad)

Tof|fee ['tɔfi, 'tɔfe], das; -s, -s ‹engl.› (eine Weichkaramelle)

Tof|fel, Töf|fel, der; -s, - (dummer Mensch)

töff, töff!; Töff|töff, das; -s, -s (*Kindersprr.* Kraftfahrzeug)

To|fu, der; -[s] ‹jap.› (aus Sojabohnenmilch gewonnenes quarkähnliches Produkt)

To|ga, die; -, ...gen ‹lat.› ([altröm.] Obergewand)

Tog|gen|burg, das; -s (schweiz. Tallandschaft)

To|go (Staat in Westafrika); **To|go|er; To|goe|rin** (↑R 180); **to|go|isch; To|go|le|se** usw. *vgl.* Togoer usw.

To|hu|wa|bo|hu, das; -[s], -s ‹hebr., „wüst und leer"› (Wirrwarr, Durcheinander)

Toi|let|te [toa...], die; -, -n ‹franz.› (Frisiertisch; [feine] Kleidung; Ankleideraum; Klosett [mit Waschraum]); - machen (sich [gut] anziehen); **Toi|let|ten**[1]‿**ar|ti|kel, ...frau, ...mann, ...pa|pier, ...raum, ...sei|fe, ...spie|gel, ...tisch, ...was|ser** (*Plur.* ...wässer)

Toise [to̱a:s], die; -, -n [to̱a:z(ə)n] ‹franz.› (altes franz. Längenmaß)

toi, toi, toi! ['tɔy 'tɔy 'tɔy] (*ugs. für* unberufen!)

To|ka|dil|le [...'diljə], das; -s ‹span.› (ein Brettspiel)

To|kai|er ‹nach der ung. Stadt Tokaj› (ung. Natursüßwein); **To-**

---

[1] *Die Form* Toiletteartikel [toa'lɛt...] usw. *ist österr. u. kommt sonst nur gelegentlich vor.*

kai|er‿trau|be, ...wein; To|kaj ['to(:)kai] (ung. Stadt); **To|ka|jer** usw. *vgl.* Tokaier usw.
To|kio (Hptst. von Japan); **To|kio|er, To|kio|ter** (↑R 147; R 180)
Tok|ka|ta, *auch* Toc|ca|ta, die; -, ...ten ‹ital.› (ein Musikstück)
To|ko|go|nie, die; -, ...ien ‹griech.› (*Biol.* geschlechtl. Fortpflanzung)
Töl|le, die; -, -n (*ugs. für* Hund, Hündin)
To|le|da|ner (↑R 147); - Klinge; **To|le|do** (span. Stadt)
to|le|ra|bel ‹lat.› (erträglich, zulässig); ...a|ble Werte; **to|le|rant;** -este (duldsam; nachsichtig; weitherzig); **To|le|ranz,** die; -, *Plur. (Technik:)* -en (Duldung, Duldsamkeit; *Technik* zulässige Abweichung vom vorgegebenen Maß); **To|le|ranz‿be|reich** (der; *Technik), ...***do|sis** (für den Menschen zulässige Strahlungsbelastung), **...edikt** (das; -[e]s), **...gren|ze; to|le|rie|ren** (dulden, gewähren lassen); **To|le|rie|rung**
toll; toll|dreist
Tol|le, die; -, -n (*ugs. für* Büschel; Haarschopf)
tol|len; Tol|le|rei; Toll‿haus, ...häus|ler (*früher für* Insasse einer psychiatr. Klinik); **Toll|heit; Tol|li|tät,** die; -, -en (Fastnachtsprinz od. -prinzessin); **Toll|kir|sche; toll|kühn; Toll‿kühn|heit, ...wut; toll|wü|tig**
Tol|patsch, der; -[e]s, -e ‹ung.› (*ugs. für* ungeschickter Mensch); **tol|pat|schig** *(ugs.);* **Tol|pat|schig|keit,** die; -
Töl|pel, der; -s, -; **Töl|pe|lei; töl|pel|haft; töl|peln** (*selten für* einherstolpern); ich ...[e]le (↑R 22); **töl|pisch;** -ste
Tol|stoi [...'stɔy] (russischer Dichter)
Tölt, der; -s ‹isländ.› (Gangart des Islandponys zwischen Schritt u. Trab mit sehr rascher Fußfolge)
Tol|te|ke, der; -n, -n; ↑R 197 (Angehöriger eines altmexikan. Kulturvolkes); **tol|te|kisch**
To|lu|bal|sam, der; -s (↑R 149) ‹nach der Hafenstadt Tolú in Kolumbien› (ein Pflanzenbalsam); **To|lui|din,** das; -s (eine Farbstoffgrundlage); **To|lu|ol,** das; -s (ein Lösungsmittel)
To|ma|hawk ['tɔmaha:k], der; -s, -s ‹indian.› (Streitaxt der [nordamerik.] Indianer)
To|mas *vgl.* Thomas
To|ma|te, die; -, -n ‹mex.› (Gemüsepflanze; Frucht); gefüllte -n; **To|ma|ten‿ketch|up, ...mark** (das), **...saft, ...sa|lat, ...so|ße, ...sup|pe; to|ma|ti|sie|ren** (*Gastron.* mit Tomatenmark versehen)
Tom|bak, der; -s ‹malai.› (eine Legierung, Goldimitation)
Tom|bo|la, die; -, *Plur.* -s, *selten* ...bolen ‹ital.› (Verlosung bei Festen)
Tom|my ['tɔmi], der; -s, -s ‹engl.› (m. Vorn.; Spitzname des engl. Soldaten)
To|mo|gra|phie, die; - ‹griech.› (schichtweises Röntgen)
Tomsk (westsibir. Stadt)
[1]**Ton,** der; -[e]s, *Plur. (Sorten:)* -e (Verwitterungsrückstand tonerdehaltiger Silikate)
[2]**Ton,** der; -[e]s, Töne ‹griech.› (Laut usw.); den - angeben; - in - gemustert; **Ton|ab|neh|mer; to|nal** (*Musik* auf einen Grundton bezogen); **To|na|li|tät,** die; - (Bezogenheit aller Töne auf einen Grundton); **ton|an|ge|bend** (↑R 209); **Ton|arm;** [1]**Ton|art** *(Musik)*
[2]**Ton|art** ‹*zu* [1]Ton›; **ton|ar|tig**
Ton‿auf|nah|me, ...auf|zeich|nung, ...aus|fall, ...band (das; *Plur.* ...bänder); **Ton|band‿auf|nah|me** (*kurz* Bandaufnahme), **...ge|rät, ...pro|to|koll**
Ton|bank *Plur.* ...bänke (*nordd. für* Ladentisch, Schanktisch)
Ton‿bild, ...blen|de
Tøn|der ['tø(:)nər] (*dän. Form von* Tondern); **Ton|dern** (dän. Stadt)
Ton‿dich|ter, ...dich|tung
Ton|do, das; -s, *Plur.* -s *u.* ...di ‹ital.› (Rundbild, bes. in der Florentiner Kunst des 15. u. 16. Jh.s)
to|nen (*Fotogr.* den Farbton verbessern); [1]**tö|nen** (färben)
[2]**tö|nen** (klingen)
Ton|er|de; essigsaure - (↑R 157); **tö|nern** (aus [1]Ton); es klingt - (hohl); -es Geschirr
Ton‿fall (der), **...film, ...fol|ge, ...fre|quenz**
Ton|ga ['tɔŋga] (Inselstaat im Pazifik); **Ton|ga|er** (↑R 147); **Ton|ga|in|seln** *Plur.;* **ton|ga|isch; Ton|ga|spra|che,** die; -
Ton|ge|bung *(Musik, Sprachw.)*
Ton‿ge|fäß, ...ge|schirr, ...gru|be; ton|hal|tig; -e Erde
Ton|hö|he
[1]**To|ni** (m. u. w. Vorn.); [2]**To|ni,** der; -s, -s (*ugs. für* Funkstreifenwagen der Volkspolizei in der ehem. DDR)
To|nic ['tɔnik], das; -[s], -s ‹engl.› (Mineralwasser mit Chininzusatz)
to|nig ‹*zu* [1]Ton› (tonartig)
...to|nig (z. B. hochtonig); **...tö|nig** (z. B. eintönig)
To|ni|ka, die; -, ...ken ‹griech.› (*Musik* Grundton eines Tonstücks; der darauf aufgebaute Dreiklang)
To|ni|kum, das; -s, ...ka ‹griech.› (*Med.* stärkendes Mittel)
Ton|in|ge|nieur
to|nisch ‹*zu* Tonikum›
Ton|ka|bi|ne
Ton|ka|boh|ne ‹indian.; dt.› (ein Aromatisierungsmittel)
Ton‿ka|me|ra, ...kon|ser|ve, ...kopf, ...kunst (die; -), **...künst|ler, ...la|ge, ...lei|ter** (die); **ton|los;** -e Stimme; **Ton|lo|sig|keit,** die; -; **Ton|ma|le|rei; Ton‿mei|ster** *(Film, Rundfunk),* **...mei|ste|rin, ...mö|bel**
Ton|na|ge [tɔ'na:ʒə, *österr.* tɔ'na:ʒ], die; -, -n [...ʒ(ə)n] (Rauminhalt eines Schiffes); **Tönn|chen; Ton|ne,** die; -, -n ‹mlat.› (*auch* Maßeinheit für Masse = 1 000 kg; *Abk.* t); **Ton|nen‿dach, ...ge|halt** (der; Raumgehalt eines Schiffes), **...ge|wöl|be, ...ki|lo|me|ter** (Maßeinheit für Frachtsätze; *Zeichen* tkm), **...le|ger** (Fahrzeug, das schwimmende Seezeichen [Tonnen] auslegt); **ton|nen|wei|se; ...ton|ner** (z. B. Dreitonner [Laster mit 3 t Ladegewicht]; *mit Ziffer* 3tonner; ↑R 212); **Tönn|lein**
Ton|pfei|fe ‹*zu* [1]Ton›
Ton‿qua|li|tät, ...schnei|der (beim Tonfilm), **...set|zer** (*für* Komponist)
Ton|sil|le, die; -, -n *meist Plur.* ‹lat.› (*Med.* Gaumen-, Rachenmandel); **Ton|sill|ek|to|mie,** die; -, ...ien ‹lat.; griech.› (operative Entfernung der Gaumenmandeln); **Ton|sil|li|tis,** die; -, ...itiden (Mandelentzündung)
Ton‿spur *(Film),* **...stö|rung, ...stück** (Musikstück)
Ton|sur, die; -, -en ‹lat.› (*früher* kahlgeschorene Stelle auf dem Kopf kath. Geistlicher); **ton|su|rie|ren** (die Tonsur schneiden)
Ton‿ta|fel, ...tau|be (*Sport* Wurftaube); **Ton|tau|ben|schie|ßen,** das; -s
Ton‿tech|ni|ker, ...tech|ni|ke|rin, ...trä|ger
Tö|nung (Art der Farbgebung)
To|nus, der; -, Toni ‹griech.› (*Med.* Spannungszustand der Gewebe, bes. der Muskeln)
Ton|wa|re
Ton‿wert, ...zei|chen
Top, das; -s, -s ‹engl.› ([ärmelloses] Oberteil)
TOP (*kurz für* Tagesordnungspunkt); TOP 2 [und 3]
Top... ‹engl.› (in Zusammensetzungen = Spitzen..., z. B. Topmodell, Topstar)
To|pas [*österr. meist* 'to:...], der; -es, -e ‹griech.› (ein Schmuckstein); **to|pas‿far|ben** *od.* **...far|big**
Topf, der; -[e]s, Töpfe; **Topf‿blu|me, ...bra|ten; Töpf|chen; top|fen** (in einen Topf pflanzen); ge-

topft; **Top|fen,** der; -s (*bayr. u. österr. für* Quark); **Top|fen_knö|del** *(bayr. u. österr.),* **...kol|lat|sche** *(österr.),* **...pa|la|tschin|ke** *(österr.),* **...ta|scherl** *(bayr. u. österr.);* **Töp|fer; Töp|fe|rei; Töp|fer_er|de, ...hand|werk** (das; -[e]s); **Töp|fe|rin; Töp|fer_markt, ...mei|ster;** **[1]töp|fern** (irden, tönern); **[2]töp|fern** (Töpferwaren machen); ich ...ere (↑R 22); **Töp|fer_schei|be, ...ton** (*Plur.* ...tone), **...wa|re; Topfgucker** [*Trenn.* ...guk|ker] *(ugs.)*

top|fit ⟨engl.⟩ (in bester [körperlicher] Verfassung)

Topf_ku|chen, ...lap|pen; Töpf|lein; Topf|markt

Top|form, die; - (*bes. Sportspr.* Bestform)

Topf_pflan|ze, ...rei|ni|ger, ...schla|gen (das; -s; ein Spiel)

To|pik, die; - ⟨griech.⟩ (Lehre von den Topoi; *vgl.* Topos)

To|pi|nam|bur, der; -s, *Plur.* -s *u.* -e *od.* die; -, -en ⟨bras.⟩ (eine Gemüse- u. Futterpflanze mit stärkereichen Knollen)

to|pisch ⟨griech.⟩ (*Med.* örtlich, äußerlich wirkend)

top|less ⟨engl.-amerik., „oben ohne"⟩ (busenfrei); **Top|less|nacht|klub; Top|ma|nage|ment** (*Wirtsch.* Spitze der Unternehmensleitung); **Top|ma|na|ger**

To|po|graph, der; -en, -en (↑R 197) ⟨griech.⟩ (Vermessungsingenieur); **To|po|gra|phie,** die; -, ...ien (Orts-, Lagebeschreibung, -darstellung); **to|po|gra|phisch;** -e Karte (Geländekarte); **To|poi** ['tɔpɔy] (*Plur. von* Topos); **To|po|lo|gie,** die; - (Lehre von der Lage u. Anordnung geometrischer Gebilde im Raum); **to|po|lo|gisch; Top|ony|mie, Top|ony|mik,** die; - (Ortsnamenforschung); **To|pos,** der; -, ...poi ['tɔpɔy] (*Sprachw.* feste Wendung, immer wieder gebrauchte Formulierung, z. B. „wenn ich nicht irre")

topp! (zustimmender Ausruf)

Topp, der; -s, *Plur.* -e[n] *u.* -s (*Seemannsspr.* oberstes Ende eines Mastes; *ugs. scherzh. für* oberster Rang im Theater); **Töp|pel,** der; -s, - (*landsch. für* Kopffederbüschel [bei Vögeln]); **top|pen** (*Seemannsspr.* [die Rahen] zur Mastspitze ziehen; *Chemie* Benzin durch Destillation vom Rohöl scheiden); **Topp|flag|ge; topp|la|stig** (*Seew.* zuviel Gewicht in der Takelage habend); **Topp_la|ter|ne, ...se|gel; Topps|gast** *Plur.* ...gasten (Matrose, der das Toppsegel bedient)

top-se|cret ['tɔpsi:krit] ⟨engl.⟩ (streng geheim); **Top|spin** (*bes. Golf, [Tisch]tennis* starker Drall des Balls in Flugrichtung); **Top|star** (Spitzenstar); **Top ten,** die; -, -, -s (Hitparade [aus zehn Titeln, Werken u. a.])

Toque [tɔk], die; -, -s ⟨span.⟩ (kleiner barettartiger Frauenhut)

[1]Tor, das; -[e]s, -e (große Tür; *Sport* Angriffsziel); *Schreibung in Straßennamen:* ↑R 190

[2]Tor, der; -en, -en; ↑R 197 (törichter Mensch)

Tor_aus *(Sport),* **...aus|beu|te** *(Sport),* **...bi|lanz** *(Sport),* **...bo|gen, ...chan|ce** *(Sport)*

Tord|alk, der; *Gen.* -[e]s *od.* -en, *Plur.* -e[n] (↑R 197) ⟨schwed.⟩ (ein arkt. Seevogel)

Tor|dif|fe|renz *(Sport)*

To|rea|dor, der; *Gen.* -s *u.* -en, *Plur.* -e[n] (↑R 197) ⟨span.⟩ ([berittener] Stierkämpfer)

Tor_ein|fahrt, ...er|folg *(Sport)*

To|re|ro, der; -[s], -s ⟨span.⟩ (nicht berittener Stierkämpfer)

To|res|schluß *vgl.* Torschluß

To|reut, der; -en, -en (↑R 197) ⟨griech.⟩ (Künstler, der Metalle ziseliert od. „treibt"); **To|reu|tik,** die; - (Kunst der Metallbearbeitung)

Torf, der; -[e]s, *Plur. (Arten:)* -e (zersetzte Pflanzenreste); - stechen; **Torf_bal|len, ...bo|den, ...er|de, ...feue|rung, ...ge|winnung; tor|fig; Torf_moor, ...moos** (*Plur.* ...moose), **...mull**

Tor|frau *(Sport)*

Torf_ste|cher, ...stich, ...streu

Tor|gau (Stadt a. d. Elbe); **Tor|gau|er** (↑R 147); **tor|gau|isch**

tor|ge|fähr|lich *(Sport);* **Tor|ge|fähr|lich|keit**

törg|gel|len ⟨*zu* [1]Torkel⟩ (*südtirol. für* im Spätherbst den neuen Wein trinken); ich ...[e]le (↑R 22)

Tor|heit

Tor_hö|he, ...hü|ter *(bes. Sport)*

tö|richt; tö|rich|ter|wei|se

To|ries ['tɔri:s, *engl.* 'tɔ:riz] *Plur.* (*früher* die Konservative Partei in England); *vgl.* Tory

Tö|rin (w. [2]Tor)

To|ri|no (*ital. Form von* Turin)

Tor_in|stinkt, ...jä|ger *(Sport)*

[1]Tor|kel, der; -s, - *od.* die; -, -n (*landsch. für* Weinkelter); **[2]Tor|kel,** der; -s, - (*landsch. für* ungeschickter Mensch; *nur Sing.:* Taumel; unverdientes Glück); **tor|keln** (*ugs. für* taumeln); ich ...[e]le (↑R 22)

Törl, das; -s, - (*österr. für* Felsendurchgang; Gebirgsübergang); **Tor_lauf** (*für* Slalom), **...li|nie; tor|los;** ein -es Unentschieden; **Tor|mann** *Plur.* ...männer, *auch* ...leute (*svw.* Torwart, -hüter)

Tor|men|till, der; -s ⟨lat.⟩ (Blutwurz, eine Heilpflanze)

Törn, der; -s, -s ⟨engl.⟩ (*Seemannsspr.* Fahrt mit einem Segelboot)

Tor|na|do, der; -s, -s ⟨engl.⟩ (Wirbelsturm in Nordamerika)

Tor|ni|ster, der; -s, - ⟨slaw.⟩ ([Fell-, Segeltuch]ranzen, bes. des Soldaten)

To|ron|to (kanad. Stadt)

tor|pe|die|ren ⟨lat.⟩ (mit Torpedo[s] beschießen, versenken; *übertr. für* stören, verhindern); **Tor|pe|die|rung; Tor|pe|do,** der; -s, -s (Unterwassergeschoß); **Tor|pe|do|boot**

Tor_pfei|ler, ...pfo|sten

Tor|qua|tus (altröm. m. Eigenn. [Ehrenname])

tor|quie|ren ⟨lat.⟩ (*Technik* krümmen, drehen)

Torr, das; -s, - ⟨nach E. Torricelli; *vgl. d.*⟩ (alte Maßeinheit des Luftdruckes)

Tor|raum *(Fußball, Handball);* **Tor|raum|li|nie** *(Handball);* **tor|reif** *(bes. Fußball);* eine -e Situation

Tor|ren|te, der; -, -n ⟨ital.⟩ (*Geogr.* Gießbach, Regenbach)

Tor|res|stra|ße, die; - (↑R 149) ⟨nach dem span. Entdecker⟩ (Meerenge zwischen Australien u. Neuguinea)

Tor|ri|cel|li [...'tʃɛli] (ital. Physiker); **tor|ri|cel|lisch,** aber (↑R 134): die Torricellische Leere (im Luftdruckmesser)

Tor|schluß, Toresschluß, der; ...schlusses; vor -; **Tor|schluß|pa|nik; Tor_schuß** *(Sport),* **...schüt|ze** *(Sport);* **Tor|schüt|zen|kö|nig**

Tor|si|on, die; -, -en ⟨lat.⟩ (*bes. Technik* Verdrehung, Verdrillung, Verwindung); **Tor|si|ons_ela|sti|zi|tät, ...fe|stig|keit** (Verdrehungsfestigkeit), **...mo|dul** (Materialkonstante, die bei der Torsion auftritt), **...waa|ge**

Tor|so, der; -s, *Plur.* -s *u.* ...si ⟨ital.⟩ (unvollständig erhaltene Statue; Bruchstück; unvollendetes Werk)

Tor|sten, Thor|sten (m. Vorn.)

Tort, der; -[e]s ⟨franz.⟩ (*veraltend für* Kränkung, Unbill); jmdm. einen - antun; zum -

Tört|chen; Tor|te, die; -, -n ⟨ital.⟩; **Tor|te|lett,** das; -s, -s *u.* **Tor|te|let|te,** die; -, -n (Törtchen aus Mürbeteigboden)

Tor|tel|li|ni *Plur.* ⟨ital.⟩ (gefüllte, ringförmige Nudeln)

Tor|ten_bo|den, ...guß, ...he|ber, ...schau|fel

Tor|til|la [...'tilja], die; -, -s ⟨span.⟩ (Fladenbrot; Omelette)

Tört|lein

Tor|tur, die; -, -en ⟨lat.⟩ (Folter, Qual)

To|ruń ['tɔrun] (poln. Stadt; *vgl.* Thorn)

Tor_ver|hält|nis *(Sport),* **...wa|che** *(früher),* **...wäch|ter, ...wart** *(Sport),* **...wär|ter** *(früher),* **...weg**

To|ry ['tɔri, *engl.* 'tɔ:ri], der; -s, *Plur.* -s *u.* ...ries [*engl.* 'tɔ:riz] (Vertreter der konservativen Politik in Großbritannien); *vgl.* Tories; **To|rys|mus** [...'ris...], der; - *(früher);* **to|ry|stisch**

Tos|becken [*Trenn.* ...bek|ken] *(Wasserbau)*

Tos|ca|ni|ni (ital. Dirigent)

to|sen; der Bach to|ste

To|si|sche Schloß, das; -n Schlosses, -n Schlösser ‹nach dem ital. Schlosser Tosi› (ein Sicherheitsschloß)

Tos|ka|na, die; - (ital. Landschaft); **Tos|ka|ner** (↑R 147); **tos|ka|nisch**

tot; der tote Punkt; ein totes Gleis; toter Mann (*Bergmannsspr.* abgebaute Teile einer Grube); toter Briefkasten (Agentenversteck für Mitteilungen u. a.). **I.** *Großschreibung:* **a)** (↑R 65:) etwas Starres und Totes; der, die Tote *(vgl. d.);* **b)** (↑R 146:) das Tote Gebirge (in Österr.), das Tote Meer; **c)** (↑R 157:) die Tote Hand (öffentlich-rechtliche Körperschaft oder Stiftung, bes. Kirche, Klöster, im Hinblick auf ihr nicht veräußerbares od. vererbbares Vermögen). **II.** *Schreibung in Verbindung mit dem Partizip II: vgl.* totgeboren. **III.** *Schreibung in Verbindung mit Verben* (↑R 205 f.): tot sein; *vgl.* aber: totarbeiten, totfahren usw.

to|tal ‹franz.› (gänzlich, völlig; Gesamt...); **To|tal,** das; -s, -e (*schweiz. für* Gesamt, Summe); **To|tal_an|sicht, ...aus|ver|kauf; To|ta|le,** die; -, -n (*Film* Kameraeinstellung, die das Ganze einer Szene erfaßt); **To|ta|li|sa|tor,** der; -s, ...oren (amtliche Wettstelle auf Rennplätzen; *Kurzw.* Toto); **to|ta|li|sie|ren** (*veraltet für* zusammenzählen); **to|ta|li|tär** (diktatorisch, sich alles unterwerfend [vom Staat]; *selten für* ganzheitlich); **To|ta|li|ta|ris|mus,** der; - ‹lat.›; **to|ta|li|ta|ri|stisch; To|ta|li|tät,** die; -, -en ‹franz.› (Gesamtheit, Ganzheit); **To|ta|li|täts|an|spruch; To|tal_ope|ra|ti|on** *(Med.),* **...scha|den, ...vi|si|on** (*svw.* Cinemascope)

tot|ar|bei|ten, sich; ↑R 205 (*ugs. für* sich verausgaben); ich arbeite mich tot; totgearbeitet; totzuarbeiten; **tot|är|gern,** sich; ↑R 205 (*ugs. für* sich sehr ärgern); ich habe mich totgeärgert;

To|te, der *u.* die; -n, -n; ↑R 7 ff.

To|tem, das; -s, -s ‹indian.› (*Völkerk.* bei Naturvölkern Ahnentier u. Stammeszeichen der Sippe); **To|tem_fi|gur, ...glau|be; To|te|mis|mus,** der; - (Glaube an die übernatürliche Kraft des Totems und seine Verehrung); **to|te|mi|stisch; To|tem_pfahl, ...tier**

tö|ten; To|ten|acker [*Trenn.* ...akker] (*veraltet für* Friedhof); **to|ten|ähn|lich; To|ten_amt** *(kath. Kirche),* **...bah|re, ...be|schwö|rung, ...bett; to|ten|blaß,** todblaß; **To|ten|bläs|se; to|ten|bleich,** tod|bleich; **To|ten_eh|rung, ...fei|er, ...fest, ...glocke** [*Trenn.* ...glok|ke], **...grä|ber, ...hemd, ...kla|ge, ...kopf; To|ten|kopf|schwär|mer** (ein Schmetterling); **To|ten_mas|ke, ...mes|se** (*vgl.* [1]Messe), **...op|fer, ...schä|del, ...schein, ...sonn|tag, ...stadt** (*für* Nekropole), **...star|re; to|ten|still,** tod|still; **To|ten_stil|le, ...tanz, ...vo|gel, ...wa|che; tot|fah|ren** (↑R 205); er hat ihn totgefahren; **tot|fal|len,** sich (↑R 205; *veraltend*); er hat sich totgefallen; **tot|ge|bo|ren;** ein totgeborenes Kind (↑*jedoch* R 209), aber: das Kind ist tot geboren; **Tot|ge|burt; Tot|ge|glaub|te,** der *u.* die; -n, -n (↑R 7 ff.); **Tot|ge|sag|te,** der *u.* die; -n, -n (↑R 7 ff.)

To|ti|la (Ostgotenkönig)

tot|krie|gen; ↑R 205 *(ugs.);* er ist nicht totzukriegen (er hält viel aus); **tot|la|chen,** sich; ↑R 205 (*ugs. für* heftig lachen); ich habe mich [fast, halb] totgelacht; (↑R 68:) das ist zum Totlachen; **tot|lau|fen,** sich; ↑R 205 (*ugs. für* von selbst zu Ende gehen); es hat sich totgelaufen; **tot|ma|chen;** ↑R 205 (*ugs. für* töten); er hat den Käfer totgemacht; **Tot|mann_brem|se** *od.* **...knopf** (*Eisenb.* eine Bremsvorrichtung)

To|to, das, *auch* der; -s, -s (*Kurzw. für* Totalisator; Sport-, Fußballtoto); **To|to_er|geb|nis** *(meist Plur.),* **...ge|winn, ...schein**

Tot|punkt *(Technik);* **Tot|rei|fe** *(Landw.);* **tot|sa|gen** (↑R 205); sie wurde totgesagt; **tot|schie|ßen** (↑R 205); der Hund wurde totgeschossen; **Tot|schlag,** der; -[e]s; **tot|schla|gen** (↑R 205); er wurde [halb] totgeschlagen; er hat seine Zeit totgeschlagen (*ugs. für* nutzlos verbracht); **Tot|schlä|ger; tot|schwei|gen** (↑R 205); sie hat den Vorfall totgeschwiegen; **tot|stel|len,** sich (↑R 205); ich hatte mich totgestellt; **tot|stür|zen,** sich (↑R 205); er hat sich totgestürzt; **tot|tram|peln** (↑R 205); er wurde totgetrampelt; **tot|tre|ten** (↑R 205); er hat den Käfer totgetreten; **Tö|tung;** fahrlässige -; **Tö|tungs_ab|sicht, ...ver|such; Tot|zeit** *(Technik)*

Touch [tatʃ], der; -s, -s ‹engl.› (Anstrich; Anflug, Hauch); **tou|chie|ren** [tu'ʃi:...] ‹franz.› (*Sport* [nur leicht] berühren)

Tou|lon [tu'lɔ̃:] (franz. Stadt)

Tou|louse [tu'lu:s, *auch* tu'lu:z] (franz. Stadt)

Tou|louse-Lau|trec [tu'lu:zlo'trɛk] (franz. Maler u. Graphiker)

Tou|pet [tu'pe:], das; -s, -s ‹franz.› (Halbperücke; Haarersatz; *schweiz. auch für* Unverfrorenheit); **tou|pie|ren** (dem Haar durch Auflockern ein volleres Aussehen geben); **Tou|pie|rung**

Tour [tu:r], die; -, -en ‹franz.› (Ausflug, Wanderung; [Geschäfts]reise, Fahrt, Strecke; Wendung, Runde, z. B. beim Tanz; *meist Plur.:* Umdrehung[szahl]); in einer - (*ugs. für* ohne Unterbrechung); auf -en kommen (eine hohe Geschwindigkeit erreichen; *übertr. für* in Schwung kommen)

Tou|raine [tu'rɛ(:)n], die; - (westfranz. Landschaft)

Tour de France [tur də 'frã:s], die; - - - ‹franz.› (in Frankreich alljährlich von Berufsradsportlern in Etappen ausgetragenes schweres Radrennen); **Tour de Suisse** [tur də 'svis], die; - - - (schweiz. Radrennen); **Tour d'ho|ri|zon** [tur dɔri'zõ], die; - -, -s [tur] - (informativer Überblick, Rundschau); **Tou|ren_schi** ['tu:...], **...ski, ...wa|gen, ...zahl** (*svw.* Drehzahl), **...zäh|ler** (Drehzahlmesser); **Tou|ris|mus,** der; - ‹engl.› (Fremdenverkehr); **Tou|rist,** der; -en, -en; ↑R 197 (Urlaubsreisender); **Tou|ri|sten_at|trak|ti|on, ...klas|se** (die; -; preiswerte Reiseklasse im See- u. Luftverkehr); **Tou|ri|stik,** die; - (Gesamtheit der touristischen Einrichtungen u. Veranstaltungen); **Tou|ri|stin; tou|ri|stisch**

Tour|nai [tur'nɛ] (belg. Stadt); **Tour|nai|tep|pich** (↑R 149)

Tour|né [tur'ne:], das; -s, -s ‹franz.› (*Kartenspiel* aufgedecktes Kartenblatt, dessen Farbe als Trumpffarbe gilt); **Tour|ne|dos** [turnə'do:], das; - [...'do:(s)], - [...'do:s] (runde Lendenschnitte); **Tour|nee,** die; -, *Plur.* -s *u.* ...neen (Gastspielreise von Künstlern); **Tour|nee_lei|ter** (der), **...ver|an|stal|ter**

tour-re|tour [tu:rre'tu:r] ‹franz.› (*österr. für* hin und zurück)

To|wa|rischtsch, der; -[s], *Plur.* -s, *auch* -i ‹russ.› (*russ. Bez. für* Genosse)

Tow|er ['taua(r)], der; -s, - ‹engl., „Turm"› (*nur Sing.:* ehemalige Königsburg in London; Flughafenkontrollturm); **Tow|er|brücke,** die; - [*Trenn.* ...brük|ke]
Town|ship ['taunʃip], die; -, -s (von Farbigen bewohnte städtische Siedlung [in Südafrika])
Tox|al|bu|min ‹griech.; lat.› (eiweißartiger Giftstoff); **to|xi|gen** (Giftstoffe erzeugend; durch eine Vergiftung verursacht); **To|xi|ko|lo|ge,** der; -n, -n (↑R 197) ‹griech.›; **To|xi|ko|lo|gie,** die; - (Lehre von den Giften u. ihren Wirkungen); **To|xi|ko|lo|gin; to|xi|ko|lo|gisch; To|xi|kum,** das; -s, ...ka (*Med.* Gift); **To|xin,** das; -s, -e (*Med.* organischer Giftstoff [von Bakterien]); **to|xisch** (giftig; durch Gift verursacht); **To|xi|zi|tät,** die; -
Toyn|bee ['tɔynbi] (engl. Historiker)
TP = Triangulationspunkt, trigonometrischer Punkt
Trab, der; -[e]s; - laufen, rennen, reiten (↑R 207)
[1]**Tra|bant,** der; -en, -en; ↑R 197 (*früher für* Begleiter; Diener; *Astron.* Mond; *Technik* künstl. Erdmond, Satellit); [2]**Tra|bant** ⓦ (Kraftfahrzeug aus der ehem. DDR); **Tra|ban|ten|stadt** (selbständige Randsiedlung einer Großstadt); **Trab|bi,** Tra|bi, der; -s, -s (*kurz für* [2]Trabant)
tra|ben; Tra|ber (Pferd); **Tra|ber|bahn**
Tra|bi *vgl.* Trabbi
Trab‿renn|bahn, ...ren|nen
Trab|zon [...zɔn, *auch* ...'zɔn] (türk. Hafenstadt)
Tra|chea [...x..., *auch* 'tra...], die; -, ...een (*Med.* Luftröhre); **Tra|chee,** die; -, ...een (Atmungsorgan niederer Tiere; *Bot.* wasserleitendes pflanzl. Gefäß)
Tracht, die; -, -en; eine - Prügel *(ugs.)*
trach|ten; nach etwas -
Trach|ten‿an|zug, ...fest, ...grup|pe (*vgl.* [1]Gruppe), **...jacke** [*Trenn.* ...jak|ke], **...ka|pel|le, ...ko|stüm; träch|tig; Träch|tig|keit,** die; -; **Tracht|ler** (*landsch. für* Teilnehmer an einem Trachtenfest); **Tracht|le|rin** *(landsch.)*
Tra|chyt [...'xy:t], der; -s, -e ‹griech.› (ein Ergußgestein)
Trade|mark ['tre:d...], die; -, -s ‹engl.› (*engl. Bez. für* Warenzeichen)
Tra|des|kan|tie, die; -, -n ‹nach dem Engländer Tradescant› (Dreimasterblume, eine Zierpflanze)
Trade-Uni|on ['tre:d,ju:niən], die; -, -s ‹engl.› (*engl. Bez. für* Gewerkschaft)
tra|die|ren ‹lat.› (überliefern); **Tra|di|ti|on,** die; -, -en (Überlieferung; Herkommen; Brauch); **Tra|di|tio|na|lis|mus,** der; - (bewußtes Festhalten an der Tradition); **Tra|di|tio|na|list,** der; -en, -en (↑R 197); **tra|di|tio|na|li|stisch; tra|di|tio|nell** ‹franz.› (überliefert, herkömmlich); **tra|di|ti|ons‿be|wußt; Tra|di|ti|ons|be|wußt|sein; tra|di|ti|ons‿ge|bun|den, ...ge|mäß, ...reich**
träf (*schweiz. für* treffend, schlagend)
Tra|fal|gar (Kap an der span. Atlantikküste südöstl. von Cádiz)
Tra|fik, die; -, -en ‹franz.› (*bes. österr. für* [Tabak]laden); **Tra|fi|kant,** der; -en, -en (↑R 197); **Tra|fi|kan|tin;** *vgl.* Tabaktrafik usw.
Tra|fo, der; -[s], -s (*Kurzw. für* Transformator); **Tra|fo|sta|ti|on**
Traft, die; -, -en ‹poln.› (*nordostd. für* großes Floß auf der Weichsel); **Traf|ten|füh|rer**
träg *vgl.* träge
Tra|gant, der; -[e]s, -e ‹griech.› (eine Pflanze; Gummisubstanz als Bindemittel)
Trag‿bah|re, ...band (das; *Plur.* ...bänder); **trag|bar; Trag‿büt|te, ...decke** [*Trenn.* ...dek|ke]; **Tra|ge,** die; -, -n (Gestell zum Tragen; Bahre)
trä|ge, träg
Tra|ge‿gurt, ...korb
Trag|elaph, der; -en, -en (↑R 197) ‹griech.› (altgriech. Fabeltier)
tra|gen; du trägst, er trägt; du trugst; du trügest; getragen; trag[e]!; (↑R 68:) zum Tragen kommen; **Trä|ger; Trä|ge|rin; Trä|ger‿kleid, ...kol|lon|ne, ...lohn; trä|ger|los;** ein -es Abendkleid; **Trä|ger‿ra|ke|te, ...rock, ...schür|ze, ...wel|le** *(Funktechnik);* **Tra|ge‿ta|sche, ...tü|te; Tra|ge|zeit,** Trag|zeit (Dauer der Trächtigkeit); **trag|fä|hig; Trag|fä|hig|keit,** die; -; **Trag|flä|che; Trag|flä|chen|boot**
Träg|heit, die; -, -en; **Träg|heits‿ge|setz** (das; -es; *Physik*), **...mo|ment** (das)
Trag‿him|mel (Baldachin), **...holz** (*svw.* Fruchtholz)
tra|gie|ren ‹griech.› (*veraltend für* eine Rolle [tragisch] spielen); **Tra|gik,** die; - (Kunst des Trauerspiels; schweres, schicksalhaftes Leid); **Tra|gi|ker** (Trauerspieldichter); **Tra|gi|ko|mik; tra|gi|ko|misch** (halb tragisch, halb komisch); **Tra|gi|ko|mö|die** (Schauspiel, in dem Tragisches u. Komisches miteinander verbunden sind); **tra|gisch;** -ste (das Trauerspiel betreffend; erschütternd, ergreifend)
Trag‿korb, ...kraft (die; -); **trag|kräf|tig; Trag|last; Trag|luft|hal|le**
Tra|gö|de, der; -n, -n (↑R 197) ‹griech.› (Heldendarsteller); **Tra|gö|die** [...iə], die; -, -n (Trauerspiel; [großes] Unglück); **Tra|gö|di|en‿dar|stel|ler, ...dich|ter; Tra|gö|din**
Trag‿rie|men, ...seil, ...ses|sel, ...tier, ...wei|te (die; -), **...werk** *(Bauw., Flugzeugbau);* **Trag|zeit** *vgl.* Tragezeit
Traid‿bo|den, ...ka|sten (*österr. mdal. für* Getreidespeicher)
Trai|ler ['tre:...], der; -s, - ‹engl.› (Anhänger [zum Transport von Booten, Containern u.a.]; als Werbung für einen Film gezeigte Ausschnitte)
Train [trɛ̃:, *auch, österr. nur,* trɛ:n], der; -s, -s ‹franz.› (*früher für* Troß, Heeresfuhrwesen); **Trai|nee** [tre:'ni:], der; -s, -s ‹engl.› (jmd., der innerhalb eines Unternehmens für eine bestimmte Aufgabe vorbereitet wird); **Trai|ner** ['trɛ:nə(r), *auch* 'tre:...], der; -s, - (jmd., der Sportler systematisch auf Wettkämpfe vorbereitet; Betreuer von Rennpferden; *schweiz. auch kurz für* Trainingsanzug); **Trai|ner|bank** *Plur.* ...bänke; **Trai|ne|rin; Trai|ner‿li|zenz, ...schein, ...wech|sel; trai|nie|ren** [trɛ..., *auch* tre...]; **Trai|ning** ['trɛ:..., *auch* 'tre:...], das; -s, -s (systematische Vorbereitung [auf Wettkämpfe]); **Trai|nings‿an|zug, ...ein|heit, ...ho|se, ...jacke** [*Trenn.* ...jak|ke], **...la|ger** (*Plur.* ...lager), **...me|tho|de, ...mög|lich|keit, ...rück|stand, ...zeit**
Trai|teur [trɛ'tø:r], der; -s, -e ‹franz.› (Leiter einer Großküche; *schweiz. für* Hersteller u. Lieferant von Fertiggerichten)
Tra|jan [*österr.* 'tra:...], Tra|ja|nus (röm. Kaiser); **Tra|jans‿säu|le** (die; -; ↑R 135), **...wall** (der; -[e]s); **Tra|ja|nus** *vgl.* Trajan
Tra|jekt, der *od.* das; -[e]s, -e ‹lat.› ([Eisenbahn]fährschiff; *veraltet für* Überfahrt); **Tra|jek|to|ri|en** [...iən] *Plur.* (*Math.* Kurven, die sämtliche Kurven einer ebenen Kurvenschar schneiden)
Tra|keh|nen (Ort in Ostpreußen); [1]**Tra|keh|ner** (↑R 147); - Hengst; [2]**Tra|keh|ner** (Pferd)
Trakl (österr. Dichter)
Trakt, der; -[e]s, -e ‹lat.› (Gebäudeteil; *bes. Med.* Längsausdehnung, z.B. Darmtrakt); **trak|ta|bel** (*veraltet für* leicht zu behandeln, umgänglich); ...a|bler Mensch; **Trak|ta|ment,** das; -s, -e (*veraltend, noch landsch. für* Behandlung; Bewirtung); **Trak|tan|den|li|ste** (*schweiz. für* Tagesord-

nung); **Trak|tan|dum,** das; -s, ...den (*schweiz. für* Tagesordnungspunkt); **Trak|tat,** das *od.* der; -[e]s, -e ([wissenschaftl.] Abhandlung; religiöse Schrift); **Trak|tät|chen** (*abwertend für* kleine Schrift [mit religiösem Inhalt]); **trak|tie|ren** (schlecht behandeln, quälen; *veraltet für* großzügig bewirten); **Trak|tie|rung; Trak|tor,** der; -s, ...oren (Zugmaschine, Schlepper); **Trak|to|rist,** der; -en, -en ‹lat.-russ.› (*regional für* Traktorfahrer); **Trak|to|ri|stin**

Tral|je, die; -, -n ‹niederl.› (*nordd. für* Gitter[stab])

tral|la!; tral|la|[la|]la! [*auch* 'tra...]

Träl|le|borg (*frühere Schreibung für* Trelleborg)

träl|lern; ich ...ere (↑R 22)

[1]**Tram,** der; -[e]s, *Plur.* -e *u.* Träme (*österr. svw.* Tramen); [2]**Tram,** die; -, -s, *schweiz.* das; -s, -s ‹engl.› (*südd. u. österr. veraltend, schweiz. für* Straßenbahn); **Tram|bahn** (*südd. für* Straßenbahn); **Trä|mel,** der; -s, - (*landsch. für* Klotz, Baumstumpf); **Tra|men,** der; -s, - (*südd. für* Balken); *vgl.* [1]Tram

Tra|min (Ort in Südtirol); [1]**Tra|mi|ner** (↑R 147); - Wein; [2]**Tra|mi|ner** (eine Reb- u. Weinsorte)

Tra|mon|ta|na, Tra|mon|ta|ne, die; -, ...nen ‹ital., „von jenseits des Gebirges"› (ein kalter Nordwind in Italien)

Tramp [trɛmp], der; -s, -s ‹engl.› (Landstreicher, umherziehender Gelegenheitsarbeiter [bes. in den USA]; Trampschiff); **Tram|pel** ['tram...], der *od.* das; -s, - (*ugs. für* plumper Mensch); **tram|peln** (mit den Füßen stampfen); ich ...[e]le (↑R 22); **Tram|pel‿pfad, ...tier** (zweihöckeriges Kamel; *ugs. für* plumper Mensch); **trampen** ['trɛm...] ‹engl.› (per Anhalter reisen; *veraltend für* als Tramp leben); **Tram|per; Tramper|rin; Tramp|fahrt** ['tramp...] (Fahrt eines Trampschiffes); **Tram|po|lin** [*auch* ...'li:n], das; -s, -e ‹ital.› (ein Sprunggerät); **Tram|po|lin|sprung; Tramp‿schiff, ...schiffahrt** [*Trenn.* ...schiff|fahrt, ↑R 204] (nicht an feste Linien gebundene Frachtschiffahrt); **tramp|sen** (*landsch. für* trampeln); du trampst

Tram|way ['tramvai], die; -, -s ‹engl.› (*österr. für* Straßenbahn)

Tran, der; -[e]s, *Plur. (Sorten:)* -e (flüssiges Fett von Seesäugetieren, Fischen)

Tran|ce ['trã:s(ə)], die; -, -n [...s(ə)n] ‹franz.› (schlafähnlicher Zustand [in Hypnose]); **Tran|ce|zu|stand**

Tranche ['trã:ʃ], die; -, -n [...ʃ(ə)n] ‹franz.› (fingerdicke Fleisch- od. Fischschnitte; *Wirtsch.* Teilbetrag einer Wertpapieremission)

Trän|chen (kleine Träne)

tran|chie|ren [trã:'ʃi:...], *österr. auch* tran|schie|ren ‹franz.› ([Fleisch, Geflügel, Braten] zerlegen); **Tran|chier|mes|ser,** *österr. auch* Tran|schier|mes|ser, das

Trä|ne, die; -, -n; **trä|nen; Trä|nen‿bein** (*Med.*), **...drü|se; trä|nen‿er|stickt, ...feucht; Trä|nen‿fluß** (*Plur. selten*), **...gas** (das; -es), **...gru|be** (beim Hirsch); **trä|nen‿naß, ...reich; Trä|nen‿sack, ...schlei|er; trä|nen|über|strömt**

Tran‿fun|zel, *selten* ...fun|sel (*ugs. für* schlecht brennende Lampe; langsamer, [geistig] schwerfälliger Mensch); **tra|nig** (voller Tran; wie Tran)

Trank, der; -[e]s, Tränke; **Tränk|chen; Trän|ke,** die; -, -n (Tränkplatz für Tiere); **trän|ken; Tränk|lein; Trank‿op|fer, ...sa|me** (die; -; *schweiz. für* Getränk); **Tränk|stoff; Trän|kung**

Tran|lam|pe

Trän|lein *vgl.* Tränchen

Tran|qui|li|zer ['trɛŋkwilaizə(r)], der; -s, - ‹engl.› (beruhigendes Medikament); **tran|quil|lo** [tran...] ‹ital.› (*Musik* ruhig)

trans..., Trans... ‹lat.› ([nach] jenseits); **Trans|ak|ti|on,** die; -, -en (größeres finanzielles Unternehmen)

trans‿al|pin, ...al|pi|nisch ‹lat.› ([von Rom aus] jenseits der Alpen liegend)

trans|at|lan|tisch (überseeisch)

Trans|bai|ka|li|en [...iən] (Landschaft östl. vom Baikalsee)

tran|schie|ren usw. *vgl.* tranchieren usw.

Tran|sept, der *od.* das; -[e]s, -e ‹mlat.› (*Archit.* Querhaus)

Trans-Eu|rop-Ex|press (*früher* Fernschnellzug, der nur Wagen erster Klasse führt; *Abk.* TEE)

Trans|fer, der; -s, -s ‹engl.› (*Wirtsch.* Zahlung ins Ausland in fremder Währung; *Sport* Wechsel eines Berufsspielers zu einem anderen Verein; Weitertransport im Reiseverkehr); **trans|fe|ra|bel** (*Wirtsch.*); eine ...a|ble Währung; **Trans|fer|ab|kom|men; trans|fe|rie|ren** (Geld in eine fremde Währung umwechseln; *österr. Amtsspr.* [dienstlich] versetzen); **Trans|fe|rie|rung; Trans|fer‿liste** (*Fußball*), **...ru|bel, ...stra|ße** (*Technik*)

Trans|fi|gu|ra|ti|on, die; -, -en ‹lat.› ([Darstellung der] Verklärung Christi)

Trans|for|ma|ti|on, die; -, -en ‹lat.› (Umformung; Umwandlung); **Trans|for|ma|ti|ons|gram|ma|tik,** die; - (*Sprachw.*); **Trans|for|ma|tor,** der; -s, ...oren (elektr. Umspanner; *Kurzw.* Trafo); **Trans|for|ma|tor|an|la|ge; Trans|for|ma|to|ren|häus|chen, Trans|for|ma|tor|häus|chen; trans|for|mie|ren** (umformen, umwandeln; umspannen); **Trans|for|mie|rung**

trans|fun|die|ren ‹lat.› (*Med.* [Blut] übertragen); **Trans|fu|si|on,** die; -, -en

Tran|si|stor, der; -s, ...oren ‹engl.› (*Elektronik* ein Halbleiterbauelement); **Tran|si|stor|ge|rät; tran|si|sto|rie|ren** *od.* **tran|si|sto|ri|sie|ren; Tran|si|stor|ra|dio**

Tran|sit [*auch* ...'zit, 'tran...], der; -s, -e ‹ital.› (*Wirtsch.* Durchfuhr von Waren; Durchreise von Personen); **Tran|sit‿ab|kom|men, ...han|del** (*vgl.* [1]Handel); **tran|si|tie|ren** (*Wirtsch.* durchlaufen, passieren); **tran|si|tiv** ‹lat.› (*Sprachw.* ein Akkusativobjekt fordernd; zielend); -es Verb; **Tran|si|tiv,** das; -s, -e [...və] (zielendes Verb; z. B. [den Hund] „schlagen"); **Tran|si|ti|vum** [...v...], das; -s, ...va [...va] (*älter für* Transitiv); **tran|si|to|risch** (vorübergehend); **Tran|si|to|ri|um,** das; -s, ...ien [...iən] (*Wirtsch.* vorübergehender Haushaltsposten [für die Dauer eines Ausnahmezustandes]); **Tran|sit‿rei|sen|de, ...ver|bot** (Durchfuhrverbot), **...ver|kehr** (der; -[e]s), **...vi|sum, ...wa|re, ...weg, ...zoll**

Trans|jor|da|ni|en (östlich des Jordans gelegener Teil Jordaniens)

Trans|kau|ka|si|en [...iən] (Landschaft zwischen Schwarzem Meer u. Kaspischem Meer); **trans|kau|ka|sisch**

Trans|kei *meist mit Artikel* die; - ([formal unabhängige] Republik in Südafrika [jenseits des Flusses Kei])

trans|kon|ti|nen|tal ‹lat.› (einen Erdteil durchquerend)

tran|skri|bie|ren ‹lat.› (*Sprachw.* einen Text in eine andere Schrift, z. B. eine phonet. Umschrift, übertragen; Wörter aus Sprachen, die keine Lateinschrift haben, annähernd lautgerecht in Lateinschrift wiedergeben [*vgl.* Transliteration]; *Musik* umsetzen); **Tran|skrip|ti|on,** die; -, -en

Trans|li|te|ra|ti|on, die; -, -en ‹lat.› (*Sprachw.* buchstabengetreue Umsetzung eines Textes in eine andere Schrift [bes. aus nichtlateinischer in lat. Schrift] mit zusätzlichen Zeichen); **trans|li|te|rie|ren**

Trans|lo|ka|ti|on, die; -, -en ‹lat.›

(*Biol.* Verlagerung eines Chromosomenbruchstückes in ein anderes Chromosom; *veraltet für* Ortsveränderung, Versetzung); **trans|lo|zie|ren** (*Biol.* sich verlagern; *veraltet für* [an einen anderen Ort] versetzen)

trans‿ma|rin, ...ma|ri|nisch ‹lat.› (*veraltet für* überseeisch)

Trans|mis|si|on, die; -, -en ‹lat.› ([Vorrichtung zur] Kraftübertragung auf mehrere Maschinen); **Trans|mis|si|ons|rie|men** (Treibriemen); **trans|mit|tie|ren** (übertragen, übersenden)

trans|na|tio|nal (*Wirtsch.* übernational); -e Monopole

trans|ozea|nisch; ↑R 180 (jenseits des Ozeans liegend)

trans|pa|rent ‹lat.-franz.› (durchscheinend; durchsichtig; durchschaubar); **Trans|pa|rent,** das; -[e]s, -e (Spruchband; durchscheinendes Bild); **Trans|pa|rent|pa|pier** (Pauspapier); **Trans|pa|renz,** die; - (Durchsichtigkeit; Durchschaubarkeit)

Tran|spi|ra|ti|on, die; - ‹lat.› (Schweißbildung; Hautausdünstung; *Bot.* Abgabe von Wasserdampf, bes. an den Blättern); **tran|spi|rie|ren**

Trans|plan|tat, das; -[e]s, -e ‹lat.› (überpflanztes Gewebestück); **Trans|plan|ta|ti|on,** die; -, -en (*Med.* Überpflanzung von Organen, Gewebeteilen od. lebenden Zellen; *Bot.* Pfropfung); **trans|plan|tie|ren** *(Med.)*

trans|po|nie|ren ‹lat.› (*Musik* in eine andere Tonart übertragen); **Trans|po|nie|rung**

Trans|port, der; -[e]s, -e ‹lat.› (Beförderung); **trans|por|ta|bel** (tragbar, beförderbar); ...a|bler Ofen; **Trans|port‿an|la|ge** (Förderanlage), **...ar|bei|ter; Trans|por|ta|ti|on,** die; -, -en (*selten für* Transportierung); **Trans|port‿band** (*Plur.* ...bänder), **...be|häl|ter; Trans|por|ter,** der; -s, - ‹engl.› (Transportauto, -flugzeug, -schiff); **Trans|por|teur** [...'tø:r], der; -s, -e ‹franz.› (jmd., der etwas transportiert; *veraltet für* Winkelmesser; Zubringer an der Nähmaschine); **trans|port|fä|hig; Trans|port‿fä|hig|keit** (die; -), **...flug|zeug, ...füh|rer, ...ge|fähr|dung, ...ge|wer|be** (das; -s), **...gut; trans|por|tie|ren** (befördern); **Trans|por|tie|rung; Trans|port‿ka|sten, ...ki|ste, ...ko|sten** *(Plur.)*, **...mit|tel** (das), **...schiff, ...un|ter|neh|men, ...we|sen** (das; -s)

Trans|po|si|ti|on, die; -, -en ‹lat.› (Übertragung eines Musikstükkes in eine andere Tonart)

Trans|sib [*auch* 'trans...], die; - (*kurz für* Transsibirische Eisenbahn); **trans|si|bi|risch** (Sibirien durchquerend), a b e r (↑R 157): die Transsibirische Eisenbahn

Trans|sil|va|ni|en [...'va:ni̯ən] (*alter Name von* Siebenbürgen); **trans|sil|va|nisch,** a b e r (↑R 146): die Transsilvanischen Alpen

Trans|sub|stan|tia|ti|on, die; -, -en ‹lat.› (*kath. Kirche* Verwandlung von Brot und Wein in Leib und Blut Christi); **Trans|sub|stan|tia|ti|ons|leh|re,** die; -

Trans|su|dat, das; -[e]s, -e ‹lat.› (*Med.* abgesonderte Flüssigkeit in Körperhöhlen)

Trans|syl|va|ni|en usw. *vgl.* Transsilvanien usw.

Trans|uran, das; -s, -e *meist Plur.* ‹lat.; griech.› (künstlich gewonnenes radioaktives Element mit höherem Atomgewicht als Uran)

Tran|su|se, die; -, -n (*ugs. für* langweiliger Mensch)

Trans|vaal [...'va:l] (Prov. der Republik Südafrika)

trans|ver|sal [...v...] ‹lat.› (quer verlaufend, schräg); **Trans|ver|sa|le,** die; -, -n (Gerade, die eine geometr. Figur durchschneidet); drei -[n]; **Trans|ver|sal|wel|le** *(Physik)*

Trans|ve|stis|mus [...v...] *vgl.* Transvestitismus; **Trans|ve|stit,** der; -en, -en (↑R 197); **Trans|ve|sti|tis|mus,** der; - ‹lat.› (*Med., Psych.* [sexuelles] Bedürfnis, Kleidung des anderen Geschlechts zu tragen)

tran|szen|dent ‹lat.› (übersinnlich, -natürlich); **tran|szen|den|tal** (*Philos.* aller Erfahrungserkenntnis zugrunde liegend; *Scholastik svw.* transzendent); -e Logik; **Tran|szen|denz,** die; - (das Überschreiten der Grenzen der Erfahrung, des Bewußtseins); **tran|szen|die|ren**

Trap, der; -s, -s ‹engl.› (Geruchsverschluß)

Tra|pez, das; -es, -e ‹griech.› (Viereck mit zwei parallelen, aber ungleich langen Seiten); **Tra|pez‿akt** (am Trapez ausgeführte Zirkusnummer), **...form; tra|pez|för|mig; Tra|pez‿künst|ler, ...li|nie; Tra|pe|zo|eder,** das; -s, - (*Geom.* Körper, der von gleichschenkeligen Trapezen begrenzt wird); **Tra|pe|zo|id,** das; -[e]s, -e (Viereck ohne parallele Seiten)

Tra|pe|zunt (*früherer Name von* Trabzon)

trapp!; trapp, trapp!

Trapp, der; -[e]s, -e ‹schwed.› (*Geol.* großflächiger, in mehreren Lagen treppenartig übereinanderliegender Basalt)

[1]**Trap|pe,** die; -, -n, *Jägerspr. auch* der; -n, -n; ↑R 197 ‹slaw.› (ein Steppenvogel)

[2]**Trap|pe,** die; -, -n (*nordd. für* [schmutzige] Fußspur); **trap|peln** (mit kleinen Schritten rasch gehen); ich ...[e]le (↑R 22); **trap|pen** (schwer auftreten)

Trap|per, der; -s, - ‹engl., „Fallensteller"› (nordamerik. Pelzjäger)

Trap|pist, der; -en, -en (↑R 197) ‹nach der Abtei La Trappe› (Angehöriger des Ordens der reformierten Zisterzienser mit Schweigegelübde); **Trap|pi|sten‿kä|se, ...klo|ster, ...or|den** (der; -s); **Trap|pi|stin** (Angehörige des w. Trappistenordens)

Trap|schie|ßen ‹engl.; dt.› (Wurftaubenschießen mit Schrotgewehren)

trap|sen (*ugs. für* sehr laut auftreten); du trapst

tra|ra!; Tra|ra, das; -s (*ugs. für* Lärm; großartige Aufmachung, hinter der nichts steckt)

Tra|si|me|ni|sche See, der; -n -s; ↑R 146 (in Italien)

Traß, der; Trasses, Trasse ‹niederl.› (vulkanisches Tuffgestein)

Tras|sant, der; -en, -en (↑R 197) ‹ital.› (*Wirtsch.* Aussteller eines gezogenen Wechsels); **Tras|sat,** der; -en, -en; ↑R 197 (Wechselbezogener); **Tras|se,** die; -, -n ‹franz.› ([abgesteckter] Verlauf eines Verkehrsweges, einer Versorgungsleitung usw.; Bahnkörper, Bahn-, Straßendamm); **Tras|see,** das; -s, -s (*schweiz. für* Trasse); **tras|sie|ren** (eine Trasse abstecken, vorzeichnen; *Wirtsch.* einen Wechsel auf jmdn. ziehen oder ausstellen); **Tras|sie|rung**

Tras|te|ve|re [...vere] ‹ital., „jenseits des Tibers"› (röm. Stadtteil); **Tras|te|ve|ri|ner** (↑R 147)

Tratsch, der; -[e]s (*ugs. für* Geschwätz, Klatsch); **trat|schen** *(ugs.);* du tratschst; **Trat|sche|rei** *(ugs.)*

Trat|te, die; -, -n ‹ital.› (*Bankw.* gezogener Wechsel)

Trat|to|ria, die; -, ...ien ‹ital.› (*ital. Bez. für* Wirtshaus)

Trau|al|tar

Träub|chen; Trau|be, die; -, -n; **trau|ben|för|mig; Trau|ben‿ho|lun|der, ...kamm** (Stiel der Weintraube), **...kir|sche, ...kur, ...le|se, ...most, ...saft, ...wick|ler** (ein Schmetterling), **...zucker** (der; -s [*Trenn.* ...zuk|ker]); **trau|big; Träub|lein**

Trau|chen, Trau|de[l], Trudchen, Tru|de (w. Vorn.)

trau|en; der Pfarrer traut das Paar; jmdm. - (vertrauen); sich -; ich traue mich nicht (*selten* mir nicht), das zu tun

Trau|er, die; -; **Trau|er‿an|zei|ge, ...ar|beit** (die; -; *Psych.*), **...bin|de, ...bot|schaft, ...brief, ...de|ko|ra|ti|on, ...fall** (der), **...fei|er, ...flor, ...gast** (*Plur.* ...gäste), **...ge|fol|ge, ...ge|leit, ...ge|mein|de, ...got|tes|dienst, ...haus, ...jahr, ...kar|te, ...klei|dung, ...kloß** (*ugs. scherzh. für* langweiliger, energieloser Mensch), **...man|tel** (ein Schmetterling), **...marsch** (der), **...mie|ne; trau|ern;** ich ...ere (↑R 22); **Trau|er‿nach|richt, ...rand, ...schlei|er, ...schwan, ...spiel, ...wei|de, ...zeit, ...zug**

Trau|fe, die; -, -n; **träu|feln;** ich ...[e]le (↑R 22); **träu|fen** (*veraltet für* träufeln)

Trau|gott (m. Vorn.)

trau|lich; ein -es Heim; **Trau|lich|keit,** die; -

Traum, der; -[e]s, Träume

Trau|ma, das; -s, *Plur.* ...men *u.* -ta ‹griech.› (starke seelische Erschütterung; *Med.* Wunde); **trau|ma|tisch** (das Trauma betreffend)

Traum‿au|to, ...be|ruf, ...bild, ...buch, ...deu|ter, ...deu|te|rin, ...deu|tung, ...dich|tung

Trau|men (*Plur. von* Trauma)

träu|men; ich träumte von meinem Bruder; mir träumte von ihm; es träumte mir *(geh.);* das hätte ich mir nicht - lassen (*ugs. für* hätte ich nie geglaubt); **Träu|mer; Träu|me|rei; Traum|er|geb|nis; Träu|me|rin; träu|me|risch;** -ste; **Traum‿fa|brik** (Welt des Films), **...frau, ...ge|bil|de, ...ge|sicht** (*Plur.* ...gesichte); **traum|haft**

Trau|mi|net, der; -s, -s (*österr. ugs. für* Feigling)

Traum‿job (*vgl.* [2]Job), **...mann, ...no|te, ...paar, ...tän|zer** (*abwertend für* wirklichkeitsfremder Mensch), **...tän|ze|rin; traum‿ver|lo|ren, ...ver|sun|ken; traum|wan|deln** usw. *vgl.* schlafwandeln usw.

traun! (*veraltet für* fürwahr!)

Traun, die; - (r. Nebenfluß der Donau); **Trau|ner,** der; -s, - (*österr. für* ein flaches Lastschiff); **Traun|see,** der; -s (oberösterr. See); **Traun|vier|tel,** das; -s (oberösterr. Landschaft)

trau|rig; Trau|rig|keit

Trau‿ring, ...schein

traut; ein -es (den Eindruck von Geborgenheit vermittelndes) Heim; -er (lieber) Freund

Traut|chen *vgl.* Traudchen; **[1]Trau|te** (w. Vorn.); *vgl.* Traude[l]

[2]Trau|te, die; - (*ugs. für* Vertrauen, Mut); keine - haben

Trau|to|ni|um ⓦ, das; -s, ...ien [...i̯ən] ‹nach dem Erfinder F. Trautwein› (elektron. Musikinstrument)

Trau|ung; Trau‿zeu|ge, ...zeu|gin

Tra|vel|ler|scheck ['trɛvələ(r)...] ‹engl.› (Reisescheck)

tra|vers [...'vɛrs] ‹franz.› (quer[gestreift]); -e Stoffe; **Tra|vers** [...'vɛ:r, *auch* ...'vɛrs], der; - (Gangart beim Schulreiten); **Tra|ver|se** [...'vɛrzə], die; -, -n (*Archit.* Querbalken, Ausleger; *Technik* Querverbinder zweier fester oder parallel beweglicher Maschinenteile; *Wasserbau* Querbau zur Flußregelung; *Bergsteigen* Quergang); **tra|ver|sie|ren** (*Reiten* eine Reitbahn in der Diagonale durchreiten; *Fechten* durch Seitwärtstreten dem gegnerischen Angriff ausweichen; *Bergsteigen* eine Wand od. einen Hang horizontal überqueren); **Tra|ver|sie|rung**

Tra|ver|tin [...v...], der; -s, -e ‹ital.› (mineralischer Kalkabsatz bei Quellen u. Bächen)

Tra|ve|stie [...v...], die; -, ...ien ‹lat.› ([scherzhafte] Umgestaltung [eines Gedichtes]); **tra|ve|stie|ren** (*auch für* ins Lächerliche ziehen); **Tra|ve|stie|show** ‹engl.› (Darbietung, bei der vorwiegend Männer in weiblicher Kostümierung auftreten)

Trawl ['trɔ:l], das; -s, -s ‹engl.› (Grundschleppnetz); **Traw|ler,** der; -s, - (ein Fischdampfer)

Trax, der; -[es], -e ‹aus amerik. Traxcavator ⓦ› (*schweiz. für* fahrbarer Bagger)

Treat|ment ['tri:tmənt], das; -s, -s ‹engl.› (Vorstufe des Drehbuchs)

Tre|be, die; *nur in* auf [die] - gehen (*ugs. für* sich herumtreiben); **Tre|be|gän|ger** (*ugs. für* jugendlicher Herumtreiber); **Tre|be|gän|ge|rin**

Tre|ber *Plur.* (Rückstände [beim Keltern und Bierbrauen])

Tre|cen|tist [...tʃɛn...], der; -en, -en (↑R 197) ‹ital.› (Dichter, Künstler des Trecentos); **Tre|cen|to** [...'tʃɛnto], das; -[s] (*Kunstw.* das 14. Jh. in Italien [als Stilbegriff])

Treck, der; -s, -s (Zug von Menschen, Flüchtenden [mit Fuhrwerken]); **trecken** [*Trenn.* trek|ken] (ziehen; mit einem Treck wegziehen); **Trecker** [*Trenn.* Trek|ker] (Traktor); **Treck|schu|te** (*veraltet für* Zugschiff)

[1]Treff, das; -s, -s ‹franz.› (Kreuz, Eichel [im Kartenspiel])

[2]Treff, der; -[e]s, -e (*veraltet für* Schlag, Hieb; Niederlage)

[3]Treff, der; -s, -s (*ugs. für* Treffen, Zusammenkunft)

Treff|as [*auch* 'trɛf'as] ‹*zu* [1]Treff›

tref|fen; du triffst; du trafst; du träfest; getroffen; triff!; **Tref|fen,** das; -s, -; **tref|fend;** -ste; **Tref|fer; Tref|fer‿an|zei|ge, ...quo|te, ...zahl; treff|lich; Treff|lich|keit,** die; -; **Treff|punkt; treff|si|cher; Treff|si|cher|heit,** die; -

Treib‿an|ker, ...ar|beit, ...ball (der; -[e]s; ein Spiel), **...eis; trei|ben;** du triebst; du triebest; getrieben; treib[e]!; zu Paaren -; **Trei|ben,** das; -s, *Plur.* (*für* Treibjagden:) -; **Trei|ber; Trei|be|rei; Trei|be|rin; Treib‿fäu|stel** (*Bergmannsspr.* schwerer Bergmannshammer), **...gas, ...gut, ...haus; Treib|haus‿ef|fekt** (der; -[e]s), **...kul|tur, ...luft** (die; -); **Treib‿holz** (das; -es), **...jagd, ...la|dung, ...mi|ne, ...mit|tel** (das), **...öl, ...rie|men, ...sand, ...satz** *(Technik),* **...stoff**

Trei|del, der; -s, -n (*früher für* Zugtau zum Treideln); **Trei|de|lei,** die; - (Treidlergewerbe); **Trei|de|ler** *vgl.* Treidler; **trei|deln** (ein Wasserfahrzeug vom Ufer aus stromaufwärts ziehen); ich ...[e]le (↑R 22); **Trei|del‿pfad, ...weg** (Leinpfad); **Treid|ler** (jmd., der einen Kahn treidelt)

trei|fe ‹hebr.-jidd.› (nach jüd. Speisegesetzen unrein; *Ggs.* koscher)

Trek|king, das; -s, -s ‹engl.› (mehrtägige Wanderung od. Fahrt [durch ein unwegsames Gebiet])

Trel|le|borg [*schwed.* ...'bɔrj] (schwed. Stadt)

Tre|ma, das; -s, *Plur.* -s *u.* -ta ‹griech.› (Trennpunkte, Trennungszeichen [über einem von zwei getrennt auszusprechenden Selbstlauten, z. B. franz. naïf „naiv"]; *Med.* Lücke zwischen den mittleren Schneidezähnen)

Tre|ma|to|de, die; -, -n *meist Plur.* (*Biol.* Saugwurm)

tre|mo|lan|do ‹ital.› (*Musik* bebend, zitternd); **tre|mo|lie|ren,** *auch* tre|mu|lie|ren (beim Gesang [übersteigert] beben und zittern); **Tre|mo|lo,** das; -s, *Plur.* -s *u.* ...li; **Tre|mor,** der; -s, ...ores [...re:s] ‹lat.› (*Med.* das Muskelzittern)

Trem|se, die; -, -n (*nordd. für* Kornblume)

Tre|mu|lant, der; -en, -en (↑R 197) ‹lat.› (Orgelhilfsregister); **tre|mu|lie|ren** *vgl.* tremolieren

Trench|coat ['trɛntʃko:t], der; -[s], -s ‹engl.› (ein Wettermantel)

Trend, der; -s, -s ‹engl.› (Grundrichtung einer Entwicklung)

tren|deln (*landsch. für* nicht vorankommen); ich ...[e]le (↑R 22)

Trend|mel|dung; Trend|set|ter [...sɛ...], der; -s, - ‹engl.› (jmd., der den Trend bestimmt; etwas, was einen Trend auslöst); **Trend|wen|de**

trẹnn|bar; Trẹnn|bar|keit, die; -; **trẹn|nen;** sich -; **Trẹnn‿li|nie, ...mes|ser** (das), **...punk|te** (*Plur.; für* Trema); **trẹnn|scharf** *(Funkw.);* **Trẹnn‿schär|fe** (die; -), **...schei|be; Trẹn|nung; Trẹn|nungs‿ent|schä|di|gung, ...geld, ...li|nie, ...schmerz** (der; -es), **...strich, ...zei|chen; Trẹnn|wand**

Trẹn|se, die; -, -n ‹niederl.› (leichter Pferdezaum); **Trẹn|sen|ring**

Trente-et-qua|rante [trãteka'rã:t], das; - ‹franz., „dreißig und vierzig"› (ein Kartenglücksspiel)

Trẹn|to (*ital. Form von* Trient)

trẹn|zen (*Jägerspr.* in besonderer Weise röhren [vom Hirsch])

Tre̲|pang, der; -s, *Plur.* -e *u.* -s ‹malai.› (getrocknete Seegurke)

trepp|a̲b; trepp|a̲uf; -, treppab laufen; **Trẹpp|chen; Trẹp|pe,** die; -, -n; -n steigen

Trẹp|pel|weg (*bayr., österr. für* Treidelweg)

Trẹp|pen‿ab|satz, ...be|leuch|tung, ...flur (der), **...ge|län|der, ...gie|bel, ...haus, ...läu|fer, ...lei|ter** (die), **...po|dest, ...rei|ni|gung, ...stu|fe, ...wan|ge** (*Bauw.* Seitenverkleidung einer [Holz]treppe), **...witz**

Tre̲|sen, der; -s, - (*nordd. u. mitteld. für* Laden-, Schanktisch)

Tre|so̲r, der; -s, -e ‹franz.› (Panzerschrank; Stahlkammer); **Tre|so̲r‿raum, ...schlüs|sel**

Trẹs|pe, die; -, -n (ein Gras); **trẹs|pig** (voller Trespen [vom Korn])

Trẹs|se, die; -, -n ‹franz.› (Borte); **Trẹs|sen‿rock, ...stern** (*vgl.* [2]Stern), **...win|kel; tres|si̲e|ren** (*Perückenmacherei* kurze Haare mit Fäden aneinanderknüpfen)

Trẹ|ster, der; -s, - (Tresterbranntwein; *Plur.:* Rückstände beim Keltern); **Trẹ|ster‿brannt|wein, ...schnaps**

Tre̲t‿au|to (mit Pedalantrieb), **...boot, ...ei|mer; tre̲|ten;** du trittst; du tratst; du trätest; getreten; tritt!; er tritt ihn (*auch* ihm) auf den Fuß; beiseite treten; **Tre̲|ter** *meist Plur.* (*ugs. für* [sehr bequemer] Schuh); **Tre|te|re̲i** *(ugs.);* **Tre̲t‿mi|ne, ...müh|le** (*ugs. für* gleichförmiger [Berufs]alltag), **...rad, ...rol|ler**

tre̲u; -er, -[e]ste; zu -en Händen übergeben ([ohne Rechtssicherheit] anvertrauen, vertrauensvoll zur Aufbewahrung übergeben). **I.** *Getrenntschreibung in Verbindung mit Verben:* treu sein, bleiben. **II.** *Schreibung in Verbindung mit dem Partizip II:* ein mir tre̲uergebener Freund (↑ *jedoch* R 209), aber: der Freund ist mir tre̲u erge̲ben; treuer, am treu[e]sten ergeben; **Tre̲u|bruch,** der; **tre̲u|brü|chig; tre̲u|deutsch** (*ugs. für* typisch deutsch); **tre̲u|doof** (*ugs. für* naiv u. ein wenig dümmlich); **Tre̲ue,** die; -; in guten -n (*schweiz. für* im guten Glauben); auf Treu und Glauben (↑ R 18); meiner Treu!; **Tre̲ue|ge|löb|nis; Tre̲u|eid; Tre̲ue‿pflicht** (die; -; *Rechtsspr.*), **...prä|mie, ...ra|batt; tre̲u|er|ge|ben;** *vgl.* treu, II; **Tre̲ue|schwur; tre̲u|ge|sinnt;** *vgl.* treu, II; **Tre̲u|hand,** die; - (*Rechtsw.* Treuhandgesellschaft); **Tre̲u|hand|an|stalt,** die; -; **Tre̲u|hän|der** (jmd., dem etwas „zu treuen Händen" übertragen wird); **Tre̲u|hän|der|de|pot** *(Bankw.);* **tre̲u|hän|de|risch; Tre̲u|hand‿ge|schäft** *(Rechtsw.),* **...ge|sell|schaft** (Gesellschaft, die fremde Rechte ausübt), **...kon|to; Tre̲u|hand|schaft; tre̲u|her|zig; Tre̲u|her|zig|keit,** die; -; **tre̲u|lich** (*veraltend für* getreulich); **tre̲u|los;** -este; **Tre̲u|lo|sig|keit,** die; -; **Tre̲u|pflicht** *vgl.* Treuepflicht; **Tre̲u|schwur** *vgl.* Treueschwur; **tre̲u|sor|gend;** *vgl.* treu, II

Tre|vi|ra Ⓦ [...'vi:ra], das; -[s] (ein Gewebe aus synthetischer Faser)

Tre|vi|sa̲|ner [...v...] (↑ R 147); **Tre|vi̲|so** (ital. Stadt)

Tria̲|de, die; -, -n (↑ R 180) ‹griech.› (Dreizahl, Dreiheit)

Tria|ge [tri'a:ʒə], die; -, -n; ↑ R 180 (Ausschuß [bei Kaffeebohnen])

Tri|al ['tra̲iəl], das; -s, -s ‹engl.› (Geschicklichkeitsprüfung von Motorradfahrern)

Tri|an|gel [*österr.* ...'aŋ(ə)l], der, *österr.* das; -s, - ‹lat.› (*Musik* ein Schlaggerät); **tri|an|gu|lä̲r** (dreieckig); **Tri|an|gu|la|ti|o̲n,** die; -, -en (*Geodäsie* Festlegung eines Netzes von trigonometrischen Punkten); **Tri|an|gu|la|ti|o̲ns|punkt** (*Zeichen* TP); **tri|an|gu|li̲e|ren; Tri|an|gu|li̲e|rung**

Tria|non [...nɔ̃:], das; -s, -s (Name zweier Versailler Lustschlösser)

Tria̲|ri|er [...i̯ər]; ↑ R 180 ‹lat.› (altröm. Legionsveteran in der 3. [letzten] Schlachtreihe)

Tri̲|as, die; -, - ‹griech., „Dreiheit"› (Dreizahl, Dreiheit; *nur Sing.: Geol.* unterste Formation des Mesozoikums); **Tri̲|as|for|ma|ti|on,** die; -; **tri|ạs|sisch** (zur Trias gehörend)

Tri̲|ath|let (jmd., der Triathlon betreibt); **Tri̲|ath|lon,** das; -s, -s ‹griech.› (Mehrkampf aus Schwimmen, Radfahren u. Laufen an einem Tag; *Skisport* Mehrkampf aus Langlauf, Schießen u. Riesenslalom)

Tri|ba̲|de, die; -, -n ‹griech.› (*veraltet für* Lesbierin); **Tri|ba|di̲e,** die; - (*veraltet für* lesbische Liebe)

Tri|ba|li̲s|mus, der; - ‹lat.-engl.› (Stammesbewußtsein, Stammesegoismus [in Afrika]); **tri|ba|li̲|stisch**

Tri|bu̲n, der; *Gen.* -s *u.* -en, *Plur.* -e[n] (↑ R 197) ‹lat.› ([altröm.] Volksführer); **Tri|bu|na̲l,** das; -s, -e ([hoher] Gerichtshof); **Tri|bu|na̲t,** das; -[e]s, -e (Amt, Würde eines Tribuns); **Tri|bü̲|ne,** die; -, -n ‹franz.› ([Redner-, Zuhörer-, Zuschauer]bühne; *auch für* Zuhörer-, Zuschauerschaft); **Tri|bü̲|nen|platz; tri|bu|ni̲|zisch** ‹lat.› (Tribunen...); -e Gewalt; **Tri̲|bus,** die; -, - [...bu:s] (Wahlbezirk im alten Rom); **Tri|bu̲t,** der; -[e]s, -e (Abgabe, Steuer); etwas fordert einen hohen - (hohe Opfer); einer Sache - zollen (sie anerkennen); **tri|bu|tä̲r** (*veraltet für* tributpflichtig); **Tri|bu̲t|last; tri|bu̲t|pflich|tig; Tri|bu̲t|ver|pflich|tung**

Tri|chi̲|ne, die; -, -n ‹griech.› (schmarotzender Fadenwurm); **tri|chi̲|nen|hal|tig; Tri|chi̲|nen‿schau** (die; -), **...schau|er** (*vgl.* [2]Schauer); **tri|chi|nö̲s** (mit Trichinen behaftet); **Tri|chi|no̲|se,** die; -, -n (Trichinenkrankheit)

Tri|cho|to|mi̲e, die; -, ...i̲en ‹griech.› (Dreiteilung); **tri|cho|to̲|misch**

Trịch|ter, der; -s, -; **trịch|ter|för|mig; Trịch|ter|ling** (ein Pilz); **Trịch|ter|mün|dung; trịch|tern;** ich ...ere (↑ R 22)

Trịck, der; -s, -s ‹engl.› (Kunstgriff; Kniff; List); **Trịck‿auf|nah|me, ...be|trug, ...be|trü|ger, ...be|trü|ge|rin, ...dieb, ...die|bin, ...dieb|stahl, ...film, ...ki|ste** *(ugs.);* **trịck|reich; Trịck|schi|lau|fen** *vgl.* Trickskilaufen; **trịck|sen** (*ugs. für* mit Tricks arbeiten, mit Tricks bewerkstelligen); **Trịck|ski|lau|fen,** das; -s (Sportart, bei der auf besonderen Skiern artistische Sprünge, Drehungen u. ä. gemacht werden)

Trịck|track, das; -s, -s ‹franz.› (ein Brett- und Würfelspiel)

trịcky [*Trenn.* trik|ky] ‹engl.› (*ugs. für* trickreich)

Tri|dẹnt, der; -[e]s, -e ‹lat.› (Dreizack)

Tri|den|ti̲|ner (↑ R 147) ‹*zu* Trient›; - Alpen; **tri|den|ti̲|nisch,** aber (↑ R 157): das Tridentinische Konzil; das Tridentinische Glaubensbekenntnis; **Tri|den|ti̲|num,** das; -s (das Tridentinische Konzil)

Tri̲|du|um [...du|um], das; -s, ...du|en [...duən] ‹lat.› (Zeitraum von drei Tagen)

Tri̲eb, der; -[e]s, -e; **tri̲eb|ar|tig; Tri̲eb‿be|frie|di|gung, ...fe|der; tri̲eb|haft; Tri̲eb|haf|tig|keit,** die;

-; **Trieb**‿**hand|lung, ...kraft, ...le|ben** (das; -s); **trieb|mä|ßig; Trieb**‿**mör|der, ...rad, ...sand, ...tä|ter, ...ver|bre|chen, ...ver|bre|cher, ...wa|gen, ...werk**
Trief|au|ge; trief|äu|gig; trie|fen; du triefst; du trieftest, *geh.* troffst; du triefest, *geh.* tröffest; getrieft, *selten noch* getroffen; trief[e]!; **trief|naß**
[1]**Triel**, der; -[e]s, -e (ein Vogel)
[2]**Triel**, der; -[e]s, -e (*südd. für* Wamme; Maul); **trie|len** (*südd. für* sabbern); **Trie|ler** (*südd. für* Sabberlätzchen)
Tri|en|ni|um, das; -s, ...ien [...i̯ən] ‹lat.› (Zeitraum von drei Jahren)
Tri|ent (ital. Stadt); *vgl.* Trento *u.* Tridentiner
Trier (Stadt an der Mosel)
Trie|re, die; -, -n (↑R 180) ‹griech.› (ein antikes Kriegsschiff)
Trie|rer ‹*zu* Trier› (↑R 147); **trie|risch**
Tri|est (Stadt an der Adria); **Trie|ster** (↑R 147; R 180)
Tri|eur [...'øːr], der; -s, -e ‹franz.› (Getreidereinigungsmaschine)
trie|zen (*ugs. für* quälen, plagen); du triezt
Tri|fle ['traif(ə)l], das; -s, -s ‹engl.› (eine engl. Süßspeise)
Tri|fo|kal|bril|le ‹lat.; dt.› (Brille mit Trifokalgläsern); **Tri|fo|kal|glas** *Plur.* ...gläser (Brillenglas mit drei verschieden geschliffenen Teilen für drei Entfernungen)
Tri|fo|li|um, das; -s, ...ien [...i̯ən] ‹lat.› (*Bot.* Drei-, Kleeblatt)
Tri|fo|ri|um, das; -s, ...ien [...i̯ən] ‹lat.› (*Archit.* säulengetragene Galerie in Kirchen)
Trift, die; -, -en (Weide; Holzflößung; *auch svw.* Drift); **trif|ten** (loses Holz flößen); [1]**trif|tig** (*svw.* driftig)
[2]**trif|tig** ([zu]treffend); -er Grund; **Trif|tig|keit**, die; -
Tri|ga, die; -, *Plur.* -s *u.* ...gen ‹lat.› (Dreigespann)
Tri|ge|mi|nus, der; -, ...ni ‹lat.› (*Med.* aus drei Ästen bestehender fünfter Hirnnerv); **Tri|ge|mi|nus|neur|al|gie**
Tri|glyph, der; -s, -e *u.* **Tri|gly|phe**, die; -, -n ‹griech.› (*Archit.* dreiteiliges Feld am Fries des dorischen Tempels)
tri|go|nal ‹griech.› (*Math.* dreieckig); **Tri|go|nal|zahl** (Dreieckszahl); **Tri|go|no|me|trie**, die; - (Dreiecksmessung, -berechnung); **tri|go|no|me|trisch**; -er Punkt (*Zeichen* TP)
tri|klin ‹griech.›; -es System (ein Kristallsystem); **Tri|kli|ni|um**, das; -s, ...ien [...i̯ən] (altröm. Eßtisch, an drei Seiten von Speisesofas umgeben)
Tri|ko|li|ne, die; - (ein Gewebe); **tri|ko|lor** ‹lat.› (dreifarbig); **Tri|ko|lo|re**, die; -, -n ‹franz.› (dreifarbige [franz.] Fahne)
[1]**Tri|kot** [...'koː, *auch* 'triko], der, *selten* das; -s, -s ‹franz.› (maschinengestrickter od. gewirkter Stoff); [2]**Tri|kot**, das; -s, -s (enganliegendes gewirktes, auch gewebtes Kleidungsstück); **Tri|ko|ta|ge** [...'taːʒə, *österr.* ...'taːʒ], die; -, -n [...ʒ(ə)n] *meist Plur.* (Wirkware); **Tri|kot|wer|bung** [...'koː..., *auch* 'tri...] (Werbung auf den Trikots von Sportlern)
tri|la|te|ral ‹lat.› (dreiseitig); -e Verträge
Tril|ler ‹ital.›; **tril|lern**; ich ...ere (↑R 22); **Tril|ler|pfei|fe**
Tril|li|ar|de, die; -, -n ‹lat.› (tausend Trillionen); **Tril|li|on**, die; -, -en (eine Million Billionen)
Tri|lo|bit [*auch* ...'bit], der; -en, -en (↑R 197) ‹griech.› (ein urweltliches Krebstier)
Tri|lo|gie, die; -, ...ien ‹griech.› (Folge von drei [zusammengehörenden] Dichtwerken, Kompositionen u. a.)
Tri|ma|ran, der; -s, -e ‹lat.; tamil.-engl.› (Segelboot mit drei Rümpfen)
Tri|me|ster, das; -s, - ‹lat.› (Zeitraum von drei Monaten; Dritteljahr eines Unterrichtsjahres)
Tri|me|ter, der; -s, - ‹griech.› (aus drei Versfüßen bestehender Vers)
Trimm, der; -[e]s ‹engl.› (*Seemannsspr.* Lage eines Schiffes bezüglich Tiefgang u. Schwerpunkt; ordentlicher u. gepflegter Zustand eines Schiffes); **Trimm|ak|ti|on; Trimm-dich-Pfad; trim|men** (*bes. Seemannsspr.* zweckmäßig verstauen, in die optimale Lage bringen; *Funktechnik* auf die gewünschte Frequenz einstellen; [Hunden] das Fell scheren; *ugs. für* [mit besonderer Anstrengung] in einen gewünschten Zustand bringen); ein auf alt getrimmter Schrank; sich -; trimm dich durch Sport!; **Trim|mer** (Arbeiter, der auf Schiffen die Ladung trimmt, Kohlen vor die Kessel schafft usw.; *Technik* verstellbarer Kleinkondensator; *ugs. für* Person, die sich trimmt); **Trimm|spi|ra|le** (Testkarte der Trimmaktion); **Trimm|trab; Trim|mung** (Längsrichtung eines Schiffes)
tri|morph ‹griech.› (dreigestaltig [z. B. von Pflanzenfrüchten]); **Tri|mor|phie**, die; - *u.* **Tri|mor|phis|mus**, der; -
Tri|ne, die; -, -n (ugs. Schimpfwort); dumme -
Tri|ni|dad (südamerik. Insel); **Tri|ni|dad und To|ba|go** (Staat im Karibischen Meer)
Tri|ni|ta|ri|er [...i̯ər], der; -s, - ‹lat.› (Bekenner der Dreieinigkeit; Angehöriger eines kath. Bettelordens); **Tri|ni|tät**, die; - (*christl. Rel.* Dreieinigkeit, Dreifaltigkeit); **Tri|ni|ta|tis** (Sonntag nach Pfingsten); **Tri|ni|ta|tis|fest**
Tri|ni|tro|to|lu|ol, das; -s; ↑R 180 (stoßunempfindlicher Sprengstoff; Abk.: TNT); *vgl.* Trotyl
trink|bar; Trink|bar|keit, die; -; **Trink**‿**be|cher, ...brannt|wein; trin|ken**; du trankst; du tränkest; getrunken; trink[e]!; **Trin|ker; Trin|ke|rei; Trin|ker**‿**für|sor|ge, ...heil|an|stalt; Trin|ke|rin; trink|fest; Trink|fe|stig|keit; Trink|fla|sche; trink|freu|dig; Trink|freu|dig|keit; Trink**‿**ge|fäß, ...ge|la|ge, ...geld, ...glas** (*Plur.* ...gläser), **...hal|le, ...halm, ...horn, ...kur** (*vgl.* [1]Kur), **...lied, ...milch, ...scha|le, ...spruch, ...was|ser** (das; -s); **Trink|was|ser**‿**auf|be|rei|tung, ...ver|sor|gung**
Tri|nom, das; -s, -e ‹griech.› (*Math.* dreigliedrige Zahlengröße); **tri|no|misch**
Trio, das; -s, -s ‹ital.› (Musikstück für drei Instrumente, *auch für* die drei Ausführenden; Gruppe von drei Personen); **Tri|ode**, die; -, -n ‹griech.› (*Elektrotechnik* Verstärkerröhre mit drei Elektroden); **Trio|le**, die; -, -n ‹ital.› (*Musik* Figur von 3 Tönen im Taktwert von 2 oder 4 Tönen; *ugs. auch für* Geschlechtsverkehr zu dritt); **Trio|lett**, das; -[e]s, -e ‹franz.› (eine Gedichtform)
Trip, der; -s, -s ‹engl.› (Ausflug, Reise; Rauschzustand durch Drogeneinwirkung, *auch für* die dafür benötigte Dosis)
[1]**Tri|pel**, das; -s, - ‹franz.› (die Zusammenfassung dreier Dinge, z. B. Dreieckspunkte); [2]**Tri|pel**, der; -s, - (*veraltet für* dreifacher Gewinn)
[3]**Tri|pel**, der; -s ‹nach Tripolis› (*Geol.* Kieselerde)
Tri|pel|al|li|anz (*Völkerrecht* Dreibund)
Tri|phthong, der; -s, -e ‹griech.› (*Sprachw.* Dreilaut, drei eine Silbe bildende Selbstlaute, z. B. ital. miei „meine")
Tri|plé [...'pleː], das; -s, -s ‹franz.› (*Billard* Zweibandenball); **Tri|plik**, die; -, -en ‹lat.› (*veraltend für* die Antwort des Klägers auf eine Duplik); **Tri|pli|kat**, das; -[e]s, -e (*selten für* dritte Ausfertigung); **Tri|pli|zi|tät**, die; - (*selten für* dreifaches Vorkommen, Auftreten); **tri|plo|id** (einen dreifachen Chromosomensatz enthaltend)

Trip|ma|dam, die; -, -en ‹franz.› (zu den Fetthennen gehörende Pflanze)
Tri|po|den (*Plur. von* Tripus)
Tri|po|lis (Hptst. von Libyen); **Tri|po|li|ta|ni|en** [...iən] (Gebiet in Libyen); **tri|po|li|ta|nisch**
trip|peln (mit kleinen, schnellen Schritten gehen); ich ...[e]le (↑R 22); **Trip|pel|schritt**
Trip|per, der; -s, - ‹*zu nordd.* drippen = tropfen› (eine Geschlechtskrankheit)
Tri|ptik (*eindeutschend für* Triptyk); **Tri|pty|chon,** das; -s, *Plur.* ...chen *u.* ...cha ‹griech.› (dreiteiliger Altaraufsatz); **Tri|ptyk,** Triptik, das; -s, -s ‹engl.› (dreiteiliger Grenzübertrittsschein für Wohnanhänger und Wasserfahrzeuge); **Tri|pus,** der; -, ...poden ‹griech.› (Dreifuß, altgriech. Gestell für Gefäße)
Tri|re|me, die; -, -n ‹lat.› (*svw.* Triere)
Tris|me|gi|stos, der; - ‹griech., „der Dreimalgrößte"› (Beiname des ägypt. Hermes)
trist; -este ‹franz.› (traurig, öde)
Tri|stan (mittelalterl. Sagengestalt)
Tri|ste, die; -, -n (*bayr., österr. u. schweiz. für* um eine Stange aufgehäuftes Heu od. Stroh)
Tri|stesse [...'tɛs], die; -, -n [...s(ə)n] ‹franz.› (Traurigkeit, trübe Stimmung); **Trist|heit,** die; -; **Tri|sti|en** [...iən] *Plur.* ‹lat.› (Trauergedichte [Ovids])
Trit|ago|nist, der; -en, -en (↑R 197) ‹griech.› (dritter Schauspieler auf der altgriech. Bühne)
Tri|ti|um, das; -s ‹griech.› (schweres Wasserstoffisotop; *Zeichen* T); [1]**Tri|ton,** das; -s, ...onen (schwerer Wasserstoffkern)
[2]**Tri|ton** (griech. fischleibiger Meergott, Sohn Poseidons); [3]**Triton,** der; ...onen, ...onen; ↑R 197 (Meergott im Gefolge Poseidons)
Tri|to|nus, der; - ‹griech.› (*Musik* übermäßige Quarte [3 Ganztonschritte])
Tritt, der; -[e]s, -e; - halten; **Trittbrett; Tritt|brett|fah|rer** (*ugs. für* jmd., der von einer Sache zu profitieren versucht, ohne selbst etwas dafür zu tun); **tritt|fest; Tritt|lei|ter,** die; **tritt|si|cher**
Tri|umph, der; -[e]s, -e ‹lat.› (großer Sieg, Erfolg; *nur Sing.:* Siegesfreude, -jubel); **tri|um|phal** (herrlich, sieghaft); **Tri|um|phator,** der; -s, ...oren (feierlich einziehender Sieger); **Tri|umph|bogen; tri|umph|ge|krönt; Triumph|ge|schrei; tri|um|phie|ren** (als Sieger einziehen; jubeln); **Tri|umph‿wa|gen, ...zug**
Tri|um|vir [...v...], der; *Gen.* -s *u.* -n, *Plur.* -n (↑R 197) ‹lat.› (Mitglied eines Triumvirats); **Tri|um|vi|rat,** das; -[e]s, -e (Dreimännerherrschaft [im alten Rom])
tri|va|lent [...v...] ‹lat.› (*fachspr. für* dreiwertig)
tri|vi|al [...v...] ‹lat.› (platt, abgedroschen); **Tri|via|li|tät,** die; -, -en; ↑R 180 (Plattheit); **Tri|vi|al‿li|te|ra|tur, ...ro|man; Tri|vi|um,** das; -s ‹„Dreiweg"› (im mittelalterl. Universitätsunterricht die Fächer Grammatik, Dialektik u. Rhetorik)
Tri|zeps, der; -[es], -e ‹lat., „Dreiköpfiger"› (*Med.* Oberarmmuskel)
Tro|as, die; - (im Altertum kleinasiat. Landschaft)
Tro|ca|de|ro [...ka...], der; -[s] (ein Palast in Paris)
tro|chä|isch [...x...] ‹griech.› (aus Trochäen bestehend); **Tro|chäus,** der; -, ...äen ([antiker] Versfuß)
Tro|chi|lus [...x...], der; -, ...ilen ‹griech.› (*Archit.* Hohlkehle in der Basis ionischer Säulen)
Tro|chit [...x..., *auch* ...'xit], der; *Gen.* -s *u.* -en, *Plur.* -en (↑R 197) ‹griech.› (Stengelglied versteinerter Seelilien); **Tro|chi|ten|kalk; Tro|cho|pho|ra,** die; -, ...phoren (*Biol.* Larve der Ringelwürmer)
trocken[1]; ↑R 22. **I.** *Großschreibung* (↑R 65): auf dem Trock[e]nen (auf trockenem Boden) stehen, im Trock[e]nen (auf trockenem Boden) sein. **II.** *Kleinschreibung* (↑R 65) *in folgenden Fügungen:* auf dem trock[e]nen sein (*ugs. für* festsitzen; nicht weiterkommen); im trock[e]nen (geborgen) sein *(ugs.);* auf dem trock[e]nen sitzen (*ugs. für* nicht flott, in Verlegenheit sein); sein Schäfchen im trock[e]nen haben, ins trock[e]ne bringen (*ugs. für* sich wirtschaftlich gesichert haben, sichern). **III.** *Schreibung in Verbindung mit Verben* (↑R 205 f.): trocken sein, werden; trocken (= in trockenem Zustand, an trockene[r] Stelle) legen, liegen, stehen, sitzen, reiben; *vgl.* a b e r: trockenlegen, trockenreiben, trockensitzen, trockenstehen; **Trocken**[1]**‿an|la|ge, ...ap|pa|rat; Trocken|bee|ren|aus|le|se**[1]; **Trocken**[1]**‿bio|top, ...blu|me, ...bo|den, ...dock, ...ei** (das; -[e]s; Eipulver), **...eis** (feste Kohlensäure), **...ele|ment, ...far|be, ...fut|ter, ...füt|te|rung, ...ge|müse, ...ge|stell, ...hau|be, ...he|fe; Trocken|heit**[1]; **trocken|le|gen**[1]; ↑R 205 (mit frischen Windeln versehen); die Mutter hat das Kind trockengelegt; *vgl.* a b e r: trocken III; **Trocken**[1]**‿le|gung, ...milch, ...ofen, ...pe|ri|ode, ...platz, ...ra|sie|rer** *(ugs.),* **...rasur, ...raum; trocken|rei|ben**[1]; ↑R 205 (durch Reiben trocknen); das Kind wurde nach dem Bad trockengerieben; *vgl.* a b e r: trocken III; **Trocken|schi|kurs**[1], Trocken|ski|kurs; **Trockenschleu|der**[1]; **trocken|schleudern**[1] (durch Schleudern trocknen); die Wäsche wurde trockengeschleudert; **trocken|sit|zen**[1]; ↑R 205 (*ugs. für* ohne Getränke sitzen); sie ließen uns bei diesem Fest -; *vgl.* a b e r: trocken III; **Trocken|ski|kurs**[1] *vgl.* Trockenschikurs; **Trocken**[1]**‿spin|ne, ...spi|ri|tus; trocken|ste|hen**[1]; ↑R 205 (keine Milch geben); die Kuh hat mehrere Wochen trokkengestanden; *vgl.* a b e r: trokken III; **Trocken**[1]**‿übung** (*Sport* vorbereitende Übung beim Erlernen einer sportl. Tätigkeit), **...wä|sche, ...zeit; Tröck|ne,** die; - (*schweiz. für* anhaltende Trokkenheit); **trock|nen; Trock|ner; Trock|nung,** die; -
Trod|del, die; -, -n (kleine Quaste); **Trod|del|chen, Tröd|delchen**
Trö|del, der; -s (*ugs. für* alte, wertlose Gegenstände; Kram); **Trödel|bu|de; Trö|de|lei; Trö|del‿frit|ze** (*ugs. für* m. Person, die ständig trödelt), **...kram, ...laden, ...lie|se** (*vgl.* Trödelfritze), **...markt; trö|deln** (*ugs. für* beim Arbeiten u. ä. langsam sein; schlendern); ich ...[e]le (↑R 22); **Tröd|ler; Tröd|le|rin; Tröd|ler|laden**
Tro|er *vgl.* Trojaner
Trog, der; -[e]s, Tröge
Tro|glo|dyt, der; -en, -en (↑R 197) ‹griech.› (Höhlenbewohner)
Troi|er *vgl.* Troyer
Troi|ka ['trɔyka], die; -, -s ‹russ.› (russ. Dreigespann)
tro|isch *vgl.* trojanisch
Trois|dorf ['tro:s...] (Stadt in Nordrhein-Westfalen)
Tro|ja (antike kleinasiat. Stadt); **Tro|ja|ner** (Bewohner von Troja); **tro|ja|nisch;** die trojanischen Helden, a b e r (↑R 157): der Trojanische Krieg; das Trojanische Pferd
tröl|len (*schweiz. für* [den Gerichtsgang] leichtfertig od. frevelhaft verzögern); **Tröl|le|rei,** die; -
Troll, der; -[e]s, -e (Kobold); **Trollblu|me; trol|len,** sich *(ugs.)*
Trol|ley|bus ['trɔli...] ‹engl.› (*bes. schweiz. für* Oberleitungsbus)

[1] *Trenn.* ...k|k...

Trol|lin|ger, der; -s, - (eine Reb- u. Weinsorte)
Trom|be, die; -, -n ‹ital.(-franz.)› (Wasser-, Sand-, Windhose)
Trom|mel, die; -, -n; **Trom|mel|brem|se; Tröm|mel|chen; Trom|mel|ei** *(ugs.)*; **Trom|mel_fell, ...feu|er; trom|meln;** ich ...[e]le (↑R 22); **Trom|mel_re|vol|ver, ...schlag, ...schlä|ger, ...schle|gel, ...stock** (*Plur.* ...stöcke), **...wasch|ma|schi|ne, ...wir|bel; Tromm|ler; Tromm|le|rin**
Trom|pe|te, die; -, -n ‹franz.›; **trom|pe|ten;** er hat trompetet; **Trom|pe|ten_baum, ...si|gnal, ...stoß; Trom|pe|ter; Trom|pe|te|rin; Trom|pe|ter|vo|gel**
Trom|sø ['trɔmzø] (norw. Stadt)
Trond|heim (*norw. Schreibung von* Drontheim)
Troo|per ['tru:pə(r)] ‹engl.› (Geländefahrzeug)
Tro|pe, die; -, -n *u.* Tro|pus, der; -, ...pen ‹griech., „Wendung“› (Vertauschung des eigentlichen Ausdrucks mit einem bildlichen, z. B. „Bacchus“ statt „Wein“); **Tro|pen** *Plur.* (heiße Zone zwischen den Wendekreisen); **Tro|pen_an|zug, ...fie|ber** (das; -s), **...helm, ...in|sti|tut, ...kli|ma** (das; -s), **...kol|ler** (der; -s), **...krank|heit, ...me|di|zin** (die; -), **...pflan|ze; tro|pen|taug|lich; Tro|pen|taug|lich|keit**
[1]**Tropf,** der; -[e]s, Tröpfe (*ugs. für* einfältiger Mensch); [2]**Tropf,** der; -[e]s, -e (*Med.* Vorrichtung für die Tropfinfusion); **tropf|bar; tropf|bar|flüs|sig; Tröpf|chen; Tröpf|chen|in|fek|ti|on; tröpf|chen|wei|se; tröp|feln;** ich ...[e]le (↑R 22); **trop|fen; Trop|fen,** der; -s, -; **Trop|fen_fän|ger, ...form** (die; -); **trop|fen_för|mig, ...wei|se; Tröp|ferl|bad** (*ostösterr. ugs. für* Brausebad); **Tropf_fla|sche, ...in|fu|si|on; Tröpf|lein; tropf|naß; Tropf_röhr|chen, ...stein; Tropf|stein|höh|le**
Tro|phäe, die; -, -n ‹griech.› (Siegeszeichen [erbeutete Waffen, Fahnen u. ä.]; Jagdbeute [z. B. Geweih])
tro|phisch ‹griech.› (*Med.* mit der Ernährung zusammenhängend)
Tro|pi|cal [...k(ə)l], der; -s, -s ‹griech.-engl., „tropisch“› (luftdurchlässiger Anzugstoff in Leinenbindung); **Tro|pi|ka,** die; - ‹griech.› (schwere Form der Malaria); **tro|pisch** (zu den Tropen gehörend; südlich, heiß; *Rhet.* bildlich); **Tro|pis|mus,** der; -, ...men (*Bot.* Krümmungsbewegung der Pflanze, die durch äußere Reize hervorgerufen wird); **Tro|po|sphä|re,** die; - (*Meteor.* unterste Schicht der Erdatmosphäre); [1]**Tro|pus** *vgl.* Trope; [2]**Tro|pus,** der; -, Tropen (im Gregorianischen Gesang der Kirchenton u. die Gesangsformel für das Schlußamen; melodische Ausschmückung von Texten im Gregorianischen Choral)
troß! (*landsch. für* schnell!)
Troß, der; Trosses, Trosse ‹franz.› (*Milit. früher* der die Truppe mit Verpflegung u. Munition versorgende Wagenpark; *übertr. für* Gefolge, Haufen); **Tros|se,** die; -, -n (starkes Tau; Drahtseil); **Troß_knecht, ...schiff**
Trost, der; -es; **trost_be|dürf|tig, ...brin|gend; trö|sten;** sich -; **Trö|ster; Trö|ste|rin; tröst|lich; trost|los;** -este; **Trost|lo|sig|keit,** die; -; **Trost_pfla|ster, ...preis; trost|reich; Trost|spruch; Trö|stung; trost|voll; Trost|wort** *Plur.* ...worte
Trö|te, die; -, -n (*landsch. für* Blasinstrument, bes. [Kinder]trompete); **trö|ten** *(landsch.)*
Trott, der; -[e]s, -e (lässige Gangart; *ugs. für* langweiliger, routinemäßiger [Geschäfts]gang; eingewurzelte Gewohnheit); **Trott|baum** (Teil der [alten] Weinkelter); **Trot|te,** die; -, -n (*südwestd. u. schweiz. für* [alte] Weinkelter)
Trot|tel, der; -s, - (*ugs. für* einfältiger Mensch, Dummkopf); **Trot|te|lei; trot|tel|haft; Trot|tel|haf|tig|keit; trot|te|lig; Trot|te|lig|keit,** die; -
trot|teln (*ugs. für* langsam [u. unaufmerksam] gehen); ich ...[e]le (↑R 22); **trot|ten** (*ugs. für* schwerfällig gehen); **Trot|teur** [...'tø:r], der; -s, -s ‹franz.› (Laufschuh mit niedrigem Absatz); **Trot|ti|nett,** das; -s, -e ‹franz.› (*schweiz. für* Kinderroller); **Trot|toir** [...'to̯a:r], das; -s, *Plur.* -e *u.* -s (*schweiz., sonst veraltet für* Bürgersteig)
Tro|tyl, das; -s (*svw.* Trinitrotoluol)
trotz (↑R 62); *Präp. mit Gen.:* - des Regens, - vieler Ermahnungen; *auch, bes. südd., schweiz. u. österr., mit Dat.:* - dem Regen; *mit Dat. auch, wenn der Artikel fehlt, und immer, wenn der Gen. Plur. nicht erkennbar ist:* - nassem Asphalt, - Atomkraftwerken; *ebenso in:* - all[e]dem, - allem; *ein stark gebeugtes Substantiv im Sing. ohne Artikel u. Attribut bleibt oft schon ungebeugt:* - Regen [und Kälte], - Umbau; **Trotz,** der; -es; aus -; dir zum -; - bieten; **Trotz|al|ter,** das; -s; **trotz|dem;** - ist es falsch; *auch als Konj.:* - (*älter* - daß) du nicht rechtzeitig eingegriffen hast; **trot|zen;** du trotzt; **Trot|zer** (*auch Bot.* zweijährige Pflanze, die im zweiten Jahr keine Blüten bildet); **trot|zig**
Trotz|ki (russ. Revolutionär); **Trotz|kis|mus,** der; - (von Trotzki begründete u. vertretene revolutionäre Theorie); **Trotz|kist,** der; -en, -en; ↑R 197 (Anhänger des Trotzkismus); **trotz|ki|stisch**
Trotz|kopf; trotz|köp|fig; Trotz_pha|se, ...re|ak|ti|on
Trou|ba|dour ['tru:badu:r, *auch* ...'du:r], der; -s, *Plur.* -e *u.* -s ‹franz.› (provenzal. Minnesänger des 12. u. 13. Jh.s)
Trou|ble ['trab(ə)l], der; -s ‹engl.› (*ugs. für* Ärger, Unannehmlichkeiten)
Trou|pier [tru'pie:], der; -s, -s ‹franz.› (*veraltet für* altgedienter Soldat)
Trou|vère [tru'vɛ:r], der; -s, -s ‹franz.› ([nord]franz. Minnesänger des 12. u. 13. Jh.s)
Troy|er, Troi|er ['trɔyər], der; -s, - (Matrosenunterhemd)
Troyes [tro̯a] (franz. Stadt)
Troy|ge|wicht ['trɔy...] ‹*zu* Troyes› (Gewicht für Edelmetalle u. a. in England u. in den USA)
Trub, der; -[e]s (*fachspr. für* Bodensatz beim Wein, Bier); **trüb, trü|be;** (↑R 65:) im trüben fischen; **Trü|be,** die; -
Tru|bel, der; -s
trü|ben; sich -; **Trüb|heit,** die; -; **Trüb|nis,** die; -, -se *(veraltet)*; **Trüb|sal,** die; -, -e; **trüb|se|lig; Trüb|se|lig|keit,** die; -; **Trüb|sinn,** der; -[e]s; **trüb|sin|nig; Trub|stof|fe** *Plur.; vgl.* Trub; **Trü|bung**
Truch|seß, der; *Gen.* ...sesses, *älter* ...sessen, *Plur.* ...sesse (im Mittelalter für Küche u. Tafel zuständiger Hofbeamter)
Truck [trak], der; -s, -s ‹engl.› (*amerik. Bez. für* Lastkraftwagen)
Truck|sy|stem ['trak...], das; -s ‹engl.› (frühere Form der Lohnzahlung in Waren, Naturalien)
Trud|chen, Tru|de, Tru|di (w. Vorn.)
tru|deln (*Fliegerspr.* drehend niedergehen od. abstürzen; *auch landsch. für* würfeln); ich ...[e]le (↑R 22)
Tru|di *vgl.* Trude
Trüf|fel, die; -, -n, *ugs. meist* der; -s, - ‹franz.› (ein Pilz; eine kugelförmige Praline); **Trüf|fel|le|ber|pa|ste|te; trüf|feln** (mit Trüffeln anrichten); ich ...[e]le (↑R 22); **Trüf|fel_schwein, ...wurst**
Trug, der; -[e]s; [mit] Lug und -; **Trug_bild, ...dol|de; trü|gen;** du trogst; du trögest; getrogen; trüg[e]!; **trü|ge|risch;** -ste; **Trug_ge|bil|de, ...schluß**

Tru|he, die; -, -n; **Tru|hen|deckel** [*Trenn.* ...dek|kel]
Trum, der *od.* das; -[e]s, *Plur.* -e *u.* Trümer (Nebenform von ¹Trumm) (*Bergmannsspr.* Abteilung eines Schachtes; kleiner Gang; *Maschinenbau* frei laufender Teil des Förderbandes od. des Treibriemens)
Tru|man ['tru:mən] (Präsident der USA)
¹Trumm, der *od.* das; -[e]s, *Plur.* -e *u.* Trümmer (*svw.* Trum); **²Trumm**, das; -[e]s, Trümmer (*landsch. für* großes Stück, Exemplar); **Trüm|mer** *Plur.* ([Bruch]stücke); etwas in - schlagen; **Trüm|mer_feld, ...flo|ra, ...frau, ...ge|stein, ...grund|stück; trüm|mer|haft; Trümmer_hau|fen, ...land|schaft**
Trumpf, der; -[e]s, Trümpfe ⟨lat.⟩ (eine der [wahlweise] höchsten Karten beim Kartenspielen, mit denen Karten anderer Farben gestochen werden können); **Trumpf|as; trump|fen; Trumpf_far|be, ...kar|te, ...kö|nig**
Trunk, der; -[e]s, Trünke *Plur. selten (geh.)*; **Trünk|chen; trun|ken;** er ist vor Freude -; **Trun|ken|bold**, der; -[e]s, -e *(abwertend)*; **Trun|ken|heit**, die; -; **Trunk|sucht**, die; -; **trunk|süch|tig; Trunk|süch|ti|ge**, der *u.* die; -en, -en (↑R 7 ff.)
Trupp, der; -s, -s ⟨franz.⟩; **Trüpp|chen; Trup|pe**, die; -, -n; **Trup|pen** *Plur.*; **Trup|pen_ab|bau, ...ab|zug, ...arzt, ...auf|marsch, ...be|treu|ung, ...be|we|gung, ...ein|heit, ...füh|rer, ...gat|tung, ...kon|tin|gent, ...kon|zen|tra|ti|on, ...pa|ra|de, ...stär|ke, ...teil** (der), **...trans|port, ...trans|por|ter, ...übungs|platz, ...un|ter|kunft, ...ver|pfle|gung; Trüpp|lein; trupp|wei|se**
Trü|sche, die; -, -n (ein Fisch)
Trust [trast], der; -[e]s, *Plur.* -e *u.* -s ⟨engl.⟩ (Konzern); **trust|ar|tig; Tru|stee** [tras'ti:], der; -s, -s (*engl. Bez. für* Treuhänder); **trust|frei**
Trut_hahn, ...hen|ne, ...huhn
Trutz, der; -es *(veraltet)*; zu Schutz und -; Schutz-und-Trutz-Bündnis *(vgl. d.)*; **Trutz|burg; trut|zen** (*veraltet für* trotzen); du trutzt; **trut|zig** *(veraltet)*
Try|pa|no|so|ma, das; -s, ...men *meist Plur.* ⟨griech.⟩ (*Zool.* Geißeltierchen)
Tryp|sin, das; -s ⟨griech.⟩ (Ferment der Bauchspeicheldrüse)
Tsa|tsi|ki *vgl.* Zaziki
¹Tschad, der; -[s] (*kurz für* Tschadsee); **²Tschad**, der; -[s] *meist mit Artikel* (Staat in Afrika); **Tscha|der; Tscha|de|rin; tscha|disch**
Tscha|dor, der; -s, -s ⟨pers.⟩ ([von persischen Frauen getragener] langer Schleier)
Tschad|see, der; -s (See in Zentralafrika)
Tschai|kow|sky[1] [...'kɔfski] (russ. Komponist)
Tscha|ko, der; -s, -s ⟨ung.⟩ (*früher* Kopfbedeckung bei Militär u. Polizei)
Tschan|du, das; -s ⟨Hindi⟩ (zum Rauchen zubereitetes Opium)
Tschap|ka, die; -, -s ⟨poln.⟩ (Kopfbedeckung der Ulanen); *vgl.* aber: Schapka
Tschap|perl, das; -s, -n (*österr. ugs. für* tapsiger Mensch)
Tschar|dasch *vgl.* Csárdás
tschau! *vgl.* ciao!
Tsche|che, der; -n, -n; ↑R 197 (Angehöriger eines westslaw. Volkes); **Tsche|cherl**, das; -s, -n (*ostösterr. ugs. für* kleines, einfaches Gast-, Kaffeehaus); **Tsche|chin; tsche|chisch; Tsche|chisch**, das; -[s] (Sprache); *vgl.* Deutsch; **Tsche|chi|sche**, das; -n; *vgl.* Deutsche, das; **Tsche|cho|slo|wa|ke**, der; -n, -n (↑R 197); **Tsche|cho|slo|wa|kei**, die; - (Staat in Mitteleuropa; *Abk.* ČSFR); **Tsche|cho|slo|wa|kin; tsche|cho|slo|wa|kisch** (↑R 155)
Tsche|chow ['tʃɛxɔf] (russ. Schriftsteller)
Tsche|ki|ang; ↑R 180 (chin. Prov.)
tschen|tschen (*südösterr. für* raunzen, kritisieren); du tschentschst
Tscher|kes|se, der; -n, -n; ↑R 197 (Angehöriger einer Gruppe kaukas. Volksstämme); **Tscher|kes|sin; tscher|kes|sisch**
Tscher|no|sem [...'sjɔm] *u.* **Tscher|no|sjom**, das; -s ⟨russ., „Schwarzerde" *[vgl. d.]*⟩
Tsche|ro|ke|se, der; -n, -n; ↑R 197 (Angehöriger eines nordamerik. Indianerstammes)
Tscher|per, der; -s, - (*Bergmannsspr. veraltet* kurzes Messer)
Tscher|wo|nez, der; -, ...wonzen (ehem. russ. Münzeinheit); 3 - (↑R 129)
Tsche|tsche|ne, der; -n, -n; ↑R 197 (Angehöriger eines kaukas. Volkes)
Tschi|buk [*österr.* 'tʃi:...], der; -s, -s ⟨türk.⟩ (lange türkische Tabakspfeife)
Tschick, der; -s, - ⟨ital.⟩ (*österr. ugs. für* Zigarette[nstummel])

[1] *So die eigene Schreibung des Komponisten. Nach dem vom Duden verwendeten Transkriptionssystem müßte* Tschaikowski *geschrieben werden.*

Tschi|kosch ['tʃi(:)...] *vgl.* Csikós
tschil|pen (zwitschern [vom Sperling])
Tschi|nel|len *Plur.* ⟨ital.⟩ (Becken [messingenes Schlaginstrument])
tsching!; tsching|bum!
Tschis|ma, der; -s, ...men ⟨ung.⟩ (niedriger, farbiger ung. Stiefel)
Tschuk|tsche, der; -n, -n; ↑R 197 (Angehöriger eines altsibir. Volkes)
tschüs! [tʃy(:)s] (*ugs. für* auf Wiedersehen!)
Tschusch, der; -en, -en ⟨slaw.⟩ (*österr. ugs. für* Ausländer, Fremder, bes. Südslawe, Slowene)
Tschu|wa|sche, der; -n, -n; ↑R 197 (Angehöriger eines ostfinn.-turktatar. Mischvolkes)
Tsd. = ³Tausend
Tse|tse_flie|ge ⟨Bantu; dt.⟩ (Überträger der Schlafkrankheit u. a.), **...pla|ge**
T-Shirt ['ti:ʃœ:(r)t] ⟨engl.⟩ ([kurzärmliges] Oberteil aus Trikot)
Tsi|nan (chin. Stadt)
Tsing|tau (chin. Stadt)
Tsi|tsi|kar (chin. Stadt)
Tsjao, der; -[s], -[s] ⟨chin.⟩ (chin. Münze); 10 - (↑R 129)
Tsu|ga, die; -, *Plur.* -s *u.* ...gen ⟨jap.⟩ (Schierlings- od. Hemlocktanne)
T-Trä|ger, der; -s, -; ↑R 37 *(Bauw.)*
TU = technische Universität; *vgl.* technisch
Tua|reg [*auch* ...'rɛk] (*Plur. von* Targi)
Tu|ba, die; -, ...ben ⟨lat.⟩ (Blechblasinstrument; *Med.* Eileiter, Ohrtrompete)
Tüb|bing, der; -s, -s (*Bergmannsspr.* Tunnel-, Schachtring)
Tu|be, die; -, -n ⟨lat.⟩ (röhrenförmiger Behälter [für Farben u. a.]; *Med. auch für* Tuba); **Tu|ben** (*Plur. von* Tuba *u.* Tubus); **Tu|ben|schwan|ger|schaft**
Tu|ber|kel, der; -s, -, *österr. auch* die; -, -n ⟨lat.⟩ (*Med.* Knötchen); **Tu|ber|kel_bak|te|rie, ...ba|zil|lus; tu|ber|ku|lar** (knotig); **Tu|ber|ku|lin**, das; -s (Substanz zum Nachweis von Tuberkulose); **tu|ber|ku|lös** (mit Tuberkeln durchsetzt; schwindsüchtig); **Tu|ber|ku|lo|se**, die; -, -n (eine Infektionskrankheit; *Abk.* Tb, Tbc, Tbk); **Tu|ber|ku|lo|se|für|sor|ge; tu|ber|ku|lo|se|krank** (*Abk.* Tbc-krank, Tb-krank, Tbk-krank; ↑R 38 *u.* R 83); **Tu|ber|ku|lo|se|kran|ke**
Tu|be|ro|se, die; -, -n ⟨lat.⟩ (eine aus Mexiko stammende stark duftende Zierpflanze)
Tü|bin|gen (Stadt am Neckar); **Tü|bin|ger** (↑R 147)
tu|bu|lär, tu|bu|lös ⟨lat.⟩ (*Med.*

röhrenförmig); -e Drüsen; **Tu|bus,** der; -, *Plur.* ...ben *u.* -se (bei optischen Geräten das linsenfassende Rohr; bei Glasgeräten der Rohransatz)
Tuch, das; -[e]s, *Plur.* Tücher *u.* *(Arten:)* -e; **Tuch‿an|zug, ...art; tuch|ar|tig; Tuch|bahn; Tü|chel|chen; tu|chen** (aus Tuch)
Tu|chent, die; -, -en (*bayr., österr. für* mit Federn gefüllte Bettdecke)
Tuch‿fa|brik, ...fa|bri|kant, ...füh|lung (die; -; *nur in Wendungen wie* [mit jmdm.] - haben), **...han|del** (*vgl.* [1]Handel); **Tüch|lein; Tuch‿ma|cher, ...man|tel**
Tu|chol|sky [...ki] (dt. Journalist u. Schriftsteller)
Tuch|rock; *vgl.* [1]Rock
tüch|tig; Tüch|tig|keit, die; -
Tücke, die; -, -n [*Trenn.* Tük|ke]
tuckern [*Trenn.* tuk|kern] (vom Motor)
tückisch; -ste [*Trenn.* tük|kisch]; eine -e Krankheit; **tück|schen** (*ostmitteld. u. nordd. für* heimlich zürnen); du tückschst
tuck|tuck! (Lockruf für Hühner)
Tü|der, der; -s, - (*nordd. für* Seil zum Anbinden von Tieren auf der Weide); **tü|dern** (*nordd. für* Tiere auf der Weide anbinden; in Unordnung bringen); ich ...ere (↑R 22)
Tu|dor ['tu:dɔr, *engl.* 'tju:də(r)], der; -[s], -s (Angehöriger eines engl. Herrschergeschlechtes); **Tu|dor‿bo|gen** *(Archit.),* **...stil** (der; -[e]s)
Tue|rei (*ugs. für* Sichzieren)
[1]**Tuff,** der; -s, -s (*landsch. für* Strauß, Büschel [von Blumen o. ä.])
[2]**Tuff,** der; -s, -e ‹ital.› (ein Gestein); **Tuffels, Tuffel|sen** [*Trenn.* Tuff|fe..., ↑R 204]; **tuf|fig; Tuff|stein**
Tüf|tel|ar|beit *(ugs.);* **Tüf|te|lei** *(ugs.);* **Tüf|te|ler** usw. *vgl.* Tüftler usw.; **tüf|teln** (*ugs. für* eine knifflige Aufgabe mit Ausdauer zu lösen suchen); ich ...[e]le (↑R 22)
Tuf|ting... ['taf...] ‹engl.› (*in Zus.* Spezialfertigungsart für Auslegeware u. Teppiche, bei der Schlingen in das Grundgewebe eingenäht werden); **Tuf|ting‿schlin|gen|wa|re, ...tep|pich, ...ver|fah|ren** (das; -s)
Tüft|ler; Tüft|le|rin; tüft|lig
Tu|gend, die; -, -en; **Tu|gend|bold,** der; -[e]s, -e (*iron. für* tugendhafter Mensch); **tu|gend|haft;** -este; **Tu|gend|haf|tig|keit,** die; -; **Tu|gend‿held** *(auch iron.),* **...hel|din; tu|gend|lich** *(veraltet);* **Tu|gend|lich|keit,** die; -; **tu|gend|los;** -este; **Tu|gend|lo|sig|keit,** die; -; **tu|gend|sam** *(veraltend);* **Tu|gend|sam|keit,** die; -; **Tu|gend‿wäch|ter** *(iron.),* **...wäch|te|rin**
Tui|le|ri|en [tÿilə'ri:ən] *Plur.* („Ziegeleien") (ehem. Residenzschloß der franz. Könige in Paris)
Tu|is|ko *u.* **Tui|sto;** ↑R 180 (germ. Gottheit, Stammvater der Germanen)
Tu|kan [*auch* tu'ka:n], der; -s, -e ‹indian.› (Pfefferfresser [ein mittel- u. südamerik. Vogel])
Tu|la (sowjet. Stadt); **Tu|la|ar|beit;** ↑R 149 (Silberarbeit mit Ornamenten)
Tu|lar|ämie, die; - ‹indian.; griech.; *erster Wortteil nach* der kaliforn. Landschaft Tulare› (Hasenpest, die auf Menschen übertragen werden kann)
Tu|la|sil|ber (*svw.* Tulaarbeit)
Tu|li|pan, der; -[e]s, -e *u.* **Tu|li|pa|ne,** die; -, -n ‹pers.› (*veraltet für* Tulpe)
Tüll, der; -s, *Plur. (Arten:)* -e ‹nach der franz. Stadt Tulle› (netzartiges Gewebe); **Tüll|blu|se**
Tül|le, die; -, -n (*landsch. für* [Ausguß]röhrchen; kurzes Rohrstück zum Einstecken)
Tüll|gar|di|ne
Tul|lia (altröm. w. Eigenn.); **Tul|li|us** (altröm. m. Eigenn.)
Tüll‿schlei|er, ...vor|hang
Tul|pe, die; -, -n ‹pers.›; **Tul|pen‿feld, ...zwie|bel**
...tum (z. B. Besitztum, das[1]; -s, ...tümer)
tumb (*altertümelnd scherzh. für* einfältig)
[1]**Tum|ba,** die; -, ...ben ‹griech.› (Scheinbahre beim kath. Totengottesdienst; Überbau eines Grabes mit Grabplatte)
[2]**Tum|ba,** die; -, -s ‹span.› (eine große Trommel)
Tumb|heit, die; - (das Tumbsein)
...tüm|lich (z. B. eigentümlich)
Tum|mel, der; -s, - (*landsch. für* Rausch); **tum|meln** (bewegen); sich - ([sich be]eilen; *auch für* herumtollen); ich ...[e]le [mich] (↑R 22); **Tum|mel|platz; Tumm|ler** („Taumler") (*früher* Trinkgefäß mit abgerundetem Boden, Stehauf); **Tümm|ler** (Delphin; eine Taube)
Tu|mor [*ugs. auch* tu'mo:r], der; -s, *Plur.* ...oren, *ugs. auch* ...ore ‹lat.› (*Med.* Geschwulst); **Tu|mor‿wachs|tum, ...zel|le**
Tüm|pel, der; -s, -
Tu|mu|li (*Plur. von* Tumulus)
Tu|mult, der; -[e]s, -e ‹lat.› (Lärm; Unruhe; Auflauf; Aufruhr); **Tu|mul|tu|ant,** der; -en, -en; ↑R 197 (Unruhestifter; Ruhestörer, Aufrührer); **tu|mul|tua|risch;** -ste; ↑R 180 (lärmend, unruhig, erregt); **tu|mul|tu|ös;** -este (*svw.* tumultuarisch)
Tu|mu|lus, der; -, ...li ‹lat.› (vorgeschichtliches Hügelgrab)
tun; ich tue *od.* tu', du tust, er tut, wir tun, ihr tut, sie tun; du tatst (tatest), er tat; du tätest; tuend; getan; tu[e]!, tut!; *vgl.* dick[e]tun, guttun, schöntun, übeltun, wohltun; **Tun,** das; -s; das - und Lassen; das - und Treiben
Tün|che, die; -, -n; **tün|chen; Tün|cher** *(landsch.);* **Tün|cher|mei|ster**
Tun|dra, die; -, ...dren ‹finn.-russ.› (baumlose Kältesteppe jenseits der arktischen Waldgrenze); **Tun|dren|step|pe**
Tu|nell, das; -s, -e (*landsch., vor allem südd. u. österr. svw.* Tunnel)
tu|nen ['tju:nən] ‹engl.› (die Leistung [eines Kfz-Motors] nachträglich steigern); ein getunter Wagen; **Tu|ner** ['tju:nə(r)], der; -s, - (*Elektronik* Kanalwähler)
Tu|ne|si|en [...iən] (Staat in Nordafrika); **Tu|ne|si|er** [...iər]; **Tu|ne|sie|rin** [...iə...]; **tu|ne|sisch**
Tun|gu|se, der; -n, -n; ↑R 197 (*svw.* Ewenke)
Tu|nicht|gut, der; *Gen.* - *u.* -[e]s, *Plur.* -e
Tu|ni|ka, die; -, ...ken ‹lat.› (altröm. Untergewand)
Tu|ning ['tju:...], das; -s ‹engl.› (nachträgliche Erhöhung der Leistung eines Kfz-Motors)
Tu|nis (Hptst. von Tunesien); **Tu|ni|ser** (↑R 147); **tu|ni|sisch**
Tun|ke, die; -, -n; **tun|ken**
tun|lich (*veraltend für* ratsam, angebracht); **Tun|lich|keit,** die; -; **tun|lichst** (*svw.* möglichst); - bald
Tun|nel, der; -s, *Plur.* - *u.* -s ‹engl.›; *vgl. auch* Tunell
Tun|te, die; -, -n (*ugs. für* Frau; Homosexueller mit femininem Gebaren); **tun|ten|haft;** -este; **tun|tig**
Tun|wort *vgl.* Tuwort
Tu|pa|ma|ro, der; -s, -s *meist Plur.* ‹nach dem Inkakönig Túpac Amaru› (uruguayischer Stadtguerilla)
Tupf, der; -[e]s, -e (*südd., österr. u. schweiz. für* Tupfen); **Tüpf|chen; Tüp|fel,** der *od., österr. nur,* das; -s, - (Pünktchen); **Tüp|fel|chen;** das I-Tüpfelchen (↑R 37), aber (weil das Tüpfelchen nur auf dem i stehen kann): das Tüpfelchen auf dem i (↑R 82); **Tüp|fel|farn; tüp|fe|lig,** tüpflig; **tüp|feln;**

---

[1] *Die auf* „tum" *ausgehenden Substantive waren ursprünglich Maskulina, wie heute noch* „Irrtum" *und* „Reichtum"; *die meisten dieser Wörter sind heute jedoch Neutra.*

ich ...[e]le (↑R 22); **tup|fen; Tup|fen,** der; -s, - (Punkt; [kreisrunder] Fleck); **Tup|fer; Tüpf|lein; tüpf|lig** *vgl.* tüpfelig

¹Tu|pi, der; -[s], -[s] (Angehöriger einer südamerik. Sprachfamilie); **²Tu|pi,** das; - (indian. Verkehrssprache in Südamerika)

Tür, die; -, -en; von - zu -; du kriegst die - nicht zu! (*ugs. für* das ist nicht zu fassen!)

Tu|ran (Tiefland in Mittelasien)

Tu|ran|dot (pers. Märchenprinzessin)

Tür|an|gel

Tu|ra|ni|er [...i̯ər]; **tu|ra|nisch** (aus Turan)

Tu|ras, der; -, -se (*Technik* Kettenstern [bei Baggern])

Tur|ban, der; -s, -e ‹pers.› ([moslem.] Kopfbedeckung); **tur|ban|ar|tig**

Tur|bel|la|rie [...i̯ə], die; -, -n *meist Plur.* ‹lat.› (*Zool.* Strudelwurm); **Tur|bi|ne,** die; -, -n ‹franz.› (*Technik* eine Kraftmaschine); **Tur|bi|nen‿an|trieb, ...flug|zeug, ...haus; Tur|bo,** der; -s, -s (*Kfz-Technik kurz für* Turbolader); **Tur|bo‿ge|ne|ra|tor** ‹lat.›, **...kom|pres|sor** (Kreiselverdichter), **...la|der, ...mo|tor; Tur|bo-Prop-Flug|zeug** (Turbinen-Propeller-Flugzeug); **Tur|bo|ven|ti|la|tor** (Kreisellüfter); **tur|bu|lent;** -este (stürmisch, ungestüm); **Tur|bu|lenz,** die; -, -en (turbulentes Geschehen; *Physik* Auftreten von Wirbeln in einem Luft-, Gas- od. Flüssigkeitsstrom)

Tür|chen; Tür|drücker [*Trenn.* ...drük|ker]; **Tü|re,** die; -, -n (*landsch. neben* Tür)

Turf, der; -s ‹engl., „Rasen"› (Pferderennbahn)

Tür‿fal|le (*schweiz. für* Türklinke), **...flü|gel, ...fül|lung**

Tur|gen|jew [...'gɛnjɛf] (russ. Dichter)

Tur|gor, der; -s ‹lat.› (*Med.* Spannungszustand des Gewebes; *Bot.* Innendruck der Pflanzenzellen)

Tür‿griff, ...he|ber, ...hü|ter; ...tü|rig (z. B. eintürig)

Tu|rin (ital. Stadt); *vgl.* Torino; **Tu|ri|ner** (↑R 147); **tu|ri|nisch**

Tür|ke, der; -n, -n; ↑R 197 (*auch für* [nach]gestellte Szene im Fernsehen); einen -n bauen (*ugs. für* etwas vortäuschen, vorspielen); **Tür|kei,** die; -; **tür|ken** (*ugs. für* vortäuschen, fälschen); **Tür|ken,** der; -s (*österr. ugs. für* Mais); **Tür|ken‿bund** (der; -[e]s, ...bünde; eine Lilienart), **...pfei|fe, ...sä|bel, ...sitz** (der; -es), **...tau|be; Tur|ke|stan** [*auch* ...'sta:n] (innerasiat. Gebiet)

Tur|key ['tœ:(r)ki], der; -s, -s ‹engl.› (unangenehmer Zustand, nachdem die Wirkung eines Rauschgiftes nachgelassen hat)

Tür|kin; tür|kis ‹franz.› (türkisfarben); ein - Kleid; *vgl. auch* beige; **¹Tür|kis,** der; -es, -e (ein Schmuckstein); **²Tür|kis,** das; - (türkisfarbener Ton); in - (↑R 65); **tür|kisch;** -es Pfund (*Abk.* Ltq); **Tür|kisch,** das; -[s] (Sprache); *vgl.* Deutsch; **Tür|ki|sche,** das; -n; *vgl.* Deutsche, das; **Tür|kisch|rot; tür|kis|far|ben, tür|kis|far|big; tur|ki|sie|ren** (türkisch machen)

Tür‿klin|ke, ...klop|fer

Turk|me|ne, der; -n, -n; ↑R 197 (Angehöriger eines Turkvolkes); **Turk|me|ni|en** [...i̯ən] (in Mittelasien); **Turk|me|nin; turk|me|nisch,** aber (↑R 157): Turkmenische SSR (Unionsrepublik der ehem. Sowjetunion); **Turk|me|ni|stan** [*auch* ...'sta:n] (Staat in Asien); **Tur|ko|lo|ge,** der; -n, -n (↑R 197) ‹türk.; griech.› (Wissenschaftler auf dem Gebiet der Turkologie); **Tur|ko|lo|gie,** die; - (Erforschung der Turksprachen u. -kulturen); **Tur|ko|lo|gin; Turk‿spra|che, ...stamm, ...ta|ta|ren** (*Plur.;* Turkvolk der Tataren), **...volk** (Volk mit einer türk. Sprache)

Tür|lein

Turm, der; -[e]s, Türme

Tur|ma|lin, der; -s, -e ‹singhal.-franz.› (ein Schmuckstein)

Turm|bau *Plur.* ...bauten; **Türm|chen; Turm|dreh|kran; ¹tür|men** (aufeinanderhäufen)

²tür|men ‹hebr.› (*ugs. für* weglaufen, ausreißen)

Tür|mer; Turm‿fal|ke, ...hau|be; turm|hoch; ...tür|mig (z. B. zweitürmig); **Türm|lein; Turm‿sprin|gen** (das; -s; *Sport*), **...uhr, ...wäch|ter**

Turn [tœ:(r)n], der; -s, -s ‹engl.› (Kehre im Kunstfliegen); *vgl.* aber: Törn

Turn|an|zug; tur|nen; Tur|nen, das; -s; **Tur|ner; Tur|ne|rei,** die; -, -en; **Tur|ne|rin; tur|ne|risch; Tur|ner|schaft; Turn‿fest, ...ge|rät, ...hal|le, ...hemd, ...ho|se**

Tur|nier, das; -s, -e ‹franz.› (früher ritterliches, jetzt sportliches Kampfspiel; Wettkampf); **tur|nie|ren** *(veraltet);* **Tur|nier‿pferd, ...rei|ter, ...rei|te|rin, ...tanz, ...tän|zer, ...tän|ze|rin**

Turn‿leh|rer, ...leh|re|rin, ...schuh; Turn|schuh|ge|ne|ra|ti|on (die; -; Generation von Jugendlichen, die lässige Kleidung bevorzugt); **Turn‿stun|de, ...übung, ...un|ter|richt**

Tur|nus, der; -, -se ‹griech.› (Reihenfolge; Wechsel; Umlauf; *österr. auch für* Arbeitsschicht, praktische Ausbildungszeit des Arztes); im -; **Tur|nus|arzt** *(österr.);* **tur|nus|ge|mäß; tur|nus|mä|ßig** (*dafür besser* turnusgemäß)

Turn|va|ter, der; -s; - Jahn; **Turn|ver|ein** (*Abk.* TV); (↑R 32:) Turn- und Sportverein (*Abk.* TuS); **Turn‿wart, ...zeug** (das; -[e]s)

Tür|öff|ner (elektr. Anlage)

Tu|ron, das; -s (*Geol.* zweitälteste Stufe der oberen Kreide)

Tür‿pfo|sten, ...rah|men, ...rie|gel, ...schild (das), **...schlie|ßer, ...schloß, ...schnal|le** (*österr. für* Türklinke), **...schwel|le, ...spalt, ...ste|her, ...stock** (*Plur.* ...stökke; *Bergmannsspr.* senkrecht aufgestellter Holzpfahl, Streckenausbauteil; *österr. für* [Holz]einfassung der Türöffnung); **Tür|sturz** *Plur.* -e *u.* ...stürze *(Bauw.)*

tur|teln (girren); ich ...[e]le (↑R 22); **Tur|tel|tau|be**

TuS = Turn- und Sportverein

Tusch, der; -[e]s, -e (Musikbegleitung bei einem Hochruf); einen - blasen

Tu|sche, die; -, -n ‹franz.› (Zeichentinte)

Tu|sche|lei; tu|scheln (heimlich [zu]flüstern); ich ...[e]le (↑R 22)

¹tu|schen ‹franz.› (mit Tusche zeichnen); du tuschst

²tu|schen (*landsch. für* zum Schweigen bringen); du tuschst

Tusch|far|be; tu|schie|ren (*fachspr. für* ebene Metalloberflächen [nach Markierung mit Tusche] herstellen); **Tusch‿ka|sten, ...ma|le|rei, ...zeich|nung**

Tus|ku|lum, das; -s, ...la ‹lat.; nach dem altröm. Tusculum› (*veraltet für* [ruhiger, behaglicher] Landsitz)

Tus|nel|da *vgl.* Thusnelda

Tus|si, die; -, -s (*ugs. abwertend für* Mädchen, Frau, Freundin)

tut!; tut, tut!

Tut|anch|amun, *auch* Tut|ench|amun (ägypt. König)

Tüt|chen; Tu|te, die; -, -n (*ugs. für* Signalhorn, Hupe; *landsch. auch für* Tüte); **Tü|te,** die; -, -n

Tu|tel, die; -, -en ‹lat.› (Vormundschaft); **tu|te|la|risch**

tu|ten; (↑R 68:) von Tuten und Blasen keine Ahnung haben *(ugs.)*

Tut|ench|amun *vgl.* Tutanchamun

Tut|horn *Plur.* ...hörner

Tüt|lein

Tu|tor, der; -s, ...oren ‹lat.› (jmd., der Studienanfänger betreut; *im röm. Recht für* Vormund); **Tu|to|rin; Tu|to|ri|um,** das; -s, ...ien [...i̯ən] ([begleitende] Übung an einer Hochschule)

Tüt|tel, der; -s, - (*veraltet, noch landsch. für* Pünktchen); **Tüt|tel|chen** (*ugs. für* ein Geringstes); kein - preisgeben

tut|ti ‹ital., „alle"› *(Musik);* **Tut|ti,** das; -[s], -[s] (volles Orchester); **Tut|ti|fru|ti,** das; -[s], -[s] ‹„alle Früchte"› (eine Süßspeise; *veraltet für* Allerlei); **Tut|ti|spie|ler** (Orchestermusiker ohne solistische Aufgaben)

tut, tut!

Tu|tu [ty'ty:], das; -[s], -s ‹franz.› (Ballettröckchen)

TÜV [tyf] = Technischer Überwachungs-Verein (*vgl.* technisch)

Tu|va|lu [...v...] (Inselstaat im Pazifik); **Tu|va|lu|er; tu|va|lu|isch**

TÜV-ge|prüft (↑R 38)

Tu|wort, Tun|wort (*Plur.* ...wörter; *für* Verb)

TV = Turnverein

TV [te'fau, *engl.* ti:'vi:] = Television

Tweed [twi:t], der; -s, *Plur.* -s *u.* -e ‹engl.› (ein Gewebe); **tweed|ähn|lich**

Twen, der; -[s], -s ‹anglisierend› (junger Mann, junge Frau um die Zwanzig)

Twen|ter, das; -s, - (*nordd. für* zweijähriges Schaf, Rind od. Pferd)

Twie|te, die; -, -n (*nordd. für* Zwischengäßchen)

Twill, der; -s, *Plur.* -s *u.* -e ‹engl.› (Baumwollgewebe [Futterstoff]; Seidengewebe)

Twin|set, das, *auch* der; -[s], -s ‹engl.› (Pullover u. Jacke von gleicher Farbe u. aus gleichem Material)

[1]**Twist,** der; -es, -e ‹engl.› (mehrfädiges Baumwoll[stopf]garn); [2]**Twist,** der; -s, -s ‹amerik.› (ein Tanz); **twi|sten** (Twist tanzen)

Two|step ['tu:stɛp], der; -s, -s ‹engl., „Zweischritt"› (ein Tanz)

[1]**Ty|che** ['ty:çe] (griech. Göttin des Glücks u. des Zufalls); [2]**Ty|che,** die; - (Schicksal, Zufall, Glück)

Ty|coon [tai'ku:n], der; -s, -s ‹jap.-amerik.› (mächtiger Geschäftsmann od. Parteiführer)

Tym|pa|non, [1]**Tym|pa|num,** das; -s, ...na ‹griech.› (*Archit.* Giebelfeld über Fenstern u. Türen [oft mit Reliefs geschmückt]); [2]**Tym|pa|num,** das; -s, ...na (altgriech. Handtrommel; trommelartiges Schöpfrad in der Antike; *Med. veraltend* Paukenhöhle [im Ohr])

[1]**Typ,** der; -s, -en ‹griech.› (*nur Sing.: Philos.* Urbild, Beispiel; *Psych.* bestimmte psych. Ausprägung; *Technik* Gattung, Bauart, Muster, Modell); [2]**Typ,** der; *Gen.* -s, *auch* -en, *Plur.* -en; ↑R 197 (*ugs. für* Mensch, Person); **Ty|pe,** die; -, -n ‹franz.› (gegossener Druckbuchstabe, Letter; *ugs. für* komische Figur; *seltener, aber bes. österr., svw.* Typ *[Technik]*); **ty|pen** ([industrielle Artikel] nur in bestimmten notwendigen Größen herstellen); **Ty|pen‿druck** (*Plur.* ...drucke), **...he|bel, ...leh|re, ...psy|cho|lo|gie, ...rad** (für Schreibmaschinen), **...rei|ni|ger, ...setz|ma|schi|ne**

Ty|phli|tis, die; -, ...itiden ‹griech.› (*Med.* Blinddarmentzündung)

ty|phös ‹griech.› (typhusartig); **Ty|phus,** der; - (eine Infektionskrankheit); **Ty|phus‿epi|de|mie, ...er|kran|kung**

Ty|pik, die; -, -en ‹griech.› (Lehre vom Typ *[Psych.]*); **ty|pisch;** -ste (gattungsmäßig; kenn-, bezeichnend; ausgeprägt; eigentümlich, üblich; *veraltet für* mustergültig, vorbildlich); **ty|pi|sie|ren** (typisch darstellen, gestalten, auffassen; typen); **Ty|pi|sie|rung;**

Ty|po|graph, der; -en, -en; ↑R 53 *u.* R 197 (Schriftsetzer; Zeilensetzmaschine); **Ty|po|gra|phie,** die; -, ...ien; ↑R 53 (Buchdrukkerkunst); **ty|po|gra|phisch** (↑R 53); -er Punkt (*vgl.* Punkt); **Ty|po|lo|gie,** die; -, ...ien (Lehre von den Typen, Einteilung nach Typen; *auch svw.* Typik); **ty|po|lo|gisch; Ty|po|skript,** das; -[e]s, -e (maschinengeschriebenes Manuskript); **Ty|pung** ‹*zu* typen›; **Ty|pus,** der; -, Typen (*svw.* Typ *[Philos., Psych.]*)

Tyr (altgerm. Gott); *vgl.* Tiu, Ziu

Ty|rann, der; -en, -en (↑R 197) ‹griech.› (Gewaltherrscher; herrschsüchtiger Mensch); **Ty|ran|nei,** die; -, -en (Gewaltherrschaft; Willkür[herrschaft]); **Ty|ran|nen|herr|schaft; Ty|ran|nen|tum,** das; -s; **Ty|ran|nin; Ty|ran|nis,** die; - (Gewaltherrschaft, bes. im alten Griechenland); **ty|ran|nisch;** -ste (gewaltsam, willkürlich); **ty|ran|ni|sie|ren** (gewaltsam, willkürlich behandeln; unterdrücken); **Ty|ran|ni|sie|rung**

Ty|ras (ein Hundename)

Ty|rer *vgl.* Tyrier; **Ty|ri|er** [...iər], *ökum.* Ty|rer (Bewohner von Tyros); **ty|risch; Ty|ros** (phöniz. Stadt)

Ty|ro|sin, das; -s ‹griech.› (*Biochemie* eine Aminosäure)

Tyr|rhe|ner (Bewohner Etruriens); **tyr|rhe|nisch,** aber (↑R 146): das Tyrrhenische Meer (Teil des Mittelländischen Meeres)

tyr|tä|isch, aber (↑R 134): die Tyrtäischen Elegien; **Tyr|tä|us** (altgriech. Elegiker)

Ty|rus (*lat. Name von* Tyros)

Tz *vgl.* Tezett

U

U (Buchstabe); das U; des U, die U, aber: das u in Mut (↑R 82); der Buchstabe U, u

Ü (Buchstabe; Umlaut); das Ü; des Ü, die Ü, aber: das ü in Mütze (↑R 82); der Buchstabe Ü, ü

U = Unterseeboot; *chem. Zeichen für* Uran

u., *in Firmen auch* & = und

u. a. = und and[e]re, und and[e]res, unter ander[e]m, unter ander[e]n

u. ä. = und ähnliche[s]

u. a. m. = und and[e]re mehr, und and[e]res mehr

u. [*od.* **U.**] **A. w. g.** = um [*od.* Um] Antwort wird gebeten

U-Bahn; ↑R 37 (*kurz für* Untergrundbahn); **U-Bahn|hof; U-Bahn-Netz** (↑R 41); **U-Bahn-Tun|nel** (↑R 41)

übel; übler, übelste; üble Nachrede; übler Ruf; ich habe nicht - Lust, das zu tun (ich möchte es tun); **I.** *Großschreibung* (↑R 65): er hat mir nichts, viel Übles getan. **II.** *Schreibung in Verbindung mit dem Partizip II* (↑R 209), z. B. übelberaten *(vgl. d.).* **III.** *Schreibung in Verbindung mit Verben* (↑R 205 f.): übel sein, werden, riechen; *vgl.* aber: übelnehmen, übeltun, übelwollen; **Übel,** das; -s, -; das ist von, *geh.* vom -; **übel|be|ra|ten;** der übelberatene Käufer (↑*jedoch* R 209), aber: der Käufer war übel beraten; **übel|ge|launt;** der übelgelaunte Mann (↑*jedoch* R 209), aber: der Mann ist übel gelaunt; **übel|ge|sinnt;** der übelgesinnte Nachbar (↑*jedoch* R 209), aber: der Nachbar ist übel gesinnt; **Übel|keit; übel|lau|nig; Übel|lau|nig|keit; übel|neh|men** (↑R 205); er nimmt übel; übelgenommen; übelzunehmen; **Übel|neh|me|rei; übel|neh|me|risch;** -ste; **übel|rie|chend;** -ste; **Übel‿sein** (das; -s), **...stand, ...tat** *(geh.),* **...tä|ter, ...tä|te|rin; übel|tun;** ↑R 205; er hat ihm übelgetan;

übel|wol|len (↑R 205); er hat ihm übelgewollt; **Übel|wol|len,** das; -s; **übel|wol|lend;** -ste
[1]**üben;** ein Klavierstück -; sich -
[2]**üben** (*landsch. für* drüben)
über (*österr. Amtsspr. auch svw.* auf [über Wunsch = auf Wunsch]); *Präp. mit Dat. u. Akk.:* das Bild hängt über dem Sofa, aber: das Bild über das Sofa hängen; überm, übers *(vgl. d.);* über Gebühr; über die Maßen; über Nacht; über Tag *(Bergmannsspr.);* über kurz oder lang (↑R 65); Kinder über acht Jahre; Gemeinden über 10000 Einwohner; über dem Lesen ist er eingeschlafen; über die Wahl bin ich sehr erfreut; über einen Witz lachen; *Adverb:* über und über (sehr; völlig); die ganze Zeit [über]; es waren über (= mehr als) 100 Gäste; wir mußten über (= mehr als) zwei Stunden warten; Gemeinden von über (= mehr als) 10000 Einwohnern; die über Siebzigjährigen; er ist mir über (überlegen)
über... *in Verbindung mit Verben:* **a)** *unfeste Zusammensetzungen,* z. B. überbauen *(vgl. d.),* er baut über, hat übergebaut; überzubauen; **b)** *feste Zusammensetzungen,* z. B. überbauen *(vgl. d.),* er überbaut, hat überbaut; zu überbauen
über|all [*auch* 'y:...]; **über|all|her,** aber: von überall her; **über|all|hin**
über|al|tert; Über|al|te|rung, die; -
Über|an|ge|bot
über|ängst|lich
über|an|stren|gen; sich -; ich habe mich überanstrengt; **Über|an|stren|gung**
über|ant|wor|ten (*geh. für* übergeben, überlassen); die Gelder wurden ihm überantwortet; **Über|ant|wor|tung**
über|ar|bei|ten *(landsch.);* sie hat einige Stunden übergearbeitet; **über|ar|bei|ten;** sich -; du hast dich völlig überarbeitet; sie hat den Aufsatz überarbeitet (nochmals durchgearbeitet); **Über|ar|bei|tung** (gründliche Durcharbeitung; *nur Sing.:* Erschöpfung)
über|aus
über|backen [*Trenn.* ...bak|ken]; das Gemüse wird überbacken
[1]**Über|bau,** der; -[e]s, *Plur.* -e *u.* -ten (vorragender Oberbau, Schutzdach; *Rechtsspr.* Bau über die Grundstücksgrenze hinaus); [2]**Über|bau,** der; -[e]s, -e (nach Marx die auf den wirtschaftl. u. sozialen Grundlagen basierenden Anschauungen einer Gesellschaft u. die entsprechenden Institutionen); **über|bau|en;** er hat übergebaut (über die Baugrenze hinaus); **über|bau|en;** er hat die Einfahrt (mit einem Dach) überbaut; **Über|bau|ung**
über|be|an|spru|chen; du überbeanspruchst den Wagen; er ist überbeansprucht; überzubeanspruchen; **Über|be|an|spru|chung**
über|be|hal|ten (*landsch. für* übrigbehalten); wir behalten nichts über, haben nichts überbehalten; überzubehalten
Über|bein (verhärtete Sehnengeschwulst an einem [Hand]gelenk)
über|be|kom|men *(ugs.);* ich bekam das fette Essen bald über, habe es überbekommen; überzubekommen
über|be|la|sten; du überbelastest den Wagen, sie ist überbelastet; überzubelasten; **Über|be|la|stung**
über|be|le|gen; der Raum war überbelegt; überzubelegen; *selten:* er überbelegt den Raum; **Über|be|le|gung**
über|be|lich|ten *(Fotogr.);* du überbelichtest die Aufnahme, sie ist überbelichtet; überzubelichten; **Über|be|lich|tung**
Über|be|schäf|ti|gung, die; -
über|be|to|nen; sie überbetont diese Entwicklung, sie hat sie lange Zeit überbetont; überzubetonen; **Über|be|to|nung**
über|be|trieb|lich; -e Mitbestimmung
über|be|völ|kert (*svw.* übervölkert); **Über|be|völ|ke|rung,** die; -
über|be|wer|ten; er überbewertet diese Vorgänge; er hat sie überbewertet; überzubewerten; **Über|be|wer|tung**
über|be|zah|len; er ist überbezahlt; überzubezahlen; *selten:* er überbezahlt ihn; **Über|be|zah|lung**
über|biet|bar; über|bie|ten; sich -; der Rekord wurde überboten; **Über|bie|tung**
über|bin|den *(Musik);* diese Töne müssen übergebunden werden; **über|bin|den** (*schweiz. für* [eine Verpflichtung] auferlegen); die Aufgabe wurde ihr überbunden
Über|biß (*ugs. für* das Überstehen der oberen Schneidezähne über die unteren)
über|bla|sen (*Musik* bei Holz- u. Blechblasinstrumenten durch stärkeres Blasen die höheren Töne hervorbringen)
über|blat|ten (Hölzer in bestimmter Weise verbinden); der Schrank wird überblattet; **Über|blat|tung**
über|blei|ben (*landsch. für* übrigbleiben); es bleibt nicht viel über, es ist nicht viel übergeblieben; überzubleiben; **Über|bleib|sel,** das; -s, -
über|blen|den; die Bilder werden überblendet; **Über|blen|dung** (*Film* die Überleitung eines Bildes in ein anderes)
Über|blick; über|blicken[1]; sie hat den Vorgang überblickt; **über|blicks|wei|se**
über|bor|den (über die Ufer treten; über das normale Maß hinausgehen, ausarten); der Betrieb ist, *auch* hat überbordet
über|bra|ten; *nur in* jmdm. eins - (*ugs. für* einen Schlag, Hieb versetzen)
über|breit; -es Fahrzeug; **Über|brei|te**
Über|brettl, das; -s, - ([frühere Berliner] Kleinkunstbühne)
über|brin|gen; er hat die Nachricht überbracht; **Über|brin|ger; Über|brin|ge|rin; Über|brin|gung**
über|brück|bar; über|brücken[1]; sie hat den Gegensatz klug überbrückt; **Über|brückung**[1]; **Über|brückungs**[1]**-[bei]|hil|fe, ...kre|dit, ...zah|lung**
über|bür|den *(geh.);* er ist mit Arbeit überbürdet; **Über|bür|dung**
Über|dach; über|da|chen; der Bahnsteig wurde überdacht; **Über|da|chung**
Über|dampf, der; -[e]s (der nicht für den Gang der Maschine notwendige Dampf)
über|dau|ern; die Altertümer haben Jahrhunderte überdauert
Über|decke[1]; **über|decken**[1] *(ugs.);* ich habe das Tischtuch übergedeckt; **über|decken**[1]; mit Eis überdeckt; **Über|deckung**[1]
über|deh|nen ([bis zum Zerreißen] dehnen, auseinanderziehen); der Muskel ist überdehnt; **Über|deh|nung**
über|den|ken; sie hat es lange überdacht
über|deut|lich
über|dies [*auch* 'y:...]
über|di|men|sio|nal (übermäßig groß); **über|di|men|sio|niert; Über|di|men|sio|nie|rung**
über|do|sie|ren; er überdosiert das Medikament, hat es überdosiert; überzudosieren; **Über|do|sie|rung; Über|do|sis;** eine - Schlaftabletten
über|dre|hen; die Uhr ist überdreht; die Kinder waren überdreht *(ugs.)*
[1]**Über|druck,** der; -[e]s, ...drücke (zu starker Druck); [2]**Über|druck,** der; -[e]s, ...drucke (nochmaliger Druck auf Geweben, Papier

[1] *Trenn.* ...k|k...

u. ä.); **über|drucken**[1]; die Briefmarke wurde überdruckt; **Überdruck_ka|bi|ne** (↑R 204), **...tur|bine, ...ven|til**

Über|druß, der; ...drusses; **überdrüs|sig;** *mit Gen.:* des Lebens, des Freundes - sein; seiner - sein, *selten auch mit Akk.:* ich bin ihn -

über|dün|gen; die Felder sind völlig überdüngt; **Über|düngung**

über|durch|schnitt|lich

über|eck; - stellen

Über|ei|fer; über|eif|rig

über|eig|nen (überweisen; zu eigen [über]geben); das Haus wurde ihm übereignet; **Über|eignung**

Über|ei|le; über|ei|len; sich -; du hast dich übereilt; **über|eilt** (verfrüht); ein übereilter Schritt; **Über|ei|lung**

über|ein|an|der; *Schreibung in Verbindung mit Verben* (↑R 205 f.): übereinander (über sich gegenseitig) reden, sprechen; die Dosen übereinander aufstellen, aber: übereinanderlegen; *vgl.* aneinander; **über|ein|an|der_lie|gen, ...schich|ten, ...schla|gen** (die Beine -), **...stehen** (aber: übereinander stehen [*nicht:* liegen]), **...stel|len, ...werfen**

über|ein|kom|men; ich komme überein; übereingekommen; übereinzukommen; **Über|ein|kom|men** (Abmachung, Einigung); **Über|ein|kunft,** die; -, ...künfte (*svw.* Übereinkommen)

über|ein|stim|men; Nachfrage und Angebot stimmen überein, haben übereingestimmt; übereinzustimmen; **Über|ein|stimmung**

über|ein|tref|fen; *vgl.* übereinkommen

über|emp|find|lich; Über|empfind|lich|keit

über|er|fül|len; den Plan - (*ehem. in der DDR);* sie übererfüllt den Plan; sie hat den Plan übererfüllt; überzuerfüllen; **Über|erfül|lung**

Über|er|näh|rung, die; -

über|er|reg|bar; Über|er|reg|barkeit, die; -

über|es|sen; ich habe mir die Speise übergegessen (ich mag sie nicht mehr); *vgl.* überbekommen; **über|es|sen,** sich; ich habe mich übergessen (zuviel gegessen)

über|fach|lich

über|fah|ren; ich bin übergefahren (über den Fluß); **über|fahren;** das Kind ist - worden; er hätte mich bei den Verhandlungen fast - (*ugs. für* überrumpelt); **Über|fahrt; Über|fahrts|zeit**

Über|fall, der; **über|fal|len** (*Jägerspr.* ein Hindernis überspringen [vom Schalenwild]); **überfal|len;** man hat ihn -; **Über|fallho|se; über|fäl|lig** (zur erwarteten Zeit noch nicht eingetroffen [bes. von Schiffen u. Flugzeugen]); ein -er (verfallener) Wechsel; **Über|fall|kom|man|do,** *österr.* **Über|falls|kom|man|do**

Über|fang (farbige Glasschicht auf Glasgefäßen); **über|fan|gen** (mit einem Überfang versehen); die Vase ist blau -; **Über|fangglas** *Plur.* ...gläser

über|fär|ben (*fachspr. für* abfärben); die Druckschrift hat übergefärbt; **über|fär|ben;** der Stoff braucht nur überfärbt zu werden

über|fein; über|fei|nern; ich ...ere (↑R 22); überfeinert; **Über|feine|rung**

über|fir|nis|sen; der Schrank wurde überfirnißt

über|fi|schen (den Fischbestand durch zu viel Fischerei bedrohen); überfischt; **Über|fi|schung**

Über|fleiß; über|flei|ßig

über|flie|gen (*ugs. für* nach der anderen Seite fliegen); die Hühner sind übergeflogen; **über|fliegen;** er hat die Alpen überflogen; ich habe das Buch überflogen; **Über|flie|ger** (jmd., der begabter, tüchtiger ist als der Durchschnitt)

über|flie|ßen; das Wasser ist übergeflossen; er floß über vor Dankbarkeit; **über|flie|ßen;** das Gelände ist von Wasser überflossen

Über|flug (das Überfliegen);

über|flü|geln; er hat seinen Lehrmeister überflügelt; **Über|flü|gelung, Über|flüg|lung**

Über|fluß, der; ...flusses; **Überfluß|ge|sell|schaft,** die; -; **überflüs|sig; über|flüs|si|ger|wei|se**

über|flu|ten; das Wasser ist übergeflutet; **über|flu|ten;** der Strom hat die Dämme überflutet; **Überflu|tung**

über|for|dern (mehr fordern, als geleistet werden kann); er hat mich überfordert; **Über|for|derung**

Über|fracht; über|frach|ten (*svw.* überladen); **Über|frach|tung**

über|fra|gen (Fragen stellen, auf die man nicht antworten kann); **über|fragt;** ich bin -

über|frem|den; ein Land ist überfremdet; **Über|frem|dung**

über|fres|sen, sich; du hast dich - *(derb)*

über|frie|ren; die Straße ist überfroren; überfrierende Nässe

Über|fuhr, die; -, -en (*österr. für* Fähre)

über|füh|ren, über|füh|ren (an einen anderen Ort bringen); man überführte ihn in eine Spezialklinik *od.* führte ihn in eine Spezialklinik über; die Leiche wurde nach ... übergeführt *od.* überführt; **über|füh|ren** (einer Schuld); der Mörder wurde überführt; **Über|füh|rung;** - der Leiche; - einer Straße; - eines Verbrechers; **Über|füh|rungs|kosten** *Plur.*

Über|fül|le; über|fül|len; der Bus ist überfüllt; **Über|fül|lung**

Über|funk|ti|on; - der Schilddrüse

über|füt|tern; eine überfütterte Katze; **Über|füt|te|rung**

Über|ga|be; Über|ga|be|verhand|lun|gen *Plur.*

Über|gang, der; **Über|gangs_bahn|hof, ...bei|hil|fe, ...bestim|mung, ...er|schei|nung; über|gangs|los; Über|gangs_lösung, ...man|tel, ...pe|ri|ode, ...pha|se, ...re|ge|lung, ...sta|dium, ...sta|ti|on, ...stel|le, ...stil, ...stu|fe, ...zeit, ...zu|stand**

Über|gar|di|ne *meist Plur.*

über|ge|ben; ich habe ihr gegen die Kälte ein Tuch übergegeben *(ugs.);* ich habe ihm eins übergegeben (*ugs. für* einen Schlag, Hieb versetzt); **über|ge|ben;** er hat die Festung übergeben; ich habe mich übergeben (erbrochen)

Über|ge|bot (höheres Gebot bei einer Versteigerung)

Über|ge|bühr; *vgl.* aber: Gebühr

über|ge|hen; wir gingen zum nächsten Thema über; das Grundstück ist in andere Hände übergegangen; die Augen gingen ihm über (er war überwältigt; *geh. auch für* er hat geweint); **über|ge|hen** (unbeachtet lassen); sie überging ihn; sie hat den Einwand übergangen; **Überge|hung,** die; -; mit -

über|ge|meind|lich

über|ge|nau

über|ge|nug; davon gibt es genug und -

Über|ge|nuß (*österr. Amtsspr.* Überzahlung)

über|ge|ord|net; einige -e Gesichtspunkte

Über_ge|päck *(Flugw.),* **...gewicht** (das; -[e]s); **über|ge|wichtig**

über|gie|ßen (in ein anderes Gefäß gießen; über einen Gefäßrand hinausgießen); sie hat [die Milch] übergegossen; **über|gießen** (oberflächlich gießen; oben begießen); sie hat die Blumen nur übergossen; übergossen mit ..., aber (↑R 146): die Übergossene Alm (ein Gletscher in den Alpen); **Über|gie|ßung**

---

[1] *Trenn.* ...k|k...

über|gip|sen; die Wand wurde übergipst; **Über|gip|sung**

über|gla|sen (mit Glas decken); du überglast; er übergla|ste den Balkon; der Balkon ist überglast; **Über|gla|sung**

über|glück|lich

über|gol|den; der Ring wurde übergoldet

über|grei|fen; das Feuer, die Seuche hat übergegriffen; **Über|griff**

über|groß; Über|grö|ße

über|grü|nen; das Haus ist [mit Efeu] übergrünt

Über|guß

über|ha|ben (*ugs. für* satt haben; angezogen haben; *landsch. für* übrig haben); er hat die ständigen Klagen übergehabt; er hat den Mantel übergehabt

über|hal|ten (*Forstw.* stehenlassen); eine Kiefer -; **über|hal|ten** (*österr. veraltend für* [beim Einkauf] übervorteilen); man hat ihn überhalten; **Über|häl|ter** (*Forstw.* Baum, der beim Abholzen stehengelassen wird)

Über|hand|nah|me, die; -; **über|hand|neh|men;** etwas nimmt überhand, es hat überhandgenommen; überhandzunehmen

Über|hang; - der Zweige, des Obstes, der Felsen; - der Waren; **[1]über|hän|gen;** die Felsen hingen über; *vgl.* [1]hängen; **[2]über|hän|gen;** sie hat den Mantel übergehängt; *vgl.* [2]hängen; **über|hän|gen;** sie hat den Käfig mit einem Tuch überhängt; *vgl.* [2]hängen; **Über|hang|man|dat** (in Direktwahl gewonnenes Mandat, das über die Zahl der einer Partei nach dem Stimmenverhältnis zustehenden Parlamentssitze hinausgeht); **Über|hangs|recht,** das; -[e]s

über|hap|ps (*bayr. u. österr. ugs. für* übereilt; ungefähr)

über|hart; -er Einsatz

über|ha|sten; das Tempo ist überhastet; **Über|ha|stung**

über|häu|fen; sie war mit Arbeit überhäuft; der Tisch ist mit Papieren überhäuft; **Über|häu|fung**

über|haupt

über|he|ben; wir sind der Sorge um ihn überhoben (*veraltend für* enthoben); sich -; ich habe mich überhoben (*landsch. für* verhoben); **über|heb|lich** (anmaßend); **Über|heb|lich|keit; Über|he|bung** *(veraltend)*

Über|he|ge *(Forstw.)*

über|hei|zen (zu stark heizen); das Zimmer ist überheizt

über|hin (*veraltet für* oberflächlich); etwas - prüfen

über|hit|zen (zu stark erhitzen); du überhitzt; der Ofen ist überhitzt; **Über|hit|zung**

über|hö|hen; die Kurve ist überhöht; **Über|hö|hung**

über|ho|len *(Seemannsspr.);* die Segel wurden übergeholt; das Schiff hat übergeholt (sich auf die Seite gelegt); **über|ho|len** (hinter sich lassen; übertreffen; ausbessern, wiederherstellen); er hat ihn überholt; diese Anschauung ist überholt; die Maschine ist überholt worden; **Über|hol-ma|nö|ver, ...spur; Über|ho|lung; über|ho|lungs|be|dürf|tig; Über|hol-ver|bot, ...ver|such, ...vor|gang**

über|hö|ren *(ugs.);* ich habe mir den Schlager übergehört; **über|hö|ren;** das möchte ich überhört haben!

Über-Ich; ↑R 35 *(Psychoanalyse)*

über|in|di|vi|du|ell

über|ir|disch

über|jäh|rig *(veraltet)*

über|kan|di|delt (*ugs. für* überspannt)

Über|ka|pa|zi|tät *meist Plur. (Wirtsch.)*

über|kip|pen; er ist nach vorn übergekippt

über|kle|ben; überklebte Plakate

Über|kleid; über|klei|den; der Balken wird mit Spanplatten überkleidet (*veraltend für* verkleidet, überdeckt); **Über|klei|dung** (Überkleider); **Über|klei|dung** (*veraltend für* Verkleidung [eines Wandschadens])

über|klet|tern; er hat den Zaun überklettert

über|klug

über|ko|chen; die Milch ist übergekocht; **über|ko|chen** *(landsch.);* die Suppe muß noch einmal überkocht werden

über|kom|men (*Seemannsspr.* über das Deck spülen, spritzen; *landsch. für* etwas endlich fertigbringen od. sagen); die Brecher kommen über; er ist damit übergekommen; **über|kom|men;** eine überkommene Verpflichtung; der Ekel überkam ihn, hat ihn überkommen

Über|kom|pen|sa|ti|on; über|kom|pen|sie|ren (in übersteigertem Maße ausgleichen)

über|kon|fes|sio|nell; eine -e Arbeitsgruppe

Über|kopf|ball *(Tennis)*

über Kreuz; *vgl.* Kreuz; **über|kreu|zen;** sich -

über|krie|gen (*ugs.; svw.* überbekommen)

über|kro|nen; der Zahn wurde überkront

über|kru|sten; die Nudeln werden überkrustet

über|küh|len (*österr. für* [langsam] abkühlen); Speisen - lassen

[1]über|la|den; das Schiff war überladen; ich habe mir den Magen überladen; *vgl.* [1]laden; **[2]über|la|den;** ein -er Stil; **Über|la|dung** (übermäßige Beladung)

über|la|gern; überlagert; sich -; **Über|la|ge|rung; Über|la|ge|rungs|emp|fän|ger** (*für* Superheterodynempfänger)

Über|land-bahn, ...bus, ...fahrt, ...kraft|werk, ...lei|tung

über|lang; Über|län|ge

über|lap|pen; überlappt; **Über|lap|pung**

über|las|sen (*landsch. für* übriglassen); sie hat ihm etwas übergelassen; **über|las|sen** (abtreten; anvertrauen); sie hat mir das Haus -; **Über|las|sung**

über|la|sten; über|la|stet; über|la|stig; Über|la|stung

Über|lauf (Ablauf für überschüssiges Wasser); **über|lau|fen;** das Wasser läuft über; er ist zum Feind übergelaufen; die Galle ist ihm übergelaufen; **über|lau|fen;** der Arzt wird von Kranken -; es hat mich kalt -; **Über|läu|fer** (Soldat, der zum Gegner überläuft; *Jägerspr.* Wildschwein im zweiten Jahr)

über|laut

über|le|ben; er hat seine Frau überlebt; diese Vorstellungen sind überlebt; **Über|le|ben|de,** der *u.* die; -n, -n (↑R 7 ff.); **Über|le|bens|chan|ce** *meist Plur.;* **über|le|bens|groß;** -e Abbildung; **Über|le|bens|grö|ße,** die; -; **Über|le|bens|trai|ning**

über|le|gen (*ugs. für* darüberlegen); sie legte eine Decke über; sie hat ein Tuch übergelegt; du gehörst übergelegt (übers Knie gelegt); **[1]über|le|gen** (bedenken, nachdenken); er überlegte lange; ich habe mir das überlegt; (↑R 68:) nach reiflichem Überlegen; **[2]über|le|gen;** sie ist mir -; mit -er Miene; **Über|le|gen|heit,** die; -; **über|legt** (*auch für* sorgsam); **Über|le|gung;** mit -

über|lei|ten; ein Lied leitete zum zweiten Teil über; **Über|lei|tung**

über|le|sen ([schnell] durchlesen; [bei oberflächlichem Lesen] nicht bemerken); er hat den Brief nur -; er hat diesen Druckfehler -

Über|licht|ge|schwin|dig|keit

über|lie|fern; diese Bräuche wurden uns überliefert; **Über|lie|fe|rung;** schriftliche -

über|lie|gen (länger als vorgesehen in einem Hafen liegen [von Schiffen]); **Über|lie|ge|zeit**

Über|lin|gen (Stadt am Bodensee); **Über|lin|ger See,** der; - -s; ↑R 151 (Teil des Bodensees)

über|li|sten; er wurde überlistet; **Über|li|stung**

überm; ↑R 17 (*ugs. für* über dem); - Haus
über|ma|chen (*veraltend für* vererben, vermachen); er hat ihm sein Vermögen übermacht
Über|macht, die; -; **über|mäch|tig**
über|ma|len *(ugs.)*; sie hat [über den Rand] übergemalt; **über|ma|len**; das Bild war übermalt; **Über|ma|lung**
über|man|gan|sau|er; übermangansaures Kali (*alte Bez. für* Kaliumpermanganat)
über|man|nen; der Schlaf hat sie übermannt; **über|manns|hoch**
Über|man|tel
über|mar|chen (*schweiz., sonst veraltet für* eine festgesetzte Grenze überschreiten)
Über|maß, das; -es; im -; **über|mä|ßig**
über|mä|sten; übermästete Tiere
Über|mensch, der; **über|mensch|lich**
Über|mi|kro|skop (*für* Elektronen-, Ultramikroskop)
über|mit|teln (mit-, zuteilen); ich ...[e]le (↑R 22); er hat diese freudige Nachricht übermittelt; **Über|mit|te|lung, Über|mitt|lung**
über|mor|gen; - abend (↑R 61)
über|mü|de; über|mü|den; über|mü|det; - sein; **Über|mü|dung**
Über|mut; über|mü|tig
übern; ↑R 17 (*ugs. für* über den); - Graben
über|näch|ste; am -n Freitag
über|nach|ten; er hat hier übernachtet; **über|näch|tig**, *österr. nur so, sonst meist* **über|näch|tigt** (von zu langem Aufbleiben müde); **Über|nächt|ler** (*schweiz. für* in Stall, Schuppen usw. Übernachtender); **Über|nach|tung**
Über|nah|me, die; -, -n; **Über|nahms|stel|le** (*österr. für* Annahmestelle)
Über|na|me (Spitzname)
über|na|tio|nal
über|na|tür|lich
über|neh|men; sie hat die Tasche übergenommen *(ugs.)*; **über|neh|men**; sie hat das Geschäft übernommen; ich habe mich übernommen; **Über|neh|mer**
über|ord|nen; er ist ihm übergeordnet; **Über|ord|nung**
Über|or|ga|ni|sa|ti|on, die; - (Übermaß von Organisation); **über|or|ga|ni|siert**
über|ört|lich
über|par|tei|lich
über|pflan|zen (*Med. selten für* transplantieren); **Über|pflan|zung**
über|pin|seln
Über|plan|be|stand *meist Plur.* (in der sozialist. Wirtschaft)
Über|preis
über|pri|vi|le|giert
Über|pro|duk|ti|on
über|pro|por|tio|nal
über|prüf|bar; über|prü|fen; sein Verhalten wurde überprüft; **Über|prü|fung; Über|prü|fungs|kom|mis|si|on**
über|pu|dern; die Nase -
über|quel|len (überfließen); der Eimer quoll über; der Teig ist übergequollen; überquellende Freude, Dankbarkeit
über|quer (*veraltend für* über Kreuz); **über|que|ren**; er hat den Platz überquert; **Über|que|rung**
über|ra|gen (hervorstehen); der Balken hat übergeragt; ein überragender Balken; **über|ra|gen**; sie hat alle überragt; ein überragender Erfolg
über|ra|schen; du überraschst; er wurde überrascht; **über|ra|schend**; -ste; **über|ra|schen|der|wei|se; Über|ra|schung; Über|ra|schungs_ef|fekt, ...er|folg, ...mann|schaft** *(Sport)*, **...mo|ment** (das), **...sieg**
über|rea|gie|ren; Über|re|ak|ti|on; eine - der Haut
über|rech|nen (rechnerisch überschlagen); das Vorhaben wurde überrechnet
über|re|den; sie hat mich überredet; **Über|re|dung; Über|re|dungs|kunst**
über|re|gio|nal
über|reich
über|rei|chen; überreicht
über|reich|lich; Nahrungsmittel waren - vorhanden
Über|rei|chung
Über|reich|wei|te (von [Rundfunk]sendern)
über|reif; Über|rei|fe
über|rei|ßen; einen Ball - *(Tennis)*
über|rei|ten; jmdn. - (umreiten)
über|rei|zen; seine Augen sind überreizt; **Über|reizt|heit**, die; -; **Über|rei|zung**
über|ren|nen; er wurde überrannt
Über|re|prä|sen|ta|ti|on; über|re|prä|sen|tiert
Über|rest *meist Plur.*
über|rie|seln *(geh.)*; ein Schauer überrieselte sie; **Über|rie|se|lung, Über|ries|lung**
Über|rock (*veraltet für* Gehrock, Überzieher); *vgl.* [1]Rock
Über|roll|bü|gel (bes. bei Sport- u. Rennwagen); **über|rol|len**; er wurde überrollt
über|rum|peln; der Feind wurde überrumpelt; **Über|rum|pe|lung, Über|rump|lung**
über|run|den (im Sport); er wurde überrundet; **Über|run|dung**
übers; ↑R 17 (*ugs. für* über das); - Wochenende
über|sä|en (besäen); übersät (dicht bedeckt); der Himmel ist mit Sternen übersät
über|satt; über|sät|ti|gen; er ist übersättigt; eine übersättigte Lösung *(Chemie)*; **Über|sät|ti|gung**
über|säu|ern; Über|säue|rung
Über|schall_flug, ...flug|zeug, ...ge|schwin|dig|keit
Über|schar, die; -, -en (*Bergmannsspr.* zwischen Bergwerken liegendes, wegen geringen Ausmaßes nicht zur Bebauung geeignetes Land)
über|schat|ten; Über|schat|tung
über|schät|zen; überschätzt; **Über|schät|zung**
Über|schau, die; - (*svw.* Übersicht); **über|schau|bar; Über|schau|bar|keit**, die; -; **über|schau|en**; überschaut
über|schäu|men; der Sekt war übergeschäumt; überschäumende Lebenslust
Über|schicht (zusätzliche Arbeitsschicht)
über|schie|ßen (*landsch. für* überfließen; über ein Maß hinausgehen); der überschießende Betrag
über|schläch|tig (*fachspr. für* durch Wasser von oben angetrieben); -es [Wasser]rad
über|schla|fen; das muß ich erst -
Über|schlag, der; -[e]s, ...schläge; **über|schla|gen**; die Stimme ist übergeschlagen; [1]**über|schla|gen**; ich habe die Kosten -; er hat sich -; [2]**über|schla|gen**; das Wasser ist überschlagen (*landsch. für* lauwarm); **über|schlä|gig** (ungefähr); **Über|schlag|la|ken** (Teil der Bettwäsche); **über|schläg|lich** (*svw.* überschlägig); **Über|schlags|rech|nung**
über|schlie|ßen *(Druckw.)*; einige Wörter wurden übergeschlossen
über|schnap|pen; der Riegel des Schlosses, das Schloß hat *od.* ist übergeschnappt; die Stimme ist übergeschnappt; du bist wohl übergeschnappt (*ugs. für* du hast wohl den Verstand verloren)
über|schnei|den, sich; ihre Arbeitsgebiete haben sich überschnitten; **Über|schnei|dung**
über|schnei|en; überschneite Dächer
über|schnell
über|schrei|ben; das Gedicht ist nicht überschrieben; das Haus ist auf ihn überschrieben (ihm übereignet); **Über|schrei|bung** (Übereignung [einer Forderung usw.])
über|schrei|en; er hat ihn überschrie[e]n
über|schrei|ten; du hast die Grenze überschritten; (↑R 68:) das Überschreiten der Gleise ist verboten; **Über|schrei|tung**
Über|schrift
Über|schuh

über|schul|det (mit Schulden übermäßig belastet); **Über|schul|dung**

Über|schuß; über|schüs|sig; Über|schuß‿land, ...pro|dukt, ...pro|duk|ti|on

über|schüt|ten *(ugs.);* sie hat etwas übergeschüttet; **über|schüt|ten;** sie hat mich mit Vorwürfen überschüttet; **Über|schüt|tung**

Über|schwang, der; -[e]s; im - der Gefühle

über|schwap|pen *(ugs. für* verschüttet werden, überlaufen); die Suppe ist übergeschwappt

über|schwem|men; die Uferstraße ist überschwemmt; **Über|schwem|mung; Über|schwem|mungs‿ge|biet, ...ka|ta|stro|phe**

über|schweng|lich; Über|schweng|lich|keit

über|schwer; -e Lasten, Transportgüter

Über|see *ohne Artikel* (die „über See" liegenden Länder); nach - gehen; Waren von -, aus -; Briefe für -; **Über|see‿brücke** [*Trenn.* ...brük|ke], **...damp|fer, ...ha|fen** (*vgl.* [2]Hafen); **über|see|isch;** -er Handel

über|seh|bar; über|se|hen *(ugs.);* du hast dir dieses Kleid übergesehen; **über|se|hen;** ich habe den Fehler -; er konnte vom Fenster aus das Tal -

über|sen|den; der Brief wurde ihr übersandt; **Über|sen|dung**

über|setz|bar; Über|setz|bar|keit, die; -; **über|set|zen** (ans andere Ufer bringen od. gelangen); wir setzen über; er hat den Wanderer übergesetzt; **über|set|zen** (in eine andere Sprache übertragen); wir übersetzen ins Englische; ich habe den Satz übersetzt; **Über|set|zer; Über|set|ze|rin; über|setzt** (*landsch., bes. schweiz. für* überhöht); -e Preise, -e Geschwindigkeit; **Über|set|zung** ([schriftliche] Übertragung; [2]Kraft-, Bewegungsübertragung); **Über|set|zungs‿ar|beit, ...bü|ro, ...feh|ler**

Über|sicht, die; -, -en; **über|sich|tig** (*veraltend für* weitsichtig); -e Augen; **Über|sich|tig|keit,** die; - *(veraltend);* **über|sicht|lich** (leicht zu überschauen); **Über|sicht|lich|keit,** die; -; **Über|sichts‿kar|te, ...ta|fel**

über|sie|deln [*auch* ...'zi:...] (den Wohnort wechseln); ich sied[e]le über, *auch* ich übersied[e]le; ich bin damals übergesiedelt, *auch* übersiedelt; **Über|sie|de|lung** [*auch* ...'zi:...] *vgl.* Übersiedlung; **Über|sied|ler** [*auch* ...'zi:...]; **Über|sied|lung** [*auch* ...'zi:...], Über|sie|de|lung

über|sie|den (überkochen)

über|sinn|lich; Über|sinn|lich|keit

Über|soll

über|son|nt

über|span|nen; ich habe den Bogen überspannt; **über|spannt** (übertrieben); -e Anforderungen; -es (verschrobenes) Wesen; **Über|spannt|heit; Über|span|nung** (zu hohe Spannung in einer elektr. Anlage); **Über|span|nung; Über|span|nungs|schutz**

über|spie|len; sie überspielte die peinliche Situation; er hatte die Deckung überspielt *(Sport);* er hat die Platte auf ein Tonband überspielt; **über|spielt** (*Sportspr.* durch [zu] häufiges Spielen überanstrengt; *österr. für* häufig gespielt, nicht mehr neu [vom Klavier]); **Über|spie|lung**

über|spit|zen (übertreiben); **überspitzt** (übermäßig); **Über|spitzt|heit; Über|spit|zung**

über|spre|chen (*Rundfunk, Fernsehen* in eine aufgenommene [fremdsprachige] Rede einen anderen Text hineinsprechen)

über|spren|keln; übersprenkelt

über|sprin|gen; der Funke ist übergesprungen; **über|sprin|gen;** ich habe eine Klasse übersprungen; **Über|sprin|gung**

über|spru|deln; das Wasser ist übergesprudelt

Über|sprung|hand|lung (*Verhaltensforschung* bestimmte Verhaltensweise in Konfliktsituationen)

über|spü|len; das Ufer ist überspült

über|staat|lich; eine -e Regelung anstreben

Über|stän|der (*Forstw.* überalterter, nicht mehr wachsender Baum); **über|stän|dig;** -e Bäume

über|stark

über|ste|chen (im Kartenspiel eine höhere Trumpfkarte ausspielen); er hat übergestochen; **über|ste|chen;** er hat ihn überstochen

über|ste|hen; der Balken steht über; **über|ste|hen;** sie überstand die Operation; die Gefahr ist überstanden

über|steig|bar; über|stei|gen; sie ist übergestiegen; **über|stei|gen;** sie hat den Grat überstiegen; das übersteigt meinen Verstand

über|stei|gern (überhöhen); die Preise sind übersteigert; **Über|stei|ge|rung**

Über|stei|gung

über|stel|len (*Amtsspr.* [weisungsgemäß] einer anderen Stelle übergeben); er wurde überstellt; **Über|stel|lung**

über|stem|peln

Über|sterb|lich|keit, die; - (höhere Sterblichkeit, als erwartet)

über|steu|ern (*Elektrotechnik* einen Verstärker überlasten, so daß der Ton verzerrt wird; *Kfz-Technik* zu starke Wirkung des Lenkradeinschlags zeigen); **Über|steue|rung**

über|stim|men; er wurde überstimmt; **Über|stim|mung**

über|strah|len; ihr Charme hat alles überstrahlt

über|stra|pa|zie|ren (zu häufig gebrauchen); ein überstrapaziertes Schlagwort

über|strei|chen; die Wand wird nicht tapeziert, sondern nur übergestrichen; **über|strei|chen;** er hat die Täfelung mit Lack überstrichen

über|strei|fen; sie hat den Handschuh übergestreift

über|streu|en; mit Zucker überstreut

über|strö|men; er ist von Dankesworten übergeströmt; **über|strö|men;** der Fluß hat die Felder weithin überströmt

Über|strumpf (*veraltend für* Gamasche)

über|stül|pen; sie haben ihm den Taucherhelm übergestülpt

Über|stun|de; -n machen; **Über|stun|den‿geld, ...zu|schlag**

über|stür|zen (übereilen); er hat die Angelegenheit überstürzt; die Ereignisse überstürzten sich; **Über|stür|zung** (Übereilung)

über|ta|rif|lich; -e Bezahlung

über|täu|ben; das hat seinen Schmerz übertäubt; **Über|täu|bung**

über|tau|chen (*österr. ugs. für* [eine Grippe] überstehen)

über|teu|ern; ich ...ere (↑R 22); überteuerte Ware; **Über|teue|rung**

über|töl|peln; er wurde von ihnen übertölpelt; **Über|töl|pe|lung, Über|tölp|lung**

über|tö|nen; Über|tö|nung

Über|topf (für einfache, schmucklose Blumentöpfe)

Über|trag, der; -[e]s, ...träge (Übertragung auf die nächste Seite); **über|trag|bar; Über|trag|bar|keit,** die; -; **[1]über|tra|gen** (auftragen; anordnen; übergeben; im Rundfunk wiedergeben); er hat mir das -; ich habe ihm das Amt -; sich - (übergehen) auf ...; die Krankheit hat sich auf mich -; **[2]über|tra|gen;** eine -e Bedeutung; -e (*österr. für* gebrauchte, abgetragene) Kleidung; **Über|tra|ger** (*Fernmeldewesen svw.* Transformator); **Über|trä|ger; Über|trä|ge|rin; Über|tra|gung; Über|tra|gungs‿sa|tel|lit, ...ver|merk, ...wa|gen** (*Abk.* Ü-Wagen), **...wei|se** (die)

über|trai|niert (überanstrengt durch übermäßiges Training)

über|tref|fen; seine Leistungen haben alles übertroffen
über|trei|ben; er hat die Sache übertrieben; **Über|trei|bung**
über|tre|ten; er ist zur evangelischen Kirche übergetreten; sie hat, ist beim Weitsprung übergetreten *(Sport)*; **über|tre|ten**; ich habe das Gesetz -; ich habe mir den Fuß - (*landsch. für* vertreten); **Über|tre|tung**; **Über|tre|tungs|fall**, der; *nur in* im -[e] *(Amtsspr.)*
über|trie|ben; *vgl.* übertreiben; **Über|trie|ben|heit**
Über|tritt
über|trump|fen (überbieten, ausstechen); übertrumpft
über|tun *(ugs.)*; ich habe mir einen Mantel übergetan; **über|tun**, sich (*landsch. für* sich übernehmen); du hast dich übertan
über|tün|chen; die Wand wurde übertüncht
über|über|mor|gen
Über|va|ter (respekteinflößende, beherrschende Figur)
über|ver|si|chern; ich überversichere (↑R 22); die Schiffsladung war überversichert; **Über|ver|si|che|rung**
über|völ|kern; diese Provinz ist über[be]völkert; **Über|völ|ke|rung**, die; -
über|voll
über|vor|sich|tig
über|vor|tei|len; er wurde übervorteilt; **Über|vor|tei|lung**
über|wach (hellwach, angespannt); mit -en Augen; **über|wa|chen** (beaufsichtigen); er wurde überwacht
über|wach|sen; mit Moos -
über|wäch|tet (von einem Schneeüberhang bedeckt); -e Gletscherspalten
Über|wa|chung; **Über|wa|chungs‿dienst**, **...staat** (*Plur.* ...staaten), **...stel|le**, **...sy|stem**
über|wal|len (sprudelnd überfließen); das Wasser ist übergewallt; **über|wal|len** *(geh.)*; von Nebel überwallt
über|wäl|ti|gen (bezwingen); er wurde überwältigt; **über|wäl|ti|gend** (ungeheuer groß); **Über|wäl|ti|gung**
über|wäl|zen (abwälzen); die Kosten wurden auf die Gemeinden überwälzt
über|wech|seln (hinübergehen); das Wild ist in das Nachbarrevier übergewechselt
Über|weg
über|wei|sen; sie hat das Geld überwiesen
über|wei|ßen (hell überstreichen); er hat die Wand überweißt
Über|wei|sung (Übergabe; [Geld]anweisung); **Über|wei|sungs‿auf|trag**, **...for|mu|lar**, **...schein**
über|weit; **Über|wei|te**; Kleider in Überweiten
Über|welt; **über|welt|lich** (übersinnlich, übernatürlich)
über|wend|lich *(Handarbeit)*; - nähen (so nähen, daß die Fäden über die aneinandergelegten Stoffkanten hinweggehen); -e Naht; **über|wend|lings**; - nähen
über|wer|fen; er hat den Mantel übergeworfen; **über|wer|fen**, sich; wir haben uns überworfen (verfeindet); **Über|wer|fung**
über|wer|ten (*selten für* überbewerten); **über|wer|tig** *(Psych.)*; **Über|wer|tig|keit**, die; -; **Über|wer|tung**
Über|we|sen
über|wie|gen (*ugs. für* ein zu hohes Gewicht haben); der Brief wiegt über; **über|wie|gen** ([an Zahl od. Einfluß] stärker sein); die Laubbäume -; die Mittelmäßigen haben überwogen; **über|wie|gend** [*auch* 'y:...]
über|wind|bar; **über|win|den** (bezwingen); die Schwierigkeiten wurden überwunden; sich -; **Über|win|der**; **Über|win|dung**, die; -
über|win|tern; ich ...ere (↑R 22); das Getreide hat gut überwintert; **Über|win|te|rung**
über|wöl|ben; der Raum wurde überwölbt; **Über|wöl|bung**
über|wu|chern; das Unkraut hat den Weg überwuchert; **Über|wu|che|rung**
Über|wurf (Umhang; *Ringen* ein Hebegriff; *österr. u. schweiz. auch für* Zierdecke)
Über|zahl, die; -; in der - sein; **über|zah|len** (zu hoch bezahlen); er hat den Gebrauchtwagen überzahlt; **über|zäh|len** (nachzählen); sie hat den Betrag noch einmal überzählt; **über|zäh|lig**; **Über|zah|lung**
über|zeich|nen (*ugs. für* über den vorgesehenen Rand zeichnen); übergezeichnete Buchstaben; **über|zeich|nen**; die Anleihe ist überzeichnet; **Über|zeich|nung**
Über|zeit[|ar|beit], die; - (*schweiz. für* Überstunden[arbeit])
über|zeu|gen; sie hat ihn überzeugt; sich -; ein überzeugter (unbedingter) Anhänger; **über|zeu|gend**; -ste; **Über|zeugt|heit**, die; -; **Über|zeu|gung**; **Über|zeu|gungs‿ar|beit** (die; -; *svw.* Agitation), **...kraft** (die; -), **...tä|ter** (*Rechtsspr.* jmd., der um einer [politischen, religiösen o. ä.] Überzeugung willen straffällig geworden ist); **über|zeu|gungs|treu**
über|zie|hen; er zieht eine Jacke über, hat eine Jacke übergezogen; **über|zie|hen**; sie überzieht den Kuchen mit einem Zuckerguß; überzogen mit Rost; er hat sein Konto überzogen; **Über|zie|her**; **Über|zie|hungs|kre|dit**
über|züch|tet; der Hund ist überzüchtet
über|zuckern [*Trenn.* ...zuk|kern]; das Gebäck ist überzuckert
Über|zug; **Über|zugs|pa|pier**
über|zwerch [*auch* ...'tsvɛrç] (*landsch. für* quer, über Kreuz; verschroben)
Ubi|er ['u:bi̯ər], der; -s, - (Angehöriger eines germ. Volksstammes)
Ubi|quist, der; -en, -en; ↑R 197 ⟨lat.⟩ (*Biol.* auf der gesamten Erdkugel verbreitete Pflanzen- od. Tierart); **ubi|qui|tär** (überall verbreitet)
üb|lich; (↑R 65:) seine Rede enthielt nur das Übliche, a b e r: es ist das übliche (üblich), daß ein Olympiasieger in seinem Heimatort feierlich empfangen wird; **...üb|lich** (z. B. ortsüblich); **üb|li|cher|wei|se**; **Üb|lich|keit**, die; -
U-Bo|gen (↑R 37)
U-Boot[1]; ↑R 38 (Unterseeboot; *Abk.* U); **U-Boot-Krieg** (↑R 41)
üb|rig; übriges Verlorenes; übrige kostbare Gegenstände; (↑R 65:) ein übriges tun (mehr tun, als nötig ist); im übrigen (sonst, ferner); das, alles übrige (andere); die, alle übrigen (anderen); *Schreibung in Verbindung mit Verben* (↑R 205 f.): übrig haben, sein; *vgl.* a b e r: übrigbehalten, übrigbleiben, übriglassen; **üb|rig|be|hal|ten** (↑R 205); ich habe wenig übrigbehalten; **üb|rig|blei|ben** (↑R 205); es ist wenig übriggeblieben; übrig bleibt nur noch, ... (↑R 206); **üb|ri|gens**; **üb|rig|las|sen**; du läßt übrig; übriggelassen; übrigzulassen
Übung; **Übungs‿an|zug**, **...ar|beit**, **...auf|ga|be**, **...buch**; **übungs|hal|ber**; **Übungs‿hang**, **...platz**, **...schie|ßen**, **...stück**
Üecht|land *vgl.* Üechtland
Ucker|mark[2], die; - (nordostdt. Landschaft); **Ucker|mär|ker**[2] (↑R 147); **ucker|mär|kisch**[2]
Ud, die; -, -s ⟨arab.⟩ (Laute mit 4 bis 7 Saitenpaaren)
u. d. ä. = und dem ähnliche[s]
u. desgl. [m.] = und desgleichen [mehr]; **u. dgl. [m.]** = und dergleichen [mehr]
u. d. M. = unter dem Meeresspiegel; **ü. d. M.** = über dem Meeresspiegel

---

[1] *Bundeswehramtlich* Uboot.
[2] *Trenn.* ...k|k...

Udo (m. Vorn.)
UdSSR = Union der Sozialistischen Sowjetrepubliken (bis 1991)
u. E. = unseres Erachtens
Üechtlland ['y:ɛçt...], *auch* Üchtland, das; -[e]s (in der Schweiz); *vgl.* Freiburg im Üechtland
Uecker ['ykər], die; - [*Trenn.* Uekker] (nordd. Fluß)
UEFA, die; - (*Kurzw. für* Union Européenne de Football Association [y.niɔ̃: ørɔpe.ɛn də fut'bo:l asosia.siɔ̃:]; Europäischer Fußballverband); **UEFA-Pokal** (↑R 38)
U-Eilsen; ↑R 37 (Walzeisen von U-förmigem Querschnitt); **U-Eisen-förlmig** (↑R 41)
Uellzen ['yl...] (Stadt in der Lüneburger Heide); **Uellzelner, Uelzer** (↑R 147)
Uerldinlgen ['y:r...] (Stadtteil von Krefeld)
Ufa ⓦ, die; - (Universum-Film-AG); **Ufa-Film** (↑R 38); **Ufa-Thealter** (↑R 38)
Ufer, das; -s, -; *Schreibung in Straßennamen:* ↑R 190 ff.; **Uferˬbau** (*Plur.* ...bauten), **...belfelstigung, ...bölschung, ...geld** (Hafengebühr), **...landlschaft, ...läufer** (ein Vogel); **uferllos;** (↑R 65:) das Uferlose (Endlose); a b e r : seine Pläne gingen ins uferlose (allzu weit); **Uferˬprolmelnalde, ...schwallbe, ...stralße**
uff!
u. ff. = und folgende [Seiten]
Uflfilzilen [...iən] *Plur.* (Palast mit Gemäldesammlung in Florenz)
Uffz. = Unteroffizier
UFO, Ufo, das; -[s], -s (*Kurzw. für* unbekanntes Flugobjekt [*für engl.* unidentified flying object])
U-förlmig; ↑R 37 (in Form eines lat. U)
...uflrig (z. B. linksufrig)
Uganlda (Staat in Afrika); **Ugander; Uganldelrin; uganldisch**
ugrisch *vgl.* finnisch-ugrisch
uh!
U-Haft; ↑R 38 (*kurz für* Untersuchungshaft)
U-Halken (↑R 37)
Uhlland (dt. Dichter)
Uhr, die; -, -en; Punkt, Schlag acht Uhr; es ist zwei Uhr nachts; es ist ein Uhr, a b e r : es ist eins; es ist 6.30 [Uhr], 6^{30} [Uhr] (*gesprochen* sechs Uhr dreißig); es schlägt 12 [Uhr]; um fünf [Uhr] (*volkstümlich* um fünfe) aufstehen; ich komme um 20 Uhr; der Zug fährt um halb acht [Uhr] abends; ich wartete bis zwei Uhr nachmittags; Achtuhrzug (*mit Ziffer* 8-Uhr-Zug; ↑R 43); *vgl.* hora; **Uhrlband,** das; *Plur.* ...bänder; **Ührlchen; Uhlrenˬinldustrie, ...kalsten, ...raldio; Uhrketlte; Ührllein; Uhrlmalcher; Uhrlmalchelrei; Uhrlmalchelrin; Uhrˬtalsche, ...werk, ...zeilger; Uhrlzeilgerlsinn,** der; -[e]s (Richtung des Uhrzeigers); *nur in* *u.* entgegen dem -; **Uhrlzeit**
Uhu, der; -s, -s (ein Vogel)
ui! [uj]; **ui je!** (*österr. für* oje!)
Ujung Panldang ['udʒuŋ -] (Hafenstadt auf Celebes)
Ukas, der; -ses, -se ‹russ.› (Erlaß, Verordnung [des Zaren])
Ukellei, der; -s, *Plur.* -e *u.* -s ‹slaw.› (ein Karpfenfisch)
Ukrailne[1], die; - (Staat in Osteuropa); **Ukrailner**[1]; **Ukrailnelrin**[1]; **ukrailnisch**[1]; **Ukrailnisch**[1], das; -[s] (Sprache); *vgl.* Deutsch; **Ukrailnilsche**[1], das; -n; *vgl.* Deutsche, das
Ukullelle, die *od.* das; -, -n ‹hawaiisch› (kleine, viersaitige Gitarre)
UKW = Ultrakurzwelle; **UKW-Emplfänlger** (↑R 38); **UKW-Sender** (↑R 38)
Ul, die; -, -en (*nordd. für* Eule; Handbesen)
Ulan, der; -en, -en (↑R 197) ‹türk.-poln.› (*früher* Lanzenreiter)
Ulan Baltor (Hptst. der Mongolei)
Ulanlka, die; -, -s ‹poln.› (Waffenrock der Ulanen)
Ullbricht (erster Vorsitzender des Staatsrates der ehem. DDR)
Ulelma, der; -s, -s ‹arab., „Stand der Gelehrten"› (islamischer Rechts- u. Religionsgelehrter)
Ulenlflucht, die; -, -en ‹„Eulenflug"› (*nordd. für* Dachöffnung des westfäl. Bauernhauses; *nur Sing.: veraltet für* Dämmerung); **Ulenlspielgel** (*Nebenform von* Eulenspiegel)
Ullfillas, Wullfilla (Bischof der Westgoten)
Uli [*auch* 'uli] (m. Vorn.)
Ulilxes, Ulyslses (*lat. Name von* Odysseus)
Ulk, der; *Gen.* -s, *seltener* -es, *Plur.* -e (Spaß; Unfug)
Ülk, der; -[e]s, -e (*nordd. für* Iltis)
ullken; Ullkelrei; ullkig *(ugs.);* **Ulklnuldel** *(ugs. scherzh.)*
Ullkus, das; -, Ulzera ‹lat.› (*Med.* Geschwür)
Ulla (w. Vorn.)
[1]**Ulm** (Stadt an der Donau)
[2]**Ulm,** [1]**Ullme,** die; -, ...men (*Bergmannsspr.* seitliche Fläche im Bergwerksgang)
[2]**Ullme,** die; -, -n ‹lat.› (ein Laubbaum); **Ullmenlblatt**
Ullmer; ↑R 147 (aus [1]Ulm); der - Spatz
Ullrich (m. Vorn.); **Ullrilke** (w. Vorn.)

[1][*auch* u'krai...]; *zur Trennung* ↑R 180.

[1]**Ullster** [*engl.* 'alstə(r)] ‹engl.› (histor. Provinz im Norden der Insel Irland); [2]**Ullster,** der; -s, - (weiter [Herren]mantel; schwerer Mantelstoff)
ult. = ultimo
Ultilma raltio, die; - - ‹lat.› (letztes Mittel); **ulltilmaltiv** (in Form eines Ultimatums; nachdrücklich); **Ultilmaltum,** das; -s, ...ten (letzte, äußerste Aufforderung); **ulltilmo** (am Letzten [des Monats]; *Abk.* ult.); - März; **Ulltimo,** der; -s, -s (letzter Tag [des Monats]); **Ulltilmolgelschäft**
Ulltra, der; -s, -s ‹lat.› (polit. Fanatiker, Rechtsextremist); **ulltrahart; ulltralkurz; Ulltralkurzlwelle** (*Physik, Rundf.* elektromagnetische Welle unter 10 m Länge; *Abk.* UKW); **Ulltralkurzlwellenˬemplfänlger, ...senlder, ...theralpie**
ulltrallang
ulltralmalrin ‹lat., „übers Meer" [eingeführt]› (kornblumenblau); **Ulltralmalrin,** das; -s
Ulltralmilkrolskop (zur Beobachtung kleinster Teilchen)
ulltralmonltan ‹lat., „jenseits der Berge [Alpen]"› (streng päpstlich gesinnt); **Ulltralmonltalnislmus,** der; - (streng päpstliche Gesinnung [im ausgehenden 19. Jh.])
ulltralrot (*svw.* infrarot)
Ulltralschall, der; -[e]s (mit dem menschlichen Gehör nicht mehr wahrnehmbarer Schall); **Ulltraschallˬbelhandllung, ...dialgnostik, ...schweilßung, ...thelrapie, ...wellle** *(meist Plur.)*
Ulltralstrahllung (kosmische Höhenstrahlung)
ulltralviollett [...v...] ([im Sonnenspektrum] über dem violetten Licht; *Abk.* UV); -e Strahlen (*kurz* UV-Strahlen; ↑R 38); **Ulltralviollett,** das; -s (*Abk.* UV)
Ulyslses *vgl.* Ulixes
Ullzelra (*Plur. von* Ulkus); **Ullzeraltilon,** die; -, -en ‹lat.› (*Med.* Geschwürbildung); **ullzelrielren** (geschwürig werden); **ullzelrös** (geschwürig); -es Organ
um; I. *Präp. mit Akk.:* um vieles, nichts, ein Mehrfaches; um alles in der Welt [nicht]; einen Tag um den anderen; um Rat fragen; ich komme um 20 Uhr (*vgl.* Uhr); ich gehe um Milch (*österr. für* um Milch zu holen); (↑R 65:) um ein bedeutendes, ein beträchtliches, ein erkleckliches (sehr); um ... willen, *mit Gen.:* um einer Sache willen, um jemandes willen, um Gottes willen, um meinetwillen; umeinander; umsonst; um so größer; um so mehr *(vgl. d.),* um so weniger *(vgl. d.);* ums (um das); *vgl.* ums. **II.** *Adverb:* um

und um; links um! (*vgl.* links); es waren um [die] (= etwa) zwanzig Mädchen; Gemeinden von um (= etwa) 10000 Einwohnern. **III.** *Infinitivkonjunktion:* um zu; er kommt, um uns zu helfen (↑R 107). **IV.** *Großschreibung* (↑R 67): das Um und Auf (*österr. für* das Ganze, das Wesentliche)
um... *in Verbindung mit Verben:* **a)** *unfeste Zusammensetzungen,* z.B. umbauen *(vgl. d.),* umgebaut; **b)** *feste Zusammensetzungen,* z.B. umbauen *(vgl. d.),* umbaut
um|ackern [*Trenn.* ...ak|kern]; umgeackert
um|adres|sie|ren; umadressiert
um|än|dern; umgeändert; **Um|än|de|rung**
um [*od.* **Um**] **Ant|wort wird ge|be|ten** (*Abk.* u. [*od.* U.] A. w. g.)
um|ar|bei|ten; der Anzug wurde umgearbeitet; **Um|ar|bei|tung**
um|ar|men; er hat sie umarmt; sie umarmten sich; **Um|ar|mung**
Um|bau, der; -[e]s, *Plur.* -e *u.* -ten; **um|bau|en** (anders bauen); das Theater wurde völlig umgebaut; **um|bau|en** (mit Bauten umschließen); er hat seinen Hof mit Ställen umbaut; umbauter Raum
um|be|hal|ten *(ugs.);* sie hat den Schal -
um|be|nen|nen; umbenannt; **Um|be|nen|nung**
[1]**Um|ber** *vgl.* Umbra
[2]**Um|ber,** der; -s, -n ‹lat.› (ein Speisefisch des Mittelmeeres)
Um|ber|to (m. Vorn.)
um|be|schrie|ben *(Math.);* der -e Kreis (Umkreis)
um|be|set|zen; die Rolle wurde umbesetzt (einem anderen Darsteller übertragen); **Um|be|set|zung**
um|be|sin|nen, sich (seine Meinung ändern); ich habe mich umbesonnen
um|bet|ten (in ein anderes Bett, in ein anderes Grab legen); wir haben den Kranken, die Toten umgebettet; **Um|bet|tung**
um|bie|gen; er hat den Draht umgebogen
um|bil|den; die Regierung wurde umgebildet; **Um|bil|dung**
um|bin|den; er hat ein Tuch umgebunden; **um|bin|den;** er hat den Finger mit Leinwand umbunden
um|bla|sen; der Wind hat sie fast umgeblasen; **um|bla|sen;** von Winden -
Um|blatt (inneres Hüllblatt der Zigarre); **um|blät|tern;** umgeblättert
Um|blick; um|blicken [*Trenn.* ...blik|ken], sich; du hast dich umgeblickt

Um|bra, die; - *u.* Um|ber, der; -s ‹lat.› (ein brauner Farbstoff)
Um|bral|glas ® (getöntes Brillenglas)
um|bran|den; von Wellen umbrandet
um|brau|sen; von Beifall umbraust
um|bre|chen; den Acker -; der Zaun ist umgebrochen worden; **um|bre|chen** (*Druckw.* den Drucksatz in Seiten einteilen); er umbricht den Satz; der Satz wird umbrochen, ist noch zu -; **Um|bre|cher** (*Druckw. für* Metteur)
Um|brer, der; -s, - (Angehöriger eines italischen Volksstamms); **Um|bri|en** [...i̯ən] (ital. Region)
um|brin|gen; umgebracht; sich -
um|brisch (aus Umbrien)
Um|bruch, der; -[e]s, ...brüche (grundlegende [polit.] Änderung, Umwandlung; *nur Sing.: Druckw.* das Umbrechen); **Um|bruch‿kor|rek|tur, ...re|vi|si|on**
um|bu|chen; einen Betrag -; sie hat die Reise umgebucht; **Um|bu|chung**
um|da|tie|ren; er hat den Brief umdatiert
um|den|ken (die Grundlage seines Denkens ändern); **Um|denk|pro|zeß, Um|den|kungs|pro|zeß**
um|deu|ten (anders deuten); **Um|deu|tung**
um|di|ri|gie|ren; wir haben den Transport umdirigiert
um|dis|po|nie|ren (seine Pläne ändern); ich habe umdisponiert
um|drän|gen; sie wurde von allen Seiten umdrängt
um|dre|hen; sich -; er dreht jeden Pfennig um (ist sehr sparsam); er hat den Spieß umgedreht (ist seinerseits [mit denselben Mitteln] zum Angriff übergegangen); du hast dich umgedreht; **Um|dre|hung; Um|dre|hungs‿ge|schwin|dig|keit, ...zahl** (*svw.* Drehzahl)
Um|druck *Plur.* ...drucke (*nur Sing.:* ein Vervielfältigungsverfahren; Ergebnis dieses Verfahrens); **Um|druck|ver|fah|ren**
um|dü|stern, sich
um|ein|an|der; *Schreibung in Verbindung mit Verben* (↑R 206): sich umeinander (gegenseitig um sich) kümmern; *vgl.* aneinander
um|er|zie|hen; sie wurden politisch umerzogen; **Um|er|zie|hung**
um|fä|cheln *(geh.);* der Wind hat mich umfächelt
um|fah|ren (fahrend umwerfen; *landsch. für* fahrend einen Umweg machen); fahr mich nicht um!; er hat das Verkehrsschild umgefahren; ich bin [beinahe eine Stunde] umgefahren; **um|fah|ren** (um etwas herumfahren); er umfuhr das Hindernis; er hat die Insel umfahren; **Um|fahrt; Um|fah|rung** (*österr. u. schweiz. auch svw.* Umgehungsstraße); **Um|fah|rungs|stra|ße** *(österr., schweiz.)*
Um|fall, der; -[e]s (*ugs. für* plötzlicher Gesinnungswandel); **um|fal|len;** er ist tot umgefallen; bei der Abstimmung ist er doch noch umgefallen *(ugs.);* (↑R 68:) sie war zum Umfallen müde *(ugs.)*
Um|fang; um|fan|gen *(geh.);* die Nacht umfing uns; ich halte ihn umfangen; **um|fäng|lich; um|fang|mä|ßig** *vgl.* umfangsmäßig; **um|fang|reich; Um|fangs|be|rech|nung; um|fangs|mä|ßig,** um|fang|mä|ßig
um|fär|ben; der Mantel wurde umgefärbt
um|fas|sen (anders fassen; *landsch. auch für* den Arm um jmdn. legen); der Schmuck wird umgefaßt; er faßte das Mädchen um; **um|fas|sen** (umschließen; in sich begreifen); ich habe ihn umfaßt; die Sammlung umfaßt alles Wesentliche; **um|fas|send;** -ste; **Um|fas|sung; Um|fas|sungs|mau|er**
Um|feld (Umwelt, Umgebung); das soziale -
um|fir|mie|ren (einen anderen Handelsnamen annehmen); wir haben umfirmiert
um|flech|ten; eine umflochtene Weinflasche
um|flie|gen (*landsch. für* fliegend einen Umweg machen; *ugs. für* hinfallen); das Flugzeug war eine weite Strecke umgeflogen; das Schild ist umgeflogen; **um|flie|gen;** er hat die Stadt umflogen
um|flie|ßen; umflossen von ...
um|flo|ren *(geh.);* Tränen umflorten seinen Blick; mit von Trauer umflorter Stimme
um|for|men; er formt den Satz um; das Leben hat ihn umgeformt; **Um|for|mer** *(Elektrotechnik);* **um|for|mu|lie|ren;** sie hat den Text umformuliert; **Um|for|mung**
Um|fra|ge; - halten; **um|fra|gen;** die Meinungsforscher haben wieder umgefragt
um|frie|den, umfriedet, *seltener* **um|frie|di|gen,** umfriedigt (mit einem Zaun umgeben); er hat seinen Garten umfriedet, *seltener* umfriedigt; **Um|frie|di|gung,** *häufiger* **Um|frie|dung**
um|fül|len; sie hat den Wein umgefüllt; **Um|fül|lung**
um|funk|tio|nie|ren (die Funktion von etwas ändern; zweckent-

fremdet einsetzen); die Veranstaltung wurde zu einer Protestversammlung umfunktioniert; **Um|funk|tio|nie|rung**

Um|gang; um|gäng|lich (freundlich, erträglich); **Um|gäng|lich|keit,** die; -; **Um|gangs‿form** *(meist Plur.),* **...spra|che; um|gangs|sprach|lich; Um|gangs|ton** *Plur.* ...töne

um|gar|nen; sie hat ihn umgarnt; **Um|gar|nung**

um|gau|keln; der Schmetterling hat die Blüten umgaukelt; **Um|gau|ke|lung, Um|gauk|lung**

um|ge|ben *(landsch.);* er gab mir den Mantel um, hat mir den Mantel umgegeben (umgehängt); **um|ge|ben;** er umgab das Haus mit einer Hecke; sie war von Kindern umgeben; sich - mit ...

Um|ge|bin|de|haus *(Bauw.)*

Um|ge|bung

Um|ge|gend *(ugs.)*

um|ge|hen; ein Gespenst geht dort um; er ist umgegangen (*landsch. für* hat einen Umweg gemacht); ich bin mit ihm nett umgegangen (*veraltend für* habe mit ihm nett verkehrt); **um|ge|hen;** er umgeht alle Fragen; er hat das Gesetz umgangen; **um|ge|hend;** mit -er (nächster) Post; **Um|ge|hung; Um|ge|hungs|stra|ße**

um|ge|kehrt; es verhält sich -, als du denkst

um|ge|stal|ten; sie hat den Park völlig umgestaltet; **Um|ge|stal|tung**

um|gie|ßen; sie hat den Wein umgegossen

um|git|tern; umgittert; **Um|git|te|rung**

um|glän|zen *(geh.);* von Licht umglänzt

um|gol|den *(geh.);* umgoldet

um|gra|ben; er hat das Beet umgegraben; **Um|gra|bung**

um|grei|fen (in einen anderen Griff wechseln); er hat bei der Riesenfelge umgegriffen; **um|grei|fen** (*svw.* umfassen); er hatte den Stock fest umgriffen

um|gren|zen; sie umgrenzte das Aufgabengebiet; der Garten ist von Steinen umgrenzt; umgrenzte Vollmachten; **Um|gren|zung**

um|grup|pie|ren; umgruppiert; **Um|grup|pie|rung**

um|gucken [*Trenn.* ...guk|ken], sich (*ugs. für* sich umsehen)

um|gür|ten *(früher);* ich habe mir das Schwert umgegürtet; **um|gür|ten** *(früher);* sich -; mit dem Schwert umgürtet

um|ha|ben *(ugs.);* sie hat nichts um, sie hat nicht einmal ein Tuch umgehabt

um|hacken [*Trenn.* ...hak|ken]; der Baum wurde umgehackt

um|hä|keln; ein umhäkeltes Taschentuch

um|hal|sen; sie hat ihn umhalst; **Um|hal|sung**

Um|hang; um|hän|gen; ich hängte mir den Mantel um; ich habe die Bilder umgehängt (anders gehängt); *vgl.* [2]hängen; **um|hän|gen** (hängend umgeben); das Bild war mit Flor umhängt; *vgl.* [2]hängen; **Um|hän|ge|ta|sche,** Um|häng|ta|sche; **Um|hän|ge|tuch,** Um|hang|tuch, Um|häng|tuch *Plur.* ...tücher; **Um|häng|ta|sche** *vgl.* Umhängetasche; **Um|hang|tuch, Um|häng|tuch** *vgl.* Umhängetuch

um|hau|en (abschlagen, fällen usw.); er haute, *geh.* hieb den Baum um; das hat mich umgehauen (*ugs. für* das hat mich in großes Erstaunen versetzt)

um|he|ben *(Druckw.);* einige Zeilen wurden umhoben

um|he|gen *(geh.);* umhegt; **Um|he|gung**

um|her (im Umkreis); **um|her...** (bald hierhin, bald dorthin ..., z. B. umherlaufen; er läuft umher, ist umhergelaufen); **um|her‿blicken** [*Trenn.* ...blik|ken], **...fah|ren, ...flie|gen, ...ge|hen, ...gei|stern, ...ir|ren, ...ja|gen, ...lau|fen, ...lie|gen, ...rei|sen, ...schlei|chen, ...schlen|dern, ...schwei|fen, ...schwir|ren, ...strei|fen, ...tra|gen, ...zie|hen**

um|hin|kom|men (*svw.* umhinkönnen)

um|hin|kön|nen; *nur verneint:* ich kann nicht umhin, es zu tun; ich habe nicht umhingekonnt; nicht umhinzukönnen

um|hö|ren, sich; ich habe mich danach umgehört

um|hül|len; umhüllt mit ...; **Um|hül|lung**

Umiak, der *od.* das; -s, -s ‹eskim.› (Boot der Eskimofrauen)

U/min = Umdrehungen pro Minute

Um|in|ter|pre|ta|ti|on; um|in|ter|pre|tie|ren (umdeuten)

um|ju|beln; umjubelt

um|kämp|fen; die Festung war hart umkämpft

Um|kar|ton *(fachspr.)*

Um|kehr, die; -; **um|kehr|bar; Um|kehr|bar|keit,** die; -; **um|keh|ren;** sich -; sie ist umgekehrt; sie hat die Tasche umgekehrt; umgekehrt! (im Gegenteil!); **Um|kehr|film** (Film, der beim Entwickeln ein Positiv liefert); **Um|keh|rung**

um|kip|pen; der Stuhl kippte um; er ist bei den Verhandlungen umgekippt (*ugs. für* hat seinen Standpunkt geändert); er ist plötzlich umgekippt (*ugs. für* ohnmächtig geworden); **Um|kip|pen,** das; -s (biolog. Absterben eines Gewässers)

um|klam|mern; er hielt ihre Hände umklammert; **Um|klam|me|rung**

um|klapp|bar; um|klap|pen; er hat den Deckel umgeklappt; er ist umgeklappt (*landsch. für* ohnmächtig geworden)

Um|klei|de, die; -, -n (*ugs. für* Umkleideraum); **Um|klei|de|ka|bi|ne; um|klei|den,** sich; ich habe mich umgekleidet (anders gekleidet); **um|klei|den** (umgeben, umhüllen); umkleidet mit, von ...; **Um|klei|de|raum; Um|klei|dung,** die; -; **Um|klei|dung**

um|knicken [*Trenn.* ...knik|ken]; sie ist [mit dem Fuß] umgeknickt

um|kom|men; er ist im Krieg umgekommen; (↑R 68:) die Hitze ist ja zum Umkommen *(ugs.)*

um|ko|pie|ren *(Fototechnik)*

um|krän|zen; umkränzt; **Um|krän|zung**

Um|kreis, der; -es *Plur. (Geom.:)* -e; **um|krei|sen;** der Storch hat das Nest umkreist; **Um|krei|sung**

um|krem|peln (*ugs. auch für* völlig ändern); er hat die Ärmel umgekrempelt

um|la|den; die Säcke wurden umgeladen; *vgl.* [1]laden; **Um|la|dung**

Um|la|ge (Steuer; Beitrag); **um|la|gern** (an einen anderen Platz bringen [zum Lagern]); die Waren wurden umgelagert; **um|la|gern** (umgeben, eng umschließen); umlagert von ...; *vgl.* lagern; **Um|la|ge|rung; Um|la|ge|rung**

Um|land, das; -[e]s (ländliches Gebiet um eine [Groß]stadt)

Um|lauf (*auch für* Fruchtfolge; *Med.* eitrige Entzündung an Finger oder Hand); in - geben, sein (von Zahlungsmitteln); **Um|lauf|bahn; um|lau|fen** (laufend umwerfen; *landsch. für* einen Umweg machen; weitergegeben werden); wir sind umgelaufen; eine Nachricht ist umgelaufen; **um|lau|fen;** der Mond umläuft die Erde in 28 Tagen; ich habe den Platz -; **Um|lauf|mit|tel** *Plur.* (Geld); **Um|lauf[s]‿ge|schwin|dig|keit, ...zeit; Um|lauf|ver|mö|gen** *(Wirtsch.)*

Um|laut (*Sprachw.* ä, ö, ü); **um|lau|ten;** ein umgelautetes U ist ein Ü

Um|le|ge‿ka|len|der, ...kra|gen; um|le|gen (*derb auch für* erschießen); er legte den Mantel um; er hat die Karten umgelegt (gewendet od. anders gelegt); **um|le-**

gen; ein Braten, umlegt mit Gemüse; **Um|le|gung** (*auch für* Flurbereinigung); **Um|le|gung**
um|lei|ten (anders leiten); der Verkehr wurde umgeleitet; **Um|lei|tung; Um|lei|tungs|schild,** das
um|len|ken; die Fahrzeuge wurden umgelenkt; **Um|len|kung**
um|ler|nen; sie hat umgelernt
um|lie|gend; -e Ortschaften
Um|luft, die; - (*Technik* aufbereitete, zurückgeleitete Luft)
um|man|teln; *(Technik);* ich ...[e]le (↑R 22); ein ummanteltes Kabel; **Um|man|te|lung**
um|mau|ern (mit Mauerwerk umgeben); das Tiergehege wurde ummauert; **Um|maue|rung**
um|mel|den; ich habe mich polizeilich umgemeldet; **Um|mel|dung**
um|mo|deln (ändern, umgestalten); umgemodelt; **Um|mo|de|lung, Um|mod|lung**
um|mün|zen; die Niederlage wurde in einen Sieg umgemünzt (umgedeutet); **Um|mün|zung**
um|nach|tet (*geh. für* geisteskrank); **Um|nach|tung** *(geh.)*
um|nä|hen; sie hat den Saum umgenäht (eingeschlagen u. festgenäht); **um|nä|hen;** eine umnähte (eingefaßte) Kante
um|ne|beln; ich ...[e]le (↑R 22); er hat ihn mit seinem Zigarrenrauch umnebelt; sie war leicht umnebelt (benommen); **Um|ne|bel|lung, Um|neb|lung**
um|neh|men *(ugs.);* sie hat eine Decke umgenommen
um|nie|ten (*derb für* niederschlagen, -schießen); sie haben ihn umgenietet
Um|or|ga|ni|sa|ti|on; um|or|ga|ni|sie|ren; der Betrieb wurde umorganisiert
um|packen [*Trenn.* ...pak|ken] (anders packen); der Koffer wurde umgepackt
um|pflan|zen (verpflanzen); die Blumen wurden umgepflanzt; **um|pflan|zen** (mit Pflanzen umgeben); umpflanzt mit ...; **Um|pflan|zung; Um|pflan|zung**
um|pflü|gen (mit dem Pflug bearbeiten); er hat den Acker umgepflügt; **Um|pflü|gung**
um|po|len (*Physik, Elektrotechnik* Plus- u. Minuspol vertauschen); umgepolt
um|prä|gen; die Goldstücke wurden umgeprägt; **Um|prä|gung**
um|pro|gram|mie|ren; Um|pro|gram|mie|rung
um|pum|pen; die Ladung des Tankers wurde umgepumpt
um|quar|tie|ren (in ein anderes Quartier legen); er wurde umquartiert; **Um|quar|tie|rung**
um|rah|men (mit anderem Rahmen versehen); das Bild muß umgerahmt werden; **um|rah|men** (mit Rahmen versehen, einrahmen); die Vorträge wurden von musikalischen Darbietungen umrahmt; **Um|rah|mung; Um|rah|mung**
um|ran|den; er hat den Artikel mit Rotstift umrandet; **um|rän|dert;** seine Augen waren rot umrändert; **Um|ran|dung**
um|ran|gie|ren [...raŋˈʒiː...]; umrangiert
um|ran|ken; von Rosen umrankt; **Um|ran|kung**
Um|raum (umgebender Raum); **um|räu|men;** wir haben das Zimmer umgeräumt; **Um|räu|mung**
um|rech|nen; sie hat DM in Schweizer Franken umgerechnet; **Um|rech|nung; Um|rech|nungs|kurs**
um|rei|sen; er hat die Erde umreist
um|rei|ßen (einreißen; zerstören); er hat den Zaun umgerissen; **um|rei|ßen** (im Umriß zeichnen; andeuten); sie hat die Situation kurz umrissen
um|rei|ten (reitend umwerfen); er hat den Mann umgeritten; **um|rei|ten;** er hat das Feld umritten
um|ren|nen; sie hat das Kind umgerannt
um|rin|gen (umgeben, umstehen); von Kindern umringt
Um|riß; Um|riß|zeich|nung
Um|ritt
um|rüh|ren; umgerührt
um|run|den; das Raumschiff hat den Mond umrundet; **Um|run|dung**
um|rüst|bar; um|rü|sten (für bestimmte Aufgaben technisch verändern); die Maschine wurde umgerüstet; **Um|rü|stung**
ums; ↑R 17 (um das); es geht ums Ganze; ein Jahr ums *od.* um das andere; aber (↑R 16): um's (um des) Himmels willen! *(ugs.); vgl. auch* Himmel
um|sä|beln (*ugs. für* zu Fall bringen); er hat den Stürmer umgesäbelt
um|sä|gen; er hat den Baum umgesägt
um|sat|teln (*ugs. übertr. auch für* einen anderen Beruf ergreifen); er hat das Pferd umgesattelt; der Student hat umgesattelt (ein anderes Studienfach gewählt); **Um|sat|te|lung, Um|satt|lung**
Um|satz; Um|satz_ana|ly|se *(Wirtsch.),* **...an|stieg, ...be|tei|li|gung, ...ein|bu|ße, ...pro|vi|si|on, ...rück|gang, ...stei|ge|rung, ...steu|er** (die), **...ver|gü|tung** (*für* Umsatzprovision)
um|säu|men; das Kleid muß noch umgesäumt werden (der Saum muß umgelegt u. genäht werden); **um|säu|men;** das Dorf ist von Bergen umsäumt (umgeben)
um|schaf|fen (umformen); sie hat ihren Roman umgeschaffen; *vgl.* [2]schaffen; **Um|schaf|fung**
um|schal|ten; die Ampel schaltet auf Rot um; er hat den Strom umgeschaltet; **Um|schal|ter; Um|schalt|he|bel; Um|schal|tung**
Um|scha|lung
um|schat|ten; ihre Augen waren umschattet
Um|schau, die; -; - halten; **um|schau|en,** sich; ich habe mich umgeschaut
Um|schicht (*Bergmannsspr.* Wechsel); **um|schich|ten;** das Heu wurde umgeschichtet; **um|schich|tig** (wechselweise); **Um|schich|tung; Um|schich|tungs|pro|zeß**
um|schif|fen (in ein anderes Schiff bringen); die Waren, die Passagiere wurden umgeschifft; **um|schif|fen;** er hat die Klippe umschifft (die Schwierigkeit umgangen); **Um|schif|fung; Um|schif|fung**
Um|schlag (*auch für* Umladung); **Um|schlag|bahn|hof; um|schla|gen** (umsetzen; umladen); die Güter wurden umgeschlagen; das Wetter ist, *auch* hat umgeschlagen; **um|schla|gen** (einpakken); die Druckbogen werden - (*Druckw.* gewendet); **Um|schlag|ent|wurf; Um|schla|ge|tuch** *vgl.* Umschlagtuch; **Um|schlag_ha|fen** (*vgl.* [2]Hafen), **...platz; Um|schlag|tuch,** Um|schla|ge|tuch *Plur.* ...tücher; **Um|schlag|zeich|nung**
um|schlei|chen; die Katze hat das Futter umschlichen
um|schlie|ßen; von einer Mauer umschlossen; **Um|schlie|ßung**
um|schlin|gen; ich habe mir das Tuch umgeschlungen; **um|schlin|gen;** sie hielt ihn fest umschlungen; **Um|schlin|gung; Um|schlin|gung**
Um|schluß (*Amtsspr.* gegenseitiger Besuch od. gemeinsamer Aufenthalt von Häftlingen in einer Zelle)
um|schmei|cheln; sie wird von der Katze umschmeichelt
um|schmei|ßen *(ugs.);* er hat den Tisch umgeschmissen
um|schmel|zen (durch Schmelzen umformen); das Altmetall wurde umgeschmolzen; **Um|schmel|zung**
um|schnal|len; umgeschnallt
um|schrei|ben (neu, anders schreiben; übertragen); er hat den Aufsatz umgeschrieben; die

Hypothek wurde umgeschrieben; **um|schrei|ben** (mit anderen Worten ausdrücken); sie hat unsere Aufgabe mit wenigen Worten umschrieben; **Um|schrei|bung** (Neuschreibung; andere Buchung); **Um|schrei|bung** (andere Form des Ausdrucks); **um|schrie|ben** (*Med. auch für* deutlich abgegrenzt, bestimmt); eine -e Hautflechte; **Um|schrift**
um|schub|sen *(ugs.)*; er hat ihn umgeschubst
um|schul|den (*Wirtsch.* Kredite umwandeln); umgeschuldet; **Um|schul|dung**
um|schu|len; umgeschult; **Um|schü|ler; Um|schü|le|rin; Um|schu|lung**
um|schüt|ten; umgeschüttet
um|schwär|men; umschwärmt
um|schwe|ben; umschwebt
Um|schwei|fe *Plur.;* ohne -e (geradeheraus); **um|schwei|fen;** umschweift
um|schwen|ken; er ist plötzlich umgeschwenkt
um|schwir|ren; von Mücken umschwirrt
Um|schwung, der; -s, ...schwünge (*nur Sing.: schweiz. auch für* Umgebung des Hauses)
um|se|geln; er hat die Insel umsegelt; **Um|se|ge|lung, Um|seg|lung**
um|se|hen, sich; ich habe mich danach umgesehen; **Um|se|hen,** das; -s; *nur in* im - (*veraltend für* plötzlich, sofort)
um|sein (*ugs. für* vorbei sein); die Zeit ist um; die Zeit ist umgewesen, aber: daß die Zeit um ist, um war
um|sei|tig; um|seits *(Amtsspr.)*
um|setz|bar; um|set|zen (anders setzen; verkaufen); sich -; sie setzte die Pflanzen um; er hat alle Waren umgesetzt; ich habe mich umgesetzt; **Um|set|zung**
Um|sich|grei|fen, das; -s (↑R 68)
Um|sicht die; -; **um|sich|tig; Um|sich|tig|keit,** die; -
um|sie|deln; umgesiedelt; **Um|sie|de|lung; Um|sied|ler; Um|sied|le|rin; Um|sied|lung**
um|sin|ken; er ist vor Müdigkeit umgesunken
um so ..., *österr.* umso ...; **um so eher[,] als** (↑R 127), *österr.* umso eher[,] als; **um so mehr[,] als** (↑R 127), *österr.* umso mehr[,] als, *auch* umsomehr[,] als
um|sonst
um|sor|gen; umsorgt
um so we|ni|ger[,] als (↑R 127), *österr.* umso weniger[,] als, *auch* umsoweniger[,] als
um|span|nen (neu, anders [be]spannen; *auch für* transformieren); der Strom wurde auf 9 Volt umgespannt; **um|span|nen** (umfassen); seine Arbeit hat viele Wissensgebiete umspannt; **Um|span|ner** (*für* Transformator); **Um|span|nung; Um|span|nung; Um|spann|werk**
um|spie|len; er hat die Abwehr umspielt *(Sport)*
um|spin|nen; umsponnener Draht
um|sprin|gen; der Wind ist umgesprungen; er ist übel mit dir umgesprungen; **um|sprin|gen** (springend umgeben); umsprungen von Hunden; **Um|sprung**
um|spu|len; das Tonband wird umgespult
um|spü|len; von Wellen umspült
Um|stand; unter Umständen (*Abk.* u. U.); in anderen Umständen (*verhüllend für* schwanger) sein; mildernde Umstände *(Rechtsspr.)*; keine Umstände machen; gewisser Umstände halber, eines gewissen Umstandes halber, aber: umständehalber, umstandshalber; **um|stän|de|hal|ber;** *vgl.* Umstand; **um|ständ|lich; Um|ständ|lich|keit,** die; -; **Um|stands‿an|ga|be, ...be|stim|mung** *(Sprachw.)*, **...er|gän|zung, ...für|wort; um|stands|hal|ber;** *vgl.* Umstand; **Um|stands‿kleid, ...klei|dung, ...krä|mer** (*ugs. für* umständlicher Mensch), **...satz, ...wort** (*Plur.* ...wörter; *für* Adverb); **um|stands|wört|lich** (*für* adverbial)
um|ste|chen; wir haben das Beet umgestochen; **um|ste|chen** (mit Stichen befestigen); die Stoffkanten werden umstochen
um|stecken [*Trenn.* ...stek|ken] (anders stecken); sie hat die Blumen umgesteckt; *vgl.* ²stecken; **um|stecken** [*Trenn.* ...stek|ken]; umsteckt mit ...; *vgl.* ²stecken
um|ste|hen (*landsch. für* verenden; verderben); umgestanden (verdorben [von Flüssigkeiten]; verendet [von Tieren]); **um|ste|hen;** umstanden von ...; **um|ste|hend;** (↑R 65:) im umstehenden (umstehend) finden sich die näheren Erläuterungen; (↑R 66:) er soll umstehendes (jenes [auf der anderen Seite]) beachten, aber (↑R 65): das Umstehende (auf der anderen Seite Gesagte), die Umstehenden (Zuschauer); *vgl.* folgend
Um|stei|ge‿fahr|schein, ...kar|te; um|stei|gen; sie ist umgestiegen; **Um|stei|ger; Um|steig‿fahr|schein, ...kar|te**
Um|stell|bahn|hof; um|stell|bar; um|stel|len (anders stellen); er stellte die Mannschaft um; der Schrank wurde umgestellt; sich -; **um|stel|len** (umgeben); sie umstellten das Wild; die Polizei hat das Haus umstellt; **Um|stel|lung; Um|stel|lung; Um|stel|lungs|pro|zeß**
um|stem|peln (neu, anders stempeln); der Paß wurde umgestempelt
um|steu|ern (verändern, anders ausrichten); der Satellit soll umgesteuert werden; **Um|steue|rung**
um|stim|men; er hat sie umgestimmt; **Um|stim|mung**
um|sto|ßen; er hat den Stuhl umgestoßen
um|strah|len; umstrahlt von ...
um|stricken[1] (neu, anders strikken); sie hat den Pullover umgestrickt; **um|stricken**[1]; umstrickt ([unlösbar] umgeben, umgarnt) von Intrigen; **Um|strickung**[1]; **Um|strickung**[1]
um|strit|ten
um|strö|men; umströmt von ...
um|struk|tu|rie|ren; umstrukturiert; **Um|struk|tu|rie|rung**
um|stül|pen; er hat das Faß umgestülpt; **um|stül|pen** *(Druckw.)*; er hat das Papier umstülpt; **Um|stül|pung**
Um|sturz *Plur.* ...stürze; **Um|sturz|be|we|gung; um|stür|zen;** das Gerüst ist umgestürzt; **Um|stürz|ler; Um|stürz|le|rin; um|stürz|le|risch; Um|stür|zung; Um|sturz|ver|such**
um|tan|zen; sie haben das Feuer umtanzt
um|tau|fen; er wurde umgetauft
Um|tausch, der; -[e]s, -e *Plur. selten;* **um|tau|schen;** sie hat das Kleid umgetauscht; **Um|tausch|recht**
um|tip|pen (*ugs. für* neu, anders tippen); sie hat den Brief umgetippt
um|ti|teln; der Film wurde umgetitelt
um|top|fen; der Gärtner hat die Pflanze umgetopft
um|to|sen *(geh.)*; umtost von ...
um|trei|ben (planlos herumtreiben); er wurde von Angst umgetrieben; **Um|trieb** (*Landw.* Zeit vom Pflanzen eines Baumbestandes bis zum Fällen; Nutzungszeit bei Reben, Geflügel, Vieh; *Bergmannsspr.* Strecke, die an Schächten vorbei- od. um sie herumführt; *meist Plur.: schweiz. für* Aufwand [z.B. an Zeit, Arbeit, Geld]); **Um|trie|be** *Plur.* (umstürzlerische Aktivitäten)
Um|trunk, der; -[e]s, Umtrünke
um|tun *(ugs.)*; sich -; ich habe mich danach umgetan
U-Mu|sik, die; -; ↑R 38 (*kurz*

---
[1] *Trenn.* ...k|k...

für Unterhaltungsmusik); *Ggs.* E-Musik
um|ver|tei|len; die Lasten werden umverteilt; **Um|ver|tei|lung**
um|wach|sen; mit Gebüsch -
um|wal|len *(geh.)*; von Nebel umwallt
Um|wal|lung ⟨*zu* ²Wall⟩
Um|wälz|an|la|ge (Anlage für den Abfluß verbrauchten u. den Zustrom frischen Wassers o. ä.); **um|wäl|zen**; er hat den Stein umgewälzt; **Um|wälz|pum|pe**; **Um|wäl|zung**
um|wan|deln (ändern); sie war wie umgewandelt; **um|wan|deln** (*geh. für* um etwas herumwandeln); sie hat den Platz umwandelt; **Um|wan|de|lung** *vgl.* Umwandlung
um|wan|dern; sie haben den See umwandert
Um|wand|lung, *seltener* Um|wan|de|lung (Änderung); **Um|wand|lungs|pro|zeß**
um|wech|seln; er hat das Geld umgewechselt; **Um|wechs|lung**, *seltener* Um|wech|se|lung
Um|weg
um|we|hen; das Zelt wurde umgeweht ([vom Wind] umgerissen); **um|we|hen**; umweht von ...
Um|welt; **Um|welt|au|to** (*ugs. für* umweltfreundlicheres Auto); **um|welt|be|dingt**; **Um|welt‿be|din|gun|gen** *(Plur.)*, **...be|la|stung**, **...ein|fluß**, **...fak|tor**; **um|welt|feind|lich**; **Um|welt|for|schung**, die; -; **um|welt|freund|lich**; **Um|welt|kri|mi|na|li|tät**; **um|welt|neu|tral**; **Um|welt‿pa|pier** (Recyclingpapier), **...po|li|tik** (die; -), **...schä|den** *(Plur.)*; **um|welt|schäd|lich**; **Um|welt‿schutz** (der; -es), **...schüt|zer**, **...sün|der** *(ugs.)*, **...ver|schmut|zung**; **um|welt|ver|träg|lich**
um|wen|den; er wandte *od.* wendete die Seite um, hat sie umgewandt *od.* umgewendet; sich -; **Um|wen|dung**
um|wer|ben; umworben; *vgl.* vielumworben
um|wer|fen; er warf den Tisch um; diese Nachricht hat ihn umgeworfen (*ugs. für* aus der Fassung gebracht, erschüttert); **um|wer|fend**; -e Komik
um|wer|ten; alle Werte wurden umgewertet; **Um|wer|tung**
um|wickeln[1] (neu, anders wickeln); er hat die Schnur umgewickelt; **um|wickeln**[1]; umwickelt mit ...; **Um|wicke|lung**[1], Um|wick|lung; **Um|wicke|lung**[1], **Um|wick|lung**
um|wid|men (*Amtsspr.* für einen anderen Zweck bestimmen); in Industriegelände umgewidmetes Agrarland; **Um|wid|mung**
um|win|den; sie hat das Tuch umgewunden; **um|win|den**; umwunden mit ...
um|wit|tern *(geh.)*; von Geheimnissen, Gefahren umwittert
um|wo|ben *(geh.)*; von Sagen -
um|wo|gen *(geh.)*; umwogt von ...
um|woh|nend; (↑R 65:) die Umwohnenden; **Um|woh|ner**
um|wöl|ken; seine Stirn war vor Unmut umwölkt; **Um|wöl|kung**
um|wüh|len; umgewühlt; **Um|wüh|lung**
um|zäu|nen; der Garten wurde umzäunt; **Um|zäu|nung**
um|zeich|nen (anders zeichnen); sie hat das Bild umgezeichnet
um|zie|hen; sich -; ich habe mich umgezogen; wir sind [nach Frankfurt] umgezogen; **um|zie|hen**; der Himmel hat sich umzogen; umzogen mit ...
um|zin|geln; das Lager wurde umzingelt; **Um|zin|ge|lung**, **Um|zing|lung**
um zu; *vgl.* um, III
Um|zug; **um|zugs|hal|ber**; **Um|zugs‿ko|sten** *(Plur.)*, **...tag**
um|zün|geln; umzüngelt von Flammen
UN = United Nations [ju'naitid 'ne:ʃ(ə)nz] *Plur.* ⟨engl.⟩ (Vereinte Nationen); *vgl. auch* UNO *u.* VN
un|ab|än|der|lich [*auch* 'un...]; **Un|ab|än|der|lich|keit**, die; -
un|ab|ding|bar [*auch* 'un...]; **Un|ab|ding|bar|keit**, die; -; **un|ab|ding|lich** [*auch* 'un...]
un|ab|hän|gig; **Un|ab|hän|gig|keit**, die; -; **Un|ab|hän|gig|keits|er|klä|rung**
un|ab|kömm|lich [*auch* ...'kœm...]; **Un|ab|kömm|lich|keit**, die; -
un|ab|läs|sig [*auch* 'un...]
un|ab|seh|bar [*auch* 'un...]; die Kosten steigern sich ins unabsehbare (↑R 65); -e Folgen; **Un|ab|seh|bar|keit**, die; -
un|ab|setz|bar [*auch* ...'zɛts...]
un|ab|sicht|lich
un|ab|weis|bar [*auch* 'un...]; **un|ab|weis|lich** [*auch* 'un...]
un|ab|wend|bar [*auch* 'un...]; ein -es Verhängnis; **Un|ab|wend|bar|keit**, die; -
un|acht|sam; **Un|acht|sam|keit**
un|ähn|lich; **Un|ähn|lich|keit**, die; -
un|an|bring|lich (*Postw.* unzustellbar)
un|an|fecht|bar [*auch* ...'fɛçt...]; **Un|an|fecht|bar|keit**, die; -
un|an|ge|bracht; eine -e Frage
un|an|ge|foch|ten
un|an|ge|mel|det
un|an|ge|mes|sen; **Un|an|ge|mes|sen|heit**, die; -
un|an|ge|nehm
un|an|ge|paßt; **Un|an|ge|paßt|heit**, die; -
¹**un|an|ge|se|hen** (nicht angesehen); ²**un|an|ge|se|hen** (*Amtsspr.* ohne Rücksicht auf); *Präp. mit Gen. od. Akk.* - der Umstände *od.* - die Umstände
un|an|ge|ta|stet; - bleiben
un|an|greif|bar [*auch* ...'graif...]; **Un|an|greif|bar|keit**, die; -
un|an|nehm|bar [*auch* ...'ne:m...]; **Un|an|nehm|bar|keit**, die; -; **Un|an|nehm|lich|keit** *meist Plur.* (ärgerliche Schwierigkeit)
un|an|sehn|lich; **Un|an|sehn|lich|keit**, die; -
un|an|stän|dig; **Un|an|stän|dig|keit**
un|an|stö|ßig; **Un|an|stö|ßig|keit**, die; -
un|an|tast|bar [*auch* 'un...]; **Un|an|tast|bar|keit**, die; -
un|ap|pe|tit|lich; **Un|ap|pe|tit|lich|keit**, die; -
¹**Un|art** (Unartigkeit); ²**Un|art**, der; -[e]s, -e (*veraltet für* unartiges Kind); **un|ar|tig**; **Un|ar|tig|keit**
un|ar|ti|ku|liert (unverständlich, undeutlich ausgesprochen)
Una Sanc|ta, die; - - ⟨lat., „eine heilige [Kirche]"⟩ (Selbstbez. der röm.-kath. Kirche)
un|äs|the|tisch (unschön, abstoßend)
un|auf|dring|lich; **Un|auf|dring|lich|keit**, die; -
un|auf|fäl|lig; **Un|auf|fäl|lig|keit**, die; -
un|auf|find|bar [*auch* 'un...]
un|auf|ge|for|dert
un|auf|ge|klärt
un|auf|halt|bar [*auch* 'un...]; **un|auf|halt|sam** [*auch* 'un...]; **Un|auf|halt|sam|keit**, die; -
un|auf|hör|lich [*auch* 'un...]
un|auf|lös|bar [*auch* 'un...]; **Un|auf|lös|bar|keit**, die; -; **un|auf|lös|lich** [*auch* 'un...]; **Un|auf|lös|lich|keit**, die; -
un|auf|merk|sam; **Un|auf|merk|sam|keit**, die; -
un|auf|rich|tig; **Un|auf|rich|tig|keit**
un|auf|schieb|bar [*auch* 'un...]; **Un|auf|schieb|bar|keit**, die; -; **un|auf|schieb|lich** [*auch* 'un...]
un|aus|bleib|lich [*auch* 'un...]
un|aus|denk|bar [*auch* 'un...]
un|aus|führ|bar [*auch* 'un...]; **Un|aus|führ|bar|keit**, die; -
un|aus|ge|bil|det
un|aus|ge|füllt; **Un|aus|ge|füllt|sein**, das; -s
un|aus|ge|gli|chen; **Un|aus|ge|gli|chen|heit**, die; -
un|aus|ge|go|ren
un|aus|ge|schla|fen
un|aus|ge|setzt (unaufhörlich)

[1] *Trenn.* ...k|k...

un|aus|ge|spro|chen
un|aus|lösch|lich [*auch* 'un...]; ein -er Eindruck
un|aus|rott|bar [*auch* 'un...]; ein -es Vorurteil
un|aus|sprech|bar [*auch* 'un...]; **un|aus|sprech|lich** [*auch* 'un...]
un|aus|steh|lich [*auch* 'un...]; **Un|aus|steh|lich|keit,** die; -
un|aus|tilg|bar [*auch* 'un...]
un|aus|weich|lich [*auch* 'un...]
Un|band, der; -[e]s, *Plur.* -e *u.* ...bände (*veraltet, noch landsch. für* Wildfang); **un|bän|dig;** -er Zorn
un|bar (bargeldlos)
un|barm|her|zig; Un|barm|her|zig|keit, die; -
un|be|ab|sich|tigt
un|be|ach|tet; un|be|acht|lich *(Rechtsspr.)*
un|be|an|stan|det
un|be|ant|wort|bar [*auch* 'un...]; **un|be|ant|wor|tet**
un|be|ar|bei|tet
un|be|baut
un|be|dacht (unüberlegt, vorschnell); eine -e Äußerung; **un|be|dach|ter|wei|se; Un|be|dacht|heit; un|be|dacht|sam; Un|be|dacht|sam|keit**
un|be|darft; -este (unerfahren; naiv); **Un|be|darft|heit,** die; -
un|be|deckt
un|be|denk|lich; Un|be|denk|lich|keit, die; -; **Un|be|denk|lich|keits|be|schei|ni|gung** *(Finanzw.)*
un|be|deu|tend; -ste; **Un|be|deu|tend|heit,** die; -
un|be|dingt [*auch* ...'dɪŋt]; -e Reflexe; **Un|be|dingt|heit,** die; -
un|be|ein|druckt
un|be|ein|fluß|bar [*auch* ...'ain...]; **Un|be|ein|fluß|bar|keit,** die; -; **un|be|ein|flußt**
un|be|fahr|bar [*auch* ...'fa:r...]
un|be|fan|gen; Un|be|fan|gen|heit, die; -
un|be|fleckt, aber (↑R 157): die Unbefleckte Empfängnis [Mariens]
un|be|frie|di|gend; seine Arbeit war -; **un|be|frie|digt; Un|be|frie|digt|heit,** die; -
un|be|fri|stet; -es Darlehen
un|be|fugt; Un|be|fug|te, der *u.* die; -n, -n (↑R 7 ff.)
un|be|gabt; -este; **Un|be|gabt|heit,** die; -
un|be|greif|lich [*auch* ...'graif...]; **un|be|greif|li|cher|wei|se; Un|be|greif|lich|keit** [*auch* ...'graif...]
un|be|grenzt; -es Vertrauen; **Un|be|grenzt|heit,** die; -
un|be|grün|det; ein -er Verdacht
un|be|haart
Un|be|ha|gen; un|be|hag|lich; Un|be|hag|lich|keit
un|be|hau|en; aus -en Steinen
un|be|haust (*geh. für* kein Zuhause habend)
un|be|hel|ligt [*auch* ...'hɛl...]
un|be|herrscht; Un|be|herrscht|heit
un|be|hilf|lich (*veraltend für* unbeholfen)
un|be|hin|dert
un|be|hol|fen; Un|be|hol|fen|heit, die; -
un|be|irr|bar [*auch* 'un...]; **Un|be|irr|bar|keit,** die; -; **un|be|irrt** [*auch* 'un...]; **Un|be|irrt|heit,** die; -
un|be|kannt; -este; ein -er Mann, aber (↑R 133): das Grab des Unbekannten Soldaten; [nach] unbekannt verzogen; (↑R 65:) der große Unbekannte; eine Gleichung mit mehreren Unbekannten *(Math.);* ein Verfahren gegen Unbekannt; **un|be|kann|ter|wei|se; Un|be|kannt|heit,** die; -
un|be|klei|det
un|be|küm|mert [*auch* ...'kym...]; **Un|be|küm|mert|heit,** die; -
un|be|la|stet
un|be|lebt; eine -e Straße
un|be|leckt; -este; von etwas - sein (*ugs. für* von etwas nichts wissen, verstehen)
un|be|lehr|bar [*auch* ...'le:r...]; **Un|be|lehr|bar|keit,** die; -
un|be|leuch|tet
un|be|lich|tet *(Fotogr.)*
un|be|liebt; Un|be|liebt|heit, die; -
un|be|mannt
un|be|merkt
un|be|mit|telt
un|be|nom|men [*auch* 'un...]; es bleibt ihm - (steht ihm frei)
un|be|nutz|bar [*auch* ...'nuts...]; **un|be|nutzt**
un|be|ob|ach|tet
un|be|quem; Un|be|quem|lich|keit
un|be|re|chen|bar [*auch* 'un...]; **Un|be|re|chen|bar|keit,** die; -
un|be|rech|tigt; un|be|rech|tig|ter|wei|se
un|be|rück|sich|tigt [*auch* ...'ryk...]
un|be|ru|fen; in -e Hände gelangen; **un|be|ru|fen!** [*auch* 'un...]
un|be|rührt; Un|be|rührt|heit, die; -
un|be|scha|det [*auch* ...'ʃa:...] (ohne Schaden für ...); *Präp. mit Gen.:* - seines Rechtes *od.* seines Rechtes -; **un|be|schä|digt**
un|be|schäf|tigt
un|be|schei|den; Un|be|schei|den|heit, die; -
un|be|schol|ten (untadelig, integer); **Un|be|schol|ten|heit,** die; -; **Un|be|schol|ten|heits|zeug|nis**
un|be|schrankt; -er Bahnübergang; **un|be|schränkt** [*auch* ...'ʃrɛŋkt] (nicht eingeschränkt); *vgl.* eGmuH; **Un|be|schränkt|heit,** die; -
un|be|schreib|lich [*auch* 'un...]; **Un|be|schreib|lich|keit,** die; -; **un|be|schrie|ben;** ein -es Blatt sein (*ugs. für* unbekannt, unerfahren sein)
un|be|schützt
un|be|schwert; -este; **Un|be|schwert|heit,** die; -
un|be|seelt
un|be|se|hen [*auch* 'un...]; das glaubt man - (ohne Nachprüfung, ohne zu zögern)
un|be|sieg|bar [*auch* 'un...]; **Un|be|sieg|bar|keit,** die; -; **un|be|sieg|lich** [*auch* 'un...]; **Un|be|sieg|lich|keit,** die; -; **un|be|siegt** [*auch* 'un...]
un|be|son|nen; Un|be|son|nen|heit
un|be|sorgt
un|be|spiel|bar [*auch* 'un...]; der Platz war -; **un|be|spielt;** eine -e Kassette
un|be|stän|dig; Un|be|stän|dig|keit, die; -
un|be|stä|tigt [*auch* ...'ʃtɛ:...]; nach -en Meldungen
un|be|stech|lich [*auch* ...'ʃtɛç...]; **Un|be|stech|lich|keit,** die; -
un|be|stimm|bar [*auch* ...'ʃtim...]; **Un|be|stimm|bar|keit,** die; -; **un|be|stimmt;** -es Fürwort (*für* Indefinitpronomen); **Un|be|stimmt|heit,** die; -; **Un|be|stimmt|heits|re|la|ti|on** (Begriff der Quantentheorie)
un|be|streit|bar [*auch* 'un...]; **un|be|strit|ten** [*auch* ...'ʃtri...]
un|be|tei|ligt [*auch* ...'tai...]; **Un|be|tei|ligt|heit,** die; -
un|be|tont
un|be|trächt|lich [*auch* ...'trɛçt...]; **Un|be|trächt|lich|keit,** die; -
un|be|tre|ten; -es Gebiet
un|beug|bar [*auch* ...'bɔyk...]; **un|beug|sam** [*auch* ...'bɔyk...]; -er Wille; **Un|beug|sam|keit,** die; -
un|be|wacht
un|be|waff|net
un|be|wäl|tigt [*auch* ...'vɛl...]; die -e Vergangenheit
un|be|weg|lich [*auch* ...'ve:k...]; **Un|be|weg|lich|keit,** die; -; **un|be|wegt**
un|be|weibt (*scherzh. für* ohne [Ehe]frau)
un|be|wie|sen; eine -e Behauptung
un|be|wohn|bar [*auch* 'un...]; **un|be|wohnt**
un|be|wußt; Un|be|wuß|te, das; -n (↑R 7 ff.); **Un|be|wußt|heit,** die; -
un|be|zahl|bar [*auch* 'un...]; **Un|be|zahl|bar|keit,** die; -; **un|be|zahlt;** -er Urlaub
un|be|zähm|bar [*auch* 'un...]; **Un|be|zähm|bar|keit,** die; -

un|be|zwei|fel|bar [*auch* 'un...]
un|be|zwing|bar [*auch* 'un...]; **unbe|zwing|lich** [*auch* 'un...]
Un|bil|den *Plur.* (*geh. für* Unannehmlichkeiten); die - der Witterung; **Un|bil|dung,** die; - (Mangel an Wissen); **Un|bill,** die; - (*geh. für* Unrecht); **un|bil|lig** *(geh.);* -e (nicht angemessene) Härte; **Un|bil|lig|keit,** die; - *(geh.)*
un|blu|tig; eine -e Revolution
un|bot|mä|ßig; Un|bot|mä|ßig|keit
un|brauch|bar; Un|brauch|bar|keit, die; -
un|bü|ro|kra|tisch
un|buß|fer|tig *(christl. Rel.);* **Un|buß|fer|tig|keit,** die; -
un|christ|lich; Un|christ|lich|keit, die; -
Un|cle Sam ['aŋk(ə)l 'sɛm] (*scherzh. für* die USA)
und (*Abk.* u., *bei Firmen auch* &); - ähnliche[s] (*Abk.* u. ä.); - dem ähnliche[s] (*Abk.* u. d. ä.); - and[e]re, and[e]res (*Abk.* u. a.); und and[e]re mehr, und and[e]res mehr (*Abk.* u. a. m.); drei und drei ist, macht, gibt (*nicht:* sind, machen, geben) sechs
Un|dank; un|dank|bar; eine -e Aufgabe; **Un|dank|bar|keit,** die; -
un|da|tiert
und der|glei|chen [mehr] (*Abk.* u. dgl. [m.]); **und des|glei|chen [mehr]** (*Abk.* u. desgl. [m.])
un|de|fi|nier|bar [*auch* ...'ni:r...]
un|de|kli|nier|bar [*auch* ...'ni:r...]
un|de|mo|kra|tisch
un|denk|bar; un|denk|lich
Un|der|co|ver|agent ['andə(r)kavə(r)...] ‹engl.; lat.› (Geheimagent, der sich in eine heimlich zu überwachende Gruppe einschleust)
Un|der|dog ['andə(r)dɔg], der; -s, -s ‹engl.› ([sozial] Benachteiligter, Schwächerer)
un|der|dressed ['andə(r)drɛst] ‹engl.› (zu schlecht angezogen; *Ggs.* overdressed)
Un|der|ground ['andə(r)graund], der; -s ‹engl., „Untergrund"› (eine avantgardistische künstlerische Protestbewegung)
Un|der|state|ment [andə(r)'ste:tmənt], das; -s, -s ‹engl.› (Untertreibung)
un|deut|lich; Un|deut|lich|keit, die; -
Un|de|zi|me, die; -, -n ‹lat.› (*Musik* elfter Ton der diaton. Tonleiter; Intervall im Abstand von 11 Stufen)
un|dicht; Un|dich|tig|keit, die; -
un|dif|fe|ren|ziert; -este; -e Kritik
Un|di|ne, die; -, -n ‹lat.› (weibl. Wassergeist)
Un|ding, das; -[e]s, -e (Unmögliches; Unsinniges); *meist in* das ist ein -
un|dis|ku|ta|bel [*auch* ...'ta:...]
un|dis|zi|pli|niert; Un|dis|zi|pli|niert|heit, die; -
un|dog|ma|tisch
un|dra|ma|tisch; ein -es Finale
Und|set, Sigrid (norw. Dichterin)
und so fort (*Abk.* usf.); **und so wei|ter** (*Abk.* usw.)
Un|du|la|ti|on, die; -, -en ‹lat.› (*Physik* Wellenbewegung; *Geol.* Sattel- u. Muldenbildung durch Gebirgsbildung); **Un|du|la|ti|ons|theo|rie,** die; - (*Physik* Wellentheorie); **un|du|la|to|risch** (*Physik* wellenförmig)
un|duld|sam; Un|duld|sam|keit, die; -
un|du|lie|ren ‹lat.› (*bes. Med., Biol.* wellenförmig verlaufen)
un|durch|dring|bar [*auch* 'un...]; **un|durch|dring|lich** [*auch* 'un...]; **Un|durch|dring|lich|keit,** die; -
un|durch|führ|bar [*auch* 'un...]; **Un|durch|führ|bar|keit,** die; -
un|durch|läs|sig; Un|durch|läs|sig|keit, die; -
un|durch|schau|bar [*auch* 'un...]; **Un|durch|schau|bar|keit,** die; -
un|durch|sich|tig; Un|durch|sich|tig|keit, die; -
und vie|le[s] an|de|re [mehr] (*Abk.* u. v. a. [m.]); **und zwar** (*Abk.* u. zw.); ↑R 98
un|eben; Un|eben|heit
un|echt; -e Brüche *(Math.);* **Un|echt|heit,** die; -
un|edel; uned|le Metalle
un|egal (*landsch. für* uneben)
un|ehe|lich; ein -es Kind; *vgl.* nichtehelich; **Un|ehe|lich|keit,** die; -
Un|eh|re, die; - *(geh.);* **un|eh|renhaft; Un|eh|ren|haf|tig|keit,** die; -; **un|ehr|er|bie|tig; Un|ehr|er|bie|tig|keit,** die; -; **un|ehr|lich; Un|ehr|lich|keit,** die; -
un|eid|lich; eine -e Erklärung
un|ei|gen|nüt|zig; Un|ei|gen|nüt|zig|keit, die; -
un|ei|gent|lich
un|ein|ge|schränkt; -este
un|ein|ge|weiht
un|ei|nig; Un|ei|nig|keit
un|ein|nehm|bar [*auch* 'un...]; **Un|ein|nehm|bar|keit,** die; -
un|eins; - sein
un|ein|sich|tig; Un|ein|sich|tig|keit, die; -
un|emp|fäng|lich; Un|emp|fäng|lich|keit, die; -
un|emp|find|lich; Un|emp|find|lich|keit, die; -
un|end|lich; (↑R 65:) bis ins unendliche (unaufhörlich, immerfort), aber: der Weg scheint bis ins Unendliche (bis ans Ende der Welt) zu führen; von eins bis unendlich (*Math.; Zeichen* ∞); aber: im, aus dem Unendlichen (im, aus dem unendlichen Raum); **un|end|li|che|mal,** unend|lich|mal, aber: unendliche Male; **Un|end|lich|keit,** die; -; **un|end|lich|mal** *vgl.* unendlichemal
un|ent|behr|lich [*auch* ...'be:r...]; **Un|ent|behr|lich|keit,** die; -
un|ent|deckt [*auch* ...'dɛkt]
un|ent|gelt|lich [*auch* ...'gɛlt...]
un|ent|rinn|bar [*auch* 'un...]; **Un|ent|rinn|bar|keit,** die; -
un|ent|schie|den; Un|ent|schie|den, das; -s, - *(Sport u. Spiel);* **Un|ent|schie|den|heit,** die; -
un|ent|schlos|sen; Un|ent|schlos|sen|heit, die; -
un|ent|schuld|bar [*auch* 'un...]; **un|ent|schul|digt**
un|ent|wegt [*auch* 'un...]
un|ent|wirr|bar [*auch* 'un...]
un|er|ach|tet [*auch* 'un...] (*veraltet für* ungeachtet); *Präp. mit Gen.:* - der Bitten
un|er|bitt|lich [*auch* 'un...]; **Un|er|bitt|lich|keit,** die; -
un|er|fah|ren; Un|er|fah|ren|heit, die; -
un|er|find|lich [*auch* ...'fint...] (unbegreiflich)
un|er|forsch|lich [*auch* ...'fɔrʃ...]
un|er|freu|lich
un|er|füll|bar [*auch* 'un...]; **Un|er|füll|bar|keit,** die; -; **un|er|füllt; Un|er|füllt|heit,** die; -
un|er|gie|big; Un|er|gie|big|keit, die; -
un|er|gründ|bar [*auch* 'un...]; **Un|er|gründ|bar|keit,** die; -; **un|er|gründ|lich** [*auch* 'un...] (geheimnisvoll, rätselhaft); **Un|er|gründ|lich|keit,** die; -
un|er|heb|lich (gering, bedeutungslos); **Un|er|heb|lich|keit**
[1]**un|er|hört** (unglaublich); sein Verhalten war -; [2]**un|er|hört;** seine Bitte blieb -
un|er|kannt; un|er|kenn|bar [*auch* 'un...]; **Un|er|kenn|bar|keit,** die; -
un|er|klär|bar [*auch* 'un...]; **Un|er|klär|bar|keit,** die; -; **un|er|klär|lich** [*auch* 'un...]; **Un|er|klär|lich|keit,** die; -
un|er|läß|lich [*auch* 'un...] (unbedingt nötig, geboten)
un|er|laubt; eine -e Handlung
un|er|le|digt
un|er|meß|lich [*auch* 'un...]; **Un|er|meß|lich|keit,** die; -
un|er|müd|lich [*auch* 'un...]; **Un|er|müd|lich|keit,** die; -
un|ernst; Un|ernst
un|er|quick|lich (unerfreulich); **Un|er|quick|lich|keit**
un|er|reich|bar [*auch* 'un...]; **Un|er|reich|bar|keit,** die; -; **un|er|reicht**
un|er|sätt|lich [*auch* 'un...]; **Un|er|sätt|lich|keit,** die; -

un|er|schlos|sen
un|er|schöpf|lich [*auch* 'un...]; **Un|er|schöpf|lich|keit**, die; -
un|er|schrocken [*Trenn.* ...schrok|ken]; **Un|er|schrocken|heit**, die; - [*Trenn.* ...schrok|ken...]
un|er|schüt|ter|lich [*auch* 'un...]; **Un|er|schüt|ter|lich|keit**, die; -
un|er|schwing|lich [*auch* 'un...]; -e Preise
un|er|setz|bar [*auch* 'un...]; **un|er|setz|lich; Un|er|setz|lich|keit**, die; -
un|er|sprieß|lich [*auch* 'un...] (nicht förderlich, nicht nützlich)
un|er|träg|lich [*auch* 'un...]; **Un|er|träg|lich|keit**, die; -
un|er|wähnt; es soll nicht - bleiben, daß ...
un|er|war|tet [*auch* ...'var...]
un|er|weis|bar [*auch* 'un...]; **un|er|weis|lich** [*auch* 'un...] (*selten*)
un|er|wi|dert
un|er|wünscht
un|er|zo|gen
UNESCO, die; - ‹engl.; *Kurzwort für* United Nations Educational, Scientific and Cultural Organization [ju,naitid 'ne:ʃ(ə)nz ɛdju,ke:ʃ(ə)nəl saiən,tifik ənd ,kaltʃərəl ɔ:(r)gənai'ze:ʃ(ə)n]› (Organisation der Vereinten Nationen für Erziehung, Wissenschaft und Kultur)
un|fä|hig; Un|fä|hig|keit, die; -
un|fair ['unfɛ:r] (regelwidrig, unerlaubt; unfein; ohne sportl. Anstand); **Un|fair|neß**
Un|fall, der; **Un|fall‿arzt, ...be|tei|lig|te** (der *u.* die), **...chir|ur|gie; Un|fäl|ler**, der; -s, - (*bes. Psych.* jmd., der häufig in Unfälle verwickelt ist); **Un|fall‿fah|rer, ...flucht** (*vgl.* [2]Flucht), **...fol|gen** (*Plur.*); **un|fall|frei**; -es Fahren; **Un|fall‿ge|fahr, ...ge|schä|dig|te** (der *u.* die), **...her|gang, ...hil|fe** (die; -), **...kli|nik, ...op|fer, ...ort, ...quo|te, ...ra|te, ...schutz** (der; -es), **...sta|ti|on, ...sta|ti|stik, ...stel|le, ...tod** (der; -[e]s), **...to|te** (der *u.* die; *meist Plur.*); **un|fall|träch|tig**; eine -e Kurve; **Un|fall‿ur|sa|che, ...ver|hü|tung** (die; -), **...ver|letz|te** (der *u.* die), **...ver|si|che|rung, ...wa|gen** (Wagen, der einen Unfall hatte; Rettungswagen), **...zeit, ...zeu|ge**
un|faß|bar [*auch* 'un...]; **un|faß|lich**
un|fehl|bar [*auch* 'un...]; **Un|fehl|bar|keit**, die; -; **Un|fehl|bar|keits|glau|be[n]** (*kath. Kirche*)
un|fein; Un|fein|heit, die; -
un|fern; *als Präp. mit Gen.*: - des Hauses
un|fer|tig; Un|fer|tig|keit, die; -
Un|flat, der; -[e]s (*geh. für* widerlicher Schmutz, Dreck); **un|flä|tig; Un|flä|tig|keit**
un|flek|tiert (*Sprachw.* ungebeugt)
un|flott (*ugs.*); nicht - aussehen
un|folg|sam; Un|folg|sam|keit, die; -
Un|form; un|för|mig (ohne schöne Form; sehr groß); **un|förm|lich** (nicht förmlich; *veraltet für* unförmig)
un|fran|kiert (unfrei [Gebühren nicht bezahlt])
un|frei; Un|frei|heit, die; -; **un|frei|wil|lig**
un|freund|lich; ein -er Empfang; er war - zu ihm, *selten* gegen ihn; **Un|freund|lich|keit**
Un|frie|de[n], der; ...dens
un|fri|siert
un|fromm
un|frucht|bar; Un|frucht|bar|keit, die; -; **Un|frucht|bar|ma|chung**
Un|fug, der; -[e]s
...ung (z. B. Prüfung, die; -, -en)
un|ga|lant; -este
un|gang|bar; ein -er (nicht begehbarer) Weg
Un|gar ['uŋgar], der; -n, -n (↑R 197); **Un|ga|rin; un|ga|risch**, aber (↑R 157): die Ungarische Rhapsodie [von Liszt]; **Un|ga|risch**, das; -[s] (Sprache); *vgl.* Deutsch; **Un|ga|ri|sche**, das; -n; *vgl.* Deutsche, das; **un|gar|län|disch** (*selten*); **Un|garn**
un|gast|lich; Un|gast|lich|keit, die; -
un|ge|ach|tet [*auch* ...'ax...]; *Präp. mit Gen.*: - wiederholter Bitten *od.* wiederholter Bitten -; dessenungeachtet *od.* desungeachtet; - daß, aber: - dessen, daß (↑R 127)
un|ge|ahn|det [*auch* ...'a:n...] (unbestraft)
un|ge|ahnt [*auch* ...'a:nt] (nicht vorhergesehen)
un|ge|bär|dig (*geh. für* ungezügelt, wild); **Un|ge|bär|dig|keit**, die; -
un|ge|be|ten; -er Gast
un|ge|beugt
un|ge|bil|det
un|ge|bo|ren; -es Leben
un|ge|bräuch|lich; un|ge|braucht
un|ge|bro|chen
Un|ge|bühr, die; - (*veraltend*); **un|ge|büh|rend**; -ste; **un|ge|bühr|lich**; -es Verhalten; **Un|ge|bühr|lich|keit**
un|ge|bun|den; ein -es Leben; **Un|ge|bun|den|heit**, die; -
un|ge|deckt; -er Scheck
un|ge|dient (*Milit.* ohne gedient zu haben); **Un|ge|dien|te**, der; -n, -n (↑R 7 ff.)
un|ge|druckt
Un|ge|duld; un|ge|dul|dig
un|ge|eig|net
un|ge|fähr [*auch* ...'fɛ:r]; von - (zufällig); **Un|ge|fähr**, das; -s (*veraltend für* Zufall); **un|ge|fähr|det** [*auch* ...'fɛ:r...]; **un|ge|fähr|lich; Un|ge|fähr|lich|keit**, die; -
un|ge|fäl|lig; Un|ge|fäl|lig|keit, die; -
un|ge|färbt
un|ge|fe|stigt; ein -er Charakter
un|ge|formt
un|ge|fragt
un|ge|früh|stückt (*ugs. scherzh. für* ohne gefrühstückt zu haben)
un|ge|fü|ge (*geh. für* unförmig; schwerfällig)
un|ge|ges|sen (nicht gegessen; *ugs. scherzh. für* ohne gegessen zu haben)
un|ge|glie|dert
un|ge|hal|ten (ärgerlich); **Un|ge|hal|ten|heit**, die; -
un|ge|hei|ßen (*geh. für* unaufgefordert)
un|ge|heizt
un|ge|hemmt
un|ge|heu|er [*auch* ...'hɔyər]; ungeheurer, -ste; eine ungeheure Verschwendung; (↑R 65:) die Kosten steigen ins ungeheure; **Un|ge|heu|er**, das; -s, -; **un|ge|heu|er|lich** [*auch* 'un...]; **Un|ge|heu|er|lich|keit**
un|ge|hin|dert
un|ge|ho|belt [*auch* ...'ho:...] (*auch übertr. für* ungebildet; grob)
un|ge|hö|rig; ein -es Benehmen; **Un|ge|hö|rig|keit**
un|ge|hor|sam; Un|ge|hor|sam
un|ge|hört
Un|geist, der; -[e]s (*geh. für* zerstörerische Ideologie); **un|gei|stig**
un|ge|kämmt
un|ge|klärt
un|ge|kocht
un|ge|krönt; der -e König (*übertr. für* der Beste, Erfolgreichste) der Schwimmer
un|ge|kün|digt; in -er Stellung
un|ge|kün|stelt
un|ge|kürzt
Un|geld (mittelalterl. Abgabe, Steuer)
un|ge|le|gen (unbequem); sein Besuch kam mir -; **Un|ge|le|gen|heit**
un|ge|leh|rig; un|ge|lehrt (*veraltend*)
un|ge|lenk, un|ge|len|kig; Un|ge|len|kig|keit, die; -
un|ge|lernt; ein -er Arbeiter; **Un|ge|lern|te**, der *u.* die; -n, -n (↑R 7 ff.)
un|ge|liebt; -este
un|ge|lo|gen
un|ge|löscht; -er Kalk
un|ge|löst; eine -e Aufgabe
Un|ge|mach, das; -[e]s (*veraltend für* Unannehmlichkeit, Ärger)
un|ge|mäß; *nur in* jmdm., einer Sache - (nicht angemessen) sein
un|ge|mein [*auch* ...'main]

un|ge|mes|sen [*auch* ...'mɛs...]; (↑R 65:) seine Ansprüche steigen ins ungemessene
un|ge|min|dert; mit -er Stärke
un|ge|mischt
un|ge|müt|lich; Un|ge|müt|lich|keit, die; -
un|ge|nannt
un|ge|nau; Un|ge|nau|ig|keit
un|ge|niert [...ʒe...] (zwanglos); **Un|ge|niert|heit,** die; - (Zwanglosigkeit)
un|ge|nieß|bar [*auch* ...'ni:s...]; eine -e Speise; **Un|ge|nieß|bar|keit,** die; -
Un|ge|nü|gen, das; -s *(geh.)*; **un|ge|nü|gend**; *vgl.* ausreichend
un|ge|nutzt, un|ge|nützt
un|ge|ord|net
un|ge|pflegt; Un|ge|pflegt|heit, die; -
un|ge|prüft
un|ge|rächt
un|ge|ra|de, *ugs.* un|gra|de; - Zahl *(Math.)*
un|ge|ra|ten; ein -es (unerzogenes, mißratenes) Kind
un|ge|rech|net; *Präp. mit Gen.*: - des Schadens
un|ge|recht; un|ge|rech|ter|wei|se; un|ge|recht|fer|tigt; un|ge|recht|fer|tig|ter|wei|se; Un|ge|rech|tig|keit
un|ge|re|gelt; ein -es Leben
un|ge|reimt (nicht im Reim gebunden; verworren, sinnlos); **Un|ge|reimt|heit**
un|gern
un|ge|rührt (unbeteiligt, gleichgültig); **Un|ge|rührt|heit,** die; -
un|ge|rupft; er kam - (*ugs. für* ohne Schaden) davon
un|ge|sagt; vieles blieb -
un|ge|sal|zen
un|ge|sät|tigt; -e Lösung
un|ge|säu|ert; -es Brot
[1]**un|ge|säumt** [*auch* ...'zɔymt] (*geh. veraltend für* sofort)
[2]**un|ge|säumt** (ohne Saum)
un|ge|schält; -er Reis
un|ge|sche|hen; etwas - machen
un|ge|scheut (*geh. für* frei, ohne Scheu)
Un|ge|schick, das; -[e]s; **un|ge|schick|lich** (*veraltend für* ungeschickt); **Un|ge|schick|lich|keit; un|ge|schickt**; -este; **Un|ge|schickt|heit**
un|ge|schlacht; -este (plump, grobschlächtig); ein -er Mensch; **Un|ge|schlacht|heit,** die; -
un|ge|schla|gen (unbesiegt)
un|ge|schlecht|lich; -e Fortpflanzung
un|ge|schlif|fen (*auch für* unerzogen, ohne Manieren); **Un|ge|schlif|fen|heit**
un|ge|schmä|lert (ohne Einbuße)
un|ge|schmei|dig
un|ge|schminkt; -este (*auch für* den Tatsachen entsprechend, unverblümt)
un|ge|scho|ren
un|ge|schrie|ben; ein -es Gesetz
un|ge|schult; -este
un|ge|schützt; -este
un|ge|se|hen; sich - anschleichen
un|ge|sel|lig; Un|ge|sel|lig|keit, die; -
un|ge|setz|lich; Un|ge|setz|lich|keit
un|ge|sit|tet; sich - benehmen
un|ge|stalt (*veraltet für* mißgestaltet); -er Mensch; **un|ge|stal|tet** (nicht gestaltet); -e Masse
un|ge|stem|pelt; -e Briefmarken
un|ge|stillt; -e Sehnsucht
un|ge|stört; Un|ge|stört|heit, die; -
un|ge|straft; - davonkommen
un|ge|stüm (*geh. für* schnell, heftig); **Un|ge|stüm,** das; -[e]s; mit -
un|ge|sühnt; ein -er Mord
un|ge|sund; ein -es Aussehen
un|ge|süßt; -er Tee
un|ge|tan; etwas - lassen
un|ge|teilt
un|ge|treu; -[e]ste *(geh.)*
un|ge|trübt; -este; -e Freude
Un|ge|tüm, das; -[e]s, -e (*svw.* Monstrum)
un|ge|übt; -este
un|ge|wandt; -este; **Un|ge|wandt|heit,** die; -
un|ge|wa|schen; -es Obst
un|ge|wiß; ungewisser, ungewisseste; **I.** *Kleinschreibung* (↑R 65): im ungewissen (ungewiß) bleiben, lassen, sein. **II.** *Großschreibung* (↑R 65): eine Fahrt ins Ungewisse; **Un|ge|wiß|heit**
Un|ge|wit|ter (*veraltet für* Unwetter)
un|ge|wöhn|lich; Un|ge|wöhn|lich|keit, die; -; **un|ge|wohnt**; -este
un|ge|wollt; eine -e Schwangerschaft
un|ge|würzt
un|ge|zählt (*auch für* unzählig)
un|ge|zähmt
un|ge|zeich|net; -e Flugblätter
Un|ge|zie|fer, das; -s
un|ge|zie|mend; -ste *(geh.)*
un|ge|zo|gen; Un|ge|zo|gen|heit
un|ge|zuckert [*Trenn.* ...zuk|kert]
un|ge|zü|gelt; -er Haß
un|ge|zwun|gen; -es Benehmen; **Un|ge|zwun|gen|heit,** die; -
un|gif|tig; dieser Pilz ist -
Un|glau|be[n]; un|glaub|haft; -este; **un|gläu|big**; ein ungläubiger Thomas (*ugs. für* jmd., der an allem zweifelt); **Un|gläu|bi|ge,** der *u.* die; -n, -n (↑R 7ff.); **un|glaub|lich** [*auch* 'un...]; es geht ins, grenzt ans Unglaubliche (↑R 65); **un|glaub|wür|dig; Un|glaub|wür|dig|keit,** die; -
un|gleich; un|gleich|ar|tig; un|gleich|er|big (*für* heterozygot); **un|gleich|för|mig; un|gleich|ge|schlecht|lich** *(Biol.)*; **Un|gleich|ge|wicht; Un|gleich|heit; un|gleich|mä|ßig; Un|gleich|mä|ßig|keit; Un|glei|chung** *(Math.)*
Un|glück, das; -[e]s, -e; **un|glück|lich; Un|glück|li|che,** der *u.* die; -n, -n (↑R 7ff.); **un|glück|li|cher|wei|se; Un|glücks‿bo|te, ...bot|schaft; un|glück|se|lig; un|glück|se|li|ger|wei|se; Un|glück|se|lig|keit,** die; -; **Un|glücks‿fah|rer, ...fall** (der), **...ma|schi|ne, ...mensch** (der; *svw.* Pechvogel), **...nach|richt, ...ort** (*Plur.* ...orte), **...ra|be** *(ugs.)*; **un|glücks|schwan|ger** *(geh.)*; **Un|glücks‿stel|le, ...tag, ...wa|gen, ...wurm** (der; *ugs.*)
Un|gna|de, die; -; *nur in Wendungen wie* [bei jmdm.] in - fallen; **un|gnä|dig**
un|grad *(landsch.)*, **un|gra|de** *vgl.* ungerade
un|gra|zi|ös
Un|gu|la|ten *Plur.* ⟨lat.⟩ (*Zool.* Huftiere)
un|gül|tig; Un|gül|tig|keit, die; -; **Un|gül|tig|keits|er|klä|rung; Un|gül|tig|ma|chung** *(Amtsspr.)*
Un|gunst; zu seinen, zu seines Freundes Ungunsten, aber (↑R 208): zuungunsten der Arbeiter; **un|gün|stig; Un|gün|stig|keit,** die; -
un|gu|sti|ös; *vgl.* gustiös
un|gut; nichts für - (es war nicht böse gemeint)
un|halt|bar [*auch* ...'halt...]; -e Zustände; **Un|halt|bar|keit,** die; -; **un|hal|tig** (*Bergmannsspr.* kein Erz usw. enthaltend)
un|hand|lich; Un|hand|lich|keit, die; -
un|har|mo|nisch
Un|heil; un|heil|bar [*auch* ...'hail...]; eine -e Krankheit; **Un|heil|bar|keit,** die; -; **un|heil|brin|gend; un|heil|dro|hend; un|hei|lig; un|heil|kün|dend; un|heil|schwan|ger** *(geh.)*; **Un|heil|stif|ter; un|heil‿ver|kün|dend, ...voll**
un|heim|lich [*auch* 'un...] (nicht geheuer; unbehaglich; *ugs. auch für* sehr, überaus); **Un|heim|lich|keit,** die; -
un|hi|sto|risch
un|höf|lich; Un|höf|lich|keit
un|hold (*veraltet für* abgeneigt; feindselig); *nur in* jmdm., einer Sache - sein; **Un|hold,** der; -[e]s, -e (böser Geist; Wüstling, Sittlichkeitsverbrecher)
un|hör|bar [*auch* 'un...]; **Un|hör|bar|keit,** die; -
un|hy|gie|nisch
uni ['yni, *auch* y'ni:] ⟨franz.⟩ (einfarbig, nicht gemustert); ein - Kleid; *vgl. auch* beige; [1]**Uni,** das;

-s, -s (einheitliche Farbe); in verschiedenen Unis
[2]**Uni,** die; -, -s (*kurz für* Universität)
UNICEF ['unitsɛf], die; - ‹engl.; *Kurzw. für* United Nations International Children's Emergency Fund [ju,naitid 'ne:ʃ(ə)nz intə(r),nɛʃ(ə)nəl 'tʃildrənz i,mœ:(r)dʒənsi 'fand]› (Weltkinderhilfswerk der UNO)
unie|ren ‹franz.› (vereinigen [bes. von Religionsgemeinschaften]); unierte Kirchen (die mit der röm.-kath. Kirche wiedervereinigten Ostkirchen; die ev. Unionskirchen); **Uni|fi|ka|ti|on,** die; -, -en *vgl.* Unifizierung; **uni|fi|zie|ren** (vereinheitlichen); **Uni|fi|zie|rung** (Vereinheitlichung, Vereinigung); **uni|form** (gleich-, einförmig; gleichmäßig); **Uni|form** [*auch* 'uni..., *österr.* 'u:ni...], die; -, -en (einheitl. Dienstkleidung); **uni|for|mie|ren** (einheitlich [ein]kleiden; gleichförmig machen); **Uni|for|mie|rung; Uni|for|mi|tät,** die; -, -en (Einförmigkeit; Gleichmäßigkeit); **Uni|form|ver|bot; uni|ge|färbt** ['yni..., *auch* y'ni:...] (einfarbig, nicht gemustert); **Uni|kat** [uni...], das; -[e]s, -e ‹lat.› (einzige Ausfertigung [eines Schriftstückes]); **Uni|kum,** das; -s, *Plur.* (*für* [in seiner Art] Einziges, Seltenes:) ...ka, (*für* Sonderling:) -s, *österr.* ...ka; **uni|la|te|ral** (einseitig)
un|in|for|miert; Un|in|for|miert|heit, die; -
un|in|ter|es|sant; -este (langweilig, reizlos); **un|in|ter|es|siert;** -este (ohne innere Anteilnahme); **Un|in|ter|es|siert|heit,** die; -
Unio my|sti|ca, die; - - ‹lat.› (geheimnisvolle Vereinigung der Seele mit Gott in der Mystik); **Uni|on,** die; -, -en (Bund, Vereinigung [bes. von Staaten]); - der Sozialistischen Sowjetrepubliken (Sowjetunion; *Abk.* UdSSR); Christlich-Demokratische Union [Deutschlands] (*Abk.* CDU); Christlich-Soziale Union (*Abk.* CSU); Junge Union (*vgl.* jung); **Unio|nist,** der; -en, -en; ↑R 197 (Anhänger einer Union, z. B. der amerikanischen im Unabhängigkeitskrieg 1776/83); **Union Jack** ['ju:njən 'dʒɛk], der; - -s, - -s ‹engl.› (brit. Nationalflagge); **Uni|ons‿kir|che, ...par|tei|en** (*Plur.; zusammenfassende Bez. für* CDU *u.* CSU)
uni|pe|tal ‹lat.; griech.› (*Bot.* einblättrig); **uni|po|lar** (*Elektrotechnik* einpolig); -e Leitfähigkeit; **Uni|po|lar|ma|schi|ne**
un|ir|disch (nicht irdisch)
Uni|sex ‹engl.› (Verwischung der Unterschiede zwischen den Geschlechtern [im Erscheinungsbild])
uni|so|no ‹ital.› (*Musik* auf demselben Ton od. in der Oktave [zu spielen]); **Uni|so|no,** das; -s, *Plur.* -s *u.* ...ni *(Musik)*
Uni|ta|ri|er [...i̯ər], der; -s, - ‹lat.› (Anhänger einer protestant. Richtung, die die Einheit Gottes betont u. die Dreifaltigkeit ablehnt); **uni|ta|risch** (Einigung bezweckend); **Uni|ta|ris|mus,** der; - (Streben nach Stärkung der Zentralgewalt; Lehre der Unitarier); **Uni|tät,** die; -, -en (Einheit, Einzig[artig]keit)
Uni|ted Na|tions [ju'naitid 'ne:ʃ(ə)nz] usw. *vgl.* UN, UNO, UNESCO, VN; **Uni|ted Press In|ter|na|tio|nal** [ju'naitid 'prɛs intə(r)'nɛʃ(ə)nəl], die; - - - ‹engl.› (eine US-amerik. Nachrichtenagentur; *Abk.* UPI); **Uni|ted States [of Ame|ri|ca]** [ju'naitid 'ste:ts (əv ə'mɛrikə)] *Plur.* (Vereinigte Staaten [von Amerika]; *Abk.* US[A])
uni|ver|sal [...v...], uni|ver|sell ‹lat.› (allgemein, gesamt; [die ganze Welt] umfassend); **Uni|ver|sal‿bil|dung, ...er|be** (der), **...ge|nie, ...ge|schich|te** (die; -; Weltgeschichte); **Uni|ver|sa|li|en** [...i̯ən] *Plur.* (*Philos.* Allgemeinbegriffe, allgemeingültige Aussagen); **Uni|ver|sa|lis|mus,** der; - (Lehre vom Vorrang des Allgemeinen, Ganzen vor dem Besonderen, Einzelnen; *auch für* Universalität); **uni|ver|sa|li|stisch; Uni|ver|sa|li|tät,** die; - (Allgemeinheit, Gesamtheit; Allseitigkeit; alles umfassende Bildung); **Uni|ver|sal|mit|tel,** das (Allerweltsmittel, Allheilmittel); **uni|ver|sell** *vgl.* universal; **Uni|ver|sia|de,** die; -, -n; ↑R 180 (Studentenwettkämpfe nach dem Vorbild der Olympischen Spiele); **uni|ver|si|tär** (die Universität betreffend); **Uni|ver|si|tät,** die; -, -en (Hochschule); **Uni|ver|si|täts‿aus|bil|dung, ...bi|blio|thek, ...buch|hand|lung, ...in|sti|tut, ...kli|nik, ...lauf|bahn, ...pro|fes|sor, ...pro|fes|so|rin, ...stadt, ...stu|di|um, ...we|sen** (das; -s); **Uni|ver|sum,** das; -s ([Welt]all)
un|ka|me|rad|schaft|lich; Un|ka|me|rad|schaft|lich|keit, die; -
Un|ke, die; -, -n (ein Froschlurch); **un|ken** (*ugs. für* Unglück prophezeien); **Un|ken|art**
un|kennt|lich; Un|kennt|lich|keit, die; -; **Un|kennt|nis,** die; -
Un|ken|ruf (*auch für* pessimist. Voraussage)
un|keusch *(veraltend);* **Un|keusch|heit,** die; -
un|kind|lich; Un|kind|lich|keit, die; -
un|kirch|lich
un|klar; (↑R 65:) im -en (ungewiß) bleiben, lassen, sein; **Un|klar|heit**
un|kleid|sam
un|klug; ein -es Vorgehen; **Un|klug|heit**
un|kol|le|gi|al; -es Verhalten
un|kom|pli|ziert; -este
un|kon|trol|lier|bar [*auch* ...'li:r...]; **un|kon|trol|liert**
un|kon|ven|tio|nell [...v...]
un|kon|zen|triert; -este
un|kör|per|lich
un|kor|rekt; -este; **Un|kor|rekt|heit**
Un|ko|sten *Plur.;* sich in - stürzen *(ugs.);* **Un|ko|sten|bei|trag**
Un|kraut
un|krie|ge|risch
un|kri|tisch; ein -er Leser
Unk|ti|on, die; -, -en ‹lat.› (*Med.* Einreibung, Einsalbung)
un|kul|ti|viert [...v...]; -este; **Un|kul|tur,** die; - (Mangel an Kultur)
un|künd|bar [*auch* ...'kynt...]; ein -es Darlehen; **Un|künd|bar|keit,** die; -
un|kun|dig; des Lesens - sein
un|künst|le|risch
Un|land, das; -[e]s, Unländer (*Landw. für* nicht nutzbares Land)
un|längst (vor kurzem)
un|lau|ter; -er Wettbewerb
un|leid|lich; Un|leid|lich|keit
un|le|ser|lich [*auch* ...'le:...]; **Un|le|ser|lich|keit,** die; -
un|leug|bar [*auch* 'un...]
un|lieb; un|lie|bens|wür|dig; un|lieb|sam; Un|lieb|sam|keit
un|li|mi|tiert (unbegrenzt)
un|li|niert, *österr. nur so, auch* **un|li|ni|iert**
un|lo|gisch
un|lös|bar [*auch* ...'lø:s...]; **Un|lös|bar|keit,** die; -; **un|lös|lich**
Un|lust, die; -; **Un|lust|ge|fühl; un|lu|stig**
un|ma|nier|lich
un|männ|lich; -e Eigenschaften
Un|maß, das; -es (Unzahl, übergroße Menge)
Un|mas|se (sehr große Menge)
un|maß|geb|lich [*auch* ...'ge:p...]; **un|mä|ßig; Un|mä|ßig|keit,** die; -
un|me|lo|disch
Un|men|ge
Un|mensch, der; -en, -en (grausamer Mensch); **un|mensch|lich** [*auch* ...'mɛnʃ...]; -e Verhältnisse; **Un|mensch|lich|keit**
un|merk|lich [*auch* 'un...]
un|me|tho|disch
un|mi|li|tä|risch
un|miß|ver|ständ|lich [*auch* ...'ʃtɛnt...]
un|mit|tel|bar; Un|mit|tel|bar|keit, die; -

un|mö|bliert; ein -es Zimmer
un|mo|dern; un|mo|disch
un|mög|lich [*auch* ...'mø:k...]; nichts Unmögliches (↑R 65) verlangen; *vgl.* unendlich; **Un|mög|lich|keit**
Un|mo|ral; un|mo|ra|lisch
un|mo|ti|viert [...v...] (unbegründet)
un|mün|dig; Un|mün|dig|keit, die; -
un|mu|si|ka|lisch; un|mu|sisch
Un|mut, der; -[e]s; **un|mu|tig; un|muts|voll**
un|nach|ahm|lich [*auch* ...'a:m...]
un|nach|gie|big; eine -e Haltung; **Un|nach|gie|big|keit,** die; -
un|nach|sich|tig; Un|nach|sich|tig|keit, die; -; **un|nach|sicht|lich** (*älter für* unnachsichtig)
un|nah|bar [*auch* 'un...]; **Un|nah|bar|keit,** die; -
Un|na|tur, die; -; **un|na|tür|lich; Un|na|tür|lich|keit,** die; -
un|nenn|bar [*auch* 'un...]
un|nor|mal
un|no|tiert *(Börse)*
un|nö|tig; un|nö|ti|ger|wei|se
un|nütz; un|nüt|zer|wei|se
UNO, *auch* **Uno,** die; - ‹engl.; *Kurzwort für* United Nations Organization› (Organisation der Vereinten Nationen); *vgl.* UN *u.* VN
un|öko|no|misch
un|or|dent|lich; Un|or|dent|lich|keit, die; -; **Un|ord|nung,** die; -
un|or|ga|nisch; un|or|ga|ni|siert
un|or|tho|dox; -este
un|or|tho|gra|phisch
UNO-Si|cher|heits|rat, der; -[e]s; ↑R 38
un|paar; Un|paar|hu|fer *(Zool.);* **un|paa|rig; Un|paar|ze|her** *(Zool.)*
un|päd|ago|gisch
un|par|tei|isch (neutral, nicht parteiisch); ein -es Urteil; **Un|par|tei|ische,** der *u.* die; -n, -n (↑R 7 ff.); **un|par|tei|lich** (keiner bestimmten Partei angehörend); **Un|par|tei|lich|keit,** die; -
un|paß (*veraltend für* unpäßlich; *landsch. für* ungelegen, zu unrechter Zeit); sie ist -; das kommt mir -; **un|pas|send;** -ste
un|pas|sier|bar [*auch* ...'si:r...]
un|päß|lich ([leicht] krank; unwohl); **Un|päß|lich|keit**
un|pa|the|tisch
Un|per|son ([von den Medien] bewußt ignorierte Person); **un|per|sön|lich;** -es Fürwort (*für* Indefinitpronomen); **Un|per|sön|lich|keit,** die; -
un|pfänd|bar [*auch* ...'pfɛnt...]
un|pla|ziert; -este *(Sport);* - (ungezielt) schießen
un po|co ‹ital.› (*Musik* ein wenig, etwas)
un|poe|tisch (↑R 180)
un|po|liert; -es Holz
un|po|li|tisch; er war völlig -
un|po|pu|lär; -e Maßnahmen
un|prak|tisch; er ist -
un|prä|ten|ti|ös; -este
un|prä|zis; -este; **un|prä|zi|se**
un|pro|ble|ma|tisch; ein -er Mensch
un|pro|duk|tiv; -e Arbeit; **Un|pro|duk|ti|vi|tät,** die; -
un|pro|fes|sio|nell
un|pro|por|tio|niert; -este; **Un|pro|por|tio|niert|heit,** die; -
un|pünkt|lich; er ist sehr -; **Un|pünkt|lich|keit,** die; -
un|qua|li|fi|ziert; -este (*auch für* unangemessen, ohne Sachkenntnis); -e Bemerkungen
un|ra|siert
[1]Un|rast, der; -[e]s, -e (*veraltet für* ruheloser Mensch, bes. Kind); **[2]Un|rast,** die; - (Ruhelosigkeit)
Un|rat, der; -[e]s (*geh. für* Schmutz); - wittern (Schlimmes ahnen)
un|ra|tio|nell; ein -er Betrieb
un|rat|sam
un|re|al; un|rea|li|stisch (↑R 180)
un|recht; in unrechte Hände gelangen; am unrechten Platz sein. *Großschreibung* (↑R 65): etwas Unrechtes; an den Unrechten kommen; *vgl.* recht; **Un|recht,** das; -[e]s, zu, *älter* mit Unrecht; besser Unrecht leiden als Unrecht tun; es geschieht ihm Unrecht; ein Unrecht begehen; im Unrecht sein; jmdn. ins Unrecht setzen; jmdm. ein Unrecht [an]tun. *Kleinschreibung* (↑R 64): unrecht bekommen, geben, haben, sein, tun; *vgl.* Recht; **un|recht|mä|ßig;** -er Besitz; **un|recht|mä|ßi|ger|wei|se; Un|recht|mä|ßig|keit; Un|rechts|be|wußt|sein**
un|re|di|giert (vom Herausgeber nicht überarbeitet [von Zeitungsartikeln u. dgl.])
un|red|lich; Un|red|lich|keit
un|re|ell [...reɛl]; ein -es Geschäft
un|re|flek|tiert; -este (ohne Nachdenken [entstanden]; spontan)
un|re|gel|mä|ßig; -e Verben *(Sprachw.);* **Un|re|gel|mä|ßig|keit**
un|re|gier|bar [*auch* ...'gi:r...]
un|reif; Un|rei|fe
un|rein; ins unreine schreiben (↑R 65); **Un|rein|heit; un|rein|lich; Un|rein|lich|keit,** die; -
un|ren|ta|bel; ein ...a|bler Betrieb; **Un|ren|ta|bi|li|tät,** die; -
un|rett|bar [*auch* 'un...]; sie waren - verloren
un|rich|tig; un|rich|ti|ger|wei|se; Un|rich|tig|keit
un|rit|ter|lich
un|ro|man|tisch
Un|ruh, die; -, -en (Teil der Uhr, des Barometers usw.); **Un|ru|he** (fehlende Ruhe; *ugs. auch für* Unruh); **Un|ru|he|herd** (*svw.* Krisenherd); **Un|ru|he|stif|ter; un|ru|hig**
un|rühm|lich; Un|rühm|lich|keit, die; -
un|rund *(Technik)*
uns
un|sach|ge|mäß; un|sach|lich; Un|sach|lich|keit
un|sag|bar [*auch* 'un...]; **un|säg|lich** [*auch* 'un...]
un|sanft; -este; jmdn. - wecken
un|sau|ber; Un|sau|ber|keit
un|schäd|lich; ein -es Mittel; **Un|schäd|lich|keit,** die; -; **Un|schäd|lich|ma|chung,** die; -
un|scharf; ...schärfer, ...schärfste; **Un|schär|fe; Un|schär|fe‿be|reich** (der; *Optik*), **...re|la|ti|on** *(Physik)*
un|schätz|bar [*auch* 'un...]
un|schein|bar; Un|schein|bar|keit, die; -
un|schick|lich (*geh. für* unanständig); **Un|schick|lich|keit**
un|schlag|bar [*auch* 'un...]
Un|schlitt, das; -[e]s, -e (*veraltend für* Talg); **Un|schlitt|ker|ze**
un|schlüs|sig; Un|schlüs|sig|keit, die; -
un|schmelz|bar [*auch* 'un...]
un|schön
un|schöp|fe|risch
Un|schuld, die; -; **un|schul|dig;** ein -es Mädchen; aber (↑R 157): Unschuldige Kinder (kath. Fest); **Un|schul|di|ge,** der *u.* die; -n, -n (↑R 7 ff.); **un|schul|di|ger|wei|se; Un|schulds‿be|teue|rung** *(meist Plur.),* **...en|gel** *(iron.),* **...lamm** *(iron.),* **...mie|ne; un|schulds|voll**
un|schwer (leicht)
Un|se|gen, der; -s *(geh.)*
un|selb|stän|dig; Un|selb|stän|dig|keit, die; -
un|se|lig *(geh.);* ein -es Geschick; **un|se|li|ger|wei|se** *(geh.)*
un|sen|ti|men|tal
[1]un|ser, uns[e]re, unser; unser Tisch, unserm, uns[e]rem Tisch; unser von allen unterschriebener Brief (↑R 7); unseres Wissens (*Abk.* u.W.); (↑R 157:) Unsere Liebe Frau (Maria, Mutter Jesu); Uns[e]rer Lieben Frau[en] Kirche; *vgl.* dein; **[2]un|ser** (*Gen. von* „wir"); unser (*nicht:* unserer) sind drei; gedenke, erbarme dich unser (*nicht:* unserer); **un|se|re,** uns|re, uns|ri|ge; (↑R 66:) die Unser[e]n, Unsren, Unsrigen; das Uns[e]re, Unsrige; *vgl.* deine, deinige; **un|ser|ei|ner, un|ser|eins; un|se|rer|seits,** un|ser|seits, uns|rer|seits; **un|se|res|glei|chen,** un|sers|glei|chen, uns-

resgleichen; **un|se|res|teils,** uns|res|teils
un|se|ri|ös; -este; ein -es Angebot
un|ser|seits *vgl.* unsererseits; **un|sers|glei|chen** *vgl.* unseresgleichen; **un|sert|hal|ben** *(veraltend);* **un|sert|we|gen; un|sert|wil|len;** um -
Un|ser|va|ter, das; -s, - (*landsch., bes. schweiz. für* Vaterunser)
un|si|cher; im -n (zweifelhaft) sein (↑R 65); **Un|si|cher|heit; Un|si|cher|heits|fak|tor**
un|sicht|bar; Un|sicht|bar|keit, die; -; **un|sich|tig** (trüb; undurchsichtig); die Luft wird -
un|sink|bar [*auch* ...'ziŋk...]
Un|sinn, der; -[e]s; **un|sin|nig; un|sin|ni|ger|wei|se; Un|sin|nig|keit,** die; -; **un|sinn|lich**
Un|sit|te; un|sitt|lich; ein -er Antrag; **Un|sitt|lich|keit**
un|sol|da|tisch
un|so|lid *od.* **un|so|li|de;** ...este; **Un|so|li|di|tät,** die; -
un|so|zi|al; -es Verhalten
un|spek|ta|ku|lär
un|spe|zi|fisch
un|spiel|bar [*auch* 'un...] *(Musik, Sport)*
un|sport|lich; Un|sport|lich|keit
uns|re *vgl.* unsere; **uns|rer|seits** *vgl.* unsererseits; **uns|res|glei|chen** *vgl.* unseresgleichen; **uns|res|teils** *vgl.* unseresteils; **uns|ri|ge** *vgl.* unsere
un|sta|bil; Un|sta|bi|li|tät
un|stän|dig *(selten);* - Beschäftigte
Un|stä|te, die; - (*veraltet für* Ruhelosigkeit, Unruhe); *vgl.* aber: unstet
un|statt|haft; -este
un|sterb|lich [*auch* ...'ʃtɛrp...]; die -e Seele; **Un|sterb|lich|keit,** die; -; **Un|sterb|lich|keits|glau|be[n]**
Un|stern, der; -[e]s (*geh. für* Unglück); *meist in* unter einem - stehen
un|stet; -este; ein -es Leben; *vgl.* aber: Unstäte; **Un|stet|heit,** die; - (unstete [Wesens]art); **un|ste|tig** (*veraltend für* unstet); **Un|ste|tig|keit,** die; -
un|still|bar [*auch* 'un...]
un|stim|mig; Un|stim|mig|keit
un|sträf|lich [*auch* ...'ʃtrɛ:f...] (*veraltend für* untadelig)
un|strei|tig [*auch* ...'ʃtrai...] (sicher, bestimmt); **un|strit|tig** [*auch* ...'ʃtrit...]
Un|strut, die; - (l. Nebenfluß der Saale)
Un|sum|me (sehr große Summe)
un|sym|me|trisch
un|sym|pa|thisch; er ist mir -
un|sy|ste|ma|tisch; - vorgehen
un|ta|de|lig, un|tad|lig [*beide auch* ...'ta:...]; ein -es Leben
un|ta|len|tiert; -este
Un|tat (Verbrechen); **Un|tät|chen** (*landsch. für* kleiner Makel); *nur in* es ist kein - an ihm
un|tä|tig; Un|tä|tig|keit, die; -
un|taug|lich; Un|taug|lich|keit, die; -
un|teil|bar [*auch* 'un...]; **Un|teil|bar|keit,** die; -; **un|teil|haf|tig;** einer Sache - sein
un|ten; nach, von, bis -; nach - hin; nach - zu; von - her; von - hinauf; weiter -; man wußte kaum noch, was - und was oben war; - sein, - bleiben, - liegen, - stehen; *vgl.* durchsein; **un|ten|an;** - stehen, - sitzen; **un|ten|drun|ter** *(ugs.);* **un|ten|durch;** *vgl.* aber: durchsein; **un|ten|er|wähnt** (↑R 209); *vgl.* obenerwähnt; **un|ten|ge|nannt** (*Abk.* u. g.); *vgl.* obenerwähnt; **un|ten|her,** aber: von unten her; **un|ten|her|um** (*ugs. für* im unteren Teil; unten am Körper); **un|ten|hin,** aber: nach unten hin; **un|ten|lie|gend; un|ten|rum** (*svw.* untenherum); **un|ten|ste|hend;** (↑R 65:) im -en (weiter unten); (↑R 66:) -es (jenes folgende), aber (↑R 65): das Untenstehende; *vgl.* folgend
un|ter; *Präp. mit Dat. u. Akk.:* unter dem Tisch stehen, aber: unter den Tisch stellen; - der Bedingung, daß ... (↑R 125); Kinder unter zwölf Jahren haben keinen Zutritt; unter ander[e]m, unter ander[e]n (*Abk.* u. a.); unter einem (*österr. für* zugleich); unter Tage *(Bergmannsspr.);* unter üblichem Vorbehalt (bei Gutschrift von Schecks; *Abk.* u. ü. V.); unter Umständen (*Abk.* u. U.); *Adverb:* es waren unter (= weniger als) 100 Gäste; unter (= noch nicht) zwölf Jahre alte Kinder; Gemeinden von unter (= weniger als) 10 000 Einwohnern
Un|ter, der; -s, - (Spielkarte)
un|ter... *in Verbindung mit Verben:* **a)** *unfeste Zusammensetzungen,* z. B. unterhalten *(vgl. d.),* er hält unter, hat untergehalten; unterzuhalten; **b)** *feste Zusammensetzungen,* z. B. unterhalten *(vgl. d.),* er unterhält, hat unterhalten; zu unterhalten
Un|ter|ab|tei|lung
Un|ter|arm
Un|ter|bau *Plur.* ...bauten
Un|ter|bauch
un|ter|bau|en; er hat den Sockel unterbaut; **Un|ter|bau|ung**
Un|ter|be|griff
Un|ter|be|klei|dung
un|ter|be|legt; ein -es Hotel; **Un|ter|be|le|gung**
un|ter|be|lich|ten *(Fotogr.);* du unterbelichtest; die Aufnahme ist unterbelichtet; unterzubelichten; **Un|ter|be|lich|tung**
un|ter|be|schäf|tigt; Un|ter|be|schäf|ti|gung
un|ter|be|setzt; die Dienststelle ist - (hat nicht genug Personal)
Un|ter|bett
un|ter|be|wer|ten; er unterbewertet diese Leistung; er hat sie unterbewertet; unterzubewerten; **Un|ter|be|wer|tung**
un|ter|be|wußt; Un|ter|be|wußt|sein
un|ter|be|zah|len; sie ist unterbezahlt; unterzubezahlen; *selten* sie unterbezahlt ihn; **Un|ter|be|zah|lung**
un|ter|bie|ten; er hat die Rekorde unterboten; **Un|ter|bie|tung**
Un|ter|bi|lanz (Verlustabschluß)
un|ter|bin|den *(ugs.);* sie hat ein Tuch untergebunden; **un|ter|bin|den;** der Handelsverkehr ist unterbunden; **Un|ter|bin|dung**
un|ter|blei|ben; die Buchung ist leider unterblieben
Un|ter|bo|den‿schutz (der; -es; *Kfz-Technik*), **...wä|sche**
un|ter|bre|chen; sie hat die Reise unterbrochen; jmdn., sich -; **Un|ter|bre|cher** *(Elektrotechnik);* **Un|ter|bre|cher|kon|takt; Un|ter|bre|chung**
un|ter|brei|ten (darlegen; vorschlagen); er hat ihm einen Plan unterbreitet; **Un|ter|brei|tung**
un|ter|brin|gen; er hat das Gepäck im Wagen untergebracht; **Un|ter|brin|gung**
Un|ter|bruch, der; -[e]s, ...brüche (*schweiz. neben* Unterbrechung)
un|ter|bü|geln (*ugs. für* rücksichtslos unterdrücken)
un|ter|but|tern (*ugs. für* rücksichtslos unterdrücken; zusätzlich verbrauchen); das Geld wurde noch mit untergebuttert
un|ter|chlo|rig [...k...] *(Chemie);* -e Säure
Un|ter|deck (ein Schiffsteil)
Un|ter|deckung[1] *(Kreditwesen)*
un|ter|der|hand; ↑R 208 (im stillen, heimlich); etwas unterderhand tun, aber: unter der Hand (in Arbeit) haben
un|ter|des|sen, *älter* un|ter|des
Un|ter|druck, der; -[e]s, ...drücke; **un|ter|drücken**[1]; er hat seinen Unwillen unterdrückt; **Un|ter|drücker**[1]; **Un|ter|drücke|rin**[1]; **un|ter|drücke|risch**[1]; **Un|ter|druck|kam|mer** *(Technik);* **Un|ter|drückung**[1]
un|ter|ducken[1] *(landsch.);* sie hat ihn im Bad untergeduckt
un|ter|durch|schnitt|lich
un|te|re; die unter[e]n Klassen, aber (↑R 146): Unterer Neckar (Region in Baden-Württemberg); *vgl.* unterste

---
[1] *Trenn.* ...k|k...

un|ter|ein|an|der; *Schreibung in Verbindung mit Verben* (↑R 205 f.): untereinander tauschen usw., aber: untereinanderstehen, -stellen; *vgl.* aneinander
Un|ter|ein|heit
un|ter|ent|wickelt [*Trenn.* ...wik|kelt]; -e Länder; **Un|ter|ent|wick|lung**
un|ter|er|nährt; -e Kinder; **Un|ter|er|näh|rung,** die; -
un|ter|fah|ren; einen Viadukt -
Un|ter|fa|mi|lie *(Biol.)*
un|ter|fan|gen; du hast dich -, einen Roman zu schreiben; die Mauer wird - (*Bauw.* abgestützt); **Un|ter|fan|gen,** das; -s (Wagnis)
un|ter|fas|sen *(ugs.);* sie gehen untergefaßt
un|ter|fer|ti|gen (*Amtsspr.* unterschreiben); unterfertigt; unterfertigtes Protokoll; **Un|ter|fer|tig|te,** der *u.* die; -n, -n (↑R 7 ff.)
Un|ter|feue|rung *(Technik)*
un|ter|flie|gen; er hat den Radar unterflogen
un|ter|flur *(fachspr.);* etwas - einbauen; **Un|ter|flur_ga|ra|ge, ...hy|drant** (unter der Straßendecke liegende Zapfstelle), **...mo|tor** (unter dem Fahrzeugboden eingebauter Motor), **...stra|ße** (unterirdische Straße)
un|ter|for|dern; Schüler -
Un|ter|fran|ken
un|ter|füh|ren; die Straße wird unterführt; ein Wort -; **Un|ter|füh|rer** *(Milit.);* **Un|ter|füh|rung; Un|ter|füh|rungs|zei|chen** (für gleiche untereinanderstehende Wörter; *Zeichen* „)
Un|ter|funk|ti|on *(Med.)*
Un|ter|fut|ter ‹*zu* ²Futter›; **un|ter|füt|tern**
Un|ter|gang, der; -[e]s, ...gänge; **Un|ter|gangs|stim|mung**
un|ter|gä|rig; -es Bier; **Un|ter|gä|rung,** die; -
un|ter|ge|ben; Un|ter|ge|be|ne, der *u.* die; -n, -n (↑R 7 ff.)
un|ter|ge|hen; die Sonne ist untergegangen; (↑R 68:) sein Stern ist im Untergehen [begriffen]
un|ter|ge|ord|net
Un|ter|ge|schoß
Un|ter|ge|stell
Un|ter|ge|wicht, das; -[e]s; **un|ter|ge|wich|tig**
Un|ter|gla|sur|far|be (*svw.* keramische Farbe)
un|ter|glie|dern; Un|ter|glie|de|rung (das Untergliedern); **Un|ter|glie|de|rung** (Unterabteilung)
un|ter|gra|ben; sie hat den Dünger untergegraben; **un|ter|gra|ben;** das hat ihre Gesundheit -; **Un|ter|gra|bung,** die; -
Un|ter|gren|ze
Un|ter|grund, der; -[e]s, ...gründe *Plur. selten;* **Un|ter|grund_bahn** (*kurz* U-Bahn; ↑R 38), **...be|we|gung; un|ter|grün|dig; Un|ter|grund_kämp|fer, ...li|te|ra|tur, ...mu|sik, ...or|ga|ni|sa|ti|on**
Un|ter|grup|pe
un|ter|ha|ben (*ugs. für* etwas unter einem anderen Kleidungsstück tragen); nichts -
un|ter|ha|ken *(ugs.);* sie hatten sich untergehakt
un|ter|halb; *als Präp. mit Gen.:* der Neckar - Heidelbergs
Un|ter|halt, der; -[e]s; **un|ter|hal|ten** *(ugs.);* er hat die Hand untergehalten, z. B. unter den Wasserhahn; **un|ter|hal|ten;** ich habe mich gut -; er wird vom Staat -; **Un|ter|hal|ter; un|ter|halt|sam** (fesselnd); **Un|ter|halt|sam|keit,** die; -; **Un|ter|halts_an|spruch, ...bei|trag; un|ter|halts|be|rech|tigt; Un|ter|halts_kla|ge, ...ko|sten** *(Plur.),* **...pflicht; un|ter|halts|pflich|tig; un|ter|halts|ver|pflich|tet; Un|ter|halts|zah|lung; Un|ter|hal|tung; Un|ter|hal|tungs_bei|la|ge, ...elek|tro|nik, ...film, ...in|du|strie, ...ko|sten** *(Plur.),* **...li|te|ra|tur, ...mu|sik** (die; -; *kurz* U-Musik), **...pro|gramm, ...ro|man, ...sen|dung, ...teil** (der)
un|ter|han|deln; er hat über den Abschluß des Vertrages unterhandelt; **Un|ter|händ|ler; Un|ter|hand|lung**
Un|ter|haus (im Zweikammerparlament); das britische -; **Un|ter|haus_mit|glied, ...sit|zung**
un|ter|he|ben; dann wird der Eischnee vorsichtig untergehoben
Un|ter|hemd
Un|ter|hit|ze, die; -; bei - backen
un|ter|höh|len; unterhöhlt
Un|ter|holz, das; -es (niedriges Gehölz im Wald)
Un|ter|ho|se
Un|ter|in|stanz
un|ter|ir|disch
Un|ter|ita|li|en (↑R 152)
Un|ter|jacke [*Trenn.* ...jak|ke]
un|ter|jo|chen; das Volk wurde unterjocht; **Un|ter|jo|chung**
un|ter|ju|beln; das hat er ihm untergejubelt (*ugs. für* heimlich [mit etwas anderem] zugeschoben)
un|ter|kant *(schweiz.); als Präp. mit Gen.:* - des Fensters, *auch* - Fenster
un|ter|kel|lern; ich ...ere (↑R 22); das Haus wurde nachträglich unterkellert; **Un|ter|kel|le|rung**
Un|ter|kie|fer, der; **Un|ter|kie|fer_drü|se, ...kno|chen**
Un|ter_kleid, ...klei|dung
un|ter|kom|men; sie ist gut untergekommen; das ist mir noch nie untergekommen (*landsch., bes. südd., österr. für* vorgekommen); **Un|ter|kom|men,** das; -s, -
Un|ter|kör|per
un|ter|kö|tig (*landsch. für* eitrig entzündet)
un|ter|krie|chen *(ugs.);* er ist bei Freunden untergekrochen
un|ter|krie|gen (*ugs. für* bezwingen; entmutigen); er hat mich nicht untergekriegt
un|ter|küh|len (die Körpertemperatur unter den Normalwert senken; *Technik* unter den Schmelzpunkt abkühlen); unterkühlt; **Un|ter|küh|lung**
Un|ter|kunft, die; -, ...künfte
Un|ter|la|ge
Un|ter|land, das; -[e]s (tiefer gelegenes Land; Ebene); **Un|ter|län|der,** der; -s, - (Bewohner des Unterlandes)
Un|ter|län|ge
Un|ter|laß, der; *nur in* ohne -; **un|ter|las|sen;** sie hat es -; **Un|ter|las|sung; Un|ter|las|sungs_de|likt, ...kla|ge, ...sün|de**
Un|ter|lauf, der; -[e]s, ...läufe; **un|ter|lau|fen;** er hat ihn unterlaufen *(Ringen);* es sind einige Fehler unterlaufen, *seltener* untergelaufen; **un|ter|läu|fig** (*Technik* [durch Wasser] von unten angetrieben); -e Mahlgänge; **Un|ter|lau|fung** (*auch für* Blutunterlaufung)
Un|ter|le|der
un|ter|le|gen; untergelegter Stoff; er hat etwas untergelegt; diese Absicht hat man mir untergelegt; ¹**un|ter|le|gen;** der Musik wurde ein anderer Text unterlegt; ²**un|ter|le|gen** (*Partizip II zu* unterliegen; *vgl. d.*); **Un|ter|le|gen|heit,** die; -; **Un|ter|leg|schei|be** *(Technik);* **Un|ter|le|gung** (einer Absicht); **Un|ter|le|gung** (Verstärkung, Vermehrung usw.)
Un|ter|leib; Un|ter|leib|chen (ein Kleidungsstück); **Un|ter|leibs_krank|heit, ...lei|den, ...ope|ra|ti|on, ...schmerz**
Un|ter|lid
un|ter|lie|gen *(ugs.);* das Badetuch hat, *südd.* ist untergelegen; **un|ter|lie|gen;** er ist seinem Gegner unterlegen
Un|ter|lip|pe
un|term; ↑R 17 (*ugs. für* unter dem); - Dach
un|ter|ma|len; die Erzählung wurde durch Musik untermalt; **Un|ter|ma|lung,** die; -
Un|ter|mann, der; -[e]s, ...männer (*Sport, Artistik* unterster Mann bei einer akrobatischen Übung)
Un|ter|maß, das (*selten für* nicht ausreichendes Maß)
un|ter|mau|ern; er hat seine Beweisführung gut untermauert; **Un|ter|maue|rung** (↑R 180)

un|ter|mee|risch (in der Tiefe des Meeres befindlich)
Un|ter|men|ge (*Math.* Teilmenge)
un|ter|men|gen; die schlechte Ware wurde mit untergemengt; **un|ter|men|gen** (vermischen); untermengt mit ...
Un|ter|mensch (nationalsoz. diffamierende Bez. für einen als minderwertig angesehenen Menschen)
Un|ter|mie|te, die; -; zur - wohnen; **Un|ter|mie|ter; Un|ter|mie|te|rin**
un|ter|mi|nie|ren; die Stellung des Ministers war schon lange unterminiert; **Un|ter|mi|nie|rung**
un|ter|mi|schen; sie hat das Wertlose mit untergemischt; **un|ter|mi|schen;** untermischt mit ...; **Un|ter|mi|schung** (von etwas Wertlosem); **Un|ter|mi|schung** (mit etwas)
un|ter|mo|to|ri|siert (*Kfz-Technik* mit einem zu schwachen Motor ausgestattet)
un|tern; ↑R 17 (*ugs. für* unter den); - Tisch fallen
Un|ter|näch|te *Plur.* (*landsch. für* die Zwölf Nächte)
un|ter|neh|men (*ugs. für* unter den Arm nehmen); er hat den Sack untergenommen; **un|ter|neh|men;** er hat nichts unternommen; **Un|ter|neh|men,** das; -s, -; **un|ter|neh|mend;** -ste (aus, mit Unternehmungsgeist); **Un|ter|neh|mens‿be|ra|ter, ...be|ra|te|rin, ...be|ra|tung, ...form, ...for|schung** (die; -), **...füh|rung, ...lei|ter** (der), **...lei|te|rin, ...po|li|tik** (die; -); **Un|ter|neh|mer; Un|ter|neh|mer‿frei|heit** (die; -), **...geist** (der; -[e]s), **...ge|winn; Un|ter|neh|me|rin; un|ter|neh|me|risch; Un|ter|neh|mer|schaft; Un|ter|neh|mer|tum,** das; -s; **Un|ter|neh|mer|ver|band; Un|ter|neh|mung; Un|ter|neh|mungs‿geist** (der; -[e]s), **...lust** (die; -); **un|ter|neh|mungs|lu|stig**
Un|ter|of|fi|zier (*Abk.* Uffz., *in der Schweiz* Uof); **Un|ter|of|fi|ziers**[1]**‿an|wär|ter, ...mes|se, ...schu|le**
un|ter|ord|nen; er ist ihm untergeordnet; **un|ter|ord|nend; Un|ter|ord|nung**
Un|ter|pfand
Un|ter|pfla|ster[|stra|ßen]|bahn (*kurz* U-Strab)
un|ter|pflü|gen; untergepflügt
Un|ter|pri|ma [*auch* ...'pri:ma]
un|ter|pri|vi|le|giert; Un|ter|pri|vi|le|gier|te, der *u.* die (↑R 7 ff.)
Un|ter|punkt
un|ter|que|ren; das Atom-U-Boot hat den Nordpol unterquert
un|ter|re|den, sich; du hast dich mit ihm unterredet; **Un|ter|re|dung**
un|ter|re|prä|sen|tiert; Frauen sind im Parlament -
Un|ter|richt, der; -[e]s, -e *Plur. selten;* **un|ter|rich|ten;** er ist gut unterrichtet; sich -; **un|ter|richt|lich; Un|ter|richts‿auf|ga|be, ...brief, ...ein|heit, ...fach, ...film, ...for|schung; un|ter|richts|frei;** *vgl.* hitzefrei; **Un|ter|richts‿ge|gen|stand, ...kun|de** (die; -); **un|ter|richts|kund|lich; Un|ter|richts‿leh|re, ...me|tho|de, ...mit|tel** (das), **...pro|gramm, ...schritt, ...stun|de, ...wei|se** (die), **...ziel; Un|ter|rich|tung**
Un|ter|rock; *vgl.* [1]Rock
un|ter|rüh|ren; die Flüssigkeit wird vorsichtig untergerührt
un|ters; ↑R 17 (*ugs. für* unter das); - Bett
Un|ter|saat (*Landw.* eine Art des Zwischenfruchtanbaus)
un|ter|sa|gen; das Rauchen ist untersagt; **Un|ter|sa|gung**
Un|ter|satz; fahrbarer - (*ugs. scherzh. für* Auto)
Un|ters|berg, der; -[e]s (Bergstock der Salzburger Kalkalpen); **Un|ters|ber|ger Kalk|stein,** der; -[e]s
un|ter|schät|zen; unterschätzt
un|ter|scheid|bar; un|ter|schei|den; die Bedeutungen müssen unterschieden werden; sich -; **Un|ter|schei|dung; Un|ter|schei|dungs‿merk|mal, ...ver|mö|gen** (das; -s)
Un|ter|schen|kel
Un|ter|schicht
[1]**un|ter|schie|ben** (darunterschieben); er hat ihr ein Kissen untergeschoben; [2]**un|ter|schie|ben** [*auch* ...'ʃi:...]; er hat ihm eine schlechte Absicht untergeschoben, *auch* unterschoben; ein untergeschobenes Kind
Un|ter|schied, der; -[e]s, -e; zum - von; im - zu; **un|ter|schie|den** (verschieden); **un|ter|schied|lich; Un|ter|schied|lich|keit; Un|ter|schieds|be|trag** (*für* Differenz); **un|ter|schieds|los**
un|ter|schläch|tig (durch Wasser von unten angetrieben); ein -es Mühlrad
Un|ter|schlag, der; -[e]s, Unterschläge (Schneidersitz; *Druckw.* äußerstes [unteres] Ende der Seite); **un|ter|schla|gen;** mit untergeschlagenen Beinen; **un|ter|schla|gen** (veruntreuen); sie hat [die Beitragsgelder] unterschlagen; **Un|ter|schla|gung**
Un|ter|schleif, der; -[e]s, -e (*veraltet für* Unterschlagung)
un|ter|schlie|ßen *(Druckw.);* der Setzer hat hier und da ein Wort untergeschlossen
Un|ter|schlupf; un|ter|schlüp|fen, *südd. ugs.* **un|ter|schlup|fen;** er ist untergeschlüpft
un|ter|schnei|den; den Ball stark - *([Tisch]tennis);* das Gesims wurde unterschnitten (*Bauw.* an der Unterseite abgeschrägt)
un|ter|schrei|ben; ich habe den Brief unterschrieben
un|ter|schrei|ten; die Einnahmen haben den Voranschlag unterschritten; **Un|ter|schrei|tung**
Un|ter|schrift; Un|ter|schrif|ten‿ak|ti|on, ...kam|pa|gne, ...map|pe, ...samm|lung; un|ter|schrift|lich (*Amtsspr.* mit od. durch Unterschrift); **un|ter|schrifts|be|rech|tigt; Un|ter|schrifts‿be|rech|ti|gung, ...be|stä|ti|gung, ...pro|be; un|ter|schrifts|reif**
Un|ter|schuß (*veraltet für* Defizit)
un|ter|schwef|lig *(Chemie);* -e Säure
un|ter|schwel|lig (unterhalb der Bewußtseinsschwelle [liegend])
Un|ter|see, der; -s (Teil des Bodensees)
Un|ter|see|boot (*Abk.* U-Boot, U); **un|ter|see|isch** (↑R 36)
Un|ter|sei|te; un|ter|seits (an der Unterseite)
Un|ter|se|kun|da [*auch* ...'kunda]
un|ter|set|zen; ich habe den Eimer untergesetzt; **un|ter|set|zen;** untersetzt (gemischt) mit ...; **Un|ter|set|zer** (Schale für Blumentöpfe u. a.); **un|ter|setzt;** -este (von gedrungener Gestalt); **Un|ter|setzt|heit,** die; -; **Un|ter|set|zung** *(Kfz-Technik);* **Un|ter|set|zungs|ge|trie|be**
un|ter|sin|ken; das Schiff ist untergesunken
un|ter|spickt (*österr. für* mit Fett durchzogen); -es Fleisch
un|ter|spie|len (als nicht so wichtig hinstellen); die Sache wurde unterspielt
un|ter|spü|len; die Fluten hatten den Damm unterspült
un|terst *vgl.* unterste
Un|ter|staats|se|kre|tär [*auch* 'un...] *(früher)*
Un|ter|stand; Un|ter|stän|der (Stützbalken; *Wappenk.* unterer Teil des Schildes); **un|ter|stän|dig** *(Bot.);* -er Fruchtknoten; -er Baumwuchs; **un|ter|stands|los** (*österr. neben* obdachlos)
un|ter|ste; der unterste Knopf, aber (↑R 65): das Unterste zuoberst, das Oberste zuunterst kehren
un|ter|ste|hen (unter einem schützenden Dach stehen); sie hat beim Regen untergestanden; **un|ter|ste|hen;** er unterstand einem strengen Lehrmeister; es hat keinem Zweifel unterstanden (es gab keinen Zweifel); du hast

[1] *Vgl. die Anm. zu* „Offizier".

dich unterstanden (gewagt); untersteh dich [nicht], das zu tun!
un|ter|stel|len; ich habe den Wagen untergestellt; sich -; ich habe mich während des Regens untergestellt; **un|ter|stel|len;** er ist meinem Befehl unterstellt; man hat ihr etwas unterstellt ([etwas Falsches] über sie behauptet, [Unbewiesenes] als wahr angenommen); **Un|ter|stel|lung,** die; - (das Unterstellen); **Un|ter|stel|lung** (befehlsmäßige Unterordnung; [falsche] Behauptung)
un|ter|steu|ern (*Kfz-Technik* zu schwache Wirkung des Lenkradeinschlags zeigen); der Wagen hat untersteuert
Un|ter|stock, der; -[e]s; **Un|ter|stock|werk**
un|ter|stop|fen; ein untergestopftes Kissen
un|ter|strei|chen; sie hat mehrere Wörter unterstrichen; sie hat diese Behauptung nachdrücklich unterstrichen (betont); (↑R 68:) etwas durch Unterstreichen hervorheben; **Un|ter|strei|chung**
Un|ter|strö|mung
Un|ter|stu|fe
un|ter|stüt|zen; er hat den Arm [unter das Kinn] untergestützt; **un|ter|stüt|zen;** ich habe ihn mit Geld unterstützt; der zu Unterstützende; **Un|ter|stüt|zung; un|ter|stüt|zungs|be|dürf|tig; Un|ter|stüt|zungs‿bei|hil|fe, ...emp|fän|ger, ...geld, ...kas|se, ...satz**
Un|ter|such, der; -s, -e (*schweiz. neben* Untersuchung); **un|ter|su|chen;** der Arzt hat mich untersucht; **Un|ter|su|chung; Un|ter|su|chungs‿aus|schuß, ...be|fund, ...ge|fan|ge|ne, ...ge|fäng|nis, ...haft** (die; *kurz* U-Haft), **...häft|ling, ...kom|mis|si|on, ...rich|ter, ...rich|te|rin, ...ver|fah|ren, ...zim|mer** (beim Arzt)
Un|ter|tag|ar|bei|ter, *häufiger* **Un|ter|ta|ge|ar|bei|ter** *(Bergbau);* **Un|ter|ta|ge|bau,** der; -[e]s; **un|ter|tags** (*österr. u. schweiz. für* tagsüber)
un|ter|tan (*veraltend für* ergeben); **Un|ter|tan,** der; *Gen.* -s, *älter* -en, *Plur.* -en (↑R 197); **Un|ter|ta|nen‿geist** (der; -[e]s), **...pflicht; un|ter|tä|nig** (ergeben); **Un|ter|tä|nig|keit,** die; -; **Un|ter|ta|nin**
Un|ter|tas|se; fliegende -
un|ter|tau|chen; der Schwimmer ist untergetaucht; der Verbrecher war schnell untergetaucht (verschwunden); **un|ter|tau|chen;** die Robbe hat das Schleppnetz untertaucht
Un|ter|teil, das, *auch* der; **un|ter|tei|len;** die Skala ist in 10 Teile unterteilt; **Un|ter|tei|lung**
Un|ter|tem|pe|ra|tur
Un|ter|ter|tia [*auch* ...'tɛr...]
Un|ter|ti|tel; un|ter|ti|teln; ein untertiteltes Foto
Un|ter|ton *Plur.* ...töne
un|ter|tou|rig [...tu:...] (*Technik* mit zu niedriger Drehzahl); der Wagen darf nicht - gefahren werden
un|ter|trei|ben; er hat untertrieben; **Un|ter|trei|bung**
un|ter|tun|neln; ich ...[e]le (↑R 22); der Berg wurde untertunnelt; **Un|ter|tun|ne|lung**
un|ter|ver|mie|ten; sie hat ein Zimmer untervermietet; **Un|ter|ver|mie|tung**
un|ter|ver|si|chern (zu niedrig versichern); die Möbel sind unterversichert; **Un|ter|ver|si|che|rung**
un|ter|ver|sor|gen; unterversorgte Gebiete; **Un|ter|ver|sor|gung**
Un|ter|wal|den nid dem Wald (schweiz. Halbkanton; *Kurzform* Nidwalden); **Un|ter|wal|den ob dem Wald** (schweiz. Halbkanton; *Kurzform* Obwalden); **Un|ter|wald|ner** (↑R 147); **un|ter|wald|ne|risch**
un|ter|wan|dern (sich [als Fremder od. heimlicher Gegner] unter eine Gruppe mischen); die Partei wurde unterwandert; **Un|ter|wan|de|rung**
un|ter|wärts *(ugs.)*
Un|ter|wä|sche, die; -
un|ter|wa|schen; das Ufer ist -; **Un|ter|wa|schung**
Un|ter|was|ser, das; -s (Grundwasser); **Un|ter|was|ser‿ar|chäo|lo|gie, ...auf|nah|me, ...be|hand|lung, ...ka|me|ra, ...mas|sa|ge, ...sta|ti|on, ...streit|kräf|te** *(Plur.)*
un|ter|wegs (auf dem Wege)
un|ter|wei|len (*veraltet für* bisweilen; unterdessen)
un|ter|wei|sen; er hat sie beide unterwiesen; **Un|ter|wei|sung**
Un|ter|welt, die; -; **un|ter|welt|lich**
un|ter|wer|fen; sich -; das Volk wurde unterworfen; du hast dich dem Richterspruch unterworfen; **Un|ter|wer|fung**
Un|ter|werks|bau, der; -[e]s (*Bergmannsspr.* Abbau unterhalb der Fördersohle)
un|ter|wer|tig; Un|ter|wer|tig|keit, die; -
un|ter|win|den *(veraltet);* sich einer Sache - (sie übernehmen, sich daran wagen); unterwunden
un|ter|wür|fig [*auch* 'un...]; **Un|ter|wür|fig|keit,** die; -
un|ter|zeich|nen; sie hat den Brief unterzeichnet; **Un|ter|zeich|ner; Un|ter|zeich|ne|te,** der *u.* die; -n, -n (↑R 7 ff.; *Amtsspr.*); der rechts, links Unterzeichnete *od.* der Rechts-, Linksunterzeichnete (bei Unterschriften); **Un|ter|zeich|nung**
Un|ter|zeug, das; -[e]s *(ugs.)*
un|ter|zie|hen; ich habe eine wollene Jacke untergezogen; **un|ter|zie|hen;** du hast dich diesem Verhör unterzogen
un|tief (seicht); **Un|tie|fe** (große Tiefe; *auch für* seichte Stelle)
Un|tier (Ungeheuer)
un|tilg|bar [*auch* 'un...]
Un|to|te (*svw.* Vampir)
un|trag|bar [*auch* 'un...]; **Un|trag|bar|keit,** die; -
un|trai|niert [...trɛ...]
un|trenn|bar [*auch* 'un...]
un|treu; Un|treue
un|tröst|lich [*auch* 'un...]
un|trüg|lich [*auch* 'un...]; ein -es (absolut sicheres) Zeichen
un|tüch|tig; Un|tüch|tig|keit, die; -
Un|tu|gend
un|tun|lich *(veraltend)*
un|ty|pisch
un|über|biet|bar [*auch* 'un...]
un|über|brück|bar [*auch* 'un...]
un|über|hör|bar [*auch* 'un...]
un|über|legt; -este; **Un|über|legt|heit**
un|über|schau|bar [*auch* 'un...]
un|über|schreit|bar [*auch* 'un...]
un|über|seh|bar [*auch* 'un...]
un|über|setz|bar [*auch* 'un...]
un|über|sicht|lich; Un|über|sicht|lich|keit, die; -
un|über|steig|bar [*auch* 'un...]
un|über|trag|bar [*auch* 'un...]
un|über|treff|lich [*auch* 'un...]; **Un|über|treff|lich|keit,** die; -; **un|über|trof|fen** [*auch* 'un...]
un|über|wind|bar [*auch* 'un...]; **un|über|wind|lich** [*auch* 'un...]
un|üb|lich
un|um|gäng|lich [*auch* 'un...]; **Un|um|gäng|lich|keit,** die; -
un|um|schränkt [*auch* 'un...]; -este
un|um|stöß|lich [*auch* 'un...]; **Un|um|stöß|lich|keit,** die; -
un|um|strit|ten [*auch* 'un...]
un|um|wun|den [*auch* ...'vun...] (offen, freiheraus)
un|un|ter|bro|chen [*auch* ...'brɔ...]
un|ver|än|der|lich [*auch* 'un...]; **Un|ver|än|der|lich|keit,** die; -; **un|ver|än|dert** [*auch* ...'ɛn...]
un|ver|ant|wort|lich [*auch* 'un...]; **Un|ver|ant|wort|lich|keit,** die; -
un|ver|ar|bei|tet [*auch* ...'a:r...]; -e Eindrücke
un|ver|äu|ßer|lich [*auch* 'un...]
un|ver|bau|bar [*auch* 'un...]; -er Fernblick
un|ver|bes|ser|lich [*auch* 'un...]; **Un|ver|bes|ser|lich|keit,** die; -
un|ver|bil|det (noch ganz natürlich)
un|ver|bind|lich [*auch* ...'bint...]; **Un|ver|bind|lich|keit**

un|ver|bleit; -es Benzin
un|ver|blümt [*auch* 'un...]; -este (offen; ohne Umschweife)
un|ver|braucht; -este
un|ver|brüch|lich [*auch* 'un...]; -e Treue
un|ver|bürgt [*auch* 'un...]
un|ver|däch|tig [*auch* ...'dɛç...]
un|ver|dau|lich [*auch* ...'dau...]; **Un|ver|dau|lich|keit,** die; -; **un|ver|daut** [*auch* ...'daut]
un|ver|dient [*auch* ...'di:nt]; **un|ver|dien|ter|ma|ßen; un|ver|dien|ter|wei|se**
un|ver|dor|ben; Un|ver|dor|ben|heit, die; -
un|ver|dros|sen [*auch* ...'drɔsən]
un|ver|dünnt
un|ver|ehe|licht
un|ver|ein|bar [*auch* 'un...]; **Un|ver|ein|bar|keit**
un|ver|fälscht [*auch* ...'fɛlʃt]; -este; **Un|ver|fälscht|heit,** die; -
un|ver|fäng|lich [*auch* ...'fɛŋ...]
un|ver|fro|ren [*auch* ...'fro:...] (keck; frech); **Un|ver|fro|ren|heit**
un|ver|gäng|lich [*auch* ...'gɛŋ...]; **Un|ver|gäng|lich|keit,** die; -
un|ver|ges|sen; un|ver|geß|lich [*auch* 'un...]
un|ver|gleich|bar [*auch* 'un...]; **un|ver|gleich|lich** [*auch* 'un...]
un|ver|go|ren; -er Süßmost
un|ver|hält|nis|mä|ßig [*auch* ...'hɛlt...]; - groß
un|ver|hei|ra|tet
un|ver|hofft [*auch* ...'hɔft]
un|ver|hoh|len [*auch* ...'ho:...]
un|ver|hüllt
un|ver|käuf|lich [*auch* ...'kɔyf...]; **Un|ver|käuf|lich|keit,** die; -
un|ver|kenn|bar [*auch* 'un...]
un|ver|langt; -e Manuskripte werden nicht zurückgesandt
un|ver|läß|lich
un|ver|letz|bar [*auch* 'un...]; **un|ver|letz|lich** [*auch* 'un...]; **Un|ver|letz|lich|keit,** die; -; **un|ver|letzt**
un|ver|lier|bar [*auch* 'un...]
un|ver|lösch|lich [*auch* 'un...] *(geh.)*
un|ver|mählt
un|ver|meid|bar [*auch* 'un...]; **un|ver|meid|lich** [*auch* 'un...]
un|ver|merkt (*veraltend für* unbemerkt)
un|ver|min|dert
un|ver|mischt
un|ver|mit|telt (plötzlich, abrupt); **Un|ver|mit|telt|heit,** die; - *(selten)*
Un|ver|mö|gen, das; -s (Mangel an Kraft, Fähigkeit); **un|ver|mö|gend; Un|ver|mö|gend|heit,** die; - (*selten für* Armut); **Un|ver|mö|gen|heit,** die; - (*veraltet für* Unvermögen); **Un|ver|mö|gens|fall,** der; -[e]s *(Amtsspr.);* im -[e]
un|ver|mu|tet
Un|ver|nunft; un|ver|nünf|tig; Un|ver|nünf|tig|keit

un|ver|öf|fent|licht; -e Manuskripte
un|ver|packt
un|ver|putzt; der Neubau ist -
un|ver|rich|tet; un|ver|rich|te|ter|din|ge, *auch* unverrichteter Dinge (ohne etwas erreicht zu haben); **un|ver|rich|te|ter|sa|che,** *auch* unverrichteter Sache
un|ver|rück|bar [*auch* 'un...]
un|ver|schämt; -este; **Un|ver|schämt|heit**
un|ver|schlos|sen [*auch* ...'ʃlɔ...]
un|ver|schul|det [*auch* ...'ʃul...]; **un|ver|schul|de|ter|ma|ßen; un|ver|schul|de|ter|wei|se**
un|ver|se|hens [*auch* ...'ze:...] (plötzlich)
un|ver|sehrt; Un|ver|sehrt|heit, die; -
un|ver|sieg|bar [*auch* 'un...]; **un|ver|sieg|lich** [*auch* 'un...]
un|ver|söhn|bar [*auch* ...'zø:n...]; **un|ver|söhn|lich** [*auch* ...'zø:n...]; **Un|ver|söhn|lich|keit,** die; -
un|ver|sorgt
Un|ver|stand (Mangel an Verstand, an Einsicht); **un|ver|stan|den; un|ver|stän|dig** (ohne den nötigen Verstand); **Un|ver|stän|dig|keit,** die; -; **un|ver|ständ|lich** (undeutlich; unbegreiflich); **Un|ver|ständ|lich|keit; Un|ver|ständ|nis**
un|ver|stellt [*auch* ...'ʃtɛlt]
un|ver|steu|ert [*auch* ...'ʃtɔy...]
un|ver|sucht [*auch* ...'zu:xt]; *meist in* nichts - lassen
un|ver|träg|lich [*auch* ...'trɛ:k...]; **Un|ver|träg|lich|keit,** die; -
un|ver|wandt; jmdn. - ansehen
un|ver|wech|sel|bar [*auch* 'un...]; **Un|ver|wech|sel|bar|keit,** die; -
un|ver|wehrt [*auch* ...'ve:rt]; das bleibt dir - (unbenommen)
un|ver|weilt [*auch* ...'vailt] (*veraltend für* unverzüglich)
un|ver|wes|lich [*auch* ...'ve:s...]
un|ver|wisch|bar [*auch* 'un...]
un|ver|wund|bar [*auch* 'un...]; **Un|ver|wund|bar|keit**
un|ver|wüst|lich [*auch* 'un...]; **Un|ver|wüst|lich|keit,** die; -
un|ver|zagt; -este; **Un|ver|zagt|heit,** die; -
un|ver|zeih|bar [*auch* 'un...]; **un|ver|zeih|lich** [*auch* 'un...]
un|ver|zicht|bar [*auch* 'un...]
un|ver|zins|lich [*auch* 'un...]
un|ver|zollt
un|ver|züg|lich [*auch* 'un...]
un|voll|en|det [*auch* ...'ɛn...]
un|voll|kom|men [*auch* ...'kɔ...]; **Un|voll|kom|men|heit**
un|voll|stän|dig [*auch* ...'ʃtɛn...]; **Un|voll|stän|dig|keit,** die; -
un|vor|be|rei|tet
un|vor|denk|lich; *nur noch in* seit -en Zeiten (sehr weit zurückliegend)

un|vor|ein|ge|nom|men; Un|vor|ein|ge|nom|men|heit, die; -
un|vor|greif|lich [*auch* 'un...] (*veraltet für* ohne einem anderen vorgreifen zu wollen)
un|vor|her|ge|se|hen; -e Ausgaben
un|vor|schrifts|mä|ßig
un|vor|sich|tig; un|vor|sich|ti|ger|wei|se; Un|vor|sich|tig|keit
un|vor|stell|bar [*auch* 'un...]
un|vor|teil|haft; -este
un|wäg|bar [*auch* 'un...]; -e Risiken; **Un|wäg|bar|keit,** die; -, -en
un|wahr; un|wahr|haf|tig *(geh.);* **Un|wahr|haf|tig|keit; Un|wahr|heit; un|wahr|schein|lich; Un|wahr|schein|lich|keit**
un|wan|del|bar [*auch* 'un...]; **Un|wan|del|bar|keit,** die; -
un|weg|sam; -es Gelände
un|weib|lich; sie wirkt -
un|wei|ger|lich [*auch* 'un...]
un|weit; *als Präp. mit Gen.:* - des Flusses
un|wert *(geh.);* **Un|wert,** der; -[e]s
Un|we|sen, das; -s; er trieb sein -; **un|we|sent|lich**
Un|wet|ter
un|wich|tig; Un|wich|tig|keit
un|wi|der|leg|bar [*auch* 'un...]; **un|wi|der|leg|lich** [*auch* 'un...]
un|wi|der|ruf|lich [*auch* 'un...]; zum - letzten Mal
un|wi|der|spro|chen [*auch* 'un...]
un|wi|der|steh|lich [*auch* 'un...]; **Un|wi|der|steh|lich|keit,** die; -
un|wie|der|bring|lich [*auch* 'un...] (verloren, vergangen); **Un|wie|der|bring|lich|keit,** die; -
Un|wil|le[n], der; Unwillens; **un|wil|lent|lich; un|wil|lig; un|will|kom|men; un|will|kür|lich** [*auch* ...'ky:r...]
un|wirk|lich; Un|wirk|lich|keit, die; -
un|wirk|sam; ein -es Mittel; **Un|wirk|sam|keit,** die; -
un|wirsch; -[e]ste (unfreundlich)
un|wirt|lich (unbewohnt, einsam; unfruchtbar); eine -e Gegend; **Un|wirt|lich|keit,** die; -
un|wirt|schaft|lich; Un|wirt|schaft|lich|keit, die; -
un|wis|send; -ste; **Un|wis|sen|heit,** die; -; **un|wis|sen|schaft|lich; un|wis|sent|lich**
un|wohl; mir ist -; - sein; **Un|wohl|sein,** das; -s; wegen -s
Un|wucht, die; -, -en (ungleich verteilte Massen [an einem Rad])
un|wür|dig; Un|wür|dig|keit, die; -
Un|zahl, die; - (sehr große Zahl); **un|zähl|bar** [*auch* 'un...]; **un|zäh|lig** [*auch* 'un...] (sehr viel); -e Notleidende; **un|zäh|li|ge|mal** [*auch* 'un...], aber: unzählige Male
un|zähm|bar [*auch* 'un...]
[1]**Un|ze,** die; -, -n ‹lat.› (Gewicht)

²Un|ze, die; -, -n ‹griech.› (*selten für* Jaguar)
Un|zeit, die; *nur noch in* zur - (zu unpassender Zeit); **un|zeit|gemäß; un|zei|tig** (unreif [auch vom Obst])
un|zen|siert
un|zen|wei|se
un|zer|brech|lich [*auch* ...'brɛç...]; **Un|zer|brech|lich|keit,** die; -
un|zer|kaut
un|zer|reiß|bar [*auch* 'un...]
un|zer|stör|bar [*auch* 'un...]; **un|zer|stört**
un|zer|trenn|bar [*auch* 'un...]; **un|zer|trenn|lich** [*auch* 'un...]; zwei -e Freunde
Un|zi|al|buch|sta|be; Un|zia|le, die; -, -n (↑R 180) ‹lat.› (zollgroßer Buchstabe); **Un|zi|al|schrift,** die; -
un|zie|mend; -ste; **un|ziem|lich** (*veraltend für* ungehörig)
un|zi|vi|li|siert; -este
Un|zucht, die; -; **un|züch|tig; Un|züch|tig|keit**
un|zu|frie|den; Un|zu|frie|den|heit, die; -
un|zu|gäng|lich; Un|zu|gäng|lich|keit, die; -
un|zu|kömm|lich (*österr. für* nicht ausreichend); eine -e Nahrung; **Un|zu|kömm|lich|keit,** die; -, -en (*österr. für* Mißstand; *schweiz. auch für* Unzulänglichkeit)
un|zu|läng|lich; Un|zu|läng|lich|keit
un|zu|läs|sig; Un|zu|läs|sig|keit, die; -
un|zu|mut|bar; Un|zu|mut|bar|keit
un|zu|rech|nungs|fä|hig; Un|zu|rech|nungs|fä|hig|keit, die; -
un|zu|rei|chend
un|zu|sam|men|hän|gend
un|zu|stän|dig; Un|zu|stän|dig|keit, die; -
un|zu|stell|bar; -e Sendungen
un|zu|träg|lich; Un|zu|träg|lich|keit, die; -
un|zu|tref|fend; (↑R 65:) Unzutreffendes bitte streichen!
un|zu|ver|läs|sig; Un|zu|ver|läs|sig|keit, die; -
un|zweck|mä|ßig; Un|zweck|mä|ßig|keit, die; -
un|zwei|deu|tig; Un|zwei|deu|tig|keit, die; -
un|zwei|fel|haft [*auch* ...'tsvai...]
Upa|ni|schad, die; -, ...schaden *meist Plur.* ‹sanskr.› (Gruppe altind. philosophisch-theologischer Schriften)
UPI [jupi'ai] = United Press International
Up|per|class ['apə(r)kla:s], die; - ‹engl.› (Oberschicht)
Up|per|cut ['apə(r)kat], der; -s, -s ‹engl.› (*Boxen* Aufwärtshaken)
üp|pig; Üp|pig|keit, die; -
Upp|sa|la (schwed. Stadt); **Upp|sa|la|er** [...laər] (↑R 147)
up to date [ap tu 'de:t] ‹engl.› (zeitgemäß, auf der Höhe)
Ur, der; -[e]s, -e (Auerochse)
Ur|ab|stim|mung (Abstimmung aller Mitglieder einer Organisation, bes. einer Gewerkschaft über die Ausrufung eines Streiks)
Ur|adel
Ur‿ahn, ...ah|ne (der; Urgroßvater; Vorfahr), **...ah|ne** (die; Urgroßmutter)
Ural, der; -[s] (Gebirge zwischen Asien u. Europa; Fluß); **ural|altaisch;** -e Sprachen; **Ural|gebiet; ura|lisch** (aus der Gegend des Ural)
ur|alt; Ur|al|ter, das; -s; von uralters her (↑R 61)
Ur|ämie, die; - ‹griech.› (*Med.* Harnvergiftung); **ur|ämisch**
Uran, das; -s ‹nach dem Planeten Uranus› (radioaktives chem. Element, Metall; *Zeichen* U); **Uran‿berg|werk, ...erz**
Ur|an|fang; ur|an|fäng|lich
Ur|angst
Ura|nia (Muse der Sternkunde; Beiname der Aphrodite); **Ura|nis|mus,** der; - (*selten für* Homosexualität); **Ura|nist,** der; -en, -en; ↑R 197 (*selten für* Homosexueller); **Uran|mi|ne; Ura|nos** *vgl.* ¹Uranus; **Uran|pech|blen|de** (radiumhaltiges Mineral); **¹Ura|nus,** Ura|nos (griech. Gott des Himmels); **²Ura|nus,** der; - (ein Planet)
uras|sen (*österr. ugs. für* verschwenden); du uraßt
Urat, das; -[e]s, -e ‹griech.› (*Chemie* Harnsäuresalz); **ura|tisch**
ur|auf|füh|ren; *nur im Infinitiv u. Partizip II gebr.;* die Oper wurde uraufgeführt; **Ur|auf|füh|rung**
Urä|us|schlan|ge ‹griech.; dt.› (afrik. Hutschlange, als Sonnensymbol am Diadem der altägypt. Könige)
ur|ban ‹lat.› (städtisch; gebildet; weltmännisch); **Ur|ban** (m. Vorn.); **Ur|ba|ni|sa|ti|on,** die; -, -en; **ur|ba|ni|sie|ren** (verstädtern); **Ur|ba|ni|sie|rung; Ur|ba|ni|stik,** die; - (Wissenschaft des Städtebaus); **Ur|ba|ni|tät,** die; - (Bildung, weltmännische Art; städtische Atmosphäre)
ur|bar; - machen; **Ur|bar** [*auch* 'u:r...], das; -s, -e *u.* Ur|ba|ri|um, das; -s, ...ien [...iən] (mittelalterl. Güter- u. Abgabenverzeichnis großer Grundherrschaften; Grundbuch); **ur|ba|ri|sie|ren** (*schweiz. für* urbar machen); **Ur|ba|ri|sie|rung** (*schweiz. für* Urbarmachung); **Ur|ba|ri|um** *vgl.* Urbar; **Ur|bar|ma|chung**
Ur|be|deu|tung
Ur|be|ginn; von - der Welt
Ur|be|stand|teil, der
Ur|be|völ|ke|rung
Ur|be|woh|ner
ur|bi et or|bi ‹lat., „der Stadt [d. i. Rom] und dem Erdkreis"›; etwas - - - (allgemein) verkünden
Ur|bild; ur|bild|lich
ur|chig (*schweiz. für* urwüchsig, echt)
Ur|chri|sten|tum; ur|christ|lich
Urd (*nord. Mythol.* Norne der Vergangenheit)
Ur|darm (*Biol.* einen Hohlraum umschließende Einstülpung mit einer Mündung nach außen); **Ur|darm|tier** (*für* Gasträa)
ur|deutsch (typisch deutsch)
Ur|druck *Plur.* ...drucke (Erstveröffentlichung eines Schachproblems)
Ur|du, das; - (eine neuind. Sprache, Amtssprache in Pakistan)
ur|ei|gen; ur|ei|gen|tüm|lich
Ur|ein|woh|ner
Ur|el|tern *Plur.*
Ur|en|kel; Ur|en|ke|lin
Ure|ter, der; -s, *Plur.* ...teren, *auch* - ‹griech.› (*Med.* Harnleiter); **Ure|thra,** die; -, ...thren (Harnröhre); **ure|tisch** (harntreibend)
Ur|fas|sung
Ur|feh|de (im MA. eidliches Friedensversprechen mit Verzicht auf Rache); - schwören
Ur|form; ur|for|men; *nur im Infinitiv u. Partizip II gebr. (Technik)*
Urft, die; - (r. Nebenfluß der Rur); **Urft|tal|sper|re,** die; - (↑R 149)
Ur|ge|mein|de (urchristliche Gemeinde)
ur|ge|müt|lich
ur|gent; -este ‹lat.› (*veraltet für* dringend); **Ur|genz,** die; -, -en (*veraltet*)
ur|ger|ma|nisch
Ur|ge|schich|te, die; -; **Ur|ge|schicht|ler; ur|ge|schicht|lich**
Ur|ge|sell|schaft, die; -
Ur|ge|stalt
Ur|ge|stein
Ur|ge|walt
ur|gie|ren ‹lat.› (*veraltet, noch österr. für* drängen)
Ur‿groß|el|tern *(Plur.),* **...groß|mut|ter; ur|groß|müt|ter|lich; Ur|groß|va|ter; ur|groß|vä|ter|lich**
Ur|grund
Ur|he|ber; Ur|he|be|rin; Ur|he|ber|recht; ur|he|ber|recht|lich; Ur|he|ber|schaft, die; -; **Ur|he|ber|schutz**
Ur|hei|mat
Uri (schweiz. Kanton)
Uria, Uri|as, *ökum.* Uri|ja (bibl. m. Eigenn.); *vgl.* Uriasbrief
Uri|an, der; -s, -e (unwillkommener Gast; *nur Sing.:* Teufel)

Uri|as *vgl.* Uria; **Uri|as|brief** (Brief, der dem Überbringer Unheil bringt); **Uri|el** [...e:l, *auch* ...ɛl] (einer der Erzengel)
urig (urtümlich; komisch)
Uri|ja *vgl.* Uria
Urin, der; -s, -e *Plur. selten* ‹lat.› (Harn); **Uri|nal,** das; -s, -e (Harnflasche; Becken zum Urinieren für Männer); **uri|nie|ren** (harnen)
Ur|in|stinkt
Urin|un|ter|su|chung
Ur|kan|ton (Kanton der Urschweiz)
Ur|kir|che
Ur|knall, der; -[e]s (Explodieren der Materie bei der Entstehung des Weltalls)
ur|ko|misch
Ur|kraft, die
Ur|kun|de, die; -, -n; **ur|kun|den** (*fachspr. für* in Urkunden schreiben, urkundlich erscheinen); **Ur|kun|den‿fäl|schung, ...for|schung, ...leh|re, ...samm|lung; ur|kund|lich; Ur|kunds‿be|am|te, ...re|gi|ster**
Ur|land|schaft
Ur|laub, der; -[e]s, -e; in *od.* im - sein; **ur|lau|ben** *(ugs.);* **Ur|lau|ber; Ur|lau|be|rin; Ur|lau|ber|zug** ‹*zu* [1]Zug›; **Ur|laubs‿be|kannt|schaft, ...bräu|ne, ...geld, ...ge|such, ...kas|se, ...li|ste; ur|laubs|reif; Ur|laubs‿rei|se, ...schein, ...sper|re, ...tag, ...ver|tre|tung, ...zeit**
Ur|meer
Ur|mensch, der; **ur|mensch|lich**
Ur|me|ter, das; -s (in Paris lagerndes, ursprüngliches Normalmaß des Meters)
Ur|mut|ter *Plur.* ...mütter (Stammutter)
Ur|ne, die; -, -n ‹lat.› ([Aschen]gefäß; Behälter für Stimm- und Wahlzettel); **Ur|nen‿fried|hof, ...gang** (der; *svw.* Wahl), **...grab, ...hal|le**
Ur|ner; ↑R 147 (von Uri); - See (Teil des Vierwaldstätter Sees); **ur|ne|risch** (aus Uri)
Ur|ning, der; -s, -e *vgl.* Uranist
uro|ge|ni|tal ‹griech.; lat.› (zu den Harn- und Geschlechtsorganen gehörend); **Uro|ge|ni|tal|sy|stem; Uro|lith** [*auch* ...'lit], der; *Gen.* -s *u.* -en, *Plur.* -e[n] (↑R 197) ‹griech.› (Harnstein); **Uro|lo|ge,** der; -n, -n; ↑R 197 (Arzt für Krankheiten der Harnorgane); **Uro|lo|gie,** die; - (Lehre von den Erkrankungen der Harnorgane); **Uro|lo|gin; uro|lo|gisch**
Ur|oma *(Kinderspr.);* **Ur|opa** *(Kinderspr.)*
Uro|sko|pie, die; -, ...ien ‹griech.› (Harnuntersuchung)
Ur|pflan|ze
ur|plötz|lich
Ur|pro|dukt; Ur|pro|duk|ti|on (Gewinnung von Rohstoffen)
Ur|quell, Ur|quel|le
Urs (m. Vorn.)
Ur|sa|che; Ur|sa|chen|for|schung; ur|säch|lich; Ur|säch|lich|keit
Ur|schel, die; -, -n (*landsch. für* törichte [junge] Frau)
ur|schen (*ostmitteld. für* vergeuden; verschwenderisch umgehen); du urschst
Ur|schlamm, der; -[e]s
Ur|schleim, der; -[e]s
Ur|schrift; ur|schrift|lich
Ur|schweiz (Gebiet der ältesten Eidgenossenschaft [Uri, Schwyz, Unterwalden])
Ur|sel (w. Vorn.)
ur|sen|den; *nur im Infinitiv u. Partizip II gebr.;* **Ur|sen|dung** (erstmalige Sendung im Rundfunk od. Fernsehen)
Ur|se|ren|tal, das; -[e]s, *auch* Urse|ren (Tal der oberen Reuß im Kanton Uri); **Urs|ner** (↑R 147)
urspr. = ursprünglich
Ur|spra|che
Ur|sprung; ur|sprüng|lich [*auch* ...'ʃpryŋ...] (*Abk.* urspr.); **Ur|sprüng|lich|keit,** die; -; **Ur|sprungs‿ge|biet, ...land, ...nach|weis, ...zeug|nis**
urst (*regional ugs. für* großartig, sehr [schön])
Ur|stand, der; -[e]s, Urstände (*veraltet für* Urzustand); **Ur|stänḍ,** die; - (*veraltet für* Auferstehung); *nur scherzh. in* fröhliche - feiern (aus der Vergessenheit wieder auftauchen)
Ur|stoff; ur|stoff|lich
Ur|strom|tal
Ur|su|la (w. Vorn.); **Ur|su|li|ne,** die; -, -n *u.* Ur|su|li|ne|rin, die; -, -nen ‹nach der Märtyrerin Ursula› (Angehörige eines kath. Ordens); **Ur|su|li|nen|schu|le; Ur|su|li|ne|rin** *vgl.* Ursuline
Ur|teil, das; -s, -e
Ur|teil|chen (Elementarteilchen)
ur|tei|len; Ur|teils|be|grün|dung; ur|teils|fä|hig; Ur|teils‿fä|hig|keit (die; -), **...fin|dung, ...kraft,** (die; -); **ur|teils|los; Ur|teils‿schel|te** (öffentliche Kritik an einem gerichtlichen Urteil), **...spruch, ...ver|kün|dung, ...ver|mö|gen, ...voll|streckung** [*Trenn.* ...strek|kung], **...voll|zug**
Ur|text
Ur|tier|chen *meist Plur.* (einzelliges tierisches Lebewesen)
Ur|ti|ka|ria, die; - ‹lat.› (*Med.* Nesselsucht)
Ur|trieb
ur|tüm|lich (ursprünglich; natürlich); **Ur|tüm|lich|keit,** die; -
Ur|typ, Ur|ty|pus
[1]**Uru|guay** [...'guai, *auch* 'u...], der; -[s] (Fluß in Südamerika); [2]**Uruguay** (Staat in Südamerika); **Uru|gua|yer** (↑R 147); **Uru|gua|ye|rin; uru|gua|yisch**
Ur|ur‿ahn, ...en|kel, ...groß|mut|ter, ...groß|va|ter
Ur|va|ter (Stammvater); **ur|vä|ter|lich; Ur|vä|ter|zeit;** seit -en
ur|ver|wandt; Ur|ver|wandt|schaft
Ur|viech, Ur|vieh (*ugs. scherzh. für* urwüchsiger, etwas komisch wirkender Mensch)
Ur|vo|gel
Ur|volk
Ur‿wahl *(Politik),* **...wäh|ler**
Ur|wald; Ur|wald|ge|biet
Ur|welt; ur|welt|lich
ur|wüch|sig; Ur|wüch|sig|keit, die; -
Ur|zeit; seit -en; **ur|zeit|lich**
Ur|zel|le
Ur|zeu|gung, die; - (elternlose Entstehung von Lebewesen)
Ur|zi|dil (österr. Schriftsteller)
Ur|zu|stand; ur|zu|stän|dlich
u. s. = ut supra
US[A] = United States [of America] [ju'naitid 'ste:ts (əv ə'mɛrikə)] *Plur.* (Vereinigte Staaten [von Amerika])
Usam|ba|ra (Gebirgszug in Tanganjika); **Usam|ba|ra|veil|chen** (↑R 149)
US-Ame|ri|ka|ner [u:'ɛs...]; **US-ame|ri|ka|nisch** (↑R 38 *u.* R 83)
Usance [y'zã:s], die; -, -n [...s(ə)n] ‹franz.› (Brauch, Gepflogenheit im Geschäftsverkehr); **usance|mä|ßig; Usan|cen|han|del** (Devisenhandel in fremder Währung); **Usanz** [u'zants], die; -, -en (*schweiz. für* Usance)
Us|be|ke, der; -n, -n; ↑R 197 (Angehöriger eines Turkvolkes); **us|be|kisch,** aber (↑R 146): die Usbekische SSR (Unionsrepublik der ehem. Sowjetunion); **Us|be|ki|stan** (Staat im nördl. Mittelasien)
Uschi (w. Vorn.)
US-Dollar [u:'ɛs...]; ↑R 38; *vgl.* Dollar
Use|dom (Insel in der Ostsee)
User ['ju:zə(r)], der; -s, - ‹engl.› (jmd., der Drogen nimmt)
usf. = und so fort
Uso, der; -s ‹ital.› ([Handels]brauch, Gewohnheit); *vgl.* Usus
U-Strab, die; -, -s; ↑R 38 (*kurz für* Unterpflaster[straßen]bahn)
usu|ell ‹franz.› (gebräuchlich, üblich); **Usur|pa|ti|on,** die; -, -en ‹lat.› (widerrechtliche Besitz-, Machtergreifung); **Usur|pa|tor,** der; -s, ...oren (eine Usurpation Erstrebender); **usur|pa|to|risch; usur|pie|ren; Usur|pie|rung;**

Usus, der; - (Brauch, Gewohnheit, Sitte)
usw. = und so weiter
Ut. = Utah; **Utah** ['ju:ta] (Staat in den USA; *Abk.* Ut.)
Uta, Ute (*dt. Sage* Mutter der Nibelungenkönige; w. Vorn.)
Uten|sil, das; -s, -ien [...iən] *meist Plur.* ‹lat.› ([notwendiges] Gerät, Gebrauchsgegenstand)
ute|rin ‹lat.› (*Med.* auf die Gebärmutter bezüglich); **Ute|rus**, der; -, ...ri (Gebärmutter)
Ut|gard (*nord. Mythol.* Reich der Dämonen u. Riesen)
uti|li|tär ‹lat.› (auf den Nutzen bezüglich); **Uti|li|ta|ri|er** [...iər] (*svw.* Utilitarist); **Uti|li|ta|ris|mus**, der; - (Nützlichkeitslehre, -standpunkt); **Uti|li|ta|rist**, der; -en, -en; ↑R 197 (nur auf den Nutzen Bedachter; Vertreter des Utilitarismus); **uti|li|ta|ri|stisch**; **Uti|li|tät**, die; - (*veraltet für* Nützlichkeit); **Uti|li|täts|leh|re**
Ut|lan|de *Plur.* („Außenlande") (Landschaftsbez. für die Nordfries. Inseln, bes. die Halligen mit Pellworm u. Nordstrand)
Uto|pia, Uto|pi|en [...iən], das; -s *meist ohne Artikel* ‹griech.› (erdachtes Land); **Uto|pie**, die; -, ...ien (als unausführbar geltender Plan; Zukunftstraum); **Uto|pi|en** *vgl.* Utopia; **uto|pisch** (schwärmerisch; unerfüllbar); **Uto|pis|mus**, der; -, ...men (Neigung zu Utopien; utopische Vorstellung); **Uto|pist**, der; -en, -en; ↑R 197 (Schwärmer)
Utra|quis|mus, der; - ‹lat.› (Lehre der Utraquisten); **Utra|quist**, der; -en, -en; ↑R 197 (Angehöriger einer hussitischen Richtung, die das Abendmahl in beiderlei Gestalt [Brot u. Wein] forderte); **utra|qui|stisch**
Ut|recht [*niederl.* 'y:trεxt] (niederl. Provinz u. Stadt); **Ut|rech|ter** (↑R 147)
Utril|lo [u'triljo] (franz. Maler)
ut su|pra ‹lat.› (*Musik* wie oben; *Abk.* u. s.)
Utz (m. Vorn.)
u. U. = unter Umständen
u. ü. V. = unter üblichem Vorbehalt
UV = ultraviolett (*in* UV-Strahlen u. a.)
u. v. a. = und viele[s] andere
u. v. a. m. = und viele[s] andere mehr
UV-Fil|ter [u'fau...]; ↑R 38 (*Fotogr.* Filter zur Dämpfung der ultravioletten Strahlen); **UV-Lam|pe**; ↑R 38 (Höhensonne); **UV-Strah|len** *Plur.*; ↑R 38 (*Abk. für* ultraviolette Strahlen); **UV-Strah|lung**, die; -; ↑R 38 (Höhenstrahlung)
Uvu|la ['u:vula], die; -, ...lae [...lε:] ‹lat.› (*Med.* Gaumenzäpfchen)
u. W. = unseres Wissens
Ü-Wa|gen; ↑R 38 (*kurz für* Übertragungswagen)
Uwe (m. Vorn.)
u. Z. = unsere[r] Zeitrechnung
Uz, der; -es, -e (*ugs. für* Neckerei); **Uz|bru|der** (*ugs. für* jmd., der gern andere neckt); **uzen** (*ugs.*); du uzt; **Uze|rei** (*ugs.*); **Uz|na|me** (*ugs.*)
u. zw. = und zwar

V

V (Buchstabe); das V; des V, die V, a b e r : das v in Steven (↑R 82); der Buchstabe V, v
v = velocitas [v...] ‹lat.› (*Zeichen für* Geschwindigkeit)
V = *chem. Zeichen für* Vanadium
V = Volt; Volumen (Rauminhalt)
V (röm. Zahlzeichen) = 5
V, vert. = vertatur
v. = vom; von; vor (*vgl. d.*)
v. = vide; vidi
V. = Vers
VA = Voltampere
Va. = [2]Virginia
v. a. = vor allem
va banque [va 'bã:k] ‹franz., „es gilt die Bank"›; *nur in* - - spielen (alles aufs Spiel setzen); **Vabanque|spiel**, das; -[e]s
va|cat ['va...] ‹lat., „es fehlt"› (nicht vorhanden, leer); *vgl.* Vakat
Vache|le|der ['vaʃ...], das; -s ‹franz.; dt.› (glaciertes Sohlenleder)
Va|de|me|kum [v...], das; -s, -s ‹lat.› (Taschenbuch; Leitfaden, Ratgeber)
Va|di|um [v...], das; -s, ...ien [...iən] ‹germ.-mlat.› (*im älteren dt. Recht* symbolisches Pfand)
va|dos [v...] ‹lat.› (*Geol. in bezug auf Grundwasser* von Niederschlägen herrührend)
Va|duz [fa'duts, *auch* va'du:ts] (Hptst. des Fürstentums Liechtenstein)
vae vic|tis! ['vε: 'vikti:s] ‹lat., „wehe den Besiegten!"›
vag *vgl.* vage; **Va|ga|bon|da|ge** [vagabɔn'da:ʒə, *österr.* ...'da:ʒ], die; - ‹franz.› (Landstreicherei); **Va|ga|bund** [v...], der; -en, -en; ↑R 197 (Landstreicher); **Va|ga|bun|den|le|ben**, das; -s; **Va|ga|bun|den|tum**, das; -s; **va|ga|bun|die|ren** ([arbeitslos] umherziehen, herumstrolchen); vagabundierende Ströme (*Elektrotechnik*); **Va|gant**, der; -en, -en; ↑R 197 (umherziehender, fahrender Student od. Kleriker im MA.); **Va|gan|ten‿dich|tung** (die; -), **...lied**; **va|ge**, vag (unbestimmt; ungewiß); **Vag|heit** (Unbestimmtheit, Ungewißheit); **va|gie|ren** (*geh. für* umherschweifen, -ziehen)
Va|gi|na [v..., *auch* 'va:...], die; -, ...nen ‹lat.› (*Med.* weibl. Scheide); **va|gi|nal** (die Scheide betreffend); **Va|gi|nis|mus**, der; -, ...men (*Med.* Scheidenkrampf)
Va|gus [v...], der; - ‹lat.› (*Med.* ein Hirnnerv)
va|kant [v...] ‹lat.› (leer; unbesetzt, offen, frei); **Va|kanz**, die; -, -en (freie Stelle; *landsch. für* Ferien); **Va|kat**, das; -[s], -s (*Druckw.* leere Seite); *vgl.* vacat; **Va|kuo|le**, die; -, -n; ↑R 180 (*Biol.* mit Flüssigkeit od. Nahrung gefülltes Bläschen im Zellplasma, insbesondere der Einzeller); **Va|ku|um**, das; -s, *Plur.* ...kua *od.* ...kuen ([nahezu] luftleerer Raum); **Va|ku|um‿ap|pa|rat**, **...brem|se**, **...me|ter** (das; -s, -; Unterdruckmesser), **...pum|pe** ([Aus]saugpumpe), **...röh|re**; **va|ku|um|ver|packt**; **Va|ku|um|ver|packung** [*Trenn.* ...pak|kung]
Vak|zin [v...], das; -s, -e ‹lat.› (*svw.* Vakzine); **Vak|zi|na|ti|on**, Vak|zi|nie|rung, die; -, -en (*Med.* Schutzimpfung); **Vak|zi|ne**, die; -, -n (Impfstoff aus Krankheitserregern); **vak|zi|nie|ren**; **Vak|zi|nie|rung** *vgl.* Vakzination
Va|land ['fa:...] (*ältere Nebenform von* Voland)
va|le! ['va:le] ‹lat., „leb wohl!"›
Va|len|cia [va'lεn(t)sia] (span. Stadt)
Va|len|ci|ennes|spit|ze [valã'siεn...] ‹nach der franz. Stadt› (sehr feine Klöppelspitze)
Va|lens ['va:...] (röm. Kaiser); **Va|len|tin** (m. Vorn.); **Va|len|ti|ne** (w. Vorn.); **Va|len|tins|tag** (14. Febr.)
Va|lenz [v...], die; -, -en ‹lat.› (*Chemie* Wertigkeit; *Sprachw.* Eigenschaft des Verbs, im Satz Ergänzungsbestimmungen zu fordern)
Va|le|ri|an, Va|le|ria|nus [v...]; ↑R 180 (m. Vorn.); **Va|le|ria|na**, die; -, ...nen; ↑R 180 (*Bot.* Baldrian); **Va|le|rie** [...iə, *auch* ...'ri:] (w. Vorn.); **Va|le|ri|us** (röm. Kaiser)

Va|lé|ry [vale'ri] (franz. Dichter)
Va|les|ka [v...] (w. Vorn.)
[1]**Va|let** [va'lɛt, *auch* va'le:t], das; -s, -s ‹lat.› (Lebewohl; veralteter Abschiedsgruß); - sagen
[2]**Va|let** [va'le:], der; -s, -s ‹franz.› (Bube im franz. Kartenspiel)
Va|leur [va'lø:r], der; -s, -s, *auch* die; -, -s ‹franz.› (*veraltet für* Wert[papier]; *meist Plur.*: *Malerei* Farbwert, Farbtonabstufung); **Va|li|da|ti|on** [v...], die; -, -en ‹lat.› (Gültigkeitserklärung; *auch svw.* Validierung); **va|li|die|ren** ([rechts]gültig machen); **Va|li|die|rung,** die; -, -en (das Validieren); **Va|li|di|tät,** die; - (*veraltet für* Rechtsgültigkeit; *bes. Psych.* Zuverlässigkeit [eines Versuchs])
val|le|ra! [v..., *auch* f...]; **val|le|ri, val|le|ra!**
Val|let|ta [v...] (Hptst. von Malta)
Va|lo|ren [v...] *Plur.* ‹lat.› (*Wirtsch.* Wert-, Schmucksachen, Wertpapiere); **Va|lo|ren|ver|si|che|rung; Va|lo|ri|sa|ti|on,** die; -, -en (staatl. Preisbeeinflussung zugunsten der Produzenten); **va|lo|ri|sie|ren** (Preise durch staatl. Maßnahmen zugunsten der Produzenten anheben); **Va|lo|ri|sie|rung** (*svw.* Valorisation)
Val|pa|rai|ser [v...] (↑R 147); **Val|pa|rai|so** [*auch* ...'raizo] (Stadt in Chile)
Va|lu|ta [v...], die; -, ...ten ‹ital.› (Geld in ausländischer Währung; [Gegen]wert; *nur Plur.*: Zinsscheine ausländ. Wertpapiere); **Va|lu|ta‿an|lei|he, ...klau|sel, ...kre|dit** (der); **Va|lu|ta-Mark,** die; - (Rechnungseinheit in der ehem. DDR); **va|lu|tie|ren** (ein Datum festsetzen, das für den Zeitpunkt der Leistung maßgebend ist; *selten für* den Wert angeben, bewerten)
Val|va|ti|on [valv...], die; -, -en ‹franz.› (*Wirtsch.* [Ab]schätzung [von Münzen]; Wertbestimmung); **val|vie|ren** (*veraltet für* valutieren)
Vamp [vɛmp], der; -s, -s ‹engl.› (verführerische, kalt berechnende Frau); **Vam|pir** ['vam..., *auch* ...'pi:r], der; -s, -e ‹serbokroat.› (eine Fledermausart; *Volksglauben* blutsaugendes Nachtgespenst; *selten für* Wucherer, Blutsauger)
van [van, *auch* fan] ‹niederl.› (von); z. B. - Dyck
Va|na|di|um [v...], *auch* Va|na|din, das; -s ‹nlat.› (chem. Element, Metall; *Zeichen* V)
Van-Al|len-Gür|tel [vɛn'ɛlin...], der; -s (↑R 135) ‹nach dem amerik. Physiker› (ein Strahlungsgürtel der Erde)
Van|cou|ver [vɛn'ku:və(r)] (Insel u. Stadt in Kanada)
Van|da|le usw. *vgl.* Wandale usw.
Van-Dyck-Braun [van'daik..., *auch* fan...], das; -s (↑R 135); *vgl.* Dyck
Va|nes|sa [v...] (w. Vorn.)
Va|nil|le [va'nil(j)ə, *schweiz.* 'vanil], die; - ‹franz.› (eine trop. Orchidee; Gewürz); **Va|nil|le‿eis, ...kip|ferl** (das; -s, -n; *österr. für* Gebäck mit Vanille), **...pud|ding, ...scho|te** (*zu* [3]Schote), **...so|ße, ...stan|ge, ...zucker** [*Trenn.* ...zuk|ker]; **Va|nil|lin,** das; -s (Riech- u. Aromastoff; Vanilleersatz)
Va|nua|tu [vɛnu'a:tu:] (Inselstaat im Pazifik)
Va|po|ri|me|ter [v...], das; -s, - ‹lat.; griech.› (*veraltend für* Alkoholmesser); **Va|po|ri|sa|ti|on,** die; - ‹lat.› (*Med.* Anwendung von Wasserdampf zur Blutstillung); **va|po|ri|sie|ren** (*veraltend für* verdampfen; den Alkoholgehalt in Flüssigkeiten bestimmen)
Va|que|ro [va'ke:ro], der; -[s], -s ‹span.› (Cowboy im Südwesten der USA u. in Mexiko)
var. = Varietät (bei naturwiss. Namen)
Va|ra|na|si [v...] (Stadt in Indien); *vgl.* Benares
Var|an|ger|fjord [v...], der; -[e]s (der nordöstlichste Fjord in Norwegen)
Va|rel ['fa:...] (Stadt in Niedersachsen)
Va|ria [v...] *Plur.* ‹lat.› (*Buchw.* Vermischtes, Allerlei); **va|ria|bel** (↑R 180) ‹franz.› (veränderlich, [ab]wandelbar); ...a|ble Kosten; **Va|ria|bi|li|tät,** die; -, -en; ↑R 180 (Veränderlichkeit); **Va|ria|ble,** die; -n, *Plur.* -n, *ohne Artikel fachspr. auch* -; ↑R 180 (*Math.* veränderliche Größe; *Ggs.* Konstante); zwei -[n]; **Va|ri|an|te,** die; -, -n (Abweichung, Abwandlung; verschiedene Lesart; Abart, Spielart); **va|ri|an|ten|reich; Va|ria|ti|on,** die; -, -en (Abwechslung; Abänderung; Abwandlung); **Va|ria|ti|ons|brei|te; va|ria|ti|ons|fä|hig; Va|ria|ti|ons|mög|lich|keit; Va|rie|tät** [variie...], die; -, -en; ↑R 180 (geringfügig abweichende Art, Spielart; *Abk.* var.); **Va|rie|té**[1] [variie'te:], das; -s, -s (↑R 180) ‹franz.› (Theater mit bunt wechselndem, unterhaltsamem Programm); **Va|rie|té|thea|ter**[1]; **va|ri|ie|ren** (verschieden sein; abweichen; verändern; [ab]wandeln)
va|ri|kös [v...]; -este ‹lat.› (*Med.* die Krampfadern betreffend);

[1] *In der Schweiz* Variété usw.

Va|ri|ko|se, die; -, -n (Krampfaderleiden); **Va|ri|ko|si|tät,** die; -, -en (Krampfaderbildung); **Va|ri|ko|ze|le,** die; -, -n ‹lat.; griech.› (Krampfaderbruch)
Va|ri|nas [v..., *auch* va'ri:...], der; -, *Plur.* (*Sorten:*) - ‹nach dem früheren Namen der Stadt Barinas in Venezuela› (südamerik. Tabak)
Va|rio|la [v...], die; -, *Plur.* ...lä *u.* ...olen *u.* **Va|rio|le,** die; -, -n, *beide meist Plur.*; ↑R 180 ‹lat.› (*Med.* Pocken)
Va|rio|me|ter [v...], das; -s, - ‹lat.; griech.› (Vorrichtung zur Messung von Luftdruck- od. erdmagnetischen Schwankungen)
Va|ris|ki|sche [v...] *od.* **Va|ris|zi|sche Ge|bir|ge,** das; -n -s; ↑R 146 (mitteleurop. Gebirge der Steinkohlenzeit)
Va|ri|stor [v...], der; -s, ...oren ‹engl.› (*Elektrotechnik* spannungsabhängiger Widerstand)
Va|ri|ty|per ['vɛritaipə(r)], der; -s, - ‹engl.› (auf dem Schreibmaschinenprinzip aufgebaute Setzmaschine)
Va|rix [v...], die; -, Varizen ‹lat.› (*Med.* Krampfader); **Va|ri|ze,** die; -, -n (*svw.* Varix); **Va|ri|zel|le,** die; -, -n *meist Plur.* (Windpocken)
Va|rus [v...] (altrömischer Feldherr)
Va|sa [v...], der; -[s], - (Angehöriger eines schwed. Königsgeschlechts)
Va|sall [v...], der; -en, -en (↑R 197) ‹franz.› (*MA.* Lehnsmann); **Va|sal|len|staat** *Plur.* ...staaten; **Va|sal|len|tum,** das; -s
Väs|chen [v...] ‹*zu* Vase›
Vas|co da Ga|ma ['vasko - -] (port. Seefahrer)
Va|se [v...], die; -, -n ‹franz.› ([Zier]gefäß)
Vas|ek|to|mie, die; -, ...ien ‹lat.; griech.› (*Med.* operative Entfernung eines Stückes des Samenleiters, Sterilisation)
Va|se|lin [v...], das; -s *u.* **Va|se|li|ne,** die; - ‹Kunstwort› (Salbengrundlage)
va|sen|för|mig [v...]; **Va|sen|ma|le|rei; Väs|lein**
Va|so|mo|to|ren *Plur.* ‹lat.› (*Med.* Gefäßnerven); **va|so|mo|to|risch**
Va|ter, der; -s, Väter; **Va|ter‿bild, ...bin|dung; Vä|ter|chen; Va|ter‿fi|gur, ...freu|den** (*Plur.*; *nur in* - entgegensehen [bald Vater werden]), **...haus, ...land** (*Plur.* ...länder); **va|ter|län|disch; Va|ter|lands|lie|be; va|ter|lands‿lie|bend, ...los; Va|ter|lands‿ver|rä|ter, ...ver|tei|di|ger; Vä|ter|lein; vä|ter|lich; vä|ter|li|cher|seits; Vä|ter|lich|keit,** die; -; **va|ter|los;**

Va|ter|mör|der (*ugs. auch für* hoher, steifer Kragen); **Va|ter|na|me,** Va|ters|na|me (Familien-, Zuname); **Va|ter|recht,** das; -[e]s *(Völkerk.)*; **Va|ter|schaft,** die; -, -en; die natürliche -; **Va|ter|schafts‿be|stim|mung, ...kla|ge; Va|ters|na|me** *vgl.* Vatername; **Va|ter‿stadt, ...stel|le** (*nur in* - vertreten), **...tag** (*scherzh. für* Himmelfahrtstag); **Va|ter|un|ser,** das; -s, -; aber *im Gebet:* Vater unser im Himmel ...; **Va|ti,** der; -s, -s (*Koseform von* Vater)

Va|ti|kan [v...], der; -s (Residenz des Papstes in Rom; oberste Behörde der kath. Kirche); **va|ti|ka|nisch,** aber (↑R 157): die Vatikanische Bibliothek, das Vatikanische Konzil; **Va|ti|kan|stadt,** die; -

Vau|de|ville [vod(ə)'vi:l], das; -s, -s ‹franz.› (franz. volkstüml. Lied; Singspiel)

Vaughan Wil|li|ams [vɔ:n 'wiljəmz], Ralph [rɛlf] (engl. Komponist)

V-Aus|schnitt (↑R 37)

v. Chr. = vor Christo, vor Christus; **v. Chr. G.** = vor Christi Geburt

v. d. = vor der (*bei Ortsnamen,* z. B. Bad Homburg v. d. H. [vor der Höhe])

VDE = Verband Deutscher Elektrotechniker; **VDE-ge|prüft** (↑R 38 *u.* R 83)

VDI = Verein Deutscher Ingenieure

VdK = Verband der Kriegs- und Wehrdienstopfer, Behinderten und Sozialrentner

VDM = Verbi Divini Minister *od.* Ministra ‹lat.› (*schweiz. für* ordinierter reformierter Theologe *od.* ordinierte reformierte Theologin)

VDS = Verband Deutscher Studentenschaften, *jetzt* Vereinigte Deutsche Studentenschaften

vdt. = vidit

VEB = volkseigener Betrieb *(ehem. in der DDR); vgl.* volkseigen

Vech|ta ['fɛçta] (Stadt bei Oldenburg)

Vech|te ['fɛçtə], die; - (ein Fluß)

Ve|da [v...] *vgl.* Weda

Ve|det|te [v...], die; -, -n ‹franz.› (*svw.* ²Star)

ve|disch [v...] *vgl.* wedisch

Ve|du|te [v...], die; -, -n ‹ital.› (*Malerei* naturgetreue Darstellung einer Landschaft); **Ve|du|ten‿ma|ler, ...ma|le|rei**

ve|ge|ta|bil [v...] *vgl.* vegetabilisch; **Ve|ge|ta|bi|li|en** [...iən] *Plur.* ‹lat.› (pflanzl. Nahrungsmittel); **ve|ge|ta|bi|lisch** (pflanzlich, Pflanzen...); **Ve|ge|ta|ria|ner;** ↑R 180 (*svw.* Vegetarier); **Ve|ge|ta|ri|er** [...iər] (jmd., der sich vorwiegend von pflanzl. Kost ernährt); **Ve|ge|ta|rie|rin** [...riə...]; **ve|ge|ta|risch** (pflanzlich, Pflanzen...); **Ve|ge|ta|ris|mus,** der; - (Ernährung durch pflanzl. Kost); **Ve|ge|ta|ti|on,** die; -, -en (Pflanzenwelt, -wuchs); **Ve|ge|ta|ti|ons‿ge|biet, ...kult, ...or|gan** *(Bot.)*, **...pe|ri|ode, ...punkt** *(Bot.)*; **ve|ge|ta|tiv** (zur Vegetation gehörend, pflanzlich; *Biol.* ungeschlechtlich; *Med.* unbewußt); -es Nervensystem (dem Einfluß des Bewußtseins entzogenes Nervensystem); **ve|ge|tie|ren** (kümmerlich [dahin]leben)

ve|he|ment [v...]; -este ‹lat.› (heftig); **Ve|he|menz,** die; -

Ve|hi|kel [v...], das; -s, - ‹lat.› (schlechtes, altmodisches Fahrzeug; Hilfsmittel)

Vei|ge|lein (*veraltet für* Veilchen); **Vei|gerl,** das; -s, -n (*bayr., österr. für* Veilchen)

Veil [vɛj], Simone (franz. Politikerin)

Veil|chen; veil|chen|blau; Veil|chen‿duft, ...strauß, ...wur|zel

Veit [fait] (m. Vorn.); *vgl.* Vitus; **Veits‿boh|ne, ...tanz** (der; -es; ein Nervenleiden)

Vek|tor [v...], der; -s, ...oren ‹lat.› (physikal. od. math. Größe, die durch Pfeil dargestellt wird u. durch Angriffspunkt, Richtung und Betrag festgelegt ist); **Vek|tor|glei|chung** *(Math.)*; **vek|to|ri|ell; Vek|tor‿raum, ...rech|nung**

Ve|la (*Plur. von* Velum); **Ve|lar** [v...], der; -s, -e ‹lat.› (*Sprachw.* Gaumensegellaut, Hintergaumenlaut, z. B. k)

Ve|laz|quez [ve'laskɛs], *span.* **Ve|láz|quez** [be'laθkɛθ] (span. Maler)

Ve|lin [ve..., *auch* ve'lɛ̃:], das; -s ‹franz.› (weiches Pergament; ungeripptes Papier)

Ve|lo [v...], das; -s, -s ‹*verkürzt aus* Veloziped› (*schweiz. für* Fahrrad); Velo fahren (radfahren); **Ve|lo|drom,** das; -s, -e ‹franz.› ([geschlossene] Radrennbahn); **Ve|lo|fah|ren,** das; -s *(schweiz.)*

¹Ve|lours [və'lu:r, *auch* ve...], der; - [...lu:rs], - [...lu:rs] (Samt; Gewebe mit gerauhter, weicher Oberfläche); **²Ve|lours,** das; -, *Plur. (Sorten:)* - (samtartiges Leder); **Ve|lours|le|der**

Ve|lo|zi|ped [v...], das; -[e]s, -e ‹franz.› (*veraltet für* Fahrrad)

Vel|pel ['fɛl...], der; -s, - ‹ital.› (*Nebenform von* Felbel)

Vel|ten [fɛl...] (m. Vorn.)

Velt|lin [v..., *auch, schweiz. nur,* f...], das; -s (Talschaft oberhalb des Comer Sees); **¹Velt|li|ner** (↑R 147); - Wein; **²Velt|li|ner** (Wein)

Ve|lum [v...], das; -s, ...la ‹lat.› (Teil der gottesdienstl. Kleidung kath. Priester; Kelchtuch; *Med.* Gaumensegel); **Ve|lum pa|la|ti|num,** das; - -, ...la ...na (*Med.* Gaumensegel; weicher Gaumen)

Vel|vet ['vɛlvət], der *od.* das; -s, -s ‹engl.› (Baumwollsamt)

Ven|dee [vã'de:], *franz.* **Ven|dée,** die; - (franz. Departement); **Ven|deer** (↑R 147 *u.* R 151); **Ven|de|mi|aire** [vãde'miɛ:r], der; -[s], -s ‹franz., „Weinmonat"› (1. Monat des Kalenders der Franz. Revolution: 22. Sept. bis 21. Okt.)

Ven|det|ta [v...], die; -, ...tten ‹ital.› ([Blut]rache)

Ve|ne [v...], die; -, -n ‹lat.› (Blutgefäß, das zum Herzen führt)

Ve|ne|dig [v...] (ital. Stadt); *vgl.* Venezia; **Ve|ne|di|ger|grup|pe,** die; -; ↑R 151 (Gebirgsgruppe)

Ve|nen|ent|zün|dung [v...]

ve|ne|ra|bel [v...]; -ste ‹lat.› (*veraltet für* verehrungswürdig, ehrbar); **Ve|ne|ra|bi|le** [...le], das; -[s] (Allerheiligstes in der kath. Kirche)

ve|ne|risch [v...] ‹*zu* ¹Venus› (*Med.* auf die Geschlechtskrankheiten bezogen); -e Krankheiten

Ve|ne|ter [v...] (Bewohner von Venetien); **Ve|ne|ti|en** (ital. Region); **Ve|ne|zia** (*ital. Form von* Venedig); **Ve|ne|zia|ner;** ↑R 147 *u.* R 180 (Bewohner von Venedig); **Ve|ne|zia|ne|rin** (↑R 180); **ve|ne|zia|nisch** (↑R 180)

Ve|ne|zo|la|ner [v...], Ve|ne|zue|ler (↑R 147); **Ve|ne|zo|la|ne|rin,** Ve|ne|zue|le|rin; **ve|ne|zo|la|nisch,** ve|ne|zue|lisch; **Ve|ne|zue|la;** ↑R 180 (Staat in Südamerika); **Ve|ne|zue|ler** usw. (↑R 147 *u.* R 180) *vgl.* Venezolaner usw.

Ve|nia le|gen|di [v... -], die; - - ‹lat.› (Erlaubnis, an Hochschulen zu lehren)

ve|ni, vi|di, vi|ci ['ve:ni: 'vi:di: 'vi:tsi:] ‹lat., „ich kam, ich sah, ich siegte"› (Ausspruch Cäsars)

Venn [fɛn], das; -s; (↑R 146:) Hohes Venn (Teil der Eifel)

Ven|ner [f...], der; -s, - (*schweiz. für* Fähnrich)

ve|nös [v...]; -este ‹lat.› (*Med.* die Vene[n] betreffend)

Ven|til [v...], das; -s, -e ‹lat.› (Absperrvorrichtung; Luft-, Dampfklappe); **Ven|ti|la|ti|on,** die; -, -en ([Be]lüftung, Luftwechsel); **Ven|ti|la|tor,** der; -s, ...oren; **Ven|til|gum|mi,** der *u.* das; **ven|ti|lie|ren** (lüften; *übertr. für* sorgfältig erwägen); **Ven|ti|lie|rung; Ven|til‿kol|ben, ...spiel, ...steue|rung; Ven|tose** [vã'to:s], der; -[s],

-s ‹franz., „Windmonat"› (6. Monat des Kalenders der Franz. Revolution: 19. Febr. bis 20. März)
ven|tral [v...] ‹lat.› (*Med.* den Bauch betreffend; bauchwärts); **Ven|tri|kel,** der; -s, - (Kammer [in Herz, Hirn usw.]); **ven|tri|ku|lär** (den Ventrikel betreffend); **Ven|tri|lo|quist,** der; -en, -en; ↑R 197 (Bauchredner)
[1]**Ve|nus** [v...] (röm. Liebesgöttin); [2]**Ve|nus,** die; - (ein Planet); **Venus‿berg** (weiblicher Schamberg), **...flie|gen|fal|le** (eine fleischfressende Pflanze), **...hügel** (*svw.* Venusberg), **...son|de** (Raumsonde zur Erforschung des Planeten Venus)
ver... (*Vorsilbe von Verben,* z. B. verankern, du verankerst, verankert, zu verankern)
Ve|ra ['ve:ra] (w. Vorn.)
ver|aa|sen (*ugs. für* verschleudern, vergeuden)
ver|ab|fol|gen (*Amtsspr. veraltend* aus-, abgeben)
ver|ab|re|den; sich -; **ver|ab|rede|ter|ma|ßen; Ver|ab|re|dung**
ver|ab|rei|chen; Ver|ab|rei|chung
ver|ab|säu|men (*besser nur:* versäumen)
ver|ab|scheu|en; ver|ab|scheu|ens|wert; -este; **Ver|ab|scheu|ung,** die; -; **ver|ab|scheu|ungs|wür|dig**
ver|ab|schie|den; sich -; **Ver|ab|schie|dung; ver|ab|schie|dungs|reif;** ein -es Gesetz
ver|ab|so|lu|tie|ren; Ver|ab|so|lu|tie|rung
ver|ach|ten; das ist nicht zu - (*ugs. für* das ist gut, schön); **ver|achtens|wert;** -este; **Ver|äch|ter; Ver|äch|te|rin; ver|ächt|lich; Ver|ächt|lich|ma|chung,** die; -; **Ver|ach|tung,** die; -; **ver|ach|tungs|voll; ver|ach|tungs|wür|dig** *(veraltend)*
Ve|ra|cruz, *eindeutschend* **Ve|ra|kruz** [*beide* vera'kru:s] (Staat u. Stadt in Mexiko)
ver|al|bern; Ver|al|be|rung
ver|all|ge|mei|nern; ich ...ere (↑R 22); **Ver|all|ge|mei|ne|rung**
ver|al|ten; veraltend; veraltet
Ve|ran|da [v...], die; -, ...den ‹engl.› (überdachter u. an den Seiten verglaster Anbau, Vorbau); **ve|ran|da|ar|tig** (↑R 36); **Ve|ran|da|auf|gang** (↑R 36)
ver|än|der|bar; ver|än|der|lich; das Barometer steht auf „veränderlich"; **Ver|än|der|li|che,** die; -n, -n; ↑R 7 ff. (eine mathemat. Größe, deren Wert sich ändern kann; *Ggs.* Konstante); zwei -; **Ver|än|der|lich|keit; ver|ändern;** sich -; **Ver|än|de|rung**
ver|äng|sti|gen; ver|äng|stigt; Ver|äng|sti|gung
ver|an|kern; Ver|an|ke|rung
ver|an|la|gen (einschätzen); **veran|lagt;** gut, schlecht, künstlerisch - sein; **Ver|an|la|gung** (Einschätzung; Begabung); **Ver|anla|gungs|steu|er,** die
ver|an|las|sen; du veranlaßt, er veranlaßt; du veranlaßtest; veranlaßt; veranlasse!; sich veranlaßt sehen; **Ver|an|las|ser; Veran|las|sung;** zur weiteren - (*Amtsspr.; Abk.* z. w. V.); **Ver|anlas|sungs|wort** *Plur.* ...wörter (*für* Kausativ)
ver|an|schau|li|chen; Ver|anschau|li|chung
ver|an|schla|gen (ansetzen); du veranschlagtest; er hat die Kosten viel zu niedrig veranschlagt; **Ver|an|schla|gung**
ver|an|stal|ten; Ver|an|stal|ter; Ver|an|stal|te|rin; Ver|an|staltung; Ver|an|stal|tungs|ka|lender
ver|ant|wor|ten; ver|ant|wortlich; eine -e Stellung; **Ver|antwort|lich|keit; Ver|ant|wor|tung; ver|ant|wor|tungs|be|wußt;** -este; **Ver|ant|wor|tungs|bewußt|sein; ver|ant|wor|tungs|freu|dig; Ver|ant|wor|tungs|gefühl,** das; -[e]s; **ver|ant|wortungs|los;** -este; **Ver|ant|wortungs|lo|sig|keit,** die; -; **ver|antwor|tungs|voll**
ver|äp|peln (*ugs. für* veralbern, anführen); ich ...[e]le ihn (↑R 22)
ver|ar|beit|bar; Ver|ar|beit|barkeit, die; -; **ver|ar|bei|ten; Ver|ar|bei|tung**
ver|ar|gen *(geh.);* jmdm. etwas -
ver|är|gern; Ver|är|ge|rung
ver|ar|men; Ver|ar|mung
ver|ar|schen (*derb für* veralbern)
ver|arz|ten (*ugs. für* [ärztl.] behandeln); **Ver|arz|tung** *(ugs.)*
ver|aschen (*Chemie* ohne Flamme verbrennen); du veraschst
ver|ästeln, sich; der Baum verästelt sich; **Ver|äste|lung, Verästlung**
ver|ät|zen (ätzend beschädigen, verletzen); **Ver|ät|zung**
ver|auk|tio|nie|ren (versteigern)
ver|aus|ga|ben (ausgeben); sich - (sich bis zur Erschöpfung anstrengen); **Ver|aus|ga|bung**
ver|aus|la|gen; Geld - (auslegen); **Ver|aus|la|gung**
ver|äu|ßer|lich (verkäuflich); **veräu|ßer|li|chen** (äußerlich, oberflächlich machen, werden); **Veräu|ßer|li|chung; ver|äu|ßern** (verkaufen); **Ver|äu|ße|rung**
Verb [v...], das; -s, -en ‹lat.› (*Sprachw.* Zeitwort, Tätigkeitswort, z. B. „laufen, bauen"); **verbal** (als Verb gebraucht; wörtlich; mündlich); -e Klammer; **Ver|ba|le,** das; -s, ...lien [...i̯ən] *meist Plur.* (*Sprachw.* von einem Verb abgeleitetes Wort; *veraltet für* wörtl. Äußerung); **Ver|bal|injurie,** die; -, -n (Beleidigung mit Worten); **ver|ba|li|sie|ren** (in Worten ausdrücken; *Sprachw.* zu einem Verb umbilden); **Ver|bali|smus,** der; - (Vorherrschaft des Wortes statt der Sache im Unterricht); **Ver|ba|list,** der; -en, -en; ↑R 197 (jemand, der sich zu sehr ans Wort klammert); **ver|ba|listisch; ver|ba|li|ter** (*veraltend für* wörtlich)
ver|bal|lern (*ugs. für* verschießen)
ver|ball|hor|nen ‹nach dem Buchdrucker Bal[l]horn› (verschlimmbessern); **Ver|ball|hor|nung**
Ver|bal|no|te [v...] ‹lat.› (zu mündlicher Mitteilung bestimmte, nicht unterschriebene, vertrauliche diplomatische Note); **Verbal|stil,** der; -[e]s (Stil, der das Verb bevorzugt; *Ggs.* Nominalstil); **Ver|bal|sub|stan|tiv** (*Sprachw.* zu einem Verb gebildetes Substantiv, das [zum Zeitpunkt der Bildung] eine Geschehensbezeichnung ist, z. B. „Gabe, Zerrüttung")
Ver|band, der; -[e]s, ...bände; **Verband|ka|sten** *vgl.* Verbandskasten; **Ver|bands|kas|se; Verbands|ka|sten,** Ver|band|kasten; **Ver|bands|lei|ter,** der; **Verband[s]‿ma|te|ri|al, ...päckchen, ...platz, ...stoff; Verbands‿vor|sit|zen|de, ...vorstand; Ver|band[s]‿wat|te, ...zeug** (das; -[e]s), **...zim|mer**
ver|ban|nen; Ver|ban|nung; Verban|nungs|ort
ver|bar|ri|ka|die|ren; sich -
Ver|bas|kum [v...], das; -s, ...ken ‹lat.› (*Bot.* Königskerze, Wollkraut)
ver|bau|en
ver|bau|ern (*ugs. für* [geistig] abstumpfen); ich ...ere (↑R 22); **Ver|baue|rung,** die; - (↑R 180)
Ver|bau|ung
ver|be|am|ten; Ver|be|am|tung, die; -
ver|bei|ßen; die Hunde hatten sich ineinander verbissen; sich den Schmerz - (sich den Schmerz nicht anmerken lassen); sich in eine Sache - (*ugs. für* hartnäckig an einer Sache festhalten)
ver|bel|len (*Jägerspr.* durch Bellen zum verwundeten od. verendeten Wild führen)
Ver|be|ne [v...], die; -, -n ‹lat.› (*Bot.* Eisenkraut)
ver|ber|gen; *vgl.* [2]verborgen; **Verber|gung**
Ver|bes|se|rer, Ver|beß|rer; **verbes|sern; Ver|bes|se|rung,** Verbeß|rung; **ver|bes|se|rungs‿bedürf|tig, ...fä|hig; Ver|bes|se-**

rungs‿vor|schlag, ...we|sen (das; -s)
ver|beu|gen, sich; **Ver|beu|gung**
ver|beu|len
ver|bie|gen; Ver|bie|gung
ver|bie|stern, sich (*landsch. für* sich verirren; sich in etwas verrennen; verwirren, verärgern); ich ...ere mich (↑R 22); **ver|biestert** (*landsch. für* verstört, verärgert)
ver|bie|ten; Betreten verboten!; *vgl.* verboten
ver|bil|den; ver|bild|li|chen; Ver|bild|li|chung; Ver|bil|dung
ver|bil|li|gen; Ver|bil|li|gung
ver|bim|sen (*ugs. für* verprügeln)
ver|bin|den; Ver|bin|der *(Sport);* **ver|bind|lich** (höflich, zuvorkommend; bindend, verpflichtend); eine -e Zusage; **Ver|bind|lich|keit; Ver|bind|lich|keits|er|klä|rung; Ver|bin|dung; Ver|bin|dungs‿gra|ben, ...li|nie, ...mann** (*Plur.* ...männer *u.* ...leute; *Abk.* V-Mann), **...of|fi|zier, ...stel|le, ...stra|ße, ...stück, ...tür**
Ver|biß, der; ...bisses, ...bisse (*Jägerspr.* Abbeißen von Knospen, Trieben u. ä. durch Wild); **verbis|sen;** er ist ein -er (zäher) Gegner; ein -es (verkrampftes) Gesicht; **Ver|bis|sen|heit,** die; -
ver|bit|ten; ich habe mir eine solche Antwort verbeten
ver|bit|tern; ich ...ere (↑R 22); verbittert; **Ver|bit|te|rung**
[1]**ver|bla|sen** (*Jägerspr.* erlegtes Wild mit einem Hornsignal anzeigen); den Hirsch, die Strecke -; [2]**ver|bla|sen** (schwülstig, verschwommen); ein -er Stil; **Ver|bla|sen|heit**
ver|blas|sen; du verblaßt; die Erinnerungen an die Kindheit sind verblaßt
ver|blät|tern; eine Seite -
Ver|bleib, der; -[e]s; **ver|blei|ben; Ver|blei|ben,** das; -s; dabei muß es sein - haben *(Amtsspr.)*
ver|blei|chen (bleich werden); du verblichst; du verblichest; verblichen; *vgl.* [2]bleichen
ver|blei|en (mit Blei versehen, auslegen; *auch für* plombieren [mit einer Bleiplombe versehen]); **Ver|blei|ung**
ver|blen|den (*Bauw. auch* [Mauerwerk o. ä. mit besserem Material] verkleiden); **Ver|blen|dung**
ver|bleu|en (*ugs. für* verprügeln)
ver|bli|chen; -es Bild; **Ver|bli|che|ne,** der *u.* die; -n, -n; ↑R 7 ff. (*geh. für* Tote)
ver|blö|den *(ugs.);* **Ver|blö|dung,** die; -
ver|blüf|fen; verblüfft sein; **verblüf|fend;** -ste; **Ver|blüfft|heit,** die; -; **Ver|blüf|fung**
ver|blü|hen
ver|blümt; -este (andeutend, umschreibend)
ver|blu|ten; sich -; **Ver|blu|tung**
ver|bocken [*Trenn.* ...bok|ken] (*ugs. für* fehlerhaft ausführen; verderben, verpfuschen)
Ver|bod|mung (*svw.* Bodmerei)
ver|bo|gen; -es Blech
ver|boh|ren, sich (*ugs. für* sich verrennen); **ver|bohrt;** -este; er ist - (*ugs. für* uneinsichtig, starrköpfig); **Ver|bohrt|heit,** die; - *(ugs.)*
[1]**ver|bor|gen** (ausleihen)
[2]**ver|bor|gen;** eine -e Gefahr; (↑R 65:) im verborgenen (unbemerkt) bleiben, blühen, aber: das Verborgene u. das Sichtbare; **Ver|bor|gen|heit,** die; -
ver|bos [v...]; -este ‹lat.› (*geh. für* [allzu] wortreich, weitschweifig)
ver|bö|sern (*scherzh. für* schlimmer machen); ich ...ere (↑R 22)
Ver|bot, das; -[e]s, -e; **ver|bo|ten;** -er Eingang; -e Früchte; **ver|bo|te|ner|wei|se; Ver|bots‿schild** (*Plur.* ...schilder), **...ta|fel; ver|bots|wid|rig; Ver|bots|zei|chen**
ver|brä|men (am Rand verzieren; [eine Aussage] verschleiern, ausschmücken); **Ver|brä|mung**
ver|bra|ten (*ugs. für* verbrauchen); beim Neubau wurden große Summen verbraten
Ver|brauch, der; -[e]s, *Plur. (fachspr.)* ...bräuche; **ver|brau|chen; Ver|brau|cher; Ver|brau|cher‿auf|klä|rung, ...be|ra|tung, ...ge|nos|sen|schaft** (*für* Konsumgenossenschaft); **Ver|brau|che|rin; Ver|brau|cher‿markt, ...preis, ...ver|band, ...zen|tra|le; Ver|brauchs‿frist, ...gut** *(meist Plur.),* **...len|kung** (die; -), **...pla|nung; Ver|brauchs|steu|er, Ver|brauch|steu|er,** die (↑R 54)
ver|bre|chen; Ver|bre|chen, das; -s, -; **Ver|bre|chens|be|kämp|fung,** die; -; **Ver|bre|cher; Ver|bre|cher|al|bum** *(veraltend);* **Ver|bre|che|rin; ver|bre|che|risch;** -ste; **Ver|bre|cher|kar|tei; Ver|bre|cher|tum,** das; -s
ver|brei|ten; er hat diese Nachricht verbreitet; sich - (etwas ausführlich darstellen); **Ver|brei|ter; Ver|brei|te|rin; ver|brei|tern** (breiter machen); ich ...ere (↑R 22); sich - (breiter werden); **Ver|brei|te|rung; Ver|brei|tung,** die; -; **Ver|brei|tungs|ge|biet**
ver|brenn|bar; ver|bren|nen; das Holz ist verbrannt; du hast dir den Mund verbrannt (*ugs. für* dir durch Reden geschadet); **Ver|bren|nung; Ver|bren|nungs‿ma|schi|ne, ...mo|tor**
ver|brie|fen ([urkundlich] sicherstellen); ein verbrieftes Recht
ver|brin|gen (*Amtsspr. auch für* irgendwohin schaffen); jmdn. in eine geschlossene Anstalt -; **Ver|brin|gung**
ver|brü|dern, sich; ich ...ere mich (↑R 22); **Ver|brü|de|rung**
ver|brü|hen; Ver|brü|hung
ver|bu|chen (*Kaufmannsspr.* in das [Geschäfts]buch eintragen); Erfolg - (verzeichnen); **Ver|bu|chung**
ver|bud|deln (*ugs. für* vergraben)
Ver|bum [v...], das; -s, *Plur.* ...ba *u.* ...ben ‹lat.› (*svw.* Verb); - finitum (*Plur.* Verba finita; Personalform des Verbs)
ver|bum|fie|deln (*ugs. für* verschwenden; verlieren); ich ...[e]le (↑R 22)
ver|bum|meln; er hat seine Zeit verbummelt (*ugs. für* nutzlos vertan); **ver|bum|melt** (*ugs. für* heruntergekommen); ein -es Genie
Ver|bund, der; -[e]s, -e (Verbindung); **Ver|bund|bau|wei|se,** die; -; **ver|bün|den,** sich; **Ver|bün|den|heit,** die; -; **Ver|bün|de|te,** der *u.* die; -n, -n (↑R 7 ff.); **ver|bund|fah|ren;** *nur im Infinitiv gebr.* (innerhalb eines Verkehrsverbundes verschiedene öffentl. Verkehrsmittel benutzen); **Ver|bund‿fen|ster, ...glas** (das; -es), **...kar|te** (im Lochkartensystem), **...lam|pe** (*Bergmannsspr.* elektr. Lampe in Verbindung mit einer Wetterlampe), **...ma|schi|ne, ...netz** (die miteinander verbundenen Hochspannungsleitungen), **...pfla|ster|stein, ...ski|paß** (*u.* ...schi|paß), **...sy|stem, ...wirt|schaft** (die; -; Zusammenschluß mehrerer Betriebe [der Energiewirtschaft] zur Steigerung der Wirtschaftlichkeit)
ver|bür|gen; sich -
ver|bür|ger|li|chen; Ver|bür|ger|li|chung, die; -
Ver|bür|gung
ver|bü|ßen; eine Strafe -
ver|bü|xen (*nordd. für* verprügeln); du verbüxt
Verb|zu|satz [v...] (*Sprachw.* der nichtverbale Bestandteil einer unfesten Zusammensetzung mit einem Verb als Grundwort, z. B. „durch" in „durchführen, führe durch")
ver|char|tern [...'(t)ʃar...] (ein Schiff od. Flugzeug vermieten)
ver|chro|men [...k...] (mit Chrom überziehen); **Ver|chro|mung**
Ver|cin|ge|to|rix [vɛrtsiŋ'ge:toriks] (ein Gallierfürst)
Ver|dacht, der; -[e]s, *Plur.* -e *u.* Verdächte; **ver|däch|tig; Ver|däch|ti|ge,** der *u.* die; -n, -n (↑R 7 ff.); **ver|däch|ti|gen; Ver|däch|ti|gung; Ver|dachts‿grund, ...mo|ment** *(das)*

ver|dam|men; ver|dam|mens|wert; Ver|damm|nis, die; - *(Rel.);* **ver|dammt** (*ugs. auch für* sehr); - schnell; **Ver|dam|mung**
ver|damp|fen; Ver|damp|fer *(Technik);* **Ver|damp|fung; Ver|damp|fungs|an|la|ge**
ver|dan|ken (*schweiz. auch für* für etwas Dank abstatten)
ver|da|ten (*EDV* in Daten umsetzen)
ver|dat|tert (*ugs. für* verwirrt)
ver|dau|en; ver|dau|lich; eine leichtverdauliche, schwerverdauliche Speise (↑ *jedoch* R 209), aber: die Speise ist leicht verdaulich, schwer verdaulich; **Ver|dau|lich|keit,** die; -; **Ver|dau|ung,** die; -; **Ver|dau|ungs‿ap|pa|rat, ...be|schwer|den** *(Plur.),* **...ka|nal, ...or|gan, ...stö|rung, ...trakt**
Ver|deck, das; -[e]s, -e; **ver|decken** [*Trenn.* ...dek|ken]; **ver|deck|ter|wei|se**
Ver|den (Al|ler) ['fe:r...] (Stadt an der Aller); **Ver|de|ner** (↑ R 147)
ver|den|ken; jmdm. etwas -
Ver|derb, der; -[e]s; auf Gedeih und -; **ver|der|ben** (schlechter werden; zugrunde richten); du verdirbst; du verdarbst; du verdürbest; verdorben; verdirb!; das Fleisch ist verdorben (schlecht geworden), aber: er hat mir den ganzen Ausflug verdorben (verleidet); **Ver|der|ben,** das; -s; **ver|der|ben|brin|gend** (↑ R 209); **Ver|der|ber; ver|derb|lich;** -e Eßwaren; **Ver|derb|lich|keit,** die; -; **Ver|derb|nis,** die; - *(veraltend);* **ver|derbt;** -este (verdorben [von Stellen in alten Handschriften]); -e Sitten; **Ver|derbt|heit,** die; -
ver|deut|li|chen; Ver|deut|li|chung
ver|deut|schen; du verdeutschst; **Ver|deut|schung**
Ver|di [v...] (ital. Komponist)
ver|dicht|bar; ver|dich|ten; Ver|dich|ter *(Technik);* **Ver|dich|tung**
ver|dicken [*Trenn.* ...dik|ken]; **Ver|dickung** [*Trenn.* ...dik|kung]
ver|die|nen; (↑ R 68:) das Verdienen (der Gelderwerb) wird schwerer; **Ver|die|ner;** [1]**Ver|dienst,** der; -[e]s, -e (Lohn, Gewinn); [2]**Ver|dienst,** das; -[e]s, -e (Anspruch auf Dank u. Anerkennung); **Ver|dienst‿aus|fall, ...be|schei|ni|gung, ...gren|ze, ...kreuz** (ein Orden); **ver|dienst|lich; Ver|dienst‿mög|lich|keit, ...or|den, ...span|ne; ver|dienst|voll; ver|dient;** -este; -er Mann, aber *in Titeln* (↑ R 75): Verdienter Aktivist *(ehem. in der DDR);* **ver|dien|ter|ma|ßen; ver|dien|ter|wei|se**
ver|die|seln (*Eisenb.* mit Diesellokomotiven ausstatten); ich ...[e]le (↑ R 22)
Ver|dikt [v...], das; -[e]s, -e ‹lat.› ([Verdammungs]urteil)
Ver|ding, der; -[e]s, -e (*svw.* Verdingung); **Ver|ding|bub** (*schweiz. für* durch die Waisenbehörde gegen Entschädigung bei Pflegeeltern untergebrachter Junge); **ver|din|gen** *(veraltend);* du verdingst; du verdingtest; verdungen, *auch* verdingt; verding[e]!; sich als Gehilfe -; **ver|ding|li|chen; Ver|ding|li|chung; Ver|din|gung** *(veraltet)*
ver|do|len ‹*zu* Dole› (überdecken)
ver|dol|met|schen; sie hat das Gespräch verdolmetscht; **Ver|dol|met|schung**
ver|don|nern (*ugs. für* verurteilen); ich ...ere (↑ R 22); **ver|don|nert** (*ugs. veraltend für* erschreckt, bestürzt)
ver|dop|peln; Ver|dop|pe|lung, Ver|dopp|lung
ver|dor|ben; Ver|dor|ben|heit, die; -
ver|dor|ren; verdorrt
ver|dö|sen *(ugs.);* die Zeit -; *vgl.* dösen
ver|drah|ten (mit Draht verschließen; *Elektrotechnik* mit Schaltdrähten verbinden)
ver|drän|gen; Ver|drän|gung; Ver|drän|gungs|me|cha|nis|mus
ver|drecken [*Trenn.* ...drek|ken] (*ugs. für* verschmutzen)
ver|dre|hen; Ver|dre|her *(ugs.);* **ver|dreht;** -este (*ugs. für* verwirrt; verschroben); **Ver|dreht|heit** *(ugs.);* **Ver|dre|hung**
ver|drei|fa|chen
ver|dre|schen (*ugs. für* verprügeln)
ver|drie|ßen (mißmutig machen, verärgern); du verdrießt, er verdrießt; du verdrossest, er verdroß; du verdrössest; verdrossen; verdrieß[e]!; es verdrießt mich; ich lasse es mich nicht -; **ver|drieß|lich; Ver|drieß|lich|keit**
ver|dril|len (miteinander verdrehen); **Ver|dril|lung** (*für* Torsion)
ver|dros|sen; Ver|dros|sen|heit, die; -
ver|drucken [*Trenn.* ...druk|ken]
ver|drücken [*Trenn.* ...drük|ken] (*ugs. auch für* essen); sich - (*ugs. für* sich heimlich entfernen)
Ver|druß, der; ...drusses, ...drusse
ver|duf|ten; [sich] - (*ugs. für* sich unauffällig entfernen)
ver|dum|men; Ver|dum|mung, die; -
ver|dump|fen; Ver|dump|fung
Ver|dun [vɛr'dœ̃:] (franz. Stadt)
ver|dun|keln; ich ...[e]le (↑ R 22); **Ver|dun|ke|lung,** Ver|dunk|lung; **Ver|dun|ke|lungs|ge|fahr** (die; -), **Ver|dunk|lungs|ge|fahr,** die; - *(Rechtsspr.)*
ver|dün|nen; ver|dün|ni|sie|ren, sich (*ugs. für* sich entfernen); **Ver|dün|nung**
ver|dun|sten (zu Dunst werden; langsam verdampfen); **ver|dün|sten** (*selten für* zu Dunst machen); **Ver|dun|stung,** die; -; **Ver|dün|stung,** die; -; **Ver|dun|stungs|mes|ser,** der
Ver|du|re [vɛr'dy:rə], die; -, -n ‹franz.› (ein in grünen Farben gehaltener Wandteppich [des MA.])
ver|dur|sten
ver|dü|stern; ich ...ere (↑ R 22)
ver|dut|zen (verwundern, irritieren); **ver|dutzt;** -este (verwirrt); **Ver|dutzt|heit,** die; -
ver|eb|ben
ver|edeln; ich ...[e]le (↑ R 22); **Ver|ede|lung,** Ver|ed|lung; **Ver|ede|lungs|ver|fah|ren, Ver|ed|lungs|ver|fah|ren**
ver|ehe|li|chen, sich; **Ver|ehe|li|chung**
ver|eh|ren; Ver|eh|rer; Ver|eh|re|rin; Ver|eh|rung, die; -; **ver|eh|rungs‿voll, ...wür|dig**
ver|ei|di|gen; vereidigte Sachverständige; **Ver|ei|di|gung**
Ver|ein, der; -[e]s, -e; im - mit ...; - Deutscher Ingenieure (*Abk.* VDI); *vgl.* eingetragen; **ver|ein|bar; ver|ein|ba|ren; ver|ein|bar|ter|ma|ßen; Ver|ein|ba|rung; ver|ein|ba|rungs|ge|mäß; ver|ei|nen,** ver|ei|ni|gen; vereint (*vgl. d.);* sich vereinen, vereinigen
ver|ein|fa|chen; Ver|ein|fa|chung
ver|ein|heit|li|chen; Ver|ein|heit|li|chung
ver|ei|ni|gen; (↑ R 157:) die Vereinigten Staaten [von Amerika]; *vgl.* US[A] *u.* Ver. St. v. A.; Vereinigte Arabische Emirate; Vereinigtes Königreich Großbritannien u. Nordirland; **Ver|ei|ni|gung; Ver|ei|ni|gungs|frei|heit,** die; -
ver|ein|nah|men (einnehmen, als Einnahme in Empfang nehmen); **Ver|ein|nah|mung**
ver|ein|sa|men; Ver|ein|sa|mung, die; -
ver|ein|sei|ti|gen (in einseitiger Weise darstellen); **Ver|ein|sei|ti|gung**
Ver|eins‿elf (die; *Fußball*), **...far|be** *(meist Plur.),* **...haus, ...lei|tung, ...lo|kal** (Vereinsraum, -zimmer), **...mann|schaft, ...mei|er** *(ugs. abwertend),* **...meie|rei** (die; -; *ugs. abwertend*), **...re|gi|ster, ...sat|zung, ...wech|sel, ...we|sen** (das; -s); **ver|eint;** mit -en Kräften, aber (↑ R 157): die Vereinten Nationen (*Abk.* UN, VN); *vgl. auch* UNO, UNESCO

ver|ein|zeln; ich ...[e]le (↑R 22); **ver|ein|zelt**; -e Niederschläge; **Ver|ein|ze|lung**
ver|ei|sen (von Eis bedeckt werden; *Med.* durch Kälte unempfindlich machen); die Tragflächen ver|eil|sten; **ver|eist**; -e (eisbedeckte) Wege; **Ver|ei|sung**
ver|ei|teln; ich ...[e]le (↑R 22); **Ver|ei|te|lung, Ver|eit|lung**
ver|ei|tern; Ver|ei|te|rung
Ver|eit|lung *vgl.* Vereitelung
ver|ekeln; jmdm. etwas -; **Ver|eke|lung, Ver|ek|lung**
ver|elen|den; Ver|elen|dung; Ver|elen|dungs|theo|rie, die; - (Theorie, nach der sich die Lebensverhältnisse der Arbeiterklasse im Kapitalismus ständig verschlechtern)
Ve|re|na [v...] (w. Vorn.)
ver|en|den
ver|en|gen; ver|en|gern; ich ...ere (↑R 22); **Ver|en|ge|rung; Ver|en|gung**
ver|erb|bar; ver|er|ben; ver|erb|lich; Ver|er|bung; Ver|er|bungs‿gang (der), **...leh|re** (die; -)
ver|estern (*Chemie* zu Ester umwandeln); ich ...ere (↑R 22); **Ver|este|rung**
ver|ewi|gen; sich -; **Ver|ewig|te,** der *u.* die; -n, -n (↑R 7 ff.); **Ver|ewi|gung**
[1]**ver|fah|ren** (vorgehen, handeln); ich bin so -, daß ...; so darfst du nicht mit ihr - (umgehen); sich - (einen falschen Weg fahren); ich habe mich -; (↑R 68:) ein Verfahren ist auf dieser Strecke kaum möglich; eine Schicht - (*Bergmannsspr.* eine Schicht machen); [2]**ver|fah|ren** (ausweglos scheinend); eine -e Situation; **Ver|fah|ren,** das; -s, -; ein neues -; **Ver|fah|rens‿fra|ge, ...recht** (das; -[e]s); **ver|fah|rens|recht|lich; Ver|fah|rens‿re|gel, ...tech|nik** (die; -), **...wei|se** (die)
Ver|fall, der; -[e]s; in - geraten; **ver|fal|len**; das Haus ist -; er ist dem Alkohol -; **Ver|fall|er|klä|rung** *(Rechtsspr.)*; **Ver|falls‿da|tum, ...er|schei|nung; Ver|fall[s]‿tag, ...zeit**
ver|fäl|schen; er hat den Wein verfälscht; **Ver|fäl|schung**
ver|fan|gen; sich -; du hast dich in Widersprüche -; **ver|fäng|lich**; eine -e Frage, Situation; **Ver|fäng|lich|keit**
ver|fär|ben; sich -; **Ver|fär|bung**
ver|fas|sen; sie hat diesen Brief verfaßt; **Ver|fas|ser; Ver|fas|se|rin; Ver|fas|ser|schaft,** die; -; **Ver|fas|sung; ver|fas|sung|ge|bend** (↑R 209); **Ver|fas|sungs‿än|de|rung, ...be|schwer|de, ...bruch** (*vgl.* [1]Bruch), **...feind; ver|fas|sungs‿feind|lich, ...ge|mäß; Ver|fas|sungs|ge|richt; ver|fas|sungs|kon|form; ver|fas|sungs|mä|ßig; Ver|fas|sungs‿ord|nung, ...recht** (das; -[e]s), **...schutz** (der; -es); **ver|fas|sungs|treu; Ver|fas|sungs|ur|kun|de; ver|fas|sungs|wid|rig**
ver|fau|len; Ver|fau|lung
ver|fech|ten (verteidigen); er hat sein Recht tatkräftig verfochten; **Ver|fech|ter; Ver|fech|te|rin; Ver|fech|tung,** die; -
ver|feh|len (nicht erreichen, nicht treffen); sich - (*veraltend für* eine Verfehlung begehen); **Ver|feh|lung**
ver|fein|den, sich; sich mit jmdm. -; **Ver|fein|dung**
ver|fei|nern; ich ...ere (↑R 22); **Ver|fei|ne|rung**
ver|fe|men (für vogelfrei erklären; ächten); **Ver|fem|te,** der *u.* die; -n, -n (↑R 7 ff.); **Ver|fe|mung**
ver|fer|ti|gen; Ver|fer|ti|gung
ver|fe|sti|gen; Ver|fe|sti|gung
ver|fet|ten; Ver|fet|tung
ver|feu|ern; ich ...ere (↑R 22)
ver|fil|men; Ver|fil|mung
ver|fil|zen; die Decke ist verfilzt; sich - (sich unentwirrbar verwikkeln); **Ver|fil|zung**
ver|fin|stern; sich -; **Ver|fin|ste|rung**
ver|fit|zen (*ugs. für* verwirren); sie hat die Wolle verfitzt
ver|fla|chen; Ver|fla|chung
ver|flech|ten; Ver|flech|tung
ver|flie|gen (verschwinden); der Zorn ist verflogen; sich - (mit dem Flugzeug vom Kurs abkommen)
ver|flie|ßen; *vgl.* verflossen
ver|flixt (*ugs. für* verflucht; *auch für* unangenehm, ärgerlich)
Ver|floch|ten|heit, die; -
ver|flos|sen; verflossene *od.* verfloßne Tage
ver|flu|chen; ver|flucht (verdammt; sehr, äußerst); so ein -er Idiot; es ist - heiß; verflucht u. zugenäht!
ver|flüch|ti|gen (in den gasförmigen Zustand überführen); sich - (in den gasförmigen Zustand übergehen; *ugs. scherzh. für* sich heimlich entfernen); **Ver|flüch|ti|gung**
Ver|flu|chung
ver|flüs|si|gen; Ver|flüs|si|gung
Ver|folg, der; -[e]s (*Amtsspr.* Verlauf); *nur in* im *od.* in - der Sache; **ver|fol|gen; Ver|fol|ger; Ver|fol|ge|rin; Ver|folg|te,** der *u.* die; -n, -n (↑R 7 ff.); **Ver|fol|gung; Ver|fol|gungs‿jagd, ...ren|nen** *(Radsport)*, **...wahn**
ver|form|bar; Ver|form|bar|keit; ver|for|men; Ver|for|mung
ver|frach|ten; Ver|frach|ter; Ver|frach|tung
ver|fran|zen, sich (*Fliegerspr.* sich verfliegen; *ugs. auch für* sich verirren); du verfranzt dich
ver|frem|den; Ver|frem|dung; Ver|frem|dungs|ef|fekt
[1]**ver|fres|sen** (*derb für* für Essen ausgeben); sein ganzes Geld -; [2]**ver|fres|sen** (*derb für* gefräßig); **Ver|fres|sen|heit,** die; - *(derb)*
ver|fro|ren
ver|frü|hen, sich; **ver|früht**; sein Dank kam -; **Ver|frü|hung**; die; -
ver|füg|bar; -es Kapital; **Ver|füg|bar|keit,** die; -
ver|fu|gen; Kacheln -
ver|fü|gen (bestimmen, anordnen; besitzen)
Ver|fu|gung
Ver|fü|gung; (↑R 32:) zur Verfügung u. bereithalten, aber: bereit- u. zur Verfügung halten; **ver|fü|gungs|be|rech|tigt; Ver|fü|gungs‿ge|walt** (die; -), **...recht**
ver|füh|ren; Ver|füh|rer; Ver|füh|re|rin; ver|füh|re|risch; -ste; **Ver|füh|rung; Ver|füh|rungs|kunst**
ver|fuhr|wer|ken (*schweiz. für* verpfuschen)
ver|füt|tern (als [1]Futter geben)
Ver|ga|be, die; -, -n; - von Arbeiten; **ver|ga|ben** (*schweiz. für* schenken, vermachen); **Ver|ga|bung** (*schweiz. für* Schenkung, Vermächtnis)
ver|gack|ei|ern (*ugs. für* zum Narren halten); ich ...ere (↑R 22)
ver|gaf|fen, sich (*ugs. für* sich verlieben); du hast dich in sie vergafft
ver|gagt [...'gɛkt] ‹dt.; engl.-amerik.› (*ugs. für* voller Gags)
ver|gäl|len (verbittern; *Chemie* ungenießbar machen); er hat ihm die Freude vergällt; vergällter Spiritus; **Ver|gäl|lung**
ver|ga|lop|pie|ren, sich (*ugs. für* [sich] irren, einen Mißgriff tun)
ver|gam|meln (*ugs. für* verderben; verwahrlosen); die Zeit - (*ugs. für* vertrödeln)
ver|gan|den (*schweiz. für* verwildern [von Alpweiden])
Ver|gan|gen|heit; Ver|gan|gen|heits|be|wäl|ti|gung, die; -; **ver|gäng|lich; Ver|gäng|lich|keit,** die; -
ver|gan|ten ‹*zu* Gant› (*südd., österr. mdal. veraltet u. schweiz. für* zwangsversteigern); **Ver|gan|tung**
ver|ga|sen (*Chemie* in gasförmigen Zustand überführen; mit [Gift]gasen verseuchen, töten); **Ver|ga|ser** (Apparat zur Erzeugung des Brenngemisches für Verbrennungskraftmaschinen); **Ver|ga|sung**
ver|gat|tern (mit einem Gatter versehen; *ugs. für* jmdn. zu et-

was verpflichten); ich ...ere (↑R 22); **Ver|gat|te|rung**
ver|ge|ben; eine Chance -; er hat diesen Auftrag -; seine Sünden sind ihm vergeben worden; ich vergebe mir nichts, wenn ...; **ver|ge|bens; Ver|ge|ber; ver|geb|lich; Ver|geb|lich|keit,** die; -; **Ver|ge|bung** *(geh.)*
ver|ge|gen|ständ|li|chen; Ver|ge|gen|ständ|li|chung
ver|ge|gen|wär|ti|gen [*auch* ...'vɛr...], sich; **Ver|ge|gen|wär|ti|gung**
ver|ge|hen; die Jahre sind vergangen; sich - (z. B. gegen Gesetze verstoßen); er hat sich an ihr vergangen; **Ver|ge|hen,** das; -s, -
ver|gei|gen (*ugs. für* zu einem Mißerfolg machen)
ver|gei|len (*Bot.* durch Lichtmangel aufschießen [von Pflanzen]); **Ver|gei|lung**
ver|gei|sti|gen; Ver|gei|sti|gung
ver|gel|ten; sie hat immer Böses mit Gutem vergolten; vergilt!; einem ein „Vergelt's Gott!" zurufen; **Ver|gel|tung; Ver|gel|tungs_maß|nah|me, ...schlag, ...waf|fe**
ver|ge|sell|schaf|ten; Ver|ge|sell|schaf|tung
ver|ges|sen; du vergißt, er vergißt; du vergaßest; du vergäßest; vergessen; vergiß!; etwas -; die Arbeit über dem Vergnügen vergessen; auf, an etwas - (*landsch., bes. südd. u. österr. für* an etwas nicht rechtzeitig denken); **Ver|ges|sen|heit,** die; -; in - geraten; **ver|geß|lich; Ver|geß|lich|keit,** die; -
ver|geu|den; ver|geu|de|risch; -ste; **Ver|geu|dung**
ver|ge|wal|ti|gen; Ver|ge|wal|ti|gung
ver|ge|wis|sern, sich; ich vergewissere mich seiner Sympathie; **Ver|ge|wis|se|rung**
ver|gie|ßen
ver|gif|ten; Ver|gif|tung; Ver|gif|tungs_er|schei|nung, ...ge|fahr
Ver|gil [vɛr...] (altröm. Dichter)
ver|gil|ben; vergilbte Papiere, Gardinen
Ver|gi|li|us [vɛr...] *vgl.* Vergil
ver|gip|sen; du vergipst
Ver|giß|mein|nicht, das; -[e]s, -[e] (eine Blume)
ver|git|tern; ich ...ere (↑R 22)
ver|gla|sen; du verglast; er vergla|ste; verglaste (glasige, starre) Augen; **Ver|gla|sung**
Ver|gleich, der; -[e]s, -e; im - mit, zu ..., ein gütlicher -; **ver|gleich|bar; Ver|gleich|bar|keit,** die; -; **ver|glei|chen;** sie hat diese beiden Bilder verglichen; sich -; die Parteien haben sich verglichen; die vergleichende Anatomie; vergleich[e]! (*Abk.* vgl.); **Ver|gleichs_form** (*svw.* Steigerungsform), **...gläu|bi|ger** *(Rechtsspr.)*, **...grö|ße, ...kampf** *(Sport)*, **...mög|lich|keit, ...ob|jekt, ...par|ti|kel** *(Sprachw.)*, **...schuld|ner** *(Rechtsspr.)*, **...ver|fah|ren; ver|gleichs|wei|se; Ver|gleichs|zahl; Ver|glei|chung**
ver|glet|schern; Ver|glet|sche|rung
ver|glim|men
ver|glü|hen
ver|gnat|zen (*landsch. für* verärgern); ich bin vergnatzt
ver|gnü|gen; sich -; **Ver|gnü|gen,** das; -s, -; viel -!; **ver|gnü|gens|hal|ber; ver|gnüg|lich; ver|gnügt;** -este; **Ver|gnü|gung** *meist Plur.*; **Ver|gnü|gungs|fahrt; ver|gnü|gungs|hal|ber; Ver|gnü|gungs_in|du|strie, ...park, ...rei|se, ...steu|er** (die; ↑R 54), **...sucht** (die; -); **ver|gnü|gungs|süch|tig**
ver|gol|den; Ver|gol|der; Ver|gol|de|rin; Ver|gol|dung
ver|gön|nen ([aus Gunst] gewähren); es ist mir vergönnt
ver|got|ten (*svw.* vergöttlichen); **ver|göt|tern** (wie einen Gott verehren); ich ...ere (↑R 22); **Ver|göt|te|rung; ver|gött|li|chen** (zum Gott machen; als Gott verehren); **Ver|gött|li|chung; Ver|got|tung**
ver|gra|ben; er hat sich -; er ist tief in seine Bücher -; er hat seine Hände in den Hosentaschen -
ver|grä|men (verärgern; *Jägerspr.* [Wild] verscheuchen); **ver|grämt;** -este
ver|grät|zen (*landsch. für* verärgern); du vergrätzt
ver|grau|en (grau werden); vergraute Wäsche
ver|grau|len (*ugs. für* verärgern [u. dadurch vertreiben])
ver|grei|fen; sich an jmdm., an einer Sache -; du hast dich an fremdem Gut, im Ton vergriffen
ver|grei|sen; du vergreist; er vergrei|ste; **Ver|grei|sung,** die; - (das Vergreistsein; das Vergreisen)
ver|grel|len (*landsch. für* zornig machen); man hat ihn vergrellt
ver|grif|fen; das Buch ist - (nicht mehr lieferbar)
ver|grö|bern; ich ...ere (↑R 22); **Ver|grö|be|rung**
Ver|grö|ße|rer *(Optik)*; **ver|grö|ßern;** ich ...ere (↑R 22); **Ver|grö|ße|rung; Ver|grö|ße|rungs_ap|pa|rat, ...glas** (*Plur.* ...gläser), **...spie|gel**
ver|gucken [*Trenn.* ...guk|ken], sich (*ugs. für* sich verlieben)
ver|gül|den (*geh. für* vergolden)
Ver|gunst (*veraltend für* Erlaubnis); *nur noch in* mit - (mit Verlaub); **ver|gün|sti|gen** *(veraltet)*; **Ver|gün|sti|gung**
ver|gü|ten (*auch für* veredeln); **Ver|gü|tung**
verh. (*Zeichen* ⚭) = verheiratet
Ver|hack, der; -[e]s, -e (*veraltet für* Verhau); **Ver|hackert,** das; -s [*Trenn.* ...hak|kert] (*österr. für* Brotaufstrich aus Schweinefett u. a.); **ver|hack|stücken** [*Trenn.* ...stük|ken] (*ugs. für* bis ins kleinste besprechen u. kritisieren)
Ver|haft, der; -[e]s (*veraltet für* Verhaftung); **ver|haf|ten; ver|haf|tet** (*auch für* eng verbunden); einer Sache - sein; **Ver|haf|te|te,** der *u.* die; -n, -n (↑R 7 ff.); **Ver|haf|tung; Ver|haf|tungs|wel|le**
ver|ha|geln; das Getreide ist verhagelt
ver|ha|ken, sich; die Geweihe verhakten sich ineinander
ver|hal|len; sein Ruf verhallte
Ver|halt, der; -[e]s, -e (*veraltet für* Verhalten; Sachverhalt); [1]**ver|hal|ten** (stehenbleiben; zurückhalten; *österr. u. schweiz. Amtsspr.* zu etwas verpflichten, anhalten); sie verhielt auf der Treppe; er verhält den Harn, den Atem; sich - (*auch für* sich benehmen); ich habe mich abwartend -; [2]**ver|hal|ten;** ein -er (gedämpfter, unterdrückter) Zorn, Trotz; -er (verzögerter) Schritt; -er (gezügelter) Trab; **Ver|hal|ten,** das; -s; **Ver|hal|ten|heit,** die; -; **Ver|hal|tens_for|scher, ...for|sche|rin, ...for|schung** (die; -), **...fra|ge; ver|hal|tens|ge|stört; Ver|hal|tens_maß|re|gel** *(meist Plur.)*, **...mu|ster** *(Psych.)*, **...re|gel, ...steue|rung, ...stö|rung** *(Med., Psych.)*, **...wei|se** (die); **Ver|hält|nis,** das; -ses, -se; geordnete Verhältnisse; ein geometrisches -; **Ver|hält|nis|glei|chung** *(Math.)*; **ver|hält|nis|mä|ßig; Ver|hält|nis|mä|ßig|keit** *Plur. selten*; die - der Mittel; **Ver|hält|nis_wahl, ...wahl|recht** (das; -[e]s), **...wort** (*Plur.* ...wörter; *für* Präposition), **...zahl; Ver|hal|tung; Ver|hal|tungs|maß|re|gel** (*svw.* Verhaltensmaßregel)
ver|han|deln; über, *selten* um etwas -; **Ver|hand|lung; Ver|hand|lungs|ba|sis; ver|hand|lungs|be|reit;** -este; **Ver|hand|lungs|be|reit|schaft,** die; -; **ver|hand|lungs|fä|hig; Ver|hand|lungs_grund|la|ge, ...part|ner, ...part|ne|rin, ...spra|che, ...tisch** (*in* sich an den - setzen; an den - zurückkehren), **...weg** (*nur in* auf dem - [durch Verhandeln])
ver|han|gen; ein -er Himmel; **ver|hän|gen;** *vgl.* [2]hängen; mit ver-

hängten (locker gelassenen) Zügeln; **Ver|häng|nis,** das; -ses, -se; **ver|häng|nis|voll;** ein -er Fehler; **Ver|hän|gung**
ver|harm|lo|sen; du verharmlost; er verharmloste; **Ver|harm|lo|sung**
ver|härmt; -este
ver|har|ren *(geh.);* **Ver|har|rung**
ver|har|schen; Ver|har|schung
ver|här|ten; Ver|här|tung
ver|has|peln (verwirren); sich - (*ugs. für* sich beim Sprechen verwirren); **Ver|has|pe|lung, Ver|hasp|lung**
ver|haßt; -este
ver|hät|scheln (*ugs. für* verzärteln); **Ver|hät|sche|lung, Ver|hätsch|lung**
ver|hatscht; -este (*österr. ugs. für* ausgetreten); -e Schuhe
Ver|hau, der *od.* das; -[e]s, -e; [1]**ver|hau|en** (*ugs. für* durchprügeln); er verhaute ihn; sich - (*ugs. für* sich gröblich irren); [2]**ver|hau|en** (*ugs. für* unmöglich); der sieht ja - aus
ver|he|ben, sich; ich habe mich verhoben
ver|hed|dern (*ugs. für* verwirren); ich ...ere (↑R 22); sich -
ver|hee|ren (verwüsten, zerstören); **ver|hee|rend;** -ste; das ist - (sehr unangenehm; furchtbar); -e Folgen haben; **Ver|hee|rung**
ver|heh|len *(geh.);* er hat uns die Wahrheit verhehlt; *vgl.* verhohlen
ver|hei|len; Ver|hei|lung
ver|heim|li|chen; Ver|heim|li|chung
ver|hei|ra|ten; sich -; **ver|hei|ra|tet** (*Abk.* verh.; *Zeichen* ⚭); **Ver|hei|ra|te|te,** der *u.* die; -n, -n (↑R 7 ff.); **Ver|hei|ra|tung**
ver|hei|ßen; er hat mir das -; *vgl.* [1]heißen; **Ver|hei|ßung; ver|hei|ßungs|voll**
ver|hei|zen; Kohlen -; jmdn. - (*ugs. für* jmdn. rücksichtslos einsetzen [u. opfern])
ver|hel|fen; jmdm. zu etwas -; sie hat mir dazu verholfen
ver|herr|li|chen; Ver|herr|li|chung
ver|het|zen; er hat die Massen verhetzt; **Ver|het|zung**
ver|heu|ern (*Seemannsspr. svw.* heuern); ich ...ere (↑R 22)
ver|heult (*ugs. für* verweint); mit -en Augen
ver|he|xen; das ist wie verhext!; **Ver|he|xung**
Ver|hieb (*Bergmannsspr.* Art u. Richtung, in der der Kohlenstoß abgebaut wird)
ver|him|meln (*ugs. für* vergöttern)
ver|hin|dern; Ver|hin|de|rung; Ver|hin|de|rungs|fall, der; *nur in* im -[e] *(Amtsspr.)*
ver|hoch|deut|schen
ver|hof|fen (sichern [vom Wild])
ver|hoh|len (verborgen); mit kaum -er Schadenfreude
ver|höh|nen; ver|hoh|ne|pi|peln (*ugs. für* verspotten, verulken); ich ...[e]le (↑R 22); **Ver|höh|nung**
ver|hö|kern (*ugs. für* [billig] verkaufen)
Ver|hol|bo|je *(Seemannsspr.);* **ver|ho|len** ([ein Schiff] an eine andere Stelle bringen)
ver|hol|zen; Ver|hol|zung
Ver|hör, das; -[e]s, -e; **ver|hö|ren**
ver|hor|nen; Ver|hor|nung
ver|hu|deln (*landsch. für* durch Hast, Nachlässigkeit verderben)
ver|hül|len; ver|hüllt; eine kaum -e Drohung; **Ver|hül|lung**
ver|hun|dert|fa|chen
ver|hun|gern; (↑R 68:) vor dem Verhungern retten
ver|hun|zen (*ugs. für* verderben; verunstalten; verschlechtern); du verhunzt; **Ver|hun|zung** *(ugs.)*
ver|hu|ren (*derb für* [sein Geld] bei Prostituierten ausgeben); **ver|hurt;** -este (*derb für* sexuell ausschweifend)
ver|huscht; -este (*ugs. für* scheu u. zaghaft)
ver|hü|ten (verhindern)
ver|hüt|ten (Erz auf Hüttenwerken verarbeiten); **Ver|hüt|tung**
Ver|hü|tung; Ver|hü|tungs|mit|tel, das
ver|hut|zelt ([gealtert u.] zusammengeschrumpft); ein -es Männchen
Ve|ri|fi|ka|ti|on [v...], die; -, -en ‹lat.› (das Verifizieren); **ve|ri|fi|zier|bar** (nachprüfbar); **Ve|ri|fi|zier|bar|keit,** die; -; **ve|ri|fi|zie|ren** (durch Überprüfen die Richtigkeit bestätigen)
ver|in|ner|li|chen; Ver|in|ner|li|chung
ver|ir|ren, sich; **Ver|ir|rung**
Ve|ris|mus [v...], der; - ‹lat.› (kraß wirklichkeitsgetreue künstlerische Darstellung); **Ve|rist,** der; -en, -en (↑R 197); **ve|ri|stisch;** -ste
ve|ri|ta|bel [v...] ‹franz.› (wahrhaft; echt); ...a|ble Größe
ver|ja|gen
ver|jäh|ren; Ver|jäh|rung; Ver|jäh|rungs|frist
ver|jaz|zen; ein verjazztes Kirchenlied
ver|ju|beln (*ugs. für* [sein Geld] für Vergnügungen ausgeben)
ver|juch|hei|en (*landsch. für* verjubeln)
ver|jün|gen; er hat das Personal verjüngt; sich -; die Säule verjüngt sich (wird [nach oben] dünner); **Ver|jün|gung; Ver|jün|gungs‿kur** (*vgl.* [1]Kur), **...trank**
ver|ju|xen (*ugs. für* vergeuden, verulken); du verjuxt
ver|ka|beln (mit Kabeln anschließen); **Ver|ka|be|lung**
ver|kad|men *vgl.* kadmieren
ver|kal|ben; die Kuh hat verkalbt
ver|kal|ken (*ugs. auch für* alt werden, die geistige Frische verlieren)
ver|kal|ku|lie|ren, sich (sich verrechnen, falsch veranschlagen)
Ver|kal|kung
ver|ka|mi|so|len (*ugs. veraltend für* verprügeln)
ver|kannt; -este; ein -es Genie
ver|kan|ten
ver|kap|pen (unkenntlich machen); **ver|kappt;** ein -er Spion, Betrüger; **Ver|kap|pung**
ver|kap|seln; ich ...[e]le (↑R 22); **Ver|kap|se|lung, Ver|kaps|lung**
ver|kar|sten (zu [2]Karst werden); **Ver|kar|stung**
ver|kar|ten (für eine Kartei auf Karten schreiben); **Ver|kar|tung**
ver|ka|se|ma|tuckeln [*Trenn.* ...tuk|keln] (*ugs. für* verkonsumieren; genau erklären); ich ...[e]le (↑R 22)
ver|kä|sen (zu Käse werden)
ver|kä|steln (einschachteln); **ver|kä|sten** (*Bergbau* auszimmern)
Ver|kä|sung
ver|ka|tert (*ugs. für* an den Folgen übermäßigen Alkoholgenusses leidend)
Ver|kauf, der; -[e]s, ...käufe; der - von Textilien, *in der Kaufmannsspr. gelegentl. auch* der - in Textilien; An- und Verkauf (↑R 32); **ver|kau|fen;** du verkaufst; er verkauft, verkaufte, hat verkauft (*nicht korrekt:* du verkäufst; er verkäuft); **Ver|käu|fer; Ver|käu|fe|rin; ver|käuf|lich; Ver|käuf|lich|keit,** die; -; **Ver|kaufs‿ab|tei|lung, ...aus|stel|lung, ...be|din|gung, ...fah|rer, ...flä|che; ver|kaufs|för|dernd; Ver|kaufs‿för|de|rung, ...ge|spräch, ...lei|ter** (der); **ver|kaufs|of|fen;** -er Samstag; **Ver|kaufs‿preis, ...raum, ...schla|ger, ...stand, ...stel|le, ...tisch**
Ver|kehr, der; *Gen.* -s, *seltener* -es, *Plur. (fachspr.)* -e; im - mit ...; in - treten; **ver|keh|ren; Ver|kehrs‿ader, ...am|pel, ...amt, ...auf|kom|men** (das; -s); **ver|kehrs|be|ru|higt;** eine -e Straße; **Ver|kehrs‿be|ru|hi|gung, ...be|trieb** *(meist Plur.),* **...bü|ro, ...cha|os, ...de|likt, ...dich|te** (die; -), **...dis|zi|plin** (die; -), **...er|zie|hung, ...fluß** (der; -flusses); **ver|kehrs|frei; Ver|kehrs‿funk, ...ge|fähr|dung, ...ge|sche|hen; ver|kehrs|gün|stig; Ver|kehrs‿hin|der|nis, ...in|sel, ...kno|ten|punkt, ...kon|trol|le, ...la|ge, ...lärm, ...mel|dung, ...mi|ni|ster, ...mit|tel** (das), **...netz, ...op|fer, ...ord-**

nung (die; -), **...plan** (*vgl.* [2]Plan), **...pla|nung, ...po|li|zei, ...recht** (das; -[e]s), **...re|ge|lung** *od.* **...reg|lung; ver|kehrs|reich; Ver|kehrs_schild** (das), **...schrift** (die; -; erster Grad der Kurzschrift), **...schutz|mann; ver|kehrs|si|cher; Ver|kehrs_si|cher|heit** (die; -), **...si|gnal, ...spra|che, ...stär|ke, ...sta|ti|stik, ...stau, ...steu|er** (die; *Wirtsch.*), **...stockung** [*Trenn.* ...stok|kung], **...stö|rung, ...strei|fe, ...sün|der** *(ugs.),* **...sün|de|rin** *(ugs.),* **...taug|lich|keit, ...teil|neh|mer, ...teil|neh|me|rin, ...to|te** (*meist Plur.;* ↑R 7 ff.), **...tüch|tig|keit, ...un|fall, ...ver|bin|dung, ...ver|bund, ...ver|ein, ...vor|schrift, ...weg, ...wert** *(Wirtsch.),* **...we|sen** (das; -s); **ver|kehrs|wid|rig; Ver|kehrs|zei|chen; ver|kehrt;** -este; seine Antwort ist -; - herum; Kaffee - (*ugs. für* mehr Milch als Kaffee); **Ver|kehrt|heit; Ver|keh|rung**

ver|kei|len; einen Balken -; die Autos verkeilten sich [ineinander]; jmdn. - (*ugs. für* jmdn. verprügeln)

ver|ken|nen; er wurde von allen verkannt; *vgl.* verkannt; **Ver|ken|nung**

ver|ket|ten; Ver|ket|tung

ver|ket|zern (verurteilen, schmähen); ich ...ere (↑R 22); **Ver|ket|ze|rung**

ver|kie|seln (*fachspr. für* von Kieselsäure durchtränkt werden); **Ver|kie|se|lung**

ver|kip|pen ([Abfallstoffe] auf Deponien ablagern); **Ver|kip|pung**

ver|kit|schen (kitschig gestalten; *landsch. für* [billig] verkaufen)

ver|kit|ten (mit Kitt befestigen)

ver|kla|gen

ver|klam|mern; Ver|klam|me|rung

ver|klap|pen ([Abfallstoffe] ins Meer versenken); **Ver|klap|pung**

ver|kla|ren (*nordd. für* [mühsam] erklären; *Seemannsspr.* über Schiffsunfälle eidlich aussagen)

ver|klä|ren (ins Überirdische erhöhen)

Ver|kla|rung (gerichtliche Feststellung bei Schiffsunfällen)

Ver|klä|rung

ver|klat|schen (*ugs. für* verpetzen, verraten); man hat ihn verklatscht

ver|klau|su|lie|ren (schwer verständlich formulieren; mit vielen Vorbehalten versehen); **Ver|klau|su|lie|rung**

ver|kle|ben; Ver|kle|bung

ver|kleckern [*Trenn.* ...klek|kern] *(ugs.);* ich ...ere (↑R 22)

ver|klei|den; Ver|klei|dung

ver|klei|nern; ich ...ere (↑R 22); **Ver|klei|ne|rung; Ver|klei|ne|rungs_form, ...sil|be**

ver|klei|stern (*ugs. für* verkleben); **Ver|klei|ste|rung** *(ugs.)*

ver|klem|men; ver|klemmt (gehemmt, voller Komplexe); -este

ver|klickern [*Trenn.* ...klik|kern] (*ugs. für* erklären)

ver|klin|gen

ver|klop|pen (*ugs. für* verprügeln; [unter dem Wert] verkaufen); sie haben ihn tüchtig verkloppt; er hat seine Bücher verkloppt

ver|klüf|ten, sich (*Jägerspr.* sich im Bau vergraben)

ver|klum|pen (klumpig werden) **Ver|klum|pung**

ver|knacken [*Trenn.* ...knak|ken] ‹jidd.› (*ugs. für* [gerichtlich] verurteilen)

ver|knack|sen, sich *(ugs.);* du hast dir den Fuß verknackst (verstaucht)

ver|knal|len *(ugs. für* [sinnlos] verschießen); sich - (*ugs. für* sich heftig verlieben); zu Silvester werden Unsummen verknallt; du hast dich, du bist in sie verknallt

ver|knap|pen; Ver|knap|pung

ver|kna|sten (*ugs. für* zu einer Freiheitsstrafe verurteilen)

ver|knäu|len; sich -

ver|knaut|schen *(ugs.);* du verknautschst

ver|knei|fen *(ugs.);* das Lachen -; sich etwas - (auf etwas verzichten; etwas unterdrücken); **ver|knif|fen** (verbittert, verhärtet); **Ver|knif|fen|heit,** die; -

ver|knit|tern; ich ...ere (↑R 22)

ver|knö|chern; ich ...ere (↑R 22); **ver|knö|chert** (*ugs. auch für* alt, geistig unbeweglich); **Ver|knö|che|rung**

ver|knor|peln; Ver|knor|pe|lung, Ver|knorp|lung

ver|kno|ten

ver|knül|len (*landsch. für* zerknüllen)

ver|knüp|fen; Ver|knüp|fung

ver|knur|ren *(ugs.);* jmdn. zu zehn Tagen Arrest -

ver|knu|sen; *nur noch in* jmdn. nicht verknusen (*ugs. für* nicht ausstehen) können

ver|ko|chen ([zu] lange kochen)

[1]**ver|koh|len** ‹jidd.› (*ugs. für* veralbern; scherzhaft belügen)

[2]**ver|koh|len** (in Kohle umwandeln); **Ver|koh|lung**

ver|ko|ken (zu [1]Koks machen, werden); **Ver|ko|kung**

ver|kom|men; er verkam im Schmutz; ein -er Mensch; **Ver|kom|men|heit,** die; -

ver|kom|pli|zie|ren ([unnötig] kompliziert machen)

ver|kon|su|mie|ren (*ugs. für* aufessen, verbrauchen)

ver|kop|peln; Ver|kop|pe|lung, Ver|kopp|lung

ver|kor|ken (mit einem Korken verschließen); **ver|kork|sen** (*ugs. für* verderben, verpfuschen); du verkorkst

ver|kör|nen (*Technik* granulieren)

ver|kör|pern; ich ...ere (↑R 22); **Ver|kör|pe|rung**

ver|ko|sten (kostend prüfen); Wein -; **Ver|ko|ster; ver|kö|sti|gen; Ver|kö|sti|gung; Ver|ko|stung**

ver|kra|chen (*ugs. für* zusammenbrechen); sich - (*ugs. für* sich entzweien); **ver|kracht** (*ugs. für* gescheitert); ein -er Student; eine -e Existenz

ver|kraf|ten (*ugs. für* ertragen können)

ver|kral|len; das Eichhörnchen verkrallte sich in der Rinde

ver|kra|men (*ugs. für* verlegen)

ver|kramp|fen, sich; **ver|krampft;** -este; **Ver|kramp|fung**

ver|krat|zen

ver|krau|chen, sich (*landsch. für* sich verkriechen)

ver|krau|ten; der See verkrautet

ver|krie|chen, sich

ver|kröp|fen (*Bauw. svw.* kröpfen); **Ver|kröp|fung**

ver|krü|meln, sich (*ugs. für* sich unauffällig entfernen)

ver|krüm|men; sich -; **Ver|krüm|mung**

ver|krum|peln (*landsch. für* zerknittern); ich ...[e]le (↑R 22)

ver|krüp|peln; ich ...ele (↑R 22); **Ver|krüp|pe|lung, Ver|krüpp|lung**

ver|kru|sten; etwas verkrustet; **Ver|kru|stung**

ver|küh|len, sich (*landsch. für* sich erkälten); **Ver|küh|lung** *(landsch.)*

ver|küm|mern; ver|küm|mert; Ver|küm|me|rung

ver|kün|den *(geh.);* **Ver|kün|der; Ver|kün|de|rin; ver|kün|di|gen** *(geh.);* **Ver|kün|di|ger; Ver|kün|di|ge|rin; Ver|kün|di|gung, Ver|kün|dung;** das kath. Fest Mariä Verkündigung, *ugs.* Maria Verkündigung

ver|kup|fern; ich ...ere (↑R 22); **Ver|kup|fe|rung**

ver|kup|peln; Ver|kup|pe|lung, Ver|kupp|lung

ver|kür|zen; verkürzte Arbeitszeit; **Ver|kür|zung**

ver|la|chen (auslachen)

Ver|lad, der; -s (*schweiz. für* Verladung); **Ver|la|de_bahn|hof, ...brücke** [*Trenn.* ...brük|ke], **...kran; ver|la|den;** *vgl.* [1]laden; **Ver|la|der; Ver|la|de|ram|pe; Ver|la|dung**

Ver|lag, der; -[e]s, -e (*schweiz. auch für* das Herumliegen [von

Gegenständen]); **ver|la|gern; Ver|la|ge|rung; Ver|lags‿an|stalt, ...buch|händ|ler, ...buch|händ|le|rin, ...[buch|]hand|lung, ...haus, ...ka|ta|log, ...kauf|frau, ...kauf|mann, ...pro|gramm, ...pro|spekt, ...recht, ...ver|trag, ...we|sen** (das; -s)

Ver|laine [vɛrˈlɛːn] (franz. Dichter)

ver|lam|men; das Schaf hat verlammt

ver|lan|den (von Seen usw.); **Ver|lan|dung**

ver|lan|gen; Ver|lan|gen, das; -s, -; auf -

ver|län|gern; ich ...ere (↑R 22); **ver|län|gert;** -er Rücken (*ugs. scherzh. für* Gesäß); **Ver|län|ger|te,** der; -n, -n; ↑R 7 ff. (*österr. für* dünner Kaffee); **Ver|län|ge|rung; Ver|län|ge|rungs‿ka|bel, ...schnur**

ver|lang|sa|men; Ver|lang|sa|mung

ver|läp|pern (*ugs. für* [Geld] vergeuden); **Ver|läp|pe|rung**

Ver|laß, der; ...lasses; es ist kein - auf ihn; [1]**ver|las|sen;** sich auf eine Sache, einen Menschen -; er hatte sich auf ihn -; [2]**ver|las|sen** (vereinsamt); das Dorf lag - da; **Ver|las|sen|heit,** die; -; **Ver|las|sen|schaft** (*bes. österr. für* Hinterlassenschaft); **ver|läs|sig** (*veraltet für* zuverlässig); **ver|läs|si|gen,** sich (*landsch. für* sich vergewissern); **ver|läß|lich** (zuverlässig); **Ver|läß|lich|keit,** die; -

ver|lä|stern; Ver|lä|ste|rung

Ver|laub, der; *nur noch in* mit -

Ver|lauf; im -; **ver|lau|fen;** die Sache ist gut verlaufen; sich -; er hat sich verlaufen; **Ver|laufs|form** (*Sprachw.* sprachl. Fügung, die angibt, daß ein Geschehen gerade abläuft, z. B. „er ist beim Arbeiten")

ver|lau|sen; Ver|lau|sung

ver|laut|ba|ren; es verlautbart, daß ...; die Regierung ließ -; **Ver|laut|ba|rung; ver|lau|ten;** wie verlautet; nichts - lassen

ver|le|ben; ver|le|ben|di|gen (anschaulich, lebendig machen); **Ver|le|ben|di|gung; ver|lebt;** -este; ein -es Gesicht

[1]**ver|le|gen** ‹*zu* legen› (an einen anderen Platz legen; auf einen anderen Zeitpunkt festlegen; im Verlag herausgeben; *Technik* [Rohre u. a.] legen, zusammenfügen); (↑R 68:) [das] Verlegen von Rohren; [2]**ver|le|gen** ‹*zu* liegen› (befangen, unsicher); sie war -; **Ver|le|gen|heit; Ver|le|gen|heits‿ge|schenk, ...lö|sung; Ver|le|ger; Ver|le|ge|rin; ver|le|ge|risch; Ver|le|ger|zei|chen; Ver|le|gung**

ver|lei|den (jmdm. die Freude an etwas nehmen); es ist mir alles verleidet; **Ver|lei|der,** der; -s (*schweiz. mdal. für* Überdruß); er hat den - bekommen

Ver|leih, der; -[e]s, -e; **ver|lei|hen;** sie hat das Buch verliehen; (↑R 68:) [das] Verleihen von Geld; **Ver|lei|her; Ver|lei|he|rin; Ver|lei|hung**

ver|lei|men; Ver|lei|mung

ver|lei|ten (verführen)

ver|leit|ge|ben ‹*zu* Leitgeb› (*landsch. für* Bier od. Wein ausschenken)

Ver|lei|tung

ver|ler|nen

ver|le|sen (ablesen; sondern [z. B. Erbsen]); sie hat den Text verlesen; sich - (falsch lesen); **Ver|le|sung**

ver|letz|bar; Ver|letz|bar|keit, die; -; **ver|let|zen;** er ist verletzt; **ver|let|zend;** -ste; **ver|letz|lich; Ver|letz|lich|keit** die; -; **ver|letzt; Ver|letz|te,** der *u.* die; -n, -n (↑R 7 ff.); **Ver|let|zung; Ver|let|zungs‿ge|fahr, ...pau|se** (*Sport*)

ver|leug|nen; Ver|leug|nung

ver|leum|den; Ver|leum|der; Ver|leum|de|rin; ver|leum|de|risch; Ver|leum|dung; Ver|leum|dungs|kam|pag|ne

ver|lie|ben, sich; **ver|liebt;** -este; ein -es Paar; **Ver|lieb|te,** der *u.* die; -n, -n (↑R 7 ff.); **Ver|liebt|heit,** die; -

ver|lie|ren; du verlorst; du verlörest; verloren; verlier[e]!; sich -; verloren sein; verloren geben; *vgl.* aber: verlorengehen; *vgl.* verloren; **Ver|lie|rer; Ver|lie|re|rin; Ver|lies,** das; -es, -e ([unterird.] Gefängnis, Kerker)

ver|lo|ben; sich -; **Ver|löb|nis,** das; -ses, -se; **Ver|lob|te,** der *u.* die; -n, -n (↑R 7 ff.); **Ver|lo|bung; Ver|lo|bungs‿an|zei|ge, ...ring, ...zeit**

ver|locken [*Trenn.* ...lok|ken]; **Ver|lockung** [*Trenn.* ...lok|kung]

ver|lo|dern (*geh. für* lodernd verlöschen)

ver|lo|gen (lügenhaft); **Ver|lo|gen|heit**

ver|lo|hen (*geh. für* erlöschen)

ver|loh|nen; sich -; es verlohnt sich zu leben; *vgl.* lohnen

ver|lo|ren; -e Eier (in kochendem Wasser ohne Schale gegarte Eier); der -e Sohn; auf -em Posten stehen; - sein; das Spiel ist längst verloren gewesen; - geben; sie haben das Spiel frühzeitig verloren gegeben; **ver|lo|ren|ge|hen;** es ist viel Vertrauen verlorengegangen; **Ver|lo|ren|heit,** die; -

[1]**ver|lö|schen;** eine Schrift - (auslöschend verwischen); *vgl.* [1]löschen; [2]**ver|lö|schen;** die Kerze verlischt; *vgl.* [2]löschen

ver|lo|sen; Ver|lo|sung

ver|lö|ten; einen Blechkanister -; einen - (*ugs. für* Alkohol trinken)

ver|lot|tern (*ugs. für* verkommen); **Ver|lot|te|rung** (*ugs.*)

ver|lu|dern (*ugs. für* verkommen)

ver|lum|pen (verkommen)

Ver|lust, der; -[e]s, -e; **ver|lust|arm; Ver|lust‿be|trieb, ...geschäft**

ver|lu|sti|e|ren, sich (*scherzh. für* sich vergnügen)

ver|lu|stig; *meist in* einer Sache - gehen (eine Sache verlieren, preisgeben müssen); **Ver|lust|li|ste; ver|lust|reich**

verm. (*Zeichen* ⚭) = vermählt

ver|ma|chen (vererben; *ugs. für* überlassen); **Ver|mächt|nis,** das; -ses, -se; **Ver|mächt|nis|neh|mer** (*Rechtsspr.*)

ver|mah|len (zu Mehl machen); *vgl.* aber: vermalen

ver|mäh|len (*geh.*); sich -; **vermählt** (*Abk.* verm. [*Zeichen* ⚭]); **Ver|mähl|te,** der *u.* die; -n, -n (↑R 7 ff.); **Ver|mäh|lung; Ver|mäh|lungs|an|zei|ge**

ver|mah|nen (*veraltend für* ernst ermahnen); **Ver|mah|nung**

ver|ma|le|dei|en (*veraltend für* verfluchen, verwünschen); **Ver|ma|le|dei|ung**

ver|ma|len ([Farben] malend verbrauchen); *vgl.* aber: vermahlen

ver|männ|li|chen

ver|man|schen (*ugs. für* vermischen)

ver|mar|ken (*fachspr. für* vermessen)

ver|mark|ten (*Wirtsch.* [bedarfsgerecht zubereitet] auf den Markt bringen); **Ver|mark|tung**

Ver|mar|kung (*fachspr. für* Vermessung)

ver|mas|seln ‹*zu* [1]Massel› (*ugs. für* zunichte machen); ich vermassele *u.* vermaßle (↑R 22)

ver|mas|sen (etwas zur Massenware machen; in der Masse aufgehen); du vermaßt; vermaßt; **Ver|mas|sung**

ver|mau|ern

Ver|meer van Delft [vər... fan, *auch* van -], Jan (niederl. Maler)

ver|meh|ren; sich -; **Ver|meh|rung**

ver|meid|bar; ver|mei|den; sie hat diesen Fehler vermieden; **vermeid|lich; Ver|mei|dung**

ver|meil [vɛrˈmɛːj] ‹franz.› (hochrot); **Ver|meil,** das; -s (vergoldetes Silber)

ver|mei|nen ([irrtümlich] glauben); **ver|meint|lich**

ver|mel|den (*veraltend für* mitteilen)

ver|men|gen; Ver|men|gung

ver|mensch|li|chen; Ver|mensch|li|chung

Ver|merk, der; -[e]s, -e; **ver|mer|ken**; etwas am Rande -
[1]**ver|mes|sen**; Land -; sich - (sich beim Messen irren; *geh. für* sich unterfangen); er hat sich -, alles zu sagen *(geh.)*; [2]**ver|mes|sen**; ein -es (tollkühnes) Unternehmen; **Ver|mes|sen|heit** (Kühnheit); **Ver|mes|sung**; **Ver|mes|sungs‿in|ge|nieur** (*Abk.* Verm.-Ing.), **...schiff**, **...ur|kun|de**
Ver|mi|celles [vɛrmisɛl] *Plur.* ‹franz.› (*schweiz.* eine Süßspeise aus Kastanienpüree)
ver|mi|ckert [*Trenn.* ...mik|kert], **ver|mie|kert** (*ugs. für* klein, schwächlich)
ver|mie|sen (*ugs. für* verleiden); du vermiest; er vermie|ste
ver|mie|ten; **Ver|mie|ter**; **Ver|mie|te|rin**; **Ver|mie|tung**
Ver|mil|lon [vɛrmi'jɔ̃:], das; -s ‹franz.› (feinster Zinnober)
ver|min|dern; **Ver|min|de|rung**
ver|mi|nen (Minen legen; durch Minen versperren)
Verm.-Ing. = Vermessungsingenieur
Ver|mi|nung
ver|mi|schen; **Ver|mi|schung**
ver|mis|sen; als vermißt gemeldet; **Ver|miß|te**, der *u.* die; -n, -n (↑R 7 ff.); **Ver|miß|ten|an|zei|ge**
ver|mit|teln; ich ...[e]le (↑R 22); **ver|mit|tels[t]**; *Präp. mit Gen.* - des Eimers (*besser:* mit dem Eimer *od.* mit Hilfe des Eimers); *vgl.* mittels; **Ver|mitt|ler**; **Ver|mitt|le|rin**; **Ver|mitt|ler|rol|le**; **Ver|mitt|lung**; **Ver|mitt|lungs‿amt**, **...ge|bühr**, **...stel|le**, **...ver|such**
ver|mö|beln (*ugs. für* verprügeln); ich ...[e]le (↑R 22)
ver|mo|dern; **Ver|mo|de|rung**, **Ver|mod|rung**
ver|mö|ge; *Präp. mit Gen. (geh.)*: - seines Geldes; **ver|mö|gen**; **Ver|mö|gen**, das; -s, -; **ver|mö|gend**; -ste; **Ver|mö|gens‿ab|ga|be**, **...be|ra|ter**, **...be|ra|te|rin**, **...be|steue|rung**, **...bil|dung**, **...er|klä|rung**, **...la|ge**; **ver|mö|gens|los**; **Ver|mö|gens|recht**, das; -[e]s; **Ver|mö|gens|steu|er**, **Ver|mö|gen|steu|er**, die (↑R 54); **Ver|mö|gens‿ver|si|che|rung**, **...ver|tei|lung**, **...ver|wal|tung**; **ver|mö|gens|wirk|sam**; -e Leistungen; **Ver|mö|gens|zu|wachs**; **ver|mög|lich** (*landsch. u. schweiz. für* wohlhabend)
Ver|mont [v...] (Staat in den USA; *Abk.* Vt.)
ver|moo|ren; die Wiesen -
ver|mor|schen; vermorscht
ver|mot|tet
ver|mückert [*Trenn.* ...mük|kert], **ver|mü|kert** (*landsch. für* klein, schwächlich)

ver|mum|men (fest einhüllen); sich - (durch Verkleidung u. ä. unkenntlich machen); **Ver|mum|mung**; **Ver|mum|mungs|ver|bot**
[1]**ver|mu|ren** ‹*zu* Mure› (*Geol.* durch Schutt verwüsten)
[2]**ver|mu|ren** ‹engl.› (*Seew.* vor zwei Anker legen); *vgl.* muren
ver|murk|sen (*ugs. für* verderben)
ver|mu|ten; **ver|mut|lich**; **Ver|mu|tung**; **ver|mu|tungs|wei|se**
ver|nach|läs|sig|bar; **ver|nach|läs|si|gen**; **Ver|nach|läs|si|gung**
ver|na|geln; **ver|na|gelt** (*ugs. auch für* äußerst begriffsstutzig); **Ver|na|ge|lung**, **Ver|nag|lung**
ver|nä|hen; eine Wunde -; sie hat das Garn vernäht
ver|nar|ben; **Ver|nar|bung**
ver|nar|ren, sich -; in jmdn., in etwas vernarrt sein; **Ver|narrt|heit**
ver|na|schen; sein Geld -; ein Mädchen - (*ugs. für* mit ihm schlafen); **ver|nascht**; -este (*svw.* naschhaft)
ver|ne|beln; ich ...[e]le (↑R 22); **Ver|ne|be|lung**, **Ver|neb|lung**
ver|nehm|bar; **ver|neh|men**; er hat das Geräusch vernommen; der Angeklagte wurde vernommen; **Ver|neh|men**, das; -s; *meist in* dem - nach; **Ver|nehm|las|sung** (*schweiz. für* Stellungnahme, Verlautbarung); **ver|nehm|lich**; **Ver|neh|mung** ([gerichtl.] Befragung); **ver|neh|mungs‿fä|hig**, **...un|fä|hig**
ver|nei|gen, sich; **Ver|nei|gung**
ver|nei|nen; eine verneinende Antwort; **Ver|nei|ner**; **Ver|nei|ne|rin**; **Ver|nei|nung**; **Ver|nei|nungs‿fall** (der; im -[e] *[Amtsspr.]*), **...wort** *(Sprachw.)*
ver|net|zen (miteinander verbinden, verknüpfen); **Ver|net|zung**
ver|nich|ten; eine vernichtende Kritik; **Ver|nich|ter**; **Ver|nich|te|rin**; **Ver|nich|tung**; **Ver|nich|tungs‿feld|zug**, **...kraft** *(Jargon)*, **...krieg**, **...la|ger**, **...waf|fe**, **...werk** (das; -[e]s), **...wut**
ver|nickeln[1]; ich ...[e]le (↑R 22); **Ver|nicke|lung**[1]; **Ver|nick|lung**
ver|nied|li|chen; **Ver|nied|li|chung**
ver|nie|ten (mit Nieten verschließen); **Ver|nie|tung**
Ver|nis|sa|ge [vɛrni'sa:ʒə], die; -, -n ‹franz.› (Ausstellungseröffnung [in kleinerem Rahmen])
Ver|nunft, die; -; **ver|nunft|be|gabt**; **Ver|nunft|ehe**; **Ver|nünf|te|lei** *(veraltend)*; **ver|nünf|teln**; ich ...[e]le (↑R 22) *(veraltend)*; **ver|nunft|ge|mäß**; **Ver|nunft‿glau|be[n]**, **...hei|rat**; **ver|nünf|tig**; **ver|nünf|ti|ger|wei|se**; **Ver|nünft|ler** *(veraltend)*; **Ver|nunft‿mensch**, der; **ver|nunft|wid|rig**; -es Verhalten; **Ver|nunft|wid|rig|keit**
ver|nu|ten (durch Nut verbinden); **Ver|nu|tung**
ver|ö|den; **Ver|ö|dung**
ver|öf|fent|li|chen; **Ver|öf|fent|li|chung**
ver|ö|len (ölig werden)
Ve|ro|na [v...] (ital. Stadt); [1]**Ve|ro|ne|se**, der; -n, -n (↑R 197) *u.* Ve|ro|ne|ser; ↑R 147 (Einwohner von Verona); [2]**Ve|ro|ne|se** (ital. Maler); **Ve|ro|ne|ser** *vgl.* [1]Veronese; **Ve|ro|ne|ser Er|de**, die; - - (Farbe); **Ve|ro|ne|ser Gelb**, das; - -s; **ve|ro|ne|sisch**
[1]**Ve|ro|ni|ka** [v...] (w. Vorn.); [2]**Ve|ro|ni|ka**, die; -, ...ken ‹nach der hl. Veronika› (Ehrenpreis [eine Pflanze])
ver|ord|nen; **Ver|ord|nung**; **Ver|ord|nungs|blatt**
ver|paa|ren, sich *(Zool.)*; **ver|paart**
ver|pach|ten; **Ver|päch|ter**; **Ver|päch|te|rin**; **Ver|pach|tung**
ver|packen[1]; **Ver|packung**[1]; **Ver|packungs|ma|te|ri|al**[1]
ver|päp|peln (*ugs. für* verzärteln); du verpäppelst dich
[1]**ver|pas|sen** (versäumen); sie hat den Zug verpaßt; [2]**ver|pas|sen** (*ugs. für* geben; schlagen); die Uniform wurde ihm verpaßt; dem werde ich eins -
ver|pat|zen (*ugs. für* verderben); er hat die Arbeit verpatzt
ver|pen|nen (*ugs. für* verschlafen)
ver|pe|sten; die Luft -; **Ver|pe|stung**
ver|pet|zen (*ugs. für* verraten); er hat ihn verpetzt
ver|pfän|den; **Ver|pfän|dung**
ver|pfei|fen (*ugs. für* verraten); er hat ihn verpfiffen
ver|pflan|zen; die Blumen wurden verpflanzt; **Ver|pflan|zung**
ver|pfle|gen; **Ver|pfle|gung** *Plur. selten*; **Ver|pfle|gungs‿geld**, **...satz**
ver|pflich|ten; sich -; sie ist mir verpflichtet; **Ver|pflich|tung**; eine moralische -; **Ver|pflich|tungs|ge|schäft** *(Rechtsw.)*
ver|pfrün|den (*südd. u. schweiz. für* durch lebenslänglichen Unterhalt versorgen); **Ver|pfrün|dung** *(südd. u. schweiz.)*
ver|pfu|schen (*ugs. für* verderben); er hat die Zeichnung verpfuscht; ein völlig verpfuschtes Leben
ver|pi|chen (mit Pech ausstreichen)
ver|pie|seln, sich (*landsch. für* sich entfernen, davonlaufen); ich ...[e]le mich (↑R 22)

[1] *Trenn.* ...k|k...

ver|pim|peln (*ugs. für* verzärteln); du verpimpelst dich
ver|pis|sen; sich - (*derb für* sich [heimlich] entfernen)
ver|pla|nen (falsch planen; *auch für* in einen Plan einbauen)
ver|plap|pern, sich (*ugs. für* etwas voreilig u. unüberlegt heraussagen)
ver|plat|ten (mit Platten versehen)
ver|plät|ten (*ugs. für* verprügeln)
Ver|plat|tung
ver|plau|dern ([Zeit] mit Plaudern verbringen); sich -
ver|plem|pern (*ugs. für* vergeuden); Zeit -; du verplemperst dich
ver|plom|ben (mit einer Plombe versiegeln); **Ver|plom|bung**
ver|pö|nen ‹dt.; lat.› (*veraltend für* mißbilligen; [bei Strafe] verbieten); **ver|pönt**; -este (verboten, nicht statthaft)
ver|pop|pen; ein verpoppter (mit den Mitteln der Popkunst veränderter) Klassiker
ver|pras|sen; er hat das Geld verpraßt
ver|prel|len (verwirren, verärgern; *Jägerspr.* [Wild] verscheuchen)
ver|pro|le|ta|ri|sie|ren; Ver|pro|le|ta|ri|sie|rung, die; -
ver|pro|vi|an|tie|ren [...vi̯an...] (mit Proviant versorgen); **Ver|pro|vi|an|tie|rung,** die; -
ver|prü|geln
ver|puf|fen ([schwach] explodieren; *auch für* ohne Wirkung bleiben); **Ver|puf|fung**
ver|pul|vern (*ugs. für* unnütz verbrauchen)
ver|pum|pen (*ugs. für* verleihen)
ver|pup|pen, sich; **Ver|pup|pung** (Umwandlung der Insektenlarve in die Puppe)
ver|pu|sten; sich - (*ugs. für* Luft schöpfen)
Ver|putz (Mauerbewurf); **ver|put|zen** (*ugs. auch für* [Geld] durchbringen, vergeuden; [schnell] aufessen); jmdn. nicht - (*ugs. für* nicht ausstehen) können; **Ver|put|zer** *(Bauw.)*
ver|qual|men (*ugs. für* mit Rauch, Qualm erfüllen)
ver|quält; -este; -e (von Sorgen gezeichnete) Züge; - aussehen
ver|qua|sen (*nordd. für* vergeuden); du verquast; er verqua|ste; **ver|quast**; -este (*landsch. für* verworren)
ver|quat|schen, sich (*ugs. für* sich versprechen; etwas preisgeben, verraten)
ver|quel|len; das Fenster verquillt; *vgl.* verquollen *u.* [1]quellen
ver|quer; mir geht etwas - (*ugs. für* es mißlingt mir)
ver|quicken [*Trenn.* ...quik|ken] (vermischen; in enge Verbindung bringen); **Ver|quickung** [*Trenn.* ...quik|kung]
ver|quir|len (mit einem Quirl o. ä. verrühren)
ver|qui|sten (*nordd. veraltend für* vergeuden)
ver|quol|len; -e Augen; -es Holz
ver|ram|meln, ver|ram|men; **Ver|ram|me|lung, Ver|ramm|lung, Ver|ram|mung**
ver|ram|schen (*ugs. für* zu Schleuderpreisen verkaufen); *vgl.* [1]ramschen
ver|rannt (*ugs. für* vernarrt; festgefahren); in jmdn., in etwas - sein
Ver|rat, der; -[e]s; **ver|ra|ten**; sich -; dadurch hast du dich verraten; **Ver|rä|ter; Ver|rä|te|rei; Ver|rä|te|rin; ver|rä|te|risch**
ver|ratzt; *nur in* - sein (*ugs. für* verloren, in einer schwierigen, ausweglosen Lage sein)
ver|rau|chen; ver|räu|chern
ver|rau|schen; der Beifall verrauschte
ver|rech|nen; sich - (*auch für* sich täuschen); **Ver|rech|nung; Ver|rech|nungs‿ein|heit** *(Wirtsch.)*, **...kon|to, ...preis, ...scheck**
ver|recken [*Trenn.* ...rek|ken] (*derb für* verenden; elend zugrunde gehen)
ver|reg|nen; verregnet
ver|rei|ben; Ver|rei|bung
ver|rei|sen (auf die Reise gehen); sie ist verreist
ver|rei|ßen (*landsch. auch für* zerreißen); er hat das Theaterstück verrissen (vernichtend kritisiert)
ver|rei|ten, sich (einen falschen Weg reiten); er hat sich verritten
ver|ren|ken; sich -; die Tänzer verrenkten sich auf der Bühne; ich habe mir den Fuß verrenkt; **Ver|ren|kung**
ver|ren|nen; sich in etwas - (hartnäckig an etwas festhalten)
ver|ren|ten *(Amtsspr.)*; **Ver|ren|tung**
ver|rich|ten (ausführen); **Ver|rich|tung**
ver|rie|geln; Ver|rie|ge|lung, Ver|rieg|lung
ver|rin|gern; ich ...ere (↑R 22); **Ver|rin|ge|rung,** die; -
ver|rin|nen
Ver|riß, der; Verrisses, Verrisse (vernichtende Kritik); *vgl.* verreißen
ver|ro|hen
ver|roh|ren (*fachspr. für* mit Rohren versehen; Rohre verlegen); **Ver|roh|rung**
ver|roht; Ver|ro|hung, die; -
ver|rol|len; der Donner verrollt in der Ferne
ver|ro|sten
ver|rot|ten (verfaulen, modern; zerfallen); **Ver|rot|tung,** die; -
ver|rucht; -este; **Ver|rucht|heit,** die; -
ver|rücken [*Trenn.* ...rük|ken]; **ver|rückt**; -este; **Ver|rück|te,** der *u.* die; -n, -n (↑R 7 ff.); **Ver|rückt|heit; Ver|rückt|wer|den,** das; -s; das ist zum - *(ugs.)*; **Ver|rückung** [*Trenn.* ...rük|kung]
Ver|ruf, der (schlechter Ruf); *nur noch in* in - bringen, geraten, kommen; **ver|ru|fen** (übel, berüchtigt); die Gegend ist -
ver|rüh|ren; zwei Eier -
ver|run|zelt (runzelig)
ver|ru|ßen; der Schornstein ist verrußt; **Ver|ru|ßung**
ver|rut|schen
Vers [*österr. auch* vɛrs], der; -es, -e ‹lat.› (Zeile, Strophe eines Gedichtes; *Abk.* V.); ich kann mir keinen - darauf *od.* daraus machen *(ugs.)*
ver|sach|li|chen; Ver|sach|li|chung, die; -
ver|sacken [*Trenn.* ...sak|ken] (wegsinken; *ugs. für* liederlich leben)
ver|sa|gen; er hat ihr keinen Wunsch versagt; seine Beine haben versagt; ich versagte mir diesen Genuß; (↑R 68:) das Unglück ist auf menschliches Versagen zurückzuführen; **Ver|sa|ger** (nicht fähige Person; nicht explodierende Patrone usw.); **Ver|sa|gung**
Ver|sail|ler [vɛrˈzai̯ər] (↑R 147); - Vertrag; **Ver|sailles** [vɛrˈzai̯] (franz. Stadt)
Ver|sal [v...], der; -s, -ien [...i̯ən] *meist Plur.* ‹lat.› (großer [Anfangs]buchstabe); **Ver|sal|buch|sta|be**
ver|sal|zen (*fachspr. für* mit Salzen durchsetzt werden; *ugs. auch für* verderben, die Freude an etwas nehmen); versalzt *u. (übertr. nur:)* versalzen; die Suppe -; der Fluß versalzt immer mehr; wir haben ihm die Freude versalzen
ver|sam|meln; Ver|samm|lung; Ver|samm|lungs‿frei|heit (die; -), **...lo|kal, ...recht** (das; -[e]s)
Ver|sand, der; -[e]s (Versendung); **Ver|sand|ab|tei|lung; ver|sand|be|reit; Ver|sand|buch|han|del**
ver|san|den (sich mit Sand füllen, vom Sand zugedeckt werden; nachlassen, aufhören)
ver|sand|fer|tig; Ver|sand‿geschäft, ...gut, ...han|del (*vgl.* [1]Handel), **...haus; Ver|sand|haus|ka|ta|log; Ver|sand|ko|sten** *Plur.*; **ver|sandt,** ver|sendet; *vgl.* senden
Ver|san|dung, die; -
Vers‿an|fang, ...art
Ver|satz, der; -es (das Versetzen, Verpfänden; *Bergmannsspr.* Auffüllung von Hohlräumen un-

ter Tage, Gestein dafür); **Versatzamt** (*bayr. u. österr. für* Leihhaus), **...stück** (bewegliche Bühnendekoration; *österr. auch für* Pfandstück)
ver|sau|beu|teln (*ugs. für* beschmutzen; verlegen, verlieren); **ver|sau|en** (*derb für* verschmutzen; verderben)
ver|sau|ern (sauer werden; *ugs. auch für* geistig verkümmern); ich ...ere (↑R 22)
ver|sau|fen; sein Geld - *(derb)*
ver|säu|men; Ver|säum|nis, das; -ses, -se, *veraltet* die; -, -se; **Versäum|nis|ur|teil** *(Rechtsw.)*; **Versäu|mung**
Vers|bau, der; -[e]s
ver|scha|chern (*ugs. für* [teuer] verkaufen)
ver|schach|telt; ein -er Satz
ver|schaf|fen; *vgl.* [1]schaffen; du hast dir Genugtuung verschafft
ver|scha|len (mit Brettern verkleiden)
ver|schal|ken (*Seemannsspr.* [Luken] schließen)
Ver|scha|lung (Auskleidung mit Brettern; [Holz]verkleidung)
ver|schämt; -este; - tun; **Verschämt|heit,** die; -; **Ver|schämttun,** das; -s
ver|schan|deln (*ugs. für* verunzieren); ich ...[e]le (↑R 22); **Verschan|de|lung, Ver|schand|lung**
ver|schan|zen; das Lager wurde verschanzt; sich -; du hast dich hinter Ausreden verschanzt; **Ver|schan|zung**
ver|schär|fen; die Lage verschärft sich; **Ver|schär|fung**
ver|schar|ren
ver|schät|zen, sich
ver|schau|en, sich (*österr. ugs. für* sich verlieben)
ver|schau|keln (*ugs. für* betrügen, hintergehen)
ver|schei|den (*geh. für* sterben); er ist verschieden
ver|schei|ßen (*derb für* mit Kot beschmutzen); *vgl.* verschissen; **ver|schei|ßern** (*derb für* zum Narren halten); ich ...ere (↑R 22)
ver|schen|ken
ver|scher|beln (*ugs. für* [billig] verkaufen)
ver|scher|zen ([durch Leichtsinn] verlieren); sich etwas -; du hast dir ihre Liebe verscherzt
ver|scheu|chen
ver|scheu|ern (*ugs. für* verkaufen)
ver|schi|cken [*Trenn.* ...schik|ken]; **Ver|schi|ckung** [*Trenn.* ...schikkung]
ver|schieb|bar; Ver|schie|bebahn|hof (Rangierbahnhof); **verschie|ben; Ver|schie|bung**
[1]**ver|schie|den** (*geh. für* gestorben)
[2]**ver|schie|den;** verschieden lang. **I.** *Kleinschreibung* (↑R 66): verschiedene (einige) sagen ...; verschiedenes (manches) war mir unklar. **II.** *Großschreibung:* **a)** (↑R 65:) diese Vorschriften lassen nicht Verschiedenes (Dinge verschiedener Art) zu (a b e r: lassen verschiedenes [manches] nicht zu; *vgl.* I.); Ähnliches und Verschiedenes; **b)** (↑R 65:) etwas Verschiedenes; **ver|schie|denar|tig; Ver|schie|den|ar|tig|keit,** die; -; **ver|schie|de|ne|mal,** a b e r: verschiedene Male; **verschie|de|ner|lei; ver|schie|den-far|big, ...ge|schlecht|lich, ...ge|stal|tig; Ver|schie|den|heit; ver|schie|dent|lich**
ver|schie|ßen (*auch für* ausbleichen); *vgl.* verschossen
ver|schif|fen; Ver|schif|fung; Verschif|fungs|ha|fen; *vgl.* [2]Hafen
ver|schil|fen ([mit Schilf] zuwachsen)
ver|schim|meln
ver|schimp|fie|ren (*veraltet für* verunstalten; beschimpfen)
Ver|schiß (*derb für* schlechter Ruf); *nur noch in* in - geraten, kommen; **ver|schis|sen;** es bei jmdm. - haben (*derb für* bei jmdm. in Ungnade gefallen sein)
ver|schla|cken [*Trenn.* ...schlakken]; der Ofen ist verschlackt; **Ver|schla|ckung** [*Trenn.* ...schlak|kung]
[1]**ver|schla|fen;** ich habe [mich] verschlafen; sie hat den Morgen verschlafen; [2]**ver|schla|fen;** er sieht - aus; **Ver|schla|fen|heit,** die;
Ver|schlag, der; -[e]s, Verschläge; [1]**ver|schla|gen;** die Kiste wurde mit Brettern -; es verschlägt mir die Sprache; es verschlägt (*landsch. für* nützt) nichts; [2]**verschla|gen** ([hinter]listig); ein -er Mensch; **Ver|schla|gen|heit,** die; -
ver|schlam|men; der Fluß ist verschlammt; **ver|schläm|men** (mit Schlamm füllen); die Abfälle haben das Rohr verschlämmt; **Verschlam|mung; Ver|schlämmung**
ver|schlam|pen (*ugs. für* verlegen, verlieren; verkommen [lassen])
ver|schlan|ken (verkleinern, reduzieren); die Produktion -
ver|schlech|tern; ich ...ere (↑R 22); sich -; **Ver|schlech|terung**
ver|schlei|ern; ich ...ere (↑R 22); **Ver|schlei|e|rung** (↑R 180); **Verschlei|e|rungs-tak|tik, ...versuch**
ver|schlei|fen (durch [1]Schleifen glätten); **Ver|schlei|fung**
ver|schlei|men; ver|schleimt; Ver|schlei|mung
Ver|schleiß, der; -es, -e (Abnutzung; *österr. auch für* Kleinverkauf, Vertrieb); **ver|schlei|ßen;** etwas - (etwas [stark] abnutzen); Waren verschleißen (*österr. für* verkaufen, vertreiben); du verschlißt, *österr. auch* verschleißtest; verschlissen, *österr. auch* verschleißt; **Ver|schlei|ßer** (*österr. veraltend für* Kleinhändler); **Ver|schlei|ße|rin** *(österr. veraltend)*; **Ver|schleiß-er|scheinung, ...fe|stig|keit, ...prü|fung, ...teil** (das)
ver|schlem|men (verprassen)
ver|schlep|pen; einen Prozeß -; eine verschleppte Grippe; **Verschlep|pung; Ver|schleppungs-ma|nö|ver, ...tak|tik**
ver|schleu|dern; Ver|schleu|derung
ver|schließ|bar; ver|schlie|ßen; *vgl.* verschlossen; **Ver|schließung**
ver|schlimm|bes|sern; er hat alles nur verschlimmbessert; **Verschlimm|bes|se|rung; verschlim|mern;** ich ...ere (↑R 22); **Ver|schlim|me|rung**
ver|schlin|gen; Ver|schlin|gung
ver|schlos|sen (zugeschlossen; verschwiegen); **Ver|schlos|senheit,** die; -
ver|schlu|cken [*Trenn.* ...schlukken]; sich -
ver|schlu|dern (*ugs. für* verlieren, verlegen; verkommen lassen)
Ver|schluß; Ver|schluß|deckel [*Trenn.* ...dek|kel]; **ver|schlüsseln; Ver|schlüs|se|lung; Verschluß-kap|pe, ...laut** (*für* Explosiv), **...sa|che, ...schrau|be, ...strei|fen**
ver|schmach|ten *(geh.)*
ver|schmä|hen; Ver|schmä|hung, die; -
ver|schmä|lern; sich -
ver|schmau|sen
[1]**ver|schmel|zen** (flüssig werden; ineinander übergehen); *vgl.* [1]schmelzen; [2]**ver|schmel|zen** (zusammenfließen lassen; ineinander übergehen lassen); *vgl.* [2]schmelzen; **Ver|schmel|zung**
ver|schmer|zen
ver|schmie|ren; Ver|schmie|rung
ver|schmitzt; -este (schlau, verschlagen); **Ver|schmitzt|heit,** die; -
ver|schmockt; -este (*ugs. für* vordergründig, effektvoll, ohne wirklichen Gehalt)
ver|schmust; -este (*ugs. für* gern schmusend)
ver|schmut|zen; ver|schmutzt; -este; **Ver|schmut|zung**
ver|schnap|pen, sich (*landsch. für* sich verplappern)

ver|schnau|fen; sich -; **Ver-schnauf|pau|se**
ver|schnei|den (*auch für* kastrieren); verschnitten; **Ver|schnei-dung**
ver|schneit; -e Wälder
ver|schnip|peln (*landsch. für* verschneiden)
Ver|schnitt, der; -[e]s, -e (*auch für* Mischung alkoholischer Flüssigkeiten); **Ver|schnit|te|ne,** der; -n, -n; ↑R 7 ff. (*für* Kastrat)
ver|schnör|keln; verschnörkelt; **Ver|schnör|ke|lung, Ver-schnörk|lung**
ver|schnup|fen (verärgern); mit dieser Bemerkung verschnupfte sie ihn; **ver|schnupft;** -este (einen Schnupfen habend; *auch für* gekränkt); **Ver|schnup|fung**
ver|schnü|ren; Ver|schnü|rung
ver|schol|len (unauffindbar und für tot, verloren gehalten); **Ver-schol|len|heit,** die; -
ver|scho|nen; jmdn. -
ver|schö|nen; sie hat [mir] das Fest verschönt; **ver|schö|nern;** ich ...ere (↑R 22); **Ver|schö|ne-rung**
Ver|scho|nung
Ver|schö|nung
ver|schor|fen; die Wunde verschorft; **Ver|schor|fung**
ver|schos|sen (ausgebleicht); ein -es Kleid; in jmdn. - (*ugs. für* heftig verliebt) sein
ver|schram|men; verschrammt
ver|schrän|ken; mit verschränkten Armen; **Ver|schrän|kung**
ver|schrau|ben; Ver|schrau|bung
ver|schrecken [*Trenn.* ...schrek|ken] (ängstigen, verstört machen); *vgl.* ²schrecken; **ver-schreckt;** die -e Konkurrenz
ver|schrei|ben (falsch schreiben; gerichtlich übereignen; mit Rezept verordnen); sich -; **Ver-schrei|bung; ver|schrei|bungs-pflich|tig; Ver|schrieb,** der; -s, -e (*schweiz. für* Schreibfehler, falsche Schreibung)
ver|schrie|en, ver|schri|en; er ist als Geizhals -
ver|schro|ben (seltsam; wunderlich); **Ver|schro|ben|heit**
ver|schro|ten (zu Schrot machen)
ver|schrot|ten (zu Schrott machen, als Altmetall verwerten); **Ver|schrot|tung**
ver|schrum|peln (*ugs.*); **Ver-schrum|pe|lung,** Ver|schrump-lung; **ver|schrum|pfen** (*selten für* verschrumpeln)
ver|schüch|tern; ich ...ere (↑R 22); das Kind war völlig verschüchtert; **Ver|schüch|te|rung**
ver|schul|den; Ver|schul|den, das; -s; ohne [sein] -; **ver|schul-det; ver|schul|de|ter|ma|ßen; Ver|schul|dung**
ver|schu|len (dem Schulunterricht annähern; *Landw.* Sämlinge ins Pflanzbeet umpflanzen); das Studium -; **Ver|schu|lung**
ver|schup|fen (*landsch. für* fort-, verstoßen, stiefmütterlich behandeln)
ver|schus|seln (*ugs. für* verlieren, verlegen, vergessen)
ver|schüt|ten
ver|schütt|ge|hen ‹Gaunerspr.› (*ugs. für* verlorengehen)
Ver|schüt|tung
ver|schwä|gert; Ver|schwä|ge-rung
ver|schwei|gen; Ver|schwei-gung, die; -
ver|schwei|ßen; Ver|schwei|ßung
ver|schwe|len (schwelend verbrennen); **Ver|schwe|lung**
ver|schwen|den; Ver|schwen-der; Ver|schwen|de|rin; ver-schwen|de|risch; -ste; **Ver-schwen|dung; Ver|schwen-dungs|sucht,** die; -; **ver-schwen|dungs|süch|tig**
ver|schwie|gen; Ver|schwie|gen-heit, die; -
ver|schwim|men; die Berge sind im Dunst verschwommen; es verschwimmt [mir] vor den Augen
ver|schwin|den; Ver|schwin|den, das; -s
ver|schwi|stert (*auch für* zusammengehörend); **Ver|schwi|ste-rung**
ver|schwit|zen (*ugs. auch für* vergessen); verschwitzt
ver|schwol|len; -e Augen
ver|schwom|men; -e Vorstellungen; **Ver|schwom|men|heit,** die; -
ver|schwö|ren, sich; **Ver|schwo-re|ne,** Ver|schwor|ne, der *u.* die; -n, -n (↑R 7 ff.); **Ver|schwö|rer; Ver|schwö|re|rin; ver|schwö|re-risch; Ver|schwor|ne** *vgl.* Verschworene; **Ver|schwö|rung**
Vers|dra|ma (in Versen abgefaßtes Drama)
ver|se|hen; er hat seinen Posten treu -; sich - (sich versorgen; sich irren); ich habe mich mit Nahrungsmitteln -; ich habe mich - (geirrt); ehe du dich's (*vgl.* ²es) versiehst *(veraltend);* **Ver|se|hen,** das; -s, - (Irrtum); aus -; **ver|se-hent|lich** (aus Versehen); **Ver-seh|gang,** der; -[e]s, ...gänge (Gang des kath. Priesters zur Spendung der Sakramente an Kranke, bes. an Sterbende)
ver|seh|ren (*veraltet für* verletzen, beschädigen); versehrt; **Ver-sehr|te,** der *u.* die; -n, -n; ↑R 7 ff. (Körperbeschädigte[r]); **Ver-sehr|ten|sport,** der; -[e]s; **Ver-sehrt|heit,** die; -
ver|sei|fen; Ver|sei|fung (*fachspr. für* Spaltung der Fette in Glyzerin u. Seifen durch Kochen in Alkalien)
ver|selb|stän|di|gen, sich; **Ver-selb|stän|di|gung**
Ver|se|ma|cher *(abwertend)*
ver|sen|den; versandt *u.* versendet; *vgl.* senden; **Ver|sen|der; Ver|sen|dung**
ver|sen|gen; die Hitze hat den Rasen versengt; **Ver|sen|gung**
ver|senk|bar; eine -e Nähmaschine; **Ver|senk|büh|ne; ver|sen-ken** (untertauchen, zum Sinken bringen); sich in ein Buch - (vertiefen); **Ver|sen|kung**
Vers|epos (*svw.* Versdrama); **Ver-se|schmied** *(abwertend)*
ver|ses|sen (eifrig bedacht, erpicht); auf etwas - sein; **Ver|ses-sen|heit,** die; -
ver|set|zen; der Schüler wurde versetzt; sich in jmds. Lage -; sie hat ihn versetzt (*ugs. für* vergeblich warten lassen); er hat seine Uhr versetzt (verkauft, ins Leihhaus gebracht); **Ver|set|zung; Ver|set|zungs|zei|chen** (*Musik* Zeichen zur Erhöhung od. Erniedrigung einer Note)
ver|seu|chen; Ver|seu|chung
Vers₋form, ...fuß
Ver|si|che|rer; ver|si|chern; ich versichere dich gegen Unfall; ich versichere dich meines Vertrauens *(geh.), auch* ich versichere dir mein Vertrauen; ich versichere dir, daß ...; **Ver|si|cher|te,** der *u.* die; -n, -n (↑R 7 ff.); **Ver|si|che-rung; Ver|si|che|rungs₋agent, ...an|spruch, ...bei|trag, ...be-trug, ...fall** (der), **...ge|ber, ...ge-sell|schaft, ...kar|te, ...kauf|frau, ...kauf|mann, ...lei|stung, ...neh-mer, ...pflicht** (die; -); **ver|si-che|rungs|pflich|tig; Ver|si-che|rungs₋po|li|ce, ...prä|mie, ...recht** (das; -[e]s), **...schein, ...schutz** (der; -es); **Ver|si|che-rungs|steu|er,** Ver|si|che|rung-steu|er, die (↑R 54); **Ver|si|che-rungs|sum|me; Ver|si|che|rung-steu|er** *vgl.* Versicherungssteuer; **Ver|si|che|rungs₋trä|ger, ...ver-tre|ter, ...wert, ...we|sen** (das; -s)
ver|sickern [*Trenn.* ...sik|kern]; **Ver|sicke|rung** [*Trenn.* ...sik|ke...]
ver|sie|ben (*ugs. für* verderben; verlieren; vergessen); er hat [ihm] alles versiebt
ver|sie|geln; Ver|sie|ge|lung, *seltener* Ver|sieg|lung
ver|sie|gen (austrocknen); versiegte Quelle
Ver|sieg|lung *vgl.* Versiegelung
Ver|sie|gung, die; -
ver|siert [v...]; -este ‹lat.›; in etwas - (erfahren, bewandert) sein; **Ver|siert|heit,** die; -
Ver|si|fex [v...], der; -es, -e ‹lat.›

(Verseschmied); **Ver|si|fi|ka|ti|on,** die; -, -en; **ver|si|fi|zie|ren** (in Verse bringen)
Ver|sil|be|rer; ver|sil|bern (*ugs. auch für* verkaufen); ich ...ere (↑R 22); **Ver|sil|be|rung**
ver|sim|peln (*ugs. für* zu sehr vereinfachen; dumm werden); **Ver|sim|pe|lung**
ver|sin|ken; versunken
ver|sinn|bild|li|chen; Ver|sinn|bild|li|chung; ver|sinn|li|chen; Ver|sinn|li|chung
Ver|si|on [v...], die; -, -en ‹franz.› (Fassung; Lesart; Ausführung)
ver|sippt (verwandt); **Ver|sip|pung**
ver|sit|zen (*ugs. für* [die Zeit] mit Herumsitzen verbringen; beim Sitzen zerknittern [von Kleidern]); *vgl.* versessen
ver|skla|ven [...vən, *auch* ...fən]; **Ver|skla|vung**
Vers_kunst (die; -), **...leh|re**
ver|slu|men [...'slamən] ‹dt.; engl.› (zum Slum werden); verslumte Stadtteile
Vers|maß, das
ver|snobt; -este ‹dt.; engl.› (in der Art eines Snobs, um gesellschaftliche Exklusivität bemüht)
Ver|so [v...], das; -s, -s ‹lat.› (*fachspr. für* [Blatt]rückseite)
ver|sof|fen (*derb für* trunksüchtig)
ver|soh|len (*ugs. für* verprügeln)
ver|söh|nen; sich -; **Ver|söh|ner; Ver|söh|ne|rin; Ver|söhn|ler** (*veraltend für* jmd., der von der marxist. Parteilinie abweichende Strömungen nicht entschieden genug bekämpft); **ver|söhn|lich; Ver|söhn|lich|keit,** die; -; **Ver|söh|nung; Ver|söh|nungs_fest** *(jüd. Rel.),* **...tag**
ver|son|nen (sinnend, träumerisch); **Ver|son|nen|heit,** die; -
ver|sor|gen; Ver|sor|gung, die; -; **Ver|sor|gungs_amt, ...an|spruch, ...aus|gleich; ver|sor|gungs|be|rech|tigt; Ver|sor|gungs_be|rech|tig|te** (der *u.* die; -n, -n; ↑R 7 ff.), **...ein|heit** *(Milit.),* **...la|ge, ...lei|tung, ...netz, ...schwie|rig|kei|ten** *(Plur.)*
ver|sot|ten (durch sich ablagernde Rauchrückstände verunreinigt werden [von Schornsteinen]); versottet; **Ver|sot|tung**
ver|spach|teln (*ugs. auch für* aufessen)
ver|spakt (*nordd. für* angefault, stockfleckig, verschimmelt)
ver|span|nen; Ver|span|nung
ver|spä|ten, sich; **ver|spä|tet;** sein Dank kam -; **Ver|spä|tung**
ver|spei|sen *(geh.);* er hat den Braten verspeist; **Ver|spei|sung,** die; -
ver|spe|ku|lie|ren
ver|sper|ren; Ver|sper|rung
ver|spie|len; ver|spielt; -este; ein -er Junge; bei jmdm. - haben; **Ver|spielt|heit,** die; -
ver|spie|ßern (zum Spießer werden); ich ...ere (↑R 22)
ver|spil|lern (*Bot.* vergeilen); die Pflanze verspillert; **Ver|spil|le|rung**
ver|spin|nen; versponnen
ver|splei|ßen (*Seemannsspr.* spleißend verbinden); zwei Tauenden [miteinander] -
ver|spot|ten; Ver|spot|tung
ver|spre|chen; er hat ihr die Heirat versprochen; sich - (beim Sprechen einen Fehler machen); ich verspreche mir nichts davon; **Ver|spre|chen,** das; -s, -; **Ver|spre|cher; Ver|spre|chung** *meist Plur.*
ver|spren|gen; Ver|spreng|te, der; -n, -n; ↑R 7 ff. *(Milit.);* **Ver|spren|gung**
ver|sprit|zen
ver|spro|che|ner|ma|ßen
ver|spru|deln (*österr. für* verquirlen)
ver|sprü|hen (zerstäuben)
ver|spun|den, *auch* **ver|spün|den** (mit einem Spund schließen); ein Faß -
ver|spü|ren
ver|staat|li|chen (in Staatseigentum überführen); **Ver|staat|li|chung**
ver|städ|tern [*auch* ...'ʃtɛ...] (städtisch machen, werden); ich ...ere (↑R 22); **Ver|städ|te|rung,** die; -; **Ver|stadt|li|chung** (*selten für* Überführung in städtischen Besitz)
ver|stäh|len (*fachspr. für* mit einer Stahlschicht überziehen); **Ver|stäh|lung**
Ver|stand, der; -[e]s; **Ver|stan|des|kraft; ver|stan|des|mä|ßig; Ver|stan|des_mensch** (der), **...schär|fe** (die; -); **ver|stän|dig** (besonnen); **ver|stän|di|gen;** sich -; **Ver|stän|dig|keit,** die; - (Klugheit); **Ver|stän|di|gung; Ver|stän|di|gungs_be|reit|schaft** (die; -), **...schwie|rig|kei|ten** *(Plur.),* **...ver|such; ver|ständ|lich; ver|ständ|li|cher|wei|se; Ver|ständ|lich|keit,** die; - (Klarheit); **Ver|ständ|nis,** das; -ses, -se *Plur. selten;* **ver|ständ|nis|in|nig; ver|ständ|nis|los;** -este; **Ver|ständ|nis|lo|sig|keit,** die; -; **ver|ständ|nis|voll**
ver|stän|kern *(ugs.);* ich ...ere (↑R 22); mit dem Käse verstänkerst du das ganze Zimmer!
ver|stär|ken; in verstärktem Maße; **Ver|stär|ker; Ver|stär|ker|röh|re; Ver|stär|kung; Ver|stär|kungs|pfei|ler**
ver|stä|ten (*schweiz. für* festmachen [bes. das Fadenende])
ver|stat|ten (*veraltet für* gestatten); **Ver|stat|tung,** die; -
ver|stau|ben; ver|stäu|ben; Insektizide -; **ver|staubt** (*auch für* altmodisch, überholt)
ver|stau|chen; ich habe mir den Fuß verstaucht; **Ver|stau|chung**
ver|stau|en ([auf relativ engem Raum] unterbringen)
Ver|steck, das; -[e]s, -e; Versteck spielen; **ver|stecken**[1]; *vgl.* [2]stekken; sie hat die Ostereier versteckt; sich -; du hattest dich hinter der Mutter versteckt; **Ver|stecken**[1], das; -s; Verstecken spielen; **Ver|stecken|spie|len**[1], das; -s; **Ver|steckerl|spiel**[1], das; -s (*österr. neben* Versteckenspielen); **Ver|steck|spiel,** das; -[e]s; **Ver|steckt|heit,** die; -
ver|ste|hen; verstanden; sich zu einer Sache -; jmdm. etwas zu - geben; **Ver|ste|hen,** das; -s
ver|stei|fen (*auch Bauw.* abstützen, unterstützen); sich auf etwas - (auf etwas beharren); **Ver|stei|fung**
ver|stei|gen, sich; er hatte sich in den Bergen verstiegen; du verstiegst dich zu der übertriebenen Forderung *(geh.); vgl.* verstiegen
Ver|stei|ge|rer; ver|stei|gern; Ver|stei|ge|rung
ver|stei|nen (*veraltet für* mit Grenzsteinen versehen); **ver|stei|nern** (zu Stein machen, werden); ich ...ere (↑R 22); wie versteinert; **Ver|stei|ne|rung**
ver|stell|bar; Ver|stell|bar|keit, die; -; **ver|stel|len;** verstellt; sich -; **Ver|stel|lung; Ver|stel|lungs|kunst**
ver|step|pen (zu Steppe werden); das Land ist versteppt; **Ver|step|pung**
ver|ster|ben; *nur noch im Präteritum u. im Partizip II gebr.;* verstarb, verstorben *(vgl. d.)*
ver|ste|ti|gen (*bes. Wirtsch.* gleichmäßig u. beständig machen); **Ver|ste|ti|gung;** - des Wachstums
ver|steu|ern; Ver|steue|rung (↑R 180)
ver|stie|ben (*veraltet für* in Staub zerfallen; wie Staub verfliegen); der Schnee ist verstoben
ver|stie|gen (überspannt); **Ver|stie|gen|heit**
ver|stim|men (*auch für* verärgern); **ver|stimmt;** -este; **Ver|stimmt|heit,** die; -; **Ver|stim|mung**
ver|stockt; -este (uneinsichtig, störrisch, starrsinnig); **Ver|stockt|heit,** die; -
ver|stoh|len (heimlich); **ver|stoh|le|ner|wei|se**

[1] *Trenn.* ...k|k...

ver|stol|pern *(Sportspr.);* er hat den Ball verstolpert
ver|stop|fen; Ver|stop|fung
ver|stor|ben (*Zeichen* †); **Ver|stor|be|ne,** der *u.* die; -n, -n (↑R 7 ff.)
ver|stö|ren (verwirren; betroffen machen); es verstört mich, daß ...; **ver|stört;** -este; **Ver|stört|heit,** die; -
Ver|stoß, der; -es, ...stöße; **ver|sto|ßen; Ver|sto|ßung**
ver|stre|ben; Ver|stre|bung
ver|strei|chen (*auch für* vorübergehen; vergehen); verstrichen
ver|streu|en; verstreut
ver|stricken[1]; sich [in Widersprüche] -; **Ver|strickung**[1]
ver|stro|men (zur Gewinnung elektrischer Energie verbrauchen); Kohle -
ver|strö|men; einen Duft -
Ver|stro|mung
ver|strub|beln *(ugs.);* jmdm. die Haare -
ver|stüm|meln; ich ...ele (↑R 22); verstümmelt; **Ver|stüm|me|lung,** *seltener* Ver|stümm|lung
ver|stum|men
Ver|stümm|lung *vgl.* Verstümmelung
Ver. St. v. A. = Vereinigte Staaten von Amerika
Ver|such, der; -[e]s, -e; **ver|su|chen; Ver|su|cher; Ver|su|che|rin; Ver|suchs‿ab|tei|lung, ...an|la|ge, ...an|ord|nung, ...an|stalt, ...bal|lon, ...ge|län|de, ...ka|nin|chen** (*ugs. für* Versuchstier, Versuchsperson), **...lei|ter** (der), **...per|son** (*Psych.; Abk.* Vp., VP), **...sta|ti|on, ...tier; ver|suchs|wei|se; Ver|su|chung**
ver|süh|nen (*veraltet für* versöhnen)
ver|sump|fen (*ugs. auch für* moralisch verkommen); **Ver|sump|fung**
ver|sün|di|gen, sich *(geh.);* **Ver|sün|di|gung**
ver|sun|ken; in etwas - sein; **Ver|sun|ken|heit,** die; -
ver|sus [v...] ‹lat.› (gegen; *Abk.* vs.)
ver|sü|ßen; Ver|sü|ßung
vert. (*Druckw.* V) = vertatur
ver|tä|feln; ich ...[e]le (↑R 22); **Ver|tä|fe|lung, Ver|täf|lung**
ver|ta|gen (aufschieben); **Ver|ta|gung**
ver|tän|deln (nutzlos [die Zeit] verbringen)
ver|ta|tur! [v...] ‹lat.› (man wende!, man drehe um!; *Abk.* vert. [*Druckw.* V])
ver|tau|ben (*Bergmannsspr.* in taubes Gestein übergehen); **Ver|tau|bung**
ver|täu|en (*Seemannsspr.* durch Taue festmachen); das Schiff ist vertäut
ver|tausch|bar; Ver|tausch|bar|keit, die; -; **ver|tau|schen; Ver|tau|schung**
ver|tau|send|fa|chen
Ver|täu|ung *(Seemannsspr.)*
ver|te! ['vɛrtə] ‹lat.› (*Musik* wende um!, wenden!); **ver|te|bral** [v...] (*Med.* zur Wirbelsäule gehörend, auf sie bezüglich); **Ver|te|bra|t,** der; -en, -en *meist Plur.* (*Zool.* Wirbeltier)
ver|tei|di|gen *(auch Sport);* **Ver|tei|di|ger; Ver|tei|di|ge|rin; Ver|tei|di|gung; Ver|tei|di|gungs‿aus|ga|ben** *(Plur.),* **...bei|trag, ...be|reit|schaft** (die; -), **...bünd|nis, ...drit|tel** *(Eishockey),* **...fall** (der), **...haus|halt, ...krieg, ...mi|ni|ster, ...mi|ni|ste|ri|um, ...pakt, ...schrift, ...stel|lung, ...waf|fe, ...zu|stand**
ver|tei|len; Ver|tei|ler; Ver|tei|ler‿do|se, ...ka|sten, ...netz, ...ring, ...schlüs|sel, ...ta|fel; Ver|tei|lung; Ver|tei|lungs‿stel|le, ...zahl|wort (*für* Distributivzahl)
ver|te|le|fo|nie|ren *(ugs.);* sie hat zwanzig Mark vertelefoniert
ver|te, si pla|cet! ['vɛrtə - ...tsɛt] ‹lat.› (*Musik* bitte wenden!; *Abk.* v. s. pl.)
ver|teu|ern; sich -; ich ...ere (↑R 22); **Ver|teue|rung** (↑R 180)
ver|teu|feln; jmdn., etwas - (als böse, schlecht hinstellen); ich ...[e]le (↑R 22); **ver|teu|felt** (*ugs. für* verzwickt; über die Maßen; verwegen); **Ver|teu|fe|lung, Ver|teuf|lung**
ver|tie|fen; sich in eine Sache -; **Ver|tie|fung**
ver|tie|ren (zum Tier werden, machen); **ver|tiert** (tierisch)
ver|ti|kal [v...] ‹lat.› (senkrecht, lotrecht); **Ver|ti|ka|le,** die; -, -n; vier -[n]; **Ver|ti|kal‿ebe|ne, ...kreis**
Ver|ti|ko [v...], das, *selten* der; -s, -s ‹angeblich nach dem Tischler Vertikow› (kleiner Zierschrank)
ver|ti|ku|tie|ren [v...] ‹lat.› ([Rasen] lüften, entfilzen); **Ver|ti|ku|tie|rer; Ver|ti|ku|tier|ge|rät**
ver|til|gen; Ver|til|gung, die; -, -en; **Ver|til|gungs|mit|tel,** das
ver|tip|pen (*ugs. für* falsch [1]tippen); sich -; vertippt
ver|to|ba|ken (*ugs. veraltend für* verprügeln)
ver|to|nen; das Gedicht wurde vertont; **Ver|to|ner** *(selten);* **[1]Ver|to|nung** (das Vertonen)
[2]Ver|to|nung (Darstellung von Küstenansichten [von See aus])
ver|tor|fen (zu Torf werden); **Ver|tor|fung**
ver|trackt; -este (*ugs. für* verwikkelt; unangenehm, ärgerlich); **Ver|trackt|heit** *(ugs.)*
Ver|trag, der; -[e]s, ...träge; **ver|tra|gen;** er hat den Wein gut -; sich -; die Kinder werden sich schon -; Zeitungen - (*schweiz. für* austragen); **Ver|trä|ger** (*schweiz. für* jmd., der Zeitungen u. ä. austrägt); **ver|trag|lich** (dem Vertrag nach; durch Vertrag); **ver|träg|lich** (friedfertig; bekömmlich); er ist sehr -; die Speise ist leicht, gut -; **Ver|träg|lich|keit,** die; -; **ver|trag|los;** ein -er Zustand; **Ver|trags‿ab|schluß, ...bruch** (der); **ver|trags|brü|chig; Ver|trags|brü|chi|ge,** der *u.* die; -n, -n (↑R 7 ff.); **ver|trag|schlie|ßend;** die -en Parteien; **Ver|trag|schlie|ßen|de,** der *u.* die; -n, -n (↑R 7 ff.); **ver|trags|ge|mäß; Ver|trags|ho|tel; ver|trags|los** *vgl.* vertraglos; **Ver|trags‿part|ner, ...part|ne|rin, ...punkt, ...schluß, ...spie|ler** *(Sport früher),* **...stra|fe, ...text, ...werk|statt; ver|trags|wid|rig; Ver|trags|wid|rig|keit,** die; -
ver|trau|en; Ver|trau|en, das; -s; **ver|trau|en|er|weckend** [*Trenn.* ...wek|kend] (↑R 209); **Ver|trau|ens‿an|walt, ...arzt; ver|trau|ens|ärzt|lich;** eine -e Untersuchung; **Ver|trau|ens‿ba|sis, ...be|weis; ver|trau|ens|bil|dend;** -e Maßnahmen; **Ver|trau|ens‿bruch** (der), **...fra|ge, ...frau, ...grund|la|ge, ...kri|se, ...mann** (*Plur.* ...männer *u.* ...leute; *Abk.* V-Mann), **...per|son, ...sa|che; ver|trau|ens|se|lig; Ver|trau|ens‿se|lig|keit** (die; -), **...stel|lung, ...ver|hält|nis; ver|trau|ens|voll; Ver|trau|ens|vo|tum; ver|trau|ens|wür|dig; Ver|trau|ens|wür|dig|keit,** die; -
ver|trau|ern
ver|trau|lich; Ver|trau|lich|keit
ver|träu|men; ver|träumt; -este; **Ver|träumt|heit,** die; -
ver|traut; -este; jmdn., sich mit etwas - machen; **Ver|trau|te,** der *u.* die; -n, -n (↑R 7 ff.); **Ver|traut|heit**
ver|trei|ben; Ver|trei|ber; Ver|trei|bung
ver|tret|bar; -e Sache *(BGB);* **Ver|tret|bar|keit,** die; -; **ver|tre|ten; Ver|tre|ter; Ver|tre|ter|be|such; Ver|tre|te|rin; Ver|tre|tung;** in - (*Abk.* i. V., I. V.; *vgl. d.*); **Ver|tre|tungs|stun|de; ver|tre|tungs|wei|se**
Ver|trieb, der; -[e]s, -e (Verkauf); **Ver|trie|be|ne,** der *u.* die; -n, -n (↑R 7 ff.); **Ver|triebs‿ab|tei|lung, ...ge|sell|schaft, ...ko|sten** *(Plur.),* **...lei|ter** (der), **...recht**
ver|trim|men (*ugs. für* verprügeln)
ver|trin|ken; sein Geld -
ver|trock|nen
ver|trö|deln (*ugs. für* [seine Zeit]

---
[1] *Trenn.* ...k|k...

unnütz hinbringen); **Ver|trö|de|lung, Ver|tröd|lung,** die; - *(ugs.)*
ver|trö|sten; Ver|trö|stung
ver|trot|teln *(ugs.);* ich ...[e]le (↑ R 22); **ver|trot|telt**
ver|tru|sten [...'trastən] (*Wirtsch.* zu einem Trust vereinigen); die Betriebe sind vertrustet; **Ver|tru|stung**
ver|tü|dern (*nordd. für* verwirren); sich -
Ver|tum|na|li|en [v...] *Plur.* (ein altröm. Fest)
ver|tun (verschwenden); vertan; sich - (*ugs. für* sich irren)
ver|tu|schen (*ugs. für* verheimlichen); du vertuschst; **Ver|tu|schung**
ver|übeln (übelnehmen); ich ...[e]le (↑ R 22); jmdm. etwas -
ver|üben; ein Verbrechen -
ver|ul|ken; Ver|ul|kung
ver|un|eh|ren (*veraltet für* im Ansehen schädigen)
ver|un|ei|ni|gen
ver|un|fal|len (*Amtsspr.* verunglücken); **Ver|un|fall|te,** der *u.* die; -n, -n (↑ R 7 ff.)
ver|un|glimp|fen (schmähen, beleidigen); **Ver|un|glimp|fung**
ver|un|glücken [*Trenn.* ...glük|ken]; **Ver|un|glück|te,** der *u.* die; -n, -n (↑ R 7 ff.)
ver|un|krau|ten; der Acker ist verunkrautet
ver|un|mög|li|chen (*bes. schweiz. für* verhindern, vereiteln)
ver|un|rei|ni|gen; Ver|un|rei|ni|gung
ver|un|si|chern (unsicher machen); **Ver|un|si|che|rung**
ver|un|stal|ten (entstellen); **Ver|un|stal|tung**
ver|un|treu|en (unterschlagen); **Ver|un|treu|er; Ver|un|treu|ung**
ver|un|zie|ren (verschandeln); **Ver|un|zie|rung**
ver|ur|sa|chen; Ver|ur|sa|cher; Ver|ur|sa|che|rin; Ver|ur|sa|cher|prin|zip, das; -s *(Rechtsspr.);* **Ver|ur|sa|chung,** die; -
ver|ur|tei|len; Ver|ur|tei|lung
Ver|ve ['vɛrvə], die; - ‹franz.› (Begeisterung, Schwung)
ver|viel|fa|chen; Ver|viel|fa|chung; ver|viel|fäl|ti|gen; Ver|viel|fäl|ti|ger; Ver|viel|fäl|ti|gung; Ver|viel|fäl|ti|gungs‿ap|pa|rat, ...zahl|wort (z. B. achtmal, dreifach)
ver|vier|fa|chen
ver|voll|komm|nen; sich -; **Ver|voll|komm|nung; ver|voll|komm|nungs|fä|hig**
ver|voll|stän|di|gen; Ver|voll|stän|di|gung
verw. = verwitwet
[1]ver|wach|sen; die Narbe ist verwachsen; mit etwas - (innig verbunden) sein; sich - ([beim Wachsen] verschwinden); **[2]ver|wach|sen** (schief gewachsen, verkrüppelt); **Ver|wach|sung**
ver|wackeln [*Trenn.* ...wak|keln]; die Aufnahme ist verwackelt (unscharf)
ver|wäh|len, sich (beim Telefonieren)
Ver|wahr, der *(veraltet); nur noch in* in - geben, nehmen; **ver|wah|ren** (*veraltet auch für* in Haft nehmen, unterbringen); es ist alles wohl verwahrt (aufbewahrt); sich gegen etwas - (etwas energisch zurückweisen); **Ver|wah|rer; Ver|wah|re|rin; ver|wahr|lo|sen;** du verwahrlost; **Ver|wahr|lo|ste,** der *u.* die; -n, -n (↑ R 7 ff.); **Ver|wahr|lo|sung,** die; -; **Ver|wahr|sam,** der; -s *(veraltet); noch in* in - geben, nehmen; **Ver|wah|rung**
ver|wai|sen (elternlos werden; einsam werden); du verwaist; er verwai|ste; **ver|waist;** ein verwai|stes Haus
ver|wal|ken (*ugs. für* verprügeln)
ver|wal|ten; Ver|wal|ter; Ver|wal|te|rin; Ver|wal|tung; Ver|wal|tungs‿akt, ...an|ge|stell|te (der *u.* die), **...ap|pa|rat, ...auf|ga|ben** *(Plur.),* **...be|am|te, ...be|zirk, ...dienst** (der; -[e]s), **...ge|bäu|de, ...ge|richt, ...ge|richts|hof, ...ko|sten** *(Plur.),* **...rat** (*Plur.* ...räte), **...recht** (das; -[e]s), **...re|form; ver|wal|tungs|tech|nisch; Ver|wal|tungs|vor|schrift**
ver|wam|sen (*ugs. für* verprügeln); du verwamst
ver|wan|del|bar; ver|wan|deln; Ver|wand|lung; Ver|wand|lungs|künst|ler; ver|wand|lungs|reich; ver|wandt (zur gleichen Familie, Art gehörend); **Ver|wand|te,** der *u.* die; -n, -n (↑ R 7 ff.); **Ver|wandt|schaft; ver|wandt|schaft|lich; Ver|wandt|schafts|grad**
ver|wanzt (voller Wanzen)
ver|war|nen; Ver|war|nung; Ver|war|nungs|geld *(Amtsspr.)*
ver|wa|schen
ver|wäs|sern; Ver|wäs|se|rung, Ver|wäß|rung
ver|we|ben; *meist schwach gebeugt, wenn es sich um die handwerkliche Tätigkeit handelt:* bei dieser Matte wurden Garne unterschiedlicher Stärke verwebt; *meist stark gebeugt bei übertragener Bedeutung:* zwei Melodien sind miteinander verwoben
ver|wech|sel|bar; ver|wech|seln; (↑ R 68:) zum Verwechseln ähnlich; **Ver|wech|se|lung, Ver|wechs|lung**
ver|we|gen; Ver|we|gen|heit
ver|we|hen; vom Winde verweht
ver|weh|ren; jmdm. etwas - (untersagen); **Ver|weh|rung,** die; -
Ver|we|hung
ver|weich|li|chen; Ver|weich|li|chung, die; -
ver|wei|gern; Ver|wei|ge|rer, der; -s, - (*auch kurz für* Kriegsdienstverweigerer); **Ver|wei|ge|rung; Ver|wei|ge|rungs|fall,** der; im -[e] *(Rechtsspr.)*
Ver|weil|dau|er *(fachspr.);* **ver|wei|len** *(geh.);* sich -
ver|weint; -e Augen
Ver|weis, der; -es, -e (ernste Zurechtweisung; Hinweis); **[1]ver|wei|sen** (*veraltend für* vorhalten; verbieten; tadeln); jmdm. seine Verhaltensweise -; sie hat dem Jungen seine Frechheit verwiesen; **[2]ver|wei|sen** (einen Hinweis geben; verbannen); auf eine andere Stelle des Buches -; der Verbrecher wurde des Landes verwiesen; **Ver|wei|sung** (Hinweis, Verweis; Ausweisung)
ver|wel|ken
ver|welt|li|chen (weltlich machen); **Ver|welt|li|chung,** die; -
ver|wend|bar; Ver|wend|bar|keit, die; -; **ver|wen|den;** ich verwandte *od.* verwendete, habe verwandt *od.* verwendet; **Ver|wen|dung;** zur besonderen Verwendung (*Abk.* z. b. V.); **ver|wen|dungs|fä|hig; Ver|wen|dungs‿mög|lich|keit, ...wei|se, ...zweck**
ver|wer|fen; der Plan wurde verworfen; die Arme - (*schweiz. für* heftig gestikulieren); **ver|werf|lich; Ver|werf|lich|keit,** die; -; **Ver|wer|fung** (*auch für* geol. Schichtenstörung)
ver|wert|bar; ver|wer|ten; verwertet; **Ver|wer|ter; Ver|wer|tung**
[1]ver|we|sen (sich zersetzen, in Fäulnis übergehen)
[2]ver|we|sen (*veraltet für* stellvertretend verwalten); du verwest; **Ver|we|ser**
ver|wes|lich; Ver|wes|lich|keit, die; -; **Ver|we|sung,** die; -; **Ver|we|sungs|ge|ruch**
ver|wet|ten
ver|wi|chen (*veraltend für* vergangen); im -en Jahre
ver|wich|sen (*ugs. für* verprügeln; [Geld] vergeuden)
ver|wickeln[1]**; ver|wickelt**[1]**; Ver|wicke|lung**[1]**, Ver|wick|lung**
ver|wie|gen (*fachspr. für* wiegen); **Ver|wie|ger; Ver|wie|gung**
ver|wil|dern; ver|wil|dert; Ver|wil|de|rung
[1]ver|win|den (über etwas hinwegkommen); verwunden; den Schmerz -; **[2]ver|win|den** (*Technik* verdrehen); **Ver|win|dung; ver|win|dungs|fest** *(Technik)*
ver|win|kelt (winklig)

---
[1] *Trenn.* ...k|k...

ver|wir|ken; sein Leben -
ver|wirk|li|chen; Ver|wirk|li|chung
Ver|wir|kung, die; - *(Rechtsspr.)*
ver|wir|ren; ich habe das Garn verwirrt; ich bin ganz verwirrt; *vgl.* verworren; **Ver|wirr|spiel; Ver|wirrt|heit,** die; -; **Ver|wir|rung**
ver|wirt|schaf|ten (mit etwas schlecht wirtschaften); **Ver|wirt|schaf|tung,** die; -
ver|wi|schen; die Unterschrift war verwischt; **Ver|wi|schung**
ver|wit|tern (durch den Einfluß der Witterung angegriffen werden); das Gestein ist verwittert; **Ver|wit|te|rung; Ver|wit|te|rungs|pro|dukt**
ver|wit|wet (Witwe[r] geworden; *Abk.* verw.)
ver|wo|ben (eng verknüpft mit ...); *vgl.* verweben
ver|woh|nen (durch Wohnen abnutzen); verwohnte Räume
ver|wöh|nen; ver|wöhnt; -este; **Ver|wöhnt|heit,** die; -; **Ver|wöh|nung,** die; -
ver|wor|fen (lasterhaft, schlecht); ein verworfenes Geschöpf; **Ver|wor|fen|heit,** die; -
ver|wor|ren; das hört sich ziemlich - an; *vgl.* verwirren; **Ver|wor|ren|heit,** die; -
ver|wund|bar; Ver|wund|bar|keit, die; -; [1]**ver|wun|den** (verletzen)
[2]**ver|wun|den;** *vgl.* verwinden
ver|wun|der|lich; ver|wun|dern; es ist nicht zu -; sich -; **Ver|wun|de|rung,** die; -
ver|wun|det; Ver|wun|de|te, der *u.* die; -n, -n (↑R 7 ff.); **Ver|wun|de|ten|trans|port; Ver|wun|dung**
ver|wun|schen (verzaubert); ein -es Schloß; **ver|wün|schen** (verfluchen; verzaubern); er hat sein Schicksal oft verwünscht; **ver|wünscht** (verflucht); - sei diese Reise!; **Ver|wün|schung**
Ver|wurf (*svw.* Verwerfung *[Geol.]*)
ver|wursch|teln, ver|wur|steln (*ugs. für* durcheinanderbringen, verwirren)
ver|wur|zeln; Ver|wur|ze|lung, Ver|wurz|lung
ver|wu|scheln (*ugs. für* zerzausen)
ver|wü|sten; Ver|wü|stung
Verz. = Verzeichnis
ver|za|gen (ängstlich, wankelmütig werden); **ver|zagt;** -este; **Ver|zagt|heit,** die; -
ver|zäh|len, sich
ver|zah|nen (an-, ineinanderfügen); **Ver|zah|nung**
ver|zan|ken, sich (*ugs. für* in Streit geraten)
ver|zap|fen (durch Zapfen verbinden; *landsch. für* [vom Faß] ausschenken; *ugs. für* etwas [Unsinniges] anstellen, reden); **Ver|zap|fung**
ver|zär|teln; sie verzärtelt das Kind; **Ver|zär|te|lung,** die; -
ver|zau|bern; Ver|zau|be|rung
ver|zäu|nen; Ver|zäu|nung
ver|zehn|fa|chen; ver|zehn|ten (*früher für* den Zehnten von etwas zahlen)
Ver|zehr, der; -[e]s (das Verzehren; das Verzehrte); **Ver|zehr|bon; ver|zeh|ren; Ver|zeh|rer** *(selten);* **Ver|zehr|zwang,** der; -[e]s
ver|zeich|nen (vermerken; falsch zeichnen); **Ver|zeich|nis,** das; -ses, -se (*Abk.* Verz.); **Ver|zeich|nung; ver|zeich|nungs|frei** (*für* orthoskopisch)
ver|zei|gen (*schweiz. für* anzeigen)
ver|zei|hen; er hat ihr verziehen; **ver|zeih|lich; Ver|zei|hung,** die; -
ver|zer|ren; Ver|zer|rung
[1]**ver|zet|teln** (für eine Kartei auf Zettel schreiben)
[2]**ver|zet|teln** (vergeuden); sich - (sich mit zu vielen [nebensächlichen] Dingen beschäftigen)
[1]**Ver|zet|te|lung** (Aufnahme auf Zettel für eine Kartei)
[2]**Ver|zet|te|lung** (das Sichverzetteln)
[1]**Ver|zett|lung** *vgl.* [1]Verzettelung
[2]**Ver|zett|lung** *vgl.* [2]Verzettelung
Ver|zicht, der; -[e]s, -e; - leisten; **ver|zich|ten; Ver|zicht[s]‿er|klä|rung, ...lei|stung, ...po|li|tik** (die; -)
ver|zie|hen; die Eltern - ihr Kind; er ist nach Frankfurt verzogen; Rüben -; sich -; wir haben uns still verzogen (*ugs. für* sind still verschwunden)
ver|zie|ren; Ver|zie|rung
ver|zim|mern *(Bauw.);* **Ver|zim|me|rung**
[1]**ver|zin|ken** (*Gaunerspr.* verraten, anzeigen)
[2]**ver|zin|ken** (mit Zink überziehen); **Ver|zin|kung**
ver|zin|nen; Ver|zin|nung
ver|zins|bar; ver|zin|sen; ver|zins|lich; Ver|zins|lich|keit, die; -; **Ver|zin|sung**
ver|zo|gen; ein -er Junge; *vgl. auch* verziehen
ver|zö|gern; Ver|zö|ge|rung; Ver|zö|ge|rungs‿mit|tel (das), **...tak|tik**
ver|zol|len; Ver|zol|lung
ver|zücken[1]
ver|zuckern[1]; **Ver|zucke|rung**[1]
ver|zückt; -este; **Ver|zückt|heit,** die; -; **Ver|zückung**[1]; in - geraten
Ver|zug, der; -[e]s (*Bergmannsspr. auch* gitterartige Verbindung zwischen Ausbaurahmen); im - sein (im Rückstand sein); in - geraten, kommen; in - setzen; ohne - (sofort); **Ver|zugs|zin|sen** *Plur.*
ver|zwat|zeln (*landsch. für* [vor Ungeduld] vergehen, verzweifeln)
ver|zwei|feln; (↑R 68:) es ist zum Verzweifeln; **ver|zwei|felt; Ver|zweif|lung,** die; -; **Ver|zweif|lungs|tat; ver|zweif|lungs|voll**
ver|zwei|gen, sich; **Ver|zwei|gung**
ver|zwickt; -este (*ugs. für* verwickelt, schwierig); eine -e Geschichte; **Ver|zwickt|heit,** die; -
ver|zwir|nen (Garne zusammendrehen)
Ve|si|ka|to|ri|um [v...], das; -s, ...ien [...i̯ən] ‹lat.› (*Med.* blasenziehendes Mittel, Zugpflaster)
Ves|pa Ⓦⓩ [ˈvɛspa], die; -, -s ‹ital.› (ein Motorroller)
Ves|pa|si|an, Ves|pa|sia|nus [*beide* v...]; ↑R 180 (röm. Kaiser)
Ves|per [ˈfɛs...], die; -, -n, *südd. für* „Zwischenmahlzeit" *auch* das; -s, - ‹lat.› (Zeit gegen Abend; Abendandacht; Stundengebet; *bes. südd. für* Zwischenmahlzeit, bes. am Nachmittag); **Ves|per‿bild** *(Kunstwiss.),* **...brot; ves|pern** (*bes. südd. für* [Nachmittags-, Abend]imbiß einnehmen); ich ...ere (↑R 22)
Ves|puc|ci [vɛsˈputʃi], Amerigo (ital. Seefahrer)
Ve|sta [ˈvɛsta] (röm. Göttin des häusl. Herdes); **Ve|sta|lin,** die; -, -nen (Priesterin der Vesta)
Ve|ste [f...], die; -, -n (*veraltet für* Feste); Veste Coburg
Ve|sti|bül [v...], das; -s, -e ‹franz.› (Vorhalle); **Ve|sti|bu|lum,** das; -s, ...la ‹lat.› (Vorhalle des altröm. Hauses)
Ve|sti|tur [v...], die; -, -en ‹lat.› (*svw.* Investitur)
Ve|ston [vɛsˈtõː], das; -s, -s ‹franz.› (*schweiz. für* Herrenjackett)
Ve|suv [veˈzuːf], der; -[s] (Vulkan bei Neapel); **Ve|su|vi|an** [vezuˈvi̯aːn], der; -s, -e (ein Mineral); **ve|su|visch** [veˈzuːviʃ]
Ve|te|ran [v...], der; -en, -en (↑R 197) ‹lat.› (altgedienter Soldat; ehem. langjähriger Mitarbeiter; altes [Auto]modell); **Ve|te|ra|nen|klub** (*regional für* Treffpunkt alter Menschen)
ve|te|ri|när [v...] ‹franz.› (tierärztlich); **Ve|te|ri|när,** der; -s, -e (Tierarzt); **ve|te|ri|när|ärzt|lich; Ve|te|ri|nä|rin; Ve|te|ri|när|me|di|zin,** die; - (Tierheilkunde); **ve|te|ri|när|me|di|zi|nisch**
Ve|to [v...], das; -s, -s ‹lat.› (Einspruch[srecht]); **Ve|to|recht**
Vet|tel [f...], die; -, -n (*veraltend für* unordentliche [alte] Frau, Schlampe)

---
[1] *Trenn.* ...k|k...

Vet|ter, der; -s, -n; **Vet|te|rin** *(veraltet);* **vet|ter|lich; Vet|tern|schaft; Vet|tern|wirt|schaft,** die; - *(abwertend);* **Vet|ter|schaft** *vgl.* Vetternschaft

Ve|xier|bild [v...] ‹lat.; dt.›; **ve|xie|ren** ‹lat.› *(veraltet für* irreführen; quälen; necken); **Ve|xier-rät|sel, ...spie|gel**

V-för|mig ['fau...]; ↑R 37 (in der Form eines V)

vgl. = vergleich[e]!

v., g., u. = vorgelesen, genehmigt, unterschrieben *(vgl.* i. A. [Fußnote])

v. H., p. c., % = vom Hundert; *vgl.* Prozent, pro centum

VHS = Volkshochschule

via ['vi:a] ‹lat.› ([auf dem Wege] über); - Triest; **Via Ap|pia,** die; - - (Straße bei Rom); **Via|dukt** [v...], der, *auch* das; -[e]s, -e; ↑R 180 (Talbrücke, Überführung); **Via Ma|la,** die; - - (Schlucht in Graubünden); **Via|ti|kum,** das; -s, *Plur.* ...ka *u.* ...ken; ↑R 180 *(kath. Kirche* dem Sterbenden gereichte letzte Kommunion)

Vi|bra|phon [v...], das; -s, -e ‹lat.; griech.› (ein Musikinstrument); **Vi|bra|pho|nist,** der; -en, -en (↑R 197); **Vi|bra|ti|on,** die; -, -en ‹lat.› (Schwingung, Beben, Erschütterung); **Vi|bra|ti|ons|mas|sa|ge; vi|bra|to** ‹ital.› *(Musik* bebend); **Vi|bra|to,** das; -s, *Plur.* -s *u.* ...ti; **Vi|bra|tor,** der; -s, ...oren ‹lat.› (Gerät, das Schwingungen erzeugt); **vi|brie|ren** (schwingen; beben, zittern); **Vi|bro|mas|sa|ge** *(kurz für* Vibrationsmassage)

vi|ce ver|sa ['vi:tsə 'vɛrza] ‹lat.› (umgekehrt; *Abk.* v. v.)

Vi|co [v...] (m. Vorn.)

Vi|comte [vi'kõ:t], der; -s, -s (franz. Adelstitel); **Vi|com|tesse** [vikõ'tɛs], die; -, -n [...s(ə)n] *(weibl. Form von* Vicomte)

[1]Vic|to|ria [v...] (Gliedstaat des Australischen Bundes); **[2]Vic|to|ria** (Hptst. der Seychellen); **Vic|to|ria|fäl|le** *Plur.* (große Wasserfälle des Sambesi)

Vic|to|ria re|gia [v... -], die; - -, - -s (eine südamerik. Seerose)

vi|de! [v...] ‹lat.› *(veraltet für* siehe!; *Abk.* v.); **Vi|deo,** das; -s, -s ‹engl.› *(ugs. kurz für* Videoband, -film; *nur Sing.:* Videotechnik); **Vi|deo-auf|zeich|nung, ...band** *(vgl.* [3]Band), **...clip** (kurzer Videofilm zu einem Popmusikstück), **...film, ...ge|rät, ...ka|me|ra, ...kas|set|te, ...pro|gramm|sy|stem** (zur automatischen Videoaufzeichnung von Fernsehsendungen; *Abk.* VPS), **...re|cor|der** (Speichergerät für Fernsehaufnahmen), **...spiel** *(svw.* Telespiel), **...tech|nik** (die; -), **...text** ([geschriebene] Information, die auf Abruf über den Fernsehbildschirm vermittelt wird); **Vi|deo|thek,** die; -, -en (Sammlung von Videofilmen od. Fernsehaufzeichnungen); **vi|di** *(veraltet für* ich habe gesehen; *Abk.* v.); **vi|die|ren** *(veraltet, noch österr. für* beglaubigen, unterschreiben); **Vi|di|ma|ti|on,** die; -, -en (Beglaubigung); **vi|dit** *(veraltet für* hat [es] gesehen; *Abk.* vdt.)

Viech, das; -[e]s, -er *(ugs. für* Tier; *auch* Schimpfwort); **Vie|che|rei** *(ugs. für* Gemeinheit, Niedertracht; große Anstrengung); **Vieh,** das; -[e]s; **Vieh-be|stand, ...fut|ter** *(vgl.* [1]Futter), **...hal|ter, ...hal|tung, ...han|del** *(vgl.* [1]Handel), **...händ|ler, ...her|de; vie|hisch;** -ste; **Vieh-salz** (das; -es), **...wa|gen, ...wei|de, ...zeug** *(ugs.),* **...zucht** (die; -), **...züch|ter**

viel; (↑R 66:) in vielem, mit vielem, um vieles; wer vieles bringt, ...; ich habe viel[es] erlebt; die vielen; viele sagen ...; (↑R 65:) viel Gutes *od.* vieles Gute; vielen Schlafes; mit viel Gutem *od.* mit vielem Guten; vieler schöner Schnee; mit vieler natürlicher Anmut; vieles milde Nachsehen; mit vielem kalten Wasser; viel[e] gute Nachbildungen; vieler guter, *seltener* guten Nachbildungen; (↑R 8:) viele Begabte, vieler Begabter, *seltener* Begabten; viel[e] Menschen; die vielen Menschen; so viel arbeiten, daß ...; soviel *(vgl. d.);* soviel ich weiß ...; vielmal[s]; vieltausendmal tausend; vielmehr *(vgl. d.);* wir haben gleich viel; gleichviel[,] ob du kommst oder nicht (↑R 127); soundso viel; am soundsovielten Mai; zuviel *(vgl. d.),* aber: zu viel; zu viele Menschen; viel zuviel; viel zuwenig; viel zu teuer; es gab noch vieles, was *(nicht:* das *od.* welches) besprochen werden sollte; allzuviel *(vgl.* allzu). *In Verbindung mit dem Partizip II:* **a)** *Getrenntschreibung* (↑R 209): der Fall wurde viel besprochen; **b)** *Zusammenschreibung* (↑*jedoch* R 209): vielbesprochen (häufig besprochen, in aller Munde), z. B. ein vielbesprochener Fall; **Viel,** das; -s; viele Wenig machen ein Viel

viel|ar|mig; eine -e Abwehr *(Sport);* **viel|bän|dig;** ein -es Werk; **viel|be|fah|ren;** eine vielbefahrene Straße (↑*jedoch* R 209); aber: die Straße wird viel befahren; **viel|be|schäf|tigt;** ein vielbeschäftigter Mann (↑*jedoch* R 209), aber: der Mann ist viel beschäftigt; **viel|be|spro|chen** (häufig besprochen, in aller Munde); ein vielbesprochener Fall (↑*jedoch* R 209), aber: der Fall wurde viel besprochen; **viel|deu|tig; Viel|deu|tig|keit; viel|dis|ku|tiert;** ein vieldiskutiertes Thema (↑*jedoch* R 209), aber: das Thema wurde viel diskutiert; **Viel|eck; viel|eckig** [*Trenn.* ...ek|kig]; **Viel|ehe; vie|ler|lei; viel|er|ör|tert;** ein vielerörtertes Ereignis (↑*jedoch* R 209), aber: das Ereignis wurde viel erörtert; **vie|ler|orts; viel|fach;** (↑R 65:) um ein vielfaches klüger; **Viel|fa|che,** das; -n (↑R 7 ff.); das kleinste gemeinsame - *(Abk.* k. g. V., kgV); *vgl.* Achtfache; **Viel|fach|ge|rät; Viel|falt,** die; -; **viel|fäl|tig** (mannigfaltig, häufig); **Viel|fäl|tig|keit,** die; -; **viel|far|big;** ein -es Muster; **Viel|flach,** das; -[e]s, -e *u.* Viel|fläch|ner *(für* Polyeder); **viel|flä|chig; Viel|fläch|ner** *vgl.* Vielflach

Viel|fraß, der; -es, -e (Marderart; *ugs. für* jmd., der unmäßig ißt)

viel|ge|braucht; ein vielgebrauchtes Fahrrad (↑*jedoch* R 209), aber: das Fahrrad wurde viel gebraucht; **viel|ge|fragt;** ein vielgefragtes Modell (↑*jedoch* R 209), aber: das Modell wurde viel gefragt; **viel|ge|kauft;** ein vielgekauftes Buch (↑*jedoch* R 209), aber: das Buch wird viel gekauft; **viel|ge|le|sen;** eine vielgelesene Autorin (↑*jedoch* R 209), aber: die Autorin wurde viel gelesen; **viel|ge|nannt;** ein vielgenannter Mann (↑*jedoch* R 209), aber: der Mann wurde viel genannt; **viel|ge|prie|sen;** ein vielgepriesener Autor (↑*jedoch* R 209), aber: der Autor wurde viel gepriesen; **viel|ge|reist;** eine vielgereiste Frau (↑*jedoch* R 209), aber: die Frau ist viel gereist; **Viel|ge|rei|ste,** der *u.* die; -n, -n (↑R 7 ff.); **viel|ge|schmäht;** ein vielgeschmähter Mann (↑*jedoch* R 209), aber: der Mann wurde viel geschmäht; **viel|ge|stal|tig; Viel|ge|stal|tig|keit,** die; -; **viel|glied|rig; Viel|glied|rig|keit,** die; -; **Viel|göt|te|rei,** die; - *(für* Polytheismus); **Viel|heit,** die; -; **viel|hun|dert|mal,** aber: viele hundert Male; *vgl.* Mal; **viel|köp|fig; viel|leicht**

Viel|lieb|chen ‹*Umdeutung aus* Valentine *bzw.* Philippine› (doppelter Mandelkern, den zwei Personen gemeinsam essen, wobei sie wetten, wer den andern am nächsten Tag zuerst daran erinnert)

viel|mal *(veraltet für* vielmals); **viel|ma|lig; viel|mals; Viel|män|ne|rei,** die; - *(für* Polyandrie);

viel|mehr [*auch* 'fi:l...]; er ist nicht dumm, weiß vielmehr gut Bescheid, aber: er weiß viel mehr als du; **viel|sa|gend;** -ste; **viel|schich|tig; Viel|schich|tig|keit,** die; -; **Viel|schrei|ber** *(abwertend);* **viel|sei|tig; Viel|sei|tig|keit,** die; -; **Viel|sei|tig|keits|prü|fung** *(Reitsport);* **viel‿sil|big, ...spra|chig, ...stim|mig; viel|tau|send|mal,** aber: viele tausend Male; *vgl.* Mal; **viel|um|wor|ben;** ein vielumworbenes Mädchen (↑*jedoch* R 209), aber: das Mädchen ist viel umworben; **viel|ver|spre|chend;** -ste; **Viel|völ|ker|staat** *Plur.* ...staaten; **Viel|wei|be|rei,** die; - (*für* Polygamie); **Viel|wis|ser; Viel|zahl,** die; -; **Viel|zel|ler** *(Biol.);* **viel|zel|lig**

Vien|tiane [vi̯ɛn'tja(:)n] (Hptst. von Laos)

vier; *Kleinschreibung* (↑R 66): die vier Elemente; die vier Jahreszeiten; die vier Evangelisten; die vier Mächte (die Staaten USA, UdSSR, England u. Frankreich [als Sieger im 2. Weltkrieg]); etwas in alle vier Winde [zer]streuen; in seinen vier Wänden (*ugs. für* zu Hause) bleiben; sich auf seine vier Buchstaben setzen (*ugs. scherzh. für* sich hinsetzen); unter vier Augen etwas besprechen; alle viere von sich strecken (um tüchtig zu schlafen *[ugs]; ugs. auch für* tot sein); auf allen vieren; wir sind zu vieren *od.* zu viert; ein Grand mit vier[en]; *vgl.* acht, drei; **Vier,** die; -, -en (Zahl); eine Vier würfeln; er hat in Latein eine Vier geschrieben; *vgl.* [1]Acht *u.* Eins; **Vier|ach|ser** (Wagen mit vier Achsen; *mit Ziffer* 4achser; ↑R 212); **vier|ar|mig; Vier|bei|ner; vier|bei|nig; vier|blät|te|rig, vier|blätt|rig; vier|di|men|sio|nal; Vier-drei-drei-Sy|stem,** das; -s; ↑R 41 (*mit Ziffern* 4-3-3-System; *Fußball* eine bestimmte Art der Mannschaftsaufstellung); **Vier|eck; vier|eckig** [*Trenn.* ...ek|kig]; **vier|ein|halb,** vier|und|ein|halb; **Vie|rer;** *vgl.* Achter; **Vie|rer|bob; vie|rer|lei; Vie|rer|rei|he;** in -n; **Vie|rer|zug; vier|fach; Vier|fa|che,** das; -n; *vgl.* Achtfache; **Vier|far|ben|druck** *Plur.* ...drucke; **Vier|far|ben|ku|gel|schrei|ber, Vier|farb|ku|gel|schrei|ber; Vier|flach,** das; -[e]s, -e *u.* **Vier|fläch|ner** (*für* Tetraeder); **Vier|fürst** (*für* Tetrarch); **Vier|fü|ßer; vier|fü|ßig; Vier‿füß|ler, ...ge|spann, vier|hän|dig;** - spielen; **vier|hun|dert;** *vgl.* hundert; **Vier|jah|res|plan; vier|kant** (*Seemannsspr.* waagerecht); **Vier|kant,** das *od.* der; -[e]s, -e; **Vier|kant|ei|sen; vier|kan|tig; Vier|lan|de** *Plur.* (hamburgische Landschaft); **Vier|ling; Vier|mäch|te|kon|fe|renz; vier|mal;** *vgl.* achtmal; **vier|ma|lig; Vier|ma|ster; Vier|mast|zelt; vier|mo|to|rig; Vier|paß,** der; ...passes, ...passe (*Archit.* Verzierungsform mit vier Bogen); **Vier|plät|zer** (*schweiz. für* Viersitzer); **vier|plät|zig** (*schweiz. für* viersitzig); **Vier|rad‿an|trieb, ...brem|se; vier|rä|de|rig, vier|räd|rig; Vier|ru|de|rer** (*für* Quadrireme); **vier|sai|tig;** ein -es Streichinstrument; **vier|schrö|tig** (stämmig); **vier|sei|tig; Vier|sit|zer; vier|sit|zig; Vier|spän|ner; vier|spän|nig; vier|stel|lig; Vier|ster|ne|ho|tel; vier|stim|mig** *(Musik);* ein -er Satz; - singen; **vier|stöckig** [*Trenn.* ...stök|kig]; **viert;** *vgl.* vier; **Vier|tak|ter** *vgl.* Zweitakter; **Vier|takt|mo|tor; vier|tau|send;** *vgl.* tausend; **vier|te;** - Dimension; der - Stand (*früher für* Arbeiterschaft); *vgl.* achte; **vier|tei|len;** gevierteilt; **vier|tei|lig; vier|tel** ['fir...]; eine - Million; *vgl.* achtel; **Vier|tel,** das, *schweiz. für* „vierter Teil" *meist* der; -s, -; es ist [ein] - vor, nach eins; es hat [ein] - eins geschlagen; es ist fünf Minuten vor drei -; wir treffen uns um - acht, um drei - acht; drei - *od.* dreiviertel der Bevölkerung; *vgl.* Achtel *u.* dreiviertel; **Vier|tel‿fi|na|le** *(Sportspr.),* **...ge|viert** *(Druckw.);* **Vier|tel‿jahr, ...jahr|hun|dert; vier|tel|jäh|rig** (ein Vierteljahr alt, dauernd); -e Kündigung (mit einer ein Vierteljahr dauernden Frist); **vier|tel|jähr|lich** (alle Vierteljahre wiederkehrend); -e Kündigung (alle Vierteljahre mögliche Kündigung); **Vier|tel|li|ter;** *vgl.* achtel; **vier|teln** (in vier Teile zerlegen); ich ...[e]le (↑R 22); **Vier|tel|no|te; Vier|tel|pfund;** *vgl.* achtel; **Vier|tel|stun|de;** eine Viertelstunde, *auch* eine viertel Stunde; *vgl.* dreiviertel; **vier|tel|stün|dig** ['fir...] (eine Viertelstunde dauernd); **vier|tel|stünd|lich** (alle Viertelstunden wiederkehrend); **Vier|tels|wen|dung; Vier|tel|ton** *Plur.* ...töne; **Vier|tel|zent|ner;** *vgl.* achtel; **vier|tens; viert|letzt;** *vgl.* drittletzt; **vier|tü|rig; vier|und|ein|halb;** *vgl.* viereinhalb; **vier|und|zwan|zig;** *vgl.* acht; **Vier|und|zwan|zig|flach,** das; -[e]s, -e *u.* **Vier|und|zwan|zig|fläch|ner** (*für* Ikositetraeder); **Vie|rung** (*Archit.* Geviert; Viereck); **Vie|rungs‿kup|pel, ...pfei|ler; Vier|vier|tel|takt** [...'fir...], der; -[e]s; *vgl.* Achtel; **Vier|wald|stät|ter See,** der; - -s; ↑R 151 (See am Nordrand der Alpen bei Luzern); **vier|wer|tig; vier|zehn** ['fir...]; *vgl.* acht; **Vier|zehn|hei|li|gen** (Wallfahrtskirche südl. von Lichtenfels); **vier|zehn|hun|dert** ['fir...]; **vier|zehn‿tä|gig** (*vgl.* ...tägig), **...täg|lich** (*vgl.* ...täglich); **Vier|zei|ler; vier|zei|lig; vier|zig** ['fir...] usw.; *vgl.* achtzig usw.; **vier|zig|jäh|rig;** *vgl.* achtjährig; **Vier|zig|stun|den|wo|che** (*mit Ziffern* 40-Stunden-Woche; ↑R 43); **Vier|zim|mer|woh|nung** [fi:r...] (*mit Ziffer* 4-Zimmer-Wohnung; ↑R 43); **Vier-zwei-vier-Sy|stem,** das; -s; ↑R 41 (*mit Ziffern* 4-2-4-System; *Fußball* eine Art der Mannschaftsaufstellung); **Vier|zy|lin|der** *vgl.* Achtzylinder; **Vier|zy|lin|der|mo|tor; vier|zy|lin|drig** (*mit Ziffer* 4zylindrig; ↑R 212)

Vi|et|cong [vi̯ɛt'kɔŋ], der; -s, -[s] ‹vietnames.› (*nur Sing.:* polit. Bewegung im früheren Südvietnam; Mitglied dieser Bewegung); **Vi|et|nam** [vi̯ɛt'na(:)m] (Staat in Indochina); **Vi|et|na|me|se,** der; -n, -n (↑R 197); **Vi|et|na|me|sin; vi|et|na|me|sisch; Vi|et|nam|krieg,** der; -[e]s

vif [vi:f] ‹franz.› (*veraltend für* lebendig, lebhaft)

Vi|gil [v...], die; -, -ien [...i̯ən] ‹lat.› (Vortag hoher kath. Feste); **vi|gi|lant;** -este (*veraltend für* pfiffig, aufgeweckt); **Vi|gi|lie** [...i̯ə], die; -, -n (bei den Römern die Nachtwache des Heeres); **vi|gi|lie|ren** (*veraltet für* wachsam sein)

Vi|gnet|te [vi'njɛtə], die; -, -n ‹franz.› (kleine Verzierung [in Büchern]; *Fotogr.* Verdeckung bestimmter Stellen des Negativs beim Kopieren; Gebührenmarke für die Autobahnbenutzung [in der Schweiz])

Vi|go|gne [vi'gɔnjə], die; -, -n ‹indian.-franz.› (Mischgarn aus Wolle und Baumwolle); **Vi|go|gne|wol|le**

vi|go|ro|so [v...] ‹ital.› (*Musik* kräftig, stark, energisch)

Vi|kar [v...], der; -s, -e ‹lat.› (*kath. Kirche* Amtsvertreter; *ev. Kirche* Theologe nach dem ersten Examen; *schweiz. auch für* Stellvertreter eines Lehrers); **Vi|ka|ri|at,** das; -[e]s, -e (Amt eines Vikars); **vi|ka|ri|ie|ren** (das Amt eines Vikars versehen); **Vi|ka|rin** (ev. weibl. Vikar)

Vik|tor [v...] ‹lat.› (m. Vorn.); **Vik|tor Ema|nu|el** (Name mehrerer ital. Könige); **[1]Vik|to|ria** (Sieg [als Ausruf]); - rufen; **[2]Vik|to|ria** *vgl.* Victoria; **[3]Vik|to|ria** (w. Vorn.); **vik|to|ria|nisch,** aber (↑R 134): die Viktorianische Zeit (der engl. Königin Viktoria)

Vik|tua|li|en [viktu'a:li̯ən] *Plur.* (↑R 180) ⟨lat.⟩ (*veraltet für* Lebensmittel); **Vik|tua|li|en‿hand|lung, ...markt**

Vi|ku|nja [v...], das; -s, -s *u.* die; -, ...jen ⟨indian.⟩ (höckerloses südamerik. Kamel); **Vi|ku|nja|wol|le**

Vi|la [v...] (Hptst. von Vanuatu)

Vil|la [v...], die; -, ...llen ⟨lat.⟩ (vornehmes Einzelwohnhaus)

Vil|lach [f...] (Stadt in Kärnten)

Vil|la|nell [v...], das; -s, -e *u.* **Vil|la|nel|le**, die; -, -n ⟨ital.⟩ (ital. Bauern-, Hirtenliedchen, bes. des 16. u. 17. Jh.s)

vil|len|ar|tig [v...]; ein -es Haus; **Vil|len‿ge|gend, ...vier|tel**

Vil|lin|gen-Schwen|nin|gen [f...] (Stadt an der Brigach)

Vil|lon [vi'jɔ̃:] (franz. Lyriker)

Vil|ma [v...] (w. Vorn.)

Vil|nius [v...] (*litauische Form von* Wilna)

Vils|ho|fen [f...] (Stadt in Bayern)

Vi|mi|nal [v...], der; -s (Hügel in Rom)

Vin|ai|gret|te [vinɛ'grɛt(ə)], die; -, -n ⟨franz.⟩ (mit Essig bereitete Soße)

Vin|cen|ter ['vinsən...] (Einwohner des Staates St. Vincent und die Grenadinen); **vin|cen|tisch**

Vin|ci ['vintʃi], Leonardo da (ital. Künstler)

Vin|de|li|zi|er [vinde'li:tsi̯ər], der; -s, - (Angehöriger einer kelt. Volksgruppe); **vin|de|li|zisch;** aber: die Vindelizische Schwelle (*Geol.* Landschwelle des Erdmittelalters im Alpenvorland)

Vin|di|ka|ti|on [v...], die; -, -en ⟨lat.⟩ (*Rechtsw.* Herausgabeanspruch des Eigentümers einer Sache gegenüber deren Besitzer); **vin|di|zie|ren; Vin|di|zie|rung** *vgl.* Vindikation

Vi|ne|ta [v...] ⟨*verderbt aus* Jumneta⟩ (sagenhafte untergegangene Stadt an der Ostseeküste)

Vingt-et-un [vɛ̃te'œ̃:], **Vingt-un** [vɛ̃'tœ̃:], das; - ⟨franz., „einundzwanzig"⟩ (ein Kartenglücksspiel)

Vin|ku|la|ti|on [v...], die; -, -en ⟨lat.⟩ (*Bankw.* Bindung des Rechtes der Übertragung eines Wertpapiers an die Genehmigung des Emittenten); **vin|ku|lie|ren; Vin|ku|lie|rung**

Vintsch|gau [f...], der; -[e]s (Talschaft oberhalb von Meran)

Vin|zen|tia (w. Vorn.); **Vin|zenz** (m. Vorn.)

[1]Vio|la [v...] *u.* Vio|le, die; -, Vio|len ⟨lat.⟩ (↑R 180) (*Bot.* Veilchen); **[2]Vio|la** (↑R 180) (w. Vorn.)

[3]Vio|la [v...], die; -, ...len (↑R 180) ⟨ital.⟩ (Bratsche); **Vio|la da brac|cio** [- - 'bratʃo], die; - - -, ...le - - (Bratsche); **Vio|la da gam|ba**, die; - - -, ...le - - (Gambe); **Vio|la d'amo|re**, die; - -, ...le - (eine Gambenart in Altlage)

Vio|le *vgl.* [1]Viola; **Vio|len** (*Plur. von* [1, 3]Viola)

vio|lent [v...]; -este (↑R 180) ⟨lat.⟩ (*veraltet für* heftig, gewaltsam); **Vio|lenz**, die; - (*veraltet für* Heftigkeit, Gewaltsamkeit)

vio|lett [v..., *schweiz. auch* f...] (↑R 180) ⟨franz.⟩ (veilchenfarbig); *vgl.* blau; **Vio|lett**, das; -s, *Plur.* -, *ugs.* -s (violette Farbe); *vgl.* Blau; **Vio|let|ta** (w. Vorn.)

Vio|lin|bo|gen [v...] (↑R 180); **Vio|li|ne**, die; -, -n ⟨ital.⟩ (Geige); **Vio|li|nist**, der; -en, -en; ↑R 197 (Geiger); **Vio|lin‿kon|zert, ...schlüs|sel; Vio|lon|cel|list**, der; -en, -en; ↑R 197 (Cellist); **Vio|lon|cel|lo**, das; -s, *Plur.* -s *u.* ...celli (Kniegeige); **Vio|lo|ne**, der; -[s], *Plur.* -s *u.* ...ni (Vorgänger des Kontrabasses; eine Orgelstimme); **Vio|lo|phon**, das; -s, -e (im Jazz gebräuchliche Violine)

VIP *od.* **V. I. P.** = very important person[s] ['vɛri im'pɔ:(r)tənt 'pœ:(r)s(ə)n(z)] ⟨engl.⟩ (sehr wichtige Person[en], Persönlichkeit[en])

Vi|per [v..., *schweiz. auch* f...], die; -, -n ⟨lat.⟩ (Giftschlange)

VIP-Lounge ['vip...] ⟨*zu* VIP⟩

Vi|ra|gi|ni|tät [v...], die; - ⟨lat.⟩ (*Med.* männliches Fühlen der Frau); **Vi|ra|go**, die; -, *Plur.* -s *u.* ...gines (*Med.* Mannweib)

Vir|chow ['virço:, *auch* f...] (dt. Arzt)

Vi|re|ment [vir(ə)'mã:], das; -s, -s ⟨franz.⟩ (im Staatshaushalt die Übertragung von Mitteln von einem Titel auf einen anderen oder auf ein anderes Haushaltsjahr)

Vi|ren (*Plur. von* Virus)

Vir|gil [v...] *vgl.* Vergil

[1]Vir|gi|nia [v...] (w. Vorn.); **[2]Vir|gi|nia** [*auch, österr. nur,* ...dʒ..., *engl.* vœ(r)'dʒinjə] (Staat in den USA; *Abk.* Va.); **[3]Vir|gi|nia** [*auch* ...dʒ...], die; -, -s (Zigarre einer bestimmten Sorte); **Vir|gi|nia|ta|bak; Vir|gi|ni|er** [...i̯ər]; **vir|gi|nisch; Vir|gi|ni|tät**, die; - (Jungfräulichkeit; Unberührtheit)

vi|ril [v...] ⟨lat.⟩ (*Med.* männlich); **Vi|ri|lis|mus**, der; - (Vermännlichung [einer Frau]); **Vi|ri|li|tät**, die; - (*Med.* männliche Kraft; Mannbarkeit)

Vi|ro|lo|ge [v...], der; -en, -en (↑R 197) ⟨lat.; griech.⟩ (Virusforscher); **Vi|ro|lo|gie**, die; - (Lehre von den Viren); **Vi|ro|lo|gin; vi|ro|lo|gisch; vi|rös** (durch Viren hervorgerufen

Vir|tua|li|tät, die; -, -en (↑R 180) ⟨franz.⟩ (innewohnende Kraft od. Möglichkeit); **vir|tua|li|ter** (↑R 180) ⟨lat.⟩ (als Möglichkeit); **vir|tu|ell** ⟨franz.⟩ (der Kraft od. Möglichkeit nach vorhanden, scheinbar); -es Bild *(Optik)*

vir|tu|os [v...]; -este ⟨ital.⟩ (meisterhaft, technisch vollkommen); **Vir|tuo|se**, der; -n, -n; ↑R 197 *u.* R 180 ([techn.] hervorragender Meister, bes. Musiker); **Vir|tuo|sen|tum**, das; -s; **Vir|tuo|sin; Vir|tuo|si|tät**, die; - (Kunstfertigkeit; Meisterschaft, bes. als Musiker);

Vir|tus, die; - ⟨lat.⟩ (*Ethik* Tüchtigkeit, Tapferkeit; Tugend)

vi|ru|lent [v...]; -este ⟨lat.⟩ (krankheitserregend, aktiv, ansteckend [von Krankheitserregern]); **Vi|ru|lenz**, die; - (Ansteckungsfähigkeit [von Bakterien]); **Vi|rus**, das, *außerhalb der Fachspr. auch* der; -, ...ren (kleinster Krankheitserreger); **Vi|rus‿grip|pe, ...in|fek|ti|on, ...krank|heit**

Vi|sa (*Plur. von* Visum)

Vi|sa|ge [vi'za:ʒə, *österr.* ...'za:ʒ], die; -, -n [...ʒ(ə)n] ⟨franz.⟩ (*ugs. abwertend für* Gesicht); **Vi|sa|gist** [...'ʒist], der; -en, -en; ↑R 197 (Kosmetiker, Maskenbildner); **Vi|sa|gi|stin; vis-à-vis** [viza'vi:] (gegenüber); **Vi|sa|vis**, das; - [...'vi:(s)], - [...'vi:s] (Gegenüber)

Vis|count ['vaikaunt], der; -s, -s ⟨engl.⟩ (engl. Adelstitel); **Vis|coun|tess** [...tis], die; -, -es [...tisiz] (*weibliche Form von* Viscount)

Vi|sen (*Plur. von* Visum); **Vi|sier** [v...], das; -s, -e ⟨franz.⟩ (beweglicher, das Gesicht deckender Teil des Helmes; Zielvorrichtung); **vi|sie|ren** (auf etwas zielen); **Vi|sier‿fern|rohr, ...li|nie**

Vi|si|on [v...], die; -, -en ⟨lat.⟩ (Erscheinung; Traumbild; Zukunftsentwurf); **vi|sio|när**; ↑R 180 (traumhaft; seherisch); **Vi|sio|när**, der; -s, -e (visionär begabter Mensch); **Vi|si|ons|ra|di|us** (*Optik* Sehachse)

Vi|si|ta|ti|on [v...], die; -, -en ⟨lat.⟩ (Durchsuchung, z. B. des Gepäcks; [Kontroll]besuch des vorgesetzten Geistlichen in den ihm unterstellten Gemeinden); **Vi|si|te**, die; -, -n ⟨franz.⟩ (Krankenbesuch des Arztes im Krankenhaus; *veraltet, noch scherzh. für* Besuch); **Vi|si|ten|kar|te** (Besuchskarte); **vi|si|tie|ren** (durch-, untersuchen; besichtigen); **Vi|sit|kar|te** (*österr. neben* Visitenkarte)

vis|kos, *selten* **vis|kös** [*beide* v...] ⟨lat.⟩ (zäh[flüssig], leimartig); -e Körper; **Vis|ko|se**, die; - (*Chemie* Zelluloseverbindung); **Vis|ko|si|me|ter**, das; -s, - ⟨lat.;

griech.⟩ (Zähflüssigkeitsmesser); **Vis|ko|si|tät,** die; - ⟨lat.⟩ (Zähflüssigkeit)
Vis ma|jor [vi:s -], die; - - ⟨lat.⟩ (*Rechtsspr.* höhere Gewalt)
Vi|sta [v...], die; - ⟨ital.⟩ (*Bankw.* Sicht, Vorzeigen eines Wechsels); *vgl.* a vista *u.* a prima vista; **Vi|sta|wech|sel** (Sichtwechsel)
vi|sua|li|sie|ren [v...]; ↑R 180 ⟨lat.⟩ (optisch darstellen); **Vi|sua|li|sie|rung; Vi|sua|li|zer** ['vizjuəlaizə(r)], der; -s, - ⟨engl.⟩ (Fachmann für die graphische Gestaltung von Werbeideen); **vi|su|ell** [vizu...] ⟨franz.⟩ (das Sehen betreffend); -er Typ (jmd., der Gesehenes besonders leicht in Erinnerung behält); **Vi|sum,** das; -s, *Plur.* ...sa *u.* ...sen ⟨lat.⟩ (Ein- od. Ausreiseerlaubnis; Sichtvermerk im Paß; *schweiz. auch für* Namenszeichen, Abzeichnung); **Vi|sum|an|trag; vi|sum|frei; Vi|sum|zwang,** der; -[e]s
vis|ze|ral [v...] ⟨lat.⟩ (*Med.* Eingeweide...)
Vi|ta [v...], die; -, *Plur.* Viten *u.* Vitae ['vi:tɛ:] ⟨lat.⟩ (Leben, Lebensbeschreibung); **vi|tal** (lebenskräftig, -wichtig; frisch, munter); **Vi|tal|fär|bung** (*Mikroskopie* Färbung lebender Zellen u. Gewebe)
Vi|ta|lia|ner [v...] *Plur.* (↑R 180) ⟨lat.; *zu* Viktualien⟩ (*selten für* Vitalienbrüder); **Vi|ta|li|en|brü|der** [...iən...] *Plur.* (Seeräuber in der Nord- u. Ostsee im 14. u. 15. Jh.)
vi|ta|li|sie|ren [v...] ⟨lat.⟩ (beleben, anregen); **Vi|ta|lis|mus,** der; - (philos. Lehre von der „Lebenskraft"); **Vi|ta|list,** der; -en, -en; ↑R 197 (Anhänger des Vitalismus); **vi|ta|li|stisch; Vi|ta|li|tät,** die; - (Lebendigkeit, Lebensfülle, -kraft); **Vit|amin,** das; -s, -e ([lebenswichtiger] Wirkstoff); - C; des Vitamin[s] C; **vit|amin|arm; Vit|amin-B-hal|tig** [...'be:...] (↑R 41); **Vit|amin-B-Man|gel,** der; -s (↑R 41); **Vit|amin-B-Man|gel-Krank|heit,** die; -, -en (↑R 41); **vit|ami|nie|ren, vit|ami|ni|sie|ren** (mit Vitaminen anreichern); **Vit|amin‿man|gel** (der), **...prä|pa|rat; vit|amin|reich;** -e Kost; **Vit|amin|stoß** (Zufuhr von großen Vitaminmengen auf einmal)
vite [vit] ⟨franz.⟩ (*Musik* schnell, rasch); **vi|te|ment** [vit(ə)'mã:] (*Musik* schnell, rasch)
Vi|tel|li|us [v...] (röm. Kaiser)
Vi|ti|um [v...], das; -s, ...tia ⟨lat.⟩ (*Med.* Fehler, Defekt)
Vi|tri|ne [v...], die; -, -n ⟨franz.⟩ (gläserner Schaukasten, Schauschrank); **Vi|tri|ol,** das; -s, -e ⟨lat.⟩ (*veraltet für* kristallisiertes, kristallwasserhaltiges Sulfat von Zink, Eisen od. Kupfer); **vi|tri|ol|hal|tig; Vi|tri|ol|lö|sung**
Vi|truv [v...], **Vi|tru|vi|us** [...vius] (altröm. Baumeister)
Vi|tus [v...] (m. Vorn.)
Vitz|li|putz|li [v...], der; -[s] ⟨aus „Huitzilopochtli", einem Stammesgott der Azteken⟩ (Schreckgestalt, Kinderschreck; *volkstümlich auch für* Teufel)
vi|va|ce [vi'va:tʃə] ⟨ital.⟩ (*Musik* munter, lebhaft); **Vi|va|ce,** das; -, -; **vi|va|cis|si|mo** [...'tʃi...] (sehr lebhaft); **Vi|va|cis|si|mo,** das; -s, *Plur.* -s *u.* ...mi
Vi|val|di [vi'valdi] (ital. Komponist)
vi|vant! ['vi:vant] ⟨lat.⟩ (sie sollen leben!); **Vi|va|ri|stik,** die; - (das Halten kleiner Tiere im Vivarium); **Vi|va|ri|um,** das; -s, ...ien [...iən] (Aquarium mit Terrarium; *auch für* Gebäude hierfür); **vi|vat!** ['vi:vat] (er [sie, es] lebe!); **Vi|vat,** das; -s, -s (Hochruf); ein - ausbringen, rufen; **vi|vat, cres|cat, flo|re|at!** [- ...kat -] (er [sie, es] lebe, blühe und gedeihe!); **vi|vi|par** [vivi...] (*Biol.* lebendgebärend); **Vi|vi|sek|ti|on,** die; -, -en (Eingriff am lebenden Tier zu wissenschaftl. Versuchszwekken); **vi|vi|se|zie|ren**
Vi|ze... ['fi:tsə, *seltener* v...] ⟨lat.⟩ (stellvertretend); **Vi|ze‿kanz|ler, ...kö|nig, ...kon|sul, ...mei|ster** (*Sportspr.*), **...prä|si|dent**
Viz|tum ['fits..., *auch* 'vi:ts...], der; -s, -e ⟨lat.⟩ (im MA. Verwalter weltl. Güter von Geistlichen u. Klöstern)
v. J. = vorigen Jahres
Vla|me ['fla:mə] usw. *vgl.* Flame usw.
Vlies [f...], das; -es, -e ⟨niederl.⟩ ([Schaf]fell; Rohwolle; *Spinnerei* breite Faserschicht); (↑R 157:) das Goldene Vlies (*griech. Sage*)
Vlie|se|li|ne Ⓦ [f...], die; - (Einlage z. B. zum Verstärken von Kragen und Manschetten)
Vlis|sin|gen [f...] (niederl. Stadt)
vm. *vgl.* [2]vorm.
v. M. = vorigen Monats
V-Mann = Vertrauensmann, Verbindungsmann
VN = Vereinte Nationen *Plur.*; *vgl.* UN *u.* UNO
v. o. = von oben
Vöck|la|bruck [f...] (oberösterr. Stadt)
Vo|gel, der; -s, Vögel; **Vo|gel‿art, ...bad, ...bau|er** (das, *seltener* der; -s, -; Käfig); **Vo|gel|beer|baum** (Eberesche); **Vo|gel|bee|re; Vö|gel|chen; Vo|gel‿dreck, ...dunst** (der; -es; *Jägerspr.* feinster Schrot); **Vö|ge|lein; Vo|ge|ler** *vgl.* Vogler; **Vo|gel‿fän|ger, ...flug; Vo|gel|flug|li|nie,** die; - (kürzeste Verkehrsverbindung zwischen Hamburg u. Kopenhagen); **vo|gel|frei** (rechtlos); **Vo|gel‿fut|ter** (*vgl.* [1]Futter), **...häus|chen, ...herd** (*früher für* Vogelfangplatz), **...kir|sche, ...kun|de** (die; -; *für* Ornithologie), **...mie|re** (eine Pflanze); **vö|geln** (*derb für* Geschlechtsverkehr ausüben); ich ...[e]le (↑R 22); **Vo|gel‿nest, ...per|spek|ti|ve** (die; -; Vogelschau); **Vo|gels|berg,** der; -[e]s (Teil des Hessischen Berglandes); **Vo|gel‿schau** (die; -), **...scheu|che, ...schutz** (der; -[e]s); **Vo|gel|schutz‿ge|biet, ...war|te; Vo|gel‿schwarm, ...stel|ler** (*veraltet für* Vogelfänger), **...stim|me; Vo|gel-Strauß-Po|li|tik,** die; - (↑R 41); **Vo|gel‿war|te, ...welt** (die; -), **...züch|ter, ...zug; Vo|gerl|sa|lat** (*österr. für* Feldsalat, Rapünzchen)
Vo|ge|sen [v...] *Plur.* (Gebirgszug westl. des Oberrheins)
Vög|lein; Vog|ler (*veraltet für* Vogelfänger)
Vogt, der; -[e]s, Vögte (*früher für* Schirmherr; Richter; Verwalter); **Vog|tei** (*früher für* Amtsbezirk, Sitz eines Vogtes); **vog|tei|lich; Vög|tin; Vogtl.** = Vogtland; **Vogt|land,** das; -[e]s (Bergland zwischen Frankenwald, Fichtelgebirge u. Erzgebirge; *Abk.* Vogtl.); **Vogt|län|der** (↑R 147); **vogt|län|disch; Vogt|schaft**
voi|là! [voa'la] ⟨franz., „sieh da!"⟩ (da haben wir es!)
Voile [voa:l], der; -, -s ⟨franz.⟩ (ein durchsichtiger Stoff); **Voile|kleid**
Vo|ka|bel [v...], die; -, -n, *österr. auch* das; -s, - ⟨lat.⟩ ([einzelnes] Wort einer Fremdsprache); **Vo|ka|bel‿heft, ...schatz** (der; -es); **Vo|ka|bu|lar,** das; -s, -e *u. älter* **Vo|ka|bu|la|ri|um,** das; -s, ...ien [...iən] (Wortschatz; Wörterverzeichnis)
vo|kal [v...] ⟨lat.⟩ (*Musik* die Singstimme betreffend, gesangsmäßig); **Vo|kal,** der; -s, -e (*Sprachw.* Selbstlaut, z. B. a, e); **Vo|ka|li|sa|ti|on,** die; -, -en (Aussprache eines Konsonanten in der Art eines Vokals; die Aussprache der Vokale, bes. beim Gesang); **vo|ka|lisch** (selbstlautend); **Vo|ka|li|se,** die; -, -n ⟨franz.⟩ (*Musik* Gesangsübung, -stück auf einen oder mehrere Vokale); **vo|ka|li|sie|ren** (einen Konsonanten wie einen Vokal sprechen; beim Singen die Vokale bilden u. aussprechen); **Vo|ka|li|sie|rung; Vo|ka|lis|mus,** der; - (Vokalbestand ei-

ner Sprache); **Vo|ka|list,** der; -en, -en; ↑R 197 (Sänger); **Vo|ka|li|stin; Vo|kal‿mu|sik** (die; -; Gesang), **...stück** (*svw.* Vokalmusik); **Vo|ka|ti|on,** die; -, -en (Berufung in ein Amt); **Vo|ka|tiv** [v..., *auch* ...'ti:f], der; -s, -e [...və] (*Sprachw.* Anredefall)

vol. = Volumen (Schriftrolle, [1]Band)

Vol.-% = Volumprozent

Vo|land [f...], der; -[e]s (*alte Bez. für* Teufel); Junker -

Vo|lant [vo'laŋ, *auch* vɔ'lã:], der, *schweiz. meist* das; -s, -s ‹franz.› (Besatz an Kleidungsstücken, Falbel; *veraltend für* Lenkrad, Steuer [am Kraftwagen])

Vo|la|pük [v...], das; -s (eine künstliche Weltsprache)

Vol-au-vent [volo'vã:], der; -, -s [...'vã:] ‹franz.› (Pastete aus Blätterteig, gefüllt mit Ragout)

Vo|lie|re [v...], die; -, -n ‹franz.› (Vogelhaus)

Volk, das; -[e]s, Völker

Vol|kard *vgl.* Volkhard

volk|arm; Völk|chen

Vol|ker (Spielmann im Nibelungenlied; m. Vorn.)

Völ|ker‿ball (der; -[e]s; Ballspiel), **...bund** (der; -[e]s; *früher*), **...fa|mi|lie** (die; -), **...freund|schaft** (die; -), **...ge|misch, ...kun|de** (die; -); **Völ|ker|kund|ler; völ|ker|kund|lich; Völ|ker‿mord, ...recht** (das; -[e]s), **...recht|ler; völ|ker|recht|lich; Völ|ker|schaft**

Vol|kert *vgl.* Volkhard

Völ|ker‿ver|stän|di|gung, ...wan|de|rung

Volk|hard, Vol|kard, Vol|kert (m. Vorn.)

völ|kisch; Völk|lein; volk|lich (das Volk betreffend)

Volk|mar (m. Vorn.)

volk|reich; Volks‿ab|stim|mung, ...ak|tie, ...ak|tio|när, ...ar|mee (die; -; *ehem. in der DDR*), **...ar|mist** (der; -en, -en; ↑R 197; *ehem. in der DDR*), **...auf|stand, ...aus|ga|be, ...bank** (*Plur.* ...banken), **...be|fra|gung, ...be|geh|ren, ...be|lu|sti|gung, ...bi|blio|thek; volks|bil|dend; Volks‿bil|dung** (die; -), **...brauch, ...buch, ...bü|che|rei, ...de|mo|kra|tie** (Staatsform kommunist. Länder, bei der die gesamte Staatsmacht in den Händen der Partei liegt), **...deut|sche** (der *u.* die; -n, -n; ↑R 7ff.), **...dich|tung; volks|ei|gen** *(ehem. in der DDR);* ein -es Gut, ein -er Betrieb, aber (↑R 157): „Volkseigener Betrieb Buntgarnwerke Leipzig"; (*Abk.* VEB ...); **Volks‿ei|gen|tum, ...ein|kom|men, ...emp|fin|den** (das; -s), **...ent|scheid, ...ety|mo|lo|gie** (Bez. für die naive Verdeutlichung eines unbekannten Wortes durch dessen Anlehnung an bekannte, klangähnliche Wörter, z. B. „Hängematte" an „hängen" u. „Matte" statt an indianisch „hamaca"); **volks|ety|mo|lo|gisch; Volks|feind; volks|feind|lich; Volks‿fest, ...front** (Bündnis der linken bürgerlichen Parteien mit den Kommunisten), **...ge|mur|mel, ...ge|sund|heit** (die; -), **...glau|be[n], ...held, ...herr|schaft** (die; -), **...hoch|schu|le** (*Abk.* VHS), **...kam|mer** (die; -; höchstes staatl. Machtorgan der ehem. DDR), **...kir|che, ...kor|re|spon|dent** *(ehem. in der DDR),* **...kun|de** (die; -); **Volks|kund|ler; volks|kund|lich; Volks‿kunst** (die; -), **...lauf** *(Sport),* **...le|ben** (das; -s), **...lied, ...mär|chen; volks|mä|ßig; Volks‿ma|ri|ne** *(ehem. in der DDR),* **...marsch** *(Sport),* **...men|ge, ...mund** (der; -[e]s), **...mu|sik, ...nah|rungs|mit|tel, ...po|li|zei** (die; -; *ehem. in der DDR; Abk.* VP), **...po|li|zist** *(ehem. in der DDR),* **...red|ner, ...re|pu|blik** (*Abk.* VR), **...schau|spie|ler, ...schau|spie|le|rin, ...schicht, ...schu|le, ...schü|ler, ...schü|le|rin; Volks|schul‿leh|rer, ...leh|re|rin; Volks‿see|le** (die; -), **...so|li|da|ri|tät** (Organisation für solidar. Hilfe, bes. in der ehem. DDR), **...sport** (der; -[e]s), **...spra|che; volks|sprach|lich; Volks‿stamm, ...stück, ...tanz, ...tracht, ...trau|er|tag, ...tri|bun; Volks|tum,** das; -s; **volks|tüm|lich; Volks|tüm|lich|keit,** die; -; **volks|ver|bun|den; Volks‿ver|bun|den|heit** (die; -), **...ver|mö|gen, ...ver|tre|ter, ...ver|tre|tung, ...wa|gen** Ⓦ (*Abk.* VW); **Volks|wa|gen|werk; Volks‿wei|se** (die), **...weis|heit, ...wirt, ...wirt|schaft; Volks|wirt|schaf|ter** (*schweiz. überwiegend für* Volkswirtschaftler); **Volks|wirt|schaft|ler; volks|wirt|schaft|lich; Volks‿wirt|schafts|leh|re, ...wohl, ...zäh|lung**

voll; voll Wein[es], voll [des] süßen Weines; voll[er] Angst; ein Faß voll[er] Öl; der Saal war voll[er] Menschen, voll von Menschen; voll heiligem Ernst; (↑R 65:) aus dem vollen schöpfen; im vollen leben; ein Wurf in die vollen (auf 9 Kegel); in die vollen gehen (*ugs. für* etwas mit Nachdruck betreiben); ins volle greifen; zehn Minuten nach voll (*ugs. für* nach der vollen Stunde); voll verantwortlich sein; ein Armvoll *(vgl. d.),* eine Handvoll *(vgl. d.),* ein Mundvoll *(vgl. d.). Schreibung in Verbindung mit Verben* (↑R 205f.): voll sein, werden; jmdm. die Hucke voll hauen (*ugs. für* jmdn. verprügeln); jmdm. die Hucke voll lügen (*ugs. für* jmdn. sehr belügen); jmdn. nicht für voll nehmen (*ugs. für* nicht ernst nehmen); den Mund recht voll nehmen (*ugs. für* prahlen); etwas voll (ganz) begreifen; *vgl.* aber: volladen, vollaufen, vollbringen, vollenden, vollführen, vollfüllen, vollgießen, vollmachen, vollsaufen, vollschenken, vollschlagen, vollschmieren, vollschreiben, vollstopfen, vollstrecken, volltanken, vollzeichnen, vollziehen

vol|la|den [*Trenn.* voll|la..., ↑R 204] (↑R 205); ich lade den Wagen voll; vollgeladen; vollzuladen; *vgl.* [1]laden

Voll|aka|de|mi|ker

voll|auf [*auch* ...'auf]; - genug haben

vol|lau|fen [*Trenn.* voll|lau..., ↑R 204] (↑R 205); es läuft voll; vollgelaufen; vollzulaufen; du hast dich - lassen (*ugs. für* hast dich betrunken); *vgl.* laufen

voll|au|to|ma|tisch; voll|au|to|ma|ti|siert

Voll|bad

Voll|bart; voll|bär|tig

voll|be|schäf|tigt; Voll|be|schäf|ti|gung, die; -

Voll|be|sitz; im - seiner Kräfte

Voll|blut, das; -[e]s (reinrassiges Pferd); **Voll|blü|ter; voll|blü|tig; Voll|blü|tig|keit,** die; -; **Voll|blut|pferd**

Voll|brem|sung

voll|brin|gen; ↑R 205 (ausführen; vollenden); ich vollbringe; vollbracht; zu -; **Voll|brin|gung**

voll|bu|sig

Voll|dampf, der; -[e]s

Völ|le|ge|fühl, das; -s

vol|lei|big [*Trenn.* voll|lei..., ↑R 204]

voll|ela|stisch

voll|elek|tro|nisch

voll|en|den (↑R 205); ich vollende; vollendet; zu -; **Voll|en|der; Voll|en|de|rin; voll|ends; Voll|en|dung**

vol|ler *vgl.* voll

Völ|le|rei (unmäßiges Essen u. Trinken); **völ|lern;** ich ...ere (↑R 22)

voll|es|sen, sich *(ugs.);* ↑R 205; ich esse mich voll; vollgegessen; vollzuessen

vol|ley ['vɔli] ‹engl.›; einen Ball - (aus der Luft) nehmen; **Vol|ley,** der; -s, -s (*Tennis* Flugball); **Vol|ley|ball** ['vɔli..., *auch* 'vɔle...], der; -[e]s (ein Ballspiel)

voll|fres|sen, sich; ↑R 205; der Hund frißt sich voll; vollgefressen; vollzufressen

voll|füh|ren (↑R 205); ich vollführe; voll|führt; zu -; **Voll|füh|rung**
voll|fül|len (↑R 205); ich fülle voll; vollgefüllt; vollzufüllen
Voll|gas, das; -es; - geben
Voll|gat|ter (*Technik* eine Säge)
Voll|ge|fühl, das; -[e]s; im - seiner Macht
voll_ge|pfropft, ...ge|stopft
voll|gie|ßen (↑R 205); ich gieße voll; vollgegossen; vollzugießen
voll|gül|tig
Voll|gum|mi|rei|fen
Voll|idi|ot (*ugs.*)
völ|lig
voll|in|halt|lich
voll|jäh|rig; Voll|jäh|rig|keit, die; -; **Voll|jäh|rig|keits|er|klä|rung**
Voll|ju|rist
voll|kas|ko|ver|si|chert; Voll|kas|ko|ver|si|che|rung
Voll|kauf|mann
voll|kli|ma|ti|siert
voll|kom|men [*auch* 'fɔl...]; **Voll|kom|men|heit,** die; -
Voll|korn|brot
voll|kot|zen; ↑R 205 (*derb*); ich kotze voll; vollgekotzt; vollzukotzen
Voll|kraft, die; -
voll|ma|chen; ↑R 205 (*ugs. auch für* in die Windel, in die Hose machen); ich mache voll; vollgemacht; vollzumachen
Voll|macht, die; -, -en; **Voll|macht|ge|ber; Voll|machts|ur|kun|de**
voll|mast; - flaggen; auf - stehen
Voll|ma|tro|se
Voll|milch; Voll|milch|scho|ko|la|de
Voll|mit|glied; Voll|mit|glied|schaft
Voll|mond, der; -[e]s; **Voll|mond|ge|sicht** *Plur.* ...gesichter (*ugs. scherzh. für* rundes Gesicht)
voll|mun|dig (voll im Geschmack; *auch für* großsprecherisch)
Voll|nar|ko|se
voll|packen (↑R 205) [*Trenn.* ...pak|ken]; ich packe voll; vollgepackt; vollzupacken
Voll|pap|pe (massive Pappe)
Voll|pen|si|on, die; -
voll|pfrop|fen (↑R 205); ich pfropfe voll; vollgepfropft; vollzupfropfen
voll|pum|pen (↑R 205); ich pumpe voll; vollgepumpt; vollzupumpen
Voll|rausch
voll|reif; Voll|rei|fe
voll|sau|fen, sich; ↑R 205 (*ugs.*); ich saufe mich voll; vollgesoffen; vollzusaufen; a b e r: sich die Hucke voll saufen
voll|schei|ßen; ↑R 205 (*derb*); ich scheiße voll; vollgeschissen; vollzuscheißen
voll|schen|ken (↑R 205); ich schenke voll; vollgeschenkt; vollzuschenken
voll|schla|gen (↑R 205); *in* sich den Bauch - (*ugs. für* sehr viel essen); du schlägst dir den Bauch voll; vollgeschlagen; vollzuschlagen
voll|schlank
voll|schmie|ren; ↑R 205 (*ugs.*); ich schmiere voll; vollgeschmiert; vollzuschmieren
voll|schrei|ben (↑R 205); ich schreibe voll; vollgeschrieben; vollzuschreiben
Voll|sinn; im - des Wortes
voll|sprit|zen; ↑R 205 (*ugs.*); ich spritze voll; vollgespritzt; vollzuspritzen
Voll|spur, die; - (*Eisenb.*); **voll|spu|rig**
voll|stän|dig; Voll|stän|dig|keit, die; -
voll|stock (*Seemannsspr.*); - flaggen; auf - stehen
voll|stop|fen; ↑R 205 (*ugs.*); ich stopfe voll; vollgestopft; vollzustopfen
voll|streck|bar (*Rechtsw.*); **Voll|streck|bar|keit,** die; -; **voll|strecken**[1]; ich vollstrecke; vollstreckt; zu -; **Voll|strecker**[1]; **Voll|streckung**[1]; **Voll|streckungs**[1]**-_be|am|te, ...be|scheid**
voll|tan|ken (↑R 205); ich tanke voll; vollgetankt; vollzutanken
voll|tö|nend; voll|tö|nig
Voll|tref|fer
voll|trun|ken; Voll|trun|ken|heit, die; -
Voll|verb (*Sprachw.*)
Voll|ver|pfle|gung
Voll|ver|samm|lung
Voll|wai|se
Voll|wasch|mit|tel
voll|wer|tig; Voll|wer|tig|keit, die; -; **Voll|wert|kost,** die; -
voll|wich|tig (volles Gewicht habend)
voll|zäh|lig; Voll|zäh|lig|keit, die; -
voll|zeich|nen (↑R 205); der Bogen ist vollgezeichnet, a b e r: die Anleihe war sofort voll gezeichnet
Voll|zeit|schu|le
voll|zieh|bar; Voll|zieh|bar|keit, die; -; **voll|zie|hen** (↑R 205); ich vollziehe; vollzogen; zu -; **Voll|zie|her; Voll|zie|hung; Voll|zie|hungs|be|am|te; Voll|zug,** der; -[e]s (Vollziehung); **Voll|zugs-_an|stalt** (Gefängnis), **...be|am|te, ...ge|walt** (die; -), **...we|sen** (das; -s)
Vo|lon|tär [v..., *auch* volɔŋ...], der; -s, -e ‹franz.› (ohne od. nur gegen eine kleine Vergütung zur berufl. [bes. kaufmänn.] Ausbildung Arbeitender); **Vo|lon|ta|ri|at,** das; -[e]s, -e (Ausbildungszeit, Stelle eines Volontärs); **Vo|lon|tä|rin; vo|lon|tie|ren** (als Volontär[in] arbeiten)

[1] *Trenn.* ...k|k...

Vols|ker [v...], der; -s, - (Angehöriger eines ehem. Volksstammes in Mittelitalien); **vols|kisch**
Volt [v...], das; *Gen. - u.* -[e]s, *Plur.* - ‹nach dem ital. Physiker Volta› (Einheit der elektr. Spannung; *Zeichen* V); 220 - (↑R 129); **Vol|ta|ele|ment** (↑R 135)
Vol|taire [vɔl'tɛːr] (franz. Schriftsteller); **Vol|tai|ria|ner;** ↑R 180 (Anhänger Voltaires)
vol|ta|isch *od.* vol|tasch [v...] (nach Volta benannt; galvanisch), a b e r (↑R 134): Voltaische *od.* Voltasche Säule; **Vol|ta|me|ter,** das; -s, - (Stromstärkemesser); *vgl.* a b e r: Voltmeter; **Volt|am|pere** (Einheit der elektr. Leistung; *Zeichen* VA); **vol|tasch** *vgl.* voltaisch
Vol|te [v...], die; -, -n ‹franz.› (Reitfigur; Kunstgriff beim Kartenmischen; Verteidigungsart beim Fechtsport); die - schlagen; **Vol|ten|schlä|ger; Vol|te|schla|gen,** das; -s; **vol|tie|ren** (*svw.* voltigieren); **Vol|ti|ge** [...'tiːʒə], die; -, -n (Sprung eines Kunstreiters auf das Pferd); **Vol|ti|geur** [...'ʒøːr], der; -s, -e (Kunstspringer); **vol|ti|gie|ren** [...ʒiː...] (eine Volte ausführen; Luft-, Kunstsprünge, Turnübungen auf dem [galoppierenden] Pferd ausführen)
Volt|me|ter [v...], das; -s, - (*Elektrotechnik* Spannungsmesser); *vgl.* a b e r: Voltameter; **Volt|se|kun|de** (Einheit des magnetischen Flusses; *Zeichen* Vs)
Vo|lu|men [v...], das; -s, *Plur.* - *u.* ...mina ‹lat.› (Rauminhalt [*Zeichen* V]; Schriftrolle, Band [*Abk.* vol.]; Stromstärke einer Fernsprech- od. Rundfunkübertragung; Umfang, Gesamtmenge von etwas); **Vo|lu|men|ge|wicht** *vgl.* Volumgewicht; **Vo|lu|men|pro|zent** *vgl.* Volumprozent; **Vo|lu|me|trie,** die; - (Messung von Rauminhalten); **Vo|lum|ge|wicht** (spezifisches Gewicht, Raumgewicht); **vo|lu|mi|nös;** -este ‹franz.› (umfangreich, massig); **Vo|lum|pro|zent** (Hundertsatz vom Rauminhalt; *Abk.* Vol.-%)
Vo|lun|ta|ris|mus [v...], der; - ‹lat.› (philos. Lehre, die allein den Willen als maßgebend betrachtet); **Vo|lun|ta|rist,** der; -en, -en (↑R 197); **vo|lun|ta|ri|stisch**
Völ|u|spa [v...], die; - ‹altnord.› (Eddalied vom Ursprung u. vom Untergang der Welt)
Vo|lu|te [v...], die; -, -n ‹lat.› (*Kunstw.* spiralförmige Einrol-

lung am Kapitell ionischer Säulen)
Vol|vu|lus ['vɔlvu...], der; -, ...li ‹lat.› (*Med.* Darmverschlingung)
vom (von dem; *Abk.* v.)
Vom|hun|dert|satz; *vgl.* Hundertsatz
vo|mie|ren [v...] ‹lat.› (*Med.* sich erbrechen)
Vom|tau|send|satz (*für* Promillesatz)
von (*Abk.* v.[1]); *Präp. mit Dat.:* - dem Haus; - der Art; - [ganzem] Herzen; - [großem] Nutzen, Vorteil sein; - Gottes Gnaden; - Hand zu Hand; - Sinnen; - seiten *(vgl. d.);* - neuem; - nah u. fern; eine Frau - heute; - links, - rechts; - oben (*Abk.* v. o.); - unten (*Abk.* v. u.); - ungefähr; - vorn[e]; - vornherein; - jetzt an (*ugs.* ab); - klein auf; - Grund auf *od.* aus; - mir aus; - Haus[e] aus; - Amts wegen; - Rechts wegen; mit Grüßen - Haus zu Haus; - weit her; - alters her; - dorther; - jeher; - dannen, hinnen gehen; - wegen! (*ugs. für* auf keinen Fall!); **von|ein|an|der;** *Schreibung in Verbindung mit Verben* (↑R 205): etwas voneinander haben, voneinander wissen, scheiden usw., aber: voneinandergehen (sich trennen); *vgl.* aneinander
von|nö|ten; ↑R 208 ([dringend] nötig); - sein
von oben (*Abk.* v. o.)
von Rechts we|gen (*Abk.* v. R. w.)
von sei|ten; *mit Gen.:* - - seines Vaters
von|stat|ten (↑R 208); *in* - gehen
von un|ten (*Abk.* v. u.)
von we|gen! (*ugs. für* auf keinen Fall!)
[1]**Vo|po,** der; -s, -s (*ugs. kurz für* Volkspolizist); [2]**Vo|po,** die; - (*ugs. kurz für* Volkspolizei)
vor (*Abk.* v.); *Präp. mit Dat. u. Akk.:* - dem Zaun stehen, aber: sich - den Zaun stellen; - allem *(vgl. d.);* - diesem; - alters *(vgl. d.);* - der Zeit; Gnade - Recht ergehen lassen; - sich gehen; - sich hin brummen usw.; - Christi Geburt (*Abk.* v. Chr. G.); - Christo *od.* Christus (*Abk.* v. Chr.); - allem[,] wenn/weil *(vgl. d.)*
vor... (*in Zus. mit Verben,* z. B. vorsingen, du singst vor, vorgesungen, vorzusingen)
vor|ab (zunächst, zuerst)
Vor|ab|druck *Plur.* ...drucke
Vor|abend
Vor|ab|in|for|ma|ti|on
Vor_ahnung, ...alarm
vor al|lem (*Abk.* v. a.); vor allem[,] wenn/weil ... (↑R 127)

[1] *Über die Schreibung in Familiennamen* ↑R 78.

Vor|al|pen *Plur.*
vor al|ters; ↑R 61 (*veraltet für* in alter Zeit)
vor|an; der Sohn voran, der Vater hinterdrein; **vor|an...** (z. B. vorangehen); **vor|an|ge|hen;** ich gehe voran; vorangegangen; voranzugehen; **vor|an|ge|hend;** (↑R 66:) -es; (↑R 65:) im -en (weiter oben), aber: der, die, das Vorangehende; *vgl.* folgend; **vor|an|kom|men**
Vor|an|kün|di|gung
vor|an|ma|chen (*ugs. für* sich beeilen)
vor|an|mel|den *nur im Infinitiv u. Partizip II gebr.;* vorangemeldet; **Vor_an|mel|dung, ...an|schlag** *(Wirtsch.)*
vor|an_stel|len, ...trei|ben
Vor_an|zei|ge, ...ar|beit; vor|ar|bei|ten; Vor|ar|bei|ter; Vor|ar|bei|te|rin
Vor|arl|berg[1] (österr. Bundesland); **Vor|arl|ber|ger**[1] (↑R 147); **vor|arl|ber|gisch**[1]
vor|auf (*selten für* voran *u.* voraus); **vor|auf|ge|hen** *(geh.);* ich gehe vorauf; voraufgegangen; voraufzugehen
vor|aus; (↑R 65:) im, *landsch.* zum - [*auch* 'fo:...]; er war allen voraus; **Vor|aus,** der; - (*Rechtsw.* besonderer Erbanspruch eines überlebenden Ehegatten); **voraus...** (z. B. vorausgehen); **Vor|aus|ab|tei|lung** *(Milit.);* **vor|aus|be|din|gen** *(veraltet);* ich bedinge voraus; vorausbedungen; vorauszubedingen; **Vor|aus|be|din|gung; vor|aus|be|re|chen|bar; vor|aus|be|rech|nen; vor|aus|be|stim|men; vor|aus|be|zah|len; Vor|aus|be|zah|lung; vor|aus|da|tie|ren** (mit einem späteren Datum versehen); **vor|aus|ei|len; Vor|aus|ex|em|plar; vor|aus|fah|ren; vor|aus|ge|hen; vor|aus|ge|hend;** (↑R 66:) -es; (↑R 65:) im -en (weiter oben), aber: der, die, das Vorausgehende; *vgl.* folgend; **vor|aus|ge|setzt, daß** (↑R 125); **vor|aus|ha|ben;** jmdm. etwas -; **Vor|aus_kas|se, ...kor|rek|tur; vor|aus|lau|fen; vor|aus|sag|bar; Vor|aus|sa|ge; vor|aus|sa|gen; Vor|aus|schau; vor|aus|schau|en**
Vor|aus|schei|dung *(Sport)*
vor|aus|schicken [*Trenn.* ...schik|ken]; **vor|aus|seh|bar; vor|aus|se|hen; vor|aus|set|zen; Vor|aus|set|zung; vor|aus|set|zungs|los; Vor|aus|sicht,** die; -; aller - nach; in der -, daß ...; **vor|aus|sicht|lich**
Vor|aus|wahl (vorläufige Auswahl)

[1] [*auch* ...'arl...]

vor|aus|wis|sen; vor|aus|zah|len; Vor|aus|zah|lung
Vor|bau *Plur.* ...bauten; **vor|bau|en** (*auch für* vorbeugen); der kluge Mann baut vor
vor|be|dacht; nach einem vorbedachten Ziel; - sein; **Vor|be|dacht,** der; *nur in* mit, ohne - [handeln]
Vor|be|deu|tung
Vor|be|din|gung
Vor|be|halt, der; -[e]s, -e (Bedingung); mit, unter, ohne -; **vor|be|hal|ten;** ich behalte es mir vor; ich habe es mir -; vorzubehalten; **vor|be|halt|lich,** *schweiz.* **vor|be|hält|lich;** *Präp. mit Gen. (Amtsspr.):* - unserer Rechte; **vor|be|halt|los; Vor|be|halts_gut, ...klau|sel, ...ur|teil**
vor|be|han|deln; Vor|be|hand|lung
vor|bei; vorbei (vorüber) sein; als er kam, war bereits alles vorbei; **vor|bei...** (z. B. vorbeigehen); **vor|bei|be|neh|men,** sich (*ugs. für* sich unpassend, ungehörig benehmen); **vor|bei|brin|gen; vor|bei|dür|fen** (*ugs. für* vorbeigehen dürfen); **vor|bei|fah|ren; vor|bei|flie|gen; vor|bei|flie|ßen; vor|bei|füh|ren; vor|bei|ge|hen; vor|bei|kom|men;** bei jmdm. - (*ugs. für* jmdn. kurz besuchen); **vor|bei|kön|nen** (*ugs. svw.* vorbeidürfen); **vor|bei|las|sen** *(ugs.);* **vor|bei|lau|fen; Vor|bei|marsch,** der; **vor|bei|mar|schie|ren; vor|bei|müs|sen** *(ugs.);* **vor|bei|pla|nen;** am Verbraucher -; **vor|bei|re|den;** am Thema -; **vor|bei|rei|ten; vor|bei|schau|en;** der Arzt will noch einmal -; **vor|bei|schie|ßen; vor|bei|zie|hen**
vor|be|la|stet; erblich - sein; **Vor|be|la|stung**
Vor|be|mer|kung
Vor|be|ra|tung
vor|be|rei|ten; Vor|be|rei|tung; Vor|be|rei|tungs_dienst, ...kurs *od.* **...kur|sus**
Vor|be|richt
vor|be|sagt (*veraltend für* eben genannt)
Vor|be|scheid
Vor|be|sit|zer; Vor|be|sit|ze|rin
Vor|be|spre|chung
vor|be|stel|len; Vor|be|stel|lung
vor|be|stim|men (*svw.* vorherbestimmen); **Vor|be|stim|mung**
vor|be|straft; Vor|be|straf|te, der *u.* die; -n, -n (↑R 7 ff.)
vor|be|ten; Vor|be|ter; Vor|be|te|rin
Vor|beu|ge|haft, die *(Rechtsw.);* **vor|beu|gen;** (↑R 68:) Vorbeugen, *auch* vorbeugen ist besser als Heilen, *auch* heilen; **Vor|beu|gung; Vor|beu|gungs|maß|nah|me**

vor|be|zeich|net (*veraltend für* eben genannt, eben aufgeführt)
Vor|bild; vor|bil|den; vor|bild|haft; vor|bild|lich; Vor|bild|lich|keit, die; -; **Vor|bil|dung,** die; -
vor|bin|den; eine Schürze -
vor|bla|sen (*ugs. für* vorsagen)
Vor|blick
vor|boh|ren
Vor|bör|se, die; - (der eigtl. Börsenzeit vorausgehende Börsengeschäfte); **vor|börs|lich**
Vor|bo|te; Vor|bo|tin
vor|brin|gen
Vor|büh|ne
vor Chri|sti Ge|burt (*Abk.* v. Chr. G.); **vor|christ|lich; vor Chri|sto, vor Chri|stus** (*Abk.* v. Chr.)
Vor|dach
vor|da|tie|ren (mit einem späteren Datum versehen [*vgl.* vorausdatieren]; *auch für* mit einem früheren Datum versehen [*vgl.* zurückdatieren]); **Vor|da|tie|rung**
Vor|deck (*svw.* Vorderdeck)
vor|dem [*auch* 'fo:r...] (*veraltend für* früher)
Vor|den|ker (jmd., der kommende Entwicklungen erkennt, auf sie hinweist); **Vor|den|ke|rin**
Vor|der‿ach|se, ...an|sicht; vor|der|asia|tisch (↑R 180); **Vor|der‿asi|en** (↑R 152), **...aus|gang, ...bein, ...deck; vor|de|re,** a b e r (↑R 152): der Vordere Orient; *vgl.* vorderst; **Vor|der‿front, ...fuß, ...gau|men; Vor|der|gau|men|laut** (*für* Palatal); **Vor|der|grund; vor|der|grün|dig**
vor|der|hand [*auch* ...'hant] (↑R 208) ‹*zu* vor› (einstweilen)
Vor|der|hand, die; - ‹*zu* vordere›
Vor|der‿haus, ...hirn
Vor|der|in|di|en; ↑R 152 (südasiat. Subkontinent)
Vor|der‿kip|per *(Kfz-Technik)*, **...la|der** (eine alte Feuerwaffe), **...mann** (*Plur.* ...männer), **...pfo|te, ...rad; Vor|der|rad‿an|trieb, ...brem|se; Vor|der‿rei|fen, ...satz** *(Sprachw.)*, **...schiff, ...schin|ken, ...sei|te, ...sitz**
vor|derst; zuvorderst; der vorderste Mann, a b e r (↑R 65): die Vordersten sollen sich setzen
Vor|der‿ste|ven, ...teil (das *od.* der), **...tür, ...zim|mer**
vor|drän|geln, sich; ich drängl[e]le mich vor (↑R 22); **vor|drän|gen;** sich -
vor|drin|gen; vor|dring|lich (besonders dringlich); **Vor|dring|lich|keit,** die; -
Vor|druck *Plur.* ...drucke
vor|ehe|lich
vor|ei|lig; Vor|ei|lig|keit
vor|ein|an|der; *Schreibung in Verbindung mit Verben* (↑R 206): sich voreinander fürchten, sich voreinander hüten, sich voreinander hinstellen usw.; *vgl.* aneinander
vor|ein|ge|nom|men; Vor|ein|ge|nom|men|heit, die; -
Vor|ein|sen|dung; gegen - des Betrages in Briefmarken
vor|eis|zeit|lich
Vor|el|tern *Plur.* (Vorfahren, Ahnen)
vor|ent|hal|ten; ich enthalte vor; ich habe vorenthalten; vorzuenthalten; **Vor|ent|hal|tung**
Vor|ent|scheid; Vor|ent|schei|dung; Vor|ent|schei|dungs|kampf
[1]**Vor|er|be,** der; [2]**Vor|er|be,** das
vor|erst
vor|er|wähnt *(Amtsspr.)*
vor|er|zäh|len (*ugs. für* jmdn. etwas glauben machen wollen, was nicht wahr ist)
Vor|es|sen (*schweiz. für* Ragout)
Vor|ex|amen
vor|ex|er|zie|ren *(ugs.)*
Vor|fa|bri|ka|ti|on; vor|fa|bri|zie|ren
Vor|fahr, der; -en, -en (↑R 197) *u.* **Vor|fah|re,** der; -n, -n (↑R 197); **vor|fah|ren; Vor|fah|rin; Vor|fahrt,** die; -; [die] - haben, beachten; **vor|fahrt[s]|be|rech|tigt; Vor|fahrt[s]‿recht** (das; -[e]s), **...re|gel, ...schild** (das), **...stra|ße, ...zei|chen**
Vor|fall, der; **vor|fal|len**
Vor|fei|er
Vor|feld; im - der Wahlen
Vor|film
vor|fi|nan|zie|ren; Vor|fi|nan|zie|rung
vor|fin|den
Vor|flu|ter (Abzugsgraben; Entwässerungsgraben)
Vor|form; vor|for|men; vor|for|mu|lie|ren
Vor|fra|ge
Vor|freu|de
vor|fri|stig; etwas - liefern
Vor|früh|ling
vor|füh|len (zu erkunden suchen)
Vor|führ|da|me; vor|füh|ren; Vor|füh|rer; Vor|füh|re|rin; Vor|führ‿ge|rät, ...raum; Vor|füh|rung; Vor|füh|rungs|raum; Vor|führ|wa|gen
Vor|ga|be (Richtlinie; *Sport* Vergünstigung für Schwächere; *Bergmannsspr.* das, was an festem Gestein [od. Kohle] durch Sprengung gelöst werden soll); **Vor|ga|be|zeit** *(Wirtsch.)*
Vor|gang; Vor|gän|ger; Vor|gän|ge|rin; vor|gän|gig (*schweiz. für* zuvor); **Vor|gangs|wei|se,** die (*österr. für* Vorgehensweise)
Vor|gar|ten
vor|gau|keln; ich gauk[e]le dir etwas vor (↑R 22)
vor|ge|ben
Vor|ge|bir|ge
vor|geb|lich (*veraltend für* angeblich)
vor|ge|faßt; -e Meinung
Vor|ge|fecht
vor|ge|fer|tigt; -e Bauteile
Vor|ge|fühl; im - seines Glücks
Vor|ge|gen|wart (*svw.* Perfekt)
vor|ge|hen; Vor|ge|hen, das; -s; **Vor|ge|hens|wei|se,** die
vor|ge|la|gert; -e Inseln
Vor|ge|län|de
Vor|ge|le|ge (*Technik* eine Übertragungsvorrichtung)
vor|ge|le|sen, ge|neh|migt, un|ter|schrie|ben (gerichtl. Formel; *Abk.* v., g., u.)
vor|ge|nannt *(Amtsspr.)*
vor|ge|ord|net (*veraltet für* übergeordnet)
Vor|ge|plän|kel
Vor|ge|richt (Vorspeise)
vor|ger|ma|nisch
Vor|ge|schich|te, die; -; **Vor|ge|schicht|ler; vor|ge|schicht|lich; Vor|ge|schichts|for|schung**
Vor|ge|schmack, der; -[e]s
vor|ge|schrit|ten; in -em Alter
Vor|ge|setz|te, der *u.* die; -n, -n (↑R 7 ff.); **Vor|ge|setz|ten|ver|hält|nis**
Vor|ge|spräch
vor|ge|stern; - abend (↑R 61); **vor|gest|rig**
vor|glü|hen (beim Dieselmotor)
vor|grei|fen; vor|greif|lich *(veraltet)*; *vgl.* unvorgreiflich; **Vor|griff**
vor|gucken [*Trenn.* ...guk|ken] *(ugs.)*
vor|ha|ben; etwas -; **Vor|ha|ben,** das; -s, - (Plan, Absicht)
Vor|hal|le
Vor|halt (*Musik* ein dissonanter Ton, der an Stelle eines benachbarten Akkordtones steht, in den er sich auflöst; *schweiz. neben* Vorhaltung); **vor|hal|ten; Vor|hal|tung** *meist Plur.* (ernste Ermahnung)
Vor|hand, die; - (*bes. [Tisch]tennis* ein bestimmter Schlag; *beim Pferd* auf den Vorderbeinen ruhender Rumpfteil; Kartenspieler, der beim Austeilen die erste Karte erhält); in [der] - sein, sitzen; die - haben
vor|han|den; - sein; **Vor|han|den|sein,** das; -s (↑R 68)
Vor|hang, der; -[e]s, ...hänge; [1]**vor|hän|gen;** das Kleid hing unter dem Mantel vor; *vgl.* [1]hängen; [2]**vor|hän|gen;** sie hat das Bild vorgehängt; *vgl.* [2]hängen; **Vor|hän|ge|schloß; Vor|hang‿stan|ge, ...stoff**
Vor‿haus (*landsch. für* Hauseinfahrt, -flur), **...haut** (*für* Präputium); **Vor|haut|ver|en|gung** (*für* Phimose)
vor|hei|zen

vor|her [*auch* ...'he:r]; vorher (früher) war es besser; einige Tage vorher. *Schreibung in Verbindung mit Verben* (↑R 205 f.): **a)** *Getrenntschreibung, wenn* „vorher" *im Sinne von* „früher" *gebraucht wird,* z. B. vorher (früher) gehen; **b)** *Zusammenschreibung, wenn* „vorher" *im Sinne von* „voraus" *verwendet wird; vgl.* vorherbestimmen, vorhergehen, vorhersagen, vorhersehen; **vor|her|be|stim|men;** ↑R 205 (vorausbestimmen); er bestimmt vorher; vorherbestimmt; vorherzubestimmen; aber: er hat den Zeitpunkt vorher (früher, im voraus) bestimmt; **Vor|her|be|stim|mung,** die; -; **vor|her|ge|hen;** ↑R 205 (voraus-, vorangehen); es geht vorher; vorhergegangen; vorherzugehen; *vgl.* vorher a; **vor|her|ge|hend;** (↑R 66:) -es; (↑R 65:) im -en (weiter oben), aber: der, die, das Vorhergehende; *vgl.* folgend; **vor|he|rig** [*auch* 'fo:r...]

Vor|herr|schaft, die; -; **vor|herr|schen**

vor|her|sag|bar; Vor|her|sa|ge, die; -, -n; **vor|her|sa|gen;** ↑R 205 (voraussagen); ich sage vorher; vorhergesagt; vorherzusagen; (↑R 65:) das Vorhergesagte; *vgl.* aber: vorher a: das vorher Gesagte (↑R 65)

vor|her|seh|bar; vor|her|se|hen; ↑R 205 (im voraus erkennen); ich sehe vorher; vorhergesehen; vorherzusehen; *vgl.* vorher a

vor|heu|len (*ugs. für* laut klagen); du heulst mir etwas vor

vor|hin [*auch* ...'hin]

vor|hin|ein; im - (*bes. österr. für* im voraus); *vgl.* vornhinein

Vor‿hof, ...höl|le, ...hut (die; -, -en)

vo|rig; vorigen Jahres (*Abk.* v. J.); vorigen Monats (*Abk.* v. M.); (↑R 66:) der, die, das -e; (↑R 65:) im -en (weiter vorher); aber: die Vorigen (Personen des Theaterstückes), das Vorige (die vorigen Ausführungen; die Vergangenheit); *vgl.* folgend

vor|in|do|ger|ma|nisch

Vor|in|for|ma|ti|on; vor|in|for|mie|ren

Vor|jahr; Vor|jah|res|sie|ger; vor|jäh|rig

vor|jam|mern (*ugs. svw.* vorheulen); du jammerst mir etwas vor

Vor‿kal|ku|la|ti|on *(Kaufmannsspr.),* **...kam|mer, ...kämp|fer, ...kämp|fe|rin, ...kas|se** (*svw.* Vorauskasse)

vor|kau|en (*ugs. auch für* in allen Einzelheiten erklären)

Vor|kauf; Vor|käu|fer; Vor|kaufs|recht

Vor|kehr, die; -, -en (*schweiz. für* Vorkehrung); **vor|keh|ren** (*schweiz. für* vorsorglich anordnen); **Vor|keh|rung** ([sichernde] Maßnahme); -[en] treffen

Vor|keim *(Bot.)*

Vor|kennt|nis *meist Plur.*

vor|kli|nisch; die -en Semester

vor|knöp|fen *(ugs.);* ich habe ihn mir vorgeknöpft (zurechtgewiesen)

vor|koh|len (*ugs. für* vorlügen); *vgl.* ²kohlen

vor|kom|men; Vor|kom|men, das; -s, -; **vor|kom|men|den|falls** *(Amtsspr.); vgl.* Fall, der; **Vor|komm|nis,** das; -ses, -se

Vor|kost (Vorspeise); **Vor|ko|ster**

vor|kra|gen (*Bauw.* herausragen; *seltener für* herausragen lassen)

Vor|kriegs‿er|schei|nung, ...ge|ne|ra|ti|on, ...wa|re, ...zeit

vor|la|den; *vgl.* ²laden; **Vor|la|dung**

Vor|la|ge

Vor|land, das; -[e]s

vor|las|sen

Vor|lauf (zeitl. Vorsprung; *Chemie* erstes Destillat; *Sport* Ausscheidungslauf); **Vor|läu|fer; Vor|läu|fe|rin; vor|läu|fig; Vor|läu|fig|keit,** die; -

vor|laut; -este

vor|le|ben; der Jugend Toleranz -; **Vor|le|ben,** das; -s (früheres Leben)

Vor|le|ge‿be|steck, ...ga|bel; vor|le|gen; Vor|le|ger (kleiner Teppich); **Vor|le|ge|schloß; Vor|le|gung**

vor|leh|nen, sich

Vor|lei|stung

vor|le|sen; Vor|le|se|pult; Vor|le|ser; Vor|le|se|wett|be|werb; Vor|le|sung; vor|le|sungs|frei; Vor|le|sungs‿ge|bühr, ...ver|zeich|nis

vor|letzt; zu -; der -e [Mann], aber (↑R 66): er ist der Vorletzte [der Klasse]

Vor|lie|be, die; -, -n; **vor|lieb|neh|men;** ich nehme vorlieb; vorliebgenommen; vorliebzunehmen; *vgl.* fürliebnehmen

vor|lie|gen; vor|lie|gend; (↑R 66:) -es; (↑R 65:) im -en (*Amtsspr.* hier), aber: das Vorliegende; *vgl.* folgend

vor|lings (*Sportspr.* dem Gerät [mit der Vorderseite des Körpers] zugewandt)

vor|lü|gen

vorm; ↑R 17 (*ugs. für* vor dem); - Haus[e]

¹vorm. = vormals

²vorm., *bei Raummangel* vm. = vormittags

vor|ma|chen *(ugs.);* jmdm. etwas - (vorlügen; jmdn. täuschen)

Vor|macht, die; -; **Vor|macht|stel|lung,** die; -

Vor|ma|gen (*svw.* Pansen)

vor|ma|lig; vor|mals (*Abk.* vorm.)

Vor|mann *Plur.* ...männer

Vor|marsch, der

Vor|märz, der; -[e]s (Periode vor der Märzrevolution von 1848); **vor|märz|lich**

Vor|mast, der (vorderer Schiffsmast)

Vor|mau|er

Vor|mensch, der (*Bez. für* Vorläufer des Urmenschen)

Vor|merk|buch; vor|mer|ken; Vor|mer|kung (*auch für* vorläufige Eintragung ins Grundbuch)

Vor|mie|ter; Vor|mie|te|rin

Vor|milch, die; - (*für* Kolostrum)

Vor|mit|tag; vormittags; ↑R 61 (*Abk.* vorm., *bei Raummangel* vm.), aber: des Vormittags; heute vormittag; *vgl.* ¹Mittag; **vor|mit|tä|gig;** *vgl.* ...tägig; **vor|mit|täg|lich;** *vgl.* ...täglich; **vor|mit|tags;** *vgl.* Vormittag; **Vor|mit|tags‿stun|de, ...vor|stel|lung**

Vor|mo|nat

Vor|mund, der; -[e]s, *Plur.* -e *u.* ...münder; **Vor|mund|schaft; Vor|mund|schafts|ge|richt**

¹vorn, *ugs.* vor|ne; noch einmal von - beginnen

²vorn; ↑R 17 (*ugs. für* vor den); - Kopf

Vor|nah|me, die; -, -n (Ausführung)

Vor|na|me

vorn|an[1] [*auch* 'fɔrn|an]; **vor|ne** *vgl.* ¹vorn

vor|nehm; vornehm tun

vor|neh|men; sich etwas -

Vor|nehm|heit, die; -; **vor|nehm|lich** (*geh. für* besonders); **Vor|nehm|tue|rei,** die; - *(abwertend)*

vor|nei|gen; sich -

vor|ne|weg [*auch* ...'vɛk], vornweg [*auch* ...'vɛk]

vorn|her|ein[1] [*auch* ...'rain]; von -; **vorn|hin**[1] [*auch* ...'hin]; **vorn|hin|ein**[1] [*auch* ...'nain]; im - (*landsch. für* von vornherein, im voraus); *vgl.* vorhinein; **vorn|über**[1]; **vorn|über...** (z. B. vornüberstürzen; er ist vornübergestürzt); **vorn|über‿beu|gen, ...fal|len, ...kip|pen; vorn|weg** *vgl.* vorneweg

Vor|ort, der; -[e]s, ...orte; **Vor|ort[s]‿ver|kehr** (der; -s), **...zug**

vor|pla|nen; Vor|pla|nung

Vor|platz

Vor|pom|mern (Teil des Bundeslandes Mecklenburg-Vorpommern)

Vor|po|sten

vor|prel|len (nach vorn eilen; übereilt handeln)

vor|pre|schen

Vor|pro|gramm; vor|pro|gram|mie|ren; vor|pro|gram|miert

---

[1] *Ugs.* vorne...

Vor|prü|fung
vor|quel|len
Vor|rang, der; -[e]s; **vor|ran|gig; Vor|ran|gig|keit,** die; -; **Vor|rang|stel|lung**
Vor|rat, der; -[e]s, ...räte; **vor|rä|tig; Vor|rats‿hal|tung, ...kam|mer, ...raum**
Vor|raum
vor|rech|nen; jmdm. etwas -
Vor‿recht, ...re|de, ...red|ner, ...rei|ter
vor|ren|nen; Vor|ren|nen *(Sport)*
vor|re|vo|lu|tio|när (↑R 180)
vor|rich|ten (*landsch. für* herrichten); **Vor|rich|tung**
vor|rücken [*Trenn.* ...rük|ken]
Vor|ru|he|stand (freiwilliger vorzeitiger Ruhestand); **Vor|ru|he|stands‿geld, ...re|ge|lung**
Vor|run|de *(Sport);* **Vor|run|den|spiel**
vors; ↑R 17 (*ugs. für* vor das); - Haus
Vors. = Vorsitzende[r], Vorsitzer
Vor|saal (*landsch. für* Diele)
vor|sa|gen; Vor|sa|ger
Vor‿sai|son, ...sän|ger, ...sän|ge|rin
Vor|satz, der, *Druckw.* das; -es, Vorsätze; **Vor|satz|blatt** (*svw.* Vorsatzpapier); **vor|sätz|lich; Vor|sätz|lich|keit,** die; -; **Vor|satz|pa|pier** *(Druckw.)*
Vor|schalt‿ge|setz (vorläufige gesetzliche Regelung), **...wi|der|stand** *(Elektrotechnik)*
Vor|schau
Vor|schein; *nur noch in* zum - kommen, bringen
vor|schicken [*Trenn.* ...schik|ken]
vor|schie|ben
vor|schie|ßen *(ugs.);* jmdm. Geld -
Vor|schiff
vor|schla|fen *(ugs.)*
Vor|schlag; auf - von ...; **vor|schla|gen; Vor|schlag|ham|mer; Vor|schlags‿recht** (das; -[e]s), **...we|sen** (das; -s)
Vor|schluß|run|de *(Sport)*
vor|schmecken [*Trenn.* ...schmek|ken]
vor|schnell; - urteilen
Vor|schot|mann *Plur.* ...männer *u.* ...leute *(Seemannsspr.)*
vor|schrei|ben; Vor|schrift; Dienst nach -; **vor|schrifts‿ge|mäß, ...mä|ßig, ...wid|rig**
[1]**Vor|schub;** *nur noch in* jmdm. *od.* einer Sache - leisten (begünstigen, fördern); [2]**Vor|schub** (*Technik* Maß der Vorwärtsbewegung eines Werkzeuges); **Vor|schub|lei|stung**
Vor|schul|al|ter; Vor|schu|le; Vor|schul|er|zie|hung; vor|schu|lisch; Vor|schu|lung
Vor|schuß; Vor|schuß|lor|bee|ren *Plur.* (im vorhinein erteiltes Lob); **vor|schuß|wei|se; Vor|schuß|zah|lung**
vor|schüt|zen (als Vorwand angeben); keine Müdigkeit -
vor|schwär|men; jmdm. etwas -
vor|schwe|ben; mir schwebt etwas Bestimmtes vor
vor|se|hen; Vor|se|hung, die; -
vor|set|zen
vor sich ... *vgl.* vor
Vor|sicht, die; -; **vor|sich|tig; Vor|sich|tig|keit,** die; -; **vor|sichts|hal|ber; Vor|sichts‿maß|nah|me, ...maß|re|gel**
Vor|si|gnal *(Eisenb.)*
Vor|sil|be
vor|sin|gen
vor|sint|flut|lich (*ugs. für* längst veraltet, unmodern); *vgl.* Sintflut
Vor|sitz, der; -es; **vor|sit|zen;** einem Ausschuß -; **Vor|sit|zen|de,** der *u.* die; -n, -n; ↑R 7 ff. (*Abk.* Vors.); **Vor|sit|zer** (Vorsitzender; *Abk.* Vors.); **Vor|sit|ze|rin**
Vor|som|mer
Vor|sor|ge, die; -; - treffen; **vor|sor|gen; Vor|sor|ge|un|ter|su|chung; vor|sorg|lich**
Vor|spann, der; -[e]s, -e (zusätzliches Zugtier od. -fahrzeug; Titel, Darsteller- u. Herstellerverzeichnis beim Film, Fernsehen; Einleitung eines Presseartikels o. ä.); *vgl.* Nachspann; **vor|span|nen; Vor|spann|mu|sik** *(Film o. ä.)*
Vor|spei|se
vor|spie|geln; ich spieg[e]le (↑R 22) vor; **Vor|spie|ge|lung, Vor|spieg|lung;** das ist - falscher Tatsachen
Vor|spiel; vor|spie|len; Vor|spie|ler
Vor|spinn|ma|schi|ne (Flyer)
Vor|spra|che (das Vorsprechen); **vor|spre|chen**
vor|sprin|gen; Vor|sprin|ger (beim Skispringen)
Vor|spruch
Vor|sprung
Vor|sta|di|um
Vor‿stadt, ...städ|ter; vor|städ|tisch; Vor|stadt‿ki|no, ...thea|ter
Vor|stand, der; -[e]s, Vorstände (*österr. auch svw.* Vorsteher); **Vor|stands‿mit|glied, ...sit|zung, ...vor|sit|zen|de**
Vor|stecker [*Trenn.* ...stek|ker] (Splint, Vorsteckkeil); **Vor|steck‿keil** (↑R 204), **...na|del**
vor|ste|hen; vor|ste|hend; (↑R 66:) -es; (↑R 65:) im -en (*Amtsspr.* weiter oben), a b e r : das Vorstehende; *vgl.* folgend; **Vor|ste|her; Vor|ste|her|drü|se** (*für* Prostata); **Vor|ste|he|rin; Vor|steh|hund**
vor|stell|bar; das ist kaum -; **vor|stel|len;** sich etwas -; **vor|stel|lig;** - werden; **Vor|stel|lung; Vor|stel|lungs‿ga|be** (die; -), **...ge|spräch, ...kraft** (die; -), **...ver|mö|gen** (das; -s), **...welt**
Vor|ste|ven *(Seew.)*
Vor|stop|per *(Fußball)*
Vor|stoß; vor|sto|ßen
Vor|stra|fe; Vor|stra|fen|re|gi|ster
vor|strecken [*Trenn.* ...k|k...]; kannst du mir das Geld -?
vor|strei|chen; Vor|streich|far|be
Vor‿stu|die, ...stu|fe
vor|sünd|flut|lich; *vgl.* Sündflut
Vor|tag
vor|tan|zen; Vor|tän|zer; Vor|tän|ze|rin
vor|täu|schen; Vor|täu|schung
Vor|teil, der; -s, -e; von -; im - sein; **vor|teil|haft;** -este
Vor|trab, der; -[e]s, -e (*veraltet für* Vorhut einer Reiterabteilung)
Vor|trag, der; -[e]s, ...träge; **vor|tra|gen; Vor|tra|gen|de,** der *u.* die; -n, -n (↑R 7 ff.); **Vor|trags‿be|zeich|nung** *(Musik),* **...fol|ge, ...kunst** (die; -), **...künst|ler, ...rei|he**
vor|treff|lich; Vor|treff|lich|keit, die; -
vor|trei|ben; der Stollen wird weiter vorgetrieben
vor|tre|ten
Vor|trieb *(Physik, Technik, Bergmannsspr.);* **Vor|triebs|ver|lust**
Vor|tritt, der; -[e]s (*schweiz. auch für* Vorfahrt); jmdm. den - lassen
Vor|trupp
Vor|tuch, das; -[e]s, ...tücher (*landsch. für* Schürze)
vor|tur|nen; Vor|tur|ner; Vor|tur|ner|rie|ge
vor|über; - sein; es ist alles -; **vor|über|ge|hen;** ich gehe vorüber; vorübergegangen; vorüberzugehen; im Vorübergehen (↑R 68); **vor|über|ge|hend**
Vor|über|le|gung
vor|über|zie|hen
Vor|übung
Vor|un|ter|su|chung
Vor|ur|teil; vor|ur|teils‿frei, ...los; -este; **Vor|ur|teils|lo|sig|keit,** die; -
Vor|vä|ter *Plur. (geh.);* zur Zeit unserer -
vor|ver|gan|gen *(veraltet);* **Vor|ver|gan|gen|heit,** die; - (*für* Plusquamperfekt)
Vor|ver|hand|lung *meist Plur.;* die -en führen
Vor|ver|kauf, der; -[e]s; **Vor|ver|kaufs|stel|le**
vor|ver|le|gen; Vor|ver|le|gung
vor|ver|öf|fent|li|chen; Vor|ver|öf|fent|li|chung
Vor|ver|stär|ker *(Elektrotechnik)*
Vor|ver|trag
vor|ver|ur|tei|len; Vor|ver|ur|tei|lung
vor|vor|ge|stern; vor|vo|rig (vorletzt); -e Woche; **vor|vor|letzt;** auf der -en Seite

vor|wa|gen; sich; sie hat sich zu weit vorgewagt
Vor|wahl (*auch für* Vorwahlnummer); **vor|wäh|len; Vor|wahl|num|mer, Vor|wähl|num|mer**
vor|wal|ten *(veraltend);* unter den vorwaltenden Umständen
Vor|wand, der; -[e]s, ...wände
vor|wär|men; Vor|wär|mer
vor|war|nen; Vor|war|nung; er schoß ohne -
vor|wärts; vor- und rückwärts (↑R 32); *Schreibung in Verbindung mit Verben* (↑R 205f.): **I.** *Getrenntschreibung in ursprünglicher Bedeutung,* z. B. vorwärts gehen; er ist stets vorwärts (nach vorn) gegangen. **II.** *Zusammenschreibung, wenn durch die Verbindung ein neuer Begriff entsteht; vgl.* vorwärtsbringen, vorwärtsgehen, vorwärtskommen; **vor|wärts|brin|gen;** ↑R 205f. (fördern); er hat das Unternehmen vorwärtsgebracht; aber: er hat den Wagen nur mühsam vorwärts gebracht; **Vor|wärts|gang,** der; **vor|wärts|ge|hen;** ↑R 205f. (besser werden); nach der schlimmen Zeit ist es endlich wieder vorwärtsgegangen; aber: er ist immer vorwärts gegangen; **vor|wärts|kom|men;** ↑R 205f. (im Beruf u.a. vorankommen); sie ist in der letzten Zeit schnell vorwärtsgekommen; (↑R 68:) es ist kein Vorwärtskommen; aber: sie konnte im Schneesturm kaum vorwärts kommen; **Vor|wärts|ver|tei|di|gung** (offensiv geführte Verteidigung); **vor|wärts|wei|send**
Vor|wä|sche; vor|wa|schen; Vor|wasch|gang
vor|weg; Vor|weg|lei|stung (*svw.* Vorleistung); **Vor|weg|nah|me,** die; -; **vor|weg|neh|men;** ich nehme vorweg; vorweggenommen; vorwegzunehmen; **vor|weg|sa|gen; vor|weg|schicken** [*Trenn.* ...schik|ken]
Vor|weg|wei|ser *(Verkehrsw.)*
Vor|we|he ‹*zu* [1]Wehe›
vor|weih|nacht|lich; Vor|weih|nachts|zeit, die; -
Vor|weis, der; -es, -e *(veraltet);* **vor|wei|sen; Vor|wei|sung**
Vor|welt, die; -; **vor|welt|lich**
vor|werf|bar *(Amtsspr.);* eine -e Handlung; **vor|wer|fen**
Vor|werk
vor|wie|gen; diese Themen wiegen in der Diskussion vor; **vor|wie|gend**
Vor|win|ter
Vor|wis|sen; ohne mein -; **vor|wis|sen|schaft|lich**
Vor|witz (Neugierde; vorlaute Art); *vgl.* Fürwitz; **vor|wit|zig;** *vgl.* fürwitzig

Vor|wo|che; vor|wö|chig
vor|wöl|ben; Vor|wöl|bung
[1]**Vor|wort,** das; -[e]s, -e (Vorrede in einem Buch); [2]**Vor|wort,** das; -[e]s, ...wörter (*österr., sonst veraltet für* Verhältniswort)
Vor|wurf; vor|wurfs‿frei, ...voll
vor|zäh|len; sie zählte ihm das Geld vor
vor|zau|bern; er zauberte ihnen etwas vor
Vor|zei|chen; vor|zeich|nen; Vor|zeich|nung
vor|zeig|bar; Vor|zei|ge|frau; vor|zei|gen; Vor|zei|ge‿sport|ler *(ugs.),* **...ver|merk**
Vor|zeit; vor|zei|ten, aber: vor langen Zeiten; **vor|zei|tig; Vor|zei|tig|keit** *(Sprachw.);* **vor|zeit|lich** (der Vorzeit angehörend); **Vor|zeit|mensch,** der
Vor|zen|sur
vor|zie|hen; etwas, jmdn. -
Vor|zim|mer (*österr. auch für* Hausflur, Diele, Vorraum); **Vor|zim|mer‿da|me** *(ugs.),* **...wand** (*österr. für* Garderobe, Kleiderablage)
Vor|zin|sen *Plur.* (*für* Diskont)
Vor|zug; vor|züg|lich [*auch* 'fo:r...]; **Vor|züg|lich|keit,** die; -; **Vor|zugs‿ak|tie, ...milch** (die; -), **...preis, ...schü|ler** (*österr. für* Schüler mit sehr guten Noten), **...stel|lung; vor|zugs|wei|se**
Vor|zu|kunft, die; - (*für* Futurum exaktum)
Voß (dt. Schriftsteller); Voß' Nachdichtungen (↑R 139)
Vo|ta (*Plur. von* Votum); **Vo|tant** [v...], der; -en, -en (↑R 197) ‹lat.› (*veraltet für* der Votierende); **Vo|ten** (*Plur. von* Votum); **vo|tie|ren** (sich entscheiden, stimmen für; abstimmen); **Vo|tiv‿bild** (einem od. einer Heiligen als Dank geweihtes Bild), **...ga|be, ...ka|pel|le, ...ker|ze, ...kir|che, ...mes|se** (*vgl.* [1]Messe), **...ta|fel; Vo|tum,** das; -s, *Plur.* ...ten *u.* ...ta (Gelübde; Urteil; Stimme; Entscheid[ung])
Vou|cher ['vautʃə(r)], das *od.* der; -s, -[s] ‹engl.› (*Touristik* Gutschein für im voraus bezahlte Leistungen)
Vou|te ['vu:tə], die; -, -n ‹franz.› (*Bauw.* Verstärkungsteil; Hohlkehle zwischen Wand u. Decke)
vox po|pu|li vox Dei [vɔks - vɔks -] ‹lat., „Volkes Stimme [ist] Gottes Stimme"› (die öffentl. Meinung [hat großes Gewicht])
Voya|geur [voaja'ʒø:r], der; -s, *Plur.* -s *u.* -e ‹franz.› (*veraltet für* Reisender); *vgl.* Commis voyageur
Voy|eur [voa'jø:r], der; -s, -e ‹franz.› (jmd., der als Zuschauer bei sexuellen Betätigungen anderer Befriedigung erfährt); **Voy|eu|ris|mus; voy|eu|ri|stisch**
Vp., VP = Versuchsperson
VP = Volkspolizei *(ehem. in der DDR)*
VPS = Videoprogrammsystem
VR = Volksrepublik
Vre|ni [f..., *auch* v...] (w. Vorn.)
Vro|ni [f..., *auch* v...] (w. Vorn.)
v. R. w. = von Rechts wegen
Vs = Voltsekunde
vs. = versus
V. S. O. P. = very special old pale ['vɛri 'spɛʃ(ə)l 'o:ld 'pe:l] ‹engl., „ganz besonders alt und blaß"› (Gütekennzeichen für Cognac od. Weinbrand)
v. s. pl. = verte, si placet! (bitte wenden!)
v. T., p. m., ‰ = vom Tausend; *vgl.* pro mille
Vt. = Vermont
v. u. = von unten
vul|gär [v...] ‹lat.› (gewöhnlich; gemein; niedrig); **vul|ga|ri|sie|ren; Vul|ga|ri|sie|rung; Vul|ga|ris|mus,** der; -, ...men (*bes. Sprachw.* vulgäres Wort, vulgäre Wendung); **Vul|ga|ri|tät,** die; -, -en; **Vul|gär‿la|tein** (Volkslatein), **...spra|che; Vul|ga|ta,** die; - (vom Konzil zu Trient für authentisch erklärte lat. Bibelübersetzung des hl. Hieronymus); **Vul|gi|va|ga** [...vaga], die; - ‹„Umherschweifende"› (herabsetzender Beiname der Liebesgöttin Venus); Venus -; **vul|go** (gemeinhin [so genannt])
[1]**Vul|kan** [vul...] (röm. Gott des Feuers); [2]**Vul|kan,** der; -s, -e ‹lat.› (feuerspeiender Berg); **Vul|kan|aus|bruch; Vul|kan|fi|ber,** die; - (lederartiger Kunststoff aus Zellulose); **Vul|ka|ni|sa|ti|on,** die; -, -en, Vul|ka|ni|sie|rung (Verarbeitung von Rohkautschuk zu Gummi); **vul|ka|nisch** (durch Vulkanismus entstanden, von Vulkanen herrührend); **Vul|ka|ni|seur** [...'zø:r], der; -s, -e (Facharbeiter in der Gummiherstellung); **Vul|ka|ni|sier|an|stalt; vul|ka|ni|sie|ren** (Rohkautschuk zu Gummi verarbeiten); **Vul|ka|ni|sie|rung** *vgl.* Vulkanisation; **Vul|ka|nis|mus,** der; - (Gesamtheit der vulkan. Erscheinungen)
Vul|va ['vulva], die; -, Vulven ‹lat.› (*Med.* die äußeren weibl. Geschlechtsorgane)
v. u. Z. = vor unserer Zeitrechnung
v. v. = vice versa
VVN = Vereinigung der Verfolgten des Naziregimes
VW ®, der; -[s], -s (Volkswagen)
VWD = Vereinigte Wirtschaftsdienste
VW-Fah|rer (↑R 38; *vgl.* VW)

W

W (Buchstabe); das W; des W, die W, aber: das w in Löwe (↑R 82); der Buchstabe W, w

W = Watt; Werst; West[en]; *chem. Zeichen für* Wolfram

Waadt [va(:)t], die; - (schweiz. Kanton); **Waadt|land,** das; -[e]s (*svw.* Waadt); **Waadt|län|der** (↑R 147); **waadt|län|disch**

[1]**Waag,** die; - (*bayr. für* Flut, Wasser)

[2]**Waag,** die; - (l. Nebenfluß der Donau in der Slowakei)

Waa|ge, die; -, -n; **Waa|ge‿amt, ...bal|ken, ...geld, ...mei|ster; Waa|gen|fa|brik; waa|ge|recht,** waag|recht; **Waa|ge|rech|te,** Waag|rech|te, die; -n, -n; vier -[n]; **waag|recht** usw. *vgl.* waagerecht usw.; **Waag|scha|le**

Waal, die; - (Mündungsarm des Rheins)

wab|be|lig, wabb|lig (*ugs. für* gallertartig wackelnd; unangenehm weich); **wab|beln** (*ugs. für* hin u. her wackeln); der Pudding wabbelt; **wabb|lig** *vgl.* wabbelig

Wa|be, die; -, -n (Zellenbau des Bienenstockes); **Wa|ben|ho|nig**

Wa|ber|lo|he (*altnord. Dichtung* flackernde, leuchtende Flamme, Glut); **wa|bern** (*veraltet, aber noch landsch. für* sich hin u. her bewegen, flackern)

wach; *Schreibung in Verbindung mit Verben* (↑R 205 f.); **a)** *Getrenntschreibung in ursprünglicher Bedeutung,* z.B. wach bleiben, [er]halten, sein, werden; er ist wach geblieben; **b)** *Zusammenschreibung, wenn durch die Verbindung ein neuer Begriff entsteht; vgl.* wachhalten, wachrufen, wachrütteln; **Wach|ab|lö|sung**

Wach|au, die; - (Engtal der Donau zwischen Krems u. Melk)

Wach‿ba|tail|lon, ...boot, ...buch, ...dienst; Wa|che, die; -, -n; - halten, stehen; **Wa|che|be|am|te** (*österr. Amtsspr. für* Polizist); **wa|chen;** über jmdn. -; **Wa|che|ste|hen,** das; -s; **wa|che|ste|hend** (↑R 209); **Wach|feu|er; wach|ha|bend;** der -e Offizier; **Wach|ha|ben|de,** der *u.* die; -n, -n (↑R 7 ff.); **wach|hal|ten;** ↑R 205 f. (lebendig erhalten); ich habe sein Interesse wachgehalten; aber: er hat sich mühsam wach gehalten (er ist nicht eingeschlafen); **Wach|heit,** die; -; **Wach‿hund, ...lo|kal, ...mann** (*Plur.* ...leute *u.* ...männer), **...mann|schaft**

Wa|chol|der, der; -s, - (eine Pflanze; ein Branntwein); **Wa|chol|der‿baum, ...bee|re, ...dros|sel** (ein Singvogel), **...schnaps, ...strauch**

Wach|po|sten, *auch* Wacht|posten

wach|ru|fen; ↑R 205 (hervorrufen; wecken); das hat ihren Ehrgeiz wachgerufen; das hat längst Vergessenes in ihr wachgerufen; **wach|rüt|teln;** ↑R 205 (aufrütteln); diese Nachricht hat ihn wachgerüttelt; aber: wir haben ihn wach gerüttelt (geweckt)

Wachs, das; -es, -e; **Wachs|ab|guß**

wach|sam; Wach|sam|keit, die; -

Wachs|bild; wachs|bleich; Wachs‿blu|me, ...boh|ne

Wach|schiff

wach|seln (*österr. für* [Skier] wachsen); ich ...[e]le (↑R 22)

[1]**wach|sen** (größer werden, im Wachsen sein); du wächst, er wächst; du wuchsest, er wuchs; du wüchsest; gewachsen; wachs[e]!

[2]**wach|sen** (mit Wachs glätten); du wachst, er wachst; du wachstest; gewachst; wachs[e]!;

wäch|sern (aus Wachs); **Wachs‿far|be, ...fi|gur; Wachs|fi|guren|ka|bi|nett; Wachs‿ker|ze, ...lein|wand** (*österr. für* Wachstuch), **...licht** (*Plur.* ...lichter), **...ma|le|rei, ...mal|krei|de, ...mal|stift, ...mo|dell, ...pa|pier, ...plat|te, ...stock** (*Plur.* ...stöcke), **...ta|fel**

Wach‿sta|ti|on (im Krankenhaus), **...stu|be**

Wachs|tuch

Wachs|tum, das; -s; **wachs|tums‿för|dernd, ...hem|mend** (↑R 209); **Wachs|tums‿hor|mon, ...ra|te** *(Wirtsch.),* **...stö|rung**

wachs|weich; Wachs‿zel|le, ...zie|her

Wacht, die; -, -en (*geh. für* Wache); - halten

Wäch|te, die; -, -n (überhängende Schneemasse; *schweiz. auch für* Schneewehe)

Wach|tel, die; -, -n (ein Vogel); **Wach|tel‿ei, ...hund, ...kö|nig** (ein Vogel), **...ruf, ...schlag**

Wäch|ten|bil|dung

Wäch|ter; Wäch|ter‿lied, ...ruf; Wacht‿mei|ster, ...pa|ra|de; Wacht|po|sten *vgl.* Wachposten; **Wach|traum; Wacht|turm,** *häufiger* **Wach|turm; Wach- und Schließ|ge|sell|schaft** (↑R 32); **Wach‿zim|mer** (*österr. für* Polizeibüro), **...zu|stand**

Wacke[1], die; -, -n (*veraltet, noch landsch. für* bröckeliges Gestein)

Wacke|lei[1], die; -; **wacke|lig**[1], wack|lig; - stehen (*ugs. auch für* dem Bankrott nahe sein); **Wackel|kon|takt**[1]; **wackeln**[1]; ich ...[e]le (↑R 22); **Wackel**[1]**‿pe|ter** (*scherzh. für* Wackelpudding), **...pud|ding** *(ugs.)*

wacker[1] (*veraltend für* redlich; tapfer)

Wacker|stein[1] (*südd. für* Gesteinsbrocken)

wack|lig *vgl.* wackelig

Wad, das; -s ‹engl.› (ein Mineral)

Wa|dai (afrik. Landschaft)

Wad|di|ke, die; - (*nordd. für* Molke, Käsewasser)

Wa|de, die; -, -n; **Wa|den‿bein, ...krampf; wa|den|lang; Wa|den|wickel**[1]

Wa|di, das; -s, -s ‹arab.› (wasserloses Flußtal in Nordafrika u. im Vorderen Orient)

Wa|di-Qum|ran *vgl.* Kumran

Wäd|li, das; -s, - (*schweiz. für* Eisbein)

Wa|fer ['we:fə(r)], der; -s, -[s] ‹engl.› (kleine runde Scheibe für die Herstellung von Mikrochips)

Waf|fe, die; -, -n; atomare, biologische, chemische, konventionelle, nukleare Waffen

Waf|fel, die; -, -n ‹niederl.› (ein Gebäck); **Waf|fel|ei|sen**

Waf|fen‿ar|se|nal, ...be|sitz; Waf|fen|be|sitz|kar|te *(Amtsspr.);* **Waf|fen‿bru|der, ...brü|der|schaft, ...em|bar|go; waf|fen|fä|hig** *(veraltend);* **Waf|fen‿gang** (der; *veraltend*), **...gat|tung, ...ge|walt** (die; -), **...han|del** (*vgl.* [1]Handel), **...händ|ler, ...kun|de** (die; -), **...la|ger, ...lie|fe|rung; waf|fen|los; Waf|fen‿platz** (*schweiz. für* Truppenausbildungsplatz), **...ru|he, ...schein, ...schmied, ...schmie|de; waf|fen|star|rend; Waf|fen|still|stand; Waf|fen|still|stands‿ab|kom|men, ...li|nie; Waf|fen‿sy|stem, ...tanz** *(Völkerk.),* **...tech|nik; waff|nen** *(veraltet);* sich -

Wa|ga|du|gu (Hptst. von Burkina Faso)

wäg|bar; Wäg|bar|keit

Wa|ge|hals *(veraltend);* **wa|ge|hal|sig** usw. *vgl.* waghalsig usw.

[1]**Wä|gel|chen,** Wä|gel|lein (kleiner Wagen)

---

[1] *Trenn.* ...k|k...

[2]**Wä|gel|chen** (kleine Waage)
Wa|ge|mut; wa|ge|mu|tig; wa|gen; du wagtest; gewagt; sich -
Wa|gen, der; -s, *Plur.* -, *südd. auch* Wägen
wä|gen (*fachspr., sonst veraltet für* das Gewicht bestimmen; *geh. für* prüfend bedenken, nach der Bedeutung einschätzen); du wägst; du wogst; du wögest; gewogen; wäg[e]!; *selten schwache Beugung* du wägtest; gewägt; *vgl.* [2]wiegen
Wa|gen‿bau|er (der; -s, -), **...burg** *(früher)*, **...dach, ...füh|rer, ...he|ber, ...ko|lon|ne, ...la|dung, ...pa|pie|re** *(Plur.)*, **...park, ...pla|ne, ...rad, ...ren|nen, ...schlag** *(veraltend)*, **...schmie|re, ...tür, ...typ, ...wä|sche**
Wa|ge|stück *(geh.)*
Wag|gerl (österr. Erzähler)
Wag|gon [va'gõ:, *auch* va'gɔŋ, *österr.* va'go:n], der; -s, *Plur.* -s, *österr. auch* -e ⟨engl.⟩ ([Eisenbahn]wagen); **wag|gon|wei|se**
wag|hal|sig, wa|ge|hal|sig; **Wag|hal|sig|keit**, Wa|ge|hal|sig|keit
Wäg|lein *vgl.* [2]Wägelchen
[1]**Wag|ner**, der; -s, - (*südd., österr. u. schweiz. für* Wagenbauer, Stellmacher)
[2]**Wag|ner** (dt. Komponist); **Wag|ne|ria|ner**; ↑R 180 (Anhänger Wagners); **Wag|ner-Oper**, die; -, -n (↑R 135)
Wag|nis, das; -ses, -se
Wä|gung
Wä|he, die; -, -n (*südwestd., schweiz. für* flacher Kuchen mit süßem od. salzigem Belag)
Wah|ha|bit [vaha...], der; -en, -en (↑R 197) ⟨arab.⟩ (Angehöriger einer Reformsekte des Islams)
Wahl, die; -, -en; **Wahl‿abend, ...al|ter, ...an|zei|ge, ...auf|ruf, ...aus|gang, ...aus|schuß; wähl|bar; Wähl|bar|keit**, die; -; **Wahl‿be|ein|flus|sung, ...be|nach|rich|ti|gung; wahl|be|rech|tigt; Wahl‿be|rech|tig|te, ...be|rech|ti|gung, ...be|tei|li|gung, ...be|zirk, ...el|tern** (*Plur.; österr. neben* Adoptiveltern); **wäh|len; Wäh|ler; Wäh|ler|auf|trag; Wahl‿er|folg, ...er|geb|nis; Wäh|le|rin; Wäh|ler|in|itia|ti|ve; wäh|le|risch**; -ste; **Wäh|ler|li|ste; Wäh|ler|schaft; Wäh|ler‿stim|me, ...ver|zeich|nis, ...wil|le; Wahl|fach; wahl|frei; Wahl‿frei|heit** (die; -), **...gang** (der), **...ge|heim|nis** (das; -ses), **...ge|schenk, ...ge|setz, ...hei|mat, ...hel|fer**
wäh|lig (*nordd. für* wohlig; munter, übermütig)
Wahl‿jahr, ...ka|bi|ne, ...kampf, ...kind (*österr. neben* Adoptivkind), **...kreis, ...lei|ter** (der), **...li|ste, ...lo|kal, ...lo|ko|mo|ti|ve** (als zugkräftig angesehener Kandidat einer Partei); **wahl|los; Wahl‿lü|ge, ...mann** (*Plur.* ...männer), **...mo|dus, ...mög|lich|keit, ...nacht, ...nie|der|la|ge, ...pa|ro|le, ...par|ty, ...pe|ri|ode, ...pflicht** (die; -), **...pla|kat, ...pro|gramm, ...pro|pa|gan|da, ...recht** (das; -[e]s), **...re|de; Wähl|schei|be** (am Telefon); **Wahl‿schein, ...sieg, ...spruch**
Wahl|statt (Ort in Schlesien); Fürst von - (Blücher)
Wahl‿sy|stem, ...tag; Wähl|ton (beim Telefon); *vgl.* [2]Ton; **Wahl‿ur|ne, ...ver|samm|lung, ...ver|spre|chen, ...ver|tei|di|ger** *(Rechtsw.)*; **wahl|ver|wandt; Wahl|ver|wandt|schaft; wahl|wei|se; Wahl‿wer|ber** (*österr. für* Wahlkandidat), **...wie|der|ho|lung** (beim Telefon), **...zuckerl** ([*Trenn.* ...zuk|kerl]; *österr. ugs. für* politisches Zugeständnis vor einer Wahl)
Wahn, der; -[e]s; **Wahn|bild; wäh|nen; Wahn|fried** (Wagners Haus in Bayreuth); **Wahn‿idee, ...kan|te** (schiefe Kante am Bauholz); **wahn|schaf|fen** (*nordd. für* häßlich, mißgestaltet); **Wahn|sinn**, der; -[e]s; **wahn|sin|nig; Wahn|sin|ni|ge**, der *u.* die; -n, -n (↑R 7ff.); **Wahn|sin|nig|wer|den**, das; -s; *in* das ist zum -; **Wahn|sinns‿ar|beit** (*ugs. für* unsinnig schwere Arbeit), **...hit|ze** (*ugs. für* unerträgliche Hitze), **...tat; Wahn‿vor|stel|lung, ...witz** (der; -es); **wahn|wit|zig**
wahr (wirklich); nicht -?; - oder nicht -, es wird geglaubt; sein -es Gesicht zeigen; der -e Jakob (*ugs. für* der rechte Mann); das ist -; *Schreibung in Verbindung mit Verben* (↑R 205): **a)** *Getrenntschreibung in ursprünglicher Bedeutung*, z.B. für wahr halten, wahr machen, bleiben, werden, sein; er hat diese Erzählung für wahr gehalten; **b)** *Zusammenschreibung, wenn durch die Verbindung ein neuer Begriff entsteht; vgl.* wahrhaben, wahrsagen
wah|ren (bewahren); er hat den Anschein gewahrt
wäh|ren (*geh. für* dauern); **wäh|rend**; *Konj.:* sie las, - er Radio hörte; *Präp. mit Gen.:* - des Krieges; der Zeitraum, - dessen das geschah; *ugs. auch mit Dat.:* - dem Schießen; *hochspr. mit Dat., wenn der Gen. im Plural nicht erkennbar ist:* - fünf Jahren, elf Monaten, aber: - zweier, dreier Jahre; **wäh|rend|dem; wäh|rend|des, wäh|rend|des|sen**
wahr|ha|ben (↑R 205); er will es nicht - (nicht gelten lassen); **wahr|haft** (wahrheitsliebend; wirklich); **wahr|haf|tig; Wahr|haf|tig|keit**, die; -; **Wahr|heit; Wahr|heits‿be|weis, ...fin|dung** (*bes. Rechtsspr.*), **...ge|halt** (der; -[e]s); **wahr|heits‿ge|mäß, ...ge|treu; Wahr|heits|lie|be**, die; -; **wahr|heits|lie|bend; Wahr|heits‿sinn** (der; -[e]s), **...su|cher; wahr|heits|wid|rig; wahr|lich** (*veraltend für* in der Tat, wirklich)
wahr|nehm|bar; Wahr|nehm|bar|keit, die; -; **wahr|neh|men**; ich nehme wahr; wahrgenommen; wahrzunehmen; **Wahr|neh|mung; Wahr|neh|mungs|ver|mö|gen**, das; -s
Wahr|sa|ge|kunst, die; -; **wahr|sa|gen**; ↑R 205 (prophezeien); du sagtest wahr *od.* du wahrsagtest; sie hat wahrgesagt *od.* gewahrsagt; **Wahr|sa|ger; Wahr|sa|ge|rei; Wahr|sa|ge|rin; wahr|sa|ge|risch; Wahr|sa|gung**
währ|schaft (*schweiz. für* Gewähr bietend; dauerhaft, echt)
Wahr|schau, die; - (*Seemannsspr.* Warnung); Wahrschau! (Vorsicht!); **wahr|schau|en** (warnen); ich wahrschaue; gewahrschaut; zu -; **Wahr|schau|er**
wahr|schein|lich [*auch* 'va:r...]; **Wahr|schein|lich|keit; Wahr|schein|lich|keits‿grad, ...rech|nung** (die; -), **...theo|rie** (die; -)
Wah|rung, die; - (Aufrechterhaltung, Bewahrung)
Wäh|rung (staatl. Ordnung des Geldwesens; gesetzl. Zahlungsmittel); **Wäh|rungs‿aus|gleich, ...aus|gleichs|fonds, ...block** (*Plur.* ...blöcke, *selten* ...blocks), **...ein|heit, ...kri|se, ...kurs, ...po|li|tik** (die; -), **...re|form, ...re|ser|ve** *(meist Plur.)*, **...schlan|ge** (der Verbund der Währungen der EG-Staaten zur Begrenzung der Wechselkursschwankungen); **Wäh|rungs|sy|stem**; Europäisches - (↑R 75; *Abk.* EWS); **Wäh|rungs|uni|on**; Währungs-, Wirtschafts- und Sozialunion (↑R 32)
Wahr|zei|chen
Waib|lin|gen (Stadt nordöstl. von Stuttgart); **Waib|lin|ger**, der; -s, - (Beiname der Hohenstaufen)
waid..., Waid... *in der Bedeutung* „Jagd" *vgl.* weid..., Weid...
Waid, der; -[e]s, -e (eine [Färber]pflanze; blauer Farbstoff)
Wai|se, die; -, -n (elternloses Kind; *Verslehre* einzelne reimlose Gedichtzeile); **Wai|sen‿geld, ...haus** *(früher)*, **...kind, ...kna|be** (*meist nur noch in Wendungen wie* gegen jmdn. der reinste - sein), **...ren|te**
Wa|ke, die; -, -n (*nordd. für* Öffnung in der Eisdecke)
Wake|field ['we:kfi:ld] (engl. Stadt)

Wal, der; -[e]s, -e (ein Meeressäugetier)
Walla, die; -, Walen (altnord. Weissagerin)
Wallache, der; -n, -n; ↑R 197 (Bewohner der Walachei); **Wallachei**, die; - (rumän. Landschaft); (↑R 146:) die Große -, die Kleine -; **wallachisch**
Wallburg, Wallburga (w. Vorn.)
[1]**Wallchensee** (Ort am gleichnamigen See); [2]**Wallchensee**, der; -s (See in den bayer. Voralpen)
Wald, der; -[e]s, Wälder; **Wald‿ameilse, ...arlbeilter, ...bolden, ...brand; Wäldlchen**
Walldeck (Gebiet des ehem. dt. Fürstentums Waldeck in Hessen; Landkreis in Hessen; Stadt am Edersee); **Walldecker** (↑R 147) [*Trenn.* ...dek|ker]; **waldeckisch** [*Trenn.* ...dek|kisch]
Waldleinlsamlkeit *(geh.)*
Walldelmar (m. Vorn.)
Walldenlser ‹nach dem Lyoner Kaufmann Waldus› (Angehöriger einer ev. Kirche in Oberitalien, die auf eine südfranz. vorreformator. Bewegung zurückgeht)
Waldlerdlbeelre; Walldes‿dunkel *(geh.)*, **...rand** (*geh. für* Waldrand), **...raulschen** (das; -s; *geh.*); **Wald‿farn, ...frelvel, ...geist** (*Plur.* ...geister), **...horn** (*Plur.* ...hörner), **...hulfenldorf** (*vgl.* Hufe), **...hülter; walldig; Wald‿inlnelre, ...kauz, ...lauf, ...läulfer, ...lehrlpfad; Wäldllein; Waldllichltung; Waldlmeilster**, der; -s (eine Pflanze); **Waldlmeisterlbowlle**
Walldo (m. Vorn.)
Waldlohrleulle
Walldorflsallat *(Gastron.)*; **Waldorflschulle** (Privatschule mit besonderem Unterrichtssystem)
Wald‿rand, ...relbe (eine Pflanze); **waldlreich; Wald‿schrat[t]** (Waldgeist), **...spalzierlgang, ...sportlpfad; Waldlstädlte** *Plur.* (vier Städte am Rhein: Rheinfelden, Säckingen, Laufenburg u. Waldshut); **Waldlstatt**, die; -, ...stätte *meist Plur.* (einer der drei Urkantone [Uri, Schwyz, Unterwalden], *auch* Luzern); **Wald‿sterlben** (das; -s), **...taulbe; Wallldung; Waldlvierltel**, das; -s (eine niederösterr. Landschaft); **Waldlvölgellein** (eine Orchidee); **waldlwärts; Waldlweg**
Wallenlsee, der; -s (in der Schweiz)
Wales ['we:ls, *auch* 'we:lz] (Halbinsel im Westen der Insel Großbritannien)
Wallfang; Wallfänlger; Wallfang‿flotlte, ...schiff; wallfanglereilbend (↑*jedoch* R 209); **Wallfisch** *vgl.* Wal
Wällgerlholz *(landsch.)*; **wällgern** (*landsch. für* [Teig] glattrollen); ich ...ere (↑R 22)
Walllhall [*auch* ...'hal], das; -s ‹altnord.›, [1]**Walllhallla**, das; -[s] *u.* die; - (*nord. Mythol.* Halle Odins, Aufenthalt der im Kampf Gefallenen); [2]**Walllhallla**, die; - (Ruhmeshalle bei Regensburg)
Wallliser (Bewohner von Wales); **wallilsisch**
Wallke, die; -, -n (Verfilzmaschine; Vorgang des Verfilzens); **walllken** (*Textiltechnik* verfilzen; *ugs. für* kneten; prügeln); **Walker**
Wallkie-tallkie ['wɔ:ki'tɔ:ki], das; -[s], -s ‹engl.› (tragbares Funksprechgerät); **Walklman** Ⓦz ['wɔ:kmən], der; -s, ...men [...mən] (kleiner Kassettenrecorder mit Kopfhörern)
Walklmühlle *(früher)*
Wallkülre [*auch* 'val...], die; -, -n ‹altnord.› (*nord. Mythol.* eine der Botinnen Odins, die die Gefallenen nach Walhall geleiten)
[1]**Wall**, der; -[e]s, *Plur.* - *u.* -e (altes Stückmaß [bes. für Fische]; 80 Stück); 2 - (↑R 129)
[2]**Wall**, der; -[e]s, Wälle ‹lat.› (Erdaufschüttung, Mauerwerk usw.)
Walllalby ['wɔləbi], das; -s, -s ‹engl.› (eine Känguruhart)
Walllace ['wɔləs], Edgar (engl. Schriftsteller)
Walllach, der; -[e]s, -e (kastrierter Hengst)
[1]**walllen** (sprudeln, bewegt fließen; sich [wogend] bewegen)
[2]**walllen** (*veraltet für* pilgern)
wälllen (*landsch. für* wallen lassen); gewällte Kartoffeln
Walllenlstein (Heerführer im Dreißigjährigen Krieg)
[1]**Wallller** *vgl.* [1]Wels
[2]**Wallller** (*veraltet für* Wallfahrer); **walllfahlren**; du wallfahrst; du wallfahrtest; gewallfahrt; zu -; *vgl.* wallfahrten; **Walllfahlrer; Walllfahlrelrin; Walllfahrt; walllfahrlten** (*veraltend für* wallfahren); ich wallfahrtete; gewallfahrtet; zu -; **Walllfahrts‿kirlche, ...ort** (der; -[e]s, -e)
Walllgralben
Walllholz (*schweiz. für* Nudelholz)
Wallli (w. Vorn.)
Walllis, das; - (schweiz. Kanton); **Wallliser** (↑R 147); **Wallliser Alpen** *Plur.*; **walllilselrisch**
Walllolne, der; -n, -n; ↑R 197 (Nachkomme romanisierter Kelten in Belgien u. Nordfrankreich); **Walllolnilen** [...iən]; **wallolnisch**; -e Sprache; **Walllonisch**, das; -[s] (Sprache); *vgl.* Deutsch; **Walllolnilsche**, das; -n; *vgl.* Deutsche, das
Walllstreet *u.* **Wall Street** [*beide* 'wɔ:lstri:t], die; - ‹amerik.› (Geschäftsstraße in New York [Bankzentrum]; *übertr. für* Geld- u. Kapitalmarkt der USA)
Walllung
Wallly (w. Vorn.)
[1]**Walm**, der; -[e]s (*landsch. für* [Wasser]wirbel, das Wallen)
[2]**Walm**, der; -[e]s, -e (dreieckige Dachfläche); **Walmldach**
Wallnuß (ein Baum; dessen Frucht); **Wallnußlbaum**
Wallolne, die; -, -n ‹ital.› (*Bot.* Gerbstoff enthaltender Fruchtbecher der Eiche)
Wallperltinlger *vgl.* Wolpertinger
Walllplatz ['va(:)l...] (*veraltet für* Kampfplatz)
Wallpurlga, Wallpurlgis (w. Vorn.); **Wallpurlgislnacht**
Wallrat, der *od.* das; -[e]s ([aus dem Kopf von Pottwalen gewonnene] fettartige Masse); **Wallratöl**, das; -[e]s; **Wallroß**, das; ...rosses, ...rosse (eine Robbe)
[1]**Wallser**, Martin (dt. Schriftsteller)
[2]**Wallser**, Robert (schweiz. Lyriker u. Erzähler)
Wallserltal, das; -[e]s ‹nach den im 13. Jh. eingewanderten Wallisern› (Tal in Vorarlberg); (↑R 146:) das Große -; das Kleine -
Walllstatt ['va(:)l...], die; -, ...stätten (*veraltet für* Kampfplatz; Schlachtfeld)
walllten (*geh. für* gebieten; sich sorgend einer Sache annehmen); Gnade - lassen; (↑R 68:) das Walten der Naturgesetze
Wallter, *auch* Wallther; ↑R 131 (m. Vorn.)
Walltharilllied [*auch* ...'ta:...], das; -[e]s; ↑R 135 (ein Heldenepos)
Wallther *vgl.* Walter
Wallther von der Volgellweilde (dt. Dichter des MA.)
Walltraud, Walltraut, Walltrud (w. Vorn.)
Waltlrun (w. Vorn.)
Walllvalter ['va(:)l...] (*Bez. für* Odin)
Walzlblech; Wallze, die; -, -n (*veraltet auch für* Wanderschaft eines Handwerksburschen); **walzen**; du walzt; **wällzen**; du wälzt; sich -; **Wallzenlbruch**, der; -[e]s, ...brüche; **wallzenlförmig; Wallzen‿mühlle, ...spinlne, ...stralße** (*vgl.* Walzstraße); **Walzer** (ein Tanz); **Wällzer** (*ugs. für* großes, schweres Buch); **Walzer‿mulsik, ...takt** (*vgl.* [1]Takt), **...tänlzer; wallzig** (walzenförmig); **Wälz‿lalger, ...sprung** (*für* Straddle); **Walz‿stahl, ...stralße** (*od.* Wallzenlstralße), **...werk; Walzlwerklerlzeuglnis**
Wamlme, die; -, -n (vom Hals her-

abhängende Hautfalte [des Rindes]); **Wam|pe**, die; -, -n (*svw.* Wamme; *ugs. auch für* dicker Bauch); **wam|pert** (*österr. ugs. für* dickbäuchig)
Wam|pum [*auch* ...'pum], der; -s, -e ⟨indian.⟩ (bei nordamerik. Indianern Gürtel aus Muscheln u. Schnecken, als Zahlungsmittel u. ä. dienend)
Wams, das; -es, Wämser (*früher, aber noch landsch. für* Jacke); **Wäms|chen; wam|sen** (*landsch. für* verprügeln); du wamst; **Wäms|lein**
Wand, die; -, Wände
Wan|da (w. Vorn.)
Wan|da|le, Van|da|le, der; -n, -n; ↑R 197 (Angehöriger eines germ. Volksstammes; *übertr. für* zerstörungswütiger Mensch); **wan|da|lisch**, van|da|lisch (*auch für* zerstörungswütig); **Wan|da|lis|mus**, Van|da|lis|mus, der; - (Zerstörungswut)
Wand‿be|hang, ...be|span|nung, ...bord (*vgl.* ¹Bord), **...brett**
Wan|del, der; -s; **Wan|del|an|lei|he** *(Bankw.)*; **wan|del|bar; Wan|del|bar|keit**, die; -; **Wan|del‿gang** (der), **...hal|le, ...mo|nat** *od.* **...mond** (*alte Bez. für* April); **wan|deln;** ich ...[e]le (↑R 22); sich -; **Wan|del‿ob|li|ga|ti|on** (*svw.* Wandelanleihe, Wandelschuldverschreibung), **...schuld|ver|schrei|bung** *(Bankw.)*, **...stern** (*veraltet für* Planet); **Wan|de|lung** *(bes. Rechtsspr.)*
Wan|der‿amei|se, ...ar|bei|ter, ...aus|stel|lung, ...büh|ne, ...bur|sche *(früher)*, **...dü|ne; Wan|de|rer**, Wand|rer; **Wan|der‿fahrt, ...fal|ke, ...ge|sel|le** *(früher)*, **...ge|wer|be** (*für* ambulantes Gewerbe), **...heu|schrecke** [*Trenn.* ...schrek|ke]; **Wan|de|rin**, Wand|re|rin; **Wan|der‿jahr** *(meist Plur.)*, **...kar|te, ...le|ber, ...lied, ...lust** (die; -); **wan|der|lu|stig; wan|dern;** ich ...ere (↑R 22); (↑R 68:) das Wandern ist des Müllers Lust; **Wan|der‿nie|re, ...po|kal, ...pre|di|ger, ...preis, ...rat|te; Wan|der|schaft; Wan|der|schuh; Wan|ders|mann** *Plur.* ...leute; **Wan|der‿stab, ...tag; Wan|de|rung; Wan|der‿vo|gel, ...weg, ...zir|kus**
Wand‿fach, ...ge|mäl|de; ...wan|dig (z. B. dünnwandig); **Wand‿ka|len|der, ...kar|te**
Wand|ler *(Technik)*; **Wand|lung** *vgl.* Wandelung; **wand|lungs|fä|hig; Wand|lungs|fä|hig|keit**, die; -; **Wand|lungs|pro|zeß;** einen - durchmachen
Wand|ma|le|rei
Wand|rer *vgl.* Wanderer; **Wand|re|rin** *vgl.* Wanderin
Wands|becker[1] [*Trenn.* ...bek|ker] **Bo|te**, der; - -n (ehem. Zeitung); **Wands|bek** (Stadtteil von Hamburg)
Wand‿schirm, ...schrank, ...spie|gel, ...spruch, ...ta|fel, ...tel|ler, ...tep|pich, ...uhr; Wan|dung; Wand‿ver|klei|dung, ...zei|tung
Wa|ne, der; -n, -n *meist Plur.;* ↑R 197 (*nord. Mythol.* Angehöriger eines Göttergeschlechts)
Wan|ge, die; -, -n; **Wan|gen‿kno|chen, ...mus|kel**
Wan|ger|oog [...'o:k, *auch* 'va...], *früher neben* **Wan|ger|oo|ge** [...'o:gə, *auch* 'va...] (eine ostfries. Insel)
...wan|gig (z. B. rotwangig); **Wäng|lein**
Wank, der; -[e]s *(veraltet); nur noch in* keinen - tun (*schweiz. mdal. für* sich nicht bewegen, keinen Finger rühren)
Wan|kel (dt. Ingenieur u. Erfinder; *als* Ⓦⓩ *für* einen Motor); **Wan|kel|mo|tor** (↑R 135)
Wan|kel|mut; wan|kel|mü|tig; Wan|kel|mü|tig|keit, die; -; **wan|ken;** (↑R 68:) ins Wanken geraten
wann; dann u. -
Wänn|chen; Wan|ne, die; -, -n
Wan|ne-Eickel [*Trenn.* ...Eik|kel]; ↑R 154 (Stadt im Ruhrgebiet)
wan|nen; *nur noch in* von - (*veraltet für* woher)
Wan|nen|bad; Wänn|lein
Wann|see, der; -s (in Berlin)
¹**Wanst**, der; -es, Wänste (Tierbauch; *ugs. für* dicker Bauch); ²**Wanst**, das *od.* der; -es, Wänster (*landsch. svw.* ²Balg); **Wänst|chen, Wänst|lein**
Want, die; -, -en *meist Plur.* (*Seemannsspr.* starkes [Stahl]tau zum Verspannen des Mastes)
Wan|ze, die; -, -n (*auch übertr. für* Abhörgerät); **wan|zen** (*volkstüml. für* von Wanzen reinigen); du wanzt; **Wan|zen|ver|til|gungs|mit|tel**, das
Wa|pi|ti, der; -[s], -s ⟨indian.⟩ (eine nordamerik. Hirschart)
Wap|pen, das; -s, -; **Wap|pen‿brief, ...feld, ...kun|de** (die; -), **...schild** (der *od.* das), **...spruch, ...tier; wapp|nen** *(geh.)*; sich - (sich vorbereiten); ich wappne mich mit Geduld (gedulde mich)
Wa|rä|ger, der; -s, - ⟨schwed.⟩ (Wikinger)
Wa|ran, der; -s, -e ⟨arab.⟩ (eine trop. Echse)
War|dein, der; -[e]s, -e ⟨niederl.⟩ (*früher für* [Münz]prüfer); **war|die|ren** (*früher für* [den Wert der Münzen] prüfen)

[1] *In alter Schreibung des Stadtnamens.*

Wa|re, die; -, -n; **Wa|ren‿an|ge|bot, ...an|nah|me, ...aus|fuhr, ...aus|ga|be, ...aus|tausch, ...au|to|mat, ...be|gleit|schein, ...be|lei|hung** *(Bankw.)*, **...be|stand, ...ein|fuhr, ...ex|port, ...han|del** (*vgl.* ¹Handel), **...haus, ...im|port, ...korb** *(Statistik)*, **...kre|dit; Wa|ren|kre|dit|brief** *(Bankw.)*; **Wa|ren‿kun|de** (die; -), **...la|ger, ...pro|be, ...re|gal, ...rück|ver|gü|tung, ...sen|dung, ...sor|ti|ment, ...stem|pel, ...test, ...um|schlag** (der; -[e]s), **...um|schlie|ßung** (*für* Verpackung[sgewicht]), **...zei|chen, ...zoll**
Warf, der *od.* das; -[e]s, -e (*Weberei* Aufzug)
Warf[t], die; -, -en (Wurt in Nordfriesland)
War|hol ['wɔ:(r)ho:l], Andy ['ɛndi] (amerik. Maler u. Graphiker)
warm; wärmer, wärmste; -e Würstchen; -e Miete (*ugs. für* Miete mit Heizung); auf kalt und - reagieren; (↑R 205 f.:) das Essen warm halten, machen, stellen; die Spieler laufen sich -; *vgl.* aber: warmhalten; **Warm‿bier** (das; -[e]s), **...blut** (das; -[e]s; Pferd einer bestimmten Rasse), **...blü|ter; warm|blü|tig; Wär|me**, die; -, -n *Plur. selten;* **Wär|me‿aus|tausch** *(Technik)*, **...be|hand|lung; wär|me|däm|mend; Wär|me‿däm|mung, ...deh|nung, ...ein|heit, ...ener|gie, ...ge|wit|ter, ...grad; wär|me|hal|tig; wär|me|iso|lie|rend** (↑R 209); **Wär|me‿iso|lie|rung, ...ka|pa|zi|tät, ...leh|re** (die; -), **...lei|ter** (der), **...leit|zahl, ...mes|ser** (der); **wär|men;** sich -; **Wär|me‿pum|pe, ...quel|le, ...reg|ler, ...schutz** (der; -es), **...spei|cher, ...strah|len** *(Plur.)*, **...tech|nik** (die; -); **wär|me|tech|nisch; Wär|me‿ver|lust, ...zäh|ler; Wärm|fla|sche; Warm|front** *(Meteor.)*; **warm|hal|ten**, sich; ↑R 205 f. (*ugs. für* sich jmds. Gunst erhalten); er hat sich diesen Geschäftsfreund besonders warmgehalten; aber: der Koch hat die Suppe lange warm gehalten; **Warm|hal|te|plat|te; Warm|haus** (Gewächshaus für Pflanzen mit hohen Wärmeansprüchen); **warm|her|zig; Warm|her|zig|keit**, die; -; **warm|lau|fen** (im Leerlauf auf günstige Betriebstemperaturen kommen [von Motoren]); den Motor - lassen, aber: ich habe mich warm gelaufen; **Warm‿lau|fen** (das; -s), **...luft** (die; -); **Warm|luft|hei|zung; Warm‿mie|te** (Miete mit Heizung), **...was|ser** (das; -s); **Warm|was|ser‿be|rei|ter, ...hei|zung, ...ver|sor|gung**

Wạr|na (bulg. Stadt)
Wạrn|an|la|ge; Wạrn|blink‿an|la|ge, ...leuch|te; Wạrn|drei|eck
Wạrndt, der; -s (Berg- u. Hügelland westl. der Saar)
wạr|nen; Wạr|ner; Wạrn‿kreuz, ...leuch|te, ...licht (*Plur.* ...lichter), **...ruf, ...schild** (das), **...schuß, ...si|gnal, ...streik; Wạr|nung; Wạrn|zei|chen**
[1]**Wạrp,** der *od.* das; -s, -e ‹engl.› (*Weberei* Kettgarn)
[2]**Wạrp,** der; -[e]s, -e ‹niederl.› (*Seemannsspr.* Schleppanker); **Wạrp|an|ker; wạr|pen** (durch Schleppanker fortbewegen); **Wạrp|schiffahrt,** die; - [*Trenn.* ...schiff|fahrt, ↑R 204]
Wạrp|we|ber; *vgl.* [1]Warp
War|rạnt [*engl.* 'vɔrənt], der; -s, -s ‹engl.› (*Wirtsch.* Lager[pfand]schein)
Wạr|schau (Hptst. Polens); **Wạr|schau|er** (↑R 147); **Wạr|schau|er Pạkt** *(früher);* **Wạr|schau|er-Pạkt-Staa|ten** (↑R 41); **wạr|schau|isch; War|sza|wa** [var'ʃa(:)va] (*poln. Form von* Warschau)
Wạrt|burg, die; -; **Wạrt|burg|fest,** das; -[e]s (1817)
Wạr|te, die; -, -n (Beobachtungsort); *übertr. in Wendungen wie* von meiner - (meinem Standpunkt) aus; **Wạr|te‿frau, ...hal|le, ...li|ste; wạr|ten;** auf sich - lassen; (↑R 68:) das Warten auf ihn hat ein Ende; eine Maschine - (pflegen, bedienen); **Wạ̈r|ter; Wạr|te|raum; War|te|rei** *(ugs.);* **Wạ̈r|te|rin; Wạr|te‿saal, ...schlei|fe** *(auch übertr.),* **...stand** (der; -[e]s), **...zeit, ...zim|mer**
Wạr|the, die; - (r. Nebenfluß der unteren Oder)
...wärts (z. B. anderwärts)
Wạrt|saal (*schweiz. neben* Wartesaal); **Wạrt|turm; Wạr|tung; wạr|tungs‿arm, ...frei, ...freund|lich**
war|ụm; - nicht?; nach dem Warum fragen (↑R 67)
Wạ̈rz|chen; Wạr|ze, die; -, -n; **wạr|zen|för|mig; Wạr|zen‿hof, ...schwein; wạr|zig; Wạ̈rz|lein**
wạs; was ist los?; er will wissen, was los ist; was für ein; was für einer; (*ugs. auch für* etwas:) was Neues (↑R 65), irgendwas; das ist das Schönste, was ich je erlebt habe; all das Schöne, das Gute, etwas anderes, Erschütterndes, was wir erlebt haben; nichts, vieles, allerlei, manches, sonstiges usw., was ..., a b e r: das Werkzeug, das ...; das Kind, das sie im Arm hielt
Wạ|sa, der; -[s], - (*eindeutschend für* Vasa)
wạsch|ak|tiv; -e Substanzen; **Wạsch‿an|la|ge, ...an|lei|tung, ...an|stalt** *(veraltend),* **...au|to|mat; wạsch|bar; Wạsch‿bär, ...becken** [*Trenn.* ...bek|ken], **...ben|zin, ...ber|ge** (*Plur.; Bergmannsspr.* Steine, die bei der Aufbereitung der Kohle anfallen), **...be|ton** (der; -s), **...brett, ...büt|te; Wạ̈|sche,** die; -, -n; **Wạ̈|sche|beu|tel; wạsch|echt;** -e Farben; **Wạ̈|sche‿ge|schäft, ...klam|mer, ...knopf, ...korb** (*od.* Wasch|korb), **...lei|ne, ...man|gel** (die); **wạ|schen;** du wäschst, er wäscht; du wuschest; du wüschest; gewaschen; wasch[e]!; sich -; **Wä|sche|rei; Wạ̈|sche|rin; Wạ̈|sche‿schleu|der, ...schrank, ...spin|ne** (zum Wäscheaufhängen), **...stän|der, ...tin|te, ...trock|ner, ...zei|chen; Wạsch‿frau, ...gang** (der), **...ge|le|gen|heit, ...haus, ...kes|sel, ...korb** (*vgl.* Wäschekorb), **...kraft** *(Werbespr.),* **...kü|che, ...lap|pen** (*ugs. auch für* Feigling, Schwächling), **...lau|ge, ...le|der; wạsch|le|dern** (aus Waschleder); **Wạsch|ma|schi|ne; wạsch|ma|schi|nen|fest; Wạsch‿mit|tel** (das), **...pro|gramm, ...pul|ver, ...raum, ...rum|pel** (*landsch. für* Waschbrett), **...sa|lon, ...schüs|sel, ...sei|de, ...stra|ße, ...tag, ...tisch, ...trog; Wạ|schung; Wạsch‿was|ser** (das; -s), **...weib** (*ugs. für* geschwätzige Frau), **...zet|tel** (vom Verlag selbst stammende Bücherempfehlung), **...zeug** (das; -s), **...zu|ber, ...zwang** (der; -[e]s)
[1]**Wa|sen,** der; -s, - (*svw.* Wrasen)
[2]**Wa|sen,** der; -s, - (*landsch. für* Rasen; *meist Plur.: nordd. für* Reisigbündel)
Wa|serl, das; -s, -n (*österr. ugs. für* unbeholfener Mensch)
Wạs|gau, der; -[e]s; **Wạs|gen|wald,** der; -[e]s (*veraltete Bez. für* Vogesen)
Wash. = Washington (Staat in den USA)
wash and wear ['wɔʃ ənd 'wɛ:(r)] ‹engl., „waschen und tragen"› (Bezeichnung von Textilien, die nach dem Waschen [fast] ohne Bügeln wieder getragen werden können)
[1]**Wa|shing|ton** ['wɔʃiŋtən] (erster Präsident der USA); [2]**Wa|shing|ton** (Staat in den USA [*Abk.* Wash.]; Bundeshauptstadt der USA)
Wạs|ser, das; -s, *Plur.* - *u.* (*für* Mineral-, Spül-, Speise-, Abwasser u. a.:) Wässer; leichtes-, schweres -; zu - und zu Land[e]; **wạs|ser‿ab|sto|ßend, ...ab|wei|send, ...arm; Wạs|ser‿auf|be|rei|tung, ...bad, ...ball** (*vgl.* [1]Ball), **...bau** (der; -[e]s), **...bett, ...bom|be, ...büf|fel, ...burg; Wạ̈s|ser|chen; Wạs|ser|dampf; wạs|ser|dicht; Wạs|ser‿ei|mer, ...fahr|zeug, ...fall** (der), **...far|be; wạs|ser|fest; Wạs|ser‿flä|che, ...fla|sche, ...floh, ...flug|zeug; wạs|ser|ge|kühlt;** ein -er Motor (↑R 209); **Wạs|ser‿glas** (*Plur.* ...gläser; Trinkglas; *nur Sing.:* Kalium- od. Natriumsilikat), **...glät|te** (*für* Aquaplaning), **...gra|ben, ...hahn, ...här|te, ...haus|halt, ...heil|ver|fah|ren, ...ho|se** (Wasser mitführender Wirbelsturm), **...huhn; wạ̈s|se|rig** usw. *vgl.* wäßrig usw.; **Wạs|ser‿jung|fer** (Libelle), **...ka|ni|ster, ...kan|te** (die; -; *selten für* Waterkant), **...kes|sel, ...klo|sett** (*Abk.* WC; *vgl. d.*), **...kopf** *(Med.),* **...kraft** (die), **...kraft|werk, ...kunst, ...la|che, ...lauf, ...läu|fer; wạs|ser|le|bend** (*Zool.;* ↑R 209); **Wạs|ser|lei|che; Wạ̈s|ser|lein; Wạs|ser‿lei|tung, ...lin|se; wạs|ser|lös|lich; Wạs|ser‿man|gel** (der; -s), **...mann** (der; -[e]s; ein Sternbild), **...me|lo|ne, ...müh|le; wạs|sern** (auf dem Wasser niedergehen [z. B. von Flugzeugen]); ich wassere *u.* waßre (↑R 22); **wạ̈s|sern** (in Wasser legen; mit Wasser versorgen; Wasser absondern); ich wässere *u.* wäßre (↑R 22); **Wạs|ser‿ni|xe, ...not** (die; -; *veraltet für* Mangel an Wasser; *vgl.* a b e r: Wassersnot), **...ober|flä|che, ...pest** (die; -; eine Wasserpflanze), **...pfei|fe, ...pflan|ze, ...pi|sto|le, ...po|li|zei, ...pum|pe, ...rad, ...rat|te** (*ugs. scherzh. auch für* jmd., der sehr gern schwimmt), **...recht** (das; -[e]s); **wạs|ser|reich; Wạs|ser‿re|ser|voir, ...rohr, ...säu|le** *(Physik),* **...scha|den, ...schei|de** *(Geogr.);* **wạs|ser|scheu;** -[e]ste; **Wạs|ser‿scheu, ...schi** (*vgl.* Wasserski), **...schlan|ge, ...schlauch, ...schloß, ...schutz|ge|biet, ...schutz|po|li|zei, ...schwall; Wạs|ser|ski,** Wạs|ser|schi, der; -[s], *Plur.* -er *od.* -, *als Sportart* das; -[s]; **Wạs|sers|not** (*veraltet für* Überschwemmung; *vgl.* a b e r: Wassernot); **Wạs|ser‿spei|er, ...spie|gel, ...spiel** *(meist Plur.),* **...sport** (der; -[e]s), **...sport|ler; wạs|ser|sport|lich; Wạs|ser‿spü|lung, ...stand; Wạs|ser|stands‿an|zei|ger, ...mel|dung** *(meist Plur.),* **...reg|ler; Wạs|ser|stoff,** der; -[e]s (chem. Element, Gas; *Zeichen* H); **wạs|ser|stoff|blond; Wạs|ser|stoff|bom|be** (H-Bombe); **Wạs|ser|stoff|flam|me** (↑R 204); **Was|ser|stoff|per|oxyd,** das; -[e]s; *vgl.* Oxid; **Wạs|ser-**

˯strahl, ...stra|ße, ...sucht (die; -; *für* Hydropsie); **was|ser|süch|tig; Was|ser˯tank, ...tem|pe|ra|tur, ...tie|fe, ...trä|ger** (*ugs. auch für* jmd., der einem anderen Hilfsdienste leistet), **...tre|ten** (das; -s), **...trop|fen, ...turm, ...uhr; Wäs|se|rung** ‹*zu* wässern›; **Wäs|se|rung; Was|ser˯ver|brauch, ...ver|drän|gung, ...ver|schmut|zung, ...vo|gel, ...waa|ge, ...weg, ...wer|fer, ...werk, ...wirt|schaft** (die; -), **...zäh|ler, ...zei|chen** (im Papier); **wäß|rig,** wäs|se|rig; **Wäß|rig|keit,** Wäs|se|rig|keit

wa|ten; gewatet

Wa|ter|kant, die; - (*scherzh. für* nordd. Küstengebiet)

Wa|ter|loo (Ort in Belgien)

Wa|ter|proof ['wɔ:tə(r)pru:f], der; -s, -s ‹engl.› (wasserdichter Stoff; Regenmantel)

Wat|sche [*auch* 'vat...], die; -, -n *u.* Wat|schen, die; -, - (*bayr., österr. ugs. für* Ohrfeige)

wat|sche|lig, watsch|lig [*auch* 'vat...] *(ugs.);* **wat|scheln** [*auch* 'vat...] (*ugs. für* wackelnd gehen); ich ...[e]le (↑R 22)

wat|schen [*auch* 'vat...] (*bayr., österr. ugs. für* ohrfeigen); **Wat|schen** [*auch* 'vat...] *vgl.* Watsche; **Wat|schen|mann** [*auch* 'vat...] (Figur im Wiener Prater; *übertr. für* Zielscheibe der Kritik)

watsch|lig [*auch* 'vat...] *vgl.* watschelig

[1]**Watt** [wɔt] (Erfinder der verbesserten Dampfmaschine); [2]**Watt** [vat], das; -s, - (Einheit der physikal. Leistung; *Zeichen* W); 40 -

[3]**Watt,** das; -[e]s, -en (seichter Streifen der Nordsee zwischen Küste u. vorgelagerten Inseln)

Wat|te, die; -, -n ‹niederl.›

Wat|teau [va'to:] (franz. Maler)

Wat|te|bausch

Wat|ten|meer ‹*zu* [3]Watt›

Wat|ten|scheid (Stadt im Ruhrgebiet)

wat|tie|ren (mit Watte füttern); **Wat|tie|rung; wat|tig**

Watt˯me|ter (das; -s, -; elektr. Meßgerät), **...se|kun|de** (Einheit der Leistung; *Abk.* Ws)

Watt|wan|de|rung ‹*zu* [3]Watt›

Wat|vo|gel (am Wasser, im Moor o. ä. lebender Vogel)

Wau, der; -[e]s, -e (eine Färberpflanze)

wau, wau!; Wau|wau [*auch* vau'vau], der; -s, -s (*Kinderspr.* Hund)

WC [ve'tse:] = water closet ['wɔ:tə(r) 'klɔzit], das; -[s], -[s] ‹engl.› (Wasserklosett)

WDR = Westdeutscher Rundfunk

We|be, die; -, -n (*österr. für* Gewebe [für Bettzeug]); **We|be|lei|ne** (*Seemannsspr.* gewebte Sprosse der Wanten); **we|ben;** du webtest, *schweiz., sonst geh. u. übertr.* wobst; du webtest, *geh. u. übertr.* wöbest; gewebt, *schweiz., sonst geh. u. übertr.* gewoben; web[e]!

[1]**We|ber,** Carl Maria von (dt. Komponist)

[2]**We|ber; We|be|rei; We|be|rin; We|ber˯kamm, ...knecht** (ein Spinnentier), **...kno|ten**

We|bern, Anton von (österr. Komponist)

We|ber˯schiff|chen (*od.* Webschiff|chen), **...vo|gel; Web˯feh|ler, ...garn, ...kan|te, ...pelz; Web|schiff|chen** *vgl.* Weberschiffchen; **Web˯stuhl, ...wa|ren** *(Plur.)*

Wech|sel, der; -s, -; **Wech|sel˯bad, ...balg** (der; mißgebildetes untergeschobenes Kind), **...bank** (*Plur.* ...banken), **...be|zie|hung; wech|sel|be|züg|lich;** -e Verfügung *(Rechtsw.);* **Wech|sel˯bür|ge, ...bürg|schaft, ...fäl|le** *(Plur.),* **...fäl|schung, ...fie|ber** (das; -s; *für* Malaria), **...geld, ...ge|sang; wech|sel|haft;** -este; **Wech|sel|haf|tig|keit,** die; -; **Wech|sel˯jah|re** *(Plur.),* **...kas|se, ...kre|dit, ...kurs; wech|seln;** ich ...[e]le (↑R 22); (↑R 68:) Wäsche zum Wechseln; **Wech|sel˯rah|men, ...re|de** (*auch für* Diskussion), **...re|greß** *(Geldw.);* **Wech|sel|rei|te|rei** (unlautere Wechselausstellung); **Wech|sel˯schal|ter, ...schicht, ...schritt; wech|sel|sei|tig; Wech|sel|sei|tig|keit,** die; -; **Wech|sel˯steu|er** (die), **...strom, ...stu|be, ...sum|me; Wech|se|lung,** Wechs|lung; **Wech|sel|ver|kehr,** der; -s *(Verkehrsw.);* **wech|sel|voll; Wech|sel|wäh|ler; wech|sel|warm** *(Zool.);* **Wech|sel|warm|blü|ter** *(Zool.);* **wech|sel|wei|se; Wech|sel|wir|kung; Wechs|ler; Wechs|lung** *vgl.* Wechselung

[1]**Weck** (Familienn.; *als* Ⓦ *für* Einkochgeräte)

[2]**Weck,** der; -[e]s, -e *u.* Wecke[1], die; -, -n *u.* Wecken[1], der; -s, - (*südd., österr. für* Weizenbrötchen; Brot in länglicher Form)

Weck|amin, das; -s, -e (ein stimulierendes Kreislaufmittel)

Weck|ap|pa|rat Ⓦ (↑R 135)

Weck˯au|to|ma|tik, ...dienst (per Telefon)

Wecke[1] *vgl.* [2]Weck

wecken[1]; [1]**Wecken**[1], das; -s

[2]**Wecken**[1] *vgl.* [2]Weck

Wecker[1]

Weckerl[1], das; -s, -n (*bayr., österr. für* längliches Weizenbrötchen); *vgl.* [2]Weck

Weck|glas Ⓦ *Plur.* ...gläser; ↑R 135; *vgl.* [1]Weck

Weck|ruf

We|da, der; -[s], *Plur.* ...den *u.* -s ‹sanskr.› (die heiligen Schriften der alten Inder)

We|de|kind (dt. Dramatiker)

We|del, der; -s, -; **We|del|kurs** *(Skisport);* **we|deln;** ich ...[e]le (↑R 22)

We|den (*Plur. von* Weda)

we|der; - er noch sie haben, *auch* hat davon gewußt

Wedg|wood ['wɛdʒwud], das; -[s] ‹nach dem engl. Erfinder› (berühmtes englisches Steingut); **Wedg|wood|wa|re** (↑R 135)

we|disch (die Weden betreffend); die -e Religion

Week|end ['wi:kɛnd], das; -[s], -s ‹engl.› (Wochenende)

Weft, das; -[e]s, -e ‹engl.› (*Weberei* hart gedrehtes Kammgarn)

weg; weg da! (fort!); sie ist ganz weg (*ugs. für* begeistert, verliebt); frisch von der Leber weg (*ugs. für* ganz offen, ungehemmt) reden; sie ist längst darüber weg (hinweg); sie wird schon weg sein, wenn ...

Weg, der; -[e]s, -e; *Schreibung in Straßennamen* ↑R 190ff.; im Weg[e] stehen; wohin des Weg[e]s?; halbwegs; gerade[n]wegs; keineswegs; alle[r]wege, allerwegen; unterwegs; (↑R 208:) zuwege bringen; *vgl.* zuwege

weg... (*in Zus. mit Verben,* z. B. weglaufen, du läufst weg, weggelaufen, wegzulaufen)

We|ga, die; - ‹arab.› (ein Stern)

weg|ar|bei|ten *(ugs.);* sie hat alles weggearbeitet; **weg|be|kom|men;** die Regel hatte er - (*ugs. für* verstanden); er hat einen Schlag - (*ugs. für* erhalten)

Weg˯be|rei|ter, ...be|rei|te|rin, ...bie|gung

weg|bla|sen; er hat den Zigarrenrauch weggeblasen; er war wie weggeblasen (*ugs. für* er war spurlos verschwunden); **weg|blei|ben** *(ugs.);* sie ist auf einmal weggeblieben; **weg|brin|gen** *(ugs.);* **weg|dis|ku|tie|ren** *(ugs.);* **weg|drän|gen; weg|drücken** [*Trenn.* ...drük|ken]

We|ge|bau *Plur.* ...bauten; **We|ge|geld,** Weg|geld; **We|ge|la|ge|rer; we|ge|la|gern;** ich ...ere (↑R 22); gewegelagert; zu -; **We|ge|la|ge|rung**

we|gen (↑R 62); *Präp. mit Gen.:* - Diebstahls, - Mangels, - des Vaters *od.* des Vaters -; - der hohen Preise; - der Leute *od.* der Leute -; - meiner *(noch landsch.); ein alleinstehendes, stark gebeugtes Substantiv steht im Sing. oft*

---

[1] *Trenn.* ...k|k...

schon ungebeugt: - Umbau, - Diebstahl; *ugs. mit Dat.:* - dem Kind, - mir; *hochspr. mit Dat. in bestimmten Verbindungen u. wenn bei Pluralformen der Gen. nicht erkennbar ist:* - etwas anderem, - manchem, - Vergangenem; - Geschäften; *Abk.* wg.; *Zusammensetzungen u. Fügungen:* des- *od.* dessentwegen; meinet-, deinet-, seinet-, ihret-, unsert-, euret- *od.* euertwegen; von Amts -, von Rechts -, von Staats -; von -! (*ugs. für* auf keinen Fall!)

We|en|ge

We|ger, der; -s, - (Schiffsplanke)

We|ge|recht, das; -[e]s

We|ge|rich, der; -s, -e (eine Pflanze)

we|gern (*Schiffbau* die Innenseite der Spanten mit Wegern belegen); ich ...ere (↑R 22); **We|ge|rung**

weg|es|sen; sie hat mir alles weggegessen; **weg|fah|ren; Weg|fall,** der; -[e]s; in - kommen (*dafür besser:* wegfallen); **weg|fal|len** (nicht mehr in Betracht kommen); **weg|fe|gen; weg|fi|schen** (*ugs. auch für* vor der Nase wegnehmen); sie hat ihm die besten Bissen weggefischt; **weg|flie|gen; weg|fres|sen; weg|füh|ren**

We|ga|be|lung, We|gab|lung

Weg|gang, der; -[e]s; **weg|ge|ben**

Weg|ge|fähr|te

weg|ge|hen

Weg|geld *vgl.* Wegegeld

Weg|gen, der; -s, - (*schweiz. für* ²Wecken)

Weg|ge|nos|se

Wegg|li, das; -s, - (*schweiz. für* eine Art Brötchen)

weg|gucken [*Trenn.* ...guk|ken] *(ugs.);* **weg|ha|ben;** er hat einen weggehabt (*ugs. für* er war betrunken, nicht ganz bei Verstand); sie hat das weggehabt (*ugs. für* gründlich beherrscht); die Ruhe - (*ugs. für* sich nicht aus der Fassung bringen lassen); **weg|hän|gen;** *vgl.* ²hängen; **weg|ho|len; weg|hö|ren** *(ugs.);* **weg|ja|gen; weg|keh|ren; weg|kom|men** (*ugs. auch für* verschwinden); gut dabei -; **weg|krat|zen**

Weg‿kreuz, ...kreu|zung

weg|krie|gen

weg|kun|dig

weg|las|sen; weg|lau|fen; er ist weggelaufen; **weg|le|gen**

Weg|lei|tung (*schweiz. für* Anweisung); **weg|los**

weg|ma|chen (*ugs. für* entfernen)

Weg|mar|ke; weg|mü|de *(geh.)*

weg|müs|sen (*ugs. für* weggehen müssen, nicht mehr bleiben können); weggemußt; **Weg|nah|me,** die; -, -n *(Amtsspr.);* **weg|neh|men;** weggenommen; **weg|packen** [*Trenn.* ...pak|ken]; **weg|put|zen** (*ugs. auch für* aufessen); er hat das ganze Fleisch weggeputzt; **weg|ra|die|ren**

Weg‿rain, ...rand

weg|ra|tio|na|li|sie|ren; weg|räu|men; weg|rei|ßen; weg|ren|nen; weg|rol|len

weg|sam *(veraltet)*

weg|sa|nie|ren *(iron.);* **weg|schaf|fen;** *vgl.* ¹schaffen

Weg|scheid, der; -[e]s, -e, *österr.* die; -, -en, *häufiger* **Weg|schei|de,** die; -, -n (Straßengabelung)

weg|sche|ren, sich (*ugs. für* weggehen); scher dich weg!; **weg|scheu|chen; weg|schicken** [*Trenn.* ...schik|ken]; **weg|schlei|chen;** er ist weggeschlichen; sich -; du hast dich weggeschlichen; **weg|schlie|ßen; weg|schmei|ßen** *(ugs.);* **weg|schnap|pen** *(ugs.);* **weg|schnei|den; weg|schüt|ten; weg|set|zen;** das Geschirr -; sich -; du hast dich über den Ärger weggesetzt *(ugs.);* **weg|stecken** [*Trenn.* ...stek|ken] *(ugs.);* er hat das Geld weggesteckt; so einen Schicksalsschlag kann man nicht einfach - (verkraften); **weg|steh|len;** sich -; du hast dich weggestohlen (heimlich entfernt); **weg|stel|len; weg|ster|ben** *(ugs.);* **weg|sto|ßen**

Weg|strecke [*Trenn.* ...strek|ke]

weg|strei|chen; weg|tra|gen; weg|trei|ben; weg|tre|ten; weggetreten! (milit. Kommando); **weg|trin|ken; weg|tun**

Weg‿über|füh|rung, ...un|ter|füh|rung, ...war|te (eine Pflanze); **weg|wei|send; Weg|wei|ser**

weg|wer|fen; sie hat alles weggeworfen; sich -; **weg|wer|fend;** eine -e Handbewegung; **Weg|werf‿fla|sche, ...ge|sell|schaft, ...men|ta|li|tät** (die; -), **...win|del; weg|wi|schen; weg|wol|len** *(ugs.);* **weg|zau|bern**

Weg‿zeh|rung, ...zei|chen

weg|zie|hen; Weg|zug

¹**weh;** (↑R 64:) weh tun; hast du dir weh getan?; er hat einen wehen Finger; es war ihm weh ums Herz; *vgl.* wehe; ²**weh** *vgl.* wehe; **Weh,** das; -[e]s, -e; (↑R 67:) mit Ach und -; *vgl.* ²Wehe; **we|he,** weh; weh[e] dir!; o weh!; ach und weh schreien, a b e r : ein „Wehe!" ausrufen; ¹**We|he,** die; -, -n *meist Plur.* (das Zusammenziehen der Gebärmutter bei der Geburt); ²**We|he,** das; -s (*Nebenform von* Weh)

³**We|he,** die; -, -n (zusammengewehte Anhäufung von Schnee od. Sand); **we|hen**

Weh‿ge|schrei, ...kla|ge *(geh.);* **weh|kla|gen** *(geh.);* ich wehklage; gewehklagt; zu -

Wehl, das; -[e]s, -e *u.* **Weh|le,** die; -, -n (*nordd. für* an der Binnenseite eines Deiches gelegener Teich)

weh|lei|dig; Weh|lei|dig|keit, die; -; **Weh|mut,** die; -; **weh|mü|tig; Weh|mü|tig|keit,** die; -; **weh|muts|voll; Weh|mut|ter** *Plur.* ...mütter (*veraltet für* Hebamme)

¹**Wehr,** die; -, -en (Befestigung, Verteidigung, Abwehr; *kurz für* Feuerwehr); sich zur - setzen; ²**Wehr,** das; -[e]s, -e (Stauwerk); **wehr|bar; Wehr‿be|auf|trag|te** (der), **...be|reich** (der); **Wehr|be|reichs|kom|man|do; Wehr|dienst** (der; -[e]s); **wehr|dienst|taug|lich; Wehr|dienst|taug|lich|keit,** die; -; **wehr|dienst|un|taug|lich; Wehr|dienst|un|taug|lich|keit,** die; -; **Wehr|dienst‿ver|wei|ge|rer, ...ver|wei|ge|rung; weh|ren;** sich -; **Wehr|er|satz|dienst** (der; -[e]s; *svw.* Zivildienst); **wehr|fä|hig; Wehr‿fä|hig|keit** (die; -), **...gang** (der), **...ge|hän|ge, ...ge|henk** *(veraltet),* **...ge|rech|tig|keit** (die; -), **...ge|setz; wehr|haft;** -este; **Wehr|haf|tig|keit,** die; -; **Wehr‿kir|che** (burgartig gebaute Kirche), **...kun|de** (die; -); **wehr|los;** -este; **Wehr|lo|sig|keit,** die; -; **Wehr|macht,** die; - (*früher für* Gesamtheit der [dt.] Streitkräfte); **Wehr|macht[s]|an|ge|hö|ri|ge,** der *u.* die; **Wehr‿mann** (*Plur.* ...männer; *schweiz. für* Soldat), **...paß, ...pflicht** (die; -; die allgemeine -); **wehr|pflich|tig; Wehr|pflich|ti|ge,** der; -n, -n (↑R 7 ff.); **Wehr‿turm, ...übung**

Weh|weh [*auch* ve:'ve:], das; -s, -s (*Kinderspr.* Schmerz; kleine Verletzung, Wunde); **Weh|weh|chen,** das; -s, -

Weib, das; -[e]s, -er; **Weib|chen**

Wei|bel, der; -s, - (*früher u. schweiz. für* Amtsbote); **wei|beln** (*schweiz. für* werbend umhergehen); ich ...ble (↑R 22)

Wei|ber|chen *Plur.;* **Wei|ber‿fas[t]|nacht** (*vgl.* Altweiberfas[t]nacht), **...feind, ...ge|schich|ten** *(Plur.),* **...held** *(abwertend);* **Wei|ber|lein** *Plur.;* **wei|bisch;** -ste; **Weib|lein;** Männlein und Weiblein; **weib|lich;** -es Geschlecht; **Weib|lich|keit,** die; -; **Weibs|bild** (*ugs. abwertend für* weibl. Person); **Weib|sen,** das; -s, - (*ugs. abwertend für* Frau); **Weibs‿leu|te** (*Plur.; ugs. abwertend für* Frauen), **...per|son** *u.* **...stück** (*ugs. abwertend für* Frau)

weich; weich klopfen, kochen usw.; *vgl.* a b e r : weichmachen; *Schreibung in Verbindung mit* *dem Partizip II*, z. B. weichgekochtes Fleisch (↑*jedoch* R 209), aber: das Fleisch ist weich gekocht

Weich|bild (Randbezirke; Ortsgebiet; *früher* Bezirk, wo das Ortsrecht gilt)

[1]**Wei|che**, die; -, -n (Umstellvorrichtung bei Gleisen)

[2]**Wei|che**, die; -, -n (*nur Sing.:* Weichheit; Körperteil)

[1]**wei|chen** (einweichen, weich machen, weich werden); du weichtest; geweicht; weich[e]!

[2]**wei|chen** (zurückgehen; nachgeben); du wichst; du wichest; gewichen; weich[e]!

Wei|chen‿stel|ler, ...wär|ter

weich|ge|dün|stet; weicher, am weich[e]sten gedünstet; weichgedünstetes Gemüse (↑*jedoch* R 209), aber: das Gemüse ist weich gedünstet; **weich|ge|klopft;** weicher, am weich[e]sten geklopft; weichgeklopftes Fleisch (↑*jedoch* R 209), aber: das Fleisch ist weich geklopft; **weich|ge|kocht;** weicher, am weich[e]sten gekocht; ein weichgekochtes Ei (↑*jedoch* R 209), aber: das Ei ist weich gekocht; **Weich|heit; weich|her|zig; Weich|her|zig|keit**, die; -; **Weich‿holz, ...kä|se; weich|lich; Weich|lich|keit**, die; -; **Weich|ling** (weichlicher Mann, Schwächling); **weich|lö|ten** *(Technik); nur im Infinitiv u. im Partizip II gebr.;* weichgelötet; **weich|ma|chen;** ↑R 205 (*ugs. für* zermürben); er wird mich mit seinen Fragen noch -; aber: einen Stoff weich machen; **Weich|ma|cher** *(Chemie);* **weich|mü|tig** *(veraltend);* **Weich|mü|tig|keit**, die; - *(veraltend);* **weich|scha|lig**

[1]**Weich|sel**, die; - (osteurop. Strom)

[2]**Weich|sel**, die; -, -n (*landsch. u. schweiz. kurz für* Weichselkirsche); **Weich|sel‿kir|sche** (ein Obstbaum; dessen Frucht), **...rohr** (Pfeifenrohr aus Weichselholz)

Weich|spü|ler *(Werbespr.);* **Weich|spül|mit|tel; Weich‿tei|le** *(Plur.),* **...tier** (*meist Plur.; für* Molluske), **...wer|den** (das; -s), **...zeich|ner** (fotograf. Vorsatzlinse)

[1]**Wei|de**, die; -, -n (ein Baum)

[2]**Wei|de**, die; -, -n (Grasland); **Wei|de|land** *Plur.* ...länder; **Wei|del|gras**, das; -es (*auch für* Raigras); **Wei|de|mo|nat** (*alte dt. Bez., meist für* Mai); **wei|den;** sich an etwas -

Wei|den‿baum, ...busch, ...ger|te, ...kätz|chen, ...rös|chen

Wei|de|platz

Wei|de|rich, der; -s, -e (Name verschiedener Pflanzen)

Wei|de‿rind, ...wirt|schaft (die; -)

weid|ge|recht[1]; **weid|lich** (jagdgerecht; gehörig, tüchtig); **Weid|ling**, der; -s, -e (*südwestd. u. schweiz. für* Fischerkahn); **Weid**[1]**‿loch** (After beim Wild), **...mann** (*Plur.* ...männer); **weid|män|nisch**[1]; -ste; **Weid|manns|dank!**[1]; **Weid|manns|heil!**[1]; **Weid**[1]**‿mes|ser** (das), **...sack** (*Jägerspr.* Pansen [vom Wild]), **...spruch** (alte Redensart der Jäger), **...werk** (das; -[e]s); **weid|wund**[1] (verwundet durch Schuß in die Eingeweide)

Wei|fe, die; -, -n (*Textiltechnik* Garnwinde); **wei|fen** ([Garn] haspeln)

Wei|gand, der; -[e]s, -e (*veraltet für* Kämpfer, Held)

wei|gern; sich -; ich ...ere [mich] (↑R 22); **Wei|ge|rung; Wei|ge|rungs|fall**, der; im -[e] *(Amtsspr.)*

Weih *vgl.* [1]Weihe

Weih|bi|schof

[1]**Wei|he**, die; -, -n *u.* Weih, der; -[e]s, -e (ein Greifvogel)

[2]**Wei|he**, die; -, -n (*Rel.* Weihung; *nur Sing.: geh. für* feierl. Stimmung); **Wei|he|akt; wei|hen**

Wei|hen|ste|phan (Stadtteil von Freising)

Wei|her, der; -s, - ‹lat.› (Teich)

Wei|he‿re|de, ...stun|de; wei|he|voll; Weih‿ga|be, ...kes|sel (Weihwasserkessel); **Weih|ling** (Person, die geweiht wird)

Weih|nacht, die; -; **weih|nach|ten;** es weihnachtet; geweihnachtet; **Weih|nach|ten**, das; -, - (Weihnachtsfest); - ist bald vorbei; - war kalt; *landsch., bes. österr. u. schweiz. als Plur.:* die[se] - waren verschneit; nach den -; *in Wunschformeln auch allg. als Plur.:* fröhliche Weihnachten!; zu - *(bes. nordd.),* an - *(bes. südd.);* **weih|nacht|lich**, *schweiz. auch* **weih|nächt|lich; Weih|nachts‿abend, ...bäcke|rei** [*Trenn.* ...bäk|ke...], **...baum, ...ein|kauf, ...en|gel, ...fei|er, ...fei|er|tag, ...fe|ri|en** *(Plur.),* **...fest, ...gans, ...ge|bäck, ...geld, ...ge|schäft, ...ge|schenk, ...ge|schich|te** (die; -), **...gra|ti|fi|ka|ti|on, ...kak|tus, ...krip|pe, ...lied, ...mann** (*Plur.* ...männer), **...markt, ...pa|pier, ...spiel, ...stern, ...stol|le** *od.* **...stol|len** (*vgl.* Stolle; Backwerk), **...tag, ...tel|ler, ...tisch, ...ver|kehr** (der; -s), **...zeit** (die; -)

[1] *Obwohl etymologisch nur „ei“ gerechtfertigt ist, findet sich fachsprachlich oft die Schreibung mit „ai“.*

Weih|rauch (duftendes Harz); **weih|räu|chern;** ich ...ere (↑R 22); **Wei|hung; Weih|was|ser**, das; -s; **Weih|was|ser‿becken** [*Trenn.* ...bek|ken], **...kes|sel; Weih|we|del**

weil; [all]dieweil *(veraltet)*

wei|land (*veraltet, noch scherzh. für* vormals)

Weil|chen; warte ein -!; ein - ruhen; **Wei|le**, die; -; Lang[e]weile; Kurzweil; alleweil[e], bisweilen, zuweilen; [all]dieweil; einstweilen; mittlerweile; **wei|len** (*geh. für* sich aufhalten, bleiben)

Wei|ler, der; -s, - ‹lat.› (mehrere beieinanderliegende Gehöfte; kleine Gemeinde)

Wei|mar (Stadt a. d. Ilm); **Wei|ma|rer** (↑R 147); **wei|ma|risch**

Wei|muts|kie|fer *vgl.* Weymouthskiefer

Wein, der; -[e]s, -e ‹lat.›; **Wein‿an|bau** (der; -[e]s), **...bau**, (der; -[e]s); **wein|bau|end; Wein‿bau|er** (der; *Gen.* -n, *selten* -s, *Plur.* -n), **...bee|re, ...bei|ßer** (*österr. für* eine Lebkuchenart; Weinkenner), **...berg; Wein|berg[s]|be|sit|zer; Wein|berg|schnecke** [*Trenn.* ...schnek|ke]; **Wein|brand**, der; -s, ...brände (ein Branntwein); **Wein|brand|boh|ne**

wei|nen; (↑R 68:) in Weinen ausbrechen; ihr war das Weinen näher als das Lachen; das ist zum Weinen!; **wei|ner|lich; Wei|ner|lich|keit**, die; -

Wein‿es|sig, ...faß, ...fla|sche, ...gar|ten (*landsch. für* Weinberg), **...gärt|ner** (*landsch. für* Winzer), **...geist** (*Plur. [Sorten:]* ...geiste), **...glas** (*Plur.* ...gläser), **...gut, ...händ|ler, ...hand|lung, ...hau|er** (*österr. für* Winzer), **...haus, ...he|fe; wei|nig** (weinhaltig; weinartig); **Wein‿kar|te, ...kauf** (Trunk bei Besiegelung eines Geschäftes; Draufgabe), **...kel|ler, ...kel|le|rei, ...kell|ner, ...kel|ter, ...ken|ner, ...kö|ni|gin**

Wein|krampf

Wein‿la|ge, ...le|se, ...lo|kal, ...mo|nat *od.* **...mond** (*alte dt. Bez. für* Oktober), **...pan|scher** *(abwertend),* **...pro|be, ...ran|ke, ...re|be; wein|rot; Wein|schaum** *(Gastron.);* **Wein|schaum|creme; wein|se|lig; Wein‿stein** (der; -[e]s; kaliumsaures Salz der Weinsäure), **...steu|er** (die), **...stock** (*Plur.* ...stöcke), **...stra|ße** (die Deutsche Weinstraße [↑R 133]), **...stu|be, ...trau|be, ...zierl** (der; -s, -n; *bayr., österr. mdal. für* Winzer, Weinbauer), **...zwang** (der; -[e]s; Verpflichtung, in einem Lokal Wein zu bestellen)

wei|se; -ste (klug); [1]**Wei|se,** der *u.* die; -n, -n; ↑R 7ff. (kluger Mensch); die Sieben -n (↑R 157)
[2]**Wei|se,** die; -, -n (Art; Singweise); auf diese -
...wei|se; *Zusammensetzung:* **a)** *aus Adjektiv u.* ...weise (z. B. klugerweise) *nur Adverb:* klugerweise sagte er nichts dazu, aber: in kluger Weise; **b)** *aus Substantiv u.* ...weise (z. B. probeweise) *Adverb:* er wurde probeweise eingestellt; *auch Adjektiv bei Bezug auf ein Substantiv, das ein Geschehen ausdrückt:* eine probeweise Einstellung
Wei|sel, der; -s, -, *auch* die; -, -n (Bienenkönigin); **wei|sen** (zeigen; anordnen); du weist, er weist; du wiesest, er wies; gewiesen; weis[e]!; **Wei|ser** (*veraltet für* Uhrzeiger); **Weis|heit; weis|heits|voll; Weis|heits|zahn; weis|lich** (*veraltend für* wohlerwogen); **weis|ma|chen** (*ugs. für* vormachen, belügen, einreden usw.); ich mache weis; weisgemacht; weiszumachen; jmdm. etwas -
weiß; -este (Farbe); *vgl.* blau. **I.** *Kleinschreibung:* **a)** (↑R 65:) etwas schwarz auf weiß (schriftlich) haben, nach Hause tragen; aus schwarz weiß, aus weiß schwarz machen; **b)** (↑R 157:) die weiße Fahne hissen (als Zeichen des Sichergebens); ein weißer Fleck auf der Landkarte (unerforschtes Gebiet); weißer Fluß (*svw.* Weißfluß); weiße Kohle (Wasserkraft); die weiße Rasse; der weiße Sport (Tennis; Skisport); ein weißer Rabe (*für* eine Seltenheit); eine weiße Weste haben (*ugs. für* unschuldig sein); weiße Mäuse sehen (*ugs. für* [im Rausch] Wahnvorstellungen haben); weiße Maus (*ugs. auch für* Verkehrspolizist). **II.** *Großschreibung:* **a)** (↑R 65:) ein Weißer (weißer Mensch); eine Weiße (Berliner Bier); das Weiße; die Farbe Weiß; **b)** (↑R 146:) das Weiße Meer; der Weiße Berg; **c)** (↑R 157:) die Weiße Frau (Unglück kündende Spukgestalt in Schlössern); das Weiße Haus (Amtssitz des Präsidenten der USA in Washington); die Weiße Rose (Name einer Widerstandsgruppe während der Zeit des Nationalsozialismus); der Weiße Sonntag (Sonntag nach Ostern); der Weiße Tod (Erfrieren). **III.** *Schreibung in Verbindung mit Verben* (↑R 205f.): **a)** *Getrenntschreibung in ursprünglicher Bedeutung,* z. B. weiß machen, waschen, werden; **b)** *Zusammenschreibung, wenn durch die Verbindung ein neuer Begriff entsteht; vgl.* weißnähen, weißwaschen. **IV.** *In Verbindung mit dem Partizip II Getrennt- oder Zusammenschreibung:* ein weißgekleidetes Mädchen (↑*jedoch* R 209), aber: das Mädchen ist weiß gekleidet. **V.** *Farbenbezeichnungen:* ↑R 40; [1]**Weiß,** das; -[es], - (weiße Farbe); in -, mit -; in - gekleidet; mit - bemalt; Stoffe in -
[2]**Weiß,** Ernst (österr. Schriftsteller)
[3]**Weiß,** Konrad (dt. Lyriker, Dramatiker u. Essayist)
Weiss, Peter (dt. Schriftsteller)
weis|sa|gen; ich weissage; geweissagt; zu -; **Weis|sa|ger; Weis|sa|ge|rin; Weis|sa|gung**
Weiß‿bier, ...bin|der (*landsch. für* Böttcher, Anstreicher), **...blech; weiß|blond; weiß|blu|ten** (sich völlig verausgaben); (↑R 68:) bis zum Weißbluten (*ugs. für* sehr, in hohem Maße); **Weiß‿brot, ...buch** (Dokumentensammlung der dt. Regierung zu einer bestimmten Frage); **Weiß‿bu|che** (Hainbuche), **...dorn** (*Plur.* ...dorne); [1]**Wei|ße,** die; -, -n; ↑R 7ff. (Bierart; *auch für* ein Glas Weißbier); [2]**Wei|ße,** der *u.* die; -n, -n; ↑R 7ff. (Mensch mit heller Hautfarbe); [3]**Wei|ße,** die; - (Weißsein); **Wei|ße-Kra|gen-Kri|mi|na|li|tät,** die; -; ↑R 41 (z. B. Steuerhinterziehung); **wei|ßeln** (*südd. u. schweiz. für* weißen); ich ...[e]le (↑R 22); **wei|ßen** (weiß färben, machen; tünchen); du weißt, er weißt; du weißtest; geweißt; weiß[e]!
Wei|ßen|fels (Stadt an der Saale)
Wei|ße|ritz, die; - (l. Nebenfluß der mittleren Elbe)
Weiß‿fisch, ...fluß (der; ...flusses; *Med.* weißlicher Ausfluß aus der Scheide), **...gar|dist** *(früher);* **weiß|ge|klei|det;** ein weißgekleidetes Mädchen (↑*jedoch* R 209), aber: das Mädchen ist weiß gekleidet; **Weiß|ger|ber; Weiß|ger|be|rei; weiß|glü|hend; Weiß‿glut** (die; -), **...gold**
weiß Gott!; für weiß Gott was halten *(ugs.)*
weiß‿grau (↑R 40), **...haa|rig; Weiß‿herbst** (hell gekelterter Wein aus blauen Trauben), **...käse** (Quark), **...kohl** (der; -[e]s), **...kraut** (das; -[e]s); **weiß|lich; Weiß|lie|gen|de,** das; -n; ↑R 7ff. (*Geol.* oberste Schicht des Rotliegenden); **Weiß|ling** (ein Schmetterling); **Weiß|ma|cher** (*Werbespr.* optischer Aufheller in einem Waschmittel); **weiß|nä|hen;** ↑R 205 (Wäsche nähen); ich nähe weiß; weißgenäht; weißzunähen; **Weiß‿nä|he|rin, ...pap|pel**
Weiß|rus|se; weiß|rus|sisch; *vgl.* belarussisch; **Weiß|ruß|land** (Staat in Osteuropa)
Weiß‿sucht (die; -; *für* Albinismus), **...tan|ne; Wei|ßung** (Weißfärbung, Tünchung); **Weiß‿wand|rei|fen; Weiß‿wa|ren** *(Plur.),* **...wä|sche** (weiße [Koch]wäsche); **weiß|wa|schen** (↑R 205); sich, jmdn. - (*ugs. für* sich *od.* jmdn. von einem Verdacht od. Vorwurf befreien); *meist nur im Infinitiv u. Partizip II* (weißgewaschen) *gebr.;* aber: Wäsche weiß waschen; **Weiß‿wein, ...wurst, ...zeug** (das; -[e]s; *veraltend für* Weißwaren)
Weis|tum, das; -s, ...tümer (Aufzeichnung von Rechtsgewohnheiten u. Rechtsbelehrungen im MA.); **Wei|sung** (Auftrag, Befehl); **Wei|sungs|be|fug|nis; wei|sungs‿ge|bun|den, ...gemäß; Wei|sungs|recht**
weit; weiter, weiteste. **I.** *Kleinschreibung:* **a)** (↑R 65:) am weitesten; im weiteren, des weiter[e]n darlegen, berichten; **b)** (↑R 65:) bei, von weitem; ohne weiteres (*österr. auch* ohneweiters); bis auf weiteres; - und breit; so -, so gut. **II.** *Großschreibung:* **a)** (↑R 65:) das Weite suchen (sich [rasch] fortbegeben); sich ins Weite verlieren *(übertr.);* das Weitere hierüber folgt alsbald; [ein] Weiteres (das Genauere, Ausführlichere) findet sich bei ihm; als Weiteres (weitere Sendungen) erhalten Sie ...; des Weiter[e]n enthoben sein; **b)** (↑R 65:) alles, einiges Weitere demnächst. **III.** *In Verbindung mit dem Partizip II,* z. B. weitgereist; weiter, am weitesten gereist; ein weitgereister Mann (↑*jedoch* R 209), aber: der Mann ist weit gereist; das ist weit hergeholt. **IV.** *Schreibung in Verbindung mit Verben immer getrennt,* z. B. weit fahren, springen, bringen. **V.** *Zus.:* weitgehend *(vgl. d.);* meilenweit *(vgl. d.);* weither *(vgl. d.);* soweit *(vgl. d.),* insoweit es angeht; inwieweit er recht hat; **Weit,** das; -[e]s, -e (*fachspr. für* größte Weite [eines Schiffes]); **weit|ab; weit|aus;** - größer; **Weit|blick,** der; -[e]s; **weit|blickend** [*Trenn.* ...blik|kend]; *vgl.* weitgehend; **Wei|te,** die; -, -n; **wei|ten** (weit machen, erweitern); sich -; **wei|ter; I.** *Klein- u. Großschreibung: vgl.* weit, I *u.* II. **II.** *In Verbindung mit Verben* (↑R 205f.): **1.** *Getrenntschreibung:* **a)** *wenn ein Umstand des Grades* (*d. h.* „weiter als“) *ausgedrückt wird;* weiter gehen; er kann weiter gehen als ich; **b)**

wenn „weiter" *betont im Sinne von* „weiterhin" *gebraucht wird;* weiter helfen; er hat dir weiter (weiterhin) geholfen; **2.** *Zusammenschreibung:* **a)** *wenn* „weiter" *in der Bedeutung von* „vorwärts", „voran" *(auch im übertragenen Sinne) gebraucht wird,* z. B. weiterbefördern; weiterhelfen; **b)** *wenn die Fortdauer eines Geschehens od. eines Zustandes ausgedrückt wird,* z. B. weiterspielen, weiterbestehen

Wei|ter|ar|beit, die; -; **wei|ter|ar|bei|ten;** *vgl.* weiter, II

wei|ter|be|för|dern; ich befördere weiter; der Spediteur hat die Kiste nach Berlin weiterbefördert; aber: der Kraftverkehr kann Stückgüter weiter befördern als die Eisenbahn; *vgl.* weiter, II; **Wei|ter|be|för|de|rung,** die; -

wei|ter|be|ste|hen (fortbestehen); *vgl.* weiter, II

wei|ter|bil|den (fortbilden); *vgl.* weiter, II; **Wei|ter|bil|dung,** die; -

wei|ter|brin|gen; *vgl.* weiter, II

wei|ter|emp|feh|len; *vgl.* weiter, II

wei|ter|ent|wickeln [*Trenn.* ...wik|keln]; *vgl.* weiter, II; **Wei|ter|ent|wick|lung**

wei|ter|er|zäh|len; *vgl.* weiter, II

wei|ter|fah|ren; *vgl.* weiter, II; **Wei|ter|fahrt,** die; -

wei|ter|flie|gen; *vgl.* weiter, II; **Wei|ter|flug,** der; -[e]s

wei|ter|füh|ren; *vgl.* weiter, II; **wei|ter|füh|rend** (↑R 209); die -en Schulen

Wei|ter|ga|be, die; -

Wei|ter|gang, der; -[e]s (Fortgang, Entwicklung)

wei|ter|ge|ben; *vgl.* weiter, II

wei|ter|ge|hen (vorangehen); die Arbeiten sind gut weitergegangen; bitte weitergehen!; aber: ich kann weiter gehen als du; *vgl.* weiter, II; **wei|ter|ge|hend** *(österr.) vgl.* weitgehend

wei|ter|hel|fen; *vgl.* weiter, II

wei|ter|hin

wei|ter|kom|men; *vgl.* weiter, II

wei|ter|kön|nen (*ugs. für* weitergehen, weiterarbeiten können); *vgl.* weiter, II

wei|ter|lau|fen; *vgl.* weiter, II *u.* weitergehen

wei|ter|le|ben; *vgl.* weiter, II

wei|ter|lei|ten; *vgl.* weiter, II; **Wei|ter|lei|tung,** die; -

wei|ter|ma|chen; *vgl.* weiter, II

wei|tern (*selten für* erweitern); ich ...ere (↑R 22)

Wei|ter|rei|se, die; -; **wei|ter|rei|sen;** *vgl.* weiter, II

wei|ters (*österr. für* weiterhin)

wei|ter|sa|gen; *vgl.* weiter, II

wei|ter|schla|fen; *vgl.* weiter, II

wei|ter|se|hen; *vgl.* weiter, II

wei|ter|spie|len; *vgl.* weiter, II

wei|ter|trat|schen (*ugs. für* weitererzählen); *vgl.* weiter, II

wei|ter|trei|ben; *vgl.* weiter, II

Wei|te|rung *meist Plur.* (Schwierigkeit, Verwicklung)

wei|ter|ver|brei|ten; er hat das Gerücht weiterverbreitet; aber: diese Krankheit ist heute weiter verbreitet als früher; *vgl.* weiter, II; **Wei|ter|ver|brei|tung**

wei|ter|ver|er|ben; *vgl.* weiter, II

Wei|ter|ver|kauf; wei|ter|ver|kau|fen; *vgl.* weiter, II

wei|ter|ver|mie|ten (in Untermiete geben); *vgl.* weiter, II

wei|ter|ver|mit|teln; *vgl.* weiter, II

wei|ter|ver|wen|den; *vgl.* weiter, II; **Wei|ter|ver|wen|dung**

wei|ter|wis|sen; *vgl.* weiter, II

wei|ter|wol|len (*ugs. für* weitergehen wollen); *vgl.* weiter, II

wei|ter|zah|len; *vgl.* weiter, II

wei|ter|zie|hen; *vgl.* weiter, II

weit|ge|hend; *Steigerung:* weiter gehend (*österr.* weitergehend) *u.* weitgehender, weitestgehend *u.* weitgehendst; (↑R 209:) das scheint mir zu weitgehend, aber: eine zu weit gehende Erklärung, das scheint mir zu weit zu gehen

weit|ge|reist; weiter, am weitesten gereist; ein weitgereister Mann (↑*jedoch* R 209), aber: der Mann ist weit gereist

weit|grei|fend; -e Pläne

weit|her (aus großer Ferne), aber: von weit her; damit ist es nicht weit her (das ist nicht bedeutend)

weit|her|zig; Weit|her|zig|keit, die; -

weit|hin; weit|hin|aus

weit|läu|fig; Weit|läu|fig|keit

Weit|ling, der; -s, -e (*bayr., österr. für* große Schüssel)

weit|ma|schig

weit|räu|mig

weit|rei|chend; *zur Steigerung vgl.* weitgehend; -er Einfluß

weit|schau|end; *vgl.* weitgehend

weit|schich|tig

Weit|schuß *(Sport)*

weit|schwei|fig; Weit|schwei|fig|keit

Weit|sicht, die; -; **weit|sich|tig; Weit|sich|tig|keit,** die; -

weit|sprin|gen *nur im Infinitiv gebr.;* **Weit|sprin|gen,** das; -s; **Weit|sprung**

weit|tra|gend; *zur Steigerung vgl.* weitgehend

Wei|tung

weit|ver|brei|tet; *zur Steigerung vgl.* weitgehend; eine weitverbreitete Zeitung (↑*jedoch* R 209), aber: die Zeitung ist weit verbreitet; **weit|ver|zweigt;** *zur Steigerung vgl.* weitgehend; eine weitverzweigte Familie (↑*jedoch* R 209), aber: die Familie ist weit verzweigt

Weit|win|kel|ob|jek|tiv

Wei|zen, der; -s, *Plur. (Sorten:)* -; **Wei|zen_bier, ...brot, ...bröt|chen, ...ern|te, ...feld, ...keim** *(meist Plur.);* **Wei|zen|keim|öl; Wei|zen_kleie, ...korn, ...mehl, ...preis**

Weiz|mann, Chaim [xaim] (israel. Staatsmann)

[1]**Weiz|säcker** (↑R 179), Carl Friedrich Freiherr von (dt. Physiker u. Philosoph); [2]**Weiz|säcker** (↑R 179), Richard Freiherr von (sechster dt. Bundespräsident)

welch; -er, -e, -es; - ein Held; - Wunder; - große Männer; welches reizende Mädchen; welche großen, *seltener* große Männer; welche Stimmberechtigten; welchen, *seltener* welches Staates?; **wel|che** (*ugs. für* etliche, einige); es sind - hier; **wel|cher|art;** wir wissen nicht, welcherart (was für ein) Interesse sie veranlaßt ..., aber: wir wissen nicht, welcher Art (Sorte, Gattung) diese Bücher sind; **wel|cher|ge|stalt; wel|cher|lei; wel|ches** (*ugs. auch für* etwas); Hat noch jemand Brot? Ich habe -.

Welf, der; -[e]s, -e *od.* das; -[e]s, -er (*Nebenform von* Welpe)

Wel|fe, der; -n, -n; ↑R 197 (Angehöriger eines dt. Fürstengeschlechtes); **wel|fisch**

welk; -e Blätter; **wel|ken; Welk|heit,** die; -

Well_baum (um seine Achse beweglicher Balken [am Mühlrad u. a.]), **...blech; Well|blech|dach; Wel|le,** die; -, -n; grüne -; **wel|len;** gewelltes Blech, Haar; **wel|len|ar|tig; Wel|len_bad, ...berg, ...bre|cher; wel|len|för|mig; Wel|len_gang** (der; -[e]s), **...kamm, ...län|ge, ...li|nie, ...rei|ten** (das; -s; *Wassersport*), **...rei|ter, ...sa|lat** (der; -[e]s; *ugs. für* Nebeneinander sich gegenseitig störender Sender), **...schlag** (der; -[e]s), **...sit|tich** (ein Vogel), **...strah|len** *(Plur.; Physik),* **...strah|lung, ...tal; Wel|ler,** der; -s, - (mit Stroh vermischter Lehm zur Ausfüllung von Fachwerk); **wel|lern** (Weller herstellen, [Fachwerk] mit Weller ausfüllen); ich ...ere (↑R 22); **Wel|ler|wand** (Fachwerkwand); **Well|fleisch; Well|horn|schnecke** [*Trenn.* ...schnek|ke]; **wel|lig** (wellenartig, gewellt); **Wel|lig|keit,** die; -; **Wel|li|né** [...'ne:], der; -[s], -s (ein Gewebe)

Wel|ling|ton [*engl.* 'wɛlɪŋtən] (brit. Feldmarschall; Hptst. von Neu-

seeland); **Wel|ling|to|nia,** die; -, ...ien [...iən] (*svw.* Sequoie)
Well_pap|pe, ...rad; Wel|lung
Wel|pe, der; -n, -n; ↑R 197 (das Junge von Hund, Fuchs, Wolf)
[1]**Wels,** der; -es, -e (ein Fisch)
[2]**Wels** (oberösterr. Stadt)
welsch ‹kelt.› (*urspr. für* keltisch, *später für* romanisch, französisch, italienisch; *veraltet für* fremdländisch; *schweiz. svw.* welschschweizerisch); **Wel|sche,** der *u.* die; -n, -n; ↑R 7 ff. *(veraltet);* **wel|schen** (*veraltet für* viele entbehrliche Fremdwörter gebrauchen); du welschst; **Welsch_kraut** (das; -[e]s; *landsch. für* Wirsing), **...land** (das; -[e]s; *schweiz. für* franz. Schweiz), **...schwei|zer** (Schweizer mit franz. Muttersprache); **welsch|schwei|ze|risch** (die franz. Schweiz betreffend)
Welt, die; -, -en; die dritte - (die Entwicklungsländer); **welt|ab|ge|wandt; Welt_ab|ge|wandt|heit** (die; -), **...all; welt|an|schau|lich; Welt_an|schau|ung, ...at|las, ...aus|stel|lung, ...bank** (die; -); **welt_be|kannt, ...be|rühmt; Welt|be|rühmt|heit; welt|be|ste;** die -n Sprinter; **Welt|best_lei|stung** *(Sport),* **...zeit** *(Sport);* **welt|be|we|gend** (↑R 209); **Welt_bild, ...bumm|ler** (*vgl.* Weltenbummler), **...bund, ...bür|ger; welt|bür|ger|lich; Welt_bür|ger|tum** (das Weltbürgersein), **...chro|nik, ...cup** *(Sport);* **Welt|cup_punkt, ...ren|nen; Welt|eli|te** *(bes. Sport);* **Wel|ten_bumm|ler** (*od.* Welt|bumm|ler), **...raum** (*geh. für* Weltraum); **welt|ent|rückt** *(geh.);* **wel|ten|um|span|nend;** ↑R 209 (*geh. für* weltumspannend); **Welt|er|folg**
Wel|ter|ge|wicht ‹engl.; dt.› (eine Körpergewichtsklasse in der Schwerathletik); **Wel|ter|ge|wicht|ler**
welt|er|schüt|ternd (↑R 209); **Welt|esche,** die; -; *vgl.* Yggdrasil; **welt|fern; Welt|flucht,** die; -; *vgl.* [2]Flucht; **welt|fremd;** -este; **Welt_fremd|heit, ...frie|de[n]** (der; ...ns), **...geist** (der; -[e]s), **...geist|li|che** (der), **...gel|tung, ...ge|richt** (das; -[e]s), **...ge|sche|hen, ...ge|schich|te** (die; -); **welt|ge|schicht|lich; Welt|ge|sund|heits|or|ga|ni|sa|ti|on** (die; -; *vgl.* WHO); **welt|ge|wandt; Welt|ge|wandt|heit; Welt_ge|werk|schafts|bund** (der; -[e]s; *Abk.* WGB), **...han|del** (*vgl.* [1]Handel), **...herr|schaft** (die; -), **...hilfs|spra|che; Welt|jah|res_best|lei|stung** *(Sport),* **...best|zeit** *(Sport);* **Welt_kar|te, ...kir|chen|kon|fe|renz, ...klas|se** (die; -; *Sport*); **Welt|klas|se_sport|ler, ...sport|le|rin; welt|klug; Welt|klug|heit,** die; -; **Welt|krieg;** der erste, *häufig als Name:* Erste -, der zweite, *häufig als Name:* Zweite -; **Welt_ku|gel, ...lauf** (der; -[e]s; *selten*); **welt|läu|fig; Welt|läu|fig|keit,** die; -; **welt|lich; Welt|lich|keit,** die; -; **Welt_li|te|ra|tur** (die; -), **...macht, ...mann** (*Plur.* ...männer); **welt|män|nisch; Welt_mar|ke, ...markt, ...meer, ...mei|ster, ...mei|ste|rin, ...mei|ster|schaft** (*Abk.* WM); **welt|of|fen; Welt|of|fen|heit,** die; -; **Welt_öf|fent|lich|keit** (die; -), **...ord|nung, ...po|li|tik** (die; -); **welt|po|li|tisch; Welt|post|ver|ein,** der; -s; **Welt_pre|mie|re, ...pres|se, ...prie|ster, ...rang; Welt|rang|li|ste** *(Sport);* **Welt|raum** (der; -[e]s); **Welt|raum_fah|rer, ...fahrt, ...fahr|zeug, ...flug, ...for|schung** (die; -), **...la|bor, ...son|de, ...sta|ti|on; Welt_reich, ...rei|se, ...rei|sen|de, ...re|kord, ...re|li|gi|on, ...re|vo|lu|ti|on** (die; -), **...ruf** (der; -[e]s; Berühmtheit), **...ruhm, ...schmerz** (der; -es), **...si|cher|heits|rat** (der; -[e]s), **...spar|tag, ...spit|ze, ...spra|che, ...stadt, ...star** (*vgl.* [2]Star), **...um|se|ge|lung, ...um|seg|ler, ...um|seg|lung; welt|um|span|nend; Welt_un|ter|gang, ...ver|bes|se|rer, ...wäh|rungs|kon|fe|renz; welt|weit; Welt|wirt|schaft,** die; -; **Welt|wirt|schafts|kri|se; Welt_wun|der, ...zeit|uhr**
wem; Wem|fall, der (*für* Dativ)
wen
Wen|cke [*zur Trenn.* ↑R 179] (w. Vorn.)
[1]**Wen|de,** die; -, -n (Drehung, Wendung; Turnübung)
[2]**Wen|de,** der; -n, -n; ↑R 197 (Sorbe; *nur Plur.: frühere dt. Bez. für* die Slawen)
Wen|de_hals (ein Vogel; *ugs. abwertend für* jmd., der sich polit. Änderungen schnell anpaßt), **...ham|mer** (am Ende einer Sackgasse), **...kreis; Wen|del,** die; -, -n (schraubenförmige Wicklung [z. B. eines Lampenglühdrahtes]); **Wen|del|boh|rer**
Wen|de|lin (m. Vorn.)
Wen|del_rut|sche (*Bergmannsspr.* Rutschenspirale zum Abwärtsfördern von Kohlen u. Steinen), **...trep|pe; Wen|de_ma|nö|ver, ...mar|ke** *(Sport);* **wen|den;** du wandtest *u.* wendetest; du wendetest; gewandt *u.* gewendet; wend[e]!; *in der Bed.* „die Richtung während der Fortbewegung ändern“ [z. B. mit dem Auto] *u.* „umkehren, umdrehen [u. die andere Seite zeigen]“, z. B. „einen Mantel usw., Heu wenden“, *nur:* er wendete, hat gewendet; ein gewendeter Rock; *sonst:* sie wandte, *seltener* wendete sich zu ihm, hat sich zu ihm gewandt, *seltener* gewendet; ein gewandter (geschickter) Mann; sich -; bitte wenden! (*Abk.* b. w.); **Wen|de_platz, ...punkt, ...schal|tung** *(Elektrotechnik);* **wen|dig** (sich leicht lenken, steuern lassend; geschickt, geistig regsam, sich schnell anpassend); **Wen|dig|keit,** die; -
Wen|din ‹*zu* [2]Wende›; **wen|disch**
Wen|dung
Wen|fall, der (*für* Akkusativ)
we|nig; (↑R 66:) ein wenig (etwas, ein bißchen); ein weniges; mit ein wenig Geduld; ein klein wenig; einiges wenige; das, dies, dieses wenige; dieses Kleine u. wenige; weniges genügt; die wenigen; wenige glauben; einige wenige; mit wenig[em] auskommen; in dem wenigen, was erhalten ist; fünf weniger drei ist, macht, gibt (*nicht:* sind, machen, geben) zwei; um so weniger (*österr.* umso weniger, *auch* umsoweniger); nichts weniger als; nicht[s] mehr u. nicht[s] weniger; nichtsdestoweniger; du weißt nicht, wie wenig ich habe; wie wenig gehört dazu!; (↑R 65:) wenig Gutes *od.* weniges Gutes, wenig Neues; (↑R 66:) es ist das wenigste; das wenigste, was du tun kannst, ist ...; am, zum wenigsten; (↑R 66:) er beschränkt sich auf das wenigste; die wenigsten; wenigstens; du hast für dieses Amt zu wenig Erfahrung, aber: du hast zuwenig Erfahrung; ein Zuwenig an Fleiß. *Beugung der Adjektive in Verbindung mit* „wenige“: mit weniger geballter Energie; mit wenigem guten Getränk; wenige gute Nachbildungen; weniger guter Menschen; wenige Gute gleichen viel[e] Schlechte aus; das Leiden weniger Guter; **We|nig,** das; -s, -; viele - machen ein Viel; **We|nig|keit;** meine - (*ugs. scherzh. für* ich); **we|nig|stens**
wenn; wenn auch; wenngleich (*doch auch durch ein Wort getrennt,* z. B. wenn ich gleich Hans heiße); wennschon; wennschon – dennschon; aber: wenn schon das nicht geht; (↑R 114:) komme doch [,] wenn möglich [,] schon um 17 Uhr; **Wenn,** das; -s, - (↑R 67); das - und das Aber; die - und die Aber; viele - und Aber; ohne - und Aber; **wenn|gleich;** *vgl.* wenn; **wenn|schon;** *vgl.* wenn
[1]**Wen|zel** (m. Vorn.); [2]**Wen|zel,**

der; -s, - (*Kartenspiel* Bube, Unter); **Wen|zels|kro|ne,** die; - (böhm. Königskrone); **Wen|zes|laus** (m. Vorn.)

wer *fragendes, bezügliches u. (ugs.) unbestimmtes Pronomen;* Halt! Wer da? (*vgl.* Werda); wer (derjenige, welcher) das tut, [der] ...; ist wer (*ugs. für* jemand) gekommen?; - alles; irgendwer (*vgl.* irgend); wes *(vgl. d.)*

We|ra (w. Vorn.)

Wer|be‿ab|tei|lung, ...agen|tur, ...an|teil (*für* Provision), **...etat, ...fach|mann, ...feld|zug, ...fern|se|hen, ...film, ...funk, ...ge|schenk, ...gra|phi|ker** (↑R 53), **...gra|phi|ke|rin, ...kam|pa|gne, ...kauf|frau, ...kauf|mann, ...ko|sten** *(Plur.);* **wer|be|kräf|tig; Wer|be‿lei|ter** (der), **...mit|tel** (das); **wer|ben;** du wirbst; du warbst; du würbest; geworben; wirb!; **Wer|ber; Wer|be|rin; wer|be|risch; Wer|be‿slo|gan, ...spot, ...spruch, ...text, ...tex|ter** (jmd., der Werbetexte verfaßt), **...tex|te|rin, ...trä|ger, ...trom|mel** (*in* die - rühren [*ugs. für* Reklame machen]); **wer|be|wirk|sam; Wer|be‿wirk|sam|keit, ...zweck** (*meist in* zu -en); **werb|lich** (die Werbung betreffend); **Wer|bung; Wer|bungs|ko|sten** *Plur.*

We|rda, das; -[s], -s (*Milit.* Postenanruf)

Wer|dan|di (*nord. Mythol.* Norne der Gegenwart)

We|rda|ruf

We|rde|gang, der; **wer|den;** du wirst, er wird; du wurdest, *geh. noch* wardst, er wurde, *geh. noch* ward, wir wurden; du würdest; *als Vollverb:* geworden; er ist groß geworden; *als Hilfsverb:* worden; er ist gelobt worden; werd[e]!; (↑R 68:) das ist noch im Werden; **wer|dend;** eine werdende Mutter

Wer|der, der, *selten* das; -s, - (Flußinsel; Landstrich zwischen Fluß u. stehenden Gewässern)

Wer|der (Havel) (Stadt westl. von Potsdam)

Wer|fall, der (*für* Nominativ)

Wer|fel (österr. Schriftsteller)

wer|fen (*von Tieren auch für* gebären); du wirfst; du warfst; du würfest; geworfen; wirf!; sich -; **Wer|fer; Wer|fe|rin**

Werft, die; -, -en ⟨niederl.⟩ (Anlage zum Bauen u. Ausbessern von Schiffen); **Werft|ar|bei|ter**

Werg, das; -[e]s (Flachs-, Hanfabfall)

Wer|geld (Sühnegeld für Totschlag im germ. Recht)

wer|gen (aus Werg); -e Stricke

Werk, das; -[e]s, -e; ans -! ans -, zu -e gehen; ins - setzen; **Werk‿an|ge|hö|ri|ge**[1], **...an|la|ge**[1], **...ar|beit, ...arzt**[1], **...bank** (*Plur.* ...bänke), **...bü|che|rei**[1], **...bund** (der; Deutscher -), **...bus**[1]; **werk|ei|gen**[1]; **Wer|kel,** das; -s, -[n] (*österr. ugs. für* Leierkasten, Drehorgel); **Wer|kel|mann** *Plur.* ...männer (*österr. für* Drehorgelspieler); **wer|keln** (*landsch. für* [angestrengt] werken); ich ...[e]le (↑R 22); **wer|ken** (tätig sein; [be]arbeiten); **...wer|ker** (z. B. Handwerker, Heimwerker); **Werk‿fah|rer**[1], **...ga|ran|tie**[1], **...ge|rech|tig|keit** *(Theol.);* **werk|ge|treu;** -[e]ste; **Werk‿hal|le**[1], **...kin|der|gar|ten**[1], **...kü|che**[1], **...leh|rer**[1], **...lei|ter**[1] (der), **...lei|tung**[1]; **werk|lich** *(veraltet);* **Werk‿mei|ster, ...schu|le, ...schutz; werk|sei|tig**[1] (von seiten des Werks); **Werk|spio|na|ge**[1]; **Werk|statt,** Werk|stät|te, die; -, ...stätten; **Werk|statta|ge** [*Trenn.* ...statt|ta..., ↑R 204] *Plur.;* - der Kunst und Kultur; **Werk|stät|te** *vgl.* Werkstatt; **werk|statt|ge|pflegt;** ein -es Auto; **Werk|stoff; werk|stoff|ge|recht; Werk|stoff‿in|ge|nieur, ...kun|de** (die; -); **Werk|stoffor|schung,** die; - [*Trenn.* ...stoff|for..., ↑R 204]; **Werk|stoff|prü|fung; Werk‿stück, ...stu|dent; Werk|tag** (Arbeitstag); des Werktags, aber (↑R 61): werktags; **werk|täg|lich; werk|tags;** *vgl.* Werktag; **Werk|tags|ar|beit; werk|tä|tig; Werk|tä|ti|ge,** der *u.* die; -n, -n (↑R 7 ff.); **Werk‿ti|tel, ...treue, ...un|ter|richt, ...ver|zeich|nis** *(Musik),* **...woh|nung**[1], **...zeit|schrift**[1], **...zeug; Werk|zeug‿ka|sten, ...ma|cher, ...ma|che|rin, ...ma|schi|ne, ...stahl** (*vgl.* [1]Stahl)

Wer|mut, der; -[e]s, -s (eine Pflanze; Wermutwein); **Wer|mut|bru|der** (*ugs. für* [betrunkener] Stadtstreicher); **Wer|mut[s]|trop|fen; Wer|mut|wein**

Wer|ner, *älter* Wern|her (m. Vorn.)

Wern|hard (m. Vorn.)

Wer|ra, die; - (Quellfluß der Weser)

Wer|re, die; -, -n (*südd., österr. u. schweiz. mdal. für* Maulwurfsgrille; Gerstenkorn)

Werst, die; -, -en ⟨russ.⟩ (altes russ. Längenmaß; *Zeichen* W); 5 - (↑R 129)

wert; - sein; du bist keinen Schuß Pulver (*ugs. für* nichts) wert; das ist keinen Heller (*ugs. für* nichts) wert; *in der Bedeutung* „würdig" *mit Gen.:* das ist höchster Bewunderung wert; es ist nicht der Rede wert; jmdn. des Vertrauens [für] wert (würdig) achten, halten, *vgl.* aber: wertachten, werthalten, wertschätzen; **Wert,** der; -[e]s, -e (Bedeutung, Geltung); auf etwas - legen; von - sein; **wert|ach|ten;** ↑R 205 (*veraltet für* hochachten); ich achte wert; wertgeachtet; wertzuachten, aber: jmdn. des Vertrauens [für] wert (würdig) achten; *vgl.* wert; **Wert‿ach|tung** *(veraltet),* **...an|ga|be, ...ar|beit** (die; -); **wert|be|stän|dig; Wert|be|stän|dig|keit,** die; -; **Wert|brief; wer|ten; Wert|er|mitt|lung** (*für* Taxation); **Wer|te|ska|la,** Wert|ska|la; **wert|frei;** -es Urteil; **Wert|ge|gen|stand; wert|hal|ten;** ↑R 205 (*veraltet für* hochschätzen); *vgl.* wert; *zur Beugung vgl.* wertachten

Wer|ther (Titelgestalt eines Romans von Goethe)

...wer|tig (z. B. minderwertig); **Wer|tig|keit; Wert|leh|re** *(Philos.);* **wert|los;** -este; **Wert|lo|sig|keit,** die; -; **Wert‿mar|ke, ...maß** (das); **wert|mä|ßig; Wert‿mes|ser** (der), **...min|de|rung, ...pa|ket, ...pa|pier; Wert|pa|pier|bör|se; Wert|sa|che** *meist Plur.;* **wert|schät|zen** (*veraltend;* ↑R 205); du schätzt wert; wertgeschätzt; wertzuschätzen; **Wert‿schät|zung, ...schrift** (*schweiz. für* Wertpapier), **...sen|dung, ...ska|la** (*vgl.* Werteskala), **...stei|ge|rung, ...stel|lung** *(Bankw.),* **...stoff; Wert|stoff‿samm|lung, ...ton|ne; Wer|tung; Wer|tungs|lauf** *(Motorsport);* **Wert|ur|teil; wert|voll; Wert‿vor|stel|lung** *(meist Plur.),* **...zei|chen, ...zu|wachs; Wert|zu|wachs|steu|er,** die

wer|wei|ßen (*schweiz. für* hin u. her raten); du werweißt; gewerweißt

Wer|wolf, der (im Volksglauben Mensch, der sich zeitweise in einen Wolf verwandelt)

wes (*ältere Form von* wessen); - das Herz voll ist, des geht der Mund über; - Brot ich ess', des Lied ich sing'!; weshalb *(vgl. d.);* weswegen *(vgl. d.)*

We|sel (Stadt am Niederrhein)

we|sen (*veraltet für* als lebende Kraft vorhanden sein); du west; er we|ste; **We|sen,** das; -s, -; viel -[s] machen; sein - treiben; **we|sen|haft** *(geh.);* **We|sen|heit,** die; - *(geh.);* **we|sen|los;** -este; **We|sen|lo|sig|keit,** die; -; **We|sens|art; we|sens‿ei|gen, ...fremd, ...ge|mäß, ...gleich, ...not|wen|dig, ...ver|wandt; We|sens|zug; we|sent|lich** (wichtig; hauptsächlich); (↑R 65:) im we-

[1] *Auch, österr. nur,* werks..., Werks...

sentlichen, aber: das Wesentliche; etwas, nichts Wesentliches

We|ser, die; - (dt. Strom); **We|ser|berg|land,** das; -[e]s (↑R 149); **We|ser|ge|bir|ge,** das; -s; ↑R 149 (Höhenzug im Weserbergland)

Wes|fall, der (*für* Genitiv); **wes|halb** [*auch* 'vɛs...]

We|sir, der; -s, -e ‹arab.› (*früher* Minister islam. Herrscher)

Wes|ley ['wɛsli] (engl. Stifter des Methodismus); **Wes|leya|ner** (↑R 180)

Wes|pe, die; -, -n; **Wes|pen˷nest, ...stich, ...tail|le** (sehr schlanke Taille)

Wes|sel|bu|ren (Stadt in Schleswig-Holstein)

Wes|se|ly (österr. Schauspielerin)

wes|sen; *vgl.* wes; **wes|sent|we|gen** (*veraltet für* weswegen); **wes|sent|wil|len;** *nur in* um - (*veraltend*)

Wes|si, der; -s, -s (*ugs. für* Bewohner der alten Bundesländer, Westdeutscher)

Wes|so|brunn (Ort in Oberbayern); **Wes|so|brun|ner** (↑R 147); das - Gebet

[1]**West** (Himmelsrichtung; *Abk.* W); Ost u. West; *fachspr.:* der Wind kommt aus -; Autobahnausfahrt Frankfurt-West; *vgl.* Westen; [2]**West,** der; -[e]s, -e *Plur. selten* (*geh. für* Westwind); der kühle West blies um das Haus; **West˷afri|ka, ...au|stra|li|en; West|ber|lin** (↑R 152); **West|ber|li|ner; west|deutsch,** aber (↑R 157): Westdeutsche Rektorenkonferenz; **West|deutsch|land**

We|ste, die; -, -n ‹franz.›

We|sten, der; -s (Himmelsrichtung; *Abk.* W); gen -; *vgl.* [1]West; Wilder - (↑R 157)

West|end, das; -s, -s ‹engl.› (vornehmer Stadtteil [Londons])

We|sten˷fut|ter (*vgl.* [2]Futter), **...tasche; We|sten|ta|schen|for|mat;** im - (*scherzh. für* klein; unbedeutend)

We|stern, der; -[s], - ‹amerik.› (Film, der im sog. Wilden Westen [Amerikas] spielt)

We|ster|wald, der; -[e]s (Teil des Rheinischen Schiefergebirges); **We|ster|wäl|der,** der; **we|ster|wäl|disch;** -e Mundarten

West|eu|ro|pa; west|eu|ro|pä|isch; -e Zeit (*Abk.* WEZ); aber (↑R 157): die Westeuropäische Union (*Abk.* WEU)

West|fa|le, der; -n, -n (↑R 197); **West|fa|len; West|fä|lin; west|fä|lisch;** (↑R 148 *u.* R 157:) -er Schinken, aber (↑R 146): die Westfälische Pforte (*vgl.* [1]Porta Westfalica); (↑R 157:) der Westfälische Friede[n]

West|flan|dern (belg. Provinz)

West|geld (*ugs. für* frei konvertierbare Währung als zweites Zahlungsmittel in der ehem. DDR)

west|ger|ma|nisch

West|in|di|en; west|in|disch, aber (↑R 146): die Westindischen Inseln

We|sting|house|brem|se ® ['wɛstiŋhaus...] (↑R 135; *Eisenb.*)

we|stisch; -e Kunst, -e Rasse; **West|kü|ste; West|ler** (*ugs. für* Bewohner der Bundesrepublik aus der Sicht der ehem. DDR); **west|le|risch** ([betont] westlich [westeuropäisch] eingestellt); **west|lich;** - des Waldes, - vom Wald; -er Länge (*Abk.* w[estl]. L.); die -e Hemisphäre; **West|li|che Dwi|na,** die; -n -; ↑R 146 (russ.-lett. Strom; *vgl.* Dwina)

West|mäch|te *Plur.*

West|mark, die; -, - (*ugs. für* Mark der Bundesrepublik Deutschland bis zur Währungsunion 1990)

West|min|ster|ab|tei, die; - (in London)

[1]**West|nord|west** (Himmelsrichtung; *Abk.* WNW) *u.* West|nord|we|sten, der; -s (*Abk.* WNW); [2]**West|nord|west,** der; -[e]s, -e *Plur. selten* (Wind; *Abk.* WNW); **West|nord|we|sten** *vgl.* [1]Westnordwest

west|öst|lich; westöstlicher Wind, aber (↑R 157): der West-östliche Diwan (Gedichtsammlung Goethes); **West-Ost-Verkehr** (↑R 41)

West|over [...vər], der; -s, - ‹engl.› (ärmelloser Pullover mit [spitzem] Ausschnitt)

West|rom; west|rö|misch, aber (↑R 157): das Weströmische Reich

West|sa|moa (Inselstaat im Pazifischen Ozean); **West|sa|moa|ner** (↑R 180); **west|sa|moa|nisch**

[1]**West|süd|west** (Himmelsrichtung; *Abk.* WSW) *u.* West|süd|we|sten, der; -s (*Abk.* WSW); [2]**West|süd|west,** der; -[e]s, -e *Plur. selten* (Wind; *Abk.* WSW); **West|süd|we|sten** *vgl.* [1]Westsüdwest

West Vir|gi|nia [- vir'gi:..., *auch, österr. nur,* vir'dʒi:..., *engl.* 'wɛst vœ(r)'dʒinjə] (Staat in den USA; *Abk.* W. Va.)

west|wärts; West|wind

wes|we|gen

wett (*selten für* quitt); - sein; *vgl.* aber: wetteifern, wettlaufen, wettmachen, wettrennen, wettstreiten, wetturnen; **Wett˷an|nah|me, ...be|werb** (der; -[e]s, -e), **...be|wer|ber; wett|be|werb|lich; Wett|be|werbs˷be|din|gung, ...be|schrän|kung; wett|be|werbs|fä|hig; Wett|be|werbs˷teil|neh|mer, ...ver|zer|rung, ...wirt|schaft** (die; -); **Wett|bü|ro; Wet|te,** die; -, -n; um die - laufen; **Wett˷ei|fer, ...ei|fe|rer; wett|ei|fern;** ich wetteifere (↑R 22); gewetteifert; zu -; **wet|ten;** [1]**Wet|ter,** der (jmd., der wettet)

[2]**Wet|ter,** das; -s, - (*Bergmannsspr. auch* alle in der Grube vorkommenden Gase); schlagende, böse, matte - (*Bergmannsspr.*); **Wet|ter˷amt, ...an|sa|ge**

Wet|ter|au, die; - (Senke zwischen dem Vogelsberg u. dem Taunus)

Wet|ter˷aus|sicht (*meist Plur.*), **...be|richt, ...bes|se|rung; wet|ter˷be|stän|dig, ...be|stim|mend; Wet|ter˷dach, ...da|ten** (*Plur.*), **...dienst, ...fah|ne; wet|ter|fest; Wet|ter˷fleck** (*österr. für* Lodencape), **...for|schung** (die; -), **...frosch; wet|ter|füh|lig; Wet|ter|füh|lig|keit,** die; -; **Wet|ter˷füh|rung** (*Bergmannsspr.*), **...glas** (*Plur.* ...gläser; *veraltet für* Barometer), **...gott, ...hahn, ...häus|chen, ...kar|te, ...kun|de** (die; -; *für* Meteorologie); **wet|ter|kun|dig; wet|ter|kund|lich** (*für* meteorologisch); **Wet|ter|la|ge; wet|ter|leuch|ten** (↑R 207); es wetterleuchtet; gewetterleuchtet; zu -; **Wet|ter|leuch|ten,** das; -s; **wet|tern** (stürmen, donnern u. blitzen; *ugs. für* laut schelten); ich ...ere (↑R 22); es wettert; **Wet|ter˷pro|gno|se, ...pro|phet** (*scherzh. für* Meteorologe), **...re|gel, ...sa|tel|lit, ...schei|de, ...sei|te, ...sta|ti|on, ...sturz, ...um|schlag, ...um|schwung, ...vor|her|sa|ge, ...war|te, ...wech|sel; wet|ter|wen|disch;** -ste

Wetteu|fel [*Trenn.* Wett|teu..., ↑R 204]; **Wett˷fah|rer, ...fahrt**

Wet|tin (Stadt a. d. Saale); Haus - (ein dt. Fürstengeschlecht); **Wet|ti|ner,** der; -s, - (↑R 147); **wet|ti|nisch,** aber (↑R 157): die Wettinischen Erblande

Wett˷kampf, ...kämp|fer, ...kämp|fe|rin, ...lauf; wett|lau|fen *nur im Infinitiv gebr.;* **Wett|lau|fen,** das; -s; **Wett˷läu|fer, ...läu|fe|rin; wett|ma|chen** (ausgleichen); ich mache wett; wettgemacht; wettzumachen; **wett|ren|nen;** *vgl.* wettlaufen; **Wett˷ren|nen, ...ru|dern** (das; -s), **...rü|sten** (das; -s), **...schwim|men** (das; -s), **...spiel, ...streit; wett|strei|ten;** *vgl.* wettlaufen; **wettur|nen** [*Trenn.* wett|tur..., ↑R 204]; *vgl.* wettlaufen; **Wettur|nen,** das; -s, - [*Trenn.* Wett|tur..., ↑R 204]

wet|zen; du wetzt

Wetz|lar (Stadt an der Lahn)

Wetz-stahl (*vgl.* [1]Stahl), **...stein**
WEU = Westeuropäische Union
Weylmouthslkielfer ['vaimu:ts...], *auch* Weilmutslkielfer ‹nach Lord Weymouth› (eine nordamerik. Kiefer)
WEZ = westeuropäische Zeit
WG = Wohngemeinschaft
wg. = wegen
WGB = Weltgewerkschaftsbund
Whig [wig], der; -s, -s ‹engl.› (Angehöriger der brit. liberalen Partei); *vgl.* Tory
Whiplcord ['wip...], der; -s, -s ‹engl.› (ein Anzugstoff mit Schrägrippen)
Whirllpool ['wœ:(r)lpu:l], der; -s, -s ‹engl.› (Bassin mit sprudelndem Wasser)
Whislkey ['wiski], der; -s, -s ‹gälisch-engl.› (amerik. od. irischer Whisky); **Whislky** ['wiski], der; -s, -s ([schott.] Branntwein aus Getreide od. Mais); - pur
Whist [wist], das; -[e]s ‹engl.› (ein Kartenspiel); **Whistlspiel**
Whitlman ['witmən], Walt [wɔ:lt] (amerik. Lyriker)
Whitlworthlgelwinlde ['witwœ(r)θ...]; ↑R 135 (einheitliches Gewindesystem des engl. Ingenieurs Whitworth)
WHO = World Health Organization ['wœ:(r)ld 'hɛlθ ɔ:(r)gənai'ze:ʃ(ə)n] (Weltgesundheitsorganisation)
Who's who ['hu:z 'hu:] ‹engl., „Wer ist wer?"› (Titel biograph. Lexika)
wiblbellig (*landsch. für* nervös)
Wiblke *vgl.* Wiebke
Wichs, der; -es, -e, *österr.* die; -, -en (Festkleidung der Korpsstudenten); in vollem -; sich in - werfen; **Wichslbürlste** (*ugs. für* Schuhbürste); **Wichlse**, die; -, -n (*ugs. für* Schuhwichse; *nur Sing.:* Prügel); - kriegen (geprügelt werden); **wichlsen** (*auch derb für* onanieren); du wichst; **Wichlser** (derbes Schimpfwort); **Wichslleinlwand** (*österr. ugs. für* Wachstuch)
Wicht, der; -[e]s, -e (Wesen; Kobold; *abwertend für* elender Kerl)
Wichlte, die; -, -n (*Physik veraltet für* Dichte)
Wichltel, der; -s, -, **Wichltellmännchen** (Heinzelmännchen)
wichltig; am wichtigsten; (↑R 65:) alles Wichtige, etwas, nichts Wichtiges, Wichtigeres; [sich] - tun; sich - machen; etwas, sich - nehmen; **Wichltiglkeit; Wichltigmalcher** (*österr. für* Wichtigtuer); **wichltigltulend; Wichltigltuer; Wichltigltuelrei** (↑R 180); **wichltigltuelrisch**; -ste (↑R 180)
Wicke, die; -, -n [*Trenn.* Wiklke] ‹lat.› (eine Pflanze); in die -n gehen (*ugs. für* verlorengehen)
Wickel[1], der; -s, -; **Wickel**[1]**-galmasche, ...kind, ...komlmolde; wickeln**[1]; ich ...[e]le (↑R 22); **Wickel**[1]**-rock, ...tisch, ...tuch** (*Plur.* ...tücher); **Wickellung**[1], Wickllung
Wicken[1]**-blülte, ...duft**
Wickller; Wickllung *vgl.* Wickelung
Wildah, die; -, -s ‹nach dem Ort Ouidah in Afrika› (ein afrikan. Vogel); **Wildahlvolgel**
Widlder, der; -s, - (männl. Zuchtschaf; *nur Sing.:* ein Sternbild)
wilder (*meist geh. für* [ent]gegen); *Präp. mit Akk.:* das war - meinen ausdrücklichen Wunsch; - [alles] Erwarten; - Willen; *vgl.* a b e r: wieder; das Für und [das] Wider
wilder... *in Verbindung mit Verben:* **a)** *in unfesten Zusammensetzungen,* z. B. widerhallen *(vgl. d.),* widergehallt; **b)** *in festen Zusammensetzungen,* z. B. widersprechen *(vgl. d.),* widersprochen
wilderlborlstig (*ugs. für* hartnäkkig widerstrebend)
Wilderlchrist, der; -[s] (*Rel.* der Teufel) *u.* der; -en, -en; ↑R 197 (Gegner des Christentums)
Wilderldruck, der; -[e]s, ...drucke (*Druckw.* Bedrucken der Rückseite des Druckbogens [*vgl.* Schöndruck]); *vgl.* a b e r: Wiederdruck
wilderleinlanlder (*veraltend für* gegeneinander); *Schreibung in Verbindung mit Verben* (↑R 205f.): widereinander arbeiten, kämpfen usw., a b e r: widereinanderstoßen, *vgl.* aneinander
wilderlfahlren; mir ist ein großes Unglück -
Wilderlhalken
Wilderlhall, der; -[e]s, -e (Echo); **wilderlhallen**; das Echo hat widergehallt
Wilderlhalt, der; -[e]s (Gegenkraft, Stütze)
Wilderlhandllung (*schweiz. für* Zuwiderhandlung)
Wilder-klalge (Gegenklage), **...klälger** (Gegenkläger)
Wilderlklang; wilderlklinlgen; der Schall hat widergeklungen
Wilderllalger (*Technik* Verankerung, Auflagefläche für Bogen, Gewölbe, Träger); **wilderlleglbar; wilderllelgen**; er hat diesen Irrtum widerlegt; **Wilderllelgung**
wilderllich; Wilderllichlkeit; Wilderlling (widerlicher Mensch)
wilderlnaltürllich; Wilderlnaltürllichlkeit
Wilderlpart, der; -[e]s, -e (Gegner[schaft]); - geben, bieten

[1] *Trenn.* ...klk...

wilderlralten (*veraltend für* abraten); ich habe [es] ihm -
wilderlrechtllich; Wilderlrechtllichlkeit
Wilderlrelde; keine -!; **wilderlreden** (*selten für* widersprechen); sie hat widerredet
Wilderlrist (erhöhter Teil des Rükkens bei Vierfüßern)
Wilderlruf; bis auf -; **wilderlrulfen** (zurücknehmen); er hat sein Geständnis -; **wilderlrufllich** [*auch* ...'ru:f...] *(Rechtsspr.);* **Wilderlruflichlkeit**, die; -; **Wilderlrulfung**
Wilderlsalcher, der; -s, -
wilderlschalllen (*veraltend für* widerhallen); der Ruf hat widergeschallt
Wilderlschein (Gegenschein); **wilderlscheilnen**; das Licht hat widergeschienen
Wilderlsee, die (*Seemannsspr.* rücklaufende Brandung)
wilderlsetlzen, sich; ich habe mich dem Plan widersetzt; **widerlsetzllich; Wilderlsetzllichkeit**
Wilderlsinn, der; -[e]s (Unsinn; logische Verkehrtheit); **wilderlsinnig; Wilderlsinlniglkeit**
wilderlspenlstig; Wilderlspenstiglkeit
wilderlspielgeln; die Sonne hat sich im Wasser widergespiegelt; **Wilderlspielgellung, Wilderspiegllung**
Wilderlspiel, das; -[e]s (*geh. für* das Gegeneinanderwirken)
wilderlsprelchen; mir wird widersprochen; sich -; du widersprichst dir; **Wilderlspruch; widerlsprüchllich; Wilderlsprüchlichlkeit; wilderlspruchslfrei; Wilderlspruchs-geist** (der; -[e]s, ...geister; *nur Sing.:* Neigung, zu widersprechen; *ugs. für* jmd., der widerspricht), **...klalge** *(Rechtsw.);* **wilderlspruchsllos; wilderlspruchslvoll**
Wilderlstand; Wilderlstandslbewelgung; wilderlstandslfälhig; Wilderlstands-fälhiglkeit (die; -), **...kampf** (der; -[e]s), **...kämpfer, ...kraft** (die), **...lilnie; widerstandsllos; Wilderlstandsllosiglkeit**, die; -; **Wilderlstands-meslser** (der; *Elektrotechnik*), **...nest** *(Milit.),* **...pflicht** (die; -), **...recht** (das; -[e]s), **...willle; widerlstelhen**; sie hat der Versuchung widerstanden
Wilderlstrahl; wilderlstrahllen; das Licht hat widergestrahlt
wilderlstrelben (entgegenwirken); es hat ihm widerstrebt; **Widerlstrelben**, das; -s; **wilderstrelbend** (ungern)
Wilderlstreit; im - der Meinungen; **wilderlstreilten**; er hat ihm widerstritten

wi|der|wär|tig; Wi|der|wär|tig|keit
Wi|der|wil|le, *seltener* **Wi|der|wil|len; wi|der|wil|lig; Wi|der|wil|lig|keit**
Wi|der|wort *Plur.* ...worte; Widerworte geben
wid|men; sie hat ihm ihr letztes Buch gewidmet; ich habe mich der Kunst gewidmet; **Wid|mung; Wid|mungs|ta|fel**
Wi|do (m. Vorn.)
wid|rig (zuwider; *übertr. für* unangenehm); ein -es Geschick; **wid|ri|gen|falls** *(Amtsspr.); vgl.* Fall, der; **Wid|rig|keit**
Wi|du|kind, Wit|te|kind (ein Sachsenherzog)
Wi|dum, das; -s, -e (*österr. veraltet für* Pfarrgut)
wie; wie geht es dir?; sie ist so schön wie ihre Freundin, aber *bei Ungleichheit:* sie ist schöner als ihre Freundin; (↑R 104:) er ist so stark wie Ludwig; so schnell wie, *älter* als möglich; im Krieg wie [auch] (und [auch]) im Frieden; die Auslagen[,] wie [z. B.] Post- und Fernsprechgebühren sowie Eintrittsgelder[,] ersetzen wir; ich begreife nicht, wie so etwas möglich ist; komm so schnell, wie du kannst; (↑R 114:) er legte sich[,] wie üblich[,] ins Bett; wieso; wiewohl *(vgl. d.);* wie sehr; wie lange; wie oft; wie [auch] immer; (↑R 67:) es kommt auf das Wie an
Wie|bel, der; -s, - (*landsch. für* Kornwurm, -käfer); **wie|beln** (*landsch. für* sich lebhaft bewegen; *ostmitteld. für* sorgfältig flicken, stopfen); ich ...[e]le (↑R 22); *vgl.* wiefeln
Wieb|ke, Wib|ke (w. Vorn.)
Wie|chert (dt. Schriftsteller)
¹Wied, die; - (r. Nebenfluß des Mittelrheins); **²Wied** (mittelrhein. Adelsgeschlecht)
Wie|de, die; -, -n (*südd., südwestd. für* Weidenband, Flechtband)
Wie|de|hopf, der; -[e]s, -e (Vogel)
wie|der (nochmals, erneut; zurück); um, für nichts und wieder nichts; hin und wieder (zuweilen); wieder einmal; *vgl.* aber: wider. *In Verbindung mit Verben:* **I.** *Zusammenschreibung:* **a)** *wenn in* „wieder" *der Begriff* „zurück" *erkennbar ist,* z. B. wiederbringen (zurückbringen); **b)** *wenn in* „wieder" *der Begriff* „erneut", „nochmals" *erkennbar ist und übertragene Bedeutung vorliegt* (↑R 205), z. B. wiederaufrichten (innerlich stärken). *In der Beugung sind diese Zusammensetzungen unfest:* ich bringe wieder, wiedergebracht, wiederzubringen; ich richte wieder auf, wiederaufgerichtet, wiederaufzurichten. **II.** *Getrenntschreibung, wenn in* „wieder" *der Begriff* „erneut", „nochmals" *erkennbar ist und ursprüngliche Bedeutung vorliegt,* z. B. wieder bringen (nochmals bringen)
Wie|der|ab|druck *Plur.* ...drucke
Wie|der‿an|pfiff (der; -[e]s; *Sportspr.*), **...an|spiel** (das; -[e]s), **...an|stoß** (der; -es)
Wie|der|auf|bau, der; -[e]s; **Wie|der|auf|bau|ar|beit; wie|der|auf|bau|en;** *vgl.* wieder, I, b; wir bauen das zerrüttete Land wieder auf; das zerrüttete Land wurde wiederaufgebaut; aber (*vgl.* wieder, II): er wird die Mauer wieder aufbauen
wie|der|auf|be|rei|ten; *vgl.* wieder, I, b (zur Wiederverwendung aufbereiten); **Wie|der|auf|be|rei|tung; Wie|der|auf|be|rei|tungs|an|la|ge**
wie|der|auf|füh|ren; *vgl.* wieder II; **Wie|der|auf|füh|rung**
wie|der|auf|he|ben; *vgl.* wieder, I, a (rückgängig machen); ich hebe wieder auf; die Verordnungen wurden wiederaufgehoben; aber (*vgl.* wieder, II): du sollst den Ball wieder aufheben
Wie|der|auf|nah|me; Wie|der|auf|nah|me|ver|fah|ren *(Rechtsspr.);* **wie|der|auf|neh|men;** *vgl.* wieder I, b (sich mit einer Sache erneut befassen); er hat seine Arbeiten wiederaufgenommen; aber (*vgl.* wieder, II): sie hat den Korb wieder aufgenommen
wie|der|auf|rich|ten; *vgl.* wieder, I, b (trösten); ich richte ihn wieder auf; aber (*vgl.* wieder, II): der Mast wurde wieder aufgerichtet; **Wie|der|auf|rich|tung**
wie|der|auf|su|chen[1]; *vgl.* wieder, I, b (erneut besuchen)
wie|der|auf|tau|chen; *vgl.* wieder, I, b (sich wiederfinden); das verschwundene Buch ist wiederaufgetaucht; aber (*vgl.* wieder II): die Ente ist wieder aufgetaucht
Wie|der|be|ginn
wie|der|be|kom|men; *vgl.* wieder, I, a (zurückerhalten); ich habe das Buch -; aber (*vgl.* wieder, II): er wird diesen Ausschlag nicht wieder (nicht ein zweites Mal) bekommen
wie|der|be|le|ben; *vgl.* wieder, I, b (zu neuem Leben erwecken); in der Renaissance wurde die Antike wiederbelebt; aber (*vgl.* wieder, II): das hat die Wirtschaft wieder (erneut) belebt; **Wie|der|be|le|bung; Wie|der|be|le|bungs|ver|such**

[1] *Auch Getrenntschreibung ist möglich.*

wie|der|brin|gen; *vgl.* wieder, I, a (zurückbringen); sie hat das Buch wiedergebracht (*vgl.* aber: wieder, II)
Wie|der|druck, der; -[e]s, -e (Neudruck); *vgl.* aber: Widerdruck
wie|der|ein|fal|len; *vgl.* wieder, I, b (erneut ins Gedächtnis kommen); es fällt mir wieder ein (*vgl.* aber: wieder, II)
Wie|der|ein|glie|de|rung
wie|der|ein|set|zen; *vgl.* wieder, I, b (wieder mit einem früheren Amt, Posten betrauen); er wurde in sein Amt wiedereingesetzt; aber (*vgl.* wieder, II): sie haben den gleichen Betrag wieder eingesetzt; **Wie|der|ein|set|zung;** - in den vorigen Stand *(Rechtsw.)*
Wie|der|ein|tritt
wie|der|ent|decken[1]; *vgl.* wieder, I, b; **Wie|der|ent|deckung**[1]
wie|der|er|hal|ten; *vgl.* wieder, I, a (zurückbekommen)
wie|der|er|ken|nen; *vgl.* wieder, I, b; er hat ihn wiedererkannt
wie|der|er|lan|gen; *vgl.* wieder, I, a (zurückbekommen); **Wie|der|er|lan|gung**
wie|der|er|obern; *vgl.* wieder, I, a (zurückgewinnen); der Verein hat seine führende Stellung wiedererobert; **Wie|der|er|obe|rung**
wie|der|er|öff|nen; *vgl.* wieder, I, b; das Geschäft hat gestern wiedereröffnet; **Wie|der|er|öff|nung**
wie|der|er|set|zen; *vgl.* wieder, I, a (zurückgeben); er hat den Schaden wiederersetzt
wie|der|er|stat|ten; *vgl.* wieder, I, a (zurückgeben); sie hat das Geld wiedererstattet; **Wie|der|er|stat|tung**
wie|der|er|wecken[1]; *vgl.* wieder, I, a (ins Leben zurückrufen); die wiedererweckte Natur; **Wie|der|er|weckung**[1]
wie|der|er|zäh|len; *vgl.* wieder, I, b (wiedergeben; weitererzählen); er hat das Geheimnis wiedererzählt; aber: die Großmutter hat das gleiche Märchen wieder (nochmals) erzählt
wie|der|fin|den; *vgl.* wieder, I, a (zurückerlangen); ich finde wieder; er hat das Geld wiedergefunden
wie|der|for|dern; *vgl.* wieder, I, a (zurückfordern); ich fordere wieder; er hat das Geld wiedergefordert; aber: wir wurden vom Gegner wieder (erneut) gefordert
Wie|der|ga|be; die - eines Konzertes auf Tonband; **wie|der|ge-**

[1] *Trenn.* ...k|k...

ben; *vgl.* wieder, I, a *u.* b (zurückgeben; darbieten); ich gebe wieder; die Freiheit wurde ihm wiedergegeben; sie hat das Gedicht vollendet wiedergegeben; aber: sie hat ihm das Hemd schon wieder (nochmals) gegeben

wie|der|ge|bo|ren; Wie|der|ge|burt

wie|der|ge|win|nen; *vgl.* wieder, I, a (zurückgewinnen); ich gewinne alles wieder; er hat sein verlorenes Geld wiedergewonnen; aber: wieder gewinnen (nochmals gewinnen)

wie|der|gut|ma|chen; *vgl.* wieder, I, b (erneut in Ordnung bringen); er hat seinen Fehler wiedergutgemacht; aber (*vgl.* wieder, II): er hat seine Aufgaben wieder gut gemacht; **Wie|der|gut|ma|chung**

wie|der|ha|ben (*ugs. für* zurückbekommen); ich habe das Buch wieder; er hat es wiedergehabt

wie|der|her|rich|ten[1]; *vgl.* wieder, I, b (etwas erneut in Ordnung bringen); ich richte wieder her; er hat sein Haus wiederhergerichtet

wie|der|her|stel|len; *vgl.* wieder, I, b (etwas in einen bereits gewesenen Zustand versetzen); sie hat die Beziehungen wiederhergestellt; aber: wieder herstellen (nochmals anfertigen); **Wie|der|her|stel|lung; Wie|der|her|stel|lungs|ko|sten** *Plur.*

wie|der|hol|bar; wie|der|ho|len; *vgl.* wieder, I, a (zurückholen); ich hole wieder; er hat seine Bücher wiedergeholt; aber (*vgl.* wieder, II): wieder holen (nochmals holen); **wie|der|ho|len;** *vgl.* wieder, I, b (erneut sagen); ich wiederhole; sie hat ihre Forderungen wiederholt; **wie|der|holt** (noch-, mehrmals); **Wie|der|ho|lung** (nochmaliges Sagen, Tun); **Wie|der|ho|lungs_fall** (der; im -[e]; *Amtsspr.*), **...kurs** (*schweiz. für* jährl. Militärübung; *Abk.* WK), **...spiel** *(Sport),* **...tä|ter** *(Rechtsw.),* **...zei|chen** *(Musik)*

Wie|der|hö|ren, das; -s; auf -! (Grußformel im Fernsprechverkehr u. im Rundfunk)

Wie|der|in|be|sitz|nah|me

Wie|der|in|stand|set|zung

wie|der|käu|en; *vgl.* wieder, I, b; die Kuh käut wieder; **Wie|der|käu|er**

Wie|der|kauf (Rückkauf); **wie|der|kau|fen;** *vgl.* wieder, I, a (zurückkaufen, einlösen); **Wie|der|käu|fer; Wie|der|kaufs|recht** *(Rechtsspr.)*

[1] *Auch Getrenntschreibung ist möglich.*

Wie|der|kehr, die; -; **wie|der|keh|ren;** *vgl.* wieder, I, a (zurückkommen)

wie|der|kom|men; *vgl.* wieder, I, a (zurückkommen); ich komme wieder; sie ist heute wiedergekommen; aber: wieder kommen (nochmals kommen); **Wie|der|kunft,** die; - (*veraltend für* Rückkehr)

Wie|der|schau|en, das; -s *(landsch.);* auf -!

wie|der|schen|ken; *vgl.* wieder, I, a (zurückgeben)

wie|der|se|hen; *vgl.* wieder, I, b (erneut zusammentreffen); ich sehe ihn wieder; wir haben ihn einmal wiedergesehen; aber (*vgl.* wieder, II): nach der Operation konnte sie wieder sehen; **Wie|der|se|hen,** das; -s, -; auf -!; auf - sagen; **Wie|der|se|hens|freu|de,** die; -

Wie|der_tau|fe (die; -; *Rel.*), **...täu|fer**

wie|der|tun[1]; *vgl.* wieder, I, b (wiederholen); ich tue das nicht wieder; er hat das nicht wiedergetan

wie|der|um

wie|der|ver|ei|ni|gen; *vgl.* wieder, I, a (die verlorene Einheit wiederherstellen); Deutschland ist wiedervereinigt worden; aber (*vgl.* wieder, II): nach langer Trennung wurde die Familie wieder vereinigt (erneut zusammengeführt); **Wie|der|ver|ei|ni|gung**

wie|der|ver|gel|ten; *vgl.* wieder, I, a; er hat wiedervergolten; **Wie|der|ver|gel|tung**

Wie|der|ver|hei|ra|tung

Wie|der|ver|käu|fer (Händler)

wie|der|ver|wen|den; *vgl.* wieder, I, b (erneut verwenden [für einen anderen Zweck]); *vgl.* aber: wieder, II; **Wie|der|ver|wen|dung;** zur - (*Abk.* z. Wv.)

wie|der|ver|wer|ten; *vgl.* wieder, I, b (erneut verwerten [für einen anderen Zweck]); *vgl.* aber: wieder, II; **Wie|der|ver|wer|tung**

Wie|der|vor|la|ge, die; -; zur Wiedervorlage (*Amtsspr.; Abk.* z. Wv.)

Wie|der|wahl; wie|der|wäh|len; *vgl.* wieder, I, b (jmdn. in das frühere Amt od. in die frühere Würde wählen); sie wurde wiedergewählt; aber (*vgl.* wieder, II): wieder (nochmals) wäh|len

Wie|de|wit|te, die; -, -n (*nordd. für* Champignon)

wie|feln (*landsch. u. schweiz. für* vernähen, stopfen); ich ...[e]le (↑R 22); *vgl.* wiebeln

[1] *Auch Getrenntschreibung ist möglich.*

wie|fern (*veraltet für* inwiefern)

Wie|ge, die; -, -n; **wie|geln** (*landsch. für* leise wiegen; *selten für* aufwiegeln); ich ...[e]le (↑R 22); **Wie|ge|mes|ser,** das; [1]**wie|gen** (schaukeln; zerkleinern); du wiegst; du wiegtest; gewiegt; sich -

[2]**wie|gen** (das Gewicht feststellen; *fachspr. nur für* Gewicht haben); du wiegst; du wogst; du wögest; gewogen; wieg[e]!; ich wiege das Brot; das Brot wiegt (hat ein Gewicht von) zwei Kilo; *vgl.* wägen

Wie|gen_druck (*Plur.* ...drucke), **...fest** (*geh. für* Geburtstag), **...lied**

wie|hern; ich ...ere (↑R 22)

Wiek, die; -, -en (*nordd. für* [kleine] Bucht an der Ostsee)

[1]**Wie|land** (Gestalt der germ. Sage)

[2]**Wie|land** (dt. Schriftsteller); **wie|lan|disch, wie|landsch,** aber (↑R 134): die Wieland[i]schen Übersetzungen

Wie|lands|lied, das; -[e]s

wie lang, wie lan|ge; - - ist das her?; - - ist das her!

Wie|ling, die; -, -e (*Seemannsspr.* Fender für Boote)

Wie|men, der; -s, - (*nordd., westd. für* Latte, Lattengerüst zum Trocknen u. Räuchern; Schlafstange der Hühner)

Wien (Hptst. Österreichs); **Wie|ner** (↑R 147); - Kalk; - Schnitzel; - Würstchen; **wie|ne|risch; Wie|ner|le,** das; -s, - *(landsch.),* **Wie|ner|li,** das; -s, - (*schweiz. für* Wiener Würstchen); **wie|nern** (*ugs. für* blank putzen); ich ...ere (↑R 22); **Wie|ner Neu|stadt;** ↑R 147 (österr. Stadt); **Wie|ner|stadt,** die; - (volkstüml. Bez. Wiens); **Wie|ner|wald,** der; -[e]s; ↑R 151 (nordöstl. Ausläufer der Alpen)

wie oben (*Abk.* w. o.)

Wie|pe, die; -, -n (*nordd. für* Strohwisch)

Wies|ba|den (Stadt im Vorland des Taunus); **Wies|ba|de|ner,** Wies|bad|ner (↑R 147); **wies|ba|densch,** wies|ba|disch; **Wies|ba|den Süd** (↑R 154); **wies|ba|disch** *vgl.* wiesbadensch; **Wies|bad|ner** *vgl.* Wiesbadener

Wies|baum, Wie|se|baum (Stange über dem beladenen [Heu]wagen, Heubaum); **Wie|se,** die; -, -n; **Wie|se|baum** *vgl.* Wiesbaum

wie sehr, *als Konjunktion österr.* wie|sehr

Wie|sel, das; -s, - (ein Marder); **wie|sel|flink; wie|seln** (sich [wie ein Wiesel] eilig, schnell bewegen); ich ...[e]le (↑R 22)

Wie|sen_blu|me, ...cham|pi|gnon, ...grund *(veraltend),* **...schaum|kraut, ...tal; Wie|sen|wachs** *od.*

Wies|wachs, der; -es (*veraltet, noch landsch. für* Grasertrag der Wiesen); **Wies|land,** das; -[e]s *(schweiz.);* **Wies|lein**
wie|so
Wies|wachs *vgl.* Wiesenwachs
wie|ten (*landsch. für* jäten)
wie|viel [*auch* 'vi:...]; wieviel Personen, aber: wie viele Personen; wievielmal [*auch* ...'fi:l...], aber: wie viele Male; ich weiß nicht, wieviel er hat, aber *(bei besonderer Betonung):* wenn du wüßtest, wie viel ich verloren habe; [um] wieviel mehr; **wie|vie|ler|lei** [*auch* 'vi:...]; **wie|viel|mal** [*auch* 'vi:...], aber: wie viele Male; *vgl.* Mal *u.* wieviel; **wie|viel|te** [*auch* 'vi:...]; zum -n Male ich das schon gesagt habe, aber (↑R 66): der Wievielte ist heute?
wie|weit (inwieweit); ich bin im Zweifel, wieweit ich mich darauf verlassen kann, aber: wie weit ist es von hier bis ...?
wie we|nig; *vgl.* wenig
wie|wohl *(veraltend);* die einzige, wiewohl wertvolle Belohnung, aber: wie wohl du aussiehst!
Wight [wait] (engl. Insel)
Wig|wam, der; -s, -s ‹indian.-engl.› (Zelt, Hütte nordamerikanischer Indianer)
Wi|king, der; -s, -er *u.* **Wi|kin|ger** ['vi(:)...] ‹altnord.› (Normanne); **Wi|kin|ger₋sa|ge** (die; -; ↑R 151), **...schiff** (↑R 151); **wi|kin|gisch**
Wi|klif *vgl.* Wyclif; **Wi|kli|fit,** der; -en, -en; ↑R 197 (Anhänger Wyclifs)
Wi|la|jet, das; -[e]s, -s ‹arab.-türk.› (Verwaltungsbezirk im Osman. Reich)
wild; -este; - wachsen; wilde Ehe; wildes Fleisch; wildes (*Bergmannsspr.* taubes) Gestein; wilder Streik; wildes Tier; wilder Wein; er spielt den wilden Mann *(ugs.);* (↑R 157:) Wilder Westen; die Wilde Jagd (Geisterheer); der Wilde Jäger (eine Geistergestalt); (↑R 146:) Wilder Kaiser; Wilde Kreuzspitze; (↑R 65:) sich wie ein Wilder gebärden (*ugs.; vgl.* [2]Wilde); **Wild,** das; -[e]s; **Wild₋bach, ...bahn** (*meist in* in freier -), **...be|stand; Wild|bret,** das; -s (Fleisch des geschossenen Wildes)
Wild card ['waild 'ka:(r)d], die; - -, - -s ‹engl.› (*Tennis* vom Veranstalter vergebene freie Plazierung bei einem Turnier)
Wild|dieb; wild|die|ben; ich wilddiebe; gewilddiebt; zu -; **Wild|die|be|rei**
[1]**Wilde** [waild], Oscar (engl. Dichter)
[2]**Wil|de,** der *u.* die; -n, -n (↑R 7 ff.); **Wild₋eber, ...en|te; wil|den|zen** (*landsch. für* stark nach Wild riechen); **Wil|de|rei; Wil|de|rer** (Wilddieb); **wil|dern** (unbefugt jagen); ich ...ere (↑R 22); **Wild|fang** (ausgelassenes Kind); **wild|fremd** (*ugs. für* völlig fremd); **Wild₋gans, ...gat|ter, ...he|ger; Wild|heit; Wild₋heu|er** (der; jmd., der an gefährlichen Hängen in den Alpen Heu macht), **...hund, ...hü|ter, ...ka|nin|chen, ...kat|ze, ...kraut; wild|le|bend; Wild|le|der; Wild|ling** (Unterlage für die Veredelung von Obst u. Ziergehölzen; *Forstw.* wild gewachsenes Bäumchen; ungezähmtes Tier; *veraltend für* sich wild gebärdender Mensch); **Wild|nis,** die; -, -se; **Wild₋park, ...pferd; wild|reich; Wild|reich|tum,** der; -s; **Wild|rind; wild|ro|man|tisch; Wild₋sau, ...scha|den; Wild|schütz,** der (*veraltend für* Wilddieb); **Wild₋schwein, ...tau|be; wild|wach|send; Wild|was|ser,** das; -s, - (Wildbach); **Wild|was|ser|fahrt; Wild|wech|sel; Wild|west** *ohne Artikel;* **Wild|west|film; Wild|wuchs; wild|wüch|sig; Wild|zaun**
Wil|fried (m. Vorn.)
Wil|helm (m. Vorn.); **Wil|hel|mi|ne** (w. Vorn.); **wil|hel|mi|nisch,** aber (↑R 134): das Wilhelminische Zeitalter (Kaiser Wilhelms II.); **Wil|helms|ha|ven** [...'ha:f(ə)n] (Hafenstadt an der Nordsee); **Wil|helms|ha|ve|ner** (↑R 147)
Will (m. Vorn.)
Wil|le, der; -ns, -n *Plur. selten;* der Letzte - (↑R 157); wider -n; jmdm. zu -n sein; voll guten -ns; willens sein *(vgl. d.)*
Wil|le|gis (m. Vorn.)
wil|len; um ... willen (↑R 62:) um Gottes willen, um seiner selbst -, um meinet-, deinet-, dessent-, derent-, seinet-, ihret-, unsert-, euretwillen; **Wil|len,** der; -s, - *Plur. selten* (*Nebenform von* Wille); **wil|len|los;** -este; **Wil|len|lo|sig|keit,** die; -; **Wil|lens₋akt, ...äu|ße|rung, ...bil|dung, ...er|klä|rung, ...frei|heit** (die; -), **...kraft** (die; -); **wil|lens|schwach;** ...schwächer, ...schwächste; **Wil|lens|schwä|che,** die; -; **wil|lens sein;** ↑R 64 (beabsichtigen); **wil|lens|stark;** ...stärker, ...stärkste; **Wil|lens|stär|ke,** die; -; **wil|lent|lich** (mit voller Absicht)
will|fah|ren, *auch* will|fah|ren; du willfahrst; du willfahrtest; (*zu* willfahren:) willfahrt *od.* (*zu* willfahren:) gewillfahrt; zu -; **will|fäh|rig** [*auch* ...'fɛ:...]; **Will|fäh|rig|keit** [*auch* ...'fɛ:...], die; -
Wil|li (m. Vorn.); **Wil|liam** ['wiljəm] (m. Vorn.); **Wil|liams Christ|bir|ne** (eine Tafelbirne); **Wil|li|bald, Wil|li|brord** (m. Vorn.)
wil|lig (bereit); **wil|li|gen** *(geh.);* er willigte in die Heirat
Wil|li|gis *vgl.* Willegis
Wil|li|ram (m. Vorn.)
Will|komm, der; -s, -e, *häufiger* **Will|kom|men,** das, *österr. nur so, selten* der; -s, -; einen Willkomm zurufen; ein fröhliches Willkommen!; **will|kom|men;** - heißen, - sein; herzlich -! **Will|kom|mens₋gruß, ...trunk**
Will|kür, die; -; **Will|kür₋akt, ...herr|schaft; will|kür|lich; Will|kür|maß|nah|me** *meist Plur.*
Wil|ly, Wilm (m. Vorn.); **Wil|ma** (w. Vorn.); **Wil|mar** (m. Vorn.)
Wil|na (Hptst. von Litauen; *vgl.* Vilnius)
Wil|pert, das; -[e]s (*thüring. für* Wildbret)
Wil|son ['wils(ə)n] (Präsident der USA)
Wil|ster (Ortsn.); **Wil|ster|marsch,** die; - ([2]Marsch nördl. der Niederelbe)
Wil|traud, Wil|trud (w. Vorn.)
Wim (m. Vorn.)
Wim|ble|don ['wimb(ə)ldən] (Vorort von London; Austragungsort eines berühmten Tennisturniers)
wim|meln; es wimmelt von Ameisen
wim|men, wüm|men ‹lat.› (*schweiz. mdal. für* Trauben lesen); gewimmt
[1]**Wim|mer,** der; -s, - (Knorren; Maser[holz]; *auch, bes. südd. für* Schwiele, kleine Warze)
[2]**Wim|mer,** die; -, -n ‹lat.› (*landsch. für* Weinlese); [3]**Wim|mer,** der; -s, - (*landsch. für* Winzer)
Wim|mer|holz (*ugs. scherzh. für* Geige, Laute); **wim|me|rig**
Wim|merl, das; -s, -n (*bayr. u. österr. ugs. für* Hitze- od. Eiterbläschen)
wim|mern; ich ...ere (↑R 22); (↑R 68:) das ist zum Wimmern (*ugs. für* das ist furchtbar, *auch für* das ist zum Lachen)
Wim|met, Wüm|met, der; -s ‹lat.› (*schweiz. mdal. für* Weinlese)
Wim|pel, der; -s, - ([kleine] dreieckige Flagge)
Wim|per, die; -, -n
Wim|perg, der; -[e]s, -e *u.* **Wim|per|ge,** die; -, -n (*Bauw.* got. Spitzgiebel)
Wim|pern|tu|sche; Wim|per|tier|chen (einzelliges Lebewesen)
Win|ckel|mann [*zur Trenn.* ↑R 179] (dt. Altertumsforscher)
wind *(veraltet); nur noch in* - u. weh (*südwestd. u. schweiz. für* höchst unbehaglich, elend)
Wind, der; -[e]s, -e; - bekommen (*ugs. für* heimlich, zufällig erfah-

ren); **Wind|ab|wei|ser** (am Autofenster od. -dach); **Wind|bäcke|rei** [*Trenn.* ...bäk|ke...] (*österr. für* Schaumgebäck); **Wind|beu|tel** (ein Gebäck; *ugs. auch für* leichtfertiger Mensch); **Wind|beu|te|lei** *(ugs.)*; **Wind‿bö,** *auch* **...böe, ...bruch** (der), **...büch|se** (Luftgewehr)
Win|de, die; -, -n (eine Hebevorrichtung; eine Pflanze)
Wind|ei (*Zool.* Vogelei mit weicher Schale; *Med.* abgestorbene Leibesfrucht)
Win|del, die; -, -n; **win|deln;** ich ...[e]le (↑R 22); **win|del|weich;** er hat ihn - geprügelt
[1]**win|den** (drehen); du wandest; du wändest; gewunden; wind[e]!; sich -
[2]**win|den** (windig sein; *Jägerspr.* wittern); es windet; das Wild windet; **Wind‿ener|gie** (die; -), **...er|hit|zer** *(Hüttenw.)*; **Win|des|ei|le;** in, mit -; **Wind‿fang, ...flüch|ter** (vom Wind verformter Baum, Strauch); **wind|ge|schützt;** -este; **Wind‿har|fe** (*für* Äolsharfe), **...hauch, ...ho|se** (Wirbelsturm)
Wind|huk (Hptst. von Namibia)
Wind|hund (*ugs. auch für* leichtfertiger Mensch)
win|dig (winderfüllt; *ugs. auch für* nicht solide, zweifelhaft); **Wind‿jacke** [*Trenn.* ...jak|ke], **...jam|mer** (der; -s, -; großes Segelschiff), **...ka|nal, ...kraft; Wind|kraft|werk; Wind‿licht** (*Plur.* ...lichter), **...ma|cher** (*ugs. für* Wichtigtuer), **...ma|che|rei** *(ugs.)*, **...ma|schi|ne, ...mo|tor, ...müh|le; Wind|müh|len|flü|gel** *meist Plur.*; **Wind‿pocken** (*Plur.*; *Trenn.* ...pok|ken; eine Kinderkrankheit), **...rad, ...rich|tung, ...rös|chen** (*für* Anemone), **...ro|se** (Windrichtungs-, Kompaßscheibe), **...sack** (an einer Stange aufgehängter Beutel, der Richtung u. Stärke des Windes anzeigt); **Winds|braut,** die; - (*veraltend für* heftiger Wind); **Wind|schat|ten,** der; -s (Leeseite eines Berges; geschützter Bereich hinter einem fahrenden Fahrzeug)
wind|schief (*ugs. für* krumm)
wind‿schlüp|fig, ...schnit|tig (*für* aerodynamisch); **Wind|schutz‿schei|be, ...strei|fen** *(Landw.)*
Wind|sor ['wɪntsə(r)] (engl. Stadt; Name des engl. Königshauses)
Wind|spiel (kleiner Windhund)
Wind|stär|ke; wind|still; Wind‿stil|le, ...stoß; wind|sur|fen [...sœ:(r)fən] *nur im Infinitiv gebr.*; **Wind|sur|fer** ‹dt.; engl.›; **Wind|sur|fing,** das; -s (Segeln auf einem Surfbrett)
Win|dung
Wind|zug, der; -[e]s
Win|fried (m. Vorn.)
Win|gert, der; -s, -e (*südd., westd. u. schweiz. für* Weingarten, Weinberg)
Win|golf, der; -s, -e („Freundeshalle" der nord. Mythol.)
Wink, der; -[e]s, -e; **win|ke;** *nur in* winke, winke machen *(Kinderspr.)*
Win|kel, der; -s, -; **Win|kel‿ad|vo|kat** *(abwertend)*, **...ei|sen, ...funk|ti|on** *(Math.)*, **...ha|ken** *(Druckw.)*, **...hal|bie|ren|de** (die; -n, -n; ↑R 7ff.); **win|ke|lig** *vgl.* winklig; **Win|kel‿klam|mer, ...maß** (das), **...mes|ser** (der); **win|keln;** ich ...[e]le den Arm (↑R 22)
Win|kel|ried (schweiz. Held)
Win|kel|zug *meist Plur.*
win|ken; gewinkt (*nicht korrekt:* gewunken); **Win|ker; Win|ker‿flag|ge** *(Seew.)*, **...krab|be; win|ke, win|ke** *vgl.* winke
wink|lig, win|ke|lig
Win|ne|tou [...tu] (idealisierte Indianergestalt bei Karl May)
Win|ni|peg ['wini...] (kanad. Stadt); **Win|ni|peg|see,** der; -s
Winsch, die; -, -en ‹engl.› (*Seemannsspr.* Winde zum Heben schwerer Lasten)
Win|se|lei (*ugs. für* das Winseln); **win|seln;** ich ...[e]le (↑R 22)
Win|ter, der; -s, -; Sommer wie -; winters *(vgl. d.)*; wintersüber *(vgl. d.)*; **Win|ter‿abend, ...an|fang, ...ap|fel, ...bau** (der; -[e]s; das Bauen im Winter), **...cam|ping, ...ein|bruch, ...fahr|plan; win|ter|fest;** -e Kleidung; **Win|ter‿fri|sche** (die; -, -n; *veraltet*), **...frucht, ...gar|ten, ...ger|ste, ...ge|trei|de, ...ha|fen** (*vgl.* [2]Hafen), **...halb|jahr; win|ter|hart;** -e Pflanzen; **Win|ter‿kar|tof|fel, ...kleid, ...klei|dung, ...kohl** (der; -[e]s), **...kol|lek|ti|on** *(Mode)*, **...land|schaft; win|ter|lich; Win|ter|ling** (eine Pflanze); **Win|ter|man|tel;** [1]**Win|ter|mo|nat** (in die Winterzeit fallender Monat); [2]**Win|ter‿mo|nat** *od.* **...mond** (*alte dt. Bez. für* Dezember; *schweiz. [früher] für* November); **win|tern;** es wintert; **Win|ter‿nacht, ...obst; win|ter|of|fen;** -e Pässe; **Win|ter‿olym|pia|de, ...pau|se, ...quar|tier, ...rei|fen, ...rei|se; win|ters** (↑R 61), aber: des Winters; **Win|ter‿saat, ...sa|chen** (*Plur.*; Kleidung für den Winter), **...sai|son; Win|ters|an|fang** (*svw.* Winteranfang); **Win|ter‿schlaf, ...schluß|ver|kauf, ...schuh, ...se|me|ster, ...son|nen|wen|de, ...spie|le** (*Plur.*; die Olympischen -), **...sport, ...sport|ler, ...star|re; win|ters|über;** aber: den Winter über; **Win|ters|zeit,** die; - (Jahreszeit); *vgl. auch* Winterzeit; **Win|ter|tag; win|ter|taug|lich; Win|ter|taug|lich|keit,** die; -
Win|ter|thur (schweiz. Stadt)
Win|ter|zeit, die; - (Jahreszeit; Rückverlegung der Stundenzählung während des Winters)
Win|zer, der; -s, -; **Win|zer|ge|nos|sen|schaft; Win|ze|rin; Win|zer|mes|ser,** das
win|zig; Win|zig|keit; Winz|ling *(ugs.)*
Wip|fel, der; -s, -; **wip|fe|lig, wipf|lig**
Wip|pe, die; -, -n (Schaukel); **wip|pen; Wip|per;** *vgl.* [1]Kipper; **wip|pern** (*landsch. für* wackeln, schwanken); ich ...ere (↑R 22); **Wipp|sterz** (*landsch. für* Bachstelze)
wir (*von Herrschern:* Wir); - alle, - beide; (↑R 7:) - bescheidenen Leute; - Armen; - Deutschen, *auch* - Deutsche
Wir|bel, der; -s, -; **wir|be|lig,** wirblig; **Wir|bel|kno|chen; wir|bel|los; Wir|bel|lo|se** *Plur.* (*Zool. zusammenfassende Bez. für* alle Vielzeller außer den Wirbeltieren); **wir|beln;** ich ...[e]le (↑R 22); **Wir|bel‿säu|le; Wir|bel|säu|len|ver|krüm|mung; Wir|bel‿sturm** (*vgl.* [1]Sturm), **...tier, ...wind; wirb|lig** *vgl.* wirbelig
wir|ken; (↑R 68:) sein segensreiches Wirken; **Wir|ker; Wir|ke|rei; Wir|ke|rin; Wirk‿kraft** (Wirkungskraft), **...lei|stung** *(Elektrotechnik)*; **Wirkl. Geh. Rat** = Wirklicher Geheimer Rat; **wirk|lich; Wirk|li|che Ge|hei|me Rat,** der; -n -n -[e]s, -n -n Räte (*früher; Abk.* Wirkl. Geh. Rat); **Wirk|lich|keit; wirk|lich|keits|fern; Wirk|lich|keits|form** (*für* Indikativ); **wirk|lich|keits‿fremd, ...ge|treu; Wirk|lich|keits|mensch** (*für* Realist); **wirk|lich|keits|nah; Wirk|lich|keits‿sinn** (der; -[e]s; er hat viel -), **...treue; wirk|sam; Wirk|sam|keit,** die; -; **Wirk|stoff; Wir|kung; Wir|kungs‿be|reich** (der), **...feld, ...ge|schich|te; wir|kungs|ge|schicht|lich; Wir|kungs‿grad, ...kraft** (die), **...kreis; wir|kungs|los;** -este; **Wir|kungs|lo|sig|keit,** die; -; **Wir|kungs|me|cha|nis|mus; wir|kungs|reich; Wir|kungs|stät|te; wir|kungs|voll; Wir|kungs|wei|se,** die; **Wirk|wa|ren** *Plur.* (gewirkte Waren)
wirr; Wir|ren *Plur.*; **Wirr|heit; wir|rig** (*landsch. für* verworren; zornig); **Wirr|kopf** *(abwertend)*; **Wirr|nis,** die; -, -se; **Wirr|sal,** das; -[e]s, -e *u.* die; -, -e *(geh.)*; **Wir|rung;** Irrungen u. Wirrungen;

Wirr|warr, der; -s; **wirsch;** -este (*landsch. für* aufgeregt; ärgerlich)
Wir|sing, der; -s ‹ital.› *u.* **Wir|sing|kohl,** der; -[e]s
Wirt, der; -[e]s, -e
Wir|tel, der; -s, - (Schwunggewicht an der Spindel; *Bot.* Aststellung in Form eines Quirls); **wir|tel|för|mig; wir|te|lig,** wirt|lig (quirlförmig)
wir|ten (*schweiz. für* eine Gastwirtschaft führen); **Wir|tin; wirt|lich** (gastlich); **Wirt|lich|keit,** die; -
wirt|lig *vgl.* wirtelig
Wirt|schaft; wirt|schaf|ten; gewirtschaftet; **Wirt|schaf|ter** (Verwalter); **Wirt|schaf|te|rin; Wirt|schaft|ler** (Wirtschaftskundler; leitende Persönlichkeit in Handel u. Industrie); **Wirt|schaft|le|rin; wirt|schaft|lich; Wirt|schaft|lich|keit,** die; -; **Wirt|schafts‿ab|kom|men, ...auf|schwung, ...aus|schuß, ...be|ra|ter, ...be|zie|hun|gen** *(Plur.)*, **...block** (*Plur.* ...blöcke, *selten* ...blocks), **...de|likt, ...em|bar|go, ...flücht|ling, ...ge|bäu|de, ...geld, ...ge|mein|schaft** (Europäische -; *Abk.* EWG), **...geo|gra|phie, ...ge|schich|te** (die; -); **wirt|schafts|ge|schicht|lich; Wirt|schafts‿gip|fel, ...gym|na|si|um, ...hil|fe, ...hoch|schu|le, ...in|ge|nieur, ...in|ge|nieu|rin, ...jahr, ...jour|na|list, ...jour|na|li|stin, ...kam|mer, ...krieg, ...kri|mi|na|li|tät, ...kri|se, ...la|ge, ...le|ben** (das; -s), **...leh|re, ...len|kung, ...mi|ni|ster, ...mi|ni|ste|rin, ...mi|ni|ste|ri|um, ...ord|nung, ...po|li|tik; wirt|schafts|po|li|tisch; Wirt|schafts‿presse** (die; -), **...prü|fer, ...prü|fe|rin, ...prü|fung, ...raum, ...re|form, ...sank|tio|nen** (*Plur.;* ↑R 180), **...spio|na|ge, ...sy|stem, ...teil** (der; Teil einer Zeitung), **...theo|rie, ...wachs|tum, ...wis|sen|schaft, ...wis|sen|schaft|ler, ...wis|sen|schaft|le|rin; wirt|schafts|wis|sen|schaft|lich; Wirt|schafts‿wun|der** *(ugs.)*, **...zweig**
Wirts|haus; Wirts‿leu|te *(Plur.)*, **...or|ga|nis|mus** *(Biol.)*, **...pflan|ze, ...stu|be, ...tier**
Wirz, der; -es (*schweiz. für* Wirsing)
Wis. = [2]Wisconsin
Wisch, der; -[e]s, -e; **Wisch|arm** (am Scheibenwischer); **wi|schen;** du wischst; **Wi|scher** (*ugs. auch für* Tadel); **Wi|scher|blatt** (am Scheibenwischer); **wisch|fest; wi|schig** (*nordd. für* zerstreut, kopflos); **Wi|schi|wa|schi,** das; -s (*ugs. für* unpräzise Darstellung); **Wisch|lap|pen**
Wisch|nu (einer der Hauptgötter des Hinduismus)
Wisch|tuch *Plur.* ...tücher
[1]**Wis|con|sin** [wis'kɔnsin], der; -[s] (l. Nebenfluß des Mississippis); [2]**Wis|con|sin** (Staat in den USA); *Abk.* Wis.)
Wi|sent, der; -s, -e (ein Wildrind)
Wis|mut, *chem. fachspr. auch* Bismut, das; -[e]s (chem. Element, Metall; *Zeichen* Bi)
wis|peln (*landsch. für* wispern); ich ...[e]le (↑R 22); **wis|pern** (flüstern); ich ...ere (↑R 22)
Wiß|be|gier[|de], die; -; **wiß|be|gie|rig; wis|sen;** du weißt, er weiß, ihr wißt; du wußtest; du wüßtest; gewußt; wisse!; jmdm. etwas kund und zu - tun *(altertümelnd);* jmdn. etwas - lassen; wer weiß!; **Wis|sen,** das; -s; meines -s (*Abk.* m. W.) ist es so; wider besseres -; wider - und Willen; ohne -; **Wis|sen|de,** der *u.* die; -n, -n; ↑R 7 ff. (Eingeweihte[r]); **Wis|sen|schaft; Wis|sen|schaf|ter** (*schweiz., österr. auch, sonst veraltet für* Wissenschaftler); **Wis|sen|schaft|ler; Wis|sen|schaft|le|rin; wis|sen|schaft|lich;** (↑R 75:) Wissenschaftlicher Rat (Titel); **Wis|sen|schaft|lich|keit,** die; -; **Wis|sen|schafts‿be|griff, ...be|trieb** (der; -[e]s); **wis|sen|schafts|gläu|big; Wis|sen|schafts‿theo|rie** (die; -), **...zweig; Wis|sens‿drang** (der; -[e]s), **...durst; wis|sens|dur|stig; Wis|sens‿ge|biet, ...lücke** [*Trenn.* ...lük|ke], **...stand, ...stoff** (der; -[e]s), **...vor|sprung** (der; -[e]s); **wis|sens|wert; wis|sent|lich**
Wiss|mann (dt. Afrikaforscher)
wist! (*Fuhrmannsruf* links!)
Wi|sta|rie [...iə], die; -, -n (*svw.* Gloxinie)
Wit|frau *(schweiz., sonst veraltet);* **Wi|tib,** *österr.* Wit|tib, die; -, -e (*veraltet für* Witwe); **Wit|mann** *Plur.* ...männer, *österr.* Wit|ti|ber (*veraltet für* Witwer)
Wi|told (m. Vorn.)
wit|schen (*ugs. für* schlüpfen, huschen); du witschst
Wit|te|kind *vgl.* Widukind
Wit|tels|bach (oberbayr. Stammburg); Haus - (Herrschergeschlecht); **Wit|tels|ba|cher,** der; -s, - (Angehöriger eines dt. Herrschergeschlechtes)
Wit|ten|berg, Lu|ther|stadt (Stadt an der mittleren Elbe); **Wit|ten|ber|ge** (Stadt an der unteren Elbe); **Wit|ten|ber|ger** (von Wittenberg od. Wittenberge) ↑R 147; **wit|ten|ber|gisch** (von Wittenberg od. Wittenberge), a b e r (↑R 157): die Wittenbergische Nachtigall (*Bez. für* Luther)
wit|tern ([mit dem Geruch] wahrnehmen); ich ...ere (↑R 22); **Wit|te|rung** (*auch Jägerspr.* das Wittern u. der vom Wild wahrzunehmende Geruch); **wit|te|rungs|be|dingt; Wit|te|rungs‿ein|fluß, ...um|schlag, ...ver|hält|nis|se** *(Plur.)*
Witt|gen|stein (österr. Philosoph)
Wit|tib *vgl.* Witib; **Wit|ti|ber** *vgl.* Witmann
Witt|ling (ein Seefisch)
Wit|tum, das; -[e]s, ...tümer (*veraltet für* der Witwe zustehender Besitz)
Wit|we, die; -, -n (*Abk.* Wwe.); **Wit|wen‿geld, ...ren|te; Wit|wen|schaft,** die; -; **Wit|wen|schlei|er; Wit|wen|tum,** das; -s; **Wit|wer** (*Abk.* Wwr.); **Wit|wer|schaft,** die; -; **Wit|wer|tum,** das; -s
Witz, der; -es, -e; **Witz|blatt; Witz|blatt|fi|gur; Witz|bold,** der; -[e]s, -e; **Wit|ze|lei; wit|zeln;** ich ...[e]le (↑R 22); **Witz|fi|gur** *(abwertend);* **wit|zig; Wit|zig|keit,** die; -; **witz|los;** -este; **witz|sprü|hend;** eine -e Rede (↑R 209); **Witz|wort** *Plur.* ...worte
WK = Wiederholungskurs
w. L. = westlicher Länge
Wla|di|mir [*auch* 'vla:...] (m. Vorn.); **Wla|dis|laus, Wla|dis|law** (m. Vorn.); **Wla|di|wo|stok** [*auch* ...'vɔs...] (russ. Stadt)
WM = Weltmeisterschaft
WNW = Westnordwest[en]
wo; wo ist er?; wo immer er auch sein mag; er geht wieder hin, wo er hergekommen ist; der Tag, wo (an dem) er sie das erstemal sah; (↑R 67:) das Wo spielt keine Rolle; *vgl.* woanders, woher, wohin, wohinaus, womöglich, wo nicht
w. o. = wie oben
wo|an|ders (irgendwo sonst; an einem anderen Ort); ich werde ihn woanders suchen, a b e r : wo anders (wo sonst) als hier sollte ich ihn suchen?; **wo|an|ders|hin**
wob|beln (*Funktechnik* Frequenzen verschieben); die Welle wobbelt; **Wob|bel|span|nung**
wo|bei
Wo|che, die; -, -n; **Wo|chen‿ar|beits|zeit, ...bett, ...blatt, ...en|de; Wo|chen|end‿ehe, ...flug, ...haus; Wo|chen|end|ler; Wo|chen|kar|te; wo|chen|lang; Wo|chen‿lohn, ...markt, ...schau, ...spiel|plan, ...stun|de, ...tag; wo|chen|tags** (↑R 61), a b e r : des Wochentags; **wö|chent|lich** (jede Woche); **...wö|chent|lich** (z. B. dreiwöchentlich [alle drei Wochen wiederkehrend]; *mit Ziffer* 3wöchentlich; ↑R 212); **wo|chen|wei|se; Wo|chen|zei|tung; ...wo|chig** (*seltener für* ...wöchig); **...wö|chig** (z. B. drei-

wöchig [drei Wochen alt, dauernd]; *mit Ziffer* 3wöchig; ↑R 212); **Wöch|ne|rin**
Wocken, der; -s, - [*Trenn.* Wokken] (*nordd. für* Rocken)
Wo|dan (höchster germ. Gott); *vgl.* Odin *u.* Wotan
Wod|ka, der; -s, -s ‹russ., „Wässerchen"› (ein Branntwein)
Wo|du, der; - ‹kreol.› (Geheimkult auf Haiti)
wo|durch; wo|fern (*veraltet für* sofern); **wo|für**
Wo|ge, die; -, -n
wo|ge|gen
wo|gen
wo|her; woher es kommt, weiß ich nicht; er geht wieder hin, woher er gekommen ist, aber: er geht wieder hin, wo er hergekommen ist; **wo|her|um; wo|hin;** ich weiß nicht, wohin er geht; sieh, wohin er geht, aber: sieh, wo er hingeht; **wo|hin|auf; wo|hin|aus;** ich weiß nicht, wohinaus du willst, aber: ich weiß nicht, wo du hinauswillst; **wo|hin|ein; wo|hin|ge|gen; wo|hin|ter; wo|hin|un|ter**
wohl; besser, beste *u.* wohler, wohlste; wohl ihm!; wohl oder übel (ob er wollte oder nicht) mußte er zuhören; das ist wohl das beste; leben Sie wohl!; wohl bekomm's!; ich bin wohl; mir ist wohl, wohler, am wohlsten, wohl sein *(vgl. d.);* sich wohl fühlen; es ist mir immer wohl ergangen; sie wird es wohl (wahrscheinlich) tun; *vgl.* aber: wohltun; sie wird es wohl (wahrscheinlich) wollen; *vgl.* aber: wohlwollen; gleichwohl; obwohl; sowohl; wiewohl; **Wohl,** das; -[e]s; auf dein -!; aufs -!; zum -!
wohl|an! *(veraltend)*
wohl|an|stän|dig; Wohl|an|stän|dig|keit, die; -
wohl|auf *(geh.);* - sein
wohl|aus|ge|wo|gen
wohl|be|dacht; ein -er Plan; **Wohl_be|fin|den, ...be|ha|gen**
wohl|be|hal|ten; er kam - an
wohl|be|hü|tet
wohl|be|kannt; besser bekannt, bestbekannt; ein -er Vorgang
wohl|be|ra|ten
wohl|be|stallt *(veraltend);* ein -er Beamter
wohl|durch|dacht
Wohl|er|ge|hen, das; -s
wohl|er|hal|ten
wohl|er|wo|gen; ein -er Plan
wohl|er|wor|ben; -e Rechte
wohl|er|zo|gen; ein -es Kind; **Wohl|er|zo|gen|heit,** die; -
Wohl|fahrt, die; -; **Wohl|fahrts_mar|ke, ...pfle|ge** (die; -), **...staat**
wohl|feil *(veraltend);* -er, -ste; eine -e Ware
wohl|ge|bo|ren *(veraltet);* Euer Wohlgeboren (Anrede)
Wohl|ge|fal|len, das; -s; **wohl|ge|fäl|lig;** -er, -ste; er hat dieses Werk - betrachtet
wohl|ge|formt
Wohl|ge|fühl, das; -[e]s
wohl|ge|lit|ten; -er, -ste; sie ist wegen ihrer Hilfsbereitschaft -
wohl|ge|meint; -er Rat
wohl|ge|merkt
wohl|ge|mut; -er, -este; sie ist -
wohl|ge|nährt
wohl|ge|ord|net
wohl|ge|ra|ten; -er, -ste; ein -es Werk
Wohl_ge|ruch, ...ge|schmack (der; -[e]s)
wohl|ge|setzt; -er, -este; in -en Worten
wohl|ge|sinnt; -er, -este; sie ist mir -
wohl|ge|stalt (*veraltet für* wohlgestaltet); **wohl|ge|stal|tet;** -er, -ste; eine -e Form
wohl|ge|tan *(veraltet);* die Arbeit ist -; *vgl.* wohltun
wohl|ha|bend; -er, -ste; er ist -; **Wohl|ha|ben|heit,** die; -
woh|lig; ein -es Gefühl; **Woh|lig|keit,** die; -
Wohl|klang; wohl|klin|gend; -er, -ste; -e Töne
Wohl|laut; wohl|lau|tend; -er, -ste
Wohl|le|ben, das; -s
wohl|mei|nend; -er, -ste; er ist -
wohl|pro|por|tio|niert (↑R 180)
wohl|rie|chend; -er, -ste; -e Blumen
wohl|schmeckend; -er, -ste [*Trenn.* ...schmek|kend]; eine -e Speise
wohl sein; laß es dir wohl sein!; **Wohl|sein,** das; -s; zum -!
wohl|si|tu|iert
Wohl|stand, der; -[e]s; im - leben; **Wohl|stands_bür|ger, ...den|ken, ...ge|sell|schaft, ...kri|mi|na|li|tät, ...müll**
Wohl_tat, ...tä|ter, ...tä|te|rin; wohl|tä|tig; -er, -ste; ein -er Mann; **Wohl|tä|tig|keit,** die; -; **Wohl|tä|tig|keits_ball** (*vgl.* [2]Ball), **...ba|sar, ...kon|zert, ...ver|an|stal|tung, ...ver|ein**
wohl|tem|pe|riert; besser temperiert, am besten temperiert; -er Wein; **Wohl|tem|pe|rier|te Kla|vier,** das; -n -s (Sammlung von Präludien u. Fugen von J. S. Bach)
wohl|tu|end (angenehm); -er, -ste; die Ruhe ist -; **wohl|tun;** ↑R 205 f. (angenehm sein; *veraltend für* Wohltaten erweisen); ich tue wohl (↑R 64); das hat mir, sie hat vielen wohlgetan; wohlzutun; jmdm. wohltun; aber: sie wird es wohl (wahrscheinlich) tun
wohl|über|legt; besser überlegt, bestüberlegt; ein -er Plan
wohl|un|ter|rich|tet; besser unterrichtet, bestunterrichtet; ein -er Mann
wohl|ver|dient; ein -er Urlaub
Wohl|ver|hal|ten
Wohl|ver|leih, der; -[e]s, -[e] (Arnika)
wohl|ver|sorgt; besser versorgt, bestversorgt; eine -e Familie
wohl|ver|stan|den; ein -es Wort
wohl|ver|wahrt; besser verwahrt; bestverwahrt; -e Dokumente
wohl|weis|lich; sie hat sich - gehütet
wohl|wol|len (↑R 205 f.); er will mir wohl; er hat mir stets wohlgewollt; wohlzuwollen; aber: er wird es wohl (wahrscheinlich) wol|len; **Wohl|wol|len,** das; -s; **wohl|wol|lend;** -er, -ste
Wohn_an|hän|ger, ...bau (*Plur.* ...bauten), **...be|reich, ...block** (*vgl.* Block), **...die|le, ...ein|heit; woh|nen; Wohn_flä|che, ...ge|bäu|de, ...ge|biet, ...geld; Wohn|geld|ge|setz; Wohn|ge|mein|schaft** (*Abk.* WG); **wohn|haft** (*Amtsspr.* wohnend); **Wohn_haus, ...heim, ...kom|plex** (*regional für* größeres Wohngebiet), **...kü|che, ...kul|tur** (die; -), **...la|ge; wohn|lich; Wohn|lich|keit,** die; -; **Wohn_mo|bil, ...ort** (*Plur.* ...orte), **...raum; Wohn|raum|len|kung** (administrative Wohnungsvergabe in der ehem. DDR); **Wohn_sitz, ...stu|be; Woh|nung; Woh|nungs_amt, ...bau** (der; -[e]s), **...bau|ge|nos|sen|schaft, ...ei|gen|tum, ...ei|gen|tü|mer, ...ei|gen|tü|me|rin, ...ein|rich|tung, ...geld; woh|nungs|los; Woh|nungs_markt, ...not, ...schlüs|sel, ...su|che; woh|nungs|su|chend; Woh|nungs|su|chen|de,** der *u.* die; -n, -n (↑R 7 ff.); **Woh|nungs_tausch, ...tür; woh|nung|su|chend** (*svw.* wohnungssuchend); **Woh|nung|su|chen|de** (*svw.* Wohnungssuchende); **Woh|nungs_wech|sel, ...zwangs|wirt|schaft; Wohn_vier|tel, ...wa|gen, ...zim|mer**
Wöhr|de, die; -, -n (*nordd. für* um das Wohnhaus gelegenes Ackerland)
Woi|lach ['wɔy...], der; -s, -e ‹russ.› (wollene [Pferde]decke)
Woi|wod, Woi|wo|de [*beide* wɔy...], der; ...den, ...den; ↑R 197 ‹poln.› (*früher* Fürst, *heute* oberster Beamter eines poln. Bezirks); **Woi|wod|schaft** (Amt u. Amtsbezirk eines Woiwoden)
Wok, der; -, -s ‹chin.› (ein schalenförmiger, runder Kochtopf)
wöl|ben; sich -; **Wöl|bung**
Wol|de|mar (m. Vorn.)

[1]Wolf (m. Vorn.)
[2]Wolf, Hugo (österr. Komponist)
[3]Wolf, der; -[e]s, Wölfe (ein Raubtier); **Wölf|chen**
Wolf|diet|rich [*auch* 'vɔlf...] (m. Vorn.)
wöl|fen (gebären [von Wolf u. Hund])
Wolf|gang (m. Vorn.); **Wolf|gang-see** *vgl.* Sankt-Wolfgang-See; **Wolf|hard** (m. Vorn.)
Wöl|fin; wöl|fisch; Wölf|lein; Wölf|ling (junger Pfadfinder)
[1]Wolf|ram (m. Vorn.)
[2]Wolf|ram, das; -s (chem. Element, Metall; *Zeichen* W); **Wolf-ra|mit** [*auch* ...'mit], das; -s (Wolframerz)
Wolf|ram von Eschen|bach; ↑R 139 (dt. Dichter des MA.); **Wolf-ram-von-Eschen|bach-Aus|ga-be;** ↑R 135
Wolfs˯an|gel (ein Fanggerät), **...gru|be** (überdeckte Grube zum Fangen von Wölfen), **...hund** (einem Wolf ähnlicher dt. Schäferhund), **...hun|ger** (*ugs. für* großer Hunger), **...milch** (eine Pflanze), **...ra|chen** (angeborene Gaumenspalte), **...schlucht, ...spin|ne, ...spitz** (eine Hunderasse)
Wol|ga, die; - (Strom in Osteuropa); **Wol|go|grad** (russ. Stadt; *früher* Stalingrad)
Wo|lhy|ni|en usw. *vgl.* Wolynien usw.
Wölk|chen; Wol|ke, die; -, -n; **wöl|ken;** sich -; **Wol|ken˯bruch** (der), **...decke** (die; -; [*Trenn.* ...dek|ke]), **...krat|zer** (Hochhaus); **Wol|ken|kuckucks|heim,** das; -[e]s [*Trenn.* ...kuk|kucks...] (Luftgebilde, Hirngespinst); **wol|ken|los; Wol|ken|wand,** die; -; **wol|kig; Wölk|lein**
Wollap|pen, der; -s, - [*Trenn.* Woll|lap..., ↑R 204]; **Wollaus,** die; -, ...läuse [*Trenn.* Woll|laus, ↑R 204]; **Woll|decke** [*Trenn.* ...dek|ke]; **Wol|le,** die; -, *Plur. (Arten:)* -n; **[1]wol|len** (aus Wolle)
[2]wol|len; ich will, du willst; du wolltest *(Indikativ);* du wolltest *(Konjunktiv);* gewollt; wolle!; ich habe das nicht gewollt, aber: ich habe helfen wollen
wöl|len (*Jägerspr.* das Gewölle auswerfen)
Woll˯fa|den, ...garn, ...ge|we|be, ...gras, ...han|del (*vgl.* [1]Handel); **Woll|hand|krab|be; wol|lig**
Wol|lin (eine Ostseeinsel)
Woll˯kamm, ...käm|mer, ...käm-me|rei, ...kleid, ...knäu|el, ...maus (*ugs. für* größere Staubflocke auf dem Fußboden), **...sa-chen** *(Plur.)*, **...sie|gel, ...spin|ne-rei, ...stoff**
Wol|lust, die; -, Wollüste; **wol|lü-stig; Wol|lüst|ling**
Woll|wa|ren *Plur.*
Wol|per|tin|ger, der; -s, - (ein bayr. Fabeltier)
Wo|ly|ni|en [...i̯ən] (ukrain. Landschaft); **wo|ly|nisch;** -es Fieber (Fünftagefieber)
Wol|zo|gen (ein Adelsgeschlecht)
Wom|bat, der; -s, -s ‹austral.› (ein austral. Beuteltier)
wo|mit; wo|mög|lich; womöglich (vielleicht) kommt sie, aber: wo möglich (wenn es irgendwie möglich ist) [,] kommt sie; **wo-nach; wo|ne|ben** *(selten);* **wo nicht;** er will ihn erreichen, wo nicht übertreffen
Won|ne, die; -, -n; **Won|ne˯ge-fühl, ...mo|nat** *od.* **...mond** (*alte Bez. für* Mai), **...prop|pen** (der; -s, -; *landsch. für* niedliches, wohlgenährtes [Klein]kind); **won|ne|trun|ken** *(geh.);* **won|ne-voll** *(geh.);* **won|nig; won|nig|lich** *(veraltend)*
Woog, der; -[e]s, -e (*landsch. für* Teich; tiefe Stelle im Fluß)
wor|an; wor|auf; wor|auf|hin; wor|aus
[1]Worb, der; -[e]s, Wörbe *u.* **[2]Worb, Wor|be,** die; -, ...ben (*landsch. für* Griff am Sensenstiel)
Worce|ster|so|ße ['wustə(r)...]; ↑R 149 ‹nach der engl. Stadt Worcester› (scharfe Würztunke)
Words|worth ['wœ:(r)dzwœ:(r)θ] (engl. Dichter)
wor|ein
wor|feln (*früher für* Getreide reinigen); ich ...[e]le (↑R 22)
Wörgl (österr. Stadt)
wor|in
Wö|ris|ho|fen, Bad (Stadt in Bayern)
Work|aho|lic [wœ:(r)kə'hɔlik], der; -s, -s ‹engl.› (*Psych.* jmd., der zwanghaft ständig arbeitet); **Work|shop** ['wœ:(r)kʃɔp], der; -s, -s (Seminar, Arbeitsgruppe)
World|cup ['wœ:(r)ldkap], der; -s, -s ‹engl.› ([Welt]meisterschaft [in verschiedenen sportlichen Disziplinen]); **World Wide Fund for Nature** ['wœ:(r)ld 'waid 'fand 'fɔ(r) 'ne:tʃə(r)], der; - - -s (internationale Naturschutzorganisation; *Abk.* WWF)
Wör|litz (Stadt östl. von Dessau); Wörlitzer Park
Worms (Stadt am Rhein); **Worm-ser** (↑R 147); - Konkordat (1122); **worm|sisch**
Worps|we|de (Ort im Teufelsmoor, nördl. von Bremen)
Wort, das; -[e]s, *Plur.* Wörter *u.* Worte; *Plur.* Wörter *für Einzelwort od. vereinzelte Wörter ohne Rücksicht auf den Zusammenhang,* z. B. Fürwörter; dieses Verzeichnis enthält 100 000 Wörter; *Plur.* Worte *für Äußerung, Ausspruch, Beteuerung, Erklärung, Begriff, Zusammenhängendes,* z. B. Begrüßungsworte; *auch für bedeutsame einzelne Wörter,* z. B. drei Worte nenn' ich euch, inhaltsschwer; mit ander[e]n -en (*Abk.* m. a. W.); mit guten, mit wenigen -en; dies waren seine [letzten] -e; ich will nicht viel[e] -e machen; geflügelte, goldene -e; aufs -; - für -; von - zu -; - halten; beim - nehmen; zu -[e] kommen; **Wort˯ak|zent** *(Sprachw.)*, **...art** *(Sprachw.)*, **...aus|wahl, ...be|deu|tung; Wort|be|deu-tungs|leh|re,** die; - (*für* Semantik); **Wort˯bil|dung** *(Sprachw.)*, **...bruch** (der); **wort|brü|chig; Wört|chen; Wor|te|ma|che|rei** *(abwertend);* **Wör|ter˯buch, ...ver|zeich|nis; Wort˯fa|mi|lie** *(Sprachw.)*, **...feld** *(Sprachw.)*, **...fet|zen, ...fol|ge, ...for|schung, ...füh|rer, ...füh|re|rin, ...ge|fecht, ...ge|klin|gel** *(abwertend)*, **...geo-gra|phie, ...ge|plän|kel, ...ge-schich|te; wort˯ge|schicht|lich, ...ge|treu, ...ge|wal|tig, ...ge-wandt** (-este); **Wort˯ge|wandt-heit, ...got|tes|dienst, ...grup|pe** *(Sprachw.)*
Wör|ther See, der; - -s, *auch* **Wör-ther|see,** der; -s (See in Kärnten)
Wörth|see, der; -s (See im oberbayr. Alpenvorland)
wort|karg; Wort˯karg|heit (die; -), **...klas|se** (*svw.* Wortart), **...klau-ber** *(abwertend)*, **...klau|be|rei** *(abwertend)*, **...kreu|zung** (*für* Kontamination), **...laut** (der; -[e]s), **...leh|re** (die; -); **Wört|lein; wört|lich;** -e Rede; **wort|los; Wort˯mel|dung, ...re|gi|ster; wort|reich; Wort˯reich|tum** (der; -s), **...schatz** (*Plur.* ...schätze), **...schöp|fung, ...schwall** (der; -[e]s), **...sinn** (der; -[e]s), **...spiel, ...stamm** *(Sprachw.)*, **...streit, ...ver|dre|her, ...wahl** (die; -), **...wech|sel; wort|wört|lich** (Wort für Wort); **Wort|zei|chen** (als Warenzeichen schützbares Emblem)
wor|über; wor|um; ich weiß nicht, - es geht; **wor|un|ter; wo|selbst** *(veraltet)*
Wo|tan (*Nebenform von* Wodan)
Wo|tru|ba (österr. Bildhauer)
wo|von; wo|vor; wo|zu; wo|zwi-schen *(selten)*
Woy|zeck ['vɔy...] (Titel[held] eines Dramenfragments von G. Büchner); **Woz|zeck** (Titel[held] einer Oper von A. Berg)
wrack (*Seemannsspr.* völlig defekt, beschädigt; *Kaufmannsspr.* schlecht [von der Ware]); - werden; **Wrack,** das; -[e]s, *Plur.* -s, *selten* -e (gestrandetes od. stark beschädigtes, auch altes Schiff;

übertr. für jmd., dessen körperliche Kräfte völlig verbraucht sind)
Wra|sen, der; -s, - (*nordd. für* Dampf, Dunst); **Wra|sen|ab|zug** (über dem Küchenherd)
wri|cken [*Trenn.* wrik|ken] *u.* **wrig|gen** (*nordd. für* ein Boot durch einen am Heck hin u. her bewegten Riemen fortbewegen)
wrin|gen (nasse Wäsche auswinden); du wrangst; du wrängest; gewrungen; wring[e]!
Wroc|ław ['vrɔtswaf] (poln. Stadt an der Oder; *vgl.* Breslau)
Wru|ke, die; -, -n (*nordostd. für* Kohlrübe)
Ws = Wattsekunde
WSW = Westsüdwest[en]
Wu|cher, der; -s; **Wu|cher|blu|me** (Margerite); **Wu|che|rei; Wu|che|rer; Wu|che|rin; wu|che|risch;** -ste; **wu|chern;** ich ...ere (↑R 22); **Wu|cher|preis; Wu|cher|tum,** das; -s; **Wu|che|rung; Wu|cher|zin|sen** *Plur.*
Wuchs, der; -es, *Plur. (fachspr.)* Wüchse; **...wüch|sig** (z. B. urwüchsig); **Wuchs|stoff** (hormonartiger, das Wachstum der Zellen fördernder Stoff)
Wucht, die; -; **Wucht|baum** (*landsch. für* Hebebaum); **wuch|ten** (*ugs. für* schwer heben); **wuch|tig; Wuch|tig|keit,** die; -
Wühl|ar|beit; wüh|len; Wüh|ler; Wüh|le|rei (*ugs. für* ständiges Wühlen, Aufhetzen); **wüh|le|risch; Wühl‿maus, ...tisch** (*ugs.;* bes. in Kaufhäusern)
Wuh|ne *vgl.* Wune
Wuhr, das; -[e]s, -e *u.* Wuh|re, die; -, -n (*bayr., südwestd. u. schweiz. für* [2]Wehr; Buhne); **Wuhr|baum; Wuh|re** *vgl.* Wuhr
Wul|fe|nit [*auch* ...'nit], das; -s (ein Mineral)
Wul|fi|la *vgl.* Ulfilas
Wulst, der; -es, *Plur.* Wülste, *fachspr. auch* -e *od.* die; -, Wülste; **Wülst|chen; wul|stig; Wülst|lein; Wulst|ling** (ein Pilz)
wumm!
wum|men *vgl.* wimmen
wum|mern (*ugs. für* dumpf dröhnen); es wummert
Wum|met *vgl.* Wimmet
wund; -este; - sein, werden; sich - laufen, reiben; sich den Mund - reden; *vgl.* aber: wundliegen; **Wund‿arzt** *(veraltend),* **...be|hand|lung, ...brand** (der; -[e]s); **Wun|de,** die; -, -n
wun|der; *vgl.* Wunder; **Wun|der,** das; -s, -; - tun, wirken; kein -; was -, wenn ...; du wirst dein blaues - erleben; (↑R 61:) er glaubt, wunder was getan zu haben *(ugs.);* er glaubt, wunder[s] wie geschickt er sei *(ugs.);* **wun|der|bar; wun|der|ba|rer|wei|se; Wun|der‿blu|me, ...dok|tor, ...glau|be; wun|der|gläu|big; Wun|der‿hei|ler, ...hei|lung; wun|der|hübsch; Wun|der‿ker|ze, ...kind, ...kna|be, ...kraft** (die), **...kur** (*vgl.* [1]Kur); **Wun|der|lam|pe** (in Märchen); **wun|der|lich** (eigenartig); **Wun|der|lich|keit; wun|der|mild** *(veraltet);* **Wun|der|mit|tel,** das; **wun|dern;** es wundert mich, daß ...; mich wundert, daß ...; sich -; ich ...ere mich (↑R 22); **wun|der|neh|men** (↑R 64); es nimmt mich wunder (*schweiz. auch für* ich möchte wissen); es hat dich wundergenommen, braucht dich nicht wunderzunehmen; **wun|ders;** *vgl.* Wunder; **wun|der|sam** *(geh.);* **wun|der|schön; Wun|der‿tat, ...tä|ter, ...tä|te|rin; wun|der|tä|tig; Wun|der‿tier** *(auch ugs. scherzh.),* **...tü|te; wun|der|voll; Wun|der|werk**
Wund‿fie|ber, ...in|fek|ti|on; wund|lie|gen, sich; **Wund‿mal** (*Plur.* ...male), **...pfla|ster, ...sal|be, ...starr|krampf** (der; -[e]s; *für* Tetanus)
Wundt (dt. Psychologe u. Philosoph)
Wund|ver|band
Wu|ne, Wuh|ne, die; -, -n (ins Eis gehauenes Loch)
Wunsch, der; -[e]s, Wünsche; **wünsch|bar** (*schweiz. für* wünschenswert); **Wunsch‿bild, ...den|ken** (das; -s); **Wün|schel|ru|te; Wün|schel|ru|ten|gän|ger; wün|schen;** du wünschst; **wün|schens|wert;** -este; **Wunsch‿form** (*für* Optativ), **...geg|ner; wunsch|ge|mäß; Wunsch‿kan|di|dat, ...kan|di|da|tin, ...kind, ...kon|zert, ...li|ste; wunsch|los;** -este; - glücklich; **Wunsch‿traum, ...vor|stel|lung, ...zet|tel**
wupp|dich!; Wupp|dich, der; *nur in* mit einem - (*ugs. für* schnell, gewandt); ↑R 67
Wup|per, die; - (r. Nebenfluß des Rheins); **[1]Wup|per|tal,** das; -[e]s; **[2]Wup|per|tal** (Stadt an der Wupper)
Wür|de, die; -, -n; **wür|de|los;** -este; **Wür|de|lo|sig|keit,** die; -; **Wür|den|trä|ger; wür|de|voll; wür|dig; wür|di|gen; Wür|dig|keit,** die; -; **Wür|di|gung**
Wurf, der; -[e]s, Würfe; **Wurf|bahn; Würf|chen; Wür|fel,** der; -s, -; **Wür|fel|be|cher; Wür|fel|chen, Wür|fe|lein; wür|fe|lig,** würf|lig; **wür|feln;** ich ...[e]le (↑R 22); gewürfeltes Muster; **Wür|fel‿spiel, ...zucker** [*Trenn.* ...zuk|ker]; **Wurf‿ge|schoß, ...kreis** *(Handball);* **Würf|lein; würf|lig** *vgl.* würfelig; **Wurf‿pfeil, ...sen|dung, ...tau|be** *(Sport);* **Wurf|tau|ben|schie|ßen**
Wür|ge‿griff, ...mal (*Plur.* ...male, *seltener* ...mäler); **wür|gen;** (↑R 68:) mit Hängen und Würgen (*ugs. für* mit großer Mühe, gerade noch); **Würg|en|gel** *(A. T.);* **Wür|ger** (Würgender; ein Vogel)
Wurm, der (*für* „hilfloses Kind" *ugs. auch* das); -[e]s, Würmer; **Würm|chen; Wur|mei; wur|men** *(ugs.);* es wurmt (ärgert) mich; **Wurm‿farn, ...fort|satz** (am Blinddarm), **...fraß; wur|mig; Wurm|krank|heit; Würm|lein; Wurm‿loch, ...mit|tel** (das)
Würm|see, der; -s (*früher für* Starnberger See)
wurm|sti|chig
Wurst, die; -, Würste; das ist mir -, *auch* Wurscht (*ugs. für* ganz gleichgültig); - wider -! (*ugs. für* wie du mir, so ich dir!); es geht um die - (*ugs. für* um die Entscheidung); mit der - nach der Speckseite werfen (*ugs. für* mit Kleinem Großes erreichen wollen); **Wurst‿brot, ...brü|he; Würst|chen; Würst|chen‿bu|de, ...stand; Wur|stel,** der; -s, - (*bayr. u. österr. für* Hanswurst); **Wür|stel,** das; -s, - (*österr. für* Würstchen); **Wur|ste|lei** *(ugs.);* **wur|steln** (*ugs. für* ohne Überlegung u. Ziel arbeiten); ich ...[e]le (↑R 22); **Wur|stel|pra|ter,** der; -s (Vergnügungspark im Wiener Prater); **wur|sten** (Wurst machen); **Wur|ster,** Wurst|ler (*landsch. für* Fleischer, der besonders Wurst herstellt); **Wur|ste|rei,** Wurst|le|rei *(landsch.);* **Wurst|fin|ger** *(ugs.);* **wur|stig** (*ugs. für* gleichgültig); **Wur|stig|keit,** die; - *(ugs.);* **Wurst|kü|che; Würst|lein; Wurst|ler** *vgl.* Wurster; **Wurst|le|rei** *vgl.* Wursterei; **Wurst‿sa|lat, ...sup|pe, ...wa|ren** *(Plur.),* **...zip|fel**
Wurt, die; -, -en, *auch* **Wur|te,** die; -, -n (*nordd. für* aufgeschütteter Erdhügel als Wohnplatz [zum Schutz vor Sturmfluten]); *vgl.* Warf[t]
Würt|tem|berg; Würt|tem|ber|ger (↑R 147); **würt|tem|ber|gisch**
Wurt|zit [*auch* ...'tsit], der; -s, -e ‹nach dem franz. Chemiker Wurtz› (ein Mineral)
Wurz, die; -, -en (*landsch. für* Wurzel)
Würz|burg (Stadt am Main); **Würz|bur|ger** (↑R 147); **würz|bur|gisch**
Wür|ze, die; -, -n; **Wur|zel,** die; -, -n (*Math. auch* Grundzahl einer Potenz); **Wur|zel‿bal|len, ...be|hand|lung** *(Zahnmed.),* **...bür|ste; Wür|zel|chen; wur|zel|echt;**

-e Pflanze (Pflanze mit eigenen Wurzeln); **Wür|ze|lein; Wur|zel-_fa|ser, ...füß|er** (ein Urtierchen), **...haut; Wur|zel|haut|ent|zün|dung; wur|ze|lig,** wurz|lig; **Wur|zel|knol|le; wur|zel|los;** -este; **Wur|zel|lo|sig|keit,** die; -; **wur|zeln;** die Eiche wurzelt tief [im Boden]; **Wur|zel_sil|be** *(Sprachw.),* **...stock** (*Plur.* ...stök|ke), **...werk** (das; -[e]s), **...zei|chen** *(Math.),* **...zie|hen** (das; -s; *Math.*); **wur|zen** (*bayr. u. österr. ugs. für* ausbeuten); du wurzt; **wür|zen** (mit Würze versehen); du würzt; **Würz|fleisch; wür|zig; Würz|lein; wurz|lig** *vgl.* wurzelig; **Würz|mi|schung; Wür|zung**

Wu|schel|haar (*ugs. für* lockiges od. unordentliches Haar); **wu|sche|lig** *(ugs.);* **Wu|schel|kopf**

wu|se|lig *(landsch.);* **wu|seln** (*landsch. für* sich schnell bewegen; geschäftig hin und her eilen; wimmeln); ich ...[e]le (↑R 22)

WUSt, Wust = Warenumsatzsteuer (in der Schweiz)

Wust, der; -[e]s (Durcheinander, ungeordnete Menge); **wüst;** -este; **Wü|ste,** die; -, -n; **wü|sten** (verschwenderisch umgehen); **Wü|ste|nei; Wü|sten_fuchs, ...kli|ma, ...kö|nig** (*geh. für* Löwe), **...sand, ...schiff** (*scherzh. für* Kamel), **...tier; Wüst|ling** (zügelloser Mensch); **Wü|stung** (verlassene Siedlung und Flur; *Bergw.* verlassene Lagerstätte)

Wut, die; -; **Wut_an|fall, ...aus|bruch; wü|ten; wü|tend;** ein -er Mann, aber (↑R 157): das Wütende (Wodans) Heer; **wut|ent|brannt; Wü|ter; Wü|te|rich,** der; -s, -e; **Wut|ge|heul; wut|schäu|mend** (↑R 209)

wut|schen (*ugs. für* schnell, eilig sein); du wutschst

wut|schnau|bend (↑R 209)

Wutz, die; -, -en, *auch* der; -en, -en (*landsch. für* Schwein); **Wutz|chen**

wu|zeln (*bayr. u. österr. ugs. für* drehen, wickeln; sich drängen)

W. Va. = West Virginia

Wwe. = Witwe

WWF = World Wide Fund for Nature

Wwr. = Witwer

Wy. = Wyoming

Wy|an|dot ['waiəndɔt], der; -, -s (Angehöriger eines nordamerik. Indianerstammes); **Wy|an|dot|te,** das; -, -s *od.* die; -, -n (eine amerik. Haushuhnrasse)

Wy|clif ['wiklif] (engl. Reformator)

Wyk auf Föhr ['vi:k - -] (Stadt auf der Nordseeinsel Föhr)

Wyo|ming [wai'o:miŋ] (Staat in den USA; *Abk.* Wy.)

Ⓦz = Warenzeichen

X

X [iks] (Buchstabe); das X; des X, die X, aber: das x in Faxe (↑R 82); der Buchstabe X, x; jmdm. ein X für ein U vormachen (*ugs. für* täuschen)

X (röm. Zahlzeichen) = 10

X, das; -, - (unbekannte Größe; unbekannter Name); ein Herr, eine Frau X; der Tag, die Stunde X; *in math. Formeln usw. klein geschrieben:* 3x = 15

X, χ = Chi

Ξ, ξ = Xi

x-Ach|se ['iks...]; ↑R 37 (*Math.* Abszissenachse im [rechtwinkligen] Koordinatensystem)

Xan|ten (Stadt im Niederrhein. Tiefland); **Xan|te|ner** (↑R 147)

Xan|thin, das; -s ‹griech.› (eine Stoffwechselverbindung)

[1]Xan|thip|pe (Gattin des Sokrates); **[2]Xan|thip|pe,** die; -, -n (*ugs. für* zanksüchtige Frau)

Xan|tho|phyll, das; -s ‹griech.› (*Bot.* gelber Pflanzenfarbstoff)

Xa|ver ['ksa:vər] (m. Vorn.); **Xa|ve|ria** (w. Vorn.)

X-Bei|ne ['iks...] *Plur.* (↑R 37); **X-bei|nig** (↑R 37)

x-be|lie|big ['iks...] (↑R 37); jeder -e (↑R 66); *vgl.* beliebig

X-Chro|mo|som ['iks...]; ↑R 37 (*Biol.* eines der beiden Geschlechtschromosomen)

Xe = *chem. Zeichen für* Xenon

X-Ein|heit ['iks...]; ↑R 37 (Längeneinheit für Röntgenstrahlen)

Xe|nia (w. Vorn.)

Xe|nie [...iə], die; -, -n ‹griech.› *u.* **Xe|ni|on,** das; -s, ...ien [...iən] (kurzes Sinngedicht); **Xe|no|kra|tie,** die; -, ...ien (*selten für* Fremdherrschaft); **Xe|non,** das; -s (chem. Element, Edelgas; *Zeichen* Xe); **Xe|non|lam|pe**

Xe|no|pha|nes (altgriech. Philosoph)

Xe|no|phon (altgriech. Schriftsteller); **xe|no|phon|tisch;** -er Stil, aber (↑R 134): die Xenophontischen Schriften

Xe|res [çe:rɛs] usw. *vgl.* Jerez usw.

Xe|ro|gra|phie, die; -, ...ien ‹griech.› (*Druckw.* ein Vervielfältigungsverfahren); **xe|ro|gra|phie|ren; xe|ro|gra|phisch; Xe|ro|ko|pie,** die; -, ...ien (xerographisch hergestellte Kopie); **xe|ro|ko|pie|ren; xe|ro|phil** (die Trockenheit liebend [von Pflanzen]); **Xe|ro|phyt,** der; -en, -en; ↑R 197 (an trockene Standorte angepaßte Pflanze)

Xer|xes (Perserkönig)

x-fach ['iks...] (*Math.* x-mal soviel); ↑R 37; **X-fa|che,** das; -n; ↑R 7ff. *u.* R 37; *vgl.* Achtfache

X-för|mig ['iks...] (↑R 37)

X-Ha|ken ['iks...]; ↑R 37 (Aufhängehaken für Bilder)

Xi, das; -[s], -s (griech. Buchstabe: *Ξ, ξ*)

x-mal ['iks...] (↑R 37)

X-Strah|len ['iks...] *Plur.;* ↑R 37 (Röntgenstrahlen)

x-te ['iks...] (↑R 37); x-te Potenz; zum x-tenmal, aber: zum x-ten Male

Xy|len, das; -s (*svw.* Xylol); **Xy|lo|graph,** der; -en, -en (↑R 197) ‹griech.› (Holzschneider); **Xy|lo|gra|phie,** die; -, ...ien (*nur Sing.:* Holzschneidekunst; Holzschnitt); **xy|lo|gra|phisch** (in Holz geschnitten); **Xy|lol,** das; -s ‹griech.; arab.› (ein Lösungsmittel); **Xy|lo|me|ter,** das; -s, - (Gerät zur Bestimmung des Rauminhalts unregelmäßig geformter Hölzer); **Xy|lo|phon,** das; -s, -e (ein Musikinstrument); **Xy|lo|se,** die; - (Holzzucker)

Y

(Selbstlaut u. Mitlaut)

Y ['ypsilɔn, *österr. oft* y'psi:...] (Buchstabe); das Y; des Y, die Y, aber: das y in Doyen (↑R 82); der Buchstabe Y, y

Y, das; -, - (Bez. für eine veränderliche od. unbekannte math. Größe); *in math. Formeln usw. klein geschrieben:* $y = 2x^2$

Y = *chem. Zeichen für* Yttrium

¥ = Yen

Y, υ = [2]Ypsilon

y., yd. = Yard

y-Ach|se ['ypsilɔn...]; ↑R 37

(*Math.* Ordinatenachse im [rechtwinkligen] Koordinatensystem)

Yacht [jaxt] *vgl.* Jacht

Yak [jak] *vgl.* Jak

Ya|ma|shi|ta [jama'ʃi:ta], der; -[s], -s ‹nach dem jap. Kunstturner Yamashita› (ein bestimmter Sprung am Langpferd)

Ya|mous|sou|kro [jamusu'kro] (Hptst. der [2]Elfenbeinküste)

Yams|wur|zel ['jams...] *vgl.* Jamswurzel

Yang [jaŋ], das; -[s] ‹chin.› (männl., schöpferisches Prinzip in der chin. Philosophie)

Yan|kee ['jɛŋki], der; -s, -s ‹amerik.› (Spitzname für den US-Amerikaner); **Yan|kee-doo|dle** [...du:d(ə)l], der; -[s] ([früheres] Nationallied der US-Amerikaner); **Yan|kee|tum,** das; -s

Yard [ja:(r)t], das; -s, -s ‹engl.› (angelsächs. Längenmaß; *Abk.* y. *od.* yd., *Plur.* yds.); 5 -[s] (↑R 129)

Ya|ren [ja...] (Hptst. von Nauru)

Yawl [jɔ:l], die; -, *Plur.* -e *u.* -s ‹engl.› (ein zweimastiges Segelboot)

Yb = *chem. Zeichen für* Ytterbium

[1]**Ybbs** [ips], die; - (r. Nebenfluß der Donau); [2]**Ybbs an der Donau** (österr. Stadt)

Y-Chro|mo|som ['ypsilɔn...] ↑R 37 (*Biol.* eines der beiden Geschlechtschromosomen)

yd., y. = Yard; **yds.** = Yards

Yel|low|stone-Na|tio|nal|park ['jɛlosto:n...], der; -[e]s (ein Naturschutzgebiet in den USA)

Yen [jɛn], der; -[s], -[s] ‹jap.› (Währungseinheit in Japan; 1 Yen = 100 Sen; *Abk.* ¥); 5 - (↑R 129)

Ye|ti ['je:ti], der; -s, -s ‹nepal.› (legendärer Schneemensch im Himalajagebiet)

Ygg|dra|sil ['yk...] (*nord. Mythol.* Weltesche, Weltbaum)

Yin [jin], das; -[s] ‹chin.› (weibl., empfangendes Prinzip in der chin. Philosophie)

Yip|pie ['jipi], der; -s, -s ‹amerik.› (aktionistischer, ideologisch radikalisierter Hippie)

Ylang-Ylang-Baum ['i:laŋ'i:laŋ...] ‹malai.; dt.› (ein trop. Baum); **Ylang-Ylang-Öl** ([als Duftstoff verwendetes] Öl des Ylang-Ylang-Baumes)

Y-Li|nie ['ypsilɔn...] (↑R 37)

YMCA [waiɛmsi:'e:] = Young Men's Christian Association ['jaŋ 'mens 'kristjən əso:'sie:ʃ(ə)n] (Christlicher Verein Junger Männer)

Ymir ['y:...] (*nord. Mythol.* Urriese, aus dessen Körper die Welt geschaffen wurde)

Yo|ga ['jo:ga], Joga, der *u.* das; -[s] ‹sanskr.› (ind. philos. System [mit körperlichen u. geistigen Übungen]); **Yo|ga|übung**

Yo|ghurt ['jo:...] *vgl.* Joghurt

Yo|gi ['jo:...], Jo|gi *u.* **Yo|gin,** Jogin, der; -s, -s ‹sanskr.› (Anhänger des Yoga)

Yo|him|bin [jo...], das; -s ‹Bantuspr.› (*Biochemie* Alkaloid aus der Rinde eines westafrik. Baumes)

Yo|ko|ha|ma [jo...] (Stadt in Japan)

Yonne [jɔn] (l. Nebenfluß der Seine)

Yorck von War|ten|burg [jɔrk - -] (preuß. Feldmarschall)

York [jɔrk] (engl. Stadt u. Grafschaft); **York|shire|ter|ri|er** ['jɔrkʃi:(r)...]

Young|plan ['jaŋ...] ‹nach dem amerik. Finanzmann Owen Young›; ↑R 135 (Plan zur Regelung der dt. Reparationen 1930 bis 1932)

Young|ster ['jaŋstə(r)], der; -s, -[s] ‹engl.› (junger Sportler)

Yo-Yo [jo'jo:] *vgl.* Jo-Jo

Ypern ['y:...] (belg. Stadt)

[1]**Yp|si|lon** ['ypsilɔn] *vgl.* Y (Buchstabe); [2]**Yp|si|lon,** das; -[s], -s (griech. Buchstabe: *Υ, υ*); [3]**Yp|si|lon,** das; -s, -s *u.* **Yp|si|lon|eu|le,** die; -, -n (ein Nachtfalter)

Ysop ['i:zɔp], der; -s, -e ‹semit.› (eine Heil- u. Gewürzpflanze)

Ytong ⓦ ['y:...], der; -s, -s (dampfgehärteter Leichtkalkbeton)

Yt|ter|bi|um [y'tɛr...], das; -s ‹nach dem schwed. Ort Ytterby› (chem. Element, Seltenerdmetall; *Zeichen* Yb); **Yt|ter|er|den** [y'tər...] *Plur.* (Seltenerdmetalle, die hauptsächlich in den Erdmineralien von Ytterby vorkommen); **Yt|tri|um,** das; -s (chem. Element, Seltenerdmetall; *Zeichen* Y)

Yu|an ['ju:an], der; -[s], -[s] ‹chin.› (Währungseinheit in China); 5 - (↑R 129)

Yu|ca|tán *vgl.* Yukatan

Yuc|ca ['juka], die; -, -s ‹span.› (Palmlilie)

Yu|ka|tan, *offz.* Yu|ca|tán [*beide* juka'tan] (mex. Halbinsel u. Staat)

[1]**Yu|kon** ['ju:...], der; - (nordamerik. Fluß); [2]**Yu|kon** (kanad. Territorium); **Yu|kon-Ter|ri|to|ri|um,** das; -s

Yun [jun], Isang (korean. Komponist)

Yup|pie ['jupi, *engl.* 'japi], der; -s, -s ‹amerik.› (junger karrierebewußter, großstädtischer Mensch)

Yver|don [ivɛr'dõ:] (schweiz. Stadt)

Yvonne [i'vɔn] (w. Vorn.)

YWCA [waidablju:si:'e:] = Young Women's Christian Association ['jang 'wiminz 'kristjən əso:'sie:ʃ(ə)n] (Christlicher Verein Junger Mädchen)

Z

Vgl. auch **C** *und* **K**

Z (Buchstabe); das Z; des Z, die Z, a b e r: das z in Gazelle (↑R 82); der Buchstabe Z, z; von A bis Z (*vgl.* A)

Z, ζ = Zeta

Z. = Zahl; Zeile

Za|ba|glio|ne [...bal'jo:nə], **Za|ba|io|ne,** die; -, -s ‹ital.› (Weinschaumcreme)

zach; -er, -este (*landsch. für* geizig; zaghaft; zäh)

Za|cha|ri|as (m. Vorn.); *vgl.* Sacharja

Za|chä|us (bibl. Eigenn.)

zack!; zack, zack!; **Zack,** der; *in der Wendung* auf - sein (*ugs. für* schnell, aufgeweckt, fähig sein); **Zäck|chen; Zacke**[1], die; -, -n (Spitze); **zacken**[1] (mit Zacken versehen); gezackt; **Zacken**[1], der; -s, - (*bes. südd., österr. Nebenform von* Zacke); **zacken|artig**[1]; **Zacken**[1]**‿kro|ne, ...li|nie**

zackern[1] (*südwestd., westmitteld. für* pflügen); ich ...ere (↑R 22)

zackig[1] (*ugs. auch für* schneidig); **Zackig|keit**[1], die; -; **Zäck|lein; zack, zack!**

zag (*geh. für* scheu)

Za|gel, der; -s, - (*landsch. für* Schwanz; Büschel)

za|gen (*geh.*); **zag|haft;** -este; **Zag|haf|tig|keit,** die; -; **Zag|heit,** die; - (*geh.*)

Za|greb ['za:...] (Hptst. Kroatiens)

zäh; zäher, am zäh[e]sten; **Zä|heit,** die; - (↑R 178); **zäh|flüs|sig; Zäh|flüs|sig|keit,** die; -; **Zä|hig|keit,** die; -

Zahl, die; -, -en (*Abk.* Z.); natürliche Zahlen (*Math.*); **Zahl|ad|jek|tiv; Zähl|ap|pa|rat; zahl|bar** (zu [be]zahlen); **zähl|bar** (was gezählt werden kann); **Zahl|bar-**

[1] *Trenn.* ...k|k...

keit, die; -; **Zähl|bar|keit,** die; -; **Zähl|brett**
zäh|le|big
zah|len; er hat pünktlich gezahlt, *häufig auch* bezahlt; Lehrgeld -; **zäh|len;** bis drei -; **Zah|len-an|ga|be, ...fol|ge, ...ge|dächt|nis** (das; -ses), **...kom|bi|na|ti|on, ...lot|te|rie, ...lot|to; zah|len|mä|ßig; Zah|len-ma|te|ri|al** (das; -s), **...my|stik, ...rei|he, ...schloß, ...ska|la, ...sym|bo|lik; Zah|ler; Zäh|ler; Zahl|gren|ze; Zähl|kam|mer** (*Med., Biol.* Glasplatte mit Netzeinteilung zum Zählen von Zellen); **Zahl-kar|te, ...kell|ner; zahl|los; Zähl|maß** (*Kaufmannsspr.* Maßeinheit für zählbare Mengen, z. B. Dutzend); **Zahl|mei|ster; zahl|reich; Zähl|rohr** (Gerät zum Nachweis radioaktiver Strahlen); **Zahl-stel|le, ...tag; Zah|lung;** - leisten (*Kaufmannsspr.* zahlen); an -s Statt; **Zäh|lung; Zah|lungs-an|wei|sung, ...auf|for|de|rung, ...auf|schub, ...be|din|gun|gen** *(Plur.),* **...be|fehl** (*vgl.* Mahnbescheid), **...bi|lanz, ...er|leich|te|rung; zah|lungs|fä|hig; Zah|lungs-fä|hig|keit** (die; -), **...frist; zah|lungs|kräf|tig** *(ugs.);* **Zah|lungs-mit|tel** (das), **...ter|min** (Zahlungsfrist); **zah|lungs|un|fä|hig; Zah|lungs-un|fä|hig|keit** (die; -), **...ver|kehr** (der; -[e]s), **...ver|pflich|tung, ...wei|se** (die); **Zähl|werk; Zahl-wort** (*Plur.* ...wörter), **...zei|chen**
zahm; ein -es Tier; **zähm|bar; Zähm|bar|keit,** die; -; **zäh|men; Zahm|heit,** die; -; **Zäh|mung**
Zahn, der; -[e]s, Zähne; ein hohler -; künstliche Zähne; **Zahn|arzt; Zahn|arzt|hel|fe|rin; Zahn|ärz|tin; zahn|ärzt|lich; Zahn|arzt|stuhl; Zahn-be|hand|lung, ...bein** (das; -[e]s; *für* Dentin), **...be|lag, ...bett, ...bür|ste; Zähn|chen; Zahn-creme, ...durch|bruch** (*für* Dentition); **zäh|ne|bleckend** [*Trenn.* ...blek|kend]; **zäh|ne|flet|schend;** ein -er Hund (↑R 209); **Zäh|ne|klap|pern,** das; -s; **zäh|ne-klap|pernd** (↑R 209), **...knir|schend** (↑R 209); **zäh|neln** (*selten für* zähnen); ich ...[e]le (↑R 22); **zah|nen** (Zähne bekommen); **zäh|nen** (mit Zähnen versehen); **Zahn-er|satz, ...fäu|le** (*für* Karies), **...fi|stel; Zahn|fleisch; Zahn|fleisch-blu|ten** (das; -s), **...ent|zün|dung; Zahn-fül|lung, ...hals, ...heil|kun|de** (die; -); **zah|nig** (*veraltet für* mit Zähnen versehen); **...zah|nig, ...zäh|nig** (z. B. scharfzahnig; scharfzähnig); **Zahn|klemp|ner** (*ugs. scherzh. für* Zahnarzt); **zahn|krank; Zahn-krank|heit, ...laut** (*Sprachw. für* Dental); **Zähn|lein; zahn|los; Zahn|lo|sig|keit,** die; -; **Zahn|lücke**[1]; **zahn|lückig**[1]; **Zahn|me|di|zin,** die; -; **zahn|me|di|zi|nisch; Zahn-pa|sta,** *auch* **...pa|ste, ...pfle|ge, ...pul|ver, ...rad; Zahn|rad|bahn; Zahn-schmelz** (der; -es), **...schmerz** *(meist Plur.),* **...sei|de, ...span|ge, ...stein** (der; -[e]s), **...sto|cher, ...tech|nik** (die; -), **...tech|ni|ker, ...tech|ni|ke|rin; Zäh|nung** *(Philatelie);* **Zahn-wal, ...weh** (das; -s), **...wur|zel**
Zäh|re, die; -, -n (*veraltet, noch landsch. für* Träne)
Zäh|rin|ger, der; -s, - (Angehöriger eines südd. Fürstengeschlechtes)
Zähr|te (*fachspr. für* [1]Zärte)
Zain, der; -[e]s, -e (*landsch. für* Zweig, Weidengerte; Metallstab; Rute; *Jägerspr.* Schwanz des Dachses); **Zai|ne,** die; -, -n (*veraltet, noch landsch. für* Flechtwerk, Korb); *vgl.* Zeine; **zai|nen** (*veraltet, noch landsch. für* flechten)
Za|ire [za'i:r(ə)] (Staat in Afrika); **Zai|rer; Zai|re|rin; zai|risch** (↑R 180)
Za|ko|pa|ne [za...] (polnischer Wintersportplatz, Luftkurort)
Zam|ba ['samba], die; -, -s ⟨span.⟩ (weibl. Nachkomme eines schwarzen u. eines indianischen Elternteils); **Zam|bo** ['sambo], der; -s, -s (männl. Nachkomme eines schwarzen u. eines indianischen Elternteils)
Zam|pa|no, der; -s, -s ⟨nach einer Figur des ital. Films „La Strada"⟩ (prahlerischer Mann)
Zam|perl, der; -s, -[n] (*bayr. für* [kleiner] nicht reinrassiger Hund)
Zan|der, der; -s, - ⟨slaw.⟩ (ein Fisch)
Za|nel|la, der; -s, *Plur. (Sorten:)* -s ⟨ital.⟩ (ein Gewebe)
Zan|ge, die; -, -n; **Zän|gel|chen; Zan|gen|be|we|gung; zan|gen|för|mig; Zan|gen|ge|burt; Zäng|lein**
Zank, der; -[e]s; **Zank|ap|fel,** der; -s (Gegenstand eines Streites); **zan|ken;** sich -; **Zän|ker; Zan|ke|rei** (*ugs. für* wiederholtes Zanken); **Zän|ke|rei** *meist Plur.* (kleinlicher Streit); **zän|kisch; Zank|sucht,** die; -; **zank|süch|tig**
Zä|no|ge|ne|se, die; -, -n ⟨griech.⟩ (Auftreten von Besonderheiten während der stammesgeschichtl. Entwicklung der Tiere); **zä|no|ge|ne|tisch**
Zapf, der; -[e]s, Zäpfe (*seltene Nebenform von* Zapfen; *südd. selten für* Ausschank); **[1]Zäpf|chen** (Teil des weichen Gaumens); **[2]Zäpf|chen** (kleiner Zapfen); **Zäpf|chen-R,** das; -s; ↑R 37 *(Sprachw.);* **zap|fen; Zap|fen,** der; -s, -; **zap|fen|för|mig; Zap|fen|streich** (*Milit.* Abendsignal zur Rückkehr in die Unterkunft); der Große - (↑R 157); **Zap|fen|zie|her** (*südwestd. u. schweiz. für* Korkenzieher); **Zap|fer; Zapf|hahn; Zäpf|lein** *vgl.* [2]Zäpfchen; **Zapf-säu|le** (bei Tankstellen), **...stel|le**
za|po|nie|ren (mit Zaponlack überziehen); **Za|pon|lack** (farbloser Lack [als Metallschutz])
Zap|pe|ler, Zapp|ler; **zap|pe|lig,** zapp|lig; **zap|peln;** ich ...[e]le (↑R 22); **Zap|pel|phil|ipp,** der; -s, *Plur.* -e *u.* -s ⟨nach einer Figur aus einem Kinderbuch⟩ (zappeliges, unruhiges Kind)
zap|pen|du|ster (*ugs. für* sehr dunkel; aussichtslos)
Zapp|ler *vgl.* Zappeler; **Zapp|le|rin; zapp|lig** *vgl.* zappelig
Zar, der; -en, -en (↑R 197) ⟨lat.⟩ (ehem. Herrschertitel bei Russen, Serben, Bulgaren)
Za|ra|go|za [sara'gɔsa] (span. Stadt); *vgl.* Saragossa
Za|ra|thu|stra (Neugestalter der altiran. Religion); *vgl.* Zoroaster
Za|ren-fa|mi|lie, ...herr|schaft (die; -), **...reich; Za|ren|tum,** das; -s; **Za|re|witsch,** der; -[e]s, -e (Sohn eines russ. Zaren; russ. Kronprinz); **Za|rew|na,** die; -, -s (Tochter eines russ. Zaren)
Zar|ge, die; -, -n (*fachspr. für* Einfassung; Seitenwand)
Za|rin; Za|ris|mus, der; - (Zarenherrschaft); **za|ri|stisch; Za|ri|za,** die; -, *Plur.* -s *u.* ...zen (Frau od. Witwe eines Zaren)
zart; -er, -este; zartblau usw.; **zart|be|sai|tet;** zartbesaiteter, zartbesaitetste *od.* zarter besaitet, zartest besaitet; **zart|bit|ter;** -e Schokolade
[1]Zär|te, die; -, -n ⟨slaw.⟩ (ein Fisch); *vgl.* Zährte
[2]Zär|te, die; - (*veraltet für* Zartheit); **Zär|te|lei; zär|teln** (*selten für* Zärtlichkeiten austauschen); ich ...[e]le (↑R 22); **zart|füh|lend;** -er, -ste; **Zart|ge|fühl,** das; -[e]s; **Zart|heit; zärt|lich; Zärt|lich|keit; zart|ro|sa**
Za|sel, Za|ser, die; -, -n (*veraltet, noch landsch. für* Faser); **Zä|sel|chen; Za|ser** *vgl.* Zasel; **Zä|ser|chen; za|se|rig** *(veraltet);* **Zä|ser|lein; za|sern** (*veraltet für* fasern); ich ...ere (↑R 22)
Zä|si|um, *chem. fachspr.* Cae|si|um ['tsɛ:...], das; -s ⟨lat.⟩ (chem. Element, Metall; *Zeichen* Cs)

[1] *Trenn.* ...k|k...

Zas|pel, die; -, -n (altes Garnmaß) **Za|ster,** der; -s ⟨sanskr.-zigeun.⟩ (*ugs. für* Geld)
Zä|sur, die; -, -en ⟨lat.⟩ (Einschnitt [in einer Entwicklung]; *Verslehre* Einschnitt im Vers; *Musik* Ruhepunkt)
Zat|tel|tracht, die; - (eine mittelalterl. Kleidermode)
Zau|ber, der; -s, -; **Zau|ber‿bann, ...buch; Zau|be|rei; Zau|be|rer,** Zaub|rer; **Zau|ber‿flö|te, ...formel; zau|ber|haft;** -este; **Zau|ber|hand;** *nur in* wie von *od.* durch -; **Zau|be|rin,** Zaub|re|rin; **zau|be|risch; Zau|ber‿ka|sten, ...kraft** (die); **zau|ber|kräf|tig; Zau|ber‿kunst, ...künst|ler, ...kunst|stück, ...lehr|ling; zau|bern;** ich ...ere (↑R 22); **Zau|ber‿nuß** (die; -; *svw.* Hamamelis), **...spruch, ...stab, ...trank, ...trick, ...wort** (*Plur.* ...worte); **Zaub|rer** *vgl.* Zauberer; **Zaub|re|rin** *vgl.* Zauberin
Zau|che, die; -, -n (*veraltet, noch landsch. für* Hündin; liederliches Frauenzimmer)
Zau|de|rei; Zau|de|rer, Zaud|rer; **Zau|de|rin,** Zaud|re|rin; **zau|dern;** ich ...ere (↑R 22); (↑R 68:) da hilft kein Zaudern; **Zaud|rer** *vgl.* Zauderer; **Zaud|re|rin** *vgl.* Zauderin
Zaum, der; -[e]s, Zäume (über den Kopf und ins Maul von Zug- u. Reittieren gelegte Vorrichtung aus Riemen u. Metallteilen [zum Lenken und Führen]); im - halten; **zäu|men; Zäu|mung; Zaum|zeug**
Zaun, der; -[e]s, Zäune; **Zäun|chen; zaun|dürr** (*österr. ugs. für* sehr mager); **Zaun|ei|dech|se; zäu|nen** (einzäunen); **Zaun‿gast** (*Plur.* ...gäste), **...kö|nig** (ein Vogel); **Zäun|lein; Zaun|pfahl;** ein Wink mit dem - (*ugs. für* deutlicher Hinweis); **Zaun‿re|be** (Name einiger Pflanzen, bes. des Waldnachtschattens), **...schlüp|fer** (*landsch. für* Zaunkönig); **Zauns|pfahl** *vgl.* Zaunpfahl
Zau|pe, die; -, -n (*landsch. für* Hündin; liederliches Frauenzimmer)
zau|sen; du zaust; er zauste; **zau|sig** (*österr. für* zerzaust); -e Haare
Za|zi|ki *u.* Tsa|tsi|ki, der *u.* das; -s, -s ⟨ngriech.⟩ (Joghurt mit Knoblauch u. Salatgurkenstückchen)
Zä|zi|lie *vgl.* Cäcilie
z. B. = zum Beispiel
z. b. V. = zur besonderen Verwendung
z. D. = zur Disposition
z. d. A. = zu den Akten (erledigt)
ZDF = Zweites Deutsches Fernsehen
z. E. = zum Exempel
Zea, die; - ⟨griech.⟩ (*Bot.* Mais)
Ze|ba|oth, *ökum.* Ze|ba|ot *Plur.* ⟨hebr., „himmlische Heerscharen"⟩; der Herr - (alttest. Bez. Gottes)
Ze|be|dä|us (bibl. Eigenn.)
Ze|bra, das; -s, -s ⟨afrik.⟩ (gestreiftes südafrik. Wildpferd); **ze|bra|ar|tig; Ze|bra|strei|fen** (Kennzeichen von Fußgängerüberwegen); **Ze|bro|id,** das; -[e]s, -e ⟨afrik.; griech.⟩ (Kreuzung aus Zebra und Pferd)
Ze|bu, der *od.* das; -s, -s ⟨tibet.⟩ (ein asiat. Buckelrind)
Zech|bru|der *(ugs.)*; **Ze|che,** die; -, -n (Rechnung für genossene Speisen u. Getränke; Bergwerk); die - prellen; **ze|chen** (große Mengen Alkohol trinken); **Ze|chen‿ster|ben, ...stille|gung** [*Trenn.* ...still|le..., ↑R 204]; **Ze|cher; Ze|che|rei; Ze|che|rin; Zech|ge|la|ge**
Ze|chi|ne, die; -, -n ⟨ital.⟩ (eine alte venezian. Goldmünze)
Zech‿kum|pan, ...prel|ler; Zech|prel|le|rei; Zech|prel|le|rin
Zech|stein, der; -[e]s (*Geol.* Abteilung des Perms)
Zech|tour
[1]**Zeck,** der *od.* das; -[e]s (*landsch. für* ein Kinderspiel [Haschen])
[2]**Zeck,** der; -[e]s, -e (*südd. u. österr. neben* Zecke); **Zecke,** die; -, -n [*Trenn.* Zek|ke] (eine parasitisch lebende Milbe)
zecken [*Trenn.* zek|ken] (*landsch. für* [1]Zeck spielen; necken, reizen); necken u. -; **Zeck|spiel,** das; -[e]s
Ze|de|kia, *ökum.* Zid|ki|ja (bibl. Eigenn.)
Ze|dent, der; -en, -en (↑R 197) ⟨lat.⟩ (*Rechtsw.* Gläubiger, der seine Forderung an einen Dritten abtritt)
Ze|der, die; -, -n ⟨griech.⟩ (immergrüner Nadelbaum); **ze|dern** (aus Zedernholz); **Ze|dern|holz**
ze|die|ren ⟨lat.⟩ (*Rechtsw.* eine Forderung an einen Dritten abtreten)
Ze|dre|la‿baum ⟨span.; dt.⟩ (*svw.* Zedrele), **...holz; Ze|dre|le,** die; -, -n ⟨lat.⟩ (ein trop. Baum)
Zee|se, die; -, -n (Schleppnetz [der Ostseefischer]); **Zee|sen|boot**
Ze|fan|ja *vgl.* Zephanja
Zeh *vgl.* Zehe; **Ze|he,** die; -, -n, *auch* Zeh, der; -s, -en; die kleine, große Zehe, der kleine, große Zeh; **Ze|hen‿gän|ger** (*Zool.* eine Gruppe der Säugetiere), **...na|gel, ...spit|ze, ...stand; ...ze|her** (z. B. Paarzeher); **...ze|hig** (z. B. fünfzehig; *mit Ziffer* 5zehig; ↑R 212)
zehn; wir sind zu zehnen *od.* zu zehnt; sich alle zehn Finger nach etwas lecken (*ugs. für* sehr begierig auf etwas sein); ↑R 157: die Zehn Gebote; *vgl.* acht; **Zehn,** die; -, -en (Zahl); *vgl.* [1]Acht; **Zehn|eck; zehn|eckig** [*Trenn.* ...ek|kig]; **zehn|ein|halb,** zehn|und|ein|halb; **Zehn|en|der** *(Jägerspr.)*; **Zeh|ner** (*ugs. auch für* Zehnpfennigstück); *vgl.* Achter; **Zeh|ner|bruch** (der; *für* Dezimalbruch); **Zeh|ner|jau|se** (*ostösterr. ugs. für* Gabelfrühstück); **Zeh|ner|kar|te** (↑R 212); **zeh|ner|lei;** auf - Art; **Zeh|ner‿packung** [*Trenn.* ...pak|kung], **...stel|le** *(Math.)*; **zehn|fach;** *vgl.* achtfach; **Zehn|fa|che,** das; -n; *vgl.* Achtfache; **Zehn|fin|ger-Blind‿schrei|be|me|tho|de** *od.* **...schreib|me|tho|de** (die; -); **Zehn|fin|ger|sy|stem,** das; -s; **Zehn|flach,** das; -[e]s, -e, **Zehn|fläch|ner** (*für* Dekaeder); **Zehn|fuß|krebs** (*für* Dekapode); **Zehn‿jah|res|fei|er** *od.* ...jahr|fei|er; **Zehn|jah|res|plan** (*mit Ziffern* 10-Jahres-Plan); ↑R 43 *u.* [2]Plan; **Zehn|jahr|fei|er** *vgl.* Zehnjahresfeier; **zehn|jäh|rig;** *vgl.* achtjährig; **Zehn‿kampf** *(Sport)*, **...kämp|fer; Zehn|klas|sen|schu|le** (bes. in der ehem. DDR); **zehn|mal;** *vgl.* achtmal; **zehn|ma|lig; Zehn|mark|schein** (↑R 43); **Zehn|me|ter|brett** (*mit Ziffern* 10-Meter-Brett *od.* 10-m-Brett); ↑R 43; **Zehn|pfen|nig‿brief|mar|ke, ...stück** (↑R 43); **zehnt;** *vgl.* zehn; **Zehnt, Zehn|te,** der; ...ten, ...ten (*früher* [Steuer]abgabe); den Zehnten fordern, geben; **zehn|tau|send;** die oberen Zehntausend (↑R 66); *vgl.* tausend; **zehn|te;** *vgl.* achte *u.* Muse; **Zehn|te** *vgl.* Zehnt; **zehn|tel;** *vgl.* achtel; **Zehn|tel,** das, *schweiz. meist* der; -s, -; *vgl.* Achtel; **Zehn|tel‿gramm, ...se|kun|de; zehn|tens; Zehn|ton|ner** (*mit Ziffer* 10tonner; ↑R 212); **Zehnt|recht,** das; -[e]s; **zehn|und|ein|halb** *vgl.* zehneinhalb
zeh|ren; Zehr‿geld *(veraltet)*, **...pfen|nig** *(veraltet)*; **Zeh|rung** *(veraltet)*
Zei|chen, das; -s, -; - setzen; **Zei|chen‿block** (*vgl.* Block), **...brett, ...drei|eck, ...er|klä|rung, ...fe|der, ...film, ...heft, ...leh|rer, ...leh|re|rin, ...pa|pier, ...saal, ...schutz** (*svw.* Warenzeichen), **...set|zung** (die; -; *für* Interpunktion), **...spra|che, ...stift** (der), **...stun|de, ...trick|film, ...un|ter|richt, ...vor|la|ge; zeich|nen; Zeich|nen,** das; -s; **Zeich|ner; Zeich|ne|rin; zeich|ne|risch; Zeich|nung; zeich|nungs-**

be|rech|tigt; Zeich|nungs|be|rech|ti|gung

Zei|del|mei|ster (*veraltet für* Bienenzüchter); **zei|deln** (*veraltet für* Honigwaben ausschneiden); ich ...[e]le (↑R 22); **Zeid|ler** (*veraltet für* Bienenzüchter); **Zeid|le|rei** (*veraltet für* Bienenzucht)

Zei|ge|fin|ger, *schweiz. auch* Zeig|fin|ger; **zei|gen;** etwas -; sich [großzügig] -; **Zei|ger; Zei|ge|stock** *Plur.* ...stöcke; **Zeig|fin|ger** *vgl.* Zeigefinger

zei|hen *(geh. veraltend);* du ziehst; du ziehest; geziehen; zeih[e]!

Zei|le, die; -, -n (*Abk.* Z.); **Zei|len‿ab|stand, ...dorf, ...gieß|ma|schi|ne** *od.* **...guß|ma|schi|ne, ...ho|no|rar, ...län|ge, ...maß** (das), **...schal|ter** (an der Schreibmaschine), **...sprung** *(Verslehre);* **zei|len|wei|se; ...zei|ler** (z. B. Zweizeiler, *mit Ziffer* 2zeiler; ↑R 212); **...zei|lig** (z. B. sechszeilig, *mit Ziffer* 6zeilig; ↑R 212)

Zei|ne, die; -, -n (*schweiz. für* großer Korb mit zwei Griffen, z. B. für Wäsche); *vgl.* Zaine

Zeis|chen (kleiner Zeisig)

Zei|sel|bär (*landsch. für* Tanzbär); [1]**zei|seln** (*landsch. für* eilen, geschäftig sein); ich ...[e]le (↑R 22)

[2]**zei|seln** (*schwäb. für* anlocken); ich ...[e]le (↑R 22)

Zei|sel|wa|gen ‹*zu* [1]zeiseln› (*landsch. für* Leiterwagen)

zei|sen (*bayr. für* Verworrenes auseinanderzupfen); du zeist; er zei|ste

Zei|sig, der; -s, -e ‹tschech.› (ein Vogel); **Zei|sig|fut|ter;** *vgl.* [1]Futter; **zei|sig|grün**

Zei|sing, der; -s, -e (*Seemannsspr. für* Segeltuchstreifen, Tauende)

Zeis|lein *vgl.* Zeischen

Zeiß, Carl (dt. Mechaniker); **Zeiss** (Ⓦ: opt. u. fotogr. Erzeugnisse); Zeisssche Erzeugnisse; **Zeiss|glas** *Plur.* ...gläser; ↑R 135

zeit; *Präp. mit Gen.:* - meines Lebens; **Zeit,** die; -, -en; zu meiner, seiner, uns[e]rer -; zu aller Zeit, aber: all[e]zeit; zur Zeit (*Abk.* z. Z., z. Zt.); *vgl.* zurzeit; auf Zeit (*Abk.* a. Z.); eine Zeitlang, aber: einige, eine kurze Zeit lang; es ist an der Zeit; von Zeit zu Zeit; Zeit haben; beizeiten; vorzeiten; zuzeiten (bisweilen), aber: zu der Zeit, zu Zeiten Karls d. Gr.; jederzeit, aber: zu jeder Zeit; derzeit; seinerzeit (*Abk.* s. Z.), aber: alles zu seiner Zeit; zeitlebens; auf Zeit spielen *(Sportspr.);* **Zeit‿ab|schnitt, ...ach|se, ...al|ter, ...an|ga|be** (*Sprachw.* Umstandsangabe der Zeit), **...an|sa|ge** *(Rundf.),* **...ar|beit, ...auf|nah|me** *(Fotogr.),* **...auf|wand; zeit|auf|wen|dig; Zeit‿bom|be, ...dau|er, ...do|ku|ment, ...druck** (der; -[e]s), **...ein|heit, ...ein|tei|lung; Zei|ten‿fol|ge** (die; -; *für* Consecutio temporum), **...wen|de** *od.* Zeit|wende; **Zeit|er|fas|sung; Zeit|er|fas|sungs|ge|rät; Zeit‿er|schei|nung, ...er|spar|nis, ...fah|ren** (das; -s; *Radsport*), **...fak|tor** (der; -s), **...feh|ler** *(Reiten),* **...form** (*für* Tempus), **...fra|ge; zeit|fremd; zeit|ge|bun|den; Zeit‿ge|fühl** (das; -[e]s), **...geist** (der; -[e]s); **zeit|ge|mäß; Zeit‿ge|nos|se, ...ge|nos|sin; zeit|ge|nös|sisch; zeit|ge|recht** (*österr. neben* rechtzeitig); **Zeit‿ge|schäft** *(Kaufmannsspr.),* **...ge|sche|hen, ...ge|schich|te** (die; -), **...ge|schmack, ...ge|winn; zeit|gleich; zeit|her** (*veraltet, noch landsch. für* seither, bisher); **zeit|he|rig** *(veraltet, noch landsch.);* **zei|tig; zei|ti|gen** (hervorbringen); Erfolge -; **Zeit‿kar|te, ...kri|tik** (die; -); **zeit|kri|tisch; Zeit|lang,** die; *nur in* eine Zeitlang, aber: einige Zeit lang, eine kurze Zeit lang; **Zeit|lauf,** der; -[e]s, *Plur.* ...läufte, *seltener* ...läufe *meist Plur.;* **zeit|le|bens; zeit|lich** (*österr. ugs. auch für* zeitig, früh); das Zeitliche (↑R 65) segnen (*veraltend für* sterben; *ugs. scherzh. für* kaputtgehen); **Zeit|lich|keit,** die; - (Leben auf Erden, irdische Vergänglichkeit); **Zeit|lohn; zeit|los; Zeit|lo|se,** die; -, -n (Pflanze [*meist für* Herbstzeitlose]); **Zeit|lo|sig|keit,** die; -; **Zeit|lu|pe,** die; -; **Zeit|lu|pen|tem|po,** das; -s; **Zeit‿man|gel** (der; -s), **...maß** (das), **...mes|ser** (der; *für* Chronometer); **Zeit|mes|sung; zeit‿nah, ...na|he; Zeit|nah|me,** die; - *(Sport);* **Zeit‿neh|mer** *(Sport),* **...not** (die; -), **...per|so|nal, ...plan, ...punkt, ...raf|fer** *(Film);* **zeit|rau|bend** (↑R 209); **Zeit‿raum, ...rech|nung; zeit|schnell** *(Sport);* die -sten Läufer; **Zeit|schrift** (*Abk.* Zs., Zschr.); **Zeit|schrif|ten‿auf|satz, ...ver|lag, ...ver|le|ger; Zeit‿sinn** (der; -[e]s), **...sol|dat, ...span|ne; zeit|spa|rend** (↑R 209); **Zeit‿sprin|gen** (das; -s, -; *Reitsport*), **...stra|fe** *(Sport),* **...ta|fel, ...takt** *(Fernsprechwesen);* **Zei|tung; Zei|tung|le|sen,** das; -s; **Zei|tungs‿ab|la|ge, ...an|non|ce, ...an|zei|ge, ...ar|ti|kel, ...aus|schnitt, ...be|richt, ...en|te** *(ugs.),* **...frau, ...in|se|rat, ...ki|osk, ...kor|re|spon|dent, ...le|ser, ...mann** (*Plur.* ...männer *od.* ...leute), **...mel|dung, ...no|tiz, ...pa|pier, ...ro|man, ...trä|ger, ...ver|käu|fer, ...ver|käu|fe|rin, ...ver|lag, ...ver|le|ger, ...we|sen** (das; -s), **...wis|sen|schaft** (die; -); **zeit|ver|geu|dend** (↑R 209); **Zeit‿ver|geu|dung, ...ver|lust, ...ver|schie|bung, ...ver|schwen|dung; zeit|ver|setzt;** eine -e Fernsehübertragung; **Zeit‿ver|trag, ...ver|treib** (der; -[e]s, -e); **zeit|wei|lig; zeit|wei|se; Zeit‿wen|de** (*vgl.* Zeitenwende), **...wert, ...wort** (*Plur.* ...wörter); **Zeit|wort|form; zeit|wört|lich**

Zeitz (Stadt an der Weißen Elster)

Zeit|zei|chen *(Rundf., Funkw.)*

Zeit|zer (↑R 147)

Zeit‿zeu|ge, ...zeu|gin, ...zo|ne, ...zün|der

Ze|le|brant, der; -en, -en (↑R 197) ‹lat.› (die Messe lesender Priester); **Ze|le|bra|ti|on,** die; -, -en (Feier [des Meßopfers]); **ze|le|brie|ren** (feierlich begehen; die Messe lesen); **Ze|le|bri|tät,** die; -, -en (*selten für* Berühmtheit)

Zel|ge, die; -, -n (*südd. für* [bestelltes] Feld, Flurstück)

Zell (Name mehrerer Städte)

Zel|la-Meh|lis; ↑R 154 (Stadt im Thüringer Wald)

Zell|at|mung, die; -; **Zel|le,** die; -, -n ‹lat.›; **Zellehre** [*Trenn.* Zell|leh|re, ↑R 204] *vgl.* Zellenlehre; **Zel|len|bil|dung; zel|len|för|mig; Zel|len|ge|we|be,** Zell|ge|we|be; **Zel|len‿leh|re** (die; -; *für* Zytologie), **...schmelz** (*für* Cloisonné)

Zel|ler, der; -s (*österr. ugs. für* Sellerie)

Zell‿for|schung (die; -), **...ge|we|be** (*vgl.* Zellengewebe); **Zell|ge|webs|ent|zün|dung; Zell|glas,** das; -es (eine Folie); **zel|lig; Zell‿kern, ...mem|bran; Zel|loi|din|pa|pier** [...o|i...] (↑R 180) ‹lat.; griech.› (Kollodiumschichtträger für Bromsilber bei fotogr. Filmen); **Zel|lo|phan** usw. *vgl.* Cellophan usw.; **Zell|stoff** (Produkt aus Zellulose); **Zell|stoffa|brik,** die; -, -en [*Trenn.* ...stoff|fa..., ↑R 204]; **Zell|tei|lung; zel|lu|lar, zel|lu|lär** ‹lat.› (aus Zellen gebildet); **Zel|lu|lar|pa|tho|lo|gie,** die; - (*Med.* Auffassung von Krankheiten als Störungen des normalen Zellebens); **Zel|lu|li|tis,** die; -, ...itiden (Entzündung des Zellgewebes); **Zel|lu|loid,** *chem. fachspr.* Cel|lu|loid, das; -[e]s ‹lat.; griech.› (Kunststoff, Zellhorn); **Zel|lu|lo|se,** *chem. fachspr.* Cel|lu|lo|se, die; -, *Plur. (Sorten:)* -n ‹lat.› (Hauptbestandteil der pflanzlichen Zellwände; Zellstoff); **Zell‿ver|meh|rung, ...wand, ...wol|le** (die; -)

Ze|lot, der; -en, -en (↑R 197) ‹griech.› ([Glaubens]eiferer); **ze|lo|tisch; Ze|lo|tis|mus,** der; -

[1]**Zelt**, der; -[e]s (wiegende Gangart von Pferden)
[2]**Zelt**, das; -[e]s, -e; **Zelt|bahn; Zelt|bla|che** (*schweiz. für* Zeltbahn); **Zelt|blatt** (*österr. für* Zeltbahn); **Zel|te**, der; -n, -n (↑R 197) *u.* **Zel|ten**, der; -s, - (*südd., österr. für* kleiner, flacher [Leb]kuchen); **zel|ten** (in Zelten übernachten, wohnen); gezeltet; [1]**Zel|ter** (*selten für* Zeltler)
[2]**Zel|ter**, der; -s, - (auf Paßgang abgerichtetes Damenreitpferd); **Zelt|gang**, der (Paßgang)
Zelt‿he|ring, ...la|ger (*Plur.* ...lager), **...lein|wand; Zelt|ler** (jmd., der zeltet)
Zelt|li, das; -s, - (*schweiz. mdal. für* Bonbon)
Zelt‿mast (der), **...mis|si|on** (die; -; *ev. Kirche*), **...pflock, ...pla|ne, ...platz, ...stadt, ...stock** (*Plur.* ...stöcke), **...wand**
Ze|ment, der, (*für* Zahnbestandteil:) das; -[e]s, -e ‹lat.› (Bindemittel; Baustoff; Bestandteil der Zähne); **Ze|men|ta|ti|on**, die; -, -en (Härtung der Stahloberfläche; Abscheidung von Metallen aus Lösungen); **Ze|ment‿bo|den, ...dach; ze|men|tie|ren** (mit Zement ausfüllen, verputzen; eine Zementation durchführen; *übertr. auch für* [einen Zustand, Standpunkt u. dgl.] starr u. unverrückbar festlegen); **Ze|men|tie|rung; Ze|ment‿röh|re, ...sack, ...si|lo**
Zen [zɛn, *auch* tsɛn], das; -[s] (jap. Richtung des Buddhismus)
Ze|ner|dio|de ‹nach dem Physiker› (eine Halbleiterdiode)
Ze|nit [*auch* ...'nit], der; -[e]s ‹arab.› (Scheitelpunkt [des Himmels]); **Ze|nit|hö|he**
Ze|no[n] (Name zweier altgriech. Philosophen; byzant. Kaiser)
Ze|no|taph *vgl.* Kenotaph
zen|sie|ren ‹lat.› (benoten; [auf unerlaubte Inhalte] prüfen); **Zen|sie|rung; Zen|sor**, der; -s, ...oren (altröm. Beamter; Beurteiler, Prüfer); **zen|so|risch** (den Zensor betreffend); **Zen|sur**, die; -, -en (*nur Sing.:* behördl. Prüfung [und Verbot] von Druckschriften u. a.; [Schul]note); **zen|su|rie|ren** (*österr., schweiz. für* prüfen, beurteilen); **Zen|sus**, der; -, - (Schätzung; Volkszählung)
Zent, die; -, -en ‹lat., „Hundertschaft"› (germ. Gerichtsverband)
Zen|taur, Ken|taur, der; -en, -en (↑R 197) ‹griech.› (Wesen der griech. Sage mit menschlichem Oberkörper u. Pferdeleib)
Zen|te|nar, der; -s, -e ‹lat.› (*selten für* Hundertjähriger); **Zen|te|nar‿aus|ga|be, ...fei|er; Zen|te|na|ri|um**, das; -s, ...ien [...i̯ən] (Hundertjahrfeier); **zen|te|si|mal** (hundertteilig); **Zen|te|si|mal|waa|ge; zent|frei** (*früher* dem Zentgericht nicht unterworfen); **Zent‿ge|richt** (*früher*), **...graf** (*früher*); **Zen|ti...** (Hundertstel...; ein Hundertstel einer Einheit, z. B. Zentimeter = 10^{-2} Meter; *Zeichen* c); **Zen|ti|fo|lie** [...i̯ə], die; -, -n (eine Rosenart); **Zen|ti‿gramm**[1] ($^1/_{100}$ g; *Zeichen* cg), **...li|ter**[1] ($^1/_{100}$ l; *Zeichen* cl), **...me|ter**[1] (*Zeichen* cm); **Zen|ti|me|ter|maß**, das; **Zent|ner**, der; -s, - (100 Pfund od. 50 kg; *Abk.* Ztr.; *Österreich u. Schweiz* 100 kg [Meterzentner], *Zeichen* q); **Zent|ner‿ge|wicht, ...last; zent|ner|schwer; zent|ner|wei|se**
zen|tral ‹griech.› (in der Mitte; im Mittelpunkt befindlich, von ihm ausgehend; Mittel..., Haupt..., Gesamt...); **Zen|tral|afri|ka; Zen|tral|afri|ka|ner; zen|tral|afri|ka|nisch**, aber (↑R 157): die Zentralafrikanische Republik; **Zen|tral|ame|ri|ka** (festländischer Teil Mittelamerikas); **Zen|tral‿bank** (*Plur.* ...banken), **...bau** (*Plur.* ...bauten; *Archit.*); **zen|tral|be|heizt; Zen|tral|be|hör|de** (oberste Behörde); **Zen|tra|le**, die; -, -n (zentrale Stelle; Hauptort, -geschäft, -stelle; Fernsprechvermittlung [in einem Großbetrieb]; *Geom.* Mittelpunktslinie); **Zen|tral‿fi|gur, ...flug|ha|fen** (Flughafen, der nach allen Flugrichtungen offen ist und allen Fluggesellschaften dient); **zen|tral|ge|heizt** (*svw.* zentralbeheizt); **Zen|tral‿ge|walt, ...hei|zung** (Sammelheizung); **Zen|tra|li|sa|ti|on**, die; -, -en ‹franz.› (Zentralisierung); **zen|tra|li|sie|ren** (zusammenziehen, in einem [Mittel]punkt vereinigen); **Zen|tra|li|sie|rung** (Zusammenziehung, Vereinigung in einem [Mittel]punkt); **Zen|tra|lis|mus**, der; - ‹griech.› (Streben nach Zusammenziehung [der Verwaltung u. a.]); **zen|tra|li|stisch; Zen|tra|li|tät**, die; - (Mittelpunktslage von Orten); **Zen|tral‿ko|mi|tee** (oberstes Organ der kommunist. u. mancher sozialist. Parteien; *Abk.* ZK); **Zen|tral‿kraft** (die; *Physik*), **...mas|siv** (das; -s; in Frankreich), **...ner|ven|sy|stem, ...or|gan, ...per|spek|ti|ve** (*fachspr.*), **...pro|blem, ...stel|le, ...ver|band, ...ver|wal|tung; zen|trie|ren** (auf die Mitte einstellen); sich -; **Zen|trie|rung; Zen|trier|vor|rich|tung; zen|tri|fu|gal** ‹griech.; lat.› (vom Mittelpunkt wegstrebend); **Zen|tri|fu|gal‿kraft** (die), **...pum|pe** (Schleuderpumpe); **Zen|tri|fu|ge**, die; -, -n (Schleudergerät zur Trennung von Flüssigkeiten); **zen|tri|fu|gie|ren** (mit Hilfe der Zentrifuge zerlegen); **zen|tri|pe|tal** (zum Mittelpunkt hinstrebend); **Zen|tri|pe|tal|kraft**, die; **zen|trisch** ‹griech.› (im Mittelpunkt befindlich, mittig); **Zen|tri|win|kel** (Mittelpunktswinkel); **Zen|trum**, das; -s, ...tren (Mittelpunkt; Innenstadt; Haupt-, Sammelstelle; *nur Sing.:* kath. Partei des Bismarckreiches u. der Weimarer Republik); **Zen|trums|par|tei**, die; -
Zen|tu|rie [...i̯ə], die; -, -n ‹lat.› (altröm. Soldatenabteilung von 100 Mann); **Zen|tu|rio**, der; -s, ...onen (Befehlshaber einer Zenturie)
Zen|zi (w. Vorn.)
Zeo|lith [*auch* ...'lit], der; *Gen.* -s *u.* -en, *Plur.* -e[n] (↑R 197) ‹griech.› (ein Mineral)
Ze|phan|ja, *ökum.* Ze|fan|ja (bibl. Prophet)
Ze|phir, *österr. nur so, u.* Ze|phyr, der; -s, *Plur.* -e, *österr.* ...i̯re ‹griech.› (ein Baumwollgewebe; *nur Sing.: geh. für* milder Wind); **ze|phi|risch**, *österr. nur so, u.* ze|phy|risch (*geh. für* säuselnd, lieblich, sanft); **Ze|phir|wol|le**, Ze|phyr|wol|le; **Ze|phyr** usw. *vgl.* Zephir usw.
[1]**Zep|pe|lin** (Familienn.); [2]**Zep|pe|lin**, der; -s, -e (Luftschiff); **Zep|pe|lin|luft|schiff** (↑R 135)
Zep|ter, das, *seltener* der; -s, - ‹griech.› (Herrscherstab)
zer... (*Vorsilbe von Verben*, z. B. zerbröckeln, du zerbröckelst, zerbröckelt, zu zerbröckeln)
Zer *vgl.* Cer
Ze|rat, das; -[e]s, -e ‹lat.› (Wachssalbe)
Zer|be *vgl.* Zirbe
zer|bei|ßen
zer|ber|sten
Zer|be|rus, der; -, -se (*griech. Sage* der den Eingang der Unterwelt bewachende Hund; *scherzh. für* grimmiger Wächter)
zer|beu|len
zer|bom|ben
zer|bre|chen; zer|brech|lich; Zer|brech|lich|keit, die; -
zer|bröckeln [*Trenn.* ...brök|keln]; **Zer|bröcke|lung** [*Trenn.* ...bröke...], **Zer|bröck|lung**
Zerbst (Stadt in Sachsen-Anhalt); **Zerb|ster** (↑R 147)
zer|deh|nen
zer|dep|pern (*ugs. für* [durch Werfen] zerstören); ich ...ere (↑R 22)

[1] [*auch* 'tsɛn...]

zer|drücken [*Trenn.* ...drük|ken]

Ze|rea|lie [...i̯ə], die; -, ...ien [...i̯ən] *meist Plur.;* ↑R 180 ⟨lat.⟩ (Getreide; Feldfrucht)

Ze|re|bel|lum, *med. fachspr.* Ce|re|bel|lum [tse...], das; -s, ...bella ⟨lat.⟩ (*Med.* Kleinhirn); **ze|re|bral** (das Zerebrum betreffend); **Ze|re|bral,** der; -s, -e *od.* **Ze|re|bral|laut,** der; -[e]s, -e (*Sprachw.* mit der Zungenspitze am Gaumen gebildeter Laut); **ze|re|bro|spi|nal** (*Med.* Hirn u. Rückenmark betreffend); **Ze|re|brum,** *med. fachspr.* Ce|re|brum, das; -s, ...bra (Großhirn, Gehirn)

Ze|re|mo|nie [*auch, österr. nur,* ...'mo:ni̯ə], die; -, ...i̯en [*auch* ...'mo:ni̯ən] ⟨lat.⟩ (feierl. Handlung; Förmlichkeit); **ze|re|mo|ni|ell** (feierlich; förmlich, gemessen; steif, umständlich); **Ze|re|mo|ni|ell,** das; -s, -e ([Vorschrift für] feierliche Handlungen); **Ze|re|mo|ni|en|mei|ster** [...i̯ən...]; **ze|re|mo|ni|ös;** -este (steif, förmlich)

Ze|re|sin, *fachspr.* Ce|re|sin, das; -s ⟨lat.⟩ (gebleichtes Erdwachs aus hochmolekularen Kohlenwasserstoffen)

Ze|re|vis [...'vi:s], das; -, - ⟨kelt.⟩ (*Studentenspr. veraltet für* Bier; Käppchen der Verbindungsstudenten)

[1]zer|fah|ren; die Wege sind -; **[2]zer|fah|ren** (verwirrt; gedankenlos); **Zer|fah|ren|heit,** die; -

Zer|fall, der; -[e]s, ...fälle (*nur Sing.:* Zusammenbruch, Zerstörung; *Kernphysik* spontane Spaltung des Atomkerns); **zer|fal|len;** die Mauer ist sehr -; sie ist mit der ganzen Welt - (nichts ist ihr recht); **Zer|falls₀er|schei|nung, ...pro|dukt, ...stoff**

zer|fa|sern

zer|fet|zen; Zer|fet|zung

zer|flat|tern

zer|fled|dern *vgl.* zerfledern; **zer|fle|dern** (*ugs. für* durch häufigen Gebrauch [an den Rändern] abnutzen, zerfetzen [von Büchern, Zeitungen o. ä.]); ich ...ere (↑R 22)

zer|flei|schen (zerreißen); du zerfleischst; **Zer|flei|schung**

zer|flie|ßen

zer|fran|sen

zer|fres|sen

zer|fur|chen; zer|furcht; -este; eine -e Stirn

zer|ge|hen

zer|gen (*landsch. für* necken)

zer|glie|dern; Zer|glie|de|rung

zer|grü|beln; ich zergrübelte mir den Kopf

zer|hacken [*Trenn.* ...hak|ken]

zer|hau|en

zer|kau|en

zer|klei|nern; ich ...ere (↑R 22); **Zer|klei|ne|rung,** die; -; **Zer|klei|ne|rungs|ma|schi|ne**

zer|klüf|tet; -es Gestein; **Zer|klüf|tung**

zer|knal|len

zer|knäu|len *(landsch.)*

zer|knaut|schen *(ugs.)*

zer|knirscht; -este; ein -er Sünder; **Zer|knirscht|heit,** die; -; **Zer|knir|schung,** die; -

zer|knit|tern; zer|knit|tert; nach der Strafpredigt war er ganz - (*ugs. für* gedrückt)

zer|knül|len

zer|ko|chen

zer|kör|nen (*für* granulieren)

zer|krat|zen

zer|krü|meln

zer|las|sen; -e Butter

zer|lau|fen (*svw.* zerfließen)

zer|leg|bar; Zer|leg|bar|keit, die; -; **zer|le|gen; Zer|leg|spiel; Zer|le|gung**

zer|le|sen; ein zerlesenes Buch

zer|lö|chern

zer|lumpt; -este *(ugs.);* -e Kleider

zer|mah|len

zer|mal|men; Zer|mal|mung

zer|man|schen (*ugs. für* völlig zerdrücken, zerquetschen)

zer|mar|tern, sich; ich habe mir den Kopf zermartert

Zer|matt (schweiz. Kurort)

zer|mür|ben; zer|mürbt; -es Leder; **Zer|mür|bung**

zer|na|gen

zer|nepft; -este (*ostösterr. ugs. für* zerzaust, verwahrlost)

zer|nich|ten (*veraltet für* vernichten)

zer|nie|ren (*veraltet für* durch Truppen einschließen)

Ze|ro ['ze:ro], die; -, -s *od.* das; -s, -s ⟨arab.⟩ (Null, Nichts; *im Roulett* Gewinnfeld des Bankhalters)

Ze|ro|graph, der; -en, -en (↑R 197) ⟨griech.⟩ (die Zerographie Ausübender); **Ze|ro|gra|phie,** die; -, ...i̯en (Wachsgravierung); **Ze|ro|pla|stik** (Wachsbildnerei); **Ze|ro|tin|säu|re,** die; - (Bestandteil des Bienenwachses)

zer|pflücken [*Trenn.* ...pflük|ken]

zer|plat|zen

zer|pul|vern (*für* pulverisieren)

zer|quält; ein -es Gesicht

zer|quet|schen; Zer|quet|schung

zer|rau|fen; sich die Haare -

Zerr|bild

zer|re|den

zer|reib|bar; zer|rei|ben; Zer|rei|bung

zer|rei|ßen; sich -; **zer|reiß|fest; Zer|reiß|fe|stig|keit,** die; -; **Zer|reiß|pro|be; Zer|rei|ßung**

zer|ren; Zer|re|rei

zer|rin|nen

zer|ris|sen; ein -es Herz; **Zer|ris|sen|heit,** die; -

Zerr|spie|gel; Zer|rung

zer|rup|fen

zer|rüt|ten (zerstören); **zer|rüt|tet;** eine -e Ehe; **Zer|rüt|tung**

zer|sä|gen

zer|schel|len (zerbrechen); zerschellt

zer|schie|ßen

zer|schla|gen; die Pläne haben sich -; alle Glieder sind mir wie -; **Zer|schla|gen|heit,** die; -; **Zer|schla|gung**

zer|schlei|ßen

zer|schlit|zen

zer|schmei|ßen *(ugs.)*

zer|schmet|tern; zer|schmet|tert; -e Glieder; **Zer|schmet|te|rung**

zer|schnei|den; Zer|schnei|dung

zer|schrammt; -e Hände

zer|schrün|det ([völlig] von Schrunden, Rissen zerfurcht); ein -es Gletscherfeld

zer|schun|den; seine Haut war ganz -

zer|set|zen; Zer|set|zung; Zer|set|zungs₀er|schei|nung, ...pro|dukt, ...pro|zeß

zer|sie|deln ([die Natur] durch Siedlungen zerstören); **Zer|sie|de|lung**

zer|sin|gen (den ursprüngl. Wortlaut eines Volksliedes durch ungenaue Überlieferung ändern)

zer|spal|ten; zerspalten *u.* zerspaltet; *vgl.* spalten; **Zer|spal|tung**

zer|spa|nen; Zer|spa|nung

zer|spel|len (*veraltet für* [völlig] spalten)

zer|splei|ßen (*veraltet für* [völlig] [auf]spalten)

zer|split|tern (in Splitter zerschlagen; in Splitter zerfallen); sich - (sich verzetteln); **Zer|split|te|rung**

zer|sprat|zen (*Geol.* sich aufblähen u. zerbersten [von glühenden Gesteinen])

zer|spren|gen; Zer|spren|gung

zer|sprin|gen

zer|stamp|fen

zer|stäu|ben; Zer|stäu|ber (Gerät zum Versprühen von Flüssigkeiten); **Zer|stäu|bung**

zer|ste|chen

zer|stie|ben

zer|stör|bar; zer|stö|ren; Zer|stö|rer; zer|stö|re|risch; Zer|stö|rung; Zer|stö|rungs₀trieb (der; -[e]s), **...wut; zer|stö|rungs|wü|tig**

zer|sto|ßen

zer|strah|len *(Kernphysik);* **Zer|strah|lung**

zer|strei|ten, sich

zer|streu|en; sich - (sich leicht unterhalten, ablenken, erholen); **zer|streut;** -este; ein -er Professor; -es (diffuses) Licht; **Zer|streut|heit,** die; -; **Zer|streu-**

ung; Zer|streu|ungs|lin|se *(Optik)*
zer|stückeln [*Trenn.* ...stük|keln]; **Zer|stücke|lung** [*Trenn.* ...stükke...], **Zer|stück|lung**
zer|talt (*Geogr.* durch Täler stark gegliedert); ein -es Gelände
zer|tei|len; Zer|tei|lung
zer|tep|pern *vgl.* zerdeppern
Zer|ti|fi|kat, das; -[e]s, -e ‹lat.› ([amtl.] Bescheinigung, Zeugnis, Schein); **Zer|ti|fi|ka|ti|on,** die; -, -en (das Ausstellen eines Zertifikats); **zer|ti|fi|zie|ren;** zertifiziert; **Zer|ti|fi|zie|rung**
zer|tram|peln
zer|tren|nen; Zer|tren|nung
zer|tre|ten; Zer|tre|tung
zer|trüm|mern; ich ...ere (↑R 22); **Zer|trüm|me|rung**
Zer|ve|lat|wurst [zɛrvə..., *auch* tsɛr...] ‹ital.; dt.› (eine Dauerwurst)
zer|wer|fen, sich (sich entzweien, verfeinden)
zer|wir|ken; das Wild - (*Jägerspr.* die Haut des Wildes abziehen u. das Wild zerlegen)
zer|wüh|len
Zer|würf|nis, das; -ses, -se
zer|zau|sen; Zer|zau|sung
zer|zup|fen
zes|si|bel ‹lat.› (*Rechtsw.* abtretbar); **Zes|si|on,** die; -, -en (Übertragung eines Anspruchs von dem bisherigen Gläubiger auf einen Dritten); *vgl.* zedieren; **Zes|sio|nar,** der; -s, -e; ↑R 180 (jmd., an den eine Forderung abgetreten wird)
Ze|ta, das; -[s], -s (griech. Buchstabe: *Z, ζ*)
Ze|ter, das; *nur noch in* Zeter u. Mord[io] schreien *(ugs.)*; **Ze|ter|ge|schrei** *(ugs.)*; **ze|ter|mor|dio!;** *nur noch in* zetermordio schreien *(ugs.)*; **Ze|ter|mor|dio,** das; -s *(ugs.)*; **ze|tern** (*ugs. für* wehklagend schreien); ich ...ere (↑R 22)
Zett; *vgl.* Z (Buchstabe)
[1]**Zet|tel,** der; -s, - (*Weberei* Kette; Reihenfolge der Kettfäden)
[2]**Zet|tel,** der; -s, - ‹lat.› (Streifen, kleines Blatt Papier); **Zet|te|lei** (Aufnahme in Zettelform, karteimäßige Bearbeitung; *auch für* Zettelkram; unübersichtliches Arbeiten); **Zet|tel‿kar|tei, ...kasten, ...kram; zet|teln** (*landsch. für* verstreuen, weithin ausbreiten); ich ...[e]le (↑R 22); *vgl.* [2]verzetteln; **Zet|tel|wirt|schaft** *(ugs.)*
zeuch!, zeuchst, zeucht (*veraltet geh. für* zieh[e]!, ziehst, zieht)
Zeug, das; -[e]s, -e; jmdm. etwas am - flicken (*ugs. für* an jmdm. kleinliche Kritik üben); **Zeug‿amt** (*Milit. früher* das Zeughaus verwaltende Behörde), **...druck** (*Plur.* ...drucke; gefärbter Stoff); **Zeu|ge,** der; -n, -n (↑R 197); [1]**zeu|gen** (hervorbringen; erzeugen); [2]**zeu|gen** (bezeugen); es zeugt von Fleiß (es zeigt Fleiß); **Zeu|gen‿aus|sa|ge, ...bank** (*Plur.* ...bänke), **...be|ein|flus|sung, ...be|fra|gung; Zeu|gen|schaft,** die; -; **Zeu|gen‿stand** (der; -[e]s), **...ver|neh|mung; Zeug|haus** (*Milit. früher* Lager für Waffen u. Vorräte); **Zeu|gin**
Zeug|ma, das; -s, *Plur.* -s *u.* -ta ‹griech.› (*Sprachw.* unpassende Beziehung eines Satzgliedes auf andere Satzglieder [z. B. er schlug die Stühl' und Vögel tot])
Zeug|nis, das; -ses, -se; **Zeug|nis‿ab|schrift, ...aus|ga|be, ...ver|wei|ge|rung**
Zeugs, das; - (*ugs. für* Gegenstand, Sache); so ein -
Zeu|gung; Zeu|gungs|akt; zeu|gungs|fä|hig; Zeu|gungs‿fä|hig|keit (die; -), **...glied** (*für* Penis); **zeu|gungs|un|fä|hig; Zeu|gungs|un|fä|hig|keit,** die; -
Zeus (höchster griech. Gott); **Zeus|tem|pel** (↑R 135)
Zeu|te, die; -, -n (*rhein., hess. für* Zotte [Schnauze])
Zeu|xis (altgriech. Maler)
ZGB (in der Schweiz) = Zivilgesetzbuch
z. H., z. Hd. = zu Händen, zuhanden
Zib|be, die; -, -n (*nordd., mitteld. für* Mutterschaf, -kaninchen; *abwertend für* Frau, Mädchen)
Zi|be|be, die; -, -n ‹arab.-ital.› (*südd., österr. für* große Rosine)
Zi|be|li|ne, die; - ‹slaw.› (ein Wollgarn, -gewebe)
Zi|bet, der; -s ‹arab.› (als Duftstoff verwendete Drüsenabsonderung der Zibetkatze); **Zi|bet|kat|ze**
Zi|bo|ri|um, das; -s, ...ien [...i̯ən] ‹griech.› (in der röm.-kath. Kirche Aufbewahrungsgefäß für Hostien; Altarbaldachin)
Zi|cho|rie [...i̯ə], die; -, -n ‹griech.› (Pflanzengattung der Korbblütler mit zahlreichen Arten [z. B. Wegwarte]; ein Kaffeezusatz); **Zi|cho|ri|en|kaf|fee,** der; -s
Zicke[1], die; -, -n (weibl. Ziege); *vgl.* Zicken; **Zickel**[1], das; -s, -[n]; **Zickel|chen**[1]; **zickeln**[1] (Junge werfen [von der Ziege]); **Zicken**[1] *Plur.* (*ugs. für* Dummheiten); mach keine -!; **zickig**[1] (*ugs. für* geziert, altjüngferlich); **Zick|lein**
Zick|zack, der; -[e]s, -e; *meist in* im Zickzack laufen, aber: zickzack laufen; **zick|zacken**[1]; gezickzackt; **Zick|zack‿kurs, ...kur|ve, ...li|nie**

[1] *Trenn.* ...k|k...

Zi|der *vgl.* Cidre
Zid|ki|ja *vgl.* Zedekia
Zie|che, die; -, -n (*südd. u. österr. für* Bettbezug u. a.); *vgl.* Züchen
Ziech|ling (Ziehklinge, Schaber des Tischlers)
Zie|fer, das; -s, - (*südwestd. für* Federvieh)
zie|fern (*mitteld. für* wehleidig sein; frösteln; vor Schmerz zittern; *bayr. für* leise regnen); ich ...ere (↑R 22)
Zie|ge, die; -, -n
Zie|gel, der; -s, -; **Zie|gel‿bren|ner, ...bren|ne|rei, ...dach; Zie|ge|lei; zie|geln** (*veraltet für* Ziegel machen); ich ...ele (↑R 22); **zie|gel|rot; Zie|gel‿stein, ...strei|cher**
Zie|gen‿bart (*auch* ein Pilz), **...bock, ...her|de, ...kä|se, ...le|der, ...lip|pe** (ein Pilz), **...mel|ker** (ein Vogel), **...milch; Zie|gen|pe|ter,** der; -s, - (Mumps)
Zie|ger, der; -s, - (*südd., österr. für* Quark, Kräuterkäse)
Zieg|ler (*veraltet für* Ziegelbrenner)
Zieh|brun|nen; Zie|he, die; - (*landsch. für* Pflege u. Erziehung); ein Kind in - geben; **Zieh|el|tern** *Plur. (landsch.)*; **zie|hen;** du zogst; du zögest; gezogen; zieh[e]!; *vgl.* zeuch! usw.; nach sich -; **Zieh‿har|mo|ni|ka, ...kind** *(landsch.)*, **...mut|ter** *(landsch.)*, **...pfla|ster** (*svw.* Zugpflaster); **Zie|hung; Zieh|va|ter** *(landsch.)*
Ziel, das; -[e]s, -e; **Ziel‿bahn|hof, ...band** (das *Plur.* ...bänder); **ziel|be|wußt; Ziel‿be|wußt|heit, ...ein|rich|tung; zie|len; zie|lend;** -es Verb (*für* Transitiv); **Ziel‿fahn|dung** (gezielte Fahndung), **...fahrt** (*Motorsport* kleinere Sternfahrt), **...fern|rohr, ...fo|to|gra|fie, ...ge|biet** *(Milit.)*, **...ge|ra|de** (*Sport* letztes gerades Bahnstück vor dem Ziel); **ziel|ge|rich|tet; Ziel‿grup|pe, ...ha|fen** (*vgl.* [2]Hafen), **...ka|me|ra, ...kauf** *(Wirtsch.)*, **...kur|ve** (*Sport* Kurve vor der Zielgeraden), **...li|nie; ziel|los;** -este; **Ziel|lo|sig|keit,** die; -; **Ziel‿rich|ter, ...schei|be, ...set|zung; ziel|si|cher; Ziel‿si|cher|heit** (die; -), **...spra|che** *(Sprachw.)*, **...stel|lung** (*regional für* Zielsetzung); **ziel|stre|big; Ziel|stre|big|keit,** die; -; **Ziel|vor|rich|tung**
Ziem, der; -[e]s, -e (*veraltet für* oberes Keulenstück [des Rindes])
zie|men *(geh.)*; es ziemt sich, es ziemt mir
Zie|mer, der; -s, - (Rückenbraten [vom Wild]; *kurz für* Ochsenziemer)
ziem|lich (fast, annähernd)

Zieplchen, Zielpellchen (*landsch. für* Küken, Hühnchen); **zielpen** (*landsch., bes. nordd. für* zupfend ziehen; einen Pfeifton von sich geben)
Zier, die; -; **Zielrat,** der; -[e]s, -e; **Zierlde,** die; -, -n; **zielren;** sich -; **Zielrelrei; Zier‿fisch, ...garlten, ...gras, ...kürlbis, ...leilste; zierlich; Zierllichlkeit,** die; -; **Zier‿pflanlze, ...puplpe, ...rand, ...schrift, ...stich, ...strauch, ...stück, ...volgel**
Zielsel, der, *österr.* das; -s, - ‹slaw.› (ein Nagetier)
Ziest, der; -[e]s, -e ‹slaw.› (eine Heilpflanze)
Zielt[h]en (preuß. Reitergeneral)
Ziff. = Ziffer
Ziflfer, die; -, -n ‹arab.› (Zahlzeichen; *Abk.* Ziff.); arabische, römische -n; **Ziflferlblatt; ...ziflferig,** ...zifflrig (z. B. zweiziff[e]rig, *mit Ziffer* 2ziff[e]rig; ↑R 212); **Ziflfer[n]lkalsten** *(Druckw.);* **ziffernlmälßig; Ziflferlschrift**
zig, -zig *(ugs.);* zig, *auch* -zig Mark; mit zig, *auch* -zig Sachen in die Kurve; *in Zusammensetzungen nur ohne Bindestrich:* zigfach, zighundert, zigmal, zigtausend; ein Zigfaches; Zigtausende von Menschen
Zilgalretlte, die; -, -n ‹franz.›; **Zigalretlten‿asche, ...aultolmat, ...etui, ...falbrik, ...kiplpe, ...länge** (*nur in* auf eine - *[ugs.]*), **...papier, ...paulse, ...rauch, ...raucher, ...schachltel, ...spitlze, ...stumlmel; Zilgalrillo** [*selten auch* ...'riljo], der, *auch* das; -s, -s, *ugs. auch* die; -, -s ‹span.› (kleine Zigarre); **Zilgärrlchen; Zilgarlre,** die; -, -n; **Zilgarlren‿ablschneilder, ...asche, ...fabrik, ...kilste, ...rauch, ...raucher, ...spitlze, ...stumlmel; Zigärrllein**
Zilger, der; -s, - (*schweiz. Schreibweise für* Zieger)
Zilgeulner[1], der; -s, -; **zilgeulnerhaft; Zilgeulnelrin; zilgeulnerisch; Zilgeulner‿kalpellle, ...lager** (*Plur.* ...lager), **...lelben** (das; -s), **...mulsik; zilgeulnern** (*ugs. für* sich herumtreiben); ich ...ere (↑R 22); **Zilgeulner‿prilmas, ...schnitlzel** *(Gastron.),* **...sprache**
ziglfach; ziglhunldert; ziglmal; zigltaulsend; *vgl.* zig
Zilkalde, die; -, -n ‹lat.› (ein Insekt); **Zilkaldenlmännlchen**
zililar ‹lat.› (*Med.* die Wimpern betreffend); **Zililar‿körlper** (ein Abschnitt der mittleren Hautschicht des Auges), **...muslkel, ...neurlallgie** (Schmerzen in Augapfel u. Augenhöhle); **Zillialte,** die; -, -n *meist Plur.* (*Biol.* Wimpertierchen [Einzeller]); **Zilie** [...iə], die; -, -n (*Med.* Wimper)
Zililzilen usw. *vgl.* Kilikien usw.
[1]Zille (dt. Zeichner)
[2]Zille, die; -, -n ‹slaw.› (*ostmd., österr. für* leichter, flacher [Fracht]kahn); **Zilllenlschleplper** (Schleppschiff)
Zilllerltal, das; -[e]s; **Zilllerltaller** (↑R 147); - Alpen
Zilli (w. Vorn.)
Zimlbablwe (*engl. Schreibung von* Simbabwe)
Zimlbal, das; -s, *Plur.* -e *u.* -s ‹griech.› (mit Hämmerchen geschlagenes Hackbrett); **Zimlbel,** die; -, -n (gemischte Orgelstimme; kleines Becken)
Zimlber, Kimlber, der; -s, -n (Angehöriger eines germ. Volksstammes); **zimlbrisch,** kimbrisch, a b e r *nur:* die zimbrischen Sprachinseln *u.* (↑R 146): die Zimbrische Halbinsel (Jütland)
Zilment, das; -[e]s, -e ‹lat.› (*bayr. u. österr. veraltet für* metallenes zylindr. Maßgefäß [der Wirte])
Zilmier, das; -s, -e ‹griech.› (Helmschmuck)
Zimlmer, das; -s, -; **Zimlmerlantenlne; Zimlmerlarlbeit,** Zimmelrerlarlbeit; **Zimlmer‿brand, ...decke** [*Trenn.* ...deklke]; **Zimmelrei; Zimlmerleinlrichltung; Zimlmelrer; Zimlmelrerlarlbeit** *vgl.* Zimmerarbeit; **Zimlmelrerhandlwerk** (*seltener für* Zimmerhandwerk); **Zimlmer‿flucht** (zusammenhängende Reihe von Zimmern; *vgl.* [1]Flucht), **...handwerk, ...herr** (*veraltet für* Untermieter); **...zimlmelrig,** ...zimmlrig (z. B. zweizimm[e]rig; *mit Ziffer* 2zimm[e]rig; ↑R 212); **Zimlmer‿kelllner, ...lautlstärlke, ...linlde; Zimlmerlling** (*Bergmannsspr.* Zimmermann); **Zimlmer‿mädchen, ...mann** (*Plur.* ...leute), **...mielte; zimlmern;** ich ...ere (↑R 22); **Zimlmer‿numlmer, ...pflanlze, ...sulche, ...tanlne, ...temlpelraltur, ...thealter; Zimmelrung; Zimlmerlverlmittllung; ...zimmlrig** *vgl.* ...zimmerig
zimlperllich; Zimlperllichlkeit; Zimlperllielse, die; -, -n (*ugs. für* zimperliches Mädchen)
zimlpern (*landsch. für* zimperlich sein, tun); ich ...ere (↑R 22)
Zimt, der; -[e]s, *Plur. (Sorten:)* -e (ein Gewürz); **Zimtlbaum; zimt‿farlben** *od.* **...farlbig; Zimt‿stange, ...stern; Zimtlzicke** [*Trenn.* ...ziklke], **Zimtlzielge** (Schimpfwort)
Zinlckelnit [*auch* ...'nit], der; -s (↑R 179) ‹nach dem dt. Bergdirektor Zincken› (ein Mineral)
Zinlcum, das; -s (*latinisierte Nebenform von* Zink)
Zinldelltaft ‹griech.; pers.› (ein Gewebe)
Zinlder, der; -s, - *meist Plur.* ‹engl.› (ausgeglühte Steinkohle)
Zilnelralria, Zilnelralrie [...iə], die; -, ...ien [...iən] ‹lat.› (Zierpflanze)
[1]Zinlgel, der; -s, -[n] (ein Fisch)
[2]Zinlgel, der; -s, - ‹lat.› (*veraltet für* Ringmauer); **Zinlgullum,** das; -s, *Plur.* -s *u.* ...la (Gürtel[schnur] der Albe)
[1]Zink, das; -[e]s (chem. Element, Metall; *Zeichen* Zn); *vgl.* Zincum
[2]Zink, der; -[e]s, -en; ↑R 197 (ein hist. Blasinstrument)
Zink‿ätlzung, ...blech, ...blenlde
Zinlke, die; -, -n (Zacke); **[1]zinlken** (mit Zinken, Zeichen versehen)
[2]zinlken (von, aus [1]Zink)
Zinlken, der; -s, - ([Gauner]zeichen; *ugs. für* große Nase)
Zinlkenlblälser; Zinlkelnist, der; -en, -en; ↑R 197 (*schwäb., sonst veraltet für* Zinkenbläser, Stadtmusikant); **Zinlker** (*ugs. für* Falschspieler, Spitzel); **...zinlkig** (z. B. dreizinkig; *mit Ziffer* 3zinkig; ↑R 212)
Zinklleimlverlband *(Med.);* **Zinkolgralphie,** die; -, ...ien ‹dt.; griech.› (Zinkflachdruck); **Zinkoltylpie,** die; -, ...ien (Zinkhochätzung); **Zink‿oxyd,** *chem. fachspr.* ...oxid, **...sallbe, ...sulfat, ...wanlne, ...weiß** (eine Malerfarbe)
Zinn, das; -[e]s (chem. Element, Metall; *Zeichen* Sn); *vgl.* Stannum; **Zinnlbelcher**
Zinlne, die; -, -n (zahnartiger Mauerabschluß)
zinlnern (von, aus Zinn); **Zinn‿figur, ...follie** (Blattzinn), **...gielßer**
Zinlnie [...iə], die; -, -n ‹nach dem dt. Botaniker Zinn› (eine Gartenblume)
Zinn‿kraut (das; -[e]s; Ackerschachtelhalm), **...krug**
Zinlnolber, der; -s, - ‹pers.› (ein Mineral); **[2]Zinlnolber,** der, *auch, österr. nur,* das; -s (eine rote Farbe); **[3]Zinlnolber,** der; -s (*ugs. für* Blödsinn, wertloses Zeug); **zinnolberlrot; Zinlnolberlrot,** das; -s
Zinn‿solldat, ...telller
Zinnlwalldit [*auch* ...'dit], der; -s ‹nach dem Ort Zinnwald› (ein Mineral)
[1]Zins, der; -es, -en ‹lat.› (Ertrag); **[2]Zins,** der; -es, -e (*früher* Abgabe; *landsch., bes. südd., österr. u. schweiz. für* Miete); **zinslbar; zinlsen** (*schweiz., sonst veraltet*

[1] *Vom Zentralrat Deutscher Sinti und Roma als diskriminierend abgelehnte Bezeichnung.*

für Zins[en] zahlen); du zinst; **Zịn|sen|dienst; Zịns_er|hö|hung, ...er|trag; Zịn|ses|zins** *Plur.* ...zinsen; **Zịn|ses|zins|rech|nung; Zịns_fuß** (*Plur.* ...fü|ße), **...gro|schen** *(früher);* **zịns|gün|stig; Zịns_haus** (*bes. südd., österr. für* Mietshaus), **...herr|schaft** (die; -), **...knecht|schaft** (im MA.); **zịns|los; Zịns|pflicht,** die; - (im MA.); **zịns|pflich|tig; Zịns_po|li|tik** (die; -); **zịns|po|li|tisch; Zịns_satz, ...sen|kung, ...ter|min** (Zinszahlungstag); **zịns|ver|bil|ligt; Zịns|ver|bil|li|gung; Zịns_wu|cher, ...zahl** (*Abk.* Zz.)

Zịn|zen|dorf (Stifter der Herrnhuter Brüdergemeine)

Zi|on, der; -[s] ‹hebr.› (Tempelberg in Jerusalem; *auch [ohne Artikel] für* Jerusalem); **Zio|nịs|mus,** der; -; ↑R 180 (Bewegung zur Gründung u. Sicherung eines nationalen jüdischen Staates); **Zio|nịst,** der; -en, -en; ↑R 197 *u.* R 180 (Anhänger des Zionismus); **zio|nị|stisch** (↑R 180); **Zio|nit,** der; -en, -en; ↑R 197, R 180 (Angehöriger einer schwärmerischen christl. Sekte des 18. Jh.s)

[1]**Zịpf,** der; -[e]s (*südd. u. ostmitteld. für* Pips)

[2]**Zịpf,** der; -[e]s, -e (*österr. ugs. für* Zipfel; fader Kerl)

Zịp|fel, der; -s, -; **zịp|fe|lig; Zịp|fel|müt|ze; zịpf|lig**

Zi|pọl|le, die; -, -n ‹lat.› (*nordd., auch mitteld. für* Zwiebel)

Zịpp ®, der; -s, -s (*österr. für* Reißverschluß)

Zịpp|dros|sel, Zịp|pe, die; -, -n (*landsch. für* Singdrossel)

Zịp|per|lein, das; -s (*veraltet für* [Fuß]gicht)

Zịp|pus, der; -, *Plur.* Zippen *u.* Zippi ‹lat.› (antiker Gedenk-, Grenzstein)

Zịpp|ver|schluß ‹engl.; dt.› (*österr. für* Reißverschluß); *vgl.* Zipp ®

Zịps, die; - (Gebiet in der Slowakei); **Zịp|ser** (↑R 147)

Zịr|be, Zịr|bel, die; -, -n (*landsch. für* eine Kiefer); **Zịr|bel_drü|se** *(Med.),* **...kie|fer** (die; *vgl.* Arve), **...nuß**

Zir|co|ni|um *vgl.* Zirkonium

zịr|ka (ungefähr, etwa; *Abk.* ca. [*für* lat. circa]); **Zịr|ka|auf|trag** (Börsenauftrag, bei dem der Kommissionär um ¼ od. ½% vom gesetzten Limit abweichen darf)

Zịr|kel, der; -s, - ‹griech.› (Gerät zum Kreiszeichnen u. Streken[ab]messen; [gesellschaftlicher] Kreis); **Zịr|kel|ka|sten; zịr|keln** (Kreis ziehen; genau einteilen, [ab]messen); ich ...[e]le (↑R 22); **zịr|kel|rụnd; Zịr|kel|schluß**

Zir|kon, der; -s, -e ‹nlat.› (ein Mineral); **Zir|ko|ni|um,** *chem. fachspr.* Zir|co|ni|um, das; -s (chem. Element, Metall; *Zeichen* Zr)

zir|ku|lar, zir|ku|lär ‹griech.› (kreisförmig); **Zir|ku|lar,** das; -s, -e (*schweiz., sonst veraltet für* Rundschreiben); **Zir|ku|lar|no|te** (*Völkerrecht* eine mehreren Staaten gleichzeitig zugestellte Note gleichen Inhalts); **Zir|ku|la|ti|on,** die; -, -en (Kreislauf, Umlauf); **zir|ku|lie|ren**

zir|kum... ‹griech.› (um..., herum...); **Zir|kum...** (Um..., Herum...); **zir|kum|flek|tie|ren** (mit Zirkumflex versehen); **Zir|kum|flex,** der; -es, -e (*Sprachw.* ein Dehnungszeichen; *Zeichen* ˆ, z. B. â); **Zir|kum|po|lar|stern** (Stern, der für den Beobachtungsort nie untergeht); *vgl.* [2]Stern; **zir|kum|skript** (*Med.* umschrieben, [scharf] abgegrenzt); **Zir|kum|zi|si|on** (*Med.* Beschneidung); **Zịr|kus,** der; -, -se (großes Zelt od. Gebäude, in dem Tierdressuren u. a. gezeigt werden; *nur Sing.: ugs. abwertend für* Durcheinander, Trubel); **Zịr|kus_clown, ...di|rek|tor, ...pferd, ...rei|ter, ...rei|te|rin, ...vor|stel|lung, ...zelt**

Zịr|pe, die; -, -n (*landsch. für* Grille, Zikade); **zịr|pen**

Zir|ren (*Plur. von* Zirrus)

Zir|rho|se, die; -, -n ‹griech.› (*Med.* chronische Wucherung von Bindegewebe mit nachfolgender Verhärtung u. Schrumpfung)

Zir|ro|ku|mu|lus ‹lat.› (*Meteor.* feingegliederte, federige Wolke in höheren Luftschichten, Schäfchenwolke); **Zir|ro|stra|tus** (ungegliederte Streifenwolke in höheren Luftschichten); **Zịr|rus,** der; -, *Plur.* - *u.* Zirren (Federwolke); **Zịr|rus|wol|ke**

zir|zẹn|sisch ‹griech.› (den Zirkus betreffend, in ihm abgehalten); -e Spiele (altröm. Zirkusspiele)

zis|al|pin, zis|al|pi|nisch ‹lat.› ([von Rom aus] diesseits der Alpen liegend)

Zi|sche|lei; zị|scheln; ich ...[e]le (↑R 22); **zị|schen;** du zischst; **Zịsch|laut**

Zi|se|leur [...'lø:r], der; -s, -e ‹franz.› *u.* Zi|se|lie|rer (Metallstecher); **zi|se|lie|ren** ([in Metall] mit Punze, Ziselierhammer [kunstvoll] einarbeiten); **Zi|se|lie|rer** *vgl.* Ziseleur; **Zi|se|lie|rung**

[1]**Zịs|ka** (*dt. Form von* Žižka)

[2]**Zịs|ka** (w. Vorn.)

Zis|la|wẹng, der ‹franz.›; *in der Fügung* mit einem - (*ugs. für* mit Schwung)

zis|pa|da|nisch ([von Rom aus] diesseits des Pos liegend)

Zis|sa|li|en [...i̯ən] *Plur.* ‹lat.› (fehlerhafte Münzen, die wieder eingeschmolzen werden)

Zis|soi|de, die; -, -n ‹griech.› (*Math.* Efeublattkurve; ebene Kurve dritter Ordnung)

Zi|sta, Zi|ste, die; -, Zisten ‹griech.› (altgriech. zylinderförmiger Korb; frühgeschichtl. Urne)

Zi|stẹr|ne, die; -, -n ‹griech.› (Behälter für Regenwasser); **Zi|stẹr|nen|was|ser,** das; -s

Zi|ster|zi|ẹn|ser, der; -s, - (Angehöriger eines kath. Ordens); **Zi|ster|zi|ẹn|se|rin** (Angehörige des Ordens der Zisterzienserinnen); **Zi|ster|zi|ẹn|ser|or|den,** der; -s

Zịst|rös|chen, Zịst|ro|se ‹griech.; dt.› (eine Pflanze)

Zị|ta (w. Vorn.)

Zi|ta|dẹl|le, die; -, -n ‹franz.› (Befestigungsanlage innerhalb einer Stadt od. einer Festung)

Zi|tat, das; -[e]s, -e ‹lat.› (wörtlich angeführte Belegstelle; *auch für* bekannter Ausspruch); **Zi|ta|ten|le|xi|kon, ...schatz; Zi|ta|ti|on,** die; -, -en (*veraltet für* [Vor]ladung vor Gericht; *auch für* Zitierung)

Zị|ther, die; -, -n ‹griech.› (ein Saiteninstrument); **Zị|ther|spiel,** das; -[e]s

zi|tie|ren ‹lat.› ([eine Textstelle] wörtlich anführen; vorladen); **Zi|tie|rung**

Zi|trat, *chem. fachspr.* Ci|trat [tsi...], das; -[e]s, -e ‹lat.› (Salz der Zitronensäure); [1]**Zi|trin,** der; -s, -e (gelber Bergkristall); [2]**Zi|trin,** das; -s (Wirkstoff im Vitamin P); **Zi|tro|nat,** das; -[e]s, *Plur. (Sorten:)* -e ‹franz.› (kandierte Fruchtschale einer Zitronenart); **Zi|tro|ne,** die; -, -n ‹ital.›; **Zi|tro|nen_baum, ...fal|ter; zi|tro|nen_far|ben** *od.* **...far|big, ...gelb; Zi|tro|nen_li|mo|na|de, ...me|lis|se, ...pres|se, ...saft** (der; -[e]s); **zi|tro|nen|sau|er** *(Chemie);* **Zi|tro|nen_säu|re** (die; -), **...scha|le, ...was|ser** (das; -s); **Zi|trul|le,** die; -, -n ‹franz.› (*veraltet für* Wassermelone); **Zị|trus_frucht** ‹lat.; dt.› (Zitrone, Apfelsine, Mandarine u. a.), **...öl, ...pflan|ze**

Zịt|scher|ling (*veraltet für* Birkenzeisig)

Zịt|ter_aal, ...gras; zịt|te|rig, zittrig; **zịt|tern;** ich ...ere (↑R 22); ↑R 68: ein Zittern lief durch ihren Körper; er hat das Zittern *(ugs.);* **Zịt|ter_pap|pel, ...par|tie** (*bes. für* Spiel, bei dem eine

Mannschaft bis zuletzt um den Sieg fürchten muß); **Zit|ter|rochen** (ein Fisch); **zitt|rig** *vgl.* zitterig

Zit|wer, der; -s, - ‹pers.› (ein Korbblütler, dessen Samen als Wurmmittel verwendet werden)

Zit|ze, die; -, -n (Organ zum Säugen bei weibl. Säugetieren)

Ziu (altgerm. Gott); *vgl.* Tiu, Tyr

Zi|vi [...v...], der; -s, -s (*ugs. kurz für* Zivildienstleistender); **zi|vil** ‹lat.› (bürgerlich); -e (niedrige) Preise; -er Bevölkerungsschutz, Ersatzdienst; **Zi|vil,** das; -s (bürgerl. Kleidung); **Zi|vil‿an|zug, ...be|ruf, ...be|schä|dig|te** (der *u.* die; -n, -n; ↑R 7 ff.), **...be|völ|ke|rung, ...cou|ra|ge, ...dienst** (der; -[e]s); **Zi|vil|dienst‿be|auf|trag|te** (der; -n, -n; ↑R 7 ff.), **...lei|sten|de** (der; -n, -n; ↑R 7 ff.); **Zi|vil‿ehe** (standesamtl. geschlossene Ehe), **...fahn|der, ...fahn|dung, ...ge|setz|buch** (*Abk. [in der Schweiz]* ZGB); **Zi|vi|li|sa|ti|on,** die; -, -en (die durch den Fortschritt der Wissenschaft u. der Technik verbesserten sozialen u. materiellen Lebensbedingungen); **Zi|vi|li|sa|ti|ons|krank|heit** *meist Plur.;* **zi|vi|li|sa|ti|ons|mü|de; Zi|vi|li|sa|ti|ons‿mü|dig|keit, ...müll; zi|vi|li|sa|to|risch; zi|vi|li|sie|ren** (der Zivilisation zuführen); **zi|vi|li|siert;** -este; **Zi|vi|li|siert|heit,** die; -; **Zi|vi|li|sie|rung,** die; -; **Zi|vi|list,** der; -en, -en; ↑R 197 (Bürger, Nichtsoldat); **zi|vi|li|stisch; Zi|vil‿kam|mer** (Spruchabteilung für privatrechtl. Streitigkeiten bei den Landgerichten), **...kla|ge, ...klei|dung, ...le|ben, ...li|ste** (für den Monarchen bestimmter Betrag im Staatshaushalt), **...per|son, ...pro|zeß** (Gerichtsverfahren, dem die Bestimmungen des Privatrechts zugrunde liegen); **Zi|vil|pro|zeß‿ord|nung** (*Abk.* ZPO), **...recht** (das; -[e]s); **Zi|vil|recht,** das; -[e]s; **zi|vil|recht|lich; Zi|vil|schutz,** der; -es; **Zi|vil|stand** (*schweiz. für* Familien-, Personenstand); **Zi|vil|stands|amt** (*schweiz. für* Standesamt); **Zi|vil‿trau|ung, ...ver|tei|di|gung**

zi|zerl|weis (*bayr. u. österr. ugs. für* nach und nach, ratenweise)

Žižka ['ʒiʃka] (Hussitenführer); *vgl.* [1]Ziska

ZK = Zentralkomitee

Zl, Zł = Zloty, Złoty

Zlo|ty ['slɔti], *poln.* **Zło|ty** ['zwɔti], der; -s, -s ‹poln.› (poln. Währungseinheit; 1 Zloty = 100 Groszy; *Abk.* Zl, Zł); 5 - (↑R 129)

Zn = *chem. Zeichen für* Zink

Znü|ni, der *od.* das; -s (*schweiz. mdal. für* Vormittagsimbiß)

Zo|bel, der; -s, - ‹slaw.› (Marder; Pelz); **Zo|bel|pelz**

Zo|ber, der; -s, - (*landsch. für* Zuber)

Zoc|co|li *Plur.* ‹ital.› (*schweiz. für* Holzsandalen)

zockeln [*Trenn.* zok|keln] (*svw.* zuckeln); ich ...[e]le (↑R 22)

zocken [*Trenn.* zok|ken] ‹jidd.› (*ugs. für* Glücksspiele machen); **Zocker,** der; -s, - [*Trenn.* Zok|ker] (Glücksspieler)

zo|dia|kal ‹griech.› (den Zodiakus betreffend); **Zo|dia|kal|licht,** das; -[e]s, -er; ↑R 180 (*Astron.* Tierkreislicht, pyramidenförmiger Lichtschein in der Richtung des Tierkreises); **Zo|dia|kus,** der; -; ↑R 180 (Tierkreis)

Zoe (Name byzant. Kaiserinnen)

Zöf|chen; Zo|fe, die; -, -n; **Zo|fen|dienst; Zöf|lein**

Zoff, der; -s (*ugs. für* Ärger, Streit, Unfrieden)

zö|ger|lich (zögernd); **zö|gern;** ich ...ere (↑R 22); ↑R 68: nach anfänglichem Zögern; ohne Zögern einspringen

Zög|ling

Zo|he, die; -, -n (*südwestd. für* Hündin)

Zo|la [zɔ'la] (franz. Schriftsteller)

[1]**Zö|le|stin,** der; -s, -e ‹lat.› (ein Mineral); [2]**Zö|le|stin,** Zö|le|sti|nus (m. Vorn.); **Zö|le|sti|ne** (w. Vorn.); **Zö|le|sti|ner,** der; -s, - (Angehöriger eines ehem. kath. Ordens); **Zö|le|sti|nus** *vgl.* [2]Zölestin; **zö|le|stisch** (*veraltet für* himmlisch)

Zö|li|bat, das, *Theol.* der; -[e]s ‹lat.› (pflichtmäßige Ehelosigkeit aus religiösen Gründen, bes. bei kath. Geistlichen); **zö|li|ba|tär; Zö|li|ba|tär,** der; -s, -e (jmd., der im Zölibat lebt); **Zö|li|bats|zwang,** der; -[e]s

[1]**Zoll,** der; -[e]s, Zölle ‹griech.› (Abgabe)

[2]**Zoll,** der; -[e]s, - (altes Längenmaß; *Zeichen* "); 3 - (↑R 129) breit

Zoll‿ab|fer|ti|gung, ...amt; zoll|amt|lich

zollang [*Trenn.* zoll|lang, ↑R 204], aber: einen Zoll lang

Zoll|an|mel|dung; zoll|bar (zollpflichtig); **Zoll‿be|am|te, ...be|am|tin, ...be|hör|de**

zoll|breit; ein zollbreites Brett, aber: das Brett ist einen Zoll breit; **Zoll|breit,** der; -, -; keinen - zurückweichen

Zoll‿bürg|schaft, ...de|kla|ra|ti|on, ...ein|neh|mer *(früher)*

zol|len; jmdm. Bewunderung - *(geh.)*

...zöl|ler (z. B. Achtzöller)

Zoll‿er|klä|rung, ...fahn|der, ...fahn|dung; Zoll|fahn|dungs|stel|le; Zoll|for|ma|li|tät *meist Plur.;* **zoll|frei; Zoll|frei|heit,** die; -; **Zoll‿ge|biet, ...grenz|be|zirk, ...gren|ze**

zoll|hoch, aber: einen Zoll hoch; **...zol|lig** *u.* **...zöl|lig,** *österr. nur so* (z. B. vierzollig, vierzöllig, *mit Ziffer* 4zollig, 4zöllig; ↑R 212)

Zoll|in|halts|er|klä|rung; Zol|li|nie, die; -, -n [*Trenn.* Zoll|li..., ↑R 204]; **Zoll|kon|trol|le; Zöll|ner** (*früher* Zoll-, Steuereinnehmer; *veraltend für* Zollbeamter); **Zoll|ord|nung; zoll|pflich|tig; Zoll‿recht** (das; -[e]s), **...schran|ke, ...sta|ti|on, ...stel|le**

Zoll|stock *Plur.* ...stöcke

Zoll‿ta|rif, ...uni|on, ...ver|trag

Zöl|om, das; -s, -e ‹griech.› (*Biol.* Leibeshöhle [der Säugetiere])

Zom|bie, der; -[s], -s ‹afrikan. Wort› (Toter, der durch Zauberei wieder zum Leben erweckt wurde [und willenloses Werkzeug des Zauberers ist])

Zö|me|te|ri|um, das; -s, ...ien [...i̯ən] ‹griech.› (Ruhestätte, Friedhof, *auch für* Katakombe)

zo|nal, zo|nar ‹griech.-lat.› (zu einer Zone gehörend, eine Zone betreffend); **Zo|ne,** die; -, -n (abgegrenztes Gebiet; festgelegter Bereich; Besatzungszone); **Zo|nen‿ta|rif, ...zeit**

Zö|no|bit, der; -en, -en (↑R 197) ‹griech.› (im Kloster lebender Mönch); **Zö|no|bi|um,** das; -s, ...ien [...i̯ən] (Kloster; *Biol.* koloniеartiger Zusammenschluß von Einzellern)

Zoo [tso:], der; -s, -s ‹griech.› (*kurz für* zoologischer Garten); **zoo|gen** [tsoo...] (aus tierischen Resten gebildet [von Gesteinen]); **Zoo|gra|phie,** die; -, ...ien (Benennung u. Einordnung der Tierarten); **Zoo|hand|lung** ['tso:...]; **Zoo|la|trie** [tsoo...], die; -, ...ien (Tierkult); **Zoo|lith** [*auch* ...'lit], der; *Gen.* -s *od.* -en, *Plur.* -e[n]; ↑R 197 (Tierversteinerung); **Zoo|lo|ge,** der; -n, -n; ↑R 197 (Tierforscher); **Zoo|lo|gie,** die; - (Tierkunde); **Zoo|lo|gin; zoo|lo|gisch** (tierkundlich); -er Garten, aber (↑R 157): der Zoologische Garten Frankfurt

Zoom [zu:m], das; -s, -s ‹engl.› (Objektiv mit veränderlicher Brennweite; Vorgang, durch den der Aufnahmegegenstand näher an den Betrachter herangeholt oder weiter von ihm entfernt wird); **zoo|men** ['zu:mən]; gezoomt

Zo|on po|li|ti|kon, das; - - ‹griech.› (der Mensch als Gemeinschaftswesen [bei Aristoteles]); **Zoo-Or|che|ster** ['tso:...] (↑R 36); **zoo|phag** [tsoo...] (fleischfressend [von Pflanzen]); **Zoo|pha|ge,** der; -n, -n; ↑R 197 (fleischfressende Pflanze); **Zoo|phyt,** der *od.* das; -en, -en; ↑R 197 (*veraltete Bez. für* Hohltier od. Schwamm); **Zoo|tech|ni|ker** ['tso:...] (*regional für* [Zoo]tierpfleger); **Zoo|to|mie** [tso̯o...], die; - (Tieranatomie)

Zopf, der; -[e]s, Zöpfe; ein alter - (*ugs. für* überlebter Brauch); **Zöpf|chen; zop|fig; Zöpf|lein; Zopf‿mu|ster, ...stil** (der; -[e]s; *Kunstw.*), **...zeit** (die; -)

Zop|pot (*poln.* Sopot)

Zo|res, der; - ‹hebr.-jidd.› (*landsch. für* Ärger; Gesindel)

Zo|ril|la, der; -s, -s, *auch* die; -, -s ‹span.› (eine afrik. Marderart)

Zorn, der; -[e]s; **Zorn‿ader** (*vgl.* Zornesader), **...aus|bruch** (*vgl.* Zornesausbruch), **...bin|kel** (der; -s, -[n]; *österr. ugs. für* jähzorniger Mensch); **zorn|ent|brannt** (↑R 209); **Zor|nes‿ader, ...ausbruch, ...rö|te; zor|nig; zorn|mütig** (*geh. für* zu Zorn neigend); **Zorn|rö|te** *vgl.* Zornesröte; **zornschnau|bend** (↑R 209)

Zo|roa|ster; ↑R 180 (*Nebenform von* Zarathustra); **zo|roa|strisch,** aber (↑R 134): die Zoroastrische Lehre

Zos|se, der; -n, -n *u.* **Zos|sen,** der; -, - ‹hebr.-jidd.› (*landsch. für* Pferd)

Zo|ster, der; -[s], - ‹griech.› (*Med.* Gürtelrose)

Zo|te, die; -, -n (unanständiger Ausdruck; unanständiger Witz); **zo|ten; Zo|ten|rei|ßer; zo|tig; Zo|tig|keit**

Zot|te, die; -, -n (*südwestd. u. mitteld. für* Schnauze, Ausgießer)

Zot|tel, die; -, -n (Haarbüschel; Quaste, Troddel u. a.); **Zot|tel‿bär, ...haar; zot|te|lig,** zott|lig; **zot|teln** (*ugs. für* langsam gehen); ich ...[e]le (↑R 22); **zot|tig; zott|lig** *vgl.* zottelig

ZPO = Zivilprozeßordnung

Zr = *chem. Zeichen für* Zirkonium

Zs. = Zeitschrift

Zschok|ke (schweiz. Schriftsteller)

[1]**Zscho|pau** (Stadt südöstlich von Chemnitz); [2]**Zscho|pau,** die; - (Fluß in Sachsen)

Zschr. = Zeitschrift

Z-Sol|dat; ↑R 38 (*kurz für* Zeitsoldat)

z. T. = zum Teil

Ztr. = Zentner (50 kg)

zu; *Präp. mit Dat.:* zu dem Garten; zum Bahnhof; zu zwei[e]n, zu zweit; vier zu eins (4 : 1); zu viel, aber: zuviel (*vgl. d.*); zu wenig, aber: zuwenig (*vgl. d.*); zuletzt, aber: zu guter Letzt; zuäußerst; zuoberst; zutiefst; zuunterst; zu weit; zu spät; zu Haus[e] (*vgl. d.*) sein; zuzeiten (bisweilen), aber: zu meinen Zeiten; zu seiten (*vgl. d.*); zu Berge stehen; zu Ende gehen; zu Herzen gehen; zu Ohren kommen; zu Rate gehen, ziehen; zurecht, aber: zu Recht bestehen; zu Werke gehen; zu Willen sein; sich jmdn. zu Dank verpflichten; zu herzlichstem Dank verpflichtet; zu eigen geben; zum (zu dem; *vgl.* zum); zur (zu der; *vgl.* zur); *bilden* „zu", „zum", „zur" *den ersten Bestandteil eines Gebäudenamens, so sind sie groß zu schreiben* (↑R 157), z. B. Zum Löwen (Gasthaus), Zur Alten Post (Gasthaus), das Gasthaus [mit dem Namen] „Zum Löwen", „Zur Alten Post", aber: das „Gasthaus zum Löwen"; *bei Familiennamen schwankt die Schreibung,* z. B. Familie Zur Nieden, *auch* Familie zur Nieden; „zu" *beim Verb:* er befahl ihm zu gehen, aber: er befahl ihm, sofort zu gehen (*zum Komma* ↑R 107 ff.); er hofft, pünktlich zu kommen, aber: er hofft, pünktlich anzukommen; *entsprechend:* der zu versichernde Angestellte, der zu Versichernde, aber: der aufzunehmende Fremde, der Aufzunehmende; „zu" *als „Vorwort" des Verbs:* der Hund ist mir zugelaufen, der Vogel ist mir zugeflogen, aber „zu" *als Adverb:* sie sind der Stadt zu (= stadtwärts) gegangen; die Tür ist zu (*ugs. für* geschlossen)

zu... (*in Zus. mit Verben,* z. B. zunehmen, du nimmst zu, zugenommen, zuzunehmen)

zu|al|ler|al|ler|letzt; zu|al|ler|erst; zu|al|ler|letzt; zu|al|ler|meist

Zu|ar|beit; zu|ar|bei|ten; sie haben ihm fleißig zugearbeitet

zu|äu|ßerst

zu|bal|lern; er hat die Tür zugeballert (*ugs. für* heftig ins Schloß geworfen)

Zu|bau (*österr. für* Anbau); **zubau|en;** zugebaut

Zu|be|hör, das, *seltener* der; -[e]s, *Plur.* -e, *schweiz. auch* -den; *vgl.* Zugehör; **Zu|be|hör|in|du|strie; Zu|be|hör|teil,** das

zu|bei|ßen; zugebissen

zu|be|kom|men (*ugs. für* dazu bekommen; *ugs. für* schließen können); zubekommen

Zu|ber, der; -s, - (*landsch. für* [Holz]bottich)

zu|be|rei|ten; zubereitet; **Zu|berei|ter; Zu|be|rei|tung**

zu|be|to|nie|ren; zubetoniert

Zu|bett|ge|hen, das; -s; vor dem -

zu|bil|li|gen; zugebilligt; **Zu|bil|ligung**

zu|bin|den

Zu|biß

zu|blei|ben (*ugs. für* geschlossen bleiben); zugeblieben

zu|blin|zeln; zugeblinzelt

zu|brin|gen; zugebracht; **Zu|bringer; Zu|brin|ger‿bus, ...dienst, ...stra|ße**

Zu|brot, das; -[e]s (*landsch. auch für* zusätzlicher Verdienst)

Zu|bu|ße (*veraltet für* Geldzuschuß)

zu|but|tern (*ugs. für* [Geld] zusetzen); zugebuttert

Zuc|chet|to [tsuk...], der; -s, ...tti *meist Plur.* ‹ital.› (*schweiz. für* Zucchini); **Zuc|chi|ni,** die; -, -, *seltener* **Zuc|chi|no,** der; -, ...ni *meist Plur.* (ein gurkenähnl. Gemüse)

Zü|chen, der; -s, - (*landsch. svw.* Zieche)

Zucht, die; -, *Plur.* (*Landw.:*) -en; **Zucht‿buch, ...bul|le, ...eber; züch|ten; Züch|ter; Zucht|erfolg; Züch|te|rin; züch|te|risch; Zucht‿haus, ...häus|ler; Zuchthaus|stra|fe; Zucht|hengst; züch|tig** (*veraltet für* sittsam, verschämt); **züch|ti|gen** (*geh.*); **Züch|tig|keit,** die; - (*veraltet*); **Züch|ti|gung; zucht|los;** -este; **Zucht|lo|sig|keit; Zucht‿mit|tel** (das; *Rechtsspr.*), **...per|le, ...stier, ...tier; Züch|tung; Zucht‿vieh, ...wahl**

zuck!; Zuck, der; -[e]s, -e; in einem -; **zuckeln**[1] (*ugs. für* langsam u. ohne Hast trotten, fahren); ich ...[e]le (↑R 22); *vgl. auch* zockeln; **Zuckel|trab**[1] (*ugs.*); im -; **zucken**[1]; der Blitz zuckt; **zücken**[1] (rasch [heraus]ziehen); das Portemonnaie -

Zucker[1], der; -s, *Plur.* (*Sorten:*) -; **Zucker|bäcker**[1] (*südd. u. österr., sonst veraltet für* Konditor); **Zucker|bäcker|stil**[1] (*abwertend für* [sowjet.] Baustil nach dem 2. Weltkrieg); **Zucker|brot**[1]; **Zucker|chen**[1] (*landsch. für* Bonbon); **Zucker**[1]**‿cou|leur** (die; -; gebrannter Zucker zum Färben von Lebensmitteln), **...do|se, ...erb|se, ...fa|brik, ...ge|halt** (der), **...guß; zucker|hal|tig**[1]; **Zucker|harn|ruhr**[1] (*für* Diabetes mellitus); **Zucker|hut**[1], der; **zucke|rig**[1], zuck|rig; **Zuckerkand**[1], der; -[e]s *u.* **Zucker|kandis**[1], der; - (*ugs. für* Kandiszukker); **Zucker|kandl**[1], das; -s, -[n] (*österr. veraltend für* Kandiszukker); **zucker|krank**[1]; **Zuckerkrank|heit**[1]; **Zuckerl**[1], das; -s, -n (*österr. für* Bonbon); **Zuckerlecken**[1], das; *nur in* kein - sein (unangenehm, anstrengend

[1] *Trenn.* ...k|k...

sein); **zuckern**[1] (mit Zucker süßen); ich ...ere (↑ R 22); **Zucker**[1]**‿raf|fi|na|de, ...raf|fi|ne|rie, ...rohr, ...rü|be, ...schlecken**[1] (*vgl.* Zuckerlecken), **...stan|ge, ...streu|er; zu|cker|süß**[1]; **Zucker**[1]**‿tü|te, ...was|ser** (das; -s), **...wat|te, ...zan|ge**

Zuck|fuß, der; -es (fehlerhafter Gang des Pferdes)

Zuck|may|er, Carl (dt. Schriftsteller u. Dramatiker)

Zuck|mücke[1]

zuck|rig *vgl.* zuckerig

Zuckung[1]

Zu|decke[1] (*ugs. für* Bettdecke); **zu|decken**[1]; zugedeckt

zu|dem (außerdem)

zu|die|nen (*schweiz. für* Handreichung tun); zugedient

zu|dik|tie|ren; zudiktiert

zu|dre|hen; zugedreht

zu drei|en, zu dritt

zu|dring|lich; Zu|dring|lich|keit

zu dritt; *vgl.* zu dreien

zu|drücken[1]; zugedrückt

zu ei|gen; - - geben *(geh.);* sich - - machen; **zu|eig|nen** (*geh. für* widmen; schenken); zugeeignet; **Zu|eig|nung**

zu|ein|an|der; *Schreibung in Verbindung mit Verben* (↑ R 205 f.): zueinander sprechen, zueinander passen, aber: zueinanderfinden (zusammenfinden); *vgl.* aneinander

zu En|de; *vgl.* Ende

zu|er|ken|nen; man erkannte mir die Berechtigung zu; zuerkannt; **Zu|er|ken|nung**

zu|erst; der zuerst genannte Verfasser ist nicht mit dem zuletzt genannten zu verwechseln; zuerst einmal; aber: zu zweit

zu|er|tei|len *(selten);* zuerteilt; **Zu|er|tei|lung**

Zu|er|werb, der; -[e]s (*svw.* Nebenerwerb); **Zu|er|werbs|be|trieb** *(Landw.)*

zu|fä|cheln; zugefächelt

zu|fah|ren; zugefahren; **Zu|fahrt; Zu|fahrts‿stra|ße, ...weg**

Zu|fall, der; **zu|fal|len;** zugefallen; **zu|fäl|lig; zu|fäl|li|ger|wei|se; Zu|fäl|lig|keit; Zu|falls‿aus|wahl** *(Statistik),* **...be|kannt|schaft, ...er|geb|nis, ...grö|ße** *(Math.),* **...streu|be|reich** *(Statistik),* **...streu|ung** *(Statistik),* **...tref|fer**

zu|fas|sen; zugefaßt

zu|flicken[1] *(ugs.);* zugeflickt

zu|flie|gen; zugeflogen

zu|flie|ßen; zugeflossen

Zu|flucht, die; -; **Zu|flucht|nah|me,** die; -; **Zu|fluchts‿ort** (der; -[e]s, -e), **...stät|te**

Zu|fluß

zu|flü|stern; zugeflüstert

zu|fol|ge (↑ R 208) *Präp., bei Nachstellung mit Dat.:* dem Gerücht -, demzufolge *(vgl. d.),* aber *bei Voranstellung mit Gen.:* - des Gerüchtes

zu|frie|den; - mit dem Ergebnis; *Schreibung in Verbindung mit Verben* (↑ R 205 f.): **a)** *Getrenntschreibung in ursprünglicher Bedeutung,* z. B. zufrieden machen, sein, werden; das Ergebnis hat ihn zufrieden gemacht; **b)** *Zusammenschreibung, wenn durch die Verbindung ein neuer Begriff entsteht; vgl.* zufriedengeben, zufriedenlassen, zufriedenstellen; **zu|frie|den|ge|ben** (↑ R 205), sich (sich begnügen); ich gebe mich zufrieden; zufriedengegeben; zufriedenzugeben; **Zu|frie|den|heit,** die; -; **zu|frie|den|las|sen;** ↑ R 205 (in Ruhe lassen); *vgl.* zufriedengeben; **zu|frie|den|stel|len;** ↑ R 205 (befriedigen); *vgl.* zufriedengeben; **Zu|frie|den|stel|lung,** die; -

zu|frie|ren; zugefroren

zu|fü|gen; zugefügt; **Zu|fü|gung**

Zu|fuhr, die; -, -en (Herbeischaffen); **zu|füh|ren** (*bes. ehem. in der DDR auch für* [vorläufig] verhaften); zugeführt; **Zu|füh|rung; Zu|füh|rungs‿lei|tung, ...rohr**

Zu|fuß|ge|hen, das; -s

[1]**Zug,** der; -[e]s, Züge; im -e des Wiederaufbaus; - um -; Dreiuhrzug (*mit Ziffer* 3-Uhr-Zug; ↑ R 43)

[2]**Zug** (Kanton u. Stadt in der Schweiz)

Zu|ga|be

Zug|ab|teil; *vgl. auch* Zugsabteil

Zu|gang; zu|gan|ge (↑ R 208); - sein *(ugs.);* **zu|gän|gig** (*seltener für* zugänglich); **zu|gäng|lich** (leicht Zugang gewährend); **Zu|gäng|lich|keit,** die; -

Zug‿be|glei|ter, ...brücke [*Trenn.* ...brük|ke]

zu|ge|ben; zugegeben *(vgl. d.)*

zu|ge|dacht *(geh.);* diese Auszeichnung war eigentlich ihm -

Zu|ge|führ|te, der *u.* die; -n, -n; ↑ R 7 ff. (*Amtsspr., bes. in der ehem. DDR* [vorläufig] Verhaftete[r])

zu|ge|ge|ben; zugegeben, daß dein Freund recht hat; **zu|ge|ge|be|ner|ma|ßen**

zu|ge|gen *(geh.);* - bleiben, sein

zu|ge|hen; auf jmdn. -; auf dem Fest ist es lustig zugegangen; der Koffer geht nicht zu *(ugs.);* **Zu|ge|he|rin, Zu|geh|frau** (*südd., westösterr. für* Aufwartefrau)

Zu|ge|hör, das; -[e]s, *schweiz.* die; - (*österr. u. schweiz. Rechtsspr., sonst veraltet für* Zubehör); **zu|ge|hö|ren** *(geh.);* zugehört; **zu|ge|hö|rig; Zu|ge|hö|rig|keit,** die; -; **Zu|ge|hö|rig|keits|ge|fühl,** das; -[e]s

zu|ge|knöpft; sie war sehr - (*ugs. für* verschlossen); **Zu|ge|knöpft|heit,** die; -

Zü|gel, der; -s, -; **Zü|gel‿hand** (linke Hand des Reiters), **...hil|fe; zü|gel|los;** -este; **Zü|gel|lo|sig|keit; zü|geln** (*schweiz. mdal. auch für* umziehen); ich ...[e]le (↑ R 22); **Zü|ge|lung,** Züg|lung

Zu|ge|mü|se (*veraltet für* Gemüsebeilage)

Zü|gen|glöck|lein (*österr. für* Totenglocke)

Zu|ger (von, aus [2]Zug; ↑ R 147)

Zu|ge|rei|ste, der *u.* die; -n, -n (↑ R 7 ff.)

zu|ge|risch; Zu|ger See, der; - -s

zu|ge|sel|len; zugesellt; sich -

zu|ge|stan|den; zugestanden, daß dich keine Schuld trifft; **zu|ge|stan|de|ner|ma|ßen; Zu|ge|ständ|nis; zu|ge|ste|hen;** zugestanden

zu|ge|tan (*auch für* wohlwollend, freundlich gesinnt); er ist ihr von Herzen -

zu|ge|wandt *u.* **zu|ge|wen|det** *vgl.* zuwenden

Zu|ge|winn; Zu|ge|winn|ge|mein|schaft (Form des Güterrechts)

zug|fest; Zug‿fe|stig|keit (die; -), **...fol|ge, ...füh|rer** (*vgl. auch* Zugsführer); **Zug|hub,** der; -[e]s, -e (*Bergmannsspr.* ein Hebegerät)

zu|gie|ßen; zugegossen

zu|gig (windig); **zü|gig** (in einem Zuge; *schweiz. auch für* zugkräftig); **...zü|gig** (z. B. zweizügig [von Schulen]); **Zü|gig|keit,** die; - (das Zügigsein); **Zug‿kon|trol|le, ...kraft** (die); **zug|kräf|tig; Zug|last**

zu|gleich

Zug|lei|ne; Züg|le|te, die; -, -n (*schweiz. mdal. für* Umzug, Wohnungswechsel); **Zug|luft,** die; -

Züg|lung *vgl.* Zügelung

Zug‿ma|schi|ne, ...num|mer, ...per|so|nal, ...pferd, ...pfla|ster

zu|grei|fen; zugegriffen; **Zu|griff,** der; -[e]s, -e; **zu|grif|fig** (*schweiz. für* zugreifend, tatkräftig); **Zu|griffs|zeit** *(bes. EDV)*

zu|grun|de (↑ R 208); zugrunde gehen, legen, liegen, richten; es scheint etwas anderes zugrunde zu liegen; **Zu|grun|de‿ge|hen** (das; -s), **...le|gung** (unter - von ...); **zu|grun|de|lie|gend** (↑ *jedoch* R 209)

Zugs|ab|teil *(österr.);* **Zug|sal|be; Zug|scheit** *Plur.* ...scheite (*landsch. für* Ortscheit); **Zug|seil; Zugs|füh|rer** *(österr.)*

Zug|spitz|bahn; Zug|spit|ze, die; - (höchster Berg Deutschlands); **Zug|spitz|platt,** das; -s

---
[1] *Trenn.* ...k|k...

Zug|stück; Zugs⌣ver|kehr *(österr., auch schweiz.)*, **...ver|spä|tung** *(österr.)*; **Zug|te|le|fon; Zug|tier**
zu|gucken [*Trenn.* ...guk|ken] *(ugs.)*; zugeguckt
Zug-um-Zug-Lei|stung; ↑R 41 *(Rechtsw.)*
Zug|un|glück
zu|gun|sten (↑R 208) *Präp., bei Voranstellung mit Gen.*: - bedürftiger Kinder, aber *bei (seltener) Nachstellung mit Dat.*: dem Freund -; *vgl.* Gunst
zu|gut; - haben (*schweiz. für* guthaben); **zu|gu|te** (↑R 208); zugute halten, kommen, tun
zu gu|ter Letzt; *vgl.* Letzt
Zug⌣ver|bin|dung, ...ver|kehr (*vgl. auch* Zugsverkehr), **...ver|spä|tung, ...vieh, ...vo|gel, ...vor|rich|tung; zug|wei|se; Zug⌣wind, ...zwang** (unter - stehen)
zu|ha|ben (*ugs. für* geschlossen haben); zugehabt
zu|hacken [*Trenn.* ...hak|ken]; zugehackt
zu|ha|ken; zugehakt
zu|hal|ten; zugehalten; **Zu|häl|ter; Zu|häl|te|rei,** die; -; **zu|häl|te|risch**
[1]**zu|han|den** (↑R 208); zuhanden kommen, sein; [2]**zu|han|den, zu Hän|den** ↑R 208; (*Abk.* z. H., z. Hd.); zuhanden *od.* zu Händen des Herrn ..., *meist:* zuhanden *od.* zu Händen von Herrn ..., *auch:* zuhanden *od.* zu Händen Herrn ...
zu|hän|gen; *vgl.* [2]hängen
zu|hau|en; *zur Beugung vgl.* hauen
zu|hauf; ↑R 208 *(geh.)*; - legen, liegen
zu Haus, zu Hau|se; *vgl.* Haus; sich wie zu Hause fühlen; etwas für zu Hause mitnehmen; ich freue mich auf zu Hause, aber: auf mein Zuhause; **Zu|hau|se,** das; -[s]; er hat kein - mehr; aber: ich bin zu Hause *od.* Haus; **Zu|hau|se|ge|blie|be|ne,** der *u.* die; -n, -n (↑R 7 ff.)
zu|hef|ten; zugeheftet
zu|hei|len; zugeheilt
Zu|hil|fe|nah|me, die; -; unter - von ...
zu|hin|terst
zu|höchst
zu|hor|chen (*landsch. für* zuhören); zugehorcht
zu|hö|ren; zugehört; **Zu|hö|rer; Zu|hö|rer|bank** *Plur.* ...bänke; **Zu|hö|re|rin; Zu|hö|rer|schaft**
Zui|der|see ['zɔy...], die; - *od.* der; -s; *vgl.* Ijsselmeer
zu|in|nerst *(geh.)*
zu|ju|beln; zugejubelt
Zu|kauf *(bes. Finanzw.)*; **zu|kau|fen;** wir haben weitere Bezugsrechte zugekauft
zu|keh|ren; sie hat mir den Rükken zugekehrt
zu|klap|pen; zugeklappt
zu|kle|ben; zugeklebt
zu|knal|len *(ugs.)*; zugeknallt
zu|knei|fen; zugekniffen
zu|knöp|fen; zugeknöpft *(vgl. d.)*
zu|kno|ten; zugeknotet
zu|kom|men; zugekommen; er ist auf mich zugekommen; er hat ihm das Geschenk zukommen lassen, *seltener* gelassen; ihm etwas zukommen zu lassen
zu|kor|ken; zugekorkt
Zu|kost
Zu|kunft, die; -, Zukünfte *Plur. selten*; **zu|künf|tig; Zu|künf|ti|ge,** der *u.* die; -n, -n; ↑R 7 ff. (Verlobte[r]); **Zu|kunfts⌣angst, ...aus|sich|ten** *(Plur.)*, **...for|scher, ...for|schung, ...glau|be[n]; zu|kunfts|gläu|big; Zu|kunfts|mu|sik** *(ugs.)*; **zu|kunfts|ori|en|tiert; Zu|kunfts⌣per|spek|ti|ve, ...plä|ne** *(Plur.)*; **zu|kunfts|reich; Zu|kunfts⌣ro|man, ...staat** (*Plur.* ...staaten); **zu|kunfts⌣träch|tig, ...voll; zu|kunft[s]|wei|send**
zu|lä|cheln; zugelächelt
zu|la|chen; zugelacht
Zu|la|ge
zu|lan|de; ↑R 208; *nur in* bei uns zulande, hierzulande, aber: zu Wasser u. zu Lande
zu|lan|gen; zugelangt; **zu|läng|lich** (hinreichend); **Zu|läng|lich|keit**
zu|las|sen; zugelassen; **zu|läs|sig** (erlaubt); **Zu|läs|sig|keit,** die; -; **Zu|las|sung; Zu|las|sungs⌣be|gren|zung, ...num|mer, ...stel|le**
zu La|sten; *vgl.* Last
Zu|lauf; zu|lau|fen; zugelaufen
zu|le|gen; zugelegt
zu|leid, zu|lei|de (↑R 208); *nur in* jmdm. etwas - tun
zu|lei|ten; zugeleitet; **Zu|lei|tung; Zu|lei|tungs|rohr**
zu|ler|nen *(ugs.)*; zugelernt
zu|letzt, aber: zu guter Letzt
zu|lie|be, *österr. auch* zu|lieb (↑R 208); *Präp. mit vorangestelltem Dat.*: mir, dir usw. zuliebe
Zu|lie|fe|rant, der; -en, -en, **Zu|lie|fe|rer** *(Wirtsch.)*; **Zu|lie|fe|rer|in|du|strie, Zu|lie|fer|in|du|strie; Zu|lie|fe|rung**
zul|len (*landsch. für* lutschend saugen); **Zulp,** der; -[e]s, -e (*ostmitteld. für* Schnuller); **zul|pen** (*ostmitteld. für* saugen)
Zu|lu, der; -[s], -[s] (Angehöriger eines Bantustammes in Südafrika)
Zu|luft, die; - (*Technik* zugeleitete Luft)
zum; ↑R 17 (zu dem); - höchsten, mindesten, wenigsten; - ersten, - zweiten, - dritten; - ersten Mal[e] *od.* - erstenmal; - letzten Mal[e] *od.* - letztenmal; - Teil (*Abk.* z. T.); (↑R 65:) - besten geben, haben, halten; es steht nicht - besten (nicht gut), aber (↑R 65): - Besten der Armen; - Besten kehren, lenken, wenden; (↑R 68:) das ist - Weinen, - Totlachen. *Zur Schreibung von* „zum" *als Teil von Eigennamen vgl.* zu.
zu|ma|chen (*ugs. für* schließen); zugemacht; auf- und zumachen (↑R 32), aber: es ist nichts zu machen
zu|mal (↑R 208; besonders); - [da, wenn]
zu|mau|ern; zugemauert
zum Bei|spiel (*Abk.* z. B.); ↑R 98
zu|meist
zu|mes|sen; zugemessen
zum Ex|em|pel (*veraltend für* zum Beispiel; *Abk.* z. E.)
zu|min|dest, aber: zum mindesten
zum Teil (*Abk.* z. T.)
zu|mut|bar; Zu|mut|bar|keit
zu|mu|te (↑R 208); mir ist gut, schlecht -
zu|mu|ten; zugemutet; **Zu|mu|tung**
zum vor|aus (*landsch. für* im voraus); ↑R 65
zu|nächst; - ging er nach Hause; - dem Hause *od.* dem Hause -; **Zu|nächst|lie|gen|de,** das; -n (↑R 7 ff.)
zu|na|geln; zugenagelt
zu|nä|hen; zugenäht
Zu|nah|me, die; -, -n (Vermehrung)
Zu|na|me, der; -ns, -n (Familienname; *veraltend für* Beiname)
zünd|bar; Zünd|blätt|chen; Zun|del, der; -s (*veraltet für* Zunder); **zün|deln** (*südd., österr. für* mit dem Feuer spielen); ich ...[e]le (↑R 22); **zün|den; zün|dend;** -ste; **Zun|der,** der; -s, - (ein altes Zündmittel; *Technik* Oxydschicht [*vgl.* Oxyd]); **Zün|der** ([Gas-, Feuer]anzünder; Zündvorrichtung in Sprengkörpern; *österr. auch svw.* Zündhölzer); **Zun|der|schwamm** (ein Pilz); **Zünd⌣flam|me, ...fun|ke[n]** *(Kfz-Technik)*, **...holz, ...hölz|chen; Zünd|holz|schach|tel; Zünd⌣hüt|chen, ...ka|bel, ...ker|ze, ...la|dung, ...na|del; Zünd|na|del|ge|wehr** *(früher)*; **Zünd⌣plätt|chen** (*svw.* Zündblättchen), **...schloß, ...schlüs|sel, ...schnur, ...stoff; Zün|dung; Zünd⌣ver|tei|ler, ...vor|rich|tung, ...zeit|punkt** *(Kfz-Technik)*
zu|neh|men; zugenommen; *vgl.* ab
zu|nei|gen; zugeneigt; **Zu|nei|gung**
Zunft, die; -, Zünfte; **Zunft⌣ge|nos|se, ...haus; zünf|tig** (*ugs.*

auch für ordentlich, tüchtig); **Zünft|ler** (*früher* Angehöriger einer Zunft); **Zunft_mei|ster, ...ord|nung, ...recht, ...wap|pen, ...zwang** (der; -[e]s)
Zun|ge, die; -, -n; **Zün|gel|chen; zün|geln; Zun|gen|bre|cher; zun|gen|fer|tig; Zun|gen_fer|tig|keit** (die; -), **...kuß, ...laut** (*für* Lingual); **Zun|gen-R,** das; -; ↑R 37 (*Sprachw.*); **Zun|gen_schlag, ...spit|ze, ...wurst; Züng|lein**
zu|nich|te (↑R 208); - machen
zu|nicken [*Trenn.* ...nik|ken]; zugenickt
zu|nie|derst (*landsch. für* zuunterst)
Züns|ler, der; -s, - (ein Kleinschmetterling)
zu|nut|ze (↑R 208); sich etwas - machen, aber: zu Nutz u. Frommen
zu|oberst
zu|or|den|bar; zu|ord|nen; zugeordnet; **Zu|ord|nung**
zu|packen [*Trenn.* ...pak|ken]; zugepackt
zu|par|ken; ein zugeparkter Hof
zu|paß, zu|pas|se (↑R 208); zupaß *od.* zupasse kommen
zu|pas|sen (*bes. Fußball*); zugepaßt; dem Mitspieler den Ball -
zup|fen; Zupf|gei|ge (*ugs. veraltet für* Gitarre); **Zupf|gei|gen|hansl,** der; -s, - (eine Liedersammlung); **Zupf|in|stru|ment**
zu|pfla|stern; zugepflastert
zu|pres|sen; zugepreßt
zu|pro|sten; zugeprostet
zur; ↑R 17 (zu der); - Folge haben; sich - Ruhe begeben; sich - Ruhe setzen; - Schau stellen; zur Zeit (*Abk.* z. Z., z. Zt.; *vgl.* Zeit). *Zur Schreibung von* „zur" *als Teil eines Eigennamens vgl.* zu.
zu|ra|ten; zugeraten
zu|rau|nen (*geh.*); zugeraunt
Zür|cher; ↑R 147 (*schweiz. Form von* Züricher); **zür|che|risch**
zur Dis|po|si|ti|on (zur Verfügung; *Abk.* z. D.); - - stellen; **Zur|dis|po|si|ti|on[s]|stel|lung**
zu|re|chen|bar; Zu|re|chen|bar|keit, die; -; **zu|rech|nen;** zugerechnet; **Zu|rech|nung; zu|rech|nungs|fä|hig; Zu|rech|nungs|fä|hig|keit,** die; -
zu|recht, *nur in Zus. mit Verben,* z. B. zurechtkommen usw., aber: zu Recht bestehen; **zu|recht_ba|steln, ...bie|gen, ...fei|len, ...fin|den** (sich), **...flicken** [*Trenn.* ...flik|ken], **...kom|men, ...le|gen, ...ma|chen** (*ugs.*), **...rücken** [*Trenn.* ...rük|ken], **...schnei|den, ...schu|stern** (*ugs.*), **...set|zen, ...stel|len, ...stut|zen, ...wei|sen; Zu|recht|wei|sung; zu|recht|zim|mern**

zu|re|den; zugeredet; **Zu|re|den,** das; -s; auf vieles -; trotz allem -, trotz allen *od.* alles -s
zu|rei|chen; zugereicht; **zu|rei|chend;** -e Gründe
zu|rei|ten; zugeritten
Zü|rich [*schweiz.* 'tsyriç] (Kanton u. Stadt in der Schweiz); **Zü|ri[ch]|biet,** das; -s (*svw.* Kanton Zürich); **Zü|ri[ch]|bie|ter** (↑R 147); **Zü|ri|cher,** *in der Schweiz nur* Zür|cher (↑R 147); **zü|ri|che|risch,** *in der Schweiz nur* zür|cherisch; **Zü|rich|see,** der; -s
Zu|rich|te|bo|gen (*Druckw.*); **zu|rich|ten;** zugerichtet; **Zu|rich|ten,** das; -s; **Zu|rich|ter; Zu|rich|te|rei; Zu|rich|te|rin; Zu|rich|tung**
zu|rie|geln; zugeriegelt
zür|nen (*geh.*)
zu|rol|len; zugerollt
zur|ren ‹niederl.› (*Seemannsspr.* festbinden); **Zur|ring,** der; -s, *Plur.* -s *u.* -e (*Seemannsspr.* Leine zum Zurren)
Zur|schau|stel|lung
zu|rück; - sein; (↑R 67:) es gibt kein Zurück mehr
zu|rück... (*in Zus. mit Verben,* z. B. zurücklegen, du legst zurück, wenn du zurücklegst, zurückgelegt, zurückzulegen)
zu|rück|be|hal|ten; er hat es zurückbehalten; **Zu|rück|be|hal|tung; Zu|rück|be|hal|tungs|recht,** das; -[e]s (*Rechtsw.*)
zu|rück|be|kom|men; sie hat es zurückbekommen
zu|rück|be|ru|fen; man hat ihn zurückberufen
zu|rück|beu|gen; zurückgebeugt
zu|rück|be|we|gen; zurückbewegt
zu|rück|be|zah|len; zurückbezahlt
zu|rück|bil|den; zurückgebildet; sich -; **Zu|rück|bil|dung**
zu|rück|blei|ben; zurückgeblieben
zu|rück|blen|den (*Film*); zurückgeblendet
zu|rück|blicken [*Trenn.* ...blik|ken]; zurückgeblickt
zu|rück|brin|gen; zurückgebracht
zu|rück|däm|men; wir haben die Inflation zurückgedämmt
zu|rück|da|tie|ren (mit einem früheren Datum versehen); zurückdatiert
zu|rück|den|ken; zurückgedacht
zu|rück|drän|gen; sie hat zurückgedrängt; **Zu|rück|drän|gung**
zu|rück|dre|hen; zurückgedreht
zu|rück|dür|fen; zurückgedurft
zu|rück|ei|len; zurückgeeilt
zu|rück|er|bit|ten; zurückerbeten
zu|rück|er|hal|ten; wir haben alles zurückerhalten
zu|rück|er|obern; zurückerobert; **Zu|rück|er|obe|rung**

zu|rück|er|stat|ten; zurückerstattet; **Zu|rück|er|stat|tung**
zu|rück|fah|ren; zurückgefahren
zu|rück|fal|len; zurückgefallen
zu|rück|fin|den; zurückgefunden
zu|rück|flie|gen; zurückgeflogen
zu|rück|for|dern; zurückgefordert
zu|rück|fra|gen; zurückgefragt
zu|rück|füh|ren; zurückgeführt; **Zu|rück|füh|rung**
zu|rück|ge|ben; zurückgegeben
zu|rück|ge|hen; zurückgegangen
zu|rück|ge|win|nen; zurückgewonnen
zu|rück|ge|zo|gen; Zu|rück|ge|zo|gen|heit, die; -
zu|rück|grei|fen; zurückgegriffen
zu|rück|ha|ben; etwas - wollen
zu|rück|hal|ten; zurückgehalten; sich -; **zu|rück|hal|tend; Zu|rück|hal|tung,** die; -
zu|rück|ho|len; zurückgeholt
zu|rück|käm|men; zurückgekämmt
zu|rück|keh|ren; zurückgekehrt
zu|rück|klap|pen; zurückgeklappt
zu|rück|kom|men; zurückgekommen
zu|rück|kön|nen (*ugs.*); zurückgekonnt
zu|rück|krie|chen; zurückgekrochen
zu|rück|krie|gen (*ugs.*); zurückgekriegt
zu|rück|las|sen; zurückgelassen; **Zu|rück|las|sung;** unter -
zu|rück|le|gen; (*österr. auch für* [ein Amt] niederlegen); zurückgelegt; sich -
zu|rück|leh|nen, sich; zurückgelehnt
zu|rück|lie|gen; zurückgelegen
zu|rück|müs|sen (*ugs.*); zurückgemußt
Zu|rück|nah|me, die; -, -n; **zu|rück|neh|men;** zurückgenommen
zu|rück|pral|len; zurückgeprallt
zu|rück|rol|len; zurückgerollt
zu|rück|ru|fen; zurückgerufen; rufen Sie bitte zurück!
zu|rück|schaf|fen; *vgl.* [1]schaffen
zu|rück|schal|ten; zurückgeschaltet
zu|rück|schau|dern; sie ist zurückgeschaudert
zu|rück|schau|en; wir haben gern zurückgeschaut
zu|rück|scheu|en; das Pferd hat zurückgescheut
zu|rück|schicken[1]; der Brief wurde zurückgeschickt
zu|rück|schla|gen; die Angreifer wurden zurückgeschlagen
zu|rück|schnei|den; die Rosen wurden zurückgeschnitten
[1]**zu|rück|schrecken**[1]; er schrak zurück; er ist zurückgeschreckt,

[1] *Trenn.* ...k|k...

selten er ist zurückgeschrocken; *vgl.* [1]schrecken; aber *übertr.*: - vor etwas (etwas nicht wagen); er schreckte vor etwas zurück, ist vor etwas zurückgeschreckt; [2]**zu|rück|schre|cken**[1]; das schreckte ihn zurück; *vgl.* [2]schrecken
zu|rück|seh|nen, sich; zurückgesehnt
zu|rück|sen|den; zurückgesandt *u.* zurückgesendet
zu|rück|set|zen; zurückgesetzt; **Zu|rück|set|zung**
zu|rück|spie|len; er hat den Ball zurückgespielt
zu|rück|stecken[1]; zurückgesteckt
zu|rück|ste|hen; zurückgestanden
zu|rück|stel|len (*österr. auch für* zurückgeben, -senden); zurückgestellt; **Zu|rück|stel|lung**
zu|rück|sto|ßen; zurückgestoßen
zu|rück|strah|len; zurückgestrahlt; **Zu|rück|strah|lung**
zu|rück|stu|fen; zurückgestuft; **Zu|rück|stu|fung**
zu|rück|stut|zen; zurückgestutzt
zu|rück|trei|ben; zurückgetrieben
zu|rück|tre|ten; zurückgetreten
zu|rück|tun *(ugs.)*; zurückgetan; einen Schritt -
zu|rück|ver|fol|gen; zurückverfolgt
zu|rück|ver|lan|gen; zurückverlangt
zu|rück|ver|set|zen; zurückversetzt; sich -
zu|rück|ver|wei|sen; zurückverwiesen
zu|rück|wei|chen; zurückgewichen
zu|rück|wei|sen; ein Angebot, einen Vorwurf -; zurückgewiesen; **Zu|rück|wei|sung**
zu|rück|wen|den; zurückgewandt
zu|rück|wer|fen; zurückgeworfen
zu|rück|wir|ken; zurückgewirkt
zu|rück|wol|len *(ugs.)*; zurückgewollt
zu|rück|zah|len; zurückgezahlt; **Zu|rück|zah|lung**
zu|rück|zie|hen; zurückgezogen; sich -; **Zu|rück|zie|her** (*seltener für* Rückzieher)
zu|rück|zucken; zurückgezuckt
Zu|ruf; zu|ru|fen; zugerufen
zur Zeit (*Abk.* z. Z., z. Zt.); *vgl.* Zeit; sie ist zur Zeit (derzeit, augenblicklich) krank; sie lebte zur Zeit (zu der Zeit) Goethes; *schweiz. meist u. österr.* **zur|zeit;** sie ist zurzeit krank, aber: sie lebte zur Zeit Goethes
Zu|sa|ge, die; -, -n; **zu|sa|gen;** es sagt mir zu; zugesagt; **zu|sa|gend** (passend, willkommen)
zu|sam|men; - mit; *Schreibung in Verbindung mit Verben* (↑R 205 f.): **1.** *Getrenntschreibung, wenn* „zusammen" *svw.* „gemeinsam, gleichzeitig" *bedeutet,* z. B. zusammen binden (gemeinsam, gleichzeitig binden); **2.** *Zusammenschreibung, wenn das mit* „zusammen" *verbundene Verb* „vereinigen" *bedeutet,* z. B. zusammenbinden (in eins binden); ich binde zusammen; zusammengebunden; zusammenzubinden
Zu|sam|men|ar|beit, die; -; **zu|sam|men|ar|bei|ten** (Tätigkeiten auf ein Ziel hin vereinigen); die beiden Firmen sind übereingekommen zusammenzuarbeiten; aber: es ist fraglich, ob die beiden zusammen (gemeinsam) arbeiten können (*vgl.* zusammen *u.* ↑R 205)
zu|sam|men|bal|len (verdichten); sich -; die Wolken haben sich, das Verhängnis hat sich zusammengeballt (*vgl.* zusammen, 2 *u.* ↑R 205); **Zu|sam|men|bal|lung**
Zu|sam|men|bau *Plur.* -e (*für* Montage); **zu|sam|men|bau|en;** er hat das Modellschiff zusammengebaut; sie wollen zusammen (gemeinsam) bauen (*vgl.* zusammen *u.* ↑R 205)
zu|sam|men|bei|ßen; sie hat die Zähne zusammengebissen (*vgl.* zusammen, 2 *u.* ↑R 205)
zu|sam|men|bin|den (in eins binden); er hat die Blumen zusammengebunden (*vgl.* zusammen *u.* ↑R 205)
zu|sam|men|blei|ben (sich nicht wieder trennen); wir lieben uns und wollen zusammenbleiben; aber: wir können ja noch zusammen bleiben und spielen (*vgl.* zusammen *u.* ↑R 205)
zu|sam|men|brau|en (*ugs. für* aus verschiedenen Dingen mischen); was für ein Zeug hast du da zusammengebraut! (*vgl.* zusammen, 2 *u.* ↑R 205); sich -
zu|sam|men|bre|chen (einstürzen; schwach werden); die Brükke ist zusammengebrochen; sein Vater ist völlig zusammengebrochen; (*vgl.* zusammen, 2 *u.* ↑R 205)
zu|sam|men|brin|gen (vereinigen); er hat die Gegner zusammengebracht; aber: sie werden das Gepäck zusammen (gemeinsam) bringen (*vgl.* zusammen *u.* ↑R 205)
Zu|sam|men|bruch, der; -[e]s, ...brüche
zu|sam|men|drän|gen (auf engem Raum vereinigen); die Menge wurde von der Polizei zusammengedrängt (*vgl.* zusammen, 2 *u.* ↑R 205); sich -
zu|sam|men|drück|bar; zu|sam|men|drücken [*Trenn.* ...drük|ken] (durch Drücken verkleinern); sie hat die Schachtel zusammengedrückt; aber: sie haben die Schulbank zusammen (gemeinsam) gedrückt (*vgl.* zusammen *u.* ↑R 205)
zu|sam|men|fah|ren (aufeinanderstoßen; erschrecken); die Radfahrer sind zusammengefahren; er ist bei dem Knall zusammengefahren; aber: sie sind zusammen (gemeinsam) gefahren (*vgl.* zusammen *u.* ↑R 205)
Zu|sam|men|fall, der; -[e]s; **zu|sam|men|fal|len** (einstürzen; gleichzeitig erfolgen); das Haus ist zusammengefallen; Sonn- und Feiertag sind zusammengefallen; aber: die Kinder sind zusammen gefallen (*vgl.* zusammen *u.* ↑R 205)
zu|sam|men|fal|ten; hast du das Papier zusammengefaltet? (*vgl.* zusammen, 2 *u.* ↑R 205)
zu|sam|men|fas|sen (raffen); er hat den Inhalt der Rede zusammengefaßt; aber: sie haben den Verbrecher zusammen (gemeinsam) gefaßt (*vgl.* zusammen *u.* ↑R 205); **Zu|sam|men|fas|sung**
zu|sam|men|fe|gen; *vgl.* zusammenkehren
zu|sam|men|fin|den, sich (sich treffen); sie haben sich zu gemeinsamer Arbeit zusammengefunden (*vgl.* zusammen, 2 *u.* ↑R 205)
zu|sam|men|flicken [*Trenn.* ...flikken] (*ugs. für* notdürftig flicken; kunstlos zusammenfügen); *auch übertr.*: der Arzt hat ihn wieder zusammengeflickt (*vgl.* zusammen, 2 *u.* ↑R 205)
zu|sam|men|flie|ßen (sich vereinen); wo Fulda und Werra zusammenfließen (*vgl.* zusammen, 2 *u.* ↑R 205); **Zu|sam|men|fluß**
zu|sam|men|fü|gen (vereinigen); er hat alles schön zusammengefügt (*vgl.* zusammen, 2 *u.* ↑R 205); sich -; **Zu|sam|men|fü|gung**
zu|sam|men|füh|ren (zueinander hinführen); die Flüchtlinge wurden zusammengeführt; aber: wir werden den Blinden zusammen (gemeinsam) führen (*vgl.* zusammen *u.* ↑R 205); **Zu|sam|men|füh|rung**
zu|sam|men|ge|hö|ren (eng verbunden sein); wir beide haben immer zusammengehört; aber: das Auto wird uns zusammen (gemeinsam) gehören (*vgl.* zusammen *u.* ↑R 205); **zu|sam|men|ge|hö|rig; Zu|sam|men|ge|hö|rig|keit,** die; -; **Zu|sam|men|ge|hö|rig|keits|ge|fühl,** das; -[e]s
zu|sam|men|ge|setzt; -es Wort (*für* Kompositum); -er Satz

[1] *Trenn.* ...k|k...

zu|sạm|men|ge|wür|felt
zu|sạm|men|ha|ben (*ugs. für* gesammelt haben); ich bin froh, daß wir jetzt das Geld dafür zusạmmenhaben (*vgl.* zusammen, 2 *u.* ↑R 205)
Zu|sạm|men|halt, der; -[e]s; **zu|sạm|men|hal|ten** (sich nicht trennen lassen; vereinigen); die beiden Freunde haben immer zusạmmengehalten; er hat die beiden Stoffe [vergleichend] zusạmmengehalten; aber: sie werden die Leiter zusạmmen (gemeinsam) hạlten (*vgl.* zusammen *u.* ↑R 205)
Zu|sạm|men|hang; im *od.* in - stehen; **¹zu|sạm|men|hän|gen;** er weiß, daß Ursache und Wirkung zusammenhängen; *vgl.* ¹hängen; **²zu|sạm|men|hän|gen;** er wollte die beiden Bilder zusammenhängen; *vgl.* ²hängen (*vgl.* zusammen, 2 *u.* ↑R 205); **zu|sạm|men|hän|gend; zu|sạm|men|hang[s]|los; Zu|sạm|men|hang[s]|lo|sig|keit,** die; -
zu|sạm|men|hau|en (*ugs. für* schwer verprügeln; grob, unsachgemäß anfertigen); sie haben ihn in der Kneipe zusạmmengehauen; er hatte den Tisch in fünf Minuten zusạmmengehauen (*vgl.* zusammen, 2 *u.* ↑R 205)
zu|sạm|men|hef|ten (durch Heften vereinigen); sie hat die Stoffreste zusạmmengeheftet (*vgl.* zusammen, 2 *u.* ↑R 205)
zu|sạm|men|keh|ren (auf einen Haufen kehren); hast du die Scherben zusạmmengekehrt?; aber: wir können den Hof zusạmmen (gemeinsam) kẹhren (*vgl.* zusammen *u.* ↑R 205)
zu|sạm|men|klap|pen (falten; *ugs. für* zusammenbrechen); sie hat den Fächer zusạmmengeklappt; er ist vor Erschöpfung zusạmmengeklappt (*vgl.* zusammen, 2 *u.* ↑R 205)
zu|sạm|men|kle|ben; er hat das Modellschiff zusạmmengeklebt (*vgl.* zusammen, 2 *u.* ↑R 205)
zu|sạm|men|knei|fen (zusammenpressen); er hat die Lippen zusạmmengekniffen (*vgl.* zusammen, 2 *u.* ↑R 205)
zu|sạm|men|knül|len (zu einer Kugel o. ä. knüllen); sie knüllte die Zeitung zusạmmen (*vgl.* zusammen, 2 *u.* ↑R 205)
zu|sạm|men|kom|men (sich begegnen); die Mitglieder sind alle zusạmmengekommen; aber: wenn möglich, wollen wir zusạmmen (gemeinsam) kọmmen (*vgl.* zusammen *u.* ↑R 205)
zu|sạm|men|kra|chen (*ugs.);* der Stuhl ist zusạmmengekracht; zwei Autos sind auf der Kreuzung zusạmmengekracht (*vgl.* zusammen, 2 *u.* ↑R 205)
zu|sạm|men|krat|zen (*ugs.);* er hat sein Geld zusạmmengekratzt (*vgl.* zusammen, 2 *u.* ↑R 205)
Zu|sạm|men|kunft, die; -, ...künfte
zu|sạm|men|läp|pern, sich (*ugs. für* sich aus kleinen Mengen ansammeln); die Ausgaben haben sich ganz schön zusạmmengeläppert (*vgl.* zusammen, 2 *u.* ↑R 205)
zu|sạm|men|lau|fen (sich treffen; ineinanderfließen); die Menschen sind zusạmmengelaufen; die Farben sind zusạmmengelaufen; aber: wir wollen ein Stück zusạmmen (gemeinsam) laufen (*vgl.* zusammen *u.* ↑R 205)
zu|sạm|men|le|ben; sie haben lange zusạmmengelebt (einen gemeinsamen Haushalt geführt); sie haben sich gut zusạmmengelebt (sich aufeinander eingestellt); (*vgl.* zusammen, 2 *u.* ↑R 205); **Zu|sạm|men|le|ben,** das; -s
zu|sạm|men|leg|bar; zu|sạm|men|le|gen (vereinigen; falten); die Grundstücke wurden zusạmmengelegt; das Tischtuch wurde zusạmmengelegt (*vgl.* zusammen *u.* ↑R 205); **Zu|sạm|men|le|gung**
zu|sạm|men|le|sen (sammeln); er hat die Früchte zusạmmengelesen; aber: wir wollen das Buch zusạmmen (gemeinsam) lẹsen (*vgl.* zusammen *u.* ↑R 205)
zu|sạm|men|nä|hen; sie hat die Stoffbahnen zusạmmengenäht; morgen wollen sie zusạmmen (gemeinsam) nähen (*vgl.* zusammen *u.* ↑R 205)
zu|sạm|men|neh|men, sich (sich beherrschen); du hast dich heute sehr zusạmmengenommen (*vgl.* zusammen, 2 *u.* ↑R 205)
zu|sạm|men|packen [*Trenn.* ...pak|ken]; du kannst deine Sachen zusạmmenpacken; aber: wir wollten doch zusạmmen (gemeinsam) pạcken (*vgl.* zusammen *u.* ↑R 205)
zu|sạm|men|pas|sen; das hat gut zusạmmengepaßt (*vgl.* zusammen, 2 *u.* ↑R 205)
zu|sạm|men|pfer|chen; wir wurden in einem kleinen Raum zusạmmengepfercht (*vgl.* zusammen, 2 *u.* ↑R 205)
Zu|sạm|men|prall; zu|sạm|men|pral|len (mit Wucht aneinanderstoßen); zwei Autos sind auf der Kreuzung zusạmmengeprallt (*vgl.* zusammen, 2 *u.* ↑R 205)
zu|sạm|men|pres|sen (mit Kraft zusammendrücken); sie hatte die Hände zusạmmengepreßt (*vgl.* zusammen, 2 *u.* ↑R 205)
zu|sạm|men|raf|fen (gierig an sich bringen); er hat ein großes Vermögen zusạmmengerafft (*vgl.* zusammen, 2 *u.* ↑R 205)
zu|sạm|men|rau|fen, sich (*ugs. für* sich einigen); man hatte sich schließlich zusạmmengerauft (*vgl.* zusammen, 2 *u.* ↑R 205)
zu|sạm|men|rech|nen; sie haben die Kosten zusạmmengerechnet (addiert); heute nachmittag wollen sie zusạmmen (gemeinsam) rẹchnen (*vgl.* zusammen *u.* ↑R 205)
zu|sạm|men|rei|men; ich kann mir das nicht zusạmmenreimen; wie reimt sich das zusạmmen?; zusạmmengereimt (*vgl.* zusammen, 2 *u.* ↑R 205)
zu|sạm|men|rei|ßen, sich (*ugs. für* sich zusammennehmen); ich habe mich zusạmmengerissen (*vgl.* zusammen, 2 *u.* ↑R 205)
zu|sạm|men|rol|len; sich -; sie haben den Teppich zusạmmengerollt (*vgl.* zusammen, 2 *u.* ↑R 205)
zu|sạm|men|rot|ten, sich; die Meuterer hatten sich zusạmmengerottet (*vgl.* zusammen, 2 *u.* ↑R 205); **Zu|sạm|men|rot|tung**
zu|sạm|men|ru|fen; die Schüler wurden in den Hof zusạmmengerufen; das Parlament wurde zusạmmengerufen (einberufen; *vgl.* zusammen, 2 *u.* ↑R 205)
zu|sạm|men|sacken [*Trenn.* ...sak|ken] (*ugs. für* zusammenbrechen); er ist unter der Last zusạmmengesackt (*vgl.* zusammen, 2 *u.* ↑R 205)
Zu|sạm|men|schau, die; -
zu|sạm|men|schei|ßen (*derb für* scharf abkanzeln); er wurde von seinem Chef zusạmmengeschissen (*vgl.* zusammen, 2 *u.* ↑R 205)
zu|sạm|men|schla|gen (*ugs. für* schwer verprügeln); er hat ihn brutal zusạmmengeschlagen (*vgl.* zusammen, 2 *u.* ↑R 205)
zu|sạm|men|schlie|ßen, sich (sich vereinigen); verschiedene Firmen haben sich zusạmmengeschlossen (*vgl.* zusammen, 2 *u.* ↑R 205); **Zu|sạm|men|schluß**
zu|sạm|men|schmel|zen (in eins schmelzen; kleiner werden); die Metalle wurden zusạmmengeschmolzen; ihr Vermögen ist zusạmmengeschmolzen (*vgl.* zusammen, 2 *u.* ↑R 205)
zu|sạm|men|schnü|ren (miteinander verbinden; einengen); sie hat die Kleidungsstücke zusạmmengeschnürt; die Angst hat seine Kehle zusạmmengeschnürt (*vgl.* zusammen, 2 *u.* ↑R 205)
zu|sạm|men|schrecken [*Trenn.* ...schrek|ken]; *vgl.* ¹schrecken
zu|sạm|men|schrei|ben (in eins schreiben; aus anderen Texten

zusammenstellen); die beiden Wörter werden zusammengeschrieben; dieses Buch ist aus anderen Büchern zusammengeschrieben; aber: wir wollen dieses Buch zusammen (gemeinsam) schreiben (*vgl.* zusammen *u.* ↑R 205); **Zu|sam|men|schrei|bung**

zu|sam|men|schrump|fen (kleiner werden); der Vorrat ist zusammengeschrumpft (*vgl.* zusammen, 2 *u.* ↑R 205)

zu|sam|men|schu|stern (*ugs. für* notdürftig herstellen); er hat die Liste zusammengeschustert (*vgl.* zusammen, 2 *u.* ↑R 205)

zu|sam|men|schwei|ßen (durch Schweißen verbinden; eng vereinigen); die Schienen wurden zusammengeschweißt; die Gefahr hat die Gruppe noch mehr zusammengeschweißt (*vgl.* zusammen, 2 *u.* ↑R 205)

zu|sam|men|sein; wir werden den ganzen Tag zusammensein; sie sind immer zusammengewesen; aber: solange wir mit ihm zusammen sind, zusammen waren; **Zu|sam|men|sein,** das; -s

zu|sam|men|set|zen (nebeneinandersetzen, zueinanderfügen); sie haben das Puzzle zusammengesetzt; sich - (*vgl.* zusammen, 2 *u.* ↑R 205); **Zu|sam|men|set|zung** (*auch für* Kompositum)

zu|sam|men|sit|zen; sie haben den ganzen Abend zusammengesessen (*vgl.* zusammen, 2 *u.* ↑R 205)

Zu|sam|men|spiel, das; -[e]s; **zu|sam|men|spie|len** (aufeinander abgestimmt spielen); die Mannschaft hat gut zusammengespielt; aber: die Kinder haben schön zusammen (gemeinsam) gespielt; (*vgl.* zusammen *u.* ↑R 205)

zu|sam|men|stau|chen (*ugs. für* zurechtweisen); er hat ihn richtig zusammengestaucht (*vgl.* zusammen, 2 *u.* ↑R 205)

zu|sam|men|ste|hen; sie haben im Hof zusammengestanden; sie haben immer zusammengestanden (zusammengehalten; *vgl.* zusammen, 2 *u.* ↑R 205)

zu|sam|men|stel|len (nebeneinanderstellen; zueinanderfügen); die Kinder haben sich zusammengestellt; das Menü wurde zusammengestellt (*vgl.* zusammen, 2 *u.* ↑R 205); **Zu|sam|men|stel|lung**

zu|sam|men|stim|men (übereinstimmen, harmonieren); seine Angaben, die Instrumente haben nicht zusammengestimmt (*vgl.* zusammen, 2 *u.* ↑R 205)

Zu|sam|men|stoß; zu|sam|men|sto|ßen (aufeinanderprallen); zwei Autos sind zusammengestoßen (*vgl.* zusammen, 2 *u.* ↑R 205)

zu|sam|men|strö|men (sich in großer Zahl vereinigen); die Menschen sind zusammengeströmt (*vgl.* zusammen, 2 *u.* ↑R 205)

Zu|sam|men|sturz; zu|sam|men|stür|zen (einstürzen); das Gerüst ist zusammengestürzt (*vgl.* zusammen, 2 *u.* ↑R 205)

zu|sam|men|su|chen (von überallher suchend zusammentragen); ich mußte das Werkzeug erst zusammensuchen; aber: laßt uns zusammen (gemeinsam) suchen! (*vgl.* zusammen *u.* ↑R 205)

zu|sam|men|tra|gen (sammeln); sie haben das Holz zusammengetragen; aber: ihr sollt den Sack zusammen (gemeinsam) tragen (*vgl.* zusammen *u.* ↑R 205)

zu|sam|men|tref|fen (begegnen); sie sind im Theater zusammengetroffen (*vgl.* zusammen, 2 *u.* ↑R 205); **Zu|sam|men|tref|fen**

zu|sam|men|trei|ben (auf einen Haufen treiben); sie haben die Herde zusammengetrieben; aber: sie haben die Herde zusammen (gemeinsam) auf die Weide getrieben (*vgl.* zusammen *u.* ↑R 205)

zu|sam|men|tre|ten; die Schläger haben ihn brutal zusammengetreten; das Parlament ist zusammengetreten (hat sich versammelt; vgl. zusammen, 2 *u.* ↑R 205)

zu|sam|men|trom|meln (*ugs. für* herbeirufen); er hat alle Freunde zusammengetrommelt (*vgl.* zusammen, 2 *u.* ↑R 205)

zu|sam|men|tun (*ugs. für* vereinigen); sie haben sich zusammengetan; aber: wir wollen das zusammen (gemeinsam) tun (*vgl.* zusammen *u.* ↑R 205)

zu|sam|men|wach|sen (in eins wachsen); der Knochen ist wieder zusammengewachsen (*vgl.* zusammen, 2 *u.* ↑R 205)

zu|sam|men|wir|ken (vereint wirken); hier haben alle Kräfte zusammengewirkt (*vgl.* zusammen, 2 *u.* ↑R 205); **Zu|sam|men|wir|ken,** das; -s

zu|sam|men|zäh|len (addieren); sie hat die Zahlen zusammengezählt; aber: laßt uns zusammen (gemeinsam) zählen! (*vgl.* zusammen *u.* ↑R 205); **Zu|sam|men|zäh|lung**

zu|sam|men|zie|hen (verengern; vereinigen; addieren); sie hat das Loch im Strumpf zusammengezogen; die Truppen wurden zusammengezogen; er hat die Zahlen zusammengezogen; sich -; aber: sie haben den Wagen zusammen (gemeinsam) gezogen (*vgl.* zusammen *u.* ↑R 205); **zu|sam|men|zie|hend;** -es Mittel; **Zu|sam|men|zie|hung**

zu|sam|men|zucken [*Trenn.* ...zuk|ken] (eine zuckende Bewegung machen); ich bin bei dem Knall zusammengezuckt (*vgl.* zusammen, 2 *u.* ↑R 205)

zu|samt *(veraltet); Präp. mit Dat.:* - den Rindern

Zu|satz; Zu|satz‿ab|kom|men, ...aus|bil|dung, ...be|stim|mung, ...brems|leuch|te *(Kfz-Technik),* **...ge|rät; zu|sätz|lich** (hinzukommend); **Zu|satz‿steu|er** (die), **...ta|rif, ...ver|si|che|rung, ...zahl** (beim Lotto)

zu|schan|den (↑R 208); - machen, werden

zu|schan|zen (*ugs. für* zu etwas verhelfen); er hat ihm den Posten zugeschanzt

zu|schar|ren; zugescharrt

zu|schau|en; alle haben zugeschaut; **Zu|schau|er; Zu|schaue|rin** (↑R 180); **Zu|schau|er‿ku|lis|se, ...rang, ...raum, ...tri|bü|ne, ...zahl**

zu|schau|feln; zugeschaufelt

zu|schicken [*Trenn.* ...schik|ken]; zugeschickt

zu|schie|ben (*ugs. auch für* [heimlich] zukommen lassen); er hat ihm diesen Vorteil zugeschoben

zu|schie|ßen (beisteuern); sie hat schon eine Menge Geld zugeschossen

Zu|schlag; zu|schla|gen ([sich] laut schließen; [bei einer Versteigerung] zuerteilen; losschlagen); zugeschlagen; **zu|schlag|frei; Zu|schlag‿kal|ku|la|ti|on** (*vgl.* Zuschlagskalkulation), **...kar|te** *(Eisenb.);* **zu|schlag|pflich|tig; Zu|schlag|satz,** Zu|schlags|satz; **Zu|schlags‿kal|ku|la|ti|on,** Zu|schlag|kal|ku|la|ti|on; **Zu|schlags|satz** *vgl.* Zuschlagsatz; **Zu|schlag|stoff** *(Technik)*

zu|schlie|ßen; zugeschlossen

zu|schnap|pen; zugeschnappt

Zu|schnei|de|ma|schi|ne; zu|schnei|den; zugeschnitten; **Zu|schnei|der; Zu|schnei|de|rin**

zu|schnei|en; zugeschneit

Zu|schnitt

zu|schnü|ren; zugeschnürt

zu|schrau|ben; zugeschraubt

zu|schrei|ben; die Schuld an diesem Unglück wird ihm zugeschrieben; **Zu|schrift**

zu|schul|den (↑R 208); du hast dir etwas - kommen lassen

Zu|schuß; Zu|schuß‿be|trieb, ...bo|gen *(Druckw.),* **...wirt|schaft** (die; -)

zu|schu|stern (*ugs. für* heimlich

zukommen lassen; zusetzen); er hat ihm den Posten zugeschustert
zu|schüt|ten; zugeschüttet
zu|se|hen; zugesehen; (↑R 68:) bei genauerem Zusehen; **zu|se|hends** (rasch; offenkundig); **Zu|se|her** (*österr. neben* Zuschauer)
zu|sein (*ugs. für* geschlossen sein); der Laden ist zu, ist zugewesen, aber: ..., daß der Laden zu ist, zu war
zu sei|ten (↑R 208); *Präp. mit Gen.:* - - des Festzuges
zu|sen|den; *vgl.* senden; **Zu|sen|dung**
zu|set|zen; er hat mir tüchtig zugesetzt
zu|si|chern; zugesichert; **Zu|si|che|rung**
Zu|spät|kom|men|de, der *u.* die; -n, -n (↑R 7 ff.)
Zu|spei|se *(österr., sonst veraltet)*
zu|sper|ren (*südd., österr. für* abschließen); zugesperrt
Zu|spiel, das; -[e]s *(Sport)*; **zu|spie|len**; zugespielt
zu|spit|zen; die Lage hat sich zugespitzt; **Zu|spit|zung**
zu|spre|chen; zugesprochen; **Zu|spre|chung**; **Zu|spruch**, der; -[e]s (Anklang, Zulauf; Trost); großen -, viel - haben
Zu|stand; **zu|stan|de** (↑R 208); - bringen, kommen; **Zu|stan|de|brin|gen**, das; -s; **Zu|stan|de|kom|men**, das; -s; **zu|stän|dig** (maßgebend); - sein nach (*österr. für* ansässig sein in); **zu|stän|di|gen|orts**; **Zu|stän|dig|keit**; **Zu|stän|dig|keits|be|reich**, der; **zu|stän|dig|keits|hal|ber**; **zu|stän|dlich** (*selten für* einen Zustand betreffend, darin verharrend); **Zu|stands_än|de|rung**, **...glei|chung** *(Physik)*, **...pas|siv** *(Sprachw.)*, **...verb** *(Sprachw.)*
zu|stat|ten; *nur in* - kommen
zu|ste|chen; zugestochen
zu|stecken [*Trenn.* ...stek|ken]; zugesteckt
zu|ste|hen; zugestanden
zu|stei|gen; zugestiegen
zu|stel|len; zugestellt; **Zu|stel|ler** *(Amtsspr.)*; **Zu|stell|ge|bühr** *(Postw.)*; **Zu|stel|lung**; **Zu|stel|lungs|ur|kun|de** *(Amtsspr.)*; **Zu|stell|ver|merk** *(Postw.)*
zu|steu|ern; zugesteuert
zu|stim|men; zugestimmt; **Zu|stim|mung**
zu|stop|fen; zugestopft
zu|sto|ßen; es ist ihm ein Unglück zugestoßen
zu|stre|ben; zugestrebt
Zu|strom, der; -[e]s; **zu|strö|men**; zugeströmt
Zu|stupf, der; -[e], *Plur.* -e *u.* ...stüpfe (*schweiz. für* Zuschuß, Zuverdienst)

zu|stut|zen; zugestutzt
zu|ta|ge (↑R 208); *nur in* - bringen, fördern, treten
Zu|tat *meist Plur.*
zu|teil (↑R 208); *nur in* - werden; **zu|tei|len**; zugeteilt; **Zu|tei|lung**
zu|tiefst (völlig; im Innersten)
zu|tra|gen (heimlich berichten); zugetragen; sich - (geschehen); **Zu|trä|ger**; **Zu|trä|ge|rei**; **zu|träg|lich** (nützlich); **Zu|träg|lich|keit**, die; -
zu|trau|en; sie hat es mir zugetraut; **Zu|trau|en**, das; -s; **zu|trau|lich**; **Zu|trau|lich|keit**
zu|tref|fen; zugetroffen; **zu|tref|fend**; -ste; **Zu|tref|fen|de**, das; -n (↑R 7 ff.); Zutreffendes ankreuzen; **zu|tref|fen|den|falls**; *vgl.* [1]Fall
zu|trei|ben; zugetrieben
zu|trin|ken; zugetrunken
Zu|tritt, der; -[e]s
zut|schen (*landsch. für* lutschen, saugen); du zutschst; er zutschte
zu|tu|lich, zu|tun|lich (zutraulich, anschmiegend); **zu|tun** (*ugs. für* hinzufügen; schließen); ich habe kein Auge zugetan; **Zu|tun**, das; -s (Hilfe, Unterstützung); *noch in* ohne mein -; **zu|tun|lich** *vgl.* zutulich
zu|un|gun|sten (zum Nachteil); ↑R 208; *Präp., bei Voranstellung mit Gen.:* - vieler Antragsteller, *bei (seltener) Nachstellung mit Dat.:* dem Antragsteller -; *vgl.* Gunst
zu|un|terst; das Oberste - kehren
zu|ver|die|nen (*ugs. für* dazuverdienen); **Zu|ver|dienst**, der
zu|ver|läs|sig; **Zu|ver|läs|sig|keit**, die; -; **Zu|ver|läs|sig|keits_fahrt**, **...prü|fung**, **...test**
Zu|ver|sicht, die; -; **zu|ver|sicht|lich**; **Zu|ver|sicht|lich|keit**, die; -
zu|viel, zu viel; zuviel des Guten, aber: es sind zu viele Menschen; er weiß zuviel, aber: er weiß viel, ja zu viel davon; du hast viel zuviel gesagt; besser zuviel als zuwenig; **Zu|viel**, das; -s (↑R 67); ein Zuviel ist besser als ein Zuwenig
zu vie|ren, **zu viert**
zu|vor (vorher); meinen herzlichen Glückwunsch -! *Schreibung in Verbindung mit Verben* (↑R 205 f.): **1.** *Getrenntschreibung in ursprünglicher Bedeutung,* z. B. du sollst zuvor (vorher) kommen; **2.** *Zusammenschreibung, wenn durch die Verbindung ein neuer Begriff entsteht, vgl.* zuvorkommen, zuvortun
zu|vor|derst (ganz vorn); **zu|vör|derst** (*veraltend für* zuerst)
zu|vor|kom|men (schneller sein); ich komme ihm zuvor; zuvorgekommen; zuvorzukommen; aber: du sollst zuvor (vorher) kommen (*vgl.* zuvor *u.* ↑R 205); **zu|vor|kom|mend**; -ste (liebenswürdig); **Zu|vor|kom|men|heit**, die; -
zu|vor|tun (besser tun); ich tue es ihm zuvor; zuvorgetan; zuvorzutun; aber: du sollst diese Arbeit zuvor (vorher) tun (*vgl.* zuvor *u.* ↑R 205)
Zu|waa|ge, die; - (*bayr., österr. für* Knochen[zugabe] zum Fleisch)
Zu|wachs, der; -es, *Plur. (fachspr.)* Zuwächse (Vermehrung, Erhöhung); **zu|wach|sen** (größer werden); es ist ständig Vermögen zugewachsen; **Zu|wachs|ra|te**
Zu|wan|de|rer, Zu|wand|rer; **zu|wan|dern**; zugewandert; **Zu|wan|de|rung**; **Zu|wand|rer** *vgl.* Zuwanderer
zu|war|ten (untätig warten); zugewartet; **Zu|war|ten**, das; -s
zu|we|ge; ↑R 208; *nur in Wendungen wie* - bringen; [gut] - sein (*ugs. für* wohlauf sein)
zu|we|hen; zugeweht
zu|wei|len
zu|wei|sen; zugewiesen; **Zu|wei|sung**
zu|wen|den; ich wandte *od.* wendete mich ihr zu; er hat sich ihr zugewandt *od.* zugewendet; **Zu|wen|dung**
zu|we|nig, zu wenig; du weißt zuwenig, du weißt viel zuwenig, aber: du weißt auch zu wenig!; **Zu|we|nig**, das; -s (↑R 67); ein Zuviel ist besser als ein Zuwenig
zu|wer|fen; zugeworfen
zu|wi|der; - sein, werden; dem Gebot -; das, er ist mir -; aber (↑R 205): **zu|wi|der|han|deln** (Verbotenes tun); ich hand[e]le zuwider; zuwidergehandelt; zuwiderzuhandeln; **zu|wi|der|han|delnd**; **Zu|wi|der|han|deln|de**, der *u.* die; -n, -n (↑R 7 ff.); **Zu|wi|der|hand|lung**; **zu|wi|der|lau|fen**; ↑R 205 (entgegenstehen); sein Verhalten läuft meinen Absichten zuwider; zuwidergelaufen; zuwiderzulaufen
zu|win|ken; zugewinkt
zu|zah|len; zugezahlt; **zu|zäh|len**; zugezählt; **Zu|zah|lung**; **Zu|zäh|lung**
zu|zei|ten; ↑R 208 (bisweilen), aber: zu Zeiten Karls d. Gr.
zu|zeln (*bayr. u. österr. ugs. für* lutschen; lispeln); ich ...[e]le (↑R 22)
zu|zie|hen; du hast dir eine Krankheit zugezogen; **Zu|zie|hung**, die; -; **Zu|zug** (Zuziehen); **Zu|zü|ger** (*schweiz. für* Zuzügler); **Zu|züg|ler**; **zu|züg|lich** (*Kaufmannsspr.* unter Hinzurechnung); *Präp. mit Gen.:* - der

Transportkosten; *ein alleinstehendes, stark gebeugtes Substantiv steht im Sing. ungebeugt:* - Porto; **Zu|zugs|ge|neh|mi|gung**
zu zwei|en, zu zweit
zu|zwin|kern; zugezwinkert
Zvie|ri ['tsfiəri], der *od.* das; -s (*bes. schweiz. mdal. für* Nachmittagsimbiß)
ZVS = Zentralstelle für die Vergabe von Studienplätzen
zwacken [*Trenn.* zwak|ken] (*ugs. für* kneifen)
Zwang, der; -[e]s, Zwänge; **zwängen** (bedrängen; klemmen; einpressen; nötigen); sich -; **zwanghaft**; -este; **Zwang|huf**, der; -[e]s (eine Hufkrankheit); **zwang|läufig** (*Technik* nicht gewünschte Bewegungen ausschließend); vgl. aber: zwangsläufig; **Zwang|läu|fig|keit**, die; - *(Technik); vgl.* aber: Zwangsläufigkeit; **zwang|los**; -este; **Zwang|lo|sig|keit**, die; -; **Zwangs‿an|lei|he, ...ar|beit** (die; -), **...ar|bei|ter, ...ar|bei|te|rin, ...be|wirt|schaf|tung; Zwang|schie|ne** (bei Gleiskrümmungen, Weichen u. a.); **Zwangs‿ein|wei|sung, ...er|näh|rung, ...geld** *(Rechtsw.)*, **...hand|lung, ...herr|schaft, ...hy|po|thek, ...jacke** [*Trenn.* ...jak|ke], **...kurs** *(Bankw.)*, **...lage; zwangs|läu|fig** (automatisch, anders nicht möglich); *vgl.* aber: zwangläufig; **Zwangs|läu|fig|keit**; *vgl.* aber: Zwangläufigkeit; **Zwangs|li|zenz; zwangs|mä|ßig; Zwangs‿maß|nah|me, ...mit|tel** (das), **...neu|ro|se, ...räu|mung, ...re|gu|lie|rung** *(Börse)*, **...spa|ren** (das; -s); **zwangs|um|sie|deln;** zwangsumgesiedelt; *nur im Infinitiv u. Partizip II gebr.;* **Zwangs‿ur|laub, ...ver|fah|ren** *(Rechtsw.)*, **...ver|gleich; zwangs|ver|schicken**[1] (*für* deportieren); *vgl.* zwangsumsiedeln; **Zwangs‿ver|schickung**[1], **...ver|si|che|rung; zwangs|ver|stei|gern;** *vgl.* zwangsumsiedeln; **Zwangs‿ver|stei|ge|rung, ...ver|wal|tung, ...voll|streckung**[1]; **zwangs|vor|füh|ren;** zwangsvorgeführt; **Zwangs‿vor|füh|rung, ...vor|stel|lung** *(Psych.)*; **zwangs|wei|se; Zwangs|wirt|schaft**
zwan|zig usw. *vgl.* achtzig usw.; **zwan|zi|ger;** die goldenen - Jahre, die goldenen Zwanziger; **Zwan|zig|flach,** das; -[e]s, -e, **Zwan|zig|fläch|ner** (*für* Ikosaeder); **zwan|zig|jäh|rig;** *vgl.* achtjährig; **Zwan|zig|mark|schein** (*mit Ziffern* 20-Mark-Schein; ↑R 43); **Zwan|zig|pfen|nig|mar|ke** (*mit Ziffern* 20-Pfennig-Marke, 20-Pf-Marke; ↑R 43); **zwan|zig|ste;** (↑R 157:) Zwanzigster Juli (20. Juli 1944, der Tag des Attentats auf Hitler); *vgl.* achte; **zwan|zig|tau|send; Zwan|zig|uhr|nach|rich|ten** *Plur.;* **Zwan|zig|uhr|vor|stel|lung**
zwar; er ist zwar alt, aber rüstig; viele Sorten, und zwar ...
zwat|ze|lig (*landsch. für* zappelig); **zwat|zeln** (*landsch. für* zappeln, unruhig sein); ich ...[e]le (↑R 22)
Zweck, der; -[e]s, -e (Ziel[punkt]; Absicht; Sinn); zwecks *(vgl. d.);* zum Zweck[e]; **Zweck‿auf|wand** *(Finanzw.)*, **...bau** (*Plur.* ...bauten), **...be|stim|mung** (die; -), **...bin|dung** *(Finanzw.);* **zweck|dien|lich; Zweck|dien|lich|keit,** die; -; **Zwecke,** die; -, -n [*Trenn.* Zwek|ke] (*landsch. für* kurzer Nagel mit breitem Kopf); **zwecken** [*Trenn.* zwek|ken] (*landsch. für* anzwecken); **zweck|ent|frem|den;** zweckentfremdet; *meist nur im Infinitiv u. Partizip II gebr.;* **Zweck|ent|frem|dung; zweck‿ent|spre|chend** (-ste), **...frei, ...ge|bun|den; Zweck|ge|bun|den|heit,** die; -; **zweck|ge|mäß; zweck|haft; zweck|los;** -este; **Zweck|lo|sig|keit,** die; -; **zweck|mä|ßig; zweck|mä|ßi|ger|wei|se; Zweck|mä|ßig|keit,** die; -; **Zweck|mä|ßig|keits|er|wä|gung; Zweck‿op|ti|mis|mus, ...pes|si|mis|mus, ...pro|pa|gan|da; zwecks;** ↑R 62 (*Amtsspr.* zum Zweck von); *Präp. mit Gen.:* - eines Handels (*dafür besser die Präp.* „zu“ *od. Nebensatz*); **Zweck‿satz** (*für* Finalsatz), **...spa|ren** (das; -s), **...steu|er** (die), **...stil, ...ver|band** (Vereinigung von [wirtschaftlichen] Unternehmungen), **...ver|mö|gen** *(Rechtsw.);* **zweck‿voll, ...wid|rig**
zween *vgl.* zwei
Zweh|le, die; -, -n (*westmitteld. für* Tisch-, Handtuch)
zwei[1]; *Gen.* zweier, *Dat.* zweien, zwei; wir sind zu zweien *od.* zu zweit; herzliche Grüße von uns zweien (↑R 66); (↑R 8:) zweier guter, *selten* guten Menschen; zweier Liebenden, *seltener* Liebender; *vgl.* acht, drei; **Zwei,** die; -, -en (Zahl); eine Zwei würfeln; er hat in Latein eine Zwei geschrieben; *vgl.* [1]Acht *u.* Eins; **Zwei|ach|ser** (Wagen mit zwei Achsen; *mit Ziffer* 2achser; ↑R 212); **zwei|ach|sig; Zwei|ak|ter;** *vgl.* Einakter; **zwei|ak|tig; zwei|ar|mig; Zwei|bei|ner** (*scherzh. für* Mensch); **zwei|bei|nig; Zwei|bett|zim|mer** (*mit Ziffer* 2-Bett-Zimmer; ↑R 43)
Zwei|brücken[1] (Stadt in Rheinland-Pfalz); **Zwei|brücke|ner**[1], **Zwei|brücker**[1] (↑R 147)
Zwei‿bund (der; -[e]s; *früher*), **...decker**[1] (Flugzeug); **zwei|deu|tig; Zwei|deu|tig|keit; zwei|di|men|sio|nal; Zwei|drit|tel|mehr|heit; zwei|ei|ig;** -e Zwillinge; **zwei|ein|halb,** zwei|und|ein|halb; **Zwei|er;** *vgl.* Achter; **Zwei|er‿be|zie|hung, ...bob, ...ka|jak; zwei|er|lei; Zwei|er|rei|he; zwei|fach;** *vgl.* zwiefach; **Zwei|fa|che,** das; -n; *vgl.* Achtfache; **Zwei|fa|mi|li|en|haus; Zwei|far|ben|druck** *Plur.* ...drucke; **zwei|far|big**
Zwei|fel, der; -s, -; **zwei|fel|haft;** -este; **zwei|fel|los; zwei|feln;** ich ...[e]le (↑R 22); **Zwei|fels|fall,** der; im -[e]; **Zwei|fels|fra|ge; zwei|fels|frei; zwei|fels|oh|ne; Zwei|fel|sucht,** die; -; **Zweif|ler; Zweif|le|rin; zweif|le|risch**
zwei|flü|ge|lig *vgl.* zweiflüglig; **Zwei|flüg|ler,** der; -s, - *(Zool.);* **zwei|flüg|lig,** zwei|flü|ge|lig; **Zwei|fran|ken|stück** (*mit Ziffer* 2-Franken-Stück; ↑R 43); **Zwei|fränk|ler** *(schweiz.);* **Zwei|fron|ten|krieg; Zwei|fü|ßer** (*svw.* Zweibeiner)
[1]**Zweig,** Arnold (dt. Schriftsteller)
[2]**Zweig,** Stefan (österr. Schriftsteller)
[3]**Zweig,** der; -[e]s, -e; **Zweig|bahn**
zwei|ge|schlech|tig *(Bot.);* **Zwei‿ge|schlech|tig|keit** (die; -), **...ge|spann, ...ge|spräch** (*veraltet für* Zwiegespräch); **zwei|ge|stri|chen** *(Musik);* -e Note
Zweig|ge|schäft
zwei‿glei|sig, ...glie|de|rig, ...glied|rig
Zweig‿li|nie, ...nie|der|las|sung, ...post|amt, ...stel|le, ...werk
Zwei|hän|der (Schwert, das mit beiden Händen geführt wird); **zwei|hän|dig; zwei|häu|sig** (*Bot.* mit männl. u. weibl. Blüten nicht auf einer Pflanze); **Zwei|häu|sig|keit,** die; -; **Zwei|heit,** die; - (*für* Dualismus); **zwei‿hen|ke|lig, ...henk|lig; zwei|hun|dert;**

[1] *Trenn.* ...k|k...

[1] *Die Formen* „zween“ *für das männliche,* „zwo“ *für das weibliche Geschlecht sind veraltet. Wegen der leichteren Unterscheidbarkeit von* „drei“ *ist* „zwo“ *(ohne Unterschied des Geschlechtes) in neuerer Zeit im Fernsprechverkehr üblich geworden und von da in die Umgangssprache gedrungen. Die veraltete Form* „zwote“ *für die Ordnungszahl* „zweite“ *ist gleichfalls sehr verbreitet.*

[1] *Trenn.* ...k|k...

vgl. hundert; **Zwei|hun|dert|mark|schein** (*mit Ziffer* 200-Mark-Schein; ↑R 43); **Zwei‿jah|res|plan, ...kam|mer|sy|stem; Zwei|kampf; Zwei|ka|nal|ton** *(Fernsehen);* **zwei|keim|blät|te|rig, zwei|keim|blätt|rig** *(Bot.);* -e Pflanzen (Pflanzen mit zwei Keimblättern); **zwei|köp|fig; Zwei|kreis‿brem|se** *(Kfz-Technik),* **...sy|stem** *(Finanzw.);* **Zwei|li|ter|fla|sche** (*mit Ziffer* 2-Liter-Flasche; ↑R 43); **zwei|mäh|dig** (*svw.* zweischürig); **zwei|mal;** (↑R 32:) ein- bis zweimal (1- bis 2mal); *vgl.* achtmal; **zwei|ma|lig; Zwei|mann|boot** (*mit Ziffer* 2-Mann-Boot; ↑R 43); **Zwei|mark|stück** (*mit Ziffer* 2-Mark-Stück; ↑R 43); **Zwei|ma|ster** (Segelschiff); **zwei|mo|to|rig; Zwei|par|tei|en|sy|stem; Zwei|pfen|nig|stück** (*mit Ziffer* 2-Pfennig-Stück; ↑R 43); **Zwei|pha|sen|strom; 2π-fach** [...'pi:...] (↑R 37); **Zwei|rad; zwei‿rä|de|rig, ...räd|rig; Zwei|rei|her; zwei|rei|hig; Zwei|ru|de|rer** (*für* Bireme); **zwei|sam; Zwei|sam|keit; zwei|schlä|fe|rig, zwei|schlä|fig, zwei|schläf|rig;** *vgl.* einschläfig; **zwei|schnei|dig; zwei|schü|rig** (zwei Ernten liefernd [von der Wiese]); **zwei|sei|tig; zwei|sil|big; Zwei|sit|zer** (Wagen, Motorrad u. a. mit zwei Sitzen); **zwei|sit|zig; zwei|spal|tig; Zwei|spän|ner** (Wagen mit Zweigespann); **zwei|spän|nig; zwei|spra|chig; Zwei|spra|chig|keit,** die; -; **zwei|spu|rig; zwei|stel|lig;** -e Zahlen; **zwei|stim|mig; zwei|stöckig** [*Trenn.* ...stök|kig]; **zwei|strah|lig; Zwei|strom|land; zwei|stück|wei|se** (↑R 41); **Zwei|stu|fen|ra|ke|te; zwei|stu|fig; zwei|stün|dig** (zwei Stunden dauernd); -e Fahrt; **zwei|stünd|lich** (alle zwei Stunden [wiederkehrend]); - einen Eßlöffel voll; **zweit;** *vgl.* zwei; **Zwei|tak|ter** (*ugs. für* Zweitaktmotor od. damit ausgerüstetes Kraftfahrzeug); **Zwei|takt|mo|tor; zwei|tau|send;** *vgl.* tausend; **Zwei|tau|sen|der** ([über] 2 000 m hoher Berg); **Zweit|aus|fer|ti|gung; zweit|be|ste; Zweit|druck** (*Plur.* ...drucke); **zwei|te**[1]; **I.** *Kleinschreibung* (↑R 66): er hat wie kein zweiter (anderer) gearbeitet; jeder zweite; zum ersten, zum zweiten, zum dritten; die zweite Geige spielen; er ist zweiter Geiger; etwas aus zweiter Hand kaufen; er ist sein zweites Ich (bester Freund); in zweiter Linie; das ist ihr zur zweiten Natur geworden; das zweite Programm; der zweite Rang; sie singt die zweite Stimme; der zweite Stock eines Hauses; die zweite Bundesliga; der zweite Bildungsweg; der zweite (*häufig als Name:* Zweite) Weltkrieg. **II.** *Großschreibung:* **a)** (↑R 66:) es ist noch ein Zweites zu erwähnen; **b)** (↑R 157:) Zweites Deutsches Fernsehen (*Abk.* ZDF); das Zweite Gesicht (Gabe, Zukünftiges vorauszusehen); die Zweite Republik (Staatsform Österreichs nach 1945); *vgl.* achte *u.* erste; **Zwei|tei|ler; zwei|tei|lig; Zwei|tei|lung; zwei|tens; Zwei|te[r]-Klas|se-Ab|teil** (↑R 41); **Zweit‿fahr|zeug, ...fri|sur** (Perücke), **...ge|rät; zweit‿größ|te, ...höch|ste; zweit|klas|sig; Zweit|kläß|ler;** *vgl.* Erstkläßler; **Zweit|klaß|wa|gen** *(schweiz.);* **zweit|letz|te;** *vgl.* drittletzte; **zwei|tou|rig; zweit|ran|gig; Zweit|schlag** *(Milit.);* **zweit|schlech|te|ste; Zweit‿schlüs|sel, ...schrift, ...stim|me; zwei|tü|rig; Zweit‿wa|gen, ...woh|nung; zwei|und|ein|halb** *vgl.* zweieinhalb; **zwei|und|zwan|zig;** *vgl.* acht; **zwei|wer|tig; Zwei|zei|ler; zwei|zei|lig; Zwei|zim|mer|woh|nung** (*mit Ziffer* 2-Zimmer-Wohnung; ↑R 43); **Zwei|zü|ger,** der; -s, - (mit zwei Zügen zu lösende Schachaufgabe); **Zwei|zy|lin|der** (*ugs. für* Zweizylindermotor od. damit ausgerüstetes Kraftfahrzeug); **Zwei|zy|lin|der|mo|tor; zwei|zy|lin|drig** (*mit Ziffer* 2zylindrig; ↑R 212)

Zwen|ke, die; -, -n (ein Süßgras)

zwerch (*landsch. für* quer); **Zwerch|fell; Zwerch|fell|at|mung,** die; -; **zwerch|fell|er|schüt|ternd;** -es Lachen

Zwerg, der; -[e]s, -e; **zwerg|ar|tig; Zwerg|baum; zwer|gen|haft;** -este; **Zwer|gen|kö|nig** *(Märchen);* **Zwer|gen|volk** *(Märchen);* **zwerg|haft;** -este; **Zwerg|haf|tig|keit,** die; -; **Zwerg|huhn; zwer|gig; Zwer|gin; Zwerg‿kie|fer** (die), **...obst, ...pin|scher, ...pu|del, ...staat** (*Plur.* ...staaten), **...volk** (z. B. Pygmäen), **...wuchs; zwerg|wüch|sig**

Zwet|sche, die; -, -n; **Zwet|schen‿baum, ...kern, ...ku|chen, ...mus, ...schnaps; Zwetsch|ge** (*südd., schweiz. u. fachspr. für* Zwetsche); **Zwetsch|ke** (*bes. österr. für* Zwetsche); **Zwetsch|ken‿knö|del** *(österr.),* **...rö|ster** (*österr. für* gedünstete Pflaumen)

Zwickau; ↑R 179 (Stadt in Sachsen); **Zwickau|er** (↑R 147, R 179)

Zwicke[1], die; -, -n (*landsch. für* Beißzange; *auch für* als Zwilling mit einem männl. Kalb geborenes Kuhkalb; *veraltet für* Zwekke); **Zwickel**[1], der; -s, - (keilförmiger Stoffeinsatz; *Bauw.* dreieckiges Verbindungsstück); **zwicken**[1] (*ugs. für* kneifen); er zwickt ihn, *auch* ihm ins Bein; **Zwicker**[1] (Klemmer, Kneifer); **Zwick|müh|le** (Stellung im Mühlespiel); in der - (*ugs. für* in einer mißlichen Lage) sein

Zwie|back, der; -[e]s, *Plur.* ...bäk|ke *u.* -e

Zwie|bel, die; -, -n ‹lat.›; **Zwie|bel|chen, Zwie|be|lein; Zwie|bel|fisch** *meist Plur.* (*Druckw.* fälschlich aus anderen Schriften gesetzte Buchstaben od. durcheinanderliegende Buchstaben verschiedener Schrifttypen); **Zwie|bel‿ge|wächs, ...hau|be** (Turmdachform), **...ku|chen, ...mu|ster** (das; -s; beliebtes Muster der Meißner Porzellanmanufaktur); **zwie|beln** (*ugs. für* quälen; übertriebene Anforderungen stellen); ich ...[e]le (↑R 22); **Zwie|bel‿ring, ...scha|le, ...sup|pe, ...turm**

Zwie|bra|che, die; -, -n (*veraltet für* zweites Pflügen des Brachackers im Herbst); **zwie|bra|chen; zwie|fach** (*veraltend für* zweifach); **zwie|fäl|tig** *(veraltend);* **Zwie|ge|sang; Zwie|ge|spräch; Zwie|laut** (*für* Diphthong); **Zwie|licht,** das; -[e]s; **zwie|lich|tig;** eine -e Gestalt; **Zwie|na|tur**

[1]**Zwie|sel** (Stadt in Bayern)

[2]**Zwie|sel,** die; -, -n, *auch* der; -s, - (*landsch. für* Gabelzweig; Gabelung); **Zwie|sel‿bee|re** (*landsch. für* Vogelkirsche), **...dorn** (*Plur.* ...dörner; Stechpalme); **zwie|se|lig,** zwies|lig (gespalten); **zwie|seln,** sich (sich gabeln, spalten); **zwies|lig** *vgl.* zwieselig

Zwie|spalt, der; -[e]s, *Plur.* -e *u.* ...spälte; **zwie|späl|tig; Zwie|späl|tig|keit,** die; -; **Zwie|spra|che; Zwie|tracht,** die; - *(geh.);* **zwie|träch|tig**

Zwilch, der; -[e]s, -e (*svw.* Zwillich); **zwil|chen** (aus Zwillich)

Zwil|le, die; -, -n (*nordd. für* Holzgabel; kleine Schleuder)

Zwil|lich, der; -s, -e (Gewebe); **Zwil|lich|ho|se**

Zwil|ling, der; -s, -e; **Zwil|lings‿bru|der, ...for|mel** *(Sprachw.),* **...for|scher, ...for|schung, ...frucht, ...ge|burt, ...paar, ...rei|fen, ...schwe|ster**

Zwing|burg *(früher);* **Zwin|ge,** die; -, -n (ein Werkzeug); **zwin|gen;** du zwangst; du zwängest;

---

[1] *Zur veralteten Form „zwote" vgl. S. 829, Spalte 2.*

[1] *Trenn.* ...k|k...

gezwungen; zwing[e]!; **zwin|gend; Zwin|ger** (Gang, Platz zwischen innerer u. äußerer Burgmauer; fester Turm; Käfig für wilde Tiere; umzäunter Auslauf für Hunde); Dresdener Zwinger (Barockbauwerk in Dresden); **Zwing‿herr** *(früher)*, **...herr|schaft**

Zwing|li (schweiz. Reformator); **Zwing|lia|ner;** ↑R 180 (Anhänger der Lehre Zwinglis)

zwin|ken (*veraltet für* zwinkern); **zwin|kern;** ich ...ere (↑R 22)

zwir|beln; ich ...[e]le (↑R 22)

Zwirn, der; -[e]s, *Plur. (Sorten:)* -e; [1]**zwir|nen** (von, aus Zwirn); [2]**zwir|nen** (Garne zusammendrehen); **Zwir|ne|rei** (Zwirnarbeit; Zwirnfabrik); **Zwirns|fa|den** *Plur.* ...fäden

zwi|schen; *Präp. mit Dat. od. Akk.:* - den Tischen stehen, aber: - die Tische stellen; inzwischen; die Gegensätze zwischen den Arbeitgebern und den Arbeitnehmern (= zwischen der Arbeitgeberschaft u. der Arbeitnehmerschaft), aber: die Gegensätze zwischen den Arbeitgebern (= innerhalb der Arbeitgeberschaft) und zwischen den Arbeitnehmern (= innerhalb der Arbeitnehmerschaft); **Zwi|schen|akt; Zwi|schen|akt|mu|sik; Zwi|schen‿ap|plaus, ...be|mer|kung, ...be|richt, ...be|scheid, ...bi|lanz; zwi|schen|blen|den** *(Film); nur im Infinitiv u. Partizip II gebr.;* zwischengeblendet; **Zwi|schen‿buch|han|del, ...deck, ...ding** (*vgl.* [1]Ding); **zwi|schen|drein** (*ugs.; Frage* wohin?); - legen; **zwi|schen|drin** (*ugs.; Frage* wo?); - liegen; **zwi|schen|durch** *(ugs.);* - fallen; **Zwi|schen‿er|geb|nis, ...fall** (der); **zwi|schen|fi|nan|zie|ren; Zwi|schen‿fi|nan|zie|rung, ...fra|ge, ...gas** *(Kfz-Technik)*, **...ge|richt** *(Gastron.)*, **...ge|schoß, ...glied, ...grö|ße, ...han|del** (*vgl.* [1]Handel), **...händ|ler; zwi|schen|hin|ein** *(schweiz., sonst veraltet);* **Zwi|schen‿hirn, ...hoch** *(Meteor.);* **zwi|schen|in|ne** *(landsch.);* **Zwi|schen|kie|fer; Zwi|schen|kie|fer|kno|chen; Zwi|schen‿knor|pel, ...la|ger; zwi|schen|la|gern; Zwi|schen|la|ge|rung; zwi|schen|lan|den** *meist nur im Infinitiv u. Partizip II gebr.;* zwischengelandet; *selten:* das Flugzeug landet in Rom zwischen; **Zwi|schen‿lan|dung, ...lauf** *(Sport)*, **...lö|sung, ...mahl|zeit; zwi|schen|mensch|lich;** -e Beziehungen; **Zwi|schen‿prü|fung, ...raum, ...reich** *(veraltet)*, **...ruf, ...ru|fer, ...run|de, ...satz** *(Sprachw.)*, **...spiel, ...spurt; zwi|schen|staat|lich** (*auch für* international); **Zwi|schen‿sta|ti|on, ...stock[|werk]** (*svw.* Zwischengeschoß), **...stu|fe, ...trä|ger, ...tür, ...wand, ...wirt** *(Biol.)*, **...zeit; zwi|schen|zeit|lich; Zwi|schen‿zeug|nis, ...zin|sen** *(Plur.)*

Zwist, der; -es, -e; **zwi|stig** *(veraltet);* **Zwi|stig|keit**

zwit|schern; ich ...ere (↑R 22)

Zwit|ter, der; -s, - (Wesen mit männl. u. weibl. Geschlechtsmerkmalen); **Zwit|ter‿bil|dung, ...blü|te, ...form; zwit|ter|haft; Zwit|ter|haf|tig|keit,** die; -; **zwit|te|rig,** zwittrig; **Zwit|ter‿stel|lung, ...we|sen** (das; -s); **zwitt|rig** *vgl.* zwitterig; **Zwitt|rig|keit,** die; -

zwo *vgl.* zwei

zwölf; wir sind zu zwölfen *od.* zu zwölft; es ist fünf [Minuten] vor zwölf (*ugs. übertr. auch für* es ist allerhöchste Zeit); die zwölf Apostel; (↑R 157:) die Zwölf Nächte (nach Weihnachten), auch „Zwölften" genannt; *vgl.* acht; **Zwölf,** die; -, -en (Zahl); er hat eine Zwölf geschossen; *vgl.* [1]Acht; **Zwölf|ach|ser** (Wagen mit zwölf Achsen; *mit Ziffern* 12achser; ↑R 212); **zwölf|ach|sig** (*mit Ziffern* 12achsig; ↑R 212); **Zwölf|eck; zwölf|eckig** [*Trenn.* ...ek|kig]; **zwölf|ein|halb,** zwölf-und|ein|halb; **Zwölf|en|der** *(Jägerspr.);* **Zwöl|fer;** *vgl.* Achter; **zwöl|fer|lei; zwölf|fach; Zwölf|fa|che,** das; -n; *vgl.* Achtfache; **Zwölf|fin|ger|darm; Zwölf|flach,** das; -[e]s, -e, **Zwölf|fläch|ner** (*für* Dodekaeder); **Zwölf|kampf** *(Turnen);* **Zwölf|kämp|fer; zwölf|mal;** *vgl.* achtmal; **zwölf|ma|lig; Zwölf|mei|len|zo|ne; zwölft;** *vgl.* zwölf; **Zwölf|ta|fel|ge|set|ze** *Plur.;* **zwölf|tau|send;** *vgl.* tausend; **zwölf|te;** *vgl.* achte; **zwölf|tel;** *vgl.* achtel; **Zwölf|tel,** das, *schweiz. meist* der; -s, -; *vgl.* Achtel; **Zwölf|ten** *Plur.* (*landsch. für* die „Zwölf Nächte"; *vgl.* zwölf); **zwölf|tens; Zwölf|tö|ner** (Vertreter der Zwölftonmusik); **Zwölf|ton|mu|sik,** die; - (Kompositionsstil); **Zwölf|ton|ner** (*mit Ziffern* 12tonner; ↑R 212); **zwölf|und|ein|halb** *vgl.* zwölfeinhalb; **Zwölf|zy|lin|der** (*ugs. für* Zwölfzylindermotor od. damit ausgerüstetes Kraftfahrzeug); **Zwölf|zy|lin|der|mo|tor; zwölf|zy|lin|drig** (*mit Ziffern* 12zylindrig; ↑R 212)

zwo|te *vgl.* zwei

z. Wv. = zur Wiederverwendung; zur Wiedervorlage

z. w. V. = zur weiteren Veranlassung

Zy|an, *chem. fachspr.* Cy|an [tsy'a:n], das; -s ‹griech.› (chem. Verbindung aus Kohlenstoff u. Stickstoff); **Zya|ne,** die; -, -n; ↑R 180 (Kornblume); **Zya|nid,** das; -s, -e (Salz der Blausäure); **Zy|an|ka|li,** *älter* **Zy|an|ka|li|um,** das; -s (stark giftiges Kaliumsalz der Blausäure); **Zya|no|se,** die; -, -n; ↑R 180 (*Med.* bläuliche Verfärbung der Haut); **Zya|no|ty|pie,** die; -, ...ien; ↑R 180 (*nur Sing.:* spez. Lichtpausverfahren; Kopie nach diesem Verfahren)

Zya|thus *vgl.* Kyathos

Zy|go|ma [*auch* tsy'go:ma], das; -s, ...omata ‹griech.› (*Med.* Jochbogen); **zy|go|morph** (*Bot.* mit nur einer Symmetrieebene [von Blüten]); **Zy|go|te,** die; -, -n (*Biol.* die befruchtete Eizelle nach der Verschmelzung der beiden Geschlechtskerne)

Zy|kla|den *vgl.* Kykladen; **Zy|kla|me,** die; -, -n ‹griech.› (*österr. u. schweiz. für* Zyklamen); **Zy|kla|men,** das; -s, - (Alpenveilchen); **Zy|klen** (*Plur. von* Zyklus); **Zy|kli|ker** [*auch* 'tsy...] (altgriech. Dichter von Epen, die später zu einem Zyklus mit Ilias und Odyssee als Mittelpunkt gestaltet wurden); **zy|klisch** [*auch* 'tsy...], *chem. fachspr.* cy|clisch (kreisläufig, -förmig; sich auf einen Zyklus beziehend; regelmäßig wiederkehrend); **Zy|kloi|de,** die; -, -n (math. Kurve); **Zy|kloid|schup|pe** (dünne Fischschuppe mit hinten abgerundetem Rand); **Zy|klon,** der; -s, -e ‹engl.› (Wirbelsturm; *als* ⓦ: Fliehkraftabscheider [für Staub]); **Zy|klo|ne,** die; -, -n (*Meteor.* Tiefdruckgebiet); **Zy|klop,** der; -en, -en; ↑R 197 (einäugiger Riese der griech. Sage); **Zy|klo|pen|mau|er** (frühgeschichtl. Mauer aus unbehauenen Bruchsteinen); **Zy|klo|pie,** die; - (*Med.* eine Gesichtsmißbildung); **zy|klo|pisch** (riesenhaft); **zy|klo|thym** (*Psych.* [seelisch] aufgeschlossen, gesellig mit wechselnder Stimmung); **Zy|klo|thy|me,** der *u.* die; -n, -n; ↑R 7ff. (jmd., der ein zyklothymes Temperament besitzt); **Zy|klo|thy|mie,** die; - (Wesensart des Zyklothymen); **Zy|klo|tron** [*auch* 'tsy...], das; -s, *Plur.* -s, *auch* ...one (Beschleuniger für positiv geladene Elementarteilchen); **Zy|klus** [*auch* 'tsy...], der; -, Zyklen (Kreis[lauf]; Folge; Reihe)

Zy|lin|der [tsi..., *auch* tsy...], der; -s, - ‹griech.› (Walze; röhrenförmiger Hohlkörper; Stiefel [bei Pumpen]; hoher Herrenhut); **...zy|lin|der** (z. B. Achtzylinder);

Zy|lin|der‿block (*Plur.* ...blöcke), **...bü|ro** (Schreibsekretär mit Rollverschluß), **...glas** (*Plur.* ...gläser; nur in einer Richtung gekrümmtes Brillenglas), **...hut** (der), **...kopf** *(Kfz-Technik);* **Zy|lin|der|kopf|dich|tung; Zy|lin|der|pro|jek|ti|on** (Kartendarstellung besonderer Art); **...zy|lin|drig** (z. B. achtzylindrig); **zy|lin|drisch** (walzenförmig)

Zy|ma|se, die; - ‹griech.› (die alkoholische Gärung bewirkendes Gemisch von Enzymen); **Zy|mo|lo|gie,** die; - (Gärungslehre); **Zy|mo|tech|nik,** die; - (Gärungstechnik); **zy|mo|tisch** (Gärung bewirkend)

Zy|ni|ker ‹griech.› (zynischer Mensch); *vgl.* aber: Kyniker; **zy|nisch** (auf grausame, beleidigende Weise spöttisch); **Zy|nis|mus,** der; -, ...men (*nur Sing.*: philos. Richtung der Kyniker; *nur Sing.*: zynische Einstellung; zynische Äußerung)

Zy|per‿gras (einjähriges Riedgras), **...kat|ze; Zy|pern** (Inselstaat im Mittelmeer); **Zy|per|wein; Zy|prer** (Bewohner von Zypern)

Zy|pres|se, die; -, -n ‹griech.› (ein Nadelbaum); **zy|pres|sen** (aus Zypressenholz); **Zy|pres|sen‿hain, ...holz, ...kraut**

Zy|pri|an, Zy|pria|nus (ein Heiliger)

Zy|pri|er, Zy|pri|ot, der; -en, -en *vgl.* Zyprer; **zy|prio|tisch** (↑R 180), **zy|prisch** (von Zypern)

Zy|ria|kus; ↑R 180 (ein Heiliger)

zy|ril|lisch *vgl.* kyrillisch

Zyst|al|gie, die; -, ...ien ‹griech.› (*Med.* Blasenschmerz); **Zy|ste,** die; -, -n (mit Flüssigkeit gefüllte Geschwulst); **Zyst|ek|to|mie,** die; -, -n [...i̯ən] (operative Entfernung einer Zyste); **zy|stisch** (blasenartig; auf die Zyste bezüglich); **Zy|sti|tis,** die; -, ...titi|den (Entzündung der Harnblase); **Zy|sto|skop,** das; -s, -e (Blasenspiegel)

Zy|to|de, die; -, -n ‹griech.› (kernloses Protoplasmaklümpchen); **zy|to|gen** (von der Zelle gebildet); **Zy|to|lo|ge** (Zellforscher); **Zy|to|lo|gie,** die; - (Zellenlehre); **Zy|to|lo|gin; zy|to|lo|gisch; Zy|to|plas|ma** (Zellplasma); **Zy|to|sta|ti|kum,** das; -s, ...ka (*Med.* das Zellwachstum hemmende Substanz); **zy|to|sta|tisch; Zy|to|stom,** das; -s, -e *u.* **Zy|to|sto|ma,** das; -s, -ta (*Biol.* Zellmund der Einzeller); **Zy|to|to|xin** (Zellgift); **zy|to|to|xisch** (*Med., Biol.* [die Zelle] schädigend, vergiftend); **Zy|to|to|xi|zi|tät** (Fähigkeit, Gewebszellen zu schädigen)

Zz. = Zinszahl

z. Z., z. Zt. = zur Zeit; *vgl.* Zeit

DUDEN-Taschenbücher

Praxisnahe Helfer zu vielen Themen

Band 1:
Komma, Punkt und alle anderen Satzzeichen
Mit umfangreicher Beispielsammlung
Von Dieter Berger. 165 Seiten.
Sie finden in diesem Taschenbuch Antwort auf alle Fragen, die im Bereich der deutschen Zeichensetzung auftreten können.

Band 2:
Wie sagt man noch?
Sinn- und sachverwandte Wörter und Wendungen
Von Wolfgang Müller. 219 Seiten.
Hier ist der schnelle Ratgeber, wenn Ihnen gerade das passende Wort nicht einfällt oder wenn Sie sich im Ausdruck nicht wiederholen wollen.

Band 3:
Die Regeln der deutschen Rechtschreibung
An zahlreichen Beispielen erläutert
Von Wolfgang Mentrup. 188 Seiten.
Dieses Buch stellt die Regeln zum richtigen Schreiben der Wörter und Namen sowie die Regeln zum richtigen Gebrauch der Satzzeichen dar.

Band 4:
Lexikon der Vornamen
Herkunft, Bedeutung und Gebrauch von mehreren tausend Vornamen
Von Günther Drosdowski.
239 Seiten mit 74 Abbildungen.
Sie erfahren, aus welcher Sprache ein Name stammt, was er bedeutet und welche Persönlichkeiten ihn getragen haben.

Band 5:
Satz- und Korrekturanweisungen
Richtlinien für Texterfassung. Mit ausführlicher Beispielsammlung
Herausgegeben von der DUDEN-Redaktion und der DUDEN-Setzerei. 282 Seiten. Dieses Taschenbuch enthält nicht nur die Vorschriften für den Schriftsatz und die üblichen Korrekturvorschriften, sondern auch Regeln für Spezialbereiche.

Band 6:
Wann schreibt man groß, wann schreibt man klein?
Regeln und ausführliches Wörterverzeichnis
Von Wolfgang Mentrup. 252 Seiten.
In diesem Taschenbuch finden Sie in rund 8200 Artikeln Antwort auf die Frage »groß oder klein«.

Band 7:
Wie schreibt man gutes Deutsch?
Eine Stilfibel
Von Wilfried Seibicke. 163 Seiten.
Dieses Buch enhält alle sprachlichen Erscheinungen, die für einen schlechten Stil charakteristisch sind und die man vermeiden kann, wenn man sich nur darum bemüht.

DUDEN-Taschenbücher
Praxisnahe Helfer zu vielen Themen

Band 8:
Wie sagt man in Österreich?
Wörterbuch der österreichischen Besonderheiten

Von Jakob Ebner. 252 Seiten.
Das Buch bringt eine Fülle an Information über alle sprachlichen Eigenheiten, durch die sich die deutsche Sprache in Österreich von dem in Deutschland üblichen Sprachgebrauch unterscheidet.

Band 9:
Wie gebraucht man Fremdwörter richtig?
Ein Wörterbuch mit mehr als 30 000 Anwendungsbeispielen

Von Karl-Heinz Ahlheim. 368 Seiten.
Mit 4000 Stichwörtern und mehr als 30 000 Anwendungsbeispielen ist dieses Taschenbuch eine praktische Stilfibel des Fremdwortes für den Alltagsgebrauch. Das Buch enthält die wichtigsten Fremdwörter des alltäglichen Sprachgebrauchs sowie häufig vorkommende Fachwörter aus den verschiedensten Bereichen.

Band 10:
Wie sagt der Arzt?
Kleines Synonymwörterbuch der Medizin?

Von Karl-Heinz Ahlheim.
Medizinische Beratung
Dr. med. Albert Braun. 176 Seiten.
Etwa 9000 medizinische Fachwörter sind in diesem Buch in etwa 750 Wortgruppen von sinn- oder sachverwandten Wörtern zusammengestellt. Durch die Einbeziehung der gängigen volkstümlichen Bezeichnungen und Verdeutschungen wird es auch dem Laien wertvolle Dienste leisten.

Band 11:
Wörterbuch der Abkürzungen
Rund 38 000 Abkürzungen und was sie bedeuten

Von Josef Werlin. 288 Seiten.
Berücksichtigt werden Abkürzungen, Kurzformen und Zeichen sowohl aus dem allgemeinen Bereich als auch aus allen Fachgebieten.

Band 13:
mahlen oder malen?
Gleichklingende, aber verschieden geschriebene Wörter. In Gruppen dargestellt und ausführlich erläutert

Von Wolfgang Mentrup. 191 Seiten.
Dieser Band behandelt ein schwieriges Rechtschreibproblem: Wörter, die gleich ausgesprochen, aber verschieden geschrieben werden.

Band 14:
Fehlerfreies Deutsch
Grammatische Schwierigkeiten verständlich erklärt

Von Dieter Berger. 204 Seiten.
Viele Fragen zur Grammatik erübrigen sich, wenn Sie dieses Taschenbuch besitzen: Es macht grammatische Regeln verständlich und führt den Benutzer zum richtigen Sprachgebrauch.

DUDEN-Taschenbücher
Praxisnahe Helfer zu vielen Themen

Band 15:
Wie sagt man anderswo?
Landschaftliche Unterschiede im deutschen Sprachgebrauch
Von Wilfried Seibicke. 190 Seiten. Dieses Buch erläutert die verschiedenen mundartlichen Ausdrücke, zeigt, aus welchem Sprachraum sie stammen, und gibt die entsprechenden Wörter aus der Hochsprache an.

Band 17:
Leicht verwechselbare Wörter
In Gruppen dargestellt und ausführlich erläutert
Von Wolfgang Müller. 334 Seiten. Etwa 1200 Gruppen von Wörtern, die aufgrund ihrer lautlichen Ähnlichkeit leicht verwechselt werden, sind in diesem Band erläutert.

Band 21:
Wie verfaßt man wissenschaftliche Arbeiten?
Ein Leitfaden vom ersten Semester bis zur Promotion
Von Klaus Poenicke. 216 Seiten. Mit vielen praktischen Beispielen erläutert dieses Buch ausführlich die formalen und organisatorischen Probleme des wissenschaftlichen Arbeitens.

Band 22:
Wie sagt man in der Schweiz?
Wörterbuch der schweizerischen Besonderheiten
Von Dr. Kurt Meyer. 380 Seiten. In rund 4000 Artikeln gibt dieser Band Auskunft über die Besonderheiten der deutschen Sprache in der Schweiz.

Band 23:
Wörter und Gegenwörter
Gegensatzpaare der deutschen Sprache
Von Christine und Erhard Agricola. 267 Seiten. Dieser Band verzeichnet nicht nur die verschiedensten Wortpaare, sondern führt auch zu weiteren Sprachnuancen und verwandten Begriffen.

Band 24:
Jiddisches Wörterbuch
Mit Hinweisen zur Schreibung, Grammatik und Aussprache
Von Ronald Lötzsch. 204 Seiten. Die 8000 wichtigsten Begriffe des Jiddischen von A bis Z spiegeln die Besonderheiten dieser Sprache wider und geben damit gleichzeitig Zeugnis einer einzigartigen Kultur und Geschichte.

Band 25:
Geographische Namen in Deutschland
Herkunft und Bedeutung der Namen von Ländern, Städten, Bergen und Gewässern
In über 1200 Artikeln werden 1700 Ortsnamen, Ländernamen, Fluß- und Gebirgsnamen erklärt und die Entstehungsgeschichte der verschiedensten geographischen Namen erläutert.

Band 5: Das Fre

Notwendi den Gebr

5., neu bearb ausgegeben chen Rat der wirkung von Mang, Char baumer und 832 Seiten, als 100 000 Angaben zu Herkunft und

Durch die M und Fernseh wir täglich m drücken in B wissen müss Crème fraîch Glasnost, Re Ökotropholo Diese und ru erklärt das D Es gibt ihre B reiche an, un Herkunft und sche Angaben das moderne exakt und un

n der Inter- Die führung ie m Sil- ist und den

ch ache

eiterte owski.

rer auch ntwort und ers milien dt- und die n-

Band 6: Das Au

Unerlässl Aussprac

3., völlig ne lage. Bearb menarbeit 794 Seiten

Nicht nur d sprache der Schwierigke Cholesterin betont man den Stamm Mit etwa 13 dieser Band schen Grun wörter sowi und geogra land, Europ

li- eitet

uche n- n aller ter r wi- wen- rter ti- neu- n ng

DUDENVERLAG
Mannheim · Leipzig · Wien · Zürich